格鲁夫给经理人的第一课

HIGH OUTPUT MANAGEMENT

[美] 安迪·格鲁夫
著

巫宗融
译

中信出版集团 | 北京

目录

导读 / III

序 / IX

前言 / XXI

第一篇

早餐店的生产线

第 1 章 “生产”包含什么? / 3

第 2 章 从早餐店的库存谈起 / 18

第二篇

打好团体战

第 3 章 管理杠杆率 / 45

第 4 章 管理的必经之路:开会 / 85

第 5 章　不挥舞权杖的决策 / 106
第 6 章　规划是为了明天 / 124

第三篇
推动组织的巧手

第 7 章　当早餐店开始繁衍 / 143
第 8 章　混合型组织 / 149
第 9 章　双重报告 / 160
第 10 章　每个人都听命于三个“长官” / 175

第四篇
谋事在人

第 11 章　激励下属参加比赛 / 191
第 12 章　工作成熟度 / 211
第 13 章　再难也得做：绩效评估 / 224
第 14 章　招人与留人 / 252
第 15 章　报酬的诱惑 / 266
第 16 章　别等火烧眉毛才培训 / 277

期末考
最后的叮咛

导读

格鲁夫教你高产出管理

李仁芳

大部分顶尖商学院的课程设计都是用来培训高层经理人的。但是对身负承上启下职责、成为组织的中流砥柱的中层经理人而言，却很少能看到像《格鲁夫给经理人的第一课》这样的经典著作，这是一本能带给中层经理人无穷教益的实例教案，是一本处处闪烁着格鲁夫实战管理智慧与洞见的实战手册。

英特尔虽是DRAM（动态随机存储内存）半导体领先开发的始祖，但后来不敌日本的东芝、NEC（日本电气股份有限公司）等后起之秀的进攻，因此格鲁夫曾在1984年召开记者会，挥泪宣布英特尔退出DRAM业务竞争。产业史家称此役为第二次世界大战后的美日太平洋工业大战，日本大胜的第二役。［第一役是以电视机为母舰的消费性电子产业联合舰队大对决，美国以RCA（美国无线电公司）为首的联合舰队全军覆没，以致北美无任何消费性电子大品牌幸存。]

正因为20世纪80年代经历过如此惨烈、如此惊心动魄的太平洋工业大决战，英特尔此后在产品技术的研发创新上才不遗余力，以多系列多层次的创新特遣队推出一个又一个的“X86 CPU”（指X86架构的计算机中央处理器）核心产品系列，配合绵密强韧的产品创新开发能力，以绝不留情的强悍的多系列产品攻击，用“产品海”战术淹没整个战场平原，占领每一个市场空隙，瓦解敌人的战斗意志，使敌人几乎没有喘息的空间。

除了竭力创新，开发了多系列产品外，20世纪80年代以后，英特尔对管理与组织流程的变革也不敢掉以轻心。德鲁克曾经说：“管理可以学习，但很难教导。”意思是经理人的自我启发是非常重要的。“管理”不像“营销”“财务”等具体性工作，其本身的原则与观念相当抽象。

但格鲁夫本身有着深厚的经营管理实战经验，又是从基层工程师做起，所以他不但“用脑思考”，还实事求是，懂得“用手思考”。在本书中讨论“会议技巧”“激励”“培训之道”“招人与留人”等攸关中层经理人事业绩效表现的实战技巧时，格鲁夫成竹在胸，娓娓道来，而且是具体（案例）的分析与抽象（概念）的分析交错并行。

本书的论述行文，“理中有事，事中有理；即事言理，理必在事”。格鲁夫在斯坦福大学与罗伯特·伯格曼（Robert Burgelman）教授合开战略管理课程，本身是地地道道的一流名校大牌教授。夫子论道，自然是有板有眼，但更值得读者珍视的，是从他数十年在英特尔这种世界一流公司的管理实战经验中所淬炼出来的管理智慧，不时在字里行间闪烁。

像他所提出的“混合型组织”与“双重报告”体制，都不是一般缺乏组织实践工作经验的人讲得出来的观点，而是一位睿智的工程技术人才与科技博士20年组织管理经验的心得。

而提到高科技事业在“科技人才”管理方面的棘手问题，格鲁夫的见解与做法，事实上已被台湾的半导体元件制造双雄——台积电与联电完全接纳学习。他说：“这群科技人才可以解决他们的上司无法协助解决的问题，技术方面的管理并不一定要设一位‘科技总经理’，通过‘同级群体’的合作也可以有同样的效果。这群制造经理在双重报告的架构中，便需要向其‘个别的事业群总经理’以及以同级员工为主组成的‘科技制造委员会’报告。”（请见本书第9章“双重报告”。）

明眼的读者到此自然会恍然大悟。原来台积电、联电在组织体制上，跨越各厂间的“黄光”“扩散”“炉管”“侵蚀”等各技术委员会就是这么来的。

“侵蚀”技术委员会中各厂的侵蚀工艺专家定时聚会，“讨论一些最近发生的技术问题，并发现这些问题其实有很多相似之处”。相关侵蚀工艺的创新性配方就在此技术委员会讨论验证，并上传到公司的“工程技术知识管理系统”。今天管理界流行的“知识管理”，格鲁夫早在1983年本书出版前就在英特尔大力推动了！

总之，格鲁夫这本书里的论述，领先潮流，管理理念极为前瞻。他的许多做法，也极符合后来发展的管理理论。如他在本书第5章“不挥舞权杖的决策”里宣称的：“我们希望决策是由离问题最近，而且最了解问题的人来做出。”这完全是后来“管理双权理论——知识权与管理权合一”的实务先声。

而在本书的最新版中，格鲁夫也为“后e-mail”时代的组织管理实务提供了敏锐精准的洞见。他说，“后e-mail”时代将更是一个“时间竞争”的时代，竞争的频率与步调将“化天为秒”“化繁为简”。他又说，日本企业在20世纪80年代势如破竹、锐不可当，其快速应变能力与其办公室的“配置”——经理、下属围大方桌而坐，不费力气就可加速信息传递的速度有关。但是今天，美国企业却靠着更普及的电子邮件，在信息传输与组织沟通协调方面战胜了日本的大方桌！

格鲁夫在本书一开篇就提出一项提纲挈领并发人深省的管理者首要重点，那就是“管理活动组合与管理杠杆率”。

特别是对中层经理人而言，承上启下，事情永远做不完。经理人永远有忙不完的事——永远有更多事情要做，永远有更多事情应该做，也永远是超负荷运转。也因为这项工作的特性，中层经理人必须有同时处理数个管理活动的能力。另外，他还得知道何时该转移注意力，把精力用在最能促进整个组织产出的活动上。

格鲁夫启发中层经理人，“一个经理人的产出，就等于他直接管辖和间接影响力所及的组织产出加总：

经理人的产出=组织产出加总=a×A＋b×B＋c×C＋……”（a、b、c……代表管埋杠杆率，A、B、C……代表各种管理活动。）

有了这样清晰的概念，中层经理人就得以凭此提升本身的生产力（每单位时间的产出），而具体的方法就是：

- 加速每一项管理活动执行的速度。
- 提升每一项管理活动的杠杆率。
- 调整管理活动组合，剔除低杠杆率活动，代之以高杠杆率的活动！

今天，处在人生中场的中年中层管理人员，失业的可能性大约是十年前的两倍。我观察身边的高层管理人员工商管理硕士朋友们的职场动态，状况还可能越来越糟。其实我们不是任何“老板”的员工，我们每个人都是自己职业生涯的员工。没人欠我们一个饭碗，我们必须自己当家。认清只有我们自己（不是我们的“老板”）才是自己的主人。为打赢越来越激烈的“保职战”，我们得好好提升自己的“产能”，增加自己的附加价值与生产力，不能有丝毫懈怠。一天 24 小时我们都应该竭尽全力追求进步。

追求进步的方法众多，但是最重要的一个就是本书告诉我们的：好好管理你的活动组合与杠杆率！

序

重温《格鲁夫给经理人的第一课》

本·霍洛维茨（硅谷著名风险投资家，
《创业维艰》作者）

1995年，我第一次读《格鲁夫给经理人的第一课》。在那个年代，可没有什么博客或者TED（技术娱乐设计）演讲来告诉我们什么叫企业家精神。事实上，对于像我一样有志于创建和经营自己公司的年轻人来说，当年市场上这类书几乎是一片空白。

在这种背景下，《格鲁夫给经理人的第一课》一书的地位近乎传奇。所有最优秀的经理人都知道这本书。顶尖的投资者们会买来这本书送给创业者，硅谷满怀抱负的领导者们如饥似渴地阅读这本书。所有人都满怀惊喜：英特尔的CEO（首席执行官）竟然会抽出时间来教我们创业的基本技能——如何管理。

这并不寻常，因为英特尔公司是科技领域最优秀的企业。它实现了有史以来企业最伟大的变革：创建十年后，公司业务从内存转为微处理器。不仅如此，英特尔传奇性的精准精神，使其能够以高度的自信进行数十亿美元的投资。如果人们想雇用一位优秀的运营经理人，去英特尔公司找吧——但想说服谁离开硅谷管理最好的公司，可不是件容易事。

安迪·格鲁夫本人也是一个传奇。他是在匈牙利长大的犹太人，他的祖国先被纳粹德国侵占，后被苏联占领。他移民到纽约的时候，完全不会英语，并且一贫如洗。他进入纽约城市学院学习，成功攻克语言关，并最终取得了加州大学伯克利分校的博士学位。母语非英语的他在仙童半导体公司工作时，用英语撰写了一本重要的半导体教科书。因此，在 1968 年参与创建划时代的科技公司英特尔之前，安迪就已被誉为科技先驱。1997 年，《时代周刊》肯定了他堪称不可能实现的成就，并将他评为当年的年度人物。

这就是《格鲁夫给经理人的第一课》一书如此非凡的原因之一。安迪·格鲁夫，从一介草根到英特尔的领头人，竟然放下繁务，教授我们他的成功奥秘，并且完全没让人代笔——安迪亲自撰写此书。这是多么让人难以置信的礼物啊！

当我拿到此书时，封面让我有些吃惊。在 1995 年版的封面上，安迪·格鲁夫站在英特尔标志前。不同于任何我之前看到的CEO照片，安迪并未穿着高级西装，他的头发也并非一丝不乱，他也没有摆出双手交叉在胸前的强者姿势。相反，安迪·格鲁夫穿着平常上班的衣服，他的工牌还挂在皮带上。我反复观察那个封面："那是他的工牌吗？他拍封面照片竟然连工牌都没摘下来？"

现在看来，那个封面如此完美。这就是安迪·格鲁夫的踏实本色。他没工夫拍光鲜的照片来自我宣传。他为我们写下这本书，如果我们以他在封面上的照片好坏作为是否买书的理由，那将是我们的损失。他没有把时间放在如何拍照上，而是放在写作这本书上。他不仅仅是在讲课，他还把这些经验知识在逻辑和情感上进行连接，并表达出来。我们可以从内心深处理解并体会他想表达的深刻含义。

第一章的开篇就让我感受到了这种风格的冲击："'生产'包含什么？"好吧，我很感兴趣。煮鸡蛋和建多少监狱会有怎样的联系？事实证明，联系颇为紧密。《格鲁夫给经理人的第一课》开篇即教导我们，合适的系统设计的重要性，即使我们在处理人类这个系统的时候——尤其是当我们在处理人类这个系统的时候。

安迪还告诉我们如何用同样的原则理解社会该如何运行。无论我们怎样大声疾呼要让更多的孩子有机会上大学，而不是误入歧途，无论我们怎样呼吁建造更多的学校，而不是监狱，都无法取得真正的成果。事实上，反而适得其反。认识到复杂系统中存在的问题是一回事，如何解决这些问题则完全是另一回事。安迪为我们提供了解决的工具。

多年来，我已经将《格鲁夫给经理人的第一课》视为真正的经典，有至少三个核心方面可以论证其智慧之处。首先，用一句最简短的话来说，它深入浅出清晰地阐述了相关概念。其次，它坚持在旧的标准中发掘全新的管理理念或找寻全新的视角。最后，大部分管理书都在尝试教授基本的技能，《格鲁夫给经理人的第一课》却在教导读者如何成就卓越。

安迪用如下经典公式阐述了管理这一概念：

经理人的产出＝他直接管辖部门的产出

＋他间接影响所及部门的产出

这一公式表面看来很简单，但他点出了经理人和独立贡献者之间的本质区别。经理人的技能和知识只有从其管辖团队中获得更多的杠杆作用时，才是有价值的。所以，经理人，你是全公司最了解产品的病毒营销（viral loop）模式的人，对吗？但如果你不会有效地将这一知识点传达给企业其他团队，这将毫无价值。这就是经理人存在的意义。经理人不需要多聪明，多熟悉业务，最重要的是如何把知识转化为团队绩效和产出。

而获取这种杠杆作用的方法，正如安迪写道的："如果一个人工作上毫无作为，只有两个原因：他要么不会做，要么不想做；不是没能力，就是没动力。"这样的角度会让经理人高效地集中自己的精力。想要提高员工的产出，所需要的只是激励和培训。别无他法。

当描述到计划过程时，安迪用如下睿智之语总结了自己的要点："我已经看过太多例子，很多人意识到今日的差距，并竭力找寻缩短差距的决策。但是今日的差距代表了过去某个时间点上计划的失败。"希望这一简洁有力的洞察不要被年轻读者所忽视。如果你想理解开发产品的一个要素，则必须记住这一点，在过程初期所付出的努力将会收到十倍的回报，而过程末期所付出的努力则会收到十倍的负回报。

本书用了一整章的篇幅，描述了一个常被忽略却至关重要的管理工具：会议。安迪引领我们以全新的视角来看待这一古老的商业原则。他教导我们如何将开会视为首要原则，如何从展开一对一谈话开始。英特尔的CEO竟然会花时间来解释如何进行一对一谈话，真有些不可思议。

他为什么要这么做？事实证明，在经理—员工关系中，一对一谈话不仅是一个基本要素，或许更是一个经理人可以获取关于企业知识的最佳来源，不进行一对一谈话的经理人对企业动态的了解将非常有限。

安迪总能从简单的表象深入事物本质。比如，人们在参观当今的科技公司时，往往会惊叹于其悠闲轻松的环境，但很少有人会认识到为何如此。实际情况是，许多CEO只是随大流，而不会探究真正的原因，但安迪对此做出了完美的解释：

> 曾经有一位对我们管理风格感到困惑的记者问我："格鲁夫先生，贵公司强调平等主义的直观表达，比如上班可以穿休闲服，工作环境只有隔间而没有办公室等等，这些不会显得有些矫揉造作吗？"我对此回应道，这并非矫揉造作，而是生存之道。在我们的领域里，每天都必须将知识型人才和管理型人才混合起来，他们协作产生的决策将会影响我们未来数年的前途。

就是用这种方式，本书得以迅速抓住复杂问题的本质。它提出并解决最棘手的管理问题。关于是否和下属做朋友的问题，安迪是这样回答的：

> 关于这个问题，每个人都必须自我评判是否足够专业和恰当。也许可以做如下测验：想象一下你要给一个朋友做出严苛的绩效点评，你会不会觉得有些尴尬？如果答案是肯定的，则不要在工作场合交朋友。如果你坦然自得，你应该就是那种私人关系会加强工作关系的人。

通过分解过程，他让难事变得可控。

最后，《格鲁夫给经理人的第一课》一书的力量在于，它培养的不仅仅是胜任型经理人，更是精英型经理人。

“工作成熟度”这一章就是一个非常好的例子。这部分对于我个人来说格外有意义，因为它教会了我如何在面试中提出最有用的管理问题：“作为经理人，亲力亲为和放权哪个更好？”

这似乎是个很简单的问题，但足以筛选出最优秀的前5%的经理人，而淘汰那些从未深入思索自我能力的95%的人。如安迪所言，该问题的答案是看情况，尤其要视员工情况而定。如果员工对任务的熟练度不高，经理人手把手培训就非常重要。如果员工足够成熟，那么适当放权则更为恰当。这一点安迪提供了一个非常好的例子:“下属的工作表现不佳。我的同事的反应是:‘就得让他犯错，这样才能学到东西！’” 这种做法的问题在于该下属的学费变成由客户来承担。这是绝对错误的。

也许最能反映安迪·格鲁夫管理特点的是最后一章——“别等火烧眉毛才培训”。在所谓的知识经济中，管理者通常认为，他们手下的员工足够聪明，完全不需要培训。安迪对此做出睿智的解释来修正这种观点，他举了一个例子，当我们作为顾客在饭店里遇到缺乏培训，甚至最基本的任务比如点菜都做不好的员工时，会感到非常诧异。从而他鼓励我们想象一下在复杂的工作中，如果遭遇未受正确培训的员工，客户将何等愤怒。最后，他再次重申自己的观点，即经理人只能从两个方面影响员工的产出：激励和培训。如果连培训也做不好，那作为经理人基本就算渎职了一半。

在整个这一章中，读者感受到安迪对于培训和教导的强有力的情感，因为归根到底——远胜于其他——他是一名导师……他为这个词做出了最好的诠释。

读完《格鲁夫给经理人的第一课》数年后，我第一次见到了安迪。刚一见面，我非常激动，立刻表达了我对这本书的热爱。他用经典的安迪·格鲁夫风格问我："为什么？"我没有想到他会这么问，我以为他会说"谢谢"或"很感动"之类的话，而不是"为什么"，但这就是安迪。他总是在教导他人，总是希望从每个学生身上发掘更多。

在完全没有准备的情况下，混乱中我思索原因，给出了一个很好的回答："我读过的其他管理书都只专注细枝末节，您的书探讨的是真正的问题。"听到此话，大师表情放松了，和我分享了一则无价的故事：

> 你对管理类图书的说法很有意思。最近我的书架上满得没有位置了，所以我面前有两个选择：扔书或换个大房子。很容易选，但扔哪些书好呢？然后我想到，就扔那些管理书吧！但是有个困难：几乎每一本管理书都是作者本人送给我并亲笔题字签名的，如果把这些题字都扔掉会让我很难过。所以我把每一本书都翻开，把题字页撕下来，然后把书都扔掉。现在，我有一堆很漂亮的题词页，并且也给好书腾出了空间。

我从未遇到过什么人像安迪·格鲁夫一样有这样一个故事。他在为清晰思考定义最高标准和坚持相信有潜力者之间，建立了一种独一无二的平衡。谁还会像他一样，给作者立下这么高的标准，你必须足够优秀，才能将作品挤进他的书架，而你又会感动于希望他能读一下你的作品，哪怕只留下你的题字页？

2001年，我又一次见到安迪，我问了他关于当时一批CEO告诉投资人企业依然坚挺但实际上业务不断下滑的事。一年前，第一拨互联网公司的泡沫已经破灭，我很诧异为什么那么多企业领导者都没有预见到。安迪的回答出乎我的意料："CEO们总是在好消息出现先行指标或者坏消息出现滞后指标时行动。"

"为何如此？"我问他。他以贯穿全书的一贯风格回答道："想要成就卓越，你必须是一个乐观主义者，因为卓越的定义就是，你在尝试做一件大多数人都不认为会成功的事。而绝大部分乐观主义者都不会关注坏消息的先行指标。"

但这一洞察不会出现在任何一本书中。当我建议他写下这一观点时，他的回答是："我为什么要这么做？写下如何不遵循人性本质是多么浪费时间的事情，这就好比你试图否定彼得原理[1]一样。CEO们必须是乐观主义者，这是好事。”这就是安迪·格鲁夫。他具有令人惊艳的洞察力，能看穿每个人的每项弱点，尽管如此，他还是比任何人都坚信人的潜能。也许这就是为什么他愿意花如此多的时间来教导我们成为更好的人。

多年来从安迪·格鲁夫身上不断学习，这是我的荣幸。《格鲁夫给经理人的第一课》的新读者能加入与我一起分享这份经验，我亦对此激动不已。我深深知道，你会热爱这本非凡之作，这本我所知道的最优秀的导师写的书。

1. 彼得原理（Peter principle）是管理理论中的一个概念，指的是对于某个职位候选人的选择是基于其当前职务的表现，而不是目标职务的相关能力。因此，“经理人会被提升到无法胜任的职位”。

前言

从20世纪80年代的巨变谈起

安迪·格鲁夫

本书是我在管理工作上20年心血的结晶，通过这些年的工作与总结，我学会了更有效率地处理事情。

全球化浪潮

我学习到的多属于中层经理人的管理招数。虽然一晃多年过去了，但我发现这些招数历久弥新，大部分并没有因时间的变迁而降低重要性。

20世纪80年代发生的两件事，改变了企业经理人的工作方式，也令我想为本书写一篇新的前言。这两件事就是日本在计算机内存产业上的崛起与电子邮件开始盛行。

让我在此先解释一下：20世纪80年代中期，制造DRAM的日本厂商，在技术上已足以超越当初创造此项产品的美国制造商，而美国公司在这块市场上当时已独领风骚达15年之久。

20世纪80年代中期也正逢个人计算机的兴起。由于个人计算机里需要使用大量的内存，日本的DRAM厂商遂趁机大举入侵美国市场。英特尔也在这场商战中受到波及。

事实上，英特尔是制造DRAM的始祖之一，甚至曾经是市场上的领导者。但面对美国同业以及日本厂商越来越强的竞争，我们的市场占有率逐渐下滑。由于日本产品物美价廉，我们只好削价竞争，结果便导致这个产品开始亏损。最后英特尔决定壮士断腕，放弃了这个立业的产品另起炉灶，并转战微处理器市场。

虽然这样的调整理论上看来既迫切又合逻辑，但是在调整过程中，我们必须重新部署员工，辞掉一些人，并关掉为数不少的工厂。

那时我们很清楚，在这么剧烈的冲击下，唯有自立自强方能救亡图存。在日益艰难的环境中，就算你“成为市场里的老二”也还不够。

最后，包括英特尔在内的整个美国半导体产业顶住了日本厂商的入侵。英特尔成为世界上最大的半导体制造商，而美国的半导体产值也超过了日本。现在回头看这段历史，其实不过就是全球化大潮来袭前的一个先头浪。

全球化简言之就是“商业无国界”。资本及工作可以在世界各地到处转移，而你随时随地都可以做生意。美国至今仍是世界上最大的市场之一，大部分需求都可由本土产业供给，但许多市场正以超过美国市场的速度飞速成长，且美国本土市场的需求亦可由其他各国供给。

我曾买了一件巴塔哥尼亚（Patagonia）牌的Gore-Tex（一种特殊的防水但透气的布料）夹克，然后我发现它是在中国大陆制造的——虽然它是不折不扣的美国品牌、美国技术，但制造却是遵照经销商的要求在国外完成的。

这种现象带来的结果是，整个世界将被视为一个单一市场，每个人都必须与世界上其他具有同样能力的人竞争，而不再局限于与一家公司或本土厂商竞争。因此，竞争者将不计其数，且绝大部分“来者不善”。

全球化还有另外一个影响：随着产品和服务的品质差别越来越小，“时间”就成为唯一的竞争优势。因此带动了20世纪80年代的另一个重要工具——电子邮件的发展。

就像日本的DRAM入侵如大浪前的先头浪，预示了全球化的到来，电子邮件也对信息流通及新式管理的革命敲响了第一声战鼓。

电子邮件的灵活使用带来了一项极为基本但又重要的暗示。它“化天为秒”“化繁为简”，原先需要较长的时间方能传递的信息，现在不仅传送时间大幅缩减，而且一封邮件可同时发给许多人。因此，如果你的公司使用电子邮件，许多人将得以更快速地与你做生意。

这里我忍不住要讲一件有点讽刺意味的事。当日本企业在20世纪80年代势如破竹、锐不可当时，有一些人认为日本的快速应变能力与其办公室“配置”有关。因为在日本公司里，经理和他的下属通常是围着一张大大的方形桌子而坐。平时每个人埋首于自己的工作，各司其职，但如有需要，他们可以随时互通信息，如此便不费气力地加速了信息传递的速度。但也正因如此，日本在电子邮件的使用上明显地慢了一步。

这大概可以说是风水轮流转。随着现今企业的触角越伸越广，时间变成了制胜关键，而美国企业反而更能应对局势。道理何在？只因为美国的电子邮件战胜了日本的大方桌！

电子邮件还只是第一波。紧接着，声光、影视、书籍，甚至理财服务都将数字化，信息传送的速度将是“一秒千里”。

这些都只是20世纪末至21世纪初大趋势的开端而已。信息革命的狂澜席卷而来，我们这群经理人以及身处其中的企业该如何应对？这才是问题的核心。

顺应新环境

我特别希望这本书能够获得中层经理人的青睐。相较于第一线的主管或是位高权重的高层领导者，中层经理人最容易被忽视。

一方面，很多课程传授给一线管理者不少妙方；另一方面，大部分顶尖商学院的课程都是为培训高层经理人设计的。而这两者之间还有一大群人，他们便是中层经理人。

他们之中有的是工头、领班的上司，有的是工程师、会计师或业务代表。不论组织多么扁平或松散，中层经理人都是组织的骨干，然而，他们对整个社会以及经济的贡献往往被忽视。

中层经理人不只存在于大型企业。事实上，几乎各种类型的企业都设置了中层经理人。如果你管理一家律师事务所的税务部门，你便是中层经理人，以此可类推至学校校长、经销厂商或是小镇的保险办事处负责人。这些人对本书第一版的反响印证了我当初的推论，因为英特尔是从非常小型的企业开始成长为跨国大企业的，因而这之中的管理技巧可被各界广泛运用。

另外有一群人也应该被包括在中层经理人的范围内，这群人不直接管理别人，却对别人的工作产生影响。我称这群人为“技术支持经理人”(know-how manager)。这些人了解工作上所需的知识、技能以及周围的人。他们是组织中的专家且经常扮演顾问的角色，事实上，他们亦是信息网络中的节点。老师、市场研究人员以及公司中的信息管理人员都可归为此类。他们虽不运用传统经理人的管理权威，但他们掌握的技术以及知识，同样对别人的工作产生着影响，因此我亦称他们为中层经理人。实际上，技术支持经理人的重要性，将随着这个世界朝着信息化以及服务业的迅速发展而加强。总之，这群人也应该读这本书。

不管你是技术支持经理人还是传统经理人，你身处的企业都已经别无选择地卷入了全球化及信息革命的洪流。今天，你的公司只有两条路可走：一是调整自己的脚步，二是坐以待毙。

我们已目睹某些企业走向衰亡，而某些企业正挣扎着转型，并发现它们当初的制胜武器已经不合时代所需。某些公司以前从来不解雇员工，但今天一纸令下就能让成千上万的人顿失收入。这种不幸的景象即源自转型的阵痛。

现在，所有经理人都该想办法让自己适应新环境。新环境的规则是：第一，事情的发生速度越来越快；第二，事情总有人能做——如果你不干，我们就另请高明。话说得明白一点便是：这些改变将会催生一个竞争激烈且难以预期的工作环境。

一个身处当前险境的经理人，必须培养出对“失序”更高的容忍力，但这并不表示你就得向失序举白旗；相反，你应该想办法控制周围的一切。在这本书中，我将把早餐店里的厨房比喻成生产线，与大家分享一些管理心得，这些心得从这本书第一次付梓至今仍然管用。并且我要特别强调：今天的经理人不管身在何方，都必须将自己武装起来，以应对层出不穷的企业兼并，或者是突然面世的新科技。

你需要完成不可能的任务，并预测未知的未来。而当非预期的状况发生时，便是你要加倍努力去调整它们的时候。有句我奉为圭臬的话在本书开头先送给你：“让混沌从生，然后掌控混沌。”

另外，我也知道你在读这本书时一定会犯嘀咕：“你这一套只对英特尔管用吧！你又没在我们公司待过，我们公司的问题只有老板自己才能解决。”但我相信，这本书中大部分的招数你都能派上用场。不管你是哪一类中层经理人，事实上你都是一个组织的领导者。不要老是等你的顶头上司发出指令。身为一个小组织的领导者，你应该设法提高这个组织的业绩和产能。

认识你的组织

本书涵盖三个基本的概念。第一个是“产出导向管理”（output-oriented approach to management），我会列出一些准则并应用在有形的制造流程和无形的管理工作上。

以英特尔为例，英特尔是一家制造高科技芯片以及计算机周边产品的公司。我们有两万多名员工，其中约有25%是在生产线上工作，另有25%是主管、维修人员及工程师，还有25%是负责管理诸如安排生产时间、人事以及进出款项的，最后的25%才是负责产品研发、营销、销售以及售后服务的。

我在英特尔即发现，无论这些员工身在哪个部门，他们都有各自不同的“产出”。有些人制造芯片，有些人准备催收账单，有些人设计软件或广告文案。我在英特尔便是将这个“产出”的概念谨记在心，使整个公司管理更上轨道的人。这些概念其实和我们评估及管理各种投资的财务观念很接近。

第二个概念是“团队意识”。不论政府还是公司企业，大部分的人类活动都是靠团队才能成功。我从这个概念出发得出了本书中我自认为最重要的一点：“一个经理人的产出，便是他所管理和影响所及的下属工作的成效总和。”经理人该如何提高下属的工作效率？换句话说，每天的工作堆积如山，而时间又有限，到底有哪些特别的事得先解决呢？为解决这个问题，我提出了“管理杠杆率”（managerial leverage）这个概念，它是用来衡量各种管理活动对提高团队产能的作用的指标。高杠杆率的管理活动才能带来高产能。

团队中的每一个体都各尽所能，这个团队才会有最高的产能。这是本书中的第三个主要概念。我相信企业应该能像训练运动员一般，随时激励员工力求最佳表现。在书中我也将以运动竞赛为例，讨论如何以“回馈”来维持企业团队的高产能。

我们必须认清“无法预测未来”这个事实，但这并不等于“我们应该就此放弃计划”。首先，我们应该像消防队训练消防员一样训练员工。因为消防队永远不知道下一场火灾发生在何时何地，所以他们时刻保持警惕，随时整装待发。

其次，公司应该减少管理层级以加强应变能力。随着电子邮件的盛行，信息互动变得更便利，管理者过去需传递信息的任务将由计算机来承担。减少管理层级的结果是，每一个经理人必须管理更多的人。在英特尔的管理哲学中，主管和下属间的例行性一对一会议是基本功课之一。它的主要目的在于彼此传授技能及交流信息。通过对特定问题或状况的讨论，主管传授下属所需的技能并教他们如何切入。与此同时，下属也提供主管所需的信息，让主管了解他们如何开展手头的工作。

因为时间有限，一对一会议难免会占去经理人有限的资源。那我们为什么还要坚持举行一对一会议呢？因为你管理的下属虽然变多了，但一对一会议仍可以降低召开整体会议的频率。

大部分员工可通过网络实时了解他们需要的信息，过去通过会议来“传达政令”的做法已经没有必要。你也不需要靠一对一会议来了解下属的进度，因为他们能通过计算机向你报告。

回头看看我所举的“日本大方桌”的例子。下属无须离座便可接受上级的指示，但有时领导还是得另外找个房间同个别下属面对面地谈些事情。不管是日本传统式的办公室还是电子邮件式的办公室，一对一会议还是有必要的，但会议的目的将会越来越单纯。因此，虽然你需要管理更多的下属，但会议的频率和所需的时间都会减少。

经营你的职业生涯

如果你既得扮演经理人又得扮演员工的角色，那该怎么办？

我读过的一篇报道指出，20 世纪 90 年代中年人失业的可能性大约是 80 年代初的两倍，而且状况越来越糟。

总而言之，无论你从事哪一行，你都不只是别人的员工——你还是自己职业生涯的员工。你随时都在与上百万和你一样在经营着自己职业生涯的人竞争，有些人也许还比你强，或是更热衷于此。但你先不要把矛头指向你的同事——他们只是沧海一粟，众多竞争者还隐藏在公司的竞争对手那里。所以，如果你想打赢这场“保职战”，就得好好保持你的竞争优势。

如果你是在一个成长缓慢或几乎无成长的公司里，你就得小心一群野心勃勃急着往上爬的新同事了。他们可能已经万事俱备，只是有你这个老臣挡在路中间。对此，你的上司迟早要做出留下你或是请你走人的决定，而如何避免这种状况完全取决于你。

在20世纪60年代、70年代，甚至80年代，经理人成功的秘诀就是：看准一家好公司，进去后好好干，而公司也会有所回馈。但现在可不同了。

全球化和信息革命对每个人的职业生涯规划都有致命的影响。没人欠你一个饭碗，你必须自己当家。你每天都得和上百万的人竞争，得想办法提升自己对工作的贡献，加强自己的竞争优势。你需要随时学习并适应新环境，必要时可能还得从这家公司跳到那家公司，或是从一个产业跳到另一个产业……关键就在于你要认清，只有你是自己的主人，如此你才不会成为这场硬仗的牺牲者。

在我提供一些制胜绝招之前，有些事先请你想一想：

1. 你在公司里是真有贡献还是只是个传声筒？你如何

增加附加价值——这唯有靠你不断地设法增加你的产能。你是个经理人，而这本书的中心思想便是“公司的产能是经理人个别产能的总和”。理论上，一天24小时你都该竭尽全力追求进步，提高产能。

2. 你的工作是不是无关紧要？或者你老是要等你的上司或别人来解释你该做什么？你是不是组织中的重要人物？或者你只是在一旁优哉游哉？
3. 你是不是总在追求新知识或是尝试新科技？（只是看看书可不算。）或者你是在一旁看戏等人来重整你的企业？（这就叫“坐以待毙”。）

我曾是工程师，现在是高科技公司的经理人。同时我也和你一样，是我自己职业生涯的老板，每天都得提高自己的产能，提供更好的产品和服务以满足我的客户。

我是个乐观主义者，我相信每个人都有能力做发财梦并让美梦成真。但有时候我认为人们并没有搞清该如何应对周围的变化，这又让我得知自己是现实主义者——只有能在变化中生存的人才会对未来抱持乐观的态度。我写此书的动机就是提出能增加你价值的方法，提高你的“存活率”。

以我在英特尔的经验，我相信我归纳出的生产法则、管理杠杆率和激励员工超越巅峰的方法等秘诀，一定能够帮助各行各业的人——包括律师、老师、工程师、主管，甚至编辑……简言之，所有的中层经理人——提升生产力。

就让我们从参观“早餐店的生产线”开始吧。

第一篇

早餐店的生产线

第 1 章

“生产”包含什么？

你必须按预定的时间、可接受的品质以及可能的最低成本，依据顾客的需求制造及运送产品。

如果你想了解生产管理这件事，请你先假设自己像我读大学时那样在一个餐厅当服务生，你的主要职责是准备一份包括煮了 3 分钟的鸡蛋、奶油面包以及咖啡的早餐。当你将早餐送上顾客的餐桌时，每样东西都应该是热气腾腾刚出炉的。

限制步骤

以上的准备过程就已涵盖了生产的基本要素。你必须按预定的时间、可接受的品质以及可能的最低成本，依据顾客的需求制造及运送产品。生产流程如果以“应对顾客突发的各种需求”来设计，通常会造成闲置产能或是存货成本提高等弊病。用早餐店做例子，顾客可能希望一坐下来便能吃到熟度适中的煮鸡蛋、香酥可口的奶油面包以及热气腾腾的咖啡。要满足他的期望，你要么将厨房闲置着等他大驾光临，要么一直备有这套早餐的存货，但这两种做法都不实际。

制造商应该了解生产所需的时间并定下出货的目标时间。早餐店应大概在顾客进门后 5 到 10 分钟送出早餐，并以具竞争性的生产成本生产，才能获取应有的利润。就让我们先检视一下早餐店的生产流程。

首先，我们必须找出决定整个生产流程的“限制步骤”（limiting step）。早餐组合中哪一项准备起来最耗时？答案无疑是煮蛋。因为咖啡已经煮好在壶里，而烤面包只要花一分钟左右，所以我们应该以需时最长的煮蛋为限制步骤。煮蛋其实不仅需时最长，对大部分顾客而言，它也是早餐组合中最重要的一项。

接着我们要反推流程（见图 1-1）——也就是用最后完成的时间向前推算，先弄清楚煮蛋、煮咖啡及烤面包分别需要的时间，以便它们同时完成。首先，计算将这三项产品摆在餐盘里所需的时间，然后计算从烤面包机中拿出面包、从壶中倒出咖啡以及从锅中捞出鸡蛋的时间。将以上所需时间的总和，加上拿蛋和煮蛋的时间，便是整个流程需要的时间。这在生产管理上称为总产出时间。

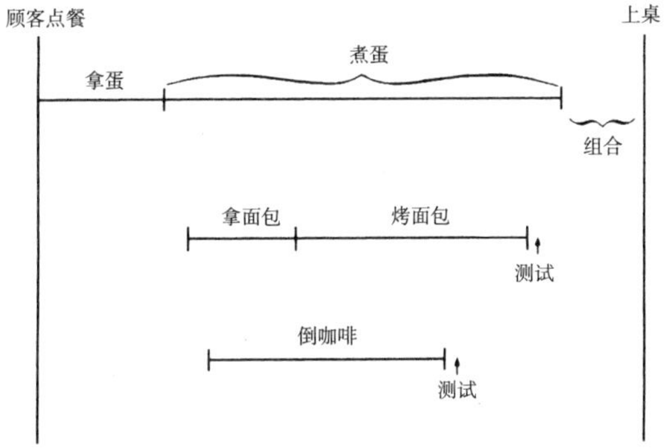

图 1-1　煮蛋是限制步骤

现在来看面包这一项，以煮蛋所需的时间为基准，你必须在这段时间放好面包及烤好面包；最后，以烤面包的时间为基准来决定何时倒咖啡。在此，最重要的是以需时最长（或最困难、最敏感、最昂贵）的项目为建立生产流程的基础，再以此考虑其他项目。

拟订流程计划应围绕着最关键的步骤，在早餐店的例子中就是煮蛋的时间，然后再考虑其他各项的产出时间，将其交错安排进生产流程里。用生产管理的术语来说，这些步骤“时间互偿”。

限制步骤的概念可被广泛运用。以英特尔招募大学应届毕业生为例，英特尔的经理到校园招聘，面试一些即将毕业的学生，然后邀请其中较具潜力的应聘者到公司参观。

英特尔负责这些学生的餐旅费。在参观公司时，这些学生将接受另一批经理人及技术人员的面试。经过不断的测评，我们会录用那些技能与英特尔需求最相符的学生，接受职位的人便可以开始上班。

应用前述的生产基本原则，你必须围绕最昂贵的项目设计流程。在此，学生的餐旅费成本最高，所以我们让部分经理直接到校园招聘以大幅降低此成本。而为了降低招聘每一职位所需的成本，我们还必须提高受邀参观公司的学生最后决定来就职的比例。若能以电话面试的方式在邀请之前先过滤一遍，不但省钱，还会提高受邀者的就职率，并减少对应聘者使用昂贵的限制步骤（请他们来公司参观）的需要。

我们也运用时间互偿的准则。招聘者以学生毕业的时间向前推算，设定各种必需的步骤及其所需时间，这些步骤包括校园招聘、电话面试及参观公司等，这都必须在学生毕业前几个月妥善安排。

生产的步骤

准备早餐的过程其实还暗藏不少玄机，其中便包含了三项基本的生产步骤：

1. **制造：**这种生产活动通常有物理或化学变化。煮蛋便是物理变化的一种。
2. **组装：**将零件拼装组合在一起产生新个体。就像我们把鸡蛋、面包和咖啡组成一份早餐一样。
3. **测试：**对零件及最终产品做检查。我们可以以目测来鉴定咖啡是不是煮好了，面包有没有烤焦。

制造、组装及测试可以灵活运用在其他不同的生产活动中。以训练业务人员销售新产品的任务为例，我们便能清楚划分出这三个要素。

1. **制造：** 营销和研发人员将一大堆产品资料转化为业务人员理解的销售策略，这个将资料转化成策略的过程便是制造。
2. **组装：** 将各种销售策略组合成完美的销售计划。在新产品上市的会议上，营销人员将最合适的策略和必要的市场资料（如竞争商品的价格和存货状况）结合产品说明、宣传册及活动挂图向业务人员报告。
3. **测试：** 在真正上市之前应先有一场虚拟的上市发布会。在此会议上，被挑选出来的业务代表要对策略及销售工具等做出反馈。如果反馈不佳，亦即测试结果不良，整个策略就必须修改或重新制定，以符合原定的营销及销售目标。

计算机编译器的发展也同样牵涉到制造流程、组装、测试这三项要素。计算机听不懂人话，想让它运作只有使用程序语言。编译器就像一个翻译人员，它能将人的语言转换为计算机的语言。有了编译器，程序设计师就可以用人的思维来思考，而不必满脑子都是乱码或“0 和 1”。显而易见，这项转换工作非常复杂，因此，编译器开发的重任便落在天赋异禀的软件工程师身上。也正是因为他们的努力，人们才能如此轻松地学会使用计算机。

整个编译器的开发中便包含了一连串的制造流程。软件中每一部分的运转都是根据一定的规格设计的，而每一部分也都必须经过单元测试，无法通过测试的部分便必须重做。当所有的部分都及格了，这些个体就被组装成一个编译器，并且在送到客户手上之前进行系统测试。时间互偿的概念在这整件事中将被广泛运用。因为各步骤产出所需的时间事先都已经设定，所以步骤与步骤之间如何做最好的衔接也可以通过计算机来设计。

表面上看，准备早餐、招募新人、业务人员训练，甚至编译器的设计这几件事简直毫不相关，但本质上它们都有着相同的基本生产流程。

复杂化

现实生活中总是布满荆棘。我刚刚设计的早餐店是在产能不受限制的前提下做的假设——厨师从来不用等锅煮蛋或是等面包机烤面包，而这在现实生活中根本是不可能的事。

如果你在排队等着用烤面包机，该怎么办？如果你不把排队等候这件事纳入你的生产流程来考虑，你3分钟煮的鸡蛋可能就要变成煮了6分钟的铁蛋！

所以，如果你的烤面包机数量有限，你就必须把这一步骤当成限制步骤，重新设计流程。煮鸡蛋的品质仍然决定顾客对早餐的喜恶，但时间互偿的部分必须重新调整。

我们该如何调整这个模块中的制造流程？从早餐上桌的那一个时点倒过来推，我们会比较清楚哪些步骤会受到影响。

请看图1-2，有关蛋和咖啡的部分仍然维持不变，但烤面包机的数量有限会造成相当大的变化。现在你必须考虑拿面包、烤面包和等烤面包机的时间，这表示整个生产流程要有所改变。烤面包的部分成为限制步骤，整个流程的重新设计都必须以此为中心。

再把事情复杂化一点。万一你在该煮蛋时碰巧被卡在等烤面包机的长龙中，你该如何是好？乍看之下似乎没有办法，其实不然。

如果你是这家餐厅的经理，你可以考虑让某些人专司一职。你可以让某个人专门烤面包、专门煮蛋或是专门倒咖啡，然后再找一个人来监工。当然，这笔人工支出可能太大，让你连想都不去想。

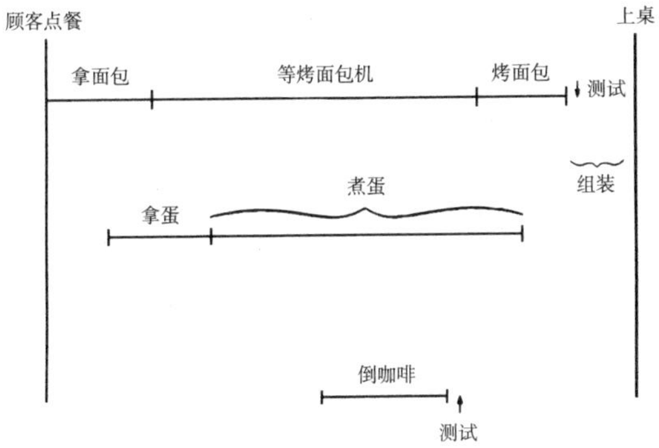

图 1-2　烤面包机产能有限，所以是限制步骤

如果你是服务生，你可以请也在排队的同事帮忙，在你去放蛋时让他帮你放面包。但当事情必须寻求他人帮助时，结果通常很难预期。身为餐厅经理，你也可能再多买一台烤面包机，但这又会是一笔昂贵的支出。

或者你也可以持续不断地烤面包，这样一来虽然增加了面包的存货成本——有一些面包烤好但放久了就得丢掉，而热面包将可以随时供应。总归一句话，至少你知道天无绝人之路，总有一些办法可想。你可以增加设备产能、增加人手或是提高存货量，每个办法都各有利弊，但也都对整个烤面包的流程有帮助。

找出最佳策略

因为每一个方案都得花钱，你的责任就是找一个最具成本效益的方法来配置资源，这也是所有生产活动最佳化的关键。

虽然人们常说世上无绝对，但凡是能以最低成本实现理想的运送速度与品质的，便是最佳方案。为了找出这个最佳方案，你必须了解各方案（诸如增加人手、增加产能以及提高存货量）的利弊得失。当然，不是要你拿着秒表去计算每个人等烤面包机的时间，或是用任何高等数学知识去计算存货和设备成本。重要的是，你必须了解生产过程的每一个步骤及其互动关系。

现在我们要更进一步地把这个例子中的早餐店厨房换成一个大规模生产的工厂。首先，你添购了一台能固定且持续生产煮了 3 分钟的鸡蛋的机器（见图 1–3）。我们已经假设顾客喜欢煮了 3 分钟的鸡蛋，而且有大量且可预期的需求。因为这台机器是设计好的自动化设备，它将失去生产煮了 4 分钟的鸡蛋的弹性，而只生产煮了 3 分钟的鸡蛋。

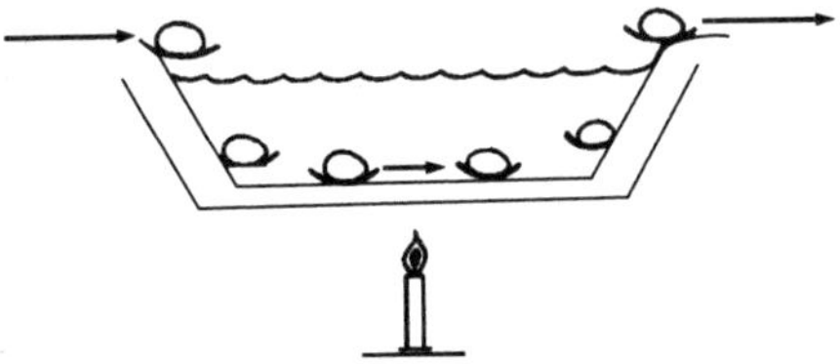

图 1-3　煮蛋机可以连续生产煮了 3 分钟的鸡蛋

其次，这台煮蛋机的生产速度应该配合烤面包机。我们现在已经将整个流程转化成连续性作业，但与此同时，我们也失去了灵活性，无法再针对个别客户的特殊需求做调整。所以，我们的顾客如果想享受这套新模块所带来的利益——较低的成本和稳定的品质，他们就得改变他们的期望。

测试与验货

然而，连续性作业并不能保证较低的成本和较好的品质。试想：如果煮蛋机的水温失控的话会发生什么——在失控期间所煮出的蛋将成为废品，而同一时间生产的烤面包也将因为没有蛋可以一起送上桌而成为废品。你该如何将这种风险降至最小？功能性测试会是个好方法。你要不时地敲开煮鸡蛋检查它们的品质，但这样你也必须丢掉检测过的蛋。

另一个方法称为“线上检视”，包括多种做法。举例来说，你可以找一根温度计经常性地检测水温。为了节省聘请专人读温度计的费用，你可以请人设计一个小机关，只要水温和设定的温度差了一两度就会铃声大作。这里的要点是：只要有可能，你都应该使用线上检视的方法，而避免必须要牺牲产品的测试方法。

这台煮蛋机可不是这样就可以一劳永逸了。在煮蛋之前，蛋可能已经臭了或裂了，或是它们可能过大或过小而影响了煮熟的速度。为了避免这样的问题，你必须验货。如果验货时发现不合格，你可以当场退货，但你也就没有原料可供制造。这样岂不要停工了？

且慢！这就是你要有原料存货的原因。存货的多少要视情况而定。原则上，你的存货应该至少能在供货商下次送货之前满足工厂的用料速度。在这个早餐店生产线的例子中，如果蛋商每天送一次货，你就必须要有足够一天使用的安全存货量。但记住一点：存货需要成本，你必须权衡累积一天存货量的利益和所需费用。

除了有形的费用，你还得考虑无形的风险。如果煮蛋机出现故障将会怎样？你会失掉多少顾客？要把这些顾客再招揽回来的成本又是多少？这些都是有关风险的问题。

及早发现、及早解决

所有的生产流程都有一个共同的特性，就是原料在流程中会变得越来越有价值。生蛋的价值不如煮熟的蛋，搭配好的早餐套餐比没搭配的价值高，而厨房里的那些“成品”，只有摆在顾客面前才能实现其价值。因为顾客走进这家餐厅就是要享用它们。

一个已完成的编译器的价值远胜于之前的“零组件”——语义分析、程序编写及运行时间等。而在招募新人的例子中，一个我们决定雇用的大学毕业生，其价值远超我们在校园招聘时面试的学生。

我们应该谨守“及早发现、及早解决”的准则，如此我们便能在生产流程中价值最低的阶段修正问题。

因此，我们应该在蛋商送蛋之前让他们把坏的蛋挑出来，而不是让我们的顾客在餐桌上发现它们。同理，如果我们能在校园招聘时就决定筛掉哪些人，就可以省下双方在接下来的面试中所花的时间和金钱。而在开发编译器的例子中，我们应该在单元测试时就找出问题，如果在“组装”好之后才发现有毛病，麻烦就大了。

我还想拿美国的司法审判系统举例，即使这样有可能让我戴上“冷血”的帽子。让我们把司法审判系统看成一个生产过程，而最后的目标是要找到犯人并绳之以法。

整个生产流程从有人到警察局报案开始。如果警方已掌握特定的线索，接下来便是更详细的调查，但经常案子到此便会因为缺乏证据或其他原因而僵在那里。如果案子再发展到下一阶段，警方找到了嫌犯，他们便得四处找人证、物证，立案并送至法院起诉，但起诉时通常也会因为证据不足而被驳回。

起诉若被受理，下一步便是审判。嫌犯可能被判有罪，也可能被判无罪。被判有罪的还得看刑期：有的可能被保释，有的可能还要继续上诉，到最后只有少数的人被送到监狱里。

如果我们对每一步骤进行到下一步骤的“成功率”做

一个合理的假设，我们会被最后的结论吓一跳！假设我们把所有审判的费用加总，再分摊到那些最后真正被绳之以法的罪犯身上，我们将发现每件案子审判的成本高达百万美元以上——好一个让我们这群纳税人心里淌血的数字！这个数字之所以如此之高，主要是在所有被指控的人之中，只有少数人会经过所有的司法程序而被关进监狱。

大家都知道现在美国的监狱已经人满为患，很多罪犯都因此而缩短刑期，甚至不用服刑而改服其他劳役。这严重地违反了生产流程中的基本概念，也因而造成了极大的浪费。非常明显的是，我们应该把“定罪”列为限制步骤。即使今日，在美国建造一间牢房的成本大约是 8 万美元，再加上养一个犯人的费用一年大约为一万到两万美元，相较于原先定罪所需的上百万美元成本，也只是沧海一粟。

我们花了上百万美元审判一个人，却因为少了一间只要 8 万美元的牢房而让这名犯人在社会上游荡，这真是大大滥用了我们在司法体系上的投资。而这也正是设错了限制步骤（即牢房的有无）造成的结果。

第2章

从早餐店的库存谈起

我们不仅要辛勤工作，还得懂得如何工作。

好，现在承蒙顾客支持和某位金融巨子的鼎力资助，你的早餐店规模扩大了，面包、咖啡和煮鸡蛋都分别置办好了生产线。身为早餐店经理，你拥有为数可观的下属，还有一大堆自动机器设备。但你若想让这工厂正常作业，最好先设定一套衡量指标。

设定指标

这个时候，你的产出已不只是你送到客人桌上的早餐，而是整个工厂生产的产品、产生的利润和顾客满意度。要管好你的产出，你得先设定一些指标；要做到高效高产，你需要更多的指标。你可选的指标也许不计其数，但除非“每一项指标针对不同作业目标评估”，这整套指标才会发挥功效。

假设为了达到你的每日生产目标，你共设计了 5 项指标。那么这 5 项指标应该包括什么呢？或者可以这样问，你每天早上踏进办公室时，最想马上知道哪 5 项信息？以下是我的拙见：

第一，你想知道这一天的销量预测。今天可能卖出几份早餐？要评估你的预测有多准，你可以将昨天的预测和实际的送货量做个比较。换言之，你要找出前一天的预测和实际销量之间的差异。

第二，原料存货。手上的鸡蛋、面包和咖啡是不是够用？如果不够，你是否还来得及订货；如果太多，你可能要考虑取消今天的订单。

第三，设备的状况如何。如果昨天曾经发生故障，你得赶紧把它修好，或是重新安排生产线，以应对新一天的供货。

第四，你必须了解你的人力资源。如果有两个服务生请病假而你还想正常供货，你就必须动点脑筋。是找临时工呢，还是从烤面包的生产线上调个人来充当服务生？

第五，你得设定人力资源品质指标。你不能只看一个服务生送了几份早餐，因为即使他送了几千万份，如果同时得罪了每一个客人，你的生意也白做了。顾客的意见对你的生意影响太大，你可能要考虑在收银台旁边放个顾客意见箱。如果某个服务生被顾客抱怨的次数太多，你就得找他来谈一谈。

这些指标对你管理早餐店都非常重要。如果你每天先检视这几项指标，就能在问题还没变得太糟之前将其解决掉。

指标配对

指标能将你的注意力引导到需要监督的事情上。举例来说，只有你开始注意你的存货水平，你才可能着手降低你的存货量。不过仅仅这么做还不够，因为你有可能因存货量太低而无法应变。指标能引导我们的管理，但我们必须要小心过犹不及——不要反应过度！

我们可以通过“指标配对”的方法来避免反应过度，因为如此一来，你便可以在反应的同时了解可能产生的副作用。在前述存货的例子中，你必须同时注意存货水平和避免缺货的发生。如果发生缺货的概率太高，你就得小心不要将存货水平降得太低。

这项指标配对的准则应用在编译器的开发上尤其有用。因为，每一个软件单元的完工日期及其程序执行的能力都是我们关心的指标。要是我们能兼顾这两件事，我们就可以避免求好心切而延误了交件时间，抑或是仓促行事而导致产品质量不佳。“指标配对”能让我们通过权衡找到最佳方案。

最能体现指标（或是指标配对）功效的便是管理工作。英特尔一直运用指标来提升生产力。

指标运用的第一个原则是，“有总比没有好”。任何管理都需要评估，但我们也发现，一个有效的指标应是评估产出，而不是产出之前的生产活动。

这就像你在评估一个业务人员的绩效时，你在乎的是他拿下了多少订单（产出），而不是他打了多少电话给客户（活动）。

指标运用的第二个原则是，一个好的指标应该是用来衡量具体且可计算的事情的（见表 2–1）。因为这些列出来的指标都是可量化的，所以和它们配对的指标应该强调质的方面。因此，我们除了想了解一天可以处理多少笔应付账款外，还应该将不论是供货商反映还是内部稽核发现的错误列为配对指标。在评估清洁工的工作时，我们不仅要注意他清洁的面积，还要关注这座办公楼中的公司对清洁的质量做出的评判。

表 2–1　办公室活动及其产出指标

办公室活动	产出指标
应付账款	账单处理数量
清洁工	清理面积
客户服务	订单处理数量
资料输入	数据处理数量
招聘	招聘了多少人
存货管理	存货项目的数量

这类指标配对有多种用途。第一，它们清楚地列明了目标；第二，为评价管理活动提供了相当的客观性；第三，

让在不同组织中从事相同管理工作的人有互相比较的依据。有了指标，我们才有办法比较两栋大楼的清洁工的绩效。事实上，设定了指标之后，员工的斗志也容易被激发出来，从而提升工作绩效。

黑箱理论

我们在此先把这个早餐店的厨房假想成一个黑箱。我们投入了原料、人力（包括服务生、助手和你这个经理）而产出早餐（见图 2-1）。

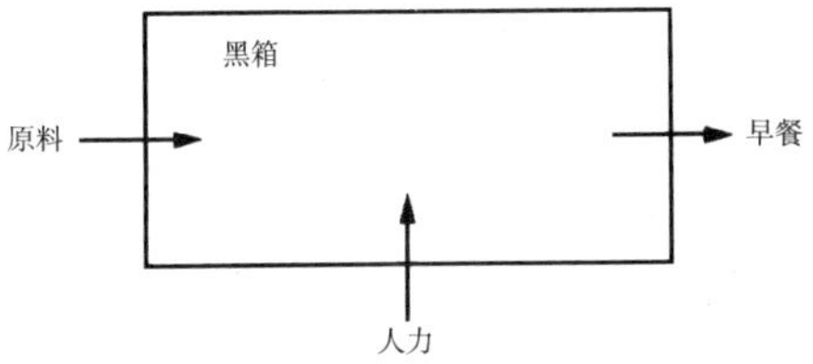

图 2-1　将“黑箱理论”应用在早餐店管理中

大体上，所有的生产流程都可以简化成这种黑箱图例。因此，先前提到的人才招聘也可以用黑箱来表示。我们投入了大学毕业生，而最后被我们录用且愿意来上班的便是产出。我们所投入的人力则包括到校园招聘或是在公司面试的经理人。

在业务人员的培训中，我们将产品说明投入黑箱中，而产出的是受过培训的业务人员。至于涉及的人力则包括将原始资料转成销售工具，并负责教业务人员如何使用资料的营销人员。事实上，绝大多数的管理活动都可以用这个黑箱来解释。在催收账款的部门中，他们投入有关客户的信息——订的货品、价格、数量及交货方式等，而最后的产出则是可以用来催账的账单。投入的部分当然也包括其中所有的人力。

这个黑箱将生产过程所涉及的投入、产出以及人力清楚地做了分类。为了让这个流程进行得更顺利，我们可以在黑箱上挖几个洞，看看葫芦里卖些什么药。如图 2–2 所示，我们将能更清楚地了解生产流程的内部作业，进而更准确地预估未来的产出。

1. **先行指标**（leading indicator）。先行指标通过让你了解未来的概况来引导你注意黑箱中该注意的事情。因为你事先有所反应，所以能杜绝后患。当然，先行指标的功效唯有在你确信其有效的前提下才会成立。道理虽然很清楚，但实际操作上却有其难处。因为要你在问题出现前就花大钱防微杜渐会有一定的困难，而且你必须按指标行事，否则你可能会像只热锅上的蚂蚁。因此，你选择的指标必须有可信度，能让你按信号行事。在早餐店的例子中，先行指标可能是机器故障记录，也可能是客户满意度这些我们日常用来监控流程的项目，但它们也具备了预测未来可能会出现的问题的功能。

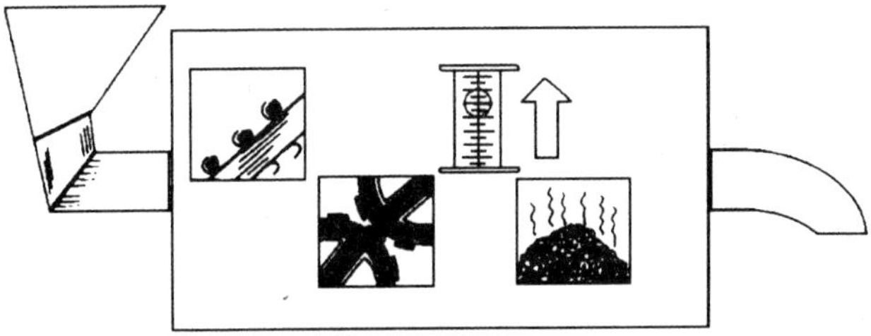

图 2-2　通过在黑箱上开窗，我们可以大致知道未来产出的状况

2. **线性指标**（linearity indicator）。我们在黑箱上开的这几个窗口就称作线性指标，从图 2-3 有关人才招聘的例子中，我们可以了解它的含义。虚线表示当月通过面试且愿意来上班的大学毕业生。理想状况下，我们招聘的进度应该遵照图 2-3 的实线，且在 6 月时实现招聘的目标。

从图 2-3 来看，4 月的进度和预期的目标还差一大截。所以，指标在此告诉我们，想要实现目标，唯一的方法便是要比前 4 个月多加几把劲。线性指标同样具有“早期发现、早期解决”的功效。没有它，我们可能一直到 6 月才会发现目标无法实现，且已无法挽救了。

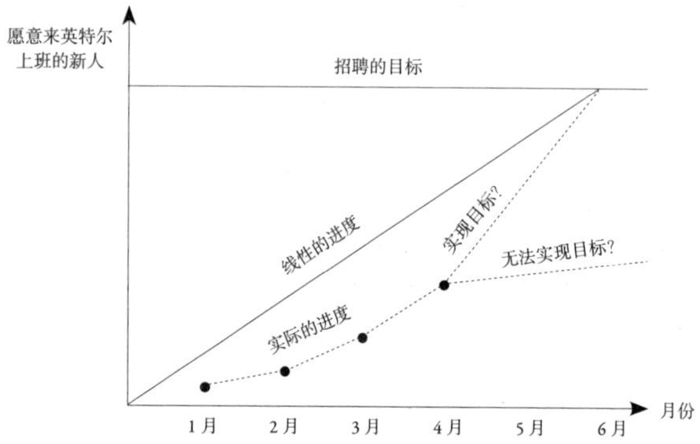

图 2-3　线性指标便于早期预警，让我们知道目标是否可能达成

如果我们以制造工厂为例，你可能会因为我们每个月都设定生产目标而假设一切应该没有问题。其实我们仍然应在黑箱上开个窗，衡量每一天不同的进度，再将其与理想的线性进度相比。你有可能发现产出的速度很稳定，或者有可能出货都挤在每月的最后一个星期。如果是后者，

这个经理人可能并没有善用人力和设备资源。他若不改善这种状况，一旦月底机器发生故障，结果将不堪设想，生产进度会大大落后。而线性指标能对这种状况提出预警，这便是它如此重要的原因。

3. **趋势指标**（trend indicator）。这个重要的指标能以时间（这个月的业绩和过去数月的相比）或其他设定的标准为基础，衡量诸如早餐做几份或是海报做了几张等产出。根据对过去的观察，你可以从其显示出的趋势预测未来。这样的预测就像在这黑箱上又多开了一扇窗，除此之外，根据设定的标准来衡量，也能刺激你去思考为何产生这样的结果，而不只是让标准告诉你结果是什么。

4. **重复印证表**（stagger chart）。这个表可用来预测未来几个月的产出。每个月我们都将更新资料并重新预测，因此每个月你都能将实际销售业绩和上个月的预测，甚至前几个月与本月的预测相比较。你不必费太多精力就能看出预测的准确性以及其与实际产出间的差异。这样的表格比单纯的趋势表更有助于预测未来。

以我的经验，重复印证表在预测经济趋势上最能发挥其威力。表 2–2 是英特尔的一个部门对客户订单的预测。你必须不断地根据资料修正你的预测。这个表不但显示出你对每月业绩的预测，同时也显示了不同月对某特定时间点的预测有所不同。这样的预测方法将让负责的人不敢懈怠，因为他所做的预测将不断地和未来所做的预测以及最后的结果相比较。但更重要的是，你可以看出这些预测越做越好或越做越差。这是我所见过的在企业发展上最重要的指标。依我之见，经济学者和投资顾问都应该被放在重复印证表里检验，唯有如此，我们这些经理人和投资大众才有依据评判他们说的话。

表 2-2　重复印证表

预测制定时间	7月	8月	9月	10月	11月	12月	次年1月	2月	3月	4月	5月	6月
7月	22	28	34	29								
8月	*23	27	33	31	29							
9月		*21	30	30	35	33						
10月			*29	32	32	32	29					
11月				*27	32	31	32	31				
12月					*27	27	31	30	40			
次年1月						*26	28	29	39	30		
2月							*24	30	36	32	34	
3月												

*表示实际销售数量

总而言之，指标在解决各式各样的问题上都极有帮助。如果有什么事出了差错，你就会有足够的信息，并且迅速发现毛病出在哪儿。如果你平时没有提前设定指标，到了出问题时，你就会为了找资料而手忙脚乱；而等到你真的找好资料，事情可能已经变得更糟。

控制产出

有两种方法可以控制一个工厂的产出。一些产业采用接单生产的方法。比如你去定做沙发，通常都得等上一阵子，除非你直接拿展示品。家具制造商通常会在接到订单后安排生产。如果你需要一部特别款式的车，同样的情况也将发生。汽车工厂会准备好你挑的颜色和配件来生产，但你必须等上一阵子。我们的早餐店也是如此。

如果你是家具制造商，你的竞争对手只要 4 个星期就能出货，而你却得花 4 个月，在这种情况下，你可能很难留住你的客户。所以，如果你很想接单生产，就得用其他方法控制产出。简而言之，你必须计划生产。事实上，这意味着你要将未来的订单考虑在内。

计划生产即是合理推测未来的订货量，并以此设计生产活动。很明显，如此一来制造商将面临存货水平提高的风险。因为预测只是对未来需求的评估，一旦预测错误——不管是订单量不及预期还是产品项目错误，这个制造商都将因为资源配置不合理而陷入窘境。前面两种错误的预测都将造成不必要的存货。因此根据预测来生产，你多少得冒点资金风险。

英特尔的客户需要我们及时响应他们的需求，所以就算生产周期长，我们还是得按预测生产。就像早餐店虽然是按顾客点单来生产，但是在向供货商（例如蛋商）订货时，还是得以预测的需求为基础。同样，公司在招聘大学毕业生时，也是着眼于未来的需要，而非等到有空缺时才急着去招人。计算机软件产品——例如编译器，通常也是根据预测的市场需求，而非针对特定的订单生产。在企业实务中，你可以找到太多计划生产的例子。计划生产包含两个同时进行的流程，它们分别有各自的周期。

在图 2–4 中，制造流程从“原料获取”阶段开始经过了不同的生产阶段，最后将成品送到仓库；同时，业务人员开始寻找潜在客户，与其接洽，最后客户下了订单。理想的情况是，客户下订单的同时产品完成生产并到达出货点。

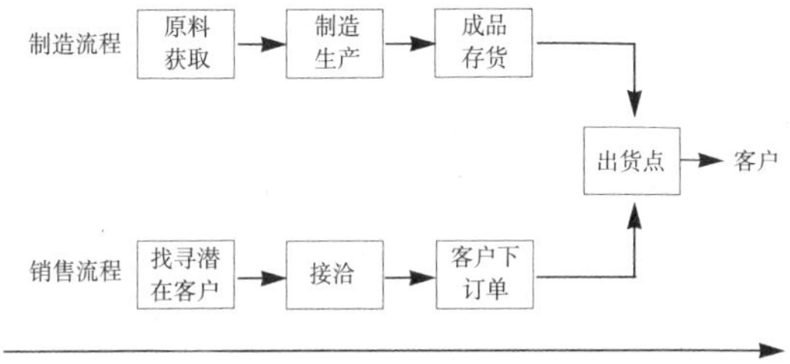

图 2–4　客户订单和产品同时到达出货点

因为预测是如此复杂的一件事，你也许想让一位经理全权负责，但这并不是很好的做法。比较好的方法是请制造部门和业务部门都做预测，这样他们便要对其预测负责。

在英特尔，我们尽力让这两组平行的流程能互相配合。如果我们做不到，其结果不是我们无法满足客户需求，便是这批货找不到买主。两者都让人伤脑筋。反过来，如果这两组流程配合得好，原先只是预测的订单变成了真正的订单，顾客的需求便能被满足。

当然在实际工作中，这种理想状况少之又少。较常发生的情况是客户犹豫不决或改变主意，而且在制造流程上也可能发生错误或是延误交货时间，甚至还有其他种种不可预知的情况发生。由于不可能精确地预测业务或制造流程，因此我们应该在这个系统中加入一些“弹性空间”，保证一定的存货是最明智的做法。毋庸置疑，存货越多，我们应变的能力就越强。但存货的建立和保管都得花钱，因此必须小心控制。如我们之前所学到的，我们应该储备的是处在价值最低阶段的存货，就像早餐店厨房里的生鸡蛋。而且，在一定的存货成本限制下，存货的价值越低，我们的生产就越具弹性。

重复印证表应该同时用在制造和销售预测上。如前所述，此表可以显示出每月的预测以及和实际情况相比的变化趋势。观察重复印证表，你便可以找出预测错误的原因，设法提高你在制造以及销售预测上的准确性。

对未来做预测，然后调整管理工作，是提高产能的一个重要方法。预测通常只被运用在厂务或实体销售上，而非管理工作上——因为管理工作至今仍被认为比厂务更注重“质”的方面，且较缺乏业绩目标或者衡量的标准。

然而，如果我们能仔细选择管理工作的指标并密切观察，我们其实也能把工厂的那一套控制方法搬到管理工作中。

我们能从趋势资料中推论出既定标准，借以预测各种不同任务所需要的人数。严格应用这套预测的准则，你就可以更有效地运用人力资源，以应对管理活动可能的增加或缩减。但如果你只是交差了事而非严格应用准则，你将永远无法降低员工人数，而且根据帕金森定律：员工永远会将交差的时间拖到最后一秒。

设定标准，预测每个员工的工作量，这绝对有助于提高并维持产能。

品质保证

如我们所知，制造商的目的是要以最低成本将客户能接受的产品送到他们手上。为了保证产品的品质能被接受，所有的生产流程——不管是生产早餐、招聘新人还是制造编译器，都必须设有“检查点”。

如果想以最低成本得到可接受的品质，你必须在产品尚未消耗太多成本之前淘汰掉瑕疵品。如前所述，我们最好在蛋还没煮之前就找出坏蛋，在应聘者还没到公司参观前就淘汰掉一些。简而言之，就是在加大投资之前做出筛选。

用生产上的术语来说，在最低价值的检查点，也就是原料交货的地方检查，称作验货。在此，再以黑箱来代表我们的生产流程（见图 2–5）。在黑箱中的检查称为线上检验，而在准备把产品交付客户前所做的最后一次检查，我们称为最终检验或出货品质检验。

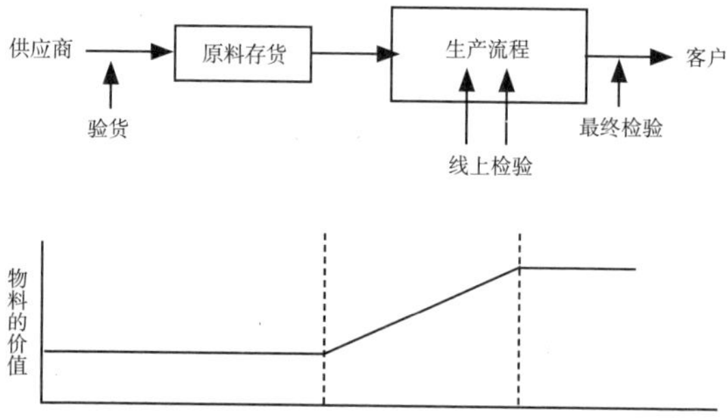

图 2-5 线上检验以确保品质

原料如果在进货时就未达到最佳标准，有两种处理方式：退货，或是改变标准以接受这批次级品。如果我们选择后者，可能会造成后期较高的瑕疵率，但这个选择可能又比等不到合格原料而必须停工关厂划算。这种决策非一人所能独断，必须靠品质管理人员、制造人员以及产品设计师等共同协商。他们会提出种种可能发生的后果，在权衡之后做出判断。

虽然弃置瑕疵品难免会牵涉到成本问题，但如果接受瑕疵品，则会造成客户对我们的信赖度降低，这是万万不可的。简而言之，如果我们无法评估瑕疵品会造成什么损害，就不该以客户对我们的信赖为赌注。以心脏起搏器为例，如果有个零件在制造时便被发现有问题，制造商必须当机立断马上更换零件。虽然这样可能会增加成本，但相对于在产品上市后才被消费者发现产品有问题，前者的成本可要小得多了。后者可不只是钱的问题，还有可能闹出人命。

检验不但需要花费成本，而且会因为对整个工艺产生干扰而增加整个工艺的成本。但无论如何，我们仍应在检验并提高品质与减少干扰之间找到平衡点，有几种方法可以协助我们达到这个目的：

第一种方法我称之为“海关与监视器”。“海关”是指我们先设下重重关卡，产品唯有在通过检验之后才能进入下一关；如果产品无法通过检验，便会被打回前一关重做或是废弃。而在“监视器”部分，我们将在原料中取样，如果它是瑕疵品，我们会标上记号，并计算瑕疵率。这批原料将不会在流程中的各关卡被截住，整个工艺将因此变得顺畅。但如果连续监测到三件瑕疵品，我们就该停止这条生产线。这里所需考虑的利害关系是：如果我们挡下了整批原料，整个工艺的时间将会变长；而如果我们先让一些瑕疵品过关，虽无须减缓制造的速度，但以后将注定为这批瑕疵品付出较高的淘汰成本。

可想而知，“监视器”的执行成本比“海关”低。广设关卡可以提升产品的品质，但该设多少则很难有定论。我的经验是：你应该先考虑使用监视器，除非过去的经验显示你每次放过一个瑕疵品最后都酿成了大灾难。

第二种降低品质管理成本的方法是随机检验。因为产品品质好坏因时而异，所以改变我们检验的频率也就理所当然。如果好几个星期都没发现问题，减少检验的次数便显得顺理成章。但一旦有问题产生，我们便要马上增加检验的次数，直到产品品质又回到预设的水准。这个方法的好处也是成本较低，且对制造流程干扰较少。但实际上，就算是制造流程标准化、产品复杂度低的制造商也不常采用这个方法，因为人都有习惯，且不论这个习惯是最近几周才养成的，还是累积数年的老习惯，习惯总是很难改变，检查也很难能“随机”。

仔细想想，经过设计的检查计划确实能增进效率及提高产能，不论是对制造流程还是对管理活动都能产生效果。但现在让我们来看一个与早餐店大相径庭的例子。我曾读到一篇有关美国驻英国大使馆的报道，内容是说美国使馆无法处理大量涌来的签证申请。每年大约有 100 万左右的英国人申请赴美签证，而其中只有 2% 遭到拒绝。大使馆中有 6 个办事员负责此事，他们每天必须处理大约 6 000 份申请文件。

大部分的申请文件是通过邮件送达的，因此无论何时都有 6 万到 8 万份的英国护照在大使馆中。同时，还有上百位英国人或其他国籍的人在使馆外大排长龙等着办他们的签证。大使馆已经想过好几种办法来提高效率，包括在报纸上登广告，请申请者尽早申办，因为一般至少要三个星期才能办好签证。大使馆还在门外设了急件信箱，让必须当天取件的人直接把护照和签证申请表格放入信箱中。即使如此，大使馆外的长龙还是不见缩短。

事实上，大使馆用来提高办事效率的方法只会让问题更糟，因为这些解决办法都没有触及问题的核心：加快签证办理的速度。时间和钱只是花在了将申请分成急件和普通件上，如此只会产生更多的人工费用，对产出的提升并无帮助。

如果美国政府想要吸引英国人到美国观光，就不该让签证申请如此不便。如果大使馆绞尽脑汁还是想不出办法，那便应该向我借用几招基本的生产管理技巧。他们要做的是采用我所提出的品质管理方法。

在这个例子里，大使馆必须先接受一个事实——并不是所有的签证申请都需要审核。我们先前已经知道，有98%的申请完全没有问题。所以，大使馆如果能以抽样的方式，对这些被抽取出来的样本详加检查，便可以在不增加美国政府不欢迎的人入关的可能性的情况下，减少申请者大排长龙的情形。

除此之外，大使馆应以事先定好的标准来检查这些样本，如此一来，签证申请的流程便很像美国国税局的办事流程（他们以办事效率高著称）。后者可以仅从支票或其他资料上大概了解报税是否属实，而不必逐一过滤。

如果我们也用这种思维检查经理人的生产力，我们将会看到，当一个经理决定对一个特定事件多花点精力时，事实上他便是在使用随机检验的方法。如果某位经理对他的每一个下属都事必躬亲，就可能造成干预，而且他将浪费很多时间监督不会出错的下属的工作进度。更糟的是，他的下属可能会因此形成依赖性——反正什么事到最后老板都会检查。而随机检验应用在管理上，既可以增加员工的责任感，又可以节省时间，对提高管理的产能也大有助益。

产能再释义

我们之前所学的黑箱理论可以对产能下一个既简单又有用的定义：

产能=黑箱中不同部门的产出／此项产出所需的人力

因此，提高产能的方法之一便是加速生产。我们可通过组织重整或只是让员工工作更勤奋来达成目的。我们并没有改变工作的本质，而只是想办法让事情做得更快——让每一个员工在每一工时内做更多的事。因为黑箱的产出是其间所有生产活动产出的总和，每个员工做事越多，整个黑箱的产出就越大。

第二个提高产能的妙招是改变工作的本质。这里要谈的是“我们该做什么”，而不是“怎样才能更快”。我们要提高产出对工时的比例，即使工时维持不变，我们仍可设法提高产出。就像大家常说的：“我们不仅要辛勤工作，还得懂得如何工作。”

杠杆率

现在我要在管理实践中导入一个物理概念——杠杆率。一个活动如果有比较高的杠杆率，即表示同样的投入之下，这项活动会比杠杆率较低者有更高的产出（见图 2-6）。

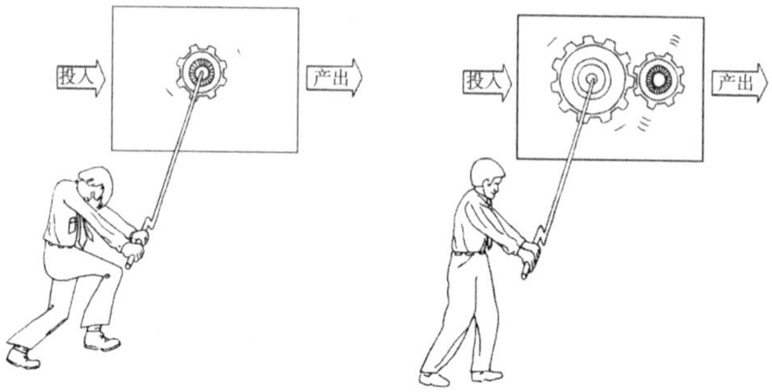

加快工作速度可以提高产出　　提高活动杠杆率也可以提高产出

图 2-6　杠杆率

举例来说，如果有个员工在同样的时间内能做好两份早餐，他的杠杆率就比同一时间内只能做一份早餐的员工高。一个程序设计师如果能运用较高级的程序语言，他解决问题的效率将比只能运用基本语言的设计师高，也因而有了较高的杠杆率。因此，一个重要的提高产能的方法，便是找出哪些生产或管理活动具有较高的杠杆率。

无疑，自动化是提高杠杆率的一种方法。借助机器的帮助，人类有了更大的产出。但不管在生产还是管理活动上，都还有办法提高杠杆率，那便是将工作简单化。要以此法提高杠杆率，首先，你必须制定一套生产流程表。这个表必须详尽，千万不要为了让图表看起来漂亮而省略了某些步骤。其次，你得算一算总共有几个步骤，接下来才能找出比较的依据；最后，便是设定你删减的目标。以我们的经验，将工作简单化的第一回合通常可以将工作步骤减掉 30% ~ 50%。

要将工作简单化，你得先质疑每一个步骤存在的理由。你会发现很多步骤其实并不需要，它们的存在可能是因为传统或只是为了让工作显得正式，而实际上对生产活动完全没有帮助。就像缓慢的美国“签证工厂”，大使馆的办事人员并没有必要逐件对申请进行调查。所以，你必须非常严格地检查每一个步骤，然后删掉那些凭常理就知道不必要的步骤。在英特尔，我们发现大约有 30% 的管理活动没有必要；换言之，原先 70% 的管理活动便能完成我们产出的目标。

将工作简单化并不是什么新理念，事实上它在这世上已有百年历史，但将这个理念应用在管理活动上，不仅是创新，而且仍有许多人抱着观望态度。最主要的问题是如何定义此类活动的产出。

如我们所见，在办公室的管理上通常很难分出何者是“活动”，何者是“产出”。且就像之前所提，强调并着眼于产出才是提高产能的关键；如果只是在管理活动上打转，付出再多资源和精力都是徒劳。接下来我会进一步解释。

第二篇

打好团体战

第3章

管理杠杆率

经理人的每一项管理活动对整个组织都有或多或少的影响。至于对整体产出的影响有多大，则在于这些活动的杠杆率大小。

经理人的产出是什么？

我曾经问过一些中层经理人这个问题，得到的答案如下：

- 判断与意见

· 执行的方向

· 资源分配方式

· 检查错误

· 开展培训与协助下属在职业生涯上的发展

· 传授课程

· 产品计划

· 沟通协调

以上这些便是经理人的产出吗？我不这么认为。这些只是经理人“从事的活动”，或只是描述经理人为了得到结果或产出时所做的事。那么到底什么才是经理人的产出？如果他是英特尔半导体芯片厂的厂长，他的产出便是高品质的硅片成品。如果他是英特尔的设计部主任，他的产出便是能够直接为生产线提供合理的产品设计。如果他是一个中学的校长，训练有素的毕业生或是准备升学的学生便是他的产出。如果他是一位外科医生，一个完全康复的病人便是他的产出。我们可以用一个数学算式来呈现经理人的产出：

经理人的产出＝他直接管辖部门的产出

＋他间接影响所及部门的产出

这个等式怎么来的呢？不管是企业、学校还是医院，其产出都是团队合作的结果。一个经理人能做好他的分内事并且将它做到臻于完善，但这并不全是他的产出。如果他领导一群下属，并且有一群同事在工作上受他影响，这个经理人的产出便是这两群人的产出加总。

如果这个经理人是提供信息或技术的顾问人员，他对其他部门的影响可能更大。内部顾问如果能够给其他部门提供解决问题的信息，其影响力有时不亚于该部门经理。同理，如果一个律师帮一家药厂申请到新药的生产许可证，他就等于直接协助药厂将多年的研发成果公之于世。而一个市场分析师平日观察上千种产品，留心产业、竞争者的动态并分析市场信息，他提供的资料不仅直接影响到营销及业务部门，甚至能引导整个公司。因此，我们对“经理人”一词应该给予更广泛的定义。这些顾问或技术人员也应该被列入中层经理人，因为他们在组织中经常有不可忽视的影响力。

所以，我们将“经理人的产出”定义为“直接管辖范围和影响力所及的组织产出的总和”。虽然经理人本身的活动无疑非常重要，但他自己并不会有任何产出，他的产出来自他领导的部门。

打个比方，一个球队教练或明星球员无法仅靠自己一个人取得胜利。一个球队的战绩要靠全体队员的同心协力，加上教练的指导方能达成。同样，不管是公司、学校还是医院，甚至是政府机构，都得靠团队合作才能制胜。

经理人很容易就会发现他从事的活动有很多会影响别人。就像我先前列出的那些经理人对“经理人的产出是什么”所提供的答案，不管他是提供意见与判断、指示方向、告诉下属资源分配方式，还是检查错误等，对于产出他都是不可或缺的关键角色，但这些活动和我们的产出在本质上仍是两码事。

分内事与结果

以我自己扮演过的经理人角色为例，身为英特尔的总裁，我可以通过对直属员工——集团内总经理及类似职位的人的管理而影响产出；我也可以通过观察并给予建议，对虽非我直接管辖的人产生影响。我希望能够通过以上的活动，增加整个公司的产出，事实上这也是我这个经理人的产出。

有一次，公司里的一个中层经理人问我是怎么做到既在公司中对经理人授课，又巡视工厂、解决好多经理的问题，且还有时间做我分内的工作。我反问他："那么你觉得我分内的工作是什么？"他想了一会儿，然后回答："我想那些都是你分内的事。"一点儿都没错——虽然这并不是我工作的全部，但这些事对增加英特尔的产出都有帮助。

再举另外一个例子：辛迪是某芯片厂的总工程师，但同时她也是产程标准制定小组的成员。不管是哪一个角色，她都对芯片厂的产出有所贡献。身为这个厂的总工程师，她从事的活动直接影响到这个厂的产出；而身为顾问小组的成员，她也因提供专业技术而增加了英特尔其他芯片厂的产出。

让我们再回到上一章的黑箱。如果我们将组织的运作比喻成一整组齿轮的运作，我们将更容易了解中层经理人怎么影响了组织的产出。在组织有危机时，他们献策献力，就像齿轮运作不顺畅时，他会加上几滴油；当然，他也能用聪明才智，指引整套机器运作无误。

你的日常工作到底是什么？

大多数人可能绞尽了脑汁还是很难回答这个问题。

我们真正做的事似乎很难用三言两语解释，而其中又有极大部分似乎是做了但看不到成果的——想想公司中好像根本不需要你这个位置？

会有这样的疑惑，部分是由于我们未能将活动和产出进行明确的区分。“活动”是我们日常真正在做的事，看起来有些烦琐；而“产出”则是我们的成就，与活动相比，当然就显得重要得多。

以外科医生来说，虽然他的产出——济世救人听来很伟大，但如果你知道他平常是这里刮刮、那里切切，再动动针线，好像也不是十分光鲜。

为了展示这些经理人到底在做什么，我以自己一天的日程表为例，描述并解释我从事的活动，并在括号中将它们分为不同的类别。

我的一天

【8：00～8：30】

- 与一位递了辞呈准备跳槽到别家公司的经理面谈：我倾听他的理由（信息收集），觉得应该可以把他留住。
- 于是我鼓励他再跟其他几位经理谈谈（给予提示）。

- 接着我决定也和这些经理谈谈这件事（决策）。
- 一位竞争对手打电话来：表面上他是为了一场即将举行的行业会议，但事实上他想知道我对整个行业状况的看法；同样，我也想从他身上得到一些东西（信息收集）。

【8：30～9：00】

- 看前一天下午收到的信件：我信手回了其中大约一半，有些回信表达了我的赞同或是不赞同，另有一些我提出了行动方案（给予提示）。
- 另外，我也否决了一个方案的继续执行（决策）。
- 当然，以上这几件事都牵涉到信息收集。

【9：00～12：00】

- 高级主管会议（公司内高级主管每周的例行会议），这次的主题包括：

· 总结上个月的订货状况和送货速度（信息收集）。

· 讨论如何为即将来临的年度计划排列先后次序（决策）。

· 总结一项营销方案目前进行的情况。我们在上一次会议中发现这个方案进展缓慢，需要重新讨论。这回我们发现它比上次有进步（信息收集）。

· 但在提案时还是有许多人有意见或者提供了建议（信息收集）。

· 讨论一条生产线的“制造流程缩减”方案。提案显示这个方案进展情况良好（只有信息收集，没有更进一步决定采取什么行动）。

【12：00～13：00】

◆ 在员工餐厅用餐，我碰巧和培训部门的人同桌。他向我抱怨很难找到我或是其他高级主管去参与海外分公司的培训课程（信息收集）。

◆ 我从来不知道有这件事。我在日程表中记下，同时也记得要对其他高级主管“提出警示”，对海外分公司的培训课程不要坐视不理。

【13：00～14：00】

◆ 参加一场有关产品品质问题的会议。会议的大部分时间用来了解这项特定产品目前的状况，以及已经采用了哪些修正的方案（信息收集）。

◆ 这场会议后我和部门主管达成共识，决定再次开始供货。

【14：00～16：00】

◆ 对新进员工演讲——高级主管通过这样的机会，向新进的专业人员描述公司的目标、历史以及管理系统等。我是这个系列主题的第一个演讲人。这很明显是“信息传递”。

◆ 我的演说使公司员工了解到我们有多么重视培训课程；而通过我回答新进人员问题的方式，他们可以了解公司的价值观。他们提出的问题也让我知道了一些平时很难接触到的员工的想法（信息收集）。

【16：00～16：45】

◆ 待在办公室，回电话。我否决了某位员工的加薪请求，因为这个请求实在太离谱（决策）。

◆ 决定开个会来决定哪些部门要搬到即将落成的新厂（通过会议进行决策）。

【16：45～17：00】

◆ 和助理讨论下个星期需要参加哪些会议。助理告诉我，那些我不想参加的会议有什么替代方案。

【17：00～18：15】

◆ 看今天收到的信，其中包括一些进度报告。就像今早看信一样，这整个活动也包含信息收集，并做出提示性决策。

这样一天看下来，你大概很难看出有什么明显的模式。因为我处理事情的方法非常随意。我太太对我一天工作的评语是："跟我的也差不多嘛！"她其实说得没错。

我的一天通常结束在我觉得累并决定回家休息的时候，而不是事情做完的时候。

事情永远做不完。就像家庭主妇一样，经理人永远有忙不完的事——永远有更多的事要做，永远有更多事应该做，要做的事也永远超过你所能负荷的极限。

经理人必须有同时处理数件事情的能力，此外，还得知道何时该转移注意力，把精力放在当时最能促进整个组织产出的活动上。

换句话说，他必须了解哪些活动有最高的杠杆率。

你需要知道什么？

想必你已看到我一天中大部分的时间花在收集信息上，而且我用各种不同的方法去收集。

我平时看正式的报告和备忘录，但同时，不论是在与内部员工还是其他公司的人，甚至是与媒体记者谈话时，我也都不忘收集信息。尤其重要的是那些来自客户的抱怨——就算是“内部的客户”我都不敢忽视。

举例来说，我从来不会想要在英特尔的培训课程中缩短我回答员工问题的时间，因为我觉得如此一来便少了评估我身为内部“供货商”的绩效的机会。顾客或员工之所以抱怨，是因为他们希望有些事能改进；注意听他们的抱怨，你能得到很多有效的信息。这点必须要牢牢记住——虽然不见得我们要“随着顾客的申诉起舞”。

我必须承认，不仅对我，而且是对大多数的经理人而言，最重要的信息往往来自简短而非正式的谈话。这种信息的传递速度往往也比任何一种书面报告或是小纸条快。而信息的价值，通常也和其时效有绝对的关联。

既然书面报告在时效性上略逊一筹，为什么我们还需要书面报告呢？它们的作用在于建立数据文件、过滤并确认纷至沓来的各种信息，且要避免有任何漏网之鱼。但相较于口头交谈，书面报告通常有另一个完全不同的功能。

在写报告时，经理人必须以比口头报告更明确的方式表达他的意见。因此，书面报告的价值在于提案人必须对自己的问题或方案进行更严格的审视。书面报告用来表示一个人的自律，远胜于它在传递信息上的作用。

类似的情况还有很多。就像我们后面会看到的，年度计划的“准备过程”往往就是结果。同样，资本支出授权（capital authorization）重在过程而非“授权”。为了准备一项资本开支请求的提案，你通常必须经过一大堆分析并运用一些手段，以确定及说服其他人相信提案的必要性，这整件事的价值在于激活这些人的思考。正式的认可之所以有用，就在于它强迫每个人在过程中必须自律。

要增强并且维持你吸收信息的能力，你必须先了解能获取信息的途径有哪些。信息也分不同的层级。口头信息虽然最有价值，但它们通常只能提供概括的、不完整的且有时不甚准确的信息。就像报纸上的标题，只能告诉你一个大概的情况，并无法告诉你详情，有时甚至会让你产生误解。所以你必须更进一步地去看这篇报道的内容，才能知道“五何”——何人、何事、何时、何处以及为何。经过这些理解，你才能够有一套自己的看法。

你绝对不能只靠某一种特定的信息来源。就像从杂志上你可能会读到最有深度的报道，但你经常等不了那么久。你的信息来源彼此间应该有互补，有时候信息内容可能重复，但你也因此可以前后对照信息的正确性。

有一个极有效的收集信息的方法经常被经理人忽

视——不时地在公司中走动走动。

为什么要这么做？想一想当有人走进一个经理的办公室时所发生的情况。通常这个经理必须停下手头的工作，和这个人先闲聊一下再进入正题，一场30分钟的会议真正触及问题核心的时间可能只有两分钟。但如果这个经理平时经常在公司里走动，有正事和经理谈的下属就可以在经理走过时马上提出问题，而经理也能马上回复，这个方法的效率及效果非常明显。

那为什么大部分经理人不采用走动的方法呢？因为他们觉得没事走到下属的身边很奇怪。在英特尔，我们克服这个问题的“绝招”是用“障眼法”——我们设计出一些“正事”让经理人必须在公司里走动，同时达到收集信息的目的。举个例子，我们要求公司内的经理担任“清洁周”的评审，因此他们必须去到一些他们平时不常去的地方，而在到处走动的过程中，他们便能收集到从实验室到安全部门的第一手信息。

从这样的安排中你可以看到，经理人不但收集信息，同时也是信息的来源。他必须将他所知的信息传递给他的下属以及影响力所及的部门。除了告诉他们一些既成的事实外，经理人还必须告诉下属他的目标、优先的事项以及做事的方式。这一点极为重要，因为唯有经过这样的沟通，下属的工作才能得到上司的肯定。将目标明确地与下属沟通，加上告诉下属有效率的办事方式，正是“授权”能否成功的关键环节。走动沟通还有许多好处，对公司来说，一个大家都认同的企业文化绝对有其必要性。一个明智的企业员工的做事方式自会与企业文化保持一致，如果大家都认同公司的企业文化，经理人常常能省下制定繁文缛节的时间和精力。

决策

另一种重要的管理活动当然是“决策”。有时候我们自己做决策，但多数时候我们只是参与决策。有时我们提供事实或只是提供自己的意见，有时我们讨论各个可行方案的利弊以确保决策的正确性。有时我们则必须对已经做出或即将产生的决策进行检讨，说不定还得投下否决票。

至于决策到底应该如何制定，我们过会儿再谈。现在我们先来看决策的形式。

决策基本上可分为两种，第一种是“未雨绸缪型”——像之前提到的资本支出授权，我们将公司资源依据未来将要进行的事情做适当分配；第二种是“亡羊补牢型”——这种决策是为应对公司中可能正在产生或是已经产生的某种问题——从品质管理有了瑕疵，到某个员工想离职。

非常明显，你对一件事情的了解程度将会影响你的决策，这便是收集信息对一个经理人如此重要的原因。

所有其他的管理活动——诸如传递信息、制定决策或是做你下属的学习对象，都是以你所拥有的信息为基础。这些信息有可能是你所知道的有哪些事该做，或哪些问题需要解决。但总而言之，所有的管理活动都根植于信息的获取上，这也是我选择花上大半天时间做这件事情的原因。有时候你的一些活动只是用来“稍微”地影响事情的进行。也许你只是打个电话建议你的同事该怎么做比较好，或者只是留张小纸条告诉他你观察到的市场状况，或者是在口头报告中提出你的意见。

诸如以上种种，你都只是在建议一件事该怎么做，但事实上你并没有真正地下什么指令。我们将这些称为“给予提示”，因为这种行为不只在传递信息，同时还在设法将事情或者人引导到你觉得对的方向上。这往往是会让我们花去大把时间的重要管理活动。它和“制定决策”不同的地方在于,“制定决策”经常会有明确的方向与结果，而“给予提示”则不然。在现实生活中，为了要制定出明确的决策，经理人通常得先给出好几次提示。

做好下属的表率

最后，我们谈一件可能不太明显，但身为经理人一天到晚都在做的事——当别人学习的对象。我们如何行事，常常会成为下属、同事，甚至你的上司的标杆。有关经理人必须建立的领导风格的论述已经太多，我不再赘述。我想说的是，“言传不如身教”。以上提到的管理活动，任何单独一个都无法成就你的领导风格。价值观和行事规范很难简单地说出来或是写在纸上，最好的方法就是“做”，还要做得“让人看得到”！

所有的经理人都该知道怎么用他自己的那一套做法发挥他的影响力，而且要让别人看得到。有些人喜欢在大庭广众之下高谈阔论，有些人则喜欢私下里一对一交谈。这些领导风格只有在我们认定自己是别人的表率的前提下才会管用。

我以上所提的并不仅限于大企业。一个小镇的保险业务经理在打私人电话的同时，也传达给他的下属“上班时可以打私人电话”的信息；一个律师在午餐时间喝醉酒后回到办公室，同样对办公室的人起了不良的示范作用。但相反的是，不管在大公司还是小公司，一个经理人如果做事认真，对周围的人也会有巨大的影响。

经理人的工作有大部分是在分配人力、金钱或者资产等资源，但其中最重要而且每天例行的工作便是调配自己的时间。理论上，我们永远可以设法得到更多的人力、金钱或者资本，但一个人每天只有 24 小时，不多也不少。因此，该如何运用时间便成为极重要的课题。以我的观点，如何运用时间甚至是一个人能否成为领导者或模范的最重要的一点。

你可以算出我一天中大约参与了 25 项活动，大部分是收集或传递信息，当然也有制定决策和给予提示。你也可以算出大约有 2/3 的时间，我花在了开各种各样的会议上。在你还没被这个数字吓到之前，先回答我这个问题：“在收集信息、传递信息、制定决策、给予提示以及为人表率这几项管理活动中，有哪一项我可以不靠开会达成？”答案是“没有”。会议为经理人提供了从事其管理活动的场合，但会议本身并非“活动”，它只是个“媒介”。

媒介可能是开会，可能是张小纸条，甚至可能是公司的扩音器。你所在意的是必须找到最有效的媒介以完成任务，这就等于如何找到最具“杠杆率”的活动。

什么是高杠杆率？

我们已经了解，一个经理人的产出，等于他直接管辖和影响力所及的组织产出的总和。那么，一个经理人如何才能增加他的产出？“杠杆率”这个概念可以给我们答案。我们将杠杆率定义为“各单项管理活动所带来的产出”，由此，我们便可以列出以下等式：

经理人的产出＝组织产出的总和＝杠杆率A×管理活动A＋杠杆率B×管理活动B……

在这个等式中，经理人所从事的每一项管理活动（管理活动A、B……）对整个组织都有或多或少的影响，而对整个产出的影响有多大，则取决于这项活动的杠杆率大小。一个经理人的产出便是这些乘积的加总。显而易见，为了有较高的产出，经理人应该把精力放在杠杆率较高的活动上。

经理人的生产力即其每个单位时间的产出，可通过以下三种方法来增加：

1. 加快每一项活动进行的速度。
2. 提高每一项活动的杠杆率。
3. 调整管理活动的组合，摒除低杠杆率的活动，代之以高杠杆率的活动。

在此，我们先从各种不同的管理活动的杠杆率谈起。要达成高杠杆率，大致上有以下三种情况：

1. 当一个经理人可以同时影响很多人时。
2. 当一个经理人的一个简单的动作或一段简短的话，可以对别人产生深远的影响时。
3. 当一个经理人所提供的技术、知识或信息，会对一群人的工作产生影响时。

在这三个方法中，第一个方法最容易理解。举个例子，罗宾是英特尔的财务经理，负责公司每年的年度财务计划。在她事先列出每个阶段需要收集的信息以及谁该负责哪些事情时，她就已经影响到了参与这项计划的人，可能在200人左右。

如果她事先便仔细考虑，她可以为接下来参与这项计划的经理人省去不必要的困扰（诸如所要求的项目不明确），进而省下很多的时间。她的工作对提升整个组织的生产力有所贡献，也因此有很大的杠杆率。

但到底这个杠杆率有多大，则在于她“何时”从事这项活动。很明显，事先便计划好要比后来才亡羊补牢地向其他经理人解释这、要求那有更高的杠杆率。

以下是另外一个有关杠杆率和时效的例子。当你知道有个极有潜力的员工决定辞职时，如果你想让他回心转意，最好赶快想办法找他谈谈。如果拖延，你的胜算就会降低。所以，为了提高管理活动的杠杆率，你一定得把“时效”的重要性铭记在心。

另外也请记住：杠杆率也有可能是“负”的——有一些管理活动只会减少组织的产出。

如果我是一个会议的关键人物，而我没做准备就到达会场，这场会议不仅会因我的粗心而浪费其他与会人的时间（这是直接成本），而且还会剥夺他们在这段时间做其他事情的机会（可观的间接成本）。

经理人每次传授知识、技能或价值观给下属，都是高杠杆率的活动，尤其当这些人再将他们所学到的传授给其他人时。

但同样，杠杆率并不一定是正的。以我对新员工的演讲为例，我当然希望这个活动的杠杆率高且助益良多。在两个小时的课程中，我将有关英特尔的历史、目标、价值观以及管理风格等信息传递给大约200个新员工。

除此之外，我也通过回答问题的方式，传达整个公司解决问题的态度。在这些员工对公司最具热忱的时候，这些活动的效果最佳，杠杆率也因此提高。

关于杠杆率我还有另一个例子。芭芭拉是英特尔的营销工程师，她负责训练一批业务代表，使他们熟悉公司的产品线。如果她做好她的工作，这批业务代表在真正上阵时便会觉得“装备齐全，虎虎生威”；反之，他们则可能铩羽而归。

最后一个例子是我们先前提到过的辛迪。她所在的小组负责将某些特殊的科技手段传授给公司内的生产部门。于是，她便让这个小组充当一个非正式的培训机构，以提高其他部门活动的杠杆率。

简单动作影响大

经理人也能通过一些不太费时但会对别人产生深远影响的活动来展现高杠杆率，业绩评估便是一个很好的例子。一个经理人只要花上几个小时做好这项功课，便会对相关人员产生极大的影响。

当然，在此，管理活动的杠杆率可能是正的也可能是负的。他的评估报告可能会激励下属并促使其调整努力的方向；但也可能影响到下属的士气，甚至让这个下属一蹶不振。

建立索引目录卡看似琐碎，但对提高每日工作的效率却有显著功效。建立起诸如此类的“管理小帮手”，通常只是一开始时有点小麻烦，但一旦建立起来，对经理人生产力的影响便极为长远。因此，这样的管理活动也有极高的杠杆率。

杠杆率降到“负”值的例子其实也不胜枚举。有一个英特尔经理在做完年度计划后发现，即使他在前一年千辛万苦降低了成本，他的部门在未来一年内还是不可能赚钱。于是他变得十分沮丧，并马上影响到周围的人，很快整个部门都笼罩在一片愁云惨雾中。而他并没有注意到这个情况，直到有个下属告诉他，他才发现问题严重，并赶忙重振士气。

负杠杆率的另外一个例子是“举棋不定”：一个经理人如果拖延了决策，通常会影响到其他人的工作。事实上，拖延决策经常等于做了一个错误的决策。绿灯不亮就表示仍然是红灯，而整个组织的工作可能因为拖延决策而停顿。

从以上的例子可知，“愁云惨雾”和“举棋不定”这两种经理人都会有很高的负杠杆率。如果只是业务培训没做好，再糟糕也不过是重新开办培训课程。但如果是士气不振或是拖延决策这样的情况就难救了，因为它们对一个组织的影响极为广泛又难以捉摸。

上级干涉是另一种常见的负杠杆率活动。这种情况通常是经理人利用他们的职权或经验，过度参与下属的工作，因此剥夺了下属实际执行的机会。举个例子，一个资深的经理看到一项指标显示了一个不好的趋势，于是他设计好一套详细的活动方案交给原先的负责人——这就是上级干涉。

通常来说，上级干涉表示上级用了太多技能性的指令（不管他是不是真的懂）。负杠杆率的产生来自这样的情况发生得太频繁时，下属可能因此变得畏首畏尾，渐渐失去了解决问题的直觉，并转而求助其上司。在这样的循环下，整个组织的产出必将减少，上级干涉理所当然地便是负杠杆率活动。

专家的影响力

第三种高杠杆率的活动是一个有特殊技能或知识的人，对其他人产生影响。英特尔负责定价的营销工程师便扮演着这样的角色。

因为他如果把价格定得太高，好几百个业务人员就会受到负面影响——不管他们多么努力，产品还是卖不出去。当然，如果价格定得太低，又无异于在做赔本生意。再举另一个例子。有一个英特尔的产品开发工程师，他对某一套特定的制造流程有极为深刻的了解。因为这套流程会成为其他产品设计师工作的基础，这个产品开发工程师便掌控着极大的杠杆率。

同样的情形，你也可以在石油公司的地质专家以及保险公司的精算师身上发现。这些都是专家对整个组织产生影响的例子。这些专家不管是拥有专门的知识、技术，还是对趋势、市场状况有独到见解，都能对其他人产生极大影响，其活动也因而有高杠杆率。

管理的艺术在于如何在那么多看似都很重要的活动中，挑出一两项甚至三项最重要的，然后全心全意地去做。对我而言，留心顾客的抱怨具有极高的杠杆率。

除了让顾客高兴之外，它通常也提供给我一些重要的工作指示。这样的抱怨可能不胜枚举，虽然都需要有人负责查明原因进而解决，但不见得每次都需要我亲自出马。至于哪些抱怨值得好好地追究、分析，这就是管理工作的艺术了。而这一艺术的基础便是一种能洞察出哪种抱怨较为严重的直觉。

授权也有杠杆率

因为经理人的时间随着其层级不同而有不同价值，授权遂成为管理中重要的一环。“授权人”和“被授权人”间的关系有一个必要条件：这两者必须有相同的信息基础，同时在开展工作和解决问题上有一套彼此认同的方法。这个必要条件经常被忽略。如果这两者间没有一些相同之处，那么只有另定繁文缛节，这个“被授权人”才有可能成为称职的代理人。但就像我们在谈“上级干涉”时提到的，繁文缛节通常会降低活动的杠杆率。

试着想象以下画面：我是你的上司，我走进你的办公室，手里拿着一支笔，我要你来拿这支笔，你伸手来拿，但我不放手。然后我开口说:“你怎么搞的？给你一支笔有这么难吗？”

我们都有这样的问题，即并不想真正把工作交给别人，因为我们喜欢自己做，不愿假手他人。就管理效率而言，这并不一定不好。你是在深思之后知道，即使这些事可以授权他人，你还是喜欢自己做。你必须确定自己在做什么，并且避免若有似无的授权。如果你的被授权人猜不透自己是否已被授权或不明白被授权的范围，将会产生极高的负杠杆率。

如果有机会，你愿意把你熟悉的工作或不熟悉的工作授权给别人吗？在回答这个问题之前，先考虑以下准则：没有完备监督计划的授权等于渎职。你绝对不能完全地抽身，即使你已经授权，你还是得负成败责任。全程监督整个被授权的工作是确保结果尽如人意的唯一方法。监督不是干涉，而是通过不时地检查，来确定活动的进行一如预期。因为监督你熟悉的工作比较容易，所以如果有机会，你应该把自己熟悉的工作授权给他人。但切记先前举的例子——理智叫你松手，但情感上你可能不太愿意。

现在请翻回到前面“我的一天”日程表。在高级主管会议中，我听了两个有关项目如何发展的后续提案。其中之一是一个极为重要的营销个案的现状，另一个则是如何缩短工艺的项目进度。以上两个都是“监督”的例子。首先，我们将这两个项目各指派给一位中层经理，并确定高级主管和这两位经理对项目达成了共识。然后这两位经理就分头去着手做，并定期向高级主管——也就是当初将项目授权给他们的人汇报。

监督原则

监督授权的方法其实和我们先前提到的品质管理极为类似。我们应该应用之前学到的原则，在产品价值最低时就进行监督。举例来说，你若交代下属写一篇报告，应该在他打好草稿之后便拿来看，不要等他花了大把时间把报告弄得漂漂亮亮之后，才发现其中有错误。第二项原则是设定检查的频率。你应该不定期抽查，并且对不同的下属使用不同的采样方法。至于你抽查的频率，则应以员工对授权项目的熟悉度而定。

在此需特别注意的是，所谓的“工作成熟度”（task-relevant maturity）是指其对特定项目的经验或熟悉度，而非对一般事情而言，这点我会在第 12 章进行更深入的剖析。在你的下属渐入佳境后，你便可以降低监督的频率。

要有效运用质量管理的原则，经理人应该不定期地深入了解细节，而且在次数上应该“不扰民”，以确保项目以合理速度进行为限。深入所有细节，就好像在制造流程的最后检测所有的产品一样。

要下属做某些特定种类的决策通常是上司授权的项目之一。怎样才能让这类授权有理想的结果呢？你可以监督他们制定决策的过程。但这又要怎么做呢？让我们以英特尔审核设备采购提案所需的流程来说明做法。

我们会要求下属在提出设备采购提案之前先将细节想清楚。接着，我们通过问他有关采购的重要问题，来检测他是不是真的仔细考虑过。

如果他的回答很有说服力，我们便会通过此提案。这套技巧让督察的人不用一一深入细节便能确保决策的品质。

提高管理活动的速度

当然，增加经理人产出的最明显的方法，便是提高其工作的速度。其中的关系，我们可用以下等式表示：

$$\frac{经理人的产出}{时间}=\frac{管理活动}{时间}\times 杠杆率$$

最常被用来提升经理人生产力（即他的“产出除以时间”）的方法是时间管理。在以上等式中，便是将分母减小。所有的管理顾问都会告诉你，提高生产力的方法是：一件事不要做两次，只开“站着开”的会（以此不会开太长），然后把办公桌挪到背对门口的位置（以此减少干扰）。这些时间管理的技巧，都可以通过应用我前面提到的生产管理原则而更臻完美：

1. 找出限制步骤

首先，我们要找出“限制步骤”——有一些活动对经理人而言是非做不可的，在日程中一定要排进去。对我而言，为新员工讲课便是其中一项。我知道该什么时间来授课，也知道授课前必须有所准备。这个时间没什么好商量的，因为有 200 个新员工到时会坐在那里等我上课。因此，我必须将这次课当作限制步骤，并以它为主来做规划。简而言之，如果我们能找出哪些事动不得，再将其他活动围绕这些重要性高的事来规划，我们的工作就会更有效率。

2. 类似工作集中在一起做

第二个可以用在经理人工作上的生产管理原则是：将类似的工作集中在一起做。所有的制造作业都需要一定的装配准备时间，同样，要让管理工作进行得顺畅且有效率，我们在进行一堆类似的工作之前，也需要一些准备时间。回想我们用来生产高品质的煮了 3 分钟的鸡蛋的煮蛋机，如果我们决定从现在开始，供应给客人煮了 4 分钟的鸡蛋，我们便必须减慢输送带的速度，让蛋能在热水里多煮 1 分钟。这样的调整需要花时间，因为我们不但要调整机器，还要多花时间检验这批新产品的品质。

减少“准备时间”的例子，在经理人的工作中有很多。比如，一旦我们找好了培训课用的图表，如果能将其运用在其他的课程或者会议中，很明显地，我们便提高了生产力。类似的情况，如果有个经理手上有一堆报告等着他看，或是有一堆业绩评估等着他审核，他就最好腾出一段时间，心无旁骛地逐件阅读，如此，他在“思考活动”上的准备时间便能减少。

3. 安排好你的日程表

工厂和修理厂的运作有何不同之处？后者通常是向有事才登门的顾客提供服务，一件事情处理完后再处理下一件；而工厂则通常靠预测。以我的经验，管理工作中的大部分也可以靠预测。因此，为了避免现实生活中管理工作的琐碎感觉，将你的计划按照你所能预测的部分来拟订将事半功倍。这其实和有效率地运作一个工厂的理念相同。而经理人预测时借助的媒介是什么？答案非常简单——他的日程表。

多数人只是把日程表当成储存“该做什么事”的仓库：有人扔过来一件事，告诉一位经理某日某时该做什么事、该开什么会，然后这些事情就马上出现在他的日程表中。这样实在是非常被动。为了能对时间有更好的掌握，经理人应将日程表当成规划生产流程的工具。主动地找出限制步骤，然后再将其他较不重要的活动安插进去。在把日程表当成生产计划工具之前，你必须明确两点：

首先，你必须活用日程表。在排定了“一定要在某个时间做”的事情后，再将“重要但不太紧急”的事项插进空隙。

其次，对于超过你工作负荷的事，你必须说“不”！在一发现某事做不了时就说“不”是很重要的。先前我们已经学到，如果到了产品经过加工，有了较高价值之后，才发现产能上不能负荷而必须废弃，将会造成更多的时间以及金钱上的损失。所以，你应该明确地表示不行或者婉言拒绝。因为如果你接下了一件事而到后来没法交差，其结果还是与一开始就说“不”一样，甚至更糟。

我们甚至可以应用“弹性空间”的生产准则——不要把你的日程表排得太紧凑。高速公路的工程师在设计时，便知道每段道路最大的车流量是多少。虽然少点车在路上跑好像没有发挥其最大功效，但是如果这段高速公路只按照现今的车流量设计，那么以后这段路一旦繁忙起来，整条路就会变成停车场。现在我们在高速公路出口的匝道处所看到的信号，便是一个亡羊补牢的方法，以控制高速公路上的车流量。这种做法同样能应用在管理工作上。你必须预留一些时间，以应对不速之客或者非预期的电话，避免一天的日程太忙乱。

千万记住，你的时间有限，在接下一项任务时，你同时也拒绝了另外一项任务。

4. 建立指标

在此，另一个生产管理的准则——建立指标——可以派上用场。生产线上的人信赖他们所建立的指标，如果生产线已经达到最大的负荷量，他们便不会再输进任何原料。如果他们蛮干，便会产生问题。所以他们在一开始就会对原料的输入进行控制，以免让整个系统超负荷。

办公室的中层或其他经理人可能会因为找不到负荷量的指标，或是觉得指标的可信度太低，而觉得这个原则难以应用。但其实该花多少时间读一封信，或是写一篇报告，或是和同事开会，即使你没有精确的答案，心里也总会有个底。你应该应用在这方面练就的直觉来规划你的工作。

5. 存货法

另外一个我们要应用的生产管理的准则是建立“存货”。但这里所指的“存货”，和在生产管理中提到的不太一样。一个经理人必须要有一些“项目”的存货。不要把此存货和早餐店里的生鸡蛋混为一谈。因为厨房里的蛋放久了会变臭变坏，而我这里指的项目的存货，是那些你并不急着完成的项目，比如一些用来提高部门长期生产力的项目。如果没有这种项目的存货，这个经理人可能一有空当，就想去干涉下属的工作。

6. 标准化

最后一个要谈到的生产管理原则是“标准化”。如我们所知，生产的流程一旦设定，或经过以往的试验发现有效率后，便不会任意改变。

但在经理人身上，你总能发现他们经常在用不同方法处理同样的事情。我们应该设法让处理相同事情的方法更趋一致。当然，我们也不要因此扼杀了思考的空间。在建立标准化的行事程序的同时，我们应该继续因时制宜地想想有没有更好的方法。

你应该有多少个下属？

管理杠杆率中有个重要变量是“下属的人数”。

如果下属人数不够，很明显，经理人的杠杆率就会降低；而如果太多，同样也没有效率。根据经验，如果负责“带人”是这个经理人的主要任务，那么他大约应有 6 ~ 8 个下属。3 ~ 4 个太少，10 个又太多。这个数字是以经理人大约在一星期内需要花半天时间在一个下属身上为条件计算的。（如果他在一个下属身上一周花上两天，可能会有“干涉”之嫌；而如果一个下属只分到一个小时，那么在会面时他可能连正事的边儿都沾不上。）

这个“6~8个下属”的配置适用于传统组织架构中负责“带人”的经理。那么属于决策支持的技术顾问又该有几个下属？就算他连一个助理都没有，他事实上还是有下属的——比如他服务的内部客户。想想看，这些内部的部门可能一周内就要花掉这个顾问半天以上的时间与他讨论如何规划、协调等等，因此当然可以算成他的下属。所以，不管是分层级的经理还是咨询顾问，都应该切记这个“6~8个下属”的原则。

但企业也可能因为组织架构的关系，难以达成理想的“6~8个下属”的分配比例。一家制造工厂可能同时有工程部和生产部。在以下的例子中，只有两个人应该直接向这家工厂的厂长报告。而这个厂长可能又兼任总工程师。

换句话说，生产部经理还是得向厂长报告，但厂长可能会直接管理工程部的人。所以实际上有6个人直接归这个厂长管理（见图3-1）：1个生产经理和5个工程师。在这样的组织架构中，工程师的层级仍旧比生产经理低——虽然他们可能都渴望得到这个职位。

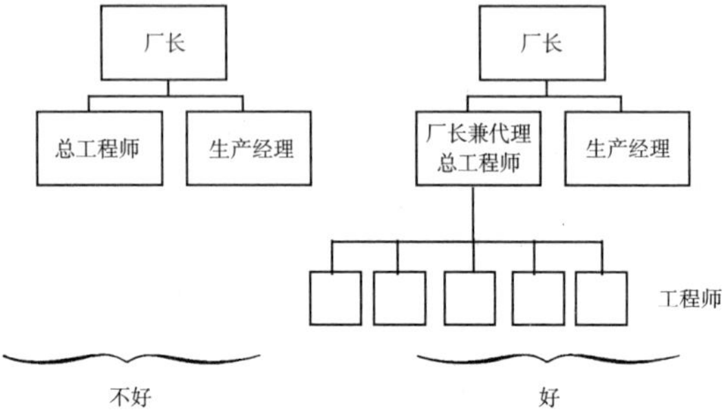

图 3-1　适当的组织架构

干扰与突发状况

接下来要谈的一个重要的生产概念就是“规律化”（regularity）。如果餐厅的顾客永远按照固定频率上门，没有淡旺季，厨房的工作将会更有效率。虽然我们不能控制消费者的习惯，但我们应该尽可能让工作量不要有太大的起伏。

经理人的工作最好像制造工厂（预测生意，做好准备），而不是修车厂（只能等着生意上门）。你应该尽量避免走走停停或是被紧急情况干扰。当然，意外在所难免，但我们应能通过组织在这个黑箱上“开窗”的方式，看出哪些事情可能会在未来造成麻烦，找出这些“定时炸弹”。

你大可以在适当的时机设法解决问题，而不是等到危机出现时一脸茫然，措手不及。

由于经理人的工作有一大部分需要与其他经理人沟通协调，所以只有在其他经理人也有与你同样的想法时，“规律化”才有可能实现。而经理人有了共识后，在同样的时段里，大家就应该只做类似的活动。

在英特尔，星期一早上是所有企划人员开会的时间。因此，企划人员知道如果有其他会议需要安排，应该避开星期一上午。

有一次，我们请了大约20位英特尔中层经理人参与一项实验。实验中，我们将他们两两配对并进行角色扮演。一个仍是经理，他苦思着到底是什么限制了他的产出；另一个则扮演协助他分析问题并找出可行解决方案的顾问。

最常被经理人提出来的问题是那些“不速之客”——各式各样难以控制的干扰。不论是实际带人的经理还是咨询顾问，都有同样的问题，每个人都觉得这些“不速之客”干扰了他“分内”的工作。通常，这些干扰都来自经理人的下属，或虽非直接受他管辖，但职务上会受其影响的人。对负责制造的经理人而言，干扰可能来自生产作业人员、营销人员，甚至是外面的顾客。

实验中顾问们提出来的解决方案多半不切实际。提得最多的是“找个地方躲起来，这样一来便有属于自己的时间”。这不是一个令人满意的答案。因为这些来“干扰”的人显然是“无事不登三宝殿”，如果经理人用各种方法“躲起来”避免干扰，问题只会越来越多。还有一种方法也常被提到——“叫这些人在某些时段不要打电话来”，这招也高明不到哪儿去。

解决的良方

在此我要献上解决的良方。我们可以应用生产管理的概念——“标准产品”来解决此困扰。如同制造商供应标准产品，你在管理工作上也可以针对经常碰到的问题准备好标准答案。通常，经理人的“顾客”——他的下属或其他部门的人，不会一天到晚总有新问题。因此，如果经理人能设法将常见的问题归类，并准备好答案，便能减少处理问题的时间。当然，既然能准备好答案，就表示经理人可以将其授权给其他下属来处理。

除此之外，我们也可以运用先前提到的“将类似的事情集中在一起做”的生产管理准则。很多问题可以留至部门会议或是“一对一”会议时再一起处理。如果这样的会议按时举办，当你要求下属将问题集中到开会时再提，他们应该不会向你抱怨。这样一来，你就能减少不少干扰。

此外，运用“指标”——尤其是长期以来建立的指标，也可以减少经理人处理干扰的时间。回答一个问题的快慢，取决于他要花多少时间找到相关的信息。如果这个经理人已建立了一个数据库，他便不会在每次有人丢来问题时手忙脚乱。

如果干扰你的人知道他们对你造成了不便，他们也许就会自律一点，不会一有鸡毛蒜皮的小事就如火烧眉毛般地来找你。经理人同时应该要求那些经常登门造访的“顾客”先想想有些事是不是可以先等一等。他可以在办公室门上挂出“免战牌”:“我要处理一些事。除非你真要挂急诊，否则在下午两点以前敝人不应诊。”然后再列出一些时间，告诉这些“顾客”有任何问题都可以在那时上门。

这个问题的关键是：你的“顾客”也是有事才来相求。但你可以想办法避免干扰，化不规律为规律。为他们提供一些多元的“就诊途径”（诸如开会或找个特别的时间）来处理他们的问题。

在此我们学到的要点是：建立起处理问题的模式。在制造生产上，“化不规律为规律”是最基本的准则。在处理那些让你效率降低的干扰时也可以使用这个准则。

第4章

管理的必经之路：开会

你绝对无法避免开会，但你可以让会议更有效率。

开会这事几乎是恶名昭彰。有一派管理学者认为经理人逃不过开会这一关。

曾有人做过研究，发现经理人将超过50%的时间用在了开会上，并且暗指这是浪费时间。管理大师德鲁克也曾说，如果一个经理人将超过25%的时间用在开会上，这个组织就有问题；威廉·怀特在他所著的《组织人》

（*The Organization Man*）一书中，也将会议描述为经理人必须忍受的、没有丝毫贡献的劳力工作。

但也有一派学者对开会持不同看法。早先我们提到过，中层经理人工作中很重要的一部分是提供信息与技术，并且将较理想的行事方法传授给受他管理或影响的人；另外，经理人也必须制定决策，或者帮助别人制定决策。而这两种职责，都必须面对面开个会才能履行。

因此，我必须重申：会议是从事管理工作必需的媒介。你绝对无法避免开会，但你能让会议更有效率。

以上提到两种不同经理人的职责，也因而造就出两种不同性质的会议。第一种是关于知识技能与信息交流的，我们称之为“过程导向”会议，通常属于例行性的；第二种则是为了解决某些特定的问题，我们称之为“任务导向”会议，在这样的会议中，通常会有一些决策产生。后一种会议举行的时间不定期，因为我们很难预测在什么时间、什么环节会出问题。

过程导向会议

“规律化”是提升此类会议效率最好的方法。换句话说，与会的人都已经明白会议进行的方式、需要讨论的议题以及需要达成的目标。会议的设计，应该能让经理人将同种性质的管理工作聚集在一起，以减少准备时间。

当会议形成规律之后，参与会议的人就能预测会议所需的时间，在每个经理的生产控制系统上（即在他们的日程表上）也就能有明确的记载，不会因为太多的不确定性或变动对生产造成太大影响。

在英特尔，过程导向会议又可分为以下三类：一对一会议、部门会议以及运营总结会议。

◆ 一对一会议

在英特尔，一对一会议通常是由经理人召集他的下属召开的，这也是维系双方从属关系最主要的方法。一对一会议主要的目的在于互通信息以及彼此学习。经过对特定事项的讨论，上司可以将其技能以及经验传授给下属，并同时建议他切入问题的方式；而下属也能就工作中碰到的问题向上司进行汇报。就我所知，其他公司很少定期举行一对一会议。

我曾经问过其他公司的经理有关一对一会议的频率，通常得到的答案是："我和下属（上司）开会不需要特别安排时间……我们在公司里随时都能见面。”但一对一会议和上司与下属在公司里偶尔碰个面，或应对特定议题的任务导向会议，是大不相同的情境。

在英特尔草创时期，我负责管理工程部门和制造部门。由于之前的工作经验都在半导体研制上，因此，我对公司中最主要的产品线——内存设备的一些制造窍门几乎一无所知。

所以我请受我管理的工程部和制造部门主管私下帮我恶补一番。在这样的会议中，下属努力地教，上司也拼命地学。随着英特尔的成长，这种会议的精神也被发扬光大。

谁应该开这种一对一会议呢？在某些情况下，一个经理人也许应该要求每一个受他管理的下属都出席会议，但这不在我们现在讨论的范围内。我现在谈的是上司和直接向他报告的下属之间的会议。

一对一会议该多久开一次，或者换个角度来说，你该如何决定与某甲或某乙多久开一次一对一会议？答案在于这个下属对工作的熟悉度。他对手上这项特定工作到底有多少经验？要特别注意，这里所指的经验并不是一般概括性的经验。有效率的管理是根据下属对工作的熟悉度进行不同程度的掌控。如果他处理的是新项目，你应该提高和他开会的频率（也许一周一次）；反之，如果他对这个项目已经游刃有余，你可能一个月和他开一次会就够了。

另外一个你必须考虑的因素，则是在这项特定工作中事情变化的速度。

举个例子，营销部门的开会频率可能要高于研发部门，因为市场瞬息万变；而研发人员在有了一定的工作熟悉度后，通常较能独立作业。

一对一会议应该开多久我没有明确的答案，但你必须让下属觉得时间充足到能提出一些棘手的问题。试想，如果你碰到一个问题想和上司讨论，他对这个问题的关心度应该仅次于你，但会议预计只开 15 分钟，在这样的状况下，下属大概连提都不想提。我觉得一对一会议最少要开 1 小时，短于 1 小时的会，将使你的下属只能提一些容易解决的问题。

这种会议该在你的办公室还是下属的办公室举行呢，还是你们应该另找一间会议室？我的建议是在他的办公室，或至少离他比较近的地方。借着到他的办公室，你可以顺便了解其他情况，例如他做事是不是很有条理，他会不会花很多时间找东西，他在开会时是不是一直有人或电话干扰，他做事切入的方式如何。

你必须将一对一会议视为下属的会议，应该由他负责会议议程以及掌控会议的气氛。会议总得有人负责准备。如果一个经理人有 8 个下属，而准备的责任在他，他便必须准备 8 次；但责任若在下属，他们每一个人只要准备一次。

因此下属是负责准备一对一会议的最佳人选。除此之外，下属还应准备一份会议纲要，这很重要，因为这会促使他事先仔细考虑一下要提出来讨论的议题。而且有了纲要，上司也可以在一开始就知道要讨论哪些事项，以便设定好会议的步调。这份纲要还能让下属知道有哪些相关资料必须事先准备好，并在会议中让上司了解。

◆ 上司的角色

有哪些问题应该在一对一会议中讨论？会议可以从一些绩效数字，或是下属用来作为指标的订单量、生产量、项目进度等开始。

有问题的指标应该特别加以关注。会议应该同时涵盖前次会议之后发生的任何重要事情，无论是人员招聘还是一般人事、组织的问题，或是关乎未来的规则等都可以拿出来讨论。

重要的是下属应负责提出潜在的问题。虽然问题可能不明显，但下属只要感觉事情有可能出错，就应该让上司知道。因为经理人可以趁机在组织的黑箱上开几扇窗，一探究竟。那些让下属觉得心烦或是不知如何着手的事，便是会议中需要讨论的事。通常，这种问题都不明显，要花些时间才会摆上桌面。

上司在一对一会议中应该扮演什么样的角色？他应该是个协调者，让下属能畅言自己的工作状况或有什么不顺的情形。上司集学生和教练的角色于一身。德鲁克曾对经理人在这方面的职责下过很好的定义："善用时间的经理人不必告诉下属他们的问题——但他知道怎么让下属将他们的问题告诉他。"

这要如何做到呢？你可以套用我的秘诀：再多问一个问题。

当经理人觉得下属已经讲完他想说的话时，应该再多问一个问题，通过发问，让双方的思想进行交流，直到彼此都觉得已经"知无不言，言无不尽"。了

我还要提供另一些让一对一会议更有效率的招数：

1. 上司和下属都应该提前拿到会议纲要，并且都应在会议中做笔记。这有几个目的。我几乎在任何场合

都会做笔记，而且经常是做完了就不再看第二遍。这主要是为了让我在会议中集中精神，并消化我所吸收的信息。通过在会议上做笔记，我强迫自己将信息按照逻辑方式分类，因而能更有效地吸收信息。

2. 同样重要的是“写下来”这个动作代表的意义。当你的下属在你提出建议之后马上动笔记下时，这个动作其实表示的是一种承诺。就像握手一样，你可以确定你会看到事情的进度。而上司也可以通过记笔记，在下一次会议时追踪进度。

3. “建立存档”是一种很有效的节省时间的方式。不管是上司或下属，都可以将一些重要但不太紧急的事项列入此档案中，留待下次讨论。这是生产管理中“分批处理”原则的再应用。借此，我们可以减少突发状况对我们产生的干扰。

4. 上司应该鼓励下属在一对一会议中讲些“心里话”。借此会议，上司可以了解下属平常不愿意讲的工作问题。他是不是对他的绩效满意？他是不是遭遇了挫折或碰到了阻碍？他是不是对未来产生了怀疑？但这种“交心谈话”必须慎选时机。如果很不巧你们在会议快结束时才谈到这种话题，你的下属可能只会告诉你他工作不顺想离职，而你却只剩下 5 分钟处理这个棘手的问题。

5. 随着现代企业规模的扩大，通过长途电话举行一对一会议越发重要。但这样的开会方式唯有事前妥善准备才能奏效。上司仍旧必须在会议之前拿到会议纲要，而双方也还必须做笔记。因为你无法看见对方的动作，当场做笔记的意义便比不上面对面会议中的，但你们不妨在会议后交换笔记，让彼此了解对方许下的一些行动承诺。

在每一次会议结束前，都应该计划下一次开会的时间，借此可避免因为与其他事撞到一起而必须取消会议。例如，你可能设定每隔一个周三和某甲开一次会，但他可能因为年休假而必须改期。如果在每次会议结束前定好下一次开会的时间，便可以减少这类困扰。

◆ 一对一会议的杠杆率

至于一对一会议的杠杆率，可以通过以下例子来解释。假设你和你的下属每隔一周开一次会，每次的时间为 90 分钟。也许，你花的 90 分钟不仅能提升这个下属接下来两周——也许超过 80 个小时的工作品质，还能增进你对他工作的了解。毋庸置疑，一对一会议有巨大的杠杆率，而这都是通过上司和下属间建立起共同的信息基础，以及相似的处事方式来达成的。就像我先前所提，这也是要达到“成功授权”的唯一途径。

与此同时，如果上司想做好决策，那么他在会议中“从下属身上学到的东西”绝对很重要。我曾和英特尔的业务部门主管举行一对一的会议，我们核查了订单的趋势指标。我对这些事并不是非常在行，但他提供了数据以及资料，告诉我某条产品线的生意已经停止增长。

虽然在夏天生意本来就不太好，但他向我证明了这不只是淡旺季的问题。经过一番思考之后，我们心不甘情不愿地接受了这个事实。这表示之后我们对此产品线的投资要转向保守——这可不是一桩小事。

通过信息分享，我们建立起共同的信念并得出共同的结论：扩张计划转为保守。业务部门的主管决定控制自己部门的成长，而我决定把我和他开会的结论转达给其他部门主管。这个一对一会议，因为对整个公司都有影响，实际上等于创造了极大的杠杆率。

虽然有点离题，但我想一对一会议对你的家居生活也会有所帮助。我有两个正值青春期的女儿。我发现当我们一对一交流的时候，所谈的话题及谈话气氛和在其他场合都不一样。一对一让我们可以较严肃地谈一些细微且复杂的事情。因为是在家里，一对一会议通常是在餐厅举行，因而没有笔记，但这种父女聚会和公司的一对一会议极为相似。以上两者我都极力推荐。

◆ 部门会议

部门会议的与会人员包括部门主管及其下属，因此部门会议提供了一个同事间互相交流的机会。之后我们将会谈到，同事间的互动并不是件容易的事，尤其是涉及制定决策时更是难上加难，然而这又是做好管理工作的关键环节之一。

通过部门会议，你可以了解下属之间的互动关系，并且促进这种关系好好发展；同事之间能加深认识，经理人也能借此学会角色互换，他必须知道和其他经理人共事时，如何才能更有效率。

部门会议也让上司能够在会议的冲突或是交换意见中更加了解事情的真相。就我而言，在开这种会时，如果有两个人对同一议题持不同意见，我通常能从他们的争论中更清楚地了解这件事情。

我第一次的部门会议经验是在好多年前，那时我是一个半导体设备研究工程部门的主管。该部门的工程师要么研究不同的项目，要么各以不同的切入点研究同样的问题。我是部门主管，但我发现这群人对彼此工作的了解经常胜过我对他们工作的了解。于是我们在开部门会议时气氛通常比较热烈，我觉得这远比他们单独向我报告要好得多，而我在部门会议中也因下属之间的讨论而收获颇丰。

有哪些事是应该在部门会议中谈的呢？只要问题牵涉两个以上的下属，就应该是会议讨论的议题。但如果一不小心，会议变成只有两个下属之间的对谈时，经理人要赶紧站出来打断他们，告诉他们私下或以后再谈，然后进行下一个议题，让更多的人参与讨论。

部门会议的结构又该如何呢？是天马行空的头脑风暴，还是井然有序地按议程进行？我的建议是，这种会议必须有计划地进行，而且与会人员应该事先知道要讨论什么，这样他们在开会前就能做好准备。但同时部门会议还是应该保留一段自由时间，让大家能畅所欲言。这段时间与会者可以谈一些工作上的细节，甚至提出一些还未成形的提案。如果你觉得可行，便可以将此列入下一次部门会议的议程中。

上司该在这样的会议中扮演什么样的角色？是引导会议进行，还是在一旁观战？是密切关注会议的进展，还是直接参与发问并制定决策？答案是“以上皆是”。但请注意：我并没有将当个“主讲人”包括在内。开部门会议并不是让经理人扮演一个高高在上的角色。部门会议最主要的目的在于自由讨论，如果经理人借此机会运用权势开始“一言堂”，无异于违背了会议的基本宗旨。

图 4-1 告诉我们，经理人在会议中最主要的角色是协调者，负责控制会议的进度和化解纷争。会议的议题应该让下属负责，经理人的责任则是控制会议不要偏离议题。召开部门会议是制定决策的理想途径，因为与会者多半已在一起工作了一段时间，大家对彼此都有一定程度的了解，知道谁经常离题或是在开会时做白日梦，或是谁在某一方面是专家……部门会议其实就像一家人在餐桌上的对话。而在企业其他类型的会议上，与会人士通常不是很熟，那感觉就像是一群陌生人聚在一起但要做出一些决定。

◆ 运营总结会议

这种会议为一群不常合作的同事提供了互动的机会。

因此，在会议议程的设计上，应该让与会者有机会向同事介绍他们的工作内容，使大家能对公司有更深的了解。

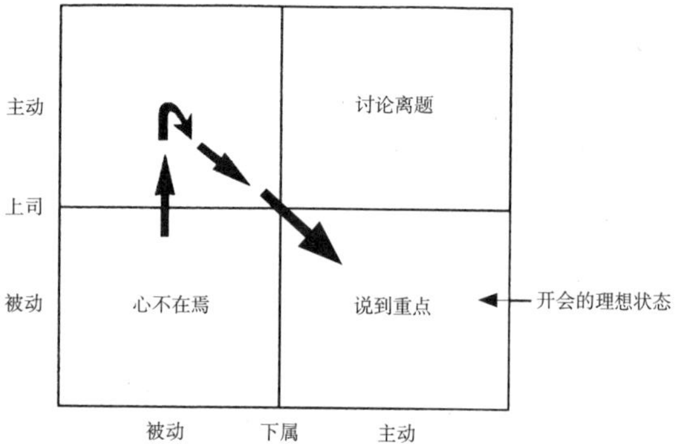

图 4-1　上司在部门会议中的作用应在于让讨论不偏离主题，让下属能多表达意见，说到重点

在英特尔，运营总结会议最主要的目的是，让因组织关系而没有机会开一对一会议或部门会议的人，也能有机会彼此学习与分享经验。这对新进和资深的经理人都有好处。

初级经理人可以从资深经理人的批评、意见或建议中获益；而资深经理人也能通过初级经理人深入了解细节，对问题有另一层的认识。这种会议同时也有激励的作用：这群与会经理人在提出提案时会力求表现，一方面期望获得上司的注意，另一方面也想从同事中脱颖而出。

在运营总结会议中有哪些重要的角色呢？大致上可分为以下 4 种：会议召集人、总结负责人、提案人以及其他与会者。为让会议取得成功，每个角色都极为重要。

1. 会议召集人

提案人的上司是当然的会议召集人。我们以英特尔的营销部门为例，如果是产品经理提出提案，产品群经理就该负责组织这场会议，包括帮助这个产品经理决定什么该讲、什么不该讲、什么该强调、什么该深入细节。这个上司还得负责布置会场，包括借会议室、准备视听器材、发会议通知等。除此之外，他还得扮演计时员角色、安排议程并确保会议按计划进行。虽然讨论所需的时间很难控制，但作为资深经理的上司总是比较有经验的。如果在会议进行中，他发现提案人可能会超时，他应该暗示提案人注意时间，免得提案还没谈到重点，会议就结束了。

2. 总结负责人

这个角色通常是由一个部门的总经理或资深主管担任，这是个重要且要懂得拿捏分寸的职位。总结负责人需要总览运营成效，提出问题及意见，并同时教会下属处理事情的方法。他要激发与会人员参与会议讨论，并以身作则地带动自由讨论。他不应该在会议前事先阅读相关资料，因为身为这群下属的表率，他应该能在会议中临场应变。如果他在事先想好了招数，就会让大家跟着他的思路走。

3. 提案人

提案人应该尽可能地利用各种视听辅助器材，如幻灯片、投影仪等。人在接收信息时，视觉和听觉同样重要，如果能同时运用两种辅助器材，一定能帮助与会人员更容易地了解提案内容。但注意不要喧宾夺主，毕竟幻灯片只是用来辅助的。我曾经不止一次看过某些经理人的提案——他用遍了他的幻灯片但听者仍不知所云。根据我的经验，4 分钟的讨论或提案用一张幻灯片或投影片比较适当。它可以是图表或是统计数字，提案人可以用荧光笔或彩笔在表上标出任何他希望强调的部分。在整个提出提案的过程中，提案人都必须仔细观察与会人员的反应。他们的面部表情或是肢体语言都可以反映出他们是否听懂了，是否希望提案人重述一次，或是他们是否觉得很无聊，希望会议赶快结束。

4. 其他与会者

其他与会者并不是跷着二郎腿坐在那里，他们的参与以及发问，对一场有效率的运营总结会议不可或缺。如果一个参与会议的人从头到尾都不正眼瞧一下提案人，或是在一旁打呵欠看报纸，那实在是比不来参会还糟糕。因为他不但削弱了提案人的自信，而且也浪费了自己的时间。你应想办法在这段时间里提升你及整个公司的效率，专心听别人讲并记下一些也许值得一试的事情。

如果有什么事情你听不懂，或是有其他意见，就尽管发问。每个与会的人都有责任在提案人说错话或提供错误数据时纠正他。千万记住，老板是付钱请你来开会的，而不是请你来午睡的。开会，也是你的工作职责之一。

任务导向会议

我们先前提到的过程导向会议的召开频率基本上都是事先规划好的，会议功能以信息交流为主。但任务导向会议则不然，这种类型的会议随时召开，而且必须产生决策。任务导向会议成功与否的关键在于会议主席，但通常没有人挂这个头衔，不过无论如何，总会有个人最在乎这场会议的结果。

事实上，通常也是这个主席负责召集会议，他在会议举行之前就开始忙了。他在会议中通常会表现得和其他列席人员一样，并期望会议结果能如他所愿。如果会议无法达成预定的目标，这个主席要负全责。

因此，主席对会议该如何进行、有哪些决策需要制定，必须了如指掌。如果你是会议主席，但不知道你想得到什么，你就什么也得不到。所以，在召开会议之前，先问问你自己：有什么任务要通过这场会议达成？是不是有开会的必要？如果你还有一点迟疑，或还有其他办法可以协助你达成任务，就先别动开会的念头。

据我的估计，一个经理人的时间成本（包括任何费用），大约是每小时 100 美元。所以，如果一场会议长达两小时，并且有 10 个经理人参加，这场会议的成本便高达 2 000 美元。

即使身为集团总裁，如果我的支出达到 2 000 美元——不管是买台复印机还是来一次商务旅行，都得事先征求财务主管的同意，而经理人却常因一时兴起就开场价值 2 000 美元的会。所以，即便你只是受邀列席会议，也应该先问问自己：这场会是不是该开？我是不是该列席？如果你觉得没必要开或你不一定要列席，赶快告诉这次会议的主席。

在你还没投入大量时间及公司的资源之前，你就应该确定会议的目的。没必要的会在其附加价值尚低时就及早取消，然后找其他的替代方案（一对一会议、打电话或是留纸条）帮助你完成任务。

现在假设有一场会议是非开不可的，那么这场会议的主席马上就面临必须要办的一连串事情。

首先就是决定谁应该出席会议，然后赶快通知。但绝对不是发了会议通知或打电话问问就了事，你必须要确定这个人能否出席。如果他正巧有其他要事，你就应该请他找个能代表他的人来。

这种要做决策的会，如果与会人员是 6 个或 7 个甚至更多时，就会有点儿推不动。

决策会议不容有人“坐山观虎斗”，这种旁观者只会阻碍决策进程。另外，主席也必须维持会场的纪律，他绝不能允许有人迟到而浪费大家的时间。记得这种会的成本是每小时 100 美元乘以参与会议的人数，浪费时间就等于浪费公司的钱。对迟到的人绝对不要客气，就像你逮到一个人从公司偷走价值 2 000 美元的设备，你不会给他好脸色看一样。

当主席终于可以把重心放到议程上时，他必须要确定所有视听器材都已在会议室里待命，他还必须确定每个与会人员都已拿到了议程。从议程中，大家能知道会议的目的，以及每个人所要扮演的角色。以下便是一个议程的范例：

致：远东厂厂长、制造部经理、集团施工经理、总裁

发件人：远东区施工经理

主题：菲律宾工厂地点决定案

时间：10月1日星期五上午11时～下午1时

地点：圣克拉拉会议厅（212室），同时与菲尼克斯会议厅（四室）联机进行电话会议

会议目的：决定菲律宾工厂的建立地点

11：00～11：30　制造上的考虑（远东厂厂长）

11：30～12：00　施工上的考虑（远东区施工经理）

12：00～12：45　总结可行方案并决定最佳方案（远东区施工经理）

12：45～13：00　讨论（全体与会人员）

这整件事看来也许有些烦琐，但到底是“有纪律”还是“太多细枝末节”全在你怎么看。如果主席要你会前一定要准备，而且一定要准时，你可能会觉得他严苛；但换个角度想，如果你准备齐全又准时到达，而另一个与会人

员迟到又没准备，你恐怕会在心里埋怨半天。

我猜想医院的手术室也许与此类似：在场医护人员的操作有时也许并不百分之百精确，但身为一个病人，我总希望手术室里越有纪律越好。

会议一旦结束，主席便应以发送会议记录的方式确定决策的内容，以及即将采用的方案。会议记录发送的时间很重要，越快越好，最晚也要在与会人员忘记开会内容之前送到他们手上。会议记录应该尽可能详细，让看的人知道有什么事该做、谁负责去做以及什么时候做。这看似很麻烦，但如果这是一场值得开的会，做会议记录就不过是一点小小的投资（高杠杆率的活动），却能有极大的回报。

理想状态中，经理人应该从来不需要开这种应变式的任务导向会议，因为所有的事都应该在例行性的过程导向会议中处理好。

但在现实情况中，过程导向会议大约只能处理 80% 的事情或是问题，剩下的 20% 还得靠任务导向会议来解决。德鲁克曾说，如果经理人将超过 25% 的时间用在开会上，这个组织就可能出了问题；我觉得这句话必须改成："如果经理人将超过 25% 的时间用在应急的任务导向会议上，这个组织就一定出问题了。"

第5章

不挥舞权杖的决策

我们希望决策是由离问题最近，而且最了解问题的人来制定的。

制定决策，或更准确地说，参与这些决策的制定过程，是每个经理人每日例行工作中非常重要的一部分。决策的范围极为广泛，可能很笼统，也可能很琐碎；有时复杂，有时又很简单：我们是买一栋办公大楼还是租用？这笔账该记负债还是资产？该录用甲还是乙？该调薪7%还是 12%？我们能否将某产品的原料用量减少而不影响品质？在法院上诉时，我们能不能胜诉？部门圣诞晚会的饮料是不是要免费供应？

在传统产业中，管理层级及命令传达的架构通常都很清楚，负责制定某项决策的人在组织中也占有与此决策相关的特殊位置。俗话说："位高"（在组织中的地位高）则"权重"(制定决策的能力或权限大)。但如果是一家以信息与科技为主导的公司，决策系统可能大不相同。决策权不再完全由职位决定，另一批掌握知识和技能但职位不高的决策新秀将脱颖而出。

这是为什么呢？因为信息与科技一直在发展，一个在多年前毕业的大学生，即使他在当时掌握最先进的科技，并通过不断努力获得提升，且随着时间的推移，他在组织中的位置又不断上升，他对最新科技的了解也早已大不如前——可能远不如一个初出茅庐的大学理科毕业生。

换句话说，即使这位经理人在加入公司时是科技精英，他现在对公司的"最新科技"的贡献也大不如前。至少在我们公司是这样，经理人每天都在"折旧"。因此，像英特尔这样的科技公司，必须采用和传统产业不一样的决策系统。如果我们用传统产业的那一套，有些决策制定可能就会落在不是真正明了该项科技的人身上。

如果一个企业要靠掌握的知识赖以谋生及成长，那么“知识的力量”与“职位的力量”之间的分歧会越来越大。

如果你的企业成功的关键在于信息与科技，你该采用哪一种决策系统？再次强调，中层经理人扮演了十分重要的角色。因为他们不但能连接好上传下达的架构，而且能让握有“权力”及“知识力”的两种人共存共荣！

理想的决策模式

◆ 阶段一：自由讨论

图 5-1 显示了一家重视知识的企业理想的决策模式。决策的第一个阶段是“自由讨论”，这个阶段欢迎提出所有的论点，且每个人都可陈述自己的立场。分歧和争辩越多，越能体现“自由”的真义。这看起来非常容易理解，但实际上经常不是这么一回事。

我们常常看到的情况是：随着讨论渐趋白热化，与会的人开始犹豫不决，希望知道别人（尤其是老板）心里是怎么想的，一言不发直到他知道或感觉到哪一派论点有可能“获胜”，然后再开始高谈阔论地支持这一派，以避免被归为“异类”。

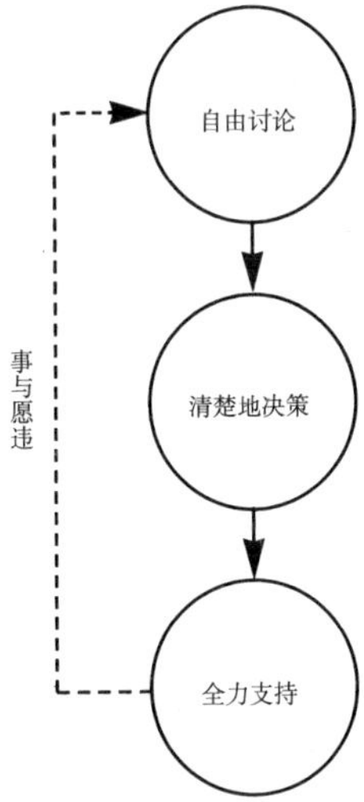

图 5-1　理想决策过程的三个阶段

更奇怪的是，有些公司竟然鼓励这样的行为。以下便是我从报纸上摘录的一段有关美国某汽车公司的叙述：“在一场我必须采访的会议中，有人告诉我：在这家公司里，能干到高位的人都知道什么时候才能开口——他们通常等到上面的人表达了意见或立场之后，才开始陈述意见支持上司的论点。”

这种管理方法真是糟透了。这样的会议所产生的决策一定不会太好，因为懂得门道的人并没有真正贡献他们的知识及能力，决策只是根据并不完全的信息做出的。

◆ 阶段二：清楚地决策

图 5-1 的第二个步骤是“清楚地决策”。在讨论阶段，不同的意见越多，越有可能在此阶段达成“清楚”的决策。事实上，在让决策变得更清楚的过程中经常有个阵痛期，但一般人的反应是和稀泥——当我们发现决策内容可能引起较大争议时，我们倾向于做出模糊的决策以避免争议。但我们必须了解，口头上含糊其词绝对解决不了问题；你越虚与委蛇，那些对决策内容不满的人越生气。

◆ 阶段三：全力支持

决策产生后，便来到最后一个阶段——所有与此决策有关的人员都必须全力支持决策的执行。这并不表示每个人都完全同意此决策，“不同意但可以接受”的态度也不算太坏。

很多人没办法支持他们不赞同的决策，但不管怎样，事到执行阶段，他们还是得支持；即使大家都把公司利益放在首位，我们还是会有不同的意见，还是得支持最后不尽如人意的决策；即使我们使尽全力想让大家同意大部分议题，还是会有一些事没法达成共识。但公司全靠共识是活不下去的，最主要的还是靠大家对决策的支持。由此，才能推动整个公司的运营。经理人在决策过程中所能做的，便是得到所有相关人员支持决策的承诺。

以上这个理想决策模式看似很容易实现，但实际上，我发现这只对两种人“似乎还算容易”。一种是公司的高级主管，因为他们在公司里待得够久，知道事情该怎么做，而且和公司有同样的价值观；另一种是刚进公司的大学毕业生，他们在学校里和同学合作完成作业时就用这个模式。

但对中层经理人而言，这套决策模式似乎是“知易行难”——理论上很容易了解，但实际上不是这么一回事。

这是因为中层经理人通常很难自由表达他们的意见，很难做出一些让人不愉快的决策，而且更难去支持他们不赞同的决策。虽然我知道这套模式不会马上风行，但我相信这套逻辑迟早会被大家广泛采用。

对基层授权

在理想的决策模式中，还有一点很重要且必须提一下："决策的制定及执行应交给最低层级。"因为我们希望决策是由离问题最近，而且最了解问题的人来制定的。在这里我所说的"了解"并不只是"技术上"的了解，还包括通过过去实际经验积累的判断力。

因此，理想上，决策的制定者应该兼具专业知识及经验，但在实践中，如果找不到这样的人，你也应该想办法找到将二者实现"最佳组合"的人。就经验考虑，英特尔的决策会议中通常会指定一位资深经理人与会。但更重要的是，大家在会议中必须排除等级观念，在自由讨论阶段，每个人的意见都应该有相同的分量。

曾有一个对我的管理风格很困惑的记者问我："格鲁夫先生，你的公司强调'平等要看得见'：员工穿非正式服装上班，用隔板代替个人办公室，即使是高级主管也没有专用停车位。是不是有点儿过了？"这并不为过，这只是企业求生存的方法。我们这个产业，必须要结合具有"知识力"及"权力"的人一起做决策。如果我们没办法让这两种人合作以提升决策品质，那企业的衰亡就是迟早的事。

如今，身居高位已不再代表“我说了就算”；你的意见会不会被采纳，全在于是不是有需要。

同级群体综合征

另一个让理想决策制定模式难以推行的原因，是每一个参与制定决策的人都有诸如自尊、野心、恐惧及没有安全感等种种情绪反应。而当这群还不习惯彼此共事的人凑在一起制定决策时，这些情绪很容易显现出来。因此，我们必须再想想到底是哪些理由阻碍了这套模式的运作。

有个常见的原因是所谓的“同级群体综合征”（Peer Group Syndrome）。在英特尔的经理人培训课程中，我们曾经让学员以角色扮演的方式，了解一群同事在共同解决问题或制定决策时会发生什么情况。我们让这群人围桌而坐，并请他们解决一个问题。每个在场的人都是同级别的。会议主席的级别稍高一些，但我们故意把他从会场支开，所以他根本不知道他离开后会议进行的情况。

结果在场的观察员完全无法相信摆在眼前的事实。在这场试验性的会议中，这群不知情的“天竺鼠”经理们，花了将近 15 分钟的时间还找不到问题的核心，而且没有一个人注意到他们只是漫无边际地打转。当主席回到会场坐定，听了一会儿讨论后，他也无法相信会出现这样的局面。我们的观察员注意到会议主席倾身向前，好像希望能多了解一些情况，然后看到他脸色越来越难看，最后终于拍桌大骂："你们到底在搞什么把戏？弄了半天还在这里兜圈子！"在会议主席干预之后，问题很快就被解决了。

我们将最后有人拍桌子导向主题这招称为"同级群体再加一"（peer-plus-one），从那一次试验之后，我们便将它应用于决策会议中。当一群职位相当的人要开会时，总需要有一个职位较高的人与会——他不见得最能干或最具有专业知识，但他能够控制会议的进行。

不想和别人意见不同

不过，为什么同级群体里会出现这种情况？因为大部分人还是不敢表达自己的意见。我们以英特尔软件工程师约翰曾观察到的事实说明原因。

约翰的所见如下："不想和别人意见不同"是大家不敢表达自己的意见的原因。因此开会时通常会先有一段"试探期"，此时，大家开始捉摸彼此的立场与想法，希望在有人必须冒险提出一己之见之前能产生共识。如果他们觉得已有了共识，就会有人以“我想‘我们的’意见（看法）……”这种方式发言。请注意，这句话传达出了这是“大家的”意见，而不是他自己的意见的意思。也许这个人的论点一开始会很薄弱，但只要其他人买他的账，他的立场就会越来越坚定。

我们可以察觉出约翰所言和先前汽车公司的例子之间的差别。在先前的例子中，与会的人期待会上的最高领导提出立场；而在约翰所举的例子中，这些人则是在等待共识的形成。这两种人际互动关系虽然不同，但“人很难随‘心’所言”这一基本的共同点都体现出来了。这让经理人更难做出好决策。

如果参与决策的人都是身经百战、深谋远虑的老将，他们的自信心便能克服同级群体综合征。追根究底，他们的自信心主要建立在他们知道“犯错难免”这一前提下。不管是做错了一个生意上的决定、采取了不适当的行动，还是意见没被采纳，都没什么大不了的。一个企业应该让每一个人都了解这一点。

如果在会场中发现“同级群体综合征”的迹象，但又苦于没有一位正式的主席时，谁跟会议的结果最有利害关系，谁就该站出来。如果这样还是找不到人，那么就找最资深的人当头儿。也许他对这个特定的问题并不见得很懂——甚至还是最不懂的，但他是最适合扮演一个类似教父角色的人选。他知道决策应该如何制定，也因此给了与会者制定决策所需的信心。

怕人家觉得自己笨

“怕人家觉得自己笨”是一种足以让不论是拥有专业知识还是身居高位的人都裹足不前的想法。对资深位高的人而言，他很可能因此不敢问问题，即使事关紧要；而更多的人在开会时可能只会在心里东想西想，而不敢把自己的意见说出来，最多也只是和坐在旁边的人窃窃私语。身为经理人，你必须不断提醒自己，唯有大家把想法都贡献出来，并且提出所有的相关问题来讨论，决策才会更趋于理想。

另外一个现象则和与会人员里层级较低的人有关。这群人可能害怕意见被驳回，在同事面前颜面尽失，因而不愿意发言，自动让较资深的人掌握决策的主导权。

有时候问题可能复杂到所有与会的人都不知如何是好。

当人们掌握了专业知识而没有权力，或有权力而不具备专业背景时，不确定感会特别明显。此外，通常知识能力较强的人并不喜欢市场因素介入决策。所以我们常会听到他们抱怨：“不明白公司（部门）到底要些什么东西。”同样，经理人虽有权力，却也常因对科技了解不足而无从下手。

我们必须克服这些障碍。我们都具备聪明才智以及意志力，应该能克服“怕人觉得自己很傻”以及意见不被采纳的恐惧，从而能够参与讨论并有自己的主张。

制定决策

有时候经过充分讨论还是产生不了共识，而做决策的时限又迫在眉睫。当这种情况发生时，较资深的人（“同级群体再加一”者）虽然在之前只是扮演类似教父的角色，但此时也必须“赶鸭子上架”地担负起做决策的重任。如果整个决策会议的过程都合乎之前所列的步骤，这位资深的经理应能通过会议中的充分讨论，广集各方观点及数据事实以做出决策，而不必凭借职位赋予他的权力强加主导。

在实际工作中，“赶鸭子上架”的情况在所难免，这位“同级群体再加一”者便需以其权势来做决策了。这绝不是件容易的事，且要慎重选择时机。如果过早地把权力地位拿出来压人，可能会造成毁灭性的结果。通常没有人愿意扮演这种角色，因此决策会议的“自由讨论”阶段经常被延长，进而影响了决策的时效。

太早或太晚进行到决策阶段，都无法发挥自由讨论阶段的功效。最重要的原则是：绝对不要让你的决策早产。一定要确定你已在讨论中收集到足够的相关信息，而非只是泛泛地谈。一旦你觉得议题已经过多方考虑及广泛讨论，就马上进入“促成共识”阶段。即使达不成共识，你们也仍需进入决策阶段。有时候大家会花太多时间寻求共识，而且很可能在这一阶段的讨论中，又偏离了原本几乎已经要做出的决策。所以，在什么时候当机立断做出决策，是非常重要的。

就像经理人日常做的事情一样，制定决策这件事也有其产出——这就是决策本身。制定决策就如其他管理流程一样，如果能事前了解制定决策的目标，便有可能获得高品质的产出。因此，在制定决策之前，经理人应对以下 6 个问题的答案了然于胸：

（1）决策的内容。

（2）决策的时限。

（3）决策人。

（4）在制定决策前应先向谁咨询。

（5）谁对此决策一言九鼎，或是能全盘否定。

（6）谁应该在决策制定后被告知。

实例应用

我用我在英特尔参与的一项决策过程，来解释以上6个问题的重要性。

这个决策是：英特尔已经决定扩建菲律宾的工厂，扩建后，大约能增加两倍的产能。但接下来的问题是："工厂到底要建在哪里？"现有的厂址附近空间有限，但如果抛开空间限制不谈，这里是最理想的扩厂基地，因为这样不必增加太多管理费用及增建通信设施，也没有新旧厂间的交通运输问题，而且即便新旧厂间有人事调动也不会太麻烦。

另一个方案则是到离旧厂较远的地方买块新地。这块新地"既便宜面积又大"，我们只要盖一层或两层的厂房便可满足对面积的需求，而在旧厂附近则可能要盖上好几层——这对一个半导体厂房而言并不是有效率的选择。于是乎地点选择一事让我们一群人陷入了胶着状态，在这两种可行方案间举棋不定。

现在看我如何用前述6个问题来打破这种胶着状态并做出决策。决策的内容非常明显：要么在旧厂附近建高楼，要么另觅新地建一层或两层的厂房。至于决策的时限，根据我们的长期计划，这个厂必须在两年到两年半时间内完工；而根据前面提过的“时间互偿原则”，这个决策必须在一个月之内做出。

谁是决策人呢？到底是负责厂房建造的人还是负责制造生产的人？这个问题其实不好回答。前者对建筑的成本和施工难度比较敏感，可能会偏向于另觅新地；而后者因为知道新旧厂比邻能带来多大的作业便利价值，故而倾向于在旧址建高楼。

因此，决策人便包括了远东区施工经理和他的主管——集团施工经理，以及远东厂厂长和他的直接主管——集团制造经理。这样的决策体系由两方持不同意见的同级经理层组成。在企业经营中，我们时常能看到这种双方对同一议题各有想法的情形。在这样的会议中，让两方都能有相同的机会表达他们的意见非常重要，唯有如此，产生的决策才不致有偏颇。这些参与决策的人在与会之前，都已经向自己部门中的人请教并收集了相关资料，因此对此事都有清楚深入的了解。

接下来，谁有敲定这项决策的权力？两边的资深主管都必须向我报告，因此我便是最终决策者。同时，这个项目其实已经大到应该让公司的总裁出来发话，尤其是我对菲律宾的建厂地域以及厂务运营都有相当的了解。所以，我便当仁不让地成了决策敲定者。

然后，谁该被告知这项决策？我选择我们的董事长摩尔。虽然他并没有直接参与建厂事宜的经验，但因为我并不是成天在忙着远东地区建新厂一事，所以应该让他知道有什么事情正在发生。

这便是决策制定的过程。经过研究地理位置、施工计划、施工成本、土地成本、交通等种种问题，我们最后决定将新厂盖在旧厂附近，并且接受了厂房面积将不及另一个方案的事实。新厂将只有 4 层楼，如果再往上盖，成本将大幅增加。在先前的议程中，他们向我报告了这项决策以及相关的背景资料。我在会议中听取了他们对各方案的想法及最后选定这个方案的理由。在提出一系列的问题、了解了他们收集信息的内容及可信度，以及他们的思考逻辑后，我批准了这项决策，并通知了董事长这个结果。在你阅读本书时，这个厂早已竣工并投入运营。

建立一套决策流程，其重要性远胜于加速决策流程。一个决策的制定，需要参与决策的人投入大量的时间和精力。如果决策参与人好不容易达成了共识，却被“决策敲定者”否决，这种情况一定令人沮丧，甚至会影响员工士气及工作效率。不管这样的否决背后有多少正当的理由，只要是事发突然，总不免让人产生“权力还是掌管一切”的感觉。我们应该想尽办法避免这种情况，而且我想不出还有其他办法能比在制定决策前先提出“6 个问题”可以更有效地避免决策共识在最后关头被推翻。

最后还要强调，如果“决策敲定者”的意见和决策参与人的期待落差太大（比如我最后决定在菲律宾一个新厂都不建），他可以宣布他的决定，但千万不可以话说完了就当没事一样走人。相关的人需要时间调适，听你将决策的内容合理化，然后再重新出发。延长会议可能是必要的。让这些人有时间反应一下，再召开会议，听取他们对新决议的意见，将有助于让每个人习惯突发状况。

决策过程之所以看似复杂，那是因为它一向如此。我在这里要引用阿尔弗雷德 · 斯隆的一段话，他一生花了大半的时间钻研决策理论：“集体决策通常不容易达成，因为集体讨论的过程实在太麻烦，因此主要决策者很容易就偏于独断。”我曾经认识一个中层经理人，他毕业于很好的商学院，且拥有美国西部牛仔那种独行侠气质。他因为受不了英特尔的决策过程而离职，跳槽到另一家公司。这家公司在面试时向他保证，他们鼓励每个人自行做决策，并且有执行的自由度。

4个月后，他又回到英特尔。他向我解释：“如果我可以不询问别人的意见便做决定，别人同样可以。”

第6章

规划是为了明天

在你规划行动方案之前，一定记得先问自己：有什么事情如果我“今天”做了，可以让“明天”更好，或者至少让“明天”不会更糟。

大部分的人认为规划是管理层崇高的责任之一——我们或多或少都听说过所谓“规划、组织、控制是经理人的要务”之类的说法。

实际上，规划只是日常活动的一部分，每个人，不管是工作还是私人作息，都要涉及规划。

举例来说，你早上开车上班时，可能要决定是否该加油。你先看看油表上还剩多少油，接着考虑你要跑多远，然后大概计算一下需要多少油才能到达目的地。你在心里盘算时，便是在决定是否应该去加油。

回头复习一下生产的准则，可以让我们更容易了解“规划”。在第 2 章我们学到：控制一个工厂产出最主要的方法，便是使用需求预测系统来预测需求量，然后再按照预测需求量生产。工厂依据现有及预估的订单运营，我们的工作便是在一个特定时间内设法拿到足够的订单。

如果预测的产出和预测的市场需求不相符，我们也许会另开一条生产线以增加产量，或是减少工时以降低产量。于是我们可以将如何规划一个工厂归纳成以下的步骤：第一步，确定市场对某产品的需求；第二步，如果第一步不需要做任何调整，便确定工厂生产的项目；第三步，通过调整生产进度表，让预测的产量与市场需求尽可能相符。

你的规划流程大致上也应该是这样。第一步是预测需求，外界环境想从你或你的公司得到什么？第二步是了解你现在的处境，你现在生产些什么？现在的产品完工后，你要生产什么？又或者，如果你的工厂一直生产同样的产品，未来工厂的处境会如何？第三步是在前两步间找到平衡点。也就是说，根据环境的需要，决定某些产品应该多做还是少做。

接下来让我们再细细推敲每一个步骤。

步骤一：预测外界环境需求

首先必须界定所谓的“外界环境”。如果你将你的部门当成一个独立公司，你会发现你的环境是由许多类似的公司组成的，且这些公司将会直接影响到你的工作。

举个例子：如果你是公司收发室的负责人，你的外界环境便包含了需要你服务的顾客（公司中的其他部门），以及提供服务（诸如提供邮资机、邮车等）的供货商，还有你的竞争者。你在公司内部当然没有竞争者，但你可以通过和类似联邦快递这类公司的比较，了解你的部门绩效，进而设定标准。

当你在审视环境时，有些事情需要特别注意。你应该了解你的顾客期望，以及他们对你的绩效是否满意。你应该随时了解像电子邮件这类有助于你工作的科技工具的动态。你也应该详细评估你的供货商以及公司中其他部门的绩效。是不是有哪个部门（譬如运输部门）影响了你的工作效率？他们是不是能满足你的需求？

一旦你确定了外界环境的组成因素，你便可以用“目前”及“未来”两种时间架构来审视环境。

让我们以未来一年为例，你应该会有以下的问题：我的顾客想从我这里得到什么？我是不是让他们觉得满意？未来一年他们又期待我做些什么？你必须将关注的焦点放在外界环境目前的需求和未来一年的需求之间的差别上。这种“差异分析”非常重要，因为如果你能满足顾客目前的需求，便应该想些办法应对未来一年的需求差异。而你如何应对差异，事实上就是规划流程的主要结果。

但你是不是应该在这个阶段就考虑要采取哪些行动解决问题？答案是：“不！”因为如此一来只会让问题失焦。

试想，如果营销部门根据工厂的产能来调整它的需求预测，将会对这个工厂造成什么样的影响？换句话说，如果营销部门预测某产品月销量可达100件，但他们知道工厂目前一个月只能生产10件，因此修正销售预测，将100件改为10件，结果会怎样？制造部门将永远不会改进工作以满足真正的市场需求。

步骤二：现状分析

规划流程的第二步是定义你目前的状况。你可以通过列出自身的能力、目前正在进行的项目进度来了解你的现状。记得在说明这些项目时，要用一致的字眼。如果谈的是目标需求，注意要标示出它在进度表中的状况。

举个例子，如果有一项目标需求是“产品成品设计”，那么当它还在工作流程中时便应该是“产品半成品设计”。

你还要了解手上的这些项目完成的时间。是不是每一个手上的项目最后都会完工？答案很可能是不。有些项目可能在半途就被放弃或搁置，你应该把不能完成的原因归纳出来，并列入你的产出预测变量。

根据统计，在半导体的制造上，输入的原料只有 80% 会成为成品。同样，我们虽然不可能算出一个很精确的数字，但也应该算出项目被搁置或放弃的百分比。

步骤三：缩小差距

规划的最后阶段，便是决定要采取哪些新的行动或是修正原有的做法，以缩小预测和现状间的差距。

在这里会遇到两个问题：一是需要做些什么以缩小差距？二是你又能做些什么？两个问题应该分别考虑，然后决定你的实际行动，并评估这项行动对缩小差距会产生什么样的影响，又会在什么时候产生影响。你决定的行动方案便是你的战略。

何为战略？何为战术？很多人搞不清楚。虽然两者的实际差别并不是那么显著，但我可以提供一套方法帮你分辨它们。

当你将计划变为白纸黑字时，看起来最抽象笼统的总结即为你的战略；而你用来实行战略的行动即为战术。在一个组织中，某管理层的战略，通常即是高他一层的经理人考虑的战术。让我们回头再看看收发室的例子。假设负责整个企业通信的经理决定在各厂间提供电子邮件服务——这是他的战略，由此，他可以提高各厂间沟通的效率。而这位收发室的负责人就必须考虑在设立电子邮件网络后，他要做哪些事情来应对。他的战略也许是在收发室中装设打印机，然后聘请专人将印出来的东西送到各部门。这位收发室负责人的战略便是高他一层的集团通信经理的战术。

解决方法

布鲁斯是英特尔的营销经理之一。当他评估目前的环境及部门状况时，发现他的部门中只有三个人有处理项目的能力，但项目已堆积如山，且每个项目都必须完成才能达成目标。

如果有任何一个项目不能顺利完成，都将导致未来的成本及工作量剧增。布鲁斯因此面临两难——如何在增加人手和维持预算间取得平衡。他明白要鱼与熊掌兼得绝无可能，但总得缩小未来和现状之间的差距。

于是他决定尽量将不太重要的项目转交其他部门。这些部门在处理这些项目上也许效率较低，但它们正巧有时间。布鲁斯和他的上司也决定招聘一位暑期实习生，帮助他们处理一些不太复杂的工作。他自己则更密切地监控部门绩效，另外也想些长期的解决办法，诸如与其他营销部门分工，或是避免部门间重复做一项工作等，以提高效率。最后，布鲁斯仍然提出增加人手的请求。因为经过以上的种种做法，仍无法缩小未来和现状间的差距，这也是他向公司要求增加人手最有力的理由。

我们再看另外一个例子。之前曾经提过，我们的中层经理人辛迪是一位工艺工程师，她负责微芯片制造流程的维护和提高其生产效率。她将她的环境界定为“对象”及“影响力”的总和。所谓“对象”，指的是还未经测试的工艺以及制造辅助器具；“影响力”则指能直接或间接影响她工作的那些人。工艺研发工程师可能希望她不要太刁难人，不要老是要这个表格或是那个测试结果，因为这些会让他们迟迟不能将新开发的工艺派上用场；相反，生产工程师则可能希望她严格把关。还有另外两群人也对辛迪施压：产品工程师着急地等着芯片制造出来，而辛迪的上司也不断催促，要她确保新的工艺或设备确实对提高产能有所帮助。

辛迪的角色其实就像个顾问，她告诉这些影响她的人什么可以做、什么做不得。她的“顾客”是使用这些流程的厂务人员，而她的“上游厂商”则包括来自生产、工艺研发及产品等不同领域的工程师。

分析现状后，辛迪发现工艺研发部门提供给她的资料以及测试结果总是不完整。再深入探讨，她发现工艺研发工程师并未将提供完整资料以及按时交件列为优先任务。在决定她未来目标的同时，辛迪明白，鉴于过去新工艺曾出过错误，产品工程师的要求越来越严格，因此她必须确定所有的新工艺及生产辅助器具都经过了测试及修正，而且更重要的是根据生产工程师的需要，为他们提供新机器的数据资料。

然后，辛迪开始制定战略以达成目标。她将各步骤按顺序明确列出：哪些事情一定得先做，其他事才能顺利进行。然后她再运用我们在“早餐店的生产线”中提到的时间互偿法来决定关键步骤。

接下来，她获得了工艺研发经理对她做出的时间安排的肯定。她和这位经理协调后确定了双方必须负责的事项及完成的时间，如此才能达成彼此都同意的目标。最后，为确保诸事无误，她决定每周检查一次她的“供货商”状况——她以设定的进度表为准评估绩效，以激励他们跟上进度（指标），并借此发现潜在的问题（在黑箱上开窗）。

规划流程的产出

在布鲁斯及辛迪的例子中，关键皆在于通过他们的规划，他们知道“现在”应该采取哪些行动以影响“未来”。

我见过太多人，他们了解现状与理想之间的差距，并且努力想要缩小此差距，但他们不明白今日他们所面临的问题，经常是源于过去规划的失误。这种情况就好比车子已经没油了还急着赶路。很明显，我们早该加油。为了避免这种情况，在你规划行动方案之前，一定记得问自己：有什么事情如果我“今天”做了，可以让“明天”更好，或者至少不会更糟。

由此可见，计划的产出即是一套行动方案。英特尔年度计划的产出，就是整个组织经过思考后才决定采取的行动或改变。

我自己几乎很少去看公司最后编制的年度计划。因为规划流程的产出，事实上就是在这些思考流程中制定出的各项决策及行动方案。

负责规划的人眼光应该放多远？在英特尔，我们所谓的长期战略规划通常涵盖未来的 5 年，但事实上真正被影响到的只是接下来的一年。

因为到了明年做长期战略规划时，我们又有机会对未来 5 年重做规划。你真正能实行的只是计划中的一部分，从时间上来说，就是你定在这次会议到下次会议期间所必须采取的行动，其他部分都还可以再改。但也不要因此提高制定规划的频率，我们应该留点时间判断决策的效力以及它是否正确。换句话说，我们希望能在这段时间内获得回馈，以此作为下次规划的依据。

有哪些人应该参与制定规划？答案是组织中负责运营的经理人。因为如果制定规划的人不是执行规划的人，结果通常很难令人满意。规划是管理工作中不可或缺的一环，因为它对未来可能会造成影响，规划通常也具有极高的管理杠杆率。但这个高杠杆率唯有在“规划”与“执行”相得益彰的情况下才会产生。

最后要提醒的是：你在对一个方案说“是”的时候，你便在对其他事情说“不”。也就是说，当你承诺一件事情的时候，你便失去了做另外一件事情的机会。我们的资源有限，这种取舍难以避免。因此，我们必须培养出何时说“是”或说“不”的判断力和胆识。

目标管理

目标管理有一个主要的假设——通常这种“目标”是短期的，所以我们应该很清楚环境需要我们做什么。因此，目标管理往往倾全力于规划流程的第二步和第三步，并且尽可能地明确。蕴藏在目标管理背后的道理其实非常简单：如果你不知道何去何从，你将永远到不了目的地。

要做好目标管理，你必须先回答以下两个问题：

1. 我想去哪里？（这个问题的答案便是你的目标。）

2. 我如何知道正朝着目标迈进？（这个问题的答案告诉我们沿途该验收的成果。）

我举下面这个例子来让目标和验收成果具象化。我必须在一小时之内赶到机场搭上飞机——这是我的目标。事先我已知道，到机场的路上我必须经过甲镇、乙镇和丙镇。分别在 10 分钟、20 分钟及 30 分钟时，到达甲、乙、丙三镇便成为我要验收的成果。如果我开车 20 分钟后还没到达甲镇，我便知道我迷路了。除非我下了高速公路找个人问路，否则我可能会赶不上这班飞机。

目标管理通常是用来向正在进行的项目提供反馈：告诉我们现在做得如何，是不是有什么地方需要修正或是改进——就好比下了高速公路问路一样。反馈要在行动评估后即时产生才能产生最大效力。

因此，在目标管理系统中，目标的制定倾向于短期。举例而言，如果公司采用年度计划，那么目标管理的时间架构至少应以季度为单位，甚至短到以月为基准。

协助你在需要注意的事项上聚精会神，是目标管理的优点中最重要的一项。但这点好处唯有在目标的数量不是太多的情况下才会生效，而这实际上很难达成，原因是我们经常难以说“不”，因而导致我们有太多的目标。我们必须了解，如果把焦点放在每一件事情上，就等于没有焦点。要让目标管理产生最大的功效，我们必须懂得慎定目标。

哥伦布的目标管理

为了让我们能更了解目标管理系统，我要引述两个历史上的案例。

第一个是哥伦布发现新大陆——我的版本和你在课本上读到的可能不太一样。1491 年西班牙王室在年度计划中下了结论：如果他们没办法多弄点钱买武器和火药，他们将没有能力打一场他们觉得非打不可的仗——将摩尔人驱逐出西班牙。这是当时西班牙伊莎贝拉女士的使命，但她需要财源才能办这件事。她认为大幅促进对外贸易将有助于充盈国库，所以她找了哥伦布来谈她的目标。哥伦布答应女王会回家好好想一想。过了几天，他回来向女王提了几项建议，其中包括寻找一条通往神秘东方的新航线。经过充分且广泛的讨论后，女王和哥伦布决定要赌就赌大的，就此决定寻找到东方的新航线。

决策制定后，哥伦布开始忙着计划如何才能达成这项目标以及找到所需要的东西。在目标管理的系统中，女王已界定了她的目标——为西班牙王室开辟财源；而女王和哥伦布也在他的目标——找寻通往东方的新航线——上达成了共识。哥伦布由此便开始设定他在达成目标沿途必须验收的成果，诸如建立船队、训练水手以及试航等，并且明确制定了每项成果验收的时间以确定进度。

女王的目标和哥伦布的目标之间的关系很明显。女王想充实王室财库，而哥伦布想找到通往东方的新航线。我们可以看出两者之间的层级关系：当下属达成他的目标时，上司的目标也同时达成。

虽然哥伦布成功地一项一项地验收了成果，但最后还是可能无法达成目标。建立航队、训练水手等对哥伦布而言并非难事，但众所周知，他最后并没有找到到达中国的航线。他并没有达成他的目标。所以，以严格的目标管理标准来评判，哥伦布的表现到底是好是坏？他毕竟发现了新大陆，且为西班牙王室带来了不计其数的财富。

因此，即使一个下属没能达成所设定的目标，他的绩效仍有可能被评为卓越。目标管理的用意是让人能按进度行事——好比手拿秒表，自己评估自己的表现。目标管理并不像人事部门的工作手册，可以用来决定奖惩，它只是衡量绩效的方法之一而已。如果上司只用目标管理来决定下属的升迁赏罚，以致下属只专注于制定好的目标，错失了其他可能，难免会只见树木不见森林，这不是很专业的做法。

我们再以英特尔在菲律宾扩建工厂为例来说明目标管理。远东建筑经理设定了以下目标：取得菲律宾厂扩建案的决议。而他必须验收的成果包括：在 6 月底前取得现址以及其他可能建厂地点的土地评估；分析各地点的土地成本、施工成本以及未来的运营成本，并评估其利弊；最后将以上结果在会议中提出并获取决议，并在 10 月底前得到总裁——我——的首肯。

结果他验收了所有成果，并且达成了预定目标。在此我们注意到，这是个短期的目标，而所有必须验收的成果也十分明确，我们不用问就知道他是否按时做到。验收成果必须列明时限才会有最大效益，时限一到，马上就能知道到底做好了没有。

这位远东区施工经理的上司——我，案头上也写着：

“目标：确保所有扩厂计划如期完成。”我也列出了几项必须验收的成果——看着也很像下属的目标：在10月底前达成菲律宾厂扩建案的决议。

我希望现在你已能看出西班牙伊莎贝拉王室和英特尔运作上的相仿之处。一个经理人的目标会构建在一连串的“成果验收”之上。他的目标和他上司的目标紧密结合：他必须达成自己的目标，他上司的目标才能够达成。但目标管理系统绝不是交给计算机程序运行一下就能了事。目标和验收成果，都必须靠经理人的才智和判断力来建立和完成；也唯有经理人贡献他的才智和判断力，目标管理系统才能有效运作。

第三篇

推动组织的巧手

第 7 章

当早餐店开始繁衍

事情已经越变越复杂。身为这个企业的老板，坐在集团办公室气派的办公桌前，有时候我会希望时光能够倒流，再回到草创时期我自己煮鸡蛋、烤面包、倒咖啡的日子。

我们之前提到的早餐店现在的生意越做越好，好到我们必须再花一笔可观的费用添购一套 3 分钟煮蛋设备。因为这套设备煮出来的鸡蛋品质非常好，而且店里的生意越做越大，我们能完全地运用这套设备的产能。因此，我们降低了产品成本，并将其回馈给顾客——降低了早餐的价格。一传十、十传百，这家物美价廉的早餐店很快就建立起了声誉。

就像所有精明的创业家一样，我们看准了这门生意可以做，于是我们又在城的另外一边开了一家分店。这家分店一开张生意便十分兴旺。很快，一家全美性的美食杂志《街坊美食》便刊出了一篇文章介绍我们。于是我们决定把握良机进军全美市场，遂以极快的速度，找到了适合建立早餐店的地区，并抢占市场、建立店面。在短时间内，我们就成为一家全国性的连锁餐厅。

但没过多久我们便发现，搞连锁企业和经营一家早餐店相比，其中涉及的日常事务及管理技巧有很大的不同。其中最重要的是如何想出一套办法，既能保住最初小店经营的种种好处，又能享有全国性连锁的规模经济优势。各店的经理应该最了解当地市场，可以通过他们适当地做出调整（例如菜单或广告策略）以应对市场需求。与此同时，因为分店已有上百家，我们在采购上的力量也完全不容忽视。有些采购事宜如果让总公司集中处理，会比让各分店分头去做便宜许多。

更重要的是，到目前为止，品质是我们赖以成功的一个关键因素，我们必须尽我们所能维护我们在餐饮服务业中高品质的形象。换句话说，我们绝不容许哪一家分店有不当行为，使品质受损而毁了我们的招牌。

集权还是分权?

在实务中，这种有关在管理上是该集权还是分权的分歧到处可见，已成为今日管理上最重要的课题之一。举例而言，我们要打地区性的还是全国性的广告？是不是要让分店经理全权负责当地的广告？这位分店经理对当地媒体的了解大概远超总公司负责广告营销的人。我们是不是要让他负责人事招聘与解雇事宜？应该让他决定薪资水准，还是应该由总公司制定全国性的标准？后者在美国显然不可行，因为各地的劳动力市场事实上有很大的差距。但有关采购复杂机器设备之类的事宜，无疑该交由总公司处理。毕竟我们花了好大功夫才找到合适的供货商，并且建立起一套最能满足我们需求的测试系统。我们已经有一群人在芝加哥总部负责这些事，当然不希望各分店甚至各区域再重复浪费精力。

但我想采购鸡蛋这种事应该不用总公司过问。鸡蛋必须新鲜，而且长途运送很容易把它们弄破。然而，不管是各分店还是总公司，都不希望各分店还要再建立一套鸡蛋的进货检验系统。此时我们便要想一些折中方案，诸如在各区域设立采购中心，如此一来既可以缩短运送的距离，又可通过在采购中心建立的进货检验系统监控品质。换句话说，我们通过这种方法来确保全国各分店的品质一致。

那么菜单该由总公司还是各分店决定？我们希望各分店的菜单内容大致相同。顾客遍布全国，在各地的分店都可以找到他们想要的基本选择。但我们也得顾及各地顾客在口味偏好上的不同，所以我们也留给各分店适度的权限来调整菜单。

在店面上，我们应该让各分店租赁或购买现成的店面，还是应该由总公司统一设计室内的风格并施工？较合理的办法也许是由总部制定标准，然后让各分店去找店面，只要这些店面能够符合标准即可。

餐具要不要全国一致？要不要通过总公司采购？因为顾客对一顿早餐的印象和所使用的餐具有较大关联，所以各分店最好使用相同的餐具。但如果远在蒙大拿（西北部）的分店打破几个餐盘便要从芝加哥（东北部）补货未免太荒谬。为解决这个问题，我们可以决定设立几个地区性的仓储中心，好及时送补货品。

各新店的店址要由总公司的大老板决定，还是交给各地区的经理？较好的做法也许是总公司征询各地区的意见后再做决定。毕竟各地区经理对当地消费人群的了解，远胜于这群坐在芝加哥总公司办公室里的人。

复杂性日增

事情已经越变越复杂。身为这个企业的老板，坐在集团办公室气派的办公桌前，有时候我会希望时光能够倒流，再回到草创时期我自己煮鸡蛋、烤面包、倒咖啡的日子。

如果这个愿望太奢侈，至少可以回到只有一家早餐店的时期。我可以叫出每个员工的名字，做决定时不用像现在考虑这么多。那个时候几乎没什么人工费用，而现在我们必须请人来负责整个集团的人事。还有新设的物流经理向我申请购买计算机，以利于研究各地区物流中心及分店间的最佳物流策略。这位经理告诉我，借此他可以降低运输成本，确保货品当日送达。他还向我保证，有了这套计算机之后，他可以大幅降低餐具的存货水准。我相信照这样下去，用不了多久我们又得请个经理专门负责不动产了——事情真是越来越麻烦。

之前我们已经认清了一个事实：管理竞赛就是团队竞赛——一个经理人的产出，是组织中向他报告或受他影响的所有人产出的总和。

但现在我们蓦然发现，这不仅是大团队的竞赛。因为这个大团队是由许多不同的小团体组成的，靠这些小团体的共生共存及互相支持协助，大团队才有可能在这场管理的竞赛中胜出。

第 8 章

混合型组织

大部分中层经理人所负责的，都只是大组织中的一个部门。他们能监控的“黑箱”与其他不同的“黑箱”紧密相连，就好比每一家分店都和其他分店以及总公司密不可分。

在成长中，所有的组织都将成为“混合型组织”，并迟早会面临我们早餐店遇到的问题。现在，就让我们仔细瞧瞧这一类由小单位组成的组织。

大部分中层经理人所负责的，都只是大组织中的一个部门。他们能监控的“黑箱”与其他不同的“黑箱”紧密相连，就好比每一家分店都和其他分店以及总公司密不可分。

两个极端的组织类型

我们可以把组织分成两个极端的类型：完全的“任务导向”和完全的“功能导向”。但事实上，大部分组织都处于这两种极端之间。如图 8–1 所示，早餐店这个企业可以被设计成图中这两种极端中的任何一种。

在任务导向的组织形态中（如图 8–1A），总公司完全下放权力，每一个事业部门负责完成任务，而这些部门之间的关联性极低。在这种形态下，每一家分店全权掌控分店的运营，包括决定店址、店面装修、采购、销售及人事管理等，而仅在每月月底向总公司提交财务报告。

另外一个极端是完全的功能性组织（如图 8–1B）。这种组织非常集权。如果早餐店企业组织是按此设计，总公司的采购部门将负责所有分店的采购事宜；而人事部门将负责所有部门及分公司的招聘、解雇以及绩效评估等；总公司的其他部门也都将负责各分店的不同职能领域。

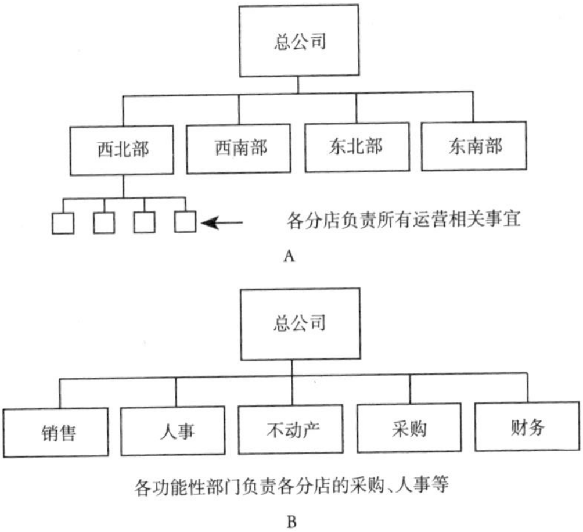

图 8-1　早餐店转向连锁体系后的两种架构：
A 为完全的任务导向，B 为完全的功能导向

如果我们将重心放在让各分店经理应对各地不同的状况上，我们的组织形态将偏向于任务导向；但如果我们想要充分享有组织扩大所带来的规模经济，以及在运营上所积累的专业知识与经验，我们又会倾向于功能性组织。

实际上，我们希望在两者之间取得平衡。但如何确定折中方案经常让经理人伤透了脑筋。斯隆总结他在通用汽车数十年的经验时说："好的经营管理，是中央集权和地方分权间的折中产品。"或许我们可以换句话说：好的经营管理，是在应对市场与发挥组织最大力量间求取最佳的组合。

折中而行

现在，让我们一起看一下英特尔的组织架构图（见图8-2）。这是一个混合型的组织。这种组织架构源于我们整个集团本就是任务导向的各事业部与功能性部门的结合。

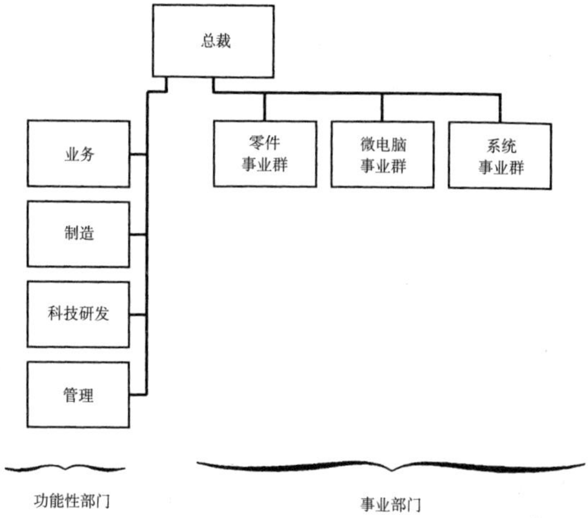

图 8-2　英特尔是混合型组织：在应变能力及管理杠杆之间取得平衡

我想大部分军队的组织结构也是这个样子的。各事业部好比是独立的作战单位。而这些作战单位所需的军毯、粮草、空中侦察情报等，则来自各功能性部门。由于这些作战单位不需要在这些支持性事务上费神，也有行动上的独立性及自由，因此可以全神贯注去完成任务。

我们因此可将功能性部门视作内部的分包商。以业务部门为例，虽然很多公司也雇用非正式的外部销售人员，但一个内部的业务部门应该能以较低的成本提供更好的服务。同样，我们可以将制造部门、财务部门或者数据管理部门等，都视为功能性部门。它们都是公司内部的分包商，为其他事业部提供所需要的服务。

功能性部门的重要性，可从英特尔的职员有 2/3 是在功能性部门服务看出。有那么多人在功能性部门中，到底能带给一个企业什么样的好处？

第一个好处是形成了规模经济。以信息处理为例，大型、精密的计算机设备非常昂贵，如果每一个事业部都能从总公司的主机计算机搜索或提取资料，这台大型主机不但能物尽其用，还能让全公司的作业更为方便。

第二个好处则是，我们可以依据整个企业内部的需求顺序，来转移或分配企业资源。以制造部门为例，因为制造部门是功能性部门，所以我们可以依据市场及各事业单位的需求，弹性地改变制造的产品。但如果每一个事业部都有自己的制造部门，在产品线上的转移将会变得困难许多。

第三个好处是技术支持人员的专业知识，在这个企业中的各部门都能得以分享。这样的组织架构，使英特尔的各事业部得以在业务拓展上全力以赴，而不必在计算机制造或科技发展等事情上伤脑筋。

当然，功能性部门中有这么多人也是有缺点的。最糟的是，当各事业部对功能性部门有需求时，功能性部门有时会吃不消。甚至只是提出要求这件看似简单的事，在这样的组织架构中都可能很困难——因为一个事业部门可能必须经过好几道关卡，才能将信息传递给主要决策者。

最明显的是在各事业部沟通如何分配总公司有限资源的时候——不管是分配产能、计算机使用时间还是办公室的面积，表面上大家是在沟通，但事实上经常是激烈的明争暗斗。不管是沟通还是明争暗斗，其实都是浪费时间和精力，对公司的产出没有一点好处。

那么任务导向的组织又有哪些优点呢？只有一项——事业部可以很清楚地知道它本身的需求是什么，并会针对需求迅速进行调整。虽然任务导向组织仅有这一点好处，但因为不管哪个行业都是以应对并满足市场需求为制胜基础的，所以这点好处就变得十分重要。因此很多组织选择了任务导向形态，以维持企业弹性。

经理人不断地在这两种极端的组织结构间寻找最佳平衡点，英特尔自然也不例外。不管是资深的高级经理还是逾百位中层经理人，他们都努力地想让部门及公司更好。但不管我们花了多少时间研究可能的组织架构，最后还是得出以下结论：混合型组织架构无可取代。这便是英特尔今日的组织形态。

ABC 计算机公司的组织整合

以下是我用之前读到的一篇报道，来证实混合型组织对企业而言是必要的。诸如此类的报道经常可以见到，在下文中我修改了事件相关者的名字以减少纠纷。

> （加州圣克拉拉讯）成立三年的ABC计算机公司日前重整其组织架构。重整之后，公司将分为三个产品事业部。公司创办人及原工程部门总经理约翰·多伊将担任系统事业部总经理，半导体事业部总经理将由原营销及业务部门总经理威廉·史密斯担任，而原产品设计经理罗伯特·沃克将担任个人计算机事业部总经理。三个事业部均须向ABC计算机公司总经理兼总

裁山姆·西蒙报告。各事业部自行负责产品规划及营销事宜，销售及制造则部门交由总公司新任业务副总经理艾伯特·埃布尔及制造副总经理威廉·沃瑞掌管。

你也许已经看出，这篇报道中职位转变的轨迹和我们之前的分析不谋而合。随着公司日渐成长，旗下的产品线会越来越多，所要管理的事务也会成倍地增长。因此，将产品事业群分开，给它们更重要的位置自有其必要。但如同这篇报道中暗示的，销售及制造部门等仍将由总公司直接控管，因此才能同时对这三个任务导向的产品群提供功能性支持。

不仅早餐连锁店、军队、英特尔和ABC计算机公司属于混合型组织，其他组织随着成长，都将不可避免地成为混合型组织。所有我所知道的营利或非营利机构也都是混合型组织。再以大学为例，我们可以将英文系、数学系、信息系等视为任务导向部门，而人事处、警卫室和图书馆等管理部门，则提供功能性的服务。

我们再看一个有点特别的混合型组织架构的案例：美国非官方的青少年创业辅导中心，其下的每一个分会都独立运行，自行决定他们要提供给青少年创业家销售的产品、营销策略及所有相关事项。总会则负责每个分支单位的架构、分会需要提供给总会的文件资料，以及中心的总利润如何以运营绩效分配。

不只是大型企业才会采用混合型组织架构。我有一个律师朋友服务于中小型的律师事务所，他告诉我，有一回他们的事务所想解决诸如办公室空间及速记人员等有限资源分配的问题。最后他们决定设立一个委员会，这个委员会将在不影响每一个律师处理案子（任务导向）的情况下，负责资源获取以及分配等事宜。这是小型组织但具混合型架构的例子。

这样看来，好像所有组织都会不可避免地采用混合型架构，到底有没有例外？我所能想到的唯一例外是“企业集团”，因为对集团来说，各子公司都是任务导向的。为什么这是个例外？因为这些子公司之间并没有同样的经营目标，每个子公司除了整个集团的盈利或亏损之外，并没有直接关系。但如果我们将焦点放在每个子公司上，我们又将发现它们其实都还是混合型组织。

当然，每个混合型组织还是各有不同，因为在极端的功能导向和任务导向之间，充满了太多的可能性。事实上，一个企业或组织，可能因为现实上的考虑，而不断地在这两个极端间游走。

举例来说，一个公司为了提升它的信息系统品质，可能会决定采用中央大型计算机以获取规模经济；相反，这家公司也可能在不牺牲规模经济的情况下，在各任务导向的事业部门安装小型的计算机。一个企业应对此问题的方法不胜枚举。但重要的是，在决定两个极端之间的那个平衡点之前，必须先考虑企业的运营风格，以及这些事业部门主管的做事态度。

之前已经提过，所有大型企业迟早都将面临混合型组织带来的问题。这样的组织若要有效运作就得解决一个最关键的问题，那就是如何在最短的时间内制订出资源分配的最佳方案，并且有效地解决其可能产生的冲突。

这个问题颇为复杂。总公司强制性地独裁分配通常解决不了问题。若干年前我曾在匈牙利目睹过最糟的情况。那时候的匈牙利政府有个专门负责规划并决定该生产哪些产品、何时生产以及在何地生产的单位。他们有一套牢不可破的理由支持这种做法，但实际上却经常和市场消费者的需求相去甚远。

我在匈牙利时做过业余摄影师。冬天的时候我买不到一卷对比度高的胶卷；但一到夏天，高对比度的胶卷随处可见，反倒是一般的胶卷奇货可居。年复一年，这个中央规划单位的行动越来越笨拙，已经完全无法预测并满足市场需求了。

在企业管理上，如何分配资源并协调各事业部门间的需求，本就是管理的主要工作之一。但实际上，这种资源分配的工作量往往不是一个功能性部门负荷得了的。

如何善用中层经理人是解决这个问题的关键。在一个公司里，中层经理人为数较多，而且最了解获取及运用内部资源的方法。要达成这项高杠杆率的任务，中层经理人要先做到两件事情：第一，他们必须接受混合型组织这个不可避免的组织类型；第二，他们必须发展出一套管理类似组织的方法——双重报告，这也是我们将在下一章中谈论的主题。

第9章

双重报告

双重报告以及同级群体想要发挥最大效能，健全的企业文化绝对是关键。

为了实现人类登陆月球的壮举，美国国家航空航天局找来大大小小的分包商共襄盛举，每个分包商负责不同的任务。

“矩阵式管理”便是这个壮举下的非预期副产品。这是组织管理发展史上一项重要的进程。通过这种管理方式，可以协调并管理各分包商负责的工作，避免因为其中一个分包商出了问题而耽误了整个进度，资源也可以更自由地调度。如果有一个分包商延误了完工时间，公司可以靠另外一个按时或提早交工的分包商弥补时间上的损失。

矩阵式管理极为复杂。市面上有太多关于矩阵式管理的书，有些学校甚至设置整个学期的课程来讨论这一管理模式。这种管理的主要理念是：外部厂商的专业经理人对项目的影响，可能与公司内部的经理人一样重要。在美国国家航空航天局的例子中，分包商的经理就和航天局的项目经理在同一级别。

航空航天局尽最大可能扩展“双重报告”，但实际上，这样的管理方式已悄然运作多年。矩阵式管理让混合型组织架构得以有效运作，不管是你家附近的学校还是美国的通用汽车公司，甚至早餐店的连锁店都深受其益。现在就让我们来看看当初英特尔为何采用双重报告系统吧。

工厂安保人员该向谁报告？

英特尔创立之初，我们便意外地建立起了双重报告的雏形。在一次员工会议中，我们的议题之一是“新厂的安保人员应该向谁报告"。

有人主张这些安保人员应该向厂长报告。但厂长的背景或经验通常是在工程或制造方面，他对维护治安方面的事几乎一无所知，而且也不太关心。另外一部分人主张应该向安保处主任报告。因为安保人员当初是他招进来的，而且他是这方面的专家，所有安保守则或注意事项等都是由他制定的，何况新厂大部分的安保守则也应该和总厂的大同小异。

这些人的主张看似言之有理，但有一个问题：安保处主任的工作地点在总厂而非新厂，他怎么知道新厂安保人员到底有没有按时巡逻？经过一番争论和思考之后，我们想出了一个法子——也许可以让新厂安保人员既向总厂安保处主任报告又向分厂厂长报告。前者可以指示工作内容，后者则可逐日做绩效考查。

这个安排看似解决了所有的问题，但与会人员并不完全满意。一个人有两个老板，那他到底归谁管？而且一个人能不能有两个直接领导？不管怎样，最后我们决定先放手一试。英特尔第一个双重报告系统，就在多方质疑之中诞生了。

双重报告其实非常重要。我们只要看一下经理人在公司里的成长过程就可以了解这一点。通常经理人职业生涯的第一步只是做个“个人贡献者”——不管人，只管事。他也许是个业务人员，如果他业绩突出，可能会被提升为业务经理，掌管销售业务。

如果他的部门因为他卓越的领导才能而成为业务部龙头，他可能会被提升一级，负责整个美国中西部的业务。如果是在英特尔，这时他负责的便不只是业务，他还得管理一些应用工程师——这些人在科技方面可能比这位区域业务经理懂得多得多，但还是得归他管。他一路往上爬，直到有一天成了某一个事业群的总经理。尽管他在其他方面懂得很多，但在制造上可能只是略知皮毛。在一般的管理事务上他已得到广泛的认可，但一遇到制造方面的科技问题他还是得虚心求教，并将问题交给相关下属处理。同样，我们也会看到制造人员向有财务或工程背景的人报告的情况。

我们可以指定一位资深的制造经理或厂长负责带领这些制造人员，让这些原本应向总经理报告的制造经理转为向资深制造经理报告。这样的情况越来越多，英特尔几乎完全成了功能性组织。事业群的总经理逐渐丧失其掌管财务、营销、工程、制造部门以应对市场需求的能力。但是我们不能因为只顾及制造上的管理，就牺牲了响应市场需求的敏捷性，而解决的方法便是双重报告。

“含混”是解决之道

你并不一定要指定专人管理一群科技人员。以下是一个很好的例子。

制造经理甲在公司餐厅里喝咖啡，制造经理乙随后走进来坐在甲旁边，乙的上司是个有财务管理背景的总经理。他们很快聊起来，谈一些最近出现的技术问题，并发现这些问题其实有很多相似之处。“三个臭皮匠，顶个诸葛亮”，他们决定将这样的聚会转为例行性的，并邀请其他部门的制造经理加入。

一个委员会或类似的组织就此形成。借此，这群科技专业人士就可以解决他们的上司无法协助解决的问题。技术方面的管理并不一定要设一位“科技总经理”，“同级群体”就可以解决问题。这群制造经理在双重报告的架构中（见图 9–1），便需要向其“个别的事业部总经理”以及以同级的专业人士为主组成的“科技制造委员会”报告。

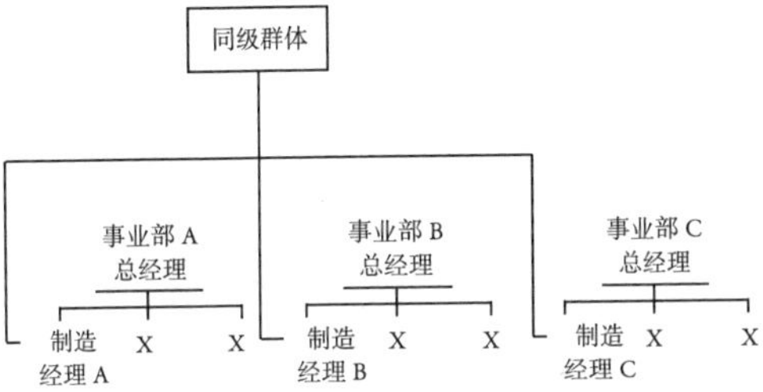

图 9–1　制造经理要向两个上司——总经理和同级群体报告

要使这样的架构顺利运作，同级群体中的个体必须牺牲自己在决策上的自由度。在大部分的情况下，他们都必须遵照科技制造委员会的决策走。这就好比你和你先生（太太）决定和另外一对夫妻同去度假。你明明知道如此一来会受到不少限制，出游时不能随心所欲，但因为你们觉得这样比较有趣（或者基于现实考虑——四个人刚好可共乘一辆车），所以牺牲一点自由也无妨。

在工作上也是如此，要让每个个体都愿意牺牲决策上的权限，关键在于这个同级群体要足以让人信服。这种信赖感能不能产生，近年来已不断地被广泛讨论。一个公司无法借助组织规章让员工产生“信任感”，而只能靠它的企业文化来建立信任。简而言之，这是一种对企业的认同，大家具有相同的价值观，且对事情的执行方式及优先级等有相当的共识。双重报告以及同级群体要发挥出最大效能，健全的企业文化绝对是关键。

在这种架构中，经理人的角色变得模糊不清，而且大部分的人并不喜欢这种如坠云里雾里的感觉。然而，这是混合型组织能否运作成功的关键。有些人想尽办法要让组织架构更简单，但到头来却白忙活一场。如果组织走向极端的功能性（只遵循理论，而忽视现实），工程设计或制造等类似部门就可能与市场隔离，对消费者的需求一无所知；而过度任务导向的组织，虽然有明确的从属关系及任务目标，却可能因为公司资源无法有效整合及分享，导致整体绩效无法提升。

英特尔之所以成为混合型组织，绝非因为我们喜欢这种含混的感觉。我们试过其他看似明确的组织架构，但就是行不通。混合型组织与伴随而生的双重报告系统，事实上并不是什么了不起的制度，只不过对企业而言，恰巧是最合适的架构，仅此而已。

两个上司

为使混合型组织有效运作，你必须找出方法让功能性的部门满足任务导向部门的资源需求。

以英特尔的审计人员为例，他们工作的方法及标准都由财务部门决定。他们还必须分别向功能性部门及任务导向部门的上司报告，而这两类上司的需求可能互异：事业部总经理因为任务导向的动机，可能要求会计人员赶快处理某一项生意上的问题；而财务主管可能较关心审计人员处理账目时是否会依照会计准则以及编制账务的效率等。一位审计人员如果做得好，财务主管也许会考虑他的升迁问题，或者将他调到更大的部门处理更复杂的问题。如图9-2所示，我们将再一次验证双重报告在混合型组织中的重要性。

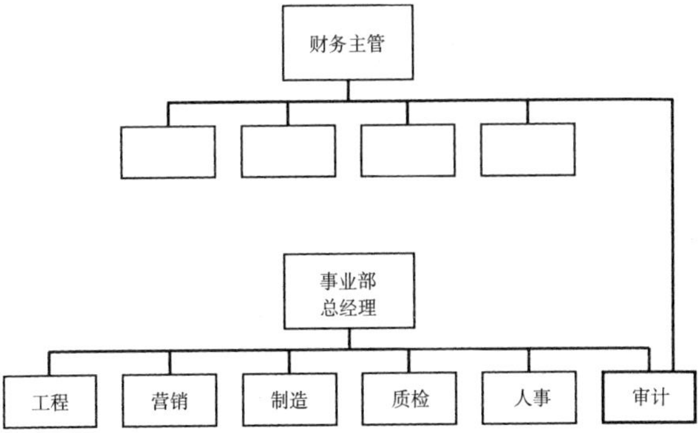

图 9-2　一个事业部的财务人员也同时受两个组织掌控

在一个企业中，诸如此类的例子比比皆是。现在再让我们看一个公司的广告预算政策。到底应该让每个事业部负责自己的广告，还是由总公司的广告部门来策划呢？两者各有利弊。各部门当然了解自己的营销策略，而且也没有人比他们更了解自己的目标市场，以及他们想传达给目标受众的信息——这似乎已暗示我们应该让各部门负责自己的广告。

但从另一个角度来看，各事业部的产品集中在一起，事实上更能解决消费者的问题。一个经过整合的广告脚本，可能比让各种产品在媒体上单打独斗更能触动消费者的购买欲，进而创造更多利润。此外，广告牵涉的也不只是产品本身，还包括公司形象。为了维持形象的一致性，除非不得已，否则我们实在不应该让各事业部自己去找广告公司，各起各的炉灶。

就像解决其他混合型组织内的冲突一样，双重报告是最佳的解决方案。我们让各事业部的营销经理负责收集产品该传达的广告信息，然后一个由总公司采购经理主持、各事业部营销经理都参加的小组，会全权负责所有的广告相关事宜。

举个例子，这个小组可能负责找广告代理商，制定企业形象标准手册，以作为各部门在处理广告图像时遵循的依据。这个小组甚至可以设定各营销经理与广告代理商交涉时的权限，并借公司的总广告量优势和媒体谈折扣，降低广告的成本。但无论如何，主要的产品信息还是应该由各营销经理决定。

这样的广告计划双重报告流程对营销经理们的耐性无疑是一大考验。因为他们除了自己负责的产品外，还得了解其他产品营销经理的需求以及思维逻辑。于是，为了既顾及个别产品能完美传递出的信息，又同时维护一致的企业形象，只能选择双重报告。

我们可以看到有各式各样的组织演进成为混合型组织。不论是什么产业，都必须发展出积极的双重报告模式。下面是《华尔街日报》上一篇有关俄亥俄大学的报道，括号里是我加的注解：

> 管理一所大学绝非易事。俄亥俄大学校长说："制定决策的责任要由各处室（功能性部门）及各系（任务导向部门）共同分担。"俄亥俄大学规划委员会（同级群体）正式成立。这个委员会由各系及处室遴选出来的代表组成，在校务预算被大幅度削减时协助分配有限的资源（最困难且常见的问题）。"我们学着以整体

的视角来看问题，”其中一位规划委员说，“我代表的是教务处，今年处里面有几个项目必须抢预算。但在开会时，我竟帮要买推土机的部门讲话。”

不论是公司还是大学，混合型的组织架构都很有必要。但不管是混合型组织还是双重报告，都不应该增加额外或不必要的工作。

我们应该毫不留情地扫除官僚，力行工作简单化，将焦点放在真正必要的工作上。但是我们不该逃避因为报告系统转变而产生的复杂性。不管你喜不喜欢，混合型组织已成为今日企业随处可见的组织类型。

“二度空间”组织

如果一个人参与协调工作，而这项工作并不属于他例行的工作范围，那么这也算是一种“变形的双重报告”。

还记得之前提到的技术支持人员辛迪吗？她专门负责某一特定工艺的改进和维护。她的直接领导是一位资深工程师，而这位资深工程师又向这个厂的总工程师报告。辛迪每日例行的工作包括操作仪器、留意工艺监控器是否正常，如果出现状况则负责调整。

除此之外，她还有另外一项工作，就是每月例行地和其他厂同样负责工艺的人开会，讨论并设法解决他们在各厂碰到的工艺问题。

这个协调小组的主席还负责制定各厂通用的准则，而协调小组则由一个层级更高、由各厂的总工程师组成的总工程师委员会管辖。辛迪在组织中的地位可在图 9-3 中看出。

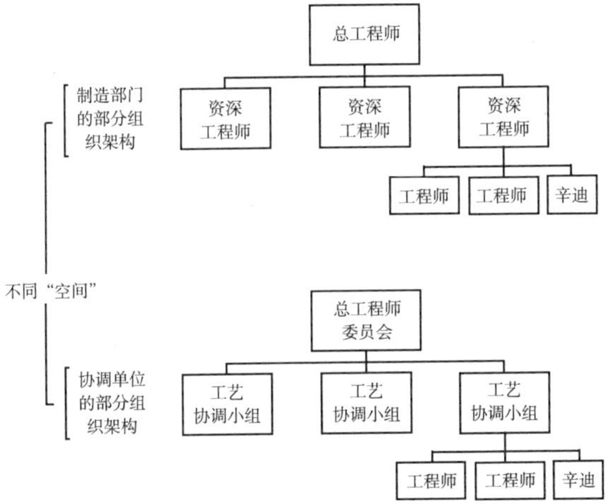

图 9-3　辛迪的名字同时出现在两个组织中

辛迪 80% 的工作时间用于执行工艺工程师的任务，她和资深工程师之间的从属关系非常清楚，资深工程师往上则是该厂的总工程师。但身为工艺协调小组中的一员，她则受小组主席管辖。所以在这个组织架构中，我们可以看到辛迪的名字出现在两个组织中，而这两个组织各有其功能：一个是负责该厂的工艺，另一个则是协调各厂的运营。辛迪要受两个老板领导，双重报告就在这里体现。

因为辛迪身兼二职，我们不妨把“协调小组”当作另一个组织或是另一个空间，这听起来很复杂，其实不然。如果辛迪是个教徒，她可以同时是她所属教会的成员和英特尔的员工。对辛迪而言，两者毫无冲突。同样，她是协调小组中的一员，就像她是教会成员一样。

辛迪同时为两个部门提供她的专业技术，使她在英特尔能够发挥更高的管理杠杆率。她的主要工作只与一个厂的工艺有关，但通过协调小组，她在工艺上的专业能力可以影响到所有工厂。所以我们认为，通过这种小组，可以提升经理人的管理杠杆率——对技术支持经理人尤其有用。

这种“二度空间”的组织概念在企业中也很常见。负责规划和负责运营的部门通常分属不同空间。而如果一个企业的职员能分属两个空间，他同样也能在更多的空间之间游走。辛迪也可以在其他事情上发挥才干。这就好比她在英特尔工作，是教会成员，同时又加入了她所在镇上的公园管理委员会。这些不同角色彼此并不冲突，虽然都必然会占用她的时间。

另外一个可能的状况是，从属关系随空间的转变而互换。举例来说，我是英特尔的总经理，但在另一个空间里，我是战略规划小组的一员，这个小组的主席则是英特尔某个事业部的财务主管。这就好比我是位后备军人，仅在短短的一两天里，受命行事，而在营区下命令的人恰巧是这位事业部财务主管。平时我可能是他上司的上司，但在军营里，他的军衔比我高。

这种二度或者多度空间的组织架构非常管用。没有这种架构，我可能得负责一切，但有时我根本没有时间，甚至不能胜任。多度空间的架构让一个人随着组织需要改变其角色，时而当将军，时而当士兵，组织应变的能力随之大幅提升。

我们提到的很多小组都是暂时性的，有些只是针对某一事项（例如商业展览），或是将一群人聚集起来交换意见以解决特定问题。不管是哪种情况，小组都会因事项结束或是因问题解决而解散。随着环境变化越来越快，问题越来越多，我们也越来越需要这种临时性的组织。

高科技产业唯有靠着多度空间组织，才有办法应对日新月异的科技发展。也唯有当混合型组织架构、双重或多重报告体系健全之后，多度空间才会真的产生意义。所以这些都取决于企业文化，这便是下一章的重点。

第10章

每个人都听命于三个“长官”

控制模式必须因时制宜，一药不能治百疾。

现在让我们来看看人的行为如何被控制或影响。

如果你的车子需要换轮胎，你可能会先到当初买车的经销商那里去看看他们可以提供哪些选择，然后你可能会到其他修车厂做个比较，你还可能会翻翻消费杂志来个货比三家。但到最后，你只会以一个标准来做决定：你的自身利益。你想要以最小的代价满足需求。在这种买卖关系中，你会站在经销商或维修厂的立场考虑的可能性极小。因为你并不关心他们的利益，你不会笨到去告诉卖给你轮胎的人应该抬高价钱多赚你一点。

这会儿你换了新轮胎开车上路，没多久便碰上了红灯，你只好停下车。你有没有想过为什么要踩刹车？从来没有。“红灯停，绿灯行”只是一个再简单不过的交通规则，人人都必须无条件遵守。如果驾驶人不遵守这项社会契约而在绿灯时停车，交通很快就会一团混乱。而交通警察就是要监督大家遵守这些契约，并对违约者加以惩罚。

绿灯亮了，你踩下油门继续前进。不幸的是，在你眼前发生了一场严重的交通事故。你很可能会暂时丢开诸如“不可随意在高速路停车”等交通规则或者你的自身利益，径自上前帮助车祸的伤者。你这么做甚至还冒着事后被人反咬一口的风险。此时控制你如此行动的因素已经和你买轮胎或者红灯停车时的因素不同，既不是自身利益也不是遵守法律，而是对别人生命的关注。

同样，我们在工作上的行为，主要也受着如下三项无形但极具效力的因素控制：

（1）自由市场因素。

（2）契约义务。

（3）文化价值观。

自由市场因素

当你买轮胎时，你的行动基本上由自由市场因素控制——围着价格打转。买卖双方（不管是个人、组织还是企业）都在想尽办法提高自身的利益。

无论买卖的项目是商品还是服务，买方都想以最低价格买进，卖方则想以最高价格卖出，这个原则绝不会改变。交易双方都不会去关心对方会不会因为这桩买卖而破产。这种交易方式极有效率，没有人必须做整体考虑，大家各扫门前雪，各顾各的利益。

那么，为什么我们不能把自由市场因素纳入所有情况来考虑？因为如果要使这个因素起作用，买卖的商品或者服务的价值必须能以金钱衡量。自由市场很容易就能决定轮胎的价格，但工作上有太多其他的因素，因此并不容易决定其价值。

契约义务

两个公司之间的交易行为通常是由自由市场因素控制的。我们从供货商那里进货时，总是希望以最低的价格完成交易；同样，供货商也希望赚得越多越好。

但价值难以判断时应该如何做？举例而言，有一群工程师共同负责完成一件工作，我们该怎么认定工作完成后每个人的贡献价值？在这里，自由市场的观念一时似乎派不上用场，因为这群工程师的价值并不能简单地被决定。

于是你找来这群工程师，告诉他们："这样好了，在未来一年，我出一笔钱聘请你们，但你们必须同意帮我做这些事。我们必须签订契约。你们每人会有一间办公室，有一台计算机，而你们必须尽全力表现。"

这种控制的因素属于契约义务，该做什么以及标准如何都应尽量以白纸黑字写清楚。但无论如何，我还是不可能事前规定这些工程师每一分每一秒该做些什么，所以我对他们的工作必须有管辖权。因此工作契约中也包括了我对他们的管辖权，必要时我可以评估或纠正他们的工作。在就这些大原则达成一致之后，我与他们还会再约定一些彼此遵守的细则。

现在让我们回到“红灯停”的例子，事实上，我们也期待其他驾驶人能遵守红灯停的规则，让我们在绿灯时能够畅行无阻。

但对于不遵守交通规则的人，我们便需要警察来维持秩序。要设立这种监督角色，就得花一笔人事费用。

日常生活中“契约义务”的例子甚多，税制便是其中之一。我们付出劳动所得的一部分，希望政府能提供我们需要的服务。为了监督整个制度，便产生了一笔不小的间接费用。

在美国，各地的电力公司代表可能会找州政府的相关人员洽谈：“我们愿意投资300万美元在此建立发电厂以提供电力，但前提是你必须保证我们的独家经营权。”

州政府则可能回答：“没问题。但我们不能让你哄抬电价。我们会成立一个电力委员会负责监督，你们的电价和利润必须由这个委员会决定。”这时双方的契约义务就形成了——为了独占市场，这家电力公司日后必须听从州政府电力委员会有关电价及利润多寡的决策。

文化价值观

当环境变化快到我们来不及改变规则以应对，或是发生了契约无法处理的状况时，文化价值观便决定了我们的行动。

文化价值观的要旨在于“大我胜于小我”，团体的利益先于个人的利益。文化价值观起作用常与一些情绪性的抽象字眼——诸如“信赖”联系在一起，因为你必须相信牺牲私利最终是对你有好处的。这种信赖的产生，取决于这个“大我”中的个体必须有同样的价值观、同样的目标，甚至同样的行事准则。以上三者的建立，则在于这群人是否有相同的经验及背景。

经理人的角色是个耐人寻味的好例子。如果企业活动可单纯依靠自由市场因素运作，那么管理几乎无用武之地。跳蚤市场不用人管，各个摊位的交易照常进行。但如果是契约义务主导行为，便需由管理单位负责规则的制定及修改以确保大家都依规定行事，评估绩效并设法改进。

但在文化价值观主导行为的层次上，经理阶层必须负责发展出一套组织内共享的价值观、目标以及行事准则，以建立个体对组织的信赖。经理人可通过训话等方式来传达信息，但言传不如身教，最好的方法还是以身作则。如果经理人日常行事都依照组织的价值观及目标，公司里的人自然会有规可依。

我们很容易误以为文化价值观是最好的控制模式，这种想法非常类似于“人性本善”，甚至带点乌托邦的意思，期待每个人都愿意牺牲小我实现大我。

但控制模式必须因时制宜，一药不能治百疾。以文化价值观来引导轮胎的买卖或是税费的征收只会弄得一团糟。在每种不同的情况下，都会有一种最适当的控制模式。如何找出此模式并加以运用，便是经理人的责任。

该哪一位“长官”出场？

为了找出企业中适当的控制模式，我们必须了解两项变量：一是，个体关心的是团体还是自身的利益？二是，这个个体所处的工作环境的本质。

我们以CUA（complexity, uncertainty, ambiguity）指标来衡量一个工作环境的复杂性、不确定性以及指令的模糊性。之前提到，工艺工程师辛迪不仅面对着变幻莫测的新科技，以及各式各样新开发的仪器，她还必须在产品开发工程师和制造工程师这两群人之间周旋。辛迪的工作环境无疑充满了复杂性。

而营销经理布鲁斯则苦于人手不足，他的上司在听完他的报告后只是敷衍两句，让他搞不清楚是该增加人手还是另谋解决之道，可见这个工作环境的不确定性极高。

英特尔的运输经理迈克则必须和大小委员会以及各部门制造经理协调，他常常搞不清楚到底该听命于谁。最后他终于因为受不了这种模糊性的指令而辞了职。

在图 10–1 中，我们可以看到 4 个象限。纵坐标表示个人关心的是群体利益或自身利益；横坐标则代表工作环境的CUA：复杂性、不确定性以及指令的模糊性。现在我们要找出各象限最适合的控制模式。

当个体关心自身利益，而环境的CUA低时，买轮胎例子中的自由市场因素便派上用场；而当个体转向关心群体利益时，"红灯停"的契约义务便成为最佳控制模式；当"大我"（群体利益）先于"小我"（个体利益），而CUA偏高时，以文化价值观来控制行为最能产生效果。这也可以解释为什么我们在车祸现场会设法停车帮助伤者。但如果CUA高而个人又只关心自身利益，任何一种控制行为的模式都将失效。这种情况就如同发生海难时，每个人都只顾着保全自己的身家性命，结果造成了混乱一样。

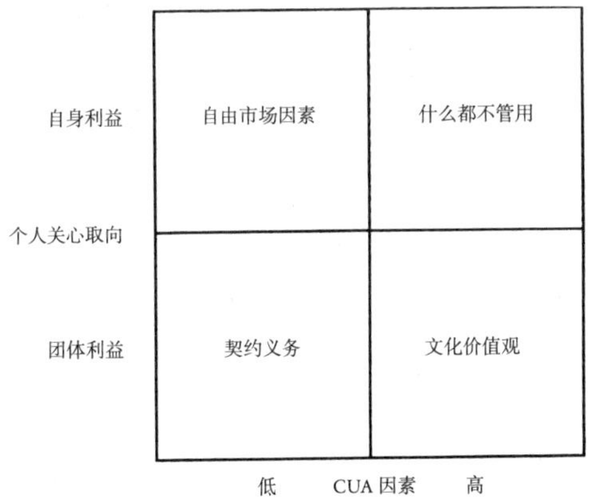

图 10-1　经理人要选择最好的控制模式

让我们把这套理论套用在某个刚进公司的新人身上。由于初来乍到，他无疑比较关心自身的利益。因此，你应该给他明确的工作架构，降低复杂性及不确定性。

过了一阵子如果他表现不错，就会对这个环境比较有归属感，也因此开始关心公司。他开始了解，这艘船若要早点到达目的地，最好的办法是帮着努力划船，而不是独自扬帆。

然后他可能被晋升到一个复杂性及不确定性都变高的职位（通常钱也赚得比较多）。随着时间的推移，他会从公司其他人那里学到以及自己积累更多的经验，进而能处理更不确定的情况以及更复杂的问题。这也是为什么企业文化较强的公司较倾向于内部提拔：刚进来的新人通常职位较低，工作范围明确、不复杂。经过一段时间后，他会从同事、上司甚至下属身上学到企业的文化价值观、目标以及行事准则，逐渐能够接受并面对各种复杂问题、不确定性与多重指令的挑战。

但如果我们外聘“空降部队”来担任高级经理时又该如何？

就像起用任何新人一样，一开始这个高级经理还是比较关心自身利益。但身为高级经理，他难免会被指派管理一个有问题的部门——毕竟这是我们从外面找人的原因。此时对这个经理人而言，他面临的不仅是烫手山芋，还有环境里很高的CUA；同时，他也尚未建立起属于这个企业的价值观与行事准则。在此状况下，大家只能求老天保佑他能赶紧忘掉私利，以“大我”为前提，并设法降低CUA。如果他做不到这些，恐怕很快就会被撤掉。

“长官”无所不在

无论什么时候，只要我们有行动，总会受控于上述三种控制模式之一。如果我们把时间的范围放广，便会发现三种模式不时交错地影响着我们。我们以鲍勃这个营销专员为例。当他在自助餐厅买午餐时，他受自由市场因素影响。他的选择非常清楚，基本上可以用他愿意花多少钱来买他要的东西来解释，单纯的两相情愿。然后他回到办公室，这个行为是契约义务。公司付钱买他的工作绩效，当然也表示他必须出现在办公室里。而鲍勃出席额外的战略规划活动则出于他对公司文化价值的认同。因为这部分内容并不包括在当初他跟公司签署的契约或例行工作之中，为此他必须另花时间和精力。但因为对公司有认同感，他愿意牺牲自己的时间。

我们再举个例子。芭芭拉负责训练业务人员销售新产品。她购买培训器材时，自由市场因素便开始介入：她想要以最低的代价得到她想要的品质。接下来她开设的培训课程本身就是一个工作上的契约义务，业务人员“期待”各事业部门定期开设培训课程。虽然你在公司的政策中找不到“定期开设培训课程”这项条文，但这仍然是契约义务。在这里要提的重点是：有时虽然只是“期待”，其效力仍可等同于契约条文。

业务人员都不只销售一种产品，但每一个产品经理都希望业务人员能全力提高其负责的产品线业绩。在这种情况下，如果各产品经理不能以公司整体利益为先，那么不管是培训课程还是促销活动都将变得一团糟。这种各事业部门之间的协调，便是由企业文化价值观主导。

我也曾听过一群营销经理抱怨公司里的业务人员只顾私利，他们说业务人员只顾那些佣金或奖金较高的产品。比起业务部门的人，他们觉得自己总是以公司的利益为先。

但其实营销部门的人才是引诱业务人员向利益看齐的人，是他们自己搞出名目繁多的奖励形式来举办各式各样的销售竞赛，动不动就以关岛、夏威夷旅游或是名牌轿车来利诱。各产品经理真正竞争的是业务人员有限的资源——时间。而业务人员的反应也不过是利之所趋，人之常情罢了。

业务人员并不总是“道义放两旁，利字摆中间”。曾经有一次，英特尔的某个事业部出了问题，连带使该产品线部门的业务人员几乎一年没有东西可卖。虽然他们可以随时卷铺盖另谋高就，但大部分人还是留了下来。他们能留下其实就代表了对公司的认同，相信只要咬紧牙关总会突破困境。这种信任绝对和自由市场因素无关，而是一种认同企业文化价值的表现。

第四篇

谋 事 在 人

第 11 章

激励下属参加比赛

将办公室变为竞技场能培养下属的运动家精神：求胜但不怕输，并随时向自己的极限挑战——这是一个团队能不断前进的主要动力。

前面我说过一句很重要的话:“一个经理人的产出，是他所管辖和影响力所及的组织产出的总和。”换个角度看，这也说明了管理是一种团队活动。就像打篮球，不管教练再怎么强，仍然得看队员们的努力。如果这些个体不尽他们的全力，我们之前所提到的种种管理招数便没用。接下来我就要教你怎么激励你的队员超越极限。

如果一个人没做好他该做的事，只有两种原因：他不是“不为”就是“不能”——前者是缺乏诱因，后者是无能为力。至于是“不为”还是“不能”，我们可以用一个小小的测验来判定：如果这个人的小命得靠做这件事才能保住，他肯不肯做？如果他肯，说明他能做，之前便是“不为”；反之，如果他不肯，则之前不做便是“不能”。如果我的生命取决于我能否拉好柴可夫斯基的小提琴协奏曲，我大概只好投降；但如果生死存亡取决于能否在 20 分钟内跑完 5 000 米，我一定会放手一搏。并不是我喜欢跑 5 000 米，只是形势逼人，“蝼蚁尚且偷生”。

让下属超越极限，是经理人种种任务中最重要的一项。要应付之前提到的“不能”和“不为”，经理人得用上两个法宝：培训与激励。在图 11-1 中，我们可以看到这两者对促进个体绩效各有侧重。先让我们把重点放在激励上。

经理人应如何激励下属？对大部分人来说，激励这个词暗示着“对某个人做某些事”（威胁、利诱等）。我认为不然。激励要能产生效能，必须要当事人发自内心地表现。而经理人所能做的只是创造出适当的环境，让受到激励的人能好好表现。

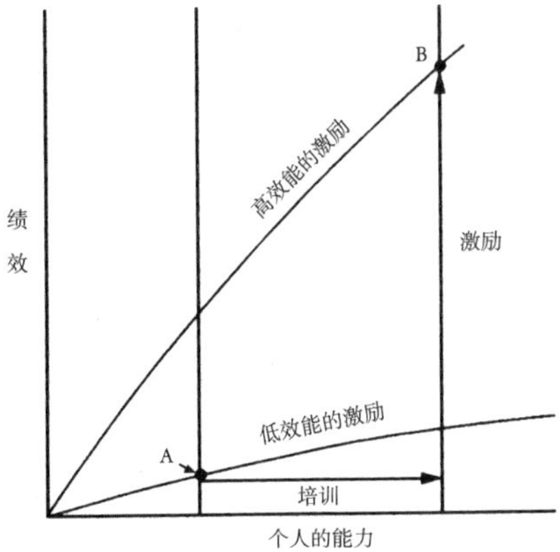

图 11-1　经理人能通过培训或激励来提高下属的绩效

个体的需求

激励是用来提高绩效的，而不是改变一个人的情绪或者态度。

如果一个下属说他觉得受到了激励，那对整个组织并没有什么帮助。我们真正在乎的是随着外在环境的改变，他的绩效是否能随之提高。我们也许可以将他的态度当成指标——就像在黑箱上开窗检视“激励是否运作正常”一样，但“态度”并不是我们要的产出或结果。我们追求的是下属有更卓越的表现。

在西方历史的早期，甚至一直到工业革命之初，恐惧以及惩罚在激励中都扮演了重要的角色。那时人们因为害怕生计无着而工作。他们如果不工作就没钱买饭（面包）吃；而如果去抢去偷不幸被逮，又会被送上断头台。会被惩罚（没饭吃或身首异处）的恐惧间接刺激了他们在工作上卖命。

但随着工业革命的结束，恐惧、惩罚等激励手段逐渐被其他较为人性的方法取代。这些较为人性的激励方式源于员工已不再只是出卖劳动力，他们也贡献技术和知识。靠体力劳动的生产线作业员的产出很容易衡量，因此只要没达到标准就会被发现；但对于用脑的员工来说，要衡量绩效就得花上一段时间，有时甚至很难列出衡量的标准。

换句话说，你可以用令人恐惧的方法来让中古时代的奴隶拼命帮你划船，但你的计算机工程师可不吃这一套，所以才有了对这一类人较为人性的激励方式。

基于我在生活和工作中的长期观察，我个人较为偏好马斯洛的需求层次理论。在马斯洛的理论中，激励和需求的关系十分紧密。人因需求而产生动力，而一旦某项需求得到满足，这项需求便不再是激励的来源。简单地说，如果我们希望激励能一直有效，必须先确定下属仍有一些需求尚未得到满足。

只要是人，不管什么时候总是有各种不同的需求。这些需求也总是有优先级——某些需求会比较迫切地需要被满足，而这项需求便决定了某个人能否受到激励，以及他的工作绩效能否因而提升。图 11-2 展现了马斯洛的需求层次。当较低层次的需求获得满足后，个体的需求通常会向上晋升一级。让我们来逐项分析。

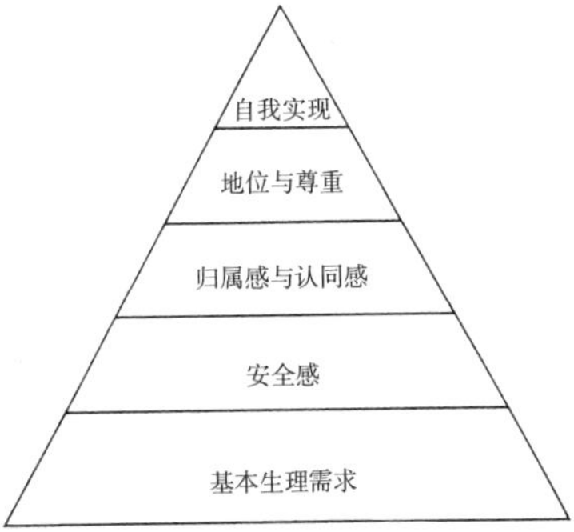

图 11-2　马斯洛认为人的需求是有层次顺序的，当较低层次的需求被满足时，才可能产生较高层次的需求

◆ **基本生理需求**

这个层次的需求通常只要有钱就能解决，例如：衣、食、住、行，以及日常生活中其他不可或缺的事项。恐惧经常会伴随此类需求：个体会害怕没饭吃或是没衣服御寒等。

◆ **安全感**

这种需求是当个体希望不要再面临基本生理需求匮乏的恐惧，不用再担心三餐不继以及其他类似情形时所产生的需求。举个例子，如果一家公司提供了完善的医保制度，员工们便不用担心发生意外时无力支付医疗费用，这种福利虽然不是员工受到激励的主要来源，但显而易见，如果公司不提供保险福利，员工可能会产生担心，工作绩效无疑将受到影响。

◆ **归属感与认同感**

人是群居动物，因而也有归属于某团体或受别人认同的需求。但人又十分挑剔，"阳春白雪"可不想和"下里巴人"混在一起，他们只想和有共同点的人在一起。情绪高昂、有自信的人会想和同样的人在一起，而情绪低落的人只想与同样沮丧的人为伴。

归属感或认同感的需求有时可能十分强烈。我有一个朋友在当了好几年全职太太后重回职场，她的家境十分富裕，但她这次找到的工作薪水却不高，对她家的经济几乎没什么贡献。有一阵子我百思不得其解，搞不懂她为什么要去上班受老板或顾客的气，但后来我终于明白：她需要归属感。重回职场让她可以和一群她喜欢的或和她相似的人在一起。

另外一个有关归属感的当事人是英特尔一位年轻的工程师吉姆。他毕业后即在一家历史悠久的大公司上班，但他两个大学的死党都在英特尔。他们毕业后还是住在一起，因此吉姆经常听他的室友聊英特尔的工作情况及工作环境。更重要的是，他的室友在英特尔的同事多半也都很年轻，未婚，刚从大学毕业一两年；而吉姆公司里的同事大多已经结婚且大他 10 岁左右。因为在同事圈里觉得格格不入——虽然吉姆非常喜欢那份工作，他最后还是选择了跳槽到英特尔。

随着周围环境或状况的改变，我们需要被满足的需求也不断地在改变。在这里要提到的是英特尔的一位年轻经理恰克。故事发生在恰克读哈佛商学院的第一年。一开学，恰克就被教授及课程的难度吓住了，害怕考试过不了关。但没过多久，他便发现班上的同学其实谁也没比谁强多少。之后，同学之间开始组成读书会，表面上是复习或讨论课堂内容，真正的目的却是增强彼此的信心。

恰克的需求从基本需求——在哈佛商学院里求学，转为对安全感的需求。而随着时间的推移，各小组逐渐瓦解，班上同学彼此越来越熟。不久整个班便成了一个团队，成员开始有了归属感及对此团队的认同感，并努力维持这个团队的声誉。在此阶段，恰克便是在满足他的归属感及认同感的需求。

当然，需求也有可能从较高的层次退化到较低层次。我曾见过一个实例。英特尔在加州有一个厂，本来这个厂的员工士气非常高昂，但突然间员工们不再在乎高层次的需求，不再在乎高附加价值的硅片、工厂设备，甚至每天一起打拼的伙伴情谊——一场大地震把一切都改变了。在天摇地动的同时，每个人都回到最原始的求生需求，大家落荒而逃，拼了命只想找到最近的安全出口。

以上提到的三种需求层次：基本生理需求、安全感、归属感与认同感，都只是激励我们去上班，出现在公司里。而接着要提到的另外两个需求层次——地位与尊重及自我实现，才是真正激励我们在工作上追求更卓越表现的原因。

◆ 地位与尊重的需求

这种需求可以简单用8个字解释："有样学样，迎头赶上"。虽然大家通常对"打肿脸充胖子"嗤之以鼻，但如果你是个运动员，而你学习的对象是去年的奥运会金牌得主，或者你是个演员，而你将著名演员劳伦斯·奥利维尔[1]的演技立为学习标杆，这样的需求都会有助于提高工作绩效。

"地位"对每个人的意义各有不同，你所追求的可能旁人根本不屑一顾。如果你是个棒球校队球员而碰巧在路上遇到你仰慕的职业棒球队队员，你可能会像被电击到一样。但当你回到家告诉你老妈或是你那爱听古典乐的老弟时，他们可能连头都不抬。因为对不是棒球迷的人而言，职业棒球队队员根本不代表什么。

到目前为止我们提到的激励来源都有其"自限性"——一旦一个需求得到满足，这个需求便不再能够对个体产生激励作用。当你达到一个既定的目标后，同一个

1. 劳伦斯·奥利维尔（1907—1989），英国演员，一生共获得14次奥斯卡提名。——编者注

需求层次里纵使还有其他目标没搞定，它们的重要性也会骤然降低。

我有个朋友还没到中年便面临了中年危机，原因是他的表现太好，公司很快就把他提为副总经理。这原本是他职业生涯计划的顶点，但在突然发现自己已爬到朝思暮想的位置后，他一时之间失去了动力来源，不得不再找其他的需求激励自己。

◆ 自我实现的需求

依照马斯洛的解释，自我实现就是将个人的潜能发挥到极致，“尽己所能，超越巅峰”。一旦某个人受激励的来源是自我实现，他工作的动力将不再受局限。这是自我实现有别于其他激励模式最重要的特点。其他的激励来源一旦在需求满足之后便不再生效，但自我实现将不断地激励个体往上突破。

有两种内在动力可以促使个体将能力发挥到极致：精益求精型和成就导向型。精益求精型一心在某件事上钻研琢磨，就像成名的小提琴大师，即使他的音乐会一票难求，他仍会日复一日地练习，不敢怠慢。这显然已经不只是地位或者受人尊重的需求。他不断地琢磨琴艺，只希望每一次表现都比上一次更好。就好比路边滑滑板的少年可以为了某一技巧不断地练习。要他做学校作业他可能在书桌前10分钟都坐不住，但一谈到练滑板的新技巧，他可以重复一个动作上百次也不觉得累。这便是自我实现的动力在激励他追求更好的，永远都没有止境。

成就导向型则和前者略有不同。有些人（虽然不太多）即属于此类，他们经常怀有达成任务的决心。有一个心理实验大致可以描述他们：一群受测者被安排到一个房间里，每个人都得到了玩套圈圈游戏用的圈圈，但实验者并没有告诉受测者这些圈圈用意何在。这个房间的地板上散置着几根游戏用的立杆。虽然没有标示，但这群人没过多久就开始玩起套圈圈的游戏。有些人站得远远的随便掷，有些人则走到立杆旁直接把圈圈套下，而另外一些人则站到离杆有点远又不会太远的距离，让游戏成为一种挑战，这些人不断地在寻找他们能力的极限。

实验者将以上的行为分成三类。第一类称为赌徒型。这种人愿意冒高风险，但他们对结果并没有控制力；第二类被总结为保守型，这种人不喜欢冒险；第三类则被称为成就型，这类人喜欢向他们的能力极限挑战。

在这个实验中，实验者并没有给受测者任何暗示或指示，因此，我们可以看出有些人就是喜欢向自我挑战，即使没有任何实质回馈。虽然在这样的自我挑战中，他们可能会套不准，但一旦他们找到窍门越套越准，他们便得到满足并觉得有成就感。而不管是精益求精型还是成就导向型，他们共有的特点便是随时挑战自我极限。

当个体丧失了自我挑战的动力时，管理者必须动脑筋去创造让这种动力源源不绝的环境。举例而言，在目标管理系统中，制定的目标不应该是一蹴而就的。我们所定的目标应高于一般人的能力，即使他们非常卖力，可能仍然只有 50% 的成功机会。虽然个体有 50% 的可能会尝到失败的滋味，但“靶定得远，箭就射得远”，实践证明，这种情形下的产出大于一蹴而就目标下的产出。当你所追求的目标超越极限时，这样的目标制定策略就更显重要。

除此之外，如果我们想要让员工都能提升自我实现需求的层次，必须先创造出一个讲求产出的环境。我的第一份工作是在一个研究发展实验室谋得的。实验室里的人对工作都有极高的热忱，但他们只是想知道更多的知识和技术，却不一定能运用这些知识技术去创造出任何实质的东西——果然这群人也并没有成就什么。

相反，英特尔有另外一套价值系统。一个计算机博士也许懂很多，但如果他不能应用他的所知创造出有形的产出，满腹经纶也是枉然；一个助理工程师如果能创造出有高附加价值的产出，他在公司里的地位也将水涨船高。一个企业组织中的价值系统本当如此。

金钱及工作的回馈

现在让我们来谈谈金钱在激励员工上扮演的角色。当需求层次较低时，金钱就十分重要，因为有了钱才能够买日常生活的必需品。但一旦这个人超越了以上的需求层次，金钱便不再成为动力。

以英特尔在中美洲的一个零件组装厂为例。那个地方的生活水平较低，而英特尔给的薪水则高出当地平均水平许多。因此这个厂在运营初期便碰到一个问题：很多员工一旦赚到的钱达到他们设定的目标就辞职不干了——这个目标数字在我们眼里小得微不足道，但对他们而言，那个层次的需求已得到满足，金钱已不足以成为诱饵。

再看另一个风险投资家，他赚到第一笔千万美元之后，仍然铆足了劲儿朝着第二笔千万美元迈进。到了这个层次，安全的需求或是归属感与认同感等都已不再能解释他行为的动机。这样的人通常并不会张扬他们的所得，他们拼命赚钱显然也不是为了提升社会地位或是赢得别人的尊重。当一个人的需求是在最高层次——自我实现上时，金钱就成为衡量成就的标准，而不再只是为了满足生理上的需求。在基本生理需求和安全感需求这两个层次，金钱的效力在需求被满足时就会停止；但如果金钱成为衡量成就的标准，它的效力将无边无界。

这也是为什么对风险投资家而言，第二笔千万美元和第一笔千万美元一样重要。因为他追求的已不再是金钱带来的实质效益，而是无形的成就感。追求成就的需求往往永无止境。

我们可以用一个简单的方法来测试一个人到底处于哪一个需求层次。如果一个人在乎的是薪水上涨的绝对值，他大概还处于基本需求或是安全感的层次。但如果他所在乎的是相对于别人他的调薪幅度是大是小，他工作的动力来源就是为了得到尊重或认同，或是为了自我实现。在这样的情况中，金钱明显地只是衡量成就的尺度。

一旦一个人的动力来源是自我实现，他便需要某些标准来衡量进展如何。最重要的一种衡量尺度是对他工作绩效的回馈。而对一个致力于自我实现的人来说，事实上回馈来自他自己。

小提琴大师知道怎样才完美，因此不断练习琴艺朝巅峰迈进。但如果有一天他发现再怎么勤练也无济于事时，练习的动机便会消失。我认识一个从匈牙利移民到美国的奥运会跨栏冠军，有一次碰到他时，他告诉我其实他搬到美国后没多久便不再练习跨栏了。他说这里的跨栏水准不足以训练出激发他斗志的对手，而他每次练习时，总觉得技术在一点一点地衰退。

到了企业的工作环境里，我们能够提供哪些回馈或是绩效评估系统呢？适当的评估系统必须让员工的绩效和公司的目标紧密联系起来。当这样的系统真正运作时，它能够反映出员工的目标达标率，并提高他的效率。经理人必须设法让他的下属不被一些不必要的因素干扰（诸如办公室的新旧、大小及装修好坏），而真正着眼在要紧的事上。在此类与工作相关的回馈中，最重要的一种形式是上司对下属定期的绩效总结，我们将在之后的章节中详谈。

恐惧

当一个人的需求层次停留在养家糊口及获得安全感时，

他的恐惧源于因失业而导致生活无以为继。但当一个人的需求层次是在获得自尊、地位或自我实现阶段时，恐惧仍有驱策的力量吗？答案是肯定的，但在此，恐惧已化为对失败的恐惧。至于这种动力到底是好是坏，则视情况而定。当一个人被交付一项任务时，害怕失败的心理可能促使他铆足劲儿全力以赴，但他也可能因此而不敢创新，变得畏首畏尾。

让我们回过头看套圈圈的例子。如果受测者每失败一次，就会遭受一次电击，很快他就能学会拿起圈圈，走到杆子旁边直接套下去，以避免因为没套中（失败）而遭受电击之苦。

一般而言，在较高的需求层次，恐惧通常源自内在而非外在的威胁。人们经常因为过不了自己那一关而导致行动上的退却。但如果老是如此，这个人很快就会从自我实现的层次往下降落。

竞赛

通过激励理论，我们深入了解了人的工作动力，而经理人也可由此了解如何驱动员工迈向绩效巅峰——发挥出他们个人的最佳水平。虽然我们真正追求的是组织整体的绩效，但这个整体绩效明显有赖于个体的工作技能以及是否卖命打拼。因此，经理人要做的第一步便是训练下属（在图 11-1 中，让员工由左向右水平移动）；第二步则是提升他们的需求层次，让自我实现成为他们工作的动力。因为只有如此，他们才会自动自发，工作动力也将源源不绝。

有没有什么系统性的方法可以引导个体提升至自我实现的层次？为了寻找答案，让我们先来问另外一个问题：为什么一个在工作上老是提不起劲的员工，在马拉松竞赛时却使尽了全力向目标挺进？是什么让他拼了命地奔跑？因为他在竞赛中有对手，而且有秒表在计时。这是一个简单的自我实现模式：人们尽全力朝梦想的目标迈进，这种动力使他们愿意挥汗如雨，努力跑得更快或更远。他们并不是为了金钱，只是向距离以及时间挑战，并且抱着不服输的决心。以下我要讲一个有关拳击手弗雷泽的小故事：

> 只要有人问弗雷泽他是为了什么打拳，他就觉得纳闷："我是个拳击手，这是我的职业，我只是尽力把工作做好而已。"可他也并不否认金钱的吸引力："谁会想拼了老命仍然三餐不保？"但对他而言，显然有其

他事情的重要性远胜于金钱。弗雷泽说:“我并不想成为拳击明星，这对我并没有什么意义。但我必须打拳，拳击是我生命的一部分。事情就是这么简单！”

试想，如果每一个经理人都有这种竞技场上不可或缺的个性，我们的产量就会提高好几倍！

为了做到这点，我们先要克服一些文化上的偏见。我们的社会对在运动场上竞技的选手有相当高的评价，但在工作上拼命表现、时常加班的人却被冠以“工作狂”之名。大多数人有这样的偏见：运动竞赛有益身心，工作则是一种无趣的必要之恶。

这种偏见很难改变，有句俗语说:“如果你不能打败你的对手，那就加入敌阵吧！”既然工作的概念天生就不如竞技，我们干脆将运动场上的竞争精神融入工作。最好的方法便是先制定游戏规则，并让员工有衡量他们表现的指标。以下举一个简单的例子。

多年来，英特尔负责办公室及厂房清洁的部门一直表现不佳，即使用尽威胁、利诱的手段，这些部门似乎仍然无动于衷。直到我们举办了一场各厂及办公大楼之间的清洁竞赛，情况才忽然改观。几乎是在一夕之间，每栋大楼和厂房都改头换面了，而我们并没有提供奖金或其他奖励。

他们得到的只有一个竞技场。如果你是清洁工，让你所负责的厂房在清洁竞赛中拔得头筹绝对是一种强有力的激励来源。这便是经理人在引进这种竞技精神时必须注意的一点：必须站在下属的立场看下属的工作，帮他设定衡量指标，找好对手并指定跑道！

当然，如果我们换个角度看，一旦竞赛结束，激励的来源也就随之遁形。有一个报纸的专栏作家说，他最大的工作乐趣便是在笔仗中求胜。但他的这项乐趣不幸地随着两家报社的合并而告终。“我永远忘不了报社合并的那天，”这个专栏作家说，“我走出报社来到火车站，觉得自己像个失去了跑道的选手！”

运动精神应用在工作上的意义，其实也包含了教导我们如何面对失败。前面曾经提过，对失败的恐惧往往是一个充满工作动力的人的心理障碍。但我们也知道，在所有的运动竞赛中，失败的概率最小是50%。每个参赛者都知道这个结果，却极少有人会在中途放弃。

经理人的角色在此便极为明显：他应当是个教练，身为教练，首先必须不居功，团队的成功来自队员对教练指导的信赖；其次，他的训练必须严格。通过当一个铁面教头，他努力激发出队员的潜能，并刺激团队做出最佳表现。一个教练应该曾经是个好选手，因此他了解竞赛的规则以及选手在练习及比赛时可能面临的问题。

将办公室变为竞技场能让下属有运动员的精神：求胜但不怕输，并随时向自己的极限挑战——这是一个团队能不断前进的主要动力。

第 12 章

工作成熟度

一个人的工作成熟度会随着工作环境的改变而改变。一旦下属的工作成熟度有波动，你对他的“最佳管理风格”也必须随之变动。

我必须再次强调，一个经理人最主要的职责，便是激发下属的最佳表现。假设我们已经了解是哪些事情在左右下属工作的动力，接下来的问题是：到底有没有所谓的最佳管理风格？有没有什么管理技巧能打遍天下无敌手？

已经有太多人想尽办法想找到最佳的管理风格。如果我们回头看看这段历史，我们会发现每个时代流行的管理风格，其实和当时的激励理论有极大的关系。

在19世纪末20世纪初，有关工作的概念极为简单——老板告诉员工做些什么，如果他们照着做就有钱拿，不照办就会被炒鱿鱼。因此，当时的管理风格非常简明且层级清楚：有一群人专门发号施令，而另外一群人只管多做事少开口。

20世纪50年代，管理理论趋于人性化，管理学者认为应该有比较“仁厚”的方法让员工努力工作，因此管理风格也随之改变。时至今日，大学里研究行为科学的科系有如雨后春笋，有关的激励和管理理论也不再是纸上谈兵，大部分理论都需经过严密控制的实验证明。但令人惊讶的是，即使较早建立起的管理理论多半靠直觉，后来的实证科学也并没有办法将它们推翻，或是证实某种管理风格确实较其他的更胜一筹。研究学者似乎必须给出没有所谓最佳管理风格的定论。

我个人的观察更倾向于肯定这项定论。在英特尔，中层经理人的工作经常轮调，以增加对他们的锻炼。虽然轮调部门的背景及工作内容通常极为类似，但最后的产出经常有较大的差异。有些经理人及部门的产能总是较高，另一些则不然。但轮调经理人后的结果却常令我们惊讶。

轮调的结果显示，不论是经理人还是各部门，都无法一直维持高产出或低产出，而总是会有高潮和低谷。显而易见，高产出是某些经理人及某些部门的特定组合带来的结果。事实上，这也证明没有任何一种管理风格能够放之四海而皆准。

环境不同，表现不同

有些行为科学学者认为，有一种变量能告诉我们在不同状况下的最佳管理风格。这个变量被称为“工作成熟度”（task-relevant maturity, TRM），这个指标涵盖了下属是否为成就导向、是否能承担责任、他们的教育背景、受过什么训练以及以往的工作经验等。除此之外，以上所提到的每一点都应以他们手边的工作结果来评判。

一个人或一个部门可能在某件事上有很高的工作成熟度，但在另一件事上则犹如初出茅庐。

举个例子。我们曾将一个超级业务经理调到工厂管理整个厂务。这两项工作的职责范围相差不大，但在岗位调动之后，这个经理人的绩效显著降低，而且开始出现无力负荷的迹象。

虽然他个人的成熟度并没有改变，但他在这项新任务上的工作成熟度却非常低——由于环境、工作内容及任务的改变。他得很快学会处理这些状况，他的工作成熟度才会逐渐增加。

于是不用多久，这位经理的绩效又能重新达到以前的标准——这是当初我们提升他的原因。这个过程有些令人始料未及，但显然，我们将这位经理个人的能力与他的工作成熟度混为一谈了。

同理，一个人在某种程度的复杂性及不确定性下，可能有很高的工作成熟度，但一旦这个工作的复杂性增加，或是工作内容突然改变，他的工作成熟度就会下降。这有点儿像一个人在乡间小路开了好几年车，现在突然要他开上拥挤的高速公路一样。虽然开的还是同一辆车，但他对驾车任务的成熟度却近乎跌至谷底。

随成熟度改变管理风格

因此，我们的结论是，随着工作成熟度的改变，管理风格也必须随之改变。

明确地说，当工作成熟度低时，最有效的管理方法是提供明确且详细的指示，在这种情形下，上司要告诉下属该做什么、何时完成、如何着手。换句话说，这时要采用非常有组织的领导作风。

随着下属的工作成熟度渐增，最有效的领导方式也由组织化转为沟通、情绪上的支持与鼓励；相较于下属手上的工作，经理人应花更多的心思在这个下属身上。

随着工作成熟度越来越高，管理风格也会一再改变。在更成熟的阶段，经理人对下属的干涉也应该进一步降低，主要管理目标应聚焦在确定下属的努力方向是否合乎部门的需求上。

然而，不管工作成熟度落在哪一个阶段，经理人都应当随时且适度地监督下属的工作，以避免任何突发状况。

如我们之前所提到的，上司持续督导下属的工作才叫授权，反之则是渎职。有关不同程度的工作成熟度及其对应的领导风格请见表 12-1。

表 12-1　下属的工作成熟度及对应的有效领导风格

下属的工作成熟度	有效的领导风格
低	组织化，任务导向，告诉员工该做什么、何时完成以及如何着手
中	注重个体，强调双向沟通，给予情绪上的支持及鼓励，上司与下属之间相互了解
高	经理人的参与程度降低，彼此建立起工作目标及监督系统

下属的工作成熟度是决定有效管理风格的基本变量。在此我必须要特别提醒：不要草率地做出价值判断，以为组织化的管理风格不如强调双向沟通的管理。你在思考管理风格以及真正执行时，不要让“唱白脸”或“唱红脸”成为影响决策的因素。千万记得：我们真正在意的是效率。

生命成熟度

这套理论事实上和与孩子关系的发展极为相仿。随着孩子的长大，父母的管教风格也会因孩子的“生命成熟度”或孩子的年龄而改变。

当孩子还满地爬或刚学走路时，父母必须告诉他什么碰得，什么碰不得。这个阶段的孩子可能不懂他想玩的古董花瓶价值连城，但他知道什么叫“不行”。当他渐渐长大，开始凭他的直觉做事时，父母会鼓励他独立行事，但有时还是要插手保护他，不让他受到伤害。

举例来说，父母可能会建议小孩把三轮车换成两轮的自行车，但他们通常不会直接交给孩子一辆自行车让他去跌去撞。他们会陪着孩子在巷子里或操场上练习，并且再三叮咛要注意交通安全。随着孩子越来越成熟，父母会逐渐减少耳提面命的次数。

接着，在孩子能够骑自行车上街时，父母会变得不再啰唆。最后，当孩子的生命成熟度足够高的时候，他可能会离开家乡到外地求学。此时，父母与孩子之间的关系再次改变，父母只是在一旁注视孩子的生活。而一旦孩子所处的环境发生巨变，他的生命成熟度又不足以应对时（例如他在学校有几门考试不及格），父母的管教风格可能就要回到之前的阶段。

虽然双亲（或是经理人）的管理风格在从组织化向双向沟通及旁观注视转变，但掌控孩子（或下属）行为的组织化程度其实并没有改变。

十几岁的孩子知道骑自行车上高速公路很危险，父母便不再需要为此事唠唠叨叨。因此，父母的管教风格从行为上的控制变为思想上的指引。

建立共同的价值观

如果父母（或经理人）在早期便灌输给孩子（或下属）正确的行事准则，之后这个孩子做的决策通常也比较能符合父母的期望。事实上，如果希望管理风格能够从组织化向旁观监督转变，那么先建立起共同的行事准则及决定优先级等，绝对能让企业一体运作的价值观达到期望。

没有这种共同的价值观，一个组织很容易陷入混乱并失去目标。因此，传播此共同价值观的责任，又结结实实地落在经理人的身上。他终究要为下属的产出负责。

同时，如果无法建立起共同的价值观，经理人也不可能有效授权。我曾经有个同事，他非常喜欢任用新人来处理他原有的部分工作，而他自己则可以处理一些新的任务。但通常这些新下属都没办法把事情处理好。我的同事对这种情况的反应是:“他必须在错误中学习！”但问题是新人的学费是客户在负担。这样的做法可以说是大错特错！经理人必须负责教导其下属，而非由其他人（不管是内部还是外部的客户）来做这件事。

管理风格与管理杠杆

基于现实理由，身为经理人，我们必须赶快提高下属的工作成熟度。如果能对一个具有高工作成熟度的员工施以适当的管理，将会比采用高度组织化的管理风格省很多时间。另外，一旦员工了解了组织的运营价值观，又具有较高的工作成熟度时，主管便可以开始分权，进而提高自身的管理杠杆率。

最后，当员工的工作成熟度达到顶点的时候，经理人基本上就完成了培训，这时他工作的动力将主要来自内在的自我实现动力——这是一个经理人尽全力追求的目标。

我们在之前已经提到，一个人的工作成熟度会随着工作环境改变。当下属的工作成熟度有波动时，你对他最有效的管理风格也必须随之变动。

让我们以战地驻扎的部队为例，刚开始驻扎时可能并没有什么战事，指挥官因此有机会了解他的每一个士兵，并且和他们维持着不太正式的关系。只要他们每天按时操练，这个指挥官就可以在办公室休息。因为整个部队已经有了很高的工作成熟度，上级的督导工作因而大大减少。

但若有一天敌军突然出现，面对枪林弹雨，这个指挥官的管理风格马上发生了180度大转变，变为极具组织化且以任务为导向，他狂吼着向每一个士兵下达命令，告诉他们该做什么，时间和方法也都列得清清楚楚，还要求他们重复一遍。如果过了一阵子，敌军还在继续进攻，而部队又没有转移阵地，士兵们在战斗这件事上的新工作成熟度将再度提高，长官就不用再大吼大叫了。

换个角度来看，经理人是否能以双向沟通及双向了解的管理方式来管理下属，主要取决于时间因素。虽然我们都知道理论上督导旁观的方法最具生产力，但在现实中，我们要费好大劲才能到达那个阶段。而且即使员工的工作成熟度提高到可以让上级在一旁督导的水平，一旦环境改变，这个经理人很可能又得不厌其烦地耳提面命。

大部分人都会认为精明的经理人不应该用这种耳提面命的管理方式，因而经常发生这样的情况——想出来管管的时候，局面已经不可收拾。身为经理人，你应该努力消除这种偏见。管理风格并没有优劣之分，重要的是应基于员工的工作成熟度来决定采用哪一种管理风格以提高效率。

这也是研究人员找不到一种最佳的管理方法的原因，因为随着工作环境的不同，它可能每日甚至每时每刻都在改变。

好经理难当

判定下属的工作成熟度并不是件简单的事。即使这个经理人知道下属的工作成熟度，他的管理风格也经常取决于他个人的偏好，而非逻辑上的思考。比如，当一个经理人觉得下属的工作成熟度是中度时，他在现实中的管理风格可能就会趋向于组织化或是旁观督导。换句话说，在这种情况下，经理人通常不是管得太多就是管得太少，很难恰到好处。

经理人对自己的认知则是另一个问题。通常我们都把自己看成很会沟通或很能授权的人，但下属常常不这么认为。我曾经找了一群经理人及他们的上司对这个论点做验证。我分别问这群经理人他们上司的管理风格，然后再问这些上司自己的管理风格是什么。结果大约有 90% 的上司认为自己比下属认为的更擅长沟通及授权。

为什么会有这么大的差异？部分原因在于经理人多半自以为很能放手让下属去做，另一个原因则是上司给下属

“建议”时，下属常将其当成“命令”，因此在理解上产生了误差。

曾有一个经理人告诉我，他和他的上司之间肯定是双向沟通，因为他们经常一起喝酒。错了！社交活动和管理上的沟通有很大的差别。管理上的沟通是对下属工作的关心与参与。工作以外的称兄道弟也许有助于此，但两者不应混为一谈。

我就曾经认识这样一个人，他和他的上司每年都会一起到一个偏远的地方钓一个星期的鱼。但是在钓鱼时他们从来不讨论工作上的事情——他们彼此都觉得工作不在聊天的范围内。而且很奇怪的是，他们的友谊并没有因此加深，他们的工作关系也依旧十分疏远。

这让我不禁要再谈一个老生常谈的问题：到底上司和下属之间的友谊对工作关系有没有助益？有一群经理人斩钉截铁地告诉我，他们从未打算和下属发展出除了工作以外的关系。

事实上，上司和下属之间的友谊对工作关系有利有弊。如果下属是你的好友，你们很容易进展到有效的双向沟通的阶段，但如果现实要求你们回到“一个口令，一个动作”的组织化阶段，可能就会产生问题。命令朋友做这做那并不是件让人愉快的事。我已经看过好些类似的例子：有的是两人的友谊就此彻底告吹；也有的由于私交甚笃，所以下属觉得上司其实是为他着想，所以愿意听命行事。

每个人都要好好想想，到底什么是专业风范，自己是否做得到？最好的测试方法是假设你必须对你朋友的绩效做很严苛的评估，这时如果你觉得胃不舒服甚至想吐，就说明你最好不要在办公室里交朋友。

但如果你依旧呼吸顺畅，没有任何胸口发闷的症状，那么你在办公室建立的友谊较有可能增进你和下属的工作关系。

第 13 章

再难也得做：绩效评估

绩效评估是个威力无穷的手段，这也是大家对它的感觉及意见都很强烈，而观点又各有不同的原因。

为什么在大多数的组织中，绩效评估都是管理系统的一部分？为什么我们要评估下属的绩效？我问了众多经理人这两个问题，并得到以下答案：

- 为了衡量下属的工作
- 为了提高绩效

- 为了激励员工
- 为了给下属提供回馈
- 为了决定加薪幅度
- 为了对高绩效提供奖励
- 为了建立纪律
- 为了提供工作方向
- 为了强化企业的文化价值

接下来，我让同一群人想象他们是正在对下属做绩效评估的上司，然后问他们感觉如何。部分结果如下：

- 自豪
- 生气
- 焦虑
- 不舒服
- 罪恶感
- 同情与关心
- 不好意思
- 挫折感

最后，我请他们回想自己收到绩效评估时的情形，并且列出他们觉得不对的地方。他们很快就给了我一大堆的答案：

- 评估中所提供的意见不明确
- 信息模糊，评级或调薪不一致
- 没有指示应该如何改进
- 避免负面的评价
- 上司并不了解我的工作内容
- 只看到最近的表现
- 太多意想不到的事情

看了以上这些，你应该能了解：绩效评估是一件非常复杂且困难的事，而身为经理人的我们经常没把这件事办好。

经理人给下属的工作反馈便是绩效评估。这是我们评估下属的表现并让他们知道自己绩效的方法，同时我们也需以此来决定对下属的奖励，不管是职务上的升迁、加薪、配股还是其他方式。绩效评估的结果将会对下属产生一定的影响且会持续一阵子——可能正面也可能负面，因此绩效评估便成为经理人最具高管理杠杆率的活动。简而言之，绩效评估是个威力无穷的手段，这也是大多数人对它的感觉及意见都很强烈，而观点又各有不同的原因。

然而，绩效评估最基本的目的到底是什么？虽然之前所列的答案都正确，但其中有一个答案的重要性远胜于其他：为了提高下属的绩效。这项评估通常有两个目的：第一，检视下属的技能水准，看看下属缺乏哪些技能并设法增强；第二，加强激励力度，好让已具备适当技能的人创造出更高的绩效。

绩效评估的过程同时也是一种最重要的组织领导形式。唯有在这个时候，经理人被迫同时扮演法官和陪审团的角色：雇用我们的公司要我们评判下属的表现，并且面对面地让下属知道结果。

经理人的责任感此时无疑非常重要。要有什么样的准备才能把这件事处理好？我唯一能想到的，便是设身处地地站在下属的角度来看此事。

但大体上来说，我们的社会价值总是寻求避免冲突，甚至连“争议”这个词都会让很多人皱眉头——我刚从匈牙利到美国时便察觉到了这一点。在匈牙利，“争议”这个词经常用在大家意见不同的情况下。但当我开始学英文而用到这个词的时候，常常会有人纠正我：“你不是那个意思吧？你真正想说的应该是‘辩论’或是‘讨论’。”

在朋友或同事间，你应该避免讨论政治、宗教或其他容易引起分歧和造成冲突的话题。众所周知，足球、园艺或者天气这些无关痛痒的事情，都是闲聊的好话题。我们受的教育告诉我们，如果要做个有教养的人，就得避免任何情绪上的冲突。以上所述我都是为了阐明，以我们的文化背景和专业素养，要做好绩效评估实非易事。

千万别以为只有大型企业或组织才需要做绩效评估。任何机构都应该将绩效评估列为管理实务的重要一环，不管是一个只有两个助理的乡村保险公司办事处，还是教育机构、政府机构以及非营利性组织，只要你在乎运营绩效，绩效评估便势在必行。

绩效评估大致可以分成两部分：评估下属的绩效，以及将评估的结果告诉下属。两件事做来都不容易，接下来就让我们分别深入探讨。

◆ 评估下属的绩效

要以绝对客观的方法评估一个专业人员的绩效实在非常困难，因为我们找不到一个好的方法来衡量一个专业人员的工作。绩效评估涵盖的时间范围通常无法完全反映这个职位所从事的活动。

但在评估一个人的绩效时，我们必须考虑他从事的所有活动。如此一来我们便很难做到完全客观，因为唯有以产出来评估才能排除主观因素。所有管理专业人员的人都像是在走钢丝：他们必须做到客观公正，但同时又必须无畏于运用其自身的判断力，虽然在定义上这其实已经是主观行为。

要想让评估过程稍微简单一点，主管应该事先搞清楚他对下属的期望，然后再以此来判断下属的绩效是否合乎期望。绩效评估最大的问题在于经理人并没有列明对下属的期望，就像我们早先提过的："如果我们不知道到底要什么，最可能的结果是什么也得不到。"

◆ 产出评估与流程评估

且让我们回想一下之前提到的"黑箱理论"。运用此理论，我们可以通过"产出评估"与"流程评估"来评估绩效。前者指的是黑箱的产出，包含完成了多少设计、实现了多少销售额，或者提高了多少产量等。这些都是我们能以图表表示，且也应以图表表示的产出。

"流程评估"则包括黑箱中所有的活动。有些活动的产出可能在年度之内完成，但有些活动则可能是为未来铺路。我们是否为了达成目前的生产目标而压榨员工，造成他们日后的抱怨？我们是否适当地定位及发展了员工，以让公司可以应对未来？我们是否已经处理好能让部门顺利运转的琐事？

没有任何一个法则能决定产出评估或流程评估之间孰重孰轻。随着情况的不同，这两者之间的比率可能是50∶50、90∶10或是10∶90。而这个月的比率可能又和下个月不同，但至少我们应该了解我们是在哪两个变量之间权衡。

◆ 长期及短期的绩效

另一个我们必须考虑权衡的则是长期绩效及短期绩效。一名工程师可能必须拼命赶一个产品设计的方案来帮公司赚钱，但他可能同时也要想办法改进设计的方法，好让以后的设计师在接到此类项目时能更有效率。显然，在评估这名工程师的绩效时，你必须同时考虑这两件事。至于何者比较重要，我们可以运用财务管理上的“现值”观念：这项长期的活动到底最后能帮我们赚多少钱？

◆ 时间的因素

我们还得考虑时间因素。下属在评估期间的产出可能和此期间从事的活动有紧密关系，但也可能只有一点儿关系或完全无关。因此，主管在评估时必须把产出和活动时间之间的关系弄清楚。我自己曾经有过教训，所以在此我要详细解释一下。

在向我报告的诸多经理中，有一位经理的部门表现十分杰出，所有用来评估产出的项目都非常令人满意：销售额激增、净利润提高、生产的产品运作合乎客户要求——你几乎必须给这个经理最高的评价。但我仍有些疑虑：他的部门人员流动率高出以往许多，而且我不时能听到他的下属抱怨。虽然还有其他诸如此类的问题，但当那些表格上的数字闪闪发光的时候，我实在很难再在那些不太重要的问题上打转。因此，这位经理当年拿到了极佳的评价。

但第二年他的部门业绩就急转直下。销售增长停滞、净利润率降低、产品研发进度落后，而且部门内更加动荡不安。在评估他这一年的绩效时，我努力想弄清楚他的部门到底出了什么问题。这个经理的绩效真的这么糟吗？是不是有什么问题我尚未察觉？最后我得出结论：事实上这个经理的绩效要比前一年好，即使所有的产出衡量结果看来都糟得不得了。这是怎么一回事？原来，主要的问题是出在他前一年的绩效并不是那么好。因为他的部门产出指标反映的并不是当年的工作业绩，这之间的时间差异差不多正好是一年。虽然很难堪，但我还是要硬着头皮承认我前一年给他的评价完全不对。如果当初我相信流程评估反映的事实，我应该会给他较低的评价，而不会被那些产出数字愚弄。

时间造成的影响也有可能是另一种状况。在我刚加入英特尔时，上司要我评估一个下属的绩效，这个下属刚负责成立了一个新厂。这个厂什么东西都还没开始生产，但绩效评估也没办法等到有了产出之后才做，而我之前又完全没有评估这种没有产出指标的经验。最后，虽然这个厂的产出如何仍是个未知数，但我还是给了这个人不错的评价。身为经理人，诸如此类没有资料但必须做出判断的情况其实很常见。

◆ 个人、部门两者兼顾

在评估一个经理人时，你是只评估他个人的绩效，还是将他所管理的下属的绩效也包含在内？答案是两者兼顾。

因为你最终追求的是整个部门或团体的产出，而经理的责任则在于设法增加附加价值。你必须弄明白他到底附加了哪些价值：他对所管理的下属做了哪些事？是不是任用了称职的新人？他把新人或其他下属训练得如何？有没有做其他有助于提高未来产出的事？在评估一个专业经理人的绩效时，通常这个过程最为困难。

◆ **避免落入潜力陷阱**

除此之外，你还必须避免落入潜力陷阱。你必须不断提醒自己，要评估的是绩效而非下属的潜力。我指的潜力是那些只有形式而没有实质的事情。曾经有一回我被要求审核一个事业部总经理的绩效，他的上司给了他极佳的评价，但他的业务却亏损连连，好几个月的收入都没有达到预期目标，负责的工程进度严重落后，总体上，不管是产出评估还是流程评估成绩都不佳。因此我无法核准这项评估。

他的上司知道结果后跑来和我争辩："这个下属是个非常杰出的经理人。他见多识广而且堪为下属表率。业绩不好纯粹是他的下属没好好干，不是他的问题！"他这些话对我而言如隔靴搔痒，因为对一个经理人的评估要依据他的部门表现，绝不能做出高于部门表现的评价。我们要评估的是真正的表现而非表面现象，是实质的产出而非形式。如果我核准了这位上司的评估结果，无疑是在向英特尔全体员工暗示，要拿到好的评价，你只要琢磨你的演技，“表演”得像个精明的经理人就行，而不用卖力地工作。

◆ 晋升

晋升的决策通常也和绩效评估有关，而且也本当如此。没有其他事比提拔某个人更能体现这个人对组织的价值。通过提拔下属，我们为组织中的其他人树立了学习的楷模。虽然大家常说:“在你将超级业务员提拔为经理的同时，你也失去了你的超级业务员，并创造了一个差劲的经理。”但如果你仔细想想，似乎只有这条路可走——你总不会去提拔一个差劲的业务员吧？让最好的下属升职的同时也是在向其他下属传达绩效的重要性。

以上评估下属绩效的过程已经够难的了，但我还得设法提高他们的绩效。无论下属做得多好，我们总还是能提出一些改进建议的，不要觉得难以启齿。虽然是“后见之明”，我们也该将下属曾做的事和事后总结出的“改进之道”做比较，再将其中的差异作为未来改进的参考。

告知评估的结果

在进行这个步骤时你必须将三个原则谨记在心：坦诚、倾听以及忘我。

你必须坦诚地对待下属。这个评估系统是否可信赖全在于你是否能对下属开诚布公。而且你也许会发现：当面表扬一位员工其实并不比脸不红气不喘地批评一位员工简单。

“倾听”则有其特殊的意义。沟通其实就是将甲脑子里的东西传输到乙的脑子里。因此，甲的思维必须先转化为语言，然后在讲话时通过声波送到乙的耳朵里。通过耳朵里神经的电波，信息得以在乙的脑子里储存起来。

在告诉下属他的绩效评估结果时，我们绝对不是将书面报告照本宣科地口头再说一次。文字、语言只是沟通的媒介，我们真正的目的是要传达我们的思想，让对方彻底明白我们的意思。也许信息本身非常容易了解，但乙可能因为太过情绪化而弄错了意思。也许谈话过程中乙一心只在构思答案，因而无法听清楚甲的每一句话；或者他自我防卫的意识非常强，根本不想了解甲在说些什么……这些情况都很可能发生，而且在工作中也屡见不鲜——尤其是在甲的信息与乙的想法冲突的时候。

因此，要怎样才能确保你不是在对牛弹琴？有没有什么秘诀可以传授？让下属重述我们所说的话是不是就可以了呢？我不这么认为。你必须动用所有的感官，要确保他能听进你说的每一句话，你必须时刻将视线放在他身上。

记住，你所要谈的事情越复杂，沟通的效果通常也越差。仔细注意你的下属对你的谈话是否有适当的响应，他是不是已经开放自己接受你的信息，如果他的响应——不管是语气还是肢体表达——无法表明他已经了解了你的意思，那么你有责任和他一起解决问题，直到你的信息成功输送到他的脑子里为止。

动用你所有的感官以确保下属真正了解你的意思，便是我所指的“倾听”。如果你做不到这一点，所有你在绩效评估中投入的精力和诚信都是枉然。专注地倾听是你最有力的武器。

每一个好老师都有一个相同的特点：知道学生到底懂不懂他在讲什么。如果学生不懂，他会再进一步解释，或者换个角度举例子。

我们都曾经见过只对着黑板自言自语的教授，而且他们经常能很有技巧地躲避学生的目光。原因是他们知道自己授课的方式很难被理解，所以他们想尽办法躲开学生疑惑的目光。你在告诉下属评估结果的时候，千万不要学这种不尽职的教授。你要全神贯注地倾听，直到下属了解你的意思为止。

第三个原则是忘我。你必须了解绩效评估对你的下属有多重要，因此你必须抛开你的不安全感、焦虑以及罪恶感。你要处理的是下属的问题而不是你自己的，这是下属上法庭接受审判的时候。就像演员上台之前会怯场，做绩效评估的人在评估及传达评估结果前，通常也会有类似的焦虑。你必须学着控制自己的情绪，以免影响这项神圣的任务。即使你身经百战，这种情绪上的不安也在所难免。

◆ 正反两面俱陈

大部分评估都属于此类，报告内容通常包含正反两面，不够深入、陈词滥调、记流水账以及东拉西扯，则是这类评估中常见的问题。以上种种都会让你的下属搞不清楚状况，因而也达不到绩效评估最基本的目的——提高下属未来的绩效。我这里倒有几招可以帮助你处理这种形式的绩效评估。

你必须了解，下属就像大部分人一样，一次只能接受有限的事实、问题和建议。如果你在他的绩效评估中一次列出了七点事实，而他一次只能接受其中的四点，你在谈其他三点时就可能是多费唇舌。更糟的是，如果让他“超载”了，他到最后可能一件事都记不得。

每个人在一定时间内只能处理一定数量的信息，特别是在面对自己的绩效评估结果时。绩效评估的目的是提高下属的绩效，而非像清除垃圾一样把所有观察到的事实都扫出来。因此，在这里“多”并不代表“好”。

如何把焦点放在主要的项目上？首先你必须尽可能地从各种角度评估下属的绩效。你应该大致看过他的进度达标率、每季的目标达标率以及你和他开一对一会议的笔记。做完以上事情之后，找一张白纸，记下所有你觉得与评估他的绩效相关的事情。

先别急着在你的脑子里考虑哪些项目比较重要，你现在写下的并不代表最后的定论。先尽量写！此时也先别排列事情的优先级。当你写到再也写不出来的时候，你便可以把那些辅助的文件搁到一边去了。

接下来你要做的是从这些项目中找出它们的关系。你也许会发现有些项目只是同一个问题不同方面的体现；你也许能归纳出下属为何一直不能摆脱弱势，或如何一直保持优势。当你找出这些关系之后，它们便是你要传达给下属的“信息”。

此时，你的这张草稿看来可能就像表 13–1。你可以由此得出结论，并找出他曾经做的事来支持。一旦你列明了所有要传达的信息，你就要问你的下属是不是能全部记住。如果答案是不能，你就得删掉较不重要的项目。记住一点：就算你在这次评估中遗漏了一些项目，在下一次还是能弥补。

表 13–1　每次评估都要有优先顺序，分清哪些是下属必须了解的

优点
• 在流程规划上大有进步 • 向原料委员会提出的报告很有信息价值 • 有效地协助采购部门进行了成本分析
缺点
• 对产品规格的制定还见不到任何进展 • 在团体会议中的辩论完全失焦 • 产品规格制定的培训课程一开始就没做好 • 对计算机不是很在行 • 没有好好采纳同事的意见（例如制造部门）
信息
1. 规划系统成效好（有很好的分析能力和财务背景） 2. 目标设定不够明确 3. 计算机操作能力需改进（这次先不管，我们先把焦点放在第二点上）

另外要谈的是“出乎意料”。如果我在这一整年中尽到了一个主管的责任，定期举办了一对一会议，并适时向下属提供了必要的协助，那么在绩效评估时就应该没有什么事是我始料未及的——如果你这样想那就错了！

当你用那张白纸记下所有的项目时，其中呈现的信息有时候会把你自己都吓到。所以你到底该怎么做呢？你会面临到底要不要传达这项信息的难题。但如果你明白绩效评估的目的在于改进下属的表现，你应该毫不迟疑地告诉他。绩效评估中当然最好没什么事出人意料，但如果真有，你还是应该告诉你的下属。在表 13-2 中，你将会看到我所谓的“正反两面俱陈”式的绩效评估报告。基本上它是由表 13-1 发展而来的。我在表中做了一些注解，希望能帮助你了解本章的论点。

表 13-2　专业人员绩效评估报告

	姓名：约翰 · 多伊 **职称：**原料支持部主任 **评估期间：**×× 年 2 月 ~ ×× 年 8 月 **工作内容说明：** 负责管理生产规划流程与制造标准制定过程——包括维修及开发。

（续表）

产出评估：良好 ——→	**评估期间完成事项：** 在这半年中，生产规划流程有了显著的改进。各部门之间协调得不错，而管理活动也都能有效率地进行。
流程评估：缺少活动和产出之间的关联性 ——→ 陈述必须有实例证明 ——→ 赞美也得有实例支持！——→	**优点及需要改进的地方：** 约翰在2月份被调到原料支持部。当时生产制造流程碰到了一些难题，而约翰很快便进入状态，与前一任主管顺利进行了交接。 但在制造标准制定方面，约翰的表现就没那么好了。他虽然很努力但成效不佳。我想这有两个原因： 1. 约翰不能清楚地制定明确的目标。一个比较有代表性的例子是他无法制定主要的产出目标；另外一个例子则是他在3月间对制造标准系统评估时做出的模糊结论，到现在我们还是不知道这个系统到底是怎么回事。一个人如果没有明确的目标，就会很容易陷入“徒劳无功”的陷阱——这与接下来的第二点有很大关联。 2. 我觉得约翰很容易以为开了会就是有进度。他应该在开会前多下点功夫，明确会议的目标。 约翰之前的财务背景在很多地方派上了用场。最近的例子是他帮助采购部门解决了一些财务上的问题——虽然并不是他分内的事。 约翰很希望能继续晋升。这一次我并没有提升他的打算，但我相信他的能力终究会

（续表）

告诉员工他该如何提高绩效 →	让他升到他想要的位置。然而，在晋升之前，他必须证明他能处理复杂的项目，如之前的制造标准系统，而且重要的是必须要有结果。他必须能清楚明确地分析问题，制定目标，然后找出达成目标的方法。而这些事情大部分都要靠他自己。虽然我会从旁协助，但主角还是他。当他证明自己能独立作业时，升职也就水到渠成。 总而言之，约翰对目前的工作还算胜任。我当然也明白他刚从财务部门调到制造部门，自然会碰到一些难处。我会继续帮助他，特别是在目标制定以及寻找解决方法上。约翰在原料支持上的评价是“及格”——他还有很大的空间可以改进。
除直属上司外，还得向上再呈报一级。另外也得呈报人事部门，让他们处理薪酬问题。	评价：□ 不及格 □ 及格 □ 表现良好 □ 表现优异 直接主管（签名）： 日期：2005/8/10 总经理（签名）： 日期：2005/8/10 矩阵主管（签名）： 日期：2005/8/10 人事部门（签名）： 日期：2005/8/10 员工（签名）： 日期：2005/8/10
注意：这是个双重报告的例子，原料经理委员会的主席也参与了此项评估。	员工签了名只表示他看了这份报告，并不一定表示他完全同意。

冲突性评估

只要稍微用心想想，你就会发现手上最棘手的绩效问题来自某个冥顽不灵的下属——除非他能有什么彻底的转变，否则你应该请他卷铺盖走人。要处理这样的问题，你和你的下属很可能必须经历解决此问题所必须经历的阶段，特别是解决冲突所必须经历的阶段（见图 13-1）。你会发现这样的冲突在做冲突性评估时一定会发生，虽然有时延至评估之后。而这种冲突性的评估，事实上只是“以冲突的形式来解决绩效问题”。

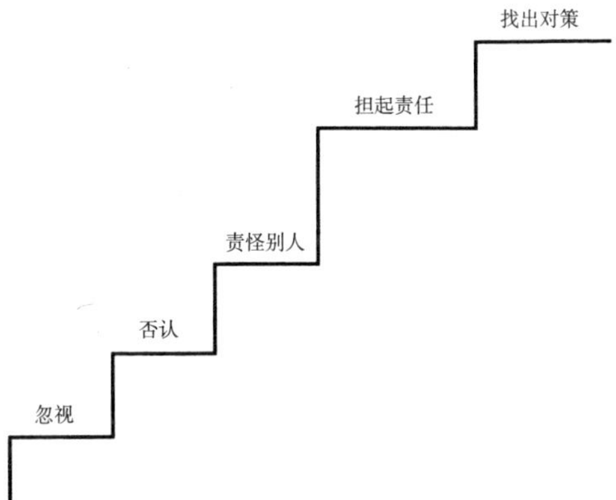

图 13-1 “解决问题”的各个阶段都涉及非常多的情绪转变

表现不佳的员工常常会忽视自己的问题。因此，身为上司的你必须找到证据来证明你不是信口开河。当你的下属努力否认而非像之前完全忽略存在的问题时，就可以说明事情有了一点进展。

当然，你的证据必须让他俯首认错。接下来便是第三阶段，虽然他承认存在问题，但他会一再辩称那并不是他造成的，并转而怪罪别人。这是非常典型的自我防御机制。运用这套防御机制，他可以继续逃避改进现状的责任。以上这三个步骤通常一个接着一个发生。

如果问题真的出在他身上，而他拒不承认并且诬赖他人，那么问题将永远无法解决。因此他必须迈出最重要的一步——担负责任。他必须承认有问题，而且是他的问题。这一步对他而言无疑是一大步，因为接踵而至的将是一大堆的工作。他可能会想："如果问题出在我身上，那么我必须处理；如果我必须处理，整个过程可能繁杂又不愉快。"但一旦他成了一个有责任感的人，如何找到解决方案就会相对容易些。因为从怪罪别人到自己承担责任，他要克服心理障碍；而由承担责任到寻找解决方案，则是能力可以解决的问题。后者显然简单许多。

让下属从忽视问题的存在转变为勇于承担责任是经理

人的职责，但双方应该一起寻求解决问题的方法。主管应该随时了解这件事情的进展。如果下属还在否认或是怪罪他人，而上司已经急着要找方法解决问题，结果什么问题都解决不了。了解事情发展到什么状态，你才能确保你们在必要的阶段可以携手并进。

冲突评估最后的结果可能有三种：第一，下属接受你的评估以及你建议的解决方案，并且答应努力改进；第二，他可能完全不同意你的评估，但还是愿意接受你的改进建议；第三，他既不同意你的评估也不愿意改进。身为主管，你认为哪一种是可以接受的？

我个人十分强烈地认为：只要下属愿意采取行动改进就可以接受。人们在复杂的事情上很难有相同的意见。如果你的下属答应改进，你就该相信他的诚心。这里的关键词是“可以接受”——虽然你不是很满意。你当然希望看到下属心悦诚服地同意你的看法，但如果他不是完全同意，只要他愿意采取改进行动，你就不该再在这上面伤脑筋。不要混淆了情绪问题和工作的需要。

为了完成任务，你最需要的是下属愿意执行你决定的行动方案，至于他是否与你抱持同样的想法则在其次。期望别人凡事都和你想的一样其实并不是件好事，在工作上我们主要追求的是绩效，而不是心里舒不舒服。

我在第一次评估下属的绩效时体会到了这两者之间的差别。我非常努力地说服他同意我的看法，而他无论如何都“抵死不从”。最后，他告诉我：“老板，你就别再浪费口舌了。我绝不会同意你的看法，你何必费这个劲呢？反正我已经答应你我会照你的话做。”

我很不好意思地闭了嘴，虽然当时我并不明白为什么不好意思。过了好久我才明白，之所以觉得不好意思，是因为我追求的只是自己心里舒坦，这和工作其实并没有太大的关联。

如果你的下属就是无法超越“怪罪他人”的阶段，这时你就必须使用你身为上司的权威告诉他：“我是你的领导，我就是要你这么做！我知道你并不同意我的看法。也许你对也许我对。我也不想只是用权力压你，但为了整个公司，我要你照着我的指示去做。”但之后，你还是得尽力得到他对行动的承诺，并且随时观察他的绩效。

有一次我的下属做了一份在我看来极为肤浅、缺乏深度的绩效评估报告。经过一番讨论之后，他同意了我的看法，但他认为这没什么大不了，实在没有必要再花时间重做。经过几次深入交谈之后，我们还是解不开死结。

最后，我深吸了一口气告诉他：“老弟，我知道你认为这不值得多花时间，但我就是要你重做！”我又加了一些批注：“我想在我们之间有一个非常基本的差异——整个绩效评估系统是否完整运作，对我的重要性显然远胜于你。这就是我必须坚持的原因。”他瞪了我一眼，过了半晌说他会重做。他觉得我实在不讲理，并且觉得我用权力来压他的做法很有问题。但他最后还是重做了，而且做得很好。他的下属因而得到了这份重做的、经过深思且极为详尽的绩效评估报告。因此，这个下属到底同不同意我的看法其实影响不大，重要的是他愿意着手去做。

评估“明日巨星”

我和其他大约20位中层经理人努力地想建立一些绩效评估准则。经过一番讨论研究，我要求他们应用这些准则来分析自己曾经收到过的评估报告。结果虽然不如预期，但我从中学到了很多。

这群经理人个个都是成就导向型的，而且在评估中得分都很高。这些评估报告写得都非常好，远远超过了英特尔的标准。然而，在内容上，它们多半只是回顾、分析这个下属在前一年中做了些什么。

虽然绩效评估最主要的目的在于提高被评估人的绩效，但我们在大部分报告中却看不到一丝一毫的改进建议——甚至连如何维持现状的建议都没有。对这些“明日巨星”级的人，主管似乎只是在努力地找出他们做得好的证据，而并没有把心思放在如何提高他们的绩效上。但对于表现不佳的下属，主管通常能写出长篇大论并巨细靡遗地告诉他们如何改进，希望通过明确的指示，这些表现不好的边缘人能至少达到所要求的最低标准。

我想我们是把优先级完全弄反了！我们应该在那些“明日巨星”的身上多花些时间，因为毕竟公司的成功大部分是这些人的功劳。换个角度看，在这些人身上多花点心思会得到较高的管理杠杆率，如果他们能做得更好，对整个组织无疑会产生很大的影响。

不管是对“明日巨星”还是对表现欠佳的下属，要批评他们其实都一样困难。然而我们必须牢记在心的是：不管一个明星下属表现得多好，他总还是会有改进的余地。即使对一个“明日巨星”，我们还是能通过“后见之明”来敦促他进步。

其他细节

在评估你的下属前，是不是先请他做一下自我评估呢？以下是我的看法。你对自我的评估无疑非常重要，但你真正想知道的是你的上司怎么看你过去一年的表现。如果你做好了这份自我评估并交给了你的上司，而他只是改了框架，在计算机里重新输入一遍，给了你很好的评价然后交还给你，你会做何感想？大概会有一种被欺骗的感觉吧。

如果上司必须靠你告诉他你过去一年的成就，那么显然他对你上一年在干些什么不太关心。评估下属的绩效是正式领导活动的一部分，如果主管让这样的事情脱了手，他们的领导能力便不值得信赖了。

因此，主管必须全力保证其判断的完整性。为此，主管无论如何都得自己做下属的评估。

至于要你的下属评估你的绩效是否可行，我倒认为这个方法不错。但你必须让你的下属明白，你评估他们的绩效是你的职责，你的下属对你的评估则是“仅供参考”。重点是：他不是你的老板，你才是他的老板！而且不管在什么情况下，你和下属在做绩效评估时都不应该假装你们是在平等的位置上。

你应该在什么时候把书面的评估报告给你的下属？是讨论之前、之后还是之中呢？三种做法我都试过，我们这就来讨论每种做法的优缺点。

如果你在讨论之后才将书面报告给他，下属在读的时候可能会发现有些事情在讨论时没听到，因而就此跟你讨价还价。那么在讨论之中给下属书面报告效果如何呢？一个经理告诉我他是这么做的：他要这个下属先读几段，然后他们就这个部分讨论，就这样逐步地做完评估。我很容易就发现了这么做的缺点：当下属急着要知道结果如何时，主管怎么能要他说停就停呢？另外一个经理告诉我他会自己念评估报告的内容以控制讨论进度。同样，下属还是会急着想知道接下来是什么，而无法专心听你念的内容。

除此之外，如果下属在讨论时才拿到书面评估，他根本没机会仔细考虑报告内容；可能在讨论完才开始自言自语地抱怨："刚才我应该针对第一点或第二点辩驳一下。"要让会议成功，你应该让下属有足够的时间对评估内容做出反应。

基于我的经验，最好的方法是在面对面讨论之前将书面评估报告交给你的下属，让他可以找时间先消化吸收一下，仔细体会你所要传达的信息。当你们真正坐下来谈的时候，他已经在思想上和情绪上做好了准备。

“做绩效评估并将结果告诉下属”是经理人最艰难的工作之一。最好的学习方法是参考你过去曾收到过的评估报告。如果你够幸运，你可以从上司给你的评估中找到好的绩效评估传统，借此维护公司评估系统的完整性。

然而，每个人都必须不断地朝“将评估做得更好”的目标迈进。每年我都会从下属写的绩效评估报告中随机选出 100 篇左右仔细阅读，批阅之后有些我会要求重写，有些则得到嘉勉。我将此当成一件大事，做到让大家都听得到、看得见，因为我必须不厌其烦地向英特尔的每个员工强调这个系统的重要性。

只要有一点点缺失，我们这些经理人就有愧于这项“工作反馈”的职责。

第 14 章

招人与留人

每一个经理人迟早都会碰到两个任务：面试新员工，以及设法让一个萌生去意的优秀下属留下来继续为公司效力。

面试的目的可归为以下 4 类：

（1）找到一个具备能力及潜力的人。

（2）让他认识你并且了解这个公司。

（3）确定此人的能力和这份工作是否相符。

（4）想办法把他招进公司。

通常，一个经理人必须花一两个小时进行面试，并且设法调查应聘者的经历及背景。

我们知道，即使是评估一个朝夕相处的下属的绩效都不容易，更不用说要你在一两个小时之内判断这个人是否能胜任全新的工作了。

绩效评估已经很难了，面试则是难上加难！但我们必须意识到这是经理人责无旁贷的工作，再难也得做。重要的是你要先明白这件事具有很高的风险及失败率。

另外一个评估应聘者能力及潜力的方法，则是通过他过去公司的主管了解他以往工作的表现。但若使用此法，你通常得和一个完全陌生的人交谈。即使他可以毫无顾忌地谈这位应聘者，如果你并不了解这家公司做生意的方式及他们的企业文化，这样的交谈对你而言也没有太大的价值。更糟的是，有些关系人根本不会告诉你实情，即使员工已离职，他们还是不愿扮红脸。因此，就算你做了背景调查，在面试时还是不能松懈。

营造成功的互动

面试时应该留八成的时间让应聘者开口讲话，而且必须让他讲你关心的话题。你要设法当一个积极的聆听者，以便掌握谈话内容。要随时谨记：你只有大约一个小时来了解这个人。

有时在你提出一个问题后，一个话痨型或紧张的应聘者可能在你对他的答案已失去兴趣时仍然滔滔不绝。大部分面试者可能基于礼貌耐心聆听，但你应该打断他。因为如果你不打断他，便是在浪费你仅有的资产——面试的时间。你必须利用这段时间多了解这个人。所以一旦你觉得谈话离题了，就该赶快把它引向正轨。你可以向他道歉，然后说："我想换一个话题。"面试应该由你掌控，如果你放弃这个权力，就只能怪你自己。

如果你能将面试讨论的主题引到你们两人均熟悉的事情上，你将能从面试中得到最宝贵的信息。被面试者应该自我介绍、谈他的经历、做了些什么、为什么这么做、如果有机会重来一次将会如何改进等等，但他应该以你能了解的方式来解释这些事情，这样你才能对它们进行评估。

简而言之，你必须确定你们在同一问题的理解上没有分歧。除了尽可能了解外，你还得把握以下两个重点：

◆ **提出问题**

你在面试时应该提什么问题？以下是一些经理人认为面试时可以提的比较好的问题：

（1）描述你曾经负责而且令你的上司很满意的项目，特别是你直属上司的上司也觉得满意的那些项目。

（2）你的弱点或短处是哪些？你如何改进？

（3）告诉我为什么我们公司应该录用你？

（4）你在目前的职务上碰到过哪些问题？你是如何解决的？如何预防这些问题再度产生？

（5）为什么你觉得自己能够胜任这项新工作？

（6）你认为你重要的成就是什么？为什么？

（7）你遭受过最严重的失败或挫折是什么？你从中学到了什么？

（8）为什么我们要聘用一个有工程师背景的人来担任营销经理一职？（这个问题可随招聘岗位而改变。）

（9）你在大学时修过的最重要的课（或者完成的最重要的项目）是什么？为什么？

◆ 收集信息

由以上问题你可以收集到的信息大致可分为4类：

（1）应聘者的专业知识如何，他对新工作的技能是否了解。（对一个应聘会计工作的人，他的专业知识是会计，税法律师是税法，精算师则是统计……以此类推。）

（2）评估应聘者在之前的工作中运用其专业知识和技能的能力。简单地说，我们不仅要知道他懂多少，还要知道他用得如何。

（3）了解他"懂的"和"用的"之间的差异——他的能力和绩效之间的差异。

（4）他在工作上的价值观是怎样的。

接下来我们便要将以上信息分门别类：

【专业知识/技能】

- 描述以往负责的项目
- 你的弱点或短处有哪些

【运用专业知识和技能的能力】

- 以前有哪些成就

- 遭受过什么失败或挫折

【知与行之间的差异】

- 从以前的失败中吸取了什么教训
- 目前职务上碰到了哪些问题

【工作价值观】

- 为什么你觉得能胜任此项工作
- 为什么我们公司应该录用你
- 为什么我们要聘用有参与过工程背景的人担任营销经理一职
- 大学时修过哪些最重要的课程，做过什么项目计划

充满风险

面试最终的目的是判断应聘者能否胜任此职位。这一点和我们之前在绩效评估时提到的原则——避免落入“潜力”的陷阱有极大的不同。招聘新人时，你必须判断这个人在未来能做出什么贡献。

在大约一个小时的面试中，你必须在应聘者过去的工

作环境和你公司现在的工作环境之间不断转换，然后根据这个应聘者自己描述的过去的工作表现，来预测他未来在你公司中的表现。这个管理工作明显充满了风险，且难以避免。

在面试中你经常不得不借助应聘者的自我评估来做评判，但你也能通过直接的提问得到直接的答案。例如你可以问："你在这项工作上的专业技能如何？"应聘者很可能会倒吸一口气，然后清清喉咙不太肯定地说："……我想还不错。"你在听的时候便能判断他的能力如何了。不要担心问题太单刀直入——这样的问题才容易得到直接的答案。就算不行，你也经常能通过应聘者回答时的措辞或肢体语言等，对他有更进一步的了解。

◆ 假设性问题

问一些假设性问题也有助于了解应聘者。我曾经面试过一个人，他应聘英特尔的成本会计一职。他毕业于哈佛大学，获企业管理硕士学位，过去曾服务于餐饮服务业，对半导体这个行业几乎完全不了解，而我对财务管理也是所知有限，因此我们很难针对这个工作所需要的专业知识进行详谈。

之后我决定向他介绍半导体的制造流程。接下来我问他一个芯片成品的成本到底有多少——他可以提出任何问题以得到需要的辅助。于是他结合他在成本会计上的专业知识和半导体行业的细节，最后算出了正确的答案。这个面试过程证明了他在成本会计方面的卓越能力，现在他已是英特尔公司的一员。

◆ 让应聘者发问

另外一个面试技巧则是让应聘者发问。借此你可以了解应聘者的专业背景及工作价值观。问问他对你或这家公司、这项工作有没有特别想知道的事情。他所提出的问题其实也就告诉了你他对这家公司了解多少、有什么他想更深入了解的，以及他为这次面试到底做了多少准备。

但就算你做到了这一点，也仍然不能确保万无一失。我就曾面试过一个应聘经理职位的人，他在面试之前已经把英特尔的公司年报背得滚瓜烂熟，甚至还准备了一些连我都回答不了的精辟问题。因此我对他印象十分深刻，之后也录用了他。但不幸的是，他在工作上的表现极差。

就像我说过的：面试充满了风险。

◆ 与推荐人谈一谈

最后你可以和认识应聘者的推荐人谈一谈。你在和他们交谈的时候，其实是希望他们提供的信息和应聘者告诉你的信息相同。如果你本来就认识这个推荐人，你所得到的信息的可信度就会大幅提高。反之，你则需要想办法延长电话交谈的时间，以建立起一些私人的关系。如果你能找出一些共有的经历（例如你们是校友）或者你们碰巧都认识什么人，他便更容易对你开诚布公。

以我的经验，如果谈话持续半小时，那么最后 10 分钟的价值通常远远超出最初的 10 分钟。感谢人际关系的威力！如果有可能，在你调查过推荐人之后，你应该再约这位应聘者来谈一谈。因为你也许从推荐人那里又得到了一些重要信息，因此这一次的面谈能够更加深入。

◆ 面试没有诀窍

你也许会问我面试到底有没有什么诀窍？我所听过的最绝的面试怪招是美国海军核潜艇项目的招聘过程。很显然，负责这个项目的将军会亲自面试每一个应聘者。他所用的怪招是让面试的人坐一把断了一条腿的椅子。这个可怜的应聘者很容易失去平衡跌下来，然后这位将军便借机观察这个人处理窘境的能力。

但我个人认为面试应该光明正大。切记，每一个应聘者都有可能成为你未来的下属。如果第一印象不好，他可能不告诉你原因就拂袖而去。如果你碰巧录用了这样的人，你可能得花好大的功夫才能改变他对你或公司最初的坏印象。所以，你应该尽可能地呈现你自己与工作环境真实的一面。

有没有任何方法可以保证面试成功？好几年前我面试了一个应聘英特尔高级职位的人，在整个过程中我非常小心谨慎，最后我录用了他，因为我觉得我对他的才能、过去的表现以及价值观都十分了解且满意。但后来这个人的英特尔生涯从第一天起就是一场噩梦。

之后我变得更加小心，在录用一个人之前，我一定会反复查看面试时的笔记并回忆和推荐人的交谈。时至今日，我还是搞不懂当初为什么没有看出那个人有那么多的缺点。因此，我只能提供以下的忠告：无论你如何小心谨慎，面试都无法保证什么，小心只会增加你的运气。

我不干了！

爱将突然告诉我他决定辞职是我当经理时最大的梦魇。我这里所指的并不是那种“有钱好办事”或是想以跳槽为借口谋求升职的员工。

我所指的是非常敬业但觉得没有受到上司赏识的员工。公司和你都不想失去这样的员工，而且他这样的决定也反映出你并未尽到责任——身为他的上司，你并未让他的努力得到认同。

这种场景常发生在你正急着去处理什么事的时候——也许你正赶着参加一场非常重要的会议，你的这位爱将突然有点儿迟疑地拦住你，有气无力地问你有没有时间，然后小声地告诉你他已经决定辞职。你可能一时愣住了——但此时，你对他这项宣布的最初反应非常非常的重要。

如果你是个普通人，你很可能只想赶快逃离现场赶去开会，然后咕哝着要他等你有时间再谈。但在大部分这样的例子中，员工想辞职是因为觉得自己不受重视，如果你再不能在他发出警示时妥善处理，无疑更加深了他对你的既定印象，辞职恐怕在所难免。

所以，你应该马上放下手头的事情，请他到办公室坐下来，问他为什么要辞职。让他畅所欲言，千万不要和他起任何争执。相信我，你的爱将已经在不止一个失眠的夜里将这套词儿演练过千百遍。等到他讲完所有他要辞职的理由（没有一个是真正的理由）后，你再多问他一些问题。先让他说个够，因为当他讲完了事先准备好的那一套说辞后，真正的理由也许才会显现。

千万不要争辩，不要说教，也不要动气。记住一点，这只是个开场，真正的大战还在后头。决胜的关键并非在此，但如果你不加小心处理，就可能一败涂地！你必须通过你的言行让他知道他对你的重要性，且你必须找出真正困扰他的理由。

不要想在这个当口儿改变他的想法，你该做的是争取时间。在他吐完了苦水之后，问他能否给你一些时间想想——利用这些时间，你必须武装自己以面对下一回合，并且履行你在第一回合时承诺的事情。

你该如何进行下一步？因为是碰到了大难题，所以你赶紧跑到你的上司那里求援。他可能也正忙着赶去开一场重要的会议。就像你一样，他也开始打起拖延战。并不是他不关心，而是因为事情对他的影响显然比对你的影响小多了。毕竟要辞职的是你的下属！如何让你的上司同样关心这个问题并协助你找出解决方案全靠你了。

能不能将企业视为一个整体、抛开本位主义，对接下来的处理步骤至关重要。你的下属是个极具价值的员工，不只是对你的部门，对全公司也很重要。因此，你必须想尽办法将他留在公司里，即使你必须把他调到其他部门，也要这样做。

如果你真的必须将他调走，就得负责这整个流程直至尘埃落定。你也许会问，既然自己的部门留不住他，何必还得费这个神？但这里有一个重要的原则：你欠你的公司一份情，因此得帮公司留住人才。除此之外，这种处理方式还很可能带来良性循环：你今天留住了一个人才，虽然他可能被调到别的部门，但难保哪天别的部门的将才也会过来为你效力。

从长远来看，如果每个主管都能抛开本位主义尽力留住人才，大家都会有好处。至此，你可能已经准备好了对策和你的下属展开下一回合的谈判。

他会说出他要离职的真正理由，而你则想好了怎么做会对整个公司有利。到这个时候他应该已经知道他在你心目中的地位，但他可能也会问你为什么不早点说要提升他的事。接下来他可能会说，你是因为被逼得没办法了才这么做，他不想被你看成是那种“会哭的孩子有糖吃”的人。

怎么安抚他仍旧是你的责任。你可以说：“我们并不是被你逼得没办法了才这么做，这本来就是我们该做的事。你的辞呈让我们惊觉以前的失误。但即使你不提辞呈，我们也应该这么做。”

你的爱将可能还不罢休，他已经找到另外一份工作而且很难推辞。你必须再耐心地帮他“辞掉”这份未来的工作，告诉他，他这样做其实关乎两个承诺：第一个是对这个他了解不深的新公司，第二个则是对你这个现任上司。而对现在的公司及朝夕相处的同事的承诺，应该远胜于对一个刚在面试中见过几次面的未来主管的承诺。

就像我说过的，整件事不管对下属还是主管都是不简单的。但你无论如何一定要做出努力，因为这攸关公司的整体利益。这件事其实已不仅是要留住一个人才。该下属之所以有价值而且极其重要，全是由于他的作为。别的员工都尊重他的能力，且与他同样有能力的人也将视他为楷模。因此，你如何处理这位爱将的辞呈，事实上牵涉到的不只是他一个人，这件事的处理还会影响其他下属的士气以及你这个经理人对公司承诺的履行。

第 15 章

报酬的诱惑

报酬要能明显地反映绩效。

金钱在马斯洛所有激励层次中都扮演着相当重要的角色。前面已经提过，人需要用钱来买食物、付房租以及缴保险费，这些都是基本生理与安全保障需求的一部分。

但当这个人的需求层次向上提升之后，金钱便不再只是衣食温饱，而转变成衡量一个人在竞争环境中到底有多少价值的标准。

前面我曾经举例说明金钱对一个人的影响与其心理需求有关。如果调薪的绝对值很重要，那么他工作的动力可能还是来自基本生理与安全保障的需求；但如果重要的是调薪的相对值，那么这个人的激励便很可能来自自我实现，因为金钱在此只是衡量的工具，而非必需品。

对较高层级的人而言，随着数字的逐渐增加，薪酬所代表的物质价值反而会越来越小。以我的经验，中层经理人拿到的报酬通常已经足够让他们不用太担心钱够不够用，但也不足以让他们完全不用担心。

当然，每个经理人的需求可能还是会有很大的差异，另一半是否在职以及有几个小孩等，都会产生不同的情况。身为上司，你必须对下属不同的金钱需求非常敏感，让他们知道你与他们有相同的感受。你尤其要特别注意不要以自己的情况来衡量别人。

回馈的多种考虑

经理人最关心的是如何提升下属的绩效。因此，我们希望能将金钱的分配作为工作回馈的一部分，以激励下属有更好的表现。要做到这一点，报酬要能明显地反映绩效，但我们也知道，准确地评估绩效并不是一件简单的事。因为中层经理人并非按件计酬，所以我们找不到一个简单的产出标准来衡量他的工作，而且因为中层经理人的绩效和他所领导的部门的绩效有关，所以直接以中层经理人的绩效来决定其报酬变得十分困难。

但我们还是可以找到折中的办法。我们可以中层经理人的绩效来决定其一部分薪资，我们称此部分薪资为“绩效奖金”，这个奖金在经理人全部报酬中的百分比应随着报酬的增加而增加。因此，一个对金钱的“绝对值”不大有感觉的高层经理人的绩效奖金可能占了全部报酬的50%，而中层经理人则大约是10%～25%。即使是中层经理人，金钱上的波动仍可能会对其个人生活造成很大影响，但用此方法，我们至少能让每个人都尝点“工作回馈”的滋味。

要设计好绩效奖金的制度，我们必须要考虑各种不同的因素。首先，考虑绩效的类别是个人绩效还是团队绩效。如果是团队绩效，则必须弄清楚这个团队的组成：它可能是项目小组、一个部门，甚至整个公司。

同时我们必须考虑绩效奖金涵盖的时间范围。之前提过，工作的成效通常并非立竿见影，而是要隔好长一段时间才看得到效果，但绩效奖金的发放必须在时间上尽量接近工作完成之时，这样员工才会记得他们为何受到奖励。接下来，我们必须决定奖励的基础：是只着重于数字（例如财务报表上的营业额），还是要参考一些可衡量的目标，或是将目标分成好几个子项目来衡量？最后，我们必须注意这个奖励制度会不会过于挥霍公司财产而导致公司有破产之虞。

如果你将以上因素都列入考虑范围，则很可能会面临一些棘手的问题。举个例子，你建立的制度可能是以三个因素来决定一个经理人的绩效奖金。第一个因素是他个人的绩效，我们可由其上司所给的绩效评估报告得到资料；第二个因素是他直接管理的下属（或许是他的部门）的绩效；第三个则是整个公司的财务表现。如果你把一个经理人全部报酬中的20%分成以上三部分，虽然每部分之于全部的报酬都只占一小部分，没有太大影响，但下属们还是会留意到它们的存在。

无论你如何努力，都没有一个奖励制度能完全满足你的需要，但它至少能反映出绩效的重要性，并给予员工与工作相关的回馈。

同时我们也可将焦点转到底薪制度上。底薪制度可以分为两个极端：一种是完全看资历，另一种则完全看工作表现。在“看资历”的制度下，员工的底薪随着他在一个职位上所待的时间而增加。但如我们在图 15–1A 中所见，每一份工作所包含的最大价值都是有限的，不管一个人在这个职位上待了多久，最后他总会达到薪资的上限。而在“看表现”的制度下，薪水的多寡和待多久则完全没有关联，它传达给员工的信息是：“我不管你是大学刚毕业还是已经在公司待了 20 年，只要你对公司有贡献，就是好员工！”

同样，即使在这种制度中，每份工作的价值仍然有其极限。社会规范有时能迫使我们做出一些不实的报酬安排。例如，即使我们都了解每份工作的价值有其极限，薪水到了顶点就不该再调升，但因为所谓的“例行性调薪”，我们有时会让一个员工拿的薪水高过他工作的价值。

很多公司的底薪只看资历。在日本的大型企业中，前 10 年通常只看资历不看表现——而这 10 年通常也是一个专业人士最具生产力的时候。同样，工会及大部分政府机构的工作也是只看资历。且不论这种做法公平与否，经理阶层传递的信息是“表现得是好是坏没有太大关系”。在很多学校的系统中，只要资历相同，一个好老师和一个差老师拿的薪水没什么两样——教师评级的结果和他的所得并不相干。这不禁让我联想到学校里及格与优秀的制度——得 60 分和得 100 分没太大差别，大家都可以升级。

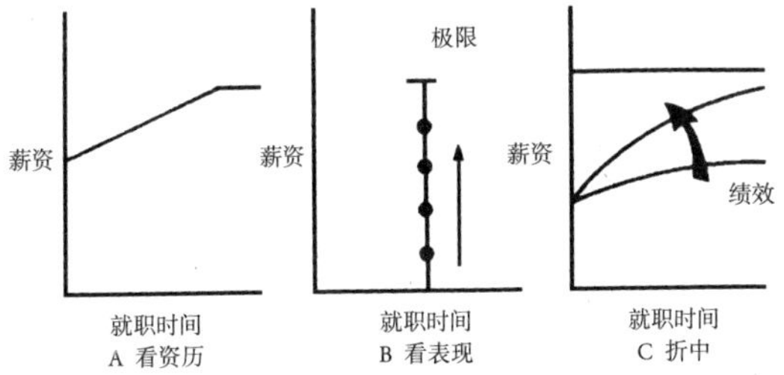

图 15-1　底薪制度有两种极端，而大部分公司采用折中的方式

但如果只看表现同样不切实际。如果你要给人一个合理的薪水，几乎不可能不看他的资历。因此，大部分公司所采用的制度都是在这两种极端之间找一个折中的方法。在图 15-1C 中，你可以看到两条曲线以及其中没画出来的其他曲线。这些曲线大致代表了资历与表现并重的制度，如你在图中看到的，虽然大家的起薪相同，但根据每个人不同的表现，他们的薪资以不同的速度提升。

在这三种制度之中，只看资历无疑是最容易管理的。如果你的下属对他的调薪幅度有疑问或者不满意，你只需翻开人事部给你的薪资手册，告诉他：“某项、某条写得很明白，你在这个职位待了三年，调薪幅度就是这个数字。”如果经理人采用了看表现或折中的制度，他就是在进行有限资源（公司人事预算）的分配，这项工作非常费神又伤脑筋。如果真要采用后两种制度中的一种，经理人会碰到一个经常困扰他们的难题——他们必须在下属中分出良莠、比出高下。

除非我们能在下属之间分出高下，看表现或是折中的薪资制度才能够运作。我们在运动竞赛中很容易接受排名在后的结果，即便是取得最后一名的人都会说总要有人殿后。可是，工作上的排名却常遭人指责，很难让人接受也很难管理。但如果我们想利用薪资来鼓励下属的表现，排名绝对是必要的。

升职

升职是个人工作实质的改变，升职的机制对每个组织的健全运作都非常重要，因此需要很小心地处理。

很明显，对个人而言，升职通常也代表着大幅度的调薪。在公司里，某个人的升迁往往会被其他人关注，因此这是组织向员工传达其价值观的一个很重要的方式。是否给予升迁必须基于个体的绩效，因为唯有如此，大家才会将焦点放在绩效上，并且努力地提升绩效。

我们在讨论升迁这件事的同时，也必须探讨“彼得原理”：如果一个人做好他的工作，他便会受到上司提拔，而后一直往上升，直到他无法胜任，便停在那个位置上。如同其他著名的原理一般,“彼得原理”也反映出了“论功行赏”制度中的一些事实。

图 15–2 代表某个人的升迁情况。在起点 A 上，工作甲对这个人非常具有挑战性，所以他的表现不尽如人意，只是及格而已。

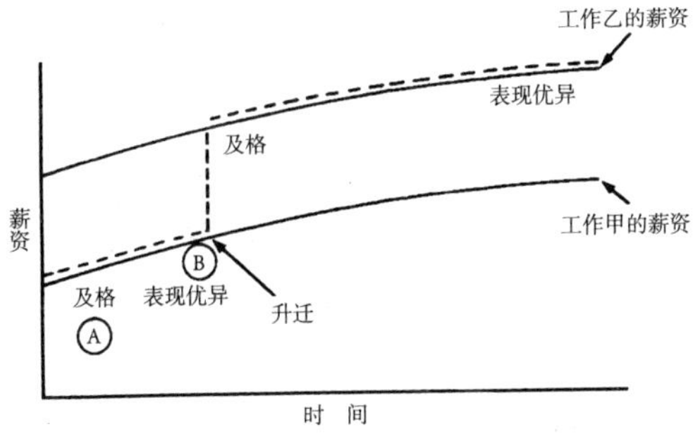

图 15–2　一个成就导向型的人在职业生涯发展中将不断地在“及格”与“表现优异”这两种评价之间游走

但随着时间的推移，他所受的训练渐增，工作的动力增强了，工作的绩效也超出一般水准，评估结果是“表现优异”。这个时候我们开始考虑这个人应该得到升迁，而且也确实提升了他。一开始他只能达到“及格”的标准，但随着资历渐丰，他在这个工作上还将有优异的表现，因此很可能会继续得到上司的提拔并不断重复这样的循环。

因此，一个成就导向型的人在整个职业生涯中将不断地在“及格”与“表现优异”这两种评价之间游走，直到有一天他停在“及格”的层级上再无突破。这或许是对“彼得原理”较好的解释。

你也许要问我，对此有没有其他的替代方案，我的答案是“没有”。一个人的表现到了B点后，我们若不再让他处理更多的工作，接受更大的挑战，那么即使他在工作甲上“表现优异”，我们也还是没有充分地运用公司的人力资源。长此以往，他会开始退步，而他的绩效也会退到“及格”边缘并一直停在那里。

因此，你会发现“及格”也分两种：一种是下属不再受激励去做更多事情或接受更大挑战。这种人已不再具备竞争能力，他所想的只是在现职上颐养天年。另一种“及格”的人则竞争力十足。当他在一份工作上“表现优异”

时，他会成为一个更高职位的候选人。如果他真的被提拔，他也很可能表现平平。这就是“彼得原理”所说的那种人。

但我们除了提拔一个人直到他无法胜任之外，实在没有其他的选择。因为借此我们至少能鞭策员工朝着更好的绩效努力，而且虽然他们可能有一半的时间表现平平，但他们可是在更艰难的工作上表现平平！

别怕“再回收”

有些时候一个人可能被提升到超出他能力太多的职位上，因此有很长的时间他都达不到及格线。如果这种情况发生，解决方法是将他“再回收”：把他放回到之前表现优异的工作中。

很不幸的是，在我们的社会中我们很难这么做。人们倾向于将此视为个人的失败。但事实上，真正出错的是管理层，因为他们高估了这个人接受更大挑战的能力。通常在这种情况下，这个人会被迫离开公司而非降级。

而主管们用来使之“合理化”的说辞则是:“这全是为了他好！”我认为在这种情况下逼员工辞职简直是错得离谱。相反，我认为管理层应该勇于认错，并设法将他放回到他能够胜任的职位上。他很可能会觉得难为情，但主管要尽全力支持他。

如果“再回收”做得光明正大，大家就会很惊讶地发现“难为情”的阶段很快就会过去，而结果会十分圆满，因为我们通过过去的经验已经知道他能把工作做得很好。以我的经验，这样的人一旦重建了信心，之后还会成为热门“晋升候选人”——而且大部分人在第二次都会成功。

总而言之，经理人必须负责绩效评估与“论功行赏”，并且要做到公平、公正、公开。如果真能做到，对整个组织绩效的提升将大有助益。

第 16 章

别等火烧眉毛才培训

没有受到良好培训的员工就算再怎么努力，结果仍然会是效率低下、成本增加、客户不满，有时甚至还会使公司陷入危机。

前不久我和妻子决定去饭店共进晚餐。在电话里负责接受订位的工作人员对业务似乎不太熟悉，最后她向我们坦白她才来不久，有些事还不是很了解。

但不管怎样，她还是帮我们订了位子。结果等我们晚上到了饭店才发现，这家饭店不久前被吊销了卖酒的牌照，客人如果要喝酒得自己带。饭店经理很不好意思地搓着双手向我们道歉，并问道：“你们在电话订位时没人告诉你们吗？”

于是，整个晚上我们享用着佳肴却无美酒相伴。我同时也注意到，这位经理几乎向每一桌他带位的客人道了歉。虽然我不确定真正的情况是什么，但我想大概没人教这位接受订位的工作人员必须告诉客人要自己带酒。因此，这位餐厅经理必须很笨拙地逐桌向客人赔不是，而客人也只能“望杯兴叹”。

员工培训没做好的结果还有比以上的例子更严重的。以下是发生在英特尔的真实故事。在我们的芯片厂有一个很精密的机器叫“离子注入机”，曾经一度运转失灵。那时负责操作它的人和前面餐厅的引领员一样是个新手。

要命的是那位新操作员在接受基本培训时，并没有人教他如何判断机器运转是不是正常。所以当机器出现问题时，他还是让机器继续运转，导致近乎一天生产出的半成品全部作废，等到发现问题尝试补救时，损失已经高达100万美元。而这些产品必须花大约两个星期才能重新生产出来，因此不少客户的交货时间被迫拖延，这又加大了问题的严重性。

实际上，这种问题在工作中经常出现。没有受到良好培训的员工就算再怎么努力，结果仍然效率低下、成本增加、客户不满，有时甚至还会使公司陷入危机。而经理人常常在问题产生之后才意识到培训的重要性。

谁应该负责?

对日夜操劳、日程表排得满满的经理人而言，问题可能出在没有明确谁应该负责培训课程上。大部分经理人可能觉得这个责任应该由别人承担——也许应该是一些咨询顾问公司的培训专家。但我的看法则不同，我坚决认为经理人应该扛起培训员工的责任，这主要出于几个原因：

◆ 部门产出即经理人的产出

经理人的产出是什么？在我看来，经理人的产出便是他所负责的部门的产出——一点不多一点不少。因此，经理人个人的产出量取决于他如何提升下属的工作效率。

通常有两种方法可以提升下属的绩效：第一种是增强他们工作的动力，使他们尽力把工作做好；第二种则是增强下属的工作能力——这也是开办培训课程的目的。大部分经理人都认同激励下属是他们的责任，不应假手他人，但他们为什么不能在同样能够提高员工绩效的培训课程上花些时间呢？

很明显，培训员工具有极高的管理杠杆率。举个例子，如果你必须为你的部门上 4 堂课，假设每堂 1 小时的课你要花 3 小时准备，那么你花在这次培训上的时间是 16 个小时。你的部门如果有 10 个人，第二年他们在公司的工作时间将大约为 2 万小时。如果你的培训能将下属的绩效提高 1 个百分点，对公司而言便是多了 200 个小时——而这只是你花了 16 个小时的结果。

当然，这些假设都是在培训课程能正确引导下属将工作做得更好的前提之下才成立。但在实践中并不一定如此——尤其是管理顾问公司提供的“打包课程”的效果常常有好有坏。要把培训课程办得有效，它的内容一定要和组织中的行事方式紧密结合。

不久前，我们请了几个管理顾问公司的人到英特尔给员工进行职业生涯发展方面的培训。他们的课程安排非常结构化而且有学术性——最重要的是和我们公司实际的行事方式很不相同。这些顾问所建议的职业生涯规划包括一定的工作轮调，但在传统上，英特尔一向是个自由市场：哪一个部门有空缺，员工都会从布告栏或其他公开渠道得知，然后再依个人的需要或能力去应聘。因为培训课程的内容和公司实际之间的差异，这些受训员工的士气一度比较低落。

要把培训办得有成效，还得注意其持续性。课程的安排应该有系统、有计划，而不是等有了问题、到了火烧眉毛的时候才赶快开课。换句话说，培训应该是一直在进行，而非只针对单一事件。

如果你认同培训和激励都是提高下属绩效的方法，那么培训内容就必须和公司实务相契合，而培训也应该系统化地持续进行。这样谁该负责培训课程就很清楚了——就是你这个身为上司的人。你不但应该培训直属下属，也许还得负责直属下属以下几个层级——包括在你之下的主管们也应该依此培训他们的下属。

◆ 员工的楷模

以上还不是你应该亲自培训下属的唯一理由。培训必须由足以成为员工楷模的人直接负责，外面找来的人即使对课程内容很熟悉，讲课也很精彩，也还是无法担任这个角色。站在学员面前讲课的人必须有其可信度及权威性。

在英特尔，从上到下、从公司总裁到第一线的主管都相信培训是有价值的活动。英特尔的员工大约有2%~4%的时间花在培训课堂上，而绝大多数的讲师都来自公司内部的经理层。

英特尔有一本课程简介，列出了50多种不同的课程。课程涵盖了最基本的电话礼仪，以及相当复杂的生产制造课程——如“如何操作离子注入机”，要学会正确地操作此机器，员工大约需要200个小时的在职培训，比拿到飞行执照的时间还要长5倍！

英特尔为经理人开设的课程则包括战略规划和“建设性冲突的艺术”——建设性冲突是英特尔常用的解决问题的方法。我自己负责的培训课程则包括“如何进行绩效评估并将结果传达给员工”“如何让会议更有效率”，以及一场3个小时的公司简介宣讲会。在简介中，我阐述了公司的历史沿革、目标、组织架构以及管理实务，公司里大部分经理人都上过我的“公司简介”课。有时我也临时帮别人讲其他管理方面的课程。(遗憾的是，面对日新月异的科技课程，我已经有些落伍了。)

在英特尔，我们将培训分为两类：第一类是教新员工工作上需要的知识、技能；第二类则是向老员工传授新的观念、准则及技术。

弄清“新员工培训”和“新技术培训”间的差别非常重要，因为这两种培训的侧重点大不相同。“新员工培训”任务的侧重点由新员工的数量决定。如果一个部门的员工流动率是10%，而其年度人员增长率也是10%，则这个主管每年必须对部门中20%的员工进行培训，任务之艰巨可想而知。

而向整个部门传授新观念或新技能则更为劳心费力。如果你在这一年内要培训好每一个下属，则这个任务比之前只培训新员工的任务要艰巨5倍。我曾看到一篇题为“中层经理培训课程一日成本”的报告，光是这些学员的时间价值就已经上百万。可见，这种课程不能草率为之。

分清轻重缓急

如果你已经成了培训的拥护者，下一步该怎么做呢？首先，列出你觉得下属或你的部门需要接受培训的事项。

此时先不要划地自限，你应该从很简单的项目（如培训饭店的订位人员）开始，向较高级且抽象的项目推进

（部门目标或价值系统，甚至工厂或整个公司的目标或价值系统）。你不妨问问下属他们需要学些什么，他们的答案很可能会让你惊讶，因为你可能从来没发现这些都是他们的工作需要掌握的。

在你做完以上功课之后，你便应该开始找讲师以及辅助教材，然后决定这些课程的优先级。

特别提示，如果你以前从来没有设计过培训课程，开始时野心可别太大。先为最紧要的项目设计短期（3 ~ 4堂课）课程。你将会发现，一些你已熟练掌握多年甚至闭着眼睛都能实施的技能，解释起来却比实际操作困难得多。你也会发现当你在尝试解释事情的时候，你会不知不觉地利用越来越多的背景信息帮助你解释，直至最后可能连原来课程的主题都模糊了。

为了避免在准备课程上花太多时间，你必须安排好时间，设定截止时间，然后按照时间表全力以赴。写好上第一堂课的课程纲要后，你就可以上阵了！

在上了第一堂课之后再开始设计第二堂课，你要把第一堂课抛在脑后——这堂课绝对不会太成功。因为不管你多么努力，第一堂课还是处于探索阶段。千万别为了第一堂课而沮丧，你应该接受第一堂课的失败是在所难免的事实，并将其视为改进之后课程的铺路石。但为了确保第一堂课不会造成任何不良的结果，你可以找下属中较具经验及技能较高的人做试验——这些人不会被你搞迷糊，并且还能通过课堂上的互动及课后的总结帮你将课程设计得更完美。

在即将上第二堂课之前，再问自己最后一个问题：你是不是能独立培训整个组织中的所有人？是只开一两堂课就能涵盖所有人，还是必须开十几二十堂课？如果你的公司规模很大，而同样的课又必须开好几堂时，你不妨通过前面的几堂课培训出几个讲师代你讲课。

在你上完每一堂课之后，请上课的学员对课程进行匿名评价。评价表上除了用分数评定外，还应该包括一些开放式的问题。你应当仔细阅读与思考学员的评价，但你也要明白，要取悦每一个人是绝不可能的。

常见的评价包括课程内容太详细、太空泛或是恰到好处，而这几种评价所占比例大致相同。你的最终目标应该是让自己因达成设定的培训目标而感到满意。

如果你是第一次开培训课程，你将会发现以下一些有趣的事：

1. 负责培训课程是一项艰巨的任务。准备授课内容并处理学员在课堂上提出的各式各样的问题绝非易事。即使你对自己的工作已十分娴熟，对你做过的职位也了如指掌，你仍会惊讶于自己竟有那么多不知道的事。这很正常，千万别沮丧！向别人传授知识远远难于自己动手去操作。如果你不相信，只要试着在电话里教一个人开自动挡的车，你就知道我所言不假。

2. 谁会在培训课程中收获最多？你自己。在准备课程过程中对各种问题的解答、对各种疑问的厘清，能帮助你更了解自己的工作。仅仅这件事就极有价值。
3. 你将体会到培训课程进展顺利时那种欢欣鼓舞的感觉；但这种感觉再好，还是比不过你看到下属在工作中运用你所教的技能时的那种激动。好好地享受这些感觉和激动，它们将会帮助你更勇敢地面对下一次设计培训课程的挑战。

期末考

最后的叮咛

各位读者，感谢大家对我的信赖，买了这本书而且读到这里。

既然你们付了钱买这本书，并可能花了 8 个小时阅读，我想请你们做一些功课，不用全部做，挑你们喜欢的项目即可，但是做的时候一定要诚实。

我在此做最后的叮咛：如果你能从下列各项检验中拿到 100 分以上，以这本书的标准，你就算是个杰出的经理人了。

- 试着将你工作中的操作分为编制流程、组装及测试三个步骤。【10分】
- 针对你手头开展的方案，找出限制步骤，并依此设计你的工作流程。【10分】
- 找出你工作中最适合进行验货、线上检验与最终检验的地方。决定这些检验应该采用“海关”还是“监视器”的方式。然后考虑在什么时机下，你可以升格至“随机检验”。【10分】
- 找出至少6项以上的新产出指标，这些指标要能衡量产出的质与量。【10分】
- 将这些新的指标变成工作中的例行事项，并在部门会议中定期审视。【20分】
- 你现在正寻找的最重要的战略（行动计划）是什么？描述你面临的环境需求以及计划进度。如果计划能成功地执行，是否能将你或你的公司带到理想中的境界？【20分】
- 简化你最烦琐、最耗时的工作，至少让原有的步骤减少30%。【10分】
- 找出什么是你真正的产出？你所管理的部门及影响力所及的部门的产出元素是什么？按重要顺序排列。

【10分】

- 亲自在公司中走动走动。然后，列出这次“出巡”中和你有关的事项。【10分】
- 找一些借口让你一个月可以在公司内巡视一次。【10分】
- 描述下一次你授权给下属时会如何督导。你将以什么为标准？怎么做？督导的频率是怎样的？【10分】
- 列出你可以利用零碎时间进行的项目。【10分】
- 列出和每一个下属进行“一对一会议”的时间表。（在会议之前向他们解释会议的目的，并要求他们做准备。）【20分】
- 找出你上星期的日程表，将做的活动分为高、中、低杠杆率三类。设法多做一些高杠杆率的活动。（有哪些活动该减少或干脆不做？）【10分】
- 预测下周有哪些事要占用你的时间。有多少时间要花在开会上？其中有多少是过程导向会议？多少是任务导向会议？如果后者占去的时间超过25%，你该如何设法删减？【10分】
- 列出你的组织在未来三个月中最重要的三个目标，并一路验收成果。【20分】

- 在与下属充分讨论以上目标后，要他们也“照葫芦画瓢”制定他们的目标并一路验收。【20分】
- 写出“悬而未决”需做决策的事项。找出其中三项，试着运用决策制定过程的架构以及“六点问题”的方法来做出决策。【10分】
- 依据马斯洛的需求理论评估你自己的需求层次，并为下属找出他们所属的层次。【10分】
- 给下属勾画他们的跑道，并找出每一个人的绩效指标。【20分】
- 列出你对下属各种形式的工作所给予的相关反馈。他们是否能借着这些反馈来测量自己的进度？【10分】
- 将你下属的工作成熟度分为低、中、高三类，并针对个人选出最适当的管理风格。然后在你的管理风格及最适当的管理风格之间做比较。【10分】
- 评估你上一次收到的或你对下属所做的绩效报告。这些报告对提高绩效有多大的影响？在上司告诉你报告内容或你告诉下属报告内容时，你们的沟通方式是怎样的？【20分】
- 如果有一份报告不够理想，重做。【10分】

图书在版编目（CIP）数据

格鲁夫给经理人的第一课 /（美）安迪 · 格鲁夫著；巫宗融译. -- 北京：中信出版社，2021.4
（中信经典丛书. 003）
书名原文：High Output Management
ISBN 978-7-5217-2889-7

Ⅰ. ①格… Ⅱ. ①安… ②巫… Ⅲ. ①企业管理—经验 Ⅳ. ①F272

中国版本图书馆CIP数据核字（2021）第045581号

格鲁夫给经理人的第一课
（中信经典丛书 · 003）

著　　者：[美] 安迪 · 格鲁夫
译　　者：巫宗融
责任编辑：李淑寒
出版发行：中信出版集团股份有限公司
（北京市朝阳区惠新东街甲4号富盛大厦2座　邮编　100029）
承 印 者：北京中科印刷有限公司

开　　本：880mm × 1230mm　1/32　　印　　张：105.5　　字　　数：2152千字
版　　次：2021年4月第1版　　印　　次：2021年4月第1次印刷
京权图字：01-2010-7812
书　　号：ISBN 978-7-5217-2889-7
定　　价：920.00元（全10册）

服务热线：400-600-8099
投稿邮箱：author@citicpub.com

扫码免费收听图书音频解读

销售圣经

SALES BIBLE

THE ULTIMATE SALES RESOURCE

[美] 杰弗里·吉特默
著

杨洁
杨帆
译

中信出版集团 | 北京

“成交前
一切都是空谈。”

——

里德·默特利
1946

“Nothing happens until a sale is made.”
– Red Motley, 1946

“多数人都不愿做烦琐的工作，即便这会让销售过程简单很多。”

——

杰弗里 · 吉特默

“Most people aren’t willing to do the hard work it takes to make selling easy.”

– Jeffrey Gitomer

“谨以此书献给
曾经拒绝过我的
潜在客户，
并向他们
致以诚挚谢意。”

——

杰弗里·吉特默

“I want to dedicate this book and issue a special ‘thank you’ to every prospect who ever told me no.”

– Jeffrey Gitomer

我刚做成了一笔交易！

您是我的新客户。

感谢您购买此书。

感谢您的支持与惠顾。

通过演讲、每周专栏、电子杂志《销售咖啡因》（*Sales Caffeine*）、在线培训业务以及文字作品，我为所有的客户服务，并希望实现以下 3 个目标：

1. 帮助他人。
2. 建立长期关系。
3. 享受乐趣。

撰写此书时，我的心里有一个目标——希望您能从中获益良多，以至于您会忍不住向 10 位同事和朋友推荐购买此书。如果我的目标在您的身上实现了，请告知我。

正是因为有包括您在内的所有尊贵客户，我才能有机会做我喜欢做的事情。

销售。写作。

演讲。培训。

诚挚感谢！

目录

杰弗里·吉特默推荐促成销售成功的10.5条戒律 / III

专业销售人员的12.5个价值 / XXXI

第一章	法则、秘密、乐趣	1
第二章	做好万全准备，让潜在客户惊艳	79
第三章	请允许我自我介绍	107
第四章	做好演示	135
第五章	拒绝、成交及跟进，逐步成功！	157
第六章	苦难与敌人	221
第七章	顾客是上帝	237
第八章	传播福音	249
第九章	构建人际关系网，走向成功	279
第十章	先知与利润	297
第十一章	增加收入！	311
第十二章	上帝是否庇佑我?!	321

后记 当我长大以后 / 333

杰弗里·吉特默
推荐促成销售成功的 10.5 条戒律

1.

思考。

交易在你的头脑里。

2.

信念。

创建一个四位一体、坚不可摧的信念体系。

3.

交流。

除非已经建立良好的个人关系，否则不要涉及销售话题。

4.

发现。

客户购物是基于自己的理由，而非你的理由，因此需要首先确定他们的理由。

5.

提问。

错误的提问引出错误的答案。

6.

观察。

你的观察能力需要同你的销售能力和倾听能力一样强大。

7.

勇气。

要有敢于冒险的勇气。

8.

承担。

如果交易未能达成，确定失败的原因。

9.

赢取。

销售是为了建立长期关系，而非赚取佣金。

10.

佐证。

一位客户的现身说法远比 100 场销售演讲更有效。

10.5.

日积月累。

你无法一天变成销售大师，日积月累才能成功。

掌握销售技巧的指导原则

1. 思考。交易在你的头脑里。

相比销售过程中的其他因素而言，你以何种心态进行销售最能决定最终成败。调整心态，做到胸有成竹。友好、微笑、热情、积极、自信、沉着、有亲和力、充分准备，以至于都感觉不到紧张。早在最终成交之前，销售计划一早就在你的头脑里成形了。

在上门推销前，你可能在想："这笔业务不理想，这次很有可能不能成交。尽管这有点儿浪费时间，但是管它呢，试一试吧。”你肯定这样想过。每个销售人员类似的经历都不下100次。

你可能还有相反的经历。上门推销时心里想着：“这是个大客户。他们需要我的东西，他们喜欢我的东西，甚至他们也喜欢我。这笔交易已是我的囊中物。”

不管是哪种情形，你上门推销时的心态就已经决定了可能出现的结果，同时也决定了你的态度、热情，并且你心中所想的也正转化为行动与现实。

事实上，每个销售人员都有做不成的交易，但上门销售时不可在心中自我怀疑，认为无法达成这笔交易。要深信你是最好的，你的客户需要你，并不是因为你的价格最低，而是因为你的质量最好。

销售前调整心态的方式因人而异。就我而言，我总是会做好充分准备，其中包括设想好以怎样的方式第一时间接触客户。同时，在进入客户的办公室前，我会一直听摇滚乐。在我早期从事销售工作的日子里，我还会看一些励志读物。

在20世纪70年代，我最喜欢的两本书是厄尔·南丁格尔（Earl Nightingale）撰写的《最奇妙的秘密》（*The Strangest Secrets*）和丹尼斯·威特利（Denis Waitley）撰写的《成功心理学》（*The Psychology of Winning*）。这两本书都促使我不断反省，自我激励。而转换到现实中，就是促使我一直为客户着想。

久而久之，我意识到按照服务好客户的标准做好充分准备会使我沉着冷静，而倾听音乐又让我自我感觉良好，同时也便于我掌握好销售节奏。音乐和准备工作帮助我调整好了心态。我迫不及待，欢欣雀跃，确信自己将会拿下这笔交易。时至今日，我依然保持着这样的习惯。

行动：

在接下来的100次约访中（没错，我说的是100次），记录下可能发生的好事及你所期待的积极结果。而在约访结束时，记录下可以改善的地方。

必胜的信念以自信为基础，而自信则取决于事前准备。心存必胜之念，并以此指引你的成功之道，日积月累，坚持不懈，将有助于你日渐**精于此道**。现在的日常练习将最终铭刻于你心中。我同样经历过这个过程，我相信你的身上也会发生相同的变化，但前提是必须持之以恒。

思维技巧：

掌控思维过程及培养必胜信念有秘诀。"杰斐逊飞机"摇滚乐队成员格雷斯·斯利克（Grace Slick）所创作的不朽歌曲给出了很好的说明："思考，思考，再思考。"

接下来的9.5条戒律将指引你学会如何发展客户关系，并最终取得成功——不仅仅是达成一笔交易。这些核心原则——戒律——都是成功销售的基石。

这些戒律彼此互联，构成了一个密不可分的整体。要想掌握技巧并取得预期中的结果（包括成功与金钱），你必须学习并遵循全部10.5条戒律。在这里，我向大家保证成功并不仅仅是可能的，而是肯定的——只要你心存必胜之念。

"我认为我能行，我认为我能行。"
摘自《小火车头做到了》
（*The Little Engine That Could*）
沃蒂·派珀（Watty Piper），1930年

2. 信念。创建一个四位一体、坚不可摧的信念体系。

相信你的公司、你的产品及你自己，否则你不可能达成任何交易。

相信你的产品会让客户生活得更美好。要知道世界上最重要的那个人是谁——就是你自己！

你的信念体系最终决定你的命运。这不仅适用于你的销售过程，而且同样适用于你的职业发展。在每次培训中，我都会谈及信念。而在我所撰写的每本书中，我亦会写到信念。即便如此，仍有数以千计——甚至百万计的销售人员没有任何信念，他们只相信达成交易后所赚到的钱。如果你想在事业上有所建树，你必须相信你所代表的公司。你必须相信你所属的公司是市场上最好的公司，你销售的公司生产或提供的产品是同类产品中最好的。你要认同公司的经营理念，信任你的同事，同时相信公司提供的产品足以培养忠实的客户。

你要相信你所提供的产品和服务不仅是市场上最好的，而且对客户而言也是最有价值的。你要相信自己能从竞争者中脱颖而出，并且可以证明（通过用户反馈）你的产品名副其实。

你肯定经常听人说，推销员首先要把自己推销出去。换句话说即是，客户只有在接受了你之后，才可能接受你的公司、你的产品或服务。要想这一点成为现实，你必须要相信自己。而要想达成这笔交易，你要首先把自己推销出去。

当你试图向客户传达信息、与他们交流或者向他们推销产品时，你的这种自我信念将决定你的激情及自信。而这种自我信念正是始于我在戒律 1 中所提到的心态。如同成竹在胸的销售方案一样，你的信念也在你的头脑中。

然而，将信念的前三个因素（公司、产品和自我）连接在一起的黏合剂，却是首先要相信客户自你处购买产品可以改善自己的生活。你及你的产品能极大提升客户所得的价值、生产率、便捷性、获利能力及感知收益，这远非你的竞争者可以比拟。

行动：

记下4个关于“为什么”的问题。为什么我要相信我的公司？为什么我要相信我的产品和服务？为什么我要相信自己？以及为什么我要认为客户购买我的产品能改善生活？

要想**熟练掌握**信念这条戒律，可以在每次拜访客户时询问他们因何信任你、你的公司、你的产品及为何自你这里购买。

完全掌握信念这条戒律则需要时间。创建信念体系需要同时整合你的感觉、你所属公司的执行能力及你所售产品的性能。你的整个信念体系会随着成功经历的不断增加而日益深化。你的客户越喜欢你、你的产品及你的公司，你就会越愿意销售自己的产品，同时也会谈成更多的交易。你的客户——特别是喜欢你的客户——将帮助你进一步深化信念体系直至它坚不可摧。

3. 交流。除非已经建立良好的个人关系，否则不要涉及销售话题。

运用诱敌深入原则。设法让潜在客户对你的谈话感兴趣，让他们围着你转。可以以提问的方式开始交流，设法让他们开心起来，与他们建立朋友或者更亲密的私人关系，甚至如果可能的话，找到共同点。

从你踏入一扇门开始推销的时候，客户就已经开始审视你。正如一句古老的销售箴言所言：“如果全部条件一样，那么人们喜欢同自己的朋友做生意；如果有些条件不一样，人们仍然喜欢同自己的朋友做生意。”私人关系的建立始于轻松愉快的氛围，而且通常是在友善的两人或多人之间。你无法控制对方的友善程度，但对自己却有百分之百的控制力。当踏入一扇门见到客户或约谈开始时，你很有可能要最先开口说话，而你的谈话内容将会为接下来的发展及整次约谈定下基调及氛围。如果你谈论天气、新闻、爆胎或者其他你遇到的麻烦，那么你会失去他人的尊重，失去建立私人关系的机会，同时也很不幸会失去这笔交易。

而且很有可能你会把失败的原因归咎于他人而非真正的“罪魁祸首”，其实始作俑者就是你。

不论是登门拜访还是电话约谈，谈话开始时我总会首先询问他们生活或长大的地方。这是因为我去过很多地方，所以在这两个方面很有可能我会找到一些话题，甚至是双方的共同点。

我之所以会问这样的问题，是因为它可以打开客户的话匣子（人们喜欢谈论自己），同时它也不具有威胁性或者有浓重的推销意味。这样的问题可以推动谈话在轻松愉快的氛围中展开。一旦我感觉我们之间已经建立起某种私人关系，我可能就会询问“你为何搬到了这里”或者“你为何选择了这个行业”。

现在我的问题已经略显私人化了，但还不是很私人。我并没有打探对方的家庭、宗教信仰或者政治倾向。当然，如果他们主动谈及家庭，那么我也很愿意同他们聊聊。然而，如果他们提及宗教或政治，那么我会努力试图用一句话避开这个话题。就个人而言，我的销售原则很简单。我不会展开任何有销售性质的谈话，除非我很确定他们已经准备好了，愿意坐下来听听我的介绍。

小贴士：

见面时最差劲的开场白就是一上来就介绍你的经历、公司的背景或者你的产品。如果会面规模比较大，那么很有可能你的潜在客户早已对你的公司及产品有所了解，甚至还有可能已经“搜索”了你（就如同你会事先“搜索”他们一样）。

有一件事情让我很惊讶——竟然有如此之多的销售人员认为只有他们会做售前调查。事实是，多数公司的购前调查几乎是销售人员售前调查的两倍。

拳击比赛可以很好地说明诱敌深入的原则。赛场上，两位拳手相互追逐，肘击、出拳，相互试探。终于机会来了，一位拳手瞅准了对手上身前倾的时候，狠狠打出一拳。这就是所谓的“诱敌深入，致命一击”战术。对手瞬间就会被击倒在地，不省人事。建立私人关系就是让你寻找客户“上身前倾”的一刻。当潜在客户已经拿起笔侧耳倾听，那么你再拿出销售合同递到他们笔下，他们一定会迫不及待地签下名字。

行动：

回顾最近的几笔交易，并记录交易是如何开始的。当时的气氛是否友好？在谈及销售环节时，你是否感觉不自在？不管是登门拜访还是电话约谈，非正式但有意义的话题都是合适的开场白。

熟练掌握：

用一句话记录下每次约谈的开场白。我敢保证，在最终达成交易的那些约谈中，销售人员与客户都建立了良好的个人关系，甚至是找到了共同点。

完全掌握：

如果你找到了与客户之间的共同点，而且每次电话约谈或登门拜访时彼此都能开怀大笑，那么就说明你已经完全掌握了建立个人关系的技巧。这样做的目的并不仅是为了拿下当前这笔交易，同时还在于建立了个人友谊及关系网，而这在未来将转化成更多的交易和推荐机会。

4. 发现。客户购物是基于自己的理由，而非你的理由，因此需要首先确定他们的理由。

这条戒律还可以换个说法，即**"人们不喜欢被推销，但喜欢购物"**。销售成败的细微差别就在于是否可以找到客户的购买动机。"他们为什么买"远比"如何卖"更为重要。了解客户"购买动机"是确定他们真实需求的基础。对于达成交易而言，他们的购买动机（因何而买）比你的销售技巧重要 10 亿倍。深入了解所售产品的卖点需要基于客户的购买需求，而非你的销售需求。他们想知道的是自己如何实现生产、获利和成功，而非关于你的点点滴滴。

人们根本不会关心你在做什么，除非他们认为这会对他们有所帮助。你展示业务和产品的方式将决定所售产品的卖点——要站在潜在客户而非自己的角度介绍卖点。

找到客户"购买动机"的最大好处就是，你将会因此从那些全力推销的竞争者中彻底脱颖而出。

以下列出了有关创造迫切需求和交易的几点建议，可供参考。客户的购买动机通常有如下几种：

经由他们的**购买动机**，你可以抓住这笔交易的关键，直达他们购买欲望的核心。通过提问获悉他们的过往经历、智识水平、所有权和使用情况等，你就能掌握他们的购买动机。

当你开始提问有关购买动机的**问题**时，他们会将自己的故事娓娓道来。当你询问他们的过往经历时，回答肯定是一个故事。故事中将包含多条重大线索，可以帮助你获悉他们的喜好、憎恶以及如何建立真正的个人关系。

由**过往经历**引出的故事可以说是好坏参半。你的工作就是努力去倾听、去理解，但是绝对不要打断他们。故事结束后，则要提出更多的问题。你提的问题越多，就越能获得关于下面两个动机的更多信息。

他们的**专业技能**源自过往经历。你的工作就是确定他们是哪一领域哪一级别的专家，以免自己以后在他们面前闹出班门弄斧的笑话。

关于动机及过往经历提问的最后一步，就是探索他们的**智识水平**。询问他们都学过什么及如何应用所学，这样你就能探知他们的智识水平。一旦你们到了这一层面，就意味着牢不可破的个人关系已经建立。

他们的**需求**将会告诉你他们购买的急迫性。不过，在这之前你需要知道他们将如何通过使用你的产品获利，这与他们现在的业务有何联系，或者他们现在使用的是什么产品。

他们的**欲望**是销售过程中的感性部分。他们越想要你的产品，就越会想方设法地得到它（你也是这样）。

他们的**占有欲**与需求相似，但是多了些自豪感，即占有后的自豪。每个人都想拥有最好的，但并非所有人都愿意为最好的买单。最终结果就要看销售人员的功力了。

如果客户认为购买你的产品或服务后，他们将会赢得**竞争优势**，他们的求生欲会提升欲望和需求中的感性成分。

购买紧迫性中的另一个重要因素就是他们**想要解决**公司当前存在的问题或困境。他们越是认为你的产品能够“药到病除”，就越会更快购买。

除了想解决现有问题外，他们还存有**补救**心理，这两者有些相似。既然谈到补救，就意味着已经有损失发生，不管是物理损失，还是经济损失，或是两者皆有。不过，即使是他们想补救重建，他们的做法也会谨慎很多。

他们的**激情**是他们感性成分中的最高表现形式。购买首先是情感上的冲动，然后才是寻找理性上的解释。你越能唤起他们的激情，他们就越愿意同你分享他们的激情，同时你就越有可能达成这笔交易。如果他们认为你也是性情中人（或者是有信仰的人），那么交易成功的可能性就会更大。

他们的**恐惧**与他们的激情密不可分。对损失的恐惧要远大于对获利的渴望。当然，他们想要击败竞争对手，但是比这更重要的是，他们更担心输了竞争。一旦理解了这个动机，你就可以进入贪欲这个话题。

简而言之，**贪欲**就是指他们心中会评估你的产品或服务能给他们带来多少好处。在交谈过程中，潜在客户通常会进行所谓的“心算”，提前计算出他们可能获得的利润。一直以来，我都是让客户自己计算这个数字，因为这样更具有说服力。

他们的**虚荣心**对他们而言很重要，尽管这对你来说毫无意义。当你在商场里试穿衣服时，你望着镜中的自己，很想知道自己穿起来的效果怎么样。就在此时，一个店员走过来说：“你穿起来漂亮极了！”几乎就在同时，你的虚荣心得到了满足。你大手一挥——“这件我要了！”

他们的**表现欲**与他们的虚荣心同样重要。简而言之，表现欲就是“我不能比同伴差”，换句话说就是“我的比你的大”或“我的比你的好”。我经常想，对美国最写实的描述应该是“自由之地，勇者之家”以及“我家的房子比你家的大”。

当他们知道已经拥有所需的东西时（即便他们可能当时并不会使用），他们的内心通常就会进入**平静状态**。最好的例子或许就是买保险，紧随其后的就是投资。基本原则就是，你越能让他们的内心平静，你的上门推销就越可能转化为他们主动购买。

他们的**预期结果**是至关重要的因素，甚至或许是影响决策过程的最为重要的因素。在购买之后，他们期待会发生什么？他们将如何生产、如何受益、如何获利？他们是否确定将会实现目标？他们是否确信你提供的产品或服务与他们的预期一致？

小贴士：

如果除了推销你别无选择，就不要说特点或优点了，直接说用后效果。

他们未曾言尽的**风险**是导致他们犹豫不决的主要原因。每次有人问我如何创造购买急迫性时，我都会告诉他，解决客户内心感知到但未曾告诉你的风险顾虑。要想探知这些因素，就需要多问几个“为什么”。

要想使客户打消隐藏的风险顾虑，首先必须要搞清楚**原因**。他们为什么会购买？他们为什么不会购买？他们为什么犹豫？为什么他们会对你有所保留？你能找到越多关于这类问题的答案，你就越能打消他们的风险顾虑，同时你也就越能找到最终的真实原因。不过，提问方式要尽量委婉。例如，使用“是什么让你……”的句式，而非直接问“为什么你……”。

行动：

参照刚才读过的这个单子，看一下有多少适用于你及你的销售。从最适用的开始，从下一个电话约访或登门拜访就开始付诸实施。看看你都能发现什么动机。

熟练掌握：

当你认为自己发现了一个购买动机时，立即把它写下来，并且存到一个名为“动机”的文件夹中。用不了几个月，你就会发现所有的动机，并且轻而易举地认出它们。依照动机采取相应措施，修改销售宣传材料，将客户的购买动机包含其中。

完全掌握购买动机需要时间，同时动机也会随市场发生变化。你的工作就是掌握所有购买动机，并且了解每个动机的相关风险。当你可以确认并且成功打消客户不愿说的风险顾虑时，你就掌握了动机这条戒律。控制风险不是一种单纯的技巧，而是一种销售技巧。

5. 提问。错误的提问引出错误的答案。

事实：提问是销售的核心。

事实：提问促成了由销售人员推销向客户主动购买的转变。

事实：提问有助于弄清真实的购买过程和动机。

事实：有关提问的多数论述都是错误的——不过，我希望你的竞争对手就是在通过它们学习提问。

在设计和提出问题时，既要让潜在客户考虑个人需求，也要让他们给出你想要的答案。引导他们评估新的信息，促使他们说出对所售产品或服务以及使用方法的具体想法。

通过提问，你可以了解他们如何看待拥有所售产品后得到的价值和好处。提问需精心设计，以便在竞争中脱颖而出，否则你就会在竞争中处于不利地位，甚至你的潜在客户也会因此产生厌烦和排斥心理。

经常询问潜在客户的看法。这不仅有助于你了解潜在客户看问题的角度（这是唯一重要的事情），同时也是试探客户是否愿意成交的绝佳机会。

永远不要直接问“你看重什么？”，而是要通过提出其他问题迂回地寻找这一问题的答案。在向客户或者潜在客户提出问题前，可先试着问一下自己。如果你不能回答下列问题，那么请先不要开始约访。

- 他们的业务受何影响？
- 他们去年过得怎么样？（他们现在过得怎么样？）
- 购买和使用你的产品后，他们能如何提高赢利或产量？
- 促使他们购买的可能动机都有哪些？
- 跟你对话的人是谁？决策者还是需要事事请示的雇员？
- 他们当前的迫切需求是什么？
- 他们都有什么经历？

我读到也听说过很多“销售大师”告诉你不要做什么，例如不要将宣传手册或推销演示文件带到约访现场。这完全是胡说八道。他们这是在告诉你不要做好准备，以便应对所有的可能性。如果你带着问题和想法，那么你尽可以和潜在客户相谈甚欢，没人会觉得你是个不速之客。

我希望你的问题可以给潜在客户留下深刻印象，同时也打开他们的心房，这样剩下的一切顺其自然即可。

行动：

下次有销售约访时，

· 带上 10 个精心准备的问题。

· 带上对他们的背景调查。

· 带上对他们有帮助的好想法。

就这么做，提出这些问题，制造有意义的对话，与他们交流，这样最终你带走的将是属于你的订单。

而一切皆源于提问。

熟练掌握：

你的提问方式将决定你的销售风格。提问方式需要每周改进，直到不断增加的成交量充分证明这些提问是有效的。

我对完全掌握提问技能的定义就是，潜在客户对提问的反应是："问题太棒了。从来没有人问过我这样的问题。"

本书对于提问还有更多的论述，但是首先我想让你知道问题至关重要，它可以将推销转化成客户主动购买。

6. **观察。你的观察能力要同你的销售能力和倾听能力一样强大。**

如果你仔细观察，有一半的答案已经不言自明。我的《销售红宝书》里提到第十二条法则"竖起触角"，指的就是随时保持警惕，敞开心胸，这样当机会出现时，你就可以抓住它。"竖起触角"就是观察能力的一部分。

所有人（包括我）都曾告诉你，当你走进他人办公室时，不妨四处看看，寻找线索、灵感和话题。奖杯、照片和证书都可以是你观察的对象，同时也是你思考的对象。你要思考的关键问题就是："这跟我有什么关系？"或者更贴切地说："我怎么能跟它发生关系？"

如果潜在客户有个保龄球奖杯，而你根本不会打保龄球，那么最好的做法就是避而不谈。然而，如果潜在客户的办公桌上放着一个哈雷摩托车模型，而你凑巧就有一辆哈雷摩托车或者是哈雷摩托车的粉丝，那么这就是很好的话题。在这些示例中，线索都是显而易见的，相应采取的行动也是恰当的。

我曾读过一本书——《不言自明的线索：一个成功企业家的故事》。这本书几经再版，我在官网 www.gitomer.com 上也推荐了它。这本书谈到了观察及反思的力量，指出它们与个人及事业成功密不可分。也许，与你的成功也密不可分。大家可以读一下这本书，验证一下是否如我所说（记得一定要购买正版）。

如果用心，那么观察将引领你走向理解。回想一下你现在观察事物的方式。你是一眼瞥过还是会用心观察？你观察的时候是否在思考？你的观察是否促使你思考？你的观察是否开阔了你的思路？你的观察是否给了你灵感？如果对于所有这些问题，你的答案都是肯定的，那么可能你已掌握观察的力量。

单纯善于观察并不能产生任何力量。观察、思考、想到办法以及在观察后采取行动，这样你才能掌握力量。

观察还会增强洞察力，可以帮助你重新注意到你曾错过的某个人或某件事。

好消息是绝大多数人都不善于观察，因此你有直接优势。当我看到别人不会什么时，或者看到能产生新思路的灵感时，我总会感觉颇为良好。

行动：

随身携带记事本，随时记下你观察到的点点滴滴。不仅要记录你看到了什么，也要记录你由此产生的灵感及反应，甚至还有你已经形成的想法。

要想熟练掌握观察力，就需要保持记录及思考的习惯，始终如一。每天保持警惕，用心观察。

而完全掌握观察力既需要每天练习，也需要自律。晚餐时，有时朋友或客户会问我为何不饮酒。我的回答是："因为我是个作家，也是个思想家。"当然，我偶尔也会喝一杯红酒，但绝不喝第二杯，因为这会损害我的观察力和洞察力。酒徒和思想家，你只能二选一。

有一个有趣的练习。购买一套《福尔摩斯探案集》光盘。推荐巴兹尔·雷斯伯恩（Basil Rathbone）和奈杰·布鲁斯（Nigel Bruce）版本，因为其中包含了全部案件和角色。福尔摩斯展示了观察和思考的精华——演绎法。"聪明绝顶的福尔摩斯！""演绎法：我亲爱的华生"等都是很好的示例。看完全套光盘，既能娱乐，也能增长见闻，还具有指导意义。

7. 勇气。要有敢于冒险的勇气。

勇气指的是要有胆量、进取心，要勇于打破陈规、有魄力，要有一些原始的冲动。当我们想赞美他人的勇气和功绩的时候，我们常会说："他有种。"这句话通常用来赞赏他人敢于冒险，具有大无畏的勇气。

你的冒险指数是多少？你愿为成功冒多大的风险？

这里谈的是你对风险的"容忍度"或"承受能力"。你愿意承受多少风险及你对风险的容忍能力，将决定你是否愿意或接受伴随成功而来的风险。

就个人而言，冒险指的可能是买下一栋房子或投资一只股票。就销售而言，冒险指的可能是一个搞笑的语音留言、跟进一个有创意的约访或者一个打破陈规的报价方案，甚至是在还不能确定客户意向时，询问客户是否愿意成交。其实，冒险和销售是一组近义词。

我对俗语“零风险，零回报”进行了改编，变成了我的一句口头禅“不冒险，什么都没有”。我之所以常说这句话，是因为对于所有专业销售人员而言，敢于冒险是他们能在销售上建功立业必需的基础之一。要想赢得回报，就必须要愿意承担风险。

你经常会听到有人说他们不想做销售或者他们做不了销售，原因就是他们无法承受其中的风险，包括种种未知及不确定性。或者说到底，他们无法应对随之而来的挑战。

我之所以使用“他有种”这个表述方法，是因为它以一种肯定的方式更清楚地描述了个人的冒险过程。简而言之，就是“尽全力争取”。你走到 10 米跳台的末端，看看脚下晃动的池水，不仅毫不犹豫地纵身跃下，而且还非常有种地喊道：“嗨，我来了！这是我第一次从 10 米跳台跳下。”

小贴士：

如果你曾精心准备过从 5 米跳台跳水，那么很有可能你从 10 米跳台跳水也会一次成功。不过，不管结果如何，每个人都会为你的勇气鼓掌，为你有种而鼓掌。

行动：

就销售而言，每天都是“冒险日”。不论是冒昧给潜在客户打电话、面对面约访、降低销售门槛、议价、约访后跟进或者最后成交，每天的工作都需要冒险，需要将敢于冒险的精神付诸实践。要勇气和行动并重，意识到风险并有种冒险。

从小处开始。从一些低级别的风险开始，渐入佳境。从一些冒昧的首次拜访开始，不仅要尝试突破守门人，同时也要有种设法直接见到决策人，询问他们是否愿意购买你的产品。尝试一下。

取得成功。成功孕育成功，同时也能培养取得更大成功的自信，让人敢于承担更多的风险。询问对方是否愿意成交，最终成交，由此开始达成更多交易。

更大成功。本书提供了许多解决方案，而实施每个解决方案都需要勇气。你的尝试越多，就越容易成功。

熟练掌握：

当你失败或被拒绝几次后，再次尝试约访就需要意志、恒心、毅力及大无畏的勇气了。更努力一些，更有智慧一些，成功就在不远处。

实现完全掌握的必经之路：

尝试新的销售理念和战略。每天都要尝试一件新鲜事物。挑战自己，看何时能成功。

8. 承担。如果交易未能达成，确定失败的原因。

如果潜在客户因为“价格”原因拒绝成交，那么是谁做错了？如果他们不回复你的电话，那么是谁做错了？如果他们决定从你的竞争对手那里购买产品，那么又是谁做错了？你的错——是你未能成功“诱敌深入”。

重要贴士：

不要自怨自艾，而是要为失败承担责任。从失败中学习，改进导致失败的方面。

指责别人或推卸责任很容易，而承担责任很难（有时根本做不到）。

每次事情出了问题，或者销售过程未按预期发展，你做的第一件事总是指责他人：潜在客户不想回复你的电话，他们不愿跟你见面；他们给出一个更低的报价；他们在选你后改变主意，最终选择了你的竞争对手；你的公司提供的服务太差了；别人没做好自己的工作。如果你约访迟到了，你还会埋怨你的车、交通状况或者天气。

这些无关紧要的指责在你的沟通交流过程中逐渐形成了一种模式，其作用不仅是负面的，还是毁灭性的，自我毁灭性的。如果每个销售人员因事情出问题而指责别人时，我都能得到一毛钱或者一分钱，那么我早就是个大富翁了。

除了指责他人，为何不尝试反思一下呢？反思之后记录一下感想。

反思一下你当时是不是能做点儿什么改变你指责的人或事呢？你当时是否能阻止？你下次是否能阻止？结果是否会因为你改变一下当时的某句言辞而有所不同？反思一下对于你指责的人或事，你现在是否能做些什么。你如何能将推卸责任的指责转化成勇于承担责任的建议呢？

例如，与其说“那家伙不回我的电话”，你可以说“如果我的语音留言能更有创意一点儿，也许那家伙就能回复我的电话了”，或者“如果我的语音留言能更有针对性、有意义一点儿，那么也许那家伙就能回复我的电话了”。停止指责他人，并不意味着你要自责。相反，这需要你为发生的一切承担责任，从中吸取教训。由此，指责转化成为责任，成为新的销售策略和解决方案，最终变成订单。

只留下一次指责的机会。“几乎没人回我的电话”“我约不到客户”等此类论述都需要改进，大幅改进。人们在回电话。人们在约会。他们只是没回你的电话，或者未与你约好见面。这除了是事实，还是机会。

行动：

在指责转化为责任后，问自己以下问题：“我如何能阻止类似情况再次发生？”这需要一个集思广益的过程、一个创造性的再发现过程。与那些回复你电话及与你约好见面的客户聊聊，确定他们为何愿意与你联系，形成新的方法体系。

熟练掌握：

运用你从客户那里学习到的教训，参照他们说的原因，思考新的角度和方法。

完全掌握：

与客户定期会面，进行一对一或一对二（特别是如果两位客户之间有业务往来的话）会面。开展“有意义的对话”，确保他们的忠诚度以及你了解他们喜欢你的原因。

个人建议：

我更愿意使用方法体系或战略这样的词语，而非想法或主意。想法或主意主要解决当前的问题，而方法体系或战略则更有长期性。想法或主意重在控制，而方法体系或战略更强调长期关系的经营。销售中并无对错可言，因此也无须指责。销售中有的是承担责任以及抓住由此而来的短期和长期机会。

9. 赢取。销售是为了建立长期关系，而非赚取佣金。

如果你达成一笔交易，你可以赢得佣金。如果你交下一个朋友，你可以赢得巨额财富。在销售中，你并不是赚钱，你是“赢得”钱。如果你销售是为了帮助客户，而非销售额达标，那么你将长期保持公司的销售纪录。帮助客户发展、成功、生产及获利，你就会赢得订单。树立赢取的态度，还有助于你找到能将你推荐给他人的忠实客户，同时客户也会更愿意现身说法为你的产品宣传。

大部分销售人员使用的都是“赚取”或“获得”这样的字眼。我是个例外，我使用“努力工作赢得”这样的表述。我认为你不是获得一笔交易，我认为你是赢得了一笔交易。我认为你不是赚取了一笔佣金，我认为你是努力工作赢得了一笔佣金。我认为推荐不是你要来的，我认为推荐是你赢取的。客户的现身说法宣传也是如此。

仅通过一两个销售电话是无法建立长期关系的，然而你在这一两个销售电话中的表现则为发展可能的长期关系奠定了基础。你最初的友好、热情、准备工作（特别是你为客户提供的有意义的建议）及意志决定了你是否能与客户发展长期关系。

销售业绩损害了长期关系的发展。我知道这一说法只是泛泛而谈，有一些人会持有异议。不过，我敢说你肯定有过这样的经历：已经接近月底或季度末尾，你的销售目标或业绩还未达标，那么此时你第一个会放弃的肯定就是长期关系。

这是很愚蠢的做法，这类似于公司在销售额下滑时削减营销和培训预算。在这个例子中，正确的做法应该是预算加倍而非减少预算。

如果你已经建立起长期关系，拥有忠实的客户，并且销售管道健全，那么你的销售额将非常具有预见性。然而，如果销售期结束时，你的销售管道仓位较低或者基本空仓，你只有一两个优质的潜在客户，而你又必须要达成一笔交易，那么这时你就只能在自己的需求和客户的需求中二选一了。同时，你也需要在自己的需求和客户对你的认知中二选一。

如果客户意识到你“急需达成这笔交易”，他们就会退却，因为你的焦虑和控制会无形中暴露出你毫无诚意。

行动：

看看你的销售目标，明确公司对你的预期是什么。回顾一下最近 10 次的成交经历。

熟练掌握：

致电你最好的 10 位客户，约定早餐或午餐会面。午餐期间，了解你的客户如何定义长期关系，询问他们认为跟你做生意的最大好处是什么。

完全掌握：

一旦你知道客户如何定义长期关系，那么就是你在所有客户身上应用这些重要原则的时机了。

现实情况是：

你在经营长期关系方面越努力，你就能赢得更多忠实客户，同时你也会更容易达成交易。大部分销售人员都不愿努力发展长期关系，即便这能使他们的销售变得简单起来。

10. 佐证。一位客户的现身说法远比 100 场销售演讲更有效。

客户现身说法是你为人处世方式最实在的佐证。在克服拒绝方面，客户的现身说法远比世上最优秀的销售人员的演讲更有效。你还能找到比客户现身说法视频更有效的佐证吗？你还能找到比客户现身说法视频更有效的打消客户疑虑的方式吗？当你有恰到好处的客户现身说法时，你能直接走进宣讲大厅，说："嗨，看看这个！"客户现身说法能达成销售人员无法搞定的交易。

在每次培训中，我都会问我的学员："你们当中有多少人在日常销售过程中会使用客户现身说法视频？"基本无人举手。我还会问："你们当中有多少人会在自己的网站上播放客户现身说法视频？"同样无人举手。我接着会问："你们当中有多少人会在自己的销售提案中加入客户现身说法视频，佐证自己论述的观点？"仍然无人举手。最后，我会问："你们当中有多少人认为客户现身说法视频会帮助你达成交易？"基本上所有学员都会举手。我不懂了：客户现身说法视频能帮助你们达成交易，但是你们不用。哦，我明白了，制作客户现身说法视频需要花费时间。你是在等着别人（营销部门）给你制作视频吗？你知道营销部门的，他们只会给你一堆没什么用的幻灯片。既然这样，你还在等什么？

客户现身说法视频可用于广告宣传、网站展示、支撑销售提案、优化销售演示，以及最终促使客户成交。

客户现身说法可以用来证明你对于自己为人处事及所售产品或服务性能的论述。客户现身说法视频是强有力的辅助工具。如果使用得当，客户现身说法视频就是销售中的大规模杀伤武器。

行动：

找一台摄像机（或许你已经有一台），给你最好的 5 位客户打电话，告诉他们你想和他们吃个午饭。问问他们为何选择你及你的产品或服务，把他们的回答用摄像机记录下来。每周拍摄一位客户。现身说法需要尽可能具体。引导你的客户谈谈产品的性价比、产品如何提高了他们的生产率，以及他们为何弃用你的竞争对手转而选择你。或者也可以让他们谈谈你所属公司的竞争优势，例如反应速度或售后服务等。一旦你把 5 个人的视频素材都收集齐了，就可以用视频编辑软件剪辑一下，使最后的成品视频更受欢迎。视频时长应保持在 5 分钟以内。带着视频出去，先试几次。也许起初几次，你会觉得有点儿不自然。不过，一旦你意识到视频的强大力量，它就会成为你销售过程中不可或缺的一部分。

熟练掌握了这条戒律后，你就可以在多个平台上使用现身说法视频。现身说法视频不仅可用于上门拜访时随身携带，也可在互联网或者广告宣传活动中使用。创新现身说法视频的使用方式不仅会增加你的销售额，坚定你对公司及所售产品的信心，还会提振内部士气。

完全掌握这条戒律后，你就可以将现身说法视频制作得更专业、更具体，这样不仅可以促成交易，还能消除竞争对手。尝试一下：下次有潜在客户要求看一下你的销售提案时，告诉他你的提案中的每个论述都有客户的现身说法加以佐证（可以证明你的所言及提案都完全真实），建议或要求你的潜在客户让你的竞争对手提供类似的提案。这不仅有助于你形成极大的竞争优势，同时也能将关注的焦点从价格转移至真正重要的地方——价值。

你今天都取得了哪些进步？

日积月累，每天进步一点点，朝着宏大的目标迈进一小步。每日保持自律，大处着眼，小事做起

我的销售生涯始于7岁，但是直到26岁我才学会了第一个销售理论。在那之前，我从未意识到销售是一门科学。我的家人从未提到这一点，尽管我家也算是一个有创业精神的家庭。我想当然地认为销售不外乎天分、口才及大无畏的勇气，但是我错了。

当我开始学习销售后，我就欲罢不能了。我读书、听录音、练习。每天都是如此，一直坚持到今天。1992年，我又加上写作。1993年，我再加上演讲。掌握销售这门科学，成为一名成功的销售人员，需要花费几年的时间。时至今日，我依然在勤奋努力中。如果你想在销售事业上成功，你也要如此。

销售不仅仅是引导、敲定会面及达成交易，甚至也不仅仅是所售产品及服务的质量。销售还涉及你是个怎样的人，你的态度如何以及你有多致力于追求个体卓越。你对自己的行为有多负责，你是否真诚地愿意通过帮助他人取得成功而实现自己的成功。销售不是一种想法或战略，而是一种哲学。

当你阅读或反复阅读本书时，你会发现它植根于现实生活，源自一个销售人员的内心。本书不讲理论。我写这本书是一个日积月累的过程，你的成功之路也应如此。

是的，成功有秘诀。是的，一旦摊开来说，这些秘诀显得一点儿都不神秘，无非是“本着帮助他人的原则进行销售”“全力以赴”及“把价值摆在第一位”。

然而，一个最大的公开的秘诀，许多销售人员都无法做到，那就是日积月累，朝着最终成就一步步迈进。

现在我已经将10.5条戒律悉数传授给你，你的任务就是成为一名学者。研究它们，将它们付诸实践，根据你的实际情况和风格对它们进行改良。

10.5.
日积月累

“你无法一天变成销售大师，日积月累才能成功。”

——

杰弗里 · 吉特默

10.5.
BECOME.

“You don’t get great at selling in a day. You get great at selling day by day.”

– Jeffrey Gitomer

专业销售人员的 12.5 个价值

1. 创造与竞争对手的差别。

关键在于感知价值。

最大的不同在于让潜在客户感知到你与竞争对手之间的差别。

2. 了解满意与忠实之间的差别。

满意的客户会从任意销售商那里购买。忠实的客户则会一直购买你的产品、维护你，并且还会把你推荐给别人。

3. 演讲和令他人信服的能力。

如果你传达的销售信息太无趣，潜在客户将会无视你。如果你传达的销售信息具有说服力，那么潜在客户将购买你的产品。

与潜在客户进行有意义的交流，提出中肯的问题和建议。

4. 做到无所不知或者忙中偷空学习。

保持做学生的心态，持之以恒。你成功所需的全部信息都已存在，只是你可能还没有机会接触。

5. 经营友好关系。

如果其他方面一样，人们会选择与自己的朋友做生意。

如果其他方面不怎么一样，人们依然会选择与自己的朋友做生意。

6. 些许幽默。

如果你能让潜在客户开怀大笑，你就能让他们买你的产品。

学会幽默。

7. 常保创新。

在竞争中脱颖而出的关键在于你的创新能力。

创新能力可以通过学习获得。

8. 推销。

推销是如此简单，但却没有人做。

9. 相信自己。

要想达成交易，你首先要相信你在为世界上最伟大的公司工作。

你还要相信你拥有世界上最伟大的产品和服务。

你也要相信你是世界上最伟大的人。

简而言之，你必须相信自己。

10. 做好万全准备。

大多数销售人员只做好了一半的准备。

他们对自己无所不知，但是对潜在客户却一无所知。

11. 不自怨自艾，不指责他人。

你可能认为你很伟大，但是如果你自怨自艾或者指责他人，那么没有人会喜欢你或尊重你。

12. 每天学习一小时。

如果每天都能坚持学习一个小时，那么5年后你可以成为任何领域内的专家。

12.5. 保持乐观态度。

态度就是一切，对你及你的成功而言都是如此。

心中有怎样的想法，你就会成为怎样的人。

你的一切行动的核心都在于你的态度。

“每个人都想
在销售上取得成
功，但多数人
不能实现理想。
这并非因为他们
不能成功，
而是他们不知道
如何取得成功。”

——

杰弗里 · 吉特默

“Everyone wants to succeed at sales. Most people don’t. It’s not that they can’t. It’s just that they don’t know how.”

– Jeffrey Gitomer

第一章

法则、秘密、乐趣

1.1

创世记

成功的故事讲述了关于销售的基本法则，同时也指出了一条实现任何法则、销售目标及职业目标的必经之路。

不要只停留在阅读层面。

利用它，追求它。

“心有所想，身有所至。”

——

拿破仑·希尔

（Napoleon Hill）

一本问世15年的旧书，新意在哪里？

我对销售过程及购买过程的认识逐年加深，或者我应该说每年都能有微小的进步。

如果你正在阅读本章，你可能已经阅读过我的《宝书》丛书中的某一本。感谢你的阅读。不过，本书对你而言可能会是个挑战。

15年前，《销售圣经》一经问世，立即成为具有决定意义的销售资源。那个时候，没有电子邮件，没有网站，连打电话都还需要每分钟50美分。

世易时移，《销售圣经》也是如此。

新版《销售圣经》升级到了3.0时代。除了更新、更好，其中的见解更加深刻、更易实施，同时也更贴近读者实际。不用担心，我也没忘了可读性。事实上，新版读起来更有意思。

我研究了数年才形成了这些战略和解决方案，而你实施起来只需几分钟，熟练掌握只需几小时，而完全掌握也只需几天。

《销售圣经》新版供君阅读、享受、实践及获利。既然现在你已买了一本，那么赶快用起来吧。

“这永远不可能。”本书源自何处？

如同多数交易，本书开始于我被拒绝之时。1992年春天,《夏洛特观察者报》（*Charlotte Observer*）刊登了一篇关于我及我的销售技能的文章，我的电话因此响起。于是，我又拜访了这家报社，主动要求给他们供稿。

“我想每周写一篇关于销售的文章。”我大声说。他们不仅当场拒绝了我，还说：“这永远不可能。”而我却说：“不，只是在你这里永远不可能而已。”

当天上午，一个小时后，我与《夏洛特财经日报》签订了开设销售技能专栏的协议。我将专栏直接命名为“销售技巧”。

下一次当有人告诉你“永远不可能”时，记住这意味着“至少一小时不可能”。

我叫杰弗里·吉特默，是个销售人员。我没有博士学位，甚至连大学都没毕业。我没有生活在象牙塔中，而是生活在北卡罗来纳州的夏洛特。我在纽约和新泽西长大，并在那里学会了如何销售。在多层级营销还叫作金字塔传销的时候，我就已经投身其中。我曾拜访过夏洛特市中心的每个办公室，也曾致电《财富》500强企业的老板，并最终与他们达成交易。

我卖出过1美元的东西，也曾达成价值百万美元的交易。我就是一个街头销售人员，多年来一直活跃在市场上，有成功，也有失败。我喜欢销售。

“销售技巧”专栏最早刊登在1992年3月23日的《夏洛特财

经日报》上。一经见报，即获得巨大成功。不久，我就在达拉斯、亚特兰大、丹佛、普林斯顿等多座城市的杂志上开设了专栏。

《夏洛特财经日报》的发行商马克·埃斯里奇（Mark Ethridge）是一名曾经获得过普利策奖的记者，同时也是我的好友及支持者。马克·埃斯里奇说过，开设“销售技巧”专栏是他在 1992 年做出的最具影响力的决定。天哪！

从那时起我开始接到来自全国各地的电话，直到今天也是如此。报纸想刊登我的专栏文章，读者则感谢我帮助他们达成交易。我发现销售人员把我的每周专栏挂在他们办公室的墙上。他们复印我的专栏文章，并四处传阅。他们邮寄给居住在其他城市的朋友和同行，他们甚至用我的专栏文章指导销售会议。

我的女儿斯塔亚在夏洛特买了一辆车，汽车代理商中所有人都读过我的文章。当斯塔亚独自一人走到成交房间时，代理商说：“我们给你的是本年最划算价格，因为我们可不想你的父亲写文章给我们负面评价。”

自写文章的第一天起，我就知道我会写本书。这是一个自然演变的过程。我的好友及导师博伊德也曾给我提过相似的建议。对一名销售人员而言，鼓励很重要。我感谢博伊德的鼓励，也感谢你们的支持。

我所使用的素材都源自我的亲身经历。我从事销售 40 年，其中 16 年从事咨询工作。我听了数千小时的录音、磁带和光盘，读了我能找到的一切关于销售的资料，并且在时间允许的情况下，参加了无数培训课程。我的使命就是边教边学，我努力做到每天都学一点儿新东西。

我的每周专栏将会持续为你提供有价值的信息，以便你在销售的战场上拿下更多交易。我知道你面对的是什么，我知道你的工作有多努力，我也知道你有时候会很沮丧。我愿意帮助你们。

我于 1993 年秋天开始构思本书的第一版。当年为了写书我曾加班无数小时，在北卡罗来纳的榉木山度过一周，后来又在南卡罗来纳的希尔顿里德岛度过一周。终于，在我超级挑剔的编辑及好友罗德·史密斯的帮助下，在我的爱猫利多的陪伴下，我用我的麦金托什苹果电脑完成了这本书。我料想这本书定会大卖。果然，700 个工时后，《销售圣经》一炮而红。

你现在阅读的是新版《销售圣经》，是由我的搭档及至交赤西卡·麦克杜加编辑的。新版在原版基础上有诸多新的突破。

感谢你购买本书。

这本书给我带来了很多收益，我希望它也能让你财源滚滚。

那么，本书能带给你什么？

你的回报是实现销售职业生涯中你曾设定的最为宏伟的目标。

你的回报是你将被认定为超级销售人员。

你的回报是你将成为心中期许的最棒的销售人员，你对此十分满意。你将可以自学成才。

你的回报是你将拿下更多交易。

本书能为你的日常销售工作提供全方位的帮助。源自现实世界的解决方案切实可行，直接针对你所面临的销售情况和困难。

一本实战参考书，一种资源，一本圣经。

在开始阅读本书前，请自问以下问题：

· 我的销售能力如何？
· 每天如何练习销售技能？
· 我花多少时间学习新的销售技能？
· 每天尝试多少新的解决方案？
· 我为成功全力以赴了吗？

销售是一种自律。这里说的自律并非军训中的那种自律（“要么做，要么去削土豆”），而是指只有具有自律能力，个人才能全力以赴、追求卓越。这是一种内生的控制力，而非基于外部的法律约束。你需要的不是因自律而抱怨，而是去享受它。

自律就是将目标日日铭记于心，并且不懈追求，直至最终实现目标。

我不想听起来像个布道者，不过我说的这种自律的确跟宗教意义上的自律很相似。如果你每天都能坚持祈祷或冥想，那么你就已经具有销售成功所需的自律。

不过在销售中，奇迹要靠你自己来创造。

作为一名销售人员，你是企业中最重要的人。

除非你能卖出东西，否则企业将是死水一潭。

只有你能卖出东西，工厂才能有订单可以生产，物流公司才能有产品运送，管理层才能有钱发工资，统计部门才能有钱购买新的电脑系统。

当你从银行贷款或者想要银行提高你的信用上限时，你也需

作为一名销售人员，你是企业中最重要的人。

要销售，你需要将你的还贷能力或者偿付能力卖给你的银行。

“不管怎么样，东西总会卖出去！”

“要么就是你把‘同意购买’卖给客户，要么就是客户把‘拒绝购买’卖给你！”

使用本书的8.5种方法

销售人员需要不断寻找新的解决方案。

销售人员需要持续的激励。

销售人员需要马上知道答案。

销售人员需要今天就达成更多交易。

销售人员需要同时面对多个问题。同一天，他们需要初次拜访及跟进10名潜在客户，参加一个交际活动，做3场产品演示，发出5封信件，被拒绝6次，同时还要达成一笔交易。这只是普通的一天而已。销售人员需要一本可以信赖的参考书，提供基于现实世界的解决方案，帮助他们应对当前面临的迫切问题、绊脚石和挑战。他们需要《销售圣经》。

《销售圣经》不是一种销售方法，而是一系列基于现实世界的观察、战略和哲学。你可以根据自己的实际情况对其进行调整，以适应你的销售风格。你从中获取你所需达成今天的这笔交易，同时为明天的交易做好准备。你也可以从中获得达成销售目标的方法。

《销售圣经》是一种基于现实世界的资源，并非一群眼高于顶的博士做出的学术报告。它是我在世界上最严峻销售环境中打拼40年的积累，其中有成功，也有失败。

它基于我的真实经历。我知道这些解决方案有效，因为我用过它们——简单、实用且要紧时候用得上，对你而言也将如此。它们将在现实生活中为你提供帮助。不妨先找几个试试……

看看效果。

使用本书的方法及本书能给予你的帮助：

1. **作为一种资源。**深化及增强你对销售过程及日常销售挑战的认知。

2. **每日一课。**帮助你每天坚持致力于追求卓越。

3. **集体学习。**成长为一名专业的销售人员。

4. **开始一个会议。**多数章节都提供了一个完整的解决方案，可用于引导一场销售培训或头脑风暴会议。

5. **解决问题。**当你无计可施，但问题需要立刻解决时。

6. **为交易做好准备。**助你赢得竞争优势。

7. **达成交易。**成交所需的解决方案和答案都在本书中。

8. **激战正酣。**每日销售工作中，随身携带本书，特别是你吃闭门羹时、跟重要客户见面时，以及已经第三次留言但炙手可热的客户仍不愿回你电话时。

8.5. **收入翻番。**许多销售人员的潜力都有待挖掘。我打赌你能将自己的收入翻番。我将给你所需的工具，而最终则需要你证明给自己看。你能养成成功所需的自律吗？

虐待本书的绝妙方法：

带着高光笔和红笔阅读本书。画出你所需的内容，同时在空白处写下你的想法、行动计划及解决方案。

榨干本书的绝妙方法：

为了从本书中获得最大益处，你需要尽快将所学内容付诸实践。找个潜在客户或客户试一试。一旦你开始使用所学内容，你就已经开始掌握它们了。每天尝试一个新解决方案，每年就能积累 220 个，5 年后你就能掌握 1 000 多个。天哪！

将本书作为一种资源或一本参考书随身携带。午餐时读一章，与同事们讨论一下某个解决方案。当然，最重要的是要用本书助你达成数不胜数的交易。

销售的理念。每章开始都有一条引语，旨在点出本章的理念和主要内容。在《销售圣经》中，精神有着至关重要的作用。我是本着怎样的理念给出信息，而你又是本着怎样的理念在接收或使用信息？每章都自成一体，与下一章自然衔接。章节之间彼此相连，最终形成整本书。

阅读《创世记》"记事贴——你的成功之路" 一节，使用该节介绍的方法记录你阅读本书的过程。这将是一个很好的练习，可以确保你获得最大的收益。

为每天阅读的章节数设定目标。为实践所学内容设定具体的目标。为改善你的态度设定目标。为享受职业生涯设定目标。另外，也要设定签下大订单的目标。

Compass Points to Money

销售培训是一个永远指向财富的罗盘。

老式销售方法已不再有效——在一定程度上如此

曾经，流行的是休闲装和喇叭裤。如今，你依然穿衣，不过却是不同的时尚样式和风格。销售界也是如此。这个 10 年，你必须改变销售的方式，否则你将入不敷出，更谈不上实现销售目标和梦想。

20 世纪 90 年代的不景气迫使销售行业发生了改变，而这将为全球企业界带来益处。作为一名成功的职业销售人员，你必须能让你的客户两次购买你的产品，或者愿意主动将你推荐给他人。

新式销售方法以老式方法为基础。你仍然需要掌握每个销售解决方案，只是需要以不同的方式使用它们——更友好、更真诚以及更强调服务第一、销售第二。当我听到有人说“销售是一门艺术”时，总会感觉有些憋屈。这都是无稽之谈。销售是一门科学，它使用一系列不断重复的字词及理念，诱导潜在客户做出合理反应，最终愿意购买产品。如同其他科学一样，销售需要反复试验来确定何种方法最有效。

新的游戏法则很简单，你今天就可以运用。

你的挑战不仅是学会运用它们，还包括掌握它们。以下列出了 7.5 条法则，仅供参考。当然，本书后续章节中还包括了类似的数百条法则。

1. 根据客户的需求和理解而非你的产品或服务进行说明（或销售）。

2. 收集个人信息，并且学会如何使用它们。

3. **建立友谊。**人们愿意从朋友而非销售人员处购买。

4. 营造一个任何竞争对手都无法穿透的人际关系保护盾。我的竞争对手偶尔也会给我的客户打电话，而我的客户却会给他们我的电话号码，让他们给我打电话，询问我对他们服务的看法。我的客户会说："打电话给杰弗里·吉特默，解释给他听。如果他觉得没问题的话，他会告诉我们。"如果你的竞争对手给你的客户打电话，他们也会这么做吗？你需要做些什么才能确保他们会这样做？

5. 找到共同点。如果你们都喜欢打高尔夫或者都有孩子，那么你们就找到了共同的爱好或话题，而这可以拉近你与客户的距离。

6. 获取信任。一旦你成功说服他们决定购买，你最好确保他们已经足够信任你，否则他们很有可能从别处购买。

7. 享受销售，学会幽默。销售不是绝症，而是你的职业。好好享受吧。如果你能让客户开怀大笑，那么你定然能让他们掏钱。笑声是不言而喻的认同，而不言而喻的认同最终就会带来纸面上的认同——订单。

7.5. 永远不要一头扎进销售的陷阱。当我听到一名销售人员一开口就是销售的套词时，我就感觉有些忍无可忍。要学习销售这门科学，将销售转化为一种艺术。

本书后续章节中包含了数百条法则、指导方针、战略及解决方案等，论述的都是销售这门科学以及人们为何会购买。你的挑战就是学会在日常生活中运用它们，最终在现实世界——你的世界——取得成功。

如果你能每天阅读一节，并立刻将所学付诸实践，那么不到半年你就能读完 100 多节，学会超过 1 050 种解决方案。

想要学会最好的、最便捷的及百发百中的销售方法？请阅读《格林童话》。现实是，你无法把每个人都发展成你的客户。不过，你可以提高你的销售额——大幅提高。这一点倒有一个简单的方法，而且还很有趣。

阅读《销售圣经》，每天获取新知，即学即用。从每天尝试新方法的实践中学习，日积月累，即可逐渐成长为一名销售大师。如果你不遵循这个过程，那么你将会一直觉得销售遥远而神秘。你也许不会失败，但你也不会成功——不会取得你想要的成功。

销售充满乐趣且有利可图，前提是你愿意认真学习、全力以赴及追求卓越。

要想在销售中取得成功，你必须认识到实现销售的道路并非只有一条，而是有上千条。你要向每个人学习，而后结合自己的经历融会贯通，最后再根据自己的性格形成自己的风格。

在从事销售工作及学习如何销售 40 多年后，我明白了一点，也可以说是一个绝对真理：最好的销售人员有着最好的态度，对所售产品最了解，同时也能提供最好的服务。

在经历了多年的签单成功及签单失败后，在多次致电推销被挂断电话后，在多次致电《财富》500 强企业高管成功签单后，我终于认识到销售是什么以及如何实现销售。我的目标就是跟大家分享我的认知，而你们就能由此提高销售额——大幅提高。

记事贴——你的成功之路

目标：

我想成功。

挑战：

知易行难。

想法：

成功意味着实现目标。

错误想法：人们都害怕成功。

事实：

人们不害怕成功，只是不知道如何取得成功。

方法：

买一本记事贴，这会让你踏上成功之路。

你想实现多个目标，但是你并没有把它们写在显而易见的地方。它们只是安静地躺在抽屉里的一张纸上，只是偶尔会从你的脑海中闪过，最终不外乎是葬送在各种拖延借口和悔恨之中。

振作起来：

我有一个战胜这个怪圈的方法。想实现你的目标吗？备好以下工具，你定能取得成功，尽管成功看起来是如此遥远。

记事贴　卧室镜　浴室镜　笔

以下是经过多次验证的有效方法：

1. **写下重要目标。**在 3×3 大小的黄色记事贴上，用简洁的词语写下你的主要目标（为公司筹资、赢得年度销售人员称号以及搞定美联银行这个新客户）。

2. **写下次要目标。**另找3张记事贴，用简洁的词语写下你的次要目标（每天花15分钟阅读关于态度的材料、读完《戴尔·卡内基》一书、整理书桌以及打一个新的壁橱）。

3. **将记事贴置于眼前。**把它们贴在你的浴室镜上，这样你早晚都不得不看到它们以及你自己。

4. **每次看到它们时，都要大声读出来。**看着它们，把它们读出来，将会让你加倍致力于实现目标。

5. **一直关注它们并谈论它们，直到你开始行动。**一直看着它们直到厌倦为止。然后，你就开始行动，取得成绩，完成目标。

6. **每天见到记事贴能使你每天都会想着如何实现它们。**一旦你开始行动，记事贴就会促使你思考"我今天得做点儿什么才能向目标迈进一小步呢"。记事贴能激励你采取行动，实现既定目标。

把目标贴在浴室里，你就能有意识地每天至少提醒自己两次。久而久之，你的潜意识就会发挥作用，在潜移默化间注入你的灵魂，促使你采取积极的行动去实现目标。

当你成功登顶一览众山小时，当你实现你久久为之奋斗的目标时，你终于可以说出那充满魔力的4个字。大声喊出来："我成功了！"（大声喊出励志的话总能让人感觉良好。）

6.5. **每日重温成功经历。**现在开始最精彩的部分。当你实现目标后，把记事贴从浴室镜上撕下来，欢呼着将它贴到卧室镜上。现在每天你对镜整理仪容时，都可以看到自己的成功。这不仅能让你自我感觉良好，同时也能为你迎来成功的一天奠定基调。每天早上起来的第一件事就是看看你的（目标）成功经历，记住成

POST IT

买一本记事贴，这会让你踏上成功之路。

功的感觉是多么美好，回顾为实现成功你都做了哪些努力，这能激励你实现更多的目标。

· 方案很简单。

· 方案很有效。

· 结果将改变你的态度。

· 结果将改变你的生活。

· 结果将改变你对自己实现成功能力的认知。

当你的卧室镜上贴满了实现目标的记事贴时，你就有钱去买一面更大的镜子及放镜子的房子了。

1.2

法则记

法则……

以及能将法则转化成订单的指导原则。

你怎么把一个潜在客户发展成真正的客户？

我来数一数有多少种方法。

现有 39.5 种方法。

通读它们，你会忍不住喊出：“可算找到了！”

按照法则销售，最后你需要说的就是：“谢谢您的订单。”

订单是法则中的法则。

销售成功的39.5条法则

人们不怕失败，只是不懂得如何取得成功。

1960年，我在篮球场上遇到了一位大学校队的教练。我对他说，让我看看你最好最漂亮的进球。他拿起篮球，走到篮筐下，来了一个简单的单手上篮。“看见那记进球了吗？”他略带生硬地说，“99%的比赛都靠那样的进球取胜。一定要投进。”他说完转身走开了。当天，我感觉自己被骗了。20年后，我意识到原来那是我上的最好的一节销售课。集中力量在基础知识和基本技能上，99%的订单都是靠它们拿下的。

你对自己的成功（或者失败）负责，在销售行业取得成功也不外乎如此。为了确保成功，你必须积极主动地采取行动，而预防失败则是该过程中重要的一环。如果你发现自己在说：“我天生不是干销售的材料”“我不够强势”“我讨厌打电话推销”“我接受不了拒绝”“我的老板是个浑蛋”或者“我的老板是个彻头彻尾的浑蛋”，那么你正走上错误的道路。

以下是成功销售人员身上常见的39.5个特征。你有多少个？坦白讲，你遵循了其中的几个指导原则？如果你真的想在销售上取得成功，我建议你把这些特征列个清单，贴在抬眼即可看见的地方。每天阅读它们，实践它们，直到它们成为你的一种生活方式。

1. **养成和保持积极的态度，这是生活的第一要则。**如果能全力以赴保持积极的态度不动摇，那么你将踏上一条不可阻挡的成功之路。而如果你有所怀疑，那就说明你还没养成积极的态度。积极的态度不仅是一种思维过程，还是一种贯穿到每天的义务。

养成积极的态度吧！

2. **相信自己。**如果你都不相信自己能行，那么谁还会相信你？你掌握着最重要的销售工具——你的大脑。

3. **设定和实现目标。**制订计划。设定和实现具体的长期（你想要什么？）和短期（你要如何做才能得到自己想要的？）目标。目标是指引你走向成功的路线图。

4. **学习和实践有关销售的基础知识。**永远不要停止学习如何销售。阅读、听课程、参加培训课程以及将你新学的内容付诸实践。每天都学点新东西，并与亲身实践结合起来。了解有关销售的基本知识，可以让你在电话推销遇到困难时有多个解决方案。即使是在一段恋爱或合作关系中，有时关系出现问题时，也需要一些解决方案。

5. **理解客户以及满足他的需求。**询问潜在客户，倾听他的回答，了解他的真实需求。不要对潜在客户的情况进行预设。

6. **销售是为了帮助客户。**不要贪心，因为客户能感觉到。销售是为了帮助客户而非赚取佣金。

7. **建立长期关系。**保持真诚；己所不欲，勿施于人。如果你能深入了解你的客户，关注他的最大利益，那么你得到的将远远超过佣金。

8. **相信你的公司和产品。**要相信你的产品或服务是最好的，因为你的客户会看到。你的信心将传递给你的买家，而后经由你的销售额表现出来。如果你不相信你的产品，你的潜在客户也不会。

9. **做好万全准备。**你的自我激励和准备工作是使你超越自我的力量源泉。你必须愿意且急切地想要销售，否则你不会把东西卖出去。要事先准备好你的销售材料、销售工具、开场白、问题、陈述及解决方案。你准备的材料是否有新意将最终决定你的销售能否成功。

10. **保持真诚。**如果你是真诚地想要帮助客户，那么他们会感觉到；反之亦然。

11. **认清客户的权限。**不要在无权决策的人身上浪费时间。

12. **约会要准时。**迟到就意味着我不尊重你的时间。迟到没有借口。如果实在无法按时赶到，那么提前打电话致歉，这样交易还可以继续下去。

13. **职业化。**如果你看起来很能干，那么也能提升你自己、你的公司及你的产品在客户心中的形象。

14. **建立私人关系及赢得客户的信任。**了解潜在客户及他的公司，尽早取信于客户。除非你已赢得客户的信任，否则不要开始推销产品。

15. **幽默。**我找到的最有效的销售工具就是幽默。享受你的工作。欢笑是不言而喻的认可，因此设法让潜在客户开怀大笑。

16. **完全了解你的产品。**对你的产品进行彻头彻尾的了解。了解你的产品能给客户带来哪些好处。在完全了解产品后，你就可以心无旁骛地专注在销售上。也许你的销售演示并不会用到很多的产品信息，但是知道它们能让你对拿下订单更有信心。

17. **卖点是能给客户带来什么好处，而非产品性能。**与如何使用产品相比，客户更愿意知道产品能给他们带来哪些好处。

18. **实话实说。**永远不要忘记你说过什么。

19. **不要食言。**能将一笔订单发展成长期合作关系的最好方法就是说到做到。如果你没有实现对于客户或公司的承诺，那么这对于你而言将是一场能让你一蹶不振的灾难。而如果你总是食言而肥，那么你的信誉就会因此受损。

20. **不要贬低你的竞争对手。**如果你无法赞美对手，那么就保持沉默吧。你总会蠢蠢欲动地想要打破这个法则，心底总会有一个声音诱惑你说点儿竞争对手的坏话。尽管如此，不要贬低他们，你要凭借精心的准备及无限的创意脱颖而出。

21. **让客户现身说法。**你的销售团队中最得力的干将就是忠实客户的推荐。客户的推荐就是金字招牌。

22. **学会倾听购买的信号。**当潜在客户准备好购买时，他们通常都会告诉你——只要你学会倾听。倾听与表达同样重要。

23. **准备好被拒绝。**可事先演练如何应对惯常出现的拒绝。

24. **确定真正被拒绝的原因。**客户并不总会实话实说，他们有时候一开始并不会告诉你真正拒绝你的原因。

25. **克服隔阂。**这个是一个较为复杂的问题，不能简单、一蹴而就地解决。你需要能够理解现场的具体情况。注意倾听你的潜在客户，思考有什么切实的解决办法。你必须能够营造一个充满信心和信任的环境，这样才能有生意可谈。而当客户开始说“不”时，生意就真正开始了。

26. **询问客户是否愿意购买。**听起来很简单，但很有效。

27. **当你询问客户是否愿意购买后，请闭嘴。**这是销售的第一条法则。

28. **如果当次约谈未能达成交易，那么请务必定下下次约谈的时间。**如果你没有约定下次碰面的时间，那么你很有可能面临艰难而漫长的等待。不管怎么样，每次碰面都要向达成交易靠近一步。

29. **跟进，跟进，跟进。**如果跟一个客户做成生意需要碰5~10次面，那么要不惜一切代价，做好见第10次面的准备。

30. **重新解读拒绝。**客户并没有拒绝你，他们拒绝的是你的报价。

31. **预见及适应变化。**销售的很多环节都与变化有关。产品、销售策略及市场充满变化。拥抱变化，你就能成功；拒绝变化，你则会失败。

32. **遵守规则。**销售人员惯常认为规则是为他人制定的。如果你认为规则不是为你而定的，那么你就需要重新思考一下了。破坏规则只能导致你被炒鱿鱼。

33. **与他人（同事和客户）友好相处。**单枪匹马干不成销售，销售需要你与同事及客户合作。

34. **努力带来好运。**仔细观察那些你眼中的幸运人士——要么是他们自己，要么是他们的家人付出了多年的艰苦努力才换来了所谓的好运。你也可以拥有同样的运气。

35. **不要将你的错误（或者责任）推卸到他人身上。**承担责任是取得任何成功的支点，而是否承担责任的标准是是否主动采取应对措施。承担责任的奖励就是执行力（而非金钱——金钱只是完美执行力的副产品）。

36. **坚持不懈，持之以恒。**你愿意不做任何挣扎就接受别人对你说"不"吗？你能把"不"当成挑战而非拒绝吗？你愿意坚持跟客户碰面5~10次才签下一笔订单吗？如果你能的话，那么你已经开始明白持之以恒的力量。

37. **你的成功公式藏在数字里。**计算一下签下一笔订单需要几条线索、拜访几次、报价几次、约访几次、演示几次以及跟进几次。以后就按照这个公式进行。

38. **保持激情。**每次都全力以赴，做到极致。

39. **以专业、正面及有创意的方式，让人过目不忘。**你走后他们会怎么议论你？你总会给别人留下印象——有时模糊，有时清楚；有时正面，有时不那么正面。你可以选择给人留下怎样的印象，并对此负有责任。

39.5. **乐在其中，这点是重中之重。**做你喜欢的事情，你总能取得更大成功。如果你做事情乐在其中，那么你也能为他人带来欢乐。快乐是会传染的。

不遵守销售成功的39.5条法则，将导致缓慢但毫无疑问的失败。你并不会一败涂地，因为失败也有不同的级别。

以下是失败的4.5个级别。你现在在哪个级别呢？

1. 没有全力以赴。

2. 没有把销售当作一门科学来学习。

3. 没有承担责任。

4. 没有完成销售额或预设的目标。

4.5. 没有树立积极的态度。

成功是经由多次获胜经验而造就的一种能力水平和自信。失败无关缺乏安全感，而是表现为缺乏执行力。世上没有绝对的失败。

金克拉说过一句话："只有失败的事情，没有失败的人。"文斯·隆巴迪（Vince Lombardi）有更精彩的表述："凡事预则立，不预则废。"

每届奥运会上，男子百米赛跑的冠军摘取金牌都只用了不到

COMPLIMENTS Pays a Lot

恭维话远比卖柠檬更能挣钱。

10秒，无一例外。10秒的时间跑起来很是短暂，但是你知道奥运冠军为了百米赛场上的10秒花了多长时间去准备吗？你是否有同样坚强的取胜意志呢？我希望如此。

销售成功公式AHA！态度（Attitude）—幽默（Humor）—行动（Action）

我发现这一公式对于达成交易而言非常有效。它看起来不难，实际操作起来更简单。公式中的要素彼此相连，构成整体。每个要素自成一体，单个就很具有效力，合并一起则能创造销售奇迹。

以下是分解介绍：

态度。积极的精神状态是促使你在生活中取得成功的推动力。积极的态度不仅是一种思维过程，同时也是一种自律及承诺。你每日醒来都能保持积极向上的状态——思维活跃且沟通能力强。积极的态度并不是时有时无，而是会与你如影相随。有了它，你的内心就能每时每刻都感觉良好，不论你身处怎样的外部环境。

幽默。幽默并不仅仅是有趣，同时也是看待事物的一种方式。保持幽默，你的生活就能更有效率，同时也有助于你在销售上取得成功。幽默指的是你的幽默感以及发现和创造幽默的能力。设法让他人开怀大笑，他们会因你在场而感觉颇佳。设法让他人莞尔一笑。听一听大家都在怎么说你："我喜欢跟你聊天""你让我开怀大笑"或"你让我今天很愉快"。这就是幽默的力量。幽默让别人更期待与你聊天，而非躲避你的电话。幽默是良药——获取订单的良药。

行动。言出必行。每日早晨醒来都有一系列明确的目标，每天都有一套事先准备好的计划。打最后一个电话，沿着你的成功之路前进。要比任何你知道的人都更努力，努力到足以让你为自己感到自豪。

三者合而为一，将使你踏上成功之路。

"我保证你能掌握每个要素，而后以你自己的方式融会贯通，以适应你的个性。财源将因此滚滚而来，足以让你目瞪口呆，你获得的收益远不只金钱。"

逐字践行这个公式，你将笑到最后。

"I challenge you to master each element, then combine them in your own way to suit your own personality. The monetary results will astound you, but the personal reward is way beyond money." Follow them to the letter and you'll say...

"AHA!"

1.3

秘密记

秘密……

听着，

你想知道一个秘密吗？

要想掌握一门手艺，你必须了解有关它的秘密。

了解有关销售的秘密，将使你免受多年的挫折，节省无数花在无用功上的时间。

学会销售的秘密以及掌握其中的奥妙。

销售人员因何失败?

因为他们一直认为自己不行。

你是否具有积极的态度?每个人都会回答有,但事实上只有不到1%的人真正具有!这么小的概率里面真的包括你吗?弄清这个问题很容易,你只需要做个简单的测试。

是　否

❐ ❐ 我每天都花至少1个小时看新闻。

❐ ❐ 我每天都要读报。

❐ ❐ 我每周都要读1本新闻杂志。

❐ ❐ 我有时感觉今天过得很糟糕——整天都很糟糕。

❐ ❐ 我的工作是鸡肋。

❐ ❐ 我发怒的时间超过1个小时。

❐ ❐ 我与消极的人相互吐槽、彼此同情。

❐ ❐ 当出现问题时,我总是想着埋怨别人。

❐ ❐ 当事情出现问题或朝着负面发展时,我会告诉别人。

❐ ❐ 我会对我的伴侣发脾气、冷战、不说话超过3个小时。

❐ ❐ 我将生活中的问题带到工作中来,与同事讨论。

❐ ❐ 我对最糟糕的情况有预期,并为此做好准备。

❐ ❐ 我容易受到糟糕天气(太冷、太热以及下雨)的影响,会抱怨天气不好。

0~2个"是":你具有积极的态度。

3~6 个“是”：你具有消极的态度。

7 个及以上“是”：你的态度有问题——严重的问题。

4 个以上“是”：出去购买一些戴尔·卡内基、诺曼·文森特·皮尔、克莱门特·斯通、拿破仑·希尔、厄尔·南丁格尔及丹尼斯·威特利的书籍和课程。这些人将告诉你你怎么才能成功，而非你为何会失败。

这里还有更具说服力的证据。关于销售人员的失败原因，多个全国性测试都揭示了以下令人意外的数据结果：

· 15% 的失败源自缺乏培训——有关产品及销售技能的培训。

· 20% 的失败源自口头及书面沟通能力较差。

· 15% 的失败源自老板或管理层较差或有问题。

· 50% 的失败源自态度。

这听起来有些不可思议，不是吗？只要改变一下思维方式，销售人员（以及其他任何人）就能将成功率提高 50% 以上。南丁格尔已经成为传奇的录音《最奇妙的秘密》揭示了树立积极态度的秘密：“自我暗示都会成为现实。”然而，这需要高度的自律以保证每日练习及全力以赴。

想要开始改变你的态度吗？这将对你的成功（及收入）产生奇迹般的影响。将以下看问题的方法及练习融入你的日常生活中：

· 当事情出现问题时，记住这是你的错，而非别人的错。

· 你永远有（或曾经有）选择权。

· 如果你认为没问题，那么就没问题。如果你认为有问题，那么就有问题。

- 忽略垃圾新闻，关注有价值的项目。制订一个计划，做一些能改善你生活的事情。
- 只阅读内容积极的书籍和材料。坚持一年。
- 当你遇到困难或事情出现问题时，要学会寻找破局的机会。
- 收听有关积极态度的录音，参加研讨会及培训课程。
- 忽略那些告诉你“你不行”或试图给你泼冷水的人。
- 注意用词。是半满还是半空？是一半阴天还是一半阳光？避免说“为什么”“不能”以及“不会”。
- 关注你因何喜欢某事、某人、某份工作或家人，而非因何不喜欢。
- 乐于助人，不计回报及不加算计。如果你说：“我不，因为他不”，那么损失的是谁？如果你说：“当他只……，我为何还……”，那么损失的又是谁呢？
- 你的坏情绪会持续多久？如果超过5分钟，那么就有些问题了。
- 记住每天发生的幸运的事情。

如果你现在每天将浪费在读报上的一小时转化为积极的行动，或者为你自己、你的工作及你的家人学点什么，那么一年下来就相当于你多出了15个整天（每天24小时而非8小时）。哪个更能帮助你事业取得成功？每年花15天看报纸，还是每年花15天为未来而努力？选择权在你手里。

“当文斯·隆巴迪说‘成功不是全部，但是唯一重要的事情’时，他应该将‘成功’替换为‘态度’，这样就能更接近真理。”

——

杰弗里·吉特默

“When Vince Lombardi said, ‘Winning isn’t everything, it’s the only thing,’ he should have substituted the word *attitude* for *winning to* get closer to the truth.”

– Jeffrey Gitomer

你是否天生掌握销售技能？
不，你通过后天学习获得！

“那家伙是个天生的销售人员。”这些话你肯定听到过，很有可能你自己也说过。不过，这都是无稽之谈！这可以说是销售界最大的谎言。销售是一门科学，要通过后天学习技能。你说的所谓的天生销售人员，曾付出过艰苦的努力才具备必需的销售特质，而后又经过艰苦的学习和实践才掌握销售这门科学。

以下个人性格测试列出了伟大销售人员具备的21个特质。做一下这个测试，看你已具有几个特质？（重要提醒：“是”与“否”之间有一个灰色的中间地带，销售人员将其称为“努力之中”。在这种情况下，你最好选择“否”，直到你最终完全具备这一特质。）

是 否

❒ ❒ 我写下了我要实现的目标。

❒ ❒ 我具备良好的自律能力。

❒ ❒ 我很有干劲。

❒ ❒ 我有强烈的求知欲。

❒ ❒ 我想建立广泛的人际关系。

❒ ❒ 我自信。

❒ ❒ 我喜欢我自己。

❒ ❒ 我喜欢跟人交往。

❒ ❒ 我喜欢挑战。

❒ ❒ 我想成功。

❒ ❒ 我能以积极的态度接受拒绝。

❒ ❒ 我能妥善处理细节。

❒ ❒ 我很忠诚。

❒ ❒ 我有激情。

❒ ❒ 我观察能力强。

❒ ❒ 我善于倾听。

❒ ❒ 我感知力敏锐。

❒ ❒ 我是个有技巧的沟通者。

❒ ❒ 我工作努力。

❒ ❒ 我想在经济上有保障。

❒ ❒ 我有毅力。

如果你回答了 15 个以上实打实的“是”，那么你已基本具备销售人员的特质。如果你只回答了 10~14 个“是”，那么就很难说（如果你答“是”的问题是求知欲、激情、自信、感知力、干劲及毅力，那么可能你也具备销售人员的特质）。如果你回答的“是”不到 10 个，那么千万不要干销售，即便是为了世界和平、消除疾病或者推进探索太空项目。

小贴士：

以上陈述都没提到签下订单或克服拒绝。如果你具备上述特质，你可以轻而易举地学会及实践销售这门科学。你所要做的只是相信自己能成功，然后全力以赴以及坚持不懈。

你所要做的只是相信自己能成功，然后全力以赴以及坚持不懈。

这笔交易失败的原因在哪里？兄弟，就在你身上！

在长达25年（真的这么久了吗？）的销售培训生涯中，我从未遇到一个销售人员走过来对我说：“杰弗里，这笔单子没有做成，问题都在我身上。”

如果销售人员将交易失败归咎于其他的人、事或环境，而非自己能力不足，未能营造购买氛围，那么他们就犯了一个致命错误。这种错误有双重危害：一是你错怪了别人；二是你开口指责而非承担责任。这样一来，你就无法认识到自己亟须自我提升的培训。

我已经发现了有关销售的致命缺陷，它们才是销售人员无法达成交易的真正原因。这或许是一个痛苦的练习，但为何不试着边阅读边评估一下自己呢？为了使你获得最大的乐趣和收获，每个缺陷之后都应附带一个“完美的”改进建议或意见。

在下面列出的致命缺陷中，你曾遭遇过哪些呢？在阅读时，不妨在你希望改进的缺陷标号前用红笔标记一个“F”。

1. 如同木偶、傀儡或走卒。销售人员总是倾向于营造一团和气的气氛，而不会提出要求，即便是未能得到承诺也是如此。他们很少提出自己的想法或意见。改进建议：在寄送宣传册的同时，约定见面的时间；在为潜在客户提出建议时，尝试调整部分措辞以便突出自己产品的优势。

2. 宣讲先于询问。医生会告诉你他毕业于哪所医学院吗？不会。他会告诉你从业多少年了吗？不会。相反，他会询问病人：“哪里不舒服？”改进建议：问能激起对方兴趣的问题；问能触动对方的问题；问竞争对手不会提出的问题。

3. **口头约定将要提供的服务。**最致命的错误就是潜在客户认为你未能提供所承诺的服务。当潜在客户说“我想你好像说过……”，不论接下来的是什么，都将成为一个问题。改进建议：写下并复述，确认所有的承诺和条件。

4. **贬低竞争对手。**退一万步讲，他们是一群极其令人反感的无赖，你又能怎么样呢？在贬低他们的同时，你也在贬低自己。改进建议：在谈及竞争对手时，无一例外地使用“行业标准”或“我可敬的对手”。

5. **跟进确认潜在客户“是否收到宣传资料”或者询问潜在客户“有无任何疑问”。**这个销售人员自以为他看起来很专业或很乐于助人，但实际上他让人觉得无孔不入或看起来很愚蠢。改进建议：跟进的时候提一些有意义的问题或解决方案。

6. **直接询问“我要怎么做才能获得您的订单？”**这可谓销售过程中最糟糕的问题，并且总会无一例外地导致销售人员得不到真实的答案、客户趁机压低价格以及销售人员失去客户对他的尊重。改进建议：“我想花几分钟时间跟您分享一下为何虽然我的价格不是最低的，但是我的客户依然愿意购买我的产品。”

7. **假设潜在客户对你的产品一无所知。**潜在客户很有可能已经事先对你的公司、产品或两者有一些先入为主的看法，而你可能会需要在开始推销前先改变他们的看法。改进建议：设法诱导他们要求你进行产品演示或销售宣讲。改进建议：询问“截至目前，你对……的感觉如何？”或者“你会如何对我描述我的产品？”

8. **假设潜在客户还未做出决定。**你很有可能已是声名远播，或者很有可能你的潜在客户已决定购买他人的产品，抑或是你的潜在客户已经决定购买你的产品，而你的产品演示不过是再次让他“确认”自己已经做出的决定。改进建议：在你开始推销前，要尽快与潜在客户变成朋友。可以问几个问题，以便确认他在决策过程的哪个阶段。

9. **在电话跟进时，无法让潜在客户更有兴趣或提供更多有价值的信息。**把电话跟进简单地定义成“问候一下你的钱包”“您已经决定了吗？”或者“是的，朋友，虽然我们选择了你，但我们并不打算告诉你”。改进建议：充分利用建议或演示完成后的宝贵时间，营造购买氛围，赢得潜在客户，让他们记住你。要为客户提供一些有价值的信息，而非只想着如何从他们身上赚钱。

10. **试图用自己的话而非其他客户的现身说法打消潜在客户的疑虑。**潜在客户的疑虑翻译过来就是“虽然我尚未购买你的产品，但是我很感兴趣”。改进建议：用其他客户的现身说法来打消当前潜在客户的疑虑。虽然这是一个复杂的过程，但却是最有力（也是唯一有效）的方式。注意：如果你不得不使用自己的话，那么问一些有意义（但不刁钻或老套）的问题，而非一味地陈述事实。

从消极到积极

在商业领域，多数人都太过关注他们做不成什么而非他们能做成什么，这在一定程度上给他们造成了心理障碍。消极的人们会不断告诉自己：“我没办法让这家伙接电话”“没人愿意回复我的电话”“没人会雇用我”“我睡过头了”“我忘了”“我没记下来”

及“没人告诉我”等。在这之后，他们就会进入找借口模式，说“我没有足够的时间”，或者可怜巴巴地说“我已经尽力了”。

设想一下，如果有人在你面前抱怨类似的这些情况，你会做何反应？你会愿意听他的抱怨吗？或者你会尽一切可能避开这个人？答案显而易见。其实，这种情况有很好的解决方案，而答案就在于你能否保持积极的态度。（积极或消极，这是个问题。）如果你只看到消极的一面，那么结果很有可能就是消极的；而如果你有预期积极的结果，那么结果就将是积极的。

以下列出了 7.5 条办法，可以帮助你在工作中保持必要的专注、活力、干劲及意志力，以便促使你从“倒霉的总是我”转变为“哇！生活真美好！”

1. **不要再将你的困境归咎于客观原因。**失败的原因不在于雨、车、电话或你的产品，而在于你自己。你对自己做的每件事情都有选择权，应选择一个更具智慧的方式。不要埋怨前进的道路，换一条道路；不要埋怨当前的处境，改变你的处境。

2. **不要再将你的困境归咎于他人。**学会为你自己及你采取的行动承担责任。即使你总是埋怨别人，责任也不在他们身上。兄弟，别再这么干了。

3. **增进对客户或潜在客户的了解。**了解客户不仅能有效地避免问题出现，还有助于妥善处理问题。如果你不能让潜在客户接电话，那么错误在你身上——你不知道联系客户的最佳时间。要知道什么时候给客户打电话最好，知道客户何时做决定，对客户的每个承诺都需要再次确认。

4. **坚持不懈，直到获得确定答复。**潜在客户会尊重一个有毅力的销售人员。如果达成一笔交易需要跟客户见面 5~10 次，你能坚持这么久吗？即使你的回答是“不能”，那么至少你知道自己失败在哪里。

5. 知道你在哪儿，或者你应该在哪儿。妥善管理你的时间。跟客户而非朋友吃午饭，详细记录每个客户的特点。对你的潜在客户或客户要有足够的了解，这样跟进就会变得简单而有趣。你是否已经为第10次见面安排好时间？你是否对情况有所掌控以至于能最终签下这笔订单？

6. 每天坚持提高你的技能。阅读材料、听课程、参加研讨会等。你永远有读不完的书，听不完的课程。我希望你能每天坚持学习一小时。每天一小时，每周6天，这样坚持一年就相当于你多工作了9周（每周7天）。当你下一次漫无目的地打开电视机时，不妨想想你做些什么才能提高你的专注度和知识库容量。

7. 以解决问题为目的。与其发牢骚或者对你的处境自怨自艾，为什么不把时间花费在解决问题上呢？以解决问题为目的对于一个人的成功帮助最大。每个困难都是机遇，只要你积极地去寻找。如果你把注意力都放在困难上，那么你就会与机遇擦肩而过。

7.5. 三思而后行，谨言慎行。人们往往在说话前不加思考，而说完后又后悔。每次在你与别人交往前，不妨先快速地在头脑里想一想等会儿要说什么。对方会怎样理解你的话？你要说点儿什么才能给对方留下一个更好的印象呢？交往的目的就是获得积极的回应或结果。事情做起来看着很简单，但这需要极强的自律能力。不妨试着做几次——效果会让你大吃一惊。

态度带来的机遇：别人给了你一袋水泥和一桶水。你既可以用它们铸造一块绊脚石（水泥护栏），也可以用它们铸造一块垫脚石（一道可以通往你想去的任何地方的桥梁）。

选择权在（一直在）你手中，你是否仍因为太过关注困难而与机遇失之交臂呢？

坦白讲，客户希望得到怎样的对待？

要想成为世界上最出色的销售人员（我希望你认为你是），你必须意识到倾听是销售的第一条戒律。就这样，我开始给我的客户打电话，询问他们希望销售人员做什么、怎么做以及说什么（或者不说什么）。我认真倾听他们的回答，并记录了下来。

除非你只是接单员，否则你对待潜在客户的方式将决定你最终是否能够签下这笔订单。其实，交易总是能达成，区别就在于，是你把“同意购买”卖给了潜在客户，还是潜在客户把“拒绝购买”卖给了你。

以下列出了客户对销售人员的期待——他们亲口所述。简而言之，这就是客户在说：“我希望这样被推销。”每次演示自己的产品或服务时，你能做到以下所列的几点呢？这些客户要求将有助于你提高签单成功率。如果你能将它们融会贯通，那么你就更有能力与客户建立私人关系而最终签下订单。

客户亲口所述对你的期待：

- **不要拐弯抹角。**我可不想听你滔滔不绝地夸夸其谈。等你对我有所了解后，最好有话直说。
- **不要骗我。**不要使用“坦白讲”这个词，它会让我紧张。如果我对你说的话心存怀疑或者我知道不是真的，那么你就会出局。
- **我想遇到一个有操守的销售人员。**律师的操守通常不会受到质疑，但是由于少数害群之马，销售人员的境况则恰恰相反。你的操守需要靠行动而非言语来证明。(把操守挂在嘴边的销售人员往往最没有操守。)

· **给我一个理由，告诉我为什么你的产品或服务最适合我。**如果我需要你推销的产品或服务，那么我需要知道购买它能给我带来哪些好处。

· **给我一些证据。**如果你能证明你说的话，那么我更有可能会购买。给我看一些纸质材料，增强我的购买信心或者让我更加确认自己的决定。(客户经常说："多数销售人员我都不相信。他们会说谎，就像我们一样。")

· **告诉我，我不是个案；告诉我，有人与我的处境类似，而他最后成功了。**我不想是第一个或者唯一的一个，我需要知道你的产品对别人有效果，或者你还有别的客户。如果我知道有人跟我的处境类似(或者他的情况跟我类似)，而他买了你的产品后很喜欢或者感觉很有效，那么我就会对你的产品更有信心。

· **我想看看忠实客户的来信。**一个客户现身说法远比 100 场产品演示更有效。

· **告诉我并且证明给我看，我买了你的产品后能享受售后服务。**过去有太多人承诺为我提供售后服务，但他们最后都没有兑现。

· **告诉我并且证明给我看，你的价格公道。**我想要确认你的产品定价公道，我没有多花钱。最好你能让我觉得很划算。

· **告诉我最合适的付款方式。**如果我钱不够，但是依然想购买你的产品，那么告诉我其他付款方式。

· **让我有选择权和决定权，不过你的推荐需要有明显的倾向性。** 坦白地（嗨，如果我不能用这个词，你也不能）告诉我如果是你的话，你会花钱买哪个。
· **确认我的选择。** 我可能会担心自己做出了错误的选择，因此你需要帮助我坚定我的选择。告诉我产品能给我带来哪些好处，让我能对自己的选择更有信心。
· **不要跟我争论。** 即使我错了，我也不需要一个貌似聪明的销售人员指出来（甚至证明给我看）。也许他能赢得争论，但他会失去这笔订单。
· **不要让我困惑。** 你说得越复杂，我就越不可能购买。
· **不要告诉我负面的信息。** 我想要一切都很好。不要说别人（特别是竞争对手）的坏话，也不要抱怨你的公司、你自己甚至是我。
· **不要用高人一等的口气对我说话。** 销售人员常常认为他们自己无所不知，而认为我是个笨蛋。不要觉得我想听什么，你就说什么。我这么笨，我想我会从别人那里购买。
· **不要说我买错了或做错了什么。** 如果我做了什么，我希望自己是做对了，并对此感觉良好。如果我真的做错了，那么机灵点，告诉我别人也做错了。
· **当我说话时，你要认真听。** 我是在告诉你我想买什么，而你却忙于把你所有的产品都推销给我。请闭嘴，听我说。
· **让我觉得我是特别的。** 如果我打算花钱，那么我想花得舒服，而这则完全取决于你的言行。
· **让我开怀大笑。** 如果我觉得很开心，那么我更容易购买。我能笑代表我认同你，而你需要我的认同才能与我达成交易。

- **对我做的事情感兴趣。**我做的事情可能对你并不重要，但却是我的一切。
- **当你对我说话时，保持真诚。**如果你只是想骗我的钱，我能感觉得到。
- **如果我不想购买，不要使用老掉牙的销售策略对我狂轰滥炸，强迫我购买。**不要上来就是销售人员的套话。你要听起来像个朋友，或者像个试图帮助我的人。
- **实现你推销时许下的所有承诺。**如果我选择购买你的产品，而你却让我失望了，那么很有可能我不会再买你的产品。
- **不要向我推销，而是要帮助我购买。**我讨厌被推销，但是喜欢主动购买。

以上是客户亲口所述的25个期待。花10分钟回顾一下你的销售演示及销售理念里包含了几个。

客户掌握着终结你销售策略的终极工具——他们只需拒绝购买；客户也掌握着成全你销售策略的终极工具——他们只需签单购买。

设想一下，你的客户和潜在客户都非常想要购买你的产品。他们会不知道你忙吗？那么他们为什么还不回复你的来电呢？

坦白讲，销售人员希望被怎样对待？

销售人员也有感情。如果你是客户、企业主或首席执行官，那么我问你：你如何对待销售人员？你想知道销售人员希望被怎样对待吗？

我曾经同数千名销售人员谈过话，他们都提到了希望客户或潜在客户做什么（或者不做什么）。如果你是公司的决策者，你能坦白地（又是这个词）告诉我在与销售人员的相处中，你能做到以下几点吗？

重要提醒：

本节并非关于销售人员倾诉他们受到了怎样不公正的待遇，而是告诉你销售人员为了与客户建立关系需要哪些必要条件。

不知你是否曾自问过："如果我是销售人员，那么我想要什么？"答案就在下面。

- **请回复我的电话。**这是销售人员抱怨最多的一点，特别是在你收到了语音留言之后。你难道就不能抽出两分钟回一下我的电话吗？难道你不想别人回复你的电话吗？
- **如果你在家，那么请接我的电话。**如果你把我的电话过滤了，那么请不要把我这个人也过滤。前几天我曾给夏洛特地区最大的邮递公司联合邮政的老板迪克·基特尔（Dick Kittle）打电话。我在电话里问道："迪克在家吗？"就在下一秒，一个声音答道："我就是迪克·基特尔。"我说："迪克，难道你不过滤电话吗？"他回答："我不想错失任何机会。"我敢说他基本上抓住了所有的机会。
- **不要让你的秘书告诉我："约翰逊先生不见没有预约的**

人。”秘书至少应该具备最基本的礼貌，告诉约翰逊先生我来了，让他做最后的选择。白痴。

- **告诉我实情。**与其对我虚与委蛇或者对我说谎，我宁愿你告诉我实情。你要敢于保持真诚，你也想让我这么做，不是吗？
- **如果你不是决策者（或者不是唯一的决策者），那么告诉我谁是（或者还有谁是）。**不要浪费彼此的时间。我喜欢你，但是我想跟（所有的）决策者谈话。
- **当我做产品演示时，请告诉我你的感受。**如果我做对了或做错了什么，那么请告诉我，这样我就能更好地为你服务。
- **当我做产品演示时，请给我百分之百的关注。**不要打电话，不要看邮件，也不要有人跑来跑去。谢谢。
- **告诉我你拒绝的真实原因。**如果你这么做，那么这对我们两人都有益。你拒绝的真实原因将缩短销售过程，提高我们两人的工作效率。你不会伤害我的感情，我真的很想知道实情。
- **请言出必行。**示例：如果你告诉我你将在星期三做出决定，那么请在当天接我的电话，并且告诉我你的决定。示例：你告诉我星期五给你打电话约定会面，所以我星期五打了电话，但是你的秘书却说：“哦，他出城了，得下星期二才能回来。”基本的礼貌、说到做到，这个要求并不高，不是吗？
- **不要告诉我你想再考虑一下。**我讨厌这一点。请告诉我你拒绝的真实原因是什么，或者你的真实感受是什么。承认吧，其实你已经做出了决定。

· **不要告诉我这不在预算之中或者你今年的预算已经花完了。** 告诉我你觉得我的产品或服务怎么样；告诉我你是要现在、明年购买或者永远不会购买我的产品。

· **如果你没有钱但是想现在买，那么请直接告诉我，以便我为你安排合适的支付方式。** 不要让你的自尊或自负成为销售的绊脚石。销售人员经常（事实上，大多时候都是这样）会碰到没有钱的人，但是他们仍然愿意帮忙。

· **不要耍花招。** 不要说："我在别处可以少花500美元买到，你能便宜点吗？"或者"我打算到处转转，看看你的产品是不是最划算。我会打电话再找你。"请直接一点。如果你想建立长期的合作关系（就如同我一样），那么请坦白一点。

· **请尊重我。** 基本的礼貌（大订单除外）往往最能加深我们的合作关系。

· **如果你需要跟别人见面后才能做出最终决定，请让我出席会面。** 我可以解答会面中必然会出现的有关我的产品或服务的问题。

· **请准时赴约。** 我不愿意等人。你跟我约在10点，然后你10点30分才来，这不公平。你说："不好意思，我有点事情。"我会说："没关系。"但是，这并不是我真正的想法。如果你希望我守时，那么请你也做到这一点。

· **不要爽约。** 有时候你会说："只是个销售人员，见不见有什么不同？"不同在于你是否有基本的礼貌。让我知道你是个可以信赖的人，就如同你对我的要求一样。

· **现在就决定。** 如果你已经做出了决定，为什么不现在就告诉我？

· **当我要求签单的时候，你就签吧！**尽管这只是一个梦想，但是我还是忍不住把它列在这里——毕竟这是销售人员最想要的。

嘿，首席执行官们，如果你们没有时间、不愿或者足够无礼到不回复销售人员的电话，那么我想问你们：你们公司有销售人员吗？你是否也希望你的销售人员的遭遇跟你对其他销售人员一样呢？下次你再不回复销售人员电话时，请思考一下这个问题。

销售过程将会出人意料地简单，前提是客户能够遵守一条法则——黄金法则。

如果把这条法则送给首席执行官或者决策者们，肯定能对销售过程产生巨大影响。黄金法则首次亮相：

致首席执行官的销售黄金法则：
你想让客户或决策者怎样对待你的销售人员，那么就按照同样的方式对待其他销售人员吧。

狡猾的热键，你怎样找到它？

所有的销售培训都包括这样一句话：如果你想签下订单，那么一定要按下热键。好极了，那么热键在哪里？只需抬眼一看，只需开口一问，只需侧耳一听。

你需要做的只是保持警惕。

只有在你找到热键后，按下它才能有效果。以下列出了在谈话中发现个人或企业热键的几种方式（重要提醒：个人热键比企业热键更有效）：

- **询问关于状态或情况的问题。**他去哪里度假、他的孩子上的哪所大学、他的公司现在经营得怎么样，以及他的公司发展史。
- **询问令他感到自豪的问题。**事业上最大的成功是什么以及今年最大的目标是什么。
- **询问关于个人兴趣的问题。**他闲暇时都做什么、他喜欢什么运动以及他有什么爱好。
- **询问如果他不需要工作将会做什么。**他的真正梦想及抱负是什么。
- **询问他的目标。**他的公司今年的首要目标是什么？如何实现这一目标？实现这一目标的最大障碍是什么？
- **仔细观察他的办公室。**重点注意那些与众不同、分开摆放或看起来更大、更显眼的物品。寻找照片和奖杯，并询问个中缘由。

询问和观察是最容易的部分，倾听是最难也是最重要的部分。热键就在谈话中。

1. **注意他谈到或提到的第一件事。**在回答问题时，他最先说出的通常都是他最关切的。对你而言也是如此：你想得最多的事情通常也会最先说出来。这可能不是最终的热键，但是有助于你找到它。

2. **注意他做出第一反应的语气。**语气将反映紧迫性及重要性，他的手势及音量则能反映他的激情。

3. **注意不假思索的反应。**毫无疑问，条件反射下的回应是最能说明问题的回应。

4. **注意冗长的解释或故事。**有细节描述的讲述通常最令人关注。

5. **注意反复出现的陈述。**反复提到的事情通常更重要。

5.5. **注意情绪化的反应。**注意带有激情或不同语气的陈述。

好的，你觉得自己找到热键了，那么现在就按下吧。

以下是 4.5 个按下热键的方式：

1. **询问关于重要性或意义的问题。**这些问题有助于你加深对情况的了解。那件事情对你有何意义？它将如何影响你？

2. **询问有关你认定的热点话题的问题。**如果你边说边记笔记，那么你就能发现有几个热点话题。

3. **巧妙而委婉地提问。**将你的推销巧妙地隐藏在谈话中，观察客户的反应。如果你认为确定了一个热点问题（热键），那就提出合适的解决方案。

4. **在产品演示过程中，不要担心反复提到热键。**反复确认热键，注意潜在客户反应中的侧重点。

4.5. **使用"如果我（提出解决方案），那么你愿意（承诺或购买吗）？"**及其他类似表述。试一试"有一个办法……"此类提问或陈述，就能获知客户的真实反应，因为其中包含一个有可能击中热键的解决方案。

特别提醒：

· **热键有时是关于一件很敏感的事情。**热键可能会涉及一些潜在客户不愿谈及的问题。你要做的就是发现这个热键，并且利用它达成交易。你需要对情况做出最明智的判断。如果你感觉事情有点儿敏感，那么可以不用谈得很深入。

- **热键很狡猾，但是你还是可以通过一个问题，或通过注意观察找到它。**如果你注意倾听潜在客户的话，那么你也可以得到热键这个丰厚的回报。
- **热键是带你从产品演示走向订单的桥梁。**热键是直达电梯，将把你直接送到顶层（签单），前提是你必须按对了。

热键是带你从产品演示走向订单的桥梁，而你所要做的只是找到它。如何找到它？参考《演绎法，我亲爱的华生》。夏洛克·福尔摩斯在1888年曾说："在不掌握数据前就进行推演，是要冒着掉脑袋的风险的。"如果你想要找到热键，那你必须学会做一名侦探。

倾听是最困难也是最重要的部分。

“倾听是最困难也是最重要的部分，因为热键就在潜在客户的回答之中。”

——

杰弗里 · 吉特默

“Listening is the hardpart. Listening is the important part. The hot button is in the prospect’s response.”

– Jeffrey Gitomer

1.4

大秘密记

好吧，我们都知道我不能保守秘密。

我早就知道，其实你也不能保守秘密，大嘴巴。

这里深藏的秘密很少有人知道。这是一张指引你抵达黄金帝国的藏宝图。

其实，说它是藏宝图也不准确。不过，如果你掌握了这些秘密，你完全可以有能力买下一个黄金帝国。

友谊比销售技巧更有助于达成交易

你的母亲说得最好。孩提时代，当你与兄弟姐妹或者朋友吵架时，母亲会说："比利，你应该懂事了。你应该同约翰尼交朋友。"

母亲从来没告诉你要对约翰尼使用各种或软或硬的销售策略，也没有告诉你要对约翰尼讲这样或那样的大道理。她只是告诉你要同约翰尼交朋友。

而这可能是你学到的关于销售和客服的最有效的一课。

正如一句古老的销售箴言："如果全部条件一样，那么人们喜欢同自己的朋友做生意。如果有些条件不一样，人们仍然喜欢同自己的朋友做生意。"据估算，有 50% 的订单都是因为朋友关系而签下的。在我看来，这个数字应该更高一些。

在美国南部，我们经常提到"老朋友人际关系网"。而在美国北部，他们常说的是"你认识谁"。其实，归根结底能签单的就是朋友关系。

如果你认为你有最好的产品、最好的客服以及最低的价格，那么你就能签下订单——做梦吧，兄弟，你错了至少一半。如果 50% 的订单都是因为朋友关系而签下的，而你又没能与潜在客户（或者客户）成为朋友，那么你就失去了 50% 的市场。

朋友之间做生意不需要销售技巧。仔细思考一下，当你想约朋友出去或者需要朋友帮忙时，你并不需要销售技巧，你需要的只是开口问一下。想签下更多订单吗？**你需要的不是更多销售技巧，你需要的是更多朋友。**

回想一下你最好的客户们。他们是怎么成为最好客户的呢？

难道你没有跟他们建立极好的关系吗？如果你能与最好的客户成为朋友，那么你就能省去反复确认价格、议价以及确认送货时间的麻烦。甚至，即使你偶尔搞砸一次，你也不会失去他们。

与客户成为朋友还有一个额外的巨大好处——基本上没有竞争对手能对你构成威胁了。如果你与客户是朋友，那么即便是最强劲的竞争对手也无法把你从客户身边抢走。

大部分销售人员都认为除非他们有东西要卖给客户，否则他们的电话就白打了。这完全是无稽之谈。**没人喜欢被推销，大家都喜欢主动购买。**

你应该如何开始发展友谊或私人关系呢？慢慢推进。发展私人关系及建立友谊都需要时间。如果你读到这里的时候在想“我没有时间搞这些人际关系，我在忙着推销呢”，那么请选择另外的职业——销售的工作你干不长。

友谊或私人关系开始于办公室以外的场所。以下列出了一些适合会见客户的场所。

· 球场。
· 剧院。
· 音乐会。
· 画廊。
· 商会的非正式聚会。
· 社区互助活动。
· 早餐、午餐及晚餐。
· 你公司举办的研讨会。
· 如果你的客户有孩子，那么搞几张巨幕影院的票，周末去一次。谈到巩固私人关系，巨幕影院是个很有意思的场所，而且并不只适合孩子们。

小心犯下大错误：如果你有门票，那么不要只把门票给客户，而是跟他们一起去。跟能给你的公司带来财富的人们一起度过有意义的几个小时，有助于你加深对客户的了解，同时也能极大促进你与客户的关系。

加入一个行业组织，并积极投身其中。我是MBC的一员。MBC是一个历时27年的企业主集团和经理组织，它的主要目标是帮助成员获得业务及鼓励成员之间互相做生意。MBC的成员不仅彼此提供业务，同时也建立了深厚的友谊及私人关系。关于这一点，你可以问任何一位成员。

善意提醒：这并不意味着你不需要成为一名销售大师，你仍然需要掌握必要的销售策略以便抓住另一半的市场。因此，你依然需要坚持阅读销售书籍以及在车里播放销售音频。

从北部（新泽西的樱桃山）搬到南部（北卡罗来纳的夏洛特）以后，我明白了在事业上有朋友的重要价值。在南部，发展事业上的朋友相对而言要容易一些，而且这些朋友也更忠实。

我经常听到有人抱怨他们无法打入“老朋友人际关系网”，或者即使加入也无法如鱼得水。这都是胡说八道，而且是我听过的最差劲的谎话。有些销售人员一直在说他不能给大家带来有价值的信息，也因此没能跟大家建立私人关系或者交到朋友。事实上，有人做到了。

使用销售策略，你只能赢得佣金；而经营人际关系与友谊，你却可以赢得财富。

如果你签下一笔订单，那么你赢得了一笔佣金。

如果你交下一个朋友，你则可以赢得巨额财富。

你最好的潜在客户就是你现在的客户

想找新的潜在客户？谁不想！你可能有兴趣知道，有数百个非常有前途的潜在客户都被你忽视了。他们就是你的现有客户。

你在以下 10.5 个方面有优势：

1. 他们认识你。
2. 他们喜欢你。
3. 你们建立了私人关系。
4. 你们彼此信任。
5. 你有良好的发货历史。
6. 他们尊重你。
7. 他们使用（和喜欢）你的产品或服务。
8. 他们会回复你的电话。
9. 他们更容易接受你的产品演示或产品。
10. 他们信用良好，而且都按时支付了此前的订单。

10.5. 你不用向他们推销，他们会主动购买。

思考一下：你是个农民。你决定要从邻居家而非你自己家的母牛身上挤奶。你走过你的牛棚，看见母牛的奶都是满满的，甚至它们的牛乳都涨得不得了，但是你却视而不见，而是直接奔向邻居家去挤牛奶。

提示：销售也是如此。当你的现有客户已经准备好购买你的产品时，你为何还要大费周章出去找新的客户推销呢？你现在的客户都在等着你。他们已经有了你想要的一切，而且签单成功率与拜访陌生客户的比例是 1 000 ∶ 1。

以下列出了一些解决方案，可以让你的现有客户现在就从你这里购买更多产品：

卖给他们新产品。人们喜欢购买新东西。你的热情将定下基调，让人们兴奋地认识到你的新（更好的）产品能够提供更好的服务或帮助他们增加产量。提前造势，约定会面，而后设法诱导他们购买。

卖给他们升级版或加强版产品。更大、更好及更快。自电脑软件问世以来，加强版及升级版产品就为该行业带来了滚滚利润。追加销售创造了巨额的财富，你只需问一问快餐行业。（一个问题“你要搭配薯条吗？”每年就卖出了数十亿美元的薯条。）

在不同的场合卖给他们同样的产品。你客户的企业是否有新的地方需要你的产品：不同的部门、业务增加或企业扩张、损耗与更新换代等。你可能需要费些力气找一找，但是在老客户的企业里，你面临的阻力较之新的潜在客户要小得多。

卖给他们附加产品和服务。你的公司可能销售多种产品或提供不同类型的服务，而很少有客户会购买你的全部产品或服务。有些客户有时会说：“哦，我都不知道你们也卖这个。”当你听到客户这么说时，不要责怪销售人员，要责怪他们的培训老师。

设法与客户约好午餐会面。如果你能让客户离开他们的办公环境，那么通常你能发现更多的购买机会。让他们给你推荐业务，同时你也帮他们推荐。发展与客户的个人关系，你将因此签下更多订单。

设法让他们每月为你推荐一单生意。如果你的客户觉得你的产品或服务很好，而你也赢得了客户足够的信任，那么你的客户将把你推荐给他的朋友或生意伙伴。

每月为他们推荐一单生意。帮助你的客户获得业务能让他们对你另眼相看。如果你能介绍生意给他们，那么他们也会设法给你介绍新的订单。

小贴士：

不管你是否能够签下订单，与客户多联系都有助于你改善与客户的私人关系和提高企业信誉。

如果你不愿拜访你的老客户，或者找出一些蹩脚的借口“我已经把能卖给他们的都卖给他们了”，那么这说明：

1. 你与客户未建立足够的信任。

2. 你售后未做跟进或者跟进做得不好。

3. 你的客户有一些问题，而你不愿意打开这个潘多拉的盒子。

4. 你需要接受更多的销售和创新培训。

4.5. 你未与客户建立正常的关系。

大部分销售人员都认为除非他们有东西要卖给客户，否则他们的电话就白打了，这是大错特错。

有些销售人员签下一笔订单就去寻找新的潜在客户，他们让我赞叹。

不过，我敢保证如果你仔细（和诚实地）审视你的客户名单，你会发现里面藏有数百个销售商机。

与拥有 1 000 个潜在客户相比，我更想与 100 个忠实客户做生意。

星期一达成交易
一周都会发生奇迹

我经常被问到保持销售业绩稳定有没有什么秘诀，答案很简单：经营好星期一和星期五。

你每周第一天的工作情况将为整周定下基调，而你星期一的工作情况则又全部基于你上周的工作结果。如果你可以自觉遵循下列方法，那么你每周的工作效率将会发生令人难以置信的变化。

以下 8.5 个方法有助于你保持销售业绩稳定。

1. **星期一上午的第一要务就是要签下一笔订单。**为星期一上午安排一个约访，你要确认这个约访能让你成功签单。如果你星期一就能签下一笔订单，那么你整周都会感觉良好，同时这也会让你蠢蠢欲动、精神焕发以及更加努力地工作（以便签下另一笔订单）。

小贴士：

考虑到许多公司星期一上午都要开销售会议，因此你的约会需要尽可能提高效率。销售会议结束后立刻就打电话。如果时间允许的话，星期一早上就打电话。很多决策者都习惯早起。

2. **养成学习习惯。**与其收听老新闻或老歌，不如在家里或开车时听听培训或励志故事。试着学习有助于你星期一签单的新知识。如果你在赴约路上学到了新的解决方案，那么不妨几分钟后就把它付诸实践。

3. 为接下来的几天安排至少 5 次会面。为什么不让你的星期一充满成功和积极的预期呢？选择权在你手里。拿起电话，朝着这个目标努力。

4. 整周都要拼命工作——特别是星期五。你每周最后一天的工作结果将为下一周定下基调。多数人星期五都会懈怠，如果你星期五努力工作，那么这将确保你下周会成功，同时你周末也有理由愉快地度过。

5. 坚持学习。按照规律的计划，坚持每周学习销售课程，这对你的成功而言同样重要。然而，务必确保星期五上午注意倾听。

6. 星期五下午签下一笔订单。星期五下午安排一次签单。以积极的结果来结束每周的工作是至关重要的。

7. 星期五需确认及巩固星期一的会面。如果你之前的 4 天都在努力工作，那么你肯定已经为下星期一订下了一个十拿九稳签单的会面。星期五再次致电潜在客户，确认星期一的会面。

8. 为下周安排至少 5 次会面。为何不确保你下周有个充实的安排呢？这样你在周末就可以充分放松，而不用担心会面太少。对自己承诺：除非我已为星期一订立了十拿九稳的签单会面，并且也为下周安排了 5 次会面，否则星期五我不会下班。

8.5. 拥有成功一周的秘密在于把星期一当作跳板。大秘密则是星期一上午通过拜访客户启动一周的精彩，更大的秘密就是要储备足够多的优质潜在客户，以便使星期一签单成为可能。最大的秘密：掌握尽可能多的优质潜在客户。

这听起来不难。

约定会面、收听培训课程、签单。这不难，但也不容易。然而，如果你足够努力，你就能做到。

我能向你承诺一件事。遵循上述指导原则，你就能保持销售业绩稳定，同时也能财源滚滚。现在我已经把秘密告诉了你，那么眼前的问题就是：你将如何使用这个秘密？

你的个人使命宣言

个人使命宣言将融合你的主张、人生哲学以及目标。这是一个聚焦你的目标的机会，同时也可以将你的理想与现实世界连接起来。

这是一个你自己创作自己遗产的机会，同时也是对你个人的挑战。这听起来也许有些沉重，但实际操作起来却充满乐趣。

以下是一些基本原则：

· 定义你自己。

· 定义你全力以赴的事业。

· 定义你为他人提供的服务。

· 确定你如何努力变得更好、尝试新鲜事物以及不断成长。

· 定义你对自己的承诺。

· 定义你对他人的承诺。

· 确定你将如何完成你的使命。

你的个人使命宣言可能会用到以下词语：恒心、尽心尽力、坚持、诚实、操守、积极、激情、乐趣、健康、学习新知、倾听、乐于助人、给予、鼓励、他人、不间断、榜样。

使用你的目标和愿景定义你的使命：

· 你想树立的榜样。

· 你生活所遵循或想要遵循的理想。
· 为了变得更好，你每天勇于激励自己的格言。

个人使命宣言成形需要时间。先写一个草稿，然后搁置几天。再次阅读并做修改，以便宣言能更好地表达你的真实感想。描述心目中的自己、理想中的自己以及你想达成的目标。

不要因为赞美自己而感到困窘，因为你的个人使命宣言是写给自己而非他人看。肯定自己现在的状态以及未来的奋斗目标，不妨带些洋洋自得及探险精神。

将个人使命宣言贴在每天都可以看见的地方，并用黑色粗头签字笔签下自己的名字。
每天都要以宣言为准则。

文末附上了我的个人使命宣言，供大家作为模板参考。不用顾忌，可随意改写。我跟大家分享我的个人使命宣言是因为它曾在困难时期帮我实现了一些艰巨的目标。

我强烈建议你自己写你的个人使命宣言。当你的个人使命宣言逐渐成形时，你的性格也得到了锻炼；在生活被迷雾笼罩时，你的个人使命宣言就是照亮前进方向的灯塔。它是你选择的人生之路，而你每天都在逐步完善它。

你的个人使命宣言就是照亮前进方向的灯塔。

杰弗里·吉特默
个人使命宣言

我是一个父亲……

我将成为一个积极的人，树立一个积极的榜样。

我将鼓励我的孩子、给予他们自信以及帮助他们了解这个世界。

我将成为一个好人……

在我的能力范围内，我将努力帮助他人，但是不会牺牲自己的目标。

当我可以做到，我会回答“行”；而当我做不到，我会回答“不行”。

我将成为友人希望拥有的朋友。

当我有需要时，我不会因为向他人寻求帮助而感到羞愧或困窘。

我想努力成为业内领袖……

在我有关销售、客服以及个人发展的著作中，我将继续以身示范、身先士卒。

我将具备专业的技术和经验，以便向企业及个人提供高质量的计划、报告、培训、建议、专长以及客户支持。

我将努力与客户及供应商发展高质量的长期关系，并与我遇到的企业和个人进行公平和坦诚的交易。

我将帮助我的客户找到最佳的解决方案，帮助他们解决销售、客服以及个人发展需求等方面的问题。我将用心倾听我的客户，为他们提供有价值的信息及最高水平的卓越服务。

我将用心服务社区，兑现我对同事、客户以及朋友的承诺，同时对他们以及社区曾经给予我的帮助表示感谢。

当我独处时，我将努力做到最好，以便他人有需要时我可以尽全力予以帮助。我将对从事的一切工作充满热情。我将尽全力保持身体健康，争取每天都能学到新东西，同时每天也会过得很愉快。我会积极地度过每一天。

1.5

幽默记

幽默……

如果你真的想在销售事业上取得成功，那么你是时候搞点儿幽默了。

来吧，让我开怀大笑。

幽默能融化坚冰，

温暖最冰冷的心灵，

签下订单。

他们将一路开怀大笑，

直到心甘情愿地把钱存到银行，

你的银行。

签订单过程中的趣事

当你上门推销而被潜在客户拒绝时，你可以对他们表示感谢，告诉他们这种拒绝让你离签单更近了一步。你可以告诉他们你非常感激他们，通常 5 次拒绝才能换来一个订单，你还差 3 次拒绝。你可以询问他们是否还认识别人，以便你收集到换取签单所必需的 3 次拒绝。你告诉他们你需要别人拒绝你，这样可以让你更快地签下订单。潜在客户会因为你的这番话开怀大笑。在你的销售过程中，你究竟使用了多少幽默细胞呢？足够多到签下订单了吗？

幽默是销售过程中需要掌握的最为重要的沟通工具。如果你能让潜在客户或客户开怀大笑，那么你就能让他们购买你的产品。

幽默是建立私人关系的最快方法。幽默可以通过超越（及揭示）一切偏见和刻板印象而拉近人们之间的距离。它将销售过程还原到一个真实的层面，有助于了解各方的真正关切。我发现幽默可以揭露许多真相。如果你认真倾听一个潜在客户的笑话，那么你就会发现它通常能反映客户的哲学、偏见及智慧（或者缺乏智慧）。

以下列出的指导原则可以引导你运用幽默技巧签下更多订单。

· **运用幽默为产品演示暖场，由此为会面定下快乐的基调。**你越早能让潜在客户开怀大笑，结果可能就会越好。笑声是另一种形式的认可。

· **笑话要避免取笑他人。**如果潜在客户碰巧认识这个被取笑的人（你永远不知道谁认识谁）或者与这个人有亲戚关系，那么你就死定了。而如果这个笑话由此传开，肯定会被反复添油加醋，并最终让你付出代价。

- **笑话不妨取笑自己或以自己举例。**这说明你是个普通人且心胸宽广，而且这也是最安全的幽默形式。
- **总会有人听不懂你的笑话。**笑话讲完却没人笑，这是很恐怖的结果。在你真正要讲一个笑话前，不妨先找人预先演练一遍，以便确定你的笑话是否可以逗笑别人。然而，不管你的笑话事先演练过多少遍，有些人的神经就是会缺根弦，永远听不懂你的笑话。
- **除非是你的种族，否则不要讲有种族偏见的笑话。**这并不是一条指导性原则，而是一条必须遵守的法则。我的一位朋友对此持不同意见，他认为讲种族笑话是在暗示同意他人也可以讲类似的笑话。对于这一点，我的感情很复杂。我还是更愿意遵循幽默的真实性原则，让潜在客户自己决定是否讲种族笑话。不过，对于我朋友的意见，我表示尊重。
- **讲笑话前先要注意倾听对方讲话。**不妨先了解一下对方是怎样的人以及有着怎样的性格。恰当的幽默确实能让你销路畅通，但不妥的幽默同样也能让你一招毙命。
- **笑话不妨改编自个人亲身经历，避免讲老掉牙的笑话。**不妨讲一些发生在你的办公室、你孩子身上或者在你还是个孩子时的笑话，而不要总是讲："从前有两个人，正在路上走……"
- **如果你的潜在客户或客户曾经听过你讲的笑话，那么你的笑话可能会起到反作用。**这就是为什么你的笑话最好以个人亲身经历为题材，因为这样才能尽可能保证你的客户或潜在客户是第一次听到你讲的笑话。

- **时机，时机，时机。**适时插入的笑话能有效地赢得潜在客户或围观群众的支持。不过，这里要事先提醒一下：永远不要给第一次见面的人讲政治或宗教笑话。如果时机不合适，也不要着急讲笑话。
- **建立笑话档案。**随手记下有趣的事情或经历，以便在销售或演讲的时候你能想起它们。
- **幽默有些固定的形式。**男女双方喜欢拿对方开玩笑，宗教组织也倾向于拿其他宗教开玩笑，而同一个笑话讲给相邻的两个州，其“笑”果可能正相反。在北卡罗来纳州，笑话多是关于西弗吉尼亚的农民的；而在印第安纳州，笑话多都是关于肯塔基的农民的。当然，如果你是纽约人，那么世界其他地方的所有人都是农民。
- **讲黄色笑话需要冒很大的风险。**如果给错误的对象讲了黄色笑话，那么你将面临很大的麻烦。在开口讲笑话前，提前了解你的听众的底线。
- **利用幽默将问题转变为机会。**在你做完30秒的电话推销后，询问潜在客户是否愿意见面详谈。你的潜在客户问道：“这得花我多少钱？”你回答道：“哦，电话推销我不收取费用。”
- **不要害怕首次推销，不妨一笑而过。**许多销售人员都不喜欢或者恐惧首次推销。一个销售人员曾告诉我，他最大的恐惧就是首次拜访某公司时被该公司拒之门外。我给他的应对建议是：那你首次拜访的公司只能选只有一层的公司。
- **将现实世界的幽默应用到现实世界的销售情境中。**我在给一屋子的烟民做产品演示。我讨厌吸烟，所以我给他们讲了一个我和我的烟民朋友贝姬·布朗的故事。我们俩边开车边聊天，贝姬·布朗抱怨戒烟很难，她一直在努力戒烟，但是一直没成功。我问道："你试过口香糖吗？你知道的，就是尼古丁口香糖。"她答道："我试过了，但是怎么都点不着。"我最终签下了订单。如果你能让潜在客户开怀大笑，你肯定能让他们购买你的产品。

"屋顶有点儿漏水，壁炉也坏了，下水管道也需要修一下，但是房子位于全宇宙最伟大的星球上。"

QUESTION OPPORTUNITIE

利用幽默将麻烦转变为机会。

第二章

做好万全准备，让潜在客户惊艳

2.1

惊艳记

你只是另一个带着名片的销售人员吗?

你的推销演讲冲劲十足吗?

他们会在你出门后就把你忘了吗?

他们还会接听你的电话吗?

会回复吗?

如果你不能在潜在客户面前脱颖而出，那么你就只能站在街上现眼了。

加入让人惊艳的元素，拿下大订单

如果你能令人惊艳，那么这显示出你有与众不同的能力。令人惊艳的元素与你的签单率直接相关。如果你不能让潜在客户们眼前一亮，那么有很大的可能你就不能签下他们的订单。我的专栏“销售技巧”取得了很大的成功，因此我想以此为基础出本书。于是，我便去了纽约，向出版商们推销我出书的想法。在这个过程中，我就加入了令人惊艳的元素。

背景及准备工作：

我的准备工作足以令人惊艳。我准备了封面设计原型样品及设计模型；我写了一个 15 页的企划书，另外还附上了多封推荐信；我准备了多媒体的演示；我设想了一个大胆的市场营销概念——我的书籍将加入电脑磁盘和钱包大小的记忆卡片以求与众不同；我构思了推销演讲，并且预演了能想到的各种拒绝；我挑选了自认为合适的服装；我一切准备就绪。

我挑选了10个出版商，并且在抵达纽约前就已经与4个取得了联系。我还与最喜欢的出版商（隶属一家大型的出版公司）敲定了一个约会。暂且把这个人叫作出书先生吧。

我是这样敲定约会的：

我打了 7 通电话才得到出书先生的姓名和分机号码！我又打出了第 8 通电话——中了！出书先生亲自接听的电话。（他后来告诉我：“一般这个电话响起时，事情通常都比他手头的事情重要。”）我用一分半钟向出书先生做了简短介绍，告诉他一切必须要知道的事情，他看起来有点儿兴趣。我告诉他我会给他发一个企划书，并询问他是否愿意给我安排一个 5 分钟的会面。他说：

“老掉牙的 5 分钟约会伎俩。你是读了哈维 · 麦凯那本书吗？”

我回答说：“听着，哈维 · 麦凯来自明尼苏达州，而我来自新泽西州。他的那一套都是跟我学的。”出书先生哈哈大笑，同意了我的 5 分钟约会。（我用隔天到的空邮寄出了我的企划书。）

我有两位良师益友帮助我准备演示。泰 · 博伊德（Ty Boyd）是夏洛特 20 多年来的发言人，同时是我遇到的最好的人之一，他助我找到了正确的道路。比尔 · 路易斯（Bill Lewis）当时就在曼哈顿，而且已经出版了 20 本书。（我每天到他家报到一次，聆听一小时的培训和鼓励。他对我的成功帮助很大。）

初次会面。我走进出书先生位于曼哈顿中城的办公室，他说：“好吧，吉特默，我读了你的企划书，现在给你 5 分钟的时间。”我立即就开始了推销演讲，先是简单介绍背景，而后直奔演示的核心，把我的书籍原型放在他的手里，还插入了两个私人的问题（为了拉近关系），最后在 5 分钟内结束了演讲。接着我开始提问、倾听以及记笔记。（他说的时间越长、提的问题越多，我成功的可能就越大。）45 分钟过去了，我仍然在他的办公室里。

出书先生说：“我有兴趣。把你的东西留在这里，我跟我的首席执行官看看。”我当时想，太棒了。

等一下，东西我只有一份，而我未来三天还有另外三个出版商要见。这个出书先生竟然想留下我一半的演示道具。

“你们什么时候碰面？”我轻声问道。“本周结束前。”他说，试图抢占谈判中的优势地位。（这时，我冒险说了一句话。）

“我有一个小问题，需要你的帮助，”我说，“未来几天我还有几个会面，你觉得有可能在明天跟你的首席执行官讨论这个事情吗？”

“应该行。”他说。

“太好了！我建议可以把约会定在明天下午，”我说，逼得他没有转圜余地，“下午 4 点 30 分，可以吗？”我问。他说：“我看行。”

我当时兴奋得只想尖叫。我一路又唱又跳地走回酒店。（在曼哈顿，你可以做你想做的任何事。没人会注意到、看到或关心。）

我回到我的房间，发现门缝里塞了一张写有出书先生电话的留言。我打过去，他说：“明天的约会能提早一些吗？我想多叫几个人在场。”

“好的，没问题。”我不假思索地回答。（这种反应可以说是购买信号的准确定义。）

第二次会面。第二天我提早 10 分钟抵达会面地点。出书先生把我带进一间会议室，以便我调试我的电脑演示资料。全国销售经理随后走了进来，我必须让他相信我的书有销路。我开始播放我的炫目的多媒体演示片。他上身前倾，看得目不转睛，差点儿就从椅子上摔下来。现在是时候把我压箱底的妙招拿出来了。我开始谈论我想到的补充分销方案。我告诉他，我很愿意跟他一起做一些上门推销工作。他现在已经完全相信我的书能大卖了。

我们随后开始谈判如果同意给我出书，我想要什么样的条件。预付款、版税、宣传。出书先生问：“如果我开出这样的条件（他一条条地列了出来），你会接受吗？”（买卖双方的位置互换了，现在他在问我是否愿意签单！）“当然。”我说。“我会在明天中午前给你打电话，告诉你最后结果。”他说完走出了会议室。

18 个多小时的漫长等待……

第三次会面。等到下午 1 点，仍然没有电话。于是，我给他打了个电话。他说他还没有见到大老板，要等会儿才能给我回复。我趁机告诉他我下班前想过去一趟，取回我的一些材料。他同意了。我当时已经紧张得不行了。3 点 30 分，我收到了他的电话留言。我决定不回他电话。4 点 45 分，我直接出现在他的办公室。他让我一直等到了 5 点 20 分。他走出来迎接我，并且说了那句神奇的话——让我们谈谈正经事吧。

哇！我刚才签下了人生中最大的一笔订单。

小贴士：

失败是成功之母。我一共联系了 10 个出版商以及 2 个经纪人，全都是第一次打交道。6 个出版商拒绝了我或者说我需要找个经纪人跟他们谈，一个经纪人告诉我不行，而另一个根本就没回复我的电话。

我在收集拒绝信，以便到时候裱到我的书周围。

我真的不知道其他的出版商如果看到我令人目眩的多媒体演示片，他们是否会最终同意帮我出书。令人惊艳的元素不会一直有效，但肯定比不含令人惊艳元素的推销材料有效。

使用令人惊艳的元素需要勇气和技巧。我为使用惊艳元素做足了准备，并且很幸运地最终取得了成功。我推荐你也准备一些令人惊艳的元素，这样你成功的概率就会大很多。

你在使用让人惊艳的元素吗？

销售中最有效的一个工具就是与众不同。

令人惊艳的元素是什么？令人惊艳的元素就是订单。

令人惊艳的元素将强者与弱者区分开来。

令人惊艳的元素将真诚者与虚伪者区分开来。

令人惊艳的元素将签单成功与签单失败区分开来。

令人惊艳的元素全面反映了你的销售技巧以及运用技巧的能力。

你令人惊艳吗？你的销售过程运用了令人惊艳的元素吗？

你如何令客户惊艳？

以下列出了打造惊艳效果的8.5条指导原则。你可以对照衡量你的销售过程中运用了多少令人惊艳的元素。

1. **坚持不懈，直到你找到潜在客户。**将产品信息传达给他，并了解到有关他的信息，成功与他约定会面。

2. **掌握潜在客户信息。**你对潜在客户及其业务的了解，对于你是否能够成功签单至关重要。请比照营销学经典问卷麦凯66法则来确定你需要掌握多少信息。登录网站www.gitomer.com，在GitBit框里输入MACKAY66。首次访问用户需要注册。

3. **做好万全准备。**制作完美的产品演示，并反复演练。撰写企划书介绍你所销售的产品或说明你要达成的目标。准备辅助工具和文件。设想所有可能的拒绝、惯例及考验，并事先演练如何一一应对。

4. **提前10分钟到场。**最好能提前一些到场，迟到无一例外地都会带来灾难性后果。轻装赴约（只携带演示必需品）。

5. **职业化。**请选择有质感的衣服、职业化的配饰、手提包以及名片，给客户留下干净利落的印象。

6. **开门见山，而后开始提问、倾听、再提问。**不要兜圈子，直奔重点。产品介绍不要超过5分钟。当潜在客户讲话时，请用纸笔记下重点，不要打断他。

7. **将你与竞争对手区分开来，脱颖而出。**要有创造性的新想法。要将所售产品准备好（设计完整、基本样式以及样品）。产品演示要足以令人惊艳。以图表的形式列出你优于竞争对手的主要方面。做一些别人不会做的事情。

8. **要对自己的言谈举止有信心。**在初步建立信任关系后，要在产品演示环节进一步增进彼此的信任。幽默、幽默、幽默。不妨当作已经签下订单，言谈举止更加自然。回想一下你的母亲如何教导你言谈有礼、举止有度。请不要将自信与自大混淆在一起。前者能够助你成功，而后者只能导致你失败。

8.5. **你本人也要令人惊艳。**你必须积极专注、充满激情、举止优雅以及令人信服。你必须足够优秀，以至于让人过目不忘。

以下列出了令人惊艳的销售人员的 15 个特征。

令人惊艳的元素	**得分：1 分最低；5 分最高。**
1. 坚持不懈（持之以恒）	12345
2. 万全准备	12345
3. 做到最好	12345
4. 创造性地与众不同	12345
5. 幽默有趣	12345
6. 真诚	12345
7. 真实（不做作）	12345
8. 引人注目	12345
9. 不兜圈子，开门见山	12345
10. 有技巧	12345
11. 信息掌握全面	12345
12. 勇敢	12345

13. 令人印象深刻　　　　12345

14. 持之以恒　　　　12345

15. 签单能力强　　　　12345

计算一下你的分数，看看你的排位：

70~75 分 = 令人惊艳

60~69 分 = 还可以

50~59 分 = 很难说

12~49 分 = 差得很远

做到令人惊艳需要你比照上述 15 个方面确定你的弱点，然后制订计划逐一改进并拿出足够的自律以执行计划，以便采取行动促成积极的变化。如果你渴望做到，你就能做到。

你本人也令人惊艳吗？你可以自问：

· 如果我是客户，我会购买吗？

· 我是否能坚持不懈地努力直到最后成功呢？

· 潜在客户是否会因为看了我的产品演示而购买呢？

· 潜在客户回家后或者在办公室里谈起我时是否会给我积极的评价呢？

· 我具备令人惊艳的 15 个特征吗？

将令人惊艳的元素融入销售过程是一个挑战，需要付出诸多努力。如果你通过不屈不挠的尝试做到了这一点，那么你一定要把这些令人惊艳的元素呈现给你的潜在客户。

以下列出了将令人惊艳的元素融入产品演示的最后几个步骤。请注意，所有这些步骤都是无形的：

· 专注于目标。

· 梦想常存于心中。

· 演示产品时充满激情。

· 台上光鲜亮丽，台下吃苦努力。

· 让客户感觉到你对自己及你的产品有信心。

· 永不言弃。

销售归根结底就是一个词：签单！如果你想提高签单成功率，那么就努力令人惊艳吧！

还记得我吗？我是个销售人员，跟其他的销售人员一样

我的猫咪利多也有名片。它是公司的吉祥物，在帮助公司签单方面发挥着至关重要的作用。

每次当我要找一份重要文件时，都会发现就在利多身下。在研讨会和培训项目中，我都会分发利多的名片娱乐大家以及活跃气氛。每个收到利多名片的人都会小心翼翼地保存名片，并把名片拿给别人看。他们不仅会询问我有关猫咪的故事，相互之间也会不时地谈起。

让人过目不忘就是要在潜在客户的脑海中留下一个生动的形象，以便他们把你与其他人区别开来。你做了什么，你怎样做的；你说了什么，你如何说的。

你给人留下的印象有多深？你的潜在客户在你离开后会谈论

你吗？或者他们会谈论你的竞争对手，甚至从他们那里订货吗？

以下列出了可助你让人过目不忘的建议和示例，将给你带来更多业务。

花钱印好名片。名片反映的是你公司的形象。看看你的名片，你的客户或潜在客户会因为你的名片而记住你吗？如果有人给了你一张类似的名片，你会因此对他感兴趣吗？

如何让你的名片与众不同？你的头衔是否让人觉得与众不同？如果你的公司不允许你在名片上印一个非常规的头衔，那么不妨印制你自己的名片。

小贴士：

名片不是无关紧要的开支，而是你的脸面。名片不是简单的记号，而是重要的市场营销工具。把你的名片制作得酷一些，这样人们就会忍不住把它拿给别人看。

与时俱进。想要你的名片符合业内流行趋势吗？你最好抽出一张名片，核对一下是否包含必要的基本内容。你的名片（或者你的任意一名雇员的名片）包括下述信息吗？

· 姓名
· 头衔
· 公司名称
· 公司地址
· 电子邮箱
· 公司网址
· 电话号码（带区号）
· 传真号码（带区号）
· 手机号码（带区号）
· 公司标识

你的名片最好让人过目不忘，你最好赶快行动。

电子邮箱贴士：

不管你的公司规模有多大，只要你不是单枪匹马一个人，那么就申请一个正式的电子邮箱吧。Hotmail 或者 AOL 的都不行。这些电子邮箱最好只用于个人使用，而非正式业务往来。如果你不想你的公司看起来 3 个月就倒闭，那么最好为公司官网以及员工的邮箱地址申请一个域名。这是很小的一笔投资，而且绝对回报率高。

设计令人喜出望外的回应。我曾写过一篇关于首次登门拜访的文章，卡罗来纳礼品篮公司的希拉·奈斯勒（Sheila Neisler）读过后想要告诉我礼品篮是一个很有效的工具。希拉亲自送给我一个量身定制的礼品篮——包括一本成功励志名言集萃以及猫粮（为利多而准备）。我的办公室为此谈论了她几周，而我们俩也因此建立了长期的业务关系。原因很简单，希拉善于给人留下深刻的印象。

做一些事情，
让客户知道：
“我曾用心
去了解您，
多谢您的惠顾。”

——

杰弗里·吉特默

Do something that says, ‘I took the time to get to know you and I’m acknowledging my appreciation for your business.’

– Jeffrey Gitomer

2.2

提问记

问题：

你如何建立私人关系？

你如何确定潜在客户的需求？

你如何建立购买信心？

回答：问题。

销售演示的核心就是提问与回答。

不提出问题，你就不会得到答案。

而没有答案，你就没有订单。

而没有订单，你就不能挣钱。

对于这一点，有人有问题吗？

卖出去还是卖不出去，这是个（重大）问题

销售的两大重要方面就是提问与倾听。如果你的提问恰到好处，那么潜在客户就能告诉你成功签单所需的一切信息。

如果你能将有力的提问与有效的倾听技巧结合起来，那么你就具备足够的能力和自律发现客户的需求 / 真实想法，同时随之做出合适的反应，促使客户最终做出购买的决定。

这听起来不难。但是，为什么总有客户最终不会选择你呢？因为……

1. 你的提问不够有效。
2. 你的倾听不够有效。
3. 你对潜在客户有先入为主的想法——预先判断客户是怎样的人、预设客户会有怎样的回答以及打断客户的谈话。
4. 如果你认为你已经知道了所有答案，那么你为何还要提问或者全神贯注地倾听呢？

4.5. 你并没有发现潜在客户的真实需求。如果你连客户的真实需求都不知道，你又如何满足他们的需求呢？

最有效的推销约访应该是由 25% 的提问和 75% 的倾听组成。你在实际销售中是这样做的吗？“哦，这个比例不适合我，”你说，“我的产品不同，我必须得多说一些。”无稽之谈。这只是个借口，你真正想说的是：“我不知道如何有效地提问。”

你应该如何提问呢？简而言之，提开放性问题。避免是与否的问题，除非你确信对方会给你一个肯定的回答。

设计以及提出有效的问题是你了解潜在客户需求的基础。

以下列出了在提问风格与类型上应该注意的 12.5 个方面：

1. **提问是否清晰简洁？**潜在客户是否充分理解了问题，包括问题的含义、内容以及意图？

2. **潜在客户回答这个问题是否需要先进行卓有成效的思考？**你的提问是否能把潜在客户与你的产品或服务拉近一步？

3. **你的提问是否会促使潜在客户评估新的信息或概念呢？**你是否能恰当地提出一些高级的问题，既不会让对方有压迫感，又能给对方带来新挑战呢？这样的提问能让客户更信任你。

4. **你的提问是否能凸显你比你的竞争对手掌握了更全面的信息？**你是否能通过问一些你的竞争对手从未问过的问题，从而将自己与竞争对手区别开来？

5. **你的提问是否能引导潜在客户（与你）联想到过去的经历？**你向潜在客户提出的问题是否能令他们与你分享一些他们引以为豪的事情呢？有些提问并不是为了推销，而是为了建立个人关系。

6. **你的提问是否会促使潜在客户说出从未想到过的答案？**新的变化会使你显得与众不同、更加优秀以及处在业内领先地位。

7. **你的提问是否能得到一个确定的回答，从而促使产品演示向最终签单靠近一步？**以疑问词（你不会……吗？它不是……吗？你不应该……吗？它不会……吗？）开始或结束一句话有助于引导潜在客户肯定部分演示，由此推进到下一个阶段。

8. **你的提问是否与潜在客户（或他的业务）直接相关？**你的提问与潜在客户的相关性越强，你就越有可能获得确定的回答。

9. **你的提问是否与潜在客户的目标直接相关？**你的提问方向

是否与潜在客户有关？是否能让潜在客户愿意给出真实的回答？

10. **你的提问是否能引导潜在客户给出有价值的信息，从而使你的签单过程更容易？**提问应尽量与潜在客户对你的产品或服务的预期相关。

11. **你的提问是否能营造一个有助于签单的积极氛围呢？**你的提问是挑衅意味十足还是引人深思？你的提问不应导致客户发怒，而是应该引导他们深思。

12. **当潜在客户向你提问时，你会反问回去吗？**潜在客户：我能在两周内收到货吗？销售人员：这就是你想要的收货时间吗？

12.5. **终极问题——你是否问出了有关最终签单的问题？**客户对这一问题的回答将表明他们是否签单的意愿。

你有没有准备 10~12 个写在纸上的终极签单问题呢？你是否曾演练过这些问题以备不时之需呢？我打赌你没有。

想要掌握构思以及提出有效问题的技巧吗？这就是你需要做的：针对上述 12.5 个方面，每个方面写出 2~3 个问题，并且把它们应用到你的销售过程中。

当你开始着手进行时，你会发现这是一个很有挑战性的任务。完成后，你将永远成为一个更优秀的以及收入更丰厚的销售人员。

> 提问之于销售就如同呼吸之于生命。如果你不能提问，那么你将死去。如果不能正确提问，那么即便你不会立刻死去，你的死亡也是不可避免的。而如果你能正确提问，那么你得到的答案将是一笔订单。

你能在5次提问内成交吗？

订单孕育在提问之中。通过提出有效的问题发掘有价值的信息，这对于创造有利于客户购买的环境至关重要。《销售漏斗之成功秘密》（*Success Secrets of the Sales Funnel*）一书的作者雷·里昂（Ray Leone）曾发出这个挑战：你能在5次提问内成交吗？

结合雷和我的观点可以得出一个结论：当你通过提问确定了潜在客户的问题、关切以及需求后，签下订单就会变得很容易。不过，一切都必须以你提出精心设计的问题为前提——这些问题要能提取有价值的信息、客户需求及关切。一旦你确定客户的真实需求并打消他的关切，那么签单就会变得轻而易举。

比如，我销售打印机……

（准备好记事本，随手记录下客户的回应。）

提问一：“您如何挑选打印机？”（其他提问方式：“您如何决定买哪台打印机呢？”）

潜在客户说：“质量、送货以及价格。”

提问二：“您如何看待质量？”或者“质量对您而言意味着什么？”（针对客户回答“您如何挑选……”问题时提出的三点，使用“您如何看待……”的句式逐一提问。）

潜在客户将在深思后才能给你答案。很多潜在客户从未被问过类似的问题，因此他们必须重新思考后才能回答。在提出第三个问题前，不妨插入一个跟进问题。例如，潜在客户认为质量就是“干净整齐的打印成品”，那么你可以跟进提问：

“您的意思是打印成品要能体现贵公司的水准和形象？”不会有潜在客户会对这个问题说不。

提问三：“您因何觉得这点很重要？”或者“那对您来说是最重要的吗？”或者“为什么您会觉得这个重要？”

提问三将引出潜在客户的真实需求。确定他们最看重打印机的什么方面以及他们为何认为打印机重要，是实现最终签单的关键。为了明确获知潜在客户关注的重点以及原因，你可能还需就此跟进提问若干个问题。

提问四：“如果我能按照您对质量的要求在规定时间内以合理的（而非最便宜的）价格提供产品，以便印刷成品的质量可以深化贵公司在客户心中的形象，那么您是否愿意（其他提问方式：还有其他原因会让您不愿意）考虑购买我的产品？”

他们当然会愿意。提问四其实只是你综合了通过前三个问题获取的信息而提出的反馈性问题。这是一个经典类型的“如果我……那么您会……？”提问，可以借此诱导客户同意签单。提问四已经非常接近最后的签单提问。如果客户真的无法签单，那么很有可能他会在此时说明原因（我们必须公开招标。我不是决策者。我对现有的供货商很满意）。

提问五：“太好了！我们何时可以开始？”或者“棒极了！您的下一个打印项目是什么？”

提问五的目的是诱导潜在客户给出可以签单的具体日期以及可能需要的供货数量。多数情况下，你可以由此卖出样品或试用产品。而如果涉及大额商品（复印机、电脑）销售，小狗式销售方法则最合适（把你的产品留下来，让潜在客户试用几天），或者邀请潜在客户一起拜访你的一个忠实客户，以便潜在客户亲自了解产品的质量，同时也可以见证老客户对产品质量的现身说法。

尽早及经常使用上述提问模式。如果销售过程中总是你在说而潜在客户说得很少，那么潜在客户很快就会感到无聊而最终弃你而去。除非你的产品能够满足他们的需求，否则潜在客户根本不关心你卖的是什么。而确定客户需求的唯一方法就是提问。

要想成功提出有效的问题，你必须事先想好问题并把它们写下来。提前准备一个15~25个问题的列表，以便帮助你发现潜在客户的需求、问题、痛苦、关切及可能拒绝签单的理由。根据通过这些提问所获得的信息，你需另外准备15~25个问题以便诱导客户签下购买意向。

想要更多有效提问的常用句式吗？不妨试试以下这些：

· 就……而言，您想要寻找的是什么？
· 就……而言，您找到了什么？
· 就……而言，您的意向是什么？
· 您对……的体验是什么？
· 您如何成功使用……？
· 您如何确定……？
· 就……而言，为何这是一个决定因素？
· 您因何选择……？
· 您喜欢……哪一点？

· 就……而言，您认为有哪些地方需要改进？
· 就……而言，你想改变什么地方？（不要说“就……而言，你不喜欢什么地方？”）
· 就……而言，您还关注其他什么吗？
· 就……而言，您的竞争对手是如何做的？
· 您的竞争对手对……如何反应？

练习。
在正确提问 30 天后，你将开始看到真正的收益。

小贴士：
这不是强行推销，而是用心销售。

“成功的提问能够迅速抵达问题或客户需求的核心，客户并不会因此感觉勉强。”

——

杰弗里·吉特默

“Good questions get to the heart of the problem or need very quickly without the buyer feeling like he or she is being pushed.”

– Jeffrey Gitomer

2.3

有效记

一个强有力的有效陈述应该充满推销的能量。

你是否在用强而有力的言辞激励潜在客户？还是你的言辞软绵无力？

你是让他们昏昏欲睡，还是让他们对你另眼相看？

你是否给你的潜在客户留下了深刻的印象？

你最好是的。

如果你的陈述有力有效，那么你肯定能让客户对你记忆犹新。

你的大脑是你最有力的工具，用起来吧。

运用你的创意，将你的聪明才智变成现金。

你现在就在聆听我的有效陈述

有效陈述是什么？有效陈述能够使你的产品或服务脱颖而出，从而使得潜在客户更容易信任、接受及购买你的产品或服务。有效陈述要求打破传统，对你的工作及工作方式根据客户的需求及其对你产品的认识进行创新性描述。

陈述的效力来自哪里？你的创造性。

你想签单或者为签单营造气氛，你的目标就是说服及动员潜在客户或客户采取行动，而这也是有效陈述的主旨。如果你能正确给出有效陈述，那么你将因此同你的竞争对手区别开来，甚至领先于你的竞争对手。

你如何为你的工作进行一番有效陈述呢？很简单——只需站在能为客户带来什么好处的角度，重新思考你的工作。不是给出一些让人感到无趣的描述，而是描绘一幅生动形象且充满各种优点的画卷。有效陈述应该是一组充满鼓动性的词汇，能激发潜在客户想要知道更多。

可参考以下示例构思有效陈述：

- **不要推销电钻**，而是推销电钻挖出的光滑完美的洞口。
- **不要推销打印机**，而是推销打印出来的能反映潜在客户形象及提高他们销量的宣传手册。
- **不要推销汽车**，而是推销舒适的驾乘体验以及购车后所享受的尊崇与地位。
- **不要推销保险**，而是推销可以不受悲剧事件影响、高枕无忧且经济上有保障的家庭生活。
- **不要推销眼镜**，而是推销清晰的视力以及时髦的外观。

· **有效陈述有多个用途**，可以在说服及确认签单过程中发挥多种作用。

有效陈述应该：

· 让潜在客户站在如何使用你的产品的角度思考你的工作。
· 增进你与潜在客户之间的信任。
· 从能为潜在客户带来何种好处的角度描述你的工作及工作方式。
· 将你与竞争对手明显区分开来。
· 能让潜在客户想要听到更多。
· 给客户一个购买的理由。
· 清除签单路上的障碍。
· 有助于给潜在客户留下更加正面的印象。
· 将你的工作与客户联系起来。
· 让人印象深刻。
· 根据潜在客户的需求对你的工作进行创新性描述。

当有人问你你的工作是什么时，你应如何回答？我敢打赌肯定是一句无聊的描述，直接导致你的客户根本没兴趣与你继续交谈下去。

以下列出了一些有效陈述的示例。当有人再次问你你的工作是什么时，不妨摒弃之前平淡无奇的回答，尝试这些有效陈述。

临时工。我可以为贵公司及类似企业提供紧急及短期雇员，以便确保贵公司有员工因病假、调休或度假不能上班时，贵公司的生产效率及为客户提供的服务不会受到影响。

男装。我的经验告诉我销售人员会为了见客户精心打扮，而我能为你提供产品演示时所需的合适着装。其他选择：夏洛特弥尔顿衣橱的布鲁斯·朱莉安（Bruce Julian）有一个很棒的陈述："当我的客户有重要会见或演讲时，他们会打开衣橱，选择从弥尔顿购买的衣服。"太棒了！

有效陈述是令人难忘的开场白。我参加过一次特许经营展销会，参展企业的加盟费都在1万~1.5万美元。当时参展企业超过了100家，其中一半企业的名字都可以通过他们的整体精神面貌辨认出来。

我随身带着我的录音机，因为我确信会听到不少绝妙的有效陈述。可惜我猜错了，展会令人失望（很遗憾）。在接触了20多家企业却仍旧一无所获后，我还是希望能够找到一句有效陈述。终于，我找到了。我走过一个堆满米老鼠产品和服装的展台，一位女士接待了我，并说："米老鼠的年销售额超过了在场全部企业的总和。"太棒了，绝妙的一句话。我感谢她让我不虚此行。她一脸困惑地对我说："不客气？"

有效陈述能激发客户兴趣，同时还能成功约定会面：

· **兴趣类通用有效陈述。**利润的关键是生产力。去年，我们的销售额增长3倍多。我们按时为客户提供产品，帮助客户提高生产力。只用30天，我们就能提升你公司的生产力。

· **约会类通用有效陈述。**约翰逊先生，我不确定是否能为您提供帮助，请让我花几分钟（利用午餐）的时间与您细谈一下。如果我觉得能帮到您，我会告诉您；如果我觉得我不能帮到您，我也会告诉您。这样可以吗？

你设计有效陈述了吗？现在就开始设计你的有效陈述。在你的销售例会上，准备一张纸，与你的销售团队开始头脑风暴。邀请最优秀的销售人员出席——你们的老板。写好有效陈述，准备好应对一切情况。不妨重新梳理你的销售用语，设法使其更有效。

在激烈的竞争中，有效陈述是实现销售的有力工具。

打败你的竞争对手。

第三章

请允许我自我介绍

3.1

自我介绍记

潜在客户会以友好开放的态度倾听你的推销吗？还是会在你转身离开后就直接把你抛诸脑后？

你是专业销售人员，还是专业的拜访者（虽然登门拜访潜在客户，但是不能签下任何订单）？

把握好一开始宝贵的几分钟，你就能给潜在客户留下深刻而专业的第一印象。

如果你连开场白都不会，那么你又怎能最终签下订单呢？

“……有人在吗？”

如何设计30秒的自我介绍？

当你参加商业会谈或交际活动时，你需要随时保持警惕以发现有价值的人脉资源及潜在客户。

你可以利用自我介绍（也叫电梯交流或酒会交流）这个机会提供有价值的信息，从而激起对方的兴趣与回应。自我介绍是签单的前奏。

你的自我介绍是否有效？或者你有准备好的自我介绍吗？

你需在30秒内给出必要的基本信息。在30秒内，你需要说明你是谁以及代表的哪家公司，同时也需要创造性地介绍你的业务范围。

少说多问。提出一个（或一系列）有效的问题，以便充分动员潜在客户参与交流。以一种创造性的方式有效说明你能给他人带来何种帮助，而后解释为何潜在客户需要现在就行动。

通过有效提问获得的信息可以使你给出有冲击力的反馈，从而证明你能切实地帮助他人。有效提问需是开放性问题，以便激励潜在客户积极思考及交流，而非只是单纯给出是或否的回答。

除非你已经确定潜在客户需要何种帮助，否则你无须告知他们你能提供何种帮助。

有效提问是销售过程中至关重要的部分，因为它有助于你确认潜在客户身份、构思有冲击力的（有效）反馈以及激发潜在客户进行思考。

在构思自我介绍的有效提问的过程中，不妨首先自问以下

4.5 个问题：

1. 通过提出这个问题，我想获得什么信息？
2. 通过提出这个问题，我能进一步了解潜在客户的身份吗？
3. 如果我想获得所需的信息，那么我需要提出一个还是多个问题？
4. 我的提问能激发潜在客户思考吗？
4.5. 我的提问能将我与竞争对手区分开来吗？

你应该事先准备 25 个可以促使潜在客户停下来思考的有效提问，以便你获得给出有效反馈所必需的信息。你的 30 秒自我介绍应以号召采取行动而结束——可以询问潜在客户是否愿意合作或者与客户约定下次见面的时间等。

自我介绍示例：

你与客户一起参加了一个业内联合会的交际活动，你的客户把你介绍给了一个潜在客户。潜在客户问："你经营什么业务？"如果你从事提供临时工服务这个行业，而你对此回答道："我们主营临时工。"那么你应该被解雇。

你的回答应该是："我们主营为贵公司及类似企业提供紧急及临时雇员，以便确保贵公司有雇员因患病、度假或调休而无法上班时，贵公司的生产力或为客户提供的服务不会因此而受到影响。"**如果你能说出这样一番话，那么潜在客户肯定能对你印象深刻**。

在成功吸引潜在客户的注意力之后，你就可以提问你的有效问题，以便确定潜在客户的具体身份。

"您有多少雇员？"你问道，"你们的假期是一周还是两周？

您如何确保员工休假不会影响贵公司为客户提供的服务水平？”

可继续跟进提问一些问题，直到你获得所需信息。在提出有效问题后，你就可以适时插入你的有效介绍（你能提供何种帮助），同时给出潜在客户需要现在就采取行动的理由。

“我们提供机敏及办事能力强的人才，而非临时帮手。当贵公司有员工因患病或休假而无法上班时，我知道您无法承受公司士气或提供的服务的质量因此受到影响，因此我提议：（可在此插入要采取必要行动的呼吁，并且说明为何潜在客户需要现在就行动。）我们可以早餐时碰个面，讨论一下最近的几次员工缺席情况。我们可以谈谈当时这种情况的处理办法，同时也可以聊聊如何应对未来的几次员工缺席。如果我觉得我能帮上忙，我会告诉您；如果我觉得我无法帮助您，我也会告诉您。您觉得这样可以吗？”

参考以上示例，设计你的自我介绍！写完后再演练几遍，而后将其应用在实践中，根据现实世界的具体情况进行调整。

最后，反复练习（在实际销售中使用25次以上），直到你完全掌握。

个人自我介绍设计辅助表格：

说明：请填写以下表格。请以自上而下顺序阅读，可加入一些必要代词。计时演练，反复研究，直到最后成形。

我的名字：________________________________

我的公司的名字：____________________________

我的主营业务：_____________________________

____

____

我的有效提问：________________________________

____

____

我的有效论述：________________________________

____

____

我能提供何种帮助：______________________________

____

____

潜在客户为何需要现在采取行动：__________________

____

____

Say a little Ask a Lot

少说多问。提一个（或一系列）有效的问题，以便充分动员潜在客户参与交流。

如何呈现30秒的自我介绍？

自我介绍设计完成后，还需要恰当地将其表达出来。呈现自我介绍与棒球运动中投手投球有些相似。你想投出一个好球，但是击球手各不相同，这就需要你采用不同的投掷方法——快球、曲线球、滑球及最受欢迎的螺旋球。（如果投出的都是螺旋球，那该有多好！）

要想投球最有效，你需要首先了解你面对的是哪种类型的击球手——包括他的击球力量以及弱点。每个棒球队都有一本关于联盟内其他棒球队队员的“宝典”，里面详细记录了面对不同的击球手应该如何投球以及跑垒员在击球手击中球后应如何跑位。销售也是如此。如果你不了解潜在客户的需求，你就可能无法对其投出有效的好球。你必须了解如何应对每个潜在客户。其实，在销售中实现“三振出局”很容易，你只需要向潜在客户提问，他们将很愿意与你分享有关自己的故事。

做好万全准备。当你与潜在客户见面或者有潜在客户找你时，你做好准备了吗？自我测验：

· 你想给他留下怎样的第一印象？你如何打造这样的印象？
· 你需要多久才能确认他的身份？
· 为了确认潜在客户的身份，并激发他们对你的业务的兴趣，你能提出什么问题？
· 你是否准备好了多个有效问题？是否提前演练过？
· 你是否准备好了多个有效陈述？是否提前演练过？

以下是呈现自我介绍时应注意的9.5条戒律：

1. **简单明了。**你的陈述（问题除外）应严格控制在 30~60 秒。

2. **切中要害。**需要比照潜在客户的需求，准确且创造性地告知他们你的业务是什么。

3. **让人印象深刻。**有创意地说一些话、做一些事情或送出一些礼品，以便给潜在客户留下深刻的（正面的）印象。

4. **做好万全准备。**掌握充分的信息，提前反复演练、反复润色。

5. **准备好有效提问及有效陈述。**事先准备好多个有效提问及有效陈述，并提前演练。

6. **收集必要信息。**提出有效问题或跟进问题，以便搜集必要信息、激发兴趣以及发现真实需求，从而方便你有针对性地介绍自己的业务范围。提出最有效的问题，准备好最简洁的个人介绍，以便时机来临时一击即中。在介绍你解决问题的能力时，要确认已经充分掌握对方的信息，以便你给出的反馈信息有足够的冲击力。

7. **展示你解决问题的能力。**你的业务范围介绍很容易让潜在客户感到无聊，除非你的介绍方式对他们有帮助或可以服务于他们。如果你的业务与潜在客户无关，那么他们根本不会关心你是做什么的。

8. **与潜在客户敲定下一步行动。**不要轻易让一个优质的潜在客户溜走，设法与其敲定下一步行动。

9. **享受整个过程。**不要太过勉强自己或他人——大家都能感觉到。

9.5. **结束。**当你已经传达了自己的信息、与对方进行了初步接触并敲定了下次会面或下步行动时，那么就可以直接结束了。

重要贴士：自我介绍需尽可能简洁新颖，不要说不必要的废话。如果你拖沓啰唆，那么将不会有人愿意倾听或采取行动。信息的传达要充分考虑客户（你、你的）需求，而非你的个人意愿（我、我的）。自我介绍需注意原创性，无聊的介绍很容易被人忘记。有创意地说一些话、做一些事情或送出一些礼品，以便让人印象深刻。多提开放性且能激发对方思考的问题。

如果你能将自己提供的服务与反复确认的潜在客户的具体需求准确地匹配起来，那么你就实现了对于自我介绍的成功呈现。而做到这一点的唯一办法，就是进行周全的事前计划与准备。

想要客户引荐？最理想的方法

到手了。你得到了销售界除了订单以外最令人垂涎的奖品——客户引荐。那么，你应该如何对待这个潜在客户呢？你应该如何最大限度地发挥客户引荐的推销作用呢？

以下列出了确保你成功的 8 条法则：

法则一：不要着急。时机至关重要。不要显得太过急切地想要得到这笔订单（金钱）。恰当的铺垫（介绍有价值的信息）将有助于发展长期关系（更多钱），而非仅仅一笔订单。

法则二：安排三方会面。妥善安排首次会 / 交流，是否顺畅将直接影响你能否拿到这笔订单。三人（你、被引荐的对象以及引荐人）全部到场是最好的安排，而你推销成功的概率此时也会最大。第三方在被引荐对象前对你赞不绝口，这是促成最终签单的巨大助力。第三方的推荐远比 100 场产品演示更有效。

法则三：如果你的客户也在场，那么首次会面你不一定要努

力推销产品。事实上，你推销得越少，你就显得越可信。首次会面你只需与潜在客户建立初步联系，赢得对方的信任。

法则四：安排第二次的单独两人会面。这次会面就可以正式开始谈生意了。

法则五：邮件中不要包含太多信息。与电话一样，邮件只是销售辅助工具。邮件中包含的信息只需让对方对产品有个初步了解，进而产生想了解更多的兴趣。

法则六：24 小时内亲自给被引荐对象写一个便条。便条需简洁正面，不需要反复啰唆地道谢。你只需要告诉他很高兴与他相识，你非常期待下次会面。

法则七：给你的客户写一个便条致谢。如果客户介绍的订单很重要，那么不妨随便条附送一件礼品（质量好且有特点——带有你的标识，或者两张球赛门票）。你的致谢和礼品将鼓励客户给你再次推荐生意。

法则八：言出必行。如果你未能按承诺跟进及交货，那么潜在客户对你及你的客户都会产生不好的印象，而你的客户也会因此不再为你介绍生意。这条法则是 8 条法则中最重要的一条，你的声誉会因此而立。你的声誉如何？

实战终极贴士：对于客户引荐，最常见的做法就是按客户或朋友给的地址或电话，给被推荐对象写封信或打个电话，但这同时也是最不推荐及最无效的做法。请有创意一点儿，请把客户引荐发展成有意义的人脉资源。在初次联系前，请先了解一下被推荐对象以及所属公司的情况。不要掉入推荐陷阱——打电话或写信说：“× × × 给了我你的联系方式。”这听起来可怕极了。

不妨试试：“嗨，我叫杰弗里，我的公司是 BuyGitomer。您可能不认识我。其实，我已经与（引荐人的名字）做生意有段时间了，她觉得我可以像帮助她一样为您提供帮助。我写信过来只想简单介绍一下自己，顺便询问一下您的地址，以便我把一些我认为您可能会感兴趣的资料寄给您。”

接下来就是根据引荐人提供的信息，适时插入一两句有创意的话，以便与被引荐对象建立私人关系。

设法让被引荐对象开怀大笑，然后说：“**几天后我再给您打电话，或者我们可以边吃午饭边聊聊。耽误您的时间了。**”

不要夸夸其谈，因为你不可能在电话中签下订单。只需给出足够多的信息让对方感兴趣即可，你也可以就此安排会面。

被引荐对象是世界上最容易推销成功的潜在客户。你只需询问讨厌推销的任何一个专业人士（会计、建筑师、律师），他们都会告诉你他们的新业务全部来自客户引荐。这主要是因为他们无法上门推销，因此也就只能守株待兔了。

"第三方的推荐远比 100 场产品演示更有效，但前提是你必须知道如何利用客户引荐。"

——

杰弗里·吉特默

"One third-party endorsement is worth a hundred presentations if you know what you're doing."

– Jeffrey Gitomer

3.2

初次拜访记

初次拜访……

大多数人都讨厌初次拜访，

但是大多数人又不得不进行初次拜访。

那么，为何不把初次拜访充分利用起来呢？

享受其中的乐趣。

在玩乐中取胜。

每次拒绝都把你向订单推进了一步。

销售中最有趣的标牌——“谢绝推销”

我在公司的正门上挂了一个“欢迎推销”的标牌。

然而，我拜访过的每座办公楼的正门似乎都挂着一个“谢绝推销”的标牌。这应该是销售界最可笑的标牌了。对于一个销售人员来说，这个标牌一点儿作用都没有。如果我每无视一个“谢绝推销”标牌都能得到 1 美元，那么我早就成了大富翁了。那么，这个标牌的作用到底是什么？它又能威慑什么人呢？

令我感到有趣的另一点是，每个挂着“谢绝推销”标牌的公司都有自己的推销人员。当我看到复印店、保险公司以及临时工中介的门上挂着“谢绝推销”标牌时，我总会觉得有点儿虚伪。

那么，销售人员怎么看“谢绝推销”的标牌呢？“早起的鸟儿有虫吃”是夏洛特地区最大的仅由销售人员组成的行业俱乐部，成员主要是企业家及销售人员。我对该俱乐部进行了问卷调查，询问他们看到令人讨厌的“谢绝推销”标牌时感觉如何以及有何反应。在32名接受调查的会员中，只有2人表示他们会尊重这个标牌；另有 2 人表示他们心有恐惧，但依然会进楼；而有 28 人（87.5%）则表示他们会无视这个标牌。我还注意到另外一个有趣的点：这些人同样认为应该禁止小贩挨家挨户兜售糖果、香水或照片。你知道的，这些人都是低级推销员。

秘密：

来自体面经营企业的销售人员似乎都不认为“谢绝推销”的标牌是为他们而挂的。我认同他们的观点。

我曾就此事与一家公司的老板及他的销售经理们讨论过。该公司实行了一个新政策——不再过滤推销电话，这主要是由于他们感觉不听销售人员推荐产品或服务已经让他们错失了很多机会。这个想法太好了！当然，作为一名战斗在销售一线的销售人员，你一直都知道这一点。

初次拜访找准决策人

绕过“谢绝推销”的标牌很容易，而找到决策人却需要技巧和策略。“我想跟老板聊两句”——这句话很难让你顺利地见到老板。不要直接要求见任何人。

见到决策人的关键是试探性且迂回地向秘书或行政人员“单纯地索要一些信息”。他们会很愿意告知你，而你也可以就此获得进一步跟进的必要信息。

假如你在销售电脑：“我需要您的帮助。我叫杰弗里，有一些关于电脑的重要信息，我应该把信息留给（如果打电话，打给）谁呢？”如果对方给了你一个名字，你必须跟进确认：“这类事情都是他做主吗？还有没有其他人也负责这类事情呢？”

如果前台人员说：“把信息留给我就行。”那么不妨礼貌地询问：“电脑的事情都是您负责吗？”前台人员的态度此时一般都会迅速软化，而如果他们的态度不软化，你也必须友好地继续设法追问所有重要决策人的名字。

友好但是坚持，不得到决策人的名字决不罢休。你可能需要尝试三四种办法，但是在你得到名字并最终确认之前要坚持不放弃。

以下是应对“谢绝推销”标牌及找到决策人的方法。

我曾拜访过夏洛特上城带有“谢绝推销”标牌的所有办公楼。我先乘电梯到顶层，然后逐层向下拜访。我曾被两家公司轰出来，其中一家公司甚至还叫了保安，但是他们最多也就只能把我轰到走廊里。当然，你会承诺不会再冒昧拜访了，但是你转身乘电梯到下一层继续你的推销。“谢绝推销”事实上仅是一个游戏，而非真实的规则。

“谢绝推销”标牌针对的是那些挨家挨户逐层进行地毯式推销包袋、香水、计算器及壁挂的小商贩。如果你的企业合法且小有规模，那么多数企业都不会对你适当的推销拜访感到厌烦。最好的方法就是迂回推销——留下资料以及问一些简单的问题。

如果你是赶赴事先约定的客户会面，那么也不妨在约会结束后拜访一下周围的公司。我总是这样做。如果看到“谢绝推销”标牌，我一般都视而不见。这些推销拜访通常都能在5分钟内搞定。

以下列出了确保初次拜访取得最大成功的指导原则：

1. 忽略“谢绝推销”标牌。
2. 准备好资料和名片。
3. 请求帮助。
4. 设法获知决策人的名字和头衔。
5. 在你的名片上给决策人留言，附在你的资料后面，并且请求他人尽快转交你的资料。
6. 索要（获得）决策人的名片。
7. 搞清楚给决策人打电话的最佳时间。
8. 询问为你提供帮助的人的名字，并把它记在决策人名片的背面。

9. 诚挚感谢对方给予的帮助。

9.5. 离开。

下次不妨按照这个流程试一下……

“嗨，我叫杰弗里，想请您帮个小忙。（每个人都乐于帮助他人。）我想寄送一些关于我的产品 / 服务的重要信息，这类事情一般谁负责呢？”“哦，应该是琼斯先生。”她愉快地回答。

太棒了，我知道了决策人的名字，但我会趁热打铁进一步确认他的具体身份。“他的职位是什么？”我一脸无辜地询问，对方也会告知你。“还有其他人也负责这类事情吗？”我问这个问题主要是想确认我是不是找到了最高决策人。如果对方反问我，我会简单地说：“如果有两个人负责这类事情，我一般会邮寄两份资料。”这样的回答通常会让守门人闭嘴。

接下来我会有一个大胆的行动。“我想给他留一些资料和口信，不知道您能否给我一张他的名片。”90% 的情况下你会得到名片；5% 的情况下你会得到名片的传真件；另外 5% 的情况下老板则会亲自现身。如果你是女推销员而老板是男的，那么老板现身的概率会翻番。我这样说不是性别歧视，这是一个事实。

“我最好什么时候给他打电话？”我问道，试图在对方耐心耗尽之前获取最后一点有价值的信息。

“非常感谢您对我的帮助，不胜感激，”我说，“请问您的名字是……？”“谢谢你，苏珊娜。”

人们喜欢听到自己的名字与赞美和致谢联系在一起。如果你两者都做到了，那么你下次拜访并要见琼斯先生时她会记得你。

梳理一下你获得的信息！也许初次拜访你不会签单获利，但是他们已经相信了你的推销，而且你也为下次拜访做好了充分准备。看看你缓慢友好推进所获得的奖品吧……

1. 决策人的名字和名片。

2. 他是否是唯一决策人。

3. 决策人有你的信息。

4. 他有你的名片和口信。

5. 你与秘书成了朋友。

5.5. 你知道致电的最佳时间。

我将在 24 小时后打入跟进电话，而苏珊娜将尽可能地帮助我。那么，现在我需要的就是一次会面、一份合约以及一张支票了。

开始与结束同样重要

在销售拜访中，客户或潜在客户最先注意到的是你的专业水平及友好态度，而后就是至关重要的开场白。你的真诚、创意以及呈现开场白的方式将为后续的对话定下基调，同时也能决定潜在客户是否会用心倾听。如果你获得了对方的关注及尊重，那么你将能够一直继续下去，如若不能，你很有可能就会空手而回。

如果是电话推销，那么开场白就更加重要，因为这是你唯一的办法。你总不能在电话里说："看看我的套装有多好。"你的命运完全由你的话语（或者你对话语的掌控力）决定。

以下列出了初次拜访时应遵循的 7.5 条法则：

1. 讲话时请保持微笑。

2. 告知对方你的名字及所属公司。
3. 开门见山（两句话即表明你致电的目的）。
4. 电话推销应简短贴心。
5. 保持幽默。
6. 请求或给予帮助。
7. 告知对方你有重要信息。
7.5. 询问对方是否愿意签单。所谓的“订单”也许只是要获得一次会面，但是不论你拿起电话时的目的是什么，都要坚持，不达目的不罢休。

电话推销应遵循同样的法则，以下是部分备选开场白：
1. 我一直在琢磨您的业务。
2. 我能回答您的问题。
3. 我有一些重要的信息，足以影响您的公司。

大多数销售人员都会犯下一个致命的错误，开口询问：“您收到我的资料了吗？”如果潜在客户说“没有”，那么你如何回应？你可能会笨拙地说你3天前就寄出了，而你无法理解潜在客户怎么还没收到资料。这是个蹩脚的回答，而且听起来很无礼。你失去了给对方留下好印象的机会。

不妨尝试这样开始：“我致电是因为我寄过来的资料可能需要讲解一下以便理解，因此不知我是否有机会跟您聊5~10分钟？”

如果你想今天的学习给你带来直接的收益，那么不妨列出你在销售中常用的开场白，同时参考同事常用的开场白，进行修改

MPORTANT INFORMATION

我有一些重要的信息，足以影响您的公司。

及仔细分析。明天就开始使用新修改的开场白，结果（收益）将会令你喜出望外。

初次拜访可以充满乐趣——自我暗示很重要

初次拜访是导致很多人没有选择销售作为职业的一个原因。年薪数十万美元的销售专业人士将告诉你初次拜访培训为他们的成功奠定了基础。不相信吗？不妨去问问他们。

以下列出了初次拜访取得成功的8.5个制胜战术：

1. **做好完全准备。**设定最佳目标（事前计划），目的明确（把握全局）。设定阶段性目标（约定会面、得到决策人名字），并事先默记好台词（开场白、有效陈述以及有效提问）。准备好完备的资料以及辅助工具（对潜在客户有价值）。

2. **不要为任何事情道歉，不要找借口。**当抵达会场时，不妨直奔主题。不用说“不好意思，打扰一下”，开门见山即可。

3. **开场白的呈现决定了你的成败。**第一句话的冲击力将决定你能否最终签单。

4. **不要犹豫或恐惧。**初次拜访中的犹豫或迟疑是在用另一种方式说：“我不知道怎么做”“我不会做计划”或者“我不喜欢被人拒绝”。事先准备好推销的说辞，阅读励志书籍，不要再看无聊的新闻。相信自己能取得成功。

5. **不是每次拜访都能带来订单，因此准备好被拒绝。**潜在客户拒绝的不是你这个人，而是你的产品或服务。这样说能让你感觉好点儿，不是吗？

6. **从被拒绝中学习。**确定他们说不或不感兴趣的原因。

7. **练习，练习，再练习。**除非你已经完全掌握了你的推销演讲，否则你的话听起来都会有些做作、不自然。销售人员听起来满嘴推销的味道，这是最坏的结果。

8. **学会幽默。你在接受终生的销售教育，而且别人还给你钱。**这远不是得知患有脑瘤那么可怕，只是初次拜访而已。享受其中，设法让对方开怀一笑。

8.5. **如果你说："我讨厌初次拜访！"**这种由自我暗示导致的消极心理状态很容易克服，你只需要一系列成功的初次拜访、订单和佣金。

以下列出了有助于你改进初次拜访的几点建议：

· 明确你在初次拜访中的弱点及恐惧，并详细地列出来。

· 制订克服弱点的行动方案，以便你逐一克服。

· 每个月克服一个弱点。

· 挑战自己，每日都要取得成功。

· 停止抱怨，没人会成为抱怨者的客户。

初次拜访最为重要的三点是开场白、有效提问以及有效陈述。你可以由此收集确定潜在客户真实需求的必要信息。

另外重要的两点是态度和专注。积极的态度将影响潜在客户，而适当的专注将有助于你技巧性地诱导对方采取行动。

初次拜访最重要的部分是询问对方是否愿意签单。

让初次拜访热络起来！

初次拜访是销售过程中最难的一个环节。销售界有句谚语："销售人员最难打开的门就是车门。"

要想在初次拜访中取得成功，你必须首先确定有关拜访的组成元素、功能以及公式。就如同自然学科一样，反复试验（练习）是找到有效方法的唯一途径。

初次拜访的基本组成元素有：

1. 说几句话。
2. 提出有效（能激发对方思考的）问题，展开有意义的对话。
3. 给出有效（有益）陈述，赢得对方信任。
4. 确定潜在客户的需求、欲望、决策能力以及资金情况（支付能力）。
5. 收集信息。
6. 达成目标——或者至少敲定下次会面。

6.5. 态度积极，足够专注，可以接受对方的任何回复（接受或拒绝）。

以下列出了初次拜访行之有效的几点心得经验：

· **开场白很重要。**开场白需流利、真诚。假如你是个单身母亲，在社交场合里有位男士朝你走过来，说："我们见过吗？"或者"你是我见过的最美的姑娘。"你想到的第一件事情肯定是："这个家伙是个浑蛋。给我滚出去。"初次拜访亦是如此。开场白能决定你是否可以邀约到这支舞。

· **第一印象很重要。**你在最开始30秒内的言行及表现通常

（不总是）能决定最终结果。

· **开场白结束后，设法让潜在客户思考。**你的提问（有效提问）及陈述（有效陈述）对于赢得潜在客户的信心至关重要。提问需能显示出你了解情况，并委婉指出潜在客户的弱点，同时还要收集重要的必需信息。有效陈述则需创造性地介绍你的业务，并暗示你能为对方带来的好处，同时让对方更信任你。

· **直奔主题。**潜在客户很忙。如果你一直兜圈子，客户会觉得没有被重视。

· **如果对方询价，那么立刻报价。**尝试用最有创意的方式给出报价，不要犹豫。

· **确定潜在客户的需求。**了解客户运营中的问题，满足他们的贪婪与虚荣，激起他们的恐惧，确定他们的真实需求，直至最终找到他们的热键——按下热键。

· **客户将抗拒你。**那又怎么样？要想把潜在客户变成真正的客户需要碰面 7 次。如果你只在尝试一两次后就放弃，那么订单最终就会落到下一个找上门的销售人员手里。

· **客户购买是为了解决问题或满足需求。**提问和陈述都需要以此为导向。强调好处（客户能得到什么）而非产品性能（如何使用产品）。强调产品能为客户带来的利润、自豪感以及声誉。证明产品能帮助客户避免痛苦、损失以及批评。无法根据客户需求说明产品的好处，将无法签单。

· **专注于防患于未然。**设法让客户与你分享他们的不满，诱导他们说出当前的困扰。告诉客户如何捍卫利益、如何消除忧虑与恐惧以及如何避免投诉。潜在客户购买新东西的欲望与他们不想失去已有东西的欲望同样强烈。

· **使出浑身解数赢得客户信任。**让忠实客户现身说法，出示引荐人信息以及与潜在客户类似状况的处理方法等。

· **态度、幽默以及行动（坚持）将打消被拒绝的恐惧。**心里暗示很重要——你认为自己不怕失败你就不怕失败。你认为自己会被拒绝——潜在客户将拒绝你的提议。这是很大的问题吗？爱迪生、林肯、巴比·鲁斯以及 哈兰德·桑德斯都曾经历数千次惨痛的失败。如果他们不曾心怀成功的态度，那么他们现在会在哪里呢？（没有他们的成功，我们又会在哪里呢？）导致失败的唯一原因就是你放弃了。

· **设定分阶段的成功目标。**确定每天打多少电话以及敲定多少次会面。销售是数字游戏，你只有做好准备才能成为赢家。你必须坚持不懈、日积月累，最终才能签下订单。给自己点儿压力，让自己取得成功。如果你拜访了足够多的人，你肯定能敲定会面（你的阶段目标），最终会签下订单（你的终极目标）。

“你现在已经具备足够多初次拜访的知识了，妥善运用它们吧。”

——

杰弗里·吉特默

“You’re now armed with enough cold calling knowledge to choke a hores. Don’t let it get to your throat.”

– Jeffrey Gitomer

第四章

做好演示

4.1

演示记

演示……

前奏：关灯。

你的机会来了，

好好干吧。

你知道潜在客户想要听什么吗？

他在听吗？

他拿你当回事儿吗？

你能引导他采取行动吗？

你能否给予他足够多的购买信心？

或者你是见光死？

想让你的潜在客户尖叫：

太棒了！再来一次！

表演开始两分钟倒计时……

想要轻松达成交易？先与客户建立联系

你如何与客户建立联系？在你们展开的对话以外，你是否可以足够敏锐使你能找到生意以外的其他谈资？以下列出了一些建设性的指导办法，你可以在电话中、潜在客户的公司里、你的公司里或者交际活动中尝试一下。

在电话中：

打电话一般是为了约定会面，因此你需要关注 3.5 个方面：

1. 15 秒内直奔主题。

2. 语气轻松、保持幽默。

3. 设法了解潜在客户本人的一些事情。

3.5. 敲定会面。

建立联系的第一步就是直奔主题！直接说出你致电的目的。“您今天怎么样？”此类问候完全不必要（而且有时还浪费时间）。你只需说明你的名字、代表的公司以及你能给潜在客户带来何种帮助。一旦你说完了，你和客户都能轻松一些：客户感到轻松是因为他现在知道了你为何致电，而你感到轻松是因为客户没有挂你的电话。现在你就可以着手建立联系、敲定会面了。

对话中尝试至少使用幽默两次（但不要勉强）。人们都喜欢开怀大笑。一个 10 秒的简短笑话远比 10 分钟的推销言辞更有利于与客户建立联系。

倾听可以让你洞察必要信息。潜在客户的心情、家乡以及性格都可以在电话中的几分钟时间里暴露无遗。我都会仔细倾听对方的口音，这有助于我了解潜在客户来自何处——而如果我恰巧到访过他的家乡或者也来自此处，那么这将是一个很好的话题。

注意倾听潜在客户的心情，保持敏感。如果他听起来明显心情不大好，那么你可以说："我知道您比较忙（或者，今天过得不是很好），那么我们为何不选一个更方便的时间继续我们的谈话呢？"

如果你了解潜在客户，那么你就能以较为私人的方式敲定会面。例如，如果你的潜在客户喜欢篮球，那么你就可以说："我知道我能帮助你满足你对计算机培训的需求。我们只需一个 10 分钟的会面：前 5 分钟我将告诉你我能为你提供何种帮助；而后 5 分钟我们就可以讨论一下 76 人队在选秀时应挑选哪名球员。"

记住：人们喜欢谈论自己。设法让潜在客户讲述自己的故事将有助于你找到双方的共同点、建立联系以及提高你签单的概率。

在开始推销演讲前就与潜在客户建立联系。赢得订单的最好办法是首先赢得潜在客户的喜欢。如果你能找到与潜在客户的共同话题或共同兴趣，那么你们就能建立业务联系以及私人友谊。与销售人员相比，人们更容易购买朋友的产品或服务。

你如何与潜在客户建立联系？你的观察力是否足够敏锐，使你能找到业务之外的其他话题从而展开对话？以下是一些建议：

在潜在客户的办公室里会面：这是最容易建立联系的地方。你一走进潜在客户的办公场所，就要立刻开始寻找线索。墙上悬挂的照片、匾额、奖状以及客户订阅的经营业务以外的杂志等。当你走进潜在客户的办公室时，注意寻找孩子或各种活动的照片、书柜上的摆设、书籍、证书、奖状、桌面摆件以及其他能够反映客户个人喜好及爱好的物品。不妨询问奖状或奖杯以及证书或照片的来历。潜在客户将很愿意谈论他的成就以及爱好。

尝试与客户开展有意义的对话，提出有关其兴趣爱好的开放性问题。如果你对他的兴趣了如指掌，那么这当然最好，但是关键在于要让潜在客户谈论让他感到愉快的事情。利用幽默，幽默有助于建立联系，因为它包含了认可（当潜在客户开怀大笑时）。设法让潜在客户开怀大笑能为正面的产品演示奠定良好的基础。

当潜在客户来你的办公场所时：如果潜在客户来你的办公场所与你会面，那么找到与客户的共同点就有些困难了，因为你不再能够通过存在于他的周边环境中的物品来了解他的个人情况。此时，观察力就显得尤为重要。注意他的衣服、汽车、戒指、名片以及任何能够显露此人性格的物品。

保持友好。提出开放性的问题。不妨设法了解他上周末做了什么或者他这周末要做什么。可以聊聊电影或者电视剧，要避免政治以及客户的私人问题。当然，也不要抱怨你的个人问题。

人们都喜欢谈论自己。问题问对了，潜在客户就会滔滔不绝。你的目标是找到一个你们两个人都了解或者感兴趣的话题、看法以及情况。

保持真诚。虚伪的销售人员就像你客厅里的臭鼬一样显眼。两者都臭不可闻。

小贴士：

注意把握时间。在不同的地区，销售人员可以花在建立联系上的时间也有所不同。在东北部，你只能有 30 秒。在这种情况下，我都是开门见山。首先激起对方兴趣，而后就开始建立联系。在南部、中西部、西南部以及西部，你建立联系的时间有 5~10 分钟。不要忘记你的使命，不过我可以向你保证如果你能在产品演示开始前就与潜在客户成为朋友，那么你就很有可能会实现你的目标。关键就在于要让客户谈论自己，而这有助于你找到与客户的共同点、建立联系以及提高你最终签单的成功率。

如果不能建立联系，那么就没有订单!

增强客户购买信心的12.5个方法

如果潜在客户对你或你的产品缺乏信心，那么他们不会购买。

以下列出了增强购买者信心的最有效的12.5个方法：

1. **做好万全准备。**没有人会对一个讲话笨拙、不断找借口道歉的销售人员有信心。

2. **动员潜在客户尽早观看产品演示。**设法让潜在客户帮助你或者帮你拿着样品，类似举动会让他们感觉成为你们中的一员。

3. **准备书面资料。**国家级新闻报纸上如果有一篇关于你们公司或产品的报道，那么可信度就会提升很多。

4. **讲述一个你如何帮助其他客户的故事（视频展示也可以）。**这可以营造相似情境，有助于引发潜在客户共鸣。

5. **如有可能，使用引荐人。**"潜在客户先生，您可以致电（公司及联系人的名字）了解一下我们给他们提供的帮助。"

6. **不时抛出大客户或者潜在客户竞争对手的名字。**如果你的客户里有大企业，那么不妨恰当地点出他们的名字。要注意表述的方式，既要向潜在客户彰显你的实力，同时也不要让对方觉得你在吹嘘。

7. **准备好忠实客户的打印名单，大小客户都要包括在内。**用质地好的纸完美地打印出来。

8. **准备好客户现身说法信函。**客户现身说法信函需覆盖你的业务的方方面面：质量、送货、实力、服务以及额外努力等。要确保其中部分信函可以打消潜在客户的疑虑。

9. **不要对潜在客户进行狂轰滥炸。**在产品演示中自然地引入示例，从而使得客户不断增加对你的信任直至最终签单。

10. **签单后要注重服务。**购买者需要确保你不会卖完后就跑。介绍一下送货、培训以及服务。

11. **强调长期关系。**客户想确保你能帮助他们解决产品使用中可能出现的问题、技术革新、业务增长以及售后服务。不妨把你的住宅电话留给客户。

12. **销售是为了帮助他人，而非为了佣金。**潜在客户能感知到销售人员的贪婪气息。

12.5. **销售过程中最为重要的环节：问对问题。**请重温提问记，反复阅读10遍。

如同在纸牌游戏中使用主牌一样，你需善于使用信心建设工具。当你需要时，就大胆使用吧。如果潜在客户询问还有谁使用你的产品，那么准备好客户现身说法视频资料。

如果你的公司成立时间较短，那么可信度将是决定你能否签下订单的一个主要因素。你必须强调你的个人经历以及努力把事情做好的决心。

小贴士：

我从未提到价格是赢得客户信心的一个因素，因为价格不是。如果客户对你没有信心，那么价格最低也对你没有任何帮助。

the least Expensive Won't get you Anywhere

如果客户对你没有信心，那么价格最低对你没有任何帮助。

“如果潜在客户未能建立购买信心，那么价格最低毫无帮助。
事实上，在很多情况下，低价反倒会吓跑客户。”

——杰弗里·吉特默

“Being the least expensive won’t get you anywhere if the prospect has no confidence to buy. Many times, low price actually scares the buyer.”
– Jeffrey Gitomer

何时何地建立购买信心

如果潜在客户对你或你的产品缺乏信心，那么他们不会购买。销售人员必须让客户建立购买信心，并需在销售过程的各个阶段反复确认其信心是否足够强大。显而易见，销售过程中购买信心建立得越快，销售人员就越容易把销售推进到下一个阶段。

以下列出了销售过程中建立购买者信心的主要机会，每个情境都需要不同的信心建设策略。

交际场合：

如果你的时间只够说一句话，那么不妨谈一下某个优质企业如何使用你的产品 / 服务。“我们有幸自 8 家竞价公司中脱颖而出，被 Duke Power 选中并签下硒鼓合同。”建立购买信心就由此开始了。

电话中：

围绕一个示例建立购买信心，**你只想卖出一个会面的机会。**例如：“我认为我们能为您提供计算机培训，以便您提高生产力，进一步削减运营成本。我们刚为顶点生产制造公司完成一个类似的培训，用的是同样的培训课程。请允许我把顶点生产制造公司在培训完成后发给我们的反馈发到您的邮箱。我想在您的办公室里与您简单聊两句，以便确保这套课程也能适合贵公司的需求。”你的目标是建立足够的信心，以便成功与客户约定会面——而非最终签单。

初次拜访：

简单明了。你必须在 30 秒或者更短的时间里引起对方的兴趣，否则你的拜访就会失败。重点强调你能为潜在客户提供何种帮助，不要过分突出你能为他们节省多少成本。强调低价已经被过分使用，不再像以前那般奏效。不妨谈谈你能为类似的企业提供怎样的服务，以及你的产品在其他企业的使用效果如何。如果你不是在一次拜访就能敲定订单的行业里（超过九成的销售人员都不是），那么初次拜访你只需建立足够的信心赢得下次会面即可。

演示中：

把你最好的东西放在演示中。不管是在潜在客户的办工场所或者你的办公室，产品演示对你而言都是个很大的机会。带好你的全副装备，将你精心设计的演示一一展示给潜在客户，就如同一砖一瓦地建设楼房的地基一样。如果潜在客户每次心中涌现些许疑虑时你都有办法设法让他们安心，那么你将给客户留下深刻的印象。客户现身说法视频、忠实客户的来信、媒体报道的文章、样品以及对比图表都能增强客户的信心，使其最终做出购买的决定。演示中不妨不时记一下笔记，以便让客户觉得自己受到了尊重，且此次会面足够重要。自信至关重要——点滴自信可以吸引更多自信。

跟进拜访：

放轻松。语气尽量自然，不要让人听起来勉强做作。如果跟进拜访过于勉强，那么你将失去好不容易赢得的客户信心。跟进拜访需有明确目的。不妨分享类似情境（你能如何帮助他人），或者说明你能为潜在客户带来的具体好处，以便让客户明白为何需要现在购买。准备好开场白：

· 我一直在想着您。

· 我一直在想着您的事情。

· 昨天有人托我向您转达他的问候。

· 昨天我们谈话时提到了您。

· 有些要紧的事情需要您考虑一下。

你如何知道是否已建立了购买信心？你的电话得到了回复，你得到了订单或者将要签单的承诺。

如果潜在客户对你没有信心，那么你很容易就能感觉到。潜在客户会给你一系列的敷衍答复。“我将在几周后回复你”“我们的预算用完了”“我还没准备好购买”“需要召开董事会才能决定”或者是常见的“半年后再给我打电话”。如果你听到对方故意拖延，那么就说明你还未让客户建立足够的购买信心，让对方可以采取进一步行动。

切忌使用销售用语
创造要求签单的新方式

我的朋友米切尔·卡民（Mitchell Kearney）是夏洛特地区最棒的企业摄影师。在给客户拍照时，他从来不会直接说：“笑一笑。”如果你也是摄影师，你就会发觉做到这一点很难。不过，米切尔则表示，不说“笑”这个字而以别的方式让客户微笑让他变得更有创意了。我曾看过他的几百件作品，多数客户都在微笑，因此他的办法看起来很管用。米切尔规避了“笑”这个将专业人士与业余者区分开来的毫无诚意且缺乏想象力的陈词滥调。

你如何引导你的客户微笑且在今天购买呢？你的用语会冒犯

潜在客户吗？你的用语是会建立信心还是摧毁信心？你是否让人感觉“我来这里就是为了订单”？

要想获得订单，你必须使用高超的语言技巧，以免你听起来就像个虚伪的销售人员。如果你听起来缺乏诚意，那么很有可能你本身就缺乏诚意。

以下列出了需绝对规避的字词：

坦白地说——这个词听起来就很虚伪。所有的销售培训课程都建议销售人员避免使用这个词语。

很坦白地说——令人反感程度较之“坦白地说”翻番。我会很怀疑说这个词的人的动机。

实话实说——这个词后面总是会跟着一个谎言。

我的意思是——不，你的意思不是。这可能是词汇中最虚伪的词语。

你准备好今天下单了吗？——请不要逼得这么紧。这句愚蠢的话最让人反感。你至少有100种方法可以询问潜在客户今天感觉如何，或者他打算何时下单。

你今天过得怎么样？——当你在电话中听到这句问候时，你的第一反应就是：“蠢蛋，你要推销什么？”

有什么需要我帮忙的吗？——世界各地的零售员都会说这句话。零售业已经发展了百余年，零售员应该有更有创意、更照顾客户需求的表达方法。

以下列出了需绝对避免的销售策略：

贬低竞争对手：

永远不要贬低竞争对手，因为这不仅不会给你带来益处，反而会让你遭受损失。我的母亲一直告诉我，如果你不能赞美他人，那么就保持沉默。如果你向潜在客户贬低你的竞争对手，那么有可能潜在客户就是你竞争对手的亲友或另一半，也会显得你的人品很差。

鼓吹伦理道德：

永远不要直接说你很重视伦理道德，而要通过言行间接地让对方感受到。如果你觉得需要证明自己重视伦理道德，那么不妨通过具体事例说明。告诉潜在客户你想要的是长期合作关系，而非只是一笔订单，但需坚决避免“伦理道德”这个词。如果我在销售过程中听到有人说这个词，我会想方设法避开他。

你的挑战是全力以赴满足客户或潜在客户的需求。你的创造性的用词和行动（你的表达方式及行事方式）往往可以最终决定能否签单，同时还可以决定是你或者你的竞争对手获得这笔订单。如果你的竞争对手获得这笔订单，那么你肯定会很气愤，不是吗？如果是，那就做些什么防止这种假设变成现实。

应如何做？应全力以赴努力做。找几个同事或其他销售人员一起，大家讨论一下如何才能与众不同。有才华的人聚在一起有助于找到答案并得到积极的结果。不妨记下来，比照着反复练习。相信自己——最终结果必然能为你带来滚滚财源。

我的经验告诉我，如果你必须说出来你是怎样的人，那么很有可能你就不是这样的人。思考一下这句话。如果你说“我是诚实的”、“我有道德”，甚至“我是老板”或者“我能做主”，那么事实往往正相反，不是吗？

动员潜在客户亲身参与——更多成交

1972年我销售经销权时，开的是一辆凯迪拉克。我会开车到潜在客户家里去接他们，而当我接到他们往回走时，我会说："我有点儿头疼，您可以开车吗？"当潜在客户先生或夫人一路开车到达我的办公室时，他们会想要一辆与我的车一模一样的车。他们将会买下我销售的经销权，然后用经营所得利润买一辆凯迪拉克。在销售开始的前5秒内，我就动员潜在客户参与销售。

当你做产品演示时，你的潜在客户的参与度有多高？触觉（抚摸）有助于客户产生归属感。如果你想知道潜在客户对你的产品或服务的接受度有多高，那么不妨尽早并频繁地动员他们参与你的销售活动。

一般来说，产品销售动员客户参与比服务销售要容易。然而，如果你发挥你的创意，你会发现你能让潜在客户深入地参与你的销售活动。

动员客户或潜在客户参与演示准备活动：

· 请求他们帮忙准备写字板、投影仪或者视频播放设备。
· 询问他们有无纸张、高光笔或者黑板擦。
· 请他们帮忙插上插销或者搬一些设备。
· 喝一口客户提供的咖啡或苏打水。
· 你可以提前致电要求客户布置产品演示的房间，准备好设备（写字笔以及投影仪等）。
· 潜在客户参与准备工作对你而言是额外的机会，你可以借此简单聊聊或者展现的你的幽默。

动员客户或潜在客户参与产品展示。在产品展示过程中，动员客户身体力行地亲自参与其中是唯一重要的事情。不妨请他们帮助播放演示视频、按下按钮、打印、开车、举着样品或者帮忙组装辅助工具。即便你完全能一个人完成一个精彩的演示，但是如果你不能动员客户参与其中，那么你只能让他们感到无聊，而不会让他们印象深刻。明白了吗？

如果可能，不妨让潜在客户主导整场演示。潜在客户为你的销售活动做得越多（越好），那么他做决定时对你的销售团队的归属感就会越强烈。

注意寻找及倾听购买信号：大大的微笑、赞美之词、提问以及赞叹。

讲解售后服务时也要动员客户或潜在客户参与其中：设法让潜在客户一直追随你的思路。大声阅读，或者播放产品演示中的相应部分。休息片刻。做一些互动的有趣的事情，以便激发客户兴趣。有时候20分钟的推销演讲反倒不如10分钟的推销演讲有效。

· 通过提问或新的提议动员客户或潜在客户参与：提出一些开放性的问题，以便确认潜在客户有多大的兴趣……
· 您感觉……用起来怎么样？
· 如果您在……时使用这个产品，您将何时……？
· 您感觉这个产品对你们公司能有何帮助？
· 操作起来很简单，您看到了吗？
· 您最喜欢产品的哪个功能？

· 设法让客户进行自我推销——您认为产品能为您或您的公司带来何种好处呢？

· 询问客户是否是最终决策人以及是否有足够的支付能力。

小贴士：

当你完成演示后，不妨收走潜在客户的东西、关闭设备以及带走所有的资料。这有助于你消除所有可能分散注意力的事物，掌控整个销售过程。如果潜在客户要求再看看什么或者把玩一下什么，那么这就是一个购买信号。抓住这个机会。

设法在客户参与销售活动时把一支笔放在他的手里……这样当你把订单表格递给他时，他就完全准备好填写了。

愚蠢的幻灯片，是你？不是你？

在酒店的大堂里，我看到正在做销售演示的两人——销售人员和潜在客户。销售人员一心想“签下这笔订单”：他有条不紊地一页一页地翻看幻灯片，专注地盯着手提电脑。而最让我吃惊的是潜在客户一点儿都没有关注这个销售人员的演示：他要么就是看着空白的地方出神，要么就是完全神游太虚去了。

看到这一点，我直接走向这两个陌生人，对销售人员说：“你在干什么？潜在客户根本就没有关注你。”然后我转过身对潜在客户说：“你买还是不买？”潜在客户一脸吃惊地说：“买，我买。”我说：“太棒了！那就现在成交吧。”说完就嘿嘿笑着走开了。

我想起了一个古老的销售笑话：

“先别买，我还没做完演示呢。”你现在可能觉得这有点儿可笑，不过我保证你做幻灯片演示时也会遇到同样的情况，而且搞不好还会经常遇到。

多数销售幻灯片演示都是无聊且没有效果。哦，他们播放这个、播放那个，但是一点儿都不能激起观众的兴趣。“我们做这个，我们做那个，我们，我们，我们……”多数销售演示都是关于产品、公司以及销售人员本身，根本不会考虑到唯一重要的人——要买东西的客户。

幻灯片演示最糟糕的部分就是他们并非由销售人员自己而是由某些所谓的专家准备：也许是设计部门，也许是营销部门，但从来都不是销售部门。可怜的销售人员（就是你）不得不拿着这个几乎是反销售的东西四处演示。

抱怨够了，接下来解决问题。

以下列出了让幻灯片演示能更吸引人，你应该注意的16.5个方面。

1. 一张幻灯片只说明一个问题。幻灯片不用花钱。
2. 添加一张令人意想不到的、私人的以及有趣的图片。
3. 演示主要通过演讲进行，幻灯片只是起强化辅助作用，而不是反过来。
4. 永远不要说：“这张幻灯片读起来有些困难。”幻灯片不用花钱，为何不做成两张？
5. 不要加入旋转或滑动效果——完全是浪费时间。
6. 不要使用12岁的孩子都能找到的幼稚的剪贴画，这会让大家觉得你不够专业。除非是你自己制作的，否则就不要用剪贴画。

7. 计算笑声的次数，至少每5张幻灯片要笑一次。(如果每5张幻灯片至少有一次笑声，那么对于订单你基本就胜券在握了。)
8. 使用白色背景。五颜六色的背景只会分散注意力，毫无益处。
9. 我会在每张幻灯片的右下角添加一个硬币大小的公司标识。我也不知道为何要这么做，也没有人对我说过什么，但是我觉得如果MTV用起来不错，那么我不妨也试试。
10. 使用打字机字体，将主屏幕字号设为44pt。字体添加阴影效果。
11. 重要文字可通过加大一号字体的方式凸显，也可使用其他颜色。我通常用红色。
12. 如果你在为一张幻灯片绞尽脑汁以便让它更合适，那么不妨删除它。很可能这张本身就不合适。
13. 幻灯片要善于讲故事而非摆事实。销售中最有效的部分就是故事。事实和数字总会被忘记，只有故事能被记住——这是一条铁律。
14. 你的幻灯片是描述性的还是互动性的？幻灯片有两种：吸引人的和不吸引人的。重新浏览每张幻灯片，同时询问自己："这张有多吸引人？"如果幻灯片不够吸引人，你为何还要用它？
15. 你的幻灯片是提出问题，还是简单的陈述？提问有助于推动谈话，吸引对方注意力；而陈述（一般来说）只是无法证实的断言而已。
16. 你在幻灯片或者演讲中提到的陈述或主张，有多少是由证据支持的？由此引出我要说的最后一点。

16.5. 客户现身说法视频资料要贯穿幻灯片演示始终，以便佐证你的陈述和主张真实、可复制，且适用于当前潜在客户。

读到这里你可能对你的幻灯片演示完全失去了信心：你的幻灯片让我说得一无是处。然而，请注意，你的竞争对手使用的幻灯片是同样的无聊。解决问题的秘诀：妥善利用那个你现在每天晚上浪费在看电视重播上的时间，重新制作你的幻灯片，要考虑到客户的需求和欲望，以提问和推动对话的方式与潜在客户充分互动，使用些许幽默，以保证销售演示生动活泼，同时其中提到的每个事实和主张都有客户现身说法的充分支撑。

哦，顺便提一下，幻灯片演示结尾一定要包含约定签单的问题，以这样或那样的方式询问对方是否愿意签单。

你的幻灯片演示要 100% 考虑到客户的需求和欲望。

第五章

拒绝、成交及跟进，逐步成功！

5.1

拒绝记

当客户开始拒绝时，销售就开始了。

如果你能将拒绝变成接受，那么你就能签下订单了。很简单。

生意总是会做成。

要么是你让潜在客户接受你的产品；要么就是潜在客户成功地拒绝你。

在你的一生中，你将被拒绝 116 000 多次。

作为销售人员，你的挑战就是将其中的 500 次拒绝变成接受。

你的生活及银行账户将因此发生巨大的变化。

永不接受拒绝为最终答案。

推翻拒绝。

你可以这么做……

火眼金睛，识别真正的拒绝

客户说："我拒绝！"他是真的拒绝了吗？这是他拒绝的真实理由，还是只是个托词或者谎言？委婉地说，这叫作拒绝或疑虑，其实这就是潜在客户现在不购买的真实原因。潜在客户或客户真正要表达的意思是："你还没有说服我购买。"潜在客户其实想要借此得到更多信息或保证。

多数拒绝都只是托词，并非客户现在不购买的真实原因。让情况更复杂的是，买家通常习惯隐藏他们现在不购买的真实原因。为什么呢？他们不想伤害你的感情，他们有些尴尬，或者他们害怕讲出事实。善意的谎言则容易很多，对于直接讲出真相而言，也更容易让人接受，因此他们便随口抛出一两个托词，只是为了摆脱你。

以下列出了潜在客户或客户常说的十大托词 / 善意的谎言：

1. 我想再考虑一下。
2. 我们的预算已经用完了。
3. 我得跟我的搭档（妻子、猫咪、情人、经纪人、律师、会计、心理医生）商量一下。
4. 我想回去再考虑一下，明天给你答复。
5. 我从不冲动购买，都会花些时间考虑一下。
6. 我还没准备好购买。
7. 90 天后再来找我，那时候我们就会准备好。
8. 我们不在乎质量。
9. 现在经济不景气。
10. 我们有广告公司帮忙解决这个问题。

“我们对现有的供货商很满意”“我们得再看两家竞标的公司”“我们的母公司采购一切用品”以及“你们的价格太高”都是经典的拒绝托词，但是这些都排不进前十。

那么，拒绝的真实理由是什么呢？多数客户都不会直接说出他们不购买的真实原因。当潜在客户说“我想再考虑一下”或者给出其他托词时，这些其实都不是他们不愿购买的真正原因。

以下列出了潜在客户现在不购买的真实原因：

- 没有钱。
- 有钱，但是钱不多，所以不想花钱。
- 对你们的产品不熟悉。
- 自己一个人无法决定。
- 没有权力进行超预算开支，或者需要他人的批准。
- 认为（或者明知）他在别的地方能够以更便宜的价格买到。
- 想买别的，但是不愿告诉你。
- 对现有的合作关系很满意，或者与现有的合作方是朋友或有其他私人关系。
- 不想更换供应商。
- 想再转转看看。
- 当前还有更重要的事情需要忙。
- 现在不需要（或者他认为不需要）你的产品。
- 认为（或知道）你的价格太高。
- 不喜欢或对你的产品没有信心。
- 不喜欢、不信任或对你的公司没有信心。
- 不喜欢、不信任或对你没有信心。

销售工作的第一要务就是找到客户拒绝的真实原因，而原因就在上述列表中。只有在明确原因以后，才有可能推翻客户拒绝并且最终签单。

你可以完美地推翻一个拒绝，但如果推翻的并非拒绝的真实原因，那么你就会百思不得其解为何现在还没有把订单签下来。当客户给出一个拒绝的原因，你必须首先确定这是否是他拒绝的真实且唯一的理由。辨别拒绝的真伪与推翻拒绝同样重要。对于多数销售人员而言，他们的问题就在于不能找到客户拒绝的真实原因，因此在拒绝发生时并未做好应对的准备。为什么？包括以下一个或多个原因：

· 他们缺乏必要的技术（产品）知识。
· 他们缺乏销售工具。
· 他们缺乏销售知识。
· 他们缺乏自信。
· 他们事先未准备好应对（有时候是一个已经听了 10 遍的拒绝托词）。
· 他们的产品演示做得不好。

或者两个或两个以上上述列举的原因。

“价格太高了。”在销售过程中，这是销售人员常遇到的经典拒绝。要推翻这个拒绝，你必须找到潜在客户真正想要表达的意思是什么或者他们能承受的最高价格是多高。如果你听到了这句话，那么多半时候这个订单就没戏了。

Find the Real OBJECTION

销售工作的第一要务就是找到客户拒绝的真实原因。

现实世界的拒绝，现实世界的解决方案

拒绝，我热爱拒绝。克服拒绝是对销售人员的真正考验。客户说的并不是不行，而是现在不行。拒绝有时反而能够反映购买者的意图。

拒绝为何发生？

1. 潜在客户的头脑中存在一些未曾打消的疑虑（有时是由销售人员制造的）。
2. 潜在客户想要购买或者有兴趣购买，但是需要了解更多信息、想要价格更低一些或者需要听听第三方的意见。
3. 潜在客户不想购买。

如果存在以下情况，我敢保证你会遭到拒绝：

· 你尚未完全确定购买者的身份。（他是决策者吗？他能买得起吗？他的需求和兴趣水平有多高？）
· 你尚未确定客户的购买需求。
· 你尚未建立私人关系。
· 你尚未建立信用。
· 你尚未建立信任。
· 你尚未找到潜在客户的热键。
· 你的产品演示不够有吸引力。
· 在潜在客户拒绝前，你在产品演示中并未提及并提前克服可能的拒绝理由。

克服拒绝的最佳方式是什么？做好准备工作。

以下列出了确定真实拒绝并最终克服拒绝的 6.5 个步骤：

1. 仔细倾听客户的拒绝，以确认它是真正的拒绝或托词。如果拒绝为真，那么潜在客户通常会多次重复。让潜在客户充分完整地表达拒绝，你不论听到什么，都要首先认同潜在客户的观点，这样你就有机会在避免争论的前提下巧妙地表达自己的不同意见。如果你认定客户的说法只是个托词，那么你必须设法让潜在客户坦白吐露真实的拒绝原因，否则你将无法继续进行销售。如果你认定客户的说法是托词或者需要进一步的澄清，那么不妨尝试以下开场白，以便获知真实拒绝的原因：

- 您的意思真的是……？
- 您告诉我……，但我认为您可能另有意思。
- 当客户这么说时，我的经验告诉我他们其实是对价格不满意。您也是这样吗？

2. 确定客户给出的拒绝原因为唯一的原因。围绕拒绝展开提问。询问潜在客户这是否是他或她不愿从你公司购买的唯一原因。询问潜在客户除了已经给出的拒绝，是否还有其他原因导致他们不愿购买。

3. 再次确认。换个说法，再次就同样的事情进行提问："换句话说，如果不是……，您将购买我的服务。是这样的吗，琼斯先生？"

4. 确认拒绝原因，为最终签单问题做铺垫。巧妙提问，其中需包含解决问题的办法。"如果我能证明产品值得信赖""如果我能给您延长质保"或者"如果我能在工作环境中演示这个系统"，那么这是否足以让您做出决定？

5. **回应拒绝，完全解决拒绝中所包含的问题，并设法让客户给出肯定的回答。**现在就需要你使用手中掌握的一切资源了。如果你手中握有必胜王牌，那么现在正是时候打出（客户现身说法视频材料、对比图表、当场就能打通电话的客户或者与时间或价格有关的特价活动）。忘记价格——展示成本、演示价值、列出对比表以及证明益处。如果你不能以一种与众不同或脱颖而出的方式回应潜在客户的拒绝，那么你将永远无法拿下这笔（或任何一笔）订单。产品知识、创造力、销售工具，你对自己、产品以及公司的信任以及你的沟通能力现在都要派上用场。你必须真诚且令人信服地表达你的观点，并设法获得潜在客户的切实认同。

6. **以直接或者假设的方式提出最终签单问题。**提出一个问题，客户对于问题的回答将决定是否签单。

- "如果我能……，您会……？"是签单问题的经典提问模式。
- "我非常确定我们能做到这一点。我需要跟我的办公室确认一个事实。如果我这边没问题，那么我认为这笔生意就做成了。"或者"我可以跟所有决策者会面，以便最终确认订单。"
- "当你提问最终签单问题时，不妨引用相似情境。人们想要了解跟他们情况相似的人是如何做决定的。"
- 先问："您为何觉得这个/那个重要？"然后接着说，"如果我能……您会……？"

6.5. **确认答案及订单（如有可能，以书面形式确认）。**可通过以下确认类型的提问将潜在客户敲定为客户。

· 您想要什么时候送货？
· 哪天开始最好？
· 您倾向于哪种送货方式？
· 您想把货送到哪里？

关于最终签单问题及客户拒绝的书籍有很多，不妨尝试多读一些相关书籍，并听一些相关课程。这些资料中都包含着克服拒绝的方法，其中多数都可用。

你的任务就是对这些方法进行调整，以便让它们适应你的风格和性格。

终极目标就是完美地签下订单，以便你以后不再需要这些方法——因为你已与客户建立了友谊和私人关系。在一些你并未建立私人关系或友谊的时候，你唯一可以依赖的就是这些方法，因此你需要掌握尽可能多的方法。

“客户拒绝
有时可以反映
其兴趣。”

——

杰弗里 · 吉特默

“An objection may actually indicate buyer interest.”

– Red Motley, 1946

先发制人，防止拒绝

“你的价格太高了。”胡说八道。当你听到这句话时，你是不是觉得很讨厌？

这是销售界的头号拒绝说辞。销售人员怎么会一再地听到这个拒绝呢？这让我很困惑。

没有新的拒绝，你之前都已全部听到过。你能想象潜在客户说：“你的价格太高了。”而你回答：“是的，我以前就听到有人说过。”（事实上，这个回答可能都比你现在用的要好。）不论你处于哪个行业，客户现在不购买的原因都在5~20个。

有些拒绝的理由只是借口——拖延策略或者潜在客户不愿直接拒绝销售人员。不论是直接拒绝还是借口，对于销售人员而言都意味着一件事：沮丧。

以下是克服这个销售难题的方法：你可以在产品演示中提前讨论客户可能给出的拒绝，以便阻止潜在客户自己开口说出。预防是应对拒绝的最佳良药。

以下是具体做法：

· **搜集可能出现的所有拒绝。**与销售代表及客户见面，对可能出现的拒绝进行头脑风暴。不妨询问他们遇到的十大拒绝，他们肯定很愿意分享。

· **记下拒绝。**把你搜集到的所有拒绝都详细列出。通常，同一个拒绝有不同的表达方式。

· **提前设计针对每个拒绝的回应，其中需包含最终签单问题。**

为了有效防止拒绝的发生，你必须做好万全准备。完成这项工作可能需要一些时间，不妨与你的团队及客户共同讨论，针对每个拒绝设计多种情境。

· **准备销售工具，以便对每个回应进行改进和支持。**客户的表扬信、现身说法视频、对比图表以及支持类文件等都可以加快从拒绝到最终签单这个过程。公司需要准备一切必要材料，以便让销售人员感觉自信且得到了支持，从而可以轻松签单。

· **通过角色扮演的方式对回应进行演练。**在设计好对拒绝的回应后，可安排几次角色扮演以便熟悉每个回应的情境。回应要尽可能自然。

· **修正回应。**在角色扮演后，可能需要对回应进行相应调整。不要耽搁，马上调整。

· **在客户身上验证一下。**找到一两个有问题的客户，告诉他们你要做什么。他们会赞叹你的勇气，很乐意帮忙，并且通常都会给出真实的反应。

· **根据现实世界的情况，对回应进行最后修正。**在现实世界进行演练后，回应总是需要进行相应调整。确保每次演练后，都要记录下调整的情况。

将上述内容记录在笔记本上，并给每个销售人员都复印一份。这样做的另一个好处是：当你雇用新的销售人员时，将会有现成的培训手册为他提供切实的解决方案并保证效果立竿见影。

定期举行小组会面，讨论回应可能需要进行的调整。总会有人能发现新的最佳解决方案。

关键是要确认可能出现的拒绝，并把设计好的反应写入常用的产品演示中，这样当你做完产品演示后，客户将会无从拒绝。

以下列出了可供参考的防止拒绝的7.5个工具和短语，不妨照此改进你的回应并加入你的产品演示中。

1. **相似情境**。讲述相似客户的故事：他们有着相似的问题或拒绝原因，不过他们最终还是购买了产品。

2. **客户现身说法视频和信件**。其中有些可以直接拿来用以最终敲定订单。“我当时曾感觉价格太高，不过一年以来产品的维护费用都很低，因此我发现整体成本其实比去年降低了20%。谢谢你当时说服我购买。”

3. **关于你的产品或公司的故事或文章可以助你获得支持、建立信誉及信心。**

4. **对比图表**。列出与竞争对手的逐项对比图表。当潜在客户表示他们想再转转看时，不妨拿出图表。

5. “**我的经验告诉我……**”这是最有效的一个开场白，可以有效防止拒绝。

6. **“我听取了我们客户的意见。**他们曾对……有疑虑，因此我当时就做了以下处理……”让潜在客户看到他担心的事情可以解决。你听取了客户的意见，并帮助他们解决了问题。

7. “**我以前认为……，但是我改变了想法，现在我……**”这种方法可以控制负面声誉（服务较差、价格较高等）的影响。

7.5. **做好准备。**你知道客户会拒绝，你以前就听过，因此不妨事先准备好提问、回答以及解决方案以便拒绝出现时随时应对。

如果你能在潜在客户拒绝前就在产品演示中提前将其解决，那么你很有可能就会签下这笔订单。

现实世界： 如果你能提前预见可能出现的拒绝情况，那么你就能阻止拒绝的发生。听起来很简单，但是这需要准备和练习，而最终实现则需要时间、创意和专注。不妨尝试一下。如果你付出巨大的努力，那么你的回报将是非常可观的订单——以及鼓鼓的钱包。

销售从客户拒绝开始

客户不会一开始就告诉你他们拒绝的真实理由，而只会找借口推托。然而，老道的销售人员能够避开借口，找到客户拒绝的真实原因。

接下来的几页讲述了克服拒绝的方法，这些拒绝你经常遇到：

· "我需要考虑一下。"
· "坦白讲，我们的预算已经花完了。"
· "我想再看两家供应商。"
· "我是想买，但是价格太高了。"
· "我对现在的这个供应商很满意。"
· "我得跟某某商量一下。"
· "请 6 个月后再找我。"

有时这是客户拒绝的真实理由；而多数情况下，这些不过是客户的借口，甚至是谎言。

克服拒绝的关键在于……

· 你对销售技巧的掌握。

· 你对产品的了解。

· 你对潜在客户的了解。

· 你与潜在客户之间的关系。

· 你的创造性。

· 你的态度。

· 你想帮助潜在客户的真诚愿望。

· 你的坚持不懈。

克服拒绝的关键与价格无关，只是或许与成本有些许关系。不过，克服拒绝的关键与价值密切相关。接下来的几页将逐一介绍各种拒绝，每个拒绝将聚焦单一事件，以便读者获得尽可能多的切实可用的信息。我的目标是提供一个可用的解决方案，以便你下次给客户致电时直接使用。

小贴士：

在你克服拒绝及签订订单以前，你必须首先确定客户拒绝的真实理由。

当潜在客户说“我需要考虑一下”时，你可以参考以下做法：

潜在客户说：“我需要考虑一下。”你是不是感觉很讨厌呢？

举个例子，你试图向琼斯建筑公司推销一台新式复印机。琼斯很有兴趣，但是面对你的推销给出了经典的托词“需要考虑一下”。

“需要考虑一下”是借口，并非拒绝的真实理由。

只有在找到拒绝的真实理由并创造性地将其克服后，你才有可能签下订单。

以下做法将助你结束琼斯先生犹豫不决的状态，最终签下订单……

销售人员：太棒了！考虑一下意味着您有兴趣。对吗，琼斯先生？

琼斯：是的，我有兴趣。

销售人员：您说要考虑一下并不是为了摆脱我，对吗？（以开玩笑的口气说出）

琼斯：哦，不是的，不是的。（开怀大笑）

销售人员：（认真地说）琼斯先生，您知道这是一个重要的决定。复印机并不是单纯的复印机器，对客户发出的每一个复印件都代表了公司的形象。我相信您也认同我说的这一点。您是需要同公司里的其他人一起考虑一下吗？（隐含意思：他是唯一的决策人吗？或者还有其他决策人吗？）

琼斯：不，只有我。

销售人员：我知道您是建筑行业的专家，你已经名声在外，而我则是复印机行业的专家。在我过去 6 年的从业经历中，我发现多数人在考虑过程中都会发现一些重要的问题，但是却没人可以回答这些问题……因为每一封复印件都代表了公司的形象。那么，为何不让我加入您的考虑呢，这样当您发现关于复印机的问题时，我就能随时回答它们，您觉得怎么样？那么现在请您告诉我，您要考虑的主要问题是什么？（你将由此开始发现拒绝的真实原因。）

小贴士：

如果琼斯先生说他会与其他人一起考虑，那么你也必须与所有相关方在同一个房间里一起考虑，否则你就死定了。

当潜在客户说“坦白讲，我们的预算已经花完了”时，你可以参考以下做法：

“我们的预算已经花完了”是潜在客户的最好借口之一，不过请记住只有在半数的情况下，它才是拒绝的真正理由。

· 有时你可以找到新的预算项目。
· 有时你可以请示更大的老板对预算进行修改或给予特殊处理。
· 有时潜在客户抛出这个借口只是为了摆脱你。
· 有时潜在客户说的是实话——不过，如果每次是借口的时候我赢1美元，那么现在我已经是百万富翁了。

为了克服拒绝，你必须首先确定潜在客户讲的是否是实话。这里面可能有几层隐含的意思，“我们的预算已经花完了”隐含的意思可能是“我买不起”，或者“我在别的地方能以更便宜的价格买到，或者我在别的地方能买到更好的”，或者“我不想买你的（或者你们公司的）产品”，或者“我对目前的供货商很满意”，或者“我不想要你的产品”。

以下列出了帮助你破除困境的办法：

· 潜在客户先生，让我跟您讲讲我们的延迟支付方案。如果您现在签订为期2年的合约，那么我们可以将支付延后6个月，这样等您下期预算开始的时候，您只需加快支付过程即可。

· 如果我的服务能解决您的问题，那么您为何不做必要的调整以便将此次采购纳入您的预算呢？

· 哪些人有权批准超预算支付？我们什么时候可以与他们会面？

为了确定潜在客户是否真的想购买或只是苦于没有预算，可尝试以下办法：

销售人员：如果预算没有花完，您是否会购买我的产品？

潜在客户：哦，是的！

销售人员：下次预算会议是什么时候？

潜在客户：7月。

小贴士：

现在你可以提出以下问题，并记下答案。

“我需要提交什么提案？”“有无截止日期？”“您能否给我一份提案样本以供参考？”“提案还需要提交给其他人吗？”“您能给我一封推荐信吗？”（提案是否附带内部经理的推荐信有时可以决定最终能否签成订单。）“我能否在会上亲自提交提案，以便回答可能提出的任何问题吗？”（如果潜在客户在回答这个问题时有任何犹豫，那么这可能就意味着预算并不是客户拒绝的唯一真实理由。）

今年，你仍有可能会签下整笔订单或半笔订单。不妨试探询问当前情况：“还有人有权调整今年的预算吗？已经批准通过的预算项目里是否还有钱没花出去？我们能把这项采购计入一项仍有余钱的预算项目（办公室设备、推广、捐赠、宣传或者广告）里吗？”

一个略有些强势的办法是：“您确定能推动批准通过这项采购？”如果潜在客户回答“是的”，那么你可以说：“那就现在买了吧。我现在给您出账单，不过您可以等预算批准通过后再支付。”

“预算没有钱”是最难克服的一个拒绝，因为你不知道潜在客户讲的是否是实话。如果客户所言不虚，那么你必须认真做好跟进工作。如果你要提交推动预算通过的提案，那么提案必须简洁无误、准时提交并且清晰说明所有的条件。

你必须确认潜在客户是否想要购买你的产品，这样你可以提前确认明年的订单，同时也有可能今年就把这笔订单签下。

当潜在客户说“我想再看两家供应商”时，你可以参考以下做法：

你刚做完一场精彩的推销演讲，你知道你有最好的产品，并且你也详细介绍了产品能为客户带来的好处，但是潜在客户却说：“我想再看两家供应商。”这确实很打击人，那么你还能做些什么或者说些什么以便今天签下订单呢？

最好的销售人员都经过专业的训练，能够对拒绝做出得体的回应，并且在恰当的时候提出是否签单的问题。他们做产品演示时已经准备好一切，以便能当下签订单。以下列出的解决方案使用的销售工具虽有些过时但仍然有效，你可以就此赢得订单，并凭借精心准备给潜在客户留下深刻印象。

情境：琼斯先生需要一部手机以便进行更好更快的业务联系。他与你约定了会面，听了你的推销，但是却对你说他想再看看。

这可能不是他拒绝的真实理由。

在这种情况下，你的目标就是设法说服琼斯先生今天购买或者引导他说出拒绝的真实原因。不妨尝试采用以下方法对犹豫不决的琼斯先生进行说服。

销售人员：很多我的客户从我这里购买手机前，都会和您一样，也想再到处看看。我知道您想确保您购买的手机和服务都是最好的，对吗？

琼斯：对的，就是这样。

销售人员：您能否告诉我您想再看看（对比）哪些方面？

琼斯：（琼斯开口说出的第一句或第二句话就是他拒绝的真实原因，除非他的目的只是为了摆脱你。）

销售人员：如果您就这些方面（一一列举）与其他公司的产品进行对比后，会发现我们的产品是最好的，那么您就会选择购买我们的产品，是吗？

琼斯：是的，我会的。

好的，现在就是敲定琼斯这笔订单的时候了。

销售人员：太棒了！我们的很多客户在购买前都想货比三家，

而我们都知道这会占用您的很多宝贵时间。您想买手机的主要原因就是想节省时间，不是吗？为了节省您的时间，我们提前为您收集了同类产品的信息。这张图表（一张写的满满的 11 × 17 的图表）列出了我们的 20 家竞争对手以及他们的产品、服务和价格。

不妨一一指出你公司产品优于竞争对手的地方，特别是琼斯先生曾明确表示额外关注的方面。

琼斯先生，现在您想何时买手机呢？

小贴士：

你的精心准备让琼斯先生很惊喜，但同时他也很意外需要现在就做决定，否则他就要说出拒绝购买的真实理由。（参考“我需要考虑一下”的内容，了解你可能遇到的拒绝的真实理由。）

一张将你的产品、服务及价格与你的竞争对手逐一对比的图表将有助于说服潜在客户当下购买，而不是继续货比三家。

其他解决方案……

主动提出帮助潜在客户货比三家。设法让琼斯先生告诉你他将比较哪些方面，然后告诉他你将做一个对比表，列出同类产品的各自优势。

琼斯先生会说：“我不想麻烦你太多。”你回应道：“琼斯先生，您的光顾对我而言很重要。我不介意做这个对比图表，因为我也可以就此确认我们在同行中仍然处于领先水平。另外，我们的产品还从未在货比三家的过程中败下阵来。”

现在，不妨拿出你的所有勇气，问一下：“您是想现在直接签单呢，还是想等看完对比图表后再签单？”

当潜在客户说：

“我是想买，但是价格太高了。”

你可以参考以下做法：

奔驰是世界上售价最高的汽车之一。有些人说“价格太高了”，但是奔驰公司在世界范围内却售出了数千辆奔驰车。奔驰公司也是世界上最有钱的公司之一。

自 2 000 多年前大马士革开放市场以来，买家就一直嚷嚷“价格太高”，但是他们仍然购买。

“价格太高”是经典拒绝。为了克服这一拒绝，你必须确定潜在客户的真实意思。假设他真的想现在购买，而他也是唯一的决策人，那么这一经典的拒绝背后可能隐含 5 层意思：

1. 我买不起。
2. 我在别处能以更便宜的价格买到，或我在别处能买到更好的。
3. 我不想在你这里（或你的公司）购买。
4. 我不明白或不理解你的产品或服务的成本或价值。
5. 你还没有说服我。

当你遭遇有关价格的拒绝时，半数情况下你无法签成订单。不过，你仍然拥有 50% 的机会——抓住它。

不妨尝试以下办法：

· **证明可购买性：**“如果您不雇用我们，而是继续维持现状，那么您花的钱会比购买我的产品或服务还要多。”

· **挑战：**“您想花多少钱买？”“您能负担得起什么价位？”

· **试探谈判空间：**“‘太高’是高了多少？”

· **谈论价值与未来：**“琼斯先生，您考虑的是每天花多少钱，而我们现在谈的是终身受益的价值。”

· **就我的个人经历而言，最有效的是：**“如果价格低一些，那么您现在（不是今天）是否会购买我的产品呢？”（假设潜在客户回答会的。）“您的意思是，除了价格以外，没有阻碍我们成交的其他因素？”

小贴士：

经过再三确认，我认定价格是潜在客户拒绝购买的唯一真实理由。“如果我们可以设法让您能够负担得起，那么您是否会立刻下单、接收货物或开始使用我的服务呢？”

如果潜在客户回答会的，那么你就需要想出一个创造性的解决方案：调整支付方案、打折优惠、为未来购买提供优惠、对比价格与成本（一定期限内）或者直接尝试以原价再次进行推销。

关键在于要提前准备好应对方案。你已经预见到会遭遇拒绝，那么为何还不提前做好准备呢？

如果潜在客户很想购买你的产品或服务，那么他们自己也会想出购买的方法。即便潜在客户表示价格太高，但这也并不意味着他们不会购买。

潜在客户反复想要传达的信息是："我想买，请告诉我们怎么买。"

即使潜在客户说："价格太高"，但这也并不意味着他们今天不会购买。

当潜在客户说：

"我对现在的这个供应商很满意。"

你可以参考以下做法：

太棒了，你想听到的就是这个。不要气馁，这其实是一个很容易攻克的拒绝理由。如果你能设法打开潜在客户的话匣子，那么你就可以由此开始一段长期的合作关系。即使他现在对当前的供应商很满意，这也并不意味着他会永远满意。

你需要意识到潜在客户的隐含意思是，他当前的供应商是他能够找到的最好的供应商。而你可能有更好的产品、价格、便利的送货服务、售后服务、培训以及质量保证。

潜在客户只是站在他的角度告诉你他对当前的供应商很满意，但他并不了解你或你的公司。

了解潜在客户因何对当前的合作关系感到满意，将有助于你想出继续推进的方法。

以下列出了潜在客户喜欢当前供应商的 12 大原因：

1. 价格或性价比高（感知价值）。

2. 产品 / 服务的质量。

3. 有特殊的合作关系。

4. 有私人关系。

5. 已经连续数年与当前供应商合作。

6. 不认识更好的供应商——只考虑到当前的性价比高或者服务好。

7. 供应商“在我需要的时候给予我帮助”。

8. 服务好（友好且便捷）。

9. 有存货——送货快。

10. 量身定制的服务/有特别优惠的服务。

11. 他人推荐。

12. 惰性。现在有供应商，不想改变，花的不是自己的钱（自己不是老板）。

在克服这一拒绝前，你需要首先确定你遇到的情况符合上述哪个原因，否则你就是在浪费自己的时间。

当潜在客户说：

“我得跟某某商量一下。”

你可以参考以下做法：

当你听到潜在客户说“我得跟某某商量一下”时，你可能已经意识到你犯了一个大错误。你未曾确认潜在客户的身份，不是吗？那么，现在你应该怎么做？

当这笔交易需要第三人批准时，你除了要进一步确认买家的身份以外，还必须采取以下行动步骤：

1. 获得潜在客户的个人同意。

2. 加入潜在客户的团队。

3. 安排与全部决策人的会面。

4. 重做整个演示。

如果你认为可以跳过上述步骤，那么你就需要再次反思一下了。很明显，你一直都在寻找捷径，否则你就不会忘记确认潜在客户的身份。如果当时你多问一句："在此类事项上，除了您之外还有其他决策人吗？"你就不会遇到现在的尴尬情况。

以下逐一详述 4 个行动步骤：

1. **获得潜在客户的同意。**"琼斯先生，如果您是唯一的决策人，无须与其他人商议，那么您会购买吗？"（潜在客户几乎都会说会的。）我会接着问："这意味着您会向他人推荐我们的产品，对吗？"

我会按照下述这个看起来有点儿过于详细的清单逐一询问，因为我想确保不会再有其他问题：

· 价格有问题吗？
· 产品有问题吗？
· 服务有问题吗？
· 公司有问题吗？
· 我有问题吗？
· 您还有疑虑吗？
· 您对我们的产品足够喜欢以至于您想拥有它吗？

小贴士：

比照你的销售实际情况对上述问题进行改写，使它们更符合你的性格与风格。你的目标就是确定对方同意购买。设法让潜在客户把你及你的产品推荐给他人，但是不可以让潜在客户（或任何人）替代你进行推销演讲。

2. 加入潜在客户的团队。谈话过程中开始使用“我们”及“我们团队”这样的词汇。加入潜在客户的团队将有助于你拉拢潜在客户，帮助你签下订单。

- “我们需要做些什么？”
- “我们什么时候能与他们会面？”
- “决策团队下次碰面是什么时候？我有必要在场，因为我相信他们会有一些问题需要解答。”
- “我需要做些什么吗？”
- “简单跟我介绍一下其他人吧。”(记下每个人的特质。）尝试了解其他决策人的性格特点。

3. 想尽一切办法，安排与全部决策人的会面。你的约会簿上需要留出几处空白，由此敲定与决策团队的会面。

4. 重做整个演示。如果你想签下这笔订单，那么你只能重做一遍，否则就只能交由潜在客户。潜在客户一般都会认为他们能应对自如，并且会努力说服你让他们演示。

你签下这笔（或任何）订单的最好办法就是你要掌握局势。如果你让潜在客户代替你进行销售（代替你找其他决策人），那么你将失去这笔订单。无一例外。

其他解决方案……

询问潜在客户，他是否确信合作伙伴（妻子、老板）想要做成这笔生意。如果潜在客户回答：“是的，我确信。”你可以说：“太棒了！那么为何不现在就购买（签订合约）呢？”你可以稍后再告知他们，“如果您明天给我打电话，告诉我订单不行，那么我就直接撕毁合约，怎么样？”

你本可以避免这个拒绝，只需一句话……

确认买家的身份！

当潜在客户说：

“请6个月后再次致电。”

你可以参考以下做法：

这只是一种有礼貌的拒绝方式吗？你愿意（或者有胆量）触碰潜在客户的底线吗？

拍拍我的头，告诉我一边玩儿去——这是“请6个月后再次致电”（或其他任何委婉的请在一段时间后“再联系我”）的真实含义。潜在客户实际想说的是我不想买。为了攻克这一借口，你必须确定导致潜在客户拒绝购买的真实原因是什么。

买家真的想买你的产品吗？你有无竞争对手？你的价格太高了吗？潜在客户买得起你的产品吗？

事实是，当潜在客户说“请6个月后再次致电”时，这就意味着你并未找到这一借口背后客户拒绝购买的真实理由（而你也不想知道）。这一拒绝背后的真实理由通常有：

1. 你未能建立足够友好的私人关系。

2. 你未能建立足够的购买信心。

3. 你未能创造足够的需求。

4. 你未能创造足够的价值。

5. 你未能赢得足够的信任。

6. 你未能激起客户足够的购买欲望。

6.5. 你未能营造需要今天购买的迫切性。

这些你全都做到了？潜在客户还是没有告诉你实情？无稽之谈。如果你要寻找拒绝的真相，那么不妨再深挖一些。真实的原因还可能有以下这些：

· 潜在客户不是决策人。
· 潜在客户没有钱。
· 潜在客户不喜欢你的公司。
· 潜在客户不喜欢你的产品。
· 潜在客户认为价格太高。
· 潜在客户有朋友或其他关系可以通过其他渠道（以更优惠的方式）购买或获得你的产品或服务。
· 潜在客户不喜欢你。

不妨尝试问以下问题：

· 6 个月后会有什么变化？
· 您要我 6 个月后再次致电有什么特别的原因吗？
· 您今天不下单有什么顾虑吗？

关键问题：

你愿意（或者有胆量）触碰潜在客户的底线吗？你是否有勇气问他："您其实是想拒绝我，对吗？"

如果你想攻克这一拒绝（借口），以便最终找到签下订单的办法，那么不妨做以下一个或多个尝试：

· 询问潜在客户："您认为您 6 个月后会购买吗？"
· 为了确认是否还有其他决策人，不妨提问："决定是如何做出的呢？"
· 询问潜在客户："您能现在签单而在 6 个月后进行支付吗？"
· 设法让潜在客户明白，如果他们现在购买，那么 6 个月的时间他们节省或赚回的钱已足以支付他们此次购买。
· 设法让潜在客户明白，他们延迟购买比现在购买的成本更高。
· 询问潜在客户是否计算了延迟购买的成本。
· 设法让潜在客户明白，现在购买的好处超过了继续等待的隐形成本。
· 设法让潜在客户明白，支出（花出去的钱）与成本（订单的全部价值）的不同。

关键答案：不论客户的回答是什么，有一个事实很清楚：你遇到延后 6 个月、6 周或者 6 天的借口，错并不在客户身上。你并未发现客户的真实欲望、需求或者拒绝。

解决问题的关键并不在于相互指责，而是要勇于承担责任。责任就在你身上。

5.2

成交记

成交……

这是你第一次询问对方是否愿意签单，有时候一次就能成功。

订单属于勇于尝试的人……

掌握如何提出成交问题这门科学将会获得巨大的回报——丰厚的佣金。

你的全部工作与准备都会归结于最终的成交问题。

成交问题需要在你的言语和行动及潜在客户的感知和想法之间取得微妙的平衡。

下面我们开始讲述如何提出成交问题，并最终获得订单！

潜在客户已经准备好成交的19.5个早期信号

提问： 潜在客户何时准备好购买？

回答： 如果你注意观察，那么潜在客户将会告诉你答案。

购买信号将产品演示与成交问题联系起来。在销售这门科学中，识别购买信号是学会提出成交问题的第一步。潜在客户都会给出购买信号。

当你做产品演示时，潜在客户将会打手势、提问、把玩你的产品或者以其他的方式传达出他有意购买的信号。作为一名专业销售人员，你的任务就是识别购买信号，并将其转化为订单。

以下列出了需要注意的19.5个信号（问题）：

1. **关于可用性及时间的问题。**这些有存货吗？你们多长时间进一次货？
2. **关于送货的问题。**你们的人过来需要花多长时间？我需要提前多久通知你？
3. **关于价格和支付能力的具体问题及说明。**这个产品多少钱？这套培训课程的价格是多少？我不知道我是否买得起。
4. **关于钱的任何问题或说明。**我需要预付多少钱？
5. **关于你的公司的正面问题。**你在这家公司工作多久了？你的公司经营多久了？
6. **要求你重复一遍。**关于筹措资金，你之前说过什么？
7. **对前任供货商的抱怨。**我们之前的供货商服务很差。你们对报修电话的反应时间是多久？

8. **关于产品型号和配置的问题**——你的产品或服务有什么用途。这个分类机是标配还是可选呢？

9. **关于质量的问题**。这台机器每月最多能复印多少张？

10. **关于保修或质保的问题**。质保期是多久？

11. **关于你个人或你所属公司资质的问题**。你们所有的员工都能接电话吗？

12. **关于你公司的正面具体的问题**。你们公司还有其他产品吗？

13. **关于产品/服务的具体问题**。如何操作手动送纸功能？人选由你还是由我来定？

14. **关于你的产品或服务归属权的具体问题**。你们每月自动提供纸张吗？你能每月来取我的财务数据吗？如果我喜欢她，我能让她为我全职工作吗？

15. **向你寻求帮助或确认尚未明说的决定**。这是我最好的选择吗？

16. **想要再看看样品或样片**。我能再看看样布吗？

17. **关于其他客户的问题**。你现在都有哪些客户？你的优质客户都有谁？

18. **关于客户反馈的问题**。我能联系几个以前参加过你培训的人吗？你能给我一个客户名单吗？

19. **购买障碍**。我不知道这个。哦，真的吗？这个很有意思。这跟我们一直在做的事情一脉相承。

19.5. **你将信号转化为订单的能力**。如果你应对得当，上述每个购买信号（问题）都能转化成加快成交的成交问题。

“对销售人员而言，识别购买信号对成功至关重要。如果你未能识别购买信号，那么你将与订单擦肩而过。很多销售人员都是这样错失了许多订单。”

——

杰弗里·吉特默

“Recognizing buying signals is critical to your success as a salesperson. You will go past the sale if you fail to recognize them. And many do.”

– Jeffrey Gitomer

你应该如何回答上述问题？问得好！这就是一个购买信号。答案将在下文揭晓。

回答潜在客户提问时要避免两个字——是与否

当潜在客户问我一个可以用是或否回答的问题时，我从来不会用是或否来回答。其实，不论潜在客户问我什么问题，我都会尝试以提问的方式回答——或者在回答完他的问题后，末尾追加一个问题。这种回答方式凸显了销售的两个核心目标：

1. 我掌控着产品演示的走向。
2. 我成功签单的能力有所提高。

不妨思考一下再回答。当潜在客户提问时，这通常就是一个购买信号。你应如何回答他们的问题？作为一名销售人员，当潜在客户提问或是显露购买兴趣时，你应该自觉动用最高销售技巧进行应对。如果你知道客户提问的答案，你的第一反应就是给出肯定的回答。例如：

- “你们有这个型号吗？”“有。”
- “有绿色的吗？”“有。”
- “你能星期二送货吗？”“能。”
- “这些有存货吗？”“有。”

上述这些肯定的回答不仅是错误的，而且还会不必要地延长销售过程。

另外，你还倾向于以直接的方式回答潜在客户的提问。例如：

·“你们送货需要多长时间？”“通常是两周。”
·“我需要提前多久告诉你？”“24 小时。”
·“新型号什么时候出？”“1 月 30 日。”

这些回答也是错误的。非常错误。

法则是：利用潜在客户的提问确认订单。换言之，当你接收到潜在客户的购买信号后，你需要想出一个提问式的回复——既要回答客户的提问，同时也要不着痕迹地确认潜在客户是否想要购买你的产品或服务。

事实上，操作起来并不会像我说的这样复杂。

以下列出了确认订单提问的示例：

·“你们有这个型号吗？”“您想要这个型号吗？”如果潜在客户给出肯定的回答，那么我现在要做的就是确定他想要什么时候送货即可。
·“有绿色的吗？”“您想要绿色的吗？”
·“你能在星期二送货吗？”“您需要在星期二送货吗？”
·“这些有存货吗？”“您需要马上送货吗？”
·“你们送货需要多长时间？”“您需要多快收到货？”
·“我需要提前多久告诉你？”“您一般能提前多长时间？”
·“你们的客服人员多久能到？”“您需要客服人员多久到？”

你也可以直接回答，只是需要在末尾追加一个确认订单的提问。例如：

·“新型号什么时候出？”“1月30日。不过，如果您现在购买这个型号的复印机，将享有特别优惠。让我们比较一下怎么买最划算。怎么样？”
·“你有客户反馈吗？”“这是客户名单。如果我们的客户反馈令您满意，我们何时能签下第一笔合同？”

以下是这个神奇的过程：

1. 识别购买信号需要经过销售培训。

2.（更难的是）构思提问式的回复需要的是创意与练习。

2.5. 流畅而温柔地给出提问式的回复则是销售大师级的水平。通常，也是可以签下订单的销售人员的水平。

如何询问客户是否愿意成交？

关于询问对方是否愿意签单的论著有很多。你做的产品演示可能是世界上最好的，你可能对你销售的产品或你所处的行业了如指掌，但是，如果你不知道如何询问对方是否愿意签单，那么与客户吃饭对你而言很有可能就是白忙一场。

销售专家们J. 道格拉斯·爱德华兹、金克拉、汤姆·霍普金斯（Tom Hopkins）、厄尔·南丁格尔等，对于询问对方是否愿意签单给出了以下定义：提出一个问题，而潜在客户对于问题的回答可以使你确认订单。在你问出这个最为重要的问题后，至关重要的一点就是你要遵循有关销售的古老法则：在询问对方是否愿意签单后，请闭嘴！谁先开口谁输。

询问对方是否愿意签单的方式有数千种：当你走进大门时，

你可告知潜在客户你想要的是什么（这次会面的目的或目标是什么），以便为询问对方是否愿意签单定下基调。而当你听到第一个购买信号时，就应立即询问客户是否愿意签单。一个重要指导方针就是要确保客户对你的提问不会说“不”。如此设计提问可能也会导致你不会得到梦寐以求的“同意购买”的回答，但你将会确定拒绝的真实理由或者推动对话继续进行，以便你最终获得“同意购买”的回答。

设计询问对方是否愿意签单的问题时，要注意回应潜在客户的主要需求或者欲望。

请看示例：

“琼斯先生，这些 T 恤衫您想要深色的还是浅色的？”或者“您刚才说您想要多少件深色 T 恤衫？”或者“你想要下月 1 日以前还是以后送货？”或者“你想要何时送货？”或者“你是用支票还是用信用卡支付？”

以上示例通过询问时间、给出选择及询问更喜欢的方式等简单的方法避免潜在客户给出否定的回答。

让买家自己决定，但不要给他或者她说不的机会。

另外一些询问对方是否愿意签单的问题，潜在客户可能会以不作为回应。在你提问这类问题时，要确保你已经确认了潜在客户的兴趣，并且他已经给出了具体的购买信号。

示例：

你正在向琼斯先生推销一台传真机。琼斯先生表示他需要在星期二前买到一台传真机，但是还未说明他要从你这里购买。你问道：“您想要我在星期一晚上把传真机送到吗？”这是一个不错的询问对方是否愿意签单的问题。你给了潜在客户说“不”的机会，但是他基本不大可能会用。(即使琼斯先生说不，你还可以问：“什么时间送货您最方便？”)

询问对方是否愿意签单的关键在于询问的方式要真诚且友好，而不要勉强对方或给对方太多压力。如果你问出确认订单的问题后即停止讲话，那么气氛马上会变得紧张起来。

如果房间内一片寂静，那么一分钟就会像一小时那么长。

自信很重要。如果你相信买家会买，那么他就会买。多数销售人员都不会主动询问对方是否愿意签单，或者是因为他们怕被拒绝，或者是因为他们不好意思谈钱，或者是他们不够敏感，没能识别出客户的购买信号。我很高兴上述原因并未发生在你身上。

有关销售的最古老法则今天仍然有效：当你询问对方是否愿意签单后，

请闭嘴！

就我的个人经历而言，我发现销售人员签单失败的最大原因在于他们不知道何时以及如何询问对方的签单意愿。

订单属于善于询问客户是否愿意签单的人。

人们都喜欢与这样的人打交道。

“宠物狗策略”

你的销售过程应如何使用“宠物狗策略”？

卖宠物狗最简单的办法就是让潜在客户（和他的孩子们）把宠物狗带回家过一晚，看看客户喜不喜欢它。而第二天早上，你根本不可能再把宠物狗从孩子们手里要回来。“宠物狗策略”由此而来。这一销售工具的效果令人难以置信，世界各地的销售人员都在（稍加改良后）使用它。

不妨思考一下：

· 试驾汽车。

· 30 天免费试用会员。

· 带回家试用 7 天。

· 杂志第一期免费。

· 可以免费试用我们的复印机两天。

你告诉潜在客户你的产品很好，但是潜在客户只有在摸到它、试用它、把它带回家以及使用它以后，才可能体会到它的好。如果你能让潜在客户触摸以及试用你的产品，那么你就很有可能说服他们购买。

这就是购买前体验拥有感。这种策略可以成功地将潜在客户的抵制转化成接受。

显而易见，并非所有企业都可以使用“宠物狗策略”，不过已经有越来越多企业的销售战略开始要求在销售过程中要努力试图让买家试用所售产品。

如果你想买一套新西服或者套装，那么在购买前试穿一下，你就可以体验拥有感。衣服穿在身上很妥帖、很舒服、很漂亮以及销售人员不时的赞美……所有这些都远比价格更能影响你的决定。你几乎可以预见到你穿着新衣服坐在办公室或者参加交易会的画面。于是，你说：“好吧，我买了。”

如果你怀疑“宠物狗策略”的有效性，不妨找一家宠物店，

Way to sell a Puppy

卖宠物狗最简单的办法就是让潜在客户把它带回家过一晚。

领一只宠物狗回家过夜试试看。你可能还需要带上你的支票簿，以备不时之需。

“宠物狗策略”问世有多久了？上帝曾给摩西10块戒律碑。“试试它们。”上帝说。这的确是很有效的确认订单的方式，而且今天依然有效。5 000多年过去了，上帝依然拥有数十亿的客户。

让客户围着你转

16岁时，我决定养一只宠物狗。一天早上，狗狗突然逃跑了。我紧跟在后面追了几个街区，但还是没能追上。我顿时慌乱了，我想狗狗一定会被车撞。于是，我一路飞奔回家，把父亲叫醒，想让他开车带着我找狗。睡眼惺忪的父亲略有迟疑，不过开始穿衣起床。我转身朝车跑去，却被狗狗绊倒在地。

这个故事对于销售的启发是：

让潜在客户追赶你。有些时候，给潜在客户一些挑战或者诱饵，效果可能更好。通常情况下，你都是太过急切地想要推销成功，以至于你忘记给予潜在客户足够的购买空间。

以下列出了这一策略的多个变种。虽然这属于老式销售策略，但有些时候也不妨一试。

反其道而行的销售策略：

（在买家显露购买兴趣后，将产品从买家手里拿走。）多年以来，这种方法一直被吹捧为最有效的销售策略。20世纪50年代，汽车旅馆经销权的销售开始兴起。销售人员一般都是来到一座小城，首先拜访当地的银行，表示新的汽车旅馆“只有”10股，每股5万美元。销售人员会请银行推荐合适的认购人选，并把他们集中起来，统一进行推销演讲。销售人员会说：“我相信，所有股份都已经认购完了，但是我仍会继续我的演讲，接受你们的申购。如果有人临时退股，那我将给你们打电话。”当天，我跟一位朋友的父亲在一起。他听完后赶紧填写了申请单。出乎他的意料，他接到了电话，因为有人退股了。后来我们发现，所有人都接到了电话。

策略好吗？好吧，至少它是有效的。策略符合道德规范吗？你自己决定。

“您可以吗？”销售策略：

与其勉强潜在客户购买，你不如挑战他们是否有能力（资金、信用）购买。

这种策略通常用于逐门逐户推销中，也可见于需要信用的大件商品（汽车、房产）的购买中。你可以对这种销售策略嗤之以鼻，但它仍是许多大公司目前都在使用的主要销售方法。

先吃甜点！

你参加了一个宴会。在与会人员还未到时，服务人员先上了一些沙拉和甜点。一般在这种情况下，我都会找个位子先坐下，然后开始吃甜点。人们一般都会对我的行为感到意外或震惊。如果他们开口评论的话，我会问他们是否需要甜点。如果他们说不需要，那么我会请他们把他们的甜点递给我。

如果有人让我从苹果派和冰激凌或者利马豆中选一个，我不是白痴，我肯定知道怎么选。确定订单之于销售就如同甜点之于吃饭一般——都是最好的部分。传统的做法是最后再做——而我则认为，一开始就要做。

在进入潜在客户的办公室 10 秒之内，我就会开始设法询问潜在客户是否要签单。我清楚说明此次会面我的目标，同时我也会告诉他或者她我想要做什么。

我会告诉他们我做生意的三条原则：

· 我来是为他们提供帮助。

· 我寻求建立长期的伙伴关系。

· 我将享受整个过程。

一开始就说明你的目标和原则，能让潜在客户放松心情。这会使会面有个好的开局，同时也可以建立信用和尊重，另外还为有意义的信息交换以及建立长期关系扫清了障碍。

从你踏入房门的那一刻起，就立刻告诉潜在客户你想要什么。而后，一旦听到潜在客户的第一个购买信号，你就可以询问对方是否愿意签单。

你的成长经历要求你按照他人设定的模式进行思考。而如果你想要尽可能地获得成功，那么你可能需要打破这些传统的思维模式。人们大都不愿走出自己的舒适地带，而大多数人也无法取得他们所希望的成功。我很想知道，这两者之间有无必然联系？

不要把甜点留到最后。先吃甜点！用一种甜美的方式询问对方是否愿意签单。

世界上最成功的交易并非在于交易本身。交易能让你更加了解自己的产品

除非你知道你的产品在现实环境中如何使用以及能为客户带来何种益处和收益，否则你的产品知识将毫无用处。表面看起来很简单，但是你究竟对客户在真实环境中、在日常工作中如何使用你的产品或服务有多了解呢？他们在工作环境中如何使用你的产品或服务？

在多数情况下，最终用户都并非实际购买者。购买复印机或电脑的人通常都不是每天使用这些机器的人，而只有最终用户才能带领你发现重要的销售信息。

· 实际做起来很简单。拜访你的客户，观察、询问以及倾听。
· 观察你的产品如何被客户使用。
· 询问客户的喜好和憎恶。
· 询问客户最喜欢的地方。
· 询问客户最不喜欢的地方。
· 询问客户想要改变的地方以及如何改变。
· 询问客户享受的售后服务。
· 观察产品的运作情况。
· 询问客户是否会再次购买。
· 询问客户是否会把产品推荐给同事。
· 记下或录下他们说的每句话！

观察产品的使用情况以及询问它的使用情况能为你的销售提

供新的（同时也是有效的）想法。

- 这是最有价值的客户反馈。
- 这是任何培训都无法教会的产品知识。
- 这是了解客户真实需求的最好（同时也是很少人会去使用的）机会。
- 这是亲眼见证你的产品能为客户带来益处的好机会。

拜访结束后……

- 记录拜访并存档。
- 感谢客户的宝贵时间。
- 记录拜访带来了何种改变。
- 推荐改进意见和建议。

不妨考虑一下拜访为你带来的以下益处……

1. 你建立了令人难以置信的客户关系。
2. 你推进了双方的合作关系。
3. 你的竞争对手将更难踏进客户的房门。
4. 你获得了重要的产品知识，将为你带来更多的订单。
5. 在你的客户心中，你已经是一个顾问而非销售人员了。

上门拜访时：

讨论如何在客户的工作环境中使用产品，亲自动手操作显示你的专业知识。询问潜在客户一些问题，可以让他或者她在购买后依然会谈论产品的用途。“对于新买的机器，您有什么与已购买的旧机器不同的用法吗？”

如果你应对得当，那么这不仅是一个学习的机会，还会是一个销售的机会。

5.3

坚持记

坚持……

我也可以把这章节命名为：害虫防治记。

如何在不叨扰客户的情况下实现跟进。

坚持（以正确的态度）

是成功的关键。

如果你相信你的产品，如果你相信自己，那么你就可以走向成功。

你不会因困难而止步。

你不会因问题而止步。

最重要的是，你不会因他人而止步。

只有你自己能停止自己的脚步。

坚持就是你成功的渴望加上你的创意。

你的坚持必须如同潮水一般持续不断。

永不停息……

销售工具在跟进过程中至关重要

你创造跟进销售工具的能力能显著提高你在潜在客户心中的形象及签单成功率。

被定义为销售过程中的辅助工具或道具，销售工具能极大提高你的生产率，特别是当你需要多渠道跟进才能签订单时。

常见的销售工具有电话、电邮、信件、销售手册及资料等，但是出色的销售人员通常能创造出不同寻常的销售工具诱导潜在客户现在就购买，并且选择他而非竞争对手的产品。

请预览以下销售工具，看看它们是否对你的销售过程也有效：

手写的私人便签（贺卡大小，印有公司名称和标识）比普通商务信件更好、更有效，同时能让潜在客户感觉你很重视他。

· **来自忠实客户的推荐信集锦。**第三方的推荐比任何销售人员都更具说服力。

· **相关文章。**例如一篇最新发表的文章的复印件，你可以以此为借口致电客户或发邮件。文章不一定是关于你的公司。如果文章与潜在客户的公司有关，那更好，而如果文章与他的个人兴趣有关，那最好。

· **支持你所售产品 / 服务的视频资料。**可由你或你的供应商准备。一张图片的效用能抵过 1 000 句话，而一段视频的效用则能抵过 10 万句话。

· **在交际场合（高级俱乐部、商业聚会等）会面。**商务生活的核心就是商务或私人交际。

· **邀请对方参观你的公司。**可通过自豪地展示你的公司来发展与客户的业务关系。门口竖起欢迎来访者的标牌，全体员工精神饱满地向来访者问好。邀访需令人印象深刻，提供精美的食物。不妨自问：潜在客户回去后还会谈论这次邀访吗？如果答案是否定的，那么调整你的邀访安排，直到可以得到肯定的答案。

· **有广告功能的小物品。**经常被用到、看到或谈到的小而有用但不同寻常的小物品（便签贴、咖啡杯、T 恤衫）。

· **午餐会面。**多花几美元通常能帮助你拿下订单，同时获得有助于建立长期关系的信息。

· **下班后的会面。**与潜在客户在下班后会面，气氛将更加放松，同时你可以获得更多信息。设法了解及喜欢你的潜在客户，因为人们总会首选从他们的朋友那里购买。

· **门票。**体育赛事、文化活动及研讨会的门票都有助于增进与潜在客户的关系。（与客户一同前往。）

· **电话是排在第二位的最有效的销售武器（上门拜访排在第一位）。**致电可以敲定会面、提供信息以及确认订单，不过，致电有时也是多余的，并且不会得到回复。另外，在电话里很难让潜在客户在合同上签字，而潜在客户的支票也不可能通过电话线传递过来。妥善使用电话，每次致电都要确保自己掌握局势。打电话要有明确的目的，在未敲定下次会面或拿到合约前，永远不要结束电话。

SALES TOOLS

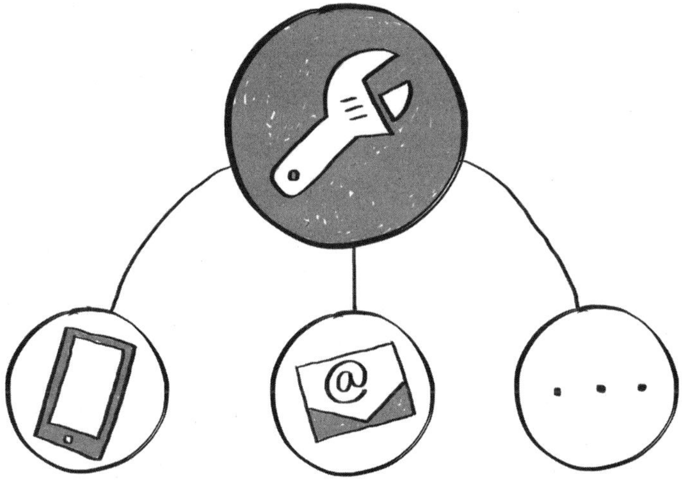

电话、电邮等销售工具能显著提高你的签单成功率。

自孩提时代起，你就已经在推销!

我想感谢博努拉（Bonura）培训体系的乔·博努拉。正是他的讲座为接下来的这个故事提供了灵感。

在你放弃这笔订单前，你可以承受多少次拒绝？还记得你7岁时同妈妈一起在超市排队结账吗？你对妈妈说："妈妈，我能买这袋糖吗？"如果与销售过程对比的话，这就是销售中的确认订单问题。

"不行，"妈妈回答。你这位销售大师直接忽略首次拒绝，然后接着说："妈妈，我能买这袋糖吗？"妈妈现在有点儿分心了，她在一心计算这次来超市花了多少钱。于是她答道："我说了不行！"你轻而易举避过第二次拒绝，接着说："哦！好妈妈，求求你了，买了吧。"

妈妈这位潜在客户现在加重了语气。"绝对不行。"她第三次拒绝。（有时她甚至会拼写出来：N-O。）第三次拒绝也克服了。现在是时候提出关键问题了，让我们确定一下妈妈拒绝的真实理由是什么。"妈妈，为什么我不能买一袋糖呢？"这是一个直接提问的经典示例，直指前3次拒绝的真实原因。你是如何在这么小的年纪就学会了这些销售技巧呢？

"因为它会让你没胃口吃晚餐。"妈妈答道。听起来像是真实理由。现在你的机会来了。克服这次拒绝（第4次拒绝），你就能把糖收入囊中了。"不，不会的。妈妈，我答应你在晚饭后再吃糖。"你用最真诚的语气答道。

妈妈已经在"负隅顽抗"了，马上就会"屈服"。不过，如果是最为犹豫的潜在客户，那么她一般不会这么轻易屈服。“好吧，我不知道。”她无力地吐出第5次拒绝。你看到了希望，马上以讨人喜欢的稚嫩语气，半恳求半抱怨地喊道：“求求你了！”“好吧，”妈妈说道，“但是你只能在晚饭后才能吃。”（她需要败得有点儿尊严，所以她强调了这个警告“晚饭后”，只是为了在低头笑的收银员前保留几分面子。）

胜利！你拿下了订单，而且只经历了5次拒绝。你本来准备好经历10次拒绝，而且还冒着被打屁股的风险，有时候可能还需要当场哭闹一番。不妨思考一下。当你7岁时，你宁愿冒着当众出丑、体罚以及言语暴力的风险，也要签下订单。

在孩提时代与入职参加工作之间，不知何时你忘记了需要有多坚持才能拿下订单。

如果你正在寻找克服困难与拒绝拿下订单的最好示例，那么你不妨坐下来回想一下孩提时代。那袋糖、初次约会、过了门禁、拿到了汽车的钥匙、争取到了更多的零用钱或者逃过了因为去跳舞而招致的惩罚——这些都是销售。其中都充满了各种不可以和拒绝。不过，面对所有困难，你都坚持住了，不是吗？你愿意冒险，你愿意挨打，而最终你拿下了订单。

我敢打赌，孩提时代你拿下订单的成功率在90%以上。

如果你今天的签单成功率也能保持在这样的高水平，那么你将多赚多少钱？忘了那袋糖吧，你会有足够的钱买下整个杂货店。

通常来说，拿下一笔订单需要经历 7 次碰面或拒绝。那么，抵达第 7 次拒绝的秘诀是什么呢？坚持。

哦，不！不要语音留言！

按 1 号键：……如果你想留言。

按 2 号键：……如果你认为你的来电永远不会被回复。

按 3 号键：……如果你已经留了 3 条留言，但仍然无人回复你的电话，现在你想通过电话发送一记闪电劈向那个不愿回复你电话的人。

按 4 号键：……如果你想击毙那个安装语音信箱的人。

语音信箱有时会成为销售人员的炼狱，但并不一定都如此。

语音信箱可用来建立联系，而非签订订单。你的目标是留下一段信息，吸引对方回复你的电话。

替代解决方案：忽略语音信箱，动用你的资源直接与你的潜在客户取得联系。

以下 4 条指导原则明确了语音信箱的销售功能：

1. 这是一个游戏——努力成为游戏赢家。
2. 语音信箱就在这里——设法绕开它。
3. 学会如何留言才能让他人回复你。
4. 足智多谋、创意多多以及令人印象深刻。

以下列出了一些绕开语音信箱直接联系潜在客户的解决方案：

·按 0 号键转到话务员或者秘书。

· **询问是否可以帮忙让潜在客户接电话。**

· **告诉话务员你不想在语音信箱留言，询问如何能直接联系到你的潜在客户。**

· **告诉行政人员你被语音信箱烦琐的留言指示搞得晕头转向，而你并不是刚毕业的大学生，询问他是否愿意帮助你。**如果你有分寸地表达自己的愤怒，那么你可能会有意外收获——特别是如果接电话的是首席执行官身边的行政人员。

· **找到一名行政人员，要到潜在客户日常上下班的时间。**

· **找到第三人帮忙尝试与潜在客户约定会面。**

· **在守门人上班前打电话。**（7：45—8：30）。

· **在守门人下班后打电话。**（17：15—18：30）。

· **致电销售部门——如果他们认为你能提供帮助，他们将告诉你所有信息。**另外，与销售人员打交道比和行政人员打交道有意思多了。

· **如果是大公司，不妨致电宣传或公关部门——**他们的工作就是对外发布信息。

· **找到一名支持者——**需是公司内部员工，他喜欢你或者仰慕你的事业。

多年来，我在“是否要在语音信箱留言”问题上犹豫不决，最后找到了我认为最好的解决方案。每次都要留言，即便只是留下你的姓名和电话，因为你没有理由不留言。我知道语音信箱令人感到很沮丧，但是你应该将其视为一个可以建立联系的机会或者一个对你是否足够有创意以至于对方会回复你电话的挑战。如果你没有留言，那么这就说明你无法提供任何有价值的信息。

小贴士：

如果你没有有价值的信息，那么即便潜在客户接通了你的电话，他也会挂断。你的挑战就是使用你一贯随身携带的销售工具——你的大脑——打败语音信箱。

“请给我留言，我会稍后回复！”不要！

“如果你想留言，请按 1 号键。我将尽快回复您的来电。”好吧。如果你是个好孩子，圣诞老人也会送你一匹小红马。

“如果你是想推销一些我不需要的东西，那么请按 2 号键。”这句话更接近真实情况。

他们为何不回复你的电话？当你接通他人的语音信箱并且决定留言，你应采取什么措施才能确保他们回复你的来电呢？有很多措施：

如果你决定留下信息，不妨尝试以下解决方案，以便你的来电能得到回复：

- **（以一种商务的方式）只留下名字（不留姓）和电话号码。** 你的来电得到回复的概率似乎与你留下的信息量成反比。
- **风趣诙谐。** 短小精悍的机智留言有助于你得到回复。
- **曲线救国。** “我想给您邮寄一些重要的信息，因此想跟您确认一下地址。”
- **提供娱乐活动。** “我有两张老鹰队比赛的门票，我感觉您可能会有兴趣。”这句留言一定会引来回复，“如果您不能前往，请电话告知我，以便我把门票送给他人。”

- **如果彼此第一次见面感觉良好，那么不妨提醒潜在客户你们曾在哪里见过面。**
- **撒下诱饵。**留言无须太长，只需有足够的吸引力让对方回复即可。
- **提出一个能激发对方思考或者有挑战性的问题。**

小贴士：

永远不要对着语音信箱做你的推销演讲，因为对面没有人会同意与你签单。你的目标只是为了建立联系，因此你只需提供足够的信息吸引对方回复即可。

历久弥新的经典解决方案。Elijah&Co 房地产公司的托马斯·J. 伊莱贾三世在一次销售大师讲座上介绍了这个解决方案。托马斯说："语音留言只留半截（其中需包含你的名字和电话号码），然后在一句话说到一半，即将要说出重要信息时假装通话中断。如果能在一个词的中间中断，效果更好。潜在客户会迫不及待地想要知道剩下的半截信息是什么，或者怀疑他的语音信箱出问题了。"

以下列出了伊莱贾方法的多个示例：留下你的名字和电话号码，然后一句话讲到一半，激发对方的最大兴趣：

- 我们今天的一场重要谈话提到了您。当时我正在和……
- 他们谈到了您，并且说……
- 我这里有一笔生意，可以为你提供 10……
- 我很想了解一下您的……
- 我有您的……
- 我找到了您的……

· 我有一些信息，是关于您的……
· 您的竞争对手说……
· 给您致电是关于您要继承……
· 您是（对方的全名）要做……
· 我们想确保您收到了……
· 我致电是关于一笔钱，您是不是落在了……
· 您好！我致电是因为艾迪·迈克……

最近，我曾给伊莱贾打电话想要了解一些信息。我在他的身上试验了他提供的解决方案，在话说到一半时中断了我的留言。我说："我想在本周的专栏里引用你的一段话，我需要……"他在 3 分钟内就回复了我的电话，笑得前仰后合。这个解决方案对于电话留言有着革命性的变革意义。我一直以来都在使用它，而且屡试不爽。不过，如果你不了解对方，那么请在使用时注意分寸。

如果你一连打出了多个电话，那么必须记录你的留言，以确保有电话回复时你知道回复的是哪条留言。最糟糕（或者最愚蠢）的情况就是有人回复了你的电话，但你却不知道来电的人是谁。语音信箱公司声称语音信箱能帮助企业更快速地处理语音留言，而语音信箱的录音功能则能降低出错率且保证留言完整。事实的确如此。不过，许多人使用语音信箱（特别是你要联系的这些人）只是为了过滤电话。

如果你在选购语音信箱，那么不要只看是否方便。在你决定具体购买哪家语音信箱服务前，不妨也考虑一下你的客户因此可能会受到的影响。

他们能享受到更好的服务吗？有了语音留言系统后，你还能继续提供友好且人性化的服务吗？

不要把语音信箱与自动应答系统混淆。自动应答系统指的是电脑接听电话，这应该是史上最糟糕的商务发明。

对客户友好的语音信箱应具备以下特点：

1. 人工接听。
2. 由人工判断（拨打对方电话及观察反应）电话中要找的人是否在。
3. 如果电话中要找的人不在，那么由人工回复电话："琼斯先生不在。您是想我亲自帮助您记录下您的留言，还是在他的语音信箱里直接留下更详细的留言呢？"
4. 对方的友好让你大吃一惊。

4.5. 把你的经历告诉别人。

如果你讨厌语音信箱，那么请按 1 号键。如果你想要对方回复你的电话，并最终签下订单，那么你需要按准潜在客户的热键。使劲按吧。

如果你在某人的语音信箱里留了言，那么不妨自问："我会回复这个电话吗？"

如果你犹豫不决，那么不妨修改你的留言。

约不到人？

那个人不愿与我约定会面。我约不到人，他没有出席既定约会，他不愿敲定会面，他不回复我的电话，他在两周内三次修改了会面时间。

欢迎来到销售人员的现实世界。上述各种情境并非问题，而是征兆。当出现这些征兆（借口）时，隐含的是一些未言明但明显的拒绝。看看以下哪个原因符合你的情况。

如果你认为无一符合，那么不妨再思考一下：

· 你没有让客户产生兴趣。

· 你未提供任何价值。

· 你未创造或发现需求。

· 你未能或尚未建立私人联系。

· 潜在客户对目前的业务伙伴很满意。

· 你一直都在讲话（说教）而非询问（销售）。

· 潜在客户认为你不够重要，无须安排时间与你见面。

· 潜在客户感觉到你只想要“订单”而非“长期的合作关系”。

· 潜在客户对你、你的公司及你的产品印象不好。

多一些创意。你不会让上述小事阻止你完成目标，你会吗？

以下列出了一些有效的解决方案：

· **找到一个你认识的人，他知道你想约谁。**如有可能，让这个人代替你给避而不见先生打电话（以便顺利过渡一下，或者找出他不愿见你的真实原因）。

· **使用传真。**发送一封推荐信、十大客户名单、一幅漫画以及你下周的日程安排（圈出空闲时间）。使用传真敲开大门。

· **送出一盆绿植、一束花或者一件小礼物。**你会对小礼物的神奇力量感到惊讶——它竟然能如此快地拉近双方距离，不论墙壁有多厚，总能被一束鲜花轻而易举地穿越。适当的礼品篮将为你带来让你喜出望外的回应。

· **接近最了解你的潜在客户的行政人员。**了解潜在客户的喜好以及他的日常行程安排——上下班时间。收集信息。

· **设法在交际场合安排与潜在客户会面。**行业会议、商业活动、球赛等。想知道潜在客户在哪里？不妨问一下他的行政人员或者销售团队。

· **发一封有启发性但无挑衅性的信件。**在信件中，不妨提出一些问题或做出一些陈述，激发潜在客户进行思考。不要推销你的产品，只需激发对方兴趣，设法约定会面即可。

· **首次致电时请选择一个你知道（从行政人员处获得的信息）潜在客户会在的时间。**最佳致电时间是每天上班前及下班后。

· **勇于冒险，抓住机会。**发挥你的创造力。不要害怕犯错，不要害怕失败，不要担心被拒绝，不要因为某个粗鄙的人不愿见你就放弃。如果你相信你对他人有所帮助，那么就永远都不要放弃。

第六章

苦难与敌人

6.1

哀歌记

“如果你抱怨不止，

那么你不会成为赢家”

——杰弗里·吉特默

当好人遇上坏交易

所有的行业里都有好人与坏人，销售行业也不例外。调查发现，在多数美国人心目中，唯一比销售人员更差劲的职业就是政客。

我曾接到一个人的电话。他告诉我他怀揣着现金找到一家汽车经销商，想买一辆新车。然而，他遇到的销售人员太差了，以至于他没买到车就离开了。他到现在还没买到。他已经向 20~25 个人讲述过他的经历是多么糟糕。不幸的是，这种情况经常发生。糟糕的被推销经历数以千计。不过，这里面涉及的销售人员并不包括你，是吗？

每个读到这里的企业主或者销售人员都会发誓说："这种事情肯定不会发生在我们这里。"他们大错特错了。销售人员很容易自满，自认为无所不知，同时认为客户蠢笨或者根本察觉不到他们的小伎俩。这些销售人员以同样的方式对待所有人，最后只能是失去订单。

他们未能专注在最基本的方面，以便让客户或者潜在客户做好购买的准备。放轻松——你并不需要强力推销。如果你应对得当，那么 95% 的时候客户都会主动购买！

以下是自认为无所不知的销售人员（其他他们所知甚少或一点儿都不了解情况）常犯的十大错误：

1. **对潜在客户有既定成见。**不论是外表、衣着或者谈吐，你对潜在客户的类型以及是否有钱购买或者是否愿意购买都有根深蒂固的成见。

2. **未能妥善确认潜在客户的身份。**在销售过程开始前，未能问适当的问题以确认潜在客户的需求。

3. **未能倾听。**一直专注在推销上，并没有尝试理解潜在客户因何想要（需要）购买。

4. **居高临下。**自以为高人一等，在接待潜在客户或与其对话时看低对方，以至于买家感觉在销售/购买过程中双方处于不平等的地位。缺乏尊重。

5. **过于施加今天必须购买的压力。**如果你不得不使用这些策略，那么这说明你担心客户可能会在别处找到更划算的交易，同时这也反映出你缺乏发展“长期关系”的态度。

6. **未能关注对方需求。**如果你注意倾听潜在客户的话，那么你会发现他们会明确告诉你他们的需求。按照对方的需求，进行有针对性的推销，那么潜在客户肯定会购买。要站在潜在客户而非你的角度进行推销。

7. **太过直白地询问对方是否愿意签单，并且进行强势推销。**“如果我能给您这个价位，那么您会今天购买吗？”这句令人厌恶的推销套话通常来自缺乏培训或者不想签下订单的销售人员。当你询问对方是否愿意签单时，需避免太过直接。

8. **买家对你的意图产生怀疑。**如果在产品演示结束时，你的态度从友好变成高压或者你调整了价格，那么这会动摇买家对你的信心——你会失去订单。

9. **不够真诚。**有一句古老的销售箴言：真诚是关键。如果你能假装真诚，那么你就能拿下订单。这句话说对了一半。真诚是构建信任及发展关系的关键，可以将潜在客户转变成真正的客户，前提是你必须成功地让对方感受到你的真诚。

9.5. **态度较差。**“我卖给你是在帮你的忙。不要再对我提太多要求，因为我做不到。”

以下是一个简单的自我测试，可以确定你是否正在失去客户。对于这些问题，你能给出肯定的回答吗？

· 在我开始销售之前，我是否知道潜在客户的需求？
· 我在销售过程中是否注意到潜在客户的需求？
· 潜在客户讲话时，我是否在注视着他？
· 我是否有通过记笔记或者不时提问来加强我的理解？
· 如果我是客户，那么我会购买我的产品吗？
· 我真诚吗？

我希望对于以下这些问题，你可以给出否定的回答：

· 我是否使用（高压）压力策略迫使客户今天购买？
· 我是否需要告诉客户有销售比赛或者对客户大倒苦水才能诱导对方签下订单？
· 我是否使用过时的销售策略并自认为潜在客户太过愚蠢根本不会觉察到？
· 客户是否会怀疑我的意图？
· 潜在客户回家考虑后是否会取消订单？

销售职业生涯失败的18.5个特征

你对自己的成功（或者失败）负责，成为销售行业的赢家也不例外。为了确保成功，你必须采用先发制人的方法，其中很重要的一环就是要预防失败。

如果你发现自己在说："我没有做销售的天分""我不够强势""我讨厌初次拜访""我无法接受拒绝""我的老板是个浑蛋""我的老板是个大浑蛋"，那么你前进的方向就是错误的。

有些人自认为他们能打出销售职业中的本垒打。然而，当他们（许多人的球棒都靠在肩膀上）挥棒努力一击时，却发现他们未能击中，并且就此被三振出局。以下列出了这些人身上常见的18.5个特点，你身上有多少？

1. **你不相信自己。**如果你都不相信自己能行，那么谁还会相信？
2. **你不相信自己的产品。**如果你不相信你的产品或者服务是最好的，那么潜在客户会察觉出来。你低迷的销售额也能反映出这一点。
3. **未能设立或达到目标。**未能妥善计划。未能确立及达到具体的长期（你想要什么）和短期（你如何得到你想要的）目标。
4. **你太过懒惰（或称"懈怠"）或者你并未做好签下订单的准备。**你的动机和准备是决定你的成就的生命线。你必须激情满满，随时准备好销售，否则你不可能拿下订单。
5. **未能学会接受拒绝。**他们拒绝的不是你，只是你给他们的提议而已。
6. **未能完全了解所售产品。**完备的产品知识有助于你把更多的精力集中在销售上。
7. **未能学会或者实践有关销售的基本方法。**阅读、听课程、参加研讨会以及将所学付诸实践。你需要学习的全部销售知识都已有人写过或讲过。你只需每天都学习一点儿新知识。

8. **未能了解客户或者满足他的需求。**未能提问或倾听潜在客户的讲话，因此未能发现潜在客户的真实需求。其中包括对潜在客户有先入为主的成见。

9. **未能克服拒绝。**这是较为复杂的事情。你未能倾听潜在客户的讲话；你未能站在解决问题的角度考虑问题；你未能营造互信的氛围，因此不能签订订单。

10. **不能应对变化。**变化是销售的一部分。产品、销售策略及市场都会发生变化。妥善应对变化，你将取得成功；而抗拒变化，你则会失败。

11. **未能遵守规则。**销售人员都认为规则是为他人制定的。如果你认为自己不需要遵守规则，那么你真需要再思考一下。打破规则只能被解雇。

12. **不能与他人（同事以及客户）很好相处。**销售从来不是单枪匹马的行动。你必须与同事共同努力，并与客户合作。

13. **太过贪婪。**销售只是为了赚取佣金而非帮助客户。

14. **未能按承诺交货。**不论是对公司还是对客户而言，如果你食言，那么这对你来说都可能是一场无法挽回的灾难。而如果你言出必行，你也会就此树立良好的声誉。

15. **未能建立长期关系。**如果你只想赚取佣金，那么你就可能会因缺乏真诚、服务不到位以及缺乏金钱以外的其他动机而失败。

16. **不明白努力工作会带来好运。**仔细观察一下你认为幸运的人。他们（或者他们的家人）都曾付出多年的辛苦努力才积攒了今天的好运。你也可以拥有同样的好运。

17. **将自己的过错（责任）推诿到他人身上。**勇于承担责任是取得任何成功的支点。标准就是采取积极行动解决问题；而回报就是宝贵的实践经验（不是金钱——金钱只是完美实践的副产品）。

18. **没有坚持到底。**你不加抵抗就接受了失败。你未能诱导潜在客户采取行动，或者你不愿意坚持经历 7~10 次失败直至最后签下订单。

18.5. **未能树立及保持积极的态度。**这是生活的首要法则。

如果上述 18.5 个特征有任何一点击中了你的薄弱环节，那么你迫切需要做出改变。销售中的弱点如同癌症，多数都是由于坏习惯或者疏忽导致，容易发现，虽难以治疗，但并非不可能。要想保持销售“健康”，需要外界帮助以及定期“治疗”。

失败与缺少安全感无关，只是由于缺乏执行力。世界上不存在完全的失败。

失败可以分级，以下是 4.5 个级别：

1. 未能做到最好。

2. 未能学会。

3. 未能承担责任。

4. 未能达到配额或者预先设定的目标。

4.5. 未能树立积极的态度。

你的失败属于哪个级别？

LACK OF

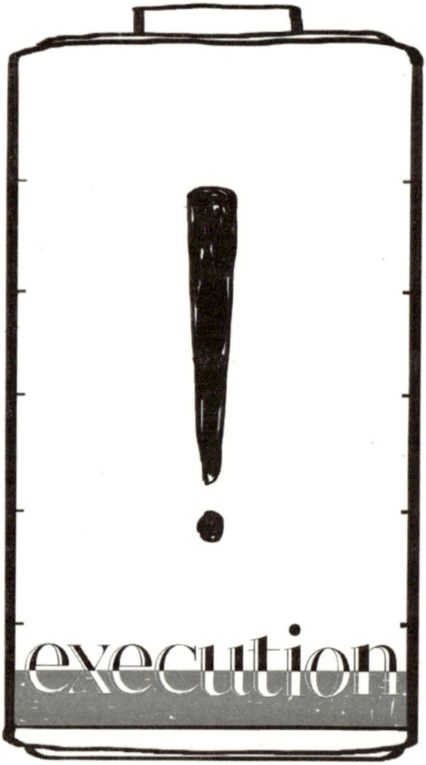

失败与缺少安全感无关，只是由于缺乏执行力。

6.2

竞争记

竞争……

先生们，

开始你们的推销演讲吧。

胜利者将获得订单。

爱情及销售中人人平等。

我想拿下订单。

卡尔·刘易斯连续三届获得奥运会百米赛的冠军。

第二名是谁？有人关心吗？

你是想夺取金牌，还是愿意获得第二名？

在销售中，第二名没有奖励。

当你与竞争对手进行竞走比赛时，

你应该这样做……

与对手共舞？步步惊心

你觉得你的竞争对手怎么样？你回答：“我与竞争对手的关系很好。”

好吧，如果你急需 5 万美元的资金，否则你的公司就要关门，那么我保证你的竞争对手好友一定会给你发一条“一路走好”的信息。

卸下伪装吧。你的竞争对手可能会与你讲话，可能也会对你彬彬有礼，甚至有时候看起来还会帮助你，但是如果你问他们希望你生还是死，那么我打赌他们在家里已为你准备好葬礼了。

> 他们帮助我，他们给我生意，他们打电话同我讨论共同面临的问题，生意足够大家一起做——这些都是你的竞争对手希望你说的，而他们却在暗地里千方百计地想摧毁你。这就是丛林生活法则（在销售行业尤为如此）。

还有一种说法——友好竞争。“现在让我们公平竞争吧。上笔订单我拿了，这笔你来吧。”我认为这种情况是不可能的。友好竞争就如同表面友好的蛇，它们会在眨眼间就转身咬住你，而你很难把毒蛇和无毒蛇区分开来。

竞争对手就如同一条陌生的蛇，有可能有毒。你不想靠得太近，最好对其尽可能地了解，尊重他们。随身携带蛇咬伤急救包，以备不时之需。

以下是关于竞争对手以及他们对你的态度的一些事实：

· 有些还不错。

· 有些会有合作。
· 有些有道德。
· 有些喜欢竞争。
· 有些会喜欢你。
· 有些会与你交换生意。
· 有些会帮助你。
· 大多数不会。大多数都不喜欢你。

如何应对竞争对手：
· 了解他们在市场上的位置。
· 了解他们的主要客户有哪些。
· 他们在抢你的生意吗？还是你在抢他们的生意？
· 他们有挖走你的雇员吗？
· 尽可能详细地掌握有关他们的信息（销售手册以及其他资料）。
· 设法得到他们的报价信息。
· 在他们的所有门店体验购买感受。了解他们的销售门类以及特点。
· 确认并利用他们比你差的方面。
· 了解他们优于你的方面，并立即进行改进。

如果你在初次拜访时，遭遇到了竞争对手……
· 即使潜在客户对你的竞争对手颇有微词，你也绝对不要说竞争对手的任何坏话。
· 称赞他们是称职的竞争对手。

· 尊重他们。
· 展示你不同于他们的地方——你能为客户带来更多的好处。
· 强调你的优势，而非他们的弱点。
· 展示客户现身说法资料——他们曾是竞争对手的客户，后来改用你的产品。
· 保持你一贯的职业道德和专业性。

"竞争并不意味着战争，而是意味着学习、准备以及尽力做到最好。"

——

杰弗里·吉特默

"Competition does not mean war. It means learn. It means prepare. It means be your best."

– Jeffrey Gitomer

第七章

顾客是上帝

7.1

客服记

你是否在以自己想被服务的方式在服务他人呢?

设法让你的客户快乐。

设法让你的客户永远保持快乐。

如果你没有时间或者不感兴趣，那么其他人就会取而代之。

把产品卖给客户后，还要做好售后服务，

这样你就能一而再再而三地把产品卖给他们。

客服始于何处？在下个10年，它将始于一名绝对忠实的客户。

现在就行动吧。

不要让你的客户抱怨：“我不满意。”

以下章节将讲述如何提供令人难忘且口耳相传的客户服务。

做好客户服务的秘诀

客户服务是英语中最受非议的一个词语。作为客户，你总是对你接受的服务（或者服务的态度）感到失望，以至于你不得不购买他人的服务。想起来有点儿令人难以置信。公司签下订单，赢得客户，而后又因为粗鲁、冷漠、跟进不足、服务较差或者反应较慢失去了辛苦（以及花巨资）赢得的客户。

听起来似乎有点儿可笑，但是这样的事情每天都会发生数千次。你也一定已经遇到过多次，而且肯定也曾抱怨不止。事实上，有统计显示，满意的客户会把自己的经历讲述给身边的人，而不满的客户也会把他的悲惨经历讲述给身边的人听，后者的传播人数是前者的 20 倍以上。

你的客户服务有多好？签下订单后，你对客户的态度还会与签单前一样吗？我曾参加过泰·博伊德一个名为“客户服务的精神”的研讨会。我本以为我会从一个伟大的演说家身上学到精彩的一课，但是我错了。事实是，我从一个演示大师身上学到了令人难以置信的系列课程。我收获了有关客服以及留住客户（这是一项值得永远探索的工作）应该做及不应该做之事的 100 条法则、教训以及示例。

你怎么会失去客户？泰列举了以下有关客服的 7 个致命过错：

1. 将金钱或利润置于服务之前。
2. 因成功而自满。
3. 企业管理较差，没有团队精神（员工相互埋怨，都认为“这不是我的工作”）。

4. 企业员工缺乏培训、得不到认可或者不断离职。
5. 不注意倾听——在具体了解情况以前，就有了先入为主的成见。
6. 与世隔绝——对客户或者竞争对手不够关注。
7. 光说不做，或者更糟糕——说谎。

上述过错你可能全都犯过——时不时就会犯下一两个类似错误。然而，如果我问你你有没有犯过上述过错，你肯定会回答“没有”。知道吗？有人在说谎或者生活在自己臆想的世界里。

客户服务是一项复杂的工作，对于任何企业的成功而言都至关重要。如果没有正确的指导和标准，客户服务很容易误入歧途。

以下列出了泰·博伊德关于客户服务的部分真知灼见：

· 客户服务只是讨好客户的想法，已不再符合市场需要。
· 客户服务始于绝对忠实的客户。
· 客户的感觉就是事实。
· 错误是企业进步的机会。
· 问题可以促成有益的调整。
· 让客户感觉自己很重要。
· 学习如何提出问题。
· 倾听是最重要的艺术。

泰·博伊德详细讲解了如何提高倾听的技能。倾听是客户服务过程中至关重要的一环。销售人员往往倾向于说得太多；而有时正是因为他们未能注意倾听客户的真实需求和欲望，从而失去了订单和客户。

为了充分发挥销售人员的倾听能力以及提高客户忠诚度，泰·博伊德给出了以下建议：

1. 不要打断客户。（“但是……但是……但是……”）
2. 提出问题，然后闭嘴。集中精力，注意倾听。
3. 成见将影响你正确理解客户要表达的意思。不要带着先入为主的成见去倾听。
4. 在对方讲完全部故事前，不要过早地得出结论。
5. 带着目的去倾听，注意细节及结论。
6. 积极地倾听还包括主动理解。
7. 注意倾听对方的未言之意。未言之意往往比说出来的话更重要。
8. 注意倾听对方的言外之意。
9. 在开口说话前，先要消化理解一下对方讲的话（以及未明说的话）。
10. 通过各种表现，告知对方你在听。

听起来很简单——其实也不难。只需专注认真即可。

完美的客户服务是有力的销售工具

客户服务是一项值得不断追求做到更好的事业。好的客户服务将有助于提升客户忠诚度——你的客户将不断告诉他人你提供给他们的优质服务。

你的客户有这样的感觉吗？如果有，那么你的公司就位居美国公司中客户服务最好的5%之列。根据泰·博伊德所言，另外

95% 的美国公司在客服上都有不足。多年以来，泰一直在收集有关客服的资料，并在世界各地进行演讲。

由于所售产品及服务的种类各不相同，每家公司对客户服务的定义都有所不同，而其中的恒定部分就是客户服务的特质。

以下列出了泰总结的关于客户服务的 12 项关键特质——你的公司具备了几项呢？

1. 公司全体员工致力于让客户满意。
2. 立即回复客户问询（现在而非明天）。
3. 将客户需求具体责任分配到个人（避免推诿责任）。
4. 言出必行，即刻跟进。
5. 对客户的投诉及处境表示认同或同情。
6. 灵活满足单个客户的具体需求（不仅仅局限于公司政策之内）。
7. 赋予员工部分决策权。
8. 一贯做到按时送货。
9. 售前售后都要做到言出必行、履行承诺。
10. 送货体系要做到零缺陷及零失误。
11. 客服人员及相关执行人员都需挑选优秀员工。
12. 接打客服电话时保持微笑。

“写下你的客服标准，并按照标准去工作。”泰·博伊德充满激情地说。

汽车地带（Auto Zone）**：**美国最大的汽车修配连锁商，致力于提供令人惊艳的客户服务，并且在实际工作中也做到了这一点。汽车地带有一个 GOTTCha 项目——走到客户汽车面前去帮助他们。汽车地带的客服理念是想方设法把工作做好。你会吗？汽车地带的员工们都精力充沛，对产品了如指掌，并且致力于帮助客户。他们尤其注意帮助女性客户及时了解所需产品的信息。汽车地带的门店都生气勃勃，客户们都可以感觉到。

诺德斯特龙（Nordstrom）：美国高档连锁百货店，他们的客服理念是：在一切情况下，都要根据实际情况，做出最好的判断。有些我的学员曾在诺德斯特龙购物，他们列举了许多超越本分的客服经历，包括到竞争对手处回购他们已经售罄或没有存货的产品以及免费给客户送货等。

L.L.Bean：美国著名的户外用品品牌。他们规定，员工在对客户说不前，必须获得高级管理人员的许可。想想这是怎样的客服精神！

道理很简单……优质的客户服务能让你在回头客身上赚到很多钱；而差劲的客户服务却会把你的客户赶到竞争对手身边。

每次你遇到一位客户，不妨尝试以下做法……计算一下10年间这位客户的价值（以及能为你带来的利润），这样你就能从一个全新的角度开始审视这位客户。

泰·博伊德总结了“接近真正老板——你的客户的51种方法”。以下列出了部分示例：

- 高级管理人员定期拜访客户。
- 安装客户服务热线。
- 制定一小时内回复所有问询及投诉的规定。
- 设立每条投诉都要在24小时内处理完毕的目标……然后将时间缩短为12小时。
- 高级员工或者高级管理人员亲自接听客户投诉。

· 围绕“(我们的公司) 就意味着服务”设计一句口号。把口号贴在墙上、印在信纸的信头上、印在公司宣传资料上以及印在公司的制服上。把口号牢记于心。

客户投诉可以带来更多订单，只要你妥善处理

客户永远正确，除了他们出错的时候。事实上，他们大多时候都是错的。在销售中，对与错并不重要，重要的是客户的感觉。让客户满意和开心至关重要。那么，处理令人讨厌的客户投诉的最好办法是什么？不妨尝试以情动人：

以情动人是我发明并且反复使用的一个策略。为了使用这个办法，你必须首先承担责任——即使错误并不在你身上或者不应由你来处理此事。客户并不关心谁对谁错，他很生气，想要你处理，而且现在就处理。

以下列出了面对不满客户承担责任的 14.5 个步骤：

1. 告诉他们你明白他们的感受。
2. 对他们表示同情。(分享一个类似的情形，告诉他们你对此事也很气愤，告诉他们发生在你身上的类似的一件事。)
3. 从头到尾倾听客户倾诉。确保客户已告诉你一切。不要打断客户。适当提问以便更好理解问题以及确定如何才能让他们满意。
4. 尽可能认同他们的看法。(绝对不要与对方争论或发怒。)
5. 边听边记笔记，并与客户进行确认，以确保记下一切以及客户已经把他们想说的或者需要说的话全部说完。

6. 做好公司的形象大使。告诉客户你将亲自处理他的投诉。
7. 不要埋怨他人或者寻找替罪羊。承认你（以及/或者公司）有错，承担责任以及改正错误。
8. 不要推诿责任。“这不是我的工作……”“我以为他说的是……”“她现在不在……”以及“另有他人处理此事……”，这些回复都不适合，客户都不能接受。
9. 立即回复。当有问题出现时，人们想要（以及希望）问题能马上得到解决。客户想要事事完美。
10. 在问题以外寻找共识。（不妨尝试建立私人联系。）
11. 如有可能，发挥你的幽默。人们会因开怀大笑而放轻松。
12. 双方共同寻找解决方案，并就解决方案交换意见以至于最终达成一致。如有可能，给予客户多个选择。确认解决方案（如有必要，可通过书面方式进行确认）。告诉他们你计划怎么办，并付诸行动。
13. 问题解决后需进行跟进拜访。
14. 如果可以，不妨请客户写一封推荐信。以积极及令人愉快的方式解决问题有助于增进相互尊重、积攒人气以及为发展长期关系奠定坚实基础。告诉客户如果他能就问题的解决写一两句话，那么你将非常感激。

14.5. 不妨自问：“我学到了什么以及我能做些什么防止类似情况再次发生？我需要做出改变吗？”

重获客户满意很重要。如果你能让一位不快乐或者不满意的客户满意，并且成功说服他为你写一封推荐信说明你解决了问题，那么你肯定能与这位客户发展长期关系。

而如果问题无人解决，那么你的客户肯定会转投你的竞争对手。

在努力让客户满意的过程中，需尤其注意以下几点事实：

· 客户明确知道自己想要什么或者想怎么做，但是他却可能不善表达，因此无法完整地说明他的意思或者他的表达方式让人难以理解。如果客户无法简洁清楚地表达自己的不满，那么就需要你为其提供适当的帮助。
· 不要忘了，你自己也是他人的客户。不妨试想一下，当你自己是客户时，你期待享受怎样的服务。
· 每位客户都认为他是你的唯一。不妨就把他当作唯一来对待，让他觉得自己很重要。
· 客户也是普通人，与我们有着同样的问题。
· 客户期待招之即来的服务。
· 一切都有赖于你。
· 客户的感觉就是事实。
· 客户要什么就给他什么，这是很难的事情吗？

the level of Service You Expect

不要忘了，你自己也是他人的客户。试想一下你期待享受怎样的服务。

第八章

传播福音

8.1

沟通记

交流是销售过程的生命线。

交流不只是讲话，而是经由讲话、写作、倾听以及行动完成你的使命。

你的目标是与你的潜在客户、客户以及同事实现完全交流。

说好，

听好，

做好，

这样你就能完美地写出来。

交流 = 订单！

每周销售例会——新交易的诞生地

销售咖啡因。清晨的销售会议。

销售会议是公司对销售团队期望与销售团队实际工作情况之间的重要纽带。就是在销售会议上，市场营销转化成了订单。然而，有多少经由这些销售会议提供的机会就这样被白白浪费了呢？答案是：有很多。

销售会议应该是一个论坛，销售人员工可以借此报告他们的困难、获得达成目标的协助及鼓励、接受解决方案培训、分享心得及进行其他交流。销售会议的目的就是鼓舞销售人员工士气，让他们做好销售的准备。

小贴士：

我特别没提到两点——抱怨和发牢骚。这两点是不允许的。

上周，我参加了一次精心安排的星期一上午的销售会议。

·他们有议事议程，并且按照议程开会。

·每位员工都有机会分享他们上周最好的订单。

·他们提供一节销售培训课。

·与会的行政人员很少。

·有 15 分钟的产品知识宣讲。

想给你的每周销售例会评分吗？不妨自问以下问题：如果销售会议不是强制参加，那么我会参加吗？

在两个小时的销售会议中，销售人员始终都在积极参与，并一直处在学习状态之中。销售会议传达了很好的销售信息，并且没有销售人员在会上发牢骚。在我参加过的销售会议中，没有几个能做到这么好。

你如何能确保每次的销售会议都开得这么好呢？事先规划及准备。让员工都有发挥领导能力的机会。事先设置议事议程，确保议程贴近实际、有趣、有效以及能动员大家充分参与，同时会议要按照议程推进。

不妨参考以下标准：

- **行政人员参与较少。**最多5分钟。
- **不要做无聊的事情，例如回顾新表格、公司政策、个人争议以及有问题的地方。**找到更好及更快的沟通方式。不妨尝试以下做法：准备一份关于新表格的说明指南，在会上传阅。
- **小贴士：**不论怎样，销售人员都不会重视行政人员。
- **除非你已经有可能的解决方案，否则不要提出任何问题。**这条规则适用于每个人，可以让大家从解决方案的角度看待问题。
- **做一些有趣的事情，让销售人员自我感觉良好。**奖励，分享成功故事。
- **帮助销售人员更好地了解他们的职业。**每周由销售团队中的一人就一个话题举行一个小型讲座。
- **帮助销售人员增加收入。**准备一些销售中常见的拒绝和困难，进行圆桌讨论。对可能的解决方案，进行角色演练。
- **邀请现实世界的客户参会。**每周邀请一名客户参会，讲述他为何购买你们的产品。他的讲述可能会令你深感意外，不过倾听来自现实世界的声音很重要。客户将会对购买过程进行仔细分析（这样做的效果要远远好于你努力学习销售过程）。

- **销售会议需安排在早晨。**准备好食物及咖啡，尽早开会。
- **要求与会员工准时出席。**迟到罚款/早到有奖金。不论如何，都要准时开会；不论如何，会议都要准时结束。
- **强调积极方面。**公开对你的员工表示支持，特别是在大家面前。而如果你对某个人有负面的意见，不妨私下告知他。

销售会议是规划本周销售情况的地方。有些人利用这个机会进行威胁与抱怨，而有些人则利用这个机会进行鼓励与学习——猜猜哪些人会是最后的赢家？

有效的销售信函——只要你把握好分寸

销售信函有多重要？

我曾经收到过数百封各种各样的销售信函。介绍、宣传资料、约访、做演示、现在跟进、这是我们的资料、感谢您的订单——大概都是这种模式。多数销售信函都有具体的目的，但是多数销售信函都不好（不能振奋人心）。好吧——多数销售信函都很乏味。

对销售信函字斟句酌是销售过程中不可或缺的一部分，因为客户或者潜在客户阅读信件时会对你或者你的公司产生印象。

销售信函的作用：如果你的销售信函写得很好，那么客户将认为你很棒；如果你的销售信函写得很有创意，那么客户将认为你是个很有创意的人；而如果你的销售信函写得很愚蠢，那么……

有些销售人员在写信时很难找到合适的词汇。这并非因为他们不会写作，而是因为他们不懂写作的规则。

以下列出了一些将你的销售信函转化为订单的指导方针：

1. **开始第一句就说明你写信的目标或者目的。**直奔主题。不妨在正文前加个标题。
2. **段落短小精悍。**突出重点。
3. **修改，修改，修改。**删除每个对传达写信目标或者目的不必要的词语。
4. **信函尽量短。**一页纸三段即可。销售信函越短小，那么客户阅读及理解信函的可能性就越大。
5. **不要让潜在客户一读你的信就想吐。**信件要尽量容易理解，不要有太多修饰成分。把形容词及介词短语减去一半。删除多余副词。看看每句话逗号以后的部分有无必要保留，多数情况下都没有必要。
6. **使用项目符号避免千篇一律。**

· 使信件在形式上看起来较为容易阅读。

· 使用项目符号突出重点。

7. **不要说"感谢您给予机会"。**不妨尝试说："我很自豪能为您提供帮助。"
8. **你的姓名无需加粗。**把对潜在客户而言重要的部分加粗，而你的姓名几乎是信函中最不重要的内容。
9. **不要让你的信函读起来有人云亦云的感觉。**
10. **不要过度推销你的产品。**应将你的销售过程推进到下一个步骤，同时建立信心及私人关系。

11. **不要把销售信函做成推销演讲，而是要做成销售辅助工具。**

12. **做一些客户意料之外的事情。**随信附上一篇与客户业务有关的文章或者其他物品，让潜在客户觉得你格外用心地与他们交流以及为他们提供服务。

13. **量身定制。**你的信函与客户的业务及处境越相关，你的客户就越愿意同你做生意。

14. **敲定下次会面或接下来要进行的事项。**确定具体的时间。

15. **尽量手写。**

16. **避免使用副词。**

17. **永远不要说"再次感谢"。**再次感谢都是多余的。一次已足够，两次就是你在卑躬屈膝了。

18. **以让人愉快、自信且专业的方式结尾。**"感谢您抽时间读这封信。我将于星期二致电您。"

19. **不妨只签名字，不用签姓。**

19.5. **十分真诚的（我言出必行），杰弗里·吉特默。**

补充一下：如果你想重复你的请求或者陈述，不妨使用P.S.（补充一下）。

难点：把你的信函搁置一天，然后再次读一遍。读起来如何？如果回答是感觉做作或者力度不够，那么你可能需要重写一封。

更难点：请一个有智慧及客观的朋友对你的信函给出建议。学会接受批评，当作一次学习的机会。

NO Shortcuts in SALES

销售没有捷径，写信时也不要简写！

最难点：不妨自问这封信与你的竞争对手的信将有何不同。如果签单将基于你的信函的原创性，那么你是否能签下订单呢？呃……

学习规则并将规则运用于实践之中，有助于你的信函更有效。有效的信函将有助于你与潜在客户建立私人联系，以及赢得对方信任。而与潜在客户的私人联系及对方给予的信任，将有助于你签下订单。

达成更多交易？——只要你用心倾听！

你接受过有关倾听技能的培训吗？

传统教育并不包含任何有关如何倾听的课程。学校里从来不教授这些对个人成功而言最为需要的技能，这让我深感意外。

倾听是销售过程中最为重要的方面，但通常却是职业销售人员最为缺乏的技能。

你每天听广播、看电视以及视频，第二天你甚至就能背诵整个章节或者一字不差地唱下整首歌。而如果你的伴侣或者孩子对你说话时，你却会说："什么？"或者"我刚才没听到你说什么"。

你是否会经常要求他人再说一遍？你是否会经常听到他人抱怨："我刚才说的你一个字也没听。"倾听技能差是有原因的，你要感谢我把这些原因记录了下来，否则你将会被迫反复倾听，你知道这样做的效果会有多差。

以下是有关倾听技能的基本课程：

第1课。倾听的两大障碍是：

1. 你通常在开始倾听前（对他人或者对他人将要说什么）就有了先入为主的看法。
2. 你通常在开始倾听前或者在听对方讲完前就已经做了决定。

第2课。必须按如下顺序遵循有关有效倾听的两大重要法则，否则你不会成为一名有效的倾听者。

1. 首先，抱着理解的目的去倾听。
2. 其次，抱着回应的目的去倾听。

第3课。反思一下你现在的倾听方式。

· 他人讲话时，你是否除了倾听以外还在做别的事情？
· 他人讲话时，你是否在想别的事情？
· 你是否在假装倾听，只是为了借机插入你的评论？
· 你是否因为已经知道了答案，因此就等待对方停顿以便你加入自己的回应？

第4课。你会在某一点后就不再倾听。这发生在什么时候？

· 在你做出回应后。
· 发言人让你觉得无聊透顶之后。
· 当你决定打断对方插话时。
· 当发言人说的话你都不想听时。

第4.5课。人们为何不愿倾听？

· 人们有时会害怕听到他人即将要说的话，因此就屏蔽了。不要害怕倾听。

· 有时你会把对方——伴侣、父母以及孩子当作理所当然的存在。
· 有时你一心在想着别的事情。
· 有时你就是没礼貌。
· 有时对方就是让你觉得难受，所以你放弃倾听。
· 有时你在担心别的事情。
· 有时你认识讲话人，因此对他们有成见。
· 有时你对讲话人不够尊重，因此就自动放弃了倾听。
· 有时你认为你已经知道对方要说什么。
· 有时你认为自己无所不知……或者你一直是这样？

倾听课程指导方针。为了最大程度发挥你的倾听能力、提高你的效率、减少出错、让客户满意以及助你签订更多订单，你需要遵循以下 14.5 条指导方针。

1. 不要打断对方。（但是……但是……但是……）
2. 提出问题，然后保持（百分之百）安静。集中注意力在对方的回答而非你自己的想法上。
3. 偏见将影响你理解听到的话，因此倾听时不要带着先入为主的成见。
4. 使用眼神接触以及简短话语回应（嗯，哦，明白了，这样啊），让对方明白你在听。
5. 在听对方讲述完全部情况前，不要轻易下结论。
6. 倾听时带着目的，并且注意细节及结论。
7. 积极倾听包括积极理解对方讲话的含义。安静地理解，同时记下笔记。

8. 注意倾听对方的未言之意。暗示的意思通常比明说的意思更重要。注意：讲话的语气通常能反映暗含的意思。
9. 抓住对方讲话停顿时的安静片刻进行思考。
10. 在开口讲话前先要消化理解一下对方讲的话（以及未言明的话）。
11. 不时提问以便确保你正确理解了对方的话语以及意图。
12. 不时提问以确保讲话人说完他想说的全部内容。
13. 通过行动表明你在倾听。
14. 如果你在对方讲话时也在思考，那么不妨思考一下解决方案。不要试图掩盖问题。
14.5. 避免所有会分散你注意力的事物。关掉手机。把门关上。整理好思绪。两人靠近站立或坐下。

成为一个好的倾听者有很多秘诀，而囊括这所有秘诀的一点就是：闭嘴！

学会倾听的两字秘诀——闭嘴！

其实，你只需闭上嘴就可以学到很多。如果你保持安静，那么人们会认为你更有智慧。倾听比讲话能让你学到更多。

有效倾听能为你带来订单——很多订单。倾听是销售过程中最为重要的方面，但通常却是职业销售人员最为缺乏的技能。

你的倾听能力如何？

不妨试着回答以下问题：很少——有时——或者总是。

很少 有时 总是 我会等讲话人说完整句话。

很少 有时 总是 在给出回复前，我会确认我正确理解了对方的意思。

很少 有时 总是 我倾听时注意倾听重要部分。

很少 有时 总是 我努力理解讲话人的感受。

很少 有时 总是 在开口前，我会先设想一下解决方案。

很少 有时 总是 在开口前，我会先在头脑中过一遍应如何回应。

很少 有时 总是 在倾听时，我可以自我控制，并且保持放松及冷静。

很少 有时 总是 我给出对方我在听的简短信号（嗯，好的，我明白了，哦）。

很少 有时 总是 他人讲话时我会记笔记。

很少 有时 总是 我倾听时保持开放的心态。

很少 有时 总是 即使对方很无趣，我也会注意倾听对方。

很少 有时 总是 即使对方是个浑蛋，我也会注意倾听对方。

很少 有时 总是 倾听时，我会注视着对方。

很少 有时 总是 倾听时，我很有耐心。

很少 有时 总是 我会不时提问以确保我理解了对方的意思。

很少 有时 总是 倾听时，我不会分神。

以下列出了评价你是否是个有效倾听者的标准。你得到了几个“总是”？

14~16 个 你是个出色的倾听者。

11~13 个 你不错，但是有一些方面需要帮助。

7~10 个 你还可以。你可能自认为该知道的都知道了，不过技巧培训课程能大幅增加你的收入。

4~6 个　你是个糟糕的倾听者，根本都没在听对方说什么。

1~3 个　你的耳朵聋了，或者大脑瘫痪了，或者你需要助听器。

将上述测试中暴露的你的倾听弱点转化为你在倾听上需要努力的目标，从而把“我将会”改成“我会”或者“我将是”改成“我是”。

例如：如果对于“我会等讲话人说完整句话”，你的回答是“有时”，那么你就可以将这一点设为需要努力的目标。在便签贴上写下“在未来 30 天内，我将会等讲话人说完整句话”，并把便签贴贴在卫生间的镜子上。

嘘……要实现有效倾听，需要你定期进行一些提高技能的练习。以下列出了 17.5 个练习方案：

1. 倾听时直视讲话人。
2. 集中注意力关注对方的用词及意图。
3. 减少分神机会（甚至可以更换谈话场所，以方便倾听）。
4. 将对方描述的场景在头脑中演练一遍。
5. 在回答前，不妨先在头脑中演练一遍回应及解决方案。
6. 倾听时保持开放心态，不要有先入为主的成见。
7. 注意倾听内容，无须过多关注对方的表达方式。
8. 不时给予简短回应以便让对方明白你在听，例如：哇、天啊、然后呢、真的吗、太恐怖了、太棒了、太可惜了、我不知道这个以及我明白了。
9. 倾听他人讲话时，不妨不时记下笔记。当你感觉有话要说时，记下一两个提示字词，而不要去打断对方的思路，这样你既可以记录下你的想法，也可让对方对你印象深刻，还能保持礼貌，同时也能继续倾听而非打断对方。

10. 在给出反馈前，（有时）需要对情况进行核实。
11. 在给出反馈或者回应前，不妨通过提问确认情况。
12. 下次当你自认为已有答案时，也不要打断对方。
13. 练习一小时不说话。
14. 下次当你跟一群人吃饭时，不妨试着前半个小时不要讲话。
15. 通过提问可以请对方澄清一些内容。
16. 通过提问可以表明你的兴趣及关注点。
17. 通过提问获得更多信息或者学习更多东西。

17.5. 不妨自问："你是否愿意他人按照你倾听别人的方式倾听你呢？"

警惕糟糕的倾听者： 一个自认为无所不知的人是不会倾听的。一个总是打断他人的人也是不会倾听的（或者至少不是一个好的倾听者）。

倾听有多难？ 对于一些人而言，这是不可能完成的任务。

对我而言，倾听是最难讲授的课程。首先，我自己通常也是个糟糕的倾听者。基本上我没签成的每笔订单都可以归咎于糟糕的倾听技巧或者提问技巧。其次，我无法用一两章的课程改变需要 20 年才能培养的能力。

自测倾听自制力： 尝试保持沉默一小时。在多人聚会时，尝试不要讲话。尝试在派对上不要讲话。

倾听先是以理解为目的，而后是以回应为目的。

客户类型有数十亿种——逐一了解

销售并不是要你定义所面对的客户类型。客户类型有数十亿种。听过“4种客户类型”的说法吗？主动型、亲切型、白痴型以及大白痴型。其实，真正的大白痴是那些自认为只有4种类型客户的人——他们认为可以通过对客户分门别类促使客户签订单。都是无稽之谈。

我将给你三个字，有了它们你就能在5分钟内识别世界上所有客户的类型：

1. **看**（办公室）
2. **问**（对的问题）
3. **听**（以理解为目的）

吉特默识别数十亿种客户类型的方法现在已经浓缩成了三个字，而这些方法也可以用于确认客户的特点。哦，为了使这种方法每次都能奏效，你还需要另一个条件——

练习！

销售既包括知识，也包括经验。知识包括产品知识、销售技巧以及态度。而经验则可教会你如何运用你学到的这些知识。销售是门科学，还记得吗？试验和错误。当然，销售也包括一些最好永远都不要打破的绝对规则：不要与客户争论以及不要说谎等。然而，大多时候都是灰色地带。你需要施加多少压力？有人会说最好一点儿压力都没有，而有人则会写一本书，讲述强势推销——大棒推销。其实，到底施加多少压力合适，最终决定权在你自己手里。

不存在所谓客户类型的说法，正确的说法是客户特点。正是一个个特点构成了客户的不同性格。不要对客户进行分类，而是试图去理解他们。

与客户的性格特点相比，我对客户的购买理念更有兴趣。然而，我只有在认识（并且理解）了他们的性格特点后，才能了解他们的购买理念。如果你确定了客户的“类型”，但是却说了一些与他们的购买理念相悖的话，那么你就死定了。

客户因何购买？

·为了解决问题。

·他们需要它。

·他们认为需要它。

·为了获得竞争优势。

·为了省钱或提高生产效率。

·为了避免错误或节省人工成本。

·为了自我感觉良好。

·为了炫耀。

·为了改变心情。

·为了巩固一段关系。

·禁不住销售人员游说。

·听起来太好了，无法拒绝。

·性价比高（或者自认为性价比高）。

哪些特点适合你现在面对的客户？

· 只看不买。
· 友好——但不愿购买。
· 说谎者。
· 不礼貌。
· 需要晓之以理。
· 小而关键的客户。
· 犹豫不决。
· 只看价钱的客户。
· 不友好。
· 夸夸其谈者。
· 冲动型购买者。
· 好辩者。
· 自认为无所不知的人。
· 沉默者。
· 纽约人。
· 情绪化。
· 忠实。
· 需要“再考虑考虑”的客户。
· 无法确定身份的客户。
· 无礼。
· 不停说话的客户。
· 小气。
· 不直说拒绝理由。
· 谦逊体贴。
· 拖延者。
· 刚愎自用。

这些特点需要一一确认，不过你的客户通常同时具有以上多个特点或者其他特点。

例如：谦逊体贴、只看不买、只看价钱、需要“再考虑考虑”……这样的一个潜在客户会让一名纽约的销售人员直接想搬回北方。或者，纽约人、自认为无所不知、不友好、说谎……这样的一个潜在客户会让一名南部的销售人员直接就想把产品租借给他。

以下列出的这些指导原则适用于所有类型的客户：

1. 永远不要与客户争论。

2. 永远不要冒犯客户。

3. 永远不要以失败者的方式思考或行动。

4. 不惜一切代价，尝试与客户成为朋友。

5. 努力与客户站在同一边（有共鸣）。

6. 永远不要说谎。

这里有一条主线将所有情况联系起来。只需一个词语就可以征服所有客户：共鸣。如果你仔细倾听客户并且观察他们的行动，那么就会发现他们已经明确告诉你该如何反应。他们会告诉你说什么或者不说什么。他们将带领你找到订单。你的任务就是了解潜在客户的特点，同时把特点与潜在客户的购买动机结合起来，这样你就能动员潜在客户采取行动，并给予他们足够的信心去购买，很简单。

“客户类型”有数十亿种。想把他们都变成你的客户吗？你只需要 5 个词：看、问、听、共鸣以及练习。

"'客户类型'
有数十亿种。
想把他们都变成
你的客户吗?
你只需要 5 个词：
看、问、听、共鸣
以及练习。"

——

杰弗里·吉特默

"There are billions of 'customer types.' Want to sell them all? You can do it in five words: Look. Question. Listen. Harmonize. Practice."

– Jeffrey Gitomer

8.2

展会记

展会……

还记得“表演与猜谜”这个游戏吗？

展会就是这个游戏的成人版。

游戏的名字叫作“表演与销售”。

还有什么其他机会能让你在几天内面对面接触数千名潜在客户吗？

每个参会的人都是为了做生意。

数以千计的潜在客户。

唾手可得。

你需要做的就是激发他们的兴趣，而我则为你提供诱饵……

这是行业年会……

在行业会展上取得成功的35.5条法则

在行业年会、博览会或者展览会上，成百上千的客户、潜在客户、供应商以及竞争对手都会在两天内齐聚一堂。再没有其他地方能让你一次性同时接触如此之多的同行。这是一个机会——销售、发展潜在客户以及经营人际关系。你应如何抓住这个机会？

关键在于时间——妥善利用时间。如果7 500人同时参加一个两天的集会，共计20小时，那么这对你而言意味着什么？你应该如何应对？你应该如何利用这次集会尽可能盈利？

有些人参加年会是为了远离办公室、出城游玩或者享受休闲生活。如果你想取得成功，那么就请远离这些人。

以下列出的35.5条法则将有助于你为参加下次年会做好规划，以便从中获得最多机会。这些成功法则与经验将帮助你应对展会，领会其中的魅力与力量：

1. **不妨思考一下。在展会以外的其他场合，你打7 500个推销电话需要多久？**如果每天打20个——这已经很多了（主叫电话），那么这将需要375天（大概是一年半的工作日）。天哪！如果你找电话预约员每天打125个，那么你将需要60天。天哪！

2. **要想抓住年会这个每年一次、性价比最高的机会，那么你需要做好准备工作。**如果你想获胜，那么你必须为获胜做好准备。准备好你的展品、物品，召集员工。准备好你的推销演讲以及其他相关信息。准备好产品演示材料，并反复演练。准备好有效提问与有效陈述。你的开场白以及产品演示必须力求完美。

3. **离开办公室前制订行动方案。**制定具体的目标，明确你想拿下的潜在客户人数、你想拜访的客户人数、你想签下的订单数以及你准备如何完成这些目标。

4. **住在最好或者最大的酒店里。**保持处于核心事件发生的中心地带。这可能会让你多花一些钱，但是物有所值。

5. **提前一天到会。**你可以因此放松心情，同时也能及时掌握相关重要信息。许多展会的参展商以及与会人员都会与你搭乘同一班飞机。试着与他们取得联系。

6. **在布展阶段即介入展会。**如果你不是参展商，那么也要设法进入会场。找到卡车入口处，或者告诉工作人员你有重要的零件或者文件要送……不管用何种理由，设法进入会场。尽早进入会场能让你拥有战略优势，而且或许还有助于你获得一些有价值的人脉资源。许多公司的首席执行官都喜欢亲自到场监督布展，因此你可以在轻松愉快的氛围内获得对方的联系方式，而不会感觉匆匆忙忙。

7. **事先明确行业内你想结识的 5 个大人物。**在展会上设法接触他们，与他们攀谈。

8. **事先明确想联系的 10 位客户。**与他们取得联系，发展业务关系。邀请他们共进晚餐，巩固你作为供应商的地位。

9. **事先明确想联系的 10 位潜在客户。**与他们取得联系，发展私人关系，为以后可能签单做好准备。

10. **掌握会后的派对及其他一切交际活动。**选择性参加你的潜在客户最可能参加的那些活动。

11. **每天第一个到会，最后一个离会。**对我而言，这是最有效的一个策略。这个策略使我有机会可以更好地接触那些晚来早走的与会人员。在会场中多待一两个小时就意味着可以多见到100个人。

12. **团队精神以及分担责任。**如果你的公司派出了多人参会，那么不妨大家分散开来，分担责任。

13. **参加研讨会以及讲座，以便与客户及潜在客户交际。**在研讨会上，如果你能坐在对的人身边，那么这将非常有益。如果你遇到了一位潜在客户或者客户，那么不妨询问他计划参加哪些研讨会，然后抽出时间参加。

14. **做个演讲。**做演讲或者召开研讨会将有助于你树立专业威望，同时将你或者你的公司置于业界领先者的位置。选择一个你的客户或者潜在客户会参与的话题。

15. **保持专注，在最不可能的地方寻找机会。**酒店大堂、电梯、洗手间以及餐厅——都要随时抓住机会。你都有可能与决策者或者对决策者有影响力的人进行面对面交流。

16. **随时随地进行推销，没有什么地方不可以。**走廊、其他展商的展位、洗手间、食品摊位——你都有可能遇见你想见的人。注意对方的胸牌。与对方攀谈，四处留意（前提是不要让人觉得没礼貌）。你永远无法事先知道你何时会遇见一位大客户（或者如果你注意力不集中，你很有可能与大客户失之交臂）。

17. **如果你想跟每个人都打招呼，那么动作要快。**平均下来，你与每个人打照面的时间只有7.5秒，因此你最好能快速确认对方身份。然而（请尤其注意这个例外），当一个人看起来似乎是很有前途的潜在客户时，不妨多花一些时间与其建立联系，以方便后续跟进。不要在无意义的事情上浪费时间，每秒都很重要。在两天的时间里，你有5 000个人要见——你明白我的意思。

18. **不要对任何人有先入为主的成见。**有些公司老板为了避免被人打扰，可能会穿着普通人的衣服或者佩戴他人的胸牌参会。

19. **快速浏览对方胸牌。**展位上、走廊以及吃饭时都要时刻注意你的目标胸牌（你选定的潜在客户、你从未见过的客户、有可能进行合作的企业）。

20. **尽量简洁。**你讲的话（提问除外）应该尽可能保持在60秒内。

21. **切中主题。**按照潜在客户的需求，准确告诉潜在客户你的业务范围。

22. **享受整个过程并且保持幽默。**激情与幽默能感染他人。人们都愿意同赢家而非抱怨者做生意。

23. **握手需有力。**握手时的力度反映你的态度。没人愿意与一条死鱼握手。

24. **尽量控制与同事及朋友交谈的冲动。**这意味着浪费时间，对你们都无益。

25. **确认客户需求。**如果你不知道对方的需求，那么不论何时何地你都无法向任何人成功销售产品或服务。

26. **先要通过试探及调查获得所需信息。**不要一开始就说太多话。提出有效问题并且跟进问题，以便获取信息、激发兴趣、确认需求以及以有意义的方式传达你的信息。当时机来临时，不妨抛出你的最佳提问，同时以最简洁的方式传达你准备的信息。在介绍你解决问题的能力前，首先要确保你已对对方足够了解，你给出的信息要具有冲击力。知道什么时候说什么话。

27. **向客户展示（或告知客户）你如何解决问题。**客户很容易对你的业务范围介绍失去兴趣，除非你介绍的方式对他们有帮助或者他们认为你拥有他们需要的东西。

28. **确认感兴趣的程度。**如果他们需要你的产品或服务，那么他们有多想买呢？不妨在他们的名片上标注他们感兴趣的程度。

29. **与潜在客户敲定下一步的行动。**未与优质潜在客户就下一步行动达成一致前，不要让他溜走。

30. **直接在名片背面记下重要信息。**如果你与很多人取得了联系，那么你很难记住全部重要信息。在你说话时或者他们离开后，你不妨立刻在他们名片背面记下重要的相关信息。如果你交换了250张名片，并且没有一张名片背面有标注信息以便你在会后继续跟进，那么你的效率就会降低50%或者更多。（潜在客户的名片就是销售工具。）你甚至可以同时在你的名片及他的名片背面写下你想约见会面的时间，然后会后与他进行确认。需确保记下部分个人（交际）信息——高尔夫、孩子、运动、剧院等，以便你在后面跟进时参考使用。

31. **设法让对方对你铭记在心。**说一些话、送出一些礼物或者做一些事情使你（以一种正面及有创意的方式）留在潜在客户的脑海中。

32. **时间到了。**在你传达了信息、建立了联系以及敲定了下次会面或者行动的时间后，那么不妨立即转向下一个目标。

33. **分发令人印象深刻的赠品或者小礼品。**赠品或小礼品需有助于你与客户及潜在客户建立长期友好关系，同时也要便于你在会后跟进时谈起。

34. **夜间重新规划，为第二天做好准备。**在行业年会上，一切都会发生得很快。你遇见新的朋友、拿到签约邀约以及有可能见到行业内有影响力的大人物。为了最大化利用一切有利资源，唯一的方式就是开始时做好书面的行动计划，同时随着大会的进行及时调整计划。

35. **时刻保持清醒。**这是一个明显的优势。如果你酒醉出丑，那么你可能会因此遭受无法弥补的损失。参加派对，但是要聪明地参加派对。

35.5. **玩得愉快。**不要对客户施加压力或者太过勉强自己，大家都能感觉到。展会就像生活：你的态度越好，你就越容易成功。

尽可能扩大你的联系人及业务线索数据库。会后不妨向大会组织方要一份与会人员的名单。这份名单将对你的数据库有帮助，有助于你进一步跟进或者与那些你可能错过的人取得联系。

“行业年会、展会以及博览会是销售人员发展人脉资源的最好机会，
同时也能给予
销售人员最大的乐趣——前提是
需要事前做好充分的准备、保持专注以及不懈努力。”

——

杰弗里·吉特默

“Conventions, trade shows, and business fairs are the best contact opportunity and the most fun a salesperson can have–with the right preparation, focus, and effort.”

– Jeffrey Gitomer

第九章

构建人际关系网，走向成功

9.1

人脉记

人际交往……

你的母亲曾经说过:“不要跟陌生人讲话。”

我并不反对母爱,但是如果你想在人际交往中取得成功,那么你最好开始与陌生人讲话。

稳固及经营良好的业务关系、对你或者你的公司有帮助的朋友……这些资源是无价的。

就是这些人际关系打通了你的职业发展道路。

朋友永远不嫌多。

那么,你应如何抓住这些机会呢?人际交往,只需说一声:“你好。”

人际交往——建立成功人脉的挑战

制订人际交往计划。今天就制订。

每周花几个小时在人际交往上？

为了取得效果，每周至少需花5个（非工作）小时。

在人际交往的这几个小时里，你有多少时间是在高效工作？

衡量的方法很简单——你应该每周获得20名新朋友的联系方式。

这是你的事业。这是你的机会。你能充分利用人际交往的力量吗？如果现在不行动，那么要等到什么时候？不管怎么样，你现在都在工作。人际交往有可能还会让你的生活更有趣。

· 人际交往是让那些有助于你事业发展的人认识你。
· 人际交往是在为你签单以及事业成功积蓄力量。
· 人际交往是与你的业务伙伴聚会，把他们转变成你的客户以及朋友。
· 人际交往是发展及维护长期关系。
· 人际交往是建设人脉资源银行——你在世的每一天，都能从银行获得逐年递增的利息及红利。

秘密：只有在树立积极的态度后，你的人际交往才能奏效。

你的目标就是把有效的人际交往技能与5年人际交往及社区参与规划结合起来，以帮助你达成如下目标：

· 与更多人建立业务联系。
· 更多订单。
· 对业务更了解。

· 参与更多社区活动。

人际交往高手的信条：我知道如果我参与其中、高效利用时间、定期出席活动、积极进行适当的人际交往，那么我取得的成果将超过加入任何组织的预期。

为了在人际交往中取得成功，你首先需制订计划。以下问卷将有助于你制订具体的行动计划——不妨一试。

· 我现在在何处进行人际交往？
· 我应该在何处进行人际交往？
· 我的最优客户们在哪里进行人际交往？
· 我最需要了解及参与哪 3 个组织？
· 我每周应花几个小时进行人际交往？
· 我最想见的 5 个人是谁？
· 我第一年人际交往的目标是什么？
· 我具备所需的人际交往技能吗？
· 我有人际交往的必备工具吗？
· 有谁擅长人际交往？我能致电寻求帮助吗？

逐一回答上述问题将有助于引导你形成完美的人际交往行动计划。计划中唯一缺少的元素就是你的全力以赴，而这个元素只能来自你。

人际交往101：如何吸引一屋人？人际交往成功的基本法则

人际交往已经成为一个至关重要的商务工具。

人际交往投入少（通常免费），效果明显 / 性价比高（通常在一两个小时里，你就能要到20~30个人的联系方式），另外还有些联谊的性质（在非正式的场合更容易谈生意——而且还很有趣）。

如果你质疑人际交往的意义，那么不妨进行如下比较。如果房间里有100个人，而你有2个小时与他们进行交际，那么你至少能与其中一半的人搭上话，而且很有可能要到30个人的联系方式。在其他任何场合，你拨打50个销售电话需要多长时间呢？可能需要一周。

很多销售人员都会参加人际交往活动，但是只有很少人知道如何进行有效的人际交往。以下列出了人际交往的13.5条基本法则（工具），将帮助你提高人际交往的效率及效果。

1. **与会前做好计划。**确定与会人员有哪些、你需要携带什么、你的目标是什么以及公司是否还有其他人参加。

2. **提早参会。**着装职业，带够名片，准备好随时行动。

3. **至少绕场两周。**熟悉与会人员与场馆。

4. **确定潜在目标客户。**事先思考一下你想同哪些人见面。

5. **准备好30秒的个人宣传广告。**

6. **个人宣传广告应控制在30秒以内。**

7. **保持愉快、充满激情以及态度积极。**不要抱怨或者自怨自艾今天你过得很痛苦。人们都愿意与赢家而非抱怨者做生意。

8. **重复对方的名字至少两遍。**第一遍是为了帮助你记住对方的名字，第二遍则是因为人们最喜欢听到自己的名字。

9. **如果对方并非有潜质的潜在客户，那么不要浪费时间。**转身离开时要注意礼貌。

10. **提早吃饭。**边吃饭边交际很难。抵达会场后先要填饱肚子，这样你就可以自由地与他人握手及交谈，进行更有效的交往，而不用担心会喷出食物。

11. **不要饮酒。**即使其他人都有些微醺，你保持清醒也能有一个明显的优势。（可以在会后喝点啤酒，庆祝你新认识了这么多人。）

12. **不要吸烟或者闻起来一身烟味。**

13. **不要提早离场。**你待的时间越长，就越能与更多的人取得联系。

13.5. **重要提示：享受其中，保持幽默。**这并非脑瘤手术，结识他人并建立宝贵的人际关系是一件令人愉悦的事情。**人们喜欢与愉快的人交往。**

如果你说："我参加了很多人际交往活动，但并没有遇到很多潜在客户。"这意味着你并未遵循人际交往成功的基本法则，或者你并未在优质潜在客户容易出现的场合进行人际交往。

去哪里：人际交往活动的选择与人际交往本身同样重要。不妨询问5位最优客户他们每月去哪里聚会，然后参加同样的聚会。

地方财经日报以及普通日报的财经版每周都会列出一些商务交际活动。各商会也会发布月度活动日历。不要忽视社会及文化活动的影响力。选择参加那些会吸引你的潜在客户或者你想结识的人参加的活动。

人际交往102：如何笼络一屋人？人际交往成功的秘诀

“我希望交际时我能要到更多人的联系方式。”如果你曾多次如此自言自语，并且愿意认真学习人际交往这门科学，那么下列解决方案和策略将有助于你成功地与优质潜在客户取得联系。

如果你不能遵循人际交往的基本法则（见前一章），那么也无须尝试这些进阶版的秘诀——它们不会奏效。

以下是人际交往取得成功的10.5条秘诀：

1. **如有可能，活动开始时或者结束时站到门口。**这样做有助于你在开始时见到所有人，明确目标，而结束时你也能抓住可能错过的任何人。

2. **把75%的时间花在你不认识的人身上。**与同事和朋友交际也很有意思，但是这无法让你要到潜在客户的名片或者建立任何有价值的联系。

3. **把25%的时间花在发展现有关系上。**与你的现有客户交谈。你越了解他们，他们就越能忠实于你以及你的公司。

4. **不要太早给出你自己的信息。**在5~10秒的自我介绍后，不妨先询问对方具体做什么，然后详细给出你自己的业务范围。

5. **在潜在客户自我介绍后，接下来你有两个选择：**要么与其建立私人联系（找到共同兴趣），要么利用这个机会激发他对你的产品/服务的兴趣。潜在客户的自我介绍将指引你做出选择。

6. **如果对方看起来似乎是个优质潜在客户，而且你也想找到与其谈生意的捷径，那么你必须发现你们在业务之外的共同之处。**找到一个你们双方都喜欢或者了解的话题。

7. **现在就尝试与潜在客户约定会面。**如果你想要潜在客户的名片，那么不妨先给对方你的名片，或者找一个你需要对方名片的理由（“把您的名片给我，我会给您邮寄一些资料”）。如果潜在客户不愿给你名片，这就意味着你稍后可能很难与其约定会面。

8. **在潜在客户名片的背面，记下与之相关的所有信息。**在进一步跟进中，你需要参考这些信息。

9. **不要推销你的产品 / 服务。**只需建立一些私人联系，让对方对你有信心，以便赢得一次会面。

10. **要有时间观念。**你与对方取得了初步联系，要到了对方的名片，建立了私人联系，并且确认了下一步行动（邮件、电话、约会），那么不妨立刻转向下一个潜在客户。

10.5. **与同事友好竞争。**如果你与同事一起参会，那么不妨比一比谁能要到更多的（有效）名片。输赢的彩头越高，你们在一起的时间就会越少。

现在你已经知道了人际交往的基本法则，那么接下来就是如何在实践中利用这些法则获益。人际交往是一个有效且性价比高的营销工具。如果妥善使用，那么它将为你的业务发展奠定坚实的基础。我就从人际交往中获益良多。

为了便于你执行人际交往计划，你还需要另外一些指导原则。以下列出了我在人际交往方面取得成功的 9.5 条私享秘诀。

1. **我遵循 50 人法则。**如果房间里聚集了 50 多个人，那么我也会进入这个房间。

2. **学会利用闲聊传达重要信息。**简单明了，直奔主题。如果对方询问你的业务范围，那么需快速简洁地予以说明。

3. **不要为了说话而说话。**当你开口讲话时，确保每句话都有意义。

4. **了解你能解决哪些问题，而非一些关于产品或服务的无聊事实。**交谈时需着眼于你如何解决问题，而非你能提供怎样的产品或服务。

5. **不惜一切代价，避免负面评价他人。**不要埋怨或者批评其他人或者其他公司。你永远无法知道与你交谈的客户与你批评的人、公司或者产品有着怎样的联系。

6. **礼貌。**说与不说“请”和“谢谢”都能给对方留下深刻印象。

7. **不要在一个人身上花费太多时间，否则就失去了人际交往的意义。**如果你发现一个优质联系人或者线索，那么不妨稍微多花一点儿时间，但要知道适可而止。需机智灵活地与对方约定会面，激发对方兴趣，而后转向下一个目标。

8. **你的目标是要照顾到全场的人。**如果你在每位潜在客户身上花3分钟，那么你就能在一小时内接触20位潜在客户。每秒都很宝贵。活动的规模决定了你应在每个人身上花费的时间。活动规模越大，你在每位客户身上花费的时间就应该越少，而你与相熟之人待在一起的时间也应该更少。

9. **参与活动组织方的工作。**人们对领导者的认同感更强，更愿意同他们做生意。

9.5. **牢记：在人际交往场合，每个人都想成为卖家。**为了成为一名成功的卖家，你可能需要不时扮演买家的角色。你必须能够在两种角色间自由转换。学习人际交往技巧，有助于你做到这一点，完全掌握场上局势。

With People You don't know

把75%的时间花在你不认识的人身上。

与一屋人发展长期关系

韦氏词典对于关系的定义包含了以下几个含义：联系、关联、一致、和谐以及同意。

关系是销售过程中微妙但至关重要的一环。

在人际交往场合与潜在客户建立关系，将有助于你在后续跟进中与其成功约定会面（以及签单）。

以下指导方针将有助于你在人际交往场合（以及后续）的努力取得最好效果。

当你认识对方时。如果你有商业议程，那么需要在两分钟内就与对方展开讨论。如果对方是你的客户，那么不妨多花几分钟以便进一步增进感情。如果他在与你不认识的人交谈，那么不妨请他介绍认识，确定双方是否有合作的可能。如果你对对方有所承诺，那么需立即再向对方要一张名片，然后在名片背面记下你的承诺。不论进展如何，5 分钟后你都需转向下一个目标。

当你不认识对方时。在给出 30 秒的个人介绍前，你首先需要收集信息。而后你无须进行赘述或者进一步推销。一切需等到对方讲述完自己的故事以及你发现双方的共同兴趣后再进行。就对方如何使用你的产品或服务提出一个开放性的问题，以便与潜在客户展开交流，促使他们打开心门，讲述自己的故事。一旦你发现他们吐露了一件私事，那么抓住这个机会进一步推进销售过程。

当与潜在客户进行交流时，你需努力确认他的个人兴趣。在遵循惯例彼此交换完业务信息后，不妨努力找出潜在客户下班后做什么或者他本周末打算做什么。如果有彼此感兴趣的活动近在眼前或者刚刚结束（球赛、赛车、音乐会、喜剧或者饭局应酬），那么你也不妨聊聊这些活动。

当你对对方有所了解后，你就可以开始“让我们会后聚聚，以便继续当前的讨论”这个部分，从而敲定最为重要的会面。

在夏洛特进行人际交往的这些年里（在这之前，我每年有250天都在路上推销），我每个月都花60个小时在与他人碰面以及建立联系上，这些努力成就了不少订单。我参加的活动与组织并不局限于企业行会以及潜在客户团体，还包括4个社区及市民组织。

我定期参加社团活动，努力让社团变得更好，一直尝试领导者角色，同时也努力建立及维系各种关系。

在夏洛特的前10年，我一直在致力于构建自己的人际网络。我的经验可以总结为一句话：人际网络很有效！

你在哪里进行人际交往？你如何进行人际交往？你是只参加饭局呢，还是积极参与社团的管理？

你是个单纯的索取者吗？你愿意努力参与社团工作，致力于使社团成功吗？

以下列出了参与社团组织的14.5条指导方针，将有助于你通过人际交往积累丰富的人脉资源。

1. **追随潜在客户。**选择参加那些最有可能出效果的社团组织。如果你的现有客户中有一人或多人都参加这个社团组织，那么这就是一个你可以参加的社团组织。

2. 当你加入一个社团组织时，不要坐等大家欢迎你。欢迎仪式里并没有任何助你成功的公式，你需要开启自己的成功之路。想找到有助于你人际交往取得成功的最佳资源吗？不妨等下次有机会时照照镜子。（很帅，不是吗？）

3. 为了在人际交往中有所收获，你必须投身参与其中。积极参与吧。

4. 建立信任及获得对方理解需要时间。在最初几次聚会中，你只需安静地倾听和观察。如果你一开始就很积极，那么很容易让他人警觉。不妨先找到融入这个社团组织的最佳切入点及最佳方式。你只需结识及帮助有价值的朋友，其他的事情自会水到渠成。

5. 当你投身社团活动时，坚持定期参与，并且发挥作用。定期参与社团活动会让大家觉得你是一个靠谱并可以信赖的人。

6. 需制订 5 年行动方案。不妨自问：

我的潜在客户 / 客户都参加了哪些社团组织？

· 我想与谁发展关系？

· 我的预期结果是什么？

· 我必须投入多少时间？

· 社团组织里我必须与其取得联系的最重要的那个人是谁？

· 我公司里还有哪些人需要参加？

7. 欲取先予。不仅是商务往来，这一点对于维系任何关系而言都至关重要。金克拉经典名言“如果你能帮助足够多的人得到他们心中想要之物，那么你也能得到自己心中想要之物”道出了“欲取先予”的精髓。

8. 不要斤斤计较。如果你不停算计谁欠了谁什么，那么你永远不会成功。你只需结识及帮助有价值的朋友，其他的事情自会水到渠成。（你明白了吗？）

9. **不要勉强对方。**如果你是真诚地想发展长期关系，那么不要给对方施加太多压力要求其立即签单。我并不是说有机会时不要做生意，只是说不要做得太勉强。

10. **参会时做好万全准备。**带上建立联系所需的必要工具（有形和无形）。只有当你掌握基本交际能力时（推出你的个人广告），你的名片才有价值。

11. **与潜在客户在社交场合结识后，需安排一对一会面。**如果能省略天气及政治等话题直奔核心问题，一小时的时间足够你很好地了解一个人。

12. **在人际交往中，并不是每个联系都能带来订单。**联系通常能为最终签单奠定基础。你只需结识及帮助有价值的朋友，其他的事情自会水到渠成。

13. **树立领导者的形象（及声誉）。**在人际交往中，你将受到潜在客户的观察与品评。你需要树立一个执行者、实干家及领导者的形象。

14. **一旦潜在客户逐渐了解你并感受到你的执行力，那么他们自然愿意与你做生意。**你的客户和潜在客户就在这里！你需要做的就是找到他们，与他们肩并肩一起工作（建立人际网络）。

14.5. **成熟的关系带来订单。**如果你与对方建立了稳固的关系，那么他将不遗余力地为你介绍生意。而那条反复出现、放之四海而皆准的人际交往法则在这里也适用：你只需结识及帮助有价值的朋友，其他的事情自会水到渠成。

在人际交往中，并不是每个联系都能带来订单。

人际交往游戏现实版

当你观看体育赛事、听音乐会，或者逛商场、跳蚤市场，或者在餐厅吃饭，甚至是四处旅游时，不妨尝试玩一玩现实版的人际交往游戏。

游戏的目标就是要比你的同伴结识更多的人。

以下是游戏规则。

如果你认识一个人，**那么得 1 分。**

如果对方首先看到你（并与你打招呼），**那么得 2 分。**

如果你看到一个小明星（体育明星、主持人），**那么得 3 分。**

如果你成功亲吻一名异性，**那么得 5 分。**

如果一个名人先同你打招呼，**那么得 5 分。**

最好约定游戏开始和结束的时间。例如，在看篮球赛时，游戏可以从半场休息你踏入球场的那一刻开始。你缓步绕场一周，然后回到座位上，游戏就此结束。

在现实版人际交往游戏中，我最喜欢听到的一句话就是："嗨，吉特默！"

"你构建成功人际交往网络的能力取决于你的决心和投入程度——你是否愿意不惜一切代价、花费必要的时间构建优质的人际关系。你是幸运的——成功与否完全掌握在自己手里。"

——

杰弗里·吉特默

"Your ability to build a successful network is tied to your determination and dedication to take whatever time is necessaryto build quality relationships. And you're lucky- the outcome of your success is totally self-determined."

– Jeffrey Gitomer

第十章

先知与利润

10.1

趋势记

趋势……

为了客户，为了公司，同时也是为了自己，有些人愿意付出额外的努力。不妨多了解一下他们的做法。

将所学应用于实践，开创你自己的新趋势。

下面章节将讲述具体操作。

新一代销售人员——非典型销售人员

杰夫·查德威克（Jeff Chadwick）是一名新一代销售人员，或者我应该称其为非典型销售人员。查德威克已经为夏洛特领先印刷商经典制图公司工作多年。他曾在生产部门工作，并且拿到了该职位所能支付的最高薪水。查德威克走遍了经典制图旗下的所有门店。他热爱这份工作。顾客们都说："这是你能找到的最好的销售人员。"有一天，查德威克卖出了一台库存的复印机。他的老板比尔·加德纳（Bill Gardner）对他说，他应该来做销售。于是，查德威克决定投身销售，赚取佣金。

> "如果你问我替代性签单问题或者角度刁钻的签单问题是什么，我一点儿也回答不出来，"查德威克说，"但是，如果你问我怎么能对这张纸进行双面打印，我肯定能回答——这也正是客户想知道的内容。我喜欢销售。工作很多，节奏很快。需要复印机的人没有一个会说：'不着急，慢慢来。'每个人都是昨天就迫切需要。"

我曾请查德威克总结一下他的销售特点及优点。"激情、坚持、骄傲、自豪。我家里的墙上贴着经典制图的宣传画。我喜欢跟同行在一起，告诉他们我为哪家公司工作，"他说，"我觉得我销售时的最大优点，就是我能帮助客户挑选他们所需的机器。我的产品知识对我帮助很大。"

产品知识也是克拉克森·琼斯（Clarkson Jones）从事销售工

作的基础。琼斯所在的卡罗来纳沥青公司主营高级停车场的维护和修复业务。有7年的时间，琼斯的工作就是监督施工以及操作重型机械。通过这段工作经历，琼斯获得了颇多产品知识。由于他具备解决问题的能力，同时也能快速直接地帮助客户解决问题（99%的新一代销售人员都有这个特点），琼斯与客户的关系越来越好。

就在几年前，琼斯意识到客户开始不再通过公司的销售人员而是直接找他下订单。为什么？“我猜可能是我对他们没有威胁，”琼斯说，“我是具体完成工作的人，服务很好，并且知道如何解决他们的问题。客户们自然会越来越喜欢我。”成为一名销售人员后，琼斯的生活有了很大的不同。“我并不怀念过去在工地上工作的日子，”琼斯说，“但是，如果没有当年亲自操作的经验，我可能也无法胜任今天的职位。”

数千名像查德威克及琼斯一样的销售人员正开始不断涌现。新一代销售人员主要具备以下特点：

· **单纯进行销售，不会在背后搞小动作。**他们真诚地进行销售。
· **不具有威胁性。**他们看起来不像销售人员，因此客户会放下戒备。
· **能提供帮助。**他们不会进行强势推销。
· **能提供建议。**他们经验丰富，知道哪种产品有用，因此能适时提供有益的意见和建议。
· **全套产品知识。**他们能为客户提供做出明智决定或者解决问题所需的必要信息。
· **避免问题发生。**他们的经验能让他们发现潜在的问题，提前避免问题的发生。

· **完全能胜任工作。** 由于他们能选择适合客户的产品，并且懂得如何使用及维护产品，因此产品一旦投入使用就会运转良好。他们能够完全掌握整个局势。

你是否一边在办公室或者工厂工作，一边想知道自己是否适合做销售？如果你能对下列问题给出肯定回答，那么明天上午你就可以找销售经理报到：

· 你是否具备完备的技术或者产品知识？
· 你的薪水是否达到了上限？
· 你是否具备良好的人际交往技能或者与客户相处愉快？

如果你认为自己能做好销售，你的想法可能是正确的。不过，你必须愿意承担风险。

另外，那些没有亲身经历的销售人员，想办法亲身体验一下！不妨在公司的每个部门都工作一段时间。公司其他部门的员工将更尊重你，你也能更好地了解你的产品及同事，而你的客户也能从你新学会的产品知识中获益。你的收入也会增多。

不妨在公司的每个部门都工作一段时间。

跟鲍勃·萨利文有什么关系？有很大关系

“当你把赌注放在自己身上时，你不会冒失败的风险。”鲍勃·萨利文说。萨利文是种牙行业医用产品的国际经销商，其客户遍布 50 个州及 27 个国家。他是如何赢得这些客户的呢？

“我认为自己谦逊中不乏自信。我奉行欲取先予。如果我在拿下订单前就开始计算能签成几笔订单或者我能有什么回报，那么我总会输。我的理念就是首先尽可能多地付出，而最终我的收获肯定将远远超过我的付出——收获通常来自最意想不到的地方。”

鲍勃对市场营销的定义是让“对的人给你打电话”。以下是他的具体做法：

- 在展会上，向对的人分发数千份宣传手册。
- 在展会后，邮寄宣传手册。
- 要到优质潜在客户的名单，按名单邮寄宣传手册。
- 按照会议的预约参会名单，邮寄宣传手册——买家们把鲍勃加入了“必须拜访者”的名单之中。
- 向牙医邮寄大量宣传手册。
- 在牙医的诊所里，开设临床课程。
- 请授课医生推荐自己。
- 在会上或者展会上，与优质客户进行交流。

“我建立了地方、全国以及国际级的‘交错指导’网络。我与同行业的人交流，在他们帮助我的同时也努力帮助他们。有时我给他们打电话——其他时候，他们则会给我打电话。我们不是直接的竞争对手，不过我们的业务在市场营销上却有重合的地方。我同制作宣传手册、组织展会以及经营分销中心的人都有交流。我从他们那里获得我需要的信息，他们也从我这里获得他们需要的信息。”

“我通过与赢家交往学习如何成为赢家。”

“我们的市场营销工作中包括了很多直接邮寄活动以及展会活动。我知道要想成功，我必须充分利用这些线索。我也知道要把这些线索转化成订单，我必须脱颖而出。”

“人们喜欢买东西，”萨利文说，“但是客户都会从他们认识以及信任的人那里购买。每个牙医都有一个壁橱，里面存放了他以为他喜欢或者需要但实际上他并不需要的东西。我的目标就是永远不要让任何萨利文产品进入那个壁橱之中。医生的时间都非常宝贵且有限，因此我必须快速地吸引他们的注意力，激发他们的兴趣，这样我就能有更多的时间。”

以下是来自鲍勃的更多宝贵经验：

· **我不会推销，我只是让客户购买变得更容易。**我会与潜在客户以及客户多次见面，并且提供免费咨询。

· **我为客户提供多层级多种选择。**我销售的每件产品都会推出多种选择：技术资料，技术资料以及视频演示，技术资料、视频演示以及 30 天的免费试用。

· **我让决策变得简单。**你可以利用空闲时间评估产品，在你的工作环境中试用产品 3 周。

· **我让退货变得简单。**不过，很少有人会需要这项服务。

· **我会使用“宠物狗策略”。**“我们专业性很强的产品都会提供

30天的试用期。30个人中只会有一个人退回产品。这个数据有点儿误导性。来自选用我们产品的人的推荐将会远远超过退回产品的数量。我们同时还增加了视频培训资料，以提高签单成功率。”

·**为了拿下订单，我创造了多种方式。**“我创造了不同的益处、条款以及感知价值。潜在客户的舒适度对他们做出购买决定而言至关重要。”

我为签下订单建立了足够多的信心，而这些信心将带来长期的订单机会。“我探索不同的沟通方式，以便能让客户在自我感觉舒适的情况下接收到我的信息。”

鲍勃·萨利文的产品并非一直都是最低价，而他对此感到自豪。他对客户说：“首先，我想告诉你我们产品的价格，不过价格并非客户（4%是回头客）选择购买我们产品的原因。他们购买的是价值、延长的质保期、额外的优惠条款、灵活的支付方式以及强大的技术支持。他们购买的是产品、支持以及公司，他们愿意支付这个价格。”哇！

“关键不在于产品的价格，而在于产品能带来的价值。”

“我以我曾经见过的最特别的方式签订订单，”萨利文说，“我会邀请远在千里之外的客户共进午餐。”我说：“让我们一同共进午餐吧，在各自的办公桌上，通过电话线。我把产品（价值1 000~5 000美元）发过去，我们讨论各种可能性。在我们吃三明治时，我还在电话中给他介绍产品。我们销售的产品旨在提供最终解决方案，我们提供的价值中有很大一部分在于教会客户如何正确使用产品。”

为了让你的客户了解及购买你的产品，你有多少种方法呢？以下列出了萨利文获胜的另外10种方法：

1. 产品资料以及技术手册。
2. 培训视频。
3. 第三方推荐。
4. 延长质保期（出厂后）。
5. 终生保修。
6. 不满意可随时退货。
7. 培训。
8. 售前及售后支持。
9. 免费试用样品。
10. 产品维修期间出借替代性产品。

“通过消除失败的可能性，你为潜在客户购买以及现在购买提供了舒适的环境。在我的营销计划里，我消除了我的潜在客户可能会做出错误选择的一切风险。”

鲍勃·萨利文不仅有小聪明，还有大智慧。以下列出了更多萨利文的营销理念，可能对你有所帮助：

1. 努力把你做的每件事情做成量身定制。
2. 寻找超预期的服务方式，并且在对方开口要求前就把事情做好。
3. 即便潜在客户或者客户不会购买，也要让他们对你念念不忘。
4. 让你的潜在客户感觉足够舒适，从而愿意与你做生意。

5. 让客户开怀大笑。

6. 让客户因买到你的产品而兴奋不已。

7. 了解客户最重视什么。

8. 给予潜在客户他们无法拒绝的选择。

9. 换个方式表达“感谢您的光顾”。

“在推销时，我会像南方人一样有礼。做每件事前我都会征求许可。”萨利文说。我问：“这样做可以吗？”答案显然是可以，因为萨利文的电话响个不停。

萨利文的公司有一批出色且投入的人负责战略部门。所有人都有“销售及服务”的态度。

为了使销售团队在竞争激烈的市场上脱颖而出，他们的公司雇用刚毕业的大学生，而非训练有素的有经验人士，教会他们创业技能，并且赋予他们一定的决策权，而不是只让他们扮演销售人员的角色。

鲍勃·萨利文只雇用久经考验且执行能力强的个人——他们态度诚恳，精力充沛，并且性格中不乏“闪光点”。萨利文销售团队的成员都是久经考验且执行能力强的个人——他们都曾是董事长俱乐部的成员，并且有靠谱的推荐人支持。为了获得推荐人的意见，如果应聘者是应聘职位的“星级候选人”，那么萨利文会致电应聘者的前雇主，接通语音信箱，留言请对方回复电话。

他们的目标是培养以及留住执行能力强的优秀人才。公司实施“无烟、无镜”的销售培训计划，并且参照久经考验且执行能力强的销售人员，确定每位新入职销售人员需要改进的地方，为他们提供相关资料。

在培训销售团队时，公司会要求销售人员参加医生需要学习的手术培训课程。萨利文的公司曾每年提供 240 个可亲手操作的手术培训课程以及展会，其目的就是让销售团队站到优质客户面前。

就萨利文的公司而言，高品质的服务最终为他们带来了长期的订单。公司内部客户服务流程的每个环节都致力于实现，即使客户在 4 点 59 分下单，公司也能在当天发出订单。

萨利文相信教育能使他拥有行业内训练最为有素的销售团队。公司经营的手术类用品产品线拥有 900 多件产品，他们可不想让一个什么都不懂的销售人员接待一个熟知这些的客户。

萨利文的企业模式以及其对服务的投入使得他能与世界知名的业界领袖合作，而这种合作又推动了整个行业的进步。

鲍勃坚持做到让他的客户在每笔交易中以及每次接触中都能得到超预期的服务。

鲍勃不相信语音信箱或者自动应答人员，他们从来不会使用前台接待或者电话过滤器浪费客户的时间。

每个客户来电在响完第二声后都会由一个有授权的人工客服人员接起。如果电话响到第四声，那么来电则会直接由公司的首席执行官、董事长或者全国销售经理接起。哇!

萨利文牙科的网站制作精良，并且高度重视各主要搜索引擎的作用。他们的目标是确保医生拥有能为病人带来最好疗效的工具。客户可以通过搜索关键字或者手术名称购物，也可以致电公司的销售团队，而后者则会与他们一起浏览网站并引导他们熟悉手术的每个步骤。

他们的宣传材料里包含业内最受尊重医生的产品使用心得及照片。这些都是免费的推荐。与多数公司将客户现身说法资料放在提案最后不同，他们会把这些资料放在宣传材料的开头，以便新客户立刻明白有许多人与他们一样选择了与萨利文牙科做生意。

鲍勃和他的团队将 1/5 的时间都花在了从销售及行业角度培养员工，其中包括分享各种数据以便大家能更好地了解整个行业，而非只是了解他们的工作。

他们的目标就是把每一件事情都做到极致。多年以来，他们一直致力于实现这个目标。

这并不是鲍勃·萨利文的广告。99.9% 的读者可能永远都不会需要萨利文的产品。我详细介绍萨利文的企业模式是为了便于有公司的读者复制这个模式。每个公司都想形成一种销售文化——萨利文的公司做到了。每个公司都想形成一种服务文化——萨利文的公司做到了。每个公司都想让客户觉得与他们做生意很简单——萨利文的公司也做到了。

领会精神。

吸取经验。

复制萨利文的成功战略。

第十一章

增加收入！

11.1

数字记

数字不会说谎……

它们不会找借口。

你会吗?

如果你的销售额达不到目标，那么你只是在自娱自乐而已。

数字法则就是平均值加上你的销售能力、帮助他人的能力以及建立长期关系的能力。

你投身进入销售行业是因为这行的收入没有上限。

不过，你是否为自己设限了呢?你是否因为没有投入必要的专注而未能收获“没有上限的”收入呢?

解除为自己设下的限制!

成功之路

我将要给你一个公式和一个挑战。

如果你寻找的是一个魔法公式，那么不妨阅读一本介绍电影特效魔术师霍迪尼生平的书籍。

而如果你寻找的是魔法，那情况就有所不同了。你拥有收入翻番所需的全部魔法，而你需要做的只是学会并实施一些魔法技巧。

以下列出了这套公式的理论支持。这些问题将有助于你了解自己的签单盈利能力：

· 你想每天或每个月签成多少笔订单？
· 你平均每笔订单的订单额是多少？
· 为了实现你的目标，你每天或每个月必须签订总计多少美元的订单？
· 你要见多少个潜在客户才能签订一笔订单？
· 我要回答这些问题需要掌握哪些数据？

想要在 30 天内达成目标？很简单——让事情紧迫起来。全力以赴。我能给你提供喷气式飞机，但是你得给飞机加油。刚开始进入销售这一行时，我经常会拿起一份报纸，阅读其中的讣告一栏，直到我找到一个与我年纪相仿的人。而后数天，我都会有一种屁股下面着火，坐立难安的感觉。

以下列出了这套公式里的 12.5 个元素：

1. **你的态度。**这是你成功的关键。现在就找到相关课程，每天听上两小时，坚持半年。不要再做或者听负面的事情。

2. **你的目标。**今天就设立你的目标。再次阅读记事贴一节的7个步骤。现在就按照记事贴一节的介绍去行动。

3. **你的人际交往活动。**确定你的优质客户和潜在客户都在哪里聚会（行业组织、商会、俱乐部）。参加你能参加的每次聚会。很必要的一点就是你要坚持定期参加。

4. **你的有效提问。**写下它们，学会它们，使用它们。

5. **你的有效陈述。**写下它们，学会它们，使用它们。

6. **你的销售工具。**确定你需要哪些工具，并找到这些工具。

7. **你的销售知识。**找到并学习有关销售知识的课程。可与有关态度的课程交替进行。一旦你听到一个解决方案，不妨立即将其付诸实施。本书的每个章节都要阅读两遍。每天一章。

8. **万全准备。**你真的准备好进行销售了吗？如果你做好了准备，那么你一定能销售成功。而如果你尚未做好准备，那么你的销售就很难成功。准备不足的结果就是失败。

9. **跟进。**坚持不懈且有创意的跟进，有助于你最终拿下订单。

10. **你的订单量。**确认保持储备满额所需的订单量。找到你的公式，并将其付诸实施。

11. **你的潜在客户储备。**每天约见一定数量且有能力购买的潜在客户，以便你的潜在客户储备保持充实。收入翻番的关键就在于储备足够多且愿意购买的潜在客户。

12. **全力以赴。**写在纸上，并告知那些愿意帮助你的人。全力以赴是你对自己的承诺，要不惜一切代价做到这一点。

12.5. **自律。**你达到目标及履行承诺的决心和能力。

销售界有句谚语："你成功的概率与你每天拨打的推销电话数成正比。"真理有时候就是这么简单。既然这么简单，那么你为何现在不做？

除非你能与一定数量的潜在客户见面并进行跟进，否则高超的销售技巧以及扎实的产品知识都无任何意义。

见足够多的潜在客户就能充实你的潜在客户储备，会见那些马上购买或将要购买的潜在客户。

简单看一眼你的潜在客户储备就能发现你订单源源不断或者寥寥的原因。

如果你约见了10个潜在客户，并做了产品演示，其中有两个人不管你做什么都会购买，另外两个人不管你做什么都不会购买，剩下的6个人则是犹豫不决状态——他们买与不买完全取决于你说了什么或者你没说什么。不管如何，推销都会成功。要么你把"购买"推销给他们；要么他们把"不买"推销给你。

你跟进时的习惯和技巧将影响你80%的订单。

归根结底，一切取决于你的自律。你有多自律？你的自律是否能始终如一？如果没有自律，那么你应该考虑在流水线上工作，因为你无论如何都不能在销售界取得成功。以下列出的这个示例公式将有助于你保持订单储备（以及你的钱包）充足：

1. 每天给10个新的潜在客户打电话。
2. 每周（最好在星期一前）订立10次新的会面。
3. 每天打10个跟进电话。
4. 每天上午和下午各做一次大型的产品演示。
5. 每星期四次请潜在客户或者客户共进午餐。
6. 加入两个行业或者相关组织。

7. 每周参加至少两次人际交往活动（你的优质客户及潜在客户最可能参与的活动）。

8. 真实记录每天的工作情况。

如果你不能记下你每天都做了什么，那么你的跟进能力将是零。你的销售日志（或者电子化的销售记录）应记下并汇总以下数据：

· 分类型（新客户、跟进电话）记录主叫电话。

· 今天跟进了几笔订单。

· 今天敲定了几次新的会面。

· 今天有几次会面。

· 今天签下了几笔订单。

· 今天签下的订单额是多少。

· 今天收账多少钱。

· 今天赚了多少佣金/收入是多少。

重要贴士：

为每位联系人建立独立的单据或文档。你的工作汇报应以每位联系人为基础，而非按照时间进行（你星期二上午做了什么）。如果你的经理对于联系人管理仍然一无所知或者偏执地想要知道你每天每分钟都在哪里，那么不妨请他读一读本书的”秘密记”一节。

你的联系人管理记录将告诉你你的每笔订单都处在销售的哪个环节。

不妨尝试回答以下问题——答案将反映你取得销售成功的潜力有多大。

- 你有每日最抢手潜在客户名单吗？
- 你每天签订（以及记录）的订单数是否足以让你实现自己的销售目标呢？
- 你的销售储备（能够转化为订单的潜在客户储备）是否充足？
- 你正在争取的潜在客户有多少个？（应该在100个以上。）
- 你接触的潜在客户数是否足以让你完成下月的销售目标？如果不能，那么你的销售储备并不充足，不是吗？回头重新阅读前述构成公式的12.5个元素。它们对你的订单储备（以及你的成功）而言至关重要。

你知道应该做什么，那么你为何不去做呢？以下列出了你不去做的部分原因（答案在括号里）：

- **你缺乏指导，不知道如何做。**（培训不够。尽快接受一些较好的培训。）
- **你很懒惰。**（找份新工作。）
- **你的工作习惯不好。**（转换工作方式，坚持30天，你就可以改掉这些习惯。）
- **老板不好。**（不要将失败的责任推卸到他人身上。如果你有足够大的决心想取得成功，那么这并不能成为你失败的原因。）
- **没有汇报体系或者汇报体系无效。**（找一台笔记本电脑，或者做一个表格，每天自我总结。）

· **薪资待遇太低、太差或者不公平。**（换份工作。）

如果你每天、每周、每月……都约访或拜访了足够多的潜在客户，那么你的销售储备将会逐渐充足。而充足的销售储备将为你带来你根本无法想象的订单量。

你每天都会用牙线清洁牙齿吗？你知道你应该每天都这么做，但事实上你没有。你并不会发现牙齿一天一天地被腐蚀，直到一切已经为时已晚。最终，你的牙齿就会全部脱落。

如果你能每天保持用牙线清洁牙齿，那么你的牙齿将保持完好。这一道理同样适用于每天保持跟进订单。如果你不能做到这一点，你的储备资源将会日益枯竭。

每天充实销售储备并保持订单跟进，那么你的销售业绩将会完美无瑕。

想要证明吗？回顾一下你销售业绩最好的那一周，看看那周的销售数据。我保证，如果你每周都能保持同样的销售数据，那么你的销售额（以及收入）就会居高不下。

而实现这一切，需要的是毅力以及努力工作。这就是成功的魔法。你可以找任何一名魔术师求证。

第十二章

上帝是否庇佑我?!

12.1

出埃及记

《出埃及记》是通往自由的道路。

《销售圣经》的结束其实是个开始——你销售生涯里的一场革命就此开始。

这是一场有关销售的十字军东征，而你是自己的十字军战士。

你正在通往个人销售成功的道路上。

其他人无法替代你，他们只能帮助你，前提是你需要先帮助他们。

你有机会利用本书所蕴含的财富，将其中的信息转化成为你自己的财富。

我希望你能抓住这个机会。

父亲无意中教会了我成功的秘诀

如同你的父亲一样，我的父亲也为我树立了榜样。有时候，是好的榜样；有时候，则是坏的榜样。不过，每次父亲树立榜样时，我都会注意到，并且会决定长大后是否效仿。

以下是父亲的一些想法，供大家思考：

不要让律师或者贪婪影响你对于经营企业的良好的判断力。 1960 年，在成功经营 15 年后，我父亲的工厂被一场大火烧成了平地。我们都震惊得不知所措。两天后，保险调查员带着一张 75 万美元的支票来到了我们家，用以支付火灾损失以及帮助父亲重建工厂。当时，父亲的律师把父亲拉到了一旁，说他认为我们能得到 100 万美元的赔偿，并且要求父亲拒绝保险公司的赔付提议。父亲选择了争取 100 万美元赔偿。3 年后，父亲最终获得了 33 万美元的赔偿，其中 1/3 被用来支付律师的佣金。我从这件事情中学习到的教训是：律师给予的是法律建议，而非企业经营建议。有损失发生时，你需要尽快止损，并开始重启生活。在我失败时，这些教训给予我很大的帮助。

提供简单的解决方案。 一天晚上，我的弟弟在他的单人床上翻了个身，结果掉在了地板上。于是，他下楼大力敲父母房间的门。“爸爸，我从床上掉下来了。”弟弟抱怨着。“儿子，再爬回床上。”父亲回答道。

最简单的解决方案通常也是最好的解决方案。 不过，如果你的注意力都放在问题上，那么你很难发现最简单的解决方案。

1 万美元也不能解决问题吗？ 从大学回到家时，我的情绪有时会有些低落。有一天，正当我一脸阴郁地大力锤门时，父亲问

“归根结底，
重要的只有一种观点、一个角度以及一种感知——这就是客户的观点、客户的角度以及客户的感知。”

——

杰弗里·吉特默

“In the end... There is only one point of view that matters. There is only one perspective that matters. There is only one perception that matters. The customer’s.”

– Jeffrey Gitomer

道："儿子，有什么问题吗？""有一些。"我嘟囔着。"1 万美元也解决不了的问题吗？"父亲问道。我的整个情绪立即发生了变化。"不是。"我答道。我同时意识到其实我并没有任何问题。

1 万美元也不能解决问题吗？当你下次再哀悼你的悲惨命运时，不妨自问这个问题。如果 1 万美元（或者更多）能解决问题，那么你其实就没有任何问题。

全力以赴！

在过去的 40 年里，我一直在进行自己的十字军东征——努力成为世界上最好的销售人员（现在则是最好的销售人员培训师）。当我第一次意识到销售是一门科学，包含着一套可以通过学习获得且可复制的技巧（我可以根据自己的风格及性格调整这些技巧）时，我就（在石头上）写下了这个目标。我知道如果我能做到最好，那么我就能达成任何心中所想之事。当我把销售这门科学与自己的态度和幽默感结合起来时，我就找到了通往巨大成就的大门。

> 当我把销售这门科学与自己的态度和幽默感结合起来时，我就找到了通往巨大成就的大门。

通过本书以及我的其他著作，我希望能引导读者获得同样的成就。不妨花半小时阅读一些有关十字军东征的资料。十字军东征并非仅是一场宗教战争，还是一群人满怀激情地追寻自己的信仰之战。他们最终破除万难取得了成功。你呢？

销售并不是宗教，而是一种生活方式。销售不应消费你的生活。你不能崇拜销售，而是应该将其融入你的生活之中。当然，你销售的产品或服务首先应该令你满意，之后你才能够令他人满意。投身销售能改善你的生活，同时也能让你以穷尽生活最大潜力的方式生活。

收入翻番并非痴人说梦。如果你有决心、有毅力，那么以下这些原则将助你实现心中所想。

以下 11.5 条原则将指引你进行自己的销售业十字军东征。

1. **树立并保持积极的态度。**大多数人都认为自己有积极的态度，其实他们没有，而且通常还差得很远。在厄尔·南丁格尔富有传奇色彩的录音《最奇妙的秘密》中，他讲述了积极态度的秘密。“心中所想将成为现实。”不过，积极的态度是一种全力以赴的自律，并且需要你每天练习。人们不明白态度的精髓并非感觉，而是一种自我诱发的心理状态。

你完全可以掌握自我，你的态度完全由你决定。你的态度与金钱、成功或者你的身上发生了什么事情完全无关。**你的态度是你全力以赴要形成的思维方式，**只是你需要每天提醒自己坚持练习。你如何养成积极的态度呢？与积极的朋友、积极的想法为伍。阅读积极作者的书籍以及倾听积极演讲者的发言。相信自己能做到。如果别人告诉你，你是个疯子，不要听信他们，他们是在忌妒你。现在就开始，并且每天坚持练习。

2. **设定目标，并且全力以赴实现目标。**

· **制订计划**。如果你的目标就在面前，那么击中它们很容易。是否能够击中目标取决于你的专注度。你的专注度越高，就越容易射中靶心。

· **全力以赴。**你的计划更多是关于哪方面的。度假或者生活？如果你不能在情绪上、身体上、精神上以及信仰上全力以赴追求成功，那么很有可能你就无法实现成功。

· **自我满足。**详细列出目标实现后可能带来的好处，并随身携带这张清单。实现目标能为你带来令人难以置信的自我满足感、成就感以及使命感，同时还能激励你整装待发去实现下一个目标。

重要贴士。确定每日工作量。工作量需可衡量且可完成。分详细步骤确定你每天需要做多少才能实现你的目标（每日几美分、每日几盎司、每日几磅、每日几个电话、每个订单多少钱），并且每日按计划完成工作任务。

3. **全力以赴，掌握销售这门科学。**每天学习有关销售及心态的新知识。以新知识填充你的头脑将有助于你拿下下一笔订单。如果你想成为销售专家，那么每天学习一个新的解决方案，一年下来就能积累 220 个新解决方案。如果坚持 5 年，那么你就能掌握 1 000 多个解决方案。你每天只需做一点儿小事，长久积累下来其成果也是惊人的。如果你每天只拿出 15~30 分钟学习有关销售的新知识，并努力树立积极态度，那么 5 年后你将成为销售大师，同时也会养成对生活的积极态度。

4. **设计人际交往计划，并将其付诸实施。**制订 5 年计划，明确你想结识哪些有助于你业务发展的人，并让他们认识你。人际交往是增加订单及提升个人地位的最迅速且最万无一失的方法。

5. **成为领导者。**寻求并努力争取领导者地位。主管委员会，对市民组织发表演讲，为当地报纸撰稿等。人们愿意与领导者做生意。

6. **积极参与社区活动。**选择参加一个值得你花费时间的慈善组织或社区组织，并进行捐赠。你的成就及声誉都会因此而更有影响力。更重要的是，能够帮助他人也会让你自我感觉良好。

7. **在登门拜访前，了解潜在客户及其企业的信息。**掌握必要的信息以便让每次会面都能给对方带来冲击力。不妨使用以下衡量标准：询问买家只有他才能回答的问题。

8. **你所做的一切都要让人印象深刻。**每次登门拜访都要设计小创意。要敢于实现自己的梦想及目标。你的工作及全力以赴将激励他人。你的话语将被人谨记，因为你以实际行动践行了你的承诺。在你离开后，他们还会谈论你吗？

9. **助人为乐。**你的销售过程需要以此为基础，因为这将有助于你引导客户积极行动，积累足够多的信心去购买你的产品。帮助他人这个理念还有个衍生分支：帮助他人介绍业务。这么做的效果可以媲美任何你能想象得到的销售工具。

10. **保持专注，寻找机会。**保持专注有多重要？1982年，在参加完一个运动服印花展会后，我来到了达拉斯机场。我注意到一个来自T恤制造公司的我认识的人。他正对着自动取款机大骂——好像是机器吞了他的卡。他看起来很绝望。于是，我走上前去，重新介绍了自己，了解了一下情况，然后借给他100美元，这样他就有钱搭飞机回家了。两天后，他寄给了我一张100美元的支票以及一张致谢便签。原来他是那家T恤制造公司的董事长。两个月后，他打电话给我，询问我是否有兴趣为1984年奥运会的服装印花，因为他得到了生产李维斯服装的分销权。我们当时拥有业界领先的印刷设备。因此，我说："当然。"他把服装印花的整个合同都给了我——共计16万件服装，价值75万美元，这都是因为我当时在机场的专注观察。另外，这也源于我“助人为乐”的生活哲学。

11. **与所有人建立长期关系。**如果每次销售时你都寻求建立长期关系，那么你肯定能保持正直、真诚、诚实以及为客户提供最好的服务。建立长期关系是成功销售的先决条件。务必与你的客户分享这条理念。

11.5. **享受工作。**不妨看一下任何领域内的成功人士：他们的共性之一就是他们热爱自己的工作，他们满怀感情和激情（令人羡慕以及有感染力）投身于工作之中。你有多享受自己的工作？

THEY LOVE WHAT THEY DO

任何领域内成功人士的共性之一就是他们热爱自己的工作。

“我希望你的所有会面都能一次性敲定一笔订单，并且由此建立长期的合作关系。”

——杰弗里·吉特默

“I hope all your appointments are one-call closes that lead to long-term relationships.”

– Jeffrey Gitomer

后记
当我长大以后

一直以来，我都想成为一名商人、一位企业家，如同我的父亲一般。大学时，我决定每天开车上学而非住校，就是为了能离家以及父亲的生意近一些。

我的母亲佛劳伦斯于 1986 年过世。对于母亲，我最美好的记忆就是第一天去大学（天普大学）报到时，我倒车出库，母亲在后面追赶着我的车，一边追一边大声喊着："选医学预科，反正你随时可以换专业的。"然而，我想成为一名商人，如同我的父亲一般。

大学时，我每天都会与同窗好友迈克·托尔（Michael Toll）玩拼字游戏，结果经常是他赢我输。从游戏里，我学会了很多单词以及它们的用法。不论是在体育活动还是智力游戏中，迈克都是我的竞争对手。他很乐意告诉大家他什么都比我好，而我则认为我一切都比他好。这很有意思。我们很少学习。

6 年后，我最终还是退学了。我到欧洲旅行了一年（后来意识到世界如此之大，而我所知却是如此之少，这很有趣，因为动身去欧洲前我以为自己已经无所不知）。回来后，我成立了自己的公司（生产豆袋椅——一种可变形的坐垫），同时也组建了家庭（1972 年，我有了一对双胞胎女儿）。

有一天，杰伊·普拉斯基（Jay Plasky）和巴顿·科恩（Barton Cohen）这两位大学好友来到了我的办公室，向我大谈特谈他们的发财经。听起来好像是他们认识了一个叫作格伦·特纳（Glenn Turner）的家伙，而这个家伙有办法说服人们拿钱出来投资，至于投资项目是什么我当时却不是很明白。不过，结果是所有人都赚了钱——很多钱，而且他们态度都很乐观。几经周折，杰伊、巴顿和我三人开始了一项多层级营销业务（当时的金字塔式传销）。

每天从早8点到中午，我们都会接受销售培训。我们利用可获得的一切资源学习如何进行推销，包括磁带、书籍、电影以及讲座。为了收集所需要的信息，每位销售专家的资料都要反复播放。没有人知道一切，不过每个人都知道一部分。拿破仑·希尔的《思考致富》（*Think and Grow Rich*）是必读书籍，我们对其进行了逐字逐段的仔细分析。态度和销售技巧成了我的生活。

我的朋友们当时都认为我疯了，现在依然有些人这样认为。格伦·特纳的电影《挑战美国》（*Challenge to America*）当年我看了200多遍，很可惜现在已经找不到这部电影的视频了。我看到过的最棒的推销宣传就是在这部电影里。我记下了整个推销演讲和所有的故事。

> 我成了一名销售人员。我的第一个目标就是成为世界上最棒的销售人员，而现在每天我依然在为实现这个目标而努力。

我同杜克·道尔顿（Duke Daulton）及巴德·梅西（Bud Massey）一起在佛罗里达开了一家生产T恤衫的工厂。我们取得了巨大成功以至于都没人想当公司的董事长了，我们都想成为国王和皇帝。不过，最终我们的工厂还是倒闭了，因为我们对于所做的一切都太过斤斤计较了——谁做了什么，做了多少。当时我发誓我以后绝对不会再如此锱铢必较了，而我也的确做到了。杜克和我继续合伙，两个人都成了咨询业的传奇（至少我们自己这样认为），我们做得不亦乐乎。

我曾做过数以千计的产品演示，面对过不计其数的潜在客户，既包括《财富》500强大企业的董事长们，也包括没有工作的求职一族。我曾经多次取得了巨大的成功，也经历过巨大的失败。也许是机缘吧，最后我来到了北卡罗来纳的夏洛特重新开始。

我面临的第一个挑战就是学会慢下来。我必须改变在纽约（事实上是费城）的生活节奏，使自己适应这座南方小城的舒缓与浪漫。这花了我6个月的时间。在此期间，我遇到了世界级的企业家琼·齐默尔曼（Joan Zimmerman）。她对我说："夏洛特是一个你可以发挥影响力的城市。"哇！多么有力的说明。我决定留下来。

我开设的每周专栏"销售技巧"改变了我的生活。它给了我一个可以跟大家分享销售知识和秘诀的平台。15年来，我坚持每周都会写一篇。这个专栏帮助我树立了自己的品牌，同时我也开始发行自己的杂志《销售咖啡因》。当我筹备写书时，我的这些工作经历提供了丰富的素材。当我回顾过去试图看清现在与未来时，过往的这些经历给了我很多新的灵感和思考。用4个字来形容写作就是：写作致富。

我的父亲麦克斯已经离世，他教会了我写作。他以自己成功和失败的经验教会了我很多东西，我一直很喜欢他的写作方式——言简意赅。

麦克斯是完美的企业家。青葱岁月里，我经常在星期四晚蹑手蹑脚地下楼，偷听父亲和朋友们玩皮纳尔扑克。他们谈论生活和生意，房间里充满辩论和笑声。我人生的目标就是因此而树立的。我的朋友杜克·道尔顿说：“知道我最讨厌你爸爸哪一点吗？他总是对的。”

感谢父亲将他的智慧传授给我，虽然他 30 多年来一直斥责我从不听话。父亲，谢谢你。我爱你。我想念我的父亲和母亲。

我的兄弟约什则教会我如何修改文章。他对文字很敏感，知道如何恰当使用，也很有天分，知道如何教导别人。他告诉我哪些不必要的字词令我的文章表述不清，而删除这些字词百分百能让我的表述更清楚。

我的子女埃里卡（Erika）、史黛丝（Stacey）和丽贝卡（Rebecca）则教会了我耐心。他们也给了我直面失败、争取成功的动力。我的孩子们，我爱你们。

我的孙子、孙女们摩根（Morgan）、朱莉娅（Julia）、克劳迪娅（Claudia）和伊莎贝尔（Isabel）则令我重新认识到了无条件的爱及不封顶的预算。

最开始写本书时，我的生活正在重启。我不想细谈这个话题，只想说当时我很痛苦——身体上、精神上以及经济上都很困难。身处如此困境时，唯有积极的态度可以给你必需的坚持和韧性。

当我孤身一人时，陪伴我的是积极的态度以及我的爱猫利多。

自开始写本书以来，我成熟了 15 岁，而且我也明白了成熟与老去之间有着细微的差别。

很幸运，我的生活中总是能遇到一些影响我的人，他们改变了我的生活。与我的兄弟约什重逢就极大地改变了我的想法和生活。我找到了不可或缺的事业伙伴，可以真正坦诚交谈的朋友。我们可以一起旅行，一起写书。杰西卡·麦克杜格（Jessica McDougall）是一位出色的年轻女性，老成持重 。我感谢她给予我的友谊和帮助。

我的目标就是帮助他人，做自己喜欢的事，发展长期的朋友关系以及享受生活。每天都要如此。

你的过去和现在对未来而言至关重要

你要去哪里？

不，我不是在问你要去哪里进行下一次约访，也不是问你要去哪里吃晚饭，更不是问你要去哪里逛街。

我问的是：你的人生将要走向何方？这是一个很大的问题，因为它关乎你的未来。

上个月你没完成销售额吗？去年呢，为什么没完成呢？又在埋怨经济不景气？又在归咎于激烈的竞争？销售额到底是什么？销售额是他人为你设定的目标。那么我想问：你为自己设定的目标是什么呢？当他人为你设定销售额时，你为什么不为自己定下双倍的目标呢？这样你就能轻而易举地完成销售额了。一切皆取决于你看问题的角度。

知道吗？要么你就是在为自己设置障碍，要么你就是在跨越障碍。

每年我都会试图规划一次未来，通常是选在我开始写作生涯的纪念日。写本书时，是我写书的第 17 个年头了。多年以来，这个纪念日提供了很好的机会，让我深刻反思，因为写书和出书是我成功的支点。

> 这不仅仅意味着我自己功成名就，同时我也为世界各地的销售人员——当然，还有我的孩子和孙辈——留下了宝贵的经验和财富。

我的写作每周都会提出新的销售知识，这对于同你一样的销售人员都很有益处。更为重要的是，写作还教会了我自律，让我有机会整理思绪，这为我演讲和写书打下了很好的基础。

如果你真的想知道你的未来在何处，你需要首先了解你的过去及现在。你的过去给予了你知识、经历、成败、机会以及困难。你的现在指的是最近 30 天发生了什么，今天发生了什么以及未来 30 天又将发生什么。你的未来则综合了你的经历、是否善于把握机会、你的目标和梦想、是否勇于承担风险以及你的决心和专注。

简而言之，可以划分为以下易于理解的 3.5 类：

1. 你的过去
2. 你的现在
3. 你的潜能
3.5. 你的未来

你的过去指的是你的人生经历，是你的知识、智慧、经验、成功及失败的总和。如果你仔细回顾过往经历，你能发现，有一些东西是你曾经非常想要但却未得到的。当时你觉得很沮丧，不过现在看来，你却无法理解当时为何想要那些东西。你也能发现有一些东西是别人给你或者你努力赢得的，不过一旦你得到了它们，你马上就对它们失去了兴趣。另外，更为重要的是你还能发现一些东西是你真心喜欢的，并且它们也影响了你的生活。你回顾曾经冒过的风险，想着如果能重新来过，你可能会有不同的选择。而所有的这一切则促成了你的现在。

你的现在指的是你当前的状态。你是否达成了昔日的目标？你对当前的生活是否满意？你是否将自己不够成功的原因归咎于他人？你找到自己的目标了吗？甚至，你知道自己的目标是什么吗？

我们当中有些人还未找到自己的目标，但这并不意味着他们要停止寻找。我直到45岁才开始写作。如果你更年轻，并且明天就开始写作，那么13年后你将会超越我。

我现在正在教我的孙女写作。50年后她也会超越我。

你的现在为你提供了最大的机遇。你需要明智地选择如何分配时间和金钱。时不我待，行动就在现在。现在就去冒险，就去追求心中所想，就去接受教育，就去学习探索。如果你做到了这些，那么将来你或许会取得一直追寻的成功。

许多人都认为高中或大学毕业以后就无须再学习。除非你成交的关键问题简单得就像：“产品是纸的还是塑料的？”否则你必须不断学习。

成功不会凭空出现，而是源于努力工作及专注于现在。而你一直在寻找的那只狡猾的可以实现一切的指环，其实就在你身上。这就是你的潜能。

你的潜能指的是你的梦想、目标以及奇妙的缘分。有些事情并非目标，只是在不断演变。而在演变过程中，你就能逐渐发现心中挚爱。如果你喜欢一件东西，那么你就无须将其设为目标，因为无论如何，你都会倾尽全力，将可能变成现实。

你的潜能源于你的努力工作、乐观态度、激情热情、专注于成功以及不因小事动摇对于梦想的追求，即使这意味着你需要冒一切风险。

许多人在挣扎时都会找到我，说："杰弗里，你不明白。"接下来他们就会大倒苦水，谈他们的个人处境、财力、他们的另一半以及孩子。

我很明白。人们不愿拿已经得到的东西来冒险，只为追求心中一个虚无缥缈的理想。不愿冒险中最差的部分就是遗憾和后悔。后悔自己没有尝试，不曾去追求，或者没有做应该做的事。

也许你应该读一读《绿野仙踪》这本书或者看看这部电影，思考一下它对你的生活能有什么启发。还记得多萝西的同伴们在寻找什么吗？勇气、智慧和情感。你一直都知道这个公式，只是从来都没有用过。除了极少数的特例外，你现在都已经不在堪萨斯了。[1]

当你能够融合过去、现在及潜能时，你得到的就是你的未来。

1.《绿野仙踪》中的多萝西生活在堪萨斯州。——编者注我的一位朋友教会了我宝贵的一课。保罗·霍利（Paul Homoly）博士曾对我说：“你想成为怎样的人，你就要以怎样的方式进行思考和决策。”这句至理名言对我有很大的启发，以至于我现在每天依然会想到它。我的成功中有很大一部分都可以归功于这句话。也许你在追求卓越的过程中，也可以用这句话激励自己。

请允许我给你一些逆耳忠言。接受教育，努力追求，不惧失败，把握机会，培养自律，倾尽全力，成为一个赢家。永远铭记放在第一位的是自己，其他的一切都是第二位的。

其实，这并非一个公式，而是一种哲学。正是哲学可以指引你从现在走到你心中想去的地方。

祝你追梦之路平安喜乐、顺利成功。保持联系。

图书在版编目（CIP）数据

销售圣经 /（美）杰弗里 · 吉特默著；杨洁，杨帆译 . -- 北京：中信出版社，2021.4

（中信经典丛书 . 003）

书名原文：The Sales Bible: The Ultimate Sales Resource

ISBN 978-7-5217-2889-7

Ⅰ . ①销… Ⅱ . ①杰… ②杨… ③杨… Ⅲ . ①销售学 Ⅳ . ① F713.3

中国版本图书馆 CIP 数据核字（2021）第 045588 号

销售圣经

（中信经典丛书 · 003）

著　　者：[美] 杰弗里 · 吉特默
译　　者：杨洁　杨帆
插　　画：方芳
责任编辑：杨杉杉
出版发行：中信出版集团股份有限公司
　　　　　（北京市朝阳区惠新东街甲 4 号富盛大厦 2 座　邮编　100029）
承 印 者：北京中科印刷有限公司

开　　本：880mm × 1230mm　1/32　　印　　张：105.5　　字　　数：2152 千字
版　　次：2021 年 4 月第 1 版　　印　　次：2021 年 4 月第 1 次印刷
京权图字：01-2014-5908
书　　号：ISBN 978-7-5217-2889-7
定　　价：920.00 元（全 10 册）

扫码免费收听图书音频解读

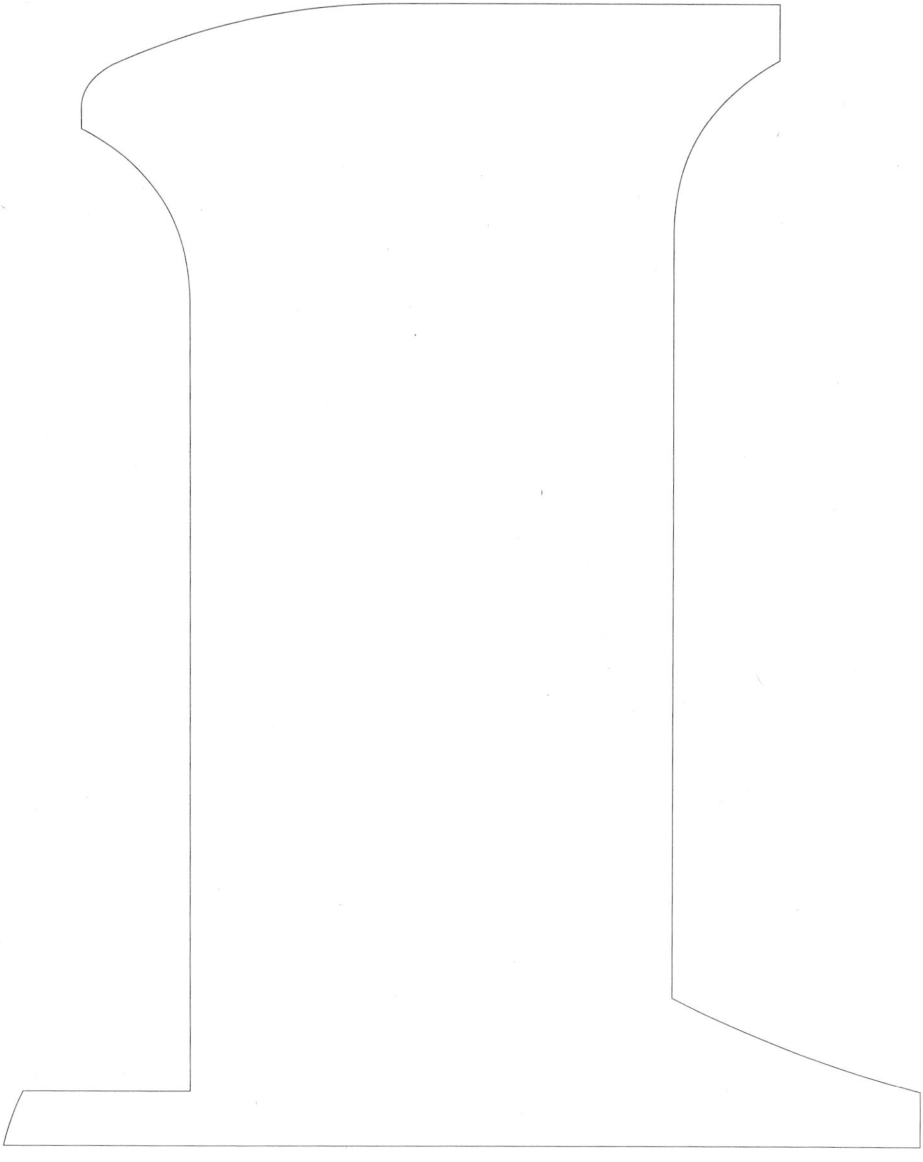

团队协作的五大障碍

THE FIVE DYSFUNCTIONS OF A TEAM

[美] 帕特里克·兰西奥尼
著

华颖
译

中信出版集团 | 北京

谨以此书

献给我的父亲，他使我懂得工作的意义；

献给我的母亲，是她鼓励我开始了写作。

目录

引言 / III

第一部分
寓言

第 1 章 一支运转失灵的团队 / 3

第 2 章 点燃团队希望之火 / 19

第 3 章 重磅出击 / 97

第 4 章 收获 / 146

第二部分
模式

模式概述 / 159

团队评估 / 163

了解并克服五大障碍 / 167

总结 / 195

附录 / 197

致谢 / 201

引言

企业最根本的竞争优势既不是来自资本实力、发展战略，也不是来自技术，而是来自团队协作，因为团队协作能力是非常强大而且弥足珍贵的。

我的一位朋友是一家年利润 10 亿美元的公司的创始人，有一次，他用最恰当的方式向我说明了团队协作的力量："如果你能让一个组织中的所有成员齐心协力，你就可以在任何时候、任何市场状况下、任何行业中纵横驰骋，战胜挑战。"

每当我向企业领导们重复这条箴言的时候，他们总是立刻点头表示赞同，但同时也流露出无奈的神情。他们似乎能领悟到其中的真谛，但同时又不得不屈服于这样一个现实，就是使团队所有成员齐心协力实际上是不可能做到的。

因此，团队协作才显得难能可贵。多年来，不少学者、教练、导师、媒体工作者等人士都非常关注团队协作问题，但是团队协作问题还是像在大多数组织里的实际情况一样令人难以琢磨。事实上，由于团队是由具有各种缺点的人组成的，这样团队就不可避免地带有其先天缺陷。

但这绝不是说团队协作注定要失败，恰恰相反，建立一支强大的团队既切实可行又相当简单，但是却需要克服困难才能做到。

没错，就像生活的很多方面一样，归结起来，团队协作就是要掌握一套特定的行为模式，一开始在理论上并不复杂，但在现实中却很难持之以恒地实施下去。只有那些克服了成员行为过度自由化问题的团队，才能获得成功，因为如果每个成员都过多地以个人为中心，那就会损害整个团队，使团队协作运转失灵。

事实证明，这些法则并不仅仅适用于团队协作，我在研究企业领导力理论的时候也偶然地碰到了它们。

几年前我所写的第一本书《CEO 的五大诱惑》（*The Five Temptations of a CEO*），内容是关于企业领导者容易遇到的五个行为误区的。在我和客户的接触过程中，我发现有些人把其中的理论“移植”到对管理团队工作的评估和改进中，并且他们取得了成功。

于是，我明白了书中的“五大诱惑”不仅适用于单个企业领导，而且——只要稍做改动——完全适用于团队。不只是跨国公司中的决策层，牧师、教练、导师和从事其他职业的人也会发现其中的理论同样适用于他们的工作。这就是我写这本书的原因。

本书和我的其他作品一样，都是以故事开头，故事背景是一家虚构但具有现实意义的企业。我发现，当读者置身于故事当中，从中找到自己的影子，他们就能学到更多的东西。这样还可以帮助他们理解怎样在实际环境中运用这些法则，因为在现实中，工作进度问题和大量日常干扰，常使得最简单的任务看上去似乎也难以完成。

为了帮助你将本书内容用于实践，在故事的后面有一个具体说明“五大障碍”的章节。这一章里还包括自我评估以及解决团队所面临问题的方法。

最后要说明的是，虽然这本书说的是CEO（首席执行官）和他们的团队，但其理论可以为任何对团队协作感兴趣的读者所用，不论他们是在公司里领导一个小部门，还是仅仅作为需要改进的团队中的一员。不论你的实际情况如何，我衷心希望这本书能够帮助你的团队解决所面临的问题，取得仅靠单个员工的力量无法企及的成就，这，就是团队真正的力量所在！

第一部分　寓言

幸运

只有一个人认为凯瑟琳是决策科技有限公司 CEO 的合适人选。幸运的是，这个人正是公司的董事长。

于是，公司的前任 CEO 卸任后不到一个月，凯瑟琳·彼得森便执掌了大权。

这家公司在两年前曾是硅谷最受关注、资金最雄厚，且最具发展潜力的公司之一。凯瑟琳根本没有想到在如此短的时间内，这家公司已经衰败到如此的程度，她也不会知道此后几个月自己将面临什么样的挑战。

第1章

一支运转失灵的团队

这支团队是如此涣散，大家几乎从来没有达成过一致意见，会议上的讨论既缓慢又缺乏生气，他们之间几乎没有真正的交流。

故事背景

决策科技有限公司位于半月湾，这是一个多雾的沿海城镇，与旧金山海湾相隔几座山。严格来说，公司在地理位置上看并不属于硅谷，但硅谷的概念更取决于公司的文化特征，这样看，决策科技有限公司完全属于硅谷的一部分。

公司拥有一支经验最为丰富，且阵容最为“豪华”的管理团队，以及看起来无懈可击的商业计划，吸引了众多足以令任何新公司受宠若惊的顶级投资者。就连最谨慎的风险投资人，也排着队争相对其投资。才华横溢的工程师们更是早在公司租用办公场地之前，就开始投递求职简历了。

但这些已经是两年前的事了，两年对于一家科技创业公司来说，可能就是其从诞生到灭亡的全过程。尽管公司为自身积聚了很多显著的优势，但是在最初欣喜的几个月过后，发生了一连串令人扫兴的事：原定的商业计划开始拖延，管理层以外的几名骨干员工出人意料地离开了公司，员工士气也开始低落。

就在公司成立两周年的庆典上，董事会一致通过决议，“请”公司37岁的联合创始人、CEO杰夫·尚利“下课”。他被委任去负责公司的业务发展，而令大家感到意外的是，他居然平静地接受了降级，原因是他不愿错过公司上市后潜在的丰厚回报，因为即使在硅谷不景气的经济气候下，公司也完全具有上市的资本。

对于杰夫被免职一事，全公司150名员工没有一个人感到意外。虽然他们大多数人私底下都很喜欢杰夫，但却不能否认公司在他的领导下每况愈下：管理层相互倾轧，团队毫无团结友爱可言，大家对这种情况心照不宣。每项工作似乎都要花费很长时间才能完成，即便如此，事情还总是让人感觉不对劲。

或许某些公司的董事会会对苦苦挣扎的管理层表现出更多耐心，但是决策科技有限公司的董事会做不到这一点，因为他们的赌注太高了，期望也太高了，他们不能眼看着公司陷入官僚主义的泥潭而沉沦下去。决策科技有限公司在硅谷已经被公认为官僚主义最盛和工作氛围最差的企业之一，董事会无法承受这种压力，尤其是在两年前公司的前景还是一片光明。

必须有人对公司混乱的现状负责，而杰夫是公司最高管理者，当董事会宣布解除杰夫的职务时，每个人似乎都长吁了一口气，庆幸没有拿自己开刀。

3周后，公司聘用了凯瑟琳。

凯瑟琳

公司的管理层认为，凯瑟琳的个人情况同CEO职位的要求出入太大，甚至他们都说不清具体哪方面的问题更突出一些。

首先，凯瑟琳的年纪太大了，至少按硅谷的标准来看是这样。她今年已经57岁了。

更重要的是，凯瑟琳除了在旧金山的一家大型科技公司——三一系统公司当过董事会成员以外，她没有任何真正在高科技公司工作的经验。在过去的职业生涯中，她一直负责技术含量较低的公司的运营管理，其中最知名的也不过是一家汽车制造商。

然而，比年龄和经验更突出的问题是，凯瑟琳似乎同决策科技有限公司的企业文化格格不入。

她最初的时候在军队里任职，后来嫁给了当地的一名高中教师兼篮球教练。在生了3个男孩之后，她开始在学校里教授七年级（初中一年级）的课程，几年后，她发现自己被商业所吸引。

37岁那年，凯瑟琳入读了一所商学院的三年制夜校，并提前一学期完成了学业。那所学校是加州州立大学海沃德分校，根本无法与哈佛大学或者斯坦福大学相提并论。随后的15年，她从事制造业以及其相关领域的工作，直到54岁那年正式退休。

公司管理层并不在意凯瑟琳是女性，因为在他们当中本来就有两名女性，而且在日新月异的高科技世界，他们多数人的职业生涯中都曾有过为女老板工作的经历。即使真有人认为凯瑟琳的性别是个问题，这个问题与她在企业文化融合度上的问题比起来也就不那么突出了。

毫无疑问，从履历上看，凯瑟琳只是一个墨守成规的蓝领主管，这与决策科技有限公司的主管和中层经理们形成了鲜明的对比。他们大多数人一直在硅谷工作，有些人甚至喜欢吹嘘他们大学毕业后除了参加婚礼外，就没穿过西服（因为在硅谷工作是不流行穿西服的）。

董事长建议聘用凯瑟琳，而董事会成员在第一次翻阅凯瑟琳的简历后，一致怀疑董事长的思维是否正常，但他最终说服了大家。

首先，董事长竭力向大家保证凯瑟琳一定能够取得成功，他的信心打动了他们；其次，他们都知道董事长在用人方面有着极好的直觉。尽管他在杰夫的任用上犯了一次错误，但他们认为他不可能连续犯两次错误。

而最重要的原因，也是大家都不愿意承认的原因，就是公司已经濒临倒闭。董事长强调说，在公司目前伤痕累累的情况下，没有几个有能力的管理人员愿意接受这份棘手的工作。“像凯瑟琳这样有能力的领导者愿意来，我们应该觉得幸运才是。”他的这番话说到了点子上。

不管怎样，董事长决意要聘用这个他了解并且信任的人。当他给凯瑟琳打电话的时候，他当然不会想到，仅仅几个星期后，他就会后悔做出了这个决定。

受聘的理由

对这次聘用最感到意外的要数凯瑟琳本人了。尽管凯瑟琳已经与这家公司的董事长相识多年（凯瑟琳的丈夫曾是董事长的长子高中时候的教练），但她从未想到董事长对她的管理能力有如此高的评价。

他们之间的交往都是日常生活方面的，无外乎参与家庭活动、学校活动和当地的体育运动。凯瑟琳觉得董事长除了了解她作为母亲和教练妻子的角色以外，对其他的事情则一无所知。

事实上，董事长多年来一直饶有兴趣地关注着凯瑟琳的职业生涯。令他吃惊的是，她在受教育程度不高的情况下竟然可以取得那么大的成功。凯瑟琳曾就职于一家美日合资企业，那是旧金山湾区唯一的汽车制造厂，而她利用不到5年的时间，就成为公司的首席运营官。近10年来她都在那个岗位上工作，他们的制造厂成了全美国运营最好的合资企业之一。虽然董事长对于汽车行业知之甚少，但他知道凯瑟琳有一项特长，这项特长最能够解决决策科技有限公司的问题。

凯瑟琳的这项特长就是她在团队建设方面有着惊人的天赋。

大家的不满

公司聘用凯瑟琳的时候，主管们全都忧心忡忡。而这位新领导上任两个星期之后，他们就更加担心了。

他们之所以担心，并不是因为凯瑟琳做了什么引起争议或者不合时宜的事情，而是因为她几乎什么事都没做。

除了出席那天的接任仪式，以及随后同直接下属相互熟悉之外，凯瑟琳几乎一直在大厅里走来走去，和员工攀谈。她尽可能地抽出时间参加每一次会议，但在会议上却只是默默无言地旁观。最难以理解的是，她让杰夫继续主持每周的主管会议，而她自己只是旁听和记录。

凯瑟琳上任第一个星期的头一项举措是宣布在今后几个月内，公司主管人员将去纳帕谷召开一系列休闲会议，每次为时两天。她似乎需要对下属们施加更大的压力，因为他们所有人都不敢相信，她居然会在这个关键时期“居心叵测”地让他们离开公司那么多天，毕竟，公司里有太多重要的工作要做。

更糟的是，当有人建议在第一次会议期间安排一个议题的时候，凯瑟琳竟然拒绝，原因是她有自己的计划。

就连董事长也对凯瑟琳上任初期的表现感到吃惊，同时还夹杂着无奈。他决定如果凯瑟琳不能弄出点儿名堂的话，他可能就再也不会和她站在同一条战线上了，他觉得最后很可能是这样的结果。

观察

在上任的头两个星期，凯瑟琳注意观察了公司面临的主要问题。有几次她甚至怀疑是否应该接受这份工作，但最终她还是肯定了自己的选择，毕竟退休后的单调生活已经使她极为烦躁，而最能够令她兴奋的莫过于挑战了。

毫无疑问，决策科技有限公司对凯瑟琳来说是一个挑战，而且是一个前所未有的挑战。虽然凯瑟琳从不惧怕失败，但她不能否认自己害怕辜负董事长的期望。在朋友圈和家庭中她的职业声誉面临晚节不保的危险，这一点足够使任何自信的人感到忧虑，凯瑟琳无疑也是如此。

她在军队中打滚了一段时间，后来生了几个儿子，观看过无数场激烈的篮球比赛，而且曾经成功地应对企业老板。她确信自己绝不会被一群毫无恶意的雅皮士（中上阶层的年轻专业人士）吓倒，这些人到目前为止面对的最大困难，不外乎是对抗渐渐变秃的前额和日益增宽的腰围。她相信只要董事会给她足够的时间和耐心，她一定能够扭转公司的局面。

凯瑟琳知道自己缺少在软件行业的工作经验，但她并不担心这一点。事实上，她坚信这对她来说反而是一种优势。大多数员工似乎被他们的技术知识弄得麻木不仁，好像认为只有编程和产品设计才能使公司腾飞。

凯瑟琳明白，通用电气公司的杰克·韦尔奇不必成为制造烘烤箱的专家，照样可以把公司推向成功，而赫布·凯莱赫（Herb Kelleher）也用不着一辈子在天上飞来飞去才能创立西南航空公司。凯瑟琳虽然缺少技术背景，但她觉得自己对软件行业和技术的了解，已经足够带领决策科技有限公司摆脱困境了。

但是在接受这份工作之前，她没有料到管理团队是如此涣散，以及他们会给自己带来前所未有的挑战。

管理团队

决策科技有限公司的员工们称他们的主管们为“管理者”，没有人认为他们是“管理团队”，凯瑟琳觉得这一点儿都不奇怪。

虽然“领导”们都具有超凡的智慧和令人羡慕的教育背景，但他们在会上的表现比凯瑟琳在汽车行业看到的要差得多。尽管没有明显的对立和争吵，但是紧张局势是显而易见的。于是在会议上，大家几乎从来没有达成过一致意见，讨论既缓慢又缺乏生气，他们之间几乎没有真正的交流，每次会议大家都盼着快点结束。

不过，尽管这支团队如此涣散，但是当作为个体来看，“成员”们大多数是友好的、理智的人，只有少数人例外。

杰夫——前任 CEO，现负责公司业务发展

杰夫·尚利是一个乐于在硅谷从事网络工作的多面手，他为公司筹集了很大一部分初期运营经费，现有管理团队中的大多数人也都是他招募来的。他在争取风投和招募人才方面是公认的专家，但管理则是另外一回事了。

杰夫在主持会议的时候通常是照本宣科，就像一个学生干部那样，每次会议之前他都会发布会议议程，会后分发详细的会议纪要。和其他高科技公司不一样的是，他主持的会议总是按计划开始，按计划结束。而这些会议实际上没有解决任何问题，但杰夫对此却毫不介意。

虽然杰夫已被降级，但他在董事会仍占有一个席位。刚开始，凯瑟琳还担心他会嫉恨她得到这个职位，但她很快发现，杰夫实际上觉得自己从管理责任中解脱了。杰夫仍然是董事会成员，也是凯瑟琳管理团队中的一员，但她对此并不在意，她认为他的心态是平和的。

米琪——市场部主管

市场推广是决策科技有限公司的重要工作，董事会曾经费尽心思才找到米歇尔·比比。她喜欢别人叫她米琪。她是硅谷公认的建立品牌的天才，所以人们绝对不会想到她的性格中会存在基本的社交障碍。

在会议上她说得最多，有时她能够提出一些好的想法，但大多数时候她总是在抱怨，说自己待过的其他公司在所有事情上都比决策科技有限公司做得好。她在这家新公司里看起来就像个观察员，或者更确切地说，像个受害者。虽然她从来没有和同事争吵过，但当有人对她关于市场方面的陈述提出不同意见时，她总会翻起白眼。凯瑟琳认为，米琪并没有意识到别人怎样看待她，否则就不会那样做了。

因此，尽管米琪颇有才华和成就，她却成了公司里最不受欢迎的人，而凯瑟琳对此一点儿也不觉得奇怪。如果说还有人比她更不受欢迎的话，可能就是马丁了。

马丁——首席技术官

马丁·吉尔摩是决策科技有限公司的创始人之一，也是公司最有创造力的人。他设计了公司旗舰产品的原型，其他人则负责产品的实际开发工作。主管们经常说马丁看管着王冠上的珍稀珠宝，这个类比部分原因是马丁来自英国。

马丁认为自己的技术知识不逊于硅谷的任何人，事实上可能的确如此。马丁在加州大学伯克利分校和剑桥大学分别获得硕士和博士学位，随后在两家科技公司里担任技术骨干并取得了成功。从人力资源的角度来看，他是决策科技有限公司的核心竞争优势。

马丁并没有像米琪那样搅乱公司会议，事实上他很少真正参加会议。并不是他拒绝参加（因为即使杰夫也不会容忍这样公开的对抗行为），只是他似乎总开着笔记本电脑，全神贯注地查看电子邮件或做其他类似的事情。只有当别人的发言出现错误的时候，他才做出必要的评论，而且通常是讽刺性的评论。

起初，马丁的同事还能忍受这些，甚至觉得挺有意思，而且他们很敬佩他的才干。但时间一长，大家就失去了耐心，尤其是近期公司陷入困境，很多人对马丁的行为感到厌烦。

JR——销售主管

为了避免将销售主管的名字和杰夫·尚利叫混，大家都叫他 JR。他的名字实际上叫杰夫·罗林斯，但他似乎很喜欢大家对他的这种叫法。JR 是一名经验丰富的销售人员，年纪比其他员工要大些——45 岁。他皮肤晒得黝黑，平时极少发脾气，而且他从来不拒绝别人的要求。

遗憾的是，JR 的职业成就没有贯彻始终，他承认没有完成销售任务，不得不向对他寄予深切期望的人表示深深的歉意。

尽管 JR 可怜的销售业绩摆在大家面前，但同事们还是很尊敬他，因为他以前的成就非常显赫。在到决策科技有限公司工作之前的职业生涯中，他完成了所有的季度销售指标。

卡洛斯——客户服务主管

决策科技有限公司的客户相对较少，但是董事会认为公司非常有必要在客户服务方面提早投资，以为之后的发展做准备。卡洛斯·阿曼多曾经和米琪在前两家公司共事过，他是由米琪介绍来的，但具有讽刺意味的是，他们是截然不同的两种人。

卡洛斯很少发言，但是只要他发表意见，就一定是重要的、有建设性的提议。开会时他认真倾听，工作时经常加班加点且无怨无悔，有人提及他过去的业绩时他总是一笑而过。如果说主管成员中有容易相处、值得信任的人的话，那一定是卡洛斯。

虽然凯瑟琳为卡洛斯的作用没有充分发挥而烦恼，但是她很庆幸团队中至少有一个人使她不用那么操心。卡洛斯愿意担负产品质量及其他一些烦琐的工作，这使得凯瑟琳能够专注于解决更棘手的问题。

简——首席财务官

首席财务官的角色在决策科技有限公司是极其重要的，

只要公司还想上市，这种情况就会一直持续下去。简·摩尔西诺从进入公司开始就知道自己的任务，在杰夫从风险投资人以及其他投资者那里筹得一大笔资金时，她就扮演了非常重要的角色。

简是一个处处坚持己见的人，她为自己在软件行业的经验感到自豪，对待公司的钱就像对待自己的钱一样小心谨慎。董事会放心地给了杰夫和管理人员支配花销的权利，因为他们知道简会把一切控制在合理范围之内。

尼克——首席运营官

最后还有一名主管人员，就是尼克。他非常有来头，曾经是中西部地区一家大型电脑制造企业的执行副总裁，为了来决策科技有限公司工作，他举家迁到加州。遗憾的是，他的职位是最名不副实的。

名义上尼克是公司的首席运营官，但这只是他来这家公司工作的前提条件。杰夫和董事会给了他这个头衔，因为他们相信随着时间和工作进程的发展，他会真正地赢得这个职位。更重要的是，他们已经热衷于雇用明星式管理人员了，如果得不到尼克的话，似乎他们取得成功的系数就降低了。

在所有管理人员当中，尼克在公司大张旗鼓的开局中最直接地受到影响。他本来要作为决策科技有限公司发展的先锋，负责建设公司运营的基础设施，在全世界开设办事处以及领导公司的收购和整合业务，但杰夫把尼克的权力限制在一个普通主管人员的范围内。现在他的大部分工作任务被搁置，他只负责公司的一些日常工作。

尽管尼克非常苦恼，但他没有抱怨；相反，他努力争取同每一位同事建立良好的关系，即使对不如自己的人也是一样，实际上他私下里认为他们所有人都没有自己强。他是公司里唯一认为自己有资格做 CEO 的人，虽然他没有向任何人说过这种想法，但是很快就被看出来了。

第2章

点燃团队希望之火

一支四分五裂的团队就像手术时接错了的胳膊或腿，要修复它总是要经历痛苦的。有时你需要重新打断它才可以更好地愈合。

第一个考验

凯瑟琳上任几天后，经常收到一些电子邮件，这封新邮件看起来似乎与其他的没有什么不同。邮件的主题是“下周的客户工作”，这个主题看起来不仅毫无恶意，而且还像是比较友善。发件人是尖酸刻薄的马丁，他能用这样的语气已经着实不易了。信的内容很短，不过通常具有破坏性的信都不长。

他这封信并非发送给某个特定的人，而是发给全体管理人员的，因为这样可以掩盖其真正的用意：

我刚刚接到 ASA 制造公司的电话，他们希望了解我们的产品，以决定下个季度是否购买。JR 和我下周会去跟他们见面，这也许是个极大的商机。我们将在下周二一早回来。

马丁甚至都没有提到这个计划和凯瑟琳建议的管理层会议发生了冲突，这使得她更不好处理了。他没有提出少参加一天半会议的申请，也许他觉得没有这个必要，或者他根本就不想处理这个问题，凯瑟琳认为到底是什么原因已经不重要了。

凯瑟琳打消了用电子邮件反击的念头，因为那样会造成与马丁的公然对立。她确信这次是自己作为 CEO 所面临的第一个关键时刻，她知道关键时刻最好是和对方面对面地交流。

凯瑟琳在马丁的办公室里找到他，他正在角落里查看电子邮件，后背朝着门。门开着。她没有敲门，直接走了进去。

"打扰一下，马丁，"凯瑟琳等着他慢慢地回过身来，

“我看到你发的关于 ASA 的邮件了。”

马丁点了点头，她继续说道：“真是个好消息，但是我们需要把会面的日程顺延几天，因为我们要去开会。”

马丁沉默了一会儿，然后面无表情地用浓重的英国口音说：“我想你不太了解情况，这是一个潜在的销售机会，这种情况下你不能改变会谈计划……”

凯瑟琳打断了他，郑重其事地说：“不，我了解情况，我认为下周同样也可以和他们谈。”

马丁显然不习惯被别人当面反驳，他有点激动了：“如果你只关心纳帕谷的会议，我认为我们就没弄明白工作重点，我们必须出去卖我们的产品呀！”

凯瑟琳吸了一口气，笑了笑以隐藏内心的怒火：“首先，现在我只有一个目标——我们必须成为一支团结协作的团队，否则我们什么也卖不出去。”

马丁什么也没说。

尴尬的 5 秒钟过后，凯瑟琳结束了谈话：“就这样吧，下周我在纳帕谷等你。”她转身要走，又回过头来面对马丁说：“哦，如果你需要我帮助你重新安排与 ASA 的会谈，就请告诉我，我认识他们的 CEO 鲍勃·坦尼森，他是我以前在三一系统公司董事会的同事，他还欠我一个人情呢。”

就这样，她离开了马丁的办公室。虽然马丁当时决定不再继续争论，但他实际上还没有放弃战斗。

坚持

第二天上午，杰夫路过凯瑟琳办公室的时候停下来约请她一起吃午饭。虽然早有安排，但是她很高兴地改变了计划，决定和这个直接下属共进午餐。他相信半月湾历史最悠久的墨西哥餐厅是谈论复杂事情的最佳地点，因为通常在那里用餐的都是当地人。

杰夫还没开始他的话题，凯瑟琳就先说道：“杰夫，我很感谢你这两周以来主持公司的会议，这样我就可以专心了解情况了。”

他礼貌地点了点头，接受了她由衷的谢意。

她继续说道：“下周户外会议过后，我会主持会议，但是我想提醒你不能和其他成员一样在会议上松懈下来。”

杰夫点了点头：“好的，没问题。”他停了一下，然后鼓起勇气说起这次邀请的初衷。他紧张地放下手中的银质餐具，说道：“既然你提到会议的事，我有一个问题。”

“说吧。”凯瑟琳看着杰夫不大自然的表情，觉得很有意思。因为她早料到他要问她和马丁争论的事，所以她很冷静并且很自信。

“好的。昨天离开办公室后，我在停车场跟马丁谈了谈。”他停下来等待凯瑟琳插话，但凯瑟琳没有那样做，于是杰夫继续说道：“他跟我说了与 ASA 会谈和户外会议冲突的事。”

杰夫再一次停下来，希望他的新老板能够仁慈地参与到谈话中，这次凯瑟琳开口了，但只是说“然后呢？”来示意他继续。

杰夫哽住了：“他认为跟客户的会谈比公司内部事务重要，说实话我也同意他的观点，所以我觉得我们应该同意他和 JR 不参加头一两天的会议。”

凯瑟琳谨慎地措辞，说：“杰夫，我了解你的看法，我不介意你与我有不同意见，尤其是你我面对面谈话的时候。”

这时杰夫显然松了一口气。

“但是，公司雇我让这个组织运转起来，现在这个目的还没有达到。”

杰夫看起来似乎在决定应该退缩还是发火，于是凯瑟琳继续向他澄清："我不是在批评你一直以来所做的工作，因为在我看来你是最关心公司经营状况的人。"他的戒心现在有所放松了，凯瑟琳接着一针见血地说道："但是从一支团队的角度来看，如果我们公司完全倒掉了，这样的销售会谈对我们的前途来说就没有任何意义了，至少在我们解决领导层存在的问题之前是没有意义的。"

杰夫还不了解凯瑟琳，所以他以为进一步的争论是不会有结果的，说不定还会影响自己的前途。他点了点头，仿佛在说：好吧，我知道你的意见了。他们俩随后闲谈了一会儿，吃饭的速度飞快，创下了半月湾的历史纪录，然后他们各自回到办公室。

获得授权

和杰夫的谈话并没有困扰凯瑟琳。她知道马丁事件在她接管的团队中肯定会造成一些影响，但她没想到董事长会亲自出面干涉这件事。

那天晚上，董事长到她家拜访时，她还以为他是来表示支持的呢！

"我刚和杰夫通了电话。"他用友好的语气说。

“这么说你知道我和马丁发生冲突的事了。”

凯瑟琳幽默和自信的语气使董事长更严肃了：“是的，而且我有些担心。”

凯瑟琳提高了警惕：“是吗？”

“是这样的，凯瑟琳，你知道我不想指挥你，告诉你在这种情况下该怎样做，不过你在大张旗鼓行动之前，似乎应该先稳定好人心。”

凯瑟琳沉默了一会儿，虽然她对董事长的担心感到很惊讶，但她非常镇静，并马上很正式地以 CEO 的语气说道：“好的，请你听我的解释，不过我所说的绝不是要袒护自己或者要冒犯你。”

“我知道，凯瑟琳，你说吧。”

“那好，我就不拐弯抹角了，我认为对你不需要这样。”

“我很感激你对我直截了当。”

“你听了我说的话以后可能就不这么想了。”

他勉强地笑了：“好吧，我听着。”

“首先，不要认为我在随意制造矛盾来显示我的权力。前两周我一直在仔细地观察他们，我所做的一切以及我将要做的一切，都是有特别用意的。我没让马丁下不了台，是因为我当时不想那样做。”

“我知道，但是……”

凯瑟琳礼貌地打断了他：“请你先听我说，我要说的非常重要。”

“好吧，请继续。”

“如果你现在能够做我要做的事，你就不需要我了，我说得对吗？”

“你说得对。”

“你要知道，我由衷地感谢你对公司和对我的关心，我百分之二百地了解你的好意。但从你这次来访来看，你的好意对公司的伤害比帮助要大。”

“对不起，我不明白你说的是什么意思。”

凯瑟琳继续说道：“是这样的，在过去的18个月，你对杰夫和他的团队的看法过于乐观了，比其他大多数董事会成员更加乐观。你们看着这支团队一步一步地陷入困境和混乱，现在你让我来帮助你把他们从困境中救出来，这不正是你的目的吗？”

“一点儿没错，这正是我想要的。”

“那么我有一个问题：你能完全放心地让我去做吗？现在先不要回答，”他话到嘴边，凯瑟琳就把他拦住了，

“想一想再说。”

她把这个问题放到一边，继续说道：“这事不容易做到，而且非常艰巨，不论对公司、管理层，还是对我们俩，都是如此。”

董事长这时非常聪明地保持沉默，他本来想说能够完全放心让她去做，但是他克制住了。

凯瑟琳知道他的沉默说明她可以继续讲。“你可能听我丈夫说过，一支四分五裂的团队就像手术时接错了的胳膊或腿，要修复它总是要经历痛苦的。有时你需要重新打断它才可以更好地愈合，而这第二次被打断比当初断裂的时候更痛苦，因为这次你是故意的。”

又沉默了很长时间后，董事长说：“好吧，凯瑟琳，我听你的，做你想做的事吧，我不阻拦。”

凯瑟琳知道他说的是真心话。

“但我还有最后一个问题：你想把这支团队重新‘打断’到什么程度？”

“到这个月月底我就可以告诉你了。”

纳帕谷会议

凯瑟琳之所以选择纳帕谷作为会议地点，是因为那儿距离公司办公地点较近，免于“劳民伤财”，同时人们又可以在那里找到脱离城市的感觉。一个人不论去过那里多少次，总会忍不住停下来欣赏一番。

会议在镇上的一家小旅馆召开。凯瑟琳喜欢这家旅馆，在淡季的时候，这里的价格非常实惠，而且在二层有一间又大又舒服的会议室，并配有阳台，从那里可以俯瞰附近成片的葡萄园。

会议定在上午 9 点开始，这意味着团队大多数人如果要准时到达，就不得不很早离开家门。大家 9 点差一刻的时候到了那里，他们在前台清点自己的行李，然后到会议室就座。出席的人当中，唯独少了马丁。

没有人提到他，不过从他们看表的样子，可以看出他们显然是在捉摸他会不会准时到达，连凯瑟琳似乎都有点紧张。

她不想会议一开始就申斥迟到的人，但随后突然感到一丝恐慌：如果他根本就不来的话，她该怎么办？她总不能因为不参加会议就炒他的鱿鱼，她能那么做吗？她在董事会眼里有他那么多的资本吗？董事会的人会说：不管他做错了什么，这个人对公司太重要了！

就在8点59分，马丁走进门来，凯瑟琳暗自松了一口气，责怪自己太多心了。她很高兴自己终于开始做这一个月以来一直都想做的事了。她虽然有点担心在座这些人不能完全认同自己的做法，但她不能否认，此刻的成就感是她喜欢当领导的原因之一。

CEO的讲话

马丁坐在会议桌尽头仅余的面对着凯瑟琳的椅子上。他一坐下就从箱子里取出笔记本电脑，放在他面前的桌子上，但没有马上启动。

凯瑟琳决定先不理会他，于是她对大家笑了笑，平静而优雅地向他们问好。

“大家早上好，我首先讲几句话，我所要讲的非常重要，所以我会不断重复这些话。”此时，大家还不知道凯瑟琳葫芦里卖的什么药。

“同我们的竞争对手相比，我们有着更富经验和能力的管理团队以及更多资金；感谢马丁和他的队伍，是他们使我们拥有更好的核心技术；我们还有更强大的董事会。尽管有这么多优势，但我们在赢利能力和客户数量增长方面却落在两个竞争对手的后面。你们有谁能够说出为什么会这样吗？”

大家都不说话。

凯瑟琳继续热情洋溢地说：“我和董事会每一位成员都交流过，然后我也和你们每一个人交换意见，又和大多数员工谈过话。我非常清楚我们的问题就在于……”她停了停，整理自己的思路，“我们的管理团队没有起到作用，事实上我们这支团队陷入了困境。”

有几个人的目光扫向杰夫，想看看他的反应。杰夫看上去很平静。不过凯瑟琳后面的话加剧了现场的紧张气氛。

“事实的确如此，但我说这些并不是要责怪杰夫或其他人。这个问题是我们今后两天要讨论的。我知道你们认为在这个月花两天时间来这里开会，是非常荒谬而且难以置信的，但是在会议结束的时候，留在这里的人会清楚为什么我们必须这样做。”

她的最后一番话引起了所有人的注意。“我要直截了当地说，决策科技有限公司在接下来的几个月将经历一些变化，我们当中有些人可能会发现公司的新局面不像他们希望的那样。这不是威胁，或者故弄玄虚，我也不清楚具体哪些人会有这种感觉，这只是一个客观存在的可能性，我们不能否认这一点。在座所有人的任职资格都很资深，但如果是为了公司和团队的利益，我们可能会在必要时候请某些人离开公司。”

凯瑟琳站起来，走到记录板前面。她始终保持不卑不亢，“可能有人会担心，不过我要告诉你们，我们所要做的一切都是为了一个目的：使公司走向成功。仅此而已。我们不是要展开敌我斗争。”

有几个人咯咯笑了。

“当然，我们也不是要手拉手地相互恭维以示友好。”

大家都笑出声来，就连马丁也抿了抿嘴。

“我想告诉你们，不论我们在公司工作，或是来这里开会，目的只有一个：取得业绩。我认为这是衡量团队的唯一标准，这也是我们今天以及以后每一天的工作重心。我希望在明年和后年，当我们回顾业绩的时候，我们能够看到公司的收益率、利润率、客户忠诚度和满意度都有提高，如果市场环境允许的话，公司甚至可以上市发行股票。不过我敢肯定，如果我们不解决问题，不能作为一个团队来工作的话，以上这些都无从谈起。”

凯瑟琳停了一会儿，让大家回味她所说的话，然后继续说道：“我们该怎样做呢？这些年的经验告诉我，通常有五大障碍使一个团队陷入困境。”

她在记录板上画了一个三角形，用 4 条水平线将其分割，这样就形成了 5 个区域。

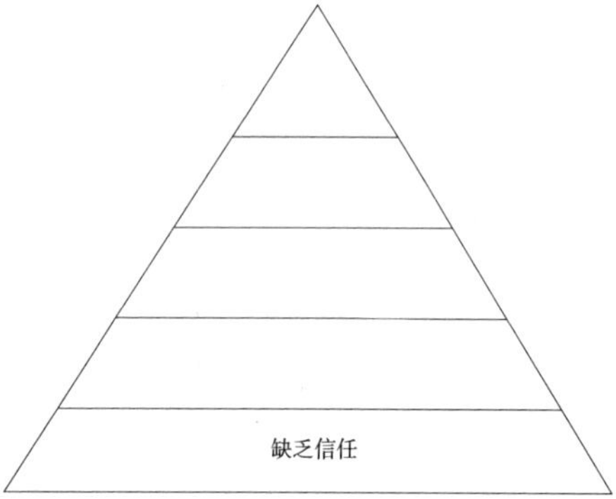

接着她转过身来面向大家：“在接下来的两天，我们将填充这个图形的 5 个区域，每次讨论一个问题。你们很快就会发现这些问题不像航天技术那样难，它们在理论上非常简单，关键是如何在实际中运用。”

“现在我开始分析团队协作的第一大障碍：缺乏信任。”她转过身，在三角形最下边的区域里填上这一项。

团队成员默念着那个词，大多数人都皱着眉头，像是在说：你要说的就是这个吗？

凯瑟琳对此已经习以为常了。她继续说道："信任是真正意义上的团队协作的基础，所以第一个问题就在于团队成员不能相互理解、以诚相待。如果这一条听起来太多愁善感的话，让我告诉你们，这不是一件小事，而是建立高效团队至关重要的条件，可能也是最难做到的一条。"

在座有些人显然没能完全理解，需要得到进一步的解释。

"优秀团队的成员绝不会互相防备，他们不会掩饰自己的缺点，他们勇于承认错误和不足，敢于发表意见，不必担心遭到打击报复。"

大多数人虽然似乎同意这个观点，但是显得缺乏兴趣。

凯瑟琳继续说道："事实在于，如果我们不能彼此信任的话——在我看来我们现在确实是这样的——我们就不能成为一支能够最终取得成功的团队。这就是我们首先需要讨论的。"

讨论

屋里一片沉寂，过了一会儿，简举起了手。

凯瑟琳笑了：“我以前的确当过老师，不过大家不用先举手，随时可以发言。”

简点了点头，提出她的问题：“我不想反驳什么，我只是不明白你根据什么认为我们彼此缺乏信任呢？会不会是因为你对我们还不够了解？”

凯瑟琳犹豫了一会儿，想给出一个深层次的解释：“嗯，简，我的结论是以很多信息为依据的。这些信息来自董事会、员工以及你们中的很多人。”

简看起来对这个回答感到满意，不过凯瑟琳决定继续说下去：“但有一点比别人告诉我的那些信息更能说明问题：这支团队在会议上或其他交流中缺乏必要的争论，这就说明大家缺乏信任。不过，缺乏争论是另一大障碍，我留到后面分析。”

尼克打断了她：“但这种情况不一定说明我们之间缺乏信任，对不对？”这其实是一个自我肯定的句子，而不是一个问题。屋里的所有人，包括马丁和米琪，都热切地等待着凯瑟琳的回答。

“对，确实不一定。”

尼克立刻显得很高兴，因为他觉得自己的观点得到了肯定。

但凯瑟琳接着阐释道：“理论上，如果大家都站在同一条战线上，向着同一个目标一步一个脚印地走下去，没有任何混淆的话，我会认为缺乏争论是件好事。”

好几个人难为情地笑了笑，因为这支团队显然不属于上述情况。尼克刚才的满足感马上就消失了。

凯瑟琳继续解释说：“不过据我观察，每一支高效团队中都存在着深层次的辩论，即使是最团结的团队也存在很多争论。”然后，她向屋子里的其他人提了一个问题：“你们认为我们这支团队为什么没有激烈的辩论呢？”

起初没有人回答，凯瑟琳看着他们不自然地坐在那里，接着米琪的嘴里好像在嘟囔些什么。

“对不起，米琪，我没有听见你在说什么。”凯瑟琳可以肯定米琪在说风凉话，她尽最大努力掩饰住自己的不满，这一点在她当年教七年级学生的时候就已经锻炼出来了。

米琪这次大声说道：“我们没有那么多时间辩论一些小问题，我们太忙了，没有时间斤斤计较，我们有很多工作要做。”

凯瑟琳察觉到其他人不太同意米琪的话，但是她不知道他们敢不敢站出来进行反驳，不过她自己必须这样做。这时杰夫试着说出了自己的观点："我想我不太同意你的说法，米琪，我觉得我们不是没时间辩论，而是不喜欢彼此反驳，不过我也说不清为什么会这样。"

米琪马上回了他一句："也许是因为我们的会议太死板、太单调。"

凯瑟琳这时很想像妈妈一样袒护杰夫，部分原因是奖励他站出来反驳米琪，但她还是决定顺其自然。

僵持了一会儿，卡洛斯站出来打圆场。他没有针对米琪，而是对全体成员说："大家先等一等，我同意会议是枯燥了点，议程也排得过满了，但我认为我们还是可以有更多辩论的，我们不可能在所有事情上都意见一致。"

尼克说："我觉得我们在所有事情上都没达成一致意见。"

大家都笑了——除了马丁，他打开了笔记本电脑并启动电源。

凯瑟琳加入这场生动的讨论："你们在大多数事情上虽然没有达成一致，但是你们看起来不愿意承认各自有不同意见。我不是心理学专家，不过我知道这是个信任问题。”有些人点头同意凯瑟琳的观点，凯瑟琳很感激这种配合，就像一个饥饿的人得到了一小块面包。

接下来屋里出现了打字的声音，马丁现在完全脱离了讨论，正在像电脑程序员那样噼里啪啦地敲着键盘，大家被这声音打断了，都看着凯瑟琳。这个团队刚刚有了点讨论的动力，却又被破坏了。

凯瑟琳一直在“等着”这一时刻的到来，从第一次旁听会议的时候起她就害怕它的到来。她想避免再一次和马丁发生冲突，尤其是在一大早，但是她不能错过这个教育他们的机会。

紧张气氛

凯瑟琳看着马丁在桌子那头打字，屋里的气氛逐渐紧张起来，大家都认为她不会说什么，但是他们还不了解凯瑟琳。

“对不起，马丁。”

马丁停了下来，抬头看着凯瑟琳。

“你在做什么呢？”凯瑟琳问得非常诚恳，不带一丝一毫的讽刺。

大家屏住呼吸，焦急地等待着马丁回答，这是他们两年以来一直都想问的问题。

马丁看上去似乎不想回答，最后说道：“我其实是在做记录。”接着又打起字来。

凯瑟琳保持镇静，然后用平和的语气说道：“我觉得现在有必要强调一下这次会议以及以后开会的纪律。”

马丁抬起头来。凯瑟琳对全体成员说：“我开会的时候，没有过多的纪律，但是我个人有几条原则。”

大家都关注着。

“总的来说，我希望你们能做到两点：按时出席，参与会议。这就是说每个人都要充分加入我们的讨论。”

就连马丁也明白这时应该让步，他用妥协的语气问了一个问题，大家都还不习惯从这位首席技术官的嘴里听到这样的语气。他问：“如果讨论的内容不是和每个人都相关，该怎么办呢？有时候我们所讨论的问题，可能在会后面对面时更容易解决。”

“问得很好。”凯瑟琳现在终于让马丁加入谈话中了，“如果发生这种情况，就是说我们浪费大家的时间来讨论应该在会后解决的问题，那么在座的人可以随时提出。”

马丁似乎很高兴看到凯瑟琳同意他的观点。

凯瑟琳继续说道："除此之外，我希望每个人都参与进来。虽然我明白有的人不喜欢使用笔记本而习惯使用电脑，就像马丁这样，但我发现这样太容易分散注意力了，别人很可能认为这个人在查看电子邮件或者做其他事情。"

米琪决定站出来为马丁说话，但马丁其实不需要，也不希望她这么做。米琪说："凯瑟琳，我很尊敬你，但是你还不熟悉高科技企业的文化。这在软件公司里是很常见的，在汽车制造业可能不是这样，但是……"

凯瑟琳礼貌地打断了她："其实，这在汽车制造业也是很常见的，我们那时也有这样的问题。这是个人行为的问题，不是行业的问题。"

杰夫笑着点了点头，像是说：答得好。于是，马丁合上了笔记本电脑，把它放回箱子里。大家看着凯瑟琳，一副就好像她刚刚说服了一个抢劫银行的歹徒交出了手中的枪的神情。

但愿这一天的紧张气氛到此为止。

袒露自己

凯瑟琳知道接下来将进入今天会议的关键阶段，因为她将据此推测出事情今后几个月的进展情况。毫无疑问，这才是会议的第一项真正议程。

“在解决高难度问题之前，我们先来探讨一下个人经历方面的事情。”

凯瑟琳向他们说明，每个人都要回答5个关于个人背景方面的问题，但问题本身不会让他们为难。随后她风趣地说：“记住，我想听你们儿时的经历，不是你们现在的童心未泯。”这下连马丁都笑了。

决策科技有限公司的主管们一个接一个地回答了问题，包括家乡在哪里、家里有几个孩子、童年的爱好、成长道路上的最大挑战和第一份工作。

几乎每个人回答的内容都是其他人所不了解的。

卡洛斯是家里9个孩子中的老大，米琪在纽约茱莉亚音乐学院学过芭蕾舞，杰夫曾经当过波士顿红袜队的球童，马丁的童年的大部分时间是在印度度过的，JR有一个和他长得一模一样的双胞胎弟弟，简参过军。在讨论中，尼克竟然发现他在高中时曾和凯瑟琳的丈夫率领的球队打过比赛，而那支球队是他们队当时最强大的对手。

至于凯瑟琳，最使她的下属吃惊的不是她参过军，也不是她在汽车行业的经历，而是她在大学时曾经是全美排球联队的队员。

真是不可思议！在短短 45 分钟时间内，大家公开了个人经历，他们的关系似乎从来没有这样密切和融洽过。但凯瑟琳经历过这种情况很多次，她知道一旦开始谈工作，这种融洽气氛就会大大降低了。

再进一步

当这支团队稍加休息后返回会议室，他们显然因为开了一上午的会而失去了些许活力。在接下来的几个小时，他们边吃午饭边工作，讨论了来纳帕谷之前他们用多种性格测试工具所测出来的个人行为倾向，其中一个工具就是迈尔斯–布里格斯类型指标（Myers-Briggs Type Indicator，缩写为 MBTI）。

凯瑟琳高兴地发现马丁也参与到讨论中来了。不过她再次提醒自己，每个人都喜欢了解和谈论自己，一旦他们面临批评就不是这样了，而批评总是会有的。

凯瑟琳认为下午不适合再往下进行了，因为大家的精力是有限的。于是她给了大家几个小时的休息时间，让他们查看电子邮件，做做运动或做其他想做的事。凯瑟琳清楚今天将进行到很晚，她不想让他们过早感到筋疲力尽。

马丁几乎整个下午都在房间里查看电子邮件，尼克、杰夫、卡洛斯和JR在酒店的院子里玩地滚球游戏，凯瑟琳和简在大厅讨论财务预算，米琪则坐在池塘边看小说。

晚饭时大家重新聚集到一起，凯瑟琳欣喜地发现他们在继续谈论上午结束时的话题。大家表述了自己在工作中的人际交往方式，讨论了内向性格相对于外向性格将对人际关系产生什么样的影响，也谈论了其他类似的性格特点，现在他们完全放开了。

他们晚饭吃比萨饼、喝啤酒，这使得气氛非常轻松。这时卡洛斯开始嘲笑简过于古板，杰夫则开玩笑说JR总是心不在焉，甚至当尼克称马丁“极端内向”时，马丁的反应都很友好。除了米琪之外，没有人对这些善意但实话实说的玩笑感到厌烦。并不是因为她不能接受这种玩笑，而是根本就没人和她开玩笑，她自然也没有开别人的玩笑。

凯瑟琳很想让她参与进来，但还是决定不能太莽撞。事情进行得很顺利——比她预想的要顺利——这支团队现在似乎愿意讨论一些个人行为问题了，而这些问题正是凯瑟琳在旁听会议的时候所注意到的。凯瑟琳认为，会议的第一个晚上没必要在任何人之间树立对立面，尤其是她已经避免了与马丁交火。

但有时候事情是无法控制的：米琪自己就暴露出了问题，当尼克对全体成员说他发现大家对各自性格的描述非常准确而且有用时，米琪又像以前会议上所做的那样翻起了白眼。

凯瑟琳正要提醒她，尼克先说话了："怎么了？"

米琪的反应就好像她不知道他在说什么："什么怎么了？"

尼克像是在跟她开玩笑，不过看得出他有点儿生气了："你呀，你翻白眼了，我说什么蠢话了吗？"

她继续装糊涂："没有呀！我什么也没说。"

这时简很轻柔地插话道："你用不着说什么，米琪，你的表情别人一看就明白了。"她想帮米琪在不丢面子的情况下缓和局势："有时候我觉得你甚至没有意识到自己在那样做。"

但是米琪不肯就坡下驴，她开始反驳了："我真的不知道你们在说什么。"

尼克也不肯让步："你一直在那么做，好像我们都是白痴。"

凯瑟琳暗暗决定下次吃饭时不能要啤酒了，但是她不否认自己很高兴看到问题被明确地提出来了。她咬了一口比萨饼，看了看其他人，克制住自己想息事宁人的念头，因为那样做换来的只是暂时的和平。

米琪冷不防地回答说：“你们听着，我压根就不想参加这种胡言乱语的讨论。我认为，对我们构成威胁的竞争对手绝不会坐在纳帕谷的酒店里讨论人生目标和处世哲学。”

在场的人都被这个指向整个计划的批判弄得紧张起来，而他们刚刚还沉浸在其中并且乐此不疲。大家都看着凯瑟琳，想知道她会怎么说，但是马丁先张嘴了。

“是的，你说得对。”大家都很惊奇，马丁刚刚还参与进来，现在居然向着米琪，不过他还没有说完，“他们是不在纳帕谷讨论，但他们或许在卡梅尔（美国的一个海滨小镇）讨论。”

如果这话是从别人嘴里说出来的，大家还不会笑得那样厉害，但是马丁用他那干涩、讽刺的口吻直接对米琪这么说，这足以使他们哄堂大笑了，当然只有米琪除外，她只是坐在那里很难受地微笑。

凯瑟琳这时以为她的市场部主管米琪会离开会议室，可事实更糟糕，因为在接下来的 90 分钟，米琪一句话也没说，只是坐在那儿看着大家讨论。

讨论的话题终于自然而然地转向与业务相关的敏感问题上来了，这时简打断谈话，问凯瑟琳：“我们是不是离题了？”

凯瑟琳摇摇头：“没有。我觉得在讨论个人行为的时候结合公司运作的问题是最好的，这样我们才知道怎样使理论联系实际。”

虽然凯瑟琳为其他人之间的交流感到高兴，但是她不会无视这样一个事实，就是米琪的表现充分说明了她不信任她的同事们。

池塘边的谈话

晚上 10 点凯瑟琳结束了会议。除了简和尼克临时开始谈一些预算方面的问题，其他人都去睡觉了。米琪和凯瑟琳的房间距离池塘很近，当她们走回房间时，凯瑟琳决定试一试，看与米琪面对面交流能否取得一些进展。

“你没事吧？”凯瑟琳问得很小心，生怕显得小题大做或者带有说教成分。

“我没事。”米琪说，可是她装得不太像。

“我知道这个过程很不容易，你可能觉得有点难过。”

“有点难过？听我说，即使在家里我都不让别人拿我开玩笑，更别说在工作中了，他们那些人根本不懂如何使公司成功。”

凯瑟琳几乎被这种不着边际的回答搞糊涂了。过了一会儿，她说：“好吧，我们明天再谈。我认为他们应该听听你的意见。”

“哦，明天我什么都不想说。”

凯瑟琳马上就想不顾一切地反驳，但是努力控制住了：“我想你明天早上就好了。”

“不，我是说真的，他们不会听我说的。”

凯瑟琳决定先这样：“好吧，好好睡一觉。”

米琪讽刺性地笑了笑，结束了谈话：“好，我会的。”

她们进了各自的房间。

大家的反应

第二天早上米琪到会议室的时候，只有凯瑟琳和简在里边。她看上去很热情，好像已经从前一天的事情中恢复过来了，这在凯瑟琳看来真是一个惊喜。

其他人到齐后，凯瑟琳简单重复了一下前一天的讲话，作为会议的开始："在我们开始之前，我认为有必要回顾一下我们来这里的目的：我们有比竞争对手更多的资金、更有经验的管理团队、更先进的技术、更多的业内关系，但是至少有两个竞争对手已经在市场上走在了我们的前面。我们的任务是提高公司收益、赢利能力、客户数量和忠诚度，甚至上市发行股票，但是如果我们的团队不能发挥作用，以上这些都将无从谈起。"

她停下来，很吃惊地发现她的下属们都在非常专注地听着，就好像他们是第一次听这些话。

"有什么问题吗？"

他们并没有仅仅沉默地坐着，反而很多人摇了摇头，像是在说：没有问题，请继续。至少凯瑟琳是这样理解的。

在接下来的时间，他们回顾了前一天讨论过的内容。大约 1 小时后，马丁和尼克似乎有点失去兴趣了，JR 则有点儿心不在焉，他的手机一直在振动，但是他没有接。

凯瑟琳决定提出大家可能关心的问题，因为他们迟早要主动提出来："我知道你们可能都开始想，我们昨天说的不就是这些吗？我也意识到我们在重复昨天的内容，但是在我们知道怎样实施变革之前，这些东西不能算说完了。”

接着大家用1个小时谈论自己偏好的人际交往方式，以及这些方式给集体带来了什么样的机遇和挑战。米琪说了几句，每次到她发言的时候，讨论的速度就戏剧性地慢下来。马丁说得也不多，但他看起来一直在关注着讨论。

上午的会议进行到一半的时候，他们谈论了人际关系处理方式和团队行为等问题。凯瑟琳决定开始当天最重要的议程，这也是今后她将和米琪及其他人一起作为原则来对待的内容。

优点和缺点

凯瑟琳走到记录板前，向大家解释："记住，团队协作由建立信任开始，唯一的办法就是消除戒心。"她在记录板上"*缺乏信任*"的旁边写下"*相互戒备*"。

然后她继续说道："所以，我们今天整个上午都要适当地进行'揭短'。"

接下来，她给大家5分钟的时间找出自己哪些优缺点对决策科技有限公司的成败影响最大："我不想让你们谈一些共有性的弱点，也不希望你们由于谦虚或者尴尬不好

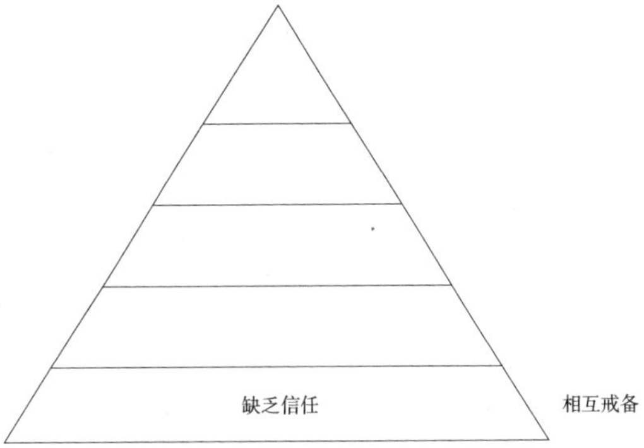

意思说出自己真正的长处。请认真对待这项活动，准备展现真实的自我。”

凯瑟琳等所有人都记完笔记之后，开始了讨论。“好，我先说吧。”她看了看笔记，“我认为我最大的优点，也是最有助于我们取得成功的，就是我能够透过问题的现象看清本质。我能够剥离冗余信息，直接深入问题内部，节省我们很多时间。”

她停了停，继续说道：“我的弱点就是我不太善于当众讲话，事实上我在这方面非常差劲。我有些低估公共关系的重要性，在众人面前，尤其在摄像机面前时，我绝对不是一个富有才华和技巧的发言者。如果我们下决心要完成我们制定的宏伟目标，我在这方面需要大家的帮助。”

除了JR和米琪之外，所有人都在记录凯瑟琳说的话，她很高兴看到这一点。随后她问："好，下一个谁来？"

没有人立即响应，大家都在四下张望——有人希望其他人自告奋勇，还有人想说但是缺乏勇气，似乎在等待别人的允许。

终于，尼克打破了僵局。"我来吧，让我看看。"他看了看笔记，"我最大的长处是在同别的机构谈判和商讨合作的时候，绝不发怵。不论他们是合作方、客户，还是竞争对手，我都可以让他们比其原定的计划做出更多让步。我最大的弱点，就是有时候显得有些自大。"

有几个人紧张地笑了笑。

尼克笑着继续说道："我在大学时就有这个毛病，也许更早以前就有。有时我喜欢讽刺别人，甚至有点失礼，我的言谈听起来好像认为自己比所有人都聪明。如果我同客户打交道的话，那样就无关痛痒；但是如果和你们在一起，可能就会得罪你们了。我认为这个弱点无助于我们达成预定的目标。"

杰夫评论道："听起来你的长处和弱点本质上是一样的。"

让所有人吃惊的是，马丁这次居然明确地表示同意：

“很多事情不都是如此吗？”

在座的人都点点头。

凯瑟琳被尼克的诚实所感动，同时很高兴其他人愿意参与讨论。她很庆幸尼克开了一个好头：“很好，这正是我要听到的。接下来是谁？”

简自告奋勇，说她的强项是优秀的管理技能及对细节的重视，大家都马上表示同意。然后她承认自己在花销上过于保守，尤其对于一家刚起步的公司来说不应该过于保守。她解释说，这是由于她在大公司工作时接受的训练就有保守的倾向，再加上她担心同事们不重视资金管理。“尽管如此，我和你们在一起工作后，还是把钱控制得这样严格，可能有点难为你们了。”

卡洛斯安慰她说，其实大家应该适当地听听她的意见。

下一个是杰夫，实际上他非常善于建立人际关系，能够与投资人及合作伙伴建立良好的合作关系。虽然他很谦虚，不去提这些，但是简不肯放过他：“说吧，杰夫，如果我们公司到现在只做成了一件事的话，那就是筹集了大笔的资金，让投资者对公司有信心，你可不要忽视你自己的作用呀！”

杰夫勉强接受了她善意的怪罪，然后就开始拼命承认自己的弱点："我太害怕失败了，所以我总是操纵一切，自己来做所有的事。我不喜欢告诉其他人该怎样做，就好像那样的话我就更容易失败似的。"

过了一会儿，大家都注意到杰夫似乎从刚才过于感性的话语中回到现实了。"我想这可能就是我们没有取得成功的最大原因，也是我不能再做CEO的原因。"他停了一下，然后很快地补充说，"我不在乎降级，真的不在乎，我很高兴离开那个岗位。"

大家赞同地笑了笑。

凯瑟琳简直不敢相信前三个发言人表现这么好，她希望这种动力持续下去，那样的话今天会是一个巨大的成功。但接下来米琪说话了。

"接下来我说吧。"她和前面几个发言人不一样，从始至终她都在看着提纲，"我最大的优势是我对技术市场的了解，还有我知道怎样与评论家和媒体打交道；我最大的弱点是不善于理财。"

此时，会议室里一片寂静。没有人说话，没有人提问。

像凯瑟琳一样，其他人心里也正充斥着两种感受：一是庆幸米琪总算说完了，二是对她的敷衍了事感到失望。这时凯瑟琳觉得不能强迫这位市场部主管暴露缺点，除非她自己愿意这样做。

时间一秒一秒地过去，大家都希望有人打破沉默，最后卡洛斯让大伙儿得到了解脱。

“下一个我来吧。”他想尽最大努力把讨论的气氛调动起来，他认为自己最大的优势是良好的适应能力，而弱点则是不能带动其他人。

他说完后，简突然说：“卡洛斯，我觉得你两个问题都没有回答。”凯瑟琳被她这样唐突的评论吓了一跳，因为她还不了解其实他们两个关系很好。

简继续说道：“第一，你有很多优点，但最大的优点是任劳任怨地工作。我知道这听起来不可思议，但是没有你一直以来减轻我们很多压力的话，我不知道我们现在会怎样。”很多人都表示赞同。简接着说，“在缺点方面，我认为你应该告诉我们你在开会的时候都在想些什么，因为你总是默不作声。”

所有人都等着听卡洛斯回答，但他只是点了点头，记了记笔记：“好的。”

JR 自告奋勇下一个发言，他一张嘴就使大家哄堂大笑：“很明显嘛，我最大的优势就是我的适应能力和对细节的重视。”他其实是在模仿前面两人的发言。大家笑了一会儿，然后JR继续说道："说真的，我很善于同客户建立良好的私人关系，我真的很擅长这些。"他说得很谦虚，"至于弱点，除非事情在我看来非常重要或亟待解决，否则我有时候就把它忽略了。"

"仅仅是有时候吗？"尼克问道，大家又一次哄堂大笑。

JR脸红了："我知道，我知道，我就是不能列出计划，我也不知道是怎么回事，不过我想这可能对团队是不利的。"

马丁是唯一还没有发言的人。"我说吧。"他深吸了一口气，"我不喜欢这样谈论自己，但如果非要说的话，我想说我的优势是善于解决和分析问题，缺点是不善于和人打交道。"他停了下来，"我是说，不是我不能和人交往，而是我不喜欢那么敏感谨慎，我喜欢单纯地和别人谈话，而不用担心他们怎么想，你们明白吗？"

"是这样啊？"杰夫决定冒得罪马丁的危险，说出自己的想法，"问题是有时候这样会让别人误以为你不喜欢他们，觉得你嫌他们浪费了你的时间。"

马丁显然对杰夫的评论感到失望："不是，根本不是。我不是那个意思。天哪，怎么会这样，我从来就没有那个意思。不过我看出来别人可能确实那么想了，我不知道怎样做才能改变这一切。”

整个上午，米琪第一次笑着站出来打圆场：“我的朋友，即使你做一年的心理治疗也不一定能改变这一切。你就是一个自大狂，但是话说回来，硅谷的首席技术官不都是这样吗？”

除了米琪自己之外，谁都没笑，但是马丁笑了，因为他觉得很难堪，想笑笑来让这个评论显得不那么严重，其实他心里非常不舒服。

凯瑟琳过后也许会责怪自己没有去制止米琪如此评论别人。但当时她没有那样想，因为她认为米琪是过于理性才会这样说。不管怎样，米琪在团队里终于有些真正的行为了。

自我

大家落座后，凯瑟琳宣布接下来的议程将有所变化：“好，现在我们要直接进入团队的最后一大障碍。不过我们下个月会讨论‘惧怕冲突’和‘信任的必要性’这两个话题，请大家做好思想准备！”

所有人都知道她主要是让米琪做好准备，他们中再没有第二个人像她那样，在讨论那两个话题的过程中显得苦苦挣扎。

凯瑟琳走到记录板前，在三角形最上边的区域填入“*无视结果*”。

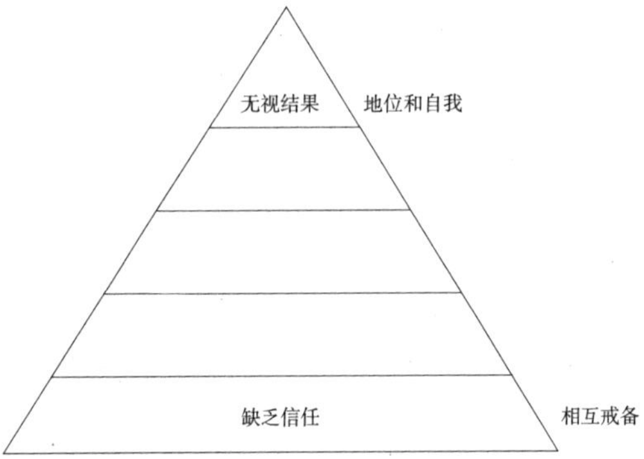

“我们现在看图形的最上面，讨论最后一大障碍：团队成员在工作中过分追求对个人的认同和注意，而忽视了集体的利益或者集体的工作成绩，即整个团队的工作目标。”

尼克问：“只是自我的缘故？”

“嗯，我想部分是这个原因，”凯瑟琳表示赞同，“但我不是说在团队中不允许自我的存在，关键是要让集体的‘自我’高于个人的‘自我’。”

“我不太明白这和集体的工作成绩有什么关系。”杰夫说。

“是这样的，当每个人都以集体的工作成绩为中心，以共同的工作成果作为成功的定义时，个人主义就会被严格控制住。不论团队中的个体自我感觉多良好，只要整个团队失败了，那他就失败了。”

凯瑟琳看出有几个人还不太同意这个观点，于是她进一步阐述：“昨天我告诉你们，我的丈夫在圣马特奥的圣犹达高中当篮球教练。”

“他是一个非常棒的教练。”尼克解释说，“从我进高中的时候开始，每年都有大学请他去教课，但是他都拒绝了，他真是一个神话。”

凯瑟琳很高兴听到尼克这样评价她的丈夫，她为他感到自豪：“是的，我觉得他是有点儿不寻常，他取得了一些成绩，他同球队是紧密联系在一起的。虽然他的球队很好，但那些孩子们中没有几个进入高等学府打球的，因为说实话，他们并不那么有天分。他们之所以能赢得比赛，是因为他们是作为一个团队来打球的，这使他们能够打败那些身材更高大、动作更敏捷、更有天分的球员组成的队伍。”

尼克点着头，作为多年来总是输给圣犹达球队的人，他必须承认这一点。

“我的丈夫肯经常会碰到一些不注重比赛结果的球员，或者说不重视集体成绩的球员。我记得几年前有一个孩子，他只在乎自己的个人成绩和别人对他的认同，包括个人最佳表现的殊荣、上报纸等。尽管球队输了，但只要他自己得足了分，他就很高兴，而如果他得的分少，他就会不高兴，甚至球队赢了球时也是如此。”

简很好奇：“那你丈夫怎么做的呢？”

凯瑟琳笑了，她很愿意多告诉他们一些关于肯的事：“很有意思，那个孩子确实是队里最有天分的球员之一，但是肯让他坐上了冷板凳，没有他，球队打得更好，最后他退出了。”

“啊！”JR感叹道。

“不过，他第二年复出的时候态度就完全不一样了，他后来在圣玛丽大学球队打球，现在他肯定会告诉你，那是他一生中最重要的一段日子。”

简还是很好奇：“你觉得那样的人会改变吗？”

凯瑟琳毫不犹豫地说："不会。那样的孩子是绝对改不了的。"大家被这么肯定的回答镇住了，不少人马上联想到了米琪。"这听起来确实很残酷。不过，肯总是说他的任务是尽可能组织最好的球队，而不是培养个别出色的球员。同样，我对于自己的工作也是这么看的。"

此时杰夫决定问大家一个问题："你们当中有人在高中或大学时从事过团体运动吗？"

凯瑟琳想打断他的"民意调查"，继续按自己的计划进行，但她想也许来点即兴讨论也有价值，只要内容与团队有关。

杰夫在屋里走了一圈，给每个人机会来回答他的问题。

尼克说他大学期间打过篮球，卡洛斯说他在高中期间是一名足球后卫。

马丁骄傲地宣布："我玩过橄榄球，是最老式的那种。"大家都笑了。

当杰夫问到米琪时，她说在高中参加过赛跑。杰夫说道："但那是单个人的……"

她巧妙地打断了他："我参加的是接力跑。"

凯瑟琳再次告诉大家她打过排球。

简说她当过拉拉队长，还参加过舞蹈队："如果谁敢说那不是团队的话，我就把他的预算减少一半。”

他们都笑了。

杰夫承认自己缺少运动细胞：“你们知道吗？我不明白为什么所有人都觉得只有参加体育运动才能培养团队精神。我从来没怎么参加过运动，小时候也没有，但我在高中和大学的时候参加过乐队，我想我从那里也同样能学到这些东西。”

凯瑟琳抓住这个机会重新控制讨论：“啊哈，说得对呀。第一，你们完全可以在很多不同的活动中体会团队协作，这些活动都涉及很多人的合作。不过，有一点使得体育运动更能够体现团队精神。”凯瑟琳当过七年级的老师，因此她出于以前的教学习惯，突然想给这些“孩子们”一个机会来回答这个问题：“你们知道是什么吗？”

像以前在教室中一样，大家看起来一点儿头绪也没有，但凯瑟琳知道只要耐心地让这种沉默持续一会儿，很快就会有人想出答案。这次是马丁想到了。

“得分。”像往常一样，马丁的答案几乎没有什么上下文。

“解释一下。”凯瑟琳命令道，就像从前对学生那样。

“好的，大多数体育运动最后都有一个明确的得分来评判你到底是赢还是输，几乎没有折中，就是说不能……”他停了一下，想选择恰当的用词，“……不能主观地、自以为是地认为自己成功。”

屋里的人都点头表示明白了。

“等一等，”JR说，“你是在告诉我们运动员没有个人主义吗？”

马丁看起来不太确定，于是凯瑟琳插话说：“他们有很明显的个人主义，但是优秀运动员会把他的个人主义同一个明确的目标联系在一起：赢得比赛。他们最想要的是赢，而不是进入全明星队，或者在报纸上露个脸，而且也不是赚钱。”

“我觉得现在这样的队伍不多了，至少在职业体育运动中是不多了。”尼克说。

凯瑟琳笑了：“这就是它的宝贵之处呀，真正想到这一点的球队会得到更多的好处，因为他们的大多数竞争对手只是一群寻求个人表现的散兵游勇。”

米琪看上去有点儿不耐烦了：“这和软件公司有什么关系？”

这样一来，米琪再一次使谈话陷入僵局。凯瑟琳开始怀疑彻底让她转变的可能性不是太大，但她决定要尽一切努力使米琪加入讨论："又是一个不错的问题。这当然同我们有关系，你看，我们要取得的成绩和橄榄球比赛的得分是同样重要的。一旦涉及我们是否成功的问题，我们就没有任何解释的余地，因为那样的话只能助长个人主义的风气。"

"我们不是已经有得分依据了吗？"米琪坚持说。

"你说的是利润吗？"凯瑟琳问道。

米琪点点头，她的表情好像是在说：还能有别的吗？

凯瑟琳继续耐心地解释："当然利润是很重要的标准，但我指的主要是季度末成绩。如果你把利润当作唯一的目标去追求，除非到了一个季度快要结束的时候，否则就没办法了解团队的进展情况，因为不到那时候，我们是无法计算利润率的。"

"现在我也糊涂了，"卡洛斯承认说，"利润难道不是我们唯一的评分标准吗？"

凯瑟琳笑了："我有点儿过于理论化了，让我简单地说吧。我们的任务是使整个团队取得成绩，这一点在座的都明白。谁也不能以提高他自己的个人地位或个人利益为目标，因为那样的话就会削弱我们实现整体目标的能力，我们就会全盘皆输。"

这些话好像有些效果，但是不太明显，于是凯瑟琳继续说道："当然关键是为我们的目标下个简单易懂的定义，而且明确到可以实施的程度。利润这个目标不足以明确到可以实施，制定目标必须同我们的日常工作联系起来。这样的话，我们现在看看能不能想出更具体的目标。"

制定目标

接下来凯瑟琳让大家两三个人分成一组，制定出一组能够作为团队工作衡量标准的项目列表。"不要凑数，"她说，"只管列出单子就行。"

在接下来的一小时中，大家制作出了几份列有超过15种不同项目的单子，经过筛选、合并后还剩下7项：收入、花销、新客户数量、现有客户满意度、员工忠诚度、市场意识和产品质量。他们还同意这些项目应该每月考核一次，因为如果只在每季度末考核的话，就没有足够时间发现和解决问题了。

不幸的是，现在讨论的话题转向公事，大家的活力似乎随之消退，取而代之的是和从前一样的互相批评。

马丁先说："很抱歉，凯瑟琳，这些东西在我看来毫无新意，差不多就是我们过去9个月里使用的衡量标准。”

凯瑟琳的可信度在他们看来开始下降了。

JR插话进来：“是呀，这里没有什么东西能让我们增加收入。说实话，如果我们不能很快做成几桩生意的话，根本无法衡量这些项目。”

凯瑟琳对眼前的事感到可笑，因为她知道这是注定要发生的。她认为在这种场合，只要一开始谈公事，大家就都恢复从前的言行，而正是那些言行使他们陷入困境。不过，凯瑟琳对此早有准备。

“这样吧，马丁，你能告诉我咱们上一季度的市场知名度的目标是什么样的吗？”

米琪纠正她的老板：“我们把这个划分在公共关系的职责范围内。”

“好吧。”她转过身去看着马丁，“你能告诉我公共关系的确切目标吗？”

“不能，米琪能告诉你这些。我可以告诉你我们的产品研发各个阶段的日期。”

“好，那么请告诉我，我们的公共关系搞得怎样。”她还是问马丁，显然是说他应该知道答案。

他看起来非常困惑：“我不知道。我觉得那是杰夫和米琪的事，不过我认为我们做得不是特别好，从销售量就可以看出来。”

米琪非常冷静，但她随后的发言听起来毫不客气：“每次开会我都带着我的公关活动数据，但是没有人问我这个。还有，如果我们什么都没卖出去的话，我不可能让我们公司上报纸。”

虽然这些话的最大受害者应该是JR，但马丁先讽刺地回敬了她几句：“真好笑，我一直以为开会的目的是促进销售，但是我们的情况恰好相反。”

米琪好像没听见马丁的话，继续为自己辩驳：“我敢说我们的问题不在于市场。事实上，我认为我的部门在现有情况下做得非常好。”

卡洛斯想说：你的部门不可能做得好，因为我们整个公司在衰败，如果公司衰败了，我们就都失败了，根本没必要评价每个部门的业绩……但他不想再向米琪施压了，因为他觉得她可能承受不住，所以就顺其自然了。

凯瑟琳和在场的其他人一样烦躁，她感觉到一场更大规模的争吵即将发生，果真那样的话，讨论也将就此结束。

早就料到是这种结果呀，她心里想。

深入分析

凯瑟琳觉得不能让大家的热情减退。

“我知道是怎么回事了。”她说。

杰夫笑着说：“是吗？”他的话显然没有恶意。

凯瑟琳也笑了：“我观察得很细，是吧？我所说的把注意力集中到达成集体目标而不是获取个人认同，是说大家接受同一个目标和相同的衡量办法，然后一起用这些在日常工作中做出决策。”

凯瑟琳看出他们不会轻易放弃各自的观点，于是决定改为采用一种带有质问性质的说服方法：“在一个季度内，当工作目标看起来难以实现时，部门之间的工作需要重新协调才能改善这种情况，那你们多长时间讨论一次？”

他们的表情说明了他们从来没有这样做过。

“你们在开会的时候，是否能很有条理地从细节上回顾这些工作目标？比如说深度探讨为什么这些目标能够实现，或者为什么实现不了？”其实她已经知道答案了。

杰夫解释说：“我以前觉得米琪的任务是市场，马丁的任务是开发产品，JR 的任务是销售，每当我有时间，我会随时根据需要协调他们的工作，但一般来说我会让他们专注于各自的领域，我自己随时逐个解决他们的问题。”

凯瑟琳回到体育运动的类比上，希望这样他们能够理解其中的道理：“设想一名篮球教练在上半场比赛结束时，在休息室逐个叫队员进来讨论上半场的表现，他们每个人都不知道其他人和教练谈些什么。这样的话他们就不是一支团队，而是一群独立的运动员。”

在座的人都明白，决策科技有限公司的管理团队正是这样工作的。

凯瑟琳脸上浮现出难以置信的表情，好像在说：我简直不能相信我还需要告诉你们这些。她耐心地说道：“你们所有人，每一个人都有责任了解销售的事，而不只是JR；所有人都有责任了解市场的事，而不只是米琪；所有人都有责任了解产品开发、客户服务、财务等这些工作的进展情况，明白了吗？”

凯瑟琳的解释简单明了，他们的团队协作显然不合格。这样一天半讨论过后，大家仅存的团结似乎所剩无几了。

看起来尼克不想再忍受下去了，他摇着头：“你知道吗？我简直怀疑我们该不该坐在这里，也许我们需要找一个更出色的人来提高销售业绩，建立能够正常工作的团队。”

JR看见有人批评销售工作，非常不满意。但是像通常一样，他没有作声。

凯瑟琳问："你们有没有浏览过竞争对手的网站？"有几个人点头，但不知道她要说什么。"你们知道经营那些公司的人的背景吗？"他们的面部表情说明他们一无所知。凯瑟琳接着问，"他们的团队中没有特别出色的人，但你们知道他们为什么比你们进步快吗？"

杰夫无精打采地解释说："就像门外的葡萄园管理都使用惠普的系统一样，我们的竞争对手电子机车公司现在主要的收入来源是专业化的、有针对性的服务。"

凯瑟琳看起来没有被说服："然后呢？是什么阻碍你们建立一支真正的团队，或者阻碍你们像他们那样调整商业计划呢？"

简举起手，有话要说，但没等凯瑟琳做出反应就开始说："别站错了立场，凯瑟琳，你能不能改称'我们'，而不要说'你们'，你是CEO，你现在是我们团队的一员了。"

大家都停下来看凯瑟琳怎样对待简提出的异议。她低着头，像是在决定怎样回答，然后抬起头来："你说得对，简，我不是你们的顾问，而是你们的CEO。谢谢你提醒我这一点，我可能还没有完全意识到自己是团队的一员。”

“那么就加入进来吧。”

简的回应使每个人都觉得轻松多了。

“你说的是什么意思？”尼克问道。

“是这样，我不知道你们是怎么想的，但是我觉得自己除了财务以外，和别的工作都没有关系，有时候我也觉得我像个顾问。我在其他公司工作的时候，总是能更多地参与到销售和运营的环节，但是现在我仅仅局限在自己的领域。”

卡洛斯同意她的说法：“是的，开会的时候我们似乎没有共同的目标，我们都在为自己的部门争取更多资源和投入，或者说尽量避免参与自己领域以外的事情。”

大家都同意卡洛斯的逻辑，他继续说道：“你们觉得我喜欢自告奋勇很稀奇，但是在我以前工作过的公司里每个人都是这样的。”

凯瑟琳看到团队中的一部分人想通了，感到很欣慰。于是，她很自信地说：“我们公司内部的官僚主义简直到了令人震惊的地步，这是因为大家对于共同目标认识不清，从而把精力放在个人得失上。”

尼克皱起了眉头：“等一等。我承认我们不是硅谷最好的管理团队，但是你说我们官僚主义，是不是太过分了？”

“不过分。我觉得这是我遇到的官僚主义最严重的团队之一。”当凯瑟琳说这句话的时候，她意识到自己也许应该说得更委婉一些，因为她立刻就感觉到在场的人开始团结起来反驳她过于严厉的批评了。

这次连杰夫也说话了：“凯瑟琳，我不这么想。这也许是因为你没有在高新技术企业工作过。我过去曾经在几家官僚主义非常严重的公司工作过，我认为我们没有那么差。”

凯瑟琳想回击他，但决定还是先让其他人发泄出怨气再说。

尼克也开火了：“根据我从其他主管人员那里听到的情况，我认为我们属于中等程度。记住，市场是残酷的。”

米琪闻出了空气中的火药味，也加入进来：“我同意。你在非常时期加入公司，经过短短几个星期就得出这样的结论，肯定是不全面的。”虽然她的同事们认为她不应该使用如此尖刻的语言，但米琪认为他们不会在这件事上反对她，因为那样的话，大家就放弃了从新老板那里重新讨个说法的机会。

凯瑟琳等到没有人说话了才回答说：“首先，我很抱歉我刚才的评论听起来很无礼。你们说得对，我没有在高新技术企业工作过，所以我所说的可能有失偏颇。”她看到他们接受了自己的道歉，然后她语气一转，“但我不能使自己在你们面前过分屈就，因为那样无助于我们达到目标。”

凯瑟琳注意到几个人——简、卡洛斯和杰夫——理解了她的意思，以及她发自内心的真诚。

她继续说道：“同时，我不想忽视我们现在的危险状况，我们面临很大的问题。我充分观察了这支团队，我肯定官僚主义状况确实存在，而且很严重。”虽然凯瑟琳很和蔼地表达出了她的忧虑，但她当然不会让步：“说实话，我宁愿夸大问题，也不愿意忽视问题。我这样做只是为了团队，而不是为了我个人的权威感，这一点我可以向你们保证。”

由于在过去的一天半中凯瑟琳的言行有目共睹，加上她说这些话时非常自信，因此大多数成员相信她的话是发自肺腑的。

尼克皱起眉头，凯瑟琳猜不出他到底是不满还是困惑。卡洛斯说：“或许你应该告诉我们你说的官僚主义是指什么。”

凯瑟琳想了一会儿，像背诵定义一样回答说：“企业中的官僚主义是指，一个人所说的话和所做的事，是为了让其他人按其期望的那样做出反应，而不是出于他们自己真实的想法。”

屋里一片寂静。

马丁打破了这种紧张局面：“好吧，那我们肯定属于官僚主义了。”虽然他像平常一样严肃，不是故意显得可笑，但卡洛斯和简还是笑出了声，而杰夫只是微笑着点点头。

凯瑟琳的这种说法非常刺耳，但她看出了大家在思考是该接受还是该反驳她的观点。很显然，下一步她需要主动出击。

反击

凯瑟琳没想到这次挑战她的人竟然是JR，而且他的态度不太好：“对不起，你不会让我们再等3个星期才告诉我们其他几大障碍是什么吧？你能不能直接告诉我们，这样我们就可以分析问题出在哪儿以及怎样解决。”

如果顾及面子的话，这些话本来应该说得不那么刺耳；如果真是由于好奇才问的话，这听起来甚至可能像一种恭维话。但是这次不同，从说话的语调以及提问者一向温和的态度来看，这算是会议开始以来最严厉的批评了。

凯瑟琳即使再自信，也会被这样的话击倒。她一时非常失望，因为自己创造的友善气氛这么快就消失了。但她随后意识到她需要这条导火线，因为她应该反击了。

凯瑟琳本来非常想按原计划进行，一步一步地揭开其他团队协作障碍的面纱，但她决定听取 JR 的意见："没问题，我们现在就来看其他三大障碍。"

五大障碍

凯瑟琳走到记录板前面。在填充倒数第二个区域之前，她问了一个问题："信任非常重要，你们知道为什么吗？如果在一个团队里大家彼此不信任，会产生什么样的实际问题呢？"

沉默几秒钟后，简想帮助凯瑟琳："会出现士气问题，工作效率也会很低。"

"有点太笼统了，我想知道信任非常重要的确切原因。”

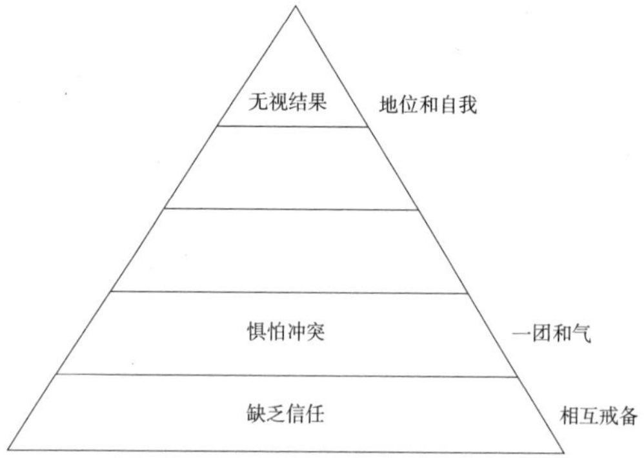

似乎没有人愿意回答，于是凯瑟琳马上提供了答案，在“*缺乏信任*”上边写上“*惧怕冲突*”。

“如果我们彼此不信任的话，那么我们之间就不会有开放、建设性的思想交锋，我们只是保持一种表面上的融洽。”

尼克反驳说：“但是我们之间的冲突看上去够多的了，根本没有什么融洽可言。”

凯瑟琳摇摇头：“不是的，你们的关系是紧张，但是几乎没有积极、有益的争论。被动、讽刺的言语不在我所说的范围之内。”

卡洛斯也来施压了："但是融洽不是好事吗？"

"问题在于缺乏必要的、有益的冲突。我认为如果融洽来源于不断解决问题和矛盾的话，那么融洽本身就是好事；但是如果是因为隐瞒自己的意见和真实的想法，那么所谓的融洽就是坏事。我需要的不是那种虚假的融洽（表面上一团和气），我想要的是一支团队能够有效地对事情进行争论，然后毫发无伤地结束。"

卡洛斯对这个解释很满意。

凯瑟琳继续争取他们的支持："在观察了你们的几次会议之后，我敢说你们并不太同意彼此的观点。有时候你们的不满用微妙的语言表达了出来，但在大多数情况下，你们还是听之任之了，我说得对吗？"

马丁试探着说："如果我们之间有更多的争论又怎样呢，我想不出那样如何提高工作效率，唯一的结果就是消磨更多的时间。"

米琪和JR在点头，凯瑟琳正试图去说服他们，但这时简和卡洛斯站出来支持她了。

简说："你不觉得我们什么问题都没解决同样耽误时间吗？在外包IT的问题上，我们耽误了多少时间呀？我觉得每次开会都是这个问题，一半人同意，一半人反对，但是问题总是悬在那里，因为没有人愿意得罪别人。”

卡洛斯非常有把握地补充说（他很少这样有把握）：“可笑的是，正是这种情况‘得罪’了我们大家。”

马丁越来越信服凯瑟琳的说法，想知道其他的团队协作障碍是什么：“好吧，下一种是什么？”由此可见，凯瑟琳从他那里得到了认同。

凯瑟琳回到记录板前：“团队协作的下一种障碍是，在做出决策的时候欠缺投入和不能达成共识。”她在前一个问题上面的区域写下了“*欠缺投入*”这一条，并指出：产生这个问题的结果是做出模棱两可的决策。随后，她把“*模棱两可*”写在了记录板上。

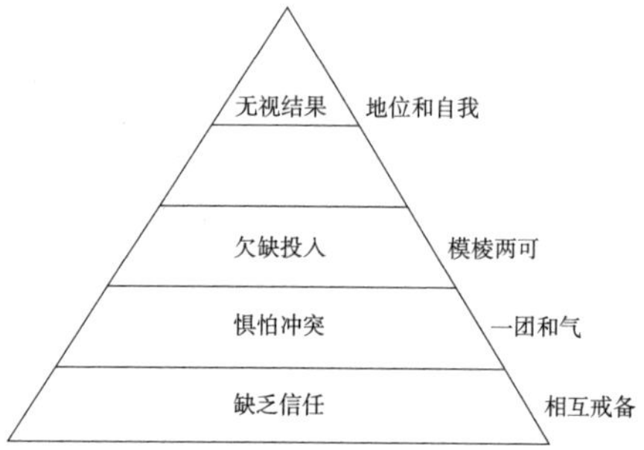

尼克现在重新加入进来了：“投入？听起来就像我太

太在结婚前所抱怨的那样，我不够投入。”大家咯咯地笑了起来。

凯瑟琳对这种反应早有准备：“我指的是对于计划或决策的投入，能让每个人都达成共识。因此有益的冲突非常必要。”

虽然马丁很聪明，但他承认自己还很困惑：“我不明白。”

凯瑟琳解释道：“简单地说，如果大家没有讲出自己的观点，觉得没人听自己的意见，他们就不会进入角色。”

“你可以迫使他们进入角色。”尼克有反对意见，“我猜你的丈夫不会让他的队员们举手表决，是不是应该在训练的时候做迂回跑。”

凯瑟琳很高兴有这种挑战：“他不会，但是他会让他们说出不想那样做的原因。如果他不同意他们的看法，他同样会告诉他们原因，然后让他们开始跑，这种情况经常发生。”

“那么说这不是一致同意的了。”简的话更像是一个提问。

“当然不是一致同意了，”凯瑟琳坚持说，这时她看起来又像个教师了，“一致同意很可贵。我是说如果每个人确实同意一件事，那么很快、很自然地就达成了一致，那样很棒。但是事实通常不是这样的，于是往往所谓的一致同意变成了谁也不得罪的权宜之计。”

“通常也变成得罪所有人的事。”杰夫苦着脸说，他似乎在回顾一段痛苦的经历。

“一点儿都没错。关键在于大多数理智的人不一定急于发表意见，他们需要确信别人愿意听他们的想法，以及确信他们的说法可以得到关注和回应才肯开口。”

“那么欠缺投入表现在什么地方？”尼克很想知道。

“嗯，有些团队由于过分追求意见一致而变得麻木了，在出现不同意见时也不争论下去。”

JR 说：“不同意但是投入。”

“对不起，我没明白。”凯瑟琳请他做进一步解释。

“是这样的，在我待过的前一家公司，我们称这种情况为‘不同意但是投入’。大家可以争论，可以有不同意见，但最终要同意一起去做这件事。”

这为杰夫点燃了一盏明灯：“哦，我知道冲突的作用了。没有冲突，就不能真正说服别人，这样即使大家表面上表示同意，也不会真的去做，因为……”

卡洛斯打断他：“……因为他们在达成共识之前需要

权衡利弊。”

大家看起来都明白这一点。

“最后一种团队协作障碍是什么？”出乎大家意料的是，提出这个问题的人是米琪，而且她看起来真的很感兴趣。

凯瑟琳走到记录板前，在最后一个空白区域填上内容。还没等她填完，马丁已经打开了笔记本电脑，开始打字。大家都愣住了，凯瑟琳停下来看着她的首席技术官，而他根本就没意识到这间屋子里由此形成的紧张气氛。

突然，他醒悟了：“哦，我其实……呃，我其实正在记录，看。”他想让所有人看见他屏幕上的文档。

马丁急于解释自己的行为，生怕破坏了团队的纪律，这让大家觉得很有意思。凯瑟琳笑了，很高兴这位首席技术官对讨论内容突然热衷起来：“没关系，我们相信你。我这次不追究。”

凯瑟琳看了看表，意识到他们已经好几个小时没有休息了。“时间不早了，咱们休息半小时，然后接着进行。”

虽然他们不会说，但凯瑟琳确认她在每个人的脸上都看到了失望的神情。JR 坦白承认了这一点：“我们先把最后一种障碍说完吧。”然后他风趣地补充道，“我觉得如果我们不知道最后一种障碍到底是什么，谁都不会休息好的。”

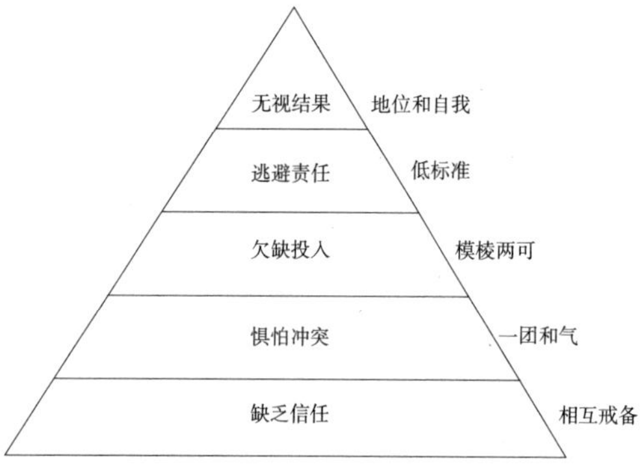

这听起来有点自嘲的味道，但在幽默的背后却有着微妙而不容置疑的认可。至于到底是承认他先前失礼的评论，还是认可凯瑟琳对于团队问题的解释，已经不重要了。

凯瑟琳很高兴地听取了他的意见，她再一次走到记录板前，写下“*逃避责任*”。

她解释说：“一旦我们弄清楚要做的事情，而且准备去做，我们就需要对自己所做的事负责，并要有良好的表现。虽然这听起来很简单，但是大多数主管人员不乐意这么做，尤其是对于同事所做的事情更不愿意负责，因为他们想避免人际关系上的摩擦。”

“你说的这些到底是指什么？”杰夫问道。

“我是说当人们觉得有必要提醒同事注意一些事情的时候，还是决定不说了，因为他们不喜欢那种感觉，比如说……”她停了一下，马丁帮她补充完后半句，“……比如说有必要告诉某个人在开会的时候关闭电子邮件。”

“一点儿没错。”凯瑟琳感激地确认道。

卡洛斯补充说：“我就不喜欢这样做。我特别不爱告诉别人他们缺乏基本素质。我宁愿选择忍受他们的行为，来避免……”他试图找到合适的词汇表达自己。

简替他找到了准确的用词：“……人际关系上的摩擦。”

卡洛斯点点头：“是的，我想就是这个。”他想了一会儿，然后继续说道：“真有点奇怪，我即使对直接下属都不能完全说出自己的真实想法。我好像总让他们按自己的想法去处理问题，甚至有时候遇到关键的问题也是如此。”

凯瑟琳很高兴他提出这一点：“对呀。和你们的直接下属因为一些难办的问题而针锋相对尚且不易，更不用说遇到平级的同事了。”

“为什么会这样？”杰夫问。

还没等凯瑟琳回答，尼克就开始解释了：“因为我们认为相互之间是平等的，我没有权力告诉马丁、米琪或者简该怎样做事。如果我那样做的话，就好像是多管闲事。”

凯瑟琳进一步解释说：“平级对平级的关系，当然是造成团队成员不愿对彼此负责的原因之一，不过还有其他原因。”

大家看起来都想不出其他原因是什么，于是凯瑟琳准备回答。这时米琪的表情舒展开来，好像猜出了一个谜语：“没有连带责任。”

“什么？”尼克问。

“我是说缺乏连带责任。如果不被卷入同一个计划之中，人们就不愿意管别人的事情。而且如果他们说‘我就是不同意你那样做’，也是毫无意义的。”

凯瑟琳对于这名学生的惊人智慧感到非常吃惊。米琪继续说道：“这确实是关键的一点。”

大家互相看着，好像在说：你听到了吗？米琪居然也能赞同别人的意见。

随后，凯瑟琳让大家休息一下。

趁热打铁

尽管凯瑟琳曾多次建立或巩固企业团队，但她看到事情总是又回到最初。“我们为什么不能一次到位呢？”她这样问自己。

从理论上看，现在米琪和马丁似乎已经跟上节奏，使团队运转起来相对容易些了，但凯瑟琳明白，实际并不总是和理论相符，她还有很多问题需要解决。公司这两年来渐渐凝固的官僚作风很难彻底改变，不论她的号召力多大，仅靠这一次的教导，肯定达不到目标，后面还有许多难题等着她呢。

离会议结束只剩两个小时了，凯瑟琳本想早些结束会议，让大家以高昂的情绪回去工作，但她想到如果那样的话就浪费了这两个小时的宝贵时间。她需要取得尽可能大的进展，要趁热打铁，以免董事会因看不到明显的成果而考虑中断她所付出的努力。

于是，这支团队休息结束回来后，凯瑟琳决定进行一次有趣的讨论，主题正是关于冲突的。这个话题应该能够使他们集中精力，因为时间已经不早了，这样的话题才不至于让大家昏昏欲睡。

“我们再进一步讨论冲突吧。”

她发觉大家听到要讨论这样一个敏感的问题，有点儿犹豫，但她要的正是这种效果。

“谁能告诉我，什么情况下最容易产生冲突？”

尼克先开了口：“开会的时候”。

“是的，开会的时候。如果我们不能在会议中产生一些有创造性的思想冲突，我们就完了。”

简笑了笑。

“我说这个不是开玩笑。我们能否针对怎样取得成功而进行一些热烈而又直接的辩论，就跟我们开发了多少产品或建立了多少合作关系一样，都能决定我们的前途。”

现在已经快到晚上了，凯瑟琳发觉大家正处于午饭和晚饭之间昏沉倦怠的状态。他们似乎没有听到她的话，如果她想让自己的话有效，必须得有幽默感才行。

“你们有谁喜欢开会胜过看电影？”

没人举手。

“为什么呀？”

沉寂了一会儿之后，杰夫才意识到她是真的要问这个问题，而不是开玩笑。“因为电影更有意思呗，再差的电影也是有意思的。”

其他同事都笑了。

凯瑟琳笑着说："对呀。但是你们好好想想，开会应该和看电影一样有意思才对呀。我儿子在电影学院学习，我从他那里得知会议和电影有很多共同点。"

大家看起来都很怀疑这种说法，但凯瑟琳至少使他们对这个问题产生了兴趣。"你们这样来想，通常一部影片持续 90 分钟到 120 分钟，工作会议也是这么长的嘛。"

大家礼貌地点了点头。

"而且会议是互动式的，电影却不是。我们不能冲着屏幕上的演员喊叫：'别进那所房子，你这个白痴！'"

大多数人都笑了。"他们真的开始认同我了吗？"凯瑟琳有点不安地想。

她继续说："更重要的是，电影并不能真正影响我们的生活，不能让我们因为故事的结果而采取行动。但会议不仅是互动式的，而且同我们的生活相关。我们发言讨论的结果直接影响我们的生活，可我们为什么要害怕开会呢？"

没有人回答，于是凯瑟琳督促他们："说吧，我们为什么讨厌开会呀？"

"开会太枯燥了。"米琪对自己这个回答颇为得意。

“对了，会议非常枯燥。要明白为什么会这样，我们只要拿会议和电影对比一下就知道了。”

这时大家的兴趣上来了。

凯瑟琳继续说：“不论动作片、喜剧片还是法国文艺片，每部值得看的电影必须有一个基本的要素。这个要素是什么呢？”

马丁冷冷地说：“嗯，因为我们正讨论矛盾冲突的事，所以我猜就是这个。”

“对了。因为我已经给出了提示。每部成功的电影都有冲突。没有冲突，我们就不关心影片里的人物的命运。”

凯瑟琳停了一会儿，看看大家的反应，继续说道：“我可以告诉你们，从现在开始，我们的每一次会议争论都将异常激烈，这样会议就不会枯燥了。如果没什么值得辩论的话，我们就用不着开会了。”

大家看起来很喜欢这个主意，于是凯瑟琳希望现在就兑现她的诺言：“那么我们现在就开始吧。”她看了看表，“休息之前我们还有两个小时，所以，现在就开始我们团队第一次实质性的决策会议。”

尼克脸上的表情说明他不赞同这一点：“凯瑟琳，我做不到。”大家听他这么说，都有些意外，等着他进一步解释。“议程上没有这一项呀！”每个人，包括杰夫，听到他们的首席运营官这个善意的调笑，都笑了。

明确目标

凯瑟琳趁热打铁：“好的，就这么定了。在我们结束这次会议之前，我们必须制定出今年年底之前的工作目标。我们现在完全能够制定出这个目标，谁先说？”

“具体指什么？”简问道，“就像一道题目一样？”

“对。我们需要回答的问题是：我们从现在到年底之前，需要做什么事情？”

尼克和JR异口同声地说：“赢得市场份额。”

除了马丁和简以外，在场的人都点了头，凯瑟琳看到了这一点。

“你们两个好像不太同意，那你们是怎么想的？”

马丁解释说：“我认为应该改进产品。”

简补充说：“我觉得成本预算是我们最需要优先考虑的事。”

凯瑟琳很想对他们的意见发表评论，但她克制住了这种冲动，转而说：“谁来谈谈？”

JR带头说道：“我觉得我们在技术上不比我们的竞争对手差，甚至超过这些公司，但是这些公司正在取得比我们多的市场份额。如果我们不能占领更多的市场份额，产品再好也没用。”

马丁皱了皱眉：“那么想象一下，如果我们的产品本身落后则会怎样呢？”

这下连出了名的和事佬卡洛斯也问道：“我们能不能多制定几个目标？”

凯瑟琳摇摇头：“如果所有事情都同等重要，那么实际就没有重要的事了。”她不去做更多的解释，等着大家一起讨论。

简坚持说：“为什么我们的第一目标不是控制成本？”

米琪很快做出反应：“因为如果我们找不到赚钱的方法，那么控制成本又有什么用呢？”虽然米琪的口气还是那么尖刻，但没人能否认这是事实，连简也让步了，点了点头。

凯瑟琳简短地评论了一下：“这是我来公司之后看到的最有成果的讨论，请继续。”

这句话给了杰夫足够的勇气去阐明自己的观点。他似乎有点妥协，显出不敢多说的样子：“我不知道，我无法肯定当前最重要的是不是赢得市场份额。我们根本不知道市场到底有多大，市场的发展趋势又是什么。”他停了一会儿，思考下边的话该怎么说，“我认为我们需要拥有更多忠实的客户，至于我们比竞争对手多 20 个客户或是少 20 个，都不那么重要。”

米琪插话说：“那和市场份额是一回事。”

“我不这么认为。”杰夫礼貌地说道。

米琪又翻起了白眼。

尼克不想重复前一天和米琪的冲突：“听我说，不论我们称之为市场份额还是忠实的客户都没关系，我们就是需要卖出产品。”

这时凯瑟琳说：“我认为有关系，JR，你怎么看？”

“我认为杰夫说得对。如果我们拥有稳定的客户群，他们能够积极地为我们起到宣传作用，那样的话我们就好办了。老实说，我现在不在乎竞争对手在做什么，那样做只会使自己分心，我们应该等到公司真正运转起来，市场成型以后再去考虑那些。”

马丁这时候高兴了：“听着，现在的讨论和我们以前会议上的没有任何区别。不是市场份额和销售收入，就是客户维持和满意程度，在我看来这些都太冠冕堂皇了。”

凯瑟琳迫使自己沉默了一会儿，仔细考虑马丁提出的问题，然后问道："那些讨论的最终结果是什么？"

马丁耸耸肩，说："我想只是白白浪费时间罢了。"

"嗯，我们再讨论5分钟，然后结束话题。大家认为我们今后9个月的工作重点是赢得市场份额、客户、控制成本等，是吧？如果有人认为还有别的，现在请大声说出来。"

大家相互看看，耸耸肩，好像在说：我也想不出什么别的了。

"好的。这样我们就以刚刚的讨论来结束话题。我想听听有谁认为讨论结果应该是控制成本，JR，你的意见是什么？"

"可能有人说控制成本是最终答案，因为我们需要现金。但老实说我认为在现在这个阶段，拥有对我们的产品感兴趣的客户比控制成本要重要得多。做成生意和赢得客户比预算重要。"他自己排除了控制成本这个答案，"我说明白了吗？"

简斜视着他说："你认为我们不需要做成本预算了？"

"不是。我们肯定会做成本预算，只不过现在那不是我们取得成功的最终衡量标准，我们把范围缩小到赢得市场份额和新客户。谁能告诉我们为什么选择市场份额，米琪？”

“评论家和媒体就是以市场份额作为成功与否的衡量标准的，就这么简单。”

马丁反对这种看法：“不对，米琪，我作为公司的创始人之一，每次接受采访的时候，他们都问我有哪些重要客户。他们希望听到有著名公司和名人支持我们。”

米琪耸耸肩。

凯瑟琳向她提出挑战：“你耸肩是因为你虽然还是不同意，但不想再争论了，还是你觉得无言以对了？”

米琪想了想：“是后者。”

“好的，我们的讨论结果是赢得新的客户。谁能告诉我这为什么是我们共同的、长期的目标？”

这次用不着凯瑟琳点名了，卡洛斯自告奋勇。

“因为赢得新客户可以让媒体有材料可写，让我们的员工信心百倍，给马丁和他手下的工程师们带来更多反馈，还有助于我们在下一年出去寻找更多的客户。”

JR 插话道：“当然，还有连带的销售额。”

“女士们，先生们，”凯瑟琳宣布，“如果在接下来的 5 秒钟内没有人提出极具说服力的反对意见的话，我们下一阶段的主要工作目标就是这个了。”

大家互相看着，好像在问：我们终于可以取得一致意见了吗?

这支团队看起来受到了这次实质性讨论的鼓舞，在接下来的30分钟，他们针对如何赢得新客户和赢得什么样的新客户进行了辩论。

简主要以游说为主，尼克和米琪也是如此。JR很急躁，寸步不让地辩论，希望把自己的销售额定低一些，这样就不会吓倒他手下的销售人员。杰夫、卡洛斯和马丁则介于他们之间。

当辩论进行得差不多时，凯瑟琳插话进来：“好，除非有人保留自己的观点没有说，否则我应该已经知道了在场所有人的意见。我们可能做不到完全一致，因为在这个问题上没有一个确定的答案，但我会根据你们的意见制定一个额度，然后我们就朝着这个目标努力。”

她停了一会儿，然后继续说道：“简，我知道你希望我们今年至少做30笔生意，但我们不能定那么多。JR，你想保持销售人员的积极性，我很赞赏这一点，但是只定10笔生意太少了，我们竞争对手的定额要比这多一倍，如果我们只做10笔，那些评论家都要跳出来反对我们了。”

JR 对凯瑟琳的推理看起来没有异议。

她继续说道：“我想我们可以制定 18 家新客户的目标，其中 10 家作为可以起到宣传作用的重点客户，如果能达到这个目标，我们就很成功了。”

她停下来看看有没有人发表意见。没有人说话，于是她宣布：“那好，我们在 12 月 31 日之前需要赢得 18 家新客户。”

没有人否认，他们在 20 分钟的时间内取得的进展比以前一个月的会议还要大。在接下来的一个小时，他们集中讨论新客户的问题，包括从市场到财务再到工程部门，每个人都需要为这 18 家新客户的目标做一些事情。

距离这次会议正式结束还有 15 分钟，凯瑟琳知道该收尾了：“好的，今天就到这儿吧。下周我们将召开一次工作会议，进一步讨论这些问题和其他一些重要事情。”

会议结束了，大家都松了一口气。凯瑟琳最后问道：“离开之前，有谁还有什么意见或问题吗？”

大家都不想提出什么问题，因为那样可能会推迟会议结束的时间。但尼克决定说出自己的看法：“我必须承认我们这两天的进步比我预想的要大。”

简和卡洛斯同意地点了点头。出乎大家的意料，这次米琪没有翻白眼。

凯瑟琳无法确定尼克到底是给她面子，还是真的对会议结果感到满意。她最终相信他是真的满意，心里暗自高兴。

这时JR说："我同意尼克的说法。我们在这里取得了很多讨论成果，明确了我们的主要工作目标，这对公司非常有益。"

凯瑟琳觉察出他后面还有话，事实果真如此。

JR继续说道："不过，我正在想我们以后是不是应该继续召开这种会议。我是说在今后的几个月，我们有许多工作要做，忙着做销售，也许我们应该根据情况取消……"他没有说完，而是让问题悬在那里，马丁和米琪谨慎地点了点头。

凯瑟琳几分钟之前的那种成就感一扫而光，虽然她很想马上否决JR的建议，但还是等了等，看看有没有人替她说话。正当她认为没人帮她的时候，杰夫站了出来，这说明他确实领会了凯瑟琳的用意。

"我必须说取消两个星期后的会议不是好主意。我们回去工作之后，很容易就会退步到我们过去两年的那个样子。这两天我坐在这里非常不好受，因为我意识到我过去没有成功地使大家作为一支团队来工作，我们要改进的东西还很多。”

简和卡洛斯点头表示同意。

凯瑟琳想利用这个机会为接下来的事做铺垫。她先对JR和尼克说：“我很感谢你们愿意用尽可能多的时间做成生意。”她说这话的时候有点儿心不在焉，尽量避免显得过早地否定他们。“不过，我想提醒大家昨天会议开始的时候我说过的话。我们拥有比竞争对手更多的资金、更好的技术、更富经验和才华的管理人员，但我们落在竞争对手后面。我们所缺少的是团队精神，我向你们保证，我作为CEO最大的优势，就是使你们，不对，是使我们，成为一支更有效率的团队。”

米琪、马丁和尼克的态度看起来缓和了，凯瑟琳继续说道：“我现在要说的比我们昨天到这里以来所说过的都更重要。”她停下来看看他们的反应，“在今后的两个星期，我对那些缺乏信任、过度自我的行为绝不会姑息。我要鼓励适当的矛盾冲突，追求对工作的全情投入，并且让你们互相监督。看到不合适的地方我就会适时提出来，我希望你们也是如此，我们不能再浪费时间了。”

屋里一片寂静。

“好吧，两星期后我们再来这里。大家开车回去的时候注意安全，我们明天办公室见。”

大家收拾东西朝门口走去的时候，凯瑟琳很想为自己所做的努力感到宽慰，然而，在事情真正好转之前，她只能迫使自己去应对不容乐观的前景：情况会越来越坏，甚至可能会变得非常糟糕。

大多数人对即将持续下去的严格管理显得很平静。如果下次来这里开会时人数不齐的话，不会有人感到奇怪。但如果缺席的人不是米琪而是别人，那他们才觉得奇怪呢！

第3章

重磅出击

“我不想失去你们中的任何一个人，所以我让米琪离开。”

必要的纠正

大家回到公司后，纳帕谷会议上取得的进展马上开始退却，而且速度快得连凯瑟琳都觉得出乎意料。

不过，在失望中还是浮现出了一些希望，卡洛斯和马丁那两个部门联合召开了一次客户满意度的讨论会，这使员工们惊叹不已。但在凯瑟琳看来，这支团队的成员们还在相互防范着，而且对她也有戒心。

凯瑟琳在办公室观察之后，发现他们已经完全忘记了在纳帕谷两天会议所取得的共识。他们之间没有交流，甚至都没有交流的欲望。他们似乎很后悔那两天过多地袒露了自己，所以现在装作什么都没发生过一样。

凯瑟琳对这种情况见得多了。虽然她很遗憾这支团队没有完全贯彻会议上的理念，但她知道这是很典型的表现。她明白现在唯一的解决办法就是马上采取行动，让这些成员的血液重新沸腾起来。但她不太肯定是应该一击中的，还是应该循序渐进。

回到公司几天后的一个下午，凯瑟琳在她主持的第一次领导层会议上采取了行动。她把本来定在上午召开的会议改在了下午。

因为尼克组织开一个特殊会议，讨论怎样赢得潜在客户。他邀请所有感兴趣的同事参加，但明确表示希望凯瑟琳、马丁、JR 和杰夫能够到场。事实上简和卡洛斯也来了。

会议开始之前，尼克问："JR 去哪儿了？"

"他还没到。"凯瑟琳说，"我们先开始吧。"

尼克耸耸肩，发给每个人一沓彩页宣传材料："这家公司叫作绿香蕉公司。"大伙听到这个名字都笑了。

"我也觉得很好笑。这公司为什么叫这个名字？不管怎样，这是波士顿的一家公司，和我们既有互补性，又可能成为我们的潜在对手，到底会怎样发展很难说。不论是哪种情况，我认为我们应该收购这家公司，他们目前需要现金，而我们现在手头还有些钱。”

杰夫是董事会的成员，因此他非常关心这件事情，他先问道：“如果我们收购他们的话，我们会得到什么呢？”

尼克认为这次收购非常有意义，马上回答说：“我们会得到他们的客户、员工和技术。”

“他们有多少客户？”凯瑟琳想知道这一点。

还没等尼克回答第一个问题，马丁又问了一个：“他们的技术行不行呀？我从来没听说过这家公司。”

尼克仍然很快地做出回答：“他们的客户数量大约是我们的一半。”他看了看笔记，“大概 20 家，他们的技术无疑能够满足这些客户的需求。”

马丁看起来将信将疑。

凯瑟琳皱了皱眉：“这家公司有多少名员工？都在波士顿吗？”

“是的，公司大约有 75 名员工，除了 7 个人之外其余的都在波士顿。”

在纳帕谷开会的时候，凯瑟琳非常谨慎地保留自己的观点，以便让大家锻炼讨论的技巧。但在实际工作中她需要做出正确的决策，因此必须表明自己的立场。她说道：“等等，尼克，我觉得现在不太适宜收购其他公司。如果我们进行收购的话，我们需要把公司的规模扩大 50%，外加开发一整套的新产品。我想我们现在已经有很多困难要解决了，可能无法应付这些。”

尼克虽然早料到会有人反对，但还是显得很不耐烦：“如果我们不大胆地采取类似措施，我们与竞争对手之间的距离就会越来越大。我们现在必须为长远着想。”

这次轮到马丁翻起了白眼。

凯瑟琳对尼克说：“首先，米琪也应该来参加这次会议，我想知道她对市场定位和战略有什么看法。而且我……”

尼克打断说：“就算米琪来了也没有用，这和公关或者宣传没有任何关系，这是发展战略的问题。”

凯瑟琳想打断尼克，因为他不应该这样说一个不在场的人，大家都看出了这一点，但她决定缓一缓再提这件事。她先说道：“我还没说完，我认为我们现在面临的问题会因为收购而更加恶化。”

尼克深吸了一口气，好像在说：我怎么和这些鼠目寸光之辈打交道呀。没等他说出口，简先说话了："我知道我们现金比任何竞争对手都多，而且比硅谷90%的科技公司都要多。但这并不意味着我们要急于花掉这些钱，至少在行业气候没有好转的时候还不能这样贸然地花钱。"

"我很尊重你，凯瑟琳。在组织会议和促进团队协作的时候，你是一个很好的执行官，但也许你不了解我们的业务。在这类事情上，我想你应该听从杰夫和我的意见。"尼克说完就后悔了。

屋里陷入了僵局。凯瑟琳认为，有人会发表评论来打击尼克刚才的说法，但她猜错了。马丁沉着脸看了看表："嗨，对不起，我还有一个会议。如果你们需要我的话，告诉我一声。"说完他就走了。

凯瑟琳本来准备一旦看到有碍集体观念的行为就指出来，但她没有想到第一个机会竟是以她为中心。她知道自己非常有必要纠正这种行为，但是应该在私下提出来，而不是在大庭广众之下批评这种做法。

"尼克，你认为我们应该继续坐在这里一起讨论，还是一对一地探讨？"

尼克仔细想了想她的问题："我也许应该更痛快一点，告诉你们'如果有什么意见就直接说出来'，但这次我们还是一对一地交流吧。”他笑了笑，但这笑容转瞬即逝。

于是，凯瑟琳请其他人回到各自的工作岗位上去，只留下尼克一个人。她对其他人说：“下午领导层会议上见。”大家很庆幸能离开这个是非之地。

他们走后，凯瑟琳放松下来，语气也变得很直接。这一点尼克没有预料到。

“好吧。首先提醒你不要随便指责一个不在场的同事，我不管你怎样看待米琪，但她是这支团队里的一员，如果你对她有什么意见，必须直接告诉她，或者告诉我，你应该用适当的方式表达自己的看法。”

这时，身高约 1.9 米的尼克就像个七年级的学生在校长办公室里受训一样。但只过了一会儿，他的反抗精神占了上风，他开始回击凯瑟琳：“你看，我留在这儿做什么呢？我们公司现在要很快发展起来，有很多关于并购的工作要做，我不能坐在这里……”

凯瑟琳打断他：“这么说整件事情就是为了你自己？”

尼克好像没听清她的问题：“什么？”

“你坚持要收购那家公司，就是因为你想为自己找点事情做吗？”

尼克不想举手投降：“不是，我确实认为那是个好主意，我们那样做的话，在战略上会处于优势。”

凯瑟琳坐在那里听着，尼克看起来更像一个犯人在接受审问。这时他开始倒苦水：“我的能力在公司里根本没有得到充分发挥。我横穿了大半个国家把家搬到这儿来，就是想有一天能让这家公司真正运转起来，但我现在觉得很厌倦、很无助。我眼睁睁地看着同事们把公司弄得一团糟。”尼克看着地下，摇着头，显得极端自责，而又拒绝接受事实。

凯瑟琳平静地说：“你不认为你也部分地造成了这种局面吗？”

他抬起头来：“我不这样认为，我一直负责业务发展、兼并和收购这些事。事实上这样的事我们一件也没做，因为董事会说……”

“尼克，我说的是大局方面的。你对这支团队起积极作用，还是带来消极影响？”

“你认为呢？”

“我认为你没有起到积极作用。”她停了一下，“不论你负责的是整体运营还是其他什么，你应该会有许多事可以做，而不是像现在这样说没有你可做的事。”

尼克试着解释道：“我不是说我羡慕你的职位有很多

事可以做，我只是发泄一下……”

凯瑟琳抬起手说：“别担心，你随时可以发泄。不过我要说，我没有看见你行动起来帮助别人。如果你确实做了什么事的话，你也是在打击他们。”

尼克没有反应过来，他问：“那么你认为我应该怎么做呢？”

“你为什么不告诉他们刚才你对我说的话，告诉他们你为了工作举家搬到这里，但是能力没有得到发挥……”

“那和我们收购绿香蕉公司没有任何关系。”

提到这个有趣的名字，他俩都笑了。

尼克继续说道：“我是说如果他们不能理解我的做法，那么或许……”他犹豫了。

凯瑟琳帮他说完：“或许怎样？或许你应该离开？”

尼克激动起来：“你希望我那样做吗？如果是的话，我确实应该离开了。”

凯瑟琳只是坐在那里，看着尼克陷入困惑，然后说道：“不是我希望不希望的问题，而是你自己决定。你必须判断怎样做对公司有利，怎样做对你的职业生涯有利。”

凯瑟琳自己都觉得这话听起来有点儿残酷，但她肯定这样说是有意义的。

“我认为这两件事并不矛盾。”尼克争论道。

“这两件事是不矛盾，只是其中一件事要比另一件事更重要。”

尼克看着墙壁，摇摇头，不知道应该对凯瑟琳发火还是应该感谢她。“随便怎样吧。”他站起来走了。

希望之火

下午两点，大家都在主会议室里就座，等着领导层会议开始。除了尼克和JR之外，每个人都到了，凯瑟琳看了看表，决定开始：“好，今天我们把每个人的职责明确一下，然后为年内赢得18家新客户做准备工作。”

杰夫刚要问凯瑟琳“尼克和JR去哪儿了”，这时尼克走了进来。

“对不起，我来晚了。”桌子旁还有两个空座位，一个在凯瑟琳旁边，一个在桌子的另一头，他选择了离凯瑟琳较远的那个位子。

根据上午刚刚发生的一切来看，凯瑟琳不会批评尼克开会迟到，其他人也看出了这一点。她开始进入会议：“在我们开始之前，我要……”

这时尼克打断说："我有话要说。"

大家都认为尼克有失礼貌，他这样打断凯瑟琳，而且在她第一次主持正式领导层会议上就来晚了，更显得胆大妄为。奇怪的是，凯瑟琳没有一点儿生气的样子。

尼克开始说："听着，我有话想一吐为快。"

没有人说话，他们心里都迫不及待地想知道他要说些什么。

"首先关于今天上午的会议，我考虑得不周全，我应该请米琪到场，我那时对她的评价是不公平的。"

米琪愣住了，随后显得非常生气，但她什么也没有说。

尼克对米琪说："别着急，米琪。我待会儿告诉你是怎么回事，不是什么大事。"

奇怪的是，尼克的直率和自信真的使米琪镇静了下来。

他继续说道："其次，虽然我相信绿香蕉公司值得我们考虑，但我坚持收购主要是因为自己想找点事情做。你们知道吗？我开始后悔到这里工作，我只是想做成一些事情，但是我没法说清楚自己在过去的 18 个月到底都做了什么。"

在场的人除了凯瑟琳以外都很惊讶，因此简疑惑不解地看着凯瑟琳。

“现在我认为自己应该面对现实，做出决定。”尼克停了一下，继续道，“我需要改变，我需要为这支团队、这家公司做出更多贡献，我需要你们的帮助。如果我做不到这些的话，我就离开这里，但我现在还不会那样做。”

凯瑟琳很想告诉大家，她早就知道尼克一定会想通的，但她后来不得不向她丈夫承认其实自己当时认为尼克会走。她估计错了，尼克留了下来，这使她很惊喜。

屋里一片寂静，大家都不知道该怎样回应尼克，因为他的发言既不符合他平时的性格，也不符合这支团队的风格。凯瑟琳想祝贺尼克想通了，但她决定让事实说明一切。在确定大家已经认识到当前的大好局面，没有人做出补充的时候，她首先打破了沉寂：“我来宣布一件事。”

马丁认为凯瑟琳会和大家拥抱来相互祝贺，或做出其他感性的举动，但她的话出人意料：“JR 昨天晚上宣布退出了。”

“什么？”马丁第一个做出反应，“为什么？”

“还不太清楚，”凯瑟琳解释说，“至少他还没向我解释。他回加权软件公司继续做他的副总裁去了。”凯瑟琳犹豫了一下，觉得下面的话说出来不太好，但还是说道：“他还告诉我，他不想再浪费时间开会解决个人性格问题了。”

凯瑟琳停下来，紧张地看着大家有什么反应。

米琪先说道：“好吧。你们不认为所谓建立团队协作的事搞得太大了吗？我们这样做是使事情好转，还是更糟了呢？”

这次连卡洛斯都抬了抬眉毛，好像很赞同米琪的观点。屋里的空气似乎凝固了，局势的发展似乎对凯瑟琳越来越不利了。

凯瑟琳在随后3秒内异常紧张，仿佛从未有过这样长的3秒钟。这时马丁发表了看法：“嗯，我想你们早就知道我不赞同做这些所谓建立团队协作的事，这在我看来就像饭碗中进了苍蝇一样讨厌。”

凯瑟琳不需要他这样的描述。

马丁继续说：“但JR真是可恶！我认为他根本就是担心自己卖不出东西。”

杰夫同意他的看法：“几个月以前我们在机场喝啤酒时，他就向我承认，他以前从来没有搞过这种人们一无所知的新产品的销售。他希望自己销售的东西已经具有一定的品牌知名度，他还说自己从来没有失败过，他不想在这家公司尝到失败的滋味。”

简补充道：“而且他不喜欢我们问他销售的事，他觉得我们是在给他施加压力。”

米琪也插话道：“我们已经销售出去的东西大部分是马丁和杰夫卖的，我觉得JR那个家伙根本不知道怎样……”

凯瑟琳刚要打断她，这时尼克说话了：“听着，虽然我个人最不赞同JR的做法，但我们现在不要这样，他已经走了，我们应该想想今后怎么办。”

卡洛斯自告奋勇：“在找到别人之前，我可以接管销售的工作。”

简很高兴有卡洛斯帮助她，即使在大家面前她也忍不住喜形于色：“我们很感谢你愿意承担这个工作，我们这里还有另外两个人也有时间，而且有做销售的经验。”她看着杰夫和旁边的尼克，“就是你们两个。”

杰夫马上说：“别误会，你让我做什么事我都愿意，但我从来没有做过销售，一点儿都没接触过。但是如果旁边有人指导的话，我愿意试试向投资人和客户推销我们的产品。”

米琪提出了自己的看法：“尼克，你在以前那家公司不就负责运营吗？你早些时候还领导过一支销售团队。”

尼克点点头。

马丁补充说：“我记得我们面试尼克的情况。”马丁总是习惯以第三人称说某个人，就好像那个人不在这间屋子里，虽然他并不是故意显得无礼，但是这种称谓显得不太亲切，“他说他想在职业生涯上有所突破，不想只坐办公室了，他想负责更综合的领导职务。”

尼克又点了点头，很惊讶马丁居然记得那么清楚：“对，我以前觉得自己被限制在销售上了。”

大家都不说话，于是尼克继续说道：“但是我要说我在销售上做得很好，而且我很愿意做销售。”

凯瑟琳抑制住想大力推荐尼克的冲动，但杰夫按捺不住了：“你已经和销售团队建立了良好的关系，而且你必须承认，你对我们没有获得更多生意感到很失望。”

卡洛斯开玩笑说：“来吧，尼克，你要是不做的话，他们就不得不依赖我了。”

凯瑟琳冲尼克耸耸肩，意思是说：他说得对。

“这样的话我就不敢推托了。”

正在这时，火灾警报响了。

简用手拍拍脑袋说：“呀，我忘了我们今天要进行消防演习。半月湾消防部说，以后每年要做两次这样的演习。”

大家开始慢悠悠地收拾东西。

马丁最后幽默地说："上帝呀，刚才我以为我们要集体拥抱呢。"

泄密

几天后，凯瑟琳的笔记本电脑出问题了。她给 IT 部打电话，看看那里有没有人能帮她修理。IT 部只有 4 个人，负责人叫布兰登，是简的直接下属。因为部门很小，所以接电话的就是布兰登本人，这一点儿都不奇怪。特别是来电话的是公司高管，而且还是 CEO 本人。

布兰登马上过来，找到了问题所在。他告诉凯瑟琳，他需要把笔记本电脑拿去修理，她同意了，但告诉他这个周末之前需要修好。

"哦，好的。你们要去开会，是吧。"

凯瑟琳一点儿都不奇怪布兰登知道开会的事。事实上她很高兴员工们知道管理层不在公司时都在做些什么。但是，他接下来说的话引起了凯瑟琳的注意。

"我希望我能变成一只苍蝇去看看你们的会议。"

凯瑟琳忍不住问道："哦，是吗？为什么？"

布兰登技术很好，但缺乏社会交往的技巧，他想都没想就说：“大家即使花钱都想看看米琪怎样回答关于她的态度问题。”

虽然凯瑟琳知道公司里的人对米琪的态度很关注，这不是坏事，但她还是不太高兴，她不知道除了布兰登之外，还有多少人了解领导层会议的细节。

“哦，我想那并不是我们开会的主要目的。”

凯瑟琳知道没有理由责怪布兰登，所以转移了话题：“不管怎样，谢谢你帮我修理电脑。”

布兰登走了，凯瑟琳则考虑怎样处理简和其他一些人的问题。

第二次纳帕谷会议

下一个星期，也就是被称作“消防演习”的那次会议之后几天，第二次纳帕谷会议开始了。

凯瑟琳用上次那句话开始了会议：“较之竞争对手，我们拥有更多的资金、更好的技术、更有才华和经验的管理人员，但我们却落后于竞争对手。要记住，我们来这里的原因是要成为更高效的团队。”

然后她提出了一个很有挑战性的问题，不过她的语气并不显得唐突："我有一个问题需要每个人回答。你们是怎样和下属描述我们上次会议的？"

尽管凯瑟琳努力控制自己，但这个问题还是造成了一丝紧张的气氛。于是她解释说："我不是要责怪谁，我只是想让我们的行为更统一，更像一支团队。"

杰夫先说道："我什么都没告诉他们，一点儿都没说。"

大家都笑了，因为杰夫已经没有直接下属了。

米琪接着说道："我只是说我们进行了一次交心的谈话。"她说这话的时候想显得幽默些，但是大家都看出她说的是实话，所以没人笑。

马丁突然变得很不耐烦："如果你对我们所做的有意见，就直说吧。我承认，我和我手下的工程师们真诚地谈了一次话。他们想知道我们有没有在白白浪费时间，我认为他们有权利听到我们的解释。如果这违反了什么保密性原则的话，我感到抱歉。"

马丁的话与他平时的性格很不相符，大家都愣住了，因为他从来没有像今天这样带有感情地说这么多话。

凯瑟琳几乎笑了出来："噢，我没有生任何人的气，我没有说过我们不能告诉下属开会的事。事实上，上次我就应该明确表示我们可以告诉他们。”

马丁看上去松了一口气，显得有点尴尬。

这时简说话了：“我告诉下属的可能比别人要多些。我想可能有人跟你说了什么吧。”

凯瑟琳觉得被简看出自己的意图了：“嗯，我问这个问题确实是受你一个下属的启发。”

米琪似乎很高兴简暴露了，这样就没人追究她了。

凯瑟琳继续说：“这并不是针对你或者其他什么人。我只是想看看当涉及保密和义气的时候，大家是怎样做的。”

“你说的义气是什么意思？”尼克想知道。

“我是说你们认为自己的首选团队是哪个？”

大家都很困惑，这在凯瑟琳的意料之中，她解释说：“我说的不是保密的问题，至少不是我的重点，我说的是更重要的事。”

凯瑟琳很恼火自己无法解释清楚，于是直截了当地说：“我是想问你们，你们认为我们这支团队和你们领导的部门哪一个更重要。”

这一下所有人似乎都明白了，他们心里的答案让他们感到很不安。

简问道："所以你怀疑我们和下属说了应该只有我们这里的人才知道的事情。"

凯瑟琳点点头。

米琪第一个回答说："我和我自己的团队比和这里的人更亲近一些，我很抱歉这么说，但这是事实。"

尼克点了点头："我想对于我来说也是如此，除了我刚接管的JR的销售团队之外，我和自己的团队比和这里的人要亲近。"他想了想，"而且我肯定再过几个星期，我和销售团队的亲密程度肯定比和这支团队要高了。"

虽然尼克的话像个玩笑，大家也确实笑了，但这其中隐含的事实使屋里的气氛一下子消沉了很多。

简接着发言："我想我们所有人都承认，我们认为自己的团队比这支团队更重要。"她停了停，继续说："我自己更是如此。"

这句话引起了每个人的注意。

"你能说具体些吗？"凯瑟琳轻声问。

"好。大家都知道，我和我的下属关系很密切，8个直接下属中有5个以前在其他公司时就一直跟随我。我对他们就像父母对孩子一样。"

卡洛斯开玩笑说："她是一个很细心的妈妈。"

大家都笑了。

简笑着点点头："是的，我承认。并不是我特别感性或者别的什么，只是他们习惯了我为他们准备好一切。"

凯瑟琳点点头，似乎完全理解了她的话。

马丁替简说话："那不是坏事。我手下的工程师们也知道我会维护他们，为他们解决问题，所以他们很卖力地为我做事。"

简补充说："而且事情不顺利的时候他们不会撒手不管，我的人对我非常忠诚。"

凯瑟琳只是听着，但尼克觉察出她要提出相反的意见："你能说这不是好事儿吗？你也希望我们都是好的主管呀。"

"我当然希望你们都是好主管。"凯瑟琳告诉他们，"我很高兴听到你们对自己的下属这样有信心，这和我先前做的'民意调查'非常吻合。"

大家都等着她说下去，好像在说：那么问题出在哪儿呢？

凯瑟琳继续说道："但是如果公司的经理们不能真正成为一支团队，这就会使他们自己和公司陷入进退两难的局面。你们看，麻烦来了，到底哪支团队是自己的第一团队呢？”

杰夫疑惑地问道：“第一团队？”

“是的，更重要的团队。而且这与团队的最后一种障碍紧密相关，在你们的第一团队中，大家必须把团队的利益摆在个人利益之上。”她环视在场的人，让他们知道这话是很重要的。

“即使我们对自己的下属很有感情，他们也很感激这一点，但是你们不能丢掉对我们这支团队的忠诚和责任。”

大家回味着她这句话的含义。

简第一个开口：“这不太容易，凯瑟琳。我是说我很容易装作赞同你的说法，违心地向你保证这支团队是我的第一团队，但是我不可能放弃自己苦心经营的团队。”

卡洛斯想找一个两全其美的说法：“我认为你不需要放弃。”他看着凯瑟琳，希望得到她的确认。

凯瑟琳犹豫不决，好像不太同意他的话：“嗯，你不需要放弃你自己的团队，但你必须愿意把这支团队放在第二位。对你们很多人来说，那样做可能和放弃差不多。”

大家有点失望地斟酌这个残酷的要求。

杰夫想带动大家的情绪：“这对我来说多糟呀，你们本来就是我的第一团队，我没别人可以去倾诉或者抱怨。”包括米琪在内的所有人都笑了。虽然杰夫在开玩笑，但他们知道他说的是实话，都很同情他。

凯瑟琳觉得有必要说得更清楚：“我不知道怎样说你们能好受些，但我想说建立一支团队是很不容易的。”

没人说话，凯瑟琳看到他们脸上的疑惑表情，她没有受影响，因为他们不是疑惑团队的重要性，而是疑惑怎样去建立团队，凯瑟琳始终很欢迎大家有这种积极的疑惑。

艰难前进

凯瑟琳继续说道：“听我说，我们不是要在今天就完全解决这个问题。这是一个过程，我们不用太担心。我们只要决定建立一支团队，以后再把它放在第一位就不会那样为难了。”

大家看起来不那么沮丧了，于是凯瑟琳问了一个简单的问题：“我们到现在为止进展如何呢？”

杰夫先发言：“我想我们不能否认上次会议之后发生的事情。我是说，如果你当时告诉我JR会退出，我们将让尼克接管他的工作，我一定会批评你所做的这些。”

尼克表示同意："是的，我从来没想到我会做这项工作，而且会喜欢做这个。但是我想我们应该保持良好的状态，所以我接管了这项工作。我们需要做的事还很多。"

凯瑟琳重新调整讨论的方向："但是我们作为一支团队表现得怎么样呢？"

简回答："我觉得我们做得还可以。我们看起来正朝着正确的方向前进，所以才会产生一些无法避免的矛盾。"

大家都笑了。

"我不清楚，我已经开始怀疑了。"通常在讨论过程中的这个节点上，凯瑟琳听到这样的评论都不会感到意外，但是说这话的人竟是卡洛斯。

"为什么？"她问。

卡洛斯皱了皱眉："我不知道。我好像还是觉得我们讨论的不是什么要紧的事，也许我只是缺乏耐心罢了。"

"你认为什么是要紧的事？"简奇怪地问道。

"我不想在这儿引起争论……"

凯瑟琳打断他："我希望你说出来。"

卡洛斯笑了："好吧。我怀疑我们的投入没有很好地定位。"

马丁觉察出卡洛斯可能是在说他，他的感觉确实很准："你说的投入是指什么？"

卡洛斯结巴着说："我也不清楚。我想现在我们的工程部门过于庞大了，几乎占公司员工总数的1/3。我们或许应该在销售、市场和咨询上多投入一些。"

马丁面不改色，他选择了一种他称作苏格拉底式的反击——那是苏格拉底问答法的讽刺版本。在他正要巧妙地回击卡洛斯的时候，米琪插话进来："我同意卡洛斯的说法。老实说，至少有一半的工程师我都不清楚他们在做什么，我赞同把更多的钱投入市场和宣传。"

马丁叹了口气，好像在说"又来了"。在场的每个人都看出了他的不满。

凯瑟琳阻止谈论继续进行下去："好吧，这件事先放在一边。我们不要装作一切都很顺利的样子，我们要对董事会和员工负责，找出资金的最佳投入方式。这不是碰运气，要讲究战略才行。"

气氛有所缓和之后，凯瑟琳开始调动情绪，她直接问马丁："我想你对别人质疑公司在工程上的投资力度感到很厌倦是吧？"

马丁很平静，但很认真地说："你说得太对了。他们不明白的是，其实我们没有把钱投在工程上，而是投在技术上。我们是一家生产产品的公司，我没有把钱花在带工程师打高尔夫球的活动上。”

“马丁，”尼克说，“工程师通常不打高尔夫球。”幽默之后，这位新的销售主管继续说道：“我们不是说你不负责任，而是说你可能有点偏见。”

马丁不肯让步：“偏见？听着，我接听的销售电话不比你们任何人少，而且我还和分析人员谈过……”

简插话进来说：“马丁，等等。我们不是质疑你对公司的贡献，只是你对工程了解得比别人多，这使得你希望把钱投在产品上。”简最终说出了问题所在：“为什么一有人对工程发表评论，你就急呢？”

这话就像在马丁的头上浇了一桶冷水，并且溅到了在场的每个人身上。

米琪接下来说话了，但她的语气比平时要温和得多：“她说得对，你的反应就好像我们在质疑你的才能。”

马丁现在镇定多了，他坚持说：“难道你们没有吗？你们实际上在说我用太多的钱来开发和维护我们的产品。”

简比米琪更婉转：“不是，我们说的比那个范围要广。马丁，我们在说我们的产品需要好到什么程度才能在市场上取胜。我们讨论未来在技术上要投入多少努力，因为如果以后在技术上投入过多，现有的产品缺少宣传，市场不能充分认可我们的产品，代价就太大了。”

凯瑟琳停止了旁观，也加入简富有远见的评论中：“而且你个人无法估算出这些。我认为我们这里没有一个人可以独立估算出来，我们需要倾听大家的意见和展望。”

具有讽刺意味的是，大家的解释越合理，马丁就越显得烦躁。他本来想要指责米琪，但被简和凯瑟琳说得无言以对。

“听着，我们投入了那么多时间开发产品，我不想有人说我们公司垮掉是因为产品不好。”还没来得及有人告诉他这正是团队协作第五大障碍的表现，马丁先说了：“我知道这听起来好像是我在逃避责任，而不是去推动公司获得成功，但是……”他好像找不出什么更好的解释。

这时简给了他一个台阶：“你知道我为什么那么关心财务的事吗？”这是个设问句，因此她自己回答说：“我可不想在《华尔街日报》上看到我们公司因为没有管理好资金而倒闭。卡洛斯不想让客户服务上的问题给我们抹黑，米琪则不想公司因为不能树立品牌而垮台。”

即使是这种大家都有一份的批评，米琪也不愿承担自己的那部分，她看了看简，好像在说：我可没那么想。

简没有理会她，对其他人说：“听起来好像我们在‘泰坦尼克’号上拼命抓救生艇。”

“我觉得情况没有那么严重。”尼克反对道。

凯瑟琳肯定了她的首席财务官简的比喻：“嗯，我们设法离救生艇近一些，以防万一。”

尼克点点头，好像说：好吧，我同意。凯瑟琳把话题拉回来，直接问马丁：“我们说到哪儿了？”

马丁深吸了一口气，摇摇头，似乎对刚刚发生的所有事表示不满，然后出乎大家意料地说道：“好吧，我们来计算一下投入吧。”

他走到记录板前，在上面标出他整个部门的情况，说明每个人所负责的工作以及如何相互协调。他的同事们确实感到惊讶，因为他们从来不知道工程板块有如此多的工作，而且那样环环相扣。

马丁结束后，凯瑟琳给大家两个小时的时间讨论到底应该加大还是减少在工程方面的投入，如果减少的话，怎样把资源更好地用在其他工作上。在讨论过程中，大家时不时地激烈辩论，相互交换意见，在各自主张的基础上做出让步，随后发现似乎也说不清哪个主张是绝对正确的。

最重要的是，包括凯瑟琳在内的所有人都至少有一次拿起记录笔走到记录板跟前向大家解释。如果有人打呵欠，也是因为争论得筋疲力尽了，而不是因为觉得枯燥乏味。

最后，杰夫提出了一个解决办法，他建议取消一项尚未开始研发的产品，再将另一项推后至少半年。尼克随后提出重新安排负责那些产品的工程师，培训他们帮助销售代表进行产品宣传。

大家很快就达成了一致意见，制定出一个紧凑的时间表，随后都惊讶地盯着记录板上的那些复杂而有效的建议。

接下来凯瑟琳让大家去吃午餐，并补充说："我们回来后要讨论克服人际交往时的尴尬以及共担责任。"

"我等不到吃完饭了。"马丁的话并不是要表达什么不满，大家知道他确实对讨论感兴趣了。

共担责任

午饭过后，为了让大家保持上午讨论时的动力，凯瑟琳决定制胜的法宝就是讨论实际问题。

于是，她让尼克带领大家回顾了那 18 家新客户的进展情况。尼克走到记录板前面，写下上次会议时大家制定的 4 个工作重点：产品演示、竞争分析、销售培训和产品手册。尼克从第一个开始说起。

“好，马丁，你的产品演示项目进展如何？”

“我们比计划的要快，事情比我们事先预料的要容易一些，所以我们可能提前 1~2 个星期完成。卡洛斯帮了我们很多忙。”

尼克不愿意浪费时间，很快往下进行：“很好。卡洛斯，竞争分析怎么样了？”

卡洛斯看着面前桌上的一沓稿纸：“我带来一份最新的总结报告，但我现在找不到了。”于是他不找了，“不管怎样，我们还没有真正开始，我连开个部门会议的时间都没有。”

“为什么？”尼克比凯瑟琳预想的要耐心。

“嗯，老实说因为你的人没有到位，我一直忙着帮马丁做产品演示。”

屋里一片寂静。

尼克希望能明确提出问题：“好吧，我的人有谁没有到位？”

卡洛斯不想直说：“我不是抱怨他们，只是……”

尼克打断他：“没关系，卡洛斯，告诉我谁应该多参与一些。”

“嗯，我想主要是杰克应该帮忙，然后是肯，我想如果可能……”

这时凯瑟琳打断说：“有没有人注意到有什么问题？”

尼克率先回答说：“是的，我需要和我的员工沟通一下，确认他们准备好了帮卡洛斯的忙。”

凯瑟琳承认确实是这样，但是她指的是另外的事：“但是卡洛斯呢，你不觉得他应该早些找你解决这个问题，而不是等到今天吗？他没有开始竞争分析，但是你们谁也没提出来。”

屋里又陷入了令人不快的沉寂。

卡洛斯并没有因为老板的问题而不高兴，他似乎很客观地看待这个问题。马丁插进来：“要提醒一个总是很忙的人不太容易。”

凯瑟琳点点头，随后坚定地补充道：“你说得对，但这不能作为理由。事实上卡洛斯是公司的主管，他应该更好地实施我们的决策，我们还应该提醒那些没有听他安排的人。”

凯瑟琳注意到卡洛斯这时有点儿成为众矢之的了，所以她明确地告诉他：“卡洛斯，我只是拿你举个例子，因为你更容易犯这样的错误，其他人也是如此。有的人很难共担责任，因为他们太重要了，很多工作都要管一些。有的人不愿意负责，还有人过于斤斤计较。我想任何人都不会轻易对一件事情负责，甚至是对自己的孩子。”

这个说法得到了在场的一些人的赞同。凯瑟琳继续说道：“我希望你们能相互督促，看看都做了些什么，怎样安排时间，有没有取得进展等。”

米琪提出反对意见：“但是那样的话似乎就缺乏信任了。”

凯瑟琳摇摇头说：“不会的。信任并不是认为别人和自己一样，不需要改进；信任是指当你的同事督促你前进的时候，你能够认识到他们这样做是因为他们关心这支团队。”

尼克澄清说：“但是我们要讲究方法，不能打击别人。”

他的话听起来更像一个问题，于是凯瑟琳回答说：“正是如此。要礼貌地指出来，要使人觉得他们并没有做错什么。但是不管怎样，一定要指出来，不能保留不说。”

大家看起来充分理解了这句话，等了一会儿，凯瑟琳示意让尼克继续说。

尼克很高兴地继续说道：“好的。我们说到第三个任务了，这一点是关于销售培训计划，是由我自己负责的。我们刚刚开始，我为我的销售员们拟订了两天的培训计划，我认为在座的各位到时候都应该参加。”

米琪疑惑地说：“为什么？”

“因为我们每个人都该把自己当成销售人员，尤其是现在最重要的任务是赢得那18家新客户。”

凯瑟琳确认说：“对。”

尼克继续说：“那么我们都要参加，我们需要弄清楚怎样做才能对销售人员有所帮助。”尼克把培训时间告诉大家，他们都记在了各自的日程表中。

米琪还是显得有些烦躁。

“有什么问题吗，米琪？”尼克问。

“没有，继续吧。”

尼克不想继续，因为米琪明明有不满的地方，他继续催促她说：“不，如果你认为自己有理由不参加销售培训，我很愿意听一听。”他停下来看着她会不会做出反应，但她没有那样做。于是，他继续说：“老实说，我认为没有什么比这更重要的了。”

这时，米琪嘲讽地说道：“好吧，那样的话，我也希望大家下周都能参加我召开的产品市场会议。”

尼克认真地说："真的吗？如果你认为我们都到场会有所帮助，那么我们就都去。"

米琪冲口而出道："不用了，我只是随便说说而已。我会去参加你的销售培训。除了马丁之外，我不需要别人参加我的产品市场会议。"

这时凯瑟琳清楚地意识到米琪必须离开这支团队。不幸的是，接下来的5分钟比凯瑟琳预想的还要糟。

个人成绩

现在尼克进行到列表中的第四项："好，我们的产品手册做得怎么样了？"他这个问题是问米琪的。

"我们已经完成了。"米琪想尽量不显得扬扬自得，但是大家还是都看出她确实非常得意。

尼克有点惊讶："真的吗？"

米琪觉得同事们不太相信她，她伸手从电脑包中取出一沓散页纸，把它们传发给每个人："这个计划下星期就可以拿去印刷。"

大家仔细查看着手册的设计和内容，屋里寂静无声。凯瑟琳能够感觉到大多数人对这份材料的质量感到满意。

但是尼克看上去不那么高兴："你是不是能跟我说说这事？我们的销售人员为这些手册出去做了客户调研，现在他们肯定会有点儿恼火，因为他们会发现自己的投入并没有……"

米琪打断说："我的员工比公司里任何人都了解这项工作。如果你想让你部门的人补充一些内容，我没意见。"她虽然这样说，但显然觉得没有这个必要。

尼克看上去有点儿气愤，不仅因为对眼前这份东西大感意外，而且因为米琪向他呈现这份东西的方式竟如此无礼。随后米琪说道："好吧，我会给你一份名单，在我们拿去印刷之前这些人需要看一下手册。"

米琪的进步就因为她对尼克的态度而被抹杀了。

杰夫想打个圆场："好吧，不管怎样，你和你的员工做得很好。"

米琪听到这个肯定，又有点儿得意忘形起来："嗯，我投入了很多精力，这是我做得最成功的宣传品。"

大家看着这位同事如此缺乏谦逊的品质，都很不舒服。

这时凯瑟琳觉得应该到此为止了。她告诉大家中午可以好好休息一下，到下午 6 点吃饭的时候再回来。她让大家回去，只留下米琪。

辞退

大家都离开了会议室，门一关上，凯瑟琳就感到一丝疲惫，很想独自出去散步。我什么时候能够做完这些事呀，她想着，但她知道自己已经没有退路了。

米琪并不清楚凯瑟琳让她留下的目的。凯瑟琳不知道这对米琪来说是解脱还是痛苦，但她马上就会知道答案了。

“我们要谈的可能你会觉得不太好受，米琪，你要有心理准备。”

这位市场部主管的眼睛里闪过一丝醒悟，但她很快就恢复了常态：“是吗？”

凯瑟琳深吸了一口气，直截了当地说：“我认为你不适合这支团队，我知道你也不愿意待在这里。你明白我的意思吗？”

米琪非常吃惊，这让凯瑟琳很难受，不过她告诉自己必须面对这一切。

米琪简直无法相信：“我？你开玩笑吧！在所有人中，你认为我……”她没有说完，紧紧盯着凯瑟琳，“我？”

奇怪的是，事情摆在台面上，此时凯瑟琳反而觉得轻松多了。她见过很多主管在这种场合下能够保持镇定，而且米琪比一般的人更聪明。

“这是为什么？”米琪问。

凯瑟琳平静地解释说：“米琪，你不太尊重你的同事，不愿意向他们敞开心扉。在会议上，你给其他所有人包括我，造成了消极影响。”虽然凯瑟琳知道自己所说的一点儿没错，但还是觉得对于一个没有思想准备的人来说，这种指责似乎太直接了。

“你认为我不尊重同事？问题是他们不尊重我。”米琪话一出口，就意识到这话其实出卖了自己。她略显疲惫，试图解释说：“他们无视我的才干和经验，而且他们根本不知道怎样宣传软件产品。”

凯瑟琳静静地听着米琪的话，这些话更加坚定了凯瑟琳的决心。

米琪觉察到了这一点。她很平静，但开始怨恨，向凯瑟琳进攻：“凯瑟琳，你知道如果我走的话，董事会会有什么反应吗？在不到一个月的时间里，你已经失去了销售主管和市场部主管。如果我是你的话，我就会担心自己的饭碗了。”

“非常感谢你的关心，米琪。”凯瑟琳的回答稍稍带一点讽刺意味，“但我的工作不是取悦董事会，而是建立一支能使这家公司顺利运转起来的管理团队。”她用同情的语气说：“我只是想你不会喜欢在这种处境下继续留在公司。”

米琪这时吸了一口气：“你认为只要我走，公司就可以好起来了吗？”

凯瑟琳点头说：“是的，我是这样认为的。而且说实话，我相信那样对你个人也是有好处的。”

“你怎么知道？”

凯瑟琳真诚而温和地告诉她：“你也许会找到更欣赏你的才干和风格的公司。”下边的话凯瑟琳本不想说，但她觉得米琪应该听听这话，于是继续说道：“但如果你不反省自己的话，恐怕一切没那么容易。”

“什么意思？”

“我是说你不容易相处，米琪，也许是因为决策科技有限公司的问题……”

米琪没等凯瑟琳说完就打断了她：“当然是决策科技有限公司的问题，我以前从来没有遇到过这样的事情。”

凯瑟琳不相信这一点，但她不想在米琪的伤口上撒盐：“如果是这样的话，你在别的公司肯定会更愉快的。”

米琪盯着面前的桌子，凯瑟琳认为她已经清楚当前的局势，甚至可能接受事实了，但她想错了。

离开或改变

米琪离开了会议室，以便整理一下自己的思路。几分钟之后她又回来了，看上去比刚才更情绪化，而且更坚定。

“好吧，首先我不会辞职，你要我走的话就得解雇我。我的丈夫是一名律师，我想你和我打官司的时候不会好过。”

凯瑟琳没有畏缩，反而充满真诚和同情地回答：“我不会解雇你，你并不是非走不可。”

米琪看起来很困惑。

“但是你的行为必须彻底改变，而且要很快改变。”凯瑟琳停了停，让米琪考虑她所说的话，“说实话，我不知道你是不是愿意做这些改变。”

米琪的表情表明她肯定不愿意做出改变，她辩解说：“我不觉得我的行为有什么问题。”

凯瑟琳说：“当然你的行为不是这里唯一的问题，但却是一个很实际的问题。你根本不参与你部门之外的事情，你不接受同事的意见，或者当你做错的时候也不道歉。”

“当我做错的时候？”米琪想知道是怎么回事。

凯瑟琳不敢肯定米琪是假装还是真的没有意识到。不管是哪种情况，她必须明确地告诉米琪，于是平静地说：“我不知道该怎么说。你总是翻白眼，对别人做出失礼的评论，比如指责马丁是自大狂。你不喜欢参加销售培训，而那是公司当前最重要的任务。我必须说所有这些行为都很出格。”

米琪站在那里发愣。在铁的事实面前，她似乎突然意识到了自己尴尬的处境。但是在她缴械认输之前，她还剩一些弹药没有发射：“听着，我受够了别人指责我。我不会改变自己去适应这样一支差劲的团队，但我也不会按你的意思离开，这是原则性的问题。”

凯瑟琳充满信心地问：“什么原则？”

米琪一时答不上来。凯瑟琳不急于打破沉寂，她想让米琪充分意识到自己的话是不能成立的。最后，米琪说道：“我要 3 个月的工资赔偿，还有我的股权必须兑现，正式文件上必须表明是我自己主动提出辞职。”

凯瑟琳很愿意满足米琪的这些要求，但她知道不能表现得过于欣喜：“我不知道能不能满足你提出的这些条件，但我会尽力去做。”

又过了几分钟。

“那么你想让我现在就走吗？我是说都不能等到我吃完饭？”

凯瑟琳点点头：“下星期你来公司收拾你的东西，到人力资源部办理离职手续，我尽量为你提供你刚才所要求的东西。”

“你知道你们其实已经不行了，不是吗？”米琪想要惩罚凯瑟琳，“我是说你们没有销售主管和市场部主管了，而且这样的话我手下也会有一些人离开。”

凯瑟琳以前经历过不少这种情况，而且她已经同米琪的下属接触过，知道他们和别人一样也了解自己主管的缺点。但她觉得最好装出很关注这件事的样子：“如果那样的话，我当然能够理解，但我希望不会那样。”

米琪摇了摇头，似乎又要开始长篇大论，但她最后拿起电脑包就走了。

沉重一击

在剩余的午休时间，凯瑟琳在葡萄园里散步。当大家重新聚集在一起的时候，她觉得精力很充沛，但是完全没有预料到随后发生的事情。

还没等凯瑟琳提出这个话题，尼克就问："米琪去哪儿了？"

凯瑟琳遗憾地告诉他们："米琪不会回来了，她要离开公司了。"

凯瑟琳没有想到在座的人会如此惊讶。

"这怎么可能呢？"简很想知道是怎么回事。

"我在这里说的必须保密，因为这涉及离职员工的法律权利。"大家都点点头。

凯瑟琳于是开门见山："我认为米琪不愿意改变自己的言行，而她的行为对团队造成了伤害，所以我请她离开公司。"

没有人说话，他们只是互相看着对方以及面前桌子上的宣传手册。

终于，卡洛斯开口了："我不知道该说什么，她怎么对待这件事的？我们的市场工作怎么办？"

尼克也问道："我们怎么对员工解释，怎样告诉媒体？"

虽然凯瑟琳对他们的反应感到吃惊，但马上给出了答案："关于米琪的反应我不想说得太多，她有点意外，有点恼火，不过这并不奇怪。”

大家等着凯瑟琳回答另外几个问题。

她继续说道：“我们要继续做市场工作，我们会再找一个人来担任市场部主管。不过，我们公司现在有很多值得一用的人可以暂时接管这些工作，我一点儿都不担心。”

大家似乎都理解并且同意凯瑟琳的解释。

“我们可以告诉员工和媒体，米琪到别处继续发展了，在这种问题上我们没有更多的解释余地，但是我们不要被别人的反应吓倒。只要我们齐心协力，取得进步，员工和那些评论家就不会说什么了。而且我认为大多数人，尤其是员工，不会觉得太意外。”

虽然凯瑟琳很自信，她的话也很符合逻辑，但屋里的气氛还是趋于消沉。凯瑟琳知道她应该把重点放在实际问题上，这样才可以督促他们振作精神，但她不清楚自己要抛出多少话题才能让大家不去想米琪的事情。

打消疑虑

从当天晚上到第二天下午，他们主要讨论业务的细节问题，讨论重点放在销售上。虽然团队明显地取得了一些进展，但凯瑟琳无法否认米琪的离去仍然影响着会议的气氛。她决定冒险一试。

午饭过后，凯瑟琳对全体人员说：“我想花几分钟时间说一些题外话，我想知道你们对于米琪离开公司有什么看法。因为在下周向公司的员工说明之前，我们这里的人需要确保意见一致。”凯瑟琳知道，即使表现最差的员工离开，同事们也会对他充满同情，同时对自己的职位感到担心。

大家环视四周，看看有没有人第一个发言。尼克先说话了：“我想我现在很担心管理层再失去一名成员。”

凯瑟琳点头表示理解，她其实很想说：不过米琪从来就没有真正成为这其中的一员。

简补充道：“我知道她很难相处，但她的工作质量还是很高的，而且当前市场工作非常关键，也许我们应该对她更宽容一些。”

凯瑟琳点点头说：“还有吗？”

马丁举起手，无可奈何地说：“我只是想下一个该轮到谁了。”

过了一会儿，凯瑟琳说道：“我来简短地告诉你们一个关于我个人的故事，一个不太光彩的故事。”

这引起了每个人的注意。

凯瑟琳皱皱眉，似乎一提起这件事就很不舒服："我在商学院念书的最后半年，在旧金山一家著名的零售公司找到了一份负责人的工作，主管一个财务分析的小部门。那是我第一次真正负责管理工作，而且当时我希望毕业以后能一直在那家公司工作。"

尽管凯瑟琳不太善于在大庭广众之下讲话，但她有时很会讲故事："我接管了一个很不错的团队，他们工作都很努力。其中有一个人尤其如此，他提交的绝大部分报告，都比别人的要出色。我叫他弗莱德。弗莱德完成了所有分配给他的任务，成为我最信赖的员工。"

"听起来不错呀。"尼克说。

凯瑟琳抬了抬眉毛："我还没说完呢——但是部门里的其他人都受不了弗莱德，说实话他也很让我头疼。他从来不帮助别人，还非得让每个人都知道他的工作做得有多么好，事实上他确实做得好，即使是痛恨他的人也不得不承认这一点。其他员工多次来我这里提意见。我很关注这件事，而且有一次我半正式地和弗莱德谈了一次，希望他改进自己的做法。不过绝大部分时间我还是容忍了他，因为我觉得别人可能出于嫉妒他的才干，才会对他有那么大的意见。更重要的是，我不能开除表现最好的员工。”

大家看上去很理解她的做法。

凯瑟琳继续说道：“后来部门的效益开始下滑，于是我给弗莱德分配更多的工作，他虽然有点儿抱怨，但还是完成了所有任务。在我心里，他是部门里挑大梁的人物。很快部门的士气迅速低落，大家的表现更不尽如人意了。又有很多分析师到我这里抱怨弗莱德的问题，很明显他对部门的负面影响比我想象的要大。我一夜没睡，仔细考虑这个问题，然后做了一个决定。”

杰夫提问说：“你解雇他了？”

凯瑟琳不好意思地笑了：“没有，我提升了他。”

大家都低下了头。

凯瑟琳点点头：“不错，他是我提升的第一个主管。第二个星期，我的 7 个分析师中有 3 个走了，部门内部一片混乱。我们的工作落后了，我的上司把我叫去谈谈到底发生了什么。我说了弗莱德的事，以及为什么我失去了 3 个分析师。第二天，我的头儿做了一个重大的决定。”

杰夫又问道：“他解雇了弗莱德？”

凯瑟琳苦笑着说：“不，他解雇了我。”

大家看起来很惊讶。简想让凯瑟琳好受一点：“但是公司不应该随便解雇负责人的。”

凯瑟琳自嘲地说：“是这样。但实际情况是突然间雇佣关系不存在了，他们再也不会打扰我了。”

尼克和马丁差点儿笑出声来。凯瑟琳说出了他们心中所想的：“那和解雇不是一样嘛。”

大家都笑了。

“那弗莱德后来怎样了呢？”杰夫很想知道。

“我听说他几个星期后离开了，他们另外找人管理那个部门。他离开不到一个星期，部门的效益就急剧攀升，而且是在少了 3 个分析师的情况下。”

“你是说弗莱德的做法导致了整个团队的效益下降了50% 吗？”

“不，不是弗莱德的做法。”

他们看起来一头雾水。

“是我对他的容忍导致了这些。他们解雇我是对了。”

没有人说话。他们把她所讲的和当前的情况联系起来，在体会老板的伤痛。

过了一会儿，凯瑟琳把话题拉回来：“我不想失去你们中的任何一个人，所以我让米琪离开。”

这时，在场的所有人终于理解了她的做法。

重整旗鼓

回到公司后，凯瑟琳召开了一次全体员工大会，讨论米琪的离职以及其他一些事情。虽然她很巧妙而镇静地公布了这个消息，但这还是在员工中间引起了超出主管们意料的反应。虽然主管们承认这种反应大多不是因为失去米琪造成的，而是因为这件事情的引申含义，但这确实降低了大家的工作热情。

于是在下一个领导层会议上，凯瑟琳让大家用一个小时的时间讨论安排市场部主管人选的问题。大家激烈地讨论是否应该提升米琪的直接下属。

凯瑟琳说："好，刚才这个讨论很好，我听到了所有人的意见，还有谁有什么补充吗？"

没有人出声，于是凯瑟琳继续说道："我认为我们应该找一个能够帮助市场部发展、树立品牌的人。虽然我很想在公司内部找一个人选，但我现在还没有看到有谁完全具备这个条件，所以我认为我们应该出去寻找一个合适的市场部主管。"

大家都点头表示同意，包括那些刚才持反对意见的人。

"我可以向大家保证，我们会找到合适的人选。在座的所有人都需要面试求职者，直到找到合适的人为止。这个人应该能够信任别人，正确处理矛盾，参与集体决策，对同事负责，把精力放在团队的成绩而不是个人表现上。”

凯瑟琳发现她的成员们已经开始接受她的理论了。她请杰夫组织选拔新市场部主管的工作，然后把话题转向成本预算。

尼克汇报说他已经取得了一定进展，但是美国国内一些地区的情况了解起来有些困难：“我认为我们需要安排更多的人出去做调研。”

简知道尼克是想申请更多的经费，所以想马上打消他的念头：“我不想增加更多的花销，因为那样做只能使你的工作定额增高，我们不能陷入这种恶性循环。”

尼克猛吸了一口气，恼怒地摇摇头，好像说：你又来了。别人还不知道怎么回事，尼克和简就开始激烈地争论起来，试图说服对方和其他人同意自己的观点。

过了一会儿，争论停了下来，简靠在椅子上恼火地说：“这里的情况一点也没变，也许我们的问题所在根本不是米琪。”

这使得大家更沉默了。

凯瑟琳笑着插话进来：“没关系，没关系，我看没有什么不对的。这样的争论正是我们上个月刚谈到的，很好呀。”

简想解释一下：“我可不这样认为，简直像吵架一样。”

“你们是在吵呀，但你们是为了工作而吵嘛，这是你们的职责。不这样的话，你们就会把问题留给你们的员工了，而他们可能根本解决不了这些问题，他们希望你们能解决，这样他们工作的时候目标就更明确了。”

简看起来很疲惫：“但愿我做的这些都值得。”

凯瑟琳又笑了：“相信我，比你想象的还要值得。”

在接下来的两个星期，凯瑟琳开始更严格地要求大家的言行。她指责马丁在会议上显得过于自大而破坏了大家的相互信任；她还要求卡洛斯在会议上直接批评大家对客户服务问题缺乏责任心；她花了好几个晚上和简及尼克探讨关于预算的分歧，因为她知道这个问题是不可避免的。

更重要的是，大家的反应越来越好。虽然他们有时有点儿抵触情绪，但没有人怀疑凯瑟琳的做法，他们似乎培养出了真正的集体观念。

凯瑟琳现在关心的唯一问题，就是让这种情况一直持续下去，直到大家看到成果。

第4章

收获

在接下来的一年，公司的销售额一路攀升。

收获

虽然凯瑟琳的最后一次纳帕谷会议有一种和以前不一样的气氛，但开头还是和以前一样："我们的管理层比竞争对手更富经验，我们有更多的资金，感谢马丁和他的团队，我们有更好的核心技术，而且我们有更强大的董事会。我们有这么多的优势，赢利和客户数量却落在两个竞争对手的后面，我想大家都知道原因是什么了。"

尼克举手说："凯瑟琳，我希望你不要再重复这些了。"

如果在一个月以前有人说这样唐突的话，所有人都会感到吃惊，但现在没人觉得奇怪了。

"为什么？"

尼克皱起眉头，想找到合适的措辞："我想如果在几个星期之前说这些还可以，但现在我们已经……"尼克不需要说完大家就明白了。

凯瑟琳温和地解释说："当我们的情况不是这样的时候，我自然就不会重复了。但我们现在仍然落后于两个竞争对手，我们还没有成为一支足够好的团队。"

她继续说道："但我们已经走上正轨。我们今天需要做的第一件事就是回顾一下我们的团队协作搞得如何。"

凯瑟琳走到记录板前，再次画上那个三角，把团队协作的五大障碍填充进去。

然后她问大家："我们做得怎样？"

大家重新审视记录板上的模块，同时思考着凯瑟琳的问题。

杰夫先开口了："我们肯定要比一个月之前更加相互信任。"在座的人都点了点头，杰夫继续说道："不过我们

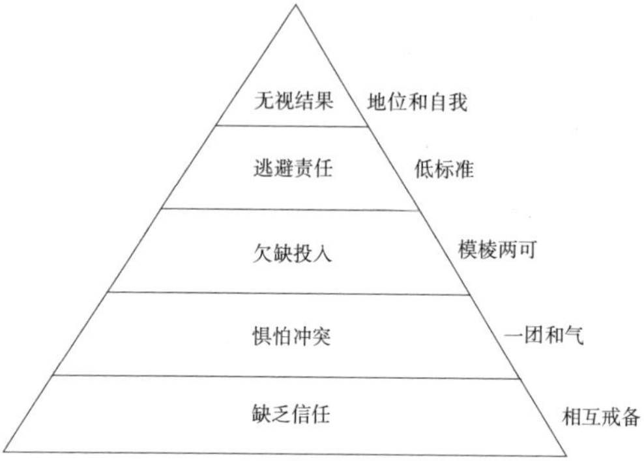

还需要继续努力。”大家又点点头。

简补充道：“虽然我还不太适应，但我们的争论明显多了。”

凯瑟琳肯定她的说法：“我认为任何人都不会完全适应争论。如果争论不带有一点刺痛的话，就不能称其为争论了。关键是要切实地去争论。”

简对这个解释很满意。

尼克插话说：“说到投入，我们绝对比以前更能达成共识了，但接下来的责任心这一点最使我担心。”

“为什么？”杰夫问。

“因为我不知道当有人不能做好工作或者对团队不利时，我们会不会去干预。”

“我肯定会去干预。”

出人意料的是，这话从马丁的嘴里说出来了。他解释说：“我不想让事情变回以前的样子。如果原则和人际关系有冲突的话，我选择原则。”

尼克对这个狡黠的同事笑了笑，继续下一个模块：“我觉得我们不存在过分注重个人成绩的问题，如果我们的公司不能运转起来，我们谁也不会走的。”

凯瑟琳非常高兴地看到整个会议室的人都赞同地点头，这时她却决定给大家的热情降降温。

“听我说，我基本同意你们刚才对这支团队的评价，你们正朝着正确的方向前进。但我要提醒你们，在今后的几个月，你们可能要不止一次地质疑自己到底有没有取得进步。在我们的言行有了变化之后，还要再等几个星期才会对经营状况产生影响。”

大家表示赞同，凯瑟琳还不放心，决定再多嘱咐他们一次：“我告诉你们这些，是因为我们还没有摆脱困境。我以前见过很多团队，他们的进步比我们还大，可最后还是退回到老样子。这就像人们制定了纪律，但最后不能遵守一样。”

虽然凯瑟琳很遗憾在大家感觉胜利的时候必须给他们

降降温，但她还是松了一口气，因为她已经给大家打了预防针，以免大家像其他团队一样最终退步。在随后的两天，这支团队确实体会到了凯瑟琳所说的这种阴晴不定的状况。有时大家很高兴一起合作，有时则好像不太容易沟通。他们努力解决业务问题，把它们一个一个地拿出来讨论。有趣的是，他们很少提出团队协作的概念，凯瑟琳解释说这是好现象，因为提得越少，越说明这种意识已经深入人心、成为共识了。她在休息和用餐时的多次观察证明了她是对的。

大家似乎愿意待在一起，不像第一次会议时那样单独活动，他们在一起相处时经常谈笑风生。会议结束后，虽然大家都疲惫不堪，但回到公司后马上着手落实会议决议。

士气高昂

最后一次纳帕谷会议之后 3 个月，凯瑟琳在当地一家饭店里召开第一次季度会议，为时两天。新的市场部主管名叫约瑟夫 · 查尔斯，他在一个星期前进入决策科技有限公司，这是他和大家一起参加的第一次会议。

凯瑟琳在会议开始的时候出其不意地说：“记得绿

香蕉公司吗？就是上个季度我们讨论要不要收购的那家公司？”

在座的人点点头。

“好，显然尼克当时说对了，它确实是我们的潜在竞争对手，现在它反过来想收购我们。”

除了杰夫因为是董事会成员已经知道了这个消息，其他人都惊奇无比。最吃惊的要数尼克：“我以为这家公司陷入经济困境了呢。”

“他们当时确实陷入经济困境了，”凯瑟琳解释说，“我猜他们上个月准是筹到了一大笔钱，现在正急于花出去。他们已经正式向我们提出收购了。”

“开价多少？”简问道。

凯瑟琳看看笔记：“比我们当前资产评估的价格要高很多。如果让他们收购的话，我们在座的各位收入都会提高。”

简继续问：“董事会怎么说？”

杰夫替凯瑟琳回答说：“董事会让咱们决定。”

没有人说话。似乎大家都在为自己的潜在收入作开支预算，或者在想其他类似的事。

终于，有人用几乎愤怒的英国口音打破了沉寂：

“休想！”

所有人都把头转向他们的技术部主管，大家从来没有见过他这样情绪激动。他解释说：“我绝对不会放弃这一切，把公司交给一家稀奇古怪的水果公司。”

大家哄堂大笑。

简的话把他们拉回现实：“我认为我们不应该这么快就否决这个提议。我们还不能肯定自己能不能赚到钱，而摆在我们面前的却是实实在在的现金。”

杰夫同意首席财务官的观点：“董事会当然觉得这是个不错的提议。”

马丁似乎不相信杰夫的话是真的：“那样的话，董事会为什么还让我们做决定呢？”

杰夫停了一下，然后解释说：“因为董事会想知道我们心中是不是都有一团火。”

马丁皱眉说：“有什么？”

杰夫向他的这名英国同事解释说：“他们想知道我们愿不愿意待在公司，是不是真正地想融入公司和这个团队。”

约瑟夫对眼前的局面总结道：“这听起来像一个士气调查呀。”

卡洛斯在会议开始后第一次发言：“我不同意让他们

收购。”

杰夫接着说：“我也是，绝对不同意。”

尼克点点头，凯瑟琳和约瑟夫也是一样。

马丁看着简：“你呢？”

她犹豫了一会儿：“卖给绿香蕉公司？你们没有开玩笑吧？”

大家又是哄堂大笑。

凯瑟琳马上重新主持会议，希望保持大家的积极性，讨论一些实际的问题：“好吧，今天我们还有很多其他的重要话题，我们开始吧。”

在接下来的几个小时，在大家的帮助下，约瑟夫了解了团队协作的五大障碍。尼克讲解相互信任的重要性，简和杰夫一起说明必要的争论和取得共识这两点，卡洛斯描述了成员之间相互监督的必要性，马丁解释最后一项：工作成果的判定标准问题。他们询问约瑟夫所做的迈尔斯-布里格斯类型指标的情况，为他介绍每个人的职务和职责以及大家共同的目标。

更重要的是，接下来他们进行了激烈的辩论，这是约瑟夫以前闻所未闻的。他们在辩论的最后非常清楚地达成一致，谁也没有遗留一丝怨恨。他们有几次直接指出对方的弱点，这让约瑟夫有点儿不舒服，但每次大家都会把话题再拉回到工作上。

会议结束后，约瑟夫认识到自己加入了一支非同寻常的、热情洋溢的管理团队，他希望自己能马上融入其中。

一路攀升

在接下来的一年，决策科技有限公司的销售额一路攀升，在第三季度就达到了全年的预期收入，成为业内首屈一指、举足轻重的公司。只不过，它还没能与紧随其后的竞争对手完全拉开距离。由于取得了实质性的进展，公司的员工数量不再减少，士气越来越高，只有当公司暂时处于小的回落时才有员工离开。有趣的是，当这种情况发生时，连董事长都会亲自给凯瑟琳打电话，鼓励她不要灰心，因为她取得的进步还是很明显的。

公司共有 250 多名员工，凯瑟琳决定应该减少她的直接下属的数量。她坚信公司的规模越大，高层管理人员的数量应该越少。现在加上新到的销售主管和人力资源主管，她的管理团队已经有 8 个人了，这几乎是个难以控制的人数。凯瑟琳目前还能够应付周末的一对一交流，可是开会时9个人坐在一起，不利于进行快速的实质性讨论。虽然团队成员都很团结，但迟早会出现问题。

于是，在最后一次纳帕谷会议结束一年多之后，凯瑟琳决定实施一些组织上的变革，并且明确而巧妙地告诉了她的团队成员。尼克可以继续担任首席运营官的职务，这时他才觉得自己真正赢得了这个职位；卡洛斯和新的销售主管将向尼克汇报工作，不再作为首席执行官的直接下属；而人力资源部的主管将隶属于简。这样凯瑟琳还剩下5个直接下属：首席技术官马丁、首席财务官简、首席运营官尼克、市场部主管约瑟夫以及业务发展部主管杰夫。

一星期后，凯瑟琳召开了第二次季度会议。还没等凯瑟琳宣布会议开始，简就问道："杰夫去哪了？"

凯瑟琳郑重其事地回答："这是我今天要说的第一件事，杰夫不再参加这类会议了。"

所有人都很惊讶，既惊讶凯瑟琳所说的，又奇怪她说得那么若无其事。

终于，简提出了大家都想问的问题："杰夫走了？"

凯瑟琳听到这个问题好像很吃惊的样子："没有呀。"

马丁随后问道："你没有解雇他吧？"

突然之间，凯瑟琳明白大家误会了："当然没有。我为什么要解雇杰夫？只是从现在开始，他将直接向尼克汇报工作。他和我都认为他调换到这个新的岗位很有意义。”

大家都松了一口气，因为他们担心的最坏结果已经被否认了，但他们还是有点儿迷惑。

简追问道：“凯瑟琳，我知道那样做肯定有意义。而且说实话，我想尼克一定很高兴有杰夫在他的团队里。”

尼克点头认可她的说法，简继续说道：“但是你不觉得他不再作为你的直接下属会很失落吗？我的意思是说，我们虽然不在意职位高低，但他是董事会的成员，是公司的创始人。你有没有想过这对他来说意味着什么？”

凯瑟琳自豪地笑了，她很高兴大家如此关心同事的感受。“朋友们，这是杰夫本人的主意。”大家一时都没有反应过来，凯瑟琳继续说道，“他说他虽然很想待在这支管理团队里，但他认为自己在尼克的团队里工作更有意义。事实上我给了他一次重新考虑的机会，他坚持认为那样做不论对公司还是对团队，都有好处。”

凯瑟琳停了停，大家这时充分感受到他们的前任CEO是如此顾全大局。

然后她继续说道：“我想我们应该感谢杰夫以及公司里所有为大局着想的人。我们开会吧。”

第二部分　模式

虽然建立一支高度团结一致的团队非常难，但其过程并不复杂。事实上，关键是要使事情化繁为简，不论你领导的是一家跨国公司的管理团队，还是一家大型企业的一个部门，或者你只是一支需要改进的团队中的一员。从这个意义上来讲，这一部分提供了清晰、精确、实用的指导，帮助你使用团队协作的五大障碍的模块去改进你的队伍。祝你好运！

模式概述

五大障碍共同形成了一个模式，每一项都可能成为致命杀手。

从我与CEO及他们的团队一起工作的经验中，我明白了两个基本的事实：第一，大多数企业中，真正的团队协作仍然很难实现；第二，企业之所以不能实现良好的团队协作，是因为它们不自觉地陷入了五个很普通但却很危险的沼泽之中，我在这里称其为团队协作的五大障碍。

人们很可能误以为这五大障碍是各自独立的，实际上它们共同形成了一个模式，这使得它们中的每一项都可能成为企业团队的致命杀手。因此，我们有必要在这里简要介绍团队协作的这五大障碍以及它们共同形成的模式，这样有助于更清楚地说明问题。

1. 团队协作的第一大障碍是团队成员之间**缺乏信任**。该问题源于团队成员大都害怕成为别人攻击的对象。大家不愿意相互敞开心扉，承认自己的缺点和弱项，从而导致无法建立相互信任的基础。
2. 无法建立相互信任的危害极大，因为它为第二大障碍——**惧怕冲突**奠定了基础。缺乏信任的团队无法产生直接而激烈的思想交锋，取而代之的是毫无针对性的讨论以及无关痛痒的意见。

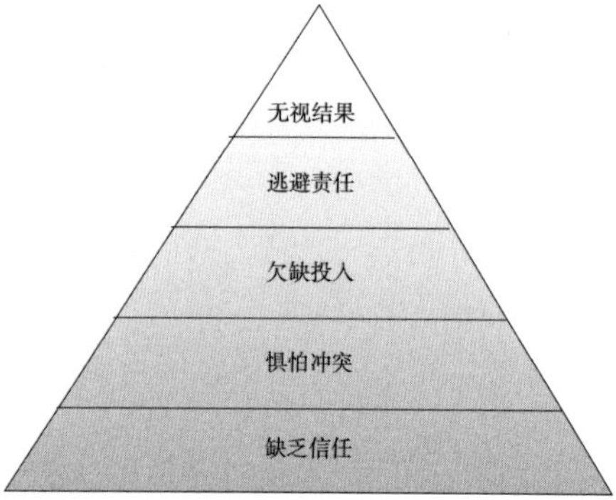

3. 缺乏必要的争论之所以成为不利的问题，是因为它

必然致使团队协作面临第三大障碍：**欠缺投入**。团队成员如果不能切实投入，在热烈、公开的辩论中表达自己的意见，他们即使表面上在会议中达成一致，也很少能够真正统一意见，做出决策。

4. 因为投入不够，且实际上并没有达成共识，团队成员就会**逃避责任**，这就是第四大障碍。由于没有在计划或行动上真正达成一致，所以即使最认真负责的人发现同事的行为有损集体利益的时候，也会犹豫不决而不予以指出。
5. 如果团队成员不能相互负责、督促，第五大障碍就有了赖以滋生的土壤。当团队成员把个人的需要（如个人利益、职业前途或能力认可）或甚至他们的分支部门的利益放在整个团队的共同利益之上时，就导致了**无视结果**。

就这样，根据连锁反应，只要这五大障碍中有一项发生，整个团队就要深受其害了。

另外一个理解该模式的方法是从相反的角度考虑——也就是从积极方面入手，设想一下真正团结一致的团队的特征：

1. 成员之间相互信任。

2. 针对不同意见进行直接的辩论。

3. 积极投入决策和行动计划中。

4. 对影响工作计划的行为负责。

5. 把重点放在集体成绩上。

这听起来很简单，因为事情本身就是如此，至少在理论上简明易懂。然而要在实际中做到这些却是难上加难，因为那样需要高度的组织纪律性和持久性，能够做到这些的团队不多。

在深入分析每种障碍并探讨解决方法之前，你可能需要评估你的团队，找到解决问题的突破点。

团队评估

这份调查表是衡量你的团队受五大障碍影响的诊断工具。

这份调查表是直接评估你的团队受五大障碍影响程度的诊断工具。调查表的最后将告诉你怎样记录结果以及得出结论。建议团队中的所有成员分别填写这份表格，然后查看结果，讨论他们填写内容的差异及其所代表的含义。

说明：请使用以下计分标准评估你的团队。评估的真实性很重要，应避免反复推敲答案后再选。

3= 经常

2= 有时

1= 很少

——1. 团队成员在讨论事务时非常热烈，且不存在相互提防的情况。

——2. 团队成员互相提醒对方的缺点或不利于工作的行为。

——3. 团队成员了解同事所负责的工作，知道该工作对集体利益的作用。

——4. 当团队成员的言行不当或有损于集体时，他们会马上真诚地表示歉意。

——5. 团队成员愿意为集体的利益牺牲部门或个人的利益（如申请预算的多少、头衔等）。

——6. 团队成员敢于公开承认自己的缺点和错误。

——7. 团队的会议令人鼓舞而不枯燥。

——8. 尽管会议开始的时候有分歧，但是结束时，大家相信所有人都能够按照达成的一致意见行动。

——9. 如果集体目标不能实现，士气将大受影响。

——10. 在会议期间，大家把最重要的也是最棘手的问题拿出来共同探讨。

——11. 如果有人被解聘，团队成员都很关注这件事。

——12. 团队成员了解彼此的业余生活，而且能够相互攀谈这些内容。

——13. 团队成员讨论问题后能够找到明确的解决方案，并且马上开始实施。

——14. 团队成员相互监督他人的工作计划和进展。

——15. 团队成员不急于得到别人对自己贡献的肯定，但能够很快指出他人的成绩。

计分

请将你的得分填入下表，它们将与五大障碍相对应。

第一大障碍 缺乏信任	第二大障碍 惧怕冲突	第三大障碍 欠缺投入	第四大障碍 逃避责任	第五大障碍 无视结果
第 4 题：	第 1 题：	第 3 题：	第 2 题：	第 5 题：
第 6 题：	第 7 题：	第 8 题：	第 11 题：	第 9 题：
第 12 题：	第 10 题：	第 13 题：	第 14 题：	第 15 题：
总分：	总分：	总分：	总分：	总分：

8~9 分说明你所在的团队不存在这些障碍；

6~7 分说明你所在的团队存在这些障碍；

3~5 分说明你所在的团队存在的障碍已经值得关注了。

不论你的团队得了多少分，你要了解每支团队都需要长期不懈的努力；否则，即使最优秀的团队也会退步到充满困扰的境地。

了解并克服五大障碍

如何克服团队协作的五大障碍？

第一大障碍：缺乏信任

信任是高效、团结一致的团队的核心。没有信任，团队协作则无从谈起。

遗憾的是，“信任”这个词被用得太多了，而且经常被滥用，以至于有时听起来带有婆婆妈妈或者华而不实的意味，因此很有必要阐明信任的具体含义。

谈到建立企业团队，信任是指团队成员相信同事的言行是出于好意，在团队里不必过分小心或相互戒备。事实上，团队成员必须放心地接受彼此的批评。

以上概念与我们通常说的有所不同，一般说来，信任是指以过去的经验为根据对一个人的行为做出预测。例如，我们相信一名一贯表现优秀的成员能够高质量地完成任务。

虽然这是很理想的情况，但是只有非常优秀的团队能够建立起这种信任。这需要团队成员敢于承认自己的弱项，而且不用担心别人会以此来攻击自己。这些弱项包括性格弱点、技术不足、人际交往的困扰、失误以及无法独立完成任务、需要别人的帮助等。

尽管以上所说的似乎不难做到，但实际上，只有当团队成员真正放心地把自己暴露在别人面前时，他们才能完全消除戒心，从而把全部精力集中到工作上，不用钩心斗角，尔虞我诈。

要在暴露弱点的基础上建立信任是非常不容易的，因为大多数成功人士在事业和学习过程中已经习惯了相互竞争、彼此戒备。要使他们为了团队的利益而摒弃这些几乎成为本能的东西，虽然不容易做到，但却是好的团队所必需的。

如果一支团队的成员做不到相互信任，代价将是巨大的。他们将不得不把大量的时间和精力浪费在管理个人行为和促进相互沟通上，他们惧怕开会，也不愿意主动向别人寻求帮助。于是，缺乏信任的团队通常士气都非常低迷，效率低下的重复劳动也非常多。

缺乏信任的团队成员具有以下表现：

· 隐藏自己的弱点和错误
· 不愿请求别人帮助，也不愿给别人提出建设性的反馈意见
· 不愿为别人提供自己职责之外的帮助
· 轻易对别人的用意和观点下结论而不去仔细思考
· 不愿承认和学习别人的技术和经验
· 浪费时间和精力去追求自己的特定目标
· 对别人抱有不满和怨恨
· 惧怕开会，寻找借口，尽量减少在一起的时间

充满信任的团队成员具有以下表现：

· 承认自己的弱点和错误
· 主动寻求别人的帮助
· 欢迎别人对自己所负责的领域提出问题和给予关注
· 在工作可能出现问题时，相互提醒

· 愿意给别人提出反馈意见和帮助
· 赞赏并且学习别人的技术和经验
· 把时间和精力花在解决实际问题上，而不是流于形式
· 必要时向别人道歉，接受别人的道歉
· 珍惜集体会议或其他可以进行团队协作的机会

如何克服团队协作的第一大障碍

一个团队的成员之间怎样才能建立相互信任呢？基于暴露弱点的信任不是一夜之间就可以建立的，这需要成员们长期同甘共苦，慢慢了解彼此的个性。不过，通过努力，一支团队可以大大缩短建立信任所需的时间，在相对较短的时间内取得相互信任。以下是一些特定的方法。

个人背景介绍

只需不到一个小时，一支团队就可以完成建立相互信任的第一步。该步骤非常简单，只需大家在开会时围坐在一起，回答几个关于个人背景的问题。问题的设置不用过于敏感，通常可以包括家里有几个孩子，家乡在哪里，童年经历过什么样的挑战，个人爱好，第一份工作是什么，职业生涯中经历过哪些挫折，等等。通过回答这些普通的

问题，团队成员可以拉近相互关系，彼此更亲密，认识到别人同自己一样，也是拥有有趣的背景和故事的普通人。这有助于相互理解，避免团队中有人做出对别人不公平或是不妥的行为。我们通常会惊讶地发现，有些团队中的成员对于彼此的背景知之甚少，而少量的个人信息却能有效减少彼此的隔阂。（该活动最短持续时间：30 分钟。）

成员工作效率讨论

这项活动比前一项活动更具有力度和针对性，难度也相应较大。这需要团队成员指出同事为团队做出的最大贡献，以及最需要改进的地方，然后大家一起就每个人所说的进行讨论，讨论的对象通常可以从团队的领导者开始。

虽然这项活动看起来可能有些冒险，容易造成不满，但我们会惊喜地发现在一个小时之内，我们就能获得许多建设性的、有益的信息，而且活动通常会进行得很顺利。工作效率讨论需要大家相互信任才能提出有价值的建议，即使看上去不太协调的团队也能在不太紧张的气氛中进行这项活动。（该活动最短持续时间：60 分钟）

个性及行为特点测试

测试团队成员的行为及个性特点是建立信任最有效的方法之一。这样做可以减少相互间的隔阂，建立相互了解和体谅的基础。

我认为最好的测试工具是迈尔斯-布里格斯类型指标，同时还有其他一些工具也深受欢迎。这类工具的目的就是根据接受测试者的思维、谈话及行为特点，提供实用、科学、有效的性格行为分析。类似迈尔斯-布里格斯类型指标测试工具的最重要优点之一，就是它们很客观，没有规定最佳的行为标准（即不同的行为方式之间没有优劣之分），并且它们是以研究为基础（而不是基于占星术或其他新兴方法），参加测试者所得到的是积极的性格类型分析，而不仅仅是一份由计算机生成的性格类型结果或得分。进行这类测试，需要一名迈尔斯-布里格斯授权认证的顾问予以辅助，这有助于正确地使用该系统进行准确的分析。（该活动最短持续时间：4 小时）

360 度意见反馈

在近 20 年中，这类工具逐渐盛行，为企业团队提供了非常有效的分析结果。它们实施起来比先前提到的工具更具风险，因为它需要团队成员相互给出具体的评价，提供建设性的批评意见。我认为，实施 360 度意见反馈活动的关键，是要同正式的工作表现评价或审核完全区分开来。只有这样，它才能作为团队协作开发工具来发挥作用，让员工们认识自己的优势和不足，同时不会带来不良影响。假如这项活动同正规的绩效考核有一丝关联的话，就会产生许多矛盾和消极影响。

团建活动

在过去的10年间，团建活动已经逐渐不为人们所热衷，但仍有很多团队用这种方式来建立相互信任。团建活动需要大家齐心协力、相互支持，这确实产生了不容置疑的效果。虽然这些效果不一定马上能体现，但只要将它作为建立团队信任的辅助方式，还是非常可行的。

❖

以上提到的活动和工具可以使团队很快建立起相互信任，但必须配合日常工作，巩固取得的成果。我们需要考核团队工作的方方面面，以确保大家不会失去最初的动力和进步。即使是很优秀的团队，一旦其成员的集体意识退步，就会导致相互之间失去信任。

团队领导的任务

为了鼓励团队成员彼此之间建立信任，团队领导需要采取的首要行动，就是率先承认自己的不足。这要求团队领导勇于在下属面前抛开面子问题，因为只有这样，他的下属们才愿意像他一样展现真实的自己。更重要的是，团队领导必须保证大家承认弱点后不会因此而受到不利影响。即使是最团结的团队，成员之间有时也会不自觉地相互指责对方的错误，这样就会不知不觉地降低彼此的信任度。最后，团队领导必须真诚地分析自己的弱点，不能敷衍了事。如果为了哄骗他人而假装敞开心扉、承认弱点的话，则最容易失去团队成员的信任。

同团队协作第二大障碍的关联

以上这些是怎样与团队协作的第二大障碍——惧怕冲突——联系到一起的呢？建立起相互信任，团队成员就不会惧怕冲突，因为他们敢于进行激烈的辩论，他们不用担心自己所说的会被理解成冒犯他人的批评。

第二大障碍：惧怕冲突

良好而持久的合作关系，需要积极的冲突和争论来促使其前进。这不仅体现在婚姻关系、亲子关系上，企业团队的协作关系更是如此。

遗憾的是，冲突在很多情况下被视为禁忌，尤其是在工作中。你的职位越高，你就越会发现你的同事们花很多时间和精力试图避免激烈的争论，而这种争论正是团队所必需的。

重要的是，我们要将积极的争论与消极的争吵或个人矛盾区分开。积极的争论仅限于观点不同，不针对个人，也不存在人身攻击。但这在表面上具有和消极争吵或矛盾类似的迹象，如非常激烈、情绪化，有人可能一时很气恼等，所以不了解情况的人会误认为这是不和谐的争吵。

但进行积极争论的团队却清楚，他们这样做的唯一目的，就是在最短的时间内找到最佳的解决方案，这样做更能够彻底、快速地讨论并解决问题。争论结束后，他们不会抱有残留的不满或者怨恨，而是马上进入下一个议题。

与此相反，有意避免思想交锋的团队成员却经常互相怨恨。为了避免伤害感情，他们不敢提倡辩论。当团队成员不当面表达出不同意见时，他们就会在背后进行人身攻击，这对团队的危害比任何争吵都要严重。

同样，很多人以提高效率为名避免思想交锋，误以为避免这类争论是节省时间的最好方法。与花时间争论的团队不同的是，那些避免争论的团队事实上不得不反复提出同样的问题，但还是无法解决。他们通常让团队成员暂时把问题放一放，其实就是逃避，等到下次非解决不可的时候再重新提出来。

惧怕冲突的团队具有以下特点：

· 团队会议非常枯燥

· 使用不正当手段在别人背后进行人身攻击

· 避免讨论容易引起争论的问题，而这些问题对于团队协作成功是非常必要的

· 不能正确处理团队成员之间的意见和建议

· 把时间和精力浪费在表面形式上

拥抱冲突的团队具有以下特点：

· 召开活跃、有趣的会议

· 汲取所有团队成员的意见

· 快速地解决实际问题

· 将形式主义控制在最小限度

· 把大家持不同意见的问题拿出来讨论

如何克服团队协作的第二大障碍

怎样才能使一支团队愿意进行积极有益的争论呢？首先要承认争论是有益的，因为很多团队都不愿意承认这一

点。如果一支团队的成员认为没有必要发生冲突的话，当然就不会经常进行争论了。在承认争论的价值之后，我们可以通过以下几种方式来鼓励和促进积极的争论。

挖掘争论话题

避免争论的团队成员必须经常有意地“挖掘引起争论的话题”——把深藏不露的分歧摆在桌面上。这需要团队成员有提出敏感话题的勇气和信心，并迫使大家一起着手解决这些问题。开会时问题的讨论要体现出客观性，大家都要有决心投入争论中，直到问题解决为止。还可以指定一名成员在开会讨论时专门负责提出这类问题。

实时提醒

在挖掘争论话题时，团队成员需要相互监督，不要放弃有益的辩论话题。一个简单有效的方法就是在大家争论得有些烦躁、不愿继续进行的时候，有人能意识到这一点并鼓励大家这种争论非常必要。虽然听起来有些幼稚，但这种方式对于消除辩论中的紧张气氛是非常有效的，并且可以给辩论者信心，促使他们继续讨论下去。讨论或会议结束后，团队其他成员可以提醒辩论者，他们刚才的争论是为了团队的利益，没有任何不妥，而且今后有必要将这种争论继续下去。

其他方式

前面曾提到，有很多种工具可以用来测试不同性格类型和行为特点，帮助团队成员彼此加深了解。因为这类工具大都提供各种类型的人处理争议的分析，所以它们可以帮助人们调整对待争论的态度。还有一种直接用于分析争论的工具，就是托马斯—基尔曼冲突模式测试工具（Thomas-Kilmann Conflict Mode Instrument），通常称为 TKI。它使团队成员了解应对争论的不同方式，从而根据情况选择不同对策。

团队领导的任务

团队领导在发动有益争论时最大的困难，就是同时想要维护团队成员间的平衡关系，怕他们受到伤害。这种顾虑会导致争论还没开始就被“解决”了，这样不利于培养他们正确处理争论的技巧。这与父母们过度保护自己的孩子，不让他们同兄弟姐妹发生口角是一样的。通常这样做的唯一结果就是阻碍了当事人培养解决争端的技巧，造成彼此关系的紧张。同时虽然他们非常希望解决问题，但似乎从来无法做到。

因此，当团队成员进行争论时，团队领导应该冷静审视、顺其发展，即便有时场面看上去可能很混乱，也不要随意打断。做到这一点确实不易，因为许多团队领导都认为开会时局面失控是自己失职的表现。

最后，虽然听来有些老生常谈，但领导们确实需要以身作则，参与争论。如果领导总是置身于必要争论之外，那么团队就容易产生这种障碍，事实上很多团队领导都在犯这样的错误。

同团队协作第三大障碍的关联

以上这些与第三大障碍——欠缺投入——有什么关系呢？一支团队通过有益的争论，听取每位成员的意见，他们就完全可以取得共识，达成一致意见，因为他们能够从每位成员的意见中受益。

第三大障碍：欠缺投入

在团队中，投入由两步组成：阐明问题和达成共识。优秀的团队可以在很短的时间内达成明确的共识，大家都同意按照最终决定进行工作，即使先前反对这项决定的人也是如此。他们的会议很圆满，因为他们中间没有一个人对已经做出的决定持怀疑态度。

欠缺投入的两个最重要原因，就是追求绝对一致和绝对把握。

- **不要追求绝对一致**。优秀的团队能够理解，追求意见绝对一致的代价太大，所以他们能够互相做出必要的让步。这促使大家在不可能完全取得一致意见的情况下，也可以达成共识。之所以能够做到这一点，是因为他们知道一个理性的人并不一定要大家都接受自己的意见，而只是要求别人确实倾听自己的想法并予以考虑。优秀的团队确保大家真正倾听每名成员的意见，这样大家就愿意遵守最后的决定，不论这个决定是不是自己最初提出的。当讨论陷入僵局而无法达成一致时，团队领导有权做出最终决定。
- **不要追求绝对把握**。优秀的团队会因大家齐心协力地制定出目标并为之奋斗而感到自豪，尽管有时候他们并没有把握所做出的决定是否正确。这是因为他们理解一条古老的军队格言，就是能够做出决定胜过没有决定。他们还意识到与其犹豫不决，不如大胆地行动起来，等确定当前的路线是错误的时候，再果断地调整方向。

让我们把这种做法与那些在这方面存在问题的团队的做法相比较。有问题的团队迟迟不肯做出重要的决策，直到看见足以证明自己正确的数据。这样看起来似乎很谨慎，但却埋下了隐患，导致团队运作行动迟缓、缺乏信心。

要记住，必要的争论有助于大家不追求绝对把握而达成共识。在很多情况下，团队拥有足够的信息，但这些信息分别存在于各个成员的意识中，因此需要展开自由的讨论才能把这些信息汇集起来。只有每个人都把自己的意见完全公开，大家才能对做出的决定拥有足够的信心，承认这是集体智慧的结晶。

产生这种障碍的原因，不论是追求绝对一致，还是追求绝对把握，我们都需要知道，一支管理团队无法达成一致的最不利结果之一，就是使组织内部长期存在深层次的无法解决的矛盾。比团队协作的五大障碍都要严重的是，这种情况会波及下属，造成致命的混乱。当一支管理团队无法达成一致时，即便他们之间存在的分歧看似那么微不足道，也会导致下属员工的分工协作出现问题。当一些员工试图理解部门领导指令，而这些指令又与其他部门同事所接到的指令不一致时，他们之间就会不可避免地产生冲突。就像漩涡一样，高层管理者的一点小小分歧，传播到基层员工时就变成了更巨大的差异。

欠缺投入的团队具有以下表现：

· 团队的指令和主要工作任务模糊
· 由于不必要的拖延和过多的分析而错过商机
· 大家缺乏自信，惧怕失败
· 反复讨论，无法做出决定
· 团队成员对已经做出的决定反复提出质疑

全力投入的团队具有以下表现：

· 制定出明确的工作方向和工作重点
· 公平听取全体成员的意见
· 培养从失误中学习的能力
· 在竞争对手采取行动之前把握住商机
· 毫不犹豫，勇往直前
· 必要时果断地调整工作方向，不犹豫也不没完没了地内疚

如何克服团队协作的第三大障碍

一个团队怎样才能够实现全力投入呢？团队成员可以通过实施一系列步骤来阐明观点，达成共识，克服追求绝对一致和绝对把握的误区，这样大家就能够上下齐心，全力投入。以下是一些简单有效的方法和原则。

统一口径

这是一个所有团队成员都可以在几分钟内实施，且没有任何经济投入的极有效方法。在团队会议结束的时候，大家可以一起清楚地回顾会议上做出的主要决定，以及如何向员工和客户传达相关消息。这是由于在大多数情况下，团队成员对于所达成意见的理解不尽相同，在具体实施计划前他们需要弄清楚具体结果。此外，还有员工还应该了解哪些举措属于公司机密，哪些则应该尽快明确地传达给员工。最后，领导们还可以发给部门员工一份会议总结，而此前员工们只能从参加会议的经理那里听到一些不一致的，甚至是前后矛盾的消息。（该活动最短持续时间：5 分钟。）

确定最终期限

虽然看上去很简单，但确保投入的最佳方式之一就是设立解决问题的最终期限，在期限之前大家必须做出决定，同时通过纪律和规定严格地遵守决议。形成这种障碍的最大原因就是大家做出的决定模棱两可。要克服这种倾向，时间限制必须明确规定。此外，除了明确最终时间，还需要针对问题的进展和各个步骤规定具体时间，因为这样做能确保在耗费过多的时间精力之前，团队成员之间不管产生何种偏差都能被及时发现并妥善处理。

意外和不利情况的分析

面临这种障碍的团队可以简单地讨论应对意外情况的计划，或者事先设想可能发生的最不利的结果，再根据这些做出决策。这样可以帮助他们克服对于失败的恐惧，让他们知道一旦决定是错误的，可能发生的情况并不像他们想的那样糟糕。

低风险激进法

另一个克服欠缺投入这一障碍的方法，就是在风险较小的情况下采用激进的方式，即团队在进行了大量讨论之后，强迫自身在调查和分析不足的情况下做出决定。这样的话，他们通常发现自己所做的决定比预期的要好。此外他们还将意识到，这样做出的决定和经过长时间的调研之后得出的结论并没有太大区别。但这并不表示研究和分析不必要或者不重要，而是指在这方面存在问题的团队可以用这种方法来缓解，加快做出决策的速度。

团队领导的任务

团队领导应该比其他成员更能够接受可能做出错误决策的事实，他还应该时刻敦促成员们关注实际情况，遵守团队制订的时间计划。团队领导不应该把过多注意力放在追求绝对一致以及绝对把握上。

同团队协作第四大障碍的关联

以上这些是怎样同第四大障碍——逃避责任——相关联的呢？要使团队成员担负责任，他们必须首先知道正确的目标。如果目标本身模糊不清，且大家从来没达成共识，那么即使是最热心负责的员工，也很难协助别人改进工作。

第四大障碍：逃避责任

逃避责任在涉及管理和工作质量的时候就成为非常敏感的词。在团队协作中，逃避责任是指团队成员在看到同事的表现或行为有碍于集体利益的时候，不能够及时给予提醒。

团队成员逃避责任主要是因为不愿在指出别人不妥的行为之后，造成人际关系上的紧张，或者他们倾向于有意避免不快的谈话。优秀的团队则能够克服这些顾虑，直接面对存在的问题。

当然，知易行难，即使在成员相互关系很好的团队中也是如此。通常相互关系很好的团队成员不愿对彼此负责，因为他们害怕这样会损害良好的人际关系。具有讽刺意味的是，当团队成员由于逃避责任而导致整体效益下降时，他们就会真的相互怪罪了。优秀团队的成员通过担负责任来促进彼此的关系，他们彼此之间会相互尊重，并对别人的表现抱有较高的期待。

虽然听起来缺乏理论依据，但实际上，要保持团队高效率地工作，最有效方式就是同事间相互施加压力。这样做有许多好处，例如不再需要那么多绩效管理及改进计划等过度形式主义的措施。害怕辜负同事的期望，这比任何规定和制度都更能够促使成员们努力工作。

逃避责任的团队具有以下表现：

· 成员对于团队里工作表现突出的同事心怀怨恨

· 甘于平庸

· 缺乏明确的时间观念

· 把责任压在团队领导一个人身上

负责任的团队具有以下表现：

· 确保让表现不尽如人意的成员感到压力，使其尽快改进工作

· 发现潜在问题时毫无顾虑地向同事指出

· 尊重团队中以高标准要求工作的同事

· 免除绩效管理及改进计划这类过度形式主义的措施

如何克服团队协作的第四大障碍

怎样才能保证一个团队的成员不逃避责任呢？关键是运用几个简单有效的管理方式。

公布工作目标和标准

使团队成员更易于对彼此负责的一个好办法，就是明确公布团队的工作目标、每位成员负责的工作，以及大家为取得成功需要做的事。目标和职责模糊不清是责任的大敌，即使团队已经就工作计划和行为规范达成共识，也应该公开强调这些共识，以免被大家忽视。

定期对成果进行简要回顾

必要的制度可以督促人们做他们本不愿意去做的事，

因此，我们可以利用制度来敦促大家针对别人的表现给出反馈。团队成员应定期采用口头或书面的方式互相交流，针对同事在既定的工作目标和工作标准上的进展情况做出评价，如果不采取制度的方式约束大家，完全靠自觉的话，就会为逃避责任埋下祸根。

团队嘉奖

将对个人表现的奖励转为团队成果奖，可以培养负责任的风气，因为一个团队不会因个别成员没有尽到责任而坐等失败。

团队领导的任务

团队领导希望自己的团队成员能够对彼此负责，要达到这个目的，最大的难点在于为团队建立整体的责任机制。有些个人能力较强的领导趋于使自己成为唯一的责任人，于是成员们看到同事的缺点就不予以指出了。

当领导在团队中培养起负责任的习惯之后，他就应该准备好在团队责任机制失效的时候，担负起最终仲裁人的角色。当然，这类情况不经常发生。然而，所有成员必须了解，担负责任并不是强求一致，而只是要求大家共同承担责任，必要时团队领导将出面干预并解决问题。

同团队协作的第五大障碍的关联

以上这些是怎样与第五大障碍——无视结果——相关联的呢？如果团队成员不能为集体利益负责的话，他们就会把注意力放在个人需求上，如升职或自己负责的部门获利。因此，逃避责任使得团队成员不再关心集体的工作成果。

第五大障碍：无视结果

团队协作的最后一大障碍是团队成员倾向于关注集体工作目标以外的事情。事实上，团队成员齐心协力、坚持不懈地追求特定目标和结果，这是衡量任何团队工作表现的标准。

这里值得注意的是，工作成果的衡量不仅限于经济上的指标，如利润、收入、股东权益等。在以资本为导向的经济环境中，许多组织确实将以上各项作为衡量成功的标准，但是团队协作第五大障碍往往会带来更大范围的危害，其中一点就涉及以成果为导向的业绩表现。

每家优秀的企业都明确规定在特定时间内要达到一定目标，这些目标比经济效益本身更能体现近期的工作成果。

所以尽管利润可能是企业效益的最终衡量标准，但企业团队稳步前进，按时达到所制定的目标，这本身就足以使企业团队受益匪浅。

除了工作成果之外，团队成员还应该关注什么呢？集体成绩和个人成绩是最主要的两项。

- **集体成绩**。对于有些团队的成员来说，作为团队的一员已经足以使他们满足了。他们可能也希望达到一些特定的目标，但这种动力尚不足以使他们做出大的牺牲，或让他们愿意承担改变带来的太多不便。虽然这比较耸人听闻，但事实上很多团队都由于成员过分追求个人职位的晋升而遭受损失。这在非营利组织中尤其明显，因为那里的工作人员对于自己的工作性质非常自豪。政治团体、学术部门以及素有威望的公司也同样容易存在这种障碍，因为他们经常只关注本组织的情况。
- **个人成绩**。个人成绩是指人们专注于提升自己的职位或职业前途而牺牲集体利益。尽管人们都有自我意识，但一支优秀团队的成员必须把集体利益放在个人利益之上。

这种障碍往往一目了然，而且必须被清除。要知道，很多团队都不注重集体结果。它们的存在不是为了体现其价值，而是为了存在而存在。遗憾的是，这类团队成员之间同样缺乏相互信任、有益的争论和共识，也不能够相互监督，因此成功的希望就很小了。

不重视集体成绩的团队具有以下表现：

· 无法取得进步

· 无法战胜竞争对手

· 失去得力的员工

· 鼓动团队成员注重个人职业前途和目标

· 很容易解体

重视集体成绩的团队具有以下表现：

· 有得力的员工加入

· 不提倡注重个人表现

· 正确对待成功和失败

· 团队成员能够为团体利益牺牲个人利益

· 凝聚力强，不会轻易解体

如何克服团队协作的第五大障碍

一个团队怎样确保成员们把重点放在集体成绩上？方法是明确界定集体的工作成绩，并奖励为集体成就贡献力量的成员。

公布工作目标

在橄榄球或篮球教练的眼中，如果球队成员擅自公开表示他们一定要赢得比赛，这实际上是最糟糕的事情之一。因为对于运动员团队来说，这样做会激起对手的注意。而在一般团队中，公开表示希望取得成功的想法则是有益的。

向公众承诺要获取成功的团队会具有更高的工作热情，更渴望取得相关成就。而仅仅声称“我们会尽力而为”的团队，则无意识地、微妙地为自己的失败做好了准备。

奖励集体成就

激励团队成员追求集体成就的有效方法之一，就是将他们的奖励，尤其是奖金，与特定的工作成绩联系在一起。不过，只借助于这一点将会产生问题，因为这样使得经济奖励成为他们工作的唯一动力，因此需要配合其他方式。同时奖励必须以工作成果为标准，如果仅仅让员工以“努力工作”的名义取得奖励，就等于传达了一种是否取得成果也无关紧要的信息。

团队领导的任务

对于这种障碍，团队领导应该做出比应对其他几种障碍更明确的表示，应强调注重集体成就。如果团队成员感到他们的领导最重视的问题不是集体成绩，也会去效仿他的做法。团队领导必须走出自我主义的误区，培养客观的态度，奖励那些真正为集体利益做出贡献的成员。

总结

虽然这里已经包含了很多信息，但事实上，企业团队通过实施一系列方法取得进步，通常需要比较长的时间。取得成功所依据的并不是神秘复杂的理论，而是通俗易懂的原则，但需要人们持之以恒。

有趣的是，正是因为团队由不完美的人所组成，它才可能取得成功。通过认识团队的人性化特点，团队成员就可以克服人性的弱点，建立信任，进行有益的争论，全力投入，注重集体成绩，从而取得成功！

附录

时间安排介绍：凯瑟琳的方案

虽然管理一支企业团队的方法多种多样，但凯瑟琳的方法确实值得考虑。以下是她在最初的领导层会议之后采取的管理方法以及需要投入的时间：

· 年度计划大会及管理层大会（3天，在公司以外的地点召开）

预算讨论，主要战略计划讨论，管理培训，任职培训，其他问题讨论

· 季度领导层会议（两天，在公司以外的地点召开）

主要工作目标讨论，财务总结，战略讨论，员工表现讨论，重要问题解决，其他问题讨论

· 每周领导层会议（两个小时，在公司召开）

重要问题讨论，工作目标进展讨论，销售工作讨论，客户情况讨论，疑难问题解决，其他问题讨论

· 每月部门会议（两个小时，在公司召开）

公司工作目标讨论，部门活动讨论，部门目标讨论，问题解答

凯瑟琳知道，一支强大的企业团队需要有相当长的时间一起工作，经过长久的磨合他们就可以减少误解，促进相互之间的交流。凯瑟琳和她的团队每季度用大约 8 天时间进行例会，平均每月不到 3 天。虽然总体来看这个时间不是很长，但大多数管理团队总是以进行“实际工作”为借口，不愿利用这些时间在一起研究工作。

团队协作的特殊榜样

当我快要完成这本书的时候，发生了恐怖的“9 · 11”事件。在无尽的灾难中，美国采取了非常成功的措施，这是团队协作的一个强大和令人鼓舞的表现——我在这里有必要对此表示敬意。

纽约市、华盛顿特区和宾夕法尼亚州的消防、急救和警务人员向我们展示了团队协作可以完成仅靠单个人力量无法完成的事情。

在这次紧急任务中，团队成员一起生活、一起工作，

建立了家人般的相互信任。这使得他们在争分夺秒的救援工作中能够团结一致，为正义事业做出贡献。他们在极度危险的情况下毫不犹豫地做出决定，而一般人则需要反复斟酌才能做到。在协作过程中，他们监督自己的同伴担负起各自的责任，因为他们知道假如任何一位成员没有尽到责任，都会造成生命的损失。最后，他们只有一个共同的目标：保护他人的生命和自由。

最后一项检验团队协作的标准是成果。成千上万人成功地从纽约世贸中心以及华盛顿的五角大楼撤离。毋庸置疑，那支用生命救助他们的团队是多么的卓越！

致谢

本书是团队协作的结晶，并且团队协作不仅体现在我写作此书的过程中，而且贯穿我的整个教育背景和职业生涯。在此我特别感谢那些给予我帮助的人。

首先，我要感谢我的第一团队的领导，也就是我的夫人劳拉。感谢你无私的爱以及对我和我们的孩子们的坚定支持，我的感激之情难以言表。感谢马修和康纳，你们将很快看到我的书，不过我知道你们更喜爱瑟斯博士，你们曾给予我很多欢乐。

下面我要感谢我在桌面集团（Table Group）的团队。没有你们为我提供建议，帮助我做编辑工作，以及给予我热情的支持，这本书就不可能问世。感谢艾米敏锐的判断和直觉，感谢特雷西卓越而持续的辛勤工作，感谢卡伦的支持，感谢约翰的智慧，感谢杰夫的乐观，感谢迈克的洞察力和幽默，感谢艾琳的真诚。我为你们的真挚感情和支持所感动。你们帮助我在实际工作中感受到团队协作的温暖，谢谢你们！

我要感谢我的父母对我的支持和关爱。你们一直是我情感上的避风港，让我可以勇敢地追逐自己的梦想。你们给了我太多你们自己不曾拥有的东西。

谢谢我的哥哥文斯，谢谢你的热情和关爱。

谢谢我的妹妹丽塔玛丽，谢谢你的智慧、你的亲情和你对我一贯的耐心。

谢谢我的表兄弟表姐妹，我的所有亲戚——兰西奥尼家族、尚利家族、范纳希思家族、麦丘恩家族、吉尔摩家族和格罗尼格家族。谢谢你们对本书的关心和期待，虽然我与你们中的一些人相隔万里，但我感觉你们的支持就在我身边。

感谢巴里·贝利、威尔·加纳、杰米·卡尔森、比恩家族和伊利家族，谢谢你们多年的关心和支持。

感谢我的职业生涯中的经理和指导人。感谢萨莉给予的信心和亲切感，感谢马克·霍夫曼和鲍勃·爱泼斯坦的信任，感谢纳什·哈希米的热情，感谢梅格·惠特曼的建议，感谢加里·博尔斯的鼓励和友谊。

感谢乔尔·米纳的热情和关爱，感谢里克·罗布尔斯的指导和教授，感谢我在天主教学校、格雷斯高中和克莱蒙特·马基那大学的所有其他教师和辅导员。

感谢多年来同我合作的客户，感谢你们的信任和对建立成功组织的贡献。

我要特别感谢我的客户吉姆·莱文，感谢你的谦虚和持久的支持。正像我夫人所说，你是“谦虚的前锋”。感谢我的编辑苏珊·威廉姆斯，谢谢你的热情和机智。感谢Jossey-Bass出版公司和Wiley集团的全体工作人员，谢谢你们一贯的支持和工作。

图书在版编目（CIP）数据

团队协作的五大障碍 /（美）帕特里克·兰西奥尼著；华颖译 . -- 北京：中信出版社，2021.4

（中信经典丛书 . 003）

书名原文：The Five Dysfunctions of a Team

ISBN 978-7-5217-2889-7

Ⅰ . ①团… Ⅱ . ①帕… ②华… Ⅲ . ①企业管理—组织管理学 Ⅳ . ① F272.9

中国版本图书馆 CIP 数据核字（2021）第 045587 号

团队协作的五大障碍
（中信经典丛书 · 003）

著　　者：[美] 帕特里克 · 兰西奥尼
译　　者：华颖
责任编辑：徐丽娜　杨杉杉
出版发行：中信出版集团股份有限公司
（北京市朝阳区惠新东街甲 4 号富盛大厦 2 座　邮编　100029）
承 印 者：北京中科印刷有限公司

开　　本：880mm × 1230mm　1/32　　印　　张：105.5　　字　　数：2152 千字
版　　次：2021 年 4 月第 1 版　　印　　次：2021 年 4 月第 1 次印刷
京权图字：01-2009-7038
书　　号：ISBN 978-7-5217-2889-7
定　　价：920.00 元（全 10 册）

扫码免费收听图书音频解读

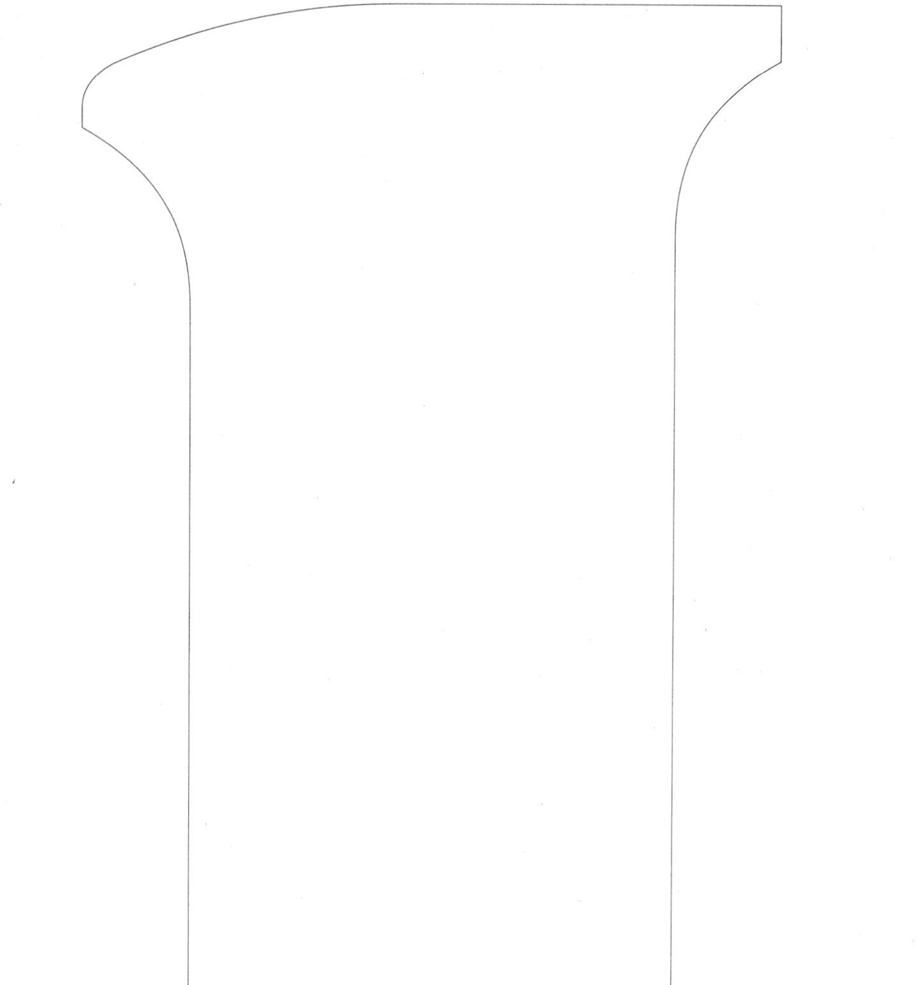

顾客为什么购买

WHY WE BUY

THE SCIENCE OF SHOPPING

[美] 帕科·昂德希尔（Paco Underhill）
著

缪青青
刘尚焱
译

中信出版集团 | 北京

再版寄语

对于一些读者而言，你正捧在手中的这本书可能是来自老朋友的相赠，或是购于机场、亚马逊网站，也可能是学校或培训项目的教材，总之，再次衷心感谢你的选择。在书店里，大部分商业书刊通常都销售得很快，但通常只有一年，这些曾被读者追捧的书就被遗忘了。《顾客为什么购买》这本书已经畅销了10年之久，而且被翻译成27种不同的语言。1997年，当开始写这本书时，我从未想到自己的故事会吸引这么多读者。

从俄罗斯到日本，从西班牙到泰国，很多读者专程来拜访我或发邮件给我，只是为了向我问好，这其中很多人正在找工作，还有不少人向我诉说他们的故事。他们有来自中国的大学教授，有信仰马克思主义的孟加拉国政府部长，有西班牙的珠宝设计师，等等。令我印象最深的一封信来自一位密苏里州的清洁工人。这是封纸质的信，我不知道他一年会写多少封信，十分荣幸能收到其中的一封。他读了我的书，想让我为他的卡车喷色提供一些建议。

2007年，我重新阅读了《顾客为什么购买》这本书，意识到原版书中的一些故事已经发生了改变，而且其中的一些案例已经过时，因此这本书需要修订，这正是这一版问世的原因。如果你喜欢第一版，你一定会觉得第二版更佳。无论喜欢或厌恶购物，这都是一本有趣的好书，读完这本书后，你永远也不会再像以前那样看待购物和消费世界了。

帕科·昂德希尔

目录

新版序 / III

第一部分　购物学的奥秘

第一章　购物学的诞生 / 3

第二章　零售商和营销商所不知道的 / 33

第二部分　购物机理学：商家应在哪些方面下功夫

第三章　缓冲地带的妙用 / 47

第四章　顾客需要腾出一只手 / 56

第五章　广告牌的效应 / 70

第六章　设计购买线路 / 89

第七章　急顾客之所需 / 104

第三部分　购物人口统计学：不同群体的购物行为研究

第八章　像男人那样购物 / 119

第九章　女人到底想要什么 / 141

第十章　你懂老年消费者吗 / 159

第十一章　孩子的钱不好赚 / 176

第四部分　购物动力学：观，闻，触，买

第十二章　感官与购物 / 199

第十三章　商店成功经营的三大法宝 / 226

第十四章　延长购物的好时段，缩短等候的差时段 / 233

第十五章　巧扮收款台 / 242

第十六章　商品推销的小窍门 / 248

第五部分　购物未来学：全球商业的新模式

第十七章　互联网带来购物新挑战 / 265

第十八章　感受全球购物文化 / 296

第十九章　体验异地消费模式 / 314

第二十章　购物学研究的新展望 / 330

新版序
互联网改变购物世界

帕科·昂德希尔，被称为“零售业的福尔摩斯”，穿梭并潜伏于各个消费领域，诸如百货商场、快餐店、超市、音像店以及网络购物商店等，以其独到的调查手法和敏锐的观察力，记录了人们在购物时的种种行为特征和消费习惯，并在此基础上分析了决定这些消费习惯的购物心理、价值观以及社会影响等因素。我想这也许就是《顾客为什么购买》原版在全球各个国家畅销十多年的缘故吧，因为它确实为全球零售业商家提供了崭新的经营观点和颠覆性的创业价值，引发了整个零售行业在未来发展道路上重新做出思考和探问。该书的中文版第一版在2004年由中信出版社引进出版，一经推出即受到了国内读者的好评和追捧，并在其销售过程中不断重印，其在当当网的定制版也已达到两万册之多。听闻中信出版社马上又要出版其新版，并增加了网络购物和新兴市场消费领域的研究内容，心中感知本版无疑又为中国的零售商家和创业者奉上了一份思想的饕餮盛宴。

任何事物都随着社会的发展而不断变化，商业领域尤其如此。商家如果不能紧随其变的话，就很可能遭受重大失败，甚至最后可能被迫退出历史舞台。这与达尔文的重要发现的道理一样，生存下来的生物是那些适应环境的种类，在消费竞争领域，每天面对弱肉强食的考验和挑战，存活下来的也是那些适应顾客需求、摸透顾客心理的佼佼者。

如今的零售行业内，存在着实体店与实体店、实体店与网店、网店与网店之间多维度的竞争关系，只有永远从顾客需求出发、为顾客提供最好服务的商家才能在竞争中站稳脚跟，取得长远发展。如何才能在机会与危机并存的当下，实现自己的盈利目标呢？可能有的商家只顾埋头赶路，却没有在战略经营的思考上下功夫，而昂德希尔就给所有商家提出了一个重要的警醒：细节决定成败，有时看似细微的创新，也许就能带来决定性的改变。

昂德希尔花费 20 多年时间，潜心调研、真实记录，毫不吝啬地为实体店商家总结了切实可行的经营技巧，如本书中提到的，强调舒适的店面设计和方便顾客行走的路线、设计字体和颜色醒目的广告牌、在门口过渡区注意摆放合适的商品、在顾客排队时提供轻松服务以减轻他们等待的焦虑等，这些往往是实体店商家在日常经营中忽略的要素。

此书最大的亮点之一，即在新版的内容中，昂德希尔还与时俱进地关注到了网络购物的重要性，并提出了目前网络购物和社交网站存在的优势以及弊端，对网店经营商家来说，也是非常宝贵的参考和借鉴。众所周知，互联网已经改变了整个零售业和购物世界的发展模式和结构，颠覆了传统的购买方式和价值观，改变了零售商和制造商做生意的方式。如昂德希尔在书中所说，网络购物有其明显的优势，它已给我们带来比实体店更多的商品选择，提供了比实体店更多的价格优势，我们可以在任何一家网店找到物美价廉的好商品，并且可以在家或者办公室随时随地根据自己的心情选择购物，避开了实体店肮脏的环境，不必面对沉重的货物、昂贵的价格、低下的效率等。

但是，网上购物在某些方面也存在不足，稍显逊色，比如无法提供华丽的店面，无法让顾客体验亲自触摸、试吃等感官享受，缺乏信息过滤而导致信息太多，缺少严格的质量把关而损害消费者利益，无法为不同地域和不同环境的用户提供个性化的商品和服务，等等，因此，我认为互联网以及网上购物还有很长的一段路要走，或者说有更多尝试可以做。这正如昂德希尔所想，那些理解这一点并加以运用的公司，很明显就具有了绝对的竞争优势和持续发展的动力。

当当网是中国零售业中万千商家之一，作为当当网的首席执行官，我更加认为任重而道远。当当网誓做中国最好的网上百货商城，为消费者提供最好、最全的商品。在目前所处的商业环境和公司发展阶段，我们面临着来自各方面的压力和挑战，但一心想着顾客是上帝的宗旨始终不渝，在网站技术研发、网页用户浏览体验、送货系统升级服务等方面都一直不遗余力地进行着创新和进步。

我真心希望在互联网改变购物世界的时代浪潮中留下当当网拼搏的印记，也希望顾客在被问到“为什么在当当购物”时，能够赢得一个货真价实的购买理由。

当当网 CEO

李国庆

第一部分

购物学的奥秘

购物学就是要告诉人们该怎样使用这些工具：怎样设置购物者真正能看到的广告牌；如何确保每条信息都被放在恰当的位置宣传；如何摆放陈列品，才能让顾客更舒服、更愿意浏览；如何确保购物者能到达想去的每一个角落。

第一章

购物学的诞生

好的，闲逛，闲逛，闲逛……现在停下脚步。

嘘，安静一点。站在那棵盆栽棕榈树后面，拿出写字板和笔。

做个侦探——跟踪购物者

我们的跟踪目标是一位40多岁的中年妇女，她穿着棕褐色风衣、蓝裙子，正在洗浴用品区选购商品。她正在抚摸毛巾，记下这点——她抚摸了一条、两条、三条，总共四条。她正在查看价格标签，把这个也记录下来。如果不想被发现，就要小心，不要靠得太近。她从展示台上拿起两条毛巾，离开了洗浴用品区，记下时间。现在，找准时机，尾随到通道，继续跟踪她去下一站。

我们就此开始了在科学领域，特别是商品学领域的又一天。但是首先要说明一个基本问题：从何时起有了购物学这样一门学科？

假如从人类学中分出一个学科来研究购物者在商店的购物行为，并将其与零售环境（不仅是商店，而且包括银行和饭店）和真实有形的环境相结合，且满足下面的两个假设，那么我们就不需要再发明购物学了，这里的零售环境不仅仅局限于陈列商品的货架、货柜和桌子，还包括每个标志、横幅、小册子、方向指示牌和计算机信息交互设备、商店的出口和入口、窗户和墙壁、自动扶梯和直梯、楼梯和斜坡、在商店排队等待付款的队伍、收银的队伍、等待就餐的队伍和排队上洗手间的队伍，以及每个通道的每个角落。**总而言之，从停车场到商店的每个角落和缝隙都属于零售环境，但对零售环境的研究却不仅仅局限于这些。**

需满足的第一个假设是，人类学已经研究了所有这些，不仅仅是研究商店，还科学地、精确地研究人们在商业场所里面的行为：他们去了哪里，没有到过哪些地方，去时要经过哪里，他们看到了什么，忽略了什么，阅读了哪些信息，没有阅读什么，以及他们如何处理遇到的每一件事物，他们怎样购物。

或许你会认为，已有精确的剖析技术和行为心理学对顾客怎样从货架上拿下一件毛衣仔细查看，或者阅读药盒上的说明或快餐店的菜单，或者使用购物筐，或是对自动取款机前排队的情景做出怎样的反应等，提出了分析和解释。但是，仅做到这些还不够。假如人类学有所留意，不仅观察，还核实、了解、列表分析和交叉参照过每个数据与细节，甚至从最宽泛的数据（在一个普通的星期六上午有多少人走进这家商店，按年龄、性别和购物量分组）到最狭义的数据（比如在超市里，那些年龄在35岁以下、阅读谷类食物包装盒侧面营养说明的男性购物者与那些只看盒子正面的购物者相比，前者更可能购买该产品吗）都加以分析，那么，就满足了第二个假设。

1997年，当这本书刚刚完稿时，学术界对本地市场或购物中心的了解，甚至少于对巴布亚新几内亚的市场的了解，因为20世纪人类学研究的对象并不是发生在身边的那些事。

到1997年，我已经为我所认为正确的购物学理论奋斗了10年之久，然而从那之后，整个环境慢慢发生了转变。全球许多公司正在雇用人类学家，把他们分配到每个工作组中，按现在流行的叫法就是“顾客分析小组”。人种学研究（我们知道人种学将人分成不同的种族、文化和各种不同特征的群体）是市场研究的主流。当公司刚开始营业时，之前从事研究的同事以为我们的服务会供不应求，但事实上，当我向客户介绍服务产品时，却被他们像外星人一样盯着。

从我办公室到大厅之间有一间设备室，里面摆放着100多架摄录设备，其中有8毫米的摄录机、硬盘摄像机、其他数码器材，甚至一些老式的超8延时胶片摄像机。为了便于整理，我们为每部器材都起了一个名字，摄像机的名字都来源于摇滚明星，数码照相机则是按十二星座命名的。与数字编号相比，有名有姓的照相机使用的时间更长，因为在照相机出现故障时我们发现，比起数字命名的26号相机，命名为吉米·亨德里克斯[1]的相机可以被更快地送到维修店。这里还堆积着成盒的空白8毫米胶片，一卷的拍摄时间为两个小时，每个盒子里装有500卷胶片。每年，我们在全世界范围内拍摄5万小时的胶片。公司还有数十部掌上电脑，用来录入我们调查所得的成千上万的购物者问卷，另外还有一些笔记本电脑和各种各样的三脚架、托架、镜头和管线等摄像器材附件，这其中还包括一些封管胶带。因为所有东西都需要搬来搬去，所以这些东西都放在结实的箱子里。隔壁的工作室有两套完整的数码编辑器和11个操作平台用来回放所有的拍摄内容。这间工作室里的器材完全可以制作出电视台水准的纪录片。我们的装备确实很多，即使某所大学在采集原始调查数据方面的技术在世界上处于领先地位，我们的这些器材也足以装备这所大学的社会人类学院或者实验心理学院。

即便使用高科技设备，在过去30年里，最重要的研究工具依然是普通的纸张，我们称之为跟踪单，手握这些单子的人被我们称为跟踪者。跟踪者是购物学实地研究人员，是研究购物的学者，更为精确地说，是专门研究购物者的学者。他们的基本工作就是在商店里秘密地跟踪购物者，记录下他们的每一个行为。通常，跟踪者最初是在商店入口处的角落闲逛，等待购物者进来，这时跟踪就开始了。跟踪者会紧紧跟住某个没有发现他们的顾客（或一群顾客）。只要购物者在商店（不包括去试衣间或休息室），跟踪者就会在跟踪单上记录下顾客所做的每一件事情。

1. 吉米·亨德里克斯，摇滚史上伟大的电吉他天才。——编者注

你适合当“超市间谍”吗？

跟踪者与一般的学术研究者不同，因为他们远离象牙塔，而且有能力适应购物学这门在现实世界中成长起来的学科。起初，我们雇用了环境心理学专业的研究生，但是发现他们通常不太适合这项工作，在工作中经常受到教科书上理论知识的束缚，因为这些学生总是想通过实践来证实或推翻这些理论。结果，他们缺乏足够的耐心来长时间观察这些购物者的购物行为。我们发现，像剧作家、艺术家、演员、小说家、木偶剧演员这样有创造力的人，比较适合做这项工作。他们没有任何理论束缚，只会怀着无穷的好奇心观察顾客的行为、方式，及思索顾客这么做的原因，这也是他们自身职业所需的基本技能。这些人沉着冷静，富有观察力，而且时间表比较灵活，他们虽然不想精确地记录人们在零售商场是如何表现的，但会设法观察大卖场整体及其中的每一个细节。

当发现某个人身上具备从事这项工作所需的性格和智慧时，我们首先会在办公室为他安排培训课程，因为有许多东西要学。**例如，如何一边观察一边做记录，或者如何分辨出某人是在看标签还是在照标签旁边的镜子。还需向他们传授最重要的跟踪技能：如何靠近一个人观察他而不被发现。因为对于我们的工作而言，不让购物者意识到他们被人观察是极其重要的。这是为了确保我们看到的是自然行为，除此之外别无他法。**

事实上，我们可以和商店中的某个人站得非常近却不被发觉，对此我们也感到诧异。我们发现站在购物者的背后不太好，因为这很容易会被察觉到；而站在顾客的旁边，他会认为你只是一位顾客而已，对他不会造成威胁，换言之，是可以忽略的人。从那个位置你可以和他靠得非常近，看清他具体在做什么，你能确定他摸过了9副高尔夫手套而不是8副或10副。传授跟踪技能之后，我们就可以让跟踪者进入现实的商店环境中来检验他们的观察力。这时大多数跟踪者会感到茫然无助。跟踪技术是可以传授的，但是要将这项工作做好，还需要一定的智慧和强烈的兴趣，而这些却是无法传授的。许多跟踪者已经与我们一起工作了10年甚至更长的时间。

约翰一边在我们公司（Envirosell）做实地调查跟踪员一边做幼儿教师已经10多年了。如果让他去跟踪一个5岁的消费者，他会有耐心吗？当然，因为他已经完成了200个跟踪调查任务。约翰中等个头，棕色头发，身体瘦弱，眼角布满鱼尾纹，有一双大脚，所以他站一整天都没有任何问题。在我们这个团队里，既有只跟踪过20次的新手、中级水平的跟踪者，也有经验丰富的跟踪行家及团队负责人……有着13年跟踪和团队领导经验的诺厄，现在在纽约本部管理着40多名雇员。诺厄是我们在纳什维尔招聘来的，那时他还是一名音乐系的学生，在最后一刻以候补名额来面试，但在工作3小时后就立刻进入状态。他第一次来我办公室时紧张得直冒汗（在这之前他从来没有来过纽约）。13年之后，他依然称我为帕科先生。

跟踪者除了要测算和统计单独购物行程中的每个重要举动，还要清晰地描述顾客的每个细微动作，然后根据观察得出科学的推论。这些记录累加起来就非常有意思，它们从不同的角度展示了在特定的条件下人们如何利用购物环境。

不仅在北美，Envirosell在全球都雇用跟踪者。截至2008年，

Envirosell 在墨西哥城、圣保罗、米兰、班加罗尔、莫斯科和东京都设有分公司，每家分公司都拥有自己的跟踪团队。在全世界范围内，Envirosell 的跟踪员一个月在购物中心所花的时间超过大多数人几年光顾这些地方的时间。他们需要光顾各种商业场所，从银行、快餐店、高档女装精品店，到大型折扣店。

自 1997 年起，我们又开拓了新的跟踪场所，如音乐厅、体育馆、火车站、机场、图书馆、博物馆、酒店和网站（后来又增加了许多不同的场所），但是最佳地点依然是人们常去的购物中心。全球五十大零售商中，有将近一半与我们合作。在美国，排在《财富》杂志前 100 位的企业中有超过 1/3 是我们的顾客。

跟踪者所使用的表格是数据收集界的奇迹，它们是公司在 30 年的跟踪研究中逐步形成的，毫无疑问，这些表格对整个企业的发展极为关键，可以说是在信息存储、检索和非数字分化艺术领域取得的成就。我们已尝试了扫描系统等特殊的软件系统，而且不断地回到之前所使用的系统。现在所使用的这套表格非常有用，而且十分灵活。因为有了涂改液和打印机，还可以在表格中迅速修改信息。跟踪者要对不同的事物和走进任何一个调查场所的顾客迅速做出反应，这种反应能力对我们的成功至关重要。

多次调查同一家零售场所之后，至少有 1/3 的调查会找出一些与客户之前向我们所做的描述不符的信息。比如这家商场有 6 个通道，而不是客户所说的 7 个，货架的布局以及我们受雇研究的一个月前置于商场、与顾客互动的机器的使用情况也完全不是他们所描述的那样——那台机器从未使用过。

最初的跟踪表格仅能够记录 10 多种不同的购物者行为的数据，今天已经达到了近 40 种。每次从事新的研究项目，我们都要重新设计表格。每一张表格都是从描绘研究对象的信息开始，无论研究对象是商店、银行支行、停车场还是一个单独的购物区，甚至只是商店的一段通道，都是如此。描绘的地图会对每个门口和通道、每个展厅、每个货架和柜台加以标注。表格上还有一块地方专门记录购物者的信息（性别、种族、大致年龄、服装描述）以及他在商店里做什么。跟踪者可以使用简洁表示法，即符号、字母和特殊标志进行记录。例如，一个光头、留着胡须、穿着红毛衣、蓝牛仔裤的男人于周六中午 11：07 进入一家百货店，径直走到一层的钱包陈列柜台，总共触摸了 12 个钱包，看了其中的 4 个标签，然后选中了一个；于 11：16 走到了相邻的领带货架，触摸了 7 条领带，阅读了所有 7 条领带的面料成分标签，看了其中两条的价格，一条也没买，然后径直走到收款台付钱，等等，他在模特前停了下来，看了看模特身上的夹克价签，我们也将此记录下来。然后，还记录下这位顾客于 11：23 进入了交款队伍，在 11：30 走出商店。依据商店的规模和每位购物者的逗留时间，一个跟踪者一天中最多能研究 50 个购物者。通常我们会在同一地点派出多名跟踪者。一个项目可能会需要在三四个地点进行同步研究。对于家居装饰中心或是大型购物商场，我们可能会派出 10~12 名跟踪者。

加工整理调查数据

跟踪工作结束后，跟踪单上填满了难以计数的信息。跟踪者返回办公室。随后，一名经验丰富的职员用将近一天的时间将所有的跟踪信息，包括上面的每个符号输入电脑数据库。这些年中我们花费了大量的资金和时间，试图建立一个可以处理我们所做的各种工作的数据库系统。最大的问题是尽管我们通常以相同的方式处理同样的数据，但每个项目中的要求却有所不同，要么是需要收集不同种类的数据，要么是需要设计新的事实比较表。我们曾经雇用了优秀的咨询专家花了 6 个月的时间和我们共同攻关这个难题，试图建立一个计算机系统。专家要求我们列出需要用程序完成的事情，但是每个星期我们都会添加 6 条新的要求，这样前几个月设计的软件又无法满足我们的需求了。而且，公司每项调查的运作周期都很短，因此没有时间针对每项工作来改变计算机系统。也许今天需要做一个新的比较，而在之后的 7 个月里却再也不会使用这项功能。

在 20 世纪 90 年代早期，微软推出了 Excel 程序，对于我们来说是恰逢其时。Excel 不是一个数据库程序，只是一个电子表格程序，只能帮助会计做一些相对简单的计算。但它的好处在于它的开放结构允许随时进行修改，因而更符合具体需要。而且 Excel 的宏指令或代码的输入相对简单，修改起来也容易。今天，在 Excel 的基础上公司还使用其他的程序，如 Access 和 SPSS 程序。但是在很长一段时间内，Excel 程序使我们的工作变得可行。这就好像微软制造了一辆很好的自行车，我们现在把它改装成一辆山地车。当微软公司成为我们的客户后，我们向他们展示了通过 Excel 表格完成的工作，他们觉得不可思议。

一个人从现场带回来的录像带通常由另外一个人回放并记录下录像带里的每件事情。根据商店的规模，我们可能在特定的区域，例如门口或某个商品柜台，用 10 架摄像机每天拍摄 8 个小时，每年大约拍摄两万个小时。我们深信这些录像带会产生更多的硬数据。举个例子，在一项有关某个收款台的设计与收银员疲劳程度之间关系的研究中，我们可以使用录像带和秒表来计算收银员在上午10点把款项记入收银机所花费的时间，并将之与下午4点所花的时间做比较。

我们把研究用的细节列表称为“可使用项”，随着陆续开展的新项目它会不断增加。最后算下来，我们共评估了购物者和商店之间接近上千种互动细节。这样，我们就对购物者在商店里的行为举止有了相当多的了解。可以告诉大家，将牛仔裤带到试衣间试穿的男士中65%的人会买下它，而在女士中这个比例仅为25%。IBM（国际商业机器公司）公司的员工在自助餐厅中购买炸玉米片之前，18%的人阅读了包装袋上的营养说明，而那些在赛百味吃午餐的人中，这个比例则为2%。在准备买电脑的顾客中，4%的顾客会在周六上午购买，而到下午5点之后才购买的则为21%。在家居用品超市使用了购物筐的顾客是8%，拿购物筐的人中最后真正买了东西的人为75%，有34%不拿购物筐的顾客购买了商品，这样，我们从观察中得到了一些统计结果，并给商店想办法让更多的购物者使用购物筐。**假如购物学成立的话，它就是一门非常实用的学科，它关注的内容是通过研究、比较和分析，使商店和服务更加适应购物者的需要。**

干扰效应

这门学科是随着实践逐步创建起来的，它是一个生机勃勃的研究领域。最初我们并不知道要找什么，直到后来发现了些新东西。因此，我们有必要停下来总结一下我们究竟看到了些什么。

经过30多年，我们已做了大量的工作，知道接下来应该找寻什么。但是购物学非常有意思的地方在于事物总在不断地变化着，而这些变化仍让我们感到惊奇。我喜欢把零售业看作我们发展的标尺，如同一种物种演变一样，这些演变向我们展示了人们是如何购物的，以及购物的目的是什么。然而有些事物是恒久不变的，它们与我们的天性有着必然的联系，而这本书的大部分内容都是在关注这些恒久不变的事物。

例如，我们非常偶然地发现了一种新闻记者喜欢报道的现象，即所谓的“干扰效应”。作为研究百货公司的一部分，我们将摄像机安置在一层的一个主入口处，镜头恰好对着入口附近的领带货架。我们把录像带进行回放，以研究购物高峰期时购物者在门口的避让情况。我们注意到领带货架边的情况有点奇怪。购物者会来到货架边，停下来挑选，当被来来去去的人碰到一次或两次的时候，这些顾客仍会接着购物；但如果再被推几次，大多数购物者就会离开这条通道，不再选购领带。我们反复地观看这盒录像带，发现这种现象十分普遍，尤其是女人。男人也是如此，只不过被人挤着或撞着时男人的反应不像女人那样强烈而已——但他们也不喜欢有人在后面挤他们，而为了避免再被撞，他们就离开了想要购买的商品。当我们和客户核实此事时，得知那个领带货架的销量确实要比远离通道的固定夹具上的领带销量少很多，我们把这种现象总结为“干扰效应”影响了销量。

当我把这个发现告知商店经理时，他几乎从会议桌边跳了起来，抓起电话，告诉一楼的工作人员立即将领带货架移到离开主通道的地点。几周后商店规划部的经理打电话给我，说那个货架的销量在迅速增长。从那之后，我们发现了许多类似的情况，购物者常常被过于拥挤的场面吓跑，在每一个这样的案例中，卖场所需要的就是迅速进行调整。所以一种避免顾客之间肢体接触的新想法就在购物中应运而生了，而且还可以将这种想法进一步延伸，但是顾客有时会因为这样的措施而患上幽闭恐惧症或者感到害怕。我们并不讨厌人群，很多人在一起可以令人愉悦。在扬基体育场或是当地商场里的一场售卖会，我们希望看到很多人一起参与。但是当我们被碰撞，而且不希望很多人在场时，“干扰效应”就会影响到我们愉快的时光。

把商品放在目标顾客够得着的地方

由于耐心地观察和分析，在研究狗粮生产商时我们获得了额外的收获。在宠物食品区监视时，我们注意到狗粮通常是由成人来买，而狗的零食，如肝味饼干等，通常是由儿童或者老年人购买。我们意识到，对于老年人来说，宠物就像儿童一样，是需要溺爱的；而对于儿童来说，尽管他们不喜欢给狗喂食这样的家务活，却认为给狗喂饼干是件很有趣的事。小孩提出给狗买零食时，父母通常会迁就他们，这就像孩子在饼干区的行为一样。

但是商家并没有注意到谁才是真正购买（或者说服购买）宠物零食的人，他们通常把这些零食放置在超市货架的最顶层。结果，我们的摄像机就拍摄到小孩爬上架子去拿宠物零食的镜头，还看见有个老妇人用铝箔包去击打想要的宠物饼干。我们建议商家将宠物零食挪到孩子和老人够得着的地方，商家照办之后，销量立即就上去了。

有关商店规划和库存的各项细节，即使是最浅显的道理有时也会被商家忽视。我总对顾客谈起的一句话就是：看上去显而易见的事物通常并不那么明显。

在研究杂货连锁店的化妆品柜台时，一位年约 60 岁的老妇人走近一列靠墙的货架，仔细地研究了一会儿，然后蹲下去，才找到需要的遮盖霜。因为遮盖霜本身缺乏吸引力，所以被摆在了货架的最底层。类似的，我们在百货店看到一位超胖的男士在通道边的货架上找需要的内衣，他艰难地蹲下去，在接近地板的地方才找到。**在这两种情况下，按道理物品的摆放应该让购买者感到方便，而不是让设计者感到方便。**我们建议把遮盖霜摆在上面一些，把小孩子要买的商品放到接近地板的架子上，因为，无论把孩子们要买的产品放得多低，他们都能找到。

欲知怎样卖，先知顾客怎样走

在有些研究中，我们利用搜集到的所有信息描绘出商店或某个购物区的综合场景图。一家大型牛仔裤制造商想了解他们的产品在百货商店是如何销售的，因此，我们在某个周末随机调查了 4 家商店，两家在新英格兰，两家在南加利福尼亚。这几家商店的情况很相似，牛仔裤的展示区是方形的，占用了 8~12 个桌面陈列台和一些墙边的货架。我们画了一幅详细的地图，描绘出牛仔裤销售区的布局以及出入该区域的通道，并标出广告牌和其他促销材料的位置。那个周末我们总共跟踪了 727 个购物者，通过录像镜头观察到的人则更多。我们特别关注顾客出入商店某个区域时所使用的通道。**商家只有知道了顾客会走哪条路，才能明智**

地判断出该在哪儿放哪种商品，或者在哪儿摆放商品才能够吸引购物者。

在研究结束后，我们就能找出顾客在每个购物区所走路线的比例情况，一旦了解了情况，结论就会显而易见。比如，按常理广告牌应该摆放在面向主通道的地方，但是我们经过调查发现，大多数购买牛仔裤的顾客根本不会从主通道过来，而是从购物区的不同方向过来，所以大多数广告牌放的位置不合适。我们还发现，如果品牌的广告灯箱和放映摇滚录像带的屏幕的用途是吸引购物者的话，那么它们的朝向也不对。我们跟踪购物者在柜台之间移动，看他们在哪里停下来，看到什么标牌，是否注意到了屏幕，如何对待商品，是否会拿到试衣间试穿。如果试穿牛仔裤给同伴看，跟踪人员也会记录下来。他们还访问了被摄像机拍到的购物者，这样就能把他们的个人信息、态度、观念和行为联系起来进行分析。例如，受过高中教育，并声称只看重品牌的年轻购物者是否会看价签。对调查得到的原始数据经过处理和分析后，我们就可以做出一些判断。

比如，如果我们发现大多数男性购物者买走了他们看到的第一个货架上的牛仔裤，而且往往是从男士用品区的通道进入牛仔裤区，而不是从女士用品区或电梯过来的，我们就会建议客户把男式牛仔裤柜台摆在靠近男士用品区的地方。

但是也可能是其他因素起决定作用，比起独自购物的男士，那些由女士陪伴的男士更容易购买牛仔裤，这时他们往往是从女士用品区进入这个牛仔裤区的。在这种情况下，牛仔裤柜台最好接近女士用品区。如果不搜集大量的数据，我们就无法知道这些。

女性购物者的“价值平衡”

也有一些小的零售店邀请我们去研究顾客与商店的互动情况，其中有个项目是一家高级洗发水生产商委托的，他们想了解女性购物者在购买普通或者商店自有品牌的美容产品时的决策过程。客户感兴趣的是女性在每次购物时如何取得“价值平衡”：上午在超市普通商品区买东西的女性，下午在布鲁明戴尔百货公司买东西时是怎样决定该买哪种商品的？她会不会认为自己应该使用高档品牌的护肤品，而洗发水只买普通品牌就行了？以前，只有那些精打细算的顾客才会购买自有品牌的商品，但是现在每个人的购物筐里都能找到这类商品，这其中的奥秘是什么呢？

在一次跟踪中，我们将一位30岁左右的女性称为第24号购物者，她身着白毛衣和黄色裤子，领着一个五六岁的小女孩，在周三上午10：37进入了商店的美容保健品区。她拎着一个手袋，而不是推着购物车，并已选购了商店自有品牌的维生素C胶囊、一大包强生婴儿爽身粉，还拿着一张购物单和商店广告，径直走到护发用品货架，拿起一瓶潘婷洗发水，看了看前面的价签，接着又拿起商店自有品牌的洗发水，看了看价签，然后对比了一下两者的价签，最后将商店自有品牌的洗发水放到购物筐里。她在进入该区49秒之后离开。

在这次简短的经历中，跟踪人员需要收集许多数据，如她触摸了什么，阅读了什么，顺序如何，总共有大约25个不同的数据点。假如有一天，我们在那家商店的美容保健品区跟踪了100个购物者，就等于有2 500个不同的数据点。那位女士离开购物区时，我们采访了她，共问了20个问题。这25个数据点就可以和她的20个回答进行交叉列表对比，这真是一个排列组合的挑战。直到现在，大学里还没有像我们这样对零售环境的行为学进行研究的，所以这项研究就抛给了全世界的商家——那些零售商、银行、连锁餐馆、制造商及商品展示盒包装的设计师。因为有商家的资金，才有这门学科的产生。而且他们还在继续，商家通过雇用Envirosell去实地调查来继续这项研究。

获益于威廉·怀特的公共空间研究

我研究购物学的本质纯属偶然，或许所有的这些都是因为偶然的机遇开始的。当我还是一名学生时，就非常崇拜广受尊敬的社会科学家威廉·H.怀特（William H. Whyte）。怀特写过一些非常有影响的书，包括《组织的人》（*The Organization Man*）、《最后的景观》（*The Last Landscape*）、《城市：重新发现市中心》（*City: Rediscovering the Center*）和《小型公共空间的社会生活》（*The Social Life of Small Urban Spaces*）。1974年，他创立了公众空间项目（Project for Public Spaces，简称PPS），PPS机构现仍存在，为城市的环境保护和持续健康发展做出了卓越的贡献。

怀特又被朋友称为霍利（Holly）。他曾是个狂想家，受人爱戴，一头银发，而且保留着新教上流社会银行家的贵族风范。他爱上了纽约市的大街小巷，并一直在为人们更好地利用这些街道而努力工作。怀特最大的贡献在于对人们如何利用街道、公园、广场等公共空间的研究，并取得了丰硕的成果。通过延时摄影、暗地跟踪以及访问等方式，他和同事们对一些城市广场和微型公园进行了调查，花费大量时间对调查到的资料进行研究。研究结束后，他们甚至能说出每个长凳、台子，以及小径、喷泉和灌木丛的每个细节，尤其是人们与之互动的细节，人们可能会在这些地方吃饭、晒太阳、聊天、观察来往的人、小憩或者只是随意闲逛。怀特和同事们对每个因素都进行考察，比如，用来坐的台子的宽度应该是多少才最理想，阳光、树荫和微风会对公园等公共空间的利用产生什么影响，写字楼、建筑工地、学校或邻近环境等诸多因素和当地人们的生活质量有什么关系。

怀特最早是《财富》杂志的编辑，但从本质上来讲，他是第一个研究街道的科学家，这真有点不可思议，因为在怀特出生之前街道就已经存在很长时间了。怀特的工作就是改善公共空间，使它更有利于市民，同时也使城市变得更加美好。怀特研究和改善物理环境的主要方法犹如一面透镜，他的研究方法使我受益匪浅。

1977 年，我在纽约市立大学任兼职讲师，为环境心理系的学生讲授实地调查技巧。同时，我还在一家曼哈顿中心区的厄尔酒吧工作，并持有这家酒吧的部分股份。在那里，我认识了一位朋友，也是我的顾客，他曾负责设计林肯中心的标志系统（林肯中心是综合的表演艺术中心，汇聚了大都会歌剧院、埃弗里·费雪音乐厅和其他一些表演艺术场所）。他告诉我，他们需要找人来考察一个地下中央广场的使用和客流模式，这个地下中央广场将所有建筑物、停车场和地下通道相连。当时地下中央广场里只有一家很小的、临时的礼品店，林肯中心负责人想知道能不能在那里建一个更大的商店。但是，他们首先必须确保商店不会造成道路拥堵，在朋友的帮助下，我得到了这个项目。

我找了一些学生来帮忙，带了几架摄像机，站在选好的观测点上，开始计数和绘图。开设商店会不会造成道路拥堵这个问题很容易回答。我们首先用绳子围出了一个与要建的商店一样大的区域，之后观察和拍摄交通高峰期时人行道上的客流量。我们建议林肯中心可以建这样一个场所，而且还要在中央大厅为参观者准备一些长椅，这里就变成了一个休息点，而不只是一个走廊。起初他们并不准备采纳这个建议，但是今天长椅已经安装在了那里。我还强烈建议他们将女洗手间的规模扩大一倍，但他们拒绝接受这一建议。30年后的今天，高峰时期，女洗手间的队会排到门外，这真是一个不可原谅的错误。

由礼品店的一幕想到的

在为报告收集数据以及查看拍摄的录像时，我注意到有个机位能拍到临时礼品店里收银台四周的情况，有的顾客在浏览商品，有的正在购买。其中，有两个顾客在排队等着交款。其中一位像是个贵妇，可能是来看歌剧的，她放在柜台上的盒子堆成了一座小山。她前面排着一个女孩，女孩买的东西很少，一个纸袋就能装下。我不知道为什么会有这种情况，好奇心驱使我想要找到答案。

第二天我拜访了这家商店，和服务员进行了交谈。他告诉我那位贵妇是一位墨西哥外交官的妻子，准备购买一些漂亮的音乐盒作为礼物带回国，音乐盒很贵，她大约买了12个，总价值近9 000美元。因为是在歌剧中间休息时来买东西的，所以她需要快点结账，而且她还需要专人替她拿盒子。由于她的外交身份，可以享受免税的待遇，总之这宗交易十分复杂。

尽管那个女孩要买的仅仅是一支圆珠笔，收款员也必须处理完那个女孩的交易之后才能为这位贵妇服务，因为是女孩排在前面。

即使像我这样的外行，也知道收款员的程序应该进行一定的重组和简化。在收款员面前，对这两笔交易的重视程度应该是不同的。之后我突然想到，为什么不利用城市人类学家的研究工具来研究人们与零售环境之间的相互作用呢？

走出象牙塔

几年前我亲眼目睹了受人尊敬的社会学家、作家欧文·戈夫曼（Erving Goffman）与纽约和新泽西港务局的总工程师杰克·弗鲁因（Jack Fruin）之间的一场辩论。在辩论中，杰克表达了对学术界的失望，当时他正担负着规划和设计纽瓦克国际机场的重大任务。他曾向专家学者寻求帮助，希望这些专家能协助工程师和建筑师开展工作，但是专家的建议并不像他想象中那么简单易行，而且与实际的设计问题不相符，这差点葬送了杰克的工作。但是，欧文在辩论中将知识分子捧得很高，不过我却清楚地记得，与为欧文工作相比，为杰克工作能找到更多的乐趣。欧文一直藏在象牙塔里，杰克却从象牙塔中走了出来，在做自己想做的事情。

完成林肯中心的任务之后不久，我和一些朋友坐在格林尼治村的夜间酒吧里小聚。其中一个年轻人是埃佩克唱片公司（Epic，CBS 分支机构）的执行官。我跟他讲了我的想法：把商店里发生的事情记录下来，然后用科学的工具来分析购物活动，这样就能得到一些很有价值的结果。当几杯啤酒下肚之后，他肯定觉得我的想法非常有趣，因为他对我说：写一份提案给我。

第二天早上，我雄心勃勃地起了个大早，拽出了打字机，开始起草方案。写好后寄了过去，然后等待回音。大概有一年时间，我左等右等，而且写信、打电话给他们，但是都没有回应。这段日子应该是我在购物学研究中最黑暗的时期。

突然有一天，我收到了 CBS 唱片公司市场研究部门主管的来信。她说他们在某个文件垃圾堆中发现了我的提案，大家都被它吸引了，问我是否还有兴趣去研究一家唱片店。

我说当然有兴趣了，心里还美滋滋地想，一家美国大公司承诺出资了！我核算了一下，总共需要 5 000 美元来研究现代购物者的习惯。我立即给我的一些学生打电话，准备了一些笔记本和延时摄像机，就赶赴位于新泽西州北部一家购物中心的唱片店。

此后大约 20 年间，我们共拍摄了上千小时的录像，并进行了大量的个人调查。现在想来，虽然那次的研究内容非常基础，但当时我们仍为自己的重大发现兴奋不已。

拥挤是销量的杀手

举个例子，进行那项研究时正是 20 世纪 70 年代末，那时最畅销的是传统的 45 转 / 分的单曲唱片。商店就把最畅销单曲排行榜的《公告牌》（*Billboard*）杂志摆在唱片货架旁边，希望以此来刺激销量。但是，我们拍摄下来的情况表明，购买单曲唱片的大多数是青少年，而排行榜挂得太高，孩子们要踮起脚尖，伸长脖子才能看清谁在榜中排在第一位。我们建议商店经理把榜单挂得低一点，一周之后经理打电话告诉我唱片的销量增长了 20%。把榜单挂得低一点，仅此而已，居然就奏效了。

在某个周末，我们花费大量的时间观察人们在收款台前的队伍中排队交款的情况。**从各方面来说，收款台都是商店中最重要的部分，这与商店设计师和商品管理者的想法不尽相同。假如交易进行得太慢，或者队排得不够整齐，购物者都会感到不舒服，或者就走开了。**许多时候，假如交款的队伍看起来很长，秩序又不好，购物者看到这种情况甚至就不会再去那家商店了。

我们研究的这家唱片店里有许多大展区用来摆放新唱片，你一进商店就能看到，离收款台只有几步之遥。当商店里没有顾客的时候，这并无大碍，但是假如有顾客在排队交款，那些新唱片就会被挡住。为此，我们建议他们立起两根杆子并拉一条绳子，让排队的人站在另一边。我们的建议再一次奏效，展区里新唱片的销量立即上升了。

这些问题不都是显而易见的吗？对于我们来说确实是这样的，尤其是在我们花了这么多的时间观察、拍摄、计时、访问之后。但是，即使今天来看这些问题，如果仅以平常的视角，也很难发现。

在观察那家唱片店的顾客时，我们发现一个很奇怪的现象：LP（黑胶唱片，CD 之前的产品）区一直比磁带区拥挤，但是这两个区的销量却持平。走访之后，我们发现原因很简单。LP 的封面很大，上面的曲目和照片很清楚，所以想买磁带的顾客会先来浏览 LP，选定之后再到磁带区找对应的磁带。于是我们建议他们把 LP 区的通道留得更宽一些，这样，购物者就不会因为拥挤而匆忙离开。拥挤是销量的杀手，而且，商店还应该在 LP 区放置更耐磨的地毯，因为走在上面的顾客比其他区的要多。

关于那次研究，我还能记得的最后一件事是一段剪辑下来的胶片，胶片上记录了一个年轻人偷偷拿走古典音乐磁带的情景。反复看过录像之后，我才发现他装磁带的袋子是另外一家连锁店的袋子。我把这个信息传达给保安主管，告诉他在商店里出现类似的袋子时应该提高警惕，反馈的结果是，采用这种监控方法，他们已经阻止了价值上千元的商品被偷走。

就这样，一门新的学科诞生了。

谁要买阿司匹林

在购物学出现之前，至少已有两种方式可用来考察商店里发生的事情。最普通的一种方式是简单地查看销售记录，这是来自于收款台的信息，它将告诉你顾客在什么时候，买了什么，花了多少钱。这实际上是每家零售企业的做法，大至最复杂的跨国连锁店，小到街角商店，都使用这种方法。它可用来分析商店在某个季度，或者某一年、某一天，或是一天中的某个时间的情况，它是分析一家商店整体运营的好办法，而且能最终衡量出商店的总体水平和销售增长（或下降）状况。作为一种诊断工具，或者是作为一种了解商店情况和原因的办法，它并不是很有用。然而销售记录只显示出成功的业绩，无法让我们看到不足的地方。当把顾客迎进门，将商品展示在他们面前时，最难的就是不知道因为什么原因，他们并没有购买任何商品。当这些商业人员试图从销售数据中得出很多结论时，他们有可能彻底被这些数据误导。有一个很好的例子，研究的是马萨诸塞州的一家地区性购物中心的连锁杂货店。这家杂货店是该公司的旗舰店，因此管理层迫切地想看到结果。他们的销售额一直都很好，阿司匹林的销量尤其令人满意。

但是从我们以前对许多药店和阿司匹林区的研究来看，这里的一个关键指标——成交率，即真正购买东西的顾客比率，却比我们想象中要低。换句话说，在这家杂货店里，大量的顾客只是停留在阿司匹林区，把药拿起来，阅读外包装，而很少有人真正买下阿司匹林。通常，阿司匹林的成交率是很高的，因为人们只有在真正需要它时才会去那列货架，而不像有的产品适于人们在闲逛时随意浏览购买。于是我们花了一些时间来跟踪和录制阿司匹林货架边发生的情况。

在三天的跟踪观察过程中，我们发现了一种现象。阿司匹林货架摆放在通往冷藏软饮料区的主通道上，多数人都会被饮料所吸引，商店经营者期望阿司匹林的销量也会变好，但事与愿违，冷饮区的主要顾客是青少年，我们的记录显示大多数年轻人进来后就直奔冷饮区。事实上，冷饮区也是商店的年轻雇员们喜爱的地方，在休息时间他们可以迅速从那里拿起一杯冷苏打水来喝。

但这些年轻的购物者对阿司匹林绝对不感兴趣，真正需要阿司匹林的通常是那些老年购物者。当年轻人在 10 分钟的休息时间里在通道里跑来跑去时，为了避开他们，老人们通常会紧张地站在货架旁，寻找他们常用的牌子或者计算哪个更划算。因此真正的阿司匹林的购买者却被这些年轻人干扰。他们宁可匆匆地停止购物，空着手离开，也不愿被人打扰到。这是“干扰效应”的修正版：购物者虽然并没有被推撞，却被打扰了。从录像带上能明显地看出这一点：有的顾客缩在货架边或紧挨着货架，这当然不是理想的购物姿势。计算时间时，我们发现他们在货架上花的时间要比我们预期设定的时间短。

这是我们在工作中经常遇到的问题：一家商店由几个部分组成，都在同一幢建筑物里，却必须实现多种功能。有时这些功能可以相互协调，而有时这些功能却会相互冲突，特别是在销售不同类产品（像冷饮和非处方药品）的商店。这方面做得较好的是哈雷-戴维森（Harley-Davidson）的特许经销店。在这家商店里，有大约 300 平方英尺的陈列厅，这个陈列厅既要为那些富裕的、受更年期困扰而想购买摩托车以恢复男性气概的男士留出空间，又要为购买配件的蓝领装配工人服务，还要考虑对哈雷-戴维森的标志感兴趣的少年梦想家的需要。虽然这三部分人彼此互不相关，但当环境功能冲突时，就必须找到一种能满足多种功能的办法。我们把从这家店学到的知识用在杂货店客户身上，建议他们稍微改变一下布局，将非处方药区重新设在商店中一个偏僻的角落里，这种做法可能有悖常理。尽管光顾此处的顾客总数会变少，却会售出更多的阿司匹林。当他们移动了货架之后，销量上升了 20%。

门口摆放打折书的利与弊

我们最近在一家大型书店进行了一项研究。这家书店将打折书摆放在入口处的一张展示桌上，每个人都会在这儿停下来浏览一番，而且多数人都会至少买上一本，收款台的记录显示，摆放这样一张桌子是非常有效的。

但是，我们发现经过这张桌子进入书店其他区域的人数要比预料中的少很多。在这个案例中，每小时跟踪者都要迅速走遍整个书店，记录每个购物区有多少人，包括交款区、咖啡店等。这是我们进行的密度检查，每项商店研究都包括这项内容，它能描绘某个时刻商店里的人群状态，表明哪里吸引人，哪里不吸引人；还能表明什么时候商店的构造或布局会阻碍购物者参观某些区域；也能表明购物者在建筑物内的移动状况。事实上，从一个区进入另一个区，进而进入商店多个区域的购物者的数量通常都是逐步下降的。

我们的客户跟踪单显示了一个现象——当购物者进入这家书店后，看到减价书的展示桌后，也许会参观一两个陈列区，但是一般不会走进去太远就直接去了收款台。这种情况并非偶然，很多客户都从打折书桌上选购好书后直接来到收款台，付款后就离开。他们甚至没有浏览畅销书或正价图书。通过访谈购物者，我们发现了一个负面效应：由于打折书桌的出现，商店赢得了折扣店的美誉，却失去了想购买热门新书的读者。这张陈列桌的成功却导致了书店中其他部分的失败。

上面的这些结果都可以从收款台的记录中看出来。

问卷调查与营销技巧

获取信息的第二种方式是做问卷调查或简单地向顾客询问一些问题，这也是市场研究调查中最知名的那些公司所常采用的方法（无论是政治的、商业的，还是其他的问题）。访谈的内容一般包括他们刚刚看到了什么、做了什么、打算做什么等。这些询问顾客意见的访问可以是通过面对面采访、网上在线交流、电话沟通，或者是小组讨论等方式来实现。

比如，我们举行一场电话投票——一种由民主党和共和党产生的投票方式，或是在顾客走出一家商店或是购物中心时做问卷调查。问完一长串问题之后，可以记录下受访者的个人基本信息（年龄、教育程度、收入、性别、种族等）。将访谈内容和受访者个人信息联系在一起，就可以列出一个丰富的条件组合。例如，40 岁左右的高加索裔、受过大学教育、有两个孩子、居住在东北部郊区、开着旅行车的已婚母亲，喜欢 Jif 品牌的低脂花生酱；在便利店买可乐的男士们在访谈中说，除了红色，其他颜色的商标很少能引起他们的注意；1/4 的大学毕业生说他们平均每周吃一次意大利面。这样的组合数不胜数，从这些交叉组合中也许能挖掘出不少营销技巧，但是这并不能反映出多数商店里发生的情况。**当购物者在商店购物时，可以调查一下顾客在商店里的行为以及所见所闻，但是这并不能保证每次得到的回答都准确无误，有的人可能想不起来他在商店里看见了什么或干了些什么，他们在购物时并没想过事后还要来回忆当时的情景。**

在我们进行的一项关于香水的调查中，一些受访对象强烈希望购买某品牌，但这个品牌并未在其所购买的商店出售。在某家便利店进行烟草相关研究的过程中，有位购物者说他记得在店里面看到了万宝路的标牌，但是那家商店根本不销售这个牌子。

顾客购买取决于购物环境

假如我们只是在想买东西时才去商店，而且进了商店之后只买必需品，那么整个社会经济就会出现周期性的崩溃和繁荣。

值得庆幸的是，在 20 世纪下半叶成长起来的经济团体拥有强大的购买能力。在任何地方、任何时候，他们的购买量都比预想中要大得多。现在，除非刻意逃避，否则人们很难抵抗购物的吸引力。即使不进商店、博物馆和主题餐馆，也有每天 24 小时、每周 7 天开放的网上商店。还有家庭电视购物，它和网店一样，成本低廉，如果你不想看到任何商品目录单，那么你必须不断清理自己的邮箱。

因此，很多专家认为我们正处于过度零售中，这十分危险，因为太多的经销店造成了零售业和销售业发展过快。尽管现在的经济发展处于势头最强劲的时期，但依然无法赶上零售业的增长速度，而目前新商店诞生的速度比顾客增长的速度还快。

2008 年，在大多数发达国家，新建的商店和购物中心不是为了服务于新增长的顾客，而是为了抢走其他购物中心的顾客。这并不是开玩笑，在美国或欧洲的零售业已经没有未开垦的市场了，莫斯科、迪拜、上海和孟买现在是新的零售热点。在这些地方，市场经济建立不久，经济迅速发展，有很多新的需求。

现在在美国，我们的焦点仍然集中在同店销售额（same store sales）上，在同样的空间和地点，如何去做更多的业务呢？策略上的关注是促进购物学发展的另一个原因。

今天，购物学能够不断发展壮大还有另外一个原因。

几十年前，顾客能接触到的商业信息渠道是有限的、固定的。那时的媒体不多，电视网络只有三个，收音机只有中波广播，全美发行的杂志销量都很大，当地日报几乎人人必看。那些名牌商品就在这些媒体上做广告，商品信息就确确实实地被清楚地传播出去。但是在今天，我们有将近 100 个电视频道，而通过遥控器和具有自动跳过功能的数字录像机，人们就可以跳过所有的广告；现在的收音机增加了调频广播；杂志的种类也五花八门，能够满足不同群体的兴趣爱好。另外，还有无限扩张的互联网，在上面不仅能浏览信息，也能娱乐，这就导致传统日报的读者数量日渐萎缩。**这些新的变化都说明，现在要想靠近顾客并说服他们购买东西比以往要困难很多。**

同时，我们发现品牌的影响力也在逐渐减弱。这并不是说品牌不再拥有价值，只不过现在人们不像以前那样盲目信任品牌了。一两代之前的那些人，在很小的时候就选择了自己喜欢的品牌，到老了还一直坚持使用同样的品牌。假如他是别克男人，他就一直买别克车；假如她是万宝路女人，她就会一直抽万宝路烟。一旦选定了自己的阵营，是可口可乐一族还是百事可乐一族，美泰克一族还是惠而浦一族，星空一族还是爱得利一族，之后就会一直坚守某个阵营。但在今天，从某种程度上来说，顾客所做的每一个决策都是全新的，没有想当然的事情。

这意味着很少有人的购买意向是受商店外的事物所影响，很多人是在进店后才决定购买商品。比起品牌、广告和营销的影响，顾客更容易受店内的观感和所获信息的影响，他们的购买冲动会在超市或其他商店达到顶端，甚至有些很大的决定是在卖场直接做出的。

因此，现在传播信息和提高销量最重要的媒介就是商店和店内的通道。商店和店内的布置本身就是一个巨大的三维广告。广告牌、货架位置、陈列空间和特别装置，这些都可能成为购物者愿不愿意购买某一种商品的决定因素。**购物学就是要告诉人们该怎样使用这些工具：怎样设计出购物者真正能看到的广告牌，如何确保每条信息都被放在恰当的位置宣传，如何摆放陈列品，让**

顾客更舒服、更愿意浏览，怎样确保购物者能到达想去的每一个角落。这里面的问题太多，要是都列出来的话，几乎能写成一本书。

最后，我们的研究证明，购物者在商店里待的时间越长，购买的可能性就越大，而购物者在商店里花费的时间取决于购物过程是否舒适惬意。正如霍利 · H. 怀特的工作改进了城市公园和广场一样，购物学则为购物者创造了良好的购物环境。最终我们提供了一种购物者支持并可从中受益的模式。

1997 年，当我开始写这本书的时候，在全世界的商店和商业环境中，Envirosell 都是先锋。10 年后，任何一个商人和市场营销人员都知道了“购物学”这个术语，现在很多公司都声称在从事我们所做的这些事情。总之，观察是人类开始学习的一种方法，为什么不开始一项观察业务呢？我们欢迎每一个想要复制我们的公司加入建设我们美好生活的大家庭，但是还有一些人只是来浑水摸鱼的。

科技公司已将数据收集流线化，它们的软件包可以控制一个设备的监视摄像头按顺序计算人数。那么它算出通过一个广告牌或展示台的人数有多大意义呢？那是否意味着他们已经看过或购买过什么商品呢？当坐在位于纽约第 20 街和百老汇交会处的街角办公室里时，一些科技公司派人前来向我展示他们最新研发的产品。我不知已听了多少次这样的话：“这个产品将带来零售业的变革。”这其中的大多数产品我且称为寻求试用的新技术，不过必定有人愿意购买它们。

我还会接到某个人的电话，他在电话中苦苦哀求我一个小时直到我同意见面。在开始商谈之前，一份长达 17 页的保密协议就摆在我面前。我只好解释说：如果有人聘请我，我很乐意签署文件，但是突然打电话见我，然后期待我接受一份长达 17 页的法律文件，让我很不舒服。多年前，我想出一个好办法，对于那些向我展示产品的人，如果他们愿意捐助 750 美元到我所支持的慈善机构，那么我愿意与他会面一个小时，并给出我最诚挚的答案。截至现在，我已经为纽约致力于救助无家可归的女性的“中途之家”募捐了数万美元。

我还收到一些非常无聊的东西，例如一款通过间谍卫星跟踪坦克移动的软件程序。有些公司将足够数量的广角摄像头安装在天花板上，认为这就是简易购物学，而这样的公司中竟然有不少还受到风险投资公司的资金支持。它们推出吸引人的产品展示、奉上奢华的拉斯韦加斯晚餐并做出许许多多的承诺。不过风险投资公司没有将它们视为研究或咨询公司，而是把它们当作具有一定风险的软件公司。一旦使用这些软件程序，调查结果会自动生成。当签署为期两年的合同时，这些软件公司承诺每周都会递上报告。问题是两个月后，你看着一份份周报，不知道究竟要用它做什么。有许多客户从 Envirosell 离开后，购买了昂贵的软件程序，直到两年合同期满后又回到我们这里，我很乐意再次与他们合作。

另外一些公司，在办公室被我们戏称为“压缩版 Envirosell”，这些公司派出毫无经验、没有受过专业培训的新手到卖场从事和我们一样的工作，观察顾客看到的、触摸过的及阅读过的商品。听起来很简单，但有些术语需要仔细阐释其潜在含义，不然你得到的数据和信息就是毫无意义的。现在有许多家竞争公司以低价售卖我们所从事的这项服务，但是你支付了什么样的价格，就会得到什么样的结果。

第二章

零售商和营销商所不知道的

现在我们要打断一下思路，不从科学家的角度，而是从实践者（即零售商和营销者）的角度来看待购物学。除了顾客之外，零售商和营销商当然也是我们这项研究的调查对象，因为他们为顾客提供了商品服务、创造了购物经历。零售商希望能借鉴我们的经验，并将我们的研究理论运用到实践当中去。营销商需要知道自己的产品是如何被顾客购买的。因为我们研究的是这些零售商的店，所以我们理所当然可以问他们：有多少事情零售商自己并不知道？

零售商不知道的事情比人们预期中的要多。直到现在，难以控制的零售环境依然处于未知状态，并不是一切都在掌握之中。下面这个事实就说明了这一点：一个精明能干的管理着几十亿美元连锁店的高级经理，在回答下面这个简单问题时也错得非常离谱：

你的顾客中有多少人买了东西？

也许你认为，如果你是他，就肯定知道答案。但是，相信我，这位经理在这个行业绝不是等闲之辈，他每天都要了解上千家连锁店里发生的事情，包括交易量、交易额和平均销量，每家店与上一年中同日的销售额对比，各地的销量，每个品种、每个类别和每个商店的利润率，还有月销售走势，等等。

他知道上面提到的所有事情。

但当我问他商店里有多少顾客买了东西，他的回答是：几乎所有人。我说那是他的答案，也就是说，那是在他管理下的，应用巨型电脑网络，从事数据挖掘、数字处理、解码的部门给出的答案。这儿的每个人都认为，这家商场的转换率或成交率（即购物者变为购买者的比率）接近 100%。他们认为自己经营的是目标型商店，人们只有在想好要买什么东西时才会到这家商店来。因此，他们相信只有商店缺货时，顾客才会空手而归。

实际上，转换率的真正含义并不是这位经理和这家公司理解的那样（尽管许多成功的公司和经理也和他们有同样的认识），而是意味着购物者确实需要某个转换过程才能变成真正的购买者。

我是在对这家连锁店进行一项大型研究的时候问到上面这个问题的。通过上百个小时的计算和其他工作，我对转换率的含义有了较深的理解，**转换率也就是真正购买了商品的购物者数量与进入商店的购物者总数之比**。在同类商店中，这家店的转换率算不错的了，不过大约也只有那位经理估计数值的一半，更确切地说，只有 48% 的购物者购买了商品。

那位经理对这个数字感到非常吃惊，不过他相信这个数据应该很有价值，希望能听到更多的建议。而商店里的其他人似乎受到了刺激和羞辱，都觉得这个数字难以置信，并一致认为我们的计算有严重错误。所以他们自己也开展了类似的研究工作，站在一两家商店的门口，计算购买了商品的人数。

他们的计算结果和我们的一样，这个结果对他们来说非常有好处。这意味着一家好公司能够通过改变一些非常具体的认识，而变得更好。假如你去询问这家公司的经理，他会告诉你我们的研究改变了他们长期坚持的某些信念和认识。至少，他们已经在商店布局、商品陈列、商品和员工位置的安排方面进行了调整，毫无疑问，这样他们的转换率肯定会提高，赚的钱也会更多。

我们的研究发现对于那家公司的战略规划也是非常重要的。我们认为，商店不必扩张业务领域就完全可以实现显著的成长。这是华尔街要求的，也是每个人都热衷的。这可以提高商店的层次，而无须扩展业务领域，高成本的发展战略到最后都会丧失继续执行的动力。2007 年，同店销售额是连锁公司发展的关键指标。

在 20 世纪末购物学未产生之前，所有的零售商都一样蒙昧无知。直到最近 20 年，出现了销售数据或是对收银纸带记录的分析数据。今天，几乎所有主要的消费产品公司都有消费观察团队。对于在商店里会发生什么（顾客），及顾客购买了商品后会发生什么（消费者）这两点，这些观察团队经常产生激烈的争辩。

总之，观察团队的出现就是一个积极的转变。

但是，对于那些坐在远离卖场办公室的营销商而言，这其中总是出现脱节。在 2008 年，收集数据比找出这些数据所包含的意义要容易得多，而对于自己对此能做什么、该做什么更是一头雾水。自从购物学产生后，很多公司开始谈论它们销售数据库的重要性，我们用摄像头跟踪了 100 万个顾客，但是，最后这些数据代表什么？对我而言，10 年后出版了第一本书，对于一家公司而言，无论他们使用何种方法，购物学的发展都使他们可以看到自己对这些方法所记录信息的使用，他们会自问，通过使用这些数据，公司是在赚钱还是在省钱？

让我们回到最初，转换率随着商店的种类或产品的品种不同会有很大的变化。在超市的一些购物区，转换率可能接近 100%（比如乳制品和卫生纸）；而在画廊或高档的珠宝店里，商品都很昂贵，100 个顾客里有一个买东西就很不错了，因此它的转换率就不高。但无可争议的是，无论卖什么，转换率都是一个非常重要的绩效评价指标。营销、广告、促销活动以及合理的地理位置能把购物者吸引到商店里来，但是只有商品、雇员和商店本身的工作才能将他们变为真正的购买者。**转换率衡量的是你在自己可控制的环境中做了些什么，它表明整个企业最重要的部分——商店，运行得是好是坏**。转换率对于零售业就像击打率对于棒球选手一样重要，如果不知道转换率，就好比只知道某人上个赛季击中了 100 个球，却不知道他总共击打了 300 次还是 1 000 次。没有转换率，你就不知道你是米奇 · 曼特尔（Mickey Mantk）[1] 还是

1. 米奇 · 曼特尔，美国职业棒球明星。——编者注

米老鼠（Mickey Mouse）。

然而，形式最简单的转换有其局限性，在过去的10年里，许多公司在门廊处安装了电子计数器，和记录器相连接，这就是所谓的转换率的即时换算。事实向来隐藏在细节的背后。男女在购物上有何不同？如果将一个孩子或一个美国人，又或者一个拉丁美洲人纳入观察又会有什么样的结果？

门口的计数器智能地计算人数，但事实上，它却无法记录这样的事实：一个四口之家走出商店绝不会每人买一台大屏彩电。的确，有些功能更强大的计数机能够通过计算体重来辨识顾客性别，但是，其精确性我可不敢保证。安装了计数系统的公司多次给我们打电话，并且给出了三个月内的数据流，他们仍然想知道怎样才能将信息转化成一种持续、主动、切实可行的工具？对于商店的管理人员来说，转换率低是最让他们沮丧的事情，关于这一点，他们说：

“我们的转换率确实较低，因为我们店门口多了一些无所事事的、消磨时间的顾客，可能你会注意到，我们旁边是一家厨具商店，它聚集了一大批陪老婆逛店的男性顾客。”

现在，仍有很多商人不知道何为转换率。转换率不是商学院里强调的一种商业评估方法，也不是利润率或者投资回报率，更不是货币供应或是其他什么东西，转换率完全是在描述商店里面发生的事情。还有一些其他方法也可用来评估商店里发生的事情。

一次，我问一位化妆品部的经理，女人在商店里真正用于购买化妆品的时间有多少。

“噢，大约10分钟。”他说。

“嗯。”我答道。但是，我们的研究表明，平均每个购物者在化妆品部用时为两分钟，而买了东西的购物者平均用时只有30多秒。再往大的范围看，包括排队付钱，平均每位顾客花在超市的时间为25分钟。在超级市场或综合购物中心，如美国的沃尔玛购物中心、欧洲的家乐福，或是南非开普敦的Pick n Pay连锁超市，平均每位顾客的购物时间为30分钟。这些都是我们用秒表测出来的。但是如果你单独去问一个顾客他在一家商店的停留时间，他的回答可能是一小时。在商业场所，时间通常被分为三类：真实的时间、感官时间，以及以上两种时间的合并。

现在，对于一名顾客到底会买多少商品，在商店的选购时间（不包括排队等候的时间）是一个重要的决定因素，我们的研究结果已经多次验证了这两者之间的关系。如果一名顾客逛完了整个商店（至少是商店的大部分），边走边考虑买很多商品（即他看过、触摸过和想过这些商品），这就需要很长的时间。在我们调查的一家商店，平均每位购买者花费了9分29秒，而未购买者花费的时间为5分6秒。在一家玩具商店，购买者花的时间大于17分钟，未购买者则只用了10分钟。在某些商店，购买者花的时间是未购买者的三四倍。

顾客在商店停留的时间是由很多不同的因素决定的，而我们的大部分工作就是分析这些因素。我们为零售商提供的大多数建议都包括延长购物者购物时间的方法。然而，在考虑怎样增加顾客的购物时间之前，你首先应该知道顾客在商店购物或购买你的产品时花费的时间是多少。

这些措施造成的反面作用就是所谓的“混淆指数”（confusion index），或是很多顾客在商店里迷茫地行走。时间是相对的，如果你在大型购物中心塔吉特（Target）或是沃尔玛转10分钟，你可能感觉自己好像已经在那里半个小时了。最后你有可能会找到一些很不错的商品，但是如果你找不到你来这里要买的东西，那这些还有什么意义呢？在过去 10 年中，我们最好的业绩就是赢得了经营办公用品超市的一些客户。在 2007 年，无论是史泰博（Staples）、麦克斯办公用品公司（OfficMax），还是欧迪办公（Office Depot），在新店开张时，都使用了仓库布局，架起 3.6~4.5 米的货架，这对顾客非常具有挑战性。因为顾客并不是每周都去那里购物。在很多通道，有 1/3 的顾客并没有购买任何一列货架上的商品，只是浏览商品、消磨时间，或是做其他的事情。而且，顾客完全不知道在哪里可以找到打印纸，而且很多顾客找不到所要购买的产品。

史泰博是第一家根据我们的建议做出改变的超级购物中心。这家公司应用了所谓的"竞技场概念"，就是将最低的货架摆放在商店的中间，周围的货架逐步增高。不得不说，这个改变效果非常明显。一走进这家商店，你就可以看见所有的商品。顾客都满载而归，几乎每一位顾客都知道自己所需的商品放在哪一列货架上。麦克斯和欧迪办公也有了各自版本的"竞技场"摆放货架。在一些案例中，同店销售额提高了 20% 甚至更高。新的商店能否让顾客停留得更久？当然，你一定期望顾客在那里非常愉快地购物。

你的雇员如何“拦截”顾客

另外一个评价商店的好方法就是计算它的拦截率，即与商店里任何雇员有过某种接触的顾客的比率。现代的商界为了削减管理费用，纷纷减少全职雇员并降低雇员薪金，在这种背景下研究拦截率的意义尤为重大。**我们的研究表明，购物者和商店雇员联系得越多，平均销量就越大。也就是说，雇员与购物者交谈能吸引顾客购物。**

我们研究了一个大型服装连锁店，它的拦截率是 25%，即在所有的购物者中有 3/4 的人没和销售人员说过话。这个比率非常低，很危险。它表明顾客在商店里转悠时可能会感到失望、迷失、困惑，他们可能需要工作人员给他提供有关信息或解答某些问题。低拦截率还说明雇员用在积极推销商品上的时间并不多，他们忙于把货物上架以及结账，而没空儿干别的事情。低拦截率可能也是商店业绩欠佳的一个原因。

顾客厌恶等待

生存在这个世界上的我们，喜欢被别人注意，但同时又很重视个人隐私。有一个客户有这样一条员工准则，在距离顾客两米左右的时候必须要打招呼。我不喜欢这条准则，因为它夺走了这些服务员的决定权，但是我却喜欢这条准则后面的想法。

最后还有一种简单的评价方法，这就是等待时间。正如前面所提到过的，等待时间是最重要的衡量顾客满意度的因素。**但是不少零售商都没意识到，如果购物者排队（或在其他任何地方）**

等候的时间太久，顾客就会认为商店的服务质量低下。经理们都很繁忙，不愿意把时间浪费在等待上面，但是有的经理却没有认识到普通人也不喜欢等待。我们向一位家居用品连锁店的副总裁展示了录像带中的一段内容，有位购物者花了 22 分钟在这家商店购物，然后她推着购物车去排队交款，由于等待的时间太长，她放弃了满满一车东西，离开了这家商店。这位副总裁感到非常震惊，但我们对此已经习以为常了。

我们曾为一家银行进行过研究，这家银行原打算推出这样一项政策：如果某位顾客的等待时间超过 5 分钟，该顾客就能得到 5 美元的补偿。我们对这家银行的窗口展开了研究，两天之后，我们告诉客户，这项政策的实行将付出 3 倍的代价，得不偿失。于是他们放弃了那个计划，重新寻找缩短等待时间的办法。

弄清谁是你的潜在顾客

最后这项内容跟商店的评估方法无关，但是它却说明了商人的无知——他们通常不知道谁是购买者。前面已经提到过宠物零食制造商，他们的产品放在货架的顶端，而不知道它的主要购买者是老人和儿童。我们研究过一家家庭风格的餐饮连锁店，店里的两人桌过多，四人桌不足，这在高峰时间真是个大问题。这些问题都是因为没有人观察过就餐人群造成的。在另一家家庭风格的餐饮连锁店，每个店里都有吧台座位，占了餐馆 10% 的面积。平时，没有人用这些座位，因为独自来的就餐者都喜欢有桌子的座位，在桌子旁边他们可以一边吃饭一边看报纸或杂志。繁忙的时候，这些吧台座位还是没人坐，因为多个人一起来的话，也都喜欢坐在桌子旁就餐，这样可以相互交流。因此，即使等桌子的顾客已经排起了长队，吧台的座位也仍然空着。

很多零售商一直都不知道到底是谁在自己的商店里购物。纽约市新落成的格里利广场打算把杂志区扩大，以增加销量。这个广场周边是韩国人或西班牙人聚居区，因此我们认为顾客中韩国人肯定很多，所以就建议他们放些韩文杂志（韩文报纸也会卖得很好），并出售在拉丁美洲市场流行的软饮料，结果商店的销售额立刻就上升了。

在纽约、洛杉矶和其他大城市也有不少类似的问题：很多外国购物者想在商店或饭店里休息一会儿。虽然很多外国顾客都愿意花钱购买奢侈品，但那里几乎没有为亚洲购物者准备的设施——没有尺码转换表，没有汇率表，甚至没有告诉购物者商店接受哪种信用卡的日文或韩文标志。精明的零售商应该奖励那些会一点日语、德语、法语或西班牙语的雇员，其实只要几句短语就会使情况大为不同，有过在国外购物经历的人对此都深有体会。饭店里则应该准备一些日语和德语的菜谱。

有时候，从很小的地方也能看出零售商根本就不知道谁是顾客。我参观过一家全美杂货连锁店的华盛顿分店，那里有大量各色各样的专为金发人士准备的染发剂和护发产品，但这家杂货店95%以上的购物者却是非裔美国人。佛罗里达州的一家连锁杂货店的明尼阿波利斯分店也挺可笑的，那里的各种防晒霜都摆放在很显眼的位置，而当时已经是10月了。

第二部分

购物机理学：商家应在哪些方面下功夫

聪明的商店总是依照人们怎样行走以及看什么地方来进行设计。这些商店在设计时肯定会分析并利用人们的移动习惯，而绝不会忽略这些习惯，或者更糟糕地，企图去改变它们。

导读

购物学背后首要的也是最简单的原理是：人类在生理学和物理学上具有一些共同的能力、倾向、局限和需要，零售环境必须适应人们的这些特点，术语称之为“生物学常数”。

换言之，商店、银行、饭店和其他类似场合都应很好地满足人们的这些需求。虽然购物者因性别、年龄、收入和兴趣等不同而存在不少差异，且在北美之外的其他地区，我们还面临着其他问题——相对密集的人口、气候、安全隐患、国家的金融福利等问题，但是，他们之间的相似之处更多。随之而来的想法是任何建筑环境（无论是酒店、体育馆、飞机场、医院，还是家庭或公寓大楼，更不用说商店或银行）都应该反映使用者的特性，这个事实好像因为太明显反而不被提及，是这样的吗？总之，这些场所是由人类设计、计划和建造的。多数人都是购物者或是这些场所的使用者，因此，你可能会想当然地认为让一切步入正轨是一件十分轻松的事。

然而，人的构造如何呢？人类的生理特征对购物行为会有什么影响？零售商往往很难认识到并去满足人们的这些特点，而我们的大部分工作就是把这些特点揭示出来。以下所讲的都是最基本的特点，比如，我们只有两只手，放下来时双手距地面大约一米；我们的眼睛一般都直视前方，但同时又能观察到周围的事物，视线范围受环境因素的影响，而且更容易注意到人而不是物品；我们能够预测甚至判断人们行走的方式和路线，人们会沿着预计的路线行走，并随着环境的变化一会儿快，一会儿慢，一会儿又停下来。

无论是在东京、巴黎、开普敦、奥兰治县还是加利福尼亚，无论是两米高还是一米六，人类的身高是有限的，无论是中国人、印度人，还是墨西哥人，这都没有关系。在世界上的任何一个地方，我们的眼睛都用同样的方式看周围的事物，我们的年龄都以同样的方式增长。

上述情况表明，**购物者到什么地方，看见什么，产生什么反应，这些都是他们购物过程中的特点**。购物者也许能看清楚商品和广告牌，也许看不清楚。他们也许很容易就能找到想买的东西，也许要费些力气。他们也许会在某个区域逛来逛去，也许只是匆匆路过，或者根本就不会去某个地方。所有这些生理和解剖学的因素加在一起，就构成了一个复杂的行为矩阵，零售环境若想很好地适应购物者的特点，就必须对这个矩阵有所了解。

购物学中一个很重要的内容就是：适应性和利润密切相关，不可分割。关注适应性，就能满足顾客的需要，同时利润也就有了保障。只要营造的零售环境能够满足购物者的需求，你经营的商场就能获得成功。在后面的五章中，我们将看到最基本的几个问题是怎样影响购物过程的，这包括手的容纳能力、人在开车时受到的阅读限制，甚至未购物者的生理需求。

第三章

缓冲地带的妙用

停！

在这里停留一分钟，什么也别问，注意观察。

此刻，我们的所在地是停车场的中央，这是关键。

观察刚刚走进商店的顾客

你注意到了吗？每个人都步履匆匆地走向商店，难道他们都很着急吗？也许是吧，但通过大量的观察，我发现所有人穿过停车场时的共同点便是“快”。停车场并非第五大道，也不是缅因街，因而，不适合闲庭信步。这里只有汽车，以及汽车尾气夹杂着沥青的味道，这里也难以遮风挡雨，驱寒避暑。

好吧！现在让我们也加入这支直奔商店的匆忙的队伍中去吧。那么，在前方你看到了什么？是橱窗！橱窗里有什么呢？商品还是广告牌？抑或是两样都有？然而，事实上却难以说得清，因为玻璃反光，或天黑之后店内光线太弱导致外面的人难以看清里面。大多数零售商在白天和晚上都使用同一套照明系统，这就是说商店里面的能见度要么在白天和晚上都不合适，要么至少有一段时间不妥。

为便于讨论，现在假设我们能看见橱窗里的东西——展出的模特或静物画。然而，无论看到的是什么东西，其尺寸都不太好，因为，橱窗中摆放的物品太多太小，从远处根本看不清楚。人们走得越快，视线范围就越窄。当接近橱窗时，我们便径直走进了商店，不会在橱窗前停留。因此，如果橱窗正对着停车场，那么无论在里面放什么，只要展示的东西不够大、不够醒目、不够精练的话，就肯定毫无用处。

我们撞开门，走进商店里。你见过有人刚进门就急刹车停下来的吗？我也从不这样，这样很容易造成拥堵。现在，站到我这边来，注意观察大门口。**顾客进门之后会有什么情况发生呢？虽然你看不见，但顾客确实在快速调整——他们放慢脚步，调整眼睛以适应光线和距离的变化，伸长脖子开始关注视线所及的东西。**同时，他们的眼睛、耳朵和神经末梢也正对其他环境因素做出响应——分析声音和气味，感受商店里的温度。换句话说，这时发生了很多事情。但我敢肯定，这时购物者还没有真正进入商店里来。虽然他们已经迈进了商店的门，但实际上要再过一会儿他们才算真正进入了商店。经过长期观察，你就能准确地判断出购物者是从什么地方开始慢下来，这时才是真正来到了商店里面。对所有的人来说，转折点几乎都在同一个地方，它取决于商店前端的布局。

上述情况说明转折点之前的过渡区往往被顾客所忽视。如果在过渡区里卖商品，很难引起人们的注意；如果放广告牌，很难让人看清上面的内容；如果售货员热情地迎上去问“您需要什么”，回答肯定是“不，谢谢”。如果将购物车或购物筐堆放在一进门的地方，几乎没人能看见，也不会有人去拿；但如果把它们往里面挪 3 米，情况可能会完全不同。这就是**购物的自然法则——购物者需要缓冲地带**。

同样的事情还发生在酒店大堂。如果酒店的方位指南摆放位置太靠近大门，那么大堂经理就不得不花之前 3 倍多的时间来回答一些基本问题。通过我们对商务酒店大堂的观察，酒店没有“信息体系结构计划”，而这对于顾客服务来说是致命的影响。如果酒店的门童或旅馆的服务员每天都要不厌其烦地告诉客人洗手间的位置，无论他们接受了多少培训，倘若每周回答 500 次相同的问题，他们也会吃不消。窗户、门口、机场的起落地带都是顾客接触服务的开始，而这对于酒店的顾客也适用。

在与客户交谈时，他们一致认为过渡区的发现是我们最有意义、最有价值的工作之一，可能也是我们公布的最令人惊诧的消息之一。这可能是因为我们的建议违背了人们的一个根深蒂固的观念：大家都希望处在前面，挤在人群前面，排在队伍前面，位于最前面的等级，好像好处往往都属于前面的人。

然而在零售环境里，有时候前面反而是人们最不愿意去的地方。比如，零售商总是把某些厂商的名称贴在前门，并向厂商收费，这似乎是在充分利用市场，以为每个人都能看见前门。但事实上你会发现购物者来到商店门前，要找的仅仅是门把手和推拉门提示。有的购物者会站在店门前仔细看门口贴的广告，但这样的情况只有一种——商店关门时，顾客停下来看门口的营业时间。广告此时可能也有一点宣传作用，但意义不大。

现在，很多商店都有自动门，这给顾客带来许多方便，尤其方便了那些拎着大包小包或推着婴儿车的顾客。虽然自动门可以让顾客毫不费力地走进商店，但这样却扩大了过渡区——没有任何东西使顾客放慢脚步；旋转门的效果也不好，因为它将顾客直接推入商店内。有些商店，尤其是小一点的商店，顾客进门要多费点工夫，这样反而对商店有好处。即使是微弱的调整——发出“吱嘎”响声的门或合页——也是缩小过渡区的一个小窍门。在门口设置特殊的照明效果也可以很清晰地将店内外区分开来。

在过渡区能做什么

大型商店有实力浪费一些前端的空间，小商店却不行。但无论大小，有两件与过渡区相关的事情商家都可以做：**不要在过渡区放置重要的商品或安排活动，二是采取措施尽量缩小过渡区**。

某个富有经验的大公司就有一个关于在入口处和过渡区不要做什么事情的教训。20 世纪 80 年代早期，汉堡王公司（Burger King）做了一个新沙拉柜台的实验，为了让顾客能看见这个柜台，他们决定在试验店中将出口和入口对调。原先距停车场最近的地方是入口，现在他们把这个入口改为出口，同时把新的沙拉柜台设在挨着出口的橱窗后面。这样，当你像往常一样下车后走到原来的入口处时，你就会看见新设的沙拉柜台，并被它强烈吸引，进门之后，从新的入口你就会直奔这个柜台的沙拉去了。

但真实的情况却是这样的：顾客来到原先的入口处找推门的把手，但改装后把手已经被取走了。于是他们不得不退回来，挠挠头皮开始找进去的路。他们并没有看见沙拉柜台，因为当时正急于找进门的入口。找到入口后他们马上就冲进去，这时他们感到饿了，还有点沮丧，只想找到柜台买他们通常要的汉堡和油炸食品，在这种情况下，沙拉柜台根本就没有任何效果。

某个体育用品连锁店也有一个关于过渡区的教训，该商店规定售货员必须在购物者进门后的5秒钟之内去接待顾客。下面是真实的情况：顾客一进门，就有热心的售货员迎上来，他们就如同猎鹰看到了自己的食物，随时准备出击似的。下面是个有意思的规律：太早打招呼会将顾客吓跑，太迟会让很多人对商店感到失望。在对雅诗兰黛的化妆品柜台做研究时，我们得出了这个规律。顾客来到柜台时先等一分钟让他们自己看，然后才是售货员和化妆品专员的服务时间。

几年前还看到另外一个误用过渡区的例子。那时我们在测试IBM公司某个部门给凯马特百货公司设计的一台与顾客交流的计算机设备。该设备配有触摸屏和键盘，可以回答问题。比如，你问男士内衣在哪儿，它就会给你一张商店的地图，也许还附送一张T恤或袜子的优惠券。如果运行良好的话，这不失为一个绝妙的想法，既能给顾客提供方便，还不用花钱雇人站在咨询台后告诉人们男士的运动衫在哪儿，而类似的提问一天就有72次之多。

然而，没过多久，商店经理就发现很少有人用这台设备，问题是没有人刚进商店就迷路。这时，人们还没来得及四下张望，当然也不会意识到自己迷路了。计算机离门太近，就变成了昂贵的摆设。商店决定放弃这些设备，但他们肯定这些设备其实还有用，只是要放在顾客真正需要它帮助的地方，那样它可能还会成为进入商店的第三条通道。

在过渡区商家能做些什么呢？你可以跟顾客打招呼，但没必要随时跟着他们，说声“你好”就行了，提醒他们已经来到商店了，吸引他们的关注。**安全专家认为防止盗窃的最简单的办法就是让工作人员用简单的问候语迎接每一位购物者的到来**。山姆·沃尔顿（Sam Walton）发现一个朴实的现象，如果聘请一位和蔼的老太太在门口对进来的顾客打招呼，那就没有人敢行窃了。

在过渡区还可以提供购物筐、地图或优惠券。在曼哈顿高岛屋的一个小商店里，身着制服的门卫领你进去时，会递给你一份印刷精美的口袋大小的商店说明。在入口的右边，也就是在过渡区内，有一个卖花的摊位。你进门时就能瞟到它，但通常你不会停下来，相反，你会想：“嗯，这儿有花，不错，出来时可以买一些。”这一点非常重要，因为你不会捧着一束鲜花去逛商店的其他地方。

在服装品牌H&M、盖普、老海军以及沃尔玛店内，都有一个所谓的“强势展示区”，就是在门口摆放一大堆运动衫、牛仔裤或是罐装可乐，使购物者放慢脚步。这堆东西就像减速路障一样，同时还起着巨幅广告牌的作用。放这些东西在这儿并不是要说“买我吧”，而是在对顾客说“停下来看看你已经到哪儿了”。这些东西就如同购物建议，简单明了，让你在接下来的购物中心情舒畅，你还会到其他楼层去逛并选购一些商品。注意，我们所购买的60%的商品并不在购物单上，但这与冲动购物又不同。下面的问题会促使你购买一些不在单子上的商品："你不需要这些东西吗？即使现在不需要，那么将来呢？"强势展示区的饮料可能提醒你下周二孩子要从大学回来，展示区的毛衫提醒你即将到来的秋天或是你计划度假的目的地——缅因州的寒冷天气。走走瞧瞧，你离开商店时就会带上两箱六罐装的姜汁汽水和一件新羊毛衫。

在法林地下商城，我看到另一种处理过渡区的办法，这就是彻底打破过渡区的规则。不仅仅是打破，而是将规则彻底粉碎。他们在商店的入口处放了许多打折商品，这是一种很好的吸引购物者的方法。从中我们学到了该如何对待规则，要么遵循规则，要么打破规则。忽视规则或仅仅违反那么一点点都是非常糟糕的做法。

我很高兴看到有人在尝试打破这个常规的框框：他们没有把销售区从入口处往里面退，而是把商店延伸到了外面，从停车场开始就设置商品销售区。大家别忘了，即使遇到最糟糕的天气，足球迷们也会充分利用停车场，在那里烧烤、聚餐、喝酒、联谊。美国各地的汽车电影院在白天都变成了跳蚤市场，这也说明了人们愿意在户外购物。有些超市在夏天会把应季商品挂在外面的停车场里，我曾去过一家海滨度假胜地的商店，那儿所有的野餐用品、海滩玩具、防晒露和橡胶凉鞋等都摆在帐篷下，旁边有售货员和收款机，这样，海滩上路过的人都可以停下来，买些需要的东西就走，而完全没必要带着满身沙子穿过食品通道去选购东西，再排长队去交款。

在美国把商店推向室外也引发了另外一个有趣的现象，就是很多地方都变成了停车场。而大楼里面的停车场用途很多，可以开服装店，也可以卖电子产品或食品、杂货，甚至还可以改成办公室，广阔的停车场还能用来干什么呢？这仍需要人们继续发挥想象力来思考。几年前，我参观了南非约翰内斯堡的一家购物中心，人们把一家汽车影院设在城市停车场的顶层。在约翰内斯堡我还看到一场奥迪车的展览，有奥迪车每种款式的每种颜色，总共展出了 47 辆车，紧紧地成排停放在一起，可想而知，这吸引了很多顾客围观。

第一不一定最好

我们关于“第一不一定最好”的发现除了适用于过渡区外还可扩展到整个商店。**在商店的任何销售区，顾客看到的第一个产品并不一定就有优势，有时甚至恰恰相反。在入口和商品之间保持一些距离可以让购物者在走近这个商品之前多看它几眼，这样就会产生一些视觉预期**。比如说，来电脑打印机销售区的顾客不太可能看到第一款就买，而不再做进一步比较。等他来到打印机卖场的中间地带时，他可能就觉得已经有足够的自信和信息来做决定了。在展销会上，门口的摊位好像是不错，但实际上却是很差的位置。大多数观众都是匆匆路过就进了大厅，很少留意到门口的摊位。更为糟糕的是有的观众与朋友在门口会面，给人造成门口的摊位特别拥挤的错觉，这样，真正的顾客反而被吓跑了。另外，门口往往有穿堂风，让人感觉好像是在门廊而不是在商场里面。

经营化妆品的商家并非总想占据百货公司门口的第一个柜

台。他们知道，女人在镜子前打扮自己时总希望独处，但这并不是人们喜欢安静购物环境的唯一原因。如果你是家用染发品市场上的两大竞争者之一，你肯定希望将你的产品摆在商场最好的位置。现在的年轻女性将染发当作一种时尚，她们参加正式舞会时需要来点特别的装点，比如把头发染红，或是梦想拥有金发女郎的魅力，于是她们就需要试试新的颜色。然而，年纪较大的女人买染发品就像买厨房常备食品一样，15 年来会一直使用同一种颜色的产品，而且现在每天都有白头发长出来，因此，她们买染发品就像买肥皂一样平常。正因为有这样的区别，中老年购物者一般是找到她们要的颜色之后就拿起来买走，而年轻人在买之前则要仔细挑选产品和包装。我们有关护发品市场的调查表明，适用于中老年女性使用的护发品仅是年轻人的 2/3，因此在年轻人喜欢光顾的商店里，染发品最好不要摆在人头攒动的地方，这就是说不要摆在商店靠近入口的地方；但如果多数是年纪较大的购物者，那么距门口较近的地方才是摆放染发品的好位置，因为老年购物者不会在店里逛得太久。

最后，我来讲一个很有名的（传遍了我们的办公室）故事。有人为薯片和椒盐饼干精心设计了一个昂贵的超市宣传方案。他们使用了一个漂亮的“切斯特猎豹”卡通仪器，在运动检测装置的辅助下，每当有人经过它时，它就会喊：“如果你在找吃的东西，你就来对地方了。”这个仪器的主人花了很多钱才把仪器放在某些超市进行宣传。果然奏效，但它一直不停地在那儿喊，旁边的收银员都快被它逼疯了，因为收银员不得不听它在那儿聒噪整整 8 个小时。不久，商场的某个员工巧妙地解决了这个问题，他断掉了“切斯特猎豹”的电源线，让它立刻并永远保持沉默。

第四章

顾客需要腾出一只手

天气寒冷，对于女性购物者来说这意味着什么？

首先，女性购物者至少带着一个手包，还穿着一件外套，走进商店后很可能要脱下外套，也就是说她必须用手拿着这件外套。上帝赋予她两只手，但这时她只能用一只手来购物。买完一件商品后，她就用一只手拿着。现在，她的双手都被占上了。如果买的东西又小又轻，她可以将它夹在胳膊下，也许还会把手包挎在肩膀或前臂上，这时如果再买一件东西，她就没法拿了，在这种情况下，只有购物狂才会继续购物。至此，人类的生物学特性就宣告本次购物结束了。

上面的这个场景是购物学中经典的一幕。这个生理事实（即多数购物者有两只手）是众所周知的，但背后隐含的内容却一直被忽视了，没有人去细想、探究、适应和承认它。

从报摊发现的购物细节

关于双手分配问题的研究于购物学开创的早期就已开始了，在 20 世纪 70 年代末，我有机会在东部报摊（Eastern Newsstand）推广这个议题。东部报摊是北美地区最大的报摊经营者。这是一笔艰难的生意，研究这家公司的早晨送报和回收未售出报刊的复杂系统需要花很长时间。那时，我女朋友认识这家公司的老板娘，我像一个鸡尾酒爱好者那样混进他们的聚会。如果记得没错，当时他们待我还可以，但是他们非常怀疑我所说的，不过这也不能怪他们。

我免费接下了这笔生意，尽管没有报酬，但是我却从中积累了很多经验，这笔生意还让我在美国报业协会（NAA）树立起了自己的品牌，后来我们建立了 10 多年良好的合作关系。

他们给我指定的研究对象是一个位于纽约中央车站十字路口的报摊，那里熙熙攘攘，热闹非凡。我们举着照相机随时准备拍照，并观察早晨和傍晚高峰期的情况。

我们发现报摊生意的成功与否取决于一项关键因素——在每个顾客都很匆忙的情况下报摊处理大量业务的能力。路过报摊的人要么是在早高峰期赶车去上班，要么是在晚高峰期下班回家。他们行色匆匆，看一眼报摊挤不挤，如果还行，就停下来顺手买一份报纸、杂志、一包香烟或口香糖，然后继续赶路。如果报摊前有好多人等着付钱，并在焦急地看表的话，他们就会想，真烦人，要误车了，到别的地方去买也许会快点。

我们注意到另一个与报摊生意相关的因素，就是每个顾客都只有一只手空着，而另外一只手拿着公文包、手提袋、钱包或午餐。仔细想一想你就会发现，在当代，很难找到两手空空的美国人。尽管我们多数人经常用背包或挎包，这也没能将我们的双手解放出来，而是随身携带的东西比以前更多了。人类就像两条腿的驮运动物，手里还拿着部手机、端着杯咖啡，或是偶尔握个冰激凌甜筒。在大多数商务场合下，至少有一半的人只有一只手空着。甚至可以说，如果发现自己两手空空你会觉得不安，觉得自己是不是落下了什么。

还有一个相关因素非常简单：90% 的人习惯用右手，一般使用左手拿东西，把包背在左肩，这样我们的右手就可以拿东西。先打断一分钟，假设现在正坐在机场，一边阅读这本书一边等待登机，现在环视一下周围的人群，看一看他们分别用右手和左手提着行李箱或拎着手提包的人，这个比例应该是 6 ∶ 1。行李箱的重量、大小或是其他环境因素都可能是我们用右手提包的原因。但是忽略这些因素，这个比例有可能更高。所以，无论是卖报纸、分发小册子、设计机场的登记台还是租车处时都应该考虑人们方便使用右手（在此向所有的左撇子致歉）。

我们在研究中注意的最后一个因素是报摊本身。报摊的设计很有特点：最下面的架子是放报纸的，上面一点是放杂志的，再上面是放糖果、口香糖和薄荷糖的，收银员站在圆形架子里面，比所有东西都高。

多亏有录像带，我们才可以将每个交易过程拆成一个个细小的步骤。我们看到的情况是这样的：你带着公文包，走近报摊，弯腰挑选东西，例如报纸，然后，你直起腰，朝售货员挥一下报纸，这样他才能看见你拿了什么。这时顾客要么把公文包放在地上，要么把报纸夹在拿公文包的那只胳膊下，然后用空出来的那只手去付钱（如果是那种不到最后一刻就不着急的人，还现从口袋找钱再递过去）。接着，你站在那儿，轻轻向收银员侧身，伸出空着的手等着找零。最后，他把零钱装进口袋，拿起公文包，或者用空着的手把报纸从拿公文包的胳膊下取出来，转身，从其他要买东西的人群中挤出去。

显然，设计报摊的人认为报摊能容纳的东西越多越好，也许摊主也持相同意见。但是从顾客的角度来看，这种设计一点都不合理。应该有一个大约到胳膊那么高的架子，这样顾客在掏钱和等着找零钱时就可以将公文包或钱包放在上面，换言之，就是需要一个柜台。

但是现在的报摊唯一的搁板只有小腿那么高，把报纸放在这儿也可以，但这样就使每次买报纸的过程都变得很尴尬，顾客们手里、腑下被东西占着，还要俯身放、拿报纸，结果买报的过程多了好几个步骤，也就要花更多的时间（每个瞬间都要算上），从而限制了高峰时期可能的交易量。这样就造成了拥堵，吓跑了顾客，最后使报摊的销售受损。考虑到我们身体的构造，更好的设计方案是：摆的商品要少一点，但是要能接纳更多的顾客。

大概 30 年前，当我向报摊经理介绍这项研究时，他们感到十分无聊并用茫然的眼神望着我。现在我有时候也会疑惑当时是否要再做进一步的研究，并计算一下收益上的损失，或是做一个简单的概述，或建议一次测试，而我本可以做进一步的引导。回顾过去，最重要的一件事就是：要学会如何将你的观点和信息介绍得像他们所认为的一样重要，今天我们使用地图、图表和修改后的图片、视频，辅助框架研究，这些也可以帮助我们思考客户会如何处理这些信息，无论是在商务听众、教室的学生，还是在教堂的信徒面前，我都坚信激情在教育中的重要性。微笑和渊博的知识可以调制成一杯烈酒，如果再搭配上一些图片和照片，效果会更好。

我们已经研究了快餐店的汽车售卖通道，现在正解决相同的问题。在快餐店的汽车售卖通道，速度非常重要，因为相对于那些潜在的顾客，排队等候的汽车比在店内排队等候的顾客要更显而易见。在北美地区，方向盘在左边，我们一般用左手接过汉堡和薯条，然后在窗口付钱。在午餐高峰时期，每次购买减少 10 秒钟，排队的车立即就会减少。

我在本章开头描述的女性在冷天购物的情况在像沃尔格林公司那样的化妆品商店中也存在。我们在对某个连锁店进行研究时，想出了一个简单有效的办法来解决购物者没有手空着的问题。

顾客需要一个购物筐

在 8 月一个闷热的晚上，我在办公室突然找到了解决问题的办法。那天，我一边听着收音机，一边看人们在杂货店购物的录像带。我看到收款处排队的镜头，发现一个购物者正努力地像玩杂耍一样对付几个小瓶子和盒子，以免它们掉下来，这时一个念头突然闪现在我脑海中：这个可怜的家伙需要一个购物筐。

为什么他自己不先拿一个呢？杂货店准备了许多购物筐，就放在进门的地方。也许人们没有把购物筐和杂货店联系起来，也许他们进店时只想买一两件东西，后来才发现应该多买一些。当然最大的问题还是出现在过渡区：购物筐距门口太近，购物者进门后匆匆经过，根本就没看到它们在那儿。我马上回去看 3 天内所有收款处排队的录像，发现使用购物筐的顾客不到 10%，这就是说在这个杂货店还有很多购物者像录像带中的那个顾客一样是“业余的杂耍演员”。我想，如果有人把购物筐递给他们，他们也许就会买更多的东西。不管如何，他们买的东西不会变少，这一点是肯定的。把购物筐递给他们，就是让他们腾出手来，并决定他们最终会花多少钱。

我们建议，只要有顾客拿着 3 件或 3 件以上的东西，店员就递给他一个购物筐。管理者马上就实践了这个办法，因为人们总是很礼貌地接受别人的帮助，所以购物者总是立即接过购物筐，随着购物筐使用数量的不断增加，销售额也在直线上升。

在过去几年里，顾客使用购物筐（车）的比率和平均购买的比率有了直接的联系，想让顾客花更多的钱，就要确保大多数顾客在购物时使用购物筐（车）。有一段时间，商家们得到这个信息，但是他们并没有明白潜在的意思。那么当购物车变得更大后会发生什么呢？在沃尔玛、塔吉特、家乐福、欧尚集团，购物车在逐渐变大。在 2006 年，在全世界的超市、特大超级市场及大型商场中，使用购物车或购物筐的人数都在下降。人们想：我来这里只是买几样东西。因此对顾客而言，不使用购物筐（车）决定了他们购物的目的。如果顾客只是想买几件商品，他们就不会想推着大购物车在过道里跑来跑去，问题是当顾客选好几样商品后，却发现自己正在酒架对面，而他们最喜爱的灰品诺白葡萄酒正在打五折，那么现在商家应该怎么做呢？

我们的答案是只要顾客走进商店，就在门口为他们提供购物帮助——是使用购物车还是购物筐？并将购物筐摆放在商店里的其他重要位置，若无人理会，就换一个地方。同时建议商家不要再使用小红帽那样的塑料购物筐，一个好的购物筐让顾客既想买东西又想将其占为已有，而小红帽那样的购物筐就不会让人有此欲望。塑料筐不但笨重而且难看，对于男性顾客来说，他们不想提着这样一个像要去外婆家时提的红筐，这样有损他们的形象。显而易见，顾客只是想要一个更好的购物筐。

很多购物中心或商店都提供下面可坐小孩的购物车，顾客可以把购物筐放在购物车的上面，而你家的小车神就坐在下面的“小赛车”里。

我曾与Spar超市意大利区的总裁参观一家位于意大利米兰火车站的新开的Spar超市。Spar超市是欧洲的连锁便利店，就和日本的7–11便利店一样，在整个欧洲新开的购物中心里都有Spar超市。在欧洲，市郊火车站的食品超市都在逐步发展。而在纽约的中央火车站，那里的高档食品店令人印象深刻。在美国旧金山湾区快速交通系统的各站点建立小型的农产品市场是明智之举，巴黎北站、芬兰的赫尔辛基中央火车站以及日本的每个火车站的食品店的发展将北美地区的火车站远远甩在了后面。这些店的布置都很不错，而且实惠、便捷。火车站不同于机场，顾客的时间有限，因为他们搭乘的那班火车随时都会来，需要及时上下车，因此购物的速度显得极为重要。而站在商人的角度，最重要的是达成交易，因此就要考虑到没有拿购物袋的顾客所买的东西会有限。

我与这家店的总裁在米兰的Spar超市逛了大约一个小时。正如我说的，我很喜欢这家商店。商店有新鲜的蔬菜、鲜榨果汁和小型面包房。但问题是，所有的购物筐都放置在门口。总裁问我如何将商店变得更好，我说“看着我”，然后拿起三个购物筐走向店内，看到双手拿着商品的顾客时，就微笑地递上购物筐，没有一个顾客会拒绝。

在商业中，当读懂别人脑中闪过的念头时，你可以随机抛出几个你想实现的想法，却会看到别人完全接受你的观点。和总裁一起的一个小时中，虽然他一直在微笑，但是当顾客接受我递上的购物筐时，我看到总裁第一次大笑。

随着购物学的演变，我最担心的是，当越来越依赖科学技术时（如购物卡上的传感器、与商店闭路电视摄像机连接的软件包），商店经营者会认为，坐在办公桌后面盯着监视屏幕是一种替代去卖场巡视的可行办法，而他们往往会被表面现象所欺骗。

购物筐该放在哪儿

在我办公室附近的一家经营得比较成功的书店里，一堆购物筐就放在进门处的一个角落里，也就是通常容易犯错的位置。从购物筐摆放的位置来看，可能零售商认为顾客从一进书店就会在心里盘算：“嗯，今天打算买四本书、一盒艺术贺卡和一本杂志，这样的话第一件事就是要拿个筐装这些东西。”但是常识告诉我们，人们的做法不是这样的。更可能的一种情况是，顾客在走进商店时本打算买一本书，但在找到这本书后，他可能会碰到其他值得买的书。这时，零售商之前的预期就是错误的，对于很多商店来说，额外的和随机的购买决定了商店在财务上的盈亏。

总之，书店的购物者碰到第二本要购买的书时，会突然意识到购物筐可以帮他减轻负担。如果这时购物筐突然出现（就在眼前，而且不用弯腰就可以够着），他很可能会拿一个，接着继续购买第三本、第四本，没准儿还会买些书签呢。

这儿的启示很明显：购物筐应散放在购物者可能需要它的任何地方。事实上，即使简单地将美国所有的购物筐从商店的前端挪到后端，购物筐的作用也会立刻凸显，因为许多购物者都是在浏览几种商品之后才会真正开始考虑购买。购物筐堆的高度不能低于 1.5 米，以保证所有的顾客能看见，同时不需要弯腰就能拿到，因为人们在购物时都讨厌弯腰，尤其是在拿着东西腾不出手的时候。关于摆放布局的一个简单有效的测试方法是：如果员工需要一整天不停地码放购物筐，那么购物筐大概就被放在了合适的地方。

用什么样的购物筐
能让顾客买得更多

这里需要重新考虑购物筐本身的问题。这家书店使用的是带把手的浅口硬塑料筐，与超市和便利店使用的购物筐一样。用这种购物筐盛放瓶装、罐装或易压碎的东西是再好不过的了，但在买书、办公用品或服装时就不太好了。当购物筐里的东西越来越重时，拎着把手会觉得不舒服，人们一般都希望能把购物筐挎在胳膊或肩膀上，但此时却没法这样做。结果就是你不会把购物筐装得太满。通常，我们是怎样拿书的呢？放在袋子里，特别是手提袋里。因此，在书店里，帆布或尼龙手提袋比前面提到的购物筐要好得多，同时，这些手提袋还有附加价值，它们本身也是可以销售的商品。店员可以把手提袋里的东西倒出来，算出总价格，并询问顾客是否想买手提袋，然后再把东西装好，这样还能节省塑料袋。

我见过的利用购物筐的最明智的方式是在曼哈顿第十七街的老海军店。尽管老海军店也经历了兴衰沉浮，但无论是谁经营这家特殊的店都做得很好。我带零售商去参观那家店，这是我们在曼哈顿最愉快、最积极的购物体验之一。你一走进去，就会有一个举止得体、面带微笑的员工接待你，并递给你一个黑色的网格手提袋用来装要买的东西。这个袋子不仅比塑料筐便宜，而且更加轻便美观，容纳的东西更多。事实上，在结账时，当收银员问你需不需要这个袋子时，大多数人都会购买，这样商店在最后一刻还能卖出一件商品。

我见过的使用购物筐的最不明智的做法是一家南方百货公司在圣诞节期间所采取的。那家商店门口整齐地放着一大堆网格手提袋，但是商店的某些销售“人才”居然决定在它前面摆放更大的圣诞老人模型，这使得进来的购物者根本就看不到那些袋子（从里面出来的购物者倒能看见）。我不知道他们卖了多少个圣诞老人，但圣诞老人的销售额肯定不足以抵消这个不明智的行为所带来的负面影响。

我们对餐具的生产和销售商普法尔茨格拉夫进行研究时，这个商店正给顾客提供购物筐和购物车。在收款台，我们注意到许多购物车里盘子、碗等东西装得满满的。普法尔茨格拉夫公司惊讶于以前从未意识到购物车能带来的零售业绩，他们马上把购物车换成比之前大40%左右的新车，很快，每个顾客的平均消费额也跟着增加了。

位于西班牙巴塞罗那的Vinço是我在全球最喜欢的一家商店。这家商店在每个季度都重新设计购物袋，这些购物袋的设计有趣、视角犀利，很多都是对热点的评论。我坚信很多顾客去那里购物只是为了新一季的购物袋。不知道路过芝加哥或是纽约多少次，你是否看到过美国娃娃屋（American Girl Place）的购物袋？这种给他人带来欢乐的购物袋就是免费的广告牌。

买得舒服

上面这些事实都提醒大家要注意零售领域里这个至关重要的现象：在使购物经历变得尽可能舒适、轻松和方便之前，你无法知道购物者到底要买多少东西。

我很高兴看到有些零售商正在尝试一种巧妙的方法让顾客可以空着手购物。该方法使得购物者可以毫无负担地购物，直到他们来到出口之后才发现天色已晚。

这个方法就是创建一个衣物存放和包装订购相结合的系统，顾客一进门就可以把所有的负担都卸下来，而且在商店里选购时也不用把要买的东西带在身边，只要告诉店员将商品放到出口附近的订购部就可以了。这样，顾客在精力旺盛、双手毫无负担的情况下逛完商店后，就直接走到门口，拿起自己的外套、帽子和所购买的商品，然后出门坐上汽车、出租车或豪华轿车离开。

有一年，我们开始与大型的啤酒酿造公司安海斯–布希（Anheuser-Busch）的公园部门合作，这家公司在美国经营着布希庄园

（Busch-Garden）和各种海洋世界。在公园里，这家公司在每家礼品店都安装了一种系统，可以将你在任何一家商店买的商品直接送到公园出口的总店。顾客在游泳池的高空水道上飞驰，拍下照片，然后照片会被印在杯子上，随后被传送到公园出口的总店，而顾客丝毫不必费心于此，他可以跳上滑板，双手张开，再尽兴地玩一次。那感觉很棒！理论上，你可以在公园里购买商品，离开时在公园出口领取。问题是，顾客通常是在购买后才发现这项服务，而且工作人员也没有将这项服务讲解得十分清楚。我不知道有多少公园的游客或是礼品店的顾客知道这项服务，不知道的都不会购买太多东西，因为谁也不愿意在玩旋转椅时腿上还放有印着自己名字或头像的啤酒杯，我认为安海斯-布希公司应该在公园的入口处就向游客介绍这项周到的服务。

有时仅仅做到上面这些还不够，迪士尼的一个大型纪念品商店就一直在这个问题上不断努力。在那儿，商店里几乎整天都没什么人，因为游客都不愿意在商店购物后再带着这些东西去逛公园。但是下午4点30分左右，这个商店十分热闹，挤满了买纪念品的人，针对这种情况，商店就设立了一个订购部，这样购物者可以在早上买好东西后再出去，而不必把东西随身带着，等逛完一天后再到订购部来取自己买的东西。这样带来的唯一问题就是许多购物者忘了取回自己所购买的东西。

我向布鲁明戴尔公司完整地提出了关于这项服务的建议。在曼哈顿的旗舰店里，第8层并不太适合做零售，因为人们很少来到这么高的位置。于是我建议把这一层改建为针对高档购物者的半开放的、优雅宁静的场所，设有休息室、取款机、咖啡馆，有专门的接待员和其他便利措施，当然还包括衣物存放处和订购部。

如果顾客是在纽约观光，那么公司甚至可以把东西送到他们下榻的宾馆。事实上，我设想可以把这个半开放俱乐部的会员资格卖给宾馆，这样宾馆的客人也可以从中受益，这类服务在规模较大时可以获得很好的利润，相信不久后某个商场或购物中心的开发商就会建立这样的系统为所有承租商提供服务，在提高承租商的销售额方面做出自己的努力，当然，这也是为了促进开发商自己的事业。

再说一遍，让顾客的手空着很重要

在购物领域里无论怎么强调将双手解放出来的重要性都不过分。一个商店可能布置得极佳，卖的商品也是最好、最便宜、最吸引人的，但是如果购物者不把商品买走，这一切都等于零。在第十二章中，我将解释购物中至关重要的触摸、试用和其他感官因素。如果购物者无法伸出手来摸一摸某些东西，他们是不会买的。因此，手的问题并不仅仅是确保购物者能拿走他们想买的东西。如果空不出手来，购物者根本就不会去考虑是否要买东西，这也是为什么在很多情况下服装放在水平展示台上比用衣架挂着要好：如果只有一只手空着就很难去仔细看衣架上挂着的东西；但如果有一个桌面，你就可以将带着的东西放在桌面上，然后打开运动衫好好地看一看、摸一摸。

关于手这个话题最有趣的现象是发生在我访问过的一家超市中。像当前美国的多数零售商一样，这家超市里也引进了一家咖啡店，只要顾客愿意，都可以到咖啡店里坐下来喝点东西。这并不是我在超市里见过的第一家咖啡店，但它确实是第一家真正懂得经营的咖啡店：他们在购物车里安了放咖啡杯的托盘，也就是告诉顾客可以边喝咖啡边购物。我敢打赌，这个小细节一定促进了咖啡的销售。

第五章

广告牌的效应

“你觉得怎么样？”设计师问我。

他边说边把广告牌揭开，这种广告牌将被投放到大约500个商店中去。

会议室里温度和光线都很宜人，我坐在舒适的椅子上，广告牌就放在我面前，距离非常理想。广告打印得很漂亮，用了很贵的纸，并请专业人员精致地装裱过。整个屋子里静悄悄的。

“嗯，”我答道，“我不知道。”

屋里立即充满了忧虑的氛围。他们并不是为我担忧，而是因我的话而开始担忧。

“你说不知道是什么意思？”设计师问道，“我们都认为你是知道的。”

这时我开始试图解释。

这个广告牌究竟怎么样

一开始我就说，除非每个顾客碰到广告牌或是在电视屏幕上看到的环境和我第一次见到广告牌的环境一模一样，否则，我就不可能知道它到底是世上最成功的广告牌还是纯粹在浪费时间、空间和金钱。我想提醒大家，在商场、饭店或银行里的人极少有静止不动的，他们总是从一个地方走向另一个地方。而且，不会刻意地去看广告牌或是电视屏幕。事实上，他们总是在做别的事情，比如找袜子，或看收款台前哪列队伍最短，或决定是买汉堡包还是鸡肉。就是在这种情形下，远处的某个地方有一块崭新的广告牌，光线和角度都不是太好，还时不时被前面的高个子挡住视线，而且还有人在和顾客说话转移了他们的注意力。

换句话说，尽管设计师认为这种方式不错，但我觉得在会议室展示广告牌以验证效果是最不明智的。

要看广告牌或其他店内媒体是否有效，只有一个评估的办法——身临其境，把它放在商场内。

在卖场内的评估工作也并不轻松。首先，你要计算有多少人看了广告牌；然后，要说出他们是否看了足够长的时间来看懂广告，因为，如果他们看不懂，即使最好的广告也没有用。无意中瞟一眼广告牌和仔细阅读之间的区别也许只是两三秒钟，你可以看出这对于我们调研者来说是怎样的挑战。调研者悄悄地躲在广告牌的后面，在观察购物者最微小的眼部运动的同时，还要留意秒表，以便能科学地确定某人关注广告牌用了 4 秒，然后目光转移到海报上并看了 4 秒。在判断一个广告牌的好坏之前，我们要连续观察数小时，观察几百个人，记录成千上万秒，并集中分析所有的观察结果。

去试试看，这并不轻松！

在这个领域工作 30 年后，我们对所做的事情非常有信心，而且大多数时候所做的都是正确的。我们对于字体、颜色和版面编排有一些基本的原则。我们也知道了一些所谓的“定位沟通”，就是在不同的环境与来往的顾客进行互动，但是对于一个广告是否成功，我们需要一些数字来证明，17% 的顾客看到了这个广告，12% 的顾客不想去阅读它，平均每 2.9 秒这个广告被顾客看到一次，所以真正的方法就是将广告摆放在现场进行观察。

有一些公司可以测试出广告牌的可读性。他们让测试人员戴上高科技头盔，然后在他们面前举起广告牌，头盔能计算出最微小的眼部运动，但即使这样也无法让人知道你是否把很好的广告牌放到了不合适的地方。这样的事情经常发生，这比把不怎么样的广告牌放到最合适的地方还要糟糕。同时，商店里充满了分散注意力的东西，这种方法肯定不能预测购物者是否看了商店里的广告牌并做出了反应。

让广告牌跟着购物者的节奏

过去，当我们设计和放置某个广告牌及其他信息媒介时，最常见的错误就是认为它们必须与商店挂钩。但现在，我们讨论的广告牌已经不再仅仅为了传递商店的信息，因为它既是一个三维的、出现在屏幕上的广告，也是一个默默向客户展示话语、思想、信息和理念的途径。

人们看到这个广告牌，就会从中了解很多信息。如果广告牌设计得正确，那么这些信息就会吸引人们的注意力，并诱导人们去看并且购买商品，也许改天还会回来再买一些。顾客被告知可以买什么，东西放在哪儿，为什么要买它。另外，顾客还能得到关于商品能干什么用、什么时候用，以及如何用等信息。

一个三维的、能够让客户耳濡目染地获得有用信息的电视广告就是好广告。

就像写电视广告的剧本和导演电视广告一样，设计广告牌的工作也是对表达什么、何时表达以及如何表达等方面进行策划。

首先，广告必须吸引观众的注意力。做到了这点之后，你就应条理清晰并富于逻辑性地展示你的信息——首先是开头部分，然后是中间部分，最后是结尾部分。你必须以人们惯常接受信息的方式来传递信息，按照合适的顺序，一次传达一点信息、一层意思。**如果你最初没能抓住人们的注意力，那后面的情况都不会发生；如果你表达的内容太多太快，超过观众的最大承载能力，他们就不会理睬这些东西；如果你把观众弄糊涂了，他们就会忽略掉所有的相关内容。**

事情一直都是这样的，但为什么现在显得非常重要了呢？就如前面提到的，主要是因为当前越来越多的购物决定取决于商店本身。现在，购物者拥有更多的可支配收入，思想开明，同时他们允许自己即兴购物。品牌营销和传统广告的影响也在不断扩散，因为人们都吸收了太多这样的东西。推销的作用显得空前重要，产品的存亡取决于销售的情况，你不能浪费任何一个向购物者宣传的机会。

现在，购物者比以前要忙，不再像原来那样在商店里闲逛，他们已经习惯商店里什么东西都开架销售，并且希望想要的信息也是开放式的。没有人想等店员来给他指路，或者介绍新产品，也不可能在哪儿都能找到店员。以前你走进咖啡店，看到的东西就是菜单和《纽约邮报》(*New York Post*)。现在，即使走进最小的星巴克咖啡店，也有 11 种清楚的位置标志，告诉你从脱脂蛋奶酒到货到保罗·麦卡特尼（Paul McCartney）最新的专辑搭售活动等各种信息。

因此你不能只是在你的商店里转转，在墙上找到一块空地就把广告牌挂上去，你也不能简单地在柜台上整理出一块地方就把准备好的所有宣传资料都放在那儿。**每个商店都由许多分区组成，在放广告牌之前应该对这些分区进行规划。你应该四处走走，每走一步都问自己几个问题：购物者在这儿会干什么？广告牌放在这儿怎么样？他们站在这儿时眼睛会关注什么？在那边会怎么想？**

在某个区域人们会走得很快，因此，广告词就应该简短有力、吸引人。而在另外一个区域，顾客会仔细浏览，这时就可以在广告中多说一些细节。在这样的区域，他们一站在那里就会浮想联翩，假如顾客正站在摆放发动机润滑油的货架旁边，他们就会想起自己的汽车，这里可能就是宣传替换雨刮器的好地方。在收款台旁边，人们往往要站上一两分钟，所以在这里就特别适合更长一些的广告。最后，购物者就要走在离开商店的路上了，你可以让他们在出去的这段路上考虑一下与公路有关的问题。

每个区域都有一种适合它的广告，而对其他类的广告则不合适。如果把一块需要12秒才能看完的广告放在顾客只会待4秒的地方，这时的效果也就仅仅比把广告牌藏在你的车库里稍微好一点点。

尽量打断购物者的视线

我一直不停地在四处观察，记下购物者可能站在那儿没什么事儿可干但可以用来看广告的地方。有一天，我突然想到了这样一个地方：在鞋店里，你告诉店员要什么鞋，他就会到另一边去找你的号码。这时你已经把所有的鞋都看遍了，那你还干什么呢？也许这就是一个商家推销其他商品的好地方。就在等店员拿鞋的时候，你很可能希望有点什么东西可看，比如说像手提包广告这样的东西。

我最近发现了一个贴小广告比较明智的位置，那就是洗手间小隔间的内壁。这几乎保证了百分百的吸引力，而且在这里，你能获得极具创造力的信息。

还有一个当前被忽略了的做广告的好地方，就是自动扶梯。在伦敦从地下沿着扶梯往上走时我突然想到了这点。在等待自动扶梯徐徐上升的时候，我们会经过过去是广告牌如今是广告屏幕的地方。如果有人问我比较经典的数码广告的应用，我会问他到底有没有坐过地铁。

要解释清楚通常应把广告牌放在什么地方并不是很简单的事。我们曾做过这样的调查：把一条横幅挂在商店收银及包装台的正上方，然后对看到这条横幅的顾客进行统计。这不是一个放广告的好地方，只有很少一部分购物者看到了这条横幅。原因是在商店里的人极少会抬头看空中。我们建议把横幅往后挪一米多，结果看到它的人数就翻了一番。在挂广告牌时，理想的视觉位置与糟糕的位置之间往往只差一米多。为了最大限度地展示广告牌，在任何区域都应把它放在打断人们自然视线的地方。于是你就要站在一个地方做出判断：你在看哪儿？看的地方就是放广告牌的位置。在商店人们首先看到的是其他的人，这点并不奇怪，这也是为什么快餐店最有效的广告就是放在收银机上面的广告，它们基本上与收银员的脸在一个位置上。**聪明的放广告牌的方法就是要尽量打断购物者的视线，挡住他们的目光**。

有时你还必须在广告的位置方面有所创新。托罗公司（Toro）制作了一段录像来宣传它的自动覆盖割草机，很显然，这段录像应该放在经营家用园艺设备的商店里，但具体放哪儿呢？放在卖割草机的区域吗？在那儿，购物者能看见屏幕上在播放东西，但是要看完这个宣传片，购物者必须一动不动地在那儿站上 10 分钟，问题不仅仅如此，他们站在通道的中间，还很容易被那些去买烧烤架配件的顾客挡住。

因此，托罗公司把宣传片放在了维修部的等候区，在那儿等待的顾客对任何能消磨时间的东西都感兴趣。因此，他们对这个宣传片看得津津有味，而且，光顾家用园艺设备维修部的人总有一天需要买新的割草机。不知道什么原因，我们发现有的零售商就算把广告牌堆在一旁，也不利用等候区来同顾客进行交流，而在等候区的人通常却无聊得要命。我们曾调查过一个汽车代理商的服务等候室，在那儿没有一点阅读材料，即使是单张的促销宣传单也没有。没有一本《人车志》(*Car and Driver*)或《路与辙》(*Road and Track*)杂志，甚至连过期的《读者文摘》也没有。

众所周知，纽约人不喜欢等待，人们希望点餐之后，他的鸡蛋奶酪卷就能立即做好，如果需要等的时间稍微长点，那下次就直接去街对面的熟食店。我很喜欢位于办公室街角的一家有名的高档三明治店，对于那些等待现烤的猪肉和胡椒味腌制小吃超过5分钟的顾客，商店提供当日的《纽约时报》和各种不同的杂志以供阅读，安抚他们烦躁的情绪。

广告牌上写几个字好

没有人像快餐业人员那样对广告牌进行仔细深入的研究，即使你不打算经营 Burger God，看看他们怎样做广告对你也是很有意义的。

他们意识到可以把令人印象深刻的广告牌放在橱窗里，也可以放在进门的地方，但无论放在哪儿，都必须保证顾客一眼就能看到。广告内容两三个字就可以了。经过长时间的观察，我们发现这些广告牌在每个购物者面前的平均展示时间不会超过两秒。

我曾经被邀请去评估一个门户广告，这个广告有 10 个字。

"你一秒半的时间能读多少个字？"我问设计师。

"三四个字吧，我猜。"设计师说。

"嗯。"我答道。

摆放广告牌的逻辑

以前，快餐店常在门口布置各种各样的广告牌、海报和饰物来吸引顾客的注意力，后来的研究表明，根本就没有人看这些东西。当你走进快餐店时，你要找的东西无外乎两个，柜台或洗手间。

把广告牌放在通向去洗手间的过道意义也不大，因为这时人们脑海中想着更重要的事情。但是，如果广告牌正对着从洗手间出来的人，那效果还是不错的。

人们来到柜台边，就在考虑要吃什么了。在快餐店里，他们只会看前面挂着的大菜单牌，但并不会去看菜单上的每个字，只是浏览一下，然后找到自己想要的东西。如果是店里的常客（多数购物者都是），心里已经想好要什么了，就根本不会去看菜单牌。

如果排的队很长，购物者就有时间好好看一下菜单及其他视线内的东西。点完食品之后，菜单牌和柜台区的广告牌仍然能受到人们的关注。麦当劳发现75%的人点完餐之后在等待的过程中，也就是说等餐期间——平均为1分40秒，还会看菜单牌。这段时间很长，而且在这段时间之内，因为已经付完账，找过零钱，没别的事了，有什么东西人们都会去看。这时就是进行广告宣传的好机会，可以宣传那些能吸引顾客下次再来光顾的东西。数据显示，从快餐店到超市的熟食柜台，有61%的顾客在点完餐后会继续看菜单。

拿到自己要的食品后，他们要么离开柜台，要么去拿调味品，你可以在放调味品的地方放些促销资料，不过如果在那儿放汉堡的广告就没什么用了，太晚了。但这时却是向就餐者宣传餐后甜点的好机会。这就是广告牌和宣传设备在摆放逻辑上的一个经验。**某些信息告诉顾客太晚的话，他们就来不及采取行动，这样的宣传也就毫无意义**。比如，在排队交钱的队伍前面放上广告牌是个不错的主意，但如果广告牌上宣传的商品放在了离收银台较远的地方就没什么用了。

取过调味品，顾客就落座开吃了。几年前，在快餐业掀起过一场清除所有就餐区杂乱物品的行动，包括广告牌、饰物、海报和“桌面帐篷”(就是用三面纸板围起来的把盐和胡椒粉罩在一起的东西)。结果表明，那场运动是个错误，因为餐馆的设计者根本没注意到他们自己店里正在发生的变化，尤其是没有注意到典型的快餐消费者带有的社会属性。

我们考察过两类餐馆里面的“桌面帐篷”——家庭式餐馆（如美国连锁餐厅苹果蜂或意大利连锁餐厅橄榄园）以及快餐连锁店。在家庭式餐馆的就餐区，只有 2% 的就餐者看了“桌面帐篷”上的内容，但在快餐连锁店，却有 25% 的就餐者看了“桌面帐篷”上的内容。

造成两者之间如此大的差异的原因却很简单：在家庭式餐馆，通常是 2~4 人或整个家庭成员共同就餐，他们一直忙于交谈，根本就没注意到桌面上的牌子。但是快餐店的消费者往往是独自就餐，他渴望有一些消遣的东西，如果给他印着字的盘子垫，他肯定会去看上面的字。如果给他即将出版的斯蒂芬·金的小说的第一章，他也会看。我们建议快餐店赛百味（Subway）在餐巾上印广告，大力宣传他们的三明治比汉堡要健康得多。我们还建议他们在餐巾上印上脂肪含量的对照表。事实上，在快餐店就餐的顾客肯定会去浏览在别的地方可能被忽略的信息。这方面有一个很明显的例子，就是他们会阅读谷类食品盒子背面的广告。

现在，你该明白广告牌在快餐店该如何分布以及如何展示了吧：越往里走，广告内容就可以越长。在门口只用两三个字，而餐巾上则可用小字体写满信息。有一次我路过一家快餐店，它的橱窗广告牌非常不错，上面写着“大汉堡”。走进店里以后，你会看见另一块广告牌对外面那个简短且令人好奇的广告做了解释（他们正在出售……大汉堡包）。这就是很精明的广告设计：将整个广告信息拆成两三个部分，在顾客进店的过程中，每往里面走一点就能多看到一部分信息。也许有人认为每个广告牌都应该是独立的，而且信息完整，这种看法不仅缺乏想象力，而且也没明白人类大脑的工作规律。它甚至让广告没有了趣味——这让我想起了去我爷爷农场的路上看到的柏马剃须刀的广告牌。正是广告牌的先后顺序使其成了美式幽默的象征。

给你跳伞般的超速感受

无可替代

柏马剃须刀

形同虚设的广告

关于广告语言的另一个经验来自美国邮政管理局（United States Postal Service）。我们进行了一项大型的研究来帮助他们设计今后的邮局：这里的服务完全是自助式的，里面提供操作简单的称量台和打包台。

在我们调查的邮局里面，挂在收款机后面墙上的是宣传各种服务的大型横幅。经过调查发现，14% 的顾客看了这些横幅，平均每个人看 5.4 秒；在收款机两边的墙上也挂着宣传集邮的海报，也有 14% 的顾客看了这些海报，平均每个人看了 4.4 秒。

上述成绩在广告界还是不错的，但离期望值还有很大距离。因为当你在邮局排队时，除了看广告外还能干什么呢？收款机后面或旁边应该是最抢眼的广告位置。

邮局还挂了一些广告牌，并安置了电子指示屏幕，希望那些利用写字台的顾客能看得见。实际上，只有 4% 的顾客看了那些广告牌，平均看了 1.5 秒；过秤台上的悬挂品只有 1% 的顾客看了，平均看了 3.3 秒。这个结果一点也不奇怪，当你在写字或称东西时，你不会去注意别的东西。那些广告简直形同虚设。

银行也花了很多钱想弄明白哪些广告有效果，哪些广告无用。银行、快餐店和邮局都有一个共同点：许多顾客一动不动地面朝同一个方向站在那儿，这是同顾客进行交流的理想时机。我可以带你去世界上最大最完善的金融机构的分支机构看看，在那儿，商品和宣传资料的摆放都很不恰当，甚至很可笑。我能点出几家银行来，它们的广告意识甚至不如某些街边卖烤肉的摊位。距我办公室 5 分钟路程的地方有一家大通曼哈顿银行的分行，在那儿你可以看到他们在广告推销方面的创意：一张圆桌，铺了一张你能见到的最便宜的蓝色塑料桌布，桌子上扔着一些关于汽车贷款和抵押的小册子，还有一个电视屏，本想用来播放宣传片的，现在已经废弃不用了，落满了厚厚的灰尘。这张桌子被挤到银行前厅的一个角落里，距服务柜台只有几步。这种情况实在很糟糕，以至于显得有些可笑。

我们在加利福尼亚的一个银行客户决定，为了宣传新的免费审计政策，在门外挂上横幅，以便让那些在马路上开车的人也能看得见，这是正确的。但他们决定在横幅上写上，“敬请光临垂询，银行职员将乐于为您解释全新的免费审计政策”，这就不对了，司机只有把车停靠在路边后才能看明白广告，广告词太长了，在高速路上，几个引人注目的字就够了，比如“免费审计”。

我们为一家加拿大银行做过调研，这家银行刚刚在顾客写字的台面上安装了一些复杂的带背光的展箱，用来宣传该银行提供的各种服务和投资的细节。

这个广告确实很漂亮，但就是没有人看。

我们来设身处地地想一想，当你在填存款单或签支票时，你只会全神贯注，根本不可能想到别的事情。并且，填好这些票据后会直接去排队，根本不会在写字台那儿逗留。

调研的结果令人遗憾，当结果递交到这家银行的行长面前时，他说：“天啊！你为我们节约了 100 万美元，我们本打算把这些钱花在那些没用的东西上。”后来他仍然在为分行的宣传方面支出了 100 万美元，不过花在了其他地方。

也是在一家银行，我们发现了一个最简单有效的办法。我们被聘请去研究其分行的各个方面，包括那个放宣传材料的大架子，里面放着基金、证券、汽车贷款和银行所提供的其他服务及投资的宣传材料，这个架子就挂在门口左边的墙上，你进门时一定会路过它。

虽然架子近在咫尺，却没人去翻动宣传材料。

其中的原因很明显，人们去银行是因为有重要的业务要办，没有人是想随便闲逛的。在办理自己的重要业务之前，你对看到或听到的其他事情都不会感兴趣。另外，架子放在进门的左边，而绝大多数人都会从右边走，这也使宣传效果更加糟糕。

我们将宣传架挪到了里面，这样，顾客在出门而不是进门的时候就会经过它，其他方面没做任何改变，然后我们站在旁边跟踪观察，发现看见架子的人数提高了 4 倍，取宣传册的人数也急剧上升。

除了银行，还有一些地方也需要考虑人们这种任务导向的行动特点。我们去药店买药时，一心想的是找到药剂师把药方给他，在这个任务完成之前我们不会注意路过的任何广告或展品。来到药店把药方交出去以后，我们才有了一点空余时间，但是这时我们发现药店里所有的广告和展品都是面向从外往里走的顾客的。我们到邮局去买邮票，在排进队列之前我们是不会放慢脚步的。我们去便利店买一些烧烤用油时，在确信店里有这个东西之前，我们也不会为任何东西分心。所有这些情况都说明，在购物者完成他们自己的任务之前向他们宣传任何东西都是徒劳。因此，前面那个药店就应该制定两个独立的广告宣传策略：一个专门针对从外往里走的顾客，另一个专门针对从里往外走，也就是离开药剂师往外走的顾客。

在一个银行客户的分行里，我们发现出纳台的旁边有一个放宣传册的架子。但是它放得远了点，站在绳子后面的顾客几乎看不见宣传册的标题，更别说把册子拿下来看了。

“摆放绳子、立杆和宣传架是谁的工作？”我问分行的经理。

“哦，”他说，“保洁人员每天晚上进行最后的清理，清理完之后他们再把所有的东西放回原处。”很显然，那些保洁人员对宣传一无所知。

生死攸关的标志牌

在我们日常生活的某个场合，标志牌的设置相当重要，甚至关系到人的生死存亡。这说的就是道路标志牌，尤其是我们的州际高速公路系统。在这个系统中，为确保安全和良好的交通秩序，标志牌几乎像路面和灯光一样重要。因此，工程师必须保证标志的正确性。其中的原则看上去很简单：用字精练；在正确的位置放正确的标志牌；标志牌的数量足够多，保证司机不会迷路；标志牌也不能太多，要防止产生混乱或混淆。一个标志牌系统确实有效的例证就是：在一个你从未到过的地方，你还能确切地知道自己在沿着正确的方向前进，而不用停下车来问路，甚至也不用减速去看标志牌上的信息。在全世界很多地方驾驶过之后，我认为美国的高速公路标志系统是比较好的，瑞士的公路标志系统可能更好一点，他们修改了高速公路标志牌上的字体，这样司机能看清楚标示内容。

我们来看一下美国最常见的路标："停"和"单向行驶"，白色加粗的大写字母，写在巨大的红色八边形上，那还能有别的意思吗？"单向行驶"将字和符号完美地结合在了一起，你用眼角瞟一下就知道它的含义了。箭头指引你继续沿着正确的方向前进，而不是强迫你减速或停下来看路标。在道路交通中，我们使用了一套符号作为通用语言，这些符号不需文字就可以传达大家所需的信息。如果你看见的标志牌上有气泵，或者是叉子和勺子，或者是轮椅，你一眼就能明白它的含义。这是向行进当中的人们传递信息的最佳方式。路标的处理技术通常也很高明，颜色对比鲜明，字母很大，照明不错，位置也很好。

现在回到我在城里当地理工作者的那段日子，当时我参与了对纽约洛克菲勒大厦地下广场方向牌的研究工作。在地下广场里，没有方向牌你就会迷路，因此方向牌非常重要。从拍摄的片子里我们看见，人们一直向前移动，当担心迷路了，或者前面有岔道必须选方向时，他们就会放慢脚步并开始东张西望，在这样的位置就该放一个方向牌了，以免人们迷路。

我们还发现人们走路时主要担心的是撞上别人，但是如果他们不得不到处找路标，或者路标字体太小他们必须凑近了才看得见，或者路标本身太小，或者路标放的位置不对，行人就会被一边看路标一边走路弄得晕头转向。因此，我们得出这样的结论，只要行人不得不减速或停下来，那么路标就没有起到很好的作用。这也让我真正认识到行人走路与汽车驾驶之间的相似性：**好的路标必须通俗易懂，并且要放在人们行进时也能看清的地方。要做到这点，多数情况下都要把信息拆成几部分，并按照逻辑顺序分别进行展示。**

当然，我们唯一的工作方法就是长时间观察行人穿过这个地方的情况。如果不必这样的话，规划地下广场的人自己就可以进行路标设计了，他们恰恰是唯一不需要路标的帮助就能在地下广场找对方向的人。

当心广告的“黑洞”

我依然留在会议室里。

如果得不出答案，我就会在最苛刻的情况下来看这个广告牌，把广告牌放在地上，斜靠在墙边，然后后退 10 步，再来看广告牌的效果。我会站在它旁边，看它能否吸引我的目光，还要像平常一样迈步从它旁边路过，看它是否显眼。另外，还会关掉灯再看，如果广告牌在光照不足的环境下效果不好，那它就肯定没效果。事实上，广告牌所处的现实环境会比我上面说的还要差。

现代社会信息泛滥，这一问题大部分是由商业广告造成的。粘在苹果或梨上面的小广告是明智之举还是一大败笔呢？这就在于你怎么看了。现代社会中文字太多，企图向我们传递的信息太多，几乎要将人们逼疯，因此都不想再看到这种东西了。尽管有些很好的广告机会被错过了，但多数广告环境中都充斥着大量杂乱的信息，哪个也不突出。**如果广告过多，就会形成一个黑洞，没有任何信息可以穿透。**

举一个我自己的亲身经历。我经常在机场候机，就像大多数行人一样，我常常在等待的时候工作。但是，最近我的注意力却时常被机场电视（Airport TV）所打断，这是美国有线电视新闻网（CNN）专为航空旅行者准备的节目。我想把它关了，但是不知道该怎么关。就算休息室只有我一个人，它也在那儿播放，非常令人头疼，于是我发誓再也不看它的节目了。但是，在机场里有一个地方，即使最忙的人在那儿也会停止工作静静地等着，那就是行李传送带旁边，人们都在那儿等自己的行李。在那儿，即使在行李来到之前有沃尔夫·布利策（Wolf Blitzer）[1]的节目，人们也会心存感激。

通常，广告所处的环境有很大的偶然性。有研究表明，一半的广告牌被送到商店、银行和饭馆之后就从来没有挂出来过。美

1. 沃尔夫·布利策，美国有线电视新闻网的资深政论家。——译者注

国各地的零售店经理在结束漫长而疲倦的一天之前，都要坐在储藏室里，卸下促销经理发来的一箱箱的广告和其他促销资料，而这个促销经理可能从来就没有到过这个零售店。我相信，那些过度劳累的零售店经理也不会费尽心思去考虑应该把哪个广告放在哪儿。

相反，有的广告一旦挂出去了，就忘了收回去。每年 2 月我都会做一个调查，看看有多少酒店的橱窗里还有假日主题的宣传和广告。这样的情况总有不少，我们在纽约一家重要的银行进行研究时发现，在那儿还能很明显地看到以前 27 种不同促销广告的部分内容。在一家汽车经销商的橱窗上，我们还看见过一个新车到货的广告，而那是去年的新车。

有的广告牌做得确实不错，但是它们却被放在了那些设计时未曾想到的地方。你路过一家药店的宣传橱窗，会看见一堆止咳糖浆的盒子，还有一个很小的价签，很显然，这个价签应该放在货架上而不是放在橱窗里。把它放货架边时，顾客距它只有一步左右；而把它放在橱窗里，它面对的却是热闹的街道。通常，零售商希望通过广告牌表达很多内容，这超过了任何广告牌的承载能力。一家快餐连锁店测试了其“膳食业务”的广告，想把它改得更清楚，然后再试验再改，直到后来他们意识到并不是广告不好，而是这项业务实在太复杂了，难以解释清楚。尽管业务范围变了，但广告仍旧适用。我们研究了南方的一家百货公司，他们在店里贴满了打折广告，但唯一的问题就是你得自己计算打折后到底节省了多少钱，就连售货员也很难算清楚。其实这个商店并不需要折扣广告，它需要的是教科书。

户外广告的优势

当今广告界正处于复兴时期，让我们来看一看户外广告的情况，30 年前，伯德·约翰逊女士（Bird Johnson）打算在“美国美化计划”中宣布户外广告不合法，而现在，即使在电子传媒发达的美国，某些户外广告也是我们所见到的最令人激动的、最有创造力的和最明智的广告表现形式。户外广告比印刷广告更漂亮，比电视广告更流行，比网络广告更生动、更形象。连苹果公司和宝马公司都利用户外广告的优势来做宣传。户外广告相对于印刷广告就像视频对于网络，具有包围优势，是测试新想法的实验室。现代技术给我们带来了 3 种动态的户外广告：电视大屏幕、旋转的体育赛场广告牌和数字菜单式广告。在我们调研过的一家快餐店，有 48% 的顾客看到了动态的数字广告牌，而看到相同菜单以前的静态版本的顾客只有 17%。在我们做过的比较动态和静态广告的多次试验中都可以得到类似的数据。但是这个数据有一个前提，那就是仅当这个广告极具吸引力时，才能比静态广告多吸引一倍多人的关注，大部分时间人们看这些东西所用的时间是一样的。

但是广告并不是全靠技术给人留下印象。不久前，我走进纽约金融街某个酒店的电梯，看见电梯里面的墙上有面镜子，镜子下方写着：“你看上去饿了！”这句话的下面是这个酒店餐厅的名字和简介。我保证电梯里几乎 100% 的人都看见了这个广告，而且看见的人都会会心一笑，并感受一下自己是否真的饿了。这则广告真是独具创意！

第六章

设计购买线路

从生理学的角度来说，购物活动最重要也是最简单的一个方面是，人是怎样移动的。简单地讲就是，我们是怎样行走的。

依照顾客的行走路线和视线来设计店面

现在，只要身体状况许可，人们的移动就非常频繁，这是很自然和舒服的事情。但当你意识到一个好商店是如何被定义之后，事情就不那么简单了。好商店就是能够将最多的商品在最多的购物者面前展示最长时间的商店。**换句话说，也就是将商品放在人们的行进路线上和视线范围内，并能让他们考虑购买这些商品的商店**。很容易就能判断一家商店是否做到了这点：我们只要画出购物者的路线图，然后算出他们到过的地方就可以了。我们每小时定期画出某个商店的“分区图”。在这个小时内，跟踪人员快速穿过商店的每个部分，计算出每个部分有多少购物者。如果商店里的顾客流动状况良好，也没有什么障碍或盲区，那么人们就可以走到商店的每个角落。如果顾客流动、商店设计或布局方面有问题的话，那么商店里就会有一些人迹罕至的角落。因此，**聪明的商店总是依照人们怎样行走以及看什么地方来进行设计。这些商店在设计时肯定会分析并利用人们的移动习惯，而绝不会忽略这些习惯，或者更糟糕地，企图去改变它们。**

举一个简单的例子：人们看见反光表面时会减速，而看见银行时会加速。

其中的原因很好理解：银行的橱窗没有什么东西可看，没人喜欢没事做的时候去银行闲逛，因此人们路过银行时总是匆匆离去；但是，人们路过镜子的时候喜欢停留一下。有了这些信息，你该做什么呢？那就是绝不要在金融机构的隔壁开商店，因为当行人来到商店这边时脚步仍然很快，不适于橱窗购物。如果你不得不在银行边开店的话，你一定要在橱窗里安一两面镜子，以使购物者放慢脚步。

人们总是朝右走

关于人们如何移动还有一个现象（不仅在零售环境中，在别处也都是如此）：人们总是朝右边走。如果不是特意去观察，你很难注意到这一点，但情况确实如此，人们进入商店后总是向右走。值得注意的是，人们不是向右急转弯，而是下意识地就转过去了。

旅行时我总在思索：习惯用右手的人有多少是受右侧驾驶而影响的？在日本、英国、澳大利亚和印度的一些地方，是否有相同的右侧驾驶的趋势？这些都是本地效应，在伦敦泰特现代艺术馆的参观者中，沿顺时针方向参观的是本地人，而逆时针方向参观的则是外国游客。你对英国人喜好的顺序是如何看待的呢？在我看来，比起纽约的其他购物中心，英国百货商店，如塞尔福里奇（Selfridges）或是哈罗德（Harrods）的内部设置让人抓狂，因此在那里，行走的方式就很重要了。所有恶俗的种族笑话都指出英国人有着违反人类天性的历史，但是，一位教环境心理学的英国同事告诉我，如果在黑暗的电影院里有人喊“着火了”，英国人会从右边的门逃离出来。总之，英国零售业的路线模式是遵循他们的驾驶方式建立的。

日本人的行走方式是什么样的呢？大阪人的走路方式和东京人就截然不同，在大阪，人们倾向于走右边，而在东京，则为左边。一位来自大阪郊区奈良的朋友解释道：“在东京，人们过于讲究礼仪，而我家乡大阪的人，则更加自然、自由。”

这是关于人类如何行走的意义深刻的真理，它在生活中的应用随处可见。我们花了很长一段时间才发现这个特点，而且，我们后来搜集到的数据也证实了这个特点。但是，在零售环境中该如何应用它呢？

我们研究过一家百货商店，商店入口的右边是男装区。根据我们的统计，这家商店绝大多数的顾客都是女性。把男装放在入口右边，意味着女性购物者会快速穿过男装区，不会看那儿的商品，一心只想去她们的主要目的地——女装区。事实上，由于前门在商店的中间，而不是偏向某一边，我们的跟踪者画出的许多女士的路线图是这样的：进门，右转，浏览，发现自己在男装区后马上调转方向直奔商店左边的女装区，再也不会回到右方了，甚至也不会到右后方卖童装的地方去了。我们绘制的路线图表明这绝不是偶然，童装区是整个商店里光顾人数最少的地方，正是这个原因导致商场的这一层有一半的地方很少有人光顾——因为女性顾客压根儿就没机会看到！对于这种情况，一个效果显著的方法就是将童装区移到女装区的后边，效果会比设置在领带和男士睡衣区旁边要好。

我们研究的一家电子产品商店也有类似的情况。在那儿，收银和包装台设在商店前面的左墙边。顾客进门后，向右转，但是这时看见的是收款机和收银员，于是他们马上转身到左边去，在那儿挑选商品或者询问要买的东西在哪儿。某些时候，顾客会直接到商店后面去看东西，但是没有人会再回到商店的右半部分。顾客的移动轨迹有点像巨大的问号。为了改变这种情况，我们建议他们把收款台挪到右墙边去，并且往后推到了靠商店中间的位置。这样，收款机附近就成了商场的中心。电话展区是第二个购物者感兴趣的区域，将它安排在右墙边靠近店门的地方，目的就是希望顾客进店后，沿着右边走，过了收款台之后，就会光顾电话展区。这样的布局安排很自然地顺应了人们行走的规律，客流情况很快就有了改善，更多的顾客逛了商店里更多的地方。因为美国的购物者总是自动地靠右走，所以任何商店里前门右边的地区都是黄金地段，这里应该展示主要商品，也就是需要 100% 的顾客都能看见的至关重要的商品。这就是利用人们移动规律的一种方式。

顾客不只习惯从右边走，大多数还都习惯使用右手。假设人们面对书架站着，最方便的就是去拿所在位置右侧的东西，而不是伸出胳膊跨过身体去取左边的东西。实际上，在你取东西的时候，你的手可能会在不经意间拿到你想要的东西右侧的产品。**因此，如果商店希望向顾客推销什么产品，就应该把这些东西放在靠近顾客所站位置的右边。在决定商品摆放方案，即产品在货架上的摆放位置时，应考虑到这一点。**比如，在放饼干时，就应把最受欢迎的品牌放在正中央，即靶心，而把你想推销的品牌紧挨着放在它的右边。在英国和澳大利亚，靠左驾驶和向右伸手的规律会引发设计的冲突，在北美就没有这样的问题。

在人们如何移动方面还有一个更简单的规律，但它却给商店带来了最多的逻辑问题。实际上，人们步行时的这个特性几乎使每个零售空间的布局都与其目的严重不符。

这个特性就是：人们总是向前看、向前走

这个特征背后暗含着许多深层意义，其中之一便是普通零售环境都是为那些并不存在的横向行走的人设计的，这些人会像古埃及象形文字一样横着走，而不是一只脚在前一只脚在后那样走。我们可以这样来描述：如果你沿着一个商店的通道向前走，自然状态下，你就是在看前面，要将你的脑袋转到左边或右边去看路

过的书架或货架上的商品，就需要花额外的力气。这点努力可能会使你隐隐觉得不舒服，因为它需要你把目光投向别处而非你前进的方向。如果是在熟悉的环境里，比如你最常去的超市，同时里面的布置让人感觉很安全——宽敞的通道，地板上没有可能绊人的箱子或其他障碍物，也许你才会在行进过程中转过头去注意商品。在不太熟悉的环境中，你看到的商品要少一些，你会下意识地用眼角余光当心前面，以免被箱子或小孩绊倒撞了鼻子。在前进过程中，如果有件东西吸引了你的注意力，你就会停下来仔细看它，只有在这时你才会仔细去看它。

这个问题并不局限于商店的货架。在大街上，你是怎样走近橱窗的？几乎都是斜着过去的，因为你总是从左边或右边走向商店的，但是多数橱窗好像都是为站在正前方的目不转睛的观看者而设计的，这样的情况几乎不存在。再来说一下户外广告牌。在我的办公室附近有一家新开张的饭馆，花了很多钱做了一个漂亮的悬挂广告，但是他们没把它垂直于墙面挂着，让两边过来的行人都能看见，而是让它与墙面平行，这样只有从街对面穿过来的人才能看见。然而，只有 5%~10% 的潜在顾客会从建筑物正面走过来。

很显然，应把广告重新挂一下，用不了一个小时，问题就可以解决。调整橱窗以适应人们走近它的方式也很容易：把展品向某个方向倾斜，以便从那边来的顾客更容易看到，由于我们通常靠右驾驶和通行，所以，橱窗里的展品通常应该向左边倾斜，这个小小的挪动会立刻使真正看见它的人数大大增加。

但是，怎样才能使普通商店也适应人们向前走、向前看的特征呢？有一种方法已在很多店里采用了，这就是端口展示，即在商店里每条通道的尽头展示商品，它是一种非常有效的将商品展示在顾客眼前的方法。现在几乎各类商店都利用了通道尽头这个位置来展示商品。在音像店，你能看见某位艺术家的 CD 集，或者一些打折的新发行的 CD；在超市，会有一堆特价软饮料或谷类早餐食品。端口展示能促进商品的销售，因为当我们逛某个通道时，我们会从正面朝端口走去，很容易就能把那儿的东西全看清楚。另外一个好处是，端口展示让你在正常行进的路上就买了东西，比如看到在通道端口堆成小山似的奥利奥饼干，你能在逛完沿通道陈列的 3 米长的饼干货架之前就将它放进购物筐里。

当然，端口展示有它特定的局限：每个通道只有两个端口，一边一个。另外，还有一种方法也能有效地展示商品，**这就是所谓的“V 形法”——把货架摆成像军人 V 形臂章的样子，这样货架上进入购物者视野之内的商品就增多了**。把货架与通道之间的角度由原来的 90 度直角改成 45 度角，这个变化很大，也是一个很不错的办法。但是，它也有一个问题：V 形货架所占空间比通常的摆法要多 1/5。这样，商店里能展示的商品就只能是以前的 80%，关键就要看 V 形布局所带来的销售额的增长能否弥补这个损失，而且做得更好。如果商店里东西变少了，但布局更加合理，商店的销售额会不会增加呢？这个问题很难回答。我们给许多客户提出了 V 形布局的建议，但是没有一家真正照着去做。但可以肯定的是，对于那些顾客浏览时间越长卖得越好的产品来说，V 形布局肯定是有效的。

利用好最佳视线

我们能看见什么东西很大程度上取决于我们的行走方式，另外，视线的方向也影响到我们能看见什么。如果你站在一张桌子面前，满眼都是桌子上的毛衣，这时视线的影响作用就不明显。但如果你在远处，比如相距三四米的地方，这时如果你视线里没有某个商品，你根本就不会走上前去看那个东西，除非很偶然地遇到。正是由于这个原因，设计师们在设计商店时心里总要想着视线问题，他们必须确保购物者不仅能看见前面，还能看见四周有什么东西。出于同样的原因，也应该在每个宣传品表面上都印上信息，例如写上："5 件 T 恤只售 20.99 美元"，以保证各个方向的顾客都能看见宣传信息。

一旦考虑到视线问题，零售商就必须注意不要让商品阻挡了顾客的视线。经常出现这样的情况：货架前放的展品正好挡住了顾客的视线，或者广告牌把它要宣传的东西挡住了。**在视线方面，最理想的情况应该是，购物者在某个地方选购完商品后抬起头，发现四五米远的地方还有别的东西也很吸引他**。这样就会产生弹子球似的效果，这种巧妙的商品分布能把购物者"弹"到商店的每个角落，此时，商品本身就是促使购物者在商店里不断活动的工具，好的商店能让你身不由己地被前面的东西吸引到店里的各个地方。

我们研究过超市中展示的东西有多少能被购物者看见，也就是所谓的**吸引率**。大约只有 1/5 的顾客看见了货架上摆的每一样东西。**购物者最容易看见从比眼睛高一点一直往下大约到膝盖这个范围内的东西**。比它高太多或者低太多的地方人们都不容易看见，除非是特意去找，这也是人们步行机制中的一种自卫防御性功能，如果你在走路时朝上看，就注意不到脚下了。

包装设计的重要性

这就意味着商场里有很大一部分的销售空间如若不想闲置，那么都面临着严峻的考验。如果在人们容易看见的区域之外不放商品的话，那当然不错，但多数商店都不肯这么浪费空间。商店可以只把大件商品摆在这个区域之外的地方。在脚边的地方，人们容易看见大包装的商品而不是小药片，另外，把底层的架子稍微倾斜一下也有助于人们看见里面的东西。这个问题可以通过包装设计来解决，每个标签、盒子和容器在设计时都应考虑到人们可能从很不方便的角度看它们，它们可能在人们的头顶上方，也可能在人们的膝盖下面。**当人们不是从正面而是斜着去看时，包装也要能起作用才行。在这样的情况下，人们往往容易看见那些大而清楚、色彩鲜明的东西**。我们还必须注意到，商店是商品的卖场而不是仓库，在此我想到了电脑、电话、音响和其他电子消费产品，它们有时堆在地板上有一人多高，它们的包装箱在设计时并不是做展示用的，但实际上却起着这样的作用。因此，应该把原来的包装箱扔掉，因为它们是没有任何修饰的棕色纸板，没有图案，也几乎没有内容介绍。而包装箱也应被看作产品的广告或海报，就像谷类食品的包装一样。通常，包装设计者总是把制造商的名称放在上方，以满足公司的自我中心欲，而把产品标号放在底部，但是当这个箱子放在距地面较近的地方时，这样就很不对劲了，因为这时购物者很容易看见商标名称，却看不见对箱子里面的东西的介绍。既然包装设计者无法控制箱子的摆放位置和方式，**那么就应该保证任何情况下产品标号都在上方，而且应该使商标看上去像户外广告那样清晰、色彩对比强烈、有明显的图案，而且字体还要足够大**。

很不幸，大多数公司的管理者还不懂得产品包装的重要性。我与沃顿商学院年轻的管理顾问争执了很久，原因是他无法快速推广商学院的工商管理课程。他们有电子制表软件，这些软件对所有的数据进行处理，但是他们却从来不看一眼做好的数据表。商业教育所缺失的是包装及其如何影响品牌，在商学院，你可以学习全球品牌战略、网络营销、品类管理及其他学科，但是，在我的印象中，全球没有一家商学院提供21世纪的印刷课程，在洛桑国际管理发展学院没有，在巴塞罗那IESE商学院没有，在伦敦商学院也没有，当然在沃顿商学院也没有设置这门课程。2008年，我们所使用的印刷技术和套色方法在10年前是无法想象的，但今天的科技使很多事情变得可行，可以为一个国家不同地区的独特商店定制个性的包装。但是再尖端的数码印刷机也是由人控制的，平面设计师与印刷工了解这些印刷事务，但是年轻而雄心勃勃的工商管理学硕士却不知道。

把购物者留在通道里

我们关注的另外一个问题是**回转率**，用来度量购物者未能完整地从通道的一端走到另一端的次数。**回转率指的是购物者从一个通道选了一些商品后不再往前走，而是调转折回的次数**。如果购物者在折回之前已经沿通道走了一半，我们就称之为半回转。

通常情况下，购物者沿着货架通道找所需的商品，找到之后哪儿也不看就马上往回走，或者四处看了看，也没看见什么值得留步的东西。针对这种情况你应该怎么办呢？答案很明显，对于零售商来说，就是把最吸引人的物品放在通道的中部；而对于厂商来说却恰恰相反，要尽量让自己的产品距通道的两端近一些。

但是也有一些方法可以让购物者保持兴趣。其中最新颖最有效的方法就是利用小孩，这就是零食通道充分利用这一点的原因所在，在这种区域，父母通常都是拿到想买的东西就立即离开，但是我们发现地板上的方格可以让顽皮的小孩做跳房子游戏而多停留一会儿。在我们研究的其中一家商店里，孩子们玩跳房子游戏的时间平均是 14 秒——父母们很难在这么长时间内站在零食货架前而什么也不买。

设法使顾客走到后面

关于购物者的行走方式，有一个现象多数人都很熟悉：商店总是设法使我们一直走到商店的后面。大家都知道为什么超市总把奶制品冷柜放在后墙边：因为几乎每个顾客都需要牛奶，于是为了取牛奶，他们不得不来回两趟穿过整个商店。这个办法很有效，至少以前是这样的，但是它也会给竞争对手带来机会。事实上，便利店存在的原因就是它能方便快捷地将人们所需的牛奶和其他必需品送到顾客手中，顾客跑进来，抓起东西就可以走。现在有些新的超市开设了“浅环区”——靠近商店前面的奶制品冷柜，这样顾客可以进来拿起东西就走。

大型连锁百货店以同样的方式来利用药房——这块区域几乎

总是在后墙边，这样顾客也不得不光顾杂货店的其他地方。但是对到药房的顾客应给予特殊考虑，以免适得其反。直奔药房去的顾客通常手头都有重要任务，于是他们在去药房的路上没有兴趣浏览货架上的商品。因此，**百货店在宣传策划时不仅要考虑顾客从前面进来时的情况，还要考虑从后面出去时的情况**。至少应设置一些广告牌、展品和货架，以便从后面出来的顾客能看得清。这有点像在同一位置规划两个不同的商店，但是必须要这样做，因为药房在吸引购物者穿过整个杂货店方面特别有效。

在本书的开头部分，我提到了一家为商场年轻职员服务的百货店，职员们在休息时需要碳酸饮料。为了利用这一点，百货店把冷柜放在后面，使得这些年轻人不得不跑进来，冲向饮料然后又跑出去以便能好好享受 15 分钟的休息时间。这些十几岁的孩子在跑来跑去买碳酸饮料的过程中，从来没买过洗发水、闹钟或滑石粉等东西。我在前面也提到，百货店很有人情味地决定将冷柜搬到前面，以便照顾那些忠诚的碳酸饮料顾客，他们在休息时本来可以到另外一家更方便的地方去买饮料的。

其实，吸引顾客去商店后面不是一件容易的事。服装连锁店盖普（Gap）、空中邮政（Aeropostale）和发现之旅（Anthoropologie）都将它们的打折商品摆在商店后面的左边角落，大部分的老顾客会去逛商店最角落的区域。当顾客从后面挑选完商品后，商店经营者面临的最大挑战就是对确保回到前面的主道进行精心的布置，至少一些招牌应面朝这条必经之路。

多数零售商很明智，并没有把主打商品放在商店的后边销售。商店里每寸地盘的使用、温控和光照成本都是一样的。如果商店里各部分的布局错落有致，就自然会吸引顾客走到里面去

（像佛教寺庙最里面的雕塑，引诱着你往里走）。购物者从外面进来，如果他们觉得自己感兴趣的东西在后面的话，他们就会去后面看一下。**还有一个简单的吸引人们的办法就是在后墙上挂一张图，或者更好的方法，挂上其他吸引人们视觉或听觉的东西，让人们觉得那儿很有趣**。这样，他们第二次进来的时候，也许不会直接走到那儿去，但他们仍然会逛到那儿，就好像被磁铁吸住了似的。但是，很多商场给人的感觉再差不过了，它们的后墙是什么也没有的“死角”。

随客流而变

商店前面的门面对吸引顾客至关重要。当美国信誉最佳的消费电子产品专业零售商 RadioShack 希望在电话业务中增加女性购物者的比例时，它就开展电话业务来吸引女顾客。这时，一定要保证在商店前面的区域就能看见电话展台，这样才能最有效地吸引女性。事实上，我们建议一些客户在一天之内多次改变商店门面的布置，以吸引路过的不同购物者。比如，在一家小型书店我们注意到，早上的顾客多半是推着婴儿车的家庭主妇，我们就建议客户把育儿、健康和家庭方面的书摆在前面，还建议书店留出足够的空间以便婴儿车通过；在下午，放学的孩子会冲进商店，因此，就应该把关于体育、流行音乐、电视和其他青春话题的书放在前面；过了下午 5 点之后，是下班高峰，这时就该把商业和计算机方面的书放在前面；另外，由于在早上很早的时候就有晨练的老人经过这家店，我们就建议客户在晚上关门之前在橱窗里放上退休生活、理财和旅游方面的书。事实上，这个书店买了一个很大的立柱状的可以转动的展示设备，只要在每天不同的时间里转动它就可以根据需要展示不同的书籍了。很多超市从星期五到星期天都很拥挤，为了应付这种状况就应该在前面区域多留出点空间。然而，从星期一到星期二，超市里面并不拥挤，我们就建议客户把收款机前面的地方改成一个新的销售区，不是增加一两个普通货架，而是改成一个小型的即兴卖场。

购物者经过商店的频率也应该考虑在内。如果购物者平均每两周来一次，那么你的橱窗和展示品也应该按这样的频率更新。这样，它们才能总是具有新鲜感和趣味性。这儿有另外一个橱窗设计和商品宣传必须相互配合的例子：如果橱窗设计较好，店员很容易进去更换，与那些让店员工作时脖子发酸的橱窗相比，它里面展品的更换就会频繁得多。如果橱窗设计得不好，往里面放商品简直就是负担，或者展示架挡住了橱窗的入口，我敢保证，橱窗里的展品肯定很少受到关注。

购物者行动方式的某些方面还不能总结成通用的规则，但是它们仍然会对我们研究的具体环境产生影响。我们研究过一个大型家庭连锁饭店位于洛杉矶日落大道的分店。这家饭店的卫生间挨着前门，在白天，这种布局看上去还是很不错的，但是到了晚上，外面的街上热闹起来，饭店旁边就有一些街头拉客的交易。这时饭店里女卫生间的位置就容易给人留下这样的印象：它似乎成了妓女的休息室，在那儿她们可以洗漱，把脚翘得老高，并在接客的间隙互相闲聊。这种情形对于就餐者来说就很不好。

有些贺曼卡片店（Hallmark）设有专为顾客定制文具的服务区，要做新娘的人可以去那儿写请柬之类的东西。一般那里会放置一张写字台，还有一个摆放大型样品的架子，这种设计考虑得非常周到。但是在新泽西一个拥挤的商店里，这个服务区设在了收款机旁边，那儿几乎是屋里最嘈杂、最拥挤的地方，唯一用过写字台的是一个填工作申请表的人。

第七章

急顾客之所需

请站在这边，在内衣后面。

你看见什么了？一对夫妇。多大年纪？60多岁。有什么特别的吗？老太太有点发福，她和老头儿一起来到镇上的凯马特百货公司，打算给老头儿买内裤。我说得对吧？

继续观察。他在说什么？

“嗨，适合我的号在哪儿？”

她在说什么？

“这儿。”

接着他说什么？

"我想就买 3 号吧。"

很有意思，她说什么？

"别，拿 6 号的吧……我也能穿。"

哇！这事真是不可思议！我都不知该说什么好，这老两口竟然还可以共用……

购物者才是最终决定者

就此打住。你刚刚错过了在购物和采购的动态性方面一个非常有价值的特点。即便你不是购物学专家也能看出刚才发生了什么情况，如果你是女人就会更容易理解一些，尤其是那些身体超重的女人。她们原来只能在带弹力花边的小码内衣中进行挑选，那些花边把腰和腿根勒得发红，这肯定很不舒服，这种情况我能想象（虽然极不情愿）。

2004 年，我在北美、欧洲和日本从事全球内衣销售的研究。那年夏天，在北加利福尼亚温斯顿-塞勒姆的女士内衣高管会议上我做了主题演讲，开场时我便提到：因为与一位新英格兰女性朝夕相处，所以在专业方面我更加了解女士内衣。在这个行业，全球关注的问题是不同的设计目的之间的区别，是为性感还是为舒适而设计。大多数的女性认为自己的身材并不好，不觉得将自己的内衣照片放在新一期维多利亚的秘密（Victory's Secret）的产品目录封面是一件自豪的事情。对于一些女性而言，穿某类内衣是件大工程，因为需要别人的帮助才能脱下。在大部分时间，大多数女性穿内衣是为了舒服，在意的是是否和外面或里面的衣服搭配。对于 18 岁的女孩而言，内衣是件装饰品，和染发的效果差不多。但是对于大多数40多岁的女性而言，穿内衣是为了舒适，特别是那些身材较为丰满的女性。

由于几年前就存在这种情况，因此，现在有的女式内衣款式也趋同于男式内衣，成了宽大、弹力较小（不紧勒着）而又柔软的棉织品，这就解决了某些女士的特殊问题，她们用不着再穿男人的内衣了。

从2008年起，维多利亚的秘密依然在销售粉色的花边内衣，但是相对比较新的品牌——盖普则推出更加运动和舒适的内衣产品，有些在业内被戏称为男人婆系列，尽管如此，这个行业仍然缺乏愿意关注成熟女性需求的内衣品牌管理者。

在这个行业，另一个有趣的发展方向是女士内衣男性化，以前内衣部门一般只销售四角裤或三角裤，但是现在任何有商业意识的内衣部门都销售至少三种以上的不同款式，四角紧身裤、男版比基尼及中腰内裤，但是在我的传统观念中，我仍然喜欢三角裤，现在让我们再回到之前的故事。

只有购物者才最终决定了零售环境及所售商品的用法。产品设计者、厂商、包装者、设计师、商家和零售商也在判断人们购买什么、在哪儿买以及如何购买等，但是当购物者考虑这些问题时，他们可能会彻底推翻那些漂亮的理论和策略。

在上面的例子中，这些衣服的设计师和厂商知道有些女式内衣不舒服吗？也许他们不知道，也许他们早就知道但就是不知该怎么办，也许他们认为女士是绝不会穿男式内裤的，但是很显然，女式服装已经有男性化的倾向了。如果某内衣厂商的执行官也站在我们的观察员旁边，那么他就会注意到这位女士教了他很重要的产品知识，女式内衣的改革可能也会开始得早一些。

当然，也有可能不会。

购物者需要椅子

这里还有一个购物者的意志迫使零售环境屈服的例子。它涉及公共场所设计和装修中的一个主要问题——座位。

我喜欢坐着，关于这个问题可以讲很多。如果你想做些迎合人们需要的事情，那你就必须解决座位这个问题，排列顺序是这样的：空气、食物、水、住房、座位，可以看出座位排在金钱和感情之前。

在全球大多数商店，如果在卖场加一把椅子，销量就会立即增加。我宁愿挪开一个展品来给椅子腾地方；我愿意把某个货架拿开，或者撤走一个模特。商店里有椅子就表明了我们在为顾客着想。

只要有可能，人们总是到为他们着想的人那儿去买东西。

有一家知名的大型女士内衣专卖店，它就没有给那些陪女士购物的男士们准备足够的座位。我们怎么知道座位不够呢？因为那些丈夫或男朋友正在寻找可以将就坐下的地方。通常情况下，人们在需求得不到满足的时候，就会凑合一下。**因此，无论什么时候，只要你在零售环境里遇到有顾客在找可以将就坐下的地方，这就表明他的需求还没有得到满足。**

为了更好地进行说明，我现在插一个例子：在新泽西州大西洋城的很多赌场，它们对顾客的关心可以说有点太想当然了。在那儿，很多人即使输了钱，也要在赌场里逛来逛去直到他们的旅游车出发为止。很显然，赌场希望这些人在等车时也能玩游戏，于是他们在候车区也安装了老虎机。为了让人们去玩游戏，他们就没有在大厅里放椅子。这种情况下游客们有什么反应呢？他们就坐在地上，个个阴沉着脸，排成了长长的队伍。对于刚走进来的人来说，这种场面不太可能激发他们蒙特卡洛式的赌博激情。赌场应该给这些坐在地上的人配备椅子。

在服装店里，人们对椅子的需求也很明显。当女人购物时，男人就在那儿等；男人（或女人）在等的时候，就希望能坐下来。还有比这更清楚的事实吗？商业场所的设计师应该认真考虑座位的问题。在公共空间项目中，我们对公园和广场做了调研，花了不少时间来考虑如何改善室外长椅的问题。该放在哪儿？该有多宽？放在阴凉处还是阳光下？距大道多远？木椅还是石椅（石椅在冬天会特别凉）？我们注意到，椅子可以让老年人行走的距离加倍。有些老人走一小会儿就会觉得累，然后就想回去了。但这时若在阴凉处设一张椅子供人休息的话，歇一会儿后，老人就会继续往前走。在零售环境中，椅子的主要目的有所不同：人们和自己的爱人、孩子或朋友三三两两地来购物时，椅子会让他们中间不购物的人更舒服自在，不必总是跟在购物者后面。

在上面所提及的这个服装店里，女人在购物，而男人不购物，在一旁等待女人。他们希望有坐的地方，但这个服装店却没有提供这样的地方。为什么没有呢？或许是没有放椅子的地方，或许以前有椅子但现在坏了，或许有人认为男人坐在店里会破坏商场的购物环境。

没有椅子他们就会站着吗？当然不是。他们会发明新的坐法。在这个商店里，他们看中了窗台。窗台很宽，高度也和长椅差不多，于是窗台就成了他们的长椅。

这个特殊的长椅在什么位置呢？没人特意安排，但它却恰好位于卖魔术文胸的大型展区旁边，穿魔术文胸可以使女人看上去年轻好几岁。那天发生的情况是这样的：女人走到展区边开始挑东西，突然发现窗台边有男人在打量她们。在我们观察的那天，有两个年龄较大的男人在那边坐着，肆无忌惮地讨论着女人对魔术文胸的需求，这种情况下，女人要买魔术文胸的确需要极大的勇气。

我在之前提到过吗？当那两位在讨论时，几乎没有女性顾客走过来购买魔术文胸。

现在，大家都知道周边环境对产品的重要性了，尤其是像魔术文胸这样新奇的东西，人们在买之前总是要研究考虑一番并且还要试一试。人们绞尽脑汁想揭开相邻的产品如何互相促销的秘密。在前面的例子里，他们稍不留神就给魔术文胸人为地创造了一个很差的周边环境（对购物者来说很差，对商场来说也很差，但对那些男人来说也许并不怎么差），而这些人并非故意，只是在被逼无奈的情况下才做出此举。

我们将座位的用途分为短暂歇息、休息和长时间休息三种。用于短暂歇息的椅子就摆放在试衣间的外边，这是便于那些逛累了的顾客休息两三分钟。休息椅摆放在一进门的地方或是门口外，顾客会在这里休息 10 分钟左右。休息椅可以让顾客停下来浏览店内的商品，不必离得太近，但他们对商品的评价不会被其他人听到。我们发现购物中心的长时间休息场所很安静，有时还伴有瀑布和喷泉的水声。在这里，顾客可以惬意地休息 20 分钟或更久，看报纸、玩手机或是喂小孩。

化妆品柜台的斗争

这儿还有一个零售商的做法购物者非常反感，这种做法动机较狭隘。

化妆品厂家和消费者之间一直在进行着一场斗争。一方面，女人在买化妆品之前总要试一试，尤其是口红，这是可以理解的，因为化妆品总是很贵，而且依据人的肤色使用不同化妆品时的效果也不同。但另一方面，化妆品厂家希望女人不要随便试用他们的产品，因为产品用过一小点就很难卖出去。现在已经有很多计划和方法可以给购物者提供试用产品，但是还没有可以成为产业标准万无一失的方法，因此化妆品厂家和消费者之间的争斗仍在继续。

几年前，一个化妆品厂家认为自己设计出的某款口红包装很安全，如果不撕开封带这个口红就拧不出来。厂家想，这样女人就只能看着口红管挑颜色，而不会接触到里面的口红了，负责包装设计的小伙子也想当然地认为这会为公司节省上百万美元。我们被请去观察女人对此有何反应。我们发现购物者拔下口红盖，向里看了看，发现口红拧不出来，就把手指甲伸进去抠出一点来看。那些专家又失败了，他们的错误在于企图阻止女人试用口红。更进步的一些化妆品制造商意识到试用会促进购买，因此，他们并不阻止女人的任何试用行为，反而鼓励她们这样做。我认为，最好的解决办法应该是以利益为动机——即简单地做一些各个季节新上市的不同颜色的小样品，包括口红、胭脂和粉饼等，每个样品可用两三次并且只卖一两美元。

2002 年在日本东京的涩谷车站外，我发现了这样的商店，店名叫“三分钟的快乐”。广告牌上写着：“品种丰富的化妆品使我们的生活更加美好、惬意。还有比这更简单的吗？一次迅速又安静的购物，只需 3 分钟。正如广告中宣传的，在这里购物使你感到快乐。这家商店销售口红、指甲油及其他美容产品的样品和一些按照价格陈列的家居用品：价值 100 日元、200 日元、300 日元——差不多相当于 1 美元、2 美元、3 美元。这家商店的侧门是咖啡冰激凌吧，你只要把钱放进印有商品图片的自动售卖机里，然后将自动售卖机打印出的小票给服务员，他们就会为你奉上咖啡或是冰激凌，这样就不会出现现金结账的麻烦，我把这一过程称为 3 分钟购物旅行。

并非顾客的每种随意做法都需要修正。在美国网飞 DVD 租赁公司诞生之前（还记得那黑色岁月吗）正是录像带销售的全盛时期，多数美国家庭都很熟悉周末到百视达和好莱坞视频去找最新影片的情景。为了鼓励顾客租借像《谍影疑云》《胜利大逃亡》这样的老片子，录像带租赁公司提高了新片的租金，又为租借老片的顾客增加了会员积分，但他们一直都面临的困境是如何消化所谓的老影片的“基本库存”。

我们注意到很多真正的老顾客并不去新片区，而是到归还车里去找新片，因为归还车里放着的是刚拿回来还未整理归档的片子。没有必要去改变这些顾客的行为习惯，这对于录像带租赁公司而言是一件好事，可以减少店员的工作量。为了达到此目的，我们强烈建议录像带租赁公司在归还车上挂一些老片子，特别是和新片有联系的一些老片子，这个办法很有效。

自带椅子的顾客

最后再举一个例子来说明顾客有时并非按商家所预想的方式来使用商场，但这个例子对商家有利。在美国，一半以上的快餐都是在免下车窗口购买的，一般人们都认为那些就餐者要么下车来吃饭，要么把食品带回办公室或其他什么地方去吃。但是，通过一系列的观察我们发现一个奇怪的现象：大约 10% 在车上购买食品的顾客会把车停在停车场，然后就在车里吃饭。令人奇怪的是，这些人的车比普通顾客的车都新。因为他们是一些喜欢吃汉堡的精英人士，不好意思让别人看见他们吃垃圾食品的样子？还是他们喜欢在车里吃饭时的奢侈享受：一边吃饭，一边毫不拘束地打电话；或者一边吃饭，一边收听自己喜欢的音乐？无论哪种情况都值得关注，因为这些顾客都是自带椅子的。调查结束后，**我们建议快餐店要保证能让街上的人看见它的停车场，这样的话才能让开车的顾客知道这儿有停车位**。我们还强调，商店要给车主营造一个舒适的环境，让车能够停在阴凉处，而且有很好的视野，这既是为车也是为顾客着想。在我们研究过的一家商店，那儿最好的停车位都被自己的店员占用了，多数都要占用 8 小时以上，这种做法就很不妥当。最后，我们的调查表明，目前快餐店的总趋势就是减少店面面积，扩大免下车窗口的销售比例和停车场面积，以方便顾客。方便顾客这一点几乎在任何情况下都应该考虑到。

最后一点：**我不明白为什么快餐店不发明或提供一种车内用餐的专用围兜呢？这样顾客在吃汉堡时里面的沙拉和番茄酱就不会掉在新系的领带上了，也不会将薯条掉在座位中间**。这个问题值得这些快餐店的管理者深思。

第三部分

购物人口统计学：不同群体的购物行为研究

“男人来自火星，女人来自金星”，我们非常关注男人和女人在商店里不同的行为。有些不同之处是可以预见的：女人更擅长购物，而男人是桀骜不驯的“独行侠”。但是随着男人和女人之间的关系的改变，他们的购物行为也发生了变化，而这对于商业来说意义深远。

导读

正如我们所看见的，在人们如何购物这个话题上，从生理能力和局限性这些最简单的人体特点来看，也有很多值得探讨的地方。购物是如此的简单，但是却没有什么事情和购物一样有趣。我们都在同一个环境下活动，但是对于相同的环境没有任何两个人会做出完全相似的回应。虽然某个广告牌做得很有品位，安装精致，而且画面十分清晰，但有可能你注意到了它，而我却没有。某家商店的布局流畅，所有的商品都摆放在我很容易够到的位置，除了令人头疼的服饰选购，因为我是那种宁愿钓鱼也不愿意买衣服的人。购物筐摆放的位置非常便于拿取，除非你现在缺钱，或者你是那种生来一次买书不会超过两本的人，否则在这样的环境下你会购买很多东西。

当然，我们都知道在不同的时间，对于不同的人，购物的意义是不同的。我们将购物当作治疗、奖赏、贿赂、消遣、娱乐，当作消磨时间的途径或是出门的借口、一种学习的方法，或是与意中人闲逛的方式。有一些患有强迫症的顾客不惜破财、损害自己银行账户的信用度，而将购物当作缓解压力的方法（最后他们不得不求助于 12 步疗法）。有多少名人因为偷窃不值钱的小物件被捕而变得声名狼藉，这种事情每年在佛罗里达都会发生两三起。

在 20 世纪 80 年代，当东欧的移民到达美国，看见郊区一家普通超市里琳琅满目的商品后十分震撼。这些商店象征着自由市场的民主体制如何体现为简单的选择自由。在某个超市，我也曾有过宣泄购物的经历，大概是在 20 年前，有一段时间，作为一个不断发展的企业，Envirosell 可能会成功，但在那时，这依然存在很大的不确定性——而我常常不名一文，像老黄牛一样辛勤地工作，然后将挣到的每一分钱转化为公司运营的资本。那时的情形很窘迫，例如，如果第二天在佛罗里达有个会议，我会订当天最晚最便宜的一班飞机，然后在半夜到达那里，再开着廉价租来的汽车去目的地。到达后，我将一米九的身躯尽可能地蜷缩在车里，然后小睡一会儿。醒来后去附近加油站的洗手间刮胡子、刷牙，尽力把自己装扮成一家成功的调查公司的创业者去参加会议。虽然时间非常赶，但是在那一天，因为那次会议，公司的发展方向终于变得明确了。就在那天，我不经意间来到纽约南街港的帕斯马克超市，站在入口产品货架前，我突然意识到自己有能力购买这里的任何一种产品。我想买一点从儿时起就印象深刻的英国蜜饯生姜，尽管一罐就要四五美元，但是我完全可以忽略价格购买一罐，不用再吃便宜的韦尔奇葡萄酱了。在 35 岁的时候，我终于不用再为食物预算紧张而汗颜了。那时，身高一米九，体重 99 公斤，光头，留着小胡子的我，站在这些进口的果酱前面开始放声大哭。我因感激超市而涌出解脱、幸福和激动的泪水。从那天开始，一年中几乎有一半的时间我都选择以英国蜜饯生姜、有机花生酱、英国松饼和一杯浓咖啡作为我的早餐。

并不是每个人都会在超市哭泣吧？在 Envirosell，大部分工作是找出顾客之间的差异，然后将这些顾客分类及归纳，这些资料对那些掌控购物环境的零售商和其他人可能有用。不出所料，在这个“男人来自火星，女人来自金星”的世界，我们非常关注男人和女人在商店里的不同行为。有些不同之处是可以预见的：**女人更擅长购物，而男人是桀骜不驯的“独行侠”**。但是随着男人和女人之间的关系的改变，他们的购物行为也发生了变化，而这对于商业来说意义深远。

我们研究的另外一个显著差异与购物者的年龄有关。以前，商店里虽有小孩，但他们的意见很少有人听取，但是今天这种现象早已改变，现在，在零售环境中，即使是小孩子的需求也会得到考虑。另一方面，老年顾客也非常重要，并不仅仅因为他们的人数，而是他们有资金和时间花费在购物上。老年顾客会改变 21 世纪商品的销售方式。还有很多文化和人口统计学方面的改变也是我们需要研究的地方。在后面的四章中，我们会发现顾客之间有何不同，这些不同是如何反映在购物中的。

第八章

像男人那样购物

购物：男人vs 女人

男人和女人在很多方面不同，购物也不例外。传统观点是男人不喜欢购物，所以很少去购物，让他们耐心陪伴女人购物是一件非常困难的事。因此，从包装设计到广告、促销、店面设计和布置，整个购物环境通常是为了迎合女性消费者的喜好而设计的，或者说，传统的零售业就是这样运作的，这其实是无稽之谈。虽然现在有越来越多的女性在公司里身居高位，但我们仍然生活在一个由男性主导、男性设计，男性管理的世界里，当然，男人们似乎也期待女性参与进来。令人惋惜的是零售商不理解女性爱购物的天性，开发男性市场方面也不太成功。有这样两个基本的理念：**基因决定了男人是天生的猎手——他们走进丛林，迅速捕杀，拖回战利品，存入地窖，这样才算成功；而女人则是天生的采集者——她们在甄别鉴赏中获得极大的愉悦感。因此，即便什么都不买，两个女人也能够在商场里度过愉快的一天**。

很明显，女人与购物的关系更为密切。女人们以轻快的步伐在商场里穿梭，挑选商品，比较商品和价格，同售货员交流，问问题，试用，最后购买。一般而言，很多东西都是由女人购买的，通常她们也愿意去买东西。即使购买的只是普通的生活必需品，即便购物过程没有什么快乐可言，女人也很乐意认真地去做。有史以来，女人就负责日常用品的采买，并且常以自己谨慎而优秀的购物能力而自豪。在一次针对婴儿用品的调查中，受访女性都坚持认为她们不用去看也知道产品的价格（事实上，经过进一步的调查，我们发现多数人都说错了）。随着女性社会角色的转换，女性的购物行为也在发生变化，在购物方面女人变得越来越像男人，但是她们仍然是市场上的主要购物人群。

相比较而言，男人购物就更为速战速决，缺乏诗情画意。通过长期观察，我们发现男人穿过商场通道的速度比女人快，男人也很少左顾右盼。**多数情况下，很难让男人去浏览那些他们没打算购买的商品，他们不喜欢询问商品在哪儿，也不喜欢问别的问题（男人的购物方式和开车差不多）**。如果男人找不到他要买的东西，就会自己在商场里转来转去，转了一两圈之后还没找到，就直接离开，他们甚至不会去寻求帮助。你会看见很多人就此作罢。

你常常会看见有的男人急急忙忙地来到商场里，径直走到货柜前，找到要买的东西，不假思索拿起来就去付款，在整个购物过程中没有任何愉悦感。举一个典型的例子：如果是年长的男性购买李维斯经典款式的卡其裤，他往往会冲向柜台，找到一条自己尺码的裤子就马上跑向收银台，仿佛在商店里多待一秒钟就会有损其阳刚形象。有趣的是，像户外品牌卡贝拉、REI 甚至是里昂·比恩的实体店，设计时都考虑到方便年长的男性购买皮带、裤子和内衣裤的情况，将这些商品放在了钓鱼、打猎用具和户外运动器械的中间。还有哈雷-戴维森的零售店，中年男性不仅可以在那里买到服装，也可以为他们的孩子买点儿东西。

当一个男性顾客在购物的时候，可千万不要挡他的道，否则不会有好结果。当男人把衣服拿到试衣间后，如果他没买这件衣服，唯一的原因就是衣服不合身。但是女人就不一样了，女人认为试穿仅仅是整个考虑过程中的一个环节，即使衣服合身，也很可能因为其他原因而不想购买。通过调查，我们发现，**65% 的男性购物者在试穿衣服后会购买，而只有 25% 的女性会购买试穿的衣服**。这也说明，如果试衣间是男女共用的话，应该把试衣间设在靠近男装而不是靠近女装的地方。如果男女试衣间是分开的话，就应该保证男试衣间十分醒目地设在入口处，否则男人会因为麻烦而放弃试衣服。

还有一组统计比较数字：**86% 的女人在购物时会看标价牌，而只有 72% 的男性会这样做**，对于男性而言，好像忽略价格标签是一种显示男子汉气概的方法。因此，男人也更容易被人说动，他们总是急于要离开的样子，别人说什么他们都会同意。

现在，你可能会认为这类购物者制造的麻烦大于创造的价值，但他们也可能是利润的来源，特别是男人对于购物没有什么原则这一点。不管怎么说，现在男人的购物量确实比以前多了，而且这个趋势还会持续。现在男人单身的时间比以前长，因此他们不得不学会购买一些父辈们根本不必考虑的东西。加之现在已婚女人的工作时间和强度也和男性一样，因此男人也不得不多承担一些购物的责任。那些关注男人购物方式并迎合他们需求的制造商、零售商和产品设计者在未来的几十年里一定会获得竞争优势。

接近男人，卖给女人

男人最常去的购物场所就是超市。超市里产品丰富，购买方便，在这儿你可以观察到男性顾客们随心所欲地放弃他们的购物原则。在一次对超市的研究中，我们计算了手里拿着购物清单的顾客人数。几乎所有的女顾客都有清单，而拿着清单的男性则不到 1/4。掌管家庭预算的女人不会让毫无购物经验的丈夫一个人去超市购物。一起去购物时，让丈夫负责运输工具（哪怕仅仅是购物车）也只是想强调男人的参与。如果要把孩子们扔给爸爸，女人就必须有思想准备——孩子想买零食时，爸爸绝不会说“不”。别忘了，当爸爸的部分职责就是提供生活用品，而且这也符合男人心中的自我定位。

我花了几百个小时来观察男人在超市的情形。有一段录像我特别喜欢看：在摆放点心的通道，一位爸爸把小女儿扛在肩上，这个小女孩要动物饼干，爸爸就从架子上取了一盒打开后给她，爸爸根本就没想到饼干屑会落在自己的脑袋和肩膀上。很难想象妈妈会做出这样的事来。我们在观察一个男人和他两个小儿子的购物时发现了男人购物的另一个特点：他们在零食通道上走，当小男孩向爸爸要他们喜欢的牌子的食品时，这位爸爸就从货架上拿下来一盒，虽然盒子用的是可再封包装，但他并没有沿着封口去开盒子，而是直接把盒子从上面撕开。因为他很清楚一旦孩子开始吃了，就根本没有必要再把盒子封上。

不管对男人还是女人来说，超市都是能诱发购物欲望的地方。对副食销售行业的研究表明，超市里 60%~70% 的消费都是额外购买。但是，男人特别容易被孩子的恳求说动，也更容易受展品的影响。

在超市收款机旁边拍的录像片中，我们发现男人还有一个喜欢“挥霍”的行为特点——几乎总是男人在付款。尤其当男人和女人一起去购物时，男人总是坚持要掏钱付账，动作迅速地把一叠钱递上，以免让收款员误以为是女主人把烤肉买回家的。因此，**零售商把男人称作“钱包”。还有一个“接近男人，卖给女人”的说法，因为男人也许不喜欢购物，但是他们能享受到付款的乐趣**。付款使他们觉得一切都在自己的掌控之下，尽管有时事实并非如此。那些卖舞会礼服的商店尤其要充分利用这个特点。通常情况下，如果不是妈妈而是爸爸单独陪着来礼服店，小女孩就可以得到一件昂贵的衣服。

我最喜欢的专卖店之一是娃娃屋。这家商店是全美最能将钱从父亲们的口袋中掏出来的商店之一。如果你还不知道那是什么地方，那么让我来告诉你，这是个玩具店。每个玩具都有一个主题，纪念美国历史上各个不同的历史时刻。玩具娃娃的肤色和发色与主题相符，并且还取了与时代相称的名字，比如阿迪或者费利西蒂，这些娃娃还附带简历。你可以给你 9 岁的女儿和她的玩具娃娃购买同一款服装。专卖店里有一个美容室可以给玩具娃娃做头发，还有一家玩具娃娃医院、一个咖啡店，里面有专门设计的座位可以让你的玩具娃娃跟你坐在一起喝咖啡，甚至还有一家剧院，上演每个玩具娃娃背后的精彩故事。算上图书和杂志的话，光顾这家店的人平均每人要消费几百美元。咖啡店每天只有 5 个座位，而周末的座位通常在 6 个月前就已经被预订了。对于许多八九岁的美国小女孩来说，说服父母周末带她们去这个娃娃屋是梦寐以求的生日礼物。现在美国娃娃屋已经开设了 3 家专卖店，总店在芝加哥，后来在纽约和洛杉矶也开了分店。我认为娃娃屋唯一能够改进的地方，可能就是还缺一个娃娃屋大酒店，或者是在附近的酒店设一层玩具娃娃展示厅，里面放上各类玩具娃娃用床和睡衣。我很喜欢带国外游客去娃娃屋，常常讨论在法国或日本开娃娃屋会不会像美国的娃娃屋那样成功地把钱从父亲们的腰包里掏出来。

学习型的男性顾客

在购买某些特定的物品方面，男人也会让女人觉得惭愧。我们调查过一家商场，接受访问的男人中有 17% 每周到这个商场的次数超过一次；大约 1/4 的男人称外出时并没有打算去商场购物，仅仅是出于好奇，后来还是去了。当然，这个调查结果可能与这是家计算机商店有关。以前，男人们对新技术和发明的关注焦点是汽车和音响设备，现在则是计算机硬件和软件。很显然，很多顾客到商店只是为了了解信息，从录像带中我们发现很多男人在专心地阅读软件包装和其他宣传材料，这家店是男人买软件的地方，同时也是他们学习的地方。这再次表明了男人购物的另一个特征：**就像他们不喜欢问店员方向类问题一样，男人喜欢自己从文字材料、宣传视频或计算机屏幕上获取第一手信息**。

几年前我们为一家无线电话商做了一个调研，他们正要设计零售店的模型。我们发现男人和女人在这个地方购物的方式完全不同。女人总是直接走到柜台边，向店员询问有关电话及相关业务的各种问题；而男人却直接来到电话展台和介绍产品的宣传板旁边，拿了宣传册和申请表就走，整个过程中没有跟任何服务员说话。当这些男人再回到店里时，就是来签约了，而女人在做决定之前平均要光顾 3 次商店，咨询的问题也更多。

当然，男女的社会角色也是在不断变化的。2008 年，接受高等教育的学生中，女性占绝对优势。这不仅是在大学教育领域，在法学院和医学院的情况也是如此。现在除了工程和数学领域，女生几乎在所有其他研究生专业中占主导地位。但是收入的天平仍然倾向男性，而且晋升的天花板存在于大多数行业。但是女人们手中可以自由支配的钱从来也没有像现在这样多。

在多数情况下，买汽车时还是男人拿主意（尽管在买新车时女人的意见也很重要）；购买居家用品时男人和女人也有着不同分工：女人负责买那些在室内用的东西，而男人则负责购买那些在室外用的东西，例如割草机及其他修整花园和草坪的设备、野餐烤架、水管等。

让我们再从人口统计学的角度来看看男性与女性的社会角色。2002 年的美国人口普查显示，只有 24% 的美国家庭是由双亲以及未独立的孩子组成的。约有 15% 的家庭是由单亲抚养孩子。这就意味着有约有 60% 的美国家庭没有孩子（有些夫妇没有儿女，有些则是空巢老人），而剩下的就是非传统型的居住模式：合租、成年人跟父母住在一起或单身独居等。这种情况下，我们还是要考虑到底把东西卖给谁这个基本问题，但是对那些以非传统型居家方式生活的顾客我们以前并没有给予过多的关注。在北美的街上，汽车约有一半是女人开的，虽然汽车经销店仍然是女性消费者最不愿意去的地方之一。

市场供应与消费者需求脱节最严重的领域之一是房市。在过去 10 年中建造的新房都是按核心家庭的需求设计的：一间主人房外加几间小一些的儿童房。如果需要为非传统型家庭提供住房，那么有两间拥有独立卫生间的户型会卖得又快又好。

在全世界范围内，要过中产阶级的生活就必须有两份收入。1965 年我父亲在马里兰州的切维蔡斯购买了一套房子，当时房价相当于他一年的年薪。他的年收入是 4 万美元，而房子也是这个价钱。而今天，如果有人住在一幢价格相当于其年收入的房子里面，我就不知道是该嫉妒还是该同情。也就是说，我们决定要把钱花在哪里的想法会一变再变。

吸引男性，贴近女性

男人即使没在购物，也会参与到购物过程中。众所周知，正如我前面提到的，顾客买多少东西与他们在商店里花多少时间是直接相关的。多次的调查表明，无论是独自，还是和同性或是小孩相比，女人与男人一起逛商店时花的时间都是最少的。下面是我们在某家全美家居用品连锁店进行调查时得到的女人平均购物时间的详细分类：

女人在同性陪同下的购物时间：8 分 15 秒

女人和小孩：7 分 19 秒

女人自己：5 分 2 秒

女人和男人：4 分 41 秒

上面发生的各种情况都很好理解：当两个女人一起购物时，她们会不停地聊天、讨论、建议和商量事情，因此在商店里待的时间就长；女人和小孩一起时，要抽出时间来照顾小孩；女人自己一个人时，就会充分利用时间；但是和男人一起购物时，男人总是表现出很厌烦的样子，就像热锅上的蚂蚁一样忐忑不安，随时准备出去，想去车里坐着听音乐或者站在外面看美女。因此，当男人在身边时，女人的舒适惬意感荡然无存，反而在整个购物过程中觉得既焦虑又匆忙。如果男人能耐心一点，女人就会轻松愉快一些，也就会逛更长的时间、花更多的钱。有两个策略可用来应对男人因购物而紧张的情况。

第一个策略是被动牵引，卖女士用品的商店也应想一些办法来吸引男士。如果我是“维多利亚的秘密”的老板，我会在店里给女人设置一个“寄存”丈夫的地方，就像寄存大衣一样。有一个地方男人待着还是比较轻松自在的，那就是理发店。我不会要理发店里那种破旧的椅子和过期的《花花公子》及《拳击画刊》，也许我会在大型电视屏幕前放一些很舒适的椅子，并把电视调到 ESPN（美国娱乐与体育电视台）或播放钓鱼节目的有线频道。虽然有些事情很简单地就能大大减轻妻子在购物时的焦虑，但仍可以考虑更多的措施：在店内播放《体育画报》节目，比如关于泳装生产史的纪录片，或者播放美国国家橄榄球联盟（NFL）上周的精彩回放。

如果要开一家让女人可以轻松购物的店，我会让它挨着男人感兴趣的商店。比如计算机商店或者是汽车配件店，在那儿男人可以轻松度过半小时。同样，如果要开一家计算机软件商店，我会把它开在女士服装店的旁边，以保证有更多男士会光临此店。

你还可以尽量推销东西给被动进入店中的顾客。女装店可为来此购买礼物——如丝巾或睡衣一类，而不是鞋和裤子——的男士准备各类产品的宣传片。这里的礼品购物卡应该也很好卖，因为男人已知道女人喜欢这家店。维多利亚的秘密为男士准备的产品宣传片制作极其精良，有时他们甚至会办一个小型的时装秀。

唯一值得提醒的是：必须注意这种促销区的位置。要让顾客很容易就找到它，但也不能让它离入口太近，以免让橱窗前浏览的顾客一眼就看见这样的场景：6个矮胖而笨拙的男人穿着风衣，懒散地靠在躺椅上看电视。

第二个策略更好，就是**设法使男人也参与购物**。对于有些类型的产品来说，要做到这点有点难，但也并不是不可能。

我们为大型瓷器餐具制造和零售商普法尔茨格拉夫公司做过一个调研。那里的顾客有一个特点：只要钟爱某一种图案款式，往往就会购买整套餐具，包括从餐盘、咖啡杯到芥末瓶、大浅盘和套餐巾用的小环等很多小东西。到这家商店买东西是很费时的，尤其是算上交款和打包（以免把东西打碎）的时间，长时间的等候让男人几乎失去了耐性。然而，普法尔茨格拉夫公司的经销店做的每单生意交易额一般都有上百美元，因此要设法使男人参与到购物中来。

在看录像带时我们发现，不知为何，男人总爱去商店的玻璃器皿销售区，他们总是避开调味汁瓶和勺子架等东西，却在圆底酒杯和葡萄酒杯中间看来看去。有一次，我们看见两个男子绕过很多东西来到玻璃啤酒杯货架，其中一个人一手拿起杯子，另一只手抓住想象中的酒瓶塞，把它拔出来，然后把玻璃杯斜过来好像要往里面倒酒的样子。我想，当朋友来家里就餐时，当然是女人在厨房里做饭，那男人在做什么呢？在准备酒水。这是社会上广为接受的男人角色。因此，男人对酒吧间男招待使用的所有装备和工具都感兴趣，包括每件不同类型的玻璃制品的用途，还有开塞钻、冰钳、餐刀和搅拌器等，这使他们更有男人味。

我首先想到一点：商店应该放一些假的酒瓶塞给男人当道具用。后来我们建议商店把所有的玻璃器皿放在一块儿，构成一个酒吧酒具区，并在墙上挂几张大图，比如男人开酒瓶的照片或者男人用精致的铬合金搅拌器调配马提尼鸡尾酒的照片。这些照片就可以告诉男人，这个酒具区是为他们准备的，他们可以在此购物。不同类型的开瓶器也可以放在这儿。另外，由于男人喜欢通过阅读来获取信息，商店可以制作一张图表来说明不同玻璃器皿的用处，比如球形大玻璃杯、高脚酒杯、细长酒杯、冰杯、啤酒杯等。

通过上述办法，就把原本给生意拖后腿，以及影响购物的男人也变成了顾客。或者至少可以说，是把他们变成了一个有兴致的旁观者。

我们对家具制造商托马斯维尔公司进行调研后也认为，男人参与的越多，像这样大单的销售就越容易。办法很简单：利用显示屏或海报等图片来说明家具制造的过程，并通过拼接、断面等用视觉技术处理过的图像来证明这些家具不仅外表好看，而且做工精良。强调家具的构造可以使男人不那么抗拒它高昂的价格，而且在女人仔细研究室内装潢风格的时候，男人也可以有这些东西解解闷。

有一种东西男人比女人买得多，那就是啤酒。无论啤酒在哪里出售，超市还是便利店，男人都会购买。他们还会买些垃圾食品，如油炸薯片、脆饼干、果仁以及其他休闲食品。因此，我们建议一家超市每周六下午 3 点在啤酒通道举行一个啤酒品尝活动。这个活动可以推广小型啤酒制造商的啤酒，也可以宣传某个主要品牌的新啤酒，这都没有关系。品尝活动可刺激啤酒的销售，但这也不是关键。这个活动的真正价值在于它会招来更多的男性顾客，使超市变得更加符合男性的需求。

Envirosell 公司为巴西的顶尖啤酒品牌博浪做的试点性促销告诉了我们另外一个道理。在试点过程中，该公司着重把啤酒展销区设计得更贴近女性，这背后的理念是女性除了为自己，还为朋友买啤酒。那里摆出了所有性感女神的人形立牌（暂且不管啤酒和乳沟到底有什么关系），还挂上了家庭用餐时成年男女一起饮用啤酒的图片。一夜之间，销量就上升了 20%。在美国，啤酒消费者中女性只占很小一部分，但是女人一旦购买，就会买很多。因此，如果说男人通常会买 6 罐啤酒，女人则会买 12 罐。所以结论是：女人为了开派对而买啤酒，而男人则为了一个人的派对买啤酒。

聪明的零售商们请注意了：做任何生意都必须密切关注男性和女性在社会上不停变幻的角色，未来属于那些先知先觉的人。**有一条普遍的黄金法则：在女性消费者占主导的产品领域，想出吸引男性的方法，当然同时也不能疏远女性。**

比如，我们来看一看在过去大约 10 年里，美国的厨房发生了什么变化。曾经一度是女人包揽了所有的买菜做饭的事情；但是现在，女人也要工作，男人就不得不做饭、打扫卫生和洗衣服。男人做这些事情以前是可爱的象征，但现在已变成了生活的必需。罗伯特·帕克笔下的侦探英雄斯潘塞也下厨做饭。厨房里的男人别有一番迷人之处。

同时，厨房用具也变得男性化了，这是偶然现象吗？以前买冰箱或炉子时有暗绿色或金黄色的款式可供选择；但现在流行的炉子多数都具备工业品质，有 6 个炉膛，并带敞开式的煤气烤架。流行款的冰箱都很大，由不锈钢、铝和玻璃制成。走进一家威廉斯–索诺马这样的梦幻厨具店，你会发现一种用于专门给奶酪裹糖屑的小吹管很受欢迎。是美国人开始喜欢做工精细富含脂肪的法国甜点了，还是男人在厨房里更喜欢用微型火焰喷射器来点火了呢？

同样，随着女人单身时间的延长，有时还会因离婚而再次单身，原来那种老式的专门针对男人的五金工具店正在被淘汰。Ace 和“真值”这两家五金店在吸引女性消费者方面做得很不错。这两家店里很多东西已没有性别差异，女主人在那里可以慢慢学习，找到使用工具的乐趣（要做到这种改变，最简单的一个方法是雇用更多的女店员）。

再来看微波炉是怎样销售的，产品彩页上最突出的特征就是瓦特数。我们对购买真空吸尘器的男人进行了采访，当问到什么特性最重要时，回答是“吸力”，也就是功率。因此，现在的吸尘器都以大功率为卖点。通过这两种情况可以看出，家用设备男性化的特征越来越明显，而男人本身的男性特征却在减弱，上述两种情况似乎有折中倾向。

即使是特效洗衣剂和其他家用产品也都在考虑男性顾客了。我不知道宝洁或利华兄弟公司是如何考虑的，但是他们把纸巾叫作“慷慨”，把衣物清洁剂叫作“勇敢”，除了想使男人在买产品时有面子之外，还有别的原因吗？有几个女人想要“沉重的袋子”？那么男人呢？男性化的名字过去都用在汽车上，现在这些名字也用在洗涤剂上面了。20 世纪 90 年代很成功的一个肥皂品牌不是那些花里胡哨的名字，而是“利华 2000”，这个名字用在计算机或新电器上也会很合适。我开“利华 2000”车的时间也指日可待了。

当男人开始为自己和女人买内衣

撇开购物不说，我们来看一下当代男性欲望的基本体现方式——想一想玛丽莲·梦露和安吉丽娜·朱莉的区别。安吉丽娜的肱二头肌也许比弗兰克·西纳特拉和罗伯特·肯尼迪加在一起还要壮硕，和 30 年前的偶像相比，她没有令人羡慕的翘臀，而且肌肉发达。

男人已开始自己买套装和鞋了，但是其他的东西一般还是女人在买，尤其是男人的袜子和内衣。不过，现在情况也有所变化，男人更加关注自己的服饰，女人即使不给男人买内裤也有很多事做。在凯马特男装店，有时男女顾客的比例为 1∶2 甚至是 1∶3；但是在高档的男装店，在高消费阶层，买男装的男人却比女人多。我们在录像带中看见了现代美国男人的一个典型生活片断：一个男人在内衣前面若有所思地逛来逛去，突然，他把自己的腰带取下来，伸长脖子仔细看。最后，总算知道了自己穿几号的内裤。想一想如果女人不知道自己的内衣尺寸会是什么样子，这是不可能的。我们希望不久后每个男人也都知道自己的内衣尺寸。

有人很肯定地告诉我，女人买贴身内衣通常也要亲自试穿，我猜是穿在自己的内衣裤外面。不知道在有生之年是否会看到一个男人拿着一包内裤走进试衣间。

女人不再给男人买内衣了，那么男人会开始为女人购买内衣吗？一个珠宝商告诉我："很多珠宝都卖给了那些想重回家门的男人。"很多丈夫或男友都愿意给女人买昂贵的内衣或珠宝作为礼物，但是这些商品以及卖这些东西的商店却常常令男人不知所措。男人连自己的尺寸都记不住，怎么可能记住女人的呢？尤其是女人除了睡衣、睡袍之外，还有文胸、内裤要考虑。他怎么保证自己买的戒指或项链是女人想要的那种，颜色究竟适不适合呢？我们经常看见有些男人犹豫不决地走进这片女性天地，在里面东张西望，可能是在挑选商品，但很快就会逃出去，满脸的忧虑和疑惑。这些珠宝公司应该对售货员进行专门的培训，教他们如何循循善诱这些在女性商品前不知所措的男人们，并争取把这些人笼络为商店的老主顾，这确实是个不错的主意，特别是考虑到珠宝或内衣高昂的价格。

肯定有办法简化服装尺寸这个问题，让男女能为彼此购买服装。也许最简单的办法就是让女人把自己的尺寸登记在她喜欢的商店里，然后告诉男人到那个商店去买。很多男人都有给女人买内衣的意愿，第一家这样做的商店肯定能取得成功。此外，当男人们购物完毕，可能不太愿意被别人看见拎着粉红的购物袋出来。

零售商必须解决的另一个与性别相关的问题是：**在同时销售**

男女服饰的店里，怎样巧妙地告诉顾客男装在哪儿，女装在哪儿。以前，要把男装和女装挨着摆在同一个地方销售简直不可思议，但到了 20 世纪 60 年代，二者之间的隔墙就推翻了，只是仍有一些问题要解决。现在的性别提示方法，就算是在盖普和 J.Crew（同时经营男女服饰的商店）这样的店里，也都不太有效。顾客很可能在那些鞋子、毛衣或者牛仔裤中挑了 10 分钟后，突然发现这些衣物原来是给异性准备的。

打开任何一个女人的衣橱，都会发现里面挂着些男士衣物，如牛仔夹克、宽松羊毛衫、T 恤。我的妻子常常突袭衣柜随意掠夺我的衣服。即使这样也无损她的女性魅力，但我却不能这样做。

还有一个问题，就是男同性恋在这性别概念日趋模糊的商场中是如何找到切入点的。还有男同性恋和女同性恋在购物时所追求的东西跟异性恋的男女相比究竟有什么不同。

不用说，大多数关于同性恋文化的归纳总结都是有问题的。有的女同性恋习惯穿背后扣扣的法兰绒 T 恤和卡其裤，也有的只喜欢在周末晚上盛装出门。有的男同性恋把自己想象成《飞车党》中的马龙·白兰度，也有的衣冠不整，还有的每天早上都要整理自己的衣橱，那劲头你在西点军校的新生营房绝不会看到。同性恋者的购物范围跟异性恋者其实是一样的。唯一的区别是，同性恋圈子就好比一个文化风向标，对于什么东西流行，什么东西过时有着非同一般的洞察、直觉和品位。同性恋潮流指向哪里，人们通常就走向哪里，这一点有着完美下颌线、背普拉达包的都市精致男一定会第一个承认。

同时有很多异性恋者不喜欢承认这一点。异性恋男性消费者看到内衣裤盒子上面穿着紧身内裤的模特图片，就会觉得很尴尬，仿佛想要拿一只牛皮纸袋把买的短裤藏进去才敢去结账。但是尴尬本身也许恰恰证明了那些令人血脉偾张的健美男子图片达到了一定的效果。无论是同性恋还是“直男”（异性恋男人），年轻的都希望有 6 块线条清晰的腹肌，随着年纪的增长，他们都会照镜子，看看自己疲劳的双眼、增大的侧腹、萎缩的肌肉。而零售界同样也要考虑到直男和同性恋一样都希望自己肌肉紧实，身材健美。区别只在于，直男中只有很少的人愿意承认这一点，或者表现出真的很在乎，因为这不符合他们心目中典型的男子汉形象。

一般来说，零售业还没有给这种微妙的心理活动一个舒适的空间。女同性恋也面临同样的困惑。跟男同性恋不同的是，她们中有很多人真的去男装部购买想要的东西。零售界给女同性恋的机动余地要少于男同性恋。我认识的一个自称“很爷儿们”的女同性恋，买衣服总是很困难，即使是最最基本的服饰。这可能是她痛恨购物的原因，她总是在网上购买东西。商店里面摆出来的衣服都太女性化了，轻佻又烦琐，都是设计成引诱别人的样式。裤子是另一个大问题。一排排都是低腰裤，根本不是她的风格。而鞋子呢？也是死胡同。她常常在最后溜到男装部，找男士穿的最普通的平跟鞋，任何款式都接受，只要这鞋不算太寒碜而且穿上以后不会像《绿野仙踪》里的南方女巫。她的衣橱里最多的是经典款式的休闲衣裤——宽松的卡其裤，虽然是为女性设计的，但是看上去却像你大哥可能会穿的东西。工作的时候，她就一切从简，轮流穿那两件黑色的艾琳·费雪套装。如果她能够穿宽松裤和T恤度过一整天，就已经心满意足了。拿她的原话说，即使是才 20 岁出头的时候，购物也会让她感觉自己过着双重的生活。

值得注意的是，很多女同性恋其实是相当古板的。尤其是有孩子的女同性恋夫妇。她们的保守体现在社交上而不是政治上。她们当中有很多人不喜欢大费周章地购物或者对着衣模上面挂着的最新款的礼服评头论足，跟男人一样，她们只想让购物速战速决。

同性恋的男女已经公开了自己的同性恋身份，这是件需要勇气的事情。零售商们不应该让他们不得不再回去隐瞒这一点。"同性恋市场"是真实存在的，而那些关注这个市场的人们，则会得到相应的收获。

再说说传统型家庭中的男性。还记得吗，以前男人中只有产科医师才能看见婴儿出生的过程？但现在爸爸几乎跟妈妈进产房一样，已经成为必需。男人重新定义他们的角色，即作为父亲的角色，就要适应新的角色，在生活的方方面面都会发生巨大的变化，购物方面也不例外。

比如，我父亲那一辈的男人都没有买 Junior（一种空气压缩器）或尿布并在星期六早上短程郊游的习惯，而现在这几乎成了惯例。这就是为什么现在高级的男士盥洗室里面有给孩子换尿布的隔间的原因，而且麦当劳的广告里也总是有很多爸爸和孩子在一起，却没有妈妈，星期六妈妈们可能还在办公室加班呢。反正妈妈也不会让孩子们吃巨无霸汉堡。这并不是美国特有的现象，我对米兰市繁华街区在星期六的情况进行过观察，发现大概一半的婴儿车都是由爸爸推着的，显然爸爸们喜欢推车。

我们测试过波士顿一家商场里卖李维斯牛仔裤的试点区域，其中的一个目的就是设法吸引 20~30 岁左右的男性顾客。我们在录像中看到，一个男青年穿过通道来到这个卖牛仔裤的区域，后面跟着他的妻子和孩子，男人推着婴儿车。他们一起挑牛仔裤，显然他想要购买靠墙货架上的牛仔裤，但是在他和裤子之间摆着别的服装架，推着婴儿车过不去。从他的行为可以看出这人是怎么想的：难道为了买条牛仔裤就得走开而让老婆孩子单独待在通道那儿吗？像绝大多数人一样，他没有去买裤子。在美国，有很多销售场所推着婴儿车都进不去，这就相当于阻碍了大部分20~30岁左右的消费者去购物。

当男人变成爸爸

20年前极少有父亲给小孩买衣服，如今，**男人在童装区买东西已经非常普遍了**。然而，服装厂家还没有跟上这个变化，之所以这么说，很明显的一个依据就是童装的尺寸是所有服装中最让人糊涂的，多数父母都对此感到失望。如果哪天童装尺寸能与孩子的年龄直接挂钩，那么男人就会在给孩子买衣服这件事上多尽一份力。在此我还要强调，只有父亲才会突然冒出并放纵自己的想法：给儿子买天鹅绒的家居便服，或者给女儿买迷你舞会礼服。

随着星期六早晨的到来，爸爸要装东西了，包括奶瓶、烤面包、尿布、婴儿香粉、药膏、抹布等类似的东西，要把这些东西放进哪里呢？肯定不是妻子强塞给他的那个粉红色尼龙大包。事实上，他可能对目前可供选择的包都不是很满意，因为连装尿布的黑包上都写着“妈妈”的字样。给爸爸提供装尿布的“瑞士军包”怎么样？看起来像运动包的耐克尼龙包怎么样？或者更好一点，给他提供一个哈雷-戴维森品牌的婴儿推车，车里配一个黑色的装尿布的皮包，情况又会怎样呢？整个婴儿产品都需要重新设计。

拯救女性购物领域中的尴尬男人

男人也会光顾一些女性的传统领地，但是这些地方应该考虑到男人的男子气概，避免娘娘腔的元素。在很多商店，地上和墙上的所有东西似乎都在对闯进来的莽撞男人说：“离开这儿！你不属于这儿！”我办公室附近有家卖餐具的商店，那儿就很不错，因为我进去后丝毫没有粗人闯进瓷器店的感觉。但是，在布鲁明戴尔商店里的皇家道尔顿陶器区域，我感觉就像是回到了祖母的饭厅，让我十分惊恐。

这样的地方还有不少，男人在此本可以很高兴地购物，而且那里也确实有他们想买或者需要的东西。比如，现在的男性保健和修饰用品比以前多很多。但是，看一下这些产品的销售方式，你就会明白大多数男人绝不可能成为购买者。

在连锁杂货店和超市里面，卖这些产品的地方其氛围绝对是女人味十足。洗发水、肥皂以及其他男女都能用的产品，它们的包装和名称都很女性化，就好像买这些东西的人都是女人，这就成了一种自我设限的宣传。男人专用的产品，像剃须膏、洗发水和除味剂等，夹在那些散发着芳香的女用产品中间，摆在一个很不起眼的小角落里。那儿不是男人的领地，换句话说，男人怎么会去买呢？

传统的美容美发行业总是通过走高档路线发达起来的。雅诗兰黛和欧莱雅已经说服了女人们在晚霜上面花点小钱是一项值得的投资，但这对于男性市场来说不是最好的方法。成功推广男性护肤用品的关键在于合理的陈列、谨慎的措辞和恰当的包装。专门针对户外工作的男士专用润肤霜和防晒霜市场（其用户如警察、建筑工人、电视电缆或电话线的安装人员、马路工作人员）的发展潜力是巨大的，而且还远远没有打开。但是，这些男人绝不会在腮红和遮盖霜的产品堆里去找他们要的东西，当然也不会买那些看上去像是女人和孩子用的物品。如果在传统的销售护肤美容产品的地方转上一圈，你可能会误以为男人不需要护肤，但事实上，男人的皮肤也同样需要护理。

哈雷-戴维森经销店就提供了一个好的解决方案。这家公司为男性护肤用品起名字可以随心所欲——防晒盾、防风护理，或者是皮肤防护剂。关键的一点是，他们开创了一种开放式的、模糊的护肤理念，再加上一些短小精悍的名称。比如古朴（Goop，一种除油剂，或者山岩肥皂），是用来去除松香的。总之，要像卖杀手用品一样来推销这些产品。如果哈雷开了这个头，那么约翰迪尔公司和卡特彼勒公司可能会跟风，这样的话，预防皮肤癌的事业又扎扎实实地向前迈了一大步。

医疗诊所里有全套的男用修面和护肤产品。但是，在纽约老牌的伯格道夫·古德曼百货商场里面，只能在一层卖女士化妆品的店里找到这些产品，甚至在第五大道的男士用品店里也没有这些东西卖。谁会想到剃须膏会在口红的旁边？我承认是有很多女人给男人买这些产品，但是，这已经是老皇历了，并不是将来的方式。吉列公司生产针对不同肤质的剃须膏，毫无疑问是给男士用的，但是男人怎样才能知道自己属于什么肤质呢？在墙上张贴一个简单的图表就能解决问题，但是还没见过有人这样做。最近访问了一家全美连锁的百货店，它位于曼哈顿切尔西，那儿是男同性恋者的聚居区。即使这家商场也并不重视男性，男用产品（仅包括除味剂，少量修饰头发的产品，一些止汗露和一种护发剂）被挤到胶卷冲洗柜台和一次性剃须刀之间的一个角落里。这家商场位置很好，本来可以树立男用产品销售区的典范，但是它却跟其他商店一样毫无生机。

为男人生产专用产品，并为其提供专门购买的地方，这将是一个很好的开端，但这样做仍然是在仿效女性护肤美容化妆品销售区的套路。要想吸引男性，就必须从头开始，设计一个“男士健康用品”销售区域，这个区域里面应该有护肤品、修饰品、剃须用品、洗发护发品、香水、避孕套、肌肉疗伤品、非处方药和维生素，还要有针对疾病（男人跟女人一样，也受到这些疾病的折磨）的辅助治疗用品和草药。这个店里面还可以卖一些体育运动用品，像运动袜、T 恤、防护品、弹力绷带等，还应该展示一些护肤、健康、健身和形象等方面的书刊。这个店本身从装修到包装设计都应该具有男子气概。在宣传策划时应该时时不忘男性的特点：广告牌要大而醒目，所有的东西要很容易就能找到。

过去 10 年中，在期刊领域中最成功的要算《时尚健康》（男士版），它的销量急速上升，每月超过 150 万册，比《绅士》《君子》《男士期刊》以及其他所有杂志都要多得多。既然杂志能够如此火爆，为什么商店就不行呢？

第九章

女人到底想要什么

在写这章内容之前，请允许我花点时间谈谈一家大型机构的消失，以及战后美国男性某种精神堡垒的瓦解。

被女人扔进达尔文垃圾箱的商家

我说的是乔氏五金店，它也许叫吉姆五金店，不过这没有关系，反正大家都知道那个地方。在那儿，地板吱吱嘎嘎地响，空气中散发着橡胶和四合一涂油的怪味，大木箱里放着每百根10便士的3寸大钉。店里还有绳子、弯头、神秘的带子、铜线圈、防水密封剂、曲形钉、大头钉、钉书钉、垫圈、螺丝、螺钉、别针、套管、支架、轴承座、凸缘工具、铰链、密封垫、薄垫片、木制螺丝、金属片螺丝等，墙上挂历中为工具做广告的小姐穿着紧身衬衣，露出诱人的乳沟，手里挥动着刮刨工具。再看另外一边，有人站在摇摇晃晃的梯子上面，嘴里叼着劣质方头雪茄，在一个装插销的旧箱子里翻来翻去，脚上笨重的长靴散发出一阵阵气味，他嘴里还在小声地抱怨——那就是乔本人。

后来他怎么样了呢？去世了。那他的商店呢？也关门了。

是谁结束了它的生命？你的想法是什么？

是那些女人！她们不到乔的商店买东西，我说得不对吗？这个可怜的家伙想为人们提供所需的每一样东西，但事实上商店里的东西总是不够。有时颜色不对，有时样式太少，而且这个店里还散发着廉价雪茄的怪味。

再见吧，乔。

在购物世界里，女人能引起如此巨大的转变毫不令人奇怪。购物总是与女性相联，它简直就是女人的代名词。男人们购物其实是在进行一项天生属于女性的活动（他们做这事往往是很勉强的），**如果零售商或厂家不能满足女人的需求，那就有可能被女人扔进达尔文的“垃圾箱”，像恐龙一样从地球上消失。**

还需要更多的例证吗？只需三个字——缝纫机。

在20世纪50年代，75%以上的美国家庭都拥有缝纫机，但现在的比例还不到5%。类似乔的命运又重演了，但这回是辛格先生（事实上，这个缝纫机巨子已经改行经营军事武器了）。以前，女人总是在家里给自己和家人做衣服，并不断地对衣服缝缝补补直到实在不能穿为止。在过去的30年里，经济情况发生了巨变，除了缝缝松动的纽扣，女人不再做任何大规模的缝纫工作了。

最后一个例证呢？百货店的优惠券。

这东西没什么用了。2007年，通过报纸、杂志或者邮件分发出去的优惠券中兑换了的还不到3%（因此，优惠券行业试图在网上试行业务）。女人的生活已经发生了很大的变化，人们认为在餐桌旁弓着腰剪《军号日报》（*Daily Bugle*）上的优惠券，就跟自己做黄油一样费力。不过，也有一些人喜欢优惠券——老年人，特别精打细算的人，以及那些不上班成天在家的主妇。除了这些人之外，优惠券毫无作用。

当然，大家都知道，现在的男人正变得越来越好，越来越有关爱之心，对购物也越来越敏感，他们也愿意承担一些日常用品采购等家庭责任。但不能忘记，这种变化主要还是在女性温柔的推动下（如果没有使用暴力来推动或强迫的话）才产生的。我们还应记住，即使将来零售市场上会更多地关注男性，多数时候市场也还是跟着女性生活和品位的变化在走。

女人想从购物中得到什么

正如市场营销天才西格蒙德·弗洛伊德所问，女人想从购物中得到什么呢？我们已经讲了男女在商店购物过程中的很多不同点，现在就抛开那些一般化的概述，从一个很好的例子开始来进行说明。这个例子来自最近为一家意大利连锁超市所做的调研，直接取材于肉类柜台边安装的摄像镜头。

一个中年女人来到柜台边开始仔细挑选肉馅，她有条不紊，一包一包地仔细看。这时，一个男人大步走来，背着手站在柜台边扫了一眼，就选好一包放到购物车里走了。而这时那个中年女人还在继续挑选。接着，来了一对带小孩的夫妇。妻子站在那儿推着婴儿车，丈夫从柜台里挑了一包肉馅，看了一眼后把它放到购物车里。妻子检查了一下这包肉馅，摇了摇头。他把肉馅放回去，重新又挑了一包，她还是摇头，这时她很生气，让他推着婴儿车，自己亲自去挑。当他们离开时，前面那个中年女人也看到最后一包肉馅了。她似乎对自己的调查很满意，最后拿起检查过的第一包肉馅，放进车里后继续买别的东西去了。我姐姐抱怨她丈夫常常买已经发黄的蔬菜回来。她说："男人总是不明白，我们要吃的是新鲜的蔬菜，而不是那些枯掉的。"

是什么使女人在购物中如此夸张？相信"天性胜于培养"的人认为，女人的原始角色是在家里采集树根、坚果和浆果，而不是四处游猎，因此，女人的生物学特征使她具备天生的购物技巧；但相信"培养胜于天性"的人争论道，数世纪来的强大父权制将女人禁锢在家里与商业社会远离，所以除非她们以消费者的身份出现，否则很难进入商业环境中。

这也是当然的事情：购物使家庭主妇走出了家门，按照以前的劳动分工，买东西主要由女人负责，而且女人也乐意，她们也有这样的能力并能系统性地去购物。过去购物是（而且在世界上很多地方仍然是）女人主要的公共生活领域。作为个体，女人对商业社会没什么影响，但所有女人加在一起就会对市场产生重要作用。购物给女人提供了出门的机会，有时她们甚至会很高兴能独自一人去购物，这样就逃离了家人的束缚。购物还是一种解放女人的方式，使她们有机会同别的成人、店员、商店老板以及其他购物者交往。

然而，随着女人生活的变化，她们和购物的关系也在发生变化。如今，多数美国女性都有工作，于是她们和其他人也有了一些非私人的业务联系，有很多出门在外的时间。因此，例行的购物就不再是一种很好的逃离方式了。现在，女人必须挤出工作、上下班、家庭生活和睡觉之外的时间去购物；有时利用午休的一个小时，有时在回家的路上，有时在晚上。便利店就直接受益于女性生活中发生的变化，女人们不能像以前那样手里还拿着详细的清单，每周定期去超市买东西。现在，女人可能在晚上9点才发现没有牛奶或者第二天午餐的面包了，这时就要立刻跑到7-11便利店去买。产品目录、电视购物频道和网上购物之所以得到快速发展，主要原因就是女性责任的改变。女人在商店花的时间越少，买的东西就越少，这个道理很浅显。女人把部分传统责任（做饭、清洁、洗衣服、照看孩子）移交给男人的同时，她们对购买食品、肥皂和小孩服装的控制权也相应地让出去了。甚至女人的购物习惯也慢慢地变得男性化了，她们不再仔细浏览检查，而变得匆匆忙忙，拿起东西就走。因此，女权运动给零售商带来的好处（女人有更多的钱）很快就被缺点（女人去商店的时间和偏好减少了）所抵消了。

不过，女人把购物当作一种社会活动的看法似乎并没有改变。她们仍然喜欢和朋友一起去购物，在买东西的时候互相怂恿或者制止。我想很少有两个男人会约好在某一天一起去挑泳衣。**我们的调查显示，两个女人一起购物时，她们花的时间和金钱都比独自购物时要多，当然也比有男人陪着购物时要多。**两个女人在商店里有时会变成购物机器，精明的商家会想尽办法鼓励她们双双出行。比如，“带个朋友来，就打个折”，或者在试衣间外面放一些座位，让女人们可以更加轻松地边试衣服边评论。有的商店里还开设了咖啡馆，让女人在“中场休息”时一边喝咖啡，一边看周围的商品，视线永远不离开卖场。

真正了解购物哲学的是女人

如果像我一样对很多购物者进行观察，就会发现很多女人购物时都有心理活动，而男人却很少有。**女人在购物时常会陷入某种想象，她们会一丝不苟地进行挑选比较，脑子中设想着产品的使用情况**。她们还会冷静地总结买还是不买的各种理由，一旦看见自己想买的东西价格也还合适，就会买下来。女人通常很在意哪怕是很小的一笔购物交易，并且为自己挑选商品的本事感到自豪，无论挑的是哈密瓜还是房子，甚至是丈夫。我们分别来看一下男女在农产品区的表现：男人快步走过来，从生菜堆的最上面拿起一棵就走了，而没注意到他拿的生菜叶上还有斑点和发蔫的地方；而女人从卖生菜的地方走过来，边看边闻，还会用手摸一摸，直到找到最好的生菜。男人有时甚至都不看价钱，这对女人来说几乎是不可能的。男人引以为豪的往往是精通某些耐用品的消费，比如汽车、工具、船、烧烤架、计算机等；而女人则更加重视暂时的世界，比如做饭、做蛋糕、美发和化妆等。

这倒不是说女性与消费的关系很肤浅。事实上，真正了解购物哲学的是女人，而不是男人，是女人描绘了贯穿人类生活中的搜寻、调查、询问、获取、设想以及吸收等一系列过程。从较高的层次来看，购物是一种转化，是一种更新的方法，它甚至会使人得到改善。你购买的产品会使你变为自己理想中的样子：衣服使你变得漂亮，口红令你更加性感，而灯会让你的房间变得更为幽雅。

女人需要的购物环境

从实际的角度来看，这些都有力地说明了这点：女人对购物环境的要求比男人更多。男性需要的仅仅是这样一个地方：在那儿能快速找到自己想买的东西，买了东西就走。如果要求男人逛来逛去挑东西，换句话说，就是“购物”，他很可能不买东西就离开了。**男人对整个购物过程不感兴趣。而女人一般更有耐心和好奇心，可以很自在地在一个地方慢慢探索。因此，女人需要这样的购物环境，让她们能根据自己的喜好，从容地四处走动。**我们来考虑一下前面说过的干扰因素，女人不希望自己在购物时被后面的人挤着撞着，这就意味着女人不愿意去看摆在地面到腰以下部位的东西，而这部分空间占了美国销售空间的很大一部分。不要认为女人弯腰会觉得舒服。这不仅仅针对女人，对男人来说也一样，没人喜欢弯腰去买东西。你不要认为女人会在人群拥挤的地方闲逛。我们来观察人们在拥挤的通道里的表情：一旦被撞了几次之后，人们就变得很烦躁，不愿意再逗留；通常还没买到自己想要的东西就走了，这种场景你一定不陌生。零售商在决定如何布置销售环境时必须牢记这些特点。

有些情况下，女人们即使知道去一个地方购物会非常拥挤，也会奋勇向前。她们会去波士顿的名牌折扣店 Filene’s Basement 或者巴尼斯纽约精品店每年两次在仓库举办的特卖会购物。贪便宜的欲望使女人不介意跟陌生人摩肩接踵。根据我们多年的观察，女人们对于“推搡”的敏感程度与发生推搡的对象是其他女人还是陌生男人而有所不同的。在许多女人兴奋前往的拥挤场所，往往是女人和女人之间在互相推挤和拉扯。

比如，百货商场的化妆品区往往需要女人坐在或站在某个地方来试妆，这在高峰期就成了一个问题。我们的调查显示，与那些距柜台几尺远的人相比，站在化妆品柜台角落的女人更有可能买东西。有些化妆品部把柜台围成一个凹进去的死角，站在里面的人就不会担心被人挤着了。我们把这种死角称为“盆地”，它能吸引女人延长购物时间。第一章中提到，有的百货店把遮瑕霜等化妆品放在展示架的最底层，这就意味着老年人不得不弯腰，而他们并不愿意把臀部撅起来。这种不尊重顾客的结果就是卖出去的遮瑕霜很少，如果把它放高一点则会卖得多一些。

女人对空间的需求在零售环境中随处可见。比如，机场的礼品店一般都分为“拿起就走”的快速购物区和逗留区。快速购物区在收款台的旁边，顾客可以很快地买到报纸或口香糖，付了钱就走；逗留区在商店里面，通常卖各种礼品。我们的调查显示，女人往往喜欢穿过嘈杂的柜台来到里面的逗留区，在那里感觉好像远离了拥挤的人流。很多这样的商店都用货架围起一些角落或隔离的空间，这是保证购物不会受到打扰的完美“死角”。这也是女人喜欢的购物方式：虽然看到外面人来车往，但自己却在与之隔绝的保护区内。

女人对拥挤的敏感也跟广告字体与商店设计有一定关联：**商店的空间越窄，女人待的时间就越短，于是广告牌和其他宣传品都应该更加直接明了。所有的印刷字体都必须大而醒目**，在这种地方销售的洗发水或其他产品的设计者都必须注意地方狭小这个现实。我们调查了很多商店的保健美容部，结果都一样：女人在买东西之前都要对产品进行仔细研究，尤其是买市场上新出的产品时。在一次调查中我们发现91%的购物者阅读了包装前面的内容，42%的人读了后面的内容，8%的人读了两边的内容，63%的女人在买东西之前至少要读一次产品包装上的内容。显然，阅读和购买之间存在联系。阅读需要时间，时间需要空间。下面是根据我们的数据库整理出来的分类数据，这里的时间是指女人在买东西之前阅读包装内容的时间：

洁面产品：	13 秒
润肤霜：	16 秒
香皂：	11 秒
沐浴乳：	5 秒
防晒用品：	11 秒
祛痘产品：	13 秒

但是，如果女人感觉不舒服，就一秒也不会停下来，当然也就不会买那些需要研究一下的产品了。零售商应该沿着卖东西的所有地方走一遍，边走边问自己：我站在这儿买东西是否会被后面的人推挤？答案为“是”的地方都不适合卖那些需要仔细查看的商品。

即使在快餐店，男女对空间也有不同的需求。男人一般不会考虑很多，就在前面选个桌子坐下，在那儿可以看见店里最繁忙的地方；而女人就不一样，她们通常要花点时间考虑买来汉堡放哪儿，然后才会走到快餐店的后面，找一个有点私人空间的桌子。

实际上，女人不喜欢独自到快餐店里吃饭。大多数女人开车去买快餐，把车停在快餐店的停车场，而自己就在车里吃。

在女人为主的商店里可以更加清楚地了解女性的购物方式。**比如在贺卡店里，女人并不仅仅是完成购物任务，而是在探寻真正的情感表达方式**。女人会花很长时间来挑出能表达自己心声的卡片。因此，贺卡店就应该是能让人感受到情感生活的场所。几年前，贺曼卡片公司请了一个经验丰富的设计师来改造其营业空间。这位设计师采用了很多大理石和其他昂贵的材料，营造出了比以前的感觉要冷漠素雅得多的氛围，创造出了一种时尚的面貌。但这却使消费者失去了以前那种熟悉而温馨的环境，人们对这次改造的反应就是减少了购物时间。

贺卡店要营造出轻松静谧的购物环境，就必须留出宽阔的通道，以便阅读卡片的人和路过的人互不打扰，而且让蹒跚学步的儿童也能通过。卡片的摆放次序也要经过仔细考虑：如果一个人神情凝重地在挑选吊唁卡，而身边买40周岁生日贺卡的人在哈哈大笑，这时她就会很不舒服。贺卡店里还有一个重要的问题，就是卡片的展示问题。女人只有把许多卡片打开看了之后才会决定买哪个，但卡片很容易被折坏、撕坏或弄脏。我很奇怪为什么没有样卡展示系统，这样顾客可以打开样卡阅读，而无须触碰出售的商品。还有，放卡片的架子一般底层距地面较近，顶层距地面2米高。这就有两个问题：第一，底层的卡片放得太低，不弯腰就看不见；第二，底层的卡片很容易被和妈妈一起来的小孩弄脏。如果把整个展示架抬高一些，问题就能解决。即使顶层距地面2米多高，任何高于1.5米的人也都能够得着。

另一个便于观察女性购物的场所就在卖化妆品的地方。无论在大商场里迷人的化妆品展台还是在连锁店里墙边的口红眼影展示区，试用产品后再对着镜子一看，穿毛衣与牛仔裤的女人全都能变成公主，这是一种公开的同时也是很私人的艺术。化妆品一般都靠墙摆放，或者摆放在比较隐蔽的地方，这是很有道理的。在这儿女人会把头发解开放下来，同时也放松一下心情，在打扮时她们需要一点私人空间。

女孩一般在青春期时就开始买化妆品，刚开始时她们会到杂货店里买便宜的，等她们长大后，就到大商场各个专柜去买昂贵的产品。在那里漂亮的小姐穿着白色的实验室大褂（却涂着晚上开派对时的浓妆），挥舞着化妆刷往你脸上刷腮红和粉底等东西；这是化妆品销售的一种硬性的推销方式。你坐在凳子上，她把你变成另一个版本的她，只是比她稍稍淡一点，接着你就会买她推销的东西（至少理论上是这样的）。她们故意先不说价格，一般你也不好意思开口问。

上面这种情况很普遍，但由于“开放式销售”概念的引入，情况变化得很快，这也是女性解放的一种形式。化妆品从促销小姐的手里解脱出来，摆在那儿供顾客自己选择、考虑、试用，然后顾客再决定买还是不买。以前那种“我们试一试”的老花样已经过时了，那种高压策略也过时了。这种开放式的销售允许女人自己看化妆品的价格，而不必再羞怯地去问那些傲慢的推销小姐了。减少了纠缠不休的策略，商店卖出去的化妆品比以前更多了。

这些是女人在购物方面的特点，其中的基本原则现在还适用（没准永远都适用）。如果你要卖东西的话，这些原则都很好、很有必要。但是，现在很多商家还没能利用好这些特点。

五金店销售的是生活方式

我们都了解男性消费者的“恐娘情结”是怎么回事。但现在很多零售商都努力把传统上为女性设计的营业环境和产品变得也适合于男性消费者。但反过来，对女人来说，传统的“男性产品”和环境面临的挑战就是怎样能够吸引女性消费者。

比如，一些卖螺丝等杂货的老式商店目前还在勉强维持，但实际上它们几乎要被对手击垮了。家得宝公司为什么能继续发展呢？关键在于它对女性不再依附男性的社会经济现象做出了积极的反应。这和击垮卖螺丝的商店有什么关系呢？想一下这个问题，那些在外面整天忙于推动社会与政治进步的女人，晚上回到家之后会多次恳求丈夫（15遍）去刷墙或装调光器吗？不太可能。更不要说在过去30年里，单身女人越来越多，她们有钱也愿意自己动手装饰自己的小巢。我们已经有女性的警察、消防队员、首席执行官、高科技企业家、副总统候选人，我们就不会有充满自信、雄心勃勃、技艺精湛的女工匠吗？我并不这样认为。

那这些女性会从哪儿开始崭新的工匠生涯呢？她们会去乔氏五金店吗？当然不会。这家典型的五金店太男性化，对女性来说甚至有点不友好，它的屋子很小，只有一个收款台。于是，女人就去了自助连锁店（从另外的角度说，也可叫作五金专营店）。这些商店剥去了五金商品的神秘面纱，让它们在新手面前也显得亲切而友好。要做到这点，不仅在营销策划方面，而且在经营使命方面也要有大的转变：商店销售的不再是螺母螺钉，而是生活方式。在这个概念的指导下，螺丝、木材和石膏灰胶纸夹板可以和照明设备、厨房橱柜、水流按摩浴缸、镶边（或不镶边）的浴帘以及任何其他东西放在一起来卖。这些商店卖的不是五金商品而是家居用品。卖五金商品的行业也从“安装工具”变成了“过家家”的手段，从只针对男性变成男女皆宜。

要达到上述目的，**另外一个方法就是聘用知识丰富、善于激发女性购买欲望的店员**。现在家用品商店的新潮流就是聘用女人做销售或管理工作，原来这些工作只能由叫乔或吉姆的男性来干，许多家得宝的广告里面只出现女性职员。这些商店还利用每个机会对顾客进行热情的培训，播放一些指导短片或者在店内开设一些免费劳动技能课程。家得宝意识到今天教会了女人挂照片，很可能明天她就想填泥料，下个月就要弄装饰线了。你认为现在是谁在看真人秀节目——《彻底改变之家庭再造》和家居生活频道，以及其他装修类节目？男人们都在看钓鱼节目，而女人们则是在看主持人泰·彭宁顿——他看上去跟穿了工匠服的肥皂剧谐星一模一样。

女性甚至改变了商店陈列商品的方式。照明设备再也不能像以前那样简单地挂在架子上就行了，销售商必须展示出屋子里灯光照耀的情景。不能再把各种类型的浴室水龙头放在一个盒子里了，而是要展示带有浴帘和毛巾的整个浴盆。下面这个例子也有力地说明了为什么家得宝公司可以击溃传统的五金杂货商场：以前，你只有需要东西时才会去五金店，但现在，去店里可能只是随便逛一逛，看看有什么新东西或展品。也就是说，现在人们也可以去五金店“购物”了，这意味着女性胜利了，而乔或吉姆失败了。

最近，商家以生活方式大师玛莎·斯图尔特和拉尔夫·劳伦的名义成功地促进了油漆的销售，这一点也不令人意外。由于女性的介入，油漆已经从五金用品变成了时尚用品。男人在墙皮剥落之前是不会去刷墙的，而女人刷墙只是因为她们希望有点变化。当然，刷油漆一直是一项普通男女均能胜任的工作，但是，直到现在，油漆本身、油漆的包装、广告和销售方式，才变成真正的男女皆宜。

五金用品发生变化的另一个受益者是美国生育高峰期间（婴儿潮时期）出生的男人，在成人之前他们还没学会怎样做家里的技术活儿。所以这些活儿慢慢由女人来干，而男人却做得越来越少，而且男人也渐渐对老式的五金店产生了一点畏惧心理，不过男人也因此付出了一些代价。随着女权运动的开展，不仅老式的五金店，连男士专用的理发店、擦鞋铺、服装店和鞋店等也都开始衰落。首先是允许女人进大学、军队和私人俱乐部，接着其他的禁锢也都解除了，然后就出现了不分男女的发廊和商店，像盖普、香蕉共和国等，它们把男女服装放在一起卖，有些衣服的男女款式甚至都很相像。20世纪下半叶的这场运动把男人赶出了他们曾经独占的空间，无论是好是坏，它确确实实发生了。人们不禁自问：社会潮流还会逆转吗？最近你还去雪茄吧吗？

女人只对实用技术感兴趣

另一个顾客性别比例发生剧变的商业场所是销售电脑和其他消费类电子品店。一般我们都认为男性站在信息技术的前沿——他们知道GB（10亿字节）的真正含义，或者会花5位数购买音响。近来，个人电脑和手机开始变成男人的玩具，而事实上女人才是最早接受新技术的人。公司里开始用电脑的时候，往往是女员工最先学习操作系统和软件；而且，由于午餐时间十分紧张，女人也是最早对自动取款机感兴趣的人。

我们以前怎么没注意到呢？原因就在于男人和女人使用技术的方式迥然不同。男人喜欢的是技术本身，关注事实，比如马力或者性价比。在汽车的内置计算机出现之前，经常能看见三五成群的美国小伙子围着一辆开着前盖的汽车，在那儿看车主调汽化器或者装发动机，一边看还一边指手画脚，建议怎样才能弄得更好。现在，这些男人们野餐聚在一起时就讨论硬盘大小和调制解调器的速度，他们认为这些都是有讲究的事情。

女人看待高科技的方式则截然不同，女人接受新技术并加以应用。**她们会揭开各种大大小小发明的神秘面纱，抛开各种行业术语，而只关心这些技术的实用性。**女人考察技术就会看它的目的以及产生的缘由，即它能干什么。技术的前途就在于它能使我们的生活更加舒适高效。女人就是促使技术去实现这个目标的推动者。

2009 年是个分水岭，从那一年起，我们知道女性消费者才是电子产业快速发展的关键。RadioShack 千方百计地雇用女店长，百思买也将每个店铺的销售是否成功与那家店有多少女性销售员联系起来。

这一切会把我们带向哪里呢？可以想象，总有一天会有一家电脑公司是由一名女性来掌舵的（至少也是主要负责人之一）。她也会出现在《时代》周刊上，就像一个女人版的比尔·盖茨（当然，发型要比比尔好得多）。这家公司的产品不会强调内存的大小或者微处理器的速度，而是重在产品的实用性、多功能和便利性。它的关注焦点在结果而不是过程，生产的计算机会像电冰箱而不是科学设备那样来销售。首先，最大的特点就是会有一个免费的服务电话，当程序无法响应或打印机出故障时，能提供简单直白的技术支持。其次，一些代理商会在电视或印刷广告中采用女性形象，甚至还会掀起一场讽刺男人与技术关联性的运动。最后，产品设计者将会根据生物工程原理来改进键盘，电脑也会变得很容易清洁（现在要清洁电脑简直是不可能）。今后，除了灰色或黑色外，会大量出现彩色电脑。你还可以买到跟电脑颜色相同或者互补的彩色电脑包。

还需要证据来证明男女对技术的看法很不一样吗？在我们调查过的一家计算机软件商店，绝大多数来逛商店的都是男性，但是实际的购买率，即购买商品的顾客的比例，却是女性比男性要高。这是因为女人来这个店确实是想买东西，而不仅仅是想看看新的 Zip 驱动器或扫描仪。

如果女人来买汽车

汽车行业可能是美国最落后、最无视购物者的行业，但最近几年也意识到女人在买车。鉴于以前汽车市场是由男性主导的状况，现在的经销商应该聘请大量的女性来从事汽车销售和服务工作。但是在所有的汽车销售人员中女性销售员的比例不足 20%。雇用女销售员并不只是一个正确的政治立场，而是根据调查——多数女人都认为从女人那儿买汽车感觉更舒服。她们并不是憎恨男人，只是觉得男性汽车销售员有一点盛气凌人或者不诚实。

现在还有一些保守的汽车销售商认为买汽车时一般都是男人

做主，而没有注意到很多情况下女人掌握着主动权，或者说必须要女人同意才行。也就是说，虽然看上去是男人在买汽车，但实际上却是女人在背后起主导作用。顾客买完汽车之后通常还要到汽车的服务部门去，那儿是100%的男士天地，接待室的杂志也全是给男人准备的，例如《人车志》和《体育画报》，而没有《名利场》和《人物》。也许不久以后我们在那儿就会看见古德仁其夫人[1]，不过现在还没有。女人很讨厌同汽车经销商、修理处、汽车零配件商店等打交道，她们常觉得受到了怠慢或欺骗，但往往又别无选择。而女人们理应得到更好的服务。

再次强调，**第一个聪明的办法就是聘请女员工来修理汽车或销售零配件，选用女演员做电视广告也大大有助于改变这种男性统治的状况**。几年前我们对一个大厂商的汽车零配件部门进行过调研，那儿90%的店员都是男性，而使用车载电子化信息设备的顾客中有25%是女性。很显然，这些女人有疑问而且没有从店员那儿找到答案。也许店员本身也不知道答案，但很有可能这些女人根本就不愿意去问那些男店员。不管是哪种情况，都说明女人也很想学会一些简单的汽车维修知识。

如果我要开一家加油站，第一件事就是挂一个很大的广告牌，上面写着“加油站中最干净的洗手间”。加油站往往把每升汽油的油价标在最醒目的地方，而且价格还精确到0.1美分，就好像大家都很关心那么细微的差别一样。汽油就是汽油，它的价格几乎是统一的；但是干净的洗手间肯定能吸引女车主。因为她们使用洗手间比较多，所以对洗手间肮脏污秽的环境抱怨也很多。现

1. 古德仁其先生曾是家喻户晓的通用汽车的广告形象人。——译者注

在加油都是自助式的了，在路途中人们需要比以前更多的其他帮助。开车去的地方比以前远得多，因此，人们需要有方向指导，需要一个舒服的餐饮场所，也需要有干净的洗手间；甚至还可能需要一张为婴儿换尿布的干净桌子、能冲洗的水池，以及不会把垃圾撒得四处都是的垃圾桶。如果考虑得很周到，没有女人会计较油价多几分钱。加油站的男主人意识到这个问题了吗？多数都没有。他们怎么会意识到呢？但是如果多一些女性进入汽车市场——包括经销、零配件、修理、加油等方面的话，那么整个行业的情况就会跟现在大不一样，它就会像五金商店一样发生变化！这就是说，即使汽车行业也不是无药可救。

第十章

你懂老年消费者吗

毫无疑问，你可能已经知道这个统计数字：到 2025 年，65 岁以上的人口将占美国人口的 1/5。如果生活在日本、意大利、德国、法国或中国，这个比率就更大。你也知道其中的含义：生育高峰期出生的那些人都已经变老了，现在社会上的老人比以前多出了许多。

但是那意味着什么呢？当然，那意味着变老是件好事。否则还能怎么样呢？当生育高峰期出生的人年轻的时候，年轻是件好事；当他们成为中年人时，某种程度的成熟老练是件好事。21 世纪的老人不会像现在的老年人这样俭朴节约。未来的老年人不是在大萧条时期长大的，也没有在第二次世界大战中艰难地维生过，他们是在20世纪50—70年代富有的、自我纵容的环境下成长起来的。这些人没有被灌输牺牲、忘我和推迟自我满足这些美德，也没有像过去的老年人那样觉得变老就是要接受虚弱无力和节制、无能这样奇怪的观念。2025年的老妇人不会让一个没有污点的福特菲尔兰汽车停在车库里（她一周开一次，去教堂），她将驾驶着阿尔法·罗密欧汽车在城里呼啸而过（标准装备，带水压提升的座位），从头到脚都穿着耐克“银色”系列产品，把车停在专为老年人，而不是残疾人（2012年美国的《活跃老年人法案》所规定）预留的大空场里。医疗保健、营养、塑身和整容水平大大提高，70岁的女人看起来像她母亲50岁时的样子。孩子们长大后都离开了家，像蚂蚁一样辛勤工作以维持社会正常运行，而我们这些古怪的老人挥霍着401（k）退休金计划的果实和从过世的父母那儿继承的遗产。父辈留下的遗产如此丰厚，甚至触发了货币历史上最大的一次财富转移。

在购物的世界，这简直是一场盛会。所有的零售业，包括商店、饭店和银行都开始迎合老年人，因为老年人有账户和美元。但是他们还需要一个全新的世界，现在的这个世界就要“不好用”了，他们也不准备再接受这个世界了。

小字号将老年顾客拒之门外

这个世界有什么问题呢？首先，所有的字都太小。看见这句话了吗？怎么能看清呢？这些字太小了，早报怎么样？别提了，字太小了。有机植物轻泻剂敞口瓶上的说明呢？也太小了。而且你不愿意试着半眯着眼睛看（那会形成皱纹）。假如你不能看清它，就不会买它；假如你不买有机植物轻泻剂，没人会买；假如没人买它……好，你会看到这样的结果是什么。

我们的眼睛从40岁左右开始衰退，即使是健康的人通常在60岁左右视力也会减弱。随着年龄的增长，会产生3个主要的视觉问题：晶状体变得僵硬，支撑它的肌肉会松弛，这意味着眼睛不能聚焦于小字上；角膜变黄，这会影响辨色能力；到达视网膜的光线会变少，这意味着世界看起来要比过去显得暗淡。这个视觉灵敏度的问题，已经是市场要面对的主要问题，它将会变得更加突出——不是在遥远的未来，而是就从现在开始。

举个例子，每项有关读报者的研究都得出同一个结论：**读者想要更大的字号**。大多数报纸的正文采用的大约是9磅字号，而读者想要12磅或者更大的字号。各个报社正开始回应这种需求。《迈阿密先驱报》应该是最早增大字体的主流日报，接着是伦敦《泰晤士报》，格式从一大张报纸变成了文简图多的小报形式——标题字号放大，而字体也变丰满了。2007年，纽约《时代》周刊还缩小了报纸尺寸，减少了专栏的数量，使印刷出来的报纸更易于阅读，但字号仍然是8.7磅的。印刷界的确还有很多需要做，但是读者们总是很难体会到已经做出的努力。

但是字号问题并不仅限于出版业，在其他行业同样存在。今天，杂货店的很大一部分销量依赖于老年人，而且这种依赖会逐渐增强。人的一生阅读的所有文字中，没有多少会比药品上的标签、说明和警告更重要，不论处方药还是非处方药都是如此。我们已经发现91%的皮肤护理品消费者，在购买之前要阅读盒子、瓶子或罐子前面的标签，42%的购买者还要阅读包装后面的说明。

阅读对于销售皮肤护理和其他健康和美容产品来说显然非常重要。

但是我们对杂货店包装的研究也显示出一些有趣的对比。例如，在一些著名品牌的染发剂、护肤霜、粉刺药物和牙膏的包装上，用法、组成和注意事项的信息用10磅或更大一些的字；但是在阿司匹林和其他普通的止痛药的包装上用的则是6~9磅字。在感冒胶囊和其他治疗打喷嚏、鼻塞、流鼻涕的药品以及维生素上也采用的是6~9磅字。换句话说，这种包装设计使年轻人很容易阅读去痘霜的说明，而当老年人阅读头痛和感冒药的说明时，则要困难得多。我们发现对老年人的关照仅仅体现在保丽净（假牙清洁片的品牌名）产品的盒子上，上面的用法说明采用了11磅字，但是组成成分的说明仍然使用8磅字。

这明显是制造公司包装部门在模板设计方面的失败。当你意识到，大多数美工，包括设计标签的人，都是20岁左右的人，你就不难发现为什么会有这么大的误算。生产包装和委托包装的人体会不到阅读包装文字的人的感受。看一看专为青年读者准备的出版物，我的意思是，像《连线》或*Spin*这样的杂志。这些杂志的字号都很小，通常印刷在具有很小的对比度的背景上。这里传递的信息是清楚的：这本杂志是专门供青年人阅读的，对老年读者不做任何让步。这就好比迈克·贾格尔，出身高贵的大学毕业生，含糊不清地唱着歌词，他的音乐根本无法传到那些成长在平·克劳斯贝和帕蒂·佩姬时代的人的耳朵里。在下个世纪，杂货店产品的设计师和最经常阅读产品说明的购买者之间的年龄差只会日益扩大。

在佛罗里达的某家药店，货架上都用链子系着一个放大镜。这是一个聪明的权宜之计，但是这还不够。杂货店报告说，总体上大约有 1/5 的购物者在寻求雇员的帮助，但是对老年顾客来说，寻求帮助的比率将是这个数字的两倍。老年顾客的要求一般是借年轻人的眼睛来帮助他们找到一种产品或阅读一个标签。随便逛逛任何类型的商店都会发现，对于老年人来说，很多商品上的文字阅读起来会有困难，如麦片盒子侧面的营养信息，丝绸衬衫上的洗涤说明，染发剂、胆固醇自测的用法说明，照相机、软件或者 DVD 播放器的使用手册，电脑打印机墨盒的型号，CD 上的歌名，高尔夫球鞋的尺码，平装书的价格，等等。未来的顾客怎样才能发现你的公司，通过电话号码簿吗？实际上人们现在已经难以看清号码簿上的字。也别忘了饭店的菜谱、火车时刻表、政府表格、生日卡、邮票、温度计、速度计、里程计、收音机调谐钮以及洗衣机、烘干机、空调、冰箱、加湿器、热水器上的按钮，那个贴在你刚才买的梨子上的小不干胶标签，是不是写着“梨”这个字？你怎么知道的？在每个例子中，单就字体的大小而言，老年购物者对这些商品很难产生好感，甚至是带有敌意的。

今天的老年人忍受了这种轻度的歧视，没有抱怨，就像他们对一生中遇到的其他事情那样，但是生育高峰时期出生的这些老人，习惯于按自己的要求定制东西，肯定无法容忍这种现象。**到 2025 年，任何小于 13 磅字的文字说明都会是一种商业自杀**。即使在今天，当我们的视力开始减退，采用 9 磅字的说明也是在自毁前程。

请注意这里有个矛盾的地方。购物者受的教育越高（而且也会更富裕），在做决定时越会参考写在标签、盒子和罐子上的文字。实际上，所有的零售商都要比以往更加依赖于书面文字。这等于建议在产品、包装和商品材料上尽可能地多放信息，但是当要求设计师在包装上挤很多字时，他们通常会通过变小字号来达到要求。可能更大些的包装是个出路，尽管在分配货架空间时，这会给零售商带来麻烦，更不用说会浪费更多的资源了。标签可能应该更多地使用图形，也可能需要更大、更好的标签，或者陈列设备。它也可能会以即时信息的形式发到我们的手机上面。或者更好，给顾客一个经过深思熟虑的一篮子指示——以环保为主题，用可循环的包装，说明书则印在可再生的大麻纤维纸上。我们可能需要尝试所有这些想法，因为不久我们将会在文化领域推动字号做出飞跃性的改变。

慎用黄色，增加反差

字号的大小并不是唯一的问题，衰老的角膜变黄以后，大部分人感受不到颜色的某种细微差别。会有更多的人走楼梯时被绊倒或者踩空，因为台阶之间原本清晰的分隔现在变模糊了。蓝和绿之间的差异对于许多购物者来说更加难于察觉，设计师使用黄色要极为慎重，因为每件物品看起来都会有些黄。**这给颜色选用带来的影响是，用在包装、标志和广告上的多种颜色之间一定要有很强的对比，而且要处理好颜色之间微妙的搭配**。为此，我们应当大量使用黑、白和红三色，减少其他色彩的比例。

例如，我们曾为南加利福尼亚的储蓄银行进行过商品材料测试，当访问正要离去的顾客时我们发现，对于出纳员后面墙上的巨大招贴画，很少有老年顾客能回想起来。这张用来促销银行的Visa信用金卡的招贴画，展示了一个以一块金砖为底座的巨型信用卡。对于年轻人来说，图片是清楚的，但是对于老年人的眼睛，卡和金砖之间界限模糊，所以它看起来像是一个巨大而神秘的黄块。对于 65 岁以上的人，这是一张毫无意义的招贴画。我们研究了纽约一家重要宾馆的标志牌，发现它的房间号是白底上的金色字母。对于老年人的眼睛来说，找到房间就会有些困难。

最后，通常 50 岁人的视网膜接收到的光线要比 20 岁人的视网膜接受到的平均少 1/4。这意味着许多商店、饭店和银行应该比现在更明亮。当购物者想要看看买了什么东西或者身处何地时，那里的光线不应该是昏暗的。**光线应该是明亮的，特别是在老年购物者经常光顾的那段时间里。再者，所有的印刷文字都应该加粗，并采用深色与白（浅色）底的高对比度。**

为什么酿酒商开始对酒瓶上的标签重视起来，并把标签当作一项艺术来研究？从克罗格到乔氏超市连锁店，我们记录到无数的人在阅读酒瓶标签时遇到困难。附近的酒水经销店问题就更严重——那里灯光灰暗，比大型连锁店要暗很多，而酒架则更是一黑到底，难以分辨。我并不是说，酒瓶标签不能做得漂亮，或者上面不能有个袋鼠什么的，我的意思是，在买酒之前人们都会拿起酒瓶，看上一眼。这点对于小型的有进取心的酒商尤其重要。酒的类别、原产地、年份、出自哪个葡萄园，以及酒瓶塞，所有这些都是顾客需要了解的东西。除了举世公认的法国葡萄酒可以傲慢地为所欲为，其他来自智利、阿根廷、南非、澳大利亚和新西兰的酒，即使同样高档，只要是刚刚进入全球酒类市场，就必须注意标签牌的问题。

一位快餐店的老板意识到菜谱上的字体对于老年人来说很难看得清，但是 55 岁以上的用餐者是他们增长最快的顾客群体，于是立即找人重新设计了菜谱，配上了食物的大幅照片，尽管每页上列出的菜品少了，销量却增加了。

为老年顾客着想

改变视觉世界以适应老年人的眼睛，很容易使人联想到改变商场布局以适应 21 世纪颤颤巍巍的老年人。我们必须记住老年期持续的时间要比任何人想象的都要长——老年期可能会长达几十年，有些人的老年岁月比青年时期要长。强壮的 65 岁老人和驼背的 85 岁老人要在同样的世界中行走。20 年前许多刚退休的人在海边买退休公寓，这些公寓中有些是两三层的，没有电梯。有海景走廊的建筑好像是度过黄金岁月的完美堡垒，但是 20 年后的今天，许多曾经步履轻盈的 60 岁老人都与轮椅为伴或者不能爬山，于是那些偏远住宅荒废了。当今天在商场聚集的婴儿车被电动轮椅取代的时候，我们该如何经营商店、街道和购物中心？门、电梯、走廊、收银机、饭店桌子、浴室、飞机、火车、公共汽车和私人轿车都需要比现在的宽。即使不是政府授权，仅从商业角度考虑，也需要更为平缓的传送坡道。楼梯将成为遗迹，自动扶梯和自动人行道需要重新设计，有的需要减缓速度。试想一下，到了 2025 年，所有的多层购物中心对于 1/5 的人口将会变得不方便。记住，老年购物者将会无处不在，他们不仅出现在杂货店，也会出现在盖普、拉尔夫 · 劳伦、玩具反斗城、星巴克和美国第二大图书零售商 Borders 里，随着岁月的流逝，今天的年轻人到明天就会成为古怪的老人了。一旦制造商开始生产时髦的、运动型的电动轮椅（与单人高尔夫球车类似的街头代步车）和光滑的、欧洲风格的步行机，我们将真正看到改变。我们将需要警察指挥行人交通。

零售环境的改变并非仅为了行动不便的老年人，即使能走动的老年购物者也不能像过去那样弯腰和伸展。而且他们也不愿意这样做，因为弯腰和伸展让老人感觉到自己的年龄，这是他们最不想意识到的事。在无线电货架，卖得最慢的电池是用于助听器的。根据常识，商店将其存放在独立的旋转货架的底层。当然，买助听器电池的多是老人，是最不可能蹲下去的购物者。当把电池移到旋转货架的上面一些后，销量上升了；移到底层的其他电池销量也没有下降。我们在纽约百货商店女装部发现了同样的问题。毫不奇怪，大多数能够买得起这些衣服的女人都不太年轻，而且身材也会稍胖些。但是设计师为了保持品牌的形象，架子上摆放的是 4 号和 6 号的衣服，而将 14 号和 16 号的衣服放在商店的后面，这就迫使那些已经感觉受到冒犯的购物者要求一名非常苗条的售货员去取那些宽大的衣服。服装商场的其他地方也有类似的情形。内衣或裤子的货架都是按尺寸大小排列的，最小号的摆在上边，最大号的摆在最下面。这样就迫使最胖和最老的顾客费力地去取自己想买的衣服，而让年轻人和灵活的人很容易就拿到想要的号码。

从个人来讲，我愿意带头给高个购物者造反，我们这些高个子被迫在每个自动取款机和喷水池前弯腰。作为普通人，我们会长高，也会变老，在二三十年之后，弯腰真的会对我们产生伤害。

在超市，产品放得过低或过高都等于阻止老年购物者购买。这些产品不值得费力去拿，他们叹着气想，我到别处去买好了。我发现这种问题比比皆是。特别是像软饮料或大包的洗涤剂这类重的物品，假如你不能把它从架子上搬到你的购物车里，你就不会买它。实际上，考虑到所有年龄的购物者，体积大的包装应该存放在购物车顶端的高度。在第一章我描绘了老年人和小孩如何成了宠物零食的主要购买者。为老年购物者带来便利，不仅有助于商品销售，也会使这个经常忍受零售商恶劣服务的群体感到温暖。来购买助听器电池的古怪老头如果不需要费力就能拿到电池，当他需要买电话或电脑的时候，就可能会再次光顾。

日本在帮助老年人适应生活方面就进行了大刀阔斧的改革。日本的地价很高，所以各种商场的建筑都是向上攀升而不是向四周扩散。在一些商场里面，自动扶梯的速度很慢，那可不是为了要惹恼那些蹦蹦跳跳的年轻人，而是为了对日本的老年顾客表示尊敬。日本最大的手机销售商——DoCoMo，有一款适合老年人使用的手机，上面的按钮和数字都特别大。让我们再问一下，美国、意大利或者是俄罗斯（这两个国家也有着迅速增长的老龄人口），是否也已经为年纪不断增长的人口做好了准备。美国 50 岁以上的人已经越来越难以忍受“空间上的不确定感”，意思就是在一个占地 3 万平方英尺的商场里面，大多数老年消费者都会迷路，这可一点都不好玩儿。商家希望的是消费者流连忘返，而不是由于分不清东南西北而怒不可遏。

等候区是另一个商家和店主应该考虑的关键地方。如果一个老年人知道能够步行一段距离就找到一个地方坐下，那么他就更乐意这么做。得克萨斯州的一家连锁杂货店，意识到许多拉美家庭喜欢几代人一起去购物，因此它在店里面分散地放些长凳就不仅是一个友善的做法，而且也是一个高明的营销手段。此外，任何等候区都可以是一个绝妙的销售点以及信息交流点。你的观众其实是唾手可得，已经准备好阅读你给他们的任何信息。**如果你**

把椅子再做得大一些，方便坐上去、站起来，你就在老年消费者那里赢得了高分。那些在年轻时就习惯对任何事施加小小影响力的人，对于怎样把这个世界改造得适合他们年老时居住有着浓厚的兴趣。现在就开始仔细研究年长顾客的特点并不算早。在卡尔文·克莱恩（Calvin Klein，简称 CK）推出新的成人纸尿片系列之前，我们需要把世界变得对老年人更加友善。

怎么教老年顾客使用取款机

银行业一直以来面临的一个严峻挑战就是如何让老年顾客使用自动取款机。假如他们还不习惯使用互动触摸屏和机器语音，就可能被自动取款机吓倒。尽管可以教老年人如何使用自动取款机，但是这项工作不应该由年轻人或是爱管闲事的晚辈来教——老年顾客倾向于同龄人的指导。在排队取款的顾客旁边旁安排一位年纪大一点的银行雇员，就能帮助许多老年顾客使用自动取款机，这也有助于使其他取款者注意到自动取款机。假如老年人看到别人使用机器，会减少他对自动取款机的恐惧。由于眼神不济和手指关节老化，那些自动取款机也需要适应老年人的需要，按钮的设计应该更大些，屏幕和上面的文字也是如此。假如商家还想维持这种节省开支的自助服务，就应该根据老年人的手指灵活度和视力重新设计许多机器。信用卡读卡机和自助加油站的油泵，地铁售票机和机场的自动检票亭都存在着同样的问题。

衣服上的小纽扣和挂钩，特别是女装后面的拉链，都应该用尼龙扣这样简单的扣子代替。现在的手机生产商相互竞争，看谁能做得更小，但是老年客户更欢迎大按钮和大液晶显示屏的电话，同时也将手机从雅皮士的玩具发展为老人的救生工具。电视机、录像机和CD播放机的遥控器、便携式摄像机的按钮、笔记本电脑的键盘，以现在的情况，所有这些都必然会因为微型化而被赶出老年人的市场。尽管我不断重申，所有这些都会在未来发生，但是实践证明那是错的。实际上它已经发生了，零售界正在做出有趣的反应。

不要错过老年购物大潮

今天零售界的资本都流向哪里了呢？当然是服务于正在涌现的老年购物者的大潮。是这样吗？其实不然，它们都投入到了以年轻人为主的品牌店里。从设计实验室出来的崭新的互动设施和展示品令人眼花缭乱，你永远无法确定自己是在商店里还是在主题公园里的游戏场里，我猜这就是全部要点。幻想这样的小发明和容纳它们的商店一定是一件有趣的事，而由此展开一系列行动也就不足为奇了。

不幸的是，这些商店所迎合的市场正在萎缩。基于美国人口普查数据，到2035年，65岁以上的人口将会是今天的两倍，是人口中增长最快的部分。为了使零售业更好地服务于老年人，当前还有大量的工作要做。就算是为自己着想，我们也会希望相关人士是带着想象力和热情来做这些工作的。

实际上，开始这项工作的最佳实机就是现在。让我们从小的方面开始，我希望有更好听的电梯音乐。我希望在超市中听到大门乐队的音乐，而不是1001 Syrupy管弦乐队版本的《点燃我的火》。实际上，我迫不及待地想加入老年社区中心，在那里我们将一起借助拐杖在舞池里蹒跚而行，就像DJ（舞厅或电台的音乐主持人）播放50周年特别版的《周末夜狂热》录音带。

专门针对老年人视力衰退的应对办法已经体现在营销策略当中了。**在某些类型的产品上，大型零售店已针对老年人提供了如小家电、电脑硬件、自动化产品和季节性产品**。在书、服装、健身与美容服务和非处方药等方面，他们当然做得还不够。这并不是因为老年人不关注书面文字，或者对于自己的外表满不在乎，当然也不是因为不需要止痛药或者缓解喉咙痒的止咳药水。这可能跟产品本身有点关系。追求流行的产业界似乎没有抓住这一点——老年人想要有型的服装，但是必须得适合他们的年纪。

如果你跟我一样，我保证你绝不会需要额外的商品。50岁以上的人通常都很低调，他们正在调整自己，适应空巢的生活。现在，我拥有的衬衫、领带、鞋和珠宝都足够下半辈子用了，现在需要的只有每周的水果、蔬菜、面食、酒、橄榄油、肉类和鱼，以及每年换一些新的袜子和内衣裤。其他所有东西都是可买可不买的。尽管我的长期同居伙伴——被我称为理想爱人，她也的确名副其实——在前年圣诞节买了一个叫机顶盒的新玩意儿，让我很惊讶，但这个新玩意儿可以把有线电视和网络服务连接起来，所以在凌晨两点，我可以在新加坡的一家饭店里用笔记本电脑收看从家里的电视传输过来的扬基队的棒球比赛（这实在太棒了）。跟大多数50多岁的人一样，我更注重生活体验而不是产品（当然机顶盒是个例外，休想把它从我手里拿走），我需要的不过是几双袜子。

此前我还提到了轮椅新世界，这是一块充满诱惑的处女地，据我所知，还没有人想到过这个。那些个人代步工具当然需要翻新，包括增大发动机马力、车速控制、很多装饰上的选择（黑色皮革在夏天会不会太热呢）、大轮胎（就像20世纪90年代安在吉普车后面那样的）、电话充电器、茶杯支架、CD播放机和适当的缓冲器粘连物（假如这个轮椅的震动不是来自碰撞）。轮椅市场应该有大量的准入机会，让市场上不乏哈雷、宝马和约翰迪尔，或者路易威登、香奈儿和普拉达那样的品牌。这样的代步工具甚至不应该称为轮椅，而且实际上，它们更接近于组装的牵引割草机或者三轮摩托车。我们甚至没有必要将这些老小孩看成残疾人，轮椅只是代表了时尚和便捷，是什么都有的古怪老人的一件新玩意儿。

老人是旅游鞋的第二大消费群体，仅次于儿童，还会有谁在生活中不要求穿成年人的鞋呢？事实上，运动员的装备，包括软橡胶底鞋、宽松的开领衬衫、弹力腰带系着的宽松裤子，就是为老年人的时尚需求量身定制的。老年人可支配的、用于购买旅游鞋的钱要比孩子们多，而且也乐意为能够让他们更舒适的设计埋单。然而，自尊心极强的青少年可不想和奶奶穿着同款的运动鞋，这可能就是为什么耐克和锐步的形象代言人都是年轻人而非老年人的原因。一家专业的体育用品制造商难道就没有办法将目标定位于老年客户吗？我敢打赌，不久以后，我们就会看到这样的现实。这个机会太诱人了，不会有人错过。广告商可能会选择65岁的迈克尔·乔丹作为明星，与21世纪的最佳篮球中锋进行一对一的对抗。

同样的问题即将出现，高峰期出生的那代人的时尚用品将如何退出舞台？孩子们还会买他们祖父母偏爱的牛仔裤品牌吗？我们这个年龄段的人会穿着蓝色粗斜纹棉布走向坟墓吗？假如那是老龄系列服装，其他人怎么敢穿它？或者牛仔裤会步浅顶软呢帽的后尘吗？

健康和美容护理业现在对老年顾客并没有给予足够的重视，但是在未来它们会这样做。应该有专门为 65 岁以上老人配备的全套品牌，包括为护发、护肤、洁齿或为男性清洁而设计的特殊配方的产品和化妆品。有人也正在设想怎样将防失禁产品卖给生育高峰期出生的老年人。现在的一些低调品牌的成人尿片羞怯地摆放在妇女卫生用品走廊进行销售，但是这一品类不会被砍掉。它会是恒适、卡尔文·克莱恩，还是雅诗兰黛的产品？或是商家以后会不会把失禁产品摆放在运动文胸和运动辅助物品旁边销售？

未来的床垫商店在专门服务老年人方面将会做得很好。老年人将会为购买符合人体生理学的床垫在商店转上很久，他们也会为此付出金钱。**床垫也会比家具更像医疗产品，它们是脊柱健康类产品的一部分。这无疑是一个很大的市场**。甚至连酒店都用床来打广告，吸引腰酸背痛的老年游客。

当美国没有这么多新生儿时，快餐业会加倍努力地使老年就餐者感兴趣，因为他们已经占了快餐消费的很大部分，尽管这一点麦当劳并没有广而告之。有一天，和汉堡王搭卖的广告不会是最新的迪士尼动画片，而将是《兰博飞跃养老院》；而且随快乐餐赠送的豆宝宝[1]将会被新出现的 Hummel 小雕像取代。

1. 是一种小型的低成本毛绒玩具，专门提供给那些用零用钱购买玩具的孩子。——译者注

教爷爷给孙子买游戏

当父母为孩子买衣服、玩具、书和影碟时，他们通常知道该买什么尺码的、孩子喜爱什么游戏，或者能阅读什么水平的读物。但是，今后的 30 年，今天的父母要为他们的孙子孙女买东西，就会需要一些指导。到那时，服装制造商会聪明到创造出一个明智的、标准的尺码系统吗？现在的尺码系统很混乱，任何为小孩买衣服的人都知道。假如这种系统没有出现，商店应该做许多必要的工作，比如摆上大点的、容易阅读的尺码图，不同高度的模特，安排许多体贴的售货员，以上这些都将确保祖父母能够自如地给小孩买衣服。

假如他们不买衣服，就会买一些玩具、书和影碟来代替。因此，制造商和零售商也必须行动起来使购买这些产品变得更容易。在所有幼儿和青少年读物上应该显著地标注出适合的读者年龄，影碟和影碟游戏也是如此，祖母可不想一不小心给她亲爱的 5 岁小孙子买了《侠盗猎车手》，因此她需要帮助以确保没有购买那个游戏。

婴儿潮出生的这一代人生来就是技术兴国论者，但是难保在 30 年后有没有什么新产品出来会使他们心生胆怯。新技术通常会带来便利，惠及老年消费者：如果行动不像以前那样方便的话，网上购物和电子邮件就会使人轻松许多。未来的掌上电脑（像今天的手掌大小的电子记事本，只是比它更好），将会在人们记性不灵的时候帮助保存很多记忆。例如，当你需要一个电话号码，或是站在超市的中央，却记不起为什么到这儿来的时候。

但是看看技术是怎样被推销和销售的，你永远不会在广告中或商店柜台后面看到30岁以上的人。而且从微型的键盘到网页上的字体设计，这些产品本身对于老年用户也不友好，打印机和电脑的开关通常设在背面。也许当你的祖母也能够很方便地使用这些设备时，高科技的一些吸引力就已经失去了。只是，再过几十年，当我们也成为祖母时，我们也要受到如此严厉的惩罚。

第十一章

孩子的钱不好赚

性别角色的转换（或者至少是两性角色的重新配置）已经改变了我们生活的方方面面，男人们和女人们大胆地进入购物新地带。今天这种变化对儿童产生的影响是非常简单明了的——孩子们无处不在。

孩子们是一支不容忽视的消费大军

孩子们都去哪儿了呢？当然是学校。这使妈妈们有时间完成家庭主妇数不尽的任务，包括采购食物、杂货、服装和其他家庭必需品和服务。爸爸则买酒、轮胎、雪茄、杂货（一年中可能有一或两次）和妈妈的生日礼物。去银行的事情妈妈或爸爸都可以做，这取决于家庭的劳动分工。只有重大的购买行动要求全家都在场，但是买汽车或沙发这样的商品毕竟不是经常发生的事。所以孩子们和父母一起购买家庭物品的机会并不是很多。

今天的父母们几乎都要工作，这就意味着在午休时间不能完成采购，采购必须在全家人愉快地待在一起的那段时间里进行。购物成为一项可以接受的愉快的外出活动——可能没有像去迪士尼乐园玩一周那么快乐，但正如我们将要看到的那样，购物也会给家庭带来快乐。而且，现在离婚非常普遍，单亲父母陪伴着孩子，是影剧院、饭店、商店里常见的一道风景。在任何一个周六的下午，美国的任何一家酷圣石冰激凌店或者游乐中心都可以见到离婚的父亲和他们负责周末监护的孩子。因为有大人带领，孩子们无处不在，而他们所及之处，购物格局也以明显或微妙的方式改变了。

人的年龄越大，就越明白无论拥有什么产品都不会改变产品主人的特性。某件连衣裙、某款唇膏，或者是苹果音乐播放器都不会使你本人发生改变或者改变别人对你的看法。成熟的消费者也更能轻易地忽略网上自动弹出的广告并且用 TiVo 电子视频摄入机录制最喜爱的节目，这样就不必在看节目的时候一连看到 5 个恼人的电视广告。因此 21 世纪的营销商把重点放在孩子和青少年身上。现在一个普通的 4 岁美国小孩能够识别 100 多个品牌，根本不是件稀奇的事。

还有一个事实就是，大众传媒对孩子们投入的精力比对成人更多，这些传媒中的大多数都在争相向孩子们推销某种商品。**市场想要孩子，需要孩子，所以向他们发出邀请，而他们也乐于就范**。孩子们把喜爱的电视人物当成偶像，就像崇拜守护神那样，并在还很小的时候，就能推断出品牌和地位之间的联系。这只是资本主义民主的又一个例子：孩子们不再需要避开全球市场，虽然他们只有一米高，没有收入，没有妈妈陪伴就无法自己穿越马路，但无论是现在还是将来，孩子都是一支不容忽视的消费大军，这就足够了。

像任何一个重大的变化一样，所有这些都既有好处又有负担。实际上，这意味着三件事：

第一，假如一家商店不太欢迎孩子，购物的父母会感受到这种信息而离开。我无法确切地告诉你有多少依赖女顾客光顾的商店，没有做到所有的货架和展台之间的通道和道路的宽度足以让一个轻便婴儿车通过，因为实在是很多。假如商店没有做到这一点，所有的20~30岁的女性中至少有一半会减少购物时间，很多的男性购物者也会这样。我们为一家百货商店做过一项研究调查。通过使用卷尺测量，我们发现婴儿及儿童服装部的货架和展台布置得要比商店中的其他任何部分都拥挤。拥挤的结果是，假如你推着一辆轻便婴儿车，婴儿及儿童服装部是商店里最难通过的部分，也是商店里最少被光顾的地方，这不是巧合。每年贺曼卡片公司都会花钱为它的圣诞装饰部做些电视广告。在我们研究的一家贺曼模型店，展台坐落于一个狭窄的通道处。每当一个推轻便婴儿车的购物者进入那里，那部分就完全被阻塞了。我们的研究结果表明，商店的购物者中只有10%的人看见了那里的装饰品。仅仅通过商店的设计和展台，你就能确定那里是对孩子友好呢，还是规避孩子：自动门、宽阔的走廊和无障碍通道，就能使父母们很容易推着婴儿车，或拉着初学走路的孩子购物。

第二，只要考虑到了孩子们的需要，这些孩子就可能成为热情的消费者（或者共同消费者）。换句话说，假如你想卖给孩子们什么东西，你要把东西放在他们能看得见和够得着的地方。这既包括一些醒目的东西，像装在恐龙班尼形状容器里的泡沫浴剂，也包括像狗零食那样的商品。正如我在前一章中解释的，儿童（和老人）是饼干的主要销售对象。相反，如果商店对孩子们的瞎摸乱弄完全不设防的话，也会遭遇许多令人不快的意外。

第三，假如父母必须保持注意力集中（与汽车销售员或银行贷款负责人谈话），那么就必须有人想出一种办法来转移好动又缠人的孩子的注意力。

让孩子们够得着

我第一次认真关注孩子对成人世界的影响不是在零售商业中心，而是在一个文化殿堂——费城的罗丹博物馆。当我正在比真人还大的铜像前漫步，沉浸在美学里时，听到一个小孩子大喊："看，妈妈，一个屁股！"我转过身看到了一个天使般的小孩正用两只小手抓着巴尔扎克的臀部。之后我环视屋子四周，注意到所有的雕像都有允许触摸的标志。这些标志几乎都位于这个可爱的孩子能够抓着可怜的老巴尔扎克的高度。很明显，小家伙不是美国唯一一个喜欢触摸艺术品的"鉴赏家"。

孩子触摸的那一刻，揭示了许多关于孩子的真理。首先，他们会生机勃勃地参与到客观世界中来。假如在够得着的地方，提供稍许的诱惑，他们就会触摸。孩子把任何东西都当成玩具，这种行为可以体现出人类的创造性冲动。因此一个熨衣板是玩具，巴尔扎克的屁股也是玩具。**我意识到，假如想让孩子摸什么，就必须把它放得足够低，这样才会被发现**。实际上，放置在某个高度以下的物品只有孩子们能触摸得到。

超市是探索孩子们实际购物风格的前沿阵地。我们有数不胜数的录像片段，表明杂货店中的孩子会通过乞求、哄诱、哭诉、哀求，让妈妈或爸爸购买某件东西；当这些招数失败后，他们就抓起东西扔到购物车里。假如物品放在够得着的地方，就会有小孩触摸它，假如够着了这些物品，至少就有机会让妈妈或爸爸（特别是爸爸）发慈悲买了它。尽管如此，商店也需要细心地做好每件事。我们曾研究过一个市场，它把孩子们想要的东西都摆放在货架的底部，却忽略了那些坐在购物车中的孩子。**对他们来说，放在货架中间下面一格的地方是最理想的**。

超市在吸引孩子方面做得很好，父母对此却是有些抵触的。他们对收银员旁边的糖果和口香糖货架抱怨不小，作为妥协，一些市场撤销了付款处的糖果货架（现在这已引起了糖果厂商的抱怨）。我在几年前进行的一项研究中发现了一个值得警觉的趋势：为了使自己免遭孩子哭喊的纠缠，越来越多的父母费尽心机绕开甜饼和饼干通道。为了适应这种变化，我们的甜饼制造商开始改进接近孩子的战略，更合理地利用通道，例如，甜饼在通道的一边，婴儿食品在另一边，这样就能保证来购物的家庭总是能够看到巧克力和薯片。

20 世纪 80 年代，通用磨坊公司针对儿童的口味设计了一种新产品：不同颜色的微波爆米花。他们在针对孩子的电视节目中为这种产品投放大量广告，但是之后，却没有确保将产品摆放在目标顾客够得着的地方。这就是广告部门与营销部门脱节的经典例子。实际上，由于事先假定父母会购买这种微波爆米花，它们被放置于超市货架的高处。我们确信，这种不合适的摆放方式应该为产品令人失望的销量负责。我们还向客户展示了一盘录像带，录下了一个 6 岁左右的男孩在存放爆米花的架子前不停地蹦跳，试图打下一个来，这样就能拿给妈妈看。他最终把爆米花弄了下来，但是妈妈不允许将爆米花放在购物车里。他很失望地把爆米花放回到货架上，但不是它刚才所在的地方，而是在他水平视线之下。可以肯定的是，下一个进来看到爆米花的孩子，会抓起爆米花，抛到爸爸的购物车里，爸爸会把它留下来。我们通过观察购物者获得了灵感，这是很经典的时刻。

假如没有孩子们喜爱的食物，全家一起购物是不可能的，麦当劳比其他任何地方都更好地利用了这一点。假如孩子在购物中心的一个上午表现得好的话，父母就会带他们出去吃饭，一方面是为了方便，另一方面是为了贿赂孩子。麦当劳很早就意识到，假如通过菜谱、玩具、印有著名人物的杯子和儿童乐园能吸引孩子，那也就能吸引父母。美国的主要快餐食品也是孩子们最喜爱的，这并非巧合。然而即使是麦当劳也没有把每件事情都做好。一个重大的疏忽是：对于儿童来说，柜台太高了。一个七八岁的孩子肯定可以独自从餐桌走到柜台，再多点一份油炸食物和一杯碳酸饮料，但是餐馆的设计阻止了他这么做。就连菜谱展板也太高，只有成人才能舒服地看到。餐馆应该备有与孩子一样高的菜谱展板，菜谱上面应该有巨大的食物照片和尽可能少的文字。

店中有仔，如有宝

我自己也有一个“店中有仔，如有宝”的故事。曾有一度，我是纽约市中心一家酒吧式餐馆的老板之一，这家餐馆叫“耳朵客栈”。在我们刚开始做生意的时候，来光顾酒吧的主要是上了年纪的印刷工人和码头工人——一个粗犷而不修边幅的蓝领群体。作为刚开始做酒吧生意的人，我们对开发居有定所的人们、艺术家和由年轻人组成的家庭很感兴趣，这批人正慢慢地入驻我们的工业小区，就在哈得孙河的另一边仅一个半街区的地方。我们也需要涨价并且理所当然地、慢慢地顺势改变“耳朵客栈”消费群体的构成。

我们采用的方案是什么呢？把彩色蜡笔和纸放在每张桌上，在低价时段，邀请我们的目标顾客放他们的小孩子在酒吧里面自由活动，这样妈妈可以在家不受打扰地煮晚饭，而爸爸就有时间喝一杯啤酒继续看孩子。就这样，从下午 5 点开始直到晚上 8 点过后，“耳朵客栈”有着许多蹒跚学步的小孩子和幼童在那里添乱。在开心时段（即酒吧的低价时段），人们也真正地开始做开心的事，而不是像以前那样，一杯接一杯地灌威士忌，直到灌不下了为止。于是，在我们的店里，码头工人和印刷工人消失了，这些人可不是你想有意得罪的。但是他们自己被这架势吓走了或者是不愿意再待了，也许兼而有之吧。

有一件事是我们没有预料到的，这些孩子的到来还以某种方式保护了我们的餐馆。几乎每个新开酒吧的业主都遇到过附近流氓的骚扰：索要保护费、垃圾费，闹场，在公共电话亭里面扎营的赌徒到酒吧来赌马。可是“耳朵客栈”好像总是能够躲过这类事情，这非常神奇。

在这之后的几年，我结识了附近的一些“聪明”人（聪明反被聪明误）。其中有两个与我同龄的，现在在蹲监狱。还有一些我还在街上看到过，跟他们的不期而遇，总让人感到心情愉悦。即使是现在，我也常开玩笑说，如果我想教训一下什么人，我知道该去哪儿。10 年前的一个晚上，我在街上走，撞见了一个人，就叫他托尼吧。我们一起去了附近一家酒吧喝了几杯，说了很多过去发生的事情，我问他，为什么你们当时就剩下我们的店没动呢？

“帕科，都是因为那些小孩，有 3 次我们都已经准备进店找老板了，但是我们一进来就发现，这里有老太太和太多小孩，我们实在下不了手。所以什么都没做。”原来一张纸和一把蜡笔还能够为你做这么多事，这真是神奇啊！

聪明的图书销售商怎样摆放书架

不，你不是在做梦，今天来书店的孩子是比以往任何时候都要多。孩子们的图书区一度被设在书店的后端，字典的后面；今天它却可能是书店中最好看、最吸引人的部分。

这里说一说聪明的图书销售商怎样摆放书架：他们把流行的电视节目配套读物摆在书架的下边，这样小孩不会被爸爸妈妈干涉，可以拿到恐龙班尼或天线宝宝还有反斗家族的书，因此爸爸妈妈可能并不欣赏这些高度商业化的人物。而孩子们的经典读物，如《格林童话》《小王子》，或其他看起来显得有些老又有很多文字的书，被摆放在高处，在成人的水平视线高度，因为那是成人认为值得买的书。在中间是吸引各种年龄读者的书，例如，关于 Babar 实验[1]、《好奇的乔治》或者苏斯博士的书。影像店应该以书店同样的方式摆放：父母们会选择的老片——《老黄狗》或《绿野仙踪》摆在上边；现在的孩子们喜欢的作品，像《歌舞青春》或者《双面孟汉娜》，放在孩子们能拿到的地方，这样他们就会吵闹着请求父母购买。

我们一直建议书店按顾客性别划分图书区：男人倾向于在运动、商业、DIY（自己动手做）和电脑区扎堆，女人愿意翻心理学、自助、健康、烹调、节食、家庭和园艺方面的书，根据这些特点，我们建议书店将孩子们的书放在处于女人区的人们的视线所及之处。我们建议书店给孩子们使用低矮的书架，这样母亲既能浏览她的书，也会不时抬起头照看一下孩子。

在我办公室附近的巴诺书店，有一处专门的儿童区。那儿有许多小座位，这个想法很好，但是他们忽视了一个事实，即大多数孩子习惯于坐在父母的膝上听父母阅读。我总是想从商店的其他地方拿过来一两把大扶手椅放到儿童区内。

儿童读物的出版商在取悦其产品的主要读者——成人——这一方面做的工作并不充分。假如你为自己的孩子购买图书，也非常了解孩子的爱好和阅读水平，那么你可能不需要过多的指导。但是对于那些希望给孩子们买书的祖父母、姑姑（姨）、叔叔（舅舅）和家庭好友呢？关于每本书是为谁写的，他们需要书上有一些明确的指示（也可以在书架和其他地方显示出来），说明此书主要适合什么年级（或年龄）孩子的阅读水平，但是很少

1. Babar 实验是 21 世纪初国际高能物理最重要的实验之一。——译者注

有儿童图书或图书陈列架子传递这个重要信息。这是产品设计者和营销者不知道购物者需要什么的典型例子。你可能会看到消费者站在书店里阅读，好像要从书中发现一个是否适合的线索。之后，他对自己的选择感到非常不确定，就又把书放了回去，决定给晚辈买些别的东西代替。找到一种办法让购物者知道某本书的重点也非常重要。例如，一本书的重点是关于如何建立关系，或者是关于一种富有想象力的游戏，这样就能够表明一本书作为礼物是否合适。

还有一个方面，出版商没有为想要送礼的购物者考虑：孩子们的书相对来说比较便宜，也就是说，假如你要购买，你可能要买一本以上。尽管四五本书的合集是一件非常好的礼物，但是即使是成功的儿童系列读物，像鸡皮疙瘩系列或者是雷蒙·斯尼奇系列，用盒子装起来的也很少。

两个需要注意的常识

尽管从技术方面来讲，大人是选择和购买玩具的人，但是孩子们却是真正的决策者。即使孩子还不会说话，你也能看到他的父母从架子上取下一个玩具，在小家伙的脸旁晃来晃去，以获得有价值的意见。假如小家伙想咬它，他们就会买。这就是为什么现在大多数玩具包装都能够在不打开盒子的情况下按按钮或拉绳子的原因。这里的原理很简单：假如说大人是非常依赖触觉的购物者，孩子们也不例外。正如巴尔扎克的臀部给我们带来的启示一样，孩子们会触摸任何东西。只需看他们做些什么，然后做出相应的计划。但是这里面至少有两个令人烦恼的方面，每个方面都要求具备零售商的常识。

首先你要意识到，如果成功地让孩子们看、摸和拿到商品，并使孩子们想得到它，就会使父母感到苦恼，例如那些避开甜饼通道或者堆满糖果和口香糖，以及5分钱娱乐场最新款玩具的收款处的大人们。当你只顾着追逐那些自认为是购物者一员的孩子之时，销售反而会变得比较困难。一些商店的经历说明，引起孩子们过多需求的商店会让大人们避之唯恐不及。这里有一个平衡的问题，是值得引起注意的。

其次，假如你想把商店宣扬为孩子们的商店，你就应该保护好他们。换句话说，像在家里那样，防止孩子们瞎摸乱弄。眼睛要不停地看着他，从地板到一米开外的地方，看看一个精力充沛的4岁孩子到底能弄出什么恶作剧来。你应该能很容易地发现如电源插座、尖棱的货架这些明显的危险之处，并将其标明。除此之外，你还要保证重物不会轻易地被猛拉或翻倒。我们在汉堡王待了一天，发现那里用齐腰高的栏杆隔成的复杂迷宫，控制了柜台边的队伍。在8小时内，我们数了一下，总共有52个男孩和女孩在上面爬上爬下，把它们当成了健身器械，而且我也毫不怀疑会有些孩子从栏杆上面摔下去。

在一个项目中，我研究了3家位于美国不同地点的电话电报公司的电话商店，当时手机还未普及，店里的设计都很吸引人。这3家商店的雇员数量相同，要接待的顾客数量也基本相等。然而，其中一家商店的购物者拦截率（销售人员与潜在的顾客交谈的比率）非常低，花费在每个顾客身上的时间也比平均时间低得多。这家店到底有什么特别的呢？我们研究了一段时间才发现，只有那家商店安装了“瀑布式”陈列系统——一排高度呈递减排列的架子，上面陈列着设备。我们观看了商店里各个角落的录像，发现了这样一种情况：在这家表现不佳的商店里，员工要不时地跑去挽救商店里那些被孩子们轻易够着的电话和传真机。销售人员可能正和一位顾客交谈，但是一只眼睛总要瞄着小家伙，看他要从那个“瀑布式”陈列架中拿什么下来。销售人员这么做可不是仅从整洁的角度考虑，而是因为每个型号的商品商店只有一到两台库存。所以，假如一台昂贵的传真机从架子上掉了下来，摔坏了，就没有替代品可卖了。录像带表明，那个可怜的员工似乎花了更多的时间用来挽救贵重的通信设备，而不是与购物者交谈。把电话设备放在好奇的购物者能够得着的地方是一种聪明的做法，但是把商品放在孩子们能够到的范围内就不明智了。

我与一位非常值得尊敬的互动音像设备设计师一起坐了一个下午。当时正值该设计师将最新的产品模型——安装在快餐店游戏区的视频游戏台，公之于众。头两个试用的孩子坐在这个新发明的玩意儿前，玩了起来，没有发生什么意外。第三个男孩脱了鞋，偏离座位很远，用脚指头点击触摸屏。下一个孩子拿着随他午餐赠送的硬塑玩具连续敲打着屏幕。

“我的上帝，”设计师气呼呼地说，“看他在做什么！”

“他在互动。”我提醒他。这不正是这个活动的目的吗？这里我们学到了最基本的一课。任何陈列在商场地板上的技术——当然孩子们自然能够得着，就必须按照可以进行格斗的标准来制作——就好像它要被送去喀布尔或者是巴格达一样。

为孩子们设置一个活动区域

你不必为了使孩子开心，自己就成为班尼。但是在商业领域，顾客们特别需要待在一个地方，集中注意力做些事，这样给孩子们解闷就是必须要做的了。

这种想法对任何父母来说，都是十分明显的。所以，考虑到这一点的商人那么少就让人感到非常奇怪了。我最近在一家商店看到一个两岁的孩子在妈妈试图购物时乱跑。那个地方实在应该知道顾客会带着孩子来，因为那是一家孕妇服装商店。转移孩子们的注意力可能很简单，他们可以效仿法国高级百货店，只需在一个小房间里安装一台电视，放一些迪士尼的录像带。我经常奇怪地发现，在所有场所中，音像店几乎没有一台显示器在放儿童节目，而那样就可以让父母们闲下来多逛几分钟。在 5 平方英尺（0.465 平方米）的区域放置一些塑料玩具，这样妈妈和爸爸可以不时地瞥上一眼，对一家小商店来说就足够了。宜家以它的儿童区闻名，五颜六色的塑料球纷至沓来已经成为一个友好的图标。毫不奇怪这种做法是瑞典的连锁商店率先采用的：欧洲人，特别是斯堪的纳维亚人对他们孩子的安全并不很担心，他们购物的时候很愿意把孩子交给商店的工作人员监护。几年前，当一个年轻的丹麦妇女将她睡着的婴儿留在婴儿车里，并把婴儿车停在餐馆的窗户外面，自己进了餐馆（靠窗户的座位）吃起午餐时，纽约出现了一场小小的骚动。有人叫来了警察，儿童福利工作者也出其不意地到来了，那个妇女几乎面临一场监护权争夺战。

不管什么原因，美国的父母们在涉及他们孩子的事情上总是多虑。在美国，宜家店不得不在大人把孩子们从游乐区接出去的时候，进行严格的身份检查。许多父母拒绝将他们的孩子留在游乐区，只因为他们在商店的时间里不能时时看到自己的孩子。几年前，百视达店有了一个聪明的做法，为孩子们建立了一个可以“开车”进来的剧场，剧场里有大屏幕的影像和微型汽车，小家伙可以坐进去观看。不巧的是，它的位置就在离出口很近的一个角落里，这还是让一些父母焦虑不安。这里，我们在公共日托方面并没有很多经验，所以孩子们最后跟随着大人们一块逛商店、银行和零售店就一点也不奇怪了。

我们在几年前为富国银行进行的一项研究表明，所有进入它分店的顾客中有 15% 是 7 岁以下的孩子。

“什么是你们最有效的销售工具？”我问那儿的一个贷款主管。她把手伸到桌子的抽屉里，拿出一个棒棒糖。她说通常可以用这个贿赂孩子两分钟，使其不打断她和父母的谈话，这就是她所需的全部装备。这家银行还提供彩色图书，描写的是居住在美国富国银行分行里的一只小狗。所有这些，加上一把蜡笔，毫无疑问能够增加一笔全新的家庭财产贷款。在纽约，花旗银行为孩子们准备了一种活动书。在这两个例子中，今天的银行是在购买安静。正如我们通常会依恋童年的快乐经历，这些孩子也会成为明天的忠诚顾客。

为孩子们设计一个活动区域（不是家畜栏）有一些原理可循。**必须允许父母在任何时候都能看到孩子，所以它必须是一个开放的区域，不被墙壁或障碍物遮蔽。它必须是安全的，必须足够大，而且最好可以将不同年龄的孩子隔离开来。**否则，大一点的孩子总会占据主导、控制地位，给妨碍他们的小一点的孩子留下不愉快的体验。

汽车经销商在转移孩子们的注意力方面很不成功。想想这件事，你就会觉得失望，因为孩子们已经开始喜欢车，至少是玩具车。因此，汽车业在吸引孩子方面有许多事可以做，但是他们却落后于大多数销售商。结果，家庭买车过程中出现了许多不必要的困难。假如没有汽车经销商认识到这个问题，那么所有的汽车经销商都不必这样做。但是当福特和克莱斯勒开始承认孩子也是交易中的一个因素时，其他的经销商就被迫要对此做出反应了。在日本，尼桑车的经销商分为蓝线和红线，分别销售不同系列的汽车，但在店面前端都陈列着漂亮的与所售汽车同款的玩具车模型。因为许多经销店都很小，没有美国的那种大型停车场，于是这些玩具车模型就方便了顾客前来预览。我试着向尼桑经销店建议储备足够多的汽车模型，这样销售人员就可以把它们像棒棒糖那样拿出来。这是一种高效、经济、迅速的广告方式，在 21 世纪，即使是一个 6 岁小孩，在家里买汽车的时候也有一定的影响力。

必须令孩子们高兴的另一个场所是药房（兼卖杂货）的等候区。在那儿，在一群等候取药的生病的大人中间，精力充沛的青春魅力逐渐消失。大多数孩子自己可能也会生病，但这对他们的心情影响不大。药房无疑可以在等候区存放玩具或彩色图书和蜡笔，那是一个取悦孩子的好办法，而且可以创造一个购物的途径。当父母们在几步以外购物时，也给孩子一些可以购买的商品。特别是考虑到有很多父母采用贿赂的办法使孩子安静下来，这可能是一个聪明的战略。由于女人仍旧承担了大部分购物工作，把孩子们的产品放在接近妈妈购物的地方是有意义的。这是拿孩子赚钱，还是给了妈妈一个方便呢？可能二者都是。

如何服务于“新新人类”

几年前我看到过一篇有关便利店的新闻报道，是有关青少年晚上在商店停车场闲逛的问题。对于这家便利店来说，雇用一个保安站在那儿对青少年怒目而视，是一种昂贵的解决办法。那家商店采取的办法是：它开始通过扬声器播放曼托瓦尼的流畅舒缓的音乐，效果非常理想，再没有人来闲逛了。

青少年还太年轻，他们会为偶像彻底折服，会受广告、身份营销、媒体信息、趋势和商标的蛊惑，他们仍然相信品牌的力量可以带来地位、超凡魅力和知识，也可以让他们显得很酷。通过对购物做出选择，他们建立了自己的身份。在这方面，青少年非常像 20 世纪 50 年代的成年人。只有当人们在名人形象的广告效应方面有些辨别力了，这种情况才会有所改变。孩子对媒体的选择也比大人少，所以信息到达他们的时候是以一种集中的形式。孩子喜欢找遍世界获得一个图标或者是其他一些专为孩子服务的产品、商店的线索。让青少年听轻音乐，他们会逃之夭夭，就好像那是炭疽热，而大人却能容忍任何事情。

所有这些特征使青少年成为市场中一个具有鲜明特征的群体，但是他们自身也有一些局限。在一项关于牛仔裤如何销售的研究中，我们注意到青少年购物的一个奇怪模式：一伙来购物的青少年，花在牛仔裤区的时间（3 分 52 秒），要比和父母一块来买牛仔裤的孩子花的时间（2 分 32 秒）长。青少年集体购物要多浏览 1/3 的产品，但是和父母一块来的话，青少年购买牛仔裤的比例（25%）几乎是和同伴们一块来购买的比例（13%）的两倍。从中我们意识到：他们和朋友一块来是为了浏览，即预备购物。一旦做了选择，得到了同伴的认可后，就会和爸爸妈妈——也就是拿钱包的人一块儿再来，然后迅速购买，因为青少年怕被当众看到跟老派的监护人一起买衣服，而冒被同伴们轻视的风险。

这个例子表明了在服务于年轻购物者方面，普通公司，尤其是银行业，可以做得更好。可以开辟便捷的零用钱取款服务，通过自动取款机或借记卡来提取。另外，零售商可以专门针对年轻购物者提供些分期付款的商品，并将这项业务常态化。我曾经为法国的金融机构法国农业信贷银行做过咨询，它正尝试建立一个旨在服务于学生的分行。这家分行看起来和听起来都不像是银行，其设计、图标、营业时间、员工、音乐等都能反映出它的目标是“新新人类”。这家银行还举办关于第一次如何租赁公寓，怎样筹得资金购买摩托车的现场讨论会。

这是一个明智的办法——别忘了这只是所有分行中的一家——它承认了这样一个事实，即某种产品或服务如果把目标定位于服务年轻购物者，那么就等于是宣称将其余年龄段的人排除在外。宝洁公司的 Clarion 品牌已经不存在了，但它曾一度是猛烈促销的化妆品牌。该品牌是交互电脑设施的早期用户，其顾客可以录入一些有关她们的肤色和皮肤类型的信息，之后电脑会告之应该买哪一种 Clarion 产品。但是，由于某些原因，这种设施最终向下迁移到了低层货架上，完全定位于青春期少女，靠电脑来获得她们的好感。一旦成年女性看到这个，自然就会假定 Clarion 是针对化妆初学者的，也就避而不用了，因此 Clarion 的名字逐渐被尘封，不久就从市场上消失了。

第四部分

购物动力学：观，闻，触，买

我们对这个世界的很多直观感受都来自购物。我们还在别的什么地方对一件事物也想仔细看个究竟吗？当然是博物馆，但是在那里什么都不能碰，那儿不是礼品店——一种零售环境。商店里有大量可触摸和感受的机会，即使并不需要买什么东西，我们也可以去摸摸并试着感受一下。

导读

到目前为止，我们已经了解了所有必须要采取的措施，这些措施是为了使购物环境做到对顾客友好。为了使购物顺利进行，我们必须遵从人们生理结构的需求。同时还必须适应不同年龄和性别的购物者的行为差异，否则商店、餐馆和银行等这些商业环境就是针对泛化的购物者——没有性别和年龄的差异，但这些人并不存在。当然，一旦意识到这些，事情就会变得非常有兴趣。我们发现购物学的第三个方面就是浪漫色彩——双方迁就，你来我往。尽管我们已经了解了很多，但零售业还是充满神秘色彩的。为什么一个顾客去数码店时想要的是惠普品牌，出来的时候却拿着佳能？（反之亦然。）是什么让一些只打算去精品店消磨时间的顾客，出来时却手持价值 1 000 美元的打火机，而且觉得自己比任何时候都更时尚、更潇洒？简单的答案是他买到了心仪的东西，但要弄清楚这是如何发生的，却没有简单的诠释。好的商店会玩一些零售的柔道术：商家利用顾客自己的动力，即未说出的倾向和欲望，推动他们购买一些原本不打算买的商品。最后，只是将商品展示在顾客面前并不够，还要让顾客想去把商品拿过来才行。拿过来之后，还必须想要拥有它们，不然所有的努力都白费了。在研究所有这些行为的过程中，我们发现零售世界的顺利运转是建立在顾客对产品的喜爱之上的，那顾客喜欢什么呢？我们已经了解到的一些重要方面是：

触摸。我们生活在一个缺乏触觉的社会，购物是为数不多可以直接自由接触物质世界的机会。几乎所有计划外的购买都是在顾客摸、听、闻、尝之后决定的。这就是为什么商场促销比市场推广更有效，以及为什么网店、产品目录和电视购物会发展，却都只是一种补充手段无法威胁到实体店的原因。

镜子。人们喜欢站在反光的镜面前照来照去，无论男人和女人，都会像黑猩猩一样整理自己，这是我们身上固有的天性。从购物到照镜子，我们十分关注自己的外表。正如之前所说的，镜子可以使顾客放慢脚步，这对于陈列在顾客旁边的商品是件好事。但即使是在如服装、珠宝和化妆品等镜子在销售中起着至关重要作用的商店，商家都没有为顾客提供足够的镜子。

发现。走进商店，发现某种线索，然后沿着它找到自己想要的东西，在此过程中购物者能感受到某种满足感。如果商店里的标志或购买点过多，购物者在购物过程中就体会不到上述的开拓感觉。同时，商店的布置不能让人感到迷惑，但也不必太直白，应该通过一些建议和暗示，来诱导顾客穿过通道。例如，刚烘烤出的热面包的香味会引着顾客来到烤面包的通道。一张詹姆斯·邦德身着礼服的巨幅精美照片传达的信息比最清晰的“中规中矩”的广告牌要多得多。

交谈。可以吸引很多夫妇、朋友或是结伴购物者的商店，通常有很好的销售业绩。如果你可以营造顾客讨论的气氛，如讨论一套衣服或是某个型号的手机，那么这时候商品就是在做自我推销。

熟识。在一部老电视剧《干杯》中，主题曲中有这样一句：

“你想去每个人都认识你的地方。”在这一点上本地的小商店可以赢过全国连锁店，而且聪明的店主会尽可能地利用这一优势。如果可以选择的话，人们总愿意去那些让他们感觉被人需要的商店，甚至为了体验这种感觉，有时多花一点钱他们也不在乎，即使是最小的商店也可以通过了解顾客的需求和给他们适当的优惠来留住客人。我们的研究表明，只要店员主动和顾客交谈——甚至只是一句“你好”，都会增加顾客购买的概率。如果销售人员能向顾客进行推荐或提供一些商品信息，那么他们购买的概率会变得更高。当然，顾客不喜欢热心过度的店员，所以，这也有个度的问题。

讨价还价。这是个很明显的问题，但却不只是砍价那么简单。例如，在内衣品牌店——维多利亚的秘密，内衣通常被堆在展示台上，并标明“5套20美元”，听起来好像比一套5美元要划算。即使在最高档的商场，清仓处理的货架也会激发顾客购买的热情。尽管在打折品前，顾客能接受一定程度的拥挤，但是当过度拥挤时他们也会离开。例如，顾客会从拥挤的打折货架前抽出一件衬衫，但是如果拥挤的人群无法使他们退到一边像看全价商品一样展开来仔细检查，他们也不会购买。

另一方面，顾客会厌恶：

镜子摆放太多。一家商店的布置不应该让顾客觉得像是在设有哈哈镜的游乐宫，有时，太多的镜子会让顾客失去方向。

排队。顾客不仅讨厌等待，他们同样不喜欢长时间等候带来的消极情绪，如看到效率低下的工作人员时的沮丧，或是焦虑自己所排的队是否是最快的，或是排队时因为没有任何信息可以阅读、任何东西可看或可买而感到无聊，在购物时的愉快心情可能会因为漫长的排队交款而一扫而空。

询问愚蠢的问题。特别是新产品一定要让顾客试用，而不是摆在玻璃柜里。同时还应该投放足够的广告、宣传册、介绍产品的视频、报刊文章、谈话节目或其他必要的手段，以使顾客在向售货员询问前就已经了解了信息。如果商店能让顾客更多地了解新产品或是复杂的产品，销售额就会增长。

身体下倾或是弯腰。特别是当顾客双手拿满东西时，如果一件商品很难弯腰拿到时，顾客会离开去另外一家方便拿取的商店。

商品缺货。不言自明。

模糊不清的价签。同上。

胁迫性的服务。还有不礼貌的服务、迟钝的服务、无知的服务、愚钝的服务、心烦意乱的服务、懒散的服务、粗暴的服务等。也许对于一家商店顾客最好的评价是“那家商店里里外外都让人愉快”。如果服务态度恶劣，顾客就会去另外一家商店购物。无论商品的质量再好，价格再优惠，商店的位置再优越，如果服务质量低，这一切就都将被抵消掉。尽管购物是非常实际的行为，但购物者的感觉往往是第一位的，而且好的感觉总是比差的感觉要好很多。

在接下来的几章，我们会讨论在购物中什么最能吸引顾客——摸、试、尝、闻或其他各种探求欲购商品的机会，以及商品的陈设艺术在购物中的巨大作用。我们将看到除了商品本身以外，商店的陈列方式也决定着顾客会关注哪些商品、忽视哪些商品。我们还将讨论零售商为控制购物过程，该怎样来影响购物者对时间的感觉。最后，我们还要简单看一下与卖场购物截然相反的购物领域——网络零售世界。

第十二章

感官与购物

什么是购物？

任何人在任何时候被问到这样一个问题，都会觉得很奇怪，尤其是现在，而在最近的调查过程中，我们正好碰到了这样的问题。

我不是问什么是购买，也不是指进入一个公共商业场所，拿钱交换陈列的货物。我也绝对不是问什么是零售，什么是商业或是贸易。

我是说究竟什么是购物？谁去购物？他是如何进行购物这个

活动的？

为便于讨论，我们假定购物不仅仅是简单地获得生活必需品。这不仅仅是我们所说的“拿起就走”：你需要一盒脆玉米片，于是走到脆玉米片货架前，拿起一盒付账走人。我所指的这种活动包括用我们的各种感官——视觉、触觉、嗅觉、味觉、听觉，去感受销售领域中的各种因素，作为我们选择或拒绝商品的根据。在购物过程中，**感官是决定购买的最有诱惑力的因素**，因为除此之外，我们还有别的办法去体验商品吗？感官扮演着非常重要的角色，因为实际上很多计划外购买（也包括许多计划内购买）都是购物者看、摸、闻、尝满意后的结果，尽管有时购买商品并不完全由感官决定。

我还想强调一下上述观点，因为我认为：**如今人们买东西比任何时候都更依赖于试用和触摸**。

让购物成为感官之旅

现在，为什么有些人在买东西前都想去摸一下呢？这里面有许多实际意义，最明显的原因是“产品的质感如何”是最重要的，人们必须知道它的手感如何。举例来说，我们在一项研究中发现，人们喜欢在买毛巾前摸一摸它。一条毛巾在被买走之前，平均会被 6 个不同的顾客摸过（这也是为什么在使用之前真的应该洗洗它）。床单也是一样的，床单的手感怎样是决定购买的重要因素。衣服也一样，大多数的衣服也需要用手去摸一摸感受一下，毛衣和衬衫尤其需要仔细地触摸。我认为男性内衣裤制造商正在失去一个重要的销售机会，因为他们把产品装在塑料袋中出售。女性内衣就不这样卖，这是有原因的，因为女人总是想试一试任何贴身穿着的东西，只要也给男性顾客这样的机会，他们可能也会这么做。

非纺织产品也同样和我们的身体有接触，所以也应该在购买之前试一下，化妆水、保湿水、唇膏、化妆品、止汗露和粉饼——从健康和美容产品货架上面随便取几样东西试一下。只要搬得动，拿得到或者可以用的你都会去摸摸它。就像锤子，不掂掂它的分量，怎么知道合不合用？同样，像手提包、公文包、手提箱、雨伞、小刀、刮铲、钳子都是如此。还有你每天都要携带的物件，比如钱包。虽然可以通过商品的外观来判断它们怎么样，但是没有任何方式可以代替手感。

什么东西不需要去摸？照明灯泡，没有人去摸灯泡，但也有办法让人们感受灯泡。你可以从超市里买盒装的灯泡，也可以买挂在五金店里的灯泡，或者来到一个大型家居用品中心，看看那些在灯罩下发出宜人光芒的灯泡。你觉得哪种方法可以卖出更多的灯泡，尤其是那些昂贵的灯泡呢？

在这个方面，有一个经验法则是，购物者通常想花时间研究和考虑那些有高度“参与性”的产品，也就是说这些产品会提供某种可能性或者引起人们的对比。举例来说，在超市里购买一种新品牌的番茄酱、奶酪或者一种昂贵的苹果或桃子前，你可能想先尝一下。由于某种原因，调味汁厂商总是推出新产品试尝活动。没有人需要试尝一下百威啤酒的味道，但是如果想买那些很贵的低度啤酒或者美国啤酒，你就会想先尝一点。那么砂糖呢？这只是在浪费时间，砂糖就是砂糖。同样，虽然人们像品尝陈年佳酿一样尝试橄榄油，但是植物油就是植物油。20 年的意大利香脂醋终归是一件特别的商品，但是如果商店让你稍微试一下的话，你可能就会动心买上一瓶。而牛奶呢？只要它是冰的，并且确保它还在保质期内，你就会放心购买了。

近 90% 的新推出的杂货店产品都失败了，但不是因为人们不喜欢它们，而仅仅是因为人们根本就从未试过它们。在我看来，一种新产品的推广如果不花大价钱，在市场营销过程中不给购物者赠送样品，就不算是一场正式的推销。香烟也许不好，但是直到 20 世纪 90 年代，烟草公司还在尝试不同的宣传方法分发样品，俊男靓女站在街角处分发赠券，即使是一个不抽烟的人拿到它们，也不会拒绝这样的赠品。现在我们也许需要训练这些孩子们在超市里分发样品和赠券了。

当然，营销策略和样品发放都要针对特定的目标顾客群。在帮助通用磨坊公司做微波炉爆米花的市场推广时，我们问道："现在谁在买它？"结果是 64% 的购买者是女人。部分原因是当时男人还没有发现微波烹饪的便利性，也有部分原因是多数市场营销广告、电视广播和印刷广告，都是投放在女人常看的节目或媒体上。

我们问："在推广活动中你们想把样品发放给谁？"他们的回答是："哦，当然是女人了。"这是不对的，因为实际上他们已经赢得了大量的女性市场了。当你一想到微波炉爆米花，就应该认识到它对男人而言也是很不错的。这是世界上最容易做的食品了，这种东西咸咸的、脆脆的，而男人经常更容易说服，也有冲动去尝试几乎所有的东西。这种产品售价每 6 袋 4 美元，为了对男人的口味，我建议，需要更小的包装，只卖 1 美元两袋，而且最好在钓鱼或者在曲棍球比赛中卖。

如果抛开食品不谈，超市里的“参与性”产品就要少很多了。但我相信在商场中一定有高档卫生纸的市场空间。只有通过触摸，才能让消费者明白高档和普通卫生纸之间的区别，他们才愿意多花钱来购买。在这个问题上，一些大品牌的食品塑料包装、铝箔纸和垃圾袋的厂家都会觉得很失败。因为买这些东西的购物者大多数都只买那些最便宜的，你几乎不太可能使他们相信确实有必要买更好点（也更贵）的垃圾袋。只有垃圾才知道不同垃圾袋的区别，顾客为什么要花更多的钱呢？

超市很明智地借用人们的感官来促进销售。多数做得较好的超市现在都有现烤面包的面包店，使得整个超市里充满了温馨的家庭味道。你也许正在卖维生素的地方，而此时这种香味向你袭来，不知不觉中你就沿着香味来到了面包柜台前。突然你就会想到：“我需要一块面包！”更重要的一点是，好闻的香味让唾液腺开始工作，最后你就买了更多的食品。有的商店从星巴克咖啡店那里学到这种销售的小窍门，也开始在店里现磨价格昂贵的咖啡豆来卖，这也是一种让产品的味道起作用的方式。

气味是市场营销的一个新的前沿阵地。马丁·林斯特龙是一位有名的作家和咨询师，他帮助企业让它们的品牌散发出香味。在其著作《感官品牌》一书中，他描述了气味在人的记忆中占有特别的位置。无论是培乐多彩泥、强生婴儿洗发水，还是一缕纯香草的味道，都会留在记忆当中。就像动物幼崽会认出妈妈身上的味道一样，人类的嗅觉也很敏锐。

2007 年的 4 月，我拜访了由新斯科舍酒类委员会在加拿大的哈利法克斯新开的模板商店。店里产品根据不同年龄段的喜好而分开摆放。每一个区都有标志性的气味，这些气味是通过管道释放出来的。有一个区域的香味是甜甜的水果味，针对 30 岁以下的饮酒者，主打产品是调制酒、龙舌兰酒和调味伏特加。另一个区是口味更成熟一些的威士忌（这里释放的气味是浓郁的熏香味）。还有品种丰富的红酒收藏区，这是为特别年龄段的顾客精心设计的，这里的气味根据产品和酒类品种的不同而变化。正如我们的视觉会随着年龄的增长而退化，我们的嗅觉和味觉也是如此。我很喜欢一次在纽约市中心公共汽车候车亭看到的一则推销苏格兰威士忌的广告。广告上写着，"你也曾有过抵触女孩子的年纪"。孩子们喜欢糖果和它闻起来的味道，而随着年纪的增长，我们开始喜欢咸味和苦味的东西，这个再自然不过了。

2007 年秋季，在哥伦布圆环最新开张的百思买电子产品商店，家电售卖区有着一股刚刚熨烫完的亚麻织品的味道。现在，香味的散发是通过机器。但是到底要到什么程度才足够呢？是不是需要让冻肉区闻起来像烤牛排或者是煎熏肉。我喜欢这个主意，这么做一定会使肉类的销售额增长，而且，这些味道也给整个购物过程带来点新的东西。**购物不再是简单地在超市里走走，而成为了一种感观旅行**。但问题是，一个人认为是香的东西，另外一个人可能认为是臭的。我就有一个意大利朋友非常讨厌橙子的气味，她规定在办公室里不准有橙子。烤肉的气味可能使很多人都流口水，但是对于素食主义者来说，这个味道却很恶心。

在英国，有些婴儿服装店通过管道将婴儿粉吹向店里，就是为了让购物者注意到新生儿的甜酸气味，这也许是一种强烈的感官刺激。当我们建议美国的婴儿粉制造商也把这种气味加到包装中时，他们却退缩了，他们担心商店管理人员会拒绝任何影响超市里干净的、无异味环境的产品。事实上，除了在货架通道里，超市就没有借用感官刺激来满足人们欲望的惯例，这里说的感官包括嗅觉、味觉、触觉甚至还有视觉。多数超市还停留在 20 世纪 60 年代的水平，那时尽是速冻食品、罐装食品、加工食品、粉状食品、袋装食品以及令人目眩的白色清洁的无菌环境。我希望有人会在超市里设置一个大型开放式的厨房，就像在电视厨艺节目里看到的那样，一个主厨现场制作小吃，并将食品（还有烹饪法）送到购物者跟前。如果经理用话筒大声宣布："请大家注意了，在接下来的 15 分钟里，在速冻食品区，会为每位顾客免费赠送一份百香果冰糕！"情况会怎么样？如果加上一个舞池和一位 DJ，再在谷类食物通道里上演一出木偶剧，或者有一个爵士三人组或者高中合唱团在收款台表演的话，那又会怎么样？这可能会给单调的购物环境带来一点点活力。

在今天，因为商店功能的改变，在购物中触摸和试用，比以往任何时候都显得重要。以前店主和售货员就是导购员，他们有足够的商品知识，也能够胜任购物者和商品的中间人角色。有些东西我们可以相信售货员的话，因为他们以前说了很多次并且都是对的。但那是以前了，那是五金店、零售店和百货店的全盛时期，那时商品放在玻璃柜里，顾客和店员之间的空间距离划分得很清楚。

今天，"开放式销售"将几乎所有的东西都放在人们可以摸到、闻到或试到的地方，不需要售货员来当中间人。在 20 世纪 60 年代，烧烤店里平均 35% 的地方是用来存储货物的，但今天这个数字不到 15%。现在如果你问售货员你想要的东西是否在仓库里还有存货，这样的问题是毫无意义的，有些商店根本就没有仓库。所有的货物要么在货架上，要么就在货架下面的小储存柜里，这真是个了不起的创新。所有的货物在仓库里有什么好处？除非找到售货员，否则根本不能购买它们；可是售货员又太少，或者是售货员不知道库存，或者说是能热心帮你的售货员太少。所以尽可能把它们摆在能打动或者吸引人们，并且很方便的地方，让人们自己凭感官来发现这些商品。

触摸和试用策略很重要的另一个理由是产品品牌的影响力正日渐衰退。当消费者信任大品牌背后的公司时，这种信任就会在购物时体现出来。但现在已经不再有这种情况了。这里有一个极端的例子，但也能说明问题。在我们对本土护肤和洗发类的产品调研时发现，在所有的人群中，亚裔美国人在打开包装并摸一摸乳液、肥皂和洗发水等产品上态度最为坚决。事实上，有23%的人会撕开盒子或者打开瓶子来试一下它的黏稠度和香味。很显然，这是因为商品的品牌在这个日益增长的种族中还没有获得认可和忠诚度，尽管它可能已经在广告或媒体上花了很多钱。

感觉确立信任

我们都是纳德[1]之后的消费者，因此我们会相信自己所看到、闻到、听到、尝到、试到的东西。考虑到我们要买的东西及其价值，必须要打消我们头脑里很自然的一些怀疑（也许有点挑剔），才会放心地去购买。我们需要对产品及其价值抱有一定的信心，这种信心只能来自确凿的证据而不是来自于电视广告或者道听途

1. 纳德，美国律师，发起组织过保护消费者权益的“纳德运动”。——译者注

说。令人惊讶的是没有几家商店能明白这么简单的道理。我们在计算机零售业里做过许多调查，经常碰到这样的情况：展示的打印机很多，但是其中只有几台是插了电源、装了纸，可以运转的，尽管让打印机作打印测试是非常简单的事。

不仅仅是像汽车、立体声音响或者高级时装这样的高价商品，才需要在顾客中建立信心。我们对一个报摊的设计进行了研究，准备在那里放置一个冰柜，供应冷饮。测试方案一是将冰柜藏到柜台底下，而只在外面摆些空瓶子告诉消费者有哪些饮料供应。很快我们就知道这难以令人信服，人们不相信那些苏打水是冰的，除非从上面可以看到霜。后来我们把冰柜放在外面，让消费者看到里头的东西，很多冰镇苏打水就推销了出去。便利店就在这方面略胜一筹，它们教会超市：人们更喜欢冰镇的苏打水和啤酒，即使一开始并没有打算买，因为顾客认为常温的啤酒是无法接受的。

我们对这个世界的很多直观感受都来自于购物。我们还在别的什么地方对一件事物也想仔细看个究竟吗？当然是博物馆，但是在那里什么都不能碰，那儿不是礼品店——一种零售环境。**商店里有大量可触摸和感受的机会，即使并不需要买什么东西，我们也可以去摸摸并试着感受一下。**

我们观察人类的购物行为就像看一个小孩在成长中触摸每一件东西一样。小孩子可以通过触摸增长知识和经验，获得感受。要不为什么他们会不停地或摸或闻或尝或听所有的东西呢？再看看狗，看看小鸟，看看小虫子都是这样。你可以说蚂蚁是在找食物，我却要说它们在“购物”。

如果你还不相信的话，那么我们就去一家书店，里面的商品跟闻、摸或任何其他感官因素几乎都不相关。但是在这里，可以看到很多购物者在触摸、摩擦、拿起或者用其他方式来感受产品，虽然这些书的物理属性与感官愉悦毫不相关（除了字体大小），但人们还是忍不住要摸一摸。尽管人们会想象，会形成概念和理念，会思考，会在脑海中清楚地呈现某个画面，但人跟其他动物一样，是靠五官来感受这个世界的。这个世界及其所有的东西都是通过感官来刺激我们的，我们随即会做出感官反应。因此，我们的感观能力以及感官需求十分重要，即使偶尔碰到无法通过感官去了解的事物时，我们也觉得自己似乎能通过感官去感受到。

不知道你是否明白了，你觉得是这样吗？还是完全无法忍受这种推论？

触觉重要的最后一个原因是这样的。购物者何时算真正拥有了商品？当然，从技术上讲，就是发生在顾客用钱交换了商品之后，发生在收款台。但是收款台是商场里最不讨人喜欢的地方，没有人享受交款换取商品拥有权的这个过程。事实上，所有的感觉就是又破了财，又很痛苦（你要排队，等着刷卡，等着售货员把东西放进口袋你才能走开）。那么真正拥有是在什么时候呢？很显然，拥有只是一种情感和精神上的短暂体验，而不是技术上的某个时刻。拥有开始于购物者的感官开始享受物品的那一刻。首先是眼睛，然后是触觉。一旦这个东西在手中，或者在背包里，或在你的嘴中，你就开始了拥有它的过程。结账只是个纯技术问题，因此，商品到达购物者手中的速度越快，或者购物者越容易试用它，或喝一口，或在街区里试驾一圈，那么商品就越容易改变主人，从卖者的手中过渡到买者的手中。

这就是购物。

尽量满足购物者的体验欲

所以，规律好像非常简单，购物者希望在买之前能够体验一下。因此，商店的主要功能应该是促进购物者和商品的接触。商店应当促进购物者去试用商品，而很多时候他们却阻碍顾客这么做。无论是电脑键盘、沐浴擦，还是新口味的果冻，**如果商品确实能够发挥什么作用的话，就应该在店里面展示其功能。如果产品有味道，就应该可以品尝。如果有气味，那就应该可以闻一下。**事实上，即使产品的气味跟产品功能毫不相关，我们也应该允许人们来闻一下，因为有时候产品的主要用法与人们的体验方式没什么关系。

举例来说，空调的用途是什么？是使屋子变得凉快。那如何知道产品一定会发挥作用呢？问问朋友的意见，或者阅读一下消费报告，或者听听售货员的评价。不能只是看看或者在已经开着空调的商场里打开试试就做出购买判断。所以，在没有有力的证据前，只能选一个你使用过的品牌，或者是在打折的牌子。但有一点要注意，空调的噪声如何？严格地讲，降温就是降温，有这个功能就可以了，但是噪声是评定空调好坏的标准之一，要不它就会在你的屋子里嗡嗡地响很多年。在炎热的夏天，我敢打赌，会有三四个话题是关于空调噪声的分贝值的。这是在谈到空调时人们就会关心的话题，而你只有在买了空调之后才知道这些。产品制造者和零售商在这里又失去了一次机会：如果销售人员能够轻触一个开关来显示空调的噪声是像飞机的螺旋桨，还是像台破搅拌机，或者是像小猫睡觉打鼾那样轻（虽然价格有点贵），人们就有了一些基本的标准来进行选择和比较。

在某种程度上，这些选择标准基本符合所有主要的家用电器，从电冰箱、洗碗机、吸尘器到干洗机，甚至是一些不太重要的东西，就像咖啡机、食品加工器或者开瓶器。我们可以扫一眼包装盒，看看是不是自己想要的东西，也可以读一读产品介绍书，多少就会了解它们的用途。然后，至少还可以再听听它们工作时发出的声音。

商家忽视的另一个问题是：人们到底想怎样去体验商品？从床单的包装来判断，你可能会认为最重要的是所谓的“织物经纬密度”的参数。什么是“织物经纬密度”？一般人怎么可能会知道，可几乎每件床单和枕套的包装上都印着“织物经纬密度”。床上用品的专家才清楚什么是“织物经纬密度”，但是一般顾客只好这样来判断：它的手感如何？问题是许多床单是包在塑料袋中的，是只能看不能摸的，所以顾客只好撕开口袋，偷偷摸一下布料。一旦决定买了，你就会挑选一件新的，因为谁想要损坏了的商品呢（即使是你损坏的）？但不管怎样，由于“上浆”的原因，你还是不知道床单摸起来的真实感觉是怎样的。那什么是“上浆”呢？很多人都不知道，但是你必须把它从新床单上洗掉，否则床单就会很硬，容易扎人。那么，为什么要把最差状况下的床单让购物者来触摸呢？在我的办公室旁边的商场里有一张巨大的床和浴室，上面展示的所有床单都已经洗过了一次，像枕头般柔软，然后挂在钩子上让人们清楚地看到把床单带回家洗了之后会是什么样，这也是所有顾客关心的问题。

试衣间的大学问

也许最应该通过触摸和试一下来购物的地方是服装店。今天很少有服装商店不让购买者摸一下产品，摆弄摆弄。不管是3美元的防汗袜子还是1 500美元的套装。你不能到现代艺术博物馆去摸一下毕加索的作品，但是可以来到卡尔文·克莱恩或者是阿玛尼的店里试穿那些杰作。很多时候，服装店的设计者都会尽量让顾客去触摸所要的商品，但是，在设计试衣间时，他们却像是完全不知道试衣间里面发生的事情。

问题出在什么地方？设计师认为试衣间就像是没有管道的卫生间，认为顾客在试衣间里只不过是脱了衣服，换上新衣服，然后在镜子里照一照，看看效果怎么样，最后再把衣服换回来。他们把试衣间设计成公共游泳池边的小隔间，却不知道这是彻底错误的，因为他们根本没考虑顾客的需求。商店设计师们都在试衣间上拼命节约，不想“浪费”空间在这上面，也不想在这些地方多花钱，因为这些地方的照片是从来不会刊登在设计杂志上的。

事实上，试衣间也许比商店的卖场还要重要，毫不夸张地说，改进试衣间的质量会提高销售额。一间试衣间不仅仅是换衣服的地方，还是一种销售场所，就像展示区橱窗或者是广告。如果用得好的话，它会比所有其他方式加起来都要好。我是一个喜欢参观试衣间的狂热爱好者，不论在哪里，只要附近有试衣间，我都要进去看看。如果有机会，我也会问是否能进女试衣间去看一看。事实上我可能会写一本书来完整地描述试衣间，我有很多话题要说。对许多服装店进行了研究后我们得出一个定论：如果店员主动与消费者联系，购物者转换率会上涨50%；如果店员主动与消费者联系的同时，消费者又使用了试衣间，那么这个比率就会上涨 100%。也就是说，和店员交谈过并且试穿了衣服的顾客买东西的可能性比既不和店员说话也不试穿的顾客要高两倍。

我们还研究过一家成功的服装连锁店，但它的试衣间却不怎么样。那儿的试衣间是一排简陋的小房间，只有一个劣质的镜子摆在这排试衣间的尽头。我们计算过，人们在购物时有 1/4 到 1/3 的时间是花在试衣间里的，也就是说，女人们愿意把自己关在一间小屋子里，没有别的想法，只是希望能买到使自己看起来更漂亮的衣服。在别的生意中，这个时刻当然就是最关键的时刻，购买者很容易被说服，也准备好开始冒险了。汽车经销商在零售方面干得并不出色，然而他们也留出了空间以便能抓住这样的重要机会。但是，在卖服装的商场里，店家根本不会想如何把试衣间布置得舒适一点，或者考虑一下试衣间的灯光怎样调整才能使服装看上去效果最好，也没有人认为这个时候应发挥店员的服务作用以增加购物的吸引力。店员要做的事情也很简单，比如带着消费者来到试衣间，然后出去找来和裤子相配的腰带、衬衫或套头衫，很多时候这些东西搭配着卖能促进销售。当消费者还在试衣间里时，他们就处于一个购物状态。但是很多商店没有很好地利用这一点，白白浪费了机会。

事实上，在纽约我参观了一家大型商场的服装卖场，那里的试衣间是我见过的最可怕的。里面的垫子又脏又破，光线刺眼，椅子和墙上的挂钩就像在廉价的折扣商店里见到的一样，椅子也东倒西歪的，里面的镜子照着还会变形。当我出去向导购小姐提醒时，导购小姐还讽刺道：“不是所有的女人都想要大屁股吗？”试衣间里的家具应该是女人想放在闺房中的理想家具，试衣间的灯光应该使每个人看上去都像拥有百万家产那样精神抖擞。事实上，我认为应设置多种灯光，这样购物者就可以看清楚某种颜色在荧光、烛光或日光下的不同效果。试衣间应该有多个高品质的大镜子，镜子看起来就像令人喜欢的画框一样，而不仅仅是一块挂在石膏墙上的镶着玻璃的板子。如果在试衣间外面还有一个小小的休息室就更好了，这样购物者就可以在那里和他们的同伴一起看衣服。购物者可以穿着衣服坐下来试试，就好像要穿着它参加一个特别的晚宴。试衣间里还应该摆上鲜花，告诉购物者今天这间屋子已经打扫过了。

就算在试衣间外，服装店也经常胡乱摆放一些东西，如镜子，通常不是摆得太少了就是位置不对。只要有可以试穿的商品，就应该在这个地方摆上镜子，以方便人们可以比较一下，哪怕只是看一眼。如果你挑了一件衣服，马上就能看看效果怎样，你很可能就会买下它。如果要找半天镜子，好多时候你就会考虑考虑是否值得购买。帽子在哪儿，镜子也应该在哪儿，而不是在 5 步远以外的地方。我曾不止一次在自选市场卖鞋的地方发现没有落地镜子，还发现那里居然连椅子都没有。这些事情看起来都很简单，但为什么就没有人这样做呢？

试衣间的数量也要够多，而且应该很醒目，使人们很容易就能找到，哪怕站在较远的地方也看得到。试衣间距衣服越远，人们就越不愿意去试穿衣服。虽然说购物者总会找到试衣间，可是没有商店敢说只靠这种大胆假设就可以赢得顾客。我也看到过在有些商店需要穿过整个大厅并上下几级台阶才能试衣服，这简直是致命的失误。我们曾研究过安置在商场的摄像头摄下的顾客在商场里徘徊的镜头。他们手里拿着衣服，不停地寻找试衣间。其实商场里有很多试衣间，但是它们都藏在拐角处，由一些不起眼的指示牌指向很窄的通道，而找试衣间不应该是一个挑战。

让商品自己推销自己

好了，我们在这里看到了什么？一个家伙，在一家大型办公用品连锁店里，在找铅笔刀。不可思议的是，电唱机的转盘已经在市场上消失了，但是铅笔和铅笔刀却还在，这还要归功于一种流行的智力填数游戏。不管怎样，各种铅笔刀都被一起放在货架上，一些是手动的、一些是要装电池的，还有一些是要插电的大家伙。他转动了一个手动铅笔刀，试了试感觉。然后又拿起需要装电池的，打开电池后盖……里面什么也没有，铅笔刀无法转动。他又拿起需要插电的铅笔刀，然后看了看周围有没有电源插座，也没找到。即使他找到了电池和电源插座，还有一个小问题，就是铅笔，这些东西都不在视线范围之内。他最后随便拿了一个铅笔刀就离开了，我猜他可能是去找电源插座，没准儿还要找铅笔呢。

买一个铅笔刀需要这么认真吗？很明显，在不同的铅笔刀之间有很多不同之处，不然我们怎么会有那么多选择？为什么这个可怜的家伙选择了一个又一个，甚至是所有的，而无法试着削一下笔呢？对购物者想在哪儿干什么进行预期似乎是一件再简单不过的事情——在没有售货员的情况下，我就对上面买铅笔刀的情况进行了上述推测。但是在这方面较差的商店总是做得不好，甚至有些成功的大型连锁店也同样做得不好。在卖铅笔刀的同一家商店里，还有一个 3 米高的架子上面摆满了纸，这些纸都有外包装，并且是按令（纸张的计数单位）卖的。有些很便宜，有些要贵得多，但是没有什么办法可以看或者摸一下这些纸，所以每5包或者6包就有被人偷偷地撕开而不要的。这是一个典型的例子：想要省钱（不让人碰一张纸），最后反而造成了浪费（很多包装被破坏所以无法卖出去）。

不让顾客接近商品还有其他劣势。我们对一家珠宝店做了调查，店主最近刊登出独家新闻，他聘请了一个以举办博物馆展览而闻名的设计师设计了一个珠宝陈列展。结果设计得非常出彩，但美中不足的是"距离"。这名设计师习惯了让公众与陈列品之间保持一臂开外的距离，但是在商场里恰恰不需要这种距离，反而是鼓励人们将商品买回家。因此这次展示效果反而不如那些普通的展示效果好。

这里有一些做得好的商店的例子。我们调查了美国电子产品零售商 RadioShack（RSH），当时这家连锁店想成为全美最受欢迎的电话商店。我们看到有许多顾客走到电话展示墙边，到处看，然后看了看价格，一般情况下会随后拿起听筒放在耳边。那么人们希望做什么呢？没有别的，我想这只是一种条件反射，拿起电话还能干什么呢？人们还能凭别的方式来比较电话拿在手中和在耳朵边的感觉吗？我们推断，人们试验的第一原则就是要尽可能逼真，因此只要电话里能出声音就能完成这个试验了。我们建议 RadioShack 放上一段电话录音，当人们拿起听筒时就可以激活它。而一旦真的这样做，商店里的展台就会挤满购物者，他们拿起电话，听了一会儿就会把听筒递给同伴，让他也听听。这是一份意外的收获，它可能引发人们对这次购买的讨论，会大大增加商品售出的机会（人们在商店里都喜欢谈论正在购买的东西），这也是 RadioShack 私下收集商业情报的途径。我们在另一项调查中发现，斯普林特手机商店里将手机都摆在柜台上面，人们可以看到不同型号的手机并掂掂它们的分量。同时，每一部手机都是可用的——也只有用这个办法——才能让消费者拿起手机，拨号给家里的另一半或者某位朋友，然后跟他们讨论对这部手机的看法。让手机自己推销自己，这就是整个事情的关键所在。

另外一些商店，像 Brookstone（BKST）[1]，或者法国化妆品连锁零售商丝芙兰，它们都知道让购物者自己体验的重要性，即使造成损坏也在所不惜。如果 Brookstone 展示了一个按摩椅，几个月后就会被顾客试用旧了——这可不算什么大事，毫无疑问，它们早就把这个损失赚回来了。

产品包装为何被破坏

商店的柜台稍微进行改造就可以方便购物者取用或试用商品，但是如果产品包装没有改进的话，很多机会一样会丢失。举例来说，只要与美容护肤相关的产品，嗅觉和触觉都是至关重要的，如果爽肤水使皮肤感觉不适怎么办？为什么人们买止汗露要考虑它的气味？还有，洗发水的主要功能是洗发——这倒不能真的在商店里试一下，但是它也应该让你的头发在天气好的时候闻起来像热带雨林的味道——这属于考虑的范围。如果制造商允许的话，你在商场里就可以闻到它的味道。可是不幸的是，今天这些防开

1. Brookstone 是遍布全美的专业零售商，供应各类品质与设计与众不同、难以在其他供应商处寻找到的消费品。——译者注

裂包装阻止了所有想试用的顾客。

吉列公司曾经以男用胶状止汗露引起轰动——不同产品具有不同的香味，而且每种都以一个很吸引人的（当然是很男性化的）名字命名。当时吉列公司的一些人想给男人们提供更多的选择，但是负责包装设计的人却将这个想法埋没了。在商店里顾客要面对各种不同的止汗露，而这些产品只是气味不同罢了。所以很自然地，你希望知道它们的气味如何。当你打开其中一个的盖子，却发现有一个难以打开的金属条封住了瓶口。为什么要这样呢？难道恐怖分子会用腋窝杀人吗？现在，如果没有人看见，你会将封条剥开一点，然后闻一闻，但是也有可能这不是你想要的产品。那么，购物者会怎么办呢？如果没有别的动机，他就会把东西放回去，然后走开；如果碰到固执的人，则会看看通道前后，如果没有什么危险，把封条撕开，闻一闻。当然，如果这时他决定不买这瓶"阿尔卑斯清晨型"止汗露的话（可能他觉得自己更像是"亚利桑那黄昏"类型的男人），那么当下一个购物者发现产品封条已经被破坏时他会怎么想？有很多很好的止汗露就这样被破坏了，就是因为这些包装设计者不愿了解人们是如何购物的。

解决这种问题和其他类似问题的一种办法，就是在超市里设立样品柜台，在那里，新产品可以随便试。通过触觉感知产品本身也非常重要，如果处理得好的话，的确也可以提高产品的销量。

在这个领域竞争最激烈的就是化妆品了。产品制造商和零售商都希望尽可能以一种干净整洁的方式销售这些产品，女人们并不反对这一点，但是也应该理解，她们总是想在买化妆品之前试用一下，所以干净整洁在此并不是有效的推动力。

在过去，大部分化妆品只是由那些合法的兼卖杂货的药店小批量销售的。假如你想要买粉底霜，服务员就会来到柜台后面，打开一个抽屉，在里面找到你要的牌子。这就像前面说的一臂开外的距离，在今天没有人会愿意这样，虽然这种方式很有效率也很干净。化妆品世界在很大程度上是由封面女郎品牌（Cover Girl）打开新局面的，这是第一个广泛使用陈列板的品牌，允许购物者不通过任何人就可以触摸到这些化妆品。这也推动了化妆品以后演变为自助式销售，同时也影响了日后百货公司对化妆品的销售方式。直到今天，人们还会坐在柜台前的凳子上，由浓妆艳抹的化妆品销售代表往你的脸上描来画去，虽然化妆效果并不大，但是你离开时胳膊上可能就挎上了那些昂贵的化妆包。

但是，即使是上面这种化妆品销售方法也已经过时了，我想，女人们早已受够了，这种模式现在正在被开放式的布局所代替。所以，现在每个厂商都试着做不同的展示系统，以便让顾客可以看到并试用这些化妆品，即使在受约束的情况下也不会有影响，但是约束不要太多。要知道，女人们希望在毫无约束的情况下试用这些产品。买卖双方所关心的应该是一致的，但通常却不是这样的。化妆品展区设计师有时也会犯错误，他们也许没有考虑到人们还需要一些简单的卫生用品，就像卫生纸，这可以改善整个化妆品区的整洁度。或者他们没有放置足够的镜子，以至于女性顾客只为试用一下化妆品，就不得不在商场里兜个大圈。我敢说这些设计师从没有在星期六下午 5 点来看过，因为如果他们来过了，设计就会和现在的样子大相径庭，也会使女性顾客更舒适。如果只是为了防止产品被试用，就使用了对购物者不友好的包装，这真是个坏点子，因为这样不会鼓励购买，反而鼓励了女人们偷偷试用。在别的产品种类中，减少包装被破坏的最好办法就是给人们提供试用品而不是让他们去偷偷试用。

压缩塑料包装使得人们想直接体验产品变得很困难。事实上，许多产品的包装过于复杂了，这对于拿着东西的购物者来说简直就是痛苦。我们曾经在一家唱片店发现了简单的试听间。今天在音像制品的卖场有更复杂的电子系统，可供购物者试听样品。典型的设施就是试听间——里面有耳机挂在墙上，还有一个可以选择 CD 的菜单。问题是，你也许对这个小发明根本就不熟悉，所以你按下按钮，但是什么也没有发生。事实上，要等一会儿歌曲的提示才会出来，可机器上没有任何提示教你怎么做。你等了一会儿，要么就是耸耸肩放弃了，要么就是认为自己选错了频道，并按下另一个按钮，然后是更多的按钮，最后对这个机器彻底失望。

好系统常常是简单和直接的。购物者从任何一个货架上选出一张 CD，然后来到试听室，在那里，一个服务员会帮你打开包装，并开始播放。就这么简单，没有小发明，没有按钮，没有菜单，没有等待。商家只是买了一套塑料包装机来重新包装那些没有卖出的 CD，来代替那套花大价钱买来的复杂又不可靠的样曲播放设备。这样的系统必须允许购买者根据各自的兴趣和喜欢的方式来听，因为没有人愿意站在那儿两眼一直盯着天花板听。我们研究了亚拉巴马州的一家商店，在试听间，配备的是有 20 米长线的耳机，这样音乐追星族们就可以走来走去，甚至可以到附近的货架边。这样的话，唱片商店由一个可以买唱片的地方变成了一个可以听唱片的地方，同时还可以看看店里有些什么，什么是新出的，看看是谁在做些什么样的音乐。这也将商店转变为一个交互式的电台并且令购买者获得了一次有趣的体验。最好是，从商家的角度来看，它减少了零售商在产品营销方面对唱片公司的依赖。当商家有权使用产品之后，他们就加入了营销队伍，而且是一对一的，针对那些有兴趣的消费者，让他们按照自己的兴趣进行选择。

包装常常在购物者想了解产品却又受阻时被破坏。我们在电子产品中可以看到这样的现象，比如立体声耳机，购物者在商店找到一大堆，都是包在盒子里的产品，但是没有任何可用的样品。如果把盒子适当地设计一下，带一张大点的清楚的照片，并且所有的特性和说明书以容易读懂的方式列出，也许实际看看耳机就不再那么重要了。但是如果包装让人对产品实在摸不着头脑的话，人们就很容易想撕开盒子，亲自拿出耳机看看。但是如果包装盒被撕破了，就没有人想买里面的商品了。

包装不用总是包得严严实实的不让人动。制造商认识到成人在买玩具时都想去试一试。可能只是因为有很多的玩具广告是骗人的，让那些容易受骗的小孩误认为那个便宜的塑料飞机可以飞快地在厨房飞来飞去，就像一架微型轰炸机在天空中飞一样。无论如何，现在的趋势是玩具的包装设计改进了，人们不必破坏盒子或塑料外包装就可以试一下。你可以按一下按钮或者拉一下绳子，而那个怪物玩具就会在盒子里唱起歌来，这就简单地让你知道你将买的是什么东西，这也是一个增加消费者信心来提高销售业绩的例子。最近我见到了一个我所见过的最聪明的包装：一个小孩用的塑料三轮车，车子包好后，仍然让车座、踏板、手把和轮子暴露在外，这样就允许小孩试着骑一下而又不损坏包装。如果这种办法应用到所有的产品包装上，购物就会有更多的乐趣了。

某些产品禁止人们接触的主要原因是出于安全考虑。MP3播放器就是这种类型的产品。我猜任何让十几岁的年轻人感兴趣的贵东西常常容易被偷，但把它们锁在柜台里就足够了，可是现在它们都被包在透明的塑料壳里，这样在买之前想试听一下都很困难。我相信购物者在买个 MP3 时如果能试听几种比较一下的话，肯定就会买下价格较贵的产品。你看看苹果公司的成功案例，他们来店里邀请顾客使用 iPod、iPhone 以及其他又炫又酷的产品。

人造珠宝是另一类在这方面做得不太好的行业。一件价值 20~30 美元的首饰却被锁在玻璃和钢尺后面，让购物者没有机会将链子或者坠子戴在脖子或者手腕上看看和感觉一下。而在同一家商场里，你会发现有很多价格相当或者比它贵的商品摆放在外面。这是自相矛盾的，也没有任何商业道理。我们发现，在美国，由于计算机化产生了一些非常热销的产品，例如打印机墨盒，由于东西小又金贵，美国每一家大型办公用品超市几乎都将它们锁在玻璃柜里（比如史泰博、麦克斯和欧迪办公等公司）。但是当看到很多购物者和我们一样，在商店的走廊里到处找那个身上有钥匙的服务员却找不到的时候，你是不是觉得这种安全措施有些弄巧成拙呢？打印机墨盒为办公用品的销售商带来了很多利润。在过去的 10 年里，大多数大型连锁店都重新设计了墨盒销售柜台。

服装零售商已经学会了一两个摆放货物的窍门。让我们回到麦迪逊大道那家漂亮的阿玛尼专卖店吧，那里面的购物者好像都知道手应该往哪儿摸，他们用手触摸着这些昂贵的意大利服饰，就好像已经是属于他们了一样。想想看，如果你知道自己的衣服袖子被很多人摸过，你会是什么感觉？这里有一个策略：如果一套衣服有好几种颜色，商店就会把那些深色的放在下边，以方便人们很轻松地够着，并把米色、浅灰色和白色的放在高处，这样它们可以被看见但不易够着。如果一叠毛衣放在桌子上你会发现颜色深浅不一，并且总是底下颜色浅，上面颜色深，那是因为上面的总是被人们摸来摸去的，但是这样又有谁知道呢？

让买床垫的顾客买枕头

降价是吸引顾客购买商品的重要手段，但它不是唯一的手段，有时也可以涨价。如果产品之间无法对比的话，人们的购物本能就是买那些便宜的。但是如果商家给顾客提供比较的机会，哪怕是一点点，那么有的顾客就会买一些并不是必需的东西。如果有三种牌子，或者是三种不同的样式提供给人们挑选，他们就会有一个理由来选择较好的那个东西。

到此为止，就感官问题我们几乎已经涉及了所有的商品，包括男式内衣裤、咖啡、立体声耳机、毛衣、护肤品等。在家居用品商店也是这样，你可以看到床垫光秃秃地放在那儿供人们审视。有些床垫会比别的要便宜，但是对商场来说，400 美元的床垫和 2 000 美元的床垫在存放和维护方面的费用是一样的。所以，在那些开始只是想试一下便宜床垫的消费者中，如果你能使 1/5 的人后来却买了那些质量更好的床垫，那么你就算做得很不错了。

但是，除了试用，还有别的什么办法能达到这种效果吗？很明显，没有了。只有让所有的床垫都在这里，让顾客来试一试，不是吗？说得有点对。人们需要试一下这些床垫的舒适度。但如果将它放在一个公共的地方而要在陌生人面前试躺就令人很不舒服，如在售货员面前，人们甚至都不愿躺下试一下。人们当然害怕有人站在他后面 5 米远的地方，并且不停地暗示“快买下这张床垫”，这样的话，没有谁会买的。如果床垫放在商店的前端，外面的人很容易透过橱窗看见人们躺在床垫上的样子，而且，如果顾客是一个穿着裙子的女性，她的淑女形象恐怕就要被毁了。这种体验实在是太糟糕了。**床垫上没有床单，你或许根本就不会知道它摸起来会是什么感觉；也没有枕头，所以你根本不可能知道躺在这张床垫上是否舒服**。

似乎应该把质量较高的床垫摆放在避开公众视线的地方，也许只是与公共区域稍稍分开，就会给人以试衣间的感觉，这样就容易激起人们购买高档床上用品的欲望。在商品的体验方面，商家在 4 000 美元的床垫上面的考虑比一件 40 美元的牛仔裤还要少。在一次研究中，我们就问经理他们在展示床垫时，能否也提供厚薄和硬度不同的枕头，并且套上干净的枕套。

“但是我们不卖枕头。”这是他的第一个反应。他从没考虑过枕头的利润空间其实比床垫还要大，也没有考虑到把枕头当成床垫的“配件”卖出去，是一种创新，这样的创新在销售床上用品的领域里面本来就难能可贵。

类似地，AT&T（美国电话电报公司）的电话店把注意力集中在主打产品上面，后来他们才开始卖一种叫作“软话”的听筒支架。那是一个塑料的很软的架子，放在脖子和肩膀之间，把听筒放进去，会觉得很舒服。这个东西看起来没什么，但是一旦试了一下，你就会认为这是一个了不起的想法，并且很有效。但要是不试的话，那就是一个毫无意义的东西。由于东西没摆在外面，人们就没法试，再加上售货员也不积极推广，因此根本没有人试，也没有人买。是的，它只卖 5 美元，但是就像很多别的附件那样，它的利润很高，几乎是最有利润的产品。我们计算了一下，如果1/3的顾客购买了这个小东西，它的利润加起来就可以支付商场一个月的租金。

另一个典型的例子是无线通信服务业，在这个领域，顾客可以在网上比较手机和服务的价格。这个市场竞争十分激烈，利润很低，而且主要是靠售卖增值服务和各种配件，从手机铃声到手机套。百思买公司就跟丽兹·克莱本公司协议开发精致的手机套和笔记本电脑包。在一家分店开张的时候，他们举办了一场时尚秀，展出了手机、电脑和数码相机的保护套。这些保护套都价格昂贵，但这是个好主意。我只是希望他们能够想到这一点，如果想销售高档的笔记本电脑包，你也是需要镜子的。在日本你可以为手机或者是iPod"文身"——可以花大约40美元为手机选一个"皮肤"，然后小心翼翼地把这些贴纸敷到你的手机上面去。除了备用电池和汽车充电器之外，再提供一个免提装置，这样一来，这笔交易就变得利润多多。

关于购物的感官方面还有最后一个问题，就是要让顾客明白所有的东西都可以触摸。在贺曼卡片公司我们看到，在圣诞节前后，教堂饰物被设计得非常有格调而且一看就知道商品的展示布置得很辛苦，以至于人们不知道是可以拿起来看看还是只能在远处瞻仰一下。在书店也是这样，当桌面被精心布置后，也会碰到这种问题。人们知道把东西摆得好看有多难，所以就不会去破坏这些辛勤劳动的成果。我们在走进爱因斯坦兄弟百吉圈店时就碰到这种问题。在全美，爱因斯坦兄弟选择在犹他州试运营一家百吉圈店。发明一个新方法在那些还没有百吉圈文化的地方卖百吉圈真是一个不错的主意——如果在这儿真的奏效的话，那么在别的任何地方也会取得成功。在这家商店里，有一个墙板上挂着一袋一袋的各种口味的散装面包片，排队的人们伸手就可以够着。但问题是，那些袋子摆得太整齐，以至于消费者从来不敢确信那是可以动的东西。解决的办法是让一个店员时不时地跑过来，把架子弄乱，从这个架子上取下一点东西，留出一些明显的缺口，这样，人们就会去动一动它们了（这是不是说明犹他州的人非常懂礼貌呢）。事实上，店员应该创造一种全新的体验方式，把袋子取下来，打开后递给那些在排队的人们，就当作是把神奇的墨西哥胡椒和切达干酪口味的全麦面包片推荐给当地人。这听起来像是笑话，但在尝试之前你可不要笑话它。

第十三章

商店成功经营的三大法宝

我有一个很好的想法：让我们一起来节约开支吧！我们正为一家连锁音像店设计广告和商店布局，在设计中用到了昂贵的老式木架，假设在执行中把它换成便宜的新式网格结构会怎样呢？成本肯定会大幅下降，然后呢？

商店=设计+销售规划+运营

什么？噢，看那边。呀，怎么啦？在你把录像带真正放上去之前，网格架子看上去非常漂亮实用。但录像带刚一放上去

（或者几分钟之后），它的主要缺点就暴露出来了：顾客一碰带子，带子就会倒下来。老实说，有时没有人碰它也会倒下来。我想这些该死的带子可能会相互碰倒。这时你再看网格上的东西，每隔四五盘录像带就有倒下来的，整个架子乱七八糟的，我首先就认为应该有人去把带子放好。旁边的小伙子像猩猩一样大叫起来：现在我们给重新摆放录像带的人员每小时支付 8 美元。星期六晚上顾客很多，每个店都要浪费一个小时或增加更多的劳动力。我们有这么多商店，要浪费多少个小时？我们又浪费了多少钱呢？

上述情形并不是假想出来的，而是取自 Envirosell 公司的实际经历。这说明了一个最重要的购物原则。101 零售公司提出了这样的观点，一个商店具有三方面的独特性：**设计（即商店经营场所的设计）、销售规划（在商店里卖什么）和运营（店员的行为）**。这三大要素表面看上去是相互独立的，但事实上密切相关，相互之间有交叉和依赖关系。也就是说如果针对某个要素做出了决定，那么这个决定也会与其他两个要素相关。上面这个例子中的失误自始至终都在于：商店布局的设计师从没有到店里去看看他的设计在实际中是什么效果，因此也就无法把握真实世界中发生的情况。其中更大的教训还在于：如果三大要素中某个方面得到了加强，就可以减轻其他两方面的压力；如果某个方面比较薄弱，就给另外两个方面带来了额外的负担。这一点不能说是好事也不能说是坏事，它本身就是这样的，这就是掌控购物世界的几何法则。

这里举个例子。在盖普服装店，你可以很方便地触摸、打开并仔细翻看销售区的所有东西。很多毛衣和衬衫的销售都受益于这种顾客与商品的零距离接触。这一销售策略就决定了展示格局——采用宽阔的平台，它比架子更便于顾客选购；同时也决定了店员的行为方式——允许顾客触摸就意味着要不停地重新叠好顾客打开的衣服，并把它们整理好。这样也就需要很多店员在商店里来回走动，而不是在柜台后面登记收款。这样做的开销很大，但是对于盖普等很多服装店来说，这是合理的投资，是商业成本。这里的关键在于这种开销是预算之中的。

但有时情况并没有被事先预见到，而只是对现实做出的反应。露华浓品牌的销售规划就必须适应从批发商、专卖店到杂货店等不同的环境。杂货店的通道一般都又窄又挤，由于这种设计上的特点，就会导致出现讨厌的“推搡”情况——女人在购物时不想被后面的人撞着。因此，露华浓在杂货店的营销规划就应该很清晰、大胆和直接，以便女人能看清品牌名，尽快找到想要的东西并离开。如果店里的标牌和展示布局模糊不清的话，这些女人可能来不及挑选到要买的东西就被人“推搡”而离开了商店。这个话题经常被提到，因为设计包装以及广告宣传材料的人很少花时间来看他们的作品在商店里的应用情形。比如，受过大学教育的购物者总喜欢阅读包装上的每一个字，这是他们在决定是否购买之前最喜欢的信息获取方式。因此，销售草药的公司就应该告诉包装设计师在那些瓶子上写上很多文字，然后设计师依计行事。如果字号太小老年顾客就看不清了，老年顾客是维生素和草药的主要消费群体，而维生素和草药这些东西一般都在兼卖杂货的药店里出售，药店的通道又很窄，使得购物者不会花时间来阅读包装上的文字。因此，这就表明好的想法（在包装上多加一些信息）并不一定就有好的效果（没有人能读完这些信息）。在第 17 章里，对于字体小的问题，我会提供一些可行的解决方案。

缩减收款台面积得不偿失

这里的要点在于无论做出什么决定，都应该仔细考察它所产生的连带效应。在现实生活中很少有公司能做到这一点，只有几个人为之奔波的小公司没做到，大公司更没有做到。通常当我们在所调查公司的会议室里公布调查结果时，这些公司负责设计、销售规划和运营的负责人都在场。很多时候这些人互不认识，他们的工作地点甚至在不同的城市，事实上，他们之间的猜疑、敌意和争斗十分明显，互相之间不知道也不关心其他人在干什么，因此，就做出了很多只顾眼前利益的决定。

有一个很好的例子。在一家有名的大型百货商场，卖女鞋的老板认为需要更多的空间来放展品，因而只好缩减收款台的面积。以前店员在柜台上打包，现在只能把鞋盒放在地上然后把鞋拿下来放在里面。这样就增加了操作步骤，同时增加了店员的体力劳动。这些店员通常也会穿上漂亮时髦的鞋子，这样忙一整天下来，就会感到筋疲力尽。我们在收款台旁边放了一台摄像机，把录像带拿回办公室里用秒表来计算时间。下午 4：30 的时候完成每笔交易所用的时间几乎是上午 11 点时的两倍。缩减柜台空间带来了一些混乱，使得每次交易不如以前干脆。整个结果就是销售规划的细微变化影响了设计，这同时也给运营带来了不便。为了多摆一点鞋出来（也许只有 12 双），交易时间延长了，顾客的耐性被消磨了，店员的精神和士气也削弱了。因为多设展品不如店员实际卖鞋子来得有效，所以上述决定是错误的——全都因为他忘记了一旦改变了一个因素，其他因素也会随之改变。

我们有一个客户是家音像连锁店，关于商店的外观他们做出了一些很有趣的决定。他们选用的主色调是深红色，并像以前的电影棚一样，用许多电灯泡组成了发光的图案。在图板上看时也许效果还不错，但实践时情况又怎样呢？深红色逐渐褪色，有的地方还出现了缺口或者变黑，使这家商店很容易就变得邋遢不堪，而漆匠时不时地需要在这儿刷刷，那儿补补。通常油漆颜色较重的墙面都会有这个问题，每一处磨损的地方都被看得很清楚。而且，深色的墙面和货架比白色的需要更多的照明才行，这就要费很多电，更别提这些灯泡都很容易坏，必须不停地更换。总之，糟糕的设计增加了这家连锁店的管理和维护成本，而这些钱都要从收入里面扣除。

现在这三大要素之间的关系受到了应有的重视，主要原因在于很多企业都一直在努力节省劳动力成本。从商家的角度看，这是减少运营的开支，但从购物者的角度看，则是减少了服务。零售商总想在减少劳动力的同时还能维持原有的服务，这几乎是不可能的。如果商店里的店员数量合适，而且他们都尽职尽责的话，那么对设计和销售规划的要求就不多也不复杂；就算商店里出现混乱的局面，也关系不大，因为总有店员可以出来提供帮助，店员总是了解所有商品的位置。

而现在很多零售商都在削减店员的开支，并低估他们的价值。削减店员之后的压力就转移到设计和销售规划的环节上去了，有时它们能承受这种压力，但很多时候是不行的。比如，零售商削减店员数量后，想采用电子化的交互设备来回答购物者的问题。其中的问题就在于这些设备通常都设计得很差劲，要么不好用，要么回答问题不全面，要么速度极慢，你还以为它都停了呢。那么，购物者的反应如何呢？我们发现很多人都中途放弃，离开时嘴里还在嘟嘟囔囔地抱怨呢。有些人就会抓住店员，把他拉过去问该怎么使用设备。这就是所谓的节省劳动力的设备。

在我们调查过的一家百货商店，那里的店员较少，忙不过来，为了节省时间，他们就在外面的架子上挂满了衣服，超过了架子本来的负荷。有些购物者觉得太麻烦，根本都不会到这个架子上挑东西；有的顾客在取挂着衣服的某个衣架时，常常会把别的衣服带出来掉在地上。这时是谁把地上的衣服捡起来、掸干净，然后再挂上去呢？通过超负荷摆放东西节约出来的一点时间就浪费在维护上了。还有更糟糕的情况，一旦衣服掉在了地上，就没有人愿意买了。你一定去过卖女士内衣的地方，你会买掉在地上的内衣吗？

不过，利用设计和销售规划来减轻运营的压力是可能做到的。有个例子来自美国邮政服务公司。几年前，他们对多个新邮局进行“模型店”测试。在其中的一家分店里，自助区设在有人服务的传统柜台的后面，在那里你可以买信封邮票、称包裹、计算邮资；在另外一家店里，自助区就设在进门的地方，而把服务柜台设在了里面。第一家店里使用自助服务的人很少，人们习惯了员工的服务，进门后就排队，根本就看不见店里头还有自助机器；第二家店里使用自助服务的比例就高很多，顾客进来时心里本想着去排队，但一进门就看见有人在使用自助服务。银行的情况也类似，如果把自动取款机和自动存款机放在存钱取钱的队伍旁边，使用员工服务的顾客就会转而使用自助设备。

沃尔玛的箱柜系统

第二个例子来自一家大型百货连锁店。在过去20年里，百货店里的药房已经发生了巨大的变化，但是有一样始终没变：店员必须把所有的小药瓶和药盒都整整齐齐地摆放在各个通道的架子上，这是一项艰巨的劳动。每次只要有顾客拿起瓶子看看标签，你都要把它摆放整齐，或者把它调转一下以便正面朝前。这个工作量很大。不久前，沃尔玛做了一个新的试验：他们把传统的货架换成了**箱柜系统**。这下，顾客看到的不是架子上一瓶一瓶的阿司匹林，而是放大的阿司匹林标签。在这个标签下面就是装有阿司匹林的药箱。

这个变化非同小可。它解决了货品上架的问题：店员推着车来到相应的通道，打开柜子，把东西倒进里面就走了，再也不用把它们摆成一排了。购物者也喜欢这样的变化：他们不必再去看药瓶上的小字了，标签上的字体很大很清楚，看起来容易得多，对老年人来说尤其如此，可以想象，他们在杂货店里时手上总是沉甸甸的。沃尔玛这样做时尚有个担心：不知购物者是否会认为箱子里的东西比架子上的东西要便宜、质量要差。但事实上恰恰相反，受访的购物者说他们认为箱柜系统是一个改进了的展示系统。一个非常优雅的解决方案。接下来的问题是，新系统的费用由谁来承担呢？是由连锁店来承担，还是由药品生产商来承担呢？这引起了极大的争论，而新系统却迟迟没有落实。在这项研究结束两年以后，我看到欧尚集团，一家法国连锁超市在使用这种系统，而且非常成功。

第十四章

延长购物的好时段，缩短等候的差时段

变差时段为好时段

跟日常生活一样，商店里的时间也有好时段和差时段之分。好时段就是顾客在购买东西的时间，你总想把它延长，而差时段你就只想把它变短。

差时段就是顾客被迫等候的时间。很显然，顾客不喜欢它，但是也不得不等下去。然而忍耐是有限度的，一旦超过了限度，那就会有麻烦。我们经过多次调查发现，**判断购物者对商店服务是否满意的最重要因素就是等待的时间**。如果购物者认为等待的时间还不算太长，他们就会觉得商店提供的服务还不错，如果等待的时间过长，他们就会认为服务很不到位。很简单，等待的时间越短，顾客的购物体验就越好，等待的时间越长，购物体验就越糟糕。

但是，要缩短等待时间并不是不可能的，实际就是要改变顾客对时间的感觉。你甚至能够将差时段转化为好时段。

首先讲几句有关时间和感知的问题。你手腕上的表也许是很精确的计时工具，但是在人的脑海中还有一个更重要的时钟。这个心理时钟极易受到外界的影响，但是它比劳力士还要有价值得多。关于这个问题我们采访过很多购物者，出来的结果很有趣：如果等待的时间在一分半左右，那么人们对时间的感觉是相当准确的；一旦超过这个时间，人们对时间的感觉就变得很不准了。这时你要问他们等了多长时间，即使他们会实话实说，他们估计的时间也往往会被夸大很多。如果实际等了两分钟，他们会说是三四分钟，这时，购物者就会认为等待本身就是一件大事，而不再只是在一家大商场里的过渡性停留（买一些东西）。这时候的时段就变得很差了。时间是购物领域中一个很残酷的控制要素，如果在两分钟之内完成服务就是成功，如果需要3分钟的话就是失败。

驾驶购物（或驾驶储蓄、驾驶就餐）的最大吸引力在于方便快捷，你不必再费劲地去找停车位、停车、下车、走进店里，然后还要再倒过来重复一遍。我们最喜欢的一段录像里有这样的记录：在加州惠蒂尔市一家提供驾驶储蓄服务的银行，有位很着急的男士索性站到汽车的那个队里去了。即使驾驶购物并不能使速度真正变快，但舒舒服服地坐在自己的车里，开着空调，一边听着 CD 一边等，这样当然会让人感觉到速度似乎变快了。

这些事情大多都以收银台为中心。这时购物者在排队等着交钱，或者等出纳员服务，或者等着点菜。在这些地方，可以采取一些措施来缩短感觉上的等候时间，比如：

让店员（或以其他方式）与顾客交流。我们的调查表明，在有人与购物者进行交流之后，与交流之前相比，购物者的等待时间就过得很快。让一个店员对购物者的耐心等待简单地表示感谢，或者做一些较为合理的解释，就能自然而然地减缓购物者等待时的焦虑，尤其是在他们刚开始等待时。我曾访问过一家大型的杂货连锁店，那儿的经理很喜欢与顾客交流。每当出口处排的队伍变长了一点，他就会走出自己的办公室，来到商店前面，既像一个推动者，又像一个喜剧演员。他的出现似乎使收款台前的队伍移动加快了，同时他也自得其乐。在高峰期，如果让我在三部收款机与两部收款机外加一个队伍经理之间进行选择的话，我肯定选后者。这个队伍经理就是收款之前的服务员，他会告诉顾客准备好自己的订单，或者回答顾客的问题，这样不仅缩减了顾客感觉上的等待时间，实际上也缩减了真实的等待时间。同时，这也是一个告诉顾客如何才能提高效率的有效办法。

另外一个缩短感觉上的等候时间的办法就是告诉购物者他们要等的时间是有限和可控的，而不是无限度的。一些银行通过电子显示牌告诉顾客还要等多长时间。显示的时间虽然可能不很准确，但也没什么关系。告诉顾客需等两分钟，虽然实际上等了 4 分钟，但这 4 分钟他感觉也过得很快。最近，我打过一家计算机厂家的技术支持热线，电话录音告诉我估计要等 5 分钟才会有人接电话，想一下会觉得这段时间较长，但他们提前告诉我就让我心里有数不再着急了。这个办法很聪明。

排队。欧洲的购物者似乎并不介意在挤在一起的人群中排队等候，但美国人都喜欢单列的队伍，清晰而公平，他们不喜欢还要考虑排在哪儿。混乱的队伍会使人感到烦躁。如果顾客知道他们会按照先来后到的顺序享受到服务，就会很放心，感觉排队的时间也没那么长。这就是缩短时间的奥秘——排除不确定因素，并且减少感觉上的等待时间。

如何组织排队交款一直是购物环境中的难题。当然，最快最公平的方法就是把所有的顾客排成一个队，这样顾客就肯定能按到达的先后顺序排队，而不必费心去判断哪个队是最快的。不过这里面也有一个问题：有时队伍会变得特别长，会让着急的顾客感到不安。不知为什么，人们总感觉一个 15 人的队伍比 3 个 5 人的队伍更烦人。这虽然没什么道理可讲，但人们的感觉确实如此，这就是感觉与实际情况之间的差距。

同样重要的是，如果收银台离门口太近的话，一条长长的队伍就会把想进来的顾客吓走。我们在调查中经常看到的一幕是，顾客进了一家店（或者只是在橱窗前朝里面望了望），发现在出口的地方排着很长的队伍，就一定会认为整个地方都挤满了人，于是改变了主意，掉头就走。而事实上，整家商店可能除了出口处，其他地方都是很空的。这又有谁知道呢？（正如我们在本书其他地方所提到的，这就是一个很好的论据，说明了还是不要把收银处设在外界看得到的地方为好。）

两家大型的美国商店改变了它们的排队体系，并希望借此让购物过程变得更加高效率，不再让人望而生畏。这两家商店是电子产品连锁店百思买和连锁百货店全食超市。百思买让队伍排在一个迷宫样的地方，四周都是高过人的墙壁，这样购物者就不可能知道有多少人在前面等待。而这些墙壁上都挂着电池、廉价的电脑游戏和办公以及电脑用品。这招效果很不错。全食超市推出了新的排队系统——由一系列小队伍组成，队伍的上方有个平面电视屏幕，指示排在队伍最前面的人到几号收银口去结账。这个系统的好处在于，把一个蜿蜒曲折的大队伍分成了几个部分。而且很明显，也有一个高科技的系统在统一筹划并且指挥。一旦消费者意识到有人在维持秩序，甚至是在关注他们，他们的焦虑指数就大大降低。你说这是不是个完美的系统呢？那可不一定，但有一点是肯定的，这个系统大大改善了以前混乱不堪的情况。

同伴。如果你和同伴聊天，感觉等待的时间就像变短了似的，这是很正常的。在这方面商店可做的事情不多，不过要注意最需要店员同他交流的是那些独自购物的人。

分散注意力。几乎任何事情都可以用来分散注意力。我们调查过的一家银行，把电视调到肥皂剧频道以娱乐排队的观众。我们认为这并不是一个好主意，因为差不多要半小时才能看完一集肥皂剧。加利福尼亚州另一家银行的办法就好一些，下午那儿的多数顾客都是退休人员，电视大屏幕上播放的就是以前的系列短剧。现在大家都在考虑安装视频系统，但实际上有些技术含量不高的方式也很有效果。很多食品店就发放免费样品，这是推销新产品的好机会。把那些适于即兴消费的物品摆在收款台旁边，顾客在排队时就可能购买，这不仅是推销商品的好办法，同时也是消磨时间的好办法。还要记住，排在队伍最前面的人根本就不必分散注意力，他就在柜台前，正等着签字结账呢。商品资料、宣传册、购物架和其他东西都应该放在队列中第二个顾客以及他后面的顾客旁边。

是节约了成本还是浪费了时间

超市的交款出口处放的一些文摘小报也是很好的分散注意力的方法，顾客不必看杰里·斯普林格的脱口秀节目就可以了解到很多信息。另一个分散注意力的好办法就是广告牌，信不信由你。我们的调查表明，如果有广告牌可看的话购物者就会觉得等待的时间短了一点。实际上聪明的零售商把等待时间看作一种无形资产、一个少有的好机会。这时顾客都站在一个地方，面朝同一个方向，没多少事情可做。这时候的差时段就可以转变为好时段：等待可能是不得已的麻烦，但也可以利用这段时间来传达信息，同时缩短顾客对时间的感觉。

即使不在收款台旁边，现在的商店也有等待时间的问题。零售商为了节约成本，通常会减少劳动力，现在顾客要花比以前更长的时间才能找到店员来解答问题。这种形式的等待时间很致命，我们看见很多购物者在商店里推着车来回地走，想找人帮忙。如果找一会儿还找不到，你就会看见他们变得怒气冲冲。**男性消费者反应尤其强烈，如果他们的问题不能尽快得到解答，他们就会离开商店回家去，或者去别的商店了**。我们调查的一家百货商店调整了自己对待职员的策略——削减员工，而且把以前散布在店里各个销售区的收款台统一设在商店前端，这样收款台的数量自然就减少了。结果，顾客排队等候的时间明显比以前长得多，而突然之间在卖场里也很难找到一个店员了。另外，商店入口处神色焦急的购物者的长队也给人一种很拥挤的感觉。总之，减少员工虽然节省了成本，但它带来的诸多弊端需要更昂贵的代价来弥补。

在现在的零售领域，经常会出现这种成本代价问题：劳动力成本方面节约到一定程度就会因购物者的不满而付出代价。银行在这方面的问题尤其突出。他们喜欢用低薪雇用一些兼职出纳员，也就是说他们请的人算得不够快，与人打交道经验不足。结果，顾客等待的时间就增加了。到一定程度，由顾客不满而引起的业务损失就是它的代价。我们调查过一家欧洲银行和一家美国的电子产品商店，出于安全考虑，都只使用了一个装现金的抽屉。在这家银行里，出纳员不得不在服务窗口和现金抽屉之间来回跑动；在这家电子商店里，购物者就看见售货员互相你推我搡地抢着去用收款机。这两种情况都不利于建立消费者的信心，等待时间造成的后果也是可想而知的。

我们调查的很多商店都采用了费时的防盗策略，这样做往往会给销售带来不利影响。在这些案例中，商品体积都不大，不过都不便宜——其中一家卖的是名牌香水，另一家是打印机的墨盒，第三家是游戏机。这三家商店都把展品锁在玻璃柜中，购物者在决定是否购买之前无法触摸商品或凑近仔细看清楚。这本身就阻碍了消费者购买这些商品，要看商品的话，他们不得不去找店员，而且找到的这个店员还要有钥匙才行。在所有这三家商店中，我们发现顾客找不到合适的店员帮忙时，都是不买东西就走了。难道为了防范从概率的失窃情况要以损失销售额为代价吗？应该不是吧！

毫无疑问，货物失窃是个严重的问题。但是这些问题往往都集中在某些固定的商店里，而不是出现在所有商场。比如像史泰博这样的连锁店，会有一些严重的商品失窃问题，其他一些商店里则只会发生些小偷小摸，而很多商店根本没有偷窃行为发生。商品失窃通常有3种形式：可能是“内部员工偷走的”；也有可能被惯犯偷走——如果哪天他们早上醒来，就决定要来你的店里偷东西；还有可能是有人顺手牵羊，他们想自作主张给自己打个折。沃尔玛宣称商品失窃率低于1%，但是考虑到它是这么大型的连锁店，这个比率也意味着很大一笔钱。

因此，商家们在所有地方都建立了防偷窃设施。一方面，雇用老太太站在出口处，招呼顾客。他们假设，如果有人表示知道你的存在，你就不太可能顺手偷走一件羊毛衫或者是一对杠铃。另一个防偷窃的方法是在商店里安个大喇叭，里面喊着像“第六通道注意警戒”这样的话，即使这家店很可能根本就没有配备保安队伍。那些商品失窃现象严重又持续不断的商店，需要专业人员的介入。

一次我们为南加利福尼亚的一家连锁杂货店工作，这家店有一个无条件退货政策。这可真是很慷慨，无论是什么商品，他们都会把钱退给顾客，不问一句话。当我在那里的时候，经理把我带到一个卖女性美发产品和器具的专区。他指着一个时髦的多电压适配的吹风机样品，告诉我：“这是我卖过的最贵的吹风机，上个月，我一共收到4个退货。”他顿了顿，然后富有戏剧性地说，“可问题是，上个月我一台吹风机都没有卖出去过。”

很明显，有些贪得无厌的人一次又一次偷窃了这些吹风机，然后退货换取现金。不幸的是，经理被公司的规定给束缚了，他们必须接受任何退货——不问任何问题。

这可真是致命一击啊！

回到时间这个话题上，由于被公司的规定束缚，可怜的经理不得不把退货登记下来，把原本不该退的钱退给别人，检查商品有没有被损坏，并且重新把它放到货架上。这令人十分痛苦的一部分原因是，用来做这些的时间都是白白浪费的。退货政策占去了收银台宝贵的时间，这非但没有实现美好的意愿，反而对员工是个伤害。这是一个花了不该花的时间的典型例子。

第十五章

巧扮收款台

使收款和包装变得可爱

现实是，大多数购物最终都以收款台付钱结束。这个问题现在还无法逃避。也许有一天它将不复存在，那时，所有商店都能像加油站、收费亭和银行一样提供自助式服务。购物者把要买的东西放进新发明的计算机设备里，它里面的扫描器就能读出产品代码，算出总额，并加上应交纳的税，然后吞进信用卡或借记卡，得到确认扣款之后吐出收据、大小合适的物品袋和一张小条，上面写着："欢迎光临帕科商店，下次购买男式饰品时持本券可优惠 10%，祝您愉快，谢谢惠顾……”

有一些这样的技术目前已经投入使用了，像联邦快递和联合包裹公司使用的手持扫描器；很多超市里购物者可以刷卡消费；在欧洲，有的饭店让就餐者自己拿着手持扫描器刷卡，而不必由服务员操作，这样刷卡过程就可以在餐桌上进行。还有一个罕见的创新的例子：瑞典一家连锁超市 ICA，提供一种可携式扫描器，在顾客进门的时候就可以领取并放在推车里面。你可以在把橄榄油和冰激凌放到推车上或者购物袋中的同时，使用扫描器。在出口处，你要刷信用卡，会有一个员工给你的推车称重，以确认货物的重量跟你扫描的价格总和相符。然后你就可以走人了。这是一个非常先进的系统，特别是跟其他自助式结账系统相比。

虽然 21 世纪的购物体验充满魅力，令人赞叹，尽管商业天才们已经应用了很多科学和艺术手段，但是我们不得不承认，还没有人使收款和包装也变得可爱。**零售商总是在收款及包装台附近放一些高利润的即兴消费型商品，他们希望分散购物者的注意力，使人们不再留意自己在排队等着付钱这件事情**。收款及包装台这个特点很令人沮丧：这儿是购物者掏钱的地方，按理说应该是最显眼的地方，但事实上它却是整个购物过程中最沉闷的地方，也是多数购物者产生焦虑的地方——“我站哪儿？要等多长时间？”商店里别的地方可能都设计得不错，对用户都很友好，但一到这儿假象就消失了，商店的真正作用就显示出来——它是用钱换商品的机器。如果这台机器设计得有问题，或者构建得很差，或者经营者起了误导作用，那么请到收款及包装台来，所有缺点在这里将一览无遗。

如前所述，收款及包装台的最大难处在于把它安置在哪儿？

从逻辑上讲，一般要把它安置在商店前门附近，这样，顾客就很方便地走进商店，在里面走一趟，找到自己要买的东西，然后回到前门，交钱后离开。从店员的角度看，这样做是最合理的。如果把收款台设在商店门边，在非高峰期小商店只要一个店员就可以了；如果不在门边，就至少需要两个店员，或者是一个店员一个门卫。我们曾调查过一家鞋店，它的收款及包装台设在商店的后面，而且收款台还正对着后墙。这样的话，在每次交易中，店员都有一段时间是背对着顾客的，这种设计实际上可能滋生盗窃。

但是让顾客进来第一眼就看见收款及包装台也不太好。这样给人的感觉就像是穿过厨房进入饭店一样，不利于激发人们的购买欲望。如果收款及包装台的工作人员动作较慢，购物者就会堵在那儿，对于要进来的顾客，这可是个致命伤。我们已经看到过无数这样的场景：购物者在商店外面往里看，发现收款台前有人排队，就不进去了。收款及包装台似乎总预示着麻烦，它仿佛在说，即使找到了想要的东西，你也不得不经受一点折磨才能把它买到手。

在考虑收款及包装台的位置时，必须同时考虑收款及包装台对商店其他地方带来的影响。在看新商店的设计蓝图或者建筑模型的透视图时，你看到的往往是很漂亮的、井然有序的、宁静的空间。设计师在创作时总喜欢假设没有混乱的人群，那些建筑杂志在描绘商店时也总是这样——空无一人。但是等商店开张顾客进来之后，你就会突然发现收款台的队伍把整个商店分成了两部分。成天蹲在设计室里的设计师根本就想象不出收款台前购物者会怎么排队，他妻子完成了所有的购物工作。实际情况是这样的：购物者队伍组成的人墙使得人们很难看清商店的另一半，要到那边去也不方便。如果排队的人推着购物车，障碍就更大了。很多刚进来的顾客不可能透过人墙看到另一半商店，这也就是说，如果想买的东西是在那边的话，他们根本就找不到。我们考查购物者运动的方式有好几种，区域密度就是其中的一种。每小时我们都会转遍整个卖场，计算每个区域有多少顾客。如果收款及包装台的位置设定不好，就算在高峰时段，商店里其他区域的顾客也不多，等着交钱的队伍还是形成了一堵人墙。

具有讽刺意味的是，**收款及包装台的拥挤程度通常并不能说明商店里其他地方的顾客情况**。如果收款及包装台的交易速度较慢，就会给人造成商店里很拥挤的错觉。这时，虽然商店前面的人很多，但只要有人到后面看看的话，就会发现那儿人很少，完全就是购物者的天堂。

不要加给收款台过重的负担

为什么商店处理不好收款及包装台这样的细节呢？主要是因为零售商没有意识到有效的收款系统会对整个购物环节产生什么样的影响。这种情况是很危险的。如果收款及包装台的动作太慢，惹恼了顾客，顾客就会发誓再也不到这家商店来了。零售商和他们聘请的建筑师在设计收款及包装区域时都没有尽量为顾客着想。他们给收款及包装区预留的空间太小，还尽可能地占用收款及包装区域的各个角落，而且多数时候那儿的雇员都不够。我想到两个案例中的商家，他们都试图给收款台赋予过重的负担，结果却给自己带来了麻烦。

一个案例是在贺曼卡片公司，这家商店的多数业务都在圣诞节前后，所售商品多是奇特的价格昂贵的圣诞树及其他装饰品。这些东西多数都是买来当礼物的，因此多数商品最后都要包装。很多商店的包装都是由收款员一个人来做的。你曾在假日前后到过卖卡片的商店吗？如果收款的店员必须停下两分钟来包装礼品盒，你能想象会发生什么情况吗？比感恩节前夕奥黑尔国际机场的情况还要糟糕，简直是彻底乱套了。商家应该在专门的位置包装礼品，但是每年总有几家商店还照以前的办法在做。管理者都希望节省劳动力成本，于是就把这项任务交给收款台来做了。而真正有效的处理礼品包装的方式就是设一个自助台，并提供包装纸、丝带、玻璃纸、剪子、包装袋等东西，根本就不需要店员。

另一个案例是在 RadioShack，那里的收款及包装台与维修退货处都在同一个柜台。这就是说，虽然有的顾客只想买了东西就走，但是有很多别的业务使柜台的交易速度减慢了。还有一个问题，顾客高高兴兴地正打算买录音机或者显示器，结果站在他旁边的人就抱着录音机或显示器在那儿抱怨，有时和这个顾客要买的一模一样。这种设置不利于培养消费者的信心。应该把维修退货处挪到别的地方，建议设在商店后面，避开多数购物者。

在收款区域里，有一个小小的部分跟我个人有着很密切的联系，那是在酒店里办理入住和结账的柜台。跟当今多数人一样，我几乎有一半的时间都是在旅行中度过的。现代商业界各地交往增多，因此酒店产业也就繁荣了起来，但是酒店里最大的一个问题仍然没得到解决。通常的情况都是这样的：你很晚才到达酒店，又累又困，希望能尽快结束路途奔波，在房间里发邮件、看书、写东西、打电话、看影片或者享受点其他的什么服务。然而，尽管你已经提前在电话里或通过旅行社办理了大部分手续，但仍然不得不排很长的队才能拿到钥匙。

我住过的有些酒店已经有些改进了，他们在大厅里设了一个圆形的入住登记台，客人可以挨着服务员坐在电脑终端前办理登记。这仅仅是个开端，有些酒店打算采取更进一步的措施以提高商务旅行者的满意度。以后，大厅里的入住登记区可能会摆上舒适的椅子，你坐在那儿后，服务员会走过来，手里拿着巴掌大小的电脑、信用卡读卡器、房间钥匙以及你选的饮料，并且所有文书工作都会以这种先进的方式进行处理。

第十六章

商品推销的小窍门

有多少魔术就有多少窍门，商品推销也是这样，这本书余下的部分将与一些敏感的主题——例如人体美学、解剖学、运动学和人口统计学等联系起来。这一章是关于如何让产品跳出来，跃入购物者眼帘的。

巧用商品连环套

商品推销划分为两个不同的方面。**一方面是努力使产品脱颖而出，走下货架——那里是任何产品都跟其他产品竞争时所处的**

同一起点。谁不想达到这个目标呢？所以许多商家把精力和金钱花费在产品展示方面。一般都认为架子对于图书馆比较合适，在其他地方只要能避免，就尽量不使用它。实际上，在 20 世纪 70 年代末，巴尔的摩图书馆系统进行了一项大胆的改革，将一些书的封面正对借阅者陈列，这一简单变化使借阅量迅猛增长。现在这种做法在很多书店和图书馆都是自然而然的了。这对于书店是一个启示，因为众多书店的陈列部门重复着老套的做法，至少对于大多数书是这样的。但这样做也有不利影响，读者能看到的图书数量大量减少，这无疑将给愁眉苦脸的作者和出版商带来更大的痛。

商品推销的另一个方面是要运用连环套的艺术，将一件东西放在另一件的旁边以引起更多的关注，从而使二者的销售量达到更高。同类商品放在一起能够增加销量。这方面一个典型的例子是收款台之前的即兴购买，像一盒橘子味薄荷糖或者是一排电池，通常是在交款之前的最后一秒扔进购物筐中的。但是附加商品能够出现在商店的任何地方，大多数零售商对此没有太留意，我认为他们的生意可能会因此而受到损害。因为大多数附加商品会有较高的利润率，利用与否，决定了一个商店是勉强维持还是繁荣兴旺。可以毫不夸张地说，利用附加商品能使一个商店起死回生。我曾经是纽约一家酒吧的小股东，酒吧仅仅从自动唱片点唱机、香烟机和视频游戏获得的收入就可以抵上房屋租金。零售商必须接受这个事实：不存在新的顾客，因为人口不再急剧增长，现有的商店要远远多于我们的需要。一般来说，一家商店 80% 的销售额来自 20% 的顾客。所以，假如商店要发展壮大，就应该想办法如何从现有的顾客中获得更多的利润。来店里次数越多，待的时间越长，就会有越大的购买量。

这不就跟做服装生意一样吗？你要买新鼠标吗？试试这张鼠标垫怎样？要买新车？看一下这块别致的汽车脚垫吧？盖普公司现在开始卖香水和蜡烛了。维多利亚的秘密也开始卖化妆品了——既然女同胞们走到哪里都会购买化妆品，特别是当她们已经在那些专门扮靓的商店里面了。美国邮政局在美国购物中心的分局销售 USPS 牌子的玩具邮政卡车、皮夹克、穿邮递员服装的玩具熊和其他同类商品。这样，当邮递服务不挣钱的时候，这些小玩意儿就开始唱起了主角，或许有一天，那里将成为让整个系统运转起来的力量源泉。

另一个很好的例子是我最喜欢的书店——BookPeople，这家店位于得克萨斯州奥斯汀市全食超市旗舰店的街对面。BookPeople 是一家很有个性的店，它给予人们一种出其不意的、赏心悦目的视觉享受。烹饪类书籍被摆在一个老式烤炉里，店里的座位零星地分散在四处，烘托出店里的主打商品——书籍。体育类和科技类书籍的区域配备了老式的理发椅，还明智地摆放了几张躺椅。店主还在四周增设了与区域主题相同的衍生产品区——动物帽子、面具跟儿童书籍放在一起，占星服、珠宝和蜡烛则跟灵性读物搭配，甚至在台阶上都放置了包装纸和小礼品。在收银台处，还有印着“让奥斯汀特立独行吧”字样的 T 恤、不同寻常的小点心，以及 BookPeople 牌的巧克力条。这家书店不只是在卖书，而且是在向爱书的人推销所有商品。但是从本质上来说，这还是一家正规的书店，它的书架分类雅俗共赏，并对商品类别和附属产品区进行了创新开发。比如有个暴动和阴谋类读物区设立在期刊架的旁边，还有一对毛绒公鸡放在了房屋建造和种植区的两侧，真是独具匠心。

还有一个令人艳羡的例子是苹果公司的门店。他们把即兴消费的商品放在收银台处，这些商品价格最高至上百美元，包括很酷的游戏、别致的备份硬盘、夸张的U盘。它们被置于各个不同的地方，由于外形养眼，这些东西卖得很不错。就像推销新汽车的附件一样。公司认为，如果你已经花了几千美元，那么从你已经打开的钱包里面再掏出几百块钱，应该不那么费事。

比方说，有一家服装商店，典型的商品是30美元一件的衬衫，假如能劝说顾客再买一双6美元的袜子，就增加了20%的销售额。这业绩不算太差！假如他又买了一条20美元的皮带，销售额就会增加66%。如果真是这样，不得不承认你是个商业天才！现在，你必须想办法如何使这些实现。一个好的办法是轻声地向购物者建议，对于销售人员来说，顾客所购买的东西还不够，难道顾客不需要一个鼠标垫来配那个鼠标吗？另一个好的办法是将鼠标垫放在鼠标旁边，这样的并排放置就相当于你说话了，道理其实都很简单。那么把腰带放在哪里呢？当然是放在裤子旁边最好。袜子呢？放在鞋的边上。但鞋放在哪儿呢？在你的脚上。番茄酱放在哪儿呢？最好靠近意大利面食。百货商店在一楼卖领结效果很好，主要是面向女性购物者；领带也应该挨着西服和运动夹克摆放，但是奇怪的是，通常都没有放在那儿。这是一个很大的失误，因为有时顾客需要真正看到和摸着那个奇妙的彩印领带，才能想象出穿着那套暗灰色的西服配上领带是什么样子。而且无论如何，没有人仅仅穿一身西服，在离开家之前，还需要衬衫、领带、袜子、鞋、衬衫袖子上的链扣和腰带。商家为什么不考虑这些，而单独销售这一套行头中最昂贵的部分呢？计算机商店在这方面缺陷就更大。比较典型的是将计算机本身陈列在一个区，打印机放在别处，家具放在另一个不同的地点，其他如电缆到放松手腕的辅助品，摆放在其他地方。还有人能够设计出比这个更不明智、更不吸引人的陈列系统吗？这样的陈列对于仓储来说是合适的，但不适合销售。当人们使用计算机时，所有这些都需要展示——计算机、显示器、打印机以及辅助品，所有的设备都应连接系统、插上电源、摆在家具上，这样购物者才能坐下来，进行测试。

超市也面临同样的问题，应该把墨西哥煎玉米卷放在哪儿？和其他墨西哥食物放在一起吗？这是通常的做法。为什么不把它放在接近牛肉馅的地方呢？可能需要将煎玉米卷和肉组合起来，才能触发节日里想着用什么做饭的购物者的灵感。把煎玉米卷分别放在这两个地方怎么样？肉类柜台不也是摆放面包、辣肉酱、嫩肉剂、辣椒玉米、海盐和新鲜香草料的好地方吗？在意大利，一家市区超市尝试着按三餐将食物摆放分组——早餐的原料在这儿，午餐的原料在那儿，晚餐的原料在另一边。这一概念通过两项创新而成为可能：一项创新是使用小体积冷柜有效利用能源，另一项是重新设计店铺，让人到处都能找到电源插座。在世界上许多城市，无论是穷人还是富人，每次都只购买一餐饭。

把蛋糕放在沙拉柜旁

某些很不易处理的商品怎么办？比如说，包装过的切片蛋糕，你可能决定把它放在蛋糕区，但是想买整个蛋糕的人怎么会只买一小块儿呢？或者，只想买一小块儿的人又怎么会买一整个呢？

它也可以跟其他的冷冻甜品放在一起，例如在冷柜里的布丁。但是假如在沙拉柜旁边能够发现一块蛋糕会怎样？作为选择一种有益食物的奖赏？这种摆放方式本身就说明蛋糕不同于冷柜里其他可以堵住孩子们嘴的东西。在第十二章里我们探讨了知名品牌的铝箔纸制造商怎样费力地说服购物者将钱花在高质量的产品上，实现这个目的的一种有效方法就是更好地对其进行促销。例如，夏天，超市在同一固定设施里可能卖木炭、烤肉酱、有趣的围裙和铝箔纸，就在挨着肉类柜台的地方。男人更可能立即拿起整套产品，而不是沿着一个一个走廊去组合这些产品。在这个环境里，名牌铝箔纸的优势可能会起点作用。

在百货店里，有关维生素和保健品的书应该放在哪儿，放在书那里还是放在维生素那里？如果两者都放，说起来很容易，但是某种程度上这可能会使商店没有空间了。假如摆放无益于增加销售，那些多个地点的摆放都是没有意义的。而且若在杂货店的多个位置摆放商品，你把试用装的洗发水、护发剂等放在哪儿？将它们单独陈列吗？但是它们真的应该和标准尺寸的产品放在同一架子上销售。因为要尝试一种新产品，你只愿承担试用装的费用，假如不得不购买一大瓶（或罐）来确定你是否喜欢这种产品，你可能就不会尝试了。通常情况是这样的，假如我首先看到了洗发水货架，买了常用的品牌，那么到了试用装柜台，挑选某种新品牌产品的可能性就很小了。

连环套逻辑

毗邻也是讲究顺序的，也就是说要使产品以一种合理的逻辑顺序出现。我们曾经受雇研究怎样在员工自助餐厅中销售薯条。在一家餐厅里，薯条和脆饼干的架子放在一排食品的最前面，就在你拿起托盘之前。在另一家餐厅，薯条放在一排食品的末尾，收款台之前。这两者有什么区别吗？事实是，薯条摆放在末尾比摆放在排头销量要大很多。在你决定选择哪种三明治之前，你怎么能决定想要哪种薯条呢？甘椒面包和带瑞士干酪的白色玉米薯条或者烤肉风格的薯条哪个搭配更好？同样，在12月我们研究了一家百货商店，那里的圣诞包装纸柜台就放在入口处，但包装纸卖出的并不多，因为人们在买礼物之前是不会买包装纸的。把柜台挪动之后，包装纸成为购物者看到的最后的商品之一，它的销量马上就提高了。超市货架图在设计时是以尽最大可能制造毗邻效果为原则的，其想法是假如一种受欢迎的物品——像玉米薄片——放得正确，在靶心的位置，也会帮助放在周边的其他一些凯洛格谷物产品的销售，因为大多数购物者是习惯用右手的，最佳的位置应该就是在靶心的右边，使其尽可能方便地拿到。

有时候，一些非理性的组合吸引了我们的注意力。对比一下昂贵的衣橱在家具专营商店和在一家喜欢革新的家居用品及家具商店销售的情况。前者有许多箱子整洁地排列起来，没有别的，只有箱子，一个挨着一个，放眼望去都是错落有致的箱子，具有仓储销售的全部魅力。而在Restoration Hardware（美国一家家具和家居用品品牌连锁店），箱子被当成家具一样看待，放在一把椅子的旁边，或者在一个角落里，一条带花边的小餐巾或者相框或镜子放在顶上，架在箱子上的是一个大的、老式的玻璃坛子，里面装着镀铬的球形锤子等各种各样的东西。所以，坛子或者闪光的锤子可能会吸引你的眼球，你拿起一个陈列品，突然注意到了箱子，这次是真正注意到了，你意识到它放在那儿，不仅是支撑着装锤子的坛子，而且它实际上也是商品，一个精心设计的价签低低地垂在抽屉把手下面。在研究 40 件相似的家具时，你也没有应接不暇的感觉。你能真正感受到的箱子是放在家里，而不是放在陈列室里。而且你本来是先看到了锤子，最终却要考虑购买家具，这个事实满足了你对发现的热情，使人感到精神振奋。任何人都能卖家具给那些寻找家具的人，而把家具卖给不需要的人则需要一点聪明才智。我打赌，本来只打算买小餐巾却带着一个新的枫木梳妆台回家的购物者，不止一个。

你只需站在商品附近问自己，在这里我还想要点什么，就能推测出应该在毗邻的地方放些什么。在油漆区，也应该有些电动工具的交叉销售方案，即使只是一张招贴画、一些资料，或者一个躺在桌子上的链锯——谁能抵挡拿起它的诱惑呢？在书店，我们建议客户按照目标读者的性别来分区，计算机、体育和商业图书应该摆放在一起，而自助、饮食和营养、健康和家庭类的摆在一起。我们为如何销售计算机、打印机提供咨询，并建议零售商按照制造商分组——惠普的产品在这里，爱普森的产品在那里。但之后，我们观察到购物者不是按照那种方式购买。相对于只看制造商提供什么产品，他们对把所有 300 美元左右的打印机进行比较更感兴趣。所以我们立即改变了建议。金色童书公司——一家儿童书的出版商，开始是按价格高低来区分各个销售区，直到我们看到人们对这种不很昂贵的商品的价格都不是很在意。最终，他们把这类书按照人物来分组了，这是小马，那是泰迪熊。

将连裤袜装在蛋壳里

将连裤袜装在塑料蛋壳里销售，这能算一个聪明的商品促销创意吗？我认为这可真够奇怪的，但是这个标志性包装将 L'eggs 变成了全美这一类商品的第一品牌。曾经有一系列著名的盲测，结果显示女性偏爱的是通常放在 L'eggs 品牌旁边销售的 No Nonsense 牌。然而 L'eggs 还是更胜一筹，在商品促销上获得了真正的成功。

假如你不在零售业，就可能不知道提供所有店内的商品促销装置，包括广告牌和陈列架，以及为顾客即兴采购而准备的产品和所有其他产品的行业规模和范围。从超市到杂货店，再到家居中心和汽车展示厅，这些公众耳熟能详的购买点（英文缩写为 PoP）业务已经在短时期内改变了很多。自从开始之时，PoP 展示品就已经存在，当然，这可以追溯到第一个放在雪茄店前的木制印第安人雕像，或者红白条相间的理发店柱子。但是直到 20 世纪 80 年代早期，PoP 才真正成为了市场的参与者，现在占据着销售业的一个席位，与营销比肩。

但是直到那时，商品促销还是营销的继子。营销天才来全权决定一件产品将怎样呈现于世界面前，而搞商品促销的人则负责解决零售层面运作的非常细节的问题，比如设计店内的指示牌和陈列架。此后，双方变换了位置。零售业突然意识到，在商店里临时决定买什么商品的购物者在逐步增长。正如其他的调查表明，所有超市购物者中，一半以上是没有什么计划的。这是因为营销的影响已经从顶峰开始下降，电视网让位于多种观看平台，消费者从偏爱某品牌转向对商品更加挑剔、购买时更有主见。所有这些加起来都使商店更加依赖于商品促销，几乎在一夜之间，这个行业就从价值50亿美元一年的手推车式的业务变成了350亿美元一年的过山车业务。从传统意义上来说，这是一个以小型的（现在，有些并不小）、家庭式公司为主的业务，意味着它缺少复杂性和长久依赖关系，靠的是运气、气魄和精力。这是一个属于牛仔的行当，我的意思是最好那样，由于这个行业年轻，还有许多经验教训供从业者学习，而且要边学边干。实际上，我们过去几十年的许多工作一直在测试和评估商店里的标志、设施和陈列系统的效果，试图发现什么有效，以及为什么有效。

这里有一个很好的例子，是有关聪明的商品促销所表演的可怕魔术的故事。一次我听到一家销售年轻女士服装的全国性连锁店负责商品促销的副总裁的一番谈话，她解释了T恤的一种特殊的陈列方法。“我们在斯里兰卡以3美元的价格买来，”她开始说道，“然后我们把那些T恤带到这儿，缝上法文和英文的洗涤说明。注意我们并没有说T恤是在法国制造的，但是假如你愿意，你可以那样推论。之后我们利用这一点来进行促销：我们将T恤叠好，放在一个有品位的桌面上陈列，陈列桌后面的墙上挂了一幅巨大的、华丽的照片，画中是一位在有异国风情的地方穿着这种T恤的美女。我们做对了这件事，就好像是100万美元到手了。我们把T恤叫作探险T恤，每件售价37美元，最终卖出了很多。”这是我曾经听过的最沉闷但却非常有价值的经验。

改进陈列装置

汽车特许经销权并不是为了商品促销而提出的想法，但这却为经销商促销商品提供了很好的反面教材。我们对一个外国的汽车特许经销商做了研究，这项研究本身实际上是一门大学课程。销售人员发给购物者过多的资料，但是没有给他们文件夹，所以当你结束了在展厅的参观后，手里拿满了各种纸。那儿有很多用来摆放小册子的架子，但却没有小册子摆在上面，这是个问题——并非因为购物者喜欢小册子，而是因为空的架子会给购物者留下在这项业务的细节之处没有得到关照的（正确）印象。单面印刷的招贴画贴到窗户上，意味着购物者经常发现自己凝视的是一个空白的白色矩形。在一个特许经销商那儿，我们看见了一个宣传新车的标志，那是上一年的新车。这些得到突出布置的标志是从汽车制造商那儿获得的“奖励”——这是种让购物者昏昏欲睡的东西。而呈现给购买者可选颜色的展示也着实差劲，因为那是一个由管道胶带粘起来的螺旋装订的文件夹。购物者不能完全看见每个颜色的汽车图片，而只是看到一种更适合用于选择窗帘颜色的微小的样品册。应该挂在车上的标志却放在桌子上；从报纸上剪下来的汽车受欢迎的评价只是简单地贴在墙上，而不是恰当地展示出来。一些文章已经开始变黄、卷边，这就是对顾客要花 2 万美元甚至更多的钱来购买的商品的最好支持吗？实在是差劲极了！

零售商并非是唯一搞砸商品促销展示品的设计和部署的人。许多时候，设计并制造这些促销展示品（并将其销售给倒霉的零售商）的公司，在把展示品送达零售商之前，就已经将展示品搞砸了——这也是很容易就发生的事，比如使用了没有涂层覆盖的纸板支撑的陈列架。当我们周五晚上抵达一家杂货店的时候，看到了这样一种固定货架，是用来摆放防晒产品的。它就架在地板上，商品卖得很好。之后，清洁工人进来了，正如一般的清洁工人要做的，在不移动所有的固定货架和陈列品的情况下，就拖起了地。防晒霜陈列架的底部有点湿了。到周六下午它有点倾斜，而到晚上拖了地之后，它就开始严重倾斜了。到周日晚上，这个用纸板支撑的陈列架被扔进了垃圾箱。

关于当商品已经卖出了一半，剩下的商品该如何摆放的问题，没有人贡献出任何想法。剩下的商品要陈列得像热销产品一样？还是像没人照顾或者被遗弃的产品？在某种程度上，这与一个番茄酱调味瓶或者其他任何东西被移走之后购物者看到什么有关——陈列架上的牛皮纸就这样露出来了吗，还是在那儿应该有某种信息或者瓶子的照片？这些都会产生很大影响。

还有其他一些问题：你能在五六米以外看到它吗？假如一种陈列设施只有你从它上方才看得到，那它的陈列效果就不佳。陈列设施的背后以及两边都要留有空间。因为那种陈列设施的设计者不知道陈列设施在一家店里是如何放置的，所以也不能确定购物者会首先看到它的哪一面（假如它不止一面的话）。

端头展示架和独立货架是美国零售业中经常采用的。采用这种陈列方法的一些商家成功了，另一些则失败了，这取决于货架在商店中处于某个具体位置时的表现。对于广告牌你不能说哪个好，哪个不好，直到看到它们起作用才能下结论。最近在陈列方面的趋势，**是一种称为活动货架的东西，这是种通过移动，特别是移动的光线来获得购物者注意的陈列装置**。我们对几种类型的固定货架进行测试，已经产生了一些令人印象深刻的结果：有48% 的购物者注意到了装有活动装置的软饮料冰柜，而没有采用活动货架时，注意到冷柜的人只有 6%。一个活动的端头展示架则得到了37%的人的注意，而老样式的展示架只有16%。但是到了某种程度，这种效果就开始互相抵消。如果众多设施争先恐后地想引起购物者的注意，它们就成为了一个视觉上相似的无聊符号，在这种喧闹中无法分辨出彼此了。促销王子约翰·沃纳梅克曾经说过他的广告中有一半是浪费的，但是他不能算出是哪一半。今天的商品促销方式和战略也是如此。

我们受雇策划一个方案，来解决所有治疗消化不良、心痛、恶心、胃肠胀气和其他更具侵害性的人类胃肠疾病的非处方药的销售问题。此类疾病产生的症状让人羞于启齿，这导致了人们对怎样治疗这些小毛病十分无知。成药公司的研究表明：患这些小病的购物者不太愿意接近收银员甚至是药剂师。从个人来讲，这是一项很有启发性的工作，因为我也不能十分确定哪种产品是治疗哪种类型的胃肠紊乱的，我也没有强烈的愿望去询问。可能跟你一样，我也会有病乱吃药，并对那种药产生的呕吐作用感到疑惑。解决所有这些问题的办法是使用指示系统，那是一个平放的圆筒，在一端有个拨号盘，你拨进代表你症状——如胃灼热的号码之后，治疗这种症状的药品名称就会在一个显示窗里出现。这不会错。然后，安装一些模型系统，再研究购物者如何与系统实现互动。

但事实却是，我们看到顾客没有与模型互动，那个设施一直没有被人使用过。可能是购物者没有研究表明的那么疑惑；或者是那些设施的摆放过于高雅，那个放在架子上的灰色管子没有预想中的那样出挑；而且人们可能不知道一端的拨号盘是需要转动的，如果在上面加一个红色的大箭头就会有很大帮助。无论如何，胃部的不适可能会伴随我们很长时间，因为我们的方案过于草率。

再举另外一个例子。一个美国领先的香料营销商是否需要建立一个奇特的、昂贵的、崭新的超市固定货架系统，来展示商品——器皿呢？这不是个问题，它已经确定下来了，根据一家主要的 PoP 公司的提议，他们决定建立一个符合价值 100 万美元以上的展品身价的货架系统。货架的模型堪称一件精美的艺术品，它将公司产品按香料、提取物、精华素或者香精分门别类，这些在以前从来没有做得这么成功过。超市里的每件东西都是激烈争夺顾客的战场，香料业的竞争已经到了白热化。这个货架系统看起来就像是一家公司在卖场里突显自己的方法，而这是最重要的。

这个设施的模型被带到公司总部来让大家看，在那里，它得到了来自所有相关人士的吹捧。但当它摆放在商店里之后，对于销售没有产生正面的影响。

当然也没有产生负面的影响，这是件好事，但是考虑到它的成本，它比被它替换下来的旧陈列架好不了多少。那么究竟是哪里出了问题？其一，货架把货物分成：香料、提取物、精华素、香精——这些概念对于购物者来说没有多大意义。谁关心它属于哪类？它能对食物起什么作用，味道怎么样，闻起来怎么样，这些才值得考虑。用姜黄根粉到底能做些什么？迷迭香应该放在鸡的哪个部位？你可以告诉人们许多关于香料的事情，这其中的一些知识可能会鼓励他们买更多的香料。藏红花闻起来怎么样？能够设法回答这个问题的设施就是真正先进的设施，但是，目前的陈列方式没有实现这个目标。尽管在公司的总部看到的这个单一的灰色（或米色）的陈列架时，对于人们的眼睛是个盛宴，但是处于超市的眩晕、窒息和昏乱的刺耳声音中时，则是另外一回事。在一个即使是嘎吱船长（超级黑客）本人也要喊出来才能被别人听到的环境里，被注意到是一件困难的事。

所以对那些好看的新设施说再见吧。有些新的香料陈列系统是合理的，但是导致上述结果的设计从一开始就是错误的。关于一个公司的产品如何在一家商店里陈列的主要决定是由公司本身做出的，之后，由三个外部实体——广告公司、包装设计者和 PoP 代理来落实，PoP 代理通常不参与前两个实体的工作。这三者都有自己的日程表和办事的优先等级，但是谁都没有考虑到，一旦商品到达卖场，陈列会出现什么问题。直到许多日程都汇集到一个明智的、务实的人那里，才会发现许多陈列系统的错误。

无心插柳的饮料山

这是最后的传奇了。一家有名的软饮料生产商在一家新超市的陈列上花了很多钱，然后找我们去测试模型。当我和客户抵达那家超市时，我们透过窗户看到一堆苏打饮料就放在地板上，就像一座巨大的、透明的、单一颜色的“小山”。

“我想知道他们为什么把这些饮料那样摆放？”她说，“很显然这看起来很乱。”在她安排将那些苏打水正确地摆放起来以前，我问她是否可以将这些录影下来，以备将来之用。经过我们的评估，60% 路过这座“小山”的人注意到了它，这个比例要比这家公司大多数的店内促销设施都高。显然，一大堆颜色的聚集是捕获购物者视线、让他们停下来的全部原因，这着实令人深思。

第五部分

购物未来学：
全球商业的新模式

虽然购物是全世界的活动，但是我们的工作一直都没变，那就是摸清楚从巴黎到东京具有共性的东西，哪些是经久不变的，以及像视力、惯用右手和性别等生理要素在购物中所起的作用。要搞清楚是什么在改变，以及为什么改变。

第十七章

互联网带来购物新挑战

数字美丽新世界真的美丽吗

1997 年我写下了本书的这一章，既没有大力宣传电子商务，也没有大肆宣扬网络——这一自奶酪和饼干之后最伟大的发明，但是许多人的反应就好像是我侮辱了一个集莫扎特、爱因斯坦、牛顿、托尔斯泰、伽利略以及杰奎琳（肯尼迪夫人）等人的优点于一身的新生儿。事实上，我只是说电子商务永远也取代不了实体商店，这个烦人的东西不会起到一锤定音的作用。差点儿忘了，我还说它是一群硅谷极客[1]给另一群硅谷极客同伴设计的玩意儿。

要问我有没有收到过攻击邮件，你可以看看亚马逊网站上对本书前一版的早期评论。很多评论指责我不能接受“数字美丽新世界”，不了解情况，逃避现实，等等。我甚至还在互联网会议上被轰下台过。技术人员、软件设计者和忠实追随者中没有人想听到这项顶呱呱的新发明有什么短处和不足。他们只想让我随大溜，认为互联网和电子商务是前无古人后无来者的最卓越发现。因为网络可以让我们打理生意、交易股票、购买时尚装备、邂逅灵魂伴侣，还能让我们坐在聊天室中交换关于古董家具、中世纪基督教或者吉他大师杜安·奥尔曼吉他弹奏技巧的想法——这一切都以统一的全球性社区为背景。

互联网，尤其是电子商务，可能并不是那个奥兹国的巫师，而只是一个躲在帘子后面糊里糊涂的人。它正处于发展阶段，事实上，它通人情，未长成，有缺点。好吧，没人愿意听这种话。

所以在 2001 年伊始出现网络泡沫时，我并不开心，不过说实话我有一点洗脱罪名的感觉。同时，在万维网 2.0 像凤凰一样浴火重生的时候我也并不惊讶。但是自互联网开始发展以来，有一个关键问题一直没有得以改变，那就是网络购物能够遍地开花，并不是因为它有多么好，而是因为它所取代或者努力改善的东西已经变得越来越糟糕、笨拙、昂贵和低效。网络世界能有如今的成功大半要归因于现实世界的街道、环境，以及加工和运送系统中存在的问题。2008 年，距离完成上一版的“互联网”这章已有

1. 极客，网络用语，形容对计算机和网络技术有狂热兴趣并投入大量时间钻研的人。——译者注

10 年之久，我仍旧认为互联网以及网上购物还有很长的一段路要走。

如果我们回头看看网络刚起步的时候，一定会想起它如宇宙大爆炸般的起源。从本质上说网络以前是，现在仍然是一个巨大的数据存储空间，是一个你我可以在以前无法接触到的庞大且未经过滤的信息、货品和人员中搜寻一番的地方。想要搜索一本朋友推荐的犯罪惊悚小说的国际标准图书编号吗？需要从你家到帕萨迪纳跑马场的路线吗？还是本周四下午美国铁路公司的火车时刻表？想虚拟游览伯克利大学，了解谁赢得了 1976 年的“超级碗”或者 1981 年“托尼奖”的最佳音乐剧，还是想知道百思买周末的营业时间？通过让消费者有机会知道一些以前他们从未了解过的有关产品、地点、日程表以及人员的基本有益信息（这不叫知识），互联网使信息得以大众化。**更妙的是，我们可以在餐桌上、城郊的校园里，甚至苹果手机上查找任何所需信息。**

这种可以随手取得信息的情况，既是互联网的无上荣耀，也是它的一大弊端。比如，除了出手阻止之外，没有任何过滤系统阻止学龄儿童登录那些家长们不愿他们访问的网站。无人监督审查的网络使人人在它所创造的世界中可以随意传播《犹太人贤士议定书》[1]，或者分享自制炸弹的详细说明而不会有人走进来说一句：“哎，等一下……”比如，输入英国歌手埃里克·克莱普顿，等一两秒钟，会跳出一大片闪着光、颤动着、让人疯狂的大约几十万个有关网页刺激你的神经。如果有 48 个小时，你能读

1.《犹太人贤士议定书》，一本反犹太书籍，内容描述犹太人意图征服世界的阴谋。——译者注

到关于埃里克的一切，从他的官方网页到乐迷会的网页，再到他参加过的所有采访，吉他谱、和弦、贝司指法谱和歌词，从YouTube（油管）上关于他的视频，到销售夏季克莱普顿巡回演唱会门票的网站，再到埃里克的副业时间表，还有组建奶油合唱团那些年的信息，他与约翰·梅耶尔合作的岁月，及组建新兵乐队以及“德雷克和多米诺”乐队那段时间的新闻，他的爱情生活、吸毒戒毒史，最近发表的回忆录中好与不好的内容，以及在易贝（eBay）上出售的有他签名的纪念品等各种内容。说实话，你几乎能摸到这位吉他之神的肌肤。从13岁第一次拿起吉他以来，他已创造出如此多纯净的音乐。

问题开始于你试图搞清楚以下两点的时候：（1）你追求的到底是什么？（2）哪些信息是真的，哪些不是？毕竟互联网是流言、谬误、猜疑、推断以及不雅的假象聚集的地方。这些和真相（至少来自看起来可靠的出处）共存在此处。你如何能分辨这两种信息，特别是当它们间或同时出现在同一个网站上的时候？就拿维基百科这部众人协力合作、不断完善的百科全书来说，常把这个网站当作学期论文信息来源的学生总也不能确定他们在一两小时内读到的词条经过第二天一大早的上传是否会被大段地移位、修改甚至删除。

互联网购物的苦恼

缺乏信息过滤会导致信息泛滥而无法选择，而这有时可能会成为一种苦恼。它使消费者们可以获取大量的数据（还有其他信息），但是并没有可靠的方法来帮助他们识别哪些有价值，哪些没有，哪些可信，而哪些缺失信誉。

在这些像是瑞典自助餐式的信息和数据中，**许多消费者渐渐相信如果他们在互联网上找不到什么东西，那么这东西就一定不存在**。他们会颇感意外地发现如果网站告知他们最喜欢的酒店已经没有空房了，今天下午没有航班飞往新加坡，或者除了驾驶地图上显示的那条路线之外没有其他能到达扬基体育场的途径，只需打电话给那家酒店、航空公司或是美国汽车协会，就会证明互联网错了。有 95% 的可能性在网络上可以找到你所搜索的信息，但是还有 5% 的可能性，在线显示无空房的酒店实际有房，有航班会在你想要的时间和地点出发，只是没有列在网站上而已。

互联网缺乏过滤程序，再加上其出错的可能性，这些都表明需要一些专家来将这种可能性降到最低。正如大多数消费者所意识到的那样，当今网络的部分问题就是这个世界的选择太多了。产品太多，墨盒的种类太多，剃须刀太多，太多太多的东西，到底从哪件下手呢？消费者常常在期待有人能给予他们最基本的引导，哪怕只是缩小可选范围。欧普拉·温弗瑞们和玛莎·斯图尔特们已意识到了这个问题，并给自己找到了代理人或看门人的位置。就像《圣诞颂歌》中的第三个精灵一样——它可以预见未来并且阻止守财奴制造麻烦，奥普拉们和玛莎们会推荐自认为正确的书籍或音乐剧录像，或者是一张舒适的床垫、长时间燃烧的蜡烛，抑或是平板电视。而糊里糊涂、不知所措的消费者就会一呼百应。

亚马逊的榜单可信吗？

事实上，许多人因为省去了做决定的负担而大松一口气。这在我看来就是亚马逊畅销图书排行榜，或者访问苹果 iTunes 音乐商店时出现在屏幕首页的分类产品排行等网上最佳名单大受追捧的成因。几十年中特别是在音乐商店和书店方面的经验使我们明白，最流行、最有效的推销工具就是各种排行榜，包括《公告牌》杂志单曲排行榜，《纽约时报》畅销书排行榜以及 VH1 音乐频道十大最热门歌曲排行榜等。

1. 这就是
2. 一个
3. 事实：
4. 人们（特别是美国人）
5. 喜爱
6. 排行榜

他们热爱榜单，即使这些受到质疑的排行榜不是由业内专家团深思熟虑后排列出来的，而只是总结了其他消费者最爱购买的商品。像任何一位艺术家或者消费者会告诉你的那样，"最受欢迎的"并不一定是"最好的"。但是很多消费者很乐意尝试其他人吃的东西，正如他们并不会担心给小孩取名时用今年最流行的女婴和男婴名——"艾米丽"和"雅各布"有什么不妥。在苹果公司的 iTunes 音乐商店最受欢迎的古典音乐下载排行榜的热卖曲目中，你总是能发现五六首由几位新锐小提琴家和英俊钢琴家录制的曲子在首页播放。这又一次说明，**消费者认为在他们购买之前**

有别人提前检验了商品是个不错的主意。不管怎么样，这个方法促进了产品的销售。

在我看来，**那些由创业精神十足的亚马逊读者拼在一起的榜单更具价值**。从稀奇古怪到一针见血，这些榜单看起来是要真正帮助初次购物，或是对某个作家、某个问题或某个类型感兴趣的无助购书者。我也从亚马逊的公共论坛上得到很多乐趣，在那里读者们可以真诚地讨论埃克哈特·托利或者珍妮特·伊万诺维奇新书的优点。一些五星读者的推荐无疑是假的，是作者的朋友以及关系亲密的人发上去的，但也不都是这样，对吧？

当然，亚马逊的不足也是明摆着的。一方面，如果订单有问题，你可以试着与他们联系（所有的销售网站都陷入这个共同的困窘之中）。但如果是你有麻烦需要解决，就很难忽略自己脑海中出现的声音，它告诉你亚马逊的高层不会对你的来电产生一丝兴趣。利用电子邮件联系他们的话，只会收到一份简要而亲切的自动回复。你得花上好几天时间徒劳地找出客服电话。这种我们为之埋单的便利、一键式购物和程式化的零售体验，其事实就是，在与亚马逊的交易中，那头坐着的不是有鼻子有眼的人类，而只是个往我们邮箱里发邮件的滴水不漏的电邮数据库。

当Envirosell公司开始为微软——这个成为我们最大最热情主顾之一的公司——工作的时候，问题变得有些私人化了。我们为他们解构了世界上所有商店的软件和电脑游戏部门（作为一个通不过 Xbox 经典游戏 Hola 初代的人，我比任何有权知道的人都更清楚 Xbox 360 的全球销售情况）。在与微软的早期合作中，公司的一名经理曾惊慌地打电话给我，询问我，是否真的与人合作编写了其竞争对手的 Unix/Linux 系统的新用户手册（消息来自亚马逊）？当然没有，但是我却被放在了亚马逊网站上（天知道世界上到底能有几个帕科·昂德希尔）。同事松了口气，但是也说明了微软公司总部所在地雷德蒙德确实发生了一些波动，他们认为其中一个卖家可能是商业间谍。

那应该做些什么呢？发给亚马逊的电子邮件只能产生更多的自动回复。最后，被激怒后的我只能设法找到这家公司的总顾问，他告诉我说对于这个问题他无能为力，这是其中某个经销商的责任。我明确告知他们必须采取一些措施，亚马逊犯的错威胁到了我的工作，可他能办的也不过立即删除惹是生非的“合著”字眼。不过亚马逊却不能确保之后的上传不会再出现此类错误，我的名字不会再出现在 Unix/Linux 系统新用户手册的合著者行列里。直到今天我还在警惕地检查着这个网站。

正如我之前提过的，今天一波又一波的网站、货品、选择、信息，以及明显的错误信息已经造成了一个窘境，表明在未来需要一种“专家咨询”的服务，能有人来把 2 000 个网站浓缩成 12 个左右，为购物者提供必不可少的帮助。首席管家（Head Butler）等网站就已经在这一类的网站中拔得头筹，店主只需动手挑选一些喜欢的东西，从舒尔 E3c 隔音耳机，到莱翁·赫尔姆的专辑，配上一段短小有趣的文章来描述这些物品为什么很棒，之后就可以引导感兴趣的顾客去亚马逊网站。如果能找到一个专家来帮我们在网上寻找各种东西，那么未来的网络该有多么了不起。通过开发这样的服务还能大大缩小网络购物的范围。我的同事在 LivePerson.com 上推出了一项新的在线服务，不仅提供购物建议，消费者还可以分钟计时雇用一个微生物学家或者一名杰出的软件工程师来解决问题。随着新一代网民使用网络能力的提高，谷歌、微软以及雅虎等网站所垄断的信息会被分散进与现在完全不同的多个程序中。但我不会为此祝福的。

理想的本地化在线程序

从我对消费者在网上和现实中购买习惯的研究来看，我总觉得网络和水差不多。水从缓慢流动，到开始流淌，接着汇集进沟槽、水渠、溪流、河道和水洼等人们已经进行过调查、建筑和开挖的地方。而网络对这一预先探究过的诸多机遇有着良好的第六感，所以凭直觉一路向前。它填补了很多漏洞，而且有时做得还挺好。**但是网络依然无法解决当今零售商面临的相同问题，也就是到底什么是国际的，什么是本土的。**

作为一个本地顾客，全球化进程和你有任何关联吗？

我会拿本地电台任何一天的消息与 Excite 网、谷歌或者雅虎上发布的新闻相比。当然，我也可以定制设计一个涵盖了体育、商业、国内国际新闻，还有天气预报等的首页，但是除了知道下周二会下雨，个性化定制对我而言并没有多大意义，这吸引不了我。我想知道在我居住的城市及周围发生着什么事情，扬基队昨晚是不是在最后一局中赢得了比赛，还有距我住处南边 6 个街区的安格利卡电影城有什么片子上映。所以包括我在内的很多人都被这样一个普遍的软件解决方案搞得非常沮丧，但这却是各类网络一直宣称的媒体之优势所在。这个初步想法早就存在了，但要是我们能开发一些比现有的更加本地化的处理引擎，比如本地定位的，那又会如何呢？

我认为这个问题的源头还是在风险投资家身上。他们中的大多数没有将资金投入到价值千万美元的生意中去，而是看中了未来3年会增长100倍的价值1亿美元的生意。每个人都希望自己能成为下一个网络巨鳄的幕后推手。这并不是说这些公司不应该成功或者挣到数十亿的钱，但现状是即使连脸书这样成功的社交网络，也还没有达到为不同地域、不同环境和不同用户个性化定制这一目标。尽管互联网属于公共领域，但谷歌等其他大型网络企业却只首先对股东负责。

我理想的本地在线程序是什么样子的？一方面，你可以根据自己的兴趣和信念挑选处理引擎，这样程序对于你，也就是用户来说，才能提供更好的响应。我就不会常常买那份叫作《原乡人》的小报了，这份小报是地方性报纸，它上面的广告和排行榜都与我这个曼哈顿下城的人有直接关系。网上的时装商城或许会考虑进行同样的变动，毕竟，纽约女性的穿衣打扮之道还是和得克萨斯州的圣安东尼奥，甚至是洛杉矶的不一样。梅西百货和艾琳·费雪网站上“最受欢迎”以及“强力推荐”的服装可能穿在得克萨斯女性身上看起来很棒，但是穿在一个40岁左右的好莱坞高管身上看起来就可能很荒唐。这些网站可以考虑像网飞公司那样提供一个根据用户邮区编码来区分的最受欢迎名单。再说一遍，“最受欢迎的”通常并不是“最好的”，但是这样一个系统更能将本地化方案嫁接到全球方案中去。

针对二三十岁的时尚女性创办的每日糖果网是另一个鼓舞人心的例子。从旧金山、芝加哥到伦敦，用户可以在十多个城市中进行选择。如果你住得离迈阿密近，每日糖果不仅会告诉你南海岸最酷的内衣商店在哪里，还会告诉你这周末当地有什么文化活动，可以和孩子们一起做点什么，以及最好最新的饭店。对于我来说，这至少是个开始。

关于网络的另一个问题是：它是如何得以维持的？网络的基本经济支柱是什么？是广告？政府？还是当地机构？结论还有待分晓。如果是公司广告的话，我们有三星这样的例子，它将市场营销预算的一大块儿都投入到了网络广告中去，包括飞钓网站以及其他拥有许多访问者的地方。三星通过广告得到了许多好处，但三星做出这个决定同样也是很艰难的，因为收看者通常会在传统的 30 秒电视广告期间忽略、避开或闲聊，甚至使用数字录像机的“跳过”功能来屏蔽广告。此外，电视广告的制作费用极高，而由于报纸和杂志不再是 60% 的美国人周周都看的那五六本期刊了，所以广告投放的费用也少不到哪儿去。

结果就是传统的销售以及配送机制的不得力为所谓的电子商务网站创造了契机。

仔细想想这其实并不是什么高度赞扬。

女性网上购物的新理由

问题还有：为什么网络的第二代强过第一代？正如我说过的，并不是因为互联网变得更酷、更时髦、更快、更性感、更好或者更有效。一个重要原因是女性开始投入其中，花大量时间上网，电子商务二代表现得还不错。

2008 年 1 月尼尔森全球在线调查报告表明，世界上有超过 85% 的网民通过网络购物，从 2006 年以来增长了 40%。世界上最热情的网络顾客来自韩国，将近 100% 的网络用户都曾在网上买过东西。紧随其后的是德国、英国还有日本，而美国仅仅位列第八。网上最受欢迎的商品是书籍，接下来是衣服和配饰，然后是鞋、视频、DVD 和游戏，而飞机票和电子产品垫底。**在线消费者也都很忠实，60% 的人声称他们大多数都是在同一些网站上购物**。

除了完成交易以外，女性还会在网络上做些什么？我将这种行为称为**"类购物"**。下面是详细的解释。

预备购物：这相当于零售业中的"相亲"。除了眉来眼去，打听彼此的信息，不会发生什么实质性的事情。在网上冲浪时，你的妻子、女朋友、姐妹或者女儿会从塔吉特的官网了解一条连衣裙、学习用的活页夹或者最新款的里昂 · 比恩牌平底软皮绒鞋的信息。当女性在购车的时候，预备购物这种现象特别普遍，甚至比男性还要明显得多。但丁应该发明第十层地狱来看看大多数女性在购买汽车时的情景，女性会先上网，弄清楚新款普锐斯、赛纳或者思域的价格，有没有自动变速器、收音机、卫星定位系统、挡泥板、天窗和其他配置，然后才会自信地带着她们所了解到的信息、数据和价格去代理商那里。

因此，不经意地，**网络成为了实体商店的顾客来源**。如果顾客懒得出门，厌倦去商店，不想浪费时间或者不喜欢社交的话，那么他们可以提前在网上找书、查电影或电视节目，或者看看自己喜欢品牌的厨具型号，并且可以读几个消费者的评论，然后直接去商店买所需的东西。这样可以节省他们在商场里闲逛的时间，也省得向个一知半解的店员询问，或是花心思比较一种型号和另一种的差别。也有可能消费者并不想去书店或者当地的百视达门店，那么他们可以通过亚马逊或者网飞买书或者租电影看，这样就不用开车出去，只需去门前的邮箱里拿东西即可。

二级购物疗法：想象一下，没有商店，没有拥挤的人群，没有排长队等候的人群，也没有年轻的妈妈用婴儿手推车堵在过道里。这就好像在翻阅无线版的《时尚》杂志，它绝对是终极造梦工具和消磨时间的帮手。**网上商店让女性消费者直接进入精品店和高端饰品店，而不会让她们有在实体店中购物的不适感**，如此一来，就没有爱马仕店员的敷衍了事，也不会有带着脸色的销售员。在网上购物，她们可以随意逛到哈利·温斯顿的网站，躲到路易威登官网里，或者查查图森的峡谷农场度假村、巴黎的丽兹酒店或新加坡文华东方酒店的信息。这就好像带着翅膀隐身购物。人们甚至可以裸着身体，在筋疲力尽、正要洗澡，又或者正在观看自己最喜欢的电视节目重播时进行网上购物。

现在的消费者第一次免费浏览货物而无须购买的感觉如同19世纪50年代第一家百货商店开业带给顾客的感觉。此外，百货商店还能刺激中产阶级向上拼搏。在那时，人们一般认为顾客走进商场就是为了购物或者至少是打算购物，所以许多人都接触到了以前从未见过的另一种生活方式，有很多人都因此燃起了追求成功的动力。无论那时候还是现在，百货商店都是一个非常民主的机构，它欢迎每位顾客尽情浏览解解眼馋。

节省时间：圣诞节是一个很好的例子。网上购物可以让消费者在一年最好的购物时节浏览所有的好东西，却同时避开了实地购物最可怕的一面——拥挤的人潮，堵塞的停车场，激动的家长推搡着抢购Wii游戏机、Flip摄像机或其他零零碎碎的小商品。在网上，消费者只需看准、点击、放入购物车、结账，一棵盆景树就会送到侄子那儿，侄女就会收到一件红色毛衣，而某著名餐馆的海鲜蛤蜊浓汤一晚上就能送到住在佛罗里达却想念新英格兰土特产的叔叔手中。

而且，购物网上并不总是那几类商品。网络有引以为豪的成功范例，否则怎么解释蓝飞公司（Bluefly）这个专门打折销售时尚设计师设计的男女时装销售商火爆的原因呢？这家网站就像是生机勃勃版的家庭购物网（Home Shopping Network）。蓝飞公司让人们不再需要闻、摸、尝和感觉，而仅仅根据漂亮的照片和经常更换的商品展示，就可以不断通过门户网站买走商品。这真是将在线商场的方便发挥到了极致，而且价格公道。

但是紧接着你就会发现自己是一个拥有 43 个名牌包却无处放置的女性。

网络的二级市场自由买卖

网络让人着迷的一大优点就是创建了二级市场，一个为本应被扔进车库或是阁楼发霉生锈的二手物品再次回收利用而设立的舒适且可靠的系统。无论是被你放在易贝上的梅赛德斯二手车，还是有一点刮痕的莱斯·保罗（美国吉他大师）的吉布森烟草色吉他，互联网都已将各类虚拟跳蚤市场制度化。我有很多同事通过专门经营某种货品而赚取外快，而他们所使用的这种方法在 10 年前是无法想象的。无论是旧的有关铁路的书籍、高脚杯，还是摩洛哥瓷砖，又或是古董明信片，总会有人想要购买，请给这些人更多的空间吧。

甚至连亚马逊都加入这场游戏之中了，因为销售二手货的毛利润通常比销售新品的高。亚马逊让你可以从新书和二手书中选择购买。对于那些绝版书籍，亚马逊可以为你链接到二手书商，他们从运费和手续费上的获利相当于甚至高于图书的销售获利。

在虚拟跳蚤市场之外，商人如何使顾客在网上购物呢？其实道理很简单：如果你喜欢上某个牌子的跑鞋或者卡其裤的剪裁，而且已经穿了很多年，清楚自己的尺码，那么网上购物就水到渠成。结账，然后一件新品就会向你飞奔而来。

在孩子们的在线交流这一方面互联网做得也很出色，比如企鹅俱乐部，Webkinz 在线游戏社区或者其他网站，这些网站吸引孩子们购买虚拟宠物，照顾这些宠物并且给予它们爱心。如果你买了只企鹅，那么它就需要一个圆顶冰屋吧，而且要吃东西。尽管要收费，这儿花 5 美元，那儿花 5 美元，但是这些俱乐部提高了孩子们的电脑和键盘技能（虽然这让孩子们有了久坐不动的体验）。古斯塔沃的小儿子卢卡管理着我们的数据部门，他 3 岁的时候就可以打开电脑，连接网络并且登录他最喜欢的游戏网站。

说实话，一直困扰我的是视觉艺术家到底为什么能在网上成功销售画品，甚至有时候能卖出几万美元的高价。现在，艺术家既可以在艺术市场上或者街头展览中卖画，也能独自或者结伴举办展览，每幅画作通常起价都在大约 2 000 美元。通过直接和虚拟的方式，艺术家们创造了一种类似于农展会的形式，将街头市场和艺术世界结合在一起。这种形式的成功之处在于部分艺术家想摆脱在画廊卖画的传统，减少顾客对于艺术世界高高在上的不适，或是为了消除顾客与艺术活动中心在地理上的距离，同时也基于人们之间存在一种单纯的信任。不过，对有些人不实际看看货物就在网上购买艺术品我有些怀疑。但是，我很高兴许多艺术家还是办到了。

如果目标明确，人们不仅可以实现在网上卖东西，甚至能卖得很好。

我有一位朋友在纽约为一家家居用品精品店经营网店。他利用一台手提电脑每年能在网上卖出超过 50 万美元的货物。他经常能找到为数不多、外观漂亮的书籍、玩具、桌上小摆设之类的商品，并且在各种杂志上作些专题报道，人们会因而喜欢上这些东西，然后到他的网店购买。把这批东西卖完后他会再重复整个过程。我喜欢去他的网站，因为这是我所知道的挑选礼物的一个最好办法。为什么他能成功呢？一方面是因为他在杂志界有些名气，并且杂志媒体的设计编辑对他的精选能力、目录更新和不错的品位很是欣赏。

购物说得差不多了吧？让我们说说社交网站。

社交网站的利与弊

在社交网站上，你可以跟我打招呼，给我留言，扫一眼我的好友名单和上传的 300 多张照片和家庭录像，也可以赠送给我一盆虚拟的盆栽或者一块虚拟的纸托蛋糕，看看我的感情状态，如果我没有伴侣，那么可以了解一下我到底是在寻找友情还是爱情。

如果你认为社交网络仅限于鸡尾酒会、私人派对和商务会谈的话，先看看脸书吧，这里就是当今电子部落的虚拟化身，由弗兰克·劳埃德·莱特和亨利·福特两位梦想家创造。

是的，他们一个是建筑大师一个是名气相当的汽车制造商。我将脸书解读为居住区向郊区发展和汽车普及直接造成的衍生品，这两者造成了人与人之间的巨大间隔。当世界变得越来越去城市化，人们遍布全国乃至世界各地，而我们中很多人都在孤立的公司园区中辛勤工作时，我们仍不能摆脱与他人沟通和联系的基本需求（住房常常是理解社交网络新现象的关键）。虽然脸书存在风险和不确定性，但它跨越了人与人之间的隔膜和疏远的距离，就像是一张虚拟通行证，使人们重拾亲密关系，或者应该说它本身就是一种亲密关系。

我想再提一次，**网络在我们的生活中找到了自己的定位，并且弥补了生活中的缺失**。通过这些普通功能，我们能够和网友见面、聊天，感觉好像我们生活在一个比高中教室、大学校园、卧室或者办公室的格子间更大一些的世界里。脸书不仅是一个社交网站，它还满足了人们的偷窥欲。这种感觉就好像在读某人摊在沙发上的一本贴满了照片的活页日记。在真实生活中尽管你不想，也没有理由给朋友打电话、发邮件或者看他一眼，你都可以通过脸书了解朋友们正在做什么。它是一张你整个社交圈的谷歌地图。对于一些用户，脸书提供了让他们炫耀自己有多少个朋友和留言的平台，借此巩固自己在公共场合的社会地位。对于另一些用户来说，脸书不过就是比较方便的通讯录，而且这个通讯录还能常常自动更新，这的确令人着迷。

脸书创造了一个独立的小世界，比如在这里我 16 岁的侄子可以很正常地和一个女孩在线聊天，但是在正常情况下如果面对面说话，他却可能会舌头打结。这种亲切感是由于不需要真正看到对方而产生的。而这样的亲切感在零售环境中也有所体现。比如，我们现在已经从过去在布鲁明戴尔百货公司隔着柜台面对面与销售小姐打交道的模式，转换到了在丝芙兰你与她站在柜台同一侧，像是同一个阵营的敞开式销售。我们所看到的一部分是交流形式的初步转变，以及交流的双方也变得更加亲密。以我讽刺的眼光来看，因为缺乏勇气、机会和地理上的邻近关系，很多人无法与活生生的人面对面沟通，所以脸书用户的社交网络变成了三角关系。

但是脸书在世界上会存在多久呢？它会不会最后成为一种不会长久的虚拟村落？要是朋友圈中跟某人已经 3 年没有说过话，发过邮件、短信或是打过电话，脸书用户该如何做出决定，这个人会被踢出去吗？有没有用户放弃继续使用脸书呢？我认识的大部分脸书使用者说他们无法预测自己不再投入到脸书账户中的时间、日期、地点或年龄。而当离开郊区、面对真实的文化交流时，社交网络变成了一种在我们生活中寻找某种永久网络关系以及共同身份的方法，那么网络应该还有其一席之地。在这个瞬息万变的世界里缺乏实在根基的话，你的“生活”可能就会“咻”的一下消失了。那么最后一个问题是，如果到时候真的消失了，你会在乎吗？

众所周知，脸书和其他社交网站都无法解释维持其运营的广告费用体系，你们在给好友留言时注意到旁边的软饮料广告了吗？

每年我都会收到很多加入不同社交网站的邀请，但我从没有接受过。在 50 多岁这个年纪，我已收集了满满一盒从世界各地接过的名片，如果把这些名片头尾相接地连在一起，估计可以建成一条通往天堂的阶梯了——可能这才是属于我自己的脸书。

人们这种传播习惯也会导致另一个极端。经济繁荣可以提供先进的器具和与外界的连通，但在这样的文化氛围中，人们依旧还是得生活在狭窄拥挤的空间里，这就是为什么在一定程度上日本人和韩国人要用技术将自己包裹起来营造一种虚拟的独处环境的原因。在一个拥挤的日本家庭或者公寓房里，可以隐匿于网络或者移动电话中，就如同隐藏在小帐篷里或是插上一双翅膀。

在日本和韩国，网络的另一成就是在社会限制和礼仪上采取了漂亮的迂回战术。在这两个国家，直视他人的眼睛是不礼貌的行为，而脸书和短信可以让你做到似看非看。日本孩子在用手机时，能用最少的按键次数写出一个复杂的陈述句。当他们开始利用语音键入词汇时，文字一个个弹出来，交流便越发迅速。美国的年轻人与此形成鲜明的对照，他们要想出自己的缩略语——LOL（“laughing out loud”或“lots of laughs”的缩写，表示笑得很开心的样子），以减少敲击键盘的次数。所有这些都使聊天在亚洲国家变得更快，这也是为什么带有上网功能的手机在这里很有市场的原因。

在日本、韩国以及其他新崛起的市场中还有另一个不同之处：乘坐公共交通工具是一种常态。一般人每天都会花上两个多小时的通勤时间。乘坐火车或者公共汽车时用电话聊天并不礼貌，但是有了可以上网的手机他们就能随意地在网上冲浪和发信息。这不仅仅节省了时间，同时还是一种网络放松形式。在欧洲和美国，我们开车时可以在车内属于私人的空间内打电话聊天，但不能一直盯着手机看，否则就会撞上护栏。所以网络服务的市场不同，成功的程度也就不同，这有什么好奇怪的？

现在我想知道如果大拇指（而不是食指）承担所有的工作会如何？无论是谁设计了我们的手，让它们长成这个样子，大拇指都是力量的来源，而其他的手指负责精巧的工作。如果不小心患上了手指关节炎，是不是意味着短信时代就此结束了？

脸书并不是现在市面上存在的唯一的电子部落，理论上讲，它更像是一个支持友谊和归属的平台，形成了一个庞大的校友联盟，而并不只是偶遇朋友和沉淀自己的地方。网络从本质上已经化身成了一位现代红娘，创办配对网（Match.com）这样的交友网站，在这里来自得梅因、身高不到一米六的红发小伙子可以告诉别人他是来自加利福尼亚的沙滩男孩，身高一米九，个性随和，褐色肌肤，得等到他在现实中遇到一位大呼再次上当的女士，这话才会被揭穿。

配对网和其他所有按“查询—介绍—搞定”三步走的交友网站的问题就出在它们都以人们相互的“兼容性”为基础。还记得在刚进入大学时填过的那份关于“你想要哪种室友”的调查问卷吗？不吸烟、素食主义者、喜欢重金属音乐等，这些相同的标准与在线交友服务提供的一模一样。你打网球吗？我也打。我们都不是很虔诚的佛教徒。我们俩都喜欢意大利、巨蟒、猫……然后就能拿到照片。最后这一切都有可能演变成肆无忌惮的自恋和彻底的顾影自怜。当我们爱上某人时，是不是真的在寻找一个和自己一模一样的人呢？如果和自己约会，我很确信一天后我就会当众宣布：“我们根本不合适。”

这就是网络最大的局限之一。网络就像电脑一样运转、接收和处理信息。它不能周到地、创新地、直观地提供信息，甚至连亚马逊网站在这方面也不尽如人意。它为你推荐商品的模式是基于你之前的购买行为（你喜欢小说家约翰·格里沙）来推测以后的购买行为（你还会继续喜欢约翰·格里沙）。对于很多读者来说这可能有用，但同时我们中的许多人可能一直在寻找新颖、不同的事物。因为喜欢詹姆斯·李·伯克的小说并不意味着我会排斥一本关于在加拉帕戈斯群岛滑翔的新书，或者理查德·伯顿（不是那个演员，而是19世纪那位很古怪的探险家）的新自传。

想一想，我所知道的一些最坚实的婚姻都是由两个完全不同的人组成的。我认识一对夫妇，理查德和斯泰西。理查德是我的市场研究导师，钟情于纽约这座大都市，喜欢篮球、啤酒还有中式外卖，我所认识的人中他最了解芬兰电影。斯泰西是他的挚爱，五星级饭店和美食度假的忠实拥护者，并且每次行程前都会弄清楚当地的豪华酒店，而且酒店一定要提供大功率的吹风机。但是理查德和斯泰西彼此相爱，这已经是他们的第二或者第三次婚姻了，但这次却维持得最长久。我想正是每天的相互妥协、对对方怪癖的容忍才使得他们没有分开。

如果他俩在配对网登记资料，那就连见面的机会都没有，更别说接近彼此了。

很多人身上都发生过《当哈利遇到莎莉》那样的情节。在大学相遇、分手、复合、第二次分手、再重聚，并一直相守。这些男孩女孩本来打算在27岁的时候步入婚姻殿堂，最后故事也的确是这样的。我很高兴他们明白自己应该在什么时候做什么事情。对于我们其他没能做到的人而言，则又重新回到了开始的地方，像回到了搅拌机中。我们带着一点苦乐参半的心情开始明白，如果在30岁时不能安家，那么很有可能是因为我们自己出现了一些小问题。尽管网络有很多不足之处，但至少它能帮助那些年过40岁的人进行配对相亲。

通过自身体验而获得希望，不过是建立在几下鼠标的点击之上。

未来的网络集合

总的来说，如果仔细想想，就会预见要花钱的地方有那么多，所以我们才会质疑自己是不是谨慎。对于大多数 40 多岁的人而言，家中冰箱里 80% 的食物是日常采购的东西。没错，我们会根据季节购买奶酪、蔬菜和肉类，可是基本的东西不会变。现在我知道自己的喜好：有果肉的纯果乐橙汁、脱脂牛奶、低脂原味达能酸奶、青葱奶油芝士、法国芥末酱、马来西亚辣酱，还有啤酒。我只钟情于某个品牌和上等白葡萄酒，而我的另一半和我对此都很享受。

但是我们为什么不赋予网络或是厨房日常采购权呢？日本人正在致力于设计一款冰箱，它可以扫描放入其中食物的条码和无线电波频率辨识标签。冰箱知道它们什么时候消耗完了，或者重量减少了，然后会每天或每周发短信给你询问是否需要到在线商场下订单。洗衣房也有相同的程序，一个网络授权的货架或是储存系统可以准确记录香皂、漂白剂和柔顺剂用量。遗憾的是，大多数电器的寿命是 10 年或更长的时间，而普通软件的寿命却不到两年。问题在于如何使硬件和软件真正兼容。

我认为未来的网络会是一种集合，听起来好像有点科幻，**但我说的是现实世界、移动技术和网络之间的连接，这二者会形成一个商店与网络世界和手机结成的经过改进的整体**。最近一种量化顾客对零售商潜在价值的有趣方法吸引了我的关注，如果我是店主，顾客只买放在地上的商品，那么他们的价值是 1。如果他们在商店里购物并且还扫了一眼商品目录，那么他们的价值为 1.5。如果他们不仅购物、浏览了商品目录，还访问商店网站，那么他们的价值就是 2。就是说，按照顾客消费金额衡量出的我与他们的关系与顾客和我互动的方式成正比。

作为网络集合的一个例子，消费者可以拿着智能手机到当地药店指明要某种非处方药。放置药品的架子会指引消费者到某一网站，该网站可以告诉他们药品的用途、剂量、副作用等。消费者可以把这些信息扫描到自己的手机上，很简单吧？

网络集合还可以促进一种早已在网络购物中取得进展的现象——互联网可作为绿色工具。最近，我的一位朋友没有抵住诱惑购买了一部 iPhone。他并没有通过阅读折页说明书来了解使用方法，而是根据手机包装盒上的信息登录到苹果网站上观看了一段演示视频。当我在一家日本百货公司购买豪华卡西欧表时发生了同样的事情，这块表附带有一个网址，可以在上面将使用说明下载到电脑里。这样我就不用花时间研究由法语、塞尔维亚-克罗地亚语等 23 种语言写成的说明书了。

所以无论是说明书、包装盒还是包装袋，与其他方法相比，网络集合都是一种消除杂乱，避免使用纸张和包装的好方法，正如我在前文提到的联网冰箱提高了购物和商家的配送效率，这样地球上的一些垃圾填埋场就能大松一口气了。

这个系统的第二个作用是**代替钱包**，成为电子钱包（和银行）。在日本和菲律宾的 DoCoMo 商店，你可以用现金或者通过电汇给自己的手机预存费用。特别是在菲律宾这样的第三世界国家，如此一来就可以避开银行，至少对于那些没有银行账户的人来说很实惠。想想看，你可以把它当成购买手机通话时间的支付手段。同时，对于在这个可怕世界中提心吊胆的父母们来说，它还是一张安全网。通过给孩子的手机充值，父母在月底就可以知道这些钱是如何花掉的，到底是像孩子所说的那样买了芝士汉堡、看了电影，还是用来购买了半盎司的高纯度大麻。另一个好处呢？那就是安全了，一旦开始将现金转换成电子形式，犯罪率就会降低。

智能手机的第三个长处就是**可以作为身份证来使用**。通过某种方式，将手机与你的身体联系在一起，只有在你附近手机才可以使用。这就意味着如果手机不小心掉进了下水道，或者被人偷走，它就变得毫无用处了。

智能手机还可以建立一个系统，绕过网络和面对面交流的传统媒介。2004 年 3 月，发生在西班牙大选前夜的马德里火车爆炸事件所引发的即时通信潮，就在一定程度上影响了这场选举。没有人再讨论政治事件，但一个在线社区却凝聚了高涨的人气。因此现在我们传播信息的工具已经超越了电话、杂志和报纸，并且能将本地人全部联合起来。

如果在零售业引进网络集合，这可能意味着实体商店模式的配送系统和供货链管理的改革时机到了。至少在发达国家，大型连锁零售商的时代已达到顶峰。卖场规模可能会越来越大，但是这并不意味着消费者会相应地增多支出的时间或金钱，所以缩小商店对经济和生态都有意义。假如我们开始在线订购日常用品，或者只是顺道在商店里购买，那条洗衣用品通道还有存在的价值吗？

想一想，当我们实现了网络集合的时候，实体存在的意义就要被彻底重新考虑。美国正将大把的金钱投入到国外进行国家建设（想想伊拉克），但与此同时，我们的码头、港口还有桥梁却在衰败，客运铁路也在消失，而且我们已经无力大胆想或是大胆干了。我们在倒退着进入未来。当我们需要克服对石油的依赖，更好地保护地球家园时，却陷入了困境。150年前，因为我们的远见，铁路贯穿了整个美国；100年前，因为勇气，我们敢于设想并建成了巴拿马运河。而现在，美国不再是一个领导者，而只是一个追随者，所以我相信网络集合会在其他国家率先实现。

网络集合最初将会在非洲或者印度这样的地方落脚，在这里有些人没有，或者无法接触到固定电话。我喜欢游览印度的部分原因是那里空间狭小、人口密集、零售业落后，以及缺少美国人和欧洲人觉得理所应当的东西。这个国家正设法越过传统的固定电话阶段。最近去德里时，我看到很多人手里一直拿着手机，人数远远超过纽约，因为在这里手机并不只是用来通话，还可以彰显主人的重要身份，手机号码甚至比他们的姓名更加重要。

将印度发展技术的道路与美国人的相比，你就会发现它的合理之处。我们先有固定电话，接着有了电脑，然后是互联网，还有第一批手机。(请回想一下第一批手机商店在20世纪80年代末到90年代初才出现在美国，用户大多是商务人士。我还记得一次和一位从未使用过手机的朋友看歌剧，她盯着我的手机就好像是看一个异域芒果。当她给女儿打电话时，蹦出的第一句话竟然是："你猜怎么着，我现在正用手机给你打电话。")自那以后，一些人开始使用掌上电脑，引领我们进入移动网络世界。哦，顺便说一下，我看歌剧时再次见到那位女士，她已经自豪地拿着一部普通手机和一部黑莓手机。

如果你询问大部分人，他们会告诉你手机并不是20世纪90年代初才开始出现的，它好像一直就存在。

比较一下科技与一个新兴国家的发展历程。在德里，我无意中听到人们的手机对话觉得有些好笑。“你在哪儿？我要晚到3分钟。”这让我很好奇，在手机出现之前人们是如何相处的。

这就是我认为网络集合会首先出现在一个新兴国家的原因。到时候，有美国人就会惊呼：“嘿，见鬼，我们这儿怎么就没有？”

未来的音乐商店和书店

万维网的一个非凡之处在于，即使是头发斑白的老手也缺乏对其运作过程的清楚理解。不管我们是用它来聊好莱坞八卦、股票交易，还是仅仅把它同时当作电子邮局和浩瀚而生动的大英百科全书，大部分人都已接纳、包容甚至诅咒它，网络已经无处不在。

那么要是发生了电脑大战，整个网络土崩瓦解会发生什么？如果一个组织或是另一个国家认为攻击美国的最好方式就是破坏网络会怎么样？想想恐怖主义和“9 · 11”事件所造成的后果，恐怖分子不再空想简单愚蠢的病毒，转而设想如何让网络消失，又会怎样？

在当今的拜金文化中，与其坐着思考下一个脸书会是什么样，还不如花一些时间想想以上这些问题。

好了，别在想那些剧情邪恶的糟糕场景了，哼几段音乐吧。

我有一个朋友，虽然不常见面，但我很乐于碰到他。他有三大相互关联的特点，跑马拉松，每天抽半包万宝路，而且是个十足的音乐狂人。每次我们开会碰到时，他都会热诚地递给我一张小纸条，上面写着：“试试这几个人。”下面列着几个音乐家，他坚持认为现今 iPod 的拥有者都该收录他们的音乐。上次他推荐给我的乐队名叫巴尔坎打击乐队，音乐风格是电子乐和中东音乐的混合，背景中贝斯节奏十分低沉，是非常棒的舞曲，就算是戴着耳机在大街上跳爵士舞也一样不赖。

因此我登录到 iTunes 音乐商店，输入巴尔坎打击乐队，找到了两张专辑，总共大约 25 首歌曲，后面还附有 10 行文字，是对他们音乐风格的描述和一些顾客的评论，就这么多，远远不够让人细细品味的，真是令人沮丧。最后我以每首 99 美分的价格买了三四首歌，外加几首朋友推荐的其他几个乐队的歌曲，把它们混合在一起。这个复杂而美妙的合集让我一直乐在其中。

如果朋友没有推荐这支乐队，可能我永远都不知道巴尔坎打击乐。为什么？因为我们关于 iTunes 的所有讨论话题都围绕着这种革命式的新式媒体，能提供试听并且下载数码音乐。虽然我是苹果公司的忠实粉丝，但是现在让我们来面对现实吧，其实 iTunes 的功能十分有限。

比如，为什么 iTunes 提供的音乐试听不超过 30 秒呢？有时候甚至连歌手的声音和旋律还没开始就结束了。为什么这个网站不需要更多的个人信息呢？包括住址及喜欢的音乐类型，这样才可以根据我的喜好或者已下载的音乐向我推荐本地的音乐会。为什么 iTunes 不允许顾客用 25 美分购买一首歌曲的 3 种试听版本，这样才能决定要不要把它下载到我的永久音乐库中？ iTunes 也无法解释一个人买了巴尔坎打击乐队的歌曲为什么会排斥伊尔萨·基特的代表音乐？而且为什么找不到唱片的封套说明？因为我喜欢阅读这些内容。可现在得花 9.99 美元、11.99 美元、18.99 美元或网站收的不管多少钱，我才能读到这些东西。

这里的信息爆炸在哪儿？

还有一个问题：我现在拥有4部iPod，每一部都有专属的扬声系统。一套放在客厅，另一套放在厨房，第三套放在办公室，还有第四套……它可以放在任何地方。为什么苹果公司没有认识到它已经产生了变革，应该继而促进变革呢？它应该给我、我们所有人，推销更广泛的解决方案，绝不仅仅是做最新、最酷的新型分配系统。由于该网站正一心想着卖给我99美分的歌曲，以及有声书、电视剧、音乐录影带和新上映的电影DVD，所以它提供不了什么工具能让我管理自己大堆的iPod。我希望苹果公司不只是售卖各类东西，而且能加速简化其产品在我生活中所承担的角色。

最近，在全球音乐企业集团索尼贝图斯曼唱片公司（Sony BMG）我碰到了一个资深的管理团队。许多人都知道现在CD的销售一直在下滑，2007年再次下滑了30%左右。奇怪的是，只有利基市场的CD销量还不错。举例来说，波尔卡舞曲在乐坛还有一席之地，拉丁音乐也是这样。有着固定客源的小商店存活了下来，但是音乐产业中的其他部分却正在遭受打击。

这其中有很多问题。因为今天我们正处在一个对音乐前所未有的渴望阶段。2008年一个普通的15岁少年就掌握了有关各类音乐的词汇，他知道迷幻舞曲、布鲁斯、摇滚、重金属、乡村音乐、山区乡村摇滚乐、石人金属乐、英国入侵、现代音乐、嘻哈乐、世界音乐等。不管人们对音乐的了解有多少，渴望有多少，目前互联网还没有全身心地投入其中，它无法穿透自己的最外缘，也无法让我们在听到好的新音乐时精神振奋起来。

我知道，在线音乐销量在突飞猛进，但问题是这都没法赶上

CD 销量的急速下滑。并不是因为数码下载有多棒，也不是因为音质有多清晰，更不是因为整理 MP3 的音频文件比处理旧唱片容易。

指责文件共享或网络盗版也是一种逃避行为。1959 年，普通美国家庭都有 1.7 个音响设备，父母有一台立体音响，楼上的子女用的可能是便携式电唱机。我们恭敬地把唱针放在黑胶碟之上，竖起耳朵倾听，不能移动（或者跳舞），因为电唱机的唱针可能会滑过碟片。现在听音乐的时候我们可以做任何事情，做饭、读书、计算，音乐变成了繁忙生活的背景音乐。我有 4 部风格迥异、大小不同的 iPod，而在我家里总共有 23 套音响设备。我曾经买过 4 次大门乐队的同一张专辑：一张黑胶碟、一盒磁带、一张 CD 以及 MP3。没错，孩子们在交易音乐，看在上帝的分上，要是我们让他们买了差不多 20 年的昂贵 CD，而不是符合他们预算的 45 秒的音乐，他们为什么不能这样做呢？问题是，有史以来，比起消费者，音乐产业更加接近音乐家。

音乐在网上的繁荣是因为音乐业没有认识到消费者并不想买整张专辑，他们只想买其中一两首歌曲。我们并不想支付 13.99 美元购买《穴居人精选集》或者花 24.99 美元购买《阿瑟 · 鲁宾斯坦：肖邦夜曲》。我们可能只想听《野东西》或者 G 小调夜曲 15 号作品第 3 首。音乐业了解我们的心思吗？不，他们还是沿用以前查克 · 贝里时代的方法发行音乐，而现在他们只能自食其果。

这么说，如果 iTunes 是现在市面上唯一的音乐门户，那么我们就都有麻烦了。如果我的太太雪莉，一位专业音乐人，正在寻找一首不出名的室内音乐，她是不打算在 iTunes 找的。不久之前，她去拜访林肯中心附近的淘儿唱片，一位腼腆、知识丰富的店员清楚地知道她所说的那首歌和它的多个版本，以及为什么 1962 年维也纳的录音室版比 1978 年阿姆斯特丹音乐厅的现场版更好。但是淘儿唱片已经不存在了，巴诺书店不太可能找到这样的歌曲，沃尔玛更不可能，这下可难住了雪莉。

我向索尼高层提出的一个问题是能否找出一种办法，将曲目目录放在顾客可以接触到的地方？这就表示消费者对一个公司门户中整个经典音乐的曲目目录的需求。就像我说过的，现在人们对音乐的渴望十分强烈，你只需帮助消费者找到他们所需要的音乐。如果我想要名为《与贝多芬一起颤抖》的专辑或《世界上最放松的古典乐专辑》的精选辑，从 iTunes 上下载没问题。可为什么不付费上索尼聊天室？在那儿我们能从完整的曲目目录中挑选一番，而且主持人，可能是某位留着山羊胡子来自伯克利大学或茱莉亚音乐学院的著名音乐教授，在指引我们找到所需曲目之前，会先询问所需音乐的类型、想要现场版还是录音室版本、我们的年龄、喜欢什么样的音乐等问题。无论我们购买了数码音乐还是 CD，甚至是一条带耳机的手链，这都是一个等待有人可以创造进程的机会。技术人员哪儿去了？

未来的音乐商店或者书店会不同吗？它们可能类似于日本的漫画俱乐部，进去后可以租一把椅子阅读你所有喜欢的书。你需要交一点入场费，反过来，那些你欣赏或者喜欢的人可能会在里面充当司仪。男女会员可能和你喜欢相同的音乐。也许俱乐部还会提供饮料、乳酪橄榄和一些艾帕瓦斯乳酪。经营这个俱乐部的人知道你喜欢什么，甚至会帮忙代售你的东西，包括一些古老的收藏品。

想象一下，可以通过网络体验一场音乐会，包括从巴尔坎打

击乐队到毛里奇奥 · 波利尼的所有音乐。你可以租借、购买、混合购买或者去俱乐部参加一场真正的音乐会，会有专家一步步指导你，而你与这里的联系会由一个在线社区保持下去。

这正合我意。

第十八章

感受全球购物文化

出示登机牌，登记，舱门开始关闭。服下一粒镇静药，系上安全带，从包装袋里取出蓝色的小毛毯搭在身上。

哦，太好了，我的座位正好靠过道，从生理学的角度来说，这个座位对我这个腿长的家伙来说是再合适不过了。

现在就跟着我从意大利出发一起环游世界吧！我们的目的地是印度，中间会做几次停留。这是一次商务旅行，但途中也不乏几分度假的乐趣。

20 世纪 80 年代后期，Envirosell 公司走到了一个发展的黄金十字路口，无论选择哪个方向走下去，展现在我们面前的都将是一片光明的前景。我们既可将时间、精力和资源用在拓展公司本土的业务上，也可以试着将眼光投向美国以外的广阔世界，到底该选择哪个方向呢？这的确是值得认真权衡的问题，不过我的选择很明确，那就是向全球进军。如果公司继续在美国发展，在本地的规模要比现在大许多。但是从战略角度来看，应该将 Envirosell 转变为一个从事国际零售和购买业务的公司，这对我们在美国的发展也是非常有利的。

如果满足于现状，我们在美国本土的发展规模也许会比现在大得多。但是从战略角度来看，将Envirosell转型，使其了解、掌握国际零售和购买需求，对我们在美国的发展也是大有好处的。

旅行对我而言就像家常便饭，再熟悉不过了——登上飞机，在广阔的天空飞翔，我和我认识的所有人一样习惯于这样的生活。我的伴侣独立性极强，我们又没有孩子，这也让我得以有大量的时间旅行。只要一过海关，我的适应能力就立刻显现出来。我这里指的不是在喜马拉雅山身负背包完成徒步旅行的能力，也不是在泰国的清迈找到最实惠旅店的能力，我指的是能在 10 天之内环游世界、在不同时区之间来回穿梭却依然保持头脑清醒、身体健康、心态良好的能力。此外，能够摘下你的美国眼镜，试着戴上全新的其他国家的眼镜，这也会令人兴奋不已。因为你会用一种全新的眼光去看待一切事物。例如，同一家商店或购物中心，为什么在开普敦或上海会大获成功，在科罗拉多州的斯普林斯或得克萨斯州的奥斯汀却又门可罗雀呢？又如，为什么美国就没有一位零售商思考过这个问题呢？毋庸置疑，在最理想的情况下，甚至在最糟糕的情况下，这都能为我们带来一种启示。

旅行中我唯一的愿望是什么呢？那就是希望在飞机上睡个好

觉。在公共场合入睡绝非易事，这也不是我所擅长的。在我看来，从小有兄弟姐妹陪着睡觉的人就能轻而易举地做到这一点，因为他们早已习惯了。可我小时候却是一个人睡。

安全带系好了吗？飞机起飞了。尽管旅行已经开始，不过还是先让我们做个小小的回顾吧。

巴西之旅

在 90 年代初期——记得吗，当时电子邮件还没问世呢——某天我的传真机嗡的一声吐出了一张纸。这是阿尔贝托·帕斯奎尼发来的一份传真，阿尔贝托·帕斯奎尼当时是一家名为“创造力意大利”（一家 PoP 代理商）的合伙人。他在一本商业杂志上看到了 Envirosell 的信息，便邀请我去米兰和他会面。那时我已经萌生了在欧洲设立一个事务所的念头，正在大西洋两岸来回奔波，想尽快展开业务。恰巧此时公司安排我下一周出差，我能够改签机票，这样我就可以先飞往日内瓦，再从米兰飞回美国。10 天之后，我从瑞士的洛桑坐火车前往米兰去会见给我发传真的那个家伙。

阿尔贝托生来就是那种让人——而且是为数不少的人——提到他的名字就会发出感叹的人。15 年前当我第一次见到他时，他年近 50 岁，头发花白，派头十足。在那次会见中，阿尔贝托自以为是地向我介绍了一位他认识的女士，这位女士名叫朱西·斯坎罗格里奥，经营着一家名为“QT”的小型市场调查公司。阿尔贝托用他迷人但却蹩脚的英语向我介绍她就是我未来的合作伙伴，我现在依然记得当时脑海中闪过一个念头“阿尔贝托，你到底在开什么玩笑”。朱西和我握手并简单地交谈了一番，仅此而已。在接下来的一两年里，我总有各种事由去意大利。每次去时，我都会突然发现阿尔贝托早已精心安排好了我的行程，在我的日程中每次都会莫名其妙地见到朱西。

意大利的每个城市都有自己的特色。朱西本来是热那亚人，但她却选择成为米兰人。在历史上，热那亚人主要在地中海一带活动，他们大部分都是商人，偶尔也当海盗——这是热那亚人身份的两面性，但是米兰是一个集刻苦、坚持不懈、专注自律精神为一身的工业城市。在米兰，几乎所有人们感兴趣的事都发生在高墙或紧闭的房门之后。对游客而言，米兰并不是一个理想的旅游胜地，因为在 24 小时内你就能逛完整座城市，但是在向导或导游的陪伴下，米兰便化身成了一座魅力之都。

多亏有阿尔贝托，在我意识到需要有人来管理意大利的事务所时，遇见了朱西·斯坎罗格里奥，在接管米兰事务所后，事实证明朱西就是这个位置的最佳人选，她秉承了米兰人的性格：专注、独立、睿智、坚韧、顽强，将这些优秀品质集于一身十分不易，尤其是对于一位在意大利这样以男性为主导的国家生活和工作的女性而言，就更加不易了。

经验法则：随着国际业务的拓展，焦虑不安、夜里辗转反侧、无法入睡也将随之而来，这时的你要调整眼光，入乡随俗，要按照当地规矩和方法行事。在意大利，支付系统极其复杂，任何一项初次接手的项目都必须有第三方的资金支持，第三方一般是银行。这就意味着你与别人签合同后，很可能在 180 天内不会得到付款。虽然我愿意尝试，无所谓失败，但是我不想让 Envirosell 有任何损失，所以第一家事务所还是由我当老板。像许多旅行一样，最难迈出的是第一步。

进入意大利市场后，事情接踵而来。李维斯意大利公司是最早的一批客户，虽然在美国这家公司已经是我们的客户了，但是其意大利公司却将我们带入了欧洲的牛仔服装市场。在那几年里，我们调查研究李维斯和度雅适公司（Dockers）在阿姆斯特丹、斯德哥尔摩、里斯本和其他地方的销售情况。不久之后，受益于Envirosell和约翰·瑞安公司[1]的结盟，我们由此与巴西银行业搭上了关系，当我们为巴西的伊塔乌银行提供服务的时候，初期的努力收到了回报。

伊塔乌是一家完全垂直管理的私人银行，该公司不仅生产银行的办公家具，组装自动取款机和电脑，还拥有自己的建筑公司，为银行建造分行，为员工建造住宅大楼。这家公司每年盈利超过10亿美元。尽管没有人真正知道这家银行完全不同于美国大通银行和花旗银行，但是，这是在巴西。典型的伊塔乌分行，光出纳就有上百人。在我们到访的第一批伊塔乌分行里，大厅中央都有高高的塔楼，配有机关枪的保安在塔楼上密切注视着银行大厅的情况。

在伊塔乌银行，我们的任务是调查银行内的指示牌、各类服务点、银行柜台的设计等，所不同的是，我们的办公地点并非是在曼哈顿市中心面积3 000平方英尺的花旗银行，而是在一家面积达两万平方英尺的巴西银行。而且，在巴西，人们的时间观念不同于我们。就像我在本书早些时候提到过的一样，在美国，我

1. 约翰·瑞安公司，总部在美国明尼阿波利斯的一家零售银行营销中介。——译者注

们的生物钟每隔 3 分钟就会“当”地响一下，表示我们开始不耐烦了，但巴西人的生物钟要每隔 5 分钟才会发生反应，因为他们早已习惯了（或者说是不得不）等待。另一件让我惊讶的事是这里毫无隐私可言，或者说是那种对你最私密的事情即将被暴露于大庭广众之下却似乎无所谓的听天由命的态度。在美国，如果你正在申请一项贷款或抵押贷款，一般你会在银行的业务柜台前就座，而某个副主管会向你提问，比如你的年薪是多少、你每月的信用卡还款情况、你是否还有其他额外收入来源等。在巴西，你也会被问及同样的问题，但重点是，还有至少一打客户就站在离你一英尺远的地方等候着，他们注视着你，连眼睛都不眨一下。对于不愿将隐私公之于众的人来说，这种文化可不怎么样。

就像很多发展中国家一样，巴西的经济在很大程度上依赖现金进行运作。公司可以开具支票，但支票必须要拿到银行兑现才行。许多公司都规定有时间和日期，让他们的雇员拿着支票集体去兑现。记得有一天下午，我们开展业务的银行门前一下子拥入了 500 名公共汽车司机。此外，在巴西，很多人都拿着现金到银行付账单，包括房租、电费和电话服务费。银行根据不同的业务等级划分出了不同的业务区域，以现金业务为主的下层阶级客户——也被称之为“普通”级客户和中产阶级的“星级”客户各有自己的业务受理区。这里的环境嘈杂、喧闹、乱成一片。尽管如此，我们还是爱上了这里，而且伊塔乌最后也爱上了我们。不到一年时间，约翰 · 瑞安公司撤出了，但 Envirosell 却受邀留驻。不久，巴西酿酒业巨头博浪公司也成了我们的客户之一，我们开始将我们在纽约的员工一个接一个地派往巴西圣保罗。

天下从来没有免费的午餐，我们好不容易才在这里站稳了脚跟，全体工作人员深深松了一口气。我们发现，Envirosell 20% 的业务都来自巴西，占整个公司利润的 30%。

那么，在巴西设立一个事务所如何？不过这一次，我们大家一致同意采取特许经营的模式。

在国外成功开办一家公司，需要有一个值得信赖的合伙人，于是寻找合适的人选成为当务之急。我们的搜寻目标很明确：那就是在开设或经营市场研究业务方面富有经验的女性。这岂不是成了歧视男性？原因很简单，在米兰的成功经验让我们领悟到一些道理。朱西在男性主导的文化中取得了成功，因此我们迫切希望能找到巴西的朱西，就是找到一个和朱西一样出类拔萃的人来——一位面对同样的女性歧视而毫不畏惧，能让那些大男人俯首听命的女士。此外，我们所销售的产品完全不是人们的日常生活用品。

就在这时，Envirosell 迎来了一位名叫玛丽亚 · 克丽斯蒂娜 · 玛斯特皮托的女士，大家都叫她基塔。基塔头脑敏捷、心胸宽阔、能担重任，她的笑声令人过耳难忘。她有斯坦福大学的硕士学位，符合我们公司对能力的要求。在当时，直到今天依然如此，她正是我们公司苦心寻找的最佳人选，甚至可以说有过之而无不及。她的业务合伙人名叫若泽 · 奥古斯托 · 多明格斯，一个聪明机灵的年轻工业工程师。这两人的合作很默契。

朱西和基塔在纽约办公室第一次见面的情景至今让人记忆犹新，她们穿着相同的衣服，以同样的姿势拿着同款手包，开着同品牌的汽车，甚至连颜色都一样。她们以同样的口吻描述着自己的丈夫。简直就像是在说同一个男人，幸好我们大家都知道，他们不是同一个人。她们就像两个相见恨晚的朋友，无所不谈。

在外国开设事务所时，通常会邀请国外的合作伙伴飞到纽约，他们要用一个月的时间熟悉公司业务。接着就步入正轨，首先，启动第一个项目，我们会将纽约的工作人员派遣到海外以协助国外的事务所开展业务。我们会提供培训服务和各类营销体系，并对他们的网站进行监控管理。作为回报，我们的海外合作伙伴要将他们的收入按一定比例与我们分享。我们还有权评估海外公司的表现，如果事情进展得不顺利，我们可以采取任何必要手段去寻找问题的根源，并制定出解决问题的方案。

基本情况就是如此。

对于许多从纽约外派到巴西的员工而言，这是他们第一次去发展中国家，至少这让他们眼界大开。这绝对是一段不寻常的工作经历，尤其是对于那些来自于美国中西部的员工，他们从未离开过Envirosell本部。自公司成立以来，没有发生过什么不愉快的事，只出现过几次小插曲，有一次，一个金发女员工在街上被几个吹口哨的男子尾随。

10年后我们在圣保罗设立了办事处，在Envirosell的分类管理工作中，巴西一直处于领先位置。“猫人”——是我们对负责检查各类商品在购买点的销售情况之人的简称。这些商品可能是婴幼儿产品、罐装汤料或手机。因此，与其说我们是在为零售商服务，还不如说我们是在为日用消费品制造商们奔波效劳。

随着强生、联合利华、诺基亚和摩托罗拉这样的公司不断向外推广其产品，“猫人”的工作在南美洲大受欢迎。Envirosell巴西事务所现在还负责南美其他国家的业务，我们正在努力将这些国家的特许经营公司转变成合资公司，以此作为对它们出色表现的回馈。

尽管诸事顺利，我们的圣保罗事务所还是无法避免地与巴西货币、政治和足球纠缠在了一起。我们对此毫无办法，谁也无法躲过这个三头怪兽。这就是说，如果今年恰逢疯狂的竞选年，或者，如果巴西货币遭受美元重创，那么快系好安全带吧，接下来的几个月我们免不了要遭受重击。还有，在世界杯期间，整个巴西会一连三个月停工停产，这场足球赛事就像“旅行钓鱼”的广告。对于这种情况，除了来来回回摇动巴西国旗支持国家队，没有什么可做的。

理解各国文化的意义

Envirosell 得以在世界面前首次亮相要归功于一位来自《纽约客》杂志名为马尔科姆·格拉德威尔的年轻科普作家（没错，就是那两本销量过百万的《引爆点》[1]和《决断 2 秒间》的作者）。格拉德威尔那篇题为“购物学”的文章简要介绍了我们公司的业务，这篇文章后来成了《纽约客》历史上转载次数最多的文章之一。而且，正是这篇文章促成了本书的诞生。

自 1996 年秋，格拉德威尔的文章刊载之后，来自世界各地的想加盟我们的问询电话成倍增加。每周都有人打进电话想和我们合作，这是非常鼓舞人心的。在那段时间，与我们业务相关的最令人感到振奋的一件事是，我们公司门前的台阶上人头攒动，挤满了想要雇用我们的客户。这些客户先是被《纽约客》上的那篇文章，接着又被本书吸引而来。对于一个曾经为了节省住旅馆

1.《引爆点》一书中文版已由中信出版社于 2009 年出版。——编者注

的钱而蜷缩在汽车里打盹、第二天一大早跑到最近的加油站洗脸刷牙的人而言，在过去那么多年里，心里不清楚自己所从事的这桩买卖究竟会蒸蒸日上还是会一败涂地，眼前的这一切实在让人欣慰不已，简直令人难以置信。

在《纽约客》的那篇文章发表之后，一封邮件引起了我的注意，是一位名叫丰田卡兹的日本授权代理商，他代理着许多美国顶级客户，负责为他们的事务所在日本取得经营执照。我称他为 Envirosell 的白衣骑士，丰田卡兹阅读了那篇文章后从网上了解了许多关于我们的信息。他不仅帮 Envirosell 在日本申请公司许可证，还让他未来的儿媳桃子为我们免费做向导。

在日本最初的 4 年中，丰田桃子成了我了解日本文化的良师益友。桃子的童年是在美国和澳大利亚度过的，因此懂得我所遭遇的文化差异。桃子陪着我参观了日本的各大商业区和购物中心，我们甚至还去参观了一两个日本神社。她总是有问必答，无论我的问题多么愚蠢或多么私人，她总会咯咯发笑——笑完之后会诚实、体贴、详细地回答我的问题。桃子结婚的时候，我给她和她的新婚丈夫送了机票当贺礼，邀请他们到纽约来做客。他们欣然接受了我的邀请，就住在我的公寓里。现在，桃子已经是两个孩子的母亲了，老大名叫艾玛，我通过桃子的私人网站和桃子一直保持着联系。

如果说我一直在寻找了解日本文化的钥匙，那么桃子给我的就是这样一大串珍贵的钥匙，对于这一点我永生难忘。她让我了解了日本的方方面面：从日本家庭组成到交换礼物时必懂的一些肢体礼仪、鞠躬时的细微差别，我学会了何时背对他人、何时面朝客人、当别人离开鞠躬道别时应该如何弯腰，并保持多长时间，甚至何时起身、谁先起身、何时停止鞠躬，其实就是如何表达对主人的尊重。事实上，我是在亚洲长大的，我父亲是一位外交官，我青少年时代最喜欢的运动项目是柔道。与大多数接触日本文化的外国人相比，我占有一定的优势。然而，让我快速掌握各项知人待物技巧和策略的则非桃子莫属。每天，我都会汲取大量新的知识，毫无疑问，这让我看上去就像个日本通，其实真相如何只有我自己心里清楚。

在我学习日本文化的过程中，只有一个小小的障碍——我的名字。

第一次去日本工作的时候，我发现日本人在说我的姓昂德希尔（Underhill）这个词时有点吃力，很难正确发音。于是有一天我就说："就叫我帕科君吧。"

现在，对日本一般的商务人士而言，这可是一条打破常规的建议。对美国人而言，这就像称呼你亲爱的奶奶"嗨，格罗莉亚"一样自然，而在日本，人们从来不直呼其名。不过，只要有关我名字的那个小小障碍被克服之后，我们大家就都能放松了。

回首过去，能够如此从容地融入日本文化、应对人际交流，得益于我高大的身材和随和的性格，同时还要感谢桃子，因为是她帮助我懂得了日本文化中的一些细微差别。例如，在称呼年轻女性时，在其姓名后加"小姐"（chan）表示尊重，而且可以拉近彼此的关系。相应地，在男性的姓名后加"君"（kun）。我对一些顾客说："如果你们想叫我帕科君的话，那就叫吧，没关系的。"通常他们听了我的话后都目瞪口呆，他们没想到我竟然知道这些日语词汇，没想到我会让他们这样称呼我。与此同时，我想他们肯定也会觉得新鲜有趣吧。对日本文化，我既有游戏其中的态度，又不断显示出我对其真心感兴趣的一面。在日本，如果一个外国人不仅会讲日语，而且明白日常生活中一些文化风俗，那会意味着很多。

在日本，一些生活中不拘小节的文化习惯甚至包括着装。第一次去日本旅行时，我整天穿着风衣或西装，打着领带。直到有一天，别人委婉地告诉我，在日本，男士即使穿着睡衣，头上挂满猕猴桃也不会有人注意。

漫步在东京街头，没有什么比穿着白T恤、卡其色短裤更让人舒服的了。

像日本这样一个完全由男性主导的社会，Envirosell日本事务所的常务董事内田女士像一朵奇葩，引人注目。不仅仅是因为她一天仅靠两三小时的睡眠就可以保持精力充沛，更因为她独特的收藏。一些人会收集豆豆娃、易拉罐瓶或是流木，内田女士恐怕是全世界收藏青蛙最齐全的人之一，这个爱好在她身上体现得淋漓尽致，青蛙形的耳环、吊坠、项链。甚至在公司的例会上，她会安排员工身着青蛙道具服站在门口迎接参会人员。

美国的摇滚明星汤姆·维茨有一首歌我很熟悉，歌中和声部分有一段是“我在日本是个大个子，我在日本是个大个子”。本书首次出版时，在美国十分畅销，在日本、加拿大和荷兰更是销售火爆。我认为这其中的原因就是，上述这些国家都十分重视礼仪，而这正是本书重点关注的焦点之一——如何去理解各种不同的礼仪和行为。

购物方式差异巨大的根本原因

一直有人问我们这样一个问题：是什么原因使不同国家的购物方式出现了如此大的差异？对于这个问题，我的第一反应是要指出它们的相同之处——我认为这才是本书所讨论的最基本的主题。无论我们生活在东京、芝加哥还是圣保罗，我们的双眼都会随着年龄的增长以同样的方式渐渐失去光泽。我们人类最基本的一些生理特点和生活方式都大致相同，比如胳膊的长度、运用双手的方式，以及大部分人都习惯使用右手这一事实。一般情况下，我们都深爱着自己的孩子和爱侣。我们喜欢参加自己熟悉的圈子内的活动，这些圈子由我们的朋友、各种小家庭和大家庭所组成。

也就是说，**有一些基本的因素造成了我们所处的购物环境及自然环境的不同**。首先是**人口密度**。东京和孟买都是人潮拥挤的城市，达拉斯和洛杉矶的居民分布相对零散，空间的稀缺改变了人口的构成状况。毕竟，每平方英尺的销量是衡量一家商店成功与否的重要标尺之一。日本银座的商店每平方英尺的销量比芝加哥的要高出 10 倍。自然环境的人口密度越大，商家就越不必想办法吸引顾客进店。在东京，有些百货公司高达 10 层，电梯一部接着一部不停运转。还是在这座城市，还有高层的餐厅大厦，每层楼都有不同的餐馆。在美国，绝不会有人想在一栋大厦的 14 楼开上一家苹果蜂餐厅。

第二个因素是**你所在地区经济的发达程度**。北美和欧洲的生活水平非常高，虽然穷人也随处可见，但在西方国家你完全见不到在亚洲和非洲一些地区的那种贫困程度。贫富之间的巨大差距通常会引发不安全因素，对外界环境产生重大影响。例如，巴西购物中心就向顾客提供了街头商铺所无法提供的一定程度上的安全保障。

第三个因素是天气。迪拜和赫尔辛基的不同之处在于：在迪拜，你不得不忍受酷热高温，而在赫尔辛基，则要遭遇天寒地冻。当然，我们还要适应当地的民族文化和风俗习惯。

将你面前的小桌板折叠收起——我们即将在班加罗尔降落，班加罗尔是 Envirosell 印度事务所的总部。

迷人而问题多多的印度

印度是一个迷人的国家，现在正处于经济高速发展的时期，印度人的民族自豪感和爱国热情无处不在，他们坚信现在是他们大展宏图的时候。不用说，只需看一下孟买和班加罗尔工艺先进的工厂、塑料加工厂、石油加工厂。但是，在经济高速发展的时候，印度的核心基础设施却没有跟上。在新崛起的国家中，印度的零售业依然十分落后，从服装店到杂货店，再到汽车销售店，占绝对主导地位的依然是夫妻店式的小规模销售模式。因此，商铺经营者个人的兴衰沉浮、任意制定的价格和各类标准（印度没有质量监控，而且截至 2008 年，还没有出现仓储式连锁店）都会让人陷入被动的境地。英国对印度长达 190 年的殖民统治阴影在这个国家依然难以散去。事实上，我在印度发现了一件特别有意思的事，我发现当地人的说话方式，和我以前在吉隆坡英国陆军学校念五六年级的时候听到的完全一样。比如，"真是个没有礼貌的家伙" 这样的表达。恍惚之间，这些语言仿佛将我们带回了 20 世纪 50 年代。

印度也许正在向世界炫耀其发达的新兴工业，同时正准备向全世界显示其国民自豪感。但是，在印度的绝大部分城市，局部限电和停电每天都会发生，在所有的大型酒店，发电机在嗡嗡作响，而其余城市的电能供应就如同一个旧灯泡，断断续续。印度和巴西一样，十分繁华，但是，如果你心理承受能力不够强的话，那么路上的情景会让你大吃一惊，有麻风病人、变性人表演、骨瘦如柴的奶牛和生病的小狗，及那些完全忽视交通在高速公路上穿越的行人。

尽管印度存在各种各样的问题——比如国民缺乏卫生意识，过分注重身份地位和社会等级秩序（可以偶尔看看当地报纸，那些征婚广告令人吃惊的复杂程度和势利程度就可让你对此略知一二），但是这里依然是个令人着迷的地方，虽然有时也会让人反感，但始终魅力不减。印度最大的零售咨询公司尚未主动接触过我们，帮助我们为班加罗尔的事务所——该事务所现已开始为消费品制造商和技术类客户提供服务——办理经营许可证，即便如此，我还是时常问我自己，我还会再去印度吗？

当然会——而且是迫不及待。

此次的旅行即将回程，但是我们要在莫斯科暂停一下，此刻的莫斯科正在下雪，天空灰暗，但是作为一个零售市场，这个地方令人振奋。阿列克谢·普里亚尼什尼科夫主管着全新的Envirosell莫斯科事务所，他爱好跳水和骑自行车。阿列克谢的英语是我认识的人中讲得最好的一个，而他却告诉我这全要归功于美国电影。我们的俄罗斯合作伙伴朝气蓬勃，面貌全新，也许正如阿列克谢所说，这是一段美好友谊的开始。

富有个性的墨西哥

下一站是烟雾笼罩、迷人的墨西哥城，在墨西哥，70% 的市场研究都在这里进行，如果想在这个国家开设公司，那么墨西哥城是最佳的选择。众所周知，在这个国家可以尽情喝啤酒，但是除了潜水和珊瑚观赏，其余的水上商业活动都是禁止的。

在 2002 年，马诺洛·巴韦雷纳代表皮尔森公司与我们接触，这是一家提供全方位市场调查服务的公司，马诺洛则是这家公司的创建者，他出身名门并接受了美国良好的教育，父亲是墨西哥中部的内陆州阿瓜斯卡连特斯的州长。皮尔森公司起源于政治选举，马诺洛本人是欧洲市场研究学会的顾问委员。他在商业研究方面的才能令人印象深刻，而我最钦佩的是他对摇滚乐的了解达到了百科全书般无所不知的地步。皮尔森公司已经开始与强生和宝洁公司合作，而在皮尔森公司为其客户提供的一整套服务当中，Envirosell 作为其中的一个组成部分与皮尔森公司紧密地合作着。

现在，Envirosell 墨西哥城事务所是我们独立性最强、最专业的市场研究事务所之一。就像巴西的同事，他们有着极强的自豪感和出色的工作能力。我们特别希望在未来看到巴西事务所和墨西哥事务所能有更进一步的合作。虽然这两家事务所有语言障碍，还存在各种虚与实的问题，但是这反而让两个有才能的人，一位卓越的男性领导者和杰出的女性领导者更加紧密地并肩合作。

班加罗尔、东京、圣保罗、莫斯科、米兰、墨西哥城，一路飞下来，尽管小腿抽筋、脊背僵硬，还要忍受有关青少年溜冰的电影烂片，但这一切并没有那么糟糕，难道不是吗？

我的观点是：让 Envirosell 与众不同的一个原因是，我们有能力在美国大众面前挺直腰杆，向他们讲述海外零售业的有关情况。我们可以底气十足地对美国中西部购物中心的老板们说，“两周之前，我去了东京市中心新开业的购物中心，他们是这样做的”，或者，“我已经去过迪拜 5 次了，他们对这个问题的看法是这样的”。不要把我们的这种做法和自吹自擂混淆，我敢肯定我们这样说绝不会给人以自吹自擂的印象。对于一个总是被外面世界的各种变化所吸引、来回奔波于各地的道路勇士而言，这就是生活。

我们还齐心协力、想方设法地雇用那些会讲外语的人。今天，在纽约的办公室，我们的员工可以讲流利的法语、德语、西班牙语、日语、印地语和一些亚洲语言及方言。我认为语言技能是商业职场中十分重要的一部分。如果你只会讲英语，那么这对你的职场生涯非常不利。

我无法提供帮助，但是希望更多人和我的想法一样。在学习外语这件事上，美国人是如此的消极，有时很让我苦恼。此外，还有那么多的人惧怕旅行，其中的部分原因是我们所生活的这个时代动荡不安，但另一个原因其实就是缺乏兴趣。这太令人遗憾了。因为我生活中的一大真正乐趣就是陪着朋友或 Envirosell 的同事踏入一个新的国度。每当看着身边的朋友和同事发现了一片可以大展身手的新天地，我都兴奋无比。

这其中十分突出的是一个叫托尼 · 特劳特的年轻人，当时他正与法国的北方信贷银行合作，所以我们一起去巴黎出差。在机场，托尼花了大概一个半小时才明白“太有趣了”这句话，我们从戴高乐机场坐火车出发，换乘地铁，然后买了车票乘车去目的地。然而在上班的第一天，托尼就能自如地运用法语在隔壁的咖啡店点咖啡了。

到达一个新的地方时，摘下你的旧眼镜，换上那些能让你耳目一新的新眼镜吧，我告诉你——世界的大门已经敞开。了解世界的窗口在你身边不时涌现，我已经看到这种情况一次又一次地发生。到一个新的地方旅行会锻炼你处理问题的能力和技巧，使你的头脑变得更加敏锐，还会提醒你无论你是怎样的人，你最终都有可能顺利解决一切困难。

我们的下一个航班明天下午 4 点起飞，咱们登机口见。

第十九章

体验异地消费模式

了解零售业最前沿的发展

正如我前面所说，如果想了解当今零售业最前沿的发展状况，你就要深入那些财富增速很快的地方。

在那里，大把的金钱刚刚印制发行出来，既平整又干净。

在诸如都柏林、莫斯科、圣保罗等这样的城市，零售业被牢牢地攥在那些不到40岁就已经积累了大把财富的人手里，他们对于自己喜欢的商品会一掷千金。2010年，新兴市场将迎来零售业的大发展，而那些训练有素的商人将会为顾客提供优质的服务。

迪拜

迪拜就是零售业快速发展的一个鲜活例证。也许你早已见识过这里海市蜃楼般的摩天大楼和洁白的沙滩，但你是否知道迪拜已成为一个 21 世纪的购物中心？带有浓厚异域风情的新商场在迪拜如雨后春笋般拔地而起，好多奇特的建筑只有在这里才可以见到。迪拜的“阿联酋购物中心”居然还建了一个滑雪场。游客只需花上 10 美元的入场费便可拿到一件风雪大衣，并且还有机会品尝在世界上最大的冷库里制作的热可可。花上 70 美元便可租赁一套雪橇或者一个滑雪板，当室外的温度达到 40 多摄氏度时，在炎炎夏日还能滑雪实在是一次梦幻般的经历。在迪拜，我最喜欢的新建购物中心，是以一位具有传奇色彩的伊斯兰旅行者伊本·白图泰的名字命名的。这座购物中心的每个部分都体现了 14 世纪伊斯兰世界从丝绸之路到安达卢西亚的不同建筑风格。游走在这座古典的购物中心，游客不免会惊叹于其自然流露出的壮观历史画卷。

南非

在南非的海滨之城德班，矗立着一座名叫通门的购物中心，除了提供大量零售商品外，还兴建了一所配备造波机的冲浪学校，还有托尼·霍克滑板公园（毕竟，这是一座海滨城市）。所以，你可以一边享用午餐，一边欣赏这里的人是如何重现《漫长夏日》的场景，在人造的浪花里疯狂地翻转。我的客户英国耆卫保险公司（Old Mutual）正在向整个非洲和中东地区的房地产业投资。该公司的首席执行官活力四射，建筑师、营销人员和管理团队朝气蓬勃，他们正在破土动工的大型购物中心和市政中心已达数百万平方英尺，还有一些项目正在规划当中。公司在南非兴建的一个购物中心将简约风格推行到极致，创新之处令人叹为观止，其里面的美食广场就毗邻一座高中体育馆。这座购物中心维护得很好，在这里让人备感安全。这样一个体育氛围狂热的文化是否会对购物中心的经营起到推动作用呢？这里也成了年轻人娱乐的目的地。对于家长来说，这里给他们提供了很大的方便，他们可以把自己的孩子放在这个安全的环境里放心地去购物，然后接上孩子回家。所以请把南非列入你的全球购物之旅吧，你还可以在那里品尝到美酒。

经历了种族隔离时期的暴政之后，新南非的经济增长迅速，这对社会形态的改变产生了积极影响。虽然人们对 21 世纪的南非进行客观描述时总不免会提及那里的犯罪、腐败和艾滋病等问题，但是没人能否认南非正一步步走向繁荣。我希望在喀布尔、加沙、达尔富尔和巴格达也能看到这番欣欣向荣的景象。

都柏林

都柏林的格拉夫顿街是爱尔兰最新的零售业中心。由于爱尔兰经济飞速发展，悲壮的《老丹尼男孩》民谣已经被欢腾的踢踏舞《大河之舞》所取代。走在都柏林的街头，我所见到的每个人脸上都洋溢着成功的喜悦。在很长的一段时间里，布朗·托马斯一直是格拉夫顿街上最有名的一家百货公司，贵族绅士和贵妇们视其为圣地，每个季节都会像朝圣一样赶往那里购物、用餐。在穿惯了本地生产的由花呢和粗革制作的服装后，他们会来这里体验一下时尚的滋味。正如都柏林已成为最时尚、最热闹的欧洲城市之一，布朗·托马斯也已经完成了它华丽的转身。几年前，它被搬迁到街对面的一个更大、更明亮、更时尚的地方，所以这家面目一新的高档百货公司已成功站在了同行业的前沿，而不只是一家装修一新的百货公司。作为爱尔兰新兴繁荣的完美象征，新的布朗·托马斯百货公司代表着品位、快乐、机遇和纯粹的时尚感。它的目标顾客直指30岁出头的年轻人，而不是45岁左右的中年人。年轻的客户群体使得这家百货公司的每个区域都显得活力四射，游走其间犹如身处夜店，这种感觉在布鲁明戴尔百货店这样的地方是永远无法体会到的。你可以随意地改装萨克斯第五大道精品百货店，比如推倒隔断墙，重新铺设照明系统，播放艾米·怀恩豪斯的音乐，但购物人数依然会顽固地保持在一定的数量。而布朗·托马斯百货公司才算得上一家真正意义上的现代百货公司。

圣保罗

但是如果要找一家真正可以让我喜欢的百货公司，我会选择圣保罗的达思路（Daslu）高级时装百货公司。作为一位周游世界的零售业专家，直到现在我才找到了这家让我备感惊叹的百货公司。虽然达思路的业主目前和巴西政府就税收方面存在很多分歧，但是在过去的20年里，达思路一直是世界上最卓越的奢侈品传播者。达思路新店是一个面积高达15万平方英尺的庞然大物，店里的每个区域都十分豪华，就像是将很多豪宅巧妙地连接在了一起。退后一步是路易·威登店，前进一步是内曼·马库斯店，如果觉得不满意，转身就可以看到哈维·尼克斯店。你不会只逛一家店，更不会挑选同样的商品。

一张达思路会员卡和对所有会员提供代客停车服务的措施可

以使公司严格地控制顾客出入百货公司的状况。对于持卡人，公司提供免费停车的服务，而对于没有会员卡的顾客，公司会收取高昂的停车费。一般情况下，等待停车的时间不到3分钟。工作人员会亲切地叫着顾客的名字跟他们打招呼。迎宾员站在门口迎接他们的老顾客，给他们提供专门的导购服务。商场的主门直通向一些国际时尚品牌店，顾客也可以选择从第二个入口进入商场，在那里他们可以进入男装商店和一家餐厅。如果你是一位成功人士，也可以乘坐私人直升机抵达这里。你会在车流里来回穿梭吗？根本就没有车流。一位身穿制服的警卫会在车道末端的关卡处核对车牌。但是没有会员卡的顾客和对达思路非常好奇的顾客也不必沮丧。去年，在皮涅罗斯河旗舰店的控管范围之内，达思路已经在一家新建的购物中心设立了一家比主店规模较小的分店。虽然这家店并没有设立女士专用的购物区，而且男装区的规模也较小，但依然算得上是一家奢华的商店。

达思路里面有几家咖啡吧、香槟酒吧、两家餐厅和几家奢侈品店，整个达思路犹如一家浪漫温馨的私人俱乐部。商场的几个区域有严格的性别隔离。女性购物专区的入口处蹲着几尊眉头微蹙的陶瓷大丹麦狗，它们的脖子上还挂着“男性禁止入内”的牌子。如果你对女士购物专区的一件上衣感兴趣，你可以直接在挂衣架的旁边试穿，还在等什么呢，赶紧去试吧。

达思路还会丰富购物者的试穿体验。如果你看上了一双莫罗·伯拉尼克鞋和一套香奈儿套装，它们会立刻出现在你的更衣室，正好是你的尺码，要知道这里的员工对顾客非常了解。女性的更衣区配挂着一些大品牌的珠宝首饰，所以女性购物者会自然而然地在这里试戴各种配饰。结果是购物者对这些珠宝首饰爱不释手，自然会购买更多的首饰。而且达思路还提供一条龙服务，包括美容、沙龙、高档药店、度假策划，那里还有家在全世界代理售卖房产的房地产商。

对于男性购物者，商场则给他们提供了男装和各种男人的玩具，如模型汽车和火车、无线电遥控直升机和法拉利品牌的笔记本电脑。但这仅仅是小玩意儿。进入男性运动用品专区，可以看到里面摆放着好多超大型的玩具，如沃尔沃的越野车、实物大小的直升机。说到这里，你喜欢划船吗？如果是，你可以在世界上的任何度假商场里购买或租赁一艘船。

富丽堂皇的达思路也是巴西社会两极分化的一个最好的例证。巴西的富人人口几乎和比利时的人口一样多，但是巴西的贫穷程度却和印度不相上下。

北美与北美之外的零售业

在过去 10 年中，零售业的创新已经出现在北美洲之外的地方，而在北美洲本地却很少。诸如瑞士的米格罗（Migros）超市和由宜家在莫斯科郊外兴建的新美家购物中心（Mega Mall）等都是国际商家把从北美洲学到的经验运用在实践当中，并且取得了比北美洲的商场更大发展的例证。

从零售业规划的角度来看，美国和非美国的零售商之间存在着两个明显的差别。

其一是商家适应当地文化的方式不同。根据居住地的不同，零售商家的角色会有一些差别。在美国，零售业的从业人员主要是中下层的人，进入零售行业的门槛很低，不需要太多的启动资金，但是需要终生辛苦地工作。布鲁明戴尔以前是一位销售旧衣服的推销员，他不是美国新教上流社会的一员，最后却取得了巨大的成功，实现了自己的非凡理想。山姆·沃尔顿是在阿肯色州的本地人。卡尔文·克莱恩和拉尔夫·劳伦呢？他们是土生土长的布朗克斯人。今天，一位商人可以把一家商场经营得有声有色，但是这还不足以让他成为当地乡村俱乐部的支柱。那些工商管理硕士从商学院或者一所常春藤盟校毕业后，并不是所有的人都会满怀梦想，打算在零售行业闯出一片大地。我们的商业史本身在很大程度上就是一部由移民书写的历史。零售业作为可供人们选择的几个开放的行当之一，吸引了大批的移民。反过来看，这个事实本身就是美国零售业历来飞速发展、充满活力和创新迭出的关键原因。然而，随着移民的不断涌入，绝大多数零售业目前已经显得落后于时代潮流了。

大西洋和太平洋地区零售业的发展状况截然不同。那里的零售业商人享有一定的社会地位。就拿英国和荷兰来说，这两个国家在提供商业银行服务、促成买卖双方的生意方面有悠久的传统，因此，使得零售业成了舒适轻松又能很快积累财富的一个行业。法国的商人阶层在长达500年的时间里一直向贵族售卖商品，这段历史在很多方面都可以找到例证。LVMH奢侈品集团公司拥有路易·威登、丝芙兰和50个其他品牌和商场，该公司开办了一家奢侈品管理学校，向世界输送最负盛名的零售专业的MBA毕业生。巴黎老佛爷百货公司的营销举措要比世界上任何其他公司领先好几个光年。从你登上飞往巴黎飞机的那一刻起，老佛爷百货公司就开始向你发动销售攻势。飞机一降落到巴黎，销售攻势就会更加猛烈。当你抵达酒店的时候，公司会送给你一张巴黎的景点地图，老佛爷百货公司的位置在地图上被醒目地标注了出来，它还会提醒你那里是免税购物的好去处。3 小时后，你就会踏进老佛爷百货公司的大门。你是说德语、日语还是荷兰语呢？公司会指派一位会说你母语的私人购物向导给你提供导购服务。如有需要，公司的员工还会为你提供货币兑换服务。简言之，老佛爷百货公司会满足你的每一个具体的购物要求，使尽浑身解数迫使你在那里购物。

其二是商场所处的地理位置不同。历史悠久的市中心人口稠密，创造了属于它们自己的大小规模不等的零售方式。悠久的历史和过分的独立使各大商场的经营费用、利润、人员编制的模式，甚至固定设备的成本都难以得见真容。例如，意大利的人均销售额要比世界上任何国家都高。米兰的好几条街道就是专门供购物者心无旁骛地去逛街的好去处。每次购物时，我总会想起法语中表示购物的一句话，翻译过来大概就是“我要去舔舐窗扉了”。我不清楚自己从这种体验当中学到了什么，但是能够亲眼目睹这一切我还是觉得十分荣幸。商品可以原价出售，提供的服务既可以很专业很贴心，让顾客宾至如归，也可以显得咄咄逼人，这完全取决于商场的态度。但是总体来看，商场利用橱窗的举措之所以显得独特就在于橱窗里展示物品的女性能够和街道上的行人互动，或者至少会对他们产生诱惑。她们是活动的人体模型，笑意盈盈、噘嘴弄舌地向人们挥手致意。由于小巷非常狭窄，行人靠近窗口，在这里逛街自然成为了一种亲密的近乎偷窥的体验。

北美的人口比较分散，各个社会阶层鱼龙混杂，相互融合、相互影响。纽约、波士顿、多伦多、费城和华盛顿特区之间的距离并不遥远，这五大城市也经历了一段发展变化的历史，城市的版图在扩大，人口激增，房地产也在升值。市内的零售业发展良好，随着越来越多的中产阶层聚居在市中心，这里的零售业发展将会更加迅猛。我们周围的商人也在转变。如果说我们已经向欧洲推广了麦当劳和星巴克这样的大企业，那么欧洲人也应该在美国的市场上有所作为了。

全球颇具创新的商业模式

在世界各地，开发商也在仔细而又冷静地思索怎样才能创造一个良好的购物环境。和娱乐业一样，购物中心是美国向外出口的最成功的本土产品之一。现在，你可以在世界各地看到各种购物中心，从吉隆坡到迪拜，从东京到里斯本，购物中心模式遍地开花。表面看起来，其中的一些商场和我们的商场并无二致，但是切勿被这些商场的外表轻易迷惑。每个国家都有自己的礼仪、文化和个体特征。在南非、巴西和墨西哥，商场面临的安全问题是我们在美国不会遇到的。所以在这些国家，一家商场并不只是一个向人们提供购物和服务的地方，正如大家在高端购物中心达思路所看到的一样，它也是一块戒备森严的领地，一家与外界完全隔绝的私人俱乐部。

圣保罗的伊瓜特米（Iguatemi）商场就是综合性商场的一个典型代表。这家商场很好地将我们美国人所熟悉的商场特征与当地的地方特色相结合。圣保罗是一个危险的地方，所以当你踏进伊瓜特米商场的大门时，你首先会看到一群保安，这毫不奇怪。这些保安并非新手，也不是由退休人员和残疾人组成来维持商场治安的。这些人的眼睛如老鹰般敏锐，而且身手不凡，他们可不是徒有其表。接着你会看到游行的马戏表演，心中自然会感到莫名的愉悦。这种社会背景是美国和欧洲的商场无法复制的。我很高兴在我这个年龄来到这里，因为我知道，如果我 20 岁出头就常来光顾伊瓜特米，不到 10 分钟我就会疯狂地爱上它。我之所以喜欢这里并非因为这里的店铺多么有趣和独特，而是因为这里的自然环境得天独厚。在巴西的文化中，大部分成年子女在结婚之后才离开父母的家。如果想在市里逛一逛，人们的选择也不多，无非是下馆子，泡夜店，当然，现在还可以去购物中心了。由于伊瓜特米商场昼夜开放，还有安全保障，所以去那里转一圈会让这些 20 岁出头的巴西年轻人有机会接触处在同一社会阶层的其他年轻人。美国的购物中心是 18 岁以下的孩子常去的地方，但是很少会见到有 25 岁的年轻人在彭尼百货商店（J. C. Penney）或者霍利斯特时装店（Hollister）这样的地方闲逛，意图搭讪过往的女士。但是在巴西，如果你已经年满 25 周岁，在家里玩不开（老爸老妈会随时出现在你的周围，监控你的一举一动），那么去购物中心游玩则成为顺理成章的选择。

伊瓜特米购物中心人声鼎沸，热闹非凡。一方面是因为这家购物中心的走廊和大堂很窄，另一方面是因为天气炎热的时候，石头和瓷砖铺成的地面可以帮助降低一些温度，让人更有兴致地闲逛，而吵闹声来自回音、东西撞击的声音，还有女士高跟鞋发出的咔嗒咔嗒声，显得有些喧闹纷乱。我想巴西人就是从这里走到阿拉斯加都不会感到厌烦的。他们的身体里面好像有一个点唱机，总是在播放着一些激情四溢的桑巴舞曲。

身处充满了高跟凉鞋、细高跟鞋、拖鞋、迷你裙和短裤的环境中，伊瓜特米会想尽办法满足你的一切实用需求，这也是一个美国房东应该牢记在心的。表带坏了吗？需要配一把房门钥匙吗？想预订到美国的航班或是取回你干洗的衣物吗？如果你有这些需求，那么你就来对了地方。

墨西哥百视达音像店的安全措施不亚于伊瓜特米购物中心，但却加入了一些社会和家庭风格。当你驱车来到这里时，你要通过三重防御线：停车场、入口处和登记处。百视达就像一家购物中心，只有在这里才能继续经营下去，因为它会保护人们避开街道上的危险。拉丁美洲的家庭往往喜欢抱团，家族观念根深蒂固，他们喜欢群体生活，所以百视达里随处可见由不同的大家庭组成的购物人群。事实上，早在周五下午，音像店里就到处是摩肩接踵的顾客，这种场面会一直持续到周五晚上。有一次我在百视达里看到一个飞利浦公司的代表在展示公司新生产的家庭影院，他之所以选择这个地方就是因为这里的顾客熙来攘往、人数众多。真是个好点子，在美国是否也有人有过这样的想法呢？

当百视达邀请我来店里做一些咨询工作时，我满口答应了，但是我提出了一个要求，那就是让执行董事会的成员和我一起在周末的时候去店里调研。他们却对我说："可是，帕科，我们在周末的时候从不逛商场，我们都是待在家里的。"

像这样的事件我不止一次地碰到，高层的管理人员忙于捣弄数据，但是没有时间去第一线亲自调查。我记得有一次带领一个美国汽车生产企业的高层去一个欧洲汽车经销商的女洗手间参观，当然了，他们以前肯定从未踏进过女洗手间。女洗手间内部光线昏暗，脏乱不堪，而且非常简陋。我问他们："你们真的会让自己的妻子在这样的环境里上厕所吗？"他们摇着脑袋说："不，绝对不会。"问题是他们以前对此一无所知。即便是在都柏林的布朗·托马斯，在由精力充沛的首席执行官保罗·凯利带着我参观一圈后，我还是发现他们公司的高级管理人员和第一线的工作人员缺少互动。这个令人眼花缭乱的购物中心和大多数优秀的零售企业一样，决定努力将关注点放在布朗·托马斯人的独特品质上，毕竟，是这些员工让商场变得与众不同。

在了解了布朗·托马斯的路线后，保罗·凯利就把店里的钥匙交给了我，让我去里面四处看看，他自己则去干别的事了。一天后，我陪着他走进了店里的女员工更衣室。那里看起来就像是一个女海豹突击队队员的军营，四周摆放着窄窄的绿色储物柜和三面很小的镜子，中间摆放的长条凳坐上去一点都不舒服，屋内的照明灯发着刺眼的光。

在距离商场开门营业还有 20 分钟的时候，这个简陋的更衣室里就挤满了几百个女性。这就是布朗·托马斯的员工们准备好一切，出去为顾客提供服务的地方。保罗嘴里嘟囔着说，即便是他 30 年前在这条街上的三一学院所用的更衣室都要比这里好多了。我非常了解他的做事风格，所以毫不怀疑他会立刻解决这个问题。

判断一家商场士气的最简单的做法之一就是看看它给自己的员工所提供的空间和设施。这并不是说你必须要给员工配备一个保姆或者按摩师，但是你必须在私下里关心爱护自己的员工，给他们更多的关注。

在我和墨西哥事务所建立合作关系之后，我就亲自体验了我所见到过的最有趣的商业模式之一，它的开创者是一家消费者电子连锁店，名字叫作艾丽卡（Elektra）。如今，他们经营了 900 家店，每年的销售额高达 10 亿美元左右，连锁店已经开到了危地马拉、秘鲁和洪都拉斯。依照我们常用的经济评价体系，内曼·马库斯面向A级客户，沃尔玛则徘徊于C、D、E级之间，而艾丽卡则主要针对C级和D级市场（这些字母指的是购物者的收入等级），这个市场主要是由那些辛苦劳作的人群和新兴的中产阶级构成，所以艾丽卡的存在也有助于满足这个社会阶层生活水准提高的需求。

你肯定没有听说过墨西哥的艾丽卡，墨西哥边境北边的大多数人的确也不了解艾丽卡，这是因为它的消费者群体并非达官贵人。但是对于艾丽卡开创性地提出的借贷和购买制度我却非常非常钦佩。为什么呢？这个举措太棒了，它正好和墨西哥快速发展的经济相适应。

在拉丁美洲市场，如果一个人来到购物中心，能够证明他有家、有工作，而且还有信件邮寄地址，艾丽卡就可以向他提供贷款业务，满足他的购物要求。而顾客则可以以每周支付小额还款的方式偿还贷款。也就是说，贷款顾客的全家人都有责任替他担保。实质上，它就是一家披着百货公司外衣的银行。

消费者首先会购买什么呢？一台冰箱。然后呢？一个火炉。接下来会购买电视机、洗衣机。在这里再买上一台手提式录音机、一张舒适的床垫、一张弹簧床垫，再加上一套精美的家具，艾丽卡就把你的家装备齐全了，让你家人的社会和经济地位提升一个档次。艾丽卡还给你提供支票和储蓄账户服务，并且让你在一系列的保险产品中自由选择。你有一个家人在美国工作吗？他可以在线向你的艾丽卡账户汇款，替你还款。这就意味着你可以更快地还清欠款，然后购买别的商品，比如弹簧床垫或者床头柜。当你的经济地位提升时，艾丽卡会随时陪伴在你的左右，为你指明方向。

那么公司是否会收取高额的利息呢？当然。但是艾丽卡也推动了社会的流动性。它不是把钱借给个人，而是借给整个家庭，包括一些几代人同堂的大家庭。公司有很多的坏账记录吗？令人惊讶的是艾丽卡的坏账率异常低，比普通银行的坏账率低太多了。所以，这对于艾丽卡，对于拉丁美洲的家庭，乃至对于整个拉丁美洲的生活标准的提高可谓大有好处，真正实现了多赢的局面。

真是个天才的想法。

不必刻意迎合所有人的需求

这并不意味着国外的零售市场形势一片大好，也不能说零售业的创新只是一种国际现象。

美国的几家零售业公司由于采取了得当的措施，已经扭转了不景气的局面。得克萨斯州沃思堡郊外的一个即将倒闭的购物中心现在已被改建成了拉丁美洲风格的购物中心，有自己的街头乐队，而且前迪拉德百货公司的老板也加入了该公司，现在这个购物中心覆盖了一个不断变化发展的大市场。购物中心里有一家播放西班牙语电影的影院、一家教人如何申请按揭贷款业务的学校和一家结合了牙科医院和珠宝店特色的新店，这样一来顾客就可根据自己的要求定做牙饰。这家购物中心非常清楚自己的市场定位，所以并没有刻意迎合所有人的要求，结果反而取得了巨大的成功。

在哈勒姆区第 12 大道的菲尔韦超市（Fairway）就设在一家旧的大货栈里。在纽约，从消防员到囤积干酪的家庭主妇，从哈勒姆区的母亲们到那些赶往韦斯切斯特郊区家中并顺便带点吃的回家的商人，形形色色的纽约人都会光顾这里。前一个顾客刚刚用美国证券交易所的白金卡结完账，后面的顾客接着就会用粮票来付账。菲尔韦本身就是一场华丽缤纷的演出、一次惊险刺激的冒险。当你来到咖啡区，新磨的咖啡粉在咖啡机里翻滚腾跃，发出悦耳的声音。晚餐想要吃牛排或烤鸡吗？那就裹上银色的棉外套去冷冻食品区采购吧，在那儿非但没人帮你加热食物，整个房间就是一个大型的冷冻室。

这使我常常想，成功的零售店取决于选址人，而非零售业主。他们必须要想办法让自己所处的位置吸引人的眼球。许多业主和整个北美洲追求进步的开发商已经开始去敲响市场营销咨询公司的大门了，这绝非是一种巧合。由于顾客光顾购物中心的次数和时间都有所下降，业主们已经开始认识到光凭研究统计数据或者每平方英尺的销售额已经无法找到解决这种困境的答案。购物中心门前的公共场所、座椅、洗手间、停车场、商品的价格以及视觉商品陈列都会影响到你的销售额，它们所起的作用同等重要。

一个场所并不需要满足所有人的需要，这与种族划分没有关系。你的购物中心可以面向年轻夫妇，也可以面向青少年，甚至只是专门服务于老年顾客。我可以向你保证，无论是年轻还是年长的消费者，无论他们是爱好流浪还是爱好运动，只要是你能满足他们的要求，他们就会对你心存感激之情。

自从这本书的第一版出版之后，我有比以往更多的机会四处旅行。我现在每年都会花大约 150 天的时间四处奔波。Envirosell 的国际许可证协议给我带来的一个好处是，我可以在一段特定的时间内去与那些获得 Envirosell 特许权的海外伙伴共同交流，这最让我开心了。

现在，我的飞行里程离400万英里只差几千英里而已。如果我有空休假，我会选择与家人待在一起。但是在家里待上几天后，我就会向往外面的世界。在这样一个马路勇士（指经常旅行的人，特别是出公差的人）的时代，有很多人在外奔波的时间比我还多，但是我知道很少有人能够轻易地适应这种如同坐云霄飞车一样的突然的时区变化。我的眼袋是我“应得”的，而那个靠近飞机过道的座位呢？当然也是我的，谁也别想抢走它。

第二十章

购物学研究的新展望

想想这个问题，自从人类离开东非的山洞、采石场和营地，迁徙到世界各地之后，我们就从未停止过买卖和贸易活动。几年前，我听一个土耳其推车卖菜的老板讲他如何组织和摆放他的货物，当时我自叹不如。他谈到日照角度，谈到消费者是如何准备蔬菜做饭的，还谈到当人们考虑先买茄子还是先买番茄时心里在想些什么。在他应该站在蔬菜车旁的什么位置，以及与各种各样的潜在顾客打交道的最佳方式这些问题上，他很有见解。我希望一直听他诉说，因为当我听到他的话语时，我能够听到他祖祖辈辈的回音。他娓娓道来，深深启发了我——甚至可以说，在所有我遇到过的很多商店老板中，没有人能够望其项背。

这件事再次提醒我购物已经不是什么新学科了。我们有选择战或逃的本能，而大脑天生就能调节我们吸入的空气，同理，购物也可以说是人类基因中固有的一部分。事实上，这种行为可能是人类不通过体形、力量或速度来竞争就能提高自我社会等级的最佳途径。

我们不妨谈谈伊斯坦布尔，这座城市位于历史上最古老的文化十字路口。土耳其人的肤色、身材和体形各不相同，当你行走在车水马龙的街道上，你会发现土耳其人的相貌融合了各种各样的基因，你能够闻到各种不同的气味、体味、护发素的味道，也能闻到各种食品发出的作料味和香料味，弥漫在一片富有东方特色的喧闹声中，这里面有轻柔的音乐，有孩子们吵闹的声音，有年轻人在商店前迎来送往的声音。伊斯坦布尔的大集市已经有500多年的历史了，而其要想在现代社会中立足十分困难。大多数商店的橱窗里陈列着各种各样的金银珠宝、一桶一桶的香料，还有一盒盒彩色的染剂。但是你可以随处看到一个网址，这就是大集市自己的官网。你可以在网站里订货，也可以直接与商户联系。在这个3 000多年商贾和顾客云集的城市里，我们见到了实体店和网店的珠联璧合。

要寻找来自远方的游客吗？发现他们并不难。这座城市自远古时代起就接纳四方宾客。土耳其接待过很多苏联游客，遍布在前奥斯曼帝国各个角落的许多游客也慕名而来。土耳其对于德国中产阶级来说是一个消费低廉的度假胜地。

大集市的商人们预见了旅游业所需求和关心的问题。食品店的伊朗鱼子酱在广告中宣传，他们的鱼子酱使用干冰包装，保证质量，请放心购买，这样顾客可以将鱼子酱放入托运行李中带回家。当地的藏红花小贩平均每小时需要为顾客讲解几次产品，他将不同等级的藏红花浸泡在几碗水中，后退几步让顾客自己来观察藏红花不同的色泽及饱和度。他向顾客展示商品的销售技巧不亚于我所见过的任何一个销售员，甚至要强过他们。

无论是伊斯坦布尔的大集市还是迪拜的金街，交易规则和交易工具都像大山一样古老。有一次，我和朋友去安卡拉（土耳其首都）的一家电子修理店维修电脑，进入修理店后，和店主喝了杯午茶，向他的家人问好，并和他谈论了一会儿天气和当地的足球比赛。在我们进门时，店主要价大概 50 美元，而等我们离开时，维修价格降到了 7 美元。

致力于探索购物学真理

本书重点讨论了商业中的基本原则和常识。如果 20 年前有人说有朝一日我会成为一名专业研究女性在化妆品方面消费趋势的专家，而且会花费大量的时间观察女性的购买行为，那么我会说你是个疯子，同样，如果你预言我会成为一名研究快餐业免下车购物发展动力方面的学者，我也会有同样的看法。事实上，当在公司的会议室里听到别人称我为高级研究员的时候，我依然觉得不舒服。因为很多人投身于零售领域是因为他们具有这方面的商业天赋，而我只是很幸运地找到了一条通往零售领域的途径，为此我心存感激。一直困扰我和同事们的是，虽然我们不是商人，但却要花大量的时间来解决困扰商人、商业空间、产品和服务的问题，当我们行走在购物街上，或者是在饭店点菜时，会去分析这种体验，并思考如何改善。附近的商家厌倦了我不厌其烦地向他们提供的所有免费建议。当和太太去度假时，她不得不总是提醒我不要动不动就去分析购物行为。即使这样，我也忍不住会走进一家商店四处观察一番。跟人类学家玛格丽特·米德不同，我倒不必长途跋涉去进行野外实地考察。

购物学是一门综合性学科，包含物理学、社会学的内容，而且它不完全是科学，还有一部分属于艺术，它属于实践领域，主要是在提供信息帮助零售商在增强自己优势的同时减少犯决策失误的概率。**我们的价值在于，除了搜集数据之外还对数据的含义进行合理解读，并提出应对措施**。事实证明很多时候我们的解读是对的，但也有错的时候。因此，我们不断探索。即使是公司的高层管理人员每年也要出差 90 多天，将他们周末的时间用来研究世界各地的商店、银行、饭店和商场。请相信我，这对我们的个人生活来说，实属不易。

即便如此，**购物学中的真理也让人难以捉摸**。人体生理的基本特征变化不大，但是商场本身和购物者的品位及行为总是在不断发展的。1900 年的农民和 1 000 年前从事传统农业的祖先有很多共同点，然而他们与 1950 年从事技术农业的后代却有天壤之别，同理，1900 年的商人已经有些落伍了。如果我们回顾一下 20 世纪 70 年代，就会发现当时很多领先的零售商现在已经消失或没落了。科维特（Korvettes）、伍尔沃斯、蒙哥马利·沃德，现在都只有在历史书中才能见到了，其他很多商店即将步其后尘。沃尔玛会垮掉吗？星巴克会倒闭吗？玛莎百货会遍布全球吗？这个世界的变数太多。过去，商界格言就是：在合适的地点以合适的价格销售合适的产品，就一定能成功，但是现在要想生存就必须做到这点。每个人都在竞争，因此威胁来自四面八方。如果店主认为竞争仅来自同行，那么这种看法是狭隘的、危险的。事实上，所有占用消费者时间和金钱的事情都是零售商的竞争对手。最近，我们受雇对一家电影院进行研究，再一次让我们认识到，对零售业来说，顾客在电影院花费两小时和20美元对他们是一种损失。同样，相比书店，如果人们喜欢在午餐休息时间花20分钟去电脑商店，那么很可能卖出去的就是软件，而不会是图书。零售商控制一切、制造商为王的时代已经一去不复返了，在21世纪顾客才是上帝。就像如今的潮流都来自大街一样，现在的零售世界也必须不断跟上顾客的步伐。

购物随着社会的改变而变化，如果商人不能理解这一点就很可能会遭受失败。毫无疑问，在这个时代，主要的社会变化都与女性生活息息相关。著名的社会批评学家，未来主义者沃茨·瓦克尔指出，从目前的迹象看来，男人正演变成一种奇怪的家庭宠物。零售业者必须关注女人对生活的期望和需求，否则就会被市场抛弃。就连男人和孩子在生活中的多数变化都是由女人引领的，零售商应虚心关注并顺应这个特点。现在购物者的喜好很容易变化，无论是对产品还是对商店，他们对品牌的忠诚度，都像夕阳一样转瞬即逝。

假如市场经济在某个会计季度因为不景气而给全国的零售连锁业带来了冲击，那么后面两个或三个会计季度的低迷期则是市场的恢复时期。防止决策者骄傲自满的最好办法就是缩减他与商场之间的距离。如今最明智的管理办法就是将更多的职责和权力下放到商场经理这个级别。高级管理层必须想办法让商场经理学会如何让商场为顾客服务。1998年，我对沃尔玛的执行层领导（大多是男性）讲，仅仅根据最近女试衣间的粉刷风格，我就能够判断各个商场管理者的性别。不知道是否因为这句话的原因，几个月后我发现大多数沃尔玛的女试衣间都重新粉刷成了漂亮的颜色。男性经理不喜欢日用品部门，因为像化妆品部门，员工的劳动成本高，并且商品容易被偷盗，而诸如电视及小冰箱等耐用品则更容易上架，而且更容易追踪购买信息。女性天生就对日用品的作用以及商业用途了如指掌。在我对于试衣间的改造提出建议 10 年之后，沃尔玛的服装销售仍然落后。一种简单的改进方法就是增加女性商场经理人。

对于所有的人来说，购物学都有可资借鉴的地方，但我也意识到一个有创意的商人完全可以扔掉书本，打破所有的规则。**在零售业最基本的信条就是让顾客叫出商店的名字**。我有个朋友，他从一个小店开始发展，现在成功地运营着一家网店。虽然这家店的名字非常拗口——“Mxyplyzyk”（取自超人漫画中一个小角色），但是这家商店的生意却很好，销售包括洗浴设备、图书在内的多种商品，价格区间跨度很大，收款的方式也很原始，发票是手工开的。但是我却没有什么建议可以向店主人凯尔文提供的，他按照自己的设想创造了新的销售机器，看上去非常成功。虽然我们宣扬那些理论，但是这家店的成功让我们意识到，只要有勇气，就会大有作为。

对我来说，你只是某某顾客

作为专业观察员，我们在商业领域中扮演着一个奇特的角色。我曾开玩笑说，我是零售领域唯一目睹商场偷盗现象而感到乐不可支的人。这就是说我们的行为不遵循海森堡[1]原则，我们要在不改变顾客行为的情况下准确地观察他们。毕竟，当一个人在一组追踪者面前偷东西的时候，说明这个人根本没有发现我们的存在（而且我们很少会被揭穿，通常都是被一些眼尖的孩子发现了）。但是对于和偷盗有关的事情都已深深地刻在了我的脑海中。我记得曾在波士顿华盛顿大街上的飞琳（Filene）百货商店的一段录像片中，发现了一位衣着考究的家庭主妇在香水柜台那儿不停地指使店员到较远的货架帮她拿取想要购买的商品，而她自己则把柜台上的一瓶瓶香水偷偷装入自己的手提袋里。实际上，我们通常可以看见衣着得体的小偷一边购买商品，一边却在偷盗商品。在南卡罗来纳州的一家杂货店里，跟踪人员不断发现有人把一次性尿不湿藏在商店的角落里。后来他们发现一个顾客将价格昂贵的头疼药品偷偷藏入半盒尿布里，直到这时谜底才被揭开。我们见过的最令人啼笑皆非的情景就是一位父亲偷偷把一套螺丝刀装进正在睡觉的婴儿的尿布里。

但是就像《星际迷航》中的船员一样，我们的工作只是观察报告，而不是干涉。

我们需要保证录像带中人们的隐私，这是对我们的最终客户，也就是消费者应该信守的承诺。考虑到公众的参与支持是我们研究工作的基础，我对工作中涉及隐私的地方都非常敏感。当一家杂志报道 Envirosell 时称我们为"超市间谍"，对此我感到大为惊愕。几年前，我很愉快地接受了一档一小时的英国广播公司的热

1. 海森堡（Werher Heisenberg，1901—1976），德国物理学家，量子力学的奠基人，因其测不准原理而荣获 1932 年诺贝尔物理学奖。——译者注

线脱口秀节目对我的邀请。但是当我走进演播室后，我惊讶地发现他们已经提前准备好对我进行围攻。另外一位来宾呢？他是一位消费者舆论方面的专家。我们今天要谈论的话题是什么呢？那就是消费者的隐私权。

现在，无论如何，千万别将乔治·奥威尔的小说《1984》中这样的事扣到我头上。如果你认为Envirosell的摄像头侵犯了人们的隐私，那么让我们先到伦敦的大街上溜达一圈，这时你会发现在伦敦大约50万个监视屏里，总能在其中几个里找到自己的身影。很多监视屏都与脸部识别软件相连，只要轻轻点击700万个摄像头中的一小部分，就会向整个英国传播。

如果你不住在伦敦，那么可以上网。10分钟内，我能查清楚你赚多少钱、政治面貌、从公共图书馆借阅的图书。如果你曾犯过罪，那么我可以查到你的被捕记录，以及你周围邻居的姓名和电话号码。甚至，我还能用谷歌地图功能通过卫星来搜索你家，并且看看那里的烟囱有没有冒烟。

我们的摄像头与超市、百货商场还有银行相连。我并不关心你是谁，你姓甚名谁，你的电话是多少，你住哪儿，也不关心你养的是一只黄金猎犬还是孔雀鱼，抑或是一箱蜜蜂。我所感兴趣的仅仅是购物模式。对我来说，你只是某某顾客。你穿的是一条旧牛仔裤、一件摇滚名人堂的T恤和一双很随脚的船鞋。

仅此而已。

写作本书的初衷

有些同事说，写这本书可能会泄露我们的秘密，有的公司知道了这些经验之后可能会解雇我们，但是本书仅仅是一个开始。关注消费者的商家可能已经实践过这本书中所讲的很多做法了。很多客户说我们的工作验证了他们原有的一些想法。对我们而言，和那些从事过这方面业务的商家合作效果会更好。客户不可避免地会对我们提出的论点有两种看法。第一，我们的研究似乎证实了常识中关于人们如何购物的知识。一旦将我们的报告公之于众你就会意识到，天啊，你当然知道（也许在你知识结构的角落处）手里拿着外套和手提包的顾客肯定不能像空着手的顾客那样选购同样多的商品。一旦我们花费了几天的时间来实际地观察顾客，统计他们购买的货物，并将手中拿东西和没有拿东西的顾客进行比较，这个道理就简单到让我们感到吃惊。换句话说，当我们科学地证明了这个道理的时候，好像你会觉得自己一直都知道这回事。我认为这是一个好兆头，科学就应该合情合理。然而直到那时，人类的常识并没有引导许多零售商来改进他们向顾客提供购物筐的方法。到现在为止，还有很多商店错误操作，这让我们十分惊讶，即便是那些高度复杂的零售业大亨经营的商店也不例外。

另一个常见的看法是我们给出的很多建议好像更接近于微观方面的调整，而不是宏观的革新，但是，当你在店内实施了一些小的改变以后，就会时不时发现其实已经改进了非常多。正如我常说的那样，如果市场注意力全部放在战略上的话，战术问题就常常会被忽略。

比如，我在第一章里提到，杂货店化妆品销售区对老年女性的服务考虑得不周到，像遮盖霜这样不太吸引年轻顾客的产品被放在了货架的最底层，让老年购物者不得不蹲下身来才能够到。

事实上，我们在录像片中看到有的老年顾客趴在地上来选购这些产品，这个场面真是令人难堪，最终这方面的改进对增加销售十分有效。现在，多数化妆品的陈列都已经调整过了，已能够满足这类购物者的需要。有一段2005年拍下来的视频，与12年前的一段录像一样，还是老年女性趴在地上寻找她们所要购买的商品。没错，把产品的陈列位置抬高半米就可以显著地增加消费者购物的舒适度和商品的销量，可是现在很多商家却还在重蹈覆辙。

大约10年以前，澳大利亚一家超市雇用我们去调查人们是如何购买鲜花的。这家商店鲜花的销量比预期的要少得多，我们发现了其中的原因：现有的摆设方法是把鲜花插在硕大的塑料花瓶里，这对购物者来说不够清楚。消费者不知道鲜花的价格，也不知道它们是按束卖还是按枝卖。只是看到鲜花被放在大花瓶里，消费者很难知道将鲜花买回后摆在家里的效果如何。换句话说，这件最简单的事情没有经过充分的考虑。鲜花的摆设方法无法让路过的顾客想要靠近。他们做了一些小改动，在大花瓶前摆上单束的花，同时标明价格，鲜花很快就被卖出去了。

细微的调整就会带来很明显的改善，这一点应该不足为奇。别忘了，科学基本上就是对细小区别的研究，重大的真理也是这样被发现的。有时候批判性的真理就是通过这种方法被人发现的。达尔文测量了鸟嘴的长度，就算用我们的标准来看这件工作也是非常细小的了，但是他的研究对生物存亡理论产生了重大的影响。达尔文的重要发现听起来就跟常识一样：生存下来的生物是那些适应环境的种类。在商店也有类似的事情，只不过这儿是零售环境必须适应顾客。

对于一个像零售业这样的普通领域，这些理论有点高不可攀。

但是商店和购物从来都不是一个维度的。让我们回到购物行为刚出现的时候，回到早期以物易物或者露天市场的时候，购物与买卖还没有任何关系。购物是一种将人们聚到一起的活动。当女性还是从事家务劳动的奴隶时，是购物将她们从家里解救了出来。在更早期，购物就是人们聚在一起聚会及共同做事，人们在一起谈天，交流新闻、小道消息以及观点等。时至今日购物还是为这个目的而存在的。现在，当人们需要离开家进入职场时，也许购物在社会中就没有那么重要了。但是当我们在商店或者购物中心闲逛、挑选货物的时候，我们或多或少会检视别人，无论是中世纪还是现代，观察他人都是一种特别令人满足的消遣活动。

购物就像看电影或者逛动物园一样，是一种娱乐活动。现在的趋势仅强调购物的功能。像威廉斯-索诺马家居用品公司、全食超市或者伦敦塞尔福里奇百货商店，这些零售店每天都在发展。曾经只有伍尔沃斯公司和当地杂货店把购物和餐饮结合起来。现在，在距离我办公室几分钟的范围里，我可以从设有咖啡吧的书店走到家具店，再从家具店去带有午餐吧台的成衣店，然后再到为顾客提供热咖啡的银行。当你去硬石摇滚咖啡馆、哈雷-戴维森咖啡馆或者在州际公路边上的普通小咖啡馆的时候，你很难判断自己到底是在一家礼品店的餐厅还是一家卖食物的商店。差异已经不再重要——售卖东西（因此购物）就产生了。

博物馆和歌剧院还有动物园是大型的公共文化中心，它们以前是由德高望重、热心于公益事业的商业巨头们捐资修建而成。现在，大多数博物馆已经有一部分独立收入。随着巨头们的相继去世，这些机构一直靠热心公益的公司的捐赠来维系。今天，大多数博物馆发现通过依赖零售能够取得一些独立收入。这也就为严肃的购物创造了机会。博物馆商店销售的商品从两毛五的铅笔到价值上万美元的珠宝、艺术品还有手工艺品。现在这些顾客开始有了公德心，他们知道自己的消费支持着如此具有价值的事业。于是零售业也就能以这种创新的本质继续发展（博物馆巧妙地将商店安排在前门处，这样当顾客进门的时候可以不买门票或看展览就能购物）。那些受过良好教育的顾客非常乐意在博物馆商店购物。我们现在看到的像博物馆商店这样的零售店，实际上就是没有博物馆的博物馆商店。

在某种程度上，我们把商店视为博物馆，在这里可以学习我们感兴趣的事物。无论是向公众展现最新的潮流、电脑软件的革新，还是汽车化油器的工艺水平，或者是犯罪小说的新作品。对于很多人来说，萨克斯的春装新品上市就相当于现代美术博物馆新的大型展览开幕。1999 年，当本书的第一版出版之际，我遇见了林肯中心（我们从前来自时代公司的老客户）的首席财务官，他在一堆落满了灰尘的文件中找出了我在 25 多年前写给林肯中心的一份报告，正是之前在这本书中提到的，如何在他的文化情结中管理物流和零售业。他说，现在他们已经准备好了。因为商店设计的趋势，他们摒弃了之前在将商品陈列在玻璃橱窗里与顾客隔开的方式，选择了“开放式”的陈列。顾客们可以在桌子和架子上近距离地浏览检查货品，那么试问你觉得商店和博物馆还有不一样的地方吗？就连包装的流行趋势也是为满足顾客渴望了解更多的需求做出的回应。以前从没有如此多的信息印刷在所购商品的盒子及瓶瓶罐罐上。

即使说商场已经变成了人们膜拜的地方，也不太为过，商场是人们表达自己对制造业由衷自豪的地方，是表达、重申并分享我们在自我提升、美容、知识或者娱乐方面信仰的庙宇。在基督教历上两个主要的节日是圣诞节及复活节，前者具有最大的潜在商机。这个节日的宗教气氛正变得越来越淡，而且越来越世俗化，更不用说商业了。这种情况的发生肯定不是偶然。只要顾客愿意，圣诞节对大多数的零售商至关重要，圣诞节就是年终销售的救星。

虽然购物是全世界的活动，但是我们的工作一直都没变，那就是摸清楚从巴黎到东京具有共性的东西，哪些是经久不变的，以及像视力、惯用右手和性别等生理要素在购物中所起的作用。要搞清楚是什么在改变，以及为什么改变。现在的商人社区不再起领导作用了，而只能随波逐流。就像我在本章前面提到的，购物可以作为评测社会变化甚至是社会革命的标准。因此当 H&M 和史蒂夫–巴里都开发出适合每个人的廉价服装时，这意味着什么？女性现在占据了家庭主导地位，这如何影响了购物呢？由于在线世界和智能手机的交汇，这些实体商店的店面设计的意义是什么？

我希望本书能够理清你的思路，并且将你带回自己的世界，让你从不同的角度看待事物。谢谢你阅读本书。

图书在版编目（CIP）数据

顾客为什么购买 /（美）帕科·昂德希尔著；缪青青，刘尚焱译 . -- 北京：中信出版社，2021.4
（中信经典丛书 . 003）
书名原文：Why We Buy:The Science of Shopping
ISBN 978-7-5217-2889-7

Ⅰ . ①顾… Ⅱ . ①帕… ②缪… ③刘… Ⅲ . ①消费者行为论 Ⅳ . ① F713.55

中国版本图书馆 CIP 数据核字（2021）第 045583 号

顾客为什么购买
（中信经典丛书 · 003）

著　　者：[美] 帕科 · 昂德希尔
译　　者：缪青青　刘尚焱
翻译统筹：曹进
责任编辑：张刚
出版发行：中信出版集团股份有限公司
（北京市朝阳区惠新东街甲 4 号富盛大厦 2 座　邮编　100029）
承 印 者：北京中科印刷有限公司

开　　本：880mm × 1230mm　1/32　　印　　张：105.5　　字　　数：2152 千字
版　　次：2021 年 4 月第 1 版　　印　　次：2021 年 4 月第 1 次印刷
京权图字：01–2011–0717
书　　号：ISBN 978-7-5217-2889-7
定　　价：920.00 元（全 10 册）

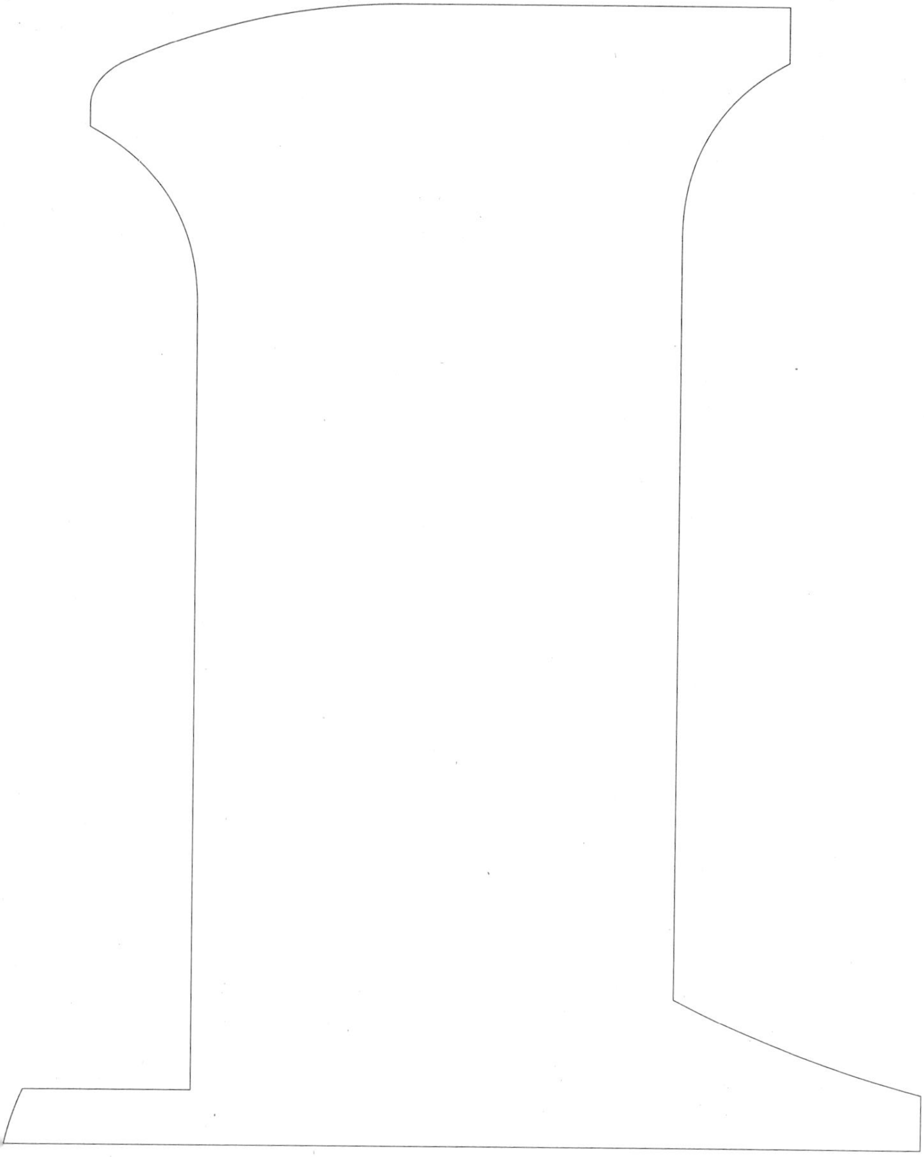

发现利润区

THE PROFIT ZONE

HOW STRATEGIC BUSINESS DESIGN WILL LEAD YOU TO TOMORROW'S PROFITS

[美] 亚德里安·斯莱沃斯基
大卫·莫里森
鲍勃·安德尔曼
著

吴春雷
译

中信出版集团 | 北京

目录

序言 / III

第一部分　在变化的商业环境中取胜

第 1 章　市场占有率已经过时 / 3

第 2 章　以客户为中心的企业设计 / 18

第 3 章　利润是如何产生的 / 38

第二部分　创新者和他们的成功经历

第 4 章　通用电气前董事长
杰克 · 韦尔奇：为客户
提供解决方案的企业设计 / 87

第 5 章　三位管理者的故事 / 109

第 6 章　斯沃琪集团创始人尼古拉斯 · 哈耶
克：产品金字塔企业设计 / 130

第 7 章　可口可乐前首席执行官
罗伯托 · 戈伊苏埃塔：
管理价值链企业设计 / 160

第 8 章　嘉信理财创始人查尔斯 · 施瓦布：
配电盘企业设计 / 181
第 9 章　英特尔公司前首席执行官安迪 · 格
鲁夫：领先两步的企业设计 / 208
第 10 章　迪士尼公司前首席执行官
迈克尔 · 艾斯纳：
利润乘数企业设计 / 228
第 11 章　美国热电公司创始人
乔治 · 哈特索珀罗斯：
分拆型企业设计 / 257
第 12 章　ABB 集团前首席执行官
珀西 · 巴尼维克：
全球专家网络企业设计 / 278
第 13 章　微软公司创始人比尔 · 盖茨：
行业标准企业设计 / 298

第三部分　利润区手册
第 14 章　企业设计创新
如何创造出利润区 / 329
第 15 章　利润区手册 / 340

附录 1　企业设计 / 369
附录 2　企业设计和市场价值 / 373

致谢 / 383

序言

自《发现利润区》一书初版问世以来，与以往相比，企业对盈利能力的渴求日益迫切。互联网大行其道，过剩的风险资本自由流动，股权市场日益强势，这些力量综合在一起，产生诸多不合理的企业设计。这些事实使得企业设计的再创造越来越需要一种约束力，我们将在本书中对此详细叙述。许多公司和投资者未能熟谙这种约束力，或者未能将其基本原理运用于具体的商业行为中，因此付出了沉重的代价。

只需以一个行业为例来分析，我们就会更加清楚，以产品为中心、以制造为导向的传统商业增长模式已经过时。股市跌宕起伏，其部分原因是网络公司抱有不切实际的期望。股市的动荡已迫使数百万的管理者和投资者认识到，许多公司从未制订过长期、可持续的增长计划。实际上，在股市崩盘之前，那些曾经以产品为基础的大公司就已经步履维艰了。短短几个月内，吉列、宝丽来、朗讯、宝洁、美泰克等多家巨头的市值便跌了 40%~100%。

高科技领域的崩盘印证了市场的低迷。在 20 世纪 90 年代的大部分时间里，这些领域看上去无异于瓶装火箭，升空的气势恢宏，坠落得却也轰轰烈烈。大多数公司都生产出了迎合市场、令市场亢奋不已的低成本数字宽带产品，但是，这样的公司既不赢利也不具备可持续性。[英特尔公司、IBM（国际商业机器公司）、思科与微软似乎是例外，它们依托高科技，呈现出了强劲的长期增长势头。然而还有其他企业吗？恐怕很难再举出其他例子来了。] 这段短暂的高科技时代仅仅是破产的重演，是一种“增长第一、盈利第二”的无效策略。人们已经按照这一策略实践了几十年，但始终没有成功。20 世纪 80 年代，日本人试图将他们以产品为中心、以制造为导向的经济发展为营利性经济，但整个 90 年代他们都在为这一错误决策付出代价。“亚洲四小龙”的类似尝试也终结于 1997 年的金融危机。

总而言之，我们在《发现利润区》一书中将告诫读者：无利润区的确存在，并且已在全球蔓延，有愈演愈烈之势。它席卷了数以千计的公司，涉及的行业范围极广，从包装消费品、汽车、电信到互联网等，不一而足。

现在，我们预计成千上万的企业将迎来长达 10 年的持续低利润和低增长期。这些企业不知道未来的利润来自哪里，也不知道如何重塑已经过时的企业设计。

当然，这里会涉及重大的经济变动趋势。目前的经济衰退已经使人们无法再对很多公司内糟糕的结构性弱点视而不见了。但是，这并不意味着这些企业已无可救药，也不意味着衰退期间企业的领导者已无法实施积极、有效的策略。实际上，企业有可能实现真正的、可持续的盈利和增长，即使面临现在这样极具挑战性的商业环境也是如此。对这方面的例子，人们只需看看 IBM 公司就会一目了然。这家公司成功地将自己不具备优势的硬件企业设计进行转型，从而适应了新经济格局下的盈利需求。在所有我们能想象到的商业领域里，数十家小公司也已经完成了类似的转型。由此可见，格局是可以被转变的。

企业领导者首先要提出以下几个关键问题：

· 目前我的企业如何赢利？
· 在可预见的未来如何实现盈利？
· 哪些人是最有价值的客户？
· 他们的关键偏好会发生何种变化？
· 我应该如何调整自己的企业设计，从而能够利用新的途径实现以客户为中心的营利性增长？

尽管每家企业都面临这些问题，但不同企业给出的答案是不同的。在《发现利润区》一书中，我们分析了一些杰出企业的经验，希望能够为您提供参考。

亚德里安·斯莱沃斯基、大卫·莫里森

2002年2月于马萨诸塞州波士顿

第一部分

在变化的商业环境中取胜

第1章

市场占有率已经过时

当今企业面临的首要问题就是盈利能力。你的行业中有哪些盈利点？当前的利润区在哪里？未来会发生怎样的变化？这些都是要考虑的问题。

利润区是指企业可以赢利的经济活动领域。进入利润区并在利润区内运营是每个企业的目标。

你可能已经知道如何才能进入利润区——“获得高市场占有率，自然就能赢得利润”“保持高增长率，利润便会提高”。作为一名管理者，不断会有人告诉你，只要追求高市场占有率和高增长率，企业自然就会踏上成功之路。

然而，这些以往的捷径现在已经变成了布满陷阱的弯路，并最终将企业引入死胡同。许多大公司在追求市场占有率和高增长率之后，最终却落到了无法赢利的境地。

在以产品为中心的时代，市场占有率是一个重要的衡量指标，是指路明灯和罗盘。那时，企业关注的是不断改进产品和打造规模经济。在以产品为中心的思维模式指导下，企业喊出了这样的战斗口号："提高市场占有率，利润自然水到渠成。"

过去几十年里出现了一些令人不安的案例，这些案例颠覆了此前人们以市场占有率作为终极目标和企业成功保障的观念。我们来看一下 IBM、美国数字设备公司（DEC）、通用汽车（GM）、福特汽车（Ford）、美国联合航空（United Airlines）、美国钢铁（US Steel）、柯达（Kodak）、西尔斯（Sears）和凯马特（Kmart）等公司都经历过什么。它们都保持着领先的市场占有率，在行业内都是数一数二的企业，但是，20 世纪 80 年代，这些市场占有率领导者的盈利能力均出现了下降。它们即使拥有占绝对优势的市场占有率，也没有能力阻止这一切的发生。随着盈利能力与市场占有率出现脱节，股东的利益也开始受损。尽管这些企业具有强大的市场地位，但 1985—1995 年，这些市场占有率领先企业的股市表现明显低于标准普尔 500 指数。

其中的一些企业已经开始大刀阔斧地改革它们的企业设计了。它们在关注市场占有率的同时，将更多的注意力放在了利润上面。这使得公司的价值强势反弹，结果许多传统市场占有率的领导者深受鼓舞，开始重新思考其企业设计的理念。

在思考自己的企业时，我们要问自己两个问题：我要致力于提高市场占有率，还是要赢得利润？市场占有率使我的企业赢利并保持活力，还是使它无利可图、停滞不前？

不少企业虽然拥有很高的市场占有率，但盈利能力很差，股东价值很低。日本人称雄存储芯片市场，全美航空公司曾一度主宰美国东部的空运市场，飞利浦公司是消费电子产品的领先者，然而，这些企业没有一家经历过显著的价值增长。

以上这些企业并不是孤立的个案，类似的例子还有：

· 大西洋与太平洋茶叶公司（A&P）在食品销售市场拥有高市场占有率；
· 英特尔公司在存储芯片市场拥有高市场占有率；
· 完美文字（WordPerfect）在文字处理软件市场拥有高市场占有率；
· 美国数字设备公司在微型计算机市场拥有高市场占有率；
· 凯马特在城市折扣零售业市场拥有高市场占有率。

上述企业在市场占有率方面高奏凯歌，在盈利能力方面却惨不忍睹。面对不同行业的高市场占有率企业出现的这种状况，人们不禁要问：企业该怎么办？

许多公司只是希望能够重新赢利，而公司的管理层明知这个目标难以实现，却不愿意将这份疑虑公开讨论。他们怎么可能反对企业拥有高市场占有率呢？

其他管理者私下会坦承利润不会再现，但忌惮公开面对这一话题，他们生怕企业士气会因此遭受打击。

英特尔公司是个例外。在上述公司中，英特尔选择了正视这一问题。1985 年，该公司引领着存储芯片市场。但是，公司管理者意识到，他们的市场占有率已经大而无当，不能再带来价值和利润了。20 世纪 80 年代的竞争模式已经结束，到了需要重建企业设计的时候了。

英特尔这样的公司令我们深思甚至彻底反思这样一个问题：市场占有率是否真是盈利能力的“指示器”？

数量增长和价值增长，孰轻孰重？

“要着眼于市场占有率的增长。”在旧经济秩序和市场占有率为主流的时代，数量增长是成功的保证。追求增长是我们一直以来被灌输的思想。这种思想的确创造过高利润，包括原先市场占有率的落后者、企业设计的落后者以及企业管理不善者。水涨船高。一位管理者曾经这样阐述这一经典理念：“有了数量增长，管理问题便攻无不克；即使管理水平低下，收入的增加也能弥补我们的错误。”

但这类“金玉良言”已难以再站得住脚，行业增长和公司价值（股票价格）的增长已不再齐头并进。快速增长的行业，比如个人电脑制造业、消费电子业、电信和软件业等都出现了大量最终无利可图的公司。相反，零增长或低速增长的行业里却涌现出了一批堪称世界上最成功的企业。例如，可口可乐公司在低增长的饮料行业里实现了巨大的利润增长；与此类似，通用电气公司在低速增长的制造行业中表现出色；斯沃琪公司在低速增长的制表行业中始终保持着高利润。

在目前的新经济秩序中，旧经济秩序中最有价值的两大理念——市场占有率和数量增长，俨然成了洪水猛兽。为了正确并安全地运用这两大理念，我们必须了解经济领域中出现无利润区的来龙去脉。

无利润区

过去，企业一成立便会有利可图。在任何领域，若竞争者相对较少，客户便处于弱势一方。然而，在过去的几十年中，随着行业内技术进步、企业设计创新、全球竞争加剧以及信息技术的巨大发展，情况已有了根本改观。面对激烈的竞争，许多企业不得不通过降低价格的方式在市场竞争中赢得占有率。

与此同时，对客户而言，信息变得更容易获取了，这使他们可以方便地达成更好的交易，获得更有利的价格。这也迫使所有参与竞争的企业竞相降价，否则面对价格更低的竞争者，价格高的企业就将失去客户。在这种情况下，无利润区便产生了。以前的规则是：每一个行业都赚钱，市场占有率最高的企业赢利也最多，即便有一两个行业例外，比如农业或铁路客运业，这样的行业也屈指可数。

过去几十年中，这一规律被打破了。如今，无利润区无处不在，而且还在不断增加，经济版图上无利润区的面积越来越大。无利润区的表现有多种形式，它们可以是价值链的一部分（比如计算机的分销业务），可以是一种客户细分（比如美国医疗辅助计划中的细分，或碳酸饮料食品零售店的细分），可以是整个行业（如环境整治），可以是单个客户（如沃尔玛或者其他大型买家），也可以是整个企业设计（如辐射状航空企业设计或集成化的钢铁厂)。

无利润区是所有企业的黑洞。在自然界的黑洞中，光线被吸入黑洞之后便杳无踪迹了；在经济体的黑洞中，即便将资金投进去，也得不到分文回报。

讽刺的是，对市场占有率的极度追求可能正是导致无利润区的最主要原因。

假如，有一个行业中存在10家竞争者，总市场占有率为100%。看看这些企业的战略计划，你便会发现，它们都在计划大幅增加市场占有率。

将它们5年内的目标市场占有率相加，你会发现总数超过原来市场占有率的150%~170%。

当然，这是不可能发生的，因为它不合常理。但是，就在你对此不以为然的时候，在你身边却正在发生着这样的事情，也许就是你所在的行业或者你自己的公司。

随着对市场占有率越发激烈的追求和客户实力的不断增强，许多活动和产品已没有利润可言，甚至整个行业的利润也今非昔比，越来越多的无利润区产生了。然而，许多公司仍然奉行追求市场占有率和数量增长的战略，试图从价值日益缩减的蛋糕上切下更大的一块。

一位设备制造企业的资深经理就深刻领悟到了人们对这种市场占有率观念的短视，这一观念当时主宰了市场占有率时代的思想和商业媒体。他认为：

我们都在关注市场占有率，数字就是一切，我们时刻拿自己的数字与竞争对手的数字对比，拿本季度销售额与上一年同一季度的销售额对比。我们对市场占有率的每一次增减都斤斤计较。

不仅是我们自己的管理团队，竞争对手的管理团队也是如此。就连媒体也会深受我们的影响，它们会不断公布新的市场占有率报告，我们则对其奉为至宝，就像NBA（美国职业篮球联赛）球队关注对手的统计数据一样。

通常情况下，盲目追求市场占有率是以牺牲企业设计创新为代价的。然而，在无利润区中抢占市场占有率的领先地位，或者在错误的企业设计下获得高市场占有率，往往预示着灾难而非福音。

错误的企业设计下的增长会更快地损害公司价值

提高无利润区中的市场占有率和获得增长无异于一种陷阱，这一点并不难理解。难以理解的是，在一个茁壮成长的行业中，增长竟会带来危险。增长固然重要，但更重要的是如何实现增长。

增长的弊端体现在三个方面。首先，在企业设计不合理的前提下，高增长会更快地损害公司价值。如今，我们目睹了许多高增长的高科技行业中发生的这种价值破坏。增长是诱人的，但增长往往也是高风险的，特别是在企业设计错误时更是如此。

其次，高增长除了会带来更大的风险外，也更难于管理。高增长会使人欢欣鼓舞，但也带来了更大的管理挑战，这是不争的事实。

对此，一位航天业管理人士有如下解读：

在低迷时期管理企业很难，但高明地管理一个高速增长的企业更难。在诱惑之下，你总想去盲目地扩大生产能力，增加基础设施和人力，投入更多的固定成本。等到高潮退去，你便会深陷于无利润区。此时，大量资源闲置，甚至会资不抵债。如此一来，股东利益便会遭到严重损害。但现实中，企业的发展往往都遵循这样的规律。

最后，当企业一再扩张自己的设计，其服务的客户范围超越设计初衷时，企业增长的第三大弊端便出现了。为了弥补这一错误，企业会被迫降价或者将其业务范围扩展至自身不具有优势的领域。这两种行为都会使其盈利能力受损，最终的结果同样又是产生无利润区。

每天都会有新的无利润区出现。曾经创造过价值的商业活动会变得无利可图，价值也被转移到对客户更重要的活动上，因此只有从事这些活动，才能使企业赢利。

由此可见，往日的利润区正在以加速之势变成今日的无利润区，这已成为不争的事实。

创新者

过去的几十年里涌现出了一批卓越的企业领导者。对新情况的出现，他们领会到了，或者凭直觉感觉到了。在他们所在行业的增长前景和市场占有率领先者滞后的业绩的衬托下，他们企业的价值增值显然更加夺人眼球。

这些创新者的所思、所见、所为都与众不同。他们以客户为出发点，独辟蹊径。同时，他们首要关注的是利润（我怎么做才能赢得利润），然后再基于此展开工作。他们会时刻关注利润区的变化趋势：目前的利润区在哪里，今后它将转移到何处？

这些创新者认识到，以产品为中心、重视市场占有率的旧世界已转变成以客户和利润为中心的新世界。他们认识到这一点较其他人早了整整 10 年，足以傲视同侪。并非只有他们如此，投资界也觉察到了这种变化趋势。这种变化削弱了旧秩序中的市场占有率，而将投资资金重新分配给了新秩序中的创新者。旧秩序中的公司看重的是市场占有率和历史利润区，而新秩序中的公司每 5 年就会调整它们的企业设计，从而始终迎合客户的新需求，并进入新的利润区。数千亿美元的资金已从旧利润区的主导企业流向了能够发现或创造未来利润区的新企业。

市场占有率永存

有意思的是，创新者们为他们的企业赢得了高市场占有率，但是他们对市场占有率的认识与传统认识的逻辑截然相反。

传统认识的次序是：

1. 赢得市场占有率。
2. 利润随之而来。

而创新者的逻辑是：

1. 对客户来讲最重要的是什么？
2. 利润从何而来？
3. 我们在这些盈利领域如何赢得市场占有率？

上述次序的不同反映了思维方式的不同。传统的方式以市场占有率为中心，而创新者看重的则是客户和利润。

了解创新者如何创造持续的价值增长，可以帮助我们学到一种不同的思维模式。你会扩大对有关战略和策略行动方案的认识，并且将这一认识用于开创新的利润区。创新者的经验会使你了解到以下几点：

· 制造商正面临利润下降的困境。为了重新建立利润增长的途径，制造商会采纳通用电气公司企业设计中的哪些具体做法？
· 在一个看上去似乎无利可图的行业，尼古拉斯·哈耶克采取了哪些企业设计原则，从而使斯沃琪公司实现了20%的年利润增长率？
· 企业设计中的哪三大变化使得可口可乐公司的市值从100亿美元飙升至1 500亿美元？
· 在不到10年的时间里，迪士尼公司采用了哪两大特别的盈利模式使公司的利润从1亿美元增加至30亿美元？
· 过去几十年中，英特尔公司是如何不断创新企业设计，从而使公司市值从30亿美元增加至1 000亿美元的？

我将在本书的第二部分中阐述这些问题。同时，关于这些创新者及其他创新者如何系统地建立以客户和利润为中心的企业设计，从而为股东创造价值的问题，本书的第二部分也会提出相关见解，其中的每一个例子都重点阐述了每一位企业领导者面临的战略和组织挑战，以及他们采取的应对举措。像其他领域内的许多创新者一样，这些创新者能够看到其他人看不到或不愿面对的事情。通过研究他们的成功经历，你也将学会如何看待这些问题。

企业设计的创新

上述每一个问题都关系到一家大企业如何从根本上重新自我定位以及如何开展业务，也就是说如何创新企业设计。从直觉上，我们大概已经知道企业设计是什么了，但准确地对其定义将有助于我们更加确切地了解能够决定企业设计的关键战略要素。

公司的企业设计由四大战略要素组成，它们是客户选择、价值获取、战略控制、业务范围。企业要想获得成功，其设计必须使其关键要素急客户之所急。同时，其设计必须注重盈利能力。而且，各个要素之间必须互相促进，才能确保企业设计能够作为一个内部互相协调与促进的整体发挥作用。

企业设计中的“客户选择”指的是公司选定的客户群。基于企业最合适或最能够提供优质服务的客户群，企业可以对客户群进行选择和细分。当价值转移到新客户或者新客户群时，企业便需要改变其目标客户群。对任何一个企业而言，这都可能是一个痛苦的转变。远离客户是企业最困难的抉择之一。但是，这样的抉择至关重要。我们有必要自问：“哪些客户我不能选择？”这一点很重要，就像我们需要自问“我的目标客户是谁”一样。

企业设计的“价值获取”指的是一家企业如何通过为客户创造价值而获得回报。一般来讲，企业通过销售产品或者收取服务费获得价值，而以产品为中心的思想却将企业局限在了这些传统的价值获取方式上。如今，创新型的企业采取了较之从前更为广泛的价值获取机制，包括融资、辅助产品、解决方案、价值链下游的参与、价值共享、许可以及其他多种方式。它们运用高度创新的做法为客户创造了价值，因此从中获得了回报。

企业设计的“战略控制”指的是公司保护其利润流的能力。“客户为什么要买我们的产品？客户为什么必须买我们的产品？”对于这两个问题，企业设计的战略控制给出了答案。一家企业创造一个战略控制点的方式不少于10种（详见本书第3章）。在成功的企业设计创新中，战略控制能力是一个关键因素。

企业设计的“业务范围”指的是企业的业务活动及其提供的产品和服务。企业会不间断地扩大或缩小其业务范围。企业设计的关键问题是：为了保持客户相关度、创造高利润以及创建战略控制，我们需要如何调整业务范围?

表1–1列出了企业设计的四大战略要素，其中每个要素都与其他三个密切相关。例如，选择哪些客户取决于哪些客户会使企业赢利；如何赢利取决于企业所从事的活动范围；关于差异化和战略控制的决策取决于具体的客户以及企业所能提供的业务范围；业务范围的决策应为服务什么样的客户，如何创造利润以及如何制定战略控制的决策提供支持。

当这些选择与客户的要求相匹配，并具有内在的一致性且能够互相支持时，它们便能为企业创造出异常强大的企业设计。创新者已在设计选择方面取得了卓越的成绩。

伟大的企业设计就如同杰出的产品设计。产品设计中的非凡成就是卓越工程技术与伟大想象力的结晶。同样，伟大的企业设计既需要对客户和利润有深刻认识（你不能对事实妄加揣测），又需要卓越的战略想象力。创新者所拥有的独特能力便是战略创造力：不断推翻传统的假设，提出新观点，做出更加超凡的选择。

表 1-1　企业设计的要素

要素	关键问题	具体问题
客户选择	我想服务哪些客户？	我能提高哪些客户的实际价值？哪些客户将会使我赢利？我想放弃哪些客户？
价值获取	我如何赢利？	我如何从给客户创造的价值中获利？我的盈利模式是怎样的？
产品差异化 / 战略控制	我如何保护利润？	为什么客户选择从我这里购买？与竞争对手相比，我的价值主张有什么特别之处？哪些战略控制点能够抵消客户或者竞争者的力量？
业务范围	我从事哪些业务活动？	我要销售什么样的产品、服务和解决方案？哪些业务活动或者功能是公司内部可以完成的？哪些需要分包、外购或者与合作伙伴一起提供？

为确保长期可行性，当客户的需要和需求发生变化，价值偏离企业传统设计时，企业设计必须进行调整。正如产品会在技术方面过时一样，企业设计也会在经济方面过时。随着时间的推移，由于企业本身具有竞争性，多数的企业设计已不再能带来利润，它们的利润区已经发生了转移。如果一家公司希望为股东创造价值并且希望在其利润区内持续运营的话，那么它需要每隔 5 年甚至更短的时间就对其企业设计进行创新。

新一轮的创新

创新者都知道，创新永远不会停止。对于公司而言，环境在变，利润区也随之转移。英特尔公司要面对 AMD 公司（超微半导体公司）新型芯片的挑战，可口可乐公司要面对百事可乐公司的挑战，微软公司要面对崭新的互联网时代，而迪士尼公司面对的则是来自时代华纳公司变本加厉的模仿。

其他创新者也面临类似的挑战。除非再造企业设计，否则这些企业的利润还会付诸东流。更重要的是，它们的客户也在发生着变化。对于每一个客户群体而言，昔日的奇思妙想正转变为今日的普遍认知。

惠普公司前首席执行官卢·普拉特对创新有着真知灼见，他说："企业存在的一个最大问题就是固守从前成功的经营模式……哪怕只死守一年，也会后患无穷。"

无论你将此视为安迪·格鲁夫式的偏执，还是认为固守旧模式的时间太长，这番话所传递的信息都是一样的：当客户发生变化时，利润区也会随之变动。为了适应这一变化，我们就必须创新固有的企业设计。

这对创新者而言并非是什么难事，多数创新者每隔 5—7 年便会为他们的企业设计创建新架构。然而，以往设计的成功绝不意味着下一个新设计会同样奏效。每一次设计都必须既适合客户，又符合经济原理的要求。每一次创新都让创新者殚精竭虑。本书第二部分提供了一些案例，它们将帮助我们更好地理解这一点。

破解利润的密码

可口可乐公司前总裁罗伯托·戈伊苏埃塔经常说："有一个问题让人百思不得其解。"这个问题就是盈利能力。目前的利润从何而来？利润如何才能产生？未来的利润又会来自哪里？

如果企业不能正确回答这些问题，那么它的诸多努力都将是徒劳的。

利润在哪里？在过去，这一问题的答案是：哪些企业拥有高市场占有率，利润就出现在那里。而现在，答案变成了：哪些企业拥有为客户和高盈利能力度身定做的最好的企业设计，利润就出现在那里。

解读盈利能力并非易事，原因有很多。其一，利润区作为可能产生高利润的舞台，处在不断变化和转移的过程中。客户不会一成不变，而企业设计必须与其相呼应（见第 2 章）。其二，产生高利润的方式至少有 22 种，也就是说，有 22 种不同的方式可以解释和量化利润产生的机制（见第 3 章）。其三，大多数企业会运用其中的两种或三种盈利模式。熟谙在什么情况下运用哪些模式需要深思熟虑，并需要企业的不断坚持。

在以流动性而非均衡性为特征的新经济秩序中，客户和利润区总在发生变化。为了在这些变化发生之前创新企业设计，企业必须超越以产品为中心的思维，而转向以客户为中心的思维。市场占有率的理念必须服从于以利润为中心的思想。在新的商业环境中，以客户为中心和以利润为中心思想背后的理念，将对新形势下企业的成功起到至关重要的作用。我们会在下面两章中阐述这两大思想。

第2章

以客户为中心的企业设计

几十年前，客户并没有那么重要。这在今天听起来有些不可思议，但在当时的确是事实。在20世纪五六十年代的战后商业环境中，客户的需求超过了企业的供给能力。当时的市场是卖方市场，大型垄断公司处于主导地位，这些卖家掌握着经济大船的航向。

现在的情况则大相径庭，只要客户的信息渠道畅通，他们便会拥有诸多的选择权。因此，主动权自然而然地由卖方转移到了买方。高度竞争的市场和海量的信息将客户推向了商业领域的核心地位。在这一新环境中，企业只有运用以客户为中心的思想来满足客户需求，并创建与之匹配的企业设计，才能获得成功。

以客户为中心的思想

首先我们来看一下，以客户为中心的思想的反面是怎样的。第一，以客户为中心的思想不是传统的、常规的市场研究，表现在它没有大量的数据、数以百计的表格和无实际操作性的计划。第二，它也不是传统的客户满意度调查。尽管客户满意度调查是一种重要的衡量方法，但它是一种“回溯”的做法，即衡量既往决策者如何根据旧企业设计中的核心内容来评判现在。

传统的市场研究试图对方方面面进行衡量。战略性的、以客户为中心的思想则会洞察出客户最迫切的需求，从而能够利用满足客户需求的机会实现盈利。

为了对客户形成战略性的动态了解，我们必须对下面的问题有明确的认识：

客户到底是如何变化的？

一定要将这个问题谨记在心，因为它是企业管理最强大的武器。这一问题的答案不会来自传统的市场研究或者客户满意度调查。要找到这一问题的答案，需要企业拥有破解客户需求变化趋势的愿望，并且需要企业实施纷繁、深入、细致的调查。

典型的市场调查往往速战速决且面面俱到。这种做法不会为客户带来太多的帮助。企业聘用一家市场调查公司去做市场调查，在调查中客户会被问及一些问题，其选项已被固定。然后，市场调查公司会将客户的答案汇总，再将客户的需求进行分类，从而揭示出客户“真实”的偏好。这样的调查提不出中肯的问题，也无法深入到问题本质。相比之下，以客户为中心的思想会急客户之所急，而不是仅凭市场调查公司的一面之词。以客户为中心的思考者会花时间与客户交流，而不只是埋头阅读市场调查报告。二者之间的交流会使企业从客户的角度获得对客户问题的第一手资料。而我们如果要阅读冗长的市场调查报告，从中提炼出我们需要了解的问题，就会困难得多。

成功的企业家并不完全依赖常规的市场调查，他们对客户的研究是活生生的、互动式的，其中也可能有过失、失误和错误，但也会有真知灼见和恍然大悟。成功的企业家根据自己的见解行事，并且根据自己了解到的情况来设计企业的经营模式。通过与客户直接接触，企业家能够找到解决客户问题的方法，这些方法能够激发客户的激情、引导客户的预算以及夯实客户的忠诚度。

以客户为中心的思想并不单调、乏味或枯燥。这一思想的确具有非常规性，令人困惑，但它是必不可少的。以客户为中心的思想会提出这样的问题：那又怎样？我不在乎！

以客户为中心的思想何以如此难以实现

在现代企业中，管理层要实施以客户为中心的思想并非易事，原因有二。其一，管理层，特别是那些从业时间已达20年或更长时间的资深企业高管，深受以产品为中心的思想所左右。在这种理念的指引下，他们关注的是如何改进产品质量、提高市场占有率以及增加营业收入。他们之所以能够成为高管，是因为他们的这套思想畅行无阻。

其二，以客户为中心的思想之所以难以成形，是因为企业成功后的一些后遗症。随着时间的推移，企业的重心会发生转移。如图 2-1 所示，在企业的创业阶段，企业工作的重心在客户。小企业必须紧密追随客户，否则它便会失败。随着企业的成长，企业的重心会发生小规模的微妙的转移——它会慢慢脱离客户，转而关注企业自身。在企业的成形阶段，企业规模越发庞大，企业的重心也会越来越远离客户，向自身倾斜。最终，企业的重心将完全转移到企业自身。此时，企业会全身心关注内部事务，比如内部预算、内部资源整合以及内部管理等，因此更加难以实施以客户为中心的思想。

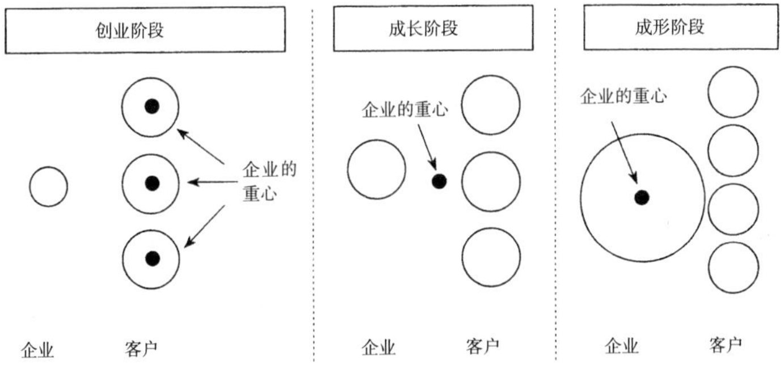

图 2-1　企业的重心

价值链的转换

要采纳以客户为中心的思想，企业管理者必须改变传统的价值链（见图 2-2）。传统价值链的出发点是企业的核心竞争力，即企业资产。然后，价值链会走向投入要素和原材料，之后是产品和服务，营销渠道，最后到达客户。这一价值链从资产开始，然后一路将资产转化为对客户极为重要的产品和服务。然而，这一整套流程需要我们做出改变。

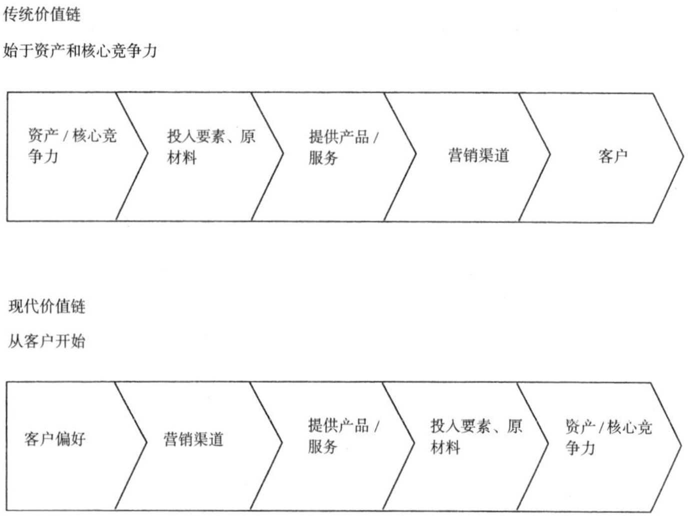

图 2-2　价值链

以客户为中心的思想，其出发点是客户，最终目的地是资产和核心竞争力。以客户为中心的思想关注客户的需求和偏好，致力于为客户的需求和偏好寻找最好的选择方式。实际上，这一新思想掉转了传统价值链的方向，从而使客户成为价值链上的第一个环节，其他环节紧随其后，因客户需求而变化。管理者应当思考以下几个问题：第一，客户的需求与偏好是什么？第二，哪些渠道可以满足这些需求和偏好？第三，有哪些服务和产品最适合这些渠道？第四，创造这些产品和服务需要进行哪些投入，购买何种原材料？第五，要进行投入、购买原材料，需要哪些必不可少的资产和核心竞争力？

调整管理者的时间安排

要了解客户的需求和偏好，我们就不能只坐在办公室里。

我们需要的重要信息都可以在市场中找到：在客户的办公室、工厂和仓库里，或者在客户的经营系统中。这就要求对企业高管的时间安排进行调整。

在旧的经济秩序中，成功所需要的绝大多数信息都来自企业和行业内部。今天，我们需要的信息来自企业之外（客户群和竞争性市场的边界地带）及行业之外（其他人开发的良好的企业设计能够有助于解决企业所面临的战略问题）。

不幸的是，最近的一份调查表明，企业高管仍将70%的时间花在了“企业或行业内”；剩下的30%花在了“企业或行业外”，而且零星分配给供应商、证券分析师、记者、慈善机构、其他公司董事会以及客户等。在旧的经济秩序中，这样的时间分配还算合理，但在价值发生转移的新环境中便不适合了。

随着价值快速地从旧的经营模式流向更加注重客户的企业设计中，高管们必须调整内部和外部时间的比例。要将大部分时间花在外部，即客户身上。另外，不能将时间花在喜欢自己企业的客户那里，而要寻找那些最苛刻、最挑剔和对企业未来发展最有见解的客户，并多与他们交流。

最后，在与客户交谈时不要笼统地问自己我需要了解些什么，而要提出正确的问题，比如，"我最怕发现什么问题？"回答好后一个问题将会为你提供最佳的线索，让你明白如何改变自己的企业设计，从而赢得未来的客户，获取未来的利润。

与客户的对话要真诚和耐心，掌握这一谈话技巧便会创造利润增长的新机会。同时，这也会极大挫伤竞争对手。例如，一家大型原材料供应商（通用电气公司的竞争对手）的一位高管曾经对比他的公司和通用电气公司，他的分析如下。

我的公司高管的时间安排是：

日程表 A

9：00 内部会议

10：00 内部会议

11：00 内部会议

12：00 午餐

14：00 内部会议

杰克·韦尔奇的时间安排则是：

日程表 B

9：00 客户会议

10：00 客户会议

11：00 客户会议

12：00 与客户共进午餐

14：00 客户会议

很明显，日程表 B 在各方面都胜过了日程表 A。有了直接获得不断变化的数据信息的渠道，成功的管理者便会从中得到他们需要的关键信息。他们会弄清楚客户最关注的是什么，并围绕它创建一套以客户为中心的企业设计，而这一点无疑会对客户的决策造成极大的正面影响。

解读客户偏好

所有产品和服务的价值都体现在它们对客户偏好的满足程度上。简单而言，客户偏好对客户极为重要，客户情愿为此支付溢价。然而，如果客户的偏好得不到满足，他们便会转而寻找其他供应商。

客户偏好包含从采购标准到经济系统等各种要素（见图 2–3）。

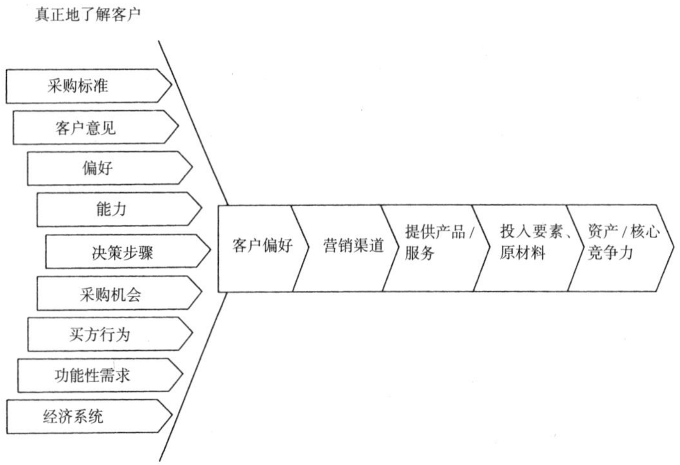

图 2–3　现代价值链

评判一家供应商时，上述每个因素都会左右客户的偏好。为了了解客户，管理者必须向正确的人提出正确的问题。在客户群内部，极少有客户只有一个购买渠道；他们通常有很多类似的渠道，分布在金字塔状的客户结构中。

要进行战略性的客户分析，我们面临的困难不只是了解客户内部的多重层次，还需要采用不同的方法还原事情本质。客户的需求结构、行为、决策过程、价格敏感性以及偏好就像化学分子一样复杂。在分子科学中，研究人员运用X射线晶体学（从多角度摄像）确定分子的真实结构。在对客户的研究中，我们也需要使用同样的方法。

尽管X射线晶体学图像既不完美也不全面，但是，它能够使人们对分子结构有足够的了解。同样，在了解客户结构时，通过面谈、经济分析、调研、焦点群体、平衡分析及其他多种方式得到的信息都有一定的片面性，将它们综合起来分析要比单一地创建它们更困难、更复杂。然而，只有这样，我们才能发现其中的价值和诀窍。

让我们来看一下表2–1中对客户特征的描述。其中哪些特征描述了你所在公司或行业所服务的客户？

表2–1　客户的反应

厌烦	积极热情
气愤	投入
漠然	渴望交流
冷淡	对你提供的内容感到兴奋
不温不火	有兴趣加大购买量

了解客户的感受及其产生感受的原因，会让你有机会了解有关客户偏好变化以及未来利润增长机会的线索。许多公司受到传统经营方式的影响，难以把握客户的关键需求。正如一位资深管理人员所讲："我们并没有客观地看待事物，而总是以己度人。"因此，在许多行业中，客户总是表现出厌烦、气愤和漠然。行业中流行相似的企业设计，这些设计以同样的方式互相竞争，它们都聚焦于产品本身，而非以客户为中心。这种状况为创业者和新进入者带来了巨大机遇，他们可以借此做到以下几点：

· 洞察到哪些客户偏好被忽视了（见表 2-1 左栏中列出的内容）。
· 为这些客户偏好创造新的企业设计。
· 重新创造出高盈利的利润区。

创业者或新进入者并不一定来自行业外部，你的企业就可能扮演这样的角色。最关键的是企业要了解客户的偏好。

本书中所讲的创新者，都擅长以客户为中心的思维。他们能够发现客户偏好的变化，并且能够针对这些变化及时地调整他们的经营。瑞士制表企业 SMH 公司的尼古拉斯·哈耶克认识到，越来越多的客户购买手表是出于对品位与自我感受的需求，而不是因为瑞士表的名气。罗伯托·戈伊苏埃塔认识到，在许多情况下，可口可乐的客户关心的并不是价格，而是其便利性。同时，我们应该看到，可口可乐流通体系中的关键客户是装瓶商，因为它们决定了可口可乐的便利程度。查尔斯·施瓦布认识到，投资者对咨询指导具有不同的需求，并且对强卖行为深恶痛绝，因此他摒弃了传统的"将客户作为销售目标"的做法。迪士尼公司的迈克尔·艾斯纳发现，客户愿意把更多的钱花在购买与迪士尼电影相关的玩具和其他产品上。杰克·韦尔奇发现，通用电气公司的客户看重的不是产品的价值，他们更在乎服务和融资价值。比尔·盖茨发现，在计算机行业中，客户的偏好时刻在发生变化——包括语言、操作系统、应用程序、通信、互联网。类似的例子还有英特尔公司对客户实力的独到见解，以及阿西布朗勃法瑞公司（ABB）致力于向不同的客户群体提供最好的服务等，我们将在第二部分进行详细的介绍。

隐藏的偏好：破解客户经济系统之谜

即使公司管理者找对了人、问对了问题，他们也未必能从中得到足够的信息，因为客户并不会将所有需求都明确地表达出来。每个客户的需求都很广泛，只不过有些需求被明晰地表示出来，而另一些隐藏在暗处。

对于管理者来讲，清晰地解读客户明晰的需求是个挑战。但是，要了解隐性需求的所在，则要求他们运用异常丰富的想象力，不能总是指望客户说出他们的所有需求。因为不同的企业各自为政，它们之间的信息难以共享，所以客户的需求传达总是不够明确且界定不够清楚的。在当代商业环境中，识别这些隐性需求，对它们加以定义，并在供应商决策过程中赋予这些需求以活力，便成为供应商的当务之急。

若要探寻这些隐性的、尚处于懵懂之中甚至是根本不为人知的偏好，一个最有力的工具就是对客户进行经济系统的分析（见

图 2–4）。无论你是与同行业内的买家、家庭还是个人客户打交道，这一工具都适用。

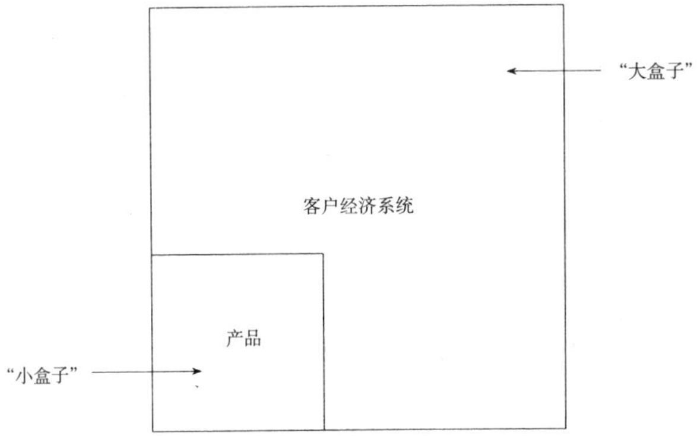

图 2–4　客户经济系统

客户经济系统包括支付产品和服务的金额，使用、存储和处理这些金额的费用，购买和使用过程中耗费的时间，以及在整个过程中所要承受的剧烈斗争。总而言之，客户要购买和使用产品和服务，就要付出金钱、时间，承担抉择的困扰。有了客户经济系统这个"大盒子"，才会产生出产品这一"小盒子"。

大多数客户并不了解自己的经济系统。他们能够意识和感觉到它，但是他们并不了解它。直到最近，汽车行业才意识到由仪表盘、车门或前端系统组成的这一整体经济系统的存在。大多数家庭都不知道购买和维护交通工具时涉及的家庭经济系统。对于许多人而言，它牵涉的费用可能会让你大吃一惊。

多数客户并不了解真正的经济系统，这对于供应商而言是件好事，因为这其中存在着巨大的盈利机会。

例如，迪士尼公司解决了家庭度假的难题，英特尔公司使行业客户更便捷地使用它的芯片，微软公司提供给客户标准的、易于使用的、广泛应用于全世界的套装应用软件，而所有这些供应商得到的回报都是超乎想象的。

真正地了解客户经济系统会给供应商带来巨大的好处，因为这会使这些供应商具备回答如下问题的资格：

我们如何才能为客户创造价值？

对这一问题答案的探索引发了整个行业的创新。20 世纪 80 年代，美国每年报表纸的成交额高达 80 亿美元。那些负责购买报表纸的机构的偏好反映了其在经济系统中所处的地位：不超预算，按时交货，符合最低质量标准。报表纸公司要获得成功，就必须提供高质量、低成本的产品，并且及时交货。

20 世纪 90 年代初期，大量使用报表纸的机构（包括保险公司、银行和医院等）的管理者开始想方设法削减开支。在考察了与报表纸相关的所有环节之后，他们意识到，报表纸自身的成本只是企业成本的冰山一角。在报表纸上每花费 1 美元，公司就需要在填写、复印、传达、修改、储存以及销毁方面花费 20 美元。

这一认识将企业档案维护系统的问题提到了议事日程上，决策制定也从代理机构转移给高级管理层。由此，客户的偏好发生了极大的改变。现在，仅在报表纸上节省一点儿小钱是远远不够的。相反，客户会说："我的企业要使用 20 000 种不同的报表纸，请帮我们从纸质表格系统升级到电子表格系统，这样我们便能将总成本从 20 美元降低为 10 美元。"

能够及时调整自身并满足客户新偏好的报表纸公司，为客户也为自己创造了巨大的价值。而没有适时调整战略的公司会发现，自己是在向无动于衷的客户提供无关紧要的产品。

为了精确地分析客户经济系统和不断变化的偏好，管理人员应当自觉运用每一种工具。成熟企业具有的优势是，它们可以比较容易地接触到客户，但是，它们对客户这种资源的利用是最不充分的。诸如微软等后起之秀则要千方百计地利用好首次打交道的客户。而IBM和美国数字设备公司这样的成熟企业很容易接触到市场上的客户和潜在机会，但它们没有利用好这一强大优势。

即便有少数企业利用了这一优势，它们也很少能够迈出关键的下一步：创造出特殊的、专有的信息。这些信息来自企业的主要客户，或者来自不同市场的真正具有代表性的客户，进而流向企业本身。在今天不断变化的商业环境中，这种信息流可能已成为企业最宝贵的一种资产。但是，仅有非常少的大型企业能够搜集战略性客户的信息并将其系统化，再根据这些信息了解到客户的真正偏好。这一点一直以来都是矛盾的焦点。

扩展发现客户的视野

破解不断变化的客户偏好之谜，是企业最具挑战性的任务。没有哪个单一的方法可以解开这个谜题，也没有哪家客户（无论是业内买家还是家庭客户）可以提供完美的答案。

旧经济秩序中，人们关注的焦点是直接客户。现在，企业不再仅仅考虑直接客户了，因为这么做的成本太高了。为了发现并维护客户，我们必须大规模开阔自己的视野。在一个价值不断转移的世界里，我们的目光必须同时盯住价值链上的两个、三个甚至四个客户群。因此，一个零部件供应商必须了解购买自己零部件的制造商、制造商产品的分销商以及最终消费者的经济动机。

如今，这种现象在所有行业都普遍存在。比如，经管类出版商必须了解图书销售商、图书购买企业以及企业内部的个体读者情况；酒店管理人员必须了解旅行社、组织外出活动的企业、组织公司外出的人事部门的人员，以及出席外部活动的公司内人员的情况。

扩展发现客户的视野对制定明智的企业设计至关重要。在客户选择方面，它开阔了企业的眼界，有助于企业发现新的可能性和利润可观的创新点。在三四个潜在的客户中，哪一个是最重要的？企业设计最应该关注哪一个客户？在创新者最突出的企业设计成就中，客户选择的创新是一个关键因素。

超越短暂，步入持续

传统的市场研究模式通过定期询问客户一系列问题和考量变化情况来考察客户在不同时期的改变。市场不同，这种考量的频率也有所不同，但是这种对变化的考量是点对点的。战略客户分析要求企业抛弃这种分散式的做法，而要与市场上最重要的客户保持持续的沟通。

企业组织通过创造持续的客户信息流，可以使管理层对新的竞争性企业设计更具有敏感性，这些新的企业设计可以在很短的时间内吸引买家。同时，信息流也使管理层对客户不断变化的决策制定环境产生了更大的敏感性。当季度末，因客户选择了竞争对手而导致订单没有如期而至时，那些与客户之间缺乏持续沟通的企业往往会吃惊不已。

短暂的市场研究将使我们对过去进行反思，而持续的客户沟通则使我们产生实时的思考以及对未来的洞察。

预测不断变化的客户偏好

在以客户为中心的企业设计中，关键问题不是现在的客户偏好是什么，因为这些偏好已经确定了——关键问题是客户未来的偏好是什么。回答这个问题需要仔细琢磨未来，甚至要依靠一定程度的假设或至少是猜测。只要满足以下三个条件，你发现未来客户偏好的概率就会大大增加：

1. 信息来源于客户组织中不同层次的相关资源。
2. 提出的问题是不标准的、有创造性的，并且具有挑战性的。（如，我害怕发现什么问题？）没有合适的问题，即便进行最勤勉、多方位的全面分析，也会徒劳无功。
3. 要把握好了解下一个机遇和抓住机遇过程中遇到的各种障碍之间的平衡，这些障碍涵盖金融、政治、会计和组织等方面。

丝毫不差地准确预测未来是不可能的，这使得准确预测其中的 60%~70% 尤为重要。选择客户群中的一个小子集（不超过总数的 2%~3%）进行分析，便可以实现这一目标。这些客户不必是前沿客户，也不必有丰富的经验和领先的技术。最前沿的客户有时候能代表未来，但通常情况下并非如此。这些客户只是一个小而特殊的细分市场，因此并不能以此对更广泛的市场进行预测。

我们寻找的不是前沿客户，而是“能够定义未来的客户”，这些客户的观念、实践和解决方案代表了未来行业行为的主流。

铸就新的企业设计

了解了客户未来的偏好之后，就可以启动新的企业设计，并开始建设了。下面的两个例子，一个从历史角度，另一个从现代角度说明了客户偏好的变化，以及在此过程中巨大财富的得与失——财富转移到了那些了解客户偏好的企业，远离了那些不了解客户偏好的企业；财富转移到了铸就新企业设计的企业，而远离了没有新企业设计的企业。

1900—1920 年，汽车行业的客户首先考虑的是：汽车应该是满足其基本需求的、质量可靠的交通工具。客户会说：“我要一辆实用且不贵的汽车。”亨利·福特的回答是：“好的，我明白了。”之后，T 型车便问世了。更重要的是，福特创立了一套纵向一体化的企业设计，按照这套设计运行，大量性能可靠、成本低廉的汽车应运而生。截至 1920 年，福特汽车公司一共销售了约 2 200 万辆汽车。这些汽车的可靠性非常强，时至今日，大部分的老式 T 型车仍行驶在路上。

之后，福特的市场占有率从 0 飙升至 55%，它一举成为汽车行业中当之无愧的龙头企业。

20 世纪 20 年代，客户发生了深刻的变化。客户变得富有了，至少与之前相比更富有了。新车买家的偏好不再是“具备基本的交通功能，可靠和便宜”，20 年代新一代的客户会说：“我要与众不同的色彩，我要自己来选择。我愿意花更多钱去买车，并且我可以为此入不敷出。因此，我需要贷款。”

阿尔弗雷德·斯隆听到了客户的这一心声，但亨利·福特没有。

斯隆创造了价格不同、性能各异的金字塔系列（如雪佛兰、庞蒂亚克、奥兹莫比尔、别克和凯迪拉克等），他提供了汽车融资，并且创立了一种事业部体制的、功能性的企业设计。这一新的企业设计在生产和销售不同系列的汽车产品方面非常有效。

1920 年之后的短短几年中，福特的市场占有率从 55% 暴跌至 12%。在之后超过半个世纪的时间里，该公司都未能夺回在行业内的领导地位。

20 世纪 80 年代，由于客户最看重的是提高个人效率的软件，因此应用软件公司主宰着个人电脑市场。能够提高工作效率的任何一款不错的应用软件都会有很好的市场，会为它的开发者带来巨额利润。但是，80 年代后期，客户的偏好发生了变化。客户需求从单一的应用软件转变为具有共同外观和感觉、兼容性良好的成套软件。大多数秉持以产品为中心理念的应用软件公司认为，只要产品不错，公司的利润就能增加。这样的公司没有跟上客户偏好的变化。莲花公司是为数不多做出改变的公司之一，它改变了自己的企业设计，向客户提供集成软件包，因此在众多竞争者中脱颖而出。

到 20 世纪 90 年代初期，客户的偏好从通信转变为网络。电子邮件和群体软件成为提高效率的新的关键因素。客户偏好再次引发了一个新的利润区，这样的变化对企业设计提出了新要求。

莲花公司的一些人也想坚持做一家只提供套装应用软件的企业，因为他们被传统的盈利模式所左右。但是，随着利润区的变化，这样的业务已经无利可图。最后，莲花公司再次做出了改变，它计划收购美国网络产品公司——网络计算行业的领头羊。收购计划失败后，莲花公司出资开发了 Notes 软件（一个针对社交商务的桌面客户端），并且买下了 cc：Mail 软件（一个邮件系统）。基于专业化的直销队伍、增值的分销渠道、咨询服务和企业联盟，莲花公司完成了新的企业设计，推动了这些新产品的成功。为应对客户偏好的改变，莲花公司放手一搏，制定了以未来通信产品为中心的企业设计，希望借此为公司带来长期的价值。

结果，除了微软公司外，莲花公司成了唯一一家提供桌面应用软件的公司，这也使它成功进入了下一阶段的行业竞争。IBM 花费 35 亿美元收购莲花公司，它看重的是该公司昔日辉煌时期的企业设计吗？不。IBM 看中的是莲花公司近年来所创造的价值，这一价值蕴藏于它的企业设计中，使它能够实现行业内的下一轮价值增长。

要掌握以客户为中心的企业设计技能，首要的是具备洞察客户的能力，基于这样的洞察力可以制定正确的企业设计。真正秉持以客户为中心的理念，管理人员就能够针对业务范围做出不同的决策。他们面临的第一大问题不是核心竞争力，而是客户偏好，他们要带领企业去生产客户需要并愿意为之付钱的产品。

正如越来越多的案例所揭示的那样，以客户为中心的理念从根本上改变了企业的供给和价值链活动。企业所供应的项目将会从产品（数量众多）转变为解决方案（难以确定）。企业活动的目标从“做一切事情”或“做我们能做好的事情”，变成了“做对客户重要的一切事情”或“做我们最擅长的事情”，企业可以将其余的业务外包，或者寻找合作伙伴提供这些业务。

关键的驱动因素是客户需要什么，而不是公司能做什么。如果一项技术是客户需要的，而且目前没有人能提供这样的技术，那么企业就必须开发这项技术，采取租赁、收购、获得许可证或者寻找合作伙伴的方式提供它。

最后，随着那些明智的企业积极地将物质产品转变为知识性产品，其业务范围也会发生改变。知识性产品固然难于创造，但客户非常珍视这样的产品。因此，这样的产品能够保证未来价值的创造。

作为新商业环境中的企业管理人员，以客户为中心的理念将是最有力的工具。但是，仅仅掌握这一工具是远远不够的。只具备以客户为中心的思维，而不具备以利润为中心的思维，你最终也会徒劳无功。为客户做大事是必要的，但这还不够，因为今天的企业不能像过去那样轻而易举地获得利润了。你必须为盈利模式设计出清晰的计划和机制，你必须有意识地、明确地和积极地考虑未来哪些做法可能会产生利润，以及这些盈利模式应该如何被建立。

第3章

利润是如何产生的

你知道哪10家企业最赢利吗？为什么它们的利润如此高？其获得盈利的原因都一样吗？

众所周知，盈利能力是至关重要的。利润表和价格收益率时刻都在提醒你盈利能力的重要性。然而，许多公司在其业务中并不按照对盈利的常规理解来行事。

在过去以产品为中心的世界中，利润是由高市场占有率带来的。企业关注的目标是将更多的产品销售给愿意购买的人。由于公司凭单位产品的销售获得收入，因此公司从销售中赢利几乎是理所当然的事情。但现在，企业不只从其销售的产品中赢利，因此赢利也不是理所当然的事情了。如今，利润来自巧妙的企业设计。实际上，企业设计的价值再获取因素（即“如何让客户付钱”的因素）成了关键所在。如果企业对如何产生利润、如何进行企业设计以获得利润等问题没有清醒的认识，企业便不会获取任何利润。

因此，清晰地阐明和设计盈利模式是一种关键的战略技能。本章所描述的盈利模式表明，解决“以设计获得利润”的问题有多种不同的方式。在清楚地认识公司知道如何赚钱以及为赚钱要相应地采取何种战略性行动之前，不要追加大规模的投资。

盈利能力是一种极为复杂的现象。利润为什么能够产生以及如何产生，不同行业之间或者不同企业之间有着很大的区别。关于各类不同企业如何产生利润，至少有 22 种能够对此做出解释的盈利模式。在未来几年中，人们将会发现更多的盈利模式。同时，在某些行业中，两种或者更多模式的相互作用也很好地说明了利润产生的原因。

回顾这些不同的模式，可以让我们了解不同的盈利机制的区别在哪里。从中我们也可以了解到，在每种模式的作用机制中，客户在购买成本、购买行为、价格敏感性、议价能力等方面发挥的核心作用。

以利润为中心的企业设计

现在，你可以向自己的企业提出一个最有意义的问题：我们的盈利模式是什么样的？我们如何赚钱？

在过去，以利润为中心的思维并不是战略制定过程的关键部分，因为这样做没有必要。经典的战略原则是：获得高市场占有率自然就能赢得利润。从经验来看，对大多数行业而言，这都是一种精确的“经验法则”。这一战略的中心问题不是利润，而是市场占有率。其因果关系是这样的：先创造或者获得比较优势，接下来利用比较优势赢得市场占有率，最后市场占有率将提高公司的盈利能力。

在过去的几十年中，这一经典的战略规则已被打破。市场占有率的领先和超凡盈利能力之间的紧密联系已不复存在。回想一下我们在第1章中所举的例子——IBM、通用汽车、西尔斯、柯达、美国钢铁、美国联合航空等企业的经历。这样的例子有很多，不胜枚举。它们是市场占有率的领先者吗？没错！那它们是否赢利呢？不！

问题出在哪里？为什么这些市场占有率的领先者，没有凭借它们的市场地位赢得可持续的利润呢？因为规则改变了。日新月异的技术变化和风险资本的大量涌入，降低了许多行业的进入门槛和服务成本。在新的环境中，经营模式错误的企业拥有巨大市场占有率是一种负担，而并非优势。在新的以利润为中心的环境中，巨大的市场占有率并不重要。重要的是了解你在行业中的哪些方面可以赢利。在这一潜在的利润区内，你的企业设计与客户想要并愿意支付的价格是否相匹配呢？你的企业设计是否具有明显的成本优势从而让你获利呢？

在典型的以产品为中心的时代，问题的关键是企业如何才能获得市场占有率，增加单位产出，并实现规模经济。从20世纪80年代中后期开始，市场价值发生了变化，问题本身也发生了如下关键的变化：

· 在这个行业中，企业如何才能够赢利？
· 为了赢利，企业应该如何进行自己的企业设计？

这里我们将介绍 11 种盈利模式。每一种模式都有不同的企业形式和战略，我们可以运用这些企业形式和战略将自己的企业带入利润区。

1. 客户开发模式/ 客户解决方案模式

采用客户开发模式的公司往往将大量投资投向了解客户经营运转状况方面，从而能够使客户更加青睐自己。它们首先探索自己的客户如何购买和使用自己的产品，然后想办法帮助遇到困难的客户（不仅仅是销售产品），帮助客户完成昂贵而耗时的购买和使用过程，从而获得利润。这种能够成功开发客户的做法能为公司带来利润。

FactSet 公司（一家金融和数据软件公司）就采用了客户开发模式。它是一家金融信息服务供应商，该公司的战略是对客户进行先期投资。公司在客户开发的早期会投入巨额资金，从而能够了解客户的经营情况。之后，公司会尽可能根据客户的情况调整自己的产品，从而让自己的产品深深融入客户的经营体系中。一开始，公司的投资要大于收入，但是几个月之后，收入便会大大高于支出。维护客户关系的成本并不高，但换来的是极高的合作成功率。客户选择和对客户的前期投资都是留住客户的手段，而留住客户则是赢利的关键因素。

其他成功应用客户开发模式的企业包括诺德斯特龙（Nordstrom）、美国汽车协会（USAA）、直觉公司（Intuit）、西北人寿保险公司（Northwestern Life）、李奥贝纳广告公司（Leo Burnett）等。与竞争对手相比，这些公司的客户稳定性强，忠诚度高，因此拥有更高的可持续盈利能力。

在第 4 章和第 5 章中，我们将进一步探索通用电气、美登通信（Madden Communications）、包装箱公司（Cardboard Box Inc.）以及山德士制药公司（Sandoz）是如何成功地运用客户解决方案模式的。

2. 产品金字塔模式

在客户开发模式中，客户经济学原理是最重要的因素。但在产品金字塔模式中，客户在式样、色彩、价格等方面的偏好才是最重要的。客户收入和偏好的多样性使构建产品金字塔成为可能。这样的金字塔结构存在于诸如钟表制造、汽车销售和信用卡市场中。位于塔基的是价格低、供应量大的产品，而位于塔顶的则是价格昂贵、供应量小的产品。

虽然利润集中于产品金字塔的顶端，但是每一个塔基的组成部分都在体系中发挥着关键的战略作用。精明的企业设计者，像斯沃琪和美泰公司，会在塔基建造一道产品“防火墙”：生产一种强大的低价品牌产品。尽管这种产品利润很低，但其目的是阻止竞争者的进入，从而保护塔顶所产生的巨大利润。

例如，美泰公司生产了面向低端市场的芭比娃娃，这样，对竞争对手而言已经不存在市场空间了，而且处于产品金字塔顶端的、价格为 200 美元的芭比娃娃的利润也得到了保护。与此类似，SMH 公司开发了一款价格极为低廉的斯沃琪品牌手表，但该款产品仍然是赢利的。这种做法抑制了竞争对手攻击 SMH 公司其他高端品牌（如宝珀、欧米茄、浪琴、雷达）的能力，这些高端品牌是该企业最盈利的产品。（精工近来宣布减少对手表制造业的投资，转而从事对网络系统产品的经营，从而与思科公司展开竞争，因为思科比 SMH 公司更容易对付。）

如果不建立防火墙品牌，竞争对手就有机会进入低端产品市场，接下来它们就会向高端产品市场挺进，从而获取高额利润。回顾一下 1965 年至 1995 年间的美国汽车市场历史：日本企业首先占领了低端市场，尽管其产品价格低廉，但仍获得了利润，之后它们逐渐向能获得更高利润的高端产品市场进军（例如本田推出了讴歌，丰田推出了雷克萨斯，尼桑推出了英菲尼迪）。

想象一下，倘若在 20 世纪 60 年代后期，福特和通用汽车公司能够下决心创立一个"旨在赢利"的雪佛兰下属品牌的话，美国汽车市场将会怎样？假使果真如此，那么日本汽车企业的增长恐怕要缓慢得多，日本企业进入金字塔顶端产品市场并且赢得利润的时间，恐怕也会被推迟 10 年甚至更长。

第 6 章将对 SMH 公司产品金字塔模式的开发进行探讨。

3. 多单位系统模式

在某些企业里，生产和销售系统包含多个组成部分，而且每一个部分都具有非常鲜明的利润特征。如果不能最大限度地利用获利最高的部分，整个系统的盈利能力将会受损。此外，为了最盈利的部分能占有市场，企业还要充分参与利润较低的部分（见表 3-1）。

表 3-1　多单位系统

行业	基本单位	盈利部分
软饮料	食品杂货店	饭店、自动售货机
个人电脑	计算机	自选配置、零配件、融资
家用电器零售	录像机、电视机、音响	维修服务协议
咖啡	食品杂货店	咖啡店、户外摊位
小汽车	新车销售	保险、融资、服务
制造业	货物	融资、服务

例如，在碳酸饮料市场中，就有食品杂货店、饭店和自动售货机等销售和生产子系统。它们各自对应的每盎司饮料价格分别为：食品杂货店 2 美分、饭店 4 美分、自动售货机 6 美分。利润区位于饭店和自动售货机。但是，为了赢得这些利润区域，一家公司需要有一个强大的品牌，这一品牌需要通过面向大众的、低利润的食品杂货店市场来开发和维护。尽管食品杂货店的利润较低，但它对维护公司在利润区的地位是非常重要的。一方面，要在低端的食品杂货店维护市场占有率和品牌地位；另一方面，要最大限度地在自动售货机市场上提高盈利能力。可口可乐公司就很好地认识到并运用了这一点。

同样，在咖啡市场上，有食品杂货店、咖啡店和户外摊位等子系统。食品杂货店利润较低，咖啡店利润比较高，而户外摊位的利润是最高的。宝洁、雀巢和通用食品公司之间的竞争在食品杂货店上难分高下，而星巴克则在咖啡店和户外摊位市场上表现活跃，并获得了可观的收益。

在多单位系统中，没有将重点放在高利润部分的企业设计是不完整的，企业的盈利潜力也还远远没有被挖掘出来。

在第 7 章中，我们会详细介绍罗伯托·戈伊苏埃塔如何重塑可口可乐公司，以及如何制定出高利润率的多元模式。

4. 配电盘模式

有一些市场的特点是多个买家与多个卖家进行沟通，因此双方都将承担很高的交易成本。通常情况下，此时便存在一种高利润率中介业务的机会，这样的中介机构通过创造出一个“配电盘”，将多方面的沟通渠道集中在一个点或者一个渠道上。这一配电盘效应降低了买卖双方的成本（包括财务支出和个人精力的付出），并以此获得“配电盘话务员”的收益。这样的例子包括嘉信理财的一源业务，软银公司对贸易出版和贸易展览业务的合并，以及电话买车公司的业务等。

配电盘模式的一个强大优势就是自我独立性。参与的卖家和买家越多，该系统就越有价值。对于买卖双方而言，沟通和交易成本会不断下降，配电盘操作者控制着信息流。随着交易数量的增加，即便对每笔交易收取少量的费用，中介企业也会赚得盆满钵满。

在第 8 章中，我们将详细介绍查尔斯·施瓦布及其公司是如何采用配电盘模式赢利的。

5. 速度模式

在企业经营中，速度是很重要的。通常情况下，在效仿者开始侵蚀利润之前，先行者的优势会让创新者获得超额收益，速度模式旨在利用这一优势。在这一模式中，利润源自产品或服务的独特性。创新者会持续获利，直到效仿者出现。

这一模式会产生较高的价格和利润，但是只能维持较短的时间。只有保持不断创新，才能确保长期赢利。随着价值从最近一次的创新中转移出来，公司必须进行下一轮的创新，才能重新进入利润区。

这种盈利模式正是英特尔公司成功的核心，也是整个英特尔企业设计专注于速度的原因。动作快就意味着高利润，反应速度一般意味着收支平衡，而反应速度慢则意味着被淘汰。安迪·格鲁夫充分认识到了速度的重要性，并以此为原则经营英特尔公司（见第 9 章）。

6. 卖座大片模式

如果说在创新型的行业里，速度模式对企业非常重要，那么对需要大量研发费用和推广成本以及产品周期有限的企业而言，卖座大片模式也十分重要，比如制药企业、出版商、电影工作室、音乐公司和软件公司。

当新产品的开发成本维持在高位，并且研发后的制造边际成本较低时，利润最大化的最好方式就是提高产品销量，包括在几种产品市场上占据主导地位，而不是在许多产品市场上维持普通地位。就所有开发的产品来看，其成本大致是相同的，但是销售规模越大，收益就越多。例如，在制药行业，最强大的盈利驱动因素是谁拥有主打产品。在这样的情况下，以企业产品线中前五种产品的总销售额来衡量产品规模的方式，决定了企业的利润率。

这个例子揭示了企业盈利模式的另一个重要方面：模式的改变。20 世纪 70 年代，制药行业的盈利模式重视的是产品的相对市场占有率。当时，每单位产品的开发和推广成本是目前的 1/3，因此，绝对的产品规模并不重要，重要的是企业在竞争领域中的领先地位。

今天，不同领域的领先地位已不再重要。每种产品开发和推广的平均成本提高到了 3 亿美元，而且每种产品的平均经济寿命缩短为不到 10 年。小类别产品中的领先地位无法保证能收回所花费的巨额投资，盈利能力和竞争力与产品规模息息相关。与销售额达到 2 亿美元的市场领先产品相比，销售额达到 16 亿美元、处于领导地位的产品更有利可图。相对市场占有率已被产品规模所取代，产品规模已成为主导的盈利模式。

除了制药行业外，在任何开发成本较高、产品收入差别较大的行业中，产品规模盈利模式都具有广泛的适用性。受产品规模模式影响的其他行业包括技术密集型行业，如书刊、音乐和电影行业等。该模式的杰出实践者是迪士尼公司（见第 10 章）。该公司不仅获得了巨额利润，而且以其卖座大片为基础创造了利润乘数模式。

7. 利润乘数模式

利润乘数模式是指从同一产品、形象、品牌、能力或者服务中重复获得利润。运用这种模式的最突出的企业就是迪士尼公司。我们可以想象一下迪士尼以多少种不同的方式为相同的角色进行了包装。米奇、米妮、大力神等角色不断出现在电影、录像和书籍中，以及服装、手表和午餐盒上，还有主题公园和专卖店里。无论以何种形式出现，这些角色都能够为迪士尼带来利润。这家公司里，最忙碌的就数这些角色了。

利润乘数模式将成为拥有强大消费者品牌的企业的强有力的利润引擎。一旦投资（一般数额巨大）建立一个品牌，公司就可以以这一品牌为依托，开发一系列产品。然而，在使用这种模式时，必须权衡风险，因为品牌可能会被用于对客户没有什么影响力的领域。迪士尼公司一直控制着米奇的应用领域，避免将其运用于可能威胁自身价值的领域。品牌资产固然宝贵，但同样也十分脆弱。

第10章重点介绍了迪士尼公司的创新如何创造了利润乘数模式。直到今天，迪士尼公司的这一模式都没有被别人真正模仿。

8.创业者模式

许多决定盈利能力的因素来自经济方面，另一些则来自企业自身。随着企业的成功与壮大，这些因素会变得越来越形式化和官僚化，与消费者渐行渐远。因此，“规模不经济”的效应开始显现，从而削弱了规模带来的成本优势。同时，企业管理费用增加，决策步伐放缓。客户的直接反馈会逐渐减少，或者被选择性接收，甚至遭到忽视。

此时，企业内部便形成了铺张之风。公司运营成功并且有不错的利润，因此它承担得起很多服务客户所不必要的花费。结果，随着这些不必要开支的增加，企业未来的利润最终遭到侵蚀。

长此以往会产生什么后果呢？客户相关性降低，多种开支增加。与那些直接与客户联系或者积极征求客户意见的企业相比，这样的企业是脆弱的。前者不会因支付能力的增加而放任不必要的开支，它们会厉行节约。直接与客户保持联系并厉行节约，这两大因素综合作用，便会为企业创造出巨大的盈利潜力。

大多数大型企业制定的企业设计并不具有这两大企业优势，但的确有一些大型企业找到了利用这两大优势的方法。ABB 集团将企业分解为 5 000 个盈利中心，这些中心与客户直接联系并且承担盈利职责；软银将企业分解为只有 10 个人组成的利润中心，这些利润中心同样与客户直接打交道，并且每 5 天汇报一次现金流情况。

运用创业者盈利模式最成功的是美国热电公司（Thermo Electron），它不断地分拆出新的公司，从而避免了因企业规模过大而对利润造成的不利影响。新公司的管理者与客户进行直接的联系，不但对利润负责，而且要直接对股东负责。

这种结构安排独具匠心，充分调动了人的智慧。同时，它也释放了一种新的力量——向上的动力。新公司的管理者拥有新公司的股票，因此他们的工作实际上是为了自己向高处攀升。如果他们的工作出色，股价就会上涨，他们也会因此获得丰厚的回报。与许多企业的分公司经理不一样，他们不会抱怨母公司、总部或者总公司的政策。在美国热电公司拆分出来的每一家新公司里，员工们都致力于以最佳的利润获得新订单，而不会把精力花在抱怨上。

其他企业家都不愿意选择与美国热电公司进行竞争，他们宁愿与一家更大、反应更迟缓、更妄自尊大的企业展开竞争。与员工竞争要比与老板竞争更容易一些。我们将在第 11 章里详细讨论这种盈利模式的效果。

9. 专业化模式

所有企业一开始必定有其所长，它们凭借专业化的人才开创事业。然而，随着企业规模的壮大，它们往往会超越自己擅长的领域，进入越来越多自己不是特别擅长的领域。此时，收入增加了，但利润下降了。

其实，通过循序渐进的专业化实现的增长可能会带来极为可观的利润。例如，EDS（电子数据系统公司）通过循序渐进的专业化实现了增长，这家公司深谙此道，为许多垂直的细分市场（保健、保险、制造和银行）提供计算机解决方案。但是它是按次序这样做的，而不是多管齐下。在每一垂直细分市场中，EDS 都积累了大量的专业知识，因此它成为一家专业公司，并且 EDS 会将专业技能传递到整个细分市场。然后，它会进入另一个细分市场。

尽管 EDS 的规模不断扩大，但是它仍然保留着它的专家队伍，由此带来的高利润率引人注目。1994 年，EDS 在计算机服务领域的利润率高达 13%，而其主要的竞争对手——IBM 公司，仅保持了盈亏平衡。

ABB 集团的全球企业设计的魅力也来自专业化。ABB 集团的系统使其集团架构内的每一家工程公司都高度专业化，而不是泛泛地向客户提供多种服务。结果，ABB 集团的利润率大幅提高了好几倍（从 2% 上升至 10%，甚至更多）。

10. 基础产品模式

商业中最强大的一套盈利机制就是基础产品模式（见表 3-2）。供应商为用户创造出广泛的基础产品，接下来用户就会购买供应商的基础产品或派生产品。

表 3-2　基础产品模式

基础产品	派生产品
剃须刀	刀片
电梯	服务合同
软件	升级
水质净化系统	化学处理
个人复印机	墨盒
照相机	胶片

只要能控制好派生产品市场，基础产品模式的盈利能力将是非常可观的。如果基础产品能够创造出一种标准，那么这种控制力将最为强大。企业在设定标准时，通过引导一个行业的所有消费者都使用其产品，便能够有效地创造出最大的产品基础，然后这家企业便能够作为派生产品和服务的优先供应商而控制派生市场。

这正是比尔·盖茨思维的关键组成部分，他从创办微软公司时就有这样的想法。微软公司实施的战略是，先制定较低的价格，之后确立行业标准，然后将此标准普及，最后从产品升级或改进收入中获取利润。企业如何才能获得利润，比尔·盖茨对此了如指掌（见第 13 章）。

11. 行业标准模式

基础产品模式提供了一个受保护的、利润丰厚的持续性收入。如果企业可以基于基础产品建立起行业标准，那么基础产品就成了另一种高盈利模式的关键因素。这一标准接下来就会带动整个行业的消费者和竞争行为。

行业标准模式最显著的一个特征就是规模收益递增。在这样的行业里，无数的企业，从原始设备制造商到应用软件开发商，再到用户，都会被吸入标准制定者的“引力范围”之内。进入这一体系的参与者越多，体系的价值增加就越多，从而使标准制定者的收益越高。

微软公司已经能够将其基础产品转化为行业标准了，这是一个非常强大的利润引擎。甲骨文公司围绕其相关数据库领域的行业标准创造了类似的优势，使公司步入了螺旋上升的发展轨道。全美航空公司的世博系统（SABRE）是航班预订的行业标准，从而使公司获得了显著的收益。整个行业都要围绕行业标准重新洗牌，那些在标准之战中败北的竞争者则被远远落在了后面（如赛贝斯公司），它们只能眼睁睁地看着自己的利润一步一步遭到侵蚀。我们会在第 13 章分析微软公司的盈利模式时详细展示这种模式的威力。

12. 其他模式

现代企业运用的盈利模式有很多。我们之所以着重介绍以上 11 种，是因为它们已经被创新型的企业成功运用，在接下来的章节里我们将会详细讨论。企业盈利模式还有许多，包括相对市场占有率模式、经验曲线模式、交易规模模式、当地领导模式、供需周期内的能力利用模式、价值链中关键点的结构控制模式等。对任何一个要设定战略方向的管理团队而言，了解所有现存模式的全部内容都是重要一步，这将大大提高管理层决策制定的效率。表 3-3 列出了这些模式和采用这些模式的企业。这些企业都是创新者，是位于利润区内的企业。有关这些模式的更多讨论，详见本章的延伸阅读。

表 3–3　盈利模式及运用企业

序号	盈利模式*	运用这些模式的领先企业
1	客户解决方案模式	通用电气、美国汽车协会、诺德斯特龙、ABB 集团、纳尔科、惠普
2	产品金字塔模式	斯沃琪、美泰
3	多单位系统模式	可口可乐、梦幻度假村集团
4	配电盘模式	嘉信理财、美国汽车协会、电话买车公司、明星艺人经纪公司
5	速度模式	英特尔、信孚银行、索尼
6	卖座大片模式	默克、迪士尼、美国国家广播公司
7	利润乘数模式	迪士尼、维珍、本田
8	创业者模式	美国热电公司、ABB 集团、3M（明尼苏达矿务及制造业公司）
9	专业化模式	ABB 集团、EDS、华莱士公司
10	基础产品模式	微软、奥德斯、吉列、通用电气
11	行业标准模式	微软、甲骨文
12	品牌模式	英特尔、可口可乐、耐克
13	特殊产品模式	大力神、默克、3M、大湖化学
14	当地领导模式	星巴克、沃尔玛
15	交易规模模式	摩根士丹利、英国航空公司
16	价值链定位模式	英特尔、大片音像公司、共和工程工业公司
17	周期模式	丰田、陶氏化学
18	售后模式	通用电气、软银（金士顿）

（续表）

序号	盈利模式*	运用这些模式的领先企业
19	新产品模式	康柏、克莱斯勒
20	相对市场占有率模式	宝洁、菲利普·莫里斯国际
21	经验曲线模式	米利肯、艾默生电气
22	低成本企业设计模式	纽柯公司、西南航空、戴尔

注：*读者如想了解每一种盈利模式的详细内容，请参见延伸阅读。

组织文化：盈利心理学

即使行业有利可图，企业对盈利模式也很了解，但由于组织的规范、预期和所形成的文化不同，不同企业的绩效仍有显著差异。

在最近的一次采访中，一家大型销售企业的领导者扼腕叹息，因为她的企业没有将厉行节约作为公司的规范。

她说："公司花钱大手大脚。我们住最好的酒店，每年一度的销售会议都在佛罗里达一处昂贵的度假胜地召开。我们不会为了省钱而到远处预订机票。我想，现在我们不能再这样下去了。"

对公司的这种大肆挥霍、坐吃山空的做法，这位领导者认为，长此以往这会导致公司结构与精神层面的负面后果。

这样的结构性习惯一旦形成，就会积重难返。随着利润区的转移，这些不良习惯可能给企业造成致命的影响。

一家小型专业咖啡烘焙机公司的首席执行官认识到了这一点，他的费用支出方式便能体现出他对这一问题的担心。他的这家公司经营状况良好，年营业额为 5 000 万美元，税前利润率为 20%，年营业额增长率为25%。它不是一家资本密集型公司，也能够承担得起一定程度的奢侈性支出。

他说："年度销售会议在离我们公司较近的地方举行。我们租了一所高中的体育馆，参加会议的人员就住在当地的快捷酒店。我们本来可以把年会办得更奢华一些，但是一旦我们这样做了，就会让公司踏上一条不归路。"

这位首席执行官接着说："我们制造部的负责人是一个勤俭持家的天才，他只买二手设备，从不买新的。他会花大量时间对设备进行改造，从而适应我们的操作系统，使之更有效地运行。他从不购买新设备，从不买不打折的东西。是的，他从来都不这么做。"

这位首席执行官对他们的做法颇感自豪并深信不疑，他不断向人们宣扬这一价值准则。在他的企业里，这种意识与他的命令一样重要。

他说："一旦我铺张奢华起来，公司将不得不面对来自内部的挑战。同时，我们还要面对更多来自客户、分销商和竞争对手方面的挑战。我们还没有强大到能够同时应付内忧外患的程度。"

沃尔玛的员工出差时住经济型旅馆的人数增加了1倍，他们不断寻找性价比更高的供应商。与那家咖啡烘焙公司一样，他们奉行同样的价值观和理念。然而，在沃尔玛公司，即使企业的年营业收入达到了1 000亿美元，企业也同样保持着创业家的节俭意识。

正是这样一家罕见的企业、这样一位罕见的领导人，摒弃了错误的幻想，回归到了创业家的原则。公司必须重塑盈利理念，并将这一理念视为公司文化的核心要素。在很多情况下，这一理念并不存在，那么我们就需要重新建立。下面我们以一家销售额为 2 亿美元的化学公司为例进行说明。

之前，这家公司的盈利模式取决于技术保护。公司产品的总体毛利率为 25%。受专利保护的特殊化学品的销售额占总收入的 20%，但其毛利率高达 70%，这部分产品创造了公司的全部利润。到 20 世纪 80 年代末，所有特殊化学品的专利有效期都终止了。技术耗尽了，新发明的可能性也不复存在。1987 年，该公司的盈利模式转变成了纯粹的经验曲线模式，它变成了一家日用品公司。该公司奉行的最重要的一条原则就是低成本制胜。

公司管理层花了 8 个月的时间来改变企业文化，使公司改掉了积习已久的奢侈风气。他们通过开会、演示、教育和不断交流的方式宣扬新的经营理念。经过 8 个月的努力，新的创业文化确立了：赢利不再唾手可得，它取决于企业如何积极地保护资源、提高质量，以此达到产品差异化并节约资源。

这家企业的核心理念是"利润需要一点一滴地积累"。一些看似不起眼的事情会带来巨大的影响，它们能够决定企业的盈亏。

企业文化的转变效果显著，销售利润由原来的 –4% 提高为 6%，而且之后一直维持在这样的水平。这一理念本可以在 5 年前实行，但直到危机降临时，企业才开始做出改变。

企业对节俭和定价机会的关注并不总会带来如此显著的影响。由文化带来的行为改变的积累有时候仅仅能将利润提高 2~3 个百分点。但是，当增加的这部分利润被用于研发新产品、降低成本流程或者改进客户服务时，它们的影响会被放大 10 倍。无论企业采用了什么样的盈利模式，企业文化都发挥着至关重要的作用，它既可以让企业利润降低2~3个百分点，也能让企业的利润增加2~3个百分点。如果合理地进行再投资，这些增加的利润会对企业能力建设、降低商品化以及增强企业的长期生存能力产生巨大的影响。

客户盈利能力

尽管积极关注创业者模式可能是一种很有用的方法，但是，企业的盈利心理学研究注重的不只是成本。上述的每一种盈利模式都建立在对客户的基本理解上，每一种模式都以自己独特的方式体现了以客户为中心的理念。随着企业将盈利模式付诸实施，企业必须在单个客户的层面上有效地运行这些模式，而利润就是从这里产生的。

为了使盈利模式发挥作用，公司必须首先深入了解利润如何在这个层面上产生，只有如此才能揭示客户的资金状况。有关客户，你需要弄清楚以下3个基本问题：

1. 最有利可图的客户是哪些？
2. 在有利可图的客户群体内，哪些客户具备最大的利润增长潜力？
3. 为了有效满足这些客户的需求并促使利润增长，应当进行何种结构与水平的投资？

在许多公司里，分析结果显示，有10%~15%的客户无利可图，这些客户占用了公司的资源却没有提供相应的回报。一些公司里，这种无利可图的客户的比例甚至更高。

分析客户的盈利潜能会对公司产生巨大的释放效应，它激发了无数早就应当做出的决策。应当提高哪些产品的价格？针对哪些客户提价？应当向哪些客户提供高层次或低层次的服务？我们应当争取、开发哪些客户？应当避开甚至是向竞争对手介绍哪些客户？为了提高不同层面客户的盈利概率，我们应当如何调整客户的开发程序？

客户盈利能力分析为重点突出的投资过程奠定了基础。这些有目的性的投资或者撤资都可以为公司创造出意想不到的利润，并且为公司管理层采取战略行动提供灵活的财务支持。

资产密集度

客户投资心理是盈利理念的另一个要素——资产密集度的核心。企业的资产密集度取决于其资产与销售额的比值。资产密集度越高，利润受到的拖累就越严重。即使最强大的利润工具也有可能被企业不必要的资产密集度所拖累。资产密集度吸收了利润，并且带走了股东的现金流。

了解客户的盈利能力可以使公司明智地进行投资，关注对客户最重要的技能和活动，避免投资有可能消耗资金、给企业带来负担的业务。创新者敏锐地认识到了这一点，并且为此积极地采取了行动。我们可以看一下可口可乐公司的资产密集度（见第 7 章）或者迪士尼公司的资产密集度（见第 10 章）。明智的企业设计者会想方设法地在运营改进、金融设计等方面降低企业设计中的资产密集度。

保护企业盈利能力：为企业创造战略控制点

为了实现利润增长，公司在制定强大的企业设计时，必须同时寻找和培育行业内的战略控制点。战略控制的目的是保护企业设计创造的利润流，防止竞争和客户实力造成的负面影响。没有战略控制点的企业设计就像一艘舱底带洞的船，会很快沉没。

战略控制一直是企业战略的重要组成部分，今天，它已经成为关键的部分。过去几十年中，客户实力迅速增强，这使战略控制成为企业最优先考虑的事项。许多法律都对客户对抗强势供应商提供了保护，但是没有法律真正从实质上保护供应商对抗强大的客户。战略控制点的作用就是要对这种不平衡进行调整。

战略控制点的类型多种多样：品牌、专利、版权、产品开发领先业界两年、20% 的成本优势、分销渠道控制、供应控制、拥有客户信息流、独特的企业文化、价值链控制等。每一个控制点的设计都是为了让企业留在利润区内，并防止竞争对手分得其中的利润。

不同的行业有不同类型的战略控制点，品牌并不适用于所有市场，价值链控制有可能无法实现或者不相关。因此，构建战略控制体系的首要任务是确认相关的控制点层次。表 3–4 列出了不同层次的战略控制点。这一特定的层次可能不适用于你的行业（或者需要大幅调整），但它说明了一点：并非所有的战略控制点都具有相同的保护利润的能力。

表 3-4　战略控制点指数

保护利润的能力	指数	战略控制点	实例
高	10	制定行业标准	微软、甲骨文
	9	管理价值链	英特尔、可口可乐
	8	领导地位	可口可乐（国际公司）
	7	拥有客户关系	通用电气、EDS
中	6	品牌、版权	很多
	5	产品开发领先两年时间	英特尔
低	4	产品开发领先一年时间	罕见
	3	具有 10%~20% 的成本优势	纽柯、西南航空
无	2	具有平均成本	很多
	1	没有成本优势	很多

每一个好的企业设计都至少包含一个战略控制点。最好的企业设计具有两个或更多的战略控制点。例如，英特尔公司具有产品开发领先两年时间、价值链控制和品牌 3 个战略控制点。可口可乐公司具有品牌、低成本物流体系、管理价值链和在全球居于绝对领先地位（市场占有率是竞争对手的 3~5 倍）的战略控制点。

通用电气公司具有低成本优势，并且在许多方面拥有良好的客户关系，可以为客户提供全方位的服务和解决方案。

迪士尼公司在家庭休假领域拥有良好的客户关系，此外，它还拥有一系列版权和竞争对手难以企及的企业文化。

微软公司的战略控制点在于拥有行业标准、在多个产品系列占据绝对主导地位及品牌等战略控制点。

最后需要指出，所有的证券分析师都在寻找能够保护企业利润流的战略控制点，但他们使用的措辞有所不同。为什么呢？因为对他们而言，评估股票的一个最重要的标准就是**可预测性**。战略控制越强，可预测性就越高；可预测性越高，估值就会越高。因此，企业要实现可持续的价值增长，创造战略控制点是至关重要的。

我的企业设计的价值是什么

以利润为导向的企业设计能为股东创造价值。它能创造多大的价值呢？盈利模式如何高效地反映在公司市场价值上？图 3-1 中的简单模式有助于我们找到这些问题的答案。

图中重点展示了可口可乐公司、宝洁公司和全美航空公司的例子，说明了企业设计如何转变为投资者的市场价值。在这些不同的行业里，影响价值的因素是相同的：销售利润率、预期利润增长率、资产密集度和战略控制。

可口可乐公司的销售利润率为 26%，其预期利润增长率为 17%，资产销售百分比为 0.7，战略控制指数为 9。可口可乐公司一贯的强势表现使公司的企业设计得到了投资者的认可，其市场价值与销售额的比值为 7.0。

宝洁公司的销售利润率为 9%，预期利润增长率为 16%，资产销售百分比为 0.6，战略控制指数为 4。投资者对公司价值的估计是其销售收入的 3 倍，这样的评价也很不错，但比不上可口可乐公司。

全美航空公司的销售利润率为 7%，预期利润增长率为 2%，资产销售百分比为 1.0，战略控制指数为 1.5。这些指标导致投资者对公司价值的估计仅为其销售收入的 0.3 倍。

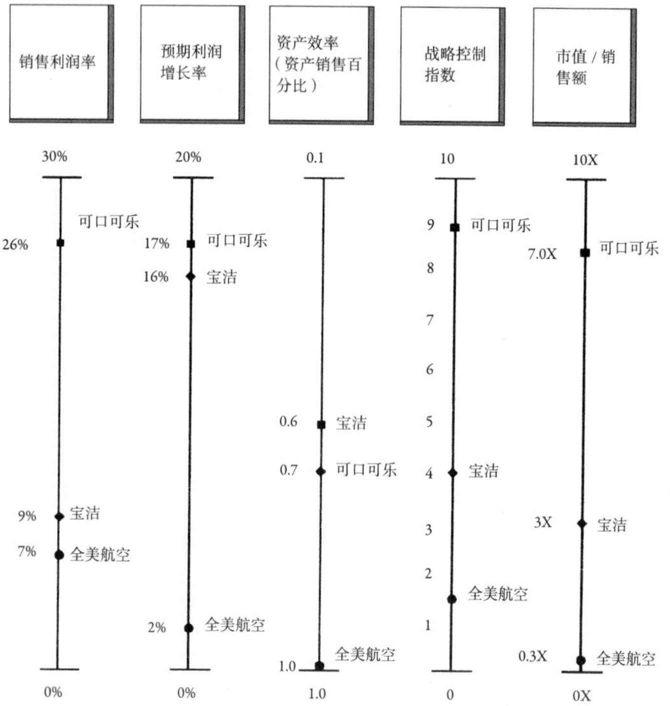

图 3-1　企业设计的价值所在

注：销售利润率 = 息税前利润 / 销售额；预期利润增长率 = 价值线和分析报告中预计的利润增长率；资产效率 =（资产 – 现金和等价资产 – 应付账款）/ 销售额；市值 / 销售额 =（现有股份 × 股价）/ 销售额

资料来源：Compustat（标准普尔的数据库），价值线，各种公司报告，CDI 估值

这四个指标可以很好地为投资者日常的定性和定量判断提供依据。它们的预测准确率相当高。随着企业设计的完善，这些指标会变成管理层评估替代方案时衡量价值创造的工具。在企业持续经营的基础上，它们也会成功衡量企业成功的标准。

在价值转移的过程中，客户从产品 A 转向产品 B，利润区也随着从产品 A 转向了产品 B。原有的企业仍然停留在生产 A 产品上，而新进入的企业则制定了转向 B 产品的企业设计。市场价值从原有企业转移到了新进入企业。投资者会支持新进入企业，因为在新进入企业中才会实现利润增长。

这样的价值转移经常发生，比如价值从 IBM 转移到微软公司和英特尔公司，从美国钢铁公司转移到纽柯，从全美航空公司转移到西南航空公司，从计算机视觉公司转移到美国参数技术公司，从福杰仕公司转移到星巴克公司，从凯马特转移到沃尔玛等。这样的例子不胜枚举。

当公司的市场价值与销售额的比值下降时，公司就一定是出现了问题。一个或更多的关键指标会出现恶化，企业设计正逐渐降低对客户的关注，并开始脱离利润区。除非重新修改企业设计，否则企业价值会持续下跌。

市场价值与销售额的比值仅仅是其中一个指标，还有其他一些众所周知的指标。我们越来越努力，但结果越来越扑朔迷离。客户丢失，利润率也下降了。无论是从数据上还是从情感上，我们都应当意识到必须要改变企业设计。

遵循以客户和利润为导向的原则重新制定企业设计会带来巨大回报。客户将会回头，利润将会增加，员工士气也将会重新高涨。市场价值与销售额的比值会大幅上涨。可口可乐公司是领先的创新者之一。随着该公司四项关键指标得到改善，其市场价值与销售额的比值大幅飙升（见图 3–2）。

在第二部分，我们将考察可口可乐公司是如何重复实现这一过程的。

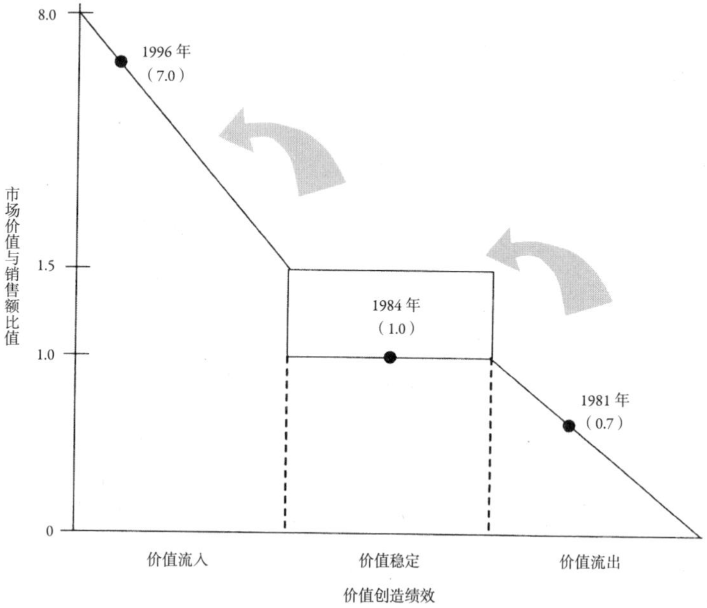

图 3-2　可口可乐公司的企业设计创新

延伸阅读

22 种盈利模式

1. 客户解决方案模式

为了解客户、制定解决方案、发展与客户的良好关系而投资。由于建立与客户之间的良好关系需要大量的投入，在初期会出现亏损，但其后会产生可观的利润。运用这一模式的杰出企业包括通用电气公司（从硬件到服务再到解决方案），美国汽车协会（金融服务业）和诺德斯特龙公司（零售服务业）。

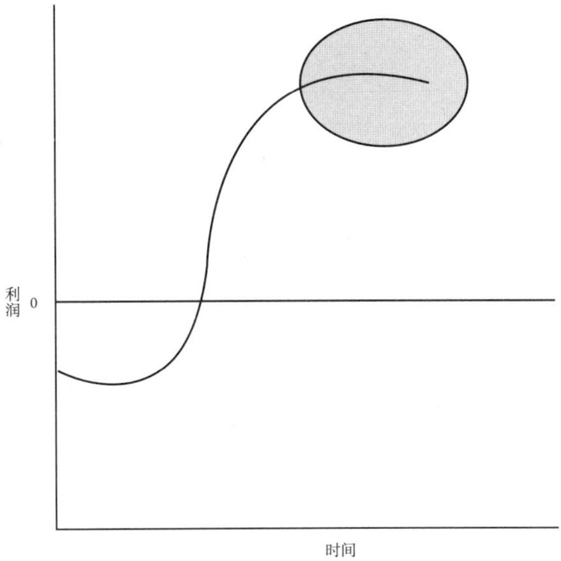

附图 1

2. 产品金字塔模式

在产品金字塔模式中，最重要的是满足客户风格、颜色、价格等方面的偏好。客户收入和偏好方面的差别便形成了产品金字塔。位于塔基的是价格低、销量大的产品，位于塔顶的是价格高、销量少的产品。

绝大多数利润集中在金字塔顶部，但是塔基发挥着至关重要的战略作用，它形成了一道基础的防火墙。防火墙产品对竞争者形成了阻碍，保护了塔顶的丰厚利润。

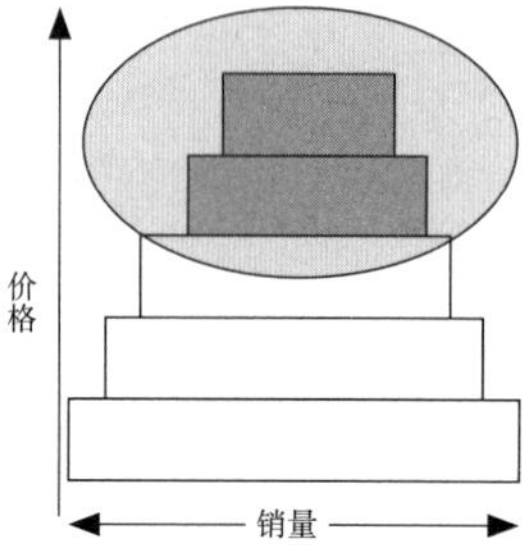

附图 2

3. 多单位系统模式

在这一盈利模式中，一个系统内有多个组成部分，而且各个部分的利润是不成比例的。多单位系统模式适用于不同行业，如饮料行业（利润主要在饮料机和自动售货机）、酒店（基本业务利润较低，公司会议业务利润较高）、书店（书店本身是资本密集型、低利润的，但公司、图书俱乐部等机构的团体业务，则是高盈利、低资产密集度的）。

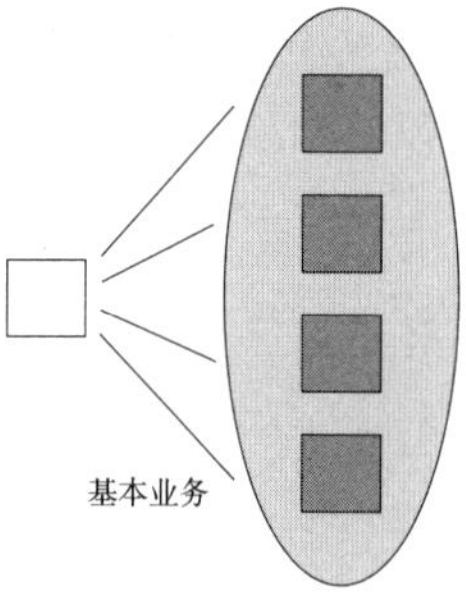

附图 3

4. **配电盘模式**

在某些市场中，多个买家与多个卖家进行沟通，双方的交易成本都很高。在许多情况下，通过建立一个类似配电盘的高价值中介机构，为不同的沟通者建立一个集中的渠道，会降低买卖双方的交易成本。

配电盘模式的优势在于它能够自我壮大。加入这一模式的买家与卖家越多，这一模式的价值便越高。

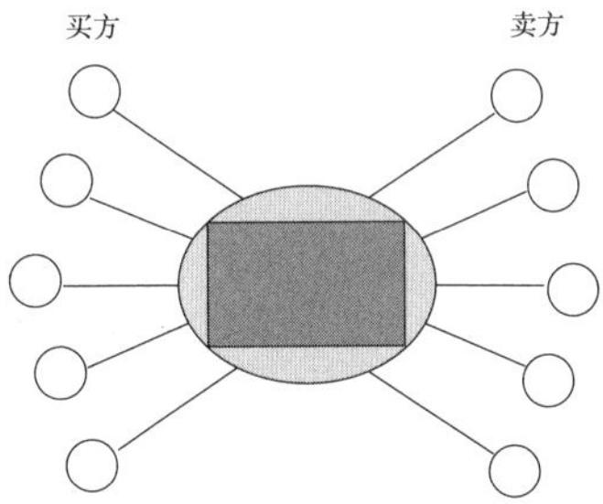

附图 4

5. **速度模式**

在一些行业里，创新者具有先行优势，可以在模仿者侵蚀利润之前获得超额利润。速度模式就是利用了这种先行优势。在该模式中，利润源自产品或服务的独特性。在此模式下，企业利润在遭受模仿侵蚀之前，价格溢价一直会存在。

英特尔公司成功运用了这种模式，它在竞争中总是比竞争者先行一步。其他运用速度模式的行业还包括消费电子行业和金融工具的创新业务等。

许多人都认为，速度模式的关键是进入市场的时间，但事实并非如此。该模式的关键是能否创造并维持比紧随其后的竞争对手领先两年的优势，因为产品上市后，大部分的利润都产生于前几个季度。

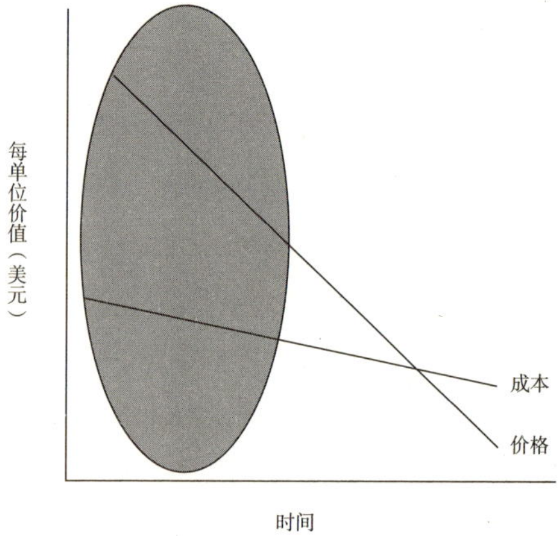

附图 5

6. 卖座大片模式

在一些特定的行业中，如制药、音乐、电影制作、出版等，其主要的经济活动都是围绕项目进行的。

在这些行业中，不同项目的成本差异可能高达 5 倍，产生的收益可能相差 50 倍。例如，开发一种药物的成本从 5 000 万美元到 30 亿美元不等，收入从 5 亿美元到 150 亿美元不等。制作一部电影的成本从 1 000 万美元到 1 亿美元不等，收入在 1 000 万美元到 5 亿美元之间。所有利润都集中在“卖座大片”的项目上，从中获得的收益非常可观，较开发成本高出了很多倍。

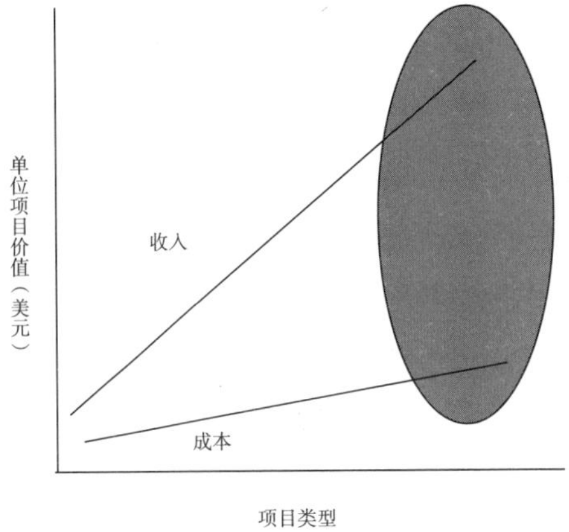

附图 6

7. 利润乘数模式

利润乘数模式是指从同一产品、形象、品牌或者服务中重复获得利润。运用这种模式最突出的企业就是迪士尼公司。我们可以想象一下迪士尼对同类角色有多少种不同的包装方式。米奇、米妮、小美人鱼等角色不断出现在电影、电视、书刊、服装、手表、午餐盒上，以及主题公园和专卖店中。无论以何种形式出现，这些角色都能够为迪士尼带来利润。在这家公司里，最忙碌的就数这些角色了。

对于具有强势消费品牌的企业而言，利润乘数模式是一个强大的盈利机器。一旦做出了创建品牌的投资（通常情况下是巨额资金），消费者会对这一品牌的很多产品给予认可。然而，尽管这种模式很有吸引力，但我们在应用时也要权衡其风险，在将品牌应用于对客户来讲不具有权威影响力的领域时，应谨慎行事。迪士尼公司一直控制米老鼠这一角色的运用，防止将它应用于会对其价值产生威胁的领域。品牌是一种宝贵的资产，但同时它又十分脆弱。

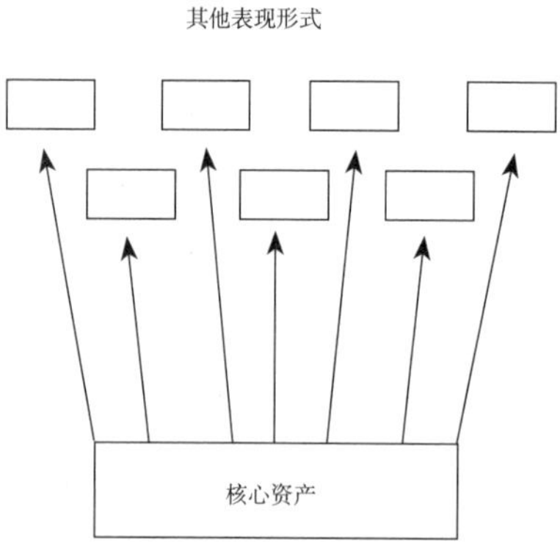

附图 7

8. **创业者模式**

随着企业的发展壮大，“规模不经济”效应也会显现出来：日常开支增加，不必要的支出增加，决策制定缓慢，与消费者的关系变得疏远。

为了应对这些消极因素，一些企业（如 ABB 集团和软银公司）建立了小规模的利润中心，以此将自己的责任最大化，并保持与客户的紧密接触。

有的企业分立出子公司来保持与客户的近距离联系，各子公司都对利润和股票价格负责。美国热电公司将这种模式发挥到了极致。这种模式释放出了积极向上的强大力量——分公司的管理者持有自己公司的股票，如果绩效良好，他们会获得巨额回报。

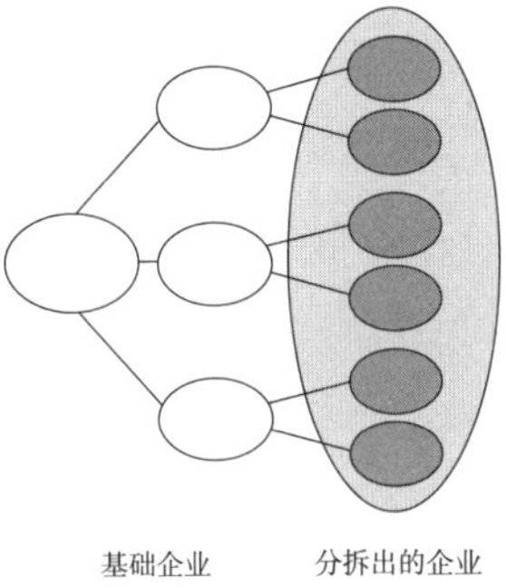

附图 8

9. 专业化模式

在许多行业中，专业化的企业要比一般化的企业赢利高出数倍之多。专业化企业的超强盈利能力源于多种因素，包括低成本、高质量、高知名度、较短的销售周期和良好的价格等。

专业化不只局限于产品。例如，家得宝公司在客户细分方面做到了专业化，推出了“自己动手制作”的服务项目。家得宝能取得成功是由于它能够满足特殊客户群体的需求。

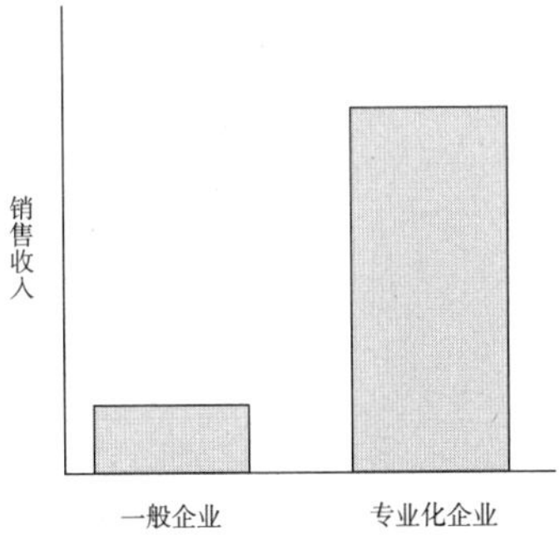

附图 9

10. 基础产品模式

在许多运用基础产品模式的企业里，利润或者基础产品的销售额并不是很高，但是，派生产品的利润极为可观。这样的行业包括复印机、打印机、剃须刀、电梯以及许多其他商品。关键的一点是要建立最大的产品基础，这样才能给派生产品带来高额的销售收入和利润。

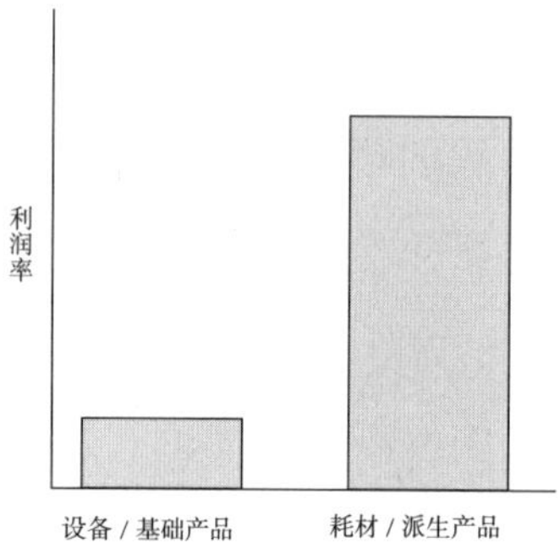

附图 10

11. 行业标准模式

运用这种模式的行业最突出的一个特征就是规模效益递增。在这类行业里，许多企业（从原始设备制造商到开发企业，再到用户）都被纳入到了行业标准制定者的引力轨道。进入这个体系的人越多，这一系统就越有价值（如同在网络经济中，用户越多，网络越有价值）。结果，随着体系价值的增加，标准制定者的收益也日益增加。微软、甲骨文、全美航空公司的 SABRE 系统便是如此。与此相反的是，在建立行业标准中失败的企业，它们的利润随着时间的推移会不断下降。

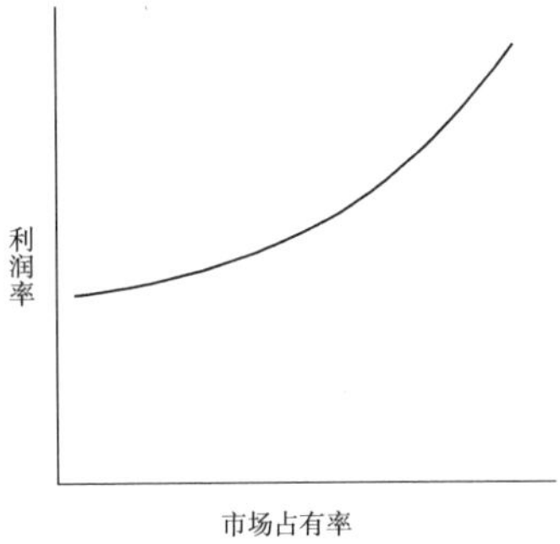

附图 11

12. 品牌模式

多年来，为了赢得消费者对自己产品的关注、认知、信任，以增强自己产品的信誉，创建品牌的企业在营销方面投入了巨额资金。

反过来，客户使用产品或服务的经历会增强对这些无形要素的支持。当消费者乐于支付溢价时，这些无形要素就会转化为利润。这样的价格远远高于功能相同的其他产品的价格，通常能够代表品牌持有者的全部盈利能力。

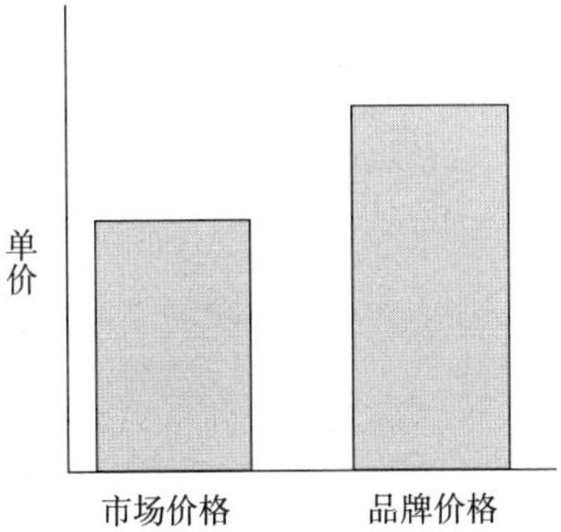

附图 12

13. 特殊产品模式

当企业推出一种新产品时，它就会获得这款产品的溢价。(图中的“S”代表特殊产品，“C”代表一般产品。)

在竞争者开始模仿之前，特殊产品能够给企业带来丰厚的利润。

运用特殊产品模式的典型行业包括制药业和特殊化学品行业。在这样的行业中，产品周期会从8年到15年不等。随着时间的推移，由于专利到期、竞争等原因，特殊产品的收益在总收益中的比重会下降。因此，盈利能力最大化的关键任务是明智地选择能够创造出未来产品的研发项目。运用该模式的杰出企业包括默克、大力神和3M。

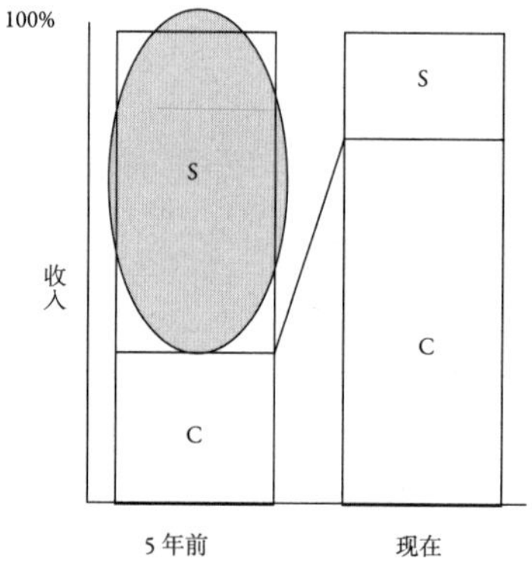

附图13

14. 当地领导模式

在许多行业中，公司的业务基本都在当地。这样的企业包括家庭医疗企业、食品店和众多零售分店等。

美国的一家家庭医疗公司的案例可以说明这种模式的盈利机制。该公司的成本结构显示，绝大多数的成本要素本质上都是地区性的。重要的是成为区域的领导者，而不是将业务扩展到全美各地。当这家公司的300个分支机构都成为各个地区的领导者时，就会出现我们现在能够看到的情况。

当这家公司考虑选择哪些客户和哪些城市作为自己重点投资的对象时，显而易见的是，系统化的投资政策会促使各个分支机构转向引领者，从而给该企业带来最高的收益。

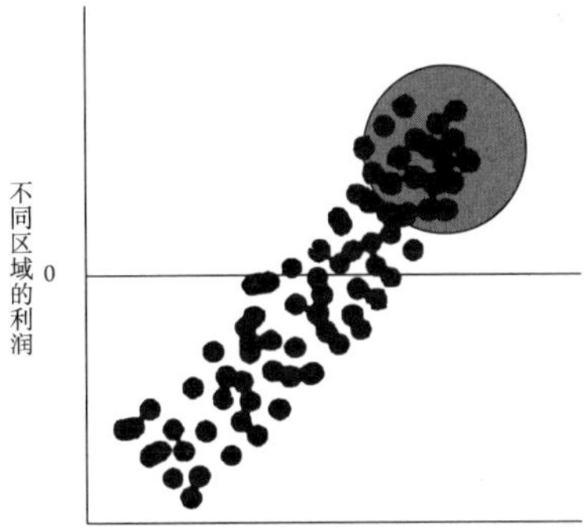

附图 14

运用这种模式的另一个经典例子是20世纪60年代的A&P公司。当时，该公司在食品零售行业中居全美领先地位。而温·迪克西公司（Winn Dixie）则致力于在东南亚地区保持领先。尽管A&P公司在规模上较温·迪克西公司大很多，但它的盈利能力比较逊色，原因是它在一些地区的地位比较弱，特别是在强大的竞争对手温·迪克西公司所主宰的区域就更弱。

A&P 公司的例子说明，企业的盈利模式定位不清晰会导致巨大的风险。A&P 公司不仅没有扩大在全美的市场占有率，而且在许多地区市场的地位也被削弱了。该公司彻底考察了基层商店的盈利情况，之后它便逐家关闭了各个城市中不赢利的店面。此举过后，该公司在当地的市场地位被削弱了，同时，采购、信息交流、物流等方面也受到了一系列不利的影响。地区的市场占有率不升反降，这与其实际采用的盈利模式恰恰背道而驰。由于实施了错误的战略，该公司的财务状况日益恶化，最终被一家联邦德国的食品销售商（Tenglemann）收购。

山姆·沃尔顿平易近人，而且很少有企业领导者能够像他一样，清晰地了解自己公司盈利模式的基本经济原理。他深知，在本地处于有绝对影响力的领导地位至关重要。这样可以降低物流成本、宣传成本、雇佣成本等。他不为沃尔玛在全美范围内的成功所动，相反，他采用的战略是逐个地区进行"地毯式轰炸"。他牢牢地抓住当地市场，严格按照所用盈利模式需要的条件进行运作，这些都使沃尔顿的公司获得了比竞争对手高出几个百分点的利润，无论是相对于当地还是异地的竞争对手。这种盈利能力的差异为公司 30 年来以超过 20% 的速度增长提供了支持。采用这种方法，赢利将促进增长，而非增长促进赢利。经验性的企业设计打乱了零售领域的秩序，因为这种企业设计只是为了赢利。这种做法显然行不通。

严格按照当地经济运营盈利模式的一个例子便是星巴克。该公司并没有在自己无法控制的区域拓展业务，而是首先占领了西雅图，接下来是芝加哥，然后是温哥华。星巴克认为自己的优势在于物流、口碑和员工招募。它利用这些优势来提高利润，而不只是扩大企业规模。

15. 交易规模模式

一些特定行业的利润取决于交易规模。在这样的行业里，随着交易规模的扩大，完成每笔交易支付的成本增加幅度要小于获得收益的增加幅度，所有的利润都集中在大额交易中。这样的例子包括银行投资、不动产经营和长途航空运输等。

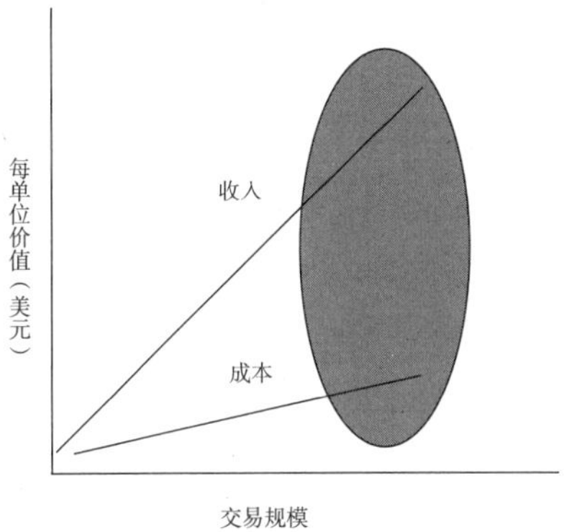

附图 15

交易规模模式青睐那些能够控制最大交易的企业。它的关键在于客户选择，即选择那些大额投资交易的客户。

在一些业务中，如银行投资、不动产交易、商业借贷、长距离运输、长途旅行等，随着交易规模的扩大，成本的增速将小于费用的增速。因此，小规模交易的利润必定较少。在超大额的交易中，毛利润可能高达 90%。

在此类交易中，经验曲线并不重要，甚至无足轻重。同时，相对市场占有率也不如开展和管理大额交易的能力那样重要。两家企业的市场占有率相同，但一家企业的交易为 100 笔小额交易，而另一家则是五六笔大额交易，那么后者获得的利润将是前者的好几倍。

运用交易规模模式的杰出企业之一是 20 世纪 70 年代的摩根士丹利投资公司。在这段时期，该公司在利润方面能获得骄人的成绩并非由于在投资银行业务方面所拥有的市场占有率，而是因为它在财富 100 强公司内所占的优势份额。财富 100 强列出了最大规模的金融交易。摩根士丹利处理 1 亿美元融资投入的成本并不比处理 5 000 万美元的融资投入的成本高多少，但融资手续费用的差异非常大。不难想象，摩根士丹利最大的竞争对手也在竭尽全力地抢占财富 100 强企业的业务份额，因为这些企业能够创造出可观的利润。在风险投资行业，几家基金一直在竭尽所能地获得自己的市场地位，它们的目的都是为了获得最好、最大的交易。

大规模证券交易的经济特征也适用于运输行业，长途运输要比短途运输更获利。这是为什么呢？因为每英里的实际成本的增速慢于收入的增速。将业务集中于长途路线的企业要比其他同行更加成功。

在低利润或者无利润的航空领域，英国航空公司一直致力于开拓长途航运市场，对长途路线的相对关注会使企业从规模交易中获利，并且可以使企业在不景气的经济环境中获利。

16. 价值链定位模式

在许多行业中，利润主要集中于价值链的特定部分，而价值链中的其他部分利润较少。在个人电脑行业，利润集中在微处理器和软件领域；在化工行业中，利润主要集中在生产领域而非分销领域；在一般的商品行业，利润主要集中于分销领域而非制造领域；在汽车行业，利润主要集中于下游活动，比如融资服务和延伸担保，而不在装配和分销领域。

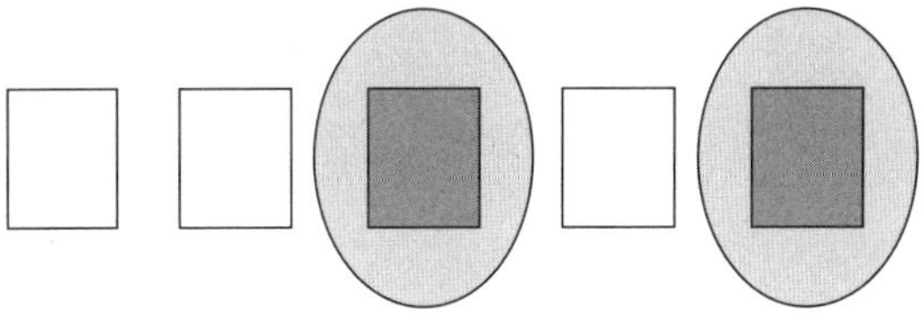

附图 16

17. **周期模式**

许多行业都具有明显的、独特的周期性表现，比如化工、钢铁、工业设备等行业。企业的盈利能力函数呈现周期性变化。只要告诉我生产能力的利用率，我们便能知道盈利能力。

在周期模式中，一些企业对此模式的运用好于其他企业。比如，丰田公司认识到了公司的业务受行业周期的限制，因此它不断地降低企业的收支平衡点以实现更高的相对盈利能力。丰田公司无法控制行业周期，但它能够在行业周期内将公司配置到最佳位置。

周期模式也可以从销售收入上对企业进行优化。例如，陶氏化学公司已经掌握了周期内的定价技巧。当生产能力紧张时，它会率先提价；当生产能力过剩时，它会推迟价格的下跌。

周期能够决定利润水平，但管理得当同样可以创造成本或定价优势，这些优势会对公司的盈利能力产生重大影响。

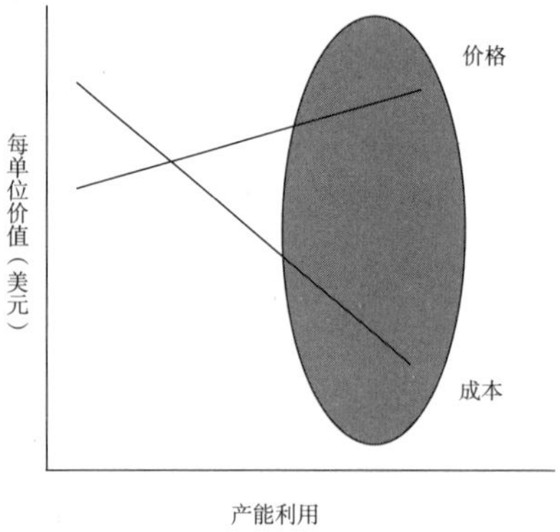

附图 17

18. 售后模式

在一些行业中，如制造业和航空业，产生利润的不是产品或服务的销售，而是这些产品的售后融资和服务。如果企业所在行业的利润已经在产品之间发生转移，那么企业将不得不去下游寻找新的利润来源。

通用电气公司就是通过其自身优势运用售后模式的杰出例子。为了从客户中获得更多的价值，通用电气公司为其航空引擎和内燃机分部开展了融资和服务业务。

尽管售后模式与基础产品模式有些类似，但二者存在根本差异。没有基础产品的企业也可以运用售后模式获利。例如，软银公司尽管没有电脑方面的基础产品，但通过其分公司金士顿，它可以向用户出售个人电脑的附加存储器，从中得到了很高的利润。

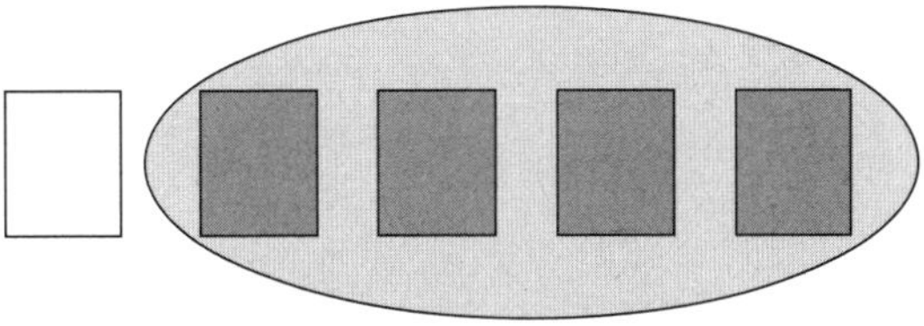

附图 18

19. 新产品模式

新产品利润是关于新产品和增长额的函数。新的高利润产品被推向市场之后成长很快，随着它们变得成熟，利润便会下降。一个经典的例子便是个人电脑业务。台式机虽已成熟，但已无利可图。然而，笔记本电脑（位于 S 形曲线中部）仍然有盈利空间。服务器（处于 S 形曲线底部）则拥有相当可观的利润（康柏公司的大部分利润都源于其在服务器市场上的领先地位）。

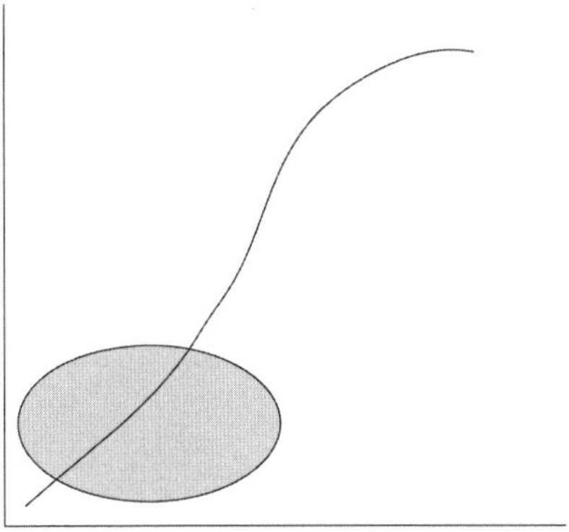

附图 19

其他遵循这种新产品模式的行业包括汽车、复印机、工业设备和乐器制造等。这些行业中，产品周期从3年到7年不等。制胜的关键是做好转移投资的准备，在新一代产品中获得令竞争对手难以企及的领先优势。新产品要能够满足客户当前最重要的需求。

20. 相对市场占有率模式

许多行业里，市场占有率较高的企业往往利润率更高，因为大企业具有丰富的制造经验和更强的采购能力，因而具有定价优势和成本优势。随着销售额的增加，广告和固定成本也会下降。相对市场占有率是指一家公司相对于其竞争对手的市场占有率。相对市场占有率越高，利润率就越高。

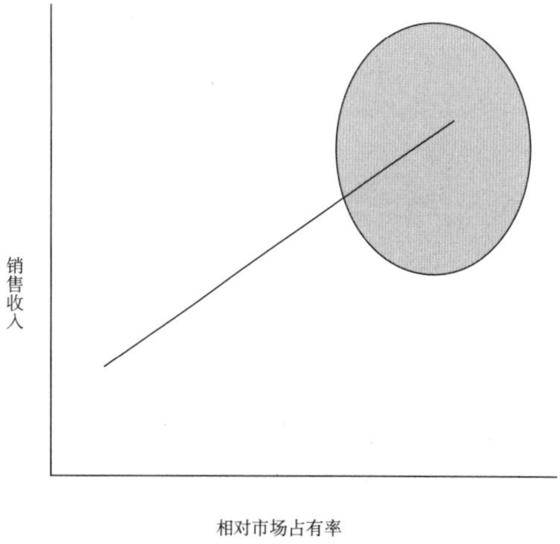

附图 20

21. 经验曲线模式

随着企业在制造某种产品或者提供某种服务方面越来越有经验，其单位交易成本会下降。在专业化提供某种产品或服务方面，更有经验的企业比没有这类经验的企业更赢利。

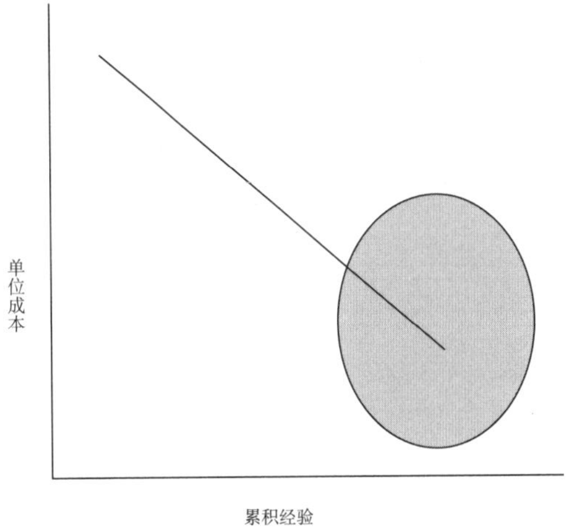

附图 21

22. 低成本企业设计模式

我们能够超越过去的经验，许多人都做到了这一点。你可以凭借低成本的企业设计战胜经验丰富的企业。低成本的企业设计会使原有企业的经验变得没什么价值。纽柯公司在钢铁领域（小型钢铁厂模式战胜了综合性的大钢铁厂模式），西南航空公司在航空领域（点对点的模式战胜了中心辐射模式），戴尔公司在计算机领域（直销模式战胜了街头销售和多层次分销渠道模式）都做到了这一点。

与通过再造企业设计获得低成本优势的企业相比，专注于积累经验从而获得低成本优势的企业总是稍逊一筹。盈利模式不正确而经验丰富的企业不会有长足的进步。

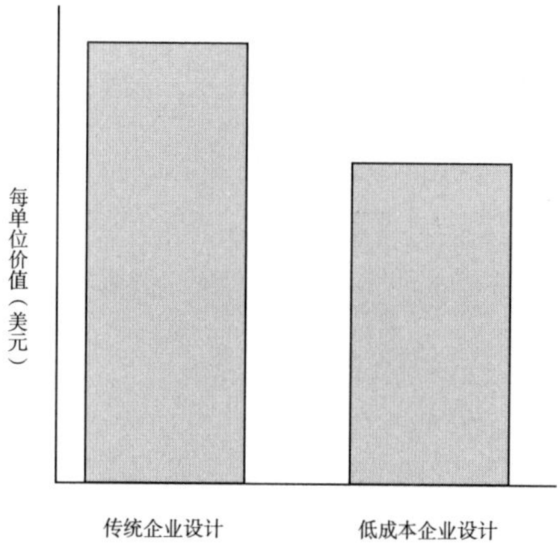

附图 22

第二部分

创新者和他们的成功经历

第 4 章

通用电气前董事长杰克·韦尔奇：为客户提供解决方案的企业设计

- 为什么我的产品市场占有率很高，但利润很低？
- 我的企业是推销产品还是为客户提供解决方案？
- 我是否应当将制造业务转向服务业务和以知识为基础的业务？
- 是否有可行的方法将我的企业转向未来高利润的活动领域？

有一段被所有商业杂志都津津乐道的故事：一家中等规模的公司从通用电气公司购买了价值 50 万美元的个人电脑。这有什么稀奇的？在许多人眼里，通用电气公司并不生产电脑！为什么这家公司不直接从电脑制造商那里购买电脑？因为制造商只出售电脑，而电脑这种产品很多厂家都能生产。相反，除了电脑外，通用电气公司向这家公司出售的还有自选配置、零部件、服务和融资。这家公司与其客户通过电子化系统联系业务，它的电脑需要全年不间断运行。所以，这家公司需要的是电脑支持服务，而且通用公司提供的融资服务可以使公司获得现金支持，更好地匹配其收入和支出，从而启动为期3年的技术升级工作。通用电气公司看到了客户的这一需求并满足了其需求，从而为这家公司提供了解决方案。

通用电气公司的企业设计处于领先地位，这一模式回答了许多制造企业的管理人员都会提出的一个问题，即“我如何通过制造和销售产品获利”。电脑制造已经成为或者正快速变成一个无利可图的行业，正如汽车制造、消费电子、五金行业以及无数其他行业一样。事实上，制造业正处于无利可图的持续威胁之下，因为强大的消费者和快速跟进的模仿者之间通力合作，侵蚀了利润，将过去有利可图的活动导入了未来的无利润区之内。

是否所有的制造业都处于无利润区，人们在其中均是高投入而低回报的呢？答案既是肯定的也是否定的（见图4–1）。如果企业只关注“产品”，那么答案就是肯定的。如果企业采用了和通用电气一样的方法，即只将产品当作企业战略体系的一部分，那么答案就是否定的。在这样的战略体系中，客户的问题被视为进入利润区的新机遇。

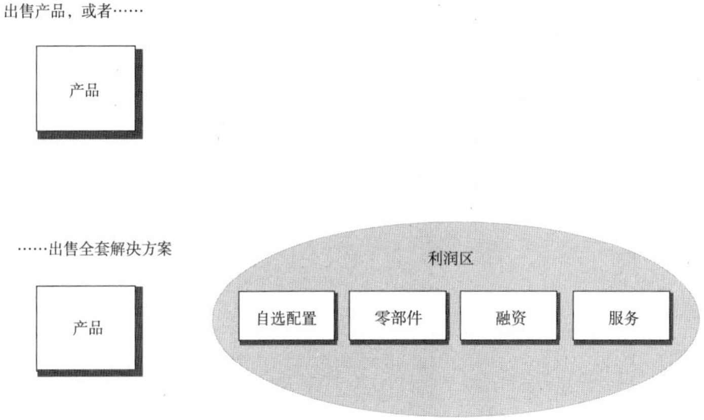

图 4-1　通用电气的企业设计——“出售解决方案，而不仅仅是产品”

然而，大多数制造商仍然对 20 年前所运用的企业设计深信不疑。这些人认为客户还跟从前一样，因而生产的是同一个系列的产品；它们仍可以以相同的质量和价格来实现差异化，它们仍然将销售产品作为获取价值的唯一机制。更重要的是，这些制造企业仅仅利用产品来为客户创造价值，它们的企业设计都是以产品为中心的。如果某一行业中每一家企业的设计都以产品为中心，那么它们会以同样的方式展开竞争，为客户提供相同的产品。在这种情况下，能将企业及其产品区别开来的唯一途径就是确立自己在成本或质量方面的领先地位。如果行业内的所有企业都追求成本和质量领先，那么这个行业很快就会变得无利可图。

随着现有制造产品价值的日益减少，仍然在玩市场占有率游戏的制造商会发现，企业销售收入增加的同时利润却下降了，这反过来又阻止了企业为股东创造更多的价值。这种情况在以制造为基础的市场上屡见不鲜。

在杰克·韦尔奇担任通用电气首席执行官期间，他曾先后 3 次修订了公司的企业设计。每一次修订都使公司离传统的以产品为中心的制造模式渐行渐远。从他第一次提出以利润为中心的“不做第一，就做第二”的企业设计，到第二次以利润为中心的“群策群力”设计，再到第三次以客户和利润为中心的“销售解决方案”设计，韦尔奇不断地满足了客户的需求和偏好。结果，通用电气公司的市值从韦尔奇 1981 年开始担任首席执行官时的 130 亿美元，增加到 1996 年年底的 1 620 亿美元（见图 4-2）。

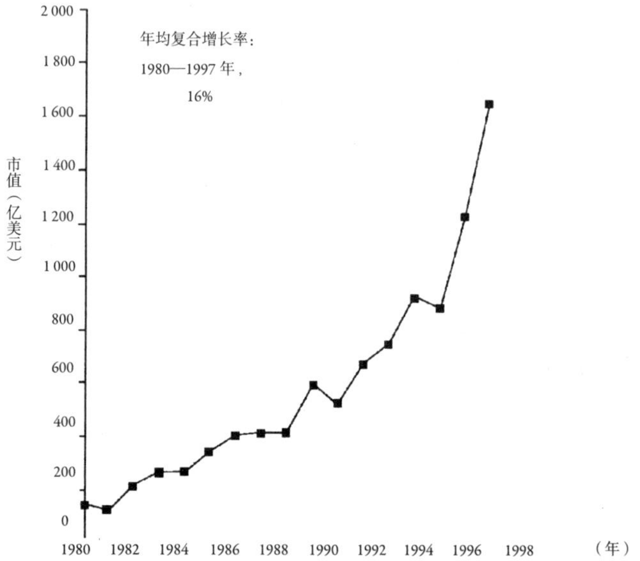

图 4-2　通用电气公司的市值增长

由于遵循了以客户和利润为中心的理念，杰克·韦尔奇为公司股东创造了约 1 500 亿美元的价值。在职业生涯早期，他就认识到客户的需求和偏好会发生改变，自己所处行业的利润区也会转移。韦尔奇认为，要使通用电气时刻处于利润区，就必须不时地修订公司的企业设计。

韦尔奇按步骤对公司的企业设计进行了革新。在能够制定出更精密的企业设计之前，他首先需要确保公司在基础业务领域实现健康运营。为了做到这一点，他使通用电气在每一项现有业务领域内都保持领先地位并且大幅削减成本。这些以利润为中心的举措使通用电气成为业内的领头羊，并且为公司进入下一个阶段的企业设计奠定了基础。

每次更新企业设计时，韦尔奇都提出、发展并且运用推动变革的理念。韦尔奇勇敢地面对来自旧观念的质疑，创造了紧凑而富有挑战的工作环境。他克服了来自同伴、客户和竞争者的巨大压力，他创造并完善了每一种经营理念，振作团队的士气，其后再贯彻这种理念，直到整个通用电气公司（包括员工、客户，甚至竞争对手）都看到这种理念的价值，并且对此深信不疑。就这样，韦尔奇克服了一个又一个障碍。而且，通过向位于纽约州克罗顿维尔的通用电气商学院进行投资，韦尔奇确保通用电气公司能继续运用先进的理念驱动新企业设计。这就是通用电气成为全美最杰出的知识应用型公司的原因。

韦尔奇找到了在制造业中赚钱的方式。他精心设计了一种模式，综合利用通用电气公司的最大资产——客户关系和它已确立的基础地位，为公司的股东创造了更多价值。当许多制造商认为制造业正在变成一个大而无当的无利润行业时，通用电气公司则在制造行业的多个领域里都获取了利润。

不做第一，就做第二

1981 年，杰克·韦尔奇初掌通用电气公司，当时该公司制造的产品门类齐全，从灯泡、飞机发动机、引擎到合成树脂应有尽有。提供多样性的产品是许多制造商过去几十年中一直运用的增长战略。成功的制造企业兼并或收购其他制造企业，因为它们想获得更大的成功，想通过不同的产品涉足不同的行业，以此来分散企业经营的风险。当这些制造企业为它们客户创造的大部分价值停留在其出售的产品上时，这样的增长战略就是合理的。生产最好的产品，建立强大的分销体系，产品卖得好，那么价值就创造出来了。销量越多，企业创造的价值就会越多。

然而，许多企业都止步于此，唯有韦尔奇执掌的通用电气没有。韦尔奇认为，公司要想创造更多的价值，不仅要增加产品数量，而且还要提高单位产品的销售利润。当时，提高产品销售利润的最好方法就是成为市场占有率的领导者。20 世纪七八十年代，由于巨大的经济规模、丰富的制造经验和强大的购买力，市场占有率的领先者都获得了丰厚的利润。另外，市场占有率的领先者可能成为行业标准制定者，因此，它可以提高价格并且将产品出售给喜欢规避风险的客户。1981 年，市场占有率的领先地位就是获得利润的保障。

在以利润为中心的思想的指导下，韦尔奇将目光转向了成为市场占有率领导者。因此，韦尔奇运用一种新理念革新了 20 世纪 70 年代通用电气大型集团式的企业设计，这种理念就是“不做第一，就做第二，否则就退出”。这种理念以最清晰、最直接的方式表明，通用电气将只在业内领先的领域投资，而将最弱的业务出售给急切想买进并且能够更好地管理它们的企业。这是一种更明智的选择。通用电气可以利用销售弱势业务的资金提高自己在其他业务领域的地位，或者投资更好的项目。因此，公司的信条就是：要么改进，要么退出，并且要马上行动。

然而，尽管韦尔奇知道这一理念能够推动利润大大增加，但他深知，在业务众多的通用电气公司，实施整个公司全员参与的彻底改革将会面临巨大挑战。它要求传递的信息简单且可操作性极强，要能够被很好地理解、重复和实施。韦尔奇认为，实现真正的变革需要持续的沟通、不懈的努力以及一套可实施的行动方案。通常情况下，这样的行动方案有利于人们增强对信息的认同，尽管它的执行经常很困难且容易遭到强烈抵制。

在推行“不做第一，就做第二”的设计之初，公司人员颇受激励，但之后的很长一段时间内，改革遭到了抵制，主要表现为决策难以制定，效果不明显，而且公司内的许多人都认为，“这一设计也终将会过时”。总体来看，反对韦尔奇方案的论调也颇有一番道理。想象一下，部门负责人提出的反对理由是这样的：

> 但是，杰克，你冷静点儿。排在第四或者第五不是他一个人的错，他接手时公司排在第六呢。实际上，他做得已经不错了，去年这项业务带来了 1 亿美元的收入。我们应当留下他，我们也应当保留这项业务。

毕竟，人们会认为“不做第一，就做第二”的市场地位目标过于简单或武断。对此，任何通情达理的人都会劝说他不要太较真儿。

但韦尔奇可不是这样通情达理的人，至少当他正试图改变通用电气这样一家大规模的成功企业时是这样的。整整两年中，他都坚定不移地坚持着自己的立场。到 1983 年，效果开始显现，公司的财务状况有所改善。就这样，在通用电气公司内部，越来越多的人开始支持“不做第一，就做第二”的理念，它甚至成为公司员工内心自豪感的原动力。对于逐渐以利润为核心的通用电气公司管理人员来讲,“不做第一，就做第二”已经成为通用电气得以立足的坚定、实用和战略性的原则。

“不做第一，就做第二”这一以利润为中心的信条，其主要宗旨在于：它是实现目的的一种手段，是迈向更强大公司的战略步骤，其目的并不在于自身。“不做第一，就做第二”仅仅是一种以利润为中心的企业设计，随着客户的变化，这种设计也需要做出改变。

客户的确发生了变化，他们变得更强大了。通用电气公司大部分的产品都出售给像福特、沃尔玛、通用汽车和波音公司这样的客户。当时的市场中，卖方营业额的很大一部分由少数客户把持，因此这些客户可以利用日益增强的实力来压低价格。在争夺市场占有率领先地位的竞争中，制造商已将价格降到了无利可图的水平。市场占有率的领先地位已无法再确保企业盈利，利润区已经发生了转移。要想保持盈利，通用电气需要新的理念和企业设计。

群策群力

到 20 世纪 80 年代中期，韦尔奇和其他远见卓识的管理者都清楚地意识到，仅凭市场占有率已经不足以赢利了。市场占有率和赢利之间的关系正在弱化。在一些行业里，价格的螺旋式下降形成了巨大的无利润区。许多情况下，市场占有率和利润之间开始呈现出一种反向的关系。在多个行业里，如汽车、咖啡、建筑钢材等，市场占有率最小的企业反而最赢利，而市场占有率最大的企业利润最少。市场占有率高但不具备高效生产率的企业正濒临破产。

韦尔奇知道，通用电气的生产效率能够变得比 20 世纪 80 年代中期更高，这一点他能够从数据中解读出来。在整个 80 年代早期，通用电气每年的生产效率增幅仅为 2%。由于通用电气的多个业务领域在价格谈判中面临着强大的客户压力，公司不得不改变“不做第一，就做第二”的企业设计——从市场占有率转向高效率的市场占有率。为完成这一转变，韦尔奇提出了广为人知的“群策群力”计划；从字面来看，其意思就是剔除工作流程中不必要的环节。

该计划的关键是将参与实际工作流程的员工集中起来，描述和总结目前企业采用的方法，然后从中找出可以被剔除的不必要环节。群策群力计划回避和反对明目张胆的官僚主义做法，由员工当场提出建议，并在当天提交给管理层，然后由管理层当场定夺，最后按步骤付诸实施。

这种方法不拘一格，激发了员工的投入和参与热情，改进了沟通交流模式，并且赋予了员工一种主人翁意识。这一改革代表了通用电气企业设计组织方面的深刻变化——从命令和控制转变为更加注重员工的作用和潜在贡献。这是一项重大的群策群力机制。通过降低官僚等级制度的束缚力和提高员工的真正参与程度，韦尔奇极大地提高了企业效率。这种方法是将领先的市场占有率地位转变为高盈利业务的唯一保证。

自 1988 年 10 月群策群力计划正式实施起，这项计划很快就渗透到了公司文化的各个层面，它逐渐变成了一种半自控的有组织的连锁反应。到 1992 年，超过 20 万名的通用电气员工参与到了该项目的培训中。到 1993 年，约有 2 万名通用电气员工可以随时随地参与到这项计划中来。该项目对通用电气产生了巨大影响。在群策群力计划实施之前的 1981 年到 1986 年，通用电气的年均生产率提高幅度仅为 2%。而从 1987 年到 1991 年，项目的实施使公司年均生产率提高幅度翻了一番，达到了 4% 以上。

韦尔奇的卓越不凡之处在于，他能够对形势变化做出及时的、富有远见的分析，并采取相应的措施，而不只是提出一些方法。“不做第一，就做第二”就是韦尔奇在综合分析现有观点的基础上提出来的具有创造性和可行性的方案，群策群力也是韦尔奇结合通用电气的实际情况，对现有的处于萌芽状态的关于发展速度和重塑理念的思想潮流（这些理念直到 20 世纪 90 年代早期才由一些企业观察家正式表述出来），进行整合之后提出来的创新理念。

和韦尔奇的许多思想和举动一样，群策群力计划在通用电气的实施比在美国其他大公司早了好几年。到 20 世纪 90 年代早期，其他大公司才开始着手创造更具流线型、更富生产力的公司结构。许多企业加入重组热潮时，往往弄错了努力的方向。它们只是顽固地简化已经过时的企业设计，而不是重塑其企业设计，以此进入未来的利润区。相反，在通用电气运用群策群力计划简化其现有的企业设计时，韦尔奇已经着手制定下一个企业设计了。通用电气不断地修正自己的企业设计，从而使这一模式的理论基础、结构和方法更加以客户和利润为中心。

销售解决方案

劳伦斯·杰克逊是一家大型汽车部件供应商的总裁（该公司的年销售额在10亿美元以上），他对销售解决方案这一主题非常感兴趣。他升职后，曾这样讲述自己的经历：

> 我讲讲过去两个月中经历的三次不同的促销活动。第一位销售人员来自一家大型化学公司，这家公司制造了很多种化学原料，我的企业在生产中也用到它的很多化学原料。这位销售人员既温文尔雅又专业，他对产品的技术性能和特征都非常熟悉，他不断地向我们介绍他的公司的产品优势。
>
> 当然，他说的没错，他的公司的产品确实非常棒，但是，我们其他供应商的产品同样也很棒。他的卖点在于他说能为我们提供一站式服务。这当然是个好主意，但对我而言同样没什么吸引力，因为其他供应商也有同样好的产品，而且运输成本也很低。对我而言，只从一家供应商那里购买多种产品有什么好处呢？
>
> 第二位销售代表与第一位非常不同，他销售的是塑料。我们公司会使用大量塑料。这位销售人员的技术、技能也很过硬。他对自己的产品和企业充满着激情，一直在谈他的公司正在开发的新的增值项目。这听起来不错，但对我们有什么意义呢？他说这些项目能在将来给我们带来收益。我说，那就以后再来找我吧。
>
> 第三位销售人员来自通用电气公司。尽管他的工作是推销塑

料，但是，他丝毫没有谈及他的产品。他只是问了我一些问题，比如，我在购买设备方面占用了多少资金？产能损耗率有多少？在生产工厂里，使用目前的原料和加工设备，我遇到的最大问题是什么？我在运输和物流方面占用的资金有多少？

我们谈得很好。当我谈起我们所面临的经营问题时，我们聊起了一些很有意思的话题。当时我们谈了很多。

两周之后，这位销售人员又来了，他带来了通用电气资本公司提出的如何减少资金占用和降低融资成本的建议，这些建议涉及我们公司的生产装备和物流。他还就我们如何节省仓储空间给出了建议。同时，他还提议由通用电气公司的工程师和我们的工厂工人合作，一起就如何优化原料的使用做出改进。

接着他谈到了全球性支持的问题。我们正在全球大力拓展业务。他向我们介绍了通用电气会如何支持我们的全球性扩张。我盘算了一下，他所提出的建议能给我们的运营在资本、融资和产能损耗方面节省一大笔钱。当然，他拿到了我们的塑料订单——几乎是全部订单。而且，他们的塑料还将随着我们的产品卖向全球各地。

喜欢这种做生意方式的人不只我一个，我们工厂里的人也喜欢。他们与许多产品推销人员打过交道，其中只有通用电气公司的推销人员花时间倾听他们的问题，并帮助其解决了问题。当决定哪家公司将成为我们的供应商时，结果就显而易见了。

而且，通用电气公司提供的全球性支持让我们的运营变得更容易了。在服务我们苛刻的客户——汽车制造商方面，通用电气公司提供的这种支持帮了我们的大忙。

20世纪90年代早期，韦尔奇清楚地看到，即使拥有高市场占有率和高生产效率也无法保证可持续的利润增长。要想维持成功，通用电气需要将自己的企业设计提升到更高的层次，即从销售产品转变为销售解决方案。

为什么要改变企业设计？因为客户的需求和偏好发生了变化。

客户正不断发生根本性的变化。过去的这些年中，随着从供应商那里购买产品数量的增加，客户变得越来越精明，对产品也越来越熟悉。而且，随着他们对制造商的产品和技术越来越了解，与产品给用户带来的经济效益相比，产品技术规范的重要性降低了。结果，制定购买决策的人由采购代理人、技术人员和工程师变成了行政管理人员和高层管理人员。工程师关注的是所购买的制造产品的技术细节：这些产品是否符合规范要求？它们的成本与竞争对手相比如何？高层管理人员更关注所购买产品的使用体系或背景。高层管理人员不太注重具体的产品，他们更重视的是老的工艺中使用的新方法能否大幅降低整个工艺的总成本，并且提高公司的盈利能力。

这种变化便产生出了重大的新业务机遇，但是传统的、以产品为中心的供应商无法对这一机遇做出积极的回应。抓住这一机遇就意味着制造企业必须改变客户选择，将客户目标从工程师和采购代理人转向高层管理人员；它们的服务范围要从产品转变为解决方案；它们的差异要从价格转变成为客户提供更好的系统经济方案；它们的价值来源要从产品转为服务。简而言之，制造商必须改变整体的企业设计。韦尔奇领导下的通用电气公司做到了这一点。

随着客户从工程师转为企业高层管理人员，韦尔奇首先做的是改变通用电气公司的营销方式：不再只依靠销售人员向采购代理商或者工程师推销产品，韦尔奇亲自出马与通用电气的客户——企业高层管理人员进行面对面的谈话。公司的客户群体范围很广，包括医院、零售商、汽车制造商和公共事业机构等，韦尔奇深知面向高层管理人员的营销方式与传统营销方式之间的不同。他比竞争对手先行几步，有意识地为通用电气公司准备了一套以解决方案为导向、面向高层管理人员所必需的新式营销策略。那时，通用电气业务的规模之大和范围之广已经使业务部门领导人的“副总裁”头衔有些过时了（这些部门中有 8 个都可以被单独列入财富 500 强名单）。意识到了这一点，韦尔奇便赋予了这些领导人一个新头衔，即“总裁兼首席执行官”。当时，公司已有 13 位头衔为首席执行官的高层管理人员。

要想总裁营销模式奏效，韦尔奇需要深入了解客户所在行业中发挥作用的力量，包括但不限于客户经济系统和收益增加的理念。韦尔奇不能只卖产品，他必须把产品置于客户整体的经济体系中加以考虑。这一系统的经济观要求韦尔奇推动通用电气公司超越传统的产品与销售关系，与客户建立一种真正的业务伙伴关系，从而为双方都创造出价值。要实现这一点，便需要提供解决方案来增强客户和供应商的盈利能力。

韦尔奇和他的业务部门负责人变成了总裁营销模式的先驱实践者。他们综合运用通用电气公司对客户的系统认识，为客户制定出新的解决方案，而且他们将公司当前的客户关系拓展为更长期、具有更高价值的关系。例如，20 世纪 90 年代中期与福特公司进行谈判时，韦尔奇直接与福特公司首席执行官亚历克斯·特罗特曼面谈，他为福特公司提供了一系列产品和工艺技术方面的解决方案，为福特节省了资金，并且增强了它的盈利能力。为了显示通用电气帮助福特的诚意，韦尔奇来到福特公司的生产车间并且与装配线上的工人直接进行交流。他问这些工人是否喜欢通用电气的某些产品和服务，通用电气如何才能做得更好，以及他可以为福特公司做些什么等问题。韦尔奇将听到的意见和建议统统记录了下来。当他返回通用电气的时候，他召集负责与福特公司联系的所有管理人员一起展开讨论。韦尔奇要求他们立刻制定出纠正错误做法的方案，他们立刻照做了。其结果如何呢？通用电气与福特签订了供货合同。而且，福特公司认为通用电气提供的解决方案非常有效，因此，通用电气成为福特公司欧洲业务的主要供应商。

韦尔奇是总裁营销模式的先驱者。随着大企业的高级管理层之间的业务联系成为常态而非特例，未来，总裁营销模式会得到极大推广。由于这种高层的互动要求对客户经济系统有高度的敏感性，因此，总裁营销模式产生的效果要远远好于简单的高价值销售。这种敏感性给客户带来了日益增加的响应度，提高了人们预期客户需求和偏好的积极性，促使人们乐于重新设计游戏规则。传统的产品 / 销售企业设计已经导致许多行业的盈利能力不复存在，但是客户解决方案的企业设计会为企业创造出强大的螺旋上升态势。这些企业能够制定各种解决方案，既为客户创造更高的价值，又为股东创造更多的利润。

总裁营销模式仅仅是通用电气客户解决方案企业设计的一个

方面。通过从以产品为导向向以服务为导向的转变，韦尔奇还逐渐改变了通用电气的业务和价值获取方式。韦尔奇再次综合利用了通用电气已经建立的产品基础和客户基础以及公司对客户经济系统的认识，明确了新的利润区并制定了高成本效率的企业设计。

拥有杰出的产品知识，但不能利用这些知识完成从产品领先到解决方案领先的转变，这无疑成为公司错失的最大机遇。整个 20 世纪 90 年代，通过将产品、维护、服务和融资组合在一起，韦尔奇致力于确保通用电气获得所有可能的价值。

事实上，通用电气最伟大的企业设计变革之一就是，1986 年以来在加里·温特领导下的金融服务部门（通用电气资本公司）的积极扩张。韦尔奇了解通用电气的融资业务，因为从 1977 年到 1981 年，该部门都由他直接负责。该部门的经营一直是以消费者产品为导向的，例如为通用电气的设备提供融资服务等。

韦尔奇和温特非常重视并看好金融服务的前景。他们没有将融资当成销售更多产品的手段（这是传统制造商的观点），而是将融资当成能够给客户带来利益的解决方案的核心，因为价值已经从制造转移到服务上。同时，通用电气也将目光盯向能够积极开辟融资业务的地方。通用电气资本公司每年都要收购 30 家保险、信用卡和其他金融公司。到 1995 年年底，该公司的资产总值已经高达 1 860 亿美元，一跃成为美国第三大银行。

在韦尔奇设想的解决方案企业设计中，融资仅仅是提高价值获取的一个因素。例如，通用电气制造喷气式引擎，为购买它们的买家提供融资支持，对它们进行维护和检修，并提供零配件等。在通用电气竭尽全力与劳斯莱斯和美国联合技术公司的下属公司普拉特惠特尼等竞争对手展开竞争，为新产品的销售赢得市场占有率的同时，通用电气在某些领域对售后服务的关注却创造出了超过30%的利润率。为了增强实力，通用电气收购了英国航空公司的维修部门，还收购了格林尼治航空服务公司。这进一步壮大了通用电气喷气式引擎服务部门，从而使得该部门能够为其他制造商的设备提供检修服务。

通用电气将这套以服务为导向的方法推广到了其他市场上。例如，多年以来，通用电气为医院提供X射线机和扫描设备。由于制造商为了争夺市场占有率而竞相降价，以及医院面临来自管理部门降低成本的巨大压力，大多数医疗器械产品已经无利可图。为此，通用电气开发了一套高利润率的在线诊断服务系统。该系统将全世界11 000台扫描设备连接起来，并对这些设备进行检查，甚至可以远距离修复设备存在的问题。

通用电气资本公司灵活地将通用电气企业设计扩展至下游业务：通用电气汽车金融服务公司是美国最大的非专属汽车租赁商；通用电气是世界上最大的装备管理公司；通用电气是最大的初级抵押保险业务经营商；通用电气是全球第三、美国最大的再保险公司。由此可见，通用电气不再只靠产品制造来确立自己的市场地位。

韦尔奇深知，价值增值的潜能在于下游服务和融资活动。他对这些活动的关注源于其以客户和利润为中心的理念，而非来自以产品为中心的理念。他看到了产品延伸出来的更有价值的领域，从而在此基础上重新确立了游戏规则。

韦尔奇发现，对于市场上的任何产品而言，其周围都存在一个更大的经济领域，产品自身仅仅是其中的一个子系统。产品是产生利润的催化剂，是驱动这些业务运转起来的启动装置。客户购买产品之后，还需要维修保养、融资、更换零部件、升级等。通常情况下，与这些“非产品”和“产品后”活动相关的收入是直接销售产品收入的许多倍。在盈利能力方面，二者的差异就更大了。韦尔奇意识到利润区正从产品转移到由产品引发的下游活动中，因此他改变了通用电气企业设计的经营范围和价值获取机制，从而抓住了利润区转移的机遇。由于获得了这一部分产品的售后收入和利润，通用电气的售后服务和融资贡献了整体运营收入的 40%。另外，自 20 世纪 80 年代中期以来，通用电气的金融服务部门——通用电气资本公司的年均净收入增长率为 18%，而同期通用电气其他业务的年均净收入增长率仅为 4%。

尽管韦尔奇对企业设计进行了创新，使通用电气的各项业务都数一数二，之后运用群策群力的方式极大地提高了公司的生产力，并且给客户提供了解决方案，但是他仍然致力于重新部署通用电气公司的资产向高利润、非制造业务转移，这些业务源自公司产品，但又不完全依赖产品。韦尔奇认为，作为一家制造企业，通用电气必须找到盈利的新方式，同时对其制造业务进行优化。真正以利润为中心的企业理念，不可避免地会引导企业从事制造业之外的活动。

应用知识型公司

作为通用电气的首席执行官，韦尔奇运用正确的理念推动了通用电气的企业设计创新。韦尔奇深知理念会对变革产生多么强大的导向作用。在确保公司运用理念推动企业设计创新的同时，韦尔奇为位于纽约州克罗顿维尔的通用电气商学院投入了大量资金。克罗顿维尔的商学院将持续创新的理念灌输到了通用电气的未来领导人身上。克罗顿维尔的商学院"学生"体验了新的企业设计思想，他们还从通用电气公司内部吸收有益的思想，进行发展并进一步推广。通过这个商学院，通用电气能够将成功的新企业设计知识运用到实践中。

例如，通过低价供应、持有股份和保留采购利润的做法，通用电气下属的一个子公司成为电脑客户的实际供应合作商。这一转变的核心思想就是，通过运用公司自身的采购实力并通过为其他公司代理采购而进一步增强自身的购买力，通用电气便能够赢得市场占有率并提高利润。这一思想被带到了克罗顿维尔的商学院，在那里经过了进一步的完善之后，被推广到通用电气的其他部门。在通用电气的公司体制下，盈利的理念会更容易传递，很快这一做法便得到了广泛的传播。

像克罗顿维尔这样的内部商学院所提供的巨大价值，能够检验不同行业的理念和方法。但是，通常情况下，由于内部商学院只从企业中获取资源，而其中大部分资源都来自企业所在的行业内部，因此行业管理理念的丰富性会降低。然而，通用电气本身就是一家跨行业企业，它为学院提供了动态的、有竞争力的企业设计。从历史经验来看，通用电气这种义无反顾的多样化经营模式是其作为传统理念创新者的主要竞争优势所在。幸运的是，通用电气并不打算成为商学院或咨询公司。然而，其他公司现在已经开始领会到通用电气业务设计中知识运用的效果了，尽管它们不知道自己要达到同样的能力还需要多少年。

通过克罗顿维尔的商学院，通用电气加速了企业设计创新的步伐，使企业在竞争中处于更有利的地位。通用电气的企业设计创新（见表 4–1）促进了显著的价值增长，使公司从价值流出转变为价值稳定，从而最终实现了价值流入（见图 4–3）。价值增长会持续下去吗？目前，公司实施了六西格玛质量管理项目，目标是到 2000 年消除缺陷。对此，大多数观察家认为，该项目的实施会使通用电气的价值增长态势一直持续到 21 世纪。

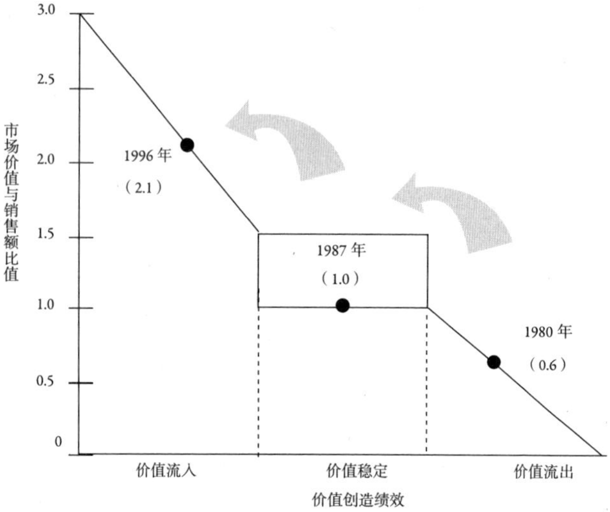

图 4–3　通用电气的企业设计创新

表 4–1　通用电气的企业设计创新

要素	1981 年	1997 年
客户选择	消费者 制造商 工程师	消费者 制造商 高层管理人员
价值获取	产品销售	多种产品、服务、解决方案和融资

（续表）

要素	1981 年	1997 年
产品差异化 / 战略控制	品牌 市场领先地位	客户解决方案 客户关系 总裁营销模式 六西格玛质量管理
业务范围	制造产品	客户解决方案 融资 服务 制造产品

为客户提供解决方案的企业设计——问题清单

☑ 我是否已经明确要提供什么产品？我的生产效率是否达到最高？

☑ 我是否利用已有的一切机会向我的硬件客户提供配件、服务和融资？

☑ 我是否已将公司有关产品及其使用周期特征的知识转变为一种专有的优势，从而为客户提供服务、评估风险并且制定有利可图的融资决策？

☑ 我是否为客户的经济系统构建并量化了一种精确模式？

☑ 我是否为显著地改进客户的经济体系而制定了解决方案？

☑ 我是否已将我的解决方案转变成为一种与客户之间的独一无二的关系，这种关系可以使我获得有关客户业务的信息？这是否会让我了解（比其他人更好、更快地了解）客户的经营状况和偏好，以及未来的动向？

☑ 我是否创造了机会以实施有效的总裁/高层管理人员营销计划？

第 5 章

三位管理者的故事

- 即使我不是首席执行官，不是老板，也不是高层管理人员，我也能改变公司的企业设计吗？
- 在一家以产品为中心的企业里，我能制定出为客户提供解决方案的企业设计吗？
- 当我成功地做到这一点时，我能够得到相应的回报吗？

不只行业巨人、大型上市公司的首席执行官和高层管理人员能进行企业设计方面的创新，其他所有人都可以运用重塑企业设计的原则和技巧，让企业进入利润区。

这样的原则和技巧同样适用于小公司、私人企业、大公司的分公司以及经营它们的中层管理人员。事实上，我们将会看到，这些创新者在企业设计创新方面早已崭露头角。

本章中要讨论的三个例子都表明，这些管理人员和投资者采用的工具具有普遍的适用性。这三个例子分别是美登通信公司、包装箱公司和氯氮平病人管理系统。

美登通信公司

1975年，吉姆·多纳休在总部位于芝加哥的美登制图公司从事销售工作。他一直在深深地思索着一个问题："我怎样才能为客户带来真正的价值？除了卖给客户印刷品之外，如何才能为他们带来更多价值？"

多纳休一直念念不忘这种以客户为中心的理念，后来他升任这家商务印刷公司的总裁。

美登通信公司在创新方面的转折点可追溯至1988年，当时该公司从一家美国大型食品制造商那里得到了一笔订单，为这家制造商的室内销售网点制作了10万套促销宣传材料。这家食品制造商要在"五一"国际劳动节的那个周末，向美国各个零售店分发由美登制图公司制作的材料，每套宣传材料的成本是6美元。

多纳休说："每套宣传材料里都包含模具、海报、价目表、促销价牌和饰品，这是印刷商做梦都想得到的大订单。1988年，这笔60万美元的业务能占我们全年合同销售总额的10%，这是一笔大买卖。所有人都渴望得到这笔订单，尽快生产出订单材料，完工后拿到货款。"

在劳动节的那个周末，多纳休来到了一家食品杂货店，想看看自己公司的杰作是否已经被摆在了食品店里。然而令他吃惊的是，他没有找到。一开始他认为自己来的这家店可能只是个例外，于是他又去了另外一家，结果与前一家一样。当地的食品杂货店没有摆出他的公司制作的宣传材料，甚至连仓库里也没有。他心想，倘若这些印刷品没有被送到食品杂货店里，怎么会有人付给我们几十万美元呢？

他感到其中存在问题，但也必然存在机会。他调查了食品杂货店其他未被使用的促销及营销材料，然后拜访了客户企业销售部门的高级副总裁。这位副总裁对他说："如果可能，请继续深入调查一下，看看发生了什么问题。"

多纳休说："他给了我们一些有关人员的联系资料，我们很快就搞清楚了问题所在——发送的促销材料太多了。当时，客户企业的数据库中仅有25 000家支持它的食品杂货店，但它订购了10万套促销材料。也就是说，每家食品杂货店里有4套！这可真是闻所未闻！"

在接下来的几个月里，多纳休继续进行调查。一位高层管理人员在休假时顺道考察了科罗拉多州的食品杂货店，多纳休本人则考察了佛罗里达州的食品杂货店。看起来美登制图公司的每个人似乎都跟食品杂货店有业务联系，全美各地食品杂货店的相关报告都汇集到了公司里。

多纳休回忆说："我们总是能听到一些令人吃惊的消息。我们客户的所有宣传材料都被堆积在仓库里几个星期，甚至是几个月无人问津，食品杂货店的人对这些宣传材料无动于衷，它们一直被堆放在那里，上面落满了灰尘。终有一天，店主把它们都扔了出去。”

这就是美登制图公司直接面向商店开设印刷和运输业务的缘由，这些项目使美登制图公司从一家普通的印刷企业转变为一家独特的、提供增值服务的企业。

一位明尼阿波利斯的区域经理带着多纳休参观了他的仓库，里面堆放着几千份废弃的宣传促销材料。每隔两个月，这位经理就得请一位清洁工收拾这些材料，把它们装到 3 码[1]见方的垃圾箱里，由仓库的工人抬出去扔掉。

多纳休问：“为什么要这么做？为什么要把这些材料堆放到这里？你们公司订购了这些材料，给制作企业付了款——也就是向我们付了款，然后再把这些材料发送到全美各地存放起来，而现在你却要雇人把它们当垃圾扔掉。这些材料连店面都没有进去过，我说得没错吧？”

“你说得没错，确实如此。”这位经理回答。

“为什么不改变这种做法呢？”多纳休不解地问。

这位经理平静地回答：“如果我不订购这么多，公司总部的人就会给我打电话说，‘你所分管的区域应当订购 2 万套，怎么这次只订了 1 万套？你有没有按要求做？’”

这样的制度在多纳休看来简直匪夷所思：成本巨大，收益全无。

多纳休根据自己的考察主动写了一份完整的报告，然后他带着这份报告面见客户。他对他们说：“对如何更好地实现贵公司的促销目标，我有一些自己的想法。”结果，美登制图公司仍然

1. 1 码 =0.914 4 米。——编者注

得到了制作宣传材料的合同，但是，这次约定的宣传材料的数量是实际需要的数量，且公司的价值链同样得到了控制。这种做法既创造了价值也节省了成本，美登制图公司承担起了所有的相关工作。

多纳休更好地了解了客户的运作方法以及客户如何使用美登的产品（哪些地方有必要，哪些地方没有必要），因此他几乎是在不经意间发现了这一辅助性的增值业务。

这种做法在一个地方获得成功后，多纳休就问自己："现在我已经了解了这种模式，接下来我该如何利用好它呢？"他理顺了宣传品印刷和管理的思路，并向一家领先的烟草制造商、一家快餐公司和一家大型百货商场做了成功的展示。就这样，目前美登制图公司的300名员工将业务集中于不到10家客户身上，但是这些客户都是业内数一数二的企业。

在这种持续的以客户和利润为中心的思想指引下，多纳休带领这家第二代印刷公司不断发展壮大，其年营业收入从1980年的500万美元增加到1990年的1 000万美元，然后再增加到1997年的1.2亿美元。

这家公司之所以能变得如此有价值，其关键原因是，印刷是一项以产品为中心的大众化业务，这样的业务要靠规模经济和产能利用率来驱动。成功的业主会购买一架最大型的印刷机，一年365天不间断地运行它，因为所有的价值都来自这台机器印刷出来的一张张图片。只要印刷机快速运转，这一巨大投资的成本就会分摊到数以亿计的印刷品中，对业主而言，这的确是件很好的事情。如果这台价格昂贵的设备只运行50%或者60%的时间，那么印刷企业就不好做了。在美登所处的当地市场中，就有许多这样的印刷企业，它们的产能都利用不足，使用这种印刷机极少赢利。

印刷企业都希望通过销售产品挣钱，它们要扩大规模、销量和市场占有率。对多纳休而言，这恰恰是这项业务的特点，但是这样做并不能带领公司进入利润区。小型印刷企业与数十亿资产的大公司对抗，总是处于不利的地位。因此，他打算将重心从产品转向客户。了解了客户做什么、如何使用产品以及面临的其他相关问题后，多纳休懂得了应如何以及在哪些方面为客户创造额外价值。他的做法虽然有些脱离产品，但对客户产品的使用和产品经济价值产生了正面影响。

在新的企业设计中，美登制图公司改名为美登通信公司，这家公司深谙产品应如何在市场中应用，而不只是满足于完成价值几百万美元的订单。新一代的企业设计更好地为客户提供了服务，更好地了解了客户经济系统、客户系统流程和价值链。一如既往地采用这种设计的公司最终找到了一条内部通道，从而从以产品为中心的企业设计转变为以客户为中心的企业设计。

通过与客户的销售、营销和产品推广人员建立一种新型的业务关系，多纳休建立起了一种新的企业设计，这一设计不仅保护了原有的业务，而且从中挖掘出了许多其他价值。就这样，美登制图公司重塑了自己。它改变了印刷公司的企业设计，使其变成一种通信管理公司的形式。它根据客户的实际需要，集宣传材料的展示结构设计、制作、生产和分发各个环节于一身。虽然并不涉及什么创新要素，但是美登通信确保了宣传材料的用户友好性，且在客户的目标销售渠道中发挥着应有的作用。

美登通信的核心业务仍然是印刷，但实际上美登通信的员工并没有将印刷当成最终目的，他们关注的是印刷能为客户及客户的合作伙伴带来什么，并不一味地追求过高的印刷技术和清晰程度。尽管这些要素都很关键，但是它们不是公司的终极目标，它们仅仅是工具或者手段。

多纳休说："我们花大量时间讨论客户的业务，研究我们如何为客户创造更多的价值。因为如果能给他们带来更多的价值，我们便会从他们那里拿到更多的业务。我们永远不会认为，'我们买一台能让打印速度提高15%的印刷机吧，这样所有人都会来找我们了。'对于印刷企业来讲，这无异于异想天开：成立一个印刷厂，客户就主动送上门。事实并非如此。只知道建立一家印刷企业而不考虑其他方面，你迟早都会破产。"

推广美登通信的价值主张可不是一件容易的事，因为在许多公司看来，这样的做法具有侵略性，而且牵扯了客户企业中的许多人。传统的印刷厂商通常只与客户采购部门的某一个人定期接触，但美登通信的人则与客户企业中的许多人接触，他们必须克服大多数客户企业中各个方面的障碍。这样做并不意味着要接触所有人，特别是那些希望维持现状的人。但是，传递这样一种他们认为固有存在的价值观念，意味着他们要与客户销售人员进行有效地合作。他们也与开发、市场营销、促销和财务部门的人进行交流，同时还花大量时间考察客户之间互相竞争的零售渠道。

美登通信努力克服了公司体制和传统的采购做法所导致的难题。大多数公司是如何解决问题的呢？它们会将任务分解细化。对美登通信的宣传品业务，大多数客户授权给设计部门、消费者促销部门和采购部门。通常情况下，这些部门会各自与美登通信进行谈判和签约，但这样的体制注定会失败。

多纳休说："这样的方法与我们的销售方法截然相反。我们提供的是一整套解决方案，将之前各自分离的功能综合成一个简洁的系统，这套系统节省了时间，也避免了不必要的成本和活动。对合适的人，我们都会将系统成本降到最低，并及时交付产品。这就是我们提供的全套解决方案。"

大多数商业印刷公司运作业务的流程是：从客户那里得到原图，按照预订的数量印制，之后将成品交付给客户。此时，整笔交易就完成了，剩下的就是客户自己的事情了。在传统的印刷企业设计中，印刷企业不会去考虑产品之外的事，客户选择它们纯粹是基于传统的采购模式。"不要涉入我的企业过深，也不要对我的企业有过多的兴趣。"这就是客户普遍持有的态度。"除我之外，不要跟我们企业的任何人有联系。"

多纳休说："我们做了更多的事情，我们与客户联系，也与客户的客户联系。'你们需要这个吗？只有你们需要，我们才乐意提供。但我们会告诉你们，你们也许应重新考虑一下。'"

在最初针对食品制造商的销售代表做的调查中，美登通信发现他们每天要花1—3小时把那些宣传材料搬来搬去。保守估计，美登通信直接面向店铺的业务可以每周为每位销售代表节省7个小时的时间，你可以想象在美国这样的销售代表共有2 000位，现在这些销售代表可以更有效地利用节省下来的时间了，他们可以参观店铺、交流、倾听、将产品销售给店铺和部门经理。

在考察客户如何利用宣传材料的过程中，美登通信发现了自身产品所具有的几个价值点。由于经过了重新设计，所以组装的时间仅为不超过 2 分钟。多纳休说："我们认识到，现场销售人员的时间是宝贵的，因此，我们最终交付的宣传材料从纸箱里拿出来之后可以在 2 分钟之内组装好。过去，这一过程需要花 5—10 分钟的时间。"

这一经验是从美登通信自己的"实验室"中得出来的，该实验室是指一家规模比较大的室内食品杂货店。

"我们会带领员工考察工作的进展、宣传材料的去向以及看它们是否适合放在拥挤的走廊尽头。必须把它们放在合适的位置，这样才能引起人们的注意。以前，许多大型的地面展架都没有进行组装，更谈不上合理摆放。"

为客户节省了成本后，美登通信能从中赚到多少利润呢？通过不断地展示该项目的价值，美登通信现在已经将风险—回报机制写入降低成本的合同中了。客户也签订了更长期的合同（以前是一两年，现在是 5 年），从而能够通过与美登通信合作而获利。

1989 年，一家企业与美登通信签订了直接向店铺交货的合同。1993 年，这家公司解除了与美登通信的合作关系，重新回到了大量订货、经由分销中心分拨、由销售人员送货到店铺的老路。对这家公司而言，放弃综合的解决方案这一错误判断使公司付出了沉重的代价。1997 年，这家公司又重新与美登通信订立了合约。为什么这位客户会成为回头客呢？在短短的 4 年时间内，有 2 000 箱总价值约为 200 万美元的宣传材料被白白浪费掉了。这些可都是这个客户花了大笔钱所买回来的商业材料，但是它们被堆放在仓库里，从来没有被送达客户所预期的目的地。在传统体制下，某些人可以从这种业务中获利；销售商也感觉不错，因为它们卖出了好价钱。然而，这种不经济的体制最终使所有人都以失败收场。

近年来，美登通信将业务扩展到了特定的销售信息包装领域，为现场销售代表提供交互式光盘销售工具。光盘中包含了不同尺寸、规模和类型的展示品以及其他促销材料。这样，销售代表便不用随身携带大堆的宣传材料了。美登通信网站上的自动订货系统非常便捷，只要轻轻一按，你就可以自动完成订货操作。

“现场销售代表可以使用笔记本电脑向商店经理展示产品。而且，这种方法很有趣。”多纳休说。

深入参与客户业务使美登通信掌握了不少信息。公司建立了很多数据库，当然这些信息仍然属于客户所有，美登通信拥有的是自己开发出来的用于维护这些复杂数据库的软件。

多纳休说：“通过对数据库进行维护，我们便可以灵活地满足客户分销信息的需要。它就像“圣经”，指导着我们做一切事情。一切都基于这些信息，因此要实现我们的目标，可靠性极为重要——要把合适的东西适时、适量地放在合适的位置。没有人会喜欢管理数据库这项枯燥的工作，但我们知道这项工作有多么重要。”

多纳休说：“最初我们只制作印刷品，后来我们开展了物流、组装和配送业务，现在我们要推出信息服务。整个公司已进入变革时代。”

在多纳休的带领下，美登通信找到了从1 000家印刷企业中脱颖而出的方式，使自己免于利润损失。

多纳休说：“过去，我们一直依赖与客户的关系，我们与企业的采购部门、培训部门以及其他部门建立了常规的联系。如果另一方，也就是买方，解除了这种关系，我们就会处于困境。如果半路杀出另一家公司，我们也将遭受沉重的打击。”

正是在这个时候，多纳休向自己的销售人员宣布：“游戏规则已经改变了。”

多纳休将公司销售人员的薪酬制度进行了改革，废除了佣金制度，实行工资制。就其运作来看，新的组织更像一家广告公司，更像致力于服务一家食品制造商或者百货商店的团队。每个团队都包含一位客户指导、多名客户管理人员和一个客户服务小组，这个小组通过800免费服务电话与客户的总部和现场推销员进行联络。他们收入很高，而且如果工作出色的话，还会得到大笔奖金。

多纳休说：“我们花了大量时间探讨如何教育、训练和指导从事新业务的员工。我们总结了三件事情：第一，我们必须成为客户的业务专家；第二，我们必须正确塑造客户的期望；第三，我们必须进行良好的沟通。”

多纳休接着说：“还有一点我没有提到，我们仍然必须销售印刷品。但是，印刷业务会日益发展，我们得改变游戏规则和薪酬结构。为此，我们调整了上门推销人员的类型。我们不再需要经验丰富的印刷业务销售人员，尽管他们可能在上个年度拿到了价值百万美元的订单。相反，我们会培养自己的销售人员。我们挑选最聪明的年轻人，他们知道如何阅读、写作、思考，而且我们要对他们进行培训。”

美登通信要让它的客户事先知道，自己公司的销售人员是有工资的，而不是靠佣金获得收入。问题的关键不在于客户与销售人员之间的关系，而是美登通信和公司客户之间的关系。

多纳休说："这仍然是一种关系型的业务。但是现在的关系取决于公司如何为客户创造价值，而不仅仅依靠个人。两者存在巨大的差异，要弥补这一差异也并非易事。一些企业曾经将我们拒之门外，它们的员工说：'你们这些人只不过是印刷工，怎么会了解我们的业务呢？'一位客户说：'你们这些人存在的问题是，我们想购买的是印刷品，而你们则千方百计地想帮助我们运营企业。'"

在美登通信内部，反对薪酬结构改革的呼声也很高。

多纳休说："我们有些员工仍然不理解。这样的改革每走一步都很艰难。"

一些人做出了改变，另一些人没有改变，仍然我行我素。特别值得一提的是，当多纳休更新了企业设计之后，美登通信并没有陷入困境。实际上，从 1986 年多纳休开始改革后，公司的运营正处于鼎盛时期。

1976 年，多纳休签下了被美登兄弟聘用之后的第一笔大单，从那时开始，他就有了废除佣金制度的想法。美登兄弟没有付给多纳休一笔令公司难以承受的丰厚佣金，而是给了他部分股权，让他成了公司的合伙人，这样的做法浇灭了多纳休的兴奋劲儿。多纳休说："对我而言，这还能接受。事实上，如果在美登的历史字典中查查'合伙人'这个词，你就会看到乔和约翰的照片，他们都是不错的人，我们在一起相处会很愉快。"

多纳休回忆说："为乔·美登做事可不容易，他不想要只会做印刷工作的销售人员，他希望销售人员能为客户面临的问题提供解决方案，他还希望销售人员能够对传统的印刷业有自己独到的见解。”

多纳休带领美登通信进行了大幅度的企业设计改革。当其他印刷商正试图为尽量多的客户提供服务时，美登通信则挑选了高利润率的客户群体，专门为其提供服务。当其他印刷商专注于印刷工艺并通过降低单位产品的价格来为客户创造价值时，美登通信推出了综合的促销方案，而且通过共担风险、共享收益的协议为客户创造和获取了价值。大多数印刷商的企业设计中没有任何战略控制点，与竞争对手相比没有明显特色。美登通信是能向客户提供这种业务解决方案的少数几家美国印刷商之一（见表 5-1）。

表 5-1　传统印刷商与美登通信的企业设计对比

要素	传统印刷商的企业设计	美登通信的企业设计
客户选择	众多客户	很少，但都是有利可图的客户
价值获取	毛利润 降低单位成本	共担风险、共享收益
产品差异化 / 战略控制	无	能够提供全套解决方案、综合性服务的少数几家美国印刷商之一
业务范围	印刷业务	全套促销服务

在任何时间、就任何一种印刷品而言，多纳休的客户都能找到比美登通信价格更低的供应商，因为美登通信销售的不仅仅是印刷业务本身。

多纳休说：“当有人问‘这得花多少钱’时，我会说‘我也不好说’。去问问品牌经理，他们愿意花多少钱，然后我们会根据这个数平衡预算，以最有效的方式计算出最低系统总成本。我们从中得到了什么呢？我们与客户达成的所有协议都写明我们要以‘激励’成本为目的。我们希望达到这一目的，因此我们建立了一套机制，那就是如果我们降低了成本并杜绝了浪费，我们会得到一大笔奖金，而我们的客户会节省资金，并且能够得到更好的商业结果。”

多纳休说：“如果我们以正确的方式做了正确的事，那么我们就能长期立于不败之地。”

包装箱公司

有关利润区的一个最好的例子是关于吉姆·伯顿（化名）这个人的，他是一家大型包装箱制造公司的业务开发经理。吉姆具有其他许多管理者不具备的优势，他曾经做过 5 年的销售经理，因此他很了解自己的客户。吉姆不仅践行了以客户和利润为中心的理念和企业设计思想，他的行动还为一位中层管理人员应当如何推动企业进入利润区做出了表率。

在以产品为中心的环境里，吉姆的公司为销售一种大众产品与竞争对手鏖战。该公司将包装箱销售给大型包装货物制造商，其产品从船运集装箱到比萨饼纸盒应有尽有，但箱子只是箱子，企业设计的价值主张简单明了：质量中等，送货上门，价格低廉。公司出售这些产品时需要与采购代理商进行艰苦的谈判，而采购代理商会因价格的微小变化就转投其他供应商，因此公司获利微薄。在这样的情况下，管理层关注的是原材料价格、运营和总体的成本情况。作为一名销售代表，好像除了向总部抱怨价格不具有竞争力之外，没有其他更多的用武之地了。事实真是这样吗?

吉姆最大的客户是一家资产数十亿美元的食品制造企业，这家企业采用粗糙的包装箱将产品运送到目的地。这家企业的需求量比较高，从企业产能利用的角度来看，它是一个大客户。对吉姆来说，销量也很重要，因为他要根据销量获得佣金。吉姆很担心失去这个客户，这种担心也并非毫无缘由。吉姆最大的竞争对手正处心积虑地抓住一切机会，抢走他的大部分业务和个人收入。

吉姆是一位友善的、善于观察的销售代表，工作之余，他把时间都花在了客户身上。他会到客户的工厂里四处观察，以了解包装线的基本操作流程。他从提问和观察中得到了很多信息。他注意到包装流程有些乱：用过的箱子会从场地回收，但其中很多都损坏了，要由专门的工作人员负责将受损的箱子挑出来，而这些人员对包装流程并不熟悉。此外，包装线和几千平方米的空间里存有大量多余的包装物料和旧箱子。为了衡量包装操作的效率，管理层启用了一套标准的成本控制制度，并追踪整个过程的总成本，包括箱子的成本。为了处理包装过程中出现的问题，管理层还斥资扩建了厂房。

吉姆设身处地为客户着想，设想如果自己是工厂经理的话，应该重视哪些方面："作为一名工厂经理，我优先考虑的事情应当是什么呢？除了价格、交付这些明显而直接的条件外，我还需要考虑哪些因素？为了创造价值，为了有助于维持这一有价值的客户，我能提出什么补救措施呢？"

吉姆曾阅读过大量的信息系统采购合同，这些合同期限为5—10年，而且将系统集成商作为特别战略供应商与客户联系了起来。他阐述了将这一想法运用于当前实践的可能性。他向工厂管理者建议，公司应该签订5年期的包装材料供应合同，合同价格是固定的，这一点颇具吸引力，而且企业应当租用一家仓库以保证及时交货。

客户看到了吉姆提出的方案给他们自身带来的好处。这样一份合同会将员工从箱子分拣任务中解放出来，并且会为工厂清理出更多空间，从而不必再追加更多的投资。合同制定的价格与标准成本体系完全相符，而且还打消了客户对价格变动的顾虑。

客户不是唯一的受益者。通过这种方法，吉姆的公司锁定了一个可靠的、需求量大的客户。改进箱子分拣方法为企业节省了15%的资金。公司可以将这份合同当作一次实验，检验一下这种方法是否可以用于其他情况。

这种以客户为中心的理念是伟大的，但是它能让吉姆的公司进入利润区吗？可以，但不会很快。然而，它让吉姆与其最大的客户建立了一种合作伙伴关系，并且公司现在拥有了一套价格固定的新经济系统来带动其企业设计（见表5–2）。吉姆现在开始考虑的是，在新形势下自己能做些什么。他的这一想法使他将目光转向了产品开发人员。吉姆解释了目前面临的新情况："我们有一个大客户，它会重复利用海运规格的包装箱，为了生产出尽可能耐用的箱子，我们需要一套激励机制。我知道这是一个巨大的挑战。以前的做法是，被损毁的箱子越多，我们出售的新箱子就越多，从而获利也就越多。有没有什么方法既能降低箱子的制造成本，同时又能使箱子使用寿命更长？"

表 5-2　包装箱公司新旧企业设计对比

要素	旧企业设计	新企业设计
客户选择	采购代理	资深管理人员
价值获取	产品销售	产品销售 长期存货管理合同
产品差异化 / 战略控制	无	5 年合同
业务范围	箱 / 包装	箱 / 包装 存货管理

开发人员思考了这个问题之后，回复吉姆说："我们可以以 1.2 倍的成本制造出使用寿命延长 1 倍的箱子来。"吉姆的预算确定下来了，成本也得到大幅降低。吉姆现在十分清楚新企业设计如何将包装箱业务引入利润区。

他也明白，在公司的未来发展中，他将扮演日益重要的角色。

氯氮平病人管理系统

企业设计的思想不只局限在首席执行官这一层次，它可能渗透到企业的各个层次。企业中任何一个部门或生产线的负责人都能够实践企业设计的思想。卡丽·史密斯·考克斯就是一位成功进行了企业设计创新的产品管理者。1988 年，考克斯被任命为一家大型制药企业——山德士公司的产品经理。考克斯负责的其中一种产品叫作氯氮平，这是一种抗精神分裂症药物，用于治疗 30 多万名重症患者，因为其他药物对这种疾病不起作用。对于大多数久治不愈的患者而言，氯氮平的疗效是其他治疗方法难以企及的。但是，这种药物并非对所有人都能发挥神奇疗效。服用这种药物的每 1 000 名患者当中，就有 10 名出现致命的白细胞减少现象。如果白细胞数量开始减少而患者持续服用这种药物，那么患者会在 3 个星期后死亡。然而，我们无法预知哪些病人容易受到这种致命的副作用的影响。

按照典型的以产品为中心的理念思考，可能应考虑重新设计药物，在研发上投入更多资金，或者可能干脆放弃这种药品。但考克斯没有这么做，她决定找到一种让病人服药更安全的方法，同时还能让公司赢利。她知道这种药能起到治疗作用，因为它已经通过了美国食品药品监督管理局的严格的临床实验，但她也知道这种药品的危险性。她没有采用以产品为中心的方法，而是采用了一种新的企业设计，从一个完全非传统的角度来思考这个问题。人们主要担心的是白细胞数量会减少的那 1% 的患者的安全。考克斯知道，对于一部分人来说，白细胞数量会在 3 周后降低到致命的水平，因此，她要找到一种方法，建立一套系统来确定病人的白细胞数量是否正在下降。

考克斯和她的团队开发出了一套治疗方案，这套方案要求每周测量病人的白细胞数量。供药时，每次只提供一周的药量，不检测白细胞数量的病人将得不到下一周的药物。这是一套万无一失的医疗方案。如果白细胞数量开始下降，那么他们将停止向这位病人供药。

对一家制药企业而言，这是一种开创性的思想。这家企业只制造药品，实施这种新的供药方法需要增加大量的人力探视病人、分发药品和抽血，此外还需要建立一个化验血的实验室。对此，考克斯没有畏惧。她组建了一个业务团队，成立了一个家庭医疗公司去探视病人和抽血；她建立了一个国家性实验室为病人验血，并能在24小时之内反馈化验结果；同时，她还建立了一个跟踪每一位患者情况的数据库公司。考克斯开发出了一种高度创新、高度可靠且安全的药物供应体系，而不是简单地卖给病人一种可能致命的药品，然后祈祷万事大吉。她制定的企业设计与以产品为中心的行业标准是完全不同的（见表5-3）。

表5-3 企业设计：行业标准与氯氮平

要素	行业标准企业设计	氯氮平企业设计
客户选择	治疗慢性精神分裂症的医生	治疗慢性精神分裂症的医生，他们同意每周进行测试
价值获取	产品销售	产品销售 服务销售
产品差异化/战略控制	产品疗效	产品疗效 系统安全性
业务范围	销售药品	销售一种综合的药品分发和患者一致性系统 · 每周验血 · 早期警告 · 每周供药一次 · 追踪、监测和记录数据库

考克斯还需要确保这套系统的正常运转。为了测试这套系统，考克斯首先在附近的三个地区试行。其次，等到供药系统中的所有环节都顺利运转之后，这套系统被扩大运用于10个地区，从而确保其运行没有任何问题。最后，这套系统在全美得到推广。即使这套系统之前在测试中心运行得很好，但公司还是有些担心。过了2个月，没有人因服用这种药物而死亡。6个月过去了，仍是

如此。整整一年过去了，没有一个人因服药而死亡。就这样，这套系统大大增加了人们的信心。

该系统产生了巨大的医疗和经济效果。5 年之后，数以万计的患者得到了有效治疗。这些病人又变得像以前那样了，他们有的回到了学校；有的走上了工作岗位，过上了正常人的生活。这在以前是不可能实现的。患者从动作紊乱、不协调以及精神不正常逐渐恢复到了正常人的状态，看到这种转变的人无不为之感动。

从经济角度来看，该系统也是非常成功的。随着成千上万名患者得到救治，公司产品的销量大增。这一切都归功于考克斯，她跳出了以产品为中心的传统思维的束缚，找到了补救产品问题的其他方式。

在以客户为中心的理念指引下，考克斯和她的团队关注患者的安全。他们创造了一种独特的企业设计，这一模式能够确保患者的安全、恢复他们的正常生活，企业同时还能从中获得高额利润。通过关注企业设计而不仅仅是销售产品，企业才有可能取得成功。对于病人、公司和考克斯及其团队成员而言，这都是一个巨大的成功。

本章讨论的三个例子（美登通信公司、包装箱公司和氯氮平病人管理系统）都发生在 20 世纪 90 年代初期，此时恰恰是以产品为中心的旧秩序向以客户和利润为中心的新秩序转变的时期。新秩序中的企业设计能够使企业实现可持续的价值增长。

三个例子很有说服力，也具有普遍性。目前，各行各业的管理者正在学习和运用相似的理念。一些人通过自己试错，艰难地学到了这些经验（第一种类型）；另一些新生的企业设计创造者则从别人的经验中，学到了这些知识（第二种类型）。

本书重点叙述的就是第二种类型的人。我们也希望本书可以帮助自己试错的企业设计创造者转变为学习型的第二种类型的人。

企业设计之创新启示——问题清单

☑ 我是否带领企业摒弃了以产品为中心的思维?

☑ 我是否清楚地了解到客户的经济状况?

☑ 我是否创造出了一种产品，它既能改善客户的经济状况，又能增加我的盈利能力?

☑ 在制定新的企业设计时，我能否预计到内部存在的所有障碍?

☑ 如何克服这些障碍，我是否找到了有效的应对之策?

第6章

斯沃琪集团创始人尼古拉斯·哈耶克：产品金字塔企业设计

- 我能否赋予我的产品以感情？
- 我能否建立一座价格由低到高的产品金字塔？
- 我能否筑起一道品牌防火墙来保护产品金字塔系统的利润？

约瑟夫·弗格森参加完在瑞士举行的一次会议，此刻正在返回纽约的途中。他离家已经一周了，想到能马上回家内心感到很兴奋。他原本打算在飞机上做些工作，但是他被飞机上那些多彩、亮丽的小册子迷住了。这些小册子是专供旅途中的乘客欣赏的。

因为之前没有足够的时间为家人购买礼物，他想知道飞机上的这些小册子能否给他提供一些信息。当翻到杂志中间的斯沃琪产品介绍时，他停了下来。斯沃琪新款艾罗尼（Irony）系列金属手表的广告让他印象深刻，在奥运会上总是少不了斯沃琪手表广告的身影。

他喜欢这些款式各异、花样繁多的手表，心里开始盘算起为家人购买哪些款式。他要为妻子和三个孩子（两个孩子已经十几岁了）每人买一块，因为可选择的款式很多。

当飞机上的工作人员开始销售的时候，约瑟夫已经选择好了。不幸的是，他原本打算为大女儿购买的一款具东方情调的“再会”（Sayonara）表已经卖完了，于是他挑选了另一款（可选的不错的款式确实不少）。但是，他真的很想买到这一款。

家人们拿到了各自的礼物，不由得欢天喜地。

一周之后，弗格森又开始了自己的旅程，这次他去亚特兰大。在返回的途中，由于飞机晚点了一个半小时，他便有时间在购物区逛一会儿。那里有出售斯沃琪手表的店铺，他便走进去看了看。这里有“再会”这款表，他非常高兴，马上买了下来。走出那家表店之后，刚开始时他还暗自高兴，但不一会儿，他便停下了脚步，心想不能只为自己的大女儿买，于是返回去又买了3块。

与上次一样，他买的表很受家人欢迎。这些表的设计各有不同，而且风格清新，非常漂亮，约瑟夫再次成为家人心目中的英雄。

从亚特兰大回来后的周六早晨，约瑟夫翻了翻瑞士航空公司在飞机上赠送的杂志。他随身带着这些杂志是有原因的，他父亲的75岁大寿快到了，他正在考虑给父亲买什么东西作为寿礼。

杂志目录中的宝珀手表似乎太贵了，但这款手表确实很精致优雅，让人难以释怀。他给几个商店打了电话，找到了一家出售这款手表的商店。午餐之前，他来到这家店，买下了一块手表，并让店员精心地包装好。

他对这次购物感到很开心。他知道父亲喜欢复古的风格，会明白这件礼物何等贵重（这款手表的价格可是高达四位数美元的）。

当约瑟夫购买斯沃琪手表时，他为手表制造商带来了几十美元的毛利润。而他购买宝珀手表时，他买一块手表给公司带来的利润是买几块斯沃琪手表利润总和的好几倍。

制造宝珀手表的企业是 SMH，制造斯沃琪手表的也是它。品牌、销售渠道、购买场合都不同，但这些手表都出自同一家公司。这家公司的掌舵人是尼古拉斯·哈耶克，他是这种商业真正的创始人之一。

有时候，一家公司的创新会引发整个行业的创新。这就是哈耶克作为一位瑞士工程师、缔造斯沃琪手表的企业家，为自己设定的使命。

哈耶克富有情趣，激情四射，不墨守成规，喜欢挑战传统思维。

在哈耶克于 1983 年推出流行系列手表之前，大多数人通常一生只买一块表。人们的衣服换了一件又一件，但手表始终不变。当时，除了在正常价格以内选择一个信得过的牌子之外，人们很少再去花心思考虑手表的事情，只有小孩子才戴款式各异的手表，最常见的是上面有米老鼠图案的手表。哈耶克领导下的斯沃琪公司则改变了这一切，整个变化过程的出发点是消费者。

哈耶克比消费者更了解他们自己。他知道消费者会对斯沃琪的理念及其所代表的一切做出反应。他赋予了斯沃琪手表许多新的含义。他与消费者建立了深厚而丰富的联系，他说服他们在不同场合、针对不同目的佩戴不同的手表。他的客户可以不只有一块手表，他们可以选择所有的斯沃琪手表。

1983—1992 年，斯沃琪出售了 1 亿块手表，对于任何新产品而言，这都是难以置信的业绩。但这仅仅是哈耶克牛刀小试。4 年之后的 1996 年，他又售出了 1 亿块手表。

哈耶克是一位魅力四射却又有些坏脾气的商人，同时也是一位不拘泥于常规的思想者。但那些表面的为人所熟知的故事并不能代表他的全部，也不是他人生最重要的部分。

一生都在提问

从很小的时候起，尼古拉斯 · 哈耶克就不断地问自己的家人和老师："我们为什么要这样做？"他天生就对事物的运行规律和人类的由来充满着无法抑制的好奇。他读完了自己能找到的所有关于物理、天文、宇宙诞生、爱因斯坦相对论的书籍。

他边说边嘲笑自己对知识无法遏制的渴望："我们来自哪里，没有人会知道。你最终会相信上帝，因为没有人能解释清楚这些问题。"

哈耶克在里昂大学接受了数学、物理和化学方面的系统教育，学习这些科目时的心路历程和组织形式为他的职业生涯奠定了良好的基础。

在家庭及经济因素的影响下，哈耶克去美国学习核物理的计划未能实现。他的岳父经营着一家铸造厂，生产应用于铁路的刹车蹄片和铸造设备。他的岳父因病无法继续工作，在他患病期间，他要求自己的女婿（拥有两个孩子的父亲）接替自己掌管这个 10 人的公司。由于无法筹集到足够的资金去美国求学，哈耶克接受了这份工作。

在哈耶克的精心打理之下，大约 3 年之后，这家公司的生意开始逐渐兴旺起来。

哈耶克说："我岳父是这家公司的所有者，但他没有厂房、设备、机器、熔炉等的所有权。这些都不是他的，是他租下来的，为此他每年都得支付租金。他随时都有被架空的危险。我来之后提高了产量，赚了很多钱，还为他买下了厂房和设备。"

但是，当绘图员出身的岳父身体康复重新回到公司后，除了利润之外，他对哈耶克所做的改革没有多大兴趣。因此，哈耶克离开了公司。他从一家银行借了 3 000 美元（用他的家具和个人财产做抵押），成立了哈耶克工程公司。这家公司的总部位于瑞士的苏黎世，主要从事咨询业务。

他最初做的并不起眼的工作引起了一些德国实业家的注意。不久之后，哈耶克就成了战后德国的"秘密武器"——他这样称呼自己。美国企业进入德国之后，他们也愿意向这个持激进观点的年轻人请教。几年之后，他与雀巢、大众汽车、美国钢铁、德国德律风根公司、迪尔公司、美国数字设备公司、阿尔法－罗密欧汽车公司都建立了业务关系。连瑞士政府后来也请他做咨询。

"我在欧洲成为名人，因为人们都认为我是一个实事求是的人。"哈耶克说。

解决问题的专家

作为一名工程和工业咨询师，尼古拉斯·哈耶克研究过许多公司和行业的企业设计，但是除了掌管岳父的铸造厂和自己的咨询公司外，他并没有运营过其他企业。他的工程咨询公司是以行动为导向的，在促进改革方面，他的公司要比传统的咨询公司更有效。

在 20 世纪 80 年代早期，他对瑞士的制表业产生了兴趣。哈耶克的一大优势是他并不是制表行业的业内人士。因此，他的见解不会受限于几十年的行业经验，他的视野也没有只停留在该行业几十年辉煌的成功上。他就像新大陆的移民一样，以全新的眼光来看待所有问题。

在分析这一行业的战略前景时，他意识到了自己必须克服的难题，瑞士正面临来自日本的强大竞争。如果他要重建一个不思进取的行业，那么激烈的战斗就在所难免。制表商想提高效率，简化流程，但它们不想搞创新。在哈耶克看来，这样走下去就是死路一条。

但任何死路都必定留有一个出口，会有一条通向更多机会的小路。在制表业中，这条通道在哪里呢？

在探寻这条通道的过程中，他超脱了传统的技术、工艺、生产、资产、销售和分销关系，转向了更为柔和、更具主观色彩的现实：客户关系、客户偏好和客户情感。在瑞士人看来，工艺决定一切，工艺就是最终目的，但哈耶克认为这样的观念具有很大的局限性，不适合现代竞争。

哈耶克花了很长时间研究市场，倾听市场呼声，不断寻找尚未被发掘的空间和价值。在他之前，制表业中的所有企业设计都有几个共同特征：向客户提供功能或者奢华的体验，关注手表制造而不注重手表营销。

哈耶克所要寻求的机会不仅存在于数字技术行业或者低成本的制造业中，而且还存在于风格和样式中。20 世纪 80 年代早期，在这些领域里，由于意识到并迎合了消费风格的变化，一些创新企业茁壮成长并兴盛起来。一些非同寻常的企业成功地塑造了自己的品位与风格，推动自身沿着既定的方向更快地发展下去。

哈耶克最先考虑的是客户问题而不是生产。他最初并不担心能否制造出价位低廉的手表。相反，他想知道的是消费者从一块手表中能得到什么。他们获得的是乐趣、风格、精神，还是全部都有？

从那个时候开始，他就将情感融入了手表。他不仅仅要把手表打造成高质量的产品，而且要打造成有品位且时尚漂亮的装饰品，就像耳环和领带一样。对于戴手表的人而言，这会给他们带来一种反传统的独特形象，甚至表现出一种其他事物所无法体现出来的活泼快乐的感觉。

如果他出售的是乐趣和样式，那么消费者可能需要 5 块甚至十几块手表。

整个探索过程最终导致了一款独特产品的问世，它向消费者发出了特别的信息："质优价廉，富有激情和生活情趣。"

铸就时间：永无止境的行业

全球制表行业的发展历史为我们提供了一个经典的价值转移

范例。价值转移有时是成熟企业之间的抗争过程，而更常见的是新老企业之间的抗争过程。有时候，新进入者是原来从事相近行业的企业，或者是新成立的公司，这些公司利用了成熟企业在当前拥挤的市场中尚没有占领的空间。

在制表商的价值转移历程中，成熟企业指的是瑞士的制表行业。瑞士的制表业历史悠久，受人尊敬，引领世界市场潮流数十年，满足了一系列客户的需求——从精度到样式，从极致的制造工艺到奢侈的品位（其价格范围从 100 美元到 50 万美元不等），应有尽有。但是，在长达半个多世纪的时间里，瑞士企业的企业设计都不曾改变过。企业的目标客户仍然是保守、富足的类型，因为他们可以为“瑞士制造”这一与众不同的特征支付溢价。

20 世纪 70 年代，一场风暴席卷了瑞士制表业，几乎使该行业遭受了毁灭性的打击。1970 年，瑞士制表业代表了 100 亿美元的价值。到 80 年代早期，这一价值的绝大部分已经从传统的瑞士企业设计转移到了天美时、西铁城、精工和卡西欧等日本企业的新设计中。

瑞士制表业的员工数量与价值同步下降。从 20 世纪 70 年代中期到 80 年代早期，瑞士制表业的工人数量从 9 万人减少到 3 万人。价值似乎永远离开了这个行业，好像它已经变成了一个无利润区。

通常人们会认为这场灾难是受技术影响的，特别是受数字手表发展的影响。然而，真是做出这样的判断就大错特错了。问题的关键不在于技术，而在于瑞士管理人员的思维；不在于日本企业（如西铁城、精工和卡西欧）投资于数字技术领域，而在于瑞士这一传统行业的领导者没有将独特的企业设计现代化，创造出一种完全不同的观念和结构，带领企业步入下一代企业设计中。

瑞士制表业的统一系统将所有关键参与者都纳入其中，这些参与者包括供应商、分销商、消费者、礼物接受者（“哦，我生日时收到了一块漂亮的瑞士手表”）和手表修理店（千里之外的制表工匠造出来的零部件需要当地的工匠来修理）。每个参与者都是系统正常运转所不可缺少的部分。消费者不需要任何创新，供应商也不会提供创新。

瑞士制表业的成功并非依靠技术，而是靠工艺、盛名、精美的图案、期待、联想、选择礼物时的信心，当然还有对手表的正确认知。依靠这些，瑞士制表业已经繁荣发展了多年，在曾经的全球制表业中占有举足轻重的地位。

当卡西欧、西铁城开始关注全球制表行业的战略前景时，它们将瑞士制表业对创新的迟钝反应视为自己可利用的最大优势。每一次辉煌的战略成功背后都有一个行动迟缓的竞争对手。这正是卡西欧、精工和西铁城梦寐以求的结果。

尽管在卡西欧和西铁城看来，它们的前景的确很好，但是它们也知道，如果在前进的过程中不敢放开手脚而仅仅只改变企业设计的一个方面，没有大刀阔斧地实施根本性的变革，那么它们也可能会犯致命的错误。

这些日本企业同时盯上了制造（极力降低成本）、分销（将产品销往世界各地）和营销（引起普遍的关注）方面。与传统的瑞士企业设计相比，它们的新企业设计体现出了重大变革（见表6–1）。

表 6–1　企业设计：瑞士制表业与西铁城

要素	瑞士制表业的企业设计	西铁城的企业设计
客户选择	高收入者	中低收入者
价值获取	价格 / 手表	价格 / 手表
产品差异化 / 战略控制	传统的瑞士手表	成本最低的数字手表
业务范围	产品全系列	产品全系列，但缺乏高端产品
制造	工艺	现代化，尽可能低的成本
销售	专门经销商	普通经销商
信息沟通投资	低 销售额的 1%	高 销售额的 10%

西铁城和卡西欧实施新的企业设计后，销量猛增。销量增加的部分并不全都是新市场，而主要是原有市场占有率、收益和市场价值的重新分配。

在日本企业对瑞士制表业的冲击下，瑞士两大制表集团——钟表业集团有限公司（ASUAG）和钟表工业联合会（SSIH）损失了 1.24 亿美元，而两家企业的年总收入为 11 亿美元。

欧米茄牌手表是 SSIH 的王牌产品，ASUAG 尽管拥有雷达和浪琴这样的手表品牌，但主要还是以生产手表零部件为主。ASUAG 是由 100 家公司联合组成的，而且成员公司有大有小，经营有好有坏。

银行向 ASUAG 和 SSIH 施压，要求它们出售或者合并所剩无几的资源。这两家公司于是向哈耶克征求意见："在这种情况下，您会怎么做？" 在他们的商讨过程中，哈耶克步入了领导行列，并且着手复兴具有 300 年悠久历史的瑞士制表业。

哈耶克解释道："我受银行委托起草一份研究报告，报告中指出瑞士的工资全球最高，是日本工资的5倍。在这样的高工资前提下，我们无法继续制造钟表。银行建议出售一些品牌，如欧米茄，有日本企业愿意出4亿瑞士法郎购买这个牌子。"

这一倡议引发了整个瑞士的争论：钟表制造是国宝，能将这一国宝卖给日本人吗？这不仅仅是钱的问题，瑞士的制表业还关乎国家的荣誉。

哈耶克改变了这场争论的性质。他说："我们会再次成为世界第一的。"听了他的话，银行家们都笑了。他们说："如果了解一下实际情况，你就会发现瑞士企业根本无法与低工资的日本企业抗衡。"

哈耶克发现工资并不是真正的问题。在美国售价为107美元的手表，瑞士企业的制造成本是35美元，而工资仅占其生产成本的20%。实际上，从瑞士运输到美国的许多固定成本与从日本运输到美国是相同的。而且，由于距离更遥远，日本的运输成本甚至更高一些。

为了验证他的看法，哈耶克策划了一次非同寻常的市场测试。

他们制造了三种一模一样的手表。一种上印有"瑞士制造"的字样，另两种分别印有"日本制造"和"香港制造"字样。这三种手表的定价分别为110美元、100美元和90美元。有"瑞士制造"字样的手表最贵，"香港制造"的手表最便宜。之后他们将这些手表销售给欧洲、美国和日本的商家，然后跟踪调查消费者的反应。在意大利，即使"瑞士制造"和"日本制造"的手表一模一样，99%的消费者还是选择了前者。在瑞士，选择"瑞士制造"手表的消费者占97%。在美国东部，这一数据约为65%。

在日本，选择“瑞士制造”手表的占 42%，选择“日本制造”的占 51%。

哈耶克确信，即使日本企业的劳动力成本为零，瑞士手表也会有市场。日本企业努力凭借价格和分销实现自己产品的差异化。但哈耶克的市场测试表明，不用刻意改变，瑞士手表企业也实现了显著的差异化。哈耶克知道，如果就企业设计的一些方面进行改革，瑞士制表业不仅能够复兴，甚至会战胜日本。劳动力成本仅仅是一个很小的障碍，他对批评者说：“工资不是问题，真正的问题是管理、创新、营销和生产。”

1983—1985 年，哈耶克提出的建议被采纳和实施。1985 年，哈耶克和一群投资者花 1.5 亿瑞士法郎（约合 1.02 亿美元）购买了 ASUAG 和 SSIH 51% 的资产。自此之后，这笔投资的价值一直持续增长，哈耶克估计，他的投资价值已经飙升至 50 亿瑞士法郎。

在取得控制权后，哈耶克实施的一大关键行动是跨越经济型手表的门槛，进入相关领域，如零部件、风格和时尚表达。这是一片广泛的领域，是设计和时尚的世界，而不是工艺的世界。它也是一个由营销和沟通而非制造工艺决定的世界。这个行业需要低成本，但是只靠低成本不足以制胜。

哈耶克在客户选择上做了大胆的创新。他研究了 18—30 岁这个年龄段的年轻人的喜好。这些年轻人购买耐克运动鞋、贝纳通运动衫、盖璞服装，听布鲁斯·斯普林斯汀的音乐。要在这一细分市场上取得成功，需要企业很好地感知消费者喜好的变化，这一点要比了解新一代的生产技术更为重要。

哈耶克执掌公司时，在日益萎缩的高端消费市场上，瑞士手表业占95%的份额，但是它失去了日益扩大的中端消费市场。(哈耶克估计，它在这一市场上的占有率仅为3%。）低端消费市场上则根本没有低于100瑞士法郎的瑞士手表。哈耶克对SMH的看法基于这样一个简单的事实：只要日本手表的定价比瑞士手表低50%~70%，SMH通过设计或者营销来实现差异化的努力便都是徒劳的。

面对巨大的怀疑，哈耶克却感到了巨大的机遇，他发起了一次不可思议的挑战："想方设法以30美元的价格在瑞士出售手表。"而且，他还说："我希望能继续在瑞士制造瑞士手表，而不是在劳动力成本低的第三世界国家制造瑞士手表。"

哈耶克回忆说："让我们运用同样的原理制造一款塑料手表吧！"他提出的挑战激励了他的团队，他们做出了一系列的突破。例如，他们将手表的零部件数量从155个减少到51个。零部件越少，出问题的可能性就越少，在装配过程中企业需要的工人就越少。在瑞士，组装工人的工资是非常高的。

ASUAG旗下的ETA（一家空白机芯生产商）为斯沃琪手表建立了一套自动装配线，一天能组装35 000块手表和数百万个零部件，劳动力成本也从总成本的30%降低为10%。他说："我们的手表质量最优，从来不坏，是世界上最好的手表。我们的手表返修率低于1%，而其他手表的返修率最低也将近3%。"

有了质高价廉的产品，哈耶克下一个要面对的问题是与香港制造的价位类似的产品进行殊死较量。通过赋予手表以灵魂，哈耶克将自己的产品与其他产品区别开来。他创立了一种信号，这是一种对任何人都有吸引力的情感，它传达了乐趣、风格和愉悦的体验。然后，他将这种情感用无可争议的高质量和低成本包装起来。

现在，哈耶克的产品万事俱备，就差起一个好名字了。哈耶克说："我们当时正与一家美国广告公司合作，我们想尽了世界上最疯狂的名字，但没一个能让我满意。最后，我们出去吃午餐，广告公司的一位女士在黑板上写下'Swiss watch'（瑞士手表）和'second watch'（第二块手表），之后她又写下'Swatch'。英语不是我们的强项，这反倒帮了我们的忙。我不知道在英语中'Swatch'的意思是'清洁巾'。如果当时知道的话，我们绝对不会采用这样一个名字。"哈耶克继续说："幸运的是，在所有欧洲国家的语言中，这个单词听起来都很不错，包括英语。这个单词甚至在汉语中听着也不错。"

具备了上述特点而且拥有了这样一个响当当的名字后，斯沃琪手表在瑞士国内引起了轰动，也为历史悠久的SMH品牌注入了新的生命力。它先是为营销和宣传推广募集到了资金，而且更重要的是，它恢复了瑞士人的信念：如果SMH能够造好30美元的手表，那么3 000美元的手表将会好到何种程度啊！这种多品牌管理的概念正是哈耶克的企业设计的基石。

确保成功

基于哈耶克所称的"生日蛋糕"或者产品金字塔结构，他打造出了整个SMH制表业务的企业设计（见图6–1），这种企业设计与阿尔弗雷德·斯隆20世纪20年代在通用汽车公司创立的产品金字塔很类似。为了开辟更多的收入来源，通用汽车构建了多层次的品牌结构，从位于底层的雪佛兰，到位于顶层的凯迪拉克。哈耶克也建立了一个三层的产品金字塔或“生日蛋糕”结构：底层是售价大约为 100 瑞士法郎的产品，中间的是售价大约为 1 000 瑞士法郎的产品，顶层的是高档商品和奢侈品，这一市场的产品售价可高达 100 万瑞士法郎，甚至更高。哈耶克甚至说过，“我们的价格可以齐天”。但是在此基础之上，哈耶克进一步拓展了产品金字塔设计。他认为价格点的覆盖要全面，对于一家正努力保护高端市场利润区的企业而言，任何缺口都会成为致命的缺陷。举例说明，20 世纪 60 年代晚期，通用汽车公司没有推出价位低于雪佛兰或者高于凯迪拉克的产品，这使日本和德国的汽车制造商乘虚而入，大举占领了美国的低端和豪华轿车市场。

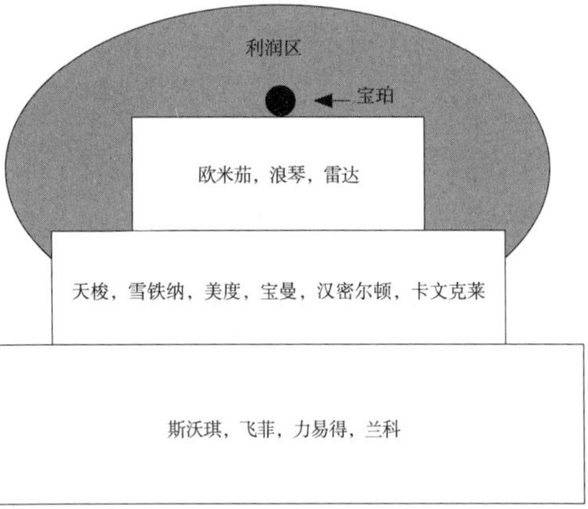

图 6–1　SMH 的产品金字塔

为了防止这种市场空白的出现，哈耶克将斯沃琪确定为低端的防火墙品牌，这样可以保护低端市场并保持盈利。然后，他运用收购（1992 年收购宝珀公司）和许可（1997 年收购卡文克莱公司）的方式，维护和提升了自己的地位。

按照哈耶克的理解，新的企业设计之所以成功有以下四个原因。

第一，低端市场非常重要。公司旗下每一款融入情感的产品，包括手表、汽车以及其他所有大众消费品，每年都会有 5 000 个人看到它们。也就是说，如果你戴着一块手表，那么无论你去哪里，无论有意还是无意，一年之内都会有 5 000 个人看到它。其中，有 1% 的人会觉得这块表不错，并且会想买同样的一块手表。因此，佩戴你生产的手表的每一位客户都在为你免费做宣传。这就是大众消费品对你而言非常重要的原因。

第二，当年轻人开始购买手表或者汽车时，他们没有足够的钱买最贵的产品，因此他们会买价位低一些的低端产品。但是他们不会一直贫穷。如果认可了产品的质量，他们会对这个品牌越来越关注。随着年龄的增长和收入的提高，他们会一直忠诚于这个品牌，会购买同一品牌的手表或者其他产品，尽管这些产品都价格不菲。

第三，如果你的产量很高，你就可以实现自动化，既提高产品质量，又可以积累经验，实现全面改进。

第四，通过占领低端市场的最后一个阵地，你阻止了竞争对手的进入，也防止了他们从低端产品切入，之后逐步打入高端市场，从而拥有较高的市场占有率。高端市场是最盈利的。

SMH 系列品牌是抗击竞争对手的卓有成效的利器，但哈耶克不只把它们视为竞争工具。在 SMH 内部，每一个品牌都是自主的经营单位，都拥有自己的营销部门，并且自负盈亏。斯沃琪不是唯一一个被赋予形象和意义的品牌。他说："每一个品牌都是独特的，因此它们传递的信息也都不同。但是，每一个品牌都会传递出一种信息，我的工作就是坐在碉堡里架着一挺机枪，保卫所有品牌的独特信息内涵。我就是产品信息内涵的保护者。"

在一个品牌是战略控制基础的行业里，对品牌的保护决定着企业的成败。品牌对企业设计的差异化和价值获取（通过价格溢价）两个方面都会产生影响。品牌是企业在竞争中立于不败之地、使产品站稳脚跟的一种非常强大的工具，但是一个强大的品牌必须得到精心的培育和维护。在 SMH 创立的过程中，哈耶克学到了品牌管理的第一课。

直到 20 世纪 70 年代，欧米茄一直是瑞士制表业引以为傲的品牌，一直是质量最高、风格独特的手表的代表。人们对这一品牌的需求远远超过了欧米茄的产量。因此，欧米茄团队开始考虑如何赚更多的钱。他们将产量增加了 1 倍，向市场推出数以百计的新款式，而且为了增加销量，管理层还降低了售价。

1980 年，欧米茄的品牌实力被大大削弱了。这种曾经一度被视为奢侈品的手表丧失了其区别于其他品牌的稀缺性。在销量和价格双双走低的情况下，该品牌的市场价值急速下跌。哈耶克走马上任后，采取了强硬措施，收回了所有生产许可，砍掉了近 90% 的业务模式，简化了设计。他说："欧米茄又开始有内涵了，我们又恢复了它原有的意义。"

哈耶克很好地掌握了品牌保护的关键。当哈耶克打算推出斯沃琪品牌时，他深知品牌的成功要靠出色地传达正确的信息。

宣传造势

哈耶克绝非一个按常理出牌的商人，他推出斯沃琪品牌时采用的方式也与一般的新产品上市方式不同。一开始，斯沃琪公司并没有投入太多的资金用于广告宣传，因此，哈耶克需要采用一种投入较少的方式以最大限度地扩大斯沃琪在消费者中的知名度。更重要的是，哈耶克推出的这种产品，其产业化的关键是形象和信息。宣传一旦失败，便可能会使这种产品永无翻身之日。哈耶克的团队做出了一个举世震惊的举动，他们设计出一块巨型手表，足有 500 英尺[1]长，这块表上展示了这样的基本信息：

斯沃琪

瑞士

60 德国马克

这块手表被悬挂在德国商业银行总部的大楼上，这座大楼是法兰克福最高的建筑。这一举动马上引起了轰动。德国的媒体为 SMH 做了接下来的宣传工作。

哈耶克开心地回忆道："在这个国家最顶尖的银行大楼上悬挂这么一块价格低廉的手表，我们激发了全社会的兴趣。在这之后的两周内，全德国都知道斯沃琪了。"

第二块巨型斯沃琪手表悬挂于东京的银座大楼上。当年年底，效果就显现出来了。斯沃琪成了时髦的东西，它不仅生存下来，还茁壮地成长。消费者爱上了它，而且希望在色彩、风格和款式

1. 1 英尺 =0.304 8 米。——编者注

上有更多选择。

哈耶克为钟表行业增添了浓墨重彩的一笔。他的斯沃琪品牌获得了成功，建立了与消费者的联系，获得了消费者的信赖。不久之后，斯沃琪公司多元化的销售理念带来了收益，SMH 的广告投入得到了回报。斯沃琪不同于其他产品的方面还有其聪明的促销手段和限量制造的营销策略。前一年的斯沃琪无法替代后一年的斯沃琪，持续的设计创新让客户对该品牌的兴趣一直居高不下。

斯沃琪热潮绝非巧合。哈耶克巧妙地激发了消费者的兴趣，并使他们的兴趣一发不可收拾。公司成立了“斯沃琪会员俱乐部”，向会员提供特供版手表、完整的斯沃琪产品目录，并邀请他们参加俱乐部活动。会员们也会定期收到精美的《斯沃琪手表杂志》。该杂志为彩色季刊，上面刊登了有关斯沃琪的大量信息。

波士顿列克星敦珠宝交易有限公司的老板拉曼·汉达曾目睹了人们对斯沃琪的狂热迷恋。他在新英格兰经营着一家精品珠宝店、两家精品手表店和四家斯沃琪手表店，包括世界上最大的斯沃琪手表专卖店——占地面积最大（1 500 平方英尺[1]），销量最多（年销售量几百万只）。这家专卖店位于哈佛广场，毗邻这家斯沃琪专卖店的是位于约翰·肯尼迪街 57 号、占地 3 500 平方英尺的斯沃琪博物馆。

汉达说：“在我的精品手表店里，我的产品售价高达 10 万美元。但是，斯沃琪的质量非常好，样式不断变化。每当你认为这些老的斯沃琪产品快过时时，公司总是能适时地推出更多的

1. 1 平方英尺 ≈0.093 平方米。——编者注

款式。”

汉达每年投入 50 万美元在波士顿地区进行宣传，还多次参与了斯沃琪的促销和限量款式的发布活动。他说：“人们疯狂地收集它们，佩戴它们。1992 年 12 月开专卖店时自己心里很没底，但是，当第一次有 400 个人连夜排队购买新上市的‘钱德勒’（Chandelier）手表时，我们都舒了一口气。”

汉达说：“现在我们对斯沃琪手表更看好了。我的按摩师问我最近为什么一直没去做按摩，我告诉她，‘我忙得脱不开身’。之后我把她带到我的店里，她买了第一块斯沃琪手表。现在，她已经买了 30 块了。这绝不仅仅是一块表那么简单！”

这位波士顿表商鼓励人们到他的博物馆参观，并且让他们开动脑筋为斯沃琪新的手表提供创意。他还赞助了该地区斯沃琪手表收藏者的一些活动，包括主题为“波士顿精神”的巡游活动，他还赞助了在查尔斯饭店大舞厅举行的一次会议。斯沃琪每次都为这些活动提供限量版的专供手表，比如有两款“忆往昔”系列的手表，一款是“靴子里的猫”，一款是“睡美人”。其他手表是为了纪念电影历史的发展和著名导演，比如黑泽明、罗伯特·奥尔特曼、佩德罗·阿莫多瓦。制造商和分销商不遗余力地让斯沃琪成为人们生活的一部分。表面上，SMH 销售的是手表，但哈耶克意识到它的业务范围远不止于此。对于消费者而言，一块斯沃琪手表就是一份纪念品、一段历史、一件工艺品。

说汉达相信斯沃琪具有某种魔力，这一点儿都不夸张，他说：“哈耶克做了件了不起的事。他是个天才！”除了从纯粹的经济角度考虑问题外，哈耶克对客户有一种充满想象力的了解。就像迈克尔·艾斯纳一样，他具有一种“超凡的洞察力”，对消费者的喜好及动向有一种强烈的直觉。为了让斯沃琪代表一种经久不衰的时尚，重视客户、具有以客户为中心的思维至关重要。时尚只是时尚，因为没有人努力进一步研究它们的内涵。斯沃琪首先俘获了消费者的心，之后它不断创新时尚手表的理念，从来不曾停止过。

价值转移的一个关键方面是了解其他行业中体现出来的价值转移模式。斯沃琪仅仅是掌握了 20 世纪 80 年代价值转移模式的公司之一。斯沃琪与耐克、贝纳通和盖璞一样，适时地加入了开辟新客户领域的大潮中。

像时钟一样运转

1983 年开始实施的企业设计给公司带来了巨大的价值增长。到 1992 年，SMH（母公司）的销售额已经升至 20 亿美元，利润为 2.8 亿美元，公司的市值超过 38 亿美元（见图 6-2）。1984 年，哈耶克试图将斯沃琪多彩的、别出心裁的手表出售给年轻客户或者心理年轻的群体。到 20 世纪 90 年代，他运用每一款新手表设计传递的信息来迎合每个年龄段的消费者。

早年简单的塑料斯沃琪手表被设计师精心设计出来的手表和表带取代了，这些杰出的设计师有基基·毕加索、小野洋子等。毛里茨·科内利斯·埃舍尔也为一款新表提供了灵感创意。斯沃琪公司还为一些特殊事件发行了限量版手表，比如亚特兰大夏季奥运会和圣诞节。它还为庆祝联合国成立 50 周年设计了一款手表。电影导演史派克·李代言了一款“黑白”手表系列，白色的称为“白色时光”，黑色的称为“黑色瞬间”。最夺人眼球的要数

"斯沃琪太空之行"系列手表了。1996 年 2 月 22 日，瑞士宇航员克劳德·尼古列携带着 100 块斯沃琪手表，乘坐美国发射的哥伦比亚号航天飞船环绕地球飞行。斯沃琪最大胆的举措就是推出"艾罗尼"系列，这些手表由不同的金属制成，但是样式的稀奇程度绝不亚于塑料手表。它还推出了防水的"斯库巴"手表和由太阳能驱动的"阳光动力"系列手表。

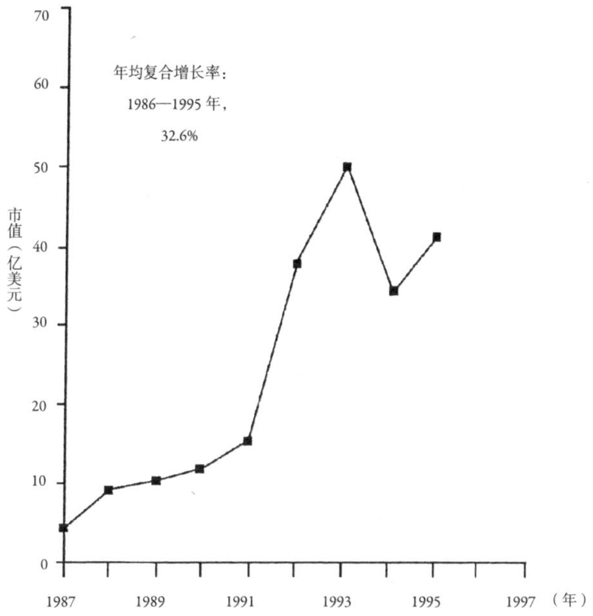

图 6-2　SMH 的市值增长

哈耶克不仅生产手表，他还将品牌发展成一种艺术形式。他让每一名看到斯沃琪手表的人都对其恋恋不舍，因此他要确保消费者能在各种场合见到斯沃琪手表。斯沃琪的广告无论在数量上还是风格上都要胜过其他手表品牌。让一款产品兼具独特性和普遍性是很困难的，但是哈耶克为SMH制定的企业设计在差异化和价值获取两个方面都很成功。

20世纪90年代，利用新型合作伙伴关系，斯沃琪进一步增强了其企业设计的实力。例如，斯沃琪是1996年奥运会的官方计时器的合作伙伴。斯沃琪计时公司（SMH全资子公司）不仅承担了计时和计分的技术任务，而且开发了新型的测量工具和系统。

欧米茄和浪琴是SMH家族中的另外两家公司，这两家制表商与体育赛事有更多的联系。在亚特兰大，SMH旗下的一家公司第25次（总共28次）成为奥运会官方指定的计时合作商。在1996年的百年奥运会上，哈耶克为斯沃琪找到了公开亮相的机会。

哈耶克说："我要让正在观看奥运会的40亿观众从电视上看到他们能够买得起的、由我们制造的手表。在亚洲，不是每个人都买得起欧米茄或浪琴手表。奥运会极大地提高了斯沃琪的知名度，特别是在美国，因为美国的每个家庭都会看到斯沃琪表计时的场景。"

事实的确如此。每当电视上显示最终比赛时间结果时，人们都会看到"斯沃琪计时公司"的标志。每一个计时牌上都有斯沃琪的标志。

早在1996年奥运会开幕的前一年，哈耶克就着手进军亚特兰大。他在12个国家的首都树立了12个"斯沃琪计时牌"作为奥林匹克时间塔。更有创意的是，1996年7月18日，哈耶克本人担任了亚特兰大奥运会最后阶段的火炬手。

斯沃琪决定抓住一切机会塑造形象，它为亚特兰大奥运会开发、推广了“综合运动会信息系统”。该系统将自动计时和计分系统连接起来，以不同形式实时展示时间和分数信息，并在IBM的帮助之下进行数据处理和显示。

哈耶克的营销大获成功。在奥林匹克世纪公园的一个25平方英尺的店铺里，斯沃琪手表一天的销售额高达35万美元。斯沃琪“艾罗尼授奖仪式”系列——由金、银、铜三种手表组成，其制造数量与奥运金牌的数量一样。此外，斯沃琪还发行了“奥运传奇人物”系列手表，如马克·施皮茨、纳迪娅·科马内奇、卡特琳娜·维特、塞巴斯蒂安·科等人。这些手表的销量都非常不错（见表6–2）。

表6–2　SMH企业设计创新

要素	1985年	20世纪90年代
客户选择	注重风格的消费者	注重风格的消费者 收藏爱好者 奢侈型消费者
价值获取	手表价格 营销活动	消费者的重复多元化购买 营销活动 奢侈品牌
产品差异化 / 战略控制	赋予产品以情感 风格 占领低端市场	产品多样化 风格 亲和力 / 奥运会赞助 良好的客户关系
业务范围	完整的价格区间 销售零部件	完整的价格区间 销售零部件 品牌延伸
产品设计	简化设计 / 减少零部件	持续的风格创新 尽可能多的样式

哈耶克的下一个机会

哈耶克积累了惊人的资产。除了丰富的管理经验外，SMH 现在拥有两大武器：一是世界上认知度最高的品牌，二是大量高精尖的专业技术。哈耶克认识到可以很好地将这两种资产综合利用，因此他又利用斯沃琪品牌促进了寻呼机、蜂窝电话和其他通信设备的销售。这些设备运用的技术与 SMH 在过去几十年中运用的日臻完美的制表技术是一脉相承的。

现在，哈耶克的目标更远大了。在以客户为中心的理念的指引下，哈耶克为购买斯沃琪系列产品的消费者带来了全新的产品。SMH 宣布与戴姆勒－奔驰公司合作开发生产斯沃琪汽车。哈耶克致力于改变传统的汽车理念。在汽车行业里，持传统观念的企业所制造的车能行驶很长距离，以汽油为燃料，但设计比较保守。哈耶克突破了这一传统。他的目标客户仅仅是那些在城市之间穿梭并将车停在拥挤的闹市区的欧洲年轻人，他们希望自己的车是一种自我展示，而不仅是一种交通工具。

当然，这一创新可能会失败。但是，如果没有重大举动，就难以保持持续的价值增长；如果没有惊天动地的失败，就难有重大的进展。我们通过研究他人的做法来改进自身的不足，最大限度地避免问题的出现。但是，我们永远不能彻底摆脱这些不足和问题。

哈耶克的经验

SMH 的成功源于以客户和利润为中心的战略，这一战略曾给许多行业的企业带来繁荣。所有行业的首席执行官都面临着与哈耶克同样的问题。鲜有领导者能持续地扪心自问，更少有人会改变自己的企业设计来寻找问题的答案。学会如何找到问题所在，改变企业设计，是我们从哈耶克的经验中得到的最有价值的启示。

哈耶克以客户为中心的思想体系源自这样一个问题："行业如何看待产品和客户，哪个更重要？行业中的企业是积极地对客户做出反应，还是客户只是被动接受行业所提供的一切？我的企业如何才能向客户提供与众不同的产品？"

基于对以上几个问题的回答，哈耶克通过重新界定自己提供的产品，使斯沃琪公司在低成本竞争中脱颖而出。他知道，客户仅仅是接受行业提供给他们的产品或服务，所以企业有机会提供更多。对于其他制表商对客户做出的基本假设，哈耶克不予理睬，他反其道而行之，从而设计出了独特的手表。斯沃琪手表远远不止一种计时工具那么简单，也不仅仅是一种时尚的表达。斯沃琪产品的背后蕴含着一种哲学和革命性的技术，这些都使公司制造出了高质量、高技术、富有魅力、大受欢迎的产品。哈耶克用自己的产品满足了之前未涉及的消费者群体，并且使人们对手表这一平淡无奇的计时工具产生出了巨大需求。之后，哈耶克一直运用创新的理念来设计，避免使斯沃琪成为可有可无的平庸产品，他精心地呵护着消费者，并将他们引向了更高档的 SMH 品牌。

哈耶克从没有停止向自我挑战。他经常会想："如何才能保持健康的需求？如何才能长久保持这种趋势？客户的哪些偏好是公司可持续增长的基础？"

从这一系列问题中，哈耶克意识到，要想维持需求，斯沃琪必须像流行文化那样快速更新换代。斯沃琪可能会是昙花一现的时尚，但是，哈耶克运用新颖的设计和富有创意的广告刺激了消费者的兴趣。斯沃琪发起的活动让年轻人一窝蜂地去购买一款款崭新的时尚产品。在其低端产品系列中，斯沃琪手表的质量并没有下降。随着年轻人年龄的增长，他们会更注重优雅而不是浮华炫耀，这些忠诚的消费者会变成高端消费者，会购买 SMH 制造的更昂贵的手表（见图 6–3）。

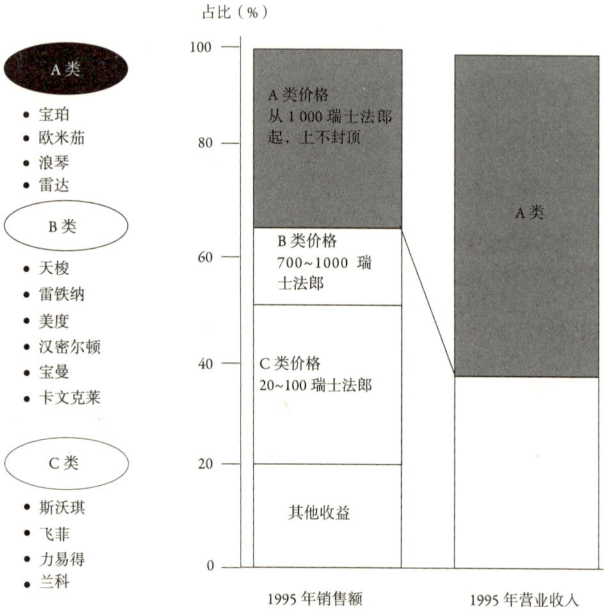

图 6–3　SMH 公司的产品系列管理

资料来源：美林证券

哈耶克提出的问题既关注客户，也关注利润。为了巩固斯沃琪的市场地位，哈耶克想：“我的竞争对手会如何利用与消费者的关系、以其为跳板进入我的主要市场呢？我是否应当采取积极措施巩固产品地位，以服务于更广泛领域的消费者呢？”

哈耶克十分清楚，斯沃琪品牌的作用不仅是在低端市场上获利，它还要保护利润。斯沃琪阻止了竞争对手进入低端市场、向高端市场逐步蔓延，从而抢夺 SMH 客户的可能性。20 世纪 60 年代，底特律的汽车制造商就忽视了这种保护，放弃了低端市场。之后，该市场先是被德国大众占领，后来又被日本制造商占领。这些国外制造商逐渐向金字塔中的高端市场延伸，甚至抢占了豪华车的市场。

哈耶克以利润为中心的第二个问题是：“如何从已有资产中获得更多价值？”拥有了强大的品牌、享誉国际的质量、高超的制造技术、大量微型机械和微电子方面的专有技术，以及异常高效的国际分销网络后，哈耶克想知道：“如何综合利用这些财富，使它们互相支持呢？如何将创新与对现有技术的依赖结合起来创造最大的价值呢？”

对这些问题的思索使哈耶克不再是一个纯粹的制表商。SMH 成了钟表零部件的领先供应商。后来，哈耶克利用其强大的品牌、享誉国际的质量和制造技术，将 SMH 的影响力扩张到了通信和交通领域。他也在进一步寻找新的方式及时地对既定消费者的需求做出回应，无论这些需求出现在哪里。同时，他还将利用自己的品牌打入新的行业。

哈耶克还将继续对以客户为中心、以利润为中心这些问题进行探索，因为他乐于这样做。企业领导人很容易从这种思维以及基于这种思维所创立的宝贵企业设计（产品金字塔）中得到有益的启迪（见图 6–4）。

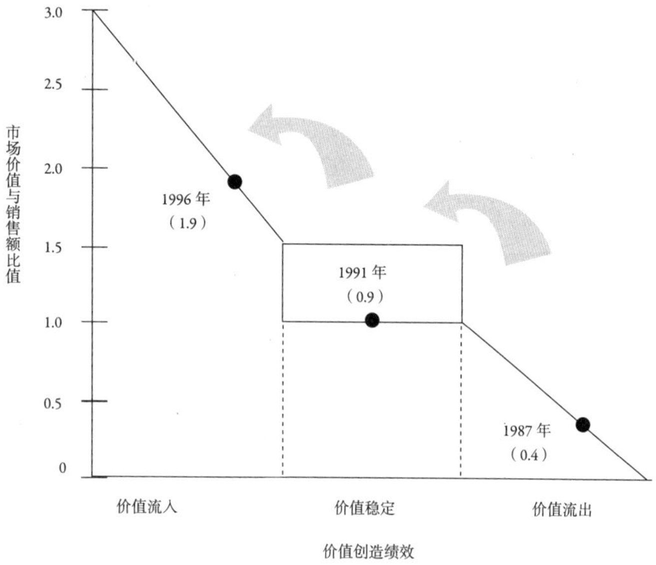

图 6-4　SMH 企业设计创新

建立产品金字塔企业设计——问题清单

☑ 我的行业是否需要建立产品金字塔企业设计？

☑ 如果产品金字塔企业设计已经存在，如何构建一个更好的设计？

☑ 我是否了解消费者对我的产品所持的态度、文化认同或者信任度？我是否了解在消费者心目中我的产品究竟怎样？

☑ 我是否在金字塔底端建立了一个防火墙品牌以保护整个金字塔系统的利润？

- ☑ 尽管价格低廉，在设计防火墙品牌时，我是否考虑到了其营利性？
- ☑ 我是否创造一切机会让我的客户购买多种产品？
- ☑ 我是否建立了足够高端、足够赢利的品牌以将整个系统的营利性最大化？

第7章

可口可乐前首席执行官罗伯托·戈伊苏埃塔：管理价值链企业设计

- 本行业的利润区是否存在于你不能控制的那一部分价值链中？
- 为了进入利润区，你是否必须改变企业与分销渠道关系的性质？
- 在谋求全球增长之前，你是否必须首先明确自己的企业设计？

下午3点30分，会议已经艰难持续了很长时间，而且还需要好几个小时会议才能结束。

凯文·伯克问道：“各位想来点儿饮料吗？”他想缓解一下会议室里的紧张气氛。

会议室里的十几个人纷纷回应道：“当然想了，为什么不呢？这简直太棒了。”凯文给秘书打了电话，不到5分钟，就有人送来了饮料和冰桶。人们高兴地开启饮料，大口地喝着可乐、瓶装水和柠檬汁等。

“有斯纳普饮料吗？”有人问。

“抱歉，没有。但是我们的自助餐厅里有立顿冰茶。”凯文的秘书回答说。

“那太好了。”

“其他人还想要别的吗？”秘书问道。

“有健怡百事可乐吗？”有人问。

秘书回答说：“不好意思，我们没有这种饮料。但如果您喜欢，我可以下楼给您买一些回来。”

“不用了，健怡可口可乐就行。”

秘书去自助餐厅拿回来一些冰茶，其余的人喝了可乐、健怡可乐、雪碧和波兰矿泉水。

从可乐到冰茶再到瓶装水，他们喝的都是公司提供的饮料。这里的碳酸饮料是可乐和雪碧（可口可乐公司制造）。

他们喝什么并不取决于自己的喜好，而取决于提供的是什么饮料。所提供的饮料则取决于当地饮料装瓶公司，这些公司通过艰苦的努力成为自助餐厅的供货商，在这栋大厦里出售饮料。

当地的装瓶公司是可口可乐公司的下属公司，作为世界上最大的装瓶企业，它是可口可乐整个业务系统的前沿阵地，为有饮料需求的区域提供可口的饮料，从而使可口可乐成为人们最方便的选择。

可口可乐的故事要比坊间流传的复杂得多。可口可乐公司的成功一般被归因于它在国际市场上的主导优势。这种说法忽略了一点，倘若罗伯托·戈伊苏埃塔没有从根本上改变可口可乐公司和装瓶企业之间的关系，那么可口可乐公司不可能获得这种优势。

20 世纪 80 年代早期，戈伊苏埃塔成为可口可乐公司的首席执行官。当时，在管理自身体系的营利性方面，公司显得有些力不从心。在饮料行业中，价值链上的构成因素包括原浆生产、装瓶、物流、分销、营销和客户关系。从原浆生产和广告商（1980 年可口可乐公司的企业设计）到价值链管理者（1997 年的企业设计）的角色转变，帮助公司占领了饮料行业最盈利的区域。

戈伊苏埃塔对这一问题的分析及其所采取的做法，为各级别的管理者很好地上了一课。缺乏快速技术革新能力以及增长速度较慢的行业，也拥有了进入利润区和创造巨大价值增长的机会（见图 7–1）。

戈伊苏埃塔创新性地审视了公司的主要客户，在此基础上确定了公司的企业设计。一种有效的企业设计要求选定客户是哪些人，决定企业要为他们做哪些事情，并且制订如何从中获利的计划。1980 年，可口可乐公司的装瓶商是公司进入更大利润区的最大障碍。当时，消费者和销售点基本上是下游的客户，而装瓶商则成为戈伊苏埃塔的初级客户，也是他最杰出的战略性企业设计的目标。

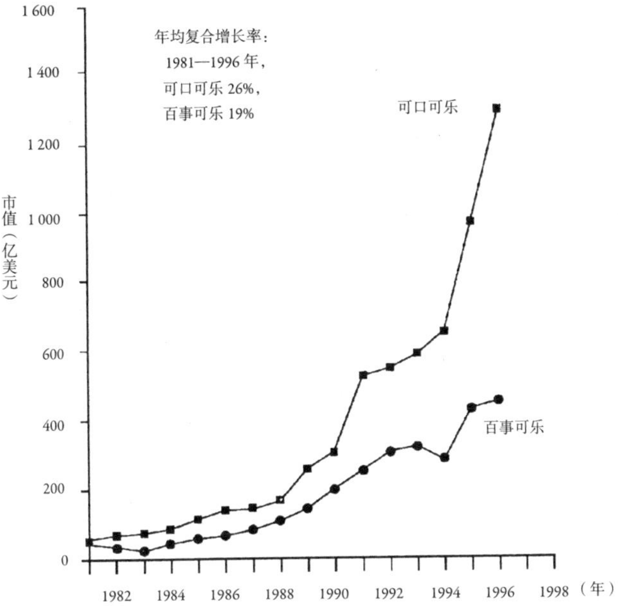

图7-1 可口可乐与百事可乐的市场增长

1996年，戈伊苏埃塔建立了异常强大的企业设计（见图7-2）。它的要素包括：高度一致的生产商—装瓶商—分销体系。这一体系使行业中的生产、装瓶和物流成本达到了最低。同时，价值链上的利润区、世界上最强大的品牌、世界上最具成本优势的广告宣传加上许可证和标志，以及国际市场上具有广泛影响力的优势地位，都成为可口可乐公司投资的重心。

这种优势得来不易。20世纪70年代后期，可口可乐公司是一家多元化经营、重点不突出的公司。公司的业务范围包括养殖虾、制造塑料草帽和其他不相关的业务。这些投资慢慢地拖了公司的后腿。总部设在亚特兰大的罗兰资金管理公司的总裁马克·罗兰说："戈伊苏埃塔极度重视核心业务，而这正是公司所需要的，他从来没有忽视这一点。他不遗余力地关注着可口可乐公司的销量，与杰克·韦尔奇正好相反。韦尔奇经营的是多元化企业，他让所有部门都运转良好；而戈伊苏埃塔却与他恰恰相反，他集中精力经营碳酸饮料业务。"

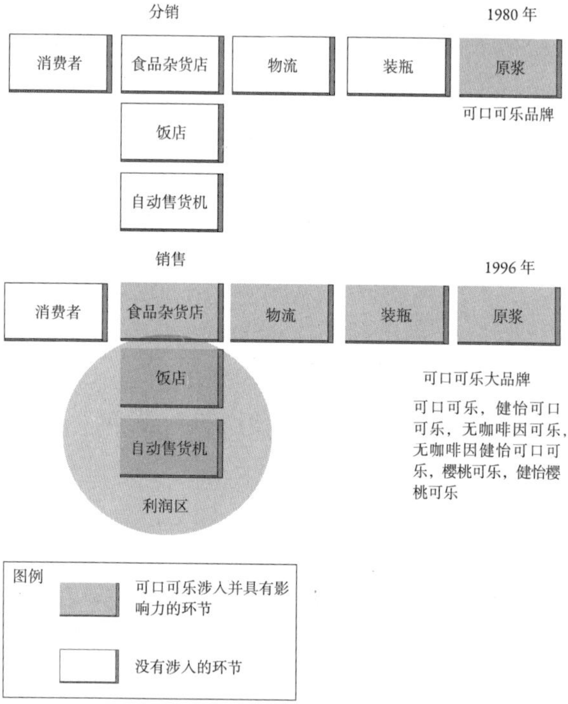

图7-2　可口可乐公司的企业设计：管理价值链

戈伊苏埃塔执掌公司之后，理顺了多样化的投资组合，重新确定了公司的业务模式，将企业定位为原浆制造商，在分销渠道方面进行了更强有力的战略控制。他创造了一种能为可口可乐公司获取显著价值的企业设计。汤姆·皮尔克是总部位于纽约的一家咨询管理公司贝弗马克有限公司的合伙人，可口可乐和百事可乐都是这家公司的客户。他说：“戈伊苏埃塔明白，对于公司来讲，最重要的事情就是股东们看到公司股票升值。”

1977—1997 年的 20 年间，可口可乐又改变了自己的企业设计，从原浆制造商和广告商变成价值链管理者。除了在价值链上扩展其业务范围外，可口可乐公司还理顺了其市场战略，并且持续关注国内外市场上最盈利的渠道。

改变与装瓶商之间的关系

20 世纪早期，通过授予企业区域性的独家装瓶权和分销权，再加上按照固定价格供应原浆协议，可口可乐公司构建了一个覆盖全美的装瓶商网络。借助美国企业家的能力，可口可乐公司建立了广泛的分销网络。但如果通过传统方式来建立这种营销网络，代价将是极其昂贵的。

建立一个覆盖全美的强大品牌的时机已经成熟，可口可乐公司的创立人希望自己的产品能进入每一个家庭、商店和饮料柜中。装瓶商为实现这一目标提供了便利。到 20 世纪 20 年代，可口可乐公司的特许经营体系中已经有 1 200 家装瓶商了。尽管数百家装瓶商各自覆盖的区域只有约 5 万人口，但是，它们确实是市场上一股强大、渴求成功、无处不在的力量。每一个装瓶商都与可口可乐公司签订了一份“永久性合同”，合同中明确指出可口可乐公司以固定价格供应原浆并且授予装瓶商独家经营权。这一早期的装瓶商特许经营模式取得了巨大成功。消费者高兴，企业家致富，而可口可乐公司则成了最大的赢家。

当时，可口可乐公司的企业设计中包括两大客户群体：喝可口可乐的消费者和可口可乐的装瓶商。对于第一个群体，可口可乐公司通过在全美范围内进行广告宣传，将其品牌推销给终端消费者，这样的活动会引起消费者对公司品牌的关注。但实际上，可口可乐公司是向独立的装瓶商出售原浆产品的，装瓶商对原浆的需求由终端产品的销量决定。对可口可乐原浆的需求取决于装瓶商拥有的巨大的增长机遇。

20 世纪的前 50 年中，通过广告宣传和装瓶商，可口可乐公司的需求增长一直令人满意。但是，到 20 世纪五六十年代，许多装瓶商感觉到本区域内的市场日趋饱和，增长前景堪忧。

由于增长前景有限，前半个世纪的创业激情已不复存在，取而代之的是“成熟市场”的思维意识。投入精力和资本进行工厂的现代化改造只是徒增成本而已。对许多获得了可口可乐特许经营权的家庭式商店而言，业务重点已经从增长转变为现金流。随着投资减少、升级换代放缓，生产效率也受到了影响。

20 世纪 70 年代，可口可乐公司的市场占有率逐渐减少。其市场占有率减少主要发生在食品杂货店。大型的区域性超市都在装瓶商所在的区域内开设了连锁店，这些连锁店逐渐变成一股强大的新生力量。可口可乐公司的装瓶商已经习惯了向家庭式商店（这些商店早期主宰了食品杂货店市场）供货的传统做法，难以满足新的超市连锁店的需求。装瓶商的网络结构曾在 20 世纪上半叶的大部分时间里为公司创造了优势地位，现在，随着新的、更大且更强的客户的出现，它已经变成一种负担。服务于这些连锁店需要互相协作、定价一致并且管理好关键事务。然而，由于具有特许经营权的装瓶商独立运营，它们具有不同的成本结构和利润率，因此经常难以按统一价格进行销售。超市连锁店不会接受在邻近的几家市场内同一种商品价格不同的做法。就这样，装瓶商失去了大笔订单，将市场拱手让给可口可乐公司的宿敌——百事可乐公司。

百事可乐公司的经营模式中同样有许多大型装瓶商，但这些装瓶商归百事可乐公司所有，公司允许它们将工作重点放在大型超市上。可口可乐公司的装瓶商只在乎自己的现金流，而百事可乐公司的装瓶商作为公司的组成部分，在与大型零售客户谈判时，在价格方面具有更大的灵活性。百事可乐公司抓住这一机会制定了比可口可乐公司更低的价格。之后，除了低价之外，百事可乐公司还利用面向目标超市客户的有效广告宣传来支持分销战略。可口可乐公司对所有分销渠道一视同仁，无论是家庭杂货店、饭店，还是自动售货机，而百事可乐公司重点关注的是快速增长的连锁超市市场。结果，百事可乐公司成为赢家。

当可口可乐公司全美的销售团队以与百事可乐公司一样的服务和更低的价格向大型超市进军时，他们却无法说服当地那些意志坚决、难以合作的装瓶商降价。可口可乐无法与百事可乐竞争，是因为它难以将这些装瓶商联合起来满足这一日益重要的客户群体。

当百事可乐在食品杂货店上架时，他们知道自己的产品将会被摆在可口可乐公司产品的旁边。为了彻底粉碎消费者对可口可乐公司的忠诚，百事可乐公司发起了“百事可乐挑战”的活动。在这场声势浩大的营销活动中，百事可乐公司“证明”了喝可口可乐的消费者实际上更喜欢的是百事可乐的口味。百事可乐在口味方面打击了可口可乐的独特性，并且，消费者也更看重价格因素。由于和装瓶商之间具有良好的关系，再加上价格低廉，因此，在这一时期的较量中，百事可乐公司胜出。

百事可乐公司的企业设计主要利用了可口可乐公司企业设计的一个重大缺陷——它的分销系统无法关注重要客户或者在价格上与对手展开竞争。可口可乐公司试图迎合所有人，但百事可乐公司通过吸引年轻人而抓住了未来。可口可乐公司在品牌方面与众不同，而百事可乐公司在价格方面更有优势，对于年轻的消费者而言，这是一个很关键的因素。表 7–1 中的企业设计对比突出了这两种设计之间的差异。

表 7–1　1977 年饮料之战：可口可乐与百事可乐

要素	可口可乐	百事可乐
客户选择	所有人 所有市场	年轻人 食品杂货店
价值获取	原浆销售	原浆销售 装瓶商利润
产品差异化 / 战略控制	品牌	价格
业务范围	原浆 对装瓶商无任何控制	原浆 拥有一些装瓶商

1977 年，在全美的超市中，百事可乐与可口可乐平分秋色，百事可乐公司的总市场占有率达到 24%，仅比可口可乐公司低 12 个百分点。到 1980 年，两家公司的市场占有率差距缩小为 9%。当时，百事可乐公司对自己食品杂货店的战略定位颇为满意。它

认为与可口可乐公司之间的战争已经步入僵持阶段，因此它将关注重点转向了投资快餐食品和饭店。在此期间，百事可乐公司拿下了一些连锁酒店的业务，包括必胜客、塔可钟和肯德基，这为百事可乐公司的销量提供了新保障。

向餐饮连锁店进军为百事可乐公司开辟了新的出路，但是它也带来了一些意想不到的问题。百事可乐公司在食品领域的投资提高了公司的资产密集度。更重要的是，百事可乐公司进入餐饮市场使它与许多大型客户成为竞争者。像汉堡王和云狄斯等餐饮企业原先都是百事可乐公司产品的销售商，但现在，这家饮料公司成了它们的直接竞争对手，它们也不再销售百事可乐公司的产品了。之后，一家又一家汉堡连锁店都跟麦当劳一样，只出售可口可乐公司的产品。

集中精力投资于高利润区

可口可乐公司需要一个现代的、低成本的食品杂货店系统作为抗衡百事可乐公司的统一的前沿阵地，但是仅靠防御还是不够的。在杂货店市场上的竞争会增加收入和市场占有率，但是这个市场会日益变成无利润区。戈伊苏埃塔也想增加股东的价值，因此，他集中精力大幅度地提高公司的收益。

当戈伊苏埃塔解决了在哪里可以赢得最高利润的问题后，他开始思考消费者购买软饮料的过程。可口可乐公司的饮料在三大场所进行销售：杂货店、饭店（业内仍然习惯称之为“冷饮柜”）以及自动售货机。研究了百事可乐公司的成功经验后，戈伊苏埃塔注意到，尽管杂货店售卖是在消费者中间推广可口可乐品牌必不可少的手段，但真正的利润区实际位于自动售货机和饭店。消费者在杂货店里购买可口可乐饮料的价格是每盎司 2 美分，而在饭店和自动售货机上是每盎司 5~8 美分。

食品杂货店的货架上摆着很多软饮料，既有可口可乐公司的品牌也有百事可乐公司的品牌，因此，超市里总是面临剧烈的价格竞争，利润也较低。在饭店里，消费者的选择可能包括果汁、酒类或者汽水，但是很少有饭店既提供可口可乐公司的产品也提供百事可乐公司的产品。消费者决定购买一种软饮料时，他们会买饭店里所提供的产品。在饭店里，不仅消费率比较高，而且由于消费者身处饭店这样一个约定俗成的高消费场所，所以汽水价格和整套服务的价格都比较高。

对于自动售货机而言，这种现象更为明显。大多数饮料自动售货机都是某一区域内唯一的饮料来源。消费者的选择既不是可口可乐也不是百事可乐，选择什么完全取决于谁拥有或控制这些自动售货机。只要人们确定购买，他所购买的就一定是自动售货机所有者的品牌，而不是别人的。

要想在高利润区内占据领导地位，可口可乐公司需要在它和装瓶商之间建立一种与之前完全不同的关系。要在系统中获取利润，唯一的方式就是要支持装瓶商，关注装瓶商，并对其进行现代化改造。因此，装瓶商成了可口可乐公司的主要客户。可口可乐公司如果不与装瓶商建立有效的战略关系，它将无法确定饭店和自动售货机市场上的合理投资水平。戈伊苏埃塔知道，在这一策略的背后，将这些装瓶商进行联合对可口可乐公司的长期成功至关重要。

管理价值链

20 世纪 70 年代进入可口可乐最高管理层之后，戈伊苏埃塔便开始想方设法地改变公司与装瓶商之间的关系。他看到，在永久性合同的约束下，装瓶商完全掌握了主动权，它们可以按固定价格购买原浆，也就对参与可口可乐公司的战略没有任何积极性。公司实验室开发出了高糖玉米浓缩浆（HFCS），这是能够替代可口可乐产品中糖分的一种低成本原料。戈伊苏埃塔支持使用这种浓缩浆以节省成本，同时减少公司对价格起伏不定的蔗糖的依赖。原浆的成本是装瓶商整个系统成本的一大部分，戈伊苏埃塔认识到可以利用 HFCS 节省下来的 20% 的成本作为与装瓶商谈判的筹码。HFCS 给了他帮助装瓶商降低成本的机会，但是，如果装瓶商想要获得这种成本优势，它们必须修改之前与可口可乐公司签订的协议，增加对公司有利的条款。最后，大多数装瓶商都同意了这一做法。

新的合同是一个巨大的改进，但是戈伊苏埃塔仍不满足。取消固定价格可以使公司的原浆销售商获得更多利润，但这还不足以使公司有实力获得装瓶商对整体增长战略的支持。因此戈伊苏埃塔便寻求其他方法来使装瓶商与公司保持更大的一致性。

1981 年，戈伊苏埃塔收购了菲律宾可口可乐装瓶商 30% 的股份，通过这种方法试图与装瓶商建立更强大的联系。在菲律宾，由于运营方式落后，可口可乐公司 70% 的市场都让给了百事可乐公司。可口可乐公司向装瓶商注资，将工厂进行现代化改造，积极宣传推广，而且增加了自动售货机，加大了对关键客户的营销力度。市场情况马上有了立竿见影的大幅度改观，这让戈伊苏埃塔确信，购买装瓶商的股权是构建统一系统的正确方式。

而在美国本土，可口可乐公司则着手收购特许经营权，购买控股权，鼓励对有意向和有实力的买家扩大销售。可口可乐公司为许多交易提供了媒介和融资，这确保了新的所有权和管理体系能够推动装瓶业务与公司的增长战略保持高度一致，同时还能够保持显著的高营利性。

对于被收购的装瓶商而言，这是双赢的局面。它们找到了新朋友，这位朋友财大气粗，能够出资帮助它们改进运营，帮助它们进行更有效的市场营销。现在，没有被纳入公司旗下的装瓶商则处于显著的劣势。没有可口可乐公司的资金和管理帮助，它们在日益激烈的竞争环境中越来越没有竞争力了。

马克·罗兰说："戈伊苏埃塔做过的最明智的一件事情就是摆脱了混乱的装瓶商网络。可口可乐公司的装瓶商过去采取的是一种管理者与劳动者对立的方式。它们就像当地的政客，有上百万的支持者。其中一些比较精明，而另一些则不是。戈伊苏埃塔整合这些装瓶商的活动是极为明智的，可口可乐公司以往总是受这些装瓶商的牵制。他说，这个延续了105年的传统，现在到了该结束的时候了。这就是真正的戈伊苏埃塔。"

可口可乐公司的收购战略存在一个重大缺陷，那就是它提高了公司的资产密集度。高资产密集度会使分析师对公司的评估较差，从而导致股东的收益降低。拥有价值链中的战略控制点至关重要，但是戈伊苏埃塔对股东回报率过分关注，这使他为产生这一控制力而增加的资产困扰不已。

20世纪80年代中期，戈伊苏埃塔继续对装瓶商进行整合，其间他一直在寻找解决这一问题的方法。1986年，他找到了解决方案。他成立了可口可乐装瓶控股公司（CCE），这家公司成为可口可乐公司此前收购的大型装瓶商的控股公司。CCE 刚一成立，可口可乐公司就将其51%的股份推向了市场。由于可口可乐公司拥有49%的股份，因此可口可乐公司对其拥有控制力，但无法整合其财务。结果，可口可乐公司控制了装瓶商，但其资产负债表上并没有装瓶商的资产，其利润表中也不反映该企业的业绩。这样，通过将 CCE 剥离出去，可口可乐公司不仅控制了装瓶商，同时降低了公司的资产密集度，而且其公开募集的 11 亿美元可以为继续收购新的装瓶商提供资金。

由此，可口可乐公司在美国的装瓶商管理企业设计完成了。在美国，可口可乐公司的首要客户是大型装瓶商，这些装瓶商的战略方向与可口可乐公司的战略方向完全一致。新的企业设计实现了规模经济、高效的资源利用、装备现代化和重视利润增长等目标。可口可乐公司的企业设计是新出现的低成本系统的基石，这一系统包括集中控制、原浆和装瓶业务，并且一直致力于降低成本、降低资产密集度和确立在自动售货机和饭店领域的主导地位等。

制定正确的模式，然后推广

到 20 世纪 80 年代后期，戈伊苏埃塔以集中、低成本的分销渠道和无可撼动的品牌优势控制了美国市场。在寻找新成长机遇的过程中，他被巨大的国外市场所吸引。可口可乐公司很早之前就已经打入这些国外市场，但是在这些市场中，可口可乐公司的销售渠道渗透尚不够广泛，百事可乐公司的表现也不尽如人意

（该公司的重点是美国快餐和咸味快餐）。随着可口可乐公司的高管们越来越认识到国外市场上利润增长的巨大空间，公司的国际化战略步伐正逐步加快。

为了避免其在20世纪70年代遇到的确定工作重心的问题，戈伊苏埃塔认为可口可乐公司从一开始就需要一个强大的企业设计。他的设计已经在可口可乐公司中发挥了作用，但是戈伊苏埃塔设想的企业设计不是一个“可口可乐全球装瓶控股公司”。在国际市场上，可口可乐公司没有采用美国国内那种以装瓶控股公司控制许多装瓶商的模式，相反，通过与一些大型的、现存支柱型装瓶商合作，可口可乐公司创造了更多的盈利机会。

到1990年，可口可乐公司已在西欧、东欧、澳大利亚、墨西哥、拉丁美洲和东南亚建立了一个由强大的支柱型装瓶商组成的网络。截至1995年，可口可乐公司在主要市场上拥有的市场地位已成为许多投资者的梦想。1994年，根据美国《商业周刊》的统计，在短短202天时间内，可口可乐公司先后在7个国家设立或者重开了工厂，这些国家包括波兰、印度、俄罗斯、南非和越南（见表7–2）。

表7–2　可口可乐公司的企业设计创新

要素	1977年	1987年	1997年
客户选择	所有的碳酸饮料购买者 重点是美国国内市场	重点关注饭店和自动售货机 支柱型装瓶商	重点是国际市场
价值获取	原浆销售 对食品杂货店、饭店和自动售货机一视同仁	原浆销售 装瓶商收益 关注更盈利的渠道	注重在饭店、自动售货机和国际市场上的领先地位 装瓶商资产的销售

（续表）

要素	1977 年	1987 年	1997 年
产品差异化 / 战略控制	品牌 秘方	与装瓶商的关系 品牌 低资产密集度	与装瓶商的关系 世界级大品牌 低成本全球分销
业务范围	原浆 多元化组合经营	重点关注饮料 原浆 与国内装瓶商之间的关系	全球价值链的管理者

"唯一名副其实的世界级饮料公司就是可口可乐公司。公司挣的钱、获得的利润都源于戈伊苏埃塔了不起的创意。"汤姆·皮尔克说。

可口可乐公司对全球软饮料市场的占领计划周密且积极，并最终确立了它决定性的领导地位。在全球软饮料市场上，可口可乐公司的市场占有率为 46%，百事可乐为 21%。1995 年，公司的运营利润为 40 亿美元，其中，国际市场利润占总利润的 80%，可口可乐公司的市值也超过了 1 500 亿美元。但是，倘若公司一直沿用 1980 年那种装瓶商特许经营模式的话，今天它的市值又会是多少呢？

如果可口可乐公司没有革新其企业设计，那么它的价值会比现在低很多。可口可乐公司目前如此高的市值完全得益于公司从原浆制造商和广告商到价值链管理者的平稳转型，它因此变成了一家一体化的、集中有效的国际化饮料公司。

不确定性

在戈伊苏埃塔的领导下，通过整合装瓶商，可口可乐公司的转型大获成功。但在一开始，公司转型却被视为巨大的风险。戈伊苏埃塔认为通过控制装瓶商的利益，他能够协调可口可乐公司的市场战略，建立一个低成本的营销网络，为股东和装瓶商创造价值。但是，如果装瓶商仍然不合作，那该怎么办呢？如果用于工厂现代化改造的投资收不回来，怎么办？如果百事可乐公司采取与可口可乐公司一样的举措，进入饭店和自动售货机领域，像在食品杂货店领域那样压低利润又该如何？戈伊苏埃塔是在进行一场豪赌，在能够避免损失的情况下，任何好的领导者都不会拿整个公司的命运做赌注。

戈伊苏埃塔的第一次赌博发生在1982年，当时他收购了哥伦比亚影业公司，将可口可乐公司的营业范围从饮料制造业扩展到电影制作业，他希望这一投资能够使可口可乐公司发展成一家"关注消费者生活方式"的企业，从而显著提高公司的地位。收购消息一公布，华尔街的分析师就开始猛烈压低可口可乐公司的股价，但在可口可乐公司的妥善管理下，哥伦比亚影业公司推出了几部卖座大片，取得了不俗的成绩。1989年，戈伊苏埃塔以高价出售了该影业公司。

在戈伊苏埃塔其他的大举动中，他综合利用了可口可乐的品牌，来扩大公司的吸引力。大多数管理者都反对将可口可乐的名字用于旗舰产品外的其他产品中。但戈伊苏埃塔认为，如果不能从公司最重要的资产——品牌中获得最高利润，那么企业的经营思路就算不上成功。1982年，他推出了健怡可口可乐，一举获得成功。在接下来的几年内，公司还陆续推出了樱桃可乐和无咖啡因可乐。

但并非每一次冒险都能获得成功。20 世纪 80 年代早期，百事可乐公司推出的“盲品测试”活动让戈伊苏埃塔和公司其他高管惊慌不已，因为这一测试表明消费者更喜欢味道更甜一些的百事可乐。由于担心可口可乐产品的口味是公司的核心问题，因此戈伊苏埃塔推出了新可乐产品。

贝弗马克公司的汤姆·皮尔克说：“新可乐的推出是公司文化发展中的开创性事件，它标志着‘新时代’的开始。这是一个伪装好的祝福。正是这一事件震动了整个公司，人们不禁对公司产生了疑问，并重新审视公司与广大消费者的关系。他们努力模仿百事可乐的做法，利用自己的品牌抢占市场。但是消费者认为，‘这不是可口可乐公司应该做的事情。’对公众的反应，任何公司都不可能无动于衷，因此公司决定做出改变。”

公众对旧配方的念念不忘让戈伊苏埃塔领悟到了一点：促使百事可乐成为美国顶级软饮料的不是它的口味，而是百事可乐公司的企业设计和有效的营销活动。

汤姆·皮尔克回忆说：“在新可乐推出之前，可口可乐公司是一家非常保守的公司。但现在公司特别积极主动，有时候甚至咄咄逼人。如果它想仿照激浪（Mountain Dew，百事可乐公司的一个全球品牌）的模式，推出像大浪（Surge）这样的产品，那么它会向全世界宣布，并会花 5 000 万美元在美国国家橄榄球超级碗比赛期间隆重推出这款产品。”

百事可乐与未来发展

可口可乐公司和百事可乐公司的企业设计有显著的差别。

可口可乐公司专注于生产饮料，它与大型装瓶商联合起来形成了一个网络。这些装瓶商既是可口可乐公司的合伙人，也是公司的主要客户。可口可乐是真正意义上的全球化公司。

百事可乐公司是一家多元化经营的集团，其经营范围包括软饮料、快餐食品、快餐店等，其业务主要集中在美国市场。

即使在饮料业务上，两家公司的利润来源也有很大不同。可口可乐公司80%的利润来自国际业务，而百事可乐公司90%的利润来自国内业务。

20世纪90年代中期，百事可乐公司采取了一些重大举措，这些举措有可能重新挑起“可乐大战”。1996年年初，公司任命了新一任首席执行官罗杰·恩里科，他也是一位具有革新精神的管理者。业界普遍认为他是一位开创型的管理者，会尽一切努力改变公司的经营状况。

为了赶超可口可乐公司，百事可乐公司很可能会模仿可口可乐公司实行三项改革：

第一，集中公司业务。首先，恩里科宣布百事可乐公司将放弃其餐饮业务，包括在塔可钟、必胜客和肯德基的业务。这些业务在两个方面对公司造成了不利影响：它们都是高资产密集度的业务，会稀释饮料和快餐食品业务的利润；由于这些业务，百事可乐公司无法与大型快餐连锁店签订供应饮料的合同，因为它们将百事可乐公司视为竞争对手。通过剥离在塔可钟、必胜客和肯德基中的业务，百事可乐公司将会占据有利的位置，可以在饭店业务方面争得一席之地，打破可口可乐公司在这一领域的独霸局面。

第二，恩里科会按照戈伊苏埃塔的思路剥离百事可乐公司的装瓶业务。（目前，百事可乐公司仍然拥有很大比例的装瓶资产。）将装瓶业务分离出去将会大大提高百事可乐公司的资产回报率和股东收益率。贝弗马克公司的汤姆·皮尔克也认为："装瓶系统是公司的负担。你不能既拥有品牌，又从事经营，否则不会有什么好结果。最好是做个品牌的拥有者。"

第三，百事可乐公司将加大向国际市场的进军力度。实现这一目标有很大难度，因为可口可乐公司已与当地市场建立了强大的联系，而且全球消费者对可口可乐的品牌都有很强的认知度。在销售可口可乐公司产品的地方，百事可乐必须具有同样强大的实力。与20世纪70年代食品杂货店领域的竞争不同，百事可乐不可能靠价格战胜可口可乐。百事可乐公司最好的机会就是大举进军新兴市场，在这些市场中，可口可乐公司尚没有确立自己的牢固地位。接下来，百事可乐公司必定希望可口可乐公司为了避免在整个国际市场上引发大规模的价格战而主动让出一部分市场。考虑到目前整个可口可乐公司的积极进取态势，这种想法多少有点儿不切实际。

恩里科汲取了可口可乐公司企业设计创新中的战略教训，也学习了其中的关键点。恩里科就任总裁之后采取的一系列后续措施表明，他理解通过分销渠道，专注于高利润业务领域，从而管理价值链的威力。

剥离装瓶控股公司使可口可乐公司的财务状况有所好转、股东回报率提高，而且国际业务的扩展也让可口可乐公司获得了需要的增长机遇。然而，可口可乐公司全球成功的基础是整合后的装瓶商体系。在过去的几十年中，它对整个价值链的管理使公司获得了成功。现在，公司面临的问题不是扩大规模而是维持现状。这是一种难以捉摸的挑战，很少有人能解决它。面对百事可乐公司发起的新一轮攻势，戈伊苏埃塔必须再次革新企业设计，这样才能保持领先。戈伊苏埃塔的每一步举措，从采用高糖玉米浓缩浆到创立一种新的装瓶商关系模式，再到专注于饭店和自动售货机业务，都反映出其以利润为中心的思维模式。问题在于，在未来，为使公司占据利润区的领导位置，管理者又该做出什么样的创举呢？

剧烈竞争的舞台已经搭建好了。在积极、富有远见的思想者的带领下，为了实现价值增长，两家企业都在加强自己的地位，都在为未来的价值增长做准备。

建立管理价值链企业设计——问题清单

☑ 我是否已经准确定位了当前价值链上的利润区？未来的利润区在哪里？

☑ 为了进入利润区，我是否需要管理价值链？

☑ 我是否创造了机会以在低成本环境下检验我的企业设计？

☑ 为了协调一致地实施以利润为中心的战略，我是否改变了与价值链上其他参与者的关系？

☑ 为了建立价值链管理体系，我是否找到了能使资产密集度降到最低的方法？

第 8 章

嘉信理财创始人
查尔斯·施瓦布：
配电盘企业设计

· 在我的行业里，企业将客户视为服务对象还是销售目标？

· 我的行业让客户的生活变困难了吗？

· 买卖双方是否都承担了不必要的成本？

1993 年 10 月，约翰·戴维斯成为嘉信理财公司的客户。在这之前的几年时间里，约翰陆续将自己的钱从利息很低的银行账户里取出，投入股市中。

他的经纪人来自一家传统的股票交易所。这位经纪人曾给他提出过许多买入和卖出的建议，但是约翰感觉到，这位经纪人赚的佣金比自己在股市上赚的钱还要多。约翰逐渐将自己的资金转移到了共同基金。他认为基金管理者的专业知识会让他得到更好的回报，与经纪人推荐的股票买卖收入相比，他能够获得更多的收入。此外，他认为，对经纪人而言，自己是他的“销售目标”，而不是一位实际需求应当被满足、实际关切的问题能得到处理的客户。

到1993年，约翰已经将自己数额不大但日益增加的资金投到了五种不同的共同基金中。他对基金的回报很满意，但是账目保存记录是个大麻烦。他会收到来自这五种基金（以及他的经纪人和银行）的报告，由此而占用的时间和不便让他很苦恼。

约翰从一个朋友那里听说了嘉信理财公司的“一源”业务。5年来，这位朋友一直是嘉信理财公司的客户，他对嘉信理财公司的热情感染了约翰。因此约翰将他的资金转入一源，从此开启了一段非常愉快的经历。他不再需要费劲儿地分析不同来源的零散报告，他每个月都能得到一份整合报告。他还开设了一个支票账户，能够很容易地以折扣价格享受代理服务。尽管他很少直接买股票（他的大部分资金已投入共同基金），但他偶尔还是会做一些交易，而且他将自己的业务从传统的经纪人转给了嘉信理财公司。除了省钱、省时间外，他还高兴地得知，自己能够通过电话发布交易指令，并且佣金更加优惠。1996年当嘉信理财公司推出电子业务时，他是最早的用户之一。

他说：“之前，我通过一个经纪人和一个银行支票账户投资5个共同基金，我每个月都会收到7份不同的报告。现在，我只得到一份报告，并且现在的服务更好了，我支付的费用更低了，包括佣金、共同基金的费用都很低。最近，保险费也降低了。与

3 年前没有委托嘉信理财公司时相比，处理这些业务花的时间也更少了。”

约翰还把嘉信理财公司推荐给了自己的朋友，他确信自己的朋友也会对嘉信理财公司提供的服务感到满意。

对于嘉信理财而言，为客户提供如此高水平的服务花了整整 20 年的时间。在开展业务的时候，嘉信理财始终不渝地奉行以客户为中心的指导方针。它的工作重点一直是为金融界中客户的未来需求提供服务，抓住下一个机遇使公司进入高盈利的利润区。

嘉信理财以客户为中心的思维与行业占主导地位的以产品为中心的观念形成了鲜明的对照。从历史观点来看，金融服务业的许多部门，从经纪业到银行业再到保险业，都主要是以产品为中心而非以客户为中心的。客户就是销售目标，而不是具有需求、关注和渴望成功的个人。对于企业而言，重要的是尽可能多地销售产品（比如开设代理账户、定期账户或者定期寿险等），而不是弄清楚如何为客户赢得一笔笔赚钱的交易。

在金融服务业内，这种以产品为中心、以客户为销售目标的方法为创新提供了一个充满机遇的空间。但是，只有能超越传统观念和思维束缚的具有卓越思维的人，才能抓住这个机遇。

特立独行的人

他的朋友和同事都称查尔斯·施瓦布为“查克”。他的表现总是很突出，对任何事情都有自己独到的见解。他在学校时，常常利用“克里夫笔记”和经典的戏剧台词来克服自己的阅读障碍，他还靠养鸡赚零用钱，挨家挨户地去推销鸡蛋、肥料和家禽。

在斯坦福大学获得学士学位和MBA（工商管理硕士）学位后，施瓦布正式开始了自己的职业生涯。他首先管理一个2 000万美元的共同基金，但由于该基金没有注册，所以于1969年被得克萨斯州政府勒令关闭。他因此损失了10万美元，他的第一次婚姻也因此走到了尽头。

1971年，32岁的施瓦布东山再起。他凭借两间屋子、一部电话和从叔父那里借到的10万美元创立了自己的经纪公司——第一指标公司。

20世纪70年代早期，施瓦布的公司成长很慢。施瓦布想尽一切办法为这家默默无闻的企业招揽客户，如提供免费相机和其他赠品等。施瓦布新成立的企业与其他企业一样，具有相同的客户选择、产品、服务，收取同样的佣金，但是他的公司没有品牌，没有技术，而且几乎没有客户基础。施瓦布尽一切努力寻找让自己的企业与众不同的方法。

1975年5月1日，美国证券交易委员会宣布固定佣金不合法，施瓦布抓住机会彻底改变了他的企业设计，从而使自己的公司从传统的经纪公司转变成折扣经纪公司。

20世纪70年代早期的投资市场中只存在一种参与者，那就是提供全方位服务的经纪公司。传统的经纪公司收取费用较高，因为它要提供给客户建议和意见以及交易方面的信息。向经纪公司提供的建议支付溢价是不可避免的，因为经纪公司的建议和交易功能是“捆绑”在一起的。投资者尽管只希望获得低成本的交易，但没有其他选择。施瓦布于1975年成立的折扣经纪公司，采用了新的业务模式：精明的投资者只需为交易本身支付费用，而不必向传统的经纪公司支付高额费用。

在折扣经纪公司，如果客户有自己的想法而不需要任何建议，那么客户可以打电话给经纪人，对他说："我不想要任何建议，我只想要你马上执行。我希望成本低一些。"

提供折扣只是第一步。折扣经纪公司的企业设计吸引了客户，也创造了收入（提供全方位服务的公司抵制降低费率，而且许多公司甚至还提高了费率，特别是针对小客户），但是其他众多的折扣经纪公司涌入了市场，除了承诺提供更低的价格之外，这些折扣商也没有显著的差异化特色。

对于第一指标公司而言，施瓦布很快就面临差异化的问题。他需要回答一个紧迫的问题：为什么客户想从我这里购买产品？为了找到这个问题的答案，施瓦布创立了一种不同的模式，即提供能够增加价值的折扣服务。为了使自己的公司脱颖而出，也为了给客户创造更多的价值，他将每一分利润都用于扩大分支网络的再投资中。他花了200万美元购买计算机，改进技术，为投资者提供基本的信息，通过大量的广告宣传活动树立自己的品牌。尽管他的公司收取的费用略高于其他折扣经纪公司的费用，但是他为客户创造了更大的价值，同时，公司的费用仍比传统的提供全方位服务的公司低50%。

通过支付员工工资而非佣金，施瓦布进一步将公司的运作与客户的利益协调起来。施瓦布的一切努力都是为了使投资者愿意与公司打交道。

除了执行交易指令外，施瓦布的企业设计体现出了公司了解客户最重要的需要。为了给客户提供值得信赖的、便捷的服务和可靠的信息，施瓦布在扩大品牌知名度和建立分支网络方面进行了大量投资。

施瓦布的价值增值折扣模式不仅将交易和建议分离开来，而且这种模式还同样有益于经验丰富的投资者，因为他们想通过低成本的通道进入市场。通过对于投资者而言较低的成本执行交易指令，施瓦布实现了公司的差异化，使公司与提供全方位服务的经纪公司区别开来；通过宣传、提供基础信息以及建立本地网点，该公司从众多的折扣经纪公司中脱颖而出。

不久，查尔斯·施瓦布就成了家喻户晓的公众人物。他开始频频出现在电视、广播、广告牌和宣传媒体上。《财富》杂志的特伦斯·P. 佩尔写道："除了牛奶盒侧面的卡通图画没有他之外，他几乎无处不在。"

在美邦这样的传统业务公司的广告中，企业被刻意地描绘成一个没有个性的组织。美林证券就像一头闯入瓷器店里的公牛。但是，任何进入施瓦布办公室的人都知道，查克本人就是公司的形象代言人。对于婴儿潮期间出生的、看电视长大的一代人而言，施瓦布自然成了他们的选择。正如《商业周刊》所指出的，"施瓦布那张和蔼的脸就是一种营销工具。"

施瓦布创造了行业中一种独特的企业设计，这种设计为公司带来了巨大的经济影响，这体现在收入、利润和市场占有率的日益提高上。1977—1983 年，嘉信理财公司的收入从 460 万美元飙升至 1.265 亿美元。1984 年，嘉信理财公司在整个折扣经纪业务中所占的份额高达 20%。

到 1988 年，嘉信理财公司的收入增长到 3.92 亿美元，市场占有率增加到约 40%。更重要的是，它占领的市场是高利润率市场，公司致力于为客户提供想要的东西，而不会通过添加一些客户并不需要的服务来提高成本。得益于其当时最先进的技术，与竞争对手相比，施瓦布提供的交易更容易操作。他已经确立了一种特色鲜明的折扣经纪模式，这一模式为他的企业创造了大量收入和价值增长。

尽管这种增值的折扣模式很成功，生命力也很持久，但是施瓦布知道，随着时间的推移，针对精明的个人投资者的竞争会更加激烈。大多数公司在面临竞争时，会想方设法地将新产品出售给现有客户。而施瓦布在以客户为中心的理念指引下，采取了不同的方法。他分析了金融服务业的前景，找到了将优质服务提供给新客户的途径。市场力量的转变为嘉信理财带来了新的客户群体。

施瓦布的第二个企业设计：为投资咨询师提供服务

20 世纪 80 年代中后期，金融服务业出现了一股弱小但不断壮大的新生力量——独立提供投资咨询服务的企业。重振后的股市唤醒了投资者的投资热情，而且客户优先考虑的事情从储蓄变成了投资，因为投资可以给他们带来更多回报，同时还无须承担太多风险。但是投资业务很复杂，因此，建议和指导对投资者变得越来越重要。该行业传统的参与者对这种转变不敏感，不能适时地做出回应。独立的投资顾问（通常被称为投资咨询师），很快就填补了这一空白。

金融服务领域的传统参与者对这些新参与者并未给予重视，甚至对他们极为蔑视。他们没有想到这些新参与者对中小型投资者有非常大的吸引力。

投资咨询师并非横空出世，施瓦布很清楚其背后的原因。该行业的传统模式已经无法满足投资者在建议、信息和指导方面的需求。投资者需要也迫切想要得到独立的投资建议，这些建议在经纪人佣金模式下也能体现出来，但这一模式与这些建议格格不入。投资咨询师向客户提供的是重要的、合法的新服务。施瓦布对这些投资咨询师的看法与行业传统的观点刚好相反。行业传统观点认为，这些人是竞争对手，并且大多数会带来麻烦。施瓦布却将他们视为潜在的客户、盟友，或者通向最终用户——投资者的一条新渠道。在传统的业内人士看来，他们是低佣金偷猎者，施瓦布则将他们看成拥有新需求的资源丰富的合作伙伴。这些人的需求包括制作发票、订单和月报等后台服务（这些服务他都能提供），以及他可以利用的日益增加的投资者资产。

嘉信理财公司当时的企业战略执行副总裁丹·利曼说："我们与那些投资咨询师是合作伙伴。他们擅长做的一些事情是我们做不了的，比如为客户提供预测服务或者建立客户关系等。"

在以客户为中心的理念指引下，施瓦布非常了解投资咨询师对客户的重要性。认识到他们是潜在的同盟者以及自己企业与新客户之间的桥梁后，他立即调整了自己的企业设计，将投资咨询师作为自己的客户，并为他们提供新服务。

大多数投资咨询师都是独立运作或者组建成小的合伙企业经营。对于小规模企业的运营者而言，会计处理和交易执行是一种乏味、繁重、成本高的任务。施瓦布认识到这些独立而分散的专业人员需要低成本、有效、独立的清算公司完成他们的交易。施瓦布的资源可以为客户、投资者提供更好的服务，也能够让投资咨询师从独立的操作中获得更多利润。反过来，他们也成了嘉信理财公司的巨大资源，为公司带来了新客户。

嘉信理财机构投资项目将嘉信理财公司与中小型的独立财务咨询公司联系起来。早期参与项目的一位人士回忆，这个项目刚开始并不很成功。总部位于伊利诺伊州的卡布里克金融咨询公司总裁迈克·卡布里克说：“他们知道自己有什么优势，但不知道如何利用。一开始，不管是交易还是票据处理，他们都做得不好，而且他们还做出了一些无法实现的承诺。但是，他们从各方面努力做了改进，从那以后便一帆风顺了。”

早期阶段，独立的投资咨询师在本地的嘉信理财公司分支机构提供服务。但是，只有当这些投资咨询师拥有了属于他们自己的区域性的服务中心时，合作关系才稳定下来。

卡布里克惊叹道：“在没有超支的情况下，嘉信理财建立了6 000家分支机构。我管理着1.1亿美元的资产，如果没有嘉信理财公司的帮助，我恐怕还得再多雇2名员工。”在与嘉信理财打交道的10年当中，卡布里克的员工人数从12人减少为6人，但是他管理的资产增加为原来的20倍。

让卡布里克倍加吃惊的是，他和他的行业伙伴都成了嘉信理财的“虚拟销售人员”，他们销售嘉信理财的产品，却不会从嘉信理财那里得到一分钱。实际上，他们还得向嘉信理财支付特许费。

随着时间的推移，嘉信理财公司实际上成了数千位投资咨询师的后台管理人。随着这些投资咨询师不断地将客户引向嘉信理财公司，新的收入流产生了。

位于奥兰多的资源咨询集团的创始人迈克·戴维斯说：“没

有嘉信理财公司，我们的企业同样可以生存下来，但肯定不是现在的样子。如果没有嘉信理财公司的人员为我们处理后台业务，我们的员工要比现在多1倍。他们让我们的运营变得异常简单。在这方面，我认为我们的客户都想不出施瓦布那样的办法。如果我们都自己来动手处理这些业务，那么我们的费用将会非常高。我们经营得很好，嘉信理财公司干得也很好；在此过程中，我们的客户完成了大笔交易。”

运用“施瓦布链接”（SchawabLink，为投资咨询师提供的一款软件），投资咨询师的服务过程更加流畅，它让投资咨询师和他们的客户能够在任何情况下与嘉信理财公司建立联系。

阿肯色州小石城的莱思罗普投资管理公司的总裁格雷格·莱思罗普前半生的职业生涯，是在银行的信托部门度过的。当他作为一名投资咨询师进行创业时，他尝试与经纪公司合作，而不是嘉信理财公司。当时他对嘉信理财的机构投资项目有所怀疑。但是，随着对传统的经纪公司感到越来越不满意，他迅速结束了与那家传统经纪公司的业务联系，转而与嘉信理财公司进行合作。

莱思罗普说：“开始时我对与嘉信理财公司的合作并不抱太大期望，只是为了节省交易成本。但是，对于我们这家管理着1.7亿美元资金的公司而言，他们能为我们处理一切事情。嘉信理财公司的文化就是无条件执行命令，因为那里的员工拿的是高工资，并不在乎低廉的手续费，他们知道公司绝对不会亏待他们。而且从长期来看，他们知道做生意就是在积累资产，因为这些资产最终会带来收益。”

施瓦布针对投资咨询师的新举措并没有在传统企业中引起反

响，因为它们看不到施瓦布看到的东西，或者等到它们发现时，已经难以追赶施瓦布的脚步了。

实际上，许多行业里都会发生类似的这种无响应的状况。比如，在炼钢工业中，纽柯公司首先采用了小型轧钢机，但大多数轧钢厂对此无动于衷；西南航空公司推出点对点的经营模式时，采用辐射状航空模式的企业也没有对此做出有效的回应；沃尔玛的新一代折扣模式推出时，传统的折扣企业也没有将它放在心上。

无动于衷的情形每时每刻都在发生，但施瓦布充分利用了这一机会。

施瓦布的投资咨询师举措影响了企业设计的各个战略层面。公司的客户选择增加了，既包括投资咨询师也包括投资者。价值获取的范围也扩大了，既包括手续费，也包括从投资咨询师那里获得的服务费用。战略控制也得到了增强，因为嘉信理财为投资咨询师提供服务，双方保持大力合作，这就创造出了一条独特的通向市场的新渠道。这一渠道是其他多数金融服务企业所无法获得的。公司的业务范围也扩大了，其业务开始包含向投资咨询师提供业务支持。

施瓦布在投资界创造出了一种做生意的新方法。通过与投资咨询师结盟，他将潜在的竞争对手变成了自己的合作伙伴，而且还赢得了之前自己的企业设计无法触及的客户群的青睐。由于保留了友好服务的企业文化，再加上没有销售压力，嘉信理财的企业设计进入到一个新阶段，为公司带来了巨大的收益、利润和价值增长。1990 年，嘉信理财公司的营业收入增长到 3.87 亿美元，利润高达 1 680 万美元，折扣经纪业务的市场占有率高达 39.8%。公司市值从 1987 年的 1.52 亿美元蹿升至 1991 年年底的 12 亿美元

（见图 8–1）。

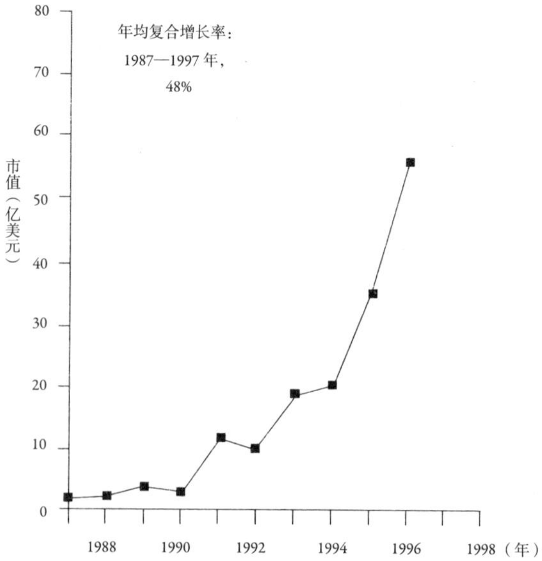

图 8–1　嘉信理财公司的市值增长

随着嘉信理财与新客户群体关系的日益紧密，以及嘉信理财对投资者不断变化的偏好的深入认识，施瓦布已经酝酿好了公司的下一步举措。1992 年年初，施瓦布对外宣布了这一举措，在业界引起了轰动，这一举措也体现出当时嘉信理财的企业设计所发生的巨大变化。

一源：配电盘企业设计

自 20 世纪 80 年代以来，施瓦布与客户的关系日渐亲近，在对客户需求和偏好的观察中，他深知客户的偏好发生了剧烈变化。客户对共同基金的认可明显地证明了这一点。

通过持续地关注客户，而并不只是关注自身的业务和竞争对手，施瓦布很容易就看出客户的下一个需求是什么。当其他企业将投资咨询师视为威胁时，施瓦布在想："为什么会涌现出这么多的投资咨询师呢？"投资者需要获得独立的建议和指导，投资咨询师满足了这一重要但之前未被满足的需求，对此，施瓦布有深刻的体会。随着 20 世纪 80 年代后期共同基金行业的快速发展，施瓦布又会考虑："这是为什么呢？"客户想要的是投资的便利，他们并不想自己完成多笔交易，而是希望有人能够帮助他们做决策。共同基金提供了解决方法，但接下来另一个问题出现了。客户面临着非常多的选择，他们需要找到一种更为便捷的方法处理选择过多的问题。这正是一源项目创建的起因。

1980 年，共同基金的投资者拥有 1 350 亿美元的资产。截至 1986 年，这一数字增加为 7 160 亿美元。到 1991 年，这一数字达到了 13 960 亿美元。基金公司数量和个人基金数量都有了显著的增加。1986 年，市面上的基金公司达到 261 家，它们提供的基金数量为 1 840 只。在大多数人看来，这一数量已经足够了。但是，仅 5 年之后，又有 100 家新的基金公司诞生了，而它们推出了 1 600 只共同基金。

这样的变化给投资者带来了两个问题：第一，这些基金大多数没什么知名度，投资者面临如此多的选择往往会不知所措；第二，成本极高，许多客户要支付 6% 的交易费，还要支付佣金，换句话说，基金的购买成本可能高达资产价值的 8.5%。尽管不收取交易费的基金快速增加，但在 20 世纪 90 年代早期，它们仅仅占整个行业资产的一小部分。

投资咨询师的偏好正在发生快速变化，习惯购买共同基金的客户的偏好也是如此。投资咨询师越来越需要一种方便、低成本的机制帮助他们的客户转移资产，也就是将资产从回报率低的储蓄账户转移到精心设计的共同基金组合上。

施瓦布看到了另一个对客户有利的改进系统的机会。他从投资人的角度出发审视了投资过程，对自己的发现倍感吃惊。对单个投资人来说，将资金投入到一家公司"最优"的基金以及另外一家公司的指数基金等做法是十分正常的。但是，当客户在共同基金之间重新分配资金时，这种策略会产生与预期完全相反的结果。要出售一笔基金，投资人往往要打4个不同的电话。之后，客户要等着4张支票的寄出，接下来要将款项汇到新的目标基金，然后再打4次电话买入新的基金。在此过程中，总共发生了16次交易：4次出售、4次支票发送、4次买进、4次签发支票。从开始到资金最终到位需要7—10天的时间。除此之外，投资者还会经历一段无钱可赚的时间。

为了帮助客户，施瓦布试图找到不同的方法买卖共同基金。他需要一个便于理解、易于操作的平台。他知道，只有找到一种开创性的方法，才能推动市场发展和激励客户。在一贯秉持的"为客户降低成本和增加价值"理念的指引下，施瓦布致力于寻找以零成本向投资者销售无交易费用基金的方法。

1987年的股市崩盘使嘉信理财公司的营业额下降了20%，这段经历促使他反思这样一个问题：是否应该调整公司的营业收入结构，从完全依赖交易佣金转变为重复收取费用。他不仅仅重视客户，而且还重视公司的盈利能力。他希望找到一种以重复收费为基础的业务模式，创造出一种更强大的企业设计。

一源就是施瓦布不懈探索的结果，它为客户带来了更好的交易，也使公司可以更好地获取价值。1992年，一源系统建立，它使客户在不支付交易费用和佣金的前提下可以了解共同基金的信息。投资者只需要与嘉信理财公司通一个电话，就可以得到一份涉及一源中所有基金的报告。传统情况下，为了从经纪人那里买到共同基金，投资人每次购买时需要支付交易额8.5%的费用。一源系统将上述交易费用降低为零，极大地节省了客户的成本。

该系统的建立也表明嘉信理财公司的企业设计发生了根本性变化。实施这一举措是为了满足核心客户群的需求偏好，这些客户既包括投资者也包括投资咨询师。它也为嘉信理财公司带来了高利润、高增长以及持续不断的收入来源，显著地提高了公司的业绩。

嘉信理财公司采用的这种模式的好处是，它不仅使客户的投资过程变得非常简单，而且对于共同基金公司而言，它们更容易发现自己的客户。共同基金公司进行大范围的市场营销，成本是很高的，而且对于投资者而言，要同时处理几只共同基金费时耗力。施瓦布所做的就是在双方之间放置一个“配电盘”，使共同基金公司能够很容易地找到客户，客户的交易也变得容易操作。客户可以通过一次联系同时处理几只基金，还可以得到一份综合的财务报告。通过降低共同基金的营销成本、减少客户的时间和精力投入（见图8–2），新的配电盘企业设计为双方都带来了价值。

施瓦布接触了几家共同基金公司，劝说它们使用嘉信理财公司的系统，并且为通过该系统得到的基金资产支付佣金。施瓦布的客户不必支付传统模式下最低39美元的交易费用。有8家基金公司按照施瓦布的提议使用了这个系统，它们希望能够接触到更多的嘉信理财公司的客户。在完成交易时，施瓦布巧妙地将客户购买共同基金份额的成本转移给了基金公司。嘉信理财公司只从基金公司收取少量费用，对客户则分文不收，从而大大降低了双方的成本。

然后，施瓦布，这位折扣经纪业务的先行者，又发明了折扣共同基金，大幅降低了客户的交易成本。正像1975年美国证券交易委员会取消固定经纪佣金那样，施瓦布在1992年取消了共同基金费用。

总部设在旧金山的利特曼–格雷戈里公司的一位领导人克雷格·利特曼说："对我们而言，一源系统意义重大，作为一个独立的折扣经纪商，施瓦布的做法堪称创举。但问题是他的计划能实现吗？"

答案是肯定的。

利特曼说："他的员工年轻而富有激情，对这件事情颇感兴趣。我们想要什么，他们都会为我们准备好。对我们而言，这是非常重要的。"

与嘉信理财公司有业务联系的大多数投资咨询师给出的普遍评价是：与嘉信理财公司合作以后，他们不再需要雇用那么多的员工，配备更多的自动化设备或办公室来处理共同基金交易。利特曼说："通过一源系统，人们不需要与每一家基金公司打交道，这节省了大量的时间。我们公司于1986年成立，当时我们还没有与嘉信理财公司建立合作，那简直就像是一场噩梦。"

施瓦布之所以能成功，关键的一点是他能够认识到，在提供

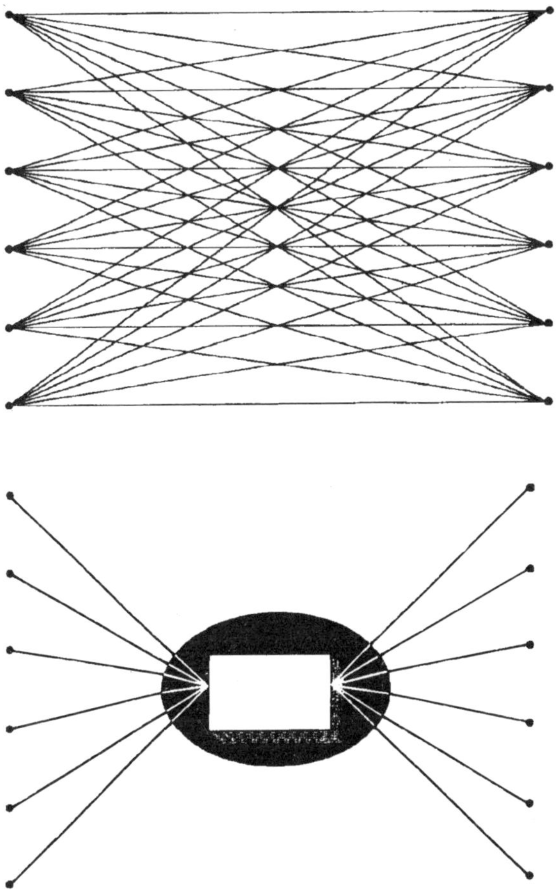

图 8-2　嘉信理财公司的配电盘企业设计

像合并报表和快速交易这样的服务方面，技术能够发挥重要作用，而且他为创造这种能力进行了必要的投资。

一源系统的建立引发了行业内的一场革命，它对施瓦布的企业设计也产生了巨大影响。1993年，公司新雇了2 000名员工，员工总数从 4 500 人增加到了 6 500 人。在一源系统问世的第一年，公司投入的广告费用就超过了 2 000 万美元。1992 年，施瓦布推出的新的企业设计已经使公司的营业收入达到了 7.5 亿美元，其中利润为 8 100 万美元。这使得嘉信理财公司拥有了支撑一源系统必备的大量资源。

面对激烈的竞争，从事经纪业务的企业通常会有三种不同的反应：

第一种，否认变化。大多数金融服务企业无动于衷，它们希望施瓦布的一源系统只是昙花一现，转瞬即逝。

第二种，调整费用结构。一些高瞻远瞩、提供全套服务的经纪公司开始推出交易费用较低，甚至零费用的基金股份。

第三种，模仿。富达公司意识到销售渠道在投资管理中的重要性后，建立了自己的基金网络。它模仿一源系统的运作模式，在其基金网络中推出了 370 只基金，而且不收取交易费用和佣金。这些基金既有自己的，也有其他机构的。

施瓦布还改变了行业的发展方向。美邦公司和其他公司推出了销售其他公司共同基金的业务；几十年前，这种做法会被视为不务正业。

格雷格·莱思罗普说："实际上，所有的经纪公司都会竞相推出像施瓦布那样的业务。然而，它们积习已久的经纪人文化会发生实质性的改变吗？我认为这不太可能。"

所有这些都没有使嘉信理财公司放缓自己的发展脚步。1994 年，嘉信理财公司的营业收入达到了 10.7 亿美元，其中有 15% 的收入来自共同基金的服务费用。施瓦布的共同基金资产也从 1992 年的 122 亿美元增加到 1994 年的 197 亿美元，这样的增长势头一直持续到 1995 年。到 1996 年年底，按所管理的共同基金资产计算，嘉信理财公司已经成为继富达、先锋和美林证券之后的第四大经纪公司。

随着嘉信理财公司管理的资产数额不断增加，传统的市场参与者开始感受到了嘉信理财公司的强势增长对它们产生的威胁。共同基金公司对一源系统又爱又恨，尽管这一系统以极低的成本向它提供了资产的新来源。施瓦布掌握着所有客户的交易记录和服务，他需要做的只是给参与的基金公司寄去一张支票。然而，由于施瓦布一直掌握着客户，那些原先将自己视为某个共同基金客户的投资者也开始把自己当作嘉信理财公司的客户了。当客户的资产发生变化时，是嘉信理财公司而非共同基金公司为客户提供了抓住新机遇的渠道。

通过一源系统和投资咨询师的合作，施瓦布进一步加强了与客户的联系。在投资咨询师与他们的客户之间，作为第三方，嘉信理财公司发挥了桥梁作用。

施瓦布的竞争者总是比他落后至少一步。富达和其他公司后来才认识到施瓦布与投资咨询师建立合作关系的意义，它们也开始频频讨好这些投资咨询师。1992 年，富达成立了富达投资咨询资源集团，以此为投资咨询师改进后台服务，扩大富达咨询师基金（收费基金）的业务范围。

当其他市场参与者思考如何应对一源系统的策略并采取措施时，施瓦布仍然比它们先行了一步，他将公司内部运作的自动化扩大到与客户建立的直接联系中。

施瓦布说："我认为自己不是一个技术专家。但是，我能够提出解决问题的思路并制定解决方案。我知道自己想要什么，我有出色的计算机人才，他们会很好地理解我的想法。”

1989 年，施瓦布在这一方向上迈出了关键的第一步，他建立了电话经纪系统。公司的客户运用这一系统可以节省投资者的时间。施瓦布的下一个创新是推出语音经纪服务。这个系统采用语音识别软件，通过电话为投资人提供股票价格和账户信息。使用者不需要输入相关账号和代码，只需要说一句简单的话就能得到需要的信息。1993 年，针对个人电脑用户，施瓦布推出了“智能街系统”，该系统能够为客户提供全天候的交易信息查询和个人账户服务。

1995 年，公司推出了施瓦布电子业务系统，这是一次规模更大的变革。尽管 1984 年公司推出的均衡器系统已能够提供在线交易服务，但是施瓦布电子业务系统与此不同，它是专门为积极的交易商设计出来的一套完整的客户系统。这些交易商可以随时随地进入这一系统，无论是在办公室、家里还是在世界各地，无论通过个人电脑还是笔记本电脑，这些交易都可以全天候 24 小时进行。用户可以通过该系统独立完成在线交易，不需要别人提供帮助。那些积极的交易商运用这种低成本的工具完成经纪交易。嘉信理财公司仅收取每笔 29.95 美元的费用，因为对客户不需要的服务他们不收取任何费用。由于一直秉持以客户为中心的理念，而且始终坚持技术投资以更好地服务于客户，所以对嘉信理财公司而言，互联网的出现除了令他们感到惊喜外，更多的是给他们带来了新的机遇，因为他们的客户群普遍成立时间短，熟悉计算机操作。

在金融服务领域里，嘉信理财公司逐渐成为最容易打交道的公司，同时也成了最能创造价值的公司。从推出折扣经纪业务到折扣共同基金、投资信息和为投资咨询师提供服务等，每一次改革都创造出了巨大价值。

1985 年嘉信理财公司的业务范围还比较狭窄，其企业设计高度差异化，经营高附加值的折扣经纪业务。而到 1997 年，嘉信理财公司已成为一家高度差异化和高附加值的金融服务公司，它运用一种独特的配电盘企业设计为多个客户群创造价值。这些客户包括投资人、投资咨询师和共同基金公司（见表 8–1）。施瓦布的企业设计创新使公司的价值急剧增长（见图 8–3）。

表 8–1　嘉信理财公司的企业设计创新

要素	20 世纪 80 年代	1988 年	1992 年	1997 年
客户选择	“自己动手”的投资人	投资咨询师	共同基金 投资人	区域银行 区域经纪商
价值获取	佣金	手续费 信息费	共同基金 费用	手续费
产品差异化 / 战略控制	分支机构 品牌	投资咨询师的商业合作项目技术	投资人免费 控制配电盘	技术 业务合作项目 品牌
业务范围	折扣经纪	后台服务	折扣共同基金	折扣保险 咨询师信息服务
	↓	↓	↓	↓
	“高附加值的折扣经纪公司”	“投资咨询师服务提供者”	“配电盘企业设计”	“第二代配电盘”
嘉信理财公司的企业设计是循序渐进的， 上一代企业设计中的因素会延续到下一代企业设计中				

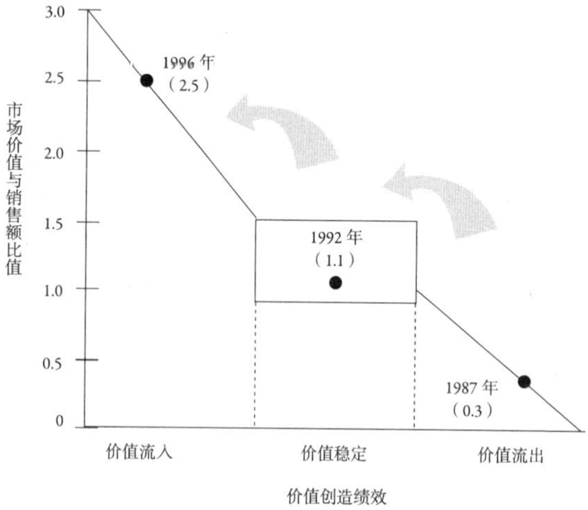

图 8-3　嘉信理财公司的企业设计创新

在这一行业中，为什么嘉信理财公司能够拥有如此强大的优势？在很多行业中，我们都会发现这样的情形：一种创新的企业设计出现了，但成熟企业无动于衷或反应滞后。许多公司对传统的商业模式深信不疑，它们不会思考：客户正发生着何种变化，我们如何为其创造更多的价值？即使解决这些问题要求它们改革传统的企业设计，它们也会固守原来的设计不放。

许多公司成立了自己的“基金超市”。杰克·怀特公司、艾库交易公司以及富达公司都提供了与一源系统相类似的共同基金和其他相关服务，而且不收取交易费。传统的经纪公司，如美邦、美林证券、美国运通和普惠也正在尝试着推出基金超市。

这些公司的综合反应决定着嘉信理财的企业设计所要面临的新挑战。模仿造成的破坏性威胁始终存在，它会把当前盈利的行业变成后来的无利润区。1988 年，当大量企业模仿小型轧钢厂企业设计时，纽柯公司也面临着这一问题。大规模的模仿提高了生产能力，但侵蚀了纽柯公司的利润。20 世纪 90 年代沃尔玛也遇到了同样的情况，当时，大量的企业正进入这一“易于竞争”的市场。沃尔玛不得不与那些更富有经验、经营能力更出色的对手竞争。英特尔公司面临这种情况时，为了拉开与竞争对手的距离，保持自身企业在利润区内持续运营，公司每 36 个月就会推出重大革新举措。

保持领先

嘉信理财公司在不断满足老客户金融需求的同时，也在吸纳新客户的进入。1996 年 4 月，嘉信理财公司推出了人寿保险业务，即折扣人寿保险。经过在 15 个州试点之后，施瓦布又推出了 5 年期、10 年期和 20 年期的寿险种类。他综合利用了在折扣经纪和共同基金方面的品牌和声誉，开始在寿险领域开拓市场。

下一步的举措是什么呢？施瓦布认为应当扩展现有一源系统的影响力。1996 年 10 月，他通过银行提供一源服务，获得了新的投资者群体。这一举动引起了很大争议，即使拥护他的人也对此有异议。

投资咨询师迈克·卡布里克说：“一些人认为施瓦布企图通过银行来抢占我们的市场，但是我的看法与此不同，这毕竟不是我们将要进入的领域。银行的客户或者不愿意向我们付费，或者不愿意把自己的投资转给他人。”

施瓦布首先赢得了投资咨询师这一客户群体，随后又联合共同基金公司，而现在施瓦布则利用一源系统敲开了银行的大门。

施瓦布的另一项创新是咨询师资源系统。1996年，他针对这一系统开展了前期研究。在新的咨询师系统下，施瓦布的分支机构将拥有的客户介绍给施瓦布网络中的投资咨询师。这些客户往往拥有10万美元以上的资产组合，希望得到进一步的咨询和投资指导。当然，这些咨询师并非轻易地就能获利，他们需要支付该系统的营销费用。

为了在金融创新方面保持领先，施瓦布采取的一种方式就是极力听取客户的诉求，不管客户是个人投资者还是机构。就嘉信理财公司提供的服务来看，公司客户咨询委员会的意见可能比某些跨国公司的董事会更有影响力。嘉信理财公司的管理层不仅听取客户的意见和诉求，而且还据此采取行动。

内部人士指出的另一个因素是交叉培训。施瓦布的管理人员并非只学习一种业务，他们不会在一个岗位上一待就是好几十年，他们会轮岗工作，综合学习多方面的技能，参与多种实践。与电话经纪公司和传统经纪公司的同行相比，他们的能力更加全面。

莱思罗普说："施瓦布拥有一支源源不断、年轻又睿智的人才大军。施瓦布将钥匙交到了他们手里，让他们放手一搏。如果出现什么错误，那也没关系。允许员工犯错误正是嘉信理财公司的一种企业文化。"

目前，嘉信理财公司正在逐步建立跨区域、跨国界的经纪公司。例如，它在迈阿密开设了一家面向西班牙客户的服务中心，在旧金山开设了一家面向亚太客户的服务中心，中心的员工会讲汉语普通话、广东话，日语和越南语。嘉信理财公司还收购了英国的互联投资服务公司，意图通过该公司进入潜力巨大的国外新市场。

成功的逻辑

通过不断地思索并寻找问题的答案，施瓦布给金融服务业带来了天翻地覆的变化。施瓦布考察20世纪70年代经纪行业现状时发现，该行业实质上提供的只是一种产品，即一种集交易和咨询于一体的捆绑式产品。他提出了几个以客户为中心的问题："这种单一的产品确实能满足客户的需求吗？客户哪些需求得到了满足，哪些需求没有得到满足？我如何才能让那些需求没有得到满足的客户从我这里购买产品呢？"

就这样，在施瓦布以客户为中心的早期企业设计运行之后，他马上知道模仿者会很快跟进。随着针对富于经验的投资者群体竞争的日益剧烈，施瓦布找到了保护自己利润的方法。他不断地思索："还有什么别的客户群体被市场忽略了？为满足他们的需求我需要采取哪些手段呢？"

施瓦布意识到，为赢得经验欠缺的投资者，采取向投资咨询师提供服务的方法更为有效，利润率更高。因此，嘉信理财公司成了数以千计的投资咨询师的后台服务商，他们为客户、投资咨询师和嘉信理财公司都带来了价值。

20世纪80年代后期，投资者对共同基金的兴趣高涨，他们希望有一种更简单可行的方法绕开自行挑选股票的工作。施瓦布发现，只有客户不再需要投资技能，共同基金才能流行开来。他又开始思索："这种行业变化能否创造出新的客户偏好？如果共同基金已经满足了客户对专业化投资的需求，我应该如何与基金公司合作来满足客户的进一步需求呢？"

他同样会从利润出发考虑这些问题。他想知道："我如何才能降低收入风险呢？是否能找到一种方法将交易收入转变为重复发生的收入呢？”

对于自己提出的这些以客户和利润为中心的问题，施瓦布找到了答案。他改变了公司的企业设计以满足共同基金投资者的需求，减少了交易记录管理中的难题，降低了交易成本。同时，他还让共同基金公司变成自己的客户，使它们以较低的成本找到投资人。由于每年嘉信理财公司会按照投资者资产的一定比例向共同基金公司收取小额费用，所以公司的营业收入来源也增加了。施瓦布没有被变化的行业趋势所遗弃，而是凭借其以客户为中心的逻辑找到了一条创造价值的新路，而这一逻辑正是连接两个群体的配电盘。

在施瓦布为下一代企业设计做准备时，他将会继续思考：“客户的偏好发生了什么样的变化？客户需求的不断变化的逻辑是否已经告诉我们，下一个最盈利的机会将出现在哪里？”

施瓦布总是着眼于未来，始终走在行业前列，因而，他拥有一种首创精神，这种精神是一种无价之宝。

建立配电盘企业设计——问题清单

☑ 为了将客户当作服务对象而不是销售目标，我是否已经想方设法帮助公司转变了思维方式？

☑ 我是否清楚我和我的竞争对手做生意时所付出的时间、金钱以及我们争斗所带来的成本？

☑ 对于上述问题最好的解决方式是什么？

☑ 是否存在这样一个机会，既能产生高价值的中介业务（比如配电盘模式），同时又能增加买方和卖方的经济利润？

☑ 我是否设计出了这样一种模式，可以基于配电盘原理与其他商业伙伴进行合作，持续降低客户和销售商的成本？

第9章

英特尔公司前首席执行官安迪·格鲁夫：领先两步的企业设计

- ·身处一个发展迅速和不断创新的行业里，我是否在想方设法地使公司保持在利润区内？
- ·本行业中的供求关系如何？如何进行管理？
- ·我能否控制本行业价值链中的更多环节？
- ·通过与最终用户建立联系，我能否将公司引入利润区？

在《夺宝奇兵》这部电影中，开头的场景是年轻的考古学家印第安纳·琼斯为了寻找一批价值连城的古董，在一个古墓中机敏地穿行。他克服了寻宝之路上的各种障碍：致命的陷阱、蜘蛛洞以及背叛他的助手等。历经千辛万苦，他终于找到了梦寐以求的珍宝。但是，他刚刚拿起这件宝物，就触动了所有陷阱的总机关，古墓开始崩塌。他发疯般地顺着原路往回逃跑。一块巨石就在他的身后，紧紧地追赶着他。只要琼斯与这块巨石再接近一点儿，他便会被巨石压垮。

看到这样的画面，观众的心都会提到嗓子眼上。印第安纳·琼斯能够一直跑在这块石头前面吗？如果不能，他肯定会被巨石压死。但最终，琼斯竭尽全力始终与那块石头保持着两步远的距离，一直到他跑到安全的地方为止。

英特尔公司的安迪·格鲁夫就如同古墓中的印第安纳·琼斯。像琼斯一样，格鲁夫必须克服公司发展道路上的各种障碍；像琼斯一样，格鲁夫已经拿到了宝物——他已经身处利润区了；像琼斯一样，格鲁夫身后也有一块巨石在追赶他。如果竞争对手赶上了英特尔公司，那么英特尔就会被击败。但是，像琼斯一样，格鲁夫竭尽全力使英特尔公司一直领先竞争对手两步，从而使公司一直处于利润区之内。但是这种领先是非常危险的，只要英特尔失去对竞争对手的领先距离，它就会被迫离开利润区。

英特尔始终领先对手两步，这一企业设计能够使哪些企业从中受到启发呢？它们一定是与强大的对手在竞争中不相上下、无法摆脱竞争对手的企业，所具有的传统增长动力、利润和市场地位资源正逐渐丧失价值的企业，在短时间内完成创新并获得10倍以上价值的企业，以及能够在价值链的边缘环节利用特许方式控制整个价值链，而且在消费者眼中这一边缘环节被视为价值链核心的企业。

行业中的每一个人都在讨论缩短开发周期、加快技术创新等问题，然而，谁能找到解决这些问题的方法，创造和保护超高水平的利润呢？

格鲁夫在英特尔做到了这一点。在28年的企业发展历史中，英特尔在战略性经营和战略企业设计方面的创新，超过了其他公司一个多世纪的经历。英特尔公司面临过许多危机，做出过许多生死抉择，创造了比同时代其他公司更多的价值。

在20多年的变革中，格鲁夫找到了应对这些危机的方式。他的做法是，让企业始终高度关注客户的偏好和本行业的利润区。从进入英特尔公司的第一天起，格鲁夫就以客户为中心来思考问题，致力于为客户提供必需的服务和解决方案，加强自身企业的实力和品牌。格鲁夫已经控制了个人电脑行业的价值链，但做法与早期的竞争对手不同，他将自己的客户分为显性客户和隐性客户，并分别对待。其他芯片制造商总是将客户定位为电脑设备制造商。与此相反，格鲁夫在与电脑设备制造商制定了x86标准之后，便将客户重点转向了终端用户。他对终端用户的了解始终使英特尔公司在计算机行业保持着两步的领先地位。

另外，格鲁夫在英特尔担任总裁期间，也采用了以利润为中心的思维方式。他认为，与其在众多产品上与竞争对手拼得你死我活，不如在一种产品上保持两步的领先优势。格鲁夫看到了利润区的存在，并采取了相应措施使英特尔进入了这一利润区。

早期发展

正是秉持以利润为中心的理念，英特尔才得以创立。20世纪60年代末，计算机存储器是由磁芯构成的，磁芯的制造成本占整个计算机总成本的60%。这种古老的技术成为硅片技术创新与突破的目标。鲍勃·诺伊斯、戈登·穆尔和安迪·格鲁夫于是决定创立一家公司，进入这一新兴市场。他们下定决心要使公司成为这一行业的领先者。

基于在新兴的芯片技术方面掌握的专业技能，英特尔公司于1971年推出了它的第一款通用微处理器4004。当时计算机行业的其他公司都认为，该项技术的价值将会自然而然地显现出来。但英特尔公司选择了一种完全不同的高调启动方式，它向客户大力宣传和证明微处理器的价值。针对不同的用户，包括工业设备制造商、自动化工厂、仪表制造公司、收款机厂商、计算器制造商和硬币兑换机厂商等，公司发起了“英特尔递送”活动，活动针对的对象实际上包括了使用微处理器的成千上万家企业。

与当时的其他市场营销活动相比，英特尔递送的特殊之处在于，它向每一家客户都付出了实实在在的努力。公司并没有依靠客户去发现这项重大技术的应用价值，而是自己建立一套企业设计，从而确定了客户的需求，并向客户解释英特尔的芯片如何能够迎合这些需求。英特尔公司不仅销售产品，也为客户提供解决方案。通过开发出更好的产品并迅速推向市场，英特尔能够促使客户更好地运营企业。

整个20世纪70年代，英特尔公司都高度关注客户。例如，格鲁夫以现代商业史上最简短的企业目标，即“争取福特”来团结整个公司。由于生产部门众多，福特公司成了一家非常有吸引力的客户。多数工业设备制造商每年只不过生产几千套产品，而福特每年的产量是几百万套。格鲁夫很清楚，如果英特尔公司及其产品想要获得成功，必须抓住像福特公司这样有利可图的客户。

为了使福特成为自己的客户，英特尔公司内部进行了总动员，要求所有部门和员工都为实现这一目标献策献力。1981 年，英特尔为福特公司专门设计的微控制器 EEC–III 开始安装于一部分汽车上。1983 年，福特公司每月生产的 15 万辆汽车上都安装了英特尔生产的微控制器。

征服行动

“争取福特”行动仅仅是英特尔公司以客户和利润为中心理念的一次初步尝试，在其后的几年时间里，这种思维逐渐成了英特尔公司的企业设计。对这一行业而言，这种设计固然风险很大，但这是为了生存。等到大多数竞争者认识到了这一点，已经为时晚矣。

在 20 世纪 70 年代晚期的半导体行业，英特尔和摩托罗拉平分秋色，不相上下。英特尔公司认识到，如果任由这种局面长期维持下去，盈利的机会就会非常渺茫。英特尔公司必须创造出一种领先于摩托罗拉公司两步的企业设计，才能使公司稳步处于利润区之内。然而，利润来自客户而非产品。在构想这样的企业设计时，英特尔公司应该不加任何限制条件。这就是征服行动的起源。

从表面来看，征服行动是一种似乎“难以实现的目标”，但一些管理学文章或著作会向那些雄心勃勃的管理者灌输这一目标。之所以说这些目标难以实现是因为，它会带来各方面的广泛影响。制定不可能实现的目标并不难，但要实现这样的目标很困难。能否实现这样难的目标，其中的关键点在于，员工都应当清楚地察觉到，管理层对这一目标是非常认真的。他们会想："哦，这次是要动真格了，我们也别无选择。他确实要这么做。"

征服行动一提出来，企业内部员工的反应各异，有的振奋，有的恐惧。征服行动的目标是在 2 年之内实现 500 项新的设计采用，不是 50 项，也不是 200 项，的的确确是 500 项。（应当注意的是，征服行动目标的提出是基于对客户的考虑，而不是为了扩大英特尔的市场占有率。虽然大多数行业，如广告、会计、咨询等都把客户数量作为衡量成功的指标，但它们大都是服务行业。在以产品为中心、以产品市场占有率为成败标志的计算机行业里，英特尔提出的征服行动是独一无二的。）

在英特尔，征服行动的指令来自战略决策中心，屋内的一张世界地图上标记着已经实现的设计采用。设计、应用和市场营销人员组成了一个特别突击小组，他们已经做好了准备，随时应对任何可能对有希望的设计采用构成的威胁。

征服行动的第一步是寻找销售线索。为了获得目标数量的设计采用，英特尔公司找到了上万条销售线索。然而，设计采用并不会简单地来源于销售线索。征服行动的蓝图反映出英特尔公司必须要努力销售。征服行动吸取了英特尔递送计划的教训，它更关注为客户创造正面结果，而不仅仅是专注于英特尔特别产品的销售。

首先应当关注的是时间。从客户角度来看，进入市场的时间选择是非常重要的，因为它可以使产品与众不同；从供应商的角度来看，进入市场的速度也很重要，因为先进入者能够获得溢价。征服行动注重的是及时开发出产品，将推出新产品的速度当作衡量整个公司业绩的关键指标。

关注进入市场的时间并不能保证实现该计划要求的设计采用。有意思的是，客户对新技术仍然持谨慎态度，所以先进入者必须付出额外的努力，向客户证实产品的价值。因此，客户解决方案是征服行动的第二个关键因素。在英特尔递送运动中，英特尔的市场营销部门通过出售程序和其他开发工具来帮助创造客户对微处理器的需求。在目前的征服行动中，除了上述的举措外，公司还提供现场的技术支持。英特尔推出了有关微处理器的培训项目，每年举行 50 多场讲座和研讨会。英特尔还编辑了一本手册，介绍英特尔公司的产品与系统未来的发展前景，以使那些关注未来产品兼容性的客户放心。英特尔扩展了芯片和其他附属产品的种类，使产品满足了更广泛的客户需求。通过开展征服行动，英特尔消除了客户对公司产品与自己设备兼容性的担心。

格鲁夫的努力成效显著，征服行动大获全胜。英特尔以客户为中心的方法获得了客户的认同。1980 年，英特尔公司实现了 2 500 个设计采用。英特尔的产品成为无处不在的大众产品，每一季度都会有几百种新设备使用这些产品，产品的广泛应用为英特尔确立了牢固的市场地位。英特尔获得的一项最了不起的设计采用来自 IBM。IBM 在新一代个人电脑上安装了英特尔 8088 芯片，而不是摩托罗拉的芯片。从历史角度讲，这可能是英特尔取得的最大成功。取得成功的一个关键因素是英特尔产品的广泛应用确立了其市场地位。获得 IBM 的订单是征服行动中最大的成功。过去，争取到福特的业务是一个巨大成功，而现在将 IBM 争取过来则是一个更大的成功。

英特尔公司在微处理器市场表现出色，但并不是在每一个领域都会有如此表现。1978 年，即征服行动计划实施成功的两年前，摩托罗拉已经推出了68000芯片，并获得了业内专家的一致好评。从半导体产品的销售额来看，摩托罗拉几乎是英特尔的2倍。在早期的微处理器市场上，摩托罗拉的垄断地位至少与英特尔不相上下。但到1984年，一切都发生了变化。英特尔8086微处理器的市场销售额上升为摩托罗拉68000微处理器的9倍。为什么会发生这样的变化呢？

人们通常认为，英特尔20世纪80年代的价值增长靠的是运气，即它被IBM选中，成为该公司个人电脑芯片的供应商。但熟悉这一行业的战略家都知道，英特尔的成功与运气没什么关系。

1978年，英特尔和摩托罗拉都拥有足够的资源展开征服行动。摩托罗拉的年收入额为8 300万美元，英特尔则是8 700万美元。但是，英特尔对自己的企业设计进行了根本性的创新。除了销售产品，英特尔还销售包括产品、应用程序、技术支持在内的整体解决方案。此外，英特尔整个公司团结一致、持之以恒地为公司产品的差异化进行着不懈的努力。

结果是，摩托罗拉以更好的产品赢得开门红，而英特尔凭借更好的企业设计获得了最后的胜利。

追求价值，而不是数量

虽然征服行动使英特尔在微处理器业务上保持了领先两步的地位，但英特尔在主要业务上，即动态存储器（DRAM）业务上遇到了困难。20世纪70年代末和80年代初，动态存储器市场一直呈现快速增长的态势。动态存储器的应用大幅降低了计算机的制造成本（注意，在20世纪60年代末，磁芯储存器占计算机成本的 60%），而且它的应用很快就得到了普及，销售收入和销售数量都很高。这个市场本来具有很大的价值，但是随着日本竞争企业，包括富士通、日立、三菱、松下、东芝和日本电气公司的大举进攻，竭力推行自己的成本优势，英特尔在该市场的前景令人担忧。随着日本公司制造技术的提高和美元汇率的走强，日本的存储芯片大量涌入美国市场。1978 年，美国的动态存储器产量是日本的 3 倍，英特尔公司在该市场一直处于领先地位。但到 1985 年，情况发生了很大变化，英特尔公司的收入开始下降。动态存储器属于高资本密集型业务，递减的成本曲线要求继续追加投资以提高生产能力，但资本回报率是有限的。时任英特尔首席执行官的穆尔和总裁格鲁夫意识到，继续制造存储芯片会使公司将全部资产投入到一场消耗战中。倘若英特尔公司仍坚持生产动态存储器，那么整个公司的业绩就会受到牵连。

他们意识到，动态存储器的生产已经变成一个无利润区，英特尔必须放弃这一领域，将资源配置到更有可能成功的领域。当然，不论从业务的角度，还是从感情的角度而言，主动放弃这一领域都是一项艰难的决策，因为公司当年成立的目的就是要制造存储芯片！放弃这一领域就好比要图书出版商放弃出版图书，汽车制造商放弃制造汽车。但由于日本芯片改进了生产技术，正大量涌入美国市场，为了生存，英特尔公司必须放弃这一曾经保持领先的领域。接下来，英特尔公司大举裁员，解雇了大约 30% 的员工。但无论如何，英特尔公司的领导人决定，公司必须转向一个能在未来获得价值的利润区，而不能仅凭借生产数量，在资本密集度高、无利可图的行业中抢占市场占有率。

做到独一无二

艰难地退出动态存储器领域后，英特尔未来的定位就十分清晰了。公司的未来定位就是微处理器生产商，但这也是一个没有保障的领域。面对这一严峻的现实，格鲁夫集中精力和资源，围绕微处理器来优化企业设计。在此过程中，格鲁夫从根本上改变了英特尔原有企业设计的关键要素，即改变了公司价值获取方式、产品差异化和业务范围。

整个 20 世纪 80 年代初，英特尔许可 AMD 和其他微处理器厂商生产自己的微处理器。英特尔有 12 家 8086 微处理器特许生产商，这 12 家占据总市场占有率的 70%。英特尔批准微处理器特许生产商是出于以下四个方面的原因：第一，IBM 要求自己的供应商在产品与技术方面有第二来源，这样即便英特尔出现问题，它还能确保有另一家稳定的芯片供应商向它提供芯片；第二，通过此举可以鼓励同类微处理器生产商采用英特尔的产品标准；第三，在不清楚市场需求的情况下，英特尔公司无法确定制造微处理器所需要的投资；第四，通过技术许可，英特尔公司抑制了竞争者独立开发新一代芯片的能力。

随着放弃存储器业务转而集中精力生产微处理器，英特尔转变了以许可生产获取价值的方式。

英特尔决定在价值获取和企业设计范围方面停止许可生产，这对英特尔的产品差异化意义重大。当英特尔采取许可生产策略时，它的差异化主要体现在先进的芯片设计和结构上。但是，竞争者会很快对非授权产品进行反向设计，在这些产品推出后的 12 个月内，就会生产和出售仿制的系列产品。在这种情况下，英特尔意识到，公司要长期生存下去，就必须加快研发和销售换代芯片产品的步伐，使模仿公司无法跟上英特尔的步伐。通过降低老一代产品对客户的吸引力以及降低老一代反向设计芯片的价格，并快速推出新一代芯片，英特尔不仅创造了高额利润，降低了市场竞争激烈程度，而且阻碍了模仿者跟进。因此，速度成为英特尔企业设计的基本特征，也是其产品差异化的主要来源。

了解了行业内的供求力量后，英特尔公司强化了以速度为基础的企业设计。英特尔是最早感受到用户强大力量的公司之一。英特尔主要向IBM、康柏、东芝和日本电气这样的大型公司以及所有大型设备制造商出售产品。在这些实力雄厚的企业面前，英特尔如何站稳脚跟呢？特别是当这些企业巨头有了更好的选择时，英特尔该如何应对呢？除了做到独一无二外，英特尔别无选择，哪怕这种独特性只能保持一两年。如果英特尔是独一无二的，它至少能够部分地改变供求力量对比，使实力的天平更倾向于自己。

如果没有艰苦的努力，英特尔不可能拥有速度优势。为了改进产品开发过程中每个层次的工作，英特尔投入了大量的管理时间和精力。

技术投资也发挥了关键作用。1984—1988年，英特尔在计算机辅助设计方面投入了2.5亿美元，高于其他任何半导体制造商。这种对工艺改进的投资占到了英特尔全部研发支出的20%。

最后，这种持续的努力和投资使产品开发周期大幅缩短。1985—1989年，英特尔许多芯片的开发时间都缩短了50%以上，从90周减少为44周。在一些特大项目上，开发周期也缩短了。

尽管与386微处理器相比,486微处理器要复杂得多，晶体管数量是前者的4倍，成本是前者的2.5倍，但它的开发时间更短。竞争对手要用多长时间才能仿制这一产品呢？至少也要一年以上。因此，英特尔的竞争实力得以不断增强。

孜孜不倦地致力于技术领先和缩短产品开发周期也为英特尔带来了其他方面的好处。英特尔同时还吸引了大批人才涌入，越来越多的技术人才进入并留在了公司。对于硅谷的许多优秀工程师来说，重塑后的英特尔的声誉对他们具有很大的吸引力。在这样一个人才流动频繁的行业中，英特尔公司上层人员的流动性明显低于行业的平均水平。

缩短产品开发周期加大了英特尔在竞争中的领先步伐，但格鲁夫对此并不满足。他认为在企业设计方面英特尔还可以有其他选择。

格鲁夫认为，通过同步开发三代不同的微处理器，英特尔可以获得更大的差异化优势。因此，英特尔不再每4年启动一个新项目，而是几乎每年都要启动新产品的开发计划。奔腾6代的设计始于1990年，比奔腾5代的启动时间只晚了一年。开发奔腾7代的时间差则更短。为了实施这种重叠的开发计划，英特尔将设计活动扩展到了加利福尼亚州、俄勒冈州和以色列三个地方。

这种快速的、重叠式的产品开发对英特尔及其竞争对手产生了深远影响。对于英特尔而言，只要在新一代微处理器上保持6个季度的领先期，它就可以灵活定价并获得高额利润。格鲁夫认识到，客户最重视的是处理能力。处理器的运行能力越强，客户得到的效用就越大。个人电脑制造商们竞相将新一代的英特尔产品推向市场。为了获得更强大的功能，用户愿意支付更高的价格。

竞争对手们希望通过加强反向设计来夺取领先地位，但都是徒劳的。一旦竞争者推出了仿制芯片，英特尔就会马上降价，这将严重降低竞争对手的利润，限制模仿者获得足够的现金投入。像AMD这样的竞争对手认识到，在英特尔缩短开发周期、保持两步领先的情况下，公司的营业利润首先会随着微处理器产量的增加而上升，之后便会下降（见表9–1）。

表9–1　营业利润比较

公司	1986年	1987年	1988年	1989年	1990年
AMD	–13%	–3%	3%	6%	–3%
英特尔	–11%	19%	25%	22%	28%

格鲁夫创造的企业设计综合了集中投资、速度和时机掌握等因素，已经成为英特尔公司强大的利润引擎。毫无疑问，英特尔公司稳稳地处在了利润区之内。

为价值链中的价值而竞争

能有这样的成就，大部分公司都会感到满足。格鲁夫以利润和客户为中心的举措已经击败了早期的竞争者。20世纪70年代末，英特尔实施的征服行动也使摩托罗拉希望拥有行业战略控制点以及两年领先地位的梦想破灭了。20世纪80年代中期退出存储器业务领域之后，英特尔走出了由日本企业竞争而导致的无利润区。通过缩短产品开发周期，格鲁夫使英特尔公司领先于竞争对手，成为业内独一无二的企业。但是，格鲁夫仍然时刻保持警惕。即便在非常成功之时，英特尔也会开始思考下一个需要解决的问题和下一个企业设计。

从20世纪70年代早期开始，英特尔就不再仅仅是一家芯片公司，它还从事系统及外围相关设备方面的业务。对这些领域的涉足使英特尔在实施征服行动期间能够为客户提供解决方案。这方面的能力使英特尔能够有效地影响客户对英特尔产品的需求，并影响客户的产品与开发。当格鲁夫考察英特尔的客户（20世纪80年代末的电脑设备厂商）时，他意识到，功能改进方面的任何失误都会影响客户需求的增长，并且会威胁英特尔差异化战略实施的效果。英特尔领先两步的企业设计是建立在对电脑处理能力的巨大需求基础上的（见图9-1）。格鲁夫绝不会放过这一机会，或者将其拱手让给原始设备制造商。

格鲁夫决定进一步推动他的事业，使英特尔的业务扩展到价值链的其他环节。英特尔开始制造芯片组，之后又开始制造使用了英特尔芯片的主板（主板是计算机的主要部件）。这种延伸增强了英特尔对整个价值链的影响力。当个人电脑制造商不能及时做出改进时，英特尔就会通过向新电脑制造商出售更多主板而进行干预。制造主板是个人电脑业中技术最具挑战性的业务，通过制造主板，英特尔减少了进入电脑组装市场的壁垒。英特尔有效地将个人电脑组装市场商品化，并且抓住了个人电脑价值链上的战略控制点。

这种战略控制使英特尔公司对整个行业竞争的“速度与节奏”产生了影响。这就意味着，其他竞争者必须适应英特尔的产品开发、生产能力和产品上市的时间安排。对硬件销售商而言，如果无法使自己的设计和开发时间安排迎合英特尔的微处理器推出时间表，那么就要失去重要的市场占有率，并丧失 3 个月的利润。

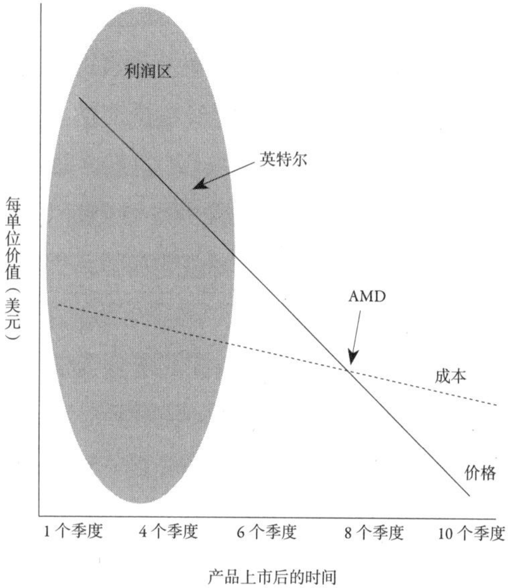

图 9–1　英特尔领先两步的企业设计

拥有客户关系

格鲁夫已经实现了对个人电脑价值链的战略控制，这是一个重要的优势，基于此，他可以控制计算机硬件销售商。然而，在以客户为中心的思维指引下，格鲁夫推动英特尔公司继续向价值链的其他环节延伸。格鲁夫思索这样一个问题：是什么使得公司在硬件销售商面前拥有强势地位呢？这一问题的答案可以用一个词来总结，那就是终端用户。终端用户永远不会满足，他们希望处理器的速度越来越快，他们需要范围更广、水平更高的应用程序，而这需要配备更强大的处理器。只要终端用户一直有这样的需求，英特尔便能够维持其领先两步的企业设计。

格鲁夫必须找到一种方法，发展与终端用户间的关系。他认为，英特尔必须开始在消费者中开展宣传。人们可以想象，英特尔内部关于对消费者广告问题的争论是何等激烈。强大的传统战略主义人士认为，“我们的客户是个人电脑原始设备制造商，我们应当关注这些客户，应当对它们施加更大的影响力，从而将这些客户的市场占有率最大化。”但是，当英特尔扩展到价值链的其他环节时，英特尔与这些原始设备制造商之间的关系已经由传统的供求关系转变为竞争关系。在竞争中，谁拥有与终端用户的联系，谁就能够占据有利位置。因此，英特尔公司发起了以终端用户为目标的“内置英特尔”市场营销计划。

内置英特尔计划是影响行业内供求实力对比的系列举措中的又一个新计划，这一计划在20世纪80年代末是不可能实行的，因为在当时的计算机行业中终端用户并不重要。即便到1991年，终端用户的影响力也不是很大。事实上，他们只是市场营销雷达荧屏上的一个微小光点。1991年，消费者在电视、机顶盒和录像机上的支出为60亿美元，而在电脑及其附属设备上的支出还不足10亿美元。但是这种情况正在发生变化，消费者在个人电脑方面的支出以每年50%以上的速度增长。这意味着，截至20世纪90年代中期，消费者购买个人电脑硬件的支出可能超过购买电视等硬件的支出。这种消费者购买行为的改变为英特尔创造了树立品牌的机会。

内置英特尔计划有些让人摸不着头脑，特别是在1991年该项目启动时这一点更明显。许多评论家都深感困惑。有人认为，由于英特尔的企业设计创造了巨额利润，对消费者做广告就是想通过金钱为将来的利益打基础。但是，了解格鲁夫的人认为，这样的观点严重误解了格鲁夫的思维方式。格鲁夫讨厌浪费、反对从事徒劳无功的活动。内置英特尔计划不是突发奇想，而是一项非常必要的举措。这相当于为鼓励用户使用英特尔的产品而先支付“订金”。内置英特尔计划为英特尔提供了一种增加价值的工具，它可以帮助众多使用英特尔芯片的制造商做出选择。1995年，内置英特尔的商标受到消费者的广泛欢迎，此时，英特尔公司已成功地遏制了电脑制造商选择芯片的自由。英特尔对品牌的投资为3亿多美元，这又为英特尔的模仿者设置了一个难以逾越的障碍。

英特尔的广告宣传活动转移了消费者对电脑厂商的关注和忠诚，使芯片制造商成了消费者关注的对象。对于消费者而言，最有价值的不再是电脑品牌，而变成了处理器。这种转变改变了品牌在价值链上各个环节的实力，但这种转变对IBM、康柏、戴尔等主要电脑制造商较为不利，反而有利于英特尔。对此，康柏愤怒不已。从技术上看，英特尔的主板帮助了新成立的低成本的竞争对手，内置英特尔计划限制了康柏选择微处理器的范围。关于康柏和格鲁夫之间恩怨的报道已连续好几个月占据了媒体头版。康柏能怎么做呢？毕竟，英特尔在与终端用户的关系和信心方面具有战略优势。

促使英特尔与消费者建立特许关系的另一个原因是计算机、通信和娱乐业呈现出了逐渐融合的趋势。英特尔公司认为，随着这些领域的相互交叉融合，个人电脑最重要的市场将会出现在家庭。在家里，计算机将与电视争夺消费者的闲暇时间。英特尔希望自己的品牌在这一迅速扩张的领域中成为消费者的选择。

安迪·格鲁夫和英特尔的故事并非只是一次行动、一次创新、一项发明。与其他创新者相比，格鲁夫通过一系列行动建立起一种相互强化的战略控制系统，创造出了更多的价值（见表 9–2）。“英特尔递送”、征服行动、退出存储器业务领域、保持两步领先、控制价值链，以及建立消费者品牌等，英特尔的每一项举措都意义非凡。但英特尔具有的最独特的优势是一种思维，在这一思维的指引下，即使在成功的情况下，英特尔仍然会坚持创新活动。

表 9–2　英特尔的企业创新

要素	1980 年	1985 年	1997 年
客户选择	工业设备制造商	个人电脑原始设备制造商	个人电脑原始设备制造商 消费者
价值获取	芯片制造和许可制造	芯片制造	芯片制造 主板方面有限的价值获取 品牌溢价
产品差异化 / 战略控制	技术	速度	速度 主板 消费者品牌 兼容性
业务范围	存储芯片和解决方案	微处理器	微处理器 芯片组 主板 价值链管理

与英特尔抗衡就如同执行一项离谱的命令。在竞争对手开始对其第一个企业设计做出反应时，英特尔就已经完成了两项新举措，使自己处在了更加领先的位置（见图 9–2）。

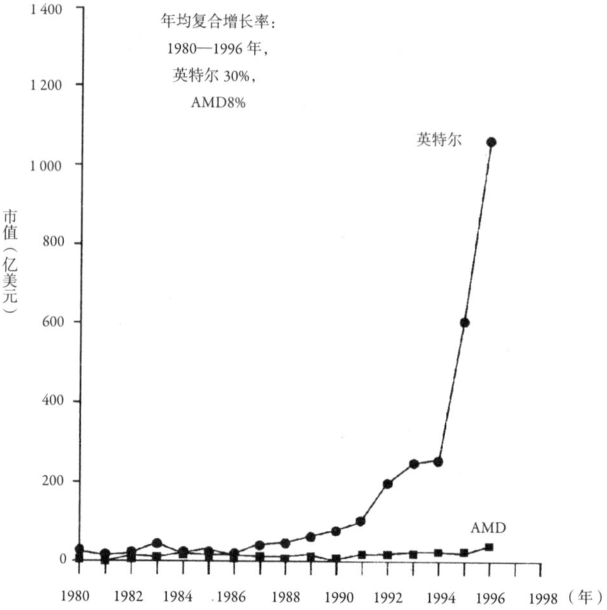

图 9–2　英特尔与 AMD 的市值增长

1995 年，英特尔已经将竞争对手远远甩在了身后。此时，英特尔的主要压力并非来自竞争者，而是来自直接的消费者和软件开发商，因为它们开发不出令人兴奋的、对处理能力需求大的应用软件。英特尔的问题不是来自千方百计模仿奔腾芯片的 AMD 公司，而是来自购买英特尔芯片的设备制造商。这些设备制造商的实力仍然非常强大，但行动缓慢。通过在消费者中树立自己的品牌和参与制造主板，英特尔遏制了它们的力量。现在英特尔关注的事情是促使设备制造商尽快做出改进。当价值链上相邻的环节严重损害了领先者的业绩时，英特尔就会陷入一种典型的价值链困境。英特尔利用它的战略地位控制着行业的前进步伐。落后者要当心！如果设备制造商不再创新，英特尔就会一直领先所有的企业两步。

建立领先两步的企业设计——问题清单

☑ 我是否选择了一部分项目以创造领先两年的优势，而不是在所有业务上与竞争者势均力敌？

☑ 我是否已经尽力缩短了产品开发周期？

- 获取资源
- 出色的项目管理
- 改进技术
- 平行开发

☑ 一旦获得领先优势，如何才能保持并增强这种优势？

第 10 章

迪士尼公司
前首席执行官
迈克尔·艾斯纳：
利润乘数企业设计

·我的公司是否逐渐转变成知识产权型公司？

·在知识产权业务中，创造最大价值增长的规则是什么？

·我的行业里有多少家公司充分利用了这些规则？

1984年，居住在圣路易斯的安德森一家5口正在计划如何度过暑假。夫妇两人绞尽脑汁地思考着陪孩子们去哪些地方。他们讨论了好多选择，突然，鲍勃·安德森想起一位同事谈起在迪士尼乐园的度假经历。他们那次度假非常愉快，而且听起来非常有趣。鲍勃向妻子简述了迪士尼乐园的情况，她非常感兴趣。简和鲍勃都没有去过爱彼克特中心，这个中心在几年前就已经建成开放了。“为什么不去看看？”他们最终把度假地点选在了迪士尼乐园。

这次的旅行非常开心。孩子们享受到了乘车和游戏的乐趣，而鲍勃和简则享受了美食和好天气，这次度假的感觉好得大大超出了他们的预期。而且，鲍勃认为这次旅行相当省钱。全家的机票费约为800美元，在酒店住宿一周的费用大约为700美元，吃饭和零食费用大约为500美元，一家人4天的公园门票费用总计为200美元，其他各种开销，如打车、给孩子们买东西等，一共花费500美元。旅行总费用没有超过3 000美元，这真的很不错。

6年后，也就是1990年，安德森一家又计划度寒假。孩子们现在已经长大了，跟他们一起旅行就更加众口难调了。他们不喜欢长时间乘车，而且那年暑假，他们已经去了几个国家公园，但效果不是太理想。尽管去国家公园的费用不高，但不太好组织。在公园里，孩子们没什么事情可做，而且天气还很糟糕。鲍勃和简花了好几周的时间思考去哪里度假，最后，还是孩子们为他们的父母做出了选择。孩子们一直在看迪士尼电视频道，而且还问什么时候能够重游迪士尼乐园。这真是个好主意。鲍勃刚刚给女儿买了一套小美人鱼玩具作为圣诞节的礼物，他的儿子还在看他买的《至尊神探》的录像。事实上，鲍勃买这样的礼物是因为孩子们在过去5年中一直都在看高质量的迪士尼电影。迪士尼乐园也许仍是此次度假最合适的选择。

结果证明，这次旅行每个人都玩得很开心。从1984年那次畅游之后，迪士尼乐园已经发生了很大变化，乐园里增加了一些新的游乐项目，以及许多卡通和电影人物。而且，当简带着孩子们游泳的时候，鲍勃还打了几个洞的高尔夫球。尽管这次游玩的花费接近 4 000 美元，比去国家公园的花费高出很多，但是全家人都认为花得很值。鲍勃买机票花了 1 000 美元，在迪士尼乐园游览花了 1 100 美元，餐饮费为 750 美元。他们不需要租车，因为迪士尼乐园景区里有班车，游客可以乘坐它们往返于机场和景区。同时，景区内部的交通工具每天都会把游客送往各个景点。公园里 6 天的费用一共是 600 美元，算下来比上次旅行期间的花费略多了一些，但这次游览的景点数量以及每个景点的游览项目都增多了。鲍勃花 300 美元给孩子们购买了一些小礼品。但是，他觉得在这里游玩非常便利，额外的花销也物有所值。

对比安德森一家的这两次旅游，迪士尼乐园从他们第二次旅游中得到的收入比第一次多很多。在安德森一家第一次旅行支出的 2 700 美元中，迪士尼得到了 200 美元的门票费，200 美元的园内餐费和零食费，以及为孩子买东西的 100 美元。总体来看，在安德森一家的支出中，迪士尼乐园得到的还不足 20%。

但在 1990 年的第二次旅行中，安德森一家共支出近 4 000 美元，除了机票外，迪士尼几乎获得了其他全部收入，这大约占他们一家整个旅行支出的 75%。迪士尼乐园内部有宾馆、公园、商店和餐厅，这些都可以为安德森一家提供服务。迪士尼为安德森一家提供了他们所需要的一切，让其旅行既方便又惬意。安德森一家没有任何不满意的地方。迪士尼已经找到了能让客户得到更好体验的方式，通过这种方式它提高了公司在消费者支出份额中所占的比重，从而增加了公司的利润。

那时，在迪士尼公司中最卖力地为迈克尔·艾斯纳工作的人当数那些动画人物了。在过去的几十年中，它们一直是迪士尼公司的招牌产品。艾斯纳或者迪士尼取得成功的基础是企业设计，这种企业设计能够使公司从知识产权中最大限度地获取价值。一种知识产权，无论是《米老鼠》《阿拉丁》，还是《狮子王》这样的作品，都能够多次给客户带来愉悦的体验，同时为股东带来更大的利润增长。

对于迪士尼而言，米老鼠和它的伙伴们是将整个迪士尼王国连成一体的基石，这一点不言自明。这个王国包括电影、主题公园、主题公园宾馆、录像带销售、零售和许可经营等。但是，看上去不言自明的目标并不容易实现，否则，所有迪士尼的竞争对手早就实现了这些目标。我们可以将迪士尼和其主要竞争对手——时代华纳公司（即原来的华纳兄弟公司、时代公司和特纳广播公司）的企业设计做一下对比。尽管这种比较并不全面，但是它有助于我们了解迪士尼制定的一系列成功的企业设计。像迪士尼一样，时代华纳也有电影制片厂和主题公园，而且在动画娱乐方面也有强大的特许经营权。然而，与迪士尼不同的是，时代华纳没能迅速地采取行动，进而及时抓住创造价值的新机遇。它也不具备能够使其资产增值最大化的分销能力（见图 10–1）。

例如，尽管时代华纳拥有丰富多彩的动画人物，如兔八哥邦尼、超人、蝙蝠侠，甚至是《疯狂漫画》杂志中的阿尔弗雷德·E. 纽曼，但是它没有像迪士尼那样积极主动地从事商业化特许经营业务。直到后来，时代华纳才模仿艾斯纳进军零售业的做法，开展分销业务。

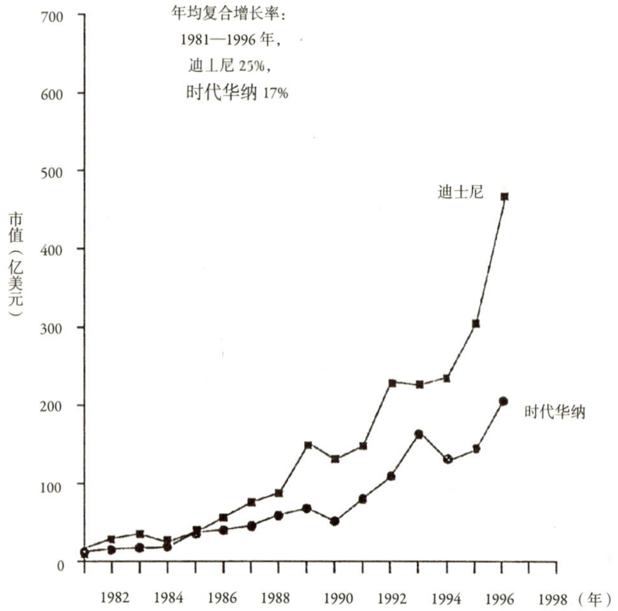

图 10-1　迪士尼与时代华纳的市值增长

时代华纳在六面旗主题公园里使用了自己的动画人物，但它从知识产权中获取价值的速度要比迪士尼公司慢很多。尽管在美国有 85% 的人可以在一天之内便驱车到达一座六面旗主题公园，但是直到近期，时代华纳才将公园网络当作重要的分销手段。通过动画人物和消费者体验，蝙蝠侠探险车的亮相才最终使这些公园同时代华纳的电影娱乐业务联系了起来，从而使公园利用动画人物获得了收入。

迈克尔·艾斯纳和他的团队为迪士尼制定的企业设计为很多行业的管理人员提供了一种重要模式，这些行业隐藏着有待创新使用的资产。艾斯纳的企业设计创新和创造，与迪士尼历史上闻名的艺术创新和创造相比有过之而无不及。例如，艾斯纳增加了迪士尼客户的选择范围，其客户从儿童扩展到了家庭所有成员。而且，迪士尼为这些客户（包括小孩、家庭成员或者成人）提供了一系列娱乐选择，时间短的娱乐项目可以是一个小时、一个晚上，时间长的可达一天，甚至一周。

艾斯纳还扩大了迪士尼的业务范围。1984 年艾斯纳进入迪士尼时，公司主要制作电影、运营主题公园、销售特许经营消费产品。现在，除了这些业务外，迪士尼从事的业务范围还包括电视制作、电视和无线广播网络、有线网络、盒带录像、零售商店、主题公园宾馆、度假综合服务、体育团队、百老汇音乐剧和巡回演出等。

从一开始，迪士尼给自己的定位就是家庭娱乐公司。现在，得益于艾斯纳的企业设计创新，例如扩大了迪士尼的业务范围和客户选择等，迪士尼已经成为一家能够提供娱乐解决方案的公司，艾斯纳也因此为公司创造出一个更广阔的利润区。与其他公司相比，迪士尼公司对价值获取的考虑更全面、更深入。它创造或者进入了新的业务领域，这些领域之间互相促进，增强了各自的盈利能力。较之娱乐行业中的任何其他媒体集团，迪士尼的利润乘数企业设计创造出了更多的价值增长。

迪士尼系统创造的知识产权要比其他娱乐系统中创造的知识产权都更赢利。并且，这些知识产权成为重要的资源，为可持续的价值增长奠定了基础。

艾斯纳在创建利润乘数企业设计时，并非一帆风顺。在他的新企业设计全部实施之前，他不得不对迪士尼的企业设计进行两次改革，他首先从“成本超支”的电影业务开始。他的第一大挑战是建立能够使电影制作赢利的经营模式。

盈利电影制作模式

1984 年当迈克尔 · 艾斯纳加入迪士尼公司时，迪士尼公司名下有三个独立的模块：电影娱乐、消费产品和主题公园。由于多年疏于管理，这三项业务都陷入价值外流的困境。

迪士尼的电影制片厂曾经一度被认为是 20 世纪五六十年代一家实力雄厚的公司，而当时它仅排在业内的第三位。自 20 世纪 70 年代以来，过高的管理费用（行业平均管理费用为总收入的 20%，而迪士尼为 35%）使公司的利润逐渐降低。仅 1983 年，电影制片厂就亏损了 3 000 万美元。曾是世界上最受欢迎的度假胜地的迪士尼主题公园，在艾斯纳到来之前的 4 年中，有 3 年出现了游客数量下降的情况。

艾斯纳在迪士尼的第一个战略举措是重振迪士尼的基础业务，并使这些业务赢利。在以产品为中心的世界里，艾斯纳必须关注迪士尼的基础产品。如果艾斯纳不能够使迪士尼的电影赢利，他也就无法推动迪士尼的企业设计向赢利的方向转变。他采用的方式是抵制和废除成本过高的电影大制作的风气。

他的第一步行动是组建一个娱乐行业里最好的管理团队，由这个团队向迪士尼的全体员工灌输一种热情工作的理念。在以前的管理模式下，公司人员习惯了迟到早退。新的管理团队则希望员工在一周里能早到迟退，并且鼓励员工周末也在办公室里工作。公司内部有一句流行语：“如果你周六不来上班，那就别因为周日上班而烦恼。”

艾斯纳这种热情工作的精神为公司带来了新气象，他开创思路的技巧也非常具有革命性。艾斯纳具有超强的快速创造、评估和实施自己想法的能力，自沃尔特·迪士尼本人离开迪士尼公司以来，尚无人能与他匹敌。艾斯纳亲自主持管理人员的“头脑风暴”会议，不好的或者不符合迪士尼企业实践的理念会马上被淘汰，有潜力的想法也会立刻得到实施。

艾斯纳迅速地改变了迪士尼的文化——从原来的保守和缺乏活力变得富有激情和活力，这样的文化能够不断支持艾斯纳持续进行企业设计创新。

在迪士尼内部创造出适宜的成功环境后，艾斯纳准备向CAA（明星艺人经纪公司）和其他人才经纪组织的权威地位发起挑战。CAA是迄今为止业内最重要的经纪公司，它成立于1975年，不久后便成为好莱坞最强大的人才经纪组织。CAA的成功不仅基于其创始人兼总裁迈克尔·奥维茨杰出的组织才能和谈判技巧，而且来自其卓越的企业设计。这种企业设计的建立恰恰基于CAA对传统好莱坞电影制片厂在企业设计方面内在缺陷的研究。

奥维茨对好莱坞的业务有自己独到的见解。他认为电影制片厂依赖明星，而明星依赖电影故事。无论是保罗·纽曼还是罗伯特·雷德福，他们在电影上的成功基本上靠剧本的质量和影响力。大多数好莱坞电影制片厂都认为，明星既可能成就一部电影，也可能毁掉一部电影。奥维茨认为，电影故事才是关键。因此，他与纽约的一家文学经纪公司结成联盟，由该公司帮助他挖掘优秀的故事素材。

电影故事成为新体系的来源之后，奥维茨实施了他的第二步重大举措：包装。有了出色的电影故事，他会招募作家把故事写成剧本，然后把导演、主要演员、其他演员与剧本组合起来，形成一个完整的集体。当奥维茨与电影制片厂联系时，他掌握着所有筹码——故事、剧本和演艺明星。对于制片厂而言，这种方法是非常方便的，因为一部潜在卖座大片的所有关键要素都已经被预先组合在一起了，但是制片厂得为这一揽子计划付出高昂的费用。因此，大部分利润都到了CAA及其旗下的演艺明星的手里。

CAA认识到这一企业设计能够带来惊人的利润，因为奥维茨对每部电影收取的代理费来自4~6名演员，而不仅仅是1名演员。而且在谈判的时候，奥维茨处于强势地位，拥有故事和明星组合这些战略控制点。奥维茨独特的企业设计使CAA进入了越来越赢利的发展轨道。随着时间的推移，越来越多的演艺明星聚集到CAA旗下，因为成为CAA的一员要比单枪匹马进行谈判的成功概率高得多。奥维茨建立了一个杰出的配电盘企业设计，通过CAA将制片厂和演艺明星联系了起来。(有关配电盘企业设计的详细叙述，请参见第8章的内容。)

艾斯纳发现，拥有强大实力的奥维茨和类似的演艺人员机构的管理者把持了娱乐业，他下定决心要让迪士尼的企业设计摆脱他们的控制。他决定通过在迪士尼内部培养力量来组织自己的电影制作团队，由迪士尼公司的人员撰写剧本、联系明星并且制作电影。自好莱坞黄金时代的路易斯·迈耶和塞缪尔·戈尔德温以后，还没有哪个制片厂能够做得如此成功。

像奥维茨一样，艾斯纳认为电影的成功取决于故事，迪士尼必须有高质量的剧本，因此艾斯纳聘请了一个由顶级作家组成的团队。尽管迪士尼远远算不上一流的制片厂，但是它拥有众多杰出的剧作家，因此公司能够以低于顶级明星的费用聘请到许多杰出的、有创造力的演员。

如果发现影片有卖座潜力，迪士尼都会注重发挥明星效应。当红的演员费用很高，处于低谷期的演员要价则比较低。例如，迪士尼在拍摄《乞丐皇帝》这部电影时，贝特·米德勒和理查德·德赖弗斯正处于事业低谷，迪士尼与他们签订了合同，支付的费用仅相当于最当红明星的一小部分。机会主义式购买成为迪士尼企业设计的一个关键部分。在签订了这部电影的合约之后，德赖弗斯的经纪人抱怨道："他们简直吝啬到一毛不拔。"在随后的几年中，数以百计的迪士尼供应商、合作人和广告商都有过这样的感受。

尽管迪士尼因独立剧本写作和雇用处于低谷期的演员在业内脱颖而出，但在电影制作方面，迪士尼与其他电影制片厂的业务流程都是一样的。但与其他电影制片厂不同的是，艾斯纳能够降低制作成本。对于制作一部电影来说，开拍前，对演员角色分配的焦虑和争论可能会耗尽摄制组的精力，而且在拍摄真正开始后，这样的焦虑和争论可能还会不断地持续下去。这样每天都有可能增加额外的花销，这会降低公司的盈利能力。在好莱坞，有许多影片出于艺术方面的考虑会变得几乎无利可图，而观众并不看重这些。接下来，剪辑工作就成了一场激烈的博弈，一方面要考虑影片的整体质量，另一方面要考虑众多水平高却自负不已的人，因为他们不愿意看到自己的工作成果被无情地剪掉。艾斯纳对预算进行了严格的控制，以此来确保成本保持在最低水平。

艾斯纳还努力分散迪士尼的财务风险。在任职早期他就发现，要建立稳定的迪士尼盈利模式需要低风险、利润稳定的电影，而不是大多数电影制片厂所追求的那种高风险、高成本的电影。迪士尼在推出卖座大片之前，首先要制作出能够赢利的电影。

艾斯纳联合华尔街的赫顿经纪公司组建了银幕合伙人公司（Silver Screen Partners），投资者可以通过这家公司为迪士尼的电影投资。那些投资者可以获得一部分利润，但是前提是在所有的费用都结清后他们才能得到。如果一部制作出来的电影没有赢利，那么迪士尼将在 5 年之后如数归还投资人的本金。因此，投资者的本金是安全的，而且他们的投资具有升值的可能性。作为交换，迪士尼得到了无息的资金支持，利用这些资金可以将迪士尼制片厂变成大型制片厂。1985—1989 年，持续有三个合伙人向迪士尼电影投入了 10 亿美元。

在两年内，艾斯纳便创造出成功运营电影制片厂的企业设计。《乞丐皇帝》于 1986 年 1 月上映。这部电影的票房收入表现很不错，同时得益于艾斯纳严格的成本控制，公司从这部电影中获得了利润。实际上，改革后的迪士尼制作的 15 部电影中，有 14 部是赢利的。

表 10-1　迪士尼的企业设计与行业标准的对比

要素	1986 年	
	“成本超支”的行业标准	**迪士尼的盈利电影制作模式**
客户选择	成人 一部分小孩	小孩 家庭
价值获取	自担风险 收支相抵的电影	盈利电影 分散风险 主题公园收入

（续表）

要素	1986 年	
	“成本超支”的行业标准	迪士尼的盈利电影制作模式
产品差异化 / 战略控制	明星驱动	故事驱动
业务范围	数量众多的电影 CAA/ 经纪公司保障	少量电影 迪士尼组织 主题公园
运营方式	成本超支	严格控制预算 低成本明星、低成本拍摄地点

有了这么多部盈利电影，迪士尼电影制片厂决定扩大规模。截至 1987 年，迪士尼的电影制作已经由 1985 年的 3 部增加为 13 部。艾斯纳使迪士尼的电影制作业务重新赢得了利润，恢复了生产效率，也为公司进入一个更盈利的利润区的企业设计打好了基础。

卖座大片设计

尽管迪士尼的电影制作业务已经能够继续生存下去，但是它还没有制作出有影响力的大片。卖座大片对建立公司的声誉和鼓舞士气是非常重要的，而且会对公司的市值产生显著的影响。随着时间的推移，公司推出卖座大片的压力日益增大。卖座大片比普通电影的利润要高出很多。为什么？我们做个计算。制作电影的成本从 2 000 万美元到 1 亿多美元不等（主要考虑邀请的明星、特效、市场营销预算和拍摄地点等因素）。电影的收入从 1 000 万美元到 3 亿美元不等。一部收入为 5 000 万美元的盈利电影，如果成本是 3 000 万美元，那么利润是 2 000 万美元。如果一部卖座大片的收入是 3 亿美元（由电影制片厂获得），它的成本就是 1.5 亿美元，利润就是 1.5 亿美元。在以利润为中心的思维指引下，艾斯纳决定改变迪士尼的企业设计，将盈利电影制作模式转变为卖座大片模式。

艾斯纳制定卖座大片企业设计中的一个关键要素是理念的重大转变：公司从对产品的关注转变为对整个体系的关注。很早之前艾斯纳就意识到，一部盈利电影是基于一个好故事的。同时，他还认识到一部卖座大片需要的不仅是一个好故事和好执行，而且需要出色的营销和首映活动，以及成功的销售。

如果首映活动不成功，那么一部电影无法成为一部卖座大片。首映之后前 10 天的表现好坏决定了一部电影在票房收入上能否成功。票房上的成功决定了这部电影在利润丰厚的录像带市场上的盈利情况。在这种高风险的环境下，电影管理者会密切关注前 10 天的票房收入情况，他们的警觉程度不亚于虔诚的教徒密切注意罗马教廷的烟囱里是否有烟冒出来。

1987 年，迪士尼为自己制作的两部电影《三个奶爸一个娃》和《早安越南》进行了一次经过精心策划、范围广泛的营销和首映活动。

迪士尼原本打算在圣诞节前后推出《三个奶爸一个娃》，因为这是电影上映的最佳时间。但为了在圣诞节前为这部电影积攒人气和营造声势，首映式被提前到了 11 月下旬。

感恩节前后，迪士尼管理者踌躇满志而又惴惴不安，因为他们的脑海里一会儿浮现出的是欢庆胜利后的盛大场景，一会儿浮现出的是失败后的深深绝望。杰弗里 · 卡森伯格许诺道：如果在感恩节后的周六，这部电影的票房收入能突破 400 万美元，他就会在大会议桌上跳吉格舞。当这个周末来临时，整个公司的人都屏住了呼吸。

周一的早晨，卡森伯格开始跳舞了。在假期前后的几周时间里,《三个奶爸一个娃》的票房收入神奇地突破了 1 亿美元。迪士尼第一次打造了一部真正意义上的卖座大片。

艾斯纳续写着迪士尼的成功，他推出了第二部卖座大片《早安越南》。这次的营销战略和首映活动体现出创造力和坚忍不拔的精神，这样的精神最终成为迪士尼卖座大片企业设计的关键因素。这部电影的主演是罗宾 · 威廉斯，这位明星因为在 20 世纪 70 年代扮演了系列幽默剧《莫克和明迪》中的滑稽外星人而小有名气，但当时他在观众中的影响力并不大。为了提高威廉斯的人气，迪士尼安排他在《早安美国》《今天》和《奥普拉秀》中出镜。公司还为他拍摄了两个商业广告，一个广告活泼生动，它主要针对的是 12—25 岁年龄段的观众，另一个广告情感丰富，它面向年纪大一些的观众，主要描述的是英雄与越南落后地区的农民一起生活的情景。为了逐渐积累观众对这部电影的关注度，迪士尼尝试了一种史无前例的逐步推进的推广方法。他们起初只在三个城市上映这部电影。通过做好每一个细节的准备工作，并且创造性地采取一些方式避免可能出现的亏损，迪士尼显著地提高了票房收入。在两个月之内,《早安越南》这部电影的票房收入超过了 1 亿美元。迪士尼公司的发展出现了转机。

逐渐地，艾斯纳将制作盈利电影的企业设计提升为制作卖座大片的企业设计。迪士尼推行严格的成本控制制度，同时运用一些销售和首映技巧，使公司的收入实现最大化。

迪士尼卖座大片企业设计的下一个内容就是建立更强大的销售能力、增加票房收入和录像带的销量。

艾斯纳进入迪士尼时，迪士尼的分销部门是博伟影片发行公司，这家公司只在美国有业务。为了把电影打入国际市场，迪士尼与华纳兄弟的分销部门签订了合同。后来，艾斯纳果断地提高了博伟影片公司在美国国内的影响力，而且开始培养遍布全球的销售力量。在短短的两年之内，在电影分销行业，博伟影片公司就对华纳兄弟的领导地位形成了挑战。更好地分销有助于增加票房收入。通过对博伟影片公司注资，艾斯纳提高了未来制作迪士尼卖座大片的可能性。

1985 年，艾斯纳发现录像机正快速渗透进美国家庭。虽然当时许多家庭仍然通过有线电视观看电影，但是艾斯纳意识到这种情况马上就会改变，一个有利可图的音像市场正在形成。艾斯纳决定将迪士尼的娱乐影片通过录像带的形式发行。早在 1984 年年底，迪士尼在影院上映大银幕电影《木偶奇遇记》时，艾斯纳就认为这是实验以录像带的形式发行电影的理想时机。

但是，这次的实验结果不是很理想：迪士尼的收益仅为 900 万美元。但艾斯纳没有气馁,《睡美人》在影院上映后，他以特价发行了一套动画片录像带，这套录像带包括《睡美人》《小飞侠》和其他几部动画片。艾斯纳的坚持得到了回报：这套动画片销售了 500 万套。从这次成功的录像带的销售经历开始，艾斯纳一路高歌猛进。随后的 5 年中，迪士尼制作的 10 部最卖座的影片中，有 6 部是通过录像带发行的。

动画片在录像带市场上的成功增强了艾斯纳对重组迪士尼动画部门这一问题的关注。艾斯纳进入迪士尼公司时，动画片在美国电影市场上已经不再流行。1980—1981 年，在动画技术和人员方面投入重金的制片厂都获利甚微。1982 年，屏幕漫画家协会组织的罢工，进一步加剧了电影制片厂对全身心投入动画片制作的犹豫不决。

对此，艾斯纳有不同的看法。这种看法与他之前的假设一致，这一假设也是盈利电影制作的企业设计的基础——动画片要取得成功，前提是要有个好故事。同时，动画电影也具备长期盈利的可能性。尽管上映的动画片相对较少，但是它们通常都获得了极大的成功。在过去制作的 50 部大型动画片中，有 22 部名列《综艺》杂志排行榜的100强。而且，在这22部电影中，没有一部聘请过当红的明星。

拍动画片能够赢利，是因为它们比真人电影具有更长久的影响力。尽管 1940 年《木偶奇遇记》刚上映时出现了亏损，但后来的总票房收入高达 6 400 万美元，达到了迪士尼公司的盈亏平衡点。另外，艾斯纳从公众对迪士尼现有主题公园和消费产品的反应中得知，一部电影中的动画人物可以采用多种包装方式。后来，对动画片人物进行多重包装成为艾斯纳利润乘数企业设计的基础。

通过重新发行迪士尼经典影片，艾斯纳进一步促进了公司的价值获取。在重新发行一部电影时，迪士尼只需要投入营销、首映和其他方面的低廉成本。这样，公司就可以从以前制作的影片中获得所有收入。1987—1990 年，迪士尼重新发行了《白雪公主》《灰姑娘》《小鹿斑比》《狐狸和猎狗》《小飞侠》《森林王子》等影片。

在动画片的潜在利润和成功发行的促进之下，艾斯纳着手重组公司不景气的动画部门。新生的动画部门取得的首次巨大成功，是大家齐心合力制作的动画电影《谁陷害了兔子罗杰》。这部动画片超出了所有人的预期，这部动画电影 1988 年的全球票房收入超过了 3 亿美元。到 20 世纪 90 年代，迪士尼的动画部门已经成了制作卖座大片的机器。差不多每隔 12 个月，这个部门就能策划、制作和推广上市一部动画大片（见表 10–2）。《小美人鱼》《美女与野兽》《阿拉丁》《狮子王》《风中奇缘》《钟楼怪人》《大力士》相继上市。就这样，一部又一部动画大片给公司带来了丰厚的利润。

表 10–2　迪士尼的卖座大片

发行日期（年）	片名	票房收入（百万美元）	
		美国	海外
1987	《三个奶爸一个娃》 《早安越南》	168 124	65 35
1988	《谁陷害了兔子罗杰》	154	160
1989	《亲爱的，我把孩子缩小了》	130	80
1990	《漂亮女士》 《迪克 · 特雷西》	178 104	200 50
1991	《美女与野兽》	146	180
1992	《阿拉丁》 《修女也疯狂》	217 140	250 20
1994	《狮子王》 《圣诞老人》	313 145	400 60

利润乘数企业设计

20 世纪 80 年代后期，艾斯纳发现，尽管卖座大片企业设计给股东创造了越来越多的价值，但是电影制作成本也水涨船高，高昂的制片成本存在将卖座大片设计挤出利润区的风险。他抓紧时间探索能够积极利用迪士尼无形资产的方法，以确保迪士尼处在利润区之内。他还想办法使迪士尼的各项业务能够互相促进，建立一个利润倍增的体系。为此，他制定了两大战略：一是以利润为中心的分销战略；二是为家庭娱乐提供整套解决方案的战略。

艾斯纳最成功的一次冒险是将迪士尼从产品的创造者转变为产品的创造者兼分销商。电影制作的很多利润都来自产品之外。为了拓展迪士尼在价值链上的其他业务并获得更多价值，艾斯纳控制了更多的产品流通渠道，而且他还建立了一些新渠道（见图10–2）。

从20世纪20年代迪士尼公司创立到80年代初期，迪士尼主要是产品创造者。它制作动画片或者真人影片，讲述适合儿童和家庭的故事。20世纪50年代，迪士尼开始制作电视剧。目前公司有四个主题公园，并且在人物的特许使用费方面获益颇丰。但是，迪士尼在设计人物和故事创作方面投入了大量的精力、资金和战略资源。艾斯纳投入了很多精力探索新方法，从而使迪士尼能够从其创造性资产中获得更多价值。

一条可行的途径是使公司涉足零售业。多年来，迪士尼一直特许制造商使用自己拥有的卡通形象，然后由这些制造商将带有迪士尼卡通形象的产品出售给零售商。艾斯纳来到迪士尼时，这种运营状况仍在持续。在带有迪士尼卡通形象产品的批量销售的收入中，仅有7%会交给迪士尼公司。1984年，迪士尼在该项业务上的收入为1亿美元。艾斯纳认为，迪士尼应当从自己的产品中获得更多价值。

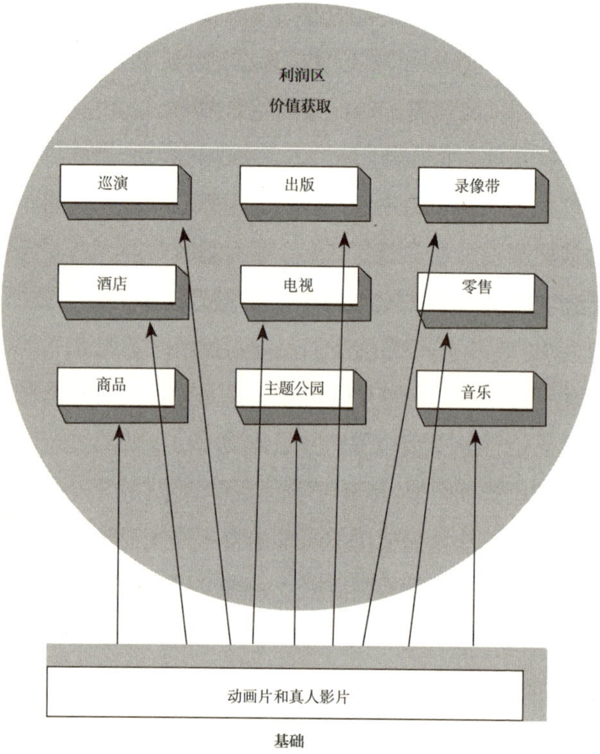

图 10-2 迪士尼的企业设计

在价值链的另一端，零售商从迪士尼的产品中获得了大量的收入和利润。艾斯纳对这种方式的经济性和消费逻辑提出了质疑，然后他开始酝酿一次彻底的变革。一旦进入零售行业，迪士尼既能够分享零售商的经济回报，又能与客户建立更直接、更有价值的联系。艾斯纳进军零售业的计划体现的绝不仅是这样一种认识，即企业设计变化是“选择”而来的，而不是“给定”的。艾斯纳成功地跳出了现有企业设计的选择范围，创造了一种未来能够实现显著价值增长的新模式。

在迪士尼公司内部，艾斯纳的想法遭到了极大的质疑。运营零售连锁店并不是迪士尼的强项，也远不是公司的核心竞争力。迪士尼如何与玩具反斗城、梅西百货以及 FAO 施瓦兹这样的玩具零售公司抗衡呢？

在艾斯纳的设想中，迪士尼商店应该为客户提供更好的购物体验。通过综合利用迪士尼的品牌和服务文化，艾斯纳创造了一种积极的客户体验，也为价值获取创造了一种全新的工具。

尽管公司内部仍有质疑，但艾斯纳仍然如期施行了自己的计划。第一家样板迪士尼商店在加利福尼亚的幽谷拱廊商场开业，而这家商场就位于迪士尼伯班克总部附近。商店出售的商品种类繁多，价格有高有低，有洛斯（Lorus）品牌的迪士尼手表，拉瑞特斯（Rarities）制造的迪士尼珍藏金币，哈思伯罗（Hasbro）制造的经典米老鼠和唐老鸭毛绒玩具等 。

幽谷拱廊商场里的迪士尼商店开张后的第一年，每平方英尺的销售额达到了 1 000 美元，这一数字是业内领先零售商的 2~3 倍。这家零售商店无可争议的突出表现，使得迪士尼是否进军零售业的争论就此结束。现在争论的主题变成了如何进一步拓展迪士尼的零售体系。迪士尼的零售商店从 1988 年的 10 家发展到 1998 年遍布全球的 630 家。

在音像制品领域，迪士尼下属的分销渠道博伟影片发行公司的实力自 1984 年以来不断增强。起初迪士尼在国内增加了网点，之后又进入了国际市场。在博伟影片发行公司成立之前，迪士尼通过竞争对手的分销渠道出售自己的产品。而现在，迪士尼运用自己的分销渠道销售竞争对手制作的电影。博伟影片发行公司一个最大的成功就是迪士尼录像带的销售。全美各地的观众越来越多地选择租借或者购买迪士尼电影的录像带，其数量超过了其他任何一家制片厂制作的电影的录像带。艾斯纳对博伟影片发行公司的投资决策使公司从本已成功的影片中获得了更多的价值。

迪士尼从产品转向分销的第三大举措是购买 ABC（美国广播公司）的都市频道。作为一家主要的电视网络和几个关键频道的东家，迪士尼现在能够更便利地进入美国家庭。迪士尼的制片厂可以为 ABC 拍摄电视节目，其中既有动画片又有真人电影，它通过这种方式将自己的产品大量销售给消费者。在美国，ABC 有线电视拥有 1 亿个家庭用户。同时，通常情况下在黄金时段，有 2 000 万户收看 ABC 的节目。ABC 的 ESPN（娱乐与体育节目电视网）确保了迪士尼率先进入潜在的利润丰厚的亚洲市场。

此外，由于长期管制措施被取消，电视网络制片厂运营的羽翼也逐渐丰满起来。艾斯纳最不愿意看到的是，美国广播公司、哥伦比亚广播公司和美国国家广播公司利用它们成熟的分销渠道，投入巨资进入电影制片业。但是，迪士尼控制了 ABC，因此它在与主要潜在竞争对手的竞争中占得了先机。

迪士尼的利润乘数企业设计也为迪士尼电影提供了一张安全网。即使像《钟楼怪人》和《大力士》这样的非卖座影片，迪士尼也有各种办法从中获利。而一旦像《野鸭变凤凰》和《棒球天使》这样的系列电影获得成功，迪士尼的分销网络就能够显著提高现有迪士尼卡通形象的价值，并提高迪士尼未来创造的所有卡通形象的价值。无论什么时候一个新的卡通形象被创造出来，它都能通过数以百计的零售商店传播出去。就这样，公司拥有了电影制片厂、录像带业务、积极的许可政策、自有的零售运营业务、主题公园以及重要的电视网络，利用它们迪士尼就可以顺利、快速地将自己的卡通形象从概念引入第一媒介、第二媒介，直到引入全美销售的零售产品中。这种日臻完善的体系确保了迪士尼的电影卡通人物卖力地为股东创造价值，这是任何其他电影公司的电影人物所难以比拟的。迪士尼的每一个电影卡通人物给公司带来的利润都会通过迪士尼的经营体系而价值倍增。

迪士尼还能够利用它的娱乐解决方案增加利润，这突出体现在主题公园部门的企业设计变化中。这些变化既体现了对现有制度的最优化，也体现了经营范围的创造性扩张。现在，除了从主题公园资产中获得诱人的回报外，在家庭度假方面，迪士尼也享有非常高的品牌知名度。

艾斯纳对主题公园业务模式的第一大创新是，为了增加游客的数量而采用与市场接轨的机制。由于对重大事件的新闻报道相当于做免费广告（这样的例子包括纽约媒体对迪士尼在纽约时代广场中的亮相，以及 1997 年 6 月迪士尼参与晚间游行等的关注），主题公园部门的管理者几乎没有人相信在广告宣传方面进行投资会产生诱人的回报。但其中也有几名管理者不同意这样的看法，他们在芝加哥、休斯敦和堪萨斯城当地电视台和报纸上进行了一场广告闪电战，其宣传效果好得出人意料。每 100 万美元的广告投入为主题公园带来了 154 000 名游客。中西部的广告投放大获成功之后，艾斯纳趁热打铁。1985 年，他为迪士尼乐园成立 30 周年举办了一次声势浩大的宣传造势活动。

增加前往主题公园游客的数量只是第一步，艾斯纳看到了更大的盈利潜力。20 世纪 80 年代中后期，游客对主题公园非常满意：这里的服务质量高，服务设施完善，服务水平一流，而且客户的整体体验一流。在亲自阅读了几位热情客户填写的满意度调查表后，艾斯纳发现最紧迫的问题是价值获取。几年内，公园都没有提过价，而且公司也没有为增加游客人数采取过行动（直到最近才开始宣传）。迪士尼为游客创造了超值服务，但公司获取的收益与之不相匹配。

每年大约有 3 000 万人游览迪士尼主题公园。艾斯纳知道，公园的门票每提高 1 美元，一年的运营利润就会增加 3 000 万美元。迪士尼内部的许多人都为提高主题公园门票价格而感到担心。然而，对于艾斯纳而言，问题不是是否提价，而是如何提价。解决这一难题的方法就是逐步提价。迪士尼乐园的票价从原来的 18 美元涨到了 1985 年夏天的 19.50 美元，之后在当年冬天提高为 21 美元。在之后的 6—8 个月中，门票价格仍有提高。就这样，到了 1988 年，迪士尼门票价格上涨到了 28 美元。然而，在 4 年多的时间里，门票价格的年均涨幅并没有超过 10%。结果，在并没有受到公众负面反应的前提下，迪士尼的年营业利润增加了 3.1 亿美元。

艾斯纳注意到，虽然主题公园的门票价格提高了，但来主题公园游玩的人更多了。艾斯纳开始计划如何“占有”游客假期更多的时间。假期开支可以分为几大类：旅行、住宿、食物、娱乐、纪念品和零星开支等。迪士尼的利润主要来自三个领域：食品、娱乐和纪念品。在主题公园所在的区域，迪士尼为当地的酒店和景点带来了巨大的经济利益，这种利益同迪士尼产品为零售商带来的利益如出一辙。艾斯纳提出了这样一个问题：在一个家庭的度假开支中，迪士尼可以拿到多大的比例？

艾斯纳没有将自己的思维局限在传统的娱乐公司定位上，他在很多零售环节和度假价值链环节进行了投资，进而从根本上重塑了迪士尼的企业设计。这些投资的共同主题是，希望在提高游客体验质量的同时，实现与迪士尼体验相关的收入和利润的最大化。

首先，艾斯纳大幅增加了公司酒店方面的业务。此后，迪士尼不仅可以为进入主题公园的家庭提供一天的服务，而且可以提供整个假期的服务。截至 1992 年，公司酒店的客房增加了 4 倍。当时，位于奥兰多的酒店入住率约为 68%，而迪士尼的平均入住率则高达 90%。

为了占有游客度假期间更大比例的开支，艾斯纳采取了另一项举措。他增加了迪士尼乐园的娱乐项目。在他任期之内，米高梅电影制片厂和其他主要的娱乐项目应运而生。在度假区，孩子的父母有机会玩高尔夫球、参加会议，甚至在迪士尼学院进行学习。通过将主题公园的运营转变为整套度假方案，艾斯纳正在打造一个娱乐业内无可撼动的品牌，它就好像迪士尼一系列的经典动画电影在家庭娱乐业方面所打造的强大品牌一样。

对于不能度假或者不能就近享受迪士尼体验的人而言，迪士尼公司提供了另一种选择——迪士尼俱乐部，这是利润乘数企业设计的最新组成部分。迪士尼俱乐部是地方性的组织，它可以提供二三小时的即兴参观，那里有许多游乐区供孩子游玩，还有饭店和零售商店。第一家迪士尼俱乐部在加利福尼亚州的千橡市成立。在正式成立之前，有 1 000 多名迪士尼粉丝排队等着加入俱乐部。艾斯纳打算在全世界的城市和郊区都开设迪士尼俱乐部。

正如其他所有的创新一样，迪士尼不是所有的创新举措都能成功。有一些创新事后被证明完全是一场灾难。在构建利润乘数企业设计的过程中，艾斯纳经历了几次挫折。迪士尼第一次在录像带市场上的冒险就是发行《木偶奇遇记》这部电影，但效果并不理想，因为当时有录像机的美国家庭并不太多。更大的失败发生在坐落于巴黎附近的迪士尼欧洲公园开业之后。公司对欧洲游客的许多假设和盘算都出现了致命的错误，这些错误包括从定价到对游客旅行行为的估计等各方面。

迪士尼欧洲公园在开业的前几年里，其运营状况非常糟糕，客户的满意度也不高。经过多年的努力，这些错误才得以纠正。

尽管在过去有过无数次战略和战术失误，迪士尼公司仍旧不断地探索以新方式提高盈利能力的方法，这一做法还是值得称道的。当艾斯纳意识到可持续的价值增长取决于他建构的企业设计而非他自己后，他将利润乘数企业设计的理念灌输到了迪士尼的各层体系中。

在担任迪士尼公司综合和特别项目副总裁期间，艾斯纳的这一理念确保了迪士尼从其知识产权产品中获得最大价值。有了这种理念以及伴随这种理念而产生的思维模式，艾斯纳使公司在未来持续增强盈利能力的可能性大大增加。

下一步创新

1985 年前，迪士尼面临的最大挑战是克服目标快要实现时所出现的停滞。几年之内，艾斯纳创立了盈利电影制作模式，迪士尼公司也因此战胜了长期以来位居市场领先地位的派拉蒙电影公司。随着电影制作成本的增加，利润区也发生了转移。要继续保持盈利，迪士尼就需要不断地生产出卖座大片。因此，艾斯纳创造了卖座大片企业设计。之后，20 世纪 80 年代末、90 年代初期，艾斯纳又再次对迪士尼公司进行了改革，这次他基于卖座大片企业设计创造出了利润乘数企业设计。当娱乐行业内的竞争日益加剧时，艾斯纳想方设法地使迪士尼公司成功进入了利润区（见表 10–3 和图 10–3）。

表 10–3　迪士尼的企业设计创新

要素	1984 年	1990 年	1996 年
客户选择	儿童	儿童 成人	儿童 成人 家庭
价值获取	电影销售 许可经营	卖座大片 主题公园门票、酒店 零售	卖座大片 利润乘数模式
产品差异化 / 战略控制	版权	版权	版权 分销 品牌
业务范围	电影制作 主题公园 消费产品特许经营	主题公园 卖座大片 消费产品的零售 录像带	卖座大片 整个迪士尼体系 主题公园 零售 电视 体育团队 其他形式

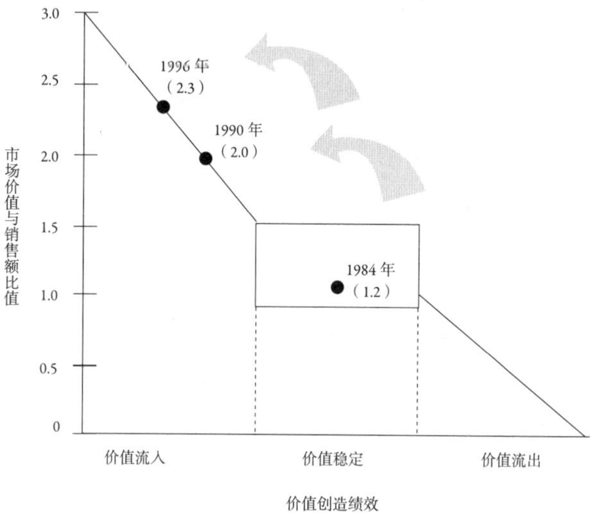

图 10-3　迪士尼的企业设计创新

现在，利润区又发生了变化。迪士尼公司面临着维亚康姆、时代华纳、鲁伯特·默多克的福克斯新闻公司等众多强大的竞争对手。这些公司都开始模仿迪士尼的利润乘数企业设计。例如，维亚康姆大力宣传其热门电影《独领风骚》，它的一个部门竭力为《瘪四与大头蛋》这部电影宣传造势。维亚康姆采用的方式与艾斯纳卖座大片企业设计中早期的营销和发行策略非常相似。维亚康姆也开始使用西蒙与舒斯特公司出版的教材，收看尼克劳迪恩频道的节目，而且创建了一个教育网络。

迪士尼还面临一个更微妙的内部威胁，那就是成功本身。由于公司的业务变得越来越广泛和复杂，迪士尼也面临与IBM、通用汽车公司一样的问题：公司需要变得八面玲珑，面面俱到，服务所有人吗？迪士尼的客户选择和业务范围是否过于广泛？另外，随着迪士尼的业务模式变得更加复杂，它必须应对新的挑战。例如，尽管对 ABC 都市频道的收购显著地增加了公司的分销渠道，但这样是否能使公司业务变得更加复杂？公司还面临新的短期压力。迪士尼收购 ABC 时，ABC 在业界排名第二，然而收购结束时，它的排名跌到了第三。

这股新形成的势不可当的力量——最大、最盈利、依靠最强大的智慧建立起来的娱乐业的企业设计能使企业保持必要的灵活性，从而领先于竞争对手吗？在一个价值变迁速度非常高的行业里，迪士尼能够一直保持领先地位吗？我们拭目以待。

艾斯纳本人曾说过："每隔 7 年，企业就需要改变自己。"果真如此的话，迪士尼已经为下一次改革做好了准备。

制定利润乘数企业设计——问题清单

☑ 在我所处的行业中：
- 谁创造价值？
- 谁获取价值？

☑ 如果我创造价值而其他人获取价值，那么我该如何改变这种情况？

☑ 在我所处的行业中，哪些是基础资产，即人们未充分利用的资产？

☑ 通过哪些途径可以释放价值或重新获取价值？
- 新产品
- 新组合

·新样式

·新客户群

·新分销渠道

·新地理位置

☑ 在以上这些途径中，有哪些是我已经知道如何操作，但尚未实施的？

☑ 在以上这些途径中，有哪些是我的公司需要了解的释放或增加价值的新途径？

☑ 在所有业务中，我是否已经建立了一种相互促进、提高盈利的关系？

第 11 章

美国热电公司创始人
乔治·哈特索珀罗斯：
分拆型企业设计

·随着公司的壮大，我能否不断激励并且留住杰出的人才？

·是否有必要以股票的价格来衡量公司的核心业务？

·公司的股票价格是否被低估了？

·公司的规模是否影响你领先客户的能力？

1990 年，威尔·汤普森正准备换工作。在此之前，他的职业生涯还是相当成功的。大学毕业后，他在一家大型会计师事务所工作了几年，后来他去了一家顶级商学院学习，并获得了 MBA 学位。自此以后，他一直在一家大型装备制造公司工作。作为这家公司升迁速度最快且受人尊敬的经理之一，他积累了丰富的经验。他收入颇丰，工作也很体面，但他并不快乐。他有强烈的创业意识和出色的创业技能。在过去6年中，他开创了两项业务，这是非常了不起的成绩，但是，有两件事情一直困扰着他：第一，公司制定决策的速度太慢了，满足不了实际需求；第二，受公司薪酬规模结构的制约，他的薪水已经达到了上限，已没有增长的空间。

因此他开始寻找新工作。他已经收到了几家公司的邀请，但这些公司的规模太大、行动迟缓，他不喜欢这样的公司。他曾想过在硅谷创办自己的公司，但是他不确信自己愿意承担那么大的风险或投入那么多的时间。他非常清楚应该如何创建和运营一家公司，但是他知道要积累资源、使公司走向成功需要花好几年的时间。他想去一家规模足够大的公司，因为他不必面对不断寻找新资源的压力。同时，这家公司的规模也不能太大，这样它才能不失去创业精神。

他对这件事情想得越多，对周围公司的关注也就越多。思来想去，唯一符合他各项要求的只有一家公司——美国热电公司。如果他去美国热电公司工作，那么他既能享受小规模公司的好处，也可以享受跨国公司的优势，看上去这家公司完全能满足他的要求。于是，威尔决定去美国热电公司考察一番，看看它是否是最适合自己的公司，是否能让他发展自己的事业，是否能让他获得股权回报的收益。

截至1982年，美国热电公司采用同一个企业设计已经有30年的时间了。这一企业设计一直为公司及其创始人乔治·哈特索珀罗斯提供着不错的服务。公司在马萨诸塞州成立了沃尔瑟姆研发部。由于公司能够不断地从该部门得到改进产品的新理念，公司的销量得以以年均近30%的速度增长。然而，哈特索珀罗斯也在捕捉自己周围的变革信号，尤其是那些持续暗示需要改变企业设计的信号。

首先，尽管政府在环境保护方面的支出——这是美国热电公司收入的主要来源——在整个20世纪70年代一直稳定增长，而且年均增长率达到16%，但1982年，政府在这方面的开支下降了4%。同时，美国的实际GDP（国内生产总值）也在下降，这预示着经济衰退和激烈的竞争即将来临。

哈特索珀罗斯说："经济衰退确实伤害到了我们大部分客户，我们也受到了不利影响。汽车公司、装备制造商等依赖美国热电公司提供节能技术的资源密集型企业现在买不起我们的产品了。我们失去了大量客户。"

政府支出减少，再加上公众对环境问题的关注日益减弱，预示着美国热电公司未来的客户与之前提供服务的客户会有所不同。市场的变化要求美国热电公司改变自己的客户选择和产品范围。

哈特索珀罗斯还认为，美国热电公司目前采用的企业设计并没有得到市场的正确评价。

他说："1982年，美国热电公司的市值是6 000万美元。它表明公司市值大幅下跌，因为公司市值最高时达到1.8亿美元。据我们计算，如果公司的每项业务都能上市，那么公司的市值应该接近2亿美元。"

哈特索珀罗斯和公司其他高层管理者开始努力思索如何改革现有的企业设计，为股东创造更多价值。

他们也考虑到了公司的员工。

在公司发展初期，每个人都很兴奋，他们努力工作，迫切希望看到公司的成功。1967年美国热电公司上市时，哈特索珀罗斯用股票期权来激励员工。但随着公司越来越依赖技术，再加上公司规模不断扩大，这种激励效果越来越弱。在大公司里，用股票期权奖励部门经理的做法变得越来越与单个部门或者投资活动的成功无关。

哈特索珀罗斯说："将母公司的股票期权送给每一位管理者意味着不管业务是否成功，管理者获得的奖励都是一样的。因为这些期权与业绩没什么联系。"

很明显，哈特索珀罗斯需要找到更好的方法来激励有才华的员工。

同时，随着公司规模的日益扩大，公司与客户的关系也疏远了。20世纪50年代哈特索珀罗斯初创公司时，他亲自参与产品的开发，并亲自出马与客户建立联系。1982年，他发现亲自管理日常事务同时兼顾客户关系变得越来越困难了。了解客户需求是至关重要的，但是他的时间必须用来经营、管理美国热电公司这个庞大的组织，他需要把"了解客户"的理念灌输给员工。

美国热电公司遇到的另一个障碍是高昂的国内融资成本。美国热电公司从公众手里能募集到的资金日益减少，但公司许多潜力巨大的新技术在进入市场之前需要很多年的资金投入。哈特索珀罗斯原本希望进行债务融资，因为这样做可以减免税收。但后来他认为，在自己承担的技术风险和经营风险一定的情况下，如果公司的现金流不确定，再承担更多的债务融资风险是一个愚蠢之举。

综合考虑各种因素之后，哈特索珀罗斯认为必须对美国热电公司的企业设计进行改革。

他说："我们现在拥有的东西比过去多得多。我们的某些业务，比如能源保护，我们正在努力想办法加快发展这项业务。我们需要管理公司的新方法。我们的思路是，将分支机构分别上市，让它们为自身的发展筹集资金。这就是分拆战略的结构。"

因此，1982年，哈特索珀罗斯开始将美国热电公司分拆成不同的业务部门。重要的一点是，哈特索珀罗斯在美国热电公司采用的分拆战略不同于其他许多大型公司采用的分离战略。美国热电公司采用的分拆战略与分离战略理念恰恰相反。

二者之间存在何种区别？

首先，哈特索珀罗斯分拆出了美国热电公司的核心业务，并将这部分最有价值的业务率先推向股市。大多数公司分离的只是外围业务，它们往往将核心业务保留下来。但哈特索珀罗斯知道，为了增加美国热电公司的价值，分拆出基本业务是非常必要的。

其次，哈特索珀罗斯决定不出售美国热电公司对子公司拥有的股权。他解释道："改革初期我们就决定永不卖掉我们的股份。美国热电公司从来没有出售过子公司的股份。我们与实施分离战略的公司正好相反。多数其他公司会将子公司分离，然后将子公司获得的收入用于其核心业务。他们会说：'我们希望集中精力搞核心业务，通过出售外围业务可以募集资金。'而我们希望每一个附属机构进行独立评估，并为它们自己募集资金。"

通过这种方式，美国热电公司仍然可以与每家子公司保持非常紧密的联系。

通过分拆美国热电公司的业务，哈特索珀罗斯使投资者将每一家子公司视为特定市场上的“完全参与者”，为市场提供投资人了解的产品。哈特索珀罗斯解释说：“在这个国家，以合理的价格获得资本的唯一方式就是关注特定投资者的投资倾向。投资者对大型企业集团不感兴趣，因为他们不清楚这样的企业在做什么。我们重新整合了股权，这样投资者可以购买任何有前景的技术和让他们眼前一亮的业务。”

美国热电公司企业设计的变革显著改变了分析师对该公司的看法。

英国国民西敏证券的分析师保罗 · R. 奈特说：“美国热电公司的企业文化看起来不像是一家拥有 1.7 万名员工的企业所具有的文化。许多大公司都有好几个级别的管理者，政治手段可能是个人成功的一大因素。但美国热电公司采用分权式结构，并且鼓励员工管理公司，树立起主人翁的意识，这使公司形成一种非常开放、无权术纷争的文化。我们的经验是母公司和子公司的各级管理者是可以处理机构投资者的问题的，所有员工都可以与股东直接对话。”

建立这种类型的组织结构对于一家高科技公司而言是非常重要的。20 世纪 90 年代，技术股股价一飞冲天。类似网景这样的公司，在还没有获得一分钱的利润之前就已经创造了几十亿的价值。产品生命周期大大缩短，但这些股票的巨大升值潜力，吸引着数以亿计的资金流入这一领域。

早在 1982 年，哈特索珀罗斯就想采取这样的行动。他知道自己必须为投资者开辟一条更简单的途径，使他们了解美国热电公司的各种技术和各个市场。事实证明，作为美国热电公司的一种价值获取机制，这种新结构是非常成功的，它为美国热电公司的技术进步带来了必要的资金支持。

另外，美国热电公司的新企业设计（见图 11–1）大大激励了公司员工。这一模式使员工有了一种主人翁意识，从而使他们更加积极地投身到自己的工作中。他们的薪酬直接与部门业绩挂钩。他们知道努力工作的直接好处，对糟糕的工作表现，他们再也不会找任何借口。

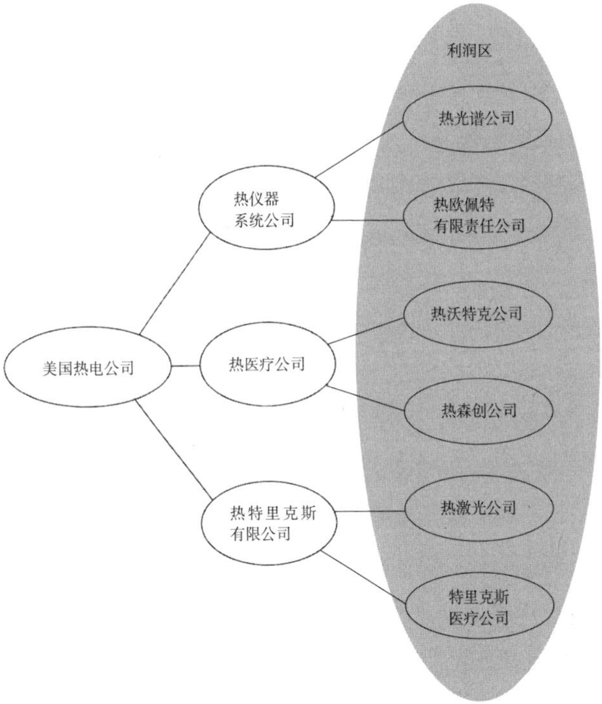

图 11–1　美国热电公司的分拆型企业设计

哈特索珀罗斯说："公众给予了强大的监督力度，这有助于我们管理这些部门。公众监督之所以能起到这样的作用，是因为公众可以向管理层畅所欲言。当管理层说'股价下跌了，但不知道为什么会这样'时，你可以这样回答：'不，股价下跌的确有它的道理，因为公众担忧这个部门的盈利能力。'这种制度发挥了出色的作用。"

这种企业设计可以有效地识别和奖励员工出色的表现。

美国热电公司企业设计的这种分权化特征，增强了公司与客户之间的联系。大多数公司采用的企业设计会使公司在发展过程中削弱与客户的联系，但美国热电公司的企业设计刚好相反。通常情况下，随着公司规模的扩大，客户的重要性会越来越低。公司既不能也不愿意倾听消费者的呼声，更不用说对他们的呼声做出响应或者调整自己去适应他们的需求了。而且，大型公司拥有的只是大量的工作人员，相对于客户，这些人员的数量的确过多了。当哈特索珀罗斯最初考虑分拆美国热电公司的业务时，他发现具有金字塔结构的大型组织会使公司与客户的联系程度降到最低。因此，他为美国热电公司量身打造的企业设计避免了出现这种情况。

哈特索珀罗斯策划的分拆型企业设计使公司与客户有了最广泛的接触。管理者必须亲自与客户进行面对面的沟通，从而为客户制定解决问题的方案。在此过程中，他们要像海绵一样吸收客户的信息。

例如，热激光公司是美国热电公司下属的一家子公司，该公司找到了一种应用于整容业和工业领域的低密度激光法。通过保持与高层次客户的互动，并且提供符合客户需求的一系列服务，热激光公司成为美国热电公司里最闪耀的明星公司之一。作为皮肤护理和其他个人护理产品的制造商，热激光公司在推广其全新的柔光技术方面投入了大量精力。它采用的方法是在医学会议上直接向医生宣传公司的产品。此外，热激光公司还运营了理疗整容连锁店，在这些连锁店里，专家们可以运用激光技术护理头发、祛除文身或者为皮肤除皱等。同时，该公司还建立了一个覆盖全美的外科医生网络，这些医生会租用公司的激光器械，这也将成为热激光公司一项非常赚钱的业务。

现在，美国热电公司的产品已经遍布诸多领域。在环境传感仪器方面，公司处于领先地位，比如空气污染和核辐射检测器等。同时，在回收和生物学设备领域，美国热电公司也是遥遥领先。

工业公司聘请美国热电公司帮助提高它的能源利用效率，检测生产过程中的污染物排放量，以使公司的污染水平保持在规定标准之下。

美国热电公司的多种产品都具有一个共同特征，那就是它们都是运用热力学定律开发出来的。开发这些产品都是为了提高某些系统的效率或监测这些系统的活动。

随着市场资本化的投资超过 80 亿美元，销售额达到 29 亿美元，美国热电公司的市值与销售额的比值超过了 2.5 ： 1，如此高的比值是其与众不同的企业设计产生的结果。美国热电公司向那些能够从其产品中获益的客户推销产品，这些客户可以使用它的产品提高能源利用效率，也可以改进工作流程。通过销售这些产品、提供服务或者支持这些产品，美国热电公司从中获取了价值。

美国热电公司从一家开发和制造产品的技术型公司，转变成一家风险投资公司，它将有潜力的技术项目分拆成几个独立的单元，并且向它们提供资金、技术和其他业务资源。

早期发现利润区

1927 年，乔治·哈特索珀罗斯出生在希腊。在孩提时代，他就对机器和科学深深地迷恋。他的成长时代正值“二战”期间。他把大部分时间都花在了图书馆里，博览各类人文地理书籍。他对美国的创业精神很着迷，特别崇拜美国的发明家，如托马斯·爱迪生。

德国纳粹占领希腊期间，哈特索珀罗斯历尽磨难。但是他的工作没有受到战争的影响，相反，他想方设法寻找通过科学技术帮助祖国赢得战争的机会。例如，20 世纪 40 年代，德国人控制了无线电台，因此欧洲人只能接收到纳粹的宣传类节目。哈特索珀罗斯在他的地下室里建造了无线电发射机和接收机，将它们秘密卖给了希腊地下抵抗组织。哈特索珀罗斯做这件事是冒着被送进集中营的巨大风险的。他的无线电广播很成功，最终成为激发创立美国热电公司的源头。哈特索珀罗斯意识到，当这一巨大的需求不期而至时，对于某些人而言，这就意味着开创新事业的大好机遇。

“二战”结束后，哈特索珀罗斯在雅典理工学院开始了他的正式求学生涯。他集中精力钻研热力学，提高了他在这门科学上的专业水平。然而，所有现实都使他面临更多的问题。1948 年，哈特索珀罗斯来到美国的麻省理工学院继续深造。他在这里先后获得了机械工程学士、硕士和博士学位，从此与这所学校结下了不解之缘。

在校期间的学术生活锻炼了他的技术能力，但他似乎还缺少一点儿东西。哈特索珀罗斯喜欢竞争，热衷于冒险，他知道商界能够让他将自己对科学和对冒险的热爱结合起来。

1955 年，哈特索珀罗斯联合一位刚从哈佛大学毕业的朋友彼得·诺米科斯准备大干一番事业。当时哈特索珀罗斯一直在研究热力转换器，这是一种不需要任何机械结构就可以将热力转换成电力的装置，并以此撰写了他的博士论文。他们俩讨论了他们的创业方式，然后决定向诺米科斯的父亲求助，恳请他提供 5 万美元的启动基金。让他们惊讶的是，这位父亲毫不犹豫地给了他们这笔钱，他们便马上行动起来。他们当时并不知道（后来才知道）诺米科斯的父亲和哈特索珀罗斯的舅舅科斯塔斯·普拉特西斯之间的对话。诺米科斯的父亲说："听着，科斯塔斯，我要给他们 5 万元钱，他们肯定会赔个精光。然后乔治会回到麻省理工学院继续教书，我的儿子也会集中精力打理我们的家族企业。这对他们都有好处，花一点儿钱就能买到这么具有启发意义的教训，确实很值得。"

但哈特索珀罗斯得到的"教训"跟诺米科斯父亲预想的完全不一样。他成功地制造出了一台热力转换器。此后，他发现这台机器除了用于太空计划外，几乎没什么商业价值。他所做的只是为美国航空航天局开发了一个产品而已。他开始意识到，自己在麻省理工学院从事科学工作已经太久了，如果想要取得商业上的成功，必须站在客户的角度来考虑问题，必须秉持以客户为中心的理念。在为客户开发技术之前，他必须弄清楚客户尚未得到满足的需求是什么。

许多大公司都在研发上投入了大量资金，并且产生了令人兴奋的新技术。由于这些公司规模大，它们需要为新技术的营销和上市举办诸多活动，所以将技术推向市场并不困难。不幸的是，也正是由于规模大，这些公司往往不能开发出满足每位客户需求的技术。相反，它们的注意力转移到了产品身上。技术产品会没有销路，公司也会浪费大量资源。但公司尚能够生存下去。

小公司承受不起这样的失败。一旦它们将有限的资源投入到技术改革中，那么这项技术必须成功，否则公司就会因为无力再获得其他资源而倒闭。在职业生涯的早期，哈特索珀罗斯就认识到了这一点，他下定决心要使自己和美国热电公司始终奉行以客户为中心的理念。

哈特索珀罗斯说："1956 年创立公司时，我信奉的核心理念是找到新的客户需求，并运用技术尽力满足这些需求。"

随着哈特索珀罗斯将美国热电公司的注意力转移到客户需求方面，他也为公司签订了科研项目合同。通过做这些项目，美国热电公司开发了许多技术，这些技术现在都转化成了产品。此外，随着几个先期项目取得成功，美国热电公司收购了一些具有强大生产能力和营销渠道的公司。

20 世纪 60 年代早期，哈特索珀罗斯带领美国热电公司进军美国的太空计划。

他说："当时苏联宇航员登月不久，美国国内弥漫着浓厚的失望情绪，大家都认为我们落后于苏联了。当时的总统候选人杰克·肯尼迪提出了太空计划，这是振奋国民信心的计划……（在美国热电公司内部）我们开始将主要精力放在解决太空计划的问题上。因为当时我们的专长是能量转换，所以我们能够做的有很多。”

然而，这种势头是短暂的。到 20 世纪 60 年代晚期，哈特索珀罗斯发现美国对太空计划的参与越来越少。他打算再次改变美国热电公司的业务重点。

他说：“我们已经看出，美国的太空计划将会停止。我感到需要马上运用相同的原则（如我们以前所做的那样）进入新的事业领域。我们做了很多尝试……有一些尝试很快就进行不下去了，而另外一些尝试则非常成功。”

哈特索珀罗斯谨守以客户为中心的理念，这使美国热电公司的业务一直运行良好。随着客户的技术需求发生变化，美国热电公司的业务也发生了改变。

1970 年实施的《空气净化法》限定了汽车尾气排放中的氮氧化物含量，但问题在于当时没有仪器可以测量这种污染物的含量。福特汽车公司向领先的仪器制造商贝克曼公司求助，希望该公司能够开发出这样一种产品。但是，贝克曼公司坚称需要两年的时间。哈特索珀罗斯拜访了福特公司的管理者，并许诺：“交给我们，我们将在 3 个月内生产出这种仪器。”尽管福特公司的人不大相信他的承诺，但还是与他签订了合同。

哈特索珀罗斯说：“那段时间，我们取得的最大成功就是在 1970 年谈成了这笔检测仪器的生意。《空气净化法》要求汽车制造公司必须精确地测量氮氧化物的含量，而当时市场上没有这样的测量仪器，因此，我们就把这一问题的解决看作一次机遇。”

在不到 90 天的时间里，哈特索珀罗斯就交出了第一台氮氧化物分析仪。尽管它外表很粗糙，但这台仪器很实用。不久后，美国国家环境保护局指定美国热电公司的技术作为测量所有汽车尾气排放物的标准。世界各地的汽车制造商开始与美国热电公司联系，订单纷至沓来。

通过搜寻和利用市场上的机遇，哈特索珀罗斯创立了美国热电公司。20 世纪 60 年代，美国热电公司为太空计划和医疗行业提供技术，20 世纪 70 年代它为环保业提供技术。但是，70 年代末，哈特索珀罗斯发现公司的资金支持出现了问题。随着利率的升高，融资的成本也水涨船高。商业环境正在发生变化，哈特索珀罗斯深知，美国热电公司必须抢先一步实施变革。

现代分拆型企业设计

哈特索珀罗斯的分拆型企业设计，几乎改变了美国热电公司的企业设计的每一个要素。美国热电公司仍然为老客户提供技术产品服务，但是，它现在有了两大新的客户群体：投资者和企业家。

美国热电公司的企业设计为投资者提供的是一系列投资选择。投资者不一定要将资金投入美国热电公司这一只股票，他们可以投资于美国热电公司的任何一个他们认为最有利可图的部门。哈特索珀罗斯尽心尽力地为这一客户群体服务，并且竭力确保他们的投资得到很好的回报。

他说："我们要对投资美国热电公司的股东负责。我们向他们承诺，所有美国热电公司的下属公司最终都会成功，尽管某些时候它们的市值可能会出现下降。我们正在尽可能地让公司重新站稳脚跟，这意味着我们要彻底改变它的战略方向。"

为了能给投资者提供持续的价值，哈特索珀罗斯从美国热电公司的诸多方案中精挑细选了几个方案作为上市的备选。他只想让公司在公众心目中留下稳定、潜力巨大的印象，这样能为投资创造出安全和盈利的良好声誉。为了强化这一政策的实施，哈特索珀罗斯特别关注三个方面：强大的商业计划、优秀的管理团队、易接受的市场。他说："我们的历史记录非常出色，因此，当我们分拆某些业务时，投资者马上会接受。"

通过提供创业资源，之后在自己的研发中心运营公司，美国热电公司为创业者提供了机会，使他们能够把想法和技术推向市场。美国热电公司的研发机构不像传统的研发机构，它的功能实际上是开发新业务。

哈特索珀罗斯说："我们称它为研发中心，但是它并不为公司各个部门做研发工作。它是新业务的孵化器。"

这样的运作模式非常有效，以至美国热电公司不得不接纳更多的创业者作为自己的客户。每一次有新业务出现时，研发部门都会有工作人员调离。

哈特索珀罗斯说："曾在研发中心工作过的很多人都离开这里，到分拆后的业务部门了。当热仪器系统公司被分拆出去的时候，所有的研发人员都跟着过去了。之后是热医疗公司，接着是其他公司。不久，我们的研发部门就人去楼空了。"

作为一种补救措施，哈特索珀罗斯收购了卡尔曼研究公司。这是一家研发公司，它替代了美国热电公司原来的研发部门，专门从事各项研发工作。

美国热电公司的核心研发部门关注的是新业务的发展，这一点并没有阻碍研发机构分拆出去的业务部门成为技术上的领导者。

从无数的新业务中获得的利润增长使公司规模不断壮大，而且为公司提供了资源，这些都增强了新分拆出去的业务部门的研发能力。

例如，1995 年美国热电公司分拆出去的公司将约 4.5% 的销售额（1 亿多美元）重新投入到研发业务上。另外，美国热电公司在谈判合同时，会要求客户为既定的研发产品提供资金支持。能签订这样的合同，全都是因为公司以客户为中心的企业设计满足了客户的需求。在与公用事业公司合作时，这样的协议也促成了双赢。

哈特索珀罗斯说："它们的兴趣是销售燃气，而我们的兴趣是制造产品。我们告诉它们，如果公用事业公司能够为我们的研发提供资金支持，那么我们的研发部门将全心全意地制造出使用燃气的产品。"美国热电公司的雄厚技术实力以及它具有的平易近人的管理风格，使它在人们眼里成为一个非常有吸引力的项目合作伙伴。

美国热电公司的分拆型企业设计也为价值获取创造了强大的机制。美国热电公司既通过传统途径（产品和服务销售）获取价值，也通过新的途径（投资者）获取价值。由于能够出售分拆业务的股票，与竞争对手相比，美国热电公司能够以较低成本获得融资。公司利用从股票销售中获得的利润向其他业务投资。只要新技术开发能够支持新一轮的首次公开募股（IPO），公司就是一台永不停歇的价值创造机器。借助持续的投资，这台机器会一直运转下去。

尽管分拆业务是其企业设计创新的重要方面，但是它仅仅是美国热电公司发展历史中的一部分。哈特索珀罗斯喜欢小公司的优势，但他意识到大公司也具有诸多优势。为了利用这些优势并从中获利，哈特索珀罗斯需要集中行动，从而让美国热电公司这个庞大的家族企业凝聚在一起。

哈特索珀罗斯对人力资源、公共关系、银行业务、投资者关系、战略规划、法律服务以及其他行政职能进行了集约化管理。

哈特索珀罗斯说："集中管理这些事情会使美国热电公司的业务变得非常精练。每一个分拆出去的业务部门都可以集中精力做它们最擅长的事情，比如开发产品、培养客户和改进生产等。"

像ABB集团的全球专家网络企业设计（见第12章）一样，美国热电公司的企业设计允许其分拆出去的业务部门专门从事一定的商务活动，以提高它们为客户创造价值的能力。公司集约化管理的活动有助于所有的分支部门共享资源，分支机构也可以从母公司获得资金支持、技术成果和法律建议。

哈特索珀罗斯还做了大量工作，使分拆出去的公司相互之间积极交流思想。

他说："我们建立了一个机构叫热力学院，该学院的宗旨是将所有人团结在一起。开会时，我们会花3天的时间考虑每家成员公司提出的想法，并且共商下一年的计划。我们还会多次召开首席执行官会议、财务官会议以及分支机构负责人会议。"

这些会议为分拆业务部门之间交流思想并互相汲取经验提供了机会。反过来讲，美国热电公司从其分支机构的活动、投资和资源中也获得了最大化的价值。

分拆型企业设计的成功

哈特索珀罗斯创新美国热电公司的企业设计带来了显著的价值增长。1982 年，美国热电公司的市值达到 6 000 万美元。后来，美国热电公司的市值飙升到 80 亿美元。1993—1996 年，美国热电公司的市值增长了近 2 倍（见图 11–2）。

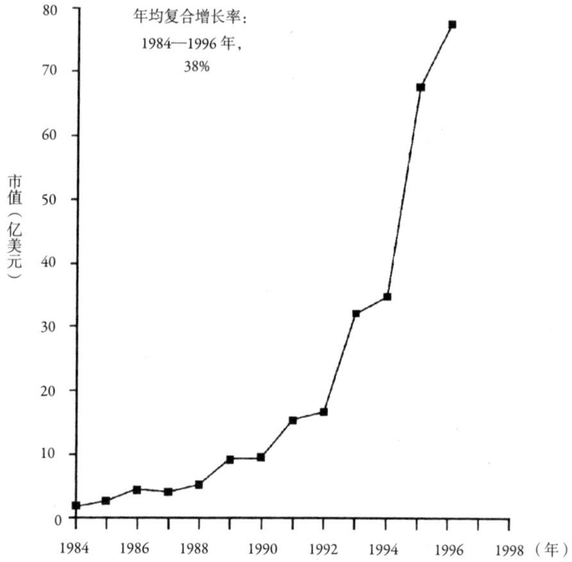

图 11–2　美国热电公司的市值增长

美国热电公司也为客户创造了巨大的价值。美国热电公司获得了一系列产品认证，包括美国蓝十字蓝盾协会的认证以及福特公司的 Q1 质量认证。美国热电公司下属的热电力公司开发的 TecoDrive 4300 天然气引擎作为一款超低排放设备，第一个得到了美国国家环境保护局的认证。这一标准是美国国内最严格的标准，并计划于 1998 年在加利福尼亚州实施。

1991—1996 年，美国热电公司的销售额年均增幅为 29%，许多子公司都成了它们所在领域的佼佼者。其中一家核心附属企业——热仪器系统公司在销售额达 120 亿美元的分析仪器市场上名列榜首。这家公司打败了像惠普、珀金埃尔默这样的竞争对手。有人预测，该公司今后成立的子公司将会在快速增长的市场上赢得可喜的市场占有率。

哈特索珀罗斯在美国热电公司建立了一种以客户为中心、激励员工、保持股票准确高价定位的企业设计。美国热电公司下属的每家子公司的规模都不大，因此可以随时应对客户需求的变化。同时，这些公司的规模也足够进行上市融资。美国热电公司的企业设计已使其稳稳占据利润区（见表 11-1），但更重要的是，美国热电公司的独特模式确保公司随着客户和经济环境的变化而变化，让公司有能力识别未来的利润区，并在利润区内经营（见图 11-3）。

表 11-1　美国热电公司的企业设计

要素	1956—1982 年	1997 年
客户选择	美国政府 公用事业公司 环保组织 工业企业	投资者 企业家 污染物排放者 医疗机构
价值获取	多样的制成品服务	产品销售 / 服务 出售股份 项目融资及管理

（续表）

要素	1956—1982 年	1997 年
产品差异化 / 战略控制	专利技术 研发能力	上市融资的经验 拥有客户关系 良好的历史记录
业务范围	环保研究 检测污染物排放量的产品 / 节能效果更好	研发合同 产品销售 / 服务

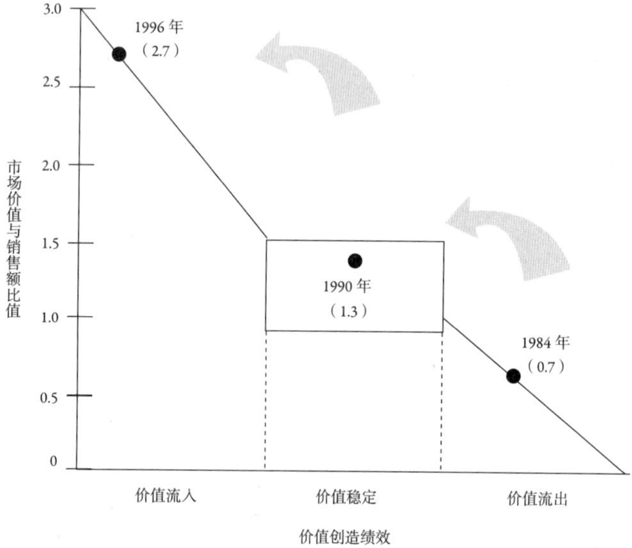

图 11-3　美国热电公司的企业设计创新

建立分拆型企业设计——问题清单

☑ 我是否在寻找一切机会建立子公司，并使之成为一种准独立的组织？

☑ 我是否在组建我的子公司，并使它们做到以下几点：

·与客户直接联系？

·自负盈亏？

·如果下属公司运行良好，其管理人员和普通员工的收入就能大幅提高？

☑ 通过让子公司利用母公司的核心资源，例如法律、行政管理、税收和技术方面的资源，我是否应提供给这些公司较为不公平的特殊支持？

☑ 我是否应鼓励那些规模不大但扩张趋势明显的子公司，寻找机会继续分拆自己的业务？

第 12 章

ABB 集团前首席执行官珀西·巴尼维克：全球专家网络企业设计

· 我的行业是否具有以下特征：创新不足，难以满足客户需求，供应商得不到较高的利润？

· 我的行业中是否存在大量小企业，它们的企业设计是否相同？

· 我的行业是否通过高度专业化来促进利润增长？

· 全球扩张是否限制了我的公司与客户保持联系的能力？

· 我的行业中是否存在通过下列方式获取价值的机遇——解决方案、融资、价值共享以及长期的系统维护协议？

弗朗兹·伯梅尔在当地电力公司的主厂房里看着ABB集团下属公司的工程队安装新设备。伯梅尔心想，过去一年里，德国机械制造有限公司（GMI，一家虚构的公司，但代表了当地一家工程公司）已经改头换面，与进入ABB集团之前相比，该公司发生了巨大的变化。他记得，以前GMI拖延两三个月时间都执行不了合同，甚至在合同延期之后，该公司交付的机器也达不到质量要求。

作为采购部的主管，伯梅尔确实想过更换供应商，从国外采购机器，但从国外购买，机器的维修保养是个很麻烦的问题。当GMI提出要减少供货数量时，伯梅尔忍不住了，他告诉GMI公司的人自己无论如何也忍受不了从多家供应商购买产品的做法。如果他要从某地方购买任何一台设备，他就会从那里顺便购买所有设备。这一威胁打消了GMI公司减少供货量的念头，而且，在下一笔交易中，伯梅尔得到了更优惠的价格。但尽管如此，伯梅尔对GMI的印象差了很多。

自从GMI加入ABB集团网络后，一切都改变了。GMI对设施进行了升级改造，从而更专注于生产涡轮机，这是该公司的专长。当伯梅尔问怎样才能得到其他设备时，GMI公司的销售代表向他保证，ABB集团下的其他企业专门生产他所需要的各种型号的机器，并且能提供他所需要的其他一切服务。

这位销售代表所言不虚。当伯梅尔下了订单之后，这位销售代表主动把交货时间定为4周，而不是伯梅尔预计的3个月。另外，这次他买的机器与过去GMI公司生产的机器相比既便宜，质量又好。目前，由ABB集团员工组成的安装分队正在这家公共事业公司的工厂里安装调试新机器。

这些改变让伯梅尔感到很高兴。他获得了更好的设备、更快的交付速度和更优惠的价格。ABB 集团的服务人员随叫随到，非常方便。并且，公用事业公司也履行了其支持当地经济的承诺。

20 世纪 80 年代初期，世界电力工业发展停滞不前。伯梅尔与 GMI 公司的合作依然保持现状。各地的设备公司都因产品质量差和财务状告糟糕而处于不利的境地。尽管客户非常失望，但他们也已经习惯了这些平庸的公司。幸运的是，ABB 集团的老板珀西·巴尼维克打算推出创新举措，从而既改进设备公司的经营状况，又改善像弗朗兹·伯梅尔这样的客户的生活。

巴尼维克仔细审视位于世界各地的类似“GMI”的公司，发现了它们处于困境的原因。他认为，研究、管理以及制造中的重复活动是电力行业效率低下的根源。该行业内的每家公司都试图满足所有客户各个方面的产品需求，这意味着 ABB 集团及其当地竞争对手的业务部门内部，几乎没有谁能够专注于它们擅长的业务，也没有谁能从它们最好的产品中获得可观的利润。实际上，每家公司或者每个部门都是一个“多面手”，都不愿意集中精力专门从事某项活动。“多面手”的模式带给弗朗兹·伯梅尔这样的客户的是高成本和低质量的产品。

GMI 公司的首席执行官聪明过人、雄心勃勃，在这一行里有丰富的从业经验。在 GMI 公司内部，他一步一步地提升到了目前的职位。但他似乎没有办法使公司脱离低增长、低利润的困境。多年来，这一行业从未出现过如此低的利润。因此，他继续将资金投向 GMI 公司的研发部门，同时，他还降低了总成本。他慢慢地抢占了竞争对手的市场占有率，但仅占极少的比重。在获得市场占有率的同时，公司的利润却在降低。更糟糕的是，他必须制造客户想要的所有产品，可这么做会让他赔钱。但是，他又不得不生产这些产品，因为如果他停止生产，他的客户就会转向其他制造商。由于这种恶性循环，这名首席执行官眼睁睁地看着公司的利润一点儿、一点儿地被吞噬。

过去，公司主要向本地的客户出售产品。现在，他认为，如果销售区域扩大，公司就能够赢利。当然，他必须找到新的分销渠道，才能让产品打入市场，但是规模经济能否补偿损失？他投入了更多资金试图将产品销售到核心地区之外的其他地区。由于他在 GMI 公司的研发部门投入了大量资金，因此与竞争对手相比，GMI 公司的技术水平相对要高一些。但是，为了吸引新客户，他不得不进一步降价。几年之后，他发现公司有了一些新客户，但是距离自己期望的数量还是要少一些。大多数设备制造公司的客户喜欢从本地供应商那里买机器，因为它们认为从当地购买会促进当地经济发展。其中有许多客户与目前的供应商早已合作购买了两三代产品。如果存在服务方面的问题，GMI 公司不能马上做出反应。设备每一次出问题，都意味着收入的损失。客户希望制造公司能够在第一时间提供服务和维修设备。GMI 公司的产品质量比其他公司略高，价格略低，但它无法提供良好、及时的服务，客户为什么因此就要更换供应商？ GMI 公司的首席执行官列出了各种理由，但它们都没有足够的说服力。

到 1985 年，GMI 公司已经与许多 5 年前的竞争对手拉开了距离。在这场持久战中，GMI 公司是赢家，但是他们为此付出的代价是沉重的。这位首席执行官发现，由于对研发部门追加了投资，为了吸引更多的客户又增加了销售成本，以及向远距离的客户销售产品增加了分销成本等，公司的总成本水涨船高。另外，他对GMI公司在这段时间里的降价幅度也深感吃惊。尽管每次降价幅度看起来都很小，但累积下来的降幅很大。与他刚担任首席执行官时相比，现在的产品价格下降了很多。与5年前相比，GMI公司赚的钱少多了。尽管他付出了努力，但他仍感觉公司已经陷入了无利润区。

1985年，他面临着一个重大选择——要么关掉自己的工厂，要么尽量挽回低增长的颓势，运用与过去相同的策略继续从竞争对手那里抢夺市场占有率。当然，后一种选择会更严重地影响利润，但如果他能够比竞争对手更好地坚持下去，那么，可能，仅仅是可能，他能够将GMI公司重新转变为一家盈利的企业。他知道，一旦GMI公司获得领先地位，它就能赚到钱。因此，他选择再继续坚持下去。

像GMI这样曾经强大的公司在欧洲随处可见。巴尼维克看到了这一趋势，他开始考虑使用以客户和利润为中心的有效战略来处理这一问题。这样的战略既要为客户创造价值，又要为无利润区日益扩大的制造企业创造价值。在阿西亚公司和布朗勃法瑞公司合并组成ABB集团之后，巴尼维克开始着手制定ABB集团的下一个企业设计，即全球专家网络。

全球专家网络

巴尼维克的解决方案很简单。与传统的规模不大、相互之间无联系的“通才”模式相反，ABB集团通过收购世界各地的小型、重型装备制造公司建立了一个全球专家网络。他帮助这些公司走出无利润区，恢复它们的盈利能力，使它们重新为客户创造价值。通过重新确定下属机构的业务范围，他使这些下属机构实现了专业化，能够做它们最擅长的业务，并且能够做得更好。单个公司不必再生产客户需要的多种产品了，ABB 集团网络下的其他成员能够提供客户需要的大部分产品和服务。因此，每个网络成员都能够专注于其最擅长的产品，放弃不赢利的业务，从而在自己的领域里获得最强大的经济地位（最低的成本、最高的质量、最快的反应）。当本地的 ABB 集团成员公司不生产客户所需要的产品时，客户可以从 ABB 集团的其他公司那里购买。

通过降低生产成本，ABB 集团专业化模式不仅恢复了企业的盈利能力，而且使 ABB 集团的下属公司以新的方式实现了差异化。它们能够以较低的成本购买零部件和工业制成品，提供快速和可靠的服务，为当地带来就业机会，提供最好的产品，拥有良好的品牌，并从品牌中受益。让我们再次以具有代表性的 GMI 公司为例进行说明。

1990 年，GMI 公司的首席执行官已经击败了竞争对手，赢得了这场旷日持久的消耗战的胜利。他大幅提高了公司的市场占有率，并且改进了公司产品的技术。他将产品出售给一些新的大客户。在电力设备制造行业中，他的公司即使算不上全美范围的大公司，也称得上是地区性的大公司了。而且最突出的一点是，他已经使 GMI 公司在无利润区内坚持经营了很多年。当然，GMI 公司的盈利能力是非常弱的，但是与过去几十年中退出这一领域的许多竞争对手不同，GMI 公司至少还获得了微薄的利润。

然而，这名首席执行官并不满意，他看不到利润持续增长的可能性。他知道他可以继续做过去自己所做的事情，包括改进GMI公司的产品、出售更多产品、降低价格、将产品出售给更多客户、通过大量的营销活动推广GMI公司的品牌等，但他知道，这样的战略会让GMI公司无利可图。而且坦率地讲，他有些疲倦了。对他而言，担任首席执行官一职并非易事。利润年复一年地下降，这给他的心理造成了沉重的负担。他该怎么做？

ABB集团为他提供了一种可能的选择：加入ABB集团的全球专家网络。巴尼维克愿意为GMI公司向这名首席执行官支付一个公平的价格。而且巴尼维克承诺，几个月之内，这名首席执行官就会看到公司重新获得高利润。首席执行官心动了。但是GMI公司的客户怎么办？如何对待那些在GMI公司加入ABB集团之前的老客户？巴尼维克承诺，GMI公司会继续与它们保持合作，并且向它们提供更高质量的服务，并大幅提高公司的技术水平。更重要的是，GMI公司将得到其他区域市场上的新客户群，它不需要投入大量的分销成本就可以使产品进入这些市场，而且它可以使用ABB集团的品牌来为新的或者已有的客户提供服务。这些利益激起了这名首席执行官的兴趣，他同意出售自己的公司，让GMI公司成为这一全球专家网络的一员。

第二年，GMI公司开始实现盈利，巴尼维克的承诺开始兑现了。与被收购之前相比，GMI公司的客户感到更加满意，员工也开始往家拿奖金了，GMI公司已经充分做好了未来价值增长的准备。看到这些，GMI公司的首席执行官备感欣慰。

在加入ABB集团全球专家网络后的几个月内，他发现GMI公司的市场地位和收入状况有了显著改善（见表12-1）。由于网络的采购优势，他能够以非常低的价格买到零部件。在某些类别的产品上，GMI 公司的原材料采购成本降低了 15%~20%，甚至更多。这名首席执行官还可以利用 ABB 集团的全球分销网络将 GMI 公司的制造设备输送给客户。由于该网络中还有来自其他网络成员的产品，网络销售数量很大，所以经由该网络分销的成本降低了很多。就这样，这名首席执行官不必再担心外地的客户了，因为全球专家网络拉近了这些客户与 GMI 公司的距离。

表 12–1 GMI 公司的收入状况：专业化的力量

因素	加入 ABB 集团之前占比（%）	加入 ABB 集团之后占比（%）	动因
原材料采购	35	30	采购经济
制造成本	35	30	专业化
研发	3	8	专业化
销售、一般的管理费用	25	20	分销、品牌、服务
利润	2	12	
	利润区		

与 ABB 集团全球专家网络的另一大优势——专业化相比，这两大成本的降低还算不上什么。GMI 公司最大的成本降低来自终止不赢利产品的生产（或者将这些产品转给 ABB 集团的其他子公司）。以及增加盈利产品的产量。这位首席执行官放弃了之前几乎 60% 的系列产品，这些产品要么是 GMI 公司的工程师无法有效把控，要么由于产量少，公司无法以较低的成本生产。现在，GMI 公司专注生产剩下的 40% 的产品，正是这些产品在过去

为公司创造了利润。对于 GMI 公司不再制造的产品，它会联系网络中生产这些产品的其他专业化公司。同时，通过 ABB 集团的分销网络，这些产品能够更快地被运送到客户手中。

GMI 公司也能够更多地制造盈利产品。它可以将这些产品出售给 ABB 集团全球专家网络下任何一家成员客户公司。通过 ABB 集团全球专家网络，GMI 公司的客户数量快速增长。过去，GMI 公司是一家区域性的大公司，其为数不多的客户分散在西欧各地。而现在，该公司的产品远销到了亚洲、非洲、美国和拉丁美洲。

这些远距离的客户知道 GMI 公司提供的产品质量上乘，不是因为别人推荐 GMI 公司，而是因为他们知道 ABB 集团的大名。ABB 集团的品牌享誉世界，因此 GMI 公司可以很好地利用这一品牌资源。

GMI 公司也能够改进其专业的产品技术。从整体来看，与 GMI 公司单枪匹马地从事研发相比，ABB 集团全球专家网络能够从事更多的研发活动。ABB 集团交付给 GMI 公司和客户的是更高质量、更持久耐用的产品。这在几年前看来是不可思议的，所以 GMI 公司的客户对此非常满意。与之前相比，他们能以更优惠的价格、更快速地得到更好的技术。反过来，这些客户又给 GMI 公司的首席执行官带来更多的生意。

更进一步讲，作为对业务量增加的回报，GMI 公司的服务也更加快捷和更值得信赖。之前 GMI 公司还受地域条件的限制，现在它可以向其他网络成员寻求帮助，这样 GMI 公司的客户就可以得到及时的服务。

在 ABB 集团品牌的影响下，GMI 公司的首席执行官更容易吸引区域内最优秀的人才加入自己的公司。以前，跳槽到别的公司工作的员工会有更多机遇，现在这些员工又回来了。他们认为，在ABB集团子公司工作是一种可靠的选择，因为通过ABB集团全球专家网络，他们可以到世界各地工作。另外，ABB集团旗下有许多杰出的工程师、部门经理和高层管理者，他们给GMI公司带去了之前作为一家孤立的公司所无法获得的专业技能。

截至1995年，GMI公司的盈利能力强大到连首席执行官本人都难以置信，他的客户已遍及全球。与之前相比，他制作的产品种类没什么不同，但销量增加了。更让人欣慰的是，得益于专业化和ABB集团研发能力的综合影响,GMI公司所有产品的技术水平在行业内都是最先进的。而且由于在分销、营销、研发、原材料采购方面的成本被降到了最低，GMI公司可以从这些产品的销售中获得很高的利润。另外，有了ABB集团品牌做后盾，GMI公司现在可以利用这一品牌广纳贤才并吸引其他国际客户。GMI公司的首席执行官为自己曾经担忧的问题找到了解决方法，他采用的企业设计已经使公司稳稳地占据利润区。

ABB集团的全球专家网络企业设计为旗下的每一家公司都提供了诸多经济优势。这些优势将有利于ABB集团的成功，但是如果该网络无法为客户创造价值，那么这些优势会变得毫无意义。ABB集团企业设计成功背后的真正原因是，识别客户的偏好并且提供与之相匹配的解决方案的能力。

巴尼维克找到了一种综合利用当地企业设计优势和全球企业设计优势的方法。他知道仅凭全球企业设计，ABB集团无法建立当地的客户基础、提供当地的工作机会或者为客户提供快速可靠的服务。但是他深知：第一，所有的当地企业设计都无法像全球专家网络模式那样大幅度地降低成本；第二，全球企业设计能够提供最好的研发和品牌，这是当地企业设计所无法媲美的。因此，他精心制定的企业设计综合了两方面的优势（见表 12–2）。

表 12–2　ABB 集团全球企业设计的优势

客户需求	当地制造商的企业设计	全球制造商的企业设计	ABB 集团的全球专家网络
采购便利	√		√
服务快速、可靠	√		√
提供当地工作机会	√		√
低成本		√	√
最好的产品（高质量、最好的技术）		√	√
品牌知名度		√	√

然而，客户的需求不是一成不变的。巴尼维克也知道，要想持续地为客户创造价值，他的企业设计必须随客户需求的变化而变化。随着大多数公司规模的不断壮大，不断调整自己以适应客户的需求变得越发困难起来。负责管理公司的高层管理人员与客户的直接接触越来越少。为了确保 ABB 集团能一直以客户为中心，巴尼维克制定的企业设计能够使决策者一直与客户保持直接联系。巴尼维克进一步将 ABB 集团的网络成员划分成更小的利润中心。ABB 集团专家全球网络下约有 1 000 家公司和 5 000 个利润中心，它们分布在全球各地。通过让中层管理者运营利润中心

并自负盈亏，巴尼维克能够确保公司时刻关注客户动态，并使公司及时做出反应。

缔造以客户为中心的组织

ABB集团的利润中心直接与客户交流，了解他们的需求，并将其他ABB集团利润中心的产品和服务提供给客户。巴尼维克的企业设计大大增加了公司与客户的联系，明显突破了传统企业设计的限制。巴尼维克从内到外彻底地改变了公司，揭去了覆盖在公司分支机构上的传统企业组织的“保护层”。另外，巴尼维克本人也与客户保持着联系。他说：“ABB集团必须采用以客户为导向的方法。我们要努力地接近客户，我本人每年要与100多位客户进行沟通。”

这种以客户为中心的方法有助于巴尼维克发现客户其他需求，并相应地做出反应。巴尼维克发现，越来越多的ABB集团客户不仅需要昂贵的机器，而且需要一种购买机器的便捷方式。小型装备制造商由于缺乏资源，无法采用灵活的支付方式。由于没有充足的资金储备，为了应付成本支出，这些小公司不得不收取全额货款，这样它们的客户就要被迫向银行融资。ABB集团决定通过扩大自己的业务范围，以信贷或组织投资的方式给客户提供资金，将自己的产品和服务进一步差异化。

ABB集团金融服务部门的起源可追溯至1983年，巴尼维克当时任阿西亚公司（ASEA）的首席执行官。当时，巴尼维克从美国运通公司聘请了一位高层管理人员，请他组建ASEA的融资部门。起初，这个部门没有给ASEA带来显著的收益。后来，ABB 集团开始将该部门作为一种价值获取机制来运营。1994 年，ABB 集团直接委任了 15 个项目的财务顾问，但公司自身并没有参与这些项目的投资。一些分析师认为，对于 ABB 集团而言，金融服务部门是与众不同的。例如在印度，ABB 集团的主要竞争对手 BHEL 是一家提供全套电厂装备和服务的公司。实际上，这家公司向客户提供的产品要比 ABB 集团多。除了业务范围广之外，BHEL 的成本也比较低。由于具有这样的优势，BHEL 在不少项目上都胜过 ABB 集团，尤其是在需要多边机构融资、成本低的项目上。然而，BHEL 没有能力为自己的电力项目进行融资，但 ABB 集团可以，这正是许多客户最需要的一种能力。ABB 集团的企业设计可以为身陷资金困境的客户提供融资。

ABB集团的价值共享合同为客户提供了第二种承担得起的购买方式。在价值共享合同中，ABB 集团同意以较低的价格将装备出售给客户，但它要求从装备所创造的新价值中分得一杯羹。对ABB集团及其客户而言，这样的合同条款是非常有价值的。其原因是：首先，价值共享合同使 ABB 集团能够与客户直接进行沟通，而且可以借助协商谈判宣传 ABB 集团的优势，这样的沟通交流会为 ABB 集团打开一系列项目的大门，不然 ABB 集团很难接触到这些项目；其次，价值共享合同为客户和 ABB 集团创造了价值，这样的价值是客户和 ABB 集团单独行动时无法产生的，通过与客户齐心协力地研究解决方案，ABB 集团增强了其产品和服务的积极影响；最后，价值共享合同在供应商和客户之间建立了更牢固的联系，这种联系不仅体现在商业交往中，而且体现在长期的项目推进过程中，这使得两者之间的关系较之传统的产品和服务交换更加密切。

价值共享合同的一个例子是“ABB集团—福特奥克维尔喷涂”系统项目。福特汽车公司在加拿大奥克维尔的组装厂需要安装一套喷涂设备，这在当时算得上汽车行业有史以来最大的项目之一：此设备占地面积73万平方英尺，投入使用后每小时可以完成对75辆车的喷漆，福特公司计划为该项目投入3亿美元的资金。福特公司最看重的是高质量、低价格、低风险和快速交货。

为了达成这笔交易，ABB集团与福特公司紧密合作，积极探讨适宜的合作方式，最后通过价值共享合同条款，ABB集团赢得了这笔订单。这一合同有两个最重要的特点：第一，预付价格较低（这为第二个特点奠定了基础）；第二，交货价更低，前提条件是ABB集团和福特共享成本降低，且设计合作要产生价值（福特公司和ABB集团都要为工厂的设计出力）。价值共享合同为ABB集团创造了获得额外利润的机会，同时确保了客户的满意度。这个客户今后还要依靠ABB集团提供工业设备。

在必要的时候，ABB集团也可以提供全球专家网络之外的整体解决方案。ABB集团的企业设计是，首先与客户签订合同，然后寻找履行合同的资源。如果客户需要其他服务，即使ABB集团不具备独立完成这些服务项目的能力，ABB集团也会设法与客户签署合同。如果履行合同需要其他方面的能力，ABB集团将会寻找合作伙伴一起完成合同规定的工作，这些业务伙伴实际上都是ABB集团网络之外的专业化公司。ABB集团所采用的模式大大拓展了公司的业务范围，增加了公司能为客户创造价值的项目数量。例如，1995年ABB集团组织了一个联盟，在哥伦比亚的巴兰基亚建立了一座750兆瓦的交流火电厂。这笔合同的总金额为4.3亿美元，ABB集团将项目工程的40%交给其合作伙伴完成，而这些合作伙伴都是 ABB 集团网络外的专家。

作为融资、价值共享、整体解决方案和全球工业装备市场各方面的参与者，ABB 集团从 ASEA 开始，走过了漫长的道路。它将当地企业设计与全球企业设计的优势融合在了一起，为客户创造了巨大价值。

时间、客户和利润：与珀西·巴尼维克的对话

珀西·巴尼维克专门找时间讲述了能够驱动 ABB 集团创新与增长的内在逻辑。在讲述过程中，他对 ABB 集团独特的企业设计这一主题充满了激情。尽管 ABB 集团的企业设计仍处于不断改进中，但在如此短的时间里，它取得了相当大的成功。1988 年，ABB 集团的扩张势头超出了每个人的想象。

巴尼维克强调："时间是第一要素。我们所竞争的行业就像一条缓慢流动的小河，任何事情都可能没完没了地做下去，这种情况必须得到改变。在 6 个月内能完成的任何事情都可以在 6 周内完成，而且可以完成得更好。"

如果巴尼维克没有运用这一逻辑压缩时间，用 8 年时间可以完成的事情恐怕得花去他 20 多年的时间。这种企业设计永远无法跟上关键变化的节奏，也难以创造出任何价值。

在建立全球专家网络企业设计的过程中，快速行动尤其重要。公司要进行数以百计的并购活动，每一次并购可能都需要几个月而不是几周的时间。

而且，在 ABB 集团的企业设计创新中，人们没有过多地讨

论公司所秉持的以客户为中心的理念。正是在这种理念的指导下，ABB 集团的企业设计才得以不断向前推进。

巴尼维克说："我一年内大约要与 100 家客户进行沟通。你如果不与卖方和决策制定者直接联系，就无法缔造一家成功的企业。事情变化得很快，每天都会有重要的事情发生。不了解相关信息就去经营企业，无异于夜晚关着车灯行驶。谁敢冒这么大的风险呢？"

当然，客户不总会明确地表达出需求。有时候客户会说出来，但有时候他们不会。没关系，在直接的沟通中，你会得到一些线索，根据这些线索，你可以推断出客户的需求是什么。这是当前供应商面临的第一大挑战。

我们建立这样的网络结构也是出于对客户的考虑。客户想在本地完成交易（我们的一些成员已经为一些客户服务 100 多年了），客户想要本地的就业机会和本地的服务。然而与此同时，客户也想要最好的技术、最高的质量和最低的成本。没有全球性的网络，这一切难以实现。要实现所有的目标，必须同时利用好本地优势和全球优势。

然而，客户只是其中一个问题。还有另一个问题，那就是利润增长。实现利润增长变得越来越困难了。

你总要谋划好下一步的行动。这一点，在德国或瑞士与在波兰、乌克兰或印度截然不同。

在波兰或者乌克兰，劳动成本很低，不仅工人的成本低，而且高技能的工程师也是如此。通过在整个系统内进行销售，我们可以利用这种低成本优势。波兰企业可能永远无法向佛罗里达电力和照明公司销售产品，但是 ABB 集团可以，就算是出售波兰制造的产品也一样。但我们要确保产品在那里的生产质量，我们要为产品提供支持。

在西欧，游戏规则完全不同。在瑞士的工厂里，从事直接生产的工人非常少，以至为了拍摄一张工厂装置的照片需要把维修人员都召集起来。这些维修人员技术水平世界一流，劳动成本也不高。他们基于不同的工作经历来到了维修岗位。

找到新的方法创造价值增长也是如此。例如，我们在德国或美国的公司不能仅靠产品实现增长，因为这里的市场已经很成熟，增长基本处于停滞状态。对于这些公司而言，要增加利润，必须开发出系统和解决方案的销售渠道。例如，我们拜访了一家公用事业公司，对他们说："我们将运用我们的技术和能力对你们的工厂进行现代化改造，提高它的效率。至于如何收取这部分服务费用，贵公司可以将部分费用以提高效率所带来的收益的形式进行支付。"

未来的利润增长途径与过去也是不同的。我们不能再采用传统的收购方式壮大网络。在东欧，我们合乎逻辑的经济发展模式已经运作多年。我们在波兰创立并推行了这种模式。波兰人说俄语，我们可以通过他们向俄罗斯、乌克兰和其他以前的苏联成员国发展业务。

透过巴尼维克那双神采奕奕的眼睛，我们能感受到他积极的心态和博大的情怀。在选择和制定未来企业设计时，他能够主动利用好时间这一基本要素。在战略思维过程中，他能够从客户出发思考问题，从而确保网络人才和资源总是集中于满足客户需求的事务。此外，他还能够发现新的创造利润的方式。

这种企业设计也面临着挑战：规模不一、内部冲突、不协调、需要不断发现内部平衡点等。但是，对于一个前景不太光明的行业而言，这样的企业设计是一个重要的创新。ABB 集团习惯了高速和变化，这一点很重要，因为未来两年很有可能需要企业设计的创新。市场的动态变化将不可避免地改变形成企业设计的动因：对于客户而言，什么才是最重要的？未来的利润区在哪里？

未来的机遇空间

在 ABB 集团所涉及的所有行业里，争夺客户和战略控制点的竞争都是非常激烈的。巴尼维克将 ABB 集团的竞争划分为三个层次：技术创新，流程设计，全球专家网络。ABB 集团的技术创新并没有给企业带来巨大的竞争优势，巴尼维克自己也承认这一点。竞争对手可以购买、模仿，甚至剽窃新技术。无论如何，在 12 个月到 18 个月的时间内，竞争对手可以赶上 ABB 集团的技术。

然而，ABB 集团在对工业、运输和电力系统的理解方面仍然领先于竞争对手。模仿流程设计可不像模仿一套既定的生产技术那么简单，相反，它要求具备非同寻常的知识体系，需要对客户的整体系统及其动态变化有深入的了解。它要求与客户建立一种独特的联系，就好像 ABB 集团与福特的价值共享合同中的关系一样。在与福特的这次合作中，ABB 集团详细地了解了客户的系统经济策略和决策制定过程。因此，通过卓越的流程创造一个战略控制点，这既需要深入了解客户的经济策略，也需要与客户建立牢固的关系。巴尼维克深知，竞争对手要从 ABB 集团手里夺走这一战略控制点并非易事。

然而，ABB 集团最大的竞争优势是它的企业设计，即全球专家网络。没有竞争对手可以轻易地复制这种设计，西门子、三菱重工、阿尔斯通（原名通用电气阿尔斯通），甚至通用电气都无法轻易地模仿这种设计。巴尼维克自豪地说："我们独特的结构是竞争对手最难模仿的。"在提供成套设备业务方面，从全球1 000 多家公司获取资源的能力是 ABB 集团一个关键的战略控制点。

ABB集团与客户的需求保持同步改变的能力是它成功的关键。持续的成功意味着要观察和适应客户需求的不断变化。运用其独特的全球专家网络企业设计，ABB 集团可能会很好地做到这一点（见表 12–3）。

表 12–3　ABB 集团的企业设计创新

要素	1981 年	1996 年
客户选择	当地买家	网络成员（收购的工程企业） 当地买家 寻求解决方案的买家
价值获取	产品销售	产品销售 价值共享 长期维修合同 融资 解决方案
产品差异化 / 战略控制	价格 技术	专业化 当地供应 全球专家网络 客户关系 技术 品牌

（续表）

要素	1981 年	1996 年
业务范围	产品	国际业务 产品 服务 解决方案 融资 与业务伙伴合作

创建全球专家网络企业设计——问题清单

☑ 我是否将收购的公司视为重要的伙伴?

☑ 我是否让这些收购来的公司专门从事它们最擅长的业务?

☑ 我是否通过降低采购成本、研发、全球分销和全球品牌等各种途径为这些企业提供尽可能多的支持?

☑ 我是否让网络成员继续为当地的客户服务?

☑ 我是否已经构建了新的价值获取模式（解决方案、价值共享和融资等），以进一步提高专业技术的回报?

☑ 我是否建立了一个外部业务伙伴网络，运用这一网络可以为我的客户提供所有的产品或解决方案?

第13章

微软公司创始人
比尔·盖茨：
行业标准企业设计

·在我从事的行业中，是否存在创建行业标准的机会？

·为了建立行业标准企业设计，我们需要做些什么？

·这种企业设计的价值如何？

微软公司创建了行业标准，这是这家公司最擅长做的事情，也是其企业设计要实现的目标。

那种在事实上已经成为标准的企业设计的确最有价值。这种企业设计能够带来高额的利润、高度的利润保护和递增的规模收益。

这一模式早已广为人知，以至许多公司都在讨论微软战略或微软手段。

然而有一点鲜为人知，尽管以标准为基础的企业设计最有价值，但它也是最难以创造的企业设计。这就是本章要探讨的内容。

自 1976 年以来，微软公司创始人威廉·亨利·盖茨三世就一直推动和主导公司历史上最引人注目的价值创造过程。两个整天泡在高中计算机实验室的电脑迷创立了微软公司，后来微软成长为一个市值高达 1 700 亿美元的大公司。在计算机行业中，从营业额来看，微软公司远远算不上最大的公司，但是它的市场价值是相当高的。通过建立、开发和拥有关键的计算机组件，微软公司引领计算机行业的发展。微软公司能够取得这样的地位源于其以标准为基础的企业设计。

标准远远超越了一件实物产品或一项技术的概念。标准是一个行业赖以建立的根本基础。行业中不断运动变化的部分共同发挥作用，并且互相影响和交流。铁路的发展需要标准的铁轨轨距，国际电话连接、传真和蜂窝电话需要标准的传输信号。标准的存在能够加速经济发展进程，为客户节省资金。在许多行业里，这些标准的建立可以让消费者相信产品的兼容性和技术的延续性，从而开拓市场。

然而，只创建标准不能保证企业能从中获取价值。IBM 于 1981 年创造了主流的个人电脑，但是直到 20 世纪 90 年代中期，该公司的累积损失额仍然高达几十亿美元。松下电器公司的 VHS 式录像机系统击败了索尼公司的 Betamax 系统，但是松下电器公司没有因为该标准而得到引人注目的长期价值，电影制片厂和大批音像公司反而获利更大。贺氏公司（Hayes）为调制解调器建立了标准协议，但是1994年，公司陷入了财务危机，不得不想方设法避免被其他公司收购。由于仿制品和其他兼容的调制解调器能够以更低的成本发挥同样的功能，所以贺氏公司只能眼睁睁地看着价值从自己的调制解调器业务中流出。即使贺氏公司拥有标准——许多调制解调器都宣称“与贺氏兼容”，但它的企业设计已经满足不了客户的一大重要偏好，即价格要求，因此贺氏公司在竞争中败北。

在另一种极端情况下，我们如果围绕标准建立了正确的企业设计，那么标准能够开启巨大的价值增长机遇的大门。只要在客户选择、价值获取、差异化和业务范围方面做出正确的选择，企业就能够实施一定程度的战略控制，从而实现非同寻常的价值增长。一种标准的技术可能被复制或者模仿，但是竞争对手要模仿以标准为基础的企业设计是非常困难的。战略控制蕴藏在企业设计中，而不是技术创新中。

制定标准的经济效果是非常吸引人的。在技术行业里，开发新产品通常要求投入巨大的沉没成本，可是边际成本比较低。因此，利润取决于在固定投资上获得的最高回报。具有以标准为基础的企业设计的公司能够控制其产品、市场，并且具有三大价值获取优势：销量高，定价灵活，从产品升级中获得利润。在正确的企业设计促进下，一项技术标准会使一家公司稳固地处于利润区之内。

在20年的发展历程中，微软公司赢得了几次标准之战的胜利。在每次竞争中，盖茨都运用一套通用的战略建立了经典的、以标准为基础的企业设计。首先，他认识到，要将任何产品设定为行业标准，公司必须向所有的客户群体提供这样的产品，包括原始设备制造商、应用程序开发商、终端用户、分销商和其他使用该产品作为自己业务出发点的公司。

其次，盖茨关注价值获取问题。以标准为基础的经典企业设计能够带来巨大的利润，但是这样的经济效益不能立刻显现出来。在微软公司能够提供升级后的新产品之前，标准必须是安全并且具有巨大市场销量的。

再次，为了实现差异化，他必须就客户采纳或者改变选择给出一个有说服力的理由。盖茨知道，如果不能满足客户的需求和偏好，即使是世界上最精密复杂的技术也不会被采用。同时，在这些偏好中，最重要的是能够轻易地完成从竞争对手的产品到新标准的转换。

最后，他认为公司的业务范围必须扩大。公司的业务范围不能只局限于开发或者发现新技术。在创建标准的过程中，要说服推动整个行业的关键群体采用同一种产品，因此出色的营销要比出色的技术重要得多。当标准已经深入客户内心时，其威力就显现出来了（见表 13-1）。

构建以标准为基础的企业设计并非易事，但是盖茨巧妙地完成了三次，每次他都秉持以客户为中心和以利润为中心的理念。首先，制定每一项标准时，他都力求满足客户的基本需求，无论是交付时间快、价格低、使用简单，还是适用于不同的平台。其次，盖茨运用的第二大战略是消除客户转向使用微软产品时遇到的各种壁垒，包括财务、技术以及物流方面的壁垒。再次，他获得并确保软件开发商的支持，这些软件开发商已经接受了微软的标准，并且确保终端用户对整个系统都感到满意。最后，盖茨愿意以目前的现金流换取未来公司的领导地位和利润。微软公司每次推出新产品的定价都很低，这样可以吸引客户购买微软系统，使微软的产品得到普及，真正的巨额利润就会随之而来。

表 13-1　微软公司以标准为基础的企业设计

要素	微软公司企业设计
客户选择	直接客户（原始设备制造商） 应用程序开发商 终端用户
价值获取	规模收益递增 价格灵活性 产品升级 / 新产品 核心应用程序
产品差异化 / 战略控制	创建标准 满足每一个主要客户群体的最重要的偏好 ——原始设备制造商：定制化 ——程序开发商：支持 ——用户：程序
业务范围	产品开发 许可经营 对开发商的营销 对用户的营销

这些战略大大促进了微软公司的发展，而且为微软公司连续设定了三个标准。然而，标准必须是健全的，而且需要不断更新，否则它们会被新的参与者取代。这些新的参与者更了解客户偏好，也更能满足客户的需求。为了应对不断变化的客户需求，微软公司目前正竭力建立公司的两大新标准：一是互联网的标准，二是公司内部网络标准。在一个价值转移的世界中，过去的历史不能说明什么。每一个后续的新企业设计都只能基于自身而赢得胜利。每一次的改变都像是第一次，没有任何成功的保证。

因程序设计语言而制胜

1975 年，个人电脑行业尚未诞生，更不用说建立相关的标准了。那时，史蒂夫·乔布斯和史蒂夫·沃兹尼亚克还在车库里为苹果电脑的前身忙碌不停，在 IBM 装备精良的实验室里还没有产生电脑雏形。在新墨西哥州的阿尔伯克基，位于一个按摩院旁边的一家名不见经传且濒临破产的计算器制造商 MITS 对外宣布了一项计划，它要在英特尔 8080 芯片基础上制造计算机，这款计算机叫作牛郎星。然而，MITS 的“计算机”缺乏程序设计语言、键盘和磁盘驱动器，而且是一种内存不足 4K 的 RAM（随机存储器）。

没有程序设计语言，牛郎星电脑只不过是个能发光的计算器而已。当时的盖茨正是哈佛大学二年级的学生，他和朋友保罗·艾伦在 1975 年 1 月的《大众电子》上看到了有关牛郎星电脑的介绍。他们确信自己能够编写代码，从而使这台机器有用武之地。编写代码并不是什么难事，问题是其他很多人也会编写这种代码，而且他们可能做得更好。要想通过编写代码赚钱，他们必须首先赢得 MITS 的这份合同。从一开始，微软的创始人就很现实，他们制定的战略是“先得到客户，再提供技术”。

这种方法让盖茨和艾伦做出了两个关键的产品开发决策，这两个决策目前仍然是微软战略的一部分，而正是这些战略决定着微软公司目前的企业设计。于是，他们马上采取行动，说服 MITS 签订合同。这意味着他们会直奔主题，集中精力在短时间内搞出一件虽然简陋、不完美，但能用的产品。以利润为中心的理念告诉他们，在一年之后制作出一个更漂亮的产品是没有任何用处的。因此，盖茨和艾伦大胆地借鉴了别人的创新。他们使用BASIC（一种指令代码）语言，在此基础之上为牛郎星电脑开发了“电脑 BASIC”语言。为了提高速度，盖茨将微软公司的业务限定为改编而不是创造。结果，他们获得了 MITS 的合同。

微软的第一次成功是短暂的。尽管牛郎星电脑获得了越来越多的市场占有率，但是盖茨和艾伦不能再将 MITS 视为目标客户了，因为 MITS 拥有许可微软公司使用编程语言的权力。盖茨发现，MITS 在乎的是它自己的利润，而不是把“电脑 BASIC”打造成一项标准。在一场复杂的法律纷争之后，微软公司重新获得了对技术的控制权，与 MITS 分道扬镳。

牛郎星电脑事件让盖茨认识到，强大的原始设备制造商是渠道合作中的一把双刃剑。如果原始设备制造商是自己的唯一客户，那么你能从它的业务中获得收入。但是，如果你依赖这些收入并且缺乏差异化，在谈判中没有将标准当作自己的筹码，那么客户会对你的业务具有非同一般的控制力。在牛郎星电脑事件中，MITS 就控制了微软公司。“电脑 BASIC”不可能变成一种标准，因为它受制于一个强大的原始设备制造商客户。

想象一下没有标准的软件世界会怎样？专有的、不兼容的产品将会激增。当盖茨和艾伦与 MITS 纠缠时，大型电脑和小型电脑市场上出现的正是这样的情形。软件有价值，但它不具备保护自己的实力。硬件才是王者。盖茨和艾伦在电脑业形成初期与 MITS 分道扬镳之后，便寻求能够摆脱硬件束缚的软件。

交叉平台战略

一开始，软件只是硬件的附属产品。微软早期的挑战是削弱硬件供应商对电脑行业的主导地位。通过制定能够在任何硬件平台上运行的软件标准，盖茨实现了这一目标。

当时，为优化硬件平台而定制软件是行业内的惯常做法，而盖茨则向这一行业惯例发起了挑战。说服苛刻的原始设备制造商采用微软的程序语言，这件事说起来容易，但做起来很难。微软公司奉行的走向市场战略取决于积极的销售和营销努力。作为首席销售员，盖茨提出了他那句有名的箴言，"我们得拿到生意、拿到生意、拿到生意"，要通过尽可能低的价格（以及尽可能好的未来市场前景）来促成生意。为了将客户采用微软产品的障碍降到最低程度，他把目标对准了一项关键的客户偏好——价格。他按固定费用销售产品，鼓励原始设备制造商在每一台出售的电脑上装入微软的程序语言。

向多个原始设备制造商同时出售并不仅仅是一个挣钱的策略。盖茨知道，一种程序语言标准必须扩展到市场上所有的硬件平台。他想让微软公司的程序语言无处不在。为了让他将来的标准获得更多的市场占有率，盖茨设计了新的程序语言。这样，在不同的平台上运行这些程序时，只需要几个微软代码模块就可以了。微软公司能够很容易地将它的程序语言转移到任何其他电脑硬件上。微软公司开发的每一种产品不只带来一种收入流，而且赋予了这些产品新的用途，创造出了多元收入流。

这样做的结果是，一款并不完美的产品问世了，它既有些笨重，又有些疯狂。它没有根据硬件进行优化设计，但它满足了客户的需求：原始设备制造商只是想要得到一种实用、快捷并且不贵的程序语言。

微软公司还满足了第二大客户群体——程序员的需求。通过在许多平台上使用微软公司的语言，微软公司建立了一种不受平台约束的标准，这样，程序员可以马上编写应用程序，让它们在各种硬件上运行。

这一标准提高了程序员的工作效率，因为他们可以将自己编写的代码用作其他用途。反过来，程序员又编写了一系列程序，这些程序促使终端用户接受并使用微软公司的“电脑 BASIC”语言。一种向上的良性循环产生了。

微软公司建立语言标准的努力大获成功。它与 48 家原始设备制造商签订了合同，这些制造商包括康懋达（Commordore）、德州仪器、苹果和天迪（Tandy）等公司。这样一来，微软公司便不必再受制于一家客户了。1978 年，微软公司的收入增长为 38.2 万美元，与上一年相比，提高了超过 600%。1979 年，微软公司的销售额突破了 100 万美元。程序语言标准使微软公司变成了无可争议的领先企业，这种领先优势一直保持到 20 世纪 80 年代中期。早期在程序语言方面的成功为微软公司创造和管理未来的行业标准打下了良好的基础。

赢得磁盘操作系统（DOS）

当微软公司享受早期成功的果实时，个人电脑这出大戏的下一幕已经开始，随之而来的是一个新利润区的形成。

IBM 决定进入个人电脑市场，它的进入对于该行业而言有两大重要意义。第一，它的进入使得微型电脑“合法化”。如果连 IBM 都要制造微型电脑，那么微型电脑就不能再被视为“玩具”了。第二，IBM 的进入可能意味着许多小型制造商要失去市场。对于微软这一程序语言行业的控制者和软件标准的制定者来说，IBM 的进入是一种威胁。然而，在盖茨这样一个以客户为中心的思想者看来，IBM 的进入能够促使微软公司将以标准为基础的企业设计提升到新水平。

终端用户对机械式地敲入一系列执行基本任务的命令越来越感到反感，他们的偏好转向了自动化。一种新兴的能够简化文件管理和打印操作的操作系统技术正好满足了这一需求。盖茨看到一个新的利润区正在形成。

1980 年 7 月，杰克·萨姆斯接到了 IBM 董事长弗兰克·卡里发出的一项任务：一年之内制造出个人电脑！（这项命令对个人电脑行业的未来发展方向产生了深远影响，实现这一目标意味着外包软件开发和微处理器业务的兴起，未来 20 年的价值创造模式由此得以确立。）萨姆斯制定了一个简单的战略，他联系到了两个重要软件领域的顶级开发公司：程序语言设计方面是微软，操作系统方面是数字研究公司，两家公司的领导人分别是比尔·盖茨和加里·基尔代尔。

有 5 万多个用户安装了数字研究公司的微处理器控制程序（CP/M），这种程序是 20 世纪 70 年代后期个人电脑的主要操作系统，增长势头非常强劲。基尔代尔已经开发出了 IBM 需要的下一代产品。但是，当萨姆斯与他接洽时，他却拒绝了 IBM，理由是 IBM 的时间要求太紧。另一方面，盖茨却愿意对任何重要客户的要求做出积极的回应。他答应为 IBM 的新型个人电脑提供程序语言和操作系统。如果微软公司能够在一个看似不可能的时间内供货，它就会获得 IBM 提供的大好机遇。赢得 IBM 的合同实际上保证了公司产品在个人电脑市场上的大规模分销，意味着微软公司将进入 IBM 将要拥有的市场。微软公司将通过 IBM 销售它的程序语言和新的操作系统，并且成为新型个人电脑市场上真正的标准。

微软公司没有操作系统，这是它一直以来的障碍。然而先赢得客户再制造产品，这是公司奉行的一大理念。借鉴在程序语言竞争中的经验，微软马上采取行动，竭尽所能地应对每一个似乎完全不可能的承诺。盖茨和艾伦买到了一个微处理器控制程序的复制品，叫作 Q-DOS（快意随操作系统），该系统以微处理器控制程序为基础。盖茨知道微软公司要满足三大客户：IBM、程序员、终端用户。IBM 希望马上拥有一个操作系统，因此微软不得不购买和开发一个系统，而不是花时间从头编写一个系统程序。微软的其他客户（程序员和终端用户）需要能够支持许多应用程序的操作系统，Q-DOS 则满足了这一需求——专门为微处理器控制程序设计的许多应用程序稍加改变就可以适用这种程序。因此微软公司应用并且拓展了现有的 Q-DOS 程序，并给它起了一个新的名字：MS-DOS。

微软公司建立行业标准的另一种做法是创造终端用户的拉动效应，以补充原始设备制造商的推动效应。微软将 MS-DOS 打造成一种“开放式”的系统。IBM 和微软公布了 MS-DOS 的详细说明，鼓励开发商编写 MS-DOS 应用程序。第三方应用程序开发商都趁着 IBM 个人电脑大潮积极地开发 DOS 应用程序，创造了一个欣欣向荣的行业。绝大多数终端用户选择了“与

IBM 个人电脑兼容”的应用程序，这对 MS-DOS 产生了拉动效应，同时提高了用户转向使用其他操作系统的成本，从而保护了 MS-DOS 系统。

然而，巩固这一标准意味着将软件与硬件分离开来。当 IBM 享受到巨大的成功时（截至 1984 年 IBM 个人电脑的销售额高达 40 亿美元），盖茨很小心地避免了只与一家原始设备制造商合作的局面。他说服 IBM 允许第三方许可使用 MS-DOS。由于对自己在个人电脑行业的领先地位心满意足，IBM 同意了盖茨的建议。IBM 不会想到，他们与微软公司签订的这一条款有多么深远的意义。

截至 1982 年 7 月，微软公司已经与 20 家美国原始设备制造商建立了牢固的业务联系，这些制造商包括领先的模仿者康柏公司、戴尔公司、Packard Bell（一家欧洲电脑公司），以及 8 家日本公司。整个 20 世纪 80 年代，MS-DOS 创造出了巨大的利润。到 1991 年，微软公司的销售收入达到了 2 亿美元，毛利润高达 80%。此时，微软公司已经创造了两套主要的软件标准，一套是程序语言标准，一套是操作系统标准。

一旦微软公司的成功有了保证，盖茨就开始挖掘他以标准为基础的企业设计的巨大盈利潜力。在微软公司的市场渗透阶段，为了得到客户，盖茨实施的都是低价策略。然而，一旦微软公司确立了领导地位，盖茨就开始从每一台新硬件机器上获得一份虚拟收入。他先从平价转为向单台电脑收费，之后就开始提价。就这样，盖茨在计算机行业中开创了一个非同寻常的利润区。

Windows 操作系统

随着市场上新技术的频繁涌现和应用，不断地审视企业设计的盈利能力基础变得越来越重要。尽管微软公司的战略控制点 MS-DOS 已经非常普及，但是盖茨仍然不停地思考客户偏好的未来变化以及下一代标准。

1982 年，盖茨参加了世界计算机博览会的计算机行业大会，会上的所见所闻让他感到非常震惊。VisiCorp 是当时世界上最出色的微型电脑应用程序软件公司（以世界上第一个电子表格软件 VisiCalc 而著称）。在这次大会上，这家公司展示了一款叫作 VisiOn 的产品。这是一个由鼠标操作的图形用户界面，可以在 IBM 公司的个人电脑上使用，同时它还是一套应用程序。当时，这款产品还不是很强大，但它是今天无处不在的 Windows（窗口系统）和 Office（办公系统）系列产品的前身。盖茨认为 VisiOn 有将应用程序和操作系统市场统一在一种标准之下的潜力。VisiCorp 不仅拥有技术先进的产品，而且有吸引更多客户的良好声誉和营销能力。

在世界计算机博览会上，比尔·盖茨连着观看了三遍 VisiOn 产品的完整演示（展会上此款产品获得了雷鸣般的掌声）。VisiCorp 展示的一切表明，它实际上正是 MS-DOS 的克星。微软努力建立的 MS-DOS 标准正处于危险之中。

盖茨马上实施了进攻战略。微软公司对 VisiOn 产品的反应为后来应对标准挑战的策略树立了典范。首先也是最重要的是，微软公司注重的是赢得客户心理上的认同，使这些用户不再使用 VisiCorp 的产品。即使没有产品，为了击败 VisiOn，微软公司也不得不实现自己与 VisiCorp 的差异化，从而使 VisiOn 知难而退。1983 年 10 月，当 VisiCorp 公司对外宣布要出售 VisiOn 产品时，微软公司也为自己的产品上市做好了准备。这款产品是一个界面管理软件，名为“Windows”，当时它只是一个图形程序，用虚拟的视窗表示文件和程序。在 1983 年召开的世界计算机博览会上，为赢得客户的心理认同，微软公司搞了一次大规模的宣传活动。在拉斯维加斯机场上，欢迎与会代表的旗帜上写着微软的标语，出租车上贴满了 Windows 的广告，餐厅鸡尾酒会的餐巾纸上也印着“请关注微软的 Windows”的字样。

这些策略实施的目的是打乱竞争对手的阵脚而不是扩大销售，因为 Windows 产品还没准备好上市。结果，盖茨的策略奏效了。世界计算机博览会闭幕不久之后，VisiOn 产品上市。然而它已经无法逃脱 Windows 这一幽灵的笼罩，VisiOn 产品卖不动了。人们都在等待 Windows 产品的上市（几乎没有人能猜到需要等多长时间）。尽管人们连这款产品的一个样本都没有看到，但《财富》杂志预言，Windows 将会确立行业标准。

VisiOn 就是一个典型的具有高超技术却因企业设计不当而失败的例子。它的失败向世人展示了客户是如何拒绝一种标准的。VisiCorp 公司的企业设计会使终端用户转换负担特别高的成本。VisiOn 是通过 VisiCorp 公司的零售渠道销售的，因此，终端用户不能在已经买来的电脑中预先安装它们。客户使用它的成本超过了 1 000 美元，对于零售渠道而言，这样的价格实在是太高了。如果不付出高昂的费用进行升级，那么这种产品就不能在现有的大多数硬件上运行。像 Macintosh 操作系统一样，它是一种“封闭的、专有的”系统，与日益增加的基于 MS-DOS 的软件不兼容。实际上，VisiCorp 公司在遏制第三方软件开发的同时，也将自己的软件应用市场逼向死角。它向使用产品说明书的开发商索要大笔费用，而且要求开发商在编写代码时使用数字设备公司的 VAX 型计算机，当时没几个程序员能做到这一点。由于缺乏应用程序软件，终端用户重要的需求无法得到满足。另外，终端用户对这种产品缺乏足够的热情，最终导致了 VisiCorp 公司的惨败。

VisiOn 失败的主要原因不在技术，而在企业设计。它满足了客户对直观的用户界面的需求，但是它没有考虑到用户其他方面的关键需求，如低转换成本、价格、便利性以及软件选择等。盖茨了解这些客户的偏好，并且承诺满足他们的要求。即使当时他拿不出解决方案，但是承诺本身给客户带来了更多希望，这一点要强于VisiOn带给客户的东西。因此，客户会坐等Windows上市。这是为Windows创造终端用户拉动效应的第一步。盖茨运用先发制人的营销和与原始设备制造商的战略性关系给了 VisiCorp 公司致命一击。

1984 年第三季度，在与一个有名无实的虚拟产品的竞争中，VisiCorp 公司损失了 250 万美元。当年年底，在 Windows 首次亮相几个月之前，VisiCorp 公司被莲花公司收购，收购价格虽然当时没有披露，但毋庸置疑它是一个很低的价格。可惜的是，Windows 从来都没有机会与 VisiOn 真刀真枪地一决高下。

精心制定行业标准企业设计

Windows 项目的成功得益于盖茨战略性企业设计的两大核心

要素：最大化分销和完美地迎合客户偏好。1990 年，微软公司信守了自己的诺言，Windows 3.0 如期上市。就此，微软公司已经确定了以标准为基础的企业设计，这一设计也确保了公司价值创造优秀的表现。

首先，Windows 具有非常强大的销售渠道。由于具有 BASIC 和 MS-DOS 两大系统，微软公司保持着与重要的原始设备制造商的联系。Windows 上市时，盖茨利用了这些原始设备制造商的分销渠道，以此确保它们出售的每一台新机器上都预装了这一系统。其次，Windows 满足了客户对简单操作的需求。仿照苹果公司流行的图形用户界面，盖茨使客户的操作变得异常简单，只要点击鼠标即可完成操作。

盖茨知道，Windows 还必须满足客户的另一大偏好：广泛地选择应用程序。Windows 放弃了文件管理程序 DOS shell，并且与 MS-DOS 的应用程序保持兼容。但盖茨在软件方面做出了更大的努力。他希望拥有更强大的应用程序基础，这样可以更有力地促使用户使用 Windows 界面。通过为客户与电脑交流方式创造一种新的有效惯例，微软公司促进了用户使用 Windows。首先，盖茨推出了微软公司开发的一套办公应用程序——Excel（表格处理程序）、Word（文字处理程序）和 Powerpoint（演示文稿程序），这些程序借鉴了 Macintosh 系统，也兑现了微软公司的承诺，即图形界面易于操作，在功能上可以与领先的竞争对手抗衡。莲花公司和完美文字是两家领先的 DOS 应用程序开发商，它们刻意避开为 Windows 开发软件，转而集中精力为 IBM 的 OS/2 搞软件开发。它们害怕微软公司的增长势头，并且感受到了来自华盛顿州雷德蒙德市这股不断增强的实力的威胁。这正中盖茨的下怀。它们的联合抵制使应用软件市场门户大开，而且使微软公司的办公系列软件（包括 Excel、Word 和 Powerpoint）在 1991 年成为 Windows 应用程序的撒手锏（见图 13-1）。

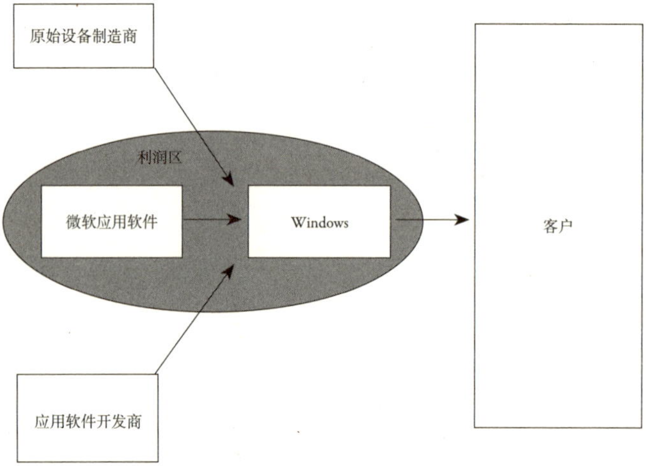

图 13-1　微软公司行业标准企业设计

除了这三款核心办公应用软件之外，盖茨还鼓励其他公司开发客户喜欢的新软件。他鼓励微软公司的应用软件开发商开展促销活动。盖茨还成了微软团队中的首席“宣讲师”，他积极恳求独立的软件开发商为 Windows 开发软件。他耗资几十亿美元发展了一个行业，这个行业满足了客户对更多应用软件的偏好。在此过程中，他接触到一个储存了庞大技术和创业能量的宝库，由此引发了数亿美元的研发投资。而这些投资都是通过他人按照 Windows 的标准开发应用程序来进行的。

其中一个重点投资领域是在 Windows 操作系统中使用 Macintosh 应用软件。微软聘请了一位顾问，这位顾问对苹果公司富有创意的开发商所开展的营销活动颇有研究。微软公司模仿苹果公司开发人员的做法，包括召开一年一度的开发商大会，协助进行 β 测试，对产品进行简要通报，以及之后进行扩展和改进等。对开发商进行营销的目的是扩大选择，特别是在娱乐软件、统计、制图软件、开发工具和控制模块软件方面。

这一系列举措使 Windows 3.0 的应用软件大幅增长。1989 年，与 Windows 兼容的软件不超过 1 000 款，而到 1996 年，这一数字已经超过 3 万。同时，软件开发公司的程序员也超过了 5 万人。

像其他领域的竞争一样（比如录像机行业中的网络电话公司 Betamax 与家用录像系统公司 VHS 的竞争），技术并不是决定因素，一种系统比另一种系统具有更多的功能也不是决定性的，决定性因素是人心向背。平均来看，Windows 的客户使用三种同样的软件包——文字处理、图形制作和电子表格软件包，这些软件在竞争对手的操作系统上也可以使用。但是许多终端用户和信息系统管理人员选择 Windows 的目的，是能够使用其他 29 997 款软件，其中许多软件在 Macintosh 或 OS/2 或 UNIX 系统上不能使用。如果微软公司没有意识到满足客户多种选择的重要性，没有在先进的企业设计指导下推出 Windows，恐怕客户也不会有如此多的选择和如此愉快的体验。一旦公司在某方向上的发展势头得到客户确定，要想改变方向就很困难了。现在，众多音像商店里还有多少 Betamax 制式的录像带呢？ 2000 年，在电脑美国（CompUSA）的商店里还有多少 Macintosh 的软件呢？

为了推广 Windows 操作系统，盖茨有条不紊、煞费苦心地实施了一系列举措。20 世纪 80 年代后期，盖茨遇到了一大挑战：如何将新技术引入大众市场？微软公司制定了与当时的客户偏好一致的企业设计。事后证明，这一企业设计是非常适宜的。

1990 年 5 月 22 日举行的发布会波澜壮阔，堪称史无前例。100 多家独立软件开发商发布了它们的 Windows 产品。50 家原始设备制造商热情地宣布，Windows 操作系统将被安装和运行在它们的所有产品上。微软公司在营销方面投入了 1 200 万美元，大大促进了 Windows 操作系统的销售。在一开始的几个月时间里，Windows 每天的零售量是 11 000 套。在为了抗衡 VisiOn 而做出承诺的 8 年之后，在可与 Macintosh 匹敌的技术进入市场 6 年之后，真正的图形界面革命开始了，只不过这次是比尔·盖茨说了算。到 1994 年，全世界已安装的 Windows 操作系统超过了 1 亿套，这不仅超越了 MS-DOS 系统，而且开创了首次使用电脑用户的市场。1996 年，Windows 95 的销售收入超过了 10 亿美元。

应用软件：Windows 革命

Windows 快速变成了个人电脑的标准操作系统，盖茨也试图利用这一地位为微软的发展寻找下一个机会。他瞄准了桌面应用程序市场。虽然每台个人电脑只运行一个操作系统，但是应用程序市场是巨大的，通过进入这一引人注目的空间，盖茨开始利用 Windows 操作系统标准扩大公司的价值获取范围。

在桌面应用程序市场上，个人办公程序软件的供应商具有强势地位。Excel、Word 以及 Powerpoint 的出现已经使个人电脑在业界有了用武之地。而且行业领先的软件，如莲花 1-2-3、完美文字和哈佛制图等都是非常出色的产品，拥有大批忠诚客户。尽管这些成熟的供应商实力很强大，但是微软公司仍然将这一市场视为下一个重大机遇所在。

借鉴前几次标准之战的经验，微软公司制订了新的进攻计划。在为每一条产品线确定独立盈亏中心的过程中，盖茨将积极的、不惜一切代价赢得胜利的理念灌输到了整个组织中。他甚至亲自出马，领导参与了面向重要客户的销售工作。利用 Windows 3.0 的迅速普及，产品开发部门专注于降低使用新应用软件的转换成本。通过确保文件的兼容性和相似的命令结构，当用户的操作系统从 MS-DOS 转变为 Windows 时，原来的软件能够“升级到”Excel、Word 或者 Powerpoint。许多客户喜欢 Windows 格式，对完美文字和莲花缺乏 Windows 版本感到很沮丧，因此他们很容易转向使用微软的应用软件。与 Windows 操作系统一样，由于满足了客户的偏好——易于使用，微软公司使软件升级工作变得非常简单。同时，微软公司还开通了服务热线来帮助客户进行文件转化。

微软公司还实施了之前竞争中的定价办法。在保证以 Windows 操作系统为基础的软件具有兼容性和易于使用的同时，微软公司还改变了过去市场上流行的定价模式。在零售渠道，微软公司没有对每种应用软件单独定价，而是以较低的价格提供全套软件。每个应用软件 495 美元的定价不复存在。突然间，用户就能够以很低的价格买到套装“升级”软件了。对于大型的企业用户而言，微软公司开创了并行许可方式。这种方式是指，在同一个时间里只规定使用者的数量，而不强迫他们为每台电脑购买一套软件。企业用户非常喜欢这种模式。

在这种差异化和价值获取战略的共同作用下，一股使用微软应用软件的高潮形成了。过低的定价策略可能对利润不利，但微软公司认为，如果微软能够确立领导地位，那么其以标准为基础的企业设计能够巩固这一地位。由于微软公司拥有Windows操作系统和顶级应用软件标准，所以通过不断地升级和创新产品，将其视为阻止模仿者的差异化壁垒，微软公司就能够持续地在企业设计方面超越竞争对手。在此过程中，由于需要对人员进行再培训，改变系统，以进行文件转换，因此公司整体的转换成本会增加（见表 13–2）。

表 13–2　微软公司的企业设计创新

要素	1975 年	1981 年	1990 年	1995 年
客户选择	程序员	程序员 个人电脑制造商	程序员 个人电脑制造商 Mac 电脑用户 非 Mac 电脑用户	程序员 个人电脑制造商 Mac 电脑用户 非 Mac 电脑用户 网络用户
价值获取	软件销售	软件销售 安装基础产品	安装基础产品	安装基础产品 规模收益递增
产品差异化 / 战略控制	创建标准	创建标准	创建标准 充分利用操作系统性能程序	创建标准品牌与原始设备制造商和应用程序开发商的关系
业务范围	程序语言	桌面应用软件	桌面应用软件 捆绑式软件	桌面应用软件 捆绑式软件 通信 网络 交换

微软公司在桌面应用办公软件市场上一枝独秀。在该市场高达 70 亿美元规模中，微软公司独占了 60 亿美元。在应用软件市

场，其办公产品软件的市场占有率高达85%，而且随着产品每一次升级换代，这个数字还在增加。

微软公司的经济特征是规模收益递增。标准业务就像电话网络，使用的人越多，越有价值。随着微软公司的产品变得越来越普及，它们的总体价值也在增加。由于软件产品的边际成本可以忽略不计，因此产品的销量越多，获得的利润越多，该业务的市场价值也越大。微软公司长期以来奉行的以利润为中心的理念告诉我们：今天投资，明天获利，获利之后再投资、再获利，如此循环往复，这就是企业发展的成功之道。

目前的战场：企业计算机信息处理技术与电子化家庭生活

在桌面应用软件领域取得成功之后，微软公司将目光转向了未来5年内价值增长潜力巨大的两大利润区：大企业的网络信息处理技术，家庭内声音、图像和数据的一体化。此外，微软公司已经意识到一种能与其一较高下的竞争模式正在出现——互联网。为了确保在办公和家庭两个领域的领先地位，微软公司已经做出了有效反应。在这两个领域中，微软公司面临着新的竞争，它必须将业务扩展到原先的范围之外。

企业计算机信息处理技术：Windows NT

随着个人电脑成为企业内越来越强大的工具，个人电脑网络可能与计算机功能形成竞争的局面。微软公司意识到了这个机会（实际上，它花了很多心血创造了这个机会），并投巨资启动了

Windows NT 项目，将其作为标准工具，通过它让网络电脑与现有的系统展开竞争。

在网络信息处理技术标准之战的第一个回合中，微软公司与个人电脑网络操作系统的领先企业 Novell 公司展开了竞争。1991 年，微软公司凭借 Windows NT 进入这个市场时，微软产品的功能比不上 Novell 公司的 Netware（一个网络操作系统）。而且，在 Novell 公司的强大声誉之下，微软的产品销售步履维艰。1994 年，Novell 仍是该市场的王者，其产品的市场占有率高达 70%。

盖茨不会因为第一回合的失败就止步不前，他重复运用之前的模式来创建事实上的标准。当 Windows NT 3.5 于 1994 年上市时，微软公司运用了其屡试不爽的建立标准的手段来确保自己产品的成功。为了改变客户心理上对 Novell 公司的认同，微软公司发起了一场咄咄逼人的营销活动，这次活动使微软的 Windows NT 成了客户心目中一种可行的选择。Windows NT 3.5 满足了客户对速度快、管理容易和安装简便的需求偏好，通过以下方式降低了转换壁垒：第一，允许 NT 服务器访问 Netware 服务器；第二，为 Netware 用户转向使用 NT 提供公用程序；第三，大幅降价，在价格上击败 Netware。1995 年，微软公司在服务器市场上已经占有 20% 的份额，而 Novell 的市场占有率则跌至 43%。

在 NT 4.0 中，微软公司增加了对客户偏好的关注，为系统的启动和管理提供了与 Windows 95 风格类似的界面，而且提供了一个受保护的应用程序环境，从而提高了系统的可靠性。微软的这些改进不仅让 Windows NT 进一步将 Netware 甩在了身后，而且为微软进入更为广阔的企业网络信息处理技术市场打下了坚实的基础。现在，Windows NT 已经成为一个稳固的平台，在这个平台上可以建立客户服务器的应用程序，它的价格和性能使它在各种规模公司的眼中颇具吸引力。通过与如思爱普（SAP）这样领先的公司应用软件开发商合作，以及通过开发像后台管理系统（Backoffice）这样的微软公司应用程序，微软公司向人们推出一种可行的针对传统系统的，既经济又有效的替代产品。

微软公司认识到，尽管企业信息处理技术是一个巨大的机遇，但这一领域的要求与桌面应用软件领域的要求是完全不同的。仅靠易于使用这一点不足以成就一种产品。企业的解决方案要求大量的现场技术支持，微软公司之前的企业设计是从来不需要这些的。盖茨没有以昂贵的代价从无到有建立基础设施（要完成这些基础设施的建设需要花 2—3 个季度的时间），相反，他先后说服数字设备公司和惠普公司对服务部门进行培训，从而能够更好地支持 Windows NT。

电子化家庭生活

如果企业领域是微软看到和追求的一个大而确定的利润区，电子化家庭生活就是正在形成的另一个巨大的利润区。由于技术的发展和管制的解除，以往没什么联系的声音、图像和数据开始融合在一起。我们将如何看电视？我们将如何理财，如何购物？人与人之间将如何沟通，如何获得信息？随着新工具和新技术不断进入我们的生活，所有这一切都会发生改变。全世界数亿家庭在这些方面的开支会为具有合理企业设计的公司创造出一个巨大的利润区。

微软公司已经开始有条不紊地为在这一领域创建标准进行准备。首先，微软公司了解客户的偏好可能会发生何种变化，客户最喜欢的应用程序会发生何种变化。在个人电脑网络服务方面，包括分类广告、信息服务、商业零售以及本地资源管理等，微软公司已经创造并先期赢得了领先地位。

随着新一代的一体化设备取代电视、个人电脑，甚至同时取代前两者，微软公司已经开始将 Windows CE 操作系统确定为一种首选平台。后来，微软公司收购了 WebTV（一家电视网络服务公司），并向康卡斯特投入了 10 亿美元，这些举措都表明盖茨希望在游戏尚未开始时就确立游戏规则。微软公司的目标不是在业已形成的市场上为一种标准而战，相反，它的目标是在一个市场最终形成时，已经为市场确定好了标准。

管理好模式的变化：互联网

互联网已经改变了计算机世界。随着网络在企业领域的快速普及，以及向家庭的稳步渗透，网络信息处理技术已经成为两个环境中的关键因素。微软公司对互联网的反应表明了盖茨领导下的企业具备强大的适应能力。

和应用程序市场一样，微软公司是互联网游戏的后来参与者。然而，一旦参与了游戏，微软公司就重新使用其在 BASIC、MS-DOS 和 Windows 企业设计中的经典手段。许多观察家认为，互联网会对微软公司的主导地位形成威胁。与往常一样，对互联网带来的不确定性，盖茨双管齐下，综合利用核心业务优势向新领地发起了全面攻势。尽管盖茨仍然把大量精力放在桌面应用软件领域，但是他认为，互联网可能超过桌面应用软件领域，从而变得更具战略重要性。因此，他要为这种可能性做好准备。

首先，从表面来看，互联网游戏似乎在微软公司参与之前就大局已定。到微软公司决定成为互联网的领导者时，网景公司早已经确立了显著的领先优势，该公司在浏览器市场上占据了 80% 的份额。但是，阅读了本章内容的人都知道，在应用程序领域微软公司对相似的挑战做出了何种反应。对网景公司，微软公司照样能够撼动其霸主地位。首先，和他对付 VisiOn 时所采用的手段一样，盖茨开始打心理战，从心理上赢得客户的认同。在珍珠港事件爆发 54 周年纪念大会上，他举行了一次重要的新闻发布会。在发布会上，他向全世界做出保证，微软公司已经为利用互联网技术做好了充分的准备。其次，他再次运用两大策略，即高效的分销和低廉的先期定价，它们曾帮助微软公司赢得了“图形界面之战”的胜利。他向采购商做出了这样的保证：微软的浏览器将被安装在大部分电脑上，而且微软有能力使自己的浏览器与最流行的应用程序 Office 完全兼容。这就使微软的浏览器有了与众不同的特征，从而促使大多数的 Windows 用户都使用它。

当微软将 Windows 3.1 升级为 Windows 95 时，系统文件包里已经包含了网络浏览器——Microsoft Explorer。微软公司发行其互联网浏览器的主要策略是，将有效的分销和较低的先期定价策略相结合。微软之前为了将 Windows 确立为标准的操作系统，也曾用过这样的策略。通过将 Windows 的升级换代当作发布 Microsoft Explorer 的平台，微软公司有了理想的分销系统以确保 Microsoft Explorer 程序在每一台装有 Windows 95 系统的电脑上都能使用。另外，通过将它与操作系统捆绑在一起销售，微软没有对消费者收取费用，这也利用了先期定价最低的战略。此外，盖茨与领先的在线服务供应商——美国在线（AOL）、电脑服务公司（CompuServe）及其他企业建立了牢固的合作关系，由此加速了对市场的渗透。

这样的做法十分有效，使用网景的用户开始转向使用Microsoft Explorer。1997年3月，网景浏览器的市场占有率跌至70%（1996年9月约为80%）。而同一时期，微软公司的市场占有率从不到10%提高到了28%。雪佛龙（Chevron）便是其中一例，它早期使用网景浏览器，后来转向使用Microsoft Explorer。发生转变的决定原因是雪佛龙不仅使用Windows的操作系统，而且要依赖它今后的产品。

如之前的许多市场周期一样，盖茨正在快速地创造下一个行业标准。他运用规模优势，在网络项目上投入了大量资源：他安排3名程序员开发Microsoft Explorer 1.0；在开发Microsoft Explorer 2.0版本时，他安排了20名程序员；到开发Microsoft Explorer 4.0时，他动用的程序员人数多达700名！认识到这种标准在企业和家庭市场上的重要性后，盖茨竭尽全力地抓住机会、迎接挑战。

在公司发展历史上，微软公司一直是非常优秀的创新者。然而，这些创新是企业设计创新，而不是技术创新。微软公司没有发明任何关键技术，它只是对现有的技术进行调整以适应市场需求。同时，它将技术内嵌于以标准为基础的企业设计中，这样的企业设计为微软公司创造了战略价值，也为股东创造了巨大价值。

与微软公司的成功形成鲜明对比的、恐怕要数苹果公司在20世纪八九十年代的失败了（见图13–2）。苹果公司的产品以创新为显著特色。它认为便于使用是客户的一大偏好，这种偏好要比其他市场因素更重要。苹果公司的电脑因技术出色而成为市场上流行的标准。但不幸的是，这些技术被包含在了有缺陷的企业设计之中。苹果公司试图通过在所有方面都享有独占权利的方式创建标准，试图通过拥有所有关键因素而享有标准，这样的做法从根本上限制了其他市场参与者帮助苹果公司确立标准的可能性。

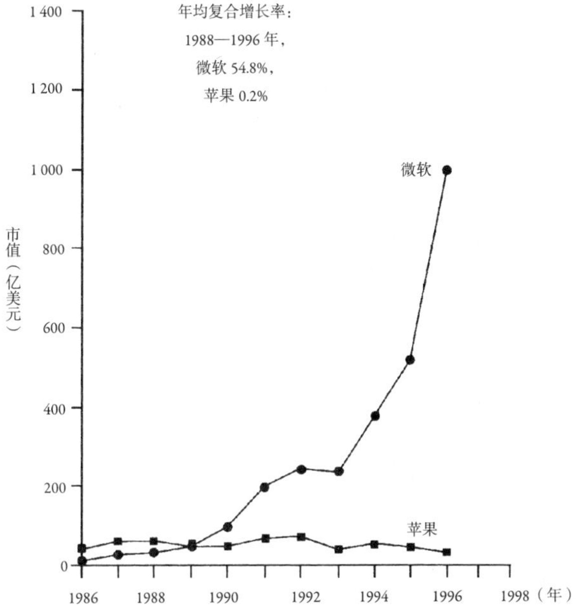

图13–2　微软公司与苹果公司的市值增长

标准能够推动整个行业发展。微软公司很早就认识到向其他参与者（客户、竞争对手、经销商）进行投资，从而创造出确立标准动力的重要性。微软公司随时准备好支付创建标准的费用，因此它现在获得了回报。当然，微软公司现在担心和关注的是，如何为未来5年内的信息处理和集成创建行业新标准。

创建行业标准企业设计——问题清单

☑ 我是否与所有重要的原始设备制造商都有业务往来?

☑ 我是否在应用程序开发商上投入了最多资源，是否为了使我的技术给客户创造最大价值而提供了最大支持?

☑ 我是否为客户将价格和转换成本降到最低?

☑ 为了增加标准价值，我是否开发了一套核心应用程序和服务?

☑ 为不断地给客户增加价值，我是否制定了2.0版、3.0版、4.0版的蓝图?

- 终端用户
- 应用程序开发商
- 原始设备制造商

第三部分

利润区手册

第 14 章

企业设计创新
如何创造出利润区

从企业设计创新来看，我们观察到的最显著的一点是，不同企业设计之间有很大不同。不同行业的企业有不同的企业设计创新，同一行业的企业设计也有很大不同。

可口可乐公司企业设计的成功逻辑与通用电气公司的企业设计截然不同。美国热电公司和嘉信理财公司的企业设计也有天壤之别。同样，微软公司和迪士尼公司也是如此。

创新事关客户和盈利能力，但从根本上取决于是否有创造力，取决于能否规划出一个独一无二的企业设计。

研究创新者以及他们如何发现或者创造本行业的利润区，最大的好处是能了解企业的创造性过程是如何发生的（每隔 5 年企业设计如何变化），需要遵循什么样的原则（在客户与利润方面），以及它的成果会有多大。

企业设计创新推动公司价值增长

在注重市场占有率的时代，公司会努力创造和维护可持续竞争优势。现在，除了专利和受保护的市场外，已经不存在这种长期的可持续竞争优势了，但存在长期的价值增长，即持续 10 年、20 年，甚至更长时间的价值增长。

创造持续的价值增长要求每隔 5 年就对企业设计进行调整。第二部分简要介绍的那些创新公司已经证明，这一要求不仅可能实现，而且会带来非同一般的结果。注意图 14–1 和图 14–2 中体现出的因果关系。可口可乐公司企业设计的变化（从装瓶商特许经营模式到美国装瓶商管理模式，再到国际价值链管理模式），尽管提高了公司的资产密集度，但它显著改善了其他方面的财务指标（销售利润率、预期利润增长率和战略控制或利润保护）。这些财务参数的变化提高了公司的估值，其市值与销售额的比值从 1980 年的 0.7 提高到 1996 年的 7.0（见图 14–2）。总体来看，这些因素为可口可乐公司创造了长期的价值增长，使它成为世界上最具价值的公司之一。

在每一个创新企业里，同样的因果机制都在发挥作用：企业设计创新推动了财务绩效的改进，而财务绩效的改进则提高了企业的估值，企业估值又推动了价值增长。这种价值增长和不断攀升的估值模式得到了创新企业的一贯坚持，以至人们会认为出现

这样的结果是理所当然的。将这些创新企业的表现跟标准普尔500强企业做对比是非常有用的，将这些创新企业与20世纪80

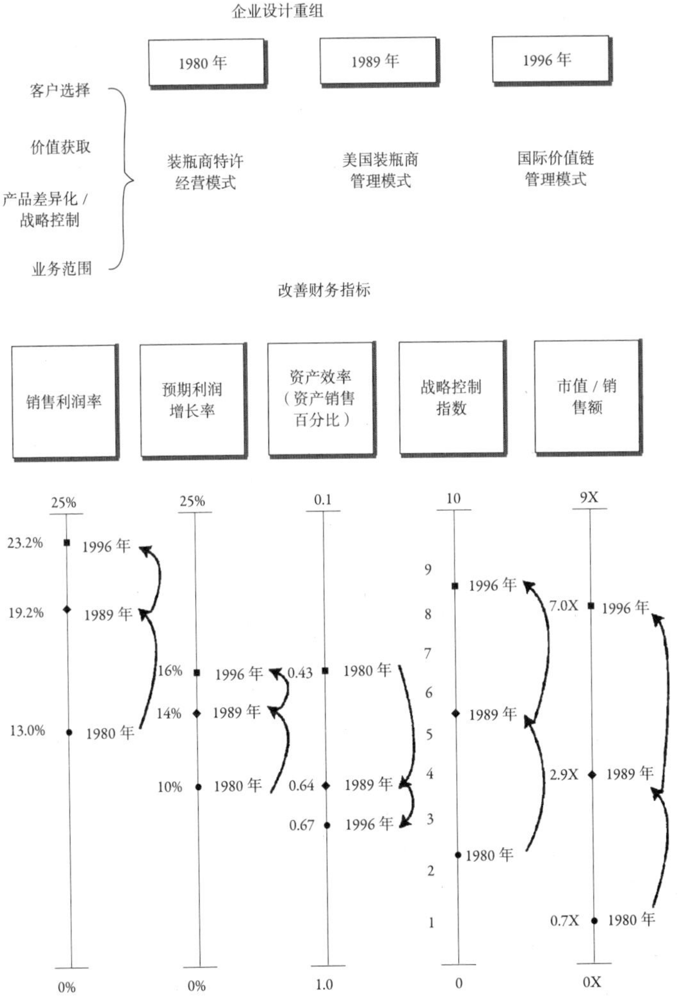

图 14–1　可口可乐公司的企业设计创新

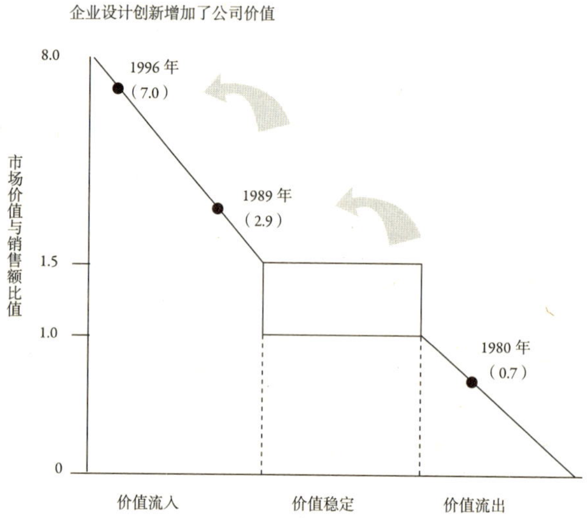

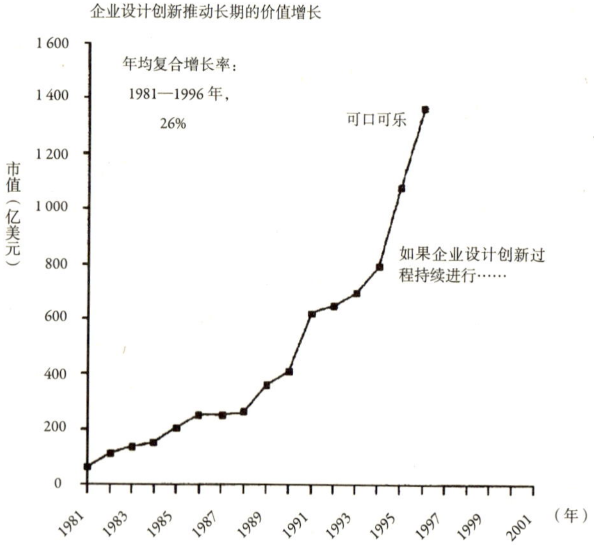

图 14-2　可口可乐公司的市值增长

资料来源：Compustat

年代市场占有率的主要领先者的价值增长绩效做对比，也颇具意义（见图 14–3）。

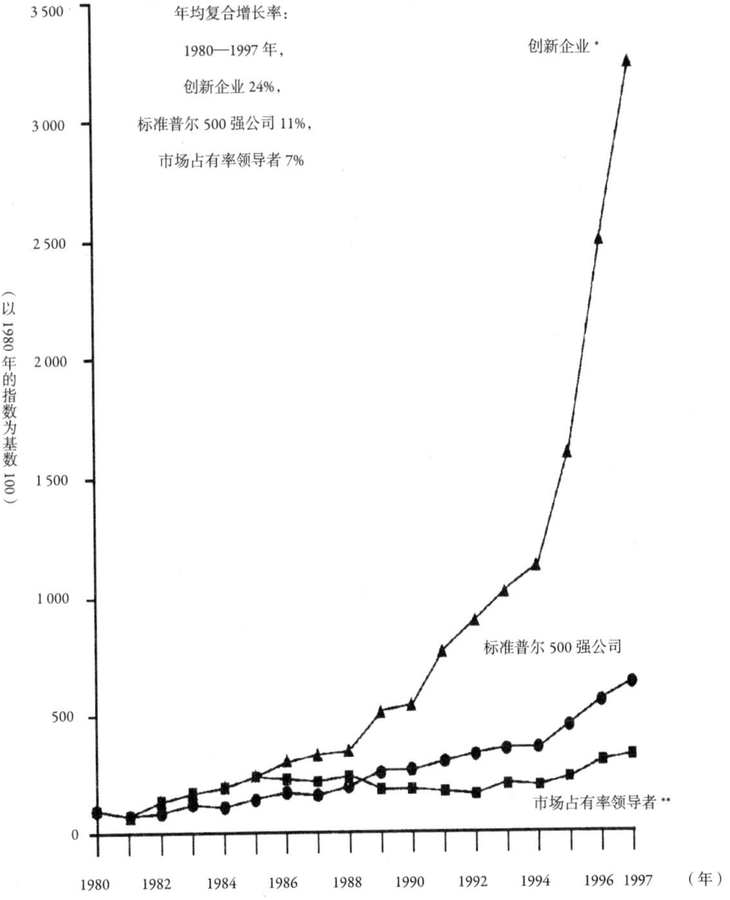

图 14–3　九大创新企业与标准普尔 500 强企业、市场占有率领导者的比较

注：* 不算微软和英特尔，创新企业的年均复合增长率为 20%

** 市场占有率领导者包括全美航空公司、伯利恒钢铁公司、数字设备公司、福特公司、通用电气公司、IBM 公司、西尔斯公司、美国联合航空公司和美国钢铁公司

无论我们如何排列这些数据，有效的企业设计创新得到的回报都是非常惊人的。

提高利润空间的悖论

经典的战略理论告诉我们，利润总是在下降而不是上升。在商品化、竞争日益加剧、产品过时和消费者力量日益强大等诸多因素的综合影响下，利润率往往会呈下降趋势。

在过去几十年中，这些因素的影响力确实增强了。每个领域里的竞争者都增多了，竞争也变成了全球性现象。信息流动得更快，竞争性模仿也不断加速。而且，由于面对的选择和信息越来越多，消费者的实力也越来越强大。与之前相比，企业获得利润的压力更大，利润率下降的速度也更快。

但对于创新者来讲，情况不是这样。有效的企业设计创新具有的力量体现在它们所创造的利润变化模式中（见图14–4）。这些创新者的利润没有降低，甚至不是四平八稳，而是一直增长。

实现利润增长所依赖的收入组合的性质是非常重要的。通常情况下，重新制定企业设计时，公司都会提高重复性收入（与交易性收入相比较）的比值。比如嘉信理财公司收取的资产管理费、ABB集团的长期维护收入、通用电气公司的服务合同收入或者微软公司的升级收入等。在所有情况下，企业设计创新不仅能够满足客户的需求，而且能够为公司带来长期的利润增长。

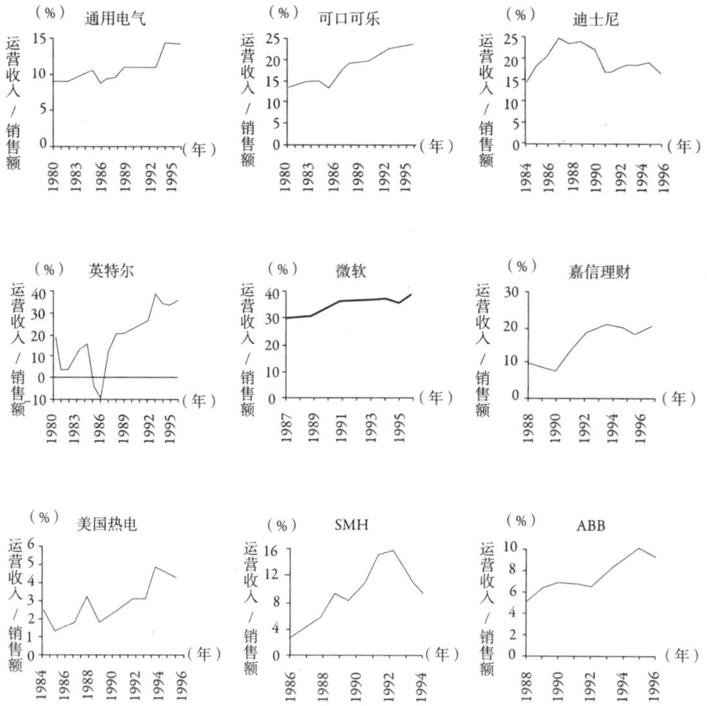

图 14-4　创新者的销售利润率

重大错误

将创新者的价值增长业绩视为理所当然，这种认识是错误的。认为一帆风顺的业绩增长来自谨小慎微的本分经营，也是一种错误的认识。事实刚好相反。企业设计创新要求实施重大的、非渐进性的举措，在实施这些举措的过程中会不可避免地出现重大失误。

我们在第二部分中介绍的 10 家创新企业都曾经历过这样的

重大失误。通用电气下属的基德皮博迪公司，英特尔推出的有缺陷的奔腾处理器，可口可乐公司的新可乐，嘉信理财对投资咨询师服务系统的运营梦魇，微软公司发布的每种产品的 1.0 版本，斯沃琪对电信产品的尝试，以及迪士尼公司在欧洲建立的迪士尼乐园等，都是失误的例子。

这样的例子有很多，可以列满好几页纸，并且它们可以成为另一本书的主题。关键的一点是，没有大失误就不会有大创造，创新者经历的失败要比普通人多得多。

目标锁定

然而，这些重大的失误可以归为两类。上面提到的这些是新思想或新企业设计失败的例子，属于第一类。第二类重大失误是固守过去的机会和企业设计，从不冒险进行变革。这类管理失误类似于“目标锁定”失误。目标锁定是激光技术出现之前军事飞行中经常可以运用的技术。

在雷达制导的目标获取和摧毁技术出现之前，传统的攻击机飞行员都是俯冲投弹的好手。俯冲投弹的动作看似简单：飞行员驾机飞上 2 万英尺的高空，然后掉转机翼，开始向目标俯冲下去，接着，当飞机以 500 节[1]的速度呼啸着直冲地面时，飞行员通常会发现投弹目标，并将投弹瞄准器与目标连成一线，只要一直保持一条直线，飞机就会沿着这一角度像离弦的箭一样直冲目标。同时，每隔几秒钟飞机就会降低 1 000 英尺。俯冲投弹看起来简单，

1. 1 节 ≈1.85 千米 / 小时。

但事实并非如此，特别是有人向飞机射击时，危险性会更大。

一个俯冲投弹飞行员最大的风险是“目标锁定”。飞行员要一直盯着目标以确保下降角度精准，这样他们往往会忘记高度，驾驶着飞机直冲地面。我们对当前的目标有着完美的把握（我们的目标对准了吗？），但是我们忘记了更加普遍的现实。

目标锁定是一个常见的管理问题。为了专注于任务或者简化任务，管理层会选择流程、衡量指标以及目标。例如，市场占有率、价值增长率、成本优势、上市时机（或者退出市场的时机）都会被选定为目标。有关的数据会被记录下来并且绘制成图表。为了持续改进指标，中间过程会对错误进行修正，从而令整个系统得以协调。如果这些操作都能够顺利进行，那么这一流程将是非常有效的。当企业濒临失败边缘，每个人都意识到他们锁定的指标和目标错误时，企业就会破产。

为什么企业会破产？通常情况下，运用目标和衡量指标被视为有效的管理方法。管理层通常锁定以下目标：

- 当利润区转向服务领域时，目标是过去的市场占有率或者过去的企业设计；
- 在一个商品化、无利润的行业部门内实现收入增长；
- 当在价值链的其他环节创造出价值时，目标是降低单位制造成本；
- 将错误的产品快速推向市场；
- 未达到由客户偏好和系统经济模式确定的目标的服务；
- 在客户看来无法满足他们质量要求的质量控制统计图表。

简单来说，管理层试图完善的是过去的企业设计。机遇已经从他们身边溜走了，然而他们相信，只要再做好、做大一点儿，他们就能立于不败之地。他们实际上打的是一场早就应该打的仗。实际上，新的客户偏好和竞争对手的企业设计已将战场转移和重新定位了。此时，指导企业发展的旧指标、程序和文化通常都已经过时了。

当今世界，信息和市场瞬息万变，企业设计周期大大缩短。因此，避免目标锁定并带领公司抓住新机遇，可能是创新者扮演的一个最重要的角色。

目标锁定有助于我们了解许多市场占有率领先者将目标锁定为市场占有率而失败的原因。真正重要的是确定利润区在哪里，从而为此创造新的企业设计，并创造市场价值。在过去几年中，随着越来越多的公司意识到，不断变化的市场需要制定以利润和价值为目标的企业设计，而不是制定只以市场占有率为目标的企业设计。衡量公司成功与否的指标发生了很大变化。

同时，创新者对当前的模式并不满意。事实上，他们非常担忧。他们关心的是企业的“市值”阶段能够维持多久，下一个阶段会如何。由于他们都非常憎恶不必要的风险，因此他们不愿意再次经历长达 10 年之久的脱轨，但传统的市场占有率领先企业往往都有这样的经历。创新者关心的是下一次转变会是什么。

身处市场价值的某阶段，我们很难想象下一个阶段会是什么样子：是知识价值创造，员工忠诚，客户忠诚，还是客户忠诚加特殊的信息流？

我们现在还不知道。但是，正因为如此，我们才需要广开言路、集思广益，运用企业集体智慧发掘下一次衡量指标革命会是什么。我们必须避免目标锁定带来的极大风险，了解企业设计创新的根本要素可能是为不确定的未来所做的最好准备。

下一章是企业设计创新的实用指导手册，里面包含了一些问题和练习，其目的是向你的公司提出挑战，并使你的公司保持领先于客户不断变化的偏好，而不仅仅是与客户保持同步。同时，它们会帮助你的公司在行业中创造出利润区。下一章会告诉你如何使你的公司踏上一条价值持续增长的道路。

第 15 章

利润区手册

《发现利润区》一书详细介绍了一种新的企业设计方式。第一部分提出了以客户为中心和以利润为中心的思维方式的基本思想，描述了当代企业成功必备的新战略观念。第二部分运用实例说明企业领导人如何秉持这些理念获得成功。在第三部分的最后一章中，我们将总结本书的思想，使读者可以将它们运用于自己的公司。

由于制定优秀的企业设计是一种可以学习的技能，因此在这里我们以问题的形式给出指导意见。不要快速浏览完这部分内容，你要花上几个小时静静地思考。在这几个小时里你收获的将是你一年中最有价值的东西。你可以独自一人完成本章的内容，也可以和团队成员一起完成。如果能与其他管理者一起讨论，那么回答这些问题可能会更简单一些，并且使这些工具更具有使用价值。

将自己的企业推进利润区

我们整理的这一手册将帮助你把自己的企业推进利润区。完成这一过程需要依次处理以下这 12 个问题。

1. 我的客户是哪些人?
2. 客户的偏好如何变化?
3. 哪些人应当是我的客户?
4. 如何为客户增加价值?
5. 如何才能成为客户的首选?
6. 盈利模式是什么?
7. 目前的企业设计是怎样的?
8. 真正的竞争对手是谁?
9. 最难对付的竞争对手的企业设计是什么样的?
10. 下一个企业设计是什么样的?
11. 战略控制点是什么?
12. 公司价值如何?

通过做一系列练习，这一手册将帮助你回答上述每一个问题。

通过回答这些问题，你将会明白如何才能击败你的竞争对手，使自己的公司进入利润区。你将学到一些必要的技能，修正自己的企业设计，并使公司处于不断变化的利润区内。你将得到一套工具，运用它们可以降低犯错的概率，识别客户的偏好，发现你所处行业的利润区，设计合理的企业设计，保持公司对盈利能力的战略控制等。

根据你的企业的实际经历回答上述每个问题。你要运用被认可的技能方法，你要敢于运用自己的思想将这些工具的作用放大。满怀信心地坚持下去，你将一步步迈向利润区。

1. 我的客户是哪些人？

通读本书我们发现，了解客户是企业设计成功的第一大关键因素。不了解客户的企业，其经营也是盲目的。有效的企业设计要求了解客户群体的诸多方面。

许多管理者认为，他们了解自己的客户，因为他们每天都会在店铺里看到客户，在发票上看到客户的名字。然而，真正了解客户意味着可以将他们划分为不同的群体，能够精准地分析不同群体的特征。你可以根据年龄、地域、行业、建立业务联系的时间长短、购买理由、购买频率、购买标准或者其他统计特征对客户进行分类。你也可以将客户划分为不同的群体，例如根据他们的行为或者偏好归类。通过更加细致的分类，你会发现自己的客户群体之间存在很大差异，他们与你想象中的有很大不同。在下面的空行里，请列出你的主要客户群体。

主要客户群体：

1. ______________________________

2. ______________________________

3. ______________________________

4. ____

5. ____

让我们以可口可乐公司的主要客户群体为例进行说明。许多人可能会将消费者视为可口可乐公司的主要客户群体。实际上，该公司的主要客户群体情况如下：

可口可乐公司的主要客户群体：

1. 消费者
2. 饭店和自动售货机
3. 主要的装瓶商
4. 美国国内连锁店

关于客户，你最重要的责任是了解他们的偏好。你可能需要进行深入的市场分析才能了解客户最看重什么。但是，通过观察和逻辑思维，你也可以破译那些引导客户行为的偏好。无论在市场内还是市场外，客户都在不断地表达着他们的偏好。回答以下两组问题将有助于你了解客户的偏好。

了解本行业客户的偏好：

·列出过去两年行业流行的三款产品或服务的名称。

——为什么客户喜欢它们？

——这些产品价值背后的原因是什么？

——它们是否节约资金，是否能减少麻烦，是否能提供安全保障？

了解其他行业客户的偏好：

· 从你这里购买产品的客户也从其他市场上购买产品和服务。重复列出上面几个问题，但要将行业变成一个无关的行业或者你的客户经常涉及的行业。在那个市场中，你的客户体现出什么样的偏好？

你的客户有两种需求，一种是明示出来的，另一种是没有明示出来或无声的需求。了解明示的需求不困难，通常情况下，这是行业内大多数企业都尽力满足的需求。困难的是识别客户的无声需求。要找到不断变化的利润区，你必须要做到这一点。

要发现客户的无声需求或者没有明确表达的需求，一种方法是考虑你的客户所处的整个经济系统。通常情况下，管理者只关注自己的公司与客户之间达成的交易。这种狭隘的视野让他们无法看到客户真正需要的东西。你的客户是否只把你看作他们生活或者业务领域中一个简单的存在？你是否也这样看待自己与客户的关系？这是否是你希望自己的企业呈现的形象或者关系？

系统经济学通过把所有相关的成本和收入纳入模型，就可以将特定产品或服务的所有方面进行量化。系统经济学不只考量盈利能力，它还涉及所有影响盈利能力的因素和变量。系统经济学研究可以表现为非常复杂的财务模型，也可以便捷地描述出盈利能力的大概轮廓。从系统经济学的角度来考虑你的客户，你将更好地了解他们的无声需求。

试着回答下列问题：

· 把自己想象成五家最重要客户公司的首席执行官。

——你的总目标是什么？

——你最关心的是什么？

——为了实现你的目标，供应商能够提供怎样的帮助？目前供应商的哪些地方妨碍你实现目标？

2. 客户的偏好如何变化？

客户的需求不是静止不变的。每个人及其周围的环境都在发生变化，新的客户偏好会不断产生。为迎合客户需求，企业的新机遇也会不断出现。表 15-1 列出了一些从客户偏好的变化中获益的企业。

表 15-1　从客户偏好的变化中获益的企业

序号	客户偏好变化	受益企业
1	产品功能 → 价格	欧特克（Autodesk）
2	产品 / 服务 → 解决方案	通用电气、迪士尼、ABB 集团、惠普
3	可获得性 → 花色品种繁多	家得宝
4	产品功能 → 产品质量	丰田
5	最低价格 → 最低价格、节省时间	沃尔玛
6	最低价格 → 公平价格、节省时间	电话购车公司
7	最低价格 → 最低系统成本	通用电气
8	产品功能 → 快速交付	戴尔电脑
9	解决方案 → 外包	EDS
10	产品功能、关系→ 成本低、麻烦少	史泰博（Staples）

上述公司了解客户偏好的变化，并能够快速做出反应，因此它们都获得了极大成功。同时，我们可以想象一下咖啡行业客户偏好的变化（客户偏好由价格转向质量，这导致了咖啡供应商从食品零售店转向咖啡专卖店），是如何促使星巴克崛起、兴盛的。

将这一思路应用到你自己的市场中。根据上面列出的行业中成功的产品信息，填写下列空格：

本行业近年来客户偏好的变化

1993 年	1998 年
客户偏好	客户偏好
1. ________	________
2. ________	________
3. ________	________

再看看客户涉及的其他行业的情况。你能看出市场上的变化趋势吗？如果在某领域里客户正试图节省时间，他们是否希望你的领域也能节省时间？要预先为客户的偏好或需求变化做准备，你在现在或者不久的将来要具备什么样的优势？

本行业可预见的变化

1998 年	2002 年
客户偏好	客户偏好
1. ________	________
2. ________	________
3. ________	________

3. 哪些人应当是我的客户？

在我们了解了目前客户的情况、他们当前的偏好以及他们的偏好会如何变化之后，接下来你就应当思考该如何扩大你的客户群。有没有新的群体看重你的产品或服务？你能否沿着价值链跨出一步，为客户的客户提供服务？你能否换个方向努力，进而成为其他公司的供应商？创造性的客户选择一直都是创新者成功的关键因素。

表 15-2 列出了本书介绍的创新者的客户群体。注意，这些创新者除了服务表格中的客户，还服务其他客户群体。

表 15-2　客户选择创新

公司	不只服务于	还服务于
ABB 集团	行业内买家	收购的工程公司
可口可乐公司	消费者	主要的装瓶商
迪士尼公司	儿童	家庭
通用电气	采购代理商	需要解决方案的客户
英特尔	原始设备制造商	终端用户
微软公司	消费者	程序开发商、原始设备制造商
嘉信理财公司	投资者	投资咨询师、区域银行、区域经纪公司
斯沃琪	消费者	手表制造商、手表分销商
美国热电公司	行业买家	投资人、公司内的创业人才

对于每一位创新者而言，创造性的客户选择对价值创造都是非常重要的。

珀西·巴尼维克将电力公司和当地政府看作 ABB 集团客户群的关键成员，但他也认识到，在自己所处的行业内，还有另一个大规模客户群体的需求没有得到满足，这个群体就是与 ABB 集团竞争的当地工程公司。这些公司需要强大的品牌和分销体系支持，而这些都是 ABB 集团可以提供的。因此，他没有与这些当地工程公司争夺当地的项目，相反，他将它们纳入 ABB 集团网络之内，让它们成为 ABB 集团的重要客户。

罗伯托·戈伊苏埃塔认识到，虽然可口可乐公司总是将消费者视为自己的目标客户，但实际上，装瓶商才是可口可乐公司原浆的购买者，而且它们控制着可乐饮料的商业供应。在他的主导下，公司将装瓶商重新定位为系统的关键客户，并且进行了组织变革。这一变革使可口可乐公司建立了低成本的分销系统。另外，他也考虑到了每一个客户群体中不同类型的客户（见图 15-1）。

	装瓶商	食品杂货店	饭店	自动售货机	消费者
类型 1	当地特许经销商	便利店	便利店	连锁酒店	口味
类型 2	区域经销商	当地杂货店	饭店	办公楼	价格
类型 3	富有经验的大经销商	大型区域连锁店	全国性连锁店	当地组织	可获得性

图 15-1　可口可乐公司不同类型的客户

根据上面提到的例子，尝试完成下列练习：

哪些人是你目前的关键客户？

1. ____________________
2. ____________________
3. ____________________
4. ____________________
5. ____________________

为了拓展你的客户范围，你可以培育其他哪些群体/行业参与者？

1. ____________________
2. ____________________
3. ____________________
4. ____________________
5. ____________________

这些群体或行业参与者的偏好是什么？

1. ____________________
2. ____________________
3. ____________________

你能够为他们提供哪些他们认为有价值的东西？

1. ____________________
2. ____________________
3. ____________________

哪些人最有可能成为你的潜在客户？

1. ____________________
2. ____________________
3. ____________________

如果回答上述问题有困难，那么这说明你没有花足够的时间与现有客户、潜在客户或新客户进行沟通。在过去一个月内，你花了多长时间与最重要的五位客户进行沟通？你们的交谈仅仅是礼貌的寒暄，还是实质性地讨论了客户最重要的偏好？只有后一种讨论才能让你了解客户的关键问题和偏好，这样你才能建立良好的客户关系，并且完成以客户为中心的企业设计。

填写下列表格。通过这种方式可以记录你与客户交流的时间和交流的内容。

客户交流记录单

最重要的五位客户	在过去一个月中与他们交流的时间	交流内容
1. ________	________________	____
2. ________	________________	____
3. ________	________________	____
4. ________	________________	____
5. ________	________________	____

4. 如何为客户增加价值？

现在，你已经知道哪些人是你当前的客户，哪些人是你潜在的客户，他们明示的和暗示的偏好各是什么。接下来，你必须明确如何为这些客户创造价值。

当客户只愿意支付产品的成本价时，生产产品的公司是赚不到利润的。每一家公司都必须问自己：“我的产品能为客户带来什么特殊的好处，从而使他们愿意支付溢价？”尽管公司表现形式不同，但答案总是这样的：“如果我们能够满足客户的 X、Y、Z

偏好，他们就会支付我们溢价。”

你的第一步是分析客户的偏好，然后弄清楚如何才能比竞争对手更有效地满足这些偏好。

- 你的竞争对手能够满足哪些客户偏好？
- 与你的竞争对手相比，你能够更好地满足客户的哪些偏好？
- 与竞争对手相比，你能以更低的成本满足客户的哪些偏好？
- 为使自己的偏好得到满足，客户愿意支付多高的溢价？
- 为给客户提供最重要的价值，你可以同时满足哪些偏好？

以上这些问题的答案将会为你的公司提供一张蓝图。根据这个蓝图，与竞争对手相比，你会为客户提供更大的价值。

在查尔斯·施瓦布的第一次企业设计创新中，即推出增值折扣经纪业务时，他就仔细地考虑了上述的每一个问题。他发现传统的经纪公司满足了一部分客户的偏好，而这部分客户需要大量的建议和指导。施瓦布还认识到，这些传统的经纪公司在技术性投资方面很滞后，而且大部分传统的经纪公司都提高了费用。他决定让自己的公司为那些希望轻松地进入市场、耗费成本低的客户服务，为那些期望得到良好服务、对容易提供的信息感到满意的客户服务。选定这些目标偏好后，施瓦布创立了一项业务，这项业务的基础设施成本很低，员工对客户的需求非常敏感。与竞争对手相比，他找到了为选定的客户创造更大价值的方式。

考虑你自己的客户群体。对于他们而言，什么是最重要的？你如何才能显著提高为他们创造的价值？

我的客户群体：

____

____

____

____

5. 如何才能成为客户的首选？

每一个客户偏好都有其相对重要性，而且客户会基于每一种偏好的满意程度，有意无意地给供应商打分。在客户最重要的偏好上得分高的公司，其企业设计往往也是成功的。

一个成功的供应商，其得分大致是这样的：

客户偏好	供应商得分	供应商最强大的竞争对手的得分
偏好 1 ______	10	6
偏好 2 ______	8	7
偏好 3 ______	7	6

注意，最大的区别体现在最重要的偏好的分数上。偏好项目越重要，成功的供应商得到的分数越高。在最重要的三个偏好项目上，成功的供应商得分要高于竞争对手的得分。

现在考虑一下自己公司的状况。哪些人是你最重要的客户？这些客户最重要的三个偏好是什么？你的得分情况如何？你最强大的竞争对手的得分如何？

客户偏好	我的得分	我最强大的竞争对手的得分
偏好 1 ______	______	______
偏好 2 ______	______	______
偏好 3 ______	______	______

6. 盈利模式是什么？

我的组织如何实现盈利？如果企业设计只是增加了客户的价值，但不能为组织创造利润，那么这样的企业设计是不完善的，而且在许多情况下它是有致命缺陷的。

在以市场占有率为目标的时代，盈利能力因素并不重要（想想“只要市场占有率高，利润就会随之而来”这句话）。但现在，考虑这一点是至关重要的。较高的市场占有率已不再是高利润的保证。另外，企业可以通过很多途径来获得高利润。因此，对于企业而言，清楚地了解自己的盈利模式，已经变得至关重要。

像第 3 章详细介绍的那样，企业可以通过不同的方式获得高利润。我们在第 3 章详细地讨论了其中的 11 种方式。第 3 章附录也总结了 22 种盈利模式。

这些模式中有适合你的公司的吗？适合的模式是否不止一种？它们是哪些？

我的盈利模式：

1. ______________________________

2. ______________________________

3. ______________________________

在许多情况下，企业会利用2—3种盈利模式。比如，迪士尼就同时运用了卖座大片模式（第3章附录里的第6种模式）和利润乘数模式（第7种模式）。ABB集团的盈利模式包括专业化模式（第9种）和客户解决方案模式（第1种模式）。

可口可乐公司运用了三种盈利模式：多单位系统模式——自动售货机、饭店（第3种模式），品牌模式——与无品牌的饮料相比获得溢价（第12种模式），以及相对市场占有率模式——在国际市场上占主导地位（第20种模式）。

如果第3章附录中的模式都不适合你的公司，你可能不得不建立自己的盈利模式。首先，提出这样一个问题："在我所处的行业里，如何获得高利润？哪家公司是最赢利的，为什么？"

获得高利润：

能否用一张图表示出在你的行业中利润是如何产生的？你能画出这张图吗？横轴代表什么，时间还是规模？你经营的各项业务之间的相互关系如何？

现在，描述你的公司采用的盈利模式：

无论你的盈利模式是第 3 章附录中讨论过的模式，还是你自己制定的模式，你都需要提出下面一个问题："公司中的每个人都了解我们的盈利模式吗？公司能否协调所有的活动为实现高利润创造条件？我们是否基于这样的理解制定决策并分配资源？"

7. 目前的企业设计是怎样的？

了解了如何将客户的偏好转变成利润之后，为了使自己的公司与行业的利润区保持一致，你需要为公司策划一种企业设计。公司的企业设计由四大战略要素组成，它们是客户选择、价值获取、战略控制、业务范围。表 15–3 大致描述了企业设计的这四个战略要素。

表 15–3　企业设计的四大战略要素

要素	关键问题	具体问题
客户选择	我想服务哪些客户？	我能提高哪些客户的实际价值？哪些客户将会使我赢利？我想放弃哪些客户？
价值获取	我如何赢利？	我如何从为客户创造的价值中获利？我的盈利模式是怎样的？
产品差异化 / 战略控制	我如何保护利润？	为什么客户选择从我这里购买？与竞争对手相比，我的价值主张有什么特别之处？哪些战略控制点能够抵消客户或者竞争对手的力量？
业务范围	我从事哪些业务活动？	我想要销售什么样的产品、服务和解决方案？哪些业务活动或者功能是公司内部可以完成的？哪些需要分包、外购或者与合作伙伴一起提供？

企业设计要获得成功，其要素必须满足客户最重要的偏好，而且通过一致性检验以确保企业作为互相协调、促进的整体发挥功能。

除了上面列出的几个要素外，你还需要描述出公司目前的企业设计。在下面的空格处填入尽可能多的信息。上表中列出的问题有助于你完成这一练习。

我的公司的企业设计

客户选择 ____________________

价值获取 ____________________

战略控制 ____________________

业务范围 ____________________

在讨论下个问题之前，记住你的企业设计。

这些都必须是你公司企业设计的要素吗？你是否考虑过用其他选择替代这些要素？你的客户群体只有一类客户，还是有两三类？你目前是否对所有的客户群体都很重视？你这样做明智吗？你是否考虑过下游的客户？在表15-4中，与你的公司相关的选项是哪些？

表15-4　企业设计要素示例

要素	选择					其他
客户选择	所有客户群体	第一类	第二类	下游客户	——	——
价值获取	单位收入	许可收入	服务收入	解决方案收入	——	——
战略控制	品牌	低成本	两年领先期	客户关系	——	——
业务范围	业务范围广	业务范围窄	完全一体化	虚拟业务	——	——

除了上面列出的几个因素（客户选择、价值获取、战略控制、业务范围）外，一个公司的企业设计还包括运营因素（采购、生产等）和组织因素。关于运营因素和组织因素的详细介绍见附录1。

8. 真正的竞争对手是谁？

你如何知道这些是否是你企业设计的正确战略要素？首先对比一下你与竞争对手的企业设计。通常来讲，竞争对手是指“跟我们做同样事情”的公司。然而，你真正的竞争对手是那些与你有共同的客户或业务范围的公司。你的竞争对手所处的行业有可能和你所处的行业完全不同，他们提供的可能是完全不同的产品或服务。今天，你必须放宽视野，在广阔的领域里搜寻你的竞争对手以了解不同的企业设计，这些企业设计会吸引你的客户，并吸引他们的资金和内心忠诚。完成下列练习将有助于你确定所有的竞争对手。

1. 画一个由四个同心圆组成的空白雷达显示屏。

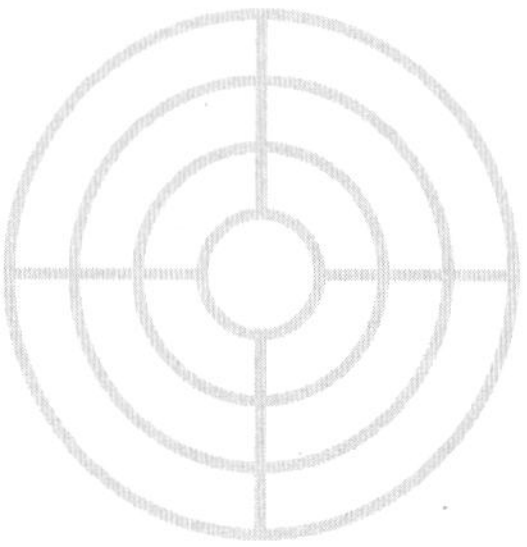

2. 将你的直接竞争对手填入最内层的圆圈里，将间接的竞争对手填入外层的圆圈里。参见下图中钢铁工业的例子。

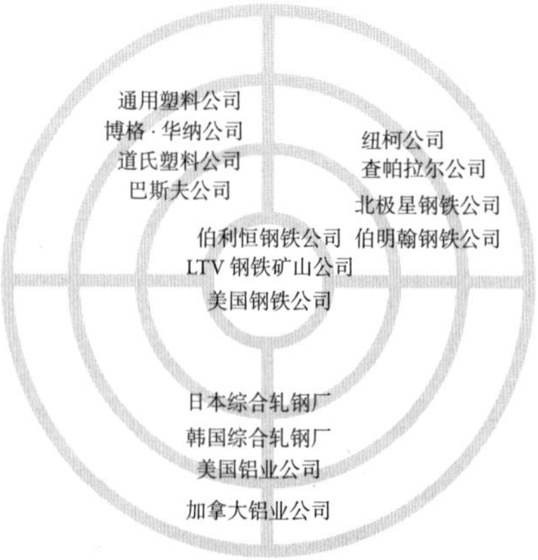

3. 现在，变换一个角度。让我们站在客户的角度，透过客户的视角来看问题。你的客户认为什么样的公司是他们最好的选择？

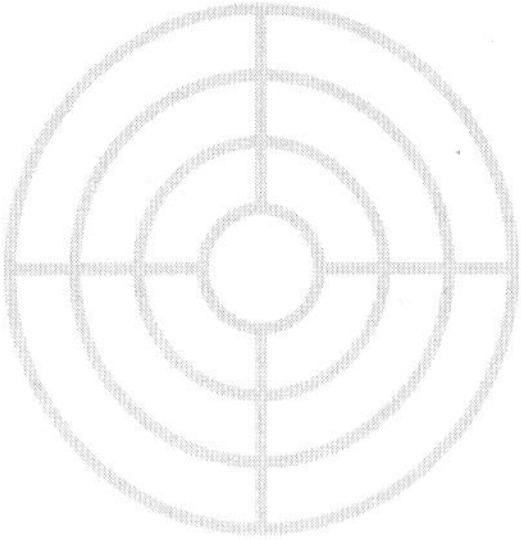

4. 哪些公司尽管现在不是你的竞争对手，但是在未来两三年内将与你展开竞争？把这些公司列在最外圈。

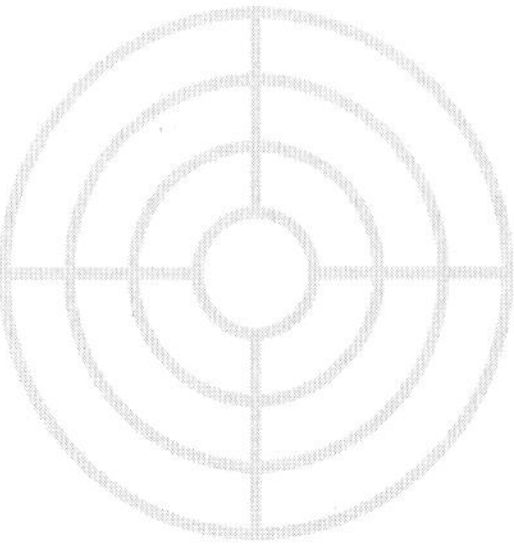

如果你发现难以确定上述信息，你可以与客户沟通或者咨询公司的证券分析师。向他们请教，让他们帮助你确定哪些公司将你的公司视作竞争对手，因为他们的选择要比你自己的选择更客观。与其一个人冥思苦想，不如借助一些具有思维深度的渠道，这样你才能更快地得到正确答案。

9. 最难对付的竞争对手的企业设计是什么样的？

完成上述练习后，问问自己：“哪两个公司是我最危险的竞争对手（与客户联系最紧密、利用资源最有效率的企业）？”当你确认这两大竞争对手后，问自己这个问题：“它们的企业设计与我的相比如何？”

	我的企业设计	竞争对手A的企业设计	竞争对手B的企业设计
客户选择			
价值获取			
战略控制			
业务范围			

______ ________________ ______________

______ ________________ ______________

其他因素 ______ ________________ ______________

______ ________________ ______________

______ ________________ ______________

______ ________________ ______________

你知道最难对付的竞争对手的企业设计是什么样的吗？你知道它们的企业设计与你的有什么不同吗？为什么它们会有所不同？这些差异是否给了你一些有益的启示？可以看看本书前面章节中出现的例子（见表 7-1 和表 10-1），你能从中发现制造、娱乐和饮料行业内的企业设计之间的显著不同。

知道自己的企业设计与最强大的竞争对手之间的区别，对于你来说是非常有用的，因为这会让你了解到自己行业内的价值流向。在此基础上，你能够更好地为客户创造价值，并且对他们的需求和偏好做出积极反应。

10. 下一个企业设计是什么样的？

你最近改变企业设计是什么时候？为什么要改变？更重要的是，改变后的企业设计是否满足了客户需求，在多大程度上满足了客户偏好？这是任何公司领导都会问到的关键问题，而且这也是大多数公司领导害怕提出的问题。不能满足客户偏好的企业设计不久就会陷入价值流出的境地。能够很好地满足客户偏好的企业设计会使企业一直处于价值流入的状态，直到客户的偏好发生改变。

未来，当你的客户偏好发生改变时，你将如何改变你公司的企业设计？填写好下面的表格，这将有助于你做出预测。

我的企业设计

	1998 年	2001 年
客户选择		
价值获取		
战略控制		
业务范围		

11. 战略控制点是什么？

企业设计最重要的要素就是战略控制。随着客户偏好发生变化，你的公司也需要做出相应的变革。明白这一点后，你需要确定行业的战略控制点。回顾一下我们在第 3 章中介绍的内容，战略控制点的目的是保护企业设计所创造的利润流，没有战略控制点的企业设计如同一艘舱底带洞的船。

战略控制点的类型有很多：品牌、专利、版权、产品开发领先两年、20% 的成本优势、分销控制、供应控制、拥有客户信息流、独特的组织文化、价值链控制等。每一个战略控制点的目的都是将公司保持在利润区内，并阻止其他公司侵蚀本公司的利润。

回想一下表 3-4 中的战略控制点指数。我们在此将其再次列了出来（见表 15-5）。

表 15-5　战略控制点指数

保护利润的能力	指数	战略控制点	实例
高	10	制定行业标准	微软、甲骨文
	9	管理价值链	英特尔、可口可乐
	8	领导地位	可口可乐（国际公司）
	7	拥有客户关系	通用电气、EDS
中	6	品牌、版权	很多
	5	产品开发领先两年时间	英特尔
低	4	产品开发领先一年时间	罕见
	3	具有 10%~20% 的成本优势	纽柯、西南航空
无	2	具有平均成本	很多
	1	没有成本优势	很多

你的公司的战略控制点指数是多少？你的竞争对手的战略控制点指数又是多少？你能采取什么措施来提高公司的战略控制点指数？如果提高了战略控制程度，你的盈利能力将提高多少？

在为你的公司设计下一个企业设计时，你需要回答这些思想性很强的问题。每一位创新者在进行企业设计时，都会考虑相同的问题。

比尔·盖茨在个人电脑领域内拥有的标准创造，维持和保护了微软公司的盈利能力。英特尔建立了具有战略控制点的体系，这些战略控制点包括产品开发领先两年、客户需要的品牌和价值链管理。迈克尔·艾斯纳意识到奥维茨对电影制片厂的控制所产生的威胁，因此想方设法夺回了控制权。这些创新者都高度重视了解和创造战略控制的问题，因为战略控制会增强他们创造价值的能力。

12. 公司价值如何？

你公司的盈利模式是什么？你的战略控制点是什么？这是当今商业领域最重要的两个问题。它们决定了企业的盈利能力以及盈利能力能够维持的时间。它们决定了我们是否能够成功地创造价值增长。企业设计的这两个问题能够帮助我们预测公司未来的股票价格。

图 15-2 的例子列出了股东价值增长的关键因素：销售利润率、预期利润增长率、资产效率和战略控制。这四大要素决定你公司的价值。

下面我们对比一下英特尔、联合信号和美国钢铁公司的情况。英特尔的销售利润率为 38%，预期利润增长率为 24%，资产效率为 0.7。该公司具有领先两年的产品开发期，再加上强大的品牌和价值链管理，该公司的战略控制指数为 9。它的市值与销售额的比值为 6X。

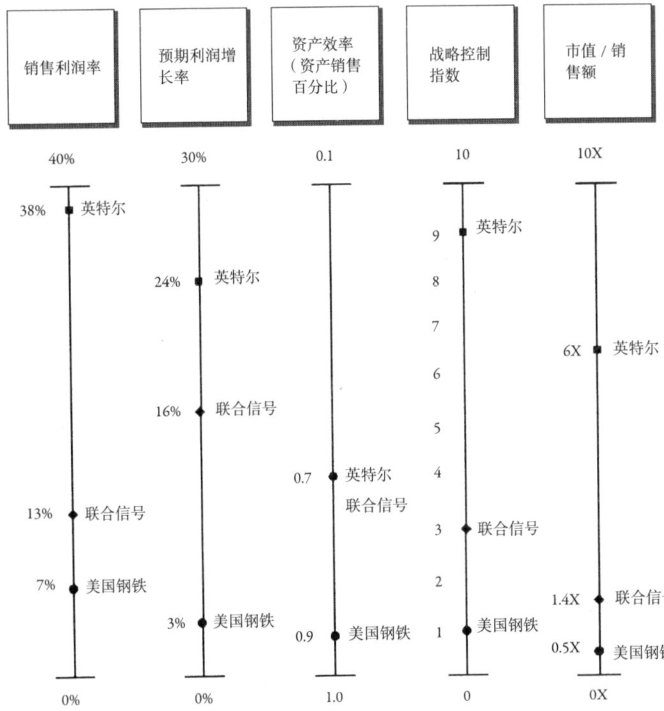

图 15-2　公司价值几何？

注：销售利润率 = 息税前利润 / 销售额；预期利润增长率 = 价值线和分析报告中预计的利润增长率；资产效率 =（资产 – 现金及其等价物 – 应付账款）/ 销售额；市值 / 销售额 =（公司发行在外的股票 × 股票价格）/ 销售额

资料来源：Compustat，价值线，各自公司报告，CDI 估值

联合信号公司的利润率为13%，预期利润增长率为16%，资产效率为0.7，战略控制指数为3。在这些因素的共同作用下，它的市值与销售额的比值是1.4X。

美国钢铁公司的销售利润率为7%，预期利润增长率为3%，资产效率是0.9，战略控制指数为1，其市值与销售额的比值为0.5X。

这些企业在图中所处的位置都是它们各自的企业设计所决定的。

评估一下你的企业设计。你的销售利润率是多少？3年内的预期利润增长率有多高？资产效率和战略控制指数各是多少？现在思考这个问题：当你的公司实施新一代企业设计时，这些变量会发生什么样的变化？

	我目前的企业设计	**我未来的企业设计**
销售利润率	________	________
3年内的利润增长率	________	________
资产与销售额的比值	________	________
战略控制指数	________	________

本书第二部分介绍的创新者都制定了以客户为中心、高利润的企业创新设计。他们以客户的需求为出发点考虑一切。他们每隔5年就会改革他们的企业设计，通过这种方法与客户的偏好保持同步变化，并且能够一直领先于竞争对手。他们完成的企业设计带来了高利润、高保持增长率、低资产密集度和高战略控制度。从1980年到1996年，他们的企业设计创造了7 000亿美元的价值

增长。

当你考虑自己公司未来的企业设计时，要借鉴这些智者的经验，运用他们明智的企业设计理念，你将会省时、省力地完成企业设计，并且降低风险。在这样的企业设计理念的指导下，你的公司成为行业内最被客户认可企业的可能性会显著增加，你的企业获得 20% 的价值增长率的可能性也会显著增加。

结论

第二部分介绍的每一位创新者都成功地运用了精心选定的策略，为他们的公司创造了非凡的利润增长。第 5 章中介绍的中层管理者的例子已经表明，企业中处于任何层次的人都可以运用这些技能。通过运用这些技能，你将为客户创造价值，也能为你的企业获取价值，你将把你的公司带入利润区之内。

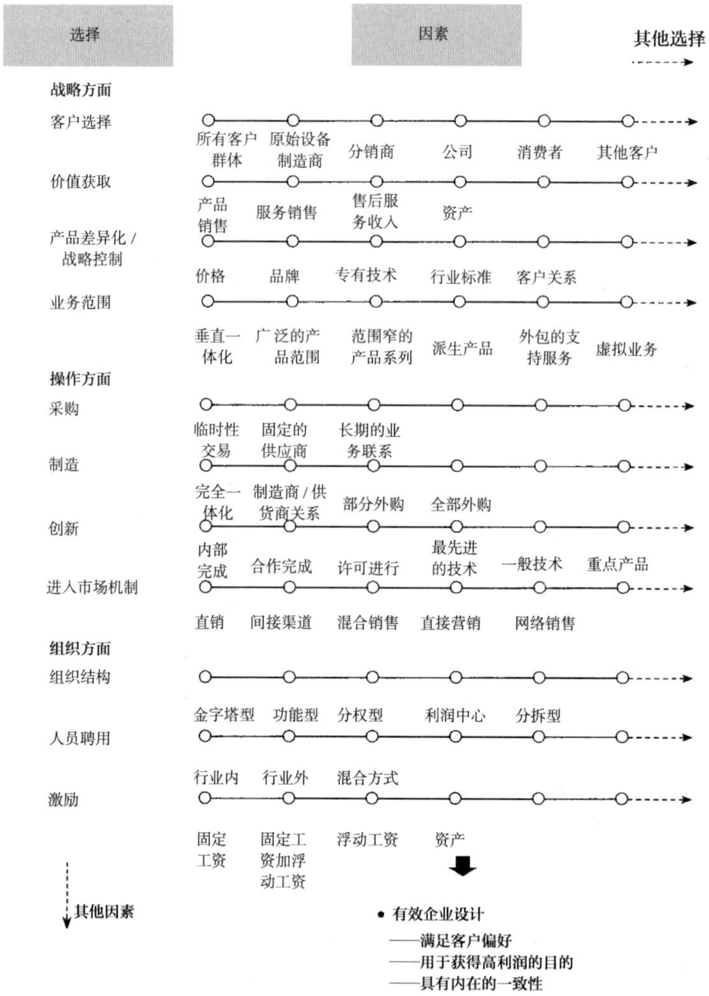

图 A1-1 选定而非给定的企业设计样板

附录 1
企业设计

本附录将详细描述公司企业设计的战略、运营和组织因素。它展示了企业及其竞争者的企业设计样板。(这些样板中列举的因素和选择方案只是为了举例，读者必须根据自己企业的实际情况进行调整。）请参看表 A1–1 和图 A1–1。

表 A1–1　企业设计

要素		具体问题
基本假设		客户会发生什么样的变化？客户的偏好是什么？企业的利润驱动因素是什么？
战略因素		
	客户选择	我能提高哪些客户的实际价值？哪些客户会使我赢利？我想放弃哪些客户？
	价值获取	我如何从为客户创造的价值中获利？我的盈利模式是怎样的？
	产品差异化 / 战略控制	为什么客户选择从我这里购买？与竞争对手相比，我的价值主张有什么特别之处？哪些战略控制点能够抵消客户或者竞争对手的力量？
	业务范围	我想要销售什么样的产品、服务和解决方案？哪些业务活动或者功能是公司内部可以完成的？哪些需要包、外购或者与合作伙伴一起提供？
操作因素		
	采购体系	我如何进行采购？与供应商只做临时性的交易还是建立长期的业务关系？我们是竞争对手还是合作伙伴？

（续表）

要素		具体问题
	制造 / 操作体系	有多少业务是本公司自己完成的，有多少是分包出去的？我的制造 / 服务优势主要体现在固定成本还是变动成本方面？我需要最先进的技术还是一般性的技术？
	资本密集度	我是选择资本密集度高、固定成本高的运作系统，还是资本密集度低、灵活的方式？
	研发 / 产品	自行研发还是外包？注重流程还是产品？是否需要注重明智地选择项目？研发速度如何？
	进入市场机制	直销还是低成本分销？是否注重账户管理？是否采取了许可证经营，还是几种方法的结合？
组织因素		
	组织结构	集权化管理还是分权化管理？金字塔结构还是网络化结构？按功能、业务划分，还是矩阵式结构？是从内部提升管理者，还是从外部聘用？

图 A1–2 将一家非常传统的公司和一家创新能力非常强的公司在设计选择上进行了对比。公司 A 的企业设计（阴影区域）是典型制造商的企业设计。它支持全系列产品，向所有类型的客户提供服务。这种垂直一体化的制造商与其供应商之间具有一种竞争性关系，而且所有的研发活动都是在公司内进行的。从组织的角度来看，A 公司的组织结构是多层次的等级结构，一切事情都要按部就班地进行。员工的薪酬与公司的绩效没有多大关系。

相反，B 公司的企业设计（黑点）表明它是一家创新的、反应快速的公司。它选定了要服务的具体客户群，根据客户选择供应特定的系列产品。因为 B 公司与客户已经建立了长期关系，所以它能够从售后服务甚至股权收益中获取价值。它的制造业务占

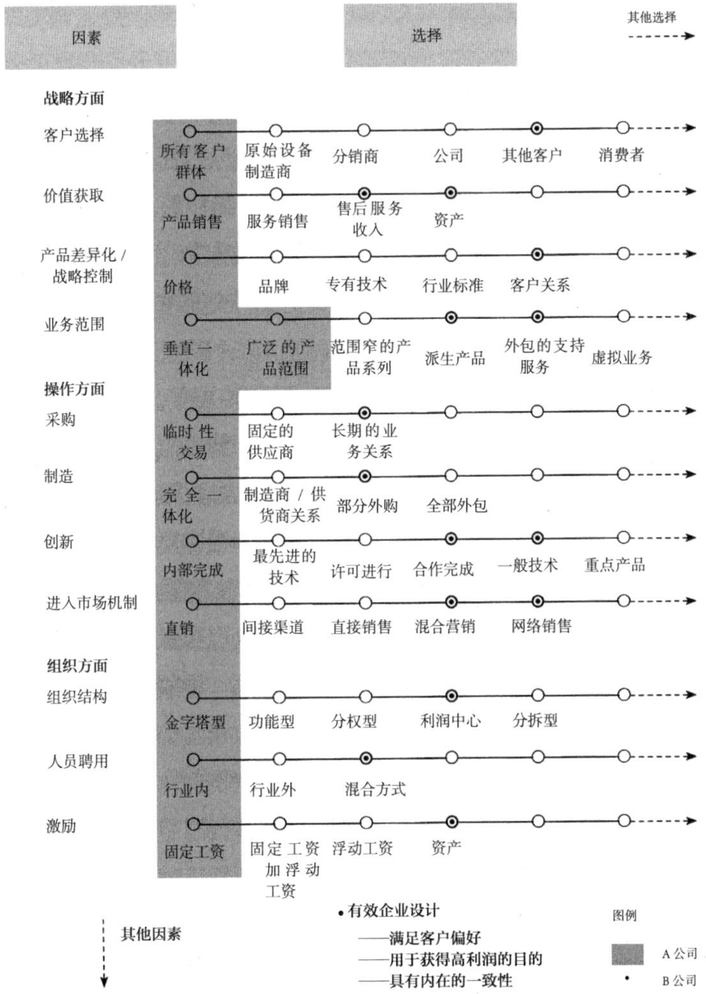

图 A1-2　A 公司和 B 公司的企业设计比较

用的资本比较少，因为当一些特定活动由其他公司完成更有效时，它就会将这些业务外包出去。在 B 公司里，员工都在分散的利润中心里工作，这些利润中心与客户保持密切的联系，而且员工的薪酬与利润中心的绩效密切挂钩。

由于企业设计存在差别，A 公司和 B 公司的财务绩效和价值评估也不相同。详见图 A1-3。

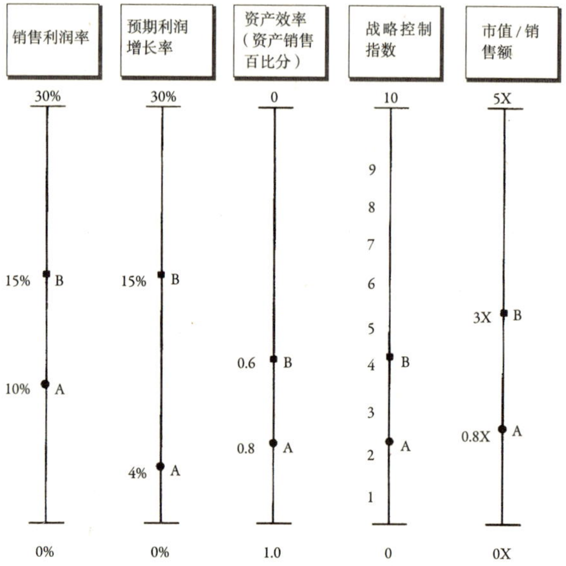

图 A1-3　A 公司和 B 公司的价值比较

注：销售利润率 = 息税前利润 / 销售额；预期利润增长率 = 价值线和分析报告中预计的利润增长率；资产效率 =（资产 – 现金及其等价物 – 应付账款）/ 销售额；市值 / 销售额 =（公司发行在外的股票 × 股票价格）/ 销售额

在不同的行业里，如制造、钢铁、航空、零售、制药等，这种企业设计和相关的价值差异随处可见。

附录 2 进一步探讨了企业设计与市场价值之间的关系。

附录 2
企业设计和市场价值

四个关键因素决定公司的市场价值：销售利润率、预期利润增长率、资产效率、战略控制。

销售利润率是指企业的利润与销售额的比值。预期利润增长率指的是公司 3—5 年内预计的利润增长率。

公司的资产效率由公司的资产与销售额的比值决定。资产效率越低（资产与销售额的比值越高），对公司利润增长的拖累就越大。如果企业设计中的资产密集度过大，那么即使盈利能力最强的企业也会受到不利影响。资产密集度会消耗利润，使投资者无法获得自由的现金流。

战略控制点是公司为保护企业设计所创造的利润流的一种机制。我在第 3 章中提到，没有战略控制点的企业设计就像一艘舱底有洞的船，用不了多久船就会沉没。

这四个要素由公司的企业设计决定。特定的企业设计能够带来高销售利润率、高利润增长率、高资产效率和高度的战略控制。与在每个要素上表现不好的企业设计相比，在每个要素上表现良好的企业设计能够获得更高的估值。本附录中的价值表表明了同一行业内不同的企业设计之间的关系、这些企业设计在本书讨论的指标方面的表现以及市场对这些企业设计的价值评估（见图 A2-1、图 A2-2、图 A2-3 和图 A2-4）。

过去几十年中，钢铁行业的价值已经从大型、资产密集的综合型钢铁厂（如美国钢铁公司和LTV公司），转移到了如纽柯公司这样的资产效率高的小钢铁厂。在这张钢铁行业的价值图上，纽柯公司的市值与销售额的比值为1.2X，是美国钢铁公司企业设计这一数值的3倍，是LTV公司的4倍。总体来看，钢铁行业的销售利润率低于其他行业。通过比较钢铁行业内的企业设计，此价值表能使读者了解这些指标如何影响该行业内不同企业设计的估值。

航空业的价值图显示出美国西南航空的点对点企业设计和全美航空公司的中心辐射企业设计创造的价值差异。多年来，中心辐射企业设计为许多航空公司创造了价值。如图A2-2所示，美国西南航空的市值与销售额的比值是全美航空公司的4.5倍。美国西南航空公司的销售利润率是11%，而全美航空仅为5%。美国西南航空的预期利润增长率为20%，而全美航空仅为2%。美国西南航空的资产效率指数为0.86，而全美航空则高于1。全美航空的战略控制指数明显低于美国西南航空。英国航空的海外旅行企业设计的所有指标都介于全美航空和美国西南航空之间。因此，英国航空的市值与销售额的比值也介于这两家公司之间。

在软件行业内，不同的公司之间也有显著的差异，但差异幅度有所不同。与其他行业相比，软件行业的销售利润率、预期利润增长率、资产效率都比较高，但是在软件行业内，销售利润率、预期利润增长率、资产效率和战略控制指数最高的企业，它的市值与销售额的比值也最高。微软、甲骨文和Novell由于具有不同的企业设计，因此对它们的估值也有差异。

英特尔、德州仪器和AMD公司都生产微处理器，然而它们的企业设计各不相同。英特尔的企业设计使该公司获得了较高的销售利润率以及最高的预期利润增长率、资产效率和战略控制。德州仪器和AMD公司的企业设计都影响了它们的指标。与英特尔相比，这两家企业的市值与销售额的比值都比较低。

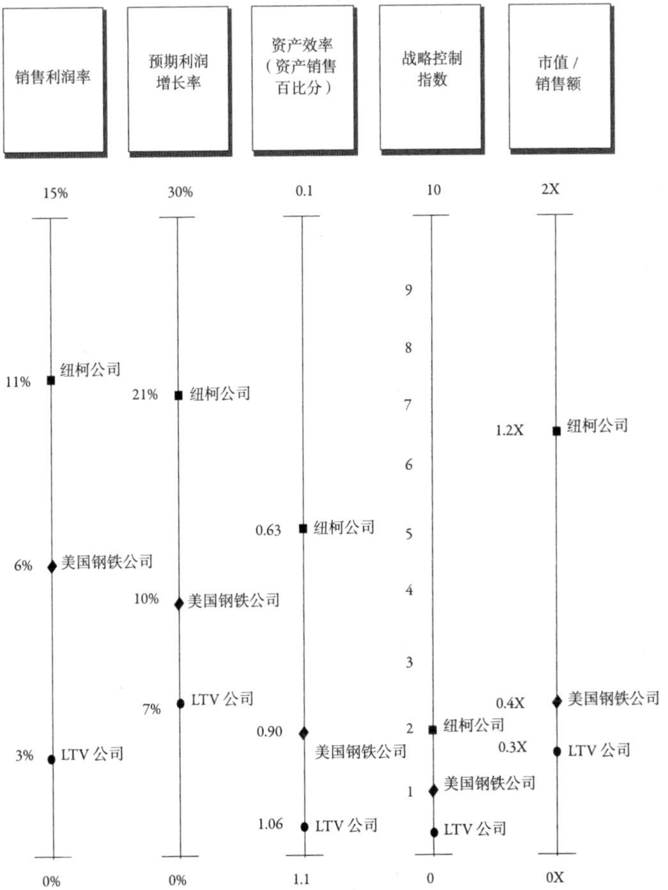

图 A2–1　钢铁行业：纽柯公司、美国钢铁公司和LTV公司的比较（1996年）

注：销售利润率＝息税前利润 / 销售额；预期利润增长率＝价值线和分析报告中预计的利润增长率；资产效率＝（资产－现金及其等价物－应付账款）/ 销售额；市值 / 销售额＝（公司发行在外的股票 × 股票价格）/ 销售额

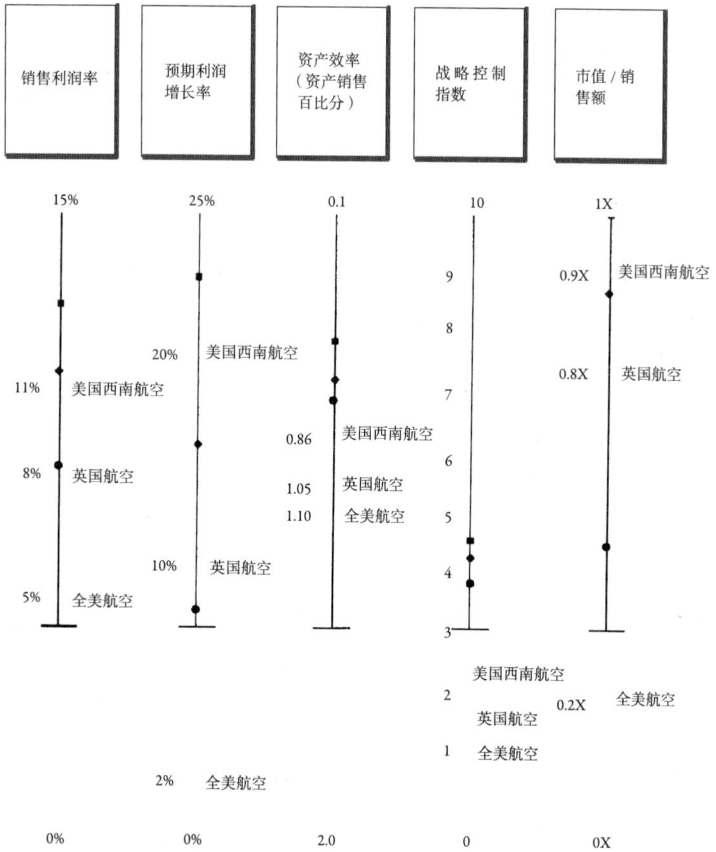

图 A2–2　航空业：美国西南航空、英国航空和全美航空的比较（1996 年）

注：销售利润率 = 息税前利润 / 销售额；预期利润增长率 = 价值线和分析报告中预计的利润增长率；资产效率 =（资产 – 现金及其等价物 – 应付账款）/ 销售额；市值 / 销售额 =（公司发行在外的股票 × 股票价格）/ 销售额

资料来源：Compustat，价值线，各种公司报告，CDI 估值

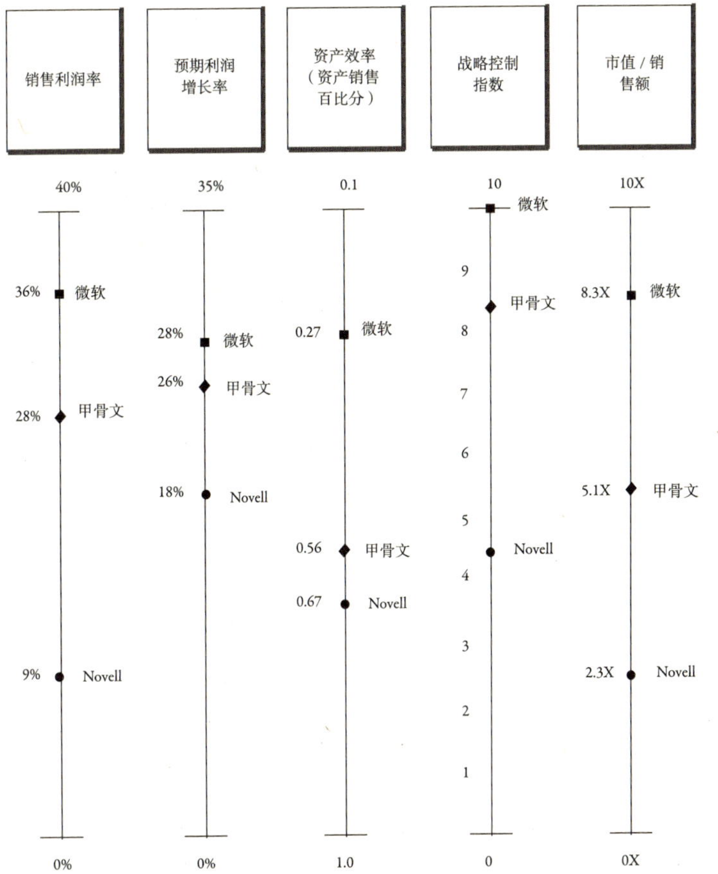

图 A2-3　软件行业：微软、甲骨文和 Novell 的比较（1996 年）

注：销售利润率 = 息税前利润 / 销售额；预期利润增长率 = 价值线和分析报告中预计的利润增长率；资产效率 =（资产 – 现金及其等价物 – 应付账款）/ 销售额；市值 / 销售额 =（公司发行在外的股票 × 股票价格）/ 销售额

资料来源：Compustat，价值线，各种公司报告，CDI 估值

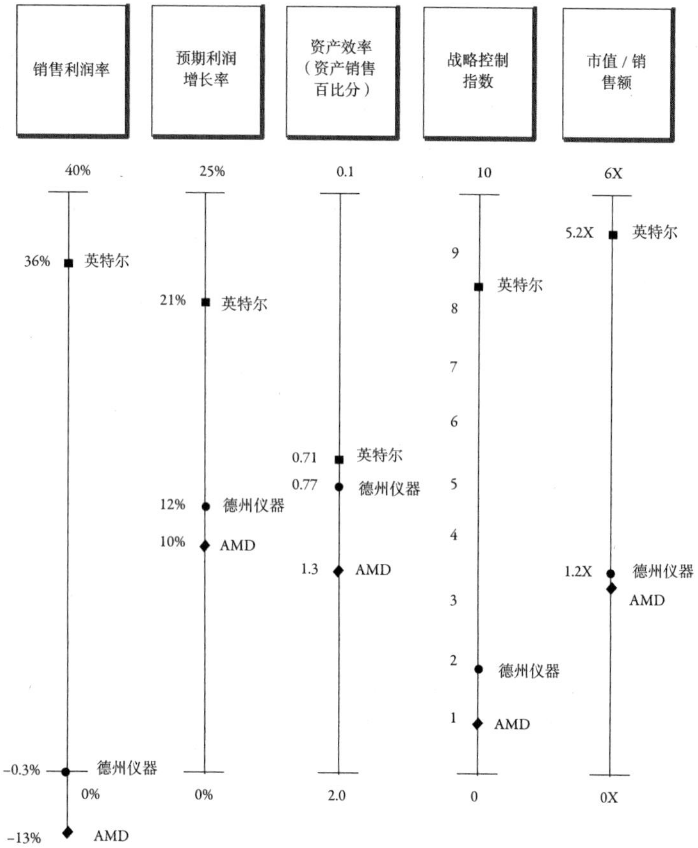

图 A2-4　微处理器行业：英特尔、德州仪器和 AMD 的比较（1996 年）

注：销售利润率 = 息税前利润 / 销售额；预期利润增长率 = 价值线和分析报告中预计的利润增长率；资产效率 =（资产 – 现金及其等价物 – 应付账款）/ 销售额；市值 / 销售额 =（公司发行在外的股票 × 股票价格）/ 销售额

资料来源：Compustat，价值线，各种公司报告，CDI 估值

改变企业设计

为了能满足客户需求并且保持高盈利水平，公司必须不断创新自己的企业设计。随着时间推移，公司能够提高其销售利润率，改善利润增长前景，提高资产效率和加强战略控制程度。做到了这些，公司的市值与销售额的比值也会相应提高。

下面我们看几个创新公司在这方面的例子。

1984—1995 年，迪士尼公司在销售利润率、资产效率和战略控制方面得到了改进（见图 A2-5）。

一家准备改变企业设计的公司会从缩小规模开始，迪士尼公司就是这么做的。1984—1991 年，除了利润增长外，迪士尼其余各方面的指标都有所改善，它的市值与销售额的比值因而提高了 1 倍多。1991—1995 年，迪士尼的销售利润率得到提高，预期利润增长率也有所提高，资产效率降低。它的市值与销售额的比值由 2.4 增加为 2.5。

多年来，微软公司的销售利润率一直比较稳定，但其盈利能力、资产效率和战略控制程度都明显提高。结果，微软公司的市值与销售额的比值从 1989 年的 6.4 增加为 1996 年的 8.3（见图 A2-6）。除了 1992—1996 年利润增长率有所下降外，英特尔公司的表现与微软公司类似（见图 A2-7）。

这些价值表有助于我们了解公司的市场价值是如何从企业中产生，利润又是如何从企业中实现的。公司可以根据这四方面的指标确定其相对于竞争对手的价值。当一家公司随着时间的推移而改变其企业设计时，如果它的销售利润率、预期利润增长率、资产效率和战略控制指数都得到了提高，那么它的市值也会增加。

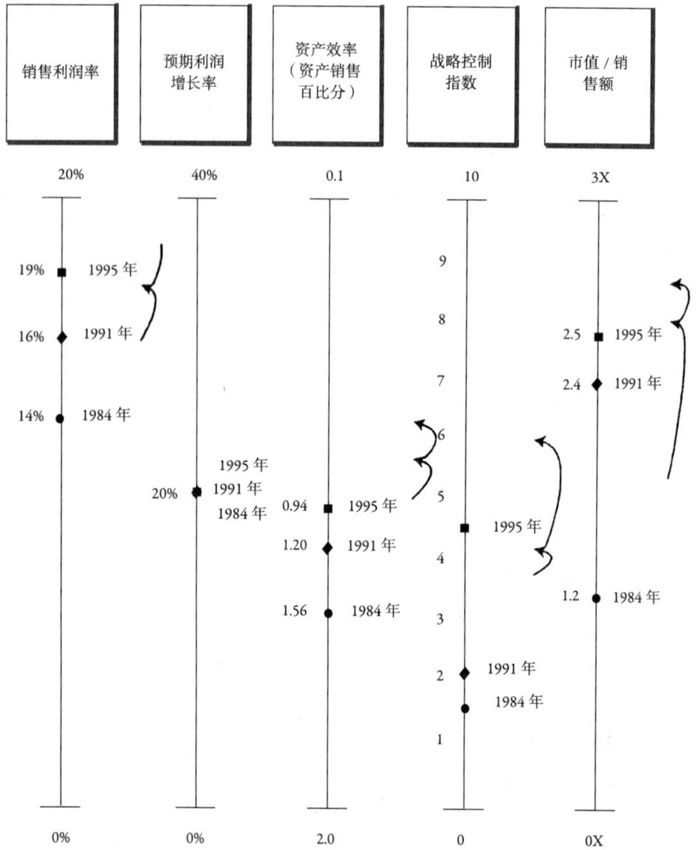

图 A2-5　迪士尼公司

注：销售利润率 = 息税前利润 / 销售额；预期利润增长率 = 价值线和分析报告中预计的利润增长率；资产效率 =（资产 – 现金及其等价物 – 应付账款）/ 销售额；市值 / 销售额 =（公司发行在外的股票 × 股票价格）/ 销售额

资料来源：Compustat，价值线，各种公司报告，CDI 估值

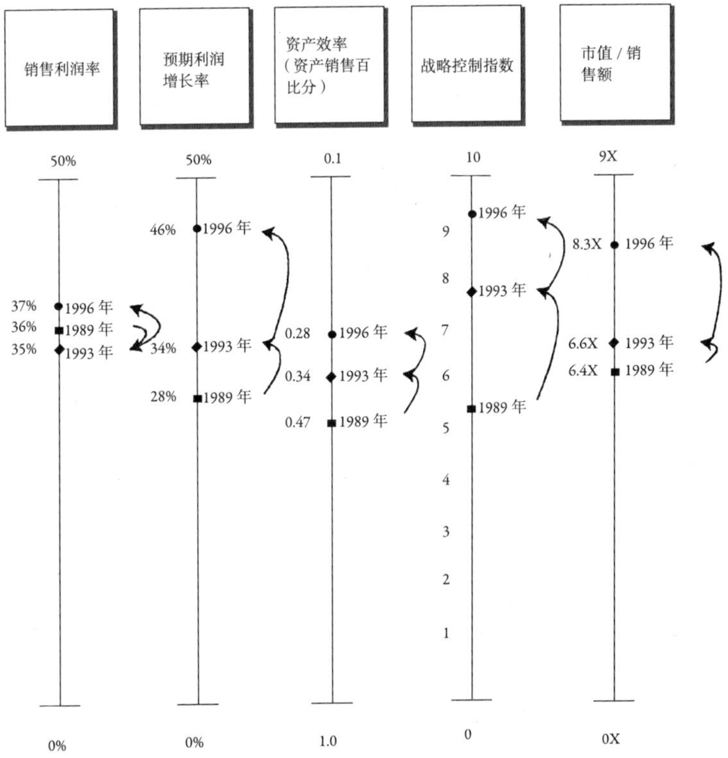

图 A2-6　微软公司

注：销售利润率 = 息税前利润 / 销售额；预期利润增长率 = 价值线和分析报告中预计的利润增长率；资产效率 =（资产 – 现金及其等价物 – 应付账款）/ 销售额；市值 / 销售额 =（公司发行在外的股票 × 股票价格）/ 销售额

资料来源：Compustat，价值线，各种公司报告，CDI 估值

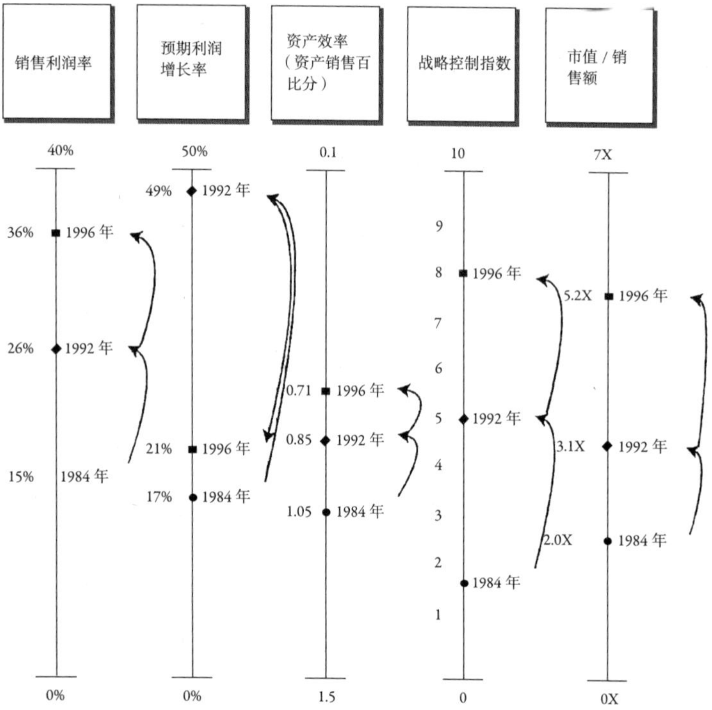

图 A2–7　英特尔公司

注：销售利润率 = 息税前利润 / 销售额；预期利润增长率 = 价值线和分析报告中预计的利润增长率；资产效率 =（资产 – 现金及其等价物 – 应付账款）/ 销售额；市值 / 销售额 =（公司发行在外的股票 × 股票价格）/ 销售额

资料来源：Compustat，价值线，各种公司报告，CDI 估值

致谢

《发现利润区》一书介绍了一种思维方式，这种思维方式在制定公司战略的过程中发挥了极其重要的作用。本书借鉴了一些高瞻远瞩的商业领导人的成功经验，读者可以理解并学会如何通过制定企业设计来应对不断变化的商业环境，从而获得可持续的、强大的盈利能力。

我们在本书中介绍的战略思维方法是基于我们之前出版的一本名为《价值转移》的书。在本书中，我们描述了一种发生在几十个经济部门内的市场、行业和企业动态的变化现象。旧的规则已经被打破，衡量成功的传统方法已不再适用。长期以来的市场领先者正在走下坡路，而新的创新型企业依照新的经济理念运行，正为它们的股东创造出大量的价值。在与客户合作的过程中，我们和我们的合作伙伴都做了翔实的资料分析。基于这些分析，我们构建了一个分析市场内价值转移的框架。构建这一框架的目的是确认市场内价值转变的趋势，从而预测这种转变产生的结果，同时赋予公司在这一转变发生时所做出的积极判断和反应的组织能力。

《发现利润区》以《价值转移》一书为基础，它要回答的核心问题是：在一个价值转移不断改变游戏规则的世界里，你如何获得可持续的盈利能力，如何为股东带来价值增长？在《价值转移》一书中，我们详细介绍了许多新竞争者的例子。这些竞争者富有创业激情、白手起家，凭借自己的优势打破了落后的传统。但我们也认识到，从某种程度上说，大多数公司都是成熟企业。面临价值转移时，只有那些在资产、客户和文化方面都表现成功的企业才能够平静地适应这一转变。因此，在《发现利润区》一书中，我们重点关注了某些创新者，他们能够带领自己的公司克服企业设计改变带来的阵痛，从而将公司继续维持在利润区内。在改革的过程中，他们遇到了巨大挑战。这样的创新者并不多，正是因为这一点才显得他们的教训弥足珍贵。

自 1983 年成立企业决策公司（CDI，1997 年并入美世管理咨询公司）以来，在与客户的合作中，我们积累了很多想法和实例，本书的思想和例子都源于此。当我们成立 CDI 公司时，咨询领域流行的是由内而外的战略制定方法，即关注成本和全面质量管理。在管理理论方面、后来的做法是基于速度的竞争和企业流程再设计，而且继续沿用了这种由内向外的方式，通过改进公司业务来提高公司竞争力。尽管这些方法在今天仍然很宝贵，但是它们有其自身的局限性，我们必须采用与之不同的方法。我们认为，可持续价值增长的关键是提高对客户的战略性认识。以认识客户作为指引，公司才能够成功地保持在利润区内。

本书是集体智慧的结晶，这一集体努力同样为 CDI 的客户提供了帮助。我们要感谢这些客户，因为是他们向我们提出了许多棘手的问题，比如本书每一章开头提到的那些问题。正是他们提出的这些问题启发了我们，让我们对盈利能力有了更深入的理解。在不断探索这些问题的过程中，我们确立了创新者的地位，并且将他们的行为在本书中描述出来。在本书的写作过程中，一些客户还审读了本书的部分草稿。对所面临的战略处境，他们反馈了非常宝贵的意见，对此我们要深表感谢。

本书当中介绍的一些思想和得到的启示来自我们对这些创新者的直接采访。我们感谢这些企业的领导者，他们就以客户为中心的思维所面临的挑战、组织惰性和战略领导力等方面，与我们分享了许多有益的建议。在确定本书中心思想和整体框架的过程中，他们的反馈让我们受益匪浅。

我们要感谢鲍勃·安德尔曼，他对本书的写作做出了很大贡献。鲍勃登门拜访了一些领导者，获得了第一手资料，增强了本书内容的可读性，并为本书提供了不少独到的见解。

我们也要感谢皇冠出版集团的约翰·马哈尼，在本书的写作过程中，他给予了我们许多指导、鼓励和建议。他的思想指引我们运用适当的方法，达到理论与案例之间的平衡、协调。在他的帮助下，我们能够集中精力论述重要的观点和主题。

我们的合作伙伴包括凯文·A. 蒙特、比尔·史蒂文森、特德·莫泽、柯克·格罗塞尔、约翰·卡尼亚、查利·霍本、里克·怀斯，他们都为本书的写作提供了材料，在此向他们表示感谢。我们对盈利能力的理解都基于他们在具体项目中展示出来的学术领导能力，他们都是 CDI 中才华横溢的专家。在我们的理念逐步成形的过程中，里克·怀斯和特德·莫泽发挥了特别重要的作用。在他们两人的建议下，我们调整了本书的组织架构，从而使本书中呈现的内容能给广大读者带来最大的益处。在将草稿整理成内容连贯、思想统一的终稿过程中，查利·霍本做了大量工作，他的编辑技巧和对结构安排的见解无疑给了我们极大的帮助。

最后，我们要感谢整个 CDI 团队，他们一起研究，一起探讨，一起分享他们的激情。我们要感谢马丁·斯坦领导下的团队成员，他们是哈丽雅特·温特、史蒂夫·西布利、戴夫·莫纳科、埃里克·埃蒙斯、理查德·德斯瓦、尼拉夫·达格里和史蒂夫·格利克。他们搜集了创新者的研究资料，为本书的写作奠定了基础。他们一丝不苟的工作作风、深刻的领悟能力以及充沛的精力为本书的完成起到了至关重要的作用。我们尤其要感谢马丁·斯坦、哈丽雅特·温特和史蒂夫·西布利三人，在写作手稿与编辑过程中，他们都给予了特别的支持。

图书在版编目（CIP）数据

发现利润区 /（美）亚德里安 · 斯莱沃斯基，（美）大卫 · 莫里森，（美）鲍勃 · 安德尔曼著；吴春雷译 . -- 北京：中信出版社，2021.4

（中信经典丛书 . 003）

书名原文：THE PROFIT ZONE：HOW STRATEGIC BUSINESS DESIGN WILL LEAD YOU TO TOMORROW'S PROFITS

ISBN 978-7-5217-2889-7

Ⅰ. ①发… Ⅱ. ①亚… ②大… ③鲍… ④吴… Ⅲ. ①企业利润 Ⅳ. ①F275.4

中国版本图书馆 CIP 数据核字（2021）第 045580 号

发现利润区

（中信经典丛书 · 003）

著　　者：[美]亚德里安 · 斯莱沃斯基　[美]大卫 · 莫里森　[美]鲍勃 · 安德尔曼

译　　者：吴春雷

责任编辑：章文

出版发行：中信出版集团股份有限公司

（北京市朝阳区惠新东街甲 4 号富盛大厦 2 座　邮编　100029）

承 印 者：北京中科印刷有限公司

开　　本：880mm × 1230mm　1/32　　印　　张：105.5　　字　　数：2152 千字

版　　次：2021 年 4 月第 1 版　　印　　次：2021 年 4 月第 1 次印刷

京权图字：01-2010-4089

书　　号：ISBN 978-7-5217-2889-7

定　　价：920.00 元（全 10 册）

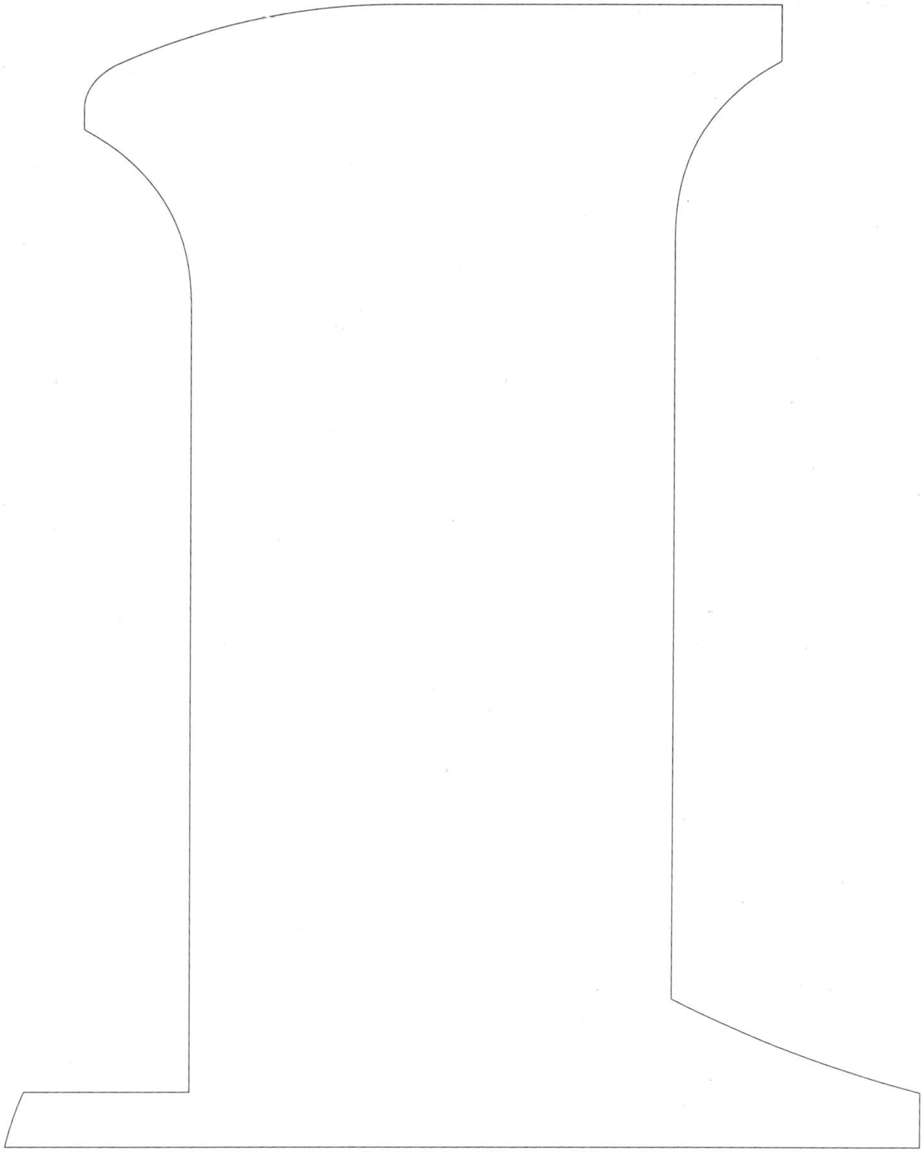

重新定义团队

谷歌如何工作

WORK RULES!

INSIGHTS FROM INSIDE GOOGLE THAT WILL TRANSFORM HOW YOU LIVE AND LEAD

[美] 拉斯洛·博克
著

宋伟
译

中信出版集团 | 北京

献给安娜贝勒、埃米莉、莉拉，
愿你们
遵从自己的内心世界

目录

自序 / III

前言 / IX

第一章	成为一名创始人	1
第二章	谷歌文化塑造谷歌战略	15
第三章	谷歌的人才聘用原则	44
第四章	谷歌寻找人才的多元化体系	61
第五章	谷歌与众不同的招聘流程	80
第六章	打造最幸福的公司	112
第七章	员工的发展是谷歌绩效的核心	147
第八章	谷歌如何管理团队的两端	177
第九章	打造学习型组织	206
第十章	谷歌的薪酬分配原则	229
第十一章	谷歌的福利项目	266
第十二章	谷歌丰富多彩的助推项目	291
第十三章	谷歌的教训	330

第十四章　谷歌塑造的环境理念　350

后记 / 367

致谢 / 385

注释 / 389

自序

我在 1987 年夏天拿到了人生第一笔薪水，当时我 14 岁。升入 9 年级之前的那一年，我和最好的朋友詹森·科里受所在高中之邀参加了夏季学校辩论班。第二年，我们就成为辩论班的老师。那一次我们每人赚了 420 美元。

此后的 28 年里，我的个人经历乱七八糟，说成是咨询师的噩梦再恰当不过：我先后在熟食店、餐馆和图书馆工作过；在加利福尼亚辅导过高中生；在日本教过小学生英语；在大学的游泳馆当过救生员，后来又在电视节目里演同样的角色——在《海滩救护队》（*Baywatch*）中一段闪回镜头里扮演 20 世纪 60 年代的一名救生员，作为这部老剧的备用镜头，我当了一次群众演员；我参与建立了一个帮助问题青年的非营利机构，还在一家制造施工机械的工厂工作过。我无意中开始了一份负责高管薪酬福利的工作，用尽了一个 24 岁年轻人全部的智慧，认定人力资源是一个没有未来的领域，于是毅然去读 MBA（工商管理硕士）学位。两年后，我加入麦肯锡咨询公司，尽可能不去触碰与人相关的问题。从互联网兴起到 2000 年初的这段时间里，我成为科技公司的顾问，为它们提供咨询建议，以提高公司销售额、增加客户群、改善组织架构。互联网泡沫破裂之后，我又在削减成本、提高运营效率和开拓新业务等方面为科技公司提供咨询服务。

但是到了 2003 年，我备感沮丧。

我感到沮丧，因为即便是最好的商业企划，如果没有人买单，也难逃被废弃的命运。我感到沮丧，因为领导者总是嘴上说着以人为本，对待员工却弃之如敝屣。(我在第一个项目上的最糟糕经历是我向项目经理请教职业建议，他对我说："你们都像是箭袋里的箭。每个人都一样。")

我当过蓝领，也做过白领；拿过微薄的工资，也有过6位数的收入；与高中没有毕业的人和毕业于世界一流名校的博士生都有过共事的经历（也有过被他们管理的经历）。我曾做过倾力改变世界的工作，也做过一心只为老板赚钱的工作。我只是想不通，不管我走到哪里，雇员都难以得到善待。人的一生用在工作上的时间是最多的。[1]但工作——甚至为一些最好的雇主工作——却令人动力尽失、丢掉本性，这样是不对的。

我认定自己有两条路可以走。一条路是对我的团队好一些，提升他们的绩效，寄希望于随着时间的推移，其他人会效仿我。另一条路是寻求方法影响所有公司的待人方式。我选择了后者，因为我认为这样做有机会影响更多的人，因此我决定找一份人力资源的工作。咨询业的同事都认为我会毁掉自己的职业生涯，但我是经过深思熟虑才做出这个决定的。当时，麦肯锡人才库里有5000多人，这些人几乎都是其他公司的咨询人员或是负责帮公司招贤纳才的人。我分析自己接受过的培训和工作经历可以在人力资源人才库中独树一帜，能够使我在用人方面有所创新。或许，只是或许，这样做可以使我走上职业提升的快车道，不必等上二三十年才爬上公司高层；或许我能够更快地走上一个可以影响更多人的岗位。

我希望能在学到更多人力资源知识的地方工作，而当时百事和通用电气是人力资源做得最好的两家公司。我给这两家公司的8位人力资源主管打了电话，但只有通用电气的安妮·阿巴雅给我回了电话。安妮来自夏威夷，能说流利的日语，总能挤出时间来帮助别人。她对我的工作经历非常感兴趣，于是把我介绍给通用电气的其他人。

6周之后，我被录用了。我成为通用电气金融部商业设备融资处分管薪酬福利的副总裁。尽管朋友看了我的名片，都认为我疯了，但我当时兴奋不已。我的第一任上司迈克尔·埃文斯给了我充分的自由度去熟悉公司的情况，还帮助我理解通用电气的人才战略。

1981—2001年任通用电气董事长、首席执行官的杰克·韦尔奇非常重视人的作用。韦尔奇有一半的时间用在处理与人相关的问题上，[2]他与手下的人力资源主管比尔·康纳迪共同建立了广受赞誉的员工管理体系，严格按照绩效表现对员工进行排名，每12个月至18个月重新配置拔尖人才的工作岗位，同时还在纽约的克罗顿维尔建立了全球培训中心。我加入通用电气之前的两年，杰克就已经将公司的管理权移交给了杰夫·伊梅尔特，这使我有机会既见识了通用电气的既有体系，也见证了伊梅尔特将关注重点转移到其他领域之后公司的变迁。

韦尔奇和康纳迪采用了“20-70-10”的绩效排名体系，在这种体系下，他们将通用电气的员工分为三类：最优秀的20%，中间层的70%，末尾的10%。最优秀的员工得到赞扬，作为奖励可以选择工作任务，参加领导力培训项目和享有优先认股权。末尾的10%会遭到解雇。伊梅尔特任职期内，这种强制的员工分类方式被弱化，清晰明了的“前20%”、“中间70%”和“末尾10%”

被更加委婉的描述方式取代："顶尖人才"、"极具价值" 和 "需要改进"。有同事告诉我，这家有 30 万员工的巨无霸公司每年对人力资源工作进行评估的 C 会议（Session C）经常被拿来吹嘘炫耀，但实际上却 "已经丢掉了利牙"，"没有延续杰克的关注重点，早已今非昔比"。[3]

我未能有幸在两位首席执行官手下工作，但依然体会到首席执行官的形象和关注点对塑造一家机构的影响有多深。多数首席执行官都很擅长许多事情，但他们之所以成为首席执行官，是因为他们在某一两个方面有非凡的能力，而这一两个方面的能力通常会与一家公司当时的需求相吻合。即便是首席执行官也要确定一个专长。韦尔奇最著名的是他的 "六西格玛"（Six Sigma）——提升质量和效率的一系列工具，以及他对人的关注。伊梅尔特则强调销售和市场营销，其中最显著的就是在通用电气品牌性的 "绿色创想" 上下功夫，使公司生产的产品更加环保，并在人们心中留下环保产品生产商的印象。

在通用电气工作三年之后，2006 年我受聘加入了谷歌，成为人力运营部负责人。我还记得招募我的玛莎 · 约瑟夫森建议我不要穿西装参加面试。"没人穿西装，" 她向我保证说，"如果你穿着西装去，他们会认为你不理解他们的企业文化。" 我接受了她的建议，但还是满心疑虑，在夹克口袋里塞了一条领带，以备不时之需。几年之后，我面试了一位身穿精致细条纹西装的应聘者，显然这套衣服是专门为面试准备的，但他实在是太优秀了，我认为公司还是要聘用他。面试最后我对他说："布莱恩，我有一个好消息和一个坏消息。好消息是你或许还要参加更多的面试，但我可以告诉你，你已经得到了一份工作；坏消息是你再也用不上这套西装了。”

我加入谷歌的时候，距离其首次公开募股过去了两年：营业收入年增长 73%；Gmail（谷歌邮箱）携前所未闻的千兆字节免费容量（是此前网络邮箱服务容量的 500 多倍——此举太过疯狂，很多人都以为 Gmail 是一个愚人节玩笑）[4] 刚刚上线；有 6000 多名员工，而且公司希望每年增加一倍的员工；他们胸怀雄心勃勃的使命，想要集成世界的信息——全部的信息并使所有人都能获取和使用这些信息。

对我而言，这项使命是迄今为止最令人兴奋的一段人生经历。1972 年，我出生于罗马尼亚，当时的罗马尼亚由尼古拉·齐奥塞斯库统治。上层人物能够从西方得到好的衣服、日用品、蔬菜和水果，而我的父母第一次吃上香蕉时都已经 30 多岁了。孩子受到鼓励监视父母。报纸上和广播里真话很少，谎话连篇，它们赞扬政府的伟大，批判美国的邪恶和压迫。我们一家人选择逃离罗马尼亚，寻求自由——想去哪里就去哪里，想说什么就可以去说，想思考什么就可以去思考，想与谁交往就有与谁交往的自由。

想到可以加入一家以使信息对所有人开放为目标的公司就令人兴奋不已，因为自由的状态是以自由表达为基础的，而自由表达又依靠对信息和真实情况的了解。我在各种各样的环境中都生活工作过，见过很多不可行的例子。我想如果这里真是如此，那将会是全世界最好的一份工作。

从我加入之后，谷歌的员工数从 6000 人增长到近 5 万人，在全球 40 多个国家设立了 70 多个办公机构。《财富》史无前例地将谷歌 5 次评为美国“最佳雇主”，而在差异巨大的许多其他国家，诸如阿根廷、澳大利亚、巴西、加拿大、法国、印度、爱尔兰、意大利、日本、韩国、荷兰、波兰、俄罗斯、瑞士和英国，谷歌也都获得过无数次“最佳雇主”的称号。根据领英[5]的统计，谷歌是全球最令人向往的工作地，每年我们会收到大约200万份工作申请，申请人遍布世界各地，身份背景千差万别。在所有申请人中，谷歌每年只聘用几千人，[6]录取率是哈佛[7]、耶鲁[8]和普林斯顿[9]等大学的1/25。

来到谷歌工作根本就不是毁掉了我的职业，而是让我扬帆起航，踏上了实验和创造的巨浪。在这里有时会精疲力竭，有时会备感沮丧，但永远奋发进取，创造有目的性的、自由的和充满创造力的环境。本书讲述了我们对员工的认识，我们过去15年的经验，以及如何才能做到以人为本、改变生活的领导方式。

前言

谷歌的原则对你也适用

这是个令人惊奇的地方，有令人惊奇的成功，
这里的工作正是我们想做的

10 亿小时之前，现代智人出现。

10 亿分钟之前，基督教诞生。

10 亿秒之前，IBM 个人电脑发布。

10 亿次谷歌搜索之前……是今天早上。

哈尔·瓦里安　谷歌首席经济师，2013 年 12 月 20 日

2014 年，谷歌 16 岁了，但它许久之前就已经成为我们生活的一部分。我们在网上不是搜索信息，而是“谷歌一下”。每分钟有超过 100 小时的视频上传到 YouTube（世界上最大的视频网站）上。多数手机和平板电脑要依靠谷歌开源[a]操作系统安卓才能正常运行，而安卓系统 2007 年才投放市场。谷歌应用商店中的应用程序下载量已累计超过 500 亿次。谷歌浏览器 Chrome 作为一种更安全、更快速的开源浏览器于 2008 年推出，已有 7.5 亿活跃用户，并发展成谷歌笔记本“Chromebook”的操作系统。[10]

谷歌在新探索的道路上才刚刚起步，产品既有自动驾驶汽车，也有利用气球为全球最偏远地区提供网络服务的互联网气球项目（Project Loon）；既有穿戴式计算机设备谷歌眼镜利用右眼上佩戴

a. 开源（open source），即开放源代码，指能够免费获取并进行修改的软件。比如亚马逊的电子阅读器 Kindle 就是在安卓操作系统的修改版本上运行的。

的一小片透镜将网络与现实连接起来（我们正在研究左眼上佩戴的产品），也有虹膜项目（Project Iris）——一种可为糖尿病患者兼做血糖监测仪的隐形眼镜。

每年有成千上万名访客拜访我们在全球各处的园区。访客中有社会和商业企业家、高中和大学学生、公司首席执行官和社会名流、国家元首以及国王和王后。当然，访客中还有我们的朋友和家人，他们很乐意顺便享用一顿免费午餐。访客都会问及我们如何经营，问及谷歌的工作方式：企业文化是什么？有这么多分心的事情，你们怎么可能切实地完成工作？创新从何而来？员工真有 20% 的时间自由支配吗？

甚至我们自称为“谷歌人”的员工有时也会奇怪：为什么我们要遵循某种方式来做事？为什么我们要花那么多的时间来招聘员工？为什么我们会为员工提供这些福利而不是别的？

在这本书中，我将尝试回答这些问题。

谷歌内部并没有太多的规范手册和管理指南，因此本书介绍的并非公司的底线，而是从关于行为经济学和行为心理学的最新研究以及认为的真实的人性角度，阐释谷歌的运行方式及其能够奏效的原因。作为谷歌人力运营部的高级副总裁，我很荣幸也很欣喜能够与数千名谷歌人携手塑造谷歌人的生活和未来。

谷歌第一次获得全美“最佳雇主”殊荣是在我加入公司后的第一年（并不是因为我的功劳，只不过我加入公司的时机比较好）。奖项的发起方《财富》和卓越职场研究所（Great Place to Work Institute）邀请我与韦格曼斯（Wegmans）连锁店运营高级副总裁杰克·德皮特斯一起上台。韦格曼斯是美国东北地区的一家杂货连锁店，有 84 家分店，连续 17 年进入《财富》“最佳雇主”名单，2005年拔得头筹，此后每年都处于前5名。[11]

同时请我们两个人上台是为了展现两种完全不同的管理理念，以说明好雇主并非全是一个路数。韦格曼斯是一家地区性私人零售商，其所在行业的平均利润率仅有1%，员工多为当地人，多数只有高中学历。韦格曼斯成立于1916年前后，一直保持着家庭式经营。谷歌是一家仅有9年历史的全球化科技上市公司，利润率大约30%，员工来自世界各地，很多都是博士生。两家公司有着天壤之别。

然而，我很惊讶地发现，我们两家公司的相似之处比不同之处更多。

杰克解释称，韦格曼斯秉承的理念与谷歌如出一辙：“我们的首席执行官丹尼·韦格曼斯说，‘用心才能成就成功的企业’。我们的员工都心怀这种愿景，尽心竭力，不让顾客离开时不开心。我们也依此做决定，善待员工，不计成本。”

韦格曼斯给员工充分的自由来决定如何服务顾客，2013年拨款510万美元作为员工奖金，[12]甚至鼓励一名员工在店内建起自己的面包房，仅仅因为这名员工自制的饼干非常好吃。

经过一段时间，我发现并不是只有韦格曼斯和谷歌采用这种管理方式。布兰迪克斯集团（Brandix Group）是斯里兰卡一家服装生产商，它在斯里兰卡有40多家工厂，在印度和孟加拉国也有大量业务。伊尚·丹塔纳拉亚纳是该集团的人力部门主管，他告诉我，他们的目标是告诉员工“保持本色，发挥全部潜能”，以此“激励大批女性员工”。除了使员工方便地接触到公司首席执行官和董事会之外，他们还为怀孕的员工提供额外的食物和药品；开展学位教育项目，使员工能够在工作的同时继续学习，甚至还会培养员工成为企业家，帮助员工做自己的生意；在所有的工厂都设立工会，使每一名员工都能对企业产生影响；为员工的孩子提供奖学金，以及其他更多类似政策。此外他们还会回馈社区，比如通过“水与女性”（Water & Women）项目，在员工所在的村子里打水井。“此举提升了我们的员工在社区里的名望，同时也使村民获得了宝贵的清洁水源”。

所有这些努力使布兰迪克斯集团成为斯里兰卡排名第二的出口商，他们也因为良好的雇用条件、社区参与度以及环保实践赢得了无数的奖项。伊尚分析这一切产生的过程时说：“当员工信任领导层的时候，他们就会成为品牌的代言人，从而为其家庭、所处的群体和环境带来积极的改变。员工生产效率提高，企业发展增速，顾客购买热情高涨，商业投资回报也就自然而然地实现了。”

2013 年 4 月 24 日，在孟加拉国拉纳广场大楼（Rana Plaza）坍塌事件中，几家企业的表现与布兰迪克斯集团的经营方式形成了鲜明的对比。这座 8 层大楼中有 5 家服装生产企业、一家银行和几家商店。此前的一天，拉纳广场大楼中的人员因大楼墙体破裂而疏散。第二天，银行和商店安排员工不必上班，但是几家服装生产企业则命令员工复工。1100 多人在意外中丧命，其中包括一些在大楼公司幼儿园的儿童。[13]

再讲一个离美国更近的例子。1999 年的电影《上班一条虫》（*Office Space*）不带任何感情色彩地表现出一家虚构的科技公司毫无意义的规矩和官僚作风。这部电影上映之后大热，因为其中表现的情境很容易引起观众的共鸣。在电影中，程序员彼得·吉本斯是这样向一位催眠治疗师描述自己的工作的：

彼得：今天我坐在办公室的小隔间里，意识到自从我开始工作以来，每一天都比前一天过得更糟。也就是说你每一天看到我的时候，都是我一生中最糟糕的一天。

斯旺森医生：那么今天呢？今天是你一生中最糟糕的一天吗？

彼得：是的。

斯旺森医生：哦，那可真是糟透了。[14]

当一位 CNN（美国有线电视新闻网）国际频道的记者为一篇未来工作的文章和我做电话采访的时候，我想到了这些迥然不同的例子。她认为，以谷歌为代表的管理方式将是未来的方向——我将其称作“高度自由”的方式，员工享有极大的自由；管理严密、等级森严、指挥控制的管理模式将逐步绝迹——我称之为“低度自由”环境。

这种“低自由度”环境不久将会绝迹，或许会在某一天，时间我也不太确定，但应该不会太久。命令导向型、低自由度的管理方式非常普遍，因为这种管理方式容易产生效益，需要耗费的精力较少，而且绝大多数管理者都畏惧其他管理方式。管理一个按指令办事的团队很容易，但是要向他们解释做某件事的原因时是否也很容易呢？如何和他们讨论做这件事是否正确？如果他们不同意我的观点呢？如果我的团队不想做我安排他们做的事情呢？如果我错了，会不会看起来很蠢？安排团队成员工作，确保他们完成任务，这样工作更迅速、更高效，对吧？

错。地球上最有才华的一批人，其流动性越来越大，科学技术的发展使他们之间的联系也越发紧密，而且更为重要的是，雇主也更容易发现他们。这些全球精英希望在高度自由的企业中工作，而优秀人才都会流向此类企业。能够打造适宜的工作环境的领导者就像磁石一样，吸引着全球最优秀的人才。

但是要打造这样一个工作环境非常难，因为从管理的核心角度来讲，权力的动态方向恰与自由背道而驰。员工要依靠管理者，希望取悦他们。然而，注重取悦管理者意味着与其进行开诚布公的探讨是有风险的。如果你不取悦他，内心就可能惶恐不安或焦躁愤恨，同时他还要保证你实现某些工作成果。如果身陷戈尔迪之结[a]般纷繁的杂事和情绪中，就没有人能够表现出最好的工作状态。

谷歌应对此类问题的方法是打通这个结，我们刻意剥夺了管理者对员工的控制权。下面是谷歌的管理者不能单方面做出的一些决定：

- 雇用谁。
- 解雇谁。
- 如何评估一个人的表现。
- 给某个人加薪多少，给多少分红或分配多少股权。
- 选谁来拿最佳管理奖。
- 给谁升职。
- 代码何时才算合格，才可以纳入公司的软件代码库中。
- 一种产品的最终设计，以及何时投放市场。

a. 戈尔迪之结，希腊神话中的一个难题，它是指弗里吉亚的戈尔迪国王系的复杂的结，后被伟大的亚历山大以剑割开。——译者注上述决定都是由一组同事、一个委员会或一个特别任命的独立团队做出。很多新入职的管理者非常讨厌这种方式，而当他们弄清了招聘员工的流程之后，升职的问题又摆到了眼前，这时他们又会惊愕地发现自己没有权力独自决定给他们认为团队里最优秀的员工升职。其中的关键在于，你和我对“最优秀的员工”的认识有所不同。有可能你的团队中最差的员工比我的团队中最优秀的员工还要好，这种情况下，你的整个团队都应该升职，而我的团队成员都不应该升职。如果管理者想要在整个组织中实现公平最大化，使员工对公司产生更大的信任，使奖励更有意义，那么管理者就必须放弃这种权力，通过群体核定工作成果。

如果不负责执行这些大棒加胡萝卜的软硬兼施的手段，一名管理者该做些什么呢？只有一件事情可以做。按照我们的首席执行官埃里克·施密特的话说就是，“管理者服务于团队”。和其他企业一样，我们当然也遭遇过意外和失败，但是在谷歌这种不干预的领导方式下，管理者的关注重点不是惩罚或奖励，而是清除路障，鼓励团队。我们有一位律师是这样描述他的经理特莉·陈的：“你还记得电影《尽善尽美》(*As Good As It Gets*)中杰克·尼克尔森对海伦·亨特说的那句经典台词‘你使我想要成为一个更好的人’吗？特莉当经理给我的就是这种感觉。她使我想要——并帮助我努力——成为一名更好的谷歌人、更好的知识产权律师和更好的人！”具有讽刺意味的是，要领悟卓越管理的精髓，最好的办法就是摒弃管理最倚仗的所有工具。

好消息是任何团队的组建都可以遵循谷歌所采用的原则。麻省理工学院的理查德·洛克发现，这种方式即便是在制衣业中也适用。[15] 他对比了墨西哥的两家耐克T恤衫工厂的情况。A工厂给工人更多的自由，请他们帮忙设定生产目标，自行组成小组，决定如何分解工作，授权他们在发现问题时可以停止生产。B 工厂对生产车间进行严格控制，要求工人恪守分派的任务，设定了严格的规则来明确工作的时间和方式。洛克发现 A 工厂工人的生产效率差不多是 B 工厂工人的两倍（每天 150 件 T 恤衫对每天 80 件），工资收入更高，每件 T 恤衫的生产成本要低 40%（0.11 美元 / 件对 0.18 美元 / 件）。

英国谢菲尔德大学的卡玛尔 · 博迪博士与其他 6 名研究员对 308 家公司的生产效率进行了 22 年的研究，也得出了类似的结论。这些公司都采用传统的运营方式，比如“综合质量管理”和“即时库存控制”。博迪发现，这些运营方式时而会在某一两家公司中实现生产效率的提高，但是从总体上看，“我们没有发现对业绩的全面影响”。换句话说，没有任何证据证明这些运营方式能够对业绩的提升带来持续可靠的影响。

那么什么是有效的运营方式呢？只有公司采用了给员工充分授权的经营方式（比如，剥夺管理者的决定权，并将该权力分配给一些个体或团队），为员工提供工作之外的学习机会，提高团队信任度（给团队足够的自主权，允许员工自行组队），或者组合利用上述方法，业绩才能得到提升。这些因素“在我们的研究中对每名员工的附加值带来了 9% 的提升”。简而言之，只有当企业着手给员工更多的自由时，业绩才能提升。[16]

这并不是说谷歌的方法是完美无缺的，也不是说我们不犯错误。我们在前进的道路上也是跌跌撞撞，这些将在第十三章中讲述。我期望所举的例子和观点能够得到某些方面有益的质疑。我只能说这确实是我们在谷歌的做事方式，这确实是我们采用这种方式管理公司的原因。而类似的方法在布兰迪克斯、韦格曼斯和其他很多大大小小的组织、团队中也都行之有效。

我曾在芝加哥为当地的一些首席人力资源官做演讲，介绍谷歌的公司文化。演讲展示之后，有一位首席人力资源官站起来讥讽道：“在谷歌这样做当然没问题。你们的利润率那么高，能给员工很好的待遇。不是所有企业都能这么做的。”

我正准备解释，我们所做的绝大多数事情的费用都极低。即便是只拿死工资的时候，也能把工作做得更好，使员工更有幸福感。其实，越是在经济状况不好的时候，善待员工越重要。

没等我回应，另外一位首席人力资源官就反驳道：“你这么说是什么意思？自由是免费的。我们都应该做到。”

他的反驳是对的。

我们只需要坚信员工都是好的，再就是要有足够的勇气，把员工看成是企业的主人翁，而不是把他们当成机器。机器会完成工作，主人翁会竭尽所能帮助企业和团队获得成功。人的一生大部分时间都在工作，但是对多数人而言，工作是一件痛苦的事情，只是一种谋生的手段，而工作可以不必如此的。

我们无法给出所有问题的答案，但是却有一些值得深入体味的发现：如何更好地探寻和发展自由、富有创造力和宽松的环境，使员工在这种环境下工作。

谷歌人力资源管理的成功秘诀是个人和首席执行官都可以在大大小小的组织中复制的。不是所有的公司都能提供免费午餐一类的福利，但是所有人都能复制使谷歌成为伟大企业的秘诀。

第一章

成为一名创始人

我们的员工自称谷歌人，他们是我们公司的根本……我们最大的优势在于有很多重要项目可做，员工可以在这里做出贡献、得到成长……我们致力于打造这样一种工作环境：有才能、努力工作的人会因为他们对谷歌的贡献以及为了让世界变得更好所做的努力而得到奖励。

拉里·佩奇　谷歌联合创始人

谷歌的起源：
质疑一切，发挥创造力

每一段传奇都有一个起源故事。

罗慕路斯与勒莫斯还是婴儿的时候被遗弃在台伯河（Tiber River）河畔，吃母狼的奶和啄木鸟喂的食，后来由好心的牧羊人养育成人。罗慕路斯长成一名年轻人之后，建立了罗马城。

婴儿卡尔－艾尔（Kal-El）从爆炸的母星氪星（Krypton）乘火箭来到地球，落在堪萨斯州斯莫威尔，由善良的玛莎·肯特和乔纳森·肯特夫妇养育成人。后来他来到大都会，穿上了超人斗篷。

托马斯·阿尔瓦·爱迪生于1876年在新泽西门洛帕克建立了一间实验室。他带领一名美国数学家、一名英国机械师、一名德国吹玻璃工和一名瑞士钟表匠，一起研制出一种白炽灯灯泡，可以连续照明超过13个小时，[17] 为爱迪生通用电气公司的成立奠定了基础。

奥普拉·温弗瑞出生时母亲才十几岁，生活贫苦不堪，她孩童时期饱受虐待，颠沛流离，后来则成长为一名优等生，成为位于纳什维尔西洛杉矶学院电视台最年轻的，也是第一位黑人女主播，并最终成为世界上最成功的访谈主播和最励志的商人。[18]

传奇故事有千万种，却如此相似。神话学者约瑟夫·坎贝尔认为，全世界绝大多数神话故事都可以归结到很少的几个原型故事上。我们受到召唤去冒险，经历了各种磨难，变得更明智，最后云淡风轻、心平气和。我们人类生活在过往的叙事中，透过自述的故事来看历史。难怪我们在彼此绚烂的生活中能够发现那么多的共同点。

谷歌也有一个起源故事。多数人都认为这个故事起源于谷歌创始人拉里·佩奇和谢尔盖·布林在斯坦福大学一次新生校园参观时的相遇。其实这个故事的起源更早。

拉里的视野由其家庭历史塑造。“我的祖父是一名汽车工人，我手里有一件他制作的武器，他上班的时候会随身带到公司防身用。那件武器是一根大铁棍，棍子头上是一大块铅块。”[19]他解释说，“工人在静坐罢工的时候用于保护自己。”[20]

谢尔盖一家在1979年逃离苏联，寻求自由，躲避苏联政府的反犹太主义政策。谢尔盖解释说：“我觉得我之所以叛逆是因为出生在莫斯科，这种性格一直伴随我到成年。”

拉里和谢尔盖对于工作的认识也同样受到早年学校教育经历的影响。谢尔盖曾说过：“我真心认为蒙台梭利教育法使我受益良多，这种教育方式给学生更多的自由，让他们按照自己的节奏做事情。”[21]时任谷歌产品管理高级副总裁、现任雅虎首席执行官的玛丽莎·梅耶尔在史蒂芬·列维的《走进谷歌》（*In the Plex*）一书中对他说：“除非你了解拉里和谢尔盖都是蒙台梭利教育法教育出的孩子……否则你无法理解谷歌。”[22]这种教育方法针对孩子的学习需求和个性因材施教，鼓励孩子质疑一切，按照自己的意愿行动，发挥创造力。

1995年3月，22岁的拉里·佩奇来到位于加利福尼亚帕洛阿尔托的斯坦福大学参观。他即将完成在密歇根大学的研究生学习，正考虑加入斯坦福大学的计算机科学博士项目。谢尔盖当时21

岁，提前两年从马里兰大学毕业[a]，并已进入斯坦福大学参加了该博士项目。谢尔盖志愿为未来的同学做参观向导。当然，拉里被安排在谢尔盖做向导的一组里。[23]

他们很快就成了朋友，开始了善意的戏谑玩笑。几个月之后，拉里来到斯坦福大学，成为这里的一名新生。拉里沉迷于万维网，对网页之间关联方式的兴趣尤为浓厚。

1996 年时的万维网还是一片混乱。简单说来，搜索引擎想要展示相关性最强、最有用的网页，但是展示的网页排名主要根据网页上的文字与输入的搜索词之间的相似度决定。这样就出现了一个漏洞。网页的拥有者可以耍一些花招儿来提高网页在搜索引擎中的排名，比如在网页上隐蔽地加入一些流行的搜索词条。如果你想要人们访问你的宠物食品网站，就可以用蓝色字体在蓝色的网页背景上写一百次“宠物食品”，这样你的网页搜索排名就会提升。另外还有一种花招儿就是在生成网页的源代码中不断重复人类读者看不到的一些词。

但是如果编写一个程序，能够识别万维网上所有的链接，同时用表格列出所有网站之间的关联度，则是人类难以企及的复杂问题。所幸的是，谢尔盖发现这个问题的魅力恰如其难度一样令人着迷。他们开发出了 BackRub，即一种反向链接索引，从你所浏览的网站返回刚刚浏览过的网页。1998 年 8 月，太阳微系统公司（Sun Microsystems）的联合创始人安迪·贝希托尔斯海姆在“谷歌股份有限公司”成立之前就签了那张非常著名的 10 万美元支票。相对不那么广为人知的是，不久之后，他们又收到斯坦福

a. 谢尔盖高中提前一年毕业，又在三年的时间里完成了大学学业。

大学教授戴维·切瑞顿签的一张10万美元支票。正是在这位教授办公室的门廊里，他们遇到了安迪。[24]

拉里和谢尔盖不愿离开斯坦福大学去创立公司，于是尝试卖掉谷歌，但没有人接手。他们打算以100万美元的价格卖给远景公司（AltaVista），没有成功。他们又在凯鹏华盈风险投资公司（Kleiner Perkins Caufield & Byers）的合伙人维诺德·柯斯拉的力劝之下找到了Excite搜索引擎公司，并降价到75万美元，Excite没有接受。[a]

这些事情都发生在很早之前，在2000年谷歌第一款关键词竞价广告系统AdWords推出之前，在谷歌网上论坛（Google Groups，2001年推出）、谷歌图片（Images，2001年推出）、谷歌图书（Books，2003年推出）、Gmail（2004年推出）、Apps（商用电子表格和文档等，2006年推出）、街景（Street View，2007年推出）以及其他数十种我们每天使用的产品推出之前。那时谷歌搜索还没有150种搜索语言；那时我们还没有在东京设立第一家国际办公室（2001年建立）；那时还远没有安卓手机预先震动提醒你航班延误；那时你也不能对着镜框上的谷歌眼镜说，“好啦，眼镜，照一张相，发送给克里斯”，然后就知道克里斯会看到你眼

a. 谷歌的历史给我们最深刻的一点教育就是使我们认识到，想要成功，不仅需要真知灼见、恰当的时机、非凡的团队……还需要运气。尽管他们当时并不觉得自己幸运，但是没有卖掉公司真是一件万幸之事，恰如拉里和谢尔盖在校园参观中碰面以及其他数十个事件一样。对外宣称我们的成功源自聪明才智和辛勤工作其实很简单，但这并非事实。聪明才智和辛勤工作是成功的必要条件，但并非充分必要条件。我们确实有几分运气。这也给了我们网站主页上的“手气不错”按钮一个全新的解释。

中所见到的景象。

谷歌创始人的雄心：挥洒激情，创造关怀

拉里和谢尔盖的雄心远不止开发出一种伟大的搜索引擎。他们开启事业的时候就清晰地了解他们希望怎样对待用户。尽管听起来有些不切实际，但他们希望创造出这样一家公司：工作有意义，员工可以尽情发挥自己的激情，他们和他们的家人都能得到关怀。“等你研究生毕业时，”拉里发现，“你就可以做任何想做的事情。真正的好项目会有很多人想要去做。我们把这种认识带到了谷歌，它给我们带来非常非常大的帮助。如果你正在改变世界，那你所做的就是重要的事情。你早上会兴冲冲地起床。你想要做有意义、有影响力的项目，而世上这样的事情真的很少。我认为我们在谷歌还有这样的事情可做。”

如今谷歌很多最有意义、令人钟爱、有效的实践方法都是由拉里和谢尔盖亲手播下的种子萌芽而来。最初我们每周的全体员工例会开始的时候，“全体”员工的数量手指头都数得过来，现在尽管谷歌已经有了一座城市的规模，但例会的传统还是延续了下来。拉里和谢尔盖一直坚持要求雇用员工的决定由群体做出而不是由经理一人拍板。员工召集会议单纯地分享他们正在做的工作，后来演变成我们每月都要举行的数百次技术演讲。创始人最初的慷慨，带来了前所未有的公司所有权共享的状况：谷歌是同等规模的企业中极少几家全员持股的公司之一；我们吸引更多的女性开展计算机科学研究，这一努力早在员工不到 30 人时就在

谢尔盖的直接要求下开始了；我们欢迎带狗上班的政策在公司只有 10 人规模的时候就已经开始了（至于我们对猫的态度，体现在我们的行为准则中："我们喜欢猫，但是我们是一家爱狗的公司，因此一般说来，带猫上班会使我们感觉不太自在。"[25]）；当然，还有我们提供免费餐的传统是从最早的免费麦片和超大碗的 M&M's 巧克力豆开始的。

2004 年 8 月 19 日，谷歌上市的时候，谢尔盖在投资者招股说明书中讲述了公司创始人对他们手下 1907 名员工的印象。下面是他本人的话：

> 我们的员工自称谷歌人，他们是我们公司的根本。谷歌是围绕着吸引和发挥出众的技术专家和商务人士的能力而打造的。我们有幸招募了很多具有创造性、有操守和不辞劳苦的工作明星。我们希望未来能招募更多这样的人。我们会奖励他们，对他们好。
>
> 我们为员工提供很多不同寻常的福利，包括免费餐、医生和洗衣机。我们很细致地考虑这些福利对公司的长远利益。随着时间的推移，我们不会削减这些福利，而会有所增加。我们认为在可以节省员工大量时间、改善他们健康状况、提高他们生产效率的福利方面不能贪小失大。
>
> 谷歌非比寻常的员工所有制成就了今天的我们。因为员工的才能，谷歌在几乎每个计算机科学领域都做着振奋人心的工作。我们所处的行业竞争激烈，而我们的产品是行业中最过硬的。有才能的人被吸引到谷歌，因为我们为他们提供了改变世界的动能；谷歌有大量的计算资源，足够个人一展身手。我们最大的优势在于有很多重要项目可做，员工可以在这里

做出贡献、得到成长。我们致力于打造这样一种工作环境：有才能、努力工作的人会因为他们对谷歌的贡献以及为了让世界变得更好所做的努力而得到奖励。

谷歌很幸运，我们的创始人对期望打造的公司类型有着坚定的信念。

不过拉里和谢尔盖并非开先河之人。

亨利·福特最广为人知的是他对组装生产线的广泛使用，人们不太了解的是他对表彰和奖励优秀工作的哲学在当时也是非常先进的：

在工作中竭尽所能的工人是最难得的。如果得不到应有的认可，就不能寄希望于他们毫无保留地奉献……如果一个人感觉日常的工作不仅保证了他的基本需求，而且为他提供了些许慰藉，使他们能够为儿女创造一些机会，为妻子的生活增添一份愉悦，那么他就会认为这是一份体面的工作，就会放下所有包袱，尽力工作。无法从日常工作中得到一定满足感的人，就失去了薪酬中最好的一部分。[26]

亨利·福特是在1922年写下这段话的，但他的这些观点与谷歌的理念如出一辙。而且他亲身实践，在1914年给工厂工人的工资加倍，提高到每天5美元。

更早之前，即1903年，米尔顿·S.好时不仅是好时公司的奠基人，同时也为宾夕法尼亚好时镇的建立打下了基础。19世纪至20世纪初期，全美有超过2500个公司镇，顶峰时期这些公司镇的人口占全美国人口的3%。[27]但与多数公司镇不同的是，好时“避免建成一座只有成排房子、毫无特点的公司镇。他想要建成一座‘真正的家乡’，有成排的树，有独栋或两家合住的砖房，还有修剪整齐的草坪”。

米尔顿 · S. 好时的成功为他自己带来了强烈的道德责任感和仁慈心。他的雄心远不止制造巧克力那么简单。好时构想出一个围绕工厂建立的全新社区。他为员工建起一座模范镇，镇上有舒适的家，公共交通也不贵，公立教育系统质量很高，还有大量的游乐和文化场所。[28]

我并不是说福特和好时的所有观点都是适宜的，有一些就很令人憎恶。福特因发表反犹太作品而广受责难，后来还因此道歉。[29] 好时也纵容种族主义评论在他领导下的好时镇报纸上发表。[30] 但是同样明显的是——至少对一部分人而言——上述两位创始人认识到关心员工要比生产投入的意义更为重大。

再近一些时候，有一位道德评价争议较小的典型人物——梅文 · J. 凯利，他于 1925 年加入贝尔实验室，1951—1959 年任实验室总裁。[31] 在他的任期内，贝尔实验室发明了激光和太阳能电池，铺设了第一条跨大西洋电话电缆，开发出微型芯片的核心技术，使微型芯片的崛起成为可能；另外，他们在此期间对二进制码体系的研究为信息理论奠定了基础。这些都建立在贝尔实验室早期的工作基础之上，其中包括 1947 年发明的晶体管。

成为总裁之后，凯利采用了一种很另类的管理方式。首先，他改变了位于新泽西默里 · 希尔的实验室大楼设计。凯利摒弃了传统的办公场所布局，即不是按照员工的研究领域对办公楼的每一层分区，而是坚持能够迫使部门之间进行交流的楼面设计：一条很长的走廊贯穿整个楼层，办公室分布在走廊两侧，这样走过大厅时同事之间就会碰到，他们不可避免地会融入彼此的工作中。其次，凯利建立了弗兰肯团队，每个弗兰肯团队中包含“思考者和行动者”以及来自各种互不相干领域的专家。作家乔·格特尼在他所著的《贝尔实验室与美国革新大时代》(*The Idea Factory*)[32]一书中描述过这样一个团队：“晶体管项目中刻意混杂了物理学家、冶金学家和电气工程师，并肩工作的有理论专家、实验专家和制造专家。”

格特尼继续写道，凯利给人自由。

> 凯利先生认为自由是至关重要的，对于科研工作而言作用尤为明显。他的一些科学家享有高度自主权，经常是授权某人做一项工作之后接连几年都不对工作进展做任何干涉。比如他组建晶体管的研究团队时，两年多才有了研究成果。此后，当他组建另外一个团队来负责晶体管的批量生产时，他将任务要求扔在一位工程师的腿上，指示他制订一份行动计划。他告诉这名工程师，他在这段时间要去欧洲出差。

凯利的例子非常有趣，因为他并非贝尔实验室的创始人，甚至都不算是冉冉升起的新星；相反，他因为感觉自己的项目没有得到足够的资金支持，两次提出辞职申请（两次都因为将会得到更多资金支持的许诺而被吸引回岗位上）。他很善变，而且有些臭脾气。早先的一位经理 H. D. 阿诺德“很长时间里只给他安排很少的行政管理工作，因为不相信他的判断力”。[33]因为这段经历，他的职业生涯提升得很慢。他做了 12 年的物理学家才成为电子管研发主任，又过了 6 年才成为研发部主任。他加入贝尔实验室 26 年之后才成为实验室总裁。

我之所以喜欢这个故事是因为凯利的作为就像一位创始人和主人翁。他不仅关心贝尔实验室的产出，还关心贝尔实验室能营造怎样一个工作环境。他希望有才华的人能够免受管理层的监视，不必受天才行政管理人员的掣肘。办公大楼设计和通道布置本非他应关心的事情，但这样做使他成为这家名列史上最具创新性组织的精神创始人。[a]

回到谷歌的故事上来，拉里和谢尔盖刻意留出空间，使其他人也能像创始人一样行事，有识之士也有机会创造自己的谷歌。多年来，由苏珊·沃西基、萨拉尔·卡曼加和玛丽莎·梅耶尔组成的“三驾马车”被称作“迷你创始人”。作为早期谷歌人，他们的作用举足轻重。他们将会同斯里德哈·拉马斯瓦米、埃里克·维奇、艾米特·辛格尔和尤迪·曼伯等才华横溢的计算机科学家继续构建并领导我们的广告、YouTube 和搜索业务。快进 10 年，谷歌人的表现仍然像主人翁一般：克雷格·科尼利厄斯和里希·科海坦决定为谷歌制作一个切罗基语的界面，为保存濒危语言尽绵薄之力。[34] 乌佳依·辛格和阿卜杜勒卡里姆·马蒂尼与来自推特（Twitter）的工程师合作，关注到埃及政府在 2011 年初的封闭网络事件，推出了 Speak2Tweet 的产品，接收语音信箱信息，

a. 不仅只有男性致力于创造丰富多样的工作环境。在巴黎，时装设计师、企业家玛德琳·薇欧奈 11 岁开始工作，成为一名裁缝学徒。1912 年，在她 36 岁的时候创立了以她本人名字命名的时装商店。此后的 10 年里她引入了斜裁法，用修身、紧身材料替代了束身内衣。根据西北大学教授德博拉·科恩的说法，即便是在大萧条期间，她的员工也能得到“免费医疗、牙医保健、产假、婴儿照看服务以及带薪假期等”。资料来源：http://www.vionnet .com/madeleine-vionnet; http://www.theatlantic.com/magazine/ archive/ 2014/05/the-way we look-now/359803/。

并将信息转化成推特消息向全球广播。[35] 这种产品可以利用拨号转入语音信箱，倾听彼此，为埃及人提供了一种与全球同步交流的方式。

创始人思维：引领潮流，而不追随他人

建立杰出的团队或组织的起点是有一位创始人，但是成为一名创始人并不意味着要建立一家新的公司。不管你是一家公司的第一名雇员，还是一家有数十年历史的公司中的一员，任何人都有能力成为一名创始人，也可以成为所在团队的文化创造者。

在谷歌，我们不认为自己碰巧发现了员工成功的唯一模式，我们当然也不能解答所有问题。我们搞砸的时候远比预料的要多，但我们却证明了拉里和谢尔盖最初的很多本能想法是正确的，揭穿了一些管理学理论的不实之处，一路上有很多令人震惊的发现。我们期望通过分享自己的经验教训给不同工作岗位的人们一些启发。

俄国小说家列夫·托尔斯泰写过“幸福的家庭都是相似的”。[a] 所有成功的组织也都是相似的。它们不仅对生产何种产品有同感，而且对它们是怎样的组织和想要成为怎样的组织也有共识。在它们的愿景中（或许有些狂妄自大），它们不仅思考自身的起源，还会思考它们的命运。

a. 选自列夫·托尔斯泰的《安娜·卡列尼娜》。他忧郁地总结道：“幸福的家庭都是相似的，不幸的家庭各有各的不幸。”

我写这本书的愿望之一就是，希望阅读本书的人能站在创始人的角度看待自己。或许你不是一家公司的创始人，但是可以成为一个团队、一个家庭或一种文化的创始人。谷歌的经历带来的最根本的一点经验就是，你必须先决定自己想要成为一名创始人还是一名雇员。这个问题关乎的不是实际的所有权，而是做事的态度。

用拉里的话讲："我想到我们的企业相比以前的企业有了多大的进步，那时的工人还要保护自己免受企业迫害。我作为领导者要确保公司里的每个人都有良好的机遇，要让他们感觉到自己产生了有益的影响，为社会的向善贡献了力量。放眼全球，我们在这方面做得越来越好。我的目标是要谷歌引领潮流，而不是追随他人。"[36]

这是创始人应该有的思维。

不管是学生还是高管，想要所处的环境使你和周围的人能够蓬勃进取，首先就要为这个环境负起责任。不管在你的工作描述中有没有这样一项责任，甚至不管你是否被允许这样做，这个事实都不会改变。

而最伟大的创始人会创造出空间，供其他创始人与自己携手同行。

等到有一天，你的团队也会有一个起源故事，一个创业神话，恰如罗马、奥普拉或谷歌一样。思考一下你想要怎样一个故事，思考一下你想要向世人展现出何种面貌，思考一下人们会怎样讲述你的故事、你的工作和你的团队。今天你有机会成为这个故事的缔造者，选择你想要成为一名创始人还是雇员。

我知道我会选择哪一种。

谷歌工作法则

- 把自己看成一名创始人。
- 像创始人一样行动。

第二章

谷歌文化塑造谷歌战略

从公司成立的第一天起，我们就在担忧公司文化，感觉公司的文化一直在变化。所以我们要持续战斗，保持核心文化繁荣。

史黛西·莎莉文　谷歌首席文化官

我在工作中会收到很多稀奇古怪的东西，通常是由那些想要来谷歌工作的人寄来的。我收到过用丝线绣出简历的T恤衫，收到过谜题，甚至还收到过运动鞋。我把其中一些多彩有趣的贴到墙上，其中有一封信，信里有这样一句话：“文化可以把战略当早餐一样吃掉。”我之前从未听过这句话，但是这句话透着点儿傻气，可以作为管理学那些五花八门理论的样例。

如果你在谷歌图片中搜索“谷歌文化”(google culture)，就会看到与图2–1屏幕截图相类似的图片。

图2–1　搜索“谷歌文化”出现的页面典型图片

版权归谷歌所有

这些图片浓缩了首次来到谷歌的参观者对谷歌文化的看法。色彩鲜艳的地板、墙面和豆袋坐垫，免费的美食，疯狂的办公室（你没看错，确实有人在办公室里骑自行车），还有开心的人们携手工作，享受快乐时光，这些都说明这里的工作是寓于玩乐之中的。这样说确有几分真实，但是谷歌的文化植根于更深之处。从麻省理工学院斯隆商学院退休的艾德·斯凯恩在授课中讲过，一个群体的文化可以通过三种方式了解：查看他们的“人造物品”，比如实体空间和行为；研究群体成员的信仰和价值观；深究这些价值观背后反映出的深层意义。[37]来到谷歌，很自然地会将注意力放在实体空间上：不管是小憩用的午休室，还是色彩鲜艳的地板。宾夕法尼亚大学沃顿商学院历史上最年轻的终身教授亚当·格兰特这样对我说：“因为陈设是最显眼的，所以人们往往会根据人造物品陈设来阐释盛行的文化，但是价值观及其深层意义反而比陈设更加重要。”

亚当说得对。

快乐：谷歌文化特征的外在表现

事实上,“快乐”是谷歌人最常用于描述谷歌文化的词。[38]（通常员工说自己多爱公司会令我起疑，但是这些调研都是匿名进行的，即便结果与事实不符，也应该说些更难听的话！）谷歌早期的时候，我们决定“认真不在着装”，并将这种想法放进了“我们所知道的10件真实的事情”，这10件事正是指引我们经营公司

的十大信条。[a]

我们甚至还拿自己的品牌——很多公司将品牌看得非常神圣——来开一些玩笑，时常用谷歌涂鸦（Google Doodles）来替换网站上惯常使用的公司图标。我们第一次尝试是在 1998 年 8 月 30 日，当时发布了一条拉里和谢尔盖请假不在公司的搞笑通知：他们去参加火人节了—— 一年一度在内华达沙漠举办的关于艺术、社区和自给自足的节日。图标中间的小人代表的就是“火人”（见图 2–2）。

图 2–2　火人谷歌涂鸦

版权归谷歌所有

2011 年 6 月 9 日，为了纪念电吉他先驱之一莱斯·保罗，我们引入了一种互动式的涂鸦（见图 2–3）。如果你用鼠标或手指弹拨吉他琴弦，就能制作自己的音乐。你甚至可以按下红色按钮，录下并分享自己的作品。据统计，那一天我们的网站访客用在制作音乐上的时间超过 530 万个小时。[39]

a. 这 10 件事包括：以用户为中心，其他一切水到渠成；专心将一件事做到极致；越快越好；网络上也讲民主；信息随时随地可以获得；赚钱不必作恶；信息无极限；信息需求无国界；认真不在着装；追求无止境。

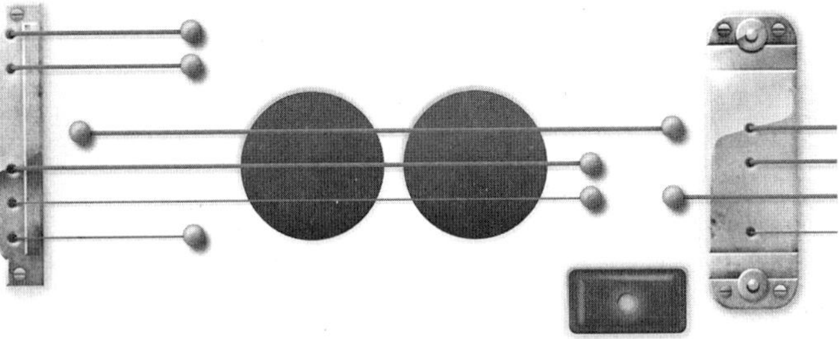

图 2–3　莱斯·保罗谷歌涂鸦

版权归谷歌所有

我们每年都庆祝愚人节。2013 年 4 月 1 日，我们宣布 YouTube 实际上是一次长达 8 年的评选，旨在选出史上最好的视频，而那一天我们准备宣布获胜者。我个人最喜欢的一个恶作剧作品是谷歌动物翻译（Google Translate for Animals）——英国一款安卓（我们开发的手机操作系统）应用程序，它可以将动物的声音转换成英文。这不同于谷歌翻译真正可以翻译转换成的语言，比如《大青蛙布偶秀》（*Muppet Show*）中“瑞典厨师”（Swedish Chef）用的语言，可以转换成“Bork, bork, bork!”[a]，或海盗（Pirate）用的语言可以转换成“Arrr！”。2012 年 4 月 1 日，在谷歌应用商店搜索音乐的人都会看到安卓程序生成的坎耶·维斯特跳出来说：“你是要搜索碧昂斯吧。”

我们还会拿正在运行的产品找乐子。每年我们都会推出“追

a. 这里指一种模仿《大青蛙布偶秀》中布偶角色瑞典厨师发音而形成的语言。瑞典厨师在《大青蛙布偶秀》中经常说“Bork, bork, bork!”，其发音重音通常落在元音上，“w”发“v”的音，“o”发“u”的音，类似于瑞典人说英语的发音。——译者注

踪圣诞老人”，方便孩子跟踪圣诞老人全球环游的足迹。还有，下次登录 Google.com 或使用谷歌浏览器的时候，输入“do a barrel roll”（翻滚），看看会有什么惊喜。

这些快乐看起来都很浮浅，不值得认真对待，但是在谷歌，快乐是非常重要的一部分，使人不必谨小慎微，可以发挥开发和探索的能力。然而，快乐并非我们的根本特征，而是我们自身特征的外在表现。快乐并不能解释谷歌的运行方式，也无法解释我们为何选择当前的经营方式。要理解这一点，你需要探索我们公司文化的三个根本元素：使命、信息透明和发声的权利。

谷歌文化的第一块基石：有意义的使命

谷歌的使命是公司文化的第一块基石。我们的使命是，“整合全球信息，使人人都能访问并从中受益”。[40] 我们的使命与其他公司的有什么区别呢？下面是其他一些公司 2013 年公司使命的内容摘录（重点之处做了着重处理）：

> IBM：我们致力于引领行业最先进的计算机系统、软件、存储系统和微电子等信息科技的发明、发展和制造。**我们以自身的专业级解决方案和服务，将上述先进科技转化为客户价值，**为全球提供商业咨询服务。[41]
>
> 麦当劳：麦当劳的品牌使命是要成为顾客最喜爱的用餐环境和方式。我们在全球的运作都围绕着制胜计划——人员、产品、环境、价格、促销——的全球战略开展，以非凡的客户体验为核心。**我们致力于持续提高运作水平，提升客**

户体验。[42]

宝洁：我们将提供超高品质和价值的品牌产品与服务，提升当前和未来数代人的生活品质。因此，**消费者将会回报我们行业领先的销售额、利润和价值创造，**使我们的员工、我们的股东以及我们所生活和工作的社区能够繁荣发展。[43]

这些都是非常合理、有责任感的公司使命。

但是阅读这些公司使命会立即发现两件非常明显的事情。第一，我很抱歉要让你费力读完这些公司使命的陈述，或许这是人类最糟糕的一种文学形式。第二，谷歌的使命与众不同，既因为其简洁明了，又因为其未曾言及的方面：没有言及利润或市场，没有言及顾客、股东或用户，没有言及为何选此作为公司使命，也未曾言及如何实现这些目标。相反，"整合全球信息，使人人都能访问并从中受益"的谷歌使命是一件不言自明的好事。

这样的使命使个人的工作有了意义，因为它不是一种商业目标，而是一种道德目标。史上最有影响力的运动都要有道德动机，或是追求独立，或是追求平等权利。我并不想在这个概念上做过多展开，但是公正地讲，革命更多的时候关乎理念而非利益或市场份额是有其原因的。

归根结底，我们永远也无法达成我们的使命，因为总有更多的信息需要集成，总有更多的方式可以使人们从中受益。这样就给我们创造了动机，促使我们不断创新，探索新的领域。一旦实现"市场领导者"这种公司使命，就难以带来更多的激励。谷歌范围宽泛的使命使我们能够循着指南针而不是追着速度仪前进。尽管分歧在所难免——我们将在第十三章浅述其中几例——但是这项使命背后的共有信念团结了大多数谷歌人。这项使命是一种试金石，使我们公司从几十个人成长为数万人之后仍然保持着浓厚的公司文化。

2007 年推出谷歌街景就是使命促使我们探索未知领域的一例。[44] 推出街景的目的简单却令人难以想象，即要从街道的层面记录下整个世界的模样，绘制一份历史记录。街景是建立在谷歌地图成功的基础之上的，而谷歌地图得以实现则是靠约翰·汉克和布莱恩·麦克伦登打下的基础：他们在 2001 年创立了一家名为钥匙孔（Keyhole）的公司，三年后被谷歌收购（他们两人现在仍是谷歌的副总裁）。

看过几年的俯视图之后，拉里问为什么我们不从人们切身的视角——从地面上看——来捕捉图片。这也是可以帮助我们见证社区随时间推移成长和变迁的信息，或许从中能得到一些有趣的发现。

确实得到了有趣的发现。

凯旋门！

凯旋门始建于 1806 年，历时 30 年建成，用于纪念为法国战斗和献身的人们。地球上多数人一辈子也没有机会去巴黎，不能在凯旋门广场漫步，不能现场观看凯旋门基座上的永恒之火（见图 2-4、图 2-5）。

但是 20 多亿有网络可用的人立刻就能在谷歌地图上看到凯旋门。他们还可以参观珠峰大本营（见图 2-6）[45]，或与加拉帕戈斯群岛间的海狮一起“畅游”（见图 2-7）。[46]

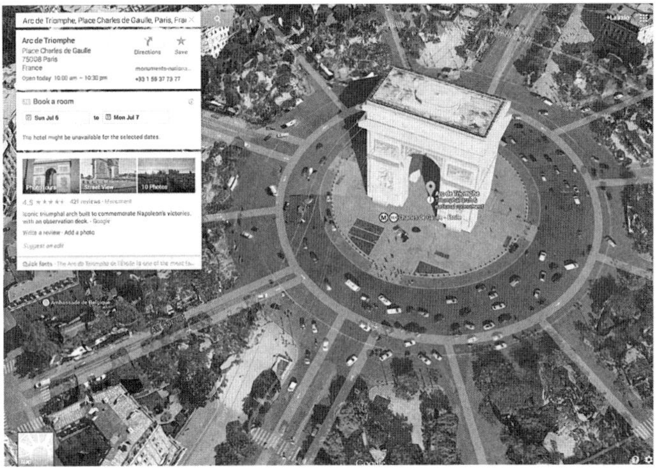

图 2–4　在谷歌地图上看到的法国巴黎凯旋门俯视图

版权归谷歌所有

图 2–5　从谷歌街景街道级别图上看到的凯旋门

版权归谷歌所有

图 2-6　珠峰南坡昆琼营地

版权归谷歌所有

图 2-7　加拉帕戈斯群岛畅游的海狮

版权归谷歌所有

我们在践行公司使命时，也带来了令人惊喜的实用价值。在我们公司之外，麻省理工学院媒体实验室的菲利普·萨拉希斯、卡特雅·斯科彻特和塞萨尔·伊达尔戈，将波士顿、纽约的影像与奥地利林兹、萨尔茨堡的影像做了对比，以探寻某个社区的哪些特征——比如街道的脏乱程度、街灯的数量等——会给人留下贫穷还是富有的感觉，以及这些经济和阶层的指示信号与安全情况有何联系。[47] 他们的研究可以帮助城市决定如何分配稀有资源是最合理的：如果种植更多的树木或修葺道路，社区居民能否更有安全感，生活是否会更安全？

谷歌的地图产品搭建了一个平台，有超过 100 万个网站和应用开发者利用这个平台构建自己的业务，从爱彼迎（Airbnb）到优步（Uber），从社交地图位智（Waze）到 Yelp(美国最大的点评网站）[48]，谷歌地图每周要为超过 10 亿用户提供服务。[49] 平心而论，确实也有谷歌人和用户担忧捕捉街道级别的影像会带来隐私问题。我们尽力避免此类问题。比如，我们采用的方法是模糊人脸和车牌号码，以此确保不泄露信息，从图 2–8 泰姬陵的照片中就能看到。与此同时，我们采用的程序算法会有些过分严密，比如隐去了我们那些动物朋友的面貌特征（见图 2–9）。

如果是在为顾客创造价值或提高利润等相对传统的公司使命指引下，我们不可能推出谷歌街景。这与计算反向链接的数量从而确定网站排名的工作相差太远。但是，我们更加宽泛的公司使命给了谷歌人去创造美妙事物的空间。这些创造和成就的涌现直接源自谷歌需要不断追寻的使命，这恰恰超越了我们想象的疆域。

图 2-8　印度阿格拉的泰姬陵

版权归谷歌所有

图 2-9　纽约中央公园，一名男子与他的狗。谷歌街景为保护隐私将其面部做了模糊处理（图片由珍·林提供）

版权归谷歌所有

地球上最有才华的人才需要能够激励人心的抱负。领导者所面临的挑战就是要创造出这样一个目标。即便是在谷歌，我们也发现并非所有人都感觉自己的工作与公司的使命有紧密联系。比如，在2013年对谷歌人进行的一次调研中显示，我们销售团队中有86%的人非常赞同“我看到我的工作与谷歌的目标之间清晰的关联性”。相比之下，谷歌其他部门的员工选择该项的比例为91%。同样的使命，同样的公司，却产生了不同层次的关联度和动机。你怎么看这种现象？

亚当·格兰特有他的见解。他在著作《沃顿商学院最受欢迎的思维课》(*Give and Take*)一书中写到目标的力量，他说目标不仅可以提升幸福感，还能提高生产效率。[50] 他的见解一如很多其他非凡的洞见，一经指出便令人感觉浅显明晰，而真正令人大为惊异的是其巨大的影响。

亚当调查了某大学筹资电话中心的带薪员工状况。他们的工作就是给潜在的捐赠者打电话，募集资金。他将这些员工分成三组：A组是实验对照组，只做自己的工作；B组阅读其他员工的故事，了解到他们从这份工作中获得的益处是知识和金钱；C组阅读奖学金获得者的故事，了解到奖学金对获得者生活的改变。A组和B组员工的表现并没有任何区别；相反，C组员工每周争取到的捐赠次数提高了155%(由每周9次提高到每周23次)，每周筹集的资金提高了143%(由1288美元提高到3130美元)。

亚当想到：如果单纯读过某个人的故事就能带来如此大的变化，那么与某个人见面会不会产生更大的影响？一组筹资员工得到与奖学金获得者面对面交流的机会，并有5分钟的时间问他们问题。结果是：之后的一个月，每周筹集的资金增加了400%。

他发现此类影响在其他工作中也有所体现。阅读过拯救溺水者故事的救生员在照管游泳者的时候活跃度提高了 21%。负责编辑同学来信的学生，如果之前见过来信的作者，就会花费额外 20% 的时间处理来信。[51]

那么亚当到底得到了什么启示呢？让员工与他们正在帮助的人见面是最有效的激励因素，即使会面只有几分钟。此举可为一个人的工作带来非凡的意义，胜过他们对职业生涯和金钱的渴求。

在内心深处，每个人都想找到工作的意义。我们举一个比较极端的例子。一名切鱼工的工作是否有意义？查普特·夏尔巴·皮纳沙认为是有意义的。他在曼哈顿一家做熏鱼、百吉饼和特色食品的食品供应商多特斯餐厅（Russ & Daughters）工作。这位 40 岁的男人从 10 多年前开始在多特斯餐厅工作，但是他出生在喜马拉雅山东麓的一个小山村里，从小生活在小木屋中，是 4 个孩子中最小的一个。15 岁时，他开始工作，扛着 90 磅（约 41 千克）重的补给袋登上珠峰大本营，供登山者使用，还会陪同外国徒步旅行者翻山越岭。他现在的工作相比帮助人们登顶世界最高峰的工作是否不那么重要？“这两份工作没有特别不同，”他对《纽约时报》的记者科里·科尔甘农说，“两份工作都要帮助他人。”[52] 皮纳沙领会了工作的深层使命，而很多人则“只是”把他现在做的这份工作看成是切鱼。

我们都希望自己的工作有意义，没有什么比知道自己正在改变世界能起到更强有力的激励作用。耶鲁大学的艾米·瑞斯尼斯基告诉我，人们可能会把自己的工作简单地看成一份工作（一种必需品，在他们的生活中并非重要的积极方面）、一项事业（需要“赢取”或“提升”的事情），或一种命运的召唤（你所做的是有益于社会的事情，是喜悦和满足感的一种来源）。

你可能会认为某些职位相比之下更容易被视作一种使命，但是研究发现却出人意料——一项工作能否成为一种使命完全取决于一个人的想法。艾米调研过医生和护士、教师和图书管理员、工程师和分析师、经理和秘书。每一类职业的人都大约有三分之一将自己的工作看作一种使命。这样做的人不仅更快乐，而且更健康。[53]

这样一解释，好似一切都不证自明了。但是，到底有多少人花时间探寻自己工作中的深层意义，又有多少公司会经常给所有员工，特别是那些远离工作一线的员工，与顾客接触的机会，使员工能够亲眼见证他们的工作对人类带来的影响？这样做会很难吗？

在谷歌，我们已经开始实验采用此类互相接触的方式，将每一名员工与我们公司的使命联系到一起。我最近与300多名销售人员做了一次交谈，他们全天都在网上帮助小微企业宣传它们的产品。对于谷歌人而言，这项工作有些死板无聊。但是，我告诉销售人员，这些小微企业主来寻求帮助是因为在你们看来很简单的问题，对他们而言则很难。你们组织过数百次广告宣传活动，但是这对他们来说却是第一次。当亚利桑那州诺加莱斯生产定制牛仔靴的保罗·邦德皮靴公司（Paul Bond Boot Company）想要拓展口口相传的销售模式时，他们在谷歌投放的第一批广告就带来20%的销售额提升。保罗公司突然与一个更大的世界联系到了一起。我们第一次与谷歌人分享他们的故事视频时，谷歌人都异常兴奋，深受鼓舞。时任谷歌全球业务高级副总裁的尼科什·阿罗拉将其称为“魔力时刻”。观察他们，分享他们的故事，使谷歌人与公司的使命联系在一起。如果这种联系所带来的益处能达到亚当所发现的一半，那么在这上面的投入就算极好了。

谷歌文化的第二块基石：信息的透明度

信息透明是我们公司文化的第二块基石。“默认开放”（default to open）是在开源社区中时常会听到的一个短语。谷歌开源总监克里斯·迪博纳是这样定义这个短语的：“应该假设所有的信息都可以与团队分享，而不能假设任何信息都不能分享。限制信息传播都是有意而为，最好有充足的理由再这样做。在开源领域，隐藏信息有悖于主流文化。”这个概念并非谷歌创造出来的，但是我敢说谷歌就是这样做的。

举个例子：想象一下谷歌的代码库，存储了保证我们所有产品运转的全部源代码（或称作电脑程序）。其中包含了我们几乎所有产品的代码，如谷歌搜索、YouTube、AdWords 和 AdSense（相关广告，你在谷歌网页上看到的那些小字号的蓝色文字广告，是针对网站主的广告服务）。我们的代码库中包含了谷歌的算法和产品的秘密。在一般的软件公司中，新入职的工程师只能看到自己负责产品的代码库；而在谷歌，新聘用的软件工程师在上班第一天就可以使用几乎所有代码。我们的企业内网中有产品路线图、产品上市计划、员工每周状况报告，以及员工、团队的季度目标［“目标和关键结果”，简称 OKR（Objectives and Key Results）……我将在第七章中做详述］。这样一来，每一名员工都能看到其他同事正在做的事情。每个季度开始几周之后，我们的首席执行官埃里克·施密特会带领全公司回顾几天前在董事会做过的演说展示。我们分享一切，也信任谷歌人能保守秘密。

在我们每周的TGIF（感谢上帝，今天星期五啦）全员会议中，拉里和谢尔盖主持会议，向全公司的员工（数千人在现场或通过视频参加会议，另有数万人在网上看重播）通报过去一周的最新情况，做产品展示，欢迎新员工。而会上最重要的是30分钟现场问答时间，公司里的任何员工都可以提问，问题类型也不设限。

问答环节是最为重要的。

问题中有琐事，比如“拉里，你现在已经是首席执行官了，会开始穿西装吗？”答案肯定是“不会”；有与商业相关的问题，比如“谷歌电视棒的制作成本多高？”；有技术类问题，比如“《卫报》和《纽约时报》今天披露了一份美国国家安全局的内部文件，宣称他们正在秘密改变密码产品，以便插入漏洞，而我作为一名工程师，如何帮助我们的用户数据安全加密？”；也有与道德相关的问题，比如“对我来说，隐私也包括能够在网上表达观点，但不需要暴露自己的真实姓名——在YouTube上公开评论一段匿名戒酒互助会视频不会暴露我自己也是酗酒者的真相，谷歌现在还支持此类隐私吗？”（在这个问题及用户的建议之下，我们在2014年决定允许用户在社交网站Google+上使用昵称替代真名。）任何问题都可以提出来进行辩论，任何问题都可以质疑，任何问题也都会有一个答案。

就连选择问题的过程也秉承了透明的原则。我们采用了谷歌环聊（Hangouts）上的一种称作“问答”（Questions）的工具。用户不仅可以提交问题，还可以就问题进行讨论和投票。这种众包过程能够选出最能反映用户兴趣的优先问题。

2008 年，当选总统奥巴马的过渡团队在“答各方问”的活动中就采用了这种工具，他们在全美范围内的多处市政厅中邀请全国人民提交问题，由总统回答。参与者共提交了 1 万多个问题，投票次数超过 100 万次，从中决定出哪些问题最重要（参见图 2–10 的屏幕截图）。

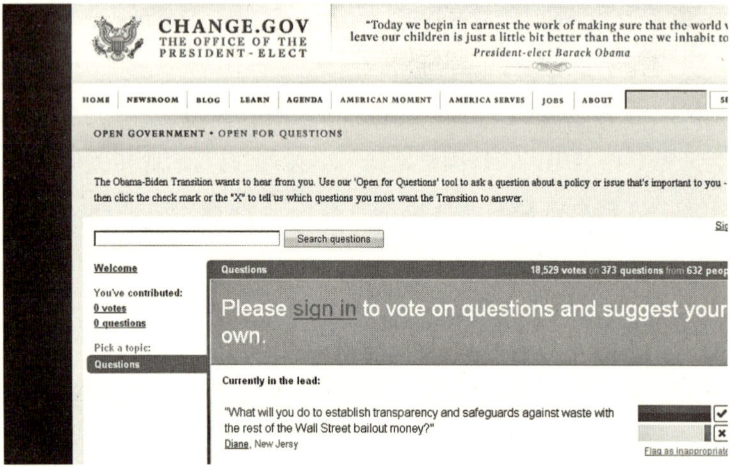

图 2–10　2008 年奥巴马 – 拜登过渡团队使用的谷歌“问答”界面

开放性如此之高的好处在于公司中的所有人都了解公司的状况。这些听起来可能很琐碎，但其实不然。大型组织内经常会产生不同团队因不知情而重复劳动的情况，浪费了资源。信息分享能使每一个人都了解不同团队的目标差异，避免内部竞争。此举有别于一些公司宣扬内部竞争且各团队之间信息沟通不畅的做法。很著名的是阿尔弗雷德·斯隆就任通用汽车首席执行官期间打造的公司文化。这种公司文化在通用汽车最风行的时候，公司中有 5 个主要品牌，每个品牌的销售都在不同程度上存在竞争关系。比如，丰田的中等价位品牌轿车只有凯美瑞一款。而在同档轿车中，通用汽车旗下别克有诱惑（Allure）和 Lucerne 两款，有凯迪拉克 CTS，雪佛兰有羚羊（Impala）和迈锐宝两款，有庞蒂克 G8，还有土星光环（Saturn Aura）[54]。即便通用汽车的某个品牌销售很好，其他 4 个品牌也将失去市场。

我们在谷歌有时也会推出类似的产品，但是我们会让谷歌人了解到竞争的存在，并向他们解释允许竞争存在的原因，以使不健康的竞争最小化。此时“后期绑定”将得到充分利用。后期绑定是一种编程术语，我们刻意误用是为了指出等待之后再做决定的意义。比如，我们推出了两款操作系统：Chrome（基本用于笔记本电脑和网络浏览器）和安卓（基本用于智能手机和平板电脑）。从某个层面来讲，没有道理让消费者从笔记本电脑使用的 Chrome 和手机使用的安卓系统中做出选择。二者都是谷歌的产品，难道不应该是一样的吗？但是，这两个团队各自优势不同，对技术的侧重方向有所区别。Chrome 启动更快，无线网功能更强；而安卓开发出更多的应用群，可以在应用商店中下载。迄今为止，同时拥有两种系统所带来的创新和知识，其意义要超过二者同时运行的费用。

我们还采用了科技公司中很常见但名字有些不雅的方法，叫作“吃狗粮”。在这种方法下，谷歌人要成为第一批尝试新产品的人，并提供反馈意见。[a]“吃狗粮”的人最先试驾了我们的自动驾驶汽车，在车辆的日常使用方面提出了很有价值的反馈意见。通过这种方式，谷歌人了解到公司中发生的事情，团队也能尽早得到真实用户有价值的反馈意见。

信息透明还带来了一点意外好处，那就是通过分享数据，员工表现会得到提升。马里兰州巴尔的摩市约翰·霍普金斯医院的外科医生马蒂·马卡瑞提到，纽约州最初要求医院通报冠状动脉旁路手术时的情况。之后的4年里，心脏手术的死亡率降低了41%。[55]只需要简单地要求手术过程透明就足以改变很多病人的命运。

有一些公司在透明度方面做得比我们还要深入。世界上最大的对冲基金、拥有1450亿美元资产[56]的桥水联合基金（Bridgewater Associates）采用了这样的方式：每一次会议都记录下来，供所有员工参考。桥水基金的创始人瑞·达利欧解释称：“我所信奉的最重要的一条准则就是，理解真相……是渐入佳境的关键。我们坚持彻底的透明化，抛开自我意识的阻碍，以此获取真相，探寻自身错误和个人的弱点，从而取得进步。”[57]

a. “吃狗粮”的说法流行起来源自1988年，微软的保罗·马瑞兹在一封公司内部电子邮件中督促员工使用微软自己的服务器产品。而卡尔坎宠物食品公司的母公司玛氏集团高管早就开始吃自己产的狗粮了。《独立报》的记者乔尔·布莱纳在1992年7月26日的一篇报道《在玛氏的生活》中写道：“我们站在加利福尼亚州弗农市的玛氏宠物食品部的‘剪辑室’。销售副总裁约翰·墨菲没有一丝犹豫，把干净的手伸进狗粮里，从浓稠的肉汤中拣出一块湿乎乎的紫色东西，一下子扔进了嘴里。‘这对动物是不可抵挡的美味和诱惑。’他评价道，‘真的，味道就像冷的炖肉。’”20世纪90年代中期，我参观了同一个房间，也见证了同样的事情。

会议记录不仅可以作为沟通媒介，还可以成为学习工具。管理者可以定期收到编辑好的会议记录，这些会议记录为他们提供了重要的公司时讯，阐释了做出决定的过程，分享了即便最高层的管理人员也在不断学习和成长。会议记录还被用于鼓励严谨的思维和沟通。如果能够回顾真正发生过的事情，就不再会出现“我从没说过这些话”或“我说的不是那个意思”的情况了。此举还有一个相对隐含的目的，就是减少耍手腕的机会。如果能够回顾会议的讨论内容，就很难在背后说他人坏话了。

信息透明的价值在桥水联合基金被看作重中之重，是公司员工人生观和实践的根基。而且保持透明度在这里确实行之有效。他们良好的诚信记录、浓厚的公司文化和数十年来超乎市场的表现让人很难辩驳。

此外，桥水联合基金的透明度比谷歌更高，这在一定程度上是由于我们强烈地感觉到隐私是个人应有的权利。比如，用户信息在谷歌就得到了严密的保护。即使是出于法律原因执法机关要求提供用户信息时—我们还会力争确认法令到底正当与否—我们也会发布透明度报告（www.google.com/transparencyreoprt），将我们可以公开的此类事件都公之于众。而当我们犯了错误时，我们会立刻采取措施修正这些错误，并避免同类错误在未来继续出现。比如 2010 年时，某一辆街景车在行进中无意间从某一未加密无线网络中搜集到一些工资数据。

我们确实也探索出一些途径来解决桥水联合基金积极处理的一些问题。比如我们解决“背后中伤”问题的方法是，如果你写了一封说别人坏话的电子邮件，当邮件转发给对方时也不要惊奇。我记得我第一次在电子邮件中抱怨某个人的时候，我的经理立刻将邮件转发给那个人，迫使我迅速解决了与那个人之间的问题。这个过程给我上了深刻的一课，使我认识到与同事直接交流的重要性。

这样说来，透明度和默认开放都有不同的程度区分。多数组织在这些方面没有任何风险，因此它们并不会损失什么，反而会获得很多。总而言之，如果你们的组织说“员工是我们最重要的资本”（多数组织都会这么说），而且真心这样认为，那么你就必须默认开放，否则你就是在欺骗员工、欺骗自己。你嘴里说着员工很重要，却没有善待他们。公开信息可以向员工证明你相信他们是可信的，相信他们的判断力。把当前发生事情（以及情况如何和发生的原因）的来龙去脉更多地讲给他们听，这样可以使他们更高效地完成工作，做出在自上而下管理模式下难以想象的贡献。

谷歌文化的第三块基石：真正的话语权

这是谷歌文化的第三块基石。发声的权利意味着给员工真正的话语权，决定公司如何运营。你需要决定是否相信员工，是否欢迎他们发表意见。对很多组织而言，这样做令人恐惧，但是只有这样才能秉持公司的价值观。

我们很多人力资源政策都是由员工发起的。比如，在美国的税法制度下，同性伴侣必须要为同性恋伙伴获得的健康福利缴纳所得税，而异性已婚伴侣则不需要支付这种税。有一位谷歌人给我们的福利副总裁伊冯·阿格耶写了一封电子邮件，解释这种做法是不公平的。伊冯回信说："你说得对。"[58] 她立刻采取了一项政策，给同性恋伴侣额外支付一笔钱，补贴额外的所得税。谷歌是第一家采取这种政策的大型公司，也是第一家在全球采取这种政策的公司。

除了能够彰显公司的价值观，给员工发声的权利还有很多其他益处。地处奥斯汀的得克萨斯大学的伊森·贝尔雷斯发现，"长久以来，给员工表达观点的机会一直都是做出高水平决策和组织高效性的关键推动因素。关于发声权利的研究显示，员工毫无保留地表达观点，对于决策的水平、团队和组织的表现都有积极的影响"。[59]

2009 年，在我们的一次年度调查中，谷歌人说现在做成事情越来越难了。他们说得没错。我们的规模翻了一番，员工数量从 2006 年底的 10674 人上升到 2008 年底的 20222 人，营业收入从 106 亿美元提高到 218 亿美元。我们的首席财务官帕特里克·皮切特没有要求采用自上而下的公司机制，而是将权力放到谷歌人手里。他推出了"官僚主义克星"（Bureaucracy Busters）的活动，现在这一活动已经发展成为一个年度项目。谷歌人在活动中可以说出最令自己沮丧的方面，并协助改变现状。第一次开展这项活动时，谷歌人提交了 570 个想法，投票次数超过 55000 次。多数令谷歌人沮丧的事情都是一些能够立刻解决的小问题：日程表无法添加分组，因此大型会议的组织非常繁杂；预算批准限额很低，非常恼人，转账很小的金额都需要经理签字；节约时间的工具很难找到（真讽刺）。我们把谷歌人提出的解决意见落到了实处，他们开心极了，而实际上我们的工作也更容易开展了。

与此相反，我回忆起过去与全美排名前十的一家公司人力资源主管的一次探讨。“我们的首席执行官希望公司能够更有创新性，”她说，“他让我给你打个电话，因为谷歌的创新文化广为人知。他有一个想法是建起一间‘创造房间’，屋子里布置桌上足球机、豆袋坐垫、熔岩灯，还要放很多零食，这样员工就能有很多疯狂的点子。你觉得这样做怎么样？你们在谷歌是怎么做的？”

我给她简要讲了讲谷歌文化是如何运作的，还提议或许她的首席执行官可以尝试录下管理层会议，与员工分享，这样他们就能了解公司的运营情况，明白哪些是领导者看重的事情。这只不过是我脑中浮现出的一个疯狂想法，但是我真的认为这样或许是与员工分享决策过程的一种有效方式。我当时还不知道桥水联合基金在这条路上已经走得很远了——他们录下了所有的会议。“不，”她回应道，“我们不会这么做的。”那么让一位低级别的员工参加领导层会议，做会议记录员，之后他可以将在会上了解到的信息传递给整个公司，这样做怎么样？（我们以前的产品高级副总裁乔纳森·罗森伯格是这种做法的先驱。）“不，我们不能与低级别的员工分享这些信息。”

“嗯……好吧。要不这样，当你们的首席执行官给员工开会的时候，鼓励员工问一些员工害怕去问的、尖锐的、难处理的问题，如何？”“哦，不行，他肯定不会答应的。想象一下这样他会收到多少离奇古怪的电子邮件。”另一种方式是设置意见箱——她觉得或许可行——而后每个季度让员工自行选举出来的一组员工决定施行哪些建议，或许还可以给他们一些预算来完成这些事情。“哦，不行，这样做不可行，谁知道他们会做些什么呢？”

这家在其他方面都可圈可点的公司不敢给员工哪怕一点点直抒胸臆或与首席执行官面对面对话的机会。那么，我只能祝她好运，希望那些豆袋坐垫和熔岩灯能管用。

公司这三种文化基石——有意义的使命、信息透明和真正的话语权——是我们讨论谷歌在中国运营时优先考虑的。由于中国的法律和政策要求比较复杂，2006 年我们推出了 www.google.cn，希望做一些新的尝试。鉴于我们的网站是在中国开放，我们就要遵从当地法律。必须过滤掉一些信息的时候，其他搜索引擎只是简单地删除这部分结果，而我们会在屏幕下方另加一行字：“根据当地法律法规和政策，部分结果未予显示”。有时信息的缺失本身也是一种信息。

我们希望自己的举动可以鼓励其他公司提供类似的通告。但事实上，在我们提示用户搜索结果是否经过过滤的同时，我们注意到有时网速会变慢。

尽管如此，我们还是继续在中国发展。

但随着服务器遭受的限制越来越多，我们内部就如何做才是正确的展开了激烈的争论。埃里克每周都组织管理层召开会议，会议时长大约两个小时，而在这些会议中，我们经常至少花 30 分钟的时间讨论中国的业务。

公司内部上下都在进行着辩论。这些辩论在产品评审会上进行，在 TGIF 全体员工会议上进行，同时通过数千人参与的长邮件辩论展开，在我们的大厅和餐厅里也都随处可见。

一方面，如果我们认为公司的使命需要严肃对待，如果我们坚信透明的意义，如果我们的公司在文化和准则上有所妥协，我们可不可以坚持我们的原则，放弃中国市场？

另一方面，中国社会的变化需要时间，我们是不是应该考虑不以一年来计算，而是以 10 年为基数来谋划改变？如果我们不去解决这个问题，谁又会去解决呢？一些正确的方法尽管作用有限，但是总比什么都不知道要好。

2010 年，经过数千个小时的讨论，听取了全球员工的意见后，我们决定停止在中国设立的网站 www.google.cn 的搜索功能。

但是我们不想放弃中国的用户。访问我们 Google.cn 页面的用户会看到一条消息，推荐他们访问我们在中国香港设立的主页 www.google.hk。这让我们既忠实于公司文化，又不放弃中国市场。中国内地用户在使用设在香港的主页时也经常登录缓慢，但这样至少可以为用户保留一个当地的中文谷歌网站。自此以后，谷歌在中国的搜索份额萎缩了，但这样做是不错的选择。

公司文化的正向传播

令我出乎意料的是，“文化可以把战略当早餐一样吃掉”这句话竟然非常恰当。我真正意识到这一点是在来到谷歌三年之后，当时《思考季刊》(*Think Quarterly*) 请我就谷歌文化写一篇文章。[60] 我回想起我们领导层进行过的各种辩论，发现我们就像对待中国业务问题时一样，所做的决定都不是基于经济考虑，而是基于如何才能践行公司的价值观。我们屡次依靠谷歌文化的三大基石——有意义的使命、信息透明和真正的话语权——稳住态势，解决困难和分歧。我们围绕着三大基石进行争论，并最终归纳出清晰的战略：我们的文化塑造了我们的战略，而不是战略塑造了文化。

我又花了几年的时间搜寻这句话的来源。我了解到有人杜撰称，这句话出自极具影响力的管理学大师彼得·德鲁克。[61] 2006年，福特公司总裁马克·菲尔兹将这句话悬挂在福特汽车公司战略室的墙上，用以提醒浓厚的文化对成功的重要意义。

如果你沿着此路前行，将会遇到诸多坎坷。文化不是一成不变的。比如谷歌人就曾说过："谷歌的文化一直在变化，现在已经不是我刚加入公司时的样子了。""我还记得公司只有数百人的时候，和现在比完全就是不同的公司。现在的我们就好像其他大型企业一样。""我们这里已经不再是快乐的地方了。"

上面引用的几句话都是谷歌人在慨叹公司迷失了方向。

引用的第一句话是2000年（不过几百名员工）说的，第二句是2006年（6000名员工）说的，最后一句是2012年（5万名员工——具有讽刺意味的是，那一年谷歌人最常用来描述谷歌文化的词就是"快乐"）说的。事实上，谷歌历史上的每一个时刻都会有人感觉公司的文化在衰退。几乎所有谷歌人都向往着在谷歌青春年少时自己度过的"青葱"岁月……他们通常将其定义为最初进入谷歌的几个月。这既反映了在谷歌工作的头几个月是多么激励人心，同时也反映出谷歌持续发展的速度之快。

我们近乎偏执地担忧丢掉公司文化，而且对当前的公司文化一直有一种如鲠在喉的不满。这是一种好的迹象！如履薄冰，担忧公司文化会丧失，能促使人们警惕威胁公司文化的事情。如果员工不再担忧，反而更会引起我的关注。

要摆脱这种担忧有一种方法是开诚布公地探讨，疏导沮丧情绪，引导员工努力巩固公司文化。在谷歌，我们有一个秘密武器：史黛西·莎莉文。史黛西1999年开始受雇于谷歌，成为第一任人力资源主管。史黛西是一名一流的网球手，毕业于加州大学伯克利分校，曾在多家科技公司供职，经验丰富；她聪明，有创造力，直率，很能鼓舞士气，也极具魅力。简而言之，她属于谷歌喜欢雇用的那类人，因此由她来协助打造谷歌的招聘目标也就合情合理了。现在史黛西任谷歌的首席文化官，是第一位享有这个头衔的人，职责是确保谷歌的文化能保持本真。她解释说："从公司成立的第一天起，我们就在担忧公司文化，感觉公司的文化一直在变化。所以我们要持续战斗，保持核心文化繁荣。"

史黛西建立起一个名为"文化俱乐部"（Culture Clubs）的全球网络，在我们全球70多处分支办公室中，每一处都有当地志愿者团队负责维护谷歌的文化。他们的预算很有限（通常每年只有1000美元或2000美元），而他们的职责是推动当地办公室的文化建设，保持与谷歌的联系，鼓励愉快而真诚的讨论。文化俱乐部中并不任命领导者。你只要表现得像个领导者，就算是领导者：负责当地办公室的活动，多表达自己的意见，更重要的是，在他人想知道怎样才算"很谷歌"的时候会询问你的意见。

最后，史黛西就会找到你，请你来承担这个角色。[62]

我在前文中提过，要建立成功的企业有很多方法，低自由度和高自由度模型下的公司都有成功的案例。谷歌明显属于后者。一旦你选择要像一位创始人一样思考和行动，你的下一个决定就应该是打造哪种类型的文化，你对员工怀着怎样的信念，你有没有勇气如你心中所怀信念一般对待员工。以我个人的经历和专业经验，如果你能给员工自由，他们就会为你创造惊喜。他们有时也会令你失望，但是我们也都知道人无完人。这并非宣扬自由的檄文，只不过是权衡利弊后的选择。

找出一个能够激发兴趣的使命，做到信息透明，给员工话语权，这些做法在某种意义上来说是很符合实用主义的。全球有才能、具有流动性、目标明确的专业人士和企业家需要这种环境。未来的数十年里，地球上最具天赋、工作最努力的一些人都会涌向允许他们做有意义的工作、帮助塑造组织命运的地方。同时这又是一个道德问题，恰如那句至简格言：己所欲，施于人。

谷歌工作法则

- 将工作看作一种命运的召唤，而且工作要有富于意义的使命。
- 给人以稍多于你舒适区的信任、自由和自主权。如果你没有感到紧张，那是因为你给的还不够。

第三章

谷歌的人才聘用原则

顶尖工程师的价值相当于普通工程师的300倍……我宁愿错过整整一批工程类毕业生，也不愿放掉一位出众的技术专家。

艾伦·尤斯塔斯　谷歌研发高级副总裁

并购和培训招不到顶尖人才

想象一下你中了美国历史上最大金额的彩票头奖：6.56 亿美元。你可以做任何事情。你出人意料地选择组建一支冠军棒球队。

你有几种选择：可以用大把的现金，雇全球最好的球员为你的球队比赛；也可以采用电影《少棒闯天下》(*Bad News Bears*)中的方式，组织一些互相合不来的乌合之众，靠着教练的指导、努力的训练以及对动机和人性的深刻洞见，将这支球队打造成胜利的队伍。[a]

哪一种方式更容易让你的球队夺冠？幸运的是，两种方式都经过了实践检验。

美国职业棒球大联盟开始于 1903 年，至今已经进行了 108 场总决赛。纽约扬基队（The New York Yankees）参加过其中 40 场，赢得 27 次总冠军。扬基队所得的冠军次数几乎是夺冠排名第二位的圣路易斯红雀队（St. Louis Cardinals）的 4 倍。

扬基队保持夺冠纪录的一个主要原因在于他们有明确的战略，即付顶薪请最好的球员，2013 年球队的工资总额达到 2.29 亿

a. 年纪尚轻不知道《少棒闯天下》的读者可以想想《大联盟》(*Major League*)、《野鸭变凤凰》(*The Mighty Ducks*)、《勇敢小巨人》(*Little Giants*)、《绝世天劫》(*Armageddon*)、《完美音调》(*Pitch Perfect*)……具有类似情节的电影有很多。

美元。[a] 从 1999 年起，他们的工资总额一直是联盟中最高的，此前的一年是全联盟第二。事实上，自 1998 年起，38% 的美国职业棒球大联盟冠军都由工资总额最高的两支球队获得——或是扬基队，或是波士顿红袜队；有 53% 的概率，工资总额最高的两支球队会出现在季末总决赛中。[63]

这个结果非同寻常。如果获胜的概率是随机的，职业棒球大联盟中的队伍每年获得季末总冠军的概率为 3%。那么为什么工资总额高的球队赢得更多，却不能总赢呢？

要知道哪些棒球球员更优秀，有相对直接的判定方法。球员的表现是可以观察到的，因为每一场比赛都是公开且有录像的，规则和场上位置也都得到了充分的理解，业内已经形成了一套具有延续性的评估标准，而且每一名球员的工资也都众所周知。虽然迈克·刘易斯写作《点球成金》（*Moneyball*）——记录奥克兰运动家队（Oakland Athletics）巧妙地利用数据分析的方法来评估运动员的表现——的时代早已过去，但是至今还是很难判定到底哪一名球员是最棒的，也很难预测谁会打出伟大的赛季。不过，要

a. 工资总额是主要因素，但并非唯一因素。比如，扬基队在 20 世纪上半个世纪得益于其对美国职业棒球大联盟的影响，参见杰夫·卡兹 2007 年出版的《堪萨斯竞技队以及扬基队错误的半个世纪》（The Kansas City A's and the Wrong Half of the Yankees），以及下半个世纪锋芒毕露的市场管理。那些年旧金山巨人队的球迷经历了非常痛苦的观球史。付钱请顶级的运动员在其他体育运动中似乎也能带来成功。《经济学人》分析了英国足球队在 1996—2014 年的表现，发现“任何一个赛季积分变化中的 55% 可以通过工资费用情况来解释”。不过《经济学人》也表示，这种相关性并非证明二者存在因果关系。[参见《经济学人》2014 年 5 月 10 日刊，57 页，《全力而为》一文（“Everything to Play for”）。]

判定最顶尖的 5% 或 10% 的球员并非难事。

如果钱不成问题的话，一支球队就可以聘用前一个赛季表现极好的所有球员，这样组建一支棒球大联盟冠军球队的机会也就相当大了。然而，请来联盟上一个赛季最好的球员并不能保证他们在下一个赛季还是表现最好的，实际情况也确实很少能如愿。但是你可以相当自信这支球队的整体表现至少能处在联盟上游或是所有球队的前 1/3。

当然，采用这种方式有个不利的方面，就是成本问题：2013 年扬基队的工资总额涨到 2.29 亿美元，上涨两倍多，比 1998 年增加了 1.63 亿美元。如今，选择高薪球员这种方式的有效性遭到普遍质疑，即使在扬基队也出现了质疑的声音。乔治·史坦布瑞纳是购买最好棒球手战略的缔造者。他的职位已由其子哈尔继任，而哈尔计划将扬基队 2014 年的工资总额降低到 1.89 亿美元以下，以避免缴纳棒球大联盟的奢侈税。[64]

首席执行官也喜欢采用这种战略。玛丽莎·梅耶尔曾是谷歌的第 20 号员工，对我们的品牌塑造和搜索方法定位都起到很大的作用，她在 2012 年 7 月 16 日成为雅虎的首席执行官。之后的一年里，雅虎至少并购了 19 家公司，[65] 包括 Jybe（活动和媒体推荐）、Rondee（免费会议电话）、Snip.it（新闻简报）、Summly（新闻摘要）、Tumblr（图片博客）、Xobni（收件箱和联系人管理）以及 Ztelic（社交网络分析）。所有的收购中只有 5 笔的价格公之于众，总额达 12.3 亿美元。上述列出的几笔收购中，除了 Tumblr 的产品仍在使用，其他品牌的部分或全部产品在被收购之后都已停止使用，几家公司的员工被整合到雅虎的现有团队中。

并购公司然后关闭其产品，是近期在硅谷常见的一种现象，人们给这种现象起了一个奇怪的名字——“并购雇用”。此举的直接目的在于聘用被并购公司的部分员工，这些人通过其制造的产品展现出了足够的能力，若非并购也不会主动加入你的公司。

并购雇用到底是不是一种构建成功组织的好方式暂时还不明晰。首先，这种做法非常昂贵：雅虎并购 Summly 花费了 3000 万美元，关闭了这家公司，解雇了几乎所有人，只留下了 17 岁的创始人尼克·达洛伊西奥和其他两人。[66] 折算下来每人 1000 万美元。即使“便宜”的并购雇用成本也很高：31 名 Xobni 雇员每人花掉了 130 万美元。[67] 除此之外，还要像对现有员工一样，为并购雇用的员工支付薪水、奖金和股权。

并购雇用的员工还要眼看着自己的产品被关闭，这是一段痛苦的经历。尽管原本认为金钱可以弥补这种创伤，但是我听说在硅谷中很多并购雇用的工程师只不过在熬时间，等待彻底平静下来之后再辞职单干。另外，并购雇用的员工所创造的业绩是否要优于正常雇用的员工也难见分晓。有些时候效果确实好一些，但是我并没有发现切实的证据。

如果被并购后的某家公司产品和业务得到保留时，超过 2/3 无法创造价值，[68] 那么一定是并购雇用的员工有特别之处才会实施并购。我们并不是说并购雇用是个糟糕的主意，只不过这种做法并非一个显而易见的好主意。

要组建一支棒球队，买最好的球员似乎行得通，但要建立一家公司则棘手得多。雇佣市场没有棒球运动员的市场透明。判定某个人表现的唯一证据就是他们的简历和他们（有时是他们的推荐人）告诉你的经历，而不是他们工作时的真实录像。棒球场上任何一个位置的打法在各家球队中都大体相似，只不过在一垒的战术上有很多变化。但是在工作中，比如，市场营销工作就有很多不同做法。提供更高的工资只意味着你能吸引到更多的求职者，而不能说明你能找到更好的求职者，或者从普通的求职者中筛选出最优秀的人才。

出于上述诸多原因，虽然不愿意承认，但是多数组织都会采用《少棒闯天下》中的战略。高管会告诉你，他们招募的是最好的员工，然后培养、训练、辅导他们成为一流员工。我们有三个理由对这些说法保持怀疑。

第一，如果他们真是这样做的，那么不是应该有更多的组织有冠军级的表现吗？扬基队参加总决赛的概率为 37%，参加总决赛的时候，67% 的概率都是他们赢。很少有哪个组织能有这种水平的表现，能保持上百年的则更是凤毛麟角。

第二，如果他们的招聘工作真的做得比其他公司好，那么他们的招聘难道不应该有些特别之处吗？然而大多数组织的招聘方式都大同小异：公布职位，筛选简历，面试，选出要聘用的人。没有什么复杂的。如果所有的招聘都是同样的方式，为什么有一些组织招聘的结果能够不同于竞争者呢？从道理上讲，这就意味着所有公司招募的人才水平都相对平均。当然，每一家公司都会招到一些明星员工和一些糟糕员工，大家都一样。但总体说来，他们新聘用的员工水平大体相当。

第三，多数人根本不擅长面试。我们认为自己招聘的员工是最棒的，是因为我们自认为能很好地判断一个人的品性。我们开始面试的时候，是不是会立刻评判应聘者，感觉自己很好地把握了他们的性格和能力？如果我们不回顾过去，将我们的面试笔记（如果我们受累做了一些笔记的话）与受聘人在几个月和几年后的实际表现做对比，结果会怎样呢？我们会打心底认为自己招聘的是最优秀的员工。

但其实我们错了。

人们在招聘的过程中所采用的方法恰似加里森·凯勒描绘的虚构小镇乌比冈湖一样，在那里，“所有的孩子都在平均水平之上”。我们认为自己很擅长招聘，但从不反思过去，因此永远也得不到进步。有大量数据显示，对应聘者的评估多半都在面试的头三到五分钟（甚至更快）形成，[69] 余下的时间都是在证明这种先入为主的印象；面试官潜意识中会倾向于比较像自己的应聘者；多数的面试技巧都是没有任何意义的。还记得乔治·布什在与弗拉基米尔·普京会面之后称：“我看着这个男人的眼睛……我感觉能够触碰到他的灵魂。”[70]

我们除了自认为是出众的面试官之外，还总是暗自相信所选的候选人也都在平均水平以上。毕竟，若非如此，我们也不会给他们工作机会。但是，一次非常成功的面试之后虚无的乐观与面试一年之后评估受聘人表现平淡的现实之间形成了强烈的反差。少数几名明星员工给我们留下深刻的印象。而我们已经忘记自己曾信誓旦旦地保证聘用的每一个人都将成为业界的明星。

这样说来，招聘的员工基本都是平均水平。

我们能否通过培训加以弥补，使员工变得优秀？不是有很多公司因其领导力学院、全球培训中心和远程教育而闻名吗？这些举措难道不能发掘出新员工的伟大之处吗？

不太可能。设计有效的培训是一件非常困难的事情。有些专家甚至称，90% 的培训都无法在员工表现和行为改变方面带来持续的改善，因为培训设计或培训过程欠佳。[71] 招聘一名平均水平的员工，想要通过培训将其培养成明星员工，几乎是一项不可能完成的任务。有些人或许会辩称这并非不可能，此话确实不虚（我们将在第九章介绍我们的方法）。也有一些平凡的人变得伟大，尽管此类成功的案例多是因为环境和工作类型的变化，而不是得益于培训。

譬如阿尔伯特·爱因斯坦，他最初应聘老师未能成功，后来在瑞士专利局工作也未能得到晋升。他没有参加课程将自己打造成瑞士历史上最优秀的专利审查员，也没有读一个教育学位赢取各种教学奖项。他的成功是因为日间工作满足不了他太多的聪明才智，[72]因此他能够自由地探索一个完全不相干的领域。

这样说来，我们只有两种方法可以吸纳非凡的人才。你可以聘用最优秀的人，或是聘用平均水平的员工，然后将他们培养成最优秀的。坦白讲，你更希望身处下面两种情况中的哪一种？

- 我们聘用水平超过90%应聘者的员工，一上手就能做好工作。
- 我们聘用平均水平的员工，通过我们的培训，希望他们最终能够超过90%应聘者的表现。

如果这样讲就不难做出选择了，特别是当你意识到有足够的预算招募最优秀的人才——现在这些钱只不过用到了错误的地方。企业执行委员会（Corporate Executive Board）的调查显示，各家公司在培训上的投入仍远远高于在招聘上的投入。[73]

表 3-1　公司在培训现有员工上的费用高于招聘新员工的费用

	培训费用	招聘费用
每名员工	606.36 美元	456.44 美元
占人力资源费用	18.3%	13.6%
占营业收入	0.18%	0.15%

资料来源：2012 年数据。

而后，这些公司会将缺点说成好处，吹嘘公司在培训上的巨大花费。但是从什么时候起成本支出变成了过硬的工作业绩？人们会自夸“我的身材很好，我这个月花了 500 美元办了一张健身房会员卡”吗？巨额的培训预算并不能证明你对公司员工的投入，只能证明你从一开始就没能招聘到合适的员工。在第九章，我会介绍一些降低培训预算的方式，之后你可以据此重新设定招聘目标。

谷歌招聘的两个巨大改变

在谷歌，我们将人力资金投入前置，这就意味着我们在人力上投入的大部分时间和金钱都用于吸引、评估和培养新聘用的员工了。我们在招聘上投入的资金占人力预算的比例是所有公司平均水平的两倍。如果我们前期选人的时候能做到更好，也就意味着聘用他们之后在这些人身上投入的精力会减少。聘用水平超过 90% 应聘者的员工，最糟的情况他们也能有平均水平的表现。这些员工几乎不可能成为公司里表现最差的。但是如果招聘平均水平的员工，不仅会耗费大量的培训资源，而且很可能他们的表现会低于平均水平而不是高于平均水平。

我们为什么要采用这种非常规的招聘方式，将人力资金投入前置呢？我们别无选择。

谷歌是由两个人在一间宿舍里创办的，公司身处竞争激烈的行业，用户只需动动手指点一下鼠标就可以抛弃我们，投奔我们的竞争者。公司刚起步时，我们就知道唯一的竞争之道就是打造全世界最精准、最快速的搜索产品，但是同时又知道我们永远也不可能请到足够的工程师来打造我们需要的一切：识别网络上一切信息并进行分类的网络爬虫，筛选有意义信息的算法，翻译 80 多种语言的工具，确保所有产品正常运行的测试，储存和提供所有这些数据的数据中心，还有其他数百种需要开发和支持的产品。阻碍我们发展的瓶颈一直都是寻找伟大人才的能力。

多年来，我们一直不具备扬基队所拥有的巨大优势：钱。和其他很多组织一样，在谷歌成立初期，任性地买来最优秀的人才并非可行的选项。1998 年，谷歌还没有任何营业收入，薪酬连续数年都是行业最低水平。直到 2010 年，加入谷歌的大部分人仍然要接受大幅降薪，部分员工降薪比例高达 50% 甚至更高。说服他人降低薪水，加入这样一家刚起步的疯狂小公司并非易事。和其他很多人一样，我加入谷歌时也接受了降薪。至今我还记得当时通用电气的部门首席执行官在我工作的最后一天说过的话：“拉斯洛，这个谷歌听起来像是一家可爱的小公司。祝你好运，但是如果在那里工作不顺，就给我打电话，我会给你安排一份工作。”

谷歌在搜索业务上起步也比较晚，雅虎、Excite、搜信

（Infoseek）、莱科思（Lycos）、远景公司（AltaVista）、美国在线（AOL）和微软都已经做得很大了。我们必须给应聘者留下深刻的印象，激励他们，让他们相信谷歌能带来一些特别的东西。但是，在我们能够说服应聘者加入谷歌之前，我们不得不想出一种新的聘用方式，确保我们的招聘结果优于其他公司。

想要筛选出非凡的员工，我们就应该彻底改变传统的招聘思维方式，在接下来的两章中我会详细介绍我们在谷歌的做法。好消息是，这个过程不需要花太多钱，但是在如何看待招聘的问题上，你需要做出两个巨大的改变。

慢工招人才

应聘者中只有 10%（最多）会成为顶尖人才，因此你需要筛选很多应聘者，进行很多次面试。我说“最多”，是因为各个行业绝大多数的顶尖人才并没有在找工作，他们在现有的岗位上享受着成功。因此你在投简历的应聘者中招聘到顶尖人才的概率非常低。

但等待是值得的，恰如我们的研发高级副总裁艾伦·尤斯塔斯经常说的：“顶尖工程师的价值相当于普通工程师的 300 倍……我宁愿错过整整一批工程类毕业生，也不愿放掉一位出众的技术专家。”[74]

杰夫·迪恩就是这样一位了不起的技术专家，他是谷歌建立初期的成员，是搜索算法背后的核心人物，他研究的算法实现了全球最快速、最精准的搜索。杰夫与几位同事携手，多次颠覆了我们的搜索方式。比如很早之前，杰夫、桑杰·格玛沃尔特和本·戈麦斯研究出将索引存入内存中而不是从磁盘中读取的方法。

此举将效率提升了两倍。

杰夫的人缘也非常好，在同事中备受尊敬。我们有一个内部网站，谷歌人会在上面提交有关杰夫的“故事”：

- 杰夫·迪恩的键盘没有 Ctrl 键，因为杰夫·迪恩总是控制一切。
- 亚历山大·格雷厄姆·贝尔发明电话的时候，他看到有一个来自杰夫·迪恩的未接来电。
- 有一次索引服务器坏了，杰夫·迪恩在两个小时的时间里手动回答用户的查询问题。Eval（评价）数据显示，查询质量提升 5%。
- 1998 年，科学家在 12 月 31 日增加了一闰秒，给杰夫·迪恩时间解决所有人类所知的系统中的千年虫问题。
- 有一次杰夫·迪恩向一位看热闹的人解释芝诺悖论，这位看热闹的人再也没有移动过。
- 对于杰夫·迪恩来说，“NP”意味着“No Problem”（没有问题）。[a]
- 如果全球核战争一触即发，他们不会让超级计算机 WOPR（战争行动计划响应）之间互相对抗，而会让 WOPR 与杰夫对抗。

a. 我曾向密友格斯·马特玛尔请教“NP”的含义，他有数学、物理学和商学学位，还是精英辅导和考试准备公司“硅谷优势测试”的主管。我想如果有什么人能够解释 NP 的意义，那肯定非他莫属了。格斯告诉我：“NP 课程包含所有的计算问题，比如相应决策问题可以在非确定性图灵机上利用多项式时间解决。”嗯……而后他帮我翻译了一下：“如果你不是一位计算机科学家，就只需要知道‘NP 问题’代表‘非常非常难解决的问题’。”

- 牛顿曾说过："如果说我比别人看得更远一些，那是因为杰夫·迪恩将站在我的肩膀上。"

像杰夫这样对我们非常重要的人不止一个。萨拉尔·卡曼加远见卓识，创造出搜索条目的竞价形式。他与工程师埃里克·维奇默契合作，建立起谷歌的第一套广告系统。比如在出版领域，杂志会列出每一百万读者阅读的收费标价。萨拉尔没有进行预先收费，而是希望依据用户搜索的每一个单词或短语进行竞价。谷歌不会独断专权决定广告的展示顺序；相反，由希望登出广告的公司竞标，决定它们希望在广告列表中的排位，价格从每个单词不足1美分到超过10美元不等。这些有洞察力的想法为我们的股东创造了数十亿美元的价值，为登广告的公司带来了数千亿美元的新商机，而且用户也更加高兴，因为现在他们能够从整个网络中准确地找到需要的信息。

其他一些非凡的谷歌人中还包括黛安娜·唐——为数不多的几个获得谷歌研究员（Google Fellow）荣誉的工程师之一，该荣誉仅颁给那些有巨大技术贡献的人。多年来，她带领团队努力拼搏，确保了广告质量持续提升，最近她又接手了Google X的一个保密项目。哈尔·瓦里安博士写过微观经济学的书，领导着我们的经济学团队。我们金融团队的伦敦分部成员夏洛特·莫尼克是一位奥运赛艇运动员，也是6位谷歌奥林匹克运动员之一。温顿·瑟夫是我们的互联网传道者，因其对互联网的开创性贡献被人们称作"互联网之父之一"。光学鼠标的发明者迪克·里昂，Excite的创始人乔·克劳斯和联合创始人格雷厄姆·斯宾塞，Ushahidi（非营利性危机预警平台，民众和目击者可以报道发生在非洲的暴力事件）软件发明人奥瑞·奥科罗，谷歌浏览器Chrome负责人桑达尔·皮查伊和莱纳斯·厄普森，以及社交新闻网站Digg的创始人凯文·罗斯，他们与数万名其他非凡的员工携手努力，并肩工作。

只聘用比你更优秀的人

你如何能够判断自己到底有没有找到一名非凡的人才？我所遵循的首要原则，也是你在招聘时需要做出的第二个改变——只聘用比你更优秀的人。

我所聘用的人都在某些方面比我更优秀。比如，人才分析和薪资副总裁普拉萨德·塞迪在问题分析方面就更富有洞察力。我们的人才发展副总裁凯瑞·梅思维更加缜密周全，或许是因为他的情商要比我高很多。领导公司多样化和青年教育项目的南希·李勇敢无畏、目标清晰，令我羡慕不已。我们的员工安置和服务副总裁苏尼尔·钱德拉的行动纪律性和洞察力非常强，似乎总能为用户找到更快、更经济、更好的问题解决方案。未来这些人都可能接手我的工作。我每周都从他们身上学有所得。为了聘用他们，我也等待了很长时间。凯瑞连续4年都拒绝了我的邀请，最后才同意加入谷歌。找到这些非凡的人才需要更长的时间，但是这样的等待是值得的。

除了愿意等待更长时间，等待某个比你更优秀的人出现，你还需要说服管理者放弃招聘的权力。我应该预先说明，谷歌新聘用的管理者非常讨厌这种做法。管理者希望挑选自己的团队成员，但是，即便心怀最大诚意的管理者，在旷日持久的搜寻过程中也会在选人标准上做出妥协。比如，多数公司在招聘的第一天，在行政助理岗位的能力要求上都会设置非常高的标准，但是 90 天之后，只要应聘者愿意接听电话，不管人怎么样，管理者都会接受。更糟糕的是，管理者个人可能会存在偏见：他们希望聘用一位朋友或是招聘一名实习生，卖个人情给某位高管或大客户。最后，让管理者决定聘用事宜，会使他们在团队人员组成方面掌握过大的权力。（我将在后续章节中讨论谷歌要最小化管理者权力的原因。）

6 个月左右之后，我们的新管理者会发现，聘用的人员水平比他们以往在其他地方见过的都要好，他们周围全是卓越的人才，而且这些人才也经过同样严酷的选拔才进入团队。我不能说他们不喜欢做聘用决定，但是他们赞赏这种放弃招聘权力的做法。

这种严酷的招聘选拔过程也让我们意识到一个问题，即最优秀的人才并不总像我们预料的那样都来自最好的学校。当谷歌规模尚小，每年只招聘几百人的时候，严格把控出身背景还相对简单高效：我们只聘用斯坦福大学、哈佛大学、麻省理工学院及同类学校的毕业生，只在最受推崇的企业工作过的员工中选人。随着公司规模的壮大，每年需要数千名新员工，我们发现很多最优秀的人才并不在这些学校里读书。或许你并不会感到惊奇，但是坦白地讲，在谷歌成立初期，我们在招聘时更推崇精英主义。直到今天，我们仍凭借最好的本能去处理人力资源问题——我们的本能或许也如所有人一样有缺陷，但我们不会靠数据去分析。

因此，我们开始寻找一些表现出韧性和善于克服困难的应聘者。现在我们更愿意聘用一位聪明、努力、从某州立大学毕业的尖子生，而不愿意聘用常春藤盟校中那些中等甚至中等偏上的毕业生。我们对大学教育背景的重视远不及对你所取得成就的重视。

有些职位，你没有上过大学都没关系，重要的是你为公司带来了什么以及你如何展现出卓越的能力。从某种意义上讲，我们的招聘工作本应如此，因为我们公司的创始人中就有一位没有完成大学学业。尽管我们在全美 300 多家学校和全球很多学校中招聘计算机科学家，但是我们有一些最优秀的员工从未涉足大学校园。

不过，在此如果不提醒一句，就难免有些疏忽了。2001 年安然公司倒闭后，马尔科姆·格拉德威尔为《纽约客》写了一篇题为《人才的谬见：聪明人是否被高估了？》的文章，批判安然和麦肯锡对“聪明人”的痴迷：“麦肯锡的全面衰败及其追随者安然的崩塌原因在于，他们认为组织的智慧仅仅是员工智力的一种简单体现。他们相信明星员工，因为他们不相信体系。”[75]

这些话与我在麦肯锡的经历有些出入。麦肯锡有完善的内部人员发展体系，也建议客户建立同样的体系。我也赞同盲目地聘用头脑聪明的人，给他们无限的自由做事，难免会造成公司突然和灾难性的败落。我们当然都希望聘用最优秀的人才，但“最优秀”不是只靠智力或专业能力等单一方面的属性定义的。

恰如我将在第八章中介绍的内容一样，在某一环境下的明星员工换到新环境中就不一定能成为明星。因此，确保某人在你们的环境中能够大展身手就会变得至关重要。在第五章，我将介绍我们在谷歌是如何通过广泛分析应聘者多方面的属性实现上述目标的，比如最重要的谦逊和责任心。其他一些属性在我们的招聘过程中也非常重要，促使本·戈麦斯和克利什纳·伯哈拉特——他们参与和发明了谷歌在搜索方面前三个专利中的两个——发现：“这真是一个值得关注的现象：面试比你更优秀的人，然后拒绝他们。”

从《人才的谬见》一文中得到的教训不是“不要聘用聪明人”，而是“不要只聘用聪明人”，这才是至理名言。出色的招聘工作不仅在于聘请到名气很大的人、顶尖的销售人员或最聪明的工程师，还在于搜寻到在你所处组织的环境下能够成功的最优人才，以及能使周围每个人都更加成功的人才。

招聘是一家公司最重要的人力资源工作，而我们绝大多数人并非如自己所想一般擅长这份工作。调整你们公司的人力资源工作重心，聚焦招聘工作，此举几乎比任何培训项目带来的回报都要高。

谷歌工作法则

- 资源有限的情况下，将人力资源费用首先投入到招聘上。
- 慢慢来，聘用最优秀的人才。而且只聘用在某些特定方面比你更优秀的人。不要让管理者独自做团队人员聘用决策。

第四章

谷歌寻找人才的多元化体系

最令人钦佩的是，你们（谷歌）的团队打造了世界上第一台自我复制的人才机器。你们建立的体系不但能够招聘到非凡的人才，而且这些人才能够与公司同发展，使每一批员工都更加优秀。

保罗·欧德宁

谷歌董事、英特尔前首席执行官

在一次谷歌的董事会顺利召开之际，英特尔前首席执行官、谷歌董事会成员保罗·欧德宁总结称："最令人钦佩的是，你们的团队打造了世界上第一台自我复制的人才机器。你们建立的体系不但能够招聘到非凡的人才，而且这些人才能够与公司同发展，使每一批员工都更加优秀。"当时我就好似一名马拉松运动员，在冲过终点线的一刻如释重负。当时是2013年4月，谷歌在之前的两年里招聘了1万多名新员工。

事实上，我们几乎每年都要招聘大约5000名员工。要实现招聘目标，我们要从每年100万到300万名应聘者开始着手，也就是说只有0.25%的应聘者能够得到职位。作为对比，哈佛大学2012年的入学比例为6.1%(34303人申请，录取了2076人)。哈佛大学是一所很难进的大学，但是进谷歌公司的难度是它的25倍。

创始人搭建人才体系的基础架构

拉里和谢尔盖，加上乌尔斯·霍尔兹勒（谷歌最早的10位员工之一，现任谷歌技术基础架构高级副总裁），共同建立了谷歌招聘体系的基础。他们最初的期望只是想要招聘到最聪明的人。后来，我们又对招聘流程进行了优化，因为单纯的高智商并不能确保一个人有创造性或善于团队协作，不过以招聘高智商的人作为起点的确是个不错的选择。

乌尔斯这样解释道："我有亲身体会，我曾创办过一家只有7个人的小型创业公司，后来被太阳微系统公司收购，团队迅速从7人增加到大约50人，但是我们的产出反而不如以前。因为新加入的40多人大多数没能很好地融入团队。他们带来的价值尚不及我们耗费的时间，如果我们的团队只有 15 个人或许会更好。你懂的，每个人都非常优秀的那种。我多少有些担心，谷歌拥有 50 位工程师的时候反而不及只有 10 位工程师时产出高。”

公司创始人意识到招聘工作由一个委员会完成的重要性，他们经常围坐在一张乒乓球桌旁面试应聘者，而这张乒乓球桌同时也是谷歌当时唯一一张会议桌。他们本能地意识到，任何个体的面试官不可能每次都做出正确的选择，他们的这种本能后来发展成我们在 2007 年进行的群体智慧研究，这项研究的具体内容将在后文探讨。就连谷歌第一间车库办公室的主人、与拉里和谢尔盖交好的苏珊·沃西基，当初应聘我们的第一任市场营销主管时也要参加面试。

重要的是他们还将这种意识确定为招聘的一种客观标准，极为理想地由一位最终核心审核人对标准进行把控。现今我们将这项标准把控的责任分由两个高级领导者团队承担，一个团队由产品管理和工程师组成，另外一个团队由销售、融资和其他部门成员组成。而且对于每一位应聘者——是的，每一位——我们都有一位最终审核人：我们的首席执行官拉里·佩奇。

成立这两个团队的目的仅仅是确保我们能够坚持公司创始人设立的高质量标准。如果你创立了一家公司或组建了一个团队，你会明确地知道自己希望聘用怎样一名新员工：像你一样充满动力、聪明、风趣，对新公司充满激情。你最初招聘的几名员工能够达到这样的标准，但是他们主持招聘时很难保持你的标准。这并不是因为他们人不好或能力不足，而是因为他们无法准确地理解你希望招聘到怎样的人。

因此招聘的每一批新员工都要比前一批稍差。随着公司的壮大，就有更多外在诱惑出现，例如想要招聘一位朋友，例如为了帮客户的忙或加强与他们的关系而聘用他们的孩子。这些举动都会导致招聘质量的下降，结果就是你从一个只招聘明星员工的小公司或团队变成一家招募平均水平员工的大公司。

谷歌早期的“龟速”招聘

2006年之前，谷歌人用尽了一切方式去寻找应聘者。我们尝试了传统的方式，比如在Monster之类的网站上公开招聘。这些方法起到了一些作用，但并不尽如人意。我们每聘用一位员工，就要筛选掉数万名应聘者。[a]

和其他所有公司一样，我们也会做背景调查，但与此同时，我们还会建立自己的应聘者追踪系统，将应聘者的简历与现有谷歌人的简历做对比。如果二者有重叠，比如，与一位谷歌人是同一所学校的同年级校友，或同时在微软工作过，通常这位谷歌人就会收到一封自动邮件，询问他是否认识这位应聘者、如何评价这位应聘者。此举是考虑到应聘者提供的应聘材料总是金光闪闪，而我们认为，这些相关者的参考资料会更加真实。这种方法能够

a. 2012年春天，我们采用了一种算法，可以更好地将应聘者与职位匹配。到2013年中，聘用比例已经提高了28%，也就是说，每1000位应聘者中，我们聘用的人数比例比以前高28%。我们在筛选蜂拥而至的应聘者时花费了大量的时间。

筛选掉“溜须拍马和狐假虎威”[a]的人。

包括上述信息在内的一些信息将汇总成一份招聘信息包，每名应聘者有 50 页甚至更多的介绍，然后由招聘委员会审阅。我们会组建很多招聘委员会，每一个委员会的成员都熟悉招聘的职位，但是与该职位没有直接利害关系。比如，线上销售职位的招聘委员会将由销售人员组成，但是成员不会包括招聘经理和任何将与应聘者有直接工作关系的人。此举旨在确保客观性。

我们与一些外包招聘公司签过合同，但是他们很难理解我们寻找人才的目标，因为我们希望聘用的是“聪明的通才”而不是专家。这些公司很疑惑，我们为什么更喜欢聘用一些聪明且有好奇心的应聘者，而不是真正了解所做工作的人。当我们坚持按照成功聘用的人数付钱而不是像大多数客户一样缴纳固定佣金时，他们的疑惑渐渐变为沮丧。不仅如此，我们要求进行数十次面试，拒绝 99% 以上的应聘者，并且通常给应聘者的薪水也比他们当前的薪水要低。

我们尝试过一些疯狂的做法。2004 年，我们在马萨诸塞州的坎布里奇和加利福尼亚 101 号高速公路边上各竖起一块广告牌，广告牌上登出一道神秘的谜题（见图 4–1），希望有好奇心

a. “kiss up and kick down”，这个短语最早出自荷兰内梅亨大学教授鲁斯·凡科。1998 年，她在《个性与社会心理学杂志》上发表的一篇题目极好的论文《黏液效应：讨好上级的行为所带来的猜疑和厌恶》（“The Slime Effect: Suspicion and Dislike of Likeable Behavior Toward Superiors”, *Journal of Personality and Social Psychology* 74, no. 4 (1998):849-864）中，借用了荷兰习语“对上溜须拍马，对下打压”（Licking upward-kicking downward）。她在论文中介绍了多项实验，第一项实验的目标在于证明有此种表现的人“（a）极度令人厌恶，（b）非常虚伪”。

和雄心的计算机科学家能够解出这道谜题。

图 4–1 神秘的广告牌[76]

谜题译文：在自然常数 e 的连续数字中找到第一个 10 位质数

解出谜题的正确答案（以防你好奇，答案是7427466391）之后就能找到下面的网页，网页上有第二道谜题（见图 4–2）。

> 恭喜，你成功升到第 2 级。登录 www.Linux.org，输入登录名 Bobsyouruncle，下面方程的答案为登录密码。
>
> f（1）=7182818284
> f（2）= 8182845904
> f（3）= 8747135266
> f（4）= 7427466391
> f（5）= ___________

图 4–2 第二道谜题

版权归谷歌所有

重新定义团队

如果你能够解出第二道谜题[a]，就能看到图 4-3 的奖励网页。

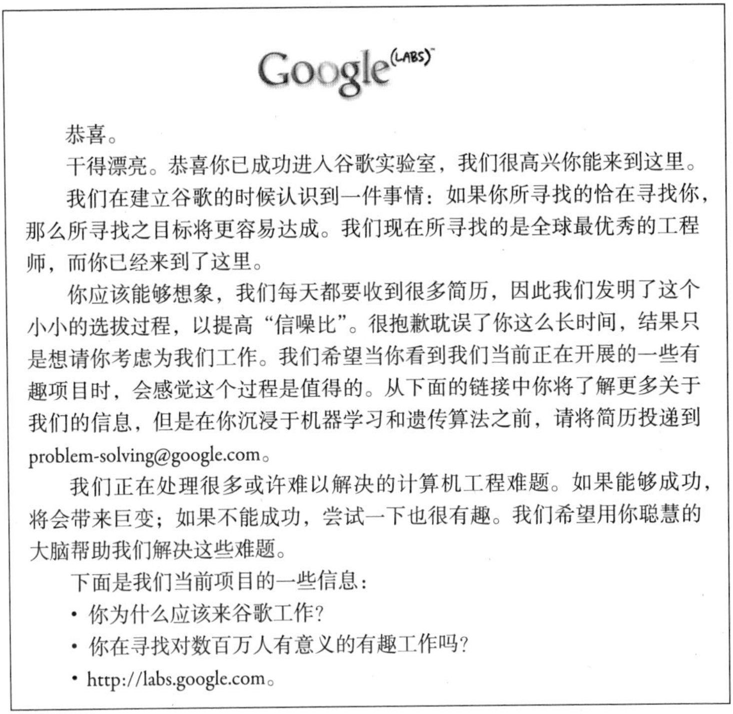
Google(LABS)

恭喜。

干得漂亮。恭喜你已成功进入谷歌实验室，我们很高兴你能来到这里。

我们在建立谷歌的时候认识到一件事情：如果你所寻找的恰在寻找你，那么所寻找之目标将更容易达成。我们现在所寻找的是全球最优秀的工程师，而你已经来到了这里。

你应该能够想象，我们每天都要收到很多简历，因此我们发明了这个小小的选拔过程，以提高“信噪比”。很抱歉耽误了你这么长时间，结果只是想请你考虑为我们工作。我们希望当你看到我们当前正在开展的一些有趣项目时，会感觉这个过程是值得的。从下面的链接中你将了解更多关于我们的信息，但是在你沉浸于机器学习和遗传算法之前，请将简历投递到 problem-solving@google.com。

我们正在处理很多或许难以解决的计算机工程难题。如果能够成功，将会带来巨变；如果不能成功，尝试一下也很有趣。我们希望用你聪慧的大脑帮助我们解决这些难题。

下面是我们当前项目的一些信息：

- 你为什么应该来谷歌工作？
- 你在寻找对数百万人有意义的有趣工作吗？
- http://labs.google.com。

图 4-3　解出两道谜题的奖励

版权归谷歌所有

结果呢？我们一个人也没招到。2013 年，我们复查了招聘记录，查看结果是否仍然如此。我们没有因为广告牌直接招聘到任何人，不过有 25 名现在的谷歌人说他们见过这些广告牌。他们

a. 自然常数 e 中相加等于 49 的 10 位数字，f（5）的结果是 6819025515。

都以为广告牌是一次有趣的营销活动，但是其中一人指出："题目很棒，但是在高速公路边的广告牌上印上很长的神秘文字可能不是很好的宣传方式。"或者说会使高速公路不那么安全！广告牌带来了很大的宣传效果，但其实是在浪费资源：招聘团队需要处理大量的简历和问询。多数人无法同时解出两道题。在面试解出两道题的应聘者时，我们发现在个人竞争中表现好的人并不总能成为优秀的团队伙伴。赢得这些比赛的人或许很聪明，但通常只是在某一领域有所专长，这或许是因为他们习惯于解决有明确终点和确定答案的问题，而不是掌控现实世界中的复杂状况。我们在谷歌就有这样的要求，我们寻找的人不仅能够解决今天的问题，还能够解决未来可能出现的各种未知问题。

在招聘过程中，我们会针对每一位应聘者采纳多角度的观点，因为我们认为任何单一方面的观点都可能存在偏见，但是我们所收集的观点中有一些是不相关的。每一位应聘者都需要提供SAT（美国大学录取考试）成绩、研究生考试成绩（如果有的话）和大学成绩单。我参加面试的时候，根本不敢相信谷歌会要求我给大学去电话，要来13年前的大学成绩单。对于那些已经毕业二三十年的人来说，这种要求就更加古怪了。[a]

我们认为要求提供成绩和成绩单有助于从侧面帮助寻找聪明人，此举也确实淘汰了一些在成绩上作假的应聘者。但是在2010年，我们通过分析发现，学业表现除了预测大学毕业后头两三年的工作表现外并没有更多的作用，因此我们只要求刚刚毕

a. 尽管我们一直都要求提供成绩和成绩单，但总是能够注意其局限性，这一点我将在第五章中介绍。我们一直都尽力全面地了解应聘者。

业的学生提供成绩单，对其他应聘者则不再做此要求。

21 世纪第一个十年中期，面试官可以问应聘者任何问题，但是并没有一定的面试结构可循，因此面试官提供的反馈意见经常缺乏足够的洞察力。另外，面试官之间缺乏必要的沟通协调，造成经常忘记问询某些特别的方面，因此需要应聘者做多次面试。

这使很多应聘者的应聘经历非常痛苦。当时的媒体也曾长篇累牍地报道谷歌招聘过程中的可怕故事："他们把你当成一次性消耗品一样对待"；[77] "我不得不遗憾地说，关于这家公司傲慢、粗鲁的报道……并不夸张"。[78]

你或许能够想象，我们的招聘机器就像冰川运动一般缓慢。得到谷歌的聘用可能要用上 6 个月甚至更久，应聘者拿到工作机会之前可能要参加 15~25 次面试。一名谷歌人可能要从申请一份工作的成百上千人中选出十几人进行面试，对其中每一位应聘者就要用上 10~20 小时进行面试和撰写反馈报告，再乘以每位成功的应聘者要经历的 15~25 次面试，每聘用一位应聘者，就要谷歌人投入 150~500 小时，这其中还不包括招聘人员、招聘委员会、高管和创始人投入的时间。

但是回顾往事，当时采用这种方式也是权衡利弊之后的正确选择。这台招聘机器的设计本身非常保守。它全力避免误报——在面试过程中看起来不错，但在工作中表现不尽如人意的人——因为我们宁愿错过两个了不起的员工，也要避免聘用一名表现糟糕的员工。小公司雇不起一个最终表现很糟糕的人。表现糟糕的员工和耍心机的人会给整个团队带来病毒式反应，需要持续投入管理时间对其进行引导或劝退。谷歌发展非常迅猛，处于利害攸关的时期，无力承担此种风险。因此在我们找到完全合适的人选之前，会一直保持某个职位的空缺。恰如埃里克·施密特曾对我说的：“现实情况中确实有些员工应该被淘汰掉，但是招聘的目标应该是根本不聘用这样的员工！”

我们期望，严苛的聘用标准结合对招聘工作不遗余力的重视，能够实现成功招聘优秀人才的目标。在谷歌最初的100位员工中，有一些会继续做（雅虎和美国在线的）首席执行官、风险投资人、慈善家，当然还有一些继续作为谷歌人，领导谷歌最重要的一些活动。比如苏珊·沃西基，先是领导我们的广告产品团队，后又主管YouTube团队。

事实上，16年过去了，谷歌最初的100位员工中有大约1/3仍然留在谷歌。[a]对年轻的创业公司来讲，早期员工能够坚持这么久是非常罕见的，更为罕见的是他们还会随着公司规模从数十人到数万人的增长，在个人品质和专业能力上持续进步。

事实上，我们如此重视公司的发展有一个重要原因，就是能为我们的员工提供足够的大展身手的工作。拉里曾解释道：“从员工数量上讲我们是一家中等规模的公司。我们有数万名员工，市场上有些公司有数百万雇员，这差不多是百倍的差别。那么想象一下如果我们的员工数量是现在的100倍，我们能做多少事情。”他经常对员工说，未来他们每个人都可以经营一家规模等

a. 其中包括萨拉尔·卡曼加、乌尔斯·霍尔兹勒（两人都是公司副总裁），杰夫·迪恩和桑杰·格玛沃尔特（两人都是谷歌高级研究员），珍·菲茨帕特里克、本·史密斯和本·戈麦斯（都是谷歌工程副总裁），史黛西·莎莉文（副总裁兼首席文化官），马特·卡茨（垃圾网页团队的牵头人，谷歌相关问题最坦率、最公开和最清晰的思考者之一）、米兹·麦格拉斯（监督广告质量的主管），克利什纳·伯哈拉特（谷歌新闻的创始人，谷歌班加罗尔分部的创始人），以及其他很多人。

同于今天谷歌的公司，但同时仍然属于谷歌的一部分。

这样的招聘体系是实用的，但是还远远算不上自我复制的人才机器。2006年我加入谷歌的时候，我感觉在硅谷遇到的每一个人都有过一段在谷歌冗长缓慢的招聘体系下的痛苦遭遇：一位软件工程师告诉我，面试他的谷歌人非常傲慢；我的房产经纪人的兄弟曾被谷歌拒绝过，但一周之后又接到谷歌的招聘电话，请他面试同一个工作；当地一家餐馆的服务员有一位朋友曾参加过谷歌的面试——过去的8个月一直都在面试！就连谷歌人也在抱怨招聘流程的冗长和武断，尽管他们都认同这种做法能够保证很高的招聘质量。

很显然，我们存在一些问题。如果每招聘一名员工就需要花去谷歌人250小时的时间，即使每年只招聘1000人，我们也需要投入25万个小时的时间。换言之，需要125个人全职工作才能招聘1000人。而且在2007年之前，我们甚至都没有招聘目标。我们接到的命令是聘用尽可能多的聪明人，因此我们不断成百成百地增加招聘人员，用去谷歌人越来越多的时间。我们的招聘流程耗费了巨大的资源，用去了太多的时间，对应聘者而言太过痛苦。

从70亿人中找到最好的应聘者

谷歌成立初期及之后的多年时间里，我们最优质的应聘者源自现有员工的推荐。曾经一度，我们聘用的人当中有超过半数是其他员工推荐的。然而，从2009年开始，我们发现员工推荐应聘者的数量开始下降。因为员工推荐是我们公司成立最初10年里最重要的员工来源，所以这种现象的出现非常令人担忧。

最简单也是最浅显的应对方法是提高成功推荐的奖励。其背后的逻辑在于，如果平均每个谷歌人推荐7个人能够成功一次，得到2000美元的推荐奖励，那么他们理当推荐更多的人，以期获得更多的奖励。后来我们把推荐奖励提高到4000美元。

此举并没有为我们带来推荐率方面的任何提高，即谁也没有因为推荐奖励而激发出有益的动机。我问谷歌人为什么不推荐朋友和原同事来谷歌，他们的反应很强烈，令我有些茫然：

- “你在开玩笑吗？这是最棒的地方！我非常希望朋友来这里工作。”
- “这里的人都酷毙了。我认识一个人很适合在这里工作。”
- “我在为一项伟大的事业奋斗，有多少人能有此等荣幸？”

我的第一反应是：“这些人到底喝了多少酒？”但是当我和更多的人聊过并看过我们的调研结果之后，发现这些人的想法并非特例。谷歌人确实很喜欢自己的工作，希望能与他人分享，只不过很少有人提及推荐奖励的事情。

推荐奖励是一种外在的激励因素。其他的外在激励因素还包括社会认同、加薪、晋升、奖杯或旅行奖励。内在激励因素与其相对，源自内心主动的想法。内在激励因素包括回馈家庭或社区的期望、满足好奇心以及完成一项复杂任务所带来的成就感或自豪感。

我们了解到，谷歌人做推荐完全出自内在因素。我们或许可以将每一个推荐奖励提高到1万美元，但是结果不会有太大区别。

但是有一点解释不通。如果员工是因为内在因素而做推荐的话，那么为什么推荐率会下降呢？是因为员工在谷歌不那么快乐吗？难道我们偏离了公司的使命？

不是。我们只不过是在管理被推荐人方面工作做得不到位。尽管从被推荐人中成功聘用的受聘人比例要比通过网络或招聘公司聘用的更高，但是其比例也只有 5%。这令谷歌人非常沮丧。如果 20 个人中才有 1 个人能够得到聘用，那么为什么还要继续推荐优秀的人来呢？更糟糕的是，应聘者要忍受太多的面试，而且推荐人对朋友的面试情况也不会再跟进。

为了解决这些问题，我们大幅减少了每一位应聘者的面试次数。我们还为被推荐人提供了周到且质量上乘的服务，推荐来的应聘者将在 48 小时内接到我们的电话，而推荐应聘者来的谷歌人每周都会收到关于应聘者的情况通报。相比而言，谷歌人和应聘者对这个流程更满意，但是推荐人的数量还是没有变化。当时我们也没有弄清为什么推荐的应聘者越来越少。

我们对推荐聘用方式的过分依赖已经穷尽了谷歌人的交际圈。为了解决这个问题，我们引入了“辅助回忆”活动。辅助回忆是一种市场调研方法，即向被试人展示广告或告诉被试人某种产品的名称，询问他们是否接触过。比如，你可能被问及过去的一个月内是否记得看过某种洗衣粉的广告，之后你可能会被问及是否记得看过汰渍洗衣粉的广告。诸如此类的提示总能有助于人们回忆。

在做推荐的事情上，人们通常会最先想到几个人。但是他们很少会一个不差地想到自己认识的所有人，尽管有一位谷歌人推荐了自己的母亲，而且被聘用了！他们也不可能完全了解所有空缺的职位。我们采用了类似市场调研的方式唤起谷歌人的记忆，使推荐人的数量增加了三分之一。比如，我们会询问谷歌人在某一个特定职位上会推荐谁：“你共事过的同事中，谁是最优秀的财务人员？”“谁是最棒的 Ruby 编程语言工程师？”我们还会将二三十个谷歌人组成小组做资源汇集。我们请谷歌人按照系统的方法仔细查看自己的 Google+、脸书（Facebook）和领英联系人，招聘人员随时待命，一旦谷歌人推荐出很优秀的应聘者，招聘人员就可以立即跟进。将一个宏大的问题（“你知道我们应该雇谁吗？”）分解成很多易于控制的小问题（“你认识什么人可以在纽约做一个不错的销售人员吗？”），帮助我们找到了更多、更优秀的被推荐人。

但这些努力不足以满足谷歌巨大的招聘需求。即使将现在的平均聘用率提高 10 倍，我们每年也需要超过 30 万名被推荐人，才能满足期望的发展需求。然而最好的年份，我们也才收到 10 万个推荐而已。

在这个过程中，我们注意到一些令人吃惊的状况：最优秀的人并没有在寻找工作。表现极为优秀的人在现在的工作岗位上很开心，满足感很强。他们不会进入人们的推荐名单中，因为人们会想：为什么要推荐一些在现在岗位上很开心的人呢？而且他们肯定也不会考虑新的工作。

于是我们重建了招聘团队。过去他们关注更多的是筛选涌入的信息：筛选简历和安排面试；现在他们已经发展成一个内部招聘公司，目标在于寻找并培养出全球最优秀的人才。通过内部研发的应聘者数据库 gHire，辅以多种强化工具对应聘者进行筛选和跟踪，经过一段时间甚至数年，数百名杰出的招聘人员发现并培养出了这些优秀的个体。

结果我们每年聘用的人中超过半数是由内部招聘公司找到的，这种方式比利用外部招聘公司的成本要低很多，对市场的认识更深入，同时也为应聘者提供了一种更温暖舒适的体验。

一年又一年过去，科技的发展使寻找人才的工作越来越简单。我们当然要感谢谷歌搜索以及其他类似领英一类的网站，搜索不同公司里的人可以相对直接得多。事实上，现在几乎可以找出某个公司或行业中的所有人，再通过这些资料决定招聘哪些人。我们将其称作“可知的宇宙运动”：系统地在每一种工作、每一个公司或应聘者类型中定位每一个人。

想要知道康奈尔大学的所有毕业生有哪些？2013 年中，我在领英中输入“康奈尔”，不用一秒钟就得到了一份 216173 人的名单。如果团队中的某个人恰好也在康奈尔读过书，就可以使用全部的校友数据库信息。不管你想从某个学校或公司招聘，还是想根据职业或个人背景招聘，都可以简单直接地生成一份包含数百名或数千名潜藏在应聘者的名单。

甚至某人放在网上但后来删除的信息在某些时候也可以找到。互联网档案馆（Internet Archive）提供了一种时光机（The Wayback Machine）服务，会对 2400 多亿个网页做备份存档，可查询的记录可以追溯到 1996 年。我们只有在认为可以帮到应聘者的情况下才会使用时光机服务。比如，我们有一位应聘者在 2008 年建立过一个网站：“很好！”后来被“非常好！”收购了，但是现在这个网站上的内容有非常严重的女性歧视倾向（啊哦），虽然我们在言论自由方面非常开放，但其中的内容还是超越了我们的底线。这位应聘者就要被拒了，但是因为我发现多数走到面试这一步的应聘者都是好人，因此我提议查看这个网站早期的模样。我们发现他最初建立的网站更像是一种大学报纸，报道体育、电影和名人消息，直到他的公司被收购。他离开这个网站之后，其中的内容才发生了变化。最后我们聘用了他。

我们利用这些方法对几家非常出色的公司进行了分析，汇总了一份名单，几乎包含它们的全部员工，评估了（不可否认确实有一定的不足）哪些人适合来谷歌工作。显然我们是针对其他大型科技公司的员工进行的此类调研，我们相信其他大型公司也对我们的员工整理了一份类似的名单（如果它们没有，我敢保证看到这里它们会立刻开始行动）。我们整理出一份名单之后，会与在该领域有专长或可能了解这些候选员工的谷歌人一同审阅部分资料。我们会在网上抽检一些资料，寻找可能帮助我们判断这些候选人能否在谷歌取得成功的信息。而后我们会去接触候选人的人际网络，建立关系，比如通过一封电子邮件或一个电话，甚至是在一次会议上见一面。通常，关系的建立由招聘人员完成，但有时最好的联络人是某位工程师或主管。或许当时没有机会，但是候选应聘者很有可能在一年后遭遇不顺，回忆起与谷歌招聘人员的那次愉快交谈。曾长期担任谷歌广告和应用程序工程高级副总裁的杰夫·胡贝尔——现隶属于 Google X，为谷歌研发下一代具有重大意义的产品——亲自招聘过超过 25 名高级工程师，其中有一位他跟进了 10 年，历经 3 家公司，最后才被说服加入了谷歌。

现在，我们自己的谷歌招贤纳士（Google Careers）网站是谷歌人才库最好的来源，尽管现在想要把这个网站做得更好有些困难。我们的招聘网站曾经比较糟糕：搜索困难，上面全是些概要性的工作简介，根本弄不清到底是什么工作、你将成为哪个团队的一员，也没有任何反馈告知你是否适合某一项工作。我们从 2012 年开始着手解决这个问题。比如，应聘者现在不仅可以提交一份简历，还可以制作一份个人技能概览。利用 Google+ 的“圈子”（你所选择的一个群，群里的人只能看到你希望分享的内容，不用再担心分享一些朋友疯狂单身派对的照片被老板看到了），他们可以选择与谷歌、其他员工或任何他们希望看到这些内容的一些人和组织分享。他们可以与在职的谷歌人联系，了解在谷歌工作的真实情况。经过申请人的允许，我们就可以与一些其技能在当前我们不需要但未来可能用得上的人保持联系，在未来我们的需求发生变化时与他们接触。

我们用的招聘公司并不多，不是因为这些公司不好（我最好的朋友中就有几位是这些公司中的高管，真的），而是因为我们的招聘标准和流程太严苛、太特别，再考虑到我们现有的招聘能力，很少有招聘公司能帮到我们。而在需要招聘公司帮助的时候，它们的价值不可估量。比如，有些国家我们去得很少，对当地的人才库并不了解。我们在韩国的办公室有 100 多人，相比韩国当地的门户搜索网站 Naver，我们的发展滞后较多（但是正在不断壮大）。在韩国，多数人都在为全国性的大财阀或家族企业工作，谷歌只能算作刚刚兴起的公司。在聘用高级职位员工时，通过可靠的招聘伙伴推荐有着无法估量的价值。

有时寻找雇员的过程中会遇到保密或敏感的问题，此时招聘公司的专业性就会带来很大的帮助，他们可以帮忙接洽那些工作处于危急状态，甚至在和另外一家公司接触的应聘者。过去几年里，有几家公司起到了尤为重要的作用，但是我们发现比猎头公司更重要的是与我们合作的一些猎头顾问的水平。换言之，猎头公司内部的人员水平区别比猎头公司之间的区别更大，因此选择合作的猎头顾问比选择猎头公司更为重要。

与大多数公司一样，我们的最后一种应聘者来源是招聘网站。雇主可以付费在这些网站上发布招聘信息，之后会收到大量的求职申请。比较流行的此类招聘网站包括 Monster、凯业必达（CareerBuilder）、Dice 和 Indeed 等。依谷歌的经验，招聘网站可以带来很多工作申请者，但最后真正能够招聘到的人寥寥无几。我们假定谷歌在今天已经广为人知，动机相对强烈的应聘者会按照要求表现出一点积极主动性来，登录谷歌招贤纳士网站直接申请职位；动机相对较弱的应聘者会通过招聘网站向很多家公司申请很多种工作。我们通过招聘网站成功聘用的员工比例太低，因此 2012 年我们决定彻底停止这种招聘方式。

不过有时我们听闻有异乎寻常的优秀人才，就会不惜一切代价把他们请来，甚至有时会聘用整个团队，并为他们设立新的办公室。在成为扬声器和智能手环制造商捷波朗的人力运营部副总裁之前，兰迪·纳福利克是谷歌人力资源部的核心领导者，负责整个欧洲、中东地区和非洲的技术人员招聘。[a]他负责我们在丹麦奥胡斯的团队招聘，那个团队将继续带来浏览器运行速度的革命。"我们了解到奥胡斯有一个杰出工程师组成的小团队，"兰迪告诉我，"他们卖掉了此前的公司，正在探寻下一步将要做的工作。微软听闻他们的情况，正在全力争取。微软想要聘用他们整个团队，但是要求他们搬到微软美国总部雷德蒙德。那些工程师说'不可能'。于是我们乘虚而入，采取了一些非常积极的招聘行动，对

a. 兰迪的人力运营部副总裁头衔是参照谷歌而来的，我很高兴他能这么做。

他们说，‘在奥胡斯工作，为谷歌建立一个新的办公室，创造伟大的产品’。我们聘用了整个团队，正是这个团队编写了谷歌浏览器的脚本语言（JavaScript）引擎。”

回顾过去的许多年，谷歌很幸运，从成立的第一天开始，公司创始人就坚持高品质的人才招聘。但是单纯地关注招聘品质还不够，我们还广撒网，实施多元化的人才战略，而且我们的招聘工作也比以前更快捷。

建立招聘机器的第一步就是将所有员工都变成招聘人员，推荐应聘者。但是你需要找到某位持客观态度的人做聘用决定，以避免我们对朋友自然而然的偏向。随着组织的发展壮大，第二步就是请人际网络最发达的员工花更多的时间搜寻优秀的员工，其中某些人可能会成为全职招聘人员。

最后一步就是要愿意尝试。我们认识到招聘网站不可行，因为我们尝试过。我们在奥胡斯的经验教会我们，有时按照应聘者的要求而不是公司的要求聘请他们的整个团队更合情合理。

如果你已经明白该如何寻找人才，那么你该如何确定到底聘用哪些人、拒绝哪些人呢？在下一章，我将说明要做出了不起的聘用决定为何那么难，另外会用一个故事说明我们是如何依靠百年的科学研究和一些偶发灵感建立起独特的招聘体系的。

谷歌工作法则

- 要详细说明寻找人才的标准，依此找到最优秀的被推荐人。
- 使招聘成为每个人的工作。
- 不要害怕尝试疯狂的事情，以此引起最优秀人才的注意。

第五章

谷歌与众不同的招聘流程

我们的面试要切实地测试应聘者的技能。比如，编写一段代码、解释代码的含义，对吧？不是看看应聘者的简历了事，而是要真正地看一看应聘者能做什么。

乌尔斯·霍尔兹勒　谷歌高级副总裁

“你不会有第二次机会给人留下第一印象”是海飞丝洗发水在20世纪80年代的广告宣传语。不幸的是，这句宣传语也概括了绝大多数的面试状况。关于如何把握好面试“前5分钟”的指导文章不胜枚举，这些文章论述的是面试官如何做出初步评估，而余下的面试时间都是在证明自己的评估。[79] 如果他们喜欢你，就会寻找更加喜欢你的理由。如果他们不喜欢你的握手方式或拙劣的自我介绍，那么面试就基本宣告结束，因为面试官在余下的面试时间里会一直寻找拒绝你的理由。此类用于做出后续相对重大决定的细微瞬间被称作“薄片”。

托莱多大学的两名心理学学生特里西亚·普利克特和内哈·贾达姜与其导师弗兰克·伯尼瑞合作，在2000年发表了一项研究成果，他们研究认为，一次面试的前10秒钟里做出的判断可以预测整个面试的结果。[80] 他们录下真实的面试情境，之后请研究项目参与者观看其中的一些小片段，依此做出论断。

> 片段是从每一次面试中截取的，从应聘者敲门开始到坐下之后10秒钟止，视频片段会展示给经验很浅的观察者看。观察者从就业能力、竞争力、智力、雄心、可信度、自信心、紧张程度、热情、礼貌、亲切度和表达能力方面评分。通过“薄片”做出的判断，11个变量中有9个与现实中面试官所做的最终评价有显著相似性。因此，通过握手或简短介绍得到的即时印象能够预测结构化招聘面试的结果。

问题在于，根据前10秒钟的印象做出的预测是没有任何意义的。

这前10秒钟的预测使我们在整个面试过程中都在试图证明

我们对某个人的印象，而不是真正地去评估他们。心理学家将这种现象称作证实偏见（confirmation bias），“倾向于寻找、解释或优先考虑那些能够支持我们观点或假设的信息”。[81]我们根据非常简短的交流，潜意识中匆匆地做出了判断，这种判断受到我们内在偏见和信念的巨大影响。在不经意间，我们已经从评估应聘者转变成寻找证据证实自己的最初印象。[a]马尔科姆·格拉德威尔与密歇根大学的心理学家理查德·尼斯贝探讨过我们不自知的自欺欺人：

> 错觉的基础在于我们不知从何而来的自信，认为自己掌握了状况，认为自己能够读懂一个人的品性……你在面试某个人的时候，与他们相处一个小时，你不认为这个过程是在提取一个人行为的样本，更不会认为那是一个存在偏见的样本，但实际并不如你所想。你认为自己看到的是全景，虽然小而模糊却是完整的个体。[82]

换言之，多数的面试都是在浪费时间，因为99.4%的时间都用在证实面试官最初10秒钟的印象，不论印象好坏。“请做一下自我介绍。”“你最大的缺点是什么？”“你最大的优势是什么？”这些都毫无价值。

同样毫无价值的还有很多公司采用的案例面试和智力题。这

a. 证实偏见只是我们的潜意识在不经意间促使我们做出糟糕决定的一种。为了建立一个偏见更少、更具有包容性的工作环境，我们在谷歌不遗余力地减少潜意识的偏见。我们在一篇名为《你不知道自己不知道：我们的潜意识如何破坏工作环境》的文章中介绍了我们尝试的一些方法——该文选自谷歌官方博客，2014年9月25日，http://goo.gl/kxxgLz。

类题目包括：“你的客户是一名造纸厂商，正在考虑建第二座工厂，他是否应该建？”“估测一下曼哈顿有多少加油站。”最烦人的问题是：“一架波音 747 飞机里能放下多少颗高尔夫球？”“如果将你缩小到 5 美分硬币大小，再将你放进榨汁机里，你将如何逃脱？”

在此类问题上的表现最多只能算得上一些独立技能，通过练习可以得到提升，对评估应聘者没有可用的价值。最坏的情况是，通过这些问题从应聘者身上得到的一些琐碎信息或洞察，仅仅使面试官以为自己聪明，得到自我满足。这些问题对预测应聘者在未来工作中的表现几乎没有任何作用。[83]其中部分原因在于这些问题与工作任务不相关（你在日常工作中什么时候估测过城里有多少加油站？），还有部分原因在于流动智力（可以预测工作表现）与智力题等顿悟性问题毫不相干，另有部分原因在于无法区分天赋异禀和通过练习获得技能的人。

事实上，谷歌正在使用类似的问题，并且我敢保证以后也会继续使用。对此我很抱歉。我们尽可能避免采用这些面试方法，因为这样做确实是在浪费所有人的时间。包括我在内的公司高管每周在审阅应聘者材料的时候，都会忽略对这些问题的作答。与我们对招聘网站投放信息的问题看法类似，我们认为有些评估方法根本没有效果。令人高兴的是，2013 年的电影《实习大叔》中两位失业的手表销售员决定来谷歌当实习生，给出了榨汁机问题的答案，至少这

个问题不会在面试中再出现了。[a]

科学的面试评估技巧大比拼

1998 年，弗兰克·施密特和约翰·亨特发表了一篇综合分析文章，总结了 85 年来关于评估预测人才表现方面的研究成果。[84] 他们研究了 19 种评估技巧，发现典型的、非结构化的测试对于预测应聘者被聘用之后表现的结果很不理想。非结构化测试的 r^2[b] 值为 0.14，即对员工未来表现的预测准确性为 14%。这种方法

a. “正确的”答案是，虽然在这个问题中你被缩小了——改变了你的体积，但是其他一切都没有改变，你的力量体积比就增加了，你可以轻而易举地跳出榨汁机。在回答出正确答案之前，文斯·沃恩和欧文·威尔逊扮演的角色还猜测榨汁机会发生故障——因为他们以前卖过榨汁机，所以知道，于是他们会很安全。然后，“就有两个 5 美分大小的人自由地生活在世间，”他们大喊道，“畅想一番吧！……太阳镜修理？我们就能站到那些小螺丝上！或者把我们附着在送入人体内部的装置中去战胜病魔？……我以为我们被困在榨汁机里，但现在我们又能救死扶伤了?!……真是一次难忘的经历啊！”

b. 我在此处做了简化处理。更准确地说，r^2 是一种度量，用于表示某一个或多个变量对结果的预测有效度。如果 r^2 的值非常高并接近 100%——考虑到生活的纷杂混乱，社会科学中很少会出现这种情况——我们就可以充满信心地根据模型中的其他数据对结果进行预测。如果 r^2 的值接近 0，预测的结果将会很不准确。r^2 的值要根据各个变量之间潜在的关联或几个事件同时发生的概率来确定。r^2 和关联性并非因果关系。换言之，高的关联性，比如 r^2=0.9，并不意味着 A 会引起 B，只是 A 和 B 同时发生。比如，如果我每天早上 6 点都去跑步（我要能这样严于律己该多好啊），出门之前，我都会把狗放到院子里，我跑步的时间与狗出门的时间有关联性；反之亦然。二者倾向于同时发生，但二者互相不为因果。然而，如果你有足够多的数据控制其他因素，做一些数据测试，确保结果是可靠的，那么依据这种关联性对哪些可行和哪些不可行做判断，将是一个不错的出发点。在招聘的问题上，面试表现当然不会完全是随后的工作表现，但是如果控制了其他变量，这个过程可以帮助预测某个人在未来工作中能有怎样的表现。

要优于背景调查（预测员工未来工作表现的准确性为 7%），优于工作年限（3%），也远优于“笔迹学”或笔迹分析（0.04%）——我很惊奇竟然还会有人采用这种方法，或许有些医院会测试医生笔迹的易辨认性。

预测某人在工作中的表现的最好方法是工作样例测试（29%）。这种方法需要安排应试者完成一项与其将要负责岗位工作中类似的工作样例，评估他们的表现。这种方法也无法毫无偏差地预测工作表现，因为实际的工作表现还要取决于其他技能，比如与同事合作的能力、如何应对不确定性，以及学习能力。更糟糕的是，很多工作岗位无法选取合适有效的样例供应聘者完成。客户服务中心或任务导向型的工作岗位招聘时，你可以（而且应该）采用样例测试的方法，但是许多工作每天都有太多的变化因素，很难选取工作样例。

不管是工程师还是产品经理，我们聘用的所有技术人员都需要通过某种工作样例测试，要求应聘者在面试过程中解决实际技术问题。根据乌尔斯·霍尔兹勒所说：“我们的面试要切实地测试应聘者的技能。比如，编写一段代码、解释代码的含义，对吧？不是看看应聘者的简历了事，而是要真正地看一看应聘者能做什么。”埃里克·维奇补充说：“面试由大批工程师进行，会询问大量数据导向型的问题。问题不仅仅是‘给我讲讲你曾经……’，而是‘给我编写一段算法，解决这个问题’。”

预测工作表现有效性的第二种方法是一般认知能力测试（26%）。与工作样例测试和智力题不同，一般认知能力测试是真正的测试，有明确的正确或错误的答案，与智商测试的题目有些类似。一般认知能力测试之所以能够有效预测工作表现，是因为一般认知能力包括学习能力，而高智商与学习能力的结合足以使大多数人在大部分工作中取得成功。然而其中的问题在于，此类标准化测试绝大多数都有歧视非白种人和女性测试者的倾向（至少在美国是这样的）。SAT一直以来都低估女性和非白种人在大学的表现。菲利斯·罗塞尔在1989年对SAT进行的研究中比较了能力和大学表现相近的高中女孩和男孩，发现女孩在SAT考试中的成绩要低于男孩。[85] 导致这一现象的原因包括测试的形式（在大学预修课程测试中就没有性别差异，因为这项测试采用了简答题和短文测试的题型，而不是选择题），测试计分方法（男孩在排除一个选项之后更容易猜出正确答案，因而提升了他们的分数），甚至还有问题内容（女孩在回答有关人际关系、审美和人文科学等类型的SAT问题时做得更好，男孩在有关体育、自然科学和商业方面的问题上表现更佳）。[a] 此类研究重复过多次，尽管类似的

a. 可惜的是，罗塞尔的研究虽然指出了这些差异，但并没有解释出现差异的原因。有一种可能的解释是，女孩和男孩解答任何问题的能力都相似，但是性别都受困于一种心理学现象——“刻板印象威胁”。如果有一种很显见的刻板印象存在，人们就会按照这种刻板印象行事。比如，研究显示，当被测试人在进行测试之前了解到某种刻板印象，他们的表现就会发生变化。在一项基础研究中，有一组女孩在进行数学测试之前被告知这项测试能够体现性别差异，而在测试结果中也真的出现了性别差异，女孩的成绩会远低于男孩。而另一组女孩在做同样的测试之前被告知这项测试不会体现任何性别差异，测试结果中就没有出现任何性别差异。资料来源：*Stephen J. Spencer, Claude M. Steele, and Diane M. Quinn, "Stereotype Threat and Women's Math Performance," Journal of Experimental Social Psychology* 35, no. 1(1999):] 4-28。[86]

标准化测试已经很好了，但仍有不足。[a]

举一个例子，位于南加州的一所文理学院——匹兹学院，对于高中各科成绩平均积分点（GPA）3.5 以上或年级排名前 10% 的学生，将测试成绩作为入学申请的可选递交材料。自此以后，他们接收的学生 GPA 提高了 8%，而且有色人种学生的比例增加了 58%。[87]

与一般认知能力测试效果相当的是结构化测试（26%），应聘者在面试中将被问及一系列问题，这些问题都有明确的应答评估标准。结构化测试在调查研究中经常使用。结构化测试的好处在于对应聘者的评估完全基于应聘者的表现，而不是取决于面试官的评价标准高低或问题的难易。

结构化测试有两种类型：行为测试和情境测试。行为测试要求应聘者讲述过去的成就，并将其与当前的工作要求做对比（比如，“给我讲讲你曾经……”）；情境测试会虚拟一个与工作相关的场景（比如，“假如……你会怎么做？”）。一位资深的面试官会深入评估应聘者所讲故事背后的诚实可信度和思考过程。

结构化测试对非结构化的工作也具有预测效果。我们还发现通过这种测试，应聘者和面试官都有了更好的面试体验，而且人们也都认为这样的面试结果非常公平。[88]

既然这样，为什么没有更多的公司采用这种方法呢？因为很

a. 2014 年，负责设计和管理 SAT 考试的美国大学理事会宣布他们再次对 SAT 考试做了改进，以解决此类及其他一些问题。尽管这些努力是成功的，但是此举也帮不了我们这些已经上了大学，且正在申请研究生学校或已经工作的人，我们已经不太可能再去参加 SAT 考试了。资料来源：Todd Balf, “The Story Behind the SAT Overhaul”, *New York Times Magazine*, March 6, 2014。

难编排这样的测试题：你必须编写出试题，测试这些试题，确保面试官能够按照设定提问。而后你还需要不断更新测试题，以免应聘者互相沟通面试情况，来参加面试时就已经知道答案了。这需要做大量的工作，但是换成常用的面试方式就是浪费所有人的时间，因为这种方式或主观性太强，或存在偏见，或二者兼具。

还有一种更好的方法。研究显示，评估技巧的组合比单一的评估技巧更有效。比如，一般认知能力测试（预测未来表现的准确性为 26%）与尽责性评估（10%）相结合对未来谁将在工作中取得成功有更好的预测（36%）。以我的经验，在尽责性评估中得分高的人（“工作完成方罢休”的人，他们要彻底完成工作才会停下来，而不是做得差不多就行），对团队和所处的环境有更强的责任心。换言之，他们更可能表现得像主人翁而不是雇员。我还记得来谷歌的第一个月前后，有一次找到我们的技术支持团队成员约什·奥布莱恩，请他帮忙解决一个 IT（信息技术）问题。那是个周五，下午 5 点多，我对他说可以等到周一再接着完成。“没事儿，我们干完再下班。”他继续解决我的问题，直到彻底解决。[89]

说到这里，我们都采用了哪些评估技巧呢？

我们的面试流程旨在预测应聘者加入工作团队之后的表现。我们以科学为依据达成的目标是，结合行为和情境结构化测试，评估认知能力、尽责性和领导力。[a]

a. 我们人力分析团队的梅丽莎·哈勒尔博士补充道：“转而采用结构化测试是明智之选，因为这种方法能更好地预测应聘者未来的工作表现。”而且这种方法有利于多样化，因为有预先设定好的问题和评分标准，可以降低潜意识中的偏见。[90]

为了帮助面试官，我们开发了一种名为 qDroid 的内部工具（见图 5–1），面试官可以从上面选择自己正在筛选应聘者的工作岗位，查看应该进行的测试，同时还会收到一封面试指导电子邮件，里面包含一些用于预测应聘者在该项工作上未来表现的问题。这使面试官更容易找到一些很棒的面试问题。面试官还可以在面试小组里分享文件，这样所有人都可以协作，从各种角度评估应聘者。

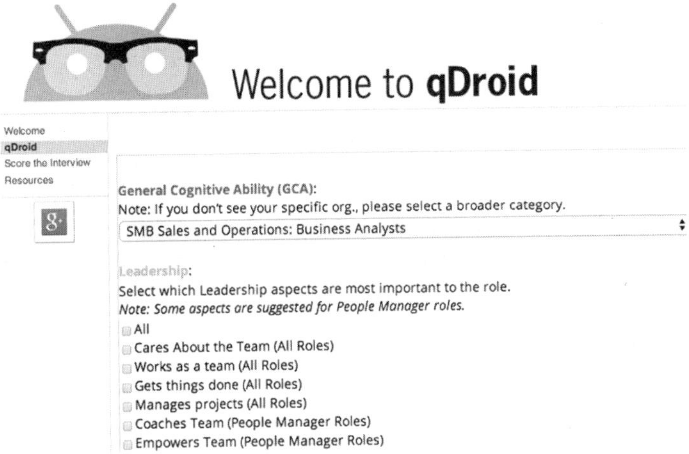

图 5–1　qDroid 页面样例
版权归谷歌所有

当然，如果面试官愿意也可以设计自己的问题，而此举的巧妙之处在于提供了经过实践证明的有效问题，使面试工作变得简单了一些，也可使面试更有效、更可靠。

面试问题举例如下：

- 给我讲一下你的行为对团队带来积极影响的一次经历。（追问：你最初的目标是什么？为什么？你的队友如何反应？之后你有什么计划？）
- 给我讲一下你有效管理团队实现目标的一次经历。你采用了什么方式？（追问：你的目标是什么？你是如何面对团队的每位成员和整个团队的？你在对待不同的个体时是如何调整领导方式的？这个特定的形势下传递出什么关键信息？）
- 给我讲一下你与某人（可以是同事、同学或客户）共事遇到困难的一次经历。什么原因使你与这个人难以共事？（追问：你采取了哪些措施解决这个问题？结果如何？你可以采取哪些不同的做法？）

这本书还是草稿的时候，一位早期读者告诉我："这些问题太泛泛了，有些令人失望。"他说得对，但又不对。是的，这些问题确实平淡无奇，因为真正引人注目的是问题的答案。但是，这些问题能够为你提供持续可靠的依据，帮助你从优秀的应聘者中筛选出极其优秀的一些人，因为极其优秀的应聘者在做出选择的时候会有好得多得多的例证和理由。你可以看到伟大与普通之间清晰的分界线。

当然，问一些诸如"哪一首歌能够最好地描述你秉持的职业道德？""你独自在车里面会想些什么？"的问题会很有趣，这两个问题都是其他公司的真实面试问题，但是面试的目的是要识别最适合这个工作岗位的人选，而不是纵容自己问一些能够激起心理偏好（"我的天啊！我在车里的时候也在想这些事情！"）却无法证实应聘者能否完成工作的问题。

然后，我们会按照统一的标准[a]对面试进行打分。我们对一般认知能力测试的评分包括 5 个部分，第一部分为应聘者对问题的理解。

在每一部分中，面试官要说明应聘者的表现，而且每个表现的等级都有明确标志。随后面试官要明确记下应聘者是如何展示他们的一般认知能力的，以便后续面试官做出自己的评估。

得知我们的面试问题和评分表之后，之前那位持怀疑态度的朋友不假思索地说："切！不过是些陈词滥调和公司套话。"但是回想一下你最近为同一个职位面试过的 5 个人：你问这些人的问题很相似，还是问每个人的问题都有所不同？你对他们每个人都问了所有该问的问题吗？时间是否够用？你对他们都严格保持同样的标准，还是因为疲倦、暴躁或心情不好而刁难其中某个人？你有没有记下详细的笔记，以便后续面试官参考使用你的见解？

凝练的招聘标准应该涉及所有这些问题，因为这样可以将纷杂、模糊且复杂的工作环境浓缩成可度量、可比较的结果。比如，设想你正在面试一个应聘技术支持工作的应聘者。对于"寻求解决方案"的一般答案可以是"我按照用户的要求修好了笔记本电脑的电池"。非常突出的答案应该是这样的："我意识到，既然他过去抱怨过电池的续航能力，而且还准备出去旅行，我还应该为他准备一块备用电池，以备不时之需。"采用一种看似无聊的标准是量化、应付复杂现实问题的关键。

如果你不想独自完成所有这些工作，也可以轻松地从网上

a. 统一的标准指行为锚定等级评价法。

找到结构化测试问题的样例，稍加改变就可以用在你的实际面试中。比如，美国退伍军人事务部设有一个网站（www.va.gov/pbi/questions.asp），上面有差不多 100 个样例问题。利用这些问题，你在招聘工作上将立刻取得巨大进步。

还要记得，你不仅要评估应聘者，还要让他们喜欢上你。真的，你得让他们有一次非常棒的体验，处理好他们关心的问题，使他们感觉刚刚经历过一生中最快乐的一天。面试是很尴尬的一件事情，因为你要与一个刚刚见面的人进行亲密的交谈，而且应聘者处于非常脆弱的地位。投入时间使应聘者在面试结束时感觉良好是很值得的，因为他们会把自己的经历讲给他人听，同时这也是待人的正确方式。

有时，只需要简简单单地留一些时间做交谈。面试时太容易过分关注你的需求：你很忙，需要尽快评估完这个人。但是他们所做的决定比你的更大。毕竟，公司有很多员工，而一个人只能有一份工作。我一直特别注意询问应聘者对招聘过程的看法，而且至少留出 10 分钟的时间供他们问问题。

面试之后，我们会用一种称作 VoxPop[a] 的工具对每一位应聘者进行调查，弄清他们对招聘过程的看法，之后再根据他们的反馈意见调整我们的流程。根据 VoxPop，我们现在开始尝试“办公室快速游”活动，时间允许的情况下提供午餐，要求每一位面试官至少留出 5 分钟的时间供应聘者问问题。应聘者还告诉我们，我们给他们报销往返路费的时间太长，于是我们就将这个时间减半。

a. VoxPop 是拉丁语“vox populi”的缩写，意为“民众心声”。

相比过去硅谷里每个人都有一段痛苦的谷歌面试经历，今天80%参加过谷歌面试而被拒的人都表示会推荐朋友到谷歌应聘。考虑到他们并没有被雇用，能够有这样的结果已经相当了不起了。

4个面试问题测试你能否成为谷歌人

过去我们以为只要聘用最聪明的人就足够了，但是一群加里·卡斯帕罗夫（国际象棋特级大师，是一位超级天才）可能并不适合一起协作解决真正重大的问题。因此，从2007年起，我们在1万名左右已聘用的员工和数百万名未聘用的应聘者中寻找某些重要特征。除了测试技术应聘者的工程技术能力之外，我们意识到还有4个方面的特质可以预测某个人能否在谷歌取得成功。

一般认知能力

一点都不奇怪的是，我们想要聘用有学习能力、可以适应新环境的聪明人。要记住，一般认知能力在于理解应聘者在现实生活中如何解决难题和如何学习，而不是查看他们的GPA和SAT成绩。

领导力

同样不足为奇，每一家公司都想要领导者。但是谷歌寻找的是某种特别类型的领导能力，我们称之为“新兴领导力”。这种形式的领导力不关乎正式的头衔。在谷歌进行的各种工作中，极少有正式的领导者。

我还记得有人问我，一个最高可实现全公司员工收入10%提升的项目“执行发起人”是什么意思？我解释说，我不清楚这是什么职务，而且在谷歌这个职务是没有任何意义的。一名新员工或许会把此类名头放在我的名字前，因为我的头衔是高级副总裁，但是我在这个项目上的角色和其他人都一样：发表见解，做一些分析，协助得出正确的成果。我们在谷歌期望一个团队在其存续期内，不同时期能够用上不同的技能，这样就可以有很多人站上领导的位置，做出贡献，而且也是同样重要的是，特别技能需求的时期过后，能够退回团队成员的位置。我们非常不喜欢唯我独尊的领导者，这类领导者言必称“我”而不是“我们”，只关注自己的成就而不是取得成就的过程。

“像谷歌人一样”（“Googleyness”）

我想要那些能够在谷歌蓬勃发展的人。这个概念并没有明确的定义，但是包括一些特质，比如喜欢享受快乐（谁又不想呢？），谦逊一些（如果不能承认自己可能存在错误就很难去学习），责任心很强（我们想要的是主人翁，而不是雇员），能够接受模棱两可的状况（我们也不清楚公司的业务将如何发展，应对谷歌的内部事务需要接受很多模棱两可的事情），能够证明你在生命中走过勇敢或有趣道路的证据。

与职务相关的知识

至今为止，我们在筛选应聘者的过程中关注最少的一种特质是应聘者是否真正了解自己将要承担的工作。依我们的推理和经验，多年来成功地完成过同样工作的人，在谷歌遇到事情的时候很可能复制以前的做法。恰如心理学家亚伯拉罕·马斯洛写过的："我认为，如果你仅有的工具只是一把锤子，那么就很容易想要把一切都当成钉子对待。"[91] 这种做法的问题在于你丢掉了创新的机会。

相反，以我们的经验看来，有好奇心、有诚意学习的人，在绝大多数情况下都能想出正确的答案，而且创造出一种全新解决方案的可能性也大很多。[a] 在工程技术或产品管理等技术岗位上，我们会深入评估应聘者的计算机科学专业水平，但是即便在这些岗位上，我们也更倾向于聘用对计算机科学有整体认识（不过要达到专业水准）的人，而不是仅具备某一领域知识的人。而且平心而论，我们的招聘原则已经超越了单纯聘用通才那么简单，而是开启了一种更加精妙的方式，我们会审视公司的人才库，确保通才和专家的数量达到平衡。最奢侈的事情莫过于不但能够建立深度专业化的领域，而且在这些领域中我们还能够确保随时补充新鲜血液，加入非专家的想法。

确定了这几项特性之后，我们开始要求所有的面试反馈意见中都要针对每一项特质做特别评估。不需要每一位面试官针对所有特质进行评估，但是每一项特质都至少需要两名独立的面试官做评估。我们要求书面反馈意见中包括对特性的评估、所问的问题、应聘者给出的答案以及面试官对答案的评估。这种反馈意见的形式经证实有很高的价值，因为能够保证后续每一位应聘者的评估人可以独立地对应聘者进行评估。比如，如果你面试过我，

a. 当然，在某些岗位上需要特定的专业技能。你不可能在税务部全部安排一些不懂如何填写纳税申报单的人。但是即便是在这些部门中，我们也尽量安排多种背景且具有创新思维的人。

对我印象一般，但是你记下了你问的问题和我给出的答案，后来的审核人可以根据自己的意见评估我给出的答案到底好不好。(当然，如此详细地记录面试过程可能有些尴尬——几乎所有谷歌的面试最开始都是由面试官询问：“你介意我做笔记吗？”有些面试官甚至会在笔记本电脑上做笔记，这可能会使应聘者有些不安。)

此举不仅能在某种程度上给应聘者第二次机会，还能够帮助我们评估面试官本身是否善于评估他人。如果我们发现某个面试官持续“犯错误”，我们要么会对其加以培训，要么要求其停止做面试工作。

一台不断核查调整的招聘机器

你可以想象，我们在招聘优秀人才方面的投入非常巨大。但是我们有一个业务经营假设，即我们所做的任何事情都可以做得更好。谷歌1998年建立的第一个搜索索引包含2600万个独立的网页；到2000年，网页数达到10亿个；到2008年，网页数达到1万亿个。

根据我们搜索团队的杰西·阿尔波特和尼森·哈扎伊所说，我们的搜索引擎比以前更加全面且高效：“我们的系统从谷歌最早用于应答查询问题的一系列网络数据至今已经取得了长足的发展。在过去，我们做的每一件事情都要分批进行：单个工作站可以在几个小时内做出2600万个网页级别（区分搜索结果优先次序的一种算法）图表，而这些网页将在固定的一段时间里作为谷歌的数据库使用。2008年，谷歌不停地做着网页搜寻，搜集更新的网页信息，每天都要多次重新处理整个网络连接图。这 1 万亿个 URL（统一资源定位符）的图表就好似有 1 万亿个交叉路口的地图。每天我们都要完成数次计算，工作量等同于全面探查全美所有道路的每一个交叉路口。只不过我们这幅地图有美国地图的 5 万倍大，道路和交叉路口也是美国的 5 万倍。”当然，这已经是 5 年多以前的事情了。现在的谷歌是 2012 年投入运行的版本，可以预执行你需要知道的事情。比如，你的手机可以下载即将乘坐的航班登机牌，会提醒你高速路上堵车，这样你就可以走小路，还会告诉你一些在周边发生的有趣事情。

恰如我们的产品可以不断变得更好，我们的招聘机器也可以。我们不断地核查调整，平衡我们的速度、错误率以及应聘者和谷歌人的招聘体验。比如，现任我们一个商务团队人力资源主管的托德·卡里塞博士，当时还是招聘团队的一名分析员，他对每名应聘者要经历多达 25 次面试到底有没有实际效用的问题发表了自己的看法。他发现，面试官通过 4 次面试就可以有 86% 的自信确定是否聘用某个人。4 次面试之后的每一次面试仅可提高 1% 的效用，所以不值得为此既浪费谷歌人的时间，又让应聘者饱受煎熬。因此我们推行了“4 次准则”，限定应聘者现场面试的次数（尽管我们允许个别情况下出现特例）。单单这一项改变就将面试的中位时间从以前的 90~180 天降低到现在的 47 天，为我们的员工节省了数十万小时的时间。

直到今天，我们从未认为自己每次做的都是对的。我们会重新查看被拒绝的应聘者的申请，评估我们是否犯了错误，加以改正，并吸取经验。我们的“再访项目”首先会将某一特定职位（比如软件工程师）所有在职的员工简历通过某种算法找出最常见的关键词。其次由精心挑选的一组招聘人员和管理人员审阅并补充关键词列表。比如，如果 IEEE（the Institute of Electrical and Electronic Engineers，电气与电子工程师协会）成为一个常见的关键词，他们或许就会将其他专业协会的名称加入其中。然后通过另外一种算法运行更新之后的关键词列表，在过去 6 个月的应聘者中寻找合适的人，根据每个关键词在成功和不成功的简历中出现的频率分配一定的权重。最后，我们对之后 6 个月投来的简历按照分配权重的关键词进行评分，重点标明被拒的高分应聘者，以便我们的招聘人员能够再次核查。2010 年，我们通过这个系统对 30 万份被拒的软件工程师简历做了筛选，再访了 1 万名应聘者，从中聘用了 150 人。为了聘用这 150 人，做这么多工作好像有些过于劳师动众，但是 1.5% 的聘用率是我们 0.25% 的总体聘用率的 6 倍。

我们不仅从应聘者的角度来看招聘工作，面试官也会收到反馈意见，评价他们在预测某人是否应该被聘用方面的能力。每一位面试官都能看到过去自己的面试评分记录，以及被面试人是否被聘用（见图 5-2）。这样一来面试官就能知道他们对潜在谷歌人的评估是否恰当，督促他们回顾之前的面试笔记，发现其中的错误或疏忽。此举也可以使后来审核每一位应聘者信息包的审核人了解某一位面试官的面试意见是可靠的还是应该忽略。

应聘者分数：3.9
面试官：销售经理克雷格 · 鲁本斯
面试官经验：总计 117 次面试，111 次现场面试

最近一次面试
4 月 23 日上午 11:30（东部夏令时）——现场
4 月 23 日下午 4:18（东部夏令时）——反馈意见收讫

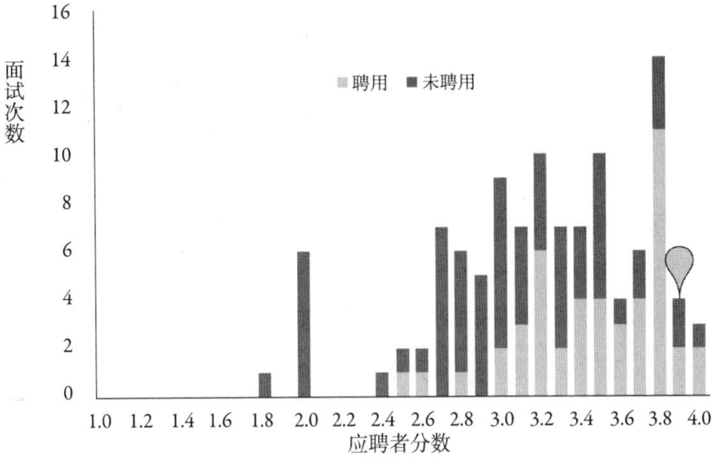

图 5–2 面试官的说明性反馈

版权归谷歌所有

六大举措保证招聘质量

到目前为止，我们谈论的重点在于寻找应聘者和面试，但这只是招聘流程的两个部分。表面上看来，所有组织的招聘流程都是一样的，都非常无聊：发布招聘公告、收简历、审阅简历、面试、聘用。听着就要打瞌睡了。

再深入一些研究就会发现，谷歌采用的招聘方式从应聘者申

请一项工作之后就开始出现很大不同（见图 5-3）。我们的筛选过程分为 6 个独特的部分，目标在于保证招聘的质量标准，确保我们做出的决定尽可能不存在偏见。

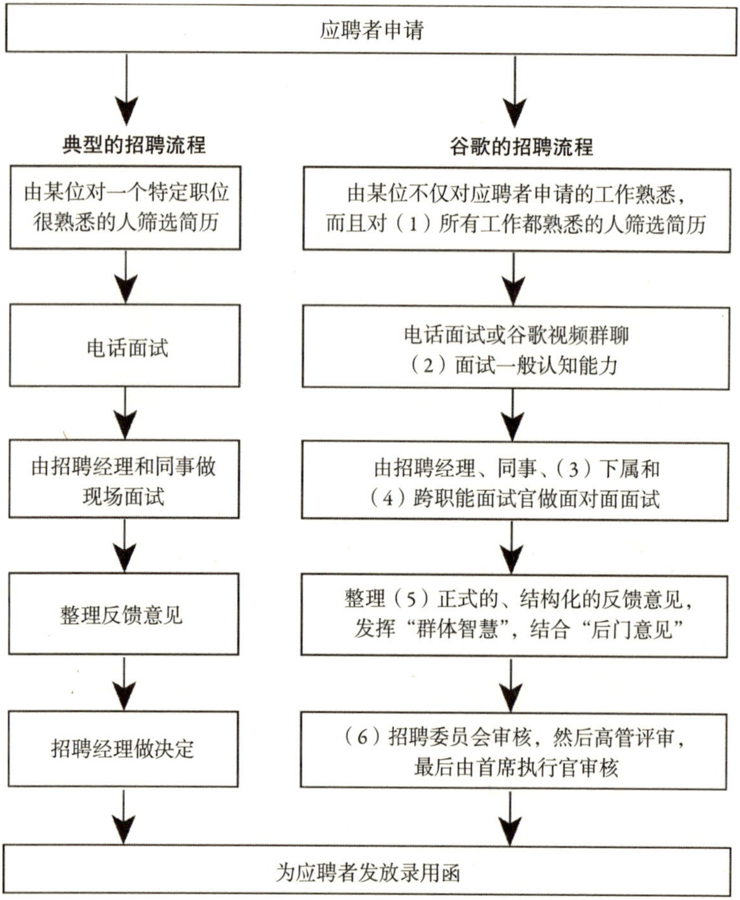

图 5-3　典型的招聘流程与谷歌的招聘流程对比

版权归谷歌所有

第一，评估工作不是由部门经理完成，而是由专职的招聘人员展开。我们的招聘人员是简历分析专家，如果你要接收全球100多个国家发送来的简历，这种能力就非常重要。比如，在评估大学生的时候，GPA应该是一项重点考虑的因素，但是对于来自日本的申请者却不是这样。在日本，大学录取主要依据全国考试的成绩决定，因此高中生极度重视这些考试，为了取得好成绩，他们会连续数年每周课后用15~20个小时的时间参加juku（在日本为学生参加大学入学考试做准备的课后特别辅导班）。但是，一旦拿到一所名牌大学的录取通知书，日本学生就会彻底抛开成绩。从以往的经验来看，这些学生会享受juku和单调的sarariman（“上班族”的术语之一，用于形容过去日本遵守规则、以一而终、进阶缓慢的工作一族）生活之间最后一点儿嬉戏时光和自由。将日本大学成绩作为招聘参考依据几乎没有任何用处，但是了解到某个人读的是哪所大学则很有帮助，至少在聘用刚刚毕业的学生时有效。

我们的专业招聘人员对谷歌内部的众多工作岗位都很熟悉，这着实算得上是一项很强的能力，因为我们当前的业务包括搜索、自动驾驶汽车、未来眼镜、光纤网络服务、制造业、影视工作室和风险投资等多个领域。招聘人员能够做到这一点非常重要，因为当某人申请我们公司的一个职位时，他们并不了解我们公司的一切。事实上，多数公司负责不同部门招聘工作的招聘团队也是不同的。被某个部门产品管理工作拒绝的人可能很适合另一个部门的市场营销工作，但是如果两个部门的招聘人员互相不沟通，这名应聘者就不会得到机会。在谷歌，申请安卓产品经理工作的人被拒之后还可能成为通信公司销售职位的有力人选。我们的招聘人员有能力引导应聘者在全公司范围内找到较为适合的岗位，这要求招聘人员既要知道公司所有的工作种类，还要了解每种工作的职责。如果当前没有合适的工作，招聘人员会做好记录，以便后续跟进，在未来有合适的工作机会时，提供给强有力的应聘者。

筛选简历之后，进入我们招聘流程的第二步，远程面试。远程面试比现场面试要难很多，因为这样很难建立互动和捕捉非语言的细节。电话面试对于那些英语不流畅的人（谷歌的公司用语言为英语）尤为困难，因为通过电话很难表达清楚。我们更喜欢使用谷歌视频群聊，可以进行视频交流，也可以利用屏幕和白板分享，这样应聘技术岗位的人和面试官就可以一同编写和审核软件代码了。视频群聊不需要特别的设备，也不需要会议中心或下载什么软件。应聘者只需要登录 Google+，接受弹出邀请，加入视频群聊，即可开始一段视频会议。利用视频群聊还可以降低成本，因为远程面试的费用远低于现场面试，而且节省了应聘者和谷歌人的时间。我们招聘人员经历过数百次这样的远程面试，相比那些或许只经历过一两次远程评估的普通招聘经理，优势明显。

安排专业人员做最初的远程评估同时还意味着可以预先对最重要的招聘特质进行有效、可靠的筛选。通常应聘者解决问题的能力和学习能力都是在这个阶段进行评估的。我们提早完成这部分工作，这样后面的面试官就可以重点关注其他特质，比如领导力和适应不确定性的能力。

此外，在面试过程中出现意外状况时，专业招聘人员要知道如何处理以化解尴尬。比如有一位应聘者把母亲也带到了面试现场。还有一位应聘技术岗位的应聘者忘记束腰带，每次转身在白板上写代码的时候裤子都会掉。我们经验丰富的招聘人员帮他解了围，把自己的腰带给了他。

我参加其他公司的几次面试都见到了潜在的老板和几位未来的同事，但是我几乎没有见过可能在我手下工作的人。谷歌则将这种方式倒置。你很可能会遇到未来的经理（如果可能的话——有些比较大的工作群体，比如“软件工程师”或“财务策略师”等的招聘经理不止一位）和同事，但是更重要的是与一两名将要为你工作的人会面。从某种意义上讲，他们的评估比其他人都重要，毕竟他们要与你朝夕相处。因此说来，我们所用流程的第三步关键不同之处就是有下属对潜在的雇员做面试。此举向应聘者传递出谷歌没有等级划分的强烈信号，同时有助于防止任人唯亲，避免经理聘用老朋友来组建新团队。我们发现，非常优秀的应聘者可以使手下深受鼓舞、兴奋异常。

第四，我们还补充了“跨职能面试官”，即与应聘者竞聘的岗位没有任何关联或关联很少的面试官。比如，我们或许会请法务部或负责广告产品设计的广告团队成员来面试潜在的销售人员。此举旨在提供公正的评估：从不同职能部门来的谷歌人不会特别在意某个职位是否空缺，但会强烈期望保持招聘工作的高标准。而且他们相对不容易犯“薄片”错误，因为他们与应聘者的共同点要少于其他面试官。

第五，我们采用了一种彻底颠覆的方式给应聘者编写反馈意见。我们讨论过面试反馈意见必须包含几项重要的特质，还采用“后门意见”作为参考资料。此外，我们会平等地看待每个人对应聘者的反馈意见。下属的反馈意见与招聘经理的反馈意见同等重要，甚至更重要。托德的研究显示，面试的最优次数为 4 次，而单个面试官的评估报告本身并没有太大的帮助（见图 5-4）。

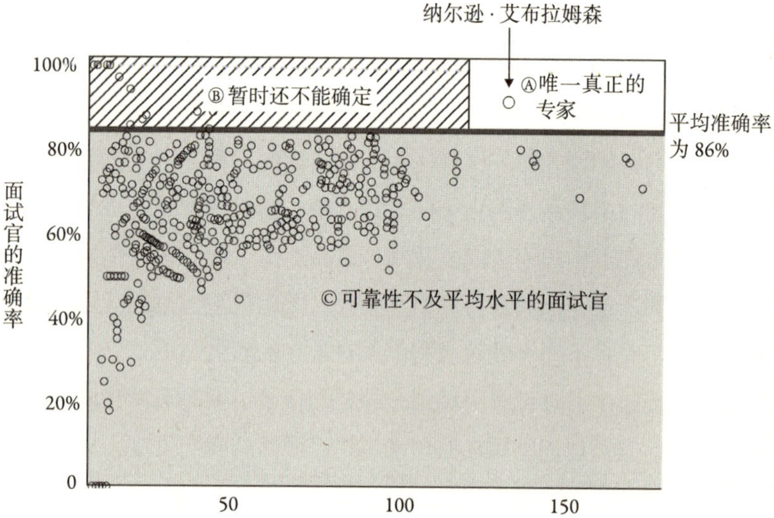

图 5-4　每个面试官完成的面试次数散点图

这是一张展示个体面试准确率与平均面试分数 86% 准确率对比的散点图（每一个点代表一位面试官）。面试官准确率是指面试官希望聘用的应聘者中真正得到聘用的比例。A 组包括纳尔逊 · 艾布拉姆森，他是唯一战胜群体智慧的人。B 组中的面试官看似比一般人水平高，但是所做的面试次数尚有不足，无法通过统计数据证明是其技能高超还是仅仅因为运气好。多数个体都要低于“群体”的平均准确率，落在 C 组。

平心而论，在这方面唯一称得上专家的谷歌人是纳尔逊 · 艾布拉姆森，就是散点图右上角那个孤零零的点。但是托德经过深入研究之后发现，纳尔逊有着他人无法比拟的优势。他在我们的数据中心工作，这里是一个全球网络服务器，能够快速获取互联网副本，几毫秒内就能得到搜索结果。这个角色需要有非常特别的技能组合，而他面试的人也都做这些工作。此外纳尔逊还是谷歌第 580 号员工，因此有非常丰富的经验。但是这是我们分析的 5000 个现场技术面试案例中唯一一个特例。

与其他情境相似[a]，群体智慧在做招聘决策时也同样适用。

因此，我们依然报告每位面试官面试的反馈分数，但是更多强调的则是平均分数。[92] 采用这种方法可以避免某个人排挤应聘者的情况，同时还可以限制帮助某位应聘者游说的可能。

第六，我们依靠没有利益相关性的审核人。除了采用结构化的面试题、招聘时关注应聘者的一些特质之外，我们还会刻意为每一名应聘者安排至少三重审核。招聘委员会首先审核，决定是否推荐某位应聘者继续参加面试。比如，在人力运营部，招聘委员会由负责我们团队主要板块的多位主管和副总裁组成。招聘委员会成员在应聘者将要进入自己团队时要主动退出评审。他们要审阅一个应聘者信息包，每个应聘者信息包有 40~60 页文档。图 5-5 选取了其中一些关键因素。

如果招聘委员会拒绝了应聘者，招聘流程便就此结束。如果他们支持一位应聘者，他们的反馈意见就会补充到应聘者信息包中，而后递交高管评审。在每周例会上，我们高管中的某几位会对每周的应聘者做另一层次的客观评估。有时我们一周有 300 多

a. 比如，密歇根大学的斯科特·佩奇的研究表明，人们对奥巴马总统金融团队将要施行的金融市场政策的猜测，其准确性比美联储的一小批经济学家的分析要更准确。根据电视真人秀《谁想成为百万富翁》前主持人里吉斯·菲尔宾所说，在节目中，询问观众时得到的答案有 95% 是正确的。谷歌的网页级别—— 一种确定搜索优先顺序的算法——在很大程度上也是依靠群体智慧。

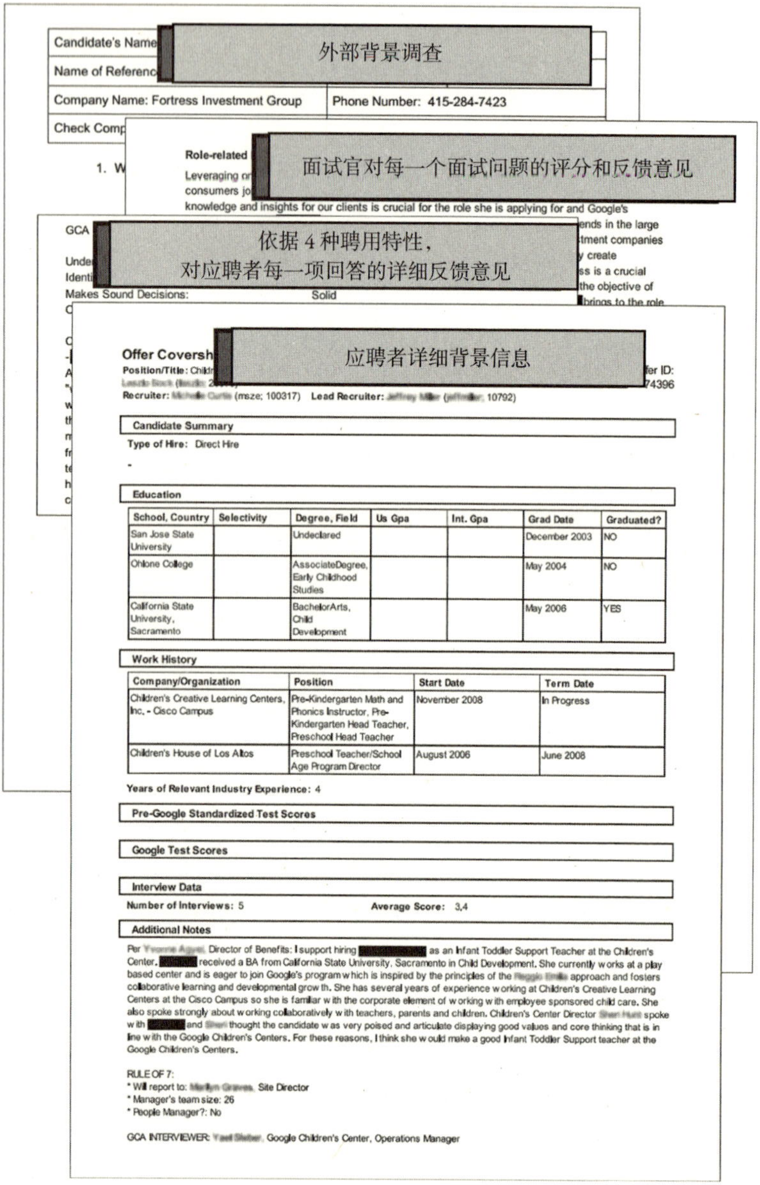

Candidate's Name
Name of Referenc
Company Name: Fortress Investment Group | Phone Number: 415-284-7423
Check Comp

1. W

Role-related
Leveraging o
consumers jo
knowledge and insights for our clients is crucial for the role she is applying for and Google's
...ends in the large
...tment companies
...y create
...ss is a crucial
...the objective of
...brings to the role

GCA
Unde
Identi
Makes Sound Decisions: Solid

Offer Coversh
Position/Title: Child
[illegible] 2
Recruiter: [illegible] (msze; 100317) Lead Recruiter: [illegible] ([illegible], 10792)
...fer ID:
...74396

Candidate Summary

Type of Hire: Direct Hire

-

Education

School, Country	Selectivity	Degree, Field	Us Gpa	Int. Gpa	Grad Date	Graduated?
San Jose State University		Undeclared			December 2003	NO
Ohlone College		AssociateDegree, Early Childhood Studies			May 2004	NO
California State University, Sacramento		BachelorArts, Child Development			May 2006	YES

Work History

Company/Organization	Position	Start Date	Term Date
Children's Creative Learning Centers, Inc. - Cisco Campus	Pre-Kindergarten Math and Phonics Instructor, Pre-Kindergarten Head Teacher, Preschool Head Teacher	November 2008	In Progress
Children's House of Los Altos	Preschool Teacher/School Age Program Director	August 2006	June 2008

Years of Relevant Industry Experience: 4

Pre-Google Standardized Test Scores

Google Test Scores

Interview Data

Number of Interviews: 5 Average Score: 3,4

Additional Notes

Per [illegible] Director of Benefits: I support hiring [redacted] as an Infant Toddler Support Teacher at the Children's Center. [redacted] received a BA from California State University, Sacramento in Child Development. She currently works at a play based center and is eager to join Google's program which is inspired by the principles of the [illegible] approach and fosters collaborative learning and developmental growth. She has several years of experience working at Children's Creative Learning Centers at the Cisco Campus so she is familiar with the corporate element of working with employee sponsored child care. She also spoke strongly about working collaboratively with teachers, parents and children. Children's Center Director [illegible] spoke with [redacted] and [illegible] thought the candidate was very poised and articulate displaying good values and core thinking that is in line with the Google Children's Centers. For these reasons, I think she would make a good Infant Toddler Support teacher at the Google Children's Centers.

RULE OF 7:
* Will report to: [illegible], Site Director
* Manager's team size: 26
* People Manager?: No

GCA INTERVIEWER: [illegible], Google Children's Center, Operations Manager

图 5-5　应聘者信息包（节选）

名应聘者，有时不到 20 名。在这个阶段，应聘者或被推荐聘用，或被拒绝，或被要求提供更多信息，通常此时会进一步测试应聘者某一方面的特性或是考虑应聘者被聘用的可能性大小。在这个阶段拒绝应聘者最常见的原因是什么呢？文化。[a] 尽管谷歌人持各种政见的都有，但是信息透明和真正的话语权等企业文化却被广泛认同，这也是我们公司经营的核心。恰如杰夫·胡贝尔最近对一位应聘者的评论所说："这是一个很了不起的应聘者，他技术面试评分很高，非常聪明，完全能够胜任工作，但是特别傲慢，没有一个面试官希望他加入自己的团队。这是一个了不起的应聘者，但是不适合谷歌。"

如果高管评审之后表示支持，这些应聘者的报告就会作为每周推荐聘用人员送交拉里审核。报告中包括每名应聘者的详细信息包的链接，还包括各级评审对每名应聘者的总结、反馈意见和推荐意见。拉里给出最多的反馈意见是应聘者或许没有达到我们的聘用标准，或是材料中体现出的创造性还不够好。比反馈意见更为重要的是，拉里向公司传递出信息：招聘工作是最严肃的事情，我们有责任继续做好这项工作。新入职的谷歌人听闻拉里亲自审阅过他们的求职申请时，总是会喜出望外。

如果按照传统的招聘流程，我们可以在一两周内完成一个招聘流程，而不是像今天一样用上 6 周时间。在必要的情况下，我们也有能力加快招聘速度——每隔几周的时间，我们都会为那些已经拿到其他公司的录用函但如果不迅速回应就失效的应聘者进

a. 此处的文化特指本章前文中介绍过的一些特质，包括责任心、能够接受模棱两可的状况等。同时还指拓展谷歌人的类型，避免出现同质化。

行一次快速招聘，[a] 我们还在美国和印度的大学校园里开展过为期一天的招聘活动，测试能否提高我们的招聘成功率。至今为止，快速的招聘流程并没有实质性地提高应聘者的应聘体验，也没有提高应聘者接受我们工作邀请的比例，因此我们的关注点仍然是探寻方法聘用我们可能忽略掉的人，而不是加快招聘流程。

你可能会好奇这样做会不会用去谷歌人很多的时间，确实会的。

但是并没有你想象的那么多。有 4 个原则可以帮助最小的团队在招聘工作上有非常大的提升。

a. 这种录用函被称作“爆炸录用函”（exploding offers），因为如果不在限定日期内接受邀请，就会失去录用机会（爆炸）。这种录用函在应届生招聘中常用，但当下在硅谷越来越盛行。我认为这种做法在应聘者身上强加了很多不公平的压力。应聘者本应自由地做出最有利的决定，不应承受任何胁迫。毕竟，公司有很多员工，但是每个人只能做一份工作，所以这份工作应该是一份心甘情愿去做的工作。

时任哈佛大学教授罗伯特·J. 罗宾逊在其 1995 年发表于《谈判杂志》的《拆除爆炸录用函：远点策略》一文中介绍了应对爆炸录用函的方法。文章题目参考了《星际迷航：银河飞龙》中一个称作“远点相遇”的片段。进取号星舰船长被外星人法官判刑，这名法官对警卫说：“士兵们，如果这个罪人说出‘有罪’之外的一个词，你们就扣动手枪扳机。”他问皮卡德船长的下一个问题是：“罪人，你要如何为自己辩护？”皮卡德这样回答：“有罪……暂时的。”鉴于皮卡德既非有罪（“暂时的”），也没有死，这种胁迫的困境自然而然就崩解了。

罗宾逊的巧妙想法就是用同样的方法应对爆炸录用函：“我接受，暂时的。”策略就是提出一种合理的状况（比如，“除非我能够与未来的上司见面”“除非我没有从正在等待消息的公司处得到更好的录用条件”），解决截止日期问题。“一旦截止日期问题解决，”罗宾逊认为，“威胁的真实性也就打破了。”

在公司员工数量达到 2 万人之前，多数谷歌员工每周用在招聘工作上的时间是 4~10 小时，我们的高管每周很容易就要用上一整天时间，所有高管加起来每年有 8 万 ~20 万小时要用在招聘工作上。这其中还不包括我们的专职招聘人员所用的时间。这些时间的投入是公司快速成长所必需的，也确保我们在招聘质量上没有将就。而且说实话，这在当时已经是我们竭尽全力的结果。我们用了数年的时间研究和实验，找出了高效的招聘方法。

2013 年，谷歌大约有 4 万名员工，尽管我们的招聘工作量是公司员工 2 万人时的近 2 倍，谷歌人平均每周用在招聘上的时间却降为 1.5 小时。我们将谷歌人用在每一位应聘者上的时间减少了 75%。我们还在继续努力降低这个时间，并学着更高效地管理招聘团队和他们的时间。

但是至今为止，最好的招聘技巧莫过于有一批核心的优秀人才。乔纳森·罗森伯格以前总是在办公室里放 200 份谷歌人的简历。如果一名应聘者对是否加入谷歌持观望态度，乔纳森就会把这一堆简历放到他面前说："你一定要与这些人共事。"这些谷歌人教育背景各异，有很多来自全球最好的学校；有的开发出具有开创性的产品和技术，比如脚本语言、数据块定位（BigTable）和映射规约（MapReduce）；有的曾在最具有开创性的公司供职；有的是奥林匹克运动员、图灵奖和学院奖获得者、太阳马戏团表演者、魔方冠军、魔术师、三项全能选手、志愿者、老兵，以及做过你能想象的各种炫酷事情的人。应聘者总是会问乔纳森是否刻意挑选出这些简历，而乔纳森则会真诚地告诉应聘者，这些简历是从那些制造谷歌产品的谷歌人中随机挑选的。他每次都能留住应聘者。

说到这里，我们到底是如何打造自我复制的招聘机器的呢？

- 设定高质量标准。进行招聘之前，确定你所期望的一些特质，定义何谓伟大的团体。首要准则是只聘用比你更优秀的人。不要将就，永远不要。
- 寻找你自己的应聘者。领英、Google+、校友录和职业协会使这项工作变得简单明了。
- 客观地评估应聘者。请下属和同事参与到面试中，确保面试官做好记录，请一组不存在偏见的人做最终的招聘决定。定期回顾那些笔记，将笔记与新员工的表现做对比，优化自身的评估能力。
- 给应聘者一个加入的理由。清楚地解释为什么你们所做的工作很重要，请应聘者了解将要与之共事的突出人才。

写出这些内容很简单，但我根据自己的经验可以告诉你，要把这些真正落实在行动上很难。经理恨死了不能自行聘用团队成员；面试官也很难忍受他人指指点点，按照某种特定的形式进行面试或写反馈意见。在违背直觉的数据面前，人们都会有不同意见，会争辩是不是每一份工作都需要设定如此高的标准。

不要屈服于压力。

为品质而坚持。

经常有人对我说：“我只是想要一名行政助理，只要能接电话、安排会议日程就可以。我不需要聪明人，只要一个能干活的人就行。”这是很糟糕的逻辑。一名出众的行政助理能对经理产生强大的影响力，帮助他们更好地安排时间，优化任务顺序，作为经理的脸面应对所有来访者。这些角色很重要，而一名普通的行政助理与一位卓越的行政助理之间有着天壤之别。我之所以知道这些，是因为我有幸与最优秀的行政助理汉娜·查共事过。

如果你致力于带领团队或所在组织走上转型升级之路，那么把招聘工作做得更好是唯一且最好的出路。这需要有意愿和耐心，但确实行之有效。要愿意使员工在招聘工作上投入时间，永不止步。

采用这种招聘方式还有另外一个好处：在多数的组织里，你要先加入，然后证明自己。在谷歌，我们对招聘流程的品质充满信心，因此员工一旦加入我们的团队，从第一天起就会得到我们的信任，成为我们的正式成员。

谷歌工作法则

- 设定高质量标准。
- 寻找自己的应聘者。
- 客观评估应聘者。
- 给应聘者一个加入的理由。

第六章

打造最幸福的公司

我们一直都担忧公司文化，但是公司大的好处在于，我们可以进行成百次的实验，探寻能够真正使谷歌人更幸福的做法。

拉斯洛·博克　谷歌首席人才官

你的经理信任你吗？我敢保证你的经理在你走进办公室的时候不会把自己的珠宝首饰藏起来。但是如果你认为自己应该得到升职的时候，你可以自己决定吗？如果你想每周用一天的时间去做一个编外项目或是为其他员工组织演讲，同时你也有办法把分内工作做好，你的想法能够实现吗？你可以决定请病假的天数吗？

同样重要的是，你信任你的经理吗？他会支持你，为你争取权利，帮助你完成工作吗？如果你想换一份工作，你能与他交流此事吗？

能做到上述几点的经理我们都喜欢，但只有少数人才能如此幸运。在谷歌，我们对管理人员一直保持着深深的怀疑态度。很多工程师都是这么想的：经理都是“呆伯特”（漫画中身居斗室的职场圈里的平庸之辈）式的人物，最多也只能保护员工免受见识浅薄的高层领导掣肘，让员工做些实事。

但是我们的氧气项目（Project Oxygen）——我们将在第八章详述——显示，经理其实做了很多好事。原来我们并不是对经理本身持怀疑态度，而是对权力以及以往经历中经理滥用职权心存深深的怀疑。

传统意义上的经理控制着你的薪水、升迁、工作量、岗位调配以及是否能有一份工作，他们的权力甚至触及你的夜生活和周末。尽管经理不一定会滥用这些权力，但是滥用的可能性依然存在。我们对恶霸老板的焦虑体现在影视、书籍等作品中，从《办公室》（*The Office*）中的迈克尔·斯科特到最近大量涌现的《论浑人》（*No A**hole Rule*）、《浑蛋先得手》（*A**holes Finish First*）一类书籍，不一而足（前一本教我们如何应对浑蛋，后一本教我们如何成为浑蛋——省略的星号是我加的，毕竟本书是一本老少咸宜的书）。

我在通用电气工作的时候认识一位高管，我们就叫她艾伦吧。艾伦在通用电气晋升很快，坐上了高管的位置。有一天早晨，艾伦匆匆走进办公室，在秘书的桌子上丢下一个纸袋子。“丽莎，能帮我往我的医生那里跑一趟吗？我得把大便样本送给他。”袋子里装的是艾伦早晨的“成果”，还热乎着呢。

艾伦不认为自己做的有什么错。她是一名高管，工作繁忙，由秘书去送排泄物可以使她的工作更有效率。

你或许听过“权力导致腐败，绝对的权力导致绝对的腐败”这句话。[93] 1887 年，阿克顿勋爵写下下面这段话，对领导权做出了深刻的剖析。这段话出自他与历史学家、英格兰教堂主教曼德尔·克莱顿的辩论，当时克莱顿正在撰写宗教法庭史，在某种程度上要为教皇和国王开脱罪责。阿克顿做了一段并不广为人知但更有力度的辩论：

> 你认为我们应该用与对待常人不同的标准来评判教皇和国王，心怀善意地假设，认定他们不会犯错，此点我不敢苟同。如果要做假设，也应该认为掌握权力的人是恶的，权力越大，恶念越深……伟人多数是恶人，即便他们不滥用权力，而只是施加影响力；如果你再考虑到权力带来腐败的可能性或必然性，他们的恶会更甚。官方宣扬掌权者的圣洁无瑕是世上最无耻的异端邪说。这样做无异于……本末倒置。

阿克顿并非仅从学术角度表达了对权力带来腐败的一些观察见解，他是在大声疾呼，掌权者应具有比普通人更高的道德标准。

在此背景之下，艾伦的行为就不那么奇怪了。毕竟，她难道不是通过努力地工作，做出了牺牲才坐上高管的位置吗？她这么忙，如果秘书能够帮她节省哪怕 15 分钟的时间，对通用电气也是有益的，因为艾伦可以将宝贵的时间用于为股东创造更多的价值，对吧？如果说要秘书帮忙的事情从工作事务变成私事呢？嗯，艾伦不也经常利用私人时间为通用电气工作吗？帮她处理私事与帮助她处理工作事务也没什么不同，对吧？

错。经理并非坏人。但是我们每个人都可能为贪图便利或为享受权力带来的小刺激而滥用权力。

与此同时，创造等级制度的责任并非全在经理，员工也经常创造自己的等级制度。

我们在谷歌面临的挑战中有一点是我们希望谷歌人像主人翁一样，而不是像雇员一样去体会、思考和行动。人类总是倾向于遵从权威，寻求等级划分，关注局部利益。回想一下你参加过的会议，我敢打赌，级别最高的那个人总是坐在会议桌的上首。是因为他们匆匆地从一间办公室冲到另一间办公室，抢先来到会议室，才占到这个最好的位置吗？

下次仔细观察一下，随着参会者陆续到场，他们会刻意将上首的座位空着。此种现象证明了我们一些不自觉的微妙举动创造了等级制度。没有指示，没有讨论，甚至没有有意识的思考，我们就会为“上级”留出位置。

甚至在谷歌我也能看到这种现象，只不过有些许变化。我们最高层的一些领导者对这种现象也非常熟悉，并尝试打破这种状态，选择坐到会议桌某一侧的中间。我们的法律总顾问肯特·沃克就经常这么做。“从某种意义上讲，此举在于建立‘亚瑟王的圆桌’似的动态平衡——等级概念较模糊，更能吸引人们彼此交流，而不是逐个与我进行往复交流。”（尽管肯特也坦诚地承认这种做法也有其实际意义：“出现这种现象有一部分原因是我在白板上贴出了会议议程，由我坐在中心位置有利于我保持专注。”）

但是经过几次会议之后，人们又会习惯性地将那个位置空出来。

人类极其善于遵守规矩。2007 年之前，谷歌的招聘政策是“聘用尽可能多的聪明人”。2007 年，我们开始有了招聘预算制度，因为我们聘用的人数已经难以消化。如今每个团队每年的招聘人数都有了限制。因为工作岗位成了稀缺资源，所以需要有所保留，谷歌职位从原本的富足状态转变为当时的紧缺状态，谷歌人调整之迅速令我震惊。职位空缺的时间比以往更长，因为各个团队要确保他们聘用的是最优秀的人。内部调岗变得更加困难，因为他们需要腾出一个岗位。

现在的状况好了一些。我们改变了一些规则，解决了一些挑战，以便在必要时某些团队可以适当超支，比如，如果谷歌人想从另外一个团队换岗。多数部门领导还会预留一部分预算，这样就能随时为非同寻常的应聘者留出空间。但是当时最令我震惊的是，即便在这样一家给员工如此多自由的公司，一个简单规则的推出竟然也对员工行为造成了如此巨大的改变。

最优秀的谷歌人会有自己的判断，在合情合理的时候打破规则。举一个简单的例子，我们规定谷歌人每月只能带两位客人来我们的餐厅。如果某人偶尔带上父母和孩子来也没问题，他们偶尔一起享受一段快乐的经历比遵从规则要更好。

现在说到预算的问题就好像有些不同了。设定预算的目的在于使用资金要控制在预算内，但是在谷歌总要为真正非凡的人留出空间，即便超出预算也在所不惜。然而我们很多人内心固化了对规范的尊重，感觉超预算好似革命性的大事。

20 世纪 60 年代，斯坦利 · 米尔格拉姆于耶鲁大学做的一系列饱受争议的实验也证明了同样的道理，只不过他的实验更极端。米尔格拉姆当时正在探寻一个问题：为什么会发生大屠杀？为什么数百万人被屠杀，整个社会对此并没有表现出怨恨，而是或消极或积极地支持这种行径？人类难道如此容易受权威左右，甚至能做出极度有违人性的事情？

他的实验是以记忆实验的形式展开的，实验对象被要求对隐藏的“学习者”进行电击，以惩罚学习者未能记住所学的单词。学习者每失败一次，实验对象就被要求扳动开关，将电压提升 15 伏，电压强度从 15 伏到 420 伏，还有最后两挡标着 ×××，分别对应 435 伏和 450 伏。电压每提升一次，实验对象就会听到学习者喊叫的声音，到后来喊叫声变为尖叫声。300 伏时，学习者开始撞墙，诉说心脏难受。升到 315 伏之后，学习者会陷入沉默。如果实验对象拒绝继续扳动开关或将电压调到 450 伏——在几次实验中，电压会调高三倍——实验将结束。要知道，电击 30 次才能达到这么高的电压。

在米尔格拉姆的第一次实验中，40 名男子作为实验对象。其中 26 人一直将电压调高到 450 伏。21 次电击之后，学习者陷入彻底的沉默。然而，仍然有 65% 的参与者按照指令行事，即使在学习者完全没有任何反应之后，依然实施了 9 次电击。没有一直做到最后的 14 名实验对象中，也没有一个要求中途停止实验，甚至没有一个人未请求许可便去检查受害者的状况。[94]（在此有一个关

键的事实需要说明，就是没有人真的受到电击。扳动的开关没有任何效果，尖叫都是预先录下来的。）[a]

经理都倾向于累积和运用权力，员工都倾向于服从命令。

不可否认的是，我们很多人都同时扮演着经理和员工两个角色。我们都遇到过控制欲很强的经理，也遇到过不服从管理的员工，这样的挫败感我们每个人都曾有过。

这时你或许会想，哇，突然有种暗无天日的感觉。

还有希望。

a. 米尔格拉姆的实验经常只是被顺带提及，但是其中一些细节得以公之于众。他在实验中至少尝试了 19 种变量。实验 8 中只有女性参与者。顺从命令的结果与男性实验对象一样，只不过女性实验对象的紧张程度更高。米尔格拉姆报告称，不论性别，“很多实验对象在实验环境下表现出紧张迹象，特别在实施强度较大的电击时尤为明显。实验对象在很多情况下极其紧张，紧张程度在社会心理学实验研究中很少看到。实验对象出现出汗、颤抖、结巴、咬嘴唇、呻吟、用指甲抠肉等表现。上述行为在该实验中并非特例，而是正常表现……尽管顺从的实验对象继续实施电击，但是他们经常在极大的压力下完成指令。有些实验对象在电击电压超过 300 伏之后表达了不愿继续实施电击的意愿，表现出与那些反对实验者类似的恐惧；但他们还是服从了”。资料来源：Stanley Milgram，“Behavioral Study of Obedience,” *Journal of Abnormal and Social Psychology* 67,no. 4 (1963): 371–378。

米尔格拉姆对实验参与者进行了跟踪调研，以评估实验对他们有没有长期影响。令人惊奇的是，竟然有 84% 的参与者“非常高兴”或“高兴”参与了实验，另有 15% 的人表示无所谓。有一封实验参与者的信经常被引用，米尔格拉姆在《对权威的服从》(*Obedience to Authority*) 一书中也做了引用，信中解释了这个实验让参与者有了自我觉悟，能够意识到自己是如何做决定的，而这种做决定的方式在以往已经存在却不曾被发现：“我在 1964 年作为实验对象时，尽管知道正在伤害某个人，却完全弄不清自己为什么要这么做。很少有人能够分清自己是根据意愿而行动还是仅仅遵从权威的命令。”[95]

“你的经理信任你吗？”这是一个非常深刻的问题。

如果你相信人性本善，如果你所在的组织能够很好地完成招聘工作，给员工以自由，就没有什么好担心的。

要记住“极乐空间”（asylum）的本意为“避难之所”（a place of refuge）。人们对工作环境心存崇高的渴望，希望这里能成为一个避难之所，人们在这里可以自由地创造、塑造和成长。为什么不让人们自己来经营这个极乐空间呢?

授权于大众的第一步就是要保证人们能够安全地发表意见。俗话说“枪打出头鸟”，就是警示人们不要随便发表评论。

正是出于这个原因、我们才尽可能削弱经理的权力。他们拥有的正式授权越少，就越难利用胡萝卜加大棒的政策辖制团队，这个团队的创新范围便会越广阔。

消除地位象征

我们讨论过，在谷歌，经理不能独自做出聘用决定，而在接下来的章节中，我将分享我们也不允许经理未经共同决策便做出薪酬和升职决定。然而，想要创造出授权于员工的环境，使员工有主人翁的感受，像主人翁一样行动，单单在招聘和升职管理上采用创新的方法是不够的。为了减轻人类内在寻求等级划分的倾向，我们尝试消除显示权力和地位的象征符号。比如，出于实际考虑，我们在谷歌只有 4 个明确的级别划分：普通员工（独立贡献者）、经理、主管（多位经理的经理）和高管。此外对技术员工还有一条平行的职业轨迹，他们整个职业生涯一直保持着独立贡献者的身份。在这些层级上的提升代表个人在洞察力、影响力和领导力方面的作用。人们当然关心升职的问题，而且升职为主管和高管是非常重大的事情。

公司规模比较小的时候，我们对两种级别的主管做了区分，级别较低的主管称作主管——技术类，级别较高的主管称作技术主管。我们发现，尽管只是头衔文字顺序的细微区别，也使人们对两种级别的不同有了固定认识，于是我们取消了这种区别。

随着公司的逐步壮大，要坚守信息透明的信条越来越难。我们曾经完全禁止使用的一些头衔又开始在公司里出现，比如包含“全球”或“战略”之类的头衔。我们禁止使用“全球”，是因为这是一个不证自明且有些虚浮的称号。除非明确说某项工作并非全球化的，难道不是每项工作都是全球化的吗？“战略”也同样有些虚浮。孙子是一位战略家，亚历山大大帝也是一位战略家。我有很多年一直被称作所谓的战略顾问，我敢说在一个头衔里加入“战略”一词是吸引应聘者的好办法，但是对工作的性质不会有什么改变。我们在招聘的时候特别注意头衔的监管，但是无法持续清理雇员信息库，管理员工加入团队之后给自己命名的头衔（在谷歌，你可以自己选择头衔）。我们只是希望通过努力将头衔的影响力降到比在其他地方更低。

我们在第四章提及的捷波朗公司的兰迪·纳福利克给我讲述了他是如何将降低头衔关注度的实践影响到其他公司的。他对我说，这种做法并非适用于所有人：“在谷歌，领导地位与头衔并不画等号。我经常给表现最好的一些员工做领导的机会，帮助他们学会不受头衔权威影响的领导艺术。久而久之，将这些领导者安排到人员管理的岗位上就变成了非常简单的工作，因为他们已经完全学会了如何激发领导力、激励追随者，以及促成同事之间做出决定。我在捷波朗从另外一家科技公司聘用一位人力资源商业合伙人的时候也尝试了类似的方式。我向他解释，头衔应该附属于领导力。最初几周他一直因为这件事耿耿于怀，他问：'如果没有头衔，我怎么安排他们工作？' 他在公司里熬了不到6个月。"

此外，我们还消除了其他象征或强化等级划分的方面：我们最高级别的高管获得的福利、额外津贴和资源与新员工是一样的。我们没有高管餐厅、停车位或补贴。我们在2011年引入了一项递延酬劳项目（谷歌管理投资基金），谷歌人可以将富余的钱投给我们的金融财务部，当时我们决定不仅允许高管参与，而且让所有人都可以参与，这与大多数公司的做法都不相同。在欧洲，通常高管可以拿到车辆津贴，我们则为所有员工发放，同时还会控制最高级别高管的福利水平，确保公平。有些人因此抱怨，但是在我们看来，使福利惠及所有人比遵从行业惯例更重要。

如果你想要建立没有等级划分的工作环境，就需要时刻把公司的价值观放在醒目的位置，否则，人的本性就会不可避免地显露出来。象征符号和故事很重要。曾任杰拉尔德·福特总统新闻秘书的罗恩·内森分享了一个有关他的上司领导方式的故事："他养了一只狗，名叫自由。自由在总统办公室地毯上方便了一下，有一位海军服务人员立刻冲上前去清理。福特说，'我来清理。让开，我来清理。自己的狗要自己管，不应该让别人收拾'。"[96]

这个故事之所以如此令人动容，是因为美国权力最大的一个人不仅明白自己的个人责任，而且还能领会亲身践行的象征意义。

这也是帕特里克·皮切特上班时身穿牛仔裤、背着橙色背包而不是西装、公文包的意义所在（见图6-1）。是的，他是谷歌的首席财务官，工作繁杂，要平衡谷歌对“登月计划”（谷歌内部对 Google X 的叫法，但也包含部分 Google X 之外的重大项目）的巨大抱负，确保公司的财务状况得到良好的管理。但是同时他又平易近人、热心肠，管理也人性化。当他骑着自行车在我们的园区内飞驰而过时，他向谷歌人展示出，即使我们最高级别的高管也是普通人。

图 6-1　帕特里克（左）和我骑着他的一辆自行车

感谢布雷特·克罗斯比拍摄此照片

依靠数据做决策

除了将权力所带来的地位象征和矫揉造作最小化之外，我还会依据数据做决策。奥米德·科德斯塔尼在来谷歌之前供职于网景公司。奥米德自己是这样说的："网景公司传奇首席执行官吉姆·巴克斯代尔在一次管理会议上说，'如果你掌握了事实，拿出来，我们会采用。但是如果你只是有想法，那还是用我的吧'。"

巴克斯代尔做此评述的语气既有趣又有些专横，但由此可以窥见大多数成功管理者的思维方式。毕竟，他们能够成为管理者是因为已经证明了自己的判断力（希望如此），那么我们为什么不依靠他们的判断呢？

同时，巴克斯代尔的话也强调了我们每个个体都掌握着很多机会。依靠数据——真的，要期望每一段对话都以数据为根基——颠覆了传统管理者的角色。管理者从负责提供直觉的人转变为搜寻真相的引导者，每个决策都依据最有用的事实做出。从某种意义上讲，每一次会议都好似黑格尔辩证法，会议主持人宣布主题，参会人提出反对意见，驳斥观点，质疑实例，并检验最终的决定是否正确。结果将是一个综合体，相比独断专行的公告，这样做更能接近真实。谷歌坚持的核心准则中一直都有一条："不要要政治手腕。用数据说话"。

正如哈尔·瓦里安对我说过的："依靠数据可以帮助所有人摆脱困境。高管不应把时间浪费在争论某个广告背景用黄色好还是蓝色好，只需做一次实验。这样管理层就能得到解放，他们只需操心那些难以量化的事情，这样通常能够更好地利用他们的时间。"

我们利用数据（证据）规避流言、偏见和旧式的刚愎自用。其中一种方法就是打破流言。[在此要对亚当·萨维奇和杰米·海尼曼主持的一档极好的电视节目《流言终结者》（*MythBusters*）

说声抱歉，他们在节目中这样测试一些流行文化见解是否真实：“存在从恶魔岛监狱中逃脱的可能性吗？”答案是存在。“如果正在下雨，奔跑或步行，哪一种会湿得更厉害？”答案是步行。]我们受这档电视节目的启发，开始尝试在公司内部测试一些流言，并尽我们所能揭穿流言。

人们会针对组织内部各种事情如何运作做各种假设——实际上只是猜测。这些猜测多数都是源自样本偏差。有关样本偏差教科书级的案例就是亚伯拉罕·沃尔德在二战时期的一项研究。匈牙利数学家沃尔德是统计研究小组成员，该小组位于哥伦比亚大学，在二战期间接受美国政府安排的统计任务。当时军方向他咨询如何提高轰炸机的存活率。沃尔德分析了完成轰炸任务返航的飞机机体上弹孔的分布，以此确定机体需加强装甲的位置。根据美国国家二战博物馆[97]提供的资料，他当时制作的图解如图6-2，右侧飞机机体上的暗色区域是弹孔最多的区域。

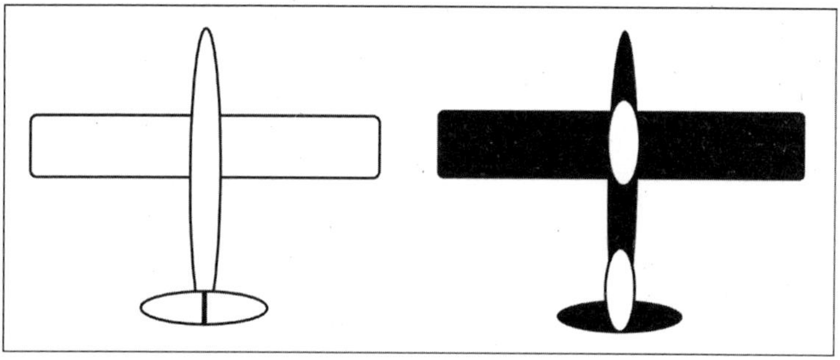

图6-2　沃尔德的轰炸机损伤图解

沃尔德的总结与人们的直觉恰恰相反，他认为驾驶舱和尾翼部分需要最大限度的加固。

他看过的样本只包括那些幸存的轰炸机，这些飞机的机翼、机头和机身被击穿。沃尔德意识到自己看到的是一个偏差样本：被击中驾驶舱和尾翼的飞机根本不可能返航，因此恰恰是这些部位最需要防弹加固。[a]

样本偏差令我们非常苦恼。比如，我们在 2010 年的年度员工调查中发现，很多技术人员认为谷歌没有对表现差的员工采取足够果决的行动。实际情况是，在一个 10 个人的团队中，9 个人都盯着同一个表现不尽如人意的人，并依此认为没有人采取任何措施帮助他们或解雇他们。他们没有看到其他类似规模的 5 个团队中没有一个表现差的，也没有意识到管理者和人力运营部的人早就了解了实际情况并在幕后处理了这些问题。这属于一种典型的样本偏差——某人依据偶然间观察到的缺陷小样本得出了结论。在这个案例中，因为要尊重工作遇到困境的员工的隐私，我们并没有公开所发生的事情，而是表明了立场，告诉谷歌人，我们一直在幕后解决这个问题。我们还会将全体谷歌人的真实数据融入绩效管理相关的培训材料和演讲中。

a. 另外还有一个生存偏差的例子，在分析中只考虑了幸存者而不是整个群体。对创业企业和对冲基金表现进行分析的分析者经常会犯这种错误，因为他们的分析对象仅仅是那些尚在运营的公司，而忽略了那些破产或倒闭的公司。这样的分析结果使创业公司和对冲基金的表现比实际更加好。当然，如果过于依赖本书也可能成为生存偏差的一例。从本书的论述中当然可以学到一些经验，但更重要的是同时也应考虑失败企业的经验教训。我们在人力运营部进行分析的时候会竭力避免生存偏差。比如，我们会以双盲实验的方式聘用一些已经被拒的应聘者，观察他们的表现，以此测试我们的招聘策略是否有效。

结果，技术人员在这个问题上的态度大幅改善，针对“在我们的工作团队中，我们能够有效处理表现差的成员”这一问题的评分比以往高出 23 分（满分 100 分）。甚至还有更好的现象，谷歌人开始彼此解释这种动态机制。最近有一封邮件讨论，一名谷歌人发现一个工作偷懒、表现很差的员工，但是这个问题却没有得到解决，他因此感到非常沮丧。另外一名谷歌人插话解释道，这个偷懒的人可能已经引起了注意，但可能是那些“律师猫”[98]不准人力运营部的人与所有人分享细节。事实确实如此！

升职是另外一个常常引发流言的因素。我们在谷歌通过电子邮件宣布升职消息，邮件中会列出升职人的姓名和个人简介。但是我们的公司规模太大，员工不可能了解每个人，因此谷歌人浏览升职名单的时候，很自然地会去寻找他们认识的人，祝贺他们升迁。但与此同时，他们在潜意识中还会做一些假设。“我注意到萨利升职了，但是戴维却没有，肯定是因为萨利为首席财务官工作。”“哇，看看吧，安卓团队所有人都升职了……但是我几乎没有见过基础架构（数据中心）的人升职。我猜公司只关心面向用户的事情。”比较典型的推断认为：项目上需要有高层人员才能得到升职，因为一般认为他们的意见更有分量；在“更性感”的产品领域工作有利于升职；一次负面的评价会影响升职；总部的项目更容易引人注目，因此在这些项目上工作得到升职的机会也更多。诸如此类的推断还有很多。每年我们对谷歌人做调研的时候，他们都表示升职流程不公平，因为很多特定部门、项目或工作会得到优待。

如果这些推断是对的，那么他们的担忧也就合情合理，但实际上这些推断并不正确。

如果谷歌人能花时间来人力运营部确认自己的观察结果，我们就会带他们翻看数据，但是大多数谷歌人并没有问询，我们也不可能有时间回答所有问题。我们不断有新员工加入，他们也会得出同样的错误结论，甚至有一定经验的谷歌人也对我们的保证持一定的怀疑态度（或许是善意的）。毕竟，人力资源团队不就是为管理层服务的吗？他们不是总想要普通员工噤声吗？

搜索一下布莱恩·王和詹尼特·赵这两个名字。布莱恩带领的团队负责跟踪和评估我们的整个招聘流程，不过几年前他曾是我们人力分析（People Analytics）团队的一员，负责确保我们做出的判断是依据事实的。詹尼特是我们的一位副总裁，负责我们主要产品领域——比如搜索、广告、数据中心和 Gmail——所有与人相关的问题。他们认为，更为长效的方法是将升职相关的数据与谷歌人分享。他们对数据进行了处理，组织了一系列的讨论，录了视频，以便后来入职的员工观看，还建立起一个网站分享所有数据。结果显示：

- 与高层人员同组工作对升职只有很小的影响。所有提名升职的人中有 51% 得到了升职，而那些与高层人员同组工作的人，其比例为 54%。稍微高一点，但高得并不多。
- 产品领域与升职无关。偶尔某一年在不同产品领域会有几个百分点的差别，但是整体说来，不管你做哪一方面的产品，升职的概率都差不多。
- 不好的反馈意见并不会影响你。事实上，得以升职的人中几乎每一位的升职评审材料都有一些建设性的反馈意见。导致某人失去升职机会的原因在于一些严重的错误，比如组织混乱或经常编出错误代码。明显的信息缺失则是另外一项警示信号。升职信息包中如果没有建设性的反馈意见，在评审委员会看来实际上是一种警示信号。升职候选人不应畏惧征求并接受不那么闪耀的反馈意见，因为这些意见不仅不会带来损害，反而会提供明确的指导，说明你在哪些方面需要提高。当你向人们展示真实情况时，他们会想要变得更好。

· 你所在项目的地理位置并不会影响你是否升职。比如，我们山景城总部的升职率和其他地区基本相同。

这个网站会定期更新，放上最新的数据信息和经过要求进行的新分析。这个过程需要做大量的工作，但是对于证明我们的升职过程不存在偏见至关重要。反复宣传我们的升职流程可行有效会更加简单，但是利用事实说话，让所有人都能随意获取这些数据，这样一劳永逸地消除流言能更好地解决问题。

我们会频繁地做自我检查，查验谷歌的产品，确保我们的决定是以事实为依据的。我们希望推广好主意，淘汰坏主意，这样也使我们有更多空间自由地尝试更有前景的一些想法。比如在2010年，我们对谷歌搜索做了516项改进。其中一项重要的改进是一种称作“咖啡因”（Caffeine）的代码，它使我们的搜索结果“新鲜度”比以前提高了50%。谷歌搜索并不是每一次输入问题之后都进行全网搜索。我们做了预先搜索，根据网站和网页的相关性、质量等方面做有限性排序，而后对这些网站做出索引，这样一来搜索的问题几乎即刻就能得到答案。咖啡因代码的使用意味着我们的搜索速度提高了50%。甫一推出，它就实现了每秒同时处理数十万网页。如果打印出来，每秒输出的纸能堆起 3 英里（约 4.8 千米）高。[99]

在推行每一项改进之前，我们都会进行测试，确保改进有效。我们采用 A/B 测试的方式，向评估者并行展示两套搜索结果，而后观察他们的行为举止，听取他们的反馈意见，确定哪一种结果更好。有一个简单的案例，即测试蓝色背景的广告和红色背景的广告哪一种能得到更多用户点击。这看似是一个很小的问题，但是如果你是一家与可口可乐或百事可乐一般规模的公司就不同了。我们还会采用百分之一测试的方法，即在百分之一的用户群体中做出一些改变，然后观察改变的效果，之后决定是否对数十亿用户采用这种改进的方法。仅在 2010 年，我们就进行过 8 157 次 A/B 测试和 2 800 多次百分之一测试。换言之，2010 年平均每天我们都进行了 30 多次测试，探索如何更好地服务用户。这些仅仅是我们在搜索产品上投入的工作。

我们在人力问题上也采用了同样的方式。我们实行“向上反馈调查法”（Upward Feedback Survey，一种以管理者水平为调查对象的周期性调查，将在第八章详细介绍）的时候，进行了一次 A/B 测试，旨在分析电子邮件发件人为某位高管或是采用“UFS Team”（向上反馈调查团队）的通用化名时，谷歌人对管理者提出反馈意见的可能性是否有区别。我们发现反馈率几乎没有区别，因此决定选择通用化名来发邮件，因为这样只需要写一封邮件，相比请每一位高管分别写一封电子邮件要容易一些。

我们推行的几乎所有重点项目都会先在一个子群体中进行测试。我还记得当公司员工超过 2 万人的时候有人问我，谷歌毋庸置疑已经是一家大型企业了，这是否令我感到困扰。“我们一直都担忧公司文化，”我回答说，“但是公司大的好处在于，我们可以进行成百次的实验，探寻能够真正使谷歌人更幸福的做法。”每一个分部、每一个团队、每一个项目都是一次实验的机会，能够从中得到更多认识。这正是大型组织常常错失的重大机遇中的一种，而且这种做法不仅适用于有数千名员工的企业，对于有数百名员工的企业也同样适用。通常管理层做出的决策会在整个组织中施行。如果管理层错了怎么办？如果某个人有更好的主意呢？如果某项决策在一个国家效果很好，但对于另外一个国家并不适用呢？各家公司不利用这种方式多做实验，在我看来简直就是疯了！

为什么不选出 10 个、50 个或 100 个人，尝试一些不同的做法？为什么不在一个小组中先做尝试？正如比尔·科斯比在卡通喜剧《胖子艾伯特和科斯比家的孩子们》（*Fat Albert and the Cosby Kids*）中经常说的一样：“注意啦，你或许能从中学到一些东西。”

让员工塑造自己的工作和公司

除了要限制领导者的一些传统权力工具和依靠事实做决策之外，我们还给了谷歌人异乎寻常的自由度，去塑造他们自己的工作和公司。谷歌并非第一家这样做的企业。65 年以来，3M 公司（明尼苏达矿务及制造业公司）一直给员工 15% 的时间做探索：“3M 有一条核心理念，就是创造需要自由。因此，大约从 1948 年起，我们一直鼓励员工用 15% 的工作时间去做自己的项目。可以利用我们的资源，建立一个独特的团队，遵从自己的洞察力，探索解决问题的方法。”[100] 广泛使用的便利贴就是通过这个项目研发出来的，还有一种在使用过程中能够提高研磨效果的研磨材料金字塔（Trizact）也是如此。

我们实行的则是 20% 时间项目，即我们的工程师每周可以有 20% 的时间用于研究日常工作之外感兴趣的项目，不过这些项目大体上要与谷歌的工作相关联（即便有这种限制，在谷歌也仍然有非常广泛的领域可以探索）。技术部门之外，我们并没有正式开展 20% 时间项目，但谷歌人还是经常能够挤出时间来做一些编外项目，比如我们的销售人员克里斯·詹迪决定帮助少数族裔控股企业上线（后来成为他的全职工作）；曾是一位专业的交谊舞舞者、现为我们不动产团队一员的安娜·博蒂略，她工作之余会教同事们跳舞。

我们 Chrome 团队的产品管理副总裁凯撒·桑古塔在 2009 年的日常工作是负责谷歌工具栏和谷歌桌面的运行。Chrome 团队开始设计自己的浏览器时，凯撒和几位工程师想到如果将 Chrome 的设计应用到操作系统上会怎样。当时，电脑启动需要 5 分钟甚至更长的时间，部分原因在于开机时会检查一些没人使用的旧式硬件，比如软盘驱动器。凯撒与团队成员一起开启了一项非正式的 20% 时间项目，希望能改善现状。他们删掉所有不必要的步骤，建立起 Chrome 浏览器平台，创造了 Chromebook 笔记本电脑的原型。启动时间只有 8 秒钟。

这个项目在实际中的使用千差万别，有些人几乎 100% 地投入到编外项目中，而还有很多人根本没有参与任何编外项目。有人开玩笑说，这实际上是“120% 的时间”，编外项目工作是在日常工作完成之后才做的，而不是在白天上班时间完成。更具有代表性的一个特点在于，一个成功的项目刚启动时只需要某人投入 5% 或 10% 的时间，但随着项目的深入，需要耗费的时间越来越多（也吸引了越来越多的谷歌人自愿加入），直到最后成为一款正式的产品。

20% 时间项目已经过多年的打磨，我们上一次调查的时候，员工大约使用了 10% 的时间。从某种意义上讲，20% 时间这种理念比实际使用的时间更为重要。其运转游离于正式的管理监督之外，并将永远如此，因为强迫最优秀和最具有创造力的人才工作是错误的。

《连线》杂志作者瑞恩·塔特就此写过一段论述，是我见过写得最好的：[101]

> 如下要素并非 20% 时间的特征：一个完整实在的公司项目，有独立的书面政策，有详细的指导方针，有经理主管。没有人会在入职培训时拿到一份“20% 时间”的信息包，也不会有人感觉有外界压力迫使自己去开展一项编外项目。20% 时间项目的开展通常是即时性的，为那些最聪明、最不安于现状、最执着的员工提供了一个出口——不论艰难险阻都要将一个想法执行到底。
>
> 比如，工程师保罗·布赫海特在 Gmail 上投入了两年半的时间才说服公司高层不要担心 Gmail 会使谷歌延伸得离搜索太远，可以将其投入市场。

谷歌人并不局限于创造产品，他们还积极参与到如何经营公司的决策中。几年前，我们将技术部门所有人的匿名绩效和工资数据交给一个 30 名工程师组成的小组，请他们确定奖金分配方式。他们希望奖金分配体系能够做到论功行赏。比如，假如有两名工程师的水平相当，但其中一位在加入谷歌的时候谈到了更好的薪水，比如他的薪水为一年 10 万美元，而另外一位没有想过争取更高薪水的工程师每年薪水 9 万美元。鉴于他们的表现属同一水平，两个人都拿到了 20% 的奖金。这样不公平，这些工程师认为，因为第一个人拿到了 2 万美元奖金，而第二位贡献相当的工程师只拿到 1.8 万美元奖金。因此，在他们的要求之下，我们调整了奖金计算方法，从原来的以实际薪水为基数改为以同岗位所有人薪水的中位数为基数计算。这就确保了两个人都能得到与其工作影响力相匹配的奖金。

说句题外话，这在大多数公司中都是非常现实的一个问题。关于男女平均薪水差异的证据有很多，造成这种现象的原因之一在于男性和女性在受聘的时候讨价还价的倾向性不同。比如，卡内基·梅隆大学的琳达·巴布科克和作家萨拉·拉斯谢弗称，卡内基·梅隆大学的男性 MBA 毕业生的起始薪水要高于女性，很大一部分原因在于男性更倾向于要求高薪。57% 的男性会争取更高的薪水，而女性则只有 7% 会这样做。[102] 部分归功于谷歌人投入的精力，我们的薪酬体系目标指向了消除此类结构性的偏见和不公。

但是，我们并不是一直都采用这种分析方法去处理报酬、时间利用、招聘和其他人力资源问题。回到 2004 年，当时我们大约有 2500 名谷歌人，拉里和谢尔盖感觉我们的公司已经太大，他们无法通过四处走走看看、与熟人聊一聊，就能了解员工到底是否开心。他们的解决方法是，史黛西·莎莉文应该与每个人面谈，了解真实情况。

史黛西提议推出员工幸福度调查来解决这个问题，但是公司只有远远不到一半的人参与了这项调查。一些工程师认为自己可以设计出一种更好的方案，于是推出了他们自己的调查项目，与幸福度调查展开竞争。这项调查名为“心醉神迷调查”，当然他们设定的标准也相应更高。心醉神迷调查关注了工程师的一些特别需求，比如，只有这项调查问询了20%时间的使用，并得到了其他技术人群的认可（毕竟是工程师设计的调查）。

直到2007年，这两项调查仍然并行运转，但是它们的实用性很有限，因为问题设定不同，我们甚至无法在整个公司中做比较。后来加入氧气项目的米歇尔·唐纳凡希望能找到一种更好的方法。之后她用了一年的时间，与工程师、销售人员以及所有可能的人携手合作，力图设计出一种调查方法，能够囊括所有谷歌人的兴趣，而且能够随着时间的推移保持良好的科学性和可度量性。Googlegeist（谷歌员工年度幸福度调查）由此诞生（见图6-3）。

Googlegeist意为“谷歌精神”，是员工的选择，这一点也不奇怪。这是对我们4万多名谷歌人进行的一次年度调查，也是我们授权员工塑造公司的一项最有力的机制。Googlegeist每年会询问大约100个问题，采用5分制，从“非常不赞同”到“非常赞同”，同时辅以几个问答题。

我们会根据当年的热点问题，每年对调查问题做30%~50%的调整，但是会保留余下的问题，以便跟踪公司在一段时间内的变化。每年大约有90%的谷歌人参与调查。

由于我们希望谷歌人诚实，因此设定了两种递交问卷的方式：保密或匿名。“保密”是指去掉名字，但是保留其他一些有助于我们对公司做分析的数据，比如你的地理位置、职位级别和产品领域，这样我们就能知道某位谷歌人是加利福尼亚圣布鲁诺 YouTube 团队的一位女性经理，但并不知道她具体是谁。唯一能够看到这些数据的团队——数据当然不包括姓名——是 Googlegeist 核心团队，而且我们公布报告结果的方式不会使某个人被识别出来。“匿名”则更进一步，除非应答者选择做补充，否则将不包括任何个人识别信息。

图 6–3　2014 年 Googlegeist 调查的首页

版权归谷歌所有

Googlegeist 的特别之处在于它不是由咨询师编写，而是由调查问卷设计、组织心理学等各个领域的博士级别的谷歌人编写，所有的结果（包括好的和坏的）在一个月内将在全公司分享，这些结果将成为第二年员工引导谷歌文化和效率提升工作的基础。每一位手下有三名以上参与调查员工的管理者都会得到一份报告，被称作 MyGeist（见图 6–4）。这份报告其实是一种交互式线上工具，它使管理者能够审阅和分享一些个性化报告，包含他们团队的 Googlegeist 分数概要。不管团队中有三名谷歌人还是 30 多名谷歌人，管理者都能根据团队成员的调查结果清晰地了解团队的运转状况。只需点击一下，管理者就可以与所在团队、上级组织、一些特定的谷歌人，甚至在整个谷歌公司范围内分享报告，而且多数团队都会这么做。

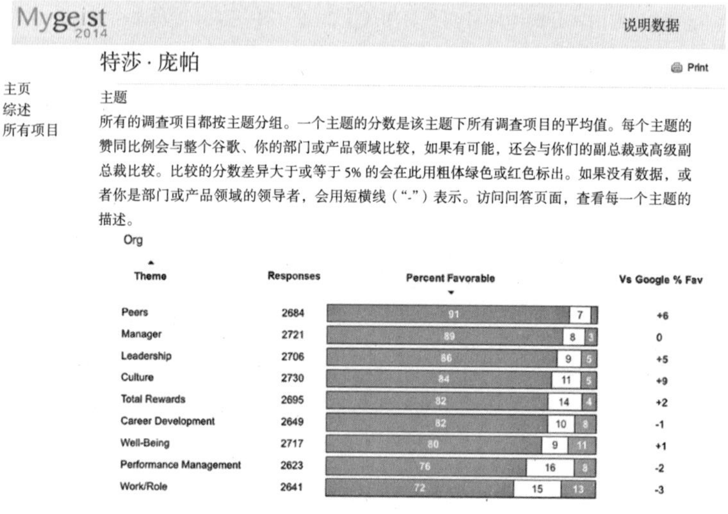

图 6–4　2014 年 Googlegeist 调查中选取的个人 Mygeist 报告样例

数据仅为指示性。版权归谷歌所有

这样就形成了一种良性循环：我们针对了解到的信息采取行动，从而鼓励员工未来更多地参与，进而使我们更加准确地了解哪些方面需要改进。我们通过默认开放来强化这个循环：任何分管 100 名或更多参与调查员工的副总裁都自动向全公司公布报告。这种想法恐怕要吓坏我们在第二章中介绍的那位首席执行官了，他连接受员工非书面问答的胆量都没有。与此同时，员工的应答则是匿名的（避免谄媚拍马），管理者的结果也不计入绩效评估或薪酬考量。我们希望员工恪守诚信，希望管理者对改进持开放态度而不是抵触情绪。

严格地说，Googlegeist 关注的是重要结果的评价。多数员工调查关注的是参与度，[103] 而如普拉萨德·塞迪所解释的，参与度“只是一种人力资源部门的人喜欢的模糊概念，但实际上并说明不了太多。如果你的员工参与度达到 80%，又有什么意义呢？”[a]

a. 以我个人的经验，我可以告诉你，很多人将参与度鼓吹成灵丹妙药。他们通过简短的问卷来衡量参与度，问卷中通常包括这样一些陈述：“我在工作中有一位非常要好的朋友”“过去的 7 天里，我没有因为工作做得好而得到认可或表扬”“我的主管或某个同事似乎在乎我的个人状态”。有一家公司宣称，参与度高的企业每股收益的增长要高 3.9 倍，旷工现象少 37%，员工流动率低 25%~49%，员工偷窃行为低 25%，安全事故少 49%，质量缺陷低 60%，等等。单单凭借上周受到的一次表扬，得到这么多好处似乎有点太夸张了。

我的首席人力资源官朋友告诉我，参与度调查并不能指明改进的方向。如果你的分数低，难道要通过说服更多员工成为好友来提高吗？如果利润低，最好的解决方法是更多地表扬别人吗？我们在谷歌的确也测评一些类似的主题——与其他数十个主题一起——但是不会将它们融合成一个像参与度这样包罗万象的概念。我们通过对职业发展或管理者能力等特定方面的理解来得到更好的结果。

企业执行委员会发现，“员工参与度的概念在学术研究领域和实践者人群中都是模糊不清的……这个概念在不同的时候使用有不同的含义，可以指向心理状态、性格、行为以及前因和结果”。[104]参与度并不能准确地告诉你应该将人力和资金优先投入到哪里。提升参与度是应该关注健康项目、经理能力还是工作内容，根本无法知道。

Googlegeist 关注的则是我们最重要的一些成果变量：创新（重视并鼓励持续改进现有产品，有魄力和远见去保持这种环境）、执行（迅速完成高质量产品的上市）和保留（留住想留的人）。比如，我们设定了 5 个问题来预测员工辞职的可能。如果一个团队对这 5 个问题的回答赞同度低于 70%，我们就知道如果不加以干预，未来几年里将会有更多的人离开公司。如果只有某一个问题的赞同度低于 70%，这个问题就显露了出来，谷歌人和领导者就能同他们的人力运营部同事一起协作提升这个团队的体验（不过要注意，这些结果不会反过来与任何谷歌人联系到一起）。我们还会测评其他很多成果，比如我们执行工作的速度和我们的文化，但最重要的是我们想要持续推出炫酷的新工具，我们希望确保那些很努力才招聘到的人能够长久地留在谷歌工作。

这样做产生了深刻的影响：我们能够预测哪些领域的人员缩减情况会加重，不论经营状况好坏都使员工流动率持续保持低水平。谷歌人继续感觉公司具有创新性，而且他们可以为公司使命做出贡献。相比 5 年前，谷歌人对个人职业目标能够在谷歌实现的信心提升了 20%，对决策速度的满意度提高了 25%（在官僚主义作风盛行的大型组织里，决策速度可能特别慢），感觉受尊重的程度提高了 5%（基准分数已经达到 90% 的情况下，很难再有太大提高）。

与此同时，调查显示我们在健康方面还有更多的工作要做，特别是谷歌人在非工作时间远离工作的能力。于是我们便尝试做得更好。我们的都柏林分公司做出响应，开始了一个称作“都柏林黑灯计划”（Dublin Goes Dark）的项目，鼓励所有人在下午 6 点停止工作，保持离线状态。他们甚至还设立了存放点，收回笔记本电脑，确保员工在睡前不再偷瞄一眼电子邮件。这个项目奏效了。我们最开始只在人力运营部展开这项活动，后来在整个都柏林分公司推广，有超过 2000 名员工参与。我们爱尔兰分公司人力运营部主管海伦·泰南汇报说：“我的办公室里有一大堆笔记本电脑，人们来放电脑的时候都叽叽喳喳地有说有笑……第二天很多人闲谈自己做过的事情，感慨晚上变得很长，似乎有很多时间可以做许多事情。”

Googlegeist 已经成为我们公司重大变革的源头，诸多变革中包括改变了我们对公司管理看法的氧气项目（我将在第八章详细介绍），以及 2010 年我们实施的公司薪酬理念的彻底变革，其中一项变化是给公司所有人提高了 10% 的薪水。在实施薪酬改革之前，我们的薪水都很低，但是谷歌人已经到了成家买房子的年龄，更高的固定工资显得越发重要。随着时间的推移，我们发现员工对薪水的满意度在下降，于是及时给员工加了薪。（令人遗憾的是，每年薪水只有 1 美元的拉里和谢尔盖拒绝了我给他们加薪 10% 到 1.1 美元的提议。）

但是对一家一贯将推出新产品视作最大荣耀的公司，Googlegeist 显示出我们忽略了某些根本的需求。

2007 年和 2008 年，技术人员感觉那些从事重要但并不炫目工作的人没有得到足够的认可。比如，谷歌工程师一直在为我们的代码库做着贡献。我们来彻底了解一下。有数千人致力于改进谷歌的产品功能，而这数千人都是在同时工作。小的重复和低效现象会迅速累加，使产品生产变慢，变得过于复杂，故障频发。

“代码健康”是指维持代码的整体可持续性和可扩展性，以减少此类问题的发生。（“可扩展性”是科技领域的行话，我们所说的小方法解决世界性大问题就是这个意思。“扩展性”是指某种产品有 100 位用户与有 10 亿位用户时的运转状况同样良好。）这需要不断地探索和创造新技能，降低复杂性，将简约的风格融入代码开发过程中。Googlegeist 告诉我们在这方面投入的关注度还不够，没有给予充分的奖励。奖励发给了那些编写了最多代码的人，而不是发给编写出质量最高代码的人。

我们本可以在公司范围内设定代码健康目标，或是设立一个新的职位，全职负责检查其他人的工作。我们的首席执行官也可以强制要求每个人在下一个月重点关注代码健康。

我们没有这么做，相反，我们在 Googlegeist 中强调了这个问题之后，一些工程师自发组织起来决定解决这个问题。首先，他们通过技术演讲、内网文章以及向我们公司非常流行的“英声明”（eng-announce）内部邮件清单中发送邮件，解释代码健康的重要性，并进行教育和宣传，以此提升代码健康重要性的认知度。他们请艾伦·尤斯塔斯等声名卓著的技术高管将代码健康问题加入公共演说，以及关于绩效管理和升职的电子邮件中。其次，这些工程师与人力运营部合作，将代码健康设定为绩效校准会议和升职委员会的核心内容，并在 Googlegeist 中加入相应的问题，每年对进展情况进行查验。再次，他们开发出一些工具可以自动查验代码的健康状况。比如我们在慕尼黑的代码健康团队开发出一种工具，可以自动检测 C++ 和 Java 中的死码。发现死码并进行调试可以使程序运转得更快速、更稳定。最后，这些工程师创立了“公民奖”，奖励为健康代码做出贡献的谷歌人，使同事和领导等所有受益于他们工作的人认可他们的努力。

4 年之后，工程师更加自信地投入到改善代码健康上的时间得到回报，信心提升了 34%。更加重要的是，他们在自身生产效率方面也取得了可喜的进步，这既得益于项目团队的代码库更加稳固，也由于他们所依赖的团队外体系得到了改善。

Googlegeist 还经常暴露谷歌其他需要改进的地方。在我们的销售部门中，我们发现刚毕业的谷歌人中有一些在经营小生意（比如市区精品屋或布鲁克林区的一家西班牙小吃店），他们体验了浸入式职业发展的满足感。这些谷歌人自发与人力运营部合作，在欧洲设计了一个试点项目，使谷歌人得到轮岗的机会，让他们有机会体验各种类型的工作、特定角色商业和产品培训、一项两年的个人发展计划以及在全球建立网络等。

第一批参与这个项目的谷歌人在职业发展满足感方面有 18% 的提升，留岗指数提升了 11%。基于试点的成功，这个项目在全球已经接受了差不多 800 名谷歌人参与。

我们还经常展开“快中”（quick hit）项目，关注一些目标明确的问题。官僚主义克星（Bureaucracy Busters）几乎消除了所有令人不快的烦人小障碍。比如，我们的费用报销再也不用纸质凭据：拍一张照片，发过来。拒绝浪费（Waste Fix-It）活动几乎杜绝了所有浪费钱的状况，比如打印机数量远超需求。我们请谷歌人提出对大家都有益且能在两三个月的时间里实施的改善建议。

2012年，我们收到1310个点子，超过9万次投票。得票最高的20项得以实施。其中一些并没有太多新意：不要再发纸质薪水支票；不要在年底进行强制性职业道德和合规性培训，因为所有人都要在这个时候准备下一年的产品路线图和预算；设计结构性面试工具，能够自动给出可靠的面试问题，这样你就不用强迫自己想出一些古怪的问题；在纽约或伦敦等酒店费用昂贵的城市里租用更多的公司住房。这些琐碎、恼人的事情堆积在一起会让公司变得臃肿迟缓，而通过这些建议都得到了很好的处理。

高期待收获高收益

有人争辩说，这样授权于普通员工的做法会造成混乱，或是出现一种状况：由于每个人的观点都得到重视，任何人都能提出反对意见，破坏努力的成果——这种环境下一万个人都可以说不，但是没有一个人能说了算。现实情况是每一个问题都需要有一位决策人。如果管理得当，在这种经营方式下不会是所有人永远保持意见一致，而是通过以数据为依据的积极探讨发现最好的办法。这样在决策时，反对者即便不赞同结果，也能理解事情的始末，尊重理性的决策。

这种方式基本都能奏效。行不通的时候，只需遵循一条简单的原则：上报到公司上一层，摆出事实。如果他们不能决定，就继续上报。在我们公司，最后会有拉里·佩奇打破僵局。

考虑到我在本章大篇幅地解释为什么不能让管理者掌控权力，这个建议似乎有些不恰当，但是在做决策时有等级划分是非常重要的。这是打破僵局的唯一方法，也是管理层的首要责任之一。领导者所犯的错误在于他们管得太多。正如亚洲开发银行奥利维亚·塞拉特所写：“管理者插手型管理是错误管理……人们进行管理者插手型管理以缓和对组织表现的焦虑——随时指引和控制他人的行为会令他们感觉更好一些。从本质上讲，这种管理方式显露出他们的不安全感。这样做使喜欢插手下属工作的管理者产生掌控（或有效）的错觉。出现这种情况的另外一种原因在于缺乏对员工能力的信任。即便同事说自己可以，喜欢插手下属工作的管理者也不信任同事能成功地完成一项任务或承担一份责任。”[105]

决策应该在一个组织中尽可能低的层级中做出。塞拉特认为，上报的问题应该是那些“在同样的数据和信息下”，更高级别的领导者会做出与下级不同决策的问题。

你们不需要有谷歌的规模或分析能力，也能释放员工的创造力。作为一名领导者，放弃地位象征就是向员工释放出最强有力的信号：你关心团队所说的话。我为一家有 50 名员工的公司工作时，公司首席运营官托比·史密斯做过最了不起的一件事就是与我共用一间办公室，使我有了主人翁的感觉。我每天观察他工作，了解了公司的业务，学会了如何与他人建立联系（他接电话时总是极其温和地问一句“你好啊”）。我还从他身上学到了一些办公小技巧（买皮鞋的时候，买两双一样的轮换穿，这样就不容易穿破——我到现在还有两双 1994 年买的牛皮鞋）。我们有一些免费的调查工具，谷歌表格（Google Sheets）中就有一款内置工具，可供你询问员工的感受以及他们想要改变哪些做法。采用一些小的试点可以使意见最多的人认识到现实状况的复杂性。事不关己的时候很容易抱怨，要负责实施自己的想法往往更难，试点也可以节制极端和不现实的观点。

所有这一切使员工更开心，能够想出更好的创意。现实中人们通常不会辜负别人对自己的期望，不管期望是高还是低。埃德温·洛克和加里·莱瑟姆在1990年出版的《目标设定和任务绩效理论》(*A Theory of Goal Setting & Task Performance*)一书中证明了困难、特定的目标（"试着达到90%以上的正确率"）相比含糊的劝告或较低的期望（"尽你所能"）不仅更能激励人，而且结果也会更佳。因此对人要有更多期待也是有道理的。

我在麦肯锡工作的时候，有一位叫安德鲁的经理，要求我为客户准备的市场分析要做到完美。但是他并没有随便插手下属工作，没有告诉我每一页该写什么，也没有告诉我该怎么做分析。安德鲁对我们有更高的期望。

1999年我们为一家金融服务公司做咨询服务，承接了公司有史以来第一个电子商务项目。我把一份报告草案交给他审阅，他并没有修改，而是问我："我需要审阅这份文件吗？"我内心深处知道，我的报告很不错，但是他肯定能找到需要完善的地方。想到这里，我对他说报告还不够好，于是回去做进一步修改。我又带着新报告来到他面前，他第二次问道："我需要审阅这份报告吗？"我又回到自己的座位。等我第四次来的时候，他又问了我同样的问题，我告诉他说："不需要。你不用审阅，已经可以递交给客户了。"

他回应道："好极了，干得漂亮。"于是看也没看就将报告递交给了客户。

如果你期待很少，收获的也就很少。20世纪70年代的畅销小说《海鸥乔纳森》(*Jonathan Livingston Seagull*)作者理查德·巴赫后来在《心念的奇迹》(*Illusions*)中写道:“为你的局限因素辩解,那你就是真的把自己局限于其中。”[106] 管理者会找出很多不信任下属的理由。多数组织的设计都抵制改变,使员工无力反抗。我对一些首席执行官讲,很多谷歌人可以自荐升职,也可以询问我们的首席执行官任何问题,这时我最常得到的回应是,这些在理论上听起来极好,但是在他们公司里根本行不通:员工不会专心于他们实际的工作;收集那些事实只会放慢我们的工作;律师不会允许我们这么做的;员工(正是他们所谓的“最重要的资产”)不可能做出好的决定;我喜欢自己的特别车位……

但其实这些是行得通的,你只需要战胜资历带来的管理小诱惑和发号施令的冲动。各家组织都不遗余力地招募了不起的人才,却限制他们的能力,只允许他们在本职领域施展。

作为一名管理者,放开管理的缰绳会令人害怕。毕竟,如果出现错误的话,你的职业生涯就会出现危机。你得到这个职位就是因为你本应是最适合做领导的人。

让我放开权力同样也很难,但是我注意到一件有趣的事情。每周拉里都会请人力运营部——和谷歌其他部门一样——写一份上周概要,供全体管理层审阅。最初,每周都是我自己写这份概要;后来我请团队里的一些成员写,由我来审定;最后,我只请普拉萨德审阅,自己不会做任何审阅就递交上去。

一方面,没什么大不了的:这只是一份备忘录。另一方面,这是向首席执行官展示整个人力运营部团队工作的唯一常规途径。放手让其他人做这项工作的同时,我也放弃了一些控制权,但是我节省了宝贵的时间,可以关注其他紧要问题,而普拉萨德也有机会做一些新鲜的事情。

管理者忽略的是，每次他们放弃一些控制权，就可以为团队创造一次提升的好机会，也给自己节省出更多时间应对新的挑战。

找出某个令你的团队感到沮丧的领域，让他们改变现状。如果有限制，比如时间或资金，就告诉他们：要对员工信息透明，在塑造团队或公司的过程中给他们发言权。你会惊讶于他们的成就。

谷歌工作法则

- 消除地位象征。
- 靠数据而不是根据管理者的想法做决定。
- 寻找方法，让员工塑造自己的工作和公司。
- 对员工高期待。

第七章

员工的发展是谷歌绩效的核心

如果你设定了一个疯狂、有野心的目标，最后没能完成，你至少也能够实现一些了不起的成就。

拉里·佩奇　谷歌联合创始人

在动画片《辛普森一家》中有一集名为《家长教师协会解散》（The PTA Disbands），剧中斯普林菲尔德小镇小学老师罢工，抗议学校在薪水、教学用品和食物上的投入太少。学校停课，孩子们只能各干各的事情。有一些孩子整天玩游戏，还有一些到处捣蛋。二年级的丽莎·辛普森惊慌失措：

丽莎：如果没有州里批准的大纲和标准化测试，我的学习就要完蛋了。

玛姬·辛普森（丽莎的母亲）：亲爱的，或许你应该放松一点儿。

丽莎：放松？我不能放松！也不能放弃、缓和或……我只能想出两个同义词？我的天啊！我变笨了！

玛姬：好吧，最后你会发现没什么的。

几天之后，丽莎的状况变得更糟了：

丽莎：快看看我！给我评评分，给我排个名！我很好、很好、很好，啊，我太聪明啦！给我评评分！

玛姬：荷马，我有些担心孩子，丽莎有点儿神经质了。今天早上我撞见她撕坏了自己的雨衣。

我们每个人身上都有些许丽莎·辛普森的影子。小时候我们按个头高矮排队；有人给我们评分，告诉我们哪些行为属于出众的、令人满意的或是需要改进的；等我们长大一些，就会在班级里排名，与全国的平均水平做比较；我们申请大学的时候，会仔细考虑每一所学校的排名。我们生命的头20年都在与他人比较。

等到我们成年之后，再创造的工作环境也与之类似，这也就一点不奇怪了。这就是我们所了解的。

谷歌也未能免俗。我们需要员工了解自己的表现，而我们的考评体系也从最初复杂得有些滑稽逐步得到改善。一路走来，我们有很多惊人的发现。你们可以看到，我们仍在继续努力，但是我相当自信我们走的方向是对的。运气好的话，我可以帮助你们避免前进路上一些头痛的事情，让你们少走一些弯路。

和绩效考评体系说“再见”

今天的绩效管理体系最大的问题在于它们替代了切实管理员工的关键行动。密歇根州立大学的心理学博士伊莱恩·普拉克斯现任该领域的顶级咨询公司 PDRI 董事会主席，她发现，“这个问题有一个关键，绩效管理降档为一些指标，经常在规范的行政体系下变得支离破碎……尽管正式的绩效管理体系本意是要推动……公司期望沟通、设定短期目标和持续性指导等日常活动……但是这些行为似乎已经与正式的体系偏离了很远”。[107]

换言之，多数组织采用的绩效管理都成为墨守成规的官僚流程，不是为了改善绩效，而是为了管理而管理。员工恨它，经理恨它，就连人力资源部也恨它。

关注过程而不关注目的，使狡猾的员工有了机会钻这个体系的空子。我曾经共事过的一名销售部主管唐（尽管这不是他的真名），在我们做评级、确定分红前的三个月就会开始来我的办公室。每年 10 月，他就开始做铺垫。“今年很困难，但是我们的团队非常努力，渡过了难关。”唐会这样汇报。到了 11 月，他会再次更新状况：“销售部伙计们的表现超出预想，逆势而上。”到了

12 月，我们就会听到一些详细的汇报："小型商业团队已经完成了 90% 的任务，但是老兄，这个团队真是像英雄一样才赢得了这些订单。还要顺便说一句，我真不敢相信 1 月份时竟然会定下这么疯狂的目标，简直不可能完成！"

我一直都没有意识到唐在耍花样，直到后来有一年，我们决定将分红的时间比往常推后一个季度，但是没有告诉唐。他提前 6 个月开始铺垫谈判。坦率地讲，这种行事方式也是他能成为一名优秀销售人员的原因，但是这段插曲也使我认识到体系中耍花招的程度有多严重。

事实上，没有人喜欢当前的绩效管理状态。世界薪酬协会（WorldatWork）和希伯森咨询公司（Sibson）调查了 750 位高级人力资源从业人员，发现接受调查的人群中 58% 给自己公司的绩效管理体系评出了 C 或更糟的成绩。47% 的人感觉这个体系有助于组织"实现战略目标"，仅有 30% 的人感觉员工信任这套体系。[108]

面对这种情况，时下常见的反应是妥协。

Adobe 公司、亿客行（Expedia，在线旅游网站）、瞻博网络（Juniper Networks，电脑硬件生产商）、凯利服务（Kelly Services，人力资源解决方案服务机构）和微软都取消了绩效考评。Adobe 取消考评时称：

> 有一次在印度出差，Adobe 首席人力资源官丹娜·莫里斯在睡眠严重不足时接受了《经济学人》采访。莫里斯感觉"比平时更加不安"，她坦陈自己想要取消绩效考评的意愿。为了争取在采访内容公布之前发布通告，莫里斯与 Adobe 的公关部门沟通，迅速在公司内网发表了一篇博客。这篇博客在员工中引起了强烈反响，成为 Adobe 内网有史以来阅读

> 最多的一条消息。全公司的员工展开了热烈的讨论，纷纷表达对考评流程的不满。根据莫里斯的说法，该现象传递出的深层意义是，员工“对于未足够认可他们贡献的考评体系已经不抱任何幻想”。对于莫里斯而言，采取必要行动已刻不容缓。
>
> “我们很迅速地做出决定，废止绩效考评，这样就意味着我们不再进行每年一度的正式书面评估。”莫里斯说，“此外，我们还要废除绩效排名和绩效评级，避免员工感觉自己被打上了标签。”
>
> Adobe 在 2012 年夏季引入了“检查”（The Check-In）体系——一种不断向前推进的、实时反馈的非正式体系，以替代传统的绩效考评。[109]

凭直觉想来，这是个很有吸引力的做法；员工不高兴，那就抛弃他们不喜欢的体系。很简单。

得到实时反馈意见难道不比等上一年更好吗？

但是也没有任何证据显示这种体系可行。学术研究的痼疾在于衡量的尺度无法保持一致，“实时”可能是“立刻”，也可能是“几天之后”。大多数实时反馈体系都会迅速变成“干得好”体系，因为人们都喜欢对别人说一些好事。到底有多少次你的评价能够切实带来行为的变化？更普遍的评价是“会上干得非常漂亮”一类，而不是“我发现，你注意到顾客从桌前移开，似乎失去了兴趣，你立刻问他们有什么顾虑。你能够重新吸引他们的注意，做得非常好，你应该继续密切关注会议中的肢体语言”。

说些泛泛的客套话要容易太多、太多。

即便是在谷歌，我们的体系也远远算不上完美。对绩效管理的满意度一直以来都是 Googlegeist 年度调查中评分最低的部分。2013 年初，只有 55% 的谷歌人认为绩效管理过程令人满意。虽然比其他公司 30% 的满意度要高，但依然很糟糕。抱怨最多的两个方面，一是用去太多时间，二是流程不够透明，由此引起员工对其公平性的担忧。那么我们做对了哪些事情，使我们的员工对评估体系的满意度达到其他公司的两倍，却还不够满意呢？我们又做错了什么呢？

谷歌的绩效管理总是把目标设定为起点。在 21 世纪第一个 10 年的初期，谷歌的董事会成员约翰·杜尔向我们推荐了一种在英特尔非常成功的实践方法：OKR。目标必须具体、可度量、可检验；如果你达成所有结果，就能完成目标。比如，如果目标是将搜索质量提升 *x*%，相应的关键结果是更好的搜索相关性（结果对用户而言多有用）和等待时间（多快找到搜索结果）。既要有质量标准，也要有效率标准，这一点非常重要，否则工程师完全可以解决一个问题而忽略另外一个问题。用上三分钟的时间才给你找到完美的结果是不够的，我们既要求相关性强，又要求速度。

我们刻意设定了非常有野心的目标，知道不可能每次都实现这些目标。如果你完成了所有的目标，就说明设定的目标不够激进。负责监管 Google X——开发出谷歌眼镜（一种置于眼镜内部的电脑，屏幕只有指甲大小）和自动驾驶汽车的团队——的阿斯特罗·泰勒[a]这样描述："如果你希望自己的汽车能达到时速50英里，没问题，你可以对汽车稍加改造。但是如果我告诉你跑500英里只能用1加仑的汽油[b]，你就需要重新设计了。"我们不会把所有目标都设定得非常激进，但是如何选择需要一些智慧。恰如拉里经常说的："如果你设定了一个疯狂、有野心的目标，最后没能完成，你至少也能够实现一些了不起的成就。"

因此在季度刚开始的时候，拉里会设定公司的OKR，激励每个人设定的个人OKR要基本与谷歌整体相适应。我们不会让完美与良好形成对立。一旦你看到公司的目标，很容易就可以将其与自己的目标做对比。如果你落后得太多，要么给出一个合理的解释，要么就要重新设定。此外，每个人的OKR在内网里都是对所有人公开的，就放在电话号码和办公室位置的旁边。能够看到其他人和其他团队在做什么是一件非常重要的事情，而看到自己的目标与谷歌的目标相契合也能起到激励作用。最后，拉里的OKR会根据他在季度报告中说明的公司表现来设定沟通透明化的标准，并确定恰当的高要求目标。

在目标的话题上，学术研究与你的本能结果一样：目标能够提升表现。[110]但是，浪费大量的时间在公司上下逐级统一目标却不是很有效。[111]这样做将耗费太多时间，而且公司上下的目标也

a. 阿斯特罗·泰勒（Astro Teller），阿斯特罗并非他的名字。他父母给他起名叫埃里克，但是高中时他在伯克利大学加州分校与心理学家祖父爱德华·泰勒待了一年，之后剃了个平头。朋友觉得他的头发像阿斯特罗特夫尼龙人造草皮，于是给他起了这个昵称。他的名字与职位之间的相似之处完全是巧合。

b. 1加仑大约3.785升，1英里大约1.61公里；500英里用1加仑油约合100公里0.47升油。——译者注

很难统一起来。我们采用了一种以市场为基础的方式，随着时间的推移，我们的目标都将汇于一点，因为顶层的 OKR 已经众所周知，而且每个人的 OKR 也都清晰可见。偏离路线太远的团队会很引人注目，而为数不多的几项关乎所有人的工作也相对容易直接管理。直到现在为止，一切顺利！

从41级绩效考评到5级考评量表

2013 年之前，每名谷歌人在每个季度末都会收到绩效考评结果。考评量表总共 41 级，绩效评分从 1.0（表现糟糕）到 5.0（表现惊人）。大致说来，低于 3.0 意味着偶尔或经常达不到期望值，3.0 到 3.4 之间意味着能够达到期望值，3.5 到 3.9 之间意味着超过了期望值，4.0 到 4.4 之间意味着“大幅超过期望值”，4.4 到 4.9 之间意味着“接近于惊人表现”，而 5.0 代表“表现惊人”。谷歌人的平均分在 3.3 到 3.4 之间。如果某人连续几个季度的平均分为 3.7 或更高，通常就能升职。这种做法没有任何创新可言。

考评体系是否科学仍存在不确定性。[112] 考评分级为 3 个、5 个、10 个或 50 个到底有没有不同，至今也没有可靠的证据证明。我们的 41 级考评量表源自我们的工程师基因。能够准确区分表现 3.3 和 3.4 的员工能够令人感到满足。如果将多个季度的评分进行平均，就可以精确地区分 3.325 和 3.350 的表现。如果你认为小数点后三位的评分已经过时了，其实我们还有 4001 级的考评体系！我们开发出极为复杂精细的解析法，确保你的评分略高一点，就能得到略高一点的奖励。实际上这些并没有意义。尽管我们在组织考评上用了很多时间，但等到设定薪水和奖金的时候，管理者或后面的评审者有三分之二的时候会进行调整。我们的管理者每三个月就要用数千小时组织绩效考评，考评过程的精确程度近乎滑稽，却不能作为确定薪酬的可靠依据。

同样一年进行 4 次绩效考评也遭遇到同样的窘境。我们采用这种方式，一方面是由于在谷歌迅猛发展的几年里，这样做有利于我们管理员工，另一方面是由于我们希望确保对员工的评估总能与实际匹配。然而，我们发现，一年中有多达 24 周的时间在分配考评任务、校准评级（我将用几页的内容解释校准评级的意义——这一点很重要）或就考评结果进行沟通。有些管理者喜欢这个频率，辩称这样可以迫使他们经常检查员工工作，以便发现绩效突然变差的员工。但这种评分体系只起到一种支撑作用。我在此无意要求他们停止检查未参加评估的员工，但是为了发现 500 名陷入困境的员工却要评估 5000 人，看起来似乎是一种浪费。

2013 年，我们用去大部分时间探索是否有更好的方法。我们尝试了各种替代方式，从没有工作分级到 800 个工作分级，这使几乎每个人在每个季度都因升职而士气上涨。我们研究了年度、季度、月度和实时绩效考评。我们考虑过 3 分和 50 分的考评分数体系。我们争论过是用数字还是某种主题词作为标签标注每一个绩效分类，甚至还反复考虑过无意义的主题词，以避免人们将注意力放在标签上。我甚至还提议加入水行侠、红三角或杧果（见图 7–1）等考评等级。

这个体系的意义在于，利用毫无意义的名称使人们忽略标签本身。当然，人们最终还是会给标签加上含义，很可能会将水行侠定义为最差的（水行侠似乎总是输给其他一些超级英雄）。我们组织了协调委员会、咨询委员会，甚至就一些问题开展员工投票。

图 7–1　谷歌人保罗·考恩制作了“大幅超过期望值的杧果”图形，用于解释我的一种考评分级建议（图片由保罗·考恩提供）[113]

最终，我们总结了三条经验：

- 不可能达成一致意见。没有明确证据的情况下，所有人都可以成为专家，而且每一种方案都可能有人支持。人们对于绩效分级为 5 个还是 6 个之类的问题都很有主见。即便是对谷歌最不讨人喜欢的现行流程进行调整，也不可能找出一个令所有人满意的解决方案。尽管人们似乎不喜欢现有的体系，但是他们更不喜欢其他任何选择！
- 人们对待绩效管理非常严肃。比如，我们就绩效分类的标签征询谷歌人的意见，结果得到 4200 多张投票。大趋势倾向于严肃、明晰，而不是异想天开。
- 实验至关重要。没有外部证据的情况下，我们必须自己动手，与谷歌各个部门的管理者协作，帮助他们测试想法。

在 YouTube，他们尝试将所有人按照最高效到最低效的顺序进行排名，不论员工级别，排名之后发现最高效的两个人是中层员工，然后两人得到了 YouTube 最高的股权奖励。虽然获奖人的具体奖励并没有公布，但是每个人都知道有这样的事情发生。[a] 我们还在另外的部门尝试将绩效考评分为 5 级，管理者发现相比此前 41 级的绩效评估，在部分项目上满意度要高 20%。

我要特别强调这项工作对人力运营部而言的难度。我们的工作并非关乎生死，但是员工会抱怨、会抗议，最终可能会辞职。我们在谷歌面临的挑战在于，因为我们给了谷歌人太多的自由，因为我们以数据为导向，因为谷歌人关注公平性以及我们对待彼此的方式，所以要做出此类改变需要艰苦卓绝的努力。我们接触的每一个团队都对现行体系非常失望，但是每个团队又都不愿做一些新的事情。而单单是我们的 YouTube 部门，就提出十几种不同的新考评体系进行尝试。我非常自豪，人力运营团队在实现这些改变的过程中坚韧、有见解、细心，而我更要感谢那些与我们合作的团队，他们放弃了谷歌 15 年的传统，尝试了一些新的东西。

根据我们的实验，2013 年初我们停止了季度考评，改为 6 个月进行一次。虽然还有人抱怨，但并没有造成任何损失。这一改革立刻节省了 50% 的考评时间。

a. 这个例子很容易令人想到艾伦 · 尤斯塔斯的格言：顶尖工程师的价值相当于普通工程师的 300 倍，而传统的绩效和薪酬体系都是依据等级制度而不是依据贡献来决定报酬的。

2013年底，我们选定了全公司大约15%的员工，一共6200多位谷歌人，改为采用5级考评量表：需要改进、持续达到期望值、超过期望值、大幅超过期望值和表现杰出。与以前的标签类似，但是实际的评分级别变少了。

我们秉持了医学的宗旨：*Primum non nocere*，即首先不要造成任何伤害。鉴于这是第一次尝试这种改变，我们设定的目标仅仅是达到与旧的考评量表相当的满意度、公平性和效率即可。我们发现，一旦跨越了最初的怀疑和认知阶段（"你说我不再是3.8是什么意思？我很努力地工作才得到3.8的！"），就不必再为0.1的评分差别而苦恼和浪费时间了。管理者也被迫与员工进行更有意义的对话，而不是将一切都隐藏在"你这个季度的考评分数提高了0.1，干得不错，继续努力"之类的话中。

看到"准确性"没有丧失，我们长舒了一口气。我们将5级量表考评体系下谷歌人的感受与41级量表下谷歌人的感受做了对比。我们问了如下问题：

- 绩效水平低下的人识别出来了吗？
- 适合升职的人识别出来了吗？
- 讨论有意义吗？
- 过程公平吗？

在全公司范围内，新流程的评价并不比旧的差。虽然看起来似乎只是一场得不偿失的胜利，但是我们长长地舒了一口气。有些谷歌人担心41级的考评量表所传递出的准确性会丧失，也就意味着我们的评分会不那么有用和有意义。但现实中谷歌人调查结果暴露出我们一直怀疑的一个问题：41级考评量表只是给了准确性的假象。

多数谷歌人都承认，很多考评体系下多0.1或少0.1的评分并没有什么区别。比如，对3.1和3.2之间的差别从来都没有一致的结论。正如我们人力与创新实验室成员梅根·胡特所解释的："这种状况下的考评可能既不可靠也没有效力。同一个人，同样的表现，但是由于考评人和校准团队的不同，她得到的评分可能是3.2，也可能是3.3。这就意味着考评不可靠。如果她得到了3.3，实际表现却只是3.2，那么就说明考评没有效力——评分没有反映实际情况。"

因此，如梅根所说，考评体系并不完善。也就是说，我们应该告诉员工："吉姆，你的绩效表现介于3.3和3.5之间。"但现实中我们并不是这么做的，管理者拿到一个分数，就会给分数赋予一定的含义。因此，如果某人的考评分数从3.3提升到3.5，就会认定他取得了进步，但实际上他的表现可能还保持在原来的水平。再想象一下，你的考评分数降低了，对你的评述也认为你的表现变差，但实际上只是测评的误差，这时你的处境该多么糟糕啊。

接下来，发生了一些有趣的事情。这6200多位谷歌人分属8个不同的部门，其中总人数1000人的三个团队决定对5个绩效分类做进一步细分。比如，有一个团队将每一个分类进一步分为三个次级分类，这样明星谷歌人就可能得到"特别杰出""中等杰出""低水平杰出"的评定。图7-2显示的是最终的考评分布。我将所有的次级分类合成了5个主要分类，便于对比两种方式的区别。A组坚持了5个分类，B组有15个分类。

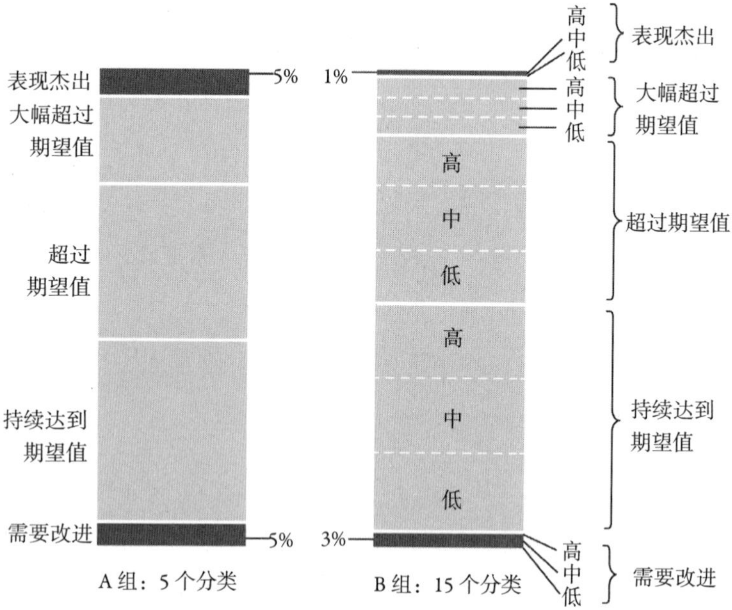

图 7–2　A 组和 B 组的平均考评分布

B 组中有更多的绩效标签，他们期望能更细致地区分员工，但实际上区分度远不及 A 组。A 组中 5% 的员工为“表现杰出”，B 组中只有 1%。我敢说，所有这些团队的总体表现都在同一水平上，他们给谷歌带来的价值相当，没有哪一个团队的成员优于另外一个。而 B 组中加入了更多的考评分类，不知不觉、无意识或错误地认定他们没有明星员工。虽本无意如此，但他们 80% 的顶级员工被排除在顶级绩效分类之外。

在你阅读本书时，所有谷歌人都已经开始采用 5 级考评量表了。在 2013 年底，这还处于实验阶段，但最初的种种迹象都很好。第一，这种体系下员工能够得到更多的考评结果反馈，替代了以往 3.2 和 3.3 之间的模糊区别。第二，这种体系下的绩效分布更广。我们缩减了绩效考评的分类，管理者就更可能利用考评体系的两极。虽然关于绩效考评体系的学术研究尚无定论，而且谷歌人的反馈意见也都趋于中立，但是我发现 5 级分类的考评体系至少在上述两个方面具有优势。

2014 年中期，我们看到了更积极的效果。我们认为不同的工作所产生的影响力有所不同。如果你是一名工程师，你的新产品可能使 100 人或 10 亿人受益。如果你是一名招聘人员，即使再怎么努力，也不可能有足够的时间影响到 10 亿人。我们不再引导何为正确的考评分布之后，发现了 4 种各不相同的考评形态，能够更好地反映不同团队和个体的实际绩效特征。

我们还发现，管理者对考评体系两极评级的使用翻了倍。获得最高评级的员工比例提高，更好地反映了实际绩效表现（跳到第十章，了解个中原因）。同时，落在最低一档绩效分类的耻辱感也有所降低，管理者可以相对轻松地与陷入困境的员工进行直接而真诚的交谈，帮助他们改进。

经过反复的争论和一段时间的混乱，我们废除了过去那种不准确且浪费资源的考评体系，用一种更简单、更准确，且未增加校准时间的全新考评体系取而代之。在此要说明一点，在这个问题上直到现在仍有争论，也很混乱！但我们正慢慢地度过这个时期。我们已经看到，员工对新体系越来越适应，也更加赞赏这套体系。

我在此本着测试发布的精神，与你分享上述内容，就好似我们即将发布到市场上的产品。这些产品已经接近成熟，比市场上现有的产品要有效得多，但是还没有达到 100% 的精确和完美。

也就是说，考评的评级分类数量在这里是最不重要的一个问题，尽管谷歌人在这个问题上有着惊人的热情。不要设定多于15种评级选择，至于选择3个评级还是6个评级就随你了。我不给更具体的建议。

校准评级，激发员工内在动机

绩效评估的灵魂在于校准。可以说，如果没有校准，我们考评流程的公平性、可信度和高效性都会大幅下降。我认为，校准正是谷歌人对我们的考评体系满意度是其他公司员工对自己公司考评体系满意度两倍的原因。

那么，何为校准？谷歌的考评体系过去和现在的与众不同之处在于不仅由直属管理者做决定。管理者给员工做初评—假设是“大幅超过期望值”，做出的初评结果一方面依据这位员工出色的OKR，另一方面也受到其他活动的影响，比如完成的面试量或外部客观环境的影响，经济波动造成广告收入变化等。（这一点很重要。OKR影响考评，但不能决定考评。）在这个初评级别最终确定之前，分成小组的管理者会坐在一起开始我们所谓的校准环节，审阅所有员工的初评评级。

校准增加了绩效评估的一个环节，但对于保证公平性至关重要。某位管理者的评估会与类似团队经理的评估做比较，他们会共同考评手下的员工：5~10位一组的管理者会面，在墙上投影出手下50~1000名员工的考评情况，讨论每一名员工，达成一个公平的评级。此举避免了管理者因来自员工的压力而提高评级的情况。同时此举还确保考评结果能够反映所有人对绩效表现的共同期望，因为管理者对手下员工的期望值有所不同，对绩效标准的理解也有各自特别的方式。这就和在学校时一样，有些老师给分很松，而有些老师则很严。校准过程迫使管理者向彼此证明各自决定的合理性，以此消除偏见。同时此举还可以提升员工的公平感。[114]

在考评员工时进行校准，其效力与面试应聘者后比较面试笔记的效力并没有太大不同。二者的目标是相同的：消除个体偏见的源头。即使你们是一家小公司，如果能依据小组讨论而不是单一管理者决定考评事宜，结果也可以更好，员工也会更开心。

然而，即使在校准时，成组的管理者也可能做出糟糕的决定。当我们评估他人时，我们在如何做决定方面犯了许多错误。比如会出现近因效应，即你会更加重视近期的经历，因为这段经历在你的记忆中更清晰。如果本周我与某人进行了一次成果卓著的会议，而后参加了一次考评校准会，对与我开会的那个人进行考评，那么我就很可能提高对他的评价，因为我的潜意识会倾向于近期积极的交流。为了解决这个问题，我们在大多数校准会开始时会发放一份材料（见图 7–3），描述一些考评人员常犯的错误，以及修正的方法。后续页面中会展示一种错误版本。

每次校准会议，我们都会先回顾一下这些常见错误。我在参加过的校准会议中观察到，只需要提醒管理者注意这些现象，哪怕是简短的提示，也可以避免很多此类的错误。同样重要的是，这种做法创造出一种语言和文化习惯，可以防止此类错误发生。如今在校准会上时常会听到某人这样引导对话方向："稍等，这是近因效应。我们需要回顾整个阶段的绩效表现，而不仅仅是上周的。"

基于事实的校准 7 种常见的认知偏见类型

认知偏见 / 群体动态	定义	例子
尖角效应和光环效应	对某人的整体印象不管是好还是坏，当出现新的反面证据时，我们对其判断都会受之前印象的影响	“汤姆总是……” “这个季度有些问题……” “他一直都是明星员工……”
近因效应	记得某人最近做的一些事情，并以此错判他们的心理倾向	“汤姆表现很差， 他已经两周什么都没做了。”
基本归因错误	过分关注某人的“能力”，而忽略了影响其表现的情境或环境；抑或反之	“汤姆把这个项目搞砸了，他没有得到直属领导的足够支持。他很棒，我了解他，他应该得到更高的……” “汤姆把这个项目搞砸了， 他真的不行， 我们怎么招了这么个人。”
集中趋势	评分趋中，以“求稳”	“嗯，3.7 分很高，要不…… 你还是给雇员……‘超过预期’……”
可得性偏差	根据认知上的易得性来判断事件的可能性	“我记得汤姆第一次……想着我从来没有提升得如此之快……”

图 7–3 供校准会议开始前参考的部分资料

版权归谷歌所有

你能够感觉到，虽然减少了考评的频率，简化了考评量表，但是我们仍然在考评上投入了大量时间。在我们的绩效管理工具中勾选选项为团队成员做初步评级可能只需要 10~30 分钟，但是一次校准会则要用三个小时，甚至更长时间。并不是每个人都需要讨论，有些时间会用在确保校准人本身已经得到校准，把多位管理者都了解的一些个体拿出来做对比，这样就可以以这个人作为标尺或基准。校准人还会比较不同团队的评级分布，不是单独观察每一个团队的评级分布，而是为了理解为什么某些团队的分布会有所不同。比如，其中一个团队可能确实比另外一个团队要强。随后大部分时间都会用于探讨一些突出的问题，比如不正常的短期绩效提速或减速，绩效表现的大幅波动或评级分类的边界问题。

很多公司彻底抛弃了考评制度，为什么我们还要坚持这个体系？

我想这关乎公平。

考评是工具，是一种简化手段，可以在管理者做有关薪酬和升职决定的时候提供帮助。作为一名员工，我希望受到公平的对待。如果某个比我贡献更多的人拿到比我高的薪水，我没有任何意见。但是如果某人与我做着同样的工作却拿到比我更高的薪水，那我将非常不开心。一个公正的考评体系意味着我不需要担心这些，同时还意味着如果某人做出了非凡的工作，不仅他的管理者能够看到，校准会议上的很多管理者都能看到，这些管理者共同打造出公司范围内一致的标准并进行推广。考评同时还有利于员工在公司内部转岗。作为一名管理者，我可以信任某位“大幅超过期望值”的员工可以做出了不起的工作，不管她上一份工作是在 Chrome 团队、谷歌眼镜，还是销售团队。作为一名员工，我可以相信员工升职是靠表现而不是靠要政治手腕。对于一个小团队来说，并不需要这样的基础架构——你认识每一个人。但是一旦公司规模扩张到数百人，员工就更愿意相信一个可靠的体系而不是管理者个人。并不是因为管理者一定就是坏人或心存偏见，而是因为一个包含校准的考评流程能够有效地消除不良行为和偏见。

公平的考评流程只能带你走这么远。作为一名管理者，你不仅要告诉员工他们的表现，还应告诉他们未来如何做得更好。问题在于：如何最有效地传递这两种信息？

答案是，通过两次独立的谈话完成。

内在动机是成长的关键，但是传统的绩效管理体系毁掉了这种动机。几乎所有人都渴望进步。传统的学徒制就是基于这种认识。一名没有经验的工人希望学习，而与一位经验丰富且愿意教他的人做搭档是最好的学习方法。还记得你第一次骑自行车、学习游泳或是学开车吗？掌握一项技能的刺激感和成就感是强有力的学习动力。

引入升职或加薪等外在动机之后，学徒学习的意愿和能力就会关闭。1971 年，罗彻斯特大学的爱德华·德西和理查德·瑞恩陪同一些人进入一间实验室。[115] 每一位实验对象都会拿到 7 个三维的塑料块，这些塑料块可以组装成数百万种形状。在 3 个一小时的时间段中的每一段，实验对象都被要求根据所给图片拼出 4 种图形。如果他们无法在 13 分钟内拼出一种，实验者就会进来帮助他们，证明所有拼图都是可以完成的。在他们右手边是其他各种可能图形的图片，他们左手边是最新出版的《纽约客》、《时代周刊》和（当时是 20 世纪 70 年代）《花花公子》。实验者与实验对象一起坐在实验室中，除了每一小时的时间段中有一个 8 分钟的间隔，实验者会找个借口离开，假装去测算实验结果。他对实验对象说：“我只离开几分钟，这段时间里你可以随意做些什么。”事实上，这段时间正是实验的关键时刻。没有任何监督，实验对象会继续拼图工作吗？

对照组的实验对象在最初两个无人监督的休息期分别有 213

秒和 205 秒用在继续拼图上，最后一个休息期拼了 241 秒。实验组的实验对象在第一个休息期用在拼图上的时间平均为 248 秒。第二个小时开始之前，实验对象被告知，每完成一个拼图将得到一美元的奖励。有了额外的刺激，他们在拼图上用了 313 秒，比第一个小时多用了 26%。第三个小时开始之前，他们被告知，钱只够做一轮奖励，因此不会再得到金钱奖励。这一次用在拼图上的时间下降至 198 秒，比第一轮低 20%，比有金钱奖励的一轮低了 37%。

这是一个早期小实验，但证明了激励因素的力量，以及移除激励因素的负面影响。德西和瑞恩总结认为，外在动机的引入会使人们看待工作的方式发生改变，同时会降低内在动机。他们继续论证称，内在动机不仅能激发更好的表现，而且使人精神焕发，增强自尊感与幸福感。[116] 工作环境给予员工能够激发自然内在动机的更多自由，从而帮助员工感觉更有自主性、更有能力。

类似的动态状况在管理者与员工促膝探讨年度评估和加薪的时候也存在。员工关注外在奖励时也停止了学习，如加薪或更高的考评等级。以前我的团队里有一名成员——就叫他萨姆吧，每个季度都会苦苦纠结于他的考评分数。如果得分高，他也不在乎为什么会得到好的考评结果，或是应该继续发扬哪些做法；如果考评结果一般或比较差，他就会争辩说我们没有了解所有实情，指责评估做得有问题。萨姆会一直这样争辩下去，直到最后我实在不堪其扰，给他一个更高的考评分数。我羞于承认实情，但心底知道这么做的并非只有我一个人。

事实上，员工有理由为获得更高的考评分数努力争辩。作为一名管理者，激励我的因素在于公正、诚实地考评员工，以确保公司正常运转。作为一名员工，我的动机当然是表现得更好，但与管理者争辩，争辩，再争辩，以获得更高的考评分数也是合情合理的事情（只要不是太过分，逼得管理者发怒）。这样管理者没有任何损失，只是正直的品格稍微损失了一点点（唉），而作为一名员工，好的考评结果意味着更高的收入和更多的机会。而且我可以一周用数小时的时间准备说辞，而我的管理者不仅没有这么多时间如此应对每一名员工，也不可能像我一样了解到那么多信息，因为他不可能整天与我待在一起。只要考评与薪酬和职业机会直接挂钩，每一名员工都会受到激励去利用考评体系。

即便我不和管理者争辩，他也会担心我可能会与他争辩。长岛大学的莫拉·百丽威做过一项调查，[117] 她请 184 位管理者在一组员工中进行加薪分配。薪水增加的情况与绩效考评很好地契合。然后这些管理者被告知，公司的财务状况不佳，加薪有限额，但实际可分配的资金与之前相同。尽管男女的考评分数分布基本相同，但这一次，男性获得了所有加薪的 71%，而女性只获得了其中的 29%。男性管理者和女性管理者都给男性员工分配了更多的加薪，因为他们认为女性能够平和地接受公司业务状况的解释，但是男性不会接受。他们给男性分配了更多的加薪，避免自己担忧的艰难谈话出现。

我们有一个非常简单的解决方法。

不要同时进行两项谈话。年度评估在 11 月进行，薪酬分配在一个月之后进行。谷歌公司的每个人都有股权分配，但是这件事要沿着时间脉络再过 6 个月才进行探讨。

正如普拉萨德·塞迪解释的："传统的绩效管理体系犯了一个大错。他们将两件应该彻底分开的事情合到了一起：绩效评估和人员发展。评估有其必要性，可确定加薪或奖金等有限资源的分配。发展也同样很有必要性，可以促进员工的成长与提高。”[118] 如果你希望员工成长，不要同时进行这两项谈话。确保你与团队成员之间形成一个不断来回的状态，而不是年底的一次惊喜。

谷歌的群体考评智慧

我们在第五章中介绍了谷歌依靠群体智慧做出聘用决定，同样的原则在培训和评估现有员工时也适用。[119] 回过头继续说我的团队成员萨姆，我只看到了他的部分工作，因此他争辩说我对他的表现并没有全面了解也是有理有据的。但是萨姆同时还有强烈的动机来取悦我，他会夸耀自己的工作，贬低周围人的工作，相比之下他的表现就会显得很好。他把这些都做了。我作为一名管理者，几乎不可能全面地了解萨姆的贡献。

然而，他的同事了解真实的萨姆。他们发现萨姆善耍手段，好胜心强且恃强凌弱。我了解他们的想法，因为每年谷歌人不仅会得到上级管理者的年度反馈意见，还会得到同事的反馈意见。在进行年度评估的时候，谷歌人和他们的管理者会选出一些评审人，不仅包括他们的同事，还包括他们的下级。

这种反馈意见非常有效。有一位领导者，在介入非其专业领域的问题时总是很谨慎，有人对他说：“每次你开口，都是在贡献价值。”多年之后，他告诉我，一位同事的些许洞见鼓励他成为团队中更活跃的成员。是他的领导指导他毫无保留地表达见解，但是真正起到关键作用的还是同伴的鼓励。

2013 年，我们还尝试将同事反馈意见模板做得更具体。在此之前的很多年，我们都使用同一种格式：列出 3~5 项这个人擅长的事情，列出 3~5 项他们可以做得更好的事情。现在我们会问需要这个人把哪一件事做得更好，以及一件可以采用不同做法却能产生更大影响的事情。我们认为如果员工只需要关注一件事情，相比分散精力的情况，更可能实现切实的改变。

过去我们要求员工在一张空白纸上列出过去一年所有的成就，现在我们请员工列出具体的项目、他们的角色以及他们取得的成就（见图 7–4）。我们要求谷歌人用 512 个字符描述他们在每个项目上的工作，[120] 因为我们认识到如果同事考评人需要阅读更多关于项目的解释，那么他们很可能并不知道那个项目到底是什么。如果他们并不了解项目，那么同事评阅的仅仅是这

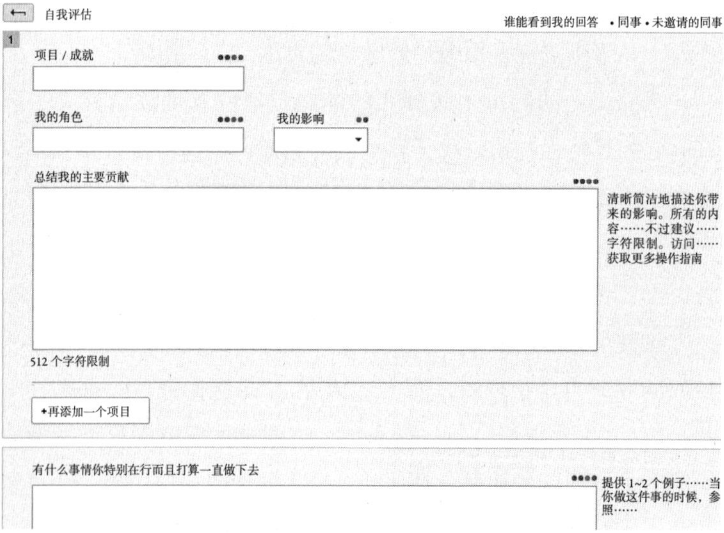

图 7–4　谷歌同事反馈意见模板截图

版权归谷歌所有

个人的总结，而不是被评人的实际工作。同事考评人之后会被要求评定（利用屏幕上的一个滑动条）他们对这个具体项目的了解程度以及被评人个人对项目的影响有多大。一段时间之后，我们了解到哪些提供反馈意见的人所做的评估可靠，这与我们评定面试官的做法如出一辙。谷歌人也可以在一年的任何时候针对某个特定的话题征求反馈意见，不需要等到某个特定日子。

为了确保员工与管理者的交谈更有效，我们整理出一份一页指南（见图 7–5）分发给他们，在交谈绩效的时候使用。做这份指南的目的还是为了使对话更具体、更切合实际。我们给员工分发这些指南只是为了稳妥，我们希望管理者能够覆盖恰当的话题，而且引导员工准备好讨论也没有什么坏处。

我很惊奇，甚至有些尴尬（我理应知道这些事情），小小的改变竟然会给全公司带来如此巨大的影响。更具体的模板，使撰写评审报告的时间减少了 27%，且第一次出现 75% 的员工认为撰写评审报告有用处的情况，比前一年高出 26%。利用讨论指南与管理者进行讨论的员工对绩效谈话的评分满意度要比没有用指南的员工高 14%。有一位谷歌人非常激动地写道："我的天啊，这个版本真是简单多了，用的时间少了太多。感谢你们把 9 月还给了我！"

实验给了我们信心，让我们赢得了谷歌人的信任，也让我们得以于 2014 年在全公司进行了这些改变，谷歌人因此变得更开心了。80% 的谷歌人认为用这种方式提供反馈意见的时间得到了很好利用，比前两年高出 50%。虽然还不完美，但是已经取得了巨大的进步。

go/letstalkperf

绩效和发展讨论指南——供管理者使用

该指南提供了一个提纲，帮助你准备、思考与团队进行的绩效和发展谈话。不管你准备进行一次全面的考评（比如探讨同事反馈意见和你写的管理者评估报告），还是进行年中检查（比如分享最近的一次考评结果），都可以利用该指南。

发展谈话作为官方绩效评估环节的一部分，只是你与谷歌人建立联系的一个机会。分享反馈意见，探讨如何成长是你作为管理者应该承担的一部分工作。你还可以利用这份提纲，并依据以往的讨论，架构全年的绩效和发展谈话。

谈话应该包括的关键内容：

开始:

1. 整体绩效表现。
2. 需要保持的以及下一步该如何做。
3. 需要改进的以及下一步该如何做。
4.（可选）长期目标。
5. 扼要重述。

附加资源:

- 你在整理每一位员工的信息时或许会发现这个跟踪表有用，并且可以利用这些工作表与团队中的谷歌人直接分享。
- 我们也将这份谈话指南分享给谷歌人，帮助他们准备这些讨论。

开始

开始之前，确保交谈的目标明确——你准备进行包括同事反馈意见的全面评估，还是要讨论过去 6 个月的情况以及相应的绩效考评，或者只是进行中期检查。

包含的内容:	需要考虑的事情:
• 明确谈话目标和谈话的结构。 • 准备好例子，使对话丰富。 • 问问题，鼓励团队中的谷歌人敞开心扉	• 过去与团队中的谷歌人进行的发展交谈。 • 如何使你团队中的谷歌人最有效地接受和消化反馈意见？如果你感觉不太确定，可以就不确定的问题展开讨论。 • 思考并抵制潜在的偏见——go/bbPerf 中的检查清单会有所帮助

图 7–5　为管理者准备的谷歌讨论指南（节选）

综合考虑，再做升职决定

在大多数公司里，如果你的考评成绩足够高，就能得到升职。通常你的上司会做出决定，或者你会调任到一个新岗位，得到一个别致的新头衔。在谷歌，升职的过程则不尽相同。现在你或许能够猜到，升职决定也和考评决定一样，是由委员会做出的。他们审核准备提拔的员工，根据前几年得到升职的员工的情况以及明确定义的标准对他们进行校准，以确保公平。

如果不依靠群体智慧，我们就不是谷歌了。同事的反馈意见是委员会审核技术人员升职信息包中的一个核心部分。

这里还有一点小的调整。在技术或产品管理领域工作的谷歌人可以自荐升职。[a] 有趣的是，我们发现女性相对较少自荐升职，但是一旦她们自荐，她们得到升职的概率要稍微高于男性。这一点与学校里发生的情况有些类似：通常，男生更愿意举手尝试回答问题，女生则倾向于等待确定了答案才去回答，尽管她们答对的概率与男生相当，甚至更高。[121]

我们还发现，稍加外力推动（艾伦·尤斯塔斯给全体谷歌技术人员的一封电子邮件中描述了这个发现），女性自荐升职的比

a. 我最好的朋友中有几位是销售人员，因此要附加说明一下。需要指出的是，销售人员远比工程师更渴望升职。在非工程师看来或许非常奇怪，我们各个级别和职位的大多数工程师都不太有升职动力，他们只想做一些炫酷的事情，不像非技术人员一样迷恋仕途升迁。我最近与几位自荐升职的销售团队领导者讨论的时候，他们有些担心自己自荐的方式可能如开闸的洪水一样难以控制。我反驳称，我们会向没有得到升职的人说明未能升职的原因，经过这样几次高质量的意见反馈，整个体系就可以变得稳固且有效。我还没有赢下这场辩论，但仍在努力。

例就与男性相当了。他在最近的一份报告中与所有人分享了按性别和级别分类的升职数据，其中我最喜欢的一段话如下：

> 我希望将我们近期在鼓励女性自荐升职方面的努力告诉所有人。这是一件重要的事情，也是我的热情所在。任何准备好升职的人都应有信心自荐，而管理者要使员工感觉有权如此行事，这一点很重要……为了监控这个流程，我们还会回顾此前三轮的升职数据，识别持续出现的遗漏……我将继续分享相关数据，确保在这个问题上能够公开和透明，以便保持当前积极的势头。

当然，不管性别如何，不可能每个人都能得到升职。如果你没有得到升职，升职委员会将为你提供反馈意见，指导你如何改进，提高下一次成功的机会。在你阅读反馈意见的时候可能会觉得理所当然，但这种做法已经越来越罕见了。你可以想象，像我们一样规模的公司组成升职委员会需要动用数百名工程师，升职流程的每个周期很容易就会用上两三天的时间。我们发现，或许是因为委员会多由普通员工组成，他们投入了大量的时间，而且委员会成员除了做出良好决定之外并无其他所图（与我们的招聘委员会类似），工程师相比非工程师员工对升职流程的公平性认可度更高。

在绩效管理和升职方面用的时间与我们差不多的组织中，我所见过的只有大学和合伙企业。这两种组织里，升职到最后可以在整个团体中得到一份终身职位，或是终身教授，或是合伙人。组织投入大量的精力，关注你的长远追求。

我们也根据实际情况，在评估中投入了大量精力。过去5年中，谷歌的营业额和总人数每年大约以 20%~30% 的比例在增长。我们竭尽全力招聘已经证明了学习天赋的人才，然后竭尽所能帮助他们迅速成长。保证员工的发展并非奢望，这是我们生存发展的根本所在。但是我们在发展过程中的一些核心概念汇总成一种语言，经过转化可以适用于任何公司。

第一，正确地设定目标。要让目标众所周知。目标要有野心。

第二，收集同事反馈意见。有一系列线上工具（至少有谷歌表格）可以进行调查、整理结果（在浏览器中输入“谷歌电子表格调查表”）。每个人都不喜欢被贴上标签，除非这个标签是非凡的赞誉，但是每个人都喜欢有助于工作的有用信息。多数公司缺少的正是后者。每一家公司都有某种评估体系，然后以此为依据分配奖励。极少公司有完善的员工发展机制。

第三，说到评估，应引入某种校准流程。我们倾向于管理者可以坐在一起，作为一个团队共同审评员工。这样需要更多的时间，但评估和决策的过程更可靠、更公正。采用这样的方式，人们可以坐在一起加强交流，巩固公司珍视的价值，这有利于公司文化的发展。面对面的会议对于员工数量不到 1 万人的公司是最高效的方法。员工数量超过 1 万之后，就需要大量的会议室才能安排下所有人。我们的员工数量已经超过 5 万，但仍然坚持着面对面的会议，因为这样是对员工最有益的做法。

第四，把奖励分配谈话与员工发展谈话分开。两项谈话混为一谈会扼杀学习的动力。不管公司规模多大，这一点都适用。

绩效管理的其他方面，比如绩效分类的数量，分类是用数字表示还是用词语表示；考评频率，采用线上考评还是纸质考评……这些都不重要。苦苦摸索了很久之后，我们探索出一套适用于谷歌的考评体系和考评节奏，但是并没有任何外部案例证明这些做法在谷歌之外的公司也行之有效。除非你们也想要如我们一般做探寻不同结果的实验，否则这些方面就用不着担心了。

将关注点放在真正重要的事情上：依据目标对绩效进行公正的校准，开诚布公地指导员工学会如何提高。我们每个人身体中的丽莎·辛普森都渴望得到别人的评价，因为她想要成为最好的，她希望成长。你需要做的就是告诉她如何成长。

谷歌工作法则

- 正确地设定目标。
- 收集同事的反馈意见。
- 通过校准流程确定考评结果。
- 把奖励分配谈话与员工发展谈话分开。

第八章

谷歌如何管理团队的两端

有一名好经理至关重要，就像呼吸一般。如果我们能使经理变得更好，就好似带来一缕清新的空气。

尼尔·帕特尔

谷歌先进技术和项目实验室负责人

你的团队有两端。

任何能够加以衡量的事情都符合某种由低到高、由小到大、由近及远的分布。还记得你是个小孩的时候，你的老师会要求全班按身高排队吗？我总是在高个子一头，要把我们分开很容易。我们班上 30 个人，我们三四个人会直奔队伍右侧，还有几个个头偏小的孩子会站到队伍的左侧。剩下的 20 多个孩子，身高差不了多少，挤作一团，迟疑不决地排着队。

这么来看，至少一个世纪以来老师都喜欢把学生按身高排队。

1914 年，隶属于康涅狄格大学前身的阿尔伯特·布莱克斯利学校要求学生按照身高排好队。就和你们的班级一样，多数学生都挤在中间，只有个别几个人分布在两端。大学学生的身高符合一种分布，从 1.47 米到 1.88 米，而且你能清晰地看到中间的人更多（见图 8–1）。

图 8–1 175 名男性大学生的实体直方图[122]

图片由康涅狄格大学图书馆托马斯·J. 托德研究中心档案及特藏提供

分布的两端是极端身高的团队成员，低于 5 英尺 4 英寸（1.6256 米）或高于 5 英尺 11 英寸（1.8034 米）。他们是图 8–2 分布示例中最底端和最顶端的 10%。

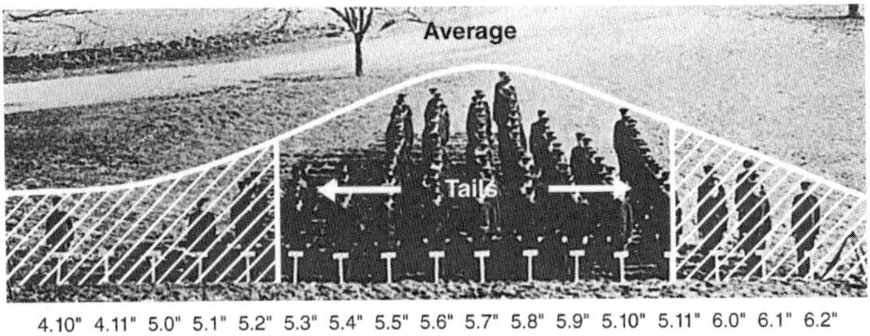

图 8–2　学生的身高符合正态分布，两端代表“极端”身高
图片由康涅狄格大学图书馆托马斯 · J. 托德研究中心档案及特藏提供

分布是用于描述数据形态的。身高恰好最适合阐释正态分布。正态分布图因其形状又被称作钟形分布。卡尔 · 弗里德里希 · 高斯在 1809 年的论文中论述了该分布之后，又被人们称作高斯分布（Gaussian distribution）。[123]

高斯分布在研究人员和商人中非常流行，因为它可以用于描述很多事情的分布：身高、体重、外向型和内向型、树干的粗细、雪花的大小、公路上车辆的速度、有缺陷部件出现的概率、客服电话接入的数量，诸如此类。更方便的是，任何符合高斯分布的事项都有一个平均数和标准差，我们可以利用这些数据预测未来。标准差用于描述某种范围的变化（或偏差）发生的概率。比如，美国女性的平均身高为 5 英尺 4 英寸，[125] 一个标准差小于 3 英寸（0.0762 米），这就意味着 68% 的女性身高在 5 英尺 1 英寸

（1.5494 米）到 5 英尺 7 英寸（1.7018 米）之间。这是左右各一个标准差的数值。95% 的人在平均值的两个标准差范围内，即 4 英尺 10 英寸（1.4732 米）到 5 英尺 10 英寸（1.778 米）之间；99.7% 的人不会超过平均值的三个标准差范围，即 4 英尺 6 英寸（1.397 米）到 6 英尺 2 英寸（1.8542 米）。如果你环顾办公室，就会发现实际情况大致如此。（男性的平均身高为 5 英尺 10 英寸，标准差与女性相同为加减 0.0762 米。你或许注意到布莱克斯利学校照片中的男性平均身高为 5 英尺 7 英寸。因为营养水平的提高，所以现在的美国人比 20 世纪美国人的身高有所增加。）

图 8–3　谷歌人也符合同样的规律——我们请谷歌人按身高排队，结果也符合正态分布，两端人数较少（谷歌人在这项活动中很快乐，有些出乎我的意料）[124]

然而，高斯分布的优势恰恰也是其弱点所在。它使用太方便了，而且表面看来可以描述太多不同的现象，但是在某些情况下并不能解释深层事实。高斯分布在很多方面会出现重大误判，比如重大物理事件和经济事件的发生（如大地震、飓风和股市剧烈震荡）、人们经济收入的巨大差异（穷人与最富有的 1% 人群之间的经济差距），以及少数个体异于常人的表现（迈克尔 · 乔丹相比同时代的其他篮球运动员）。2011 年日本发生大地震（震级 9.0），比尔 · 盖茨的资产净值（超过 700 亿美元），甚至纽约城的人口（830 万）也远超平均数，这些在高斯分布模型中也不太可能出现，但是事实确实存在。[126]

从统计学上讲，这些现象更适合用“幂律分布”（power law distribution）解释，图 8–4 是幂律分布与高斯分布的对比。

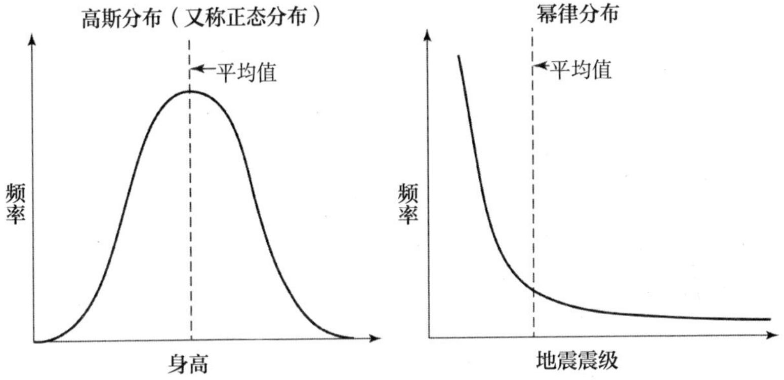

图 8–4　人类身高与地震震级的分布对比，身高相对均衡地分布在平均值两侧，高于平均值和矮于平均值的人大约各占一半。与此相反，大多数地震都在平均震级以下

使用“幂律”这个名称是由于如果写一个方程描述曲线的形状，一个量级要提升到下一个量级需要利用指数（比如，在 $y=x^{-1/2}$ 中，指数为 –1/2，而 x “提升了 –1/2 次方”这个方程大致描述了图 8–4 右侧曲线的形状）。

大多数公司在管理员工时都采用正态分布，大多数员工被列为平均水平，两端为表现差和表现优秀的员工。员工两端并不像身高分布那样对称，因为失败的员工都被解雇了，最差的应聘者根本就进不了公司，因此左侧的一段很短。但是很多公司认为员工的表现还会符合同样的正态分布，这样的认识是一个错误。

事实上，组织中大多数的个人表现符合幂律分布。印第安纳大学的赫尔曼·阿吉斯和艾奥瓦大学的欧内斯特·奥博伊尔解释称："并非大批平均水平的员工通过数量优势做出主要贡献，而是由少数精英员工通过强大的表现做出主要贡献。"[127] 多数组织都低估了最优秀的员工，给他们的奖励也有所不足，甚至还不自知。在第十章中我将解释个中原因，并建议一种更好的管理和薪酬支付方式。

当前，只要认识到每个团队都有两端——在绩效分布两端的人——就足够了。多数公司会解雇"底端"员工，这些员工生活在失败和恐惧的煎熬中，担心随时会被解雇；对于"顶端"员工，生活好得不得了，升职、奖金、同事仰慕和管理层的器重唾手可得。

助力5%的底端员工

大多数组织未曾意识到提高公司绩效最大的机会在于底端的员工，而顶端的员工可以教会你如何发现这个机会。

我们在本书开头介绍了杰克·韦尔奇推行的"不升职就离职"管理模式，在这种管理模式下，通用电气的员工每年都要接受一次评估，排名最后10%的员工被解雇：你要么在组织中升职，要么就要离开组织。

但这样做是不是需要成本？招聘新员工需要时间和金钱，通常比现有的员工更贵，而且需要学习适应新工作——即便如此也不一定成功！哈佛商学院教授鲍里斯·格罗伊斯堡对投行的1000

名分析师进行了一项研究，发现更换公司之后，“明星分析师的绩效表现会立刻下降，并会长期延续下去”。[128] 他们之前的成功要依靠同事、可用的资源、对公司文化的融入，甚至还包括他们个人的声誉或建立起的个人品牌效应。

理想的情况下，你们一开始聘用的都是正确的人。如果你们的招聘流程客观，有完善的校准过程，就能很接近这个效果。但是即便如此，你们也会犯错误，聘用的人也有可能落在绩效表现曲线的底端。

在谷歌，我们定期找出表现最差的 5% 左右的员工，这些员工在我们绩效分布的底端。要注意这个过程是在我们正式的绩效管理流程之外。我们的目的不是找出要解雇的人，而是要找出需要帮助的人。

我要承认，我们没有一个可靠的绝对尺度去衡量每一项工作的绩效，而且我们不会强求某一种考评结果分布，因为不同团队的表现处于不同的水平。让一个团队中全是明星员工的管理者评出哪个人表现糟糕简直就是疯了。因此这是一个人力管理过程，而不是一个计算问题。管理者和人力管理团队关注的是员工个体。在现实中，底端确实会包括一些“需要改进”的员工，但同时我们还会捕捉到“低空飞过的人”，也就是那些绩效表现长期处于底端附近的人。因为我们是在整个公司的范围内跟踪 5% 的人，因此有些团队中没有一个人落在这个范围内，而有些团队则会多于 5%。我们有些犹豫到底要不要像其他公司一样解雇这些人。如果这样做就意味着我们每年要解雇 20% 的员工（每个季度 5%），同时也意味着我们的招聘方式不是很有效。如果我们能够成功挑选聘用那些远非“木头脑袋”的人——聪明、适应性强、尽职尽责的谷歌人，我们就不需要再做这些定期的筛选工作了。

因此我们没有采用传统的方式将“绩效糟糕”等同于“死亡之吻”，而是决定采用一种不同的方式：我们的目标在于告诉底端5%的每一位员工，他们处于这样一个群体。这种对话不会是幽默风趣的，但是我们向这些员工传递出的信息使这项工作简单了一些：“你在整个谷歌处于底端的5%，我知道这样的感觉不好。我之所以告诉你这一点，是因为我想帮助你成长，想要你变得更好。”

换言之，这不是一次“要么好好干，要么走人”的谈话，而是一次感性的谈话，目的是帮助一个人发展。有一位同事曾经将其形容为“富有同情心的实用主义”。绩效表现糟糕极少是因为某人的能力不足或品性不佳，更多的是由于技能缺陷（或许可以改进，或许不能）或意愿不足（员工没有做工作的动力）。在后一种情况下，可能是由于个人问题，也可能预示着团队中出现了某个更大的问题需要修正。

事实上，我们在招聘时不强调与工作相关的知识使这个问题变得更加严重，因为我们愿意聘用那些或许不懂如何做某份工作的人。我们相信他们几乎所有人都能弄懂如何工作，而在摸索的过程中，相比那些“曾经历过、做过”的人，没有做过的人更可能发现某种新的解决方法。

如果他们未能弄清如何工作，我们首先会为他们提供一系列的培训和辅导，帮助他们构建工作能力。要注意，相比招聘员工，然后尝试培养他们成为明星员工的惯常方式，我们的方法有很大的不同。此时我们进行的干预仅仅是针对小部分陷入困境的员工，而不是针对每个人。如果还没有效果，我们会帮助这个人在谷歌内部找到另外一个岗位。通常，调岗之后这个人的绩效能够提升到平均水平。这听起来或许不算什么，但是反过来想想：100个人的团队中，吉姆是表现最差的5个人之一，经过这次干预之后，吉姆的绩效表现进入了前50位。[129]虽然不是明星员工，但是吉姆现在的贡献比其他49名员工都要多，而此前他只比三四个人更好。如果所有表现最差的人都能有这样的进步，你们的公司会成为什么样？如果就连底端的49人也比对手公司更好呢？

余下的一些员工，有的选择主动离职，有的就只能被解雇了。听起来很残酷，但是最后他们通常会更开心一些，因为我们表现出对他们状况的理解，并与他们一道投入了改进过程，而且我们给他们时间寻找一家能够发挥专长的公司。我曾经解雇过手下一名员工，他在离职时对我说："我永远也做不来你的工作。"我说："你可以，只不过要在另外一个需求不同的地方。"三年之后，他给我打电话，说他升任一家《财富》500强企业的首席人力资源官，事业蒸蒸日上。他说那里的节奏比谷歌稍慢一些，但恰好适合他，而且恰恰因为他有条不紊、缜密细致的做事风格，现在已经成为首席执行官信任的顾问。

在分布底端投入时间精力的这个循环，意味着你们的团队能够提升很多，员工或是得到大幅的提升，或是离职去别的地方寻找成功。

非常具有启发性的是，就连人称"中子弹杰克"的韦尔奇——因为在他任通用电气首席执行官的大部分时间里，裁员和解雇员工非常盛行——在职业生涯后期的政策也变得更加柔和。2006年，他详尽阐释了分类员工的"评级与封杀"（rank-and-yank）方法：

差异化考评的“封杀”部分要求底端的10%立刻被解雇，但实际上这样的情况很少。通常，当一个人长期处于底端10%的时候，管理者就会开启劝退谈话。当然，偶尔会有一些表现不好的员工不愿意走。但是面对公司对他们不佳的评定这一冰冷的现实，多数人都会主动离开，而且通常都能找到另外一家更适合其施展技能、更认可其能力的公司。[130]

然后他又辩称，对员工直接一些实际上是仁慈的表现。

有些公司的管理者以仁慈之名，允许员工特别是表现不佳的员工埋头苦干数年。之后公司经营状况出现了问题。已届中年且表现糟糕的员工通常是最先被裁掉的。管理者把他们一个一个地叫去谈话，谈话过程通常是这样的：

“乔，恐怕你得离开公司了。”

“什么！为什么是我？”

“嗯……你的表现一直都不是很好。”

“我已经在这里工作20年了，为什么你从来没告诉过我？”

到底为什么呢？这些员工在早些年或许还能找到一份有未来的工作。但是现在已经45岁或50岁了，他只能进入一个比以往竞争更加激烈的人才市场。这样做是非常残酷的。[131]

我要强调一点，谷歌识别底端5%的员工并非员工大排名，也不是要按照固定的分布将员工的绩效表现分类。那种考评方式下，员工为了不落在底端会激烈竞争，最终搅乱了公司文化。库尔特·艾肯沃尔德在2012年曾为《名利场》写过一篇强烈控诉员工大排名的文章，其中说道：[132]

我采访过的每一位现在和过去的微软员工——每一位——都认为员工大排名是微软内部最具破坏性的政策。在这种政策下，无数的员工被迫离职……“如果你的团队中有10个人，你开始工作的第一天就了解到，不管每一位员工多么优秀，都将有2个人获得好评，7个人获得中评，另外一个人获得差评。”一位微软前软件开发工程师说，“这使员工的注意力都放在内部竞争上，而不是与其他公司竞争”。

几乎整整一年之后，2013年11月，微软的人力资源主管丽莎·布鲁梅尔给员工发了一封电子邮件，宣布不仅要取消员工大排名，还要彻底废止全部考评体系。[133]

正如我在第二章中所写的，如果你相信员工本质都是好的，认为他们值得信任，那就必须对他们坦诚相待，保持透明度，这就包括让他们知道自己的绩效拖了公司后腿。但是在一家使命导向型、有目标的公司，处理人力问题时要有敏感性。多数表现不佳的员工能够认识自己的表现，想要变得更好，所以给他们改进的机会非常重要。

将最优秀的人放到显微镜下观察

与此同时，顶端那些表现最优秀的员工在公司的经历与平均水平或中等水平的员工大有不同。我们的数据显示，这些员工更容易完成工作，感觉自身更有价值，认为他们的工作更有意义，离职率也是绩效表现最差员工的1/5。为什么会这样？因为顶端员工生活在高产出、良好的反馈意见、更高的产出和更好的反馈意见这样一个良性循环中。他们每天都沐浴在爱的环境中，给他安排的额外工作也使他更加开心。

更重要的是要从最优秀的员工身上学习。[a]每一家公司都将未来的成功寄托在最优秀的员工身上，但是大多数公司没有仔细研究这些员工，这就错过了一个很好的机会。正如格罗伊斯堡的实验所阐释的，优秀员工的表现很大程度上取决于环境因素。标杆和最佳实践告诉你的是在别处有效的方法，但是在你所处的环境中不一定有效。

相反，精确理解在你们所处的特定环境下最优秀员工能够成功的原因，则是格罗伊斯堡实验的延伸。如果成功依赖特定的地缘性条件，那么最有效的方法就是研究高绩效表现和地缘性条件之间的相互作用。

你或许已经想到，我们对谷歌内部最优秀的员工做了非常细致的研究。2008 年，詹妮弗·科索斯基和布莱恩·威尔斯共同创办了人力与创新实验室（PiLab）——我们内部的研究团队和智囊，该实验室获得授权研究如何提升员工的工作体验。PiLab 的很多科学家有心理学、社会学、组织行为学或经济学的博士学位，而且

a. 同样重要的是将最优秀的员工与表现最差的员工做比较。恰如我们人力与创新实验室的凯瑟琳·迪凯斯所说：“如果你仅仅对优秀的员工进行研究，你总结出来的他们成功的关键行为或许是在所有人中都普遍存在的行为。你的总结看似合理，但是很可能表现最差的员工也有同样的行为。如果你不再对表现最差的员工进行观察，就不可能了解真相。如果不同时对其他群体也进行研究，你就很容易错误地断定某些行为是通向成功的原因……科学术语将其称作‘因变量抽样’。”这也属于我们在第六章中探讨的样本偏差的一例，也是“最好的实践方法”经常有误导作用的原因。

有一些已经走上了领导岗位，这使他们能够将研究成果用于解决微妙的组织问题和挑战。尼尔·帕特尔和米歇尔·多诺万就是其中的典型：米歇尔在谷歌绩效管理的调整方面起到了很大的作用，尼尔则是我们先进技术和项目实验室的负责人。他们的初步研究议程可以帮助你了解从内部最优秀的员工身上能够学到什么。

- 氧气项目的启动最初只是为了证明管理者的存在没有太大意义，最后却证明优秀的管理者很重要。
- 天才年轻人项目（Project Gifted Youngsters）的目标是解释长期持续保持高绩效表现的人与其他人有何不同。他们将最优秀的4%与其余96%进行了对比，而后深入研究了顶端的0.5%和余下的99.5%。
- 蜜瓜企业项目（The Honeydew Enterprise，源自《大青蛙布偶秀》中无畏的创新者蜜瓜教授的名字）力图理解对软件工程师的创新行为和实践产生最大促进或抑制作用的因素。
- 米尔格拉姆项目（Project Milgram）旨在探索最有效的方式，发掘谷歌内部知识社交网络。（这个项目以研究服从性的心理学教授斯坦利·米尔格拉姆命名。正如詹妮弗·科索斯基对我说过的："他进行了最初的小世界实验，在实验中随机选出一些住在奥马哈或威奇塔的人，请他们通过一连串电子邮件联系到波士顿的一个特定的人。电子邮件串平均的'中继段'为5.5，由此引出著名的六度分隔理论。"）

氧气项目对谷歌产生了极为深远的影响。项目的名称源自米歇尔曾经问过我的一个问题："如果谷歌的每个人都能有一位了不起的经理会怎样？不只是一个不错的或好的经理，而是那种真正理解他们，使他们每天上班都感到兴奋的经理。那时谷歌会是怎样的？”尼尔习惯用元素周期表的元素命名项目，因此米歇尔提议用“氧气项目”这一名称，因为“有一名好经理至关重要，就像呼吸一般。如果我们能使经理变得更好，就好似带来一缕清新的空气”。

那么氧气项目到底期望达成什么目标呢？假设认为经理的水平对团队的绩效表现不会有任何影响，尼尔解释称：“我们知道我们的团队必须小心翼翼。谷歌对证据的要求标准很高，即便是在其他地方可能认为是不言自明的真理也需要证据，简单关联是不够的。因此我们决定反证——经理不重要。所幸，我们没能成功。”[134]

谷歌的工程师认为经理并没有太多用处，并对此深信不疑。表面看来，这句话或许有些荒诞，但是你要理解工程师有多么恨管理。他们不喜欢经理，当然也不喜欢成为经理。

工程师通常都会认为经理最多只能算是必要的恶人，多半时候他们都在设置障碍，制造官僚体制，把事情弄糟。工程师的这种信念根深蒂固，因此 2002 年，拉里和谢尔盖彻底废除了公司的经理职位。

当时我们有 300 多名工程师，经理因能够抛开管理责任都如释重负。在那之后，公司里所有的工程师都向韦恩·罗辛汇报。这项实验只持续了很短的时间。韦恩被各种请求包围了，从费用报告审批到人际关系处理，不到 6 周，经理们又重新回到岗位上。[135]

经理显然有其存在的必要性，但是在 2009 年，工程师对管理的怀疑本能地再次浮现。在这7年时间里，我们增加了1.1万多名员工。这些员工多半都来自传统的工作环境，经理在这种环境下并没有起到太大作用，甚至起到负面作用。我们在招聘时也发现了这个问题，特别是在美国之外。我们的招聘信条是要求技术经理至少在技术方面与团队成员有水平相当的能力（尽管我喜欢招募聪明的通才，但是在某些领域，比如技术、税务和法务部门，必要的基本专业能力是非常关键的）。如果经理没有达到这种水平，就无法得到尊重，会被认作NOOP（这是从计算机科学领域借用的一个术语，意为"没有操作"）。在美国的某些公司有一种传统，独立做出贡献的技术人员与经理有平行的升职轨迹（比如，IBM率先开拓了个人贡献者的升职轨迹，你可以依据技术成就得到与经理相同的奖励和头衔），但是在亚洲和西欧，更多的时候工程师会升任管理角色，不再负责日常的技术工作。因此，我们经常会拒绝一些高级别的应聘者，他们可能是很好的经理，但是离开技术岗位已经太长时间了。

每个人心中都有自己对好经理或坏经理的认识，但这些都是主观标准。米歇尔和尼尔希望做对比的时候能够保持一贯的标准，因此他们决定根据两种量化数据进行对比：绩效考评成绩和Googlegeist结果。他们计算了每位经理的平均绩效考评成绩，回顾了之前三次的绩效考评周期。他们分析了每位经理的Googlegeist结果，其中问询了全公司每个人对经理表现、行为和支持度的看法，以此作为团队对经理水平评价的替代方式。他们将我们的经理分为四个象限（见图8-5）。

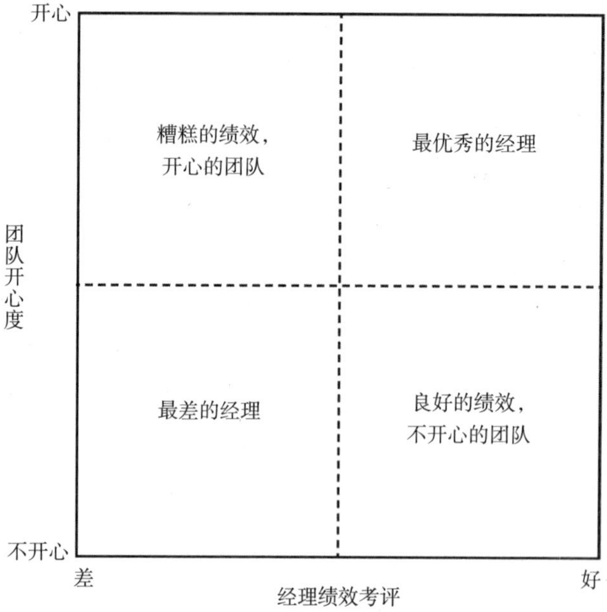

图 8–5　氧气项目最初对经理的分类

关键在于真正理解优中之优和差中之差。那些经理都做了些什么才会出现这样不同的结果？为了找出答案，他们又研究了绩效表现的两个极端结果。在1000多名经理中，只有140名在个人表现和Googlegeist考评中都排在前25%。在两项评估中都处于底端25%的更少，只有67人。这至少是一个令人鼓舞的现象：我们的经理中“优中之优”是“差中之差”的两倍（见图8–6）。

要排到前25%，你的团队对你的正面评价只需要达到86%，比平均水平的84%稍高一点。而排在后25%的好评度为78%，低于平均水平也不是太多。从这一点看来，工程师的看法似乎是对的。最优秀和最差的经理之间好像并没有太大的区别。

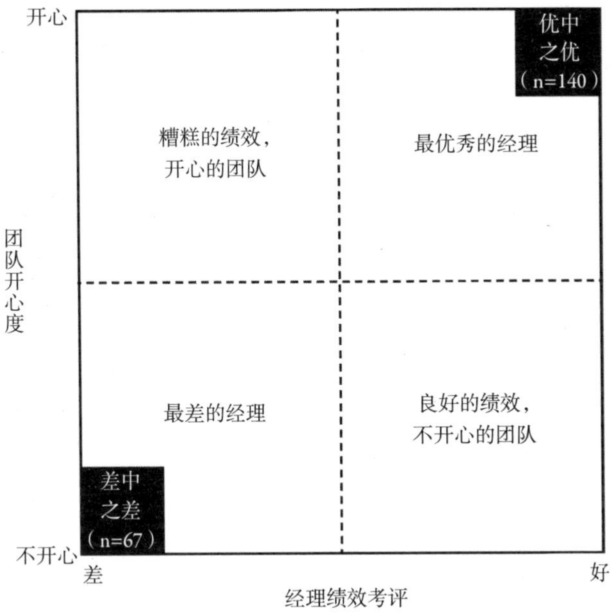

图 8–6　经过后续的提炼，识别出团队开心度和绩效表现方面都在顶端或底端 25% 的经理

因此米歇尔和尼尔又做了进一步分析。他们在分析了经理总体的开心度之后发现了一些很大的不同。最优秀经理手下的谷歌人在十几项 Googlegeist 评估维度上要比最差经理手下的谷歌人高 5%~18%。除此之外，他们在以下几方面的认可度明显更高：

- 职业决策更加公正。绩效评估公正，得到升职的都是实至名归的人选。
- 个人的职业目标能够达成，他们的经理是非常有帮助的支持者和引导者。
- 工作高效，决策迅速，资源分配合理，从多种视角考虑问题。

- 团队成员之间没有等级制度，互相尊重，依据数据做出决策而不是靠耍手段，团队内部每个人的工作和信念都保持透明。
- 他们适当地参与到决策制定过程中，并且得到一定的授权去完成工作。
- 他们可以自由地平衡工作和私人生活。

最优秀经理领导的团队绩效表现更好，人员流动率也更低。事实上，经理水平是预测人员去留最好的单一因素，正如那句格言所说的，员工不是离开公司，而是离开糟糕的经理。

但是，有些人争辩称，全公司“最好”和“最差”的经理一共才207人，样本数量非常小，我们怎么能确定这些区别是因为经理的原因？或许某些经理恰巧领导了一个能力更强、更开心的团队。要检测绩效和开心度的不同是不是出于经理的原因，唯一的方法就是保持其他一切条件不变，随机调动不同团队的人员，观察仅仅更换经理是否产生不同的效果。即便是在谷歌，我们也没有疯狂到仅仅为了了解真相而随意调配团队和经理，我们不会的。

幸运的是，我们不需要这么做。谷歌人主动调换团队，为我们实现了这次实验。工程师在年中可以自由地更换项目团队，但是并不知道未来的经理属于“最好”还是“最差”。2008年，65名谷歌人从“最好”的经理团队转入“最差”经理的团队，69名谷歌人做了相反的岗位调换。这些调换岗位的都是典型的谷歌人，他们表现优秀，对公司很满意。

经理确实至关重要！调入最差经理团队的65名谷歌人在42项Googlegeist调查中有34项的分数大幅下降。第二年，调入最好经理团队的谷歌人在42项中有6项得到了大幅提升。最大的变化在于衡量员工保留度、绩效管理信任度和职业发展方面的问题。调入更差经理团队这件事本身就足以改变他们在谷歌的工作体验，损害他们对公司的信任，致使他们产生离职的念头。

这样说来经理真的会有影响。不仅如此，了不起的经理会带来重大的影响。现在我们知道了最好和最差的经理是哪些人，但是并不知道他们所做的有何不同。我们的分析只是描述性的，并没有任何说明。我们如何厘清最优秀经理与最差经理所作所为的不同之处，我们又如何能将这些转化为动力，推动谷歌的经理水平持续提高？

并非所有的调查研究都需要一个聪明而勤奋的团队，我们在探寻最好和最差经理不同之处的时候采用了一种非常简单的方法：直接问询。我们请一些谷歌人按照预先设定的会谈指导对经理进行抽样面试，但是这些谷歌人并不知道所面试的经理是优秀的、差的还是普通的。这称作双盲面试法，因为面试官不对被面试人存在偏见，被面试人也不知道自己属于哪个类型。换言之，面试官和被面试人对面试条件都是“盲”的。米歇尔和尼尔将面试结果与最佳经理奖（我们的一个项目，项目中谷歌人在无提名的情况下选出最优秀的20位经理）的批注做对比，与Googlegeist中员工对经理的评价做对比，还与为经理写的同事反馈意见做对比，以此证实这些结论的真实性。经理宣称某些行为是他们成功或苦苦挣扎的原因，我们要核验是否也正是这些行为影响了谷歌人。

调查显示高分经理具备8种低分经理所不具备的共性（见图8–7）：

8个氧气项目特性

1. 做一名好的导师。
2. 给团队授权，不随便插手下属工作。
3. 对团队成员的成功和个人幸福表达出兴趣和关心。
4. 高效，结果导向型。
5. 善于沟通——聆听和分享信息。
6. 在职业发展方面助力团队。
7. 对团队有清晰的愿景和战略。
8. 具备重要的技术技能，可为团队提供建议。

图8–7　谷歌8个氧气项目特性清单

版权归谷歌所有

现在我们有了培养伟大经理的行为标准，但这仅仅是一个非常坦诚、十分平淡、没有争议的清单。要使这个清单更有意义、更重要，并成为可以改变公司绩效的实际内容，我们就需要更具体一些。比如，当然最优秀的经理都是好的导师，表面看来这是显而易见的，但是大多数经理即使与员工进行一对一会面，也仅是露个面，问一句“你这周怎么样”，而另外很多经理根本不会定期进行一对一的会谈——在这种会谈中，他们与员工一同诊断问题，共同想出发挥员工特长的方法。大多数经理不会将赞扬与需要改进的方面加以结合。对于经理来说，具体的方法就是在准备会面的时候细细思量员工的个人优势以及他们所面对的特定环境，利用会面问一些问题，而不是强令员工给出答案。出人意料的是，我们发现在卓越的经理中间，技术专业性是8种特性里重要性最低的一项。不要误会，技术专业性非常关键，一名不会编写代码的经理不可能在谷歌领导一个团队。但是在区分最优秀的经理行为时，技术能力在不同团队中是差异最小的。

除了要具体之外，我们还需要使良好的管理成为自然而然的事情。阿图·葛文德在《纽约客》的文章中和他的《清单革命》（*The Checklist Manifesto*）一书中都令人信服地阐释了清单的效力。我在2009年第一次读到他的文章《清单》，[136] 他在文章中讲述了1935年波音公司开发的新一代远程轰炸机299型的试飞过程。这种轰炸机可以“负载军队需求5倍的炸弹……比以前的轰炸机飞行速度更快，飞行距离差不多有两倍”，但唯一的问题是它坠毁了。

这种轰炸机相比其他轰炸机更复杂，在试飞的过程中，经验丰富的飞行员“忘记打开升降舱和方向舵控制的一种新式锁紧机制”，结果造成5名机组成员中2名遇难。军方的解决方案不是做更多的培训，而是一份清单。葛文德总结道：“手中有检查清单后，飞行员驾驶299型轰炸机累计安全飞行180万英里，没有发生过一次事故……后被人称作B-17……在二战中取得了决定性的空中优势，使在纳粹德国全境内进行毁灭性的轰炸成为可能。”而后葛文德辩称医药领域也进入了同样的阶段，工作的复杂性已经超越了人类的能力，而检查清单可以拯救很多生命。

读过这篇文章，我意识到管理也是一件异常复杂的事情，既要能够预测产品前景或成为一名财务天才、营销奇才，同时还要做一名鼓舞人心的管理者，这对领导者是非常高的要求。但是如果我们将好的管理方式浓缩到一张清单中，就不需要投入数百万美元进行培训，也不需要说服人们接受某种领导方式优于另外一种。我们不需要改变他们的本性，只需要改变他们的行为。

因此米歇尔、尼尔和不断发展壮大的人力运营团队打造出一种强化体系，以提高谷歌的管理水平。其中最引人注目的是半年进行一次的向上反馈调查，请团队成员匿名给经理做工作评估（见图 8-8）。

向上反馈调查问卷样例

1. 我的经理给我可行的反馈意见，帮助我改善绩效表现。
2. 我的经理不会随便插手我的工作（例如不会介入不应由其负责的细节问题）。
3. 我的经理会从人性角度出发体谅我。
4. 我的经理使团队将注意力集中在最重要的目标结果和工作成果之上。
5. 我的经理定期分享自己的上级和领导给出的相关信息。
6. 我的经理与我就过去 6 个月的职业发展情况进行过有意义的探讨。
7. 我的经理会向团队明确说明目标。
8. 我的经理具备高效管理团队所需的专业技术能力（比如，技术部门会编写代码，财务部门懂会计学）。
9. 我愿意向其他谷歌人推荐我的经理。

图 8-8　谷歌向上反馈调查清单

这项调查本身就是一项检查清单。如果你实现了清单中的每一种行为，你就会成为了不起的经理。

结果以图 8–9 的方式通报给每一位经理。

克雷格·鲁本的向上反馈调查报告

总体满意度 91%

优中之优总体 93%

差中之差总体 75%

满意 一般 不满意

■ **% 满意**——谷歌人对指定项目选择“赞同”和“非常赞同”的百分比

□ **% 一般**——谷歌人对指定项目选择“一般”的百分比

■ **% 不满意**——谷歌人对指定项目选择“不赞同”和“非常不赞同”的百分比

详细结果

下面是 2015 年 1 月 1 日之前直接向你汇报的谷歌人的调查结果。当前显示的项目是至少有三个人提供反馈意见的。

筛选：全部氧气特性 鼠标拖到任意项目上，查看相应的氧气特性（了解更多）

项目	数量	满意度 %	与此前满意度对比	与全球商业满意度对比	更多资源
我的经理不会随便插手我的工作（例如，不会介入不应由其负责的细节问题）	6	100	0 2013 年 1 季度 Googlegeist 调查 0 2012 年 3 季度向上反馈调查	+17	
我的经理会平衡自由度，提供指导意见	6	100	+20 2012 年 3 季度向上反馈调查	+12	
我的经理明确表示自己信任团队	6	100	0 2012 年 3 季度向上反馈调查	+15	
我的经理会从人性角度出发体谅我	6	100	+14 2013 年 1 季度 Googlegeist 调查	+9	

图 8–9 谷歌向上反馈调查经理报告样例

版权归谷歌所有

要注意，提供这些调查结果是为了经理的职业发展，并不会直接影响经理的绩效考评结果或薪酬福利。其实在这方面我与我的团队有些争议，但最终被他们说服。我开始推行向上反馈调查的时候，本想以此剔除一些最差的经理——他们给自己带领的团队带来无尽的痛苦，拖累了整个公司。史黛西·莎莉文认为，如果我们这么做，人们就会在调查中耍手段，或是迫使团队成员给他们更高的分数，或是提前解雇那些看起来不太开心和可能给低分的员工。史黛西与其他几位同事也认为，如果我们希望员工坦诚相对、改变行为，就必须将这项调查做成一个富有同情心的工具，关注经理的发展而不是奖惩他们。

她是对的。将发展反馈意见和评估反馈意见分开是非常重要的。后来我们检验了史黛西的直觉认识，我如释重负地发现，员工对向上反馈调查的应用恰如我们期望的一般：即使经理给员工较低的考评成绩，员工也不会刻意在下一次向上反馈循环中对经理进行报复。

如果经理需要在某一特定领域得到提高，而检查清单也帮不上忙，他们可以报名参加我们针对每个特性经过长时间开发出来的课程。比如，参加“经理的辅导角色”课程可以使辅导能力一项的平均得分提升 13%；参加“职业谈话”的培训可以使职业发展的考评分数提高 10%，这项培训有一部分内容在于传授经理如何与员工进行不同的职业谈话。这一切的目的并非是要谷歌人提出要求，然后由经理承诺实现员工的要求。这并非一种事务性的改变，而是一种解决问题的训练，最后的结果是所有人共担责任。经理和谷歌人都有需要做的事情。

今天，我们大多数的经理都会与团队成员分享反馈结果。我们没有做硬性要求，但是会定期在调查问卷中加入一些问题，询问员工经理到底有没有这么做。因为我们信息透明度的惯例和这些小小的助推，大多数经理都会选择分享。他们将报告分享给大家，然后针对如何提升表现展开讨论，获取团队成员的建议。这是对“经理—员工”关系的一次华丽反转。想要提高，最好的方法是与那些提供反馈意见的员工进行交谈，询问他们希望自己做出哪些改变。

我第一次分享自己的反馈结果时，分数比团队平均分还要低，当时我吓坏了。我负责管理全公司所有的员工！我本应该是一位专家！可是分数却显示我的作为与抱负并不匹配。那一年，我的团队在 15 个问题上对我的满意度为 77%，听起来还不错，但是如果你意识到我们最优秀的一些经理的满意度为 92%，而最差的经理满意度为 72% 时，你就不会这么想了。比如，我在“我的经理帮助我理解自己的绩效是如何评估的”一项上得分特别低，只有 50%，而且我的直接下属中只有 80% 愿意将我推荐给其他谷歌人做经理。

我向团队承诺要有更好的表现，给他们更清晰的反馈意见，用更多的时间与扩展团队沟通，努力成为一名更好的领导者。他们对我的努力非常赞赏。有好几个人还来鼓励我：“感谢你与我们分享，满足了我的期望。我是仅有的几个给你写过评价的人，很希望在下次一对一会面的时候进行探讨！”经过一段时间，团队变得更开心了，运转也更好了，而我的分数也有了提升。我还远算不上完美（总体满意度 90%），但是在提供高质量的反馈意见方面已经达到了 100% 的满意度，我的团队成员也 100% 愿意向别人推荐我做经理。

对于谷歌而言，结果是经理的水平稳步提升。2010—2012年，谷歌经理的满意度平均分从83%上升到88%。就连表现最差的经理也有所改进，从70%的满意度上升到77%。换言之，我们后25%的经理已经相当于两年前所有经理的平均水平。现在想要成为一名差经理反而更难。我们知道经理的水平能够推动绩效、员工保留度和开心度，因此也就意味着公司的表现随着时间推移会越来越好。

或许你在读完这些内容之后，身子向后倚了倚，总结认为：这些家伙真能自娱自乐。员工不会按照实际情况给经理评分的。即使是匿名的也不会公平，即使不影响薪酬和升职也不会，即使是在培训员工上花费了大力气、招聘优秀人才时不遗余力，也还是不行。人类就不是这种类型的生物，总有一些人在某些时候会玩弄这个体系。想象一下，某位经理给员工的绩效考评降了分，这名员工当然会在做向上反馈调查时给经理差评，以此作为报复，对吧？

嗯，我得承认，这些话确实有几分是对的。我们PiLab实验室的一位成员玛丽·凯特·斯蒂姆勒，攻读博士学位期间研究为什么人们会做出提升失败风险的选择（她还在加利福尼亚州饼干烘焙比赛中获得过三块奖牌）。她分析了大量数据，发现二者之间确实有一些关联。在我们原来用的41级考评量表下，员工绩效考评的得分增加或减少0.1，会对经理的向上反馈调查分数产生0.03的变化，而向上反馈调查的总分是100。换言之，它们之间确实有影响，但是非常微小，根本没什么关系。事实上大多数人都会去做正确的事情。

管理公司的两端：最优员工和最差员工

我之所以详尽介绍了氧气项目和底端的 5% 有三个原因。第一，这是一个难得的例子，阐明了关注两端的表现可以学到的经验和实现的成就。关注平均水平的经理没有什么帮助，设定基准也同样没有用处。对比两个极端使我们看到了行为和成果之间有意义的差异，之后可以以此为基础，提升员工在谷歌的体验。

第二，它阐释了"富有同情心的实用主义"这一概念。让处于绩效分布底端的人了解真相，但是不要将绩效与薪酬或职业成果直接挂钩，尽可能用一种积极的方式警示并激励他们。数百名经理需要面对自己并非优秀经理的现实。向上反馈调查用真实的数据（"我的团队告诉我，我可以成为一名更好的经理"）替代了直觉（"我知道自己是一名好经理"）。因为结果的传达方式，也由于有一个了不起的人力资源业务合作伙伴团队（他们不仅为数百名谷歌人提供了人力资源支持，还兼做员工的辅导员和引领者）在回顾经理的反馈结果时静静地坐在陷入困境的经理身旁，多数经理的反应都是询问自己如何才能变得更好。

第三，也是最后一点，任何团队都可以复制这种方式。我选择投入宝贵的资源成立了 PiLab，舍弃了在培训等相对传统的人力资源领域的资金投入。但是其中还是有一些捷径可循：

- 关注组织升级。每个人都说他们注意了，但是极少有人真正采取了行动。作为一名团队领导者、一名管理者或一名执行官，你必须愿意身体力行地去实现目标，必要的时候改变自己的行为，持久保持对这些问题的关注度。

- 收集数据。根据绩效和员工调查结果对经理进行分组，分析各组之间是否有区别。然后与经理及他们的团队进行面谈，找出原因。如果你们的团队或组织规模很小，只需问问员工他们最看重伟大经理的哪些特征。如果这些都无法实现，可以先从我们的氧气清单做起。
- 每年对团队进行两次调查，查看经理的工作情况。很多公司都推出了调查应用。我们当然会利用谷歌自己的产品，特别是谷歌表格，通过这种工具发送一种称作“表单”的调查问卷，简单易用，而且成本很低。
- 请各个方面最优秀的人培训其他人。我们要求最佳经理奖的获得者培训其他员工，以此作为获奖的一个必要条件。

关注两端主要是由于其他限制：如果一个组织如我期望地听从了我的建议，在员工安置方面做了大量投入，那么可以用于正式的培训项目、福利管理和其他传统人力资源支持上的资金就变少了。此外，关注两端可以带来最大化的绩效提升：将绩效优于40%员工的人提升到优于50%的效果很有限，但是从5%提升到50%则很可观。

仔细研究你们公司最优秀的人才，并依此开展项目针对他们最突出的特性对全公司进行评测和强化，从而改变公司的特征。如果你也能够帮助那些陷入困境的经理持续改进，就能打造出一个持续发展的良性循环。

塞巴斯蒂安·马洛特是我们欧洲区的销售副总裁，最近从甲骨文加入谷歌，他就遭遇了非常具有挑战性的局面：

我的第一份向上反馈调查分数简直是一场灾难，我扪心自问："我适合这家公司吗？我是否应该回到甲骨文？"这中间好像有些脱节，因为我的经理给我的第一份绩效评价很满意，但是我的向上反馈调查分数却糟透了。在甲骨文，最重要的事情就是完成目标数字。我的第一反应是带领的团队有问题。我认为他们不理解我们需要做什么才能成为赢家。不过之后我后退了一步，与我的人力资源业务合作伙伴做了沟通。我们一起仔细查看了所有的评价，制订了一套计划。我改进了与团队的沟通方式，对我们的长期战略做了清晰的说明。经过两个调查循环，我的满意度从46%提高到86%。那段日子很艰难，但是非常值得。我是作为一名高级销售人员加入谷歌的，但现在我感觉就像一位总经理。[137]

现在的塞巴斯蒂安已经是我们最优秀、最受欢迎的领导者之一。

谷歌工作法则

- 助力需要帮助的员工。
- 将最优秀的人放在显微镜下观察。
- 利用调查和检查清单寻找真相，推动员工学习。
- 与他人分享员工对你的反馈意见，以身作则；采取行动解决问题，率先示范。

第九章

打造学习型组织

你所能做的事情往往要超出你真正给予的，因为你所做的事情是帮助他人学习，帮助他们变得更好。你会一直想要做更多，因为你是一个体贴、尽责的人。

拉斯洛·博克 谷歌首席人才官

2011年，美国公司在学习项目上的投入为1562亿美元，[138]这是一个令人咋舌的数字。有135个国家的GDP（国内生产总值）都低于这个数字。

其中大约有一半的钱投入到公司自行组织的项目中，另外一半投入到外包培训中。员工平均每年要接受31个小时的培训，平均每周30多分钟。

其中大部分资金和时间都浪费了。

并不是因为所有的培训都毫无收获，而是因为没有任何衡量标准去切实了解通过培训员工学到了什么，员工哪些行为发生了改变。换个思路想一想。如果你每周花30分钟的时间学习空手道，一年之后你不能成为黑带，但是你肯定能够了解一些基本的防守和攻击动作；如果每周花半小时的时间研究薄煎饼食谱，你成不了顶级厨师，却能做出可口的薄煎饼，周末早晨的时候你会成为亲朋好友的大英雄。[a]

如果你在美国工作，平均每周都要参加公司组织的30分钟培训学习某种东西。如果回首过去我工作过的大大小小的单位，很难指出今天我做事异于常人的地方有哪一点是因培训得来的。（唯

a. 说真的，薄煎饼是世界上最容易做的食品，零基础也能很快学会。两杯面粉，发酵粉和糖各一勺，半茶匙盐，混合在一起——其实还可以放双份的糖，可口极了。再拿一个碗，取一个鸡蛋和两杯牛奶混合。然后将所有这些混合在一起搅拌，直到糊状混合物中产生气泡，出现小块。这些气泡会使你的薄煎饼松软，小块经过烘烤之后会消失。你可能想继续搅拌。不要。相信我。如果喜欢的话还可以加一些蓝莓或香蕉片，加入的水果也一定要裹上面糊。用热锅黄油煎制。制作过程很简单，好似买的、现成的或是饭店做的，但是口味要好太多太多！这是我的独家秘方，当然是在马克·比特曼和奥尔顿·布朗的秘方基础上改进的。

一的例外是我在麦肯锡接受的培训，他们的培训恰恰符合我在本章中介绍的教学准则。)

换一种说法来讲，2009—2010 学年，美国在学前班到初中的公立教育投入为 6380 亿美元，[139] 大约是公司用于培训员工资金的 4 倍。然而，公立学校每年向每一位学生提供的授课时间却是公司提供的 10 多倍，而且体育和学术俱乐部等辅助的发展项目也很多。我敢打赌，任何读这本书的人都会赞同，10 年学校生活学习的知识比 10 年公司培训项目学习的知识要多。

为什么公司在学习上投入了这么多，回报却这么少呢？

因为多数公司的学习目标没有足够的针对性，授课的人不合适，而且测评的方式也不恰当。

刻意练习是最好的学习方法

达蒙·邓恩于 20 世纪 90 年代中期在斯坦福大学求学，之后成为一名职业足球运动员，再然后创立了一家房地产开发公司。他回忆起学生时期有一次去斯坦福兄弟会时遇到的事情。[140] 那时已经是夜里 11 点，一片漆黑，而且下着倾盆大雨。达蒙注意到高尔夫球练习场上有一个修长的身影，一丝不苟地击打着高尔夫球：啪，啪，啪。

4 个小时之后，凌晨 3 点聚会结束，达蒙准备回宿舍。啪，啪，那个身影还在那里击打着高尔夫球。达蒙走了过去。

“泰格，你半夜 3 点在这儿打球干吗？”

“北加利福尼亚不怎么下雨，难得有这样的机会在雨中练习。”那个孩子回应道，后来他成为历史上最成功的高尔夫球手之一。

你应该能想到，在某一领域最顶尖的运动员都会像这般勤奋。但有趣的是他们练习的范围这么窄：他会练习推杆入洞或沙坑出球；他会用4个小时站在雨中，从同一个点，做同样的挥杆击打动作，在特别的某项技能上追求完美。

结果显示，这是最好的学习方法。佛罗里达州立大学心理学教授安德斯·艾利克森用数十年的时间研究如何获得专家水平技能。传统观点认为，要成为某一方面的专家需要一万个小时的练习。艾利克森则发现，重要的不仅仅是你投入多少时间学习，还有如何使用这些时间。他找到证据证明，在某一领域精熟的人，不管是小提琴家、外科医生、运动员[141]还是拼字比赛冠军[142]，学习的方法都异于常人。他们将活动分解成细小的动作，比如连续数小时在雨中练习同一击球动作，不断重复。每一次，他们都会观察效果，做微小且几乎难以觉察的调整，逐步改进。艾利克森将这种方式称作刻意练习：有意重复类似的小任务，即时反馈、修正和实验。

只是简单的练习，没有反馈和实验是不够的。我曾是高中游泳队成员，参加过令人精疲力竭的个人200码（约180米）混合泳比赛：蝶泳、仰泳、蛙泳和自由泳各50码。我之所以加入游泳队是因为我比朋友都游得快，我的叔叔曾是罗马尼亚国家水球队的队员，因此我猜想自己或许有些先天优势。但是相比那些真正的游泳运动员——6岁就加入游泳队，一年到头都在练习的孩子，我差极了。在二年级时，我的最快时间提升了差不多30%，但是在典型的六人赛道练习中，我要拼命才能游到第五名。

艾利克森能立刻说出我的问题。我一天练习两次，完全按照教练的指示去游，但是我不懂自学，而且一直都不是很优秀，教练不愿花时间帮助我提升技巧。我从来没有经历过刻意练习。因此，虽然我取得一些进步，但是从来都没有机会达到高水平。

相反，麦肯锡过去总是派加入公司第二年的咨询师去参加参与度领导力讲习班（Engagement Leadership Workshop），每次大约 50 人参加，为期一周。研讨班全年都在举办，在瑞士、新加坡和美国等地轮换。我当然是参加了在新泽西举办的讲习班。我们学习的技巧中有一项是如何应对怒不可遏的顾客。首先，授课人向我们讲述了要领（不要惊慌，给他们时间释放情绪，等等），然后我们进行角色扮演，模拟实境，之后再做讨论。课后，他们会给我们角色扮演的录像带，让我们看看自己到底做了些什么。我们再三重复着这个过程。这种培训方式需要耗费大量的体力，却非常有效。

现在回想你参加的上一个培训项目。或许培训的最后有一次测试，或许你们被要求组成团队解决问题。如果能够得到具体的反馈意见，再多重复三次练习，你对培训内容的掌握会不会更多？

在培训中纳入这种重复训练和专注练习看似成本很高，其实不然。我们在后文中会谈到，大多数组织评定培训时依照的是花费时间的长短，而不是行为改变的多少。传授较少的内容，让人记住，相比多“学习”几个小时但很快就忘记的方式，是很好的投入。

刻意练习的概念同时也与长期学习有关。在我们镇的初中，老师受聘两年之后就能获得终身职位：没有任何有意义的绩效标准，几乎不可能被解雇。没有任何激励措施鼓励老师交流教学经验，他们经常会连续数十年教授同样的知识。我有一位美国历史老师，当时已经有 25 年的教龄，但是至少已经有 20 年没有更新过课程内容了。他有 25 年的经验，但是其中 20 年只是重复了同一年 20 次。没有任何反馈意见的重复，而且在他身上没有任何积极性。他已经 20 年没有进步了。

除非工作变化很快，否则我们所有人都难免陷入这种困境。如果身前和身后的路看起来完全一样，那么坚持学习，保持动力将会是非常难的事情。通过一个非常简单却很实用的习惯，你就可以保持团队成员的学习习惯，确保他们不故步自封。我在 1994 年做咨询师的时候有幸与弗兰克·瓦格纳共事，他现在是我们谷歌人力运营部的核心领导之一。每一次拜访客户之前，他都会把我拉到一边，问我问题："你这次会议的目标是什么？""你觉得每位客户会怎样回应？""你打算如何引入一个难解决的话题？"我们开完会之后，在开车回办公室的路上，他又会问一些问题，迫使我学习："你采用的方式有效吗？""你学到了什么？""下次你想试试哪些新的方法？"我会向弗兰克请教一些会上互动的问题，问他为什么推出某个话题而不是另一个。我与他共担责任，以此保证自己能够进步。

每一次会议之后都有即时的反馈意见，以及下次需要继续保持或调整的计划。我现在已经不是咨询师了，但在我的团队与其他谷歌人进行会议的前后还是经常回顾弗兰克的练习。这简直就是一种持续提高团队表现的神奇方法，而且只需要几分钟的时间，也不需要任何准备。这种方法也能培养你的团队把自己当作实验对象，提出问题，尝试新方法，观察效果，然后再次尝试。

内部员工是培训老师的最佳人选

我无法告诉你应该培训你的团队或组织哪些知识，因为那取决于你们的目标。我无法告诉你们最好的培训方式是面对面还是远程教育，抑或是自学或小组课堂，这取决于你们的员工在哪种方式下学得最好，还取决于他们是要学习编程语言等特定工作相关的技能，还是学习如何团队协作等一般性技能。

不过，我可以告诉你到哪里去找最好的老师。

他们就坐在你的身旁。

我向你保证，在你的组织里有各个方面的专家，至少足够专业，可以教其他人。我们都熟悉最大值和最小值的概念。理论上讲，谁都希望有最优秀、具备最大化专业知识的人做培训。

但是在数学领域，有一个经过提炼的概念：局部最大值。这是在一个限定范围内的最大值。最大的数字是无限的，但是 1 到 10 之间最大的数字是 10。马友友被很多人认为是全世界最优秀的大提琴演奏家，而在韩国，天赋异禀的梁盛苑是最负盛名的大提琴演奏家。梁盛苑就是局部最大值。

在你们公司，肯定有一位总销售额最高的销售人员。请这个人而不是从外面请人给其他员工授课，这样不仅有了一位比其他销售人员更优秀的老师，而且这位老师对你们公司的特定环境以及顾客都很了解。还记得格罗伊斯堡发现，一个人从一家公司跳槽到另一家公司，其超乎寻常的成功极少会一直伴随着他。派你的销售人员去非常昂贵的销售研讨班，授课老师是为其他公司销售其他产品的人，这样很难带来销售业绩的根本性提升，因为你们公司的具体情况也是很重要的因素。

不过或许你不想要手下最优秀的销售人员去教学。毕竟，不应该让她全心全意做销售吗？我认为这是一种短视的想法，因为个人绩效表现的提升是线性的，而培训授课会带来几何级数的增长。下面我将加以解释。

假设你手下最优秀的销售人员每年能创造100万美元的销售额，另外还有10名销售人员，每人每年销售额为50万美元。我们再假设你安排最优秀的销售人员腾出10%的销售时间——每年5周——培训其他人。她用这5周的时间进行教学，跟着其他人，在他们工作的时候提一些建设性的意见，帮助他们在小规模的、独立的销售任务中得到提升。

没有任何培训之前，你的年销售额为600万美元（100万美元 + 10 × 50万美元）。你手下最优秀的销售人员做培训的第一年，她有10%的时间用在教学上，因此创造了90万美元的销售额。但是如果她能使其他人的销售额提升10%，那么每个人都能达到55万美元的销售额，你们公司的总销售额将达到640万美元。

第二年，如果没有进一步的培训，你最顶尖的销售人员的销售额为100万美元，而其他人比以前提升了10%，每人完成销售额55万美元，总销售额将达到650万美元。你手下最顶尖的销售人员一年用在销售上的时间缩短，你们的营业额却提升了，而且是永久性的提升。如果第二年你还请她用10%的时间对其他人进行培训，他们的销售业绩又能提升10%，达到每人60.5万美元，总销售额达到695万美元。两年的时间里，全公司的销售业绩提升了16%，而新销售人员的业绩提升了21%。按这种速度，新销售人员在8年的时间里就能实现销售额翻番（各年分别为110%、121%、133%、146%、161%、177%，到第8年初能达到195%）。

这种增长速度就是几何级数增长。你或许注意到了每年个人销售额相比第一年的增长金额有所不同。第二年比第一年高 10%，即 110 对 100，但是第八年比第七年高 18%，即 195 对 177。尽管增长率保持在 10%，但是每年的基数都在增加。如果以图表形式表示每年营业额的增长，图形曲线将随时间向上弯曲，增长速率越来越快（见图 9–1）。

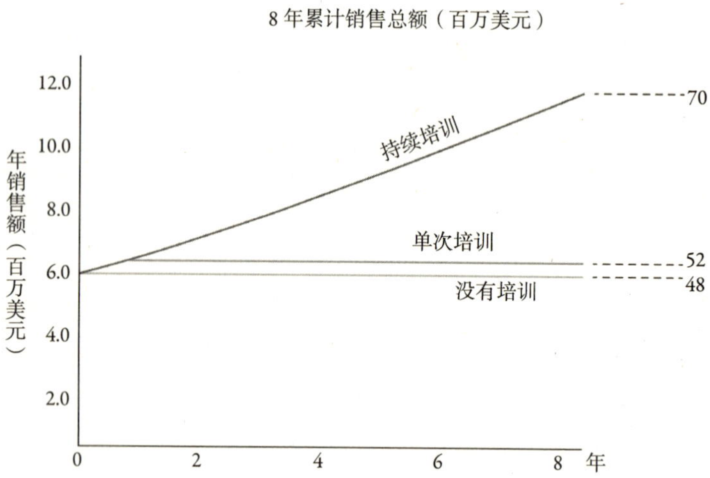

图 9–1　不同培训情况下公司销售总额

而且正如这份粗略的估计显示，这一切都是免费的。绩效表现差的员工的提高不仅仅弥补了绩效顶尖员工的销售损失。

你甚至都不需要让最优秀的销售人员脱离工作一线。如果你能将销售分解成多种独立的技能，或许有不同的人更擅长处理意外电话、谈判、达成交易或维护关系。应该让最擅长某一项技能的人教授这项技能。

英特尔前首席执行官安迪·格鲁夫在30年前也表达过同样的观点：

> 显而易见，培训是一名经理能够提升经营活动的最重要手段之一。思考一下为部门成员组织四场系列演讲的可能性。我们预估每小时课程需要3个小时的准备时间，一共需要12个小时的时间。假设有10名学生听课，第二年他们将为你的组织贡献大约2万个小时的工作时间。如果你的培训能带来手下1%的业绩提升，你的公司将因为你花费的12个小时时间收获相当于200个小时的工作。[143]

对于学习者来说，由真正的从业人员授课远比听学者、专业培训师或咨询师讲课更有效。学者和专业培训师倾向于传授理论知识，他们明白该如何工作，但是并没有亲身经历。咨询师了解更多的是肤浅和间接获得的知识，通常是从其他咨询师的标杆管理报告或与客户的数月交流中获取的，而不是通过切身体验学到的。

说句公道话，选择与专家合作，从他们身上学习，获得和他们同水平的洞察力，用以推动你们公司的发展，这样做是有价值的。比如，托尼·施瓦茨和他的能源项目帮助我们改善了谷歌人的福利状况，丹尼尔·戈尔曼帮助开发出我们的正念项目，我将在后文中具体介绍。然而，培训总是被大批外包给外部公司。

一般说来，向当下正在做某项工作的人学习效果更好，他们可以更深入地回答问题，可以举出当前鲜活的例子。他们更了解你所处的环境，总能即时反馈意见，而且多半是免费的。

谷歌人陈一鸣，更多人将他称作“鸣”（在我意识到美国人给人起昵称时只能使用单音节词的时候，我就开始使用“鸣”这个称呼了），[144] 他是谷歌 107 号员工。2000—2008 年，他任手机搜索软件工程师，之后转换了工作和生活的重心（仍然在谷歌工作），通过分享正念的概念，寻求世界和平。马萨诸塞大学医学院退休荣誉教授乔·卡巴金将正念定义为“以一种特别的方式集中注意力；有目的性，聚焦于当下，不怀任何偏见”。[145] 实现正念的一种简单练习方法是静静地坐着，全神贯注于自己的呼吸，保持两分钟。这种方法对提升认识能力和做出决策也体现出一定的作用。

作为一项实验，2013 年底，我请谷歌人比尔·杜安——以前是一位工程师，后来成为正念大师——在我们每周员工大会开始之前带领大家做练习。我希望先在我们身上做练习，如果可行，就可以在更大的谷歌人群体中尝试，或许最后可以用于整个公司。

第一周仅仅是练习呼吸，第二周是在呼吸的同时体察思绪，逐步锻炼觉察情绪，感受身体。一个月之后，我问团队是否应该继续，他们坚持说要继续下去。他们对我说，我们的会议似乎更专注、更有思想，言辞也没那么激烈了。尽管我们用去了一些时间进行冥想，但是我们变得更加高效，每周都能提前完成议程。

为了在谷歌内部传播正念法则，鸣设计了一套课程：探寻内在的自己。谷歌人更能接受鸣的教学，因为鸣在美国和新加坡做了多年的工程师，能够有效地解决谷歌人身上的压力，明白如何通过正念改变他们的生活。鸣还写了一本这个主题的书，创立了探寻内在自己的领导力学院（Search Inside Yourself Leadership Institute），由他本人管理，同时他还在谷歌兼职（“只有每周 40 个小时。”他开玩笑地说）。[146] 他的课程、书和学院都致力于“利用以科学为依据的正念和情绪智慧训练，培养高效、创新的领导者”。

比尔·杜安曾是一名网站可靠度工程师（他确保 Google.com 能够正常运转），现在负责谷歌的正念团队。比尔将商业形容成“由人构成的机器”，将正念形容成“公司的 WD-40（一种防锈润滑剂），能够润滑发愤图强谷歌人的一些锈点”。[147] 比尔的话在其他工程师中既亲切又威严，因为那些工程师每天的生活他也曾经历过。

尽管鸣和比尔作为专家有着非常突出的成就，但是他们并不是仅有的认为教学是最重要事情的人。我们还有一个受众更广的项目，称作 G2G（Googler2Googler，即谷歌人到谷歌人），全体谷歌人都参与了这个项目，互相传授知识。2013 年，该项目一共开展了 2200 堂课，21000 多名谷歌人参加了由 3000 多名 G2G 教员讲授的课程。有些课程开设了不止一次，有些课程请过不止一位授课人，大多数谷歌人都参加了不止一堂课，总参训人数超过 11 万。

尽管授课时，G2G 教员需要离开日常的工作岗位，但是很多课程仅仅需要几个小时的时间，而且只进行一个季度，因此教员和学生在这上面投入的时间相对适度。这些课程带来了崭新的精神风貌，使听课人重回工作岗位时效率倍增。与 20% 时间项目类似，G2G 也有助于营造更具创新性、更快乐、更有生产力的工作环境。在这种环境下，员工能够更加投入地参与到公司的业务中。公司的资源投入很少，收获却很大。

培训内容有的技术性很强（如搜索算法的设计、7 周迷你 MBA 课程），有的纯粹图一个乐和（如走钢丝、吐火、自行车的历史)。最火的课程包括：

- **身心觉醒**(MindBody Awareness)：我们的按摩理疗师艾米·科尔文教授的一堂30分钟课程，先是学习十几个气功动作，然后是静坐冥想。现在这一课程在全球16个城市可选，通常是通过谷歌视频群聊进行。有一位工程师告诉艾米："大脑忙于编码的时候能够了解身体的需求，它有效地帮助我大幅缓解了压力，不至于精疲力竭，还能够享受工作。"
- **展现魅力**(Presenting with Charisma)：销售领导者亚当·格林教谷歌人如何超越制作好的演讲展示内容之类的基本能力，实现细节的提升，比如语调、肢体语言和移位策略的使用。举个例子："你发现自己总是在摆弄手，或者总是手插兜，喜欢站到椅子或演讲台后面，手按在演讲台上才能表现出自信；把手放到别处就属于紧张情绪的移位。"另外还有一个小贴士："为了避免自己在演讲展示的时候总是说'嗯'，可以采用物理移位的方法。在转换话题的时候，做一点小动作，比如动一动笔。刻意挪动一下笔可以使你的大脑从搜寻语料的活动中得到暂时的解脱。"
- I_2P(Intro to Programming for Non-Engineers，**非技术人员编程入门**)：艾伯特·黄是我们人力运营部工具组的领导人。他于2008年凭借经济学学位加入谷歌，自学了编程。"当时部门安排我负责一个项目，需要将数百名谷歌人的姓名与他们正确的办公地址和工作头衔对应起来。我很快就意识到，一些简单的编程脚本就能大幅提升我的工作效率，同时降低错误率。于是我开始自学编程语言Python。我的同事看到我新学的技能节省了大家的时间，就请我教他们编码，于是，在一间小小的会议室白板前，I_2P 诞生了。”从那以后，有200多名谷歌人参加了艾伯特的课程。还有一位男生利用课上学习的知识，帮助谷歌人预约了免费上门注射流感疫苗，使1000多名谷歌人受益。而且因为每做一例上门疫苗接种，我们都会为发展中国家的一个孩子捐献一次脑膜炎或肺炎疫苗接种，所以这种新工具还使1000多名孩子得到了疫苗接种的机会。[148]

你不需要借着G2G这样正式或是广泛采用的项目才能找老师学习。谷歌人有数百种其他机会去学习或传授知识，其中任何一种在你们所处的环境中都可以由积极的员工复制。比如，我们有30多名技术顾问，他们是有经验的领导者，提供保密的一对一辅导，帮助技术部门的谷歌人提升。选择这些志愿者是因为他们丰富的阅历以及对谷歌的理解，他们的任务以倾听为主。技术顾问中的一员周紫（Chee Chew）是这样描述这一经历的：

每次都很耗神。每次辅导之前我都很有压力，我完全不知道他们会问什么问题。问题有无限种可能，如果我没什么可说的怎么办？……随着时间的推移，实际上你只需要倾听他们诉说，就能感觉到某种联系。我不了解事情的来龙去脉，我对他们如何行事也没有特别强烈的主观意见，如何决定和我也没有特别大的利益关系，因此我更多地倾听，以此建立了更深的联系。这种沟通的过程跟与直属下级和同事之间的对话相比有很大的不同。建立起这种对话真的是为了进行反思。我是与对方这个人建立联系，而不是与项目。

有时能够向一个可靠、客观的人求教恰恰是人们所需要的。周紫继续说道：

> 我还记得以前给一位高级别的女工程师提过一些建议。她认为自己已经走进了死胡同，打算离开公司。有人说服她与技术顾问做一次交谈。我们约定谈 50 分钟，结果聊了两个半小时。她理清了很多事情。我并没有给她太多建议，我倾听了她的诉说，与她一道头脑风暴，帮她排解忧虑。她自己想出了办法，解决了自己的问题。她不需要别人告诉她怎么做，我只需要鼓励她，倾听她。直到现在她还留在谷歌。

令我惊奇的是，不仅与顾问交谈过的人从中受益，就连顾问本身也受益匪浅。通过反复的磨砺，我们公司的领导者学会了倾听和移情的技能，强化了自我认识。这些听起来简单，但是他们通过这些交谈会的经历，将一些技能融会贯通。要注意，尽管是由我们部门负责管理，但这并非一个人力资源项目。恰如项目经理香农·马洪所说："秘密在于真正把控一切的是工程师而不是人力运营部。"谷歌人为彼此创造出这种项目。

与此类似的是还有一些志愿者导师，他们较少关注个人问题，更多的是助力全公司的领导力和管理问题。贝姬·科顿是我们第一位官方职业生涯导师，任何与职业生涯相关的问题都可以去咨询她。没有选拔过程，也没有培训，她自己决定要做这件事情。开始时，她在一封电子邮件中宣布她将安排办公时间接待任何需要职业建议的人。随着时间的推移，需求逐步增加，其他一些志愿者自愿加入了贝姬这个职业生涯导师的队伍。在 2013 年，有 1000 多名谷歌人与他们这个团队做过咨询会谈。

今天我们有领导力导师（部分源自我们的最佳经理奖获得者）、销售导师（提供销售建议，这样一来，在意大利从事汽车销售的谷歌人就能得到在日本工作的同事提供的意见）、孕期和初为人父母导师，当然还有正念导师。请谷歌人互相辅导不仅能够省钱（有人告诉我说从外面请导师要每小时 300 美元，甚至更贵），还能创造更加亲密的团体。正如贝姬所说："很多事情都能实现自动化，但是人际关系不行。"贝姬到现在每年仍然辅导 150 个人，还说经常有人在走廊里拦住她："如果不是因为你，我现在就不会在谷歌了，贝姬。"

起步就如美国长篇连载漫画《花生漫画》（*Peanuts*）中露西·范佩特挂出"手术中"的牌子一样简单。多年来，贝姬与多家《财富》500 强科技企业合作，帮助它们建立起自己的导师项目。财务软件公司财捷集团（Intuit）的人力资源专家萨姆·海德尔和产品经理凯伦·麦克丹尼尔就参与了这种合作。萨姆回忆说："我们在谷歌组织的一次职业发展峰会上了解到谷歌的职业导师项目，觉得这可能是解决挑战（在公司全球业务范围内提供一对一职业建议）的一种简单易行的方式。我们在几个小团队中做了试行，检验这种方法的可行性，然后在我们的财务部门已有的项目基础上做了基层推广。之后的几个月，这个项目在公司里流行起来，传遍了全球的分公司。"

如果你想解锁所在组织巨大的教与学潜能，就需要创造合适的环境。各个组织对员工发展的要求似乎总不会满足，谷歌也不例外。在我们发展团队的一次全球会议上，我们的一位销售培训师问能否得到更多的资源。我告诉她：

你们不能。你所能做的事情往往要超出你真正给予的，因为你所做的事情是帮助他人学习，帮助他们变得更好。你会一直想要做更多，因为你是一个体贴、尽责的人。因此你总会因自己不能贡献更多而略感沮丧。更糟的是，谷歌人总是希望你能给予更多。比这还糟糕的是，随着我们的发展壮大，你将要停止做一些你和结伴的谷歌人都喜欢的事情，因为还有其他更重要的事情需要你去做。你是一种宝贵资源。我们的挑战在于共同理清如何帮助谷歌人学会自学。

评估培训结果的有效方法

培训资金和时间是如何使用的很容易评估，但是关于培训的效用评估则比较少，也比较难。过去的 40 多年里，人力资源专业人员评估了时间是如何使用的，宣称 70% 的学习时间应该通过在职体验进行，20% 通过辅导完成，另有 10% 通过课堂授课完成。[149] 盖璞（GAP）[150]、普华永道咨询公司（PwC）[151] 和戴尔（Dell）[152] 等多种类型的企业都在公司网站上介绍了各自的 70/20/10 发展项目。谷歌从 2005 年到 2011 年也恰巧按照这种比例框架分配了投入。70% 的工程师和资源安排在搜索和广告等核心产品上，20% 安排在新闻或地图等非核心产品上，10% 用于自动驾驶汽车等不相关项目。谢尔盖 · 布林开发出这种投入方法，埃里克 · 施密特和乔纳森 · 罗森伯格负责管理。埃里克、乔纳森和艾伦 · 伊戈尔在合著的《重新定义公司：谷歌是如何运营的》[a] 中详细介绍了谷歌的 70/20/10 方法。

a. 本书由中信出版社 2015 年 9 月出版。——编者注但是大多数专业人员学习时采用的70/20/10法则并没有效果。

第一，这种法则没有告诉你该如何做。70% 的意思是让人们在日常工作中理清一切，还是说要员工轮岗，使他们学到新技能？或许是给员工难做的项目去做？这些方法相比其他方法更有优势吗？

第二，即便你知道应该做什么，又该如何评估呢？我从来没见过哪家公司要求管理者记录用在辅导团队上的时间。公司可以告诉你在课堂培训上用去的时间和资金，但是除此之外都只是猜测的数据。最糟糕的情况下，工作中用去的 70% 的学习时间会成为不作为的借口，这给人力资源部创造了便利的条件，可以谎称员工在学习，而且不需要提供任何证据。

第三，甚至没有任何有力的证据证明按照这种方式分配学习资源或经验有效。密歇根大学的斯科特·德罗和克里斯托弗·迈尔斯对相关文献做了综述："首先，也是最重要的，没有任何实验证据支持这种假设，然而学者和从业者经常会引用此观点，好似它就是事实。"[153]

所幸，有一种更好的方法来评估学习项目的结果，而且和很多其他伟大的人力管理想法一样，它也并非一种新方法。1959 年，美国训练与发展学会前主席、威斯康星大学教授唐纳德·科克帕特里克创造出一种模型，对学习项目进行 4 个层次的评估：反应、学习、行为和结果。

科克帕特里克的模型与其他很多绝妙的想法有相似之处：一经解释，其中的道理便显而易见。

第一层次，反应。询问学生对培训的反应。教授一门课程，最后得到学生积极的反馈意见，这种感觉非常好。如果你是一位咨询师或教授，学员或学生表示培训体验很好，喜欢学习的内容，这对你的课程将是一个极好的宣传，确保了未来的听课人数和资金收入。斯坦福大学商学院教授弗兰克·弗林曾告诉我一个获得学生评价高分的秘诀：“多讲笑话和故事。学生喜欢听故事。”他又继续解释说，参与度和传授知识之间需要不断地权衡。根植于代代传颂的神话和民间传说中的故事体现了人类对于叙事的渴求。讲故事是一种有效的教学方法。但是学生对你的课堂的感受说明不了他们到底有没有学到东西。

此外，学生经常无法对课堂质量提供反馈意见。在课堂上，他们应该专注于学习，而不是评价授课中小组练习和个人练习的分配是否均衡。

第二层次，学习。评估学生知识或态度的改变，特别是在培训项目结束时以测试或调查的方式进行评估。任何考取过驾照的人都有过这样的经历。这已经是第一层次基础上的巨大提升，因为现在我们已经开始从客观的角度来查看课程的效果。此种做法的缺点在于难以长时间保持新学课程的效果。更糟糕的是，如果返回原工作岗位，环境依然没有变化，那么新知识将渐渐被淡忘。想象一下你刚上完陶艺课，终于成功烧制出上釉花盆，如果你没有机会再去使用这种手艺，很快将失去这种技能，当然也不可能精炼技艺了。

第三层次，行为。行为恰是这个体系开始变得强大之处。科克帕特里克询问参训者通过培训，行为发生了多大的改变。这个简单的询问中引入了几个非常聪明的理念。对行为变化的评估需要等待学习经历结束之后一段时间进行，确保课程整合为长期记忆，而不是为早上考试做准备的短期记忆，过后就忘记了。这种评估还要求依靠持续的外部验证。评估行为变化的理想方法是不仅要询问学生，还要询问他们身边的团队成员。寻求外部意见不仅可以更全面地了解这名学生的行为，还能含蓄地鼓励他更加客观地对自己的表现做一下评估。比如，你问大多数销售人员他们的表现如何，他们都会告诉你自己是业内顶尖的。但是如果你问他们的客户，并告诉他们你会如此做，他们的回答就会更加谦虚和真实。

第四层次，评估培训项目的实际结果。你的销售额有没有增加？你成为一名更优秀的领导者了吗？你编写的代码更简练了吗？

美国外科医师学会采用了科克帕特里克的模型，将“病人（客户）的健康改善情况”作为教学项目的直接结果。[154] 假设一名眼科医生专攻激光视力矫正手术，即利用激光重塑角膜矫正视力。在这名医生进修了新的技术之后，通过记录患者的康复时间、并发症出现概率以及视力改善情况等因素，可以评估手术效果的变化。

相比较而言，评估培训对于结构性较弱的工作或通用技能产生的影响会难得多。你可以开发出非常复杂的统计模型，分析培训与结果之间的联系，我们在谷歌就经常这么做。事实上，通常我们不得不这么做，因为换用他法，我们的工程师根本不会相信我们！

但是对于大多数组织而言，评估培训结果是有捷径可循的。不需要用研究生才能学到的复杂数学分析，只需要比较两个一样的团队在其中一队参加培训之后的表现即可。

首先确定你们的培训要达到怎样的目标。假设是更高的销售额，那么将你的团队或组织分成两组，两组的构成尽可能相同。在实验室外想要做到这一点很困难，但至少要在地理位置、产品结构、性别结构、工作经验等方面相当，消除明显的差异。其中第一组是对照组，即该组不做任何变化，不上课，不培训，不特别关注。第二组是实验组，他们将参加你们组织的培训。

然后等待。

如果两组确实在各方面相当，唯一的区别就是有没有参加培训，那么销售额结果的差别就是培训带来的了。[a]

这种实验方法可能有违人的本性，令人感到沮丧，因为如果你发现一个问题，你就想要当场为所有人解决这个问题。正如我在第八章中介绍的，参加“经理的辅导角色”课程可以使辅导能力一项的平均得分提升 13%。我们等待了一年去观察这种课程是否真正有效，而与此同时数千名谷歌人并没有从这种本可以帮助他们的项目上受益。

我在另外一家公司工作的时候，每年都会有一波强制的销售培训，他们对我们说，保证能够提升销售业绩。但是让每个人都参加你认为能解决问题的项目并不一定能真正解决问题。一项精心设计的实验和耐心等待结果并加以评估的受众，将向你展示真实的效果。你的培训项目或许有效，但也可能无效。想要确认结

a. 只要两组各方面相当，另外还有一种方法是给每一组安排不同的培训。因为这样你就没有了对照组，可以同时尝试多种不同的方式。这种做法的不利之处在于你无法全面掌握可能影响结果的外部因素。比如，如果两组的销售量增长相同，那么是因为两组的培训都有效，还是因为经济好转，销售变得容易了一些呢？产生的变化可能是由随机的某种变量引起的。有数据评估方法可以测试这些结果，但是还有一种非定量的替代方式，即多次或在其他小组中尝试这种“实验”。

果，唯一的方法就是在一组中进行实验，然后与另外一组进行比较。

人类生而为学。

但是我们很少思考怎样才能最高效地学习。

有一种务实的方法可以采用，将一项技能分成小的部分，提供具有针对性的即时反馈意见，可以提高你所在组织或团队的学习效率。有太多的组织在向员工传授技能的时候急于求成，内容也过于宽泛。对培训的结果进行评估，而不是询问员工是否喜欢培训，经过一段时间，这种做法能够更清晰地说明你们所做的是否有效。

但是我们不能仅仅为了学习而学习，还应该寓教于乐。你只需要看看自己的家便能了解一二。每位家长都会教育孩子，每个孩子都会学习。如果你是一位家长，你就会认识到孩子经常是你的老师，而你则是在学习的那个人。

据称，著名物理学家尤利乌斯·罗伯特·奥本海默的弟弟弗兰克·奥本海默说过，“最好的学习方式是教导他人”。[155] 他是对的。因为要教好学生，你需要深入思考教学内容，需要掌握将要教授的主题，想出优雅的方式将知识传递给他人。

我们请员工做老师还有一个深层原因。给予员工做老师的机会也给了他们目标。即便他们在日常工作中找不到意义，传授知识的工作也足够鼓舞人心。

学习型组织发端于一种认识，即我们所有人都渴望成长，也都希望帮助他人成长。然而，在很多组织中却是员工受教，专业人士负责教学。

为什么不让员工同时做两件事情呢？

谷歌工作法则

- 进行刻意练习：将课程分成易于消化的小块，给出明晰的反馈意见，并不断重复这个过程。
- 请最优秀的员工教学。
- 只在已经证明能够改变员工行为的课程上进行投入。

第十章

谷歌的薪酬分配原则

如果你手下最优秀员工的价值是平均水平员工的 10 倍，那你就必须给他不公平的薪酬；否则，你就给了他一个辞职的理由。

拉斯洛·博克　谷歌首席人力官

谷歌薪酬理念的转变过程

我没能有幸与谷歌的第一位技术副总裁韦恩·罗辛共事。我来谷歌上班的时候他已经退休了，但是关于他的故事仍在谷歌流传。我最喜欢的一个故事是他在我们 IPO（首次公开募股）前一周对谷歌工程师所做的一段演说。演说是要求员工坚持谷歌的价值观，关注用户，IPO 只不过是普通的一天，第二天我们还要照常回来工作，为用户创造很酷的产品。大家会因上市变得富有，有一些人甚至会富得流油，但是我们不能改变初衷。为了强调自己的观点，他总结说："如果上市之后我看到公司停车场里有宝马车，那你最好买两辆，因为我会带上棒球棒砸烂车子的挡风玻璃。"

尽管我们的 IPO 创造出很多百万富翁，但是多年来我们一直保持着不过度挥霍的传统。这种不愿张扬的生活方式既反映了硅谷工程师的传统文化，也是谷歌的特别之处。《纽约时报》记者大卫·斯蒂菲尔德将这种传统追溯到 1957 年硅谷创立之初，[156] 当时罗伯特·诺伊斯、戈登·摩尔、尤金·克莱尔和其他五人创立了仙童半导体公司（Fairchild Semiconductor），开发出一种大规模生产硅晶体管的方法。[157] 斯蒂菲尔德将其描述为一种"新型公司……具有开创性，勇于冒险。东部僵化的等级制度在此被荡涤干净，同时消失的还有炫耀性消费"。"钱看起来都不是真的，"诺伊斯后来对他的父亲说，"只不过是一种计分的方式。"[158] 硅谷的社会气质一直都是"努力工作，但不炫耀"。

当然，这些传统近年来也发生了一些改变，甚至在谷歌也是一样。脸书、领英和推特等数十亿美元的 IPO，加上二级市场的涌现，做上市前投资的员工能以数十亿美元的价格卖掉自己的股份，这使得硅谷钱潮涌动，到处都是不相称的 10 万美元特斯拉跑车和百万美元豪宅。即便如此，记者尼克·比尔顿还是如此总结当前的硅谷气质：

> 在纽约，你看到人们为了引人注目而衣着鲜丽。在圣弗朗西斯科，人们身着帽衫和牛仔裤出入五星级饭店，并以此为荣（不过时尚杂志的报道则恰恰相反）。
>
> 在纽约，人们赤裸裸地炫耀财富。
>
> 那么在圣弗朗西斯科呢？当然，甲骨文的首席执行官、美洲杯帆船赛冠军劳伦斯·J. 埃里斯很愿意显露一下自己的财富。但是大多数有钱人都会隐藏财富，害怕有损硅谷“我们在此要把世界变成一个更好的地方”的形象。（我认识一位非常成功的公司创始人，他有一辆 1985 年生产的破烂不堪的本田车，他会开着这辆车去开自己的秘密私人飞机。）[159]

但是韦恩的话不仅是在建议如何避免公司财务成功所带来的贪欲，还有其更深刻的含义。我们有避免炫耀的传统，我们用锯木架和木门做桌子，在悉尼和苏黎世的分部还回收废弃的滑雪场观光车和单轨列车做会议室使用（见图 10-1 和图 10-2）。[160]

在我们的产品上，这种气质最典型的表现便是谷歌清爽整洁的搜索主页。这在当时是革命性的改变。当年盛行的认识是用户想要通过单一门户（还记得门户网站吗）通向整个网络，单一门户中嵌入数十个其他门户。拉里和谢尔盖的想法则有所不同。如果你只需要将自己想要找的内容输入搜索栏中，然后一切就像变魔术一样展现在你面前，那么会怎样？图 10-3、图 10-4 和图

10–5是2000年2月29日，其他两家主要竞争者的主页与我们的主页对比。[161]

图10-1　我们澳大利亚悉尼办公室里的一辆退役单轨列车

版权归谷歌所有

图10–2　苏黎世分部办公室里的一台观光车

版权归谷歌所有

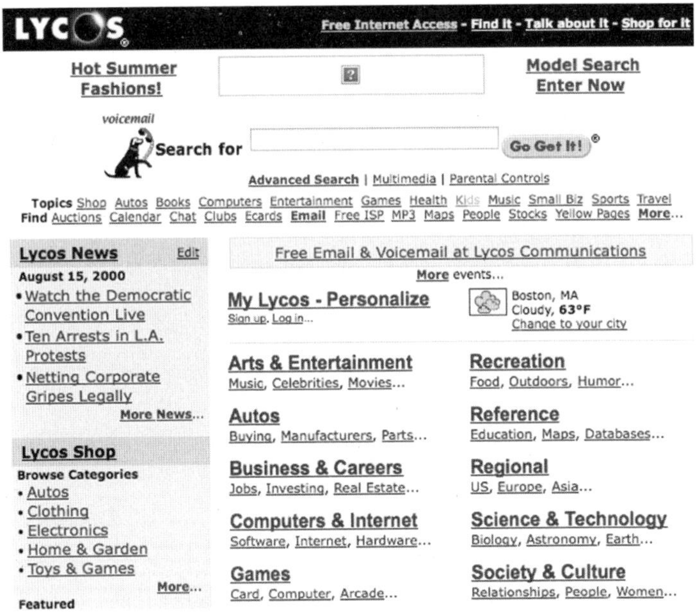

图 10-3　2000 年左右 lycos.com 的主页

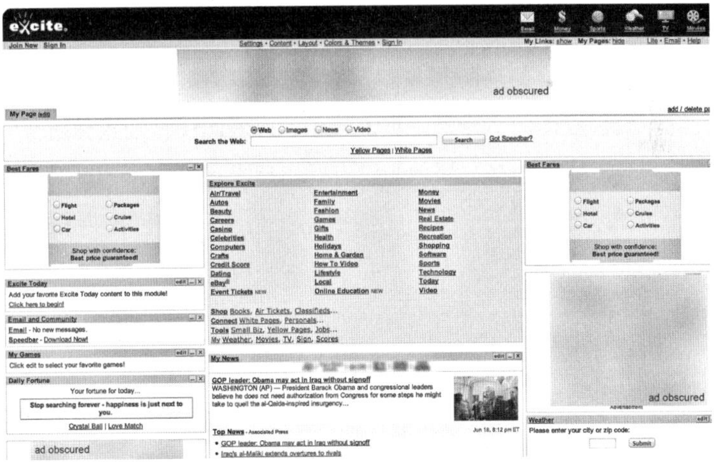

图 10-4　2000 年左右 excite.com 的主页

图 10–5　2000 年左右 google.com 的主页
版权归谷歌所有

我们这种大幅留白的主页非常另类。早期我们面临一个巨大的挑战：用户看着谷歌的网页，不知道该输入些什么。我们一直也弄不清原因，直到后来我们走了出去，在附近一所大学进行了用户调查，真正地去观察学生使用谷歌。根据当时谷歌人、现任雅虎首席执行官的玛丽莎·梅耶尔所说，他们对“亮闪闪的、旋转的、引你点击的”凌乱主页太熟悉了，因此误以为我们的网页还有内容没刷新出来，[162] 他们没有开始搜索是因为在等页面完全载入。技术副总裁珍·菲茨帕特里克补充说：“我们最后在页面底部加上了一个版权标志，主要不是因为我们需要宣称主页的版权，而是因为这样做相当于说‘到此结束’。”版权标志解决了我们的问题。

谢尔盖曾开玩笑地说，谷歌的主页之所以空空如也，是因为他不太擅长超文本标记语言（HTML）。根据珍所说，现实中

“不把太多分心的东西丢给你，后来成为我们的自豪之处和刻意的设计点。我们的工作是要帮助你从一点极速到达另一点”。这样的用户体验更好：更少的分心之物，更快的载入速度，更快通往目的地的通道。[163]

韦恩关于IPO可能带来公司文化改变的担忧也确有其道理，因为如何安排员工的薪酬，如何保证公平，并如何与我们公司的价值观保持一致，在谷歌一直都是一个很严肃的问题。事实上，作为管理层，薪酬问题是招聘问题之外我们在所有人力资源问题中思考用时最多的。你应该还能回忆起来，招聘一直都是首要问题，因为如果你能招聘到比自己更优秀的人，大多数人力资源问题都能迎刃而解。

公司成立的头一两年，资金很紧张。但是即便后来我们想出办法在互联网上拍卖广告（想象一下），营业收入大幅提升，我们在多数时候也不太愿意支付高薪水。谷歌上市之前，我们的高管年平均薪水为14万美元。一方面，14万美元是一笔不小的数目；另一方面，拿到这么高薪水的是我们公司的顶层。我们员工所在的圣克拉拉和圣马特奥是全美消费水平最高的地区之一，我们全公司的平均工资低于该地区中等收入家庭的87000美元水平。[164]

几乎所有新员工都要降低薪水。正如我在第三章中介绍的，我们甚至将这一点作为招聘筛选的一个条件，认为只有敢于冒险、企业家型的人才会愿意降薪2万美元、5万美元，甚至10万美元。新招聘的人会接受进一步的考验：他们可以放弃5000美元的薪水，换取5000美元额外的优先购股权。（当初做了这种选择的人，今天口袋里就能多出500万美元。我们的股票于2014年进行过分拆，因此早期谷歌人现在应该持有1万股的股份。）

随着谷歌的发展壮大，我们意识到需要调整薪酬分配方式。低薪水和IPO股权承诺对最优秀人才的吸引力不可能一直延续下去。记者阿兰·道伊奇曼于2005年就这个主题对谢尔盖进行了采访。

谢尔盖说，当一家公司只有几百人的时候，股权是非常大的激励因素，因为所有人都能拿到足够多的股权，有机会赚到非常多的钱。但是“数千人的公司，这种做法的激励效果就不那么明显了”，因为人太多，股权分配之后摊得太薄，“而人们希望得到真正的奖励”。虽然谷歌全球范围内有大约3000名员工，但是“我感觉薪酬的分配应该更像小型创业企业一样拿更少的薪水和更多的股权。虽然并不完全一样，但是因为在我们这里的风险更低，所以很像。我们提供上升的空间——或许不是完全一样的上升空间，或许会小一点——和更高的成功机会”。

我们还希望员工能够求知若渴，保持雄心，争取创造更大的影响力。我们仔细研究了其他打造出百万富翁的科技公司的经历。道伊奇曼观察到，“20世纪90年代的微软，工程师和市场营销人员喜欢戴着圆形的小徽章在办公室游荡，上面写着‘fuifv’。头两个字母代表的意思你应该能够猜到，后三个字母的意思是‘我已经钱包满满，不愁吃穿’（I’m fully vested）”。

这是我们最不想看到的情况！

之后我们大约用了10年的时间，一方面创造合适的环境因素，确保内在激励因素能继续保持（我们的使命，关注信息透明度，谷歌人对公司如何运转有很强的话语权，可以自由地探索、经历失败并学习，有助于协作的工作空间），另一方面调整了外部激励因素。总结下来共 4 条原则：

- 不公平薪酬。
- 以成就为荣，不以报酬为荣。
- 创造易于传播爱的环境。
- 对一些失败同样也要奖励。

忠告：本章我会抛出很多大数据。为了更好地凸显结果，有些数据我做了四舍五入，避免过分纠结于细节，有些则显示了谷歌为谷歌人提供的机会。我们的创始人一直都很慷慨，他们坚持与员工分享公司所创造的价值。因此，在谷歌真的有机会赚取巨额的金钱或得到巨额的奖励。

与我们规模相当的科技公司大多数都不再向所有员工做实在的配股；相反，它们给高管更高的奖励，因此留给普通员工的股份近乎为零。在我们行业之外，我知道一家公司会向高级高管（最高层的 0.3%）配股，股票额相当于数十万甚至数百万美元；向初级高管（再往下的 1%）的配股相当于数万美元，而余下 98.7% 的员工什么都得不到。他们没有奖励最优秀的员工，只是简单地给高层分配更多的收益。我记得有一位高管私下告诉我，如果养老金每年达不到 50 万美元，他就拒绝退休（说句公道话，他在自己的工作上也非常出色）。

在谷歌，每个人都有资格得到股权奖励，不管在哪个国家、哪个级别的员工都可以。依据你的工作和当地的市场情况，你有资格获得的股权奖励会有不同，但是决定你所得股权多少的最重要因素在于你的表现。我们不需要把所有人都纳入其中，但是我们却这么做了。这样做是好的经营之道，也是正确的做法。

我意识到谷歌有其优势地位。我还记得自己最开始工作的时候时薪 3.35 美元，后来找到一份时薪 4.25 美元的工作，顿时感觉摆脱了束缚。当我得到一份年薪 34000 美元的工作之后，我感觉自己再也不用担心钱的问题了。我拿到这样的第一份薪水之后出去吃饭，第一次感觉钱包鼓鼓，有钱买开胃菜和饮品来配饭——真奢侈！

与此同时，在低利润率行业中的公司也发现给员工丰厚的薪酬是很聪明的生意经，即使它们不需要这么做。好市多（Costco）和沃尔玛山姆会员店都属于大型廉价卖场。科罗拉多丹佛大学的韦恩·卡西欧对比了二者在 2006 年的数据（见表 10–1）。[165]

表 10–1　山姆会员店与好市多

	山姆会员店	好市多
店面数量（家）	551	338
员工数量（人）	110200	67600
平均工资（美元 / 小时）	10~12*	17

* 沃尔玛并没有透露山姆会员店的工资水平，但卡西欧称此为可能的工资范围。

除了更高的工资之外，好市多还为当时已有健康保险的 82% 的员工承担了 92% 的保险费。此外，91% 的员工参加了好市多退休计划，公司要为每一位员工支付 1330 美元。尽管薪酬结构成本更高，店内顾客多来自富裕家庭，大件商品也更多，但是好市多的每位时薪员工创造的平均营业收入为 21805 美元，山姆会员店则为 11615 美元：薪酬高 55%，但创造的营业收入则高 88%。卡西欧解释称，“由于公司丰厚的工资和福利，好市多在所有零售企业中有最高的员工忠诚度和生产效率……和最低的减缩率（员工偷窃）……好市多稳定且高效的员工队伍远不止抵销了更高的成本”。

我现在将要分享一些非常敏感的细节，介绍谷歌是如何解决这种非常隐秘的问题。此举并非炫耀谷歌的成功，而是因为我们在探索如何奖励员工的道路上犯了许多错误。一路上，我们研究了薪酬、公平、公正和开心度。我们初窥堂奥，了解了如何在庆祝成功的同时不滋生嫉妒。我们吸取了其他公司的经验，证明了人们认为能够带来喜悦的事情或许不能如愿。我希望我们的经验能够被其他公司借鉴，可以在任何工作环境中适用，就如好市多所做的一样，创造更自由的空间，带来更多的欢乐和满足感。

不公平薪酬

多数公司都在误导之下探索“公平”，建立起的薪酬体系迫使表现最优和潜力最大的员工辞职。首先，也是最重要的一条准则要求你们摒弃现行的做法——最初或许会有些不自在。

所谓的薪酬最佳实践法是以收集每一项工作的市场数据为起点，而后设定控制界限，确定员工的个人薪酬可以偏离市场薪酬和其他员工薪酬的范围。通常，公司会允许薪水与市场水平上下浮动 20%，最优秀的员工或许能拿到高于市场水平 30% 的薪水，平均水平的员工或许每年能加薪 2%~3%，特别优秀的员工能够加薪 5%~10%，具体幅度根据公司的不同有所差异。这样做带来了不良的后果：假如你是非常优秀的员工，将会得到几次大幅加薪，之后加薪的速度会越来越慢，直到最后你接近容许的薪酬范围上限，加薪也会随之停止。

我们想象一下，假设你是一名顶尖的销售人员、出色的会计师或非凡的工程师，工作表现极好，为公司做出了很大的贡献。第一年你或许能拿到10%的加薪，但是第二年只有7%，之后或许是5%，很快你的加薪速度就变得与普通员工一样或成为"红圈员工"（人力资源部门的人是这么叫的），薪水再也不会增长了！大多数地方，类似的限制在奖金和股权奖励分配中也存在。适时的升职可以为你争取到一点儿时间，但是很快你又会达到下一个工作级别的薪酬界限。

这个体系中有些缺陷。多数公司采用这种薪酬支付方式以控制成本，因为它们认为某一工作的绩效表现范围是很狭窄的。但是它们错了。罗伯特·弗兰克和菲利普·库克在他们1995年所写的《赢家通吃的社会》（*The Winner-Take-All Society*）一书中预测，越来越多的工作会出现薪酬不平等加剧的情况，因为最优秀的人才越来越容易发现，流动性越来越大，因此从他们为雇主创造的价值中争取更多的机会也更大。这恰恰是纽约扬基队的认识：最优秀的队员除了需要高报酬之外，也能持续创造优异的成果。

问题在于一个人的贡献很有可能比他所得的薪酬提升更快。比如，一家顶尖的咨询公司或许每年为一位刚毕业的MBA员工支付10万美元，这名MBA员工对客户的收费为每天2000美元（每年50万美元），大约是她薪水的5倍。第二年，这位MBA员工或许能赚到12万~15万美元，每天收费4000美元（每年100万美元），大约是她薪水的8倍。且不论这位咨询师能否为雇主或客户创造100万美元的价值，她从自己创造的价值中获得的收益比例每年都在下降。这是一个极端的例子，但是这种形态在大多数专业服务公司中都存在。事实上，斯坦福大学的经济学家爱德华·拉齐尔曾称，员工在职业生涯初期的平均薪酬收入相比其贡献较低，在职业生涯后期则拿到太多。[166] 内部薪酬体系没有做出足够迅速的调整，也没有足够的灵活性，为最优秀的员工安排与其价值相当的薪酬。

作为一名优秀的员工，理智的做法是辞职。

在一家《财富》100 强的大型工业企业中，“首席”层次的工作 5~10 年轮换一次。如果你是一名非常优秀的三四十岁的员工，每隔 10 年左右你就有一次机会得到公司最顶层的几个工作岗位的机会。与此同时，你的薪水也会与职位相匹配，最开始会得到几次大幅提升，之后又会囿于人力资源准则，在下一次升职之前再也得不到加薪。对于那些快速学习成长和表现顶尖的人来说，确保薪水与所创造的价值相适应有一种方法，就是离开这种垄断的内部市场，进入自由市场，即寻找一份新工作，以自身的真正价值为基础，协商薪酬，然后离开现在的公司。这也是你在人才市场上看到的真实情况。

为什么公司不设计一种体系，避免最优秀和潜力最大的员工辞职呢？因为它们对公平有一种错误认识，没有勇气坦诚面对自己的员工。公平的薪酬并不是说所有在同级别岗位上的人都要拿同样的薪水或是上下差不到 20%。

薪酬与贡献相匹配才能算得上公平。[a]因此，个人薪酬应该有巨大的差异。还记得我们在第三章介绍过艾伦·尤斯塔斯所说的“拔尖工程师的价值相当于普通工程师的300倍”吧。比尔·盖茨的观点更加激进，据称他这样说过：“一名了不起的车工工资应该是普通车工的几倍，但是一位了不起的软件编码程序员的工资应该是普通程序员的1万倍。”软件工程师所创造的价值范围或许比其他类型的工作要广，但是，虽然了不起的会计的价值或许不如普通会计的上百倍，但至少也能抵得上三四倍！

但是，请不要一字一句地全听我的话。1979年，美国人事管理局的弗兰克·施密特发表了具有开创性的论文《有效的招聘选择流程对劳动生产力的影响》。[167]施密特与我在本书第三章和第四章所持的观点一致，他认为大多数招聘流程并不能选择出真正优秀的人才。他推断，如果能够证明招聘更优秀的员工可以带来实际的财务回报，那么各家组织就会在改进招聘工作上投入更多精力。

施密特研究了为联邦政府工作的中等水平电脑程序员。他

a. 大多数公司的薪酬设置混淆了平等和公平的概念。当你探讨个人权利或公正的时候，平等的意义非凡，但是平等地或近乎平等地支付所有员工的薪水则会出现最差的员工薪水过高，而最优秀的员工薪水不足的现象。人力资源专业人员甚至有专门的习惯用语形容这种现象。他们说“内部平等”要求他们限制顶尖员工的薪水：如果某些人拿到的薪水远高于另外一些人，结果是不平等的。严格意义上讲，他们的说法是对的，这样做确实不平等，但是很公平。这样说来“不平等薪酬”本应更适合作为该部分的小标题，但是我选择了“不公平薪酬”，因为这样能够更加凸显我的观点，还因为薪酬的巨大差异化最初在人力资源人员和管理者看来既不平等（确实不平等）也不公平（其实是公平的）。

询问了那些所谓的出众的程序员相比一般的程序员能够创造出多少额外的价值，出众和一般分别指优于85%的员工和优于50%的员工的程序员。出众的程序员每年比普通程序员要多创造1.1万美元，这些美元可是1979年的美元。

然后他尝试预测了如果招聘时能更好地选到出众程序员将多创造多少价值。他预测的中位数大约为每年300万美元。如果全美范围内选择程序员的时候都能更好地筛选，那么预测创造价值提升的中位数为4700万美元。

他仅在一点上犯了错误：顶尖员工创造的价值远比他想象的要高。艾伦·尤斯塔斯和比尔·盖茨比施密特更了解现实。

施密特假定员工绩效表现符合正态分布，但其实不然。

我们在第八章提到的欧内斯特·奥博伊尔教授和赫尔曼·阿吉斯教授在《人事心理学》发表报告称，人员的绩效表现其实服从幂律分布[168]——回看第八章头几页，温故知新。正态分布与幂律分布最大的区别在于，某些现象中，正态分布严重低估了极端事件发生的概率。比如，在2008年经济危机之前，银行所采用的金融模型大多数都认为股市收益符合正态分布。欧内斯特·奥博伊尔和赫尔曼·阿吉斯解释称："利用正态分布曲线预测股市表现，单日10%的金融市场跌幅应该500年一遇……但实际上，每5年就会发生一次。"纳西姆·尼古拉斯·塔勒布在他的《黑天鹅》一书中也阐释了这一点，他解释称，极端事件发生的概率远高于大多数银行模型的假设。[169]因此，经济波动和衰退出现的频率远比正态分布预测的频率要高，但是与采用幂律分布或类似分布的预测频率相差不多。

个人的表现也同样符合幂律分布。在很多领域很容易指出哪些人的表现远远超过他们的同事，超出的体量超乎人类想象。比如，通用电气的杰克·韦尔奇；苹果和皮克斯公司的首席执行官史蒂夫·乔布斯；华特·迪士尼赢得过26座奥斯卡奖杯，是有史以来个人获奖最多的人；[170] 比利时小说家乔治·西默农写了570本书和故事（其中很多主人公都是他的朱尔斯·梅格雷侦探），销售量达5亿~7亿册；英国的芭芭拉·卡德兰出版了700多个浪漫故事，卖出5亿~10亿册。[171]（显然我写书的体裁选错了）；至2014年初，布鲁斯·斯普林斯汀获得49次格莱美提名，碧昂斯46次，U2（英国著名乐队）和桃莉·芭顿各45次，但在指挥家乔治·索尔蒂（74次）和制作人昆西·琼斯（79次）面前却黯然失色；[172] 波士顿凯尔特人队的比尔·拉塞尔13个赛季获得11座NBA总冠军奖杯；[173] 杰克·尼克劳斯获得18座高尔夫球四大赛奖杯；[174] 比利·琼·金获得39座网球大满贯冠军奖杯。[175]

奥博伊尔和阿吉斯做了5次调研，受调查人覆盖633263名研究员、演艺人员、政治人物和运动员。表10–2显示的是利用正态分布分析出的各个群体中优于99.7%表现的人数，以及现实中此类人的真实数量。

表10–2　正态分布在预测某些方面表现时的失效

	正态分布预测数量	现实中的数量
发表过10篇及其以上论文的研究员	35	460
获得10个以上格莱美提名的艺术家*	5	64
美国众议院成员中任职超过13届的+	13	172

*奥斯卡、布克奖提名、普利策奖提名、《滚石》排行前500的歌曲及其他36种奖项都符合类似的形态分布。

+美国政府和加拿大省议会，丹麦、爱沙尼亚、芬兰、爱尔兰、荷兰、英国和新西兰的议会也都符合类似的形态分布。

在奖励公司内的员工时，本能引导我们犯了施密特研究政府程序员时同样的错误。我们将平均数等同于中位数，认为中等水平的员工就是平均水平的员工。事实上，大多数员工都在平均水平以下。

·66% 的研究员发表论文的数量低于平均水平。

·84% 艾美奖提名演员获得提名数低于总提名平均数。

·68% 的美国参议院议员的任职届数要低于平均数。

·71% 的 NBA 球员得分低于平均分。

要注意，低于平均数并非坏事；这只不过是一种数学统计而已。数据显示，非凡贡献者的表现水平要远高于大多数人，他们可以拉动平均数远高于中位数。

你所在的组织，比如通用电气，采用正态分布的绩效考评方式是由于人力资源部和管理层的压力。公司对绩效表现分布的期望值如此，考评人接受的培训也都坚守这种原则。这种体系迫使薪酬安排也遵从同样的分布，这与员工实际创造的价值完全背离。

采用恰当的幂律分布，施密特调查的优于 85% 的程序员比平均水平创造的价值不止高 1.1 万美元，而是高 2.3 万美元。1979 年，水平优于 99.7% 的程序员能够比平均水平程序员惊人地多创造 14 万美元。考虑通货膨胀因素之后，这 0.3% 的人多创造出的价值差不多有 50 万美元。[176] 艾伦·尤斯塔斯的估测开始显得非常有道理了。

奥博伊尔和阿吉斯又对其做了分解：“10% 的产出来自最顶尖 1% 的员工，26% 的产出来自最顶尖 5% 的员工。”换言之，他们发现最顶尖 1% 的员工的产出是平均产出的 10 倍，最顶尖 5%

的员工的产出是平均产出的 4 倍多。

当然，这种算法并非在所有地方都适用。恰如奥博伊尔和阿吉斯所指出的："工业和以体力劳动为主的组织，技术能力有限，对最低和最高产量有严格的标准。"在这些地方的员工表现更接近于正态分布。在这种环境下，极少有机会能做出非凡的成就。但除此种情况之外，幂律分布都占据主导。

你如何判断自己所处的环境是否属于这样的工作环境？艾伦给了我一个简单的测试方法。他自问："用几个人来换杰夫·迪恩或桑杰·格玛沃尔特我才会愿意？"你应该还能记得，正是因为杰夫和桑杰创造出的技术，谷歌和几乎所有的大型数据公司才有存在的可能。

用几个人才能换走你最优秀的员工？如果这个数字大于 5，那么你就很可能没有给最优秀的员工足够的工资；如果超过 10 个，你几乎一定是没有给足这个人工资。

在谷歌，确实有两个做着同样工作的人产生的影响和所得奖励有百倍之差的情况。比如，公司里有过这样的情形：某名员工获得了 1 万美元的股权分配，而另外一名在同样领域工作的员工却获得了 100 万美元的股权分配。这并非常态，但是几乎每个级别的薪酬差异都很容易达到 300%~500%，甚至还为异乎寻常的员工预留了足够的薪资空间。事实上，我们有很多情形是"低级别"岗位员工的收入比相对"高级别"岗位的平均水平员工收入高很多。个人工作能够带来巨大影响，自然就会有这样的结果，而谷歌采用的薪酬体系能够充分认可员工工作的影响力。

要有效施行这种极端奖励政策，你需要具备两种能力。第一，要非常清晰地理解哪些影响是由被考量的角色带来的。(这需要有互补意识，了解哪些变化是由环境因素造成的：是市场环境有幸变好了吗？有多少是因为团队的努力或公司的品牌效应？这番成就的效果是短期的还是长期的？）对影响力做过评估之后，你就可以查看可用的预算，决定报酬分配曲线的形态。如果最优秀员工创造的影响力是平均水平员工的10倍，他们所得的报酬不一定要达到平均水平员工的10倍，但是我向你保证，最少也应该给他们5倍的报酬。[177] 如果你们采用了这样一种制度，那么要想保证不超过预算，就只能给表现糟糕，甚至水平一般的员工更少的报酬。最初这样做的感觉肯定不会很好，但是了解到最优秀的员工有了留下来的理由，所有员工也都有了动力追求更远大的目标，你也能得到些许宽慰。

第二，公司中要有能够充分理解奖励体系的管理者，他们可以向体系的受众或其他听闻该体系之后前来询问的人解释，为什么奖励可以如此高，以及员工如何能够得到类似的奖励。

换言之，极端奖励的分配必须公正。如果你无法向员工解释清楚奖励差异巨大的原因，也不能给出具体建议，指导他们将自身表现提升到此等超高的水平，那么你所做的只是在孕育嫉妒和愤恨。

或许正是出于这个原因，很多公司才不愿意招惹麻烦。某些人的薪酬是其他人的2倍甚至10倍，保持这种薪酬幅度非常困难。但是眼睁睁地看着最有潜力和最优秀的员工离开公司则是更难接受的事情。这不禁让人思索，到底哪一种公司的薪酬体系不公平：是那些最优秀员工收入远高于平均水平员工的公司，还是那些所有人都有同等薪酬的公司。

以成就为荣，不以报酬为荣

2004年11月，谷歌成立6年，但上市仅三个月，我们颁发了第一个创始人奖（Founders' Awards）。[178] 谢尔盖在2004年创始人给股东的一封信中写道：

> 我们坚信对做出卓越贡献的员工应该慷慨。在很多公司里，做出巨大贡献的人并没有得到相应的奖励，有时是因为利润分配范围太宽，所有人的奖励都平均分摊；有时则是因为贡献没有被发现。我们想要有所不同，因此我们在过去的一个季度中创立了创始人奖。
>
> 创始人奖的设立旨在对做出特殊贡献的团队给予特殊的奖励。由于并没有评定成就的一定之规，按照通常的经验法则是选出为谷歌创造巨大价值的团队。奖励以谷歌股票份额的形式发放。团队成员根据参与度和贡献度分配奖励，最大的个人奖励可能达到数百万美元……
>
> 谷歌像小型创业企业一样，根据员工的成就提供大幅的上升空间。但是我们又与小型创业企业有所不同，因为我们提供了平台和机会，使这样的成就更容易实现。

在公司上市前的三个月，谷歌人担心有些人加入谷歌晚了几个月，虽然与早先加入谷歌的人一样为用户创造着类似的价值，却得不到类似的奖励。管理层也认为这样存在不公。我们头脑中的疑问是上市之后员工的动力是否会降低。我们希望每一个团队都能享受他们所创造的部分价值，作为奖励和激励。当然，没有什么能比获得数百万美元的机会更令人兴奋、更能鼓舞人心的了。

有两个团队获得了 2004 年 11 月的 1200 万美元奖励，其中一个团队使谷歌广告更贴近用户，另外一个团队谈妥了一个关键的合作伙伴。[179] 接下来的一年，我们向 11 个团队颁发了超过 4500 万美元的奖励。[180]

尽管听起来有些奇怪，但是这个项目使谷歌人变得更不开心了。

我们是一家科技公司，为用户创造了最大价值的是技术谷歌人。我们大多数的非技术工作人员也都做出了非凡的成绩，但是受工作性质所限，无法每天影响到 15 亿用户。随着我们推出的产品越来越多，大多数的创始人奖都由工程师和产品经理获得。这样一来，公司中半数的非技术人员会认为创始人奖是非常令人泄气的一种奖项，因为他们很难赢得这个奖励。

结果还显示，很多技术人员也认为这个奖很难拿到，因为产品与产品之间总会有所不同，它们对世界产生的影响不同，推广速度不同，考量的标准也有所不同。改进我们的广告系统能产生实时的影响，也很容易考量。这件事相比于改进我们的谷歌地图影像质量更有价值或更难吗？建立网上文字处理协同工具呢（就像写作本书所用的工具）？难说。随着时间的推移，很多技术人员开始认为创始人奖有些难以企及，他们把这个奖项看作是预留给少数几个核心产品团队的。

在获得创始人奖相对较多的一些产品领域，一直存在着一个激烈的争辩：该如何界定哪些工作应该得到认可。以一个要推出像 Chrome（其设计宗旨是世界上最安全、最快捷的浏览器）一样级别的产品的多年期项目为例，显然，从头到尾全程参与项目的人应该得到奖励，但是如果你只在这个团队中工作过一年，难道你不应该得到些什么吗？如果你只在这个团队工作过半年，如果安全团队在产品研发过程中在浏览器安全性方面提供了极有价值的帮助呢？制作出令人拍案叫绝的Chrome广告的市场营销团队？（如果你是一位家长，可以搜索一下“亲爱的苏菲”。如果你能坚持不哭出来，那你就是一个比我更坚强的人。）每一个创始人奖，管理层都会尽力理清该由谁获得，但总是难免遗漏一些人。因此，每一次颁奖都伴随着接近胜利的一些人的咬牙切齿，他们的工作也适合获奖，但是可惜被无奈地一刀切到获奖大门之外。

那获奖者一定很开心吧？

并不是太开心。因为这个项目经过大肆宣传，所有人都认为获奖者能拿到100万美元的奖励。实际上，奖励有可能会那么高，但是大多数时候不会。这个奖的奖励下限为5000美元。我肯定不会拒绝这样的奖励，但是你可以想象那些本以为可以得到100万美元的人，结果却只拿到了0.5%的奖励金额时是多么震惊和沮丧。

但是，那些拿到100万美元奖励的人一定是狂喜的吧？

他们确实很开心。我的意思是说，拿到这样的奖励非常激动人心，人生就此改变。

之后，我们最优秀的、最有创造力的且又有洞察力的技术人员中有一些人（虽然不是全部）——他们曾创造出谷歌历史上最具有影响力的一些产品——意识到自己不太可能通过同样的产品两次获得创始人奖，因此立刻会想要转移到新的产品领域。

虽然并非本意，但是我们创造出的这种激励体系，使公司里几乎所有人都不如以前开心，即使有少数人开心了，但也动了念头，不愿继续从事为他们赢得奖励的关键的创新性工作。

我们默默地将这个奖项改为每年一次，又调整为隔年一次，甚至频率更低。我们或许还会再颁发这个奖项，但是已经很久没有颁发了。

那么，这个项目的缺点是不是否定了我早先给特殊人才特殊奖励的建议？其实没有。你绝对要为他们提供特殊的奖励，但是要用公正的方式奖励。

我们在创始人奖上犯的错误在于，虽然并非本意，但我们是在以金钱为荣。我们宣布将要提供创业型企业似的奖励。我们告诉谷歌人，这项奖励可能高达 100 万美元。或许我们还不如索性把谷歌人放进图 10–6 这样一台装置里。[181]

薪酬体系依据的是不完整的信息，负责管理的也并非完人。在执行过程中难免会有一些错误和不公之处。我们执行这个项目的过程中过于强调金钱，由此自然而然地引出对评选流程公正性的质疑，最后导致不开心。

北卡罗来纳大学教堂山分校和弗吉尼亚大学前教授约翰·蒂鲍特和劳伦斯·沃克在他们 1975 年的著作《程序公正》（*Procedural Justice*）中建立了程序公正的理念（尽管我得说他们在书名艺术方面的贡献实在是太小）。[182] 更早之前的文献认为，如果结果公正，则人们开心。这种现象被称作“分配公正”，意为财产、奖励、认可以及诸如此类的最终分配是公正的。

但在现实中却并非如此。这就好似说你只关心销售人员卖出多少东西，但并不关心他们如何实现销售额。我在以前的公司中与一名销售人员共事过，他恐吓同事、欺骗顾客，销售额总是很高。依照销售额，他拿到了很丰厚的奖金，但是他完成工作的过程应该与他的成就一样重要。蒂鲍特和沃克将这称作理想程序公

图 10-6　所幸，谷歌的薪酬体系相比这种梦境场景更加公平和公正

感谢特莎 · 庞帕和戴安娜 · 芬克提供照片

正。从分配角度来看，这名浑蛋销售人员拿到巨额奖金是公正的。但是他的同事火冒三丈，因为从程序角度来看，他的做法是错误的。更糟糕的是，这家公司对他的奖励无形中鼓励了这种不良的行为。

我们人力与创新实验室的成员凯瑟琳·迪凯斯博士简析了这种现象带来的危害："公正性感知非常强大，几乎影响到人们对工作中一切事物的看法，特别是他们对自身价值的认知度、对工作的满意度、对上级的信任度以及对组织的忠诚度。"

最后直到足够多的同事团结起来威胁要辞职，那名销售人员才受到责罚，他的行为也多多少少得到改善。

我们的奖励项目无意间在两种公正上都有所缺失。我们所选的获奖人名单并不合理，奖励的差异在某些人看来也不太恰当，缺乏分配公正。此外，确定获奖者的过程不够透明，给人的感觉是公司中半数的人被排除在外，程序公正也有所缺乏。难怪这个项目没有达到我们预期的效果。

极端奖励体系要同时满足分配公正和程序公正两项要求，这是至关重要的。认识到这一点，更准确地说是碰了壁才吸取了教训，我们对奖励项目进行了调整。我们决定，公开的、自上而下的奖励项目要真正面向全公司开放。我们不再只请技术部门领导提名，还会找到销售部门、财务部门、公共关系部门和其他非技术部门的领导，鼓励他们提名团队参与评奖。

此外，我们还将这些项目从提供金钱奖励改为体验奖励，这是我们为了得到更好的结果而进行的一次深刻变革。人们对体验奖励和物品奖励的看法与金钱奖励不同。人们对现金奖励是从认知层面进行估量的。现金奖励的估量要与当前的工资进行对比，或是能够用这些钱买到什么。现金奖励与薪水一样多还是没有薪水多？能用这些奖励买一部手机还是买一辆新车？而且由于金钱的交换属性，现金奖励通常都会挥霍在奢侈的高跟鞋或按摩推拿上，而不是用在关键事项上，最终很容易从记忆中消失。非现金奖励，不管是一些体验（一两次晚餐）还是礼品（一台 Nexus7 平板电脑），都能够激发情感反应。获奖者会重点关注他们获得的体验，而不是计算奖品的价值。[183]

我们在学术研究中看到了这些，但又有些担心，不敢在谷歌尝试。我们在谷歌人中调查他们想要哪种奖励时，他们明确地表达了对现金奖励的倾向性，相比体验奖励的比例高出 15%，而且他们认为现金比体验的实际意义要高 31%。更准确地说，这是谷歌人自认为能够使自己更开心的方式。但是，恰如丹尼尔·吉尔伯特在其《撞上快乐》（*Stumbling on Happiness*）一书中所解释的，我们不太擅长预测哪些事情能使我们快乐，也不擅长预测某件事情能给我们带来多少快乐。

于是我们做了实验。在一段时间里，对照组里的谷歌人还如以往一般获得现金奖励。在我们的实验组中，获奖的员工得到旅行、团队派对以及与现金价值相当的礼品奖励。我们不再给予股票奖励，而是送获奖团队去夏威夷度假。小额的金钱奖励也换成了健康疗养中心旅行、团队美食晚宴或是赠送家用谷歌电视。

结果令人震惊。尽管员工告诉我们说他们喜欢现金奖励超过体验奖励，但是结果更开心的反而是实验组，而且开心很多。认为自己得到的奖励更有趣的高出 28%，更令人难忘的高出 28%，更细心周到的高出 15%。不管是团队迪士尼之旅（结果显示大多数成年人的内心还都是小孩子），还是给个人发放礼券独自去做某些事情，结果都是如此。

而且他们的喜悦比获得金钱奖励的谷歌人持续时间更长。5个月之后再做调查时，获得现金奖励的谷歌人的开心程度降低了25%，实验组员工的开心程度反而比获奖时更高。金钱带来的喜悦转瞬即逝，但是美好的记忆却永远地留在脑海中。[184]

我们现在依然会给特殊人才金钱和股权奖励。我们每年的奖金和股权分配更符合幂律分布。但是过去10年里，我们明白了，如何决定奖励与奖励多少是同样重要的事情。未能通过分配公正和程序公正测试的项目都被取消或都做过改进。我们更加强调提升体验，而不仅仅是关注金钱。我们公开地进行体验奖励，私下里进行差异化奖金和股权奖励，这样的结果使谷歌人变得比以前更开心。

创造易于传播爱的环境

写到这里，我们已经讨论过管理层给予的奖励，但是请员工参与到给予奖励的工作中也是非常重要的。恰如我们在第六章探讨过的，相比管理者，同事对彼此在一个项目成功执行中的贡献更清楚。还记得第七章介绍的萨姆吗？他全力做上司的工作，但是他的伎俩在同事面前却很容易被无情地戳穿。因此鼓励同事互相奖励也有道理。gThanks是一款方便员工对了不起工作表达赞许的工具（见图10-7）。

简单的设计也是这一工具具有魔力的原因之一。gThanks使发送感谢消息变得更简单，只需要输入某人的姓名，然后点“赞”，再输入消息即可。这种方式相比发送感谢电子邮件有什么优势呢？因为点赞是公开的，其他人也能看到，而且可以通过Google+ 分享，将称赞广而告之能使点赞人和被赞人都更加开心。同时，这样做比写一封私人电子邮件要少敲一些键盘，因此做起来也更简单一些。令我们惊奇的是，gThanks 上线之后，与前一年谷歌人需要到专门的点赞网站表达赞赏的时候相比，当年点赞的使用率增加了 460%，每天有 1000 多名谷歌人访问新网站。

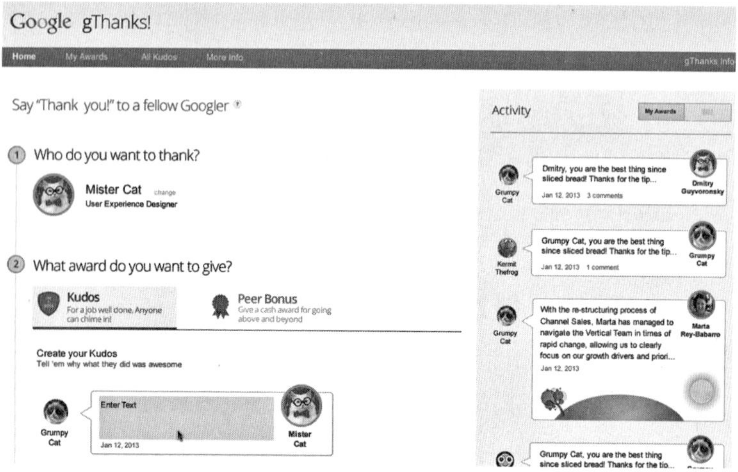

图 10–7 谷歌的内部点赞工具 gThanks 界面

版权归谷歌所有

并不是说传统的方式不好。我还保留着办公室外面的“欢乐墙”，也会将团队成员获得的称赞贴在墙上（见图 10–8）。

据传拿破仑曾写过这样的话，尽管其中透着邪恶的语气：“我有一个世上最奇妙的发现，我发现人为了获得绶带愿意冒任何危险，甚至不惜付出生命！”很简单，公开的赞许是最有效也是最少使用的一种管理工具。

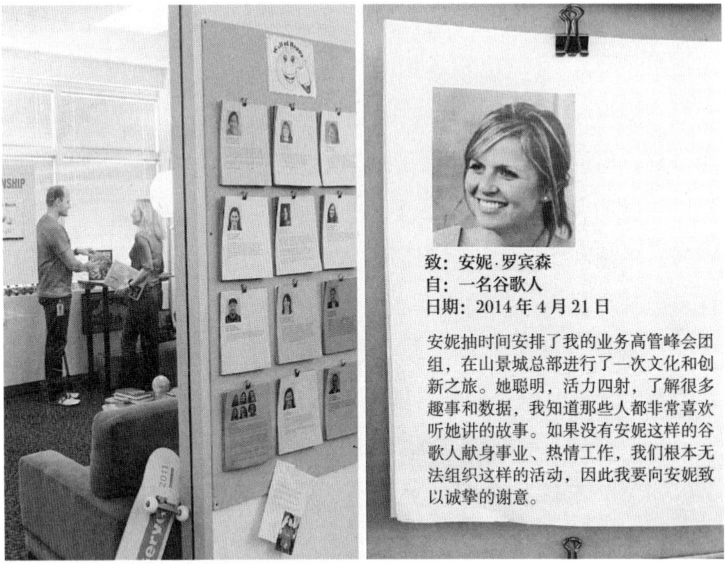

图 10–8　加州山景城谷歌总部我的办公室外面的“欢乐墙”

gThanks 的另外一个特点是同事奖金，你可以在屏幕底部中央的位置看到一个按钮，使员工能够自由地赞许彼此的工作非常重要。很多公司允许员工提名其他人做月度最佳员工；有些公司允许员工在获得人力资源部或管理层的许可之后，给予同事小额的同事奖金。

在谷歌，任何员工都可以给其他员工 175 美元上限的现金奖励，不需要任何管理层监督或签字授权。在很多组织中，这种做法会被认为是疯狂的举动：难道不怕员工做私下交易，互相交换奖励吗？难道不怕他们玩弄这个体系，赚几千美元的外快吗？

我们还没有遇到过这样的情况。

10 多年来，我们几乎没有发现滥用同事奖金体系的情况。滥用出现的时候，也都是谷歌人自己维持了体系的秩序。比如 2013 年夏天，有一位谷歌人向内部邮箱发布了一条消息，招募志愿者测试一种新产品。他在消息中写道，任何参加测试的人都能得到一份同事奖金作为感谢。在此需要说明，同事奖金应该是为那些做出突出贡献的个人颁发的，而不是作为一种薪资或激励因素。不到一个小时，这名谷歌人就向内部邮箱发布了第二条消息。他解释称有一位同事联系到他，和蔼地向他说明了设立同事奖金的本意。他坦陈自己没有注意到提供的交换条件不合规则，并表达了歉意。结果一切平安无事。

我们发现，相信员工能做正确的事情，结果通常他们都会去做正确的事情。允许员工互相奖励，营造了一种互相认可和互相服务的文化氛围，也向员工展示了他们应该像主人翁一样思考，而不是像奴隶一般。凯莉·劳伦是高盛前副总裁，现任谷歌创新实验室的市场主管，也是谷歌退伍军人网（Veterans Network）的创始人，恰如她向我解释的："来到谷歌之后我首先做到默认信任，10 次有 9 次都不会令我失望。"

而且令人惊奇的是，虽然点赞的使用频次增加了，但是我们并没有发现同事奖金的使用情况发生变化。表达赞许更简单了，使谷歌成为一个更快乐的地方，而且并没有一点额外的花费。

对一些失败同样也要奖励

最后，对失败进行奖励也是非常重要的。虽然激励因素和目标重要，但是经过精心筹划之后的冒险之举本身也是值得奖励的，特别是面对失败时。否则，员工就不会愿意冒险。

恰如霍尼韦尔公司首席执行官高德威对《纽约时报》的记者亚当·布兰特所说："我 23 岁时作为商业捕鱼工作者学到的最重要的一件事情就是，努力工作不一定都能取得成功。如果你做的是错误的事情，那么你工作多么努力都没有意义，因为不会对结果有任何影响。"[185] 即使是我们中最优秀的人，偶尔也会遭受失败，但重要的是如何应对失败。

谷歌波浪（Google Wave）于 2009 年 5 月 27 日宣布研发，第二年 9 月上市。它的推出是一个特别优秀的团队努力的成果，这个团队经过数年的努力，研发出一种集电子邮件、文本处理、视频聊天于一体的产品，创造出一种全新的网上交流方式（见图 10–9）。

图 10–9 大约 2009 年时谷歌波浪及其创新性界面一览（版权归谷歌所有）

科技新闻网站Mashable将谷歌波浪称作“最近能够回忆起的谷歌最复杂的一款产品”。[186]谷歌波浪一些引人注目的特征包括：

- 它是直播性质的。与当前市面上几乎所有的产品都不一样，你可以实时看到人们输入的评论或进行的交谈，每一个字母的输入都能看到。如果你是后来才加入某一波波浪，还可以回放整个交谈过程，体验真实情境。
- 它是一个平台。与大多数的电子邮件或聊天产品不同，你可以在波浪平台上构建应用。你可以在其中加入媒体文件、编写游戏，当今大多数社交网络上可以做的事情在这上面都可以做。
- 它是开放资源。代码向公众开放，可以进行修改和改进。
- 它有拖放功能。现在这项功能已经得到普遍应用，但是谷歌波浪是社交产品中允许用户通过简单拖放便可分享文档和图像的先驱之一。
- 它有机器人。机器人！你可以创建自动化代理，按照你预设的方式进行交流。比如，你可以设计一个机器人，任何时候提及一家公司的名称，就会插入该公司的实时股价。

然而，虽然这个产品很高明，却失败了。2010年8月4日，上市后大约一年，我们宣布停止使用谷歌波浪。虽然团队仍准备在产品中加入一些新的东西，而且有一定用户群体对谷歌波浪充满热情，但是使用率已经惨不忍睹，我们的管理团队最终决定终止该项业务。谷歌波浪后来移交给阿帕奇软件基金会（Apache Software Foundation）[187]，这是一家非营利组织，开发并传播免费的开源软件，谷歌波浪团队的一些创新点，比如直播、并发编辑等成为其他一些产品的重要功能。

除了首创一种新产品之外，谷歌波浪团队同时还在运作一种实验性项目。我们当时正在探索设定里程碑，以及为团队做出IPO似的成就、给予IPO似的奖励能否激发更大的成功。他们选择放弃谷歌的奖金和股权奖励，以此换取更大奖励的可能性。这个团队用了两年的时间开发这个产品，经过无数小时的努力，尝试改变人们在网上沟通的方式。他们承担了巨大的预期风险，结果却失败了。

于是我们奖励了他们。

从某种意义上讲，这是唯一合理的做法。我们想要确保那些承担了巨大风险的员工不用受到处罚。

当然这个团队没有获得巨额奖励，他们的产品没有如我们所有人期望的那样大获成功，但是我们确保了他们没有因为放弃常规的谷歌报酬而遭受经济损失。这种奖励没有他们最初期望的那么多，但鉴于实际情况，已经超过了他们的期望值。

结果还可以，但并不算很好。这个团队的领导者和几位成员辞了职，因为期望的成就与实际的成就之间的落差太大。我们的财务支持缓解了很多人的伤痛，但并不是所有人都能熬过去。不管怎样，有很多人留了下来，继续为谷歌完成其他了不起的工作。这件事给我们最大的经验就是精心筹划却遭遇失败的项目要奖励，这对于培养敢于冒险的文化至关重要。

哈佛商学院荣誉教授克里斯·阿基里斯在1977年发表了一篇精彩的文章，[188] 他研究了哈佛商学院学生毕业后10年的表现。总体说来，他们都渴望成为首席执行官和行业领头人，却陷入中层管理岗位无法继续提升。到底发生了什么？阿基里斯发现，当不可避免地遇到发展障碍时，他们学习的能力崩溃了：

> 组织中看似最善于学习的一些人，其实并不一定特别善于学习。我所说的是那些接受过良好教育、能力强、志向远大的专业人士，他们在现代公司中占据着核心的领导岗位……简单说来，因为很多专业人士在从事的工作中一直一帆风顺，很少经历失败。因为他们很少经历失败，因此没有学会如何从失败中学习……他们变得过于自我保护，听不进批评意见，把“罪责”推到其他人身上，不会找自己的原因。简而言之，他们的学习能力在最需要的时候消失了。[189]

谷歌波浪被宣布停用之后的一两年，杰夫·胡贝尔负责运营我们的广告技术团队。他推行了一项规定，任何明显的程序故障或错误都要在团队会议的“我们学到了什么”时间段进行讨论。他希望坏消息和好消息一样被广泛分享，这样他和团队的领导者就不至于无视真实发生的事情，也能够强化从错误中学习的重要性。在一次讨论中，一名工程师羞愧地坦白说：“杰夫，我搞砸了一行代码，造成了 100 万美元的损失。”杰夫带领团队做了事后错误分析和修正之后，总结道：“我们从这个错误中学习的东西，价值是不是超过了 100 万美元？”“是。”“那么就回去工作吧。”[190]

这种做法在其他环境下也同样适用。洛斯阿图斯的布利斯特许学校是圣弗朗西斯科湾地区的一家公立学校，他们就在中学数学课中采用了这种方式。如果一个孩子在数学考试中做错了一道题，他可以再次尝试解答这道题，做对可以得到一半的分数。他们的校长威尼·赫西告诉我：“有些孩子很聪明，但是在现实生活中难免会有碰壁的时候。掌握几何和代数知识非常关键，但是让他们学会面对失败时再次尝试而不是放弃也同样重要。”2012—2013 学年，布利斯特许学校在加利福尼亚的中学排名中位列第三。[191]

本章引入了很多大得惊人的数字，我知道在现实中很少有人能够企及这么高的薪酬。[a]平心而论，虽然我们在竞争异常激烈的国际人才市场中争夺最优秀的人才，但是这样的薪酬在其他公司也很少见。

即便如此，绩效表现遵从幂律分布的基本概念在我工作过的几乎每个地方也都适用，不管是公立学校、慈善非营利组织、饭店还是咨询公司。在任何环境下都有一些特别优秀的人超出正态分布管理曲线的期望值，而这些特别优秀的人很明显要远远强于

a. 明显的特例包括弗兰克和库克在《赢家通吃的社会》中介绍的现象，最优秀人群与次优秀人群之间的区别非常明显，比如专业运动员、音乐家或演员。在这些行业中顶尖人群的薪酬达到上千万美元，而且薪酬分布符合幂律分布。比如，美国演员工会（SAG）自 2008 年起就再也没有公布成员的报酬数据，但是通过各种报道也能总结出个大概。粗略说来，SAG 成员中最底层的三分之一在 2007 年没有从演艺事业获得任何收入；中间的三分之一赚到不足 1000 美元；下一个群体，即优于 68%~95% 的演员收入在 10 万 ~25 万美元；最顶层的 1% 演员收入超过 25 万美元；最顶层 1% 演员中的顶层 1% 收入更多。威尔 · 史密斯是收入最高的演员，收入超过 8000 万美元，随后是约翰尼 · 德普的 7200 万美元，艾迪 · 墨菲和迈克 · 梅尔斯同为 5500 万美元，莱昂纳多 · 迪卡普里奥 4500 万美元。资料来源：《洛杉矶时报》2008 年 5 月 28 日刊《中产阶级戏剧》；《纽约时报》2008 年 7 月 1 日刊《美国演员工会关注好莱坞选秀》；《好莱坞报道》2012 年 3 月 3 日刊《中产阶级演员所应得》；《福布斯》2008 年 7 月 22 日刊《好莱坞最高薪演员》。

其他人。每年都得奖的老师，筹集资金量是第二名 3 倍的筹资人，每天晚上拿到的小费都是我 2 倍（真是令人恼火）的服务员，他们所得的薪酬总是“公平的”，也就是说他们的薪酬不会比平均水平的员工高太多，因为那样平均水平的员工可能会很生气。事实上，我们都能看到他们到底有多优秀，也明白他们应该多拿多少薪酬。如果你手下最优秀员工的价值是平均水平员工的 10 倍，那你就必须给他不公平的薪酬；否则，你就给了他一个辞职的理由。

与此同时，在奖励员工的时候一定不能只用现金奖励，还要考虑体验奖励。很少有人回顾人生时只会看到一张张薪水单，他们会记住一些谈话、一些午餐，与同事和朋友共度的一些事件。不要用金钱庆祝，要用行动庆祝。

相信员工，给他们自由去赞许彼此。可以是点赞，也可以是赞誉之词，还可以是一些小额的奖励。当地咖啡店的一张礼品卡或一瓶红酒赠予员工家属，感谢他们理解我们的员工深夜加班工作。给员工关怀彼此的自由。

有些员工心怀壮志，成就却不尽如人意，对他们不要太过苛责。缓解他们失败的痛苦，留出空间学习。恰如拉里经常说的：如果你的目标足够有野心、足够疯狂，即使失败了也能有相当不错的成就。

谷歌工作法则

- 控制情感，做到不公平薪酬。薪酬差异化要明显，应符合绩效表现的幂律分布。
- 以成就为荣，不以报酬为荣。
- 创造易于传播爱的环境。
- 精心筹划却遭受失败的员工或团队也要奖励。

第十一章

谷歌的福利项目

想到带我的母亲参观我引以为豪的工作场所，看着她与我共度时光的欢乐，我总会不禁露出笑容。

汤姆·约翰森

一名参加“带父母上班日”活动的谷歌人

没有公司，人类仍然可以存在，事实上人类已经这样生存了数千年；但是没有人，公司则无法存在。在经济困难时期，我们都忽略了这个事实。公司苦苦挣扎，为了保持利润水平，甚至为了避免倒闭，削减了员工的工作时间和福利。人们随意找一份工作，工作变得无比痛苦。一旦经济好转，公司就惊奇地发现员工离职率骤增。

与此相反，我们在2004年进行IPO申请的创始人给股东的一封信中这样写道：

> 我们为员工提供很多不同寻常的福利，包括免费餐、医生和洗衣服务。我们很细致地考虑这些福利对公司的长远益处。随着时间的推移，我们不但不会削减这些福利，还会有所增加。我们认为在可以节省员工大量时间、改善他们的健康状况、提高他们生产效率的福利方面不能贪小失大。

我们在增加各种项目的时候，很高兴地发现对谷歌人最重要的一些项目花费并不是太高。这一部分原因是员工强烈依靠雇主的时代已经一去不复返，我稍后将做解释；另一部分原因是增加新项目很大程度上只是对员工的想法表示赞同。

大多数人都认为谷歌为员工所做的这些特殊事情需要花费巨额的资金。

除了我们的餐厅和通勤车之外，其余的成本其实都很低。[a]我们为了快乐的氛围并照料谷歌人所推行的大多数项目都是免费或花费极低的。而且其中大部分项目几乎所有人都可以随意复制。真正令人吃惊的是，很多公司不在内部展开此类项目。其实做这些项目只需要一点想象力和一些意愿。

我们利用人力资源项目达成三个目标：效率、社区意识和创新精神。我们的每一个项目都至少对其中一个目标具有推动作用，而且经常推动的不止其中一项。

目标一：提高谷歌人工作和生活效率

大多数公司都希望员工能够工作高效，谷歌也不例外。你或许能够猜到，我们会对一切进行评估：我们密切监控数据中心的使用效率、电脑代码的质量、销售业绩、差旅费使用情况等。我们还希望员工在个人生活中也能保持效率。谷歌人工作很努力，如果一周的辛苦工作之后回家还要面对耗时又无聊的家务活，恐怕是再心烦不过的事情了。因此我们提供了很多现场服务，使员

a. 我们为全体员工及他们的客人提供免费用餐，旨在创造一个社区和机会，使员工能够产生新想法。2013 年，我们每天提供 75000 份免费膳食。我们的通勤大巴从遍布圣弗朗西斯科半岛的车站接上谷歌人，送往位于圣弗朗西斯科和山景城的办公室。2013 年，我们配置了无线网络的大巴总行车里程达到 5312156 英里（约 855 万千米），成为地区最大的私人大规模公共交通提供者。通勤大巴缩短了谷歌人的通勤时间，使他们的时间利用得更有意义，也提高了他们的生活效率。此举还使每日公路上行驶的车辆减少了数万辆，缓解了交通堵塞的状况。

工的生活能轻松一些。这些服务包括：

- ATM（自动取款机）。
- 自行车修理。
- 洗车和更换机油。
- 干洗。谷歌人可以将衣服放进洗衣篮里，过几天再来取。
- 时令生鲜、有机农产品和鲜肉快递。
- 假日市场，商人可在那里现场售卖商品。
- 流动理发和美发服务。开着一辆巨大的大巴车，外面装饰着理发椅。
- 流动图书馆。我们为很多有分支机构的城镇提供的服务。

这些服务不需要谷歌有任何花费，因为我们不用为它们付钱。商家也希望提供这些服务，只需要我们允许他们进入公司。谷歌人会付钱接受这些服务（尽管有些时候我们可以代表谷歌人谈些折扣）。有些时候杂货派送服务也会由谷歌人自行发起。

这些服务很容易发起。在我们的芝加哥分部，有一位谷歌人问当地的美甲业主能否每周在我们的一间会议室做美甲，这样谷歌人在办公室就能享受美甲服务了。现在这已成为谷歌人管理的一项服务了，不需要谷歌支付任何成本，只要为美甲师准备一些咖啡就可以了。我们只需要建立起一种文化，谷歌人在这种文化氛围中知道自己可以提议一些新项目，塑造自己的工作环境。

有一些服务确实需要谷歌支付一些成本，不过费用相对较少，却能给谷歌人带来巨大的影响。比如，我们为那些骑自行车或乘坐公共交通工具上班的人准备了一些电动车，以便他们需要取杂货或去机场接朋友的时候使用。我们还有一个 5 人的礼宾服务团队（concierge team），为公司5万多名员工提供支持，帮助他们制订出行计划，找管道维修工和杂务工，订购鲜花礼品，并提供其他一些服务，节省谷歌人一两个小时的时间。在此要说明一点，这些费用是谷歌负担得起的，因为我们的公司已经足够大，额外聘用几个人、备几辆车（多年下来折旧成本会有所降低）在我们的费用构成中占不了太大份额。除此之外我们还建立了网上电子公告，任何公司都可以复制。员工在电子公告上分享一些当地服务的小贴士，比如推荐一些管道工、辅导老师，分享他们看到的一些当地优惠特卖。如果你凑齐50或100个人，还能建成一个潜在市场，可以与当地经销商谈批发折扣。

目标二：关联谷歌的社区意识

社区意识有助于员工更好地完成工作，一如扫清纷繁的杂物和分心之事能够提高工作效率一样。随着公司的壮大，我们一直努力维持着公司人数很少之时的社区意识，而且我们的社区概念也有所延伸，包括谷歌人的孩子、配偶、伙伴、父母甚至祖父母和外祖父母。很多公司都举办“带孩子上班日”，我们也这样做了很多年。2012年，我们举办了第一次年度“带父母上班日”，在山景城总部和纽约办公室分别迎来2000多位家长和500多位家长。每次这样的活动日都以欢迎仪式作为开始，之后或是匆匆一瞥我们正在创造的未来产品，或是从内部人员的角度讲述我们的发展史。有一年，我们请来了公司首位销售执行官奥米德·科德斯塔尼，讲述了谷歌从10人发展到2万人的成长史。还有一年我们请来了搜索部门的高级副总裁艾米特·辛格尔，他回忆起自己童年在印度观看《星际迷航》的库克船长声控电脑的场景，而现在令人吃惊的是谷歌即时（Google Now）使他也能做到同样的事情。这一天剩下的时间用来做产品展示，家长们可以试驾我们的自动驾驶汽车，或是站在20英尺（近6米）高的房间里，谷歌地球的图像投影到他们周围，或是参观谷歌园区，之后参加一次拉里和高层团队主持的特别TGIF会议。目前我们在包括北京、哥伦比亚、海法、东京、伦敦和纽约等地的全球19家分支机构中开展了“带父母上班日”活动，每年都会有更多的分支机构开展这项活动。

“带父母上班日”并非为了迎合望子成龙的父母继续溺爱已经成人的孩子，而是借此机会表达谢意，拓展谷歌的大家庭。一点都不奇怪的是，我们的家长非常为我们自豪，而有些奇怪的是，他们中大多数人并不知道我们靠什么赚钱。帮助他们理解自己的孩子产生的影响力，即便这些孩子已经年届50，也是一件温暖人心的事情。我曾十余次被噙着泪水的家长拦住，他们因为能够与孩子走得更近而心怀喜悦，也因为养育了优秀的孩子得到认可而倍感宽慰。谷歌人也爱这项活动。汤姆·约翰森写道：“想到带她（我的母亲）参观我引以为豪的工作场所，看着她与我共度时光的欢乐，我总会不禁露出笑容。”

这是我在谷歌有史以来最快乐的一天。

我们还在公司内部建立起社区。正如我们在第二章中介绍的，TGIF的问答环节是会议最重要的一部分，任何谷歌人都可以提问，问题内容也不限，从“为什么我的椅子这么不舒服”到“我们在用户对隐私的关切方面是否有足够的敏感性”不一而足。谷歌达人秀（gTalent show）和随机午餐（Random Lunches）一类的活动很容易协调。在谷歌达人秀上，你会突然发现某位女销售员还是一名一流的马戏演员（就是那种在运动的马背上做体操动作的），某位工程师是全国知名的交谊舞舞者。而在随机午餐中，员工可以与从未见过面的谷歌人坐在一起，利用午餐时间互相了解。这些活动使谷歌似乎变小了，人与人之间也好像更亲密了。这些项目几乎不用任何成本，只需要花些时间来构思（尽管我们会在某些活动上准备零食和饮料，这是可选项）。

谷歌有 2000 多个电子邮件列表。[a] 我们有各种群组和俱乐部，从独轮车俱乐部到魔术俱乐部（似乎每一家科技公司都要有这样一个俱乐部）再到读书俱乐部，有财务计划群组，甚至还有一个小组根据布拉德·皮特的电影起名叫“搏击俱乐部”。他们不会真的去搏击，有些爱搞笑的人只是觉得如果要组织俱乐部的话，当然要有一个搏击俱乐部（我真的说不清其中的道理）。在我们的俱乐部中，有一个员工资源团组（Employee Resource Groups, ERG）需要特别说明。目前我们有 20 多个这样的团组，其中很多在全球都有会员，包括：

- 美国印第安人群体。
- 亚裔谷歌人群体。
- 黑人谷歌人群体（BGN）。
- 同性恋谷歌人（专注男女同性恋、双性恋和变性人的相关问题）。

a. 其中的问题和话题包括：一位父亲需要帮助女儿缝一套绵羊戏服，已经没有时间了；一位谷歌人分发自制的牛肉干；某人要借婚礼蛋糕架、棉手套，还有一次有人要借一把剑；失物招领；介绍法律意见和幼儿园；高管找人帮忙送机；公司附近有美洲狮出没的警告。

· 谷歌女性工程师。
· 年老谷歌人（为老龄谷歌人组建）。
· 拉丁裔谷歌人群体。
· PWD 群体（残障人士）。
· 特殊护理群体（需要特殊护理的，包括孤独症、注意力缺陷多动症或失明等）。
· VetNet（退伍军人群体）。
· 谷歌女性（Women@Google）。

10 多年前我注意到时代出版公司（Time Inc.）有它自己的此类内部组织。其中一个是亚裔美国人俱乐部，他们发传单宣传风水课，邀请公司里的所有人参加。他们的举动令我震惊，因为以往我的经验都是群组关注于服务内部社区，很少会在不同社区之间建立联系。

与之相似的是，谷歌所有的群组也以不同的方式交融在一起。任何人都可以选择加入任何 ERG。我们有很多组合俱乐部，聚合了各家 ERG 的成员，比如在一些分部，员工数量太少，不足以建立起专门的退伍军人群体和同性恋谷歌人群体。我们有一系列的谷歌会议和活动汇集，从百乐餐到电影之夜，再到职业发展对话和志愿者项目，这些活动的前提是这些群组的成员在社会中的经历有很多共通之处。

另外值得一提的群组还包括我们的 52 个文化俱乐部，它们的存在也保持了我们每一家分部的强盛文化，组织的活动团结了谷歌人，促进了与谷歌以外的人之间的深度联系。近期由志愿者、各家 ERG 和文化俱乐部组织的项目包括：

- 2014 年，在美国大约有 2000 名谷歌人参加了同性恋尊严游行，另外在海德拉巴、圣保罗、首尔、东京、墨西哥城、巴黎和汉堡还有数百人参加游行。
- 拉丁裔谷歌人群体在山景城组织了家庭健康日，欢迎 300 多个当地低收入家庭来访我们的园区，与他们分享科技、健康和营养相关的信息，医生和营养学家在他们身旁提供医疗建议和帮助。
- 黑人谷歌人群体每年主办一次拓展旅行。2014 年，7 家分部的 35 名谷歌人来到芝加哥参加了为期 3 天的拓展活动，帮助少数族裔的小型项目、职业发展和社区合作等事宜。他们开展了“小型企业闪电战”办公时间，帮助了 30 名少数族裔商业主。在这段时间中，商业主可以在 6 个不同的地点利用谷歌人的智慧，处理社会营销到建立网站等各方面问题。BGN 还在谷歌芝加哥分部邀请了 40 多名初高中学生，其中包括一些问题少年。这些学生参观了谷歌，听了关于计算机科学的机遇与多样性的演说展示，还亲身体验了编码入门活动 Bolckly。
- 在新加坡，每个月谷歌人都会用两个下午的时间帮助亚洲各地境遇不佳的人，他们有些丢掉了工作，有些需要帮助重新开始生活。谷歌人教这些心怀抱负的商人如何使用网络和谷歌产品，帮助他们掌握技能，获取信心，助力他们找到新工作或在母国创业。
- 退伍军人群体帮助退伍回归平民生活的老兵培养技能，寻找工作。最近的一例是“帮助英雄找工作”，为回归平民生活的老兵举办制作简历的讲习班。作为我们 2013 年谷歌社区服务周的一部分，退伍军人群体在全国12个城市组织了15次这样的讲习班。

- 为了支持我们阿姆斯特丹分部的一位等待肾脏移植的谷歌人，该分部组织了一项“付费撒尿日”，每次某位谷歌人尿急的时候，需要付一点钱才能去方便，付的钱后来都捐献给荷兰肾脏基金会。
- 2011年大海啸之后，东京的谷歌人在东京举行了“销售你的灵魂”拍卖，募捐赈灾。谷歌人提供能够反映内心深处真实自我的一些服务，包括烹饪技巧、编码建议以及700公里骑行去日本北部的旅行指导等。他们为海啸募集了2万美元。
- 在加利福尼亚山景城，谷歌人为保洁人员举办了计算机和英语培训课程，这些课程属于“通过教育与对话”（Through Education And Dialogue）项目的一部分。
- 为了应对西班牙有史以来最高的失业率，我们的马德里分部决定在40天的时间里捐献一吨食物，为有需要的人提供7000顿热饭。这个团队最终募集了4吨食物，谷歌也匹配了相应重量的食物，然后捐献给了当地一家救援组织明爱会（Cáritas）。

在此要特别说明，我们并没有期待或强行要求任何员工去做这些事情。正如我们在学校读书时一样，有些人加入了俱乐部，有些人玩耍的时间更多一些，而有些人只想静静地独处，把自己的事情做好。

我们在第九章里探讨了谷歌的学习方式，但是通常我们并不会预测这些项目能带来难以表述但巨大的附带利益。2007年，我们启动了先进领导力实验室（Advanced Leadership Lab），这是一个为期三天的项目，参加项目的人都是公司的高级别领导。我们刻意从不同的群组中选出参加项目的人员，综合了各个地域、专业职能、性别、社会、种族背景和工作年限。史黛西·布朗－菲尔波特参加了我们的第一期项目，当时她是我们销售部门的一位销售主管，后来成为谷歌风投（Google Ventures）的一名入驻企业家，再后来成为跑腿网站任务兔子（TaskRabbit）的首席运营官。几年之后，她和我就从无到有创立这个项目的特殊体验进行了交流。

> “我很喜欢在那里见过的人。之前我并不知道公司里有那么多优秀的人做着各种不同的事情。”她告诉我。
>
> “你还与他们中的哪些人保持着联系呢？”我问。
>
> “都没有。”
>
> “但是……”
>
> “听起来很奇怪。我从来也不需要去找他们帮忙，但是单单知道他们在那里就能使我感觉好很多。”

史黛西的评述把我带回童年时期，回想起A.A.米尔恩的作品《小熊维尼》中维尼与他的好朋友小猪皮杰的一次对话：

> 皮杰悄悄躲到维尼身后。“维尼？”他轻声说。
>
> “怎么了，皮杰？”
>
> “没什么。”皮杰说着拉住了维尼的手，“我就是想叫叫你。”

或许这些网络和群组的价值恰恰是知晓它们存在这么简单。

目标三：推动创新

这些努力给世界带来了实际的好处，同时也给我们谷歌内部带来了一些不同。不同的人以意想不到的方式聚集在一起，必然会激励创新——推动我们这些项目的第三个目标。亚马逊有54950种关于创新的书籍，各种书互相竞争甚至理论冲突。谷歌当然也有自己的一些行事方式，但其中最显著的一点就是我们如何利用收益和环境来增加闪耀创造光芒的“意外时刻”。

谷歌房地产和办公服务副总裁戴维·德拉克里夫对我们的餐厅进行了特殊设计，拉长了纵深，这样员工就能有一些“偶遇”，进而可能进行一些有趣的对话。

我们在办公区设置了很多微型小厨房和口袋，你可以从里面取一杯咖啡、一块有机水果或是一点小零食，用几分钟的时间放松一下。你经常可以看到谷歌人边探讨问题，边吃饼干、下棋或打台球。谢尔盖曾经说过：“谁都不应该离食物超过200英尺（约60米）。”但是这些微型小厨房的真正目的则与霍华德·舒尔茨创立星巴克的初衷一样。舒尔茨发现了人们对家和办公室之外“第三场所”的需求，人们在这个地方可以放松，恢复精力，与他人交流叙旧。我们也在做同样的尝试，为谷歌人安排了一个会面的场所，在视觉和感觉上都与办公桌有所不同。我们设置了这些微型小厨房，将不同群组的人吸引到一起。通常这些小厨房会设在两个团队的交界处，为的是让两个团队的成员能够无意间遇到。最不济，他们也能进行一次有趣的交谈，或许偶尔还能碰撞出一些前所未有的对用户有益的想法（见图11–1）。

图 11–1　谷歌的微型小厨房遍布我们的各个办公场所，图中所示为其中特别好的一处

芝加哥大学社会学家罗纳德·伯特指出，创新往往出现在社会群体的结构间隙中。此类间隙可以是不同商业职能单元之间，可以是不太交流的团队之间，甚至还可以是会议桌尽头某个从来不说话的安静的人。伯特对此种现象有一种很有趣的说法：“站在社会结构间隙的人想出好主意的可能性更大。”[192]

具有紧密社交网络的人，恰似隶属于同一个商业组织或团队的人，看问题通常有类似的观点和方式。久而久之，创造力就会消失殆尽。但是处于几个团组之间交叉位置的人往往能想出更好的点子，有些想法甚至并非原创，只不过是将一个群体中的做法应用到另外一个群体中。

伯特解释说："一般认为，创造力是一种与生俱来的天赋，是一种英雄的创举……但实际上创造力是一种'输入—输出'的游戏，并非一种创造游戏……追溯一种想法的本源是一种有趣的学术活动，但这类学术活动其实无关紧要……其中的技巧在于你能否将某个地方看似平凡普通的想法移植到另外一个地方，得到人们对其价值的认可。"

这些精心安排的偶遇并非我们唯一的技巧。我们还尝试不断向组织中灌输新的思维和想法。我们鼓励员工做技术演讲，与那些有好奇心的人分享近期的工作。我们还会从公司外请来一些名人。苏珊·沃西基和谢丽尔·桑德伯格（当时是我们的一位副总裁，现任脸书的首席运营官）在这些演讲背后起到了非常重要的作用，她们利用自己的关系网，请一系列演讲者来到谷歌，讲授领导力、女性问题和政治。

谷歌人第一次自发将这些活动组织成正式的项目是在 2006 年，当时他们注意到越来越多的作家来访，在我们的图书阅览小组中做演讲。志愿者请来访的作家逗留一段时间，进行一番对话。我们第一位正式的谷歌客座作家不是别人，正是马尔科姆·格拉德威尔。

这个活动现在已发展成今日受众更广的一个项目——"谷歌演讲"（Talks at Google）。这是一个系列讲座，作家、科学家、商业领导人、演员、政治家和其他能启迪思想的人物受邀来到谷歌园区，分享他们的思想。这个项目背后有 80 多名志愿者提供服务，其中包括一些很了不起的人物，比如安·法尔梅和克里夫·雷迪克，他们先后邀请了 2000 多名演讲者来访谷歌。邀请的嘉宾包括奥巴马总统、克林顿总统、蒂娜·菲、《权力的游戏》

一书作者乔治·R.R. 马丁、歌手 Lady Gaga、经济学家伯顿·麦基尔、吉娜·戴维斯、托尼·莫里森、乔治·索罗斯、小额信贷先驱穆罕默德·尤努斯、快斯拉、安妮·赖斯、诺姆·乔姆斯基、大卫·贝克汉姆和迈哈迈特·奥兹医生。这些演讲中有 1800 多段被录制了下来，在 YouTube 上的总浏览量超过 3600 万次（你可以登录 http://www.youtube.com/user/AtGoogleTalks 观看），订阅数超过 15.4 万人。对于一群用 20% 时间做这件事的志愿者来说，效果还不错。安描述的终极目标是："从外部获取创新想法，辅以热情激昂的谷歌听众，而后将对话传播给全球数十亿 YouTube 听众。如果用马尔科姆的话就是，我们想要做连通者。"

将这些与每周数十次关于谷歌内部话题的技术演讲加以融合，这些来访者及其对话将创造出一种氛围，一种持久涌动的创造力和激情，同时给了员工一个摆脱日常工作、重塑自己想象力的出口。

这种规模的项目似乎无法在小型组织内开展，但是我们最初启动这个项目的做法是任何人都能做的。并不是所有公司都能请来诺姆·乔姆斯基，但是任何人都能找到当地的大学，请一位文学教授来做一次关于大卫·福斯特·华莱士的演讲，请一个四重奏乐队在午餐时间表演一段音乐，或是请某人展示亚历山大疗法是如何缓解办公桌前的背部疼痛的，而且这些不需要任何花费。

这些项目还有些无法预见的好处，正如安·法尔梅所说：

> 我主持过一次乔·卡巴金谈正念禅修的演讲，上一次查看的时候已经有 180 万的观看量了。有一位观看者给我写了一份电子邮件，告诉我那段视频救了他的命。他本打算自杀，偶然的机会看到了那段视频……然后开始修习正念。他的抑郁

症不治而愈，毒瘾也戒掉了，他找到了一份自己喜爱的工作，修习正念之后的6年得到6次升职，而且现在还有了一段美满的恋情。他看过那段视频6年之后给我写了电子邮件，告诉了我这一切。

微小的投入和关怀带来巨大的效果

有这么令人兴奋的事情和活动，难免有人会怀疑员工到底什么时候才能真正地去工作。

确实，如果一个人参加所有这些活动，他们一天的时间都会耗在上面。现实中，没有谁会使用所有的服务或参加所有的演讲，就好似没有谁会一直使用20%的时间一样。我从来没有用过公司的干洗服务，但是有人每周都在用。我在我们的流动巴士理发店里理过头发，麦克斯和关的手艺非常好，[193] 25分钟后我就回去继续工作了。

从某种意义上讲，这就好似逛商场，有很多店你根本不会进，但是每个人都有的选。

我们做的几乎所有事情都是免费或费用很低的（见表11-1），所有这些项目都是为了提升效率，创造社区意识或创新精神。有些人或许会辩称这一切都是镀金的笼子，是一种把戏，为了诱使谷歌人做更多的工作或在公司待更长时间。这种想法不仅从根本上误解了我们的本意，也误解了像我们一类公司的行事方式。

表 11-1 谷歌的部分特别福利

项目	公司费用	谷歌人费用	对谷歌人或谷歌的益处
ATM 自动取款机	免费	免费	效率
官僚主义克星	免费	免费	效率
谷歌达人秀	免费	免费	社区意识
假日集市	免费	免费	效率
流动图书馆	免费	免费	效率
随机午餐	免费	免费	社区意识，创新精神
TGIF	免费	免费	社区意识
修车服务	免费	付费	效率
洗车和换机油服务	免费	付费	效率
干洗	免费	付费	效率
理发和美发	免费	付费	效率
有机杂货派送	免费	付费	效率
礼宾服务	微不足道的费用	免费	效率
文化俱乐部	微不足道的费用	免费	社区意识
员工资源团组	微不足道的费用	免费	应该做的事情，社区意识，创新精神
收益均等	微不足道的费用	免费	应该做的事情
谷歌职业（gCareer，回顾职业项目）	微不足道的费用	免费	应该做的事情，效率
按摩椅	微不足道的费用	免费	效率
豆袋坐垫	微不足道的费用	免费	效率
现场洗衣机	微不足道的费用	免费	效率
带孩子上班日	微不足道的费用	免费	社区意识
带父母上班日	微不足道的费用	免费	社区意识
谷歌演讲	微不足道的费用	免费	创新精神
电动车租用	较低	免费	效率
按摩	较低	付费	效率
免费食物	高	免费	社区意识，创新精神
通勤车服务	高	免费	效率
儿童保育补贴	高	付费	效率

版权归谷歌所有

我不能给出数据证明有多少经济价值是由免费洗衣机创造的，因为我根本就不在乎这些。我还记得职业生涯早期的麻烦经历，从我公寓到地下室的公用洗衣机要经过堆满杂物的楼道和摆满清洁用品的楼梯，然后要困在家里好几个小时，生怕别人偷走我的衬衫。超级烦人。我们为什么不在园区找一间空房间，放上几台洗衣机和一些清洁剂，让生活稍微愉悦一些呢？我们为什么不请一些演讲者来园区给我们做演讲呢？不管怎么说，我也喜欢这些演讲。奥兹医生来访的时候，埃里克（我们当时的首席执行官）和我邀请他参加我们的管理层会议……前提是他至少要签名 300 本书，送给他的谷歌粉丝。

更加重要的是，谷歌并不是温柔的陷阱，诱骗员工整天待在办公室工作。如果员工的工作效果良好，为什么还要在乎他们工作多少个小时呢？而且在现实中，你在哪儿工作根本就不重要。团队聚在一起合作是非常必要的，我们很多了不起的产品创意和合作伙伴关系的建立都是团队碰撞的结果。但是否有必要让员工从早到晚都留在办公室里？有没有什么理由使我期望他们能够早到或晚到？员工应该随自己的心意上下班，我们也确实是这样做的。很多工程师要早上 10:00 甚至更晚才会出现。等他们回家之后，夜里再次登录网络，又有大量的线上活动要处理。员工何时发挥创造力不应该由我们决定。

我们宠溺谷歌人，是不是为了不让他们去寻找别的工作？不太可能。我们进行过离职调查，从来没有任何人说这些服务能够使他们留下，也没有人因为这些服务才加入谷歌。这其中并没有什么秘密：我们所做的这些事情（大多数）仅是举手之劳，但收获巨大，而且我们感觉这样做是应该的。

但是要说所有人都能做到这些真的实际吗？

还记得这些项目大多数都是免费的吧。要实现这些只需要公司里有人走出去，找到希望卖东西给员工的经销商，或找到希望安排午餐的商户，或邀请演讲者来访。人人共赢。

而且有些看似神秘的项目已经变得司空见惯了。雅虎现在有一个叫作 PB&J 的项目，是流程、官僚主义和堵塞（process, bureaucracy and jams）三个英文单词首字母的缩写，[194] 与谷歌的官僚主义克星非常相似。推特、脸书和雅虎也都有了各自的 TGIF。全体员工大会的想法并非谷歌首创，但是能够看到不设限问答的理念在各大公司盛行的感觉真的非常好。周一来谷歌的那辆理发大巴，周二去雅虎。多宝箱（Dropbox）从 2013 年起第一次举行带父母上班日活动；领英后来宣布每年 11 月 7 日为公司带父母上班活动日，有 60 多名员工带着父母参观了他们的纽约办公室。[195] 孕产服务项目在行业内也有大幅改善。现场餐厅已经成为硅谷公司的标配。

但是实施这些项目的好像还仅限于美国硅谷的公司。对于考虑推出类似项目的公司，我大胆猜测几点原因，说明为何这些独特的项目未能在不同的组织中盛行。

第一，有错误的假设认为这些项目需要花钱。这种假设是不对的。确实，有些情况确实要有机会成本（时间用在各种社团上，就会夺走“工作”时间），但是现实情况中员工保留度和开心度的提升远超成本的回报。

第二，对取消员工权利的担忧。“如果我们请美甲店来公司大楼做美甲，后来却取消了这个项目，员工不会很失望吗？”这确实是个风险，但是我们会预先告知员工某个项目属于测试项目，只有证明了有足够的价值才会继续。

第三，管理者可能会担心员工的期望不断提升。如果我们今天做了“这个”，明天员工就会想要“那个”。还是上面说过的方法，诚恳的对话可以防患于未然。比如，我们刚开始推行谷歌购物速递（Google Shopping Express）——用户可以通过这种服务从当地商店订购商品，并可当天送达——的时候，我们给了谷歌人 25 美元做试用。随着这项服务的发展，我们偶尔还会给谷歌人再发 25 美元试用。每一次我们都解释这是一次测试，因此员工从来都没有期待每月都能拿到免费的 25 美元。当我们停止测试的时候，也没有任何人抱怨。

第四，或许也是最重要的，是因为说“好”真的很难。如果一名员工提出要请外面的人来公司做演讲，想象一下其中的风险吧！演讲者或许会说一些不明智的话，可能会浪费所有人的时间，我们没有空房间，我们太忙了，还有一些很阴暗的想法：“如果我说好，万一出了什么差错，我是不是就有麻烦了？”想要找出理由说“不好”非常容易，但是说“不好”是错误的答案，因为这样压制了员工的声音，也失去了学习新东西的机会。

想办法说“好”。员工会给你回报，使工作环境更有活力、更有趣，也更有效率。

戈皮·卡拉伊尔是我们销售团队的一员，同时还是一位科尔坦（Kirtan）音乐家，表演一种在印度一些宗教传统中常见的唱颂。他跟我分享了一盘自己录制的 CD（激光唱片），我在邮件中谢过他之后，他给我写了回信：

> 不客气，拉斯洛。享受这份音乐，回头告诉我这些音乐是否使你产生共鸣。上周一我与云游四海的国际音乐团体

Kirtaniyas 做了现场表演。他们在查尔斯顿公园做了现场演出，周一随我一起的瑜伽谷歌人在小瀑布旁，围在他们周围练习瑜伽。谷歌人很喜欢这种体验。这又是一项由谷歌人自发组织的“优化你的生活”（Optimize Your Life）项目，成本为零。这恰恰是我们公司文化的奥秘。其中很多都是由“草根”推动，表演者负责整个“马戏团”。

尽管采取了上述诸多措施，但我必须要承认，并非我们做的所有事情都能纳入提升效率、创造社区意识和创新精神的大框架中。有一些项目纯粹是因为它们能使我们的员工生活得更好一些。我们推行这些项目的时候只是感觉那样做是应该的。

比如，人生必将面临的残酷事情之一是，我们中有一半人终究要面对伴侣去世的痛苦。不管如何，这都将是一段痛苦、困顿的时光。如果死亡不期而至，那么悲惨的境遇更会加剧。几乎每一家公司都会投保人寿保险，但总是感觉保额不够。每当我们公司有人经历这样的不幸，我们就会尝试各种办法，帮助过世谷歌员工的配偶。

2011 年我们决定，如果这种不堪想象的事情发生，去世谷歌员工的配偶将立刻获得这名谷歌员工全部的未到行权期股票。我们还决定在谷歌员工去世后的 10 年时间里，向该谷歌人的配偶支付其 50% 的薪水。如果家里还有孩子，这个家庭将每月额外获得 1000 美元，直到孩子 19 岁或 23 岁（如果孩子是全职学生）。

这项改变我们没有告诉任何人，甚至连谷歌员工都没有告诉。宣传这样的事情会显得非常可怕。我们没有将这种政策当作吸引或留住员工的方法。因为这其中没有任何商业利益，只不过是一件应该做的事情。

18个月之后，我意识到自己犯了一个错误。我接受《福布斯》记者梅根·卡瑟利采访的时候，不经意间透露了这项福利。她立刻意识到这项政策的重要意义，发表了一篇标题非常吸引人眼球的文章《谷歌员工死后发生的事情》。[196] 文章引起了强烈的反响，阅读量很快达到近50万次。

风声传出去之后，我立刻收到其他公司同行的问询，首要的问题是“这样做要花很多钱吗”？

一点都不多。迄今为止我们在这方面的费用为工资的千分之一。换言之，美国公司平均每年薪资增长4%：大约3%为年度普涨，另外1%为升职加薪。我敢打包票，你问员工是否愿意将3%的薪资增长改为2.9%以换取这样一个项目，几乎所有人都会说“愿意”。

2012年，我们的福利团队收到一封谷歌员工发来的匿名电子邮件：

> 我是一个癌症幸存者，每6个月就要去复查癌症有没有复发。你永远也不会知道坏消息何时会来，但是难免会想坏消息真正到来的时候该怎么办。因此当我躺在扫描仪台上时，会反复思考如何给拉里写电子邮件，恳请他将我的股权转移到我的家人名下继续持有，尽管我还活着，但已命不久矣。
>
> 当我收到你们发来的那封关于新人寿保险福利的电子邮件时，泪水湿润了我的眼眶。每一天我都因这家公司为我的生活所做的诸多贴心、有影响力的事情而满怀感激。这项人寿保险政策恰属于这些事情中的一种，是令我感到在谷歌工作很自豪的一长串事项的延续。

> 你们宣布这项新的福利政策后两周，我又做了一次检查。在扫描台上时，我没有再思考如何写那封电子邮件。
>
> 我不知道是谁负责这项工作，但是请向所有参与者转达我最诚挚的谢意。你们为员工的生命做了一件了不起的事情。

看了这封信后，我意识到我错在没有向谷歌员工宣布这项政策。我未曾想象如这位匿名信作者一样的谷歌员工在恐惧的笼罩下所承受的压力，也未曾预料这项政策对其他公司带来的影响，现在它们也都在探索类似的项目。

2011 年，我们还调整了孕产假政策。我们决定在美国提供 5 个月的产假，而通行的做法只有 3 个月。在此基础上我们还做出一项更加深刻的变革：我们决定初为父母者在休假期间可以拿到全额的薪水、奖金和股票期权，而且任何初为父母者都能拿到额外的 500 美元奖励，帮助他们生活得稍微舒适一些，比如，可以在孩子刚出生的几个星期订三餐送货上门。

说到这里，你应该已经猜到这个决定也是以数据为基础的，根据的是谷歌员工开心度、保留度和项目成本的详细分析。我也建议你以同样的方式做出决定。但是，与死亡福利一样，我们做出这项决定也是出于本能。有一天我开车上班，想到 3 个月大和 5 个月大婴儿的发展差异，怎么说我也算不上这方面的专家，但是我还记得自己孩子的成长过程。恰是在这两个月里，孩子才开始懂得响应和交流，初为父母者不会再因为孩子咳嗽和打喷嚏而惊慌失措，意识到孩子应该不会有什么问题。等来到公司之后，我说："我们来做点儿改变吧。"

直到后来我才查看了相关数据。

我了解到女性在生育之后的离职率是平均离职率的两倍。很多经过 12 周产假的母亲回来上班之后感觉有压力、疲惫，有时还有些愧疚。调整了产假时间之后，离职率的差异消失了。一些母亲告诉我们，她们通常会利用这额外的两个月时间慢慢调整状态，适应工作，使她们在产假结束时能够更有效率、更快乐。

最后我们统计数据的时候发现，这个项目并没有任何额外的成本。这项政策留下的女性所创造的价值以及避免再次招聘和培训新员工的费用，足以弥补给新生儿母亲两个月额外产假的费用。

我们很高兴地看到脸书和雅虎也追随了我们的步伐，为新生儿的母亲提供了类似的福利政策。我希望有更多的公司能够这样做。你应该还能回想起第二章所述的使命之重要性，以及将工作看作使命的重要性。收到戈皮和安这类消息或匿名感谢信之类的事情，是推动这片家园更好发展的方式。想象一下，员工不会带着焦虑和绝望来找你，而是来感谢你使他们的生活变得更简单，感谢你在他们最需要帮助的时候伸出援手，在这两种情况下工作的感觉差别是多么大。

我见过使工作环境更特别但又不至于耗尽组织资源的最好范例，它来自加利福尼亚州圣塔克拉利塔市拉梅萨初中的校长米歇尔·克兰茨。米歇尔是这样一位领导者：她每周开始的时候都会站在学校大门口欢迎学生，叫出每位学生的姓名，与他们一一握手；她口袋里装着优先午餐券四处走动，表现优秀的孩子就能得到一张；在她主持的月度教职工会议上，她的团队会互相赠送表达赞赏的格兰诺拉燕麦卷，“为他们提供彼此认可的机会”，他们真的会彼此称赞；她会给每一位教师写生日贺卡。

结果呢？午餐时，学生都与她闲谈，向她吐露心中的秘密，教师空前团结，职工全心全意地工作。有一位在学校工作了十多年的园丁，因为米歇尔亲自写了生日贺卡给他而感动不已，他还给米歇尔回了信。“他非常激动，”米歇尔告诉我，“并承诺此后的整个职业生涯都要为我努力工作。”[197]

当然，这并非她的目标，但是这段感人的故事提醒我们，微小的关怀和资源投入也能带来巨大的成果。

谷歌工作法则

- 使员工的生活容易一些。
- 想办法对员工说“好”。
- 生命中的不幸时有发生……一旦员工遭遇不幸，要伸出援手。

第十二章

谷歌丰富多彩的助推项目

助推并非硬推，即使是非常温柔的提醒也可以带来不同。助推不一定要花费不菲或精心策划，它只需要及时并具有相关性，而且容易采取行动。

拉斯洛·博克　谷歌首席人才官

生活在公元 110 年至 180 年的希腊地理学家鲍桑尼亚拜访过德尔斐的阿波罗神庙（见图 12-1）。他发现神庙前殿的一块儿石头上刻着阿波罗神谕：认识你自己（gnothi seauton）。

图 12-1 位于希腊德尔斐的阿波罗神庙
感谢诺姆·本海姆提供照片

这是明智的忠告，却很难实现。我们认为自己了解自己，而这种确信的态度本身就是问题的一部分。诺贝尔奖获得者、普林斯顿大学荣誉退休教授丹尼尔·卡尼曼在他的《思考，快与慢》一书中描述人类有两套思维系统。其中一套慢，有深度、有思索，以数据为导向，而另外一套快，依靠本能，属于直觉思维系统。多数时候我们会依赖第二套思维系统，因此即便我们认为自己理性的时候，其实恐怕也并非如此。

比如，5 美元对你来说有多大价值？你愿意为了省下这么多钱而离开一家商店，开 20 分钟的车去另外一家商店吗？

1981 年，卡尼曼和他的同事阿莫斯·特沃斯基，[198] 想了解人们对金钱和时间的价值量度是否恒定一致。他们询问了 181 人，请他们回答下述两个问题：

> 问题一：假设你准备买一件 125 美元的夹克和一个 15 美元的计算器。卖计算器的人告诉你同一款计算器在另一家分店有打折活动，卖 10 美元，距离这里 20 分钟的车程，你会开车去另外一家分店吗？
>
> 问题二：假设你要买一件 15 美元的夹克和一个 125 美元的计算器。卖计算器的人告诉你同一款计算器在另外一家分店有打折活动，卖 120 美元，距离这里 20 分钟的车程，你会开车去另外一家分店吗？

要记住这里的美元是 1981 年的美元。如果考虑到通胀因素，[199] 放到今天这些钱的价值差不多是当时的 3 倍。（当然，你还要考虑商品的价格变动，20 岁以下的人恐怕连计算器都没怎么见过。"我直说吧，你是想让我花 360 美元买一个比手机更大、更重，甚至连《愤怒的小鸟》都玩不了的东西吗？"）

特沃斯基和卡尼曼发现，68% 的人"愿意多走一段路，为 15 美元的计算器省下 5 美元；当计算器价格变为 125 美元的时候，只有 29% 的人愿意费同样的力气"。[200] 尽管两种情况下省下的都是 5 美元，但是只有当这 5 美元相对于购买产品的价格比例较高时，人们才愿意行动。节省钱的相对比例不同也影响了人们对价值的认知。

那么换作一个更根本性的问题，比如，你认为自己对眼前东西的观察能力如何？在《大脑诡计》（*Sleights of Mind*）一书中，巴罗神经研究所（Barrow Neurological Institute）的负责人史蒂芬·麦克尼克和苏珊娜·马丁内斯－康德阐释，人类的视觉其实很糟糕，但我们认为自己的观察能力很好，因为我们的大脑填补了空白（然后他们解释了魔术师是如何利用这一点骗过我们的）。他们提出下述测试方法：

> 从一堆卡片中挑出带人像的扑克牌，然后洗牌。视线盯住房间另一头，保持眼睛一动不动。随便抽出一张人头牌，用手拿住向一侧伸出一臂远，恰处于你的周边视觉边界的位置，然后向前转动胳膊，拿着卡片向你保持不动的视线方向移动。假设你能克制住偷看一眼的冲动，要等到那张牌离视觉中心很近的时候你才能识别出这张牌。

他们解释称："你的双眼只有在目光所及最中心的锁孔大小范围内才能看清精密的细节，它仅仅覆盖了视网膜的 0.1%……你的视野里 99.9% 都是垃圾。"但是实际感觉并非如此，是因为眼睛飞速扫视：眼睛迅速地、不间歇地移动，从一点扫视到另外一点。你的大脑"编辑删除掉动态模糊图像"，创造出一种持续的现实幻觉。[201]

如果你还不相信我，打开 YouTube，输入"注意力选择测试"（selective attention test）。第一条搜索结果应该是由伊利诺伊大学的丹尼尔·西蒙斯贴出来的。快去，我等你。

……

……

……

几乎所有人都没有看清这一分钟的视频中到底发生了什么

（尽管我已经给了你提示，视频中可能会有一些有趣的事情发生）。我们认为自己看清了周围发生的事情，但是其实我们经常没有看清。有大量的文献研究人类大脑的缺陷，这些缺陷不仅扭曲了我们所做的决定，还使我们很高兴地忽视了这些缺陷。我们在毫无意识中持续受到环境、他人和自己潜意识的助推和冲击。恰似小鹿选择障碍最少的路径穿过树林，我们也经常依据潜意识中的一些暗示掌控生活。你在公路上开车的时候，是根据限速要求时常观察车速表来调整行车速度，还是跟着车流走？你在商店买衣服的时候，多数售货员会从柜台后侧把购买的东西递给你。高端时尚零售商诺德斯特姆公司则要求销售助理走到柜台前将顾客购买的衣物递给顾客，这样使顾客感觉得到了更亲切的照顾（因此也更可能继续在诺德斯特姆购物）。我当餐馆服务员时，在客人桌前与其交谈的时候经常采用蹲姿，这样我们的眼睛可以在同一水平线上，而不是俯视顾客，可以使他们感觉更舒服，也为我赚到了更多的小费。

2012 年秋，伦敦巴比肯艺术中心（Barbican Centre）的曲线画廊举办了一场名为雨屋的装置艺术展，由兰登国际（Random International）设计。第二年夏天，这套装置转移到纽约现代艺术博物馆（Museum of Modern Art）。雨屋是一块 100 平方米的室内场地——感觉好像室内在下雨。你在屋中走的时候，由于身上佩戴的传感器的感应作用，雨水不会落在你的身体周围（见图 12–2）。

在两座城市，人们都要排上 12 小时才能看到展览，但是伦敦的参观者平均在室内停留 7 分钟，而在纽约，虽然博物馆请参观者将参观时间控制在 10 分钟内，甚至会“礼貌地轻拍”那些

图 12–2　雨屋展览

感谢兰登国际提供图片

停留过长时间的参观者的肩膀提醒，但是仍有很多人会停留 45 分钟甚至更久。两座城市都是相差不多的大都市，伦敦人对艺术和雨屋的兴趣似乎也不小，而且等待的时间也没有不同，那么到底是什么原因造成了如此差异？

展览在伦敦是免费的，但是在纽约要 25 美元。[202] 这可以作为我们在第七章中看到的现象的补充——德西教授和瑞恩教授发现他们开始为执行任务向实验者付钱之后，内在动机和生产效率都下降了。一旦你对某种东西收费，人们看待它的眼光就会发生变化。他们想要“钱花得值”。尽管并非本意，尽管要求参观者控制参观时间，但是纽约现代艺术博物馆创造出一种激励机制，由此引发的行为恰是他们希望避免的。[a]

可见一个环境的布局也以我们未曾意识到的方式影响着我们。我记得 2011 年参观惠普总部，眼前一片灰褐色的海洋，高如院墙的小隔间似乎延伸到了天边。这种环境下不太适合向邻座寻求建议，你甚至都看不见邻座的人。相反，彭博新闻社的创始人，同时也是纽约前市长的迈克尔·布隆伯格模仿传统报社新闻编辑部的样子布置了自己开放式的办公室，优化想法和信息沟通的速度（见图 12–3）。

a. 我暂且认为纽约现代艺术博物馆设定每人 10 分钟的目的是让尽可能多的人观看展览。伦敦的经验显示，他们可以通过放弃入场费达到这种效果。如果纽约现代艺术博物馆的目标是收益最大化，那么他们做得还不赖。展览头 47 天共有 55000 名参观者，单单入场费一项的收入就达到 137.5 万美元。

图 12–3　纽约前市长迈克尔·布隆伯格在自己的开放式办公室中工作[203]

布隆伯格站在最中间。还是小隔间，但是区别如此之大。布隆伯格以前的一位雇员告诉《纽约》杂志的克里斯·史密斯："这样一个工作环境，你恐怕永远也无法习惯……但是当你看到市长在所有人都清晰可见的地方召开高层会议，你就开始理解这种开放式沟通的办公场所设置并非胡闹，而是确有其道理。"[204]

此处的主旨是要说明，我们在引导世界的时候远没有想象中那么一以贯之、客观、公平和有自知之明。因此，组织可以帮助人们做出更好的决定。

在《助推》(*Nudge*)一书中，芝加哥大学教授理查德·塞勒和哈佛法学院教授卡斯·桑斯坦通过长篇论述，说明了利用我们头脑的缺陷可以改善我们的生活。"助推"可以定义为："虽然不禁止任何选项，也不大幅改变经济激励措施，却促使人们在选择时期朝可预见的方向发展，这种力量就是助推……纯粹的助推中，必须能够不费力气地避免干预。助推并非强制性的。将新鲜水果摆放在与人们视线平齐的柜台上算是‘助推’，而以法律形式禁止食用垃圾食品则不是。”[205]

换言之，助推影响选择，而非强制选择。有些人辩称，助推是不道德的，它迫使人们做出一些本不会做出或不想要的选择。但是助推的反对者忽略了一些事实，即有些人选择不将水果放在与视线平齐的柜台上。苏格兰哲学家大卫·休谟阐释了这个问题，他将其称作“是—应是”谬误或“休谟的断头台”（Hume's Guillotine，因其割裂了“是”和“应是”之间的联系）。仅仅由于某件事实是以某种方式进行的，并不意味着这件事就应该以这种方式进行。事实上，很多助推是对当前糟糕选择的改变，避免有损健康、财富或快乐的结果出现。

比如，杂货店会将基本需求品和易腐类产品（如牛奶等）放在商店最远的一头，顾客每次去取的时候都要穿过摆满商品的货架走廊。他们还会将糖果等高利润率、易于冲动购买的产品放在收银台前——尽管你在商店的其他地方也可以找到同样的商品，因为这样会引导我们购买更多的糖果。不将水果放在收银台旁，是不是就说明他们做错了或者是邪恶的？把糖果换成水果，效益肯定会降低，但是同样也对购物者的健康更有好处。然而，杂货店的目的并非改善购物者的健康状况，它的目的是赚钱。听起来或许有些残酷，但是如果没有利润，杂货店就将面临倒闭。即便是家门口的全有机合作社，也要有足够的收入才能保证当月的员工薪水和店租以及下个月的存货。因此，当地的全有机合作社将 3 美元的有机手工搅拌蜂蜜花生酱放在收银台前，我不会责备他们。但是抓起一只苹果而不是糖果来吃，显然对我的健康更有好处。

即便你承认助推有利于改善生活状况，也认可不应坚持貌似神圣不可侵犯的现状，但心里还是有些厌恶管理层冷冰冰地决定利用助推来控制员工。从某种意义上来讲，了解到我们糟糕的工位小隔断是由于无视需求或规划不周全的结果，相比意识到布隆伯格的开放式办公室布局是经过精心设计来保持团队更高的开放性、更好地进行协作，人们的心理感受或许会更好一些。我们的保障部、领导和政府部门竟然会用这种方式玩弄我们！

另一方面，难道助推不也属于管理工具的一种吗？有人可能会辩称，所有的管理都是在试图使员工有更高的生产效率。但是我敢对你说，提高开心度并非所有公司的管理目标（尽管应该属于，因为这样的目标很有效）。办公室中的助推措施与决定销售人员必须达到多少销售额的奖金计划有什么根本不同吗？[206] 要求更多使用“自然光”，是因为我们认为这样有利于提高员工的生产效率吗？为什么当我们被告知这些工位小隔断是刻意设计安装来隔开我们的时候，我们会感觉更加不安？[207]

我猜测，助推会使人神经紧张有两个原因。第一，被穿工作服的聪明人暗中影响，这种心理阴影会令我们不安。

但是助推不一定需要秘密进行。在谷歌，我们坚持将透明化作为公司文化的基石之一。谷歌人在参加实验的时候，我们通常不会告诉他们有关实验的内容，因为这样可能会影响他们的行为。然而，在实验之后，我们会分享我们的发现以及我们打算下一步做什么。

第二，人们不愿被提醒我们的自由意志有一定的限度。助推会引发各种问题，关于欲望（“我想要一辆凯迪拉克汽车，是因为我需要，还是因为2012年通用电气花了310亿[208]美元用于广告宣传？”）[a]，关于选择（可口可乐2012年占据了美国17%的市场份额，百事可乐则占了9%，[209]尽管有人曾利用核磁共振扫描研究发现，人们很难看出二者的区别），[210]甚至关于身份认同（“如果我所做的选择是环境和历史的产物，那么我的选择是否真正自由？”），这些都是非常深刻的问题，远超出本书的讨论范畴。但是在面对对自我观念和自我认同的威胁时，防御是一种自然的反应。[211]

在谷歌，我们采用各种方式的助推，对决策时刻进行干预。我们的大多数助推都是学术研究在现实世界中的应用。我们人力与创新实验室团队成员詹妮弗·科索斯基博士开玩笑说：“有太多的学术研究只调查了大二学生。太多的实验都是由教授提供5美元的奖励请研究生参与的。”我们的方法是将令人叹服的学术发现，辅以我们自己的想法，在数千名进行日常工作的员工身上尝试来观察结果。我们做这些事情，而且我在本书中写到这些内容，目的是让其他人能从我们的洞察中有所收获，不管你们的企业是大还是小。

人文主义精神促使我们在采用助推的时候进行深思，富有同情心，而且最重要的是保持信息的透明度。我们的目标并非取代决策过程，而是用可以提升健康、增加财富，但又不限制自由的结构，替代草率或者糟糕的环境。

a. 广告当然是谷歌首要的收入来源，因此作为股东，我对广告收入的每一美元都心怀感激！

我们的指导原则是什么？助推并非硬推。即使是非常温柔的提醒也可以带来不同。助推不一定要花费不菲或精心策划，它只需要及时并具有相关性，而且容易采取行动。

我们在这个领域所进行的工作多数都纳入一个名为“优化你的生活”项目中，该项目由伊冯·阿格耶联合人力运营部的普拉萨德·塞迪、工作环境服务部的戴夫·拉德克里夫（他负责运营通勤车和餐厅），以及他们各自的团队共同领导。当然谷歌人是重要的想法和灵感来源。

助推让员工的工作更高效

我们利用助推使员工更开心、更高效。更早之前我们发现，仅仅一封电子邮件也能提高女性自荐为升职候选人的比例。我们也一直在寻找机会，在恰当的时间提供建议或信息，提升我们整体的工作效率。

有时候只需要向员工展示实情就足够了。比如，有一个领导团队内部不和谐的传闻广为人知，其中有几位成员彼此不愿合作，甚至还会刻意保留资源和信息，阻碍对方的工作。绩效管理是没有用的，因为尽管他们的行为恶劣，但是每个人的总体工作成果还是相当不错的。指导也不可行，因为需要耗费太多的时间，而且其中有两个人特别抗拒承担产生这种状况的责任，“问题不在我，”其中一个人对我说，“是其他人没有帮我！”

真正有效的做法是每个季度做一项只有两个问题的调查：“过去的一个季度里，我向他/她求助的时候，这个人帮助了我”和“过去的一个季度里，在我对他/她的团队工作可能有所帮助或可能受其影响的时候，这个人请我参与了”。团队中的每一位成员要给其他成员评价，不记名的排名和结果将与所有人分享。员工知道自己的名次，但是不知道其他人的排名。当然，最难管束的人会排名靠后，他们也会因此吃惊失望。我们未做任何进一步的干预，他们就通过自己的努力提升了协作的质量。非常引人瞩目的是，通过 8 个季度的努力，这个团队在上述两个问题上的满意度从 70% 提升到 90%。

尽管算不上严格意义的助推，但这种做法也与展现社会对比力量的一些事情相符。[212] 只需简单地提供信息，然后依靠人的本性——好胜的本性和利他的本性——就能改变一个机能失调的团队。看到这种现象真是既有趣，又令人振奋。我们在参加向上反馈调查的经理身上看到过这样的现象，但这是我们第一次将这种做法复制到一个团队身上。

但是，我们是否能够使一个团队从一开始就走上正确的道路，避免出现机能失调的状况呢？那样我们就不需要做任何补救工作了。我们决定探索这种想法，关注那些新来公司、新加入一个团队的员工，即新谷歌人。

新聘用的员工会有损价值。假设有一名销售人员伊凡，年薪为6万美元。伊凡每个月要耗费公司5000美元，直到他有销售业绩为止，而且即便他开始做销售，也还是要过一段时间才能实现产出超过他的成本。此外，他还要占用培训资源，不断叨扰周围的同事寻求建议，耗费同事的时间。

这不仅仅是谷歌独有的问题。布拉德福德·斯马特在《顶级评级法速查手册》(*Topgrading*)[213] 一书中指出，半数的高级雇员在刚开始一项新工作的前 18 个月表现都很差。在招聘的另一端，咨询师奥特姆·克劳斯发现半数的小时工在 120 天内就会换一份新工作。[214]

使这项工作变得更困难的是，谷歌经理本身就已经非常忙碌，他们会采用各种不同的方式使新员工适应新团队，到底哪一种方法更好，所有人都莫衷一是。很长时间以来，我们进行过的最有效的一次案例研究来自肯特·沃克。他 2006 年以高级副总裁和法律总顾问的身份加入谷歌，很快便融入了公司，比我们见过的几乎所有人都快，因此成为高级雇员聘用的经典案例。他用 6 个月就适应了新工作，而大多数高级员工需要一年才能适应，不过肯特本人异常谦逊，好奇心强，而且有自知之明。[a]

我们决定给经理们一点小提示，提醒他们只需微小的行动便能给谷歌新人带来巨大的影响，由此他们宝贵的时间投入就能得到最大的回报。

在实验阶段，经理们在新的招聘流程启动前的周日会收到一封恰到好处的电子邮件。恰如氧气项目检查清单中列举了成功经理的 8 种行为，这封邮件中举出 5 项行动，内容简单得几乎让他们尴尬：

- 进行一次角色与责任讨论。
- 将新谷歌人与一位同事组成互帮互助组。

a. 肯特的秘密是“我大多数时间都在倾听”。大多数人加入公司后都渴望完成工作，但是如果不理解在谷歌是如何完成工作的，他们只能苦苦挣扎。我经常将这种现象称作“谷歌危机”，经过 3~6 个月，新来的高级雇员会意识到谷歌文化中自下而上和协作的本质意味着他们不可能仅仅是下命令，期望员工完全遵守。现在我们已经将这一经验纳入谷歌新员工的首周培训课程中。

· 帮助谷歌新人建立社交网络。

· 谷歌新人来公司后的前 6 个月，每月进行一次上岗情况检查。

· 鼓励畅所欲言。

如氧气项目一样，通过这些行动我也看到了切实的效率提升。采用了电子邮件中给出的行动建议的经理，他们手下的谷歌新人达到全效工作状态比同伴快 25%，省下了整整一个月的学习时间。这些行动能带来如此深远的影响着实令我大吃一惊。简单的一封电子邮件怎么可能带来这么大的影响？

结果显示，检查清单确实有效，即使这份清单简单得有些傲慢也一样有效。我们都是人，总有些时候忘记一些最基本的事情。我们在第八章提到过的阿图 · 葛文德曾整理了一份外科手术安全检查清单，最开始的一项为"病人身份确认、地点（病人即将做手术的场所）、流程和同意书"，[215] 整个检查清单共有 19 项。2007 年和 2008 年，8 个国家各有一家医院 [a] 共在 7728 名患者的治疗过程中使用了这份检查清单。结果显示：并发症出现率从 11% 降低到 7%，死亡率几乎下降了一半，即从 1.5% 降低到 0.8%。[216] 这一结果全都要归功于检查清单。

诚然，我们面临的风险比医院要小很多，没有人会因为糟糕的管理而死亡（尽管灵魂或许会有一些枯萎）。但是简单地将这 5 个步骤发给公司的经理们是不够的，你必须在恰当的时间发送这份检查清单，使其有意义，易于执行。我们知道这封电子邮件

a. 这些医院分别位于约旦安曼、新西兰奥克兰、坦桑尼亚伊法卡拉、英国伦敦、菲律宾马尼拉、印度新德里、美国西雅图和加拿大多伦多。

发送得恰是时候，因为是在启动工作前一天晚上发送的。我们知道这封电子邮件是有意义的，因为经理们可能正在忧心该如何带新人。而要使检查清单易于执行，则是一件更复杂的工作。

首先我们必须确认数据可靠，因此我们援引了学术资料、内部研究结果以及这封电子邮件背后的潜在数据。毕竟谷歌人是以数据为导向的。而后，我们需要确保经理有清晰的步骤可循。我们的员工很聪明但又很忙。如果我们能够提供明晰的指示而不是要求他们从无到有创造一些实践方法或内化一种新行为，就可以降低他们的认知负担，同时还可以避免额外的步骤导致他们不执行这些行动。就连美国总统也会削减需要思考的事项总量，以便关注重点。《名利场》的迈克尔·刘易斯解释道："'你会看到，我只穿灰色或蓝色的西装，'奥巴马总统说，'我是在减少需要做出的决定。我不想去决定该吃什么或穿什么，因为我有太多的决定要做。'他提及有研究显示，做决定这项行动本身就会降低一个人做后续决定的能力。正因为如此，购物才会令人精疲力竭。'你需要集中自己的决策能量。你要有一定的程式化，你不能整天都被琐事分心。'"[217]

图 12-4 是我们建议经理在第一次关键交流时做的事情。我保留了附注标记和超链接，以便你能看到谷歌人真正收到的清单是什么样的。

乍一看，如此事无巨细似乎有点把成人当成孩子了。但是要记住，并非每个人都天生有做经理的本事。告诉经理具体该怎么做，他们就可以划掉待办事项中一项非常烦人的工作。他们需要思考的事情减少了，转而可以专注于行动。最近一位谷歌经理给新员工培训团队发来一条简短的感谢便条："你和你的团队建立的运营方法真是太棒了！那封电子邮件包含了上岗信息，说明了全部工作的要点。真心感谢你们帮助我们把这项工作变得如此简单。”

1. 进行一次“角色与责任”的讨论

研究显示，对个人的工作有明晰的理解可以带来更高的工作满意度。[1]在谷歌，有一项研究发现，对工作期望理解不清晰的新毕业入职员工，第一年离职的概率是清晰了解工作期望的员工的5倍。[2]**你可以做些什么？**在谷歌新人入职的第一周，与他/她进行一次会面。以书面形式列出会议日程效果更佳（模板参见链接）。为你手下的谷歌新人回答以下几个问题：

1）OKR是什么？你手下的谷歌新人在第一季度的OKR应该怎样设定？

2）你手下谷歌新人的角色与谷歌的商业目标如何联系在一起？与团队的目标如何联系在一起？

3）与他/她的第一次绩效管理交谈将在何时进行？他/她的绩效考评结果该如何决定？

图 12–4　谷歌经理与新员工第一次交流前的准备清单

版权归谷歌所有

回到图12–4：在第一项“角色与责任”讨论中有很多方面。第一行引用了波特兰州立大学教授塔尔雅·鲍尔博士的文献，[218]她对能使人们开心和高效的因素，以及与你在一份工作的第一体验之间的关系进行了令人叹服的研究。第二行、第三行说明了我们在谷歌也见证过类似的现象，这与当前事项有着极大关联，应该再重复一遍：“对工作期望理解不清晰的新毕业入职员工，第一年离职的概率是清晰了解工作期望的员工的 5 倍。”

之后我们概要列出了具体的步骤：检查清单内部的检查清单（检查清单的“火鸡鸭”[a]！），而后有一个模板链接，那些特别忙或有些懒的人可以直接点击链接，另外还有几个问题可供经理与新员工开启交谈。

余下的 4 项检查清单项目也采用同样的格式。值得注意的是，这些都是为了帮助谷歌新人建立支持网络，培养出清晰交流的习惯。电子邮件包含所有这些内容，总共有一页半，我们认为期待别人阅读注意事项最多也就只能读这么多了，而最后效果也非常不错。

这样一来，新员工经理的问题已经解决，但是新员工本身怎么办呢？关于人们如何融入团队和公司的研究显示，有些员工并不会无所事事地坐在那里等待别人“带他们上道”。他们会找资源、问问题，组织午餐建立关系网，自己想办法融入团队。展现出这种积极主动且具有前瞻性行为的员工能更快实现全效工作，在文化适应测试中的表现也更好。[219]

作为一项实验，我们在谷歌新人培训中加入了一个 15 分钟的环节，有人会在这段时间内讲授积极主动的益处。为谷歌新人介绍 5 种具体的行动，可以帮助他们找到需要的东西，同时重申这种行为符合谷歌的企业心态：

- 问问题，问很多问题！
- 筹划与经理的一对一定期会面。

a. 火鸡鸭为火鸡、鸭、鸡各一只，去骨，鸭塞入火鸡膛，鸡塞入鸭膛，最后再塞入玉米、青椒填料。

- 了解你所在的团队。
- 积极寻求反馈意见，不要等待反馈意见！
- 接受挑战（敢于冒险，不害怕失败……其他谷歌人会给你支持）。

两周之后，他们收到一封跟进电子邮件，提醒他们这5项行动。

与之前的方法一样，这种方法也不是什么复杂的事，对吧？

这是因为，当你为用户设计产品的时候，在能满足预期要求的前提下，你肯定会尽力做出最精巧优雅的产品。如果你希望员工改变行为，就不应该给他们一份50页的学术论文，甚至400页的书来看。

那么，复杂的地方在哪里呢？在于通过密切观察两端的做法有何不同，识别出引起员工表现超常的一般特性——在该背景下这一特性为积极主动。要解析出一些能够例证积极主动的特定行为集群，便于谷歌人去模仿。要开发出一种方法，将这些行为传递给那些天生并不具备这些素质的人。最后，要评估产生的影响。

我们在第五章中曾介绍过，所有人都认为自己很擅长面试和评估他人，但其实只有极少的人是真正擅长的，我们大部分人都只有平均水平。在管理实践和人力关系的几乎每个方面，我们每个人都认为自己属于顶端的一群人。而且因为我们相信自己，所以会继续根据自己的直觉来设计管理员工的方法。结果是我们持续设计出平均水平的管理体系，产出的结果也仅是平均水平。

好消息是，通过学习可以变得擅长此道，我们只需要加倍注意。

说到这里，这种助推实验产生了怎样的结果呢？

得到助推的谷歌新人相比对照组，要求提供反馈意见的可能性更高，能够更快具备生产力，对自己的表现也有更准确的认识。而那些最需要这方面能力的员工——那些并非天生积极主动的人——相比其他人，在第一个月参与到积极主动行为方面评估的得分要高 15%。

图 12-5 中两条曲线的区别会带来全体员工总生产力 2% 的提升。相当于每聘用 50 个人就免费得到一名员工，放在谷歌就是我们雇佣 5000 个人就免费得到 100 名劳动力。15 分钟的展示和一封电子邮件就能有这样的回报，效果还不错。[220]

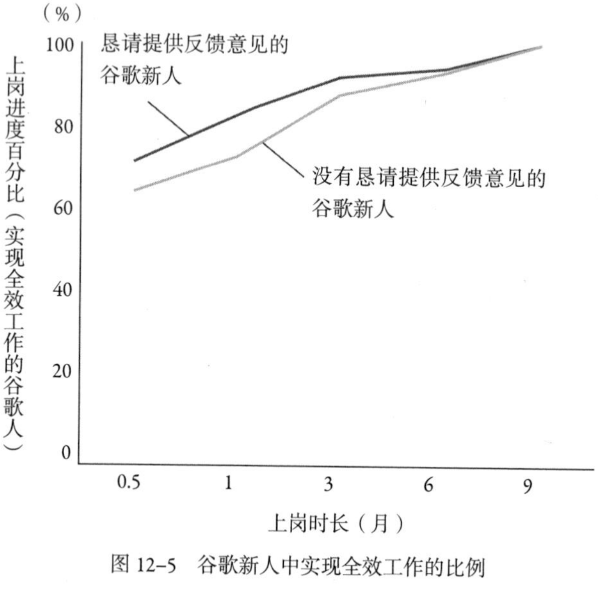

图 12-5　谷歌新人中实现全效工作的比例

给谷歌新人一个助推还有一点好处，就是可以成为我们对经理助推的补充。即便经理忘记了检查清单中的某一个步骤，谷歌新人也会提起。我们在此借用了一个名词 poka-yoka，意为“防错”，这是日本在制造业中使用的一个概念，是 20 世纪 60 年代新乡重夫在丰田工作时推行的一种管理方法，[221] 在很多现代化产品中也都有所体现。大多数汽车如果不系安全带，警示铃就会响，提醒你犯了一个错误；当你摘掉耳机时，苹果夹子（iPod Shuffle）就会自动关闭，节省电量；美膳雅（Cuisinart）榨汁机只有在盖子安全锁好之后才会启动，避免伤到你的手指。与之类似，我们也希望在帮助谷歌新人提高生产效率的过程中将错误降到最少，而最好的办法就是在这个流程中的员工和经理两端都设定提醒。

对谷歌新人和经理的助推，结合我们为员工上岗做的其他方面改变，使“实现全效工作的时间”从数月降到数周。

我们面临的另外一项挑战是谷歌人经常报名参加某些学习课程，但最终都无法参加。2012 年上半年，我们的缺课率为 30%，一面是很多排队等待上课的谷歌人得不到听课的机会，另一面教室里却有一半是空的。我们尝试了 4 种不同的电子邮件助推，旨在呼吁节制自己的欲望，避免伤害他人（展示等待上课名单上的人员照片，这样得到上课机会的人就能看到如果缺课会伤害到哪些人），也呼吁言行与身份要相符（提醒报名上课的人要像谷歌人的样子——做正确的事情）。这些助推有了双重效果，即缺课率下降，预先取消听课名额的比例也得到提升，我们得以将机会提供给其他谷歌人。然而每一种助推带来的效果各有不同。展示在等待上课名单上的人员提高了 10% 的出勤率，但是并没有太多人因此取消听课报名。呼吁言行与身份相符对预先取消听课名额有非常大的鼓励效果，提升了 7%。从那以后，我们将这些助推融入所有课程的提醒中，由此出勤率得到了更好的保证，等待名单也变短了。

实践证明，助推还有利于改变谷歌的内部规程。鉴于我们在公司内部分享的信息量，对进出大楼的控制显得异常关键。潜入大楼盗取笔记本电脑和电子设备，甚至试图进入公司系统的情况，在硅谷并非没有先例。为了避免类似的事情发生，所有外部大门都需要刷卡进入。但是我们发现公司还有一种礼貌、友好的文化传统，谷歌人会为其他人拉住大门，毕竟这是父母教导我们应该做的事情。我们发送了电子邮件，请员工在为他人拉住门的时候互相检查工牌（通常会夹在腰带上），但是这样做感觉粗鲁且尴尬。员工并没有真正这么做，直到后来我们的安保团队在所有的外部大门上都贴上了图 12–6 所示的提示。

这张傻乎乎的卡通告示——或许是因为太傻，或许是因为贴到了每一座大楼门外——打破了僵局。有了这张告示，员工互相要求出示工牌和检查身份就不会有任何不妥。结果，盗窃和未经授权进入系统的事故发生率明显下降。现在，某人为你拉住门的时候，你会发现他们总会匆匆瞥一眼你的腰部。不要担心，他们只是在查看你的工牌。

图 12-6　幸亏每一座大楼门外都贴上了这样的警示标志，谷歌人在助推下对园区内的安保问题更加警觉了

助推让员工变得更富有

达特茅斯学院教授史蒂文·文蒂和哈佛大学肯尼迪政治学院教授戴维·怀斯在2000年完成了一篇极好的论文，探究了不同家庭在退休时财富积累水平不同的原因。[222]

收入显然是一个重要因素。赚钱多的家庭相比赚钱少的家庭，经过 30 年的累积，财富水平更高是合乎情理的。比如，医生通常都比咖啡调配师的最终结余要高。

文蒂和怀斯根据 1992 年美国社会保障总署（US Social Security Administration）报告的一生收入数据，将家庭分为 10 个同等规模的小组，他们称作十分位数（deciles）。收入最低 10% 的家庭为第一个十分位数，第二低的 10% 为第二个十分位数，依此类推，收入最高 10% 的家庭为第十个十分位数。报告中第五个十分位数中的家庭一生收入为 741587 美元，比第一个十分位家庭收入（35848 美元）高 20 倍，不足第十个十分位数家庭收入（1637428 美元）的一半（见图 12–7）。[223][a]

但是当他们研究同一个十分位数家庭的财富，对比一生收入相当的家庭的财富情况时，发现的结果非常令人震惊。[224]

是的，第五个十分位数中的家庭一生平均收入为 741587 美元，但是他们积累的财富，包括积蓄、投资和房产，则从 15000 美元到 450000 美元不等。换言之，保持收入不变，单看一生收入相当的家庭，财富积累最多的家庭的财富积累是最少家庭的 30 倍。这种财富积累的形态在每一个收入阶层都保持一致。看

a. 注意，这些收入数据比较低有几个原因。第一，样本对象为 51~61 岁的人群，他们中大多数人还能继续赚几年钱，他们的财富也会增长。第二，这段时间内没有收入的人群也计算在内，比如家庭主妇。第三，政府转移性支付的收入未计算在内。比如，大约有 10% 的美国人口当年接受了联邦政府资助的食物福利，在此项研究中并没有计入收入。第四，在收入高的家庭中，一生的收入有所低估，因为当时只有 55500 美元以下的收入需要缴纳社会保障税。第五，数据是 1992 年的，虽然结论不会有变化，但是折算成 2014 年的数字，所有的数据都要增加 69%。

看图 12-7 中每个十分位数中最高财富积累和最低财富积累的差异。即便是在第一个（或最低）十分位数中，几乎所有的家庭收入都源自政府支持，有些家庭也能积累到 15 万美元的财富。这是一项惊人的成就，需要该收入阶层的人有极强的自律性。

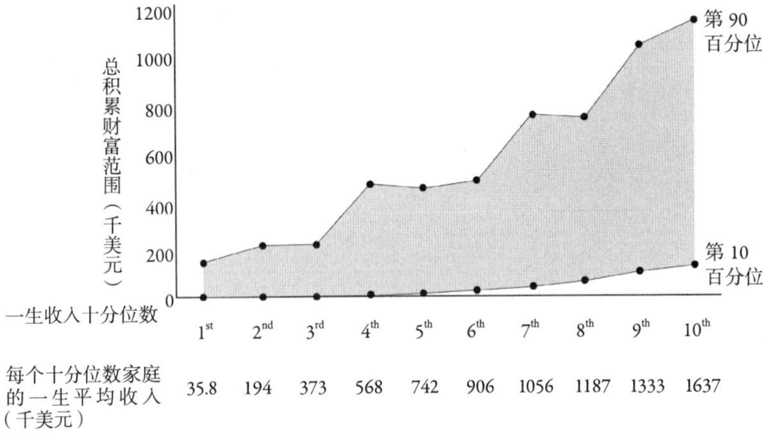

图 12-7　一生收入和财富积累关系图

怎么可能会是这样的结果？是不是有些家庭更擅长投资？是因为他们的家庭成员数量更少，或者继承了一笔意外之财？更多的财富积累更多的家庭是由于他们更愿意冒险，在风险投资上下了赌注，因此有更高的收益？那些积累财富较少的家庭是因为有人不幸患病，需要很多医疗花费吗？他们吃得很奢侈吗？

不是。这些都不是主要影响因素。

文蒂和怀斯解释称："大多数的财富分布都取决于选择，有些人年轻时就节省，有些人则不。"[225] 斯坦福大学教授道格拉斯·伯恩海姆与同事研究了相关问题并得出结论，家庭"在坚持自律，遏制花掉当前收入的能力方面有所不同”。[226]

我最初读到这个结论的时候还有些怀疑，因为看起来实在是太明显了。积累更多财富的秘密仅仅是因为年轻时积蓄了更多的钱吗？然而，即使是在最低收入水平的一组中，研究者掌握了随机获取的意外财富和困扰我们所有人的悲剧事件之后，有些家庭仍然能够积累不成比例的财富。

伯恩海姆给了我们一点线索，说明了其中的原因：“比如，如果家庭按照经验法则决定在退休前开始储蓄，那么本文中所记录的财富累积结果将可能实现。”换言之，很多家庭在储蓄方面倾向于遵循本能，研究的结论仍然适用。[a]

因此，为了提升早年的积蓄——退休时财富积累的最重要决定因素，家庭需要改变现有的一些习惯。在即将发表的一篇论文中，[227]耶鲁大学的詹姆斯·周、宾夕法尼亚大学的凯德·马西、谷歌的詹妮弗·科索斯基和巴克莱银行的艾米丽·海斯利认为，“家庭财富积累的差异有相当大一部分原因是个人在生活中接触到的有关积蓄财富的暗示有所不同”。也就是说，所得信息的细小差别可能会引起人们行为的巨大差异。

a. 用一个脚注来解释这一点似乎稍显不足。你在年轻时积累的资金对积累财富量的影响非常惊人，甚至有些违背人的直觉。一方面，假设你从 25 岁制订了 55 岁退休的计划，开始攒钱，同时每年有 8% 的投资收益。要在这段时间内积累 15 万美元的财富，你需要每月储蓄 110 美元。但是如果你每月的储蓄能增加到 180 美元，那么要实现预定目标只需要 10 年的时间。另一方面，如果你等到 45 岁才开始攒钱，每个月就需要储蓄 460 美元，才能积累到 15 万美元。这里的经验在于要尽早开始攒钱，尽可能多地攒一些，不要碰攒下的积蓄。复利的效果非常巨大。不同的做法会带来安享晚年或根本无法退休的差别。

为了验证这个观点，詹妮弗、周和马西合作进行了一项实验，目标是利用小的助推帮助谷歌人增加退休财富。

在美国，我们为员工提供了一份401（k）退休计划[a]。2013年，美国国内税收法规（Internal Revenue Code）规定，允许员工积蓄上限17500美元的钱，直到退休之后再付税。谷歌决定与员工各出50%，由公司为每位谷歌人的退休基金投入最高8750美元的免税资金。

然而，并不是所有人都参加了这个项目。说句公道话，并非所有人都有17500美元的余钱存下来。即便是有这么多钱的人，也不是每个人都想参加这个项目。

传统观点认为，这种现象是由于人们需要付账单或是更喜欢将钱用在喜欢的商品上，或仅仅是因为退休离现在还远。但是如果研究结果是正确的，真正的原因并非这些因素。这种现象的出现仅仅由于要适时地做助推。

2009年，5000多名尚未投入最大限额且未准备如此做的谷歌人收到一封电子邮件，记录了他们年内迄今在401（k）计划中投入的资金金额，同时还附注了下述4条信息之一：

- 关于401（k）项目的基本提醒，作为我们研究的对照组。
- 与第一条相同，但是附加了投入增长1%的收入说明。
- 与第一条相同，但是附加了投入增长10%的收入说明。
- 与第一条相同，但同时还提醒他们可以在任何一次发工资的时候投入不超过60%的收入，以便赶上限额。

a. 401（k）计划的名称取自美国1978年《国内收入法》中的第401条k项条款。它是美国一种特殊的退休储蓄计划，因可以享受税收优惠而广受欢迎。——译者注我们没有想到的是，每一封电子邮件都激发出一些反应。不论收到了哪一封电子邮件，收到电子邮件的谷歌人中有27%调整了投入比例，平均存款比例从8.7%提升到11.5%。假定有8%的年化收益率，一年的投入将为这些谷歌人带来总额3200万美元的退休金。假设他们一直在谷歌工作，而且每年都按照这种比例投入，这些谷歌人退休时每人在401(k)项目中都将多出262000美元。结果更好的地方在于，投入比例最低的一些人的存款比例提升最多，相比对照组的提升要高出60%。正如一位谷歌人写的："谢谢你们！我根本就不知道自己存下来的钱那么少！"

从此以后，每年我们都会发送这样的助推邮件，不断调整，进一步增加谷歌人的存款金额。每年，谷歌人都会存入更多钱。

助推本身不需要花太多钱，虽然助推的结果使我们要不断匹配员工的退休金投入，这带来了不小的费用。即便如此，这些钱也是我们愿意花的。

芝加哥大学教授理查德·泰勒和加州大学洛杉矶分校教授什洛莫·贝纳茨进行过一系列更微妙的实验。[228] 他们为三家公司——一家未提及名字的中等规模制造企业、一家名为伊斯帕特内陆（Ispat Inland）的中西部地区钢厂和飞利浦电子公司的两个部门——的员工提供一次机会，可以预先将未来的部分加薪分配到退休储蓄金中。这项名叫"明日多储蓄"（Save More Tomorrow™）[229] 的项目有4个特点：

- 提议员工在预定加薪之前很久，预先决定提升退休金投入。
- 投入变化从加薪后的第一次发薪水时开始。
- 每次预定加薪时增加退休金投入，直到达到预设限额。
- 员工随时都可以选择退出。

此后的 4 次加薪周期中，获邀的员工中有 78% 加入了项目。所有加入项目的人中有 80% 坚持了下来。在 40 个月的时间里，平均储蓄比例从 3.5% 提升到 13.6%。

这是一个非常引人注目的结果，而且这些公司的背景与谷歌大有不同，使这样的结果更为难得。这几家都是传统型公司，员工也都是传统型劳动力，能够产生如此深远的影响非常令人鼓舞和安心，也再次验证了研究成果。上述几种干预实验说明，提高储蓄投入，使员工更好地做好退休准备的工作是大多数组织都力所能及的。需要做的只是一点点助推。

助推让员工更健康

2013 年，人力资源主管托德·卡里塞对圣弗朗西斯科联邦俱乐部的一些人说，终极的招聘宣传口号将是“来谷歌工作，享长寿人生”。

他并不是在开玩笑。[230]

作为“优化你的生活”项目的一部分，我们多年来一直在尝试各种方法，提升谷歌人的生活质量和寿命。

由于为谷歌人提供免费的餐饮和零食，我们得以有一个得天独厚的条件，可以检验学术研究中的一些见解能否用于现实世界中。食物主要从两处获取：餐厅，通常每天供应两餐（早餐和午餐或是午餐和晚餐）；储存有饮料（苏打水、果汁、茶、咖啡等）和零食（干果、新鲜水果、饼干、薯条、黑巧克力、糖果等）的微型自助小厨房。

根据每一家分部的规模，我们可能设置现场的健身房、医生、脊椎按摩师、物理理疗师、健身教练、健身（瑜伽或舞蹈）课程、体育场馆，甚至还可能设置保龄球道。医疗服务和健身教练的价钱与公司外一样，但是课程和设施供所有人免费使用。我们在其中很多方面都进行过实验，但是此处主要关注几项与食物相关的实验结果。

我们当然都在食物方面有很多经验，但是同时面对食物的表现又提供了一种非常简单、原始的证据，展现了我们的直觉如何压倒理性思维。从食物相关实验中得到的大多数见解都直接转化成更广范围的问题，比如，我们周围的物理空间如何塑造我们的行为，我们的决定中有多少是在无意中做出的，以及微小的助推能够产生多大的影响。

我强调食物的另外一个原因是日常饮食在美国是影响健康和寿命的最重要可控因素之一。全美有超过 1/3 的成人属于肥胖人群，根据美国疾病控制中心的定义，他们的身体质量指数（BMI）为 30 或更高，[231] 由此每年在医疗服务方面的花费大约为 1500 亿美元。[232] 算上超重人群（BMI 为 25~29.9），总数占美国人口的 69%。BMI 是衡量一个人体重和身高关系的一种数据。不管怎么说，BMI 都算不上一种完美的衡量标准。比如，肌肉超常发达的人的 BMI 可能显示为超重，而实际上只是因为肌肉比其他身体组织的密度更大。但是 BMI 是一种易于计算的数据，可以作为起点。如果你想要检查一下自己的数值，网上很容易找到 BMI 计算器。

管理你的健康，特别是控制体重，具有所有不可能完成任务的特征。结果显现很慢且难以观察，因此你得到的积极反馈极为有限。这需要持久的毅力，而我们所有人的毅力都是有限的。[233]

我们还一直受到社会压力和鼓励我们摄入更多的信息轰炸。我在麦肯锡工作的时候，罗博·罗希罗是康涅狄格州斯坦福德分部的负责人，他说英语中最赚钱的一句话是“你还要配点儿薯条吗”。

这不是一本介绍瘦身的书，我也远远算不上健康和营养方面的专家，但是我们在谷歌推行的技巧帮助我在两年的时间里减掉了30磅（约13.6千克），并保持了下来。即使你们的办公场所没有餐厅，或许也会有一间休息室，或自动售卖机，或一台迷你冰箱。而且你家里肯定有一个厨房。或许我们学到的经验也可以帮到你。

我们决定尝试三种类型的干预：[a]一种是提供信息以便员工做出更好的食物选择，一种是仅提供健康食物选择，还有一种就是助推。三种干预中，助推是最有效的。

其中一项研究测试了惊吓的引导标志是否会减少含糖饮料的摄入。这种做法的灵感源自加拿大滑铁卢大学的戴维·哈蒙德教授的研究。[234] 2000年9月起，加拿大的香烟包装盒上都必须加上健康警示，配以吸烟危害的图片展示和粗体文字，在包装侧面可见（见图12-8）。哈蒙德对432名烟民进行了调查，研究这些标志在三个月时间里对他们吸烟习惯产生的影响。19%的烟民称因为警示而减少了吸烟。看过这些标志之后产生恐惧（44%）或厌恶（58%）的烟民减少吸烟或戒烟的可能性更高。

a. 要注意我们的实验并非完美无瑕。提供免费食物通常会因此过度摄入，至少在新鲜感褪去之前如此。食物的持续供应和易于获取也很容易导致过度摄入。此外，谷歌人也不是我们生活地区的典型代表。但是我们采用的方法与你在同行评议的文献中能够找到的内容一样严谨，且有数据证明其可靠性。

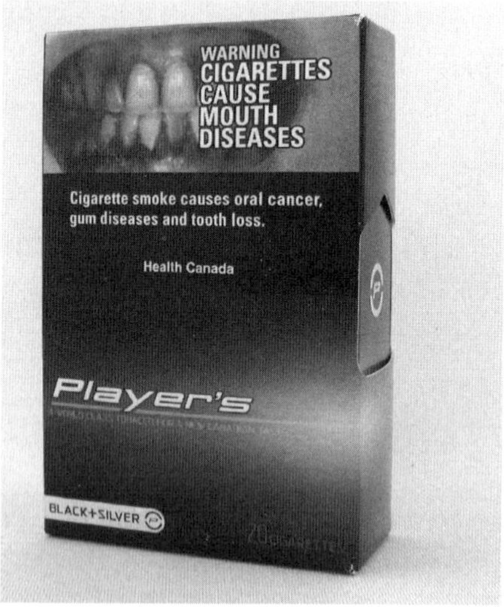

图 12-8 加拿大香烟盒上的惊吓引导标志

感谢加拿大滑铁卢大学的戴维·哈蒙德教授提供照片

尽管苏打水和香烟的危害远远不能相提并论，但是我们想是否可以采用相似的方式，降低含糖饮料的摄入量（见图 12-9）。

我将这些标志贴在某个分部的微型小厨房中，然后对标志贴出前后两周的含糖饮料消耗量进行了监控。这些标志并未产生任何特别的影响，或许是因为标志不够警醒，或许是因为苏打水的品牌效应强于每年增加 10 磅体重带来的冲击，或许是因为其中的风险要低于吸烟。

我们还尝试在餐厅中用不同的色彩分类食物，红色标签代表不健康食物，绿色标签代表健康食物。谷歌人告诉我们，这种做法值得赞赏，但是并没有带来摄入量的可观变化。这与卡内基·梅隆大学副研究员朱莉·唐斯和我们人力分析团队成员杰西卡·威兹德姆博士的发现相一致，他们研究了位于曼哈顿和布鲁克林的两家麦当劳店内公布卡路里信息是否会影响消费，结论是不会。[235] 单独提供信息不足以改变行为，即便他们看到 10 块装的麦辣鸡翅含 960 卡路里的热量，几乎与两份大薯条相当，消费者的消费习惯也不会产生变化。[236]

如果一年每个工作日你都要喝一听苏打水：

每听 140 卡路里
×260 个工作日
= 每年 36400 卡路里

3500 多余的卡路里
=1 磅体重（约 0.5 千克）

你自己做做算术！
* 如果你不愿意做算术，我告诉你，相当于每年增加 10 磅（约 4.5 千克）体重。

图 12-9　我们在苏打水实验中使用的惊吓标志样例
版权归谷歌所有

如果单独提供信息不足以产生影响，那么我们减少选择范围，只提供健康选择会怎样呢？我发现反对助推的人对此种方式心怀恐惧。减少选择同时还有违我们的民主风气，但是我们又希望响应那些热心帮助人们变得更健康的谷歌人。

减少选择的效果并不是太好。

我们的“无肉周一”（Meatless Monday）试验，在两处餐厅停止供应陆地动物肉类，并持续了一个月的时间。其中一家餐厅的就餐者减少，员工躲开这家餐厅的首要原因是不愿意他人为自己做选择。过程中还有非常强烈的反应，我们将在下一章中探讨。

谷歌人还告诉我们，他们珍视多种选择。在6处微型小厨房范围内进行的调查评论中，有58%支持更健康的食物，但是必须在提供现有食物的基础上做补充。谷歌人愿意吃得更健康，但是不愿意因此放弃选择的机会。

至此，我们了解到员工喜欢更多的选择和信息，但是行为并没有任何变化。因此我们转向使用助推，对环境结构进行细微调整，同时也不限制选择。

这个办法是受哈佛大学经济学教授戴维·莱布森的一篇文章启发。在论文《消费的暗示理论》中，[237] 他通过数学方式阐释了我们所处环境中暗示对消费的影响。我们饿了的时候肯定会吃东西，但是有时我们吃东西只是因为到了午餐时间，或是因为周围的人都在吃东西。如果我们消除一些引导吃东西的暗示会怎样呢？

我们不收走甜食，而是将更健康的零食放在开放的柜台上，抬眼可以看见，伸手可以拿到，更容易获取，也更吸引人。将放纵自己才该吃的零食放在底层的货架上或不透明的容器里。

在科罗拉多州博尔德分部，我们测量了两周时间里微型小厨房的零食消耗量，以此作为基准线，然后将所有的糖果放进不透明的柜子里。尽管容器上贴了标签，但是从外面看不到色彩鲜艳的糖纸。谷歌人都是普通人，喜欢糖果要多于水果，但是如果我们使糖果不那么容易见到且更难获取会怎样呢？

结果令我们大吃一惊。随着人们选择更显眼的格兰诺拉燕麦卷、薯条和水果，通过糖果摄入的卡路里减少了 30%，脂肪摄入减少了 40%。受这项结果的鼓舞，我们在拥有 2000 多名谷歌人的纽约分部也尝试了同样的方法。水果干和坚果等健康零食放在玻璃容器中，甜点则藏在彩色的容器中。7 周之后，纽约分部的谷歌人吃掉的卡路里减少了 310 万（3100000！），足足减少了相当于 885 磅（约 400 千克）体重的摄入。

我们又回到餐厅，查看类似的助推是否能够改变饮食行为。经过一系列的研究，康奈尔大学的布莱恩·文森克和佐治亚理工学院的薛尔特·范伊特苏姆阐释了餐盘的尺寸对食物的摄入量有极大的影响。[238] 他们利用德勃夫大小错觉（Delboeuf illusion）的概念对这个问题进行了很好的阐释，德勃夫大小错觉的概念由比利时哲学家和数学家约瑟夫·德勃夫在 19 世纪 60 年代末期提出。德勃夫大小错觉看起来如图 12–10 所示。[239]

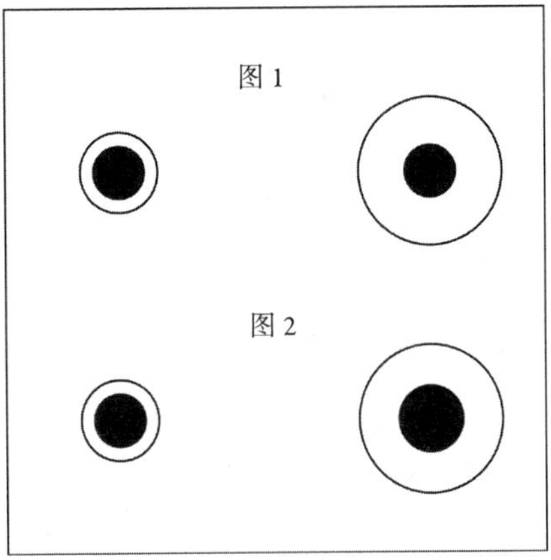

图 12–10　德勃夫大小错觉模型图解

图 1 中黑色圆点的大小是一样的，还是一个大于另一个？图 2 呢？

图 1 中，尽管左边的黑色圆点看起来更大一些，但其实两个黑色圆点的大小是一样的。图 2 中，虽然两个黑色圆点看起来大小一样，但是右边的黑色圆点要大 20%。现在假定白圈为盘子，黑色圆点是食物。

结果证明就是眼见为实。我们的评估显示，员工吃多少以及何时算吃饱受餐盘的影响非常大。盘子越大，我们吃得越多，就越难有吃饱的感觉。

专家们展示了 6 项研究，其中一项研究了健康夏令营的早餐。研究对象是超重的青少年，这些青少年已经学过如何做成分控制和摄入监控。算是专家了，对吧？

实际上远远算不上专家。麦片碗小一点的孩子比使用大碗的孩子不仅摄入量减少了 16%，而且认为自己比用大碗的孩子多摄入了 8%。尽管他们已经学过如何衡量和控制摄入，但其实他们吃得更少，却更满足。

另外一项研究在一个纯中式自助餐馆中进行，就餐者可以选择餐盘的大小，文森克和南伊利诺伊州立大学的满清水对这些就餐者进行了观察。使用大餐盘和小餐盘的两拨就餐者在各方面都相当，如性别比例、大体年龄、大体 BMI 以及吃自助餐的次数都没有明显的不同。读到这里，你应该不会奇怪选择大餐盘的人吃得更多，其实多了 52%，而且他们还浪费了 135% 的食物，有一部分原因是盘子大，能够盛更多的食物，结果他们在餐盘中剩下了更多的食物。

这些发现非常耐人寻味，于是我们决定在谷歌展开类似的实验。我们的首要目标是提升谷歌人的健康水平，同时鉴于我们的餐厅是自助式的，我们也希望能够减少浪费。

但是学术研究的样本太小，而且与我们的员工队伍差异太大：夏令营的139名青少年和中餐馆的43名就餐者。这样的研究结果在数千名谷歌人身上行得通吗？

我们选择了一家餐厅，用9英寸（约23厘米）盘子替换了标准的12英寸（约30厘米）盘子。不出所料，与其他做出改变但没有提供选择的案例一样，谷歌人有些生气。“现在我要起身两次才能吃完午饭了。”其中一个人抱怨道。

而后，我们重新引入了选择，提供了大小两种盘子。抱怨停止了。大约有21%的谷歌人开始使用小盘子。有进步！

然后我们补充了信息。我们张贴了海报，在餐桌上放上信息卡，引用了之前的研究成果：用小餐盘进餐的人平均摄入卡路里更低，而且满足感不变。选用小餐盘的谷歌人增加到32%，只有极少数人需要第二次取餐。

实验结果怎样呢？那一周，我们在那家餐厅供应了3500多份午餐，总摄入量降低了5%，浪费量降低了18%。买几个新盘子的成本换来这样的回报，相当划算。

精心设计，用心设计

助推是实现团队和组织提升的强有力机制，而且非常方便实验，可以先在小范围群体中测试，再调整实验结果。英国首相戴维·卡梅伦在2010年建立起助推小组，通过发送过期税单提醒和粗体的“要么交税，要么丢掉造车权”标签以及一张汽车照片，将汽车税的征收状况提升了 30%。这个小组还将以往电子邮件通知罚款的方式改为短信通知，使法院罚款的收回率提升了 33%。2011 年，他们用阁楼清洁补贴取代了原来的阁楼隔热补贴；如果阁楼后续将做隔热处理，那么政府将提供清理杂物的优惠。这种政策之下，百姓的花费更高了，但是采用率是原来的 3 倍。[240]

根据斯普林菲尔德学院布里顿·布鲁尔的研究，进行身体康复的人中 60% 无法坚持完成整个项目或不能完全按照恢复计划进行恢复训练。[241] 圣弗朗西斯科湾区的一个身体康复中心 PhysioFit，进行康复训练的人按照计划坚持下来的比例相对高一些。他们采用了哪些特别的方法呢？他们会向所有患者发送短信："PhysioFit 身体康复和健康中心请求为您发送短信提醒。回复'Y'参与。"患者可以收到短信提醒他们的康复预约，并每天提醒他们在家进行理疗。这一方法简单、免费而且有效。

理查德·泰勒介绍了伊利诺伊州对器官捐赠者注册管理上的一点改变。[242] 在大多数州里，就如伊利诺伊州在 2006 年前一样，在更新驾照的时候，你需要勾选一些选项框或填一张表，说明如果你不幸去世且他人有需要，你愿意捐献自己的器官。大约有 38% 的美国司机选择注册成为器官捐献者。伊利诺伊州将这项工作变得稍微简单了一些。你在换驾照的时候会被问及："你希望成为一名器官捐献者吗？"他们不需要等你签字报名，而是直接问你。三年之后，伊利诺伊州的器官捐献者注册率达到了 60%。奥地利的司机拿驾照时必须决定不参加器官捐献（否则视为参加），他们的器官捐献参与率达到 99.98%。法国、匈牙利、波兰和葡萄牙也都是如此。[243] 正如休谟所述，当前"是"的情况或许并非"应是"。有时，只需一点点助推就能达到效果。

归根结底，我们既不是完全理性的，也不是永恒不变的。我们会受无数小的信号影响，助推我们从一个方向走向另外一个方向，而助推的背后通常没有任何深层的意图。组织决定如何构建工作环境、团队和流程，所有这些决定都助推我们开放或保守，健康或生病，快乐或悲伤。

不管你在一家大型组织还是小型组织工作，你对于自己创造的环境都可以进行深度思考。我们的目标是助推谷歌人向着心向往之的方向前行，使他们的生活更好，过程中不剥夺他们选择的权利，但要使他们更容易做出正确的选择。

谷歌工作法则

- 区分“是”和“应是”的不同。
- 进行许多小的实验。
- 助推，不要硬推。

第十三章

谷歌的教训

危机是塑造影响力的机遇。放下一切工作，处理危机。

乔纳森·罗森伯格　谷歌产品高级副总裁

多年来，有数十位具有怀疑精神的高管对我说过，谷歌的一切太美好，听起来不真实。你们不可能对员工彻底开放，因为有人会将你们的计划泄露给竞争对手。如果你们在公司运营方面给员工话语权，他们最后会做一些管理层不希望看到的事情。你们为他们做了好事他们也不会心怀感激，这样的成本太高了。

这些论点确实有几分道理。

任何想法走了极端都会变得愚蠢可笑。律师小泽卡赖亚·查菲在 100 多年前写下这样一段话："你有挥舞手臂的自由，但这自由必须止于他人的鼻端。"[244] 第一次世界大战期间，在评估美国言论自由的限制时，查菲辩称："利益有个人利益和社会利益之分，二者必须加以平衡，如果二者冲突，也好决定哪一方的利益在这种环境下应牺牲，哪一方的利益应保护。"

谷歌面临一种管理困境，这种困境是任何以价值观为导向的组织都要面临的，即就"他人的鼻端起于何处"的问题达成共识。而越是那些价值观极为强烈的组织，做出这样的区分越重要。麦肯锡咨询公司的网站将"鼓励担当提出异议的责任"列为公司的核心价值观。[245] 1950 年，马文·鲍尔成为麦肯锡的领导者，他编订和塑造了公司的价值观，使麦肯锡在 50 多年的时间里因有诚信地为客户服务而被人铭记。[246] 多年来，麦肯锡的新员工都会得到他写的一本书，这本书只在内部发行，名为《麦肯锡之我见》（*Perspective on McKinsey*）。1999 年我加入的时候，这本书已经不再向新员工发放，不过我还是在别人的办公室里找到了一本。我详细阅读了公司的早期历史以及塑造了公司职业道德的核心理念。每一位员工都承担着提出异议的责任，当他们认为一种想法是不好的、错误的、会对客户或公司带来损害时，应该大声说出来。

大约一年之后，我为一家媒体客户做咨询服务，他们的企业并购计划已经被证实是非常失败的。这个客户请我们推荐一种方法，以更好地建立风险投资业务。数据非常明显，除了英特尔投资等少数几个知名的案例，大多数公司风险投资业务都是失败的。他们缺乏专业能力，目标不明晰，偏离最有利可图的领域太远。我对高级合伙人说这是个糟糕的想法，我向他展示了数据。我解释说，几乎没有任何此类成功的案例，而且硅谷外方圆数千英里由缺乏技术背景的人管理的公司尚未找到成功先例。

他对我说，客户问的是如何建立，而不是能否建立，我应该关注如何回答客户的问题。

或许他是对的；或许他对这个问题有些高见，能够胜过我的数据；或许他已经与客户进行过争辩，但是被客户驳回。

但是在我看来，我的努力失败了。我以为提出异议的责任要求我毫无保留地说出想法，因此看到我关切的问题被晾到一旁，越发令人心痛。公司越是大力宣扬其价值观，我与同事就越是感觉他们宣扬的价值观与实际的价值观之间存在脱节。

我并不是说麦肯锡是个糟糕的地方，相反，这是一家非常了不起的公司。我亲眼见证了麦肯锡严格的操守，不惜一切关注客户的利益，给予每个层面的人同样的尊重和协作，这一切至今都令我怀念。这是一家极好的公司，是非常好的训练场地，但是那个时刻的经历一直困扰着我，因为在一种如此关注价值观的环境下，即便是极小的妥协也会令组织中的人感觉极为不安。

谷歌也面临着同样的挑战。

我们都在谈论价值观，谈论得很多，而且我们每天都要面对新的状况，检验着这些价值观。我们要对员工、用户、合作伙伴和全世界负责。我们立志自始至终都要做出正确的决定，但是最后我们成为一家 5 万人聚合而成的企业。有时这些人中会有一些人犯错误，有时我们作为领导者也会犯错误。我们还远远算不上完美。

对于公司的考验，以及对我在本书中宣扬的管理方式的考验，并非在于能否创造完美，而在于我们能否坚守公司的价值观，即便在考验面前也能继续做正确的事情，还在于我们能否安然应对这些挑战，实现全体谷歌人都恪守的信念。

信息透明的代价

我在谷歌上任没多久就经历了管理层在公司价值观方面的考验。我第一次参加 TGIF，会议开始后埃里克·施密特站在台上，指着投影在他身后墙上的一张 10 英尺（约 3 米）高的设计图说："这是 Google Mini 的设计图。"他向我们展示了谷歌早期这款硬件产品的内部工作原理：你可以买下这种产品，然后将其插入网络中，你立刻就能拥有自己版本的谷歌搜索，还可以在公司内网上运行。

会议室中有数百名谷歌人，还有三四十名刚刚度过在谷歌第一周的新人，我就是谷歌新人中的一员，我们都不知道接下来会发生什么。

"这些设计图被泄露给了其他公司，我们找出了泄露秘密的人，他现在已经被开除了。"埃里克解释说，我们认为每个人都能了解其他人在做什么的公司能够更好地运转，因此我们才在对外公开之前在内部分享那么多的信息。也是出于这个原因他才在那天与我们所有人分享了产品的设计图，他宣称信任我们所有人能够保守秘密。显然，如果你辜负了他的信任，第二天就只能拎包走人。

因此外界的批评从原则上来讲是对的，但在实践中却并非如此。每年我们都要遭受一次重大的信息泄露，每一次都要进行一次调查，而且每一次信息泄露不管是刻意而为还是意外事故，不管是出于善意还是恶意，当事人都会被解雇。我们不会宣布泄露信息的人是谁，但是我们会让公司里的所有人都知道泄露的信息是什么，以及后果怎样。很多人了解到很多信息，不可避免地总有几个人会搞砸，但这样是值得的，因为泄露信息造成的损失相比我们享受的开放性而言并不算重大。

摒弃应得权利

应得权利，即因为你得到某些东西就认为那是应得的一种观念，也是我们经营公司所面临的另外一种风险。从某种意义上讲，这是不可避免的。我们从生理上和心理上都想要适应新的体验。人们能迅速习惯提供给自己的东西，然后这些就成为期待的基准而不再会被视作美好和令人愉悦的事情。这样会使期望螺旋式提高，幸福感螺旋式下降。这也是我愿意带一些新客人，特别是孩子来谷歌的原因之一。人们很容易就会忘记每天享受免费的餐食佳肴是多么非比寻常，但是看到一个孩子发现自己可以尝遍每一种甜点时眼中闪烁着喜悦的光芒时，你又会有怎样的感觉呢？

这一点永远不会过时。

我加入谷歌的时候负责餐厅工作，能与昆汀·托平、马克·拉西奇、斯科特·詹巴斯蒂亚尼、布莱恩·马丁利和杰夫·弗雷伯格这些天赋异禀的大厨共事，与负责员工福利之外还带领餐厅团队的苏·伍斯里奇合作，是非常愉悦的一件事情。

但是到 2010 年，餐厅在很少却可憎的一部分谷歌人眼中成为一种应得权利。他们不仅在公司里吃东西，还开始打包食物带回家。有一天下午，我发现一名员工吃完午餐后在汽车后备厢里放了 4 个打包盒（这不禁使我想到：放在后备厢里 6 个小时的食物再拿出来吃真的健康吗？）。另外还有一名员工在周五下午被逮到往背包里塞水和格兰诺拉燕麦卷。因为他周六要去徒步，想要为朋友带上足够的食物和水。有一名谷歌人因为我们换成小餐盘而勃然大怒，她在邮件中写道，自己开始乱扔叉子，以这种奇怪的方式表达抗议。餐厅厨师说有些谷歌人甚至在得到服务之后将食物扔向餐厅工作人员。

压垮骆驼的最后一根稻草是“无肉周一”活动。

我在第十二章曾提到过“无肉周一”活动，该活动由“周一活动”（Monday Campaigns）和约翰·霍普金斯彭博公共健康学院共同发起。该活动鼓励人们在周一远离肉食，以此改善健康状况，消费那些资源消耗更少的食物。2010 年 9 月，我们 20 多家餐厅中有两家在周一停止供应陆地动物肉类，不过还会提供鱼类。我们在 9 月的几个周一对这两家餐厅的就餐人数进行了跟踪，与 8 月的情况做了对比；同时我们还对在这两家无肉周一餐厅和两家对照餐厅里就餐的谷歌人进行了调查；另外还进行了线上调查。有些人认为素食很好，有些人则不认同。

我们山景城办公室的一些直言不讳的谷歌人有些生气，组织了一系列热烈的讨论，还举行了一次抗议烧烤。他们的愤怒一部分是由于餐厅里的食物选择减少，还有一部分是由于他们认为谷歌在强行推销一些理念：摄入肉类是不健康的。

组织抗议烧烤并没有什么错，这是一种有趣、聪明且切中要点的批评方式。但这件事有点儿有趣的转折，至少有一名“抗议者”不仅向厨师借烤架，还问能不能要点儿肉来烤。当然，我们在加利福尼亚山景城的总部马路对面就有一家 In-N-Out 汉堡店和许多餐馆，因此，如果你愿意花钱吃午餐，有很多可以吃肉的选择。

那个月的月末，我们收集“无肉周一”的反馈意见。少数抱怨应得权利受损的人渐增，而我则在 TGIF 的台上与众人分享了我们观察到的现象。我告诉谷歌人有人洗劫了微型小厨房，有几个暴躁的员工对我们辛勤工作的厨房员工有不敬举动，有些谷歌人扔了叉子。我还分享了一个谷歌人写的匿名反馈意见：

> 不要对我的生活指手画脚。如果你们不想提供传统的食物福利，那就关掉所有的餐厅……真的，不要再搞这些屁事儿，否则我就跳槽去微软、推特或脸书，在那些地方没人会乱搞我们。

会议室里鸦雀无声。

一直沉默的大多数谷歌人以前并没有注意到有这种事情发生，此时他们惊呆了。很快他们也参与其中，发了数百封电子邮件，在 TGIF 上发言，还有一些对餐厅团队表达感谢和支持的便条。其中也有一些声音明智地提醒我们要心怀善意但也要提防坏人，就连扔叉子的那个人也澄清自己不是心怀恶意。当然。

没有人被解雇，但是滥用权利的情况得到了缓和，员工的习惯发生了转变。

像我们这样的一个体系，依靠员工的善意，秉承无罪推定，经常会受到坏人的影响。我的那段公开声明，经由同事们惊愕的回答加以强化，使一切更加透明，使谷歌人能够普遍接受互相助推。现在你要一下打包4个餐盒就会得到温柔的“你一定饿坏了”的招呼，而周五往背包里塞零食的人则会被投以蔑视的目光。[a]

另外一种应对这种习惯化挑战的方法是，一旦最初提供福利的原因消失，不要害怕取消福利。比如，2005年我们为购买混合动力汽车的员工提供了5000美元的返现。丰田普锐斯刚刚以试验车的形式上市，但是我们希望鼓励员工要承担起环保责任，同

a. 应得权利的问题不仅仅是科技行业和谷歌的独有问题。我在硅谷见过的大多数人都体贴周到，但是他们当中也有真正的浑蛋——韦恩·罗辛会很高兴砸烂他们汽车挡风玻璃，他们总想从充满活力的社区中孤立出来。特别是在圣弗朗西斯科，大量科技公司的涌入推高了租金，有些人辩称，这些公司为员工提供餐食和交通服务的趋势造成地方企业失去了客流量和顾客。一家创业公司的创始人在博客上发布了一篇名为《我恨你的10件事：圣弗朗西斯科版》的文章，成为引发人们失望的导火索。这篇文章理应受到人们的谴责，他在文章中细数了对这个行业的所有负面偏见。我们在谷歌也并非一直都行事正确，但是一直都在努力做一个好邻居。我们参加志愿活动，为当地学校和非营利组织提供财务支持，餐厅里的食材也尽可能从当地采购。过去的几年里，我们为湾区的非营利组织捐献了6000万美元，投入了数十万小时的谷歌人时间做志愿活动。

同时我们对焦点之外的一些领域也有所关注。比如，从2013年起，我们与数据中心附近的南加州伯克利郡学区合作，帮助他们招募和输送计算机科学及数学教员，帮助1200多名学生了解了这个领域，促使他们对这个领域产生了兴趣。

时，因为混合动力汽车在高速路上可以使用交通高峰期专用通道，我们想要降低持续增长的员工数量对当地社区带来的交通影响。同期一辆普锐斯比同档次的车要贵 5000 美元左右。

三年之后，我们在 10 月宣布年底将取消这项福利。混合动力车已经成为主流产品，价格也与普通车相当，此时继续这个项目无异于给丰田补贴，而且我们找不出任何证据证明这项福利能够帮助吸引或留住员工。谷歌人对这个变化非常失望，因为经过短短几年的时间，他们已经认为这项福利是他们的应得权利。取消这项福利提醒了员工，我们是出于某些特定的原因才提供福利和额外津贴的，当这些特定的原因不再存在，我们就会对福利做出调整。与此同时，为了缓和冲击，我解释称公司将提高在 401（k）项目中的投入。

不过我确实从当地普锐斯经销商那里了解到，恰在我们准备取消这项福利前的 12 月份，谷歌人的普锐斯订购量增至三倍。

一次失败的绩效管理变革[247]

每一次我们对谷歌的绩效管理体系做出改变的时候，都会遭遇两个不证自明的真理：

第一，没人喜欢当下的体系。

第二，没人喜欢改变当下体系的提议。

我们过去在 12 月开始年度绩效考评流程。这是一项浩大的工作：公司里的每个人都会收到同事和经理的反馈意见，不同的经理群体会给出绩效考评成绩并进行校准，最后依照绩效考评结果决定奖金分配，一切以此为终。

我们的销售团队不喜欢这个时间。12月是一年最后一个季度的最后一个月，他们正在竭尽全力完成销售任务。另有一些谷歌人也很讨厌这个时间选择，他们理直气壮地不想用假期的时间写考评材料。

我们问自己，为什么要在年底进行绩效考评？这个时间似乎对所有人都不合适，而这种带有“习俗”意味的方式也使谷歌人更有抗拒感。于是我们决定将年度考评改为3月进行，避开年底的纷乱繁杂期。我先将想法与管理层做了沟通，经过几次讨论，他们对这个建议表示了支持。人力运营团队与他们服务的客户做了沟通，也得到了支持。

2007年6月21日，周四下午5点04分，我向公司的经理邮箱列表（其中包含数千名经理的邮箱）发送了一条消息，预先宣布了这项改变。我写道，周五我将向全公司发送一封电子邮件，正式宣布这项改变。

然后，我们就有了一条“百应话题”，即一封至少有100条转发回复的电子邮件。

在发送这封电子邮件之前，我们询问过数十个人，包括管理高层，请他们提意见并最终达成一致。

现在我们有数千人看到了这项改变，而他们完全不同意。

到下午6点，我给我能干的助理发了一份需要我当晚打电话交谈的40人名单，这份名单是根据他们的反对意见质量以及他们的观点对他人产生多大影响决定的。我给他们每个人打了电话，听取了他们的意见，进行了讨论，关注了他们的核心关注点，尝试了其他方案。经理们不喜欢这个方案的原因五花八门：有些人喜欢提前把大部分工作都做完，这样假期就能放松；有些人在一年的其他时间里更忙，而 12 月没那么忙；有些人习惯了在分配奖金之前进行一次全面考评的传统，即便会给他们增加很多实质性的工作也不是问题。

我继续打着电话，回复这些电子邮件的时候，有一位非常不高兴的谷歌人在晚上 11 点 55 分给我发来一封电子邮件。他写道，我们提出的方案恰恰与工程师想要的背道而驰。

当时已经快到凌晨了，我问他是否方便接电话。

他说可以，于是我们聊了 30 分钟。

经过一整个晚上，我了解到我们的方案是错误的。的确，管理层同意了这个方案，我得到的报告称各个业务部门也同意这个方案，但是它却是错误的。

第二天，我给经理们发邮件称不会将考评推到 3 月，而会在 10 月进行。这样一方面避开了年底的工作压力，另一方面也确保了细节考评在奖金分配计划之前进行。因为考评结束与奖金分配之间还有一段间隔期，因此我们允许经理在谷歌人的表现发生实质变化等极端情况下对考评结果进行调整。

表面看来是一批敢于发声的谷歌人代表整个公司改变了一项方案，但实际上，我们能找到一种更好的解决方案恰恰是因为这些谷歌人敢于发声。面对数千人公开改变政策方向并非易事，但这是正确的做法。

这段经历不仅说明倾听员工心声的重要性，还强调了决策之前要有可靠的意见表达渠道的必要性。最后我们组织了一个名为“金丝雀”（Canaries）的工程师群体，他们的资历各有不同，选择他们一方面是由于他们能够代表不同工程师的观点，另一方面是因为他们具备可靠的沟通能力，可以解释清楚决策的过程和原因。

这个群体的命名源自19世纪的采矿实践，当时人们会带着金丝雀下煤矿，监测有毒气体的累积浓度。金丝雀对甲烷和二氧化碳的敏感度比人更高，它们窒息而死的时候矿工还不会有问题。金丝雀死掉就意味着撤离的时间到了。与之相类似，我们的“金丝雀”会预先警示工程师的反应，是我们组织人力资源项目的可靠伙伴和顾问。

然而，令我印象最为深刻的是，接到我询问电话的员工对我的举动是那么的尊重和赞赏。乔纳森·罗森伯格曾对我说：“危机是塑造影响力的机遇。放下一切工作，处理危机。”调整绩效考评的时间是一个微不足道的危机，但是我放下一切工作，用接下来8个小时的时间打电话解决问题，一直到深夜。结果我们找到了一个更好的答案，由受影响最大的员工塑造，而我也获得了更广泛的网络可以寻求咨询建议和帮助。

珍视怪人

总有几位工程师会参加每期的TGIF。他们坐在最前排，问一些冗长、漫无边际的问题，每周如此。有些新来的员工看到同样的几个人每周五都起身问问题会忍不住翻白眼。

资历较老的一些人了解得更清楚一些。

好问问题的几个人中有一位男子身材瘦削、棕色头发。他举止温和，总是以一种叙事的口吻问问题。“拉里，”他娓娓道来，“最近我听到一则有趣的故事（5分钟的题外话）……于是我想如果谷歌能（5分钟的问题）……？”有些时候问题很古怪，有些时候很有预见性——他早在双重身份验证机制真正实施前就提出

了相关问题。[a]

10年后的一天，他退休了。第二周又换作另外一个人在TGIF会议上坐在他的前排座位上。

原来他是资历很老的一位谷歌人。我向埃里克·施密特提及他的离开，埃里克心有戚戚，因为少了这样一些从公司成立之初便跟随谷歌的怪人，我们似乎比以前处境更难了。

确实如此。

创新也需要修剪

还记得Google Lively吗？使用这个产品，你可以在网上制作一个以自己为原型的虚拟化身，在虚拟的建筑和房间里与他人会面。

你一定还记得Google Audio Ads（谷歌推送的广播广告）吧？还有Google Answers，你可以在上面提问，别人的答案如果能令你满意，你就可以给作答人奖励。

这些产品在2006—2009年陆续停用了。过去15年的时间里，谷歌推出了250多种产品，其中大多数我连名字都没有听说过。

毫无限制的自由带来的副作用就是创意如洪水般涌来。除了数百种产品之外，我们还设有一个项目数据库，谷歌人可以在数据库中找出数千种20%时间项目的记录。我们有一个奇思妙想板

a. 双重身份验证是指，在密码外，你还需要第二条信息来验证你的身份。比如，你买汽油刷卡的时候，还需要提供家庭邮政编码。与之相类似，如果你打开Gmail的双重认证功能，输入密码之后还需要手机或其他设备生成的一组数字码才能登录。

块，有 2 万多个想法在该板块发布和讨论。

尽管有大量的活动在火热地进行中，但是我们感觉到公司没有足够的人力将每一件事都做好。有太多有趣的项目在开展，但是几乎没有一个能得到足够的投入，变成真正了不起的产品。

2011 年 7 月，我们的搜索和体系基础架构高级副总裁比尔·卡夫兰贴出一条博客，标题为“有的放矢”（More Wood Behind Fewer Arrows）。他解释称，我们准备关闭谷歌实验室（Google Labs）[248]——用户可以在该网站注册试用一些我们的产品。

幕后还发生了更多的事情。拉里将公司前 200 位左右的领导者召集到一起，解释说我们在同一时间尝试了太多东西，因此没有一件做到我们希望的水平。我们开始实行每年春季清理，关闭一些不再有吸引力的产品（比如用于存储健康信息的网站 Google Health）、我们不如其他公司做得好的产品（比如一种网上百科全书 Knol），或是已经不再有存在意义的产品（比如 Google Desktop，你可以下载这种产品，更好地搜索电脑内部的资料；随着大多数操作系统都融入了自己的桌面搜索技术，这个产品已经不再有存在的必要了）。

关闭这些产品中的任何一个都并非易事，因为每一种产品都有粉丝、拥护者，还有人负责产品相关的工作。有人想知道，这种重新启动的“自上而下”的行动决定了产品的生死，是否意味着我们的价值观发生了改变。

事实上，我们是对早年已经认识到正确的一种原则进行了再发现：创新因创造力和实验而蓬勃发展，但同时也需要细心地修剪。拥有数万员工和数十亿用户，创造的机会无穷无尽，而且我们能够吸引想为此努力的人。但是自由并非绝对的，作为一个团队、一个组织的成员，意味着你已经在一定程度上同意放弃小部分的个人自由，换取一份承诺，成就一番个人无法完成的事业。

任何一个人都不可能单枪匹马创造出谷歌搜索，即便是最初起步的时候也是谢尔盖与拉里携手。我们在搜索应该如何进行方面进行过激烈的争辩。在我们公司的历史上，我们的搜索模型更换过数次，几乎完全抛弃了聪明、敬业、富有创造力的员工投入了数千小时才创造出来的旧系统，取而代之的是一种更好的系统。

平衡个人自由与公司整体方向的关键在于信息透明。员工需要理解每一项可能被视作历史倒退、偏离公司价值观的行动背后的理性原因。公司的运营越是强调以价值观为中心，就需要做越多的解释。

与解释每一项决定同样重要的是解释更广的背景。2013 年 10 月，一名谷歌人问我，年度产品关闭的政策是否传递出我们不再那么关心个人想法的信号。我告诉他，任由千朵花恣意开放，[249] 培育每一个想法这种摇摆的态度已经陷得太深，我们所取得的进步已经无法满足用户的需求，我们的产品集合就好似一座花园，需要定期精心修剪，这样做能使我们的公司更健康。

最富有政治意味的甜点

我们在谷歌有一些电子邮件列表，人们可以订阅，关于同一主题的对话称作“会话”(thread)。有时某个特别敏感的主题会引发“百应话题”。我们的第一个千应话题有超过 1000 条回复。这个话题由一个派（pie）引发。

2008 年的一天，我们的餐厅提供的午餐甜点菜单如下：

免费[a]西藏枸杞巧克力奶油派配巧克力夏威夷果椰子蜜枣外皮：夏威夷果奶油、可可粉、香草豆、龙舌兰、椰子片、枸杞、椰子果酱、龙舌兰糖浆灌浆草莓、椰枣、海盐

菜单贴出来之后不久，一名谷歌人给埃里克写了一封邮件，主要内容如下："这是从今天的菜单中摘录的。如果公司不给出合理的解释或行动，我就辞职抗议。"

这名谷歌人将他的留言抄送了几个小范围的邮件列表，而后一位工程师又将邮件转发给全公司范围的邮件列表，作为杂事讨论。

后来这个话题创造了最快达到 100 条回应的纪录，成为第一条突破 1000 条回应的主题。有一名谷歌人统计过，总共有 1300 多封关于这个主题的电子邮件。

现在，讲点儿这封邮件的背景知识。

枸杞，又称作西方雪果，原产于欧洲东南部和中国，目前在加拿大、美国和其他地方也有生长。[250] 枸杞生长在 3~9 英尺（约 1~3 米）高的灌木上，花呈紫色。这种橙红色的浆果本身很小，有一二厘米长，富含抗氧化剂，有刺激性酸甜味道。我不敢说自己超级迷恋这种果实，但至少它混在其他食物中味道不错。

在 4 月的那一天，一名厨师决定用中国西藏产的枸杞做一个派。谷歌提供的所有食物都是免费的，因此这是一个免费的派。派上点缀有产自西藏的枸杞。

a. 此处用了"free"一词，在英语中既有"免费"的意思，又有"自由"的意思。——译者注

但是对于很多谷歌人而言，这不只是一个“免费西藏枸杞巧克力奶油派”那么简单。

谷歌在全球各地都设有机构，我们在中国也设有几家分支机构。对于中国人而言，西藏自古以来都是中国不可分割的一部分。

像给埃里克写邮件的一些谷歌人及他们的几千个亲密好友，由于甜点的名字暗示西藏应该是“自由的”而感觉受到深深的冒犯。为了证明自己的观点，有些人提出，如果“伦敦的某位厨师”供应了“自由威尔士派”或“自由北爱尔兰饼干”，西方人也会同样感觉受到深深的冒犯。还有人继续提出“自由魁北克枫糖浆”“得克萨斯一夫多妻牛排”“北方侵略战争[a]薄热香饼”。

另外还有一条回应认为这仅仅是言论自由的表现，而后辩论转变成公司内部的言论是否应该真正自由，而且重要的是我们有没有考虑公司中每个人的信念和价值观。

另外还有一些争论是关于这位厨师是否应该受到惩罚的。他的经理基于谷歌人最初的反应，请他回家停职三天，但是很多人质疑这种做法是否公平，也担忧惩罚会造成公司内部的言论寒蝉效应。他们声称，如果因为这样的事情而停职，人们在进行其他讨论的时候会做何感想？难道谷歌终于成了那种禁止某些言论和思想的“大公司”了吗？

很多谷歌人认为整个事件都很滑稽。

这场争辩不仅检验了言论的边界，还检验了我们面对紧张的个人和情感问题时如何抚平员工的心绪。我读过数百封电子邮件之后，发现双方都各执一词；我还发现几乎没有一个人能说服对

a. 即美国南北战争，这是一种有政治倾向的说法。——译者注

方改变观点。人们认为这种举动要么是言论自由，要么是令人吃惊的麻木，他们一开始是这样想的，到最后也没有改变。最后，员工的评论不再那么积极，这个话题也慢慢结束了。

什么问题都没有解决。

我意识到此类大范围的、激烈的、观点严重不合的争论也是信息透明和话语权文化的一部分。并非所有问题都能靠数据解决。理性的人看到同样的一套事实或许也会有不同的意见，特别是关乎价值观的问题，但是担忧惩罚那位厨师会造成公司内部噤声的谷歌人则抓住了问题的重点。从宏观角度来讲，一份甜点的名字并没有什么关系，但是如果谷歌人感觉自己可能会因为这样琐碎的事情而受到惩罚，那么怎么可能期望他们问我们首席执行官一些尖锐的问题，质疑我们有没有坚守公司使命或将用户放在首位？人们知道自己有交谈的自由，虽然过程很痛苦，但是能有这样的争论也是自己做对了一些事情的象征。

事实上，有一件事情得到了解决。我研究了一下这位厨师的停职缘由，推翻了最初的决定，第二天他就回来工作了。他的本意是好的，也没有造成任何损害。他的经理反应有些过头，不过在面对数百封电子邮件的情况下有这种过激反应也是可以理解的。我在这个话题的最后几条回复中宣布了这件事，收到了 20 多条消息：感谢我，感谢管理层做出了正确的决定。这次争辩很重要，而引发一场争辩永远也不应该算作一种罪责。

人类是一种非常复杂、难缠和麻烦的生物，但正是这些难以言传的特质才创造出神奇的事情。本章的目的在于揭示能够定义我们最好和最差时光的激情和琐事。贯穿本书，我一直努力保持真诚，真实地讲述哪些方法在谷歌可行、哪些不可行，但是我倾向于介绍可行的事情，因为这对他人来说是一条更好的路径。

然而，我们经过慎重选择决定坚持以公司使命为导向，保持信息透明，授权于员工，因此前进路上的每一步都伴随着紧张、挫折和失败。至少在我们渴望的理想状态与我们实际生活中的纷杂混乱之间存在着巨大的差异。我们永远也不可能做到 100% 透明。任何一个谷歌人，包括拉里和谢尔盖，也都不可能有足够的话语权左右公司运转的一切大小事务。原因很简单，如果有人试图掌控一切，那么员工就会离开。但是与我所见过的其他环境不同，在谷歌，我们承认愿望总是要超过真正能把握住的事情。正因为如此，每个季度的 OKR 能达到 70% 就是相当不错的成绩了；也正因为如此，拉里才坚信要心怀壮志，即便我们失败了，取得的成就也超过一个平庸目标下成功的成就。

我在此分享的每一段经历都使我们变得更强大。我们提炼了公司的价值观，至少强化了一个事实——我们在谈论自由的时候确实是当真的。

任何团队或组织希望采用本书介绍的一些想法，都会像谷歌一样，在实践的路上遭遇坎坷。蹒跚学步一段路，你们就能有自己的“枸杞时刻”，员工在过程中会感到不安，会产生糟糕的想法，也会利用组织的慷慨。没有人是完美的，有些人还是浑蛋。

恰恰是这些危急时刻决定了未来。

有些组织宣布失败，将一些绩效最小的滑坡作为员工不可信的证据，证明员工需要规则和监督迫使他们为公司服务。“我们已经试过这种方法了，”他们宣布，“看看把我们带到哪儿去了。员工要么疯了，要么在浪费钱，要么在浪费我的时间。”

另外有些领导者则更加坚定。你们中面对恐惧和失败依然坚忍不拔、坚持原则的人，亲身协调对组织造成冲击的力量和方方面面，他们的言行举止将塑造所在组织的灵魂，而正是这样的组织才是人们希望为之服务的组织。

谷歌工作法则

- 承认错误，坦诚地面对错误。
- 吸取各个方面的意见。
- 不管什么坏掉了，把它修好。
- 找出错误中的寓意，并加以传播。

第十四章

谷歌塑造的环境理念

如果你相信人性本善，那么作为一名企业家、团队成员、团队领导、经理或首席执行官，你的行动应该与秉承的信念保持一致。如果人本善，那么他们就应该享有自由。

拉斯洛·博克　谷歌首席人才官

一直以来我最喜欢的电子游戏是《异域镇魂曲》(*Planescape: Torment*)。这款游戏于1999年发行，开篇是你控制的角色在太平间醒来，丧失了所有记忆。游戏剩下的时间里，你在整个宇宙冒险，却发现你的几次前生行过大善，也做过大恶，每一次醒来都如白纸一张，有机会再次选择如何生活。在游戏的一个关键时刻，你要面对这样一个问题："什么可以改变一个人的本性？"你的答案和行动将塑造游戏此后的展开。(你不会期待着僵尸吧？)

我写作本书是因为谷歌得到了很多的关注，其中好坏暂且不论。2007年，我与拉里·布利连特做过一次交谈。他是我们慈善机构Google.org的项目主管，数十年前曾以世界卫生组织工作人员的身份协助根除了印度的天花。他不断向我重复比尔·盖茨的一句评论，尽管现在记忆有些模糊，但那句话大概是这样的："盖茨基金会可能捐赠了1亿美元治疗疟疾却得不到任何关注，你们仅仅推出一款流感追踪产品，全世界的媒体都会闻风而来。这不公平。"不管是什么原因，人们对谷歌的作为有着与我们规模不相匹配的特别兴趣。

高关注度同时也带来了责任。我们的失败也更容易被公开。谷歌是由易犯错误的普通人运营，也和其他公司一样有弱点。我们在犯错误的时候都会积极道歉，力图修正错误。我们会相对更加公开地展示自己的想法，因此取得一定成果的时候可以创造出与更广泛受众分享的机会，造成的影响或许已经超过我们本应得到的。

在谷歌工作多年以及写作本书的时候，我注意到很多谷歌付诸实施的基本理念并不具备开创性，但是这些理念依然值得关注。

你要么相信人性本善，要么不信。

如果你相信人性本善，那么作为一名企业家、团队成员、团队领导、经理或首席执行官，你的行动应该与秉承的信念保持一致。

如果人性本善，那么他们就应该享有自由。

出于好意的领导者从本能上就不相信员工是充满善意的人，这使工作远没有原本的意义和乐趣。他们组织建立起复杂的官僚体系控制员工，这些控制构架的建立即承认不能信任员工。最好的情况，他们也是在暗示某人的本性可以通过一些了解何为最优的开明人物影响或引导。暗示人的本性是恶的，必须通过规则、奖励和惩罚加以锻造。

乔纳森·爱德华兹是一名美国传教士，是18世纪30年代的宗教复兴大觉醒运动（Great Awakening）中的关键人物。他曾写过一段布道词，文字间恰恰体现了这种哲学。我第一次在高中文学课上读到这段文字时，心头掠过一丝寒意：

> 凡人，是被握在神的手中，临在地狱的坑上。他们当下火坑，并且已被判定下火坑……他们心中所藏的欲火也挣扎着要冒出来……他们没有避难之所，没有安身之处。[251]

集会者心头的寒意恰是乔纳森·爱德华兹所期望的。正如政府部门经常说的，任务完成。

抛开宗教语境不提——十年级的我还远没有资格在这方面置喙，爱德华兹所强调的预设前提认为“凡人”是恶的，需要一些干预才能避免悲惨的结局。

斯蒂芬·平克在《人性中的善良天使》（*The Better Angels of Our*

Nature）一书中辩称世界在逐渐变好，至少从暴力事件的发生频次角度来衡量是这样的。在有国家建立之前，狩猎采集的时代，15% 的人类因暴力死亡，罗马时代早期、大英帝国时代和伊斯兰帝国时期下降到 3%。及至 20 世纪，欧洲国家的凶杀案又下降到一个新低。当前，暴力死亡事件的比例更低。平克解释称："人性总由暴力和反暴力（比如自制、同理心、公平和理性）的倾向构成……暴力一直在减少，因为历史环境越来越垂青我们心中善良的天使。"[252] 国家扩张合并，降低了部落和宗教冲突出现的风险。人们通过贸易建立联系，发动战争越发成为一件不理性的事情。"世界大同——通过文学、迁徙、教育、科学、历史、新闻和大众传媒的促进，人类狭隘的小世界得到拓展……促使人们以不同于自己的角度看问题，拓展了他们的情感，推动他们拥抱新观点。"

平克生活的世界与爱德华兹的世界有很大不同。世界的联系更加紧密，人类也更加相互依赖。然而我们的管理实践仍然囿于爱德华兹和弗雷德里克·温斯洛·泰勒时代的理念。弗雷德里克·温斯洛·泰勒在 1912 年对国会称，需要通过管理严格控制工人，他们太过低能，不会自己思考：

> 我敢毫不犹豫地说铸造生铁有很深的奥妙，那些身体条件……可以铸造生铁，而且迟钝愚蠢地选择了这种工作的人，极少能理解铸造生铁的奥妙。[253]

太多的组织和管理者采取的经营方式就好似缺了明智的严苛命令，人们就无法做出合理的决定、无法实现重大的创新。

问题并非管理体系需要如何改变人性，而是如何改变工作的性质。

在前言中我指出，一家组织的经营方式可以遵循两种极端的模型。本书的核心在于我的信念，相信你可以选择出期望打造何种类型的组织，而我所做的只是展示一些实现目标的工具。“低自由度”的一端是指挥控制型组织，对员工的管理很严格，工作强度大，公司对员工弃之如敝屣。“高自由度”的一端以自由为基础，员工受到尊重，对公司如何发展有一定的话语权。

两种模型都可能带来很好的效益，但是本书相信地球上最优秀的人才希望成为推崇自由的公司的一员，因为这样的公司从所有员工的洞察力和激情中获益，他们的成功更具有韧性和持久性。美捷步（Zappos）的谢家华、网飞公司的里德·哈斯廷斯、赛仕软件（SAS）的吉姆·古德奈特和其他很多人，与韦格曼斯和布兰迪克斯的领导者一样，都会很愿意告诉你，他们从给予员工自由中获得商业成果。[254] 这些科技公司年复一年，不断发展。不论经济状况如何，韦格曼斯一直都是非常适合工作的地方。在这里，美妙的事情在于，善待员工既是达成目标的手段，也是目标的一种。

好消息是任何团队都可以围绕谷歌采用的原则进行重塑。

贯穿全书，我在每一章都提供了“谷歌工作法则”的简要清单，便于你在某一领域有所关注时采用。但是如果你希望建立高度自由的环境，下面有 10 个步骤可以帮助你的团队和组织实现转型：

- 赋予工作意义。
- 相信员工。
- 只聘用比你更优秀的人。

- 不要将职业发展与管理绩效混为一谈。
- 关注团队的两端：最优员工和最差员工。
- 既要节俭又要慷慨。
- 认识不公平薪酬。
- 助推。
- 管理日益提升的期望。
- 享受！然后回到第 1 条，再来一遍。

赋予工作意义

工作至少占据了我们生活 1/3 的时间和清醒时的一半时间。工作可以——也应该——不仅仅是一种达成结果的手段。非营利组织从很久以前就已将工作的意义作为吸引和激励员工的方法。比如，帮助难民的非营利组织避难通道（Asylum Access）的创始人艾米丽·阿诺德－费尔南德斯建立起一个世界一流的团队，这个团队的建立完全基于成员的共同愿景，即帮助难民找到工作，送他们的孩子上学，帮助他们在新的国家建立起新的家园。

在很多环境下，工作仅仅是为了得到薪水，但是亚当·格兰特的研究成果证明，只需与那些因你的工作而受益的人建立起微小的联系，便能大幅提升生产效率，还能使人更开心。所有的人都希望自己的工作有一定的意义。

将工作与一种超越日常却能真实反映所做事情的理念或价值观联系在一起。谷歌立志整合全球信息，使人人都能访问并从中受益。任何在这里工作的人都要践行这项使命，不管职位多么低微。这种使命吸引来了人才，激励他们留下来，去冒险，以最高水平的表现去工作。

如果你是一名鲑鱼切片工，你就是在养育他人；如果你是一名管道工，你就是在改善人们的生活质量，保持他们家园的清洁和健康；如果你在生产线上工作，不管生产的产品是什么都将为人所用，帮助到他们。不管你在做什么，都会对某人有重要的意义，而你所做的这项工作对你也应有重要的意义。作为一名管理者，你的工作就是帮助员工发现这种意义。

相信员工

如果你相信人性本善，就应如此行动。要对员工保持信息透明和真诚，给他们话语权，让他们决定如何行事。

从小事做起也可以。真的，你之前表现出的信任越少，小的改变就会令人感到越重大的意义。对于一家传统上一直进行不透明管理的公司而言，一个意见箱，员工就会知道其中的深意——他们的意见真正地有人去读、去处理，会令他们有革命性的感觉。请团队成员问问你：是什么促使你做出最近的一些决定的。如果你拥有一家小商店，要经常询问员工他们认为做出哪些改变能使经营更好，或者问他们如果这是他们的公司，他们会怎么做。

因为你希望他们能这样做，就好似这是他们的公司一样。

要实现这种状态唯一的方法就是你放弃一小部分权力，给他们朝这个方向发展的空间。

这听起来或许有些令人望而却步，但其实并不需要冒太大的风险。管理层随时都可以拿走意见箱，或告诉员工不再需要他们的意见，甚至可以解雇一些人。如果你担心这样做会有损你的权威，那么就告诉员工每一种改变都只是试行几个月。如果可行，就继续；如果不可行，就停下来。即便是尝试，你的员工也会心怀感激。

如果你是团队的成员，就向你的老板提出这样的请求：给我一个机会，帮助我理解你的目标是什么，让我理清如何达成这些目标。

这样的小举动将创造通往主人翁文化的途径。

只聘用比你更优秀的人

企业总会认为尽快填补一个空缺岗位比耐心寻找最适合一个岗位的人更重要。有销售人员对我说过“宁滥毋缺”，意思是说他们宁愿由一名领域内中等水平的人完成70%的限定销售额，也不愿让一个岗位空缺。

但是在招聘质量要求上的妥协就已经是一个错误了。聘用糟糕的员工就好似在锅里扔进了一颗老鼠屎，不仅自身的表现不佳，还会拖累周围人的表现、士气和精力。如果拒绝一个人意味着其他每个人在短期内都需要更努力地工作，只需要提醒他们回想一下与上一个浑蛋同事共事时的遭遇就好了。

成立委员会完成招聘工作，预先设定客观的标准，永远不要妥协，定期查看新聘用的员工是否优于以往聘用的员工。

能够证明你的招聘工作做得很好的是新聘用的员工中十有八九都比你更优秀。

如果他们不及你优秀，暂时不要聘用，直到找到一个更优秀的人。短期内你们的工作会放缓，但最终你将建立一个更加强大的团队。

不要将职业发展与管理绩效混为一谈

克里斯·阿基里斯向我们展示了，即便最成功的人也有学不会的时候。如果他们都无法学习，那么余下的我们又能有什么希望呢？面对自己的缺点时总是难以令人愉悦。如果你将后果与批评结合在一起，如果员工感觉犯了一个错误就意味着在职业或经济上受损，那么他们就会争辩而不是保持开放的态度去学习和成长。

发展谈话要随时进行，确保平稳且富有成效，恰如我以前的经理在每次会后进行的谈话一样。开启一次发展谈话的时候永远要保持这样的态度："我能做些什么帮你取得更大成功？"否则，员工的防御心理就会增强，学习将中断。

在实现目标的道路上，要确保发展谈话的平稳进行。不管目标有没有实现，两种谈话都应在空间和时间上分开。一个绩效考评阶段结束之后，立刻直入主题，就设定的目标进行讨论，探讨哪些目标已经实现，以及奖励如何与绩效挂钩。但是发展谈话应该只针对成果，而不是过程。可能没有达成目标，可能完成了目标，也可能超额完成了目标，每一种结果都应该对应不同的奖励或鼓励。

如果处理好这方面的工作，绩效讨论就不再会是突然袭击，因为在整个过程中你们都在进行沟通，员工也能感觉到你在每一步工作上对他们的支持。

不管在什么情况下，都不要完全依赖管理者确定员工表现的确切情况。为了团队的发展，恳请同事贡献意见，即使是简单地询问一些问题或发布一些简单问卷也可以。至于绩效考评，要求管理者坐在一起组成团队，共同校准考评结果，确保公正。

关注团队的两端：最优员工和最差员工

将最优秀的人放在显微镜下观察：他们结合了环境和技能，精心打磨才理清了如何成就超常表现。不仅要识别出最佳全能员工，还要识别出特定方面最突出的员工。不要寻找最优秀的销售人员，要寻找面向特定规模的新用户销售量最大的人，要找到能在雨夜中练习高尔夫球那样的优秀人才。在专业方面分得越精细，就越利于研究你的明星员工，发现他们比其他人更成功的原因。

不仅要让他们成为其他人的榜样，围绕他们所做之事制定检查清单，还要请他们做老师。教授一项技能是掌握它的最好方法之一。请明星员工做教员，即使是半小时的咖啡交谈时间，也要促使他们清楚地讲述自己是如何开展工作的，而这个过程也有助于他们的成长。如果你身边有这样的同事，要仔细观察他们，多向他们提问题，利用这个机会从他们身上获取知识。

与此同时，对表现最糟糕的员工也要心怀怜悯。如果你的招聘工作没有犯错，那么大多数陷入困境的员工都是因为没有找到合适的岗位，而不是因为自身笨拙。帮助他们学习或找到新的角色。

但是如果上述努力失败，立刻辞退他们。让他们留在公司里并非仁慈，在一个自己并非最差员工的环境中，他们会更加快乐。

既要节俭又要慷慨

我们为员工做的大多数事情都不需要任何花费。请供应商来公司为员工服务或与当地三明治店协商为公司送午餐。TGIF 和嘉宾演讲者需要的仅仅是一个房间和一支麦克风，然而却带来了无比丰富的财富：启发谷歌人开发出一种新的服务或引发讨论。

省下钱来，在员工最需要的时候，在他们遇到大悲或大喜之时使用。当员工需要急诊医疗护理或迎接家庭新成员之时，你的慷慨会带来最大的影响力。关注人类最重大的一些时刻能够突出你的组织关心每一个员工。了解到自己在人生低谷和顶峰之时背后都有整个组织的力量做后盾，每个人都会感到宽慰。

这一点对很小的公司也同样适用。我的父亲成立过一家工程公司，他亲自领导了 30 年。他深切关怀每一位员工，不仅付给他们薪水，而且善意赞扬，为他们提建议、做引导。团队中任何一个人任职 5 年之后，他都会拉他们出来私聊一番。他告诉他们公司有一项退休金计划，5 年时间的投入已经满额，除了员工自己存下来的积蓄，他还为他们每个人额外存了一笔钱。有些人欢呼雀跃，有些人感动流涕，有些人只是简单地谢过了他。他没有提早告诉员工这项计划，因为他不希望人们为了钱才留下来工作，他希望员工留下来是因为喜欢创造东西、喜爱这个团队。关键时刻他很慷慨，因此也使结果大不相同。

认识不公平薪酬

不管人力资源部门是怎么对你说的，要记住：大多数工作中的绩效表现都是符合幂律分布的。你们的团队中90%甚至更高的价值都是由顶尖的10%的人创造的。因此，最优秀的员工远比平均水平的员工更有价值。他们的价值或许比平均水平的员工高50%，或许高50倍，但是不管高多少，肯定值得你为他们付出更多。一定要让他们感觉到这些。即使你没有足够的资金为他们提供超高额的薪水，更高一些的薪水也算一种心意表达。

另外一些员工对这种奖励或许会有些不高兴，但是你可以坦诚相对解决这个问题：向他们解释薪酬差异化的原因，以及他们怎么做才能改变现状。

与此同时，在公众认可方面要慷慨投入。团队的成就要庆贺，虽然失败却学到重要经验教训的时候也要鼓励。

助推

本书中提到的各种想法中对你未来的人生能够带来最大切实改善的一种，就是改变每笔收入中存下来的金额。

如果比较30年里赚到同样多钱的一些人，他们累积的财富却可能有30倍的差异，而这一切几乎完全取决于存下了多少钱。存钱从来都不是一件简单的事情，除非你比克罗伊斯[a]还要富有，

a. 克罗伊斯，吕底亚末代国王，以财富多著称，其名已成为“富豪”的同义词。——译者注

节省下来的每一美元都像是一种利弊权衡。我是要买品牌货还是一般产品？是买 3 美元的花生酱还是吃甜点？换一辆新车还是再凑合一年？我毕业后的第一年，当演员的同时还做服务生，经常光顾小镇附近的一家女主人廉价商店（Hostess Thrift Shop），店里售卖一些马上就要过期的面包和点心。我有了零食蛋糕（有节制的！），还能每周多省下几美元。要记住，督促谷歌人提升不到 3% 的存钱比例，每位谷歌人的退休基金将增加 262000 美元。

很多人听到下面的事情或许会觉得很疯狂。我认识一些人，将度假胜地汉普顿斯的 10 万美元夏日出租房看成生活必需品；我的一些银行家朋友虽然在 2008 年丢掉了工作，但还是能躲到海滨别墅里度假。

我一直反复强调这一点，但人们还是不愿意改变存款比例。计算出当前你存下来的钱占收入的比例，从现在起再多存一些。不论何时这都不是一件容易的事情，但这样做肯定是值得的。

上面是对你个人而言。

现在环顾四周，看看你所处的环境是如何助推你与周围的人的。你能很容易地看到其他人，与他们建立联系吗？你们冰箱里最不健康的零食放在与人的视线平齐的位置上吗？你给同事和朋友发邮件或短信的时候是分享好消息还是抱怨发火？我们都时刻受到环境的助推，也时刻助推着周围的人。利用这一点，使你和你的团队更快乐、更高效。

工作环境的空间布局要鼓励你所期望的行为：如果你需要员工协作，却受困于工位是小隔间，那么就推倒隔断。向员工传递信息的时候要深思熟虑。分享一些积极的数据，比如参加当地慈善活动志愿者的人数，鼓励其他人参与。你将惊异于同一个工作环境给人带来的感觉会有如此大的不同。

管理日益提升的期望

有时你会犯错误，这时就需要倒退几步。要准备好吃下你们自己的枸杞派。明白了这一点之后，在开始实验之前，告诉周围的人你打算实验本书中的一些想法。这样做有助于促使他们从批判者转变为支持者，实验走上弯路的时候，他们的质疑将给你带来更多的益处。

享受

拉里和谢尔盖立志创立一个他们都希望为之工作的地方，你也可以做同样的事情。即使你刚毕业加入一家公司，还只是一名初级职员，或者是第 1000006 号职员，你也可以像一位创始人一样选择与周围人的沟通方式，选择如何设计自己的工作环境，选择如何领导。你这样做可以帮助创造一个能够吸引地球上最优秀人才的环境。

这并非一劳永逸的努力。想要打造了不起的公司文化和环境，要求我们不断地学习和革新。不要担心立刻尝试所有事情。实验本书中介绍的一种或多种想法，从实验中学习经验，对项目进行调整，然后再次尝试。

这种方式的美妙之处在于，良好的环境可以自我强化：所有这些努力可以互相支持，共同创造出一个有创造力、有趣、努力且效率极高的组织。

如果你相信人性本善，那么就应在工作中践行自己的信念。

谷歌已经30多次被卓越职场研究所评为最佳雇主，另外还获得数百种支持女性、非裔美国人、老兵等人群的组织和政府、社会机构颁发的荣誉。但是我们并非第一个“最佳雇主”，也不会是最后一个，甚至在今日也不是唯一一个。

谷歌真正擅长的是大规模运营，建立起的体系服务20亿人也如服务10人一样周到可靠。员工的创新得益于一批有先见之明的创始人、狂热的企业文化捍卫者、周密的学术研究，以及具有创造力的公司和政府。数千名谷歌人共同塑造了我们运营的方式，推动我们找到最具创造力和最公平的方式解决与人相关的问题，使我们肩负起了责任。我有幸与见解深刻、勇于担当、富于创造力的同事和人力运营团队共事，竭尽全力才跟得上他们的步伐。我每天都能从他们身上获得启发。

每年有成千上万的人参观我们的园区，问我们：“为什么这里的人这么开心？”“谷歌的秘密是什么？”“我在我的组织里做些什么才能使其更具创新性？”

答案就在你的手中。

谷歌工作法则

- 赋予工作意义。
- 相信员工。
- 只聘用比你更优秀的人。
- 不要将职业发展与管理绩效混为一谈。
- 关注团队的两端：最优员工和最差员工。
- 既要节俭又要慷慨。
- 认识不公平薪酬。
- 助推。
- 管理日益提升的期望。
- 享受！然后回到第 1 条，再来一遍。

后记

谷歌人力运营的核心原则

有些读者会好奇为什么所有这些事情都会在谷歌发生。尽管谷歌对待员工的方式潜在动力源自公司的创始人，但是责任却落在人力运营团队的肩上，我们要确保不辜负甚至超越公司的远大抱负。

2006 年以前，这个团队还被称作人力资源部，而我应聘的职位也是人力资源副总裁。但是我收到聘用书的时候，工作头衔则变成了人力运营副总裁。今天听来或许有些疯狂，但当时我对这种变化并不是很兴奋。高管有 1/3 的时候做不好一份工作，而我正打算将新组建的家庭从纽约迁到加利福尼亚，加入一家我在通用电气时的部门首席执行官称作“可爱的小公司”的组织。我担忧如果谷歌这份工作做不好想要换工作的时候，“人力运营”这个奇怪的头衔会使找工作变得难很多。

我给时任谷歌商业运营高级副总裁的肖娜·布朗（她以前曾是麦肯锡的合伙人和罗德学者）打了电话，问她能不能改用最初的头衔。我要坦白地说，当时并没有告诉她提出这个要求的理由。

肖娜解释说，在谷歌，人们对传统的商业语言不太有好感。“人力资源”会被看作是过于行政化和官僚化的名称。相反，“运营”这个头衔在工程师眼中看来更可靠，言外之意是有些切实的能力去完成一些事情。而且对人力资源工作而言，“运营”还暗示着我们也能做代码运算！

最后我与肖娜达成一致意见，开始的时候我会保留“人力运营”的头衔，6个月之后我可以选择改回“人力资源”的叫法。

我刚加入的时候，与谷歌最高层的12位领导者都做了一对一的会面，做了自我介绍，了解了他们的需求。我们在第四章中见过的乌尔斯·霍尔兹勒当时是基础架构高级副总裁，也是谷歌最早的10位员工之一。他是一位才华横溢的计算机科学教授，当时已经成立并出售过一家创业公司Animorphic Systems。乌尔斯从教学工作中被吸引到设计领域，建立起谷歌的数据中心——考虑到谷歌已经对整个互联网做过多次备份，这件工作绝非易事！

我们第一次会面的时候，乌尔斯和我握了握手，看了看我的简历，然后说：“头衔真棒。”

于是，我再也没有改过这个头衔。

从那以后，我们一直围绕着4条基本原则构建谷歌人力运营部：

- 为实现极乐天堂而奋斗。
- 利用数据预测和塑造未来。
- 不遗余力地提高生产力。
- 创建非传统型团队。

为实现极乐天堂而奋斗

很多人力资源从业人员在阅读本书时，会感觉我们在谷歌做的很多事情好似只有在极乐天堂才有，近乎无法实现的理想主义，但其实一切的开始都很简单。我第一次与埃里克·施密特一对一会面的时候，提出一些特别宏大的想法，打算开发一些管理职业生涯和帮助高管发展的更好的项目。埃里克对我的战略眼光并不是特别感兴趣，他有更紧迫的事情需要关注。

谷歌从2004年的3000人左右到2005年的5700人，员工人数几乎翻了一番。埃里克知道此后的一年，同样的事情我们还要再来一遍，员工人数将膨胀到10700人。我们从每周招聘50人到现在几乎每周100人，而且还不能降低招聘质量，这是我们面临的最大的人力资源挑战。

我犯了一个业余的错误。想要埃里克接纳一些玄妙的想法，人力运营部就必须先解决谷歌面临的最大问题。我认识到想要掌握从事这样炫酷、具有未来感工作的特权，就必须赢得组织的信任。2010年，我们将这种理念浓缩为一张图（见图1）。金字塔的形状受亚伯拉罕·马斯洛的需求层次理论启发，[255]他用金字塔形状表示人类需求，最基本的需求在金字塔底端（空气、食物、水），顶端是安全、归属感和爱的需求，最后是自我实现的需求。看过我们的版本之后，团队中的一些人将其称作“拉斯洛层次理论”。

这就是我们通往人力资源极乐天堂的路径，极乐天堂是一个充满喜悦的地方，每一个谷歌人的成长都好似不费吹灰之力，因为我们的项目在幕后默默支持着每一份工作，创造学习机会，帮助谷歌人变得更有创造力、更健康和更快乐。

我选择血细胞来表示“人力资源正在做的工作”，旨在强调我们的项目就如人体的循环系统一样无处不在且同样可靠。我们必须随时完美无瑕地满足基本需求。录用通知书或奖金不能有任何错误，每一份工作都要按时找到优秀的应聘者填补空缺，升职流程要平稳且公平，员工关注的问题要迅速解决，等等。我们所有的运作方面都始终保持这种高水平，为我们赢得了开展其他项目的权利。不管你的理想抱负是什么，这都是起点。否则，即便偶尔无法达成基本的要求，也会造成你们进一步拓展业务的时候无法取得信任，难以建立权威。

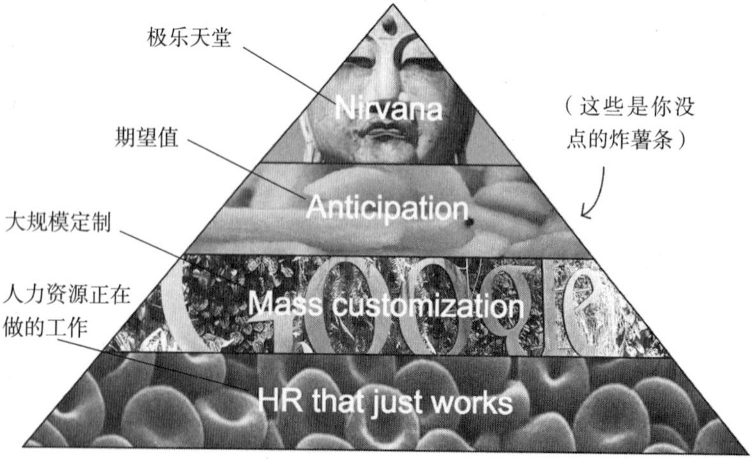

图 1　拉斯洛层次理论
版权归谷歌所有

不管是好是坏，我们的薪酬团队总能得到管理层的密切关注。为了确保一切都有效进行，我们时刻都比管理层的期望早一步，在奖金计划等每一个流程之后都会有一次正式的汇报。在汇报中我们会问："我们应该采取哪些不同的做法？我们学到了什么？哪些事情是我们被告知要做但选择忽略不做的？"（并非管理层提出的每一个想法都是对的——正是我们最高层的一位领导者提议在公司设立 800 个职位级别，每年给每个人升职 4 次！）之后我们再次进行这个流程时，薪酬团队与谷歌领导层的第一次对话将会这样开始：“这些是我们上一次同意做的事情，而这些是我们做过的。这些是你们要求我们做但是我们不会做的事情，而这些是我们的理由。现在我们开始吧。”薪酬团队甚至还针对每一位管理团队成员制作了一份参考手册，在其中描述了以何种方式能最好地与某位高管相处，这样新来的团队成员也能从一开始就顺利地与最高层的领导者协作。（我很想和你们分享几个参考手册的例子，但是他们显然也有一份关于我的参考手册，而且从来没给我看过。）

通往极乐天堂路途上的第二步是大规模定制，这有别于我们以往的做法。大规模定制的概念源自斯坦·戴维斯在 1987 年写作的《完美未来》（*Future Perfect*）一书，他在书中描述了一个世界，其中的公司会以近乎大规模生产的效率产出产品、提供服务，满足用户的个性化需求。此处可以用森林做形象化比喻：每一株植物的大小和形状都具有独特性，但是相比之下它们与其他植物有更多的共同之处。

我们在人力资源流程方面保持着始终如一的认识，但是会根据谷歌不同部门的需求对每一项流程的细节进行调整。多年前，我们曾要求所有的人力资源流程都按照同样的规程进行，比如升职决定以及是否向员工公开考评结果。我们团队的分析师蒂芙尼·吴过去在她的墙上贴了一张合规性检查表，对每一位副总裁都有或好或坏的评价标记，跟踪他们有没有负责任地向每一位谷歌人公开考评结果或是按照预先规定的分配薪水增长。随着公司的发展壮大，继续强调这种极端一致性已经不再合乎情理，因为有些团队之间有着本质的区别。我们最优秀的工程师产生的影响力或许能超过平均水平工程师的百倍，但是最优秀的招聘人员不可能比平均水平的招聘人员产生超过百倍的影响力。因此在这两个群体中推行同样的奖励分配方法是没有道理的。

再考虑一下我们的工程师升职流程，潜在的升职者经过一个委员会评审，而后由另外一个委员会复核批准。如果有一个谷歌人对决定有异议，还有一个申诉委员会。如果申诉委员会的决定仍然无法令人满意，我们还有对申诉委员会的申诉。我向谷歌董事会成员、凯鹏华盈风险投资公司总经理约翰·杜尔介绍这个流程的时候，他说："虽然我是一名工程师，但是看到有人能设计出这样复杂的流程也感到非常惊讶。"但是这种方式是行之有效的，因为所有这些复查和平衡手段，确保了整个流程的公正，实现了最大程度的透明化——质量对于工程师而言有着深刻的意义。在一些销售团队中，领导者或许会说："你知道吗，我们正准备打一通电话，马上就做出最终决定。"而且在这里没有申诉流程。这样做也是可行的，因为在这些情况下，人力运营部在幕后工作，实现全公司统一的人才标准，确保了流程的公正性。背后是同样的标准，但谷歌人看到的则是不同的效果。之后，本着信息透明的精神，我们会将每次升职流程的数据连同历史数据都进行分享。

在大多数人力资源部门，都会倾向于将一致性作为保证公平性的一种偏见，但是我们的朋友爱默生提醒了我们的一致性和愚蠢的一致性之间的区别。比如，在通用电气，授予一定金额以上的特殊分红（如果我没记错的话，应该是5000美元左右）需要首席执行官杰夫·伊梅尔特批准。从公司的工业部门来讲，这种做法或许非常合理，因为通常只有高管才有资格拿到分红，非高管人员拿到分红的机会非常少。但是在金融服务部门的通用资本，分红相比工业部门是非常常见的事情。在通用资本采用同样的批准标准会令经理们倍感沮丧，负责维持这项政策的人力资源部会给人很官僚的感觉。如果你是一名人力资源从业者，必须时刻追问自己，每一项规则背后的原则是否与当前的实际情况相符，在特定的情况下，要毫不畏惧地抛弃现有的实践方法和政策。

标为“期望值”的炸薯条图示需要稍做解释。我从《我为喜剧狂》(*30 Rock*）的一集中找到了这个说法。这部喜剧背景设定在位于洛克菲勒中心的 NBC（美国国家广播公司）总部，沿用了多部剧集的制作班底，剧中的主演为喜剧演员特雷西·乔丹（由现实中的喜剧演员特雷西·摩根饰演）。在一集中，特雷西大发雷霆，因为他手下的工作人员给他带汉堡的时候没有顺便带一份他没有点过的炸薯条：“我没点的炸薯条弄哪儿去了 ?! 你到底要等到什么时候才能预知我的心理 ?!”

我第一次看这一集的时候，认为特雷西是个以自我为中心的滑稽怪物。

后来我意识到他是对的。他不是一个神经病，他是一位高管!

能够得到要求的东西，人们会很高兴；如果你能预想到人们未曾想到要求的东西，他们会异常欣喜。此举能够证明你将他们看作是一个完完整整的人，而不仅仅是可以被压榨生产力的工人。

预想是在人们想到去要求之前满足他们的需求。由于《我为喜剧狂》，我们将这些完美预想的实例称作“炸薯条时刻”。

比如我们为每位生完孩子的谷歌员工提供 500 美元，用于送餐到家服务。新生儿刚降生的头几天和头几周令人精疲力竭，人们最不想做的事情就是做饭了。尽管谷歌员工负担得起晚餐点比萨外卖，但是有人专门给你 500 美元买外卖餐食所带来的心理感受是完全不同的。初为父母的谷歌员工告诉我们，他们非常喜欢这项政策。

具有讽刺意味的是，我们施行的第一个执行官项目，正如我在最初的会面时向埃里克提议的一些项目一样，恰恰是一个经典的炸薯条时刻案例。当时埃文·威滕伯博格（当时是我们学习团队的一员，现任网上数据存储公司 Box 的人力高级副总裁）、保罗·拉塞尔（我们学习团队的早期领导，现已退休）和凯文·梅（当时是一名咨询员，现在是我们人力发展的副总裁）在 2007 年创建了谷歌第一个先进领导力实验室，这个项目极具争议性，因为当时的谷歌是按职能划分部门，比如技术部、销售部、财务部、法务部等，如非必要，各个群体不会互相交流。大多数领导者都知道每个职能下的关键人物是谁，需要的时候都能找到这些人。谷歌人看不出有什么必要将不同职能的人聚在一起，展开一个培训项目，当然也看不出有什么必要将领导者从重要的工作上引开，让他们离开岗位三天。但是到 2008 年底，我们的员工数量达到 2 万人，想要所有领导者都互相认识已经不再可能，在先进领导力实验室中建立联系就变得至关重要。埃文、保罗和凯文几乎在我们出现需求的两年之前就预想到这个项目，因此有足够的时间做充分调整，后来这发展成一个至关重要的项目。谷歌人告诉我们这是他们经历过的最关键也是最有效的项目之一。

你在构想创造自己的炸薯条时刻的时候，要记住这些事情可能是吃力不讨好的。你极少会因为避免了困难而得到赞扬，这类似于政治上不可能依靠“如果不是我，经济衰退会糟糕很多”之类的论辩来赢得选票。但是你自己了解真相，你的团队了解真相，而且你的公司会运营得更好，公司里的员工会更快乐。

一旦你搭建起了这座金字塔——与马斯洛的金字塔也没有太大区别，你就到达了人力资源的极乐天堂。对于员工而言，这意味着你将享受好似在谷歌随意漫步的经历：一些极其优秀的人对你进行了一系列极好的面试，你加入公司感觉受到欢迎，几周的时间里你就实现了全效工作，因为你遇到了非常有帮助的人，各种机会总会在你眼前展开，给你带来无尽的惊喜。这就好似你们中某些人在孩提时期读过的那些自主选择下一步冒险的书籍，每一页都有很多很多的选项，一路上，你成长为更优秀的领导者和更优秀的企业家。如果你是一名谷歌人，人力资源的极乐天堂便是这个模样，而在幕后，人力运营部一丝不苟地细细思考过每个细节，清理了道路上的所有绊脚石，不让任何东西绊倒你。

利用数据预测和塑造未来

你读到这里的时候，应该会感到非常震惊，震惊于发现利用数据是我们构建和经营人力运营部的核心。但我们的起点则是一些微小的事情。我们的分析团队最初只有三名分析员，是我从不同小组中（人力、福利和运营部门）请来合力协作、互相交换意见开始的。最初他们是抗拒的，对彼此的领域不太感兴趣。但是很快运营分析员就开始向其他人传授如何编程，人力分析师开始向其他人传授高级的统计方法。他们一起打下了我们目前分析团队的基础。

普拉萨德·塞迪认为，分析学的进化是从描述性到分析和洞察，再到预见未来，他用员工人数减少作为例子进行了阐释。

在大多数公司中都有一些看似简单的问题却很难回答，比如哪些人已经得到离职的通知但是还没有到最后离职的日子？我们有多少员工，或者员工都去哪儿了？员工数据存储于多种电脑系统中，各个系统更新的频率各不相同，而且系统之间可能互相不连通。薪酬记录系统需要了解员工所在的位置，以便确定税务问题，但是员工所在位置可能与其工作地点并不相同，比如，一名英国雇员在纽约执行一个为期两个月的任务。即便是“现有员工”这样基本的概念在不同部门之间也经常有所区别。财务部门可能将每周工作超过一小时的人都算作现有员工，但是薪酬福利部门则只会将一半以上时间在部门工作且有资格享受福利的人算作现有员工。招聘团队则可能将已经接受工作邀约但尚未开始工作的人算作现有员工，因为这样更容易掌握他们距离完成招聘目标还有多远。

因此第一步是统一所有员工数据的相关概念，这是很重大的一步。只有统一了概念，你才能精确地描述公司的模样。分析和洞察的关键在于更加精细地切分数据，发现其中的不同。比如，通过分析可以发现员工保留度会随着工作年限的增加而降低。这项发现很有趣，但是并不具备启发性，随着时间推移当然会有越来越多的人离开。真正的重大发现是当你比较两个类似的群组时，梳理出哪些方面有利于提升其中一个群组的员工保留度，但对另外一个群组却没有影响。对于销售新人来说，如果绩效影响、薪水和员工水平等方面恒定不变，导致员工保留度降低的最大因素就是升职机会较少了。事实上，经过 16 个季度仍然没有得到升职的人肯定会辞职的。

有了这种洞察，你就可以开始预测未来了。现在我们意识到某人升职的节点相比他人有所延后的时候，他辞职的可能性就更大。不仅如此，通过更加复杂的分析或许可能揭示他辞职的概率增加了多少，辞职风险提高最大的是在第七或第八个季度之后。了解了这些之后，你就可以行动了。

大多数公司，包括几年前的谷歌都会向升职的人道贺，却毫不关注那些没有得到升职机会的人。这是非常愚蠢的行为。只需要一两个小时的时间找出你认为可能会因此沮丧的人，告诉他们如何才能得到持续发展，人们都希望受到这样的待遇。这样做从程序上讲更公正，更有助于员工认同流程的开放性和可靠性。这样远比导致某人辞职，失去他们带来的产值，再寻找新人替代，聘用新人，引领新人走上高速通道这个过程对公司更有利。而且，在某人职业生涯非常脆弱的时刻，你这样做是帮助他们理解了发生的事情，利用一个消极事件激发他的动力。

要构建这种能力需要花费一些时间，但是不管你所在组织的规模大小，开始这项工作都不是难事。从小处开始。聘用一两名刚从学校毕业的组织心理学、心理学或社会学博士，或是请来财务部门或运营部门的人，请他们证明你的项目带来了不同。一定要确保他们非常擅长统计学且对人力资源问题有好奇心。

对疯狂的想法要保持开放的心态，想办法说“好”。我们最终的创新源泉正是全公司的谷歌人，他们会带来数十万的评论和点子，从不羞于向我们表达他们的看法。平等同性伴侣福利、儿童护理中心以及正念课程等重要的项目都是由谷歌人发起的。

然后进行实验。规模大带来的好处之一是可以创造更多的机会，可以检验我们收集到的信息。有了 5 万名员工，我们可以选出200人甚至2000人来测试一些想法。正如在第七章中介绍的，我们在调整绩效管理体系的时候，选出了几百人的早期尝试者群体，进行了第一次测试，后又选出5000多人进行了第二次测试，之后才将改革推行到整个公司。即便只有5个或10个人参加的实验也比没有任何实验要好。仅在一个团队中实验一个想法，或是同时在全公司尝试一种想法，但预先宣布这仅仅是一次为期一个月的测试，之后要根据员工的反应决定是否将其设定为永久政策。不管丹娜·莫里斯在Adobe进行的摒弃绩效管理体系的实验有没有成功，我都要为他们勇于尝试的做法鼓掌。

不遗余力地提高生产力

根据为每千名谷歌人提供支持服务所需要的人力运营部员工数量来计算，过去的5年中，每一年我们的劳动生产率都以6%的速度在提高。听起来或许算不上多，但是这意味着我们现在提供了更多更高质量的服务，但是平均每位谷歌人的成本却只有5年前的73%。（我们的整体投入更高，但是考虑到谷歌今日扩张的规模，相对投入明显减少。）几乎每一件我们做过不止一次的事情都经过考量，并随着时间的推移得到了改进。

我们实现这些成果并没有外包或增加咨询和供货商的使用。事实上，我们提供了更多的内部服务，由此带来两点优势：第一，通常内部服务更便宜，特别是在招聘和培训等领域；第二，通过内部管理流程可以收集大量有用的信息。比如在招聘方面，我们有一个中心系统，招聘人员会在其中记录与每一位应聘者的交流过程，便于以后我们重新联系那些曾经拒绝过我们的人。我们还能够注意到一些显露应聘者舞弊的模式形态，比如我们能够发现一个人用改变了首名和中间名的三个不同的名字递交不同的简历，以期增加获得面试的机会。

恰如“人力资源正在做的工作”，管理人力资源部或团队也要与公司其他部门采用同样目标明确、力求提高、可靠的标准，这样才能使你们的组织令人信赖。

创造非传统型团队

我们必须面对现实，人力资源并非最受尊重的行业。2012 年，我与弗兰克·弗林教授合作为斯坦福大学商学院研究生上了一堂短期课，遇到一位 MBA 学生，因为“喜欢与人打交道”立志毕业后从事人力资源工作。我们交谈之后，意识到她是当年上百名 MBA 学生中唯一一个有这样目标的。我半开玩笑地说，学校接收她或许是为了学生的多样性。当然也有一些非常强的人力资源领导者和团队的例子，但是通常最酷的孩子不会进入这个领域。我们还是孩子的时候，都想要成为消防队员、医生或宇航员，没人想做人力资源工作。

我推断其中的原因一方面是人力资源行业中没有恰当的人才组合，由此形成恶性循环，希望与其他优秀人才共事的最优秀的人才因此都远离了这个行业。有太多的公司，人力资源部都是无处安排的优秀人才停泊的地方。虽然大多数人力资源从业人员都细心周到、努力工作，但是他们最大的优势似乎都没有得到发展，极少有所展现，也很少能引起管理层的注意。2004 年（我标记时间只是为了说明这件事不是发生在计算尺和加法机的年代），我在通用电气的时候就有这样一位同事。她正在为老板准备一份电子数据表，而我建议她将某人的薪水从每年 10 万美元调整为 10.6 万美元。她在表格中输入了“100”，然后在下面的一个单元格中输入了“106”。而后她拿出计算器，输入了 106 除以 100，得出结果，然后手动在表格中输入了“6%”。她完全不知道电子数据表有一项功能可以做计算。我们需要留心所属专业的两端，并针对他们采取相应的行动。

她的例子解释了为什么越来越多的公司将非人力资源从业人员安排为人力资源部的主管。塔吉特百货（Target）的首席人力资源官乔迪·科扎拉克本身是一名律师，最近从 UPS 快递退休的艾伦·希尔也是（两人都是我的朋友，工作表现也都很出众）。微软的人力资源主管丽莎·布鲁梅尔此前从事产品管理工作，亿贝（eBay）的贝丝·艾克瑟罗德原是一名咨询师，提供数据库分析平台服务的帕兰提尔公司（Palantir）的迈克尔·罗普以前是一名工程师。首席执行官希望人力资源主管为商业导向型，具备分析技能，但是这样的人在人力资源从业人员中却相对难找。

我们在谷歌采用了超常规的“三分”招聘模型，创建了一个不同寻常的人力运营团队。我们人力运营部招聘的员工只有不超过 1/3 具备传统的人力资源背景，他们带来的人力资源专业知识是不可替代的。此外，他们还擅长识别不同的形态模式（比如能够感觉出两个团队不高兴的原因的不同之处：其中一个是因为新经理不遗余力地提携一些表现糟糕的员工，另一个是由于新经理是个浑蛋），在组织的各个层面构建紧密的关系，而且具备超强的情商。

有 1/3 的人是从咨询行业聘用的，特别是顶层战略咨询，而不是人力资源咨询。我更喜欢战略咨询是因为他们对商业有深刻的理解，非常善于处理和解决困难的问题。我们从有实践经验的员工身上获得了人力资源的专业知识，因此不再需要请咨询人员提供额外的知识补充。咨询领域的人员通常善于沟通，但是我们还需要在情商方面做严格的筛选。我曾做过咨询，因此可以证明咨询公司招聘的时候首要考虑智商，其次才考虑情商。这对于他们而言是合乎情理的做法，但是在人力运营部我们需要能够解决问题的员工，同时这些员工也需要为各部门的人提供深度支持。此外，情商高的人通常有更明晰的自我认知，因此也不会那么傲慢，这也使他们更容易转移到新的领域。

最后聘用的1/3具有很强的分析能力，至少具备组织心理学或物理学等分析领域的硕士学位。他们使我们保持诚实的态度。他们保证了我们的工作达到更高的研究水准，教会整个团队一些传统人力资源团队不会学到的技巧，比如使用SQL或R等编程语言，或将员工面试中收集的定性数据进行编码的方法。

咨询师和分析师同时也带来了大量的行业知识，他们对其他很多公司以及学术界的情况都很熟悉，这也是我们开启自身工作的一个起点。从某种意义上讲，我们不需要聘用咨询公司，因为我们已经建立起一个内部的咨询公司。

当然，聘用之后我们会将不同群体的员工混合在一起。不论背景，每个人都有机会尝试每一种工作，使他们的日常工作更刺激，使他们的事业更充实，使我们的团队更强大，使我们的产品更优质。以前做咨询的朱迪·吉尔伯特后来负责招聘和学习团队，现任YouTube和Google X的人力运营部主管。詹尼特·卓以前在金融领域工作，后来转入人力运营部门，一直负责我们的并购团队，并领导技术部门的人力运营工作。南希·李以前是一名律师，她的第一份人力运营工作是带领一个团队与苏珊·沃西基、萨拉尔·卡曼加、玛丽莎·梅耶尔和乔纳森·罗森伯格合作，为产品管理提供支持，现在她负责领导我们的多样化和教育工作。

通过三分招聘模型的使用，我们招聘到具备各种能力的人：人力资源专业人员教会我们如何对员工和组织施加影响，识别不同的形态模式；咨询师可以提升我们对商业的理解力以及解决问题的水平；分析人员能提高我们所做各项工作的质量。

如果没有这些才能的组合，我在本书中介绍的事情很少能够完成。在人力资源领域仅仅聘用人力资源专业人员是一个错误。

然而，人力运营部的每个人都有一些共同的特点。每个人都是很有天赋的问题解决者。每个人都很谦逊，因此能够保持开放的心态承认自己存在犯错的可能，且认同总有更多的知识需要学习。而且他们每个人都尽职尽责，对员工和公司非常关注。

他们是一个多样化的群体。人力运营团队的成员一共能说35种以上的语言，他们中有的以前是专业运动员、奥林匹克选手、世界纪录保持者，还有退伍老兵。各个主要国家、各宗教、各种性取向和身体条件的人都有。他们中有些人曾成立过自己的公司，有的在为美国教师联盟（Teach for America）和Catalyst（为女性和商业扩大机会）等非营利组织工作，也有来自其他科技公司和行业的，还有一些从开始就在谷歌工作。加入人力运营部之前，他们中有些是工程师，有些是销售人员，有些来自财务部，有些来自公共关系部或法务部门，有些甚至还在人力资源部工作过！我们有一些拿到多个博士学位的员工，也有一些没有任何大学学历的员工，还有几十名员工是他们家庭中第一个读大学的人。

这是一群非凡的人，能与他们共事是我无上的荣幸。

但是我们刚起步时只有很少的几个人。但是通过高标准、严要求，坚持三分招聘模型，我们经过 9 年多的时间，创建了一个特别的团队。你也可以。一切都源自清晰地评估现有的技能组合，识别出你们的优势和构建团队的基础，然后一切都取决于你们下一步聘用了哪些人。

人力运营与人力资源

肖娜独一无二的直觉着实了不起。从我们创造了人力运营的叫法之后，现在已经成为人力资源部非常流行的一种名称：多宝箱、脸书、领英、Square（美国一家移动支付公司）、Zynga（社交游戏公司）和其他 20 多家公司都采用了这种叫法。

我最近遇到了另外一家科技公司的人力运营部主管。我问他是什么促使他们采用了这个名称，他告诉我说："哦，只是普通的人力资源而已。我们只不过喜欢这么叫罢了。"

那一刻，我的心也凉了一大截儿。

当然，人们可以任意选择喜欢的名称，但是他们错过了一个机会，构建一个与众不同或许更好的部门的机会。

在人力运营部中将我们所有人团结在一起的最重要因素在于我们共同的愿景——工作不必令人痛苦。工作可以令人更高雅、更有活力、更兴奋，这是推动我们努力的原因。

这并非是说我们拥有一切事情的答案，我们没有。事实上，我们的问题比答案更多。但是我们渴望为谷歌人以及他们的工作体验带来更多的视野、创新和预期。在这么多国家，被这么多社团评选为最佳雇主令我们诚惶诚恐。看到一些人从谷歌起航，以自身所学创建自己版本的了不起的工作环境，非常令人欣慰，他们包括兰迪·纳福利克、迈克尔·迪安杰罗（品趣志人力主管）、蕾妮·阿特伍德（优步人力主管）、阿恩·格斯里（特斯拉人力主管）和风险投资公司安德森·霍洛维茨的合伙人卡洛琳·霍恩。

曾经有一名谷歌员工问我："如果我们将所有的人力资源秘密都告诉了别人，他们不就复制我们的做法了吗？我们不就丢掉自己的优势了吗？"

我告诉他这样做对我们不会有损害。"比如在招聘方面变得更好，并不意味着你能招聘到更多的人，而是意味着你能更好地识别哪些人在你的公司能取得最大的成功。我们希望能在这里发挥最大价值的人来工作，而不是那些在别处能表现更好的人。"

如果在这个过程中，在某家公司工作不再是达到目的的手段，而是成为获得满足感和快乐的源泉呢？如果一天终了，人们都因为自己一天的成就而感到充满力量、非常自豪呢？

那样的话，写这本书的目的就达到了。

致谢

如果没有拉里·佩奇和谢尔盖·布林的远见卓识、雄心抱负和鼎力支持，这本书根本就不会出现。能够从他们身上学习，与他们共事，是一种荣幸。我也要感谢他们愿意将谷歌的一些经验与世界分享。埃里克·施密特主持的每一次员工会议对我而言都是宝贵的一课。在走廊里与他交谈5分钟便是一堂关于领导艺术的大师级课程。乔纳森·罗森伯格、大卫·德拉蒙德和肖娜·布朗帮助我在谷歌迅速发展，使我和团队保持越来越高的标准，这些标准在当时当地看来似乎无法企及，却恰恰是谷歌所需要的。艾伦·尤斯塔斯、比尔·卡夫兰、杰夫·胡贝尔和乌尔斯·霍尔兹勒一直都很慷慨地贡献着宝贵的时间，他们的辩论也都很有见地。帕特里克·皮切特是头脑风暴时的好伙伴，而且是位随叫随到的“车夫”。我非常感激苏珊·沃西基、萨拉尔·卡曼加、史黛西·莎莉文、玛丽莎·梅耶尔和奥米德·科德斯塔尼，他们从无到有共同建起了这个地方，为我们的公司文化而奋斗。如果没有比尔·坎贝尔的教诲和肯特·沃克的锦囊妙计，这么多年我恐怕早就迷失了方向。

有三位谷歌人足够疯狂，认为写作本书值得投入他们的私人时间。如果没有安妮·罗宾森对语言的敏锐洞察和细心钻研，没有凯瑟琳·迪凯斯卓越的分析能力，没有珍·林的设计眼光和简约风格，这本书就不会出现在你的手中。我可以单独写一本书感谢汉娜·查，感谢她对我和人力运营部的支持。如果没有她，我的工作和生活都将是一团糟。还要感谢安娜·弗雷泽、特莎·庞帕、克雷格·鲁本斯、普拉萨德·塞迪、苏尼尔·钱德拉、马克·艾伦伯根、斯科特·鲁本、艾米·兰伯特、安迪·希尔顿、蕾切尔·惠特斯通和罗琳·沃西尔，感谢他们的支持和建议。

作家肯·迪特沃德鼓励我尝试联系了世界上最优秀的书稿代理人阿曼达·厄本。宾基，你的宣传、创意和鼓励是无与伦比的。谢谢。（还要感谢好心的肯·奥莱塔介绍我们认识！）

考特尼·侯德尔随手写的电子邮件都比我用上几小时写的几页文字要好，她是前途无量的编辑，随时准备鼓励我。如果你喜欢阅读本书，要感谢她；如果你不喜欢，那应该怪我没有听她的话！

出版商 Twelve 的肖恩·德斯蒙德和德布·富特对我这个新手作者孤注一掷，我深表感激。希望能够成功！《纽约客》流畅明晰的散文是我每天早晨写作之前的热身读物。这是一本最好的杂志，每个人都应该读一读它的纸质版！

对于那些忍受着折磨阅读本书初稿的几位朋友，谢谢你们。克雷格·比达、乔尔·奥弗雷希特和亚当·格兰特所写的阅读反馈意见可能比本书的字数还要多，还有凯德·梅西和艾米·瑞斯尼斯基提供了非常了不起的建议。

格斯·迈特玛尔，感谢你帮助我把一团乱麻的想法编织成连贯的主题，感谢你帮助我做头脑风暴和修正所有的数据。詹森·科里，没想到那些年一起写辩词的经历会有了用处！约翰·布森伯格和克雷格，你们两个是我此生难得的挚友。

妈妈和爸爸，你们冒着失去一切的风险为我们赢得了自由。我所做的一切都源自在罗马尼亚那一刻的勇气以及此后多年你们不知疲倦的工作和支持。史蒂夫，感谢你自始至终陪伴在我的身边。我知道只要需要你，你就会出现。我爱你们。

人的一生有两个家庭：你出生的家庭和你选择的家庭。我是世上最幸运的男人，因为葛丽·安选择与我共伴今生。简单说来，我发现自从遇见你，生命的每一天都比前一天更好，因此你看到我的每一天都是我人生中最美好的一天。你和女儿们容许我偷走了很多个晚上和周末用于写作这本书。我爱你们胜过一切。我已经等不及开始下一周的生活了！

最后，感谢我每天共事的了不起的谷歌人，还有非常非常棒的人力运营团队。我以前对你们说过，现在还要重申：与你们共事，从你们身上学习，与你们一同创造，真是莫大的荣幸。你们是世界上独一无二的团队，能与你们相伴是上天恩赐的厚礼。

注释

1

US Bureau of Labor Statistics, "Charts from the American Time UseSurvey," last modified October 23, 2013， http://www.bls.gov/tus/charts/.

2

John A. Byrne, "How Jack Welch Runs GE," *BusinessWeek*, June 8, 1998, http://www.businessweek.com/1998/23/b3581001.htm.

3

（姓名保密），与作者的秘密交谈，2006~2007。

4

Slate 杂志的高级技术作家威尔·莱姆斯对于 Gmail 的革命性有如下话要补充："10 年来，谷歌的对手彻底地复制了 Gmail 的做法，人们都已经忘记了 Gmail 之前的网页邮箱多么糟糕：网页载入速度慢得要死，搜索功能糟糕得要命，垃圾邮件泛滥；邮件消息不能以对话的形式列出来；存储空间严重不足，如果空间用完，你就要花上数小时时间删除旧邮件或是向邮件服务供应商购买更多的存储空间。Gmail 设计采用 Ajax 网页开发技术而不是传统普通的 HTML，使我们认识到网页应用程序也可以像桌面应用程序一样流畅运转。它还教会了我们云存储的力量。" 2014 年 4 月 1 日。http://www.slate.com/blogs/future_tense/2014/04/01/gmail_s_10th_birthday_the_google_april_fool_s_joke_that_changed_tech_his tory.html.

5

James Raybould, "Unveiling LinkedIn's 100 Most InDemand Employersof 2013," *LinkedIn* (official blog), October 16, 2013, http://blog.linkedin.com/2013/10/16/unveiling-Linkedin's-100-most-indemand-employers-of-2013/.

6

我们实际聘用的员工数量每年都有所不同。

7

"Harvard Admitted Students Profile," Harvard University, accessed January23, 2014, https://college.harvard.edu/admissions/admissions-statistics.

8

"Yale Facts and Statistics," Yale University, accessed January 23, 2014， http://oir.yale.edu/sites/default/files/FACTSHEET(2012-13)_3.pdf.

9

"Admission Statistics," Princeton University Undergraduate Admission,accessed January 23, 2014, http://www.princeton.edu/admission/applyingforadmission/admission_statistics/.

10

来源：谷歌。

11. "Fortune's 100 Best Companies to Work For,®" Great Place to Work Institute,accessed January 23, 2014, http://www.greatplacetowork.net/best-companies/north-america/united-states/fortunes-100-best-companies-to-work-forr/441-2005.

12

"Wegmans Announces Record Number of Employee Scholarship Recipients in 2012," Wegmans, June 7, 2012, https://www.wegmans.com/webapp/wcs/stores/servlet/PressReleaseDetailView?productId=742304&storeId=10052&catalogId=10002&langId=-1.

13

Sarah Butler and Saad Hammadi, "Rana Plaza factory disaster: Victims still waiting for compensation," theguardian.com, October 23, 2013, http://www.theguardian.com/world/2013/oct/23/rana-plaza-factory-disaster-compensation-bangladesh.

14

Office Space, directed by Mike Judge (1999; 20th Century Fox).

15

Richard Locke, Thomas Kochan, Monica Romis, and Fei Qin, "Beyond Corporate Codes of Conduct: Work Organization and Labour Standards at Nike's Suppliers," *International Labour Review* 146, no. 1–2(2007): 21–40.

16

Kamal Birdi, Chris Clegg, Malcolm Patterson, Andrew Robinson, Chris B. Stride, Toby D. Wall, and Stephen J. Wood, "The Impact of Human Resource and Operational Management Practices on Company Productivity: A Longitudinal Study," *Personnel Psychology* 61 (2008): 467–501.

17

四个人分别为弗朗西斯·厄普顿、查尔斯－巴切尔多、路德维格·勃姆和约翰·克鲁齐，"Six teams that changed the world," Fortune, May 31, 2006, http://money.cnn.com/2006/05/31/magazines/fortune/sixteams_greatteams_fortune 061206/。

18

Nicole Mowbray, "Oprah's path to power," *The Observer*, March 2, 2003 , http://www.theguardian.com/media/2003/mar/02/pressandpublishing.usnews1.

19

Adam Lashinsky, "Larry Page: Google should be like a family," *Fortune*,January 19,

2012, http://fortune.com/2012/01/19/larry-page-google-should-be-like-a-family/.

20

拉里·佩奇在密歇根大学毕业典礼上的致辞，http://googlepress.blogspot.com/2009/05/larry-pages-universityofmichigan.html。

21

Mark Malseed, "The Story of Sergey Brin," *Moment*, February–March 2007, http://www.momentmag.com/the-story-of-sergey-brin/.

22

Steven Levy, In the *Plex: How Google Thinks, Works, and Shapes Our Lives* (New York: Simon & Schuster, 2011).

23

John Battelle, "The Birth of Google," *Wired*, August 2005, http://www.wired.com/wired/archive/13.08/battelle.html. "Our History in Depth," Google , http://www.google.com/about/company/history/.

24

这两份投资最后每一份的价值都超过了 10 亿美元。贝托尔斯海姆和切瑞顿的投资并非成就今日谷歌的最初投资。美国国家科学基金会（National Science Foundation）在更早之前就成为资助人，只不过资助的方式不那么直接，是通过他们的数字图书馆倡议（Digital Libraries Initiative）捐助。赫克托耳·加西亚－莫利纳教授和特里·威诺格拉德教授在 1994 年 9 月 1 日获得数字图书馆倡议的一笔拨款，用于建立斯坦福综合数字图书馆项目。该项目的使命是“开发使能技术，建立单体综合寰宇图书馆，提供大量新兴网络信息资源和合集的统一访问……包括个人信息合集，传统图书馆中可以找到的合集，科学家分享的大量数据合集。该项目中开发的技术提供一种‘黏合剂’，灵活经济地使全世界的信息汇集成一个实体供人使用”。

拉里的研究生学习费用就是由该项目提供，期间早期的一些工作成就了后来的谷歌。谢尔盖的学习生涯也得到了美国国家科学基金会研究生助研奖学金的资助。参见国家科学基金“谷歌的起源”，http://www.nsf.gov/discoveries/disc_summ.jsp?cntn_id=100660。

25

谷歌“行为准则”，http://investor.google.com/corporate/code-of-con duct.html#II.

26

Henry Ford, *My Life and Work* (Garden City, NY: Doubleday, Page, 1922).

27

Hardy Green, *The Company Town: The Industrial Edens and Satanic Mills That Shaped the American Economy* (New York: Basic Books, 2010).

28

"About Hershey: Our Proud History," Hershey Entertainment & Resorts,http://www.hersheypa.com/about_hershey/our_proud_history/about_milton_hershey.php.

29

American Experience: "Henry Ford," WGBH Educational Foundation, first broadcast March 2013. Albert Lee, *Henry Ford and the Jews* (New York: Stein and Day, 1980). 福特还拥有周报《德宝独立报》(*Dearborn Independent*)，经常登载反犹文章和述评，其中一些还有福特的署名，部分文章发表为4卷合集，名为《国际犹太人：全世界的问题》(1920-1922) [*The International Jew: the World's Problem* (1920–1922)]。

30

Michael D. Antonio, *Hershey: Milton S. Hershey's Extraordinary Life of Wealth, Empire, and Utopian Dreams* (New York: Simon & Schuster, 2007)。好时镇报纸第一次印刷发行时镇上还只有250人，曾在一篇专栏文章《乔治·赫里克夫人，新英格兰第一位"优生"儿的母亲》中提出"种族自杀（异族通婚）是当今时代最邪恶之事"的说法。(《好时周报》,1912年12月26日)。与之相类似，米尔顿·好时学校也是为"贫苦、健康的白人男性孤儿"建立（米尔顿·好时学校契约,1909年11月15日）。

31

Jon Gertner, "True Innovation," *New York Times*, February 25, 2012,http://www.nytimes.com/2012/02/26/opinion/sunday/innovation-and-the-bell-labs-miracle.html?pagewanted=all&_r=0.

32

Jon Gertner, *The Idea Factory: Bell Labs and the Great Age of American Innovation*, reprint edition (New York: Penguin, 2013).

33

John R. Pierce, "Mervin Joe Kelly, 1894–1971" (Washington, DC:National Academy of Sciences, 1975), http://www.nasonline.org/publications/biographical-memoirs/memoir-pdfs/kelly-mervin.pdf。

34

谷歌官方博客,2011年3月25日,"谷歌搜索现在开始支持切罗基语", http://googleblog.blogspot.com/2011/03/google-search-now-supp-orts-cherokee.html。

35

谷歌官方博客，2011年1月31日，"一些周末的工作（有希望）使更多埃及人的声音得到倾听", http://googleblog.blogspot.com/2011/01/some-weekend-work-that-will-hopefully.html。

36

Lashinsky, "Larry Page: Google should be like a family" .

37

Edgar H. Schein, *Organizational Culture and Leadership* (San Francisco:Jossey-Bass,2010)。

38

我们的年度员工测评 Googlegeist, 2013。

39

拯救时间博客（Rescue Time blog）预估，当天访问我们网站的用户，用在弹莱斯·保罗吉他上的总时间为 535 万小时（每人 26 秒）。拯救时间博客，2011 年 6 月 9 日 “谷歌涂鸦再掀高潮！弹奏总时长 535 万小时”，http://blog.rescuetime.com/2011/06/09/google-doodle-strikes-again/。

40

将这项使命与斯坦福综合数字图书馆的使命加以对比。听起来很相似，对吧？

41

“IBM 公司使命”，http://www.slideshare.net/waqarasif67/ibm-mission-statement。

42

麦当劳，“公司使命和价值观”，http://www.aboutmcdonalds.com/mcd/our_company/mission_and_values.html。

43

宝洁公司，“目标的力量”，http://www.pg.com/en_US/company/purpose_people/index.shtml。

44

维基百科，“谷歌街景时间表”，http://en.wikipedia.org/wiki/Timeline_of_Google_Street_View。

45

珠峰大本营南营地，https://www.google.com/maps/@ 28. 007168, 86. 86105, 3a,75y,92.93h, 87.22t/data=!3m5!1e1!3m3! 1sUdU6omw_CrN8sm7NWUnpcw!2e0!3e2。

46

赫伦岛，https://www.google.com/maps/views/streetview/oceans?gl=us。

47

Philip Salesses, Katja Schechtner, and Cesar A. Hidalgo, “The Collaborative Image of the City: Mapping the Inequality of Urban Perception,” *PLOS ONE*, July 24, 2013, http://www.plosone.org/article/info%3Adoi%2F10.1371%2Fjournal.pone.0068400。

48

全面揭秘：谷歌资本对优步进行了投资。在我写作本书期间，谷歌并购了位智地图。

49

谷歌2013年5月15日发布“谷歌开发人员”, https://plus.sandbox.google .com/+GoogleDevelopers/posts/NrPMMwZtY8m .

50

Adam Grant, Give and Take: *A Revolutionary Approach to Success* (NewYork: Viking, 2013).

51

Adam M. Grant, Elizabeth M. Campbell, Grace Chen, Keenan Cottone,David Lapedis, and Karen Lee, “Impact and the Art of Motivation Maintenance:The Effects of Contact with Beneficiaries on Persistence Behavior,” *Organizational Behavior and Human Decision Processes* 103, no. 1 (2007): 53–67.

52

Corey Kilgannon, “The Lox Sherpa of Russ & Daughters,”*New York Times,* November 2, 2012, http://www.nytimes.com/2012/11/04/nyregion/the-lox-sherpa-of-russ-daughters.html?_r=0, 11/2/12 .

53

A. Wrzesniewski, C. McCauley, R. Rozin, and B. Schwarz, “Jobs,Careers, and Callings: People’s Relation to Their Work,” *Journal of Research in Personality* 31 (1997): 21–33.

54

Roger More, “How General Motors Lost its Focus—and its Way,” *Ivey Business Journal*, May–June2009, http://iveybusinessjournal.com/topics/strategy/how-general-motors-lost-its-focus-and-its-way#.UobINPlwp8E.

55

Marty Makary, MD, *Unaccountable: What Hospitals Won’t Tell You and How Transparency Can Revolutionize Health Care* (New York: Bloomsbury Press, 2012).

56

Daniel Gross, “Bridgewater May Be the Hottest Hedge Fund for Harvard Grads, but It’s Also the Weirdest,” *Daily Beast*, March 7, 2013, http://www.thedailybeast.com/articles/2013/03/07/bridgewater-may-be-the-hottest-hedge-fund-for-harvard-grads-but-it-s-also-the-weirdest.html.

57

“Radical Transparency,” *LEADERS*, July–September 2010, http://www.leadersmag.com/issues/2010.3_Jul/Shaping%20The%20Future/Ray-Dalio-Bridgewater-Associates-Interview-Principles.html.

58

Tara Siegel Bernard, “Google to Add Pay to Cover a Tax for Same-SexBenefits,” *New York Times*, June 30, 2010, http://www.nytimes.com/2010/07/01/your-money/01benefits.

html?_r=2&.

59

Ethan R. Burris, "The Risks and Rewards of Speaking Up: ManagerialResponses to Employee Voice," *Academy of Management Journal* 55, no. 4 (2012):851–875. Robert S. Dooley and Gerald E. Fryxell, "Attaining Decision Quality and Commitment from Dissent: The Moderating Effects of Loyalty and Competence in Strategic Decision-Making Teams," Academy of *Management Journal* 42, no. 4(1999): 389–402. Charlan Jeanne Nemeth, "Managing Innovation: When Less IsMore," *California Management Review* 40, no. 1 (1997): 59–74. Linda Argote and Paul Ingram, "Knowledge Transfer: A Basis for Competitive Advantage in Firms," *Organizational Behavior and Human Decision Processes* 82, no. 1 (2000): 150–169.

60

Laszlo Bock, "Passion, Not Perks," Google, September 2011 Laszlo Bock, "Passion, Not Perks," Google, September 2011, http://www.thinkwithgoogle.com/articles/passion-not-perks.html.

61

据德鲁克研究会的档案管理员布丽奇特·劳勒说："这句引言……经常被认为是德鲁克所说，但是我们并没有确切的信息来源。当然有可能是他在某次演讲或讲座中用过这句话，但是并没有任何文字记录。"

62

史黛西把握住了正确的方向。中国香港大学的西蒙·兰姆和密歇根州立大学的约翰·薛布洛克发现，选出意见领袖执行政策变化，引导规程，相较一般经理或随机的员工会产生更大的影响力。他们研究了三家银行支行实行一种新的服务培训项目时的情况。选出意见领袖作为服务质量牵头人时，即使培训的内容完全一样，客户、监督人以及出纳也都发现服务质量的提升程度要高出很多。Simon S. Lam and John Schaubroeck, "A Field Experiment Testing Frontline Opinion Leaders as Change Agents," *Journal of Applied Psychology* 85, no. 6 (2000): 987–995.

63

2013 年以前的薪水数据来自 http://www.stevetheump.com/Payrolls.htm 和 http://www.baseballprospectus.com/compensation/cots/。2013 年的薪水数据来自《今日美国》(*USA Today*)，2013 年 12 月 15 日数据，http://www.usatoday.com/sports/fantasy/baseball/salaries/2013/all/ team/all/。胜利者数据来自 http://espn.go.com/ mlb/worldseries/history/winners。

64

David Waldstein, "Penny-Pinching in Pinstripes? Yes, the Yanks Are Reining in Pay," *New York Times*, March 11, 2013, http://www.nytimes.com/2013/03/12/sports/baseball/yankees-baseballs-big-spenders-are-reining-it-in.html?pagewanted=all&_r=0.

65

"Milestones in Mayer's Tenure as Yahoo's Chief," *New York Times, January* 16, 2014 http://www.nytimes.com/interactive/2014/01/16/technology/marissa-mayer-yahoo-timeline.html?_r=0#/#time 303_8405.

66

Brian Stelter, "He Has Millions and a New Job at Yahoo. Soon, He'll Be 18," *New York Times, March* 25, 2013 , http://www.nytimes.com/2013/03/26/business/media/nick-daloisio-17-sells-summly-app-to-yahoo.html?hp&_r=0. Kevin Roose, "Yahoo's Summly Acquisition Is About PR and Hiring, Not a 17-Year-Old's App," *New York*, March 26, 2013, http://nymag.com/daily/intelligencer/2013/03/yahoos-summly-acquisition-is-about-image.html.

67

"Yahoo Acquires Xobni App," Zacks Equity Research, July 5, 2013, http://finance.yahoo.com/news/yahoo-acquires-xobni-app-154002114.html.

68

Professor Freek Vermeulen, "Most Acquisitions Fail—Really," *Freeky Business* (blog), January 3, 2008, http://freekvermeulen.blogspot.com/2007/11/random-rantings-2.html.

69

阿姆巴迪和罗森塔尔"薄片"及其他。详细的引用出现在下一章，见注释 79 起。有研究人员发现第一印象在 10 秒钟的时间内就可以形成。

70

Caroline Wyatt, "Bush and Putin: Best of Friends," *BBC News*, June 16,2001, http://news.bbc.co.uk/2/hi/1392791.stm.

71

专家对于到底有多少培训是浪费仍莫衷一是，但是几乎所有专家都一致认为只有很少的培训产生了作用。约翰·纽斯特朗姆在 1985 年对美国培训人员和开发人员协会成员进行了调查，他估计接受完培训之后有 40% 会立即投入实践，但是一年之后仅剩下 15% 仍在使用。在此我还要指出，培训人员本身很可能乐观估计结果。纽斯特朗姆和玛丽·布罗德在 1992 年再次进行调查的时候，发现大约有 20% 的学习者将培训内容应用于实践，不过布罗德后来在 2005 年做了澄清，称大多数项目中将学习的知识切实应用于实践的比例约为 10%。蒂姆·鲍德温和凯文·福特在 1988 年也总结认为，"美国的实业公司每年用在培训和开发上的资金高达 1000 亿美元，其中只有不超过 10% 的投入真正转化到工作中"。斯科特·坦南鲍姆和加里·尤克尔在 1992 年的研究结果更不乐观，他们估计只有 5% 的学习者将培训的知识应用于实践。

爱德华多·萨拉斯、坦南鲍姆、科特·克雷格和金伯利·史密斯－延奇在 2012 年的最新研究给了我们一些希望。他们认为培训的效果可以大幅提升，但是需要特定的环境，包括能够给予支持的环境，对培训中所学技能正式和非正式的强化，工作自主性，对质量的组织认同感，员工可以灵活地在工作中尝试新学习的行为。简而言之，恰恰是我们在本书中探讨打造的一类环境。

72

"Einstein at the Patent Office," Swiss Federal Institute of Intellectual Property, last modified April 21, 2011，https://www.ige.ch/en/about-us/einstein/einstein-at-the-patent-office.html.

73

Corporate Executive Board, Corporate Leadership Council, HR Budgetand Efficiency Benchmarking Database，Arlington VA, 2012.

74

Pui-WingTam and Kevin Delaney, "Google's Growth Helps Ignite Silicon Valley Hiring Frenzy," *Wall Street Journal*, November 23, 2005，http://online.wsj.com/article/SB113271436430704916.html，以及私人交谈。

75

Malcolm Gladwell, "The Talent Myth: Are Smart People Overrated?," *The New Yorker*, July 22, 2002，http://www.newyorker.com/archive/2002/07/22/020722fa_fact?currentPage=all.

76

"Warning: We Brake for Number Theory," *Google* (official blog), July12, 2004，http://googleblog.blogspot.com/2004/07/warning-we-brake-for-number-theory.html.

77

"Google Hiring Experience," *Oliver Twist* (blog), last modified January17, 2006，http://google-hiring-experience.blogspot.com/.

78

"How Tough Is Google's Interview Process," *Jason Salas'WebLog* (blog), September 5, 2005, http://weblogs.asp.net/jasonsalas/archive/2005/09/04/424378 .aspx.

79

在这方面最早的研究文献是曼尼托巴大学的 B. M. 斯普林柏特在 1958 年发表的。尽管面试人的样本很少，但是他还是发现决定通常都在面试的前 4 分钟做出。此后相关的研究包括：Nalini Ambady and Robert Rosenthal, "Thin Slices of Expressive Behavior as Predictors of Interpersonal Consequences: A Meta-Analysis," *Psychological Bulletin* 111, no. 2 (1992): 256–274。M. R. Barrick, B. W. Swider, and G. L. Stewart, "Initial Evaluations in the Interview:Relationships with Subsequent Interviewer Evaluations and EmploymentOffers," *Journal of Applied Psychology* 95, no. 6 (2010): 1163–1172。M. R. Barrick,S. L. Dustin, T. L. Giluk, G. L. Stewart, J. A. Shaffer, and B. W. Swider, "Candidate

Characteristics Driving Initial Impressions During Rapport Building:Implications for Employment Interview Validity," *Journal of Occupational and Organizational Psychology* 85, no. 2 (2012): 330–352。

80

J. T. 普利克特、N. 迦达－耆那和 F. J. 勃涅日，2000 年 5 月，在芝加哥举办的中西部心理协会年度会议上进行交流的文章《工作面试中第一印象的重要性》。

81

http://en.wikipedia.org/wiki/Confirmation_bias#CITEREFPlous1993, Scott, Plous, *The Psychology of Judgment and Decision Making*, (New York: McGraw-Hill, 1993), 233.

82

The New-Boy Network, *The New Yorker*, May 29, 2000:68–86.

83

N. Munk and S. Oliver, "Think Fast!" *Forbes*, 159, no. 6 (1997): 146–150. K. J. Gilhooly and P. Murphy, "Differentiating Insight from Non-Insight Problems," *Thinking & Reasoning* 11, no. 3 (2005): 279–302.

84

Frank L. Schmidt and John E. Hunter, "The Validity and Utility of Selection Methods in Personnel Psychology: Practical and Theoretical Implications of 85 Years of Research Findings," *Psychological Bulletin* 124, no. 2 (1998):262–274。本章中所提的 r^2 值是依据报道修正相关系数计算的。

85

Phyllis Rosser, *The SAT Gender Gap: Identifying the Causes* (Washington,DC: Center for Women Policy Studies, 1989).

86

后续研究也证实了 SAT 成绩的性别差异和人种偏差。比如：Christianne Corbett, Catherine Hill, and Andresse St. Rose, "Where the Girls Are: The Facts About Gender Equity in Education," American Association of University Women (2008)。Maria Veronica Santelices and Mark Wilson, "Unfair Treatment? The Case of Freedle, the SAT, and the Standardization Approach to Differential Item Functioning,*Harvard Educational Review* 80, no. 1 (2010): 106–134。

87

Alec Long, "Survey Affirms Pitzer Policy Not to Require Standardized Tests," *The Student Life*, February 28, 2014.

88

Michael A. McDaniel, Deborah L. Whetzel, Frank L. Schmidt, and Steven D. Maurer, "The Validity of Employment Interviews: A Comprehensive Review and Meta-Analysis," Journal of *Applied Psychology* 79, no. 4 (1994): 599–616. Willi H. Wiesner and

Steven F. Cronshaw, "A Meta-Analytic Investigation of the Impact of Interview Format and Degree of Structure on the Validity of the Employment Interview," *Journal of Occupational Psychology* 61, no. 4 (1988): 275–290.

89

和所有好的东西一样，尽责如果做得太极端也会成为一种负面表现，从原本的精心筹划、目标设定和坚持不懈变为不变通和强迫性完美主义。至今为止我们还没有发现这样做会是问题，但是准备在未来进行探究。

90

2014 年 10 月 7 日，私人通信。

91

Abraham H. Maslow, *The Psychology of Science: A Reconnaissance* (NewYork: Joanna Cotler Books, 1966), 15.

92

每一名应聘者会得到每一名面试人的一个评分，从 0 到 4.0 不等，之后各位面试人的评分取平均数得到综合分数。通常得 3.0 分意味着我们应该聘用这个人，但是在实践中几乎所有应聘者的最终分数都在 3.2 到 3.6 之间。从来没有人得到 4.0 的平均分。

93

John Emerich Edward Dalberg, Lord Acton, Letter to Bishop Mandell Creighton, April 5, 1887, in *Historical Essays and Studies*, eds. John Neville Figgis and Reginald Vere Laurence (London: Macmillan, 1907), 504.

94

Discovering Psychology with Philip Zimbardo, PhD, updated edition, "Power of the Situation," 视频从 10 分 59 秒起, http://www.learner.org/series/discoveringpsychology/19/e19expand.html.

95

有大量文献探索、深究和批评米尔格拉姆实验。比如，参见昆士兰大学亚历克斯 · 哈斯拉姆和圣安德鲁大学史蒂夫 · 雷谢的著作。

96

Richard Norton Smith, "Ron Nessen," Gerald R. Ford Oral History Project, http://geraldrfordfoundation.org/centennial/oralhistory/ron-nessen/.

97

"SciTech Tuesday: Abraham Wald, Seeing the Unseen," post by Annie Tete, STEM Education Coordinator at the National World War II Museum,*See & Hear* (museum blog), November 13, 2012, http://www.nww2m.com/2012/11/scitech-tuesday-abraham-wald-seeing-the-unseen/. 沃德作品翻版可在此找到：http://cna.org/sites/default/files/research/ 0204320000.pdf.

98

“律师猫”是谷歌人对努力工作、警惕性很高的法务部门谷歌人的称呼。是的，谷歌人经常用一张真猫的照片（全身像，穿西装、打领带，还有笔挺的白领）表示或许会转入阴沉的法律范畴的内部讨论。

99

“Our New Search Index: Caffeine,” *Google* (official blog), June 8, 2010, http://googleblog.blogspot.com/2010/06/our-new-search-index-caffeine.html.

100

“Time to Think,” *3M*, http://solutions.3m.com/innovation/en_US/stories/time-to-think.

101

Ryan Tate, “Google Couldn’t Kill 20 Percent Time Even If It Wanted To,” *Wired*, August 21, 2013, http://www.wired.com/business/2013/08/20-percent-time-will-never-die/.

102

Linda Babcock, Sara Laschever, Michele Gelfand, and Deborah Small, “Nice Girls Don’t Ask,” *Harvard Business Review*, October 2003, http://hbr.org/2003/10/nice-girls-dont-ask/.

Linda Babcock and Sara Laschever, *Women Don’t Ask: Negotiation and the Gender Divide* (Princeton, NJ: Princeton UniversityPress, 2003).

103

“Employee Engagement: What’s Your Engagement Ratio?” Gallup Consulting, Employment Engagement Overview Brochure, downloaded 11/17/13.

104

William H. Macey and Benjamin Schneider, “The Meaning of Employee Engagement,” *Industrial and Organizational Psychology* 1, no. 1 (2008): 3–30.

105

Olivier Serrat, “The Travails of Micromanagement” (Washington,DC: Asian Development Bank, 2011), http://digitalcommons.ilr.cornell.edu/cgi/viewcontent.cgi?article=1208&context=intl。

106

Richard Bach, Illusions: *The Adventures of a Reluctant Messiah* (NewYork: Delacorte, 1977).

107

Elaine D. Pulakos and Ryan S. O’Leary, “Why Is Performance Management Broken?” *Industrial and Organizational Psychology* 4, no. 2 (2011): 146–164.

108

"Results of the 2010 Study on the State of Performance Management," Sibson Consulting, 2010, http://www.sibson.com/publications/surveysandstudies/2010SPM.pdf.

109

Julie Cook Ramirez, "Rethinking the Review," *Human Resource Executive HREOnline*, July 24, 2013, http://www.hreonline.com/HRE/view/story.jhtml?id=534355695.

110

Edwin A. Locke and Gary P. Latham, *A Theory of Goal Setting & Task Performance* (Upper Saddle River, NJ: Prentice Hall, 1990).

111

Xander M. Bezuijen, Karen van Dam, Peter T. van den Berg, and Henk Thierry, "How Leaders Stimulate Employee Learning: A Leader-Member Exchange Approach," *Journal of Occupational and Organizational Psychology* 83,no. 3 (2010): 673–693. Benjamin Blatt, Sharon Confessore, Gene Kallenberg, and Larrie Greenberg, "Verbal Interaction Analysis: Viewing Feedback Through a Different Lens," *Teaching and Learning in Medicine* 20, no. 4 (2008): 329–333.

112

Elaine D. Pulakos and Ryan S. O' Leary, "Why Is Performance Management Broken?" *Industrial and Organizational Psychology* 4, no. 2 (2011): 146–164.

113

任何阅读本书的谷歌人都可使用这张图片，我们已经得到保罗·考恩和科林·麦克米伦以及 GCPA 的同意。Memegen 网站上出现的东西，可以保留在 Memegen 上！

114

Susan J. Ashford, "Feedback-Seeking in Individual Adaptation: A Resource Perspective," *Academy of Management Journal* 29, no. 3 (1986): 465–487. Leanne E. Atwater, Joan F. Brett, and Atira Cherise Charles, "Multisource Feedback: Lessons Learned and Implications for Practice," *Human Resource Management* 46, no. 2 (2007): 285–307. Roger Azevedo and Robert M. Bernard, "A Meta-Analysis of the Effects of Feedback in Computer-Based Instruction," *Journal of Educational Computing Research* 13, no. 2 (1995): 111–127. Robert A. Baron, "Criticism (Informal Negative Feedback) As a Source of Perceived Unfairness in Organizations: Effects, Mechanisms, and Countermeasures," in *Justice in the Workplace: Approaching Fairness in Human Resource Management* (Applied Psychology Series), ed. Russell Cropanzano (Hillsdale, NJ: Lawrence Erlbaum Associates, Inc., 1993), 155–170. Donald B. Fedor, Walter D. Davis, John M. Maslyn, and Kieran Mathieson, "Performance Improvement Efforts in Response to Negative Feedback: The Roles of Source Power and Recipient Self-Esteem,"*Journal of Management* 27, no. 1 (2001): 79–97.

Gary E. Bolton, Elena Katok, and Axel Ockenfels, "How Effective Are Electronic Reputation Mechanisms? An Experimental Investigation," *Management Science* 50, no. 11 (2004): 1587–1602.Chrysanthos Dellarocas, "The Digitization of Word of Mouth: Promise and Challenges of Online Feedback Mechanisms," *Management Science* 49, no. 10 (2003): 1407–1424.

115

Edward L. Deci, "Effects of Externally Mediated Rewards on Intrinsic Motivation," *Journal of Personality and Social Psychology* 18, no. 1 (1971): 105–115.

116

Edward L. Deci and Richard M. Ryan, *Intrinsic Motivation and Self-Determination in Human Behavior* (New York: Plenum, 1985).E. L. Deci, R.Koestner, and R. M. Ryan, "A Meta-Analytic Review of Experiments Examining the Effects of Extrinsic Rewards on Intrinsic Motivation," *Psychological Bulletin*125, no. 6 (1999): 627–668.R. M. Ryan and E. L. Deci, "Self-Determination Theory and the Facilitation of Intrinsic Motivation, Social Development, and Well-Being," *American Psychologist* 55, no. 1 (2000): 68–78.

117

Maura A. Belliveau, "Engendering Inequity? How Social Accounts Create vs. Merely Explain Unfavorable Pay Outcomes for Women," *Organization Science* 23, no. 4 (2012): 1154–1174,published online September 28, 2011, http://pubsonline.informs.org/doi/abs/10.1287/orsc.1110.0691.

118

私人交谈。

119

Atwater, Brett, and Charles, "Multisource Feedback." Blatt, Confessore,Kallenberg, and Greenberg, "Verbal Interaction Analysis." Joan F. Brettand Leanne E. Atwater, "360° Feedback: Accuracy, Reactions, and Perceptions of Usefulness," *Journal of Applied Psychology* 86, no. 5 (2001): 930–942.

120

开发这个系统原型的工程师决定只允许使用 512 个字符。最初他们希望设定为 256 个字符，其中部分原因是由于一个字节（一个二进制数字集合）可存储 256 个不同的值。但是后来他们意识到 256 个字符很可能不够，因此将限定字符数加了倍（256 同时也是 2^8，512 则是 2^9）。

121

Drew H. Bailey, Andrew Littlefield, and David C. Geary, "The Co-development of Skill at and Preference for Use of Retrieval-Based Processes for Solving Addition Problems: Individual and Sex Differences from First to Sixth Grades," *Journal of Experimental Child Psychology* 113, no. 1 (2012): 78–92.

122

Albert F. Blakeslee, "Corn and Men," *Journal of Heredity* 5, no. 11(1914): 511–518. Mark F. Schilling, Ann E. Watkins, and William Watkins, "Is Human Height Bimodal?" *The American Statistician* 56, no. 3 (2002): 223–229,http://faculty.washington.edu/tamre/IsHumanHeightBimodal.pdf.

123

124

Carl Friedrich Gauss, *Theory of the Motion of the Heavenly Bodies Moving about the Sun in Conic Sections: A Translation of Gauss's "Theoria Motus,"* trans. Charles Henry Davis (1809; repr., Boston: Little, Brown & Co., 1857).

125

Margaret A. McDowell, Cheryl D. Fryar, Cynthia L. Ogden, and Katherine M. Flegal, "Anthropometric Reference Data for Children and Adults: United States, 2003–2006," *National Health Statistics Reports* 10 (Hyattsville, MD: National Center for Health Statistics, 2008), http://www.cdc.gov/nchs/data/nhsr/nhsr010.pdf.

126

Aaron Clauset, Cosma Rohilla Shalizi, and M. E. J. Newman, "Power-Law Distributions in Empirical Data," *SIAM Review* 51, no. 4 (2009): 661–703.

127

Herman Aguinis and Ernest O'Boyle Jr., "Star Performers in Twenty-First Century Organizations," *Personnel Psychology* 67, no. 2 (2014): 313–350.

128

Boris Groysberg, Harvard Business School, http://www.hbs.edu/faculty/Pages/profile.aspx?facId=10650.

129

要注意提升到"平均"水平并不一定意味着绩效表现进入前 50%（中位表现），但是已经足以说明问题。

130

Jack and Suzy Welch, "The Case for 20-70-10," *Bloomberg Businessweek*,October 1,

2006, http://www.businessweek.com/stories/2006-10-01/the-case-for-20-70-10.

131

出处同上。

132

Kurt Eichenwald, "Microsoft's Lost Decade," *Vanity Fair,* August 2012, http://www.vanityfair.com/business/2012/08/microsoft-lost-mojo-steve-ballmer.

133

Tom Warren, "Microsoft Axes Its Controversial Employee-Ranking System," *The Verge,* November 12, 2013, http://www.theverge.com/2013/11/12/5094864/microsoft-kills-stack-ranking-internal-structure.

134

David A. Garvin, Alison Berkley Wagonfeld, and Liz Kind, "Google's Project Oxygen: Do Managers Matter?" Harvard Business School Case 313-110, April 2013 (revised July 2013).

135

我们再也没有遇到过类似的情况，直到 2008 年，我们的搜索和体系基础架构高级副总裁比尔 · 卡夫兰（任该职务至 2011 年）处理了 180 份直接报告。

136

Atul Gawande, "The Checklist," *The New Yorker*, December 10, 2007,http://www.newyorker.com/reporting/2007/12/10/071210fa_fact_gawande.

137

来自内部采访。

138

ASTD Staff, "$156 Billion Spent on Training and Development," *ASTD* (blog), American Society for Training and Development (now the Association for Talent Development), December 6, 2012, http://www.astd.org/Publications/Blogs/ASTD-Blog/2012/12/156-Billion-Spent-on-Training-and-Development.

139

"Fast Facts," National Center for Education Statistics, http://nces.ed.gov/fastfacts/display.asp?id=66.

140

达蒙 · 邓恩，斯坦福大学帕洛阿尔托，2009 年 9 月 8 日，在威廉 · V. 坎贝尔奖杯命名仪式上讲的故事。http://en.wikipedia.org/wiki/Damon_Dunn.

141

K. Anders Ericsson, "Deliberate Practice and the Acquisition and Maintenance of Expert Performance in Medicine and Related Domains," *Academic Medicine* 79, no. 10 (2004): S70-S81,http://journals.lww.com/academicmedicine/Fulltext/2004/10001/

Deliberate_Practice_and_the_Acquisition_and.22.aspx/.

142

Angela Lee Duckworth, Teri A. Kirby, Eli Tsukayama, Heather Berstein,and K. Anders Ericsson, "Deliberate Practice Spells Success: Why Grittier Competitors Triumph at the National Spelling Bee," *Social Psychological and Personality Science* 2, no. 2 (2011): 174–181,http://spp.sagepub.com/content/2/2/174.short.

143

Andrew S. Grove, *High Output Management* (New York: Random House,1983), 223.

144

Chade-Meng Tan, *Meng's Little Space* (blog), http://chademeng.com/.

145

Jon Kabat-Zinn,*Wherever You Go, There You Are: Mindfulness Meditation in Everyday Life* (New York: Hyperion, 1994), 4.

146

Lucy Kellaway, "The Wise Fool of Google," *Financial Times*, June 7, 2012, http://www.ft.com/intl/cms/s/0/e5ca761c-af34-11e1-a4e0-00144feabdc0.html#axzz2dmOsqhuM.

147

私人交谈。

148

"Teaching Awareness at Google: Breathe Easy and Come into Focus," *Google* (official blog), June 4, 2013, http://googleblog.blogspot.com/search/label/g2g.

149

Michael M. Lombardo and Robert W. Eichinger, *The Career Architect Development Planner* (Minneapolis: Lominger, 1996), iv. Allen Tough, *The Adult's Learning Projects: A Fresh Approach to Theory and Practice in Adult Learning* (Toronto: OISE, 1979).

150

"Social & Environmental Responsibility Report 2011–2012," Gap Inc.,http://www.gapinc.com/content/csr/html/employees/career-development.html.

151

"U.S. Corporate Responsibility Report 2013," Pricewaterhouse Coopers,http://www.pwc.com/us/en/about-us/corporate-respon-sibility/corporate-responsibility-report-2011/people/learning-and-development.jhtml.

152

"Learning at Dell," Dell Inc., http://www.dell.com/learn/au/en/aucorp1/learning-at-dell.

153

D. Scott DeRue and Christopher G. Myers, "Leadership Development:A Review and

Agenda for Future Research," in *The Oxford Handbook of Leadership and Organizations*, ed. David V. Day (New York: Oxford University Press, 2014), http://www-personal.umich.edu/–cgmyers/deruemyersoxfordhandbookcha.pdf.

154

"Kirkpatrick Hierarchy for Assessment of Research Papers," Division of Education, American College of Surgeons, http://www.facs.org/education/technicalskills/kirkpatrick/kirkpatrick.html.

155

Yevgeniy Dodis, "Some of My Favorite Sayings," Department of Computer Science, New York University, cs.nyu.edu/–dodis/quotes.html.

156

David Streitfeld, "Silicon Valley's Favorite Stories," Bits (blog), New York Times, February 5, 2013, http://bits.blogs.nytimes.com/2013/02/05/silicon-valleys-favorite-stories/?_r=0.

157

"William Shockley Founds Shockley Semiconductor," Fairchild Semiconductor Corporation, http://www.fairchildsemi.com/about-fairchild/history/#.

158

Tom Wolfe, "The Tinkerings of Robert Noyce: How the Sun Rose on the Silicon Valley," *Esquire*, December 1983.

159

Nick Bilton, "Why San Francisco Is Not New York," Bits (blog), *New York Times*, March 20, 2014, http://bits.blogs.nytimes.com/2014/03/20/why-san-francisco-isnt-the-new-new-york/.

160

谷歌的"玛姬对抗斯普林菲尔德轻轨"，为什么我们的悉尼会议室被命名为北哈弗布鲁克。[a]

161

所有图片来自网络 http://archive.org/web/web.php.

162

文中评论是 2012 年 3 月在曼哈顿 92 街 Y 接受《彭博商业周刊》编辑乔希·泰兰吉尔采访时做的评论。Bianca Bosker, "Google Design: Why Google.com

a.《辛普森一家》第四季第十二集中销售商莱尔·兰利说服斯普林菲尔德镇建轻轨，建成的却是豆腐渣工程。北哈弗布鲁克就是该条轻轨建设中受害的小镇之一。——译者注

Homepage Looks So Simple," *Huffington Post*, March 27, 2012, http://www.huffingtonpost.com/2012/03/27/google-design-sergey-brin_n_1384074.html.

163

Bosker, "Google Design."

164

硅谷指数，http://www.siliconvalleyindex.org/index.php/economy/income.

165

Wayne F. Cascio, "The High Cost of Low Wages," *Harvard Business Review*, December 2006, http://hbr.org/2006/12/the-high-cost-of-low-wages/ar/1.

166

Edward P. Lazear, "Why Is There Mandatory Retirement?" *Journal of Political Economy* 87, no. 6 (1979): 1261–1284.

167

Frank L. Schmidt, John E. Hunter, Robert C. McKenzie, and Tressie W. Muldrow, "Impact of Valid Selection Procedures on Work-Force Productivity," *Journal of Applied Psychology* 64, no. 6 (1979): 609–626.

168

Ernest O'Boyle Jr. and Herman Aguinis, "The Best and the Rest: Revisiting the Norm of Normality of Individual Performance," *Personnel Psychology* 65,no. 1 (2012): 79–119.

169

Nassim Nicholas Taleb, *The Black Swan* (New York: Random House, 2007).

170

Storyboard, "Walt Disney' s Oscars," The Walt Disney Family Museum,February 22, 2013, http://www.waltdisney.org/storyboard/walt-disneys-oscars%C2%AE.

171

Wikipedia, "List of Best-Selling Fiction Authors," last modified April 19, 2014, http://en.wikipedia.org/wiki/List_of_best-selling_fiction_authors.

172

与美国录音学会（格莱美奖的主办方）的通信。

173

Bill Russell page, *NBA Encyclopedia: Playoff Edition*, National Basketball Association, http://www.nba.com/history/players/russell_bio.html.

174

http://www.golf.com/tour-and-news/tiger-woods-vs-jack-nicklaus-major-championship-records.

175

"Billie Jean King," International Tennis Hall of Fame and Museum,http://www.tennisfame.com/hall-of-famers/billie-jean-king.

176

Davemanuel.com, http://www.davemanuel.com/inflation-calculator.php.

177

我曾经与一名销售主管共事过，他认为自己的佣金应该根据整个公司的营业收入来定，而全公司的营业收入要以 10 亿美元计。他的确是一名很了不起的销售员，但是如果没有公司的品牌作为敲门砖，给他带来公众的信任，没有 AAA 的信用评级降低成本，没有公司基础构架的支持，那么他的销售量会大幅下降。他的销售表现并非全部来自个人的努力。在执行"极端薪酬"时，关键要区分非凡的表现有多少是由于个人因素，有多少是由于其他因素。

178

Katie Hafner, "New Incentive for Google Employees: Awards Worth Millions," *New York Times*, February 1, 2005, http://www.nytimes.com/2005/02/01/technology/01google.html?_r=0,http://investor.google.com/corporate/2004/founders-letter.html.

179

"2004 Founders' Letter," Google: Investor Relations, December 31,2004, http://investor.google.com/corporate/2004/founders-letter.html.

180

"2005 Founders' Letter," Google: Investor Relations, December 31,2005, http://investor.google.com/corporate/2005/founders-letter.html.

181

"The Hollywood Money Machine," Fun Industries Inc., http://www.funindustries.com/hollywood-money-blower.htm.

182

John W. Thibaut and Laurens Walker, *Procedural Justice: A Psychological Analysis* (Mahwah, NJ: Lawrence Erlbaum Associates, 1975), http://books.google.com/books?id=2l5_QgAACAAJ&dq=thibaut+and+walker+1975+Procedural+justice:+A+psychological+analysis.

183

Scott A. Jeffrey, "*The Benefits of Tangible Non-Monetary Incentives*" (unpublished manuscript, University of Chicago Graduate School of Business,2003), http://theirf.org/direct/user/site/0/files/the%20benefits%20of%20tangible%20non%20monetary%20incentives.pdf.Scott A. Jeffrey and Victoria Shaffer, "The Motivational Properties of Tangible Incentives," *Compensation & Benefits Review* 39, no. 3 (2007): 44–50. Erica Mina Okada, "Justification Effects on Consumer Choice of Hedonic and Utilitarian Goods," *Journal of Marketing Research* 42, no. 1 (2005): 43–53. Richard H. Thaler, "Mental Accounting Matters," *Journal of Behavioral Decision Making* 12, no. 3 (1999): 183–206.

184

这项发现与学术研究结果一致，学术研究关注的是采购而非礼物。人们在购买体验（旅行、晚餐）时比购买物品（衣物、电子用品）时更快乐。Travis J. Carter and Thomas Gilovich, "The Relative Relativity of Material and Experiential Purchases," *Journal of Personality and Social Psychology* 98, no. 1 (2010): 146–159。

185

Adam Bryant, "Honeywell' s David Cote, on Decisiveness as a 2-EdgedSword," *New York Times,* November 2, 2013, http://www.nytimes.com/2013/11/03/business/honeywells-david-cote-on-decisiveness-as-a-2-edged-sword.html.

186

Ben Parr, "Google Wave: A Complete Guide," *Mashable*, May 28,2009, last updated January 29, 2010, http://mashable.com/2009/05/28/google-wave-guide/.

187

"Introducing Apache Wave," Google, *Google Wave Developer Blog*, December 6, 2010, http://googlewavedev.blogspot.com/2010/12/introducing-apache-wave.html.

188

Chris Argyris, "Double Loop Learning in Organizations," *Harvard Business Review*, September 1977, http://hbr.org/1977/09/double-loop-learning-in-organizations/ar/1.

189

Chris Argyris, "Teaching Smart People How to Learn," *Harvard Business Review*, May 1991, http://hbr.org/1991/05/teaching-smart-people-how-to-learn/.

190

这段话与据称是 IBM 创始人托马斯 · J. 沃森所说的一段话很类似："最近有人问我是不是要解雇一名刚犯了一个错误给公司带来 60 万美元损失的员工。我说不会，我刚花了 60 万美元培训他，为什么会让别人捡便宜聘用有这样经历的人？"

191

"California Middle School Rankings," *SchoolDigger.com*, http://www.schooldigger.com/go/CA/schoolrank.aspx?level=2.SchoolDigger. 根据州内标准测试的数学和英语平均分数对学校进行排名。

192

Ronald S. Burt, "Structural Holes and Good Ideas," *American Journal of Sociology* 110, no. 2 (2004): 349–399.

193

这两位随便谁给我理发都可以……我不需要同时有两个人给我理发。

194

Nicholas Carlson, "Marissa Mayer Sent a Late Night Email Promisingto Make Yahoo 'the Absolute Best Place to Work' (YHOO)," *SFGate,* August 27,2012, http://www.sfgate.com/technology/businessinsider/article/Marissa-Mayer-Sent-A-Late-Night-Email-Promising-3817913.php.

195

Jillian Berman, "Bring Your Parents to Work Day Is a Thing. We WereThere," *Huffington Post,* November 11, 2013, http://www.huffingtonpost.com/2013/11/11/take-parents-to-work_n_4235803.html.

196

Meghan Casserly, "Here's What Happens to Google Employees When They Die," *Forbes,* August 8, 2012, http://www.forbes.com/sites/meghancasserly/2012/08/08/heres-what-happens-to-google-employees-when-they-die/. 梅根对这件事以及其他问题的理解非常贴切，令人印象深刻，因此一有机会，我就督促团队将她招聘到谷歌工作，她也接受了我们的聘用邀请。

197

私人交谈。

198

卡尼曼因为与特沃斯基合作取得的研究成果而获得诺贝尔奖，但是特沃斯基在颁奖之前就过世了。可惜的是诺贝尔奖不颁发给已过世的人。在诺贝奖授奖演讲中，卡尼曼开场说了这些话："该奖授予的成果……是我与阿莫斯·特沃斯基长期密切合作取得的。他也应该在这里。"丹尼尔·卡尼曼 2002 年 12 月 8 日在斯德哥尔摩大学的获奖演讲，参见 http://www.nobelprize.org/mediaplayer/?id=531。

199

通胀计算器。

200

Amos Tversky and Daniel Kahneman, "The Framing of Decisions and the Psychology of Choice," *Science* 211, no. 4481 (January 30, 1981): 453–458,http://psych.hanover.edu/classes/cognition/papers/tversky81.pdf.

201

Stephen Macknik and Susana Martinez-Conde, *Sleights of Mind: What the Neuroscience of Magic Reveals About Our Everyday Deceptions* (New York: Henry Holt, 2010), 76–77.

202

Julie L. Belcove, "Steamy Wait Before a Walk in a Museum's Rain," *New York Times,* July 17, 2013, http://www.nytimes.com/2013/07/18/arts/steamy-wait-before-a-walk-in-a-museums-rain.html.

203

Michael Barbaro, "The Bullpen Bloomberg Built: Candidates Debate Its Future," *New York Times*, March 22, 2013, http://www.nytimes.com/2013/03/23/nyregion/bloombergs-bullpen-candidates-debate-its-future.html.

204

Chris Smith, "Open City," *New York*, September 26, 2010, http://nymag.com/news/features/establishments/68511/.

205

Richard H. Thaler and Cass R. Sunstein, *Nudge* (New Haven, CT: Yale University Press, 2008), 15.

206

助推与奖金计划之间最明显的区别在于前者通常不会公之于众，而奖金计划则是明确设立以推动某种行为。如果你能认可公司有权塑造员工的行为，那么接下来将会面临一个更难的问题，即公司“好的”塑造和“坏的”塑造之间的界限何在。我认为这个界限受公司对助推透明度的影响。

207

助推也属于管理工具。《科学美国人》的编辑乔治·穆塞尔在2009年8月17日发表的文章认为小隔断是对应着20世纪50年代前的开放式办公室布局。George Musser, "The Origin of Cubicles and the Open-Plan Office," *Scientific American*, August 17, 2009, http://www.scientificamerican.com/article.cfm?id=the-origin-of-cubicles-an/。

208

Bradley Johnson, "Big U.S. Advertisers Boost 2012 Spending by Slim 2.8% with a Lift from Tech," *Advertising Age*, June 23, 2013, http://adage.com/article/news/big-u-s-advertisers-boost-2012-spending-slim-2-8/242761/.

209

Special Issue: U.S. Beverage Results for 2012, *Beverage Digest*, March 25,2013, http://www.beverage-digest.com/pdf/top-10_2013.pdf.

210

Samuel M. McClure, Jian Li, Damon Tomlin, Kim S. Cypert, Latane M. Montague, and P. Read Montague, "Neural Correlates of Behavioral Preference for Culturally Familiar Drinks," *Neuron* 44, no. 2 (2004): 379–387.

211

Nyla R. Branscombe, Naomi Ellemers, Russell Spears, and Bertjan Doosje, "The Context and Content of Social Identity Threat," in *Social Identity:Context, Commitment, Content*, eds. Naomi Ellemers, Russell Spears, and Bertjan Doosje (Oxford, UK: Wiley-Blackwell,1999), 35–58.

212

Robert B. Cialdini, "Harnessing the Science of Persuasion," *Harvard Business Review* 79, no. 9 (2001): 72–81,http://lookstein.org/leadership/case-study/harnessing.pdf.

213

Bradford D. Smart, *Topgrading: How Leading Companies Win by Hiring,Coaching, and Keeping the Best People* (Upper Saddle River, NJ: Prentice Hall, 1999).

214

Autumn D. Krauss, "Onboarding the Hourly Workforce." Poster presentedat the Society for Industrial and Organizational Psychology (SIOP), Atlanta, GA, 2010.

215

"Surgical Safety Checklist (First Edition)," World Health Organization,http://www.who.int/patientsafety/safesurgery/tools_resources/SSSL_Checklist_finalJun08.pdf.

216

Alex B. Haynes et al., "A Surgical Safety Checklist to Reduce Morbidity and Mortality in a Global Population," *New England Journal of Medicine* 360(2009): 491–499,http://www.nejm.org/doi/full/10.1056/NEJMsa0810119.

217

Michael Lewis, "Obama's Way," *Vanity Fair*, October 2012, http://www.vanityfair.com/politics/2012/10/michael-lewis-profile-barack-obama.

218

Talya N. Bauer, "Onboarding New Employees: Maximizing Success," SHRM Foundation's Effective Practice Guidelines (Alexandria, VA: SHRM Foundation,2010), https://docs.google.com/a/pdx.edu/file/d/0B-bOAWJkyKwUMzg2YjE3MjctZjk0OC00ZmFiLWFiMmMtY jFiMDdkZGE4MTY3/edit?hl=en_US&pli=1.

219

Susan J. Ashford and J. Stewart Black, "Proactivity During Organizational Entry: The Role of Desire for Control," *Journal of Applied Psychology* 81,no. 2 (1996): 199–214.

220

有大量的证据显示，积极主动的员工在各行各业中都是表现较好的。B. Fuller Jr. and L. E. Marler, "Change Driven by Nature: A Meta-Analytic Review of the Proactive Personality," *Journal of Vocational Behavior* 75, no. 3 (2009): 329–345.(A meta-analysis of 107 studies.) Jeffrey P. Thomas, Daniel S. Whitman, and ChockalingamV-iswesvaran, "Employee Proactivity in Organizations: A Comparative Meta-Analysis of Emergent Proactive Constructs," *Journal of Occupational and Organizational Psychology* 83, no. 2 (2010): 275–300.(A meta-analysis of 103 samples.)

221

Wikipedia, "Poka-yoke," last modified May 11, 2014, http://en.wikipedia.org/wiki/

Poka-yoke.

222

Steven F. Venti and David A. Wise, "Choice, Chance, and Wealth Dispersion at Retirement," in *Aging Issues in the United States and Japan*, eds. Seiritsu Ogura, Toshiaki Tachibanaki, and David A. Wise (Chicago: University of Chicago Press, 2001), 25–64.

223

Wikipedia, "Household Income in the United States," http://en.wikipedia.org/wiki/Household_income_in_the_United_States. Carmen DeNavas-Walt, Bernadette D. Proctor, and Jessica C. Smith, "Income, Poverty, and Health Insurance Coverage in the United States: 2011," US Census Bureau (Washington, DC: US Government Printing Office, 2012). "Supplemental Nutrition Assistance Program (SNAP)," United States Department of Agriculture, http://www.fns.usda.gov/pd/snapsummary.htm. J. N. Kish, "U.S. Population 1776 to Present," https://www.google.com/fusiontables/DataSource?dsrcid=225439.

224

图表来自文蒂和怀斯的《选择、机遇和财富分布》。

225

出处同注释 25。

226

B. Douglas Bernheim, Jonathan Skinner, and Steven Weinberg, "What Accounts for the Variation in Retirement Wealth among U.S. Households?" *American Economic Review* 91, no. 4 (2001): 832–857,http://www.econ.wisc.edu/~scholz/Teaching_742/Bernheim_Skinner_Weinberg.pdf.

227

James J. Choi, Emily Haisley, Jennifer Kurkoski, and Cade Massey,"Small Cues Change Savings Choices," National Bureau of Economic Research Working Paper 17843, revised June 29, 2012, http://www.nber.org/papers/w17843.

228

Richard H. Thaler and Shlomo Benartzi, "Save More Tomorrow: Using Behavioral Economics to Increase Employee Savings," *Journal of Political Economy*112, no. 1 (2004): S164–S187,http://faculty.chicagobooth.edu/Richard .Thaler/research/pdf/SMarTJPE.pdf.

229

真的，确实注册了这个商标。

230

托德 · 卡里塞不可能知道当年后半段我们宣布成立 Calico 公司，由前基因泰克首席执行官阿特 · 列文森领导，目标旨在解决老龄化带来的困境和问题。

231

"Obesity and Overweight," National Center for Health Statistics, Centers for Disease

Control and Prevention, last updated May 14, 2014, http://www.cdc.gov/nchs/fastats/overwt.htm.

232

"Overweight and Obesity: Adult Obesity Facts," Centers for Disease Control and Prevention, last updated March 28, 2014, http://www.cdc.gov/obe sity/data/adult.html.

233

M. Muraven and R. F. Baumeister, "Self-Regulation and Depletion of Limited Resources: Does Self-Control Resemble a Muscle?" *Psychological Bulletin* 126, no. 2 (2000): 247–259.

234

D. Hammond, G. T. Fong, P. W. McDonald, K. S. Brown, and R. Cameron, "Graphic Canadian Cigarette Warning Labels and Adverse Outcomes: Evidence from Canadian Smokers," *American Journal of Public Health* 94, no. 8 (2004):1442–1445.

235

Julie S. Downs, Jessica Wisdom, Brian Wansink, and George Loewenstein, "Supplementing Menu Labeling with Calorie Recommendations to Test for Facilitation Effects," *American Journal of Public Health* 103, no. 9 (2013): 1604–1609.

236

"McDonald's USA Nutrition Facts for Popular Menu Items," McDonalds.com, effective May 27, 2014, http://nutrition.mcdonalds.com/getnu trition/nutritionfacts.pdf.

237

David Laibson, "A Cue-Theory of Consumption," *Quarterly Journal of Economics* 116, no. 1 (2001): 81–119.

238

Colleen Giblin, "The Perils of Large Plates: Waist, Waste, and Wallet," review of "The Visual Illusions of Food: Why Plates, Bowls, and Spoons Can Bias Consumption Volume," by Brian Wansink and Koert van Ittersum (*FASEB Journal* 20, no. 4 [2006]: A618), Cornell University Food and Brand Lab, 2011, http://foodpsychology.cornell.edu/outreach/large-plates.html.

239

Wansink and Ittersum, "Visual Illusions of Food."

240

Leo Benedictus, "The Nudge Unit—Has It Worked So Far?" *Guardian*,May 1, 2013, http://www.theguardian.com/politics/2013/may/02/nudge-unit-has-it-worked.

241

Britton Brewer, "Adherence to Sport Injury Rehabilitation Regimens," in *Adherence Issues in Sport and Exercise*, ed. Stephen Bull (New York: Wiley, 1999),145–168.

242

Richard H. Thaler, "Opting In vs. Opting Out," *New York Times,* September 26, 2009, http://www.nytimes.com/2009/09/27/business/economy/27view.html.

243

Eric J. Johnson and Daniel Goldstein, "Do Defaults Save Lives?," *Science* 302, no. 5649 (2003): 1338–1339.

244

Zechariah Chafee Jr., "Freedom of Speech in War Time," *Harvard Law Review* 32, no. 8 (1919): 932–973,http://www.jstor.org/stable/1327107?seq=26&.

245

"Our Work: What We Believe," McKinsey & Company, http://www.mckinsey.com.br/our_work_belive.asp.

246

Andrew Hill, "Inside McKinsey," *FT Magazine*, November 25, 2011, http://www.ft.com/cms/s/2/0d506e0e-1583-11e1-b9b8-00144feabdc0.html#axzz2iCZ5ks73.

247

Ralph Waldo Emerson, "Self-Reliance," *Essays* (1841), republished as *Essays: First Series* (Boston: James Munroe and Co., 1847).

248

http://googleblog.blogspot.com/2011/07/more-wood-behind-fewer-arrows.html.

249

混合隐喻的使用。我这样说是因为我发现极少会有管理实践走上极端。比如，极少有公司会说“做所有的事情都要创新”或是“永远不要创新”。管理实践随着时间逐渐积蓄力量，之后才变得僵化，出现技能失调。公司按地缘进行分区，后来发现产品不是在每个地区都有同样的销量，维系业务的成本太高，难以为继，因此他们会重新组织产品线。而后产品可能不再适合当地需求，于是他们再次进行调整。执行管理的艺术在于了解何时调整到新的道路上。

250

Wikipedia, "Goji," http://en.wikipedia.org/wiki/Goji.

251

Jonathan Edwards, "Sinners in the Hands of an Angry God. A Sermon Preached at Enfield, July 8th, 1741," ed. Reiner Smolinski, Electronic Texts in American Studies Paper 54, Libraries at University of Nebraska–Lincoln, http://digitalcommons.unl.edu/cgi/viewcontent.cgi?article=1053&context=etas.

252

Steven Pinker, "Violence Vanquished," *Wall Street Journal*, September 24, 2011, http://online.wsj.com/news/articles/SB10001424053111904106704576583203589408180.

253

United States Congress House Special Committee to Investigate the Taylor and Other Systems of Shop Management, *The Taylor and Other Systems of Shop Management: Hearings before Special Committee of the House of Representatives to Investigate the Taylor and Other Systems of Shop Management* (Washington, DC: US Government Printing Office, 1912), 3: 1397, http://books.google.com/books?id=eyrbAAAAMAAJ&pg=PA1397&lpg=PA1397&dq= physically+able+to+handle+pig-iron.

254

谢家华说："我不太会把自己看作是一个领导者，我更多地是一个塑造环境的建筑师，使员工能够提出自己的想法，使员工能够培养文化，随着时间的推移促进文化的发展。" Adam Bryant, "On a Scale of 1 to 10, How Weird Are You?," *New York Times,* January 9, 2010.

里德·哈斯廷斯："有责任心的人在自由的环境下能够蓬勃发展，他们值得给予自由。在我们的模式下，会随着公司的发展给员工更多的自由，而不是限制自由，我们会继续吸引和培育具有创新性的员工，提高公司实现可持续成功的机会。" "Netflix Culture: Freedom and Responsibility," August 1, 2009, http://www.slideshare.net/reed2001/culture-1798664。

2008 年开始的金融危机期间，吉姆·古德奈特请赛仕软件的员工自己去寻找方法扭转公司下行的趋势："我告诉他们全年都不会裁员，但是我需要他们做出贡献，减少费用，放缓招聘工作，若有可能终止招聘。每个人都做出了贡献，2009 年的实际产出还有所提升……那一年是我们赢利最高的三年之一。"（"SAS Institute CEO Jim Goodnight on Building Strong Companies—anda More Competitive U.S. Workforce," *Knowledge@Wharton*, Wharton School of the University of Pennsylvania, January 5, 2011,http://bit.ly/1dyJMoJ.)

255

Abraham H. Maslow, "A Theory of Human Motivation," *Psychological Review* 50, no. 4 (July 1943): 370–396. 尽管马斯洛需求层次广为人知，但是最终并没有足够的数据支持这项理论。有其他人对马斯洛的成果进行了提炼，包括：Douglas T. Kenrick, Vladas Griskevicius, Steven L. Neuberg, and Mark Schaller, who offered an updated framework in 2010（"Renovating the Pyramid of Needs," *Perspectives on Psychological Science* 5, no. 3 [2010]: 292–314,http://pps.sagepub.com/content/5/3/292.short).

图书在版编目（CIP）数据

重新定义团队 /（美）拉斯洛·博克著；宋伟译
. -- 北京：中信出版社，2021.4
（中信经典丛书 . 003）
书名原文：Work Rules！
ISBN 978-7-5217-2889-7

Ⅰ . ①重… Ⅱ . ①拉… ②宋… Ⅲ . ①网络公司－企业管理－人力资源管理－经验－美国 Ⅳ . ① F279.712.444

中国版本图书馆CIP数据核字（2021）第045590号

重新定义团队——谷歌如何工作
（中信经典丛书 · 003）

著　　者：[美] 拉斯洛 · 博克
译　　者：宋伟
责任编辑：王金强
出版发行：中信出版集团股份有限公司
（北京市朝阳区惠新东街甲 4 号富盛大厦 2 座　邮编　100029）
承 印 者：北京中科印刷有限公司

开　　本：880mm × 1230mm　1/32　　印　　张：105.5　　字　　数：2152千字
版　　次：2021 年 4 月第 1 版　　印　　次：2021 年 4 月第 1 次印刷
京权图字：01-2014-7628
书　　号：ISBN 978-7-5217-2889-7
定　　价：920.00元（全10册）

精益创业

新创企业的成长思维

THE LEAN STARTUP

HOW TODAY'S ENTREPRENEURS USE CONTINUOUS INNOVATION TO CREATE RADICALLY SUCCESSFUL BUSINESSES

[美] 埃里克·莱斯
著

吴彤
译

中信出版集团 | 北京

目录

序　爱和速度缔造的新一代企业 / III
引言 / VII

第一篇
愿景

第一章　开端 / 3
第二章　定义 / 16
第三章　学习 / 31
第四章　实验 / 56

第二篇
驾驭

第五章　飞跃 / 85

第六章　测试 / 101

第七章　衡量 / 132

第八章　转型还是坚持 / 176

第三篇
加速

第九章　批量 / 221

第十章　成长 / 248

第十一章　适应 / 271

第十二章　创新 / 309

第十三章　尾声：杜绝浪费 / 333

第十四章　参与精益创业运动 / 349

致谢 / 359

注释 / 365

序

爱和速度缔造的新一代企业

创新工场董事长兼首席执行官　李开复

知名科幻小说家科利·多克托罗曾说："铁匠在啤酒中洒下眼泪，悲叹自己没有办法在铁路时代卖马掌，但是这并不会使他们的马掌更受欢迎。那些学习变成机械师的铁匠才会保住自己的饭碗。"我对这句名言的理解是：企业唯有快速顺应时代才能赢得未来，产品生产方式必须因时代而变。

对创业公司来说更是如此。

我们身处的商业时代有两大主题：互联网化和全球化。这个时代有几个新的特点：从市场结构来看，产品供给方的数量和质量远远超过了古典的商业时代，大多数市场是典型的买方市场，竞争激烈，企业唯有更好地满足客户需求才能生存；从消费趋势来看，用户的需求日趋多元化，满足他们需求的难度正在不断提高；从技术发展来看，以互联网、移动互联网为代表的信息技术，可以帮助企业深入理解大多数客户和消费者，按需驱动，使产品快速灵活地适应市场，同时去除无谓的损耗，企业效益得以最大化。

如何做？莱斯的《精益创业》进行了一次优秀的提炼：目标顾客—小范围实验—反馈修改—产品迭代—获得核心认知—高速增长。事实上，我认为这一切不是未来式，而是现在进行时，在互联网行业里甚至是过去式。来自美国的脸书（Facebook）、照片墙（Instagram）、品趣思（Pinterest），来自中国的微信、微博、豌豆荚……一系列耳熟能详的企业或产品通过这种模式在短短两年内获得了数千万甚至上亿的顾客。这在传统的商业时代是难以想象的！

2004年2月，当哈佛大学的大二学生马克·扎克伯格在宿舍鼓捣出脸书时，其第一个版本的功能仅仅是男女彼此投票，看对方头像是否好看。根据用户反馈，后来才陆续加了照片评选、个人主页、分享传播等功能。由于脸书是完全根据用户需求迭代做出的，因此受到网民的极度喜爱，脸书以像病毒传播一样惊人的速度传播开来。短短6年后，脸书的流量甚至超过了当时互联网的王者——谷歌！在神话的背后，这种新的产品研发模式功不可没。

显然，过去软件业那种项目严格保密、花多年时间打造、一出来就让世界惊讶的创业模式已经过时。因为市场变化得太快，经验再丰富的产品经理也不可能在立项时就把所有事情都想透彻，不犯错误。

过去三年在创新工场，我很高兴看见大多数的创业者正是“精益创业”的信奉者与践行者。与他们相处的时间越长，与创业者内心的距离越近，我就越感觉到互联网行业正在发生的“精益创业”现象是一个巨大的宝藏。

创业的第一个阶段是把想法变成产品。这时创业者们开发的产品是精简的原型，投入最少的金钱和精力开发出体现核心价值的产品。此时创业者们率领精干的成员，用类似特种部队的组织方式，在有限的资源和时间窗口内做出产品，并快速投入市场，通过不断的小规模实验，获得顾客反馈，进而不断迭代，让产品得到市场验证。

在创业的第二个阶段，新创企业要对正确的产品形态进行重点投入，做好做细，做“最了解用户的人”，做到极致。在这个阶段，企业必须用最小的成本、在最短时间内找到最有价值的认知。

在创业的第三个阶段，成功者往往会经历爆发式的增长、全面的扩张。企业开始与传统的、陈旧的市场势力展开阵地战。在这一过程中，创业企业的力量之源正是此前积累的对用户的深入理解和对市场的快速反应，即“爱与速度”。能到达第三个阶段的创业企业，大多会把“对用户有爱、对产品有爱”作为一种信仰。它们不能容忍产品有缺点，不能容忍产品的用户体验不好，不能容忍 bug（漏洞），要跟 0.1 秒的延迟较劲，跟 0.1 兆的大小较真……

年轻一代的创业者，正在丰富和拓展着现代企业的新特质与新内涵！

身处这一变革中，我发自内心地感到欣喜与骄傲。我看到“精益创业”的方式在每一天的实践中被验证、被传承、被传播。过去，它缔造了脸书、推特（Twitter）等强大的、崭新的科技公司；未来，它将不断影响、渗透、改变着创业者，促使他们缔造的企业更加人性化、更加智能化、更加有爱、更加成功。

我相信，属于这一代创业者的传奇才刚刚开始，苹果、谷歌、脸书的颠覆者一定会在这种创业模式下诞生。今天，《精益创业》这本书把近十年来闪光的智慧珍珠初步穿成了项链，而更多体系化的总结与演绎，仍有待更多关注者和记录者的加入。

引言

我想你对这样的故事并不陌生：年轻有为的大学在校生窝在宿舍里开创未来；他们天马行空，掌握新科技，满怀激情，赤手空拳打天下；较早的成功让他们筹得资金，把令人称道的新产品推向市场；他们雇用朋友，组建明星团队，谁都无法阻止这些年轻人的脚步。

那正是十年前的我：当时正经营着自己的第一家公司，之后又经历了好几次创业。我格外清楚地记得那个时刻：那个意识到公司即将倒闭的时刻。我和我的创业搭档一筹莫展。互联网泡沫破灭了，而我们已经花光所有的钱。我们千方百计地想要再筹集一些资金，却无计可施。那场景就好像好莱坞电影的分手戏：天下着雨，我们俩站在街上争执，无法对下一步何去何从达成一致，于是各怀怨怒，转身而去，分道扬镳。两人在雨中迷失、各奔东西的情景，暗示了公司失败的结局。

这是一段痛苦的记忆。之后，公司又勉强维持了几个月，但我们已毫无希望。曾几何时，我们看上去事事如意：有一个好产品、一支很棒的团队、出色的技术力量，以及恰逢其时的创意。当时真是万事俱备。我们开发的是一种让大学生们在网上创建个人档案的方法，让他们可以与人（例如雇主）共享这些档案。尽管想法不错，但因为不知道如何把产品理念转化为成功的产品，我们的失败从第一天起就注定了。

假如你从未经历这样的失败，你是很难想象其中的感受的。那就好像是天都要塌下来了，你感觉自己被耍了。杂志上的故事都是谎言，成功并没有伴随着埋头苦干和坚持不懈接踵而至。更糟糕的是，你对员工、朋友和家人的种种承诺无法兑现。而那些当初认为你出来单干是愚蠢之举的人更是显得早有先见之明。

事情本不该变成这样。在报纸杂志上、在电影大片里、在无数博客中，我们听到的是成功创业者们的鼓励：有了决心、才智、好的时机，还有最重要的——出色的产品，你也可以名利双收。

一些造梦行业不断向我们讲述这样的故事，但我早就意识到，它只是个传说，我们听到的故事是有选择性的，而且全算得上是事后诸葛亮。事实上，在和几百位创业企业家的工作接触中，我目睹了一个个充满希望的开始黯然收场。残酷的现实是：大多数创业以失败告终；大多数新产品并不成功；大多数新企业无法支撑到其大展身手的那一天。

但是，关于坚守、创新天才和努力工作的故事却一直存在。为什么它们会如此受欢迎？我想，在这些引人入胜的现代版白手起家的故事里，有些东西极富吸引力。只要你手上有好产品、好创意，成功就触手可及。这意味着平淡的细节、乏味的琐事和细枝末节的各种抉择都无足轻重。只要动手做起来，功到自然成。而大多数人都会遭遇的失败一旦发生，借口也是现成的："我们的产品不够好，我们不够有远见，或是没能得天时地利。"

身为一个创业者十年有余，我不再做上述之想。我从自己的成败及他人的经验中认识到，那些乏味的琐事和细节才是至关重要的。新创企业的成功不在于优良的基因，或生逢其时其地。它可以因为遵循了正确的流程而成功，也就是说，成功是可以习得的，是可以传授的。

创业即某种形式的管理。是的，你没看错。我们对"创业"和"管理"这两个词的认识截然不同。近年来，这两个词一个给人感觉很酷、富有创意、饱含激情，而另一个则沉闷、严肃、不够刺激。是时候打破成见了。

让我来讲一个再次创业的故事吧。2004年，一群创业者刚刚成立了一家公司。而他们先前创业的失败已尽人皆知，其信誉跌到谷底。他们此刻胸怀大志，希望通过一项被称为"虚拟人像"（avatar，要知道这个概念可比詹姆斯·卡梅隆的热卖大片[a]更早问世）的新技术改变人们的交流方式。他们追随着梦想家威尔·哈维，意在实现哈维描绘的动人蓝图：人们以虚拟形象和朋友交流，在互联网上聚会。虚拟形象既让他们紧密相连，又能保证安全和匿名。更妙的是，因为要装点这些化身所处的数字虚拟生活场景，使用者们会自己去设计服装、家具和各种配件，并相互购买。这样一来，产品开发者就无须做这方面的预设。

创业者面临的制作挑战是巨大的：创建一个虚拟世界，由用户生成内容，建立网上商务引擎、微支付系统，以及必不可少的能在每台个人电脑上运行的三维虚拟人像技术。

我自己就身处这个再次创业的故事当中。我是这家名为IMVU公司的联合创始人兼首席技术官。在职业生涯的

a. 即詹姆斯·卡梅隆执导的美国科幻大片《阿凡达》。"阿凡达"（avatar）原意即为"虚拟化身"。——译者注

那一刻，我和我的创业搭档们决心要犯“新的错误”。我们所做的每件事都是“错的”：原本应该花几年时间来完善技术，我们却在早期就开发了一个最小可行性产品，它糟糕透顶、漏洞百出，并且存在稳定性问题，随时会让电脑系统崩溃。在远未做好准备之前，我们就把它推向了受众。而且，它还是收费的。抓住最初一批顾客后，我们不断修改产品，每天推出十几个新版本，这已远远高于传统标准。

在早期，我们确实是有一些顾客的。他们是真正有远见的使用者。我们常常和他们交流，听取反馈意见。但实际上，我们并没有按他们的建议去做，而是仅把这些提议视为我们的产品和整体愿景的信息来源之一。事实上，更应该说，我们是在顾客那里进行实验，而不是迎合他们的奇思怪想。

传统的商业观念认为这种方式是行不通的，但实际上它却是可行的。你也可以不相信我的话。你会在本书中看到，IMVU 公司开创的这种方式，已经为全球创业企业家的新动向奠定了基础。它建立在过去很多管理和产品开发的理念之上，包括精益制造、设计思维、客户开发和敏捷开发。它代表了一种不断形成创新的新方法，称为“精益创业”。

尽管无数著作阐述了什么才是商业管理、商业领导者有哪些关键特质，以及发现下一个重大事件的方式，但如何把理想转变为现实，仍是令创新者们抓狂不已的问题。正是这种困境，促使我们在IMVU公司尝试使用了一种激进的新方式。它的特征表现在循环周期极短、关注顾客需求（而非问他们想要什么），以及科学地做出决定。

精益创业的缘起

我是那种从小到大都在和计算机编程打交道的人，所以我走的关于创业和管理的思考之路绕了个大圈子。在我的行当里，我一直从事产品开发的工作。我的搭档和老板都是职业经理人或营销人员，而我的同事们从事的则是计算机工程或运营工作。在我的整个职业生涯中，拼命开发产品却最终在市场中惨败的经历屡屡出现。

一开始，基于我的工作背景，我认为这些技术问题需要用技术方案来解决：比如完善的架构、更优的引擎处理程序、更佳的软件工程规范、更好的产品样式。这些貌似有用的法子却招致更多失利。所以我四处搜寻相关书籍来阅读，也非常幸运地得到几位硅谷顶尖人物的指点。当我成为IMVU的联合创始人时，我急需一些关于如何建立新企业的新见解。

幸运的是，我的几位搭档都愿意尝试新方法。他们和我一样对传统思考方式的失败忍无可忍。同时，我们也有幸获得硅谷前辈史蒂夫·布兰克的垂青，他成了我们的投资人和顾问。史蒂夫在2004年便开始宣扬一个新想法：应该把新创企业的业务及营销视为和计算机工程及产品开发同样重要的职能，因此它们也需要一套同等严格的方法作为指导。他把这种方法称为“客户开发”，它为我作为一个创业者的日常工作提供了指南。

与此同时，我在组建IMVU公司的产品开发团队时，使用了前文提到的一些非正统方式。用我以前在职业生涯训练中形成的产品开发的传统理论来衡量，这些方法根本就是无厘头，但我却实实在在地看到它们行之有效。我想方设法向新员工、投资人和其他公司的创始人解释这种实践方法。但我们缺乏统一的表述语言来说明这种做法，也没有具体的原则来理解它。

我开始在创业这件事之外寻找思路，以便厘清我的经验。我开始借鉴其他行业，特别是制造业的经验，因为大多数现代管理理论都是从那里发展出来的。我学习了起源于日本丰田生产系统的精益生产理论，这是一个针对实体产品制造的崭新思维方式。我发现，把精益生产的想法加以小小的变化和改动，运用到我自己的创业挑战中，这样整个理论框架就开始有了意义。

这一思考逐渐转化形成了“精益创业”，即把精益思维运用到创新的过程中。

IMVU 取得了巨大的成功，IMVU 的顾客创造了 6 000 多万个虚拟人像。公司成了赢利的企业，2011 年的收入逾 5 000 万美元，位于美国加州山景城的办公室的员工已过百。IMVU 的虚拟产品目录，几年前看上去还是风险重重，如今拥有了 600 多万件产品，每天还要新增 7 000 个，而且几乎全部是顾客自己创建的。

IMVU 的成功令其他创业者和风险投资人开始向我讨教。每当我开始讲述在 IMVU 的经历时，大家要么直勾勾地盯着我，要么满腹疑团。我最常听到的回应是：“这根本行不通！”从传统观念的角度来看，我的经历太过离奇，对大多数人，甚至是在硅谷这样的创新中心里的人来说，都难以回过神来。

于是我开始提笔写作，起初是在名为“新创企业的经验与教训”的博客上写。接着是演讲，在大型会议上，面对公司管理者、新创企业者和风险投资人，面对任何一个愿意倾听的人演讲。在某些需要我站出来为自己的观点辩护和解释的场合，以及和其他作者、思想家和创业者合作的过程中，我有机会把我早期的想法进一步细化，并将其发展成“精益创业”的理论。我一直希望能找到一剂良方，得以消除我所见过的各种巨大的浪费，比如新创企业制造的一些毫无市场的产品、新产品下架、无数创业梦想难以实现。

最终，精益创业的理念蓬勃发展起来，波及全球。创业者们在当地建立小组，探讨和运用精益创业的思维。现在，在全世界一百多个城市中都有组织起来的实践社团。[1]而我也跨越大陆周游列国，在各处目睹了创业繁荣兴盛的种种迹象。新一代的创业者渴望找寻建立成功企业的新思路，对他们来说，这场精益创业运动让创业者之路顺畅可行。

尽管我是高科技软件行业的创业者，但精益创业运动早已从它的诞生之地扩展开来。成千上万的创业者把精益创业的原则运用到了他们能想到的几乎所有行业。我也因此有机会与各种规模、各个行业的公司，甚至与政府机构合作。我的宣讲旅程把我带到了我以前根本想象不到的领域。从面向全球的风投精英，到《财富》杂志世界500强的董事会会议室，再到五角大楼。我感到最紧张的一次会议是向美国陆军的首席信息官，一位三星陆军中将解释精益创业的原则（顺便提一句，他对新思维的态度非常开放，即使这种想法是来自我这样一个平民）。

很快我就意识到，到了该用全部精力关注这场精益创业运动的时候了。我的使命是提高全球创新产品的成功概率。你正在阅读的这本书就是我的成果。

精益创业的方法

本书针对的是创业者，以及那些需要承担类似责任的人。精益创业的五项原则组成了本书的三大部分。这五项原则如下：

1. **创业者无处不在**。不是说你在车库里折腾才算是创业。在我定义的创业企业中工作的任何人，都算得上是创业者。所谓的新创企业就是在充满不确定性的情况下，以开发新产品和新服务为目的而设立的个人机构。这意味着创业者无处不在，而且精益创业的方法可以运用到各行各业——任何规模的公司，甚至是庞大的企业。

2. **创业即管理**。新创企业不仅代表了一种产品（的问世），更是一种机构制度，所以它需要某种新的管理方式，特别是要能应对极端不稳定的情况。事实上，我相信“创业企业家”是一个在所有现代企业中使用的头衔，因为企业未来的增长需要依靠创新。我将在后文中详细论述这一点。

3. **经证实的认知**。新创企业的存在不仅仅是为了制造产品、赚取金钱、服务顾客，它们的存在更是为了让我们了解如何建立一种可持续的业务。创业者们可以通过频繁的实验检测其愿景的各个方面，这种认知是可以得到验证的。

4. **开发—测量—认知**。新创企业的基本活动是把点子转化为产品，衡量顾客的反馈，然后认识到是应该改弦更张还是坚守不移。所有成功的新创企业的工作流程都应该以加速这个反馈循环为宗旨。

5. **创新核算**。为了提高创业成果，并让创新者们负起相应责任，我们需要关注那些乏味的细枝末节：如何衡量进度，如何确定阶段性目标，以及如何优先分配工作。这需要为新创企业设计一套新的核算制度，让每个人都肩负职责。

新创企业为什么会失败？

为什么新创企业以惨败告终的情况比比皆是？

第一个原因在于好的计划、可靠的战略和深入的市场分析造成的诱惑。在早期，这些都是衡量成功可能性的指标。把它们也套入创业企业中去的想法令人难以抗拒，但是此路不通。因为新企业的运营当中包含了太多不确定性。企业还不知道谁是自己的顾客、自身的产品应该是什么样的。当情形变得更加难以捉摸时，未来越发扑朔迷离。老的管理方式无法胜任这项工作。计划和预测只能基于长期的、稳定的运营历史和相对静止的环境，而这些条件是新创企业所不具备的。

第二个原因在于，当目睹运用传统管理方式无法摆脱困境后，一些创业者和投资人干脆就撒手不管，回到“想做就做”、跟着感觉走的状态。人们相信，如果实施管理反而有问题的话，无为而治就是解决之道。不幸的是，我的亲身经历证明了这也行不通。

管理者面对新创企业的那种颠覆性、创造性和混乱的状况，是可以加以管理的，或者确切地说，必须加以管理。这种说法看似有违直觉。多数人认为流程和管理枯燥无味，而创业则充满活力和激情。但真正令人激动的是看到企业获得成功，改变世界。人们为这些新企业付出的热情、精力和抱负都是珍贵的资源，不容随便浪费。我们可以且必须做得更好。本书要讲述的就是如何才能做到这一点。

本书内容是如何组织的？

本书分成三篇："愿景"、"驾驭"和"加速"。

"愿景"篇把创新管理作为一门新的学科。我说明了谁是创业企业家，定义了新创企业，阐述了一种让新创企业评估其进展的新方法，称为"经证实的认知"。为了获得这种认知，我们会看到，不管是从车库起家还是诞生于某个企业内部，新企业都可以运用科学的实验方法，发现和了解如何建立一项可持续的业务。

"驾驭"篇深入研究了精益创业方法的细节，通过核心的"开发—测量—认知"反馈循环，揭示重要的转折。你会了解从一个急需严格检测的大胆假设开始，到如何开发最小可行性产品来验证这些假设，如何建立一个新的核算体系，评估是否取得进步，以及决定是要转型（在既定基础上改变路线）还是要继续坚持。

在**“加速”**篇中，我们会探讨通过“开发—测量—认知”反馈循环，令新创企业的发展尽量加速的技巧，即便企业规模扩大了也同样如此。我们将探讨适用于新创企业的精益生产概念，比如小批量的好处。我们还将讨论组织架构如何设计、产品如何优化，以及如何把精益创业原则从众所周知的车库创业帮，拓展延伸到全球最大的企业中。

管理的新世纪

就社会层面而言，我们已经拥有了一整套管理大型企业的切实技巧，而且我们也知道制造实体产品的最佳方式。但谈到新创企业和创新时，我们发现自己还是在摸索中前行。我们依赖愿景，追随能创造奇迹的“伟大人物”，或是拼命分析新的产品。这些都是在20世纪当中随着管理的成功而产生的新问题。

本书尝试为创业者和创新确立一个严谨的立足点。管理走过了一百年，我们正迎来它在新世纪的黎明。我们面临这样的挑战：用所获得的机遇，干一番大事。精益创业运动旨在确保我们这些渴望一展宏图的人，拥有适用的工具来改变世界。

第一篇　愿景

第一章

开端

创业管理

建立新创企业的过程是一个组织机构建立起来的过程，因此，它需要引入管理。对充满激情的创业者而言，“创业”和“管理”这两个词所产生的联想是完全相反的，因此这种说法往往出乎他们的意料。创业者对于在企业成立伊始就采用传统管理实践非常抗拒，他们害怕这会引发官僚主义，或扼杀创造力。

十几年来，创业者试图运用常规管理方式，解决他们特有的问题，结果无所适从，驴唇不对马嘴。于是很多人采取了“想做就做”的态度，避免任何形式的管理、流程和规矩。不幸的是，这种方式带来的常常不是成功，而是天下大乱。我之所以知道这一点，是因为我的第一家公司就是这样惨淡收场的。

20 世纪中期，企业常规管理的巨大成功提供了前所未有的丰富资料，但是用这些管理原则处理新创企业所面对的混乱和不确定性，却并不适用。

我相信，创业活动需要运用管理准则，才能从我们得到的创业机会中收获成果。

现在，正在经营企业的创业者比过去任何时候都要多。全球经济状况的巨大改变令这种情况成为可能。举一个例子，人们总是听到时事评论员哀叹过去二十多年里美国损失的制造业工作岗位，但人们很少听到与之相应的制造力有所丧失。这是因为，即使工作岗位不断减少（参见以下几张图），美国制造业的总产量仍是增加的（在过去十多年内增长了 15%）。实质上，现代管理和科技创造了更高的产能，实现了生产能力的大幅提升，而这却让企业不知该如何应对。[1]

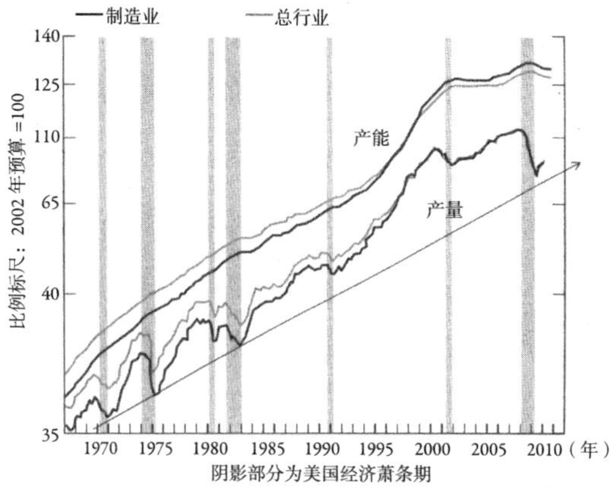

1970—2010 年美国制造业和总行业的发展情况

来源：美国劳工部劳工统计局。

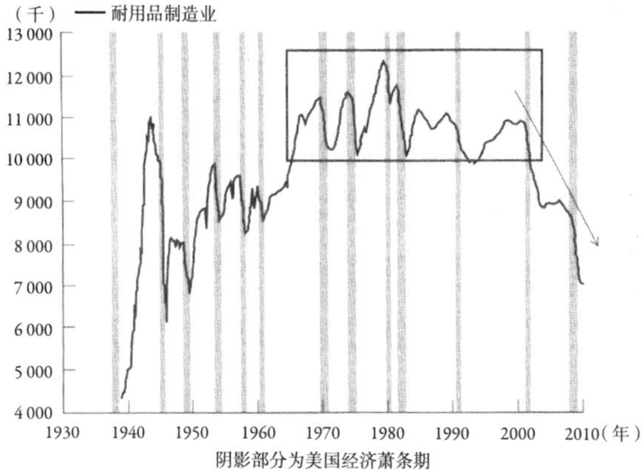

1930—2010 年美国耐用品制造业的发展情况

来源：美国劳工部劳工统计局。

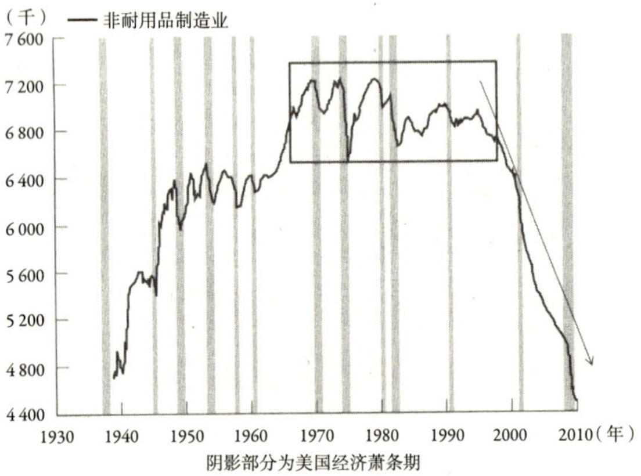

1930—2010 年美国非耐用品制造业的发展情况

来源：美国劳工部劳工统计局。

我们正身处一个空前的全球创业兴盛时代，但是机遇中暗伏风险。因为针对新企业，我们缺乏清晰的管理范式，白白浪费了多余产能。虽然缺乏严格的规范，但我们还是找到了一些赚钱之道，不过，每一处成功的周围更多的是失败：产品推出几周后被迫下架；媒体追捧、备受瞩目的新创企业几个月后就被人遗忘；新产品乏人问津而草草收场。这些失败最令人痛心的地方，不仅在于造成了员工、企业和投资人的经济损失，还在于它造成了我们文明中最宝贵资源的巨大浪费：对人们的时间、热忱和技能的浪费。

精益创业运动就是要致力于避免这些失败。

精益创业的根基

精益创业的名称来源于精益生产。后者是由丰田公司的大野耐一和新乡重夫发展出来的。精益的思考方法大大改变了供应链和生产系统的运作方式。它的原则中包括吸取每位员工的知识和创造力、把每批次的规模缩小、实时生产和库存管理，以及加快循环周期。精益生产让全世界懂得价值创造活动和浪费之间的差异，揭示了如何由内而外地将质量融入产品。

精益创业在“创业”这个背景下对上述这些概念加以改造，提出创业者判断其进展的方法应该和其他类型的企业有所不同。制造业的发展是用高质量的实体产品生产来衡量的，而精益创业则采用不同的发展单元，这些发展单元被称为“经证实的认知”，我们会在本书第三章谈到。用科学的认知作为衡量标准，我们可以发现并消除令创业者苦恼的浪费根源。

创业的综合理论应该说明一个处于初期的企业的所有功能：愿景和概念、产品开发、市场与销售、扩展规模、合作与分销，以及架构与组织的设计。它必须提供在极不确定的情况下衡量进展的方法。它可以为创业者提供明确的指示，指导创业者面对众多取舍做出决定：在过程中是否及何时进行投资；明确地阐述、计划并创建基础设施；何时单飞，何时结盟；何时回复反馈意见，何时应该抱定宗旨；如何及何时投资扩展业务。最重要的是，它必须能让创业者做出可验证的预测。

举例来说，不要以严格定义的职能部门（比如市场、销售、信息技术、人力资源等部门）来组成公司，或是要求人们在各自专长的领域有所表现（详见本书第七章）。不妨考虑一下建立跨部门的团队，并在各阶段依据我们所说的“认知的阶段性目标”负起相应责任。也许你会接受这个建议，也许你会对此持怀疑态度。无论如何，如果你决定将其付诸实践，我可以预言，你很快就会听到团队的反馈意见称，新的流程正在降低他们的生产力。他们会要求回到老路上，因为以往的方式让他们得以在较大的团队中工作，并把工作在部门间依次传递下去，这才使他们感觉“有效率”。

预测这样的结果可谓十拿九稳，这并不仅仅因为我多次在自己工作的公司中见过这种情况。它更是精益创业理论本身昭示的一个显而易见的预测结果。人们习惯于在自身范围内评估自己的工作效率，他们感觉良好的一天，就是在一整天里工作顺心。当我还是个程序员的时候，如果一天 8 小时的编程过程不受干扰，那这对我来说就是不错的一天。相反，如果我被问题、流程或天杀的会议打断的话，我就觉得很糟糕。在这一天中我究竟完成了什么？对我来说，编码和产品特性是实实在在的东西：我可以看见它们，理解它们，还能将它们拿来炫耀一下。相反，“认知”这回事儿既看不见又摸不着。

精益创业要求人们用不同的方法衡量生产力。因为新创企业总会时不时弄出一些没人要的东西，至于这些东西是不是及时被开发出来或是不是在预算之中并非重点。新创企业的目标在于弄明白到底要开发出什么东西，它得是顾客想要的，还得是顾客愿意尽快付费购买的。换言之，精益创业是研究创新产品开发的一种新方式，强调要兼具快速循环运作、对顾客的认知、远大的理想，以及雄心壮志。

亨利·福特一直是最成功、最知名的创业者。从汽车业兴起之初，管理的概念就和汽车制造的历史绑在了一起。

既然如此，我相信用汽车比喻新创企业刚巧合适。

内燃机汽车是由两个非常重要而又截然不同的反馈循环驱动的。第一个反馈循环深藏于引擎之中。在亨利·福特尚未成为有名的首席执行官之前，他只是一位工程师，夜以继日地在车库里琢磨修改那些令引擎气缸运转的精密机器设备。气缸中每次微小的爆炸都提供了让车轮转动的推动力，也带动了下一次爆炸点火。如果无法精确掌握这一反馈循环的运作时机，引擎就会爆缸，导致汽车抛锚。

新创企业有着相似的引擎设备，我把它称为“增长引擎”。不同企业面对的市场和顾客不同：玩具公司、咨询公司和生产工厂之间看起来可能没有什么相似之处，但我们会看到，它们的运营采用的是相同的“增长引擎”。

每一个新款产品、每一项新特征和每一个市场方案，都是改善这个增长引擎的一次尝试。就像亨利·福特在车库里焊接那些设备一样，并不是所有的改动都能成为一次进步。新产品的开发是时断时续的。为了调整增长引擎，新创企业生命周期中的大部分时间都用在了优化产品、营销或运营上。

汽车里第二个重要的反馈循环在驾车人和方向盘之间。这一反馈循环的作用方式无比自然，以致我们常常没有意识到它，但正是对方向的控制，使驾驶汽车与其他大多数通勤方式区别开来。如果你每日通勤，你大概会对你的上班路线熟悉到不能再熟悉了，你的双手似乎自动就能代你驾驶。你甚至可能在睡梦中驶过这条路线。然而，如果我要你闭上眼睛，准确写下你是如何到达办公室的，不是写下街道方向，而是写下你需要做的每个动作，包括每次用手转动方向盘、踩下脚踏板。当你慢慢回想，你会发现，驾驶的动作极其复杂，要一一写出来几乎不可能。

与之相反，一枚火箭需要的仅仅是预设好的校验。它必须依据最精确的动作指令（每次推进、每次助推器点火，以及每次改变航向）进行发射。须知千里之堤，溃于蚁穴，在发射时哪怕最微小的失误，也会导致过后远在千里之外的灾难性结果。

可悲的是，大多数关于创业的商业计划看上去更像是火箭发射，而不是汽车驾驶。这些计划细致入微地制订了要采取的步骤，以及期望的结果，活像是要发射火箭。它们陷入了一种危险境地，哪怕假设中有细小错误，也会带来惨痛后果。

我工作过的一家公司，曾经可悲地错误预测，使用新产品的客户数会达到百万量级。公司举办了一场热热闹闹的产品发布会，顺利执行了原定计划。但顾客并没有如期涌来。更糟糕的是，公司已经在大规模的基础设施、人员雇用，以及处理预期中大量顾客所需的后备支援方面投入了巨资。顾客没有蜂拥而至，但公司已经将资源全部投入，以致无法及时应变。公司由于成功地、全心全意地、严格地执行了一个最后发现是漏洞百出的计划，最终以“完败”收场。

相反，精益创业的方式是教你如何驾驭一家新创企业。你需要做的不是基于众多假设制订复杂的计划，而是通过转动方向盘不断进行调整，我们把这个过程称为“开发—测量—认知”的反馈循环。通过这样一个驾驭过程，我们可以知道是否到了急转弯时刻，我把这个时刻称为“转型”时刻。或者，我们是否应该“坚持”走在当前的道路上。一旦引擎加快转速，精益创业就可以提供以最大加速度扩充和发展业务的方法。

在这个驾驶过程中，你总是清楚知道目的地所在。你如果要去上班，就不会因为临时改道或转错了方向而放弃。你还是会专心致志地驶向你要到达的地点。

新创企业也有一个清晰的方向，一个脑海中的目的地：创造一项成功改变世界的业务。我把它称为“新创企业的愿景”。为了实现这个愿景，企业确立了战略，包括商业模式、产品方案计划、对合作方和竞争对手的看法，以及对谁是顾客的设想。产品是这个战略的最终结果（参见下图）。

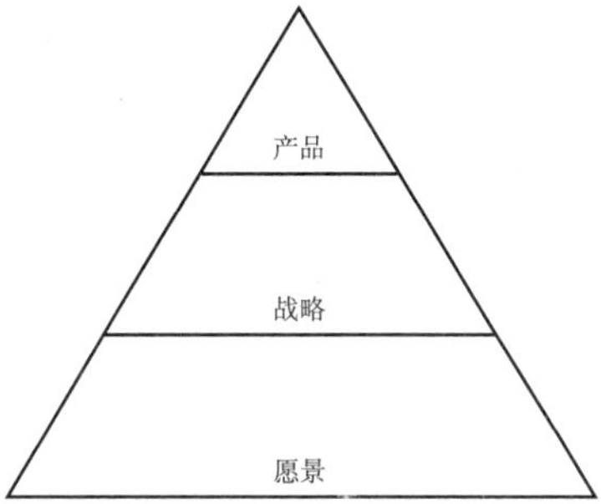

产品、战略、愿景的静态模型

产品在优化的过程中会不断被改变。我称其为“调整引擎”。有时候，战略可能需要被改变（称为“转型”）。但是，总的愿景却很少发生变化。创业者都有志看到企业达成目标。每次挫败都是一个了解如何到达既定彼岸的机会（见下页图）。

在实际情况中，新创企业是一系列活动的组合。很多事件会同时发生：引擎正在运转，吸纳新顾客并服务已有

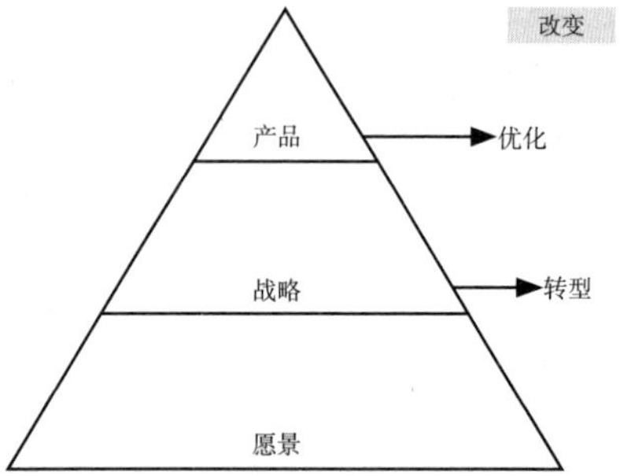

产品、战略、愿景的动态模型

顾客；我们正在调整，试着优化产品、市场营销和运营方式；我们在驾驶过程中决定是否及何时转型。创业者面临的挑战在于平衡所有这些活动。即使是最小规模的新创企业也面临着既要应对现有顾客，又要锐意创新的挑战。连最成熟的企业也必须在创新上投入资源，以免为时已晚。随着公司的逐渐成长，发生改变的只是一系列工作中各种活动的不同组合。

创业即管理。想象一下一位经理人在一家成熟企业内从事新产品开发的工作。试想他在一年后对公司的首席财务官说："我们没能达到预计的增长目标。事实上，我们几乎没有新的顾客和新的收入。但是，我们学到了很多东西，现在正处在一项新业务的突破口上。我们需要再多一年时间。”在绝大多数情况下，这恐怕就是那位经理向雇主做的最后一次汇报了。原因在于，在普通管理中，如果无法实现目标，要么是由于计划不足，要么是执行不力。反正两者都是重大过失，但是在现代经济结构中，新产品开发常常需要直面这种失败，才能渐入佳境。在精益创业运动中，我们逐步认识到，这些企业内部的创新者亦是真正的创业者，创业管理也可以助他们一臂之力，使之获得成功。这是下一章的主题。

第二章

定义

谁才是创业企业家？

当我在全球各地宣讲精益创业理念的时候，我经常会意外地遇到一些圈外的听众。除了一些新创企业的创业者，还有一些职业经理人，他们大多在大型企业里工作，负责建立新业务或产品创新的工作。这些人对组织内的政策了如指掌：他们懂得如何组建分别结算损益的独立部门，也会庇护有争议的团队，避免他人插手干涉。最出乎意料的是，他们都是梦想家。他们就像那些我多年来一直与之打交道的创业者一样，能预见自己行业的未来，愿意冒险寻找创新方案，解决企业面临的问题。

举个例子，一家大型企业的经理人马克来参加我的讲座。他是一位部门主管，最近刚被公司委派开发一套互联网新产品，意在把公司业务带入 21 世纪。讲座结束后，他来找我谈话。一开始，我跟他说了些如何在大企业内建立创新团队之类的标准话题。讲到一半，他就打断了我："是啊，我读过《创新者的窘境》。[1] 那些事我都摆平了。"他是公司的老员工，又是成功的经理人，对付企业内部政治驾轻就熟。我早就该想到：在公司政治、人事及流程方面游刃有余地出色完成工作正是他的长处。

接着，我试图给他提供一些关于未来趋势、很酷的新型高效产品开发技术的建议。他又一次打断了我："没错，我知道互联网这回事儿，我也清楚公司需要与时俱进，不然就会被灭。"

马克具备了所有创业者的"必要条件"——合适的团队架构、优秀的员工、对未来强烈的愿景，以及甘冒风险的勇气。最后我终于想起问他来找我谈话的原因。他说："我们好像有了所有原材料：引火物、木柴、纸张、打火石，甚至还有一些火花。但是，火在哪里？”马克所学的管理理论关注公司如何构建内部新团队，把创新视为一个“黑匣子”。但是马克发现自己是在“黑匣子里面”工作，因此他需要指导。

马克所缺的是一种流程——把创新的原始材料转变为真实世界里的突破性成就。一旦团队建立起来，这个团队该做些什么？采用什么流程？如何对各个阶段性绩效目标负责？这些问题都是精益创业方法所要回答的。

那么，我的观点是什么？我认为，马克和那些窝在车库里创业的硅谷高科技创业者一样，他需要精益创业的原则，他和我以往认识的那些典型的创业者的需求相同。

在一个成熟组织中进行运作的创业企业家有时被称为“企业内部的创业者”，因为他们面临着在大企业中创建新部门的特殊情况。当我把精益创业的概念应用到更广泛的领域、更多企业和行业中时，我逐渐认识到，企业内部的创业者和其他创业者之间的相似之处，比大多数人能想到的还要多。因此，当我使用“创业者”这个词的时候，不管企业规模、部门或发展阶段如何，我所指的是整个新创企业的生态系统。

本书针对的是所有类型的创业企业家：从毫无背景、

志向远大的年轻人，到像马克那样在大公司中经验丰富的具有远见卓识的人，以及那些肩负责任的人。

何谓新创企业？

精益创业是一系列的实践，能帮助创业企业家提高新创企业成功的概率。要把这个意思说明白，给新创企业下定义就非常重要。

> 新创企业是一个由人组成的机构，在极端不确定的情况下，开发新产品或新服务。

我认识到，这个定义中最重要的部分正是被省略的部分。这其中没有提及企业的规模、行业或经济领域。任何一个在极度不确定情况下开发新产品或新业务的人，都是创业企业家。无论他本人是否意识到，也不管他是身处政府部门、获得风险资本投资的公司、非营利机构，还是由财务投资人主导的营利性企业。

让我们看一下定义中的每个细节。“机构”这个词意味着官僚制度、流程细节，乃至缺乏活力。它们怎能见容于新创企业？然而，成功的新创企业内却充斥着与建立机构相关的各类活动：雇用有创造力的员工，协调他们之间的工作，建立以结果为本的企业文化。

我们总是忘记，新创企业并不仅仅代表一种产品、一种技术突破或一个天才的设想，新创企业的意义比以上所有的总和还要多，它实质上是一个充满人类活动的企业。

关于“新创企业的产品或服务就是一种创新”的事实表述，也是定义中重要而微妙的一环。我更愿意使用一个广义的“产品”定义，它包含把普通人转变为顾客的所有价值来源。顾客在和企业的互动中体验到的任何事或物，都应该被认定为公司的产品。无论是杂货店、电子商务咨询网站、咨询顾问服务，还是非营利社会服务机构，概莫能外。在任何情况下，组织架构都要为顾客提供一种新的价值来源，并关注其产品对顾客的影响。

从广义上理解“创新”这个词也很重要。新创企业运用了各种各样的创新：崭新的科学发现，重新开发现有技术的新用途，发展新的业务模式，释放潜在价值，抑或仅仅是把产品或服务带到新的市场，或带给以往服务力度不够的顾客。凡此种种，创新都是企业成功的核心所在。

定义中还有一个重要组成部分：发生创新的大环境。大部分企业，无论其规模大小，并没有处在这种环境中。

新创企业注定要在不确定的状态下打拼。如果照搬现有企业的商业模式、定价、目标顾客和产品样式来开办一家新公司的话，那它说不定是一项有吸引力的划算投资，但它成功与否仅仅取决于执行能力，而且这种成功的或然率是可以精确推断出来的，所以它不能算是一个新创企业。(由于风险和不确定程度都比较明了，因此银行贷款员能评估其前景。这就是很多小型公司能直接拿到银行贷款的原因。)

对在极不确定的严苛土壤中茁壮成长的新创企业来说，大多数管理工具并不适用。未来难以预测，顾客面前的选择越来越多，而改变的步伐又日益加速。尽管如此，不管是车库派的新创企业，还是大企业内的创新团队，很多都还在使用标准的预测方式、阶段性产品目标和详细的商业计划来进行管理。

SnapTax 的故事[a]

2009 年，一支创新团队决定尝试一项大胆的举措。

a. SnapTax 是由美国财务软件商财捷公司开发的简易报税软件，字面意思是“拍照报税”。——译者注他们想让纳税人从昂贵的税务服务中解放出来，让收集W-2表格信息的过程自动化。（W-2表格是员工从雇主那里收到的汇总当年应纳税收入总额的凭单。）公司很快遇到了问题。尽管多数顾客的家中或办公室内就有打印机或扫描仪，但几乎没人知道如何使用那些设备。经过和潜在顾客的无数次对话，项目团队想到让顾客直接用手机拍下照片的点子。在测试这个想法的过程中，顾客提出了一个出乎意料的问题：是否可以在手机上完成“整个退税”的过程？

这件事做起来可不容易。传统报税工作需要顾客费劲地回答上百个问题，填写很多表格，还要准备一大堆文件。这支创新团队做了一个新的尝试，它决定先推出一个比完整报税产品的功能少得多的早期版本。这个原始版本只针对退税情况非常简单的顾客，而且仅适用于加州。

顾客不再需要填写复杂的表格，新的产品让他们可以用手机拍下自己的W-2表格。根据这张表，公司开发了能收集归档大多数1040 EZ税表[a]的技术。相比传统报税形式带给人们的一堆麻烦，这个称为SnapTax的新产品给人们

a. 1040 EZ税表是申报个人收入最简化的报税单，适用于退税情况不复杂的纳税人。——译者注

提供了一次神奇的体验。从平凡的起步开始，SnapTax 成长为一个新创企业成功的研究范例。2011 年该产品在全美推出后，受到了用户的喜爱。软件在开始的 3 周内就被下载了 35 万多次。

这种了不起的创新正是你期待新创企业能带来的东西。

但是，听到这家公司的名字后，你可能会大跌眼镜。SnapTax 是美国最大的财务软件商财捷公司开发的。财捷公司为个人和小型公司提供财务、税收和会计工具，拥有 7 700 名员工，年收入为数十亿美元。它并非一个典型的新创企业。[2]

开发 SnapTax 的团队看上去也不符合传统创业者的形象。他们并没有在车库里边吃方便面边忙活，他们的公司也不缺少资源，团队成员的收入和福利一应俱全，他们每天踏进办公室上班，但他们的确是创业企业家。

这样的故事在普通的大企业中并不多见。不管怎么说，SnapTax 与财捷的主力产品——全功能的 TurboTax[a] 桌面软件产生了直接竞争。通常情况下，正如克莱顿·克里斯坦森在《创新者的窘境》中所描述的，像财捷这样的企

a. TurboTax 是一种电子报税软件，是财捷公司主要的软件产品之一。——译者注

业常会陷入这样一种情况：它们非常善于逐步完善现有产品，为已有客户服务，即克里斯坦森所说的“延续性创新”。但是企业在开发突破性的新产品上挣扎不已，而正是这种“颠覆性创新”制造出了新的增长源头。

当我询问SnapTax项目团队的领导者“成功由何而来”时，他们的回答是这个故事中最值得回味的部分。他们是不是从公司外部聘用了明星企业家？没有，团队是在财捷公司内部组建的。高级管理层是否不断干涉他们的行动？要知道这可是很多公司中创新团队的克星。也没有，他们的上司开辟了一个“自由岛”，让他们尽情发挥。那么他们是不是拥有庞大的团队、高额预算和大笔的市场营销投入？统统不对，最初的小组只有5个人。

让SnapTax团队实现创新的不是他们的基因、运程或星座，而是一个由财捷公司的高级管理层刻意营造的流程。创新是由下至上的、分散的、难以预测的东西，但这并不意味着人们无法对它进行管理。事实上，管理创新是可以做到的，但是它需要新的管理法则。不仅创业者需要掌握它来寻找下一个重大发明的灵感，而且支持、培养并要求创业者肩负责任的人也需要熟知它。换句话说，培养创业企业家是高级管理层的职责。在类似财捷公司这样的先锋企业中，如今会出现 SnapTax 这样的成功案例，正是由于企业认识到需要新的管理范式。这是经过多年沉淀后的领悟。[3]

七千人的精益创业

1983 年，财捷公司的创始人、传奇创业者斯考特·库克，联手另一位创始人汤姆·普罗克斯提出了一个大胆的想法，个人财务会计应该由电脑完成。当时，成功离他们还遥不可及。他们面对的是大量的竞争者、不明确的未来，以及初期极小的市场。十几年后，公司上市，旋即而来的是要抵挡来自行业大佬们的攻击，大家想必耳熟能详，这其中包括软件巨头微软公司。财捷公司之所以能成为一家全方位的企业、《财富》杂志世界 1 000 强公司，在一定程度上要归功于著名的风险投资家约翰·杜尔。现在，公司的主要部门提供了几十种占据市场领先地位的产品。

这是我们常常听到的创业事迹：一群失意者聚在一起，最后终于赢得了名望、喝彩和财富。

时间快速回到 2002 年，库克正灰心丧气。他刚刚列出了十年来财捷公司推出的所有新产品的数据，得出的结论是大量投入只带来极少回报。简单地说，就是太多新产品以失败告终。从传统角度来看，财捷是一家管理得当的公司，但库克深挖了这些失败的根本原因，得出了一个难堪的结论：他和公司一直以来使用的管理模式，在解决现代经济环境中持续创新的问题方面无能为力。

到 2009 年秋天，库克已经在改变财捷公司的管理文化上倾注了好几年精力。他看到了我在精益创业方面早期的一些工作，于是叫我去财捷做一次演讲。在硅谷这可是求之不得的机会。我承认我很好奇。我才刚刚踏上探索精益创业之旅，还没有获得面临这种挑战的《财富》杂志世界 1 000 强企业的认同。

和库克及首席执行官布莱德·史密斯的谈话开始让我想到，现代职业经理人要像风险投资家和车库创业派一样，为创业而奋斗。为了应对挑战，库克和史密斯要回归财捷的本源，把创业活动和甘冒风险的精神注入各个部门。

以财捷的主力产品之一 TurboTax 为例。它的销售大多集中在美国的税季，所以风格一度相当保守。一年之中，市场和产品团队只在税季之前推出一次主要的产品活动。现在他们在两个半月的税季中，测试了 500 多种不同的改动。每周进行近 70 项不同的测试。团队可以在周四把一处改动放到网站上，让其在周末运行，到周一读取结果，周二一大早得出结论；然后于周四重建新的测试，并在周四晚上在网站上公布新的版本。

正如库克所说："哎呀，他们现在学到了很多东西。这么做是为了培养创业企业家。只有一个测试时，你得到的不是创业者而是政客，因为你必须把仅有的东西卖出去。而如果有了 100 个好想法，你就要推销你的主张。那么，你建立的是一个政客和销售员共存的社会。当你进行了 500 个测试的时候，每个人的想法都能一一验证。那时你才能得到一些不断测试、学习、再测试、再学习的创业企业家，而不是一群政客。所以，我们用与高科技毫不相干的例子，比如这个网站的例子，在组织上下推行这种方法。每个公司都有一个网站。你不需要什么高科技来进行快速循环测试。"

这种改变是艰难的。毕竟公司既要满足数量庞大的已有客户不断提出的服务需求，又要以持续稳定的增长回报投资人。

库克说：

> 它违反了一直以来人们在商业社会中的所学，以及领导者的所学。问题并不在团队或创业者身上。他们热

爱把自己的心血结晶尽快推向市场的机会，热爱让顾客决定而不是让领导者决定的机会。真正的问题出在领导者和中层管理者身上，因为很多商业领导者是靠分析取得成功的。他们认为自己是分析师，他们的工作就是好好做计划和分析，然后得出一个方案。

企业凭借早期创新产品占领市场领导地位的时间正在缩短。这种情况让最受保护的企业也不得不在创新上投资。事实上，我认为，一家企业唯一持久的长期经济增长之道，就是用精益创业的技巧建立“创新工厂”，不断获得“颠覆性创新”。换言之，成熟企业需要考虑如何实现斯考特·库克在1983年完成的事情，只不过现在要在行业范围内，和一群沉浸于传统管理文化的成熟的职业经理人一起去做。

一贯特立独行的库克要我把想法付诸实践，于是我向7 000多名财捷员工做了一次同步直播演讲。在这场演讲中，我解释了精益创业的理论，重复了我对新创企业的定义：一个在极端不确定情况下的开发新产品和新服务的组织。

接下来发生的事情深刻烙印在我的记忆中。首席执行官布莱德·史密斯在我讲话的时候一直坐在我旁边。当我说完的时候，他站了起来，在财捷全体员工面前说："伙计们，听着。你们已经听到莱斯对新创企业的定义了。它包含了三个部分，而我们财捷具备了'所有这三个部分'，和这个定义刚好匹配。"

作为领导者，库克和史密斯认识到管理思维中需要新的内容。财捷公司的实例证明了这种想法在大企业中是可行的。史密斯告诉我，他们在衡量其创新工作做得如何时会用到两个指标：3 年内的新产品服务的顾客数量，以及 3 年内的新产品服务占总营业收入的比重。

在旧模式中，一个成功的新产品平均要花 5.5 年才能取得 5 000 万美元的收入。史密斯告诉我："去年，面市仅仅一年的新产品服务就创收 5 000 万美元。现在，它不只是单独的一项产品服务。它是一整套正在发生的创新活动，是为我们带来活力的东西。我们认为消灭那些不能尽快产生意义的事，集中精力应对有意义的工作，可以让我们绕过阻碍，找到捷径。"对财捷这样的大企业来说，这些只是普通的成绩，而且尚处早期。它有几十年的传统系统和思维方式要克服。但在领导层采用创业管理的方法之后，成效开始显现。

领导者需要创造条件，允许员工们做创业活动中需要做的实验。比如 TurboTax 的改变让财捷团队得以在每个税季进行 500 项测试。在此之前，即使有好想法的市场人员想做这些测试，也做不成，因为当时他们没有一个迅速修改网站的系统。后来公司投资开发了系统，提高了速度，才让这些测试的建立、部署和分析得以实现。

正如库克所说："开发这些实验系统是高级管理层的责任，必须由领导层将之实现。它令领导者不再高高在上地同意或否决每个创意，而是将之注入企业文化和组织系统，让团队以测试系统的速度前进并创新。"

第三章

学习

作为一名创业者，我最烦恼的是公司有没有朝着建立成功业务的方向迈进。同时，作为一个工程师出身的管理者，我在衡量工作进展时通常会考虑工作是否按计划进行、质量是否达到较高标准，以及成本是否在预算范围之内。

身为创业者多年以后，我开始怀疑这种衡量方法是否正确。万一我们发现自己开发的东西没人要怎么办？果真如此的话，我们是否按时、按预算开发出产品又有什么意义呢？每天下班回家，我唯一知道的事情就是这一天我又让大家忙碌了一番，还花了不少钱。我希望团队付出的努力能让大家向目标靠得更近。如果我们最后选错了方向，那只能自我安慰说，至少我们学到了一些重要的东西。

很不幸，“学习”二字是书本里用以掩饰执行失败的惯用借口。它也是经理人无法兑现承诺时的救命稻草。创业者处于只许成功不许失败的压力之下，一旦需要说明学到了哪些东西，就会变得超级有创造力。我们这些人都能搬出一大堆故事，因为我们的工作、职业生涯、信誉都仰赖于此。

但是，对于那些跟随创业者跨入未知世界的员工，向创业团队投入宝贵金钱、时间和精力的投资者，或大大小小依赖创业革新生存状况的组织来说，学习是苍白无力的说辞。你无法把学习拿去银行，你没法儿用它投资或消费，你不能把它给予顾客或用它来回报合伙人。如此说来，学习在创业企业和管理圈中名声不佳，又有什么好奇怪的呢？

但如果创业的根本目的是在极不确定的情况下建立组织机构，那么它最重要的功能就是学习。为了实现愿景，我们必须明确我们的哪些策略是可行的，哪些是过激的。我们必须了解顾客真正需要的是什么，而不是他们自己说要什么，或者我们认为他们应该要什么。我们必须认清自己是否在朝着可持续企业之路发展。

在精益创业模式中，我们要重建“学习”的概念。我将之称为“经证实的认知”。经证实的认知不是事后诸葛亮，也不是用于掩饰失败的好听说法。经证实的认知是说明新创企业进展情况的一种严格方式，而通常这些进展情况会被极端不确定的企业成长环境掩盖。它也是一个实证的展示过程，让团队发现新创企业当下和未来的商业前景的真相。它更加切实、精确，而且比市场预测或传统的商业计划更快速。成功地执行一项无意义的计划是导致失败的致命原因，而经证实的认知则是解决这个问题的首要方法。

IMVU 经证实的认知

让我以自己的职业生涯为例。很多人听我讲述过 IMVU 公司创立的故事，以及我们在开发第一个产品时犯的许多错误。现在我用其中一个错误来详细说明什么是经证实的认知。

参与创立 IMVU 的这群人都立志成为真正的战略思考

者。由于我们每个人之前参与的创业都以失败告终，所以大家都极不愿意再次重复这种惨痛经历。我们一开始主要考虑的问题包括：应该开发什么东西？针对谁？我们能进入并称雄哪些市场？我们能创造出怎样的持久价值，不至于随着竞争而消失？[1]

出色的战略

我们决定进入即时通信（IM）市场。2004 年全球这一市场存在上亿的活跃消费者。但是大多数使用即时通信工具的顾客并没有为这类产品付费。美国在线（AOL）、微软和雅虎这些大型媒体或门户网站公司，为招徕顾客而不惜亏本运作即时通信网络，以此通过其他诸如广告之类的服务获取一定收入。

即时通信是需要强大“网络效应”的市场例证。即时通信网络和大多数通信网络一样，被认为是符合麦特卡夫定律的，即一个通信网络的整体价值，约和这个系统用户数量的平方成正比。换言之，网络中的人越多，该网络的价值就越高。单凭直觉想想这也是对的。对每个参与者来说，他可以和多少人交流决定了网络的价值。想象一下，在一个网络环境中，如果只有你有电话，那它根本没有价值。只有当其他人也拥有电话时，这个网络环境才有价值。

2004年，即时通信市场被当时主要的几家企业占据。三大即时通信网络控制了全部使用量的80%以上，并且正在整合其获取的市场份额，挤占了很多小企业的利益。[2]大家的共识是，如果不在市场营销上花费大笔资金，要把新的即时通信网络打进市场几乎是不可能的。

产生这种想法的原因很简单。因为网络效应的力量，即时通信产品的转换成本非常高。要从一个网络换到另一个，顾客必须说服他的朋友和同事一起转换。这些对顾客来说的额外工作，成了业者进入即时通信市场的阻碍：当所有顾客都在使用一个现有网络商的产品时，没有人会离开去搞独立大队。

IMVU公司确立的产品开发战略是把大众市场上传统的即时通信网络，和单位客户收益高的三维视频游戏及虚拟世界相结合。因为要把新即时通信网络打入市场几乎是不可能的，所以我们决定开发一个即时通信的附加产品，在现有的网络间运行。那么，顾客就可以选用IMVU虚拟物品和人像的交流技术，而无须改换即时通信供应商、适应新的用户界面，最重要的是，不需要挪动他那整班朋友。

事实上，我们认为最后这一点很关键。要使这个附加产品有用，顾客“必须”和他已有的朋友一起使用它。他们的每次交流都会植入要求好友加入 IMVU 的邀请。这样，我们的产品就会通过现有的即时通信网络迅速传播开来。要达到这种病毒式增长，我们的附加产品能支持尽可能多的现有即时通信网络，并能在各种电脑上运行就非常重要了。

发布前的 6 个月

确定了这个策略之后，我和创业搭档们开始了一轮紧张的工作。作为首席技术官，我的众多职责之一便是编写软件，支持不同网络间即时通信的互通性。我们连续工作了几个月，投入了大量时间，努力争取第一个产品的面世。我们给自己规定了在 6 个月，即 180 天的明确期限后推出产品，并吸引到第一批付费客户。这是一个要命的时间表，但我们还是下定决心要按时发布。

这个附加产品既庞大又复杂，我们不得不回避其中种种不确定部分，只求及时把它完成。我就这么说吧：第一版产品真是糟糕透顶。我们花费无数时间争论哪些漏洞需要修补、哪些可以暂且忍受，哪些功能可以不要、哪些必须有。回想起来，那段时间既精彩又让人恐惧：我们对成功满怀憧憬，却又担心推出糟糕的产品。

从个人来说，我顾虑的是低质量产品将损害我作为一名软件工程师的声誉。别人会认为我不懂怎样开发出高质量的产品。而我们所有人担心的则是损害IMVU的品牌形象。不管怎么说，我们的软件产品是要向顾客收费的，但它却不过尔尔。我们想象着那该死的报纸头条会是："笨蛋创业者开发差劲产品。"

随着产品发布日的临近，我们的恐惧感越来越强烈。在那种情况下，很多创业团队会向恐惧低头，推迟产品的发布。尽管我理解这种冲动，但还好我们坚持住了，因为延期会让很多新创企业得不到其所需要的反馈意见。之前的失败让我们更担心另一种情况：开发出的产品没人要。这比推出差劲的产品更糟糕。因此我们牙一咬心一横，做好道歉的思想准备，面向公众推出了产品。

发布

接下来居然什么都没发生！我们白白担心了一场，因为没有一个人愿意使用我们的产品。最初我松了一口气，至少没人发现这个产品有多烂，但很快，沮丧的心情占了上风。花了那么多时间争论需要哪些功能、要修补哪些漏洞之后，原来我们的价值主张是那么不着边际，顾客还远未走到发现我们的设计有多蹩脚的那一步。因为他们根本就不下载我们的产品。

在接下来的几个月里，我们专心提升产品质量。通过使用者的在线注册和下载，我们逐步取得了一批顾客。我们把每天的顾客视为一张新的成绩报表，用以了解我们工作的好坏。最后我们意识到该如何改善产品定位，使顾客至少会愿意下载它。我们不断改进产品基础，每天提供漏洞修补和新的修正。然而，尽管竭尽全力，我们仍只说服了极少一部分人掏钱购买产品。

回想起来，我们当时的一个英明决定是在企业成立初期就设置了明确的收入目标。第一个月我们打算挣 300 美元。为此，我们发动了（好吧，是恳求了）很多朋友和家人。结果刚好达标。之后每个月，我们小小的收入目标逐步提高，一开始是 350 美元，接着 400 美元。随着数字的增长，我们遇到的困难越来越大。能动员的朋友和家人都动员了，我们的失望之情渐增。产品每天都在改进，但顾客行为没有丝毫变化：他们就是不用它。

无法提高销售数字的失败刺痛着我们，致使我们赶紧把顾客请进办公室，和他们当面交谈并进行可用性测试。

量化的目标激发了我们推行定性的调查，并让我们明确了想要问的问题。这种方式将会在本书中贯穿使用。

我希望我是那个发现错误并提出解决方法的人，但其实，我是最后一个承认有问题的人。总之，我们的整个市场战略分析是完全错误的。我们没有进行小组讨论或市场调查，而是通过试验弄清了这一点。顾客无法告诉我们他们想要什么，毕竟大多数人从未听说过三维虚拟人像。在我们奋力改进产品的过程中，顾客以其实际行动，或按兵不动，向我们揭示了真相。

与顾客交谈

绝望之中，我们决定和一些潜在顾客谈谈。我们把他们请进办公室，对他们说："试试这个新产品吧，它叫IMVU。"如果对方是个经常使用即时通信工具的年轻人，或是技术新派，他就会和我们说到一起去。相反，如果对方属于那种主流人群中的一员，他的反应通常是："好吧，你究竟要我做什么呢？"和这样的人沟通简直是鸡同鸭讲，他们觉得IMVU实在太古怪了。

想象一下，一个17岁的女孩子坐在我们办公室里使用我们的软件。她选择了虚拟人像，一边琢磨着要把"自己”打扮成什么样子，一边对我们说：“哦，这挺好玩儿的。”于是我们说：“好了，现在你可以下载即时通信的附加软件了。”她会问：“那是什么？”

“嗯，是一个在客户间跨系统运作的即时通信软件。”她看着我们想了想说：“我从来没听说过它，我的朋友们也没听说过它。你干吗要我用？”接下来就是一轮漫长的说服工作，因为即时通信附加软件这类产品并不在她的认知范围内。

不过既然她就在我们的办公室里，那么我们就要说服她试一下。她下载了产品，于是我们说：“好了，现在你可以邀请一个朋友聊天。”她马上说：“这不行！”“为什么不行？”我们问道。“我还不知道这东西酷不酷，你就要我冒冒失失地随便请个朋友聊天？他们会怎么看我？”她说，“如果这软件很烂，他们会觉得我很蠢，不是吗？”我们解释道：“不会的。你在这上面请朋友一起聊，会很好玩儿的。这是一个‘社交’软件。”她满脸疑惑地瞪着我们，你就知道这表示没戏了。当然，第一次碰到这种场面的时候，我会说：“没事，就她一个人纠结嘛，让她走好了，我再找一个。”接着第二个顾客来了，又发生了同样的事情。你开始看清形势，不管你多固执，也知道一定是哪里出了问题。

顾客不断提出："我想自己用一下。我要先试试这个软件好不好用，再去邀请朋友加入。"我们的团队是视频游戏行业出身，所以明白这话的意思：顾客要单人游戏模式。所以我们开发了一个"单人游戏"版本，又把新一批顾客请来办公室。他们像以前的顾客一样自定义虚拟人像，下载了软件。接着进入单人游戏模式，我们会说："用用你的虚拟人像，给它打扮一下，尝试一下它能做的各种动作。"然后说："不错，这些是你自己做的，现在你可以邀请一个朋友一起来玩儿。"你可以看到顾客的反应。他们会说："那不行，这不够酷。"我们就回答："是啊，我们告诉你了这样不够好玩儿！一个人用社交软件有什么好玩儿的？"瞧，我们以为听取了顾客意见就能峰回路转，可是顾客对我们的产品仍然不买账。他们会看着我们说："听着，伙计，你不明白，在我不知道这东西靠不靠谱之前，我干吗要邀请朋友一起来玩儿？"这简直是彻底的失败！

在绝望中，我们开发了一个称为 ChatNow（意为"即时聊"）的功能，用户任意按键就能随机和全世界任何地方的人配对在线聊天。这两人唯一的共同点就是在同一时刻按了键。突然之间，人们在客户服务测试中评价说："哦，这个好玩儿！"

所以我们把他们邀请到办公室来体验 ChatNow。他们可能在使用过程中遇到了一些觉得对胃口的人，于是他们说："嘿，那老兄不错，我想把他加到我的好友名单中。我的好友名单在哪里？"我们说："哦，不用，你不需要一个新的好友名单。用你常用的 AIM[a] 好友列表就行了。"要知道，这正是我们计划中想要实现的网络操作兼容性，它可以达成网络效应，并实现病毒式增长。想象一下顾客望着我们问道："那你到底要我做什么？"于是我们说："只要把你的 AIM 网名给他，你就可以把他加到好友名单中。"这时他们都会瞪大眼睛："开玩笑吧，把一个陌生人放在我的 AIM 好友名单里？"我们常常这样回答："是啊，要不然你就得下载一个可创建新好友名单的即时通信客户端。"而他们会说："你知道我现在有多少个即时通信客户端吗？"

"不知道。大概一两个？"我们办公室的这帮人通常只用这么多。而那些十几岁的顾客会说："我有 8 个。"我

a. AIM 是美国在线公司旗下的即时通信软件。——译者注

们根本就不知道全世界到底有多少使用即时通信工具的人。

我们之前有一个错误的观念，就是认为学用新的软件很难，而且把朋友挪到另一个新的好友名单很麻烦。而顾客的反应却并非如此。我们想要在白板上画一幅图，显示我们的战略有多么出色，但顾客却直接无视网络效应和转换成本这些概念。如果我们企图跟他们解释为什么他们应该按照我们预期的那样去做，他们只会对我们困惑地摇摇头。

我们对顾客如何使用软件的看法已经落伍了。在几十次这样的会面后，我们最终痛苦地得出结论，即时通信附加软件的概念存在本质问题。[3]

顾客们不需要一个即时通信附加软件，他们要一个独立的即时通信网络系统。他们不认为学用一个新的即时通信程序是障碍，相反，我们早期的顾客同时使用了好几个即时通信程序。他们并没有因为要把好友带到新即时通信系统上而觉得麻烦，相反，他们对完成这种挑战很有满足感。更令人惊讶的是，我们认为顾客主要会在现有朋友圈中使用即时通信虚拟人像，但这种假设是错的。他们要结交新的朋友，而三维虚拟人像特别适合这种场合。顾客就这样一点点地把我们最初看上去精彩的战略批得体无完肤。

心血付诸东流

也许你会同情我们的遭遇，谅解我的固执。不管怎么说，要被抛弃的是我先前花了几个月完成的工作。我费尽心力开发的软件，让我们的程序能在各类即时通信网络之间运行，这本是最初战略的核心所在啊。当到了要转型调整、放弃原有战略之时，我所有的工作几乎都付诸东流，那可是几千行的代码啊。被出卖的滋味油然而生。我是最新软件开发方式（统称为“敏捷软件开发”）的忠实拥趸，这种方式本应有助于避免产品开发过程中的浪费，但我却犯了最大的浪费问题：开发了一个顾客拒绝使用的产品。这真是令人沮丧！

我想，鉴于我的工作最终变成一次对时间和精力的浪费，那么在过去的 6 个月里，我还不如躺在沙滩上啜一口鸡尾酒，也许这对公司来说没什么损失。公司真需要我这个人吗？如果我什么都不做岂不更好？

就像我在本章开头提到的，当人们痛苦地要为自己的失败寻找理由的时候，他总能找到最后一招。我安慰自己说，第一个产品不管是不是个错误，如果没有开发它，我们就不会掌握对顾客的这些重要认知，也不会知道我们的战略有缺陷。这个借口有些道理：早期关键几个月中的所学所知，把 IMVU 领上了最终获得突破性成功的道路。

在一段时间里，"学习"这种慰藉令我稍加释怀，但放松是短暂的。最困扰我的问题是：如果那几个月的目标是要获得关于顾客的这些重要认知，为什么我们耗费了如此长的时间？在这些必须学得的重要经验教训上，我们做了多大努力？如果我没有一门心思地关注如何增添功能、修补漏洞、把产品做得更好，我们是否能更早地认识到那些经验教训？

价值vs浪费

换言之，我们的努力有多少创造了价值，有多少被浪费了？这个问题是精益生产的核心所在，这是所有精益生产拥护者被教会提出的第一个问题。学会预见到浪费所在，并系统地排除它们，让丰田这样的精益企业称雄全行业。而在软件圈子里，在精益想法形成之前，敏捷开发方法论是用来杜绝浪费的，它也一直是我所奉行的。

但是我所在团队的大部分努力都付诸东流，这件事令我对那些方法非常失望。这是为什么？

接下去的几年，我慢慢找到了答案。精益的思维方式把价值定义为“向顾客提供利益”，除此之外的任何东西都是浪费。在制造行业中，只要产品能正常工作，顾客们并不介意它是如何组装的。但在新创企业中，谁是顾客、顾客认为什么东西有价值都是未知数。而这种极端不确定性，正是新创企业的定义中的一个重要部分。我认识到，作为一家新创企业，我们需要一个新的价值定义。IMVU取得的真正进步是我们在最初几个月中学到的：什么为顾客创造了价值。

在这几个月中，我们所做的若和学习认知无关，便是一种浪费。有没有可能少花一点力气学到一样的东西？当然是有可能的。

就说一件事，想想所有耗费在产品功能特性、工作优先排序上的争论，而最终顾客根本没去体验。如果早些推出产品，我们就可以避免那些浪费。再想想由于错误的战略假设而造成的所有浪费，还有，我为十几种不同的即时通信客户端和网络开发了系统互通。为了测试我们的战略假设，这么做真有必要吗？只完成一半数量的网络互通是不是也能获得相同的顾客反馈？只覆盖三种网络行吗？只做一种又会怎样？既然所有即时通信网络的顾客都认为我们的软件毫无吸引力，那么我们学到的教训其实是一样的，但我们花的力气原本可以少得多。

我们的软件真的需要支持即时通信网络吗？这个问题令我夜不能寐。我们如果什么都不开发，有没有可能发现当初假设中的错漏？举例来说，如果在开发产品之前，我们就让顾客有机会下载仅含基本功能的软件，这个办法行得通吗？要知道，几乎没有顾客愿意使用我们最早的产品，所以就算我们无法实现预期，也用不着向很多人致歉。（要注意，这和询问顾客他们想要什么不同。大多数时候，顾客事先并不知道他们想要什么。）我们原本可以先做个实验，提供给顾客使用新品的机会，然后评估他们的行为。

这种想法困扰着我，因为它动摇了我的工作性质。作为产品开发的领头人，我以为自己的工作是确保及时开发出高质量的产品和功能。但如果大部分功能都是在浪费时间，那我到底该做些什么？如何避免这种浪费？

我逐渐相信，学习是新创企业进步的重要部分。了解顾客所需之外的任何努力都可以不要。我把这种学习称为“经证实的认知”。在新创企业的核心衡量标准中，它总是显示为积极的改善结果。正如我们所见，你很容易自以为清楚顾客想要什么，也很容易在折腾了一堆东西后发现它们毫无意义。因此，经证实的认知必须以从真实顾客那里收集到的实证数据为基础。

从何证实？

我相信任何在创业过程中失败的人，都会声称自己从这个经历中学到了很多东西，他们都有令人信服的故事可说。从IMVU到目前为止的故事中，你可能已经注意到缺了些东西。尽管我自称在早期几个月里，我们学了很多，各种经验教训让我们最终走向成功，我却还没有提供支撑这个故事的任何证据。事后来看，这说起来容易，听上去可信（你会在本书后面的部分看到一些证据），但想象一下，IMVU在最初几个月中要试图说服投资人、员工，最重要的是说服自己：我们没有虚耗时间和资源。何以为证？

我们的失败故事固然有趣，我们关于做错了什么、该做什么的产品理论也颇值得回味。但直到把这些理论付诸实践，随后开发的产品有了真正的顾客、取得了出色的成绩，我们才有了有力的证据。

接下来的几个月才是IMVU真实故事的开始。没有精彩的假设、战略、白板上的策划分析花招，只有对顾客真实需要的探求，以及调整产品和战略去迎合这些需要的种种艰苦工作。我们认为，我们的工作就是要让企业愿景和顾客接受度相匹配。这并非向顾客自以为需要的东西让步，亦非告诉顾客他们应该要什么。

更好地了解顾客后，我们就能改进产品了，业务的基本衡量指标也随之产生了变化。在早期，尽管我们下了很大功夫改进产品，但衡量指标还是顽固地停滞不前。我们把每天新增的顾客当成新的成绩报表，监测有下载和购买行为的新顾客占比。尽管产品改进不少，但每天购买产品的顾客数量都差不多，而且，这个数字几乎等同于零。

但是，当我们改变了原来的战略后，事情开始发生变化。有了一个出色的战略，我们开发产品的工作就神奇地变得更有效率，这并不是因为我们更加努力，而是因为我们会对照顾客的真实所需，更聪明地工作。衡量指标的积极变化成为一种量化的证据，说明我们学到的东西是真实的。这点至关重要，因为我们让所有利益相关者，包括员工、投资人和自己看到了真正的进展，而非自欺欺人。这也是正确看待新创企业生产力的方式：并不在于我们开发了多少东西，而在于我们的努力换来多少经证实的认知。[4]

举例来说，在某个早期实验中，我们更改了整个网站、主页和产品注册流程，用“虚拟人像聊天”替换了“三维即时通信”。根据这两个网站版本，新顾客被自动分成两组：一半人看到原网站，另一半人看到实验网站。我们因此得以衡量这两组人的不同行为。实验网站组的人注册产品的可能性不仅更高，而且更有可能成为长期付费用户。

但是，我们也有不少失败的实验。在某个阶段，我们认为顾客不明白产品的众多优点，所以不愿使用。我们想尽办法，甚至花钱请客户服务代理担任新顾客的虚拟参观向导。但悲剧的是，得到 VIP（贵宾）待遇的顾客并没有变得更活跃，或成为付费用户。

在放弃了即时通信附加产品战略后，我们还是用了几个月才弄明白为什么这个战略不成功。在转型和多次实验失败之后，我们终于得到这样一条启示：顾客想用 IMVU 在网上结交“新”朋友。他们凭直觉抓住了我们慢慢才认识到的道理。已有的所有网上社交软件都是围绕顾客的真实身份的，但是 IMVU 的虚拟人像技术非常独特，适合帮助人们在网上结识陌生人，但不用顾虑其身份会被盗用或其他安全隐患。这个前提假设一经确立，我们的实验就更有可能取得正面的结果。我们发现每次改进产品，让顾客能更容易地找到新朋友并与新朋友保持联系时，他们就更加投入。这才是真正的新创企业的生产力：有系统、有步骤地找到要开发的正确东西。

以上例子只是我们周复一周做的几百个实验中的几个，我们开始了解到哪些顾客会使用产品、为什么会使用。每得到一点认知，就表示又有新的实验要做，由此逐步把衡量指标一步步推向既定目标。

零的无畏

尽管IMVU获得了早期成功，但我们的总收入还是很低。以衡量企业的传统方式来看，这种情况相当危险。但讽刺的是，比起有少量营业额的情况，在零收入、零顾客、零进展的状况下，我们更容易筹到资金或寻求到其他资源。因为“零”让人有遐想空间，而低收入则令人怀疑，不知道高收入能否实现。每个人都知道，或以为自己知道产品一夜成名的故事。只要产品还没推出，数据尚未收到，那么幻想一下未来的成功也未尝不可。而半死不活的低收入则会给希望当头泼上一盆冷水。

这种现象激发了一个非理性的观点：推迟数据收集，直到确认能取得成功。当然，正如我们看到的，这种延误造成的消极效果是大量工作的浪费，重要反馈信息的减少，企业开发出无人想要的产品的风险剧增。

然而因为上述观点的存在，马上发布产品，然后坐等天上掉馅儿饼，也不是个好计划。我们创办 IMVU 时却忽视了这一点。最早的投资人和顾问认为，先有一个每月 300 美元的收入计划着实不错。但几个月后当我们的收入在每月 500 美元左右徘徊的时候，有些人开始丧失信心了，其中有我们的顾问、员工，甚至其配偶。事实上，曾经有一些投资人非常认真地建议我们把产品撤出市场，转入暗中秘密开发。还好，随着我们把获得的认知结合到产品开发和营销努力中，开展转型和实验，我们的收入开始提升。

可是数字增加得并不多！一方面，我们的增长模型看上去开始像典型的上升曲线图了，另一方面，图表上的数据每个月只上升几千美元。尽管这些早期图表看着不错，但它们本身并不足以挽回我们在之前的失败中丧失的信心。同时，我们缺乏经证实的认知来提供思想理念，重振士气。所幸当时一些投资人理解这一点的重要性，不拘泥于收入数字，而看到了我们取得的真正进展。（你会在本书第七章看到他们的图表。）

因此，我们可以用经证实的认知来减少对零的无畏造成的浪费。我们需要展示的是，如何不受诱惑，摆脱那些虚荣浮夸的指标，不粉饰太平吹嘘自己多么成功，而要凭我们在产品开发上的努力，走向巨大成功。我们当然可以使用一些营销招数，比如在“超级碗”总决赛中打广告，或用花哨的公关手段渲染一下我们的总收入水平。虽然这会让投资人看到增长的假象，但它仅仅是暂时的。最终，公关上的热闹会褪去，胜出的是业务的根本特质。要是我们把宝贵的资源浪费在追求戏剧效果而不是争取实质性进展上，这才是大麻烦。

在销售了 6 000 万个虚拟人像之后，IMVU 的表现依旧强劲。它带来的不仅是一个出色的软件产品，一支优秀的团队，大有前途的财务业绩，更是一整套衡量新创企业发展的新方法。

IMVU 之外的启示

自斯坦福大学商学院根据 IMVU 早年情况撰写了一份正式研究后，我有很多机会把 IMVU 的故事作为一个商业案例进行讲授。[5]这个案例现在是哈佛商学院等好几个商学院创业课程中的一部分。我也兼任哈佛商学院常驻创业企业家。同时，我还在很多研讨会、讲座和大型会议上讲述过这些故事。

每当我讲授IMVU的案例时，学生们都非常执着地关注故事中展现的策略技巧：开发一个低质量的早期原型，从第一天起就向顾客收费，以及用低收入目标作为驱动责任的方法。这些确实是有用的技巧，但却不是故事的寓意所在。凡事总有例外，比如并不是每类顾客都能接受低质量的原型产品。如果学生们持怀疑态度，他们会争论说这些技巧之所以可行，仅仅因为IMVU是一家软件公司，从事消费互联网业务，产品是其非关键业务应用。因此，它们并不适合学生自己所处的行业或状况。

以上总结的那些技巧并非特别有用。精益创业不是各种技巧的合成，而是新产品开发的方法原理。只有理解了可行方法的根本原理，那些技巧的推荐才有意义。我们会在后面几章中看到，精益创业模式已经被广泛运用到各行各业：制造业、清洁技术、餐饮甚至洗衣业。IMVU故事中的技巧可能适用于你的业务，也可能不适用。

取而代之的方法是学着把各行业中每次创业视为一次大型实验。问题不是“这项产品能被开发出来吗”，在现代经济中，几乎每件能想象到的产品都能被开发制造出来。

所以更贴切的问题是“需要开发这个产品吗”和“围绕这一系列的产品和服务，我们能建立一项可持续的业务吗”。要回答这些问题，我们需要一种方法，系统地把商业计划分解成其基本的组成部分，并测试每个部分。

换言之，我们需要科学的方法。在精益创业的模式中，新创企业要做的每件事，包括每种产品的开发、每项功能的开发、每次营销活动，都被视为一次实验，用来获取“经证实的认知”。我们会在本书第四章看到，这种实验的方法通用于各行业、各部门。

第四章

实验

我碰到过很多新创企业都在费劲地寻找以下诸多问题的答案：如果得到了顾客的意见，我们应该如何取舍？在有待开发的众多功能中，应该如何确定优先顺序？哪些功能对产品开发至关重要，哪些是次要的？产品的哪些改变不会有问题，哪些会惹恼顾客？哪些做法虽然能取悦眼前的顾客，但长远来说却得不偿失？我们接下来该做什么？

如果创业团队的计划是“先推出产品，再来看会发生什么情况”，那他们很难回答这些问题。借用耐克的一句著名口号，这些人是“想做就做”的创业者。[1]很不幸，他们的计划如果是“看看会发生什么情况”，那么准保成功，因为他们一定会看到发生的情况，但却并不一定能获得经证实的认知。这是科学方法中的重要一环：你如果不经历失败，就学不到东西。

从点金术到科学

精益创业方法论重新构建了新创企业的工作，它用实验测试战略，观察哪些方面是高明的，哪些是疯狂的。一项真正的实验运用的是科学的方法：在一个清晰的假设前提下，预测将要发生的事件，接着再用实证法进行验证。正如科学实验是以理论为基础的，新创企业的实验则由其愿景为指引，每个实验的目标都是建立一项围绕愿景的可持续业务。

胸怀大志，从小处做起

全球最大的网上鞋店 Zappos 的年收入总额超 10 亿美元。它被认为是全球最成功、最以客为尊的电子商务公司之一。但其最初的情况并非如此。

当时，还没有哪家网站集中出售各种鞋类，Zappos 的创始人尼克·斯威姆对此相当不满。于是，他构想了一种新的独特零售体验。斯威姆原本可以等得再久些，坚持测试一个完整的网站，全面涵盖仓储、分销伙伴支持，并提供大减价。毕竟很多电子商务先驱都是这么做的，虽然其中不乏惨痛的失败案例，比如网上超市 Webvan 和网上宠物用品店 Pets.com。

然而斯威姆并没有那么做，他从实验网站开始运行。他的前提假设是顾客已经就绪，并愿意在网上买鞋。为了证明这个假设，他询问本地的鞋店是否能让他为店里的库存产品拍照。为了获得拍照许可，他承诺会把照片放在网站上，如果网上有顾客要买这双鞋，他就会代客以全价从这家店里买下这双鞋。

Zappos 最初的产品很少且很单一。它只回答一个最根本的问题：市场对独特的网上购鞋体验有没有足够的需求？但 Zappos 开展的这种新创企业实验计划周详，它所测试的并不只是商业计划中的一个方面。它在验证首要前提的同时，也一一测试了其余假设。要售卖鞋子，Zappos 必须和顾客交流互动，从收取货款、处理退货，到客服支持。这和市场调研截然不同。如果 Zappos 依赖已有的市场研究或调查形式，它就可能会问：顾客想要什么？而Zappos所做的是先建立网站，尽管规模很小，但企业还是从中获益良多。

1. 它获得了更精确的顾客需求数据。因为它观察到真实的顾客行为，而不是通过提出假设性问题来估计。
2. 它站在一个和真实顾客互动交流的位置上了解顾客的要求。比如，原本的经营计划可能涉及折扣定价，但是顾客对打折产品到底有何看法？
3. 它可以意外发现一些突如其来的顾客行为，一些以前我们可能没想到的问题。比如，该怎么处理顾客的退货？

Zappos的初期实验得出了一个清晰的、量化的结论：不在网上购买鞋子的顾客数量固然很多，但会在网上购买鞋子的顾客也不少。同时，实验让企业能够观察真实的顾客与合作伙伴，进而与他们互动并了解他们。这些定性认知和量化测试是相辅相成的。尽管Zappos早期的投入规模相当小，但这并不妨碍它最终大展宏图。2009年，Zappos被电子商务巨头亚马逊收购，据报道，收购价为12亿美元。[2]

为了长期改变，立即进行实验

卡洛琳·芭琳是惠普公司全球社会创新部门的总监。惠普是一家拥有30万员工，年收入超1 000亿美元的跨国企业。卡洛琳是一位社会创业企业家，领导全球的社区活动，动员更多惠普员工充分利用公司的志愿者政策。

公司鼓励每位员工每周可以用长达4个小时的工作时间，在其社区提供志愿服务。这种志愿活动可以是任何形式的慈善工作，比如粉刷围栏、建造房屋，或者在公司事务之外运用与工作相关的专业技术，提供免费的专业服务。卡洛琳关注的是鼓励员工从事那些与专业技能相关的志愿工作。凭借惠普自身的人才和价值，所有员工联合起来的力量足以产生积极的社会效应。比如一位设计师可以帮助一家非营利机构设计一个新的网站，而一组工程师就可以帮助一所学校接入互联网。

卡洛琳的项目才刚刚起步。很多员工并不知道公司还有这样的志愿者政策，只有极少一部分人在那样做。但是大多数志愿工作是影响力较小的活动，就算志愿者本人是技能娴熟的专才，他们做的也只是体力劳动。卡洛琳的想法是发动公司的几十万员工，把他们转变为推动社会福祉的力量。

在世界各地的企业中，这样的企业活动每天都在发生。相比传统的定义或者我们在电影中看到的，它看上去并不像一个新创企业的样子。但是我希望，本书第二章中的讨论已经提示你对这种情况抱有一点怀疑。我们会用精益创业的架构来分析这个项目。

卡洛琳的项目面临着极大的不确定性：在惠普，从来没有人组织过这样大规模的志愿者活动。她到底有没有把握了解员工不做志愿工作的真实原因？最重要的是，对于改变公司在 170 多个国家中几十万名员工的行为这回事儿，她到底了解多少？卡洛琳的目标是激励员工“把世界变得更美好”。这样看起来，她的计划非常宏大，却充斥了各种未经证实的假设。

依据传统的管理实践，卡洛琳花了时间制订计划，争取了各部门和其他经理的支持，并准备了一个 18 个月的前期项目详细活动方案。她还确立了一个包含衡量指标的责任框架，以确保 4 年后该项目在公司内如期产生影响。她和很多创业者一样，拥有一个宗旨明确的商业计划。但尽管做了所有这些工作，她只是取得了一次性的成绩而已，至于她的抱负能否施展却远未可知。

比如，第一个假设是，企业长期以来的价值观中包含了改善社区的信念，但是近期的经济困境导致在公司内部形成了关注短期利润的战略重点。也许老员工们会希望通过志愿工作回报社区，重新体现他们的价值。第二个假设可能是，员工会觉得这样做更有满足感，因此更能不断地把他们真正的工作技能应用到志愿者工作中。这样，员工就会代表企业，试图在其投入时间的社区工作中产生更大的影响力。除此之外，在卡洛琳的计划中还潜藏了很多实际的假设，比如员工花时间做志愿者的意愿，他们的信念和渴求的程度，以及把信息传播给其他员工的最佳方式。

精益创业的模式立刻提供了严格测试这些假设的方法。战略计划要花费几个月来完成，而这些实验却可以马上执行。从小处做起，卡洛琳的憧憬不会被埋没，还可以防止一路上的大量浪费。

化整为零

第一步要做的是把大的愿景分解成一个个独立的部分。我把创业者最重要的两个假设称为“价值假设”和“增长假设”。

“价值假设”衡量的是当顾客使用某种产品或服务时，

它是不是真的实现了其价值。员工感到捐献他们的时间是否有价值的指标是什么？我们当然可以收集他们的观点，但由于大多数人很难客观地评估自身感受，所以结果可能不怎么准确。

而实验可以提供更精确的评估。什么能马上体现出参与者从志愿工作中获取的价值？我们可以寻找机会让少量员工参加志愿工作，接着看看他们的保留率，其中有多少人再次报名了？当员工自愿在这项工作中投入时间和注意力时，这就是一个有力的指标，证明员工觉得自身的工作是有意义的。

“增长假设”是用来测试新顾客如何发现一种产品或服务的。我们也来做个类似的分析。一旦志愿项目确立并运作起来，怎样在员工中传播，从早期少数参与者发展到公司上下的大规模参与？这个项目较可能的扩大方式是病毒式增长。如果想法正确，最重要的衡量指标就是员工行为：早期的参与者会积极地把情况介绍给其他员工吗？

在这种情况下，可以做一个小型实验。挑选一些老员工，可能十几个就够了，然后向他们提供一个特别的志愿机会。因为卡洛琳认为，员工希望遵循并实践服务社区的传统信念，而志愿工作将激发他们的积极性，所以，实验针对的目标对象会是那些强烈感受到日常工作与企业宣扬的价值观脱节的员工。实验的意义不在于找出“普通顾客”，而是要找到“早期使用者”——那些最迫切需要产品的人。他们对错误更容易谅解，而且渴望提供反馈意见。

接着运用的技巧我称之为“贵宾式最小可行性产品”（具体细节将在本书第六章讲述）。卡洛琳可以完全按照她对未来的构想，尽其所能地给最早的参与者提供一次良好的经历。和小组座谈会不同的是，这将由参与者真实的行为来衡量。举例来说，第一批志愿者中有多少人真正完成了他们的工作？有多少人再次参加？有多少人愿意在接下来的志愿活动中招募同事一起参与？

更多的实验可以进一步扩展早期取得的反馈和认知。比如，增长模式中要求有一部分参与者和同事分享经历，并鼓励同事参与，那么即使样本人数很少，但相关行为的发生程度还是可以得到验证的。如果有 10 个人完成了第一次实验，我们预期有多少人会再次参与？如果要求他们每人招募一位同事，我们预期有多少人会这样做？要记得，这些人本是早期参与者，从项目中获得的体验是最好、最多的。

在另一种情况下，如果 10 个早期参与者都不愿意再次参与志愿工作该怎么办？这是一个非常消极的结果，但很能说明问题。如果早期实验中得到的数据看上去没有希望，那么很明显就是基本战略出了问题。但这并不意味着到了放弃的时候。恰恰相反，它意味着是时候马上获取如何改善项目的定性反馈了。这就是与传统市场研究相比，此类实验所具有的优势。我们不需要做一般意义上的调查，或找新的人员来访谈。我们早已有了能与之交谈并了解其真实行为的一群人：初期实验的参与者。

整个实验可以在几周内完成，时间跨度不到传统战略规划流程的十分之一。它也可以与战略规划同时进行。即便实验结果是负面的，这些失败也有建设性的启示，从而影响战略的确立。举例来说，企业价值和员工愿望原本是项目计划中至关重要的一条假设，但要是由于人们在组织中经历着价值冲突，组织因而找不到志愿者怎么办？如果是这样，那么恭喜你，是时候考虑转型了（“转型”这个概念会在本书第八章中详细阐述）。[3]

实验也是产品

在精益创业模式中，实验不仅只是理论上的探寻，也是第一项产品。如果实验是成功的，经理人就可以开展他们的活动：招募早期使用者，增加员工开展深入或重复的实验，最终着手开发产品。到了该产品可以大范围推广之时，顾客群也已经建立起来了。实验可以解决真实的问题，对应该开发什么产品提供详细的规格说明。与传统战略规划或市场研究不同的是，这些规格说明根植在“今天哪些东西有用”的反馈中，而不是对“将来哪些东西有用”的预测。

看一下现实中柯达的例子。柯达的历史与相机和胶卷紧密相连，不过今天它也经营着一项重要的网上业务，称为“柯达影廊”。马克·库克是柯达影廊的产品副总裁，他正致力于改善柯达影廊的产品开发文化，为其注入实验的概念。

马克说：

过去，产品经理说“我就是要这个”。工程师会回复说“我会把它开发出来”。而现在，我会要求团队成员先提出以下4个问题：

1. 顾客认同你正在解决的问题就是他们面对的问题吗？
2. 如果有解决问题的方法，顾客会为之买单吗？

3. 他们会向我们购买吗?

4. 我们能解决这个问题吗?

产品开发的常见倾向是直接跳到第 4 个问题，在确认顾客真有问题之前就去开发解决方案。比如，柯达影廊在网站上提供有装饰文字和图片的婚庆卡片。这些设计在将要结婚的顾客中非常受欢迎，进而项目团队重新设计了卡片，用于其他诸如度假的特殊场合。市场研究和设计流程显示，顾客应该会喜欢这类新的卡片。这一发现令公司对于新产品的大量开发投入显得合情合理。

但产品上市前几天，项目团队才发现，从网站上的产品描述来看，这些卡片太难以理解，人们看不到它的美妙之处。另外，要制作卡片也很麻烦。库克意识到，他们的工作方向弄反了。他说："在我们弄明白如何销售和制作产品之前，不值得投入任何工程开发的时间。"

库克从这个经历中吸取教训，采取不同的方法，和团队仔细检查了新开发的一系列功能。新的功能使人们能更方便地分享在活动中拍摄的照片。大家相信，一个网上的"活动相册"可以为参加婚礼、大型会议等各种聚会的人提供与其他参与者分享照片的方式。和其他网上照片共享服务不同的是，柯达影廊的活动相册有严格的隐私保护措施，确保照片只在参加相同活动的与会者之间交流。

在与旧方法划清界限的过程中，库克带领团队在开发任何产品之前，先认清风险和假设，然后用实证的方式验证那些假设。

计划中的活动相册以两个主要假设为基础前提。

1. 项目团队认为，顾客想要创立相册。
2. 项目团队认为，活动参与者会把照片上传到由朋友或同事创建的活动相册中。

柯达影廊团队开发了一个简单的活动相册原型。它的功能很少，少到项目团队都不情愿将它展示给顾客。但即便是在这样的早期阶段，让顾客使用产品原型仍帮助团队证明了原来的假设是错误的。首先，创建相册并不像他们预期得那么容易，没有一个早期顾客能创建起一个新相册。其次，顾客抱怨说这个早期产品缺少很多重要功能。

这些消极结果让团队大失所望。产品可用性的问题固然令人沮丧不已，顾客对产品功能缺失的抱怨同样让他们灰心，要知道，很多缺失的功能本来是列在产品的计划方案中的。但库克解释道，虽然产品的功能还不全，但项目本身并没有失败。尽管早期产品有缺陷和其他种种问题，可它确认了用户的确对创建活动相册跃跃欲试，这是一条非常有价值的信息。顾客们抱怨产品功能缺失，正说明了团队的开发方向是正确的。团队成员如今有了初步证据，证明这些功能确实重要。而那些列在产品设计方案中但没有被顾客提及的其他功能，该怎么处理？也许，它们并没有员工最初想的那么重要。

通过发布产品公测版，项目团队继续学习、反复实验。早期用户充满热情，使用者的数量也大大增加，而团队则有了一个重要发现。通过网上调查工具 KISSinsights，大家发现很多客户在邀请其他人提供照片前，希望自己能给照片排序。当意识到发布产品时机尚未成熟时，库克阻止了他的部门总经理，向他解释在营销活动开始前，不断迭代和测试能产生更好的结果。在一个通常提前几个月就定好产品发售日的商业环境中，等待项目团队真正解决了问题再来发布产品的做法，是对传统方式的一大突破。

以上内容描述了柯达影廊发生的显著改变。员工的表现一度是由工作完成的进展来衡量的。但正如库克所说："成功不是实现一项产品功能，而是学会如何解决顾客的问题。"[4]

乡村洗衣服务

由于价格原因，印度只有不到7%的人在家中拥有洗衣机。大多数人要么在家里手洗衣物，要么付钱让洗衣工来洗。洗衣工把衣服拿走，到附近的河边用河水清洗，在石头上敲打衣服去污，然后挂起来晾干。这大概要花2~7天。结果如何？衣服在10天左右送还，而且可能洗得也不怎么干净。

阿克沙·米拉（Akshay Mehra）嗅到这一商机之前，在宝洁公司新加坡分公司工作了8年。作为汰渍和潘婷的印度和东盟区域品牌经理，他认为他可以向原来无力承担洗衣服务的人提供这项服务。回到印度后，阿克沙加入了美国创投公司创新洞见（Innosight Ventures）建立的乡村洗衣服务公司（Village Laundry Services, VLS）。VLS开始了一系列实验，用于验证其商业假设。

他们的第一个实验是在货车后面安装一台消费级洗衣机，把车停在班加罗尔的一个街角。这项实验的成本不到8 000美元，目标也很简单，就是证明人们会把衣物拿来，并支付洗衣费用。创业者们没有为了营销或作秀而在车上洗衣服，而是把衣服拿到其他地点清洗，并在当天晚上交还顾客。

VLS 团队持续做了一周的实验，把车停在各个街角，尽可能发掘潜在顾客的所有相关信息。他们想知道该如何鼓励人们来到车旁。这和清洗的速度有关吗？洁净程度是否在考量范围内？人们在留下衣物时有什么要求？团队成员发现，顾客很乐意把衣服交给他们清洗。但是，顾客对装在货车后面的洗衣机心存疑虑，担心 VLS 会不会拿着他们的衣物跑路。为了打消这种顾虑，VLS 对货车稍加改造，让它看上去更像个流动摊点。

VLS 也测试了把车辆停放在当地小型连锁市场前的情况。更多重复实验帮助 VLS 弄清了哪种服务是人们最感兴趣的，以及人们愿意支付的价格是多少。他们发现，顾客常常要求烫好衣服，也愿意付双倍的价钱在 4 个小时内拿回衣服，而不是等上 24 个小时。

这些早期实验促使 VLS 确定了最终产品：一个 3 英尺[a]乘以 4 英尺的流动洗衣摊点，包括节能的消费级洗衣机和一条超长的电线。摊点使用西式洗涤剂，并且由 VLS 每天提供干净水源。

a. 1 英尺约为 0.3 米。——编者注从那以后，VLS的业务取得了重大增长，在班加罗尔、迈索尔和孟买共有14处运营网点。首席执行官阿克沙·米拉告诉我："我们在2010年清洗了116 000千克的衣物（2009年为30 600千克）。近60%的业务来自老顾客。仅在上一年内，我们所有的网点为10 000多位顾客提供了服务。"[5]

政府部门中的精益创业？

2010年7月，美国总统奥巴马正式签署了《多德—弗兰克华尔街改革与消费者保护法案》[a]。法案中一项标志性的条款催生了新的联邦机构，名为"消费者金融保护局"(CFPB)。这个机构的职责是保护美国公民免受诸如信用卡公司、学生贷款机构、高利贷机构等金融机构掠夺性的借贷。为了实现这个计划，需要建立一个电话中心，由受过专门培训的工作人员处理公众来电。

a.《多德—弗兰克华尔街改革与消费者保护法案》被认为是美国历史上最严厉的金融监管改革法案之一。该法案要求金融机构向消费者提供准确信息，禁止各种隐藏性、掠夺性和欺诈性的条款，保护消费者利益。——译者注在自行决定工作方式的情况下，一个新的政府机构通常会雇用一大批员工，花一大笔经费制订一个昂贵又耗时的计划。但是 CFPB 决定换种方式来做。尽管有 5 亿美元的预算和高利润来源，但它其实还算是一家新创企业。

奥巴马总统委派政府首席技术官安尼什·乔普拉收集如何建立新创机构的想法，我就是这样参与其中的。在乔普拉到硅谷的一次访问中，他邀请了几位创业企业家，请他们就如何在新的政府机构中培养创业理念的问题发表意见。重点问题是，如何利用技术和创新使政府机构更高效、更具成本效益、更完善。

我的建议直接体现在本章的原则中：将 CFPB 的运作视作一项实验，找到计划中非事实性的、假设性的部分，然后制定测试的方法。如果采用这种方法，我们可以开发一个最小可行性产品，让政府机构在正式计划启动之前，小规模地先行运作起来。

目前计划中第一个潜在假设是，一旦国民知道他们可以致电 CFPB 寻求帮助，应对金融欺诈或财务滥用，打来电话的人会非常多。基于对美国人每年遭遇这类问题的市场研究，这种情况的出现听起来合情合理。但是，就算有这些研究，它毕竟还只是一个假设。如果真正的来电数量和计划中预估的相差甚远，那么就需要做出重大调整。如果容易遭受财务滥用的美国人并不认为自己是受害人，因而并不寻求帮助呢？如果他们对什么是重要问题的想法不尽相同呢？如果他们致电要求帮助的问题在机构的权限之外呢？

一旦该机构正式成立运营，投入5亿美元和相应的大量雇员，再来改变计划就会既耗财又耗时。但为什么要干等着反馈信息呢？想要马上开始实验的话，政府可以利用Twilio[a]那种低成本且可快速建成的新型平台，先开设一个热线号码。只要几个小时的工作，就可以添加简单的语音提示，为来电者提供与财务问题相关的菜单选项。在第一个版本里，所有的提示选项可以直接取自现有的研究。这个阶段中没有在线的人工服务，每个提示选项可以为来电者提供解决问题的有用信息。

政府不需要在整个美国范围内推广这条热线，只需在一个非常有限的范围内进行这项实验：从一个小规模的地理区域开始，可能小到城市内的几个街区。要把这项服务告知大家，不必斥资做电视或电台广告，可以采用具有高

a. Twilio，美国云通信服务商。——译者注

度针对性的广告形式。布告板上的传单、针对那几个街区的报纸广告，特别是针对目标人群的网上广告投放，都是不错的开始。因为锁定地区非常小，所以可以承受付出高价在这个区域内建立高知名度，同时又能保持很低的总成本。

相比一个5亿美元的政府机构针对财务滥用综合的问题所能做出的解决方案，这个最小可行性产品并不绝对理想，但它也不昂贵。这个产品可以在几天或几周内就开发出来，而且整个实验大概只花费几千美元。

但是我们从这个实验中能学到的东西却是无价的。从最初的来电选择中，政府马上就能大致了解到美国公民认为自己遇到了哪些问题，而不是他们“应该”有什么问题。政府也可以开始验证一下市场推广信息：什么促使人们致电？它还可以开始推断真实情况中的行为倾向：在目标区域里真正致电者的百分比是多少？推断结果不会很完美，但比起普通的市场调查，它可以定下一个更准确的行为基准线。

最重要的是，这个产品可以作为一个雏形，逐渐形成更完善的服务。有了这个起步，政府可以不断改善，稳步增加更多更完善的解决方案。最后再增加在线个案工作人员。可能一开始他们只回复某一类问题，以期获得最大的成功机会。到了正式计划准备实行的时候，这种早期服务就能成为实际工作中的一个模板。

CFPB 现在刚刚起步，但已经显示出使用实验方法的迹象。举例来说，尽管它没有实施限定区域的推广方式，但它以个案使用情况给第一套产品分了类。它对提供给顾客的金融产品服务做了初步排序，先从信用卡业务开始。随着第一项实验的展开，员工将有机会近距离观察其他投诉，并接收顾客反馈。这些数据将影响到未来产品服务的深度、广度和顺序。

CFPB 的首席技术官戴维·福瑞斯特告诉我："我们的目标是为美国民众提供一种简便的途径，将他们在消费金融市场中目睹的问题告诉我们。我们有机会近距离监测到公众诉求，从而对新的信息做出反应。市场无时不在改变，而我们的工作正是要随其同时改变。"[6]

本书中描述的创业者和经理人都充满智慧、富有才干，并且目标明确。在很多情况下，他们创建组织机构的过程在某种意义上和当前管理思维中的最佳实践是一致的。无论身处什么行业，无论是在私企还是在政府机构中，他们都面临着相同的挑战。如我们所见，即使是全球顶尖企业中资历老到的经理人和执行官，也要致力于不断推陈出新，开发新产品。

他们的挑战就是要跳脱出以往的思路，不要把信心寄托在调查完备的计划上。要知道，计划这种管理工具只在具备长期稳定运营记录的情况下才管用。但是，你难道真觉得我们周围的世界每天都一成不变吗？改变既有思维方式固然困难，但它对新创企业的成功至关重要。我希望，本书能帮助经理人和创业者实现这种改变。

第二篇　驾驭

如何驾驭愿景

究其本质，新创企业是把理念转变为产品的催化剂。顾客和产品互动时提供了反馈和数据，这些反馈既是定性的（比如喜欢什么、不喜欢什么），也是定量的（比如有多少人使用了该产品并认为它是有用的）。我已在本书第一篇中提出，新创企业开发的产品是实验性质的，而这些实验的结果是学到了如何创建一项可持续的商业模式。对企业来说，这些信息比金钱、奖励或者登上报纸杂志更重要。因为它可以影响并重塑下一轮的想法概念。

我们可以通过下页简单的图示看清这个三段式流程。

这个“开发—测量—认知”的反馈循环是新创企业模式的核心内容。在本书第二篇中，我会详细探讨它。

很多人受过的专业训练只针对这个循环中的某一部分。对软件工程师来说，学习认知能让他尽可能有效地开发产品；而一些经理人擅长在白板上分析策略、学习知识；很多创业者则注重把精力放在各种实务上，比如最好的产品概念、有最佳设计的初期产品，或沉迷于各种数据和指标。实际上，这些活动本身并不是最重要的。我们要做的是集中精力，尽量把反馈循环流程的总时间缩减到最短。这就是驾驭新创企业的精髓所在，也是本书第二篇的主旨。我们会参详整个“开发—测量—认知”的反馈循环，对每一部分详加讨论。

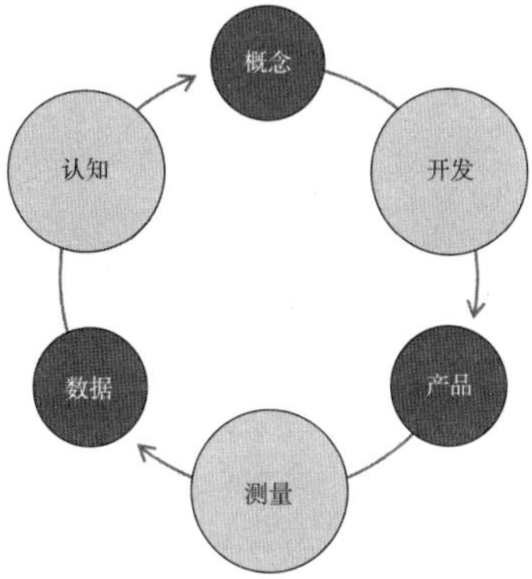

开发—测量—认知反馈循环

本书第一篇的目的是探讨用学习来衡量新创企业进展情况的重要性，我希望自己到现在已经清楚地证明了把精力集中在经证实的认知上，可以避免发生在如今的很多新创企业中肆虐的浪费现象。正如在精益生产的概念中，认识到在何时何地投入精力，可以节省时间和金钱一样。

要把科学的方法运用到新创企业中，我们必须找出哪些假设是需要测试的。我认为这是新创企业的计划中风险最大的部分，这部分内容全要依赖“信念飞跃”式的大胆假设。其中最重要的两个假设是“价值假设”和“增长假设”。它们对调控新创企业增长引擎的各种可变因素起到了作用。新创企业的每次重复“试车”，都是为了加速引擎，促使其发动。一旦运作开始，这个过程会不断重复，逐步推进到更高的档位。

一旦明确了这些大胆的假设，第一步要做的，就是用一个最小可行性产品（minimum viable product, MVP）尽快进入“开发”阶段。最小可行性产品可以让我们花最小的力气、最短的开发时间，经历一次完整的“开发—测量—认知”循环。这个最小可行性产品少了很多日后可能相当重要的功能特性。从某种角度来说，开发最小可行性产品需要投入额外的工作：因为我们必须能衡量它的影响力。比如，开发出的原型产品只用于工程师和设计师的内部品质测评是不够的，我们还必须把它推向潜在顾客，评估他们的反应。我们甚至还需要把这个原型产品销售给顾客，这一点我们接下来就会谈到。

进入“测量”阶段时，我们最大的挑战在于，产品开发上的努力是否带给企业真正的发展。要记住，如果我们开发出来的东西没人想要，那么它是否按时、按预算完成都无关紧要了。我推荐一种称为“创新核算”的定性方法，它能让我们看到我们调整引擎的努力是否奏效。这种方法也能让我们建立起“阶段性认知目标”，作为传统的阶段性业务和产品目标的另一种形式。阶段性认知目标对创业者很有用，它可以准确、客观地评估创业者的创业进展。另外，阶段性认知目标对经理人和投资者同样价值重大，因为他们需要创业者负起相应责任。但是，我们并不需要同等地建立起所有衡量指标。在本书第七章，我会说明“虚荣指标”的危险性，以及与之相对应的“可执行指标”的必要性。后者有助于分析顾客行为，从而支持创新核算。

最后，最重要的就是“转型”了。在完成“开发—测量—认知”的循环之后，我们面临着所有创业企业家都会遇到的最困难的问题：是变更最初的战略，还是坚持下去？如果我们发现有一个假设是错误的，那么就到了需要做出重大改变、设置新战略假设的时候了。

用精益创业的方法能够建立有效资本（capital-efficient）企业，因为这种方法能让新创企业及早看到转型时刻，减少时间和金钱上的损失。尽管我们把反馈循环按活动发生顺序写成“开发—测量—认知”，但我们制订计划的工作却是相反的：先确定需要知道什么，再用创新核算方法来确定需要评估什么、是否获得了经证实的认知，最后确定需要开发什么产品来进行实验，并获取那些评估。本书第二篇中涉及的所有技巧，都是为了把完成“开发—测量—认知”反馈循环的总时间缩减到最短。

第五章

飞跃

2004年，三个大二学生带着他们尚处于雏形阶段的大学社交网站进军硅谷。这个网站只在几个大学校园内运行。它没有占据市场主导地位，甚至不是首个出现的大学社交网站。其他公司早就推出了这种服务，而且功能更齐全。网站当时只有15万注册用户，几乎没有收入。但在那年夏天，他们筹集到了第一笔50万美元的创业资金。不到一年后，他们又筹到了1 270万美元。

现在你肯定已经猜到这三个大二学生就是脸书的马

克·扎克伯格、达斯汀·莫斯科维茨和克里斯·休斯。他们的故事如今举世皆知。这其中有很多值得注意的东西，但我只关注一件事：脸书当时是如何在实际使用量那么小的情况下，筹到那么多资金的？[1]

据说，脸书早期成长中最打动投资人的有两点。一是它的活跃用户耗费在该网站上的时间。超过半数的用户每天都会访问脸书。[2]这就是一个企业验证其价值假设的例子——客户发现了产品价值。脸书的早期力量给人留下的第二个深刻印象，是它抢占最初几个大学校园的速度。脸书的增长速度是惊人的：它在2004年2月4日创立，到了当月月底，近3/4的哈佛学生都在使用它，而它没有在营销和广告上花过一分钱。换言之，脸书同时验证了其价值假设和增长假设。这两个假设代表了所有新创企业都要面对的两个最重要的“信念飞越”式问题。[3]

那时我听到很多人批评脸书早期的投资人，声称脸书“没有商业模式”，而且根据其投资人评估的价值，网站只能达到普通收入水平。人们在脸书的发展这件事上看到了互联网爆发时代的回潮，当时收入很低的公司筹到了大量现金，用来追求“吸引眼球”和“迅速扩充”的战略。很多互联网时代的新创企业所设计的赚钱方式，就是把买来的眼球效应转卖给其他广告商。事实上，那些失败的互联网企业和中间商差不多，实际上就是花钱购买顾客关注度，然后再把这些关注度卖给其他人。但是，脸书使用的增长引擎不同，因而它和过去那些企业不一样。网站没有靠烧钱招徕客户，它的高使用量意味着它每天都累积了大量的用户关注度。对广告商来说，用户关注度是否有价值从来不是个问题，问题是他们打算为此付多少钱。

很多创业者有志创建下一个脸书，但是，当他们尝试借鉴脸书的经验，或其他著名新创企业的成功故事时，他们很快就糊涂了。脸书的经验到底能告诉新创企业什么？是不要在早期向顾客收费，还是不要在市场营销上花钱？这些问题无法用抽象的方式来回答，因为针对任何策略技巧我们都能找出无数反例。但是，正如我们在本书第一篇中所见，新创企业要通过实验来决定，在其独特环境中哪些技巧是可行的。新创企业的战略任务就是弄清到底要提出哪些正确的问题。

战略基于假设

每个商业计划都是从一系列假设开始的。在默认这些假设的基础上，提出一项战略，并阐述如何实现企业愿景。但假设终究是假设，它们未经证实，而且在现实中往往还是错的。因此，新创企业早期努力的目标，应该是尽可能迅速地验证这些假设。

传统的商业战略擅长帮助经理人清楚地识别他们在某项特定业务中做出了哪些假设。但创业者面临的首要挑战是，建立可以系统测试这些假设的组织架构。第二项挑战则是，在任何创业条件下忠于企业的总体愿景，严格执行这些测试。

在典型的商业计划中，很多假设是具有普遍性的。它们是从过去的行业经验或直接推理中得出的非常成熟的事实。在脸书的案例中，毫无疑问，广告商们愿意为用户关注度买单。隐藏在这些平淡细节中的，是很多需要更多勇气来提出的假设：比如，我们认为顾客非常想使用我们的这种产品，或者，我们认为超市需要我们的产品。记得要用一般现在时态[a]来提出这些假设。把假设说得像真的一样，是创业者典型的超能力。正是因为整个企业的成功寄托在这一点上，所以它们被称为“信念飞跃”。如果对了，

a. 在英文中，一般现在时态表示陈述的是事实，而非虚拟的情况或假象。——译者注

无数机遇尽在眼前；如果错了，企业将岌岌可危。

多数“信念飞跃”是用类推法以一种争论的形式出现的。比如，我记得有这样一个大家争论的商业计划：“正如逐步图像加载的发展使万维网超过拨号呼叫获得了广泛应用，我们的逐步渲染技术将允许我们的产品在低端个人电脑上运行。”你大概对“逐步图像加载”或“渲染”摸不着头脑，但这无关紧要。不过，你已经知道争论的是什么了吧，或许你自己也用过这一招：

> 以前使用的X技术，因为其Y特性，赢得了Z市场。现在我们有新的X2技术，因为同样有Y特性，所以也能让我们赢得Z2市场。

这种类推法的问题在于它遮蔽了“信念飞跃”的真相。这样类比的目的是设法让业务看上去没有那么大的风险。这个方法是用来说服投资人、员工或合伙人签字画押的。如果像以下这样描述创业者的“信念飞跃”，那么这会令他们多数人惴惴不安：

> 很多人早想接入万维网。他们知道万维网是什么，他们付得起费用，但是因为加载图像耗时太久，所以他们无法接入网络。逐步图像加载技术出现后，人们才

能够上网，并将这种体验告知友人。因此X公司赢得了Z市场。

同样，现在也有很多潜在客户想要马上获取我们的产品。他们知道自己需要什么，并支付得起，但因为渲染耗时太久，所以无法使用。当我们的逐步渲染技术首次问世，人们将会涌向我们的软件产品，并告之友人。因此我们将赢得Z2市场。

在以上这个修正过的陈述中，要注意几个地方。首先，清楚地辨明事实很重要。逐步图像加载技术是否真的促成了万维网的应用，还是它只是众多影响因素之一？更重要的，是不是真的有大量潜在客户想要马上使用我们的解决方案？前一个类推法是用来说服利益相关群体的：合理的第一步行动是新创企业开发新技术，再看看顾客会不会使用它。而第二个重新阐述的方式则明确说明了先进行实证测试的必要性：让我们确认外界是否真有需求强烈的顾客，急于接受我们的新技术。

类比和反证

基于和其他公司及行业的比较构建策略，这种做法从本质上看并没有错。实际上，这种方式可以帮助我们找到那些并非“信念飞跃”式的假设。比如风险投资家兰迪·科米萨在他的《制订B计划》一书中详细讨论了“信念飞跃”的概念，使用“类比”和“反证”的框架方法来确立策略。

他以iPod[a]为例，阐释了类比—反证的概念。“如果你想找类比，你可以参考随身听的案例。随身听解决了一个史蒂夫·乔布斯根本不会问的关键问题：人们会不会在公共场合使用耳机听音乐？今天我们认为这个问题不值一问，但它却是个基本问题。索尼当时提出这个问题时，并没有找到答案。而史蒂夫·乔布斯则用类比得到了答案。”索尼的随身听就是一种类比的方法。接着，乔布斯面临的问题是，尽管人们愿意下载音乐，但却不愿意为之付钱。“音乐服务供应商纳普斯特（Napster）是一个反证。这个反证促使乔布斯采用某种特殊的方法从事他的业务。”科米萨说，“如果我和企业讨论后，从这些类比和反证中发现了一些独特的、没有答案的问题，那么作为一个创业者，我会把这些问题视为‘信念飞跃’。它们对企业发展来说，可

a. iPod是苹果公司设计和销售的系列便携式多功能数字多媒体播放器。——编者注

谓成也萧何，败也萧何。在iPod业务中，‘信念飞跃’之一就是假设人们会花钱听音乐。”当然，这次是飞对了。[4]

“适逢其时其地”之外

有不少著名创业者看起来是因为生逢其时其地，从而赚得盆满钵满。可是，在每个生逢其时其地的成功创业者之外，还有很多也身处相同时间地点的人，他们的创业却以失败告终。在20世纪早期，包括亨利·福特在内有近500位创业企业家。想象一下，作为汽车行业的一个创业者，受过最先进的工程学训练，处在一个史上最可观的市场机遇的起点上，但绝大多数人却一无所获。[5]在脸书的故事中，我们看到了相同的情形，它遭遇了先期进入市场的其他校园社交网络平台，而竞争对手的先发优势最终却不值一提。

成功案例和失败案例之间的差别在于，成功的创业者有高瞻远瞩，有能力和工具去发现他们的计划中哪些部分运作顺利，哪些部分误入歧途，然后调整相应策略。

价值和增长

正如我们在脸书的案例中所见，有两个“信念飞跃”

非常突出：价值创建假设和增长假设。了解新产品或服务的第一步，是从根本上确定它是“价值创建”，还是“价值破坏”。在这里，我使用了经济学语言，说的是“价值”，而不是“利润”，因为创业者中还包括建立非营利社会团体的人、政府机构中的新创部门，以及那些不仅仅以利润论成败的内部提升团队。更复杂的情况是，很多组织尽管在短时间内大幅获利，但最终却破坏了价值。比如庞氏骗局[a]的组织者，以及像安然公司、雷曼兄弟等一些使用不正当手段、误入歧途的企业。

同样的情况对增长也适用。从价值的角度来考虑，创业者非常需要了解新创企业增长背后的原因，以避免很多价值破坏类的增长。比如，一项业务的增长是通过不断向投资人募款，以及大量付费广告取得的，却没有开发出创造价值的产品。

我把这样的企业叫作“升平戏院”，它粉饰成功的表

a.“庞式骗局”以商人查尔斯·庞齐的名字命名。它是一种欺诈性的投资计划，该计划并无任何真实产品、业务或企业，其承诺的高收益率来自新投资者投入的资金。一旦新加入的资金不足以向老投资者支付利息和短期回报，即告破灭。这是一种最古老、最常见的投资诈骗。——译者注

象，让自己看上去像那么回事儿。创新核算的目的之一，就是把伪新创企业和真正的创新者区别开来。这一点我会在本书第七章中进一步讨论。传统的核算方法会把用于成熟企业的标准套用在新创企业上，但是用这些指标预测新创企业的前景并不靠谱。想想亚马逊这样的企业，在通往突破性成功的道路上曾一度经历了巨额亏损。

和传统核算方式类似的是，创新核算需要新创企业拥有并维护一个定量的财务模型，用以严格衡量企业的发展情况。但是在企业创立早期，尚无足够数据形成有根据的假设，来决定这个模型该是什么样子。新创企业最早的策略计划很可能是凭着直觉预感来的，这是一件好事。而要把这些直觉转化成数据，借用史蒂夫·布兰克的名言，创业者必须“走出办公大楼”，开始学习。

现地现物

注重把战略决策建立在对顾客第一手的理解上，是丰田生产体系中最核心的原则之一。丰田用一个日文术语“现地现物”（genchi gembutsu）来概括这个原则，它是精益生产相关词语中最重要的一个。在英语中，它作为一种指令，通常被翻译成“自己去看”，以便人们基于深刻的第一手信息，做出商业决定。杰弗瑞·莱克详细记载了“丰田模式”，他是这样描述的：

> 当我采访丰田，问及丰田模式与其他管理方式的区别是什么时，不管是在制造、产品开发、销售、分销，还是在公关部门，我最常听到的第一反应是“现地现物”。除非亲自观察，否则你无法确定自己是否真正了解任何商业问题中的任何部分。想当然和依靠别人的汇报都是不能被接受的。[6]

让我们以丰田 2004 年款塞纳小型商务车的开发为例。在丰田，负责新车款式设计和开发的经理人被称为首席工程师，他是一位跨部门的领导者，监管从概念到生产的整个流程。分管 2004 年款塞纳开发的首席工程师是横谷雄司。塞纳的主要市场在北美，而横谷对北美市场却知之甚少。为了了解如何改良这款车型，他提出了一个大胆的创业者式的做法：开车走遍全美国 50 个州、加拿大 13 个省和墨西哥的所有地区。总行程超过 53 000 英里[a]。在各个小

a. 1 英里约为 1.6 千米。——编者注

城镇和大都市，横谷除了观察真实顾客并与他们交谈，就是租一辆当年款的塞纳来驾驶。横谷就北美消费者对小型商务车的要求做了一些重要假设，而从这些第一手的观察资料中，他得以对这些假设进行评估。

一个常见想法是：向消费者销售产品要比向企业推销容易，因为个人客户不像企业客户那样复杂，后者有众多部门和不同人员在购买流程中扮演不同角色。但横谷发现，向他的顾客销售产品绝非易事："拥有这辆车的可能是父母或祖父母，但扮演支配角色的却是家里的孩子，因为他们占据了车厢后 2/3 的部分。因此，孩子的因素至关重要，他们也最关心车内环境。如果说我在旅途中学到了什么，那就是新塞纳必须对孩子具有吸引力。"[7] 找到这些假设有助于新车的开发。比如，横谷把塞纳开发预算中的相当一部分花在了内饰的舒适度上，这对家庭长途旅行非常重要，而这样的长途旅行在美国比在日本常见得多。

业绩结果是令人叹服的，塞纳的市场份额获得了惊人增长。2004 年款的销量比 2003 年款的销量高出 60%。当然，像塞纳这样的产品是典型的"持续性创新"，是丰田这样管理精良的全球企业所擅长的。而创业者们在不确定性高得多的情况下开发产品，他们面临的是不同类型的挑战。进行“延续性创新”的企业非常了解它的客户是“谁”、“在哪里”，它会用“现地现物”的方法去考察顾客想要什么。但新创企业和潜在顾客的早期接触，仅仅揭示了那些需要立即测试的假设。

走出办公大楼

数据当然具有说服力，但我常常提醒创业者：人亦是重要的衡量指标。不管企业和顾客之间有多少中介物，最终端的顾客才是会呼吸、会思考、会做出购买决定的个体。他们的行为可以被衡量，并会发生改变。即便是在以大机构为销售目标的 B2B（企业对企业）的模式中，记得每个业务单位是由个体组成的这一点，会对你大有裨益。所有成功的销售模式，都要依靠把迥然不同的个体从其组成的整体组织中分解出来。

多年来，史蒂夫·布兰克谆谆教导创业者，我们所要收集的顾客、市场、供应商及渠道的情况，都只存在于“办公大楼之外”。新创企业需要广泛接触并了解潜在客户，所以，别坐在办公椅上了，赶快走出去认识客户吧！

这个过程的第一步，是确认“信念飞跃”式问题的真实性，也就是顾客确实有一个重要的问题需要解决。[8]当斯考特·库克在1982年构想财捷公司的时候，他的愿景在当时相当超前，即在未来的某一天，顾客会使用个人电脑支付账单和控制开销。当库克辞去他的咨询工作，一头扎入创业活动时，他并没有翻阅一大沓市场调研资料，或在白板上做深度分析，而是挑了两本电话簿：一本是他当时居住的加州帕洛阿托的，另一本是伊利诺伊州的温内特卡的。

他随机致电给不同的人，询问是否可以问几个他们如何理财的问题。这些早期谈话是用来回答一个“信念飞跃”式疑问的：人们是否感到付账单很麻烦？结果确实如此。这个早期验证表明，库克确实需要开始寻找解决方案。[9]

这些早期对话并没有深入到产品功能中，去推荐解决方案什么的。要是那么干的话就太蠢了。那时候普通顾客对个人电脑的精通程度还不足以形成具体观点，以让企业获知他们是否会以新的方式使用电脑。另外，初期的对话是在主流客户中展开的，而不是针对早期使用者。但无论如何，这些对话形成了一个基本认知：财捷公司如果能找到一种解决问题的方法，就可能赢得一大批主流消费群，从而建立起一项可观的业务。

设计和顾客典型

与早期顾客接触并非要寻找确切答案，而是在大致层面，确认我们了解潜在顾客，以及他们的问题。有了这些了解，我们可以创建一个“顾客典型”，它是一个简明的文件，旨在将目标顾客具体化。这个典型是产品开发的重要指南，可确保每个产品开发团队日常工作优先顺序的决策与企业希望吸引的顾客的需求相符。

在设计界，经过多年实践，发展出了很多建立准确顾客典型的技巧。传统的互动设计或设计思想都非常有用。我觉得讽刺的是，这类方式很多是高度实验性和迭代式的，使用的技巧包括迅速建模，以及亲自进行顾客观察以指导设计师的工作。但是，由于设计公司的这些工作一向是有偿的，因此所有这些工作在积累起来打包交给顾客之后，便戛然而止。于是突然间，快速的学习和实验停止了，其假设就是设计师已经了解所有应该了解的东西。对新创企业来说，这个模式是行不通的。再多的设计也无法预测将产品投入真实世界有多复杂。

实际上，新锐设计师在精益用户体验（Lean User Experience）的大旗下，正在开发一些新的技巧。他们认识到，顾客典型是一种假设，而非事实。我们必须通过经证实的认知，证明我们能够用可持续的方式服务于此类顾客，否则所谓的顾客形象就是暂时的。[10]

分析瘫痪症

当创业者进行市场调研并和顾客交谈的时候，有两种危险永远存在。“跟着感觉走”的创业派总是等不及要赶紧开始，不想花时间分析他们的战略。通常在几次仓促的顾客访谈后，他们就迫不及待地要动手开发。不幸的是，由于顾客并不真的知道自己要什么，结果令这些创业者很容易自以为走在正确的道路上。

另一些企业家可能成为分析瘫痪症的受害者，会无休止地调整计划。在这种情况下，和顾客交谈、阅读调研报告及在白板上改变策略都无济于事。大多数创业者的计划有问题并不是因为他们没有依据成熟的战略原则，而是他们立足的事实点错了。可悲的是，由于产品和顾客之间微妙的互动，这类错误大多数无法在理论分析中被察觉到。

如果分析太多是危险的，而不分析又会招致失败，那么创业者怎么知道何时应该停止分析、动手开发呢？本书第六章的内容就是答案。

第六章

测试

高朋网（Groupon）是史上成长最快的企业之一。它的名字源于“团体礼券”，这个巧妙的点子繁育了由无数模仿者组成的整个社会化电子商务（社交商务）行业。但是，它的起步并不成功。顾客在高朋网的第一次交易，是20个人组团在高朋网芝加哥办公室的一楼餐厅购买“买一送一”的比萨饼——这根本算不上一个改变世界的事件。

事实上，高朋网的初衷并非电子商务。创始人安德鲁·梅森原本打算让公司成为一个“集体行动平台”，称为“热点”（The Point）。目的是把人们聚在一起，解决一些个人无法解决的问题，比如为公益事业筹款，或抵制某个零售商。热点早期的成效令人大失所望，但是到2008年年末，公司创始人决定尝试一些新鲜玩意儿。尽管他们依然胸怀大志，但这次他们打算把新产品做得简单一些，并开发了一个最小可行性产品。这像是一家身价十亿美元的公司所做的吗？梅森是这样说的：

> 我们在WordPress网站上开了博客，做了一些装饰，把它命名为“高朋”。接着我们每天发一个新帖子。当时确实相当寒酸。比如，要在这个第一版的高朋网上售卖T恤，我们会在博文里写：“进货的T恤是红色，大号。如果你想要其他颜色或尺寸，请发电邮给我们。”我们都没有设置什么表格让顾客填一填。一切都很粗糙。
>
> 但这已经足够验证我们的想法，说明真的有人喜欢。我们用FileMaker软件[a]制作礼券，运行一个脚本，用电邮把PDF文档格式的礼券发出去。后来，我们逐渐发展到在一天内卖出500张礼券，同时还要用苹果

a. FileMaker是简单易用的数据库软件，可以跨电脑操作平台使用。——译者注

的邮件系统发送500条PDF文档。直到第一年7月，公司还陷在不得章法的抓狂状态中，试着赶上脚步，把产品合理地拼凑到一起。[1]

手动生成的PDF文件、比萨饼礼券和简单的博客，已经足够把高朋网推向破纪录的成功了。高朋网稳步成为史上最快实现10亿美元销售收入的企业，颠覆了本地商家寻找新顾客的方式，为全球375个城市的消费者提供各种划算的交易。[2]

一个最小可行性产品有助于创业者尽早开启学习认知的历程。[3]它并不一定是想象中的最小型产品。它是用最快的方式，以最少精力完成“开发—测量—认知”的反馈循环。

传统的产品开发通常要耗费很长的筹划时间，反复推敲，尽量把产品做到完美。与之相反，开发最小可行性产品的目的则是开启学习认知的流程，而不是结束这个流程。与原型或概念测试不同的是，最小可行性产品并非用于回答产品设计或技术方面的问题，而是用于验证基本的商业假设。

为什么第一个产品不完美？

向风险投资人提出要为 IMVU 筹资的时候，我们感到非常尴尬。首先，我们的产品还有一堆漏洞，质量低下。其次，尽管我们满意于自己的业务表现，但它实在拿不出手。好消息是，我们的增长曲线呈持续上升的势头。坏消息是，这个上升势头仅仅表现为每个月差不多 8 000 美元的收入。这个数字实在是太低了，以至于投资人常常问我们："这些图表使用的计数单位是什么？是以千位数来计的吗？"我们不得不回答说："不是的，先生。是个数单位。"

但是，那些早期成果对预测 IMVU 的未来之路极其重要。在本书第七章中你会看到，我们验证了两个"信念飞跃"式的假设：其一，IMVU 给顾客提供的东西是有价值的；其二，我们拥有一个可行的增长引擎。虽然总销售额很小，但那是因为我们仅把产品卖给了一些具有远见的早期顾客，我们称其为"早期使用者"。我们在将新产品成功推向大众市场之前，会先将其销售给这些"早期使用者"。这些人是一类特殊的顾客群。他们接受，甚至更乐意接受一个只完成了八成的作品。你不需要用一个完美的解决方案去俘获他们的兴趣。[4]

比方说，尽管第一代 iPhone[a] 缺少一些基本的功能特性，像复制粘贴、3G（第三代移动通信技术）网速、对企业电邮的支持等，早期的技术迷们还是趋之若鹜，在苹果商店门前大排长龙。谷歌最初的搜索引擎能回答一些问题，比如关于斯坦福大学和 Linux 操作系统的介绍，但它离"把全世界的信息组织起来"的日子尚有好几年，可是这并不影响早期使用者对其赞不绝口。

早期使用者会用自己的想象来填补产品的不足。他们偏好这种情境，因为他们在意的是成为第一个使用新产品或新技术的人。在消费品市场里，成为街区中第一个炫耀新篮球鞋、新音乐播放器或最酷手机的人，总是自我感觉良好。而在企业产品市场里，愿意冒险采用对手尚未启用的新产品，则是为了争取竞争优势。早期使用者对于那些太过精致的东西反而心存芥蒂：如果这种产品什么人都能用，那么作为早期用户又有什么好处？因此，任何超出早期使用者需求的额外功能或修饰，都是资源和时间上的浪费。

a. iPhone 为苹果公司研发的智能手机系列。——编者注这是一个令很多创业者难以接受的真相。不管怎么说，创业者头脑中向往的是一种行将改变世界的高质量主流产品，并非针对那些在产品成形之前愿意一试的小众群体。这个改变世界的产品要精致、巧妙，即将步入全盛时代，在行业展览中得奖无数，最好是让消费者可以骄傲地拿来向老爸老妈显摆。一个漏洞百出的早期半成品则像是一个令人难以接受的妥协。难道我们接受的教育不都是要求我们做到最好吗？正如最近一位经理人对我说的："就我个人来讲，我总觉得最小可行性产品有那么一点儿危险（我没有冒犯的意思），要知道，我自己一直是个完美主义者。"

根据最小可行性产品的复杂程度，它可以从一次极简单的"冒烟测试"[a]（其作用比广告大不了多少），转变为一个存在问题、缺失某些功能的早期产品原型。我们无法用公式来确定一个最小可行性产品到底该多复杂，而要靠判断。所幸这种判断不难做出：大多数创业者和产品开发人员大大高估了一个最小可行性产品所要具备的功能。当遇到疑问时，就化繁为简。

a. 冒烟测试（smoke test）源自硬件行业的术语，是用来确定和修复缺陷的最经济有效的方法。——译者注举个例子，有一项服务以赠送一个月免费试用的方法来销售，顾客必须先注册试用，才能使用这项服务。那么，这项业务模式的一个明显假设就是，当顾客对这项服务有一定了解之后，他们就会注册试用它。要考虑的关键问题是，顾客是否真的会为了一些承诺的功能（即价值假设）而注册试用产品。

或许在商业模型的某处，在试算表内的某栏中有一行写道："顾客看到免费提供试用后注册的百分比。"我们可能会预测这个数字是10%。请仔细想想，这其实是一个"信念飞跃"的问题。它应该用大写字母并以红色加粗体标示出来：**我们假设10%的顾客会注册它**。

大多数创业者处理这种问题的方式是先开发产品，然后看顾客对产品的反应。我认为这种方式会导致许多浪费，因此已经落伍了。首先，如果最终发现我们开发的东西没有人要，那么我们的所有努力将化为时间和金钱上的无谓消耗。如果顾客不注册试用的话，他们就无法体验到未来那些令人惊喜的功能。即使他们注册了，还是有很多浪费的可能。比如，我们到底需要开发多少功能来吸引早期使用者？要知道，每项额外功能都是一种浪费。同时，如果我们延迟测试那些额外功能，那么在学习认知和循环周期方面，也意味着巨大的潜在成本。

最小可行性产品的经验教训在于，某项工作不管在当时看起来多么重要，只要在开启认知流程所需之外，都是浪费。

为了说明这一点，让我来分享几个精益创业企业的最小可行性产品。在每个案例中，你会看到创业者如何避免过度开发和过度许诺的诱惑。

视频式最小可行性产品

德鲁·休斯敦是多宝箱（Dropbox）公司的首席执行官。这家位于硅谷的公司开发了一种非常简单易用的文件分享工具。安装了该应用程序后，你的电脑上会出现一个多宝箱“收纳盒”文件夹。任何被拉入文件夹的资料都会自动上传至多宝箱的服务器，然后即刻复制到你所有的电脑和设备上。

由于该产品需要精通技术的专才来开发，公司的初创团队都是由工程师组成的。比如，它需要整合不同的电脑平台和操作系统：视窗（Windows）、麦金塔[a]、ios[b]、安卓（Android）等。要深入每种系统的内部实现这些应用，就必须有专业技能知识来创造出非同凡响的用户体验。实际上，多宝箱软件最大的竞争优势之一在于，它的运行是如此顺畅，以至于令对手难以超越。

多宝箱公司的这群人并不是人们观念中的营销天才。事实上，他们当中没有人从事过市场销售工作。他们有很强的风险投资方面的背景，人们原以为他们会用标准的工程思考方式来建立业务，即把产品开发出来，业务自然就来了。但是多宝箱实际采用的方式却有所不同。

这些创业者在开发产品的同时想要取得顾客反馈，了解顾客真正在意的是什么。多宝箱特别需要检验它的“信念飞跃”式问题：如果我们能够提供一种超级顾客体验，人们会不会试用我们的产品？这些创业者相信，文件同步是一个大多数人没有意识到的问题（后来发现确实如此）。一旦你体验了相应的解决方案，你简直无法想象生活中可以没有它。

a. 麦金塔，Macintosh，简称 Mac，苹果公司电脑操作系统。——编者注

b. ios，苹果公司开发的移动操作系统。——编者注

这不是一个你会想到的那种创业问题，你也不会从小组座谈中得到答案。顾客往往不知道他们想要什么，当听到多宝箱的概念时，他们很难明白这到底是怎么回事。筹措创业资金的时候，休斯敦遭遇了不少挫败才意识到这一点。在一次又一次的会议中，投资者都说，已有产品充斥了这个“市场空间”，没见谁赚到多少钱，而且，文件同步也不是什么重要问题。休斯敦会问：“你亲自试用过那些产品吗？”如果他们称是，他会问：“你觉得它们运行顺畅吗？”回答几乎都是否定的。但是一次次的会议之后，风险投资家们还是无法想象休斯敦的理想国究竟是什么。而休斯敦则坚信，如果这个软件能“神奇地运行”，顾客自然会蜂拥而至。

他的挑战在于，根本不可能以原型产品形式来展示一个软件。实际产品需要克服重大的技术障碍，并且产品中的在线服务部分也需要做到高度可靠和有效。为了规避风险，以免开发多年之后才恍悟产品没人想要，休斯敦使的一招出乎意料的简单：他拍了一段视频。

这是一段普通又直观的3分钟视频，针对技术圈内的早期使用者演示该技术的工作情况。休斯敦亲自给视频配了旁白。当描述到他要同步的文件种类时，观众可以看到他如何用鼠标操作电脑。当然，如果注意看的话，你会发现他挪来挪去的那些文件中有很多闹着玩儿的幽默，这正是圈内人好的那一口。休斯敦回忆道："这个视频吸引了几十万人访问我们的网站。产品公测版的等候名单一夜之间从5 000人上升到75 000人。让我们又惊又喜。"时至今日，多宝箱是硅谷最炙手可热的公司之一，据说其身价已超过10亿美元。[5]

在这个案例中，一段视频就是最小可行性产品。它证实了休斯敦"信念飞跃"的假设，即顾客确实需要他正在开发的产品。这不是因为顾客在小组座谈中是那么说的，也不是因为它比其他业务更具希望，而是由顾客真实的注册数量决定的。

贵宾式最小可行性产品

考虑一下另一种最小可行性产品技巧：贵宾式最小可行性产品。为了理解如何实施这种技巧，来见见得州奥斯汀一家新创企业的首席执行官曼纽尔·罗素。他的公司叫"桌上美食"(Food on the Table)。桌上美食公司会制作每周菜单，并根据用户和用户家庭的喜好，开列食品清单，然后再链接到当地的店家，寻找最划算的食材。

上网注册后，你要进行一些设置，标明常去的食品杂货店，勾出你全家爱吃的食物。之后，如果要比较价格，你可以挑选附近另一家商店。接着，你会得到一张根据你的喜好列出的项目清单，并问你“本周心情如何”。圈定之后，选择你准备做几顿饭，以及你最注重的是什么，比如时间、花销、健康性或多样性。这时，网站会搜索与你的要求匹配的菜谱，算出一顿饭的开销，还能让你打印采购清单。[6]

显然，这是一套相当详尽的服务。在后台，一组专业厨师利用遍布全美国的食品杂货店的打折食材设计菜谱。通过电脑测算，这些菜谱和每个家庭的独特需求偏好相匹配。设想一下其中牵涉到的工作：必须维护全国几乎每家食品杂货店的数据库，包括本周哪家店有哪些折扣。这些店必须匹配合适的菜谱，然后相应地进行定制、标记和分类。如果一张菜谱中需要西兰花菜苔，那它是不是和本地市场中打折的西兰花是同一种食材？

读了这些描述之后，你能想象桌上美食公司是从仅仅一位顾客起家的吗？你大概会很惊讶吧。如今桌上美食公司的服务可以支持美国几千家食品杂货店，而当年它只能支持一家店。公司是怎么选上这家店铺的呢？当然不是企业创始人决定的，而是公司第一位顾客的选择。同样，公司刚开张的时候也没有菜谱之类的东西，直到第一位顾客打算要准备菜单的那一刻才有了菜谱。实际上，公司在服务第一位顾客时，没有开发任何软件系统，没有签署任何商业开发合作协议，甚至连一位厨师都没有。

罗素和他的产品副总裁史蒂夫·桑德森走访了他家乡奥斯汀的超市和杂货店。他们的任务之一就是观察顾客，将观察发现的收获纳入设计理念和其他技术构想中。同时，罗素和他的团队也在寻找其他东西：他们的第一位顾客。

当他们在食品杂货店这些地方遇到潜在顾客时，他们会像所有能干的市场调查员那样向其提问，每次谈话后，他们还会试着推销，描述“桌上美食”的好处，说明每周服务的定制费用，并邀请顾客加入。大多数情况下他们都会被拒绝。不管怎么说，他们遇到的许多人都不是早期使用者，而且也不太会接受一项看不见摸不着的新服务。不过还好，最终还是有人点头了。

这位早期使用者受到了贵宾式的待遇。她不是通过冷冰冰的软件与“桌上美食”的产品服务打交道的，而是得到了公司首席执行官本人的每周登门拜访。罗素和产品副总裁会从她常去的食品杂货店里查找哪些东西在打折，然后根据她的喜好精心选择菜单，甚至做到从她喜爱的菜单中找出哪些东西是她经常为家人烹制的。每周，他们会亲自把一个准备好的小包裹交到顾客手中，里面包括购物清单和相关菜谱，同时听取顾客的反馈意见，并相应做出调整。最关键的是，他们每周会收到一张 9.95 美元的支票。

这个效率也太低了！如果用传统标准衡量，这一系统实在是太烂了，完全没有规模化，简直就是在浪费时间。首席执行官和产品副总裁不去开发业务，而跑去解决一位顾客的问题；不是把公司推广到百万受众面前，而是只伺候一个人。最差劲的是，他们的辛苦看上去并没有带来什么实质内容。没有产品，没有像样的收入，没有菜单的数据库，甚至连一个靠得住的组织架构都没有。

然而从精益创业的角度来看，他们的进展意义非凡。每过一周他们都越来越了解如何让产品成功。几周以后，他们已经准备好接待下一位顾客了。每多争取一位顾客，就更容易说服下一位，因为“桌上美食”可以专攻同一家食品杂货店，了解它的货品，以及在那里购物的顾客群。每位新顾客都获得了专人上门拜访和服务的贵宾待遇。但再多了几位顾客以后，提供一对一服务的开支就逐渐提高了。

直到罗素和他的团队已经忙得无暇再接纳新顾客时，他们才开始向自动化方面投入，作为产品开发的一种形式。每次最小可行性产品的重复应用，得以让他们挤出更多时间，再多服务一些顾客。比如通过电邮而非登门拜访来递送菜单，不再用人工而是由软件来自动分析折扣产品清单，直至最后采取信用卡网上支付替代收取手写支票。

不久之后，他们便打造了一项可观的服务产品，起先是在奥斯汀地区，最终推广到全美。这一路上，产品开发团队始终着眼于把有用的功能提升扩大，而不是想着发明一些将来才可能用得上的功能。结果，他们在开发投入中发生的浪费，远比同类企业在传统情况下少得多。

把这个案例和小企业的案例相对照十分重要。在小企业中，首席执行官、创始人、总裁和企业业主亲自服务顾客是极为常见的。但在贵宾式最小可行性产品的情形中，个人化服务不是产品，而是企业增长模式的一种学习认知活动，用于检测“信念飞跃”式的假设。事实上，贵宾式最小可行性产品的常见结果是证明公司原本设定的增长模式无效，由此清楚表明采用其他方式的必要性。即便最初的最小可行性产品让公司获利，也不意味着原定模式一定有效。如果没有真正可行的增长模式，很多公司见了一些蝇头小利就会沾沾自喜、故步自封，却没意识到一次转型（改变方向或战略）也许会带来重大增长。唯一确认的方式就是在真实顾客那里系统地检测这个增长模式。

别在意那 8 个幕后人员

麦克斯·凡蒂拉和戴蒙·霍洛维茨是两位有远见的技术专才，他们开发了一种新的搜索软件，用于回答令谷歌这样的尖端企业犯迷糊的问题。谷歌也会犯迷糊？想想吧，谷歌派的搜索方式善于回答事实性问题，比如世界最高峰是哪座？美国的第 23 任总统是谁？但遇到主观问题时就无法回答了。如果你问："在我的城市里，球赛结束后到哪里喝一杯好？"技术上对此无所适从。这类提问的有趣之处在于，它们由"人"来回答会比较容易。比如在一个周围都是朋友的鸡尾酒会上，你的主观问题能获得高质量解答的可能性有多大？你几乎一定会得到一个满意答复。这些主观问题和事实性问题不同，它们不存在唯一的正确答案，因此很难用当今的技术作答。这些问题的答案有赖于给出答案的那个人，他的亲身经历、喜好，以及他对你要找的答案的认知。

为了解决这个问题，麦克斯和戴蒙开发了一种称为 Aardvark[a] 的产品。根据他们深厚的技术知识和行业经验，人们自然而然地认为他们会一头扎入编程工作。但是，这两人花了 6 个月来确定该开发什么。而且，他们并没有把那一年的时间用来在白板上进行战略规划，或实施一项冗长的市场调查项目。

取而代之的是，他们开发了一系列的功能性产品软件，每个软件用来测试一种解决顾客问题的方法。每个软件产品都可提供给公测用户试用，然后以他们的行为逐条证实或反驳各个假设。请参见以下例子。

> 以下内容是 Aardvark 观念构成时期的例子。[7]
>
> Rekkit（瑞吉特）：从各网站上收集你的情况，以给你提供更好的建议。
>
> Ninjapa（任加帕）：通过一个网站，让你能在各种应用程序中开设账号，并管理你在多个网站上的数据。
>
> The Webb（韦伯）：你可以致电一个号码和真人交谈，这个人可以帮你做任何你能在网上做的事情。

a. Aardvark，词义为“食蚁兽”，是一种社会化的搜索引擎。——译者注

Web Macros（网络宏）：一种记录你在网站上行为顺序的方法。让你能在不同网站上重复常用操作，并且分享你如何完成网上各项工作的“秘诀”。

Internet Button Company（互联网按钮公司）：一种将人们在网络上的行为和智能填表功能相结合的方法。人们可以给按钮加密，然后以社交书签的方式共享这些按钮。

麦克斯和戴蒙的愿景是用电脑创造一种虚拟助手，用户可以向其提问。因为这位助手要回答主观问题，因此其答案需要人来做出判断。所以，针对这个主旨，Aardvark 在早期实验中尝试了多种不同的方法，开发了一系列原型产品，让顾客和虚拟助手互动，寻找他们问题的答案。但所有的早期原型产品都无法吸引顾客。

麦克斯如此描述道：“公司自己掏钱开发，推出非常便宜的原型产品进行测试。最后形成 Aardvark 的是第 6 个原型。每个原型产品的工作量是 2~4 周。我们尽可能用人工替代后台运行。我们邀请了 100~200 位朋友来试用原型产品，并评估有多少人还会再次使用它。在 Aardvark 之前，我们得到的全是一边倒的负面结果。”

由于开发时间短，没有一个原型产品包含高科技。这些最小可行性产品是用来测试一个更为重要的问题的：要吸引顾客使用产品并转告朋友的话，我们需要做什么？

麦克斯说："当我们选择 Aardvark 时，用真人替代后台那部分的工作共持续了 9 个月。我们雇了 8 个人来应对问询，把对话分类，等等。基于真人和人工智能之间的障碍可以逾越的假设，以及表明顾客对我们开发的东西有兴趣的证据，我们在系统自动化之前就筹得了种子期投资和成长期投资。"

"在产品调整期间，我们每周请来 6~12 个人试用正在开发的模型、原型产品或模拟软件。他们中既有当前用户，也有从未接触过产品的人。我们的工程师参与了很多次这样的活动，这样他们就可以立即进行产品修改。而同时，我们也和顾客一起体验了不知如何操作的苦恼。"[8]

他们最后定下的 Aardvark 软件是通过即时通信工具运作的。顾客经由即时通信工具把问题发给 Aardvark，软件会从顾客的社交网络中选出答案，交给顾客。也就是说，系统会寻找顾客的朋友，以及顾客朋友的朋友，向他们提出问题，一旦得到合适的答案，系统会反馈给提出问题的顾客。

当然，这种软件产品需要一套非常重要的规则系统：根据问题的既定主题，在顾客的社交网络中，谁是回答这个问题的最佳人选？比如，要是顾客询问关于旧金山的餐厅的内容，就不该连线他在西雅图的朋友。再比如一些复杂的情况，如果是关于电脑编程的问题，就可能不该找一位文科生来回答。

在整个测试过程中，麦克斯和戴蒙遇到了诸如此类的很多技术难题。每次，他们都断然拒绝在实验早期就解决这些问题。相反，他们使用了"即时反应的测试向导"[a]进行模拟。在这种测试法中，顾客相信他们是和真正的产品互动，但在后台工作的其实是真人。这种方法和贵宾式最小可行性产品一样低效。想象一下，顾客向研究人员提出问题，还期待即时获得答复，这样的服务居然是免费的。一旦到一定规模，这种服务肯定会亏本，但建立在小规模上就比较容易处理。同时，这种方法也让麦克斯和戴蒙回答了几个重要问题：如果我们能解决这个人工智能产品背后棘手的技术问题，人们会使用它吗？人们的使用会促成

a. Oz 是 offline zero 的简写，"即时反应的测试向导"（Wizard of Oz testing）指的是测试中的实验员（Wizard）就用户的指令做出实时反应。——译者注

一个具有真实价值的产品诞生吗?

正是这个系统让麦克斯和戴蒙一次又一次转型，抛弃那些看似大有前途，其实并不可行的概念。当准备好扩大规模的时候，他们对于要开发什么东西就已经有了一个详细的计划。根据最近的报道，Aardvark 以 5 000 万美元被谷歌收购。[9]

质量和设计在最小可行性产品中的角色

最小可行性产品最烦人的地方之一是对传统质量观念的挑战。最好的专业人员和制作人员都致力于开发高质量产品，因为这关乎自尊心。

现代生产流程以高质量作为一种提升效率的方式，它们遵从质量管理大师爱德华兹·戴明的格言：顾客是生产流程中最重要的部分。这意味着，我们必须全神贯注于顾客认为有价值的生产结果。如果在工作流程中容忍粗枝大叶的话，将不可避免地形成多余的差别化产品。这种差别化在顾客眼中就是质量参差的产品，好一点的需要重新返工，糟一些的会导致顾客流失。大多数现代商业和工程业哲学关注的首要原则，都是为顾客创建高品质的体验。这也是六西格玛[a]、精益生产、设计思想、极限编程和软件工艺运动的基础所在。

这些对质量问题讨论的前提是，企业已经了解哪些产品特质在顾客眼里是有价值的。而新创企业做这种假设是要冒风险的。在通常情况下，我们甚至不确定谁是顾客。因此，对新创企业而言，我信奉的质量原则是：

如果我们不知道谁是顾客，我们也不知道什么是质量。

即便是“低质量”的最小可行性产品也能为开发高质量的产品服务。确实，有时顾客认为该最小可行性产品是低质量的。如果是这样，我们应该视其为一个机遇，去了解顾客在意的是什么品质。这绝对比凭空想象或纸上谈兵好得多，它为开发未来的产品提供了坚实的实证基础。

但有时候顾客的反应则截然不同。很多著名产品都是以“低质量”的状态推向市场的，而顾客就是爱它们。试想一下如果克雷格·纽马克在创立分类信息网站 Craiglist 的早期，因为电邮新闻没有漂亮的设计而不愿意发布，情

a. 六西格玛是一种改善企业质量流程的技术，以“零缺陷”的完美商业追求，带动质量大幅提高，成本大幅降低，最终实现财务成效的提升与企业竞争力的突破。——编者注

况会怎样？如果高朋网的创始人觉得“买一送一的比萨”太丢份儿呢？

我自己有过很多相似的经历。在IMVU的早期，我们的虚拟人像停滞在荧幕一角，没法儿挪动。为什么会这样？因为我们开发的最小可行性产品还没有攻克技术难题，无法让人像在他们居住的虚拟环境中自由行动。在视频游戏行业中，标准的三维虚拟人像应该能够行走自如，避开途中障碍，并选择捷径抵达目的地。像艺电公司开发的《模拟人生》这类热门游戏，就是以此为准则开发的。在这个功能上，我们不想推出低质量的版本，于是索性做了一个静止的虚拟人像。

顾客给予的反馈非常一致：他们想要在场景中移动他们的虚拟人像。在我们看来这是个坏消息，因为它意味着我们不得不花费可观的时间和金钱，寻求类似《模拟人生》那种高质量的解决方案。但是在下狠心那么干之前，我们决定先尝试另一种最小可行性产品形式。我们用了一招作弊似的简单处理方式：顾客们点击虚拟人像需要到达的地方，它就会瞬间移动到那里。在这个过程中，人像没有呈现走路的动作，也没有跨越障碍。虚拟人像突然消失，又突然出现在另一个地点。我们甚至负担不起设计花哨的瞬间转移图像或音效。推出这样的功能真是让人害臊，但我们只能做到这些。

你可以想象当我们开始收到积极的顾客反馈时有多么惊讶！因为实在羞于启齿，我们从来没直接问过顾客有关动画功能的问题。但是，当我们向顾客征求他们最喜欢IMVU的三项功能特性时，他们始终把虚拟人像的“瞬间转移”列入前三位。令人难以置信的是，他们还经常特别指出：“它比《模拟人生》更赞！”这个廉价的妥协方案，比我们其他很多引以为傲、花费大量时间和金钱开发的软件功能取得了更好的效果。

顾客才不在意某项功能花了多少时间开发，他们只在意这种功能是不是满足他们的需求。我们的顾客更喜爱快速的瞬间转移功能，因为他们希望尽快抵达想去的地方。现在回想起来，这不无道理。难道我们不是都喜欢马上赶到要去的地方吗？不需要排队、不需要乘飞机或在机场等候、不需要转乘其他交通工具、不需要坐出租车或乘地铁。“传送我吧，史考蒂！”[a]我们昂贵的“真实世界”的设计思路，被酷感十足的“奇幻世界”轻易打败，后者更便宜、

a. 是美国著名科幻电视系列剧《星际迷航》中的一句经典台词，意为将船员化为光束，瞬间转移到另一个地方。——译者注

更受顾客钟爱。

那么，到底哪种软件版本是低质量的？

最小可行性产品需要我们有勇气验证自己的假设。如果顾客的反应和我们期待的一致，那就确认了我们的假设是对的。如果我们发布了一个设计糟糕的产品，让顾客甚至早期使用者都无法弄明白如何使用它，那就说明我们需要投资以获取出色的设计。但我们一定要不断自省：如果顾客对设计并不像我们这样在意怎么办？

因此，精益创业模式和开发高质量的产品并不矛盾，但它只以赢得顾客为目的。我们必须愿意把传统的专业标准搁置一边，尽快进入“经证实的认知”环节。但要强调的是，这并不意味着用马虎或松散的方式运营。（这是一条重要的注意事项。有一类质量问题会减慢开发—测量—认知的反馈循环，造成直接影响。这种缺陷令产品的成型变得更加困难。它会扰乱我们学习认知的能力，纵容它存在于生产流程中是很危险的。在本书的第三篇里，我们会讨论如何确定何时投入资源以防范此类问题的方法。）

当你想要开发最小可行性产品的时候，产品应当符合一条简单规则：放弃对你需要的认知没有直接用处的一切功能、流程或努力。

开发最小可行性产品中的减速路障

开发最小可行性产品具有风险，既有真实的风险，也有想象的风险。如果事先没有做充分的了解，它们足以令一家新创企业的努力付诸东流。最常见的减速路障是法律问题、对竞争对手的恐惧、品牌风险，以及对士气的影响。

那些依赖专利保护的新创企业，发布早期产品会面临一些特有的挑战。在某些司法管辖区内，申请专利的窗口期是从产品向公众发布的那一刻开始算起的，而且根据最小可行性产品的构成方式，一旦产品发布，计时可能就开始了。即使你的公司不处在那些司法管辖区内，如果你想要取得国际专利保护，这或许将要求你必须遵守更严格的规定。（在我看来，这是现有专利法律制约创新的诸多方面之一，它应该作为一种公共政策问题加以修正。）

在许多行业中，专利大多有着防御目的，作为一种威慑力制约竞争对手。在这种情况下，相比最小可行性产品在认知方面的所得，它的专利风险较小。但是，在某些以新的科学突破为公司核心竞争优势的行业中，则需要更小心地平衡这种风险。无论哪种情形，创业者都应该寻求法律咨询，确保自身充分了解所有风险。

法律上的风险或许已令人畏缩，但更令人惊讶的是，我多年来最常听到开发最小可行性产品的反对意见，居然是惧怕竞争对手——特别是对大型的成熟企业的恐惧，唯恐它们盗用了新创企业的构想。但要是盗用一个好点子真那么容易就好了！作为一个新创企业，想要你的构想、公司或产品不为任何人所知，几乎是不可能的，更别提竞争对手了。这本就是新创企业特有的挑战之一。实际上，针对创业者的这种恐惧，我总是会给他们派发以下作业：选取你的构思之一（可能不是最好的那个），找到在成熟企业中负责这个领域的相关产品经理的名字，然后让这家公司盗用你的主意试试。打电话给他们，写备忘录给他们，或者发一份新闻通稿给他们好了——你尽管折腾吧。真相是，大多数公司的大多数经理人对好的构想早已应接不暇。他们的挑战是如何把这些构想排出先后顺序，并且落实执行。正因如此，才给了新创企业生存的希望。[10]

一旦创意构想为人所知，而竞争对手能比新创企业更好地执行这些创意，那这家新创企业就没戏唱了。之所以要建立一支新团队去实现这个构想，是因为你相信在开发—测量—认知的反馈循环中，你可以比任何人推进得更快。如果这是真的，那么竞争对手知道什么都无关紧要。

如果不是真的，这家新创企业存在更大的问题的话，那么保密解决不了问题。一家成功的新创企业迟早要直面快速跟进者的竞争。先发优势几乎起不了太大的作用。而避开消费者的那种秘密开发状态所争取的时间，也几乎不可能带来起步优势。唯一的取胜之道是比任何人学得更快。

很多新创企业想要投资建立一个好的品牌，但最小可行性产品似乎带来了品牌风险。在企业内的创业企业家中也有类似情况，他们因为害怕损害母公司的已有品牌形象而束手束脚。不论是哪种情形，有一个很简单的化解方法，即用不同的品牌名称发布最小可行性产品。此外，如果公司举行了公关活动，或制造市场热点之类的高调发布活动，就有可能对它的长期声誉造成风险。因为一旦产品无法兑现当初的许诺，对企业品牌真正的长期损害就会发生。但是新创企业那不起眼、少得可怜的顾客量，以及有限的曝光，反而是它的优势。与其为之哀叹，不如利用这种优势，埋头进行实验。当产品在真正的顾客群中得以验证时，再来办一场对外市场发布吧。[11]

最后，要知道，最小可行性产品常常带来坏消息，做好接受这些事实的准备，会对你有益。最小可行性产品和传统的概念测试或产品原型不同，它并非用于解决设计或技术问题，而是要解答一系列商业问题。并且，最小可行性产品常常揭示了一部分必要的现实。事实上，进入“现实扭曲力场”[a]总会令人感到不自在。梦想家们特别害怕这样的伪真理：顾客会排斥一个太小或太有限的、有瑕疵的最小可行性产品。企业发布未经先期测试的成型产品，正体现了这种畏惧态度。这些人就是无法接受在产品尚未四角俱全之时就开始进行测试。当然，他们的恐惧是有道理的。因为埋头于传统产品开发方式的团队，习惯有规律地定期做出继续或终止的决策，这正是瀑布模型[b]或门径开发模式[c]的精要所在。假如一个最小可行性产品失败了，团队很容易会一并放弃希望、放弃项目。但是，这种问题还是可以解决的。

a.“现实扭曲力场”，出自《星际迷航》电影。麦金塔的软件工程师安迪·赫茨菲尔德拿它来形容史蒂夫·乔布斯说服自己和他人相信任何事情的能力。意为改变或违背现实，扭曲观众感受，使其相信不可能的事是可能的。——译者注

b. 一种软件开发模型，指按固定的顺序，像瀑布一样，逐级过渡，最终完成软件产品的开发。——译者注

c. 一种新产品开发流程，也称为“阶段—关卡流程”。它利用管理决策关卡将新产品开发的工作量划分为几个阶段。相关团队必须完成该阶段内预先定义的相关活动，才能获批进入下一阶段。——译者注

从最小可行性产品到创新核算

解决这种两难境遇的方法是下决心重复实验。你必须事先就坚定不移地承诺：无论最小可行性产品的测试结果如何，都不放弃希望。成功的创业者既不会一看到麻烦冒头就退避三舍，也不会一条道走到黑。他们兼有坚持不懈和灵活应变的特质。最小可行性产品只是学习认知过程中的第一步。在这条道路上经历多次反复后，你可能会认识到产品或战略中有部分瑕疵，然后到了决定改变的时刻（即我所说的转型），用另一种不同的方式实现你的理想。

当新创企业的外部利益相关群体和投资人（特别是参与企业内部项目的公司首席财务官）处于信心危机的时候，企业就特别危险。项目一经授权或得到投资，创业者都会保证新产品将会改变世界，顾客会纷至沓来，创下纪录。但为什么实际上这样的事情总是很少发生呢？

在传统管理中，一个经理人承诺要做某事，但最终失败的话，他的麻烦就大了。失败只有两种解释：要么是执行不力，要么是没能好好做计划。两种情况都不可饶恕。创业经理人遇到的则是不同的问题：因为计划和预测原本就充满了不确定性，当我们不可避免地失败、无法兑现承诺的时候，又怎能宣称自己成功呢？换个说法好了，首席财务官或风险投资人怎么知道我们的失败是因为从中学习到一些重要的东西，而不是因为偷懒耍滑或误入歧途呢？

这个问题的解决之道是精益创业模式的核心。我们需要一个有条不紊的、系统的方法，来确定我们是否取得了进展、有没有真正获得经证实的认知。我把这套替代传统的核算方式的系统称为“创新核算”，专门用于新创企业。这就是本书第七章的主题。

第七章

衡量

新创企业在一开始差不多就是一个纸上的模型而已。商业计划内的财务考量包括：预测企业期望吸引的顾客数量，要花多少钱，以及将产生多少收入和利润。在新创企业发展的早期，这只是一个理想，离实际相去甚远。

一家新创企业的工作是：（1）严格测量企业目前的状况，正视评估中揭示的现实真相。（2）设计实验，从而了解如何让真实数据向商业计划中的理想目标靠得再近些。

很多产品——即便是失败的产品——都不会交白卷。

大多数产品总会有一些顾客，有些许增长和一些积极成果。对新创企业来说，最大的危险之一就是陷入进退两难的境地。员工和创业者从本性上总是抱有乐观倾向的，即便看到大事不妙，还是想要抱定宗旨不动摇。锲而不舍的传说是非常危险的。我们都听过创业英雄的故事，他们在前景看似暗淡无光的情况下力挽狂澜，取得最后胜利。不幸的是，我们没听到的是更多无名者的故事，他们死守不放，公司最终倒台。

为什么看似枯燥的核算将改变你的生活

人们习惯地认为“核算”枯燥乏味，是一种“必要之恶”，主要用来准备财务报表和对付审计。有这种想法是因为核算已经被认为理所当然。历史上，在通用汽车的阿尔弗雷德·斯隆这些人的引领下，核算成为集中控制多部门的方法中的一个重要部分。它让通用汽车为每个部门设立了清晰的阶段性目标，并由各位经理人负责其部门成功达标。所有现代企业都使用了类似方法。核算是成功的关键。

不幸的是，标准的核算形式对评估创业者没有帮助。

新创企业的发展太难以预料，无法精确地做出预测和确立阶段性目标。

我最近刚和一支优秀的创新团队见面。他们资金充足，有很好的顾客凝聚力，而且发展迅猛。他们的产品在新兴的企业软件品类中占据领导地位，并运用了消费品市场营销的手段向大企业销售。举例来说，他们依靠员工之间的病毒式传播，而没有采用针对首席信息官或IT（信息技术）主管的传统销售流程。因此，他们有机会使用最前沿的实验技巧，不断改进软件产品。我在会议中向他们提了一个简单的问题，我在和新创企业见面时常常会问这个问题："你是否能把产品做得更好？"每个人都回答"是"。我接着问："你怎么知道？"我总是得到这样的答复："嗯，我们正在设计开发，上个月还做了好几个产品改动，看上去顾客挺喜欢的。还有，我们这个月的销售总量更高了。我们肯定走在正轨上。"

这种表述方式几乎会在每个新创企业的董事会会议中上演。大多数产品阶段性目标的设立方法都差不多：可能是和一些顾客交谈，再看看收入数字是否上升，就算完成某个里程碑了。但这并不是衡量新创企业是否取得进步的好指标。我们怎么知道做出的改变和我们追求的目标有关？更重要的是，我们怎么知道我们是否从那些改变中获得了真正的经验教训？

要回答这类问题，新创企业迫切需要一种新的核算方式，特别是用来支持颠覆性创新的方式。这就是创新核算。

在各行业均可行的核算框架

创新核算使新创企业能客观地证明，它正在学习开发一项可持续的业务。创新核算始于把“信念飞跃”式的假设（在本书第五章讨论过）转化为定量的财务模型。每个商业计划，即便是在餐巾纸上的涂鸦，都具备了与这种转化相连的某种模式。该模式会提出一些假设：将来业务成功时会是什么样子的？

比如，一个成熟的制造公司的商业计划，会显示公司的增长随着其销售量等比增长。当把产品销售所获的利润投入营销和推广时，公司就会得到新客户。公司的增长率主要取决于三个因素：单一客户获利率、获得新顾客的成本，以及现有顾客的重复购买率。这些指标表现越好，公司增长得越快，也越能获利。它们是公司增长模式中的驱动因素。

与之相反，一个把买家和卖家结合在一起的市场型公司则有不同的增长模式，比如全球最大的在线交易平台易贝（eBay）。它的成功主要依靠网络效力，使该网站成为买卖双方交易的首选之地。卖家需要一个有最多潜在顾客的市场，而买家则需要一个卖家之间有最大竞争的市场，以求带来丰富的产品和低廉的价格。（在经济学中，这有时候被称为“供给端报酬递增”和“需求端报酬递增”）。对此类新创企业而言，新卖家和新买家的高保留率可以证明网络效力，而网络效力是否起作用，就是要加以衡量的重要内容。如果人们关注该网站，不轻易分心，那么不管企业如何捕获新顾客，这个交易市场都会扩大。这条增长曲线看上去就像一张复利表，增长率就取决于来到该网站的新顾客的“兴趣度”。

尽管这两类公司具有截然不同的增长驱动因素，我们还是可以采取常用的核算框架，使其领导者负起责任。即便增长模式改变，这个框架还是支持责任制的。

如何实行创新核算——三大认知阶段性目标

创新核算分三步走：第一，使用最小可行性产品确定企业目前所处阶段的真实数据。如果你无法看清眼下的状况——不管离目标可能还有多远——你都无法开始跟踪企业的进展情况。

第二，新创企业必须尝试把增长引擎从基准线逐步调至理想状态，这期间可能要经过多次尝试。新创企业在这个调整过程中进行了能做的一切微调和产品优化后，就到了一个决策的时刻，这就是第三步：转型还是坚持？

如果公司正朝着理想目标稳步前进，那就意味着公司认知得当，并且有效地运用了那些认知。在这种情况下继续前进是有意义的。若非如此，管理团队最后必须得出结论，承认目前的产品战略是有问题的，需要做出重大改变。当企业转型时，整个流程会重新开始，要再次确定新的基准线，并从那一点上调整引擎。如果这些调整引擎的活动比先前更具成效，就是成功转型的好迹象。

确定基准线

举例来说，新创企业开发了一个完整的原型产品，通过主要营销渠道销售给真实顾客。这个单一的最小可行性产品可以测试企业的大多数假设，并且同时为每个假设建立基准线的指标。另一种方式是，新创企业可能会倾向于开发几种不同的最小可行性产品，每次分别针对一个假设获取反馈。在开发原型产品前，公司可以使用其营销材料先进行一次冒烟测试。这是直接营销中早有的一个技巧，即让顾客有机会预订一个尚未开发出来的产品。冒烟测试仅测量一件事：顾客是否有兴趣试用产品。测试本身并不足以证实整个增长模式。但是，在下决心向该产品投入更多资金和其他资源之前，得到这个假设的反馈意见是非常有用的。

这些最小可行性产品提供了“认知阶段性目标”中的第一个案例。最小可行性产品让新创企业在其增长模式中填入第一串真实的基础数据——转化率、注册和试用率、顾客生命周期价值等。它提供了顾客情况、顾客对产品的反应等基础信息，即使一开始都是坏消息，但却很有价值。

当你在商业计划内众多的假设中挑选时，先选最冒险的假设来测试才有意义。如果你找不到降低这些风险的方法，何谈向理想进发、创建可持续业务，那也就没有必要测试别的假设了。比如，从事广告销售的媒体业务有两个基础假设，于是形成这样的问题：它能持续捕获一个既定客户细分市场的注意力吗？它能把这种注意力卖给广告商吗？在媒体业务中，特定客户细分市场的广告率是为人熟知的，所以风险更高的假设是捕获受众注意力的能力。因此，第一个实验应该涉及内容制作，而不是广告销售。也许公司可以制作一个试映片段或试刊，用以观察其如何吸引顾客。

调整引擎

一旦确立了基准线，新创企业就可以向第二个认知阶段性目标前进了，即调整引擎。每次产品开发、营销或新创企业的其他活动，都应该以提升增长模式中的某个驱动因素为目标。比如，一家公司可以花时间改进产品设计，让新顾客更容易使用。这种做法的前提假设是：新顾客的“激活率”是增长的驱动因素，而且它的基准线目前低于公司期望。如果这个假设要成为经证实的认知，产品设计的改进就必须能提高新顾客的激活率。反之，新的设计就应该被判定是失败的。这就是一条重要规则：好的设计是能改善顾客行为的设计。

比较一下两家新创企业。第一家公司设置了一个清楚的基准线指标、一个关于如何提高这个指标的假设，以及一套用于测试这个假设的实验。第二家公司的团队则在不断争论要如何改进产品，立刻实施其中部分改动，一旦看到任何数量发生任何增长就庆祝一番。那么，哪家新创企业更可能有效地工作，并取得持久的成绩呢?

转型还是坚持

新创企业团队通过一段时间的学习，朝着可持续业务的方向发展。他们会看到增长模式中的各项数字，由最小可行性产品建立的糟糕低基准线逐步攀升，并向商业计划中的理想状态靠拢。而做不到这点的企业则会看到理想离他们渐行渐远。如果做法正确，即便最强大的“现实扭曲力场”也不能掩盖一个简单的事实：无法推动商业模式中的驱动因素，就不会取得进步。它成为一个明确的提示，说明已经到了转型时刻。

IMVU 的创新核算

这里显示了 IMVU 早期创新核算看起来的样子。我们的最小可行性产品有许多缺陷，第一次发布时，销售额极低。我们想当然地认为，产品卖不出去的原因和质量有关，所以我们周复一周地把工作集中在提高产品质量上，并坚信我们的努力是值得的。每个月末我们会召开一次董事会会议，介绍工作成果。会议前一晚，我们会收集常规分析数据，测量转化率、顾客数量和收入数据，来显示我们干得不错。但是，产品质量的提高并没有产生任何顾客行为的改变。几次会议之后，我们产生了一种大祸临头的恐慌感。有一些董事会会议着实令人沮丧：我们可以展示很多产品“进步”，但业务表现却没有进展。过了一阵，我们不再等到最后一分钟才来担心，而开始更频繁地追踪各项指标，缩短产品开发的反馈循环。但结果让人更加郁闷。几周下来，产品的改动没有带来任何效果。

每天花 5 美元提升产品

我们追踪了一种对增长引擎非常重要的“漏斗式衡量指标”行为：从顾客注册、下载应用程序、试用、重复使用到购买行为。为了有充分的数据来获取认知，我们需要足够多的顾客来使用产品，以取得他们每个行为的真实数据。我们每天拿出 5 美元的预算：刚好能购买谷歌关键字广告（那时这项服务刚刚推出）上的点击。当时，你可以用最少 5 美分的价格买到一个点击，而且上面并未规定最低购买额。因此尽管我们的预算很少，但还是付得起钱开个账号，使用这种方法。[1]

5 美元带给我们每天 100 个点击量。这从营销角度而言并不多，但对获取认知来说却是无价的。每天，我们都能在新的客户群中测量产品表现。同时，每次修正产品之后，我们在第二天就能获得一份新的产品成绩报告，看看做得如何。

举例来说，某天我们会针对新增用户首次推出一个新的营销信息。第二天，我们可能会改变产品接纳新顾客的方式。另一天，我们会添加一些新的功能、修补漏洞、推出新的视觉设计或者尝试新的网站排版。每次我们都告诉自己，我们正在把产品做得更好，但这种主观的信心是要被放入“酸性测试”中检验真实数据的。

我们日复一日地开展随机产品试用。每天都是一个新实验。每天的顾客都是独立于以往顾客之外的。最重要的是，尽管总体数量在增长，但很明显，我们的“漏斗”衡量指标却没有发生变化。

下页图是IMVU早期某次董事会会议上使用的一张图。

这张图显示了将近7个月的工作。在那段时期，我们不断改进IMVU软件产品，每天发布新的功能。我们亲自做了很多顾客访谈，产品开发团队工作得非常辛苦。

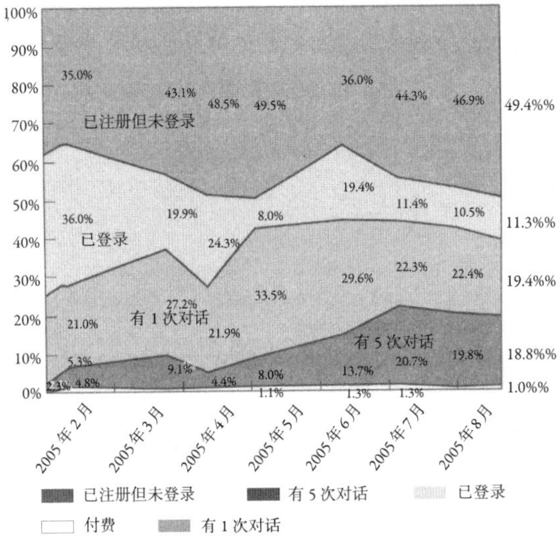

三维即时通信“漏斗”

同期群分析

要读懂这张图就先要了解一下什么是“同期群分析”（cohort analysis）。它是新创企业分析中最重要的工具之一。虽然听上去很复杂，但这个分析还是基于一个简单的前提假设。它看的不是总收入和总顾客数量这样的累积总额或总数，而是分别接触产品的每组顾客的表现。每一组被称为一个同期群（cohort）。该图中显示了 IMVU 每个月内增加的新顾客的转化率。每个转化率说明了在当月注册的顾客中，有多少比例的人接着做出了一些我们预期的动作。举例来说，在 2005 年 2 月加入 IMVU 的顾客中，有 60% 的人登录我们的软件至少一次。

有企业销售背景的经理人会认出，这个“漏斗”分析和传统上用于管理潜在顾客群转化为真正顾客的销售“漏斗”类似。精益创业把这个“漏斗”应用到了产品开发上。因为每家公司都是以一系列的顾客行为（称为“流向”）作为立身之本的，所以这种技巧对很多业务有用。顾客流向决定了顾客和企业产品的互动关系。它让我们可以量化地理解一项业务，而且比使用传统的总数衡量指标有更强的预测力。

仔细看一下，你会发现该图清楚显示了一些趋势。有些产品改进是有用的——或者说有一点点用处。我们看到，使用软件至少 5 次的新顾客百分比从不到 5% 上升到近 20%，尽管多次使用的顾客量增加了 3 倍，但购买 IMVU 的新顾客百分比还是停滞在 1% 左右。仔细想想这一点：经过几个月的工作、几千次的修改、小组讨论、设计会议和可用性测试，更多顾客有机会试用我们的软件，可是掏钱购买产品的新顾客百分比和项目刚开始时的数字是一样的。

好在有同期群分析，我们才不会把失败归咎于以前的顾客不愿意改变，或外部市场环境，或其他什么理由。每个同期群代表了一张独立的产品成绩报告。不管我们怎么努力，我们得到的分数都是“中”。这令我们意识到存在的问题。

我当时负责一支小小的产品开发团队。我和我的创业搭档们交流了一下想法，感到问题应该是出在我们团队的工作上。我更加拼命地工作，专心提高各项功能的质量，度过了无数不眠之夜。沮丧的情绪日益滋生起来。到黔驴技穷的地步时，我终于要祭出最后一招了：和顾客谈一谈。在调整增长引擎上的进展失利之后，我准备好了要提出正确的问题。

这次失败之前，在公司创立之初，我们和潜在顾客的谈话相当轻松，对自己的前进方面也很有把握。实际上，以前把顾客请来办公室访谈并进行可用性测试的时候，我们很容易否定顾客的负面评价。如果他们不想使用软件，我就认为他们不属于我们的目标客户。我会对负责招募受试人员的管理者说：“不要这个顾客，给我找一个我们目标群中的人。”如果下一个顾客的反应比较积极，我就认为自己对目标群体的看法得到了确认。如果情况相反，我就把这个顾客打发走，再找下一个。

但眼下数据在手，我和顾客的互动方式就改变了。突然之间，我发现有很多迫切需要解答的问题：为什么顾客对我们产品的“改进”无动于衷？为什么我们努力付出却得不到回报？比如，我们不断简化顾客和他们当前好友使用IMVU的方式，但不幸的是顾客却根本不想用它，因此产品再怎么简便易用都是徒劳。一旦意识到要找的是什么，我们就很快真正理解了产品。正如本书第三章所述，这些认知最终促成了至关重要的产品转型：放弃开发用于现有朋友之间的即时通信附加产品，转而成为让人们结交新朋友的独立网络。突然之间，我们对工作效率的担忧化为乌有。当我们的努力方向和顾客真实所需一致时，我们的实验就更可能把顾客行为往更好的方面调整。

从每月只有几百美元收入到实现几百万美元收入的这段时间里，有一种模式在反复发生。事实上，这是一个成功转型的好迹象：总的来说，新运行的实验比过去的实验更富成效。

这种模式就是：糟糕的量化结果迫使我们宣告失败，并由此产生了更多量化研究的动机、背景和空间。这些研究产生了新想法（即新的假设），有待验证，并带来转型的可能，接着这个循环再次发生。每次我们都重复着一个简单的节奏：建立基准线，调整引擎，并决定是转型还是坚持。

优化vs认知

工程师、设计师和市场营销人员都擅长优化工作。比如，直营者非常了解如何对价值主张进行对比测试，他们为两组相似的顾客群提供不同的产品服务，再测量这两组人的不同反应率。工程师当然对改进产品表现很有一套，而设计师好像天生就有办法让产品更容易使用。在一个运营良好的传统组织架构中，所有这些具有渐进优势的活动，令企业逐步取得成效。只要我们好好执行计划，努力工作就一定会有回报。

但是，这些产品改进工具在新创企业中却不太好使。如果你开发的东西是错的，那么优化产品或营销方式都不会产生什么重大结果。新创企业必须以高标准来衡量其进展状况，即它能够围绕产品或服务建立起一项可持续业务的证据。只有当新创企业事先做出清晰、实际的预测，才能对这个标准进行评估。

没有这些预测的话，做出产品和战略的决策就极端困难并耗时。我做咨询顾问时，常常看到这种情况。某家新创企业觉得其工程开发团队“工作不够努力”，因而好几次叫我去给点儿意见。当我和这些团队会面时，我总能找到有待改善之处，于是我就建议他们如此这般。但实际上，真正的问题不是缺少开发人才、干劲儿或努力。团队一直在努力工作，业务上却总是不见成效。于是，受传统模式训练的经理人得出一个“符合逻辑”的结论：我们的团队没有努力工作，没有有效地工作。

这样一来，一个下行的循环开始了：产品开发团队从创意或业务领导那里接到产品规格信息，于是拼命按要求开发。当没有得到好的结果时，业务领导者就认定，问题产生的原因来自产品设计和实际开发之间的差别。于是在下次迭代开发中，就尽量把要求说得仔细一些。而当产品规格变得更详细的时候，制订计划的流程就随之减慢，批次规模增大，反馈延迟。如果还有董事会或者首席财务官作为利益相关者介入其中的话，用不了多久，公司里就该发生人事变动了。

几年前，一个向大型媒体销售产品的公司的管理者邀请我做其公司的咨询顾问，因为该管理者觉得自己的工程开发团队工作不力。但是问题并非出在工程师身上，而出在整个公司的决策流程上。公司手头有客户，但公司并不了解他们。客户对产品功能的要求令公司的销售团队和业务领导应接不暇。每个新发现变成了一个非要马上解决的紧急事件。所以，那些长期项目不断遭受干扰。更糟糕的是，公司团队并不清楚他们所做的种种改动对顾客是否有意义。尽管不停修改和调整产品，但他们的业务表现一直平平。

这种消极的螺旋式流程凸显了一大可能：公司正在执行一项没有意义的计划，而且在按部就班地这样做着！认知阶段性目标可以防止这种情况发生。创新核算框架说得很明白，当公司停滞不前时，就需要改变方向。

以上案例中，在创业的初期，由于公司创始人发现目标市场中尚有很大一部分未被满足的需求，所以产品开发团队的工作曾经一度卓有成效。初期产品尽管不够完善，但在早期使用者中普遍受到欢迎。有了这些人到处广泛宣传这项创新，把顾客要求的主要功能直接加入产品中，似乎取得了不错的效果。但是，顾客没有提出的和未被回答的则是另一些潜在问题：公司有没有一个行之有效的增长引擎？早期的成功和目前产品开发团队的日常工作相关吗？大多数情况下，回答是否定的。成功来自公司过去的决定，而现在从事的任何活动都没有产生效应。但是，由于总指标“增长势头良好”，所以这些问题都被掩盖了。

等一下我们就会看到，这是一个常见的危险情况。公司不论规模大小，就算已经有了一个可行的增长引擎，也可能用错误的衡量指标作为行动指导。它会诱使经理人依赖那些常用的“成功法宝”：临时购买广告、充塞渠道[a]、使用花哨的演示样品等，让总体数据尽量好看一些。但与其把精力用在卖弄招数上，还不如设法建立可持续的业务。我把判读新创企业的传统数据称为“虚荣指标”，创新核算要求我们避免诱惑，不要使用这些指标。

小心虚荣指标

为了看清虚荣指标的危险，让我们再回到IMVU的早期。看看下图，它和前文提到的处于同一时期，代表的时间段和本书第144页上的那张图是一样的。也就是说，它是同一次董事会上的演示文件。

a. 充塞渠道，指要求经销商提前以超过实际需求的量购货，填塞分销渠道，以庞大的出货量造成销售业绩高的假象。——译者注这张图显示了到那时为止IMVU的传统总指标：总注册用户数量和总付费顾客数量（总收入图看上去和它几乎一样）。从这个角度看，形势一片大好。这就是为什么我把它称为“虚荣指标”：它们展现的是最美好的景象。你看到了一个传统的上升曲线，这可是高增长公司的理想模式。如果你只关注这些收入数字（更多顾客注册，总营业额增长），就此认为这支产品开发团队正取得重大进展，那也是可以理解的。公司的增长引擎工作良好。每个月都

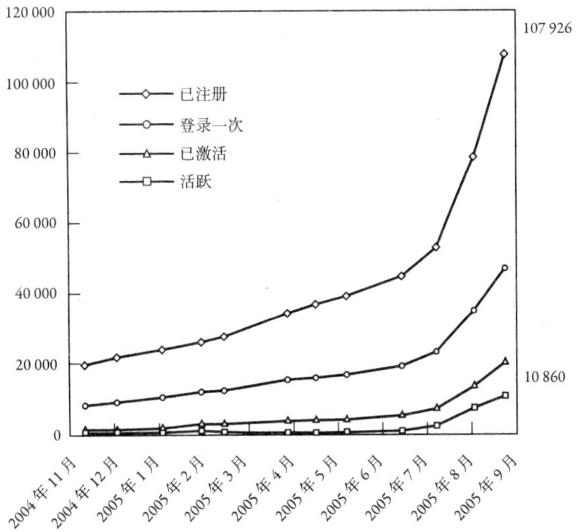

IMVU 累计指标

能获得新顾客，投资回报都是正数。来自新顾客的盈余收入被重新投入下个月，用以获取更多顾客。这就是增长的来源。

但回头想一想相同数据在同期群图中的表现。IMVU确实不断有新顾客增加，但每个新顾客群产生的收益却没有提高。增长引擎已经启动，但调整引擎的努力却不见成效。如果只从传统图表来看，你无法分辨IMVU是否正稳步建起一项可持续业务，你当然也无从了解创业团队背后的成效。

如果新创企业被这些“总顾客数量”等的虚荣指标误导，那么创新核算就无从谈起。我们判断业务和认知阶段性目标要用另一种衡量指标，称为“可执行指标”。

可执行指标vs 虚荣指标

为深入了解一套好的衡量指标的重要性，让我们参考一下在线教学网站Grockit的例子。网站创始人法布德·尼维在两家大型营利性教育机构——普林斯顿教育咨询和楷博教育做过十几年教师，帮助学生备考标准化考试，比如经企管理研究生入学考试（GMAT）、法学院入学考试

（LSAT）和学术能力评估测试（SAT）。他富有魅力的教学风格不仅赢得学生的赞誉，也不断获得上司的赏识和提拔，还曾获普林斯顿教育咨询的年度全国教师。但是法布德并不满足于这些机构的传统教学方式。每天给几千个学生授课6~9个小时的丰富经历，让他有很多机会尝试新的方式。[2]

法布德在一段时间后得出结论，传统讲课教育模式使用的一对多教学法，对学生而言是不够的。他开发了一种更好的方法，把以教师为主的讲课、个人家庭作业和小组学习结合起来。让法布德特别感兴趣的是学生们结伴的小组学习方式，对学生非常有效。他们互相帮助，教学相长。首先，他们能得到同伴针对性的讲授，不像老师那样让人生畏。其次，他们可以在教导同学的同时，加强自己的学习。此后，法布德的课堂逐渐社群化，并取得了成功。

随着这些事情的发生，法布德越来越觉得坐在课堂里不是那么重要。他由此产生了一个重要的联想："我的课堂里使用了社群学习模式，而这类社群社交活动在网上到处都是。"他的想法是，推广社群化的结伴学习方法，让无力负担楷博或普林斯顿的高价课程或更昂贵的私人教师课程的学生受益。Grockit就是在这个愿景下诞生的。

法布德这样解释道："不管你是在准备 SAT 还是学习代数，你无非在使用以下这三种学习方式中的一种：花时间跟专家学、自己学或者跟同伴一起学。Grockit 就提供了这三种学习形式。我们所做的是运用技术和运算来对此加以优化。"

法布德是一个典型的创业梦想家，他这样描述他最初的想法："让我们忘记到目前为止的教育方式，忘记什么才是可能的。想一想今天的学生和今天的技术，重新计划如何学习。尽管在教育界有很多身价几十亿美元的机构，但我不认为它们像大家希望的那样有所创新，而且我也不认为我们还需要它们。对我而言，一切应该以学生为本，我觉得学生们并没有获得他们应得的服务。"

如今的 Grockit 提供多种不同教育产品，但在最初，法布德使用的是精益创业的方式。Grockit 开发了一个最小可行性产品，它仅仅是法布德通过热门在线网站会议工具网迅（WebEx）讲授如何做考前准备的。他没有开发定制软件，也没用新技术。法布德只是尝试通过互联网把他的新教学方式带给学生。关于法布德的新式私人教学的新闻不胫而走，几个月后，他在网上教学的月收入就达到可观的 10 000~15 000 美元。但是，法布德和很多有雄心壮志的创业者一样，他开发最小可行性产品不只是为了过日子。他憧憬着为各地学生提供更深入协作的、更有效的教学方式。法布德凭着初期的成绩，从硅谷最有声望的投资人那里筹措到了资金。

当我第一次遇见法布德的时候，他的公司已经走在了成功的快车道上。他从有名的投资人那里获得了创业资金，建立了强大的团队，并且刚刚在硅谷著名的新创企业评比中完成一场令人印象深刻的首发仪式。

其公司非常注重流程，而且严谨自律。法布德的公司和位于旧金山的枢纽实验室（Pivotal Labs）合作，遵照敏捷开发方式中的一种严格形式，称为“极限编程”（下文予以叙述），进行产品开发。它的早期产品被媒体盛赞为“一大突破”。

Grockit 是一个非常典型的案例。它的问题并非执行不力或不够自律，而是看不到使用产品的顾客有足够的增长。

根据敏捷开发的标准做法，Grockit 的工作是按一系列的“冲刺阶段”展开的，每个阶段即为一个 30 天的迭代周期。在每个周期中，法布德会写出一系列的“用户故事”（一种从敏捷开发中借鉴的技巧），对那个月里要做的工作按轻重缓急排序。法布德的“故事”是从顾客的观点描述产品功能特性，而不是用技术术语描述新功能的规格明细。这样的“故事”能帮助工程师在产品开发过程中关注顾客的认知。

每个产品功能特性都用简明的语言表述，不管你有没有技术背景都能读懂。根据标准的敏捷开发方式，法布德在任何时候都能随意重新排列工作的优先顺序。随着他对顾客需求的深入了解，他可以在有待撰写的故事列表，即所谓“产品列表”中，变动工作内容。这种方式有利于调整开发方向，唯一的局限是不能打断已经进入流程的工作。所幸的是，每次故事撰写的工作时长（我将在本书第九章中详述）很短，仅为一两天。

这个系统之所以被称为“敏捷开发”是有充分道理的：使用它的团队能迅速改变方向，轻装上阵，并且快速响应产品负责人的业务改变需求。这个负责人就是安排故事优先顺序的流程经理，在这个案例中的负责人是法布德。

团队在每个冲刺阶段结束之时感觉如何？他们不断完成新的产品功能。他们以记录和访谈的形式收集顾客反馈，来说明至少有一些顾客是喜欢新功能的。总会有一部分数据显示出好的进展：或许是顾客总数增加了，或许是学生回答问题的总数增加了，又或许是回头客的数量增加了。

但我觉得，法布德和他的团队对公司的总体进展有所疑虑。增长的数字是否真的由产品开发促成？还是基于其他原因，比如报刊上对 Grockit 的报道？当我和其团队成员开会的时候，我问了一个简单的问题：你怎么知道法布德排列的优先顺序真的有道理？

他们回答说："这不是我们部门的事。法布德做出决定，我们负责执行。"

那时候，Grockit 只专注一个顾客细分市场：正在准备 GMAT 报考商学院的学生。他们的产品让备考同一门考试的学生能加入网上学习班。该产品确实奏效了：在 Grockit 完成学业的学生获得了比他们以前高得多的分数。但是 Grockit 被一个在新创企业看来是老生常谈的问题困扰着：我们怎么知道优先排列哪种产品功能？如何让更多顾客注册和购买？怎么把产品宣传出去？

我问法布德的问题是："你对自己排列优先顺序的正确性有多大的把握？"法布德和多数新创企业的创始人一样，看的是手头已有的数据，然后尽量做出最合理的猜测。但这就留下了很多模糊性和质疑的空间。

法布德坚信自己的理想，但他开始质疑公司是否能跟上实现愿景的脚步。产品每天都在改进，而法布德希望可以确定这些改进对顾客是有意义的。我认为他能想到这一点很不简单。和其他梦想家不同的是，法布德没有不管不顾，死抱着最初的理想不放，而是愿意把理想放到实验之中。

法布德努力维系着团队的信念，相信 Grockit 一定会成功。他担心一旦团队成员知道掌舵人对前进方向举棋不定，会影响士气。但他自己也不确定他的团队会不会接受一种真正的学习文化。要知道敏捷开发的一大软肋是：工程师愿意根据不断改变的业务要求调适产品，但是对这些商业决策的质量概不负责。

在产品开发者看来，敏捷开发是一个有效的开发系统。它让开发团队集中精力关注功能开发和技术设计。把学习的需求引入这个流程的想法可能会影响生产效率。

（在人们把精益生产应用到工厂中时，也遇到了相同问题。经理人习惯于关注每台机器的使用率。工厂就是要保证机器在尽可能多的时间里满负荷运作。这从机器的角度来看是有效率的，但从整个工厂的生产率来看，却常常是没有效率的。因为在系统理论里，优化了系统中的某部分就必定危及系统整体。）

法布德和他的团队没有意识到，Grockit 的进展是用虚荣指数衡量的，即所谓的顾客总数和回答问题总数。这是造成他的团队原地踏步、浪费时间的原因。那些衡量指标让团队感到自己好像在进步，但实际上却没有取得什么进展。有趣的是，法布德采取的方法表面上看起来和精益创业的认知阶段性目标非常相似：他们先推出一个早期产品，并建立某种基准线衡量指标。他们有较短的重复周期，每个周期都以改善顾客指标的能力来衡量。

但是，Grockit 使用了错误的衡量指标，所以企业并未取得真正进步。法布德不满意自己对顾客反馈的了解程度。在每个周期内，他的团队关注的指标类型都有所不同：这个月他们看的是用户总数，下个月则是注册数量，诸如此类。这些指标看上去是各自在上下波动，法布德无法得出清晰的因果推论。要在这样的环境中正确排出工作优先顺序是非常困难的。

法布德可以要求他的数据分析师特别调查某个问题。比如，当我们推出某项功能后，它是否影响了顾客行为？但回答这个问题需要花费大量时间和精力。该功能到底是在何时推出的？哪些顾客接触到了它？同一时间前后，有没有推出其他功能？有没有季节性的原因造成数据偏差？

找到这些答案需要解析一大堆数据，而且常常是在问题被提出几周后才能找到答案。在这段时间里，开发团队可能早已进入新的一轮优先工作中，要马上关注新的问题。

和很多新创企业相比，Grockit 团队有一个巨大的优势：他们非常自律。一支严谨的团队可能会使用错误的方法，但一旦发现错误，则可以迅速调转船头。更重要的是，一支严谨的团队可以把他们的工作风格贯彻在实验之中，并且得到有意义的结论。

同期群和对比测试

Grockit 从两个方面改变了以前用来评估成功的衡量指标：一是公司从关注总数指标转向以同期群为基础的指标；二是从事后再找因果关系改为把每个新产品的发布当作一次真实的对比测试。

所谓对比测试，就是在同一时间向顾客提供不同版本的产品。通过观察两组人的行为变化，推断不同版本的影响力。这种技巧首先被采用在直邮广告上，比如，像服装用品“大地尽头”（Lands’ End）或家居用品“箱笼柜盒”（Crate & Barrel）这类给顾客寄送产品目录的邮购公司。如果你想测试产品目录的设计，你可以向一半顾客邮寄新版，向另一半顾客邮寄旧的标准版。为了保证结果的科学性，两份目录中的产品应该完全一致，唯一不同的是版面设计。想知道新的设计是否奏效，你就要追踪两组顾客的销售数字。(这种技巧有时候也称为“甲乙组测试”，因为两个版本分别以甲和乙标注。)尽管对比测试常常被当作市场营销的特有方法(甚至是直接营销的特有方法)，但精益创业可以把这种方法直接融入产品开发当中。

这些变化马上改变了法布德对业务的理解。对比测试常常会揭示出一些让人意想不到的结果。比如，在工程师和设计师眼中许多产品功能的改善，对顾客行为却毫无影响。这正是 Grockit 遇到的情况。在我看到的所有使用这种技巧的公司中，也有同样的情况发生。因为需要额外核算和衡量指标，来跟踪观察对比测试中的每个版本，所以采取对比测试看起来似乎更加困难。但是由于去除了顾客并不在意的工作，长期而言它还是节省了大量时间。

对比测试还有助于团队更细致地理解顾客想要什么，不要什么。比如，开发团队希望社交沟通工具能提升产品价值，因此不断在其中添加新的方法，让顾客能相互交流。这些工作基于的观点是，顾客希望在学习中有更多交流。但是，当对比测试显示这类附加功能并未改变顾客行为时，这个观点就有问题了。

疑问激发了开发团队的求知欲，他们希望更深入地理解顾客的真实需求。他们开始构思讨论可能会更具影响力的实验。事实上，很多想法并不新鲜，但因为公司过去只注重开发社交工具，所以它们被忽视了。后来，Grockit 测试了一个单人深度学习模式，需要顾客完成过关任务或类似游戏的等级。这样一来，学生既可以选择自修，也能和别人一起学习。这两者相结合的学习方法在法布德以前的课堂上已经被证明是十分有效的。但是没有严谨的对比测试，公司可能不会意识到这一点。实际上，在一段时间里经过几十次的测试后，可以清楚地看到，吸引学生的关键是同时提供给他们社群学习和单人学习功能。学生们更希望能够自己选择学习方式。

看板

根据精益生产的“看板”管理原则，即对生产量的控制，Grockit 改变了产品排序的流程。在新的系统规则中，用户故事在带来经证实的认知之前不算完整。用户故事会按 4 种开发阶段归类：尚在产品列表中、正在开发、完成（技术角度上的功能完成），以及处于验证的过程中。这里的“验证”指的是“了解这个已完成的用户故事首先是不是一个好的想法”。这种验证往往使用对比测试法来揭示顾客行为变化，也可以使用顾客访谈或调查的形式。

“看板”规则只允许一定数量的用户故事存在于任意4个阶段中。随着故事从一个阶段进入另一个阶段，它被填入下一个阶段的方框中。一旦方框填满就不能再接受其他故事了。一个用户故事只有通过了验证，才能从“看板”上被移除。如果验证失败，发现这个故事是个糟糕的想法，那么和它相关的功能就会从产品中被删除。（参见下页表格。）

我曾和几组团队一起实施过这个系统。最初的结果总是让人沮丧：“已验证”和“完成”的方框都被填满，已没有可能开展任何新的工作。开发团队习惯只用完成故事的数量衡量生产效率，这时感到动弹不得。唯一再开发新功能的方法，是调查一些已完成但尚未被验证的故事。而这常常需要投入产品开发以外的工作：即和顾客交谈，查看对比测试的数据，以及其他诸如此类的事。

工作发展阶段的看板表

（每个方框中同一时间里不能有三个以上的项目）

产品列表	正在开发	完成	已验证
A B C	D E	F	

A 项目的工作正在开启。D 和 E 正在开发中。F 有待验证。

产品列表	正在开发	完成	已验证
G H I	 B C	D E A	F

F 已经验证。D 和 E 有待验证。G、H、I 是即将开始的新工作。B 和 C 正在开发中。A 已完成开发。

产品列表	正在开发	完成	已验证
 H → I →	G B → C →	D E A	F

B 和 C 已完成，但根据“看板”规则，不能移到下一个方框中去验证，必须等待 A、D、E 验证完毕。H 和 I 的开发工作无法开始，需要等下一个方框中有空位。

很快大家就找到了一些窍门。一开始工作的进展走走停停，产品开发那里可能已经完成了很多工作，但接下来需要进行大规模的测试和验证。工程师们要想办法提高生产效率，他们开始意识到，如果从一开始就考虑了验证工作，整个团队就会有更多产出。

举例来说，为什么要开发一个不在对比测试中的新功能？在短时期内可能节省时间，但到了验证阶段，却要花费更多时间来测试。工程师不愿开发他们不理解的用户故事也是出于同样的逻辑。在老系统中，工程师只负责开发，至于为什么要这么做乃是后话。而在新系统中，那种行为无疑阻碍了生产效率：没有清楚的前提假设，用户故事怎么可能被验证？在IMVU里也有类似情况。有一次，我看到一位初级工程师在一个较小的产品改动争论上挫败了一位高管。这位工程师坚称，该项新功能要像其他功能一样做对比测试，而他的同事也齐声附和。不管谁提出改动产品功能的要求，都要例行测试，这已经被认为是理所当然的。令人尴尬的是，我常常是那个被质疑的管理人员。稳固的流程根植于健康的企业文化基础：创意想法是以价值大小而不是职位高低来评估的。

最重要的是，在这个系统中工作的团队不是根据新功能的开发量，而是根据经证实的认知来衡量其生产效率的。

Grockit 的假设测试

经历了这次转变后，Grockit 取得了显著的成果。有一次，他们决定测试一个称为“懒惰注册”的重要产品功能，考察从长期支持的角度，目前为之投入的大量投资是否值得。他们对这项功能很有信心，因为懒惰注册被认为是网上服务中最好的设计实践之一。在这种系统中，顾客不必为获得服务先注册，而是马上可以使用相关服务。只有顾客体验到该服务的好处时，他们才会被要求注册。

Grockit 的懒惰注册是这样为学生设置的：你登录网站后，你会马上被放到一个和你准备相同考试的其他学生的学习班中。你不需要提供自己的姓名、电邮地址或信用卡号就可以马上加入，开始学习。这是 Grockit 的核心假设之一，对其进行测试非常重要：只有顾客先看到新的学习方式行之有效时，他们才愿意使用这种方式。

在这个前提假设下，Grockit 网站需要管理三种用户：非注册访客、注册（试用）客户，以及购买产品高级版的顾客。这种设计的开发和维护需要大量的额外工作：用户种类越多，顾客跟踪的任务越繁重，也需要更多营销工作来确立相应的奖励措施，吸引顾客升级到高级版产品。既然大家都认为懒惰注册是行业中的最佳实践，Grockit 只得承担了这些额外工作。

我鼓励 Grockit 团队做一个简单的对比测试：取一组同期群顾客，要求顾客在只看到网站营销材料的情况下就立即注册。结果开发团队惊讶地发现，这组顾客的行为和懒惰注册组并无二致，他们的注册率、激活率及后续的保留率均相同。换言之，尽管懒惰注册是业内公认的最佳方法，但 Grockit 花在这上面的额外精力纯属浪费。

这项测试还揭示了比减少浪费更重要的市场洞见：顾客决定使用 Grockit 与否不是基于他们使用了产品，而是其他因素。

想一想那些被要求马上注册才能获得产品的同期群顾客。他们并没有加入其他学生的学习班。除了网站首页上的介绍和注册表，他们几乎不了解什么产品信息。相反，懒惰注册组的顾客使用过产品，拥有大量产品信息。尽管双方获得的信息量有差异，但顾客行为却完全一致。

这种情况说明，提升 Grockit 的市场定位并加大营销力度，可能比添加新的产品功能影响力更大，更能吸引新顾客。这个实验只是 Grockit 早期的几项重要实验之一。从那时候开始，网站的顾客群大幅扩大。现在网站提供了大量标准化考试的备考指导，包括 GMAT、SAT、ACT（美国大学入学考试）和 GRE（美国研究生入学考试），还为七年级到十二年级的学生提供在线数学和英文课程。

Grockit 继续发展其流程，在每个发展阶段不断寻找提升机会。公司在旧金山的办公室有二十几名员工，他们仍然以其历来招牌式的严谨方式运营。Grockit 已经帮助了近 100 万名学生，而且必将帮助更多莘莘学子。

三个“可”的价值

Grockit 的这些案例展示了三个“可”的衡量指标，即可执行、可使用和可审查。

可执行

一个产品成绩报告要可执行的话，就必须清楚地显示因果关系，否则就是虚荣指标。Grockit 用来判定认知阶段性目标的报告，非常清楚地说明了要得到结果，必须采取什么行动。

相反，虚荣指标无法给出这种判据。让我们以公司网站的点击量为例，比如说，本月我们创下 4 万个点击率的新纪录。要得到更多点击该怎么做？好吧，那就要看情况了：新的点击从何而来？它是出自4万个新顾客，还是一个特别活跃的网络浏览者？这些点击是新营销活动的成果，还是公关推广？一个点击究竟指什么？是每次网页浏览计为一个，还是把所有嵌入的图像和多媒体内容都计算在内？在会议上争论报告中测量单位的人，都会发现这个问题。

虚荣指数对准了人的思想弱点，因而造成了混乱。在我的经验中，每当数字上升，人们就会认为是由自己的行动或自己正在进行的工作而产生的。因此，我们常在会议上看到，营销部门认为新的公关或营销活动令数字上升，而开发部门觉得这和新增的产品功能息息相关。而要知道究竟发生了什么所费不赀，所以很多经理人只有一笔带过，根据他们的经验和在会议室内收集到的信息，尽可能做出自己的判断。

但是，当数字下跌时，人们则会产生截然不同的反应：这都是别人的错。因此大多数的团队成员或部门都觉得只有自己的部门在不断地把事情做得更好，是其他一无所知的部门把自己的辛勤劳动给毁了。既然如此，那么这些部门弄出自己的一套语言、行话、文化及对付那些“傻瓜们”的招数又何足为奇呢。

可执行的衡量指标是这些问题的解决之道。只要清楚理解了因果关系，人们就能从自己的行动中更好地学习。当人们得到清晰客观的评估时，你会看到，他们生来就是学习者。

可使用

产品成绩报告本应是员工和经理人用来做出决策的指南，但大多数报告都让人难以理解。可惜的是，很多经理人在这种复杂情况下，本可以和数据存储团队联手简化报告，寻求更好的理解，但他们并没有积极应对。为了得到想要的信息，很多部门常常自己花力气研究如何使用数据，而不去了解真实的顾客反馈，指导未来的行动。

对付数据滥用的方法是：第一，把产品报告做得尽量简单，让每个人都能理解。记住“人也是衡量指标”的说法。让报告易懂的最简单办法是使用明确具体的单位。比如，网站点击是什么？没人真的知道，但每个人都知道用户访问网站的意思：大家脑海里都会浮现出人们坐在电脑前的画面。

所以，同期群报告是认知阶段性目标的金科玉律。它们把复杂的顾客行为转化为以人为本的报告。每个同期群分析都会说：在这段时间内使用了我们产品的顾客中，有多少人表现出了我们期望的各种行为。在 IMVU 的例子中，我们看到了 4 种行为：下载产品、从电脑上登录该产品、和另一个顾客交谈，以及升级到付费版的产品。换言之，报告涉及的是人和他们的行为，这要比一堆数据有用得多。比如，想一想如果我们的报告只有人们交谈次数的总数，要凭这个辨别 IMVU 成功与否谈何容易。如果说我们在一段时期内得到了一万个对话。这到底算好还是不好？是因为有个家伙特别活跃，还是有一万人每人都试用了一次产品，然后又都放弃了？如果不再做一份更详细的报告，这些问题根本无从获得答案。

随着总数的增大，指标的适用性变得越来越重要。很难想象网站点击量在某月从 25 万降到 20 万是什么意思，但绝大多数人会马上理解损失 5 万个顾客意味着什么。这就是说有一整座体育场那么多的人放弃了这个产品。

另外，指标的适用性也指更多人能方便地获得产品报告。Grockit 在这方面做得非常好。每天，系统会自动生成一个文件，其中包括每项对比测试的最新数据，以及其他“信念飞跃”式的衡量指标。这份文件将被发给每位公司员工：他们的电子邮箱里总会有一份最新资料。报告排版精良、简单易读，每个实验及其结果都以平实的语言加以说明。

第二，采用我们在IMVU开发的一种技巧，也是让产品报告具有使用价值的一种方法。我们的报告数据及其基础构架就是产品本身的一部分，由开发团队掌握，而不是把分析或数据放到其他系统中。这些报告就张贴在我们的网站上，每位有员工账号的人都可以看到。

每个员工可以随时登录系统，挑选一项目前或过去的实验，便可以看到一页简明的实验结果概述。这些单页概述逐渐成为公司上下解决产品争议的实际准则。当人们需要证据支持他们认识到的某项观点时，他们就会带上打印出来的单页去开会，坚信每个看了这份文件的人都会了解其含义。

可审查

当听到自己钟爱的项目失败了时，我们大多数人都想要责怪传来消息的人、数据、经理人、老天爷，或其他我们想得到的人或事。因此第三个“可”的衡量指标，即“可审查”，是非常必要的。我们必须确保数据对所有员工来说都是可信的。

IMVU 的员工会挥舞着那张单页报告，证明自己的观点，解决产品争端。但这个过程通常不那么顺畅。大多数时候，当经理人、开发者或相关团队在面对可能否决自己宝贝项目的决议时，争论的失意方就会质疑数据的真实性。

这样的质疑比大多数经理人愿意承认的还要多，而且糟糕的是，很多数据报告系统无法回复他们的质疑。之所以会这样，有时是出于保护顾客隐私的考虑，它本意良好，但不该用在这里。更常见的情况是，缺少这类支持性文件的原因仅仅是由于它们被忽视了。大多数的数据报告是由业务经理人和分析师而不是产品开发团队创建的，因为后者的工作只是排出产品功能的优先顺序，并进行开发。对必须使用这些系统的经理人而言，他们只能查看各份报告是否彼此一致，但却常常无法检验这些数据是否与现实相符。

解决办法是什么？第一，记得“人也是衡量指标”。我们需要亲自测试这些数据，在繁杂的现实世界中和顾客交谈。这是查证报告里的情况是否属实的唯一方法。经理人必须有在真实顾客中抽查数据的能力。它的另一个有利之处在于，能提供这种详细审查程度的系统，可以让经理人和创业者有机会了解为什么顾客会做出如数据所示的行为。

第二，在产品报告的创建中，必须确保生成报告的机制不会太复杂。只要有可能，就应该直接从总数据中得出报告，而不是通过中介系统，这样可以减少出错概率。我注意到，如果一个团队的判断或假设是被有技术问题的数据推翻的话，那么团队的信心、士气和自律精神就会被破坏。

我们在好莱坞或书本杂志的传奇世界中看到的创业者的成功故事，总是从一个模子里刻出来的。首先，大胆的主人公突然顿悟，想出一个绝妙的点子。接着，我们了解了他们的个性和品格，他们如何尽享天时地利，以及如何跨出惊人一步开创了企业。

然后出现了电影蒙太奇。这一段常常很短，也就是几分钟的图像或旁白，以说明时间的流逝。我们看到，主人公建立团队，在实验室里工作，在白板上奋笔疾书，完成销售，或猛力敲击键盘什么的。在蒙太奇的结尾处，创业者已经取得成功。接下来的故事变得更有趣：他们如何分享成功果实，谁上了杂志封面，谁告了谁，以及他们对未来的影响。

不幸的是，决定新创企业成功的真正工作发生在蒙太奇之中。但它实在太过乏味，因而没有在故事中出现。创业活动中只有 5% 是用于构想大创意、商业模式，进行书面策划，以及分配胜利果实的。剩余的 95% 都是用创新核算来衡量的艰苦工作：诸如决定产品优先排序、确定瞄准或倾听哪些顾客，以及有勇气把伟大的理想投入不断的测试和反馈中。

在新创企业所有的决定中，有一个决定最困难、最耗时，并且是最大的浪费源头。我们都必须面对这个重大考验：决定何时转型，何时坚持。要了解在电影蒙太奇中到底发生了什么，我们就要理解如何转型。这是本书第八章的主题。

第八章

转型还是坚持

每个创业者在开发一种成功产品的过程中，迟早会面临一项重大挑战：决定何时转型，何时坚持。我们到目前为止的所有讨论只是一个问题的前奏，这个问题看似简单：目前取得的进展是否足以令人相信我们最初的战略假设是正确的，还是需要做出重大改变？这种改变称为转型，即有条理的方向性改变，用来测试新的产品、战略和增长引擎的基础假设。

由于科学方法论是精益创业的构成基础，所以总有一种错误观念认为，必须采用严格的方式决定是转型还是坚持。这种想法是不对的。从创业实践中排除愿景、直觉、判断这些人为的因素并不可取，我们也无法那么做。

我推崇用科学方式构建新创企业的目的，是把人类的创造活动塑造成最具实效的形式，而错的坚持决定是对潜在创新的最大威胁。企业如果不能根据市场反馈转投新的方向，就会陷于进退两难的尴尬境地，既无法增长又不至于垮台，虚耗员工和其他利益相关群体的资源和信任，却只能原地踏步。

但是，相信自己的判断也是好事。我们能够学习，又有与生俱来的创造性，还具备从嘈杂中辨明迹象的非凡能力。事实上，我们有时候非常善于发现一些尚未显现的迹象。科学方法的核心在于，认识到虽然人的判断也许有缺陷，但是我们可以把理论付诸反复的测试。

新创企业的生产效率并不意味着开发更多产品或功能，而是把我们的努力投入创造价值并促进增长的业务和产品中。换言之，成功的转型让我们走上一条发展可持续业务的康庄大道。

创新核算带来更迅速的转型

戴维·比内蒂是 Votizen[a] 的首席执行官，让我们参考一下他们的真实案例。戴维长期以来致力于把美国的政治流程推向 21 世纪。在 20 世纪 90 年代，他协助创立了第一个美国联邦政府的门户网站：USA.gov。同时他也经历了新创企业的一些典型失败。当戴维创立 Votizen 时，他努力想避免拿自己的理想冒险。

戴维想要解决的是公民参与政治流程的问题。他的第一个产品概念是一个由经过身份认证的选民组成的社交网络，让关心公民事务的民众会聚一堂，分享想法并招集他们的朋友。戴维只花了 1 200 美元，用 3 个月时间开发并发布了他的第一个最小可行性产品。

戴维开发的产品并非没人使用。实际上，从初期开始，Votizen 就吸引了热爱这个核心理念的早期使用者。戴维和所有创业者一样，需要改善他的产品和业务模式。他面临的挑战之所以特别严峻，是因为他必须在目前还不错的成功形势下做出转型。

a. Votizen（选民网）是美国一个政府代表与公民联系的网络平台。——编者注戴维最初的概念中包括了四大“信念飞跃”：

1. 顾客要对注册社交网络有足够的兴趣。（登记）
2. Votizen 要能验证顾客是已注册的选民。（激活）
3. 在一段时间后，已认证身份的顾客会被网站中的行动工具吸引。（保留）
4. 使用网站的顾客会把网站的服务告诉朋友，并招集他们参与公民事务。（推荐）

花了三个月时间和 1 200 美元的投资后，戴维的第一个最小可行性产品向顾客开放了。在最初的顾客同期群中，有 5% 的人注册使用服务，17% 的人认证了其注册选民的身份（见下表）。这些数字太低了，没有足够数据说明会发生什么样的使用或推荐情况。这时候需要做重复实验。

早期最小可行性产品初始情况

	早期最小可行性产品
登记	5%
激活	17%
保留	过低
推荐	过低

戴维又用了两个月时间和5 000美元，针对新产品功能、推广信息及旨在简化用户使用的产品设计提升，进行对比测试。这些测试显示出大幅的进步，登记率从5%上升到17%，原来17%的激活率则攀升到超过90%。这就是对比测试的威力所在。这一轮优化为戴维提供了足量的顾客来衡量后面两条“信念飞跃”。但是，从下表来看，那些数据令人更加灰心：戴维只得到了4%的推荐率和5%的保留率。

早期最小可行性产品初始情况和优化后对比

	早期最小可行性产品	优化后
登记	5%	17%
激活	17%	90%
保留	过低	5%
推荐	过低	4%

戴维知道，他必须做更多的开发和测试。在接下来的三个月里，他继续实行优化、对比测试，同时调整方案。他和顾客交流，组织小组讨论，并且做了很多对比测试。本书第七章已经解释过对比测试，就是在同一时间内把不

同版本的产品提供给两组顾客使用，然后观察这两组人的行为变化，从而推断不同产品的影响力。在下面这张表中，推荐率向上微调至6%，保留率升至8%。戴维用了8个月时间，花了20 000美元开发的产品并没有形成他所期望的增长模式。这令他大失所望。

第二次优化前和优化后对比

	优化前	优化后
登记	17%	17%
激活	90%	90%
保留	5%	8%
推荐	4%	6%

戴维面临着要转型还是继续坚持的艰难挑战。这是创业者碰到的最困难的抉择之一。确立认知阶段性目标的目的不是更容易地做出决定，而是确保当需要做出决定时，有足够的数据在握。

在这个阶段，戴维已经进行了很多顾客对话。他拥有足够的认知，来合理解释目前产品所遭遇的失败，这也是很多创业者会做的。在硅谷企业中，我们把这种境况称为

“进退维谷”，用来形容企业有了一点成绩，但仅仅只够生存下去，却无法实现其创始人和投资人的期望。这样的企业是消耗人们精力的无底洞。出于忠诚，员工和老板都不想放弃，他们觉得成功可能近在咫尺。

戴维有两个优势，帮他逃脱这种命运：

1. 尽管戴维怀有远大的抱负，但他还是尽早发布了产品，并进行重复实验。因此在企业成立8个月后，他就到了要决定转型还是坚持的阶段。向某个概念投入的金钱、时间和创新精力越多，要转型就越困难。戴维很好地避免了这种陷阱。
2. 戴维从一开始就明确找出了他的“信念飞跃”式问题，更重要的是，对每个问题做了量化预测。要是戴维想宣布他最初的尝试已经获得成功，其实也并非难事。不管怎么说，他的一些指标还是很高的，比如激活率。而在总使用量这样的整体指标上，他也实现了积极的增长。但是，戴维所关注的是每个“信念飞跃”式问题的可执行指标，所以他才能接受公司正遭遇的失败。此外，戴维没有过早地在公关宣传上浪费精力，因此，他能够下决心调整方向，而不用顾忌公开的难堪或受到干扰。

失败是认知的先决条件。要是打算先推出产品再来看发生什么，那么准保你心想事成，因为你肯定会看到发生了什么。问题是然后怎么办？一旦有了一些顾客，就会有不少人向你提出下一步的意见。那你该听谁的？

Votizen 的成绩不错，但是还不够好。戴维觉得，虽然他的优化工作提高了一些衡量指标，但总体上，它们并没有朝着可持续的业务模式发展。戴维就像所有优秀的创业者一样，没有过早放弃。他决定转型，并且测试一个新的假设。所谓的“转型”需要我们立足于目前所知所识，同时在战略上做出重大改变，从而寻求更多经证实的认知。这个案例证明，戴维和顾客的直接接触起到了至关重要的作用。

在他的测试中，他听到三种反复出现的声音：

1. “我一直想要更多地参与，这个网站让参与变得更简单。”
2. “你的网站证明了我是一个选民，这一点很重要。”
3. “网站上没人，我上去干什么？”[1]

戴维决定要做的转型，我称之为“放大式转型”，即重新聚焦在以前产品的一项功能上，把其放大为一个整体。

想一想以上的顾客评语：顾客喜欢这个概念，喜欢选民登记的技术，但是在产品的社交网络功能上，它无法实现价值。

戴维决定把Votizen改换成另一种形式，组建一个“社交游说平台”，起名叫作@2gov。它并不是要把顾客整合到一个公民社交网络上，而是让顾客们通过推特这种已有的社交网络平台，又快又容易地联系到他们选出的民意代表。顾客在网上联络，@2gov可以把网上的联系转化成纸张形式的表格。最终结果是议会成员收到传统的印刷本信件和呈请书，也就是说，@2gov把顾客的高科技世界转化到政治活动的低技术世界中。

@2gov需要回答一些稍有不同的“信念飞跃”式问题。它仍然需要顾客注册登记、认证选民身份，并且推荐他们的朋友，但业务的增长模式改变了。@2gov依靠的不是留住用户的业务方式（即“黏着式”的增长模式），而更偏向交易性质。戴维的假设是：热情的活跃者愿意付费，让@2gov代表关心自身事务的选民协助进行联络工作。

戴维新的最小可行性产品用了4个月时间及30 000美元。目前为止，他总共花费了50 000美元，投入12个月的工作。但是这一轮的测试结果是惊人的：42%的注册率，

83% 的激活率，21% 的保留率，以及 54% 的高推荐率。但是，愿意付费的活跃者数量少于 1%。尽管戴维已尽其所能优化产品，但每项交易的价值如此之低，以致无法支持一项赢利的业务。

在我们讨论戴维的下一个转型之前，注意一下他是如何证实他的认知的。他希望这个新产品能大幅提升他的“信念飞跃”指标，而且他也做到了（见下表）。

新产品转型前和转型后对比

	转型前	转型后
增长引擎	黏着式	付费式
登记率	17%	42%
激活	90%	83%
保留	8%	21%
推荐	6%	54%
收入	不适用	1%
生命周期价值	不适用	极小

戴维实现这个成绩不是因为更努力地工作，而是更明智地工作，把原产品的开发资源用到新产品中。对比以往

4 个月的优化工作，最近这 4 个月的转型努力产生了极高的投资回报，但他还是困在一个老生常谈的创业陷阱中：衡量指标和产品都在提高，但是提高得不够快。

戴维再次转型。这一回他不再依靠活跃顾客的付费来拉动业务，而是针对在政治活动中有专业或商业利益的大型组织、专业筹款机构和大公司。这些企业看起来非常需要戴维的服务并愿意付费，于是戴维迅速与之签署了意向书，以便开发它们要求的功能。我把戴维的这次转型称为“客户细分市场转型”，就是保留产品功能但改变目标受众。戴维这回关注的是付费人群的转变，即从普通消费者转向商业和非营利机构。也就是说，戴维的公司从一家 B2C（企业对消费者）的公司变为 B2B 的公司。在这个过程中，他改变了原来的增长模式，以及在每项 B2B 销售的利润中为增长提供资金的来源。

3 个月以后，戴维根据之前签署的意向书，开发了他所承诺的功能。但是当他回到那些公司收取费用时，他发现了更多问题。一家又一家的公司拖延、推迟甚至最终放弃了这项服务。尽管这些企业当初都非常激动地签下了意向书，但真正要达成交易却难得多。最终结果显示，这些企业并不是早期使用者。

戴维基于已经签署的意向书，扩大了团队，雇用了额外的销售人员和工程师。当这些交易没有实现时，整个团队必须更努力工作，从别处寻找收入来源。但是不管他们打了多少销售电话，不管对产品做了多少优化，这个业务模式就是行不通。戴维回到他的“信念飞跃”问题上得出结论，这个销售结果推翻了他的B2B商业假设。他决定再次转型。

这段时间以来，戴维从潜在顾客那儿学到并收集了很多反馈，但他还是处在一个无以为继的状态中。你没法儿把学到的东西当成酬劳支付给员工，而在这个关头筹集资金只会把问题扩大。在业务缺乏早期推动力的情况下筹资是件不确定的事。如果戴维能筹到钱，他也许可以维持公司的运作，但不得不把钱投入价值破坏的增长引擎中。总之，戴维将处在一个高压环境下：拿了投资人的现金就要设法开动增长引擎，不然就得冒着公司关门大吉或自己被淘汰的风险。

戴维决定减员，并又一次转型，这次的转型我将之称为“平台转型”。戴维原来的销售方式是把应用软件每次卖给一个顾客，这次他受到谷歌关键字广告平台的启发，设想了一种新的增长模式。他开发了一个自助销售平台，任何人只要用一张信用卡就能成为顾客。不管你关心什么事务，都可以登录@2gov网站，网站会帮你找到其他新人共同参与。和过去一样，新来者需要通过选民身份认证，因此对民选官员来说，这些人的观点是有分量的。

新产品的开发只花了一个月，而且成果立显：51%的登记率、92%的激活率、28%的保留率和64%的推荐率（见下表）。最重要的是，有11%的顾客愿意为每条消息支付20美分。关键在于，这可能是一个真正行得通的增长模式。每条消息收取20美分听上去也许不多，但网站的高推荐率意味着@2gov不用花费大量营销费用，也可以提升流量（这就是病毒式增长引擎）。

新产品第二次转型前和转型后对比

	转型前	转型后
增长引擎	付费式	病毒式
登记率	42%	51%
激活	83%	92%
保留	21%	28%
推荐	54%	64%
收入	1%	11%
生命周期价值	极小	每条消息 20 美分

Votizen 的故事展现了一些常见的转型模式。值得注意的重要一点是最小可行性产品的加速现象。他们开发第一个最小可行性产品花费了 8 个月，第二个花了 4 个月，接着是 3 个月，再是 1 个月。每次戴维都能用比以前更快的速度验证或推翻他的下一个假设。

如何解释这种加速？人们很容易把它归功于一直进行的产品开发工作。很多功能已经开发，又有相应的基础架构，因此每当公司转型时就不需要再从零开始。但这种说法并不确切。首先，在每次转型之间，产品的大部分内容都要作废。更糟的是，剩余的部分会被贴上过去遗留产品的标签，不再符合公司的新目标。通常状况下，改造一个遗留产品要花费更多精力。戴维通过每个认知阶段性目标，历经艰苦，才学会如何处理这些情况。Votizen 能加速其最小可行性产品开发的流程，是因为他们对其顾客、市场和战略有重要认知。

Votizen 从创始到现在已经两年，目前运行良好。它最近从脸书的早期投资人彼得·泰尔那里筹到了 150 万美元。这是彼得在最近几年内极少数几项消费者互联网投资之一。Votizen 的系统现在可以在美国 47 个州实时处理选民身份，代表了全美总人口的 94%，而且已经向议会呈交了几万条消息。美国创业签证的宣传活动就使用了Votizen的工具，来介绍《创业签证法案》[Startup Visa Act (S.565)]。它是第一个仅靠社会游说被送入美国参议院的法案。这次活动吸引了一些华盛顿方面资深咨询顾问的注意，他们正考虑在未来的政治宣传活动中使用Votizen的工具。

> 戴维·比内蒂这样总结了他建立精益创业企业的经历。2003年我在和今天差不多的业务领域内建立了公司。和刚取得USA.gov的成功时刻比，我的专业知识和行业信誉几乎一样。但是那时候公司完全失败了（尽管耗费了很多投资），而现在的业务却正在赢利并达成交易。那时候，我用的是传统的线性产品开发模式，在12个月的开发之后，发布了一个惊人的产品（而它确实让人吃惊），其结果只是让我们发现原来没人要买它。这次，我在12周内开发了4个版本，并且不久之后就实现了第一笔销售。这并不只是市场时机的原因——2003年在相似领域内成立的另外两家公司相继以几千万美元被收购。而其他一些在2010年建立的公司采用了线性模式，很快就关门歇业了。

能实现的转型数量决定新创公司的跑道

创业老手常常会谈论他的企业还剩下多少跑道，其实指的就是新创企业要么起飞、要么失败的剩余时间。这通常是用银行里的剩余现金除以每个月烧钱的规模，或是以账户余额的净消耗速度来决定的。比如，一家新创企业在银行里有100万美元，假设每个月花10万美元，预计的跑道时长即为10个月。

当新创企业开始出现现金短缺的时候，它们有两种方式加长跑道：或者削减成本，或者筹措额外资金。但当创业者不加选择地压缩开支时，他们有可能把公司用于开发—测量—认知反馈循环的成本，连同其他方面的浪费一起砍掉。如果降低成本导致反馈循环减慢，那么它达到的效果只是让企业慢点儿关门而已。

真正衡量跑道长短的标准是公司剩余的转型次数，即根本改变商业战略的机会还有几次。从转型的角度而非时间的角度来衡量跑道，提供了加长跑道的另一种方法，即加速每次转型。也就是说，新创企业必须设法以较小的成本或在较短时间里，完成同等数量的经证实的认知。目前为止讨论的所有精益创业模式的策略技巧，都以此为总目标。

转型需要勇气

询问一下众多决定转型的创业者，他们会告诉你，他们希望当初能早点儿那么做。我认为有三个原因造成这样的情况。

第一，虚荣指数会让创业者形成错误结论，活在自己的世界中。这对做出转型决定是特别有害的，因为它无法让团队认识到转变的必要性。当人们得不出最好的判断，却被逼改变的话，整个流程就会更困难、更耗时，并且效果不显著。

第二，如果创业者没有一个清晰的前提假设，他几乎不可能经历完整的失败，而未经失败的人通常很难产生冲劲儿，做出根本的转型改变。我在前面提过，“先做了再看”的败局已经很明显：你准保会成功——成功地看到发生了什么。但除了极少数情况，你看到的大多数结果是模糊的，你不知道应该转型还是坚持，应该改变方向还是抱定宗旨。

第三，很多创业者心存恐惧。承认失败往往引发士气挫败的危机。大多数创业者最大的担忧并非他们的愿景最后被证明是错的，他们更担心的是，这些愿景在还没有得到真正机会自我证实之前，就被认定是错误的。这种恐惧让他们相当抵制最小可行性产品、对比测试和其他验证假设的技巧。具有讽刺意味的是，如果不能完整呈现愿景，就无法进行测试，这种恐惧之心反而令风险程度升高。但是，如果等到资金快要用完之时再来转型则为时已晚。创业者要避免这种命运，就必须正视心中恐惧，接受失败，而且通常是公开场合中的失败。实际上，一些著名的创业者之所以出名，要么是因为他的个人声望，要么是他在运营中遭遇了上述问题的极端情况。

通途（Path）是由几位知名创业者成立的硅谷新企业。创始人戴夫·莫兰之前管理脸书的平台工作，达斯汀·米劳是音乐软件Macster的设计者和联合创始人，肖恩·范宁则来自著名的在线音乐服务商纳普斯特。2010年，他们决定发布一个最小可行性产品。由于这几位创业者都大有来头，该产品引来众多媒体的关注，特别是技术和新创企业博客的关注。但是，他们的产品不是针对技术派的早期使用者，因此，早期博主的反应相当消极。（很多创业者没能推出产品，就是因为他们害怕这种反应，担心伤害整个公司的士气。要知道，在我们行业中，正面的媒体报道尤其具有强烈的吸引力。）

好在通途团队有勇气克服这种恐惧。他们把精力集中到顾客的反应上，因而及早地从真实顾客那里获得了反馈。通途的目标是创建一个更为个性化的、长期保证质量的社交网站。很多人在现有的社交网络上都有被过度联系的经历。这些网络上充塞了前同事、现同事、高中时代的朋友、亲戚等。在这样庞大的社群中，人们很难分享私人时刻。通途选用了一种不同寻常的方式。举例来说，根据牛津大学的人类学家罗宾·邓巴（Robin Dunbar）对人类大脑的研究，在任何人生活中的任一段时间内，其保持个人人际关系的大致数量是 50。因此，通途把顾客的好友联系数量限制在 50。

对于技术媒体及很多技术派的早期使用者而言，“人为”地控制联系人数量让人很不舒服。这些人经常使用新的社交网络产品，以致拥有上千个联系人。50 个人看似太少。虽然通途遭到了很多难以忽视的公众质疑，但是顾客却蜂拥而至，而且他们的反馈和媒体的负面声音截然不同。顾客喜爱网络平台上的这种亲密时刻，并不断要求增加原本不在产品设计方案中的功能，比如，分享对好友照片评价的功能，和分享“视频时刻”的功能。

戴夫·莫兰这样总结他们的经历：

> 我们的团队和我们本身的背景无疑造成了一种巨大的期待。我想，不管我们推出什么都无关紧要，反正都要面对这些难以企及的期待。但对我们而言，我们要做的只是明明白白地把产品和愿景推向市场，取得反馈，并不断地重复实验。虚心测试我们的理论和方法，看看市场是怎么想的。诚实地听取意见。朝着我们认为能为世界创造意义的方向不断创新。

通途的故事刚刚开篇，他们应对批评的勇气得到了回报。如果到了需要转型的时刻，他们将不会被恐惧阻挡。最近通途在美国 KPCB 风险投资公司（Kleiner Perkins Caufield & Byers）领头的一轮创业投资中募得了 850 万美元。据说，通途为此拒绝了谷歌 1 亿美元的收购提案。[2]

“转型还是坚持”的会议

决定转型需要敏锐的目光和客观的心态。我们在前面已经讨论了转型需要到来时出现的警示迹象：产品实验的效率降低，以及感觉到产品开发的成效低于预期。无论何时，看到这些征兆，就该考虑转型。

转型的决定在任何新创企业中都会引起紧张情绪，需要用一种有计划、有条理的方式来解决这个问题。事前安排好相关会议是减轻压力的方法之一。我建议每个新创企业都应该有一个讨论“转型还是坚持”的常规会议。以我的经验，每次会议只隔几周的话太频繁，超过几个月又太少。不管怎么说，每个企业都要找准自己的节奏。

产品开发团队和业务领导团队需要共同参加每次“转型还是坚持”会议。在IMVU，我们还引入了外部咨询顾问的意见，帮我们克服先入为主的观点，并用新的方式解读数据。产品开发团队必须带来完整的报告，说明一段时间以来（而不是最近刚刚过去的时间内）的产品优化效果，以及这些结果与预期的比较（也必须是一段时间内）。而业务领导团队则必须提供与现有顾客和潜在顾客交谈的详细记录。

让我们来看一看发生在财富前线公司（Wealthfront）重大转型中的真实流程。丹·卡罗尔（Dan Carroll）于2007年创立了公司，稍后，安迪·拉切列夫（Andy Rachleff）作为首席执行官加入。安迪在硅谷是有名的人物，他是风险投资公司基准资本（Benchmark Capital）的联合创始人及前总合伙人，同时他也是斯坦福商学院的教师，讲授有关科技创业的几门课程。我第一次遇到安迪的时候，他正在做一个关于IMVU的案例研究，把我们创立公司的工作流程传授给他的学生。

财富前线的目标是挑战共同基金行业，为散户投资者提供更大透明度、更易使用和更高价值的服务。财富前线的故事的非凡之处不是它今天的成就，而是其当初的起点：一个网上游戏。

财富前线的前身叫作“收银机”（kaChing）[a]，是一个为业余投资者构建的虚拟联盟。它不需要人们投入真金白银，任何人都可以开设一个虚拟交易账号，根据真实市场数据建立资产组合。这些玩家中的一些业余交易者虽然缺乏成为基金经理人的资源，却拥有对市场的真知灼见。公司当时的想法是要通过游戏沙里淘金，找到这批人。财富前线的创始人并不打算从事所谓的网上游戏业务，“收银机”只是他们为了实现远大抱负而进行的周密战略的一部分。先为不能参与主流市场的顾客提供服务，是任何一个热衷颠

a. kaChing的英文原意是收银机发出的“咔嚓”声，用于指某种行为带来金钱收入。——译者注

覆性创新的学徒都认可的方式。而财富前线也是这么做的。他们认为，经过一段时间，产品将变得越来越完善，最终能让用户成为并挑战专业经理人。

为了找到最好的业余交易员，财富前线开发了一套复杂的技术，采用最有经验的美国一流大学私人捐赠基金所使用的评估财产经理人的方式，给每位基金经理评级。这些方法让他们不仅能评估经理人的投资回报，还能衡量他们所冒的风险，以及从他们所宣称的投资战略看出其表现是否稳定。所以，以鲁莽的赌博行为（例如在他们的专业知识领域之外投资）获取高额回报的基金经理，比那些使用技巧跑赢大市的基金经理的等级要低。

通过收银机游戏，财富前线希望测试两个“信念飞跃”式的假设：

1. 游戏玩家中相当一部分人会展现出一名虚拟基金经理的才能，证明他们能成为掌管真实资产的经理人。（价值假设）
2. 游戏能通过病毒式增长引擎获得增长，并以免费加收费的商业模式[a]产生价值。游戏本身是免费的，但公司团队希望，一部分玩家会意识到自己不是一个交易好手，因此一旦财富前线开始提供真正的资产管理服务，他们会想要转为付费顾客。（增长假设）

收银机是一项巨大的早期成功，在发布初期吸引了45万游戏玩家。现在你应该已经对这种虚荣指标感到怀疑了。很多不那么严谨的公司可能就会为此庆祝胜利，并对将来志得意满。但是，财富前线已经有了明确的前提假设，并用更严格的方式思考问题。到了财富前线准备好推出其付费金融产品之时，只有7位业余经理人被认为有资格管理他人的资金，这个结果比理想模式所预计的人数少得多。在付费产品发布之后，他们衡量了从玩家变为付费顾客的转化率。数据再次令人失望：转化率几乎为零。他们的模型曾预测大概会有几百名顾客注册，但实际上只有14位。

a. 免费加收费的商业模式，指用免费服务吸引用户，然后通过增值服务将部分免费用户转化为收费用户，从而赢利的商业模式。——译者注公司团队奋力工作，设法找到改进产品的方法，但没有一个是特别有效的。现在到了讨论“转型还是坚持”的时间了。

如果到目前为止我们所讨论的数据就是在这个重要会议上仅有的数据，那么财富前线就要倒霉了。他们知道眼下的战略无效，但不知道如何解决问题。因此他们非常需要遵循本章前面提出的建议，调查研究其他可能性。在这里，财富前线进行了两组重要的问询交谈。

第一组对话是和专业财产管理人进行的。第一位访谈者是斯坦福大学捐赠基金的主管约翰·鲍尔斯（John Powers）。令人惊讶的是，他的反应竟然很积极。财富前线的战略前提是，更高的透明度会威胁专业财产管理人的权威性，所以他们不愿意加入网上服务系统。但鲍尔斯没有这种顾虑。于是，首席执行官安迪·拉切列夫与其他专业投资管理人开展了一系列的交流。他带给公司的认知反馈是这样的：

1. 成功的专业财产管理人认为，他们并不担心透明度，他们相信，这恰恰证实了他们的专业技能。
2. 财产管理人的重大挑战在于管理并扩大他们自己的业务。服务自己的客户已经有不少麻烦，因此他们需要用高效率的最小投入来筛选新客户。

第二个问题其实相当突出。财富前线接过一些专业财产管理人主动打来的电话，对方出乎意料地询问是否可以加入他们的网上平台。这些人是典型的早期使用者，他们的视野超越了眼下的产品，看到了其中一些可以帮助他们实现竞争优势的东西。

第二组和顾客的对话带来了重要的定性信息。顾客认为，在收银机网站上同时出现虚拟和真实的资产组合管理让人感到有点儿混乱。免费加收费的方式非但不是一个争取顾客的好法子，反而造成公司定位模糊。

这些数据意味着要召开“转型还是坚持”的会议。团队的每个成员都参加了会议，讨论他们将来该怎么办。目前的战略虽然行不通，但很多员工对放弃现有的网上游戏感到很紧张。不管怎么说，这是他们加入公司时要做的主要一部分工作，他们花了大量时间和精力吸引和支持那些顾客。想到白费了这么多精力总是件让人痛苦的事。

财富前线决定不再继续现有的业务形式。公司选择了善加开发利用所学到的认知。如果公司从没发布过目前这个产品，员工永远不会认识到转型所需知道的东西。事实上，这段经历教会他们一些与愿景相关的重要认识。正如安迪所说："我们真正想要改变的不是谁来管理资金，而是谁可能拥有最佳才能。一开始我们认为，要靠业余资金建立一项有规模的业务，从而争取专业人士的加入。但还好结果证明我们不需要这么做。"

公司放弃了所有游戏顾客，就此转型，专心为顾客提供投资管理的专业经理人服务。从表面上看，这是一次重大的转型，改变了公司的定位、名称及合伙人战略，甚至放弃了已经开发的一大部分产品功能。但从核心来看，它还是保留了很多原来的东西。公司最有价值的工作是开发了评估经理人效率的技术，这成为创建新业务的核心。这种现象在转型中很常见，我们不需要扔掉以前所有的东西，重头来过。相反，转型是要重新利用已经开发和已经学习到的东西，寻找更积极的方向。

财富前线在转型后获得了成功，这个平台上的投资额达到1.8亿美元，它拥有40多位专业资产管理者。[3]它最近被美国著名商业杂志《快公司》（*Fast Company*）评为金融领域的十大最具创新力企业之一。[4]现在，公司继续以敏捷方式运营，遵照增长原则（将在本书第十二章中论述）扩大规模。财富前线也是"持续部署"（将在本书第九章中讨论）开发技巧的主要倡导者。

转型失败

很多公司难以做出转型决定。我希望我能说，每次需要转型时我都处理得不错，但这并非事实。有一次转型失败令我记忆犹新。

IMVU 成立几年后，公司取得了巨大成功。公司业务已经增长到每月有 100 多万美元的收入；我们为顾客创建了 2 000 多万个虚拟人像，我们筹到了重要的几批新注资，我们和全球经济一样处在高走势。但是，危险就潜伏在某个角落。

我们不知不觉陷入了新创企业的典型陷阱之中。早期努力得来的成果让我们忽视了其背后的原则。所以即使转型需求就摆在我们的眼前，我们仍熟视无睹。

我们建立的组织架构在某些活动上表现突出，比如前面几章提及的：开发最小可行性产品来检验新的构想，以及通过实验调整增长引擎。在我们取得成功之前，很多人对我们的"低质量"最小可行性产品和实验方式颇为反对，力劝我们放慢脚步。他们希望我们把每件事都做对，关注质量，而非速度。但是，出于利用速度优势的考虑，我们没有理睬那些建议。在我们的方法被证明正确之后，我们收到的建议发生了变化。这回，我们听到的大多数建议是主张我们保持方向，“别和成功过不去”。这是我们爱听的，但这种建议同样是错误的。

还记得开发低质量最小可行性产品的初衷吗？那是因为开发任何非早期使用者需要的功能都是一种浪费。但这个理由只能言尽于此。你一旦在早期使用者中取得成功，就会想要把产品推向主流客户群。可是主流顾客有不同的需求，要求也严格得多。

这时我们需要的转型称为“顾客细分市场转型”。在这类转型中，公司认识到开发的产品可以解决真实顾客的真实问题，但此顾客非彼顾客，他们不是公司原来计划服务的目标。换言之，产品的前提假设只得到了部分确认。（本章在 Votizen 的案例中描述了此种转型。）

顾客细分市场的转型执行起来特别棘手。IMVU 在这一点上吃了不少苦头。我们在早期使用者中取得成功的做法，与必须熟练用在主流顾客那里的做法截然相反。我们也缺乏对增长引擎运作的清晰认知。我们开始被虚荣指标蒙蔽，不再使用需要由个人负责的认知阶段性目标作为衡量指标。只关心日益增长的总量指标容易得多，又好看得多：不断刷新纪录的注册付费顾客和活跃用户数量，顾客保留率的跟踪调查，诸如此类。而在表面之下，我们努力调整引擎所取得的回报其实正在显著缩减。这正是需要转型的典型征兆。

举例来说，我们花了几个月时间，想要提高一直低迷的产品激活率，即新顾客成为活跃顾客的比例。我们做了无数实验：改进可用性，加入新的说服策略、奖励机制，寻求顾客，开发其他游戏类功能。单独来看，很多新功能和新营销工具是成功的。我们也用对比测试严格检验了这些功能和工具。但把它们合并在一起过了几个月后，我们看到，增长引擎总体驱动力的改变几乎可以忽略不计。而我们最关心的激活率，只微升了几个百分点。

公司还在继续增长，每个月都“循序稳步”地交出了好成绩，因而我们没有理会这些迹象。但是，早期使用者的市场很快用尽了。以我们过去所支付的价格来找到新顾客变得越来越难。我们催赶着营销团队去寻找更多顾客，于是他们不得不打主流顾客的主意，但是主流顾客对早期产品有诸多不满。新顾客的激活率和付费率开始下降，从而提高了争取其他新顾客的成本。过不了多久，增长停滞了，业务引擎会随之熄火。

其实我们早就应该做出改变，来应对这种情况。就像进行所有转型一样，我们必须回归原点，启动创新核算流程，就好像是公司的再次创业。这时候我们已经很擅长优化、调整和重复工作，但在这个过程中，我们一味地到处追逐增长、收入和利润，却丢失了对这些活动目的的理解，即测试一个清晰的前提假设，服务于公司的愿景。

面对新的主流顾客，我们必须重新认识自己。在互动设计师的带领下，我们基于大量亲身交谈和观察，找到了一个清晰的顾客类型。接着，我们把大量资源投入一项重大的产品更新设计中，以大幅改进产品的可使用性。而过去，由于过度重视细微调整，我们已经停止了这类大规模投资，只愿意把钱放在低风险、低产出的测试实验里。

但是，对质量、设计和大型项目的投入，并不意味着放弃我们的实证传统。相反，一旦我们认识到错误并开始转型，以往的技巧就仍然适用。我们创立了一个用于实验的沙盒方案（本书第十二章将提及），由一支跨部门团队专门从事这项重要的重新设计工作。他们在开发过程中，不断比照旧产品，对新产品进行测试。一开始出现了一种常见现象，即新产品的表现比旧版差，缺少旧版的特性和功能，同时还有很多新的错误。但是开发团队不屈不挠地改善设计，几个月后，新产品的表现更加出色。新的设计奠定了我们未来成长的基础。

这个基础给我们带来了良好的回报。到 2009 年，我们的年收入增长了两倍多，超过 2 500 万美元。但是，如果我们及早转型的话，这个成功大概会来得更早。[5]

转型列表

转型有各种各样的形式。“转型”这个词有时候被错误地当作“改变”的同义词。其实，转型是一种特殊的改变，用于测试新的产品、商业模式和增长引擎的基本假设。

放大转型

在这种情况下，之前被视为产品中单独的一个功能特性，成了产品的全部。Votizen 就做了这种转型，从一个完整的社交网络转变为简单的选民联系产品。

缩小转型

在相反的情况下，有时候单独的一个功能不足以支持整个产品。这类转型就是把原来的整个产品转化为一个更大型产品中的一项单独的功能特性。

客户细分市场转型

在这类转型中，公司意识到其开发的产品确实解决了真实顾客的真实需求，但这类顾客并非公司原来打算服务的顾客。换言之，产品的前提假设得到了部分证实，解决了相关问题，但针对的是与原本预期不同的顾客。

客户需求转型

随着对顾客了解的深入，有时候我们可以清楚地看到，我们想要解决的问题对顾客而言并不那么重要。但是，由于这种密切的顾客关系，我们常常发现其他一些重要的相关问题，而且我们的团队也能解决这些问题。在很多情况下，解决这些相关问题可能只需要重新定位现有产品。在还有一些情况下，则需要打造一个全新的产品。这种转型也是基于产品的前提假设得到部分证实的情况。目标客户有一个需要解决的问题，只不过它不是我们事先预计的。

目前拥有 200 多家连锁店的大肚三明治（Potbelly Sandwich Shop）就是一个著名的例子。它在 1997 年开办时是一家古董店。为了吸引更多顾客到他们店里，店主开始售卖三明治。然后他们很快就改了行，转型从事一种与之前的业务完全不同的业务。

平台转型

平台转型指的是从应用产品转为平台产品，或反方向的转化。通常，新创企业想要开发新平台的话，开始先会销售其平台上的一种应用产品，即所谓的“模范应用产品”。到后期该平台才会作为一个载体逐渐显现，让第三方利用这个平台开发它的相关产品。但是，这个顺序并非固定不变，有些公司必须经历好几次这样的转型。

商业架构转型

这个转型的概念借用了杰弗里·摩尔的理论。他观察到公司一般会在两种主要的商业架构中选其一：高利润低产量（复杂系统）模式，或低利润高产量（规模运营）模式。[6]前者经常和企业销售流程相关，而后者则与消费类产品相关（但也有一些明显的例外情况）。在商业架构转型中，新创企业会转变其架构。有一些公司通过进入大众市场（比如谷歌的搜索“装置”），从高利润低产量架构中转型；另一些原本计划服务大众市场的公司，却发现它们需要长时间的、昂贵的销售周期。

价值获取转型

有很多方法可以用来获取公司创造的价值。这些方法通常被称为货币化模式或收入模式。但是这类术语的局限很大。货币化概念的潜在含义在于，它是产品的一种独立“功能”，可以被任意添加或去除。在现实中，获取价值是产品前提假设中的固有部分。通常，公司获取价值方式的转变，会对业务的其他部分、产品和市场营销战略造成深远影响。

增长引擎转型

我将在本书第十章介绍，带动新创企业成长的增长引擎主要有三种：病毒式、黏着式和付费式。在这三类转型中，公司为寻求更快速、更高利润的增长会改变其增长战略。增长引擎转型也会要求公司相应改变其价值获取的方式，这种要求虽非必然，却也很常见。

渠道转型

在传统销售术语中，公司把产品交付给顾客的途径称为销售渠道，或分销渠道。比如，消费品在食品杂货店内销售，汽车通过经销商销售，很多有大量定制要求的企业软件由咨询或专业服务公司销售。通常情况下，对渠道的要求决定了价格、功能特性和产品竞争格局。渠道转型认为，可以通过不同的渠道实现相同的基本解决方案，而且效率更高。只要公司放弃了过去复杂的销售流程，转向针对终端顾客“直接销售”，那么渠道转型就发生了。

正是因为互联网对销售渠道的破坏式效果，才使它对以前那些需要复杂的销售和分销渠道的行业，比如报纸、杂志和图书出版业，产生了颠覆性影响。

技术转型

有时候，公司会发现运用一种截然不同的技术，也可以获得相同的解决方案。技术转型在成熟的企业业务中更加常见。也就是说，它是一种用来吸引并保留现有顾客群的可持续创新，一种递增式改进。成熟企业极擅长这类转型，因为很多东西并没有改变：顾客细分市场相同，顾客的问题相同，价值获取模式相同，渠道合作方也是相同的。

唯一的问题是，新技术是否能比已有技术提供更优越的价格和产品性能。

转型是一个战略假设

尽管学习商业战略的学生将会熟知以上的各类转型，但有转型的能力却无法代替成熟的战略思考。提供种种著名转型案例的问题在于，这致使很多人只熟悉那些著名企业最终的成功战略。大多数读者都知道，西南航空或沃尔玛公司在各自的市场中，是以低成本著称的“破坏者”，大家知道微软是平台垄断的典型，大家也知道星巴克充分利用了高级品牌的影响力，但是，如何发现这些转型所需的相关战略却通常不为人熟知。很多公司出于一些强烈的动机，围绕着它们的英雄创始人大做宣传文章，让它们的成功看上去是一个高明主意的必然结果。

因此，尽管新创企业经常会使用一些看似与成功企业相似的战略来转型，但重要的是，不要对这种类比寄予太大希望。要了解这种类比是否得当非常困难。我们复制的是基本特性，还是表面特性？在某个行业里有用的是否在我们这里也行得通？要更好地理解一种转型，就要把它作为一种新的战略假设，用新的最小可行性产品来验证。

转型在任何成长型企业的发展过程中都是一个永恒的主题。即使公司取得了最初的成功，它也必须不断转型。熟悉理论家杰弗里·摩尔的技术产品生命周期定律的人，会从他起的那些名字里了解到一些转型的后期阶段——鸿沟阶段[a]、龙卷风阶段[b]和保龄球道阶段[c]——的情况。哈佛商学院的克莱顿·克里斯坦森率先提出了颠覆性创新，他的读者非常熟悉那些成熟企业在应当转型时却没做到的案例。如今，经理人的一项重要技能就是把这些理论和他们目前的情况对应起来，以便在适当的时机采用合适的建议。

现代经理人不能无视近来层出不穷的图书，召唤他们修正、改变、重新设立或推倒已有业务。很多此类著作长于说教但欠缺细节。

转型不仅仅是一种改变。要记住，它是一种有组织、

a. 鸿沟阶段（Chasm），指顾客对新产品早期的热衷消退，产品缺点开始暴露。——译者注

b. 龙卷风阶段（Tornado），指市场需求剧增，新产品进入大众化阶段。——译者注

c. 保龄球道阶段（Bowling Alley），指市场开始细分，要从某一个细分市场入手，然后逐渐占领相邻市场。就像打保龄球一样，各个击倒。——译者注

有条理的特殊改变，用以测试一个关于产品、商业模式和增长引擎的新的基础假设。它是精益创业的核心所在，让采用精益创业方法的企业在错误面前百折不挠：如果我们转错了弯，我们有必要的工具来发现错误，并能迅速找到另一条道路。

在本书第二篇里，我们研究了创业的概念，从最初的“信念飞跃”开始，运用最小可行性产品来验证，使用创新核算和可执行衡量指标评估其结果，并且做出转型或坚持的决定。

我非常详细地探讨了这些主题，为接下来的内容做准备。从书中看，这些流程可能亦步亦趋、缓慢又简单。但在真实世界中，会需要一些不同的东西。我们已经学会在低速发展时如何驾驭，现在我们必须学着跑起来。打下坚实的基础只是第一步，我们的真正目标是“加速”。

第三篇　加速

启动引擎

很多新创企业面临的决策没有明确的答案。你应该多久发布一次产品？每周发布比每天发布或每季度、每年发布更好的理由是什么？发布产品会产生开销，所以从效率角度看，频繁的产品发布会缩短用在开发上的时间，但是，把发布周期拖得太久又会造成最大的浪费：制造出没人想要的产品。

为了“预备”成功，企业应该在基础设施和早期计划上投入多少时间和精力？花费太多，浪费了本可以用来获取认知的宝贵时间；花费太少，则无法利用早期成功，白白把市场领头羊的位置拱手让于快速跟进者。

员工一天应该干些什么？在企业层面，我们该如何确保人们勤于学习？传统部门创造了激励机制，让人们专心发挥各自所长：市场、销售、产品开发等。但是如果跨部门合作才最符合公司利益，该怎么办？极端不确定性是新创企业的头号大敌，因此企业需要有相应的组织架构来应对。

精益生产在工厂环境中曾面临相似的问题。把它们的回答做些调整，对新创企业也有参考价值。

任何精益转变的首要问题是：哪些活动创造价值，哪些造成浪费？一旦明白了这个区别，你就可以开始运用精益技巧，去除浪费，提高价值创造活动的效率。要把这些技巧用于新创企业，它们必须适应创业活动的独特环境。回想一下本书第三章提到的：新创企业的价值不在于开发产品，而在于获得对创建可持续业务的认知。顾客真正需要的产品是什么？为什么我们的业务会增长？谁是我们的顾客？我们应该倾听哪些顾客的意见？哪些顾客的意见可以忽略？要把新创企业的成功机会最大化，这些都是需要尽快回答的问题。也只有这样，新创企业才能创造价值。

在本书第三篇中，我们会论述一些技巧，让精益创业在发展中不至牺牲新创企业的生命线：速度与灵活性。和通常的想法不同，浑噩平庸和官僚制度并不一定是企业进入成熟阶段的宿命。我相信，有了适当的基础，采取精益创业方式的新创企业可以发展壮大，走向成熟，并且依然保持其灵活机动、认知为本和创新文化的精髓。

在第九章我们会看到精益创业企业如何利用与通常直觉相反的小批量方式，发挥效力。就像在精益生产中运用准时生产的方式制造产品，减少在制品存货的需求一样，精益创业使用“准时扩展”的方式，可以不必事先在计划和设计上大量投资就进行产品实验。

第十章探讨当新创企业增添新顾客和发现新市场时应该使用的衡量指标，以了解其增长情况。可持续的增长来自三种增长引擎中的一种：付费式、病毒式或黏着式。新创企业了解了自己的增长引擎是哪种，就可以把精力投入到对业务增长最有效的地方。每种引擎需要关注不同的衡量标准，评估新产品是否成功，并列出新实验的优先顺序。当使用本书第二篇中描述的创新核算方式时，这些指标能让新创企业发现它们的增长何时有耗尽的危险，何时应该转型。

第十一章解释了如何控制流程繁复程度，在团队成长时保障其灵活性，创建一个“自适应组织”。我们会看到精益生产工具中的技巧，例如“五个为什么”如何帮助新创企业团队在成长中避免官僚主义或功能障碍。我们也会看到精益原则如何通过出色的运营，为新创企业变为成熟企业搭建舞台。

在第十二章里，我们会回到原点。当新创企业成长为成熟企业后，它们将和如今的企业一样，面临相同压力，要寻找新的方法向颠覆性创新投资。事实上，我们看到，一家新创企业快速增长的优势在于即便企业逐步走向成熟，还能保留其创业基因。今天的企业必须学会掌握延续性创新和颠覆性创新共存的组合管理。把新创企业的进程视为一步步的独立阶段，而将创新这类的前期工作置于脑后的做法已经过时。现代企业必须善于同时推进多项工作。要做到这些，我们将会探讨在一个成熟企业的大环境中培育创新团队的技巧。

我还加入了一段“杜绝浪费”的尾声，把一些精益创业运动成功的广泛影响放入历史背景之中（包括过去运动中的教训）进行审视，并且就其未来发展方向提出建议。

第九章

批量

詹姆斯·沃麦克和丹尼尔·琼斯在《精益思想》一书中详细叙述了两个孩子帮忙把新闻邮件装入信封的故事。每个信封都必须写上地址、贴好邮票、装入邮件，并封上封口。6 岁和 9 岁的两个小女孩知道她们该如何完成这个任务：“爸爸，你应该把所有的邮件先折好，接着将信封的口封上，再全部贴上邮票。”而父亲却要反其道而行之：每次封装一个信封。两个孩子与我们大多数人的想法相同，认为这个办法很落后，和父亲说：“这样做没有效率！”

于是父亲和女儿们分别拿了一半数量的信封，比一比谁先完成。

结果是父亲赢了比赛，原因并非他是个成年人。一次封装一个信封的做法虽然看似低效，但实际上却能较迅速地完成工作。这个结果在很多研究中已经得到证实。[1]

一次装一个信封的做法在精益生产中被称为“单件流”。它之所以行之有效是因为发挥了小批量的效力。当我们需要执行阶段性工作的时候，所谓“批量”是指一次有多少工作从一个阶段进入下一个阶段。比如，我们要封装 100 个信封，下意识的做法是一次性折叠 100 封信，那么批量就是 100。单件流的叫法就是因为它的批量是 1。

为什么一次封装一个信封看似较慢，却能更快地完成工作？因为我们的直觉没有把分拣、堆叠和在中途移动一大堆半成品信封的额外时间计算在内。[2]重复同一个工作看似效率更高，是因为我们一厢情愿地认为一项简单的工作重复得越多会做得越好。不幸的是，在这种以流程为主的工作上，个人表现没有整体系统表现那么重要。

和人们的直觉更为相悖的是，即使两者在流程阶段花费时间相同，小批量生产的方法仍然比较出色。比如，想象一下信件塞不进信封的状况。要是采用大批量的方式，我们要到接近流程终点时才会发现问题。而用小批量的话，我们几乎能马上发现问题。如果信封有瑕疵无法封口怎么办？用大批量方式，我们必须把信件从信封中全部取出，换成新的信封，再重新装件。而用小批量方式，我们会立刻发现问题，无须返工。

所有这些问题在装信封这样简单的流程中非常明显，但是在大大小小的企业中，这些问题是真实存在的，并会造成更严重的后果。小批量的方式每几秒就能生产一件完整产品，而大批量的方式要求员工必须在最后阶段一次性完成所有生产工作。考虑一下如果该流程的时间跨度是几小时、几天或几周，这种做法会如何？万一顾客决定不要这些产品了怎么办？什么流程能让企业及早发现这种情况？

精益生产在几十年前就发现了小批量的好处。在“二战”后的经济环境下，像丰田这样的日本汽车制造商无法与使用最新大规模生产技术的巨型美国工厂抗衡。从直觉上看，有效的制造方法是在大规模制造工厂中更大批量地制造汽车，斥巨资购买机器设备，每次制造十个、百个、千个汽车部件。只要每辆车型完全一样，把机器开足马力就可以降低部件的单位成本，制造出非常便宜的汽车。

但是丰田这样的日本汽车制造商规模太小，远远无法实现这种生产规模。因此，日本公司面临着来自大规模生产企业的巨大压力。受到战争破坏的日本经济，根本没有资金大规模投资大型机器。

在这种大背景下，出现了大野耐一、新乡重夫这样的创新者，他们找到了一条运用小批量方式的成功之路。丰田没有购置一次性制造几千个部件的大型专业机器。它使用了普通功能的小型机器，能小批量地制造多种部件。这就要求工厂有办法在需要的时刻迅速重新装配每台机器，生产出所需的部件。通过关注“换型时间”，丰田得以在整个流程中使用小批量方式制造出整车来。

这种快速的机器转配不是一件容易的事。在任何精益转型中，为了支持小批量的工作方式，常常需要重新设计现有的系统和工具。新乡重夫创造了“快速换模”（SMED）的概念，用来在早期的丰田工厂中推行较小批量的工作。他反复推敲机器操作的方式，逐渐把过去要花几个小时的换型时间缩短到10分钟。他能做到这些，不是要求工人工作得更快，而是重新思考并组织了所需做的工作。每次对更好的工具与流程的投入，都获得了相应回报，缩减了工作的批量。

由于较小的批量，丰田能够生产各种不同的产品。它不再需要把每个产品做得一模一样，去争取大规模生产带来的规模经济。丰田可以服务较小的、更加零散的本土市场，同时也能和大型制造商较量。时间一长，这种能力就让丰田得以向越来越大的市场进军，到 2008 年，它成了全球最大的汽车制造商。

以小批量工作的最大好处是能早早发现质量问题。这就是丰田著名的“安灯”拉绳的源起，任何工人一旦发现任何问题，都可以拉绳请求帮助，比如当部件的缺陷无法马上被修正时，就要停下整条生产线。这又是一个和人们的直觉相反的做法。装配流水线的最佳状态，是运行流畅地在生产线尽头完成一辆辆整车。“安灯”拉绳让生产线不断停运，打断这个细致的流程。但是，更快发现和解决问题的好处超过了其付出的代价。这个不断剔除瑕疵的过程为丰田和顾客带来了双赢。它是丰田历来著名的高质量评级和低成本的根本原因所在。

创业活动中的小批量

当我向创业者传授这种方法时，我常常会从制造业讲起，不多久就看到大家面露怀疑：这跟我的企业有什么关系？造就丰田成功的基础理论，可以用来大幅提升新创企业的发展速度，获取经证实的认知。

丰田发现小批量生产让它的工厂效率更高。相比之下，精益创业的目的并非高效开发更多产品，而是尽可能迅速地学会创建一项可持续的业务。

回想一下装信封的例子。如果顾客不想要我们正在生产的产品怎么办？这尽管对创业者来说是个坏消息，但是晚知道不如早知道。小批量方式可以让新创企业把那些最终可能被浪费的时间、金钱和精力降到最少。

IMVU 的小批量实践

我们把这些制造业的经验运用到了 IMVU 的工作中。以前，我们这类产品的新版本通常是以每个月、每季度或每年为周期向顾客推出的。

看看你的手机，它可能已经不是那个型号的最初款式了。但就算是苹果这样的创新企业，它的经典款手机差不多一年才推出一个新型号，而随产品发布捆绑在一起的是几十项新的功能特性（iPhone4 手机发布的时候，苹果宣称其中包含了 1 500 项改进）。

讽刺的是，很多高科技产品在设备先进的工厂里采用小批量和单件流这样的最新精益手段来制造，而产品设计的流程却还困守在大批量生产时代。举例来说，iPhone 这个产品的改动共有 1 500 项之多，全部被放在一起，以一个巨大批量的形式发布给顾客。

大批量生产仍是产品开发设计中的行规。新产品开发的工作是在一个虚拟的流水线上推进的。产品经理要去了解哪些功能特性可以取悦顾客，接着产品设计师要决定这些功能特性的界面应该如何呈现。这些设计再被传达给工程开发人员，开发新产品或改善现有产品。完成之后，交付负责调试的人员，检验新产品是否按产品经理和设计师的意图正常工作。像 iPhone 这样的产品，这种内部的开发传递流程可能每月或每季度会发生一次。

再回想一下刚才说的装信封，这件事最有效的做法是什么？

我们在 IMVU 尝试过充分运用小批量效力，每次设计、开发和推出一项新的功能特性。我们的做法如下。

工程师和设计师不是在各自的部门孤军奋战，而是在每个新功能开发上携手合作。到该功能一切就绪准备进行顾客测试时，他们会即刻在我们的网站上发布一个新的产品版本，提供给我们为数不多的顾客。开发团队可以马上评估他们工作的成效，衡量对顾客产生的影响，并决定下一步怎么做。如果只是微调的话，整个过程每天会重复数次。IMVU 平均每天要对产品进行 50 次改动。

像丰田生产系统那样迅速运作的关键在于，马上检测出缺陷，从而防范之后出现更大的问题。比如，我们有一套全面的自动测试体系，以保证每次改动之后，产品还能按原设计运行。举个例子，一位工程师不小心删除了收费页上的结账按键。这是一项重要的产品功能，没有这个按键，顾客就无法购买任何IMVU的产品，我们的生意就好像瞬间变成了业余爱好。IMVU 使用了类似丰田“安灯”拉绳的一套复杂防御机制，防止工程师意外破坏这些重要的功能。

我们把它称为“产品的免疫系统”。这些自动保护措施不仅可以用来检测产品异动，也可以让我们随时监测业务本身的健康状况，一旦有错误就能自动发现并排除。

回到刚才那个删除结账键的例子上。我们把问题再设定得有趣些。如果工程师的错误并非删除了整个按键，而是把它改成了白色，这样一来，白色的按键被安在了白色的背景上。从自动化功能测试的角度看，按键还在那里正常工作；从顾客的角度看，按键消失了，所以没人能买东西了。这类问题很难单独依靠自动化手段发现，对业务而言影响重大。IMVU 设计的免疫系统可以尽早发现可能造成的商业后果，并自动调用我们相当于“安灯”拉绳的设置。

当我们的免疫系统发现问题时，一系列动作会立刻发生：

1. 有缺陷的改动立即被自动删除。
2. 把问题通知给相关团队的每位成员。
3. 阻止该团队进行任何进一步的产品改动，防止问题因进一步的错误更加复杂化……
4. ……直至找到并修复造成问题的根本原因。（这个根本原因分析会在本书第十一章详细讨论。）

在 IMVU，我们把它称为“持续部署”（continuous deployment），即使在软件开发这种运作迅速的行业中，这样的方式还是存在争议的。[3] 当精益创业运动开始产生影响时，它才被越来越多的新创企业，甚至是从事关键任务应用的企业接受。在尖端企业的案例中，财富前线是一个典型，它的转型在本书第八章已经详述。公司采用了真正的持续部署方式，例如，在美国证券交易委员会监管的严格环境中，它还是会每天向顾客发布十几个版本。[4]

软件业之外的“持续部署”

当我把这个故事告诉那些在运作较慢的行业工作的人时，他们觉得我描述的东西遥不可及。但现在，越来越多的行业看到，使软件行业快速更迭成为可能的根本力量，也能加速他们的设计流程。这里有以下三种方式。

1. **硬件变为软件**。想一想发生在消费电子产品领域的情况。最新的手机或平板电脑其实就是一块接入互联网的屏幕。它们的价值几乎完全取决于其软件。即使在汽车这种传统工业产品中，更大部分的价值是由其装载的软件所带来的，这些软件控制了娱乐系统、引擎的调整，甚至刹车的控制。而软件开发的内容更新比硬件或机械装置的修改快得多。
2. **快速的生产改变**。由于精益生产的成功，很多组装流水线的设置能在不牺牲质量或成本效益的前提下，让每个下线的新产品完全定制化。过去，这种能力为顾客提供了很多产品选择，将来，它可以让产品设计师更迅速地取得对新设计的反馈。当设计改变时，不会有多余的老产品库存阻碍进度。既然机器设备可以快速换机，那么一旦新设计就绪，企业就可以迅速制造新的产品。

3. **三维印刷和迅速建模的工具**。举一个例子，大部分塑料制品和部件都是使用一种称为“注射成型”的技术进行大批量生产的。设置这个过程非常昂贵耗时，但一经运作到位，则能以极低的成本制造成百上千个一模一样的单件。这是一个典型的大批量生产流程。它让想要开发新的实体产品的创业者处于不利境地，因为通常只有大型企业才承担得起这种新产品的大规模生产。但是，新技术让创业者能制造小批量产品，而质量可与注射成型的产品媲美，且成本更低、生产速度更快。

这里的重要经验是，并非每个企业都要每天推出50个不同版本的产品，而是要减小批量，比竞争对手更快完成开发—测量—认知的反馈循环。对顾客更快了解的能力是新创企业必须拥有的重要竞争优势。

小批量的实例

让我向大家介绍位于爱达荷州博伊西市的 SGW 设计公司，该公司的专长是实体产品的快速生产技术，很多新创企业都是它的客户。让我们来看一下这个生产流程是如何实现的。

SGW 设计公司的其中一位客户要为它的军方顾客制造一个复杂的战地 X 光系统，在战争地带的边界周围探测爆炸物和其他破坏性装置。

从概念上讲，这个系统包括一个读取 X 光片的先进的主体装置、多个 X 光片面板及在 X 光片曝光时支撑面板的框架结构。客户已经有了生产 X 光面板和主体装置的技术，但要让产品能在恶劣的军事环境下使用，SGW 需要设计并交付一个支撑结构，让相关技术可以在战地使用。这个框架结构必须稳固，能确保获得高质量的 X 光影像，在战地条件下足够耐用，只需少量训练就可以方便掌握，而且还要小到可以折叠装入背包之中。

这正是那种我们从前认为需要几个月甚至几年来开发的产品，但是新技术可以把所需时间缩短。SGW 采用了三维电脑辅助设计软件（CAD），着手开发产品的虚拟样机。

这个三维模型成为客户和 SGW 团队之间的一个快捷的交流工具，用来做出早期的设计决策。

项目团队和客户定下了一个设计方案，使用一种先进的锁式铰链满足折叠需要，但又不影响结构的稳定性。这个设计还结合了吸盘 / 抽吸泵的机械装置，能快速地重复连接 X 光面板。听上去很复杂是吗？

仅仅 3 天之后，SGW 就向客户交付了第一个实体原型。该原型是直接根据三维模型用铝加工而成的，使用了称为计算机数字控制（CNC）的技术，由 SGW 团队手工组装。

客户马上把这个原型交给它的军方顾客审查，总体概念被接纳了，但顾客有一些小的设计改动要求。在接下来的 5 天中，客户和 SGW 完成了又一个设计迭代、建模和设计复审的循环周期。在开发项目启动 3 周半后，40 个完整的第一批产品已准备好交付使用。

项目时间表

初始虚拟样机的设计和建造	1 天
初始原型的制作和组装	3 天
设计迭代：两个额外的周期	5 天
最初 40 个产品的制作和组装	15 天

SGW认识到这是一种制胜模式，因为它几乎能立刻得到有关设计决策的反馈意见。在12个月里，它使用相同流程，设计并交付了8种用于各种功能的产品。这些产品中的一半现在正为公司创造着利润，其他的则有待订购。这都要归功小批量工作的效力。

教育中的小批量

并不是所有的已有产品都能改成小批量设计，但这不是固守老方式的借口。要让创新者能够用小批量方式做实验，需要铺垫大量的支持工作。正如本书第二章中指出的，对于希望加速内部创新团队工作的成熟企业而言，创建这样的实验平台是高级管理层的职责。

如果你是一位中学数学老师，尽管你可能每天一次、每次少量地把一些数学概念教给学生，但你无法频繁改动总的课程。你必须事先确定全部课程，在上课的时候，以相同的顺序向全班学生讲授相同的概念。你最多可以一年试用一种新编写的课程。

一位数学老师如何使用小批量方法？在目前教学的大批量体系中，这确实很难实现，因为我们现在的教育体系是大规模生产时代的产物，广泛使用了大批量的方式。

新一代的新创企业正在努力改变这一切。网上教育机构“学校总动员”（School of One）根据学生的能力和学习风格，每天向他们提供针对他们学习需要的“排课表”。比如，朱莉娅的数学水平远远高于她所在年级学生的水平，而她在小组学习的环境中受益更多，所以她的排课表可能包括了三四个符合她能力水准的视频教学、一次由老师辅导的 30 分钟的一对一课程，以及一次和其他三位与她水准相同的学生一起解数学谜题的活动。每项教学活动都有一套评估系统，教师可以收到相关数据，为她的下一张排课表选择适合的活动。全部课堂、学校甚至整个地区的数据都可以加总用于计算分析。

现在想象一下如何运用“学校总动员”这样的工具来进行课程实验。每位学生都有自己的学习节奏。如果你是一位教师，你想到一个讲解数学概念的新方式，那么你可以立刻从参加这项课程的学生身上看到新教学方式带来的效果。你如果认为效果很好，就可以马上向每位学生推广新方式；当其他学生被安排进入这部分课程时，他们自然就会以新的方式学习。换言之,“学校总动员”这样的工具能帮助教师以更小的批量教学，令学生受益。（而且，当这些工具被大规模采用时，其中一些教师的成功实验可以被推向所在地区、城市甚至全国范围。）这种教育尝试逐渐形成影响力，并赢得了赞誉。《时代》杂志最近把“学校总动员”列入其“最佳创意”名单，它是唯一入榜的教育机构。[5]

大批量的死亡螺旋

对于沉浸在传统生产力和进展观念中的经理人，小批量的做法是个挑战，因为他们相信技术工人的职能专业化更有效率。

如果你是一位产品设计师，你正督管着一个新产品并需要制作30张单独的设计图。看起来最有效的工作方法大概是一个人关起门来埋头苦干，一张张地把设计画出来。等你全部完成了，再把图纸交给工程开发团队让他们去干活儿。也就是说，你是以大批量的方法在工作。

就个人效率而言，用大批量方式工作是讲得通的。它还有其他好处：促进个体技能发展，更容易让每个贡献者负起责任，而且最重要的是让专才不受干扰地工作。至少理论上是这样。但是现实往往不尽如人意。

考虑一下我们假想的这个案例。把30张设计图交给工程开发团队之后，设计师应该可以有空关注下一个新项目了。但是，还记得那个装信封的事例中发生的问题吗？如果工程开发团队对图纸的操作方式有疑问怎么办？如果图中的表述不明怎么办？如果在使用图纸过程中发生问题怎么办？

这些问题不可避免地转变为对设计师的干扰，而现在这些干扰还会妨碍设计师做正在进行的下一个大批量项目。如果需要重做图纸的话，工程师们就会变得无所事事，干等着设计师完成返工。如果设计师没空的话，工程师可能就要自己动手重新设计了。无怪乎几乎没什么最终成型的产品和它当初的设计一致。

当我与使用大批量方式的企业里的产品经理和设计师一起工作时，我常常发现，他们在每个产品发布前都必须经历五六次的返工。我合作过的一位产品经理被各种干扰弄到不胜其烦，以至于他要半夜才进办公室，才能不被打搅地工作。我建议他可以试着将工作方式从大批量转换到单件流，但被他拒绝了，因为他认为这样做效率低下！以大批量方式工作的本能是如此强烈，即使大批量系统运作不良，我们还是习惯于先责怪自己。

大批量的数量很容易随着工作时间延长而增加。每次要把批量向前推进往往会导致额外的工作、返工、延误和干扰，所以每个人都想以更大的批量来工作，试图把间接成本降到最低。这种情况之所以被称为“大批量的死亡螺旋”，是因为它和制造业的情况不同，这里的最大批量没有实体产品中的限制。[6] 批量可能会无限增长。最终，一个批量的工作会升级成一个最高优先级的项目、一个“赌上公司身家”的新版产品，因为公司离上次的产品发布时间已经太久了。但是到这个时刻，经理人会执着于扩大批量，而不再是推出产品。既然已经花了那么长时间来开发产品，为什么不再多修复一个漏洞，或多添一项功能？没有人愿意当因为没有解决一个潜在的关键缺陷而危及这次大型发布的罪人。

我工作过的一家公司不幸踏入了这个死亡螺旋。我们为了一个拳头产品的新版本忙了几个月。第一个版本在市场中已经几年有余，大家对新版本的期望非常之高。但是，我们工作的时间越久，就越担心顾客最终看到新版时的反应。随着计划变得越发野心勃勃，要对付的产品漏洞、冲突和问题也随之增多。没多久，我们就陷入了什么东西都拿不出来的境地。产品发布看来渺茫无期。我们完成的工作越多，等着我们去做的工作就更多。无法推出产品最终导致了一场危机和管理层的人事变动，这全拜大批量生产方式所赐。

批量的错误概念相当常见。医院药房经常一天一次以大批量方式把药物送到病人楼层，因为这样只用走一趟，所以这样做应该是有效率的。但是如果病人的处方有改动，或病人搬到其他楼层，或已经出院，很多药品就要被送回药房，工作人员不得不重新配药或把药扔掉。改成每 4 个小时小批量地送一次药，降低了药房的总工作量，并确保了在有需要的时候，正确的药品能被送达正确的地点。

医院化验室通常每小时收集一次血样：抽血医师一小时内会收集多位病人的血样，然后把全部样本送去化验室。这种做法增加了化验结果的周转时间，还可能影响测试结果。现在，医院每次只送小批量（两位病人）或单个病人的血样到化验室的做法更常见了。即使要多雇用一两位抽血医师来完成工作，总系统的成本还是相对较低的。[7]

要拉动，不要推动

举个例子，你驾车兜风的时候惦记着小批量的衡量指标，一不小心把自己新的 2011 款蓝色丰田凯美瑞撞了个凹痕。你把车送去代理商处修理，等着听坏消息。维修技师告诉你需要把保险杠换掉。他去查了查库存情况，通知你眼下仓库里正有一个新的保险杠，可以马上帮你修好车。对每个人来说这都是个好消息，你能早一点拿回自己的车，代理商则多了一个满意的顾客，而且不用担心你把车送去其他地方修理。同时，他们也不需要留下你的车，在配件到货之前提供你一部替代车辆。

在传统的大批量生产中，避免库存缺货的方法是保留大量配件存货以防万一。可能 2011 款蓝色凯美瑞的保险杠是常用配件，但如果是去年的款式或 5 年之前的款式怎么办？你的存货越多，就更可能有各种顾客需要的不同部件产品。但是大量存货代价高昂，需要运输、储存和追踪。如果 2011 款的保险杠有瑕疵该怎么办？那么所有仓库里的该部件马上就报废了。

精益生产使用“拉动”策略解决缺货问题。当你把车送到经销商处修理的时候，消耗了一个 2011 款凯美瑞保险杠。经销商的存货中出现一个“缺口”，由此自动向当地补充存货的中心，即丰田零部件配送中心（PDC）发出一个信号。PDC 配给经销商一件新的保险杠后，它自己的存货中也出现了一个“缺口”。同样的信号再被发到区域仓库，即所有配件供应商向之供货的丰田零部件重配中心（PRC）。这家仓库通知制造保险杠的工厂再多生产一件保险杠，并送至PRC。

这一理想的目标是在整个供应链上实现小批量甚至单件流。流程中的每一个步骤拉动了对前一步的需要。这就是著名的丰田准时生产方式。[8]

当公司使用这种生产方式时，由于用来以防万一的存货（称为“在制品存货”，WIP）数量大幅减少，公司的仓库会立即减容。这种在制品存货的神奇瘦身就是精益生产名字的由来。这就像是整个供应链即刻节食了。

新创企业对它们的在制品存货也很苦恼。工厂生产出的在制品实打实地被堆在地上。而大多数新创企业的工作是无形的，几乎看不见摸不着。比如在产品推出前，所有花在设计最小可行性产品上的工作就是在制品存货。未完成的设计、未经证实的假设、多数商业计划都是在制品。目前为止，我们所讨论的几乎所有精益创业的技巧，都以两种方式实现了其神奇功效，即把推动式转为拉动式与缩小批次数量。两者对减少在制品数量均产生了净效应。

在制造业中，拉动方式主要用来确保把生产流程调整至满足顾客需求的水平。没有它的话，工厂最终会生产出比顾客真正所需多得多或少得多的产品。但是，采用这种方式开发新产品就不那么直截了当了。有些人把精益创业模式误解为对顾客需求简单地采取拉动方式。这种假设是基于顾客可以告诉我们要开发什么产品，并且会对产品开发生成一个拉动信号，开始实施。[9]

我们前面提过，这并非精益创业的运作方式，因为顾客通常不知道他们到底要什么。我们制造产品的目的是进行实验，从而帮助我们学到如何建立一项可持续的业务。因此精益创业中产品开发的流程是以进行实验的需要来拉动，从而做出响应的。这才是正确的理解。

只要我们定下想要测试的假设，产品开发团队就应该尽可能迅速地着手设计并施行这项实验，使用最小的批次数量把任务完成。要记得，虽然我们根据活动发生先后，把反馈循环写成开发—测量—认知，我们却应该以相反的顺序来安排计划：先找出需要知道什么，再倒回去看为了获得这个认知，要用什么产品进行实验。因此，不是顾客，而是我们“对顾客的假设”拉动了产品及其他功能特性开发的工作。除此之外的工作都是浪费。

清洁技术中的假设拉动

让我们以加州伯克利的新创企业字母能源公司（Alphabet Energy，以下简称“字母能源”）为例。不管是工厂里的马达，还是火力发电厂，所有发电机器或发电流程产生的副产品都是热量。字母能源使用新型热电材料开发了一种可以利用余热发电的产品。劳伦斯伯克利国家实验室的科学家耗时10年开发了字母能源使用的热电材料。

像很多清洁技术产品一样，要把这种产品推向市场，困难巨大。字母能源在解决其“信念飞跃”的假设时就已发现，开发一个废热电的解决方案需要制造一个热交换器，一个能把热能从一种介质上转移到另一种介质上的普通装置，同时还要针对项目进行工程开发。举例来说，如果字母能源想要为太平洋燃气电力（Pacific Gas and Electric）这样的公用事业公司开发一套解决方案，它就必须配置、设计、安装好交换器，以捕获从发电厂的排气系统中排出的热能。

字母能源的独到之处在于，公司在研究的早期就做出了一个明智的决定。它没有使用较稀有的物质作为材料，而是决定把研究集中在硅晶片上，它同样也是制作电脑中央处理器（CPU）的物质。首席执行官马修·苏林是这样说的："唯有我们的热电可以使用低成本的半导体基础设施来制造。"这使字母能源能以小批量方式设计和开发产品。

与字母能源的情况相反，多数成功的清洁技术新创企业必须在早期进行大量投入。例如太阳能电池板供应商SunPower公司必须设立工厂制作面板，还要与安装厂家合作，才能完全运作起来。相似的例子还有太阳能热电公司BrightSource，在筹到2.91亿美元建立并运作起大规模的太阳能工厂之前，它连一度电都没有发过。

字母能源没有把时间和金钱投入在昂贵的制造设施上，而是充分利用了为计算机电子设备制造硅晶片的大量已有基础设施。因此，从一个产品概念到把实际产品拿在手里，连头带尾只需6周。公司的挑战在于，找到一个符合早期顾客需要的产品，性能、价格和形状要样样具备。虽然它的技术具有革命性的潜力，但早期使用者只有看到明确的投资回报时，才会使用它。

字母能源的技术最明显的适用市场是发电厂，这正是项目团队最初的假设。他们假定，简单的循环燃气轮机是一种理想的应用设备，这些轮机和固定在地面的喷气引擎相似，是发电机为满足高峰用电需求提供能量的。字母能源相信，把它的半导体产品附在这些轮机上既便宜又简单。

公司开始用小批量方式测试这个假设，为顾客开发小规模的解决方案，作为学习认知的一种方式。和很多初期想法一样，这个假设很快就被否决了。电力公司对风险的承受度很低，因此不太可能成为早期使用者。所幸字母能源并没有大批量开发的包袱，它在经过 3 个月的调查之后就准备好转型了。

字母能源又陆续排除了很多其他的潜在市场，进行了一系列顾客细分市场转型。公司目前把精力集中在制造业企业。后者有能力在其工厂内的各分散场地试用新技术。这让早期使用者可以在下决心大范围使用该技术之前评估其真实的成效。这些早期的部署把更多字母能源的假设放诸测试之中。它的业务与电脑硬件业务不同，顾客不会为了产品最高效能而花天价。这就需要字母能源对产品做出重大改动，尽量达到每瓦发电的最低成本。

和其他能源新创企业相比，字母能源的所有这些实验花费很少。迄今为止，公司已经筹得约 100 万美元。时间将说明它的技术能否普及，但多亏小批量的效力，它会更快发现事实结果。[10]

丰田生产系统可能是全世界最先进的管理系统，但更惊人的事实是丰田打造了史上最先进的学习型组织。它彰显出激发员工创造力、实现不断增长、在近一个世纪中不懈制造创新产品的能力。[11]

这种长期的成功正是创业者应该追求的方向。对长期采用正确的进度衡量方式、致力于实现最大绩效的高效运作的企业而言，尽管精益生产技巧有强大的作用，它只是企业的一种外在表现形式。这个流程仅仅是培养优秀企业文化的基础，但如果没有这个基础，一切鼓励学习、创意和创新的努力都会化为泡影。关于这一点，很多经历过失败的人事总监都可以证明。

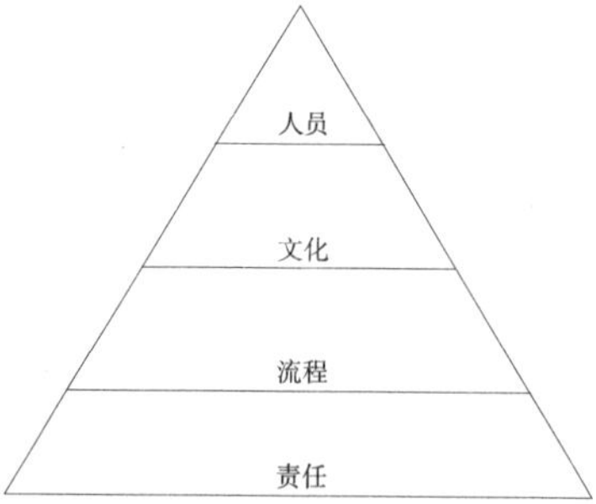

新创企业的运作方式

只有当我们建立的企业能快速适应面前的挑战，精益创业的方式才有用。这就要求我们解决好新工作方式中固有的人员问题，这也是本书第三篇的剩余部分要探讨的主题。

第十章

成长

最近有两家新创企业在同一天找我咨询。它们从事的行业截然不同。其中一家致力于为动漫收藏品爱好者创建一个网上市场平台，让它们可以互通有无。这些人是电影、动画、漫画的死忠粉，热爱片中人物，一心想把与之相关的系列玩具和其他促销商品收集齐全。这家新创公司立志要和易贝这样的网上市场、会展中心附近的实体市场及其他爱好者聚集的场所一较高低。

另一家新创企业的业务是把数据库软件销售给企业客

户。它掌握着新一代的数据库技术，可以补充或替代甲骨文、IBM（国际商业机器公司）和 SAP（思爱普）这些大企业的软件服务。其主要顾客是一些大型全球企业的首席技术官、IT 经理和工程师。其产品的销售周期很长，需要销售人员与销售工程师提供服务，还要提供安装支持和维修合约。

如果你认为这两家公司没有任何相似之处也情有可原，但是它们来找我的原因却一模一样。两家公司都有不少早期顾客，收入前景也不错。它们已经证实或推翻了其商业模式中的多种假设，成功执行着产品设计方案。顾客提供的良性反馈中既有正面评价，也有改进建议。两家公司都凭借着它们的早期成功从外部投资人那里筹得了资金。

问题是这两家公司都没有获得增长。

两位首席执行官给我看的图表非常相似，都显示出其早期增长是一条平直线。它们不明白原因何在。它们急需向员工和投资人说明企业的发展情况，因此想听听我的意见，怎样才能快速启动增长，是不是应该做更多的广告或营销活动？是不是应该关注产品质量或新的功能特性？是不是应该尝试提高转化率或定价？

事实反映出这两家公司在业务增长方面有很大的相似

点，因此它们在应对策略上的困惑也几乎如出一辙。它们使用的是相同的“增长引擎”，这正是本章的论题。

增长来自何方？

增长引擎是新创企业用来实现可持续增长的机制。我使用了“可持续”这个词，剔除了所有能够造成顾客量剧增但无长期影响的行动，比如为迅速启动增长而开展一次广告宣传或公关噱头，由此实现的增长却无法长期维持。

可持续增长的特征体现在一条简明规则中：

新顾客是由以往顾客的行动带来的。

以往顾客推动可持续增长的方式主要有 4 种：

1. **口碑相传**。大多数产品都有一个自然的增长水平，由满意顾客对产品的热衷程度而形成。比如，当我买了第一台数字录像机 TiVo DVR 的时候，我不断向周围的亲友提及。很快，我的亲友们都在用它。
2. **产品使用带来的衍生效应**。不管出于赶时髦还是彰显身份地位的考虑，人们每次使用像奢侈品这类的产品时，都会引发旁人对该产品的认知。当你看到有人穿了一件最新款的服装，或驾驶某品牌的汽车时，你可能会受到影响跟风购买。这种情况对所谓的“病毒式产品”也适用，比如脸书或国际支付工具贝宝（PayPal）。当一位顾客用贝宝给朋友汇款时，他的朋友就自动接触到了贝宝的产品。

3. **有资金来源的广告**。大多数业务会用广告吸引新顾客使用其产品。要让这种方式成为可持续增长的来源，广告费用必须由收入支付，而不是依靠投资资本这种一次性的资金来源。只要获取一位新顾客的成本（边际成本）比他带来的收入（边际收益）低，超出的部分（边际利润）就可以用来获取更多顾客。边际利润越多，增长越快。
4. **重复购买或使用**。有些产品通过付费计划（有线电视公司）或自愿的多次购买（去同一家食品杂货店购物或购买灯泡），实现了重复购买的模式。与之相反，很多产品和服务是有意设计成只能使用一次的，比如婚礼筹备服务。

这些可持续增长的来源为我所说的“增长引擎”的反馈循环提供了动力。增长引擎就像内燃机一样不停转动，反馈循环发生得越快，公司成长得越快。每架引擎都有一套内在的衡量指标，决定了公司使用这架引擎时能增长得多快。

三种增长引擎

在本书第二篇中，我们看到了新创企业使用正确的指标——可执行指标——来衡量进度的重要性。但是到底要衡量哪些数据，却有多种可能性。新创企业最大的潜在浪费之一，是在产品上市后花时间争论如何确定下一步工作的优先顺序。事实上，公司随时都可以把精力用在寻找新客户、更好服务已有顾客、提高整体质量或压低成本之类的工作上。在我自己的经历中，这种确定优先顺序的争论会消耗公司相当多的时间。

增长引擎为新创企业提供了一套相对小范围的衡量指标，使企业可以集中精力。我的导师之一，创投资本投资家肖恩·卡罗兰说过："新创企业不会饿死，而会饱死。"总有无数让产品变得更好的想法飘荡在半空，但现实是残酷的，大多数想法带来的改变微乎其微，只能算是产品优化而已。新创企业必须关注能产生经证实的认知的重大实验。增长引擎的框架结构能帮助它们把注意力集中在紧要的衡量指标上。

黏着式增长引擎

让我们回到本章前面提到的两家新创企业的事例中。尽管两者处在完全不同的行业，但它们使用的增长引擎相同。这两种产品都需要吸引并长期保留顾客，而两者保留顾客的潜在机制不尽相同。对于经营动漫收藏品交易的企业而言，它们必须成为狂热收藏客的首选交易平台。因为这些收藏客经常要搜寻哪里有最新藏品和最划算的交易。如果公司的网站能按设计运作，那么顾客就会经常使用它来查询信息，并且重复访问，看看是否有新藏品在售，同时也会售卖或交换自己的藏品。

而提供数据库服务的那家新创企业所依靠的重复使用，则出于截然不同的原因。数据库技术只是客户用来作为自己产品的一种基础系统，比如公司网站或销售端管理系统。一旦顾客在某个数据库技术之上建立开发了产品，要再换一种数据库软件是很困难的。从 IT 行业的角度说，顾客就这样被自己选择的数据库系统供应商绑定了。这类产品要想取得增长，就必须提供有吸引力的新性能，使顾客甘愿在可能相当长的一段时期内，被一个专有供应商绑定。

因此，以上两个企业都需要有较高的顾客保留率。它们希望一旦顾客开始使用其产品，就会接着用下去。这和电话服务供应商的情形是一样的：如果顾客取消了服务计划，通常意味着他极端不满，或换用了竞争对手的服务。这和另一类情况，比如在食品杂货店购物走道内发生的情况不同。在杂货零售业，顾客的口味会经常变化，本周买了百事可乐而没买可口可乐的事，没什么大不了。

因此，使用黏着式增长引擎的公司要非常仔细地追踪顾客损耗率，亦称“流失率”。所谓“流失率”就是指在任意一段时间内，没有继续使用公司产品的那部分顾客占顾客总数的比例。

控制黏着式增长引擎的规则很简单：如果取得新顾客的比例超过流失率，产品将会增长。增长的速度取决于“复合率”，其实就是自然增长率减去流失率。就像银行户头赚取复利一样，高复合率将带来极快的增长，不需要依靠广告、病毒式增长或公关噱头。

不幸的是，这两家依靠黏着式增长引擎的新创企业使用了总顾客数这样的通用指标来追踪企业的发展进度。即便它们也用了可执行指标，比如激活率及单客收入，但是，在黏着式增长引擎中，这些变量对增长的影响很小，因此也不是特别有帮助。(在黏着式增长引擎中，这些指标更适用于测试价值假设，这在本书第五章中讨论过。)

在我们的会议之后，其中一家新创企业采纳了我的建议，比照黏着式增长引擎的样板，分析顾客行为，结果令人震惊：顾客保留率为61%，新顾客增长率则为39%。也就是说，它流失的老顾客和获取的新顾客比例几乎完全相互抵消，所产生的复合增长率仅为0.02%，几乎为零。

从事约定式业务的公司苦苦寻求增长的情况很常见。一位曾在点播[a]工作的人士向我提过公司如何陷入相似的麻烦。点播在互联网时代名噪一时，它奋力追求增长，在获取新顾客方面无疑是相当成功的——就像前面那家每个周期都有39%增长率的新创企业一样。但是，这种增长被同等比例的流失率抵消了。如果企业以黏着式增长引擎为模板，那么所谓的好消息显然就是有大量新顾客涌上门来。想要找到增长点，就要关注现有顾客，令产品能更加吸引

a. 点播（PointCast）是著名的频道信息“广播”软件，个人门户的先驱，也是“推送”（Push）技术的鼻祖。公司采用该技术，让用户可以根据个人需要，选择不同的大众媒体、不同的信息种类和内容，不断把信息推送到用户电脑桌面。——译者注

他们。比如，公司可以集中精力提供更多更好的藏品目录，这样会激励顾客经常前来查询。或者，公司可以做些更直接的事，比如把限时促销或特别优惠的消息以短信形式发送给顾客。不管用什么方法，其焦点都必须放在提高顾客保留率上。通常，如果某家公司的增长不足，一般会增加销售和市场营销方面的投入，但提高保留率的做法恰恰和这个直觉相反。这种反直觉的结果很难从标准的虚荣衡量指标中推论得出。

病毒式增长引擎

社交网络和特百惠（Tupperware）都是由顾客推动大部分营销工作的产品实例。产品认知度在人群中快速传播，就像病毒散播一样。它和前文论述的简单的口碑增长有明显区别，具有病毒式增长特质的产品依靠人和人之间的传递，是正常使用产品的必然结果。顾客并非有意充当布道者，他们不需要到处为产品说好话。只要顾客使用产品，就自然带动了增长。病毒式传播无时不在。

提供邮件服务系统的 Hotmail 公司是最成功的病毒式增长案例之一。1996 年，沙比尔·巴蒂亚和杰克·史密斯发布了一项新的基于网络的电邮服务，向顾客提供免费的电子邮件账号。起初业务的增长很缓慢，Hotmail 团队只从风险投资公司德丰杰（Draper Fisher Jurvetson）处获得了少量种子期投资，无法承担大规模的营销活动。但当他们对产品做了一个小小的调整后，一切发生了改变。在每封电子邮件的底部，他们加了一条附言链接：“备注：获取免费 Hotmail 电邮账户。”

几周内，这个小小的产品改动产生了巨大的效应。6 个月后，巴蒂亚和史密斯获得了超过 100 万个新用户，5 周后用户数达到200万，该服务推出18个月后，他们拥有了 1 200 万注册用户。之后他们以 4 亿美元的价格把公司卖给了微软。[1]

同样的现象也出现在了家居用品直销商特百惠著名的“家庭聚会”上，顾客把产品卖给朋友或邻居可以赚取佣金。每次推销不仅会卖出特百惠的产品，同时也说服了其他顾客成为特百惠的销售代表。特百惠聚会几十年来一直生意兴隆。很多其他的现代企业，比如厨房用品直销公司“欢乐厨妇”（Pampered Chef，现属沃伦·巴菲特的伯克希尔·哈撒韦公司）、生活类直销公司“南方生活”（Southern Living）和食品直销公司“简单美味”（Tastefully Simple）都成功套用了相似的模式。

病毒式引擎和其他增长引擎一样，由量化的反馈循环提供动力。这种循环称作“病毒循环”，其速度取决于“病毒系数”。这是一个数学术语，这个系数越高，产品的传播速度越快。病毒系数会测算每个注册顾客将带来多少使用产品的新顾客。或者说，每个顾客会带来多少位他的朋友？既然每个朋友又是一位新顾客，他们就可能会再介绍更多朋友。

如果一个产品的病毒系数为 0.1，即每 10 位顾客中有 1 位会介绍 1 名朋友，这就不是一个可持续的循环。试想有 100 位顾客注册，他们将带来 10 个朋友加入。这 10 个朋友再介绍 1 个人参加，循环就到此为止了。

反之，系数大于 1.0 的话，病毒循环将呈几何级数增长，因为每个注册成员会带来超过 1 位顾客。

要清楚具体地看清这种效果，请参考下图：

依靠病毒式增长引擎的公司必须关心如何提高病毒系数，这比其他任何事情都重要。这个数字哪怕只发生微小的变化，都会让公司未来的前景产生戏剧性改变。

由此产生的结果是，很多病毒式产品并不直接向顾客收费，而是依靠广告这样的间接收入来源。因为病毒式产品在获取新顾客和招募他们的朋友的过程中，不能有丝毫

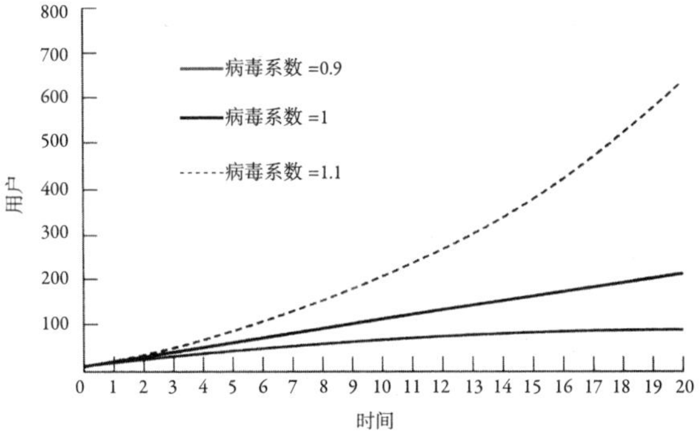

不同病毒系数的增长情况

阻碍，否则会使病毒式产品的价值假设测试变得非常困难。

对价值假设的真正测试往往是衡量顾客和提供服务的新创企业之间自愿交换的价值。这种交换既可以是特百惠那样货币化的，也可以是脸书那样非货币化的，这种情况给人们造成了很多困惑。在病毒式增长引擎中，货币交换并不带动新的增长，它只不过显示出顾客认同产品价值，愿意为之付费。如果脸书或 Hotmail 电邮服务在早期就开始向顾客收费，那就太笨了，这样做只会妨碍它们增长。但是，如果说顾客没有给公司带来价值也不对：他们向产品投入了时间和关注度，使该产品对广告商产生了价值。广告销售公司其实服务的是两组顾客群，即消费者和广告商，并且会和每组人交换不同货币形式的价值。[2]

这一点和积极使用资金支持增长需求的企业非常不同，比如，零售连锁店可以凭借其在合适地点投资开店的速度，实现快速增长。这类公司使用的是完全不同的增长引擎。

付费式增长引擎

有这样两家企业：前者从每位注册顾客那里赚取 1 美元，后者从每位顾客那里赚 10 万美元。要预测哪家公司会成长得更快，你只需再多知道一件事：每得到一位新顾客的成本是多少。

想象一下第一家公司使用谷歌关键字广告，从互联网上寻找新顾客，每获得一位新顾客平均支付 80 美分。第二家公司向大型企业销售重型货物，每次销售过程需要一名销售员投入大量时间，还需要有工程人员在现场帮助安装产品，每位新顾客的基础成本总额超过 8 万美元。这两家公司会以同样的速度增长。它们均有相同的收入比例（即 20%）再投入于新顾客的开发。如果有一家公司企图提高其增长率，它有两种方式可选：要么提高来自每位顾客的收入，要么降低获取新顾客的成本。

这就是付费式增长引擎的工作方式。

联系本书第三章里IMVU的故事，我曾谈到一开始我们在设定IMVU战略时犯的一个大错误。我们最终必须在增长引擎上转型。起初我们认为即时通信附加产品的战略会让产品实现病毒式增长。可悲的是，顾客就是不愿意按我们自以为聪明的战略行动。

我们错误地认为，顾客愿意使用附加在已有即时通信网络上的IMVU软件。我们相信该产品会在这些网络中实现病毒式扩散，从一个顾客传到另一个。我们这个理论的问题在于，有些产品并不适合病毒式增长。

IMVU的顾客不想在现有朋友圈中使用这个产品。他们想用它来结交新朋友。这就意味着他们没有把产品介绍给新顾客的强烈动机，他们认为这是我们的工作。幸好IMVU可以通过打广告的方式取得增长。我们的顾客愿意为产品支付的费用，比我们用广告吸引到他们的成本要高。

付费式增长引擎和其他引擎一样，由反馈循环提供动力。每位顾客在其“生命周期”内为产品支付一定的费用，扣除可变成本之后，剩下的部分通常被称为顾客的“生命周期价值”（LTV）。这项收入可用于购买广告，作为企业成长的投资。

假设一个广告花费100美元，吸引了50个新顾客注册使用某项服务，那么这条广告的“每取得成本”（CPA）为2美元。在这个例子中，如果产品的生命周期价值大于2美元，产品就会有增长。生命周期价值和“每取得成本”的差额，即边际利润，决定了付费式增长引擎将转动得多快。反过来，如果“每取得成本”还是2美元，但生命周期价值降到2美元以下，公司的增长就会放缓。投入资本或使用宣传噱头这种一次性的战术，可以暂时救急，但这些手段并没有持续性。这正是很多公司失败命运的症结所在，那些关门大吉的著名互联网公司曾错误地以为它们尽管在每个顾客身上亏本，但却能以量取胜，这已经是个老笑话了。

虽然我从广告的角度解释了付费式增长引擎，但它的含义更广泛。使用对外销售团队的新创企业同样能依靠这种引擎，就和依靠客流量的零售公司一样。所有这些成本都应计入“每取得成本”。

比如，我曾经服务的一家新创企业为团队集体开发了合作工具软件。这家公司经历了重大转型，其工具产品的主要客户从业余爱好者和小型俱乐部，转变为企业、非政府组织和其他超大型组织机构。然而，公司虽然进行了顾客细分市场的转型，却没有改换增长引擎。它之前采取的是网页式直销战术，在网上开发顾客。我记得在早期，公司接到一家大型非政府组织的来电，想要购买它的产品，并在组织内的众多部门中推广。这家新创企业提供“无限量”定价计划，其最贵的价格也只是每月几百美元而已，以至于那家非政府组织无法购买，因为组织内部根本没有购买如此便宜的产品的相关流程。另外，该组织还要求公司大力协助推广并培训员工使用这个新的工具，并且要跟踪调查新工具的使用所造成的影响，而公司完全没有配备这些服务。顾客细分市场的改变，要求公司相应雇用一定规模的对外销售人员参加各类大型会议，教育并培训执行主管人员，撰写白皮书。这些较高的成本会产生相应的回报：以前，公司从每位顾客那里赚几美元，现在转变为从每位庞大的顾客那里赚几万甚至几十万美元。它的新增长引擎会带来可持续的成功。

很多获取顾客的来源取决于竞争。比如高级零售店面有更多的客流，因此更有价值。同样，针对较富裕的顾客做广告，通常比面向大众的广告成本要高。对任何特定用户关注度进行竞争的企业，其总体赚取的平均价值决定了这些广告的价格。富裕消费者通常会成为利润更高的顾客，因而，吸引他们的成本费用也更高。

一段时间之后，任何一种顾客获取来源的“每取得成本”会因为竞争被推高。如果行业中每家公司在每次销售中赚的钱一样，它们最终都会把大部分边际利润花费在获取顾客的来源上。因此，使用付费式引擎实现长期增长，需要具备与众不同的能力，把部分顾客货币化。

以上这点可以用 IMVU 做例子。我们的顾客对其他网上服务公司来说，不是非常有利可图的客户群：他们中包括很多青少年、低收入成人及国外顾客。在其他服务中，人们可能会认为这些人不太会在网上购买东西。在 IMVU，我们开发了一系列技术，从没有信用卡的顾客那里收取费用，比如让他们把费用计到手机账单上，或给我们邮汇现金。这样一来，我们就能比竞争者争取更多顾客。

技术上的告诫

从技术上来说，一项业务一次可以运行几种增长引擎。比如，有的产品既拥有极其快速的病毒式增长引擎，顾客流失率又非常低。同样，一个产品也可以兼具高利润和高客户保留率。但是，在我的经历中，成功的新创企业往往只关注一种增长引擎，努力做好所有令此引擎运作的工作。有的企业试图建立一个包括所有三种引擎的中控系统，这往往会造成很多混乱，因为需要同时达成这些效果的专业运营技能相当复杂。因此，我强烈建议新创企业每次关注一种增长引擎。大多数创业者对哪种增长引擎最有效已经有了很强的“信念飞跃”假设。如果他们还没想好，那么走出办公楼，花时间理解顾客就能让他们很快知道哪种引擎可能最适合。新创企业只有彻底运用了这种引擎，才能去考虑是否需要转型到另一种引擎上。

增长引擎决定产品/市场契合

马克·安德森是一位传奇的创业者和投资人，也是万维网的开发者之一，他创造了一个新词：产品/市场契合，用来形容新创企业在某个时刻终于发现了对产品产生共鸣的一大群顾客：

> 一个有很多真正潜在顾客的好市场会拉动新创企业开发出产品。像搜索关键字广告、互联网拍卖，以及TCP/IP[a]路由器，都属于这类故事。反之，在一个糟糕的市场中，你可以拥有世上最好的产品和最出色的

a. TCP/IP 指网络通信协议，它定义了电子设备如何接入互联网，以及数据传输的标准。——译者注

精英团队，但这些都无济于事。失败是必然的。[3]

看到一家新创企业找到了适合的大市场，是一件非常振奋人心的事。它再没有什么好顾虑的了。就像福特 T 型车[a]在工厂生产线上开足马力制造，飞速铺向市场。或者脸书几乎一夜间横扫大学校园，抑或莲花软件公司（Lotus）在其营运的第一年，就销售了价值 5 400 万美元的莲花 1–2–3 软件，风靡商业世界。

新创企业有时要我帮它们评估一下其是否已经达到产品 / 市场契合。这很好回答：如果你这么问，就说明你还没有达成。不幸的是，这对公司想要了解如何向产品 / 市场契合更近一步却无甚帮助。如何分辨你是离成功仅一步之遥，还是毫无希望地被拉在了后面？

对很多创业者而言，因为“我们的新创企业没能达到产品 / 市场契合”，便意味着转型是一场失败的活动。我认为，这并不是安德森在他的定义中想要包含的意思。而

a. 福特 T 型车是福特公司于 1908—1927 年推出的一款汽车，是当时先进工业生产技术与管理的典范。福特 T 型车的低廉价格使汽车成为一种实用的工具，它被认为是 20 世纪最具影响力的汽车。——译者注

反过来说，一旦产品达成了产品 / 市场契合，就不需要再转型了，这样的假设也是错的。

我相信，既然每种增长引擎都可以量化地定义，而且每种引擎都各有一套衡量指标来评估新创企业是否距离达成产品 / 市场契合仅一步之遥，那么，增长引擎的概念可以把产品 / 市场契合的想法置于更严格的基础立足点。比如，如果一家新创企业的病毒系数为 0.9 或更高，那么它离成功就不远了。更妙的是，每种增长引擎和本书第七章中讨论的创新核算相辅相成，指引着新创企业的产品开发工作。比如，一家新创企业试图使用病毒式增长引擎，它可以把开发精力集中在可能影响顾客行为的病毒循环上，而放心地把无关事务放在一边。这样的新创企业不需要专长于市场、广告或销售职能。相反，公司若使用的是付费式引擎，就需要赶紧建立市场和销售团队。

一家新创企业在调整引擎的过程中，使用创新核算评估每次开发—测量—认知的反馈循环，可以衡量自己是否向着产品 / 市场契合靠拢。真正有用的不是原始数据或虚荣指标，而是企业进展的方向和程度。

举例而言，有两家新创企业都在努力调整黏着式增长引擎。一家企业的复合增长率为 5%，另一家是 10%。从表面看，似乎有较高增长率的那家公司表现得更好，但是，如果两家的创新核算汇总表看上去像下面这张表，那该怎么办?

甲乙两家公司的创新核算汇总表

复合增长率截止时间	甲公司	乙公司
6 个月以前	0.1%	9.8%
5 个月以前	0.5%	9.6%
4 个月以前	2.0%	9.9%
3 个月以前	3.2%	9.8%
2 个月以前	4.5%	9.7%
1 个月以前	5.0%	10.0%

就算不了解这两家公司的总数据，我们也可以看出甲公司取得了长足的进步，而乙公司却泥足深陷。即使目前乙公司的增长比甲公司快，我们的看法也还是正确的。

引擎停滞之时

要建起并发动新创企业的增长引擎已经非常艰难，但真相是每架增长引擎最终都会用尽燃料。每架引擎都依靠特定的一群顾客及他们的相关习惯、偏好、广告渠道和相互间的关系。到了某一点，这些顾客会被充分利用。根据企业所处的行业和时机，这个过程可长可短。

在本书第六章，我们强调了开发最小可行性产品的重要性，它只提供早期使用者需要的功能特性，而无其他。成功实施了这一战略后就可启动增长引擎，覆盖目标受众。但是要向主流顾客过渡，还需大量的额外工作。[4]一旦我们有了一个能在早期使用者当中增长的产品，理论上就可以完全停止产品开发工作了。这个产品会继续增长，直至在早期市场中达到极限。接着增长就会呈现平稳状态，甚至完全停止。挑战在于，这种早期市场增长的放缓，可能在几个月或几年后才发生，令我们难以适时开始新一轮的转型。回想一下本书第八章IMVU最初在这个测试上的失败，正属于这种情况。

一些不走运的公司没有注意到这种情况。它们采用了虚荣指标和传统核算形式，当看到数字上升的时候，就认为自己在进步。它们自认为已把产品做得很好，但事实上并未改变顾客行为。所有增长全部来自一个已经启动的增长引擎，它正在有效运作，带来新的顾客，但产品开发方面的工作却并未给公司带来增长。因此一旦增长突然减缓，就会引发危机。

成熟企业也会遭遇相同的问题。它们过去的成功建立在一个精密调整的增长引擎之上。当引擎按常规运行，而增长放缓或停止时，如果公司没有培育中的创新后备可以提供新的增长来源，危机就会出现。

任何规模的公司都会受到这个长期问题的困扰。它们需要管理好一系列活动的组合，在调整增长引擎的同时，挖掘新的增长来源，以应对增长引擎在将来的某天放缓停滞的情况。如何去做是本书第十二章的主题。但是，在我们管理这个活动组合之前，需要有一系列的组织架构、文化和纪律来处理这些快速的、常常始料未及的变化。我将之称为“自适应组织”，并会在本书第十一章进行讨论。

第十一章

适应

在我担任IMVU的首席技术官期间，我认为大多数时候我做得很好。我建立了一个能进行敏捷开发的企业，我们也成功测试了很多技巧，这些技巧最终归结产生了“精益创业”。但在有些场合，我却突然发现自己的工作失败了。对于一个成就至上的人来说，这实在令人感觉糟糕。最坏的是，你不会收到警告通知。万一真收到的话，通知可能是这样写的：

亲爱的莱斯，

祝贺你！你在本公司曾经从事的工作已不复存在。你已被调任到新的岗位。虽然公司的名称未变，大多数员工还在，但是这个公司已经不是过去的公司了。尽管你新工作的职衔相同，在过去岗位上的表现也很好，但现在你却没能完成新岗位的工作。其实，你的工作调动在 6 个月前已经生效，谨此提醒，你已经失败很长一段时间了。

祝君好运！

每当这种情况发生时，我都想弄明白该怎么办。我知道随着企业成长，规模不断扩大，我们需要更多的流程和系统来协调公司运作。但我也看到很多新创企业错误地追求“专业化”，变得僵化和官僚化。

IMVU 不会考虑完全抛开管理系统，你也不应该这样做。导致新创企业失败的方式太多了。我经历过由于过度创建架构造成的失败，当初那样做的目的是防止可能发生的各类问题，最终却耽误了公司推出产品。我也见过公司因为所谓的“交友网效应”[a]而失败：当顾客使用率迅速增长时，一项出名的技术却失效了。作为技术部门的执行主管，这个结果是最糟糕的，因为这样的失败既丢人现眼，又会被全部归咎到一个职能团队或部门身上——你的团队。它不仅是公司的失败，也是你的错误。

在这个话题上，我听到的大多数建议是一种折中方案，就是“做一点点计划，但不要做得太多”。这种拖泥带水的方案有一个很大的问题，它难以合理解释为什么我们要关注某一个问题，却忽略另一个。这给人的感觉好像是老板心血来潮、主观武断，而且加深了人们常有的一种感受，让人们以为管理层的决定是为了隐瞒一个秘而不宣的动机。

处在这种管理方式下的人会有非常清晰的应对思路。如果老板走的是中庸路线，那么最能影响老板并达成自己所求的方式，就是尽量站在最极端的立场上。举个例子，一个团队提议要做极长周期的产品发布，比如每年一次的新产品介绍，而你想要做较短周期的产品发布。那么，既然领导会将两种观点平均处理，你就可以要求一个极短的

a. 交友网（Friendster）曾是全球最大的社交网站之一，目前主打社交游戏。它的快速增长导致该网站在技术上无力支持广大用户的需求，这被后来者视为前车之鉴。——译者注

发布周期（大概每周甚至每天）。等折中方案出来，你得到的结果可能会和你一开始真正想要的周期长短比较接近。不过这样的竞争会逐步升级。过了一段时间，人人都会采取尽量极端的定位，这使做出折中决定变得更困难、成功机会更渺茫。这种局面往往是经理人造成的。虽然他们并不想鼓励走极端，但他们确实是有意或无意地那么做了。要从这个陷阱中脱身，就必须在思考方式上做出重大改变。

建立自适应组织

新创企业应该为新员工制订培训计划吗？要是你在几年前问我这个问题，我会嘲笑说："绝对不需要。培训计划是那些能负担得起的大公司用的。"但我们在IMVU最终还是制订了一套相当棒的培训计划，让新员工在入职第一天就能开始有效工作。仅仅几周后，他们就能深度参与工作了。把我们的工作流程标准化，并准备新员工必须学习的概念课程要费很多力气。每个新晋工程师都会有一位导师，帮他全面了解IMVU的系统、概念和技术，完成一整套课程，早日上手工作。导师和学徒的绩效表现是相连的，因此导师会认真地做指导。

回过头来看这个例子，有意思的是我们从来没有停下手头的工作，来决定是否需要制订一套好的培训计划。实际上，培训计划是在我们自身流程的演化过程中，自然而然地按序发生的。整个培训流程会经过不断的试用和调整，使之变得更有效，长期而言也不会带来过重的负担。

我把这称为建立一个“自适应组织”，它会根据目前的形势，自动调整流程和表现。

会不会走得太快？

目前为止，本书一直强调速度的重要性。新创企业学习如何在弹尽粮绝之前建立起一项可持续的业务，是生死攸关的头等大事。但是，只盯着速度也是有害的。为了能做到恰如其分，新创企业需要有内置的速度调控器，协助团队找到最佳工作节奏。

我们在本书第九章看到在持续部署这种系统中使用“安灯”拉绳调节速度的案例。“为了不停止生产而停止生产”是丰田悖论格言的缩影。“安灯”拉绳的要义是一旦有无法纠正的质量问题冒头，马上停止工作，强制展开问题调查。这是精益生产中最重要的发现之一：不能为了时间牺牲质量。如果你现在引发（或忽视）了质量问题，导致的缺陷是它将会在之后减慢你的速度。缺陷造成大量返工、士气低迷和顾客投诉，这些都会减缓工作流程，蚕食宝贵资源。

直到现在，我都在用实体产品的语言描述众多问题，这仅仅是为了方便说明。服务行业的挑战也是一样的。随便让一位培训、行政或服务公司中的经理人给你看一下公司的工作手册，你就会发现，其中列明了员工应该如何在各种情况下提供服务。起先简单的指导原则过了一段时间后会不可避免地扩充延伸。不久后，培训变得异常复杂，而员工要花不少时间和精力学习这些规则。现在，如果这个公司里有一位具有创业精神的经理人，想要试验新的规则或步骤，那么，现有工作手册的质量越高，将其扩充的进程就越容易。反之，低质量的工作手册中充斥了自相矛盾或含糊其词的规则，任何修改都会造成混乱。

当我向有工程开发背景的创业者介绍精益创业方法的时候，这部分概念是最难掌握的。一方面，经证实的认知和最小可行性产品的逻辑是，我们必须尽早把产品送至顾客手中，除了需要从顾客那里学习的认知，其他任何工作都是浪费。另一方面，开发—测量—认知的反馈循环是一个持续过程。我们不会在一个最小可行性产品之后就停下脚步，而要使用已经学到的信息，马上投入下一个迭代周期的工作。

因此，今天在产品质量、设计或基础设施方面抄捷径，明天就可能最终影响并拖慢公司的脚步。你可以在 IMVU 的实例中看到这种困境。本书第三章叙述了我们如何向顾客推出一个满是漏洞、功能缺失、设计糟糕的产品。顾客甚至连试都没试我们的产品，所以很多工作白费了。所幸我们没有花更多时间去修复漏洞、清理那个早期版本。

但是，当我们凭着学得的知识开发出顾客“想要”的产品时，我们会面临增长减速的问题。低质量产品的缺陷阻碍了顾客体验产品优势，以及提出相关反馈，因此制约了我们进一步获取认知。在 IMVU 的案例中，当我们向更多主流顾客提供产品时，他们不像早期使用者那样包容。与之相似的情况是，我们增加的产品功能特性越多，就越难再添加新的功能，因为其中存在新的功能干扰现有功能的风险。同样的情况也发生在服务行业，新的规则可能和旧有规则相冲突，规则越多，冲突也可能越多。

IMVU 采用了本章论述的技巧，以“准时生产”的方式，同时实现了规模生产和质量保证。

“五个为什么”的智慧

为了加速增长，精益创业需要一种流程，提供一个自然的反馈循环。一旦你推进过快就会造成很多问题。自适应流程迫使你放慢速度，设法防止那些眼下正在浪费时间的问题出现。当这些防御性努力收效之时，你自然会再次加速。

让我们回到是否应该给新员工提供培训的问题上。如果没有培训计划，新员工在学习过程中会犯错误，需要其他团队成员的帮助和干预，这会降低每个人的速度。如何判断是否值得对培训进行投资，从而减少干扰，换来速度呢？从自上而下的角度认清这一点有些困难，因为需要评估两个未知量：为了可能获得的未知利益，制订一个未知计划的成本是多少？更糟的是，传统的决定方式毫无疑问是基于大批量的考量。一家公司要么有一套复杂精细的培训项目，要么什么都没有。在能证明建立一整套培训项目会取得投资回报以前，大多数公司基本上什么都做不了。

取而代之的是使用“五个为什么”的方式，逐步增加投入并渐渐形成新创企业的流程。“五个为什么”的精髓是把各种投入和预防大多数问题的方法直接联系起来。这套系统的得名来自提出“五个为什么”的调查方式，以了解究竟发生了什么，即问题的根本原因是什么。如果你曾经被一个聪明的小家伙缠住问“为什么天空是蓝色的？”在你回答之后还有一大堆接踵而至的其他“为什么”，那么你应该非常熟悉这种方式。这个技巧是由丰田生产方式之父大野耐一创立的一种系统化的问题解决工具。根据新创企业的实际情况，我把它加以变化，用于精益创业的模式。

每一个看似技术问题的根本是人的问题。“五个为什么”提供了探讨其究竟是什么人为问题的机会。以下是大野耐一列举的案例：

> 当遇到问题的时候，你有没有问五次“为什么”？这听起来容易做起来难。比如，一架机器停止运转了：
>
> 1. 为什么会停机？（因为超负荷，保险丝熔断。）
> 2. 为什么会超负荷？（因为轴承不够润滑。）
> 3. 为什么不够润滑？（因为润滑油泵不能有效抽压。）
> 4. 为什么不能有效抽压？（因为油泵的旋转轴磨损作响。）
> 5. 为什么旋转轴会磨损？（因为上面没有过滤器，以致金属碎屑掉进去造成磨损。）

像这样反复询问五次“为什么”，可以帮你找到问题的根本原因并加以改正。如果这个过程进行得不彻底，我们可能会简单地换一根保险丝或一根油泵轴了事。那样的话，几个月后问题又会再次发生。丰田生产方式就是基于这种科学方法的发展和实践而形成的。问题的真实缘由常常被其他更明显的表现掩盖，而通过提出和回答五次“为什么”，我们可以直达根源。[1]

你注意到了吗，即便在大野耐一这个较简单的例子中，问题的根源也从一个技术故障（熔化的保险丝）转向了人为失误（有人忘记放过滤网）。对很多新创企业而言，无论身处哪个行业，这正是他们面临的大多数问题的典型根源。回到我们服务行业的例子，很多问题开始出现的时候看似个人错误，其实都可以回溯到培训中的问题，或原来工作手册中阐述如何提供服务的问题。

让我说明一下“五个为什么”如何让我们建立起前面提到的员工培训系统。想象一下 IMVU 突然开始收到顾客投诉，抱怨我们刚刚发布的新版本产品有问题。

1. 新版本关闭了一个顾客功能。为什么？因为有一台服务器挂了。

2. 为什么服务器会挂？因为错误使用了一个隐藏的子系统。
3. 为什么会错误使用？因为使用它的工程师不知道如何正确使用它。
4. 为什么他不知道？因为他没有受过培训。
5. 为什么他没有受过培训？因为他的经理认为不需要培训新员工，他和他的团队“太忙了”。

一个纯粹的技术故障很快揭示了这根本就是一个人为的管理问题。

按比例投入

使用“五个为什么”分析创建自适应组织的方法是：按问题的五个等级，不断向每一级按比例投入解决方案。换言之，当症状较轻时，可以投入得少些，而症状较重时，则要多投入。除非遇到重大问题，否则我们不做大笔投入。

在以上案例中，解决问题的方案是修复服务器、修改子系统，使之不容易发生错误，并教育工程师，当然，还要和那位工程师的经理谈一谈。

最后和经理谈话的那件事总是最难的，尤其在新创企业里。当我是这样一位经理的时候，如果你要我在培训人员上投入精力，我会告诉你那是浪费时间。其他要做的事情实在太多了。我大概会挖苦地说："好啊，乐意之至，不过你得给我 8 周时间不干别的，只做这一件事。"那意思就是"门儿都没有"。

因此，按比例投入的方法非常重要。如果只是因小故障停摆，那么，基本原则就是只投入少量精力修复。让我们先来做 8 周计划中第一个小时的工作。这听上去不多，却是一个起步。如果问题再次出现，提出"五个为什么"自然将要求我们继续深入调查。如果问题没有再出现，一个小时的投入也不算浪费。

我用了工程开发培训作为例子，是因为这是我在 IMVU 不太愿意投入精力的一件事。在创业之初，我认为应该把我们的全副精力投入产品开发和推销上。但当我们进入大量招聘人员的阶段，几次"五个为什么"讨论揭示了由于缺乏培训而导致产品开发速度减慢的问题。我们并未放下手边的工作，仅仅关注培训，而是不断地逐渐改善这个流程，每次都能获得一些阶段性成果。过了一段时间，这些改变综合到一处，节省了过去浪费在 4 处"灭火"和处理危机上的时间和精力。

自动速度调节器

“五个为什么”的方法可以用作天然的速度调节器。你的问题越多，对解决方案的投入也越多。当基础体系或流程投资收到效果的时候，危险的严重程度和数量就会降低，团队又能重新加速。对新创企业而言，团队运行得太快是一种危险，为了争取时间而牺牲产品质量，会造成错漏。“五个为什么”可以防止这种情况发生，让团队找准他们的最佳步速。

“五个为什么”不仅和具体执行相关，也和学习认知的速度紧密相连。新创企业无论遭遇什么失败，技术故障也好，无法完成业绩也罢，或始料未及的顾客行为改变，它们都应该使用“五个为什么”的方法进行详查。

“五个为什么”是一种强大又有效的组织技巧。我训练过一些工程师使用这个方法，他们认为，所有其他精益创业技巧都可以从这个方法中派生出来。把它与小批量方式结合使用，可以提供企业所需的基础架构，快速响应出现的问题，也不会造成过度投资或过度开发。

五大罪状之魔咒

团队刚开始采用“五个为什么”作为解决问题的工具时，会遇到一些常见的困境。我们需要“五个为什么”这样的体系克服心理局限，因为我们容易对当下出现的情况反应过激，而一旦发生意外之事，我们又会变得垂头丧气。

当“五个为什么”的使用方式背离正轨时，我把它称作“五大罪状”。沮丧的团队成员没有不断去问“为什么”，了解问题出在哪里，而是开始相互指责，将错误归咎于他人。如果不能用“五个为什么”来发现并解决问题的话，经理人和员工会掉进“五大罪状”的陷阱中，用以排解愤懑和沮丧，指责同事造成了系统性的失败。尽管面对错误时，人会本能地认为问题出在他人的部门、认知或个性中，“五个为什么”的目标就是要帮我们看到事情的客观真相，认识到一些固有问题不是因人们无能，而是由糟糕的流程引起的，从而做出相应的补救措施。

我推荐几种避免落入“五大罪状”的方法。第一种方法是在分析根本原因的时候，让每个受问题影响的人齐聚一堂。这个会议应该包括所有发现或诊断出问题的人员，如果可能的话，要让接到电话的客服代表也出席。还要召集所有尝试修复问题的人员，以及与子系统或产品功能相关的人员。如果问题已经上升到公司的高级管理层，那么涉及此事件的决策者也应该到场。

虽然这个会议有一大群人参与，但却必不可少。我的经验是，没有参加会议的人最终会变成承担罪状的靶子。不管这个替罪羊是一位初级员工还是首席执行官，它造成的破坏力是同等的。如果那个人是初级员工的话，人们会太容易就把他替换了事。如果首席执行官不幸不在场的话，人们也很容易认为老板的行为是无法改变的。这两种假设通常都是错的。

在各条罪状不可避免地出现之际，会议室内级别最高的管理人应该反复念叨：如果发生错误，我们要对这么容易犯错感到羞愧。在“五个为什么”的分析中，我们需要尽量有一个系统层面的视角。

这种念叨在某种情况下特别管用。IMVU 基于“五个为什么”建立了培训流程，我们照例让新来的工程师在入职第一天就去尝试改动产品开发环境。受传统开发方式训练的工程师常常吓一跳。他们会问：“如果我不小心干扰或打断了开发流程，我会不会有事？”在他们以往的工作中，这样的错误会致使他丢掉饭碗。而在 IMVU，我们告诉新来的员工："如果我们的开发流程脆弱到你第一天上班就能把它攻破，那我们该反省为什么把系统设置得如此简单。"如果他们真的打断了流程，我们会马上让他们负责牵头修复这个问题，同时防止将来还会有人重复同样的错误。

对那些来自不同风格的企业的新人来说，这样的开头总会让人紧张，但是每个经历过的人都会对我们的价值观有一个彻底的了解。积少成多，这些小小的投入加总起来就能打造一个充满活力的产品开发流程，让我们全体员工能更轻松、更有创造力地工作。

起步

根据我在很多公司介绍这个技巧时积累的经验，这里有一些关于如何开始使用"五个为什么"的小窍门。

要有效运作"五个为什么"，必须遵守一些规则。比如，"五个为什么"需要一个双方彼此信任和权力下放的环境。在这种环境缺失的情况下，复杂的"五个为什么"方法就难以施展。碰到这种情况，我常会使用一个简化版，它既能让团队专心分析问题根源，又能让他们积累经验，以便在将来需要的时候实施全套方案。

我让团队采用这样两条简单的原则：

1. 对第一次错误要容忍。

2. 不允许同样的错误发生两次。

第一条原则鼓励人们要对错误怀有同情心，特别是他人的错误。要记得，大多数错误是由系统缺陷造成的，而不是人们没有能力。第二条原则是要让团队成员开始在防范措施上按比例投入。

这个简化的系统相当有效。事实上，在我发现“五个为什么”和丰田生产方式之前，我们在IMVU发展的早期就是这么做的。但是，我自己切身发现，这样的简化版本长期而言并不管用。正是出于这个原因，我才开始学习精益生产。

这种简化系统的长处和短处并存的情况，会招致一系列疑问，比如哪些问题是一回事？我们应该关注哪类错误？我们应该修复单个问题，还是要防止所有同类的相关问题？对于刚起步的企业，这些疑问会引发很多思考，为更多详细方案的发展铺平道路。最终有一天，它们需要有“五个为什么”这样一个完整的自适应过程，帮助回答这些无法回避的问题。

面对令人不快的真相

你得准备好“五个为什么”会揭开企业组织中一些令人不快的真相，特别是在刚开始的时候。它会要求你确立防范措施，花费你本来打算用在新产品、新功能开发上的时间和金钱。在重压之下，团队成员可能觉得他们不能把时间浪费在分析问题的根本原因上，尽管长期来说，这将给他们换来更多的时间。这个流程有时候还会转变成“五大罪状”。在这些十字路口，有一位足够高层的人员在场是非常重要的，他必须坚守流程，执行相关建议，当反对意见激化时扮演仲裁人的角色。也就是说，建立一个自适应组织需要管理者的发起和支持。

很多在新创企业中独当一面的人来参加我的工作室活动时，会非常希望在实践中运用“五个为什么”。我会提醒他们，如果没有他们的经理或团队领导的支持，要慎用此法。如果你处于这种情况，就要小心从事。你可能得不到全体团队成员的支持，一起使用真正“五个为什么”的探究方式，但你总是可以在自己的工作范围内，使用简化的双原则。当错误出现时，问一下自己：“我该如何防止再次陷入如此境地？”

从小处做起，尽量具体

一旦做好准备，我提议先针对一小类问题入手。举个例子，我第一次成功运用“五个为什么”的那次，是用于诊断一个内部测试工具的问题，它并不直接影响到顾客。有缺陷的流程会造成大量的时间浪费，产生一些重大问题，从这些问题着手看似诱人，但要承受的压力是巨大的。当博弈筹码堆高时，“五个为什么”会很快变质，成为“五大罪状”。因此企业最好给团队成员一个机会，先学习如何实施这个流程，以后才扩展到更重要的领域。

症状越具体，在召开“五个为什么”会议时，就越容易让大家明白。比如说，你想要用“五个为什么”来解决顾客关于付费的投诉。在这种情况下，在所有付费投诉自动触发“五个为什么”会议的需求之后，选择一天开会。记得投诉量需要尽可能小，这样才能确保在每次必须召开会议时能务实地解决问题。如果收到的投诉过多，就选取一个你想要关注的问题来开头。确定由哪种投诉引发“五个为什么”会议的规则应该简单明了。比如，你可以选择先调查所有和信用卡交易相关的投诉。这个规则很容易遵守。不要选一个模棱两可的规则。

最初，也许你会想要跨出一大步，彻底改变所有收费系统和流程。千万别那么干。你应该控制会议时间，并且在提出问题的五个层次时，选取相对简单的改进方式。过一段时间，当团队成员习惯了这个流程后，你就可以将它延伸开来，涵盖越来越多的收费投诉种类，以及其他类型的问题。

委派一位“五个为什么”负责人

为了促进认知过程发展，我发现，在应用这种方法的每个领域内委派一位“五个为什么”负责人非常有益。这个人要负责主持每次“五个为什么”会议，决定采取哪些防范步骤，并分配会后的跟进工作。这位负责人必须有足够的资历和权威，能确保完成指定任务，但他也不应该处于相对高层，以免因为肩负其他有冲突的职责而影响他出席每次会议。“五个为什么”负责人是承担责任的中心人物，他是主要改变的代表者。在这个位置上的人可以评估会议进展，以及用于防范的投入是否见效。

“五个为什么”的实例

IGN娱乐公司（IGN Entertainment）是新闻集团（News

Corporation）下属的一家公司。它是一家网络视频游戏媒体公司，拥有全球最多的游戏用户。其各种媒体游戏项目吸引了超过 4 500 万的玩家频繁出没。IGN 成立于 20 世纪 90 年代，新闻集团在 2005 年将其收购。随着公司的成长，IGN 雇用了几百名员工，包括近 100 名工程师。

最近，我和 IGN 产品开发团队交谈了一次。对方在近几年中相当成功，但是就像所有我们在本书中看到的成熟企业一样，它希望加速新产品的开发，寻找更具创造力的办法。管理者把工程开发、产品和设计团队召集到了一起，讨论通过哪些方法来应用精益创业模式。

这项改变计划得到了 IGN 高级管理层的支持，包括公司的首席执行官、产品开发主管、工程开发副总裁、出版商及产品主管。他们之前在“五个为什么”上的工作开展得不是很顺利。他们根据产品团队提出的各类问题罗列了一张清单，试图将其一一解决。这些问题各式各样，从网上分析中的各种矛盾，到合作伙伴的数据传送无法工作。他们的第一个“五个为什么”会议开了一个小时，虽然得出了一些不错的见解，但就“五个为什么”流程本身而言，简直是场灾难。与这些问题相关并最了解情况的人员都没有参加会议。而且因为这是大家第一次在一起使用“五个为什么”方法，他们并没有遵循应有的形式，还时常离题万里。这个会议不完全算是浪费时间，但也没有得到本章所讨论的适应性管理所带来的任何好处。

不要把“历史包袱”放到“五个为什么”的流程中

IGN曾经试图解决所有浪费多年时间的“历史包袱”问题。但由于这类问题过于复杂，要迅速找到解决方案太难了。

IGN踌躇满志地展开“五个为什么”讨论，但忽视了三件重要的事情：

1. 要把“五个为什么”方法引入企业，必须在出现新问题时召开“五个为什么”会议。因为“历史包袱”是企业内的弊病，它们会自然而然地出现在“五个为什么”的分析中，你能利用这个机会逐步改正这些弊病。如果它们没有自然出现，那么也许它们并没有看起来的那样严重。
2. 每个和问题相关的人员都必须出席“五个为什么”会议。很多企业不要求工作繁忙的员工参加关于根本原因的讨论，是觉得这样可以节省时间。这种节约要不得，IGN在认清这一点之前吃了不少苦头。

3. 在每次“五个为什么”的讨论开始时，要花几分钟解释一下设置这个流程的目的是什么，以及会怎样进行，这对第一次参加会议的人很有好处。如果可能的话，引用以往“五个为什么”的一个成功案例，如果你完全是个新手，可以引用我那个经理人不支持培训计划的例子。IGN 发现，只要有可能，尽量使用让团队成员有切身感受的案例，会起到很好的效果。

在我们的会议之后，IGN 的领导层决定尝试再召开一次“五个为什么”会议。根据我在本章提到的这些建议，他们委派了工程开发总监托尼·福特担任“五个为什么”流程负责人。托尼原是一位创业者，由于他的公司被 IGN 收购，他也随之加入 IGN。托尼从网络技术工作起步，在 20 世纪 90 年代后期创建了很多关于视频游戏的网站。这些经历为他提供了成立新创企业的机会，他在一家名叫“X 盒团队”（TeamXbox）的公司担任首席软件开发师。2003 年，IGN 收购了“X 盒团队”，从那时起，托尼成了 IGN 的技术专家、创新主管及敏捷开发和精益实践的倡导者。

托尼起初没有选择集中在一个狭窄的问题领域。这造成了之前的挫败和沮丧。托尼回忆道："作为一个新的负责人，我没能有效引导'五个为什么'的流程，并且我们尝试要解决的问题选得也不太合适。你可以想象，以前那些讨论都不太顺利，最后也没有明显成效。我因此有点泄气。"当有人想要一下子对付很多问题时，这种情况很常见，而且它也显示出这些技巧需要花点儿时间来掌握。所幸托尼坚持了下来："我认为，有一位'五个为什么'的负责人相当重要。'五个为什么'在理论上很简单，但实践起来不是那么容易，所以需要有对它了解透彻的人，来为那些不太了解的人引导讨论的形式和方向。"

当托尼针对一个耽误了期限的项目主持了"五个为什么"讨论后，转机出现了。这次会议充满见地，牢牢吸引了众人，并且最后得出了切实的按比例投入的计划。托尼解释说："这次成功要归结为更有经验的负责人和与会者。大家都知道'五个为什么'是什么，而且我有效地把握了大家的讨论方向，避免离题。这是一个转折。就在那一刻，我知道'五个为什么'会成为一种新的工具，必将对我们团队，乃至公司业务的全面成功产生真正的影响。"

"五个为什么"表面上看起来是关于技术问题和防止

错误发生的，但是，随着团队成员排除了这些表面上的浪费，他们对如何一起工作产生了新的理解。托尼是这样说的："我敢说我发现'五个为什么'超越了对根本原因的分析，它揭示的信息让团队成员形成了统一的理解和视角，把他们更紧密地聚拢在了一起。很多时候，问题使人疏离。'五个为什么'的效果正好相反。"

我请托尼提供一个 IGN 近期成功的"五个为什么"的分析案例。他的报告如下：

为什么不可以添加或编辑博客里的帖子？

回答：任何一个对文章内容应用程序接口（API）的发帖要求（写入）会收到"500 错误"[a]提示。

按比例投入方案：吉米，我们会设法解决 API 的问题，但是要首先让我们的内容管理系统（CMS）对用户更宽松些。要提供更好的用户体验，就得让用户能添加并编辑草稿，不会收到出错信息。

为什么内容 API 会出现"500 错误"？

回答：bson_ext gem 和它所依赖的其他 gem[b]不兼容。

a. 500 错误（500 error），最常见的出错提示，指服务器出错。——译者注

b. gem 和下文中的 rails 都是软件开发术语。——译者注

按比例投入方案：金，把这个 gem 去掉（已经解决了中断问题）。

为什么这个 gem 不兼容？

回答：在原有版本上，我们加了一个新版的 gem，没料到应用程序意外地开始使用它。

按比例投入方案：班内特，把我们的 rails 应用在 gem 管理方式上，改成捆绑模式。

为什么我们在开发中添加了一个新的 gem 版本却没有测试？

回答：我们不认为在这类情况下需要测试。

按比例投入方案：班内特和吉米，在 API 和 CMS 中加入一段单独测试或功能测试，以便将来可以发现这种情况。

为什么我们添加了本来不打算马上使用的 gem？

回答：为了准备编码推送，我们想在开发环境中准备好所有新的 gem。尽管我们的代码部署完全是自动的，但 gem 不是。

按比例投入方案：班内特，在"持续集成"与"持续部署"的流程中，自动管理并安装 gem。

额外收获——为什么我们在周五晚上进行开发工作？

回答：因为没人说不可以，这时候对开发员准备周一的部署工作而言时机恰好。

按比例投入方案：托尼，向团队发个通知。周五、周六或周日都不做开发改动工作，如有特例必须由工程开发部副总裁戴维批准。当全自动持续部署流程到位时，我们再来重新评估这条原则。

根据这次“五个为什么”的讨论和我们的按比例投入方案，我们的部署变得更简单、迅速，我们的流程不再允许开发员把会导致意外后果的 gem 放入开发系统。确实，我们再没有遇到其他类似问题。像你所说的，我们加强了自己的“集群免疫系统”。

没有“五个为什么”，我们就不可能发现以上的这些信息。我想，我们大概会告诉那个开发员别在星期五晚上干蠢事，然后就完了。正如我早先强调的，一次好的“五个为什么”讨论会带来两种产物：学习和执行。从讨论中得到的按比例投入方案固然价值可观，但其间的学习过程看似不显眼，对开发员和整个团队的成长却意义非凡。

适应较小的批量

在结束“创建自适应组织”这个话题之前，我想再说一个故事。如果你经营自己的生意，你可能使用过这个故事中提及的产品。它叫 QuickBooks（意为“快速账簿”），是财捷公司的旗舰产品之一。

多年来，小型商务财务软件 QuickBooks 一直是其所在类别中的领头产品。所以该产品拥有一大群忠实的顾客，而财捷也希望它对公司利润有重大贡献。Quickbooks 和二十几年前的大多数个人电脑软件一样，以一个巨大批量的形式每年发布一次。三年前，QuickBooks 的产品营销总监格里格·莱特加入团队时就是这种情况。正如你所想到的，市面上已有很多流程能保障产品不断地准时发布。典型的发布方式是花费大量前期时间，找出顾客需求：

> 一般，每个年度周期的前三四个月里不开发任何功能特性，只用于制订策略和计划。当计划和阶段性目标确立之后，开发团队会在接下去的 6~9 个月里动手开发，最终推出一次大规模的产品发布。在流程的最后，团队会收到第一次反馈，了解他们是否成功实现了顾客的要求。

所以整个时间表是这样的：9 月项目启动，第二年 6 月发布第一个公测版，7 月发布第二个公测版。发布公测版的主要目的是确保新软件不会让顾客的电脑系统崩溃，或丢失数据。到了流程中的这个时刻，只能修复一些重大的漏洞。软件产品本身的设计已经定型。

这是软件开发团队多年来使用的标准“瀑布模型”开发方法。它是一种线性的、大批量的系统，它的成功仰赖恰如其分的预测和计划。换言之，它完全不适应现今快速变化的商业环境。

第一年：完成失败

2009 年是格里格加入 QuickBooks 团队的第一年，他目睹了一场失败。那一年，QuickBooks 把网上银行作为重要功能之一，推出了一个全新的系统。开发团队采用了软件模型和非功能性的原型产品，完成了数轮可用性测试，接着用顾客数据样本进行了主要的公测版测试。在产品发布的那一刻，事事如常。

第一个公测版在 6 月发布，团队开始得到一些负面的顾客反馈。尽管顾客在抱怨，但团队并没有充足的理由停止发布软件，因为软件本身没有技术错误，没有令电脑崩溃。在那个当下，格里格进退两难，他无从知道在市场中这些反馈会如何反映到真正的顾客行为上。这些只是孤立的投诉个案，还是广泛问题的一角？但有一点他很清楚：他的团队不能错过产品发布时间。

终于，产品推出了，但结果很糟糕。顾客要花比老版本多四五倍的时间核对他们的银行交易。最终，格里格和他的团队除了根据规格开发了产品，没能实现他们本想要解决的顾客需求。同时，因为下一次发布产品必须要通过同样的“瀑布模型”流程，开发团队用了 9 个月时间来解决问题。这是一个由于成功执行了错误计划，而“实现”失败的典型案例。[2]

财捷公司使用一种名为“客户净推荐值”（NPS）的跟踪调查体系，评估顾客对公司旗下众多产品的满意度。这是一个能了解顾客对产品的真实想法的极好指标，而且具有可操作性。我在 IMVU 也使用过这个方法。NPS 的一个好处是，它在一段时间内是非常稳定的。它测量的是核心顾客的满意度，所以不受小波动的影响；它只记录顾客感受的主要变化。那一年，公司的 NPS 分数第一次发生改变，QuickBooks 的得分跌了 20 个点。下降的 20 个点导致财捷的业绩遭受重大损失，也让公司很丢脸。这都是因为在流程中，顾客反馈来得太晚，以致开发团队没有时间重新来过。

财捷公司的高级管理层，包括小型企业部的总经理和小型企业会计部的主管，都认识到需要做出改变。他们明智地决定，任命格里格负责这次改革，他的任务是：在QuickBooks的开发和部署上，达到新创企业的速度。

第二年：肌肉记忆

这个故事的第二阶段展示了建立自适应组织的困难度。格里格打算用以下4条原则来改变QuickBooks的开发流程：

1. 较小的团队。把角色相同的成员组成的大团队，改编成角色不同的员工组成的较小团队，从而确保每个成员全身心地投入。
2. 实现较短的开发周期。
3. 更及时的顾客反馈，以测试产品软件是否危及他们的电脑，以及新功能的表现和客户体验如何。
4. 激励团队做出迅速、大胆的决定。

从表面上看，这些目标似乎和前几章中所描述的方法和原则如出一辙，但是格里格在 QuickBooks 的第二年并没有取得显著的成功。比如，他要求团队把产品发布阶段性目标移至年中，此举立刻把循环周期和批量规模削减了一半，但却没有取得成功。开发团队完全依靠意志力，千方百计地在 1 月推出内测版。但是，大批量开发的问题依然存在，大家竭尽全力在 4 月完成了内测。与过去的开发方式相比，它让产品问题有可能比以前早两个月浮出水面，这算是一种进步，但是它并没有产生格里格所盼望的大幅度改善的效果。

事实上，在这一年里，团队的流程看上去越来越像从前的样子。格里格说："企业组织是有肌肉记忆的。"要人们改掉旧习谈何容易。格里格想与企业的系统较量，但用随意改动产品发布日期这样的单独改变，是无法与之抗衡的。

第三年：全面爆发

出于对前一年有限进展的不满，格里格和产品开发负责人席曼殊·巴克希联手再战江湖，把旧的流程全数抛弃。他们当众宣布，两人合并后的团队会建立新的流程，与过去彻底告别。

这次格里格和席曼殊没有再去纠结新的时间表，而是全力投入到有助形成较小批量工作的流程、产品和技术变革上。这些技术创新让他们能更快地向顾客提供桌面软件产品，听取他们的反馈。格里格没有在新年伊始就准备复杂的产品方案，而是从他们所谓的“概念 / 代码 / 解决方案串烧”开始，把工程师、产品经理和顾客集中到一起，挖掘一系列想法。对格里格这样的产品经理来说，新年开始之际，没有一个发布何种产品的明确列表，确实令人惴惴不安。但他还是对他的团队和新的流程充满了信心。

第三年有三个不同之处：

- 各个团队都参与了新技术、新流程和新系统的开发。
- 根据新的好点子成立了跨部门团队。
- 顾客在每个功能概念的初期阶段就参与进来。

要明白的一点是，旧方式中并不是没有顾客反馈或顾客在计划过程中的参与。财捷公司的产品经理真正发挥了“现地现物”的精神，他们会到顾客处实地发现问题，以便在下一次产品发布时解决这些问题。但是，产品经理负责所有的顾客调研。他们会把相关情况带回给团队成员，并且告诉他们："这是我们要解决的问题，而这些是我们该如何解决问题的想法。"

如今，要改成跨部门工作的方式并不容易。一些团队成员心存疑虑。比如，有些产品经理觉得，让工程师和顾客交流是浪费时间。产品经理认为，工程师的工作就是弄清顾客的问题，并决定需要开发什么。因此，一些产品经理面对这种改变的反应是："那我的工作呢？我该干吗？"同样的情况是，工程师那边只需要别人告诉他们该做什么，他们不想和顾客对话。这是大批量开发中的常见情况，而现在，为了更"有效"地工作，两组人员都愿意牺牲自己的一部分专长，虚心求教。

要成功地改变这个流程，沟通交流是关键。所有的团队领导对自己推动及为什么要推动变革持开放态度。这种方式在财捷是一个全新的流程，他们由于拿不出这种方式在过去奏效的实例，因此要面对很多怀疑论调。他们必须清楚地说明旧流程为什么行不通，为什么年度发布的做法无法把他们带向成功。在整个变革过程中，他们与外界讨论了这一问题，即年度发布的时间表与获取更早的顾客反馈和更快的开发周期脱节。他们不断强调，新的方式就是新创企业竞争对手工作和重复的方式。他们必须迎头赶上，否则就跟不上潮流。

传统上，QuickBooks 的开发由大团队以较长的周期完成。比如，早期那个命运不济的网上银行团队中有 15 位工程师、7 位质检专员、1 位产品经理，在某些时候甚至还有不止 1 位设计师。而现在，没有一个团队多于 5 人。每个小组都重在尽量快速地在顾客中进行重复实验，然后依靠经证实的认知，实时做出在哪方面的工作上进行投入的决定。以前 QuickBooks 有 5 个主要的“分支”，到发布的时候再把各功能合并到一起，而现在的分支有 20~25 个之多。这样就会有更多的实验。每个团队从头到尾用 6 周时间开发新的功能，并在整个流程中用真实客户进行测试。

尽管自适应组织首先需要改变的是员工的想法，但仅改变企业文化是不够的。正如我们在本书第九章中看到的，精益生产需要把工作当成一种系统，然后在整个流程中处理批次规模和生产周期的问题。因此，要想获得持久的改变，QuickBooks 团队必须投资变革工具和平台，使用更迅速的新工作方式。

比如，一年前尝试发布内测版的挑战压力之一在于，QuickBooks 是一种关键任务型软件产品，很多小型企业用它作为重要财务数据的储存库。发布最小可行性产品存在损坏顾客数据的风险，所以开发团队对此十分谨慎。尽管他们采用了小团队、小范围的工作方式，但这些风险的压力会让小批量的工作方式难以落实。

要把批量规模减小，QuickBooks 团队必须投资开发新的技术。他们建立了一套虚拟化系统，能在一位顾客的电脑上运行多个 QuickBooks 版本。第二个版本可以读取顾客的所有数据，但不能对数据进行永久变更。这样一来，新版本不会有意外损坏顾客数据的危险。开发团队就可以使用这个独立的新版本，在被挑选的真实顾客中进行测试，并获取反馈意见。

第三年的成果是显著的。这一年推出的 QuickBooks 软件的顾客满意度明显提高了，销量也更高。很可能你现在正在使用的 QuickBooks 就是以小批量方式开发的。随着格里格和他的团队走入第 4 个年头，他们已经开始探索更多减小批量规模、缩短开发周期的方法。和以往一样，这些方法可能不仅仅停留在技术解决方案的层面。比如，盒装软件产品的销售周期对真正快速的学习认知来说是一个严重的障碍，因此，开发团队开始尝试为最活跃的顾客提供订购形式的软件。只要顾客能直接从网上下载更新，财捷就可以更频繁地发布软件。不久后，这个计划就可以让 QuickBooks 团队每季度向顾客推出新的版本。[3]

精益创业企业在成长中，可以使用自适应技巧来建立更复杂的流程，而无须放弃他们的核心优势——完成开发—测量—认知反馈循环的速度。事实上，对新创企业而言，借用精益生产技巧的主要优势在于企业到了成长阶段，业已做足准备，能根据精益原理创建出色的运营机制。他们早已知道如何针对自身状况，按原理运作、开发相应流程，以及使用“五个为什么”这样的精益技巧和小批量的工作方式。在一家成功的新创企业向成熟企业转变的过程中，它将会创建发展出严谨执行的企业文化，具备像丰田这样全球最佳企业的特征。

但是，成功地成长为一家成熟企业并不是故事的结局。新创企业的工作永远不会结束。正如我在本书第二章讨论的，即使是成熟企业，也要通过颠覆性创新，努力寻求新的增长来源。这种必然性在企业的生命周期中比以往出现得更早。新创企业梦想在上市后占据几年市场领先位置的好日子一去不复返了。因此，认为新创企业会像破蛹化蝶般经历几个形象迥异的阶段已不再靠谱。不管是成功的新创企业，还是成熟企业，都要学会同时驾驭几类工作，追求卓越运营，同时实现颠覆性创新。这需要一种新的管理组合的思考方式，我们将会在本书第十二章中介绍。

第十二章

创新

传统观念认为，当公司变得更大时，其丧失创新、创意和增长的能力在所难免。我认为这种想法是错的。在新创企业成长之际，创业者可以建立一个组织，学习如何在满足现有顾客要求与寻找新顾客之间求得平衡，管理现有产品线，开发新的业务模式，并且同时执行所有这些任务。我还相信，即使是大型成熟企业，只要它们愿意调整管理哲学，它们也可以使用我所说的“管理组合”的思考方式。

如何培养颠覆性创新

成功的创新团队必须有正确的架构以取得佳绩。作为独立的小型公司，由创业资本支持或靠自己创业的公司天生具备这些组织结构上的特性。而企业内部团队则需要高级管理层的支持来创建这些架构。在我的经验中，不管是新创企业还是企业内部的创新团队，都要具备三种架构特征：稀少但稳定的资源，开发业务的独立权，以及与绩效挂钩的个人利益。这些组织架构的要求和成熟企业部门中的架构要求不同。要记住，组织架构只是先决条件，它不能保证成功。但是，错误的架构却几乎一定会导致失败。

稀少但稳定的资源

大型成熟企业中的部门领导惯于使用政治手腕增加预算，但他们也明白这些预算并不牢靠。他们常常会要求尽可能多的预算，并防备其他部门打自己预算的主意。政治手腕意味着他们有赢有输：如果企业在某处发生危机，他们的预算就可能突然被砍掉 10%。但这算不上一个悲惨的结局，只不过团队必须越发努力地工作，少花钱多办事。

通常情况下，预算总是留有富余空间，以应付这种可能发生的情况。

新创企业则不同：预算太多和预算太少一样有害，无数互联网公司的失败都能证明这一点。而且新创企业对中途的预算改变非常敏感。对独立的新创企业来说，突然之间手头没了 10% 的现金的情况非常罕见。要知道独立的新创企业几乎没有犯错的权利，这种变化在大多数情况下会成为一个致命打击。这样看来，运作新创企业比运作传统部门更容易，但也更困难：它们需要的资本总量小得多，但这些资本必须绝对安全，要避免受其他因素影响。

独立的开发权

新创企业需要完全的自主权，在它们有限的工作范围内开发并推销新产品。它们做计划和执行相关实验时不需要过多的批准流程。

我强烈建议新创企业的团队实行彻底的跨部门运作，也就是说，公司中每个职能部门全职参与早期产品的开发和发布。团队必须能开发并推出真正实用的产品和服务，而不仅仅是产品原型。传统开发过程中部门间的层层传递和审批延长了开发—测量—认知的反馈循环，妨碍了团队学习和个人责任制的落实。而新创企业则需要随时保持绝对“最小化”的状态。

当然，这样大的开发自主权容易引起上级组织机构的焦虑。为了减轻这种焦虑，我在后文会向大家推荐一些方法。

与绩效挂钩的个人利益

创业者应该把企业的绩效成果与个人的利益挂钩。在独立的新创企业中，一般会采用优先认股或其他形式的股本所有权作为奖励。而在必须使用奖金体系的情况下，最高奖金就应该和长期表现最好的创新项目相连。

但是，我认为个人利益不一定要表现在财务上。这对有些组织机构尤其重要，特别是非营利机构和政府部门，它们的创新与财务目的并不相连。在这种情况下，团队获得个人利益还是有可能的。上级组织必须明确谁是创新者，并确保创新者成功完成新产品后就能得到认可。一位在大型媒体公司内管理自己独立部门的创业企业家曾这样对我说：“撇开财务上的奖励不谈，我总觉得既然我是这个部门的负责人，我比其他人更需要证明自己，也更输不起。那种使命感不可谓不重。”

这种准则在商业企业中一样有效。在丰田公司，全程负责新车开发的人被称为“主查”，即首席工程师。

> “主查”在美国文化中被叫作“重大项目经理”，但是这个名字没有充分表达出他们作为设计领导者的真正角色。丰田的员工把这个术语翻译成“首席工程师”，他们把开发中的车辆叫作“主查的车”。他们让我们了解到“主查”对车辆开发的各方面拥有最终的、绝对的权力。[1]

这里举一个相反的例子。我知道有一家利润极高的科技企业，一向以创新文化著称，但是它开发新产品的过往记录却令人大失所望。公司设有一个内部激励机制，对做出非凡成绩的团队提供大幅度的升职加薪奖励。但这些奖励是由高级管理层颁发的，没有人知道它的根据是什么。没有客观标准让团队用来进行自我衡量，预测中这个六合彩的可能。大家对是否能长期拥有自己的创新项目缺乏信心。因此开发团队很少有动力真正去冒险，而是把精力集中在有可能获得高级管理层批准的项目上。

创造实验平台

接下来的重要一步是设立新创企业运作的基本原则：如何保护上级组织机构，如何让创业经理人负起职责，如何在创新成功后，把它重新整合到上级机构中。回想一下第二章里“自由岛”的概念，它让 SnapTax 团队顺利地在财捷公司中设立新创部门。这就是一个实验平台能实现的成效。

保护上级组织机构

一般来说，大多数关于企业内部创新者的建议，都集中在如何保护新创部门不受上级组织干扰。我认为，有必要把这个模式倒过来看。

有一家大公司是我的咨询客户，它让我先描述一下它的一次典型会议。高级管理层聚集一堂，商定下一个产品版本中应包括哪些内容。公司出于以数据为导向的宗旨，已经尝试进行了一次定价实验。会议的前半段时间用在了解读实验数据上。

问题在于，没人同意这些数据的含义。很多顾客报告是根据会议需要撰写的，因而数据库团队也参加了会议。

他们被要求解释每行表格内的细节越多，越显示出没人知道这些数据到底是如何得出的。要弄明白的数据实在太多了。最后，我们能看懂的只有按季度和顾客细分市场划分的、在不同定价点上的产品总销售数据。

更糟的是，没人能肯定到底哪些顾客参加了实验。这项实验曾经由好几个团队先后负责执行，所以他们在不同时间对产品的不同部分做了改动。整个实验持续了好几个月，到后来，构思设计这项实验的人已经被调到其他部门，和执行人员再也没有联系。

你应该能发现这其中的很多问题：他们使用的是虚荣指标，而不是可执行指标，过长的循环周期，使用大批量的方式，增长假设不清晰，实验设计差劲，团队缺乏掌控感，等等。因此，成员从中学习到的东西非常有限。

听了这些情况之后，我以为会议大概就此收场了。既然大家对事实没有取得一致意见，我想没人会有任何实际依据来提出具体行动建议。我想错了。每个部门直接选取了最能支持其观点的数据来解读，提出自己的主张。而别的部门则会打断他人的意见，拿出支持自己立场的其他数据，诸如此类。最后，主持会议的高管没有数据可依，不得不基于看似最合理的论调做决定。

在我看来，在会议上争论数据简直就是浪费时间，这些争论了一整天的事情原本可以在一开始就弄明白。可现在，似乎每个提议人都感到自己会受到伏击：如果别的团队能把情况澄清，自己便会遭到质疑，所以最合理的反应就是彻底把水搅浑。这是何等的浪费！

在公司里，这样的会议给所谓“基于数据的决定和实验”抹了黑，也算情有可原。数据库团队制作的报告没人读，也没人懂。产品团队感到这些实验就是浪费时间，由于他们在半途才参与产品功能开发，因此，无论怎么做都不好。“进行一项实验”对他们来说似乎就是遇到艰难决定时的缓兵之计。最糟的是，这些会议令管理团队如同得了慢性头痛。以前决定产品优先顺序的会议可能就是一场观点的角逐战，但至少他们明白是怎么回事。可是现在他们要按规矩办事，弄些复杂的数学运算，却还得不出明确结论，并且到头来又要经历同样的观点角逐战。

合理的畏惧

但是，在这些部门间明争暗斗的核心内，存在非常合理的畏惧之心。这家公司为两个顾客细分市场提供服务：B2B 细分市场和消费者细分市场。在 B2B 市场中，公司雇用了销售员向其他公司推销大批量的产品，而在消费者市场中，多数产品是消费者个人一次性购买的。公司目前的大部分收入来自B2B销售，但是这个细分市场的增长已经放缓。大家都认同消费者细分市场的潜力巨大，但其到目前为止还没有实质进展。

目前的定价结构是造成这种增长乏力的部分原因。就像很多卖产品给大企业的公司一样，这家公司先是对外报出高价，然后提供大幅折扣来“照顾”批量购买的企业客户。自然，每个销售员都会用这种先抑后扬的方式尽力讨好自己的客户。但不幸的是，对消费者细分市场而言，公开的报价就高得离谱了。

负责拓展消费者细分市场的团队想要进行较低定价结构的实验，而负责企业细分市场的团队却担心实行低价位会吞噬或削弱公司和企业客户间已有的良好关系。如果企业客户发现个人消费者拿到的价格比其低，那该怎么办？

任何从事多细分市场业务的人都会同意这个问题可以有很多解决方式，比如，开发分等级的功能套餐，让顾客能买到不同“档次”的产品（比如航空公司的不同舱位），或者不同产品使用不同品牌名称。但是在这家公司实施以上任何一种方法还是举步维艰。为什么？因为它害怕会危及当前的业务，所以每次建议的相关实验都被耽搁、破坏或打乱了。

把创新藏在黑匣子里的危险

创新的关键在于坚持不懈。公司如果没有能力用更敏捷的方式展开实验，最后难免陷于《创新者的窘境》一书中所描述的命运：尽管利润一年年增长，但某天业务却突然垮台。

我们常把企业内部的创新挑战框定在这个问题之上：如何在组织机构中保护内部创新团队不受干扰？而我想要重新框定并反过来提出问题：如何在创新团队中维护上级组织机构？根据我的经验，人们受到威胁时就会保护自己，如果一味缩手缩脚、小心防御，创新思维就不会繁荣活跃。所以，把创新团队藏起来的常规建议其实是种误导。确实有一些秘密科研基地或者设在公司外的创新团队取得一次性成功的例子，比如建在佛罗里达州博卡拉顿的原 IBM 个人电脑大楼，它和 IBM 的主线业务是完全分离的。但是，这些例子更应该被当作警世寓言，因为它们极少带来持续的创新。[2] 躲避上级组织机构会造成长期的负面结果。

从经理人的角度考虑一下，当他们突然得知有创新项目出现时，他们很可能觉得被公司蒙骗了，而且这不能算是一种偏执情绪。不管怎么说，如果像创新这样的重大事件都可以藏起来的话，那还有什么其他情况不会被藏着掖着呢？时间一久，这会造成更多的政治角逐，因为经理人有充分的动机搜寻对付那些威胁他们权力、影响力和职业的事。别人的成功创新不应该成为令他们做出不诚实行为的理由。但从成熟经理人的观点来看，这么做的原因很明白：如果你没有身处秘密之中，你就很容易受到这类秘密的意外威胁。

一味指责经理人的这种反应并不公平。应该批评的是企业的高级管理层，是他们没有建立起一个用于运作和创新的支持体系。我相信这是像 IBM 这样的公司在使用黑匣子方式开发的新市场中（比如个人电脑业务）丧失领导地位的原因之一：他们从一开始就无法重建并延续一种能形成创新的文化。

建立创新沙盒

长期而言，公司会不断面临各种威胁，我们的挑战是如何在公开、开放的环境中建立向创新团队下放权力的机制，这是公司通向可持续创新文化的必由之路。我建议的解决方案是为创新建立一个沙盒[a]系统，它能控制创新的冲击力，但不会限制创新团队使用它的方式。具体方法是这样的：

1. 任何团队都可以在沙盒中创建一项真正的对比测试实验，实验仅仅影响沙盒内的产品或服务（对由多部分组成的产品而言），或某个顾客细分市场或范围（对新产品而言）。
2. 有一组团队必须从头到尾观察整个实验过程。
3. 实验进行的时间不得超过一个特定时长（简单的功能实验一般为时几周，颠覆性创新的实验用时久一些）。
4. 实验不应影响一定数量之外的顾客（一般用占公司全部主流顾客群的百分比表示）。
5. 每项实验的评估必须使用含有5~10个可执行指标的统一标准化报告。
6. 每个在沙盒设置中工作的团队，以及每个处于开发阶段的产品，都必须使用相同的衡量指标评估成功与否。

a. “沙盒”本来是软件业中指系统安全保护的术语。即使在沙盒中发生问题也不会损害整个系统。——译者注

7. 任何一个建立实验的团队必须在实验进程中监测衡量指标和顾客反应（支持电话、社交媒体的反应、论坛里的帖子等），如有重大情况发生，应马上停止实验。

开始的时候，沙盒要设置得小一点儿。在上面提到的那个公司案例中，其起初的沙盒中只需要有定价页就行了。根据公司开发的产品类型，沙盒的大小可以用不同方式界定。比如，网上服务公司可以限制网页或用户流量。零售商可以限制商店范围或区域覆盖情况。想要把全新产品引进市场的公司则可以限定某些细分市场的顾客。

和概念测试或市场测试不同的是，沙盒中的顾客是真实的。而且创新团队可以尝试和顾客建立长期的关系。毕竟他们可能会在这些早期使用者中进行长期的实验，直到完成他们全部的认知阶段性目标。

只要有可能，创新团队就应该开展跨部门合作，并且有一个像丰田公司里的“主查”这样身份明确的领导者。在沙盒中，团队不需要事先获取批准就有权开发、营销、部署产品或功能。用标准的可执行指标和创新核算，来汇报这些工作的成败。

在从未跨部门工作过的团队中，这个方法也可行。起先的一些改变，比如价格变动，可能不需要大量的工程开发工作，但仍需要在工程开发、市场营销、客户服务等各部门中协调。用这种方式工作的团队效率更高，这种效率不在于他们忙碌与否，而是以创造顾客价值的能力来衡量的。

用真正的实验很容易区分出什么是成功，什么是失败，只要看第一层的衡量指标是发生移动还是不变就行了。不管是什么情况，团队马上会知道他们对顾客行为的假设是否准确。而每次使用相同的衡量指标，能让他们在公司上下建立起与这些指标相关的文化。因为创新团队在汇报进度时会用到本书第二篇中描述的创新核算系统，所有阅读这些报告的人都会潜移默化地认识到这些可执行衡量指标的力量。就算有人想破坏创新团队，他也必须知道可执行指标和认知阶段性目标的全部来龙去脉。

沙盒同时鼓励快速的迭代。当人们有机会从头到尾观察到一个项目的执行，并且以小批量方式工作，还能得出清晰快速的决断时，他们就能从不断的反馈中受益。每次没能改进数据的时候，他们都有真正的机会根据发现的情况立刻进行调整。因此就算这些团队一开始的主意不怎么样，他们多半很快就能形成优化的解决方案。

像我们之前看到的，这正是小批量原则的表现形式。专业人员，特别是埋头于瀑布模型或门径开发模式的人员，一直以来所接受的训练是开展特大批量的工作。他们的这种经历令一些好的想法也会陷入泥沼，白白浪费。把批量数量减小后，沙盒的方法允许团队犯些小失误，但团队很快就会开始学习。下面我们会看到，这些小型的初期实验可以证明，拥有可独立发展的新业务的团队，能够整合回到上级组织机构中。

由内部团队负责

我们已经在第七章中详细讨论了认知阶段性目标。企业内部创新团队的问责顺序是一样的：根据顾客典型，建立一个颠覆式的理想模型，接着发布最小可行性产品建起基准线，然后尝试调整引擎以求向理想目标靠拢。

在这个框架中工作的企业内部团队和新创企业并无二致。但是，当内部团队成功之后，它就需要被整合到企业所有的产品和服务组合中去。

培养管理组合

企业必须管理四大类工作。内部创新团队成长起来后，提出最初概念的企业创业者必须应对规模化的挑战。[3]随着产品获得了新的主流顾客、攻占了新的市场，这个产品会成为企业公众形象的一部分，对公关、市场、销售和业务发展产生重要意义。很多时候，这样的产品会引来形形色色的竞争对手：抄袭者、快速跟风者，乃至仿冒者。

一旦新产品市场形成，整个流程会变得更加常规化。应对产品在市场中无可避免的种种问题非常重要，这些问题包括商品化、产品线扩充、逐步升级，以及新营销形式。在这个阶段，卓越的运营能力会发挥很大作用，是通过降低成本来提高利润的重要方式。这可能需要不同类型的经理人，他们长于做优化、委派、控制和执行的工作。公司的股票价格依靠的是这种可预计的增长。

在第四个阶段中占支配地位的主要是运营成本和传统产品的问题，这是外包、自动化和削减成本的范畴。不过，基础设施依然是关键所在。设备或重要基础设施的失灵，或者忠实顾客的丧失都能令整个公司脱离正常轨道。但是，与成长和优化阶段不同的是，在这个阶段的投资不会帮企业实现收入增长。这类组织机构中的经理人面临吃力不讨好的遭遇：出了事被批评，做了好事得不到赏识。

我们一般会从大公司的角度谈论这四个业务阶段，这些阶段可能代表了整个部门或成百上千的员工所处的情况。之所以这样分开讨论是因为在这种极端案例中，人们比较容易观察到业务演进的过程。但实际上，所有公司在任何时候都同时进行着这四个阶段的工作。产品一旦进入市场，团队成员就会努力将其推入下一个阶段。每一个成功的产品或功能会从研发中诞生，渐次成为公司策略中的一部分，根据产品优化的情况获得发展，到最后变成一条旧闻。

新创企业和大型公司的问题在于，员工通常会伴随着他们开发的产品从一个阶段进入下一个阶段。一般做法是让新产品或功能的开发者管理商品化所需的资源、团队或部门。结果，有创意的经理人的工作不再是开发新产品，而是陷入产品增长和优化的工作中。

这种倾向是造成成熟企业一开始就难以找到有创意的经理人、培育创新力的原因之一。每个创新项目都会和成熟项目争夺各类资源，其中最稀缺的资源之一就是人才。

创业企业家是一个职业头衔

用不同方式管理这四类工作，让有能力的跨部门团队在各个领域发展，是走出困境的解决之道。当产品从一个阶段进入另一个阶段时，它们被不同团队层层传递。员工可以选择作为产品交接工作的一部分，跟着产品进入下一阶段，或者留下来从事新的工作。两种选择没有绝对的对错之分，它取决于相关人员的特质和技能。

有些人天生就是开发创造者，不愿意在后面业务阶段的那些压力或期望下工作。另一些人雄心勃勃，把创新视为进军高级管理层的通路。也有些人特别擅长运营成熟业务、项目外包、提升效率和成本控制削减方面的管理工作。应该让员工发掘最适合他们的工作种类。

事实上，大型企业内部的创新者应该把创业工作看作一条可行的职业之路。能够使用精益创业方法领导团队的经理人，就该有一个简单明确的“创业企业家”角色，作为他们名片上的头衔，不一定非要离开公司去施展才能，也不一定非要假装适应成熟的职能部门中死板的层级制度。总之，这些创业企业家应该通过创新核算体系承担起责任，并得到相应的升职和奖励。

当创业企业家在创新沙盒中培育了一个产品之后，必须将其重新整合到上级组织机构中。新的产品终究需要一支更大的团队将其拓展、商品化并扩大规模。这个团队在一开始将需要由沙盒中工作的产品创新者继续领导。而这正是这个流程中的积极部分，它让创新者有机会用他们在原来沙盒中掌握的新工作风格，训练新的团队成员。

理想的情况是，这个沙盒会逐渐扩大，也就是说，不需要把沙盒中的团队搬出来放回公司的日常运作中，而是有机会扩大沙盒内的工作范畴。比如，起初只是在沙盒中试验产品的某些方面，现在可以加入其他待验证的新功能。比如，前面描述的网上服务公司可以先把产品定价网页放入沙盒中。当这些实验成功后，公司可以把网站主页加入沙盒，接着再增加搜索功能或网站的整体设计。如果它最初只针对某类顾客或一定数量的顾客，那么现在则可以扩大产品的覆盖范围。考虑到这些改变，高级管理层必须想到在沙盒中工作的团队能否在上级组织机构中“自谋生路”。沙盒的设计既可以用来保护里面的团队，也可以保护外面的上级组织。任何形式的扩张都要把这个情况考虑进去。

在创新沙盒中工作就如同为新创部门塑形。起先，团队只能进行适量实验。早期实验可能无法得出很多认知，达到规模化的成功。但一段时间之后，只要这些团队能在小批量开发中得到持续反馈，使用可执行指标，并对认知阶段性目标负起责任，他们几乎一定能取得进步。

当然，任何创新系统终将成为自身成功的牺牲品。当沙盒扩展，并且其创新成果为公司增加收入时，新的实验循环就必须再次开始。以前的创新者将会成为产品现状的监护人。一旦产品完全充塞了沙盒，必将带来运营重要任务所需的额外规则和控制力。这时，新的创新团队就需要创建一个新沙盒来开展工作。

成为现状

最后一部分的变化让创新者特别难以接受：他们从激进的局外人变为现状的代言人。在我的职业生涯中，这曾让我深感困扰。回想一下我提倡的精益创业技巧，其中包括推行快速迭代、基于数据制定决策，以及早期顾客介入。由此你可以想象，我在供职过的公司中是个制造麻烦的家伙。当这些想法还不是公司的主导文化时，尽管我觉得沮丧，但作为一个倡导者的角色倒也简单，我只要倾尽全力推行我的想法就行了。虽然主导文化把这些想法视为另类，但还是会在“合理”的范围内向我让步。人们的思维定式给我带来了一种反向的激励机制：我提的建议越激进，在经过合理妥协之后，就越可能达到我真正希望的目标。

时间退回几年前我还在负责产品开发工作的时候。雇用新人时，我们必须向他们灌输精益创业的文化。对比测试、持续部署和顾客测试都是我们的常规工作。我需要不断提倡、推行我的想法，确保每位新员工接受这些想法，愿意进行尝试。但对工作了一段时间的老员工来说，那些想法和理念已经成为公司日常现状的一部分。

我和很多创业者一样，在不断宣扬理念和不断对付这些理念的改进建议中周旋。员工们的想法和我几年前有过的一样：提出的建议越离谱，妥协后的方向可能离他们想要的越接近。我是什么建议都听过了：回到瀑布模型的开发方式、采用更多或更少的质量保证管理、让更多或更少的顾客参与、使用更多版本和更少数据、以统计上更严格的方法解读数据等。

认真考虑这些建议需要不断花费精力。简单武断的回应又毫无帮助。而折中的妥协方法也不奏效。

我发现，每项建议都应该经过同样严格科学的质询探究，它和形成精益创业使用的手段方式一致。比如，我们可以用理论来预测这个改变建议的结果吗？我们能先在小团队内培育这种改变，以观后效吗？我们能衡量其影响力吗？每当这些建议得以实施时，新的做法可以让我提升自身的认知，更重要的是提高我所在公司的生产效率。很多IMVU开拓的精益创业技巧并不是我的创造发明，而是由企业员工把自己的创造力和才干注入工作之中，然后构思、发挥和执行的。

最重要的是，我面对着这样一类常见问题：我们怎么知道以“你的方式”创建公司是可行的？其他公司用的是什么方法？用了这些方法让谁发了财成了名？这些问题问得有道理。我们行业中的大亨都是以较慢的、更线性的方式工作的。为什么我们做得不一样？

这些问题需要用理论来回答。把精益创业当作一系列步骤或技巧来用是不会成功的。我自己也是经历了一番周折才学到的。在新创企业的条件下，总有事情出错。质量管理大师戴明这样概括了我们所面临的老生常谈的困境：我们怎么知道这个问题到底是由特定原因还是系统原因造成的？如果我们正在使用新的工作方式，就总是容易把出现的问题归咎于新的系统。要学会分辨其中的区别需要理论支持。你必须能预测你做的改变将带来什么结果，以判定其产生的问题是否为真的问题。

比如，把团队工作效率定义中的“职能卓越”（市场、销售或产品开发方面）改变为“经证实的认知”就会产生问题。正如前面指出的，职能专业人士习惯用他们忙于某项工作的时间长短来衡量工作效率。比如，程序员希望一整天都在编程。所以传统的工作环境让这些专才抓狂不已：不断的会议打搅、跨部门的交接工作，以及向无数上司报告情况，都是拖效率后腿的事。但是，这些专才的个人效率并不是新创企业的目标。我们想要迫使团队跨部门工作以获取经证实的认知。要这样做的很多技巧——可执行的指标、持续部署和开发—测量—认知反馈循环——确实会让团队无法获得单项职能的最优化。但是，我们开发的速度有多快不是关键，我们能多快地进行衡量也不是关键，关键在于我们能多迅速地完成整个环节。

在我多年讲授这个认知系统的经历中，我注意到每次都有这种情况发生：企业转换到经证实的认知方式时，起先总感觉糟糕，之后才有所好转。这是因为旧体系造成的问题通常是无形的，而新体系的问题全是实实在在的。理论的好处在于它是解决这些问题的良方。如果知道损失一些生产力在这个转变过程中无可避免，那么我们就可以主动管理好这个过程，事先把期望值设定好。比如，在我的咨询生涯中，我认识到这些问题必须在第一天就要提出，否则一旦发生状况，就很容易把人们的全部努力打乱。随着改变的深入，我们还可以用根本原因分析法和快速反应技巧辨明哪些问题需要加以防范。归根结底，精益创业是一个战略框架，而不是让人生搬硬套的步骤规划图。它是用来适应每个公司的特定情况的，而不是照抄别人已经做过的事。举例来说,“五个为什么”这样的技巧让你能规划出完全符合你公司需要的策略。

掌握并探究这些想法的最佳方式，是让自己加入实践的圈子中。如今，在世界各地和网络上都有着欣欣向荣的精益创业社团聚会。在本书第十四章，我列出了你如何充分利用这些资源的建议。

第十三章

尾声：杜绝浪费

2011年恰逢弗雷德里克·温斯洛·泰罗的名著《科学管理原理》之百年华诞，该书首发于1911年。科学管理运动改变了20世纪的进程，令我们今天所享有的巨大繁荣变得理所当然。泰罗实际上“发明”了我们现在认为简单的管理原则：提高单个工人的生产力，例外管理（只研究特别好和特别坏的例外情况），标准化的工作任务，任务加奖金的薪酬系统，以及最重要的，通过有意识的努力，可以对工作进行研究并将其改善。泰罗还造就了现代的白领工作，把公司视为系统进行管理，而非仅仅停留在个人层面进行管理。过去所有管理革新皆由工程师领导是有道理的，因为管理就是人类体系的工程学。

1911 年泰罗写道："过去，人是第一位的；未来，体系是第一位的。"泰罗的预言成真了。我们现在正生活在他想象中的世界。但是，他所发起的革命在很多方面实在是过于成功，以致产生了负面影响。比如，泰罗把科学作为思考的方式，但是很多人混淆了这个意思，将它理解成泰罗提倡的那些严苛技巧：对时间和动作的研究、差别计件工资制，以及最极致的，把工人视作和机器人差不多的对象。很多这类想法被证明是极端有害的，需要后世的理论家和经理人来予以修正。严格地说，精益生产重新发现了蕴藏在每个工人身上的智慧和主动性，并把泰罗对效率的观点从个人工作层面引向了整个企业有机体。但无可否认，后来的每次管理革命都包含了泰罗的核心理念：即工作能用科学的方法进行研究，并能通过严格的实验手段得以提高。

在 21 世纪，我们面对着一系列泰罗不曾想象到的新问题。我们的生产能力远远超过了我们知道要制造什么东西的能力。尽管 20 世纪早期有大量发明和创新，但是其中大部分是用于提高工人和机器的生产效率、满足全世界人口衣食住行的需要的。虽然如今这个目标并没有完全实现，还是有几百万人生活在极端贫困之中，但这个问题的解决方案目前只能完全依靠政治途径。我们已经有能力制造几乎任何我们可以想象的东西。我们这个时代的大问题不是“能不能制造出来”，而是“应不应该制造出来”。它把我们放在了一个异乎寻常的历史时刻：我们未来的繁荣取决于我们集体想象力的质量。

在1911年，泰罗写道：

> 我们可以看到，我们的森林被毁灭了，我们的水力能源被浪费掉了，我们的土壤被洪水冲到大海里去了，我们的煤和铁也枯竭在即。但是，由于我们行为上日复一日的错误、指挥不当和低效率所造成的人力上的更巨大的浪费……这点表现得不明显，人们不易看到，即使有认识也是模糊的。
>
> 我们可以看到和感觉到物质的直接浪费，但因人们不熟练、低效率或指挥不当的活动所造成的浪费，则是既看不见又摸不到的。要认识这些，就需要动脑筋、发挥想象力。也正是这样的原因，尽管我们来自这方面的日常损耗要比物质的直接浪费大得多，但后者使

人触目惊心，而前者却容易令人无动于衷。[1]

一个世纪以后，我们对这些话说什么好呢？一方面，它已经过时了。21 世纪的我们格外注重效率的重要性，和由生产力获取的经济价值。我们的工作场所与泰罗时代相比，已经组织得非常完善，至少从物质层面来说确实如此。

另一方面，泰罗的话让我顿觉其完全的现时意义。相对于我们在制造产品时引以为荣的效率，我们的经济活动还是难以置信地遭遇着浪费。这种浪费并非来自低效的工作组织，而是把工作浪费在错误的东西上，并且还是工业层面的大规模浪费。正如彼得·德鲁克所说："没什么比高效地做一件根本不该做的事更加徒劳的了。"[2]

可是我们依然有效地做着错误的事。虽然很难准确估算现代工作到底有多浪费，但我们并不缺乏种种故事案例。在进行精益创业咨询和巡回讲演的时候，我不断听到来自大大小小公司的员工的相同信息。在每个行业中，我们都会看到无数失败的产品发布、构思糟糕的项目，以及大批量的死亡螺旋。我认为这样滥用人们的时间是一种罪过，白白浪费了人类的创造力和潜力。

所有这些浪费中有多少比例是可以避免的？我想，会比我们目前认识到的要多得多。我遇到的大多数人相信，至少在他们的行业中，项目的失败完全是咎由自取：项目本身就大有风险，市场状况无法预计，“大公司的人”天生缺乏创造力。有些人认为只要我们把每件事都放慢，使用更加谨慎的流程，执行数量较少但质量更高的项目，就可以降低失败率。也有人相信，某些人生来就知道该做哪些正确的事。如果我们能拥有足够多的远见之士和大师，我们的问题就能解决。19 世纪，在人们知道什么是现代管理之前，这些“解决之道”也曾一度被视为最先进的方式。

要在一个节奏越发快速的世界中采用这样古老的方式是不可行的，因此对项目和业务失败的指责常常被推到高级管理层身上，而他们总被要求做些不可能的事情。另一种情况是，把这种责备指向财务投资人或公开市场，批评他们过于强调快速解决问题的方法和短期结果。我们总有太多责怪的话要说，但能指引领导者和投资者的理论却太少。

精益创业运动与这种无计可施的状况形成了鲜明对比。我们相信，一旦明白了浪费的症结所在，创新中的诸多形式的浪费是可以避免的。我们要做的是改变我们的集体思维模式，重新考虑如何完成这项工作。

敦促工人更加努力是不够的。我们目前的问题是由用力过猛引起的，而且还是在错误的事上用力过猛。只关注职能的效率让我们忽略了创新的真正目标：学习目前未知的事物。戴明教导我们，建立量化的目标并非关键，而是要找到达成这些目标的方法。用科学的方法回答最迫切的创新问题是精益创业运动代表的原则：围绕一系列新产品和新服务，我们该如何建立一个可持续的企业组织？

组织的超能力

有人参加了我的几场研讨会，几个月后他跑来向我诉苦，他说的情况大略是这样的："了解了精益创业理论让我感到有了超能力。尽管我只是个初级员工，可当我遇到公司里的副总裁和总经理时，我会向他们提一些简单的问题，然后迅速地让他们看到他们的项目是基于哪些可测试的基本假设。几分钟后，我就能给出一个可实行的方案，让他们可以尽早对计划进行科学验证。对此，他们的反应通常是：'哇，你真聪明。我们以前从未想过要如此严格地思考这些问题。'"

这些交流让他在自己所处的大型企业内建立了"聪明

员工”的声誉。这对他的职业生涯当然大有好处，可对他本人来说却是件令人非常沮丧的事。原因在于，尽管他的确相当聪明，但他认识到产品计划的缺陷不是因为他拥有特殊才能，而是因为他拥有一套能预测结果、提出其他解决方案的理论。他向之推荐想法的经理人不了解这个理论体系才是令他沮丧的原因。这些经理人得出错误结论，认为成功的关键是在团队里找到像这位员工一样聪明的人，却没有通过他看到面前真正展现出的机遇：调整关于创新是如何发生的想法，就能系统化地实现更好的创新成果。

体系前置的一些危险

就像我们的先辈泰罗所做的一样，我们的挑战是说服现代企业的经理人，把体系放在第一位。但是泰罗制是一个警示。当我们把这些新的理念介绍给更主流的受众时，从历史中吸取教训是很重要的。

泰罗以关注系统实践而非个人才智著称。以下这段文字叙述了他把体系放在第一位的著名言论，全文引述自《科学管理原理》：

> 我们将来会认识到，我们的领导者们必须是培养形成的，而且，任何一个伟大人物（处于老的人事管理体

> 制下的）都无法和一批经过适当组织因而能有效协作的普通人去一竞短长。
>
> 过去，人是第一位的；将来，体系必须是第一位的。这并不意味着我们不再需要伟大人物。恰恰相反，任何好体制的第一位目标必须是发掘第一流的人才，并在系统管理之下，使最佳人才能比以前更有把握、更迅速地提升到领导岗位上来。[3]

不幸的是，在科学管理和发掘并提拔最佳人才不应该相矛盾这件事上，泰罗的主张很快就被抛诸脑后。早期的科学管理技巧包括时间和动作研究、任务加奖金的薪酬系统，特别是职能工长制（今天职能部门的先驱）。事实上，通过这些管理技巧获取的生产力是如此丰厚，以至于让以后几代经理人忽视了实施这些技巧的人的重要性。

这造成了两个问题：（1）业务体系变得过于僵化，以至于无法利用单个工人的适应力、创造力和智慧。（2）过分强调计划、预防和过程，让组织只能在几乎静态的世界里持续取得成果。在工厂的制造现场，精益生产运动正面应对了这些问题，那些经验已经广泛传播到很多现代企业中。但是在新产品开发、创业活动及创新工作的普遍工作范围中，我们仍在使用过时的管理架构。

我希望，精益创业运动不会落入相同的简化论窠臼。我们才刚刚开始探索管理创新的原则，它是一种可以提高新创企业成功概率的方法，一种开发创新产品的系统化方式。它不应该削弱传统的创业精神：远见卓识、大胆冒险，以及面对大量问题时应有的勇气。我们的社会比从前任何时候更需要创业者的创造力和远见，这些都是我们不可浪费的珍贵资源。

产品开发的伪科学

我相信，要是泰罗活到今天，看到对创业者和创新家的管理方式一定会感到好笑。尽管科学家和工程师以他们超群的技术魔法让所有 20 世纪早期的人目眩神迷、受益匪浅，但是我们用来组织他们的管理实践却毫无科学的严谨可言。我甚至要把这种管理称作伪科学。

我们通常是更多地凭直觉而非事实给新项目大开绿灯的。我们在本书中已经看到，它还不是问题的根本原因。所有创新都出自愿景，但接下来会发生什么才至关重要。如你所见，有太多的创新团队在粉饰成功，有选择地找出支持其观点的数据，而不是把愿景中的各个因素放诸真实的实验。更糟的是，他们埋头于秘密开发模式，建立一个数据真空地带，进行不受限制的实验，既无顾客反馈又无任何形式的外部核算。当一个团队试图在总指标的图表上突出某些数据，说明因果关系的时候，他们就是在做一件伪科学的事。我们怎么知道提出的因果关系是真实的？而团队想要用学习作为失败的辩护借口之时，也是一种伪科学。

如果学习在一个循环周期内发生，我们要让它在下一个循环中转为经证实的认知。只有通过开发顾客行为模型，然后表明我们能够在一段时间内用新产品或服务改变这些行为，才能得到事实证据，验证我们的愿景。

在我们庆贺精益创业运动取得成功之际，有一点提示非常重要。我们不能让这些成功引发新的伪科学，比如转型或最小可行性产品之类。这正是当年科学管理论的命运，我认为最终其奋斗的事业被推迟了几十年。高举科学之名，日常工作压倒了创造性的工作、机械化压倒了人性、按部就班压倒了灵活敏捷，以至于不得不通过以后的管理运动来纠正这些缺陷。

泰罗相信很多东西都是科学，但以我们现代的眼光来看，这无非一己偏见。他认为在智力和品质上，贵族阶级生来比工人阶级优越，男性比女性优越；他还认为，地位较低的人应该由比他们地位高的人严格管理。这些观念是泰罗时代的必然产物，人们很容易原谅他的闭目塞听。

但是，当透过未来实践的镜头看待我们如今的时代时，人们会发现什么样的偏见？它出于什么力量让我们过度信任？我们运动的早期成就可能会让我们忽视哪些风险？

我希望带着这些问题结束本书。我非常高兴地看到精益创业运动赢得声誉和认同，但更重要的是我们的方式方法的正确性。我们目前所知的仅是冰山一角。我们所需要的是一个大规模项目，来揭示出潜藏于现代劳动力中不起眼之处的巨大空间。如果我们能停止浪费人们的时间，他们会用这些时间来干什么？我们对有可能发生的事件没有真正的概念。

从 19 世纪 80 年代开始，泰罗开始了一项实验计划，用来揭示切割钢铁的最佳方法。在这项持续了超过 25 年的研究过程中，泰罗和他的同事进行了 2 万多个单独的实验。这个项目的惊人之处在于它既无学术背景，又无政府的研发预算。全部实验成本由企业支付，因为实验带来的更高生产率让这些企业可以将其即刻转化为实际利润。这只是一个实验项目，它会在一种类型的工作中发掘潜藏的生产力。科学管理的其他信徒们也曾花费了数年时间研究砌砖、耕作甚至铲挖的工作。他们不满足于来自工匠和所谓专家的民间智慧，执迷于对真相的认知。

我们中间有没有人能想象，一位现代的“知识至上”型经理人对员工使用的方法是否会有同等兴趣？在我们目前的创新中，有多少工作是由缺乏科学基础的时髦口号所引导的？

新的研究计划

想要发现如何更有效地工作，我们可以使用什么类似的研究计划？

在极端不确定的情况下，是什么激发了生产力？我们对这一点的理解非常有限。所幸循环周期无处不在，让我们有很多机会测试新的方法。因此，我建议设立新创企业实验室，测试所有种类的产品开发方法论。

这些测试如何进行？我们可以先引入小型的跨部门团队，从产品和工程开发开始，让他们使用不同开发方式解决问题。我们也可以从一些有明确答案的问题入手，比如，从全球的编程竞赛中选取问题，因为这些编程竞赛开发了完善的数据库，包括了定义明确的问题和清楚的解决方案。

这些竞赛也提供了清晰的基准线，规定不同问题应该花多长时间来解决。这样我们就能明确设定实验课题中解决各种问题所需要的能力。

用这些指标作为基准，我们可以开始改变实验条件。我们的挑战在于，提高了正确答案的不确定程度后，还是要能够客观地衡量结果的质量。也许我们可以使用真实情况中的顾客问题，然后由真实顾客来验证团队工作的成果。我们甚至可以开发多种最小可行性产品，一遍一遍去解决同一类问题，从而量化地分析哪种产品能产生最好的顾客转化率。

我们也可以选择复杂程度不同的开发平台及分销渠道，来改变极其重要的循环周期，测试这些因素对团队真正的生产力的影响。

最主要的是，我们需要制定明确的方法让团队对经证实的认知负责。在本书中我已经提出了一种方法：使用定义明确的财务模型和增长引擎进行创新核算。但要是认为这就是最佳方案的话未免太天真了。当这种方法被更多公司采用后，一定会有其他新的想法出现，我们必须尽可能严格地评估这些新想法。

这些问题提出了在大学研究机构和创业社团中形成两

者所希望的公私行业协力合作的可能性。它也建议大学可以从更多方面增加其价值，而不仅仅只是在目前的情况下，作为财务投资人或新创企业孵化基地的创造者。我认为这样的研究无论在哪里进行，那个地方都会成为新的创业实践的中心地带，而从事这项研究的大学则可能由此令它的基础研究活动实现高得多的商业化水平。[4]

长期股票交易中心

除了纯研究目的，我相信我们的目标应该是改变创业活动的整个生态系统。我们创业行业的大部分企业已经沦为大型媒体公司和投资银行的供料系统。成熟企业不断努力投资创新的部分原因在于公开市场的巨大压力，要求它们实现短期收益率和增长目标。最主要的是，这种情况是由我们过去用来评估经理人的核算方式造成的，我们只关注反映总数的虚荣指标。这一点在本书第七章中已做讨论。因此，我们现在所需的是一种新的股票交易场所，用来交易可持续的、有长期考量计划的公司的股票。我提议我们应该创立一个“长期股票交易中心”（LTSE）。

除了利润季度报表，在 LTSE 进行交易的公司（简称

“LTSE 公司”）需要报告它们如何对内部创业工作使用创新核算。正如财捷公司那样，报告它从这几年的新产品中获得了多少收入。LTSE 公司高级执行官的薪酬将和企业的长期表现相联系。在 LTSE 交易的成本和费用会高得多，以便减少每日交易和价格的大幅震荡。作为交换，LTSE 公司建立的企业管理架构可以为管理层追求长期投资提供更大的自由度。LTSE 除了支持企业做出长期的考量计划，它的透明度还将提供有价值的数据，显示在真实世界中如何培育创新。LTSE 这样的事物将能加速下一代伟大公司的创立，为持续不断的创新打下基础。

总结

作为一项运动，精益创业必须避免教条主义和僵化的思想体系。我们必须避免把科学描摹成公式的样子，或意味着在工作中缺乏人性。事实上，科学是人类最有创造力的追求之一。我相信把它推广到创业活动中，将开启人类潜能中的无尽宝藏。

如果企业中所有员工都具备了精益创业的组织超能力，那么整个企业看上去会怎样？

至少每个人都会坚持必须把所有假设清楚表达出来，并且对其做严格测试，这既不是拖延之计也不是没事找事，而是出于真心想要找出每个项目愿景的基本真理所在。

我们不会把时间浪费在要做质量保证者还是冒失牛仔的无休止争论上。我们认为，在追求顾客长期利益的过程中，质量和速度应该齐头并进。我们会加速测试愿景，而不会抛弃它。我们会设法消除浪费，不在半空中搭建美丽城堡，而是以敏捷的技巧开发高质量产品，实现突破性的商业成果。

对于失败和挫折，我们会以诚实和学习的态度应对，而不是反诉和指责。不仅如此，减速的冲动、增加批次数量，以及沉溺于预防的魔咒都是我们要极力避免的，我们会绕过那些不产生学习认知的多余工作，从而加快速度。我们致力于创建新的机构，肩负长期使命，创造可持续的价值，并且把世界变得更美好。

最重要的是，我们要杜绝浪费人们的时间。

第十四章

参与精益创业运动

在过去几年中，精益创业运动已经遍及全球。满怀抱负的创业者有大量资源可以利用。在此，我将尽可能列出一些最佳活动、图书和博客，供大家深入阅读和进一步实践之用。接下来就看你的了。开卷有益，实践出真知。

最重要的资源就在你身边。必须身处硅谷才能找到其他创业者分享理念、共同奋斗的日子已经过去了。但是，把自己融入一个新创企业的生态环境中，仍是创业活动中重要的一环，而这种生态环境正在世界各地越来越多如硅谷般的新创企业中心蓬勃涌现。

我有一个关于精益创业的官方网站，http://theleanstartup.com。你可以在这上面找到案例研究、延展阅读链接等多种资讯。网站上还有我的博客“新创企业经验之谈”（Startup Lessons Learned）的链接，以及我过去演讲的视频、幻灯片和音频资料。

精益创业聚会

你的附近就很可能有精益创业的聚会活动。截至我发稿之时，这样的活动有几百个，其中最大规模的分布在旧金山、波士顿、纽约、芝加哥和洛杉矶。你可以在 http://lean-startup.meetup.com/ 网站上找到各个团体聚会所在地的实时地图。你也可以在上面找到人们有兴趣发起新团体聚会的城市列表，甚至自己来发起这样的碰头会。

精益创业百科

并非每个精益创业团体都用 Meetup.com 来组织。在由志愿者维护的精益创业维基百科网 http://leanstartup.pbworks.com/ 上，有一个详细的活动和其他资源的列表。

精益创业实践圈

目前，围绕精益创业理论最大的实践社团活跃在互联网上，所有参与人员都被记录在一份精益创业实践圈的名单中。该名单由里奇·柯林斯创建，每天这个名单中的几千位创业者会相互分享技巧、资源和故事。如果你对如何把精益创业运用到你的业务或行业中有所疑问，这里是一个很好的学习起点：http://leanstartupcircle.com/。

精益创业经验交流会

过去两年中，我组织过“新创企业经验之谈”交流会议。你可以在 http://sllconf.com 上找到更多相关内容和细节。

必修读物

史蒂夫·布兰克（Steve Blank）的《顿悟的四步》（*The Four Steps to the Epiphany*）是关于客户开发的入门读物。在我创建 IMVU 的过程中，这本书被我翻得页边卷起，是我不可或缺的行动指南。你可以从 http://ericri.es/FourSteps 上得到一份副本，或者在 http://www.startuplessonslearned.

com/2008/11/what-is-customer-development.html 上读到我的书评。史蒂夫本人在 http://steveblank.com 上也有一个维护得相当好的博客。

布兰特·库柏（Brant Cooper）和帕特里克·沃拉斯科维茨（Patrick Vlaskovits）写了一本短篇优秀读物《创业者的客户开发指南》（*The Entrepreneur's Guide to Customer Development*），对这个主题做了平实的介绍。你可以从 http://custdev.com 网站上购买，或者通过以下这个链接阅读我的书评：http://www.startuplessonslearned.com/2010/07/entrepreneurs-guide-to-customer.html。

当我刚刚开始在博客上用博文记录创业活动的时候，“创业”还不像如今这样被普遍视为一种职业。几乎没什么博主在创业方面开展过积极工作，我们是在网上一起讨论并逐步完善这些想法的。

戴夫·麦克科鲁尔（Dave McClure）是风险公司“新创企业 500”（500 Startups）的创始人。他在 http://500hats.typepad.com/ 上有一个博客。“新创企业 500”也有一个出色的博客网站：http://blog.500startups.com/。戴夫在他的“盗版者的新创企业衡量标准”的演示讲义中，描述了思考和衡量网上服务的框架方式，对我们的“增长引擎”概念影响深刻。你可以通过以下链接看到讲义原稿：http://500hats.typepad.com/500blogs/2008/09/startup-metri-2.html。同时也可以参考我当时的一些评论：http://www.startuplessonslearned.com/2008/09/three-drivers-of-growth-for-your.html。

肖恩·艾利斯（Sean Ellis）写了“新创企业营销”博客（Startup Marketing Blog），对我在新创企业中如何把营销整合入内的想法产生了重要影响：http://startup-marketing.com/。

安德鲁·陈（Andrew Chen）的博客“未来派玩法”（Futuristic Play）是关于病毒式营销、新创企业衡量指标及设计思考的最佳参考来源之一：http://andrewchenblog.com/。

巴巴克·尼维（Babak Nivi）有一个很好的博客“风投攻略”（Venture Hacks）http://venturehacks.com/，是早期精益创业的传播者。从那时起，他开始创建“天使名单”(Angel List)，在全球范围内为新创企业和风险投资人寻求匹配：http://angel.co。

还有其他一些相当棒的精益创业博客网站可供参考：

· 阿什·马亚（Ash Maurya）帮助独立的网上商务企

业应用精益创业想法，并逐渐成为一名领军人物。他的博客叫作“精益经营”(Running Lean)，他也出版了一本同名电子书。两者都可以在网站上找到：http://www.runningleanhq.com/。

· 肖恩·墨菲（Sean Murphy）关于软件新创企业的早期阶段有一个博客：http://www.skmurphy.com/blog/。
· 布兰特·库柏的“用数字决定市场”(Market by Numbers）网站：http://market-by-numbers.com/。
· 帕特里克·沃拉斯科维茨关于技术、客户开发和定价的博客：http://vlaskovits.com/。
· 互联网数据分析调研公司 KISSmetrics 的营销博客 http://blog.kissmetrics.com，以及企业创始人之一赫特·沙（Hiten Shah）的网站 http://hitenism.com。

沿展阅读

克莱顿·克里斯坦森的《创新者的窘境》和《创新者的解答》是两本经典读物。除此之外，克里斯坦森的最新著作对于在实践中观察颠覆性创新理论十分有用。这些新书包括讲述医疗保健的突破性解决方案《创新者的处方》

（*The Innovator's Prescription*），以及关于教育创新的《来上一堂破坏课》（*Disrupting Class*）。

http://ericri.es/ClaytonChristensen.

杰弗里·摩尔（Geoffrey A. Moore）的早期著作被所有创业者奉为经典，特别是《跨越中断期》（*Crossing the Chasm*）和《旋风期》（*Inside the Tornado*）两本书。但他也在不断调整思路。我发现他的最新著作《公司进化论：伟大的企业如何持续创新》（*Dealing with Darwin: How Great Companies Innovate at Every Phase of Their Evolution*）特别有用。

http://ericri.es/DealingWithDarwin.

唐纳德·赖纳特森（Donald G. Reinertsen）的《产品开发流程原则：第二代精益产品开发》（*The Principles of Product Development Flow: Second Generation Lean Product Development*）。

http://ericri.es/pdflow.

杰弗里·莱克（Jeffrey Liker）的《丰田汽车案例》（*The Toyota Way*）。

http://ericri.es/thetoyotaway.

詹姆斯·沃麦克（James P. Womack）和丹尼尔·琼斯（Daniel T. Jones）的《精益思想》（*Lean Thinking: Banish Waste and Create Wealth in Your Corporation, Revised and Updated*）。

http://ericri.es/LeanThinking.

斯蒂文·瓦特斯（Steven Watts）的《人民的大亨：亨利·福特和美国世纪》（*The People's Tycoon: Henry Ford and the American Century*）。

http://ericri.es/ThePeoplesTycoon.

罗伯特·卡尼格尔（Robert Kanigel）的《唯一佳径：弗雷德里克·温斯洛·泰罗和效率之谜》（*The One Best Way: Frederick Winslow Taylor and the Enigma of Efficiency*）。

http://ericri.es/OneBestWay.

弗雷德里克·温斯洛·泰罗（Frederick Winslow Taylor）的《科学管理原理》（*The Principles of Scientific Management*）。

http://ericri.es/ScientificManagement.

肯特·贝克（Kent Beck）和辛西亚·安德瑞斯（Cynthia Andres）的《解析极限编程：拥抱变化》（*Extreme Programming Explained: Embrace Change*）。

http://ericri.es/EmbraceChange.

大野耐一的《丰田生产方式》（*Toyota Production System: Beyond Large-Scale Production*）。

http://ericri.es/TaiichiOhno.

开发—测量—反馈循环的想法脱胎于对军事策略的思考，特别是约翰·包以德（John Boyd）的“包以德循环”，即观察、调整、决策及行动（OODA）的理论。介绍包以德理论最通俗的一本书是切特·理查兹（Chet Richards）的《胜券在握：包以德战略的商业应用》（*Certain to Win: The Strategy of John Boyd, Applied to Business*）。

http://ericri.es/CertainToWin.

爱德华兹·戴明（W. Edwards Deming）的《转危为

安》(*Out of the Crisis*)。

http://ericri.es/OutOfTheCrisis.

阿尔弗雷德·斯隆（Alfred Sloan）的《我在通用汽车的岁月》(*My Years with General Motors*)。

http://ericri.es/MyYears.

威廉·佩尔弗雷（William Pelfrey）的《杜兰特和斯隆：通用汽车两巨头传奇》(*Billy, Alfred and General Motors: The Story of Two Unique Men, a Legendary Company, and a Remarkable Time in American History*)。

http://ericri.es/BillyAlfred.

彼得·德鲁克（Peter F. Drucker）的《管理实践》(*The Practice of Management*)。

http://ericri.es/PracticeOfManagement.

约翰·穆林斯（John Mullins）和兰迪·科米萨（Randy Komisar）的《制订 B 计划：向更好的业务模式突破》(*Getting to Plan B: Breaking Through to a Better Business Model*)。

http://ericri.es/GettingToPlanB.

致谢

谨此，我要向众多协助《精益创业》成书的人表示衷心感谢。首先且最重要的是世界各地数以千计的创业者，他们对书中的想法进行测试验证、提出疑问、加以调整并改善提升。正是他们不懈的默默努力令这一切成为可能。感谢你们。

真正的新创企业会出现失败、发生令人尴尬的错误或经常陷入混乱。当我为本书做调查研究时，我发现，大多数创业者和经理人希望不要公开其日常工作的真实情况。因此，我非常感激那些有勇气同意我讲述他们故事的创业者。他们花费了很长时间，接受了冗长的访问和数据核实的交流。非常感谢。

在我的职业生涯中，我要感谢我的导师和合作伙伴，他们推动我完成的工作比我独自一人能做到的要多得多。最初是威尔·哈维把我招到硅谷，并放手让我在 IMVU 尝试很多精益创业想法的。同时，我非常感谢 IMVU 的其他联合创始人：马库斯·格斯林、麦特·丹泽和梅尔·格曼，还有很多IMVU的员工。他们承担了本书中我论述过的各项工作。当然，如果没有IMVU几百万顾客多年来的支持，要实现这一切是不可能的。我还要感谢戴维·米尔斯通、肯·杜达、费南多·派兹、史蒂夫·温斯坦、欧文·马奥尼、雷·奥坎波和杰森·阿尔蒂里一直以来的帮助。

我们都要感谢史蒂夫·布兰特对“客户开发”理论的发展阐述，在新创企业和风投圈子里，这个理论一度被视为异端。我在引言中已经介绍过，史蒂夫是IMVU早期的投资者和顾问。在过去7年里，他也是我个人的顾问、导师与合伙人。对他的鼓励、支持和友谊我深表谢意。

精益创业运动的发展，不仅只有我，还有更多思想家、实践家和作家的参与。感谢戴夫·麦克科鲁尔、阿什·马亚、布兰特·库柏、帕特里克·沃拉斯科维茨、肖恩·艾利斯、安德鲁·陈、肖恩·墨菲、特雷弗·欧文斯、赫特·沙和肯特·贝克的无限热忱，以及他们提供的想法和支持。一些投资人士和风险投资人是精益创业的早期支持者和采纳者。我要感谢闸门资本投资公司（Floodgate）的麦克·梅普尔斯和安·三浦-高、基准线风险投资公司（Baseline）的史蒂夫·安德森、首轮资本公司（First Round Capital）的乔希·科普曼、SV天使投资公司（SV Angel）

的罗恩·康威和软科技种子投资公司（SoftTech VC）的杰夫·克拉维尔。

你可以想象，本书离不开大量的反馈、重复实验和测试。我得到了劳拉·克瑞斯玛诺、李·霍夫曼、汤姆·艾森曼教授和萨沙·贾德深入且宝贵的早期意见。同时也要感谢米切尔·卡普尔、斯科特·库克、肖恩·范宁、马克·格雷班、詹妮弗·卡罗兰、曼纽尔·罗索、蒂姆·奥莱利和雷德·霍夫曼的建议、反馈和支持。我还要特别感谢露丝·卡普兰和艾勒·费伊奉献出他们的智慧和友谊。

在本书的写作过程中，我有幸获得一个专门建立的测试平台，对封面设计、副标题，直至书中的各个部分进行了对比测试（你可以在 http://lean.st 网站上看到这些测试结果）。枢纽实验室为我开发了这套软件；他们是敏捷开发的重要实践者。非常感谢罗伯·米、伊恩·麦克法兰，特别是帕克·汤普森与我一起不厌其烦地开发、试验和学习。

我还要感谢 IMVU 的联合创始人马库斯·格斯林，他是我认识的最具才华的设计师，他为本书封面做了无数设计，直至最终定稿。

最主要的网络和用户体验设计公司之一，数码心电感应公司（Digital Telepathy）使用他们独特的迭代性能设计流程，设计并开发了 http://theleanstartup.com 网站，它非常棒。想要了解更多相关信息，请登录 http://www.dtelepathy.com。

在我写作过程的几个节点上，我非常荣幸地获得了三家传奇机构的支持。本书中选取的大部分研究是由考夫曼基金会（Kauffman Foundation）慷慨承担的。我要特别感谢基金会的波·菲什巴克和尼克·塞古因对本书的支持。在过去一年中，我作为哈佛商学院的“驻校企业家”获益良多，得以在具有精明商业头脑的一群人中印证我的想法。我特别感激汤姆·艾森曼教授和麦克·罗伯斯的赞助和支持，还要感谢哈佛商学院“创业部落”的学生们。我也有机会在著名的风险投资公司 KPCB 的硅谷办事处待了一段时间，在那里接受了如何在最高层内培育创业精神的深入教育。感谢钱智华、兰迪·科米萨、马特·墨菲、宾·高登、艾琳·李和鲍康如，以及我的办公室同僚塞里克·罗丁。

我的研究小组帮我记录了案例研究，访问了几百家新创企业，并筛选了数以千计的故事。感谢马瑞莎·波兹格花费无数时间记录、交叉核查并展开调查。还有一些案例研究是萨拉·加维塞·莱斯利和萨拉·米尔斯坦做的。

传统的出版是一项复杂保守的业务。我从很多人的建议及关系中受益。蒂姆·费里斯和拉米特·塞提从一开始就为我指点了方向。我也要感谢彼得·西蒙斯、保罗·米歇尔曼、玛丽·特里斯勒、约书亚–米歇尔·罗斯、史宗玮、莎拉·米尔斯坦、亚当·佩恩伯格、格雷琴·鲁宾、凯特·李、霍利斯·海姆鲍奇、鲍勃·萨顿、弗兰奇·琼斯、兰迪·科米萨和杰夫·罗森塔尔。

克朗商务出版社（Crown）的一大组人员肩负了把想法转化成书的重任。我的编辑罗杰·舒尔阅读了本书的初稿，并在整个成书过程中给予了指导。我还要感谢蒂娜·康斯特布尔、塔拉·吉尔布莱德和梅瑞狄斯·麦金尼，以及每位参与实现本书出版工作的人员。

读过本书早期版本的人会了解到我对劳琳·罗兰的感激之情，她在非常紧张的时间安排下，提供了至关重要的编辑协助。如果你对本书中任何一部分内容感到兴致盎然，都要归功于她。

在本书出版过程中，我的代理人克里斯蒂·弗莱彻一直是我的顾问、合伙人兼参谋。她有着一种不可思议的能力，能预见未来，促成事情发生，并且同时还令所有人皆大欢喜。她对现代媒体的情况非常了解，带领我在纷乱复杂的环境中自如游走。我还要感谢弗莱彻公司（Fletcher and Company）的艾丽萨·沃尔夫，一位不知疲倦的宣传人和把关者，以及负责把本书推广到其他国家和地区的梅利莎·钦奇洛。

尽管说“没有我挚爱家人的不懈支持，这一切都不可能实现”听上去很老套，但事实上确实如此。我的父母安德鲁·里斯和维维安·瑞兹尼克始终支持我对科技的挚爱，同时也一直强调文科教育的重要性。没有他们长久以来的关爱和支持，我可能永远不会有勇气跨入创业领域，或者把我的想法通过著书传递出来。我知道我的祖父母非常关注我在这个过程中的每一步，他们非常相信写作的力量，对我的姐妹和我的每一项成就总是深感欣慰。而对我的姐妹妮可和阿曼达，以及姐夫德夫，我只想说：感谢你们多年来对我的支持。

这一路行来，我的妻子塔拉·苏菲亚·莫尔是为我不断带来欢乐和安慰的源泉。她经历了这个冗长过程中的每次压力、每个高潮和低谷。塔拉，你是一位聪慧、坚强和热情的女性。对你的坚定支持、深情爱意和携手与我共度人生的感激之情，我无以言表。衷心感谢。

注释

引言

1. For an up-to-date listing of Lean Startup meetups or to find one near you, see http://lean-startup.meetup.com or the Lean Startup Wiki: http://leanstartup.pbworks.com/Meetups. See also Chapter 14, "Join the Movement."

第一章　开端

1. Manufacturing statistics and analysis are drawn from the blog *Five Thirty Eight*: http://www.fivethirtyeight.com/2010/02/us-manufacturing-is-not-dead.html

第二章　定义

1. *The Innovator's Dilemma* is a classic text by Clayton Christensen about the difficulty established companies have with disruptive innovation. Along with its sequel, *The Innovator's Solution,* it lays out specific suggestions for how established companies can create autonomous divisions to pursue startup-like innovation. These specific structural prerequisites are discussed in detail in Chapter 12.
2. For more about SnapTax, see http://blog.turbotax.intuit.com/turbotax-press-releases/taxes-on-your-mobile-phone-it%E2%80%99s-a-snap/01142011–4865 and http://mobilized.allthingsd.com/20110204/exclusive-intuit-sees-more-than-350000-downloads-for-snaptax-its-smartphone-tax-filing-app/
3. Most information relating to Intuit and SnapTax comes from private interviews with Intuit management and employees. Information about Intuit's founding comes from Suzanne Taylor

and Kathy Schroeder's *Inside Intuit: How the Makers of Quicken Beat Microsoft and Revolutionized an Entire Industry* (Cambridge, Mass.: Harvard Business Press, 2003).

第三章 学习

1. The original five founders of IMVU were Will Harvey, Marcus Gosling, Matt Danzig, Mel Guymon, and myself.
2. Usage in the United States was even more concentrated; see http://www.businessweek.com/technology/tech_stats/im050307.htm
3. To hear more about IMVU's early conversations with customers that led to our pivot away from the add-on strategy, see: http://mixergy.com/ries-lean/
4. A word of caution: demonstrating validated learning requires the right kind of metrics, called *actionable metrics,* which are discussed in Chapter 7.
5. This case was written by Bethany Coates under the direction of Professor Andy Rachleff. You can get a copy here: http://hbr.org/product/imvu/an/E254-PDF-ENG

第四章 实验

1. Some entrepreneurs have adopted this slogan as their startup philosophy, using the acronym JFDI. A recent example can be seen at http://www.cloudave.com/1171/what-makes-an-entrepreneur-four-letters-jfdi/
2. http://techcrunch.com/2009/11/02/amazon-closes-zappos-deal-ends-up-paying-1–2-billion/
3. I want to thank Caroline Barlerin and HP for allowing me to include my experimental analysis of this new project.
4. Information about Kodak Gallery comes from interviews conducted by Sara Leslie.
5. The VLS story was recounted by Elnor Rozenrot, formerly of Innosight Ventures. Additional detail was provided by Akshay Mehra. For more on the VLS, see the article in *Harvard Business Review*: http://hbr.org/2011/01/new-business-models-in-emerging-markets/ar/1 or press coverage at http://economictimes.indiatimes

.com/news/news-by-company/corporate-trends/village-laundry-services-takes-on-the-dhobi/articleshow/5325032.cms

6. For more on the early efforts of the CFPB, see the *Wall Street Journal*'s April 13, 2011, article "For Complaints, Don't Call Consumer Bureau Yet"; http://online.wsj.com/article/SB10001424052748703551304576260772357440148.html. Many dedicated public servants are currently working hard to incorporate this experimental approach in the public sector under the leadership of President Obama. I would like to thank Aneesh Chopra, Chris Vein, Todd Park, and David Forrest for introducing me to these groundbreaking efforts.

第五章　飞跃

1. For example, CU Community, which began at Columbia University, had an early head start. See http://www.slate.com/id/2269131/. This account of Facebook's founding is drawn from David Kirkpatrick's *The Facebook Effect* (New York: Simon & Schuster, 2011).
2. Actual engagement numbers from 2004 are hard to find, but this pattern has been consistent throughout Facebook's public statements. For example, Chris Hughes reported in 2005 that "60% log in daily. About 85% log in at least once a week, and 93% log in at least once a month." http://techcrunch.com/2005/09/07/85-of-college-students-use-facebook/
3. I first heard the term *leap of faith* applied to startup assumptions by Randy Komisar, a former colleague and current partner at the venture firm Kleiner Perkins Caufield & Byers. He expands on the concept in his book *Getting to Plan B,* coauthored with John Mullins.
4. http://www.forbes.com/2009/09/17/venture-capital-ipod-intelligent-technology-komisar.html
5. "A carefully researched table compiled for *Motor* magazine by Charles E. Duryea, himself a pioneer carmaker, revealed that from 1900 to 1908, 501 companies were formed in the United States for the purpose of manufacturing automobiles. Sixty percent of them folded outright within a couple of years; another

6 percent moved into other areas of production." This quote is from the Ford biography *The People's Tycoon: Henry Ford and the American Century* by Steven Watts (New York: Vintage, 2006).

6. Jeffrey K. Liker, *The Toyota Way*. New York: McGraw-Hill, 2003, p. 223.
7. http://www.autofieldguide.com/articles/030302.html
8. In the customer development model, this is called *customer discovery*.
9. For more on the founding of Intuit, see Suzanne Taylor and Kathy Schroeder, *Inside Intuit*.
10. For more on the Lean UX movement, see http://www.cooper.com/journal/2011/02/lean_ux_product_stewardship_an.html and http://www.slideshare.net/jgothelflean-ux-getting-out-of-the-deliverables-business

第六章　测试

1. http://www.pluggd.in/groupon-story-297/
2. "Groupon's $6 Billion Gambler," *Wall Street Journal*; http://online.wsj.com/article_email/SB10001424052748704828104576021481410635432-IMyQjAxMTAwMDEwODExNDgyWj.html
3. The term *minimum viable product* has been in use since at least 2000 as part of various approaches to product development. For an academic example, see http://www2.cs.uidaho.edu/~billjunk/Publications/DynamicBalance.pdf

   See also Frank Robinson of PMDI, who refers to a version of the product that is the smallest needed to sell to potential customers (http://productdevelopment.com/howitworks/mvp.html). *This is similar to Steve Blank's concept of the "minimum feature* set" in customer development (http://steveblank.com/2010/03/04/perfection-by-subtraction-the-minimum-feature-set/). My use of the term here has been generalized to any version of a product that can begin the process of learning, using the Build-Measure-Learn feedback loop. For more, see http://www.startuplessonslearned.com/2009/08/minimum-viable-product-guide.html
4. Many people have written about this phenomenon, using varying terminology. Probably the most widely read is Geoffrey Moore's *Crossing the Chasm*. For more, see Eric Von Hippel's research into

what he termed "lead users"; his book *The Sources of Innovation* is a great place to start. Steve Blank uses the term *earlyvangelist* to emphasize the evangelical powers of these early customers.

5. "To the casual observer, the Dropbox demo video looked like a normal product demonstration," Drew says, "but we put in about a dozen Easter eggs that were tailored for the Digg audience. References to Tay Zonday and 'Chocolate Rain' and allusions to *Office Space* and XKCD. It was a tongue-in-cheek nod to that crowd, and it kicked off a chain reaction. Within 24 hours, the video had more than 10,000 Diggs." http://answers.oreilly.com/topic/1372-marketing-lessons-from-dropbox-a-qa-with-ceo-drew-houston/. You can see the original video as well as the reaction from the Digg community at http://digg.com/software/Google_Drive_killer_coming_from_MIT_Startup. For more on Dropbox's success, see "Dropbox: The Hottest Startup You've Never Heard Of" at http://tech.fortune.cnn.com/2011/03/16/cloud-computing-for-the-rest-of-us/
6. This description courtesy of Lifehacker: http://lifehacker.com/5586203/food-on-the-table-builds-menus-and-grocery-lists-based-on-your-familys-preferences
7. This list was compiled by my colleague, Professor Tom Eisenmann at Harvard Business School, Launching Technology Ventures for a case that he authored on Aardvark for his new class. For more, see http://platformsandnetworks.blogspot.com/2011/01/launching-tech-ventures-part-i-course.html
8. http://www.robgo.org/post/568227990/product-leadership-series-user-driven-design-at
9. http://venturebeat.com/2010/02/11/confirmed-google-buys-social-search-engine-aardvark-for-50-million/
10. This is the heart of the *Innovator's Dilemma* by Clayton Christensen.
11. For more, see http://bit.ly/DontLaunch

第七章　衡量

1. By contrast, Google's main competitor Overture (eventually bought by Yahoo) had a minimum account size of $50, which deterred us from signing up, as it was too expensive.

2. For more details about Farb's entrepreneurial journey, see this Mixergy interview: http://mixergy.com/farbood-nivi-grockit-interview/

第八章 转型还是坚持

1. http://www.slideshare.net/dbinetti/lean-startup-at-sxsw-votizen-pivot-case-study
2. For more on Path, see http://techcrunch.com/2011/02/02/google-tried-to-buy-path-for-100-million-path-said-no/ and http://techcrunch.com/2011/02/01kleiner-perkins-leads-8–5-million-round-for-path/
3. Includes approximately $30 million of assets under management and approximately $150 million of assets under administration, as of April 1, 2011.
4. For more on Wealthfront, see the case study written by Sarah Milstein at http://www.startuplessonslearned.com/2010/07/case-study-kaching-anatomy-of-pivot.html. For more on Wealthfront's recent success, see http://bits.blogs.ntimes.com/2010/10/19/wealthfront-loses-the-sound-effects/
5. IMVU's results have been shared publicly on a few occasions. For 2008, see http://www.worldsinmotion.biz/2008/06/imvu_reaches_20_million_regist.php; for 2009 see http://www.imvu.com/about/press_releases/press_release_20091005_1.php, and for 2010 see http://techcrunch.com/2010/04/24/imvu-revenue/
6. Business architecture is a concept explored in detail in Moore's *Dealing with Darwin.* "Organizational structure based on prioritizing one of two business models (Complex systems model and Volume operations model). Innovation types are understood and executed in completely different ways depending on which model an enterprise adopts." For more, see http://www.dealingwithdarwin.com/theBook/darwinDictionary.php

第九章 批量

1. http://lssacademy.com/2008/03/24/a-response-to-the-video-

skeptics/

2. If you're having trouble accepting this fact, it really is helpful to watch it on video. One extremely detail-oriented blogger took one video and broke it down, second-by-second, to see where the time went: "You lose between 2 and 5 seconds every time you move the pile around between steps. Also, you have to manage the pile several times during a task, something you don't have to do nearly as much with [single-piece flow]. This also has a factory corollary: storing, moving, retrieving, and looking for work in progress inventory." See the rest of the commentary here: http://lssacademy.com/2008/03/24/a-response-to-the-video-skeptics/
3. Timothy Fitz, an early IMVU engineer, deserves credit for having coined the term *continuous deployment* in a blog post: http://timothyfitz.wordpress.com/2009/02/10/continuous-deployment-at-imvu-doing-the-impossible-fifty-times-a-day/. The actual development of the continuous deployment system is the work of too many different engineers at IMVU for me to give adequate credit here. For details on how to get started with continuous deployment, see http://radar.oreilly.com/2009/03/continuous-deployment-5-eas.html
4. For technical details of Wealthfront's continuous deployment setup, see http://eng.wealthfront.com/2010/05/deployment-infrastructure-for.html and http://eng.wealthfront.com/2011/03/lean-startup-stage-at-sxsw.html
5. This description of School of One was provided by Jennifer Carolan of NewSchools Venture Fund.
6. For more on the large-batch death spiral, see *The Principles of Product Development Flow: Second Generation Lean Product Development* by Donald G. Reinertsen: http://bit.ly/pdflow
7. These lean health care examples are courtesy of Mark Graban, author of *Lean Hospitals* (New York: Productivity Press, 2008).
8. This illustrative story about pull is drawn from *Lean Production Simplified* by Pascal Dennis (New York: Productivity Press, 2007).
9. For an example of this misunderstanding at work, see http://www.oreillygmt.eu/interview/fatboy-in-a-lean-world/
10. Information about Alphabet Energy comes from interviews conducted by Sara Leslie.

11. For more on Toyota's learning organization, see *The Toyota Way* by Jeffrey Liker.

第十章　成长

1. The Hotmail story, along with many other examples, is recounted in Adam L. Penenberg's *Viral Loop*. For more on Hotmail, also see http://www.fastcompany.com/magazine/27/neteffects.html
2. For more on the four customer currencies of time, money, skill, and passion, see http://www.startuplessonslearned.com/2009/12/business-ecology-and-four-customer.html
3. http://pmarca-archive.posterous.com/the-pmarca-guide-to-startups-part-4-the-only
4. This is the lesson of Geoffrey Moore's bestselling book *Crossing the Chasm* (New York: Harper Paperbacks, 2002).

第十一章　适应

1. *Toyota Production System: Beyond Large-Scale Production* by Taiichi Ohno (New York: Productivity Press, 1988).
2. For more on Net Promoter Score, see http://www.startuplessonslearned.com/2008/11/net-promoter-score-operational-tool-to.html and *The Ultimate Question* by Fred Reichheld (Cambridge, Mass.: Harvard Business Press, 2006).
3. Information about QuickBooks comes from interviews conducted by Marisa Porzig.

第十二章　创新

1. Jeffrey Liker, John E. Ettlie, and John Creighton Campbell, *Engineered in Japan: Japanese Technology-Management Practices* (New York: Oxford University Press, 1995), p. 196.
2. For one account, see *PC Magazine*'s "Looking Back: 15 Years of PC Magazine" by Michael Miller, http://www.pcmag.com/article2/0,2817,35549,00.asp
3. The following discussion owes a great deal to Geoffrey Moore's *Dealing with Darwin* (New York: Portfolio Trade, 2008). I have had success implementing this framework in companies of many

different sizes.

第十三章　尾声：杜绝浪费

1. http://www.ibiblio.org/eldritch/fwt/ti.html
2. http://www.goodreads.com/author/quotes/66490.Peter_Drucker
3. http://www.ibiblio.org/eldritch/fwt/ti.html
4. In fact, some such research has already begun. For more on Lean Startup research programs, see Nathan Furr's Lean Startup Research Project at BYU, http://nathanfurr.com/2010/09/15/the-lean-startup-research-project/, and Tom Eisenmann of Harvard Business School's Launching Technology Ventures project, http://platformsandnetworks.blogspot.om/2011/01/launching-tech-ventures-part-iv.html

图书在版编目（CIP）数据

精益创业：新创企业的成长思维 /（美）埃里克·莱斯著；吴彤译 . -- 北京：中信出版社，2021.4

（中信经典丛书 . 003）

书名原文：The Lean Starup

ISBN 978-7-5217-2889-7

Ⅰ . ①精… Ⅱ . ①埃… ②吴… Ⅲ . ①创业–研究 Ⅳ . ① F241.4

中国版本图书馆 CIP 数据核字（2021）第 045585 号

精益创业——新创企业的成长思维

（中信经典丛书 · 003）

著　　者：[美] 埃里克 · 莱斯

译　　者：吴彤

责任编辑：鄢林敢

出版发行：中信出版集团股份有限公司

（北京市朝阳区惠新东街甲 4 号富盛大厦 2 座　邮编　100029）

承 印 者：北京中科印刷有限公司

开　　本：880mm × 1230mm　1/32　　印　　张：105.5　　字　　数：2152 千字

版　　次：2021 年 4 月第 1 版　　印　　次：2021 年 4 月第 1 次印刷

京权图字：01–2011–6342

书　　号：ISBN 978–7–5217–2889–7

定　　价：920.00 元（全 10 册）

服务热线：400–600–8099

投稿邮箱：author@citicpub.com

扫码免费收听图书音频解读

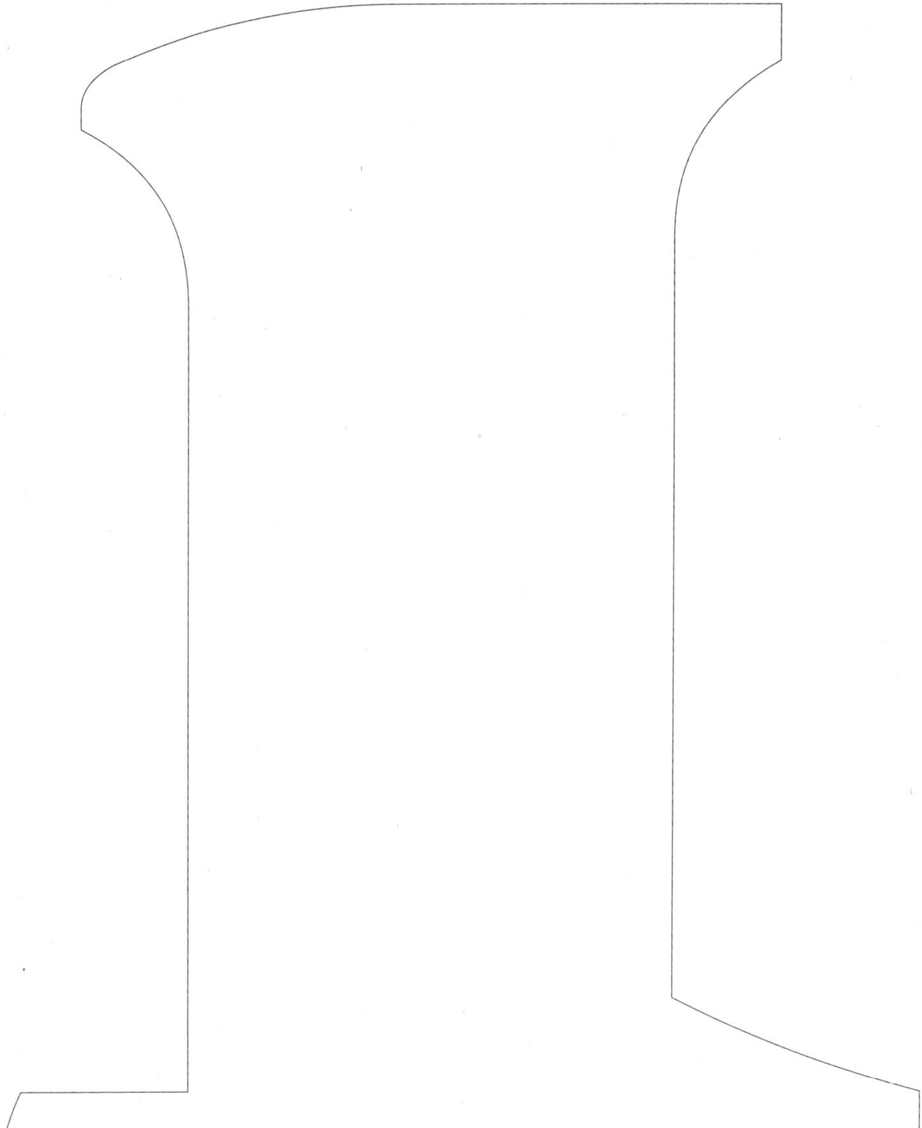

增长黑客

如何低成本实现爆发式成长

HACKING GROWTH

HOW TODAY'S FASTEST-GROWING COMPANIES DRIVE BREAKOUT SUCCESS

[美] 肖恩·埃利斯
摩根·布朗
著

张溪梦
译

中信出版集团 | 北京

肖恩·埃利斯

献给我深爱的妻子斯维特拉娜和

我们聪慧的女儿娜塔莎、安娜

摩根·布朗

献给埃丽卡、班克斯和奥德丽·格蕾丝

目录

推荐序　以有限的资源获得最大限度的成长 / III
译序　让数据驱动增长 / VII
前言　低成本、高效率的精准营销 / XI

第一部分　方法
第一章　搭建增长团队 / 3
第二章　好产品是增长的根本 / 33
第三章　确定增长杠杆 / 64
第四章　快节奏试验 / 88

第二部分　实战
第五章　获客：优化成本，扩大规模 / 119
第六章　激活：让潜在用户真正使用你的产品 / 152
第七章　留存：唤醒并留住用户 / 185

第八章　变现：提高每位用户带来的收益 / 217
第九章　良性循环：维持并加速增长 / 251

致谢 / 265
注释 / 269

推荐序
以有限的资源获得最大限度的成长

作为十几年的创业老兵，我花了两天时间一口气将这本书读完，然后又花了一天时间画了一幅脑图。原因是这本书写得非常翔实生动，把我以前朦朦胧胧的感觉重新梳理了一遍，终于变为很有条理的知识体系。

必须说，《增长黑客》是每位奋斗在一线的创业者和企业高管都该认真研读两遍的实战指南。

对于如何有效获客、留存用户、让业务实现爆发式增长，书中不仅有体系的方法论，更有翔实的实战技巧。任何希望以有限的营销资源，甚至不想额外花钱就能收获最大限度成长的企业家，本书都不容错过。

特别在国内资本热衷于炒作热点、项目同质化严重的当下，国内的创业竞争环境要比美国严苛许多。国外往往同一赛道只有两三家企业在竞争，而国内同一时间却能涌现出十几个共享单车、共享充电宝的玩家。这时你再说自己的商业模式有多么巧妙、团队背景有多么豪华都没用。创业者需要的是一套精细化运营的知识体系，帮助他们从乱战中快速脱颖而出。

这正是《增长黑客》准备告诉我们的创新方法。预算紧张下依靠巧思去挑战庞然无匹的企业巨头成为可能。脸书、优步、爱彼迎（Airbnb）和 Pinterest（拼趣）这些互联网界知名的“独角兽”，正是依靠这一方法论，完成了项目早期的迅猛扩张，进而取得了巨大成功。

此前，结合迅雷并不平坦的创业经历和十多年企业一线管理的实战经验，我对埃里克·莱斯的《精益创业》做了比较深入的研究，也在自身实战基础上做了全新和丰富的解读，甚至在转型投资人后，多次作为创业营的导师，给国内的创业者们讲过精益创业的课程。

肖恩·埃利斯和摩根·布朗两位作者呕心撰写的《增长黑客》，可以说是《精益创业》的姊妹篇。

因为《精益创业》主要聚焦在如何低成本快速验证需求和解决方案，所以埃里克并没有针对用户增长这块着更多笔墨，毕竟“有需求”是用户增长的前提。但是精益创业显然也不是万能钥匙，特别在国内，随着人口红利和移动互联网流量红利的双双消失，商业环境已完成了从以往粗放式增长到精细化运营的转变，初创企业即使验证了需求和方案，仍然面临如何获客和如何留存的问题。而《增长黑客》主要讲的就是需求验证后，如何获客、如何激活、如何留存，以及如何赚取更多利润的方法。两本书相结合，基本上覆盖了整个创业过程。

该书详细介绍了增长黑客团队的组成以及运行机制，并拿脸书、Yelp（美国最大的点评网站）、优步等大家耳熟能详的公司举了很多例子。增长黑客做过的事情，其实我们过去在互联网创业过程中很多也都亲自实践过，例如如何做“漏斗模型”、如何通过分析数据发现问题、如何优化着陆页面、如何提高用户付费率、如何做 A/B 测试……但这些基本上都属于“项目制”。

简单讲，就是绝大多数国内公司并没有一个专职负责增长的团队，作为资深从业者，我也体会到项目制有两个不足之处。

第一，项目制都是临时性的，都是针对某个具体问题，该问题解决后项目组就解散了，没有人持续关注用户增长，而用户增长又是一个从不间断的事情。

第二，每个项目的执行水平和项目经理的经验有直接关系，如果没经验再重视也没用，而国内这种人才又普遍稀缺，所以每个优化都落实得参差不齐，也很难形成积累。

因此我认为，设立一个专职的增长团队很值得借鉴。当然，在具体执行中，我们也要关注增长团队和各业务部门的潜在冲突。

对于企业最为关注的获客，书中特别着重阐述了病毒式营销。病毒式营销的优点显而易见：高爆发性、成本低，甚至免费。对于社交类产品，例如微信、脸书，病毒是最自然的推广方式（大家都记得微信刚注册完，就让你邀请通讯录的好友），这点无须赘言。

但是非社交类产品怎么做病毒式推广就很有技巧了。文中举例 Dropbox（云储存软件）通过推荐给朋友来获得更大的存储空间，制造病毒式传播，这一点非常巧妙。我也深有体会，当时还把 Dropbox 推荐给几个朋友使用。与之类比，我想到了微信钱包。理论上，支付类产品是明显的工具（工具需要场景驱动，例如你得想好买什么再去支付），和病毒没什么关系，也没有网络效应。

事实上，腾讯的财付通确实在微信出现之前一直做得不温不火。这样的工具怎么制造病毒式传播？听起来不容易，但我相信大家对后来的过程其实都很熟悉，那就是微信红包！我印象最深的是一个大年三十晚上，迅雷的同事在群里排好队让我发红包，躲都躲不了。我不得不开通微信钱包。同样，收到我红包的同事也需要开通微信钱包，才能把红包存到银行里。据我所知，仅一个春节就有近亿用户开通了微信钱包，而且腾讯从头到尾没花一分钱，这就是病毒营销的魅力。

《增长黑客》整本书读下来酣畅淋漓，把我以前比较零散的知识点做了很好的梳理，而且文中举的例子虽然是国外的，但都是主流应用，相对比较熟悉，这对大家吸收也有帮助。此外，这本书翻译得非常干练流畅，用词严谨。在这里亦对译者张溪梦的辛苦工作表示感谢。

最后想说，对于身处战火之中，争分夺秒、时间宝贵的每位创业者，理解并施行这本书列举的增长黑客方法，会让你们事半功倍。所以预祝每一位读者在阅读后都有自己的收获，这是一本能够让你在商海中快速前进的“黑客指南”！

迅雷创始人、远望资本创始合伙人　程浩

译序
让数据驱动增长

“If you are not growing, then you are dying！”（如果企业不在增长，那么就是在衰亡！）一句名言，道出了“增长”这一企业运营永恒的真理。无论是上市企业，还是创业公司，或者是投资机构，都非常看中增长的概念，因为它是衡量一个企业最核心的方向标。

2010 年，肖恩·埃利斯首次提出“增长黑客”的概念。他认为：增长黑客的唯一使命就是增长。他们所做的每一件事都力求给产品带来持续增长的可能性。在硅谷，像领英、脸书、爱彼迎、Dropbox 和 Slack（团队沟通交流平台）这样的独角兽企业，早就开始使用增长黑客的方法进行商业实践。它们通过创造性的方法、科学的数据分析工具，可以用极低的费用在短时间内吸引数以百万计的用户，达到数十亿美元的估值。肖恩在十多年前就发现了这个特点，他认为，现代企业必须不断创新，才能实现高效增长。

肖恩在美国硅谷被称为“增长黑客之父”，他不但是“增长黑客”理论的奠基人、扶植超过 4 家企业高速成长的营销和产品顶级专家，也是我在硅谷工作时的一位非常好的朋友。认识肖恩还要从美国高速增长的创业企业 Dropbox 说起。那是在 2010 年底，我还在领英位于硅谷山景城的总部工作，带领整个数据分析团队为领英全力推动用数据驱动的增长和变现。有一天晚间，我的一位美国同事和我提到 Dropbox 的增长团队希望能够和我交流一下如何用数据来驱动变现和增长。在此之前，很多人曾经和我提到过 Dropbox 这家公司，其用户数量和活跃度在过去几年一直呈现每年接近 500% 的爆发式成长，是当时硅谷的明日之星之一。每年 5 倍以上的成长速度在 2009 年经济危机之后绝对是一种令人惊叹的成就。最令我着迷的部分还是它的早期增长团队的奠基人肖恩·埃利斯的增长黑客理论框架，特别是这套思维体系令很多企业无论在商业还是在财务上都跳出了当时急功近利的营销怪圈，而是将关注用户体验和价值作为企业增长的目标。这种核心价值观又在技术和产品的推动下令企业增长效率得到了迅速放大，从而在未来令企业达到商业利益的最大化。

以往传统的营销方式只切入用户生命周期的开始部分，例如品牌、定位以及获客等早期阶段，因此这类营销方法都比较粗放，市场部门把营销预算打包然后逐步外包给第三方的代理来推行计划和落地，但是今天这种粗放的模式在不断受到各种挑战和质疑。今天的数据化运营已经远远超过传统营销所定义的范畴，而且已经超过了普通企业数字营销的概念。例如我们所知道的网站营销、微信营销、搜索引擎营销、社交媒体营销等等，媒体广告等概念已经渐渐变成每一家公司的必备竞争力。今天的营销概念已经悄悄地扩展到产品内部，以及销售和服务等各个部门和领域。

特别重要的是，今天的数字化运营已经通过核心产品的研发以及用户体验等工作获得更快速的业务成长。特别在用户的留存上，需要提高各个环节的转化效率，同时在各种渠道上进行优化，迅速用数据找到优化的方式，不断进化和迭代。增长黑客的核心理论就是这种有效而且规则的高级协作和运营的体现。因此，未来的数字化运营，将不再单纯以市场营销为核心，而是贯穿整个客户生命周期，通过各个部门间的协作为客户提供一个整体的、持续的最佳体验。

2017 年以来，营销的核心已经开始从广告、搜索、社交媒体和公众评论的世界向专注于客户体验的方向迅速转化。其结果是，企业的营销战略越来越多地确认了产品团队，而不仅仅是营销部门，对客户体验进行有效管理进而促进增长。"增长黑客"就是这个重要转型时期的理论基础。

我们的团队从硅谷回到中国开展业务以后，在增长黑客这个领域里看到中美之间仍然存在四个巨大的差异：第一，是否对数据的巨大价值有深刻的认知；第二，是否掌握数据驱动的体系和方法；第三，是否运用数据指导各个业务部门的运营；第四，是否善于利用分析工具代替人力。

帮助中国企业弥补这些差距并且能够在与外来竞争的对抗中胜出，这是我们创立 GrowingIO 的主要原因。作为一款用户行为数据分析工具，GrowingIO 围绕用户展开营销渠道优化、提升转化、提高留存和变现等方面的分析。这不仅对没有那么多时间和资源的创业公司或项目有用，也可以帮助大公司构建企业级数据驱动体系。今天是大数据技术迅速应用于商业进而产生价值的时代，如何很快地用分析产品来实现商业价值，是一个企业必须具备的核心竞争力。

2016 年底，GrowingIO 举行了国内首次数据驱动增长大会，我们很荣幸地邀请肖恩·埃利斯专程来到北京为参会者做了几场精彩的增长黑客演讲和培训。在题为"Growth Hacking Success:

Setting and Achieving High Impact Growth Objectives”（黑客式成功：设立和实现高影响力目标）的演讲中，肖恩·埃利斯也是突出强调了数据分析和科学实验对于增长黑客的重要性。

眼下，中国正在经历一个重要的产业升级过程。随着中国人口红利的衰减、互联网流量红利的马太效应显现、用户的时间越来越碎片化、资本投资变得更为理性和务实，未来企业的单位运营成本也会呈现一个线性的甚至是指数级的增长。这意味着随着成本的大幅度增加，中国企业必须改变过去粗放型的营销和运营方式，特别是在市场营销、产品制造、销售以及未来的客户服务方面向更加科学、高效的方向转变。肖恩·埃利斯的《增长黑客》将为读者带来一个有效的理论和实践框架，希望它能为您的企业带来高速增长！

GrowingIO 创始人 & CEO　张溪梦

前言
低成本、高效率的精准营销

2008 年，我（肖恩）接到了 Dropbox 创始人德鲁·休斯顿的电话，他告诉我这个刚刚成立一年的公司面临的困境，这马上激起了我的兴趣。当时，Dropbox 的云文件存储与分享服务已经建立起了一个不错的初期粉丝群，尤其受到硅谷技术达人们的青睐。早在 Dropbox 产品完全开发完成之前，休斯顿就在网上发布了一个视频原型，说明该服务将如何运作，这个视频也为他赢得了著名创业孵化器 Y Combinator 的支持，吸引了一大批早期用户。

视频在聚合类资讯网站 Digg 上发布之后，马上获得疯狂转发，Dropbox 试用版的用户人数也转眼之间从 5 000 人增加到 75 000 人。[1] 很显然，休斯顿找到了一个商机。后来，公开版发布之后，又一批用户注册了 Dropbox，也对其提供的服务颇为满意。但是接下来，当休斯顿试图将用户群扩大到技术达人以外的人群时，却意外碰壁了，而且他面临着巨大的时间压力，因为竞争十分激烈。一家创业公司 Mozy 就比他早三年起步，另一家公司 Carbonite 已经获得了 4 800 万美元的融资，而休斯顿获得的种子资本只有 120 万美元。与此同时，微软和谷歌这两大超级巨头公司也在进军云储存领域。面对如此强大的竞争对手，Dropbox 该如何扩大其用户群？

休斯顿在电话中告诉我，他们的初期用户很稳定，但是规模还不够大，他希望我能够帮助他们吸引更多用户。当时，我正准备辞去在创业公司 Xobni 市场副总裁的职位，而这家公司的创始人亚当·史密斯正是休斯顿的好友，于是亚当建议我和休斯顿见个面，讨论一下 Dropbox 面临的挑战。那时，在硅谷，我已经在帮助企业获得飞速发展方面积累了一定的名气，特别是帮助像 Dropbox 这样面临激烈竞争却预算有限的公司。我先是成功帮助网络游戏公司 Uproar 获得增长。当索尼、微软和雅虎都在大举进军游戏行业的时候，Uproar 在我的帮助下一跃成为十大游戏网站之一，并且在 1999 年 12 月进行 IPO（首次公开募股），当时，Uproar 已经拥有超过 520 万名游戏玩家。[2] 随后，我又和 LogMeIn 合作帮助其增长。LogMeIn 是由 Uproar 创始人成立的一家非常具有创新性的服务公司。当时，其主要竞争对手 GoToMyPC 正在大力进行市场推广。在我的帮助下，LogMeIn 一举成为市场领导者。这其中有何秘诀？我和工程师们合作，利用技术达到一个对他们来说不同寻常的目的——通过设计新方法寻找并获得新客户并从客户身上学习，以优化客户定位、扩大客户群并提高营销投入的效益。

1994 年，我刚刚步入职场时对软件工程还一无所知。当时，我的工作是为一家商业杂志销售广告版面。而那时，企业互联网化的浪潮才刚刚开始，但是我看到了互联网行业的前景。因此当我遇见 Uproar 的创始人时，当即决定拿出我辛苦赚得的一部分销售提成投资到这家公司，并跳槽到这家游戏门户网站，帮助它做销售广告。但是不久之后我就认识到只依赖传统营销手段的局限性，即便披上了新的互联网时代的外衣，诸如网上横幅广告之类的方法，也很难有效地驱动增长。真正让我醒悟的时刻大概是当我试图销售广告版面给当时领先的广告公司盛世长城和奥美而被它们拒绝的时候，它们不肯将 Uproar 网站上的横幅广告位推荐给它们的客户，理由是 Uproar 网站的用户群不够大。当时，我的手头有些紧，担心拿不到自己急需的销售佣金，与此同时，公司创始人也要求我尽快找到办法获取新用户。我采取的第一个办法是在雅虎等门户网站投放付费广告，这有效地促进了增长。但是这种做法成本太高，这和后来德鲁·休斯顿在推广 Dropbox 时遇到的难题一样，价格高昂的广告并没有带来足够高的回报。同时，索尼、雅虎和微软也开始推广它们的游戏，在网上铺天盖地地打广告。作为一个年轻的创业公司，Uproar 在资金实力上根本无法与它们抗衡，因此我必须另谋出路。

这时，我想到了一个办法：创造一种全新类型的广告，让网站主免费在他们的网站上为 Uproar 的游戏做广告。也就是说，网站可以为访问者提供新的有趣的功能，而 Uproar 也获得了在这个网站上展示的机会。创始人同意了这个想法，随后我和工程师团队一起用了短短几周的时间开发了一个新的单人游戏，只需要给网站增加一小段代码就可以将这个游戏添加到任何网站上。这也是最早的嵌入式微件之一。如此一来，网站主成了 Uproar 的广告联盟成员，对于每一个通过他们的网站转到 Uproar 的新游戏玩家，Uproar 只需要支付 50 美分。这样的低成本对我们来说非常合适，而且因为这个游戏趣味性很强，我们的联盟成员也非常乐意把它添加到他们的网站上。除了通过这些网站获得新的用户，我们也在这个单人游戏上增加了一个“将此游戏添加到你的网站”的选项，使其他网站主可以毫不费力地将游戏放到他们的网站上。

这个游戏初获成功后，我们测试了几个不同版本的文案、行为召唤和免费游戏，以寻找最有效的组合方式。Uproar 因此获得了爆炸式的增长，这些免费的游戏很快就被投放到了 4 万家网站上，Uproar 也打败了那些在营销上一掷千金的巨头公司，一跃成为网络游戏的领军者。自那以后，很多其他公司也采用了同样的策略促进增长，其中最著名的例子就是 YouTube（油管）。通过嵌入式视频播放器微件，YouTube 的视频得以遍布整个网络，网络视频也因此形成一股风潮。

正因为我在 Uproar 取得的成功，其创始人随后又邀请我帮助他发展他的下一个创业项目 LogMeIn。LogMeIn 是一个创新性的产品，可以使用户在任何一台联网的电脑上获取他们家中或者办公室电脑里的文件、邮件和软件。在进行了猛烈的搜索引擎营销攻势之后，LogMeIn 起初获得了不少客户注册量，但是很快就进入了平台期。我意识到它面临的是同样的问题：广告成本太高，而收效太少。尤其是为了将产品与强有力的竞争对手 GoToMyPC 区别开来，LogMeIn 在我的建议下从收费模式转为免费增值模式[a]，但如此一来，产品付费收入减少了，营销成本更显高昂，而且每月一万美元的广告支出并没有带来相应的获客效益。尽管我们做了很多不同版本的广告测试，也尝试了各种不同的关键词搜索，试用了不同的广告平台，转化率仍然非常低。对于一个如此实用而且免费的产品，这样的结果令人十分不解。于是我再一次求助于技术以寻找解决问题的新思路。

a. 免费增值模式（freemium），指用免费服务吸引用户，再通过增值服务将部分免费用户转化为收费用户。——编者注我决定试着联系那些注册后却并未使用我们产品的用户，获取他们的反馈意见。我们在注册过程中收集了用户的邮箱地址，于是便给这些用户发邮件，询问他们为何没有使用 LogMeIn。这种做法现在看来再平常不过了，但在当时却是一个颠覆性的想法。仅仅几天过后，我们收到了完全一致的回复：他们不相信我们的服务真的是免费的。当时，免费增值软件模式刚刚出现，许多人不相信有这等好事。意识到这点之后，我将我的营销团队和技术团队召集在一起进行头脑风暴，让大家献计献策，思考如何改进用户“着陆页”，如何更好地向用户传达这并非圈套，让他们相信 LogMeIn 真的提供免费的产品。我们尝试了许多营销方案和网页设计，但是，这些试验几乎没有带来任何实质性的改变。之后我们决定在页面上增加一个购买付费版本的简单链接，结果这让我们找到了页面设计、信息传达和服务选项的完美组合，使我们的转化率提高了两倍以上。但这仅仅是开始。通过深入分析数据，我们发现，那些下载了软件却并未使用的用户流失情况更加严重。我们不断试验，比如尝试改进安装过程和注册步骤等，最终使转化率大幅提升。这不仅提高了搜索广告的成本效益，同时使我们能够在保证盈利的前提下将搜索广告规模扩大 100 多倍。这样一来，公司的规模扩大了，也迅速实现了飞跃式的增长。

再一次，我们只用了几周时间便找到了解决方案。而且方法也很简单，只需要一些创新性的思考，加强整个公司的协作，开展实时市场测试和试验（而且成本极低，甚至为零），并且根据试验结果做出迅速灵活的反应。这些便是后来我创立的增长黑客方法论里的要素，你也将在这本书里读到这个方法论的内容。

当然，当时并非只有 Uproar 和 LogMeIn 这两家创业公司将编程和营销知识与网络最初的一些特征结合起来以驱动增长。比如，Hotmail 就是最早利用网络产品病毒式传播与自我传播特征的公司之一，它在用户发出的每一封邮件的底部加上了一句非常简单的话，“加入 Hotmail 你也可以发送免费邮件了”，同时附上了一个链接，可以使新用户跳转到着陆页注册新账户。[3] 与此同时，网络支付平台贝宝（PayPal）的例子则显示了将产品和知名网络平台相结合所能获得的巨大增长潜力，这个网络平台就是易贝（eBay）。贝宝团队发现易贝上的拍卖人喜欢使用贝宝作为买家的支付方式，于是他们创建了自动链接。自动链接可以自动将贝宝的图标以及注册链接添加到拍卖人所有在拍商品页面，这使易贝上使用贝宝支付的交易数量增加了两倍，因此贝宝在易贝上获得了病毒式的增长。[4] 再来看看领英的故事。这家公司在创立的第一年有些不温不火，但在 2003 年底实现了势如破竹的增长。这是因为它的工程团队找到了一个绝佳的办法，使用户可以毫不费力地上传他们 Outlook 邮箱的通讯录并邀请联系人。这个办法产生了极大的网络效应，加速了领英的增长。[5] 在每一个案例中，增长都不是通过传统的广告营销获得的，而是通过编程上的一些巧思，而且都是在预算紧张的情况下实现的。

如此这般精心设计、扩大并留存用户群的办法并非依靠传统的营销方案、重金打造的发布会或者高昂的广告支出，而是利用软件开发将营销嵌入产品本身。实践证明，这种办法非常有效，而且性价比很高。或许更重要的是，企业收集、储存、分析并实时跟踪大量用户数据的能力在不断提高，即便是小型创业公司也能够以极低的成本、更快的速度和更高的精准度试验产品的新功能、向用户传递信息的新方式或者塑造品牌的新办法以及其他新的营销手段，因此便催生出了一个通过高速度、跨职能的试验来驱动增长的做法，我就此提出了“增长黑客”这一概念。

在 LogMeIn 的增长策略取得成功之后，我决定专注于用试验的方法帮助初创公司加速增长。所以当德鲁·休斯顿找到我，跟我讨论如何与 Dropbox 合作时，我迫不及待地想将我发展出的这一套方法付诸实践。我所做的第一件事就是获得休斯顿的支持，对现有用户做一个简单的调查，以计算 Dropbox 的“不可或缺性得分”（这是我提出的一个评分标准，你将会在本书中读到更详细的说明）。这个调查只问了一个非常简单的问题：“如果你无法再使用 Dropbox，你将有何感受？”用户可以选择“非常失望”“有一点失望”“不失望”或者“不适用——已经弃用产品”这几个选项。（我之所以设计这个问题，是因为我发现询问人们是否满意并不能提供有意义的信息，与满意度相比，失望度能更好地衡量用户对产品的忠诚度。）我已经在很多家创业公司做过这项调查，发现只要有 40% 的受访者表示如果无法再使用一家公司的产品他们会“非常失望”的话，就说明这家公司拥有非常强的增长潜力，而如果这一比例不到 40%（表明用户对产品比较冷淡），这家公司就会在业务增长上遭遇很大的困难。虽然我做了多次此类调查，但是当我看到 Dropbox 的结果时，还是吃了一惊，它的分数非常之高，在那些已经充分探索了产品各项功能的用户中，得分更是高得离谱。

这表明 Dropbox 有着非常大的增长潜力，那么接下来要思考的就是如何释放这一潜力。因此我向休斯顿提议，不再花更多的钱做付费广告，而是通过试验来找到触发增长的其他办法。休斯顿表示赞成，于是邀请我作为临时的市场总裁加入公司，任期 6

个月。作为麻省理工学院工程系的毕业生，休斯顿已经很好地发挥了他的工程才能，开发出了 Dropbox 这个优秀的产品，现在我们需要将他的能力用于拓展新的用户群，并保证新用户也会喜欢这个产品。

接下来便进入了增长过程的第二步——深入分析用户数据。通过分析 Dropbox 的用户数据，我们发现，1/3 的 Dropbox 用户都是通过既有用户的推荐注册的。这说明尽管 Dropbox 的产品自传播还没有带来足够快的增长，但它的口碑效应已经十分强劲。也就是说，休斯顿已经创造出了一个人们真正喜爱的产品，而且他们十分乐于向朋友们推荐这个产品，只是它还没有带来足够多的新用户。这是一个典型的“梦幻之地”谬论，至今仍然在创业群体中广为存在：商家相信它们需要的只是打造出一个出色的产品，而客户的获得只是水到渠成的事。

我开始思考，Dropbox 如何才能利用并扩大其强有力的口碑效应，使早期用户能够更有动力并且毫不费力地向他们的朋友宣传这个产品。我和休斯顿以及他为这个项目找来的实习生阿尔伯特进行了头脑风暴，我们决定像贝宝那样开展一个用户推荐计划。唯一的问题是贝宝提供 10 美元的存款返现以激励老用户推荐新用户，虽然它没有披露最终的总成本（联合创始人埃隆·马斯克后来透露成本高达六七千万美元），但是 Dropbox 无论如何也没有足够的财力通过“购买”用户来达到期望的增长规模。[6] 但我们随后想到，如果我们可以提供对用户有价值的其他东西呢？比如提供更大的存储空间以获得用户的推荐。当时，Dropbox 使用的是亚马逊几年前推出的廉价的 S3 网络服务器来存储数据，这意味着要增加更多存储空间是很容易的事，成本也很低。于是我们将贝宝作为样板设计了一个用户推荐计划，用户每推荐一个朋友使用我们的服务，我们就额外提供给他们 250 兆的存储空间，同时他们的朋友也可以额外获得 250 兆的空间。那时，提供 250 兆就相当于免费赠送了一个硬盘，因此作为激励措施，还是相当“给力”的。

用户推荐计划启动后，效果立竿见影，通过邮件和社交网络发出的邀请量瞬间激增，推荐注册量增加了 60%。毫无疑问，计划奏效了，但是我们并没有止步。我们决心充分把握住这次机会，废寝忘食地努力了几个星期来优化这个计划的每一个细节，包括从信息传达到产品呈现、邮件邀请，再到用户体验和界面元素的细节。我们进行了“快节奏试验”（这是我提出的叫法），并实时评估试验的效果。我会每周两次查看每一个新试验的结果，看看哪些做法有效、哪些无效，并且利用这些数据决定下一次试验的内容。通过不断地调整和改变，效果越来越好，到 2010 年初时，Dropbox 用户每个月都会发出超过 280 万份邀请，用户数量也从产品发布时的 10 万增长到了 400 多万。这是短短 14 个月的成果，而且在此期间没有任何传统的营销支出，没有横幅广告，没有付费推广，也没有邮件列表营销。事实上，在我于 2009 年春季结束和 Dropbox 的合作之后的 9 个月里，Dropbox 没有再招聘一个新的全职营销负责人。[7]

与此同时，这一促进市场增长和获客的新方法也开始风靡硅谷。它摒弃了传统的高额营销预算和不科学、不可量化的营销策略，代之以更具成本效益比、更有效果且以数据驱动的模式。其他公司的创新者也开始设计类似的方法，同样聚焦于快速形成并测试开创性的增长思路。2007 年底，脸书正式成立了一个五人增长团队，称为“增长圈子”。这个团队由产品管理、互联网营销、数据分析和工程方面的专家组成，也包括其最资深的产品经理内奥米·格雷特。团队由野心勃勃的经理卡马斯·帕里哈比提亚领导，他是脸书平台与广告产品的前产品营销负责人。他向马克·扎克伯格提议，重新将关注点放到扩大用户数量上。虽然当时的脸书已经有大约 7 000 万用户，可以说已经获得了显著的增长，但是它似乎开始止步不前了。所以扎克伯格要求团队测试各种方法，全力突破这一瓶颈。团队捷报频传，让扎克伯格看到了成立增长团队带来的回报，因此他继续为团队增加人手，使团队能够做更多的试验，不断加速脸书的增长。[8]

他们比较大的一次突破是开发了一个翻译软件以推动国际化的增长，而这一次突破也充分体现了增长黑客方法与传统营销手段的区别。当时，脸书 7 000 万用户中大多数都生活在北美，这说明国际市场蕴藏着脸书最大的增长机遇之一。但是要吸引国际用户，就需要将网站翻译成各种不同的语言版本，这任务太艰巨了。如果选择传统办法，就需要选出十种使用人数最多的语言，然后逐一组建当地团队开展翻译工作。但脸书的增长团队没有这么做，团队的工程师在哈维尔·奥利凡的带领下开发出了一个翻译软件，利用众包模式，让网站自己的用户来将网站内容翻译成自己的母语。曾在脸书增长团队工作过的增长黑客专家安迪·约翰斯是这样评价这一创新的：“增长并不是说你要选择最重要的 20 个国家，在每个国家雇 10 个人，然后等着这一切的努力能够奏效。增长是通过设计出可以大规模使用的系统，让用户来替我们实现产品的增长。”约翰斯认为脸书能够发展到今天的庞大规模，翻译引擎的研发功不可没，可以说是脸书采取的最重要的方法之一。[9]

随着脸书用户数量的不断扩大，增长黑客方法也逐渐兴起（当然和脸书的发展速度不可同日而语）。这在一定程度上是由于脸书增长团队的成员去了新的创业公司，比如 Quora（一个互联网应用服务问答网站）、优步、AsaNa（团队任务管理平台）和推特等，并将这些方法也带了过去。那段时间，我在另外两家创业公司，Eventbrite（在线活动策划服务平台）和 Lookout（远程监控软件），通过增长黑客方法取得了巨大成功。而与此同时，领英、爱彼迎和 Yelp 等一众公司也在践行类似的基于试验的方法。

以爱彼迎为例，其创始人在吸引用户方面曾遭遇极大的困难，以至于在公司开始起飞之前他们曾三次发布网站信息。同时，他们的资金链一度极为紧张，在 2008 年美国总统大选期间，他们甚至通过销售麦片补贴公司收入，还聪明地把当时的两位总统候选人奥巴马和麦凯恩放到了品牌名字里和麦片包装盒上。后来他们的资金困境越发严峻，两位创始人布莱恩 · 切斯基和乔 · 杰比亚一度只能靠没有卖出去的麦片过活，直到他们又筹到更多的资金。他们的团队为扩大用户群尝试了各种办法，但都以失败告终，直到他们找到了一个绝妙的增长黑客方法，从而释放了巨大的增长潜力，而这一过程后来也成了硅谷的一个传奇。他们通过复杂的编程和大量的试验调整，找到了一个可以将用户发布在爱彼迎上的房源信息自动免费发布到分类广告网站 Craigslist（克雷格列表）上的方法。如此一来，每当有人在该网站上搜索度假租房信息的时候，爱彼迎的房源信息就会出现在结果中。

这实在是个绝妙的办法。因为 Craigslist 并没有提供给爱彼迎或任何人跨平台自动发布广告信息的有效方式。爱彼迎的团队不得不进行逆向工程，摸清 Craigslist 如何管理新发布的广告信息，然后在他们的程序中重建这一过程。这意味着他们必须破解 Craigslist 发布系统的运作方式，弄清楚不同城市的度假房屋出租信息被划分到哪个类别以及信息发布有哪些限制条件，比如对图像和其他格式的限定。现任职于优步负责用户增长的安德鲁·陈评论称："总而言之，这样的对接并不简单，需要做大量细致的工作，想必他们请了一帮非常聪明的技术达人花了很多时间进行完善。"他说："说实话，一个传统的市场人员几乎不可能想到这一点，这种做法涉及太多的技术细节，只有工程师，而且是专注于从 Craigslist 获取更多用户的工程师才能想出来。"[10]

这个无比复杂的对接程序使爱彼迎的房源信息可以迅速发布到 Craigslist 上，于是数百万 Craigslist 用户通过点击链接跳转到了爱彼迎网站。在没有花一分钱打广告的情况下，爱彼迎的客房预订量一飞冲天。完成了这一对接之后，爱彼迎团队开始探索如何充分利用这片"蓝海"，他们开始分析并优化用户对 Craigslist 广告信息的反应，优化广告信息的排版、标题等等。[11] 虽然最后 Craigslist 禁止了爱彼迎的这一做法，但是这已经给爱彼迎带来了巨大的增长动力，而其团队也继续试验其他方法进一步推动增长。他们今天仍然在利用增长黑客方法驱动增长，我们在后面几章会再介绍他们近期的一些成功试验。

增长黑客方法打破了企业内部传统的"筒仓"结构，将数据分析、工程、产品管理和市场营销方面的员工凝聚起来组成跨职能通力协作的团队，使企业能够将强大的数据分析、技术知识和营销能力高效结合起来，迅速寻找更具潜力的增长手段。通过迅速测试新想法、新思路，并根据计划指标对结果进行评估，增长黑客方法能够帮助企业更快地找到有效的做法、抛弃无效的做法。这可以使企业不再一味地在那些没有用的产品功能或者市场营销手段上浪费时间，摒弃浪费资源、过时而且没有得到验证的做法，代之以经过市场验证的、以数据驱动的做法。

谁可以成为增长黑客？

增长黑客方法并不仅仅是市场人员的工具，它也可以用于新产品开发和老产品的持续改进，或用于扩大既有产品的用户群。因此，它对于产品开发人员、工程师、设计师、销售人员和经理都有同样重要的价值。

增长黑客方法也不仅仅是创业者的工具，它既适用于小型初创公司，也适用于大型成熟企业。事实上，如果你在大公司工作，并不需要获得某个公司高层的授权来实施增长黑客方法。它既适合大规模推行（整个公司范围内），也适合小规模实践（一个项目或计划）。也就是说，任何部门或项目团队都可以通过本书中介绍的方法进行增长黑客实践。

正是这一方法论推动了上述所有公司取得巨大成功，也推动了很多其他增长最快的硅谷独角兽公司取得成功，包括 Pinterest、BitTorrent（一款下载工具）、优步、领英等。对于这些公司取得的爆发式增长，一个常见的说法是它们只是想出了一个颠覆性的商业构想，一个绝妙的、变革性的、像风暴般震撼整个市场的想法。但是这样的说法显然是错误的。对于所有这些成功的公司来说，产品大范围普及并不是一夜之间实现的，也绝不是轻轻松松就达成的。这些公司的成功并不是因为某个改变世界的产品，也不是因为某一个想法、某一次好运气或者天才之举。事实上，它们之所以能够成功，是因为它们遵循了这样一套方法，迅速提出并测试产品开发和营销的新想法，并利用用户行为数据寻找驱动增长的制胜方法。

如果你觉得这一个迭代过程听起来有些熟悉，很可能是因为你在敏捷软件开发或者精益创业方面了解过类似的做法。这两个理念是将这样一套方法分别用于产品开发和新商业模式探索，而增长黑客则是将同样的方法用于用户获取、留存与收入增长。采用这样的方法对肖恩和其他创业团队来说再自然不过了，因为设计出这一套增长黑客方法的公司汇集了很多熟悉这些方法的工程师，而这些公司的创始人也乐于将工程师开发软件、开发产品的这一套方法应用于扩大用户群。敏捷开发的核心是加快开发速度，强调迅速编程，然后定期测试并进行产品迭代。精益创业同样注重快速开发和高频率测试，并且强调尽快推出一个“最简化可实行产品”（minimum viable product）使用户能够尽快使用，以便尽早获得真实的用户反馈，确保公司业务具有可行性。增长黑客方法采用了这两个理念中持续改进和快速迭代的做法，将之用于客户和收入增长。在这一过程中，增长黑客方法打破了营销和工程之间的传统壁垒，寻找嵌入产品本身的新的营销方法，而这样的方法只能通过更多的技术知识来实现。

这些开创者以及后继者摸索出的增长黑客做法逐渐形成了一套严密的商业方法论，并且在全球范围内掀起了一股风潮，数以十万计的公司纷纷开始效仿。这些增长黑客包括企业家、营销人员、工程师、产品经理、数据分析师等，他们不仅来自技术创业公司，也来自各行各业，包括技术、零售、B2B（企业对企业电子商务）、专业服务、娱乐甚至政界。

虽然每一个公司的具体实践方法可能有所不同，但是这一套方法论的核心内容都是一样的。

- 设立一个跨职能团队或几个团队，打破营销和产品开发部门之间传统的筒仓，凝聚公司人才。
- 进行定性研究和定量数据分析，深入了解用户行为与喜好。
- 迅速产生新思路并进行测试，根据严格的指标对试验结果进行评估并采取相应行动。

然而，尽管增长黑客方法论已经通过实践检验，也日益普及，而且可以应用于任何领域或行业，但目前仍然没有一本权威、详尽且具有指导性的书来引导各行各业、不同规模的企业实践这一方法论。

这本书正是为了弥补这一空白。

一本确切翔实的指南

我们决定写这本书，是因为我们看到了增长黑客能够给各行各业、各种职能带来的巨大潜力，也是因为我们意识到人们对于更好地理解并执行这个理念存在迫切的需求。增长黑客是颠覆性的、强有力的开拓市场的全新手段，但是人们还没有很好地理解该如何利用它以发挥它最大的功效。

肖恩不仅是增长黑客的一个开拓者，也是网站 GrowthHackers.com（一家提供黑客式增长咨询的网站）的创始人。这是目前在增长黑客领域领先的资讯网站，并且已经成为这一充满活力的群体的聚集地，其会员遍布世界各地，也吸引着数百万访问用户。我们每天都被各种询问增长黑客最佳做法的问题轰炸，这显然说明人们对于增长黑客的原理和实施过程存在着太多的疑问。于是我们决定写一本确切翔实的指南，使营销人员、产品经理、项目开发者、公司创始人以及各类企业的创新者都能够利用这本指南将增长黑客方法带到他们的团队或者公司中。

在本书中，我们会分析肖恩在 Dropbox、Uproar、LogMeIn 以及其他很多非常成功的公司的经验，也包括他在发展他自己的两家公司 GrowthHackers.com 和 Qualaroo 过程中的心得体会。Qualaroo 是一家用户研究与调查公司，在肖恩的领导下取得了飞速增长，后来肖恩高价卖掉了它。我们将探究当下其他一些发展最迅速的公司的增长团队的经验，比如脸书、印象笔记（Evernote）、领英、Yelp、Pinterest、HubSpot（数字营销公司）、Stripe（网上支付平台）、Etsy（网络商店）、BitTorrent 和 Upworthy（资讯网站），也采访了那些将增长黑客理念带入沃尔玛、IBM（国际商业机器公司）和微软等大型成熟企业的增长负责人。这些内容都将在本书中呈现。我们结合自身经验和这些增长专家的智慧及他们的故事写就这本增长黑客指南，使读者可以从中汲取灵感并付诸实践，实现他们自己的商业目标。

于是，我们就有了第一本充满实践性、通俗易懂、循序渐进的增长黑客指南，它适用于任何类型的团队、部门或者公司。而两位作者中，一位是增长黑客的奠基者之一，另一位则是增长黑客的资深践行者。

势不可当的增长机器

毋庸置疑，增长停滞是当今企业面临的最危险、最紧迫的难题之一，不仅对初创企业来说是这样，对于任何规模、任何行业的企业来说都是如此。《哈佛商业评论》上一篇关于增长停滞的文章指出，一项大规模研究发现，87% 的受访企业都经历过一次或多次急剧的增长放缓的情况，而且“在增长停滞的前后 10 年间，公司市值平均会缩水 74%”。而且，两位作者认为这一问题在未来将进一步加剧，“种种迹象表明，在不远的将来，增长停滞的风险会不断上升”，这主要是由于“成熟商业模式的‘半衰期’在缩短”。两位作者提出了造成增长停滞的各种原因，其中包括“企业在管理既有产品和服务更新换代及开发新产品和服务方面的内部流程上存在问题”，以及“过早放弃核心业务，也就是未充分挖掘既有核心业务蕴藏的增长机会”。[12] 而增长黑客为这两个问题提供了解决方案。

简而言之，每一个公司为了生存和发展壮大，都需要扩大客户群。但增长黑客并不仅仅涉及如何获取新客户，而且还包括如何吸引、激活用户并使用户产生依赖，如何灵活地适应客户不断变化的需求和喜好，使他们不仅成为我们不断扩大的收入来源，也成为我们忠实的宣传者，通过口碑推动品牌或产品的增长。

增长团队的一个核心使命就是尽一切可能挖掘一个产品或服务的增长潜力。这就需要他们不断对产品进行调整并对调整内容进行测试，这包括产品的特征、信息传达方式以及用户获取、留存与变现的方式。这一方法的一个重要目的也在于寻找新的产品开发机遇，可能是通过分析客户行为或反馈，也可能通过研究机器学习和人工智能等新技术的应用方式来寻找机会。

在很多推行增长黑客方法的公司，这一方法都取得了巨大的成功，以至增长团队发展到超过一百人的规模，而这些增长团队往往下设负责不同任务的小组，比如负责客户留存或者发展移动客户群的小组。有的公司甚至设立了不同人数的小组，并根据不同的业务需求调整小组的人员配置和职责分工。例如，在领英，增长团队已经从一开始的15人扩大到了超过120人，分为5个部门，分别负责网络增长、SEO/SEM（搜索引擎优化/搜索引擎营销）操作、用户引导、国际增长、用户吸引与重获。[13] 而在优步，增长团队则由不同小组构成，有负责司机用户增长的，有负责乘客用户增长的，有负责国际市场拓展的，等等。[14]

现在，任何公司都应该设立一个或多个增长团队，这样做的同时也不需要抛弃传统的组织架构或营销策略。增长团队并不一定会取代传统部门，而是对传统部门的补充，并能帮助它们改进工作方式。创业公司在创业初期摒弃传统的筒仓结构是有利的，但是随着公司的增长，在保留增长团队的同时也可以逐渐建立起传统的营销团队。而在规模更大、更成熟的公司，增长团队可以很好地协助产品、市场、工程和商务智能部门，与它们通力合作并促进不同部门之间的有效沟通。

肖恩在Dropbox的经历表明，即便是规模最小的团队也可以实践这一过程。对于很多创业公司，尤其是初创公司来说，这样的小团队应当由创始人领导，并且整个公司的员工都应当参与进来。而规模更大的公司不可避免地要遭遇既有架构和文化对于改变的抵触情绪。小型增长团队可以单独设立，甚至可以为短期项目专门设立，比如新产品发布或者某一营销渠道（比如移动渠道）的推出。增长团队既可以是从零打造的专注增长的组织单元，也可以是由公司不同部门的现有员工组成的群体，或者是根据具体需求设立的特别小组。随着时间的推移以及公司具体需求的变化，很多增长团队的规模、工作范围和职责也随之不断变化。

增长黑客方法能够灵活适应任何团队或公司的不同需求，无论它们的规模是大是小，或是处于哪个增长阶段，它都能带来丰厚的回报。接下来将讨论增长黑客方法的作用，以及它的重要性缘何远超以往。

顶住冲击

今天，不论是最青涩的创业公司还是最成熟的大企业，每一家公司都应当实行增长黑客方法，否则，势必会遭受来自采用此方法的竞争对手的冲击。

即便是像 IBM 和沃尔玛这样的大型老牌企业现在也开始将增长黑客作为生存的关键手段。毕竟，现在所有公司都在某种程度上成了互联网技术公司，尽管很多公司的互联网操作仅限于营销和销售而非产品开发。另外，今天的市场领导者可能转瞬间就会遭受剧烈冲击，因此也需要迅速地采用新的技术工具并持续进行产品开发与市场营销试验，而这样的需求正迅速地从数字产品领域蔓延到各行各业。

随着物联网的迅速发展，越来越多的产品都在通过联网或与其他产品连接而变得更加“智能”，这一过程只会发生得越来越快。随着实物商品的世界和软件世界迅速融合，对产品进行实时监测与更新在不久的将来不仅将成为可能，也将成为企业保持竞争力的关键。通用电气 CEO（首席执行官）杰夫·伊梅尔特最近表示，“每一个工业企业都将成为软件公司”，而对于消费品公司、媒体企业、金融服务公司等各行各业的公司来说也将如此。[15] 著名商业战略分析师迈克尔·波特和软件公司 PTC 的 CEO 詹姆士·海普曼在他们共同发表在《哈佛商业评论》上的一篇文章中指出，一家公司如果能在产品售出之后对产品保持关注，就意味着“这家公司客户关系的重心从销售这个一次性的交易转移到了逐渐将客户从产品中获得的价值最大化上”。他们强调，这样的转变意味着“产品设计、云操作、服务改进和客户参与等部门之间将需要进行协调与合作”。根据我们的经验，要做到这一点，搭建一个跨职能的增长团队是最佳也是成本效益比最高的办法。[16]

电动汽车的开拓者特斯拉就是一个例子。它很好地利用技术不断地测试、更新并改进其产品，在这一过程中也将新的竞争对手甩在了身后。特斯拉并不在其生产的汽车上体现车型和年份，因为它不会让客户等着新车型发布，而是定期向车内软件发送更新，实时提升汽车的各方面性能（比如加入自动驾驶技术）。特斯拉计划在未来几年大大提高其汽车销量，因此从脸书和优步的增长团队招募了一批人才，并宣布：“我们正在从零开始打造一支增长团队，以设计、构建并优化可扩展的加速用户增长的解决方案。”[17]

解决速度需求

增长黑客方法也可以解决当下所有企业都面临的速度难题。

在当今竞争空前激烈且日新月异的商业环境中，迅速找到增长方法是至关重要的。增长黑客方法通过革新开发与发布产品的传统过程，设立持续的市场试验制度，系统性地实时应对市场需求，能够让企业抓住新机遇并且迅速解决问题，使企业增长更加迅速。这使得采用此方法的企业能够获得强有力的竞争优势，而且随着企业发展步伐的不断加快，这一优势将愈益凸显。

现在的企业需要能够灵活并迅速地适应新技术与新平台，这至关重要。按照现在大部分企业仍在推行的传统商业模式，产品管理、市场营销、销售和工程等部门像一个个筒仓一样相互割裂，它们有着各自的任务计划，跨职能互动十分有限。产品团队负责开展市场调研、制定产品规格并评估市场规模。当完成设计后，产品被交付给工程部门或者生产部门，之后成品又被交回到产品部门手中。与此同时，市场部在收到产品部的市场调研结果和产品说明之后便着手制订营销方案，营销人员经常与第三方机构合作制订广告与推广计划，这就意味着这一工作往往远离核心员工。当产品开始发售时，公司才会想方设法扩大销量，实地销售报告也会反馈到产品和市场团队，以便为下一次产品发布提供指导。这一非常低效的循环可能需要几个季度甚至几年时间才能完成，使得企业无法及时适应消费者不断变化的需求或者技术的发展，也无法及时进行新的能力建设、产品改进和营销渠道拓展以吸引新客户。

换言之，无论是创业公司还是成熟企业都承受不起被组织中的筒仓结构拖累的代价。通过打破这些壁垒，增长黑客方法能够使团队和企业更灵活、更迅速地适应不断变化的市场需求，加速推出新产品和新功能，也加速制定并实施能够吸引、激活新客户并从中变现的营销和销售策略。正因为这种对于速度的要求，增长黑客法的一个关键特征便是以尽可能快的节奏进行试验。正如脸书的增长副总裁亚力克斯·舒尔茨所言：“如果你每两周推送一次代码，而你的竞争对手每周推送一次，这意味着在短短两个月之后，你的竞争对手将会完成10倍于你的试验量。他们学习到的与产品相关的东西也将是你的10倍。”[18]

挖掘数据金矿

增长黑客给公司带来竞争优势的另一个途径是帮助公司充分利用海量的客户数据。如今，在新技术工具的帮助下，企业能够更容易地收集这些数据，而这些数据蕴藏着等待开采的增长金矿。然而，对于今天的企业，无论大小，要从这些数据的“高山”中搜索并提取宝贵的“金矿石”却并非易事。在大多数情况下，企业都没有探索出收集用户数据的综合性方法。产品经理可能会开展调查和试验，但这往往是在没有市场部门参与的情况下进行的，而市场部往往也会自行收集数据并自己使用，不与其他团队分享。企业往往会聘请广告公司进行市场推广，广告公司也会收集相应数据，但是事前也不会咨询其他部门对于信息收集范围的意见。同时，编程团队收到的都是基于过去的数据提出的要求，而这些数据反映的客户需求往往已经过时了。

结果，企业要么是以错误的数据指导行动，依赖的是肤浅、无用的指标（比如页面访问量），要么由于内部过于分化而错过宝贵的增长思路和机会。

增长黑客能够帮助企业更有效地利用数据，以提取具体的、有意义的且实时的用户行为洞察，企业则可以利用这些洞察制定相应的战略，提出更有效且更有针对性的增长策略。

沃尔玛的移动应用“低价捕手”（Savings Catcher）就是一个很好的例子。这个应用产生于与沃尔玛的价格匹配政策相关的用户行为分析。为充分利用价格匹配（即零售商同意为某一商品匹配市场上的最低价格）的兴起，沃尔玛的增长团队请工程师开发了一款 App（应用软件），使客户能够通过手机拍照上传沃尔玛购物小票，如果其他连锁超市对其中任意商品提供更低的价格，客户就可以自动获得沃尔玛的返现。此外，工程团队发现，他们可以将沃尔玛在其价格匹配项目中收集的数据与他们外包的调查团队进行的广告推广计划结合起来，这样沃尔玛就可以只对它具有明显价格优势的商品进行大力推广，从而大大节省了广告开支。

沃尔玛前市场副总裁布莱恩·莫纳汉认识到沃尔玛最大的财富正是它的数据，因此他推动公司各个部门的数据平台进行整合，使工程部、产品推广部、市场营销部甚至第三方代理商和供货商都能够通过一个统一的平台利用其产生并收集的数据。增长黑客通过促进合作和信息共享使大数据的作用最大化。莫纳汉强调，企业运营离不开这一方法：“你需要能够理解软件编写过程的市场人员、重视消费者洞察并理解商业问题的数据科学家。”[19]

传统营销成本上升而回报却不明晰

传统营销手段如平面广告和电视广告，也包括近些年兴起的网络广告，都已陷入危机。随着市场越来越碎片化、变化速度越来越快，传统广告出现了成本不断上升而关注度却不断下降的局面。一个主要的问题是，在欧美等主要市场，互联网用户的增长已经停滞不前，现在，互联网已经覆盖美国 89% 的人口和英国 93% 的人口，互联网用户的增长几乎像这些国家的人口增长一样缓慢。[20] 即便在增长迅速的移动互联网领域，美国的移动用户普及率也已经达到了 64%。[21] 这说明随着广告支出继续向线上转移，在访客量相同的情况下，广告间的竞争会更加激烈，从而推动线上广告价格以惊人的速度不断拉升。

同时，随着消费者对技术的了解日益加深，他们也更加排斥广告。事实上，在美国，有 6 980 万互联网用户在使用广告屏蔽软件，其中近 2/3 是千禧一代的年轻人。[22] 另外，已经有 50% 的美国家庭订购了网飞（Netflix）、Hulu（视频网站）和 Amazon Prime（亚马逊金牌服务）等视频服务，更别说还有 TiVo 等 DVR（数字硬盘录像机）技术，“看电视”这个概念（包括电视广告）就像 20 世纪 50 年代的斯旺森电视晚餐（冷冻快餐）一样已经过时了。[23] 简而言之，电视广告已经变成了一种噪声，甚至完全被人们忽视或屏蔽。

这一传统营销的危机有多严重呢？最近麦肯锡发布的关于上市软件公司的研究报告指出，营销投资和增长率之间没有任何相关性，完全没有。[24] 富尔奈斯营销集团（Fournaise Marketing Group）关于 CEO 对传统营销看法的研究发现，“73% 的 CEO 认为市场营销人员缺乏业务可信度，对效果的关注不足”，“总是在要钱，却很少能够解释清这笔钱能带来多少额外的业务”。[25]

增长黑客使企业无须耗费资金开展过时、昂贵且商业价值模糊的营销活动便能取得爆发式增长。它依靠的是设计出让消费者爱上一个产品或一项服务并忍不住向朋友宣传的特性或功能，是提出富有创意的点子，以新的、可衡量的方式吸引用户。这种做法的威力是巨大的。

抢抓新技术机遇

消费者发现新内容和新产品的途径在发生着日新月异的变化，而下面这张图充分说明了这一现象。这张图是由风险投资家、增长专家詹姆斯·柯里尔制作的，体现的是不同数字营销渠道的发展趋势。在如今这个网络平台常常一夜之间兴起或衰落的世界，快人一步采用新技术和新网络平台对于企业获得增长先机来说至关重要。

要抓住这些机遇，技术和营销团队需要紧密合作。然而大部分公司在利用新兴平台方面往往受到传统规划、预算制定和组织

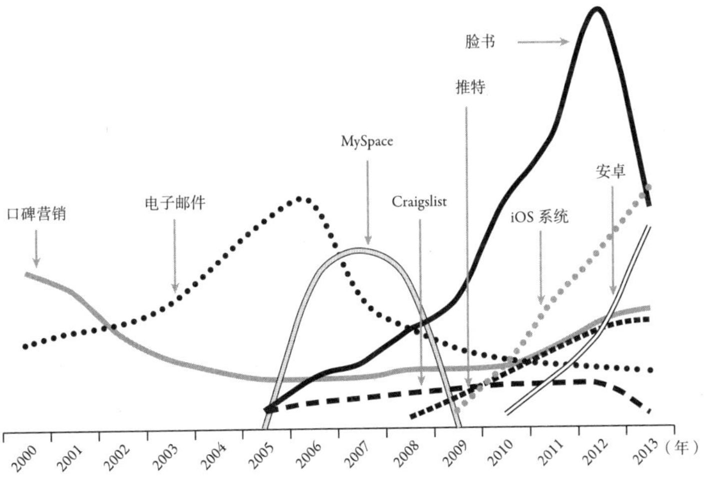

图前 –1　病毒式传播渠道的有效性

规章的束缚，行动太慢了。因此当这些公司准备好要采取行动时，它们早就已经丧失了先发优势，而且现在变化的节奏还在不断加快。

打破传言

在具体探讨增长团队是什么、怎么搭建之前，我们希望先澄清一些对于增长黑客的误解。首先，这一过程并不是像很多人以为的那样，要帮助企业找到一把“尚方宝剑”。媒体报道了很多广受称赞的增长黑客案例，比如 Dropbox 的用户推荐计划和爱彼迎的 Craigslist 自动发布程序，这使很多人以为激发增长所需要的仅仅是一次伟大的增长黑客行动。不可否认，寻找像 Dropbox 的用户推荐计划这样的成功行动的确是增长黑客实施过程的目标，但是大多数情况下，增长是来自一次次小成功的积累。这些小成功就像是储蓄账户里的利息，通过一点点累加实现增长的腾飞。而且，在实现腾飞之后，优秀的增长团队仍会继续开展试验、进行改进。在本书中，我们也将介绍诸如脸书、领英、优步、Pinterest 和 Dropbox 等顶尖的增长团队是如何全力以赴不断提出、测试并完善新的增长黑客思路的。

其次，很多公司认为它们可以直接聘请一个“独行侠”来做增长黑客，这个人有很多神奇的手段可以给公司带来更快的增长，这就大错特错了。这本书要说明的是，增长黑客其实强调的是团队合作，最伟大的成功案例都是来自编程技术、数据分析能力和营销经验的结合，而很少有人能够精通所有这些技能。

增长黑客也经常被认为是通过设计巧妙的变通手段打破现有

网站和社交平台规则的做法。虽然爱彼迎广为流传的 Craigslist 案例很可能让人这么认为，但是打破规则绝非必要步骤，而且在大多数成功的增长案例中并没有这种做法。爱彼迎的做法的确是天才之作，但是这样的“旁门左道”并不是增长黑客的核心，而且大部分增长专家都对这个案例嗤之以鼻。爱彼迎的真正故事是它的创始人做了大量的试验来寻找增长点，但大部分试验都失败了，而后他们才想出了在 Craigslist 自动发布房源信息的主意，在成功之后他们仍然继续进行严格的试验并测试了很多完全合乎规则的策略以促进增长。

当我（肖恩）提出“增长黑客”这个词来为这套方法命名时，我取的是这个词现在所具有的更广泛、更积极的含义，正如它在“黑客空间”（hack space）和“黑客马拉松”（hackathon）等词中的意思，以及脸书总部的地址中“黑客路 1 号”（1 Hacker Way）中的含义，即通过合作创造性地提出新想法，解决棘手的问题。而这正是增长黑客的关键特征。

再次，人们常常认为增长黑客方法的任务就是吸引新用户或新客户。其实，增长团队应当承担更广泛的责任，事实也是如此。它们也需要关注客户激活，也就是说使原有的客户成为更活跃的用户和买家；也需要思考如何使他们成为产品或服务的宣传者。此外，增长团队应关注如何实现用户留存和变现，也就是说使客户成为“回头客”，增加他们为公司创造的收入，从而实现长期持续增长。通常，企业过于关注如何获取新用户和新客户，而这些新用户和新客户往往很快就失去了对企业的兴趣。企业在这方面浪费了太多资金。比如，Econsultancy（数字营销和电子商务咨询公司）2012 年的报告指出，在获取更多网络流量方面，每花费

92 美元，只有 1 美元将访客转化成实际使用者。[26]

客户失去兴趣并离开，这种情况发生在网站访客身上时通常称为“跳出”（bounce），而发生在付费客户身上时叫作“流失”（churn）。这正是初创企业和成熟公司面临的最大问题，同样也是能够直接带来增长的机会所在。

还有人认为增长黑客方法只是一种市场营销。但是正如之前所讲，增长团队也应参与到新产品开发中去，以分析一个产品是否针对目标市场进行了优化，它是否可以提供给用户所谓“不可或缺”的体验，以及它是否能够为合适的用户群提供这一体验。这就是我们常说的产品—市场匹配。在这之后，他们也需要提出丰富的想法以继续推动产品改进，同时对不同的想法排定优先级并进行试验，以确定哪些想法能够带来收入并驱动增长。增长团队甚至也可以在企业的发展战略方面发挥作用。例如，脸书的增长团队促成了公司一些战略性收购（如对 Octazen 的收购），从而推动公司增长。Octazen 提供用户任意邮箱通讯录的导入服务。事实上，正是脸书的增长团队最早意识到 Octazen 的技术能够使脸书的用户更轻松地邀请联系人加入这一社交网络。[27]

总而言之，增长团队应当参与增长的各个阶段和各个方面的努力，无论是实现产品—市场匹配，还是用户获取、激活、留存和变现。至于具体做法，我们将在正文详细说明。

本书结构

我们将本书分成了两个部分。第一部分为“方法”，整体介绍增长黑客方法的实施过程，比如如何搭建增长团队，团队需要哪些人、哪些技能，人员如何管理，以及团队如何通过快节奏的增长黑客过程产生并测试新想法，而这一过程又是如何迅速产生强有力的效果的。我们将介绍我（肖恩）和其他增长团队领导者摸索出的这个十分有效的过程。这一过程能够促进顺畅的跨部门合作，以创造增长动力、破解增长奥秘，而且它能够毫不费力地适应并满足任何企业的不同需求。总之，第一部分将阐述增长黑客方法的种种细节，并说明为什么企业应当推行这一方法。

第二部分为“实战”，介绍具体实施这一方法的一整套详细策略，并分章节阐述如何实现用户的获取、激活、留存和变现，以及如何在增长实现之后维持并加速增长。我们将在这一部分分享来自不同行业、不同公司的增长故事，包括像 Pinterest 和推特这样的独角兽公司，像 Spotify（声田）和印象笔记这样的移动应用，像 Hubspot 和 Salesforce.com（一家客户关系管理软件服务提供商）这样的商业软件公司，像好订网（Hotels.com）和 Zillow（提供免费房地产估价服务的网站）这样的网络门户，还有像亚马逊和 Etsy 这样的电商平台，以及像沃尔玛和一家我们虚构的食品百货连锁店这样的实体零售商。我们将介绍它们的增长团队是如何利用不同的增长黑客方法驱动增长的。另外，我们也会介绍一些供增长团队使用的网络工具，比如 GrowthHackers.com 的“项目”软件，这些工具可以帮助增长团队管理本书第一部分介绍的增长过程。同时，我们也会介绍一些客户调查工具，提供排定试验优先级并记录试验结果的模板，说明增长会议的组织方式，也会针对不同关注点建议一些可以开展的试验，同时，GrowthHackers.com 也会不断更新这些信息。

世界各地不同行业、不同形态、不同规模的公司都在谋求发展出路的过程中面临着巨大的挑战。而增长黑客法提供了一套严密的方法论，帮助企业通过跨职能合作迅速发现增长机遇。它强调以数据驱动的分析和试验。企业在收集数据方面往往投入巨大，而这样的分析和试验能够以系统性的方式帮助企业发挥海量数据的强大作用。我们将通过这本书说明，所有类型的企业都可以实施这些策略，不论是先小范围实施还是要在整个公司层面推行。增长黑客是一个全新的、颠覆性的商业方法论，任何企业、任何公司创始人、任何公司团队领导者，如果他们希望不负众望，希望取得重要成果，希望以有限的营销投入获得最大的回报，希望实现企业目标，就必须采用这个方法论。我们接下来将说明如何实施此方法论。

第一部分

方法

第一章

搭建增长团队

2012 年，当普拉莫德 · 索克加入 BitTorrent 成为其新任产品总监时，这家一度发展得如火如荼的创业公司正处于一个岔路口。它提供的计算机软件使用户可以从整个网络搜索并下载文件，但当时软件的增长陷入了停滞。更令人担忧的是，它当时还没有推出产品的移动版，在人们迅速从 PC（台式电脑）端转移到移动端的时期，这无疑是一个巨大的劣势。更糟糕的是，YouTube、网飞等流媒体服务在手机和其他设备上占据着用户越来越多的时间和注意力，BitTorrent 则被甩在了后面。普拉莫德的加入便是为了打造移动版产品，重启增长。

这家 50 人组成的公司采用的是传统的筒仓式组织架构，分为市场部、产品部、工程部和数据科学部。产品团队和工程团队下设小组，负责不同的产品，比如 Mac 版和 Windows 版客户端以及刚刚起步的移动版。跟所有类型的企业一样，它的数据团队和市场团队均为这些产品小组服务，产品开发过程完全与市场营销相分离。产品经理会告知市场经理即将发布的新产品或新版本，之后市场团队便负责所有的营销工作，也就是说营销工作完全没有产品研发人员的参与。

像很多公司一样，BitTorrent 的市场团队也只关注这个漏斗的顶端（如图 1–1 所示），即提高产品知名度，通过品牌建设、广告和网络营销吸引更多新用户。在大多数软件公司或基于网络的公司，提高网站或 App 访客的激活和留存数量并不是由市场人员负责，而是由产品和工程团队负责，他们致力于开发能让用户爱上产品的功能。而这两个群体之间几乎不存在任何合作，他们专注于各自的重点工作，几乎没有什么互动。有时候他们甚至都不在一栋楼里，甚至不在一个国家办公。

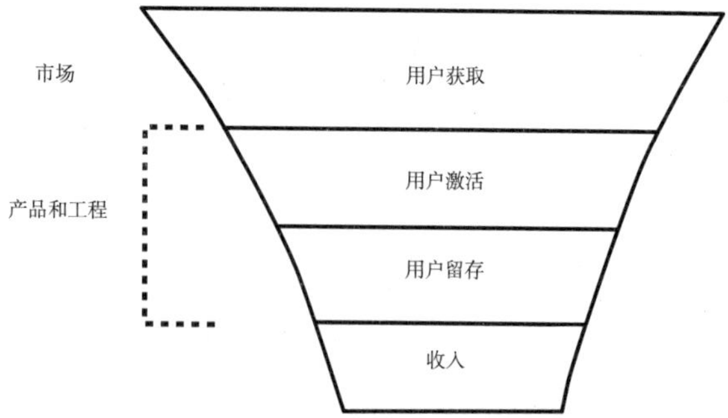

图 1–1 客户漏斗与典型部门权责划分

按照这样的组织分工，当BitTorrent的移动应用开发完成之后，市场团队制订了一个发布方案，像往常一样，这个方案包含了一系列传统的营销活动，并且重点放在了社交媒体、公关和付费获客推广上。App本身做得很好，营销方案也不错，但是用户增长仍然非常缓慢。

普拉莫德决定让营销团队招募一个专门的产品营销经理（PMM）来帮助促进用户增长。产品营销经理经常被称为公司内部“客户的诉求传达者”，他们致力于了解客户的需求和喜好，常常开展客户访问、调查或关注群体动向，帮助改进信息传达方式，以使营销活动更具吸引力，并能更有效地传达产品的价值。有的公司也会让产品营销经理参与产品开发，比如通过开展调研发现值得考虑的新功能，有时也会让他们协助产品测试。

安娜贝尔·萨特菲尔德是一位经验丰富的产品营销经理，她加入了BitTorrent的市场团队协助新的移动App的用户增长。除了关注产品知名度和获客工作外，她还要求和产品团队一起合作，从漏斗的其他环节（包括用户留存和变现）驱动增长，而不是仅仅将工作局限在漏斗的顶端。市场总监同意了她的要求，但前提是她必须先专心开展获客计划并且达成市场团队制定的目标。

然而在做了一些市场调研和用户行为数据分析之后，她发现了与市场总监的要求相矛盾的情况：很多最佳的增长机会似乎都蕴藏在漏斗的下游。例如，她了解到很多App用户都没有升级到付费的专业版，于是她做了一项调查，询问那些没有升级的用户为什么不升级。如果团队能够使更多用户升级到专业版，这将给公司带来可观的收入，而这可能比吸引更多用户下载App更重要。在看到调查结果之后，她清楚地意识到**最有可能成功的增长策略**

不是只关注用户群的扩大，也要最大限度地发挥现有用户的价值。

她把这一发现告诉了产品团队，心想他们或许可以一起寻找改进 App 的方式。但是她的这一举动让产品团队有些措手不及，因为这是头一次有市场人员给他们提供这样的信息。但是普拉莫德非常满意，他坚信应当以数据驱动的方式进行产品开发。他马上告诉安娜贝尔放手去做，继续从用户调研中获取产品洞察，并越过组织框架将这些洞察传递给产品团队。

安娜贝尔的一个调研发现让产品团队十分惊讶，而且给公司带来了迅速的收入增长。产品团队对于为何很多用户没有升级到专业版 App 有很多猜测，但是看到用户对安娜贝尔提出的问题的回复之后，他们大吃一惊。出现频率最高的回答是什么呢？是用户完全不知道专业版的存在。产品团队感到难以置信，他们以为他们已经对免费版的用户进行了大力的专业版推广，但显然他们失败了，连最活跃的用户都没有注意到专业版的存在。于是团队马上决定在 App 的主屏上增加一个非常突出的升级按钮，不可思议的是，这一个简单的改变就使每日升级收入获得了 92% 的增长。这个改变的成本几乎为零，执行起来几乎不需要时间（从讨论调研数据到部署按钮只用了几天时间），却马上带来了显著的成效。如果没有用户的反馈，他们也许永远都想不出这个办法。

另一个成果也值得一提，安娜贝尔和普拉莫德称之为“爱的增长法”（love hack）。为寻找每日 App 下载量上升或下降的原因，安娜贝尔对用户数据进行分析，从中发现了一个明显的规律。他们的 App 只能在谷歌商店里下载，她发现每当商店里 App 评论区排在前面的是负面评价时，日下载量就会下降。她试着将好评置顶，马上就看到了下载量的增加。于是她和普拉莫德决定在用户下载第一个种子文件后就鼓励他们写评论，因为这时他们已经了解到这个App是多么好用，而且他们二人也认为这应该是用户对App最满意也最有可能给好评的时候。他们要求工程师编写了一个请求代码，在用户下载了第一个种子文件后请求就会以弹窗的形式出现，然后他们做了一个试验来验证这个假设。可想而知，好评开始如潮水般涌来。基于这个试验的结果，他们开始向所有新用户推送这个请求弹窗，结果，四星和五星好评数增加了900%，下载量也大幅上升。安娜贝尔也由此建立起了她的威信，不久之后就有工程师主动找到她询问："你还有其他想法吗？我们还可以做些什么？"

遗憾的是，市场和产品团队很少能够像这样通力合作。通常情况下，产品团队负责打造产品，也负责产品更新，比如改进注册体验或增加新功能。团队会确定一个产品改进的时间表，通常称为"路线图"。产品改进的某个想法如果没有包含在事先确定的路线图里，往往在推进的时候就会受阻。有时是因为要完成计划中的产品改进所需要的时间已经非常紧张了，有时是因为提出的想法太粗糙，难度太大，也太费时间，因此成本太高，而提出想法的人并没有考虑到这些因素。有的情况下，产品团队也可能认为提出的要求与产品战略愿景不相符（也可能是上述不同原因的叠加）。

即使你不在技术公司工作，你可能也十分了解不同部门之间的这种紧张关系，比如市场团队不理会销售人员的建议，或者研发团队拒绝市场团队提出的设计新产品原型的提议。这是以部门划分职责的筒仓式结构的主要问题之一，也是为什么增长团队必须包括不同专业、不同部门的人员，我们稍后也会详细说明这一点。正如 BitTorrent 团队很快认识到的，最好的想法往往产生于这种跨职能的合作，这也是为何跨职能合作是增长黑客过程的一个根本特征。

打破筒仓

接连不断的成功让 BitTorrent 移动团队大受鼓舞，每一个人都开始提出可以测试的想法。他们测试的其中一个想法只有那些拥有无私精神的技术人员才能想到：自动关闭应用以节省手机电量。移动团队在对免费版 App 的“超级用户”（那些频繁使用 App 但还没有升级到专业版的人）进行专项调查的时候发现了这个增长机会。调查发现这些用户的一个主要痛点是由于高强度使用造成的手机电量迅速流失。于是，工程师很快提出了一个想法：打造一个专属于专业版的功能，当 App 检测到用户手机电量只剩不到 35% 时便自动关闭耗电的后台文件传输。他们在免费版 App 里推广这一功能，当用户电量不足时，App 便会提示他们专业版提供这个功能，吸引他们马上升级。这个新功能十分受用户欢迎，也使公司收入增加了 47%。

接二连三的成功也在整个公司流传开来。安娜贝尔正式从市场部调到了移动团队，直接向普拉莫德汇报工作，而且她的头衔后来也改成了高级产品增长经理。同时，其他项目的工程师也惊讶于移动团队的一次次成功，甚至有两位资深工程师为了加入这个以增长为导向的、高效运转的团队而离开了他们本来的团队。安娜贝尔说：“通过跟我们的工程师交谈，我们发现这不仅是因为我们的团队看起来很团结友爱，更重要的是他们认同我们这种数据驱动的方式。”

随着团队不断取得成功，他们也越来越重视数据分析（数据分析工作由数据团队的一个同事负责）。他们依靠数据分析开展试验并分析试验结果。数据分析师和工程师一起工作，确保他们在分析用户对试验的反应时跟踪的是合适的、有用的数据，并根据这些数据提供最有意义的报告。数据分析师掌握足够的技能，他知道什么时候能够判断试验的成败。之后他便与团队协作，分析试验结果并计划后续试验。随着团队对数据分析的依赖不断加深，最后这位分析师也像安娜贝尔一样作为全职员工加入了团队。

这一以数据驱动增长和产品开发的方式取得的巨大成功促使 BitTorrent 的高管决定加大对数据科学的投资并招募更多数据分析人才。同时，随着移动团队增长故事的流传，其他产品团队也开始更频繁地采用数据分析，也更紧密地和数据团队合作开展试验，寻找增长思路。

移动团队后来又提出了其他几十个具有重大影响力的产品改进创意，在实施增长黑客方法两年半的时间里使产品下载量达到了 1 亿次。在移动 App 任务完成后，公司对团队进行了重组，安排他们负责公司其他重要的产品。这一支小小的团队给这个之前增长遇阻的公司带来了不容低估的影响。他们的工作不仅使 BitTorrent 的总收入在一年内增加了 300%，或许更为重要的是，这个团队彻底颠覆了 BitTorrent 的企业文化，使之从受传统营销和筒仓束缚的文化转变为一个合作型文化，无论是市场人员还是数据分析师，抑或是工程师和高管，每一个人都围绕着这个快节奏、强调合作的增长黑客过程开展工作。回忆起这一增长过程在整个公司的传播和蔓延，安娜贝尔说：“我最喜欢的两个时刻，一是看到我们的老技术主管在'Palooza'(BitTorrent对其定期举行的黑客马拉松的称呼)上提出一个增长试验建议的时候,二是跟以前的一个同事见面,他告诉我他想加入我的团队一起开展这个工作的时候。他现在也成了增长黑客的'宣传大使'。"

然而,这种合作方式在各种类型、各种规模的公司里都很罕见。公司的不同业务部门通常都是彼此孤立的筒仓,很少交流、共享信息或者开展合作。这种组织结构在过去多年来一直广受诟病。麦肯锡的一份报告指出,筒仓式结构最致命的一个问题就是它会放缓企业创新的步伐、阻碍增长。作为本书的两位作者,我们一致认为,"对于创新力来说,在系统内部开展合作的能力比个人才能更加重要"。但是麦肯锡的一份调查发现,"虽然80%的高管都承认跨越部门界限进行有效的知识分享对于增长而言至关重要,但只有25%的高管认为他们的公司做到了这一点"。[1]

同样地,哈佛商学院的一群教授进行了一项关于业务部门之间沟通的研究,他们在报告中指出,业务部门之间的互动之少令他们"十分诧异"。更令人惊讶的是,"在同一战略业务单元、职能或办公室的两个人比不同业务单元、职能或办公室的两个人互动的频率高1 000倍。也就是说,跨越界限的互动少得可怜"。[2]

西北大学凯洛格管理学院的兰杰·古拉提教授是筒仓问题专家。他指出,部门之间缺乏沟通会阻碍以客户为中心的产品开发和营销——随着技术和社交媒体的推动,甚至要求企业持续不断地与客户进行更具实质性的互动,从而使以客户为中心的产品开发和营销方式显得越发重要。简言之,工程师和产品设计师有能力找到满足客户需求和喜好的方式,但是他们往往并不知道客户需要什么、想要什么。古拉提在他的一份高管调查报告中指出,

2/3 的高管都认识到未来 10 年以客户为中心的产品开发应当是重中之重，但是他的研究发现，“企业的知识和技能孤立地存在于这种组织筒仓中，不同部门的人员难以跨越这些内部界限、充分利用企业资源，以便为客户提供他们真正需要并愿意付费购买的产品”。[3]

搭建跨职能的增长团队能够打破这种壁垒。跨职能团队不仅能够促进并加速产品、工程、数据和市场部门之间的合作，并且能够激励团队成员更多地了解并理解其他成员的视角及他们的工作。建立增长团队或许是公司战略需要，或者是为了某个具体项目或计划的推进。那么，如何搭建增长团队呢？我们接下来将给出具体步骤。

人员构成

增长团队里应当有对企业战略和目标有深刻了解的人，有能够进行数据分析的人，也要有能够对产品的设计、功能或营销方式进行改动并通过编程测试这些改动的工程师。当然，不同公司、不同产品的增长团队具体构成也不同。团队的规模各异，因此职责范围也各不相同。它可以是四五个人组成的小团队，也可以像领英的团队那样有上百个人。不论规模大小，增长团队都应当由以下角色构成（不一定包括下列所有角色）。

增长负责人

每一个增长团队都需要一个领导者，就像部队里的营长，既管理团队又能脚踏实地地参与到想法的提出和试验过程中。增长负责人会确定试验的流程和节奏，并监测团队是否完成了目标任务。增长团队一般每周开一次例会，由增长负责人主持会议（我们稍后也会说明如何组织会议）。

不论专业或背景如何，增长负责人在团队里都扮演着管理者兼产品负责人兼数据科学家的角色。他们的一个主要职责就是选定核心关注点以及团队的工作目标和时间表。我们在接下来几章也会充分阐明，围绕一个主要目标开展试验对于优化结果来说至关重要。增长负责人可以确定一个月度、季度甚至年度关注点，比如使更多用户从免费版产品升级到高级版，或者明确某个产品的新营销渠道中哪一个是最优的。之后增长负责人就要确保团队在这个轨道上开展工作，而不会盲目跟进对既定目标没有意义的想法。对于这些想法，应存档留到目标调整时使用，届时，这些想法就可以用于新目标的实现。

增长负责人也要确保团队采用适合既定的增长目标的指标来衡量并改进结果。经常出现的情况是，市场和产品团队没有系统性地跟踪关键用户行为数据，而这样的数据能够帮助企业发现有益的改进思路，或者能够使企业发现用户活跃度下降或者完全弃用产品的早期迹象。很多公司把太多的注意力放在纸面上很好看但并不能体现用户或收入真正增长的“面子指标”上，比如网站访问量。我们将在第三章详细介绍如何选择合适的指标。

所有的增长负责人都应具备一些基本的技能：能够熟练进行数据分析、精通或熟悉产品管理（即开发与发布产品的过程），以及了解如何设计并开展试验。每一个增长负责人也都必须熟知促进用户增长的方法以及团队所负责产品或服务的用法。例如，一个社交网络的增长负责人应当了解病毒式的口碑效应和网络效应（即加入的人数越多，社交网络的价值越大）的原理，许多社交产品正是依靠这两个效应发展起来的。增长负责人也应当有相关的行业或产品知识，比如，一家网上零售商的增长负责人应该对购物车优化、产品推广、定价和营销策略有敏锐的把握。出色的领导力也是必要的，它能够使团队专注于目标任务，即使面对一次又一次的试验失败（这再正常不过了）时，增长负责人也应能激励团队加快试验节奏。走进死胡同、试验没有定论或者彻头彻尾的失败都是增长试验的常态。但是一个优秀的增长负责人能够使团队保持热情，而且能够为团队继续开展试验保驾护航，使团队在试验失败时不必遭受不必要的审查或者来自管理层的压力。

增长负责人这一角色并不需要最佳职业背景。现在有的人以此为专业，但大多数人都是从工程、产品管理、数据科学或市场营销等其他专业领域转到这一岗位的。在上述任一领域享有专长的人都可能是不错的增长负责人候选人，因为他们都能够在增长黑客过程中发挥各自的优势。对于创业公司，尤其是创业初期的公司来说，创始人常常要扮演增长负责人的角色。也许有的创始人不直接管理增长团队，但是他们也应当任命一个增长负责人并且让他 / 她直接向自己汇报。在规模较大的公司，可能存在一个或多个增长团队，那么增长负责人应当由掌管团队工作的高管任命，并向该高管汇报。

增长负责人的工作也许听上去令人生畏且任务太过繁重，但是我们将在接下来的几章介绍一些用于排定试验优先级、跟踪和分析试验结果的工具和方法，在掌握了这些工具和方法之后，这个过程便能够得到高效的管理。

产品经理

每个公司产品开发团队的组织方式各有不同，这会影响派到增长团队的开发人员，也可能会决定增长团队在公司组织架构里的位置，我们稍后将阐述这个问题。通常来说，产品经理负责监督产品及其功能的实现过程。正如风险投资家本·霍洛维茨所言，“一个好的产品经理就是产品的 CEO”。[4]

产品经理的角色其实起源于消费品行业，最早由宝洁设立。最初，这个角色的名称是“品牌经理”，直到今天很多公司仍在使用这一名称。这个职位通常属于市场部门，因为其职责就是帮助公司更好地理解并满足客户的需求。正如产品管理专家马丁·埃里克森所写的那样，这个角色将企业决策尽可能与客户拉近，使产品经理成为公司内部客户诉求的传达者。

由于企业规模不同，产品经理的职能可能由其他员工负责，而在创业公司，特别是初创的公司，这一角色可能由创始人承担。但是在规模更大的公司，产品管理内部可能会分为几层，从产品经理、产品总监到产品副总裁或首席产品官。而派驻到增长团队的产品管理人员的层级可能各有不同，但是在很多软件公司，往往由增长团队所负责的产品对应的产品经理加入团队，并向产品总负责人汇报，而这个总负责人经常是产品副总裁。我们稍后会进行更详细的阐述。

软件工程师

为产品功能、移动界面和网页写代码的人可以说是增长团队的主力。然而他们往往被排除在构想过程之外，因为他们通常忙于公司新产品或新功能的开发；或者他们只是一味地听命于产品和业务团队，落实他们提出的任何想法。这不仅会削弱公司最有能力也是最宝贵人才的士气，也会阻碍想法的提出，因为这使工程师的创造力和在新技术方面的专长无法得以发挥，从而可能错过增长良机。前面讲道，在 BitTorrent，工程师提出的开发节电功能的想法带来了无法估量的价值。增长黑客的精髓就是源自软件开发和设计的黑客精神，也就是利用新的技术手段解决问题，如果没有软件工程师的参与，增长团队就不会完整。

营销专员

当然，有一些增长团队是没有专门的营销人员的，但是我们认为营销专员的参与能够帮助团队取得最优结果。工程和营销这两个专业之间的碰撞能够极大地激发新思路的产生。基于不同类型的企业或者产品，团队所需要的营销能力也各不相同。例如，一个致力于扩大读者群的内容增长团队显然需要一个内容营销专员。比如在摩根·布朗担任 COO（首席运营官）的英曼（Inman，一家房地产行业杂志社），增长团队里有一位邮件营销总监，因为邮件营销是这家公司客户获取、留存和变现的主要渠道。而有的公司可能更依赖搜索引擎优化，所以会有这个领域的一位营销专员加入增长团队。团队也有可能有几个营销专员，分别负责不同的领域。营销人员也可能只是在短时间内加入团队开展他们所擅长的工作，在目标实现之后便离开。

数据分析师

增长团队的另一个必要技能是精通客户数据的收集、整理与深入精细分析，并从中汲取试验灵感。团队里不一定要有全职分析师，可以有一位专门的分析师在处理公司其他工作的同时与增长团队合作。BitTorrent 的增长团队一开始就是这样。但是如果公司有能力聘任一位全职分析师，当然再好不过了。

团队的数据分析师需要懂得如何确保试验的设计严密且在统计上有效，懂得如何获取不同来源的客户和业务数据并将这些数据结合在一起分析用户行为，并且能够迅速整理试验结果并从中提取结论。团队所开展的试验的复杂程度不同，因而在有的情况下这一角色可以由市场或工程团队的人担任，因为这两个领域都涉及一定程度的数据分析工作。而技术性更强的公司则同时需要一位擅长试验报告的分析师和一位擅长深挖数据的数据科学家。

最基本的一点是，数据分析工作不能交给只知道用谷歌分析（Google Analytics）的实习生或者外包给数字代理商，这是比较极端的情况，但仍然普遍存在。我们将在第三章详细讨论这个问题。太多的公司不够重视数据分析，而是采用像谷歌分析这种预先设定的程序，导致它们无法有效地整合不同来源的数据，比如销售数据和客户服务数据，也使它们无法充分利用这些数据获得重要的洞察。数据分析师的能力大小将决定增长团队是在浪费时间还是在挖掘数据金矿。

产品设计师

同样，这个职位在不同类型的公司也有着不同的头衔和职能。在软件开发领域，专注于用户体验的设计师负责开发与用户交互的界面和序列。在制造业，设计师可能负责产品画图和规格。而在其他一些公司，设计师可能主要负责广告和推广文案的图像设计。在增长团队中，设计师的参与可以提高试验执行的速度，因为这意味着团队有一位专职人员能够迅速地完成任何需要设计的工作。用户体验设计师也能够在用户心理、界面设计和用户调研技巧方面提供重要的见解，帮助团队寻找试验思路。

团队规模与工作范畴

在创业公司和小型企业，增长团队中上述每个领域可以只有一个人，甚至团队只有几个人，每个人负责不止一项工作。而在大公司，增长团队可能包括多位工程师、营销人员、数据分析师和设计师。增长团队的构成和职责，包括团队的规模、组织结构和具体的任务和重心，必须符合公司的需要。增长团队的工作范围可能比较宽泛，比如负责公司各个领域的增长业务，也可能非常具体，比如负责产品某个部分的改进，如购物车功能。有些增长团队是固定的组织单元，比如 Zillow 和推特的团队，而有些则是为特定任务成立的，比如新产品发布，目标完成之后便会解散。有些公司成立了多个增长团队，每个团队负责不同领域的工作，领英和 Pinterest 就是这样。Pinterest 有四个增长团队，分别负责用户获取、病毒式增长、用户参与和新用户激活。而有的公司只有一个增长团队，负责多项任务，比如脸书和优步。

如果你刚刚着手成立一个增长团队，那么你可以从不同部门各抽调一两个员工，这样可以使团队迅速启动，团队的规模可以日后逐渐增扩，也可能另外设立新的团队。例如，IBM 成立增长团队的时候是为了扩大 Bluemix DevOps 产品（为工程师提供的软件开发包）的用户群，公司调了 5 个工程师和 5 个来自业务部门和市场部门的其他员工组成了团队。在英曼，摩根率领的增长团队由一个数据科学家、三个营销人员和一个网页开发者组成。摩根也是公司的产品开发负责人，他在团队里担任产品经理的角色，作为COO，他也是团队里级别最高的成员，但是他并不是增长负责人，增长负责人由一位市场经理担任，摩根负责帮助并指导团队工作。

工作流程

选好了团队成员之后，他们应该做些什么呢？增长黑客过程提供了团队应当开展的一整套具体活动，通过迅速试验寻找新的增长机遇并扩大现有的机遇。这一过程是一个持续的循环，由四个主要步骤组成：（1）数据分析与洞察收集；（2）想法产生；（3）排定试验优先级；（4）试验执行。在第四步完成之后重新回到数据分析阶段，评估试验结果并决定下一步行动。在这一阶段，团队将确定产生了初步成果的试验想法，并进一步完善，而对于结果差强人意的试验想法，则直接抛弃。通过循环往复地推进这

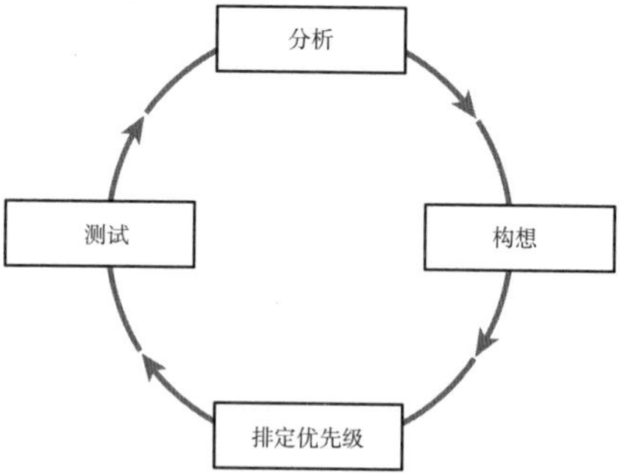

图1–2　增长黑客过程的四个步骤

一过程，增长团队将不断积累大大小小的成功，创造一个不断改进的良性循环。

团队应定期召开增长会议以保证工作进度。团队会议一般应每周召开一次，它能够为管理团队试验工作、回顾试验结果并决定下一步试验内容提供一个严谨的场合。增长团队可以采用敏捷软件开发方法里的常设会议做法。敏捷开发利用冲刺计划会议组织下一步工作，而增长会议也十分类似，使团队能够回顾进展、确定下一步试验顺序并保持试验速度。

在会议上提出的试验想法将分配给不同成员负责执行、分析或研究，以明确该想法是否值得试验。团队增长负责人在两次周会之间定期与每个团队成员进行沟通，检查工作进度，并帮助他们解决可能出现的问题。

周会可以使团队保持工作进度与重心，确保高度的协调与沟通以推进这一节奏飞快的过程。这个过程就像是在赛道上飞驰的F1 赛车，在保持速度的同时不断进行微调，如果做不好则可能变成刹车失灵冲出道路的笨重卡车。除此之外，这种深度合作的会议能够达到1+1=3的效果，不同成员的专长结合在一起的影响力将会翻倍，使优质的想法变成强大的增长引擎。这样的会议也经常能够催生非常出人意料的想法，而其中很多都是成员独自一人无论如何也想不到的。

例如，通过对于客户流失的深入分析，团队可能会发现很多弃用产品的人都没有使用产品的某一功能，而这一功能非常受活跃用户的欢迎。这一发现可能促使团队试验不同的方法，引导用户试用这个功能。再举一个我们 GrowthHackers.com 增长团队的例子：在分析用户数据时，我们发现社区提交的内容包含富媒体格式（比如会议演示文稿或者 YouTube 上的视频），与简单的文章链接相比，这些内容大大提高了用户参与度并为网站带来了更多的重复访问量。于是增长团队成员提出了一系列为网站增加更多音频、视频等富媒体内容的想法。接下来的工作看似很明确但缺乏新意，直到团队里的一位工程师加入进来，告诉我们不仅可以用一个简单的插件在网站上支持很多类型的媒体文件，还可以嵌入一段代码，自动识别 YouTube、SoundCloud 和 SlideShare 等知名媒体网站的链接并马上将链接内容嵌入网站的讨论页面。于是我们所做的就不是直接增加一两个媒体源的视频那么简单了，而是实现了对十几个媒体源内容的支持，而且大大简化了在网站上发布多媒体内容的过程。如果没有工程师的参与，我们很可能不会想到这个办法。之后，我们重新设计了试验，结果网站社区活跃度的增长远远超出了我们的预测。我们将在第四章介绍最高效的会议组织流程，也会提供一个会议日程样板供读者参考。

人员分工

至于人员分工，每个团队成员仍然应负责各自擅长的工作，有时也需要独立工作，至少在团队成立初期是如此。例如，工程师会负责试验所需要的编程工作，设计师负责团队需要的任何设计元素，数据分析师则负责挑选试验将要覆盖的用户群，而营销人员则负责执行任何针对营销渠道的试验，比如新的脸书广告计划。如果团队里有用户体验设计师，他 / 她可能会负责收集并分析用户关于他们最看重的产品功能的反馈，并将分析结果汇报给团队。而这样的调研可能会引导团队提出改变某个功能或者测试某个新功能的想法。而后，团队可能会让工程师负责相应的编程工作，比如，如果调研发现用户在浏览网站时容易“找不着北”，工程师就可能需要对网页进行调整，比如修改购物车界面。

当然，团队成员在其他时候也需要密切合作。比如要开发一个新的产品功能时，团队负责不同工作的成员需要就产品的设计和执行、信息传达方式和产品提供方式以及结果评价指标等达成统一意见。例如，负责移动 App 的团队可能会通过讨论决定，将提高新用户转化为固定用户的速度作为工作重心，也可能因此决定的需要对新用户首先看到的几屏进行大刀阔斧的重新设计，以优化页面的信息传达，并就此开展试验。

必要的高层支持

公司的组织汇报结构必须对增长团队有清晰的界定，即增长负责人应向谁汇报。团队应当由一位高管负责，以确保团队有权跨过既定的部门职责界限开展工作。增长不应作为一个边缘项目存在，如果没有明确且坚定的高层意愿，增长团队将会在公司中处处受阻，陷入低效、僵化的形式主义和地盘之争。在创业公司，如果创始人或 CEO 本人不直接领导增长团队，那么团队就应该直接向他 / 她汇报。在规模更大的公司，可能同时有几个增长团队，团队则应向副总裁或者首席官中的一位汇报，这位首席官能够保证整个首席官团队都支持增长团队的工作。总之，组织最高层的支持对于团队取得持续的成功至关重要。

马克 · 扎克伯格就是增长团队所需领导力的典范。他在脸书成立初期就不遗余力地推动增长，从那时起他对增长工作的热情一直不曾消退。2005年，也就是脸书正式成立增长团队两年之前，公司负责数字营销的诺亚·卡根向扎克伯格提出了一个能够为公司创收的想法。卡根是第三十名加入脸书的员工，他认为公司需要向投资者证明他们是可以盈利的。当时，他们在公司的会议室里，卡根正在阐述他的想法，而扎克伯格打断了他，从座位上起身，走到白板前拿起一支记号笔在上面写下了大大的"Growth"（增长）一词。扎克伯格认为，公司当时需要做的就是全力以赴扩大脸书的用户人数，不应该有别的想法。他在公司创立初期就态度鲜明地把增长置于包括收入在内的所有其他企业关注点之上，这正是脸书取得巨大成功的关键所在。[5]

即使在企业纷纷投资虚拟现实和人工智能等未来技术的今天，核心客户群的稳健仍然毫无疑问是投资未来的基础。正如脸书的CTO（首席技术官）迈克·斯科洛普夫对《快公司》杂志所言，"我一半时间在关注公司日常运营，一半时间在关注未来发展，这有时会让人有些错乱，但是我们必须要保证核心业务保持持续增长，因为这是我们大力投资长期项目的前提和基础"。[6]

世界最大的房地产网站Zillow的联合创始人斯宾塞·拉斯科夫也是增长过程的坚定拥趸。负责公司增长业务的副总裁奈特·默克是公司的第四十位员工，他回忆说，拉斯科夫和高管团队从第一天起就把增长作为首要任务。随着公司的成长，Zillow也建立起了一支以默克为中心的增长团队，以保证公司始终如一地专注于增长。默克的团队与脸书的工作模式类似，主要关注公司的KPI（关键绩效指标），并与其他产品团队合作促进获客和留存，以实现各自的业务目标。

拉斯科夫设立了一个名为"Play"的增长计划，即以每9到

12个月为一个周期不断进行的增长活动，并以此为核心将整个公司凝聚起来，共同实现增长使命。例如，在2008年，公司注意到其网站流量正在被一个竞争对手吞食，这个竞争对手是一家叫Trulia（美国房地产搜索引擎）的行业新秀。流量的流失在很大程度上是因为Trulia巧妙地利用了搜索引擎优化使其在谷歌搜索结果中的房源数据高于Zillow。于是Zillow的高管团队决定将当年“Play”计划的主题定为搜索引擎优化，公司里的所有团队都要将此作为首要任务，力争在搜索方面做到世界一流。这意味着公司文化的重大改变，因为在此之前公司一直忽视了搜索引擎优化，而更多地关注其他营销策略。但是最终每个团队都找到了搜索引擎优化的办法，而且Zillow也赶超了Trulia，并在2015年以30亿美元将其收购。[7]

汇报结构

研究员安德鲁·麦金尼斯和三善大辅开展的针对硅谷企业的调查显示，增长团队有两种常见的汇报结构。[8]他们将第一种结构称为职能模式或产品部门主导模式，在这一模式下，增长团队向主管其工作的高管汇报（见图1–3）。

比如，产品部门主导的团队可能将全部精力放在公司移动App用户的增长上，而另一个团队则可能专注于推动接受网络免费新闻资讯服务的读者升级到付费订阅的行列。有些情况下，产品部门主导团队的职责范围可能仅限于改进产品某一个方面的性能，比如通过优化onboarding，即引导用户了解如何使用产品，激活某线上学习软件的新用户。在Pinterest，约翰·伊根领导的

图 1-3　产品部门主导模式

增长团队全心贯注于测试发给用户的邮件和手机推送消息的频率、内容和行为召唤，旨在促使用户更频繁地使用产品。这一职责范围听起来可能太小了，但是正是这种高度的专注才能使团队真正深挖公司的关键增长点。例如，团队最近的一次尝试是打造了“Copytune”，这是一个非常复杂的机器学习算法，使团队能够快速地测试用 30 多种语言编写并推送给用户的几十种不同的通知版本，在软件选出效果最好的版本之后，团队再跟进试验以寻求更优结果。这一计划的成效非常显著，使网站的月活跃用户数（MAU）大增。[9]

产品部门主导的团队也可能负责尝试各种不同方式以驱动增长漏斗各个层面的增长，从吸引新客户到提高留存率，再到增加客户产生的收入。

一般来说，在采用这一模式的公司，每一个产品经理都会领导一个由工程师、用户体验设计师和数据分析师组成的小产品团队，而且经常一个产品部门会有若干个这样的小团队。这个模式在成熟的企业或者已经处于创业后期的公司比较容易实施，因为它能够很快地融入既有的管理结构。这不仅意味着企业架构不需要大幅重组，也能够减少在将增长试验纳入既有产品功能开发路线图的过程中可能遇到的摩擦。

除 Pinterest 之外，领英、推特和 Dropbox 也采用这一模式。

另外一种模式是创建一个独立的团队，这样的团队不再归属于既有的产品开发团队，增长团队负责人向增长副总裁汇报，而增长副总裁一般直接向 CEO 或者其他高管汇报（见图 1–4）。增长副总裁这个角色的设立通常是为了保证公司管理层中有人对团队的成果负责，优步和脸书就是两个例子。不同于产品部门领导的团队，独立团队并非只专注于某一个产品，而是有权就公司所有类型的产品开展试验，甚至可以在公司现有的产品线之外寻找战略层面的增长机遇。一个典型的例子就是脸书的增长团队在认识到 Octazen 的技术能够帮助改进其朋友推荐计划的效果时建议公司收购 Octazen。而且，脸书的增长团队开展的增长计划覆盖范围十分广泛，他们不仅帮助公司改进既有产品及功能，比如优化新用户注册流程，甚至还为公司开发了一些新产品，比如 Facebook Lite，这是专为数据通信比较落后的地区建立的。增长团队还为产品团队提供支持，当产品团队遇到困难时，增长团队会像特警部队一样空降过来帮助他们发现产品优化和增长的机会，并向他们展示如何推进增长试验过程。

在公司发展初期成立独立增长团队的阻力是最小的，因为这

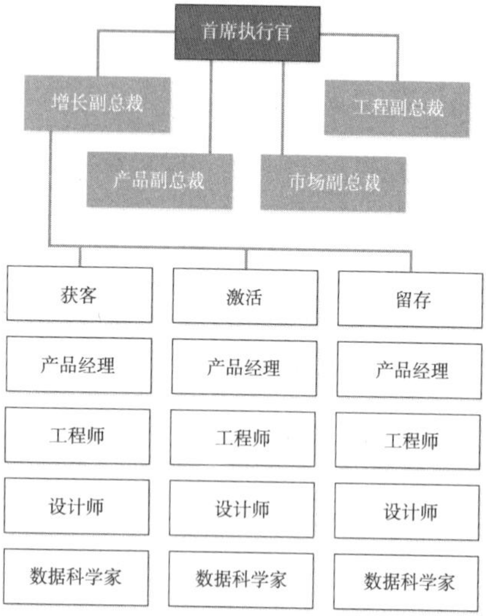

图 1-4　独立模式

时公司架构还没有成型，资源归属和汇报制度还没有正式确立下来。在地盘尚未正式划分的时候，如果要分配一部分职责和人员给增长团队，公司里不会有太多的抱怨声。不过虽说如此，在规模更大、更成熟的企业成立独立的增长团队也并非不可能。沃尔玛就在 2011 年成立了一支独立的增长团队。它采取的办法是收购硅谷一家知名创业公司 Kosmix 的创新中心，而这个创新中心就成了“沃尔玛实验室”。[10] 这个团队作为专注于电子商务的部门独立运作，聚焦沃尔玛网站和 App 的数字创新计划，其中就包括我们在前言里提到的非常成功的“低价捕手”App。团队同时也负责对数字创业公司中的“潜力股”进行收购，比如时尚搜索应用 Stylr 和网络食谱公司 Yumprint，并将这些公司的技术和人才用于提升沃尔玛的电商业务。

需要强调的一点是，即便增长团队享有充分的独立性，它仍然需要公司高层的大力支持，以应对组织内部的敏感问题和可能出现的摩擦，比如产品、市场、设计和工程人员各自都有自己的行事方式和工作重心，增长团队在和他们打交道时很可能会遇到一些问题。

如何化解阻力

一家公司在成立第一支增长团队时难免会遇到一些阻力。除了组织架构和规范尚未完全确立的初创公司外，对于大多数企业来说，建立一个或多个增长团队都意味着重大的人事和汇报制度的调整。不论这样的调整是长期的还是仅限于某一特定的短期增长任务，都需要牵涉一部分人员的工作安排和职责变动。有过在企业工作经历的人都知道，做出这样的调整势必会遇到一些挑战。

从根本上看，大多数的摩擦都是由企业文化造成的。包括市场、产品开发和软件工程在内的很多部门的人员对于工作安排都有着既成的认知，即他们的团队应当做什么，应当如何去做。在BitTorrent，市场部最初的想法是只关注用户获取，数据分析则由公司的数据团队来完成，而且分析完全是按照产品团队的要求进行。测试工作并不属于任何部门的工作范围，几乎完全被忽略了。可想而知，当成立增长团队并打破原有的部门筒仓时，公司需要下不少功夫来做出相应调整。

诸如此类的摩擦在成立增长团队的过程中屡见不鲜。乔西·施瓦扎佩尔加入雅虎，成立并领导增长团队时，主要任务是实现公司移动产品的增长。他回忆说，当他的团队开始试验向访客推广雅虎的应用时，遭到了品牌团队的排挤，因为他们认为增长团队的做法偏离了原有信息传达方式所使用的风格和语音提示。产品经理也十分谨慎，因为增长团队所做试验触及的人群和影响力都太广了，每一个在移动设备上访问雅虎网站的人都会看到他们做出的调整。克服这一阻力需要跨团队通力合作，也需要建立团队之间的信任。“我们需要付出大量的努力以赢得伙伴团队的支持。”施瓦扎佩尔回忆说。[11]

造成摩擦的另一个原因，是增长试验及其所需动用的资源可能会干扰或者牺牲开展既有项目和工作所需要的时间或资源。例如，在 BitTorrent，安娜贝尔花了大量时间设计试验并分析试验结果，这占据了她开展更加迫切的收购工作的时间。而且，随着团队对数据分析的需求不断增加，数据团队变得不堪重负，直到管理层决定为数据团队招兵买马，情况才有所缓解。

摩擦的产生也是因为增长团队将专业领域和背景如此不同的一群人聚集在一起，可想而知，他们势必会有意见相左的时候，有时甚至在立场观点和工作重心上存在冲突。工程师一般只对在技术上最具挑战性的工作感兴趣，而不关心他们提出的解决方案是否会对增长产生实质性的影响。产品经理往往沉迷于产品开发与发布工作，如果市场和销售团队在最后一分钟提出产品改动要求却给不出有说服力的商业理由，他们可能会大发雷霆。用户体验设计师经常会反对为产品引入一些试验性的功能或特征，因为他们担心原本对产品满意的用户会因此感到厌烦。营销人员则可能会过于关注像网站访问量或销售线索这样的面子指标，而忽略了在漏斗的其他部分（比如用户留存）提升指标的必要性。

此外，这些立场在上述每个群体的成员中往往都根深蒂固，这不仅是组织结构设计使然，他们相应的入职培训、各自的心态及其背后的激励因素都造成了这样的结果。因此，即便在初创企业，让这些来自不同领域的人携手合作都可能是个不小的挑战。

如果管理得当，增长团队完全可以减少这些摩擦，前提是公司要为整个团队实现共同的增长目标提供充分的激励和奖励措施。缓解矛盾的另一个方式是确保在决定试验的优先顺序以及评价试验结果时严格用数据说话，而不是仅凭主观臆断。脸书增长团队前负责人卡马斯·帕里哈比提亚将这样的主观臆断称为公司掌握产品设计、消费者需要方向的“学问”。每个公司，不论大小，都有一些根深蒂固的“学问”，我们应当通过以数据驱动的试验来打破它们。例如，在 Qualaroo，员工一度认为如果产品涨价公司就没法保持成功，这也导致公司的发展止步不前。然而，他们在做了价格试验之后发现，在提价超过 400% 的情况下公司仍然能够通过吸引一个新的用户群而获得增长。

当数据分析给出了强有力的结果时，反对意见就很容易处理了。而设计严密的试验带来的结果也会让人无法辩驳，这也能够让人摆脱对自己的某种愿景或策略的执念。而且如果试验过程完全基于数据，团队成员往往会认可这一学习过程的严谨性，并且它可以为成员提供试错的空间，通过不断试错找到最佳做法并取得成功。

毕竟，成功是化解冲突、消除分歧的最有效手段。很多增长团队的成员都表示，随着他们不断努力取得令人惊叹的成果，不仅团队内部对增长黑客方法的热情高涨，这种热情也不断蔓延至整个公司。

团队的演进

随着公司的不断增长和演变，增长团队也应当随之变化。在脸书，增长团队从最初的 5 人迅速壮大成一个庞大的群体，并且聚焦多个领域，比如国际市场和新兴市场手机业务领域。

通常来说，随着公司的扩张，员工越来越多，增长团队的构成和关注点也会随着时间的推移而有所变化。这时，增长团队可能会从特定部门或者新增部门招募更多人手，可能也会划分成不同小组，分别负责公司不同业务板块下的更加具体的增长计划。Pinterest 的增长团队就从一个独立团队演变成了产品部门下的四个小团队，分别负责用户体验的不同方面。[12]在推特，乔西·埃尔曼的团队也从一个一开始只关注“用户引导”的小组演变为一支规模更大、责任更广的增长团队。[13]其他专业人员也可能加入团队提供特定领域的技术或知识支持，他们可能是公司内部的固定员工，也可能是从外部顾问公司或代理公司聘请的临时雇员。公司在扩张的同时应保持并扩大增长团队的规模，以保持以增长为中心的企业文化。即使是最具创意的产品和想法也会因为缺乏持续的改进而止步不前、最终陨灭，这在现实中常常发生，而增长团队是避免这种惨痛结局的法宝。

对于初创企业来说，增长团队一般都规模很小，需要从团队外部聘请擅长用户增长某一领域（比如用户获取或留存）的专家。对它们来说，为团队增加外部实力能够带来诸多裨益，正如 Dropbox 当初聘请肖恩一样。这样的小团队能将其成员对产品及公司的深刻了解与外部实力结合起来，从而获得丰硕的成果。需要注意的是，不论是在初期阶段还是其他任何时期，都不能将增长的核心职责外包出去。增长工作太重要了，不能轻易交给他人去做，而外部顾问常常缺乏足够的权力、时间或内在动力为实现公司可持续的增长而攻坚克难。

万事开头难

增长黑客过程可能看起来很难落实。搭建一个跨职能的团队并不容易，各个部门的经理可能会反对增长团队占用他们手下员工的时间，大量的试验也会让很多人望而却步。总之，势必会有人说“不”，势必会遇到阻力。好在增长黑客能够带来良性增长循环。目标非常具体的小型团队往往会通过推行增长黑客过程取得一系列的成果，而这能够在整个公司激起员工对于这一过程的热情。一旦人们看到这一以数据驱动的试验方法产生的增长创意的威力，势必会萌生对这一过程的热情，而这种热情如星星之火，可以燎原。

不论是在公司还是某个部门内部，增长黑客的推行都不是一蹴而就的。可以试着先成立一个团队使其只专注于某一个产品，甚至是产品的某一个方面，比如网站的注册页面。或者你也可以让团队只负责优化公司的某一个获客渠道，比如加强脸书上的获客，或是扩大公司博客的读者群，又或是提高公司邮件营销的效果。增长团队也可以只关注某一个指标，比如提高激活过程中的转化率，或者加强用户留存。随着成功的累积，增长团队的责任范围可以逐渐扩大，或者公司可以成立更多的增长团队。

如果你是小团队负责人，希望尝试一下增长黑客过程，那么最好能够先获得一些支持，哪怕只是几个同事和一个上司的认可。在推行过程中难免会犯错，试验也会有失败，网页可能会崩溃，这些都是这一试验过程的必经之路。而上级的支持可以大大减轻这些失败带来的冲击。IBM 的 BlueMix DevOps 团队增长负责人劳伦·谢福尔就曾经在开展增长黑客试验的初期启动了一项测试，结果导致产品的主页崩溃。但是她的上司非常支持增长黑客行动，所以她和她的团队很快摆脱了这次失利的阴影。[14]

增长团队也不应太早启动，因为如果产品不受用户的喜爱，那么任何试验都无法激发持久的增长。当然，对于一个不尽如人意的产品，很多公司都会想方设法保持一定的用户忠诚度或者获得足够的销量，但是它们终将失败。

正因如此，企业在明确其产品对于市场是“不可或缺”还是“有没有都无所谓”之前，都不应制订过于雄心勃勃的增长计划，我们在下一章会更详细地讨论这一点。现在你已经知道如何搭建一个增长团队了，接下来让我们进入这一过程的下一个步骤：团队如何利用客户反馈、严密的试验和测试以及深入的数据分析来评估一个产品是否实现了产品—市场匹配。

第二章

好产品是增长的根本

所有快速增长的企业都有一个共同点——无论它们的客户是谁、商业模式如何、产品类型为何、处于哪个行业或是世界哪个地区，它们的产品都广受喜爱。在用户的眼中，它们打造的产品是“不可或缺”的。

虽然创造一个不可或缺的产品本身并不足以给公司带来爆发式增长，但是这是公司实现迅速、持续增长的基本条件。当然，打造一个不可或缺的产品并非易事。很多公司在发布新业务或者新产品的时候常常本末倒置，投入大量的人力、物力和财力试图吸引更多用户使用它们的产品，而事实上它们的产品并不招人喜欢，有时甚至并不被目标受众所接受。这是创业者最常犯也是最致命的错误之一，也是成熟的公司，甚至那些因创新力而知名的公司在发布新产品的时候常常遇到的难题。比如谷歌眼镜和亚马逊的 Fire Phone，它们都是非常具有创新力的产品，但是并没有多少人感兴趣。又比如微软 2006 年 11 月推出的 Zune 媒体播放器，据称微软斥资至少 2 600 万美元对其进行推广，但是市场反应依然十分冷淡。[1] Zune 并不是一个糟糕的产品，其实很多评论都认为它的设计比较出众，但是与已经随处可见的苹果 iPod（音乐播放器）相比，它并没有什么令人惊叹之处。尽管微软不断加码进行推广，甚至在 2009 年推出了升级版 Zune HD，但它的市场份额始终没有超过个位数，最终微软在 2011 年叫停了这个项目。[2]

增长黑客的基本原则之一就是在确定你的产品是否不可或缺、为何不可或缺以及对谁来说不可或缺之前不要进入快节奏试验阶段，也就是说，你必须要了解你的产品的核心价值是什么、对哪些客户来说具备这些核心价值以及为什么（一个例外情况是社交网络类产品，此类产品的核心价值就是用户本身）。这可能听起来再浅显不过了，但事实上，要做到这一点往往需要十足的耐心，因为企业始终面临着推动产品增长的巨大压力。对于创业公司来说，压力可能来自投资方，或者公司需要向潜在投资者证明自己的盈利能力，又或者公司需要创收以维持自身运营。即便是在成熟的公司，由于它们往往会给产品规定一个目标收入份额及期限，业绩增长的压力也同样沉重。而随着压力的累积，人们会越来越倾向于相信通过加大营销投入便能够获得增长。

但事实是，无论营销和广告投入有多大，无论营销手段有多高明，我们都无法使人们爱上一个不合格的产品。如果你无法在大力推动增长之前创造或者确定产品的核心价值，那么你或许可以沉迷于一时的增长幻影，但也可能会立刻遭到市场的排斥。当然，大张旗鼓的产品发布可能在开始时吸引一些眼球，但是如果产品不具备令人惊叹的特质，即使请巨星做代言人或者斥资几百万美元打广告，都不会获得可持续的增长。

过早追求增长会产生两个层面的机会成本。首先，你会将宝贵的时间和金钱浪费在错误的事情上，即推广一个不受欢迎的产品。其次，当你过早追求增长的时候，你非但没法把早期客户转化为忠实粉丝，反而会令他们失望，甚至使他们变成愤怒的批判者。记住，病毒式的口碑传播是一把双刃剑，它可以帮助你实现腾飞，也可以令你灰飞烟灭。

有人将增长黑客曲解为打造产品病毒性的一种方法。这确实是主要的策略之一，但是与其他的增长努力一样，它必须要在确定产品的不可或缺性之后才能被采用。脸书增长团队的前负责人卡马斯·帕里哈比提亚回忆说，他在启动团队的增长工作时强调："不要给我任何关于病毒传播的产品方案，我不想听。"[3]

增长团队需要采取严密的方法分析用户行为，以发掘产品或服务的核心价值，我们稍后会介绍这些方法。此外，增长团队需要认识到，有些时候，产品或服务的核心价值并不仅仅在于它的功能，更在于它是否与恰当的核心市场相契合，而这一核心市场可能和公司一开始所设想的相去甚远，我们稍后也会详细讨论这一点。

最后，值得强调的一点是，创造了核心价值并不意味着我们一定能够正确定位核心价值。像我们这样开发并推广新产品的人常常会以为我们知道客户会喜爱我们产品的哪一点，但事实上我们以为的往往都是错的。有时候产品真正的核心价值可能完全不同于我们最初在产品愿景中所设定的，它可能是在产品推出之后才加进去的某个功能或用户体验。无论如何，增长团队都应当找到这个核心价值。这就是本章的重点。

不宜过早开展增长攻势

曾经增长最快的脸书应用之一为我们提供了一个过早过猛地开展增长攻势的反面典型。BranchOut（脸书成立的一家职业社交网站）成立于 2010 年，旨在使脸书用户通过关联他们的工作联系人在网站上搭建一个职业网络，当时媒体盛赞它为领英的克星。[4] 这些评论家指出，如果你在脸书上有了自己的职业人脉网，那还要领英做什么呢？为了加速这个 App 的病毒式增长，团队在扎克·奥尼斯克的带领下设计了一个巧妙的增长手段，即利用脸书的邀请功能让更多用户把 App 分享给他们在脸书上的朋友。

当时，脸书允许用户向自己在这一平台上的朋友发送邀请，分享自己新安装的 App。事实上，很多 App 都通过在脸书上利用这一功能获得了飞速增长，比如大受欢迎的游戏应用 Farmville。但是，脸书的基本邀请功能只允许用户一次性向不超过 50 位朋友发送邀请，而 BranchOut 团队知道脸书邀请的转化率非常低。他们认为，确保病毒式增长的唯一途径就是促使用户发送更多邀请。奥尼斯克说，他们为此试验了数百种方法，直到他们无意间发现了一个解决方案。团队找到的这个办法能让用户跳过 50 个好友邀请的上限，通过在一个经过特殊设计的窗口中反复点击“下一步”按钮，使脸书的邀请系统向用户建议向另外 50

名好友发送邀请，如此反复进行。这一策略使用户推荐量激增，BranchOut 的用户数量也在短短三个月的时间里从 400 万增加到了 2 500 万。[5]

唯一的问题是，人们开始使用这个 App 的时候却失望地发现它并没有很大用处。很快，大批涌入的新用户又迅速地撤离了，每天流失的用户一度高达月活跃用户数的 4%。人才招聘资讯媒体 ERE Media 甚至将之称为网络界的“庞氏骗局”。[6]

BranchOut 的创始人里克·马里尼在 2012 年的一次演讲中承认公司当时走错了路，太过仓促地追求获客却没有改善产品体验。“人们常常认为存在一种能够获取流量、实现病毒式增长的法宝，”他说道，“我们的教训告诉我们，有时候你能够取得暂时的病毒性增长，但是如果想要维持长期的用户增长，首先必须有个好产品。我们认识到，我们必须改进产品，吸引用户每天打开它。不能只做一个人们偶尔需要的工具，而是要打造一个社区。现在我们必须要做出这个转变。”[7]

但是这一转变的念头最后却变成了一厢情愿的空想。BranchOut 虽然获得了近 5 000 万美元的风险投资，但是最终也没能从一次性的病毒奇迹中跳脱出来，它的疯狂之路最后戛然而止，公司以 200 万美元外加一部分股份将资产出售给了一家名不见经传的人力资源公司 1-Page。[8]

很多发力过早过猛的产品在取得了飞跃式的增长之后像 BranchOut 一样最终如烟花般陨灭。正如爱彼迎的增长团队所言，增长团队必须始终谨记，“是爱创造了增长，而不是增长创造了爱”。而要赢得用户的喜爱，就必须创造“啊哈时刻”（Aha Moment）。[9]

找到产品的“啊哈时刻”

当Yelp在2016年作为上市公司获得20亿美元的估值时，它的成功似乎从一开始就注定了。但事实上，它在创立初期增长十分乏力，因为它面对着十分强大的竞争对手——城市搜索（Citysearch）。这家公司比Yelp大得多，在2005年曾跻身美国50大网站之一，并且背后还有着庞大的母公司——媒体大亨巴里·迪勒的公司InterActiveCorp（美国互联网商业巨头）。而Yelp则是在2004年10月作为一个概念验证手段启动的，当时连脚跟都还没有站稳，甚至连创始人杰里米·斯托普尔曼都不确定Yelp究竟有没有足够的价值。后来，斯托普尔曼的团队在分析用户数据时发现，相当多的用户都在使用网站上隐藏得很深的一个功能——用户可以发布对当地商家的评论。

团队做了一些试验，观察当把“评论”置顶并居中显示时网站访客将做何反应。在看到不错的结果之后，他们调整了商业模式，从最初向他人推荐商家的模式转变为以评论为核心的用户体验模式。但他们并没有止步于此，之后，团队又在网站上创建了旧金山湾区2 000万小商家的资料，并鼓励用户添加评论。增长就此一触即发。与此同时，它的主要竞争对手城市搜索却变得不值一提，并且在2010年被合并到了城市网络媒体（CityGrid Media）之下。[10]

Yelp找到了它的“啊哈时刻”。“啊哈时刻”就是产品使用户眼前一亮的时刻，是用户真正发现产品核心价值——产品为何存在、他们为何需要它以及他们能从中得到什么——的时刻。换句话说，就在这个时候，用户认识到这个产品对他们来说为什么不可或缺。正是这个时刻下的体验使早期用户转变成产品的超级用户和宣传大使。对 Yelp 来说，这个体验就是用户能够通过网站上真实可靠的社区评论发现当地的餐馆和其他商家。对易贝来说，用户的“啊哈时刻”是从来自世界各地的人的手中发现并拍下独一无二的物品。对脸书来说，是能够马上看到家人和朋友发布的照片和状态并且跟他们分享自己的近况。对 Dropbox 来说，是便捷的文件分享和无限的储存空间。而优步的“啊哈时刻”正如其联合创始人兼 CEO 特拉维斯·卡拉尼克所说，“你点击一下手机就有一辆黑色的车来接你，谁能这么酷？能够让一辆黑色的车 8 分钟之内赶来接你，这绝对酷毙了”。[11]“啊哈体验”是可持续增长的必要元素，因为有了这个体验的用户会觉得产品太棒了，让人爱不释手并忍不住跟朋友分享。

因此，要确定应该什么时候开始快节奏的增长黑客过程，方法很简单：问一下自己，你是否知道用户“啊哈时刻”的点在哪里？新产品通常都是为了创造一个让用户无法抗拒并且能够满足一大批用户切实需求的“啊哈体验”。有时候一切都会按计划推进，一旦人们开始使用产品，他们就会经历这个“啊哈时刻”，然后会把产品推荐给几个朋友，口碑传播便从此开始。但是在很多情况下，实现一个与众不同的“啊哈体验”并不只是提供产品然后满怀希望地等待成功降临那么简单。

有时候，一个产品并没有提供真正意义上的“啊哈体验”，仍需要进一步的产品开发。但也有时候，产品已经具备了提供“啊哈体验”的元素，接下来要做的就是更有效地引导人们发现它。人们常常是在使用一个产品一段时间之后才会真正发现它的“啊哈体验”，或者他们必须要使用了某个功能之后才会充分地体验到“啊哈时刻”。例如，推特在创立初期时一度难以维系增长，直到它通过大量的用户数据分析发现，那些很快关注了30人以上的用户比其他用户活跃度高得多，而且更有可能留下来成为长期客户。之后推特增长团队便深入挖掘为什么关注30个人会成为一个拐点。他们发现，能够持续地看到感兴趣的人发布的状态和更新正是这些人的“啊哈时刻”。而关注30个人恰恰提供了持续的更新，使推特成为这些人眼中不可或缺的服务。

同样地，在我们曾经一起共事的网站调查公司Qualaroo，我们发现，试用调查服务的用户中收到50份或更多回复的用户在试用结束后付费订购的可能性比没有收到50份回复的用户高出两倍。在这个情况下，50份回复就是创造“啊哈时刻”的要素，能够让用户看到我们的产品如何为他们提供新的、有价值的用户反馈。再来看看斯莱克（Slack）的例子，这是一个旨在取代企业电子邮件线程交流的团队群聊产品，也是有史以来增长最快的企业应用之一。数据显示，当团队成员彼此发送并接收的信息达到2 000条时，团队将斯莱克作为主要沟通工具并升级到带高级功能的付费版本的可能性会大大增加。2 000这个数字似乎就是使用户深刻认识到斯莱克所提供的优于邮件的团队沟通价值的临界值。

一个产品的“啊哈时刻”有时候可能难以确定。很有可能出现的情况是，你发布了一个产品之后，由于增长乏力便断定产品根本不存在任何“啊哈魔力”，而事实上有些用户可能已经深深爱上了这个产品。所以在确定产品是否具有令人惊叹的潜力时，关键的一步是通过挖掘用户数据与反馈，以寻找那些真正热爱你的产品的用户，然后分析这些用户在使用产品时有哪些相似之处，从中摸索他们从产品中所获得的其他用户可能没有获得的价值。

有时结果会像推特那样发现 30 个人的临界值，但也有时候你的发现会指向进一步的产品开发，甚至会对产品重新定位或重建。

不过，虽然如何使产品实现“啊哈时刻”可能是一个很难回答的问题，但是确定你的产品是否满足基本要求并不需要详细复杂的分析，我们的建议是分两步进行一个简单的评估。

产品的不可或缺性调查

第一步是肖恩设计的一个简单的调查。在他整个硅谷职业生涯中，他一次又一次地证实这个调查是衡量用户是否喜爱一个产品的十分可靠的方法。这份不可或缺性调查从下面这个问题开始：

如果这个产品明天就无法使用了你会有多失望？

a）非常失望

b）有一点失望

c）不失望

d）不适用——已经弃用产品

对于调查结果的解读也十分简单。如果 40% 或者更多的回复是“非常失望”，那就意味着产品已经获得了足够的不可或缺性，也就是说团队已经具备了全力驱动增长的条件。

然而，很多产品都达不到 40% 的门槛，在这种情况下，增长团队必须先找到反馈不够理想的原因。如果 25%~40% 的受访者回复“非常失望”，那么团队所需要的往往只是对产品做一些微调，或者调整描述产品及用法所使用的语言。如果“非常失望”

的回复不到25%，可能现有的用户并不适合你的产品，或者产品本身需要更具实质性的开发才能展开增长攻势。

在这种情况下，不可或缺性调查还需要包括其他一些问题，以便帮助你确定下一步工作：

1. 如果本产品无法使用了，你会用什么替代产品？

a）我很可能不会用其他产品

b）我会用：_______________

2. 本产品给你带来的主要价值是什么？

3. 你向别人推荐过本产品吗？

a）否

b）是（请说明你是如何描述它的）

4. 你认为哪种人最能够从本产品中受益？

5. 我们该如何改进本产品以更好地满足你的需求？

6. 我们是否可以通过邮件跟进，邀请你对回答做出进一步说明？

关于替代产品的问题可以帮助你锁定主要竞争对手，经常也会为你指出竞争对手可以提供而你的产品所不具备的体验，可能正是这种体验使用户对其青睐有加。这一反馈可以用来确定你应当增加、改进、大力宣传或突出显示的功能，以赢得用户的喜爱。

关于主要价值的问题可以帮助你发现为实现这一价值你或许应该增加的功能。如果产品已经具备这些功能，这个问题也可以指引你测试新的营销语言以更好地向用户传达这个价值。从用户对是否向别人推荐过产品这个问题的回答中，团队可以衡量产品是否具备口碑营销的潜力以及探究如何最大限度地发挥这一潜力。

更为重要的是，用户向朋友描述产品时所用的语言会帮助你了解他们所看重的产品价值和功能以及你在产品推广时应当使用的话语。

关于哪类人最能从产品中受益的问题能够帮助团队锁定更加清晰的客户群，从而更有效地向他们推荐产品。例如，在摩根所在的公司英曼，最近推出了一个针对房地产从业者的培训产品，他们就向该产品的用户提出了这个问题，而用户的回答指出，他们认为这个产品特别适合新入行的房产经纪人。于是，摩根的团队利用这一反馈改进了他们的营销和广告的受众定位，把目标主要锁定在这一潜在的客户群。

关于产品改进的问题能够帮助团队发现阻碍产品获得广泛使用的主要问题，也能够凸显公司自身可能没有想到的产品改进机会。

调查的目标群体

显然，调查时受访的用户数量越大，调查的可靠性就越高，信息量也越丰富。对于调查的第一个问题，你至少需要收集几百份回复才能保证调查的可靠性。

如果你的产品试用用户的规模还不足以提供这么多份回复，你就应该更多地依靠客户采访，因为如果只有几十份回复，你可能会得到错误的信息。

调查的目标群体最好是活跃用户而不是“休眠用户”，因为从不再使用产品的用户那里获得的反馈往往没有很大的用处，他们很可能会回复说他们没有从产品中受益，他们也没有向别人推荐产品，甚至可能根本不会回复。相比之下，活跃用户会对产品或服务更加了解，因此往往也能够给出更加具体翔实的回答。

需要注意，我们建议只将不可或缺性调查用于确定你的产品是否已经具备核心价值。一方面，因为当你的产品已经获得增长，向客户询问如果产品不存在了他们会做何感受可能会让他们以为你们要叫停该产品，这可不是个好主意。试想如果脸书向用户发送这样一个问题用户该有多么惊慌失措？另一方面，在这一“诊断阶段”结束之后，你对于客户体验质量的调研和测试会变得越来越精细，随着数据的累积，评估也应当越来越注重量化。基于你所积累的用户产品使用数据，你需要更加具体地分析在用户体验中人们喜欢和厌恶的不同元素，以便确定下一步的改进策略。

衡量用户留存

评估不可或缺性的第二种方法是看用户留存率，即在一定时间内继续使用产品或者付费使用产品的用户比例。我们将在本书后半部分更加详细地说明如何利用留存率分析来指导增长试验，但是一般的经验是，你需要获得比竞争对手更高的留存率，并且维持这一水平。要评估产品是否获得了稳定的留存率，团队应当密切跟踪流失用户人数，通常是关注每周或每月的数据。用户流失一般难以察觉，特别是在新用户获取势头强劲的时候，而经常性的监测能够为用户流失提供预警。一家公司可能在获取大量新用户的同时也在失去很多早期用户，这样的流失很可能被新用户增长数据掩盖。团队不应将稳定的用户留存率视作一个达到之后就能一劳永逸的基准，必须持续地付出努力以维系留存率。而且事实上，团队应当努力提高留存率，这是驱动增长的最有效手段之一。但是在早期阶段，最为关键的是保证留存率的稳定，因为它意味着你已经获得了一批认可产品价值的用户。

留存率通常都按月计算。对于移动应用和社交网络甚至快餐店和便利店等经常使用的应用，团队可能需要每周甚至每天统计留存率。如此短的时间周期可以帮助你推算，与偶尔使用的用户相比，有多少用户已经将使用该产品作为一种习惯甚至日常生活的一部分。

不同类型的业务或产品有着不同的留存率，所以最好能够以行业内有足够可比性的成功产品作为基准。如果可能的话，最好取一个平均值作为参考，以确定产品的表现。例如，根据移动

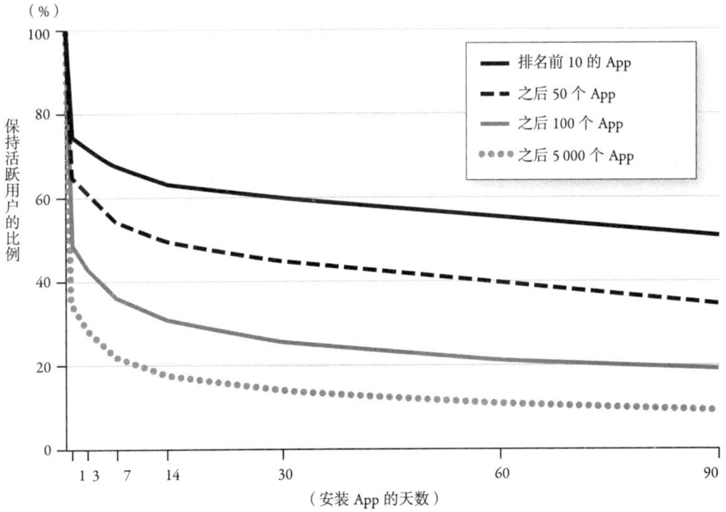

图 2-1　安卓应用的用户留存曲线图

资料来源：Quettra。

分析公司 Quettra 发布的数据，大多数移动应用在安装一个月之后都只能留住 10% 的用户，而最好的应用能够留住超过 60% 的用户。[12]

像 SaaS（软件即服务）这样的商务产品的境况就好得多了。太平洋浪峰证券公司（Pacific Crest）在 2013 年开展的针对私营 SaaS 公司的调查显示，这些公司的用户留存率高达 90% 以上。[13] 连锁快餐店每月的用户留存率在 50%~80% 之间。例如，78% 的麦当劳顾客在 2012 年的每个月都会光顾该餐厅。[14] 一份 2013 年的研究发现，美国的信用卡公司每年的客户流失率约为 20%，而欧洲的移动通信公司的流失率在 20%~40% 之间。[15]

成为不可或缺的产品

如果你的产品通过了这些测试，就说明相当多的客户已经经历了“啊哈时刻”，那么是时候开始快节奏的增长试验了。但如果你发现产品还没有实现不可或缺性，那么你需要做的第一件事就是别再思考一个看起来再正常不过的问题：有什么你还没有使用但是可能会使产品更具吸引力的功能？虽然听上去在办公室里用白板和最聪明的员工讨论改进产品的想法是解决问题的正确方式，但请相信我们，这个直觉并不会对你有所帮助，你需要做的是和用户交流，并且是与前面提到的调查相比更深层次上的交流，以便了解阻碍你的产品成功的真正因素和障碍是什么。否则，你可能会将非常有限的资源和时间浪费在非常昂贵且错误的事情上，比如部署一个毫无用处的功能。虽然增加新功能看起来是改进产品最直接的办法，但事实上，每一个产品开发者都应当警惕特性蔓延（feature creep）的危险，也就是增加越来越多并不真正创造核心价值的功能，而且使产品变得更难以使用。在很多情况下，改进的关键在于做减法而不是做加法。正如 Yelp 所做的那样，他们进行了功能的删减，将用户评论作为产品的核心。

因此，必须采用分析手段找出“啊哈时刻”没有实现的原因以及如何才能实现，而不是单纯依靠主观臆测。为此应同时采取下列三个措施。

· 开展更多的客户调查，包括采访和实地调研，真正与客户和潜在客户交谈。
· 针对产品改动和信息传达进行高效试验。
· 深入分析用户数据。

在进行这些诊断分析时，团队应根据每个成员的专长分配工作。营销人员和产品设计人员的专长可以用于采访和调查工作；工程师知道如何落实产品改动以及如何在产品中设置试验；数据分析师知道如何更深层次地分析用户行为，提供比现成的分析程序提供的基本指标数据更深刻的洞察。接下来我们将逐一介绍每一个步骤应如何开展。

走进用户的现实世界

用户开发领域的创新先驱史蒂夫·布兰克强调说，无论你在哪个行业，你都需要走出办公室，了解你的用户真正希望从你和你的产品中获得的是什么。网络上可以找到开展用户采访的诸多资源，不论你选择哪一个，在采访的时候最重要的一个原则就是要对你的产品保持客观、中立的态度。如果你在整个过程中一直尝试推销产品，那么你获得的反馈将会毫无价值。你需要做的不是宣传，而是倾听和观察。

同样需要谨记的是，事实胜于雄辩。最佳做法是带上产品或者原型去实地采访，这样你就可以真正看到潜在用户会对它做出怎样的回应。这一过程可能会帮你发现你原本以为设计得非常简单易用的功能实际上可能过于复杂甚至用户并不感兴趣，也可能会帮助你发现意料之外的问题。用户甚至可能会提出十分宝贵的产品改进想法，而这样的想法也许是你和你的团队完全想不到的。[16]

电商平台 Etsy 的经历正是如此。Etsy 是为个人或小型手工艺品公司打造的手工艺品买卖平台。它现在已经成功获得了 IPO，融资超过 2.87 亿美元，估值超过 10 亿美元。可见，公司创始人提出的这个商业想法满足了不少人的需求。但是这一需求并非一直像今天这般显而易见，事实上，Etsy 的早期增长主要是靠“地推”拉动的。正如其品牌与社区增长黑客丹尼尔·马维尔所说，Etsy“做了很有意义但是常常被人忽略的一件事——从互联网上走下来”。[17]

Etsy 派员工去全国各地参加手工艺品展销会，与潜在卖家交谈，邀请他们入驻网站，也与他们的客户交谈，在这个过程中，Etsy 发现了“针织群体”[a] 的网络力量。这个群体主要由女权主义手工艺者组成，而她们正是推动手工运动发展壮大的主力军。

a. 针织群体，英文“Stitchn'Bitch groups”，是以女性为主的针织爱好者群体，出现于二战期间，她们定期相聚在一起一边做针织手工一边聊天。如今，这个群体遍布全球，成为一种社会运动。——译者注

Etsy挑选了一些有影响力的艺术家、手工艺者和复古收藏者并邀请他们共进午餐，以了解他们的动机，即售卖过程的哪一个方面对他们来说最为重要，以及什么样的“啊哈时刻”才能说服他们加入Etsy。Etsy不仅说服了他们中的很多人在网站上开店，也协助他们在网站上打造了一个社区——社区正是他们认为最为重要的体验。Etsy了解到，很多手工艺者都有共同追捧的刊物，比如女权主义杂志*Bust*，还有一些关于手工的博客，于是公司决定开设网上留言板，以加强社区建设。Etsy的社区论坛不仅成为卖家了解如何提高销量的渠道，而且成为新卖家的招募平台，也成为女权主义手工运动的一个大本营。

发展初期地推式的市场开发对Etsy来说至关重要，不仅帮助它的团队成员发现了打造不可或缺性的必要条件，也引导他们制定了下一步推动增长的策略。这一策略的中心是构建自然发展的、口口相传的网络社区，而不是开展大规模传统又昂贵的市场营销。Etsy团队根据早期用户反馈，着眼于开发帮助卖家提高销量的工具和资源，比如刚才提到的论坛以及“卖家手册”博客，也通过开发工具和发展合作伙伴帮助卖家改进客户沟通、订单管理等各个方面的业务。他们也在卖家商店页面和商品页面设置了各种社交网络分享链接，使卖家和潜在买家可以在其脸书、博客和Pinterest上分享这些定制的手工艺品。

正如一位分析师所写，Etsy在获客上“几乎没有花一分钱”就实现了快速增长，最终获得IPO。即便在最近几年，社交媒体、邮件营销、自然搜索等自然增长渠道仍然占据了Etsy 87%~91%的流量，而付费广告仅占2%~7%。[18] 这种实地走访的做法非常成功：到2014年底上市之前，Etsy的会员人数已经超过5 400万，销售额达到了19.3亿美元。[19]

约会交友应用Tinder是另外一个通过走进现实世界、巧妙利用既有网络获得增长的产品。尽管面对来自其他多家颇受欢迎的交友网站的激烈竞争，Tinder仍然实现了飞跃式发展，月活跃用户在短短30个月中飙升至2 400万。[20]

然而，Tinder在获取早期用户时遇到了Etsy没有遇到的挑战——人们只对附近区域的约会对象感兴趣，而手工艺者和他们的客户之间的交易不受距离的限制，即使他们位于世界不同的角落也没有关系。Tinder团队做出了一个聪明的决定，既然用户是区域性的，那么他们的增长计划也应该是区域性的。他们决定先锁定大学的兄弟会和姐妹会，因为这些社团之间的联系十分紧密，这可以帮助他们迅速推动口碑传播，也因为这些社团的成员有着很大的影响力，不仅为Tinder团队提供了具有指导意义的研究对象，也提供了非常有吸引力的早期用户，帮助他们把Tinder打造为高颜值约会对象的聚集地。Tinder团队的元老级成员惠特尼·沃尔夫就曾经实地去大学校园给姐妹会做演讲，吸引她们成为Tinder用户，并且通过即时的面对面交流获得真实用户的反馈。之后沃尔夫便会走到路对面的兄弟会向男生们介绍新加入的姐妹会成员，可想而知，要说服这些男生加入就不是什么难事了。Tinder就这样迅速地打造出了本地的约会网络。[21]

用户增长非常强劲，自然而然地突破了最初的市场界限。创始人肖恩·拉德回忆说："那是1月份左右，在那之前我们获得了很多大学生用户，之后他们回到家里向他们的兄弟姐妹和朋友聊起Tinder。突然间，Tinder便像病毒一样迅速地传播开来。"[22]他们并没有在打广告或获取邮箱列表上投入很多成本，而是聚焦于核心用户群，这样也使他们可以灵活地对产品进行调整，不断尝试用户喜爱的功能。但是倘若他们最初没有实地走访、深入了解初期核心市场，就不会取得今天的成功。

寻找受访群体

当然，我们也可以在网上对现有用户群体进行调研，以了解如何实现“啊哈时刻”。贝宝和易贝就是典型的例子。贝宝刚刚推出时，其团队注意到他们初期的固定用户中有不少是易贝上的买家和卖家，于是，他们决定先了解这些用户是如何使用贝宝的以及如何才能使更多类似的人使用贝宝。他们收到了一个易贝卖家提出的将贝宝的图标添加到物品拍卖页面上的请求，这引起了他们的关注，于是他们开始研究人们在易贝上对贝宝的使用。当时，易贝卖家无法使用信用卡收款，而与支票和汇票相比，他们当然更希望能够马上收到钱款，所以他们自然很乐意将贝宝作为买家付款的优先方式。贝宝团队通过分析易贝上的大量拍卖交易试图了解卖家如何使用贝宝，包括他们如何展示并在他们的拍卖页面中说明贝宝的付款方式。贝宝团队也浏览了易贝讨论区里卖家的反馈和想法，从中了解卖家的需求。根据这些反馈，贝宝团队开发了前文提到的自动链接，这个工具能够使卖家把贝宝图标添加到他们所有的卖品页面上，而且还附上一行文字，鼓励买家注册并使用贝宝支付。[23] 这个方法极为成功，甚至使易贝也意识到了贝宝对于其自身增长所起到的作用并最终收购了贝宝。[24]

现在，各种网络平台丰富多样，不管是像脸书和 Instagram（照片墙）这样的大型社交网络，还是苹果和谷歌的应用商店，或是 WordPress（博客平台）和 Meetup（线下聚会网站）上各式各样的群组，都可以用来寻找你的核心受众。通过这些平台你可以寻找产品的潜在初期用户，或许你的产品恰好可以解决他们面临的某个问题，同时，通过他们的反馈你也可以确定你的产品是否为他们提供了“啊哈体验”。

开展调查和采访可能看上去太浪费时间，但事实上，你很可能只需要为数不多的调查回复和几次采访就能够获得十分明确的用户洞察。你可能也不必询问太多问题，往往几个基本的问题就足够了。例如，在推特，乔西·埃尔曼的团队针对沉寂一段时间又重新开始使用推特的用户只问了四个问题：（1）您一开始为什么会注册推特？（2）您为什么弃用推特？出现了什么问题？（3）是什么原因让您又回到推特？（4）这次是什么让您留了下来？

研究发现，开展焦点小组座谈过程复杂、效果不尽如人意且费时费力，但是像我（肖恩）在 LogMeIn 做的简单的用户调查开展起来并不麻烦，不需要任何技术知识，而且这样的简单调查使我们发现了非常重要的信息——用户不相信 LogMeIn 是免费的。在大多数情况下，你只需要几百份调查回复就能够大致了解你在数据分析中发现的用户行为背后的动机，而这样的发现能够帮助你找到真正的增长机会，从而引导你推进增长试验过程。

快节奏的试验

成本低、易使用的分析工具和网络营销技术的发展使产品和信息传达测试变得非常容易，通过这样的测试你可以找到客户群和功能的完美组合，打造不可或缺的产品。有的试验可以很快开展，也非常容易，几乎不需要任何技术知识和成本投入，而更具实质性的试验则可能需要耗费不少金钱和时间，特别是需要工程师开发新功能或者对产品进行大幅度重新设计的时候。团队对于试验的选择和决定必须十分严格。大多数增长团队都采用了最小可行测试（minimum viable test, MVT）的做法，也就是充分验证一个想法所需要的成本最低的试验。如果测试取得理想的效果，团队就会再进行一个更全面的后续试验，或者对于同一个概念采取更完善的执行方式。[25]

快节奏的试验是增长黑客过程的硬性要求，为做到这一点，团队应当运行一个恰当的试验组合：既有较复杂的产品改进试验，也有很容易执行的信息传达和营销试验。我们会在接下来两节详细介绍这两种试验类型。

改进信息传达方式

肖恩在帮助 LogMeIn 实现增长时发现，有时候阻碍增长的并不是产品或服务本身没有价值，而是向既有和潜在客户传达这一价值的方式不对。好在随着网络营销的兴起，改进信息传达方式已经不是什么难事，即便对于非网络产品，增长团队也能够以低成本甚至零成本很快改变信息传达方式并加以测试。

其中一个特别有效且成本很低的方法是 A/B 测试，即在两个及两个以上随机选择的群组中测试两种不同的信息传达方式，比如网络简报所用的两个标题，或者着陆页的两种不同设计方案，以此确定哪一种能够获得更优的用户反应。这样的测试有时可以帮助你发现十分简单却有效的改进方式，比如修改邮件的标题、调整按钮上的文字，或者改变网络表格中的表达方式。以客户关系管理软件 Highrise 为例，这个软件是 Basecamp（基于云服务的项目管理软件）为补充其广受欢迎的项目管理软件功能而推出的。通过注册页面的 A/B 测试，他们发现只是将文字从“注册并试用”改为“查看购买方案与价格”就给他们增加了 200% 的注册量。[26] 这看上去可能是个很罕见的案例，但其实并非如此。在我们合作过的公司，我们亲眼目睹了数百个类似的案例：通过实施 A/B 测试所发现的非常简单的改变，这些公司成功为客户创造了“啊哈时刻”，从而实现了用户的大幅增加。

随着此类试验的价值日益凸显，Optimizely 和 Visual Website Optimizer 等在线网络 A/B 测试平台纷纷推出了新的工具，使企业可以以更低的成本、更少的投入在它们的网站上设置试验，并且不需要工程师的帮助。这些产品使任何负责网站管理的团队成员能够快速对标题、标语、图片、视频、按键等内容运行 A/B 测试，既提高了测试的效率和灵活性，同时也使工程师能够专注于更加实质性的产品测试。

不过需要注意的是，A/B 测试工具虽然容易使用，但是它们提供的数据存在一定的局限性，因为这些工具依赖的是比较表面的衡量标准，比如哪个按钮的点击量更高，而不是点击按钮的人最终是否成了固定用户。这就好比看到一篇“标题党”新闻，忍不住点进去之后却对内容大失所望，这样的点击率显然无法体现长期的客户忠诚度。为解决这一问题，数据分析必须能够在任何 A/B 测试中跟踪测试对象从点击到长期使用整个过程的行为。

A/B 测试也不应仅限于语言、着陆页设计或市场推广。应谨记，增长黑客的一个核心原则就是对客户体验漏斗的整个过程开展试验，不仅包括客户认知与获取，也包括客户激活、客户留存、变现与自传播。例如，在英曼，摩根的团队通过对他们的付费新闻订阅服务的定价和期限进行A/B测试，决定将按月订阅的方案替换成为期三个月的订购方案，结果大大提高了留存率。

工程师有时能够对漏斗底部的测试提供非常宝贵的想法，而漏斗底部往往具有更高的技术复杂性，也常常是非技术人员关注不到的领域。例如，我们在上一章提到，Pinterest 增长团队的工程师为了大幅提高试验速度开发了 Copytune 机器学习程序，用 30 种语言的副本向用户发送无数封邮件进行测试，以提升用户留存。这正是多变量测试（multivariate test）的一个例子，即不仅仅是对比两个选项，而是对比信息的每一个元素的每一个可能的版本以寻找最优组合。再比如“多臂赌博机”（multi-armed bandit）模型，这是一个更加复杂的测试方式，可以更快地找到最佳方案。我们会在本书后半部分详细地介绍更多测试类型。

针对产品的试验

对产品本身的改动是更加复杂的一类试验，通常需要工程师做大量工作。虽然这类试验主要存在于互联网和软件产品，但是它同样适用于实体产品。构建最简单的产品原型然后让用户试用、制作视频或计算机演示以展示产品的新功能，同时观察客户的反应，这正是负责实体产品的团队利用试验的两种可能方式。

试验时，应优先测试那些经之前的经验证实能够优化结果并改进用户体验的改动，比如提高网络购物车的响应速度或者优化注册过程。而其他诸如大幅度重新设计或者开发新的产品功能等在实践中应用较少的改动只有在假设十分具有说服力的情况下才应该进行测试，而且这种假设应当是在充分的用户调研和数据分析之后得出的。换言之，对于耗时耗力的测试，团队应当通过严密的论证将风险降到最低，并且在开展规模更大、风险更高的试验的同时也应运行一些更稳健的测试。如此团队才能够确保在野心勃勃的赌博和按部就班的改进之间保持平衡，从而使产品获得可持续的增长。

深挖数据

如今，增长团队可以获得的数据比以往任何时候都多，但是如果没有能力从中提取有价值的信息，再多的数据也毫无用处。也就是说，增长团队要做的并不是审视各种工具和报表提供的数据。若想了解如何使你的产品变得不可或缺，你就需要收集合适的数据并将诸如邮件营销数据库和销售点系统等不同来源的数据整合起来，形成一个完整的数据图谱。然后你需要一位数据分析师来深入分析这些不同来源的数据，从中发现规律和洞察，从而提出值得试验的增长思路。如今，大多数公司，即使是最年轻的、小本经营的创业公司，都在密切跟踪它们的网站和产品的基本分析数据，比如谷歌分析提供的数据。虽然页面浏览量、访问量和跳出率等指标非常重要，但是它们并不能全面地反映客户与产品之间的互动情况。这是因为它们都是非常表面的指标，并不能说明客户真正重视的是产品的哪一方面，也不能体现你是否已经实现了产品—市场匹配。

你的团队应该掌握的不仅仅是用户访问网站的频率和时长，而是用户体验各个层面的数据，并对这些数据进行细致入微的分析，以了解人们如何使用你的产品以及这与你对产品的计划有何出入。这意味着营销人员、数据科学家和工程师必须通力合作，在网站、移动应用、销售点系统、邮件营销和客户数据库中加入合适的数据跟踪设置。有了合适的跟踪功能之后，团队必须对不同来源的用户信息加以整合，以获得全面、充分的用户行为数据，以便数据团队进行分析。

你需要构建的是一个所谓的“数据湖泊”（data lake）或者“数据仓库”（data warehouse）：一个储存所有客户信息的独特应用，可以让你真正深入挖掘并发现可能对产品的使用方式不同于其他人的用户群。这能够让你在单个用户的层面探索产品的使用情况，比如观察一个非常活跃的用户在你的网站上或者用你的App做些什么，或者一个本来准备下单但最后没有点击结算按钮的用户最后做了些什么。可能你会看到他正要下单时突然被跳出的促销信息吸引了过去，这样的信息对于一个用户来说可能无关紧要，但可能会引导你发现值得进一步分析和实施增长试验的领域。如果数据得以有效收集，数据分析师也能够更加轻松地向团队说明快节奏增长试验的结果。

跟踪活跃用户的行为

收集并分析数据的第一步是跟踪用户或客户的关键行为，这可以通过事件跟踪来实现。大多数分析平台都能够在你的系统中跟踪关键事件，比如用户点击某个按钮、观看某个视频、下载某个文档、填写某张表格、播放某首歌、添加某个好友、分享某个文件等。同样，增长团队必须跟踪客户在整个客户体验过程中的各种活动，即他们从访客成为新客户，再从新客户成为固定忠实客户的过程中的各个事件。你是否能够跟踪客户从第一次到访你的实体店或者网站到第一次购买再到后续多次购买的整个过程？如果中间有断开的环节，这些环节的事件可能就是你现在需要开始跟踪的。

这个阶段的主要任务是寻找那些认为你的产品不可或缺的客户，即频繁使用或购买你的产品的人，并发现他们不同于其他客户之处。具体来说，分析师应当寻找最活跃的用户最经常使用的功能以及他们在与产品交互过程中的任何其他特征。可以根据不同的客户属性对客户数据进行分类，比如所在地区、年龄、性别等人口信息，或者职业、所在行业、使用的移动设备等其他属性，此外还应按照他们使用产品的不同方式分类，比如是超级用户还是只是偶尔使用，然后再根据这些分类分析他们所做的不同选择，比如他们购买了哪些产品或者使用了哪些服务。据此你将会发现这些属性和行为与更高额的购买、更活跃的参与和更长期的使用之间的关联。例如，网飞通过分析客户观看的电影和节目发现凯文·史派西的电影和政治题材的电视剧都非常受用户欢迎。这一发现给了网飞制作电视剧《纸牌屋》（*House of Cards*）的信心，这部电视剧不仅轰动一时，也成了很多网飞用户不可或缺的体验。[27]

同样，商务智能公司 RJMetrics 的团队发现那些在试用期间使用其软件编辑图表的用户和没有尝试这一功能的用户相比，转化为付费客户的可能性要高出一倍，而且当试用用户编辑了两份图表时，这一可能性就更高了。那么 RJMetrics 接下来做了些什么？他们在新的使用演示中把编辑图表设成了关键一步。[28]

重新定位产品

这些特别的行为和偏好有时可能难以发现，这在一定程度上是因为它们太出人意料了。虽然听上去有些自相矛盾，但事实是我们常常不知道自己在寻找什么，直到找到了才知道。例如，Yelp 发现其最活跃的用户之所以喜欢这个网站是因为他们可以在网站上写评论，它的团队之前并不知道需要利用评论吸引用户重复使用产品，而这一发现得益于对不同来源数据的分析。如此出人意料的发现恰恰说明我们需要在数据采集上投入更多，也需要快节奏、坚持不懈的增长黑客试验。试验得越多，可以分析的数据也就越多，而分析的数据越多，能够发现的规律也就越多。

Instagram 也是十分具有启发性的一个案例。这个如今大受欢迎的照片分享应用的前身是一个叫作"Burbn"的基于位置的社交网络，它是以创始人凯文·斯特罗姆最喜欢的酒精饮料 Bourbon（波旁威士忌，省去了几个字母）命名的。但是斯特罗姆承认，他自己也知道最初的产品太复杂了。或者正如凯斯·索耶在他的《Z 创新：赢得卓越创造力的曲线创意法》（*Zig Zag: The Surprising Path to Greater Creativity*）一书中所说，"太多功能堆在一起反而让人困惑"。好在斯特罗姆坚持不懈地分析数据，试图了解用户对产品的使用情况。他发现，产品中的很多功能完全无人问津，只有一个例外：照片。斯特罗姆和联合创始人迈克·克里格意识到，拍摄并分享照片正是用户的"啊哈体验"，而他们需要围绕这一体验对产品进行重新设计。正如索耶在书中所写，"迈克和凯文看到了将 Hipstamatic（广受欢迎的照片编辑应用）和脸书的功能结合起来的机遇，也就是开发一个简单易用的照片分享社交应用。他们砍掉了 Burbn 除照片、评论和点赞之外的所有功能”。精简之后，他们重新发布了产品并更名为 Instagram。在获得了 4 亿用户并由脸书以 10 亿美元收购之后，这个公司仍然势头强劲，截至 2016 年一季度，它每年的广告收入高达 10 亿美元。[29]

Instagram 并不是唯一一个基于详尽的数据分析确定“啊哈时刻”从而在创立初期对发展方向做出 180 度大调整并取得成功的公司。Pinterest 是另外一个，它的前身是一个叫“Tote”的移动电商应用，后来才转型成为一个发现并分享灵感的网站。因为本·西尔伯曼发现，Tote 的用户并没有像预计的那样在应用里购买产品，而是将从中看到的喜欢的产品收藏起来。基于这一发现，西尔伯曼改变了思路，设计了一个使用户能够在网上轻松展示这些珍贵收藏的应用。布莱恩·科恩是西尔伯曼的第一位投资人，他说这一重新定位是“他（西尔伯曼）从第一个产品中吸取经验教训之后得到的结果”。[30] 而如果他没有分析活跃用户是如何从应用中获取价值的，重新定位也就无从谈起。

Groupon 的早期版本也是一度濒临失败，但是对用户行为的密切分析引导创始人安德鲁·梅森对产品重新定位，从而使 Groupon 获得了迅速发展。Groupon 的前身是一个叫作“The Point”的筹资网站，可以为各种事情、各类群体众筹，人们可以在网站上为某个筹资项目提供资金，而筹资项目只有在足够多的人加入时才会向所有人开放。但是产品推出后反响寥寥，情况糟糕到梅森差点退回投资人的所有资金。但是，在分析数据之后，他们发现那些给予用户优先与优惠购买权的筹款项目是最成功的，于是 Groupon 团队根据这一发现对每天的筹资项目进行设置。梅森为此还提出了一个口号：“建立你的 Groupon.com。”[31] 公司就此实现了腾飞。

YouTube 也有类似的经历。虽然如今很难想象，但是 YouTube 最初是一个视频约会网站，之后创始人发现用户上传视频资料并不只是为了寻找约会对象，而是为了分享各式各样的视频，于是 YouTube 摇身一变成为大型视频网站。联合创始人贾伟德·卡里姆说：“用户走在了我们前面。他们开始用 YouTube 分享各类视频，比如他们的宠物狗、假期等。我们觉得这很有意思，所以我们说，为什么不让用户来定义 YouTube 呢？到了 6 月份，我们已经对网站进行了彻底的改造，使它变得更开放、更广阔。这使我们大获成功。”[32]

所有这些重新定位的案例都说明，在投入大量财力物力开展增长攻势之前，必须要收集并分析用户行为的定性和定量数据以及他们对产品优缺点的反馈。如果这些公司在重新定位之前就展开增长攻势的话，可能今天我们就不会知道它们的名字了。因为它们很可能不会获得爆发式的增长，而是将宝贵的时间和金钱浪费在推广一个并非让用户觉得不可或缺的产品上。

当然，深入的客户行为数据分析可能也会告诉我们，也许并不是产品或服务本身或者信息传达的方式有问题，而是产品投放到目标市场的方式。HubSpot 的经历就是一个例子。它的产品是企业客户关系管理和营销软件。通过严密的用户数据分析，它发现一开始就接受了产品培训的用户留存的时间比没有接受培训的用户长得多。于是它转变了销售策略，将付费产品培训作为新的客户体验的必要环节。

当时，要求客户在购买一个软件之后再付出额外的成本接受产品培训并不是人们通常认为的最佳实践。各家公司都担心增加软件购买的成本将会使一些对价格比较敏感的用户转身离去。但是 HubSpot 团队相信他们的数据分析，果断推行了产品入门培训。[33] 这就像卡马斯·帕里哈比提亚所说的，增长团队要努力破除关于产品和市场的一些错误认识，基于实证推动增长。结果，HubSpot 的客户群获得了迅速增长，公司也在 2014 年成功上市。

实现“啊哈时刻”

注意，所有这些试验和分析过程都应聚焦于发现你所提供给客户或能够提供给客户的“啊哈时刻”。一旦确定了创造“啊哈体验”的条件，增长团队就应将注意力转移到如何尽快使更多客户体验到这一时刻上。在脸书，增长团队发现用户的“啊哈体验”是在网站上添加越来越多的朋友所带来的兴奋感（数据显示，在前 10 天添加了至少 7 位好友的用户最可能成为活跃用户），于是他们马上开始把所有精力放在网站设计上，通过调整网站设计促使用户在网站上添加更多朋友。他们对网站所做的最重要的改动之一是更新了“新用户体验”（NUX），以专注于帮助新用户寻找朋友。最初版本的新用户体验中寻找朋友的环节只是整个用户使用引导的一部分，现在则成了最重要的环节。增长团队做了无数次试验，一点点剥离新用户起始页上的无关信息，聚焦于如何帮助新用户迅速搭建自己的社交网络，比如导入个人邮箱通讯录以寻找已经在使用脸书的朋友。团队也利用了脸书上的广告空间向用户推送他们可能想加为好友的人。

推特的团队也是利用了类似的方法使更多用户体验到他们所发现的产品核心价值，从而获得了迅速的初期增长。数据显示，推特用户的“啊哈时刻”是收到朋友和明星、政客等他们看重的人发布的状态。就此，乔西·埃尔曼及其团队设计了全新的新用户体验，以使新用户尽快地关注 30 个推特用户。他们引入了推荐功能，并将之作为注册过程的主要环节。这一功能基于新用户注册时选择的兴趣点向其推荐具体的推特账号，比如他们可能感兴趣的明星和运动员。同样，在 Qualaroo，我们发现回复超过 50 份调查问卷的用户更可能成为活跃的付费用户，于是我们开始向有可能达到这一门槛的试用用户建议调查的类型和投放位置。

还有很多其他实现“啊哈时刻”的策略，比如产品参观、邮件互动、特价优惠等等，我们将在后面几章详细介绍何时及如何实行每一类策略。

正因为实现“啊哈时刻”对于后期所有的增长来说至关重要，企业常常为此投入大量的时间和努力。增长专家詹姆斯·柯里尔建议，公司 1/3 的工程时间都应该用于打造对的新用户体验。脸书、推特和 Pinterest 甚至将新用户体验从它们的主产品中拿出来作为单独的产品来看待，并且设立了由设计师、产品经理、工程师和增长负责人组成的团队专门负责完善新用户体验。

一旦发现了活跃用户群和“啊哈时刻”，也即实现了产品—市场匹配，你就可以开始在这一基础上系统地打造一台高速运转的增长机器了。本书接下来的部分将介绍具体的增长黑客方法和策略。

第三章

确定增长杠杆

打造一个有吸引力的产品并通过不可或缺性测试是获得迅速、可持续增长的前提条件，但是只靠一个不可或缺的产品还不够。即便是真正出色的产品，即便它深受一群早期核心用户的喜爱，如果没有全力驱动增长的努力，也难免会失败。媒体报道过太多曾号称“将引领新风潮”的产品因无法为早期用户群之外的广大市场提供具有足够吸引力的核心价值而以失败告终，比如之前提到的谷歌眼镜，还有轰动一时的赛格威电动平衡车。但是还有一种更加令人困惑的失败案例没有得到充分的报道——那些确实提供了颇具吸引力的核心价值并且拥有广阔的蓝海市场的产品。

它们的问题往往是缺乏精心设计并严密执行的增长战略。

以 Everpix 为例，这是近年来最被看好的照片应用之一，设计的初衷是为苦于无法整理移动设备上大量照片的用户提供一个简便的解决方案。它的设计十分巧妙，使用起来也很简单，深受评论家的追捧，用户平均评分高达4.5颗星。科技博客 TechCrunch 赞美称："Everpix 最妙的一点是它提供的'一次性设置'，也就是说，在初次安装并设置之后，你就什么都不需要管了。"[1] 它初期获得的 5.5 万用户也非常活跃，其中有大约一半的人至少每周都会打开一次应用。公司创始人选择了"免费 + 增值"的商业模式，即应用的基础版是免费的，用户可以选择每年花费 49 美元升级到付费的专业版。而当时，升级到付费版的转化率高达 12.4%，远远高于大多数"付费 + 增值"产品 1% 左右的转化率。[2] 创始人的选择没有错，但是他们犯了一个致命的错误：没有利用早期用户的热情来获得更快的增长。

虽然用户对产品的热情和高转化率看似表明 Everpix 正走在通往成功的大道上，但是事实上它就像一颗定时炸弹。创始人需要大幅增加付费用户的数量，而且要尽快做到这一点。产品发布一年半之后，公司的运营支出高达 48 万美元，而用户付费收入却刚刚超过 25 万美元，而且创始人将筹集的 180 万美元的种子资金几乎全部花在了开发产品功能上。在弹尽粮绝的情况下，公司还要支付来自亚马逊的约 3.5 万美元的网络服务账单，创始人只得努力筹集更多资金。融资失败后，Everpix 最终倒闭了。

他们也考虑过利用一些增长黑客方法驱动用户增长。例如，他们想过，当用户发送照片给另外一个人时，应用可以要求这个人先注册再下载照片。但是他们最终没有这么做，因为他们担心这会使用户感到厌烦。但是增长黑客不仅仅是从一系列方法中选择一个来试用，而是一个持续的试验过程，以确保这些方法能够取得理想的结果。如果他们真正推行增长黑客的话，他们就会运行试验以确定他们的假设是否成立。但他们没有这么做，而是一心扑在改进产品上，例如，他们开发了一个功能，可以通过邮件向用户发送他们在去年同一天拍摄的照片。这大大增加了每日访问应用的用户数量，但是他们的目标是创造更多收入，而每日活跃用户数并不是他们需要关注的指标。他们急需的不是提高既有用户的活跃度，而是增加付费用户的数量。

他们也曾希望通过筹集更多资金来缓解资金链紧张，但是没有强有力的增长指标数据，要说服投资人就困难得多了。他们最终拿到了 50 万美元的贷款，但是他们接着聘请了一位传统营销专家，这位专家提出了一个新口号——“让你的照片井然有序”，希望能够以此触发增长，但结果事与愿违。[3]

Everpix 的悲剧收尾说明了在适当的时间选择适当的增长杠杆有多么重要。转化率和用户好评都明确说明他们已经有了一个出色的产品和一群忠实的活跃用户，他们需要做的是把注意力从改进产品转移到增加收入上，即利用丰富的设计和工程人才将更多用户转化为付费用户。如果他们做到了这一点，Everpix 可能今天已经成为一家利润丰厚的公司。

明确增长战略

创造并使更多用户体验到“啊哈时刻”是破解增长难题的第一步。下一步是明确你的增长战略。在进行快节奏增长试验之前，你必须清楚地知道你将如何驱动增长——你的增长杠杆是什么以及它们是否能够帮助你取得理想的结果。能否做到这一点将决定你的增长是真实、强劲、持续且能够创收的还是会像幻影一样转瞬即逝。

你必须通过一套十分严谨科学的方法明确你需要何种类型的增长以及获得这种增长需要何种杠杆。尤其是在增长初期，必须设定一个十分严密的试验流程，专注于对实现目标来说最为重要的杠杆。试验速度本身并不是目标，毕竟，漫无目的的试验不论运行节奏有多快都注定是浪费时间和精力。增长黑客并不是要以最快的速度随意尝试各种想法，看哪个能奏效，而是通过快速的试验寻找并优化最具增长潜力的因素。

在增长初期，你需要制定一个在最短时间内会对增长产生最大影响的试验策略。起步时关注点越集中，试验的目的性就越强，影响力也就越大。大公司有财力针对广大用户中的一小部分开展一次又一次的试验，而对于小公司，每一次试验都有很大的机会成本，因此必须在开展每次试验时都以高影响力为目标。当然，你无法提前确定是否能够实现这样的影响力，但是应当有非常具有说服力的依据证明将要进行的试验是最佳选择。

高影响力试验除了可能带来更大的成功，也能够更快产生明确的结果。这可能有些难以理解。脸书和推特增长团队的前成员安迪·约翰斯给出了下面这个表格来解释这一点。他罗列了三个不同试验的结果，三次试验均旨在改进新访客转化率，基础转化率为 3%。[4]

假设试验 A 测试的是一个小改动，比如注册按钮的颜色。结果显示，新访客注册人数涨幅非常小，只比没有改变按钮颜色时增加了5%。因此可以推断，注册按钮的颜色并不是阻碍新用户注册的关键因素。同时，这一结果也说明你需要让试验继续运行一段时间，等收集到足够的数据后才能得出明确的结论。如表3–1所示，要想在试验A中得到具有统计学意义的结果，每一个变量都需要72 300位访客，或者说，你需要等72天才能得到确定性的结果。正如约翰斯在接受*First Round Review*的一次采访中所说，“这对于创业公司来说太漫长了”。在这样的情况下，创业公司应该尽快放弃这个试验并开始下一个可能具有更高影响力的试验。

表3–1　试验影响力对试验速度的影响

	基础转化率	与对照组对比	所需样本规模 / 变量	所需试验天数
试验A	3%	5%	72 300	72
试验B	3%	10%	18 500	18
试验C	3%	30%	2 250	2

开展大量的像调整按钮颜色这样的小改动试验并不是开展增长黑客过程的最佳方式。小型团队应该做的是专注于那些最有潜力产生影响力的试验。约翰斯格外强调这一点：“真的，要大胆一些，不能只是调整页面上某个按钮的位置。你可能因为网站流量比较小，所以选择运行这样的试验，而因为注册量有了小幅提升，你可能会将试验周期延长到几个月甚至几年。如果你们是一家年轻的创业公司，一定要想方设法获得大幅提升。”[5]之后，随

着用户或客户群的扩大，你就可以同时测试更多的利基领域[a]了。随着客户数量的增长，不论改动有多小，同时推进数量更多的试验都可能带来巨大的成功。

那么如何在战略层面将精力放在潜在影响力最大的试验上呢？这正是我们这一章将要讨论的内容。

真正重要的指标

确定增长战略和增长重点的第一步是明确哪些指标对你的产品增长来说最为重要。要做到这一点，最佳方式是建立约翰斯所说的公司"基本增长等式"（fundamental growth equation）。这是一个简单的公式，所有与增长相关的关键因素都在这个等式中有所体现，而这些因素相加共同驱动公司的增长。也就是说，这个等式是你核心增长杠杆的集合。每个产品或企业的等式都不尽相同。

以下是摩根所在的英曼公司的等式：

（网站流量 × 邮件转化率 × 活跃用户率 × 付费订阅转化率）+ 留存订阅用户 + 复活订阅用户 = 来自订阅用户的收入增长

易贝的等式如下：

发布物品的卖家数量 × 发布物品的数量 × 买家数量 × 成功交易数量 = 总商品增长数量

为了说明这个等式的价值，约翰斯甚至创建了亚马逊的增长

a. 利基领域，指相对小众但有盈利基础的细分市场。——编者注

等式：[6]

垂直扩张 × 每个垂直市场的产品库存 × 每个产品页的流量 × 购买转化量 × 平均购买价值 × 重复购买行为 = 收入增长

当然，所有产品都有共同的增长推动因素，比如新用户获取、高激活率或高留存率，但是每个产品或企业都有其特定的因素组合。例如，优步的一个关键因素是司机用户的数量，因为为保证乘客用户在用车时的“啊哈时刻”尽快到来，优步需要确保在任何地点都有足够多的司机。乘客用户数同样重要，乘客不仅可以创造收入，而且能够保证对司机的旺盛需求以留住现有的司机。正因如此，优步才要求增长团队专门负责这两个指标的提升。对于 Yelp 来说，核心增长因素是被评价的商家数和每个商家收到的评价数。对于脸书，关键因素是用户的分享数和用户花在查看动态消息上的时间，因为新分享的内容会增加动态消息的数量，也就会使用户花更多时间浏览，进而也会使网站对于广告主来说更具吸引力，从而能够收取更高的广告费。因此，虽然传统营销和预先定制的数据服务所跟踪的诸如网页访问量、页面浏览量、新用户和再次使用用户数、新注册人数和用户在网站上花费的时间等基本指标数据很重要，但是明确与产品或企业相关的特殊指标更加重要。

要确定你的核心指标，首先要明确与用户对产品核心价值的体验最直接相关的行为。比如，对脸书来说，这样的行为就包括用户添加了多少好友、多久访问一次网站、发布了多少状态和评论以及在网站上停留多长时间。你至少需要跟踪用户达到“啊哈时刻”之前每一个步骤的相关指标，以及他们采取这些步骤的频率。例如，优步在乘客用户方面的核心指标是完成的行程数。所以，除了新增下载量之外，优步也应该跟踪预订的行程数、再次预订的乘客数以及乘客预订新行程的频率。

前文提到的等式可能看起来过于简单。显然，一个企业成功的背后还有诸多其他因素的驱动，比如研发投入、材料成本、运货费用、库存管理等。但是增长公式的简洁明了正是关键所在。如今，即便使用最基本的数据分析程序，我们能够获得的客户行为数据量之大都令人惊叹。例如，谷歌分析提供了数百张图表和数据点（见图 3–1）。虽然它提供的数据很可靠，但是如果它跟踪的并不是对你的增长来说最为重要的指标，就可能导致你迷失重点。删繁就简地将企业运营浓缩为一个基本公式可以为增长团队提供极大的帮助，使他们在杂乱的数据海洋中找准方向。

要创建适合你所在公司的公式也并不容易。你直觉认为十分关键的指标事实上有时候对实际的持续增长的影响微乎其微，这可能包括一些你一度认为最为重要的指标，比如日活跃用户数。乔希·埃尔曼解释道，如果你的公司是一家旅行服务公司，比如爱彼迎，那么日活跃用户数虽然在纸面上很好看，但对你来说其实毫无用处。即便是像 Yelp 这样的评论网站，也很难让用户每天都使用，每周一两次的使用频率已经算不错了。这些产品本身在用户使用频率上就存在局限性。无论你销售的是地毯还是抵押贷款，或是提供高档就餐或商业服务，“经常性使用”这个词都有着不同的含义。

然而对某些企业，比如脸书，日活跃用户数就是一个非常重要的指标了。因为首先，一个人在一天中访问脸书网站的次数基本上没有上限或者上限极高。其次，脸书基于广告的收入模式是

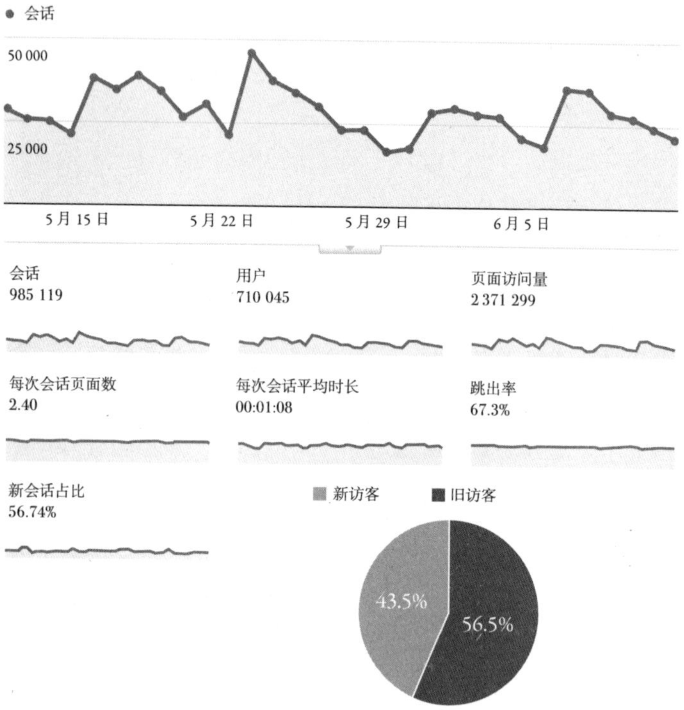

图 3-1　谷歌分析总览图

注：谷歌分析总览图里的指标对你的增长来说并不一定是最重要的。

以大量用户长时间在网站上停留为前提的。也就是说，对于一家公司来说毫无意义的指标可能恰恰是另一家公司的核心增长杠杆。例如，乔希·埃尔曼曾在领英成立初期在那里工作过，他指出，对于职业社交网站，总注册量是一个关键指标。对于很多公司来说，总注册量可能存在一定的误导性，因为注册的用户如果不够活跃，也就没有什么实际价值，但是对领英来说，即便很多注册用户很少访问网站，他们填写的大量工作履历也是网站价值的根本所在。因为领英的收入来源是那些为寻找合适人选而订购网站高级功能的招聘人员，而吸引更多招聘人员、创造更多收入增长的最佳方式就是确保有足够多的人在网站上创建电子简历。另外，网站上的个人简历越多，领英通过谷歌搜索获得的流量也就越多，因为人们在谷歌搜索工作上的联系人时会搜到他们在领英上的资料，从而也就会有更多人在领英接触到重要的联系人或者找到合适的工作人选，他们也会因此经历“啊哈时刻”。[7]

而对于易贝来说，核心指标并不是日活跃用户数或者新用户数，而是待售物品的数量。这是因为网站上挂出的物品越多，潜在的买家也就越多。这些买家会因为看到他们心仪的物品而经历“啊哈时刻”，而同时更多卖家也会因为成功售出物品而经历“啊哈时刻”。经历“啊哈时刻”的买家和卖家越多，经常访问网站的人就会越多，售出的物品也就越多。因此，虽然增加访问网站的潜在买家人数很重要，但是使很多卖家挂出大量的待售物品很可能同样重要，甚至更为重要，因而这也是他们的增长试验应该特别关注的方面。易贝也的确是这么做的，它十分重视待售物品数的增长，因此设定了“总商品量”（GMV）作为最重要的增长指标。[8]而这个最重要的增长指标就是增长黑客们常说的“北极星指标”（the North Star metric）。

选定“北极星指标”

为了完善增长等式、缩小关注范围，最好能够选择一个关键的能够决定最终成败的指标，以此指导所有的增长活动。这样的一个指标能够非常有效地使团队成员最大化地利用他们的时间，从而避免将资源浪费在漫无目的的增长试验上。

增长黑客界有些人将这样的一个关键指标称为“唯一重要的指标”（One Metric That Matters），有些人称之为“北极星指标”。我们倾向于后者，因为它意味着这个指标会像北极星一样指引着团队朝着增长黑客过程的终极目标努力，使他们不会被某个短期的增长手段冲昏头脑。这样的短期手段可能会带来一时的增长假象，但是无益于长期的可持续增长。

北极星指标应能够最为精准地抓住企业为客户创造的核心价值。要确定这个指标，你需要问自己：增长公式中的哪一个变量最能反映产品不可或缺体验的实现情况？拿易贝来说，总商品量是衡量易贝客户满意度的有效指标，对买家和卖家都是如此。对于 WhatsApp（通信应用）来说，“啊哈体验”是能够向亲朋好友发送不限数量的信息，无论他们在世界的哪个角落都完全不必担心成本。所以 WhatsApp 的北极星指标就是用户发送的信息数，而不是日活跃用户数。因为如果一个用户每天都使用它，但只用它发送了一条信息，就说明 WhatsApp 并不是他和亲朋好友联络的主要方式。因此，日活跃用户的多少并不能代表 WhatsApp 的核心价值。对于爱彼迎来说，北极星指标是客房的预订量。无论团队如何努力，不管是想方设法获取更多邮件订阅用户还是更多注册用户，如果客房预订量没有增加，那么用户体验到的“啊哈时刻”的次数也不会增加。爱彼迎的“啊哈时刻”对于住客来说是获得满意的住宿体验，对于房东来说是利用自己的家赚取收入。

指标因时而变

随着企业的增长，初期目标得以实现，北极星指标也会随之改变。脸书在了解到如何激发用户参与度之后，它最初的月活跃用户数指标就过时了，而日活跃用户数成了更为有效的衡量标准。而在 Zillow，“Play”增长计划的关注点就是它的北极星指标，而这一增长计划每年都会根据公司需求的变化选择一个新的关注点。

随着企业的发展，产品团队和增长团队也会越来越多。在公司层面设立一个指导全局的核心指标的同时，每一个团队也会有各自的北极星指标。前文提到，领英现在关注的增长领域包括网络增长、SEO/SEM、用户引导、国际增长和用户参与，每一个领域都由一个团队专门负责。脸书最初的策略是将所有精力集中在一件事上——使新用户在10天内迅速添加至少7个好友。而随着公司的壮大，它的关注点也发生了变化。新的关注点包括扩大广告客户数量以及通过翻译引擎和 Facebook Lite（脸书精简版）等手段扩大国际用户群。

不要偏离路线

在电影《美国狼人在伦敦》（*An American Werewolf in London*）中，两个美国青年在英格兰乡下背包旅行，在一家名为“被宰割的羔羊”的当地小酒馆里，一个男人警告他们“一定要沿着公路走，避开荒野，满月的时候尤其要小心”。上路后两人兴致勃勃地聊着天，走着走着就偏离了原定路线，走到了一片荒野上，而当时正是满月之夜。可想而知，没过多久其中一个人就遭到了狼人的袭击。接下来的剧情虽然有些恐怖，但是充满了喜剧色彩。不过，在发布产品时，走错路的后果可就没有这么有趣了。

在追求增长的过程中，你可能经常发现自己置身荒野之中，为了提升某个指标废寝忘食地工作，结果却发现它并没有什么用。如果选择了正确的北极星指标，增长努力就能够朝着更完善的解决方案前进，因为它能够在增长试验偏航时为你指明前行的方向。

放弃一项努力或一项试验有时并不容易，特别是当团队成员已经十分认同当下的努力方向的时候。当你认同某个想法时，压力和情绪都非常可能左右你的判断。脸书最早的增长团队负责人卡马斯·帕里哈比提亚就在一次访谈中说道："如果你对自己负责的产品不能保持绝对的冷静客观，不带一丝情感，你就会犯下大错，增长也就无处可寻，因为你将无法理解哪里出了问题。"[9]

为说明对北极星指标的专注如何能够帮助企业做出时间和资源分配的艰难抉择，让我们来看一看爱彼迎的案例，看看它的两位创始人为提高他们的北极星指标，即客房预订量，是如何决定开展一项试验的。

首先，他们通过查阅数据寻找预订量比较低迷的市场。令他们惊讶的是，他们发现纽约市的预订量竟然不达标。纽约可是个十分重要的旅行目的地，于是他们和早期投资人——Y Combinator（美国创业孵化器）的保罗·格雷汉姆一起深入分析预订量低迷的原因。联合创始人乔·杰比亚回忆说，他在浏览纽约的房源时发现"照片拍得太糟糕了，都是手机拍摄的，而且画质像发在Craigslist上的照片一样糟糕。没想到，预订量低是因为人们看不清这些房子的情况"。格雷汉姆向两位创始人建议了一个技术含量低且比较耗费精力的方法，不过这个方法可以马上执行而且效果立竿见影。两位创始人结束了和格雷汉姆的会议之后就马上预订了去纽约的航班。杰比亚和联合创始人布莱恩·切斯基租了一台价值5 000美元的相机，挨家挨户地去拍摄公寓的照片。之后，他们对比了他们拍摄过的公寓和其他纽约公寓的预订量，发现新的照片带来了高于其他公寓两三倍的预订量，他们在纽约市的收入也立刻翻了一番。[10]

照片质量会影响预订量的假设被证实之后，他们马上将拍摄高质量照片的做法推广到其他预订量低迷的城市：巴黎、伦敦、温哥华和迈阿密。这一做法在每一个城市都取得了出色的效果。于是，为提高整体预订量，爱彼迎决定推出一个摄影计划，使房东可以预约专业摄影师上门拍摄房子的照片。[11] 2010年夏天，爱彼迎推出了这个计划，招募了20位摄影师，之后又有超过两千名自由职业摄影师加入。到2012年，他们已经在6个大陆拍摄了13 000套房子的照片。这么做成本低吗？当然不低，但是这使爱彼迎在全球范围内的预订量增加了2.5倍。

杰比亚和切斯基本来也许会尝试通过大规模搜索纽约市的房源、增加房东数来提高预订量，也可能会发送更多介绍纽约著名景点的推广邮件，或是购买搜索广告——当人们搜索纽约景点时就会看到爱彼迎的房源信息。或许这么做能够或多或少增加网站流量，但是预订量还是会因为照片质量差而持续低迷。好在他们没有这么做，而是专注于增加预订量这一终极目标，结果不仅提高了预订量，也使网站获得了大量新增流量，从而带来了更高的收入。

我们在前行过程中很容易丢失北极星的方向，走到荒野上追寻肤浅或是毫不相关的增长指标，也同样容易迷失在数据分析的芦苇荡中，失去开展增长试验的紧迫感。亚力克斯·舒尔茨指出，马克·扎克伯格在脸书发展早期就明确将月活跃用户数作为公司的核心指标，这帮助增长团队打破了“分析瘫痪”的僵局。做越来越多的数据分析有时可能是一个非常有吸引力的陷阱，因为数据分析是科学的，我们会觉得自己只是为了做得更严谨，不希望在没有充分证据的情况下就开展试验，因此可能将数据分析的时间无限拉长。舒尔茨在谈到增长时最喜欢引用的一句话就是美国“二战”时的一位指挥官乔治·巴顿将军的名言：“今天就全力执行的好计划胜过明天的完美计划。”[12] 清晰明确的北极星指标能够使数据分析具有很强的针对性，使具有高影响力的试验能够尽快落地。

整合数据资源

为确定增长等式并明确北极星指标，前提自然是能够收集客户行为数据并衡量产品表现和试验结果。只有这样才能知道你对于产品表现和试验结果的假设是否符合用户使用产品的真实情况。推特创始人杰克·多尔西将为此所做的数据跟踪设置称为“仪表配置”（instrumentation）。就像飞机如果没有仪表提供的实时高度、气压和风速等信息就无法飞行一样，没有随时可获得的恰当数据，增长团队也会迷失前进的方向。[13]

你需要基于增长等式确定对增长来说最为重要的一组指标，也同样需要花时间收集数据并配备恰当的分析能力，以便进行更精细的客户 / 用户信息及行为分析。当然，只靠谷歌分析等现成的数据应用并不足以做到这一点。虽然这些工具有其可取之处，但是当你开始发起猛烈的增长攻势时，你需要能够跟踪每一个用户从第一次访问到经历“啊哈时刻”或者到弃用产品的整个过程。大多数创业公司和成熟企业都会利用多个程序软件收集、储存并分析客户数据。例如，它们会利用网络分析程序跟踪用户在其网站上或在基于网络的产品中的行为，同时会采用客户关系管理软件监测用户对邮件和手机通知的反应，还会有一个跟踪付款信息的系统。

我们在第二章提到，要了解如何使产品获得不可或缺性，就必然需要整合所有的数据资源，以对客户整个体验过程进行详细的跟踪。如果在这一阶段你还没有整合数据资源，那么你现在就应该立即着手去做。

统一的数据仓库不仅可以为你指明试验方向，还可以帮助你设计更好的试验，以改进关键增长指标。最优秀的增长团队一定会花时间把数据收集和分析做好。脸书的增长团队就深刻认识到了这一点。2009 年 1 月，他们甚至暂停了所有试验，花了一整个月的时间改进数据跟踪、收集和整合。据脸书增长团队里的第一位产品经理内奥米·格雷特回忆，2008 年的时候，他们在优化增长方面走得有些漫无目的，而进行了数据整合之后，他们获得了完整的数据，能够看到每个用户在网站上的活动，这帮助他们更全面地了解到用户使用脸书的方式以及在使用过程中出现的问题。这使增长团队提出了更多有针对性的试验，从而有效地推动了增长。[14]

对于像脸书和沃尔玛这种大企业，要整合数据绝对是件麻烦事，但是对于小公司或者某个项目来说就容易得多了，况且还有一系列工具和服务可以帮助它们更轻松地收集并整合多个来源的数据。营销专家罗布·索伯斯就提出了一个利用现成工具搭建数据跟踪系统的简单方法，只需要每月花费 9 美元（在本书创作时）就可以使用。（我们不会在书中详细介绍这一方法，但是你可以在本书注释部分找到相关链接。[15]）

数据不是唯一

关于数据的重要性我们已经谈了很多，但再详尽的用户数据也有其局限性。毕竟，即便是最为精细的分析也只能确切地告诉你用户在做些什么，而不会告诉你他们为什么这么做。有时你能够很容易地推测出某个行为规律背后的原因。例如，如果你看到大量的用户流失都发生在他们试图使用某个功能（比如视频播放器）的时候，你往往能够很快发现这个功能哪里出了问题，也就是产品设计师所说的可用性问题。以视频播放器为例，如果你深入分析数据，或许会发现当用户在安卓手机上使用播放器时这一问题出现得更频繁，那么你就会发现视频播放器在安卓设备上的运行功能存在问题，导致视频缓冲时间很长。这样的可用性问题很容易发现。但是导致用户对产品丧失兴趣的其他原因可能就没有那么容易发现了，要找出这些原因就需要开展用户调查或采访，或是二者的结合。

虽然在产品原型开发测试初期进行用户调查或采访已经成为被广泛采用的做法，但是在太多的创业公司和成熟企业，一旦产品推出之后，这个做法就被丢到一边。事实上，进入快节奏试验过程之后你仍然应当持续利用这一关键资源，这至关重要，因为用户的反馈能够帮助你发现很多十分有效的试验思路。换句话说，在进行定量分析的同时，这种定性分析同样重要。

简洁明了的报告

在数据方面要说明的最后一点是，要以最简洁明了的方式汇报你的数据分析及试验结果。即使你跟踪了合适的指标，收集并分析了所有有效的数据，如果团队里除了数据分析师之外没有人能够看懂分析结果，一切就都没有意义了。大量的用户数据表、数据库查询资料和各种技术性演示对于数据分析师来说可能如获至宝，但是对于团队其他成员来说可能就像是在看天书了。这就是为什么应该花些工夫在报告中生动地说明你的工作进展，特别是与增长杠杆和北极星指标相关的进展。这时就可以利用所谓的“总览图”了。

我们非常喜欢总览图。首先，它能够帮助团队聚焦关键趋势或指标；其次，它能够帮助你将你的发现分享给公司其他同事，也就会使更多人参与到增长过程当中。当我（肖恩）邀请 GrowthHackers 公司里的所有人（包括我们信任的顾问和董事会成员）一起为促进网站社区增长提出想法时，我们收到了很多非常棒的建议，其中不少都成功推动了增长。

为整个公司提供更简洁明了的数据演示也能够使整个公司的人将北极星指标和其他重要指标作为关注的重点，促使增长团队以外的各个团队都能更加以数据为导向。Freelancer.com（一家外包接活网站）的前高级增长副总裁威利克斯·哈利姆曾经做过一个测试，想看看在工作区域展示数据总览图会对团队工作有何影响。他发现，对每个团队所负责的指标数据的固定展示大大提高

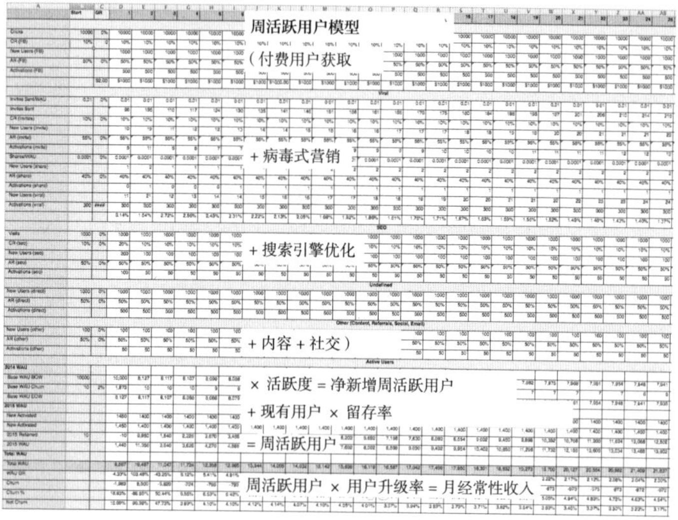

图 3–2　一份典型的增长跟踪报告

了团队提升相应指标的能力。[16]

要充分了解简单明了的报告有多大的价值，我们可以先来看看增长团队在跟踪关键指标时所创建的数据表有多么复杂。HubSpot 的高级产品经理丹·沃尔考诺克提供了下面这张表格。这张表可能蕴藏着无比宝贵的信息，但是非专业人士要想看懂这样的报表并利用它开展相应的行动，可能就太困难了。

再来看一看 Pinterest 增长团队所做的图表，这是 Pinterest 增长工程师约翰·伊根在他十分受欢迎的博客里发布的。这篇博客介绍的是 Pinterest 追踪的 27 个指标。如图 3–3 所示，这样的图能够让人一目了然地看到重要的增长趋势。

显然，这三幅图所体现的每一个趋势都清晰可见。当然，我们无法确切知道图中的具体信息，因为伊根出于保密性考虑在提

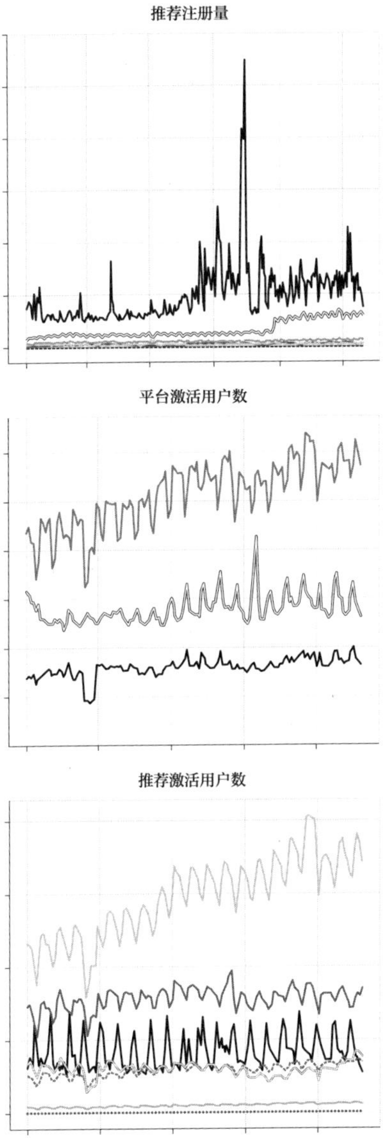

图 3-3　Pinterest 增长总览图 [18]

供给我们的版本中抹去了数据细节。数据分享必须谨慎，和增长团队以外的公司其他人员分享报告需要谨慎，而对于分享到公司以外的信息就更要谨慎了。

创建这样的总览图并不复杂，市面上可用的数据可视化工具数不胜数，既有像 Geckoboard 和 Klipfolio 这样适合小型创业公司的简单工具，也有像 Tableau 和 Glik Sense 这样企业级的解决方案。不论你选择哪个工具，你的报告都应当包含有意义的洞察，而且应可以作为行动的依据。正如谷歌分析专家阿维纳什·考希克所说，太多的报告都像是在“呕吐数据”。[17] 杂乱无章地展示数据只会让人困惑，我们应该做的是清晰明确地呈现最为重要的指标数据。为此，总览图应当只包含与增长杠杆相关的最重要的指标。

在缩小汇报范围之后，下一步就是使呈现的信息能够指导行动。首先，指标应以比例而非静态数据的形式呈现。比如，总用户数是静态的，说明不了很多问题，而每日或每周新增用户数则有用得多，因为它是当前时期和前一时期的对比，能够反映出指标的升降。数字的旁边还应当附带显示一个标志，体现与过去相比是上升、下降还是持平。这个标志可以是一个表示变化的百分比，也可以是颜色标识，以便让团队一目了然地知道某个指标的变化情况。

也可以在总览图中将指标数据与既定目标进行比较。例如，在英曼，团队将订阅人数增长与他们的季度目标进行对比来确定他们的目标完成进度。总览图应帮助团队成员掌握业务增长情况并根据总览图提供的信息对相关问题给出快速清晰的回答。虽然数据可视化设计是一项复杂的技能，但一位出色的数据分析师通过与增长负责人合作能够创建一系列极富洞察并可以指导行动的总览图，使团队能够跟踪核心指标的变化。

万事俱备

明确增长杠杆、进行深入分析和汇报并辅之以客户调查，这几项结合起来就可以解锁并优化增长机会。让我们再来看一看乔希·埃尔曼和推特的增长团队是如何发现“30 个关注”这一阈值的，也就是说，关注了至少 30 个人的用户会成为长期活跃用户。埃尔曼首先进行了所谓的“群组分析”，即将客户或用户按照某个共同的特征划分为不同的群组。对推特来说，可以按照用户加入的月份进行基本分组。这样的选择几乎毫不费力，不过如果数据量很大且很详细，就可以创建更加细分的群组，比如每天查看推特 5 次但自己从不发推特的人、只在周末发推特的人、每周新关注至少 10 个用户的人等。

当时，推特面临的问题是用户留存。很多人注册但又离开了，同时，留下来的那少部分人成了比较活跃的用户。于是埃尔曼和

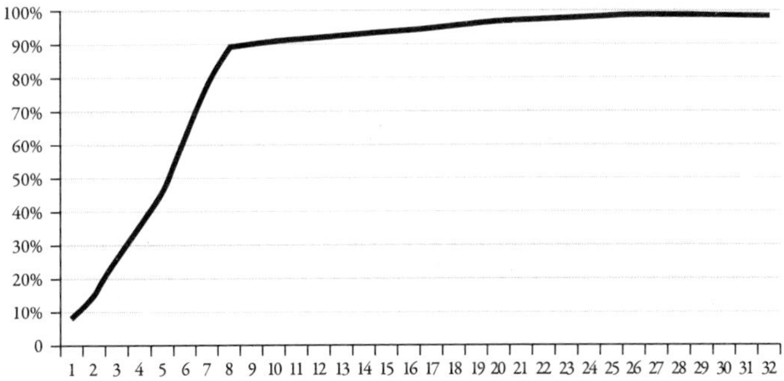

图 3-4 基于第一个月访问次数的留存率

团队开始按每月访问推特的天数对用户进行分组，然后他们对同一组用户第二个月访问的天数与第一个月的天数进行比较，他们惊讶地发现，一个月访问至少 7 次的人中有 90%~100% 会留存到下一个月，这个比例非常之高。

之后他又将用户划分为三个群组：核心用户，即每个月至少访问 7 次的人；一般用户，即访问不是那么频繁的人；冷漠用户，即第一次访问之后便弃用的人。通过这一分组，团队发现 20% 的访客成了核心用户。于是团队进一步挖掘数据，进行了相关性分析，寻找一个群组的用户中存在哪些类似的、有别于其他群组的行为。对于每月访问至少 7 次的用户的分析显示，这些人一般关注的用户数在 30 左右，当然有一些人关注的人更多，但是 30 似乎是一个拐点，达到这个数字的人就会成为固定用户。

埃尔曼和团队并没有止步于此。他们知道，统计试验中有一句箴言：相关性并不意味着因果关系。他们本可以不再深究，在那个时候就开始推动用户关注量的增长，很可能这也会带来不错的结果。但是，如果人们想要关注很多人的简单愿望并不是促使用户产生黏性的深层次原因呢？于是团队继续深挖数据，很快就找到了另一组相关关系：用户活跃程度也与他们关注的 30 个人里有多少人关注他们有关。但出人意料的是，并不是说“回关”的人越多，用户黏性就越大。事实上，仅仅被自己关注的 1/3 的用户“回关”的人最有可能成为忠实用户。为什么？要想找到这个问题的答案，用户采访的重要性就显现出来了。通过给用户致电进行采访，团队得到的反馈是，如果自己关注的人中超过 1/3 的人“回关”，那么推特就跟其他社交网络没有什么区别了，产品的特殊价值就无从体现。如果不到 1/3 的人“回关”，那么推特似乎就更像一个新闻网站，而可供选择的其他新闻网站实在是数不胜数。只有达到 1/3 这个比例的时候，推特所具备的独特价值——让人们及时了解他们的圈子发生的新鲜事——才能清晰地展现在用户面前。

团队也通过采访了解到另外一个特别的用户群组的行为，这个群组就是“休眠用户”，即消失了一段时间之后又突然变得活跃的用户。团队通过给这些用户打电话了解到了真实的情况：这些人刚开始使用推特时，觉得它只是个发布信息的地方，特别是一些推广信息。他们对这些并不感兴趣，所以就弃用了。但是后来他们身边的人告诉他们自己在推特上关注了某个人，比如明星或者在他们的行业或者圈子里广受尊敬的人，这时他们才认识到推特的真正价值——网站提供了与他人建立联系并向他们学习的机会。结论很明确：关注别人的用户数和被关注的用户数是驱动增长的关键杠杆。他们利用这一发现进一步细化了向用户推荐关注账户的过程。[19]

推特的这个案例说明，确定增长等式和关键指标，同恰当的数据跟踪设置、数据采集和包含了客户反馈的报告一道，可以帮助团队明确并监测核心增长杠杆的变化，这是增长黑客过程走向成功的关键而有力的第一步。这时，你已经做好了展开增长攻势的准备。接下来，我们将为你分步骤具体介绍我们所总结的这一套增长过程，它包括：提出最值得测试的一组想法；以最为高效的方式开展试验；召开流程严密的增长会议；持续从试验结果中吸取经验教训并进一步巩固试验成果，以加快增长引擎的运转速度。

第四章

快节奏试验

2007年，美国得克萨斯州贝勒大学橄榄球队又一次在“大十二联盟”[a]南部分区橄榄球联赛中排名垫底。这支球队已经超过10年无缘碗赛[b]了。这时阿特·布莱尔斯接管了教练工作。很快，贝勒大学熊队在联赛中平均每场得分就升至64分，并且每年都入选碗赛，成为全美排名最靠前的球队之一。实现这一转变的关

a. 大十二联盟，即Big 12，是美国中部12所大学组成的体育联盟。——译者注

b. 碗赛指美国全国大学生体育协会举办的五大碗赛，根据常规赛中各个球队的积分排名选拔优秀球队进入五场碗赛。——译者注

键就是快节奏的“无聚首进攻”[a]，这个战术令对手猝不及防、乱了阵脚。一个体育记者将贝勒队的这一打法称为“势不可当的战术”。贝勒队的进攻速度不仅大大挤压了对手的空间，也使队员在每一场球赛中学习到更多取胜的办法。

通过加快每一次进攻的速度并缩短两次进攻的间隔，贝勒队每场比赛的进攻次数比对手多出 13 次，比大学球队平均每场比赛的进攻次数高出 20%。按照每赛季 10 场比赛计算，这 13 次累加起来相当于球队多打了整整两场比赛。[1]这就为球队创造了更多的学习机会，丰富了球队的实战经验，使他们懂得在不同情况下应如何实现最好的团队协作。

通过快速学习学到更多也是快节奏增长黑客过程的目标和一大优点。

增长最快的公司正是那些学习最快的公司。开展的试验越多，学习到的东西也就越多。道理就是这么简单。团队应该开展大量的试验，因为大多数试验都不会产生你想要的结果。有的试验会产生一些成功的迹象但是无法得出绝对的结论，这样的试验结果不足以证明可以在更大范围实施被测试的方法。有的试验会取得小幅的成功，但并不会带来实质性的变化。只有少之又少的试验会带来巨大的成功。也就是说，寻求试验的成功是一个以量取胜的游戏，每一次成功不论大小都很重要。

请记住，增长黑客的巨大成功往往来自一连串小成功的累加。一点一滴的认知学习都会带来更好的表现，催生出更好的试验想

a. 无聚首进攻，即球队在比赛中完成一次成功的攻势之后，攻守球员轮换，各自商量战术，再各自列阵开球，这种战术可以增加传球和进攻的速度，因而增加得分机会。——译者注

法，进而带来更多成功，最终将一次次小幅的改善转化为压倒性的竞争优势。

转化率优化专家佩普·拉哈在帮助网站或App将更多访客转化为客户方面享有很高的声誉，他在说明小成功的威力时喜欢提到一组数据：每个月5%的转化率改进会带来全年80%的提升，这就是成果自然累加的特点。如果你是通过搜索广告获取新访客，那么如此高的转化率提升几乎可以使你的广告成本减半。这一原则适用于公司业务的各个领域。事实上，留存率的小幅提升能够带来更大的影响。来自贝恩公司（Bain&Company）和哈佛商学院的一群研究者发现，5%的留存率提升会带来25%~95%的利润增加，因为留存率的小幅提升会因为客户使用时间延长而带来累加的收入增长。[2]

我们将在本章讨论如何开展快节奏试验以获得这种累加的成功。

缓慢起步，逐渐提速

增长团队的试验量和试验节奏因公司规模和可用资源的多少而各不相同。很多领先的增长团队通常每周会做20~30次试验，还有一些团队的试验量更大。初创公司可能每周只能启动一到两次试验，然后逐渐累积到更高的试验量，而较成熟的创业公司或者大型企业每周可以启动的试验量则大得多。无论企业或团队规模如何，为使试验量最大化、结果最优化，必须遵循一个非常严格的试验过程，使团队能够形成充足的试验想法储备并高效地排定试验优先顺序。这能够保证团队以最快的速度持续开展试验，避免执行松散、试验结果无效或者在选择下一次的试验想法时陷入耗时的头脑风暴和讨论过程中。

我们的建议是，团队应缓慢起步，在这一新的试验过程站稳脚跟之后再逐渐提速。一开始便试图启动太多试验可能会导致试验执行欠佳，使团队成员感到困惑，或因为试验结果不理想而使士气受挫。开展漫无目的或设计不当的试验可能得不偿失。就像你不应该在没有进行足够的训练和热身的情况下参加铁人三项赛一样，你同样不应该以太快的速度一头扎进增长黑客过程中去，这样做的结果必然是失败。

我们摸索出一个分四步进行的增长循环以及一系列简单易用但又十分有效的工具，以确保增长团队像一台精心设计、精确校准、高速运转的试验机器。我们将在这一章详细介绍这一套方法。

增长黑客循环

之前提到，这一过程分为以下几个阶段：分析数据并收集洞察，形成试验想法，排定试验优先级，运行试验，再回到分析阶段审视试验结果并决定下一步行动。这是一个周而复始的循环。无论你的产品是什么，无论你测试的是产品的哪个方面，这一循环中每一个步骤的完成都应当保持固定的节奏，以每一两周完成一次循环为佳（在 GrowthHackers，我们以每周为一次循环周期）。增长团队每周应召开一次一小时左右的会议，审视试验结果并决定下一周要执行的试验。

为从头到尾说明这一过程如何运作，我们不妨设想一个情景：一家大型实体连锁食品商店刚刚成立了一个增长团队。我们

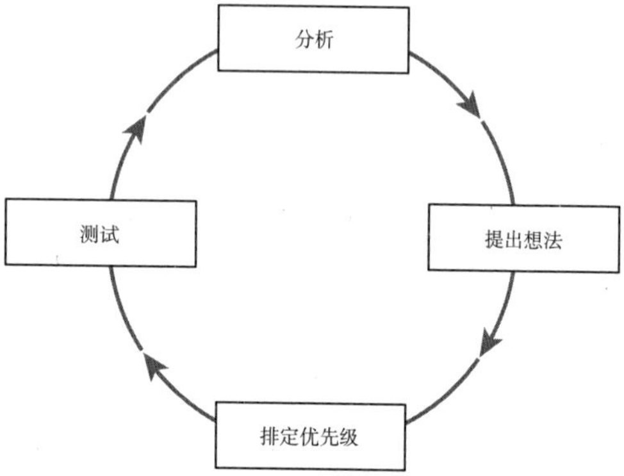

图 4-1　增长黑客循环

希望首先明确一点，这个过程适用于任何团队或企业，不论规模大小。它也适用于任何产品或项目，不论是一个新的软件工具、一家网络零售商、一个媒体产品、一家硬件公司还是一个博客，或是一次广告或公关行动。我们将描述这个团队的每一个成员在这一过程的每一个阶段应做的工作，我们也会提供一个日程样板，详细说明增长会议应如何进行。

准备工作

在进入增长黑客循环之前，这家连锁食品商店应召开一次团队启动会议，向每一个团队成员说明如何推进这个过程。在会议上，增长负责人应明确说明每一个成员应发挥的作用，以及他们作为个体和团队应如何开展工作。同时应向他们介绍提出测试想法并排定测试优先级的方法，我们将在本章后半部分介绍这一方法。之后，增长负责人应当请数据分析师分享前期分析结果。同时，增长负责人应向团队说明关键增长杠杆、北极星指标以及关注点或目标。然后，团队应设定每周要开展的试验数量和节奏，即每周能够有效地管理并执行多少试验。一般来说，数据分析师和工程师都能够对此进行初步估算，而随着试验过程的开展，团队自然而然地也会做出相应的调整。

假设这一连锁食品商店的增长团队被安排负责公司新的移动 App 的销量增长任务。这个 App 于几个月前发布，当时公司开展了大规模的传统营销攻势，吸引了一批早期用户，下载量达到了 10 万。但是迄今为止，应用内购买创造的收入仍然非常低。于是公司决定不再大规模开展新的获客攻势，而是尝试一下增长黑客法。

产品团队将 App 打造得十分出色。他们也进行了恰当的数据跟踪设置，以便在用户使用 App 时获得最有用的用户行为反馈。他们也在开发阶段与潜在用户一起对 App 进行测试，用户的反馈非常好。App 提供了很多十分有吸引力的功能，比如商品搜索、商品推荐、库存情况、健康食谱以及一键购买食材的选项。此外，App 里还有一个卡路里计算器，可以让用户迅速了解任何商品和整餐的卡路里含量。产品团队还考虑到用户很可能会喜欢“不含麸质”“犹太洁食”和“有机”等搜索选项，从而对产品进行了相应的设计。总之，整个应用的设计非常巧妙，但结果却销量平平，这十分令人不解。

为解开这一谜题，公司聘请了一位资深增长团队领袖。他做的第一件事就是从市场、工程、产品和数据科学部门招募团队成员。接下来，团队需要寻找 App 用户的“啊哈时刻”，了解体验了“啊哈时刻”的用户有哪些特征以及他们对于 App 的使用与其他用户有何不同。假设团队的初步研究表明，用户的“啊哈体验”是在手机上购买食品并且在家里等着第二天送货上门所带来的便利。在准备第一次增长团队会议之前，增长负责人和市场、数据团队成员一起制定了 App 的增长等式，等式如下：

安装量 × 月活跃用户数 × 消费用户数 × 平均订单金额 × 重复购买率 = 增长量

他们选择的北极星指标是每个消费用户创造的月收入，这是因为他们的最终目标是促进销量。他们不只是需要使更多人使用 App，也要打造一大群高度活跃的消费用户，使这些用户可以经常进行高额消费。确定了“啊哈时刻”，设置了数据追踪，明确了核心指标，搭建了增长团队，在一切都准备就绪之后，就可以启动快节奏增长黑客过程了。

你无须在第一次增长会议上就决定要进行哪些测试。团队成员可以利用接下来一周的时间进行头脑风暴，筛选第一轮周期要测试的想法，然后在下一周的增长会议上对这些想法展开讨论并做出决定。我们将以这个食品商店 App 为例，在本章详细介绍团队会提出哪些想法以及测试流程如何具体开展。

第一阶段：分析

在这一阶段，增长负责人要和数据分析师一起深入分析初期用户数据以发现具有明显特征的用户群体。首先，要将经常性的消费用户和其他几乎不使用或下载后从未使用的用户分离开来。为探索潜在增长机会，他们制定了下列问题来指导分析过程：

我们的最佳客户有哪些行为：

· 他们使用了哪些功能？
· 他们访问了 App 的哪几屏？
· 他们打开 App 的频率如何？
· 他们购买了哪些商品？
· 他们的平均订单金额是多少？
· 他们在一天中的什么时间下单？通常在哪些日子下单？

我们的最佳客户有哪些特征：

· 他们是从什么渠道转化为我们的客户的？是广告、推广邮件还是其他渠道？
· 他们使用什么设备？
· 他们具有哪些人口学特征，如年龄、收入等？
· 他们居住在哪些地区？
· 他们距离最近的本品牌商店或其他商店有多远？
· 他们还使用其他哪些类似的 App？

导致用户弃用 App 的原因：

· 哪些屏的退出率最高？
· App 存在哪些阻碍用户采取某一行动的程序错误？
· 与其他提供商相比本应用中的商品价格如何？
· 消费用户的行为中有哪些是弃用用户没有的？
· 他们从开始到弃用 App 的过程是怎样的？在弃用之前他们在 App 中花费了多少时间？

在数据分析师研究数据的同时，团队的营销专家则开展了一系列用户调查和采访。其中一项调查的目的是获取用户的人口学和心理学信息，另一项调查询问了用户线上和线下的购物习惯，而最后一项调查则是关于用户最喜爱的 App 以及他们的移动设备的使用情况。

之后，数据分析师和营销专员将所有数据分析结果和用户调查与采访反馈汇总，编写成报告并在第一次增长会议的前一周发送给团队成员。筹备这场会议时，增长负责人撰写了一份总结，说明截至目前的研究结果，其中就包括经常性消费用户区别于从未消费或只进行过一两次购买的用户的几个十分有趣的共同特征。

第一个特征是这些活跃消费用户的平均订单金额高于 50 美元，刚刚超过免运送费的最低金额。除此之外，很多经常性消费用户都有很多会重复购买的食品，这些食品显然对他们来说是必需的。最后，最为活跃的消费用户中相当大的一部分是从商店的移动网站跳转到 App 中的。

基于数据分析，团队已经提出了一些增长想法，并为第一次会议做好了准备。他们将在这次会议中讨论了调研发现，评估初步的增长想法以充分利用这些发现，选出第一批旨在提高 App 用户所创造的收入的想法，并规划初步的试验流程。

第二阶段：提出想法

“点子”是增长的催化剂。你需要一系列的增长点子以形成稳定的增长动力。正如莱纳斯·鲍林所言，“形成一个好想法的最佳办法是提出很多想法”。正因如此，能够不加限制地提出想法对于增长黑客过程尤为关键。这并不意味着要不加限制地测试这些想法。测试应当是经过严格的优先级排定的。但是你需要鼓励增长团队成员充分发挥想象力并且对想法毫无保留。这能够保证团队形成足够多的想法，以便从中筛选最具价值的那些。

在团队会议之后的前四天，所有成员都应当提交尽可能多的可能提高 App 用户创收的增长想法。提出想法时不应自我质疑，没有什么想法是过于疯狂而不该提的。团队成员应当根据自己的特定领域和专长献计献策。例如，用户体验设计师可能会建议对某个屏的显示进行一些修改，营销人员可能会提议测试鼓励用户首次下单的不同方法，而工程师则可能会提出优化产品性能和速度的一些想法。当然，他们提出的想法也不应仅限于自己的领域。

增长负责人应当建立一个项目管理系统，用于协调想法的提交和管理以及测试结果的跟踪和报告。请记住，跨职能合作和信息共享是增长黑客法的关键原则。正因如此，增长团队里的每一个人都应当有权限使用这一想法储备库，并且随时都可以往其中添加新内容。在 GrowthHackers，我们创建了自己的软件程序，叫作“Projects”，任何有权限使用它的人都可以在软件中提交想法并对试验过程及结果进行跟踪、评论和查阅。对于团队使用的项目管理软件没有数量要求，这些软件都可以用来促进试验管理及成员就试验策略进行沟通。

想法应当按照一个事先制定的模板提交到“储备库”中。团队应规范想法提交的格式，因为只有这样团队才能迅速地对想法进行评估，而不需要问很多问题。提交的想法不应该只是提出像“我们的注册表太复杂了，应该简化一下”这样模糊的建议，而是必须清楚地说明应该做出什么具体的改变，并阐述为什么这一做法可能带来结果的改进，同时也要说明如何衡量测试结果。

为说明想法提出的正确格式，让我们再回到食品连锁商店移动 App 的案例中。在第一次和第二次增长会议之间的那一周，团队成员可以针对促进用户消费的几个方法中的任何一个提出自己的想法。有的想法可能旨在吸引那些下载了 App 但还未购买的人下第一笔订单。有的可能针对已经购买过的用户，要么是吸引他们更频繁地消费，要么是增加他们的单笔订单金额。还有的想法可能是为了吸引更多用户从公司网站转到 App，因为数据显示，从网站跳转过来的用户往往创造的价值更高。

假设 App 团队的产品经理提出了打造“购物清单”功能的想法，这个列表可以保存用户之前购买的商品，从而使用户可以轻松地再次购买。那么这个想法应按照下面这个格式提交：

想法名称：我们发现，给每个想法起一个简短的名称可以使讨论更容易也更高效。在 GrowthHackers，为保证名称简洁明了，我们设定了不能超过 50 个字的限制。对于这个例子，我们不妨给它起名叫“购物清单”。

想法描述：想法描述看起来应当像执行大纲那样清晰明了，说明“谁”“什么”“何处”“何时”“为什么”和“如何”等问题。这个想法针对“谁”？例如，是所有的访客、新用户、复活用户还是从某个流量源获得的用户？要创造“什么”？是一份新的营销文案还是一个新功能？这个新文案或是新功能将在“何处”执行？是在 App 的主屏还是其他地方？它将在“何时”出现在用户屏幕上？比如访客初次访问网站着陆页的时间。除此之外，描述还必须说明“为什么”，即想法背后的论证过程。也要说明“如何”，即建议开展的测试类型，比如是 A/B 测试，还是要开发新功能，或是要展开新的广告攻势。

对于这个购物清单，产品经理可能会这样描述：

使用户轻松地查看并再次订购之前购买的商品将增加重复购买的人数，也会提高他们下单的速度。更便捷的再次购买操作应该能够刺激更多用户回购。购物清单功能应当添加到App的导航项中，使所有用户都能够使用，方便用户保存并回购他们喜爱的商品。这一功能应该先在早期用户中进行测试，再提供给所有用户使用。

假设：像任何其他类型的试验一样，“假设”应当简要说明预期的因果关系。同样，对于假设不能只是给出模糊的原因和结果，像“重复购买的用户不够多，我们应该激励用户回购”这样的话只是对问题和努力方向的一句陈述，而假设应该是：“通过给用户提供便捷查询并回购商品的功能，回购用户人数将提高20%。”

有些团队可能会选择在假设中说明预期成果，有些则可能不会。这么做的好处是能够使团队清楚地了解一个想法可能带来的量化结果。如果预期会有40%的收获但结果只有5%，他们就会知道还有很多工作要做。但另一方面，对试验结果的预测不可能精确，所以很多团队不会进行预测。在GrowthHackers，我们根据过去类似的试验、网上可获得的基准数据、试验参与人数和试验对他们当前行为可能产生的影响来估算预期结果。

待测指标：必须具体说明为评估测试结果需要追踪哪些指标。大多数试验都应当统计不止一个指标，因为一个指标的改善有时候是通过牺牲其他指标来实现的。比如你在测试着陆页的一份新的注册表格时，可能会发现因为注册变得更加方便，所以注册人数增加了，但是新注册用户的活跃度却比以前有所降低，因为他们并不十分清楚他们注册的是什么。最终，这可能成为实现增长的严重障碍。

确定要追踪的指标，首先要看一看试验会使哪些“下游”指标发生变化。例如，对于购物清单试验来说，应追踪的指标包括使用购物清单功能的用户数、每个清单保存的商品数、回购数、回购比例以及平均每笔订单的金额。这些指标有助于增长团队评估试验结果及试验对重要指标的影响。统计的范围包括有多少人使用了新功能以及新功能对于他们购买行为的影响，这将帮助团队确定试验是否提升了核心指标，即每位消费用户创造的收入，以及试验假设是否成立，即使用这一功能的 App 用户回购比例是否提高。

请注意，储备库中的点子越多，找到能够刺激增长的绝佳方法的可能性就越大。在增长黑客循环的下一阶段，你需要对大量的想法进行筛选并排定优先级，即哪些先测试，哪些晚一些测试，哪些直接抛弃。

最后，由于我们的目标是形成尽可能多的想法，因此不仅需要团队成员提出想法，也需要整个公司的同事都参与进来。销售团队可能对客户痛点有宝贵的见解，市场团队则可能了解到一个可以用于开展获客试验的新的推广平台。在开展增长攻势的初期，你应当主要从公司内部收集来自不同部门的想法，而随着时间的推移，你也应考虑在第三方供应商和合作伙伴中集思广益。外部人士往往能够提出非常宝贵的建议，帮助团队打破思维惯性的束缚。比如，有的顾问可能有和同类型公司合作的经验，他们往往了解其他公司有哪些极为成功的做法。邀请客户特别是最为活跃的用户分享他们的观点也可能给你带来很大的启发。他们往往非常乐意提供他们的见解，而且他们对于产品使用的经验可能比你的团队丰富得多。

在 GrowthHackers，我们一开始只在增长团队内部收集想法，但是很快发现团队总在做类似的试验。于是我们去询问其他部门同事的意见。起初，我们犯了个错误，没有告诉他们增长杠杆和核心指标是什么，这导致我们收到了很多模糊的回复，比如“你们需要我帮什么忙？”或者“如果我想到什么好点子就联系你们”。但是后来，我们告诉了他们我们的关注点，一时间各种建议便如潮水般涌来。这带来了非常积极的结果，于是我们进一步将收集想法的范围扩大到投资人和咨询顾问，最后又扩大到增长黑客社区里我们十分信任的会员。

一开始，我们通过邮件接收建议，然后再按照正确的格式进行编辑，添加到储备库中。在开发了“Projects”软件之后，我们就给所有收到我们邀约的人开放了权限，让他们直接登录软件提交想法。

事实上，团队测试过的一些最好的点子都是来自公司以外的人士。例如，我们最为活跃的社区会员之一建议我们在网站上设立与知名增长专家对话的问答栏目，这后来成了我们访问量和用户参与增长的重要引擎。再比如，我们的一位顾问跟我们分享了在他的网站上一些效果十分显著的 SEO 策略，我们采纳了之后发现这些策略极大地提升了我们在谷歌上的排名。而这只是我们从团队外部收集的许多绝佳创意中的两个。

在提交想法之前的最后一个步骤是给想法打分，这可以帮助团队在第三阶段比较不同的试验想法并排定优先顺序。我们将在第三阶段介绍这个评分体系，并说明如何利用它给想法评分并做出选择。

第三阶段：排定优先级

在一个想法提交到团队讨论之前，必须要给它打分。打分能够帮助团队在不同的想法之间进行比较，以确定在什么时间开展哪一项试验。分数应该由提交想法的人给出，在评分之后这一想法才能进入储备库。

在 GrowthHackers，肖恩制定了"ICE 评分体系"以整理第二阶段形成的各种想法，ICE 三个字母分别代表 impact（影响力）、confidence（信心）和 ease（简易性）。

在提交想法时，提交者应以 10 分为满分给想法打分，打分根据以下三个标准：想法的潜在影响力、提交者对于想法取得效果的信心以及相应试验开展的简易程度。三项分别打分之后，再相加平均便得到一个想法的综合得分。对储备库里所有的想法进行评分之后，团队就可以根据得分排序，在核心关注领域选择得分最高的想法开始试验。例如，如果增长团队目前关注的是提高客户留存率，那么即使在获客方面的一个想法分数非常高，团队也会将之搁置一边，选择分数稍低一些的关于客户留存的想法。

下面我们以食品连锁商店 App 为例对其团队提出的想法进行了排序。排序可以在表格或者项目管理软件中进行。如表 4-1 所示，通过评分，可以清楚地看到哪两个想法是应该最先测试的。当然，综合得分并不一定最终决定想法的优先顺序，团队可能会在增长会议上讨论之后出于某些原因选择分数略低的一个想法。

但是，评分是一个很好的起点。

表 4–1 食品连锁商店想法评分表

想法	影响力	信心	简易性	平均分
增加购物清单功能，提高回购率	4	8	2	4.67
初次下单 10 美元优惠	7	4	8	6.33
提高 50 美元以上订单免运费规则的可见度	6	7	6	6.33
改进推荐引擎	4	6	3	4.33

给自己的想法打分不是一件容易的事，因为打分涉及一定的主观性和预测性。但是有了经验之后，你很快就会掌握如何利用数据、之前的试验结果以及行业基准来估算自己想法的价值。此外，随着你看到越来越多的想法被测试并看到这些测试的结果，你对于某个想法的潜在回报的把握也会越来越准确。不过还是有必要先了解一下这三个标准的具体含义及如何对它们进行评估。接下来就详细介绍一下这三个标准。

影响力：影响力是指某个想法对于促进团队关注的指标的预期提升程度。在食品商店 App 的案例中，这一指标是每位用户创造的收入。你可能认为只有具有很高影响力的想法才值得提交，但是要记住，团队应同时选择具有潜在高影响力、通常实施起来也更复杂的试验和一些更容易实施但同时也可能产生有意义的结果的试验。团队的目标是筛选尽可能多的高影响力试验，但如果有的试验需要几周甚至更长的时间筹备，那么就应该选择一些相对来说更容易实施的试验填补这段空档，这也是为什么测试的简易性也是ICE评分的标准之一。

信心：这个标准衡量的是想法提出者对于想法产生预期影响的信心。对于这个标准的评分不应基于主观臆测，而是要根据某种实证经验，不管是数据分析、行业基准、可查阅的案例研究，还是之前的试验经验。

如果试验是之前的一次成功试验的迭代，那么信心评分应当更高。这是一个不错的做法，增长黑客界通常称之为“双倍下注”（doubling down）。比如一项试验的内容是通过脸书上提供免费样品的广告吸引用户跳转到着陆页填写邮箱资料，这个做法为公司提供了很多新的潜在客户的邮箱地址。下一次你可能会尝试通过谷歌等其他渠道推广同一个着陆页。第一次试验时，因为你以为填写注册表可能会使很多人放弃申领样品，所以对于试验的信心值比较低，只打了4分。但是做下一次试验时，由于第一次试验的成功，你可能将信心值提高到8分。信心值很高也可能是因为了解到公司内或公司外的其他团队做过类似的成功试验。

简易性：简易性衡量的是进行一项试验所需投入的时间和资源。重新进行界面设计或是改进结账环节购物车的样式都是具有潜在高影响力的想法，但是这样的想法往往不容易落实，可能需要几周甚至几个月的准备时间。简易性得分不仅可以帮助增长团队认清一些不太现实的想法，也可以帮助他们在每一轮增长循环中发现一些“唾手可得”的试验。

在召开团队会议之前，增长负责人应查看各个想法的初始得分，他可能会发现想法提交者没有想到的一些问题。增长负责人可以基于他的过往经验以及其他团队成员的意见给出分数调整建议。但是，团队不应过分纠结分数调整。这个分数只是用来进行优先级的比较，不需要尽善尽美。如果团队成员浪费太多时间争论一项试验的影响力得分，那么增长会议很快就会陷入僵局。团队应把这一分数作为一个重要参考，而不是当作优先级排定的唯一依据。如果团队对于某个分数存疑，增长负责人应依据自己的最佳判断果断做出决定，以引导团队推进工作。

这一评分体系并非万无一失，测试结果也经常与预期不符。有些评分最低的试验结果反而产生了最好的效果。在GrowthHackers，我们曾做过一个简单试验，调整了网页上每周“最佳帖子”简报邮箱登记表的位置。这个登记表原本是在网站主页的底部，因为我们原以为需要给用户时间先浏览我们在首页上主推的最受欢迎的帖子，然后再决定是否登记邮箱地址以接收我们的每周简报。后来摩根提出了一个建议，即把登记邀请改到页面顶端，把它放在一个更显眼的位置。事实上，他本来并不认为这个调整能带来多大的变化，所以只打了 4 分。但是我们还是决定测试一下这个想法，这是因为基于工程师团队的反馈，这个试验比较容易开展，我们在简易性一栏给它打了 9 分。同时摩根有比较大的把握这个调整将能够使用户更容易看到登记邀请从而会在一定程度上增加登记量，于是在信心一栏打了 8 分。结果非常令人惊讶——登记量增加了 7 倍，远远超出了我们原本的预期。

讲述这个例子并不是要说明摩根能提出这个点子有多厉害，其实他也提过不少以失败而告终的点子。提出这个案例是为了说明我们对于自己想法的预期并不总是很准确，同时也说明不要轻易抛弃分数较低的想法。

虽然我们倾向于使用ICE评分，但是其他增长黑客也提出了其他评分体系。比如被誉为“转化率优化之父”的布莱恩·埃森伯格就提出了“TIR体系”，即time（时间）、impact（影响力）和resources（资源）。[3]另外一个体系是“PIE”，即potential（潜力）、importance（重要性）和ease（简易性）。[4]虽然不同的体系细节上可能存在差异，但是它们的总目标是一致的，即以量化的方式评估试验想法，帮助团队筛选不同试验选择，决定下一个试验内容。

经过评分缩小了选择范围之后，你手里的试验可能仍然超出了接下来一周所能完成的量。有些想法需要更长时间去准备，比如那些需要大量软件开发或设计工作的试验。对于这样的试验应当在咨询试验筹备直接参与人员之后设定一个具体的测试日期。如果筹备工作涉及软件开发，工程师和产品经理就应当为增长团队估算一个时间框架，而如果要测试一个新的获客渠道，市场团队就要负责为增长团队提供一个时间表做参考。

在当周无法启动的试验想法都应储存在储备库中。你可以从中选择一些用于接下来一周的试验，而保留其他想法日后使用。关键是团队应以时间和资源利用的最优化为目标安排他们的工作，专注于增长负责人选定的关注领域中最紧迫的需求。

让我们再回到食品商店App的案例中来看一看如何开展筛选过程。App团队的目标是增加每个用户创造的收入。在收集了一些点子之后，他们决定选择“初次下单优惠”和“把免运费政策信息放在更明显的位置”这两个影响力和简易性评分较高的想法进行测试（见表4–1）。

初次下单优惠试验很可能会交由营销人员负责，而免运费试验则交由产品设计师负责。

假设团队同时决定购物清单试验也值得一试，但由于这一功能的开发比较复杂，增长负责人可能会让产品经理询问产品团队的时间安排。获得了这一信息之后，增长团队就可以考虑设定试验启动时间了。

我们建议团队通过协作来进行试验选择。在增长会议召开前一天，增长负责人应通知团队查看想法储备库并从中选择他们认为最有潜力的想法（不一定只是新提交的想法，可能也包括已经在库里的想法）。这些想法将作为候选在增长会议上讨论，届时团队将共同决定在什么时间启动哪些试验。团队成员可以通过邮件对想法进行提名，或者如果系统允许的话，也可以在储备库中设置突出显示。例如，在 GrowthHackers 的"Projects"系统中，团队成员可以给想法加星标，加星之后想法就会进入单独的列表中，增长负责人可以查看并在会议上与成员展开讨论。为保证被提名想法的数量在可管理范围内，我们通常限制每个成员每周最多提出三个想法。

这些被提名的想法将会在增长会议上由成员进行讨论，并选出将于下一周启动的试验。我们将在下一部分作详细介绍。

第四阶段：测试

一旦团队选出下一周的试验项目之后，这些试验就会进入我们所谓的"Up Next"（即将开展）列表，如果你们采用手动追踪，那么这个列表可以是一张新的数据表。而如果你们使用项目管理软件，这些试验则会进入系统中的一个特别工作序列或列表。接下来负责试验的成员就要和增长团队的其他成员（或和其他部门的同事）一起筹备并部署试验了。

真正意义上的跨职能合作正是在这时展开。再回到食品购物App的例子中，市场团队成员可能会跟图形设计和邮件营销团队合作设计初次下单优惠信息的图片与营销文案。他们也会和数据分析师一起确定对照组（不参与试验的用户群）和试验组，并保证试验结果可正常追踪。

当一切准备就绪时，增长负责人将向公司所有同事发送试验启动通知，以保证其他负责该产品的团队知晓试验情况。如果在启动某些试验时遭遇障碍，比如工程师忙于其他重要项目，有可能几周内无暇顾及试验所需代码的编写，那么负责试验的团队成员必须立即通知增长负责人，以便负责人筛选"Up Next"列表中的其他想法来替换暂时无法进行的试验。

每一个试验的运行都意味着另一个试验的落选。因此，对于点子的筛选和测试方式的选择都应当十分慎重。一次糟糕的试验就意味着团队失去了一次宝贵的学习机会，这会放慢团队工作的进度，而错误的数据会误导团队走错方向。因此，必须保证每一次试验都能产生统计上有效的结果。应当制定确保结果可靠的完善的指导规则，同时，团队里的数据分析师应负责将这些规则落实到试验中去。本书不会探讨试验设计的细节，但是我们希望提出以下两个我们认为非常有用的经验法则。

采用99%的置信水平：很多工具都会自动设定或允许用户自定义试验的置信水平。常用的置信水平为95%和99%。虽然这二者之间4个百分点的差别看起来并不大，但是从统计学的角度来看这会产生显著的差异。95%的置信水平意味着一个"成功"的试验仍然有5%的概率出错。这意味着，每

20次看似成功的试验中就可能有一次其实是失败的。而99%的置信水平则意味着100次测试里只有一次是“假阳性”。因此，当你不确定时，就选择99%的置信水平，从而大大降低因为“假阳性”结果而选错试验的风险。

永远以对照组为依据：当试验明显失败时，团队通常能够在查看数据之后迅速认识到这一点。但当试验结果并不确定时，达成共识就不那么容易了，特别是当需要耗费大量时间和精力确定结果时。没有人希望看到自己辛苦付出的结果却是竹篮打水一场空，所以团队成员可能会让试验运行超出合理时间，寄希望于试验样本的扩大能够改变走势。这样做虽然可以理解，但是当结果不确定时，最好的办法就是坚持试验的最初版本或者对照版本。因为虽然结果不确定，但是增加新的变量可能会导致试验最终的失败，成为一个巨大的潜在风险。可以这么想，把试验当作试验组和对照组之间的比赛，双方打成平手时，胜利就应当属于对照组。[5]

回到第一阶段：分析与学习

对于试验结果的分析应由分析师或具备数据分析能力的增长负责人进行。分析结果应当写进试验总结中，并包括以下内容：

- 试验名称和描述，包括使用的变量和目标客户。例如，试验是针对某个营销渠道还是只针对移动用户，抑或是针对付费用户？
- 试验类型。测试的是产品功能、网页或App某屏上的营销文案的修改还是某个创意，抑或是新的营销策略？
- 受影响的特征。这可能包括试验在网站上或是App中运行位置的截图，或者某个广告牌、电视或电台广告中某个创意的副本。

- 关键指标。通过试验希望改进的指标是什么？
- 试验时间点，包括起止日期，也要说明当天是一周中的哪一天。
- 试验假设与结果，包括最初的ICE得分、样本量、置信水平和统计功效。
- 潜在干扰因素。比如试验运行的季节，或者是否有其他促销活动可能影响了访客行为。
- 结论。

这份总结应通过邮件发送给团队成员，同时附上一份备忘录，简要说明从试验中获得的收获。同时也要将总结保存到储存所有试验总结的数据库中，我们将这个数据库称为“知识库”（knowledge base）。这个知识库可以是共享文件服务器上一个所有成员均可访问的专门文件夹，也可以是公司维客[a]或内网上的一个页面。在GrowthHackers的“Projects”系统中，知识库是软件的一个组成部分，里面还会显示某个试验是成功、失败还是没有确定结论。不论试验报告如何存储，关键是要确保团队能够轻松搜索到所有的试验结果，以便日后查阅并考虑调整变量重做试验的可能。这样做也能保证试验不会重复，这在快节奏试验过程中很容易发生。

a. 维客，即wiki，是一种开放的网络超文本系统，可供多人协同创作。——译者注除了构建知识库之外，很多团队还会定期在整个公司范围内或给相关部门发送报告，使公司员工及时了解增长进展。根据不同的公司文化和规范，可以采用不同的沟通方式。以下是几个例子。

· 创建“试验成功”邮件发送列表，使接收者定期了解哪些试验取得了成功及试验对公司业务的积极影响。我们在英曼采取了这种做法，列表里有20个人，都是事先表明希望收到通知的同事。有的公司也会发送关于所有试验结果的邮件，其中也包括失败和结果不确定的试验。
· 对于使用Slack等即时通信软件的团队，可以考虑设立一个频道或是群聊，专门用于分享并讨论试验结果。在英曼，我们在公司的Slack账户中设立了一个频道专门用于分享新启动的试验和最近结束的试验结果，不论结果好坏都会在频道里通知。
· 在公司总览图里发布试验结果。如果公司不使用总览图，那么可以直接打印试验结果并张贴在办公室的公共区域，通过这种低技术含量的办法也能够有效地沟通试验进展。

增长会议

鉴于上述过程主要都是围绕着增长会议开展的，有必要说明一下会议流程。我们建议每周召开一次增长会议，但是有些团队可能会选择每两周召开一次，这取决于它们能够在增长过程上付出的时间和精力。会议的目的是聚焦于成员提名的想法并共同决定试验计划，因此时间绝不应浪费在献计献策、集思广益上，想法应该早在会议之前按照我们前面介绍的过程提出。当然，团队也可以每个月召开一次额外的头脑风暴会。

在 GrowthHackers，我们制定了一套召开增长会议的规则，实践证明这套规则十分有效。不同的团队可以根据具体的团队需求调整规则的细节，但是这一套规则总体上适合任何规模、任何类型的团队或企业。

我们每周二召开增长会议，以便将一周中的第一天空出来让团队完成必要的准备工作。每周一，团队成员会检查试验进展，结束能够结束的工作，或者收集数据以备第二天会议使用。增长负责人则会查看前一周的工作，包括以下内容：

· 查看顺利启动的试验数量并将之与团队的目标试验速度进行比较。
· 与数据分析师讨论，了解所有关键指标的最新进展，以便第二天向团队介绍并分发报告。
· 收集所有已完结试验的数据。
· 对前一周的工作与结果进行深入评估，包括总结试验对于增长的积极和消极影响。
· 对这些信息进行汇总，并将会议日程编入文件，在会议之前将这份文件分发给团队成员。有些团队会将这份文件上传到云中，比如 Google Docs（谷歌在线办公软件）或 Dropbox，还有些团队则使用诸如 Google Sites（一个侧重于团队协作的网站编辑工具）、Confluence（一个专业的企业知识管理与协同软件）等软件的内部维客页面或者公司内网。

会议当天，增长团队会抽出一个小时根据以下日程召开会议。增长负责人除应主持会议之外，还应负责保证会议按照日程进行。

15 分钟：回顾指标并更新关注领域

增长负责人会回顾北极星指标和其他关键增长指标的最新数据，比如团队关注领域内的短期增长目标的进展，如之前提到的食品商店 App 团队会在会议上回顾上一周平均每位用户创造的收入、完成购买的用户数等数据。这能够帮助团队了解工作的进展、有哪些行之有效的想法以及有哪些可改进之处。

除此之外，增长负责人也将突出说明以下信息：

主要积极因素：即指标的提升，这可能是试验带来的效果，也可能是受到团队工作以外因素的影响。例如，在食品商店 App 中加入了购物清单功能之后回购率上升，或是市场团队进行的 App 内促销带来了一批新 App 用户。

主要消极因素：即指标的下降，团队需要回顾有哪些因素阻碍了增长，比如 App 用户数量大幅减少，或是购买率下降，抑或是原定的营销计划没有获得预期效果或是被推迟。

增长关注领域：即团队关注的是用户体验的哪一方面或哪一个增长杠杆、团队是否有短期目标。如果关注领域不变，那么只需要再次确认。而如果关注领域发生变化，比如从获客转向留存或变现，那么会议应就新的关注领域及为何做出这一改变进行讨论。同时也应讨论为实现这一目标需要设定的短期目标，比如使一定比例的 App 用户将商品保存到购物清单中。

10 分钟：回顾前一周的测试工作

对前一周测试工作的回顾应包括以下内容：

节奏： 前一周启动的试验数以及与团队目标的对比。

前一周的“Up Next”清单中有多少试验没有启动： 对于这一点，会议应就试验推迟的原因进行讨论。

15 分钟：从试验分析中获得的主要收获

增长负责人和数据分析师以及具体某一项试验的负责人（比如负责一个新功能开发的产品经理）会回顾已启动试验的初步结果以及已完结试验的完整分析结果。他们会回答成员提出的任何问题、倾听关于进一步分析的建议并汇总团队关于试验的评估及下一步工作的安排。

15 分钟：选择下一周期的增长试验

团队会讨论下一轮提名的想法。增长负责人会邀请每一个成员简要介绍一下他们提名的想法，每提名一个想法之后团队会就这个想法的价值展开讨论。讨论的目的是达成共识，但如果出现分歧，应由增长负责人最后拍板。最后选定的试验将分配给不同成员，他们将作为试验负责人负责安排试验的启动。增长负责人将基于每个成员的专长选择最适合的人选负责不同的试验。例如，一个新的产品功能会分配给产品经理负责，而一个新的视频广告则可能分配给营销人员。任何值得开展但无法在一周之内筹备完成的试验将推迟到合适的日期，这一日期的选定则取决于相关团队或部门对于所需筹备时间的反馈。

5 分钟：检查增长想法储备库

在这 5 分钟的时间里，增长负责人会告知团队成员还有多少想法可供考虑或日后启动。如果备选想法的数量有所减少，那么增长负责人应鼓励团队在接下来一周提出更多想法。

增长只有“几周之遥”

增长黑客过程对于增长的提升速度非常之快。有时候，一个点子从产生到成为重要增长驱动力只需要两周左右的时间，这包括花在试验前的数据分析和第一次增长会议上的时间。

例如，在食品商店 App 的案例中，假设团队选定第一周启动的两个试验都产生了确定性的结果，其中一项试验的结果支持对 App 做出重大改进，而且这一改进能够立刻实现并落地。假设初次下单的 10 美元优惠活动使访客转化为初次消费用户的数量增加了 15%。基于这一显著成果，团队决定将 10 美元优惠提供给每一个 App 新用户，这一决定带来了持续的 15% 的提升，初次下单用户带来的收入也大幅增加了。

根据这一简单试验取得的成功，团队可能会发现另外一个十分值得测试的想法。例如，团队在回顾试验结果时可能会发现新用户的平均订单金额低于整体平均订单金额。于是团队可能会决定尝试一些旨在提高初次下单金额的办法。比如，他们提出了分级折扣的想法，即初次消费的金额越大，折扣就越高。

增长黑客的一个优点是，即便失败的试验也能在极短的时间内给团队带来重要收获。假设另一项试验以失败告终，即突出显示购物满 50 美元免运费政策的做法并没有带来销量的增加。团队推测，可能是因为50美元的门槛太高了，于是决定为下一周的日程增加一项新的试验。可能这项新试验仍然没有带来订单量的显著增加，但是如果他们继续试验，他们可能会发现35美元的门槛刚好合适。团队可能只是多花了两周时间就收获了能够极大驱动增长的方法。

截至目前，我们已经解决了数据问题，组建了团队，也了解了增长黑客过程，接下来就该进入本书的实战指导环节了。我们将分别介绍增长的几个主要杠杆——用户获取、激活、留存和变现，分享增长团队可以采用的策略和方法，以激发这几个领域的增长。同时，我们也会讲述更多增长团队的成功案例，看一看它们如何在这些领域发现并取得了巨大的成功。我们仍然会用食品商店 App 团队的案例一步一步地讲解如何将增长黑客过程付诸实践。

第二部分

实战

第五章

获客：优化成本，扩大规模

确实，对于任何一家公司来说获取新用户都极为重要。但是，如果获取用户的成本超过了用户所能带来的收益，那就有问题了。但即便这样还是有太多公司掉入靠斥巨资吸引潜在新用户的陷阱中，而且，这种现象似乎愈演愈烈：2010 年至今，全美网络广告费翻了一番。[1]与此同时，至少在美国、加拿大和西欧国家，互联网受众的增速却在减缓，这也就意味着，公司正在（也将继续）花更多的钱去追逐更少的潜在用户。[2]

在肖恩和 Dropbox 的团队开展用户推荐计划之前，公司每获取一位新用户就会花掉将近 400 美元，而其专业版 App 售价仅为

99 美元。德鲁·休斯顿明智地认识到，这样的成本收益率是不可持续的。但遗憾的是，并不是每家公司都能及时醒悟。主打专业设计师产品的限时抢购网站 Fab 就是一个惨痛的例子。这家公司曾一度被誉为“设计类产品的亚马逊”，用户增长势如破竹，被视为硅谷新兴独角兽公司。但它存在一个问题：它在广告和获客方面的花费每年高达 4 000 万美元，占其收入的 35% 以上。[3] 毋庸讳言，高昂的成本很快让 Fab 不堪重负，导致这家创业公司的命运急转直下，最后以极低的价格被收购。

这并不是说投入巨资，甚至高达数百万美元的资金来加快获客总是错的。比如一家 B2B 软件公司也许需要在前期组建一支庞大的销售团队，以便在积累用户方面取得长足进展。又比如在“赢者通吃”的行业，可能出现一家独大的情况（具有网络效应的公司就往往如此，例如领英和 WhatsApp），这时，前期投入大量资金以抢占先机并牢牢占据市场主导地位不失为一条妙计。又或者，一家公司与其强劲的竞争对手实力旗鼓相当，比如汽车服务供应商优步和 Lyft，这时可能除了花巨资抢占用户以外也别无他法。当然，这一切都有一个共同的前提，那就是公司需要有足够的资金来负担先期费用，并且有切实可行的计划来逐渐收回成本。

每家公司应该在获客方面投入多少资金并没有现成的公式可参照，这是由公司的具体商业模式、面临的竞争及其发展阶段等诸多变量构成的函数所决定的。例如，资金雄厚的成熟公司明显能够负担成本更高的获客策略，例如电视广告和印刷广告；而资金紧张的创业公司则必须另辟蹊径，采用可能影响力相对有限但成本几乎为零的零打碎敲式的方法。但是话虽如此，尽可能提高获客的成本效益率永远是王道，而且所有公司都应该始终致力于树立良好的口碑，以降低新用户的获取成本。破解增长的过程正可以帮助我们找到成本收益率最高的获客方式，以优化获客手段、驱动增长。

一旦建立起增长团队、确定了关键的增长杠杆并且经过充分测试后认定你的产品“不可或缺”，你就可以开始破解转化漏斗的第一阶段：获客。前面我们曾建议，在实现产品—市场匹配之前不要火力全开采取大规模的获客行动。也就是说，在确定你不仅拥有好的产品，而且这个产品对目标市场有很大吸引力之前，不要贸然行动。（但是对具有网络效应的公司来说，获取用户的行动通常必须与产品开发同步进行。）

扩大获客规模，首先要实现另外两种匹配：（1）语言—市场匹配，也就是你对产品优势的描述打动目标用户的程度；（2）渠道—产品匹配，即你所选择的营销渠道在向目标用户推广产品时的有效程度。

这一章我们将说明如何利用增长黑客过程来实现这些“匹配”，如何通过快节奏测试发现更有效、成本效益更高的方法以接触和吸引目标市场。首先，我们将讨论如何打磨营销语言，使用最有效的方式向用户传达产品价值及特点。然后，我们将探讨如何找到一两种核心渠道以及如何使用这些渠道来实现最优增长。最后，我们将探索如何寻找巧妙的破解增长的手段，通过诸如把推荐计划嵌入产品中这类病毒营销机制来获取用户。

设计打动人心的广告语

语言—市场匹配这一概念是由詹姆斯·柯里尔提出来的（我们在前言中曾介绍过他），它用来衡量描述和推广产品的语言能在多大程度上打动潜在用户，促使他们试用你的产品。它涵盖营销活动所有环节中使用的语言，包括电子邮件、移动推送以及印刷和网络广告等。对基于网络和移动设备的产品而言，它还包括产品本身包含的语言信息，这不仅指着陆页显示的品牌标语和价值主张，还包括产品的每项功能、每个屏或每个页面的文本信息。这不仅对基于网络的公司很重要，对于所有其他类型的公司同样重要，这是因为如今每个产品都必须在网络上"存在"，而用户接触产品的渠道各不相同，他们打开的第一个页面很有可能并不是你专门为他们设计的欢迎页面。[4]

不管潜在用户通过何种途径发现你的产品——无论是广告、文章、评论或者从他人口中得知——他们看到的第一条文字内容必须迅速传达正确信息。事实上，今天信息传达的速度必须远远超过几年以前。研究表明，人类的平均专注时间（将注意力保持在一条新的网络信息上的时间）现在是 8 秒，而在 2000 年是 12 秒。这也让我们获得了一项"殊荣"：我们的注意力持续时间比金鱼还要短。[5]要在如此短的时间内给潜在用户留下深刻印象，就必须让他们立刻明白为何你的产品能够让他们受益。这就意味着，你所使用的语言必须直接迎合并且进一步点燃他们的需求和欲望，从而抓住他们的注意力——整个过程必须在 8 秒甚至更短的时间内完成！只有这样你才能多赢得几秒钟的时间来向他们解释为何应该购买你的产品。换言之，你设计的语言必须非常简洁地传达出产品的核心价值，也就是那个“啊哈时刻”，并且回答每位消费者最关心的简单问题：“你展示的这个产品将如何改善我的生活？”

设计打动人心的产品描述最成功的案例是乔布斯推出第一代iPod时所使用的语言。2001年iPod问世时，市场还是MP3的天下。乔布斯完全可以在他传达的内容中解释为何他的播放器与众不同、性能更加优越，但他没有这样做。他明智地决定不使用任何已经被用来形容MP3播放器及其功能的表述。他只用了一个简单而迷人的句子——“将1 000首歌放在你的口袋里”，就彻底重塑了人们对便携式播放器魅力的认知。他并没有花时间去试图说明他的产品何以在价格和性能方面有别于其他产品。换言之，乔布斯明白iPod的核心价值，也就是它神奇的“啊哈体验”在于能够让你将你的整个音乐库随时随地带在身上，享受绝对流畅的音乐体验。当然，我们并非都是乔布斯这样的营销天才，但只要有正确的测试策略，我们就能不断接近极致！

对于像我们这样的凡夫俗子，要设计出打动人心的语言极其困难。人们对语言的反映是高度感性的，而且在很大程度上是下意识的。同样的话一些人听了会心动，而另一些人却无动于衷，有的甚至觉得刺耳。营销者为想出绝妙的品牌理念和广告文案而寝食难安，但即便是这样，他们最后传达出的信息仍然常常平淡无奇。相比之下，一些家喻户晓的广告口号，如“It's the Real Thing”和“Just Do It”却给我们留下了深刻的印象。这两个句子如此简单，没有舞文弄墨，语言也没有特别之处，但这样的文字表述有力而且易于记忆。它们为何能如此打动人心？毫无疑问，广告专家和商业学者可以写出长篇大论来阐明各自的答案，但是，可能没有两个人的看法是全然相同的。撰写营销文案并非精准科学，这也是为什么增长黑客方法将科学试验的严谨和精准引入创造过程。也就是说，你不必成为像乔布斯那样的营销大师也能实现语言—市场匹配，增长黑客过程可以帮助你实现这个目标。

快节奏的增长黑客过程之所以能够完美解决这个问题，其中另一个原因是，我们可以轻松针对语言进行 A/B 测试。利用 Optimzely（营销工具）和视觉网站优化器这样的工具就能相对比较容易地替换和测试网站内容，只需在你的网站或者 App 上加入一小段代码，就能向访问者随机展示不同版本的网页内容，同时衡量并比较用户反应。包括 Salesforce 营销云和 Mailchimp 在内的大多数邮件营销系统都能帮你轻松测试邮件的具体内容，例如邮件标题或者行为召唤。此外，像脸书和谷歌这样的网络广告平台也能让你试验许多不同版本的广告。所有这些服务都不需要任何的专业技术知识，不过，要是你具备这样的知识，就可以自己设计系统，就像病毒新闻媒体公司 Upworthy 所做的那样。

Upworthy 之所以能够以闪电般的速度迅速成长为最大的媒体网站之一，得益于公司员工坚持为他们发布的每一则故事寻求最佳的语言—市场匹配。他们的天才之处在于，他们总能找到吸引眼球的标题来重新包装网络内容，使之迅速蹿红。这并不是由于 Upworthy 的编辑们天生充满才华和创造力，而是由于他们不让创造力成为一种偶然——他们通过试验破解创造。他们挑选标题的第一步是让一名员工为每则故事撰写至少 25 个不同的标题，接下来再由负责人从中挑选出几个他 / 她最喜欢的标题，最后编辑主任再从中决定哪些可以用于试验。他们的试验方法也再简单不过了，所需的工具仅仅是脸书、Bitly（一个为网页内容生成可追溯的链接的免费网站）和一个老式计时器。下面是他们的具体做法。

他们为同一篇故事选出两个最具潜力的标题，并为它们创建各自的 Bitly 链接。然后，从脸书上选出两组粉丝，要求他们来自的城市具有相似的人口学特征和人口数量，例如一组来自明尼阿波利斯，另一组来自密尔沃基，两组分别使用一个之前创建的 Bitly 链接。接下来工作人员只需要设定好计时器，然后等着统计两个标题各自的点击数和分享数就行了。时间一到，拥有点击数和分享数最多的标题胜出。这样的试验除了能够极大地促进某篇文章的病毒式传播，还能不断丰富他们收集到的最具吸引力的文字和短语，以供日后使用。正是出于这个原因，Upworthy 的创始人埃利·帕里泽指出，“标题的好坏能够决定是 1 000 人还是 100 万人阅读”，一切额外的努力都是值得的。[6]

无论你的产品是新闻报道、移动 App 或是零售网站，你都可以使用同样的方法来优化信息传达。如果你还认为自己需要一个经验丰富的营销团队来为你凭空想出几十个具有病毒传播潜质的品牌理念，那你可能就得三思了。你的增长团队在设计试验文本的时候，可以利用一些渠道来寻找很可能打动人心的文字和词组。其中一个渠道是使用用户在社交网站或者网络评论中用来描述你的产品及其优点的语言；你还可以利用前期产品“不可或缺性”调查中用户留下的评论；你甚至可以直接给用户打电话，简单询问他们如何向自己的朋友或者同事介绍你的产品及其价值，这样往往也能找到非常好的用语和表述；和客户服务团队交流有时也能使你豁然开朗。此外，你还可以查看用户来电记录、浏览论坛和在线产品评论来了解目标用户使用的语言。

从小处着手

只是对语言进行细微的调整经常就能极大地改善获客效果，正因如此，最为高效的试验过程应该能够让你迅速测试许多不同的迭代。看一下 Tickle 的例子就能明白这一点。这家由詹姆斯·柯里尔于1999年创建的公司通过略微修改其照片分享（社交产品）的语言描述就取得了两大突破。最初，公司网页上将这个服务描述为“在线存储你的照片”的工具。当看到用户反应冷淡时，柯里尔提出了一个假设：用户没有向身边的人推荐这款产品是因为他们不认为一个图片存储库特别值得与人分享。于是，柯里尔和他的团队开始试验稍稍改动描述，将其改为“在线分享你的照片”。实施这个试验几乎没花什么时间，但它的效果不仅立竿见影，而且简直是出人意料。只是改了一个动词，将“存储”改为“分享”，就彻底改变了用户对产品功能及其使用方法的认知。一夜之间人们都开始疯狂地上传和分享照片，仅仅6个月，Tickle 就增加了5 300万用户。

这次成功让他们信心倍增，很快这个团队又在一款约会 App 上完成了同样的壮举。这个 App 原来的品牌理念是“寻找约会对象”，但增长丝毫不见起色。他们琢磨，也许这次也能通过重新将其定位为社交产品来激发增长——让它不仅可以帮助用户找对象，还能成为一个用户利用自己的社交网络来为单身朋友牵线搭桥的社交平台。于是，他们把品牌理念改为“帮助他人寻找约会对象”。果不其然，用户开始向自己的朋友发出邀请，甚至向已婚朋友发出邀请，因为已婚人士也可以帮助他们的单身朋友找对象。修改品牌理念8个月之后，这项服务就新增了2 900万用户。[7]

所以，如果你在计划测试第一批增长黑客手段，请先从语言开始，因为这是一切的起点。

广告语不仅可以优化品牌，还可以优化产品

有时，措辞上的改动还会引发其他新的改动，不仅是对文案，还包括对整体品牌理念，甚至是对产品性质的改动。这也是为什么增长黑客团队不仅应该包括营销人员，还应该包括产品开发人员及工程师，并且确保他们之间能够自由共享数据。这是因为在广告或者网页上改动几个词有可能像 Tickle 那样产生出人意料的结果，但也有可能根本起不了任何作用。如果是这样，就需要深挖原因，去试验一些更有实质性的改动。有可能在这个过程中你会发现需要对产品彻底进行重新定位。但不必担心，许多伟大的产品在成功之前都经历过类似推倒重来的经历。比如宝洁的 Febreeze（空气清新剂品牌）。这是一个实实在在具有突破性的良心产品：这种化学混合物能够真正消除异味，而不只是用好闻的气味将异味盖住。所以，当宝洁发布这款产品的时候，它的团队很自然地在产品信息中大肆宣传这一特殊功效，他们使用的一句宣传词是“Febreeze 能永久消除衣物中的异味”，[8] 但销量十分疲软。直到宝洁进行市场调查，对忠实客户使用产品的过程进行录像，才发现应该把它重新定位为常规清洁过程中使用的产品之一，可以使清洁的房间散发沁人心脾的芬芳。[9] 于是宝洁在原来的配方中增加了香味，并且开展了大规模广告宣传，在广告中重新进行定位，展示女性享受它带来的芬芳气味的画面，广告词也改成了

“让从未有过的清新环绕在你左右”。[10]

Nasty Gal 是在美国千禧一代中很火的女性时尚品牌，它的创始人索菲亚·阿莫鲁索曾说过，了解什么样的语言能够引起目标消费者的共鸣不仅为她带来新业务，也帮助她树立品牌形象。她最初创业是在易贝上出售二手服装，那时她会花几个小时浏览网页，寻找用来形容同款衣服的动人描述。为了获得灵感，她会重复搜索热门词条以了解当下的流行趋势，然后用这些词来定位她的品牌。正如《纽约》杂志记者莫莉·杨在一篇关于阿莫鲁索成功故事的文章里所讲的那样，“2007 年，蝙蝠衫、金银丝面料和格子衬衫十分流行，而 2008 年，铆钉、建筑风、折纸风引领潮流”。掌握这些流行元素之后她开始去旧衣店淘衣服，买回一大堆二手衣物在易贝上出售。她从此创立了一个独一无二并且永远时髦的品牌，一个能引起 80 后潮人共鸣的品牌。[11]

阿莫鲁索在她的书《女孩老板》(*Girlboss*)中回忆道：“每一周我都比上一周行动更快、看得更准，也更加意识到女性需要什么。”通过观察顾客反响，让她很好地意识到，她的品牌应该围绕女性赋权，围绕如何帮助女性树立自我形象以及对自我价值的认知。这正是这个品牌如此独特、发展如此迅速的原因。遗憾的是，这家公司没能维持早期的增长势头，在做了一系列糟糕的商业决策后于 2016 年底宣告破产。

寻找最优渠道

股市投资专家有一个共识：最好将资金投资到许多不同的公司和产业。但是，你如果想为自己的产品寻找营销和分销渠道

（在互联网领域，这两者是一回事），却不能使用这个策略。营销人员通常错误地认为，通过各种不同的渠道同时展开营销活动最有利于增长。但这样做的结果是，资源被铺得太开，让团队无法专注于优化一两个可能最有效的渠道。正如谷歌创始人拉里·佩奇所说，"有的放矢"效果往往更好。又如贝宝的联合创始人及脸书的第一位外部投资人彼得·蒂尔对创业公司的创始人所讲的那样，"很有可能只有一个渠道是最优的。实际上，很多公司的分销渠道没有一个可以正常运作。糟糕的分销——而非产品——是企业失败的最主要因素。如果你的分销渠道中有一个能够正常运作，你就能获得巨大成功。但如果你什么都想试却一个也没做好，那你注定会失败"。[12]

与此同时，太多的公司随波逐流，别人用什么渠道它们就用什么渠道（如谷歌付费广告或者脸书广告），却不愿意去尝试可能对它们的产品而言更有效而且成本更低的途径。这也是可以理解的，因为要找到合适的渠道是一个艰巨的任务，这不仅是因为找到适合某个产品的最优渠道需要进行大量测试，还因为有很多现成的渠道可供选择，而且新的渠道还在源源不断地出现。通过增长黑客过程进行试验可以帮助你相对快速地发现一两个最优渠道，甚至抢先于你的竞争对手找到它们。

缩小渠道范围

你只需两个步骤就可以锁定你的最佳渠道：发现和优化。在发现阶段，增长团队应该广泛试验各种可能的渠道选项，但这并不是说不加选择地乱试一通然后看哪个管用，而是必须对各种渠道进行深入调研，最后选出若干优先项进行试验。我们马上会介绍一种简单却十分有用的方法来帮助你寻找渠道。一旦你找到了一两种高度匹配的渠道，就可以进入第二个阶段：优化。在这一阶段，你应该在扩大规模的同时努力实现渠道成本效益比和影响力的最大化。我们来看一看优化过程是如何进行的。

首先，你必须对所有可以考虑的渠道建立正确的认知。几乎可以肯定的是，一些渠道明显不适合你的产品，可以迅速将它们排除。比如，如果你销售的是企业业务拓展软件，那么在娱乐网站上打广告就毫无意义；相反，你可能需要把精力放在那些直接面向商业人士的渠道上，例如商业新闻杂志。为了避免不断增加的渠道选项变得杂乱无序，贾斯汀·马雷斯、加布里埃尔·温伯格、安德鲁·陈和詹姆斯·柯里尔这些增长专家将主要渠道划分为三个基本类型：病毒 / 口碑渠道、有机渠道和付费渠道。我们下面编写的一系列选项（它们具有代表性，但并未穷尽所有）正是基于他们的这种分类。

表 5-1　获客渠道的三种类型

病毒 / 口碑渠道	有机渠道	付费渠道
社交媒体（例如脸书，Pinterest, Snapchat）	搜索引擎优化	线下广告（电视、印刷品、广告牌）
嵌入式微件	公关和演讲	线上广告（谷歌关键字、脸书、YouTube）
朋友推荐计划	内容营销	广告联盟
网络视频	应用商店优化	影响者运动
社区参与	免费工具	电台
比赛和礼品	电子邮件营销	重定向

（续表）

病毒 / 口碑渠道	有机渠道	付费渠道
平台整合	社区建设	广告网络
众筹	战略合作伙伴	赞助（微博、博客）
游戏、测试	投稿	本地内容广告
	网站营销	

当然，其中的每种渠道又包含众多具体的策略。例如，GrowthHackers成员普什卡尔·盖克瓦德就为内容营销渠道编写了一个有用的清单，当然，清单内容还在不断增加中。

表 5–2　内容营销的主要类型

案例分析	使用指南	新闻发布
信息图形	特别报道	文章
PDF 和电子书	网页论坛	评论
视频	PPT 报告	图片和照片
采访	清单	Q/A 网站
Pinterest	Instagram	脸书
Snapchat	汤博乐	领英洞察
推特	本地商家排名	播客
有问必答系列	测试	免费工具
Medium 博文	Buzzfeed	纪念品

因为篇幅有限，所以我们无法一一列举每种渠道包含的所有具体选项并深入细致地讨论每项内容——那需要写很多本书才能

说清。不过，前面提到的专家以及其他很多人提供了很多关于所有这些渠道的最佳实践的详细信息，这些信息都可以在网上找到。这里我们只是想强调，深入研究这些选项应该是优先级试验选择过程的第一步。接下来要做的就是从中选出几个可行项来有效地进行试验。具体做法如下。

初步筛选

通常，根据你的商业模式的具体需求就可以轻松地进行初步筛选。例如，如果你向其他公司出售产品（也就是 B2B），你通常需要一个销售团队和销售支持团队来拉动增长。你也需要参加展销会，因为在那里销售人员可以接触到潜在客户。你还需要一个可以帮助公司建立专业知识储备系统的内容营销策略。因此，内容营销、贸易展览会和销售团队可能就是接触目标用户最有效的渠道。而电商模式的核心在于吸引尽可能多的潜在消费者来浏览网站，所以搜索广告和搜索引擎优化显然就是关键渠道。而像优步和易贝这样的平台型企业则需兼顾两头，既要有吸引供应商的渠道又要有吸引消费者的渠道。

但这绝不意味着每种类型的公司要将自己严格限定在这些最显而易见的渠道上，尤其是当公司在扩大规模时更不能如此。例如一家处于发展阶段的电子商务公司可能发现，建立社区这种病毒渠道不失为一个很好的增长杠杆。亚马逊收购爱书人社区（Good Reads）就是这样一个例子。像 Instagram 和 Snapchat（色拉布）这样蓬勃发展的社交网站，不仅涉足新的领域，而且还吸引了巨额的风投资金。这样的公司可能会通过投资电视、广播和印刷广告，而不是仅仅依赖病毒机制，来进一步巩固它们在该领域的统治地位。但无论是哪种情况，你必须首先集中精力优化那些对你而言成本效益比最高的渠道。

缩小选择范围的下一步是考虑用户特征及习惯，这就意味着要去发现用户已经表现出来的行为特征，例如他们使用的谷歌搜索类型、购物的网站以及所使用的社交网络（见表 5-3）。比如，你可以问这样一个问题：你的产品是否能满足用户的需求或者是否能提供他们一直在网上寻找却未能找到的解决方案？如果回答是肯定的，那么那些人经常用来寻求答案的渠道（例如搜索引擎）就是理想的渠道。如果你无法确定是否有很多人正在寻找（或者搜索）你的产品所提供的功能，那就需要用其他的方式建立产品知名度。Dropbox 就是如此。它刚成立时，线上文件分享和储存服务还是新事物，所以并没有人在谷歌上搜索 Dropbox 提供的解决方案，而这也是付费搜索广告效果有限的一个关键原因。但推荐计划解决了这个问题。如果你的目标客户非常钟爱某个和你的产品互补的产品，那么你也可以选择品牌合作或者交叉推广的方式来开展营销。

领英增长与国际业务部负责人阿蒂夫·阿万曾帮助公司将用户人数从 1 亿提高到 4 亿多。他制作的这个用户行为类型表可以帮助你进行决策。[13]

一旦你的增长团队根据我们上面介绍的步骤选出了几个可测试的渠道，接下来就应该针对每种渠道提出一系列可用于试验的具体策略，并确定测试的优先顺序。

表 5-3 用户行为类型表

用户行为	可以考虑的渠道
人们是否使用搜索引擎来寻找解决方案？	SEO/SEM
现有用户是否通过口口相传的方式和朋友分享你的产品？	病毒渠道或者推荐计划
用户数量增加是否会改善用户体验？	病毒式
你的目标用户是否已经在使用别的平台？	整合与合作
用户是否具有很高的终身价值？	付费获取

通过试验实现渠道—产品匹配

Hubspot 前增长团队负责人布莱恩·鲍尔弗设计出了一个基于 6 个要素的简单渠道排序方法。我们建议使用这个方法来确定优先渠道。

· 成本——你预计进行此项试验将花费多少钱？

· 定向——是否容易接触到目标受众？对于试验所触及的人群，你所掌握的信息可以详细到哪一步？

· 控制——在多大程度上可以控制试验？试验一旦开始，还能否进行修改？如果试验不顺利，是否容易终止或者调整试验？

· 时间投入——团队启动试验需要多长时间？比如，拍电视广告的时间投入就比发布脸书广告的时间投入长许多。

· 产出时间——试验开始后需要多久才能拿到试验结果？例如，搜索引擎优化试验或者社交媒体广告的产出时间就比电台广告的产出时间要长。

· 规模——试验覆盖的人群规模有多大？例如，电视广告的覆盖范围比话题博客广告就大得多。[14]

鲍尔弗建议从这 6 个方面给每种渠道按高、中、低三档打分，如表 5–4 所示。他指出，对于不同的产品或业务，不同渠道在这 6 个方面的得分可高可低。例如，如果你的搜索引擎营销使用的关键词是热门词，那么你所支付的费用就会更高。这意味着，相比那些还没有形成竞争的新产品，你的产品使用搜索引擎营销渠道的成本得分会更低。如果你的产品面向的是高度网络化的特定人群，比如大学生年龄段的男性，那么对你而言进行病毒传播在定向方面的得分就会很高，相反，如果你的产品针对的是普通大众，那么定向就会比较困难，在这一项上的得分自然就低。

表 5–4　营销渠道优先化过程

	成本	定向	控制	时间投入	产出时间	规模
搜索引擎营销	高	高	高	低	低	低
搜索引擎优化						
病毒						
销售						

在布莱恩提出的方法的基础上我们为渠道试验建立了一个排序过程。我们按照 1 到 10 分给增长团队建议测试的渠道打分，10 分为最好，1 分为最差（注意：成本越低、投入和产出时间越短得分越高，因为显然低成本和更短的投入和产出时间更理想）。然后我们只需要算出每种渠道的平均分，从高到低进行排序，就

可以找出优先渠道。表 5-5 是我们用来排序的网格。

表 5-5 试验评分排序表

	成本	定向	控制	时间投入	产出时间	规模	平均得分
搜索引擎优化	7	2	2	4	2	9	5.33
邮件	5	8	8	6	8	8	7.17
社交							
电视							

为了说明如何使用这个方法，让我们回到在前面提到过的食品商店 App 增长团队的案例，看看他们怎么用这种方法进行排序并确定第一轮试验的渠道。

这家财力雄厚的食品连锁店为了扩大初始用户群开展了猛烈的电台和印刷品广告攻势，结果初始 App 下载量一举突破 10 万次。但是，由于初期用户中许多人并不怎么使用 App 进行购物，所以增长团队将重心从吸引更多潜在消费者转向提高每位用户的消费额。我们假设现在他们已经成功提高了 App 活跃用户的平均消费额，所以现在他们又把注意力转回到吸引更多的用户上，而这次的目标（也应该一直如此）则是寻找收益更高的渠道。

首先，他们对用户数据进行了另一项分析。当然，他们一直都在监测用户数据，尤其是那些最重要的指标。但一旦团队将重心转移至新的增长杠杆，他们就需要用全新的眼光去分析数据，寻找与新任务相关的新洞察。你可能还记得，此前他们已经发现，公司最忠诚的用户中有很大一部分来源于该连锁店的主网站，现在情况依然如此。所以他们决定集中精力大力挖掘网站潜力，将其作为一个关键渠道。同时，他们还测试新渠道，把网撒得更广，以吸引那些不经常登录网站的人群，就像他们一开始所做的那样。脸书和谷歌广告明显值得一试，于是他们开展调研，了解既有用户群中有多少人使用这些平台以及通过广告可以接触到多少相同类型的用户。他们发现，大多数用户在这两个平台上都相当活跃。于是他们继续深挖数据，通过浏览行业报告寻找基准数据，比如潜在消费者具体在哪些网站上逗留，其他竞争者在谷歌和脸书上的广告花费和广告类型，以及它们获得了哪些成功等等。

了解了用户的上网习惯之后，他们提出了一个假设：谷歌关键字可能并不是最佳选择，因为人们并不会在整个网络范围内搜索食品杂货，而是在零售商的网站上搜索。另一方面，脸书则可以让他们根据用户的人口学特征和兴趣进行准确定向，而且他们也获得了大量消费者人口学数据。于是他们决定将脸书广告纳入优先化网格。

团队决定再进行一些额外的市场调研，一方面在公司网站主页和 App 上进行问卷调查，收集用户反馈，另一方面采访一些现有顾客。对于访问过网站的顾客，团队想知道他们是否下载了 App，如果没有下载是出于什么原因；对于已经开始使用 App 的顾客，团队想知道怎样可以让他们更愿意向朋友推荐 App。通过调研团队了解到，相当数量的网站访问者并不知道 App 的存在，而那些知道的人更喜欢直接用电脑下单，因此他们认为没有必要使用 App。此外，他们还了解到，App 用户中有相当一部分人会向朋友推荐这个 App，而且如果这可以让他们在下一笔订单享受折扣或者领到购物券的话，他们会更加乐意向朋友推荐。

基于这些调查结果，团队提出了以下增长手段。

有机渠道

· 改善主网站上的 App 营销。
· 给有会员卡但没有下载 App 的常客发送邮件，介绍使用 App 购物的好处。
· 在网站上专门增加一个全幅页面来推广 App，只要用户在手机上访问网站该页面就会自动弹出。

付费渠道

· 在脸书上投放应用安装广告。
· 在前期成功的电台广告的基础上，再次投放电台广告。
· 通过广告将网站访客重新定向至 App 下载页，也就是说，只向已经访问过网站的用户投放网络广告。

病毒 / 口碑渠道

· 利用顾客希望获得额外折扣的心理为现有的 App 消费者创建一个朋友推荐计划。

那么，先试哪个呢？团队的用户调查表明，所有这些渠道都非常值得一试，而且其中的每种渠道都为许多公司带来过巨大的成功。除此之外，团队成员会特别偏爱自己的想法，这使得客观的排序变得格外困难。不过，这也正好体现出打分体系的可贵。每位提出建议的团队成员都要对自己的方案打分，然后在增长会议上整个团队再参考各个方案的得分来决定先试哪种渠道。分数上的分歧应该由增长负责人来协调。需要重申的是，团队不应该把分数看得太重，它只是一个参考，一个帮助团队进行决策的数据点。

我们假设最后的得分如表 5–6 所示。

表 5–6　优先渠道得分表

	成本	定向	控制	时间投入	产出时间	规模	平均分
脸书广告	6	9	9	9	9	6	8.0
网站营销	10	10	10	9	9	3	8.5
电台广告	4	7	2	6	2	9	5.0
向会员卡持有者发邮件	10	10	10	7	7	3	7.83
网站访客重新定向	6	9	9	9	9	4	7.7
全页面 App 广告	9	10	5	3	7	3	6.2
朋友推荐计划	5	4	2	3	2	6	3.7

显而易见，有几个选项的分数遥遥领先。要立即实现获客增长，最佳选择是两种有机渠道：更好地在网站上进行 App 营销以及向会员卡用户发送邮件告知他们可以下载 App；还有两种付费渠道：脸书广告和再次提示网站访客下载 App 的重定向广告。

其他选项呢？团队在增长周例会上讨论分数的时候就推荐计划是否值得测试展开了讨论。用户调查显示，推荐计划可能会相当成功，但它的总分却很低，部分原因是推荐计划要真正实施起来并取得结果需要相对较长的时间。所以团队决定把它放进路线图，8 周之后再启动。

电台广告也被放入想法储备库中。它的得分很低，这是因为尽管电台广告在针对特定人群方面具备优势，而且初期的电台广告推广效果显著，但是它无法像脸书广告和重定向广告那样对结果进行细致的分析。电台广告成本也相对更高，需要大量的时间投入和前期准备工作。另外，对于全页面 App 下载广告，团队担心这可能会引起人们的反感，也可能影响他们的搜索引擎排名。但是这个想法的得分又相对较高，所以它在储备库中排在相对靠前的位置。

优化试验

团队在迅速完成第一轮试验后发现，脸书广告针对 6 类受众中的两类特别有效：刚刚成为母亲的女性和两个特定城市中 20 多岁的年轻人。对于后者，数据显示，年薪75 000美元以上的20多岁年轻人通过广告知道这个 App 后下载安装的比例特别高，而重定向广告的结果却令人失望。于是增长团队得出了一个结论：他们需要重新考虑重定向策略，同时继续优化脸书上的广告营销。他们决定尝试更多的广告，其中一类只针对全美范围内初为人母的女性，另一类则面向全美人口最多的20个城市中年薪在75 000美元以上的 20 多岁的年轻人。

在有机渠道方面，针对会员卡用户的营销大获成功，收到邮件的用户中有将近 4% 的人安装了 App，而网站上 App 宣传所产生的结果却耐人寻味：点击量很高，但之后的 App 下载量却令人失望。于是他们决定优先优化和扩大针对会员卡用户的营销活动，同时测试新的优化策略以更好地激励人们点开广告后下载 App。

这个过程帮助他们迅速找到两个极具前景的营销手段，同时为接下来的试验指明了方向，他们离找到最佳获客渠道又近了一步。

不断进行新的尝试

随着能够接触到用户的渠道越来越多，利用这些渠道来吸引人们购买你的产品的潜在策略也越来越多。增长黑客过程中的想法提出阶段应该源源不断地为你提供新想法，从而最大限度地利用最具潜力的渠道。现有渠道的优化策略总是在不断变化，提供免费在线工具这个新趋势就充分说明了这一点。比如，用户通过Hubspot提供的免费在线工具Website Grader就可以进入一个网址，网页上就会自动显示某个网站的优缺点。诸如此类的新工具（还有无数其他例子）使得企业即便是在博客、白皮书、信息图表和视频教程等这些免费内容充斥网络的今天也能够在众声喧哗中抓住用户的注意力。除了能够帮助企业脱颖而出以外，这些工具还有另一个优点——它们可以保持“常青”，也就是说几乎不需要持久维护就能一直有效地吸引新客户，甚至可以持续很多年。除此之外，还可以尝试一些其他的新策略，比如建立社区，就像我们在GrowthHackers所做的那样。或者在不断出现的新兴热门平台（比如下一个Snapchat）上获得先发优势。

重点是，即使你已经找到了一个可靠的渠道或者一系列奏效的策略，新的选择还在不断涌现，你要做的是不断寻求可用于试验的创新策略。事实上，正是因为有如此多新渠道和新获客策略供你选择，增长黑客方法才显得如此有效甚至高效。这种由数据驱动、经过优先排序、专注于试验的做法可以帮助你在多如牛毛的选项中做出明智的判断，将你宝贵的精力和营销资金真正用在刀刃上。

随着增长的加速，采用新渠道将会变得更加重要。其中一个原因是，任何一种渠道都有自身的局限，达到渠道上限之后就无法再带来足够多的新用户，其价值也会随之降低。你在脸书上向同一群受众投放广告达到一定数量后，他们就会将广告屏蔽，让你的点击率一落千丈，成本飙升；你向会员卡用户发送的广告邮件到达一定数量后，他们就会把你的邮件扔进垃圾邮箱中。一旦达到渠道能力的上限，你就需要通过新渠道来实现新的增长。

我们在前面提到过，增长团队应该定期将重心转移到客户漏斗的下一阶段，也就是从获取转移到激活再转移到留存，我们将很快在下一章讨论激活问题。但在此之前，我们首先要探讨与增长黑客过程密切相关的病毒式获客手段。有时人们甚至错误地认为，增长黑客方法不外乎就是创造可以带来用户的"病毒循环"，比如像推荐计划这样的病毒机制。正如我们在 Dropbox 的案例中所见，这样的病毒机制可能很强大，但是对于如何创造病毒循环以及它能带来何种增长，还存在许多误解。

所以，在进入下一章讨论如何激活你所建立的用户群之前，我们想先和大家分享有关病毒循环的真相和炒作，介绍不同种类的病毒循环以及如何测试这些循环，以使它们对你而言更加有效。

设计病毒循环

使用病毒循环的增长黑客手段往往能迅速收获成功，比如，Hotmail 利用邮件签名栏鼓励收件人进行注册，Dropbox 为推荐者提供免费的存储空间，等等。这也许会让人觉得，相比通常的做法，设计出强大的激励措施来鼓励用户在自己的社交网络中分享产品要容易很多。关于病毒循环的一个错误认识是：设计出病毒循环之后就万事大吉了，剩下的交给用户，让他们一传十，十传百，口口相传。但事实并非这般美好。并不是所有的病毒循环都“生而平等”，认识到这一点很重要。对于一些产品而言，创建有效的循环十分容易，贝宝的移动支付 App Venmo 就是一个例子。一个能够帮助用户转账汇款的产品显然具有先天优势——有谁不愿意马上注册然后收钱呢？但是对于许多其他产品而言，利用奖励措施来鼓励用户发送和接受邀请则困难得多，而且往往只是接近（还不是真正实现）病毒式增长就需要大量的前期试验和后续优化工作。[15] 很遗憾，我们没有一个魔法公式可以套用，但我们可以通过一些方法来找到对我们有用的战略。

我们在第二章中讨论如何打造不可或缺的产品时提到过，如果你的产品没有价值，不能带来“啊哈时刻”，那么任何病毒循环策略都帮不了你。还记得前面我们介绍过的新闻网站 Upworthy 的例子吗？它非常擅长利用吸引眼球的标题来创造病毒传播，它的成功在很大程度上归功于其团队认识到文章内容与创造病毒性关注同等重要。“我们不介意把人们骗去看他们喜欢的内容，”Upworthy 的创始人伊莱·帕里泽说，“如果他们不喜欢，他们就不会分享。病毒传播是在好的包装和好的内容之间取得平衡。”[16] 我们可以学到的经验是，尽管找到能打动人心的语言非常重要，但是要实现病毒式增长必须提供真正的价值。

关于病毒式增长还存在另一个误解，那就是这个词本身的含义。首先，应区分不同类型的病毒式增长。一种是传统的口碑式病毒（word of mouth），另一种是内置于产品当中用来“捕获”

更多用户的病毒机制，这称为原生病毒（instrumented virality）。一个产品可以通过任意一种类型的病毒来实现增长，而且如前面所讲，一些产品看似主要通过原生病毒来增长，但实际上主要是靠口碑病毒，脸书就是一个典型的例子。脸书的沙马斯·帕利哈普提雅告诉增长团队，不要一上来就思考如何创造原生病毒，首先要做的是开发出卓越的产品。他说到了一个关键点：当你专注于创造原生病毒时必须遵循产品开发的基本原则——要让分享产品这种体验变得不可或缺，或者至少让这种体验尽可能便捷、舒心。Hotmail 的邮件签名就是用户体验的典范：只需要单击鼠标，完成一个非常简单的注册过程就能获得免费邮箱。同样，肖恩与 Dropbox 的团队下了很大的功夫去完善他们的推荐计划，从欢迎页面的设计到发送和接受邀请，他们让每一个环节都简单而且有趣。他们最终设计出的推荐计划让邀请朋友的过程变得既轻松又愉快。这两个例子中的病毒循环都十分有效，用户不仅参与其中，而且乐在其中，让他们迫不及待地向任何愿意倾听的人推荐这个产品。

另一个有关病毒性增长的常见误解源于增长黑客圈对病毒性产品的定义，即一个产品要真正具备病毒性，那么它的病毒系数（又称 K 因子）必须超过 1。这就意味着，每位注册的新用户要成功将产品介绍给一位或者更多的人。但是，如此高的病毒性几乎不可能实现，而且即使实现了通常也只能维持很短的时间。为了让大家更好地明白这个目标有多么不切实际，我们来简单看看病毒系数是如何计算的。不用紧张，这个公式很简单。[17]

病毒系数（K）= 客户发出的邀请数 × 受邀者中接受邀请的人数比例

假设你有 25 000 名用户，并且实施了一个推荐计划，25% 的用户向别人发出了邀请。平均每人发出 5 份邀请，平均 10% 的受邀者接受邀请。这就意味着你获得了 3 125 位新用户，也就是说病毒循环的第一圈用户数量就增长了 12.5%。这种结果对于任何一种营销而言都是巨大的成功。但这个推荐计划的病毒系数是：5 × 10%=0.5，远远低于病毒性定义中的 1.0。

病毒性增长的定义我们就说到这里。我们想要说明的是，增长团队不是不应该尝试病毒性增长，而是需要更切合实际地评估病毒性潜力。我们鼓励团队尝试创造病毒循环，而且我们还鼓励它们针对每个产品创造若干个病毒循环。但与此同时，团队在内部成员之间以及与管理层进行交流时应该设定并且传达切合实际的期望。

与其担心你的病毒系数（我们已经说过，它并不可靠，而且也不能反映决定病毒式增长的关键因素），不如使用脸书前总裁肖恩 · 帕克设计的简单公式来评估你更可能实现哪种程度的病毒性。肖恩告诉脸书的早期员工，**任何产品的病毒性都是由三个因素决定的：有效载荷**（payload）、**转化率**（conversion rate）**和频率**（frequency）。它们之间的关系可以通过下面这个简单公式来表示：

病毒性 = 有效载荷 × 转化率 × 频率

有效载荷是指每位用户每次向多少人发送广告（或者链接、微件等）。拿 Hotmail 来说，大部分用户每次只向一位联系人发送邮件，有少数用户发送小规模的群邮件，只有极少数的人一次性向许多人发送个人邮件。所以 Hotmail 的邮箱签名注册链接的有效载荷很低。第二个因素是邀请转化率。Hotmail的转化率很高，这是因为当时人们从未听说过免费邮箱，所以对它很感兴趣。最后一个因素是人们收到邀请的频率。对Hotmail来说，它指的是人们发送邮件的频率，这一频率很高，因为大多数邮箱用户非常频繁地给朋友、家人和同事发邮件。所以，即使Hotmail的有效载荷低，但是高转化率和高频率使Hotmail的链接极具病毒性。在创建病毒循环时你的目标就是要优化这三个变量，以创造增长。

当你开始考虑测试哪种病毒循环时，你需要做出几个关键决定。首先，你需要选择发送邀请的方式。对于最好的病毒循环而言，邀请应当是用户使用产品的自然结果。Hotmail便是如此，用户只管发送自己的邮件，无须多做什么，而邀请内置于邮件当中，所以这样的推荐是完全被动的。然而，不给用户添任何麻烦并不总是行得通，通常你需要给用户提供奖励。最佳做法是提供双向奖励，也就是同时给发件人和收件人提供奖励。如果你的有效载荷本来就高，可能就无须使用非常有吸引力的激励措施来达到目的，因为即使发出邀请的比例很小，叠加效果也会非常显著。但是，如果你的有效载荷低，可能你就需要一个更具吸引力的双向奖励来提高你的转化率和频率。[18]

公司在试图优化病毒循环时往往会掉入一个陷阱：想方设法增加收到推荐的人数，以致用户和收件人对此产生强烈的反感。那些无意间给自己所有的邮箱联系人发送下载App邀请的人就能体会到这会让人多么恼怒。用户体验专家将那些用来骗用户做他们通常不会做的行为的伎俩称作黑暗模式。虽然一些黑暗模式在短期可能奏效，但是从长远来看，用户之后产生的抵制情绪将会最终拖垮增长。这些伎俩带来的负面评价和负面情绪足以摧毁最好的产品——这样的事情并非没有发生过。

挖掘产品的网络效应

最好的循环能够激励用户主动帮助公司吸引更多新用户，因为这样做可以改善他们自己的产品体验，脸书或者领英就是这样。因此，具有网络效应的产品在获得病毒式增长方面具有得天独厚的优势：使用产品的人数越多产品体验就越好，所以人们是愿意鼓励其他人加入的。社交网络和即时通信 App 是最明显的例子，像易贝和 Etsy 这样将卖家和买家直接联系起来的平台型企业也属于这类，因为使用这些平台的人越多就意味着卖家能够获得更多的潜在顾客，而买家则可以有更大的选择空间。

一些产品本身不具备这样的特质，就比如食品连锁店 App。如果你向邻居推荐这个 App，这对你自己的用户体验不会产生任何影响。但是，很多公司都拥有一定程度的网络效应潜力，即使这一潜力并不是显而易见，公司也能够并且应该去发掘这方面的潜力。比如 Dropbox，用户存储的文件越多就越有可能邀请别人加入 Dropbox，以实现合作办公。而用户身边使用 Dropbox 的人越多，分享文件也会变得更加容易。

这就是为什么下功夫去了解用户如何使用产品、了解如何创造并优化潜在循环对于挖掘由网络效应驱动的病毒式增长至关重要。

Eventbrite 正是通过发掘它的网络效应潜力创造了强大的病毒循环。这家公司是一个活动推广平台，它通过对网站售出的活动门票收取提成来盈利，同时它还非常聪明地通过鼓励购票者和朋友分享他们将要参加的活动来创建一个内置的由社交网络驱动的循环。显然，这样做既可以吸引更多用户又可以增加门票销量，同时购票者也能从中获益，因为更多朋友去参加活动通常会让他们自己的体验更棒（当然这取决于是什么样的朋友）。这个循环也帮助 Eventbrite 吸引更多的活动主办方，因为这些分享循环可以帮助主办方售出更多门票。实际上，Eventbrite 发现，每发送一个分享链接就会为活动主办方带来 3.23 美元的额外收入。[19]

创造与产品核心价值契合的激励机制

如果用户体验本身并不对用户分享产生激励，那么你可能就需要创造这样的激励措施，通常的做法是提供某种奖励。但关键是，用户完成推荐后得到的奖励不管是什么都必须与产品的核心价值相关。比如，客户向至少三个人推荐食品商店 App 就会获得商店赠送的花瓶。一些顾客可能会觉得这个奖励很诱人，但也有很多人觉得送花瓶很奇怪，因为这并不符合人们对食品商店的预期。但是，如果这家连锁店当时正在推出鲜花服务，那么显然送花瓶就与它的产品推广是一致的。前面我们讨论过语言—市场匹配和产品—渠道匹配，我们可以把这个称为产品—奖励匹配。

这正是 Dropbox 推荐计划的天才之处。Dropbox 产品的核心是存储并轻松分享文件，所以，更多人使用 Dropbox 的服务完全符合用户自身的利益，而且获得更多的免费存储空间这种奖励也完全契合产品的核心价值。在这里可以学到的一个经验是：无论你出售的是服务、实物商品或是某种类型的信息或内容，你的激励措施应该尽可能与之紧密契合。

现金奖励也可能有效，但是如果想要获得最佳效果，现金奖

试验，试验，试验

记住，大多数“一举成功”的案例都需要大量试验做铺垫，成功的病毒循环也不例外。你在本章读到的那些绝佳策略并非凭空产生，而是大量测试和优化的结果，而且在这个过程中增长团队也会有许多意外发现。在 Dropbox，肖恩和他的团队惊讶地发现，如果在分享文件的邀请中突出在线存储空间这项奖励，转化率反而会受到影响！但是如果欢迎页面强调的是这项服务如何促进协作和文件共享，转化率就会飙升。为什么呢？这是因为那些受邀者还没有产生想要获得在线存储空间的欲望，但是能够与邀请者或者任何其他人轻松分享文件这一点却能立刻使他们动心。事后看来这是有道理的，但是，如果 Dropbox 的增长团队没有进行试验，他们很有可能永远也意识不到这一点。

领英也同样惊讶地发现，相比原来的用户提示语，如果建议用户发送更多邀请——但也不能太多——那么邀请计划的效果会更好。一开始提示语建议用户邀请两个人。但增长团队并没有就此罢休，他们增加了邀请数量并进行测试，结果用户照做了。但当团队将邀请数量增加到 6 份的时候，用户反应开始变得冷淡。增长团队最终发现，建议用户发出的最优邀请数量是 4 份。[20]

重点是，很多最出色的增长手段都是无意间发现的。你在本章读到的方法可以帮助你找到这些手段，并且是通过有策略、高效且低成本的方式找到它们。

好了，我们已经探索了如何获取大量新用户，现在让我们详细谈一谈如何确保他们成为活跃用户。

第六章

激活：让潜在用户真正使用你的产品

好不容易吸引来潜在用户之后，接下来又该如何让他们真正使用你的产品，或者，拿增长黑客法中的行话来说，如何激活他们呢？遗憾的是，很多企业在这点上的做法都不对。实际上，98% 的网站访问量都未能引发激活，而大部分移动 App 都在三天之内损失近八成的用户。[1]

提高激活率的核心在于让新用户更快地体验到“啊哈时刻”。感受到产品不可或缺的人越多，忠于产品的用户就越多。增长黑客过程提供了一系列严格的步骤来帮助你寻找阻碍人们获得“啊哈体验”的因素，然后通过测试增长手段来提高激活率。要提高激活率并没有一个现成的公式可以套用，产品不同具体的做法也不同，而且试验想法应该来源于对具体数据的分析。幸运的是，增长黑客过程提供了一套实战指南来帮助你做到这一点。

本章我们将首先介绍每个增长团队在寻找具有最大影响力的激活试验时必须采取的三个关键步骤，然后介绍实现快速增长的公司提高激活的最佳做法。本章最后一节将专门讨论效果最好但又常常被误用的策略：使用触发物，也就是能促使用户重新接触产品的刺激物。我们将详细介绍怎样正确使用触发物这把双刃剑。

绘制通往“啊哈时刻”的路线图

破解激活的第一步是找出通往“啊哈时刻”的所有节点。假设在打造产品不可或缺性的过程中你已经知道是什么让产品获得这个魔力瞬间，下面我们就用食品商店 App 的例子来为大家演示如何绘制全程节点图。可能你还记得，第三章中团队已经发现 App 的“啊哈时刻”是当顾客意识到他们可以随时随地轻松快捷地购买食物的那一刻：只要有一点闲暇时间，或者当他们在外奔波、忙于生活时突然想起需要买什么，就可以见缝插针地使用 App 来进行购买。

下一步，团队需要列出新用户在体验到“啊哈时刻”之前必须完成的所有步骤：他们需要下载 App，找到所需商品，将其放入购物车，创建账户并输入自己的姓名、信用卡和配送信息，然后点击购买。要使这种体验真正变得不可或缺，还需要确保他们在家里准时收到购买的所有商品。

读到这里你可能会想，可能导致用户最终放弃购买的因素太多了，比如，他们对 App 失去了兴趣、因为购买不顺利而退出 App、App 速度太慢让人失去耐性、用户可能觉得搜索商品太麻烦以及账户创建过程太复杂等等。但是，有一点要记住，在增长黑客法中永远不要想当然地揣测用户行为背后的原因。你应该仔细研究用户行为数据，基于你的观察对用户展开调查，这样才能把精力最高效地集中在测试那些可能具有最大潜在影响力的改变上。即使你觉得自己知道激活的障碍在哪里，真实的情况也有可能令你大吃一惊。

一旦确定了通往"啊哈时刻"的所有步骤，接下来寻找障碍，找到用户逃离原因的第二步就是计算每个步骤的转化率，换言之，要计算整个用户旅程中完成每个步骤的用户比例。

创建转化和流失漏斗报告

测量转化率的最佳途径之一是创建漏斗报告（funnel report），也就是显示抵达用户旅程中每个关键步骤的用户比例（同理，它也显示每个环节的流失率）。下图是 Kissmetrics 假想的一个最基本的漏斗报告，从中我们可以看出初次访问和注册这两步之间存在着非常普遍的流失现象。

当然，选择哪些步骤来计算用户比例要视具体产品而定。对于这个假想的产品而言，这些步骤包括：初访、注册、激活和付费。如果是其他公司，比如优步，漏斗报告可能会显示下载 App、打开 App 的用户比例，创建新账户的人数，预约车辆以及给司机评分的用户比例等。对于其他公司，这些步骤可能包括邀请朋友、下载白皮书、观看视频或者参观实体店等不同的内容。无论针对

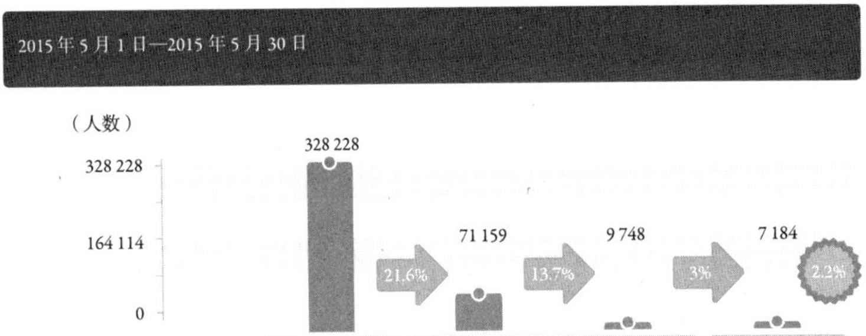

渠道总览	访问网站	注册	激活	付费
渠道：初始值	328 228 (100%)	71 159 (21.6%)	9 748 (3%)	7 184(2.2%)
有机：谷歌	130 636 (100%)	25 898 (20%)	3 427 (3%)	3 136 (2.4%)
直接	95 344 (100%)	18 256 (19.1%)	2 534 (3%)	2 177 (2.3%)
社交：推特	83 581 (100%)	11 630 (14%)	2 113 (3%)	755 (0.9%)
付费：脸书	10 542 (100%)	8 527 (81%)	936 (9%)	585 (5.5%)
付费：谷歌关键字	8 125 (100%)	6 848 (84.2%)	738 (9%)	531 (6.5%)

图 6-1　一个简单的漏斗报告

资料来源：Kissmetrics。

什么样的产品，最关键的一点是你应该全程跟踪抵达激活时刻之前用户旅程中的所有关键步骤。

除了跟踪关键行为的转化率以外，报告还应该跟踪访客接触产品的途径或渠道，不论这一渠道是谷歌搜索还是关键字，是脸书还是推特，是在线横幅广告还是用户推荐等。不同渠道在激活率上的惊人差异能够给你带来重大发现，让你回过头去对按上一章介绍的步骤选出的获客渠道重新进行测试。一旦获得了数据，你就可以找到活跃用户、一开始活跃但逐渐失去兴趣的用户以及从来就没有被激活过的或者“跳出”的用户之间存在的差异。从根本上讲，这份报告详细总结了每种渠道中阻碍用户迈向下一步的因素，因此它可以帮助你提升新用户转化为活跃用户的比例。

我们来看一看食品商店 App 团队在这个阶段是怎么做的。增长团队中的数据分析师将创建一个漏斗报告，并且分别计算下载和打开 App、搜索欲购商品、将商品放入购物车以及创建账户完成购买这几步的用户比例。除此以外，他们还要跟踪另外一些关键步骤，例如商品特价或促销所激活的用户比例，比如之前我们介绍过团队曾试验用户初次下单即可享受 10 美元优惠这一增长手段。我们假设团队推出了之前被放入开发计划的购物清单功能，而且这个功能已经投入使用两个月。他们还将计算将商品加入购物清单的用户比例以及之后购买清单中商品的用户比例。

通常，只要团队按照第三章列出的步骤确定了指标并且建立了跟踪路径，那么激活漏斗报告就会一目了然。诸如 Kissmetrics、MixPanel、谷歌分析和 Adobe Omniture SiteCatalyst 这样的网站分析工具都能基于具体事件创建漏斗，并且提供各种各样富有创意并且实用的渠道可视化和跟踪工具。有时情况会稍微复杂一些，尤其是当创建激活漏斗牵涉多个数据源的时候。但是，即使要在其他地方寻找数据，数据专家也能找到真正具有挖掘价值的数据源，创建出漏斗报告。（再一次说明了为什么每个增长团队都需要一位数据分析师！）

团队成员分析数据时惊讶地发现，大量 App 用户将商品放入购物车后没有添加信用卡信息就离开了页面。而且许多用户搜索的商品数量并不多，相比之下，那些下载 App 后的第一周最活跃的用户第一次访问App就浏览了许多商品。他们还发现，那些使用购物清单功能的用户完成购买的比例很高，而且其中许多人后来都成了回头客。

有了这个数据就能清楚地看出，最大的障碍在于结算体验。所以接下来团队需要试验如何让用户更轻松地结算，或许可以尝试一种新的更加便捷的支付方式。同时，考虑到新增用户的搜索量不高，团队还应该试验怎样鼓励初访者浏览更多商品，例如可以让用户更轻松地在App主屏上搜索商品，或者通过突出显示各种特价商品来让搜索更具吸引力，或者在醒目的位置向用户推荐App上值得探索的内容（比如设置一个“最受欢迎产品”界面）。

所以，有很多改进方法可供团队选择。但是，在他们开始试验之前，还有一个数据挖掘的工作要做：他们必须走到用户当中去开展用户调查和访问，进一步找出数据所揭示的用户行为背后的原因。这将极大帮助团队缩小关注范围，找出最具潜力的增长手段。

肖恩创建的在线问卷调查公司Qualaroo的增长团队通过这种方法找到了提高转化率的增长手段。通过深度分析用户数据，找出免费试用Qualaroo后购买产品的用户和试用后最终没有购买的用户之间存在的差异，我们发现那些最终购买产品的人当中大多数在试用调查问卷时收到了至少50条反馈。因为产品的“啊哈时刻”是从调查问卷中获得对行动有指导意义的用户反馈，所以我们断定50条问卷反馈是一个拐点，超过这个数字，调查问卷的价值就显现出来了。

为了让更多用户体验到“啊哈时刻”，我们做了许多试验来提高新的试用者从每份调查问卷中获得至少50条反馈的概率。

我们针对如何选择问卷调查类型从多个方面加强了用户教育，比如编写了新的邮件营销文案，推出视频教程，指导用户针对不同类型的问题选择不同类型的问卷，以及在哪里开展问卷调查等。我们还把向新用户推荐的问卷调查改为那些应用范围更广、回复率更高的问卷，比如净推荐值[a]调查。最后我们交给了负责用户成功购买的团队一个任务，要他们主动联系访客，向他们提供关于问卷发布的建议。所有这些试验使我们在产品成本翻了三倍的情况下仍然大幅提高了用户激活率。

用户调查中的注意事项

你可能有过这种经历：当你在 App 或者网站上浏览页面或者准备买什么的时候眼前突然跳出一个问卷调查。对增长黑客专家而言这可能是非常有效的发掘工具，但对于用户来说却很令人厌烦。为了得到最有用的反馈并且确保它不会令人反感，问卷调查必须非常简短且发出时必须满足两个主要条件：（1）用户活动反映出用户的困惑，例如他们在某个页面上停留时间过长，或是离开了 App 某个屏或者网站某个页面；（2）用户刚刚完成很多人没有完成的步骤，例如创建账户或者点击购买。这两种情况下开展问卷调查可以让我们获得宝贵的洞察，弄清楚用户为何决定完成下一个步骤，或者为何没有这样做。

我们建议最多提一两个问题，既可以是开放式问题也可以是

a. 净推荐值（net promoter score），又称净促进者得分，是一种计量某个客户将会向其他人推荐某个企业或服务可能性的指数。——译者注

选择题。我们更倾向于开放式提问，因为这样可以避免引导用户按照你的先入之见来回答问卷。让用户畅所欲言往往能带来意想不到的结果。比如，也许食品商店 App 团队认为顾客没有结算明显是因为支付方式过于复杂。但是，问卷调查结果可能显示更主要的原因是用户不确定自己是否需要承担运费，或者可能是他们忘了可以让他们享受首次购物折扣的优惠码。这样的定性信息是无法单靠硬数据获得的，这也是为什么开展用户问卷调查是整个过程中的重要一环。

如果你有用户的联系方式，就可以通过邮件或者电话这种直接的交流方式询问他们这些问题。

对于那些浏览后就“跳出”、没有留下任何联系方式的用户，你可以设计出只有当用户的浏览行为暗示他们即将离开页面或界面时才跳出的调查问卷（诸如 BounceExchange、Qualaroo、Qualtrics 这样的网上调查公司都可以提供此类工具）。你一定会惊讶地发现，很多人都愿意在离开前停下来回答你的问题（问卷越简洁回应率也会越高）。这种情况下，你需要询问用户为何不迈入下一步。提问可以包括：

- 在这个环节有没有什么因素阻碍你注册？
- 你是出于什么顾虑而没有完成订单？
- 你今天没有购买任何商品是什么原因？
- 你需要知道什么样的信息才会放心地注册？

要想知道用户为何会在某个节点放弃购买，最有用的回答往往来自那些没有放弃购买的用户。这看似有违直觉，却是事实。例如，要弄清为何这么多人在访问商店 App 之后没有下单，增长团队应该调查那些刚刚完成购买的用户。毕竟，这些成功下单的用户同样遇到了令其他顾客却步的障碍，而且他们还可能道出当别人离开时他们为何仍然选择继续购买。因此，App 团队可以在订单确认页面显示一个简短的问卷调查，询问顾客“哪个因素让你差点放弃购买？”我们发现，用户对于“哪个因素”这个问题的反应率极高，有一些回答甚至让人瞠目结舌。当然，你所提的问题需要根据你询问的流失节点而定。还可以提一些其他的问题：

- 你希望在这个页面找到什么？
- 此页面是否包含你想找的信息？
- 今天你访问我们的网站 /App 是出于什么原因？
- 今天是什么促使你下单？
- 我似乎应该能够在这个页面上……（做什么）
- 我们的结算流程还有哪些地方有待提高？

一旦团队完成这些工作，他们手中就既有数据又有用户反馈，此时就可以开始评估第一轮试验想法了。我们假设他们决定优先进行两个试验。因为问卷调查结果显示，用户没有购买就离开通常是因为他们记不住优惠码，所以团队应该尝试将用户首次购物的优惠码自动添加到结算页面。这个改变不仅可能优化结果，而且还比完全重新设计 App 购物车更快更省钱。

此外，数据显示，那些将商品加入新购物清单的用户中有许多人最后都完成了购买。这让团队决定测试在用户安装 App 后在 App 主屏醒目的位置推广购物清单功能。

完成这些改变后激活率开始上升。但是团队可能还需要针对每个想法进行多个试验才能优化激活。一定要记住，增长黑客法中永远没有一劳永逸的灵丹妙药，看起来绝妙的想法也有可能失败。

坚持到底终将获得回报

为了说明这个过程中你会有怎样出人意料的发现，我们来仔细看一看 Hubspot 的增长团队为提高新产品 Sidekick 的使用率而进行的一系列试验。Sidekick 可以帮助销售人员跟踪监测邮件推广的效果，当时这个产品正在经历所有刚上市的新产品都面临的问题：口碑营销实现了很高的有机获客，但激活率却依然低迷。为了弄清楚原因，Sidekick 团队首先深入分析数据，寻找试用后一直使用产品的用户与安装 Sidekick 后一次也没用过的用户之间存在的差异。

首先，他们将用户按照相同特征进行分类。他们首先考虑的是普遍存在的差异，比如按照谷歌、脸书这些不同流量源[a]来分类。然后按照用户的职业、发送邮件的类型、使用 Sidekick 的目的，比如是进行销售勘探[b]、公关宣传还是出于其他目的，以及用户使用的邮件服务商（例如是 Gmail 还是 Outlook）等因素来进一步分类。他们发现，那些用工作邮箱注册的用户相比使用个人

a. 网站分析中，流量源（traffic sources）指的是网站访问的发起者。通常是搜索引擎、来源网站或电子邮件链接。也称为“获取源”（acquisition source）。——译者注

b. 销售勘探（sales prospecting）指为产品或服务寻找新客户的行为，通常由销售人员完成。——译者注

邮箱注册的用户激活率更高。因此，他们做的第一步就是测试让人们使用工作邮箱而非个人邮箱注册。（我们在 Qualaroo 也有同样的发现，所以我们在注册表中通过语言引导用户使用工作邮箱，如果他们的邮件是以 @gmail.com 或者 @hotmail.com 结尾的话就无法完成注册。）

他们还有另一个发现：那些没有成为活跃用户的人当中大部分在安装完应用后发出的邮件数不超过一封。为了探明原因，团队开始从弃用产品的用户那里收集反馈意见。他们拿到结果时着实吃了一惊，因为用户之所以弃用是因为他们不知道如何使用产品。过去团队一直确信他们的 App 简单易懂、操作方便，一旦安装，Sidekick 马上就能在后台运行。但数据显示完全不是那么一回事儿。因此团队得出结论，应该就教育用户的方法进行试验，帮助他们学会使用这个邮件跟踪功能。

团队尝试在访客完成安装后进入的着陆页上增加不同类型的使用说明，并且就通过视频向用户展示如何使用产品的做法进行测试，还向访客展示了一份在使用这个产品时会收到的显示已发送邮件状态的报告样本。但结果令他们很失望，没有一种试验最终提高了激活率。团队一共进行了 11 项试验，但问题依然没有得到解决。这时，备感困惑的团队决定退回去重新分析数据。也许用户教育不是症结所在，问题的关键可能在于如何让用户更快地体验到“啊哈时刻”。如果安装完成后不跳转到着陆页，而是出现一条信息告诉用户已经完成安装可以开始发送邮件，效果又会怎样呢？这一次试验成功了。这条信息似乎就是用户最需要的触发物，促使他们开始使用 App，这个 App 的实用性很快就会令他们着迷。所以增长团队就增加了这条信息，激活率随之大幅提高。

但团队并没有就此罢休。他们接着又进行了 68 个不同的试验，其中一些有成效，一些没有，但许多试验给他们带来不少意外的发现。所有这些都给了他们灵感和启发，最终激活率大幅上升。这就是一个正确运用增长黑客法的完美例子。[2]

我们可以从这里学到的关键一点是：你无法预知哪些试验最有效。你所能做的只是保持灵敏并且靠数据说话：根据你的发现不断调整试验，而且如果试验不像之前假设的那样有效，那就得随时准备做出调整并尝试其他方法。

尽管肯定存在一套提高激活率的最佳做法，而且我们接下来也会介绍，但是不能把它们当作必须遵守的操作规则，只能把它们看作范例和试验的灵感源泉。记住，每个产品都不一样。如果仅仅关注具有共性的问题而没有找到你的特定用户群面临的激活障碍，那么你将永远不会成功。

最根本的一点是：没有捷径。但是，如果按照前面介绍过的三个步骤来操作，那么你就能迅速发现可以显著提高产品激活率的思路和洞察。我们再来回顾一下这些步骤：明确让用户体验到“啊哈时刻”所需的所有步骤；创建一个显示每个步骤转化率的漏斗报告并按照访问渠道对用户进行分类；对那些在流失率很高的环节依然继续使用产品的用户以及弃用产品的用户进行问卷调查和采访，找出流失原因。你可以基于这些信息设计出新的、具有很强针对性并且效果显著的试验，以改善激活。

下面我们来看一看最常见的激活障碍，以及如何设计增长试验来避免这些障碍。

消除用户体验中的摩擦

在用户体验设计中，摩擦（friction）是指阻碍人们完成他们想完成的行动的令人心烦的障碍。比如，你正在读文章的时候眼前突然跳出一则广告，或者验证码中的字母过度扭曲，迫使你反复输入好几遍才成功提交表格。对于实物产品而言，比如咖啡机，摩擦可能是设置自动冲煮时间的程序复杂到令顾客抓狂。摩擦让人厌烦，这一点我们都深有体会。但需要小心的是，我们很容易注意到自己使用的产品的摩擦，但往往看不到自己参与开发或者参与营销的产品的摩擦。这可能是因为我们太了解产品的工作原理，所以我们的大脑根本想不到那些阻碍。当设计师看到用户磕磕绊绊地使用自己设计的产品时，才惊讶地发现用户使用产品时竟然遇到那么大的困难。我们将大量注意力放在如何消除在线产品的用户体验中的摩擦，但其实摩擦无处不在。它可能是电商平台上要求用户先创建账户再购买商品的结算页面，也可能是要你对从未用过的 App 进行打分或评价的弹出式广告，还有可能是无法识别加拿大字母加数字邮编[a]的美国邮编输入框。

每遇到一个令人心烦的障碍用户都会想："这值得吗？"如果产品价值不是足够清晰、吸引力足够大，那么哪怕很小的麻烦也会赶走用户，而且常常是永远将他们赶走。

肖恩设计了一个简单的公式来帮助人们时刻记住不断减少摩擦的重要性：

a. 加拿大邮编采用 6 位数字和字母混合组成的方式，而美国基本的邮政编码是由 5 位数字组成。——译者注

欲望 − 摩擦 = 转化

如公式所示，访者越想得到产品，他们就越愿意克服更多的摩擦。这就是为何产品的早期用户对于新产品或者羽翼未丰的产品而言简直就是天使，因为当产品还存在严重瑕疵时，这些用户愿意使用产品，甚至不惜为此付费。摩根有一个令人羡慕的 Gmail 邮箱地址，这是因为当 Gmail 还处在试用阶段时，他为了得到想要的 Gmail 邮箱地址竟然到易贝上去购买 Gmail 可遇而不可求的邀请码。欲望如此强烈的用户（这也可被当成一种疯狂）愿意忍受各种问题和麻烦带来的不便，但其他人却不会。

为了优化激活，你既可以增强用户欲望也可以降低他们遇到的摩擦。不过，让产品更加完美通常比发现和消除摩擦更困难。换句话说，消除摩擦是垂得更低的果实，这也是为何许多最成功的增长团队在这个方面下了很大功夫。

你可以把漏斗转化报告看作寻找用户旅程中摩擦源的路线图。有时只需要找到流失严重的节点就能发现应该首先消除或者重新设计哪些障碍点，并设计出相应试验，常见的例子包括下载缓慢以及购物车故障等等。但是，也许最大的摩擦点就是整个用户旅程的起点——新用户体验。

优化新用户体验

设计并优化新用户体验，首要原则是将其视为用户与产品的一次独一无二的邂逅。新用户体验应该被当成一个独立的产品。也就是说，你需要设计一种独特的体验来吸引用户一直使用产品并看到产品带来的价值。创造独立的体验意味着在网络产品本身或者非网络产品的公司或品牌网站上创建一系列独立的页面。这样做的一大好处是可以使增长团队更容易地试验新用户体验，因为这样他们就不用担心试验干扰到现有用户的使用体验。

第二个原则，新用户体验的第一个着陆页必须完成三个根本任务：传达相关性，展示产品价值和提供明确的行为召唤。布莱恩·埃森伯格被誉为转化率优化教父，他将这三个要素称为“转化三位一体”（conversion trinity）。相关性是指网页与访客目的和欲望之间的匹配度：“这是他们想要的吗？”展示产品价值是指迅速并且简洁地回答访客的疑惑：“我可以从中得到什么？”最后，行为召唤为访客提供一个极富吸引力的下一步行动。所有这些都是企业应该自然而然就能想到的，但遗憾的是，大多数着陆页要么没有这些要素，要么要素不完整。

优化页面通常需要进行许多语言方面的试验。和前面一样，这不仅包括试验品牌标语和行为召唤，还包括为图片所配的文字信息以及出现在网页分区或者某些角落的文字表述。和文字表述同样重要的还有页面的美感。所以你需要测试文字和图片大小、位置以及比例。测试页面简化、文字和（或）图片的删减也同样重要，有时则需要增加一些解释性的文字和（或）图片。

简而言之，应该对新用户体验的所有要素仔细进行问题排查。在这一方面，有两大策略经实践证明可以十分有效地消除摩擦并且广泛适用于各种业务和产品。

单点登录

简化注册过程是试验的关键内容之一，因为通常情况下减少人们必须提供的个人信息可以大幅提高注册量。现在脸书、推特、领英、谷歌等公司已经为网络和移动开发商提供了简单的登录应用，用户可以通过已有账号进行注册，这个功能被称为单点登录（single sign-on）或者社交账号登录 (social sign-on)。它在降低注册过程中的摩擦方面堪称规则颠覆者：只需点击鼠标就能创建新账户。这可以极大改善转化，对移动设备更是如此，毕竟在移动设备上录入数据更麻烦。

尽管使用单点登录的通常是消费品公司，但它同样适用于B2B企业，数据分析公司Kissmetrics对此就深有体会。这家公司的增长团队曾试验将“用你的谷歌账号登录”作为公司主页上唯一一个行为召唤，没有输入邮箱账号和密码的选项，只能与谷歌账号绑定，除此之外别无他法。按Kissmetrics联合创始人尼尔·帕特尔的说法，他们的注册量几乎在一夜之间飙升了59.4%。[3]但我们在前面也提醒过大家，对产品A有效的方法并不一定适合产品B。所以，虽然这样的改变很诱人，但首先必须对它进行测试。在英曼，摩根的团队测试取消单点登录后转化率提高了24.8%。所以并不存在一招鲜的增长手段。

翻转漏斗

要减少阻碍用户迅速体验“啊哈时刻”的摩擦，最大胆的做法是翻转漏斗（flip the funnel）。也就是说，在邀请访客注册之前先让他们体验产品带来的乐趣。HelloBar（免费网站置顶通知工具）就利用这个策略极大地提升了激活率。利用HelloBar，网络营销团队可以轻松向网站访问者展示重要的即时信息。他们先让用户编写好HelloBar信息，等到一切就绪，也就是用户已经花时间创建好第一条个性化信息之后，公司才邀请用户注册。这将激活率提升了 52.11%。[4]

同样，在线支付公司 Stripe 先给用户提供一小段代码，使他们可以马上使用产品，等到发生真正的资金交易时才要求用户提供账户细节。这使更多潜在用户在决定创建账户之前能够试用产品并体验到“啊哈时刻”。这个方法对于非网络产品同样奏效。时尚眼镜品牌 Warby Parker 会在顾客购买前给他们寄去五副镜框，让他们选出自己喜欢的款式，最后才让顾客决定买哪一副。这些公司都翻转了典型漏斗中的一些关键节点，从而成功地消除了摩擦。

优化与阻力的角力

通常，在提升新用户激活率时你可能需要靠增加阻力来引导用户进入后续环节。一方面要引导用户完成整个过程并最终实现激活，另一方面又不能给用户带来过多负担，令他们望而却步。爱彼迎就通过一系列试验实现了这二者间的微妙平衡。通过分析数据爱彼迎发现，绝大多数注册用户都是在最后一刻也就是马上就要预订房间时才完成注册。爱彼迎团队希望将激活时间提前到用户浏览房间时，这样他们就可以了解用户最感兴趣的地点和房间类型，之后用户想要预订房间时团队就可以更好地根据用户需求和喜好有针对性地向他们展示房屋特征，从而提高预订率以及用户对爱彼迎的整体满意度。

团队首先尝试了一个轻量级甚至是有些粗糙的试验（记住，在对试验进行优先排序时，从小处着手一定不会错！），他们在网站底部增加了一个醒目的长条说明注册的好处。如果访客对这个行为召唤无动于衷，他会在下一个页面乃至下下个页面看到新的注册提示。

第一个试验的结果非常耐人寻味：注册率明显上升，但预订率却下降了。提示似乎阻碍了一些人继续搜索和预订。团队深入分析数据后发现，增加的注册量带来了许多有价值的回报，比如用户向潜在新用户发出了更多邀请以及新用户将更多房间放进心愿单，这让团队更加了解用户的偏好。接下来团队决定试验减小提示信息造成的摩擦，以同时获得更多的注册和更多的预订。

他们专注于优化提示语的显示方式，包括提示的设计和出现的频率。在其中的一次试验中，团队将注册提示出现的频率从每个页面出现一次降低到每 5 个页面出现一次。改变提示频率后，之前上升的注册率降低了 4 个百分点，但提示对预订产生的负面影响完全消失了。团队还尝试给行为召唤配上更多文字信息以鼓励用户注册，包括插入对入住很满意的用户的评论以及一些说明注册价值的文字。结果十分出人意料，他们发现，增加文字说明竟然损害了注册率。他们分析这是因为文字干扰了用户，使他们分心。[5] 这是一种更为微妙的阻力类型。这类阻力并不会使用户感到反感，却阻止用户或访客完成你希望他们完成的行为。你只能通过试验来发现是否存在这种摩擦以及它会对激活产生怎样的影响。

爱彼迎团队进行了更多优化注册体验方面的试验。他们对注册提示的所有元素设计都进行了试验，比如主页上注册条的颜色和注册表格中的按钮风格，最终他们找到了既能提高公司整体注册率又可以改善其他重要指标的理想增长手段。

积极的摩擦

优化激活中最看似矛盾的一点是，并非所有的摩擦都带来负面影响。不给任何背景或线索，直接以最快的速度将人们扔向产品并不总是最佳做法。有时，你需要设置一些积极的摩擦（positive fiction）。创造积极摩擦是一种微妙的艺术，你要把可控的，最好是令人着迷的环节放到访客面前，帮助他们明白产品价值，让他们带着更大的可预测性去体验“啊哈时刻”。电脑游戏开发者将这种方法发挥到了极致。让用户迷上新游戏特别困难，因为首先必须向他们介绍游戏规则（毕竟如果用户不知道怎样在游戏中获胜就永远体验不到“啊哈时刻”，也就体验不到游戏带来的乐趣）。很多游戏的玩法和战术都相当复杂。为了解决这个问题，游戏开发者从心理学研究中寻找灵感，设计出十分吸引人的游戏说明。

游戏开发者利用的关键研究之一来自心理学家罗伯特·西奥迪尼的商业经典著作《影响力：说服心理学》（*Influence: The Psychology of Persuasion*）。书中提到，许多研究都表明，一旦人们采取行动，无论是多小的行动，只要不是太难，人们就会更倾向于未来继续采取行动。他对此的解释是，最初采取行动时人们在心理上做出了承诺，而且不管承诺的难度发生怎样的变化，人们倾向于在做出承诺之后通过后续行动来恪守承诺。游戏设计者精明地意识到，与其给用户提供游戏说明，不如先让他们做出承诺。他们需要通过一些简单的小步骤让用户开始游戏，让他们明白怎么玩并玩起来。

游戏开发者还借鉴了心理学上许多其他强大的发现。一个是心理学上确立已久的原则：通过提供奖励可以训练人们条件反射式地做出某种行为；另一个是利用人们处在心流（flow）状态时感到的巨大满足感，这是心理学家米哈里·齐克森米哈里提出的理论。他指出，当人们面临的挑战难度刚刚好——没有困难到令人感到沮丧，但又没有简单到令人觉得无聊——这时人们就处在心流的状态。处在心流状态的人十分专注，他们可以忘掉时间的存在。比如，他们会一连三个小时作画、写文章或者进行 App 编程而感觉不到时间的流逝。当他们无意间抬头才吃惊地发现时间已经过去了那么久。如果你身边有爱玩游戏的人对你说过“再让我玩十分钟！”然后过去了无数个十分钟，你就会知道游戏玩家是多么容易进入心流状态。

游戏设计者在创造新用户体验时借鉴了这个智慧的洞见：先让玩家挑战一些能够被迅速攻克的简单任务，每过一关就给他们奖励，以此来让他们熟悉游戏规则和环境，慢慢使他们沉迷其中。设计者通过精心设计不断提高游戏难度和奖励力度（他们在两个方面都做了大量试验），让用户对游戏着迷，从而进入心流状态。这种方法不仅适用于电脑游戏，许多其他类型的在线产品的设计者在设计新用户体验时也采用了相同的策略，从而大幅提升了激活率。他们通过为用户量身打造一系列行动向用户展示如何使用产品并向采取行动的用户提供奖励。比如当脸书提示新用户填写个人档案、上传照片并填写个人信息时，他们不仅是在收集对分析和广告销售很有价值的用户数据，而且他们也在让用户做出承诺。（既然我已经花了这么多的时间挑选照片编辑自己的信息，那我还是继续用下去吧。）任何曾经花几个小时完善自己的脸书个人资料的人都知道，这个过程能够让你完全沉浸在令你感到心满意足的心流状态。这个过程中，脸书让人们更加接近“啊哈时刻”，因为这个网站的核心价值在于帮助人们寻找朋友——这只能在每个人都完善自己的资料的前提下才能实现。

人们放入产品的个人信息越多，他们对产品的忠诚度就会越高，这被称为储值（stored value）。就像把钱放进保险箱一样，将个人信息放进服务中会立刻让用户感到一种“所有权”，这让他们愿意继续增加并保有那个价值。所以尽管填写信息的提示可能是一个摩擦源，但如果操作得当——用奖励的方式通过行动逐渐提高用户承诺——摩擦也可以成为激活与增长的催化剂。

创造学习流

尽管新用户体验会有很多摩擦，但同时它也带来了很多机遇，这是因为人们初次接触产品时也是他们最想弄明白如何使用产品的时候。我们前面提到过的推特前增长负责人乔西·埃尔曼是这样描述新用户体验的：“这是属于你的时刻。现在用户对产品的关注比任何时候都要多，把握这个时机告诉用户产品真正的价值，真正帮助他们通过一种有意义的方式了解产品。”埃尔曼的团队设计出了他称为“学习流”（the learn flow）的方法来帮助推特把握这一时刻。根据埃尔曼的定义，学习流不仅可以促使人们注册，还能有效教育新用户，使他们了解产品优势、价值及使用方法。

这种新用户体验设计利用了新用户在初次使用产品时给予你的大量关注和耐心，它能确保用户在体验结束时就可以被激活。对于推特来说，这不仅关系到创建新账户，而且还关系到从一开始就向用户展示推特的价值。它的团队设计出一个学习流来向用户展示推特时间线，向他们推荐可关注的话题类别（例如时尚、体育和新闻），鼓励他们关注名人，最后完善他们的个人资料。学习流结束时，用户不仅完成了注册并创建了自己的个性化档案，而且他们的首页显示都是他们感兴趣的新闻。如此一来，推特成功让用户第一次访问就决定使用这个服务、体验到它的“啊哈时刻”并且建立储存价值，真是一石数鸟！[6]

当然，因为推特的服务非常新颖，所以它需要用户养成新习惯。因此，教育用户，让他们认识到关注其他人的价值以及如何使用推特显得非常有必要。其他产品可能就不需要做这样的说明。例如，对于电商网站来说，人们通常希望尽可能快地开始浏览商品，而且大多数人往往十分清楚自己要买什么，所以，任何试图让用户按照你设计的流程去使用网站的做法都会引起用户反感。但对于另外一些产品来说，判断是否需要占用用户时间，让他们完成一系列规定的步骤就没那么容易了。这是因为尽管用户大概了解产品的使用方法，但是，从用户那里获取更多信息并向他们展示对用户个人有意义的产品功能可以让用户更深刻地体会到产品价值。当然，做出正确的判断离不开试验。Pinterest 就是一个很好的例子。

正如推特必须教育用户什么是“推文”（tweet）以及如何“发推文”（tweeting），Pinterest 则需要向用户介绍“钉”（Pin）这个全新的概念并向他们展示如何创建钉。Pinterest 的增长团队在教育新用户方面下足了功夫：他们通过三个移动学习流界面向用户展示如何发现“钉住”的内容，如何增加自己的钉，以及如何创建钉板（用户创建的用来存储和分享钉的收藏夹）。浏览完这三个界面后，Pinterest 会向新用户发送最受欢迎的内容，之后用户就可以开始独立使用这个服务。

不管以什么标准来看这都是十分不错的新用户体验。但他们接下来的做法堪称增长黑客法中的典范，团队决定继续开展试验，进一步优化激活。他们意识到，最受欢迎的内容对某位具体的用户来说并不总是特别有意义，于是他们决定在移动 App 上测试一种更加个性化的新用户体验。现在，用户最开始只会看到一个页面，要求他们在上面选出自己感兴趣并且愿意关注的五个话题，例如露营、婚礼、驾驶运动和家装等。用户做出选择后，App 将跳转到仅由用户所选话题内容构成的信息源，在那儿用户可以练习钉图和保存图片。这个改变将激活率提高了 20%，这无疑是一个巨大的成功。[7]

如果你决定引入一些积极摩擦，还有两种实践证明十分有效的策略：问卷调查和新用户体验游戏化。

问卷调查是一门艺术

杰出的增长黑客专家尼尔·帕特尔指出，在欢迎用户的同时向他们提一些问题是一种十分有效的做法。所提的问题应该明确围绕如何更好地服务用户，这就像是一份迷你问卷。帕特尔举了一个极为成功的案例：在线高尔夫零售商 Revolution Golf 要求用户在注册时填写一份问卷调查，事实证明，这对改善激活非常关键，从而帮助公司年收入突破了 2 000 万美元。问卷涉及的问题包括访客性别、年龄、平均开球距离、18 洞的平均得分以及挥杆动作存在的最大问题。帕特尔又在自己的 HelloBar 上测试类似的问卷调查，最终将销售线索数量提高了 281%。[8]

询问用户有哪些兴趣或者他们希望解决哪些问题可以立即创造一种承诺，因为用户需要花时间回答这些问题。同时，用户与你和你的产品之间也建立起了更深层次的关系。这让用户知道，你对他们个人很感兴趣，你愿意尽你所能为他们提供最好的服务。就像 Pinterest 通过展示让用户感兴趣的钉来引导用户一样，Revolution Golf 的问卷调查也让用户在初次使用产品时就获得个性化体验。

如果能让用户清楚认识到产品满足他们的个性化需求和愿望符合他们的自身利益，那么这个策略的效果会更好。在一个人们越来越惧怕大数据的时代（有人说它是“老大哥”），个性化并非总是优势。例如，谷歌从用户搜索历史中收集大量的用户个人信息，然后通过一个复杂的算法实现个性化搜索结果。这种做法被曝光后许多人不再使用谷歌，公司也遭到媒体的口诛笔伐。

还要提醒的一点是，不要提太多问题。帕特尔建议提问不超过 5 个，不能用开放式问题，而要使用选择题，并且每题的答案选项不能超过 4 个。加入图片和视觉效果可能有助于改善用户参与。和所有其他增长手段一样，这些微型问卷应该经过严格的试验。

游戏化机制的利与弊

从本质上讲，游戏化（gamification）是一种奖励机制，例如给那些采取了某个行动的用户提供其他人无法获得的奖励和好处。比如，Adobe（世界领先的数字媒体和在线营销方案的供应商）在破解激活的过程中就利用游戏化策略增加了免费试用并购买 Adobe 图像处理软件的人数。公司推出“图像处理软件闯关”新用户体验，成功将乏味的使用教程变为试用者需要完成的“任务”。这些任务帮助试用者学习软件最强大的功能，并向他们展示如何最大化地利用软件。用户一旦完成任务就会得到奖励，而且只有通过完成其他任务才能实现升级。这一举措使 Adobe 的使用后购买量增加了 4 倍。[9]

如果游戏化能够带来挑战和乐趣并提供有意义的奖励，那么它可能成为一个强大的激活手段。但它也可能起反作用。如果奖励没有任何价值，或者奖励与用户体验的核心价值毫不相关（也就是没有实现“产品—奖励匹配”），就会让人觉得这是在捉弄用户或是让人觉得莫名其妙。在线鞋店 ZAppos 针对贵宾客户提供的游戏化设计就是一个反例。这家公司希望通过购物体验游戏化将高频率消费客户的数量提高到一个新的水平。他们的做法是：如果客户做出诸如给一款鞋型点赞或者购买了几双鞋子等举动就给他们颁发勋章，但这些勋章毫无价值——既不能兑换成折扣也不能够带来其他任何好处。这让消费者感到困惑，最后 ZAppos 放弃了这种做法。[10]

Kiip 是一家帮助移动 App 给用户提供奖励的公司。它的创始人黄铁锋认为游戏化应该被看作一个能提供诸多选择的工具箱，而不是对所有公司都适用的一套预先设定的策略。你既可以选择比较含蓄的做法也可以选择更明显的做法。和任何事情一样，你需要通过试验来决定什么最有利于产品和用户。他建议专注于游戏化的三个主要方面：有意义的奖励，通过改变赢取和展示奖励的方法来创造惊喜和乐趣，以及提供能带来即刻满足感的要素。

除了确保奖励的相关性和价值一目了然之外，在提供何种奖励方面还有一些严格规定。领英采用的是一种温和的游戏化做法，比如在用户个人主页上增加一个进度条来显示资料的完整度，以此敦促用户完善个人信息。当用户完整地填入个人资料时就能获得即刻满足感，还能得到浏览者对他们的默默肯定。在线教学平台可汗学院（Khan Academ）采用更明显的做法。用户学习的课程越多，得分和奖励就越多，而且如果用户创造了新的纪录还能获得一份惊喜。但可汗学院很谨慎，它知道这些奖励并非用户体验的核心内容，同时它还明白这些外在奖励会削弱学习过程中掌握新技能本身所带来的成就感，而这才是真正的内在奖励。

最明显的游戏化做法是星巴克、信用卡公司以及很多餐馆实施的忠诚计划（loyalty programs）。游戏化专家盖布·兹彻曼发现游戏化做法中最有效的奖励包括地位（status）、权限（access）、权力（power）和实物（stuff）（指金钱奖励或者礼品）。[11] 像美国运通信用卡的会员积分计划就运用了所有这些元素，包括通过消费来提升地位、权利以及参加特别活动的权限和旅游机会，当然还可以使用积分兑换免费礼品。同样，星巴克奖励计划鼓励 1 200 万会员，他们每使用星巴克礼品卡或者移动 App 买一杯咖啡就会赢得一颗“星”。会员可以拿星换取免费咖啡和其他星巴克商品，累积的星越多，用户可以兑换的礼品价值就越大，而且还能获得更高的会员级别，成为地位更高的星巴克忠诚客户。星巴克的这一奖励计划十分成功，现在顾客在星巴克礼品卡和 App 上充值的金额已经超过了 10 亿美元。[12]

触发物的力量

游戏化做法并非对所有情况都适用，但触发物却无处不在。不过相比游戏化机制，使用触发物来改善激活需要更加谨慎。触发物是指任何刺激人们采取行动的提示。常见的触发物包括邮件通知、移动推送，还有更隐蔽一点的触发物，比如着陆页上的行为召唤。不可否认，触发物是提高产品使用率最强大的策略之一。但它的优点背后可能隐藏着大量陷阱。现在我们每天都会收到大量触发物，比如脸书推送的朋友给照片点赞的消息，领英发来的新联系人请求邮件，以及亚马逊关于包裹最新配送状态的通知。如果不能掌握好分寸，触发物很容易就从有用信息变成令人讨厌的垃圾信息。可能大家都被“回来吧！”“你确定真的不想回来？”“我们真的很希望你回来！”这样没完没了的邮件彻底激怒过吧。很多时候我们早就不再使用发邮件的公司的产品了，这让这些狂轰滥炸式的邮件更令人反感——同时也让这家公司看起来已经是穷途末路。所以使用触发物一定要非常小心，而且还要精心试验。

触发物的力量来源于两个关键因素：它们能在多大程度上激发用户采取你希望他们采取的行动，以及用户收到触发物后付诸行动的难度。斯坦福大学的心理学研究员 B.J. 福格设计了下面这个有用的模型来帮助我们思考如何提高触发物的有效性。曲线代表的是用户是否愿意采取某个行动的阈值，它主要取决于两个因素：用户动机的强弱以及采取行动的能力，本质上也就是指完成这个行动的难易程度。[13]

《上瘾：让用户养成使用习惯的四大产品逻辑》(*Hooked: How to Build Habit-Forming Products*) 一书的作者尼尔·埃亚尔用接电话的例子清楚地说明了这两个因素之间的相互作用。电话铃响，你接还是不接取决于电话是否在你手边及你是否有空这两个因素，也取决于你是否认识对方、是否想和他 / 她说话、是否需要从

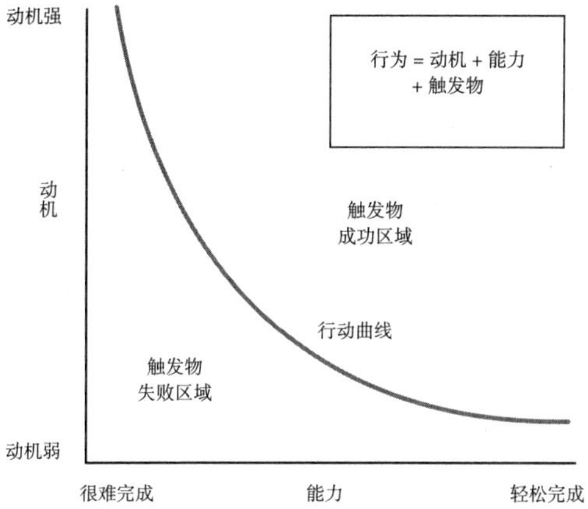

图 6–2　福格的行为模型

他 / 她那里获得信息等这类动机因素。显然，这个例子中触发物是电话铃声。如果电话铃响时你既有动机又有时间，那么你就会接听电话。

因为触发物的侵入性很强，所以在使用时需要十分谨慎而且要按照严格的步骤进行试验。更为复杂的是，还得遵守发布触发物的平台所制定的规则。例如，苹果手机的移动推送规则就与安卓手机不同。苹果用户需要自己设置是否接受推送，而安卓系统会自动设置为默认同意。消费者保护法中也确立了邮件发送方面的规则，例如美国的《2003 年反垃圾邮件法》。

最后，对于需要用户选择是否同意接收的推送，触发物的影响力会根据同意人数的不同而大不相同。对不同的产品和产品类别而言，同意率有很大的差异。例如，根据移动端营销平台 Kahuna 的统计，对于移动推送来说，同意率最高的是像拼车这样的服务 App，高达 80%，而最低的是新闻和媒体 App，低至 39%。[14]

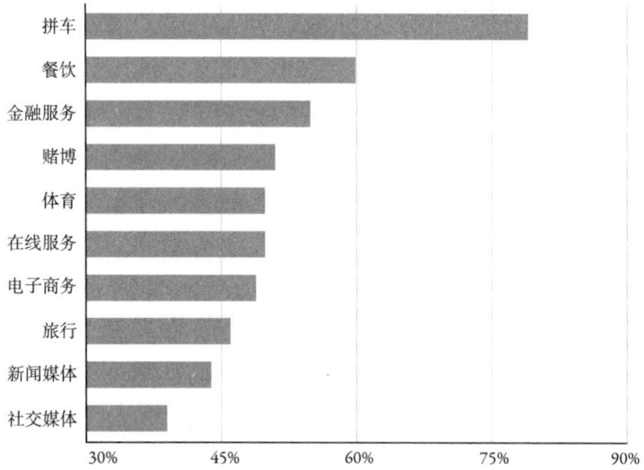

图 6–3　iOS 上同意接收推送的用户比例（按 App 行业划分）

资料来源：Kahuna。

公司常犯的一个最大错误是迫不及待地要求用户选择同意接收诸如推送和邮件这样的触发物，它们通常会把它作为安装或者使用产品的一个必要的步骤。这样做只会吓跑用户，因为他们不清楚或者只是模糊地知道自己为何需要这些信息。许多公司还为了提高产品使用方面的指标而滥用触发物，这样做可能会让激活数据在短期内看起来很漂亮，但这对于推动用户长期使用 App 毫无用处（实际上，人们会停止使用 App，关闭推送甚至删掉 App，从而产生负面作用）。

使用触发物有一个很重要的经验：接触用户的动机应该是提醒用户存在一个对他们明显有价值的机会。例如，商店 App 团队可以通过推送告知用户他们在购物清单中收藏的商品正在降价，或者现在有免运费的优惠活动，或者超市正在开展感恩节促销，这几类触发物对用户来说就是有价值的，因为它们契合了 App 的核心价值。但是，如果每周都向用户发送对他们来说不是特别有用的新产品或者产品功能介绍，就会很快惹怒用户，甚至令许多人停止接收推送或者直接把 App 从手机上删除。

试验不同的触发推送时留一部分用户作为对照组十分重要。对照组不参与任何试验，这既可以确保你能比较新触发物的成效，还能与未使用任何触发物的情形进行比较。[15]

一些可用于试验的常见推送触发物类型如下。

- 创建账户——鼓励下载 App 或者访问零售网站的用户创建账户。
- 购买通知——鼓励用户利用短期折扣购买商品。
- 重新激活行动——鼓励那些有一段时间没有访问网站或 App 的用户再次回来。
- 新功能通知——分享产品升级的消息。
- 顶级用户奖励——让那些大量使用产品的用户知道他们很特别，鼓励他们更多地使用产品，和产品建立更加紧密的联系。
- 行动或者状态改变——如朋友采取了一个行动或者购物车中某件商品的价格发生了变化。[16]

当然，你还可以设计自己的触发物类型。了解福格的触发物类型分类可以帮助你想出新点子。福格根据用户动机和能力水平将触发物分为三个基本类型：协助型触发物（facilitator trigger），用于帮助那些动机很强但能力很低的用户采取行动；信号型触发物（signal trigger），用于帮助那些动机和能力都很强的用户沿着正确方向前进并鼓励他们重复行动；刺激型触发物（spark trigger)，用于刺激那些能力很强但动机不足的用户采取行动。许多邮件和移动推送都属于刺激型触发物，但它们不应该是你唯一考虑的刺激型触发物。[17]

例如，如果用户在结算页徘徊很久却始终没有下单，那么商店 App 团队就可以设计一个协助型触发物，询问用户是否愿意使用之前用过的信用卡来进行支付；也可以试验信号型触发物，比如在 App 屏上发信息告知用户这次购买帮他们节约了多少钱；还可以尝试刺激型触发物，比如有些用户登录 App 后购物车一直是空的，这时就可以给他们最喜爱的商品打一个很大的折扣，以刺激用户完成关键的首次购买。

在设计触发物试验时，罗伯特·西奥迪尼在他写的《影响力》里提到的 6 个说服原则同样具有很大的参考价值。我们前面已经提到过其中一个原则，即一旦人们采取了某个行动，都会使他们更倾向于再次采取那个行动。以下是完整的 6 个原则：

- 互惠——人们更有可能因为礼尚往来而去做一些事情，无论之前别人给你提供了何种帮助，而你现在需要给予别人某种帮助。
- 承诺和一致性——已经采取过行动的人更可能再次采取行动，无论行动的大小或者内容发生了什么变化。
- 社会认同——当感到不确定时，人们会先看别人怎么做，然后自己才做决定。
- 权威——人们会参考权威人士的做法来决定自己采取什么行动。
- 好感——相比自己不喜欢或者无感的公司或人，人们更愿意和自己喜欢的公司或人做生意。

· 稀缺——当人们担心自己会错失良机时就会采取行动。

触发物可以基于互惠原则，比如给用户提供可下载的白皮书或者免费配送这样的免费资源，HubSpot 的网站分析工具就是一个范例。奥巴马的总统竞选团队将竞选网站上的赞助请求从原来全部放置在一个页面改为一系列小的步骤，这就利用了一致性和承诺原则。完成了第一个小步骤之后，用户更愿意继续完成剩下的步骤。这一做法使用户捐款比例上升了 5%，增加了数百万美元的竞选资金。[18]

触发物也可以利用权威原则。比如展示有影响力的人物或者企业已经采取了他们鼓励用户采取的行动，当然这也是名人广告背后的原理。使用过服务的知名企业的标志或者有名望的人士所做的证言也可以成为触发物，因为它们可以使用户相信他们知道并且尊重的人或者公司做出了同样的决定。

许多触发物都使用了好感原则，比如爱彼迎用你的朋友的名义给你发送推荐信息，或者像 Nasty Gal 的创始人索菲亚 · 阿莫鲁索跟踪了解哪些模特最受用户喜爱（也就是说，谁卖出的商品最多），然后让这些模特去推销销量不高的商品。

我们肯定都收到过基于稀缺原则的推送，比如提醒我们降价活动马上就要结束、我们正在考虑要不要去的演出或者演唱会门票所剩不多，或者我们正在考虑预订的航班只剩下几个空位。缤客网（Booking.com）就充分利用了这个策略。它向所有的网站访客显示在同一个搜索区域内正在积极寻找酒店房间的人数以及该地区的剩余房间数。同样，当库存很少的时候亚马逊就会向浏览者显示所剩商品数量，刺激用户立刻购买。

最后一个（也是最强大的）触发物类型是内驱型触发物，也就是用户不自觉产生的内在触发物。这些触发物是人们的核心习惯，而且能够激发长期使用。基本上没有人需要外部触发就会自发浏览脸书或者 Instagram，这是人们自觉自愿的行为。同样，我们会定期到自己喜欢的服装网站去查看是否有新品或者存货、每天早晨浏览新闻或者在上班路上总会在一家便利店停下买一杯咖啡，无论你的产品是什么，这些习惯是你与用户之间强大纽带的基石。后面几章我们还会讨论到这点以及与之相关的更加微妙的问题。

结论：一定要试验触发物。因为它们可以产生很棒的效果，但试验时一定要用心思考它们将如何服务客户，否则它们不仅不能激活用户，帮助你建立良好的客户关系，反而会赶跑客户。

说到建立客户关系，我们接着进入用户体验的下一步，来讨论增长团队如何利用增长黑客过程在用户留存方面取得成功。

第七章

留存：唤醒并留住用户

彼得·德鲁克这位富有传奇色彩的管理学家在许多年前曾说过一句名言：商业的目的在于创造和留住顾客。[1]虽然没有人质疑这个著名的商业信条，但实际上大多数公司的顾客流失率——新用户流失的比例——都高得可怕。

这很可悲，因为无论对于哪种类型的公司来说，高留存率一般都是实现高利润的决定性因素。我们曾在第四章简单提过，就职于贝恩公司的弗雷德里克·瑞克赫尔德有一项研究受到广泛引用。这个研究表明，用户留存率每提高 5 个百分点，利润就会提高 25~95 个百分点。[2]反过来说，这意味着用户流失将会带来巨大的损失。原因之一是获取新用户的成本太高，这一点我们已经在第五章中讲过了。而且现在争夺优质在线平台的竞争越来越激烈，这导致广告成本不断飙升。在吸引新用户上的先期投入越多，每流失一位用户造成的损失就越大。所以不管是从收回昂贵的广告成本这个角度还是从防止用户倒向竞争对手这个角度来看，留住用户都显得至关重要。

Homejoy 是一家提供家庭清洁服务的创业公司，曾经拥有光明的前景，还从硅谷最一流的投资人那里募集到 6 400 多万美元的资金，但低留存率却令它陷入危机。尽管 Homejoy 通过强势的促销折扣战略吸引了数量庞大的初始客户，但由于它没能兑现承诺，导致用户将它的服务评价为“不靠谱”。此外，许多用户无法接受服务收费从第一次的促销价陡增到正常价。结果，只有 15%~20% 的用户预订了后续服务。其间，Homejoy 竞争对手的留存率是它的两倍。雪上加霜的是，公司在用户获取上耗资不菲，最后，高额的获取成本和低留存率将它迅速拖垮了。[3]

相比之下，亚马逊则树立了强劲留存的黄金标杆。它的订购计划 Amazon Prime 在留存面大获成功，这主要归功于它的覆盖数千种商品的两日免费配送服务和许多其他的附加优惠，比如亚马逊影音和音乐流服务。73% 的免费试用用户成为付费用户，而且，第一年订购 Prime 的用户中第二年续订的比例高达 91%。更令人惊叹的是，用户加入 Amazon Prime 的时间越长，留存率就越高，那些进入第三个年头的用户续订率达到了前所未有的 96%。[4]

留存的复合价值

留住用户的时间越长，从他们身上获得更多收益的机会就越大，这一点无须赘言。因为你既可以通过出售更多商品或服务来盈利，也可以通过持续的用户续订来盈利，还可以靠增加广告收入来盈利，因为你的庞大的忠诚用户群对广告主有很高的价值。Amazon Prime 会员的消费额是非 Prime 用户的两倍还多，了解了这一点就不难想象高留存率为何能带来复合式的盈收增长。事实上，一些分析人士认为，如果没有 Amazon Prime 的话，亚马逊将无法实现盈利。

每位用户带来的平均收益增加后，你便可以将更多资金用于增长投资，从而创造一个良性循环。这是因为强劲的留存不仅可以创造更高的当期盈利，还可以让你对未来的盈利能力更有信心。每位亚马逊用户带来的收入很稳定，这让公司可以投入大量资金来扩大 Prime 计划，比如，在他们的影音流服务中加入原创节目。留住用户的时间越长，你就越了解他们的需求和欲望，也就能为他们提供个性化的服务和广告，最后自然能从他们身上赚更多钱。亚马逊推出 Prime 时，一些分析人士认为它在两日免费配送以及 Prime 涵盖的商品折扣方面花费太高，所以这个计划不具有可持续性。但亚马逊看到有如此多的 Prime 会员续订，而且他们的消费额远远超过非会员用户的平均消费水平，所以公司认为这个计划的盈利能力将会非常强大。

高留存率的另外一个好处是可以让你的口碑营销和病毒营销收到更好的效果，因为用户使用产品的时间越长，他们谈论它，甚至向朋友和其他人推荐它的可能性就越大。

迅速锁定最佳做法

随着用户获取成本不断增加，竞争日益激烈，公司尽早意识到自己在用户留存方面存在的问题并采取措施防止用户流失就显得尤其重要。增长黑客就是实现这一目标的完美途径。现在我们以食品商店 App 团队为例迅速看一下如何进行操作。假设 App 团队密切跟踪用户数据后发现，大量用户使用 App 大概一个月后便出现使用下滑的情况（对于移动 App 来说这种情况再熟悉不过了），那么团队应该从哪里着手让更多用户继续活跃地使用 App 呢？是否应该向他们发送更多移动推送把他们吸引回来？是否应该向他们提供畅销商品 App 专享价和优惠信息？也许团队应该设计一些像购物清单这样大获成功的新功能来提高 App 的使用率。这三种方法可能都行得通，但是它们的成本都很高，而且，团队必须十分小心，不能让过多的促销信息或者触发物惹烦用户。在前一章我们讲过，增加移动推送可以刺激短期使用，但是，一旦人们厌烦这种干扰，触发物的魅力便会迅速消失。应用内促销可能会提高 App 忠诚用户的消费额，却不能覆盖到团队希望重新激活的其他用户，因为这些人并不怎么使用 App。设计新功能成本很高，而且这样做也不能保证用户就会更频繁或者更持久地使用 App。

增长黑客法可以让团队从这些想法中迅速选出一个来优先进行测试并快速得出结论，以明确下一步行动。食品商店 App 团队可以简单快速地测试上面的三种方法。邮件通知和应用内促销很容易就能办到。至于增加新功能，则可以通过开展用户调研来了解新功能对用户是否有吸引力，或者可以快速设计出产品原型并在一批用户中进行测试。团队可能决定首先测试增加邮件推送。几周后他们可能发现，每周增加一条移动推送只能唤醒 10% 的沉睡用户。但如果每周增加两条推送的话，这个比例就会增加到 35%。于是，他们可能从下周开始向所有沉睡用户多发两条推送。与此同时，用户对新功能反响热烈，于是团队说服产品研发部门加快开发进度，这样一来，新功能上市后就能很快改善留存。

当然，这只是一个开始，因为要提高留存必须不断设计和测试增长手段。这也是我们本章要讨论的话题。

靠什么留住用户

在我们深入讨论如何利用增长黑客过程来改善留存之前，有必要先回过头去简单温习一下如何建立用户的忠诚，让用户成为“回头客”。

我们曾在第二章中讲到，留住用户最根本的一点是提供可以持续满足用户需求或者令他们感到愉悦的优质产品或服务，让产品或服务对他们而言不可或缺。我们还提到，留存曲线是否平稳是衡量产品—市场匹配的最好标准。

现在让我们重新回到破解留存这个问题上。我们将仔细探讨增长团队如何首先确保留存曲线是平稳的，或者更理想的情况是，如何使留存曲线在基准线的基础上逐渐上扬。首先要强调的一点是，尽管公司的留存曲线一开始很平稳，但是出于各种原因，曲线可能下滑，这可能是因为市场上出现了竞争产品，或者竞争对手推出了新功能、启动新宣传从而抢走了用户。用户流失还有一个关键的原因，公司没有采用最佳的沟通方式与用户沟通，比如，没有传达正确信息，没有把握好传达频率，导致用户不能马上想到使用 App 并最终被竞争对手抢走。公司失败还有可能是因为没有把握好建立用户忠诚的机会，没能让用户养成有规律的使用习惯或者让他们强烈感到自己受到重视并得到理解。又或者，公司提供的产品或服务已经不能满足用户新的迫切需求，或者用户找到了一种更方便也更令他们满意的方式来满足这种需求。

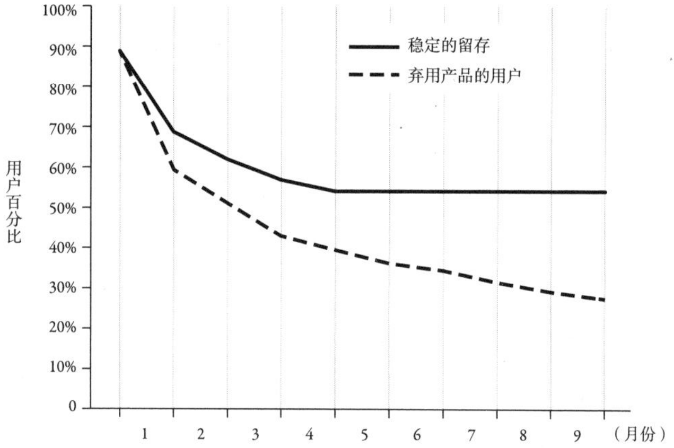

图 7–1　稳定的留存率 vs 下滑的留存率

增长团队完全有能力发现留存率下滑的早期迹象，但决不能满足于此。团队应该利用快节奏试验过程不断提高留存率，就像亚马逊提高 Prime 会员的留存率那样。平稳的留存曲线绝非是留存的终极目标。印象笔记将下面这幅图称为微笑图。从图中可以看出，用户使用印象笔记的时间越长，他们继续使用它的可能性就越大。[5]

印象笔记的留存图之所以看起来像微笑，本质上是因为这个

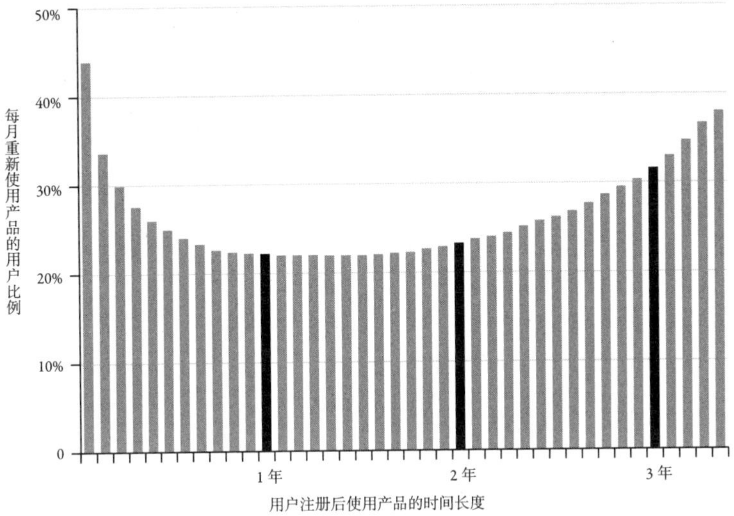

图 7-2　印象笔记的“微笑图”

服务的实用性会随着时间的推移而逐渐增强。用户使用印象笔记的时间越长，产品的核心价值就越大，因为对这个笔记软件而言，用户在里面存储的信息越多，他们回来查看想法和笔记、添加新内容的可能性就越大。许多成功的数字产品的留存率都会随着时间的推移而提高。比如 Instagram，用户发的图片越多，关注的对象越多，Instagram 的价值就越大。又比如 QuickBooks 这样的财务管理软件，公司在上面存储的财务数据越多，它的价值也就越大。可能你还记得，这种价值叫作“储存价值”。

产品具有储存价值的公司在逐步提高留存率方面具有优势，但是，没有任何公司可以天真地以为用户会一直活跃地使用自己的产品，即使是那些具有先天优势的公司也不能这样。公司必须脚踏实地地努力改进产品或服务。想想脸书从诞生到现在推出了多少新功能和服务，又设计出了多少不同的推送和提示来让你一直使用这个服务。为了留住更多用户、让他们更积极地使用产品，脸书做了一系列努力，比如增加直播和上传视频，提醒用户分享他们最喜欢的球队新闻，告知用户他们与朋友在脸书上的周年纪念日到了，等等。任何公司都可以而且应该努力增加产品给用户带来的价值并逐渐提高用户参与度。

留存的三个阶段

不同的留存阶段需要采用不同的留存方法。前面提到过的布莱恩·鲍尔弗强调，留存可分为三个阶段：初期、中期和长期。[6] 留存初期非常关键，因为这个阶段将决定用户是继续使用或者购买产品或服务还是使用一两次之后就“沉睡”。因此，初期留存率可以作为衡量产品黏性的一个指标。留存初期并没有一个统一的时间长度。对移动 App 来说留存初期可能是一天，对于社交网络来说可能是一周或者两周，对 SaaS 产品来说可能长达一个月甚至一个季度，对于电子商务公司来说留存初期通常是 90 天。[7] 你应该根据产品的行业标准以及你对用户行为的分析来决定产品的留存初期应该多长。

留存初期有一个优势。研究表明，这一阶段用户从产品中获得的价值越大，他们长期使用产品的可能性就越大。而且通常这一阶段有许多改善用户体验的机会，这也是 HubSpot 创建增长团队的主要动机。HubSpot 的联合创始人和技术总监达米什·沙阿解释说：“当初我们决定启动增长团队是因为我们觉得在试用 / 用户引导过程中还有很多唾手可得的改进空间。”[8] 我们在第六章介绍过 HubSpot 团队为改善用户引导所做的努力，而且留存初期本质上是激活阶段的延伸。你可以将它想成是为了确保用户真的活跃，而不是看一眼之后就对产品失去兴趣。

把这一阶段看成是激活过程的一部分可能更合理，但是，这样区分还是有意义的。对于许多产品来说，新用户需要在特定时间段内重复使用产品并从中获得新体验达到一定的次数才能强化他们对产品价值的认识。例如，Pinterest 通过分析用户数据发现，如果新用户在注册后的两周内访问网站不足三次，那么他们很可能弃用产品。这就意味着，增长团队需要努力使用户在这一时间段内至少访问网站三次。任何在 Pinterest 上注册过的人都知道，Pinterest 在用户完成注册后是如何大张旗鼓地鼓励他们再次访问的。

一旦跨过留存初期，用户就进入留存中期阶段。这时产品带来的新鲜感开始退去，要留住中期用户，增长团队的核心任务是让使用产品成为一种习惯，让用户逐渐从产品或服务中获得满足感，这样无须鼓动用户也会继续使用你的产品或服务，因为这已经成为他们日常生活的一个组成部分。Snapchat 的用户在吃早饭或者吃完晚饭时常常翻阅朋友的动态，亚马逊用户想买东西的时候总会第一个想到去亚马逊上搜索，而根本无须鼓动。后面几节我们会介绍一些习惯养成方面的心理学知识，还会介绍一些策略来帮助增长团队提高初期留存用户转为习惯用户的比例。

最后我们将讨论长期留存的策略。在这一阶段，增长团队的作用是确保产品继续为用户带来更大价值。团队必须试验各种方法不断完善产品，帮助产品开发团队决定升级现有功能或者推出全新功能的时机。这个阶段最关键的地方在于让用户不断重新认识到产品的不可或缺性。[9]

什么是好的留存

在深入讲解如何提高各阶段留存之前，我们先要讨论增长团队需要跟踪哪些数据以及如何通过分析数据来寻找可尝试的增长手段。首先，不同的公司衡量留存的方法可能不同。这是因为用户购买产品或者使用服务的频率在很大程度上取决于产品或服务本身的性质。用户购买一些东西频率很高，但购买另一些东西频率却很低。脸书希望用户每天都使用它的服务，但苹果却明白，已经购买过iPhone的客户接下来几年内可能都不会再买（那些新款一上市马上就去买的“果粉”除外）。所以苹果只能等三年之后甚至更长的时间才能知道是否留住了某个iPhone客户。正因为如此，苹果逐渐发展为不仅向客户提供设备，还提供服务。这是一个了不起的增长策略，它使苹果公司得以在新产品发布的间歇更大地挖掘留存用户的价值。购房者在Zillow上搜索房源信息的频率也与食客在Yelp上搜索餐馆推荐的频率不同。同理，买床垫的用户与买鞋子的用户购买频率也不同。

电子商务领域最基本的留存指标是用户的重复购买率，比如用户每月购买产品的次数。许多电商企业计算90天内的重复购买率。产品不同计算重复购买率的时间单位也不同。因为大多数人每周至少去一趟超市，所以对于食品商店App团队来说可能需要关注短期内的购买频率，比如，大概10天购买一次才是健康留存的标志。

在设计留存指标时需要将你的计算结果与市场调研得出的同

类产品或服务的最高留存率进行比较，或者与成功的竞争对手的留存率进行比较。这些基准可以告诉你用户留存是正常还是比预期更好或者更差。像爱彼迎这样的公司永远不能指望用户使用率和留存率达到社交网站的水平，所以选择恰当的基准对于准确判断留存情况至关重要。行业出版物、贸易协会以及诸如弗雷斯特（Forrester）和高德纳（Gartner）这样的研究公司都能够提供不同行业的具体数据。

到目前为止，我们讨论的都是用户留存的情况，它的反面，也就是每周或每月流失的用户数量也同样关键。流失率本质上是留存率的对立面。比如，开市客（Costco）会员的留存率是91%，那么它每年的流失率就是9%。[10]一定程度的流失是不可避免的，即使最受用户喜爱的产品也是如此。但是，对于所有公司来说，流失率当然越低越好。

确定并跟踪群组

确定了留存的衡量指标后，下一步就是更细致地筛查留存数据。可以利用群组分析方法来确定不同用户群的留存率，这可以让你更加深入地解读数据，找出用户留下或者离开的原因。

你可以将用户细分为不同类型的群组。最基本的做法是按照获客时间进行划分，也就是按用户完成注册或者第一次购买的日期来分类。通常是按月份分组，但正如前面所讲，对于某些类型的公司而言，按周甚至按天分组可能更有意义。这听上去十分烦琐，但它可以让团队发现留存方面存在的问题，所以一切辛苦都是值得的。按照获客时间来跟踪用户可以让团队掌握用户群的整体状况。随着营销力度的加大，现在获取的用户留存率是否与之前的用户一样高？如果公司成功地吸引大量新用户，这表明销售或者注册进展很顺利。这种情况下，如果不按获客时间来跟踪留存就不容易发现隐藏的流失。

利用群组分析还可以察觉问题的苗头。比如，增长团队可能发现，某次营销活动或者一年中某个时间段内获取的用户流失情况尤其严重。也许他们发现，前两个月新用户很活跃，但从第三个月开始每个群组都有很多人开始流失。

为了说明如何发现问题以及如何利用群组分析获得宝贵信息，找出流失原因，我们来看一个视频流服务的例子。这个视频流服务的用户按月付费，并且可以在任意月份取消订购。公司决定按照新用户注册的月份来对用户进行分类。如表 7–1 列出了这些数据。还要提醒一句，按照群组显示留存数据的电子表格读起来非常困难，所以将各个群组的数据绘制成留存曲线十分有帮助，这样很容易就能发现值得深入调查的数据规律。

表格的左侧是每月注册的用户数，也就是我们要一直跟踪的群组。表格上半部分记录的是各个群组每月留存下来的用户绝对数。可以看出，1 月注册的 150 名新用户中，留存到 2 月的有 140 人，3 月 130 人，这之后每月的留存人数以相对稳定的速度递减，7—10 月该群组继续使用服务的人数维持在 95 人左右。再往后你会发现，2 月和 3 月注册的用户也显示出相似的留存比例。

但是，4、5、6 这三个月发生了急剧变化。最明显的是每月新增用户的人数从之前的 100 多人陡增到 6 月的 450 人。如果公司的增长团队只是以获取新用户为目标，那么他们就该欢喜了，因为他们成功地提高了每月的注册量。但是，仔细观察你会发现，

表 7-1 群组跟踪工作表（2015.01—10）

转化月份	新增用户	每月留住的用户									A1
		01	02	03	04	05	06	07	08	09	10
01	150	140	130	125	118	105	102	97	95	95	95
02	180		172	160	150	140	130	121	118	118	118
03	200			190	178	169	155	142	135	132	128
04	270				188	175	170	153	144	137	131
05	350					247	228	216	202	189	178
06	450						307	288	269	258	244
07	225							210	195	180	166
08	235								218	207	197
09	240									224	211
10	250										233
		140	302	475	634	836	1 092	1 227	1 376	1 540	1 701

		每月留住的用户占比（%）									B1
		0	1	2	3	4	5	6	7	8	9
01	150	93.33%	86.67%	83.33%	78.67%	70.00%	68.00%	64.67%	63.33%	63.33%	63.33%
02	180	95.56%	88.89%	83.33%	77.78%	72.22%	67.22%	65.56%	65.56%	65.56%	
03	200	95.00%	89.00%	64.50%	77.50%	71.00%	67.50%	66.00%	64.00%		
04	270	69.63%	64.81%	62.96%	56.67%	53.33%	50.74%	48.52%			
05	350	70.57%	65.14%	61.71%	57.71%	54.00%	50.86%				
06	450	66.22%	64.00%	59.78%	57.33%	54.22%					
07	225	93.33%	86.67%	80.00%	73.78%						
08	235	92.77%	88.09%	83.83%							
09	240	93.33%	87.92%								
10	250	93.20%									
		83.49%	77.04%	71.65%	65.32%	59.63%	58.52%	59.75%	64.34%	64.55%	63.33%

资料来源：克里斯托弗·詹兹（Christopher Janz）。[11]

4、5、6 月这三个群组的留存情况没有前面几个月好。数据显示，注册当月一过这三个群组的用户数量就开始急剧下滑，而且留存数量也没有像 1—3 月那样表现出任何稳定的迹象。

为了让这些数据在“总览图”中更加一目了然，团队可以利用群组图表中的数据绘制留存曲线图。为了简化问题我们只绘制两个群组——1 月群组和 5 月群组，但其实增长团队通常会同时绘制所有月份的留存曲线。从图 7–3 可以看出这两条曲线差别很大，当 1 月的曲线开始趋于平稳时，5 月的曲线还在继续下行。

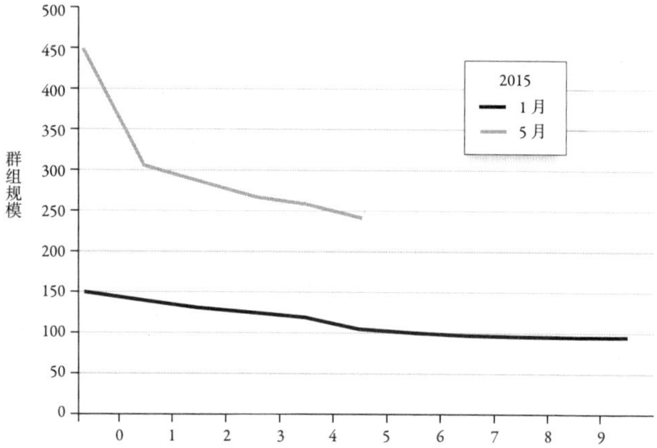

图 7–3　群组比较反映出巨大差异

很明显，增长团队可以从这些数据中解读出一些重要信息，弄清楚这三个月里究竟发生了什么。要调查清楚用户流失的原因，团队需要更加深入地分析这几个问题群组的数据。

出现这种情况可能是因为公司新一轮的广告宣传吸引了大量新用户，但公司提供的产品却并不适合这些用户。也有可能是因为公司提供了很大的广告促销折扣，但价格恢复正常后大量新用户很快就弃用产品。还有可能是因为公司决定使用新渠道来进行广告宣传，以便更好地针对特定人群投放广告，比如针对在家带孩子的女性。可能广告的效果很好，一下子就赢得了妈妈们的喜欢，但是，当她们和自己的孩子一起看了几部电影后发现里面可选的电影并不是十分丰富，于是她们取消了订阅。意识到广告宣传和留存率下降之间存在某种关联之后，增长团队就可以利用这个宝贵信息来决定尝试哪种试验。显然，这些妈妈成为潜在新用户的可能性很大，但是在向她们展开第二轮广告攻势之前公司应该在电影库中增加她们爱看的电影，或者用更好的方式突出显示已有的电影资源，让用户一注册就能看到有哪些电影可以选择。或者，团队一时还无法看清用户流失的真正原因，这时他们就应该基于这些观察针对流失用户开展问卷调查，询问她们为何取消订购。团队可以通过一些问题来验证假设：可选择的电影有限的确是用户取消订购的原因。

按获客月份对用户进行分类只是群组分析的第一步。你还需要创建其他类型的群组，例如按照获客渠道来划分群组，如用户推荐计划群组和付费广告群组等。还可以根据用户访问网站的次数或者购买次数来分类。对于视频流服务增长团队而言，还可以按照用户在第一个月内观看节目的数量或者电视剧的集数，或用户在第一个月内观看视频的天数来分类。用这种方式分析数据可以让增长团队找到使用频率与留存率之间的关联，同时还能帮助他们找到可以带来更高留存率的电影或者视频节目。

不同的商业模式，比如电子商务，可能有不同的群组划分方式。假设我们的食品商店 App 团队根据用户注册后第一个月内购买商品的次数来划分群组，如第一个月内使用App下单一次、下单两次、下单三次的群组。通过连续6个月跟踪不同群组的留存情况，团队可能发现，每月下单三次及三次以上的群组留存率远远高于其他群组，所以，完成注册后第一个月内购买三次就是一个拐点。这个发现让团队将试验重心放在增加用户注册后第一个月内的购物次数上。

值得注意的是，使用群组或者上面介绍的其他方式来跟踪留存需要强大的分析能力，这是像谷歌分析这样的基础网络分析工具无法做到的。如果你已经建好用户数据库，能够根据适当的变量对用户进行分类，那么数据分析师就可以相对容易地整合这些报告。你如果缺少一位专职的数据分析师，那你就可以考虑使用像Mixpanel，Kissmetrics或者Amplitude这样能分析庞大数据的分析工具。尽管谷歌分析新近增加了群组分析功能，但是这些工具更强大，能够让你完成像上面那样更精细的分析，而且它们使用起来也很简单。

破解初期留存

分析完群组数据，找到初期留存中的流失节点并且通过调研确定了流失的原因，增长团队就可以开始试验破解的方法。用于改善初期留存的增长手段与改善激活的增长手段本质上是一样的，因为前者其实是后者的一种延伸。不断优化新用户体验，让用户尽可能快地体验到产品核心价值是这一阶段最重要的两大策略。使用移动推送和邮件这样的触发物也能够有效强化用户对产品实用性和价值的认识。但是，正如我们在上一章中所讲，留存初期增长团队不应该只想着靠触发物来唤回用户，团队还应该关注产品的用户体验以及进一步改进产品这两个方面（可以回到第六章复习一下这些策略）。

让用户养成使用习惯

前面讲过，留存中期的核心目标是让用户养成使用产品的习惯，从而巩固用户对产品的忠诚度。对于一些产品而言，这意味着让用户习惯每天或者每周使用产品，但对另一些产品而言，用户使用产品的频率可能低到不足以称之为“习惯性”。这里，“习惯性”这个词与使用频率无关，只是单纯地用它来表达当用户想买或者想使用某一类产品或服务时，他们会第一个想到你而不是你的竞争对手，换句话说，他们是忠诚于你的。

让用户形成习惯关键在于让他们确信继续使用你的产品或服务能带给他们持久的回报。在《上瘾》这本书中，消费者行为专家尼尔·埃亚尔介绍了最富吸引力的产品是如何做到这一点的。尼尔在他的上瘾模型（见图7–4）中描述了这个过程，这在增长黑客中被称为参与回环（engagement loop）。我们在激活阶段讨论过外部触发物，如移动推送、邮件以及App内提示等，这里它们又派上了用场。这些提示可以促使用户采取行动，从而触发强大的参与回环，让用户形成习惯。增长团队应该找出触发物的最佳使用数量、方法和频率，以创造并强化用户习惯。

要明白习惯是如何形成的，可以想一想人们去健身房健身的心理。人们一开始决定要保持身材时往往需要外部刺激来帮助他们完成健身的心理建设，比如在日历上勾画日期或者坚持完成与

图 7–4　尼尔·埃亚尔的上瘾模型[12]

教练或朋友定下的锻炼计划。但一旦人们从健身中获得足够多的回报——感觉身体更健康、发现自己肌肉更紧实、体重下降等——许多人就不再需要这种外部提示了。人们吃早饭的时候不时地刷脸书，下班回家的途中在 Instagram 上发照片或者到 Yelp 上找和朋友见面吃饭的地方，这些都涉及同一个基本的过程。吃早餐、开车回家或者选餐馆这些行动成为内在的、下意识的触发物：其他的提醒都是多余的。

亚马逊的 Prime 计划就是培养用户习惯的典范。你也许还记得，许多分析人士料定这个计划会失败，因为免费配送成本太高，他们认为亚马逊将难以为继。了解了上瘾模型后你再去看 Prime 计划的本质就不难理解为什么这些人错了。首先，Prime 会员每次购买 Prime 计划内的商品就能获得两个重要并且诱人的回报——免费配送省下的钱以及两日内配送带来的即刻满足感。此外，每次用户在亚马逊上购物都是在证明他们当初花 99 美元注册 Prime 是明智的，对用户而言这也是一种回报。会员每次看到购物省下的配送费（而且通常 Prime 商品在价格上也有优惠），他们就会对自己说，看吧，花 99 美元很值，帮我省了这么多钱。亚马逊订单系统负责人维贾伊·拉文德兰告诉《一网打尽》（*The Everything Store*）的作者布拉德·斯通，事实上，订购费的意义“绝不仅仅是 99 美元。它真正的意义在于改变人们的心理，让他们不去别的地方购物。”[13] 确实，Prime 计划在创造习惯方面如此成功，一篇刊登在美国《商业周刊》上的文章指出，亚马逊预计需要两年时间才能实现这个计划的收支平衡，但事实上它只用了不到三个月就做到了。[14]

Amazon Prime 的参与回环很明确，而且重复使用还能不断强化循环，这也是 Prime 如此成功的原因。当然，这个模式并非对所有人都适合。增长团队应该根据产品的核心价值绘制自己的参与回环，然后不断衡量、监测和优化循环。通过分析数据并且试验能给用户带来最大回报的触发物，团队就可以为自己的产品找到创造习惯的方法。比如，视频流服务的增长团队可以衡量并比较促进用户发现新节目和促进用户看完正在看的节目这两类触发物哪个更有效。

一个对大多数类型的产品都适用的原则是：提升回报在用户眼中的价值可以带来更大的留存。要让产品或者服务更易于形成习惯，增长团队应该试验向用户提供各种各样的回报，并鼓励他们通过行动来获取回报。用户采取的行动越多，回报越大，他们眼中看到的回报价值也就越大。团队应该进行群组分析，找出哪些用户最热衷于使用产品，他们使用最多的是哪些功能，哪些功能带来最大价值的回报，创造最高的留存。团队还应该找出那些还不够活跃的用户，通过给他们提供更有吸引力的回报来激励他们更多使用产品。

例如，视频流服务团队可以根据用户的观看时间将他们分为不同群组。分析显示，最活跃的一群用户一次会连续看几集节目，换句话说，他们会“刷剧”。网飞就充分利用了这种新的观看习惯。这一发现可能让团队开始考虑如何通过鼓励用户刷剧来创造一种新回报。比如，网飞一次性推出整季原创内容，而不是每次只播一集。团队还可以分析哪些类型的电视剧最容易被刷剧，并且开展试验在网站上主推此类电视剧。

提供实际的、体验式的回报

许多流行的回报策略都强调让顾客去“赚”节约的钱，或者给他们发购物券、代金券或者礼物。特别是零售业，长期以来这个行业已经积累了许多这样的回报策略。这些回报很强大，团队也确实应该在这方面大量开展试验。但很重要的一点是，团队不应把目光局限在金钱或者省钱这样的回报上，而是应该试验产品体验这种回报。实际上，一些最易于习惯形成的回报是无形的回报。这类回报中有不少值得试验。比如社交回报，脸书的“点赞”功能就在很大程度上促使发照片和评论成为用户的一种习惯。同理，飞行常客奖励计划很早就开始使用诸如会员升级、贵宾休息室和优先值机这样的社交回报，而且它们相比折扣机票更能让用户保持忠诚。团队应该创造性地思考可以提供什么样的无形回报，而且还应该试验将实际回报和体验式的社交回报结合起来。

按照激励—市场匹配原则，回报应该契合产品价值。近年来，在促进习惯形成、提高留存（当然还有其他增长杠杆）方面，除了给用户提供特价优惠和折扣以外，还有三个值得注意的回报策略。虽然这里无法完全列举所有策略，但至少这三个例子代表了现有的很多可以大规模实施的策略。

品牌大使计划

这类计划通常结合了社会回报和实际回报，通过授予用户高级用户的称号来给用户提供社会认可以及其他的实际好处。

Yelp 精英队计划是利用这种方法提高留存最成功的案例。通过给予第一个给商家留言的用户特殊认可并且让用户给那些有用、有趣或者只是单纯“很酷”的评论点赞，Yelp 就成功给用户提供了强大的社会回报，激励他们写更多的评论。

Yelp 团队向最活跃的用户颁发“精英”奖章，他们解释说：“（这是）我们认可和奖励那些在线上和线下都很活跃的口碑传播用户和模范用户的方式……精英队成员的个人档案中有一枚闪亮的精英徽章，而且精英用户还能享受参加 Yelp 活动和提前入场这样的特殊优待。”[15] 这个计划大获成功。美国东北大学的经济学教授王忠民对 Yelp 进行研究后发现，Yelp 主要的竞争对手，比如 Citysearch 和雅虎区域搜索，其用户在网站上留下超过 6 条评论的比例在 5%~10%。相比之下，Yelp 用户中有超过 65% 的人在网站上写 6 条甚至更多的评论。而且，Yelp 网站总评论量的 44% 都是由精英用户贡献的。[16]

利用品牌大使计划来提升用户忠诚度和留存率的不只是网络公司。餐馆、酒店、信用卡公司以及许多零售商很早就成功使用这类计划，巧妙地将诸如归属感、社区和地位这样的社会回报与更实际的回报结合在一起。美国运通百夫长卡，也就是广为人知的黑卡，就是一个经典例子。许多人都觊觎黑卡，把它视为终极地位的象征。黑卡持有者人数有限（需要每年在运通账户上消费并还款至少 35 万美元），它具体能带来哪些好处一直笼罩在神秘当中，而且它提供的实际回报甚至能令最富有的美国运通用户感到与众不同（例如专享的优惠、旅行和柜台服务）。[17]

近年来最令人瞩目的品牌大使计划出自发展迅速的媒体公司 theSkimm 之手。这家公司向职业女性提供员工亲手编辑的每日新闻，目前它的日读者量已经发展到 350 万。[18] 要想成为"Skimmer 大使"，读者需要向 10 个朋友推荐这个服务，这样做的回报不仅包括获得网站公开认可，还包括名牌 T 恤、手提包、手机壳、社交机会以及在新闻电子报中刊登生日祝福等等。[19]

认可用户成就

所有用户都看重来自公司的认可，哪怕只是很小的认可。对用户表达认可的最佳方式是肯定他们的某种成就或行为，或者使用营销圈中称为"行为邮件"（behavioral email）的方式，也就是当用户完成了一个里程碑事件时就给他们发去祝贺邮件。比如当你走到当日第一万步时，Fitbit（一家研发和推广健康乐活产品的新兴公司）就会给你发一条祝贺推送。又如，当你跑完 10 英里或者完成距离最长或速度最快的一次跑步时，Runkeeper（一款私人运动记录应用）就会给你发送祝贺邮件。同样，推特的联合创始人埃文·威廉姆斯创办的博客发布平台 Medium 会在用户文章被推荐 50 次或 100 次时向用户发送邮件。大多数推荐计划都内设了这样的成就推送，一旦朋友加入时就会向用户发送邮件，鼓励他们邀请更多人加入。[20]

这些推送也可能是告知你其他用户采取了一些可作为你的个

人成就的行为，比如领英会给用户发送邮件告诉他们有人认可了他们的技能，推特会提醒用户有人为他们点赞或者转发他们的推文。脸书和 Instagram 的做法尤其聪明。它们会给用户发移动推送，告知用户他们的脸书好友加入了 Instagram，或者鼓励他们给其他用户在 Instagram 上发的照片点赞，尤其是给那些有一段时间没有发新照片的用户点赞。这两类推送可以从两个方面提高留存率：让用户重回 Instagram 查看朋友最新状况，以及通过增加新用户在 Instagram 上的粉丝数量、获赞和留言数量来回报新用户。

客户关系个性化

随着储存用户信息的海量数据库和强大的数据分析工具的出现，公司更精准，甚至一对一地满足用户需求和欲望的能力大幅提升。沃尔玛实验室产品和工程部副主席舒维克·慕克吉指出，公司在增长领域最重要的一个转变是从传统的“一对多”营销思维模式转变为提供完全个性化的“一对一”的用户体验。比如，现在公司可以根据每位用户的喜好发送个性化邮件和产品推荐，即使用户数量达到几百万也能做到这一点。他指出，这种大规模的个性化做法核心在于“理解用户，理解你所处的行业，并确保在二者之间建立完美的匹配”。[21]

亚马逊是个性化技术的先驱。这个技术之所以成功得益于大规模的客户数据以及更先进的编程技术让公司可以高效地挖掘有关用户个人喜好的海量信息。要实现个性化不仅可以利用用户提供的个人信息或者他们在公司网站或者 App 上的行动，还可以利用他们在整个互联网中的行为数据。现在通过诸如 Demandbase

这样的数据供应商就能够轻松获取这些数据。也有许多公司提供个性化技术，比如赛富时（Salesforce）、Optimizely 和 HubSpot。

Optimizely 的前内容经理卡拉·哈什曼曾分享过公司如何通过向最重要的用户提供个性化主页体验来改善包括激活率和留存率在内的诸多指标。以前公司网站只有一个主页，后来则根据关键账号、用户访问时间以及垂直市场等不同因素设计出 26 个不同版本的主页。比如，如果用户从《纽约时报》的办公室登录公司主页，他们看到的页面就会显示针对出版商的 Optimizely 产品和服务。而如果是微软员工，他们看到的则是 Optimizely 可以如何帮助技术和软件公司。[22]

机器学习算法正在引发新一轮个性化浪潮。如它的字面意思所指，机器学习是指软件根据用户反应来优化和改善个性化措施，而非由人来做这个决定。这项技术很复杂，但它正在变得越来越容易操作。比如在英曼，摩根和他的团队在电子新闻周报中向用户发送为他们量身挑选的新闻故事，做到为每一位订阅者提供独一无二且与用户高度匹配的内容。这一个性化服务获得了 Boomtrain（一家基于机器学习的个性化数据公司）的数据支持后简直如虎添翼。Boomtrain 通过将机器学习与个性化相结合成功做到持续优化新闻内容的相关性，而无须摩根的团队做任何额外的工作。这还只是提供此类服务的众多公司之一。团队还可以利用诸如 Apache Spark（大数据处理引擎）提供的开源软件“机器学习图书馆”来建立自己的软件，这样也能取得同样的结果。

我们在第一章中曾简单提过，Pinterest 的增长团队在机器学习个性化和优化方面进行了大量试验，他们建立的 Copytune 程序可以帮助团队迅速测试 30 多种不同语言、数十个版本的推送文案。Copytune 最后会选出最优版本并自动完成后续测试。这个程序对每种信息组合方式进行测试，结果令人难以置信：每月重返网站的用户数量（月活跃用户）大幅增长。虽然增速是个位数，但考虑到 Pinterest 的用户规模超过一亿，这样的增长速度意味着公司每月增加的活跃用户达到数百万。虽然公司没有透露新增访客带来的广告收入，但可想而知，这个数字一定十分可观。[23]

如果团队想进行个性化测试可以先从触发物入手。大多数邮件营销软件都能提供各种各样的个性化选项，既可以简单到在邮件中插入收件人姓名，也可以基于用户历史行为向他们发送为他们量身定制的邮件内容和产品推荐。我们的食品商店 App 团队可以向那些在 App 下单一次、从未下单以及 App 订单平均金额超过 100 美元的用户发送不同的邮件。完成了这个第一步，增长团队就能获得用户体验有效性方面的早期数据，并根据结果决定是否做进一步投资。

控制节奏

如果你购买过任何初始版本的电子产品，或者参与过挑选诸如赛富时或者 Oracle 这样的企业软件，那么你肯定知道向用户承诺新功能即将上市是一个多么强大的留存诱饵。告诉用户马上会有新功能或者新产品以及这能给他们带来什么好处，可以有效地诱导用户一直使用产品。这一招对 SaaS 产品、电脑游戏以及像 Hulu 和 HBO 这样的内容供应商特别管用。网飞就有效地利用了这种策略。诸如《纸牌屋》和《女子监狱》（*Orange Is the New Black*）这样的网飞原创剧在新的一季播出之前都会有一段间隔期，这样能让用户一直保持活跃的订阅状态，因为他们会等新的一季出来刷剧。同样，赛富时也不急于发布重大产品更新，而是留到新的年度活动中来宣布，通常是夏天一次、冬天一次。这样做可以让用户一直期待这些不可或缺的新功能从而保持活跃的订购状态。苹果公司也巧妙地使用了这个策略，它让用户迫不及待地等着公司推出最惊艳的新产品，然后升级自己的设备。

凯鹏华盈（Kleiner Perkins Caufield & Byers）的风险投资人宾·戈登在分享他与 HBO 的 CEO 克里斯·阿尔布雷克特的一次对话时说到了“马上就来”这一招威力有多大。阿尔布雷克特批准了制作《罗马》（*Rome*）这部以史上最烧钱而闻名的原创剧，它每集的制作成本高达 900 万美元。戈登问阿尔布雷克特，斥巨资制作一部最终并没有吸引太多观众的电视剧是否太不划算？阿尔布雷克特跟戈登分享了“马上就来”的威力。他说，从宣布这部剧即将上映到播出第一集的这段时间内 HBO 几乎没有流失任何用户。订购用户都拭目以待，想要看看这部剧究竟为何值得如此大肆宣传。虽然最后并没有多少人观看，但在之前两个月的时间里公司的用户流失率几乎为零，其间公司的盈利远远超过了这部剧的制作成本。[24]

但是，如果你对用户承诺很快就会有很棒的产品更新，却让他们一等再等，就可能惹怒用户。这也是为何试验如此重要：它可以帮助团队确定公布消息的最佳时机。比如，为视频流服务改善留存的增长团队可能了解到，公司刚刚敲定了一部以前没有播过但可能会极受欢迎的电视剧，计划三个月后才上映。团队决定尝试向用户发送新剧即将播出的推送，看看这样做能否在播出前的这几个月刺激更多用户续订。团队可以通过给那些以前看过同类剧的用户发送邮件并进行简单的A/B测试。对照组是常规体验，而实验组将收到一两轮关于新剧“即将播出”的邮件信息。通过比较这两组的留存率就可以量化推送的效果。如果“即将播出”的消息引起用户兴趣并留住了更多看过类似电视剧的订阅者，那么增长团队就可以大胆地将“即将播出”策略作为用户沟通的一个永久组成部分。

保持长期活跃

一旦你在一定规模的用户群中实现了强劲的留存，下一步就是专注于如何让用户乐于使用你的产品并长期保持高度活跃。我们建议使用一种双管齐下的做法：（1）优化现有的产品功能、推送以及对重复使用的奖励；（2）在一个较长的时间周期里定期推出新功能。把握好这二者之间的平衡极其重要。许多公司都急于在短期内推出大量新功能，用产品团队的话来说，这叫功能膨胀（feature bloat）。这样做往往会导致产品过于复杂而掩盖产品的核心价值。在一份2005年的研究报告中，营销科学学会的研究员德博拉·维亚纳·汤普森、丽贝卡·汉密尔顿和罗兰·拉斯特指出，将太多功能塞进产品中往往会损害长期留存，因为“为了实现用户选择范围的最大化而在产品中加入许多功能最终可能降低用户终身价值。”他们得出的结论是，“公司应该考虑拥有更多功能有限但更加专业化的产品，而不是将所有可能的功能都集中在一个产品上”。[25]

技术专栏作家戴维·博格在他2006年的TED演讲中通过下面这张让人看得抓狂的截图把功能膨胀给用户带来的痛苦展示得

淋漓尽致。把微软 Word 工具栏中的所有选项都打开最后得到的就是这个效果。[26]

判断何时推出在线产品的新功能尤其困难，因为相比实体产品，推出在线产品的新功能要容易很多。当人们习惯了产品的外观和功能后，过快或者突然改变产品可能得不偿失。这里就有两个现成的例子：Instagram 推出新的算法时间线以及推特将推文收藏符从星形变为心形并将它的名称从“收藏”改为“赞”，这两个做法就引起许多用户的不满。

增长团队可以通过试验给用户提供产品原型或试用版来评估拟推出的新功能是否具有吸引力。团队首先应该在少量用户中对新功能进行实际测试，试验产生的数据可以帮助公司在大范围推广前进一步完善新功能。尽管在大多数机构中设计新功能是产品

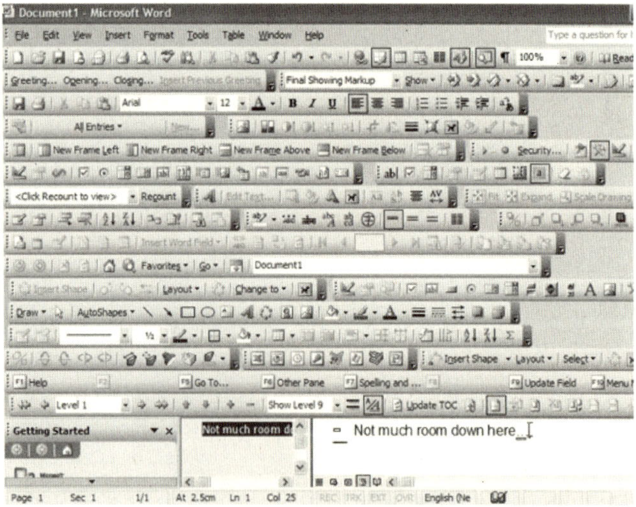

图 7–5　微软 Word 功能膨胀

团队的职责，但毫无疑问，增长团队可以根据他们定期进行的调研和数据分析为产品团队提供一些新功能方面的想法。同样，增长团队整合数据后可能会发现新的产品优化机会，这可能是市场调研或者战略规划无法发现的。换句话说，增长团队中的所有成员都应该不断寻找机会来优化现有产品功能，实现留存最大化，同时开发新功能。

为了说明具体怎么操作，让我们回到食品商店 App 团队，看看他们如何与这家食品连锁店的产品团队合作推出一个重要的新功能。产品团队一直在为 App 的一个新功能研发产品原型：用餐计划。这项功能可以结合用户的购买历史以及 App 上最受欢迎的商品来向用户推荐全谷物食谱，让用户轻松购买所需要的食材。顾客需要做的只是输入用餐人数然后点击提交，所需商品就按适当数量自动加入购物车。增长团队和产品及营销团队共同确定了一个测试战略：先向一定数量的用户提供用餐计划功能，同时试验如何提高这批用户使用这个功能的频率。比如，增长团队掌握的数据显示，免费配送可以有效改善留存。他们可以基于此向产品团队建议，通过用餐计划向用户推荐可以使他们的订单金额达到免运费标准的食谱。他们也可以尝试利用触发物提醒用户 App 上更新了全谷物食谱推荐。团队也应该测试何时以及如何向用户推荐这个用餐计划，如何向那些使用试用版本的用户介绍功能上的改变。

持续的用户引导

增加新功能并且越来越了解最活跃最满意的用户如何使用产品后，你需要继续引导用户，让他们了解可以从产品中获得怎样的价值。因此，长期留存的另一个关键要素就是弄清如何让用户沿着学习曲线前行。这个过程便是持续的用户引导，它与学习任何一门学科、一种乐器、一门语言或是一项技能的方法是一样的：首先完成容易实现的小目标，然后逐渐提高熟练程度。应该将这种学习进程嵌入任何需要用户掌握的新功能中，让他们从产品中获得最大价值。用户体验设计师哈里·布努将这个过程称为“爬坡”。

用户使用产品越来越熟练后，就应该引导他们开始关注以前从未用过的功能和刚推出的新功能。这是一个循序渐进的过程，而且用户开始学习新功能之前必须首先掌握旧功能。布努强调，谷歌分析使用一系列渐进式的通知推送来引导用户更加深入地体验产品，这就是一个爬坡的好例子。布努说：“他们监测用户行为，通过一个决策引擎来决定推送的内容，然后跟踪用户完成了哪些行为，适时引导用户开始新行为。”

增长团队应该测试持续的用户引导中所有的信息传达，比如向试验组发送有关新功能使用的不同版本的文字和图片说明。如果结果显示邮件信息在增加这些功能的使用率方面很有效，那么团队就可以试验在产品自身加入凸显这些功能的信息，例如在其他功能的登录页面增加新功能的宣传视频。

复活“僵尸用户”

重新赢回已经弃用产品的用户，这在增长圈子里称为“复活”。增长黑客过程可以帮助你找到赢回从你的雷达上消失的“僵尸用户”的试验。当然，第一步是调查用户当初消失的原因。

最简单的做法是采访那些取消或者不再使用产品的用户，直接询问他们离开的原因。例如，当印象笔记为改善留存绞尽脑汁的时候，他们的增长团队发现用户不再使用服务的一个很大原因是他们换了新电脑或新手机后没在新设备上立刻重新安装 App。

HubSpot 的产品经理丹·沃赫诺克指出，增长团队在根据僵尸用户的反馈考虑应该尝试何种试验之前，第一步是弄清楚人们离开的原因是否是可控的或者是可以解决的。[27] 比如和印象笔记一样，商店 App 团队了解到，人们不再使用 App 是因为用户没有在新手机上重新安装 App。如果团队发现用户很长一段时间处于休眠状态，那么他们就可以通过设计新邮件和重定向广告来鼓励用户重新安装 App。但是，如果人们离开的原因是因为这家食品连锁店没有用户想要的品牌的商品，这时增长团队可能就无能为力了。这种情况下，团队最好是提醒采购部用户对那个品牌的商品有很大的需求（他们当然应该这样做，因为这个品牌商品的缺乏不仅影响 App 的留存，而且还影响连锁店的整体发展）。

复活流失用户的大部分工作是靠邮件和广告来完成的。如果团队注意到在一个预先设定的时间段内（长短可通过试验来确定）用户的购买活动或者其他活动降为零，那么就应该把他们纳入复活流（resurrection flow）。这时，团队应该给他们发送电子邮件或者定向广告，提醒他们产品的“啊哈时刻”或者当初吸引他们的产品核心价值，以此来挽回用户。有时公司可以通过为“冷淡”或休眠用户制作专门的自定义邮件和推送通知来激活他们。因为这些用户已经很熟悉产品并且已经体验过产品的“啊哈时刻”，所以激活他们所需要的成本和努力相比获取全新的用户都更少。

比如，在英曼，摩根找出那些曾经在网站上看过文章但已经三周没有访问网站的用户。鉴于许多用户都是按月订阅，所以他推测那些每月访问次数不足一次的用户更有可能注销账号。团队因此进行了一项测试，他们向这些用户发送邮件告知他们过去几周发生的重大新闻，并且通过行为召唤鼓励他们回来重新使用网站。收到邮件通知的用户中重回网站的比例比没有收到邮件的对照组高出了 29.4%。

当然，和任何定向邮件通知或者广告战略一样，这种方法很容易做过头。最重要的一点是，你需要试验信息传达的措辞、频率以及持续时间来确保你请求他们“回来”的信息不会惹烦或者进一步疏远用户，否则你只会让他们对你的评价更差，从而彻底击碎挽回他们的一切希望。有时候，公司应该接受事实，承认用户不会再回来了，然后停止向他们发送信息。有时，用户会出于一些完全不受你控制的原因自愿回来，可能是因为一个朋友聊起他多么喜欢这个产品（推特发现，大量休眠用户重新回来使用服务就是因为这个原因）；或者因为用户换了一份新工作，而你的产品对他的工作有帮助；或者因为他之前选择了你的竞争对手，而这个竞争对手破产了或者没有持续改进产品；又或者是因为某个名人或用户的老板开始使用这个产品；等等。

复活这类“冷淡”用户似乎是次要问题。毫无疑问，如果留存不乐观，你首先关注的应该是新用户的初始留存。但记住，每一位最终留住的用户都代表了可以持续为公司创收的机会，所以复活的努力是有价值的。现在，为了仔细研究如何在改善留存之后最大化地利用机会赚取更多收入，我们需要探讨增长黑客怎样帮助公司从每一位用户身上获得更大的收益。

第八章

变现：提高每位用户带来的收益

获取、激活和留存客户的终极目标当然是从他们身上获取收益，并且逐渐提高每位用户带来的收益，也就是提高用户的终身价值。这一章我们将专门讨论在用户身上实现更大收益这一使命，增长黑客法为我们提供了很多优化变现的实验设计方法。前面我们讲过许多增长团队都没有使用这些策略，而是把精力主要放在用户获取和激活方面，这使他们浪费了大量增长潜力。我们希望这一章能够改变这种情况。

公司的商业模式不同，提高用户终身价值的基本做法也不同。对于零售公司而言，提高用户变现能力的根本途径是说服他们购买更多产品，而对 SaaS 公司而言，是让更多订购者续订、延长订购年限和升级到价格更贵的服务（如果是免费 + 增值服务则是让更多用户升级到付费计划）。如果你的收入来源是销售广告版面，那么增加创收本质上是要创造更多广告位并且说服更多广告主出更高价钱来购买你的广告位。每种商业模式会使用不同的策略，但是无论哪种情况，增长团队都应该首先通过一个最基本的诊断过程来提出增收的试验想法。

绘制变现漏斗

和其他所有增长黑客手段一样，破解变现的第一步是分析数据，找出最具潜力的试验。首先，增长团队要回到根据整个用户旅程绘制的基本路线图。在第六章中我们讲过，团队应该在启动增长黑客过程之初就绘制好路线图。变现阶段团队要做的是在路线图上标出从获客到留存的整个过程中所有可能从用户身上盈利的机会。同时，还要找出用户旅程中阻碍创收的所有环节，比如支付过程中的摩擦。

零售公司的用户路线图常常被称为购买漏斗，它们最重要的增收环节包括商品的展示屏、购物车以及结算页。对于SaaS公司而言，重要的增收环节包括说明各种服务的功能、价格以及计划档位的页面、推广附加功能和功能升级的页面。对于靠广告盈利的公司，最重要的环节是所有可以用来展示广告的页面，无论这些页面是否已经被公司利用起来。

确定了基本路线图中的重要环节之后，下一步是分析哪些环节带来的收益最高，哪些环节是夹点（pinch points），也就是损失潜在收益的地方。商业模式不同，夹点出现的地方也会不同。增长团队在找出产品、网站或者 App 上有很高创收价值的页面和功能后就可以开始试验增收手段。同时团队还要找出转化率低、摩擦阻力大的夹点，进而找出填补收益漏洞的方法。

不同的商业模式在用户旅程中的典型夹点是不一样的。对于电子商务公司来说，用户从挑选商品到完成购买之间是一个危险区，因为许多用户往往中途就放弃购买。Monetate（一家为电商企业提供个性化定制服务的公司）在 2016 年初的一项调查发现，虽然将近 9.6% 的网站访客将商品加入购物车，但最终下单的人数不到 3%。[1] 对 SaaS 公司来说，显示计划档位和价格的页面不够优化常常损害购买率。对靠广告盈利的公司来说，广告侵入性太强令用户反感，或者广告内容或设计不够醒目、不够有吸引力，这些都是常见的变现沉洞（sinkhole）。

增长团队可以首先评估这些常见夹点，但是他们还需要更细致地分析具体的变现漏斗，这样才能找出产品特有的弱点并且有针对性地设计实验。比如，一家在线零售商可能发现，它的一些产品页面激发的购买量少于行业调研中同类商品的正常购买量。这时，增长团队可能决定专注于试验可以增加这类产品销量的增长手段。或者一家靠广告盈利的内容供应商或媒体公司通过分析发现，某个特定广告版面上的视频广告效果不如同一版面上的文字广告，增长团队可能决定将精力主要放在提高视频广告的有效性上。比如，试验改变视频广告的尺寸、位置或者视频的其他本质特征，如视频长度、行为召唤或者是否包含文字说明等。

对 SaaS 公司而言，可能分析结果显示，免费试用注册到付费订购之间是一个夹点。通过深度分析流失原因，团队发现，在免费试用阶段没有使用某个特定功能的用户比那些使用了该功能的用户购买利润丰厚的企业计划的可能性小了一半。因此，团队可能决定重点试验提高使用该功能的试用者比例，进而提高试用期结束后购买付费计划的人数。

就绘制路线图的工具来说，我们提到过的许多常见分析工具就能为电商企业制作简单的购买漏斗。像 DoubleClick 这样的广告服务商可以为出售广告版面的互联网公司提供广告反响分析软件。但是，如果想要完整地绘制公司变现漏斗中的所有步骤，还需要一位数据分析师来完成一些额外的工作。

关注每个群组的贡献

你在分析用户数据、评估盈利机会时还需要将用户分成大量群组，就像在破解留存阶段所做的那样，只不过这里你关注的重点是每个群组贡献的收益。因此，首先要根据用户创造收益的高低来建立群组。订阅服务通常按照订购计划的档位来划分群组；电商企业则可以根据用户每年（或者每月和每周，具体取决于你的商业模式）的消费额来划分群组；靠广告盈利的公司情况稍微复杂一些，因为用户参与度是决定公司投放多少广告以及向广告主收多高版面费的主要因素，所以采用广告模式的公司不仅应该跟踪广告商业模式中最基本的变现指标——每用户平均收入[a]，还应该根据用户参与度，尤其是用户对广告感兴趣的程度，来进一

a. 每用户平均收入，指一个时间段内运营商从每位用户身上获取的利润。——译者注

步划分群组。比如，根据用户在网站或者 App 上逗留的时间，每次浏览的网页数或者 App 屏数，或者这家公司其他特殊的参与指标（例如用户观看的视频数）来划分群组。[2]

除了收益之外，增长团队还应该用其他方式来划分群组，这也是我们在讨论破解留存时所推荐的做法。分组方式应该包括（但不限于）：地点、年龄和性别、客户购买商品的类型或者使用的功能、获客渠道（是通过谷歌广告还是推荐计划）、使用哪种设备访问网站或 App（台式机还是移动设备，是使用微软 Windows 系统还是苹果系统）、使用的是哪种网络浏览器、在某个时间段内访问网站或 App 的次数、用户第一次购买或者第一次采取行动的日期等。同样，在这个阶段重点不是寻找留存规律，而是寻找每个群组和收益之间的关联，从而帮助团队找到试验想法。

我们来看一看 HotelTonight 的例子。这个移动 App 可以使临时需要住宿的用户以很低的折扣预订酒店房间。它根据用户使用 App 时联网的方式 [是通过 Wi-Fi（无线局域网）还是通过 3G 或 4G 网络连接] 来创建群组并分析不同群组的购买行为，结果有一个出人意料的重大发现：那些通过 3G 或 4G 网络使用 App 的用户订房率是那些在 Wi-Fi 环境下使用 App 的用户的两倍。（使用 Wi-Fi 预订不是应该更容易吗？）因此它提出了一个假设：相比使用不稳定的数据连接，用户使用 Wi-Fi 更容易在其他旅游网站上进行比较购买，因为数据不稳定时竞争对手的网站速度很慢而且不可靠，用户会更愿意使用 HotelTonight 来预订房间，但如果使用网速很快的 Wi-Fi，那么用户就会进行比较购买。基于这个洞察，HotelTonight 只向那些不是使用 Wi-Fi 的用户投放定向广告，最终提高了那些看到广告的新用户的购买率。[3]

对于电商企业来说，除了按照顾客的消费额来划分群组以外，其他重要的划分方式还包括顾客购买量、订单的平均金额、所购商品的类型、第一次购物的日期、在某个时间段内的购物次数（比如每月或每年）以及他们通常购物的月份或年份。比如，团队发现，90 天内只购物一次的用户中在接下来的 12 个月里消费额达到甚至超过 500 美元的比例是 55%，但 90 天内购物两次的用户这个比例是 95%。因此，团队可以设计一些试验鼓励所有在 90 天内购物一次的用户在这期间购物两次。比如，团队可以在用户第一次购物 30 天后通过邮件向他们提供巨大的折扣或者特殊优惠（例如免费配送），然后 60 天后再发送一次这样的邮件。

对于广告收益模式的公司来说，更细地划分用户群可以让它们试验不同的变现手段，既可以进一步变现已经创造很高用户参与度的广告版面，还可以改善参与度较低的版面的广告效果，进而实现增加营收。例如，一家媒体公司的增长团队可能发现，用户在网站上的逗留时间达到或者超过两分钟的话，那么他们点开广告的可能性是那些逗留时间不足两分钟的用户的三倍。了解到这一点后，增长团队可以设计试验来增加不常使用网站的用户在网站上的逗留时间，例如可以在用户读完一篇文章后向他们展示相关度更高的文章。或者，团队可能发现许多读者停留很久的网页并没有特别有效的广告内容，如视频库页面或者篇幅很长的文章。这时团队就可以试验在这些页面上使用新的广告类型或者改变广告的展示位置，比如用户浏览视频页面时在两个视频之间展示广告或者用户在阅读长篇文章时在文章内部插入广告。

SaaS 公司的用户一般是企业，它们需要重点分析的用户群组就应该是不同类型的企业，因为有些公司财力雄厚，所以它们更愿意购买价格更高的计划和附加功能。比如“调查猴子”（SurveyMonkey，一家网络调查公司）就按客户类型进行群组分析。这家网站专门为各类企业提供可以满足不同目的的问卷调查服务，它的用户包括进行市场调研的营销团队、衡量用户满意度的用户服务团队，以及为科研论文做问卷调查的学生等等。这家公司增长团队负责人埃琳娜·韦尔娜和她的团队发现（可能并不意外），来自教育机构和非营利组织的客户和大学生购买专业付费版本的比例不及其他类型的用户。于是他们试验专门向这几类用户提供折后计划，以提高他们从免费用户转为付费用户的比例，进而提高他们创造的收益。

用户最愿意付费购买的软件功能也会有群组差异。例如，大公司可能拥有自己的内部用户关系管理软件系统，因此它们可能愿意出高价购买能够与现有系统轻松整合的软件，而没有现成系统的创业公司可能更看重获得开箱即用的功能，而不会考虑系统整合这个问题。

如果你的产品或服务面向国际市场，那么公司还应该按国别来分析变现，因为不同国家的支付方式以及服务收费标准可能不同。比如，德国用户也许更有可能使用某几种支付方式进行购买，而俄罗斯用户却可能使用另外一种支付方式，从而导致不同的国家的变现率有很大差异。同理，有些商业模式可能在某个国家更容易被用户所接受。比如，美国用户很容易接受订购服务，但是在其他国家可能就没那么容易了。增长团队可以试验在不同国家使用不同的支付方式来提高每个国家的变现。[4]

认识你的用户

正如前面所讲，有很多划分群组的方法可以帮助我们获得新洞察。为了更好地变现，增长团队要做的第一步是按照某些相同特征对用户进行大致分类。这些特征可能包括：用户来自同一地区，有着相同的经历，消费水平大致相同，有相同的产品需求，或者是几个因素的组合（其中很多都是我们在讨论群组划分时提到过的）。创建分组的目的在于更好地想出满足客户特殊需求的方式。许多营销者可能非常熟悉用户画像这种做法，即为每个群组中最具代表性的客户创建虚拟档案。例如在英曼，我们找出了四种主要的用户类型：工作经验不足 3 年的房产中介；有 5~10 年工作经验的房产中介；房产经纪人；特许经营管理和技术专家。这些组别代表了我们的客户群中最常见的聚类，增长团队可以有针对性地设计实验来增加每个群组带来的营收，比如，试验个性化的邮件沟通方式、着陆页以及促销折扣等等。

调查用户的需求

增长团队还应该通过调查问卷直接向用户了解每个关键群组最希望看到的产品改进，比如，他们希望使用哪些可能的新功能、哪些新的计划档位或者希望如何改进特价商品的可选范围。毫无疑问，增加营收的核心在于向用户提供让他们觉得很有吸引力而且最能满足他们需求的产品和服务。当然，不同群组的需求也会不同。

提高用户消费额的最佳途径是向他们提供可购买的额外商品

或者付费使用的产品功能，这一点应该是不言自明。（或者，对于广告商业模式来说，可以提供额外的体验和内容，让客户花更多时间浏览广告，从而提高客户参与度。）前面我们讲过特性蔓延的危害，现在我们则要强调它的反面——增加新功能。企业需要稳步而且非常谨慎地推出用户可以购买的新产品或者新功能，以持续增加营收。亚马逊马不停蹄地增加所售商品的种类以及每种商品类型包含的产品选择，脸书频繁推出新功能，这些都是最好的例子。增加产品或功能成功的关键是专注于向用户提供让他们觉得有价值并且愿意花钱购买的商品，而不是一味地推出公司自认为用户需要的选择。

增长团队应该通过问卷调查系统地向用户呈现他们对新产品或者新功能的构思，然后通过试验决定是否进行大规模推广。BitTorrent 团队在问卷调查中向客户提的问题就很成功，这让他们成功地从诸多选项中选出最需要开发的功能。需要特别注意的一点是，他们的问卷调查并未采用开放式提问，而是给出了若干选项，让客户从中选出对自己价值最大的好处。你可以向一些参与问卷调查的用户提供带有新功能的免费产品，这样既可以激励用户参与问卷调查，也可以保证他们在问卷中的回答的确是他们的真实想法。

通过让用户给每个选项打分，最后可能得到两个或者几个不错的备选功能，增长团队可以建议将这些功能加入产品开发路线图中，以备下次使用。BitTorrent 团队开发省电功能在很大程度上就是因为这个选项在问卷调查中得分最高，结果这项功能将日收益提高了 47%。自动关闭 App 功能分数也很高，团队也对它进行了测试并且收到很积极的用户反馈。最后公司向所有 App 用户推出这项功能，结果日收益增加了 20%。[5]

表 8-1　针对新功能对用户开展问卷调查表

你最希望 PRO App 拥有哪些功能?							
	最不想要 1	2	3	4	5	6	最想要 7
不用下载整个文件就能观看 / 预览媒体内容	○	○	○	○	○	○	○
只在我要求下载时才下载种子文件	○	○	○	○	○	○	○
当电量低时暂停使用 uTORRENT	○	○	○	○	○	○	○
病毒扫描	○	○	○	○	○	○	○
高级用户支持	○	○	○	○	○	○	○
下载完成后自动关闭 uTORRENT	○	○	○	○	○	○	○

注：参与五次问卷调查的用户将获赠包含所有新增功能的安卓版 uTORRENT。

利用数据和算法为用户定制产品和功能

在第七章我们讨论过，个性化策略可以帮助你建立更加牢固的客户关系，从而留住客户。个性化同时还是一个很好的变现策略，比如在用户正在浏览的网站或者 App 上显示为他们量身定制的产品推荐或者通过邮件和移动推送向用户发送个性化推荐都是特别有效的做法。亚马逊在这方面又是领跑者。它的团队开发出了最强大的推荐引擎，可以在用户浏览网站时为他们提供个性化的产品推荐。这个算法程序可以根据用户的搜索历史和购买习惯以及其他相似用户的习惯等数据来选择向用户推荐的商品。实际上，所有的亚马逊用户看到的都是根据他们的喜好为他们量身定制的亚马逊，这让他们获得一种独一无二的用户体验。

一些推荐引擎极其复杂，比如说亚马逊、谷歌和网飞使用的推荐引擎就是这样。但也有许多推荐引擎是基于相对简单的数学知识。Looker 这家商业智能软件公司的首席分析师科林 · 齐马指出，使用一个基于杰卡德系数（Jaccard index）或者杰卡德相似系数（Jaccard similarity coefficient）的简单公式就能计算出两个产品之间的相似度，从而帮助你向用户推荐他们可能购买的额外商品，因为公式的计算结果显示出人们通常同时购买这两样商品。

$$J(A, B) = \frac{|A \cap B|}{|A \cup B|} = \frac{|A \cap B|}{|A| + |B| - |A \cap B|}$$

杰卡德系数公式

这个公式看起来复杂，但其实很简单。它说的是两个商品之间的相似度等于 A 和 B 交集的元素个数除以 A 和 B 并集的元素个数。我们以食品商店 App 为例快速看看这是怎样计算的。假设这个 App 团队想要验证他们的一个假设：在 App 上向用户推荐常常一起购买的商品将提高每次购物的平均订单金额。为了使推荐更有效，他们需要计算人们在购买某种商品（比如花生酱）时同时购买所推荐的商品（比如果冻）的可能性比购买其他商品组合的可能要大。团队需要推荐用户最有可能一起购买的商品组合来提高用户接受推荐并且将推荐商品加入购物车的可能性。

杰卡德系数中交集的元素个数是同时购买花生酱和果冻的人数，并集的元素个数是单独买花生酱或者单独购买果冻的人数之和。例如，你发现有 30 人同时购买花生酱和果冻，而 100 人单独购买花生酱或者单独购买果冻，那么你所得到的杰卡德相似性分数就是 0.3，这个数值代表的相似度已经很高了。相反，花生酱和洗衣粉的相似指数肯定要低得多。

这个公式可以用来计算商店里任意两种商品的组合，从而帮你找到强大的推荐，提高用户购买量。而且，在这些最好的推荐引擎的帮助下，商品推荐只会越来越好而且越来越个性化，这是因为购物的人越多，每位用户的购买习惯以及大量用户的购买规律这两方面的数据就会越来越多。比如，如果用户将红牛饮料放入购物车，那么食品商店 App 的建议引擎可能会向用户推荐苏打水和青柠，因为数据显示大多数购买红牛的用户也购买伏特加调酒饮料，[6] 虽然用户可能以前并没有购买过这些商品。

注意隐私边界

个性化推荐有一点要注意，如果你对自己的行为不够敏感的话可能会弄巧成拙。比如，如果你过度窥探人们的生活，那么个性化定制就会变得十分可怕。举一个尽人皆知的负面例子。大型零售商塔吉特无意间公开了一个未成年女性怀孕的消息。其实这个女孩儿一直努力瞒着父母不让他们发现这件事。根据记者查尔斯·杜希格在《纽约时报杂志》中的报道，塔吉特向这个姑娘推送定向广告，为她提供婴儿服和婴儿床的购物券。女孩儿的父亲得知后怒气冲冲地跑到百货店质问经理："我女儿还在读高中你们就给她婴儿服和婴儿车的购物券，你们是想鼓励她怀孕吗？"几天后百货店经理打电话给这位父亲表示道歉，但女孩儿父亲的态度与之前截然不同。他说："我和女儿谈过了，实际上我家里发生了一些我之前并不知情的事情。她的预产期在8月份。应该是我向你道歉才对。"尽管得到了这位父亲的原谅，但是这个被广泛报道的故事在塔吉特顾客和消费者权益倡导者中间引发了激烈的反应，他们认为数据挖掘和个性化定制是不可原谅的侵犯隐私行为。[7]

如果你没有摸准用户的喜好，个性化定制可能很快令用户弃你而去。如果用户得到的建议对他们毫无吸引力，比如服装零售商向用户推荐不符合他们品位的服装款式，或网飞向用户推荐他们讨厌的电影类型，那么用户不但会对推荐不以为然，而且还有可能被惹怒。试想，如果你的好友（甚至更糟糕，你的伴侣）送给你的生日礼物完全不符合你的品位，你会做何感想？错误的个性化定制非但不能改善收益，相反还会极大地损害收益。

这也是为什么试验如此重要。测试个性化定制策略的一个好办法是先向一小部分用户发送个性化邮件和短信推送，并且评估这些用户的反应和个性化定制的效果。完成这一步后增长团队就能获得用户体验有效性方面的早期数据，如果结果是积极的，那么团队就可以进一步在个性化方面做投资。大多数邮件营销软件提供各种各样的个性化选项，既可以简单地将收件人姓名插入邮件正文，也可以根据他们的历史行为向他们发送不同的信息和产品推荐。

例如，我们的食品商店 App 团队就可以通过向那些只完成一次购买的用户发送免运费的购物券来刺激他们继续购买。如果测试成功，团队就可以试验将这类推送内置在 App 里向所有至少用 App 购买过一次商品的用户推广免费配送。

优化定价

给产品或服务定价一直都是增加营收最棘手的问题，定价太低会让你损失利润，太高又会吓跑用户，同样损失利润。公司在这方面犯错的方式不胜枚举，可能是公司在确定初始价格之前没有进行充分的分析，可能是定价试验的频率太低，可能是定价高出了市场愿意支付的水平，还有可能是公司在不该降价的时候急于降价。增长团队可以极大地帮助公司正确定价。他们可以与产品和财务团队合作，通过开展问卷调查和用户调研找出最佳定价区间并进行试验。

销售实物商品的公司定价相对会容易一些，因为它们只需要考虑所售商品的生产或购买成本、营销和配送成本，最后再将利润算进去。但即使是实物产品，增长团队也能够基于他们所掌握的用户购买行为和生命周期价值这些信息开展试验。过去几十年研究人员发现了许多零售业中可以触发购买行为的原则，增长团队可以从里面寻找灵感。比如，威廉·庞德斯通在他的书《无价：洞悉大众心理玩转价格游戏》（*Priceless: The Myth of Fair Value*）中就提到"心动价格"（charm price）的威力，也就是相对于整数价格，那些故意以 9、99、98 或者 95 结尾的价格对消费者来说更具吸引力。尽管看似不可思议，但这样的定价策略确实有效。庞德斯通在书中写道："1987—2004 年发表的 8 份研究表明，心动价格相比数值接近的整数价格可以将销售额提高 24 个百分点。"[8]

其他使用心理战术的策略包括强调正价商品比降价商品贵的价值所在，在价签上印出美元符号，这些都可以影响用户行为。和其他增长手段一样，这些策略并不是对所有产品所有客户都适用。但是如此多的选择意味着增长团队有大量机会可以不断测试和优化定价，实现营收增长。

给实物商品定价相对容易，但如何对没有原材料成本、在网上交付的软件商品进行定价呢？ Price Intelligently（一个价格最优化软件）的 CEO 帕特里克·坎贝尔针对 SaaS 产品的定价介绍了大量最佳实践。他建议，首先在用户中开展问卷调查（正如我们在讨论许多其他增长手段时所建议的那样），询问受访者哪些功能对他们而言最重要以及他们愿意为此支付什么样的价格。问卷可以按照下面这个顺序向用户提四个问题：

·（产品）在哪个价位会让你觉得太贵而决不会考虑购买？
·（产品）在哪个价位会让你觉得略贵，但你还是会考虑购买？
·（产品）在哪个价位会让你觉得购买很划算？
·（产品）价格低到哪种水平会让你开始怀疑产品质量？[9]

用户反馈会告诉你他们觉得太高、太低以及适中的价格区间。根据问卷调查的结果，团队可以绘制出下面这幅图（见图 8–1）。

图 8–1 中央看起来像菱形的区域就是进行定价试验的理想测试区间。当然，你不应该只考虑用户反馈，还必须考虑其他一

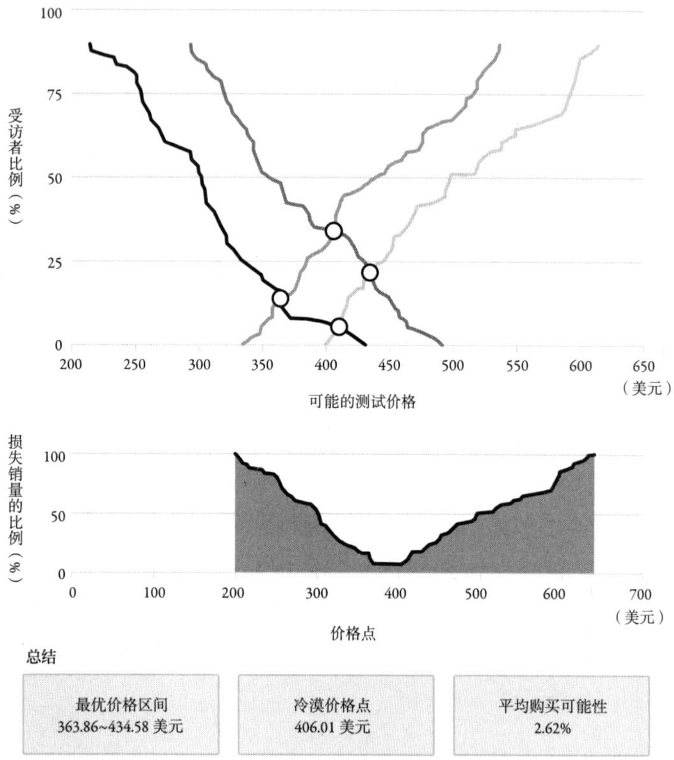

图 8-1　用户在多大程度上愿意支付这个价格？

资料来源：Price Intelligently

系列复杂因素，例如生产和分销成本、营销和一般性支出以及针对竞争产品开展的市场调研等等。此外，测试的价格区间必须是由增长团队和财务团队共同来确定，并且还要得到执行领导层的同意。

有人认为直接向用户询问价格问题只能带来“低价”的回答，因为用户总是想怎样对他们最有利。但是，即使是那些认为不能直接根据用户反馈来决定价格的人当中，大多数都同意通过调查问卷和采访获得的用户反馈至少可以帮助你决定产品定价，而且你还能了解到目标用户中哪些人愿意出这个价钱。事实上，这也是开展定价试验如此重要的原因。许多公司感觉价格一旦定好就不能改动，而实际上正确的做法是，团队应该不断试验定价，正如他们对待其他增长环节一样。无论你是选择原封不动地使用上面提供的定价提问，或是对它们加以修改以满足你的具体需求，还是自己重新设计问题，这些都可以，关键是要利用用户反馈来帮助你持续开展试验。

接下来，你需要将定价调研与之前的功能调研结合起来，创建一个由用户最看重的功能和愿意支付的价格点所组成的矩阵，这样你就能得到坎贝尔所说的画像—定价匹配。它可以帮助你信心满满地设计出满足购买者需求和期待的产品计划和定价。

让我们再次以第七章中假想的视频流公司为例说明实际操作是怎样的。通过问卷调查和群组分析，这些公司可能发现使用服务的用户分为迥然不同的两类：一类用户只想观看节目和电影这个基本功能而不希望出现任何广告；另一类用户则希望获得更丰富的娱乐体验。正如前面所讲，增长团队首先应找出能够代表这两类用户的用户原型：基本款邦妮（Basic Bonnie）代表了不需要任何附加内容、只要简单的视频流服务的用户类型；通吃款安德鲁（All-Access Andrew）代表了想要这项服务的所有附加项目（而且也愿意付费）的用户类型（见表 8–2）。

理解用户喜好上的差异可以帮助增长团队寻找试验区域。例如，考虑到一些用户可以接受的月订阅价远远高出 9.99 美元，所以团队可以试验向其中的部分用户提供价位更高的订阅计划，让他们能够在多个设备上观看视频或者允许更多家庭成员同时使用服务。

表 8-2 视频流公司两类用户喜好差异

基本款邦妮	通吃款安德鲁
看重的功能	
最喜欢的电视剧	能在任何设备上观看节目
没有广告	儿童图书馆
	多位用户登录
最不看重的功能	
能在任何设备上观看节目	没有广告
多位用户登录	愿意支付的价格：每月 19.99 美元
愿意支付的价格：每月 9.99 美元	获取成本：52 美元
获取成本：27 美元	终生价值：479.76 美元
终生价值：109.89 美元	

无论你试图变现何种产品，在为用户提供选择时需要确保定价与产品价值相匹配。包括软件产品在内的一些产品通常是按需付费，也就是按照使用量来付费。例如，HubSpot 的营销软件按照存储在它的数据库中的联系人人数来收费，因为这是衡量用户对服务的使用量以及他们从中获得价值的一个理想衡量指标。试想，如果 HubSpot 按照每家公司注册的用户账号数量来收费，那么很可能出现的情况是，公司只注册一两个账号，然后公司员工共享这些账号。这就意味着 HubSpot 赚取的收益与产品使用量完全失衡。Unbounce（一款开发着陆页面的工具）根据用它的软件

创建的着陆页的访客量来收费，而调查猴子则是按照使用它的问卷调查软件收集的问卷反馈数量来收费。这两种衡量指标都与用户从服务中获得的价值直接挂钩。像这样用来决定用户付费额的度量被称为价值度量（value metrics）。

坎贝尔建议在确定你的价值度量之前先问自己三个问题。

1. 这个价值度量是否与用户看到的价值相匹配？

2. 这个度量是否会随着用户对产品使用量的增加而增加？

3. 这个度量是否易于理解？[10]

调查猴子的价值度量显然符合所有标准。它根据调查问卷的反馈数量来决定收费，这很容易理解，因为问卷调查得到的反馈越多，它的价值就越大。此外，用户创建并发出的问卷数量越多，调查问卷的价值也会越大。

但是，定价正确了还不够，如何在价格页面以及其他地方向用户呈现并传达这些价格信息同等重要。如果你的商业模式包含许多不同的价位选择，那么确保用户能够轻松对比各个方案包含

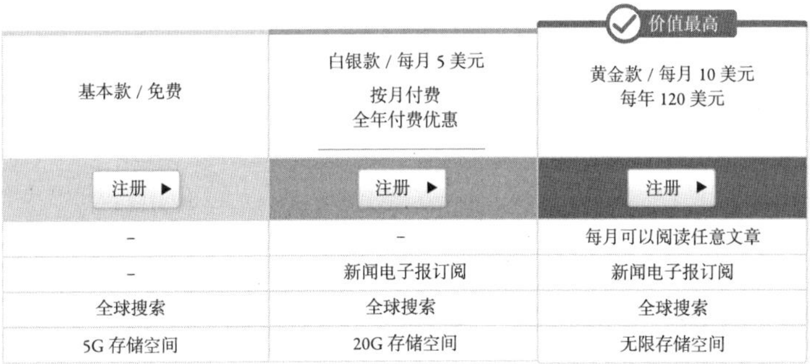

图 8-2　典型的 SaaS 定价页面

的功能，判断某些方案是否值得更贵的价格就显得尤其重要。团队应该在每种计划的功能列表中一目了然地列出该计划包含的所有基本功能以及额外好处。我们来通过一个假想的定价页面来看看如何进行操作。

对于靠广告营收的产品，增长团队应该试着给广告单位（advertising units）定价。他们应该试着给不同的广告类型定价，比如标准横幅广告、包含动画或者互动元素的广告（如富媒体广告）和视频广告，同时他们还应该试验广告的位置，然后对比各种情况下的用户参与度。掌握了用户参与的数据后，团队可以试验各种广告版面的收费模式，比如根据广告点击量或者浏览次数来收费，或者通过广告联盟模式来收费，也就是当用户点进广告，跳转到广告主的网站上采取行动或者购买商品的话，广告主就要向广告版面提供商付推荐费。

记住，价格定好后不应该把它抛到脑后，从此不再过问。和我们前面讲过的所有增长杠杆一样，定价也需要不断试验。我们建议 SaaS 产品的增长团队至少每个财政季度测试一次定价改变，而电商企业则应该更频繁更持续地测试定价，就像亚马逊那样。这个策略叫作动态定价，它利用许多方面的数据，如存量、季节性规律、一天中的时间、顾客购买历史、使用的电脑类型等来不断调整并测试价格变化，最后找出能够带来最大购买量、实现利润最大化的价格。但要注意，和个性化定制一样，如果方法不当，动态定价也有可能适得其反。旅游网站 Orbitz 就是一个反例。有新闻曝出内幕，那些使用苹果电脑在 Orbitz 上购买旅游产品的用户看到的酒店和旅游计划价格普遍比那些使用台式电脑的用户看到的价格高很多。确实，Orbitz 通过调研发现，苹果用户愿意也有能力为酒店房费多出30%甚至更高的价钱，于是他们利用这个数据从苹果用户身上赚更多钱。[11] 显然，苹果用户看到这个报道心里肯定不高兴。

基于广告模式的增长团队同样应该不断优化定价。像谷歌和脸书这些最大的广告平台采用拍卖模式来为它们库存中的广告版面定价。也就是说，广告主想在平台上投放广告时就会给出一个它们愿意付的价格，然后广告平台将广告位卖给出价最高的广告主（这样说过于简化了这个过程，拍卖过程其实十分复杂）。如果头名中标者因为达到了当日预算上限或者因为其他限制而用完了当日预算额，那么出价第二高的广告主将顺位获得广告版面，以此类推，直到平台售出所有库存广告位。这些公司也会综合考虑广告质量和用户反应这些因素来决定哪些广告主优先得到哪些广告位，哪些广告应该放在更加醒目的位置，以此来激励广告主制作优质广告。显然，这样做对广告主和广告平台都有利。没有这类竞标机制的小型广告发布平台则应该根据供求关系不断测试库存定价，以实现收益增长的最大化。

定价相对论

增长团队与管理层一起设计定价实验时应该考虑长期以来经过实践和研究确立的定价原则。其中一个原则叫作定价相对论（pricing relativity），也就是人们对于价格高低的判断会受到其他价格选项的影响。丹·艾瑞里在他的名作《怪诞行为学》（*Predictably Irrational*）中描述了一项实验，实验表明，消费者愿意付多少钱在很大程度上受到价格选项组合的影响。艾瑞里发现，《经济学人》订阅计划的定价方式十分让人费解。它的网络版杂志全年订阅价是59美元，纸质版杂志全年是125美元，而纸质版加网络版的合订价也是125美元。这一观察给艾瑞里带来了实验灵感。

价格相同但是订阅方案的内容却不同，这让艾瑞里十分困惑。他将下面这个订阅页面拍下来给100名麻省理工学院的学生看，让他们选择一种订阅方案。这些学生要么选择只包含网页版的方案，要么选择纸质版加网页版方案，其中选择后者的比例为84%。然后他去掉中间选项，也就是只包含纸质版的那个选项（前一个实验中没有人选择这个方案），重新找来100个学生在剩下的两种方案中进行选择，结果令他大吃一惊：68%的学生（之前只有16%）选择第一种价格更低、只包含网页版的方案。为什么？因为之前的中间选项让潜在用户能够轻松对比每种方案的价值，这让许多人觉得第三种方案其实是免费赠送网络版杂志——这太划算了！于是他们选择了价格更高的订阅方案。中间这个选项有时被称为烟幕弹套餐（decoy package），它是驱使用户购买价位更高产品的利器。[12]

就职于SmartShoot的数字营销专家史蒂夫·扬就很擅长使用这种烟幕弹产品。SmartShoot是一个将专业摄影师和摄像师与服务需求者联系起来的平台型企业。最初，他们只提供包年和包月这两种订购计划，40%的访客选择包年计划，剩下的60%选择包月计划。扬和他的团队提出了一个假设：如果增加一个新计划，使它在功能上略逊于包年计划，同时价格也略便宜，他们就能够利用价格相对论现象驱使更多人购买包年计划。于是他们增加了一个比包年计划便宜10美元，但功能减少了很多的烟幕弹产品。结果，转化率飙升了233%，86%的访客选择299美元的包年计划。[13]

这个例子给我们的启示是：团队应该试验增加一个产品选项，利用定价来帮助用户更好地了解你向他们出售的产品和计划的相对价值。

少并不总是多

你希望提高用户购买量时可能会有强烈的降价冲动。低价确实常常能够带来更高的销量，但其实并非总是如此。有时，降价甚至会损害销售，或者至少不像你期望的那样增加需求量。因此，在面向所有用户调低价格之前首先进行降价试验十分必要。

在 Qualaroo，我们通过试验发现应该提高价格，结果我们的营收随之大幅增加。我们一开始的假设是，如果改善我们的免费增值版在线问卷调查的性能，那么使用者中就会有越来越多的人为了能够使用扩展功能、获得更强大的调查能力而升级到付费版本。但是，这个假设最后失败了，改进功能后的免费版本根本没有提高付费产品的销量。于是，我们提出了另一个假设：可能我们的目标用户对功能和价格组合并不敏感。于是我们转了个弯，试验提高产品价格。结果这次成功了。通过提价我们增加了产品对大客户的吸引力，因为他们想要的是同类最优产品，而不是价格最低的产品。心理学家、畅销书作者罗伯特·西奥迪尼解释说，这是因为人们将价格看作是质量的信号，这在技术和专业服务市场特别常见。事实证明他是对的，因为在接下来的一年半里我们进行了三次提价，结果不仅利润激增，而且我们还打开了对调查需求很大的大型公司这个全新市场。

你销售的可能既不是网络服务也不是技术产品，但关键问题却是一样的：用户并不像你想象中那样对价格很敏感。增长黑客提供了一个简单易行的方法来帮助你判断用户对价格的敏感度。这不仅可以用于为你出售的产品和服务定价，也可以用于为激励用户采取行动而提供的折扣。英曼的增长团队为了鼓励用户完成支付过程，针对那些在结算中途放弃购买的用户试验25%的限时折扣，果然，相比没有提供任何优惠的情况，折扣极大地促进了销售，将成功下单的用户比例提高了39%。接下来团队又进行了另一个试验，将折扣从25%降为10%。结果，尽管折扣力度减小了，但是下单用户的增长率基本上没有发生变化。因此，团队通过提供一个更小的折扣就将注册过程的创收提高了18.9%。

小心翼翼地推进

测试定价十分关键，但同时也充满危险，因为用户普遍不喜欢看到太大的价格变动。所以，增长团队必须确保用户体验前后一致。比如，一旦用户看到页面上的价格变化，那么他们之后再访问网站时就总会看到。可以想象一下，如果你发现自己花100美元买的东西第二天只卖75美元，你会有什么感受？像这样换位思考就很容易明白为什么不断改变价格和功能只会赶跑潜在用户。

通过销售团队进行销售的商品还面临一个特殊的挑战，即与急于成单的销售代表协调定价测试的问题（而且产品价格越高，销售代表的提成就越高）。销售团队必须时刻清楚访客正在浏览哪个版本的价格页面（试想，如果销售人员报了一个价格，而潜在用户看到的却是完全不同的定价试验页面，或者在上面看到完全不同的价格，那会有多尴尬、多糟糕）。这就意味着要将增长团队的价格试验与销售团队的内部用户管理数据库关联起来，这可以交给软件团队来完成，或者通过关联 Optimizely 和 Salesforce 这样的第三方工具来完成。这些工具通过使用 Zapier（将各种独立应用自动串联起来的开发平台）或者 Segment（大数据分析平台）这样的技术能够在不同的技术系统之间进行数据传送。

最后还有一个难题。增长团队通常没有权限自行决定测试定价改动，这往往需要产品、财务以及销售团队（如果公司采用的是基于销售的商业模式）共同来决定。因此，进行定价和折扣测试时考虑周详并且协调好各方面就显得十分重要，因为这样可以保证公司各个环节的所有利益攸关方都知晓正在进行的定价试验以及这对用户体验和其他关键业务指标（如利润、经常性收入以及每位用户的平均订单额）带来的影响。

一分钱的差距

定价考虑的反面同样棘手。可能用户已经习惯免费使用产品，因此他们不愿意付一分钱，在线软件或 App 就常常面临这种情况。风险投资家乔希·科佩尔曼将这种定价难题称为“一分钱差距”，也就是在用户眼中免费使用产品和哪怕付很少的价钱之间存在着天壤之别。

事实上，有时很低的价格都会引起巨大的摩擦，对于网络产品或者数字产品更是如此，甚至有时提供免费产品比花钱获取付费用户的成本更低。此时，利用广告或者付费使用的附加功能来变现免费用户可以极大改善营收。斯图尔特 · K. 霍尔的 7 分钟体能训练 App 就是一个例子。一开始，他将这款应用定位为预先付费产品并且发布了带有优惠码的新闻宣传。几周后，下载量微乎其微。于是他决定试试让用户免费使用 App。结果不到三天，App 的日均下载量就达到 72 000 次，是之前付费使用时的 2 500 倍，而且它在 49 个国家中一跃成为排名第一的 iPhone 健身应用。不光 App 的下载量激增，它的营收也大幅增加，这是因为霍尔在推出免费 App 的同时增加了 App 内的购买项目，即一个可以提供健身记录和个性化定制服务的软件升级服务。尽管 97% 的 App 用户都是免费用户，但是通过这几个简单的升级功能就将 App 的整体营收增加了 300%。[14]

事实上，如果你的产品是移动 App，你往往别无选择，只能让它成为免费产品。为什么？看看收入最高的那些 iOS 游戏的情况就知道了。我们在写这本书的时候，苹果应用商店内收入排名前 50 的游戏中没有一个是预先付费产品。这些游戏都可以免费下载，之后它们要么是通过广告赚钱，要么通过应用内升级解锁更多功能来创收。[15]

如果你的主要变现渠道是附加功能和产品升级，那么优化你的战略，劝说更多免费使用者升级就显得非常关键。幸运的是，现在有一些现成的策略可供增长团队试验，其中一种做法是在免费用户使用产品时向他们展示只有付费用户才能使用的功能。广受欢迎的音乐串流 App Spotify 就成功地使用了这个策略。它在免费用户的使用体验中展示一些只有付费用户才能打开的高级功能。当这些免费用户试图使用这些功能时就会跳出一个行为召唤，鼓励他们先从免费版升级到付费版，然后就能使用这些高级功能。

除此之外，增长团队还可以试验针对升级版收取订阅费，或者引入虚拟商品或应用内货币，像《糖果传奇》和《精灵宝可梦GO》这样的大受欢迎的网络游戏就成功利用这个策略提高了变现能力。艺电有限公司（Electronic Arts）这家知名的游戏公司推出了各种各样使用数字货币的游戏，玩家可以更快地升级或者在游戏中增加新角色。这些游戏内的虚拟商品大受欢迎，仅2015年第四财季就给艺电带来了超过1.73亿美元的收入。[16] 这个策略不只适用于游戏，像约会App、照片App和其他所有产品都可以将虚拟货币作为一个变现策略。例如，流行的约会应用Coffee Meets Bagel（咖啡遇上面包圈）就出售“咖啡豆”，用户可以使用这种虚拟货币来做许多事，比如拿它来兑换与之前错失的对象的第二次见面机会，或者查看朋友为自己推荐的潜在约会对象的身份。

增长团队也应该试验不同策略间的组合来为免费增值产品创收。许多成功的App使用广告、推荐费以及赞助费三者间的组合来创造收入。团队也可以考虑通过出售用户数据和活动信息来实现变现。例如，App可以通过订阅模式或者收入共享的方式向想要获取用户活动信息的公司收取费用，比如与在线零售商合作在App内销售产品。

无论哪种情况，增长团队都应该让数据说话，用数据衡量哪些做法有效，哪些功能能让用户掏钱，然后进行试验，满足这些需求并逐渐实现营收的最大化。

重温消费者心理学

问卷调查在找出人们愿意出多高价钱方面确实强大，但我们都知道，消费者的行为并非总是理性的或者可预测的。他们嘴上说想要 A，最后却买了 B。所以，尽管用户反馈可以极大地帮助增长团队想出可以试验的增长手段，但明白消费者行为心理学对变现用户、增加营收有很大的价值。

大量有趣的研究带来了很多能够揭示人们购买行为心理的洞察。增长团队可以从这些心理学研究结果中寻找增加营收的实验灵感。诺贝尔心理学奖获得者丹尼尔·卡尼曼专门研究行为心理学并且写了大量相关著作，在《思考，快与慢》（*Thinking, Fast and Slow*）这本书中，他分享了许多有关消费者行为的心理学发现。同样，经济学家丹·艾瑞里在他的著作《怪诞行为学》中提到的消费者购买决策方面的实验令人大开眼界，比如我们之前讲到的《经济学人》订阅计划就出自这本书。还有一本讲消费者如何做出选择的书也很棒，书名叫作《选择的艺术》（*The Art of Choosing*），作者是选择心理学领域的世界级专家席娜·伊加尔 。这里篇幅有限，我们无法深入探讨这些研究者（以及许多在这个领域有影响力的其他专家）关于消费者行为方面的所有发现，但我们建议读者阅读这些书籍以便更好地了解消费者心理，并从中获得可试验的新的增收手段。

不过此处我们需要重温一下在第五章讨论激活时曾经介绍过的罗伯特·西奥迪尼提出的影响用户行为的六原则。让我们来看一看如何使用这六个原则来寻找实现变现的增长手段。

互惠原则

本质上，互惠原则是说投桃报李是人的本能。公司和营销者在设计增长实验时可以首先围绕给予展开，而不急于向用户索要购买的承诺，这样就可以发挥互惠原则的力量。

好市多是使用互惠原则的大师，它让店内样品和产品演示成为在连锁店购物体验的一大亮点。公司发言人吉奥万尼·迪米欧指出，一些产品演示将购买率提高了 2000%！其中的部分原因是消费者感到他们免费得到了一些东西。无论是一片烟熏牛肉还是如何使用高级蔬菜削皮器的示范，都让用户会觉得如果不买的话会心存愧疚。[17] 我们前面提到过的 HubSpot 的网站评估工具 Marketing Grader 也使用了互惠原则。它首先免费为用户进行全面深入的网站分析，因为它的增长试验显示，这样做能让用户更愿意与 HubSpot 的销售人员讲话、订阅它的邮件或者向别人推荐这个品牌。正如配送服务免费升级和订单折扣能够为电商触发这种互惠原则一样，赠送网络研讨会、视频、白皮书以及其他内容对于网络产品也可以发挥一样的作用。事实上，许多 SaaS 公司的免费增值模式也利用了互惠原则，因为它们先提供一些免费功能，然后期待在用户获得成功的使用体验并对产品产生需求后进行功能升级。

承诺和一致原则

西奥迪尼发现，一旦我们采取某个行动，我们就有可能继续采取与之前行动相一致的新行动。这就是为什么汽车销售人员得到的指示是要让潜在客户在一份没有法律效应的购买条款清单上签上自己名字的首字母，因为在纸上签名这个行动让客户之后更有可能签署正式的汽车购买文件。眼镜零售网站 Warby Parker 使用了相同的做法，它的在家试戴计划可以让潜在消费者选择并收到 5 副眼镜，客户可以等到试戴之后再决定购买哪一副。一旦客户试戴了眼镜就不可能不买了。

在利用承诺和一致原则时你可以先让用户先许下一个小的承诺，然后引导他们之后完成更大金额的购买行为，从而增加收入。亚马逊的心愿单功能就利用了这个原则。他们知道，如果用户将书籍或者其他商品加入心愿单，那么他们购买这个商品的可能性就很大，因为用户已经承认自己有想要购买的愿望。又比如，如果你向最近在你的网站上购买过商品的用户及时发送信息并向他们提供新的优惠，用户就可能再一次下单，从而提高整体购买量，因为他们希望与先前的购买决定保持一致。即使你只是简单地询问用户以后是否还会在你的网站上购买商品，也有可能带来额外的线下购买行为。

社会认同原则

遵循社会规范或者效仿他人的做法是购买行为最强大的驱动力。西奥迪尼重点以英国税务总署（HMRC，相当于美国的国家税务局）为例说明了这个原则。2009 年，英国税务总署面临民众拖欠巨额税款这一严峻的问题。它尝试向欠税的公民寄去追收税款的通知书，但这样做根本无济于事。于是英国税务总署与专家史蒂夫·马丁合作，尝试使用一种基于社会认同原则的新方法。结果证明，这个方法十分简单有效。英国税务总署从拖欠税款的纳税人中选出一部分作为试验组，然后在寄给他们的追收税款通知书中加入一句话：大多数英国居民都按时足额缴税。结果这个简单的事实陈述将试验组的缴税率从57%提高到86%，追回的税款金额达到5.6亿英镑（拖欠的总额为6.5亿英镑）。只是简单地提醒人们纳税的社会规范就带来了令人惊讶的改善。[18]

太多公司错误地解读了社会规范，它们使用可信度不高或者泛泛而谈的证言来试图说服客户购买价格更高的商品。比如一家餐馆可能在它的菜单背面加入诸如“市区最好的肉排，爱吃！”这样的证言。这只会适得其反，用餐的客人不会点那个更贵的菜，因为他们怀疑证言是假的。转化专家安吉·舒特米勒找到了有效评论和有效证言的7个核心要素，她用“CRAVENS”这个首字母缩写来概括了这些要素：可信（credible）、相关（relevant）、有吸引力（attractive）、可视（visual）、可量化（enumerated）、接近购买点（nearby purchase points）以及具体（specific）。[19]

鲜花配送店daFlores就通过在它的电商网站中加入了一条满足以上这些简单标准的证言提高了收益。最初它在网站上展示文字证言，但后来发现用户并不了解它的品牌，于是它将证言换成了一张庆祝公司在脸书上的粉丝突破60万的图片。结果，用这种可信、相关、有吸引力、可量化而且可视的方式向用户展示公司拥有数量庞大的粉丝群这一事实一举将收入提高了44%。因为看到有这么多人喜欢在这家网站上购买鲜花能够让用户感到放心。[20]

提高社会认可在转化旅程中的可见度可以为增长团队带来变现的机会。增加证词、知名客户的企业标志、客户使用产品的结果、当前在你的网站上购物或者订购的人数等，这些都可以向用户提供已经采取相同行动的其他客户的信息，从而让潜在客户相信他们的决定是对的。比如，线上女装零售商ModCloth通过其“成为买家”计划让用户自己决定网站出售哪种风格和尺码的衣服，并用一枚勋章来告诉用户哪些是“买家认可”的商品。那些带有“成为买家”勋章的衣服在网站上的销售率是其他商品的两倍。[21]

权威原则

研究表明，相比普通人我们更愿意相信专家和权威人士的话，哪怕只是在语言上稍微暗示这种权威性就能够增加购买行为。卡亚皮肤诊所就是一个例证。它将“专家”这个词加入网站的行为召唤中，使之变成“我想听专家的意见，注册吧！”，[22] 这么简单的一句话就将销量提高了 22%。

权威原则解释了为什么 1/4 的电视广告都使用明星代言，而且为什么名人创办的公司往往十分成功，比如演员杰西卡·阿尔芭创办的美国诚实公司（Honest Company）。也许因为行业特点和预算限制，名人代言不在你的考虑范围之内，但是各行各业都有在你的目标用户心中具有威信和影响力的人物或者品位引领者。增长团队可以利用权威原则，尝试利用这些有影响力的人物来增加收益。

喜好原则

如果深受我们喜欢的人推荐了一款产品或者服务的话，我们会买得更多。爱彼迎重新设计它的朋友推荐计划，将推荐人的照片放入邀请函中，就是利用了喜好原则。结果，爱彼迎的朋友推荐创造的日注册量和房间预订量增加了 300%，这在一定程度上要归功于它在新的推荐计划中增加了这种“人情味”。[23]

如果你正打算利用喜好原则进行试验，那么你可以考虑在网站上使用真人的照片，比如你的销售人员或者用户的照片。除此之外，你在着陆页上显示的友好的欢迎词也可以带来同样的用户反应。还记不记得 Nasty Gal 的创始人索菲亚·阿莫鲁索通过让网站上人气最高的模特穿上销量最差的衣服，以此来提高销量？这也是利用喜好原则。好在你要做的改变很多都不是大规模的技术性改变，增长团队只需要进行快节奏试验就能提高销售额或者销售量，或者驱使人们购买更贵的商品。

稀缺原则

当我们觉得自己要错失良机的时候，我们采取行动的可能性更大。Booking.com 就充分利用了稀缺原则来增加收入。这家在线住宿预订网站通过向用户展示他们已经错失的房间来让用户明白预订机会不会永远等着他们。同时他们还向用户显示有多少人已经在今天完成了预订，酒店还剩下多少房间，甚至还有多少人在那一刻正在其网站上看房间——这个触发物等于告诉用户，“你最好现在就预订，否则过一会儿就后悔莫及了”。

使用稀缺性作为刺激购买的策略是要触发用户害怕错过的心理。你可以试验限定促销时间，当商品只有几件库存时显示剩余数量，限制预约咨询顾问的机会，或者限定可以获得特价商品的人数等做法。如果商品马上就要售罄，或者很难买到，或者特价马上就要结束，或者顾客因为这样或那样的原因可能错失机会，那么商品被销售出去的可能性比其他任何情况都要大。

现在我们已经讲完了驱动增长的四个关键试验类型：获取、激活、留存和变现。在下一章，也就是最后一章，我们将讨论对增长团队而言，继续在这四个方面努力、避免掉入增长停滞这个常见的陷阱中是多么重要。增长停滞能够也常常意味着灾难的降临，即使是对大品牌而言也是如此。记住，增长团队决不能沉浸在过去的光环中，把“打盹儿你就输”这个谚语稍加改动就可以用在这里：在今天竞争激烈的商业环境中，不前进就是失败。

第九章

良性循环：维持并加速增长

正如我们在整本书里所讲，驱动增长的工作永远处在进行时。实现爆发式增长的公司是那些不断突破自我、利用现有成功、把握新机遇并且创造良性增长循环的公司。

今年，脸书的增长团队将庆祝团队创立 10 周年。当初，它还只是一个负责扭转脸书疲软局面的 5 人团队，通过壮大队伍，实施了大量计划，驱动着脸书这个史上最大的社交网站看似不可阻挡的增长，这个增长团队对脸书在这 10 年里取得的非凡成就功不可没，打破了人们关于在线社区可以达到何等规模的所有先入之见。现在这家公司每天为超过 10 亿的用户提供服务，[1] 在全球拥有巨大的增长空间，而且还能从其庞大的用户群中无限挖掘增收机会。此外，脸书在用户数量和用户参与度方面势如破竹的增长为它赢得了金融投资者以及市场的强大支持。他们为脸书提供大量资本用于创新，支持包括像购买Oculus和进军虚拟现实领域这样看似不着边际的长期投资和“网络无处不在计划”（Internet Everywhere initiative）。这个计划试图利用太阳能无人机将无线网络送到地球上最偏远的角落。这就是良性增长循环的最好例子。

无论你的增长团队是5人还是500人，无论你的公司市值高达数百万美元还是刚刚起步，你都可以效仿脸书的做法，持续并且不遗余力地使用新方法在各个方面展开试验，驱动增长。

避免增长停滞

对市场变化反应不够灵敏是想实现长远成功的公司面临的最大威胁。可能这是因为公司未能及早觉察产品或渠道疲乏，没有意识到出现了新的竞争，没有对产品进行必要升级，没有及时调整营销策略，或者没有使用新技术。Skype（微软旗下的一款聊天工具）就饱尝自满的苦果。一开始，无论以什么标准来看，Skype都极其成功，但被微软收购之后就不再坚持创新。结果，它的领地迅速被提供聊天服务的移动App所蚕食，比如Facebook Messenger、WhatsApp（社交媒体）以及横扫企业界、成长迅猛的群聊公司Slack。Skype败在了哪一步？简单地说，Skype的产品和执行团队没有敏锐意识到移动通信服务的巨大魅力，也没有察觉移动手机和平板电脑会如此迅速地被运用到办公沟通中。

像这样在战略远见和产品创新上的失误常常导致公司陷于增

长停滞的困境，这是就职于领导力咨询网 CEB 的马修·奥尔森、德里克·范贝弗和塞思·韦里共同提出的一种表述。增长放缓常常毫无预兆地发生，而且，无论是已经站稳脚跟的大品牌还是一度增长迅猛的创业公司都有可能经历增长停滞。它极难预测，而且往往发生在强劲的增长之后。奥尔森和他的同事在《哈佛商业评论》中报道了他们有关增长停滞的一项重大发现。他们用经典品牌李维斯举了一个例子。1995 年，这家公司的销量达到历史最高，实现了 70 亿美元的收入。但从 1996 年开始公司的销量急剧下滑，到 2000 年公司收入仅为 46 亿美元，跌幅高达 35%。文中提到的其他经历增长停滞的大品牌包括 3M 公司、苹果、芝加哥第一银行、卡特彼勒、戴姆勒、玩具反斗城和沃尔沃等。可能你会觉得，如此突如其来的倒退一定是市场中突然出现了干扰所造成的。但研究表明，通常这些停滞并不是由刚进入市场的大胆竞争者或具有破坏性的创新导致的。真正的原因是公司长时间疏于监测用户满意度，也没有积极地去发现用户不满的早期迹象。通常，用户忠诚度下降已经持续好几年，但公司却浑然不觉，等到发现的时候已经太晚。

他们在报告里还指出，公司取得市场主导地位后自信心膨胀，这往往也会导致增长停滞。也就是说，即使公司发现了竞争威胁也没有把它当一回事儿。这种虚假的安全感会阻碍公司积极创新，令它们满足于在已有的产品上进行零敲碎打式的改进，而不是积极寻找新的市场机遇来驱动增长。即使是最警觉的产品团队也会受到发展迅猛的竞争对手的伏击，因为可能它们引入了一项新技术，或者进行一项创新。

另一方面，如果公司没有专注自身的核心产品或服务，而将精力用在推出吸引人眼球的新产品、附加扩展功能或者进军新市场上，那么这也会带来增长停滞。人才的流失也会引发停滞，比如那些对驱动增长至关重要的明星人物投奔了竞争对手，让组织机制不再完备，或者公司因为失去他们的远见卓识和鞭策而无法继续维持强劲的增长。[2]

不只是产品开发团队可能在这里栽跟头，营销团队如果骄傲自满或者不创新的话也会导致增长急剧减速。增长停滞的一个常见原因是公司过度依赖一些已经不再有效的营销渠道。随着为公司源源不断带来用户的渠道日益成熟，曾经的洪流很快就会变成涓涓细流。这背后的原因可能很多，比如出现新的竞争，用户行为发生改变（这常常是由技术造成的，比如转向移动设备），或者约束渠道的游戏规则发生了变化。

Upworthy 和 Buzzfeed 这样的在线发布平台就饱尝规则变动之苦。这两家公司都不得不依靠脸书的新闻推送（News Feed）算法来为自己的网站吸引大量访客。每次脸书决定调整为用户挑选故事的规则时，它们都会紧张地屏住呼吸，因为哪怕是对新闻推送算法最微小的改动都有可能导致它们的读者量一落千丈，从而影响它们的广告收入。

有些公司甚至过度依赖脸书的新闻推送算法，对它们而言，这样的改动甚至会威胁到它们的生存。Viddy 这个视频 App 的市值曾一度达到 3.7 亿美元，但它的营销和分销都太依赖脸书。当脸书修改了它的新闻推送算法之后，这个 App 在脸书上的可见度急剧下降，导致 App 的用户量从每月 5 000 万一下跌到不足 50 万，最后开发者不得不关闭了这个 App。[3]

脸书并不是此类渠道变化的唯一“罪魁祸首”。许多渠道都会定期更改它们的规则，从而让那些过度依赖渠道来接触目标市场的公司遭受严重的增长停滞。谷歌是另一个很好的例子，因为它经常更改自己的搜索排名算法，这往往让那些将搜索作为主要用户获取渠道的公司关门倒闭。

通常，由失误导致的用户流失或者市场份额丢失都是可以避免的，但是像竞争对手创新或者市场变化带来强烈干扰这样的因素可能就在公司的掌控范围之外了。具有颠覆性的技术可能突然破坏营销渠道的有效性，比如广告屏蔽技术。随着创新步伐日益加快，大数据云存储和挖掘这些数据的机器学习算法之类的强大新工具已经能够被新兴创业公司所购买和使用。所以即使是沃尔玛和微软这样实力强大的公司也必须学习如何在产品开发和营销过程中变得更加敏捷。今天，没有一家公司敢将自己的潜在用户拱手让给竞争对手。这就是为什么刚刚完成孵化的创业公司和引领市场的大公司都需要引入增长黑客。

增长团队可以帮助公司保持警觉，不断监测用户行为变化并试验新的增长想法。增长团队既能积极应对同时也能未雨绸缪。他们能够洞察到早期预警信号，并且可以全身心地投入到获取、激活、留存和变现最大数量的用户上，甚至通过创新找到驱动增长的新机遇。

但增长团队也只是肉眼凡胎，他们也可能变得骄傲自满，因为分心而偏离增长使命，或者受到市场力量和颠覆性技术的冲击。但是快节奏的增长黑客过程可以让增长团队以最快的速度有效地修正航线。这一章我们将介绍一些可能阻碍增长团队的常见问题，以及减少或者避免这些问题的方法。

与鲨鱼为伍

一些鲨鱼必须一直游动才能存活，一旦停下来它们离死亡就不远了。增长团队就像这些鲨鱼一样。那些没有持续进行创新，没有持续挖掘用户数据、开展用户调研，没有快速进行试验并且得出结论的公司日子都不会长久。首要目标过多、资源有限、企业惯性这些问题能够将那些曾经表现卓著的团队迅速拖垮。这对于实现高速增长的创业公司尤其危险。创业公司人员配备不足，仅仅为满足日益庞大的用户群的需求就手忙脚乱，或者仅仅是让公司正常运作就有做不完的工作，所以增长团队成员有可能被安排去做别的事情。而且，公司通过高强度的快节奏试验（比如发布新产品），在实现大规模获客之后稍微放慢试验节奏也是合情合理的。毕竟，在这种令人羡慕的情况下增长不是问题。但是，团队需要时刻保持警惕，决不能陷入这种自满心理。记住，增长停滞往往发生在公司最没有防备的时候。我们建立过GrowthHackers.com，所以我们非常了解偏离增长航线的后果。

2014 年底，我们的增长黑客社区刚满一岁。尽管在过去 10 个月我们的访客数量大幅增加，但突然之间增长似乎触到了瓶颈，接连三个月网站的访问量始终原地踏步，这让我们十分沮丧，我们不知道哪里出了问题。是因为增长黑客们对我们的在线社区失去了兴趣？我们没有满足他们的需求，导致他们离开平台在其他地方重新聚集？肖恩凭着直觉决定调查增长停滞的这三个月我们进行试验的次数，结果令他震惊：整个季度我们开展的测试不到 10 次。最大的讽刺是，我们还一直盲目地相信增长是板上钉钉的事。我们早期的冲劲已经被常规的行政事务所取代，而宝贵的增长试验则让位于繁重的日常工作。肖恩迅速集结了队伍。

我们一致同意，从今往后我们要身体力行地践行我们的理念。我们每周至少要进行三次试验（一周三次听起来好像不多，对一些团队而言也确实不多，但对我们这支小团队来说却是非常快的节奏），我们还规定增长工作永远优先于行政事务。我们发誓要将时间和资源用在增长团队认为最重要的计划上，其他一切都是次要的。定下目标后，我们重新激活了想法提出过程，很快将点子库中的点子数量从50个增加到100个，最后超过了200个。整个团队立刻焕发出新的活力，到了第二周，试验开始获得成功，我们的努力也看到了回报。我们每周都重复这个循环过程，增长幅度随之提高。通过试验我们找到了能够更好激活网站访客的方法，将更多人从一次性的网站访客转化为持续参与社区活动的忠诚用户。我们通过再次参与循环（reengagement loop）、推送以及努力让更多用户更快更频繁地体验到服务的“啊哈时刻”等方法来改善留存。结果，我们在接下来的三个月中实现的增长相当于过去一整年的增长（见图9–1）。

结果令人吃惊：我们摆脱了停滞，并且进入了一个快速的增长轨道——最巅峰的时期我们在两周内就增加了2万名用户，而那个季度网站访问量增加了76个百分点，几乎是一开始时的两倍。其间我们并没有在付费流量或广告上做额外投资，所实现的增长完全是由于我们以尽可能快的速度完成了一轮又一轮的增长黑客过程，并在这个过程中找到成功做法，然后专注于那些胜出的测试来进一步驱动增长。

完成最初的高强度试验之后，我们的测试节奏变得相对平稳，虽然不像之前那样激烈但也保持较快的速度，只有在推出新软件

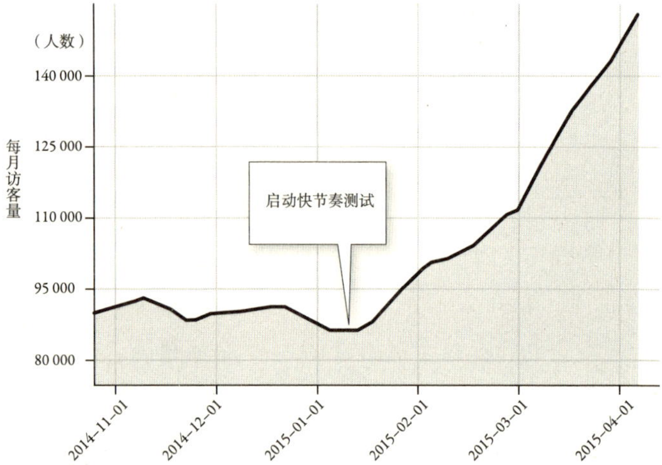

图 9-1　增长黑客每月访客

或者新的营销测试这样的新计划时才恢复之前的高强度试验。这种节奏上的变化是意料之中的事，但是关键是要密切监测各种增长量度，并且经常问自己如果团队节奏慢了下来是否有一个正当的理由，如果没有的话那是否是因为团队中出现了自满的情绪。如果是后者，团队就需要立刻加快试验节奏。

不要低估决心的力量

增长团队开始滋生自满情绪还有一个原因，可能他们觉得增长杠杆的潜力已经被挖掘殆尽，无法再带来新的增长。但是，在开始实施新计划之前，团队应该强迫自己再去寻找新的方法，以最大限度地利用已经成功了的渠道和策略。团队如果不拿出决心创造更大的成功就会浪费很多增长潜力。

布莱恩·鲍尔弗和安德鲁·陈认为这跟玩海战棋使用的战术相同。玩这个游戏的时候你无法看到对手的棋盘，只能猜测对方战舰的位置，然后射击。第一次射击后，你必须在相同区域连续多次攻击，就像热跟踪导弹一样死死盯住那艘船，直到把它击沉为止。增长团队需要像玩海战棋一样对他们的目标穷追不舍，直到最大限度地实现每种增长渠道带来的成功。

比如在 GrowthHackers，我们在发展早期推出了邮件简报服务，向用户推荐每周精选的增长黑客博文，这成功提高了我们的读者量。数据分析结果十分明确，因为每周都有源源不断的用户访问网站并阅读这些文章。但是我们并没有就此宣告胜利而停止努力。我们集中精力积极寻找可以让它成为更强大的增长杠杆的方法。比如，我们试验将简报的注册表从着陆页的底部移到顶部。前面我们提到过注册量因此增加了 700%，极大增加了登记邮箱地址的用户人数，并且每周都为我们带来盈利。接着我们又问自己，如何再进一步挖掘已经优化的新闻报，真正最大化地利用我们的邮件营销机会。于是我们重新设计了 GrowthHacker.com 用户账号的创建过程，在其中增加让用户选择接收邮件简报这个步骤，这又将我们的邮件注册量提高了 22%。但我们还不满足。我们知道沿着这个方向继续试验还可以带来更大的成功，所以决不能轻易放弃。我们感觉邮件注册表不够吸引人，并且假设，如果告知用户新闻简报有多受欢迎的话可能还会进一步提高注册量（这就是前一章讲到的社会认同原则的最好例子）。于是我们设计一个新的注册条，并且在上面更醒目地显示鼓励用户注册的行为召唤：“加入超过 6 万名来自推特、脸书、谷歌和优步的增长专家的行列吧！他们每周都能读到我们最好的文章。”这个试验进一步将注册量提高了 44%。

简而言之，一旦增长团队发现有效的增长手段，就应该最大限度地挖掘它的增长潜力，而不是急着进入下一个战场。下决心取得更大成功可以让你一次又一次地赢得增长。

深挖数据金矿

增长团队还有可能（错误地）认为，他们已经充分挖掘了整个数据池的潜力，所以增长杠杆已经不能继续带来增长。如果是这种情况，团队就必须考虑投入时间和金钱创建一个更加全面的数据库来提升团队的分析能力，正如我们在前面所建议的那样。可能你还记得，脸书的增长团队在开启增长黑客过程大约一年后停止了所有的试验，在 2009 年 1 月用了整整一个月的时间改善他们的分析监测，这使得团队能够进行更加精细、更加强大的数据分析。他们之所以这样做是因为团队的增长想法越来越少。通过在深度分析上做投资，团队能够更好地监测和衡量脸书用户如何在网站上从一个网页跳到另一个网页。这些新数据帮助团队找到大量新的潜在试验，从而刺激增长，促进公司的发展更上一层楼。

要判断哪些数据值得深挖，增长团队首先应该回顾顾客和用户在到达产品的“啊哈时刻”之前需要完成的主要任务和途径。对于每一个关键任务和体验，增长团队需要找出数据缺失的地方或者数据相对稀薄或者粗糙的地方，然后加固数据。比如，一家时装品牌的增长团队应该问自己，他们能否找出访客将一件衣服加入购物车之前浏览了多少张这件衣服的图片。或者，他们能否计算出用户在输入自己的配送信息时填写每一栏所花的时间。团队通过强化数据系统找到了这些问题的答案。可能他们发现，那些浏览 4 张衣服图片的顾客将衣服放入购物车的概率是 50%，而只看了两张图或者更少的顾客这一概率只有 20%。这个更加细致的观察应该引导团队进行新的增长试验，例如为每件商品配更多图片，或者让顾客能够更加轻松地浏览大量商品图片。

除了填补产品使用和用户行为方面的数据缺口外，团队还应该问自己是否具备必要的分析能力来最大限度地利用所掌握的数据。如果增长团队一直都没有一位全职的数据分析师或者数据科学家，那么公司应该考虑聘请或者调配一位这方面的专家全职加入团队。

发掘新渠道

在第五章中我们讨论过，增长过程前期团队最好专注于一两种获客渠道。但是随着时间的推移，团队应该试验增加新渠道。这不仅是实现更大规模增长的途径，同时还能避免现有渠道突然改变游戏规则所导致的增长停滞，就像前面提到的脸书或者谷歌那样。如果团队发现在现有渠道内很难再想出新的增长策略，这就是一个信号，说明应该开始试验新渠道了。比如对于一家完全依赖付费渠道的公司，增长团队就应该试验开发搜索引擎优化、内容营销或者社交网站营销等这些有机渠道来补充他们的付费渠道。

忽视或者无视有机增长渠道是增长团队常犯的另一个错误。付费营销实施起来更容易，有时这会削弱团队寻求更有创意的解决方案的决心。此外，有机增长渠道通常要经过更长的等待才能看到成效，因而团队更青睐见效快的付费渠道。但是，有机渠道能够成为至关重要的长期增长引擎。比如，搜索引擎优化就是猫途鹰、Yelp、Zillow 这些公司主要的增长动力。这些公司并不是一开始就像现在这样拥有巨大的搜索优势。它们的团队经过大量试验后才取得了现在的成功。

引入全新视角

对于陷入停滞或者缺少想法的增长团队来说，最好的解决办法莫过于引入全新视角。邀请其他部门的同事、其他团队或者个人一起出谋划策能够碰撞出大量有创意的新点子。你可能还记得，在 GrowthHackers，我们先向整个公司开放了新点子提出过程，然后又对我们的董事会、我们信任的顾问以及社区成员开放了这个过程。实际上，我们的好几个十分成功的试验想法都来自我们的一位外聘顾问。比如通过提高我们在谷歌关键词搜索结果中的排名来改变我们的网站就是这位外聘顾问提出来的。

团队可以通过许多途径实现交叉生成想法。微软的主要增长黑客负责人安库尔·帕特尔定期将微软不同团队的产品经理、工程师和设计师叫到一起分享新点子和新发现，这样做极大激发了他的团队不断提出新的测试想法。摩根就职的“科技”初创孵化园会将初创企业的成功试验分享给其他创业公司，供它们学习和参考。

敢于给想象插上翅膀

想要追逐更大增长的公司面临的最大挑战是如何摆脱目前成功的做法带来的思维禁锢——“只要没坏就不用修理”的思维模式。增长团队能够极大地帮助公司打破思维禁锢，突破这种思维定式，寻找更好的做法。

第一步，最好是测试已经获得成功的产品、功能或者营销策略的关键设计，看看能否对它们进行实质的改进。团队一开始可以从小处着手，先试验重新设计那些似乎已经最优化的功能或界面，看看能否让它变得更有效。你可以把它当作超越局部最大值（local maximum）原则。局部最大值被定义为某个区域中的最高点，但又不是全局最高点。例如，在一年的时间里试验同一个定价页面能够让你找到那个定价页面效果的局部最高点。但是要实现更大的成效，团队应该试验完全不同的定价页面风格。超越局部最高点对于持续推动新增长十分关键。

第二步，增长团队应该定期进行更大胆的创新试验，而不只是局限在优化方面。这些不着边际的做法是公司最好的护身符，可以帮助它们避免常常导致增长停滞的渐进式创新。当然，这些大的改动通常需要更长的准备时间。最好的做法是在两次渐进式的优化之间引入一次大动作。Pinterest 的 Copytune 机器学习优化软件就超越了简单的 A/B 测试，从而捕获数以百万计的新用户。同样，优步决定大胆测试推出固定单次乘车价格的服务，而不是像原来那样按照乘车需求来调价（本书写就时这一版本的测试仍只限于旧金山地区），就是一个超越其他增长试验的值得称赞的做法。定期进行这样大胆的试验十分必要。如果这些大的改动与持续的优化努力保持步调一致的话，将会带来飞跃式的增长。

我们相信增长黑客法远不只是一种商业战略，甚至也不是一个持续过程。它是一种哲学、一种思维方式，而且它能被任何规模的任何公司和团队所采用。希望这本书能够给你带来启发，让增长黑客法成为你实现增长的利器。

我们祝愿您在一往无前的增长路途中不断获得成功。

致谢

《增长黑客》这本书是根据我们整个职业生涯所学的知识写成的，因此我想感谢那些给予我学习机会的人。首先，我要感谢我的家人，他们理解我在创业阶段不分白昼地忙于测试。我也要感谢公司创始人和 CEO 给我信任，让我在他们的创业公司和宝贵的早期客户身上进行试验。我特别要感谢 LogMeIn 和 Uproar 的迈克·西蒙，他冒险启用我并且在我事业刚起步时给予我许多指导。还有 Xobni 的戴维·韦登、亚当·史密斯和玛特·布雷齐纳、Dropbox 的德鲁·休斯顿、Eventbrite 的凯文·哈茨以及 Lookout 的约翰·赫林，他们在自己的创业公司最脆弱的阶段接受我非常规的想法，让我担任他们过渡时期的执行增长负责人。还有 Polaris Partners 的戴维·巴雷特和 True Ventures 的托尼·康拉德，感谢这两位风投家在我创立 GrowthHackers.com 时给予我支持。

最后，我要感谢让这本书付梓成册的卓越团队。首先，我要感谢我的搭档摩根·布朗，他的专注和努力让这本书从一开始就保持正确的航向。还有我们的充满才华、给予我们莫大支持的团队，包括丽萨·迪蒙娜、艾米丽·卢斯和塔利亚·克龙，他们帮助我们将《增长黑客》提升到一个新的高度。

肖恩·埃利斯

这样一段旅程结束时值得我们感激的人实在太多。这本书写了差不多三年，书中总结了到目前为止我在自己的职业生涯中学到的所有知识和经验。首先，我要感谢我的家人：我的妻子埃丽卡、孩子班克斯和奥德丽·格蕾丝。他们为了服务于我的写作放弃了无数个夜晚、晚餐和周末活动。一想到为了完成《增长黑客》而牺牲掉的与他们共处的时间我就惊恐万分。希望这些时间没有白费，而且他们知道，这本书是我带着对他们的爱为他们写的。我很感激家人给我空间让我做完这件事。谢谢你，埃丽卡，自始至终你都那么无私、善良、善解人意。你是最好的伴侣，如果没有你的爱和支持我不可能做到这些，我爱你。

其次，我要感谢我的搭档肖恩。感谢他的信任，让我加入这个项目并与我分享他的智慧和学识。与他共事给我的事业带来了难以估量的影响，我会永远感激有这个机会与他并肩作战并向他学习。

写书不是一蹴而成，而是反复修改，删除了又重写。这本书不是两个人，而是许多人共同努力的结果，其中的所有人都值得我感激。首先是我们的经纪人丽萨，她从我们糟糕的提议中看到一个伟大的点子，并且花时间帮助我们理清思路，让它生根发芽。若不是因为她独具慧眼看到这个想法的价值，我们不可能完成这本书。我还要感谢艾米丽，我们的开发编辑和伙伴。她将我们粗糙的措辞、混乱的逻辑和只有内行才读得懂的术语改为简单易懂的文字。还有塔利亚和蒂娜以及皇冠出版公司的整个团队。他们对这本书充满信心，并且帮助我们将它完成。感谢你们对我们的信任、对这本书的信心以及你们的远见和团队协作，没有你们我们不可能完成这本书。

《增长黑客》其实是我们写给增长社区的一封情书。在书里我想要说出你们给增长过程注入的技巧和活力，以及你们通过辛勤努力所创造的真正价值。我希望我表达清楚了这一点。我们创作《增长黑客》的初衷是让人们知道你们为世界各地的企业创造的巨大价值以及你们为了使具有潜力和价值的新想法获得应有的关注而付出的努力。写这本书还为了展示你们的智慧与思考、创新和激情，并且将它们与那些迫切想听到你们声音的观众分享。感谢我们社区中的每一个成员，感谢你们启发、传播、分享和支持增长在企业成功中发挥的关键作用。每一天你们都给我新的启发，能够和你们成为同事、同伴和朋友是我的荣幸。我还要感激书中提到的所有人，你们是我们这个领域中名气响亮、勤奋敬业并且令人仰慕的领袖。

我曾经在数字营销领域工作了 17 年，大学毕业后我在 SalesMountain.com 获得了第一份工作，之后有幸进入其他创业公司和企业工作。这本书是我经验的总结。每次选择新公司时我的座右铭一直都是“优化团队胜过其他一切”。秉持这个理念，我有幸为许多杰出人士工作，与他们共事。一个人的职业生涯中会遇到许多让你感激的人，我也不例外。我站在巨人的肩膀上，很感激他们给予我宝贵的时间，教会我他们的智慧和经验。我想深深感激的人包括：杰克·阿博特，感谢你教会我“快”的艺术和“无中生有”的艺术，也谢谢你一直鞭策我不断创造价值；马克·阿弗莱克，谢谢你让我学会自信，利用自己的长处进行领导，这让我每天都在成长；劳拉·戈德堡，你超一流的标准和对数据驱动的坚持对我的实践和领导方式产生了深刻的影响；还有布拉德·英曼，你教会我没有比一觉醒来冲向下一个机会更可能取得成功。

最后，我要真诚地对我的家人说一声“谢谢”。如果没有他们就不会有我，更不会有这本书。谢谢你妈妈，你总是给我不变的支持，即使有时我并不值得你这样对我。你对我无穷的爱是上天给我的真正的礼物。谢谢你爸爸，你总是鞭策我对自己的期望再高一点，尽全力做到最好。感谢你给我树立了高标准。我还要感谢我的哥哥格雷姆，我最好的朋友，谢谢你给我的一生的友情和回忆。我爱你们。

摩根·布朗

注释

前言

1

Eric Ries, “How Dropbox Started as a Minimum Viable Product,” Tech-Crunch, October 19, 2011, techcrunch.com/2011/10/19/dropbox-minimal-viable-product/.

2

随后，我又和 LogMeIn 合作帮助其增长。LogMeIn 是由 Uproar 创始人成立的创新性服务公司。当时，其主要竞争对手 GoToMyPC 正在大力进行市场推广。在我的帮助下，LogMeIn 一举成为市场领导者。这其中有何秘诀？我和工程师们合作，利用技术来达到一个对他们来说不同寻常的目的：设计新的方法以寻找并获得新客户，并从客户身上学习，以优化客户定位、扩大客户群并提高营销投入的效益。

3

Steve Jurvetson and Tim Draper, “Viral Marketing: Viral Marketing phenomenon explained,” 1997 年 1 月 1 日，DFJ blog, 2016 年 9 月 13 日查阅，http://dfj.com/news/article_26.shtml。

4

Eric M. Jackson, *The PayPal Wars: Battles with eBay, the Media, the Mafia, and the Rest of Planet Earth*（WND Books: 2012），35-40.

5

Josh Elman, “3 Growth Hacks: The Secrets to Driving Massive user Growth.”2013 年 8 月拍摄，2013 年 8 月发布于 Youtube，https://www.youtube.com/watch?v= AaMqCWOfA1o。

6

“Conversation with Elon Musk,” 网上视频，可汗学院，发布于 2013 年 4 月 17 日，2016 年 9 月 13 日查阅。

7

LeanStartup.co, “Dropbox@StartupLessonsLearnedConference2010,” July 2, 2014, youtube.com/watch?v=y9hg-mUx8sE.

8

Douglas MacMillan, "Chasing Facebook's Next Billion Users," Bloomberg.com, July 26, 2012, bloomberg.com/news/articles/2012-07-25/chasing-facebooks-next-billion-users.

9

Chamath Palihapitiya，2012 年 5 月 13 日，对问题"脸书增长团队做的哪些决定帮助脸书达到了 5 亿用户的规模"的评论，Quora 网站，2016 年 9 月 13 日查阅，https://www.quora.com/What-are-some-decisions-taken-by-the-Growth-team-at-Facebook-that-helped-Facebook-reach-500-million-users；Yishan Wong，2010 年 12 月 12 日，对问题"脸书是如何将网站翻译成不同语言版本的"的评论，Quora 网站，2016 年 9 月 13 日查阅，https://www.quora.com/What-was-the-process-Facebook-went-about-getting-their-website-translated-into-different-languages。

10

Andrew Chen, "Growth Hacker is the new VP Marketing," *@andrewchen*（博客），2016 年 9 月 13 日查阅，http://andrewchen.co/ how-to-be-a-growth-hacker-an-Airbnbcraigslist-case-study/。

11

Michael Carney，"Brian Chesky: I lived on Cap'n McCain's and Obama O's got Airbnb out of debt," 2013 年 1 月 10 日，*Pando*(blog)，2016 年 9 月 13 日查阅，https://pando.com/2013/01/10/brian-chesky-i-lived-on-capn-mccains-and-obama-os-got-Airbnb-out-of-debt/；Andrew Chen, "Growth Hacker is the new VP Marketing"；Dave Gooden, "How Airbnb Became a Billion Dollar Company," *Dave Gooden*(blog)，2011 年 6 月 31 日，2016 年 9 月 13 日查阅，http://davegooden.com/2011/05/how-Airbnb-became-a-billion-dollar-company/。

12

Matthew S. Olson, Derek van Bever and Seth Verry, "When Growth Stalls," *Harvard Business Review*, March, 2008.

13

Atif Awan "Lessons Learned from Growing LinkedIn to 400m Members," GrowthHackers.com video of talk, February 18, 2016, https://growthhackers.com/videos/gh-conference-16-aatif-awan-head-of-growth-linkedin-lessons-learned-from-growing-linkedin-to-400m-members.

14

Amir Efrati, "The People Who Matter at Uber," *The Information* (blog), August 30, 2016, https://www.theinformation.com/the-people-who-matter-at-Uber.

15

通用电气《2013 年年度报告》，第 6 页。

16

Michael Porter and James E. Heppelman, "How Smart, Connected Products Are Transforming Companies," *Harvard Business Review*, October 2015.

17

Fred Lambert, "Tesla Is Building a New Growth Team 'From Scratch' Ahead of the Model 3 Launch, Hires from Facebook and Uber" , *Eletrek* (blog), May 9, 2016, electrek.co/2016/05/09/tesla-growth-team-model-3 -launch-hires-facebook-Uber/.

18

http://original.livestream.com/f8industry/video?clipId=pla_a093cf1f-2d34-4e74-8377-9e54bc65d8e9.

19

作者的采访，2016 年 2 月 17 日。

20

"Internet Users by Country (2016)," Internet Lives Stats website, 2016 年 9 月 13 日查阅 , http://www.internetlivestats.com/internet-users-by-country/。

21

Aaron Smith, "U.S. Smartphone Use in 2015," Pew Research Center website, April 1, 2015, http://www.pewinternet.org/2015/04/01/us-smartphone-use-in-2015/.

22

Anne Freier, "Ad blocker adoption jumped over 34% in 2016," *Mobyaffiliates* (blog), June 23, 2016, mobyaffiliates.com/blog/ad-blocker-adoption-jumped-over-34-in-2016/; "Nearly Two in Three Millennials Block Ads," eMarketer blog, September 21, 2015, emarketer.com/Article/Nearly-Two-Three-Millennials-Block-Ads/1013007.

23

Nathalie Tadena, "Streaming Video Subscriptions Are Now Just as Popular as DVRs," *Wall Street Journal* website, Updated June 27, 2016 12:29 p.m. ET, 2016 年 9 月 13 日查阅 , wsj.com/articles/streaming-video-subscriptions-are-now-just-as-popular-as-dvrs-1467032401。

24

Eric Kutcher, Olivia Nottebohm, and Kara Sprague, "Grow Fast or Die Slow," McKinsey & Company website, April 2104, 2016 年 9 月 13 日查阅 , mckinsey.com/industries/high-tech/our-insights/grow-fast-or-die-slow。

25

"73% of CEOs Think Marketers Lack Business Credibility," Fournaise Marketing Group website, media release, June 15, 2011, 2016 年 9 月 13 日查阅 , fournaisegroup.com/marketers-lack- credibility/。

26

Graham Charlton, "Why are conversion rates so low? [infographic]," *Econsultancy* (blog), October 18, 2012, 2016 年 9 月 13 日查阅 , econsultancy.com/blog/10914-why-are-conversion-rates-so-low-infographic/。

27

quora.com/What-are-some-decisions-taken-by-the-Growth-team-at-Facebook-that-helped-Facebook-reach-500-million-users.

第一章

1

Carolyn Dewar, Scott Keller, Johanne Lavoie, and Leigh M. Weiss, McKinsey & Company, Organization Practice, "How do I drive effective collaboration to deliver real business impact?" September 2009.

2

Adam M. Kleinbaum, Toby E. Stuart & Michael L. Tushman, "Communication (and Coordination?) in a Modern, Complex Organization," Harvard Business School's *Working Knowledge* Blog, July 31, 2008.

3

Ranjay Gulati, "Silo Busting: How to Execute on the Promise of Customer Focus," *Harvard Business Review*, May 2007.

4

Ben Horowitz, "Good Product Manager/Bad Product Manager," Andreessen Horowitz website (no exact date given), a16z.com/2012/06/15/good-product-managerbad-product-manager/.

5

NoahKagan, "What HAppens After You Get Shot Down by Mark Zuckerberg?" Fast Company, July 24, 2014, fastcompany.com/3033427/hit-the-ground-running/what-hAp-pens-after-you-get-shot-down-by-mark -zuckerberg.

6

Harry McCracken, "Inside Mark Zuckerberg's Bold Plan for the Future of Facebook," *Fast Company, Long Read/Behind the Brand* (blog), November 16, 2015.

7

"Fireside Chat: Defining True Growth—How Do You Find Your North Star Metric," GrowthHackers, https://growthhackers.com/videos/gh -conference-16-fireside-chat-with-nate-moch-vp-product-teams-at -zillow-and-morgan-brown-coo-at-inman-news.

8

Andrew McInnes, "How Do You Choose the Best Growth Team Model?" Medium, October 19, 2015, medium.com/swlh/how-do-you-choose-the-best-growth-team-mod-el-632ad5a85 be9#.955lnqbgc.

9

John Egan, "How We Increased Active Pinners with One Simple Trick," Pinterest Engineering blog, March 18, 2016, engineering.pinterest.com/ blog/how-we-increased-active-pinners-one-simple-trick.

10

Anand Rajaraman, "Goodbye, Kosmix. Hello, @WalmartLabs," @Walmart-Labs blog, May 3, 2011, walmartlabs.blogspot.com/2011/05/goodbye-kosmix -hello-walmartlabs.html.

11

Josh Schwarzapel, "How to Start a Growth Team: Lessons learned from starting the Yahoo Growth & Emerging Products Team," Medium, July 9, 2015. 12.

12

McInnes, "How Do You Choose the Best Growth Team Model?" .

13

摩根对乔西·埃尔曼的采访，2016 年 4 月 26 日。

14

摩根对劳伦·谢福尔的采访，2016 年 3 月 3 日。

第二章

1

Alice Z. Cuneo, “Microsoft Changes Its Marketing Tune for Lackluster Zune,” *Advertising Age*, November 5, 2007.

2

Farhad Manjoo, “The Flop That Saved Microsoft,” *Slate*, October 26, 2012.

3

Chamath Palihapitiya, “How We Put Facebook on the Path to 1 Billion Users,” 2013 年 1 月 9 日发布于 YouTube, youtube.com/watch?v=raIUQP71SBU; 布赖恩对于问题“Yelp是如何获得2500万条评价的，它在起步时采用了什么创新的方法吸引用户”的回答，Quora，2013 年 7 月 31 日，quora .com/How-did-Yelp-get-its-first-25-million-reviews-What-was-the-innovation-to-attract-users-when-they-started。

4

Amy Pack, “Is Branch Out a LinkedIn Killer,” CNBC.com, June14, 2012, cnbc.com/id/47736408.

5

Josh Constine, “How BranchOut Hit the Tipping Point and Grew from 1M to 5.5M Actives in 2 Months,” TechCrunch, March 2, 2012, techcrunch.com/2012/03/02/branchout-growth/; Colleen Taylor, “Branch- Out Hits 25 Million Users, Nabs $25M in Series C Funding,” Tech- Crunch, April 19, 2012, techcrunch.com/2012/04/19/branchout-25-million -users-funding-series-c/.

6

Marc Drees, “BranchOut Keeps Falling Down, Down,” ERE Media, June 23, 2012, eremedia.com/ere/branchout-keeps-falling-down-down/.

7

Colleen Taylor, “BranchOut CEO Rick Marini on Building a Company atop Facebook’s ‘Shifting Sands’ [TCTV],” TechCrunch, August 10, 2012, techcrunch.com/2012/08/10/branchout-ceo-rick-marini-on-building-a -company-atop-facebook-shifting-sands-tctv/.

8

Ingrid Lunden, “As BranchOut Team Goes to Hearst, 1-Page Buys BranchOut’s Assets for $5.4M in Cash and Shares,” TechCrunch, November 18, 2014, techcrunch.com/2014/11/18/branchout-1-page/.

9

Growth @ Airbnb, "Driving User Growth at Airbnb," 2016 年 4 月 11 日发布于 YouTube, youtube.com/watch?v=03mc78lKOwI。

10

Newsweek Staff, "My Big Break: Yelp's Jeremy Stoppelman," *Newsweek,* October 21, 2009, newsweek.com/my-big-break-yelps-jeremy-stoppelman -81133; Erick Schonfeld, "Citysearch Recasts Itself as CityGrid Media," TechCrunch, June 2, 2010, techcrunch.com/2010/06/02/citysearch-recasts -itself-as-citygrid-media.

11

JP Mangalindan, "The Trials of Uber," *Fortune,* February 2, 2012, tech.fortune.cnn.com/2012/02/02/the-trials-of-uber/.

12

Andrew Chen, "New Data Shows Losing 80% of Mobile Users Is Normal, and Why the Best Apps Do Better," Andrew Chen blog (n.d.), andrewchen.co/new-data-shows-why-losing-80-of-your-mobile-users-is -normal-and-that-the-best-Apps-do-much-better/.

13

Downloadable Library of SaaS Resources, Pacific Crest Securities, pacific- crest.com/saas-survey-file-vault/.

14

Lisa Jennings, "Study: Restaurants Improve Customer Retention Rates," *Nation's Restaurant News,* June 8, 2012.

15

Tony Boobier, "Keeping the Customer Satisfied: The Dynamics of Cus-tomer Defection, and the Changing Role of the Loss Adjuster," CILA report, July 2013.

16

Ash Maurya, "The Achilles Heel of Customer Development," Lean Stack, August 2009, leanstack.com/customer-development-getting-started/.

17

Danielle Maveal, 对 Quora 上的问题"Etsy 在起步时是如何获得第一批独立卖家的"的回答, August 21, 2014, quora.com/How-did-Etsy-get-its-first-batch-of-independent-sellers-when-it-started。

18

Etsy registration statement, sec.gov/Archives/edgar/data/1370637/00011931251507704

5/ d806992ds1.htm.

19

Ibid.

20

Bryan Hackett, "Tinder's First Year User Growth Strategy," Parantap Research & Strategy blog, March 3, 2015.

21

Ibid.

22

Issie Lapowsky, "How Tinder Is Winning the Mobile Dating Wars," *Inc.,*May 23, 2013.

23

Jackson, *PayPal Wars,* 35–40.

24

Margaret Kane, "eBay Picks Up PayPal for $1.5 Billion," CNET, August 18, 2002, cnet.com/news/ebay-picks-up-paypal-for-1-5-billion/.

25

Josh Muccio, "Brian Balfour of HubSpot—The Minimum Viable Test and How to Grow Your Startup," Dailyhunt, April 27, 2015, dailyhunt.thepitch.fm/hubspot.

26

"How to Increase Signups by 200%," Treehouse blog, July 21, 2009, blog.teamtreehouse.com/how-to-increase-sign-ups-by-200-percent.

27

David Carr, "Giving Viewers What They Want," *New York Times,* Feb- ruary 24, 2013, nytimes.com/2013/02/25/business/media/for-house-of-cards-using-big-data-to-guarantee-its-popularity.html?_r=0.

28

Robert J. Moore, "Applying the Lessons of 'Moneyball' and 'Golden Motions' to Your Business," *Boss* (blog at *New York Times*), boss.blogs.nytimes.com/2014/06/10/Applying-the-lessons-of-moneyball-and-golden-motions-to-your-business/.

29

Keith Sawyer, *Zig Zag: The Surprising Path to Greater Creativity* (Josseyass, 2013), 22–3.

30

Simone Baribeau, "The Pinterest Pivot," *Fast Company,* October 23, 2012, fastcompany.com/3001984/pinterest-pivot.

31

Leah Goldman and Alyson Shontell, "Groupon's Billion-Dollar Pivot: The Incredible Story of How Utter Failure Morphed Into Fortunes," *Business Insider,* March 4, 2011, http://www.businessinsider.com/groupon -pivot-2011-3?op=1.

32

Jawed Karim, University of Illinois commencement address, May 13, 2007, https://youtu.be/24yglUYbKXE.

33

David Skok, "SaaS Metrics 2.0—A Guide to Measuring and Improving What Matters," *For Entrepreneurs from David Skok* (blog) (n.d.), forentrepreneurs.com/saas-metrics-2/.

第三章

1

Sarah Perez, "Everpix: All Your Photos, Automatically Organized and Accessible from Anywhere," TechCrunch, September 12, 2011, techcrunch.com/2011/09/12/everpix-all-your-photos-automatically-organized-and -accessible-from-anywhere/.

2

"The Truth About Conversion Ratios for Downloadable Software," *Successful Software* (blog) (n.d.), successfulsoftware.net/2009/04/23/the-truth-about-conversion-ratios-for-software.

3

Casey Newton, "Out of the Picture: Why the World's Best Photo Startup Is Going Out of Business," The Verge, November 5, 2013, theverge.com/2013/11/5/5039216/everpix-life-and-death-inside-the-worlds-best-photo-startup.

4

Andy Johns, "Indispensable Growth Frameworks from My Years at Facebook, Twitter and Wealthfront," *First Round Review* (blog) (n.d.), firstround.com/review/indispensable-growth-frameworks-from-my -years-at-facebook-twitter-and-wealthfront/.

5

Ibid.

6

Ibid.

7

Elman, "3 Growth Hacks."

8

Alex Schultz, "Lecture 6: Growth," *How to Start a Startup* (blog), startupclass.samaltman.com/courses/lec06/.

9

Palihapitiya, "Facebook on the Path to 1 Billion Users."

10

Jordan Crook and Anna Escher, "A Brief History of Airbnb," slideshow at TechCrunch (n.d.), techcrunch.com/gallery/a-brief-history-of-Airbnb/; "How Design Thinking Transformed Airbnb from a Failing Startup to a Billion Dollar Business," *First Round Review* (n.d.), firstround.com/review/How-design-thinking-transformed-Airbnb-from-failing-startup-to-billion-dollar-business/.

11

Austin Carr, "19: Airbnb," *Fast Company's* Most Innovative Companies 2012, February 7, 2012, fastcompany.com/3017358/most-innovative-companies-2012/19Airbnb.

12

Schultz, "Lecture 6: Growth."

13

Jack Dorsey, "Instrument Everything," eCorner (Stanford University), February 9, 2011, ecorner.stanford.edu/videos/2643/Instrument-Everything.

14

Alex Schultz and Naomi Gleit, Facebook F8, "Ready to Grow" Breakout Session, April 21, 2010, original.livestream.com/f8industry/video?clipId=pla_a093cf1f-2d34-4e74-8377-9e54bc65d8e9.

15

Rob Sobers, "$9 Marketing Stack: A Step-by-Step Guide," Rob Sobers blog (n.d.), robsobers.com/9-dollar-marketing-stack-step-by-step-setup -guide/.

16

Willix Halim, "Create a Full Company Growth Culture," GrowthHackers Conference, February 18, 2016, https://growthhackers.com/videos/ gh-conference-16-william-halim-svpgrowth-freelancer-create-a-full -company-growth-culture.

17

Avinash Kaushik, "The Difference Between Web Reporting and Web Analysis," *Occam's Razor* (Avinash Kaushik' s blog) (n.d.), kaushik.net/avinash/difference-web-reporting-web-analysis/.

18

John Egan, "The 27 Metrics in Pinterest's Internal Growth Dashboard," John Egan blog, January 22, 2015, jwegan.com/growth-hacking/27-metrics-pinterests-internal-growth-dashboard/.

19

Josh Elman, "3 Growth Hacks," https://www.youtube.com/watch?v=AaMqCWOfA1o.

第四章

1

Associated Press, "College Football Games Are Getting Longer; Are They Too Long?" *OregonLive* (blog at the *Oregonian*), December 26, 2014, oregonlive.com/collegefootball/index.ssf/2014/12/college_football_games_are_get.html; Phil Steele, "Offensive Plays per Game/Pace," Phil Steele blog, January 14, 2016, philsteele.com/blogs/2016/JAN16/ DB-Jan14.html.

2

Frederick F. Reichheld and Phil Schefter, "The Economics of E-loyalty," Harvard Business School archives, July 10, 2000, hbswk.hbs.edu/archive/1590.html.

3

Bryan Eisenberg, "3 Steps to Better Prioritization and Faster Execution," Bryan Eisenberg website, December 3, 2010, bryaneisenberg.com/3-steps-to-better-prioritization-and-faster-execution/.

4

"PIEF ramework," WiderFunnel blog, August 28, 2015, widerfunnel.com/ case-studies/telestream-case-study/pie_2015_v1/.

5

Lars Lofgren, "My 7 Rules for A/B Testing That Triple Conversion Rates," Lars Lofgren blog (n.d.), larslofgren.com/growth/7-rules-for-ab-testing.

第五章

1

Ginny Marvin, "US digital ad revenues top $59.6 billion in 2015, up 20 percent to hit another high," MarketingLand blog, April 21, 2016, http://marketingland.com/us-digital-ad-revenues-60-billion-2015-iab-174043.

2

"Slowing Growth Ahead for Worldwide Internet Audience," eMarketer blog, June 7, 2016, http://www.emarketer.com/Article/Slowing-Growth-Ahead-Worldwide-Internet-Audience/1014045.

3

Sarah Frier, "Fab.com's Ascent to $1 Billion Valuation Brings Missteps" Bloomberg Technology blog, June 24, 2013, http://www.bloomberg.com/news/articles/2013-06-24/fab-com-s-race-to-1-billion-valuation-brings-missteps.

4

James Currier, (August 12, 2014) "[500DISTRO] Do You Speak Growth? Examining the Language Behind What Users Want," retrieved from https://www.youtube.com/watch?v=FI52Z-fDM5c.

5

Consumer Insights group, Microsoft Canada, "Attention spans," Spring 2015, page 6, https://advertising.microsoft.com/en/WWDocs/User/display/cl/researchreport/31966/en/microsoft-attention-spans-research-report.pdf.

6

Alyson Shontell, "How To Create The Fastest Growing Media Company In The World," *Business Insider*, November 5, 2012; Upworthy, "The Sweet Science Of Virality," March 18, 2013 [slideshare], retrieved from: http://www.slideshare.net/Upworthy/the-sweet-science-of-virality.

7

Currier, "[500DISTRO] Do You Speak Growth?"

8

Video of Febreeze advertisement from 1998, viewed at: https://www.youtube.com/

watch?v=4-kAIHN6qYY.

9

Charles Duhigg,《公司如何获知你的秘密》,《纽约时报杂志》, 2012 年 2 月 16 日。

10

Video of Febreeze advertisement from 1999, viewed at: http:/www.youtube.com/watch?v=ZTPNtruSIU0.

11

Molly Young, "Be Bossy: Sophia Amoruso Has Advice for Millennials and a Bone to Pick With Sheryl Sandberg," *New York* Magazine, *The Cut* blog, May 26, 2014, http://nymag.com/thecut/2014/05/sophia-amoruso-nasty-gal-millennial-advice.html.

12

Blake Masters, "*Peter Thiel's CS183: Startup - Class 9 Notes Essay,*" Blake Masters blog, May4, 2012, http://blakemasters.com/post/22405055017/peter-thiels-cs183-startup-class-9-notes-essay.

13

Aatif Awan, "Lessons Learned from Growing LinkedIn to 400m Members," February 18, 2016, retrieved from: http://growthhackers.com/videos/gh-conference-16-aatif-awan-head-of-growth-linkedin-lessons-learned-from-growing-linkedin-to-400m-members.

14

Brian Balfour, "5 Steps To Choose Your Customer Acquisition Channel," *Coelevate* blog, May 21, 2013, http://www.coelevate.com/essays/5-steps-to-choose-your-customer-acquisition-channel.

15

Ivan Kirigin, (August 13, 2014) "[500DISTRO] Sharing Lab Notes: 27 Referral Program Hack-tics in 20 Minutes," retrieved from: http://www.youtube.com/watch?v=K-MGnOU3lwQg.

16

Shontell,《如何创造增长最快的媒体公司》。

17

David Skok, "Lessons Learned -Viral Marketing," *For Entrepreneurs from David Skok* blog, [no date of post], http://www.forentrepreneurs.com/lessons-learnt-viral-marketing/.

18

Alex Schultz, "Lecture 6: Growth," How to Start a Startup blog, http://startupclass.samaltman.com/courses/lec06/.

19

Eventbrite, "Social Commerce: A Global Look at the Numbers," Eventbrite blog, October 23, 2012，https://www.eventbrite.com/blog/ds00-social-commerce-a-global-look-at-the-numbers/.

20

Josh Elman，"3 Growth Hacks" .

第六章

1

AdRoll, "What Is Retargeting," 2016, https://www.adroll.com/getting-started/retargeting; Andrew Chen, "Losing 80% of mobile users is normal."

2

Ibid.

3

Neil Patel, Talk at Search Engine Journal Summit, Santa Monica, California, February 24, 2015, retrieved at: http://www.slideshare.net/SearchEngineJournal/1-neil-patel-final.

4

Ibid.

5

Growth@ Airbnb, "Driving User Growth at Airbnb, April 11, 2016, retrieved at: https://www.youtube.com/watch?v=03mc78lKOwI.

6

Josh Elman,《三个增长黑客策略》。

7

John Egan, "Measuring for Engagement: Understanding User Gains, Losses & Levels of Interaction," August 12, 2014, retrieved at: https://www.youtube.com/watch?v=NghOll-Gvv4E.

8

Neil Patel, Talk at Search Engine Journal Summit, slideshare.net/SearchEngineJournal/1-neil-patel-final.

9

"How Adobe converted free trial downloads into satisfied customers," *Bunchball* (blog) 2016, http://www.bunchball.com/customers/adobe.

10

Adam Kleinberg, "Brands That Failed with Gamification," iMedia, July 25, 2012, imediaconnection.com/articles/ported-articles/red-dot-articles/2012/jul/brands-that-failed-with gamification/.

11

Gabe Zichermann, "Cash is for SAPS," *Gamification* (blog), October 18, 2010, http://www.gamification.co/2010/10/18/cash-is-for-saps/.

12

Jen Wieczner,《星巴克卡中的钱比一些银行还要多》,《财富》杂志，2016 年 6 月 10 日。

13

BJ Fogg's Behavior Model, "What Causes Behavior Change?" http://www.behaviormodel.org.

14

Andrew Chen blog, "New Data Shows Up to 60% of Users Opt-Out Of Push Notifications (Guest Post)," http://andrewchen.co/why-people-are-turning-off-push/.

15

John Egan, "Long-term Impact of Badging," John Egan blog, February 13, 2015, http://jwegan.com/growth-hacking/long-term-impact-badging/.

16

Adam Marchick and Thue Madsen "How to Craft Push Notifications That Users Actually Want to Receive," Kissmetrics blog, 2016, http://grow.kissmetrics.com/webinar-93.

17

B J Fogg's Behavior Model 'Triggers Tell People to 'Do It Now!' ", behaviormodel.org/triggers.html.

18

Kyler Rush, "Optimization at the Obama Campaign: A/B Testing," Kyler Rush Blog, December, 12, 2012, http://kylerush.net/blog/optimization-at-the-obama-campaign-ab-testing/.

第七章

1

彼得·德鲁克,《管理：任务、责任、实践》,（New York: Routledge, 2012）, 57。

2

Fred Reichheld, "Prescription for Cutting Costs," Bain & Company report (n.d.), bain.com/Images/BB_Prescription_cutting_costs.pdf.

3

埃伦·韦特（Ellen Huet）, What Really Killed Homejoy? It Couldn't Hold On to Its Castomers", 《福布斯》, 2015 年 7 月 23 日。

4

Daniel B. Kline, "Amazon Prime Improves Its Customer Retention Rate,"June 1, 2016, fool.com/investing/2016/06/01/amazon-prime-improves-its-customer-retention-rate.aspx.

5

Jules Maltz and Daniel Barney, "Should Your Startup Go Freemium?" TechCrunch, November 4, 2012, techcrunch.com/2012/11/04/should-your-startup-go-freemium/.

6

Brian Balfour, "Growth Is Good, but Retention Is 4+Ever," May 10, 2015,retrieved at: youtube.com/watch?v=ch7aps2h8zQ.

7

Alistair Croll and Benjamin Yoskovitz, *Lean Analytics: Use Data to Build aBetter Start-up Faster* (Sebastopol: O'Reilly Media, Inc., 2013), 73.

8

达米什·沙阿和摩根·布朗的对话，2016 年 3 月 1 日。

9

鲍尔弗,《增长很好，但留存是永远》。

10

Daniel B. Kline, "Amazon Improves Its Customer Retention Rate," *The Motley Fool*, June 1, 2016, http://www.fool.com/investing/2016/06/01/amazon-prime-improves-its-customer-retention-rate.aspx.

11

Christoph Janz, "From 'A as in Amiga' to 'Z as in Zendesk'," *The Angel VC* (blog), July 16, 2016, christophjanz.blogspot.com/2016/07/from-as-in-amiga-to-z-as-in-zendesk.

html.

12

尼尔·埃亚尔，《上瘾：让用户养成使用习惯的四大产品逻辑》(Portfolio: 2014), 5–10。

13

布拉德·斯通 (Brad Stone),《一网打尽：贝佐斯与亚马逊时代》(Little, Brown: 2013)，187。

14

布拉德·斯通 , "What's in Amazon's Box? Instant Gratifcation," Bloomberg, November 24, 2010, bloomberg.com/news/articles/2010-11-24/whats-in-amazons-box-instant-gratifcation。

15

Dave Kim, comment on question "How did Yelp get initial traction and overcome the critical mass problem?" Quora, March 10, 2011, quora.com/How-did-Yelp-get-initial-traction-and-overcome-the-critical-mass-problem.

16

Zhongmin Wang, "Anonymity, Social Image, and the Competition for Volunteers: A Case Study of the Online Market for Reviews," April, 2010, https://editorialexpress.com/cgi-bin/conference/download.cgi?db_name=IIOC2010&paper_id=336.

17

Sarah Silbert, "The Inside Scoop on the Amex Centurion (Black) Card," *The Points Guy* (blog) , October 14, 2015, thepointsguy.com/2015/10/amex-centurion-black-card/.

18

Sarah Buhr, "theSkimm on How to Rapidly Grow an Audience of Engaged Millennials," TechCrunch, May 9, 2016, techcrunch.com/2016/05/09/theskimm-on-a-better-way-to-serve-the-news-to-young-professionals/.

19

Justin Ellis, "How theSkimm's Passionate Readership Helped Its Newsletter Grow to 1.5 Million Subscribers," Nieman Lab blog, August 18, 2015, niemanlab.org/2015/08/how-the-skimms-passionate-readership-helped-its-newsletter-grow-to-1-5-million-subscribers/.

20

Jimmy Daly, "Behavioral Emails That Keep Customers Coming Back (with Examples from My Inbox)," Unbounce blog, March 9, 2015, unbounce.com/email-marketing/behavioral-emails-keep-customers-coming-back/.

21

摩根·布朗与舒维克·慕克吉的谈话，2016 年 3 月 10 日。

22

Cara Harshman, "The Homepage Is Dead: A Personalization Story," Call To Action Conference, June 20, 2016, http://calltoactionconference.unbounce.com/speakers/2016-cara-harshman.

23

Egan, "How We Increased Active Pinners."

24

Bing Gordon, "Five Things to Know About Retention Hacking," KPCB blog, November 17, 2014, kpcb.com/blog/fve-things-to-know-about-retention-hacking.

25

Debora Viana Thompson, Rebecca W. Hamilton, and Roland T. Rust, "Feature Fatigue: When Product Capabilities Become Too Much of a Good Thing," Marketing Science Institute blog, 2005, msi.org/reports/feature-fatigue-when-product-capabilities-become-too-much-of-a-good-thing/.

26

David Pogue, "Simplicity Sells," TED Talk, flmed February 2006, retrieved at: ted.com/talks/david_pogue_says_simplicity_sells?language=en.

27

Jordan T. McBride, "Dan Wolchonok on Running Retention Experiments," *ProftWell* (blog), January 21, 2016, blog.proftwell.com/saasfest-recap-dan-wolchonok-on-running-retention-experiments.

第八章

1

Monetate, "Monetate Ecommerce Quarterly for Q1 2016," 2016, retrieved at: http://info.monetate.com/EQ1_2016.html.

2

克罗尔和尤科维奇，《精益数据分析》，p113-119。

3

Colin Zima, (September 8, 2014) "Growth Hacking with Data-How to Uncover Big Growth Opportunities with Deep Data Dives," retreived at: https://growthhackers.com/videos/growth-hacking-with-data-how-to-uncover-big-growth-opportunities-with-deep-data-dives/.

4

Elena Verna, (February 18, 2016) "Product Experience Usability To Improve Growth," retrieved at: https://growthhackers.com/videos/elena-verna-vp-growth-at-surveymonkey-product-experience-usability-to-improve-growth.

5

Annabell Satterfield (Growth at Bittorrent), "Engaging Customers to Find Your Next Big Growth Opportunity," retreived at: https://growthhackers.com/videos/gh-conference-16-annabell-satterfield-growth-at-bittorrent-engaging-customers-to-find-your-next-big-growth-opportunity.

6

Colin Zima, "Recommendations Are Easier Than You Think," *Looker*(blog), December 22, 2014, https://looker.com/blog/recommendations-are-easier-than-you-think.

7

Charles Duhigg, "How Companies Learn Your Secrets," February 16, 2012, *New York Times Magazine*, retreived at: http://www.nytimes.com/2012/02/19/magazine/shopping-habits.html?_r=0.

8

William Poundstone, *Priceless: The Myth of Fair Value (and How to Take Advantage of It)*, (Hill and Wang, 2011), 185-92, retreived at: https://books.google.com/books?id=4Fs1TrLjWhUC&lpg=PT156&dq=poundstone%20charm%20pricing&pg=PT156#v=onepage&q=poundstone%20charm%20pricing&f=false.

9

"The Price is Right: Essential Tips for Nailing Your Pricing Strategy," First Round Review [n.d.], retreived at: http://firstround.com/review/the-price-is-right-essential-tips-for-nailing-your-pricing-strategy/.

10

Patrick Campbell, "The Value Metric: Optimize Your Pricing Strategy for High Growth," Price Intelligently, March 12, 2014, retrieved at: http://www.priceintelligently.

com/blog/bid/195287/The-Value-Metric-Optimize-Your-Pricing-Strategy-for-High-Growth.

11

Dana Mattioli, "On Orbitz, Mac Users Steered to Pricier Hotels," *Wall Street Journal*, August 23, 2012, retreived at: http://www.wsj.com/articles/SB10001424052702304458604577488822667325882.

12

Dan Airley, *Predictably Irrational, Revised and Expanded Edition: The Hidden Forces That Shape Our Decisions*, (Harper Perennial, 2010), retreived at: https://books.google.com/books?id=44ecn9XukOoC&lpg=PA1&dq=%22the%20economist%22%20subscription&pg=PT21#v=onepage&q=%22the%20economist%22%20subscription&f=false.

13

Steve Young, "How a Made-up Product Increased Conversions by 233%," Unbounce, August 14, 2012, retreived at: http://unbounce.com/conversion-rate-optimization/made-up-product-increased-conversions/.

14

Stuart Hall, "An App Store Experiment," StuartKHall.com, June 20, 2013, retreived at: http://stuartkhall.com/posts/an-App-store-experiment.

15

"Top Apps on iOS Store, United States," App Annie, September 16, 2016, retreived at: https://www.Appannie.com/Apps/ios/top/.

16

Sarah Needleman, "How Mobile Games Rake In Billions" , *Wall Street Journal*, July 28, 2106, retreived at: http://www.wsj.com/articles/how-mobile-games-rake-in-billions-1469720088.

17

Joe Pinsker, "The Psychology Behind Costco's Free Samples," *The Atlantic*, October 1, 2014, retreived at: http://www.theatlantic.com/business/archive/2014/10/the-psychology-behind-costcos-free-samples/380969/.

18

Steve J. Martin, Noah Goldstein, Robert Cialdini, *The small BIG: Small Changes That Spark Big Influence*, TK: Grand Central Publishing, 2014, retreived at: https://books.google.com/books?id=3a5gAwAAQBAJ&lpg=PT10&dq=the%20small%20big%20HMRC&p-

g=PT10#v=onepage&q=the%20small%20big%20HMRC&f=false.

19

Angie Schottmuller,（March 30, 2016）“Social Proof Power Plays,” retreived at: https://inbound.org/discuss/conversionxl-live-notes-slides-and-q-a-slideshare-s-now-included#angieschottmuller.

20

“Conversion for E-commerce: Two Winning Tests for a Multilingual Online Florist,” Conversion Rate Experts, [n.d.], retrieved at: http://www.conversion-rate-experts.com/da-flores-case-study/.

21

Aileen Lee, “Social Proof is the New Marketing,” TechCrunch, November 27, 2011, retreived at: https://techcrunch.com/2011/11/27/social-proof-why-people-like-to-follow-the-crowd/.

22

Paras Chopra, “Focus Matters on a Landing Page and Here ’s Why: 22% Increase in Sales,” Visual Website Optimizer, October 24, 2012, retreived at: https://vwo.com/blog/call-to-action-increase-sales/.

23

Jason Bosinoff, “Hacking Word-of-Mouth: Making Referrals Work for Airbnb,” Airbnb, March 27, 2014, retreived at: http://nerds.Airbnb.com/making-referrals-work-for-Airbnb/.

第九章

1

Facebook, September 16, 2016, retrieved at: newsroom.fb.com/company-info.

2

Matthew S. Olson, Derek van Bever, and Seth Verry,《当增长停滞时》,《哈佛商业评论》，2008 年 3 月。

3

Jon Russell, “Viddy, Once Touted as ‘The Instagram for Video,’ Will Shut Down on December 15,” TechCrunch, November 4, 2014, retrieved at: techcrunch.com/2014/11/04/viddy-once-touted-as-the-instagram-for-video-will-shut-down-on-december-15/.

图书在版编目（CIP）数据

增长黑客 /（美）肖恩·埃利斯，（美）摩根·布朗著；张溪梦译 . -- 北京：中信出版社，2021.4
（中信经典丛书 . 003）
书名原文：Hacking Growth: How Today's Fastest-Growing Companies Drive Breakout Success
ISBN 978-7-5217-2889-7

Ⅰ. ①增… Ⅱ. ①肖… ②摩… ③张… Ⅲ. ①企业管理–技术革新–研究 Ⅳ. ① F273.1

中国版本图书馆 CIP 数据核字（2021）第 045589 号

增长黑客
（中信经典丛书 · 003）

著　　者：[美] 肖恩 · 埃利斯　[美] 摩根 · 布朗
译　　者：张溪梦　韩然　张颖
责任编辑：张刚
出版发行：中信出版集团股份有限公司
（北京市朝阳区惠新东街甲 4 号富盛大厦 2 座　邮编　100029）
承 印 者：北京中科印刷有限公司

开　　本：880mm × 1230mm　1/32　　印　　张：105.5　　字　　数：2152 千字
版　　次：2021 年 4 月第 1 版　　印　　次：2021 年 4 月第 1 次印刷
京权图字：01–2017–0380
书　　号：ISBN 978–7–5217–2889–7
定　　价：920.00 元（全 10 册）

服务热线：400–600–8099
投稿邮箱：author@citicpub.com

扫码免费收听图书音频解读

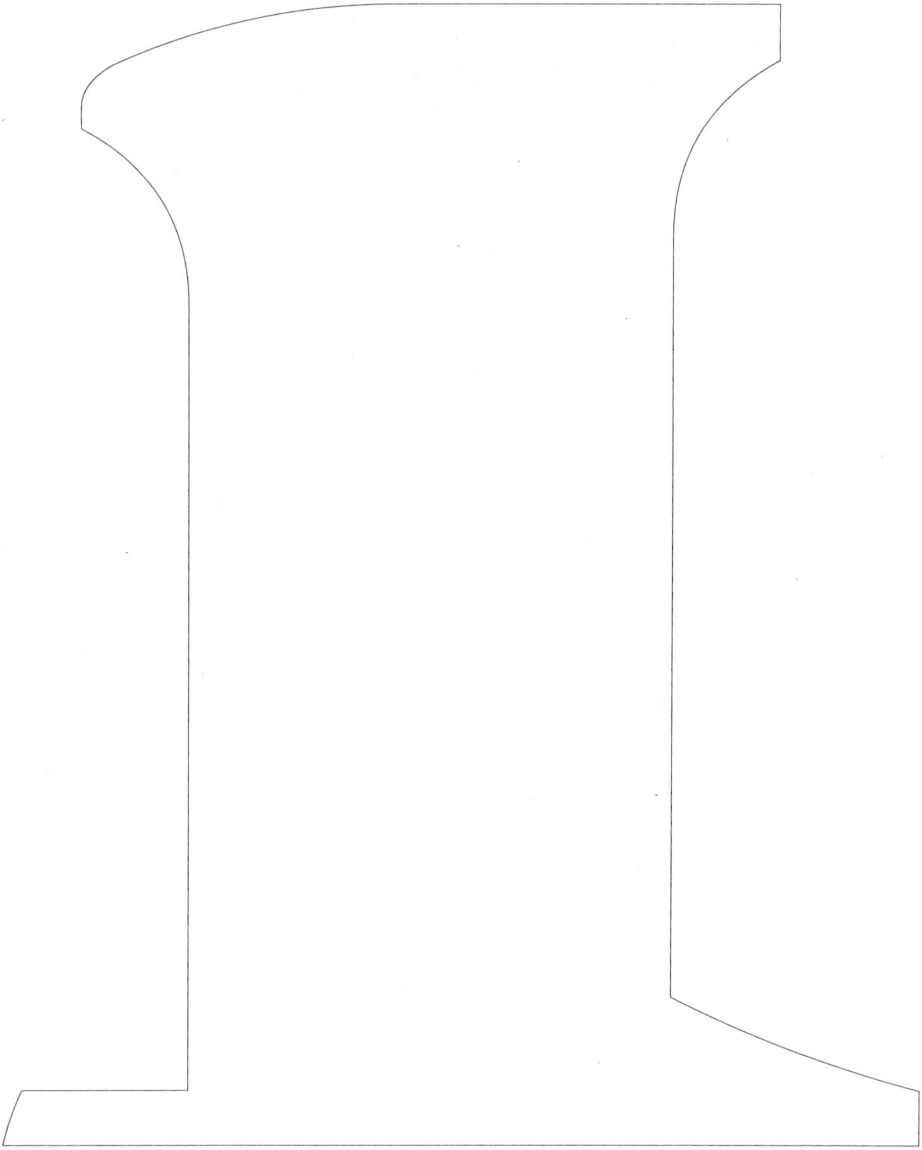

谈判力

GETTING TO YES

NEGOTIATING AGREEMENT WITHOUT GIVING IN

[美] 罗杰·费希尔
威廉·尤里
布鲁斯·巴顿
著

王燕
罗昕
译

中信出版集团 | 北京

目录

前言 / III

第一部分
问题

第1章 不要在立场问题上讨价还价 / 3

第二部分
谈判方式

第2章 把人和事分开 / 19
第3章 着眼于利益，而不是立场 / 48
第4章 为共同利益创造选择方案 / 69
第5章 坚持使用客观标准 / 102

第三部分
但是……

第 6 章 如果对方实力更强大怎么办？ / 123
（确定你的最佳替代方案）
第 7 章 如果对方不合作怎么办？ / 136
（谈判柔术）
第 8 章 如果对方使用卑鄙手段怎么办？ / 166
（驯服难对付的谈判者）

第四部分
结论

第五部分
关于本书，人们常问的10个问题

关于公平与“原则谈判”的问题 / 193
关于人际关系问题 / 202
关于策略问题 / 215
关于实力的问题 / 227

前言

无论你愿意与否，你都是一名谈判者。因为谈判是生活中无法避免的现实。你要和老板商量加薪，要与陌生人商定买房的价钱；两个律师解决一起交通事故引出的诉讼；几家石油公司计划联合勘探近海石油；市政府官员与工会领袖会谈以避免公交司机罢工；当年美国国务卿和苏联外长试图就限制核武器达成协议。以上这些都是谈判。

每个人每天都要与别人进行谈判。就像莫里哀笔下一辈子追求谈吐高雅的汝尔丹先生那样，我们有时在不知不觉中与别人谈判。比如你和爱人商量去哪里吃饭，或者与孩子商定他们熄灯睡觉的时间。谈判是从别人那里寻求自己所需的一个基本途径，是与谈判对方存在相同和不同利益时寻求共识的一种反复沟通。

冲突日益增多，需要谈判的场合也越来越多。每个人都希望自己的事情由自己来决定，人们越来越不愿意听别人发号施令。由于人与人之间的不同，我们需要用谈判来消除分歧。不论是在商界、政界还是家庭中，人们都是通过谈判做出大部分决定。即使是打官司，人们也经常在审判前庭外和解。

虽然谈判每天都在发生，但要做好却不容易。人们对通常的谈判技巧不是感到不满意，就是厌烦透顶，或者敬而远之——且常常是三者皆有。

人们发现自己处在两难之中时，有两种谈判方法可以选择。温和者总是避免双方的摩擦冲突，为了达成共识，往往很快做出让步。他希望有个愉快的解决方案，但却常常发现自己被别人利用而不得不咽下苦果。强硬者则认为谈判是一场意志的较量，谁采取的立场更极端，谁能硬撑到最后，谁就能赢。他当然想赢，可结果往往是硬碰硬，不但弄得自己筋疲力尽、黔驴技穷，而且也伤害了自己与对方建立起来的关系。其他一些谈判技巧都介于两者之间，无非是尝试在有所得和不伤和气之间寻找平衡。

还有第三种谈判方法，它既不属于温和派也不属于强硬派，而是刚柔相济。“哈佛大学谈判项目”研究出来的这种“原则谈判”方法是根据事情本身的是非曲直寻求解决方案，而不是进行一场各持己见的讨价还价。这种谈判方法建议双方尽可能实现“双赢”。双方利益发生冲突时，必须让谈判结果基于某些公平的准则，而不是以某一方的意志为转移。原则谈判的原理是在道理、原则上强硬，对人则采取温和的态度。它不需要要花招，也不需要装腔作势。原则谈判让你得到想要的东西而又不失风度，它让你公平有理的同时又能保护自己不被对方利用。

本书就是介绍有关原则谈判的方法。第 1 章讲述采用站在各自立场上讨价还价的传统谈判策略时可能引发的问题，接下来的四章介绍了有关原则谈判方法的四条原理，最后三章则回答有关原则谈判方法中最常见的一些问题：如果对方实力强于自己怎么办？如果对方不配合该怎么办？如果对方使用卑鄙手段又该怎么办？

当年美国外交官同苏联进行军控谈判时可以采用原则谈判方法；华尔街律师代表《财富》世界 500 强大公司进行反垄断诉讼时也可以采用它；甚至夫妻之间商量从去哪里度假到离婚时如何分割财产等一系列问题都可以采用这种方法。任何人都可以使用这种谈判方法。

尽管谈判的形式各不相同，但基本要素不变。无论要解决一个还是多个问题，无论是一方还是多方参与谈判，无论像集体谈判这样有规定的程序，还是像与劫机者谈判这样需要随机应变的谈判，原则谈判都完全适用。原则谈判是一种通用的策略。不论对手有无经验、是否友善，它都能发挥作用。它与其他所有方法都不同，如果谈判对方也掌握这种方法，那么谈判不会因此更加艰难，反而变得更加容易。如果他们也读了这本书，那就再好不过了。

第一部分

问题

第 1 章

不要在立场问题上讨价还价

不论谈判是有关合同、家庭内部纠纷，还是国家间的和平协议，人们常常在立场问题上纠缠不清。双方站在各自的立场上，为自己争辩，最后做出一定的妥协，找到双方都能接受的折中办法。这种谈判方法最具代表性的例子是顾客与旧货店老板之间的讨价还价。

就这样谈下去，他们也许会达成共识，也许毫无结果。

谈判的任何方法都可以通过三方面的标准来衡量：如果有达成共识的可能，达成的协议就应该是明智的；谈判应该有效率；增进或至少不损害各方的关系（明智的协议是指协议尽可能保障各方的合法利益，公平地解决利益冲突，协议持久性强，并考虑了公共利益）。

顾客	老板
这个铜盘子多少钱？	你眼光不错，75 美元怎么样。
别逗了，这儿有块凹痕，我出 15 美元。	什么？你要是诚心买，我还能考虑考虑。15 美元，开玩笑吧？
那好，我出 20 美元，75 美元太离谱了。给我个合理的价钱。	小姐，你砍价真够厉害，60 美元拿走吧。
25 美元。	我进价也比这高多了！你诚心买吗？
37.5 美元，我最多就出这个价。	你看看上面的图案，到明年这样的盘子价格能翻 1 倍。

上面举的例子反映了最常见的谈判方法，就是不断采取新立场，放弃原来的立场。

就像上面那位顾客和店老板所做的那样，各自的立场在谈判中起了一定作用。它能让对方了解你的需求，在前景不明朗、存在一定压力的情况下提供了一个立足点，最终可能会得到自己能接受的结果。但通过其他方法也能起到上述作用，而且这种在立场问题上纠缠不清的谈判又使双方无法通过达成明智的协议、进行有效率的谈判以及友善地谈判，来达成谈判的目的。

在立场问题上纠缠不清不能达成明智的协议

如果双方就各自的立场讨价还价，他们通常会坚持自己的立场。你越是声明和保护自己的立场，你就越会死守立场。你越想让对方明白改变你的立场是非分之想，对方就越难以明白。直到你的自我被你的立场绑架，你就又多了一个“保持脸面”的任务——让接下来的所有行动与过去的立场一致，这就使得谈判越来越不可能就双方的最初利益达成共识。

肯尼迪任总统时期，美苏全面禁止核试验谈判的失败，恰好说明了在立场问题上讨价还价对谈判造成的危害。当时主要的问题是：美苏双方每年允许对方到自己境内，对被怀疑有核试验活动的地区检查多少次？苏联方面当时最后提出是 3 次，而美国坚持最少 10 次，由于立场问题，谈判就此破裂。而双方都没有想明白一个事实，即检查是指 1 个人四处看 1 天呢，还是 100 个人随意检查 1 个月。双方都没有在设计检查程序上动脑筋，使它既满足美国在核查方面的利益，又能实现尽可能减少对方干预本国的愿望。

由于双方将更多的精力投入到立场问题上，忽视了各自真正关心的问题，因此达成协议的可能性也变小了。最后的谈判结果也只是机械地反映各自最终立场的差距，而不是真正满足双方的合法利益，结果往往也就差强人意了。

在立场问题上纠缠导致缺乏效率

传统的谈判方式可能使双方达成协议，比如铜盘子的价格；也可能令他们不欢而散，比如实地检查核试验活动的次数，但两者都要耗费大量时间。

在立场问题上纠缠不清会阻碍双方达成协议。为了使最终结果有利于自己，双方都以自己极端的立场为出发点，而且死守立场不放，还欺骗对方，隐瞒自己的真实想法，只有迫不得已的时候才做一点点让步。以上每个因素都会影响双方达成有效协议。双方最初的立场越极端，让步越小，谈判所需的时间就越长，所花的精力也就越多。传统的谈判方式还需要谈判者做大量的决定，如能给对方什么条件，该拒绝什么条件，可能做出多大让步等。决策过程最为费时费力。每一项决定不仅包含向对方的让步，而且可能会产生压力，从而导致再次让步。因此谈判者往往拖延时间，威胁要离开谈判桌，阻碍谈判进程，或采取其他一些花招，这只能使双方投入更多的时间和精力，增加不欢而散的可能性。

在立场问题上纠缠影响双方之间的关系

在立场问题上讨价还价完全是一场意志的较量。每个谈判者都坚持自己的立场，本来是双方合作解决的问题，却成了一场你死我活的斗争。每一方都试图单凭意志力使对方退却。“我不会让步的，你要是想和我去看电影，就得看《马耳他之鹰》，否则没门！”当一方看到自己的合理要求由于对方的强力压制而不被重视时，愤怒和憎恨往往占据上风。因此在立场问题上讨价还价会影响甚至破坏双方的关系：一起合作多年的企业集团可能会分道扬镳；邻居们从此不再说话；一次唇枪舌剑带来的不愉快也许一辈子都无法消除。

多方参与使立场式谈判更为不妙

尽管人们总是习惯将谈判视为两个谈判对手之间的事情，但实际上几乎所有谈判都涉及更多人。有时会有好几方坐在谈判桌旁，有时每一方都包括普通谈判成员、高层管理人员、董事会甚至各种委员会，这些都是谈判中要打交道的对象。谈判涉及的人越多，立场式谈判暴露出的弊病也就越多。

如果像联合国会议那样有一百多个国家坐在一起谈判，那么采取立场式谈判几乎是不可能的。统一所有人的意见很难。互惠式妥协也难于实现：向谁让步呢？即使达成了成千上万个双边协议，也谈不拢一个多边协议。在这种情况下，立场式谈判往往促使谈判各方组成不同派系，其共同利益通常流于表面形式而不具有实质性。在联合国，类似的组织有南北之分、东西之别。由于一个组织由多个成员组成，让它们采取共同的立场绝非易事。更糟的是，一旦各国历尽周折取得了一致立场，要改变就更困难了。此外，实际参与谈判的不光是坐在谈判桌边的人，还有他们的上级，这些人虽不在谈判现场，但采取任何立场都要经过他们的同意，因此立场一旦敲定，就很难有回旋的余地。

友善不能解决问题

许多人都认识到了立场式谈判的高昂代价，尤其是它对谈判各方及各方之间关系造成的损失。他们希望通过一种更温和的谈判风格避免冲突，把谈判对方看作朋友而不是对手。他们强调达成共识的必要性，而不是以自己占上风为目的。标准的温和型谈判步骤是提出条件和做出让步，信任对方，持友好的态度，为避免摩擦而做出必要妥协。

下面的表格分析了两种立场式谈判——温和型与强硬型。大多数人认为他们对谈判方式的选择介于两者之间，你希望温和还是强硬呢？还是选择一条折中路线？

问题
立场式谈判：你选择哪种类型

温和型	强硬型
对方是朋友	对方是对手
目标在于达成共识	目标在于胜利
为了友谊做出让步	要求对方让步作为维持双方关系的条件
对人和事采取温和态度	对人和事采取强硬态度
信任对方	不信任对方
容易改变立场	固守立场不动摇
给予对方实惠	威胁对方
亮出底牌	掩饰自己的底线
为了达成协议愿意承受单方面损失	把单方面优惠作为达成协议的条件

（续表）

问题 立场式谈判：你选择哪种类型	
温和型	**强硬型**
寻找对方可以接受的单方面解决方案	寻找自己可以接受的单方面解决方案
坚持达成共识	坚持自己的立场
避免意志的较量	试图在意志的较量中取胜
迫于压力而妥协	给对方施加压力

温和型谈判方式强调建立和维护关系的重要性。家庭内部和朋友之间的商讨往往采取这种方式，整个过程比较有效率，至少可以很快产生结果。由于各方力求做到更加宽容大度，达成协议通常不成问题，但却不一定是明智的协议。虽然结果也许不像欧·亨利的故事一样悲惨（一对相爱但贫穷的夫妇互相买礼物，妻子卖掉秀发给丈夫买了一条漂亮的表链，而不知情的丈夫却卖掉怀表为妻子买了一套美丽的发卡饰品），但是以强调双方关系为主的谈判往往会导致双方无法取得明智的协议。

如果你温和，而对方强硬，那结果就不妙了。在立场式谈判中，强硬者主导温和者。如果强硬者坚持要对方做出妥协并不断威胁对方，而温和者为避免冲突不断让步，坚持以达成协议为重，那么整个谈判都是强硬者占便宜。谈判会有结果，但却不一定明智，且绝对偏向于强硬者而不利于温和者。如果对方步步紧逼，而你却一让再让，那就等着倾家荡产吧。

你还有另一种选择

如果不愿意在温和与强硬两者之间选择，你可以改变谈判方式。

谈判往往涉及两个层面：第一个层面是解决实质性问题；第二个层面往往比较含蓄，关注解决实质性问题的程序。第一个层面可能涉及你的工资、租赁条件以及价格问题。第二个层面主要是如何通过温和、强硬或其他方式来解决实质性问题，是有关游戏的游戏，即“游戏中的游戏”。谈判中采取的每一个举动不仅关乎房租、薪水或其他实质性问题，而且有助于建立游戏规则，使谈判按原有的方式继续进行下去，或是让游戏规则有所改变。

第二个层面的谈判通常容易被人们忽略，因为常常在无意识当中发生。除非对方来自另外一个国家，特别是有非常特殊的文化背景，你才可能认为有必要先确立双方都接受的谈判程序。但不管你是否意识到这一点，你在谈判中的每一个举动都是在就“游戏”规则进行谈判，尽管这些举动有时只针对实质性问题。

是温和还是强硬？答案是：都不，我们要改变这个游戏规则。在“哈佛谈判项目”中，我们发明了一种新的谈判方式，取代以立场为中心的谈判。这种方式旨在通过有效和友好的方式取得最明智结果，我们称之为原则谈判或者依据原则进行谈判。它包含四个基本要素。

以下四点几乎适用于任何场合，每一点都围绕谈判的一个基本要素提出建议。

人：把人和事分开。

利益：着眼于利益，而不是立场。

选择：为实现共同利益创造更多选择方案。

标准：坚持使用客观标准。

第一点基于这样一个事实，即人非计算机。我们都是带有强烈情感的生物，每个人都有自己的感知，有时很难做到清晰无误地交流。感情往往会和客观事实纠缠在一起。表明立场会使情况更糟糕，因为这样会让人把自我与立场等同起来。因此，在解决实际问题之前，应把人际问题与实际问题分开处理。形象地说，谈判者应该是肩并肩地工作，一起解决问题，而不是相互攻击。所以第一点是：把人和事分开。

立场式谈判的一个弊端在于谈判者的精力集中在各自的立场上，而没有关注如何实现各方的潜在利益。第二点就是针对这一弊端设计的。谈判中的立场经常掩盖了你的实际利益需求。在立场问题上做出妥协无助于达成共识，也不能够兼顾双方立场背后的实际需求。所以第二点是：着眼于利益，而不是立场。

在压力之下很难设计最佳解决方案，第三点针对的就是如何应对这种困难。在对方面前做决定往往会限制你。越是感到着急，越是难以发挥创造力，也就越难找到正确的解决方案。你可以抽出时间，以实现共同利益和协调冲突为前提，构思各种可能的方案，抵消上述那些不利因素。所以第三点是：为实现共同利益创造更多选择方案。

当利益直接冲突时，谈判者有可能因态度强硬而得到满意的结果。这种方法对寸步不让的一方有利，但也容易产生武断的结果。然而，面对这样的谈判对手时，你就应当坚持，这不是单方面说了算的事情，你们的协议必须以不偏袒任何一方意愿的标准为基础。这并不是说谈判要基于一个你选择的标准，而是要有公平合理的依据，比如市场价值、专家意见、惯例、法律的评判等。通过讨论出这样的标准而不是单凭各自的意愿，双方就都不用让步，而且双方都会遵从一个公正的解决方案。因此第四点为：坚持使用客观标准。

下表将原则谈判与温和型、强硬型立场式谈判进行了对比。

问题 **立场式谈判：你选择哪种类型**		**解决方案** **改变规则——依据原则谈判**
温和型	**强硬型**	**原则谈判**
对方是朋友	对方是对手	双方能解决问题
目标在于达成共识	目标在于胜利	目标在于有效、愉快地取得明智的结果
为了友谊做出让步	要求对方让步作为维持双方关系的条件	把人和事分开
对人和事采取温和态度	对人和事采取强硬态度	对人温和、对事强硬
信任对方	不信任对方	谈判与信任无关
容易改变立场	固守立场不动摇	着眼于利益，而不是立场
给予对方实惠	威胁对方	探讨共同利益

（续表）

问题 立场式谈判：你选择哪种类型		解决方案 改变规则——依据原则谈判
温和型	**强硬型**	**原则谈判**
亮出底牌	掩饰自己的底线	避免谈底线
为了达成协议愿意承受单方面损失	把单方面优惠作为达成协议的条件	为实现共同利益制订更多选择方案
寻找对方可以接受的单方面解决方案	寻找自己可以接受的单方面解决方案	寻求多种解决方案后再做决定
以达成共识为目的	以坚守自己的立场为目的	坚持使用客观标准
避免意志的较量	试图在意志的较量中取胜	争取基于客观标准而非主观意愿的结果
迫于压力而妥协	给对方施加压力	坚持并倾向于理性方法，只认道理，不屈服于压力

原则谈判的四个基本要素适用于整个过程，从你开始着手谈判到达成协议或是你决定不再进行谈判都有用。这个过程可分为分析、计划、协商三个阶段。

在分析阶段，你只需要判断形势，收集、整理和分析信息。你需要考虑双方对问题的不同认识、对方对你的敌意程度以及双方交流的障碍，当然还有双方各自的利益。你需要认清已经摆在桌面上的选择以及已经明确协议的基础标准。

在计划阶段，你同样要面对这四个因素，开动脑筋，做出决定。怎样处理人际关系问题？在所有利益中，什么最重要？你的现实目标是什么？为此你要找出其他选择和参考标准。

在协商阶段，当双方为达成协议相互交换意见时，四个基本要素是讨论的最佳话题。双方可以消除分歧、克制情绪冲动以及克服交流过程中的障碍。每一方都应尝试理解对方的利益。双方可以一起寻找对彼此都有利的方案，并根据客观标准寻求共识以解决利益冲突。

总之，与立场式谈判相反，原则谈判注重基本利益、互惠方案和公平标准，通常能带来更明智的谈判结果。它使你有效率地在一系列问题中逐渐与对方达成共识，而无须在死守立场和放弃立场之间徒耗精力。把人和事分割开来，你才能真正把对方当作一个有血有肉的人，直接有效地同他打交道，最终得到友善的结果。

以下四章是对四个基本要素的阐述，如果对哪一点有疑问，你可以翻阅最后三章，找到有关这种谈判方式的常见问题解答。

第二部分

谈判方式

第2章

把人和事分开

人人都知道，解决问题时要使双方相互理解、不发脾气、有分歧不往心里去有多难。

一位工会领袖问工人：“伙计们，谁提出的罢工？”

琼斯站了出来：“是我。又是因为那个混蛋工头坎贝尔，两个星期里他五次把我从自己组里挑出来替别人顶班，他就是跟我过不去，我受够了，为什么脏活儿都该我干？”

工会领袖又去问坎贝尔：“为什么你总是跟琼斯过

不去？他说你两个星期中让他做了五次替补的活儿，为什么？”

坎贝尔说：“我选择琼斯那是因为他是最棒的。当别的组里没有领班时我相信他能带好班，要不是缺领班我就让史密斯或别人去干了。现在因为闹流感，好多领班都病了。我从不知道琼斯不愿意，我还以为他喜欢干重要的工作呢！”

还有一个真实生活中的例子。一家保险公司的律师对州保险专员说：“汤普逊先生，我知道您的时间很宝贵。我想和您谈谈有关加强责任法案推定条款的一些问题，我们认为该条款的表述对于一些保险公司不太公平，因为他们目前的保单中包括价格调整限制措施，所以最好能做出适当修改。”

专员打断说：“孟缇洛先生，在法令颁布之前我们部门就这些规定举行过几场听证会。你们公司完全有机会在听证会上提出反对意见。我主持了听证会，仔细听了每一个证词，亲自撰写了该法案所有条款的最终文本，你是说我出了错？”

“不，但是——”

“那你是说我不公平？”

“当然不是，先生，但我认为，这些条款带来的后果有些是我们没有预料到的，而且……”

“听着，孟缇洛，我竞选这个职位的时候，向公众保证杜绝那种可能‘致命的’电吹风和像定时炸弹一样的廉价轿车。现在这个法案就达到了这个目的。”

“你的公司去年通过这个法案赚了 5 000 万美元，你以为我是可以糊弄的傻瓜，到这里来和我谈什么‘不公平’和没有预料到的后果，我再也不想听到任何有关法案的话。再见，孟缇洛先生。”

接下来怎么办呢？保险公司的律师是否已经激怒了专员，整个谈判一无所获？这家保险公司在该州有很多业务，与专员保持良好的关系非常重要，即使孟缇洛先生坚持认为法案有失公允，可能会对公众造成长期的不良影响，而且连专家在听证会上都没有预料到这些问题，他是否也应该就此罢手呢？

在这些案件中究竟发生了什么？

谈判者首先是人

在公司及国际交往事务中，人们往往容易忽略一个基本的谈判事实，即对方是活生生的人，而不是一个抽象的代表。他们有情绪、有自己的价值观、有不同的背景和看问题的角度。他们有时让人捉摸不透，我们自己也是如此。

谈判中人性的一面有其益处，但也会造成灾难性后果。一方面，最终要达成双方满意的结果的心理信念，往往会产生于双方谈判的过程。一种建立在信任、理解、尊敬和友谊基础上，并经过时间考验的合作关系会使谈判一次比一次愉快和顺利。人们渴望良好的自我感觉以及期望给别人留下一个好印象，这都会使他们更注重考虑对方的利益。

另一方面，人们也会变得愤怒、消沉、胆怯、敌视、沮丧和感到被冒犯，因为自尊容易受到伤害。人们从自己的角度出发看待世界，把感觉与现实混淆在一起。通常无法正确理解他人所表达的东西，也无法准确传达真正的意图。误解会加剧偏见，引发的一系列反应最终形成恶性循环；不再为了达成谈判结果而理性分析，谈判从此破裂。这种谈判最后变成了一场以双方利益损失为代价的争夺得分的游戏，双方相互攻击。

不把对手当作普通人，忽视他们的反应，往往会给谈判带来灾难性后果。在谈判中，从着手准备到后续工作的整个过程，不论何时采取任何行动，你都应该问一下自己：“我对人际关系问题是否足够重视？”

每个谈判者都有两方面利益：实质利益和关系利益

让每个谈判者都想达成满足自己实质利益的协议，这正是人们谈判的原因。除此之外，谈判者也重视与对方的人际关系。一个古董商既希望赚钱，又希望顾客成为老主顾。双方的合作关系至少应有助于达成一个兼顾双方利益的协议。当然还有更重要的目的。多数谈判是在人际关系不断发展的情况下进行的，因此不会损害而是有益于人际关系以及以后的谈判是非常重要的。事实上，在和许多长期客户、商业伙伴、家庭成员、同行、政府官员以及不同的国家进行谈判时，维持良好关系远比达成谈判的某个结果更重要。

人际关系经常与问题纠缠在一起。谈判中人际问题会带来的一个严重后果，即把各方人际关系与实质问题混淆在一起。无论是给予的一方还是索取的一方，都可能把人和事等同起来。在家庭中，一句诸如“厨房简直一团糟”或“银行里没多少存款”的抱怨也许仅仅只是指出问题，却容易被误认为人身攻击。你对于当前形势的怨气也可能撒在你心中怪罪的某个人身上。主观因素总会影响实际问题的解决。

人际关系与心理问题混淆的另一个原因是谈判者经常对别人的话进行毫无根据的推论，并将其与对方对待自己的意愿、态度联系起来。

我们稍不留神就会犯这个错误，难以意识到可能有另一种解释。正像前述工会的那个例子，琼斯指责工头坎贝尔跟自己过不去，而坎贝尔却以为让琼斯负责重要工作是对他的肯定。

立场式谈判把谈判者的实质利益和关系利益对立起来。把谈判当作一场以立场为基础的意志较量，会使人际关系与实质问题更加混淆，难以区分。我们认为对方的立场就是对方所希望的谈判结果。从我的角度看，如果你把谈判当作一场以立场为基础的意志较量，就意味着你对于我们之间的关系毫不在乎。如果我坚持立场，而你又觉得不合理时，你会认为我也在走极端，你便自然而然地认为：我不看重双方之间的关系，或者说我不看重你。

在立场式谈判中，谈判者的实质利益和关系利益的实现，是以一种利益的牺牲为代价的。如果出于公司的长远发展考虑，保持与州保险专员的良好关系更重要，那律师就只好不再提这件事了。如果你更看重满意的解决办法，而不在乎是否受到对方的尊敬或喜爱，你会以牺牲人际关系为代价换取实质利益。“如果你在这一点上不能与我一致，那就算了吧。这将是我们最后一次见面。”不过，在实质问题上妥协也不能换来良好的关系，只会让对方觉得你好欺负。

把关系利益与实质利益一分为二：直接解决人际问题

解决实质问题和保持良好的合作关系并非互相对立，只要谈判各方能够在心理上做好准备，依据其合理性分开处理这些问题，并愿意为之而付出努力，就可以同时实现两种利益。正确处理人际关系需要准确的认知，清晰的交流，恰当的情绪和长远的目光。直接处理人际问题，不要指望靠牺牲实质利益来换取良好的人际关系。

心理问题则要用心理学中的技巧来解决。如果出现认知不准确的情况，你可以想办法向对方解释；如果对方情绪过于激动，你可以想办法让他们消消气；如果存在误解，你要努力增进相互间的交流。

要想在纷繁复杂的人际问题中找到出路，最好从以下三个基本方面着手：认知、情绪和交流。各种人际关系问题都能从这三个方面找到症结所在。

人们在谈判中容易忽略的是，你不仅要面临对方的人际问题，还要处理好你自己的人际问题。你的愤怒和沮丧可能会妨碍达成一项有利于自己的协议。你的认识可能是片面的，你可能没有充分倾听对方，没有进行充分的交流。下面介绍的一些方法对谈判双方解决人际问题都适用。

认知

了解对方的想法不只是帮助你解决自己的问题。他们的想法本身就是问题所在。无论是谈生意还是解决纠纷，意见分歧都来源于你和对方思考方式的不同。两个人争吵常常是为某件东西——如两人都声称手表是自己的；或是为某件事——如都认为是对方造成的交通事故。国家之间也是如此。摩洛哥与阿尔及利亚为西撒哈拉部分领土的归属问题争执不下。在这种情况下，人们总以为他们需要更多地了解争执的东西或事件本身。于是他们研究手表，测量事故现场的刹车痕迹，研究西撒哈拉。

可事实上，冲突不在于客观现实本身，而在于人们的思考方式。在处理分歧时，事实只不过是又一个论据，对消除分歧也许有用，也许无用。分歧的存在是因为其存在于人们的思维之中。恐惧，即使是无端的恐惧，也是切实存在、需要消除的。希望，即使是不太现实的希望，也会引发一场战争。纵然是既成的事实，也可能对问题的解决无济于事。虽然双方都认同这个事实，即一方丢了手表，一方捡到了手表，但对谁应得到这块手表仍有异议。交通事故最终可能认定是由于一个行驶了 31 402 英里[1] 的轮胎爆裂造成的，但双方仍会为该由谁来赔偿损失而争论不休。对西撒哈拉详细历史地理情况研究得再仔细，资料再翔实，也不能平息两国间的领土纠纷。

尽管寻求客观事实十分有益，但最后形成谈判中分歧的却不是这些事实，而是双方对于事实的不同认识，这才是解决问题的契机。

站在对方角度换位思考。你对世界的认识取决于你所处的位置。人们往往只看他们想要看到的东西。在大量的详细信息中，人们往往只从中挑选出那些能验证自己最初认知的事实，而忽略或歪曲不符合他们认知的信息。谈判中的每一方可能只会看到自己的优势和对方的不足。

能站在对方的角度考虑问题，是谈判者应该掌握的最

1. 1 英里 ≈ 1.61 千米。——编者注

重要的技巧之一，尽管真正做到这一点并不容易。只认识到对方看问题的角度与我们的不同是不够的。如果想影响对方，还需要切身理解对方观点的力量，感受对方深信不疑的观念中所包含的情感力量。仅像在显微镜下观察甲壳虫那样研究对方是不够的，还需要了解成为甲壳虫的感觉。为此，你在“尝试接受”对方观点时应暂时把自己的那套判断标准搁在一旁。他们同你一样对自己的观点深信不疑。也许在你看来，桌上摆着的是半杯凉水，而在你妻子看来则可能是一只装了半杯水的脏杯子，会弄脏光洁的红木桌面。

比较一下表中房客与房东在商谈续租问题时所持的截然不同的看法：

房客的看法	房东的看法
房租已经很高了。	很久没有涨房租了。
由于其他费用增加，所以我不能再多交房租了。	由于其他费用增加，所以我要提高租金，增加收入。
房间需要粉刷。	他不爱惜房子。
我知道有人租类似的房子，房租比我的便宜。	我知道别人要租这样的房子，花的钱更多。
像我这样的年轻人付不起高房租。	像他那样的年轻人喜欢弄出噪声，糟蹋房间。

（续表）

房客的看法	房东的看法
房租应该降，因为周围环境不好。	我们作为房东应该提高房租，改善周围环境。
我不养狗也不养猫，是个理想的房客。	我受不了他的音响声音。
她一来收房租，我马上付给她。	他从不主动付房租。
她太冷漠，从不关心我。	我替别人着想，从不过问别人的私生活。

理解对方观点并不意味着对其表示赞同。的确，更好地了解对方的想法可能会改变你对当前事实的看法，但这并不是理解对方观点所要付出的代价，而是会让你受益。这样能使你缩小冲突范围，帮助你实现新的自我利益。

不要因为自己害怕，就推测对方的意图。人们通常认为自己所害怕的就是对方要做的。《纽约时报》上有这样一则故事："他们在酒吧相识，他提出开车送她回家。他把她带到一片陌生的街区，说这是条近道。他以非常快的速度把她送回家，她甚至看到了晚上 10 点的新闻。"故事的结尾出人意料，是因为我们由于担心而推测故事的发展。

人们习惯于从坏的角度去理解他人说的话和做的事。

人们往往不自觉地从固有的认知出发得出判断。而且，这么做看起来“保险”，让旁观者觉得对方有多么的坏。但是，以如此消极的态度去看待别人的言行，其代价是任何有助于达成协议的新建议都被一脚踢开，你不会想到或是根本就不愿意对立场做丝毫改变。

不要因为自己的问题去责备他人。人们倾向于让对方为自己的问题承担责任。“你们的公司根本靠不住。每次你们来工厂维修旋转发电机，总是糊弄人，这不现在又坏了。”责怪别人很容易，特别是你认为对方的确负有责任时更是如此。

但即使是正当指责，其效果也往往适得其反。对方受到攻击时，会采取守势，拒绝接受你的意见。他们会不理你，或是转而向你发起反击。相互指责把人与事混淆在一起，难以区分。

谈论某个问题时，请就事论事。“你们保修的旋转发电机又坏了。上个月就出现三次了。第一次坏了整整一周。我们工厂需要一台性能好的发电机，怎样才能让发电机不出毛病呢？我想听听你们的意见。我们是该换家售后服务商，还是该起诉生产商，或是有其他什么办法？”

讨论各自对问题的认识。消除认识分歧的一种办法是，提出各自的想法，与对方进行讨论。只要做到态度坦率、诚恳，双方不从自己的角度出发指责对方，这样的讨论就能让双方怀着一份理解，认真倾听对方的真正意图。

认为对方关注的问题“不重要”，因此对达成协议不构成障碍，这是谈判中司空见惯的事情。事实上，与别人进行明确而有说服力的交流，把你想说的同时对方也愿意听的话，大声坚定地向对方表达，是一个谈判者做的最好的投资。

我们看一看在海洋法大会上有关技术转让的谈判。1974—1981 年，150 多个国家的代表们汇集在纽约和日内瓦，讨论制定从捕鱼权到深海海床开采锰矿等海洋管理方面的法规。来自发展中国家的代表一度对技术交换表示出极大的热情，他们希望从高度发达的工业化国家那里得到深海海床采矿的技术和设备。

美国等发达国家认为满足这一要求并不困难——因而觉得技术转让问题不重要。虽然从某种意义上说，这个问题的确对它们无关紧要，但它们表现出无足轻重的态度则是大错特错。如果在技术转让等具体实施办法上多花些时间，它们向发展中国家提供的转让则完全可以显得更可靠，更吸引人。由于它们认为这是次要问题而推到以后考虑，结果因小失大，那些工业化国家放弃了以低成本换取大回报的机会，没能让发展中国家从谈判中感受到巨大的成就感，从而错过了一次在其他问题上达成协议的契机。

让对方参与其中，使其明白谈判结果对双方都有利害关系。如果对方没有参与谈判，他们将不太可能接受谈判结果，道理就是这么简单。如果你经过充分调查后找到州保险专员，准备与他大战一场，他当然会觉得自己处境不妙而拒绝接受你的结论。如果你事先没有问清某个雇员是否愿意承担负有责任的工作，就不要对他的抱怨感到意外。要让对方接受他不太满意的结果，关键在于让他参与其中。

这恰恰是人们所不愿意做的。在处理某个难题时，你出于本能会把最艰巨的部分放到最后。“等我们把事情都调查清楚了再去找专员。”然而，假如专员认为他参与起草了条款，他完全有可能同意对条款进行修改。这样一来，修改工作成了起草过程中的一个小步骤，出台的仍是他原有的成果，不会有“半路杀出个程咬金”的感觉了。

在南非，白人中的温和派一直力图废除带有歧视性的法案。怎么做的呢？他们在全部由白人参加的议会委员会里讨论有关提案。但是，无论这些提案被证明是多么值得称道，都显得缺乏说服力。问题不在于其内容本身，而在于没有黑人参与到提案的讨论中来。黑人们听到的会是：“我们高贵的白人将讨论如何解决你们的问题。”从一开始就存在一个问题，这件事又成了“白人的负担”。

即使协议内容对另一方有利，他们也会因为没有参与起草而对协议表示怀疑并拒绝接受。如果双方都为协议提出了自己的意见，那么达成共识就容易多了。假如正在讨论的解决方案为双方逐步认可，整个谈判过程将更具说服力。对提案的每一处批评和相应的修改，每一次妥协，都是谈判者个人对于提案的贡献。一个充分考虑了双方建议的提案会让每个人都对提案更有认同感。

让对方尽早参与其中，征询他们的意见，对他们提出的每个想法都尽可能给予表扬。这样，提出想法的人就会在其他人面前极力捍卫这些想法。抵挡居功领赏的诱惑不容易，但忍耐的回报是丰厚的。除了获得实际利益之外，是否参与其中，也许是决定一个谈判者是否接受这项提议的唯一最重要的因素。从某种意义上说，过程即结果。

保全面子：使你的提议与对方的观念一致。“保全面子”一词在英文中带有贬义。人们说“我们这么做纯粹是给他们面子”，言下之意是我们做做样子好让某些人不那么难堪。说话人语气中充满着嘲讽的意味。

这就严重歪曲了保全面子的作用和重要性。保全面子说明一个人有必要在谈判或协议中让自己的立场和原则，与过去的言行一致。

在司法程序中也是如此。法官在给法庭判决写理由时，他就是在保全面子，不仅为自己，也是为了司法制度，更重要的是为当事人保全面子。法官不是简单地告诉双方当事人“你胜诉”或“你败诉”，而是向他们解释他的判决是依据法律原则、法律条文和之前的先例做出的。他希望判决结果合情合理，而不是武断的。谈判者也应如此。

人们在谈判中坚持己见，往往不是因为谈判桌上的建议本身不能接受，而只是不想表现得在对方面前败下阵来。如果改变一下措辞，或者换一种形式，使谈判看上去公平一些，对方便会接受。某座大城市和其西班牙人社区就市政工作机会问题举行谈判，但市长拒不接受谈判的各项条款，最终通过撤回协议，由市长对外宣布同样的协议条款，让人们认为这是市长的决定，从而可以实现他竞选时的承诺，最终谈判取得了成功。

保全面子既要依据原则达成协议，也要与谈判者的自我形象相协调，其重要性不可低估。

情绪

谈判中，特别是在激烈的争执中，情绪本身也许比说话更重要。双方可能更容易陷入争执，而不是携手就共同问题找出解决办法。人们往往开始谈判时才意识到风险很大，于是神情紧张。一方的情绪会影响另一方。恐惧会引起愤怒，而愤怒也会带来恐惧。情绪波动会使谈判迅速陷入僵局或者致使谈判破裂。

首先要承认并理解自己和对方的情绪。好好想想自己在谈判中的表现。你是否感觉紧张？是否心烦意乱？有没有向对方发脾气？听听对方在说什么，以便了解他们的情绪。记下自己的感受——恐惧、担心和生气；以及你希望表现出来的感觉——自信、轻松。试着用同样的方法记下对方的感受。

如果对方代表所属组织参加谈判，人们就容易把他们当作没有情感的传话筒。你应该记住，他们和你一样，也有恐惧、希望、梦想等个人情感，也许他们的事业前途未卜，他们对有些问题可能会特别敏感，对另一些问题则颇为自豪。情绪问题不仅谈判者有，其委托人也会有。委托人看问题的角度甚至可能会更片面、更对立。

问问自己，这些情绪是怎么产生的？你为什么发火？

他们为什么生气？他们是对过去的事情怀恨在心而伺机报复吗？这个问题带来的情绪是否会波及另一个问题？家庭矛盾是否会影响工作？

把情绪表现出来，并承认有情绪是正常的。与对方谈谈他们的心情，也谈谈你自己的。比如你可以说："我们感觉受到了不公正对待，感到很失望。我们担心，即使达成协议，也很难遵照执行。无论这种想法是否合理，这就是我们的顾虑。在我看来，我们的这种担心可能是多虑了，但这确实是我们的想法，你们是否也有同样的担心？"讨论自己或对方的情绪问题，不仅能突出问题的严重性，而且能让谈判少一些被动，多一些"主动"。只有从埋在心底的情绪包袱中解脱出来，才可能集中精力思考问题。

让对方发泄情绪。通常，处理人们生气、沮丧等消极情绪的有效办法之一，是让他们把坏情绪发泄出来。人们只要把委屈倾诉出来就能获得心理上的轻松。如果你下班回家后，向丈夫讲述一天中办公室里的不愉快事情，而他却说："没必要跟我说这些，我知道你工作很辛苦，别想了。"这时你的心情会变得更为沮丧。对谈判者而言也是如此。发泄情绪能使后面的谈判继续理智地进行下去。另外，如果谈判者首先发表一通愤怒的演说，在委托人面前表现出“强硬”的一面，谈判者可能会在谈判中获得更大的发挥空间。于是，他可以依靠自己态度强硬的名声，在以后双方真的达成协议时免受批评。

因此，当别人发脾气时，你不要打断对方或者摔门而去，而应克制自己的情绪，继续待在那里，任对方发泄不满。当他们的委托人也在场时，他们的沮丧情绪也会像谈判者那样得到发泄。对付另一方发脾气的最好措施也许是静静地听着，并不时地让对方继续，直到他说完为止。这样，你不仅没有煽风点火，恶化形势，还给了对方说出心里话的勇气，不再留什么积怨。

不要对情绪的冲动做出回应。如果宣泄情绪导致对方产生情绪化的反应，其后果将是危险的。这种情况如果不加以控制，将会导致激烈的争执。20 世纪 50 年代，人际关系委员会使用了一种特殊而有效的控制情绪冲突的办法。该委员会是钢铁业劳资双方组成的一个团体，专门处理正在发生的冲突，以防止其演变成严重的问题。委员会成员们规定每次只能有一个人发火，这样别人就不会对愤怒的宣泄还以颜色了。这条规定还使情绪的爆发变得更加合情合理，因为人们会觉得“这没什么了不起的，该他发火了”。这条规定的另一个优点在于，它帮助人们控制自己的情绪，破坏规则就意味着你自己失控了，会让你有些没面子。

采取象征性的姿态。情侣们都知道，送上一枝红玫瑰就可以结束一场争吵。给对方带来积极情绪的行动，并不需要自己付出什么代价。一声同情的问候，一句遗憾的表示，去墓地表示哀悼，送给对方孙子一份小礼物，相互握手拥抱，一起吃饭——所有这些都是以微小代价去改变敌对情绪的绝好机会。许多情况下，一声道歉就可以有效地化解敌对情绪，哪怕你并没有承认对某种行为负责或承认有伤害对方的意思。道歉是一项成本最小而收益最大的投资。

交流

没有交流就无法进行谈判。谈判就是双方为达成共识而相互交流的过程。相互交流并非易事。即使双方有着共同的价值观与人生经历，交流起来也会有麻烦。一起生活了 30 年的夫妻，每天还难免会产生误解。因此，相互不了解的人之间出现交流不畅，甚至互相敌视和怀疑是不足为奇的。你应该预料到，无论你说什么，对方总会有不同于你的理解。

交流中存在三大障碍。首先，谈判者之间并不一定直接交谈，或者至少不以这种方式得到对方理解。谈判各方经常会放弃与对方进行严肃的交流，转而试图说服第三方或是自己的委托人。他们不去努力与对方携手合作以达成共识，而是企图击倒对方；不去说服对方采取更具建设性的步骤，却力图说服旁观者支持自己。如果各方都想讨好旁观者，就无法实现有效的交流。

即使你直接明了地与对方交谈，他们也不一定在听。这就是交流中的第二大问题。你是否注意到，在大多情况下，你所说的没有引起对方足够的重视。同样，你也常常无法重述对方说过的话。在谈判中，你可能一直忙着思考自己接下来该说什么，怎样回应对方刚才提到的问题，或者构思下一步的方案，于是没有注意听对方在说什么。或者，你更专注地听自己的委托人而不是对方说的话。毕竟，你的谈判是对委托人负责，他们是否对谈判结果满意才是你最关心的，因此你对他们的反应倍加注意是正常的。但是如果你不注意听对方所说的话，双方就无交流可言了。

交流中的第三个主要问题是误解。一方也许会误解另一方的话。即使谈判者坐在同一间屋子里，相互间的交流也可能像大风中的烟雾信号一样令人难以捉摸。如果谈判各方使用不同的语言，产生误解的可能性就更大了。比如在波斯语中，“妥协”一词没有英语中“compromise”表示的“双方都能接受的折中解决办法”这一正面解释，而单指“有损我们的原则”这一贬义。同样，“调解人”一词在波斯语里是指未经邀请，爱多管闲事的人。20 世纪 80 年代初，联合国秘书长瓦尔德海姆到伊朗争取美国人质的获释。抵达德黑兰后，他通过伊朗国家广播电台和电视台发表讲话，结果译成波斯语的意思变成：“我此行的目的，是以爱管闲事者的身份找到有损于你们原则的办法。”这样一来，他在伊朗的一切努力都严重受挫。此番讲话播出不到一个小时，愤怒的伊朗人就用石头砸了瓦尔德海姆的车。

如何才能解决以上三个问题呢？

认真聆听并理解对方的意思。听的必要性是显而易见的，但要听明白却并非易事，特别是在紧张的谈判中，要做到听明白就更难了。倾听可以使你了解对方的观点，感知他们的情绪，并理解他们想要表达的意思。认真聆听不仅能让你听得更明白，而且能使对方说得更清楚。如果你集中注意力，并不时地插一句“如果我没有理解错的话，你的意思是不是……”，对方就会知道他们不是在浪费时间，不是在走过场。他们也会因为有人倾听并且得到理解而感到满足。人们常说，谈判者向对方做出的最不费力的让步就是让他们知道，你确实在倾听他们说话。

善于听讲的常用技巧是，集中精力听对方说话，要求对方清楚明了地阐述其真正意图，且在模棱两可或没有把握时要求对方重复。对方说话时尽量不要回应，而要去真正理解对方的意思。站在对方的角度，考虑对方的需求，理解对方的压力。

许多人以为谈判者的高明战术就是，不要太注意对方所言，不要对他们的观点表示丝毫赞同。而一名优秀谈判者的做法却恰恰相反。只有理会对方的讲话并表示你明白他们的意思，他们才会相信你是在倾听。当你想阐明不同观点时，他们会认为你仍没有领会他们的意思。他们会想：“我已经告诉这家伙我的观点，但他现在说的却是另一套，他肯定还不明白我的意思。”这样，他们就不会仔细听取你的意见，而是考虑换一种你能明白的思路来阐述他们的观点。因此，你要向他们表明，你明白他们的意思：“你看我理解的对不对，按照你们的观点，情况是这样的……”

在按照你的理解重复对方所言时，你要从他们的观点出发，态度积极，措辞明确，清楚表达对方观点中的长处。你不妨说："你的理由很充分，看看我是否明白了。我的理解是……"。理解不等于赞同。你可以做到完全理解对方，但同时又绝不赞同对方的意见。只有让对方确信你领会了他们的意思，你才可能向他们阐述自己的观点。你可以先重述对方观点，再指出其中的问题所在。如果你能比对方更清楚地说出他们的观点，然后再进行反驳，就会大大增加双方根据实际情况进行建设性对话的可能性，也极大地减少了他们认为被误解的可能性。

说出你的想法，争取对方的理解。与对方交谈，人们常易忽略的是，谈判既不是辩论，也不是审判。你不是在尽力说服某个第三方。你要尽力说服的人就坐在你对面。如果把谈判比作一场法律诉讼的话，场面就好似两个法官正试图就如何做出判决达成一致。试着将自己置于那个角色，把对方当作自己的法官同事，你要和他共同努力取得共识。在这种情况下，出了错就责怪对方、相互辱骂或提高嗓门显然是没有说服力的。相反，如果你能将对方当作和自己一起处理问题的伙伴，并清楚地认识到他们看问题的角度与你不同，那么事情就会容易多了。

为了减少媒体、国内观众以及第三方对谈判产生决定性影响，不分散谈判人员的注意力，最好与对方进行私下、秘密的交流，也可以通过限制谈判团人数来提升交流效果。比如，在1954年的里雅斯特市问题的谈判中，南斯拉夫、英国和美国间的会谈几乎毫无进展，直到三国主要谈判人员脱离了各自庞大的代表团，在一间隐蔽的房间里进行了非正式的单独会谈后，问题才得以解决。在此，伍德罗·威尔逊的那句著名口号“公开协议公开达成”完全可以改为“公开协议私下达成”。不管有多少人参与谈判，做出重要决定时通常只有一两个人在场。

只谈自己，不说对方。在许多谈判中，双方花大量时间解释、谴责对方的动机和意图。然而，相比谈论对方都做了些什么以及为什么那么做，谈论问题对自己的影响更具说服力。比如，你可以说“我很失望”而不是“你违反了诺言”。用“我们感觉受到了歧视”代替“你是个种族主义者”。如果对方认为你对他们的评价不符合事实，他们会因此而迁怒于你，或者不再理你，也就不会关注你的利益。而表达自己的感受则无可厚非。这样，你既传达了同样的信息，又不会使对方采取守势，拒绝接受你的意见。

有的放矢。有时，问题不在于交流太少，而在于沟通过多。当双方误解很深或者火气正大时，最好先把一些想法放在心里。有时候，充分表现自己的灵活态度只会增加达成协议的难度。比如，我提出愿意出 9 万美元买你的房子。我报价后你却说，其实 8 万美元你就准备出手。这样，这笔买卖就难以做成。如你保持沉默，则容易成交。因此，经验之谈是：在做出重要表态前，先弄清楚自己所要表达的意图或想得到的信息，做到有的放矢。

防患于未然

前面所说的方法对于解决认知、情绪、交流方面的问题通常都能奏效。但处理人际问题的最佳时刻则是在问题发生之前。也就是说，要与对方建立个人及组织间的良好关系，以缓冲谈判中的摩擦。这也意味着，在确定谈判策略时，要把人际关系与实质问题分开，避免将个人意识牵扯到实质问题的讨论中来。

建立良好的合作关系。私下结识对方的确很有帮助。人们很容易对一个陌生而抽象的“对方”产生敌意。假如你认识他，情况就不一样了。与同学、同事、朋友甚至朋友的朋友打交道，就完全有别于同陌生人交往。越快与对方熟悉，谈判就越轻松。了解对方的基本情况也就不再是一件难事。于是艰难的谈判便有了信任的基础。日常沟通变得轻松而随意。一句玩笑、一通闲聊便可轻而易举地缓解紧张气氛。

应在谈判开始之前就建立这样的关系。要了解对方，发现他们的好恶，尝试与他们私下接触。比如谈判开始前早到一会儿，利用这段时间相互聊一聊，谈判结束后再逗留片刻。本杰明·富兰克林最喜欢用的技巧便是向对方借本书，这会让对方感到荣幸和满足，认为富兰克林欠他一份情。

对事不对人。如果谈判者在面对面交锋中视彼此为对手，就很难将人际问题同实质问题分开。这样一来，一方针对问题的任何言论都会被对方视为是有针对性的。双方互相防备，对抗意识强烈，完全忽略了对方的合法利益。

对谈判各方更为有效的策略是，视彼此为合作者，大家一起冷静地去寻求有利于双方的公平协议。

像汪洋大海中一艘救生筏上的两个落难水手为有限的给养发生争吵一样，谈判者一开始容易把对方看成对手，视对方为障碍。但为了生存，两个水手必须把人和事分开。他们必须认定各自的需求，如需要遮挡物、药品、淡水、食物等，进而把满足这些需求当作两个人的共同目标，同时考虑其他共同要解决的问题，如轮流放哨、收集雨水、将救生筏划向岸边等。这两个水手只有并肩协作来处理共同问题，才能协调好利益冲突，获得更多共同利益。对于两名谈判者而言，道理也是如此。不管双方之间的关系有多么紧张，只要双方联手合作应对共同面临的问题，就能更好地协调各自的利益需求。

为了改变对方的态度，变正面交锋为并肩合作，你就得先把问题清楚地摆出来："你看，我们都是律师（外交官、商人、家属等），如果我们不努力满足你们的利益，我们也不可能得到令自己满意的结果。反之亦然。让我们一起为满足双方的共同利益而努力。"或者，你也可以一开始就以共同解决问题的态度对待谈判，用实际行动影响对方，使之愿意合作。

为了便于谈判，双方最好坐在桌子的同一侧，把合同、地图、白纸或其他能说明问题的材料放在面前。如果相互间已经建立了信任的基础，那就再好不过了。但不管双方的关系多么不牢固，都要努力使谈判成为并肩合作的过程。虽然双方的利益不同、观点各异，又有各自的情感因素掺杂其中，但双方应合作来处理共同的问题。

把人与事分开并不等于一劳永逸，需要持之以恒地去做。其基本方法是：将对方当作有血有肉的人来对待，而不是就事论人。至于如何做到这一点，将在以下三章中详细论述。

第 3 章

着眼于利益，而不是立场

有这样一个例子：两个人在图书馆吵架，一个要把窗户打开，另一个要把窗户关上。他们俩为了窗户应该开多大争执不休，是露条缝、半开还是打开 3/4？没有一种方案能让两人都满意。

这时图书馆管理员走了进来，她问其中一个人为什么要开窗户，这个人回答说："为了呼吸新鲜空气。"她又问另一个人为什么要关窗户，那人说怕有穿堂风。管理员想了一下，把隔壁房间的一扇窗户敞开了，这样既有了新鲜空气，又避免了穿堂风。

明智的解决办法：协调双方利益而不是立场

刚才的例子在谈判中颇具代表性。从表面上来看，这两个人的问题在于他们的立场发生了冲突。既然双方的目标是在立场上达成共识，自然他们思考和谈论的都是立场——这往往使谈判陷入僵局。

如果管理员只注重他们俩的立场，一个要开窗，一个偏要关窗，她就不可能找到解决问题的办法。但是她注意到双方的真正利益，是呼吸新鲜空气和避免穿堂风。由此可见，把立场与利益区别开来很关键。

利益是问题的关键。谈判的根本问题不在于双方立场上的冲突，而在于双方需求、愿望、顾虑和恐惧方面的冲突。谈判方可能会说：

“我正在设法阻止他在隔壁搞房地产开发。”

“我们谈不拢。他的房子开价 10 万美元，我只能出 9.5 万美元，多 1 美分都不行。”

但问题的实质是：

“他需要现金，我图个省心。”

换句话说，“他至少需要 10 万美元与前妻了断，可我告诉过家人，我最多花 9.5 万美元买房子。”

这样的愿望和顾虑就是利益。利益驱动人的行为，是立场争执背后的真正动机。你的立场就是你已做的决定，而利益是导致你做出这一决定的原因。

1978 年在戴维营草签的《埃以和平协定》表明，就双方的利益而不是各自的立场进行谈判是十分有益的。自 1967 年“六日战争”以来，以色列一直占领着埃及的西奈半岛。1978 年埃以双方坐下来进行和谈时，各自的立场互不相容。以色列坚持要占有西奈的部分地区，埃及则强烈要求以色列归还西奈的每一寸土地。人们一次次地绘制新的地图并标明分界线，表示西奈领土部分属于埃及，部分属于以色列。埃及决不接受这种妥协，以色列也拒不接受回到 1967 年的状态。关注双方的利益而不是立场，使谈判有了转机。以色列需要的是安全，他们不愿让埃及坦克驻扎在边境，受到坦克随时会开过来的威胁。埃及的利益则在于主权，西奈半岛自法老时代起就一直是埃及的领土。在被希腊人、罗马人、土耳其人、法国人和英国人统治了几个世纪后，埃及才完全获得国家主权，当然不会轻易向任何外国征服者割让领土。

埃及总统萨达特与以色列总理贝京在戴维营最终达成

了一项协议，让埃及拥有西奈半岛的全部主权，同时大面积撤军又保证了以色列的安全。协议把西奈半岛大片区域划为非军事区，埃及的国旗可以在西奈半岛随处飘扬，但埃及坦克不得靠近以色列。

调和双方的利益而不是立场，这种方法之所以奏效有两个原因：一是人们可以采取多种立场来满足自己的利益，但往往只采取最显而易见的立场。比如，以色列为了满足其安全利益，宣布将保留西奈半岛的部分领土。如果你能从对立的立场背后寻找利益动机，也许就能找到既满足自己的利益又能满足对方利益的新立场。在西奈半岛问题上，非军事化就是这样一个新立场。

二是对立的立场问题背后不止有双方相互冲突的利益，还有更多的其他利益，所以，协调利益而不是在立场问题上妥协也会行之有效。

对立的立场背后既有共同与可共存的利益，也有相互冲突的利益。我们通常会这样认为：对方的立场与我们的背道而驰，他们的利益也一定与我们的截然相反。如果我们的利益是要保护自己，那对方一定想攻击我们。如果我们希望房租尽可能便宜，对方一定会使劲涨房租。其实在大多数谈判中，只要仔细考虑潜在的利益需求，就能发现双方共同或可调和的利益要远远多于相互对立的利益。

比如，我们看一下房客和他期望的房东之间的共同利益：

1. 双方都需要稳定。房东需要稳定的房客，房客需要常住。
2. 双方都希望房屋得到很好的维护。房客要住在这里，房东希望使房屋增值并且房子有好的声誉。
3. 双方都希望建立良好的关系。房东希望房客按期付房租，房客希望房东有求必应，对房子进行必要的修护。

有时双方的利益并不是互相冲突的，只是不同。比如：

1. 房客对涂料过敏，不愿意自己动手刷房子。房东则不愿花钱粉刷所有的房间。
2. 为了保险起见，房东要求房客预付第一个月的房租作为定金，第二天交讫。房客对房子很满意，因此他并不在意何时付这笔钱。

在权衡上述共同和不同的利益之后，双方降低房租与提高收益的分歧似乎就容易解决多了。共同的利益会促使双方签一份长期租约，共同承担改善住房条件的费用，相互提供方便，为建立良好的关系而努力。而解决利益分歧的办法也许是：第二天交付定金，房客花钱买涂料，房东负责粉刷。剩下的就是具体的房租问题了，相信房屋租赁市场会定一个公平合理的价格。

有时，正是因为存在不同的利益，达成协议才成为可能。你与鞋店老板可能都对钱和鞋子感兴趣，相比之下，他对于 30 美元的兴趣高于对鞋的兴趣，而你的情况则相反，30 美元和鞋比较起来，你更喜欢鞋。买卖就这样做成了。共同利益和互补的不同利益都可以成为达成明智协议的基础。

如何确定立场背后的利益？

关注立场问题背后的利益的好处，显而易见，但如何去做却令人疑惑。立场可能是具体明确的，但它背后的利益却可能不那么明显，不易捉摸，甚至互相矛盾。既然确定对方的利益和确定自己的利益至少同样重要，那么怎样才能理解谈判中所涉及的各种利益呢？

问“为什么”。最基本的方法是站在对方的角度换位思考。分析对方采取的每一个立场，问自己对方“为什么”会这样做。比如，为什么房东希望在一份5年期租约中要求房租每年调整一次？你得出的结论是，房东可能担心房屋维护费用不断上涨。你还可以去问房东本人为什么采取某一立场。如果你真的去问，你要表明自己询问的目的只是为了理解对方的需求、希望、担心或愿望，而不是为自己的立场辩护。例如：“琼斯先生，您最多只愿意租3年，是出于什么考虑？”

问“为什么不”，考虑对方的选择。确定立场背后的利益，有一个最行之有效的方法：确定对方认为你希望他们做出的决定。然后问问自己，对方为什么没有那样做，那样做会影响他们的什么利益？如果你想让对方改变主意，首先就要了解他们当下的想法。

看看下面这个例子。1980年，美国和伊朗就释放被伊朗激进学生在德黑兰绑架的52名美国外交官和使馆人员一事进行谈判。尽管当时解决这一争端存在着众多重大障碍，但只要看一看某位学生领袖面临的选择，问题就一目了然了。美国的要求很明确：“释放所有人质。”而1980年，每位学生领袖面临的选择不外乎是：

1980年春，一位伊朗学生领袖面临的选择 面对的问题：“是否应立即释放美国人质？”	
如果我说是	**如果我说不**
我背叛了革命。	我坚持了革命。
别人会批评我是亲美派。	我会因为捍卫了伊斯兰教而被赞扬。
其他人可能不赞同我的意见；如果他们赞同，我们释放了人质，那么：	我们可能会团结在一起。
	我们可以在电视上出尽风头，向全世界表达我们的不满。
伊朗显得软弱可欺。	伊朗显得强硬。
我们向美国屈服了。	我们顶住了美国的压力。
我们什么也得不到（没有国王，没有钱）。	我们不会一无所获（至少可以收回我们的钱）。
我们不清楚美国会采取什么行动。	人质在手，可以保护我们不受美国干涉。
但是：	**但是：**
这样也许会结束经济制裁。	经济制裁无疑会继续。
我们与其他国家，特别是与欧洲国家的关系也许会有所改善。	我们与其他国家，尤其是与欧洲国家的关系会恶化。
	通货膨胀等经济问题会持续。
	美国也许会采取军事行动。
	然而：
	美国也许会在给我们钱、不干涉我国事务以及停止经济制裁等方面向我们做出进一步承诺。
	我们可以推迟释放人质。

如果一位学生领袖代表的确做出与此相近的选择，我们就不难理解为什么这些激进派学生会扣押人质那么长时间了。尽管绑架行为本身非法而且令人愤怒，但对学生们来说，必然要等待更加有利的时机才会释放人质，扣押人质的时间也就一天天地拖了下去。

在考虑对方目前面临的选择时，我们首先要问自己的是："我希望影响谁的决定？"其次，思考对方认为你希望他们做什么样的决定。如果连你自己都不清楚对方认为你希望他们做出的决定是什么，那他们可能也不知道。单凭这一点，就可以解释对方没有做出你所希望的决定的原因了。

接下来，站在对方的角度，分析对方同意或拒绝做出你希望的决定后，会带来什么后果。你会发现，按下面的方法用表列举梳理，非常有用：

对我个人利益的影响

◎ 我会失去还是获得政治支持？

◎ 同事们会批评还是称赞我？

对集体利益的影响

◎ 短期后果是什么？长期后果是什么？

◎ 会产生什么经济（政治、法律、心理、军事等）

后果？

◎ 对外部支持者以及舆论有什么影响？

◎ 开这个先例是好还是不好？

◎ 这个决定是否会阻碍其他更有利的事情？

◎ 这一做法是否符合我们的原则？这么做“对”吗？

◎ 我能推迟这个决定吗？

在整个过程中，力求完全准确是错误的。你很难碰到有哪位决策者写下得失利弊，然后进行权衡。毕竟你是在试着理解一个非常人性化的选择，而不是在做一道数学题。

要认识到双方都有多重利益。在几乎所有的谈判中，每一方都有多种利益，而不只是一种。比如，在租房的时候，也许你既想获得一份对自己有利的租约，又想不费力气地尽快达成协议，还想和房东保持良好的租赁关系。你的利益不仅在于影响达成的租约，而且在于践行这份租约。你追求的利益中，既有你个人的利益，也有双方共同的利益。

把谈判理解为两个人及双边事务是具有启发性的，但你不能因此忽略其他人、其他谈判方或是其他影响的存在。

在一次棒球队员要求加薪的谈判中，尽管其他球队支付给相同水平的球员至少得50万美元，但总经理坚持认为50万美元还是太高了。事实上，总经理本人也认为自己的立场站不住脚，但俱乐部老板严格指示他绝不能松口，也不能解释原因，因为他们不想让公众知道俱乐部在资金上有困难。

每一位谈判者都要对某些人负责，这些人可能是他的老板、客户、雇员、同事、亲戚或者是他的妻子，这些人的利益是他所关心的。理解这位谈判者的利益就是理解他需要考虑的方方面面的利益。

最重要的利益是人的基本需求。在寻找公开立场背后潜在的基本利益时，尤其要注意驱动人类行为的最根本需求。如果你能照顾到这些基本需求，你就能增加双方达成协议的机会，或增加达成协议后对方遵守协议的可能性。人类的基本需求包括：

◎ 安全感

◎ 经济利益

◎ 归属感

◎ 获得他人认同

◎ 能主宰自己的生活

尽管这些需求是最根本的，但经常被忽略。在许多谈判中，我们习惯性地认为金钱是唯一的利益所在。但即使是有关钱的谈判，比如确定离婚协议中的赡养费，涉及的也不只是钱。妻子要求每周 500 美元赡养费的真正目的是什么呢？当然，她非常关心自己的经济状况，但有没有其他原因呢？她也许是为了获得心理上的安全感，也许是想获得别人的认同，想让自己感受到平等、公正的待遇。也许她的丈夫付不起每周 500 美元的赡养费，也许她并不需要那么多钱，她也可能降低赡养费的标准，除非妻子的安全感和获得认可的需求通过其他方式得到了满足。

对个人是这样，对集体、国家来说也是如此。只要一方认为自己的基本需求没有得到满足，谈判就不会取得进展。比如，在美国与墨西哥的一场谈判中，美国希望以低廉的价格从墨西哥购买天然气。美国能源部长错误地认为这是一场关于钱的谈判，于是否决了美国某石油财团同墨西哥达成的关于提高价格的协议。由于当时墨西哥没有其他的潜在买主，所以美国能源部长认为对方会降低报价。但墨西哥人不仅希望天然气能卖个好价钱，他们更希望得到尊重和平等相待。美国的行为看起来像是对墨西哥的又一次要挟，令墨西哥人非常生气。结果，墨西哥政府不但不卖天然气，而且开始把天然气烧掉，因为从政治角度而言，任何降低价格的协议对墨西哥来说都是不可接受的。再举一个例子，在北爱尔兰未来地位的谈判中，新教领导人忽视了天主教徒归属感和认同感的需求，以及得到对方接纳和平等相待的愿望。同样，天主教领导人也经常忽略新教徒对安全感的渴望，把新教徒的担心视为“他们自己的问题”，而不是一项值得关注的合理需求，这使谈判陷入了僵局。

列一张清单。要厘清谈判各方不同的利益，最好列一张清单，想到什么就写下来。这么做不仅能帮助你记住这些利益，而且通过获得新信息并把这些利益按重要性大小排序，可以帮助你更好地评估这些利益。另外，这么做也许能启发你想到如何实现这些利益。

讨论利益

谈判的目的是实现自己的利益。只有与对方沟通，才能增加实现这些利益的可能性。对方可能并不知道你的利益是什么，你也可能不知道对方的利益所在，你们中有一方或者双方只顾抱怨已经过去的事情，而不考虑下一步该怎么做，或许你们根本就没有听对方在说什么。怎样才能进行建设性的讨论而不陷入僵局呢?

如果希望对方认真考虑你的利益，那就明确告诉他们你的利益是什么。关心公众事务的市民团体成员对附近的施工项目不满，就应该直截了当地提出保障儿童安全和确保周围居民夜间睡眠不受干扰等问题。如果一位作家想举行赠书活动，他应该和他的出版商进行协商。或许出版商对这项宣传活动很感兴趣，兴许还愿意低价买下作家的这些书。

形象地描述你的利益。如果你胃溃疡正发作的时候去看病，却对医生说自己只是有点肚子痛，那你就别指望减轻多少病痛。你要做的是，让对方准确了解你的利益的重要性和合理性。

首要原则就是：具体。具体的细节不仅会让你的叙述真实可信，还能增加影响力。比如，“上周有三次，你们的卡车都险些撞到孩子。星期二早上约 8 点 30 分，你们的一辆红色重型卡车以每小时近 40 英里的速度向北行驶，突然转弯时险些撞到了 7 岁的罗莱塔 · 约翰逊。”

只要你没有表现出认为对方利益不重要或不合理，你就可以立场坚定地陈述自己所关注的问题的严重性。欢迎对方“随时纠正我说错的地方”，表现自己包容的态度。如果对方没有纠正你，就说明他们接受了你对情况的描述。

强调你的利益的合理性会给对方留下深刻印象。你要让对方理解，你不是在对他们进行人身攻击，而是希望你面临的问题得到足够重视。你要让对方相信，如果他们处在你的位置上，他们的想法也会和你一样。“你有孩子吗？如果你们家住的那条街道上有辆卡车以每小时 40 英里的速度横冲直撞，你会怎么想？”

重视对方的利益。我们每个人都太注重自己的利益而几乎不关心别人的利益。如果对方认为你理解他们，他们会更重视你说的话。人们通常认为，理解自己的人是富有同情心的聪明人，这种人的观点值得一听。所以，如果你希望对方重视你的利益，那么首先你就应当表明你重视他们的利益。

“根据我的理解，你们作为一家建筑公司，首要利益就是以最低成本尽快完成任务，并保持自己在安全生产和施工负责方面的声誉，我说得对吗？你们还有其他重要利益吗？”

除了表示理解对方的利益之外，还应当把对方的利益作为你要解决的整个大问题的一部分。如果双方存在共同利益，那么做到这一点就非常容易了。“如果你们的某辆卡车撞到孩子，那对我们双方来说都是一件非常可怕的事情。”

先说问题，再拿出你的方案。如果你对建筑公司的代表说：“我们认为，你们必须在 48 小时内在工地周围建起围墙。而且，从现在开始，你们的卡车在橡树街上行驶的时速不得超过 15 英里。下面让我来告诉你们这么做的理由……”如果你这么说，他一定不会听你讲下去。他已经知道了你的立场，肯定正在心里准备着如何回击。也许你说话的口气或者你提的建议本身也惹恼了他。于是你的解释也就被当成耳边风。

如果你希望对方倾听并且理解你的解释，那么就先说出问题和解释，然后再提出结论或建议。首先告诉建筑公司，他们给孩子们带来了危险，晚上吵得你睡不着觉等，这样对方就会仔细听你讲下去，即使他们认真听只是想知道你会怎样描述这些问题。接下来再告诉他们你的立场，他们就能理解了。

向前看，不回头。令人惊讶的是人们经常只是被动地对别人的言谈举止做出反应。两个人经常会陷入一种类似谈判的对话，而实际上完全没有要达成协议的意图。他们在某些问题上有分歧，你一言、我一语，争论不休，好像是在试图达成一致意见。事实上，这样的争论完全只是表面形式，或者说仅仅是一种消遣。每一方都想占上风，或是搜集证据以证实自己一直以来的观点。双方都没有寻求共识，甚至连试着影响对方的念头都没有。

如果你问两个人为什么争吵，回答几乎都是因为某个起因而不是出于某个目的。无论是夫妻之间，公司与工会之间，还是公司之间，人们在争吵的时候总是被动地对另一方的言行做出反应，而不是主动地为自己的长期利益做打算。“他们可不能这样对待我！如果他们想这么干，那可就大错特错了。我不会放过他们的。”

问“为什么”，通常有两种截然不同的意思。一种是回头看，找原因，认为我们的行为是已经发生的事情所决定的；另一种是向前看，找目的，认为我们的行为取决于自己的意志。当然，我们在决定采取行动之前，无须就自由意志论和决定论展开一场哲学辩论。无论是听凭自由意志占上风，还是坚信自己的行为是早已注定的，我们都做出了选择。事实上，我们可以选择是向前看还是回头看。

向前看比回头看更符合你的利益。与其与对方争论已经发生的事情，例如上一季度的成本太高了，上周采取的措施没有得到充分授权或是昨天的业绩有负众望，不如谈谈你希望将来发生什么。不要要求对方为昨天的行为辩护，而应该问“明天谁该做什么？”

方案具体而不失灵活性。在谈判中，既要目标清晰，又要乐于接受各种新想法。人们经常图省事，谈判前不做任何准备，只是到时候坐在那儿听对方提出什么建议和要求。

怎样在确定利益之后形成具体的选择方案，同时又不失灵活性？要将利益转化成具体的选择方案，首先应当问一下自己：“如果对方明天同意接受我的建议，那么我希望对方同意什么？”你制定的每一份选择方案都是在阐明自己的利益，为了保持灵活性，多考虑几种能满足你利益的方案。“能够阐明清晰的具体方案”是关键。

在谈判中一开始就亮出自己的立场确实能帮助立场式谈判者得到一些好处，但提出能够阐明自己利益的建议也能有同样的益处。比如，在棒球队员的合同谈判中，球员代理人可能说：“亨德森认为年薪500万美元差不多才是他个人应得的。他还需要一份稳定的工作，签5年的合同他应该能接受。”

在考虑了自己的利益之后，你可以准备一个或几个符合自己正当利益的具体选择方案，参与谈判时也要乐于接受对方意见。不过，乐于接受对方意见并不等于自己什么都不考虑。

对事要强硬，对人要温和。就像一些谈判者坚持自己的立场一样，你也可以坚持要求对方满足你的利益。事实上，采取强硬的态度是可取的。死守着立场不放是不明智的，努力争取自己的利益才是明智之举。谈判中，你需要主动出击，捍卫自己的利益。只关注自身利益的对方往往会对达成协议过分乐观。只有努力捍卫自己的利益，谈判才能取得明智的结果，让自己获益最大、对方损失最小。谈判双方都力主自己的利益，这往往会激发创造性，最终找出对双方都有利的方案。

比如，那家建筑公司担心通货膨胀、货币贬值，他们的最大利益在于尽量降低成本，按时完工。你得说服他们，用真诚打动他们，帮助他们在利润和儿童安全之间找到最佳平衡点。不要因为渴望和解而态度软弱，导致问题得不到公正解决。“你当然不会认为，我儿子的性命不如一道围墙值钱，你也不会拿自己的儿子做这种比较，我相信你不是没有人情味的人。詹金斯先生，咱们谈谈怎样解决这个问题吧。”

如果对方觉得在某个问题上受到了人身攻击，他们会变得警惕起来，不愿听取你的意见，这就是为什么一定要把人与事情分开。就事论事，不要指责对方。不仅不要指责对方，还要对他们表示支持：做到彬彬有礼，感谢对方付出的时间和精力，强调你对他们基本需求的重视等。你要让对方知道，你对事不对人。

一个有用的经验法则是，不仅要全力应对问题，而且要全力支持对方。既支持又应对看似矛盾，而且从心理学角度而言，这的确是一组矛盾，但正是这种矛盾能促使问题得以解决。心理学上著名的认知失调理论认为，人们不喜欢矛盾，因而会采取行动消除矛盾。在着手应对某个问题（比如卡车在居民区高速行驶）的同时，给予建筑公司代表理解和支持，这样就给他造成了认知失调的感觉。为了解决这种失调，他就会客观地分析问题，与你一起寻找解决方案。

对实质性问题采取强硬态度，会增加双方找到有效解决方案的压力；支持对方则可改善双方的关系，加大达成共识的可能性。支持与进攻结合起来才能发挥作用，两者缺一不可。

在谈判中努力争取自己的利益并不意味着对对方的观

点置之不理。恰恰相反。如果你不考虑对方的利益，不重视对方的建议，就别想指望对方会重视你的利益，讨论你提出的建议。

成功的谈判需要将强硬和灵活巧妙地结合起来。

第4章

为共同利益创造选择方案

以色列和埃及就西奈半岛领土问题的谈判，既说明了谈判中的一个重要问题，又显示了一个关键的机会。

这个问题非常常见。要想把馅饼切分得让双方都满意，几乎不太可能。人们往往只从一维的角度进行谈判，比如领土的面积、汽车的价格、公寓租期、某笔销售提取的佣金数额等。有时你所面对的是看似非你即他的利益选择，对你有利或对对方有利。比如，在离婚协议中，房子归谁？孩子由谁抚养？对你来说，选择也许是关系胜负的抉择，双方都不愿承认失败。即使你赢得谈判，以5 000美元买下轿车，签订了5年的租约，或是得到了房子和孩子，你也会背负一种对方让你永远不能忘怀的不安感。不论何种情形，你的选择似乎都很有限。

西奈半岛的例子清楚地表明了机会的重要。类似将西奈半岛去军事化这样富有创造性的选择方案，往往会使谈判由僵局转为达成共识。我们认识的一位律师，他把自己的成功直接归结于善于创造对客户和对方都有利的解决方案，他在分馅饼之前把馅饼做大了。善于创造多种选择方案是谈判者可以拥有的最具价值的财富。

但是，谈判者往往像寓言中争食橘子的姐妹那样结束谈判：两个孩子最终决定平分橘子后，第一个孩子拿走一半，吃了橘肉，把橘子皮扔了；而第二个孩子扔了橘肉，用他那一半橘子皮烤蛋糕。谈判者往往“把钱留在谈判桌上”，未能将利益最大化——他们未能达成本应达成的协议，或是未达成本应对双方更有利的协议。大多数谈判结果是平分橘子，而不是一方拿橘肉，一方拿橘子皮。为什么会这样呢？

做出诊断

尽管手里有多种选择方案是非常重要的，但谈判者往往意识不到其必要性。人们在争论中总是认为自己知道正确答案，他们的观点应该占上风。在合同谈判中，他们同样认为自己的提议是合理的，应该被采纳，也许只需对价格稍加调整就可以了。所有的可能结果似乎都只是在双方立场问题上的摇摆和权衡，唯一有创造性的想法通常就是分解这些差异。

在大多数谈判中，有四大障碍阻止了人们创造多种选择方案：（1）不成熟的判断；（2）寻求单一的答案；（3）以为馅饼的大小是不变的；（4）认为“他们的问题应该由他们自己解决”。为了克服障碍，你必须了解这些障碍。

不成熟的判断

寻找新方案这种想法来得并不容易。人们的天性是因循守旧，即便脱身于紧张的谈判之外也是如此。假如有人问你，谁最应该获得诺贝尔和平奖，你想到的每一个答案都可能会先自我保留意见和怀疑。你怎么敢肯定这个人最应该受此殊荣呢？你的大脑也许会变得一片空白，或者你会抛出几个反映传统思维模式的答案："可能是教皇或是总统吧。"

抓住一切新事物的不足大做文章的评判意识，对创造新方案是最有害的。这种评判妨碍了想象力的发挥。

面对即将而来的谈判压力，你的评判意识可能会变得更强烈。实际谈判需要的似乎是切实可行的想法，而不是凭空想象。

对方在场时，你的创造性可能更容易被遏制。假设你在和老板商谈明年的薪水问题，你要求涨 4 000 美元，而老板只同意涨 1 500 美元，你对此表示不满。在这种紧张的情况下，你不大可能会想出什么新主意。你可能担心如果提出不成熟的想法，例如加薪 2 000 美元，另外 2 000 美元作为额外津贴，自己会显得很傻。你的老板也许会说："别开玩笑。你没有这么傻吧？这会破坏公司的规定。我没想到你竟然会有这种想法。"如果你当时想到并提出分几次加薪的方案，他也许会接受这个建议，并说："我打算在这个基础上考虑一下。"由于他会把你说的每一句话当作一种承诺，所以你在说任何话前都应仔细地考虑清楚。

也许你还会担心，由于想出一些选择方案，你可能会泄露对自己的谈判立场不利的信息。比如，如果你建议公司赞助自己买房，你的老板可能会认为你打算继续留在公司，进而以为你最终会接受他提出的任何加薪条件。

寻求单一的答案

在大多数人看来，创造方案并不是谈判中的一个步骤。人们认为自己的任务就是缩小双方在立场问题上的差距，而不是增加一切可能的选择方案。他们会想："我为了取得一致费了那么大的劲，现在最不需要的就是一堆各不相同的想法了。"由于谈判的最终结果只能有一个决定，所以他们担心漫无边际的讨论只会拖延时间，让事情变得糟糕。

如果创造性想法的第一个障碍是不成熟的批评，那么第二个障碍就是不成熟的结束。假如从一开始就只是为了寻找唯一最佳答案，你就很容易错过本应有多种选择方案的明智决策过程。

以为馅饼的大小是不变的

缺乏创造性选择方案的第三种解释是，谈判双方把形势看作非此即彼的胜负之争，即争论的结果不是我赢就是你赢。谈判往往像是一场“定量”的较量：以汽车价格为例，你多得 100 美元就意味着我损失 100 美元。如果所有选择方案明摆着只能以损害自己的利益为代价才能满足对方利益的话，那何必费心去创造方案呢？

认为“他们的问题应该由他们自己解决”

创造合乎实际的选择方案的最后一个障碍，是谈判双方考虑的仅仅是自己的眼前利益。如果一位谈判者希望最终结果能够满足自己的利益需求，就需要找到也能满足对方利益需求的解决方案。但一旦一方感情用事，就很难使自己置身事外，想出能满足双方利益的明智方案：“我们自己的问题已经够多了，他们的问题应该由他们自己解决。”而且，人们往往内心不愿承认对方观点的合理性，似乎想办法满足对方利益就会对不起自己。目光短浅，自私自利，会让谈判者只能形成片面的立场、论据和解决方案。

解决办法

于是，为了寻求富有创造性的选择方案，你需要做到：（1）将创造选择方案与评判选择方案区分开；（2）扩大谈判桌上的选择范围，不要只寻求唯一的方案；（3）寻求共同利益；（4）找到让对方容易决策的方法。下面对上述步骤分别进行讨论。

将创造过程与决定过程分开

由于评判阻碍了想象力的发挥，所以应把创造与评判区分开，把思考可能方案的过程与挑选方案的过程分开。先创造，再决定。

作为一名谈判者，你不可避免地会进行许多创造。这并非易事。所谓创造就是找到新想法而不是呈现原有的东西，因此你有必要考虑安排一次讨论，与几个同事或朋友一起交流想法，各抒己见。这种讨论方式可以有效地将创造过程与决定过程分开。

集思广益旨在为了解决手头问题找到尽可能多的解决方案，其根本原则是把所有对方案的批评和评价放到以后再说。大家要做的就是创造各种想法，不用考虑这些想法的好坏或者现实与否。由于取消了那些限制，一个想法会引发另一个想法，就像一串爆竹一样，一个接一个地爆炸开来。

头脑风暴时，人们无须担心自己的想法会很愚蠢，因为疯狂的想法是会受到鼓励的。而且，由于没有谈判对手在场，谈判者也不必担心泄露机密或者自己的某个想法被理解为一种严肃的承诺。

头脑风暴没有固定的形式，你可以根据自己的需要和资源进行安排。在头脑风暴中，以下指导原则很有帮助。

在头脑风暴前：

1. 明确你的目的。想想你希望带着什么结果走出会议室。

2. 找几个参与者。讨论规模应大到足以产生互动的交流，小到可以鼓励个人的参与以及自由发挥，通常 5~8 人为宜。

3. 改变环境。挑一个时间和地点，尽可能不同于平常的讨论。头脑风暴搞得越是不同于普通会谈，参与者也就越容易把评判放到脑后。

4. 营造一种轻松的氛围。怎样才能让你和其他人放松呢？可以边喝饮料边谈，可以在风景优美的度假区谈，也可以在会谈时解下领带，脱去外套，亲切地称呼对方。

5. 选一个主持人。会上需要一个主持人——确保讨论不跑题，确保每个人都有发言机会，遵守一定的原则，并且通过发问激发大家的讨论等。

在头脑风暴时：

1. 让参会人员并排坐在一起，共同面对问题。身体上的靠近能增进心理上的共识。与会者并排坐在一起，可以强化各方共同解决问题的心理。面对面坐的人容易从自己的角度出发，参与对话或争执；而大家围成一个半圈，面对黑板，更易于回答黑板上写的问题。

2. 明确基本原则，包括不批评原则。如果参与者不是互相都认识，那么讨论可以从互相介绍开始，然后明确讨论规则，不允许出现任何形式的负面评判。

头脑风暴会产生新想法，而个人独自创造会受到自己观念的束缚。如果一个想法由于不能获得全体通过而被否决，那么讨论的目标无形中就变成了寻找没有人否决的方案。而如果鼓励疯狂的想法，甚至包括那些看似完全不可能的想法，人们也许会从这些想法中找到合理可行且以前没有人想到的其他方案。

你可以采用的其他基本原则还有：不记录整个讨论过程，不把想法与任何参会者对号入座。

3. 集思广益，各抒己见。一旦讨论的目标明确后，就发挥你的想象力吧！试着列出一长串想法，从每一个可能的角度去思考解决问题的方法。

4. 记下所有想法，做到一目了然。把所有的想法都写在黑板上，或者最好记在一张大的纸上，这会让大家感受到一种实实在在的集体成就感。这样做既避免重复，也有助于激发其他人的灵感。

在头脑风暴后：

1. 把最有可能的想法标出来。集思广益结束之后，放宽“不准批评”这条原则，挑出最有希望的那些方案。你并不需要马上做出决定，只需要选出那些值得进一步研究的想法，把参与者认为最好的想法标出来。

2. 改进有希望的方案。拿出一个有希望的方案，想办法让它变得更好、更现实，并考虑如何付诸实施。这一阶段的任务是尽量使这个想法更具吸引力。在给出建设性的批评前加上：“我认为那个想法最可取的是……如果这样会不会更好……”

3. 确定一个时间来评估这些想法，并做出决定。在头脑风暴结束之前，从讨论中挑选出更好的想法列成表，并确定一个时间，商定哪些想法可以用于谈判以及怎样谈判。

考虑与对方进行头脑风暴。虽然与己方相比，同对方展开集思广益的讨论要困难得多，但这种讨论也可能极具价值。说它更为困难的原因在于，尽管为头脑风暴规定了种种原则，但你还是很可能说出偏向自己利益的话。你可能会无意中泄露机密或者让对方把你设计的某个选择方案误解为你的建议。尽管如此，双方一起进行头脑风暴的好处在于，产生的想法充分考虑了参与各方的利益，营造了合作解决问题的氛围，并能让各方了解对方的关注点。

在与对方进行头脑风暴时，为了保护自己，应该把头脑风暴与谈判明确区别开来。后者需要陈述正式观点并随时记录说过的话。人们习惯性认为会谈的目的是达成协议，因此任何其他目的都需要明确说明。

为了避免使自己显得过于倾向某一想法，你可以养成一种同时提出至少两个选择方案的习惯。你还可以提出自己显然不会同意的选择方案，如：“我可以一分钱不要把房子白送给你，你也可以付给我 100 万美元现金来买房或者……”因为你明显不会提出这些想法，所以你接下来说的话只会被视为一种可能性，而不是建议。

为了让大家体会一下双方一起头脑风暴的感觉，让我们假设，本地工会领袖与一家煤矿的资方就如何减少未获批准的罢工问题共同献计献策。有 10 人参加（每方出 5 人），围坐在一张桌子旁，面向同一块黑板，一位中立协调人询问双方的想法，并在黑板上记录。

协调人：下面让我们看看你们对解决未经批准的罢工问题有什么想法。我们争取在 5 分钟内写出 10 条建议。那么，下面开始。汤姆，你先说。
汤姆（工会）：工头应该能够当场解决某名工人的问题。
协调人：很好，我记下来。吉姆，你举手了。
吉姆（资方）：工人应在采取任何行动前把问题告诉工头。
汤姆（工会）：他们说了，可工头不听！
协调人：请先不要批评，汤姆。我们说好了待会儿再谈这个问题，好吗？你呢，杰里，你好像有什么建议？
杰里（工会）：当出现罢工问题时，应允许工人们立即在澡堂碰头。
罗格（资方）：我们可以允许工会使用澡堂开会，也同意为了保证雇员的隐私权，把工头关在门外。
卡罗（资方）：是否可以制定一条规则，规定任何一次罢工前，要先给工会领袖和资方一次当场解决问题的机会。
杰里（工会）：如果工头与工人们无法解决问题，资方是否可以加速处理工人不满的程序，在 24 小时内召开会议？

（续表）

凯伦（工会）： 对。是否可以为工人和工头共同组织一些培训，教他们如何共同处理他们的问题？
菲尔浦（工会）： 谁表现出色，就应该表扬谁。
约翰（资方）： 在工人和资方之间建立一种友善的关系。
协调人： 这个听起来很可行，约翰，你能说得具体些吗？
约翰（资方）： 嗯，比如成立一支劳资联合棒球队。
汤姆（工会）： 还有保龄球队。
罗格（资方）： 每年举办一次所有家庭参加的野餐会怎么样？

就这样，与会人员一下子冒出了很多想法。要不是因为有这样的头脑风暴，许多想法也许永远想不出来，其中有些对于减少未经批准的罢工很有效。花在头脑风暴上的时间一定是谈判中花得最值的时间。

但不论你们是否在一起进行头脑风暴，将形成选择方案与挑选方案区别开来，对于任何谈判都是非常有效的。讨论选择方案与采取立场完全不同。尽管双方在立场问题上相互冲突，但提出选择方案会带来其他选择。二者使用的语言也不同：讨论方案时，人们用的是询问口气，不是断言；是开放的，不是封闭的。“一种选择是……你们还有其他什么方案吗？”“如果我们同意这个方案会怎样？”“我们这样做如何？”“这种方案是否可行？”“那个方案有什么问题？”先开动脑筋，再做出决定。

扩大选择范围

即使是完全出于善意，参与头脑风暴的人往往抱着寻找最佳方案的想法考虑问题。这么做无异于大海捞针。

因为谈判处在这一阶段时，你的目的不是寻找正确的途径，而是要拓展谈判的空间。只有通过获得许多截然不同的想法才能拓展这种空间，这些想法是那些可以成为你和对方日后谈判基础的想法，也是你们可以共同选择的想法。

酿酒商为了酿出好酒，需要从不同种类的葡萄中挑选满意的葡萄。棒球队为了挑选球星，需要派星探走访全国各地的地方球队和校队。同样的原则也适用于谈判。不论是酿酒、挑选球员还是谈判，明智决策的关键都在于从大量不同选择中进行挑选。

如果有人问你，今年谁可以获得诺贝尔和平奖，你可以回答“让我想想”；然后从外交、经济、新闻、宗教、法律、农业、政治、学术、医学等领域列出约100人，而且一定要大胆地想象；最后以这种方式做出的选择，一定比你从一开始就试图确定正确人选要强。

集思广益的讨论解放了人们的思想，可以让人们创造性地去思考。一旦思考冲破束缚，他们需要找到思考问题的方法，找到建设性的解决方案。

在一般和特殊情况之间穿梭，增加选择方案：环形图。创造选择方案的过程包含了 4 种类型的思维。第一种是考虑某个具体问题——你反感的实际问题，比如屋旁的一条臭水沟。第二种是进行描述性分析——你从总体上对现存的情况进行判断。你把问题分成几类，并试着寻找原因。臭水沟的水可能含有大量化学物质或者缺氧。你可以由此怀疑上游有各种工厂。第三种思维方式还是从总体出发，考虑应该做什么。通过得出的分析结果，你可以对症下药，比如减少化学物品排放、减少河流分支，或者从其他河流引来洁净的水。第四种也是最后一种思维方式，就是找出一些具体可行的行动建议。明天该由谁采取什么方法把某个方案付诸实施呢？比如，国家环保机构要求上游工厂限制化学物质排放量。

下面是说明 4 种思维模式以及实施顺序的环形图。

创造选择方案的 4 个基本步骤

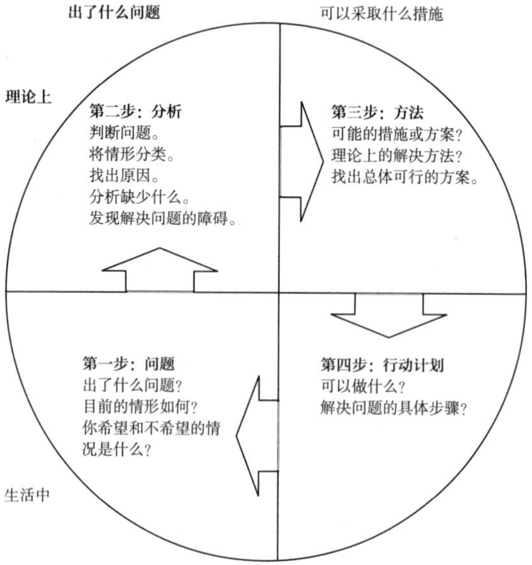

环形图

如果一切正常，根据这种步骤创造的具体方案一旦被采纳，就可以解决你最初的问题。

环形图提供了一种简单方法，即用一个好想法来激发其他想法。得到一个有效的行动方案后，你（或是正在进行头脑风暴的你们）可以回过头来，试着找出通用的一般方案，而手头的这一行动方案只是其中一种适用方案。然后，你可以想出其他行动方案，能将同样的一般方案应用于实际。同样，你可以再退一步问问自己："如果这种理论方案可行，它背后的原理是什么？"找到了原理，你可以想出其他方案，解决经这一方案分析过的问题，然后寻找将这些新方案付诸实施的方法。一个好方案可以让你思考方案优越的原理，然后用此原理创造出更多的方案。

下面举一个例子说明这一过程。在解决爱尔兰冲突问题时，一种想法是，让天主教和新教的教师合作编写关于北爱尔兰历史的教材，用于两国小学教育。这本书从不同的观点介绍北爱尔兰的历史，给孩子布置练习，包括扮演角色和站在别人的角度进行换位思考。为了拥有更多的想法，你可以先从这一行动建议开始，然后从中找出理论方法。由此，你可能会提出下面的基本建议：

"两国学校体系中应有一些共同的教学内容。"

"天主教徒与新教徒应该在一些小的可操作项目上携手合作。"

"应该尽早教授孩子理解的重要性。"

"历史教育应阐明不同派别的观点。"

通过这种理论，你也许能够提出其他行动建议，比如由天主教和新教联合制作一部影片，从不同的视角呈现北爱尔兰的历史，实行教师交流项目，或者在双方教育体系内为小学生开设一些共同课程。

从不同的专家视角看待问题。另一个产生多种选择方案的方法是，从不同职业、不同学科的角度看待自己的问题。

比如，对于儿童监护权的争执，为了寻求可能的解决办法，你可以从一位教育家、银行家、精神病专家、民事律师、部长、营养专家、医生、女权主义者、足球教练或某位有独特见解的人士的角度看问题。如果是有关商业合同的谈判，你可以创造几个可能想到的选择方案，选择的角度可以来自银行家，也可以是投资家、工会领袖、房地产商、股票经纪人、经济学家、税务专家或是社会学家。

你也可以将这种从不同专家视角看问题的方法与环形图结合起来。反过来想想每位专家会如何判断形势，每个人会建议用什么方法解决问题，以及由此应采取什么切实可行的措施。

创造不同力度的协议。如果期望达成的协议无法通过，你可以考虑几个态度不强硬的提议，这样可以增加谈判桌上可能达成协议的数量。如果你们无法就实质性问题达成一致，也许你们可以就程序问题达成共识。如果制鞋商与批发商对谁应赔偿运输中损坏的鞋的问题争执不下，也许他们会同意将问题提交仲裁。同样，如果无法达成永久性协议，也许可以达成临时协议。至少你与对方不能达成最重要的协议时，你们通常可以达成次要的协议，也就是求同存异。这样，你们双方都会明白往往难以发现的争论焦点所在。下面列出的形容词代表不同程度的可能协议：

较为强硬	较为温和
实质性的	程序性的
永久的	临时的
全面的	部分的
一锤定音的	原则上的
无条件的	有条件的
有约束力的	无约束力的
重要的	次要的

改变所提出协议的范围。比如，你可以把问题“分割”成更小且好操作的几部分。对未来可能成为你的作品

的编辑，你可以建议："先定前两章的编辑费为 120 美元，之后视情况而定。如何？"协议可以是部分的，涉及的当事人可以少一些，可以只考虑经挑选的主要问题，可以只适用某一特定地区，或是只在有限的时间内有效。

另一种激发灵感的方法是，考虑如何突出主要问题，从而使其更有利、更具吸引力。例如，在印度与巴基斯坦关于印度河的争执中，世界银行的加入使各方看到解决问题的希望。谈判双方都要规划新的灌溉工程、新的水库以及其他对两国都有利的工程项目。所有这些都将得到世界银行的资助。

寻求共同利益

创造性解决问题的第三个障碍是，以为馅饼的大小是固定不变的：你得到的少，我得到的就多，但这种想法几乎没有一次被证明是正确的。首先，这样会使双方的处境都比现在的情况更糟。国际象棋似乎是一场零和游戏，一方输，另一方就赢。可如果一条狗跑过来，撞翻棋桌，打翻啤酒，这样的结局则使双方都比过去更糟糕。

即使不考虑避免共同损失这一共同利益，共同获益的可能性也总是存在的。其形式可以是建立一种相互有利的关系，或者通过一种创造性解决方案满足各方的利益需求。

明确共同利益。从理论上说，共同利益显然有助于达成共识。根据定义，创造一个满足共同利益的方案对你和对方都有利。然而，实际做的时候就不那么清楚了。一场价格谈判进行到一半时，共同利益就不会显得那么明显或那么相关。那么，寻求共同利益有什么益处呢？

让我们来看一个例子。假设你是一家石油公司的经理，权且叫它汤山石油公司。公司所在的百威市市长告诉你们，他想将汤山石油公司每年交给市里100万美元的利税增加到200万美元。你告诉他，一年100万美元已足够多了。谈判的问题在于：市长需要更多税，而你只愿意按往年的标准缴纳。在这个典型谈判中，共同利益将扮演什么角色呢？

让我们进一步分析一下市长想得到什么。他需要钱，这些无疑要用在市政建设上，比如新建一个城市广场或减轻普通纳税人的税负。但仅仅从汤山石油公司那里，市里并不能得到现在和将来需要的所有钱，比如说，他们要从街对面的石油化工厂得到所需的资金，将来要从新建或扩建的企业那里得到资金。市长本人也是有商业头脑的，他也希望鼓励工业扩大规模，吸引新的项目，以提供新的就业机会，加速百威市的经济发展。

你们公司的利益何在呢？鉴于炼油技术的飞速变革以及你的公司落后的条件，你目前正在考虑对工厂大修并扩大规模。你担心的是，石油公司扩建后市政府会提高对其的价值评估，因此把税提得更高。你还考虑到，自己已经说服一家塑料厂把厂房建在自己公司附近，可以更方便地使用自己的产品。你很自然地会担心一旦塑料厂发现市政府提高税费，他们会改变主意。

现在你和市长的共同利益变得明显多了。你们的一致目标是，加速工业发展，鼓励建立新企业。如果你试着创造满足这些共同目标的方案，也许会想到下面几个：对新企业免税 7 年，与商会联合举办宣传活动以吸引新公司，对选择扩大发展规模的公司实行减税。这些方案既可以为你省钱，又能充实政府金库。而如果谈判使公司与市政府的关系恶化，结果就会两败俱伤。你可能会中止对城市慈善机构和学校体育活动的赞助，而市政府可能会不通情理地加强建筑条令和其他法规的执行力度。你本人与市政界和商界领袖的私人关系也可能变得不尽如人意。谈判各方关系往往比任何具体问题都重要，但人们总是理所当然地看待和忽视各方之间的关系。

作为一名谈判者，你应当尽量找到让对方也满意的解决方案。如果顾客感觉在买卖中受骗，那么店老板实际上也失败了。他会失去一位顾客，名声也会受损。对你来说，让对方一无所获的结果比给对方一些安慰要糟糕得多。在几乎所有情形下，你的满意程度取决于该协议让对方感觉满意的程度。

关于共同利益，有三点要牢记：第一，共同利益潜藏在每场谈判中，它们往往不是即时可见的。你应该问问自己：我们之间是否存在共同利益？是否有机会进行合作以及共同获益？如果谈判破裂，我们要承担什么损失？我们双方是否有可以共同遵循的原则，比如一个公平的价格？

第二，共同利益只是机遇，不是天上掉下来的馅饼。要让它发挥作用，你必须有所行动。明确提出共同利益，并作为双方的共同目标，这将有助于谈判。也就是说，要让共同利益具体化并以未来为导向。比如，作为汤山石油公司的经理，你可以把在 3 年内引进 5 家新企业作为与市长的共同目标。这样，对新企业的免税政策就变成实现共同目标的一个行动，而不是市长对你做出的让步了。

第三，强调你们的共同利益可以使谈判变得愉快、顺利。在汪洋大海中，救生艇上的旅客给养有限，但他们为了实现上岸这一共同利益，就得在食品需求上做出让步。

融合不同利益。再回到两个孩子争橘子的问题上来。因为两个孩子都想要橘子，所以把橘子平分。他们没有认识到，一个孩子只要吃橘肉，而另一个孩子只要橘皮烤蛋糕。和其他许多谈判一样，由于双方的需求不同，所以才可能达成令双方都满意的协议。想想确实让人吃惊，人们总是以为双方的差异会导致问题，却不知差异也能解决问题。协议总是建立在分歧基础上。如果让你一开始谈判就在事实上与对方达成共识，那该有多么荒谬！这好比想买股票的人努力说服出售股票的人股价会涨一样。如果他们真的认为股价会涨，就不会出售股票了。交易成为可能，是因为买方认为股价会涨，而卖方认为股价会跌。双方认识上的差异才促成了这桩生意。

许多富有创造性的协议佐证了协议产生于差异的原理。利益和信念上的差异可以使协议对你非常有利，而又不需要对方付出什么代价。正如下面这首儿歌所唱的：

杰克·斯普拉特不吃肥肉，

他的妻子非肥肉不吃。

于是两人乐悠悠，

吃光了盘子，舔净了油。

最利于双方达成协议的差异类型是利益差异、观念差异、不同的时间观、不同预期和对风险的不同态度等。利益上有何差异？下面列举了一些常见的利益差异：

一方更关心的是：	另一方更关心的是：
形式	内容
经济方面的考虑	政治方面的考虑
内部问题	外部问题
象征意义上的考虑	实际的考虑
即期利益	长期利益
特别结果	关系
物质利益	意识形态
进步	尊重传统
先例	现例
名望、声誉	结果
政绩	集体福利

观念存在差异？如果我认为自己的观点正确，你认为你的观点正确，那么我们就可以利用这一观念差异。我们都会同意由一名公正的仲裁员来解决问题，且都相信自己会获胜。如果工会中的两派领导人无法就工资问题达成一致，他们可以将问题交由工会成员投票表决。

不同的时间观？你也许更重视现在，而对方考虑更多的是将来。用生意场上的话来说，你们给未来的价值打了不同的折扣。分期付款计划就适用这一原则。如果可以延期付款，买方就愿意花更多的钱购车；如果卖方能卖一个高价，他就愿意接受延期付款。

不同的预期？一位已过黄金年龄的棒球明星和一个棒球联赛的主要球队就薪水问题进行谈判，球星认为自己会在比赛中表现出色从而赢得比赛，而球队老板却不这么认为。利用这种预期的不同，双方可以达成协议——底薪10万美元，如果球星表现出色，平均每场比赛至少得3分，他还可以再得到5万美元的奖金。

对规避风险持不同态度？最后一个值得强调的区别是，双方对规避风险的不同态度。以海洋法谈判中有关深海采矿的问题为例。矿业公司为获得采矿权应付给国际社会多少钱呢？矿业公司自然想大捞一把，但更关心的还是如何避免重大损失。对他们来说，深海开采是一项重要的投资，他们要降低风险。而国际社会关心的则是财政收入。如果某家公司准备从“人类共同的遗产”中大捞一把，那么其他国家也该得到应有的一份。

这一差异蕴藏着对双方都有利的谈判机会。风险和财政收入之间可以进行交换。利用对规避风险态度的不同，最后提出的条约规定是，到公司收回投资成本以前，只征收较低的税。换句话说，公司风险变小时，税率才会提高。

询问对方有何倾向。融合利益的一种方法是，提出几个对你来说都能接受的选择方案，问对方倾向于哪一个。你只需知道对方倾向什么，不一定是接受什么。然后，你根据他们所倾向的方案再做进一步调整，再提出至少两种修改方案，询问对方倾向于哪种选择。这样，无须任何人做出任何决定，你就可以完善一个方案，直到再也找不出任何共同利益为止。

比如，棒球明星的经纪人可以问球队老板：“哪种方案更能满足你的利益？是连续 4 年年薪 17.5 万美元，还是连续 3 年年薪 20 万美元？后一种方案吗？好的，连续 3 年年薪 18 万到 20 万美元，且如果费尔南多表现出色，平均每场比赛至少得 3 分，每年再加 5 万美元奖金，这样如何？”

如果用一句话来总结不同利益的融合过程，那就是：寻找你付出代价最小，对对方好处最大的方案。反之亦然。双方在利益、考虑事情优先级、观念、预期以及对风险的态度等方面的差异可以相融合。一名谈判者的座右铭可以是：“差异万岁！”

为对方决策提供便利

既然你在谈判中的成功取决于对方做出让你满意的决定，你就应该尽自己所能让对方轻松地做出那一决定。你要做的不是让对方觉得事情很难办，而是要让对方面临的选择尽可能地简单明了。由于只顾及自己的利益，人们很少注意那些通过照顾对方的利益实现自己利益的方法。为了避免目光短浅，一心只关注自己的当前利益，要站在对方的角度换位思考。如果没有能够引起对方兴趣的选择方案，那就可能永无协议可言。

站在谁的角度？你是试图影响某个谈判者、一位不在谈判现场的老板，还是某个委员会或其他联合决策机构呢？与“加州大学”或“休斯敦”这样的抽象概念谈判，你是不会取得成功的。要想试图说服保险公司做某项决定，你最好集中精力让一位索赔代理人提出建议。无论对方的决策程序多么复杂，只要你挑中一个人（最好是与你正在打交道的人），听听他对问题的看法，你就会对他们的决策过程有更深刻的了解。

把注意力集中在一个人身上并不意味着忽视问题的复杂性。相反，你的处理方法是要理解问题复杂性对谈判对手的影响。也许你可以从某一新角度看待自己的谈判角色和所做的工作，比如，自己是在帮助对方，或是提供其所需要的理由去说服其他需要说服的人。一位英国大使曾把自己的工作描述为“帮助我的对手获得新的建议”。如果你让自己完全站在对方的角度，就能理解他的问题以及什么样的方案可以解决这个问题。

做什么决定？我们在第 2 章谈到，如何通过分析对方提出的选择方案来理解他们的利益。现在你要做的是，找到可以改变对方选择的选择方案，并让他们做出令你满意的决定。你的任务不是给对方提问题，而是给对方答案；让对方做出一个轻松而不是艰难的决定。在此过程中，关键是要把注意力集中在决定本身，但不确定性经常阻碍决定的做出。

你总是希望自己得到尽可能多的利益，但又不清楚到底应得到多少。事实上，你可能会说："你先说出来，我会告诉你够不够。"这样似乎看起来对你很合理，但如果从对方的角度看一看，你就会懂得提出一个有吸引力的要求的必要性了。不论对方做什么或说什么，你可能都会认为只是个底价，然后要求更多。如果你总要求对方"主动一些"，你往往不会得到理想的答复。

许多谈判者不能肯定自己要的是方案还是实际行动。然而，区分二者至关重要。如果你要的是行动，就不要再提升"谈判空间"。如果你想要马跳过栅栏，就不要增加栅栏的高度。如果你想通过零售机以35美分的价格出售软饮料，就不要标价55美分，给自己留有谈判的余地。

大多数情况下，你要的是一个承诺——一份协议。拿出纸笔，试着起草几份可能的协议。在谈判中，用起草协议的方法帮助自己厘清思路，永远不会太早。可以准备多种版本，从最简单的可能开始。使用什么样的措辞，对方才会签字呢？什么样的措辞不但让你满意，又能吸引对方？你可以减少审批协议的人数吗？你能设计一个便于对方执行的协议吗？对方会把执行协议会遇到的麻烦考虑进来，你也应当如此。

比如，阻止还没做的事比阻止一直在进行的行动要容易，停止做某事比开始一项全新的行动要简单。如果工人们希望工作时放音乐，那么对于公司来说，同意雇员放磁带试行几周比直接接受这一要求要更容易。

由于大多数人都深信观念应当合理，所以，找到让对方容易接受的解决方案的有效途径是，对方案稍加调整，让对方觉得合理。对方觉得方案看起来是正确的，他们就更容易接受这个方案。所谓正确，即认为是公平、合法、令人自豪的，等等。

有先例最能促成决定，所以要努力寻找这样的先例。寻找一个对方在类似情形下做过的决定或声明，并尽量在此基础上提出一个协议，这样就为你的要求提供了一个客观标准，从而让对方容易接受。要意识到对方的愿望是连贯和一致的，想想对方做过的事或说过的话，这样可以帮助你制定出你能接受同时又能照顾到对方利益的选择方案。

威胁是远远不够的。除了要考虑你希望对方做的决定外，你还应从对方的角度考虑此决定带来的后果是什么。如果你是对方，你最担心出现什么后果？你希望的又是什么？

我们常用威吓或警告的方式来影响别人，告诉他们如果不按照我们的希望去做，将会出现什么后果。其实，向对方表示你愿意做某事往往更有效。你应当关注两件事：既要让对方明白，如果他们按照你的希望做决定，将会出现什么结果；又要站在他们的立场改进那些结果。怎样能使自己的承诺更加可信？有什么特定的东西是他们喜欢的？他们是否希望得到一份最终协议？他们是否希望发布通告？什么办法对你来说代价最小而对对方最有吸引力？

要从对方的角度分析一种选择方案，就想想如果对方采纳此方案，他们可能会受到什么批评。写一两句话，描述一下你希望对方做出的决定，对此对方最厉害的批评可能会是什么。然后写几句对方可能反驳的话。这样的练习可以帮助你理解对方谈判时受到的制约，可以因此找到充分满足对方利益的方案，让对方做出的决定满足你的利益。

对选择方案的最后一种检验是把方案以“可同意的提案”形式写出来。试着起草一份对方只用回答“可以”就足以切实可行的方案。如果你能这么做，就减少了你只顾自己的眼前利益而忽略对方利益所带来的风险。

在复杂的形势下，创造性地设计选择方案是完全有必要的。在任何谈判中，都可以将大门打开，从而形成一系列令双方满意的可能性协议。因此，先想出许多选择方案，然后从中选择；先开动脑筋，再做出决定；寻找共同利益和能够相容的不同利益；尝试让对方的决策变得更容易。

第5章

坚持使用客观标准

不论你多么理解对方的利益，不论你多么善于调和双方的利益，也不论你多么重视双方目前的关系，你总要面对一个残酷的现实，那就是双方的利益相互冲突。即便讨论实现“双赢”的战略也无法掩盖这一事实。你希望房租再便宜些，房东则希望能提高一些；你希望明天到货，而供应商则更愿意下周送货；你当然期望能在看得见风景的大办公室里办公，而你的合伙人也期望如此。这些分歧都是无法掩盖的。

凭意愿决定会付出巨大代价

通常为了解决分歧，谈判人员容易陷入立场问题上的争执，即讨论他们愿意和不愿意接受的条件。有的谈判者可能会要求调整方案，不愿接受现有条件。有的谈判者可能因为坚持己见而要求对方做出巨大让步：“一口价！50美元！”有的谈判者则会做出大方的姿态，期望得到对方的同意和友谊。无论谁在争执中表现得最固执还是最大方，这种谈判过程注重的都是各方愿意接受什么。最终的谈判结果来自双方的意志作用，这样好像谈判者生活在荒岛上一样——没有历史，没有惯例，也没有任何道德标准。

正如第1章提到的，凭个人意愿调和分歧将付出巨大代价。如果拿你的意愿与对方的一比高下，这样的谈判既无效率也不友善，其结果不是你让步就是对方妥协。不管是选择吃饭的地点、接洽一桩生意还是协商孩子的监护权问题，如果不引入客观标准，就无法达成符合标准的协议。既然凭个人意愿调和利益冲突要付出如此高的代价，那么解决方案就是，根据客观标准来进行谈判，不受任何个人意愿干扰。

运用客观标准进行谈判的案例

假设你已经签了一份定好价格的房屋建筑合同。房子要求有钢筋混凝土地基。但合同中没有标明地基的深度。承包商建议是 2 英尺，而你认为这种房子的地基要 5 英尺才接近正常标准。

假设承包商现在说："我答应了你提的房顶用钢梁的要求，该你同意我的浅地基要求了。"这是任何一个思维正常的房主都不会答应的要求。与其精明地讨价还价，不如坚持用客观的安全标准解决问题。"这么说吧，可能是我弄错了，也许 2 英尺就足够了。我只是希望地基的坚固性和深度能保证这栋楼的安全。政府对在这种土质上建房有具体的安全标准吗？附近其他房子的地基有多深？这里发生地震的危险性大不大？你认为我们可以在哪里找到解决这个问题的标准？"

签一份满意的合同不比打一个牢固的地基容易。既然客观标准如此清晰地适用于房主与承包商之间的谈判，为什么不可以适用于商品交易、集体谈判、法律纠纷甚至国际谈判呢？比如，为什么不坚持协议价格应当参照市价、重置成本、折余账面价值或公开招标价格，而要仅凭卖方漫天要价、信口开河？

总之，这种方法强调的是靠依据原则而不是靠施压解决问题。你应当把注意力放在问题的是非曲直上，而不是谈判各方的勇气上。拥抱理性，绝不屈服于威胁。

原则谈判能帮助愉快、有效地达成明智的协议。越是用公平准则、效率原则或科学标准解决具体问题，就越有可能最终达成明智而公平的一揽子协议。你和对方越重视先例以及社会惯例，就越有可能从以往的经验中获益。一份遵循先例的协议更不易受到攻击。如果一份租约使用了标准条款或一份销售合同符合本行业惯例，谈判双方感觉受到不公正对待的可能性更小，日后也更不会轻易撕毁协议。

不断争夺主导权的谈判方式会损害双方关系，而原则谈判可以维护双方的关系。如果双方都用客观标准来解决问题，而不是强迫对方妥协，谈判就变得轻松多了。

在达成协议的过程中，双方做出承诺后又反悔的情况很多。讨论和确立客观标准能减少这种情况的发生。在立场式谈判中，谈判者要花大量时间捍卫自己的立场，攻击对方的立场。使用客观标准的人往往能更有效地利用时间，把时间花在讨论可以采纳的标准和解决方案上。

谈判牵涉到多方时，客观标准对提高效率的作用就显得更为重要了。同时，采用立场式谈判就变得异常困难，因为此时需要谈判各方形成联盟。持某一立场的谈判方越多，要改变这一立场就越困难。同样，如果每位谈判者都有委托人或是改变立场时需要上级允许，确定和改变立场的工作就变得费时费力。

海洋法会议中的一段插曲证明了使用客观标准的好处。当时，印度提出，对在深海海床采矿的公司，每个采矿点应征收 6 000 万美元的开发费。美国对此表示反对，认为不应征收开发费。双方各持己见，结果，谈判变成了一场意志的较量。

这时，有人发现，美国麻省理工学院开发了一套深海海床开采的经济模型。该模型逐渐为谈判各方所接受，并被视为一种客观的标准，其能够评估收费提案对开采经济的影响。于是印度代表问自己的提案会产生什么影响，这一经济模型显示，如果按照他的提议，交纳如此高额的开发费，公司要 5 年以后才开始盈利，那么公司根本不可能进行矿产开发。受此影响，印度代表宣布要重新考虑自己的立场。另一方面，麻省理工学院的这套模型也让美国代表受教，因为他们对问题的了解一直局限于矿产公司提供的信息。根据这套模型，征收一定的开发费在经济上是可行的。这样，美国代表也改变了自己的立场。

没有人妥协，没有人示弱，有的只是合情合理。经过长时间谈判，谈判各方达成了一项大家都觉得满意的临时协议。

麻省理工学院的模型增加了达成协议的可能性，减少了付出巨大代价的立场之争。提供了更好的解决方案，既吸引矿产公司进行矿产开发，又能让世界各国获得可观的收益。有了这样一个能预测任何提案后果的客观模型，让谈判各方相信他们达成的临时协议是公正合理的。这也改善了谈判者之间的关系，让达成的协议更能经得住考验。

制定客观标准

进行原则谈判涉及两个问题：如何制定客观标准，以及如何在谈判中运用客观标准。

不管你运用什么谈判手段，提前准备都能让你做得更好。在原则谈判中也不例外。因此，在谈判前有必要制定若干可供选择的标准，并仔细考虑如何将它们运用到你的谈判中去。

公平准则。你通常会发现，能作为协议基础的客观标准不止一条。比如，假设你的汽车被撞毁了，你向保险公司提出理赔申请。在与保险公司理算师商量汽车赔偿额问题上，你可以考虑用以下标准来衡量汽车的价值：（1）原车成本减去折旧；（2）如果此前卖掉该车应值多少钱；（3）《商品现行价格手册》对当年该款汽车的标准估价；（4）更换一辆同档次汽车的费用；（5）法院判定该车的价值。

除此之外，根据不同情况，你建议的协议基础可以是：

市场价值	法庭可能的判定
先例	道德标准
科学判断	公平待遇
行业标准	传统标准
效率	互惠
成本	其他

客观标准至少应当免于各方意愿的干扰。理想情况下，为保证协议公平，客观标准应当既不受任何一方意愿的干扰，又要做到合乎情理和切实可行。例如，在边界谈判中，以河流这样的自然标记为界就比以河岸以东三码线为界要

容易操作，也更容易达成协议。

客观标准至少应在理论上对双方都适用。所以，你可以通过测试是否让双方互惠，来判断标准是否公正，是否不受各方主观意愿的干扰。如果某房地产代理机构在向你出售房子时提供了一份标准合同，你最好问问对方，他们在购买房子时是否也使用了同样的格式合同。在国际舞台上，自决原则被一些人滥用。他们一方面坚持这是自己的基本权利，另一方面却不允许对方享有同样的权利。中东、北爱尔兰以及塞浦路斯就是其中的三个实例。

公平程序。为了得到不受任何个人意愿影响的结果，你可以在处理实质性问题时使用公平准则，或者利用公平程序来解决利益冲突。比如，使用两个孩子分蛋糕的老办法：一个切蛋糕，一个先挑蛋糕。这样，双方都不会抱怨不公平。

这一简单程序在海洋法谈判中得到运用，海洋法谈判是有史以来最为棘手的谈判之一。谈判中，各方在如何分配深海海床采矿点的问题上陷入僵局。根据协议草案规定，一半采矿点应由私营矿业公司开发，另一半则由联合国下属的矿业机构来开发。由于来自发达国家的私营矿业公司拥有先进的技术和管理经验，可以找到最佳采矿点，因此发展中国家担心，实力不那么雄厚的联合国机构会吃亏。

最后的解决办法是，任何一家要求进行海床开采的私人公司都要向联合国矿业机构提供两处采矿点。联合国矿业机构从中挑选一处自行进行开发，同时发给私人矿业公司另一处采矿点的执照。由于私人矿业公司事先并不知道自己能得到哪一处的采矿权，这会激励公司尽可能让两处采矿点都显得前景可观。这个简单程序充分利用了私营矿业公司优越的管理技术，来为双方的共同利益服务。

与“一个切、另一个挑”方法有所不同的是，在谈判双方尚未确定自己的角色之前，先行商量各自心目中的公平方案。比如，在离婚谈判中，在判定父母一方谁拥有对孩子的监护权时，双方不妨先就孩子的探视权问题达成一致。这样，双方都会努力让探视权定得公平合理。

在考虑程序问题的方案时，还可以参考其他解决分歧的基本手段：如排序、抽签、由他人来决定等。

排序通常是继承人分配一大笔共同遗产的最好办法。分割完毕，如果他们愿意，还可以相互进行交换。继承人还可以做出临时性选择，这样就有机会先看看情况再决定是否接受。抽签、掷硬币等其他碰运气的方法都带有一定的公平性，虽然结果也许不平等，但大家的机会都是均等的。

让他人在某项共同决策中发挥关键性作用也是一种由来已久的做法。其形式很多：谈判双方可以把某一问题交由专家决定或征求专家的建议，也可以找一个调停人帮助决策。或者他们可以把问题提交仲裁人，以获得具有权威性及约束力的决定。

比如，在职业棒球队，就使用“最后请求仲裁”来解决球员的薪水争议。仲裁人必须从双方的最后报价中选择一个，这种方式的原则是，给当事各方施加压力，让各方的提案更加合理。在棒球队，以及规定用仲裁形式解决政府雇员纠纷的各州，这种方式确实比一般仲裁更有效。但是，由于谈判双方给仲裁者提供的选择过于极端，通常会导致达不成协议。

运用客观标准进行谈判

在确定了客观标准以及程序后，你如何就这些标准与对方进行讨论？应牢记三个基本要点：

1. 双方就每一个问题共同寻求客观标准；
2. 以理服人并乐于接受合理劝说，以确定最合适的标准及其运用方式；

3. 遵从原则，绝不屈服于压力。

总之，要坚定灵活地重视客观标准。

双方就每一个问题共同寻求客观标准。如果你正在商议买套房子，你不妨开门见山地说："瞧，你要高价，我想低价，咱们确定一个公平的价格如何？有没有最恰当的客观标准？"你和对方的利益也许是相互冲突的，但现在有了一个共同的目标——确定一个公平的价格。你可以先提出自己的标准，例如去除折旧和通货膨胀因素后的房价，附近同类房屋的近期售价，或者进行独立的评估，之后再让卖方提建议。

问一句："你的依据是什么？"如果卖方首先摆明自己的立场，比如"价格是5.5万美元"，要问他此价格的依据是什么："你是怎样得出这个数字的？"要理解卖方也在寻找一个基于客观标准的公平价格，以这样的方式处理这个问题。

首先在原则问题上达成一致。即使在考虑可能的条款之前，你们可以先就标准及标准的运用达成共识。

对方提出的任何标准都可以成为你说服他们的工具。如果你论证时用的是对方的标准，就更具说服力了，因为对方很难拒绝用他们自己的标准来解决问题。“你说隔壁琼斯先生的房子卖了6万美元。你的依据是，这套房的价格应该和附近同类房子的售价一样。我说得对吗？那让我们再看看埃尔斯沃思和牛津街角的房子，还有百老汇及达纳地区的房子都能卖多少钱。”在不得不接受他人的提议时，做出让步将变得极为勉强。如果标准本身就是他们提出的，那么遵从这个标准不是软弱，而是有实力、说话算话的表现。

以理服人并乐于接受合理劝说。谈判之所以成为双方共同探求的行为，是因为无论事前你准备了多少种不同的客观标准，你都会带着随时准备接受新建议的心态坐到谈判桌前。在多数谈判中，人们只是用先例和其他客观标准作为支持自己立场的依据。比如，某一警察协会坚持要求加薪，他们会用其他城市警察的薪资标准来为自己的立场辩护。但如此使用客观标准，只能使人们更深地陷入立场争执之中。

更有甚者，有些人张口就宣布自己的立场关乎原则问题，甚至拒绝考虑对方的意见。“这是原则问题”变成了一句有关意识形态之争的口号。具体问题上的想法不同发展成了原则问题上的分歧，这样谈判者不但没有摆脱立场之争，反而越陷越深。

这绝不是原则谈判所期望的。主张协议必须基于客观标准，并不意味着只坚持你提出的标准。一条合理标准的存在并不能排除其他标准的存在。对方认为的公平，你不一定认可。尽管你可能倾向于某一方（应是你自己），你也应该表现得像一名法官，乐于接受其他适用标准或从不同角度审视某一标准。当双方提出不同的标准时，应当寻找帮助确定最终标准的客观基础，比如，哪条标准过去曾使用过，或者哪条标准适用的范围更广泛。正如实质问题本身不能依赖主观意愿得到解决一样，选择最终运用的标准同样不能基于主观意愿。

同一问题可能会有两种标准（比如市场价值和折旧成本），其产生的结果也会不同，但在双方看来似乎都是同等合理的。在这种情况下，化解分歧或者在基于两条标准所产生的结果中做出妥协都是合乎情理的。这样的结局仍是不受双方意愿影响的。

如果对问题事实进行了彻底讨论后，你仍不认同对方提出的标准是最合适的，你不妨建议做个检验。

找一个双方都认为公正的人，给他看一下提议的标准的清单，让他来决定哪一条标准最为公平或最适用于当前问题。因为客观标准通常都是合理的，而合理就意味着能被大多数人接受，所以这么做是公平的。这不是说请第三方来解决你们的实质问题上的分歧，只是建议你们可以用哪一种标准来解决问题。

根据合适的原则解决问题达成一致，与仅用原则作为支持自己立场的依据，这二者的区别有时十分微妙但非常显著。一名依据原则谈判的谈判者愿意就问题的是非曲直听取合理劝说，而立场式谈判者则不会这样。原则谈判能如此有效地说服对方与自己合作，是因为他愿意听取合理劝告，同时又坚持依据客观标准解决问题。

绝不屈服于压力。再回到与建筑承包商谈判的案例。假如他提出雇用你姐夫来换取你在地基深度问题上的让步，你会怎么办？你可能会说："给我姐夫一份工作与地基的深度能否保证房屋安全毫不相干。"要是承包商威胁提高价格怎么办？你同样可以说："我们应该根据实际情况来解决问题，我们看看其他承包商关于同类工作的收费标准吧。"或者说："告诉我你的成本价，我们就能算出一个合理的利润率。"如果承包商说："得了，你还不信任我吗？"你可以回答："信任完全是另一码事。现在的问题是，多深的地基才能保证房屋的安全。"

压力的形式有多种：贿赂、威胁、强迫别人相信或是全然拒绝让步。对所有这些压力，原则谈判方式的应对方式都是一样的：让对方摆出理由，提出你认为适用的客观标准。除非依据了客观标准，否则绝不妥协。遵从原则，绝不屈服于压力。

谁更占据优势？具体情况应当具体分析，很难直接断定。但一般来讲，你会更有优势。因为你不仅意志坚定，而且表达合理且具有说服力，并乐于听取合理建议。与对方拒绝提出客观标准相比，拒绝做出不合理的让步对你来说要更容易。无论是公开场合还是私下里，比起既不妥协又不提出正当理由来说，只对正当理由做出让步的立场更容易得到捍卫。

你至少会在谈判程序上占上风；你可以变在立场问题上讨价还价为寻求客观标准的过程。从这个意义上来说，原则谈判是在立场问题上讨价还价的一种主导策略。一方以事实为依据进行谈判可以促使对方也如此行事，因为这是推动双方实质利益的唯一途径。

在实质内容上，你也可以做得更好。对于那些容易在立场式谈判中被对方唬住的人来说，原则谈判尤其可以让你既坚持自己的立场又不失公允。原则使你头脑冷静，不会让你在压力面前屈服。这也是“公理即强权”的一种表现形式。

如果对方坚决不妥协，又不能为自己的立场提出任何有说服力的理由，那就没有再谈下去的必要了。这就好比你走进一家商店，看中了一件商品，可上面写着“不讲价”字样。买不买随你。但在你选择离开之前，你应弄清楚自己是否忽略了证明商家定价公平合理的客观标准。如果你发现了这样的标准，并愿意根据该标准成交而不是无果而终，你就可以把商品买下来。这一标准的存在可以避免你因屈服于主观立场而付出代价。

假如对方不肯在立场问题上做任何让步，而你又找不到可以接受它的原则基础，你应该衡量一下，与自己认为的最佳选择方案相比，如果接受对方的不合理条件，自己是否还能有所得。你应该在实质利益和维护你自己作为原则谈判者的名声之间权衡轻重。

谈判中，将讨论的重心从对方愿意做什么转为讨论应如何解决问题，并不能结束争论，也不能保证产生满意的结果。但它却提供了一个可以坚定采纳的战术，避免了在立场问题上讨价还价要付出的高昂代价。

“这是公司政策”

让我们来看这个真实的例子。一方在立场问题上讨价还价，另一方则使用了原则谈判方式。我们的同事汤姆停在路边的小车被一辆翻斗车完全撞毁。汤姆的车保了全险，但究竟能赔多少，需要他和保险公司的理算师商定。

保险公司理算师	汤姆
我们研究了你的案子，确定了适用的保险条款，你可以获得 3 300 美元的赔偿金。	这样啊。你们是怎么得出这个数额的？
依据这辆车被撞前的价值。	明白了，但你们是根据什么标准得出这个赔偿额的？你知道我现在到哪里可以用这笔钱买一辆同样的车吗？
你想要多少？	我想得到依据保单条款规定应得的数目。我找到一辆类似的二手车，价钱是 3 850 美元，再加上营业税和消费税，大约是 4 000 美元。
4 000 美元！这太多了！	我所要求的不是 4 000 美元，3 000 美元或 5 000 美元这样的具体数额，而是公平的赔偿。你不认为我得到足够的赔偿来换一辆车是公平的吗？
好，给你 3 500 美元，这是我们所能支付的最高赔偿额了，公司有政策规定。	你们公司是怎么算出这个数额的？

（续表）

保险公司理算师	汤姆
你要知道，3 500 美元是你能得到的最高赔偿了。 要不要随你。	3 500 美元也许是公道的，但我不能确定。如果公司的政策束缚了你，我当然可以理解。但除非你客观地告诉我得出这个数额的依据，否则我想在法庭上我能得到更高的赔偿。我们为什么不研究一下再谈呢？星期三上午 11 点，这个时间你合适吗？
好的，格利弗先生，我今天在报纸上看到，一辆 1989 年的托罗斯车出价是 6 800 美元。	噢！上面有没有提到行车里程？
4.9 万英里。为什么问这个？	因为我的车只跑了 2.5 万英里，你认为我的车可以升值多少？
让我想想……450 美元。	假设 6 800 美元是合理的，那现在就是 7 250 美元，广告上提到收音机了吗？
没有。	那你认为一部车载收音机值多少钱？
125 美元。	空调呢？
	……

半小时后，汤姆拿到一张 8 024 美元的支票。

第三部分

但是……

第 6 章

如果对方
实力更强大怎么办?

(确定你的最佳替代方案)

如果对方在谈判中处于更强有力的地位，谈论利益、选择方案、标准还有什么意义？如果对方有钱有势，如果他们有更强大的后备军或更有威力的武器，你该怎么办呢？

如果所有天平都倾向对方，那么没有一种谈判模式能保证取得成功。没有一本园艺书能教你怎样在沙漠中种睡莲，在沼泽中种仙人掌。如果你走进一家古董店，看中一套乔治四世时代的银质茶具，价值数千美元，而你口袋里只有 100 美元，就不要指望任何巧妙的谈判能够消除这一差距。任何谈判都有难以改变的现实。面对强大的对手，最好的谈判结局不外乎实现下面两大目标：第一是保护自己，不至于接受本应拒绝的协议；第二是最大限度利用自己的谈判资源，使达成的协议能尽量满足你的利益需求。下面，我们将逐个分析每个目标。

保护自己

你赶飞机时，目的似乎变得极为重要。但回头想想，自己完全可以搭下一班飞机。谈判往往让你面临相似的处境。比如，你担心不能成交一桩大生意，因为你已经在上面投入巨大。在这种情况下，一个最大的危险是，你可能对对方过于宽容——妥协得太快。于是，“让我们达成一致，结束谈判吧”这种非常蛊惑人心的话变得很奏效，你可能就会以签署一份自己本应拒绝的协议来结束谈判。

运用底线的代价。为了避免这样的结果，通常谈判者会事先设定好一个能接受的最坏结果，即他们的“底线”。如果你是买方，底线是自己愿意支付的最高价；如果你是卖方，底线则是你能够接受的最低价。比如，你和妻子开价 20 万美元卖掉你们的房子，同时私下商定最低价格不能少于16万美元。

确定底线能帮助你抵抗压力和一时的诱惑。在卖房的例子中，也许买方确实无法付出高于14.4万美元的价格，大家也都知道你去年买这所房子只用了13.5万美元。在这种情况下，只有你能决定买卖成交而买方则不能，中介以及房间里的其他人都会来找你。事先确定好底线，也许不会让你做出事后后悔的决定。

当你方不止一人时，共同的底线有助于确保没有人向对方暗示你可能愿意接受的较低价格。这样可以限制律师、经纪人或其他代理人的权限。你可能说："价钱抬得越高越好，但你没有权利把价格降低到16万美元以下。"如果你方是各报社工会组成的一个松散联盟，另一方是出版商的联合阵线，事先确定一个底线也可以减少风险，以免某家工会被对方的优惠条件打动而脱离阵线。

但是，确定底线所得到的保护包含着高昂的代价。它限制了你在谈判中的应变能力。底线的定义是，一个不能改变的立场。从这个意义上来说，你已将自己的耳朵捂住。事先已做了决定，无论对方说什么，你都不会动那个底线。

底线也限制了你的想象力，无法激励你创造一个恰到好处的解决方案，用对双方都更有利的方式来调和利益分歧。几乎所有谈判都有不止一个变量。比如，你可以将房子以 13.5 万美元的价格出手，但条件是不得转卖，推迟过户，保留 2 年的仓库使用权，有权买回 2 英亩的草场。这也许比只卖 16 万美元对你更有利。如果坚持底线不放，你就无法想出如此灵活的方案。由于底线本身的严格性，其通常过于僵化。

另外，底线容易定得过高。假设你和家人早餐时一起商量卖房子的最低价。一人建议 10 万美元，另一人回复说："我们至少应得到 14 万美元。"第三位插话说："14 万美元就买走我们的房子？那简直就是偷！我看至少值 20 万美元。"房价抬得越高，大家获利就越多，因此谁会提出反对意见呢？一旦决定之后，这样的底线就很难再有所改动，你的房子也就很难出手了。另一种情况是，底线有可能定得太低。与其以如此低的价格出售房子，你还不如租出去更划算。

总之，确定底线虽然可以避免你接受一个非常糟的协议，但也会阻碍你构想出更富新意的解决方案，妨碍你接受明智的解决方案。一个随意选择的数字，对你决定应该接受何种条件来说，不足为凭。

除了保留底线，是否还有替代方案？是否有什么衡量标准，能防止你接受不该接受的协议，又不至于拒绝不该拒绝的？答案的确有。

对自己的最佳替代方案做到心中有数。当一家人商量房子的最低售价时，正确的问题不是问"应得"多少，而是假如在一定的时间内卖不掉房子，该怎么办？是一直等下去、租出去、拆掉改建成停车场，还是如果有人愿意重新装修房子，就让他免费住下去？或者别的什么办法？考虑到各种因素，哪种替代方案最具吸引力？替代方案同把房子卖个好价钱相比，哪个更可取？也许，某一个替代方案比 16 万美元卖掉房子更有吸引力。此外，以 12.4 万美元卖出去总比无限期地等着别人来买要好。可以肯定的是，任何一个随意确定的底线，都不能真实地反映全家人的利益。

之所以要谈判，就是为了让最终结果比不谈判的结果更好。那么这些结果是什么？这个替代方案是什么？你的谈判协议的最佳替代方案又是什么？那就是衡量一切拟订协议的标准，能阻止你接受对你十分不利的协议，又不至于让你拒绝不该拒绝的协议。

你的最佳替代方案不仅是一个行之有效的评判标准，

而且能使你有足够的灵活性，寻找到富有新意的解决方案。与其把所有不符合底线的方案拒之门外，不如把某一建议与自己的最佳替代方案做比较，看它是否能更好地满足自己的利益。

缺乏最佳替代方案的风险。如果你还没有认真考虑协议失败后的措施，就等于是毫无目的地在谈判。比如，你可能会显得过于乐观，认为自己还有许多别的选择：还可以买别人要出售的房子，有其他买主对你的二手车感兴趣，还可以用别的水暖工，还有其他工作可选，有其他的批发商等。即使你已经选定了替代方案，你可能仍对协议失败的后果看得过于乐观。相信你不会愿意体会法律诉讼、离婚官司、罢工、军备竞赛以及战争带来的巨大痛苦。

人们常犯的错误是，心理上倾向从总量上来看替代方案。你可能会对自己说，如果这份工作无法在薪水上达成协议，我总能够去加州，去南方，或者回学校，要么写作，去农场干活，去巴黎生活，或者做其他什么事情。在你的脑海里，你会觉得这些替代方案的总和比做一份具体工作、挣一份固定薪水更有吸引力。但是问题在于，你不能同时拥有所有的选择。如果达不成协议，你只能从中选择一个替代方案。

但在大多数情况下，更大的危险在于你太想达成协议。由于没有确定任何替代方案，你自然对谈判破裂可能产生的后果感到过于悲观。

尽管你明白最佳替代方案的价值，但你对发掘替代方案仍犹豫不决。你寄希望眼下这个买主或者下一个买主能出个好价钱，却不考虑买卖做不成时该怎么办。你会在心里说："我们先谈着，看看有什么结果。如果问题解决不了，我再考虑该怎么办。"但如果你期望明智地进行谈判，你至少应该有一个初步的想法，这是极其重要的。谈判是否能达成协议，完全取决于最佳替代方案对于你的吸引力。

划定一条警戒线。虽然你的最佳替代方案是衡量一切拟订协议的可靠标准，但是你还需要其他衡量标准。为了尽早发现并避免达成的协议内容会有让你极不满意的地方，确定一个虽不完美但却比最佳替代方案更好接受的协议十分有用。在接受任何超出此警戒范围的协议之前，你应停下来，重新审视一下局势。和底线一样，警戒线也能限制代理人的权力范围。"15.8 万美元是我本金加利息的价格，除非我同意，否则成交价格决不能低于 15.8 万美元。"

警戒线应给自己留有余地。如果到了警戒线预定的标准，你也决定使用调解人，你就给他留了调解的余地。你自己也仍然有活动的空间。

发挥谈判资源的最大效用

防止自己接受一份不满意的协议是一回事，发挥谈判资源的最大效用，以期获得一份满意的协议则是另一回事。那么究竟应该怎样做呢？答案仍然在你的最佳替代方案中。

你的最佳替代方案越理想，你的谈判实力就越强。人们认为，谈判实力是由财产、政治背景、身体状况、朋友和军事力量等资源决定的。事实上，谈判双方的相对实力主要取决于各方能在多大程度上承受谈判破裂的后果。

试想一名有钱的游客看中了孟买火车站一小贩兜售的小铜壶，想以低价买走。小贩虽然很穷，但他可能对市场行情了如指掌。他知道如果这名游客不买，他还可以卖给其他游客。依他的经验，他能判断出自己何时能以多少价钱将这只小铜壶出手。游客可能很有钱，而且“有实力”，但他在谈这笔买卖时却是个弱者，因为他不知道铜壶的成本是多少，以及哪里能找到类似的铜壶。几乎可以肯定的是，他要么与这只铜壶失之交臂，要么出高价买下来。游客的富有丝毫没有增强他的谈判实力，显然还削弱了他以低价购买铜壶的能力。为了把他的财富转变成谈判实力，这名游客必须了解在其他地方购买类似或更好看的铜壶所需的价钱。

如果你去应聘，手头又没有其他工作机会，有的只是一些不确定的线索，想想你的心情会如何！想一下关于薪水的谈判将如何进行？试比较一下，假如你应聘时手头还有另两份工作供你选择，你这时的心情又会是怎样的，有关薪水的谈判将如何进行？差异就在于实力的不同。

个人间的谈判是这样，团体间的谈判也是如此。一家大工厂与一个小镇就是否应提高工厂税额问题进行谈判，双方的谈判实力并不取决于它们各自的财力和政治权势，而是双方的最佳替代方案。一次，一个小镇与一家公司谈判，这家公司在紧挨着小镇的地方有一处工厂。结果，公司向小镇每年交纳的“赞助费”由 30 万美元升至 230 万美元。这是如何做到的呢？

小镇当局非常清楚，一旦协议不成，他们将采取的措施是：扩大小镇边界，把工厂划进来，进而征收 100% 的住地税，一年约为 250 万美元；公司肯定是要保住工厂的，它除了达成协议外，别无选择。乍看起来，公司的实力似乎更强，它为小镇提供了几乎所有的工作机会，而小镇正处于经济困难时期，工厂关门或者迁址都可以完全毁掉整个镇子。而且公司已经支付的税款也为那些要求更多的小镇领导支付了薪水。但所有这些资源由于没有转化为最佳替代方案，因而没有起到什么作用。小镇因为有吸引人的最佳替代方案，所以有能力左右与一家大公司的谈判。

制定你的最佳替代方案。积极探索谈判破裂后应当如何做，可以大大增强你的谈判实力。好的选择方案不会摆在那里等着你去拿，你必须自己去寻找。拿出最佳替代方案需要三个步骤：第一，提出如果不能达成协议自己所要采取的措施；第二，完善其中最有希望的想法，并把它们转化成具体的可操作替代方案；第三，初步选定看上去最好的替代方案。

第一步是提出措施。比如，甲公司到月底前还不能给你一份满意的工作，你会做些什么呢？去乙公司工作？去别的城市找工作？还是自己当老板？是否还有其他措施？对于工会而言，谈判协议的其他替代方案包括组织一场罢工、撕毁合同给对方 60 天的罢工警告、要求调解人介入调解、号召工会成员“怠工”等。

第二步是完善你的最佳想法，把其中最有希望的想法转化为具体的替代方案。如果你想在芝加哥工作，就应努力把这一想法付诸现实，在那里找到哪怕是一个工作机会。

手头有了芝加哥的工作机会（即使只是发现自己无法在那里找到工作），你就有了较多的准备，可以更好地分析比较在纽约工作机会的利弊。工会应该在谈判的同时，把寻求调解和罢工的想法变为随时可以实施的具体行动方案。比如，工会可以投票表决，授权在合同期满后仍未达成协议的情况下举行罢工。

制定最佳替代方案的最后一步是，从中选出最佳方案。如果谈判破裂，你准备采用哪一个现实可行的替代方案？

通过以上的努力，你有了一个最佳的替代方案。你可以把对方的每一个条件同它进行比较。你的最佳替代方案越理想，就越有能力让协议对自己有利。对谈判不成功的后果做好充分的准备，你就能在谈判中信心倍增。知道自己下一步的措施，中止谈判就会容易得多。你越是不担心谈判破裂，就越有能力捍卫自己的利益，并有力地陈述达成协议的依据。

是否该把你的最佳替代方案透露给对方，取决于你如何分析对方的想法。如果你的最佳替代方案非常有吸引力（比如还有一位顾客在隔壁等着你），让对方知道这一点对你会很有利。如果对方认为你没有好的替代方案，而事实上你有，你当然应该让他们知道。但是，如果你的最佳替代方案不如对方想象的那么好，向对方透露只会削弱而不是增强自己的实力。

考虑对方的最佳替代方案。同样，你应该想想对方可能采取的最佳替代方案。他们可能会对谈判破裂后自己可以做的选择过于乐观。他们也许只有一个模糊的概念，认为自己有大量的替代方案，并受到这些想法的影响。

对另一方替代方案了解得越多，你对谈判的准备就越充分。掌握了对方的替代方案，你就可以实事求是地评估自己对谈判的期望是什么。如果对方高估了自己的最佳替代方案，你要设法降低他们的期望值。

对方的最佳替代方案也许比你能想到的任何公正解决办法更有利于他们。假设你们是社区一方，担心附近在建的发电厂日后可能会排放有毒的废气。而电力公司的最佳替代方案是，要么不理睬你们的抗议，要么不管你们说什么继续建发电厂。你们只能起诉吊销他们的建设许可证，才能让对方重视你们担心的问题。换句话说，如果对方认为自己的最佳替代方案无可挑剔，就觉得没有必要根据事实与你们谈判，你们就要想办法改变这种情况。

如果双方都对自己的最佳替代方案十分满意，那么对双方来说，不用达成任何协议就是最好的谈判结果。在这种情况下，成功的谈判能让双方愉快而迅速地发现满足双方利益的最好办法，就是各自通过其他途径来满足自己的利益，而不要再试图达成协议。

当对方实力强大时

如果对方拥有重型武器，你一定不希望把谈判变成一场战争。对方越是在经济实力或身体素质上比你强，你就越要通过原则谈判方式获益。从某种程度上来说，对方实力更强，而你有可以根据的原则，你越能树立原则的重要性，就能更好地满足自己的利益。

拥有一个最佳替代方案能帮助你更好地进行原则谈判。通过制定和完善自己的最佳替代方案，你可以将自己拥有的资源转化为强大的谈判实力。运用自己的知识、时间、财力、人脉、关系以及智慧，设计出一套不用依赖对方同意的最佳解决方案。越是能够轻松愉快无负担地离开谈判桌，就意味着你越有能力左右谈判的结果。

所以说，制定最佳替代方案不仅能够帮助你确定自己所能接受的协议的最低条件，而且还有望提升这些条件。在面对看似比你更强大的谈判者时，创造你的最佳替代方案大概是最有效的应对措施。

第 7 章

如果对方不合作怎么办？

（谈判柔术）

双方就利益、选择方案以及客观标准进行探讨，也许是明智、有效且愉快的。但如果对方不合作怎么办？你尝试共同讨论利益，对方却直截了当地表明了自己的立场。你期望签订一个能让双方利益最大化的协议，而对方却一味攻击你提出的建议，一心只想最大限度地满足自己的利益。你质疑的是问题本身的是非曲直，而对方却对你进行人身攻击。怎样才能让对方从立场争执转到摆事实、讲道理上来？

让对方关注问题本身的是非曲直，有三种基本方法。第一种方法的关注点在于你能做什么。你可以关注问题的是非曲直而不是立场问题。遵循原则而非立场是本书的主题，这种方法极具感染力，为那些着重讨论利益、选择方案和标准的人带来了成功的希望。事实上，你只要开始使用新手段就能改变原有的立场问题之争。

如果这种方法不奏效，对方继续在立场问题上讨价还价，你可以采用第二种方法，即关注对方能做什么。这种方法把对方的注意力转移到实际问题上来，以阻止对方陷入立场问题之争，我们把这一战术称为“谈判柔术”。

第三种方法是关注第三方能做什么。如果原则谈判和谈判柔术都不能改变对方的谈判方式，应当考虑让受过专门培训的第三方介入，靠第三方的帮助把争执双方讨论的重点限定在利益、选择方案和客观标准上。第三方可以使用的最有效的工具是独立调解程序。

第一种方法（原则谈判）前面已经讨论过了。本章将介绍谈判柔术和独立调解程序两种方法。本章结尾是一个房东与房客谈判的实例，详细说明了如何结合原则谈判和谈判柔术两种方法，劝说不愿配合的对方与自己合作。

谈判柔术

如果对方表明了自己的坚定立场，你可能会批评和拒绝他们的立场。如果他们批评你的提案，你会奋起反击，坚持己见。如果对方对你进行人身攻击，你可能会为了保护自己回击过去。总之，如果对方把你逼得很紧，你就会以牙还牙。

然而，如果直接与对方正面冲突，你就会陷入立场争执之中。拒绝对方的立场，只会使他们更加死守立场；捍卫自己的提议，只会让自己固执己见；为自己辩护，只会把谈判引向人身攻击的歧途。你会发现自己已经陷入了攻击与辩解的恶性循环之中，在毫无结果的唇枪舌剑里浪费了大量的时间和精力。

如果回击不奏效，还有什么方法能起作用？如何避免陷入攻击和辩解的恶性循环中？答案是不要回击。假如对方直截了当地表明了自己的立场，不要拒绝；对方反驳你的观点时，不要辩解；如果对方对你进行人身攻击，不要反唇相讥，用不反击的方法来打破这种恶性循环。你应当选择躲开对方的攻击，并把对方的攻击转移成对问题本身的关注。好比东方武术中的柔道和柔术一样，你避免与对方直接抗衡，运用躲闪技巧，借助对方的力量达到自己的目的。不要对抗对方的力量，相反，要把对方的力量引导到探讨双方利益、制定共同受益的选择方案和寻求客观标准上来。

但如何在实践中具体运用谈判柔术？如何避开对方的攻击并将其攻击转化成对问题本身的关注？

一般来说，对方的"攻击"包括三种手段：直截了当地表明自己的立场；反驳你的观点；对你进行人身攻击。下面，我们看看一名原则谈判者是如何应对这些攻击的。

不要在立场问题上攻击对方，而要透过立场看见背后的利益。在对方表明自己的立场时，既不接受也不拒绝，而是把对方的立场当作一种可能的选择，寻找立场背后的利益，找到其遵循的原则，并考虑改进的方法。

假如你代表正在举行罢工的教师协会与校董会进行谈判，要求涨工资，反对把依据资历深浅作为解聘教员的唯一标准。学校董事会提议，将薪水普遍提高 1 000 美元，但保留单方面解聘教员的权利。你应该分析潜藏在这一立场背后的利益。"如果薪水增加幅度超过 1 000 美元，对校方财务预算平衡有何影响？""为什么校方对解聘教员要有完全的控制权？"

假设对方采取的所有立场都切实考虑了双方的基本利

益，问一问对方采取的立场是如何处理眼下的问题的。把他们的立场视为一种选择方案，客观地分析它能多大程度地满足双方的利益，或者怎样通过进一步完善可以满足各方的利益。“全面加薪 1 000 美元能否保证本校的工资水平与当地其他学校相比具有竞争力，确保学生能够拥有高水平的教师？”“怎样让教师们认为校方的解聘评估程序是公正的？我们相信您本人是公正的，但如果您离开了学校呢？我们怎么能让一个随意的方案来决定自己的生计问题和家庭生活质量？”

应该寻找并讨论对方立场背后的原则是什么。“为什么说 1 000 美元是合理的薪水增幅？是根据其他学校的工资标准还是根据具有同等资历教师的收入？”“你们认为谁应先被解聘，是本镇经验最少的教师，还是经验最为丰富且工资水平最高的教师？”

要让对方注意改进手头的方案，你可以和对方讨论假设接受对方的某个立场会出现什么情况。1970 年，一位美国律师就阿以冲突问题有幸采访了当时的埃及总统纳赛尔。他问纳赛尔：“你希望梅厄夫人怎么做？”

纳赛尔回答说：“撤走！”

“撤走？”律师问道。

“是的，从阿拉伯的每一寸领土上撤走！”

“没有任何条件吗？从你这里什么也得不到？”律师用怀疑的口吻问纳赛尔。

“什么也没有！因为这是我们的领土，她必须承诺撤走。”纳赛尔答道。

律师又问：“如果梅厄夫人明天早晨在以色列广播和电视上宣布：‘我谨代表以色列人民，在此承诺从 1967 年以来我们占领的每一寸领土上撤走，包括西奈半岛、加沙地带、约旦河西岸、耶路撒冷以及戈兰高地。而且，我希望全国人民知道，我本人没有向阿拉伯人提出任何条件。’这会给她带来什么后果？”

纳赛尔忍不住大笑道：“她在国内就该有大麻烦了！”

纳赛尔开始意识到埃及给以色列提出了一个非常不现实的选择方案。因此他后来宣布接受停火的方案，结束了这场消耗战。

不要为自己的想法辩解，欢迎批评和建议。谈判的大部分时间都花在相互指责上。与其拒绝对方的批评，不如对此持欢迎态度。我们不应要求对方接受或放弃某个观点，而应向对方询问这个观点是否有不妥之处。“这个加薪建议是否有考虑不周的地方？”分析对方的否定态度，发现其中潜在的利益，并站在他们的角度改进自己的想法。根据你从对方那里了解到的情况再重新制订自己的方案，这样，批评就不再是谈判进程中的障碍，而成为达成协议必不可少的因素。“如果我没有理解错，你是说无法承受750名教师每人涨1 000美元薪水，但如果我们少雇一些全职教师，把节省下来的开支作为每月发给在职教师的奖金，这样行不行？”

让批评变得具有建设性的另一种方法是，换位思考，征求对方的意见。问问对方，如果站在你的角度他们会怎么做。“如果你的工作朝不保夕，你会怎么办？我们协会的成员都感到工作难有保障，而且因为工资降低而感到沮丧，正在商量让一个态度更强硬的组织来代表他们。如果你是这个协会的负责人，你会采取什么措施？”这样，你让对方正视问题的一部分，对方因此可能会想出一个考虑了你利益的解决方案。“有些问题似乎是，教师们认为没有人听他们的意见。那么安排学校董事会定期与教师进行座谈，是否有助于问题的解决？”

变人身攻击为针对问题的批评。对方对你进行人身攻击时（这是经常发生的），你要克制住为自己辩护或干脆攻击对方的冲动。你应不动声色，让对方把怨气发泄出来。

倾听对方的诉说，表现出你愿意尊重他们的意见。等他们诉说完后，将对方的注意力从对自己的攻击转移到对问题的批评上来。“你说我们罢工是不关心学生的表现，我听得出你对学生的教育很重视。你应该明白，这是我们共同关心的：他们是我们的孩子，我们的学生。我们也希望结束罢工，能回去给孩子们上课。我们现在能否共同做些什么以尽快达成协议呢？”

提问与停顿。运用谈判柔术的人会使用两个关键手段。第一是提问而不是陈述。陈述容易导致对抗，而提问得到的则是答案。提问让对方把观点说出来，帮助自己理解他人观点。提问还能质疑对方的观点，促使对方去正视问题。提问能避免给对方提供攻击的靶子和立场。提问不是批评，而是启发。“你认为哪种更好，是让教师参与其中使其在决策过程中采取合作态度，还是让教师极力反对任何强加给他们且没有考虑到他们利益的决策？”

沉默是你最好的武器，要充分利用它。如果对方提出不合理方案或是采取在你看来站不住脚的攻击，你最好的手段是一言不发。

如果他们对你开诚布公的提问未做充分回答，那就等一等。人们总是对沉默感觉不舒服，尤其是对自己阐述的理由有疑问时更是如此。比如，一位教师代表问：“教师为什么不能在解聘政策上有发言权？”校董会主席可能会觉得不知所措：“解聘纯属行政事务……哦，当然教师们关心解聘政策，但他们并不能判断谁是一名合格教师……哦，我是说……”

沉默往往给人一种僵持不下的感觉，对方为了打破僵局，不得不回答你的问题或者提出新的建议。因此在你提问之后，先停顿一下。不要急于提出新问题或发表自己的评论，给对方逃避回答问题的机会。有时，最有效的谈判是在你没有开口时发生的。

考虑使用独立调解程序

如果单凭自己的努力无法将对方从立场争执转向原则谈判，你很可能会求助于第三方。你面临的问题可以用下面的简单例子来加以说明。这是一对夫妻关于新建房屋的谈判。

妻子想盖一栋带烟囱和凸窗的两层小楼。丈夫想盖的是现代农场式的建筑，要有小书房和大车库。在协商过程中，双方都问了对方大量问题，比如，“你想要什么样的客厅？”“你是否一定要坚持自己的想法？”通过回答这样的问题，双方越来越坚定自己的计划。二人都各自请建筑师先绘制草图再提出详细方案，这下双方就更加坚定自己的立场了。妻子要求丈夫制定更加灵活的方案，于是，丈夫同意把车库的长度减少一英尺。丈夫也坚持妻子应该做些让步，于是，妻子同意放弃她一直想要的后院走廊，但实际上，走廊并没有出现在她的图纸中。双方都极力推崇自己的设计，千方百计批评对方的设计。结果，双方感情受到伤害，沟通出现困难。双方都不想再让步，因为让步只会使对方得寸进尺。

这是一个在立场问题上讨价还价的典型事例。如果双方不能转成根据事实情况寻找解决方案，那么第三方的介入便是必不可少的。与直接参与谈判的各方相比，调解人更容易将人与事分开，直接讨论双方的利益和选择。不仅如此，调解人还能为解决分歧提供公正的借鉴。同样，第三方可以把提出方案和做出决策分开，减少为达成协议要做出的决定，使双方明白，一旦做出决定会有什么结果。为第三方完成上述任务所设计的一种程序，被称为独立调解程序。

妻子和丈夫在住房设计的协商中，请来独立的建筑师，并向他展示了表明夫妻二人各自想法的最新设计图。但不是所有的第三方都能表现得明智。比如，有的建筑师可能要求双方阐释清楚各自想法，强迫双方做出一系列让步，结果使夫妻二人更加坚守自己的立场。但采用独立调解程序的建筑师就不会这么去做。他询问的不是双方的立场，而是各自的利益：不是问妻子期望的凸窗要多大，而是问她为什么需要这样的窗户。“是为了早晨的阳光还是下午的阳光？是为了朝外看，还是向里看？”转过来他问丈夫：“你为什么需要大车库？想要储存什么？你打算在小书房里做什么？看书？看电视？跟朋友聚会？你会在什么时间用书房？白天？周末？还是晚上？”

建筑师明确表示，他并不是要求夫妻双方放弃各自的立场，而是尽可能给双方提供一个可取的建议，但并不能完全担保做到。眼下他能做的，是尽可能了解双方的利益和需求。

不久，建筑师拿出一份反映夫妻二人利益和需求的清单（“清晨的阳光、宽敞的壁炉、舒适的阅读环境、工作室以及能放中型汽车和除雪机的车库”等）。他请夫妻双方依次对清单提出批评和改进意见。双方做出让步很难，但对建筑师的方案提出批评则很容易。

几天以后，建筑师又拿出一份草图，并说：“我个人对这份设计图并不满意。但在修改之前，我想听听你们的批评意见。”丈夫可能会说：“还有什么问题吗？哦，浴室离卧室太远了，书房的面积还不够大，我的书可能放不下。留宿的客人睡在哪里呢？”妻子自然也会发表她的批评意见。

不久，建筑师又带来了第二份草图，再次征求批评意见。“我已尝试解决了浴室、书房的问题，而且还考虑把书房设计成备用卧室，你们觉得可行吗？”由于方案已趋成型，夫妻二人只对各自认为最重要的地方提出了意见，并未在细枝末节上挑刺。似乎不需要做任何让步，妻子会尽力确保建筑师能够完全理解她的主要需求。草图的设计没有以包括建筑师在内的任何人的自我为中心。在财力允许的范围内，尽可能协调好双方的利益，并将此与决策本身分开，因而不必担心决定过于草率。丈夫和妻子不必放弃各自的立场，至少在表面上，他们现在可以坐在一起，共同评论设计图，帮助建筑师确定最终的设计方案。

这样，第三份、第四份、第五份设计图出来了。最后，当建筑师觉得再也没什么可修改时，他说：“这是我能拿出的最好方案了。我已尽了最大努力来调和你们各自的利益。为了解决许多问题，我采用了标准的建筑和工程解决办法、参考了之前的例子以及提供了我能提供的最专业的判断。看，就是这份设计图，我建议你们接受它。”

夫妻俩现在只面对一个决定“接受”还是“不接受”。一旦做出决定，他们都清楚自己将得到什么。一方表示同意，也会使另一方欣然接受。独立调解程序不仅避免了在立场问题上讨价还价，还大大简化了制定选择方案和共同做出决定的程序。

在其他谈判中，谁能扮演建筑师的角色呢？你可以邀请第三方进行调解。或者，在涉及多方的谈判中，更关心协议具体实施而不是协议的具体条款的谈判参与者，可以自然而然地成为第三方。

在许多谈判中，调解人也许就是你自己。比如，你是一家塑料厂的销售代表，正与一家生产塑料瓶的客户谈一宗大买卖。客户需要一种特制的塑料，但你代表的工厂不太愿意专门为此更改工艺。实际上，你的佣金主要取决于客户和生产商之间能否达成协议，而不在于协议的具体内容。再比如你是一名参议员的助理，你更关心的是某一笔拨款提案能否得以通过，并不太在意拨款具体数额究竟是1 000 万美元还是 1 100 万美元。或者你是一名经理，你的两名下属对行动计划持有不同看法，要你做出决定。你更关心的是做出让双方都能接受的决定，而不是具体选择哪一个方案。在上述例子中，虽然你也是谈判的主要参与方，但是你最有利的身份还是充当一名调解人，使用独立调解程序来调解你自己面临的问题。

使用独立调解程序最著名的例子，是美国 1978 年 9 月在戴维营对埃以冲突进行的斡旋。在听取了双方意见之后，美方准备了一份草案，不要求双方对此表态，只是征求批评意见，并反复修改草案，直到调停人认为眼前的草案已无处可改为止。在经过 13 天的讨论，先后 23 次的修改后，美国拿出了最后的协议文本，准备推荐。当卡特总统正式向双方推荐时，以色列和埃及终于接受了。独立调解程序作为一种机制，在限制决定数量、减少决定的不确定性以及防止谈判各方固守自己立场方面十分有效。

独立调解程序对有第三方介入的双边谈判大有帮助，而对于多边谈判几乎是不可或缺的。例如，150 个国家无法就 150 种方案进行建设性讨论，当然也不可能轻易做到相互让步。他们需要某种方式来简化决策过程，而独立调解程序可以达到这个目的。

使用独立调解程序不必等到各方都同意。你只需要准备一份草案，然后征求各方的批评意见。同样，你只要开始使用新方法就能改变原有的立场之争。即使对方不愿意直接与你交谈（或者你不愿意与他们直接交谈），第三方可以拿着草案在你们中间斡旋。

让对方与你合作：

琼斯房地产公司与弗兰克·唐布尔的谈判实例

下面是房东与房客之间的谈判实例，能帮助你体会如何与不愿意进行原则谈判的人打交道。这个谈判实例说明了使用新办法来改变原有的立场之争意味着什么。

背景简述。弗兰克·唐布尔 3 月时以月租 300 美元的价格从琼斯房地产公司租了一套公寓。7 月，他和室友保罗准备搬走时，唐布尔才知道公寓租金是受政府管制的。根据规定，这种公寓的最高月租金应为 233 美元，比他已付的房租少 67 美元。

唐布尔觉得自己被宰了，因此十分恼火。于是，他打电话给琼斯公司的琼斯太太讨论此事。起初，琼斯太太一副爱理不理的样子，而且充满了敌意。她声称自己并没有错，并指责唐布尔不但不知感恩，反而想勒索她。但是，在经过几次谈判后，琼斯太太答应补偿唐布尔和其室友的损失，并且最后的态度也变得友好而带有歉意。

自始至终，唐布尔使用的都是原则谈判法。以下摘录的是谈判中的对话。每段对话之前有一行黑体字，表明原则谈判者在类似情况下会使用的语言。对话之后是理论分析以及它所产生的影响。

“如果我错了，请您纠正我。”

唐布尔：琼斯太太，我刚听说（如果我错了，请您纠正我）我们公寓的租金是受政府管制的。按规定，这套公寓的最高月租金是233美元。这是真的吗？

分析：原则谈判的实质是，对客观事实和原则持开放的态度。唐布尔小心翼翼地向琼斯太太求证客观事实的正确性，因而使对话从一开始就建立在理性的基础上。唐布尔询问琼斯太太，一方面请她证实所述事实的真实性，另一方面如果事实有出入，也请她加以纠正。这使得两人成为努力弄清事实的合作者，对抗因此被化解。如果唐布尔以断言的口吻得理不让人，琼斯太太会感觉受到威胁而采取抵御的态度，她也许会否认这些事实。这样，谈判一开始就不会是建设性的。

假如唐布尔真的弄错了，但事先已打招呼请对方指正，会让人更容易接受。如果只是跟琼斯太太说事实就是事实，结果却发现自己错了，会很没面子。尤其糟糕的是，琼斯太太会因此更加怀疑唐布尔所说的一切，进而增加谈判的难度。乐于接受别人的指正和劝说，是原则谈判的战略支柱。只有乐于听取对方建议，才能说服对方以同样的态度接受你提出的原则和客观事实。

“感谢您为我们所做的一切。”

唐布尔：保罗和我非常感谢您把公寓租给我们。您为我们花费了时间和精力，我们一直心怀感激。

分析：给对方个人以肯定，是把人与事分开的关键，即把人际问题与实质问题分开。通过对琼斯太太表达感谢，唐布尔实际上是在说：“我们并不是要和您个人过不去，我们认为您为人慷慨大方。”唐布尔让自己和琼斯太太站在一边，消除了她对自我形象受损的担忧。

不仅如此，给予对方称赞和支持，意味着对方可以继续获得这些赞美。受到唐布尔的称赞，琼斯太太开始在情感上有点偏向唐布尔对自己的肯定，现在她因为有可能失去对方对自己的肯定，因而更愿意谋求和解。

“我们考虑的是公平问题。”

唐布尔：我们想知道的是，我们是否多付了房租。如果您能说服我们相信，我们所付的租金在当时是公道的，我们就算两讫了，会马上搬出去的。

分析：唐布尔表达了以原则为基础的立场，并申明他会继续坚持原则，只有原则才能说服他。同时，他让琼斯太太明白，他愿意接受依据原则的劝说。这样，琼斯太太就没有多少选择余地了，她只能通过摆事实、讲道理来实现她的利益。

唐布尔不是根据他的实力而采取以原则为基础的公正立场。唐布尔的目标是建立在原则的基础之上的，其使用的手段也是依据原则的。他申明自己的目的是，付出的房租和租期之间应保持公正的平衡。如果琼斯太太能说服他自己相信，他已付的租金与实际租期相符，他会马上搬走。但如果房租收多了，唯一公正的解决办法是让他继续住下去，直到租金与租期相符为止。

“我们希望依据独立的客观标准解决问题，而不受人为因素的影响。”

琼斯太太：你跟我讲公平，我觉得很可笑。因为实际上你和保罗只是想要钱罢了。并且，你们想利用继续住在公寓里的方式从我这里得到钱。这实在令我生气，要是按我的想法，我今天就把你们赶出去。

唐布尔（强忍住不发火）：我可能没有说清楚。如果我和保罗能拿到退款，那当然好。当然，我们也可以赖在公寓不走，直到您把我们赶走为止。可是问题不在这里，琼斯太太。

比起弄几个钱来说，我们受到公平对待更重要。没有人喜欢被骗的感觉。如果我们把问题当作实力的较量而且谁都不让步，那就只有法庭上见了。那样势必会浪费很多时间和金钱，彼此都伤透脑筋，谁希望这样呢？

琼斯太太，我们希望根据一个公平的原则解决问题，而不是看谁更有能耐。

分析： 琼斯太太对原则谈判的想法提出了挑战，称它为文字游戏。她认为这是一场意志的较量，而她希望今天把唐布尔和其室友赶出去。

这时唐布尔几乎不能控制自己，差不多快失去对谈判的控制。他很想回击：“我看你怎么把我们轰出去！咱们法庭上见！我要让你的租赁执照被吊销！”谈判将自此破裂。唐布尔也会因此损失很多钱、浪费之前的努力，失去自己内心的平静。但他忍住了，并重新把谈判带回到根据原则进行谈判的轨道上来。这是谈判柔术的一个范例。他承担了导致琼斯太太产生误会的责任，借以转移对方的攻击，并努力说服对方相信他坚持原则。他既未掩饰自己的个人利益，也未掩盖他所占的优势。相反，他讲明了这两点。一旦这些被接受，他就可以将这两点与事情的是非曲直区分开，就不再是一个问题。

唐布尔还告诉琼斯太太，这是他处世的基本信条和一贯作风，借此加重原则谈判的分量。他不唱高调（这样往往遭人反感），他只是从自身利益出发。

“信任与否是另一个问题。”

琼斯太太： 你还不信任我吗？毕竟我曾帮过你许多忙。

唐布尔： 琼斯太太，我们非常感谢您为我们所做的一切，但这里不存在信任的问题，我们要谈的是原则问题：我们是否多付了房租？解决这个问题，您认为我们应考虑哪些因素？

分析： 琼斯太太企图把唐布尔逼进死胡同：唐布尔要么抓住问题不放而表现出对琼斯太太的不信任，或者由于信任而做出让步。然而，唐布尔再度对她表示感谢，并说明眼下的问题与信任无关。这样，他避免了自己陷入困境。唐布尔在重申他的感激之情时，依然坚守自己的原则。此外，他也不是简单回避信任问题，而是主动把话题转移到原则上来，并询问琼斯太太哪些因素应在考虑之列。

唐布尔坚持原则，不责备琼斯太太，他从不指责她不诚实。他没有问：“你是不是占了我们的便宜？”而是客观地询问：“我们是不是多付了房租？”即使不信任对方，也不应该直截了当地告诉对方。否则，对方会因此变得抵触和生气，采取更加僵硬的立场，或者干脆终止谈判。

说一些“这不是一个信任与否的问题”之类的套话是非常有效的，可以帮助你避开类似琼斯太太使用的以信任为借口的计策。

“我能问您几个问题，看看我掌握的事实是否正确吗？”

唐布尔： 我能问您几个问题，看看我掌握的事实是否正确吗？公寓的租金是否受政府管制？法定的最高租金是233美元吗？保罗曾问我，我们是不是因此而违反了法律规定？保罗签订租约时，有没有人提醒过他，房租是受租金管制的，以及合约中的租金比法定最高租金多67美元？

分析： 陈述事实往往会带有威胁性，因此，尽可能用问问题的形式取而代之。

唐布尔完全可以用另一种口吻申明：“法定租金是233美元，你违反了法律。更过分的是，你使我们在不知情的情况下，也触犯了法律。”如果这样的话，琼斯太太一定会反应强烈，把唐布尔的话视作一种取胜的言辞攻击。

把要说的内容以问题的形式提出来，使琼斯太太也参与其中，听取问题，做出分析，然后接受或更正这些问题。唐布尔没有用威胁的口吻而是向琼斯太太表达了同样的意思，通过引述自己不在场同伴的话，提出了极其尖锐的问题，进一步减少了威胁的成分。

事实上，唐布尔诱导琼斯太太一起来参与建立事实基础，为原则谈判铺平了道路。

"请问您的行为依据的是什么原则？"

唐布尔：我不明白，您为什么每月要收300美元的房租。您收这么多钱，有什么依据吗？

分析：一位原则谈判者既不会简单接受，也不会盲目拒绝对方的立场。为了使对话有据可循，唐布尔询问琼斯太太采取这一立场的理由。他并没有问对方有没有理由，而是假设对方有充分的理由。这种恭维式的假设促使对方即使没有理由也要找出理由，使谈判保持以原则为基础的方式进行。

“让我看看是否明白了您的意思。”

唐布尔：琼斯太太，让我看看是否理解了您的意思。如果我没有理解错的话，您认为我们付的房租是公平的，因为自从上次对房屋进行租金管制评估以来，您对公寓做了大量的修缮和改进。因为我们只租几个月，所以您觉得不值得去房租管理局申请提高房租，是这样吗？

事实上，您把房子租给保罗还是出于善意。而现在您担心我们利用您的善良，在搬走之前想要敲诈您一笔。我理解得对不对？

分析：原则谈判需要有良好的沟通。在回答琼斯太太的辩解之前，唐布尔从正面的角度重述了他刚才听到的话，以确保他真正理解了对方。一旦琼斯太太认为对方理解她，便会放松下来，积极地去讨论问题。她无法以对方没有听她所说为借口而拒绝理睬对方所说的。这时她很可能听进去了并愿意接受别人的意见。在总结琼斯太太的想法时，唐布尔建立了双方合作的基础，以确保自己理解事实原委。

“让我们以后再谈。”

唐布尔：现在我明白您的想法了，让我回去和室友商量一下，并且向他解释您的想法。我们可否明天再约个时间？

分析：一名优秀的谈判者很少当场做出决定。表示友好和让步的心理压力是巨大的。经过一点时间和保持一定的距离，可以帮助谈判者把人与事分开处理。

优秀的谈判者总是有备而来，有充足的必要时可随时离开的理由。这个理由不能显得你被动或者表示你当时无能为力做出决定。在这里，唐布尔似乎完全知道自己在做什么，而且正着手准备下一次谈判的时间。他不仅表现得信心十足，而且控制着谈判的进程。

一旦离开谈判桌，唐布尔就可以分析得到的信息，与自己的“委托人”保罗商量对策，同时思考该做什么样的决定，并确保自己没有任何疏忽。

在谈判桌前坐得太久，会让人无法一直坚持原则谈判。当唐布尔带着新方案重新回到谈判桌前时，他可以做到对人温和而对事决不手软。

“我来告诉您对于您提出的理由我有哪些不解。”

唐布尔：让我来告诉您，对于您说的每月多收67美元房租的理由，我有哪些不解。您提出的理由是对公寓做了修缮和改进。根据租金管制核查员的说法，只有在房屋修缮上花了1万美元，才能每月多收67美元房租。我不知道您在房屋修缮上花了多少钱？

我必须指出，我和保罗并不认为公寓的维修花了1万美元。您答应修补地毯上的窟窿，到现在也没有兑现；客厅地板上的洞也没有补好。厕所总是出问题。这些只是我们发现的一部分问题。

分析：进行原则谈判时，你应当在拿出任何方案之前说出自己的理由。如果事后提出理由，只会被认为是为自己主观立场做出的辩解，而不是适用于任何方案的客观标准。

唐布尔首先解释他的理由，表明自己愿意接受对方的说理，同时意识到自己有必要说服琼斯太太。如果唐布尔一开始就提出方案，琼斯太太也许根本就懒得再听后面的理由，心里早就盘算着怎样反驳对方了。

“公平的解决方案可能是……”

唐布尔：鉴于我们已经讨论了所有的情况，对保罗和我来说公平的解决办法应该是，退还多付的房租，您认为这样公平吗？

分析：唐布尔提出的不是他的建议，而是一个值得双方共同考虑的公平选择方案。他并没有声称这是唯一公平的解决方案，但确实是一个公平的解决方案。他的措辞虽然明确，但并没有使自己陷入固守某一种立场而招致别人反对的局面。

“如果我们同意……如果我们不同意……”

唐布尔：如果我们现在能达成协议，我和保罗可以立即搬出去。如果我们不能达成协议，那么按照房租管理局核查员的说法，我们可以拒付房租而继续住在公寓里，或者诉诸法律取回我们多缴的租金，并按3倍的损失赔偿，当然还有诉讼费用。我和保罗都很不情愿采取这两种方案。相信我们能够与您公平地解决这件事，让双方都感到满意。

分析：唐布尔正设法为使琼斯太太接受自己的方案提供方便。因此，他一开始就讲明这个问题的解决完全取决于琼斯太太是否愿意接受议和。

这番话最具技巧性的地方是让对方知道，如果协议不能达成，对方面临的替代方案是什么。唐布尔是如何让对方明白这一点（他希望琼斯太太在做决定的时候对这一点有所考虑）而又不至于让谈判陷入窘境？他以核查员这个法律权威的建议作为替代方案的客观标准，撇清自己与这个建议的关系。他没有表示非要采取行动，相反，他只是说有采取行动的可能，并强调自己不愿意采取过激行动。最后，他确信自己有信心达成双方满意的协议。

唐布尔的最佳替代方案可以是既不留在公寓，也不诉诸法律。他和保罗早已租下一套公寓，很乐意现在就搬出去。打官司也会非常麻烦，因为他们都很忙，即使打赢了，也会得不偿失。唐布尔的最佳替代方案也许就是搬出公寓，也不再把多付的房租放在心上。由于他的最佳替代方案不如琼斯太太想象的那般让她满意，所以他并没有透露出来。

“我们很愿意在您最方便的时候搬出去。”

琼斯太太：你们打算什么时候搬出去？

唐布尔：只要我们同意您按租期收取适当的房租，我们很愿意在您最方便的时候搬出去。您希望我们何时搬走呢？

分析：由于意识到有望达成双赢协议，唐布尔表示愿意就满足琼斯太太利益的方案进行讨论。正如后来所印证的，双方的共同利益是唐布尔尽快搬出公寓。

在协议中考虑琼斯太太的利益，不但增强了她的利益观念，而且也为她留了面子。一方面，尽管需要破费，但考虑到接受的是一个公平方案，琼斯太太也会感觉良好。另一方面，她可以说她使房客提早搬出了公寓。

“和您打交道非常愉快。”

唐布尔：琼斯太太，我和保罗很感谢您为我们所做的一切。我也很高兴能公平圆满地解决最后的问题。

琼斯太太：谢谢，唐布尔先生，祝你度过一个愉快的夏天。

分析：唐布尔以一段谢词结束了双方的谈判。由于成功地解决了问题，双方的关系没有受到伤害，因此，没有哪一方会觉得受到欺骗或感到愤怒，也没有哪一方会破坏或不重视协议的履行。双方为将来的合作保持了良好关系。

不论你是像唐布尔一样使用原则谈判和谈判柔术，还是由第三方通过独立调解程序解决问题，其结果都是一样的：即便对方开始不愿意，你也总能够让对方与你进行原则谈判。

第8章

如果对方
使用卑鄙手段怎么办？

（驯服难对付的谈判者）

原则谈判固然很好，但如果对方存心骗你，或是想把你弄个措手不及，你该怎么办？如果对方在你正要达成协议时又提高要价，你又该怎么办？

人们可以运用种种手段和计谋占你的便宜。每个人都略知一二，例如谎言、心理战术以及其他各种施压手段。这些手段是违法和不道德的，或者是让人感到不快的，其目的都是帮助使用者在非原则意志较量中“赢得”某些实质利益，我们称这种手段为诡计式谈判。

在意识到有人对自己要弄伎俩并讨价还价时，多数人会有两种反应。一种属于正常反应，即忍气吞声。搅局毕竟不是件好事。在没有弄清事实真相前你权且相信对方，或者发顿脾气，决定以后不再跟他们打交道。但现在，你寄希望于最好的结局而保持缄默。多数人是这么做的。他们希望由于自己的让步，对方也会妥协而不再得寸进尺。这种方法有时灵验，但更多的时候却不起作用。英国首相张伯伦 1938 年面对希特勒的谈判诡计所做的反应便能说明问题。当时张伯伦认为达成协议已不成问题，但希特勒却又提高了要价。在慕尼黑，张伯伦为避免战争做出了一系列让步。结果，一年以后第二次世界大战爆发。

另一种普遍反应是以其人之道还治其人之身。如果对方一开始就漫天要价，你就要把价格压得奇低；如果对方骗你，你也以牙还牙；如果他们威胁你，你以威胁回击；如果他们固守立场，你则有过之而无不及，表现得更加固执己见。其结果是要么一方退步，要么谈判就此破裂，后一种情况更为常见。

耍弄伎俩并不可取，因为它不合乎对等原则。这种计谋只是由一方设计使用，另一方则被蒙在鼓里，或是知道真相也会忍着。我们在前面讨论过，对于单方面的实质性建议，最有效的回击是，分析建议所依据的原则的合理性。诡计式谈判策略实际就是谈判程序的单方面建议，关系到谈判各方如何进行谈判游戏。为了应对这样的情况，你应该从谈判程序开始进行原则谈判。

如何商定谈判规则?

当对方使用诡计时，商定谈判规则有三个步骤：发现诡计，揭穿诡计，质疑诡计的合理性与可取性——谈判就围绕这三步展开。

要采取应对措施，你必须先了解情况。要学会识别哪些是欺骗伎俩，哪些是故意让你难受的计谋，哪些会使对方陷入立场之争而不能自拔。通常，诡计一旦被识破，也就失去了它应有的效力。比如，对方为了影响你的判断力，对你进行人身攻击。你看清这一点后，对方的努力也就白费了。

在识破对方伎俩后，明确地向对方指出："乔，也许是我搞错了，但我看你和特德是一个唱红脸，一个唱白脸，在演戏呀？如果你们需要时间理顺你们之间的分歧，尽管说。"指出对方的伎俩不仅让伎俩本身失效，也会让对方担心会惹恼你。对于对方的诡计，一个简单的发问就足以让他们罢手。

然而，揭穿诡计最重要的目的是你有了一个协商游戏规则的机会，这就是第三步。这种协商针对的是程序性问题，而不是实质性问题，其目的仍然是有效、愉快地达成明智协议（这是关于程序方面的协议）。总之，使用的方法仍然是一样的。

将人和事分开。不要因为对方使用了某种你认为不正当的手段，就对其进行人身攻击。假如他们产生抵触情绪，就更难放弃该手段了。由于心怀不满，对方还会在其他问题上找麻烦。你应该对诡计本身提出质疑，不要怀疑对方的人格。不要说："你故意把我放在朝阳的位置。"而应直接针对问题："我觉得阳光照得我眼花，分散我的注意力。如果问题还解决不了，我想早点离开回去休息一下。我们是否能重新调整一下日程？"改变谈判程序比改变与你打交道的人要容易。不要为了教训对方而转移谈判的目的。

着眼于利益，而不是立场问题。"你为什么要在媒体面前坚持自己的极端立场？你是不是害怕别人的批评？或者是不想改变自己的立场？如果咱们都这么做，这符合我们的共同利益吗？"

为共同利益创造选择方案。建议采用其他方式进行谈判。“在达成协议或谈判破裂之前，我们能否做到都不向媒体发表任何声明？”

坚持使用客观标准。最重要的是遵从原则。“让我坐在低矮的椅子上，背对着大门，这有什么道理吗？”试着使用对等原则。“明天早上你来坐这个位置如何？”把计谋背后的原则视为“游戏规则”。“我们每天轮流往对方身上溅咖啡怎么样？”

你的最后一招是，使用你的最佳替代方案，离席而去。“我感觉你对双方认为能达成协议的谈判方式似乎毫无兴趣。这是我的电话号码，如果我说错了，我随时愿意再谈。否则，只有法庭上见了！”如果你有足够的理由离席而去，比如对方在事实真相和授权问题上故意欺骗你，如果他们确实希望达成协议的话，他们完全有可能将你请回谈判桌。

一些常见的诡计策略

诡计策略可以分为三类：故意欺骗、心理战术和在立场上施压。你要准备措施应对这三种策略。下面以常见实例介绍对付各种诡计所适用的原则谈判。

故意欺骗

最常见的卑鄙手段是对事实、权限以及意图的歪曲。

虚假事实。最老套的谈判诡计要算对事实作明显虚假的陈述："这辆车只行驶了 5 000 英里，车主是从帕萨迪纳来的老太太。她驾车时速从来没有超过 35 英里。"被虚假陈述蒙蔽会带来很大的风险。那么有什么防范措施呢？

将人与事分开。除非有充分的理由，否则，不要相信别人。这并不意味着把对方看成骗子，而是说把谈判与信任问题分开。不要让别人把你的疑虑视为人身攻击。没有谁会仅仅因为你说了银行有存款，就把汽车或手表卖给你。正如商家按常规要检查你的信用卡一样（"因为周围靠不住的人太多了"），你也可以用同样方式对待对方所说的话。验证对方凿凿有据的陈词可以遏制其欲行欺骗的动机，降低你上当受骗的风险。

模糊的权限。对方要让你相信，他们和你一样，可以全权做出让步的决定，而实际上并非如此。在对方尽可能向你施加压力，让你认为可以拍板定夺时，他们却说必须把协议拿给他人批准。这就是所谓让他们"再咬一口苹果"的诡计。

这确实是一个圈套。因为只有你有权做出让步，那么就只有你让步了。

不能只因为对方在和你谈判，就认为他们拥有全部权力。理算师、律师或销售商可能会让你觉得，他们和你有同样的灵活性。而实际上，你会发现，被你视为已经达成的协议，在对方眼中只是进一步谈判的基础。

在互相让步之前，首先确定对方的权限。问一句："你在谈判中有多大权力？"这是完全合理的。

如果对方含糊其词，你可能希望与真正管事的人谈判，或是表明你这一方保留重新考虑任何提议的同等自由。如果对方出乎意料地宣布把你认定的协议作为进一步谈判的基础，你要坚持对等原则。"那好，我们可以把这份协议视为双方都没有承诺的草案，你回去和你的老板商量一下，我也把问题留到明天，看是否有什么需要改动的地方。"或者你可以说："如果你的老板明天同意了这份草案，我也没有其他意见。否则，双方都有权提出修改意见。"

令人怀疑的意图。如果怀疑对方有不遵守协议的意图，你可以把遵守协议本身作为协议的一部分。

假设你是一名律师，在离婚谈判中代表妻子一方。你的委托人认为她的丈夫即便答应给孩子抚养费，也不会照付的。每个月去法庭打官司耗费的精力和时间可能会使她放弃为此努力。你该怎么办呢？把问题讲明，用对方的反驳来做保证。你可以对丈夫的律师说："我的委托人担心，孩子的抚养费根本就是一纸空谈。与其每个月支付抚养费，不知是否可以给她房子的产权？"对方的律师会说："我的委托人是完全值得信赖的，我们可以写个保证，他会按时支付抚养费。"此时，你可以回答说："这不是信任的问题，你能保证你的委托人会付钱吗？"

"当然。"

"百分之百肯定吗？"

"是的，我百分之百肯定。"

"那你不会介意我们签订一份带附加条件的协议吧。你的委托人同意按时支付孩子的抚养费。协议规定如果由于无法说明的原因，你的委托人少付两次抚养费（而你估计出现这种情况的可能性几乎为零），我的委托人将得到房子的产权（当然会扣除已支付的抚养费）。从此你的委托人将不再负担孩子的抚养费。"对方律师将很难对此提出反对意见。

未完全透露并不等于欺骗。在事实和意图上故意欺骗别人与不完全透露自己当时的想法是两码事。诚实的谈判并不需要完全透露自己的想法。对于"如果要付的话，你最多愿意付多少钱”这种问题，最好的回答或许是：“咱们尽量避免误导对方如何？如果你认为协议可能无法达成，认为我们或许是在浪费时间，也许我们应把各自的想法透露给值得信赖的第三方，他可以告诉我们是否有达成协议的可能。”这样，对于未透露的信息，双方仍可表现出坦诚的态度。

心理战术

这种手段就是为了让你感觉不舒服，这样你潜意识里就会希望尽快结束谈判。

环境压抑。关于谈判的具体环境已有很多叙述。对于谈判地点是放在你方还是在对方那里，或是选在中立地点这样不起眼的问题，你应该表现得敏感。与常理相悖，有些时候同意在对方地盘进行谈判反而更有利。这样可以使对方放松，更乐于倾听你的建议。必要的话，你也更容易中止谈判离席而去。但是如果你真要让对方选择谈判地点，要留意他们的选择以及由此可能带来的影响。

问问自己是否感觉紧张；如果是，为什么。是房间太吵，还是房间里太热或太冷，是否你无法与同事进行私人交谈，假如是，那么你要警惕。这也许是对方的故意安排，好让你觉得必须尽早结束谈判，从而做出不必要的让步。

如果发现周围环境对你不利，要立即指出来。你可以提议换一把椅子，休息一下或另选谈判时间或地点。在任何情况下，你的任务都是发现问题，向对方指明问题，然后以客观、讲原则的态度与他们商定一个更好的谈判环境。

人身攻击。除了控制具体环境外，对方还可能用各种言语或非语言的交流形式使你感觉不自在。他们可以品评你的衣着和外表："看起来你好像一夜没睡，工作不顺心吗？"他们可以用让你等候或中断谈判去处理其他问题的方式来轻视你。他们也会暗示你的无知。他们可以不听你说话，然后再让你重复刚才的话。他们故意不用正眼看你。（对学生的实验证明了这招的恶毒，受测者往往找不出问题的原因。）认清对方的伎俩，可以使其伎俩失效。如果将其挑明，则可以阻止对方再次使用类似的伎俩。

红白脸策略。另一种带有欺骗性质的心理施压方式是使用红白脸策略。这种战术常见于传统的警匪片中。第一个警察使用威胁犯罪嫌疑人的策略，指控他犯有多起罪行，让他面对强光灯，并将他推来搡去，然后找个借口离开。接着，红脸警察关上强光灯，递给犯罪嫌疑人一支烟，为刚才粗鲁的警察道歉。他说他想阻止那个警察，但是犯罪嫌疑人如果不合作，他也没有办法。结果是，犯罪嫌疑人讲出了自己知道的一切。

在谈判中也是一样。同一方的两个人可以导演一场争吵。一个态度强硬：“这些书值 8 000 美元，少一个子儿我都不干。”他的同伴则显得有些尴尬且面露难色，最后他插话说：“弗兰克，你还是讲点道理吧。这些书虽然不算太旧，但毕竟已有两年了。”然后转向对方，以通情达理的口吻说：“你们付 7 600 美元怎么样？”让步并不大，但似乎更像是给了对方一个人情。

红白脸策略是一种心理攻势。如果你识破这一点，就不会被骗了。在打圆场的家伙说完之后，你同样可以问他：“你努力想要做得合理，我非常感谢你。但我仍不明白你为什么认为这是公平的价格。你的根据是什么？如果你能说服我，让我相信 8 000 美元是最公平的价格，我情愿出这个价。”

威胁。谈判中使用最多的一招就是威胁。威胁别人似乎不难——比提出建议容易多了。你只要说几句话，如果奏效，也不必付诸行动。但威胁会引发反威胁并不断升级，致使谈判破裂，甚至破坏双方的关系。

威胁就是施压，施压的结果往往适得其反，它不但不解决问题，反而会带来压力。它不是帮助对方更容易做出决定，而是给对方增加难度。面对外部压力，工会、委员会、公司或是政府会紧密联合起来，温和派和强硬派会携手对抗他们认为是胁迫的不良企图。问题则由“我们是否应该做出这一决定？”变为“我们是否应屈服于外界的压力？”

一名出色的谈判者从不威胁别人。他们根本不需要威胁，因为他们有能传达同样信息的其他方式。如果你要说明对方行为的后果，那就讲明不是基于你意愿的后果，而不要提及因你施加影响所产生的后果。警告比威胁更站得住脚，而且不怕受到对方的反威胁：“如果我们没有达成协议，恐怕新闻界要坚持公开报道这个肮脏的事件。由于公众对此兴趣浓厚，我们恐怕没有合理的手段阻止消息的传播。你说是吗？”

要让威胁产生效力，就必须通过令人信服的方式表达出来。有时你可以介入传达过程。你可以无视威胁，对其不予认可，并把它看作随口乱说，甚至毫不相干的废话。你还可以让对方在实施威胁时冒极大的风险。本书的一位作者曾到煤矿调解纠纷，煤矿公司收到大量虚假的炸弹威吓电话，后来公司的接线员一拿起电话就说：“您的电话已被录音，请问要转哪个号码？”这样，恐吓电话大为减少。

有时，对方的威胁也可以变为你的优势。工会可以向新闻界声明：“资方的理由很不充分，居然开始要威胁我们。”不过，坚持原则也许是回应威胁的最好方式。“对于资方惯用的威胁，我们已准备了一系列反击措施，但我们并不急于采取行动，因为威胁并不是解决问题的最佳途径。我们想看看双方能否在这一点上达成共识。”或者说：“我是个只根据原则谈判的人，我的声誉是建立在不对威胁做任何激烈回应的基础之上的。”

立场上施压计策

这种讨价还价的计策是营造某种声势，只使一方做出有效让步。

拒绝谈判。1979 年 11 月，美国外交官和使馆人员在德黑兰被扣押为人质。伊朗政府提出了释放人质的条件，拒绝进行谈判。律师也经常采取同样的做法，他们会扔给对手律师一句话：“咱们法庭上见！”当对方拒绝谈判时，你该怎么办呢？

首先，要认识到这一招是谈判的一种手段，目的是把同意谈判作为讨价还价的筹码，以获得实质上的让步。这一招的另一种形式是为谈判设置先决条件。

接着，与对方谈谈他们拒绝谈判的理由。可以直接与对方交流或通过第三方进行沟通。不要因为对方拒绝谈判就抨击他们，而要找出对方拒绝谈判的利益所在。他们是否担心同你谈判等于认可了你的地位？与你谈判的人是否会被指责为“软弱”？他们是否认为谈判会破坏内部岌岌可危的团结？还是他们仅仅认为谈判不可能达成协议？

然后，你可以提出一些选择方案，比如，通过第三方进行谈判，通过来往信函进行协商，或者鼓励如记者这样的人以私人身份来讨论问题（伊朗人质事件就是一例）。

最后，要坚持使用原则。这是对方希望你采用的谈判方式吗？他们也想让你提出先决条件吗？他们希望别人拒绝与他们谈判吗？他们认为哪些原则可适用这种情况？

过分的要求。谈判者往往以非常苛刻的条件开始谈判。比如你的房子未来值 20 万美元，而对方却只开价 7.5 万美元，其目的是降低你的期望值。他们还发现，开始时的极端立场会给他们带来更好的结果。因为从理论上讲，谈判各方最终会在立场上弥合分歧。但这种方式就是对最精明的讨价还价者来说也有不利之处，因为提出一个你和对方都认为不可能的过分要求会降低自己的可信任度。这样的开场还可能会毁掉整个交易，如果对方开价太低，你会认为不值得和对方费口舌。

让对方注意自己的用计有时也能奏效。让对方用原则来解释其立场，看是否有充分的理由，直到连他们自己也觉得荒谬为止。

变本加厉。谈判者可能会在每一次让步后提出更多的要求，并且重新提起你认为已经解决了的问题。这样做的好处在于减少总体上的让步，而且在心理上给你造成压力，使你希望尽快结束谈判以防对方提出更多的要求。

1971 年，马耳他总理在与英国谈判海空基地使用费问题上正是使用的这一招。每次在英国人认为他们已达成协议时，马耳他总理就会说："是的，同意，但还有一个小问题。"结果这个小问题变成要求预付 1 000 万英镑现金或是保证合同期内船厂和基地人员的工作问题。

意识到这一点后，你应提醒对方注意，然后不妨稍事休息，考虑是否继续进行谈判或者基于什么原则继续双方的谈判。这样就避免了在指出对方行为严重性时表现冲动，从而做到坚持原则。当你重新回到谈判桌前时，任何重视达成协议的人都会变得严肃起来。

锁定战术。这一策略可以用托马斯·谢林的著名例子来阐述。两辆满载炸药的卡车在单车道上相向而驰。现在的问题是，哪辆车会开到路边以避免两车相撞。随着两车相距越来越近，一辆车的司机当着另一个司机的面，拆下方向盘，把它扔到了窗外。此时，另一个司机只有一个选择，要么迎接一场爆炸，要么把车子开到路边的沟里。这种破釜沉舟的战术目的就是使让步不可能成为现实。然而矛盾的是，你在坚持自己立场的同时却削弱了自己对局势的控制。

在劳资谈判和国际谈判中，锁定战术是非常普遍的。工会主席当众对自己的支持者承诺，他绝不接受低于 15% 的提薪方案。由于一旦让步就会丧失信誉和脸面，他会更加努力地说服资方使他们相信工会坚持 15% 的加薪方案。

不过，锁定战术可以说是一场赌博。你可以使对方亮出底牌，迫使他们做出让步，让他们去向自己的支持者解释。

和威胁一样，锁定战术也要依靠信息的交流。如果对面的司机没有看到方向盘飞出窗外，或者他认为卡车有紧急自动转向系统，那么扔方向盘的行为就不会达到预期效果。那样，双方都会担负避免相撞的压力。

因此，你可以用阻断对方传达信息的方式来应对强硬的破釜沉舟战术。你可以用下面的话来动摇对方的决心，“噢，我明白了，你跟报界说你的目标是以 20 万美元解决问题。很好，我想人人都有抱负，你想知道我的目标是什么吗？”这样，你用开玩笑的方式把对方的锁定轻轻带过。

你也可以使用原则来抵制对方的锁定：“很好，鲍勃，我知道你公开发表了那份声明。但我从不向压力低头，我只认道理。现在让我们谈谈问题的是非吧。”不管怎样，不要把对方的锁定当回事，将它的重要性淡化，这样对方才能体面地做出让步。

态度强硬的同伴。最常见的用来拒绝对方要求的谈判技巧是，谈判者本人称自己并不反对，但他那位不好说话的同伴是不会答应的。“这个要求很合理，我同意，但我老婆绝对不能接受。”

意识到对方的这一战术后，不要和对方继续讨论，而是让他接受所适用的原则（也许以书面形式），并在可能的情况下，再与那位“态度强硬的同伴”直接谈判。

故意拖延。常常一方迟迟不做决定，直到认为时机成熟。劳资谈判中的劳方谈判人员往往要拖延到离罢工最后期限只剩几个小时才做决定，希望最后期限产生的心理压力能使资方更顺从。不幸的是，他们往往失算，导致罢工期限已过。罢工一旦开始，该轮到资方等待有利时机了，比如等到工会罢工经费用光。但等待合适时机往往会付出高昂的代价。

除了指出对方的拖延战术并与之谈判外，还要考虑不给对方以机会。如果你代表甲公司与乙公司谈判兼并问题，你可以同时与丙公司谈判，寻求与之合并的可能性。寻找客观上有利的条件作为最后期限，比如税收日、年度理事会、合同到期日或立法会议结束之日等。

“要不要请便”。让对方面对不可改变的选择本身并没有什么错。事实上，在美国，大部分生意都是这样成交的。假如你走进一家超市，看到一听标价 75 美分的大豆罐头时，你不会和超市经理商量。这是经营生意的一种有效方法，然而这不是谈判，也不是双方互动的决策过程。在经过冗长的商量后，你以“要不要请便”为结论也并没有什么错，只不过你在措辞上应该更礼貌一些罢了。

你可以把“要不要请便”战术摆到桌面上，并对此进行讨论。你也可以起先忽略它，就像没有听到一样继续说你的，或者更换主题，介绍其他解决方案。如果你挑明了对方的战术，就要让他们知道，如果达不成协议，他们会损失什么，并寻找一种保全脸面的方法，比如改变环境，让对方走出困境等。当资方宣布最后方案后，工会可以对他们说："你们最终可以只增加1.69美元的工资，但在此之前，我们可以协商，双方共同努力来提高工厂的生产效率。"

不要成为牺牲品

"诚意"谈判到底意味着什么，往往很难定论。不同的情境下，人们会有不同的看法。你可以问自己诸如下面的问题，也许会对你有帮助：对好朋友和家庭成员，我会采取这种方式吗？如果我的所作所为都登在报纸上，我会感觉难堪吗？在文学描写中，这样做是属于英雄行为还是恶棍行为？这些问题并不是为了让外界的评论来帮助你了解自己内在的价值。你必须自己决定，是否使用那些在你看来不合适和不诚实的手段。

在谈判开始时这样说是有益的："看，我知道这样做有点儿不寻常，但我想知道我们的谈判规则。我们是否都想尽快而又尽可能省力地达成一个明智的协议，还是玩一场对抗游戏，只有更为固执的一方才能获胜？"总之，你要随时准备对付阴谋诡计。你完全可以和对方一样立场坚定，甚至更坚定。捍卫原则比捍卫不正当的计谋容易。不要成为牺牲品。

第四部分

结论

时时做到心中有数

本书所讲的每一点几乎都是你或多或少曾经经历过的。我们所做的是，通过总结一般性经验，提供一个能有助于你思考和行动的基本框架。本书的观点与你的经验和直觉越一致就越好。每当我们把自己的理论讲述给那些经验丰富的律师和商人时，他们总是说：“现在我明白我一直以来的做法以及为什么这些做法有时能起作用了。”或是说：“我知道这些非常正确，因为我早已知道这些了。”

从实践中学习

一本书可以给你指明正确的方向，让你明白道理和自己所做的一切，帮助你从中学习。

但是，要真正掌握技巧只能依靠自己。仅靠阅读《加拿大皇家空军手册》是不会让你成为一名合格空军士兵的。只看关于网球、游泳、骑车或骑马的书，你也不会成为这方面的专家。谈判也不例外。

“取胜之道”

1964 年，在伦敦的海德公园，一位美国父亲与他 12 岁的儿子在玩飞盘，享受着美好的星期六。当时，英国没有几个人见过飞盘，因此，不久就吸引了一群路人，他们好奇地观看这种奇怪的运动。最后，一位戴着毡帽的英国人走上前问这位父亲："对不起，打扰一下，我看了你们一刻钟，到底谁赢了？"

在大多数情况下，问一位谈判者"谁赢了"就好比问谁赢得了婚姻一样不合适。如果你提出这样有关自己婚姻的问题，表明你已经输掉了一场更重要的谈判——它关系到谈判的内容和方式，如何处理相互间的关系以及共同的利益和分歧。

本书讲述的是如何"赢得"这个重要的谈判，即怎样用更好的方式解决双方的分歧。要想取得更好的结局，谈判方式当然必须能产生令人满意的实质性结果；在原则问题上取胜并不是唯一的目标，而失去原则也不是答案。理论和实践都已经证明，从长远看，原则谈判方法会达到甚至超过用其他谈判技巧所取得的实质利益。另外，原则谈判更有效率，且对人际关系损害最小。我们发觉这种方法很好用，希望你也有这样的体会。

但这并不意味着你可以轻而易举地改变习惯并将感情与事实区分开，或者轻而易举地让别人与你合作并明智地解决共同的问题。你需要不时提醒自己，自己首先要在谈判方法上努力取胜，避免自己必须在应得的利益与受到公平合理的对待之间做出取舍，因为原则谈判方法可以使你二者兼得。

第五部分

关于本书，人们常问的10个问题

关于公平与“原则谈判”的问题

问题 1：“在立场问题上讨价还价是否有道理？”

在立场问题上讨价还价很容易，所以人们经常使用这种方式就不足为奇了。它无须准备，能被广泛理解（如果双方语言不通，有时甚至可以通过手势使用这种方法），并且在某些情况下，这种方式是固有的和预料之中的。相比之下，寻找立场问题背后反映的利益，为实现共同利益制定选择方案，寻找和使用客观标准则颇为艰难。对方顽固不化时，使用这种方法还要求你抑制自己的情绪冲动，表现沉稳。

几乎在任何情况下，双方通过原则谈判得到的结果都会更理想。问题在于是否值得多费这番功夫。这里，你可以考虑下面几个问题：

避免产生一个武断随意的结果到底有多重要？如第5章所说的，假如你在和建筑承包商就地基的深浅问题进行谈判，想必你也不愿与对方在主观立场问题上争论不休，尽管你们可以这样轻松地达成协议。即使你在为购买一只独特的古式夜壶谈判时很难确定其遵循的客观标准，但了解销售商的利益需求且寻求创造性的选择方案，仍然不失为一个好办法。尽管如此，在选择谈判方式时，一个值得考虑的因素是，你在多大程度上注重解决问题的答案是否符合原则。关于办公楼地基的谈判就比某工具棚地基的谈判更加事关重大。如果这笔交易将成为以后交易的先例范本，那利害关系就更大了。

问题有多复杂？问题越是复杂，采用在立场问题上讨价还价的方式就越不明智。复杂的问题要求你仔细分析共同利益以及可以相融合的不同利益，然后开动脑筋，各抒己见。双方抱着合作的态度共同着手解决问题时，谈判就会变得更加轻松。

维持良好的工作关系有多重要？如果对方是一位重要的顾客或客户，那么保持你们之间的良好关系也许比做成任何一宗生意都重要。这并不意味着你不需要坚持自己的利益，而是建议你不要使用威胁和发出最后通牒等对人际关系损害极大的手段。原则谈判能帮助你避免在屈服和惹恼对方之间做出抉择。

陌生人之间就某一个问题进行谈判时，寻找共同利益的成本较高，各方都拥有极具竞争力的机会。这样，在立场问题上讨价还价也许就能奏效。但是，如果谈判陷入僵局，你就应当改变方式，开始寻找潜在的利益。

你也应考虑谈判对于你与其他人关系的影响。这些谈判会不会影响你作为谈判者的名声，并因此影响到别人今后与你谈判的方式？如果是，你希望这种影响是怎样的，或是以何种方式存在？

对方的预期是什么？改变对方的期望值有多大难度？在许多劳资纠纷和其他类似的谈判中，双方有很长的斗争历史，而且在立场问题上讨价还价几乎已成为一种惯例。双方都把对方看作“敌人”，把谈判看成一场零和游戏，而忽略了罢工、怠工、感情恶化等对双方造成的巨大损失。在这种情况下，建立共同解决问题的合作关系很不容易，但却显得更加重要。即便是有意改变谈判方式的各方也会发现难以改变以往的习惯：做到倾听而不是攻击，共同探讨而不是相互指责，承诺前先寻找利益。有的谈判方总是难以摆脱陷入对抗性争执的局面，不到两败俱伤时是不会考虑其他选择的，有的甚至到了两败俱伤时也不考虑。在这种情况下，你就需要为改变陈规旧习制定一个可行的时间表，这种改变也许要经过几个回合的完整谈判。例如，通用汽车公司与“汽车工人联盟”先后签了4份合同才改变了谈判的基本框架。直到现在，双方都仍有一些人不适应新的体制。

你在谈判中的位置？在立场问题上讨价还价可能会阻碍双方为寻求共同利益而付出的努力。在许多谈判中，谈判的结果是仍然“把许多金子（利益）留在了谈判桌上”。双方在认清各自利益、找到了满足共同利益的选择方案以及讨论了相关的公平准则后，再在立场问题上讨价还价，那时损失将是最小的。

问题2：“如果对方相信另一套公平准则怎么办？”

多数谈判都没有一个“正确”或“最公平”的答案，人们会通过不同的标准来评判公平与否。但运用客观标准在三个方面强于争执：即使是依据相互对立的公正准则和惯例所产生的结果，也比主观随意决定明智；运用标准可以减少因“屈服”付出的代价，人们更易于接受遵从原则或是独立的标准，不愿意屈服于对方基于立场的要求；最后，与主观随意的立场不同，有些标准比其他标准更能说服人。

比如，一位年轻律师与华尔街一家律师事务所就薪水问题进行谈判，如果负责人事的合伙人说：“我认为你并不比我聪明多少，因此我们决定给你 4 000 美元，同我 40 年前刚入行时的工资一样。”这话听起来一定很荒谬。年轻律师可以指出这些年来有通货膨胀的影响，建议依照当前的薪水标准作为参考。如果合伙人决定参照德顿市或是得梅因市年轻律师月薪的标准，这位律师可以指出，以曼哈顿名气差不多的律师事务所年轻律师的平均工资作为参考标准更为合适。

通常，有些标准更具说服力，是因为它更切中要害，能受到更广泛的认可，更符合时间、地点和环境的需要。

不必就什么是“最佳”标准达成一致。由于价值观、文化、经历和认识的差异，人们会对不同标准的利弊产生分歧。如果非要争论出哪条标准是“最佳”的话，那么谈判几乎是不可能有结果的。就标准问题达成一致本身是不必要的。标准只是一个工具，帮助双方找出一个比未能达成协议要好的结果。使用客观标准可以缩小分歧，扩大达成协议的空间。当各项标准细致到很难说清为什么这条标准就比那条标准更加适用时，双方可以通过权衡或其他公平方式解决遗留的分歧。他们可以用抛硬币、找调解人甚至采取折中办法解决分歧。

问题 3：“如果并非必要，我是否应该做得公平？”

本书并不是有关是非道德观念的说教，而是讨论如何能够更好地进行谈判。我们没有建议你为了做好人而做好人（当然也不反对）；我们既不是建议你一旦对方的承诺看似公平就立刻让步，也没有让你囿于法官和陪审团认为的公平标准而放弃要求更多。我们只是认为，使用独立的标准来讨论提案的公平性，能帮助你得到你应得的，保护你不被他人利用。

如果你想得到的比自己认为公平的还要多，而你又总能劝说别人满足你的需求，那么本书中的一些建议对你也许没有什么用处。但我们碰到的谈判者总是担心自己的利益得不到应有的满足，或者害怕坚持自己应得的利益会损害双方的关系。本书就是要告诉你如何在满足自己正当利益的同时与对方和睦相处。

但有时，你有机会得到比自己认为公平的更多的利益，你该不该拿？在我们看来，如果没有经过仔细考虑，就不要拿。因为这不仅仅关系到自我道德的约束问题，还有更多其他的问题值得考虑。（就算自我道德问题也应仔细斟酌，但对此提出建议不属本书的讨论范围。）在有可能得到比公平的利益更大的收益时，你应该权衡获取意外所得的利弊得失：

要和不要对你有多大差别？你认为自己最多能得到多少算公平？对你来说，超过这一标准是否很重要？把收益与下面列出的可能付出的代价权衡一下，看看有没有更好的选择方案。（比如，能否改变一下合同的形式，让对方觉得是对你的特殊照顾而不是被敲了一笔竹杠？）

最好考虑一下自己是否有把握获得这些潜在的好处。你会不会忽略了什么？对方真的没有意识到这些好处吗？许多谈判者都过于乐观地认为自己比对手聪明。

不公平的结果能否持久？如果对方事后发现协议不公平，他们也许会不履行协议。要强迫对方执行协议或是再修改协议，你付出的代价将会如何呢？法院也许不会强制执行一份“不合理的”协议的。

你还要考虑一下自己在谈判中的位置。如果对方醒悟过来在最后一刻推翻了协议，那么拥有一份极其有利的临时协议也是毫无价值的。而且，如果对方由此认为你想占他们便宜，是个无信小人，那么代价就绝不仅仅是修改这份协议这么简单了。

不公平的结果对于你与对方或其他人的关系有何损失？你有多大可能再次与对方打交道呢？如果你真的又要与对方打交道，而他们又准备报“一箭之仇”，你会面临什么风险？你在其他人心目中的形象，尤其是在处事公平方面的名声会怎么样呢？自己是不是占了小便宜而吃了大亏？

处事公平的好名声是一笔巨大的财富，能为你开拓一个广阔的空间，达成有创造性的协议。没有别人的信任，这些协议都是不可能达成的。毁掉这一声誉可比树立它要容易得多。

是否会受到良心的谴责？以后你会不会因为感觉占了别人的便宜而后悔？一名游客从一家人手中买走一块漂亮的克什米尔地毯，而地毯是这家人辛苦一年的结果。他聪明地提出支付德国马克，然后给了这家人第二次世界大战前魏玛时期通货膨胀的马克，现在根本就一文不值。后来，他回到家里，把故事讲给朋友们听，朋友们都非常吃惊，他才真正感到对不起那一家人。此后，他一看到那块漂亮的地毯就不舒服。和这位游客一样，生活中许多人关心的不只是金钱和“击败”对方，还有其他许多东西。

关于人际关系问题

问题 4：“如果问题在人，我该怎么办？”

有人错误地将“将人和事分开”这句警言理解为对人际关系问题避而不谈。这可不是我们的本意。人际关系问题往往比实质问题需要投入更多的精力，有许多谈判本来能够达成协议，但却以失败而告终，原因之一就在于人们总是偏好采取抵触和回击的行为。在谈判中忽略人际关系问题（如何对待对方）简直就是冒险。不论人际关系问题只是你在谈判中考虑的一个方面还是主要关注点，我们的建议都一样：

建立不受谈判结果影响的良好合作关系。与对方意见分歧越大，处理好分歧就显得越是重要。良好的合作关系有助于你处理与对方的分歧。通过实质利益的让步或佯装没有分歧是换不来这样的关系的。经验表明，采取绥靖政策并不是每次都能灵验。没有理由地妥协无助于解决未来的分歧。你也许认为下次该对方让步了，而对方认为，只要他们坚持不退让，你就会再次妥协。（张伯伦同意德国侵占苏台德区，后来希特勒占领整个捷克时，他也没有做出回应，这也许让纳粹相信，占领波兰也不会导致战争。）

当然，你也不能靠威胁结束合作关系来强迫别人做出实质性让步。（“如果你是真的关心我，就应该让步。”“除非你同意我的意见，否则咱们的关系就完了。”）不论这种计谋是否能使对方让步，都会损害你们之间的关系，而且使双方日后分歧的解决变得更加困难。

因此，解决实质性问题应与人际关系问题和程序问题分开。一份有望达成的协议内容要与你讨论问题的方式分开，与如何同对方打交道的问题分开。谈判应根据问题本身的是非来进行。下面的列表说明了两者的区别：

关于人际关系问题

实质性问题	关系问题
措辞	情感与理智的平衡
条件	交流的自如
价格	信任度与可靠性
日期	接受（或拒绝）时的态度
数字	强调以理服人还是以压力服人
责任	相互理解的程度

人们总以为，在追求好的实质性结果与建立良好关系之间要通过权衡做出取舍。我们不这么认为。良好的合作关系会有助于取得理想的实质性结果（对双方而言都是如此），而理想的实质性结果则可以使双方的关系锦上添花。

有时，你会有很好的理由支持你表示同意，即使你知道依据公平准则你不应该同意。比如，你和对方的关系不错，那么，你就可能在某一问题上决定让步，因为你自信地认为，对方日后会意识到“欠你一份人情”，并且会回报你。或者你考虑了全局以后，觉得不值得在一两个小问题上争论。我们的观点是，不要为了改善人际关系而做出让步。

就关系问题进行谈判。如果你尽了最大努力去建立良好关系，并在重大分歧上依据原则进行谈判，但人际关系问题仍然让你觉得棘手，那么你就应该就此问题依据原则与对方谈判。提出你对于对方行为的担心，就像你与对方讨论重大分歧一样。不要就对方行为进行评论，或怀疑其动机。相反，你可以说出自己的感觉和想法，然后问问对方有何感觉。根据客观标准或公平准则来决定自己与对方打交道的方式，不要屈服于施压计策。讨论时要向前看，不要抓住过去不放，假设对方并非有意造成你遭遇的结果。而且一旦认为有必要，他们会改变自己的态度。

像在所有谈判中一样，你应自始至终想到自己的最佳替代方案。有时，对方只有明白你的最佳替代方案后，才能充分意识到你所关心的是双方共同的问题，因为他们知道，如果你不能找到一个令自己满意的解决方案，你的最佳替代方案对他们而言并不是很有利。

把你如何对待他们与他们如何对待你区别开来。效仿对方采取的非建设性行为是不必要的。这么做确实可以“给他们一个教训”，但结果往往并不是你希望看到的。在大多数情况下，以其人之道还治其人之身会进一步招来对方做出你厌恶的行为。它会让对方觉得每个人都是如此行事，只有这样才能保护自己。你应该以身作则，用自己的行为来鼓励你所欣赏的行为，避免出现你厌恶的举止。这么做不会牺牲你的实质性利益。

以理性对待明显的非理性。世界上大多数行为都不太合乎理性。我们在第 2 章说过，谈判者首先是人。人往往会冲动或者不假思索地做出反应，当生气、害怕或沮丧时尤其如此。我们都见到过这样的人，不论发生什么情况，他们都似乎会失去理性。那么怎样应对这样的情形呢？

首先要认识到，虽然人们通常不能理性地进行谈判，但你自己要努力做到有理性。在精神病院，我们都不希望碰到精神错乱的医生。同样，在对待其他谈判者的非理性行为时，你自己应尽可能理性地思考。

其次，反思自己认为对方行为不理性的假想。也许他们看问题的角度不同。在多数冲突中，双方都认为拒绝对方所提的要求是合理的。也许他们认为你一开始精心包装的立场是不符合原则的；也许他们的价值观不同；或者双方的沟通出现了问题。

有时，一些人所持的观点在许多人看来确实在客观上是“非理性”的，比如说有人害怕坐飞机。然而，在内心深处，他们只是根据自己看待世界的方式做出合理的反应。在某种程度上，他们相信这架飞机就是会坠毁。如果我们也相信，我们就不会乘这架飞机了。因此，被扭曲的是对事物的看法，而不是对看法的反应。不要告诉这些人他们的看法是错的（不管有多少科学研究证明了他们的错误），也不要惩罚他们，因为他们的想法会改变他们的感受。另一方面，如果你带着同理心去询问他们，重视他们的感觉，并努力找出根源，也许就可能改变他们的想法。在与他们合作时，你也许会发现他们跳跃的逻辑、对事实的误解以及从前痛苦的经历对现在造成的影响。一旦这些问题暴露出来，他们自己就能对其进行分析并加以修正。总之，你要发现对方立场背后的心理需求，帮助对方找到能更有效地满足他们多方面利益的方法。

问题 5:“我甚至要与恐怖分子以及类似希特勒那样的人谈判吗？什么时候我可以拒绝谈判？”

不管对方多么声名狼藉，除非你有更好的最佳替代方案，否则，你所面临的问题将是如何与对方谈判，而不是该不该与对方谈判。

与恐怖分子谈判？是的。事实上，如果说你试图影响他们的决定（他们也在试图影响你的决定），那么，即便你没有与对方交谈，你也一直在与他们谈判。问题在于你是与对方保持距离，通过言行（比如“绝不与恐怖分子谈判”）与对方进行谈判呢，还是以更直接的方式与对方谈判？一般来说，交流越顺畅，你也就越能给对方施加影响。如果人身安全能够得到保障，那么不论恐怖分子是扣押了人质还是威胁使用暴力，与他们进行对话都是有意义的。如果你有充足的理由，你更有可能影响对方，而不是受对方影响。（对于谈判中的“恐怖分子”，也就是那些企图使用卑鄙手段的人，也应同样如此。）

谈判并不表示屈服。支付赎金和听凭敲诈勒索的代价是很高的。给绑架者赎金会导致更多绑架案发生。通过交流也许可以让恐怖分子（以及以后可能成为恐怖分子的人）相信，他们不会得到赎金。交流还可以让你了解对方的一些合法利益，从而找到一个各方都无须做出让步的解决办法。

即使与希特勒这样的人打交道，如果经过通盘考虑，认为谈判获得的结果比最佳替代方案能更好地满足自己的利益，那么我们就应该与之进行谈判。在许多情况下，就算真的爆发战争，它实际上也只是谈判的一个步骤。使用暴力是为了改变对方的最佳替代方案或改变对方对其最佳替代方案的想法，让他们更愿意接受我们提出的和平条件。

在这种情况下，从谈判的角度来思考问题是至关重要的。这样，我们就会记着以理性的方式向对方提出条件，让对方觉得有说服力。

对方按照宗教信仰行事，我们还与之谈判吗？回答是肯定的。虽然谈判不大可能改变对方的宗教信念，但他们的行为，即使是基于宗教信仰的行为，也可能受到影响。科威特航班被劫事件就是一个例子。值得再次提出的关键一点是，谈判不一定需要你在原则问题上妥协，多数情况下，谈判的成功在于找到一个符合双方原则的解决方案。

许多情况只是表面上看似“宗教”冲突。其实北爱尔兰新教与天主教之间的冲突，就像黎巴嫩基督徒与穆斯林的冲突一样，都不是宗教冲突。宗教在这里只是区分两派的一条便捷的分界线。在区分居住区、工作地点、朋友以及决定选票投给谁时，这条界线就更明显了。在各派之间进行谈判是非常有利的，因为谈判增加了双方和解的机会，既务实又符合双方利益。

什么时候可以拒绝谈判？是否应该谈判以及花多少精力进行谈判，取决于你对最佳替代方案的满意程度，以及你认为谈判能够取得更好结果的可能性。如果你的最佳替代方案非常好，而谈判又看上去没什么希望，你就没有理由在谈判桌上浪费时间了。另一方面，如果你的最佳替代方案很糟糕（即使谈判前景不容乐观），你应该乐意在谈判桌上多花些时间，看看是否能得到令人满意的结果。

为了进行分析，你需要仔细考虑你和对方的最佳替代方案。避免自己犯类似下面这家银行与一家破产的能源公司进行谈判时所犯的错误。根据法律规定，银行有权接手整个能源公司的所有权，但法官希望双方自行解决这件事。银行提出要拥有公司 51% 的股票，降低贷款利率。但公司管理部门就是拖着不理。碰了钉子以后，银行用了几个月的时间试图让对方接受谈判。可以理解的是，公司又拒绝了，因为他们发现自己的最佳替代方案就是等待石油价格上涨。这样，他们就能偿还贷款，并仍然拥有公司的全部股份。银行既没有认清自己的最佳替代方案，也没有认清对方的最佳替代方案。银行应该和法官谈判，说明这一不公平的情况，并要求上诉。但银行却以为和公司谈判是唯一的选择。

政府容易犯的错误是，过于乐观地估计自己的最佳替代方案。比如，他们认为在某种情况下“政治”和“经济”手段不能奏效时，就总有“军事选择”。但实际上，军事方案并不总是可取的。（比如在大多数人质被扣押的情况下，军事行动根本无法保证人质安全。以色列对乌干达机场的轰炸行动是个例外，因为机场是由以色列工程技术人员设计建造的。即使可能成功，它也会使以后的军事行动更加困难，因为恐怖分子会不断采用新战术。）我们是否有自救方案，要依据形势而定：单靠我们自己的努力是否能达到目标，还是必须由对方的什么人做出决定？如果情况是后者，那么我们得去影响谁的决定呢？我们想要对方做什么样的决定？军事行动是否能够影响这一决定？

不要事先假设自己有或没有比谈判更理想的最佳替代方案。要全面分析形势，然后决定谈判是否有意义。

问题6："如何根据性格、性别以及文化等方面的差异及时调整谈判方法？"

从某些方面来看，世界上所有的人都是相似的。我们希望被爱，渴望得到尊重，都不愿意被别人利用。而在其他方面（即使是具有相同背景的人），又都各不相同。有的人外向热情，有的人则羞涩内敛；有的人说话头头是道，能言善辩，有的人则粗暴鲁莽，感情用事；有的人直来直去，有的人则含蓄机智；有人喜欢与别人竞争，而另一些人则尽其所能避免冲突。作为谈判者，不同的人有不同的利益需求和谈判风格。能说服他们的事情不尽相同，他们因此也会有不同的决策手段。在谈判中，我们如何与各种人共处，协调彼此的共同点和不同之处呢？下面是一些指导性的建议：

入乡随俗。在任何谈判中，对于对方的价值观、想法、行为准则、心情以及他们所关心的事情，你最好保持关注，并相应地调整自己的行为。你要努力影响的就是与你谈判的那个人。你越是能和那个人的思维方式合拍，你就越有可能与之达成协议。能影响谈判结果的常见分歧包括以下几点：

◎谈判速度：快还是慢？

◎谈判规格：高还是低？

◎谈判时双方的身体距离：近还是远？

◎是口头还是书面协议：哪个更具有约束力、更全面？

◎交流方式：直接还是间接？

◎时间跨度：长期还是短期？

◎关系范围：只是商业关系还是包括所有的关系？

◎未来的交易地点：私下还是公开？

◎谈判人：地位平等的人还是最能胜任的人？

◎承诺的严格性：不可更改还是灵活可变？

将一般性建议应用于具体情况。本书提出的建议带有普遍性。对于不同的人或不同的情况，有不同的运用方法，但基本原理一般说来还是可行的。如果没有特殊原因，我们建议你根据每次谈判的具体内容，灵活运用本书的原理。运用本书原则的最佳办法是，具体问题具体分析。根据自己所处的位置、谈判对象、行业惯例、与对方以往接触的经验等具体因素，策划符合当前形势的谈判方法。

注意信仰和习俗的差异，但不要对个人抱有成见。不同的团体和场合，有不同的信仰和习俗。要了解并尊重各自的信仰和习俗，但不要因此对个人做出臆断。

个人的态度、利益以及特点往往不同于他所属的那个群体。比如，日本人普遍都倾向于含蓄的交流和谈判方式。但具体到个人而言，谈判风格则多种多样。日本政府一位内阁大臣就以急躁的“美国式”谈判风格而著称，就连多数美国人都不会这样。一些研究表明，女性比男性更愿意以开放、随意的方式获得信息。她们对人际关系更为敏感，其道德标准更侧重于对别人的关心与义务，而不太注重规则以及个人的权利。但同样的资料也表明，男性与女性中都有相当大的一部分人不这么做。

根据某人身处的群体特点而推测其个性是不礼貌和危险的。这是对他个性的否定。我们不会认为自己的信仰和习惯可由我们偶然身处的群体所决定。因此，己所不欲，勿施于人。我们每个人都受所处环境、成长经历、文化背景、群体特征等多方面因素的影响，但依据这些因素却不一定能判断某人的个性，个性因人而异，无法预知。

对自己的臆断提出疑问。不管你怎么判断对方（不论你认为他们与你大致一样还是相去甚远），都要对自己的判断表示质疑。要乐于了解对方，也许他们与你预想的完全不一样。文化背景之间的各种差异可能为你提供可以参考的线索，但你要记住，所有人都有不属于任何标准模式的特殊兴趣和性格。

关于策略问题

问题 7:“对于像‘在哪里会面’‘谁先开价’‘开价多高’这类问题，我应如何决策？”

医生在回答病人该服什么药、不要吃什么东西之前，首先要了解病人的病症，诊断各种可能的病因。只有这样，他才能制定治愈病痛的方案。谈判专家也是如此。我们没有包治百病的药。要提出好的策略建议，就需要对具体情况有详细的了解。

下面三个具体的例子可以对此加以说明：

我们应该在哪里会面？我们会有什么担忧？假如双方都忙得不可开交，谈判可能会被不时打断，那么与外界隔离则可能是首要的考虑。如果对方觉得不安全，需要有同伴帮忙，那么在他的办公室会面也许会令他更放松。要是希望自己能够随时离开，你也可以选择对方的办公室。你在谈判中是否会借助图表、文件，或者请教技术专家？如果你需要使用翻页图表、白板或投影仪，最好能选择一间提供这些设备的会议室。

谁先报价？有人以为，在谈判桌上亮出数字的最好办法就是报价。其实这是错误的。在报价之前，通常需要对利益、选择方案以及标准进行研究。过快地提出条件会让对方感觉草率。一旦双方对问题有所了解，有助于协调双方的利益和标准的关系的建议方案才最有可能被视为具有建设性而被接受。

不论你是否开口提条件，你都希望讨论能尽早围绕有利于自己的方式和标准而展开。另一方面，如果你准备得不充分，不知道什么方案是合理的，你也就不愿意提出自己的想法和条件。你也许希望对方先行一步，提出优厚的条件。但你应该谨慎，根据对方第一次提出的方案或亮出的数字来衡量事物的价值是极端危险的。如果你对该事物的价值知之甚少，你就应该在谈判开始前做更多的调查研究。

在价格谈判中，双方准备得越充分，双方报价先后顺序产生的影响也就越小。所以说，与其了解谁应先报价的有关规则，不如掌握一条规则，那就是根据客观标准做好充分准备。

我应报价多高？许多人根据对方退让的程度来评价谈判的成功与否。尽管卖方报价时一口咬定“标签价”或“零售价”，买方总会为自己能砍价而高兴。其实他们不了解市场，不知道最合适的选择价格究竟是多少。所以，只要自己付的钱比最初的“要价”少就会感到满意。

在这种情况下，如果你是卖方，自然会报出你认为可接受的最高价格。另一种办法是，报出一个能说服中立的第三方接受的最高价。这么做，你要先说出理由，然后报出具体价格。(如果对方对你的报价不满意，他们可能就不会听你的理由了。)最初的报价应有一定的灵活性。事实上，你对最初的报价定得越死，一旦有所松动，就越显得不可信。比较妥当，至少是比较有效的做法是，说些这样的话：“好吧，同样的工作看看其他人付多少钱。在纽约，每小时 18 美元，听起来怎么样？”此时你提供了一个标准和具体数字，但并没有做出任何承诺。

策略取决于自己的准备。关于策略问题，有两点值得大家参考。一是几乎在任何情况下，策略本身就是准备的一个体现。如果你准备充分，自然会找到策略。只要你熟练掌握与谈判有关的各种标准，已然清楚所要讨论的内容，并且知道对方会提出哪些标准。如果你仔细透彻地分析了自己的利益，你就会清楚哪些该先讲，哪些该后讲，哪些可以根本不提。如果你事先制定了自己的最佳替代方案，你会知道什么时候该直接离开。

二是准备不足是不会带来明智的策略的。假如你制定了一个循序渐进的策略，准备让对方露出马脚，结果发现对方有备而来，那你就有麻烦了。你计划与对方先讨论关系问题，但对方却要谈最佳替代方案。因为你永远不可能知道对方会采用什么策略，所以，你在穿过树林之前，最好先了解地形，而不要预先计划好走某条特定的路线。

问题 8：“具体地说，我如何由制定选择方案过渡到做出承诺？”

我们已经提供了大量的建议，告诉你如何在谈判中制定双方满意的明智方案以及如何避免或克服处理各种人际关系问题的困难。但问题依然存在，你该如何结束谈判？尽管我们认为没有最佳方式，但下面几条普遍原则值得大家考虑：

从谈判一开始就应考虑未来的结果。即使在谈判尚未开始之前，想象一下成功的协议会是怎样的也是有意义的。这可以帮助你厘清谈判中需要解决的问题，以及解决这些问题的方式。想象一下履行协议的情景。有哪些问题需要解决？再根据要解决的问题制定相应的协议。问问自己，对方可能会怎样向他们的委托人成功解释并证明这份协议的合理性？（“在安大略所有的电力工人中，我们的薪水可以排在前10%。”“我们得到的工钱比3个评估员中2个的估价要少。”）再想想面对同样的事情，自己会怎么做。然后问自己，什么样的协议才能让双方都能在各自委托人面前有理由解释协议的合理性。最后，考虑一下该怎样说服对方（还有自己）接受拟订协议，而不是继续谈判。

在谈判过程中，要始终记着这些问题，并根据不断获得的更多信息来丰富和调整自己的设想。通过这种方式重视自己的目标，有助于你保持谈判始终具有建设性。

考虑制定一个框架协议。在即将确定书面协议的谈判中，先勾画一个协议框架不失为一个好主意。这个“框架协议”实际是一份协议形式的文件，每项条款下空着，通过谈判决定后再写入具体内容。房地产经纪人手中的标准合同就是一种详细的框架协议。在其他情况下，用标题目录作为协议框架也许再合适不过了。准备一份框架协议，无论详尽与否，它都可以保证你在谈判过程中不漏掉重要内容。这种协议也可以作为谈判的起点以及一项议程，帮助你有效地利用时间。

不论你在谈判前是否有一份框架协议，在谈判进程中草拟有望达成协议的条款也是很有帮助的。草拟协议内容有助于使讨论突出主题，不至于忽略掉重要的内容，并且让人感觉谈判有进展。边谈边写也可以留下一份有关讨论的记录，减少以后出现误解的可能性。如果你手头已有一份框架协议，那么草拟协议无非是在讨论每项条款时往里面添加内容而已。或者说，如果双方尚未达成共识，那也可以草拟临时替代方案。

逐步做出承诺。随着谈判的深入，你们就每一个问题的标准和选择方案进行讨论，双方应努力寻求一个能达成共识的提议，尽可能包括所有要点，同时能满足各方利益。如果在某一个选择方案上还不能达成共识，至少双方应努力缩小可供选择的范围，然后继续讨论下一个问题。或许，不久会出现更好的选择方案和达成交易的可能性。(那好，2.8 万美元到 3 万美元的薪水或许是你们能接受的。那么从什么时候开始算呢？)

为了鼓励双方各抒己见，最好明确规定所有承诺都是临时性的。这样，你们才能有一种讨论有进展的感觉，同时不必担心所谈论的每一个方案会被视为承诺。临时承诺如果很合理，就不能毫无道理地随意更改。然而需要表明的是，在看到最后文本之前，不要做出任何正式的承诺。比如说，你可以在框架协议的抬头写下："临时草案（非正式文本)"。

达成协议的过程很少一直顺利。你要准备好对所列问题进行反复多次的讨论，在具体问题与整个协议之间来回斟酌。棘手的问题可以讨论多次或留待最后再行解决，这取决于谈判的进程是否有走向成功的可能。在此过程中，不要再提过分要求或者固执己见，而要提出选择方案，征询批评意见。("依据这份草案制定一份协议，你觉得怎么样？我不敢肯定我能不能让我的人接受这份协议，但估计也八九不离十。像这样一份协议，你觉得可以吗？如果不行，那么问题出在哪里？")

坚持追求自己的利益，但寻求其他解决方案时并不固

执僵化。既做到态度坚定又不固执己见的做法是，将利益本身与如何满足利益两者分开。当提议受到质疑时，无须为其辩护，而是再次阐述你的根本利益，问问对方能否有更好的途径，能够既满足你的利益又满足他们的利益。当矛盾不可调和时，问问一方的利益比另一方的利益更加重要的原因是什么。

除非对方有理由证明你的想法不全面，应该改变，否则就要坚持自己的分析。如果你被说服了，就要对自己的观点做相应的调整，但要首先陈述逻辑理由。（“不错，你说得很对，衡量这一因素的方法可以是……”）如果你做了充分的准备，就应该预料到对方可能会提出的大部分理由，并仔细考虑这些理由对最后的谈判结果有何影响。

自始至终，你的目标都是避免无谓的争吵。当存在分歧时，寻求第二协议，就你们存在的分歧达成共识。要保证双方的利益以及理由都清楚明白。通过各种假设和办法来验证这些利益和理由。坚持用客观标准和创造性选择方案调和双方的利益冲突。对于相互冲突的标准，可以用评估标准来判断，确定哪种标准更加合适或者能够带来更多创造性的平衡。总之一句话，要坚持不懈。

报价。有时，阐明利益、制定选择方案和分析各种标准，其所得是呈递减趋势的。在对某一个或某几个问题进行仔细研究后，你应准备好提出报价了。最初的报价可能只针对几个关键问题（“如果定金不超过5万美元，我同意以6月30日为最后期限”），之后，像这样的报价就可以整合成更全面的提案。

通常提出条件不应太突兀，而应该是讨论的自然结果。它不是一个“要不要请便”的提议，但也不应该只反映最初的立场。根据之前的讨论，你的要求应让双方感到合情合理。许多谈判都是在提出合理的全部要求后达成协议的。

你应该考虑提出条件的方式和地点。如果谈判是在公开场合进行或是参与者众多，那你应该找一个私下场合，讨论最后的承诺和责任。尽管最后正式的签字仪式是在后来的公开场合举行，但许多协议却是在双方最高级谈判者的一对一会谈中达成的。

如果协议看上去合情合理，但仍有几个问题存在分歧时，应寻求公平的程序尽快结束谈判。试图在随意报出的数字之间找到一致结果，只会产生不合情理的结果。根据合理信服的公平准则得到的平衡结果才不失为公正。另一个方法是，当分歧存在时，一方或双方可以邀请第三方出面，分别跟双方讨论，经过反复协商后，第三方也许可以最终提出一个“最后机会”的推荐方案。

最后时刻表现得慷慨大度。在感觉谈判快要达成协议时，你可以考虑，在不违背自己方案的基本逻辑情况下，给予对方一些他们认为有价值的东西。但要表明这是你最后的态度；不要让对方抱有得到进一步让步的期望。有时，这种优惠条件可以打消对方最后的疑虑，使生意成交。你要让对方离开谈判桌时心满意足，觉得受到了公平对待。这样，协议才会得到很好的履行，同时有利于你将来的谈判。

问题 9：“怎样才可以不冒太大风险地去尝试这些想法？”

也许你相信采取某种方式不无道理，但不敢确保能顺利实施，进而得到比现在更好的结果。怎样才能不冒太大风险地去尝试这些想法呢？

投石问路。如果谈判的风险较小或者你本身有合适的最佳替代方案，或者存在有利的客观标准，又或者对方能遵循你的谈判方式，那么你都可以进行谈判试验。从以你现有技巧为基础的想法开始，然后逐步尝试使用新办法。随着经验和信心的增多，你可以适当增加风险，在一些更重要和更富有挑战性的谈判中尝试新技巧。你不需要一次尝试所有的想法。

投资。有人终生打网球，但球艺始终不佳。这些人满足于自己的现状，不愿意考虑尝试改变。优秀的球员明白，球艺的提高意味着在新的战术上下功夫。起初，他们也许会由于不熟悉新技巧而球艺退步，但终究会超过自己原有的水平。新的战术带来了更长远的潜在利益。你在谈判中也应如此。

总结回顾。每次经历重大谈判后，要留出时间分析一下自己的表现。哪些方法起作用了，哪些没有？哪些方面你本可以采用不同的方法？考虑记一本谈判纪事或日记，以便定期回顾。

不打无准备之仗！谈判实力，就像下面要谈到的，并不是你所具备的适用于任何情形、任何目的的力量。它要求谈判前做大量的艰苦工作，使自己掌握的东西在特定情形下具有说服力。换句话说，就要做好充分准备。充分准备有百利而无一害。它只是需要时间。准备得越充分，你越能更有效地使这些想法付诸实践并发现其价值。

为如何与对方建立和保持良好的合作关系做好准备。把双方的利益列个清单，然后制定各种选择方案，以尽可能满足这些利益。寻求各种客观标准或准则，用来说服明白事理的第三方做该做的事情。问问自己能提出什么论据，再看看是否可以找到支持自己论据的事实和信息。同时考虑对方是否能找到什么依据，使达成的协议能给委托人一个合理的交代。如果对方很难向委托人解释某些条款的合理性，那么就这些条款达成共识几乎是不太可能的。最后想一想各自希望对方做出什么样的承诺，并建构一个可能的框架协议。

有时，你可以和你的朋友一起来预演即将开始的谈判。请他扮演对方的角色，或者扮演你的角色（当然得在培训之后），而你则扮演对方。（尝试一下对方的角色，从听者的角度感受自己的观点，这是验证自己的理由是否具有说服力的好方法。）你也可以向朋友、更有经验的谈判人士或是专业谈判顾问请教。

谈判在许多方面与体育有共同之处：有些人有天生的优势，比如最优秀的运动员，他们可以从准备、训练和指导中获得最多好处。而那些天资略为逊色的人更需要准备、训练和反馈，从而从中获益。不管你属于哪种人，都有许多需要学习的地方。只要你付出辛勤的努力，就会有回报。一切全在于你自己。

关于实力的问题

问题 10：“当对方实力更强大时，我采用的谈判方法真能起作用吗？”“如何增强我的谈判实力？”

不论双方的相对实力是否悬殊，你如何谈判（以及你如何准备谈判）都会对谈判结果产生巨大的影响。

有些东西你无法得到

当然，不论你的谈判技巧多么高超，通过谈判得到的总是有限的。世界上最优秀的谈判家也无法把白宫买下来。

只有当你的条件让对方感觉比他们的最佳替代方案更有吸引力时，你才可能获得谈判的成功。如果你不能做到这一点，谈判就没有意义。你还不如集中精力完善自己的最佳替代方案，有可能的话，试着改变对方的最佳替代方案。

不同的谈判方式会产生截然不同的谈判结果

当有机会达成协议时，不同的谈判方式所产生的结果将大相径庭。你们也许能达成共识，也许不能；谈判的协议可以对你非常有利，也可能只是让你勉强接受。你的谈判方式决定了你是把馅饼做大还是只把现有的馅饼分了，也决定了你与对方的关系是融洽还是紧张。当对方手里似乎握有所有王牌时，你谈判的方式就至关重要了。比如，你为了应聘一份工作或征求某项规则的破例而进行谈判，如果对方拒绝你的要求或是允诺给你的待遇不佳，你几乎没有可求助的资源。此时，你的谈判技巧是你拥有的一切。无论成功的机会多么渺茫，你的谈判方式决定着你是否可以抓住并利用机会。

“资源”并不等于“谈判实力”

谈判实力是说服某人做某事的能力。美国虽然非常富有，且掌握着许多核武器，但这对于阻止恐怖活动等并没有实质性的帮助。手里的资源是否能给你带来谈判实力取决于具体情况，即你要说服的人是谁以及你希望他做什么。

不要问“谁更有实力？”

试图估计你和对方“谁更有实力”是要冒风险的。如果你认为自己更有实力，你也许就会放松警惕，不再做充分的准备；另一方面，如果你以为自己的实力不如对方，你又有可能失去信心，不再投入足够的精力考虑如何说服对方。无论你的判断是什么，都无助于你找到最好的谈判方式。事实上，即使资源对比悬殊，你还有许多其他方式可以增强自己的谈判实力。当然，如果谈判的王牌至少在短期内掌握在对方手里，就需要谈判。

但是，在这个相互依存性日益增强的世界里，一个老练且坚持不懈的谈判者总是可以找到可以利用的资源和潜在的盟友。就算不能使力量对比颠倒过来，至少可以改变现有的力量对比。不尝试就永远不会知道自己的希望所在。

有时，人们似乎更愿意认为自己势单力薄，相信自己没有能力左右形势。这么想可以为自己的无为减轻负担和内疚，而且还避免了为努力改变形势所要付出的代价——付出努力和承担失败的风险，因为失败使人难堪。虽然这种想法是可以理解的，但这并不能改变的事实是，一个人可以通过有效谈判获得成就。这是一种自我拆台和自我实现的态度。

最好的经验之谈是保持乐观——超越自我。这样，不用在毫无希望的事情上浪费大量资源，你会意识到，即使你不一定成功，很多事情还是值得一试的。尝试越多，收获就越大。关于谈判的研究也表明了希望与结果之间相辅相成的关系。自然、积极而非消极的思考会有很好的回报。

谈判实力来自方方面面

如何增强自己的谈判实力？整本书都在试图回答这个问题。谈判实力来自方方面面，其中之一就是拥有一个最佳替代方案。如果对方相信你，你告诉对方你拥有更好的选择就颇具说服力。本书第二部分分析的 4 个基本因素——人、利益、选择方案、客观标准，也是谈判实力的源泉。如果对方某一点比较强，你可以在其他方面培养实力。除了以上 5 点以外，下面补充第六点——承诺的力量。

在谈判者之间建立良好的合作关系也是实力的体现。

假如你理解对方，对方也理解你；而且即使存在分歧，人们也能做到相互尊重和理解彼此的情绪；如果有顺畅的双向交流渠道而且人们能互相倾听；如果人际关系问题的解决不是通过主动要求或被迫在实质性问题上做出让步，而是直接面对面解决，那么，谈判对于双方来讲将会更加顺利、更加成功。从这个意义上说，谈判实力并不是一个零和现象。对方实力强一些并不意味着你的实力就相对要弱。双方的关系越和谐，彼此也就越能相互影响。

与传统观念相反，如果对方对你施加影响的能力日益增强，你往往越能从中受益。与两个有信誉危机的人相比，两个以值得信任而著称的人能更好地影响对方。你信任对方本身就增强了他们对你的影响力，而你从中也获益匪浅。你可以放心地达成有利于双方的协议。

良好的沟通更是谈判实力的一个重要源泉。表达有力，倾听对方的想法以及向对方表示你已听明白，这些都能增强你的说服力。约翰·肯尼迪尤以表达有力著称："让我们不要因为害怕而谈判，我们永远不要害怕谈判。"

表达思想不一定非得毫不含糊才算清楚有力。在许多情况下，让对方理解你的想法（哪怕是摇摆不定的想法）都可以缓解对方的担心，澄清不必要的误会，促进合作解决问题。

比如，某位供应商就某一供货合同做了一个她认为具有竞争力的投标。买方对这份标的和投标人都很满意，就是担心这家刚起步的公司可能在需求高峰期时无法供应充足的货物。如果买方只是简单地说一声“谢谢，但你没有中标”，然后花更多的钱雇另一家公司，投标人也许会认为是买方不喜欢自己的投标方案。这样，她就没有机会说服买方她能确保充足的货源。而如果买方能说出他们对标的感兴趣，同时又表达了自己的忧虑，结果对双方也许会更好。

认真倾听对方讲话也能增强你的谈判实力，因为这样能使你更多地了解对方的利益和可能的选择方案。一旦了解了对方的想法和顾虑，你就可以着手解决它们，并找到双方的共识和分歧，为以后的谈判寻找有效的途径。例如，某家医院的医生想把一位年纪大的病人转到另一家有专门设备的医院去。医生反复向病人解释专门医院对老人治病有帮助，但病人就是不肯转院。医生觉得病人太不通情理，损害自己的最佳利益，认为病人的理由不合逻辑。但是，一位实习医生耐心地听了病人不愿转院的理由。病人说他一生中体验了多次被抛弃的滋味，他害怕这次转院会让他再次被抛弃。了解了他的担忧之后，实习医生和病人耐心解释，病人最后高兴地同意转院。

表示你理解对方的意思，也可以增强你的说服力。当对方感觉你明白了他们的意思时，他们也会更乐意听你讲话。如果对方说的话你赞成，倾听就相对容易。假如对方说的你不赞成，听起来就不那么容易了，但这正是倾听最有效的时候。在准备反驳前先倾听，了解具体情况，要保证你明白对方的观点，并确保他们知道你明白了。对方知道你了解了他们的意图后，他们就不能简单地把你的反对意见看成缺乏理解的表现而置之不理了。

了解对方的利益能增强谈判实力。你越清楚地了解对方的利益，就越能以最小的代价更好地满足对方。寻找无形或潜在的重要利益。对于金钱这样实实在在的利益，问一问在此背后隐藏的是什么。（“要钱干什么用？”）有时，在对方最固执、最无法接受的立场问题背后，恰恰存在着与自己一致的利益。

看看这个例子。多年以前，有位商人要买一家广播电台，广播电台的最大股东愿意以合理价格出让 2/3 的股份，但另外 1/3 股份的拥有者（即现任广播电台经理）却为自己的股票开了一个天价。商人几次提高买价，但仍没能达成协议，于是想要放弃这笔买卖。最后，他研究第二股东的深层次利益。原来，现任经理并不在乎钱，但希望能够继续经营自己有一部分股份的广播电台。于是，商人提出，只从她手中购买因税务需要而要购买的那部分股份，并同意继续让她担任广播电台经理。第二股东同意了这项提议，出让了股票，为商人节省了近 100 万美元。所以说，理解卖方的深层利益大大增强了买方的谈判实力。

制定一个出色的选择方案能增强谈判实力。让大家集思广益，各抒己见可以增加你对他人的影响力。在对各方的利益有所了解后，你完全有可能设计一个能融合各方利益的明智办法，就像刚才提到的那个电台的例子一样。有时，也可以通过一些巧妙的谈判程序来实现目标。

比如，在采用密封投标方式的邮票拍卖会上，拍卖师希望竞拍者能够对所拍邮票开出心中的最高价。然而，每个潜在的买主都不希望价格被抬得太高。在普通的密封式投标拍卖会上，每位竞拍者都试图揣测他人的出价，然后开价比其略微高一点，而比自己实际希望的价格要低。但在邮票拍卖会上，有明文规定：出价最高的竞拍者将以第二高的价格买到邮票。所以，竞拍者可以放心地写下自己愿意接受的价格，因为拍卖师保证他们不必非得付这个价。这样，每个竞拍者都不会后悔自己没有标出更高的价格，而中标人也因为实际所付的价格比自己的标价低而高兴。拍卖师也很满意，因为与普通拍卖相比，在这个体系运作下，最高价与次高价之间的差别比标价整体提高的水平要小。

使用合理的客观标准能增强谈判实力。你可以把合理的标准作为说服别人的武器，也可以作为保护自己不迫于压力而屈服的盾牌。（“我可以给你打个折扣，但这个价格本身是不变的。通用汽车公司上周付的就是这个价。我给你看发票。”）律师可以用先前的案例或原则来增强自己说服法官的能力。谈判者也可以使用先例、原则和其他公正的客观标准，用有力且有效的方式表达出来，以达到增强自身谈判实力的目的：“对于同样的工作，我只要求你付给我的工资和你付给其他人的一样。”“如果我们有能力支付，我们愿意按房子的实际价值付款。我们的报价与上个月附近同样房子的售价是一样的。除非你能给我们一个合理的解释，说明为什么你的房子要贵一些，否则我们坚持我们的报价，不会改变。”让对方相信你的要价是公平的，这是你最强有力的辩词。

制定一份最佳替代方案能增强谈判实力。我们在第 6

章曾经讨论过，增强谈判实力的一个基本方法是，改进你在谈判失败后的可选择方案。一份具有吸引力的最佳替代方案有利于说服对方相信他们有必要满足你更多的利益。（“街对面的公司愿意以比现在高 20% 的工资聘用我。虽然我还是愿意留在这里，但由于生活成本高，除非我能马上获得提薪，否则我不得不考虑离开这里。你看有什么办法吗？”）除了改进自己的整体最佳替代方案外（即如果谈判破裂，你会采用的对策），你还应该准备一个“微观的最佳替代方案”——如果本次会议不能达成协议，那么最好的结果是什么？这能帮助你预先起草好一份结束词以备在会议无结论的情况下使用。（“很高兴我能分享你的观点，也感谢你能倾听我的想法。如果我决定继续谈判，我也许会带着一份新的提案来找你。”）

让对方的最佳替代方案变得更糟，有时也是可能的并且是十分合乎情理的。比如，我们认识的一位父亲想让儿子去修剪草坪。他提出给儿子一笔数目不小的报酬，但儿子不干。最后儿子不小心泄露了自己的最佳替代方案：“爸爸，我不需要通过剪草坪来赚钱，你每个周末都把钱包放在梳妆台上……”父亲很快改变了儿子的最佳替代方案，他不再把钱包放在外头，而且明确表示，不同意儿子擅自拿钱。于是，儿子去修剪草坪了。让对方的最佳替代方案变得更糟这个招数可以用来胁迫或利用对方，也可以确保得到一个公平的结果。完善自己的最佳替代方案，降低对方对其最佳替代方案的期望值，这是增强谈判实力的两个关键。

提出一个经过仔细斟酌的承诺条件可以增强谈判实力。谈判实力的另一个来源也值得我们注意：做出承诺的能力。你可以从三个方面用承诺来增强自己的谈判实力：首先，给对方一个肯定的承诺；其次，谨慎地做出否定的承诺，表明你不会做什么；最后，明确表示希望对方做出什么承诺。

表明你将要做什么。有一种增强谈判实力的办法是，适时提出不可更改的承诺。当你做出一项肯定的承诺时，你提供了一个你会接受的选择方案，同时表明你不排斥讨论其他的选择方案。如果你要劝说某人接受一份工作，不要只是和他谈论此事，要说出你的承诺。这样你虽然放弃了通过对方获得更有利于自己利益的协议的机会，但你使对方的选择变得简单，让他们更容易做出承诺，这也是你的收获。为了达成协议，他们所要说的只有两个字：同意。

对方接受了你的提议后，你所做的承诺可以消除对方可能会有的担心，这种担心就好比在下滑坡之前的感觉。如果你不给出明确的承诺，那么对方宁可忍受不利的局势，也不会盲目地接受一项协议，特别是对方还担心你在更加受益的情况下会得寸进尺。1990 年，联合国安理会准备采取制裁措施来迫使伊拉克从科威特撤军。安理会决议明确要求伊拉克必须撤军，却没有说明撤军后即停止制裁。如果萨达姆·侯赛因相信，即使自己撤军，制裁也仍将继续，那么无论制裁多么令他们困扰，也都不能促使伊拉克从科威特撤军。

承诺越具体，就越有说服力。因此，书面承诺比口头承诺更可信。（我们认识的一位房地产代理商喜欢往桌上放几叠百元大钞，好让客户做出承诺。）你也可以限定日期的方式做出承诺，表明机会不可错过。比如，1981 年里根总统的就职仪式，就为谈判释放扣押在伊朗的美国外交官人质创造了一个不容错过的机会。伊朗人不希望再与新一届美国政府重开谈判。

有些时候，如果对方不接受你的提案，你也可以表明你将会采取的措施。他们也许还没有意识到你的最佳替代方案对于他们来说意味着什么。（“如果我们的房子今晚还没有暖气，我就打电话给卫生部门紧急热线。如果他们发现有违反法规的行为，就会向房东罚款 250 美元。这一点你明白吗？”）

表明你不会做什么。有时，为了说服对方接受一个比他们的最佳替代方案更有利的承诺，你可以告诉对方，你不能也不会再做出更多的承诺（“要不要请便”）。这样你不仅做出了承诺，还束缚了自己的手脚，使自己不能再有变动。正如我们在第 1 章里谈到的，陷入立场争执的代价是巨大的。过早地陷入立场问题之争会妨碍交流，还会使对方觉得没有得到重视或是遭到胁迫，从而破坏双方良好的关系。但如果你已经理解了对方的利益，并为实现共同利益考虑了各种选择方案，这时坚持某一立场就不会有那么大的风险。而且，如果你有不受个人意愿影响的可信理由，能向对方说明你坚守立场的合理性，那么双方的关系也不会受到什么损害。

在某些时候，最好的办法是亮出你的最后承诺，并且说到做到。这样做的目的是让对方的微观最佳替代方案变得更加不利，并以此来影响对方。如果他们此时说“不”，就不再有可能与你达成一份更为有利的协议了。

表明你希望对方做些什么。好好想想，你到底希望对方做出什么样的具体承诺，这是很有好处的。这么做能确保你提出的要求合乎情理。对于“苏珊，我在打电话时请别再打断我”这类的要求，如果出现紧急情况时苏珊真的严格照办，那后果将是灾难性的。要避免对方的承诺太过空泛、草率，没有约束力，或者遗漏关键信息，缺乏可操作性。

特别是当你需要对方做点什么时，你最好明确地告诉对方，具体想要他们做什么。否则，他们可能没有作为，因为他们不愿意做自己职责范围以外的事。

尽量发挥自己的潜能

为了尽可能发挥自己潜在的谈判实力，你需要将实力资源与其他资源协调起来利用。谈判者往往只注重自己最强的一面，因而只利用这一方面的力量。比如，某位谈判者有非常有利的最佳替代方案，他也许会拿它来与对方抗衡，并且威胁对方如果不接受这个最后的条件，就退出谈判。这样很可能削弱谈判者的说服力，使对方无法相信这个条件是公平的。如果你要表明自己的最佳替代方案，你最好做到尊重双方的关系，保证双方交流渠道的畅通，强调自己提出的最后条件是合理的，并表明它符合对方的利益等。如果各个因素能相互促进，那么你拥有的谈判实力将发挥最大的整体效应。

如果你相信自己的言行，你的谈判效率将更高。不管你如何利用本书的观点，使用时请不要生搬硬套，就好像穿别人的衣服一样。要根据具体情况合理处理，直到你找到能发挥作用的方法，而且使用起来得心应手为止。这可能需要进行试验并经历一段有些困难的调整过程，但最终，如果你信你所说，说你所信，那么，你一定会最大限度地发挥你的谈判实力。

图书在版编目（CIP）数据

谈判力 /（美）罗杰·费希尔，（美）威廉·尤里，（美）布鲁斯·巴顿著；王燕，罗昕译 . -- 北京：中信出版社，2021.4

（中信经典丛书 . 003）

书名原文：Getting to Yes: Negotiating Agreement Without Giving In

ISBN 978-7-5217-2889-7

Ⅰ. ①谈… Ⅱ. ①罗… ②威… ③布… ④王… ⑤罗… Ⅲ. ①谈判学－通俗读物 Ⅳ. ①C912.3-49

中国版本图书馆 CIP 数据核字（2021）第 045586 号

谈判力

（中信经典丛书 · 003）

著　　者：[美] 罗杰 · 费希尔 [美] 威廉 · 尤里 [美] 布鲁斯 · 巴顿

译　　者：王燕　罗昕

责任编辑：鄢林敢

出版发行：中信出版集团股份有限公司

（北京市朝阳区惠新东街甲 4 号富盛大厦 2 座　邮编　100029）

承 印 者：北京中科印刷有限公司

开　　本：880mm × 1230mm　1/32　　印　　张：105.5　　字　　数：2152 千字

版　　次：2021 年 4 月第 1 版　　印　　次：2021 年 4 月第 1 次印刷

京权图字：01-2009-1473

书　　号：ISBN 978-7-5217-2889-7

定　　价：920.00 元（全 10 册）

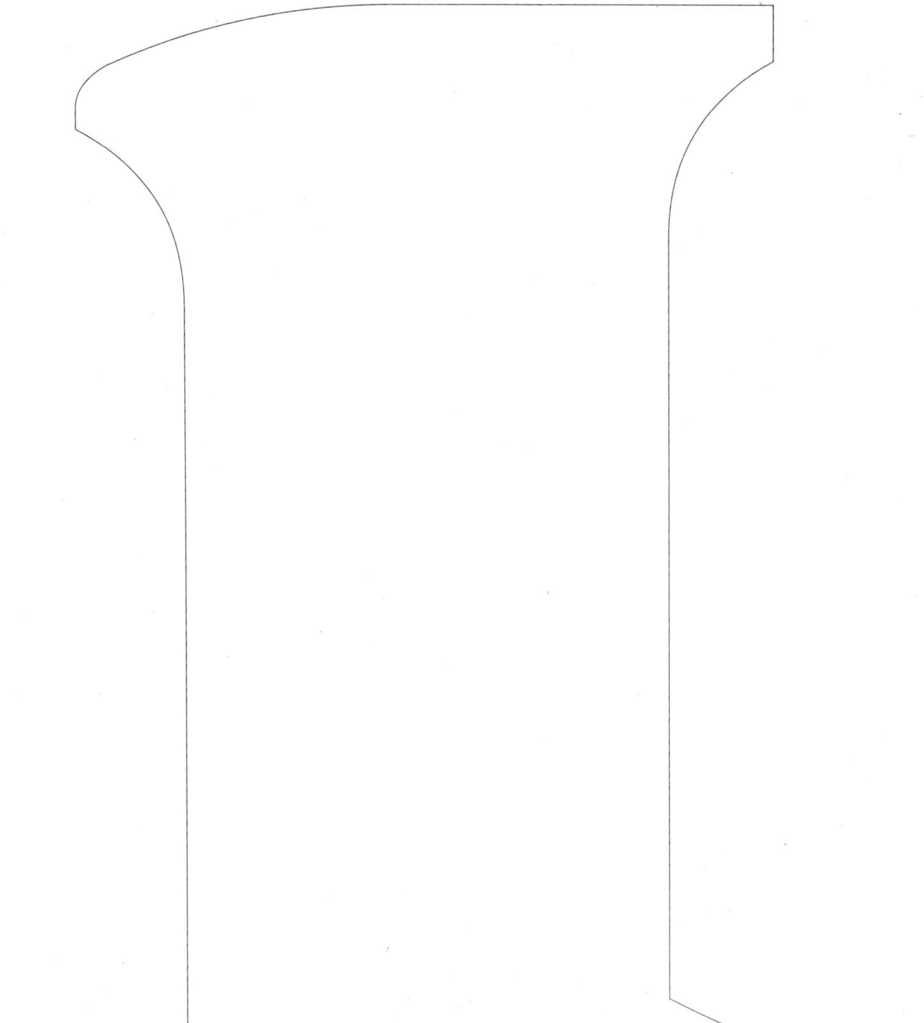

沟通力

GETTING TOGETHER

BUILDING RELATIONSHIPS AS WE NEGOTIATE

[美] 罗杰·费希尔（Roger Fisher）
[美] 斯科特·布朗（Scott Brown）
著

王燕
译

中信出版集团 | 北京

目录

前言 / III

第一部分
概论

第一章 目标：建立有效处理分歧的关系 / 3

第二章 第一步：分清人际关系和实质问题的不同 / 18

第三章 策略：持完全积极的态度 / 27

第二部分
建立良好关系的基本要素

第四章 理性：保持理智与情感的平衡 / 47

第五章 理解：以他人的眼光看待事物 / 72

第六章 沟通：做决定前征求和倾听对方的意见 / 95

第七章　可信度：害人之心不可有，防人之心不可无 / 122
第八章　说服，而非强迫：有话好商量 / 150
第九章　接受：认真对待与我们有分歧的人 / 169

第三部分
总结

第十章　协调一致：综合所有要素，使之相得益彰 / 195

前言

无论是青年人还是老年人，富人还是穷人，美国人、巴西人还是俄罗斯人，人人都会面临至关重要的人际关系问题。即使是生活在孤岛上的鲁滨逊·克鲁索也要和仆人“星期五”打交道。事实上，我们在工作、娱乐、赚钱、养家、解决问题、享受生活时，都免不了与他人打交道。我们都像婴儿一样离不开别人。

这个世界不会每天都是崭新的。我们每天和认识的人打交道，而且会再次碰到他们，例如向房东反映问题、听老板吩咐、同顾客周旋、解决家庭纠纷或者拜访一位朋友。不管具体情况如何，人际关系势必影响每次交往的结果。没有人际交往，我们就没有家庭、朋友，没有同事、下属、上司，没有政府管理，没有顾客上门，也没有人来信或一块儿碰面吃午餐。

有些人在人际关系上能处理得当，有些人则处理得不如人意。和有些人在一起，我们感到自在、自信、有安全感，能一起商量解决问题；同另一些人交往起来就不那么舒服，没办法谈拢，更不用说推心置腹了。我们总是难以理解为什么会出现这两种截然不同的状况，而往往将其归因于缘分："事实如此，没办法，我们就是走不到一块儿。"我们总觉得问题出在别人身上，却从未想过自己如何去改善彼此的关系。

虽说关系是双方的，但有一方努力就能改善关系。人们的态度会彼此影响，我们改变自己的行为，别人的回应也会改变。本书的前提就是：这种改变是可以实现的，我们都有能力改善与他人的关系。

当然，自始至终一团和气的人际关系是不现实的，我们不可能解决所有分歧。现实往往是严酷的，有些局面非我们所能控制，有时候我们甚至连自己都不能控制。但是我们可以做出选择，可以改变现状。考虑到这些制约因素，经过清晰、理性的思考，我们所能提供的最好建议是什么呢？

糟糕的选择：三种困境

我们既要建立良好的关系，又要处理眼前的问题，事情往往很难两全其美。在这种情况下，我们可能会常常提出以下问题。

怎样才能最有效地避免分歧？我应该让步，还是对问题视而不见？

（误区：避免分歧对建立良好关系来说是非常重要的。）

自身利益至上，还是双方关系重要？

（误区：维护实质性的利益和保持良好的关系不可兼得。）

我应该主动改善关系，寄希望于对方也能这么做，还是等他先迈出第一步？

（误区：对等原则是一种很好的为人处世方式。）

本书旨在提出一些更有效的建议，帮助读者做出更好的选择，使他们得到更加满意的答案。笔者一向对帮助人们处理共有而又矛盾的利益问题颇感兴趣。众所周知，某项具体交易的达成不仅仅依赖于高明的谈判手段，也取决于谈判双方的关系。本书将阐述一些基本原则，它们能帮助人们建立和维持满意的人际关系，从而达到目的。

建立“有效”的关系

首先，我们需要弄清楚“良好”关系的含义。每个人的需求不同，但是不管我想从与你的关系中得到爱、金钱、安全感，还是其他东西，我们都会面对利益冲突、观点相左和价值观差异等问题，必然会产生分歧。而且我们必须处理这些问题，否则就不能满足需求。在形形色色的关系（如人际关系、商业关系、宗教团体间的关系或政府间的关系）中，我们都试图建立和维持良好的“有效”关系，也就是能有效处理分歧的关系。这是我们在处理所有关系时所要达到的目标，本书第一章将详细讨论这一点。

不就事论人

如果人与人之间或两国政府之间存在严重分歧，那他们的关系也会受到影响。不幸的是，如果隔阂特别深，恶劣的双边关系会使问题无法得到解决。如果想要有效处理重大分歧，我们就应该改进建立关系的过程本身，不要把实质性的问题卷进去。

双方的关系会影响我们的交往方式：单刀直入式，或是委婉迂回型；以诚相待，或是具有欺骗性；重理性，或是偏感性；等等。实质性问题便是那些在协议中通常涉及的问题，如金钱、日期、期限、财产、条款、条件等。最理想的办法就是撇开所有实质性的分歧，去关注彼此交往的方式。事实上，人际关系和实质问题都要处理，但不要把两者联系起来。本书第二章将会详述这一点。

持完全积极的态度

前面提到，我们的主要目标是建立有效的人际关系，而且人际关系和实质性问题应该分开。在此前提下，第三章提出了一种方法或者说策略，能帮助建立有利于解决问题的合作关系。这种方法不要求别人效仿我们，也不需要我们模仿别人，而关键在于“持完全积极的态度”。这意味着在与你交往时，我只做那些既对双方关系有利又对我自己有利的事，而不在乎你是否也这么做。

本书阐述的重点将围绕这一方法展开，解释如何将其应用于良好的合作关系所需要的各个要素。

每种关系都有其独特之处，但是成功的交往具有共性，正是因为这些基本共性，双方才能轻松自如地解决分歧。政府、企业和个人都可以采用持完全积极态度的方法，这有助建立新的关系和改善现有的关系。虽然这些原则对建立长期关系更为有效，但是它们同样适用于陌生人之间的一次性交往。有时候第一分钟建立的交情可以决定一小时之内能否达成协议，或者达成什么样的协议。

如果你不打算独守孤岛，那么本书介绍的方法将能帮助你如愿。

第一部分　概论

第一章

目标：建立有效处理分歧的关系

我们都觉得和某些人打交道会容易一些；也就是说，我们凭直觉知道这种交往是否成功，却往往不清楚成功的原因。只有目标明确，才易于达到目的。

目标不明确

我们对“关系”的理解往往并不是我们真正需要建立的那种关系，这种误解会混淆我们的目标。“relations”和“relationship”都表示“关系”，但二者的用法是不一样的。从某种意义上讲，“关系”（relations）可以指血缘或姻亲关系，也可以指两国之间的事务关系。如果一对男女说他们有“关系”（relationship），那可能指他们已经住在一起。如果一位银行家说他的银行同一位客户有“特殊交往”（special relationship），那他的同事也可能会对他的话有完全不同的理解。我们调查了在同一家银行任职的几位职员，询问他们对“良好”合作关系的理解，答案千差万别：

“长期的业务往来。”

“同对方做生意赚了一大笔钱。”

“具有巨大的金融业务潜力。”

“我们的总裁和对方的董事长一起打高尔夫球。”

“对方按时付款，我们能信任他们。”

“对方给过我们好处，来而不往非礼也。”

有些公司试图将他们与客户之间的业务往来分门别类。例如，有一家管理咨询公司根据业务往来的时间、交易额、双方涉及的人数、保持联系的频率和交往的深度等指标来给客户分门别类。但是很少有人想到要给业务往来关系下个定义。

人们通常用“冷淡”“正式”“友好”等字眼来笼统描述人们之间的关系或国家间的关系，但与此同时他们的脑海中对什么样的关系才是好的关系并没有确切的概念。

误认为好的关系就是赞同对方的行为。为了表示对另一方行为的强烈不满，我们会终止同他们的交往：“她干出那种事来，我不会再理睬她了！”这种“拂袖而去”的场面经常会发生在人与人之间、企业之间甚至外交关系之中。一家公司对另一家公司的服务不满意或者认为对方不够可靠，就不愿同它做生意。一国政府为表示对他国政府的不满，会召回大使或“断绝外交关系”。因此毫不意外，人们往往会误认为建立或维持一种关系本身就意味着对另一方行为的赞同。

拒绝同对方打交道以示不满，这压根儿就不是一个好主意。这种方式不仅无助于眼前问题的解决，还势必会影响今后问题的解决。如果我认识到自己必须同家人、同事、国际人士或机构继续打交道，那么即使我不赞同他们的行为，我也会继续同对方交往。

如果两国冲突升级，战争态势千钧一发，那么无论一方对另一方的行为如何震怒，他们也不应当断绝外交关系。聪明的父母哪怕是在批评孩子的时候也不失亲昵：

> 约翰尼，你知道我很爱你，但你不可以用新蜡笔在墙纸上画画。今天下午我要把蜡笔全收起来。坐到我身边来，我们说说为什么不可以这么做。

混淆共同的价值观。总的来说，价值观差异越小，分歧则越少，双方能更容易地找到彼此都能接受的方式来处理分歧。但这样的话，我们往往就会认为良好的关系取决于相同的价值观。

我们不能说路好修就是好路。同样，大家一团和气也未必就是好的关系。在草原上修一条好路比在山里修路容易得多，但穿行于山里的路远比穿越草原的路有价值。同样，意见相左的人之间的良好关系可能会比没有多少分歧的人之间的关系珍贵得多。

误认为我们的目标就是避免分歧。我们小时候会听到大人说，吵架的孩子不是“好”孩子。长大后，我们自然也就相信“好”的关系应当没有显而易见的分歧，大小分歧要一律回避。在某种程度上，因为这种教育方式，许多人在面对冲突的时候会无所适从。

“不和”一词的原意是意见不一，而现在的意思是不和睦。许多人认为不合意即不和睦。即便是在家人或密友之间，大家一旦意识到彼此观点不同，就不会再讨论下去。有些人认为，良好的关系是指不存在任何分歧的理想境界："我们关系非常好，没有任何分歧。"

对这种关系的另一种看法是：言听计从的关系即是好的关系。有一位父亲说："我和我儿子关系非常好，我让他做什么，他就做什么，从不顶嘴。"一些政府认为要与盟国或选民建立良好的关系，就必须消除异议。即使在美国，也有一些人显然认为美国同洪都拉斯的关系比同法国的关系好，因为洪都拉斯追随美国的政策更紧密一些。

不管我们多么自负地认为对方应怎样做才是最好的，我们都不能将自己的观点强加于人，否则不仅不能改善彼此间的关系，还会为将来埋下诸多隐患。

彼此关系泾渭分明。当双方关系紧张时，我们经常会把对方当成"对立方"，却从未想过建立一种有效的关系，使双方不再针锋相对，而是携手共同面对未来。

求婚时，我们知道自己的目标是把一个外人变成一名家庭成员。但是在其他情况下，我们往往认识不到这种转变的程度。无论在办公室内外，拥有一个成功的团队都会改变我们解决问题的方法。每个团队成员都应该扪心自问："我们需要什么？我们的利益是什么？"而不是考虑“我需要什么”和“我自己的利益是什么”。

这种对角色转变的渴望已超越了课堂上教授的忠告：“要善待自己的学生，说不定将来有一天他们中有人会成为你的上司。”它的意义在于保证我们永远有改善双方关系、使对手变成伙伴的可能。在美国外交史上，这种转变的例子比比皆是。英国、加拿大、墨西哥、西班牙、德国、日本以前都是美国的敌人，现在都同美国建立了建设性的合作关系。因此，我的短期目标是改善双方之间的交往方式，而长期目标则是把“双方”变成“一方”。

良好的关系：有所需，有所求

有所求：实质性结果。无论同谁交往，我们都想要立竿见影，得到实际结果，例如金钱、舒适感、经济宽裕、利润、财产、安全感等。因此我们想要的关系应当能最大限度地帮助我们实现这些利益目标。

我们还寻求内心的安宁。每次同对方打交道后，我们的心理反应实际上同实质性结果一样重要。某次商业会谈之后，我们可能会感到浑身有劲、充满信心、非常满足。这种感觉被表达出来就是我们常说的“很高兴同你合作”。然而同另外一些人打过交道之后，我们却会感到烦躁不安、紧张，甚至怒不可遏。

不管我们是在同爱人商量度假地点，还是同客户讨价还价，或是同某个国家进行军控谈判，我们都希望这些交往会带来积极正面的情绪。我们希望有平和的心态，能够说："我能和这些人一同解决问题。"如果上一次交往给我们留下了负面印象，那我们可能会害怕下一次接触，打起交道来也会觉得更加棘手。

有所需：处理分歧的能力。我们都知道在任何交往中，对方也有自己的利益打算，有时会同我们的不一样。当我们试图处理利益分歧时，我们会发现双方的看法和价值观不尽相同。随着时间的流逝和彼此了解的深入，双方的利益、看法和价值观也会发生变化。这些不同的需求、看法、价值观以及它们随着时间的推移而发生的变化，使得彼此间的关系处在永远的磨合之中。

比如，我希望整个办公室像一个幸福的大家庭，而我的上司却认为同事间的关系应当纯属工作关系；你希望拥有一段柏拉图式的精神恋爱，而对方却希望你们之间的关系能更为亲密。又比如，我希望我的一位亲戚能拿出一大笔钱投资，这位亲戚却认为将家族和生意混为一谈是个错误。再打个比方，某国希望同邻国建立主要以贸易和投资为基础的平等和睦关系，其邻国却希望利用手中的资源来影响整个地区的政治动向。检验双方关系的好坏就在于是否有能力成功地解决各种分歧，包括双方对所希望拥有的关系的不同理解。我们所说的建设性关系，就是指在交往中双方能有效地解决问题。

相互竞争及不断变化的利益会带来诸多问题。我们所需要的良好关系应当能够尽可能地解决双方利益冲突的问题，并且从各方来看，这样做是合理的，不会带来损害。同时，解决方案应当能被高效贯彻并经得起考验。

双方如果拥有健康良好的关系，那么即使面对不同的价值观、看法和利益，也能达到上面的效果，能够成功地应付某些糟糕的局面，比如在我不赞同你的所作所为或者双方都火冒三丈而不是和颜悦色的时候。“良好”的关系应当是有强大生命力的，使双方即使对于该建立什么样的关系各持己见，也能抱着解决问题的态度交往。

成功地解决分歧并不意味着分歧会消失。比如，当我想看《经典歌剧》节目时，你却要看星期日的足球赛转播。但不管怎样，我们之间的关系都应该使我们能够找到一个双方都满意的解决办法：扔个硬币做决定，或者轮流看节目，也可以再买台电视机，或者索性都去打保龄球。

解决分歧的能力依赖于几个基本要素

我们可以通过诸如验血、检查呼吸系统、神经系统和消化系统等常规指标来衡量一个人的健康状况。同样，衡量双方关系是否健康，也可通过某些基本指标来看双方能否成功地解决分歧。有六项指标看来是必不可少的，在此先逐一列出，随后再分章节详述。

保持理智与情感的平衡。在人际交往中，有很多非理性的因素。为了达到某种目的，我们经常做出感性而不是理性的反应。情感，比如害怕、愤怒、沮丧甚至爱情，都有可能破坏原本理智的行为。但是情感是正常的、必要的，在解决问题中往往能发挥至关重要的作用。它也能传递重要的信息，帮助我们整合资源，以便我们采取行动。事实上，理智离不开情感。如果理智与情感能保持某种平衡，交往双方就能更好地处理他们之间的分歧。

当情感胜过理智占了上风时，我们很难和别人很好地相处：人在大发雷霆时往往不能做出明智的决定。而光有道理也不足以解决问题、建立关系。因此，我们既要有情感充实的理智，也要有理智引导和规范的情感。理智与情感保持平衡才能构筑切实可行的合理行为。

理解万岁。如果我们想得到一个能满足双方利益的结局，或起码能够被接受的结局，使大家都觉得受到了公平对待，我们首先就需要了解各方的利益、观点和对公平的看法。假如我对你认为问题出在哪儿、你的需求、为什么有这个需求以及你对公平的看法全然不知，那么我想找到一个符合双方利益的解决方案无异于盲人走夜路。同样，你如果不了解我对事物的看法，也会一筹莫展。无论我们有无分歧，双方对彼此了解得越深，就越有可能找到一个彼此都能接受的解决办法。

加强沟通。要取得相互理解，就需要进行有效的沟通。尽管大体上我们彼此了解，但要在具体问题上取得成效，还得依赖于在具体问题上的沟通。双方只要积极地交换不同意见，就能更好地了解各自的想法，从而找到一个双方都能接受的解决方案。事实上，沟通的方式和程度所能产生的影响远不止于促进了解。双方越是坦诚相见，就越没有互相猜忌的可能。如果我们相信对方听到并且理解了我们的观点，并且对方也是如此，那么在这种情况下达成的协议，双方都会认为比较公平、没有偏颇。在合理的范围内，沟通得越多，双方的关系就越好。

信任至关重要。如果你根本不信任我，那么彼此的沟通将失去意义。同样，双方轻率地做出承诺，又满不在乎地将其抛弃，这种情形比不做承诺更为糟糕。盲目地相信别人也于事无补，因为轻信比善意的怀疑更能破坏人际关系。牢固的信任以诚实可信为基础，经过长期考验，大大增强了双方应对冲突的能力。彼此之间越是以诚信相待，双方达成一致的可能性就越大。

以柔克刚。在处理特定交易时，人们往往着眼于眼前利益，而忽略了彼此之间的长期交往。彼此都试图影响对方的决定，所有这些必然会对双方关系的“质量”产生深远的影响。这里有两种极端做法：一是我通过谆谆教导、循循善诱，将原则道理和自身的榜样相结合，试图激发你的热情，让你自愿同我合作；二是我将你逼得走投无路，通过警告、威胁、要挟甚至武力等手段来逼你就范。所用的手段越带有强制性，就越不可能获得体现双方利益的结局，至少在一方眼中这种结局就越不公正。相反，采取的方式越温和，双方就越能够互相合作。

相互接受。如果要很好地解决彼此之间的分歧，我们首先需要相互接受对方，认为值得与对方打交道。被别人接受，觉得自己有价值、受重视，是人的一项基本心理需求。只有当你愿意听取我的意见，接受我保留不同意见的权利，并且同样考虑到我的利益时，我才有可能愿意同你打交道。双方如果不打交道，又怎能着手解决分歧呢？

接受对方的关键不在于是否接受，而在于接受对方的程度。接受程度越高，解决分歧和取得良好结局的可能性就越大。总的来说，如果双方之间的交往具备以上所列的各种要素，双方就能明智有效地解决彼此之间存在的问题。

良好的建设性关系不必具备的一些特征

如果本章开始对那些常见理解误区的分析是正确的，那么现在有必要注意一下能够有效处理分歧的关系中所不必具有的两个特点。

赞同。良好的建设性关系并不需要双方彼此赞同。即使一方强烈地反对另一方的价值观、立场、愿望或行为，双方也能保持交往。如果某人不赞成另一些人的行为，想断绝与他们的关系，那么他通常会向对方传达不满的信息，并施加压力，试图改变对方的行为。但如果我们想继续保持同那些人的交往，从而理解他们的利益所在，同时确保他们也理解我们的利益所在，然后在他们身上充分发挥我们的说服能力，我们就能更为有效地影响对方的行为。

要想表示对别人的不赞同，不要仅局限于断绝关系这一招。在美国参议员约瑟夫·麦卡锡声名狼藉的时候，有一次他作为华盛顿特区大都会俱乐部的座上宾被人介绍给著名律师约翰·洛德·奥布莱恩。据报道，当麦卡锡准备与其握手时，奥布莱恩先生说："参议员，为了表示我对你所作所为的强烈不满，我不打算同你握手。但是如果你愿意，我倒是很高兴在你方便的时候去你办公室，同你谈谈我们之间的分歧。"

律师的职责是为客户公正地打官司，他们往往并不赞同客户的行为。但律师和客户之间的合作关系越好，律师也会发挥得越出色。同样，一方律师同对方律师之间的工作关系越好，客户的利益就越能得到更好的维护。

以前美国同阿富汗和尼加拉瓜政府之间的政治观点存在严重分歧，美国甚至分别向两国的反政府武装提供军事支持。尽管如此，美国近年来仍然不失明智地同这两国政府继续保持外交关系。[1]

既然我们需要拥有良好的建设性关系来和平有效地解决分歧，那么分歧越大，解决问题的方式就越重要。比如，美国和苏联之间意识形态和思想认识不同，在发生任何武

1. 本书英文原版首次出版于 1988 年。——编者注

装冲突时，双方都可能会使用大量的核武器。在这种情况下，不管有多大困难，建立一个有效合作的双边关系都是极为重要的。两国政府之间的分歧越严重，带来的后果可能就越危险，它们之间就越应当拥有良好的关系，使双方既能有效地处理分歧，又能相互了解、坦诚相待，从而降低发生灾难的可能性。

相同的价值观。拥有良好的关系并不要求双方的价值观相同。如果两个人的世界观和道德观相近，彼此间分歧不大，那处理问题也会容易得多。我们在选择伙伴时，会把价值观相同这一点考虑进去。但并不是所有的关系都那么简单，问题都那么容易解决，我们要提高在复杂的人际关系中处理分歧的能力。

美国商人一般都认为同日本人共事或竞争比较困难，这是因为两国商业模式和商业规范不同。尽管两国贸易充满火药味，但双方都认识到，要成功实现各自的经济目标、达成圆满的贸易协定，必须求同存异地进行合作。

光是明确目标还不够

要想拥有良好的关系，关键是掌握处理彼此间分歧的能力，这是本章主旨。为了取得实质性成效，我们需要建立这样一种有效的关系，它强调理性、理解、沟通、信赖、非强制性和相互接受。所有这些要素构成了彼此间的互动过程，而同实际利益无关。在探讨改善这一互动过程的策略之前，我们有必要将过程和实质问题分开。

第二章

第一步：分清人际关系和实质问题的不同

人们容易将“关系”本身和通过它所要获得的实质利益混为一谈。经常有人说：“我和老板关系好极了，他每年都给我加薪。”“美日关系每况愈下，看看贸易赤字就知道了。”交往过程和它所导致的结果看似一致，实则不同。

关系是一种过程

在任何情况下我们都会面临两个问题：一个是我们处理问题的方式，即过程；另一个是结果，即实质。过程和实质截然不同，但又相互关联、彼此影响。我们可以打这样的比方：在课堂上，学习的过程——讲解、做练习、讨论、考试，不同于学习的内容——几何、莎士比亚的作品或者化学。但是授课方式却影响着学生学习的内容。要想提高学习效果就得从过程入手。无论我们学的是算术、历史还是法语，成功的教育理念和教学策略应当是一样的。

同样，一家小企业眼前最关心的问题可能是如何低成本生产和销售优质割草机。如果将管理程序和生产本身分开考虑，也就是说，将公司的决策过程、员工关系的处理等管理问题同生产什么型号的割草机、如何定价等生产问题区分开来，那么我们将有把握把企业经营得更好。一流的管理会产生一流的决策，但只关心产品质量是不可能实现优质管理的。即便是主管生产的经理，也要将生产割草机和如何用人的问题分开考虑。

要想在交往中取得好结果，我们不仅需要着眼于结果本身，还应关注获得这些结果的方法。我们应当自问：何谓良好的人际关系？如何才能建立这种关系？在交往中，双方都是经营这一过程的“经理”，都可以在一定范围内发挥重要作用来影响彼此的关系，决定双方交往的作用。就像那位主管生产的经理一样，我们不仅需要考虑处理问题的方式，还需要分析问题本身。

如果不单独考虑打造双方关系的过程，我们只会使这种关系服从于急功近利的短期行为；每次与他人打交道时，我们满脑子都会是眼前的实际利益。不论相处的过程有多么重要，但同既得利益相比，过程往往显得不那么紧迫而被我们忽视。

我们总是强调结果，而不注重如何获得结果。这好比在一家餐馆就餐时，我只一味催促服务员快点儿把我要的阿尔弗雷多奶油面端上来，却没有想到服务员的难处：只有厨师做出来，服务员才能端上来。即使是在家里，我们也总考虑日常生活中的一些细枝末节，比如钱、一日三餐、洗衣服、修汽车等，而忽略了同家人的相处。同样，在公司，我们首要关注的总是本季度的利润问题，而往往忽略同客户及下属的关系。

在国际事务中，热点问题总能引起更多的关注，而国家之间的关系其实重要得多。无论是苏联官员出于国内原因封锁乌克兰切尔诺贝利核泄漏的消息，不让位于下风处的邻国知道，还是美国总统出于大选的考虑而猛烈抨击苏联，这样做都将以牺牲双边关系为代价。

即使我们确实考虑到彼此间的关系，我们也很可能会用结果去衡量这种关系，比如能否获取利润、能否招揽回头客、客户是否及时付账、工会是否会罢工等。我们应当思考彼此交往的方式，寻找可以改善的地方。如果一个小企业主不懂得与人相处之道，那么他会发现顾客越来越少，客户付账不及时，每次合同到期之时便是工会罢工之日。

我们如果单独考虑如何建立并维持良好关系，处理起实质问题来就会更加得心应手。同样面对账户透支，一对夫妻可能只把它当成一桩小事来处理，双方只需更好地协调一下便可解决问题；另一对夫妻之间则可能会发生一场激烈的争吵，相互指责、挑毛病，结果什么问题都解决不了。因此，要轻松打造良好的关系，我们不光要考虑实质问题，更要注重交往方式，积极而有效地应对这两方面的问题。

将关系目标和实质结果分开考虑

即使在那些将交往过程和实质结果分开考虑的人当中，也会有放弃一方面而保全另一方面的倾向。我可能会发现：我与他人分歧越少，就越能与其建立良好的关系。这种想法往往会导致同样错误的两种行为策略：一是我执意要求你同意我的观点，以促成我们之间的良好关系；二是我在实质问题上向你妥协，希望以此改善双方的关系。这两种将实质问题和交往方式混为一谈的做法，会削弱双方解决新问题的能力。

不要使双方关系依赖于意见一致与否。我们要求另一方让步时，可能会这么说：

别小题大做了，不值得让这个问题破坏我们的友谊。

听我的，没错。

在商业往来和国际关系中，要求对方做出实质性让步是一种常见的建立关系的策略。例如，在同越南政府的关系上，美国就曾宣布："只有当美军失踪人员问题得到妥善解决，并且河内从柬埔寨撤军时，我们才会改善同越南的关系。"

其他国家也同样以改善关系为诱饵，要求别国做出实质性让步。苏联要求美国停止核试验并遵守《第二阶段限制战略武器条约》的内容，从而改善双边关系。美国则反过来要求苏联从阿富汗撤军并允许更多的持不同政见者离开苏联。不管两国政府的要求多么正当合理，迫使一方做出让步对双方将来处理分歧没有任何好处，可能会导致双方提出更多的单方面要求，而不是共同合作解决问题。

人们为什么会犯这种错误？在开始一项实质性谈判之前，我们通常会问："我们应该做什么？我们的立场是什么？"然而当我们希望改善和别人的关系时，我们往往会问："他们应该做什么？"这种思维定式反映了人们普遍持有的一种观点，即改善关系应当由对方来努力。

如果换位考虑问题，效果会好得多。在实质性谈判中，如果我们试图影响对方的决定，应当首先问自己，我们想要对方做出什么样的决策（然后再考虑我们应当采取什么行动来影响对方做出那样的决策）。在建立与他人的关系时，假如我们更能掌握自己的行为而不是别人的，我们应当自问，我们能做些什么来改善这种关系。

不要试图换取良好关系。许多人认为他们能够要求（并且获得）实质性让步来作为实现"良好"关系的条件。另一些人则相信他们可以通过实质性让步"换取"良好关系。但在当前问题上让步，无助于建立一种解决未来问题的机制。良好的关系不能买卖。因此，为了拥有良好关系而做出实质性让步只能适得其反。

一个年轻女人对男朋友的离去百思不解。她说："两人之间的关系比任何实质问题都重要，所以我在所有事情上都很快让步。"心理医生帮她分析，指出："谈恋爱需要两个人，你怎么体现自我？如果你在所有事情上都很快让步，那你的存在岂不是可有可无？你的男友需要一个有思想、有观点、有情趣的伴侣。你一味地让步，对他来说，短时间内一切都会简单顺当，但慢慢他就会觉得你们之间的关系不那么尽如人意了。”

让步并不能帮助建立良好的关系。它虽然可能避免争执，但也会使人失去解决问题的机会，也就谈不上掌握达成共识的技巧了。交往中难免遇上这样或那样的问题，缺乏这方面的技巧，彼此关系就会触礁。因此，光解决眼前问题是不够的。我们必须具有长远的眼光，看到眼前的交往对将来所产生的影响，这样才能逐步建立彼此之间的关系。

特别是在生意场上，一些人试图用钱去买关系，而不是去建立关系。在生意上给对方塞些“好处”，有时确实能帮自己的产品打开市场，拿到优惠待遇，但同时也会使别人产生怀疑。没有人会愿意信任一个以贿赂手段来解决问题的人，也不会有人喜欢被收买的感觉。

在国际事务中，我们认识到绥靖政策对国家之间的关系有百害而无一利。1938 年慕尼黑会议的惨痛教训至今仍清晰地留在世人的脑海里，当时张伯伦错误地认为向希特勒妥协就能换取“一代人的和平”。

寻求良好的人际关系或国家间的关系，实际上是一个解决分歧的过程。这个过程涉及理性、理解、沟通、信赖、非强制性影响他人的手段和互相接受等方面。只靠在实质问题上让步，是不能获得这些要素的。如果我们让对方知道他们可以指望我们做出让步，那么一个公平合理地解决问题的机制就永远都无法建立。

通过让步来换取一种关系就好比向勒索者屈服一样，你付出越多，对方索价就越高。向对方妥协和要挟勒索，都不可能为将来公平地解决问题打下基础。

当然，欠债还钱是必须的，这样做有助于加强双方的关系。这实际上是个信用问题。我给予的是对方有权得到的。相应的标准是我还我所欠，而不是希望我的付出足以换取善意的举动。

通常有两种观点支持让步策略，把实质性让步作为建立良好关系的一种方式。第一种观点认为，双方让步越多，分歧则越少。诚然，有时在某些问题上做些让步是明智的。或者我们本来关系就不错，彼此心照不宣，今天我做出让步，明天你也会迁就我一下，彼此有来有往。但需要明确的是，我让步只是为了解决存在的问题，不是指望用它改善双方的关系。

第二种观点是既然一方想改善关系，那么他必须为此付出一定的代价。但有效维护共同的利益、明智解决彼此的冲突对双方都有利。没有理由让某一方做出单方面实质性让步从而使双方受益。即使在短期内，一方从中获得的好处多于另一方，但从长期来看，双方仍是平等互惠的。给双方关系开价本身就破坏了这种关系的建立。

建立良好的关系之所以难，是因为我们容易让实际利益本身影响获得这些利益的方式。我们要么让短期利益占据上风，从而影响双方的长期关系；要么将实质性分歧和解决分歧的方式混为一谈——比如说，要求对方做出实质性让步或自己做出同样的让步作为改善关系的方法。建立良好关系首先要将解决实质性问题的方式同问题本身区分开来，然后逐个应对。根据这一前提，下一章将阐述实现建立良好关系这一目标的策略。

第三章

策略：持完全积极的态度

第一章我们定义了一种有助于调和双方分歧的关系。但即使我们明白我们需要何种关系以达到目的，并且也将关系本身同实质问题分开考虑，我们也不一定就能够打造这种有效的关系。

在同别人交往时，我们通常并非有意识地考虑应采取哪种策略——那些能帮助我们改善关系的具体行为准则或指导原则。我们只是对别人的行为做出自然而然的反应。有时情感占据理智的上风，使我们在情急之下忘记使用原本已有的对策。有时，我们自以为采用的策略——一种如何打造良好关系的理论是经过深思熟虑的，殊不知这个策略其实没有效果。

为了实现理想中的良好关系，我们还需要一些明确的指导原则。首先，至少需要避免两种通病：

1. 忽略不同意见，没有考虑到每个人对问题的看法不同。
2. 一味依赖互惠原则，期望通过自己或对方的引导来建立关系。

重视不同意见：切记人们对问题的看法不同

我们都想与他人保持一种能成功解决可能发生的任何问题的关系。但在努力实现这一目标时，我们很可能不会意识到对方看待问题的角度与我们的不同。如果双方分歧严重，那么我们肯定会对自己、对对方、对问题的轻重、对彼此关系的现状和未来有截然不同的观点。只有理解了这些不同之处，双方才有能力解决所面临的问题。

我们在看问题时，会不知不觉把自己的利益夸大。我们了解最多的往往是与我们关系最密切的。对某一事件了解得越多，这一事件就显得越重要。比如说，发生在自家门前的车祸比一万英里[1]以外的地震重要得多；野餐时的一场小雨对我们的影响大于远东地区的台风。

我们总是透过自己的眼光来看待事物并树立自己的观念。每个人都会：

· 观察到不同事件。

· 关注这些事件的不同方面。

· 倾向于将注意力集中在支持我们原先观点的证据上。

· 将信息过滤分类以便记忆。

· 只记住与某一相关“报道”吻合的信息。

· 改变原有的信息，使其符合新的需要。

心理学家发现，所有人都会在他们的观念和看法上保持某种程度的一致性。“你的立场取决于你所处的位置。”这句话是很有道理的。面对一场劳资纠纷，工会领导人看到的是工人工资过低、物价飞涨、资方的不友好；资方则认为工人工资很高，成本不断上涨，工会向来就有威胁、闹事的传统。即使是生活中极为亲密的两个人，他们所观察到的、注意到的甚至记住的事情都不一样。比如，在经

1. 1 英里约为 1.61 千米。——编者注

过了一周忙乱的星期五下午，公司的中层经理和高级主管脑子里所想的事情就完全不同，我们可以看一下表 3–1。

表 3–1　中层经理和高级主管的不同看法

中层经理	高级主管
老板做起事来一天一个花样，让人摸不着头脑。	我下达的任务，下属执行起来总是慢吞吞、磨磨蹭蹭的。
公司里形式主义严重。	月度报告总是交得很晚。
我晚上和周末经常加班，而老板每天下午 6 点就回家了。	我在他们那个级别的时候，为了能有升迁的机会，没日没夜地干活儿。
公司看重别处的工作经验，外来的人位置高于我。	我们培训出来的人，都跑到我们竞争对手那儿去了。
我到别处去干，可能赚得更多。	员工现在挣的钱比我那时多多了。
如果能被提拔，就不用整天听命于他人了。	我的下属根本不知道我的压力有多大。
新规定出台，我们总是最后才知道。	出了什么问题，我总是最后才知道。
老板不信任我；他从来不正眼瞧我。	为了培养下属，我颇费苦心。
我累死累活地干，也没人说句好话。	我费尽心血，下属却体会不到。

一旦中层经理和高级主管意识到他们看问题的角度不同，他们就能毫不费力地理解对方。如果关系双方在距离、

文化、背景、职责等方面相差甚远，那么他们在认识上的差异也会更大，也就更难理解彼此对事物的看法。

因此，建立良好关系的一项成功策略，就是承认彼此对双方差异的不同认识。在这方面，美国与苏联尤其难以相处。两国官员由于所处的文化不同，有的近距离观察问题，而有的远距离观察问题，他们在意识形态、价值观念、既得利益上也不相同，所以看待事物难免形成不同的观点。

再看看可信度这个因素。显然，和一个不值得信任的人，或者一个满嘴虚言、经常开空头支票的人是难以合作的。美国与苏联之间的纠葛，不光是一个是否值得信赖的问题，还牵扯到对信赖这个概念的不同理解。要改善两国政府之间的关系，我们需要一个能不受这些对立观念影响的策略。客观来说，究竟哪一方更值得信赖，这只不过是问题的一个方面，可能之后会由科研工作者、历史学家、法律专家去下结论。在特定情况下，这个问题也许根本就不重要。重要的是，我们能够把握十足地预测到，两国政府都认为自己比对方更具可信度，或者说比对方所想的更值得信赖。

表 3–2 列出的是 1987 年美国和苏联的观点。

表 3-2　1987 年美国和苏联的不同观点（美国的可信度）

美国的观点	苏联的观点
《第二阶段限制战略武器条约》不具约束力，因为该条约尚未获得批准。	美国已签署《第二阶段限制战略武器条约》，却没有要求参议院批准该条约。
既然苏联可以自行解释《限制反弹道导弹系统条约》，那美国也拥有相应解释权。	美国在签署《限制反弹道导弹系统条约》14 年后，又对该条约进行重新解释，彻底违背了当年谈判双方和美国参议院的意图。
在达成全面禁止核试验条约之前，美国可以继续进行核试验。	美国签署了《不扩散核武器条约》，就意味着它承诺为彻底禁止各种核试验而努力。现在，美国对这项承诺置之不顾，宣称只要核武器存在一天，就会继续进行核试验。
既然苏联在进行威胁和颠覆活动，那么美国可以采取自卫措施防范恐怖活动和入侵行为。	美国自以为可以无视国际法，横行霸道，在尼加拉瓜港口布雷，轰炸利比亚，甚至还要以武力推翻它承认的合法政府。
苏联部署在克拉斯诺亚尔斯克的雷达设施违反了《限制反弹道导弹系统条约》。	这一雷达设施属于《限制反弹道导弹系统条约》允许范围内的航天跟踪装置。
苏联进行的一些核试验可能超出了 1974 年《限制地下核武器试验条约》所规定的 15 万吨的界限。	美国总是故意夸大苏联核试验的规模。连美国的非官方专家也承认苏联从未超出过 15 万吨的界限。
苏联从不履行它所做出的承诺。	苏联严格执行其法定义务。
苏联从不遵守协议的精神。	我们严格履行每个条约的内容。

双方观点各异，认为自己正确，对对方存有很强的偏见，这成为双方建立能妥善解决分歧的关系的一个巨大障碍。在实质问题上，由于观点不同而产生新的分歧，也会使已有的分歧变得更难处理。

对双方交往方式本身持有不同看法甚至可能更具破坏性。如果我看重合作、理解和诚实等品质，那么我几乎可以肯定地认为自己更易与他人合作、更具理解力、更注重诚实，而你却并不这么看我。同样，如果我和你之间存在严重分歧，我自然就会认为你缺乏这些品质。因此，我会把双方关系中出现的问题推到你身上，认为自己即使错了，也比你强得多，甚至会说出这样的话："你从来不听我的，和你这种人根本不值得交谈。"双方观点不同所造成的负面影响，将使关系变得更糟。

正如本章下一节将要谈到的，如果双方把互惠作为行为准则，那么他们之间因观点分歧而产生的后果将更加严重。

不要将关系建立在对等的原则上，期望一方跟着另一方走

好的关系应当是互利的。要想更好地解决彼此间的分歧，双方就都应采取理性行为，理解对方的观点，保持通畅的交流渠道，表现得值得信赖，不试图逼迫对方，认为对方的利益和观点值得考虑。

在实质性谈判中，我们经常采取对等原则：一方施以恩惠或做出让步；作为交换，另一方会展现同样的姿态。如果我的邻居冬天外出时，我帮他铲了过道上的雪，那我请他在我夏天外出时帮我打理草坪，应该没问题。根据对等原则，如果苏联要求美国削减一半核武器，那么它自己也应这么做。我们可能会在对等的含义上有不同看法。（假如你上个星期帮我接孩子放学，那我这个星期六是不是有责任照看你的儿子巴斯特？）但是不管怎么说，在实质性谈判中，对等原则是一个被大家接受的外在的公平原则。

既然我们的原则是建立互惠关系，对等原则又是达成实质性协议的坚实基础，那么我们会不由自主地认为要建立良好关系，关键在于采取某种形式的对等原则。这种观点是非常有害的。有时候，对等原则看起来似乎顺应了这样一条金科玉律："你希望人家怎样对待你，那你也要怎样待人。"但这种原则也可能演变成"以牙还牙"的敌对行为，以其人之道还治其人之身。这两种情况都有害无益。

黄金法则。[1]黄金法则是一条非常实用的准则，能够帮助我了解我的行为会对你产生何种影响，你希望我如何待你。如果你是一名中层经理，非常希望上司在做出关系到你的重大决策之前能咨询你的意见，那么由此你可以推知，我作为你的下属，也希望你这么做。但是不能误以为如果我投你所好，你也会以同样的方式回报我，这并不是黄金法则的前提。我没有当众批评你，可我不能假定你也会这么做。如果我将我们之间的关系建立在这种盲目乐观的基础上，指望你会投桃报李，那我就大错特错了。我们在上一章指出了对建立良好关系十分重要的一些要素，现在再来看看这种为人准则会对这些要素产生什么样的作用，就可以明白这一点。

表 3-3　黄金法则的极端运用

1. **理性**。我希望你在爱的基础上对待我，所以我对你的行为也不再基于理性，而完全基于爱。
2. **理解**。我希望你认为我对这件事情的理解是正确的，所以我也会全盘接受你的看法。

1. 黄金法则，即《新约·马太福音》中耶稣基督所说的“你想人家怎样待你，你也要怎样待人”的为人准则。——译者注

（续表）

3. **沟通**。我不希望你拿任何问题来烦我，所以我们没有必要讨论什么分歧。
4. **信赖**。我希望你完全信赖我，所以我也会完全信赖你。
5. **强迫/说服**。我希望你对我做出让步，所以我也会对你让步。
6. **接受**。我希望你认为我的利益和观点具有支配力，所有我也会这么对你。

可以看出，没有人会将这种极端做法当真，但是有些人在试图改善双方关系时确实会这么做，也有人赞同其中部分做法，比如双方不讨论分歧。完全寄希望于别人采取与自己相同的做法是不牢靠、不明智的。我可能希望你完全以感性的态度对待我，但如果我完全凭借对你的好感来行动，那我们不可能解决任何分歧。我也可能希望你完全接受我对某件事情的看法，但即使我完全接受你的观点，我们之间也不能解决任何现实问题。讨论不同意见可能不是一个愉快的话题，然而这是唯一能成功解决问题的办法。如果我们仅仅出于希望取得别人的信任而盲目相信别人，那我们肯定会失望——甚至破产。寄希望于别人的投桃报李是不能建立良好关系的。

这一点非常重要，在各方所持观点不同时尤其如此。

如果我指望你能采取相应态度，那我也许会失望。因为即使你觉得自己的行为符合标准，我也还是有可能认为你做得很糟。我会因此而感到愤怒，转而采取敌对方式。

以牙还牙。为了避免对等原则的陷阱，有人建议将它作为一种手段，让别人先出牌，自己再见机行事。只有你对我投之以桃，我才对你报之以李。同时，你怎样待我，我就怎样对你。这个建议，实际上也还是以对等原则为基础。落实到具体人际关系中，我们可以做出如下概述：

表 3-4　以牙还牙

1. **理智与情感**。既然你怒气冲天，那我也不给你好脸色看。
2. **理解**。既然你误会了我，那我也只好把你往坏处想——这样做必然会导致误解。
3. **沟通**。你不听我的，我也不会听你的。
4. **信赖**。你显然是在骗我，那我也要耍耍你。
5. **非强制性的影响方式**。你强迫我，我同样会强迫你。
6. **接受**。你瞧不起我，不把我的观点和利益放在心上，那我也同样不把你放在眼里。

采取这种方式，多半是出于没有必要善待对方的心理，或者是基于这样一种想法，即只有惩罚你的恶劣行为，你

才能善待我。但无论如何，这种做法于事无补。如果双方在相处时以怨报怨，那冤冤相报何时了？也就是说，如果我以恶报恶，那我等于接受了你所定下的恶意基调。

此外，由于各方看问题的角度不同，事情会变得更糟。在我眼里，你的行为比我的恶劣得多。因此，如果双方都指责对方的不是，再加上各自观点中固有的偏见，双方的关系就会急转直下。我往坏处解释你的行为，并以同样坏的方式对待你；你则以其人之道还治其人之身。结果是彼此无法沟通，误解增多，信任消失。

人际关系中的一个典型例子就是两个人都等着对方先道歉。随着时间一分一秒地过去，彼此的怨气在上升，便越发拿定主意不首先道歉。一句迟来的、极不情愿的道歉会使得原本早能解决的问题变得难以解决。

在一般情况下，比如在驱逐一名有间谍嫌疑的下级外交官的事件中，"以牙还牙"的策略还不至于会导致失控。但在更为重要和暧昧的情况下，比如，在进行军控或离婚谈判时，各方都不清楚对方是否有诚意，是否诚实地公开了相关信息，或者是否真诚地提出了建议。因此，对另一方所持有的偏见，再加上照样回敬的态度，只能使问题变得越来越难以解决。

无论如何，如果以恶报恶，我就等于放弃了采取主动的机会。我本来可以把握大好时机，定下我们之间交往的基调和方式。如果彼此都等着对方先行主动，双方的关系就永远得不到改善。这种被动的对等做法使双方很难解决分歧。

我们指出了不能建立良好合作关系的两个原因：观点偏颇和依赖对等。两个原因中的任何一个都会阻碍良好关系的建立，如果两者兼备，那自然注定非失败不可。

成功策略的必备条件

基于本书前三章的分析，建立良好关系的策略应经得起以下严峻的考验。

不受意见不一的影响。我们的指导原则不要求根本一致的意见。诚然，双方意见一致，相处起来会容易得多，但分歧越严重，就越需要通过良好的关系来应对。因此，我们需要的策略应当经得起各种情况的考验。

不用做出让步。我们的策略不需要任何一方做出让步。

摆脱偏见。我们必须考虑到双方看问题的角度不同，摆脱那种以为自己拥有真知灼见、出错总在对方的观点。尽管每次我们都坚信自己是正确的，但是如果总认为对方是错误的，双方就根本无法交往。

放弃对等原则。我们不应当等待对方先做出表率，也不要认为对方会以我们为榜样。

不要划分永久的“界限”。如果我们的目的是完全理解他人、接纳各方观点，我们就应当随时修正自己的看法，不要划分永久的你我界限。正如邻居可能会成为家庭的一员，商业对手可能会成为合作伙伴，先前的敌人也可能会成为军事同盟一样，关系的建立需要开放性的策略。

既定方针：持完全积极的态度

本章重点阐述了一个经得起上述考验的策略。但这并非什么奇策妙计，并不能把罪犯变成值得信赖的朋友，或把商业对手变成可靠的合伙人，抑或是把敌人变成盟友。这样的妙计根本不存在。我们所能提供的是一个全局性考虑问题的框架、一条总体上行得通的策略和一些在许多情况下能有所帮助的经验之谈。

无论与谁交往，我都会努力采取既有助于我们合作，又能给自己带来实质利益的措施，无论你的反应是否与我的吻合。总之，我想要遵循的指导原则既对我们之间的关系有利，又对我个人有好处，我不会去考虑你是否遵循同样的原则。如此说来，这是一个“完全积极的策略”。

最终，如果双方都以积极的态度对待彼此的关系，我们就能更明智、更轻松地解决我们之间的分歧，因此我希望我的指导方针对你也有裨益。事实上，我希望这些方针也是你的最佳策略，对双方来说都是令人满意的。

要严格符合上述标准，我们不能任意采取莽撞、轻率、冒险的办法。应该把风险降到最低。（作为本书作者，我们无法知晓读者们各自和哪些人打交道。）不排除在有些时候，一个冒险的策略虽然风险大，可是短期内更有成效。简单来说，一个完全积极的策略应该如表 3-5 所示。

表 3-5　完全积极的策略

只做对双方关系和双方都有利的事情，不考虑对方是否也照着做。
1. **理性**。即使对方感情用事，我也要以理智调和冲动的情绪。
2. **理解**。即使对方误解了我，我也要试图理解他们。
3. **沟通**。即使对方不听我的意见，在事关他们的问题上，我也要先咨询他们的意见再做决定。
4. **信赖**。当对方耍花招时，既不轻信他们，也不欺骗他们。做一个值得信赖的人。
5. **非强制性的影响方式**。如果对方威胁我，我不低头屈服也不以硬碰硬。广纳善言，以理服人。
6. **接受**。即使对方拒绝我们，并对我们的想法不屑一顾，我们也要接受他们，认为他们值得我们关注，并关心他们，乐于向他们学习。

这些原则不是教我们如何将关系处“好”，而是告诉我们如何做更有效。双方应从各自利益出发，考虑应当切实采取什么样的措施来改善彼此的关系。这些原则本身具有很高的道德内涵。以这种方式来解决分歧、改善关系，能让人体会到其中的妙处。

在每一段关系中，我们都会遇到激烈的利益冲突。巧妙解决这些冲突对双方都有好处。双方都不希望对方把事情搞砸。我要维护自己的利益，自然与你的利益有冲突，同时我也希望我们有能力来共同处理这些利益冲突，对我来说这其实并不矛盾。

就两人关系而言，表 3–6 说明了为什么本书推崇的这项策略既有利于双方关系又有利于自己的利益。

采取这种策略不会影响任何一方的实质利益。不管你对我的举动有何反应，我采取的办法都是最佳选择；对你来说也是如此。

本书接下来的六个章节将分别探讨建立良好关系的 6 个基本要素。每一个要素对打造良好关系及其策略来说都是至关重要的。

表 3-6　完全积极的策略

完全积极的策略 建议	有利于双方关系 原因	有利于自己 原因
1. 保持理智与情感的平衡。	1. 避免一场头脑发昏的冲突。	1. 犯错更少。
2. 尽量理解对方。	2. 理解越多，冲突就越少。	2. 知己知彼，百战不殆。
3. 咨询对方意见，听取他人意见。	3. 双方共同参与决策。交流越多，做出的决定就越完善。	3. 降低了做出错误决定的风险，同时又保留了自己做决定的权利。
4. 让人信赖。	4. 有助于建立信任和增加信心。	4. 因为得到他人的信任，所以我更能影响别人。
5. 广纳善言、以理服人。	5. 如果采取劝服而不是强制的方式，那么处理结果会更令人满意，双方也都乐于遵守做出的安排。	5. 听取别人的意见，对我来说也是一个学习的过程，同时也能帮我抵制别人强加的要求。
6. 接受对方，并向对方学习。	6. 为了解决彼此之间的分歧，我必须同你打交道，并乐于向你学习。	6. 在同你打交道、处理现实问题的过程中，我能更好地掌握各方面的情况，从而更具说服力地劝你接受我的主张。

第二部分 建立良好关系的基本要素

第四章

理性：保持理智与情感的平衡

情感在不同程度上影响了人与人之间的一切交往。它影响了我们的观点和行为。不管是偶然邂逅还是故友重逢，对方一举手、一投足，其音容笑貌都会对我们产生影响。情感的范围很广：有我们认为正面的，比如爱情、钦佩、尊敬、关切；也有负面的，比如恐惧、憎恨、愤怒、惭愧。情感是不以我们的意愿为转移的。情感不可选择。我们也不应当对自己的情感做出道德判断，感到愤怒如同感到寒冷、饥饿，是一种自然的生理反应。我们所能控制和判断的是我们的行为，即表达情感的方式。

情感在人与人之间的关系中起推进作用，它帮助我们了解自己和他人。爱与理解能促使我们解决分歧，沮丧和焦虑也同样能起这种作用。关切和同情可以帮助我们加强沟通。愤怒的情绪也能激励双方积极合作以打开局面。

另外，任何激动情绪一旦控制我们的行为，就会破坏双方解决问题的能力。心里怀有恐惧和悲痛，理性的思考就不复存在。正在气头上的时候，我可能不会愿意和你一起解决某个问题。甚至爱也可能驱使我盲目地做出让步，这对双方之间的关系有害无益，过后我只会后悔不已。

理性决策需要情绪的平衡

问题不管大小，总有其感性的一面。双方在经历不同类型、不同程度的情感时，应当保持清醒，认识到双方的分歧所在。每做一项决定都不能被情感冲昏了头脑，首先要分析各种方案的利和弊，比如家里商量合用一辆车、解决法律纠纷、办理离婚手续，或者因市场情况变化而改写合同，抑或是两国之间协商停火。无论在何种情况下，情感和理智都应当相辅相成，而不应让任何一方占据上风。

过多的情感会影响判断力。情绪激动时，我们很难条理清晰地思考问题。如果父亲为儿子没有及时归还汽车，而且汽车被还回来时汽油几乎用尽而正在气头上，那他可能不适合当下就决定以后儿子该怎么用车。如果一名职员担心自己被解雇，而他的老板也刚和妻子吵了一架，还在生气，那么这个时候是不能指望双方会解决什么重大问题的。

有些人容易情绪激动。对他们来说，考试前的焦虑、看牙医前的紧张、外出旅行前的不安情绪都会影响他们做出理性的决定。相反，也有些人即使在极度焦虑时或争吵之后也能集中精力思考，做出理性的判断。但是所有人都有这样的经历：有时情绪失控，很难或者说根本无法理智地面对一场冲突。

情绪越激动，就越容易失去理智。你越爱或越尊重一个人，在你认为他受到不公平指责时，你就会越愤怒，也就越不能有效地反驳对方的批评意见。如果雇员罢工就会面临破产的危险，一个小业主就可能不太容易理智地应对工会的威胁。相比之下，罢工对一家大公司的总裁的影响就不至于那么大，他处理起来就会游刃有余得多。又比如，南非的一些白人害怕“多数决定原则”，因为在他们看来，这意味着社会混乱和经济崩溃。在这种情况下，他们很难理智地面对当前局势。发人深省的是，他们的恐惧正好阻碍了他们采取实际措施来消除这些恐惧。

即使是我们认为“正面”的情绪也会妨碍问题的解决。奥利弗·诺思中校对里根总统计划的过分拥护和极端热忱，导致他违反了法律，欺骗了国会。而白宫官员的证词也表明，里根总统出于对在黎巴嫩的人质的同情，决定向伊朗运送武器，这不仅违反了常识，还破坏了武器禁运的规定和他自己宣布的政策。

波士顿交响乐团指挥小泽征尔曾经这样解释他同该乐团的合作演出并不总能完美发挥的原因，他说：“我同乐团合作有很长时间了，对各位演奏者也有很深的敬意，所以我觉得很难要求他们完全以我的方式来演出。”生意场上，即将达成协议所带来的激动之情可能使谈判双方忽略重要的细节问题。几乎所有人都有这样的经历：在友谊的光环下或凭一时兴奋做出的承诺往往会在之后使人一回想就追悔莫及。

强烈的情绪不仅会模糊我们的思想，也会影响到对方的思维。如果一个十几岁女孩的妈妈怒气冲冲地对女孩大喊大叫，她也会同样生气，并且可能跟她妈妈顶嘴或者干脆跑掉。不管发生哪种情况，母女都很难解决眼下的问题。

大部分人面对措辞激烈的指责，都会变得怒不可遏、拒不接受，而不能平静理智地驳倒对方。

如果理智受情感支配，破坏性举措就会不断升级。利益冲突越大，双方就越冲动。公司管理层可能会一怒之下解雇罢工的工人，工人也可能干脆破坏公司的设备。美国与苏联之间的军备竞赛多年之内不断升级，原因之一就是恐惧和互不信任主导了两国政府的思维方式。

过于冷淡会削弱积极性和理解力。过于强烈的情绪会使问题恶化，但我们不能因此而压抑情感。情感是动力之源。我们愿意做某件事是因为我们乐意，或者是觉得它具有挑战性，想试一试，而不是出于不得已。大多数有成就的公司都鼓励员工不仅参与经营，而且对公司做出情感投入。这些公司发现，真诚地关心员工和他们所面临的问题是一项情感投资，能激发员工的士气，有利于提高生产效率和增强团队合作精神。一些管理不当的公司在困难时刻往往得不到员工的帮助，他们经常得到这样的回答："为什么我们要全力以赴地帮助公司渡过难关？这对我们有什么好处？"

情感及情感的细微之处对双方有效解决问题是非常重要的。我们都希望自己的行为明智且有理性，但是良好的关系所具备的每一个要素都依赖于情感投入。只有做到感同身受，我们才能完全理解对方的观点和利益。也就是说，至少在某种程度上，我们应该体会一下处在对方位置上的心情。如果我们对别人的感受不闻不问，双方之间的沟通就会受到影响。只有理解别人的观点，才能说服对方。归根结底，只有当我们关心对方、尊重对方时，我们才能充分考虑对方的利益和观点。

如果没有一定程度的情感投入，包括对彼此的关心，双方就很难解决重大的分歧。假如你的配偶觉得受到冷落，不被重视，那么一句“你想怎么样就怎么样吧，亲爱的”不管说得多么亲切，都只会把事情弄糟。完全用冷静、理性的眼光来看待世界，会使我们体验不到重要的人生经历；没有这些经历，我们可能无法有效地处理分歧。有了情感的指引，我们才能体会到别人如何对待我们以及我们需要的是什么。一个受到冷落的丈夫可能不需要知道造成他这种感受的来龙去脉，而是需要将工作和孩子暂时放在一边，单独同妻子度个周末。在任何一个家庭中，拥抱都远比说教有效。

因此，在人际关系中，情感的介入起了以下作用：当情绪激动失去理智时，双方将不能很好地解决问题。要扭转这种局面，就需要通过积极的情感投入，做到情理通达，以加强双方共同解决分歧的能力。但在现实生活中，要实现情感与理智的平衡并不容易。原因何在？何种方式才是突破各种障碍、实现理智与情感平衡的最佳方法呢？

如何才能保持理智与情感的平衡？

理智与情感之间的互动关系极其复杂。本书作者不是心理学家，但根据经验和常识提出了一些基本问题以及解决问题的办法。

阻碍人们保持理智与情感平衡的原因有四个：其一，我们不了解自己和对方的情绪；其二，虽然我们常常有意识地控制自己的情绪，但有时情绪急速波动，以至于我们不由自主地受它支配；其三，即使理智本身战胜了情感并左右我们的行为，我们仍不能把握好那部分情绪，不管我们怎样将其掩盖或否认它的存在，事后它还是会冒出来烦扰我们；其四，所有这些问题的根本原因在于我们对情绪的产生没有心理准备。

本章接下来将要逐一分析这些原因，并提出完全积极的方法作为对策。

体会自己和他人的情感。我们常常对情感毫无察觉。

不知不觉中，我们已经被不安、沮丧、恐惧或愤怒等情绪左右，它们会影响我们的一举一动。在我还没有觉察到自己的愤怒时，别人可能早就注意到我的颈部肌肉紧张了起来，脸部开始涨红，说话的声音也变了调。

对别人的情绪，我们就了解得更少了。即使你试图掩盖自己的愤怒或恐惧，它还是会在不知不觉中影响你的行为：你说话的语调、坐姿、呼吸频率等。我也会下意识地注意到这些迹象，相应地觉得不安、担心或变得固执。双方如果都没有注意到自己或对方的情绪，就很难控制表达感情的方式，双方处理实际问题的能力就会受到影响。

因此，积极把握感情的第一步就是意识到它的存在。要做到这一点，我们应当学会观察肢体所传达的感情信号。通过观察身体各部位的情况，能从中得到有关自己情绪的重要信息。我的肠胃是不是感到不适？手心是否冒汗？下巴肌肉是否绷得很紧？我是攥紧了双拳，还是使劲抓着什么东西了？我说话的声调是否提高了？这些小细节多半传达着愤怒、沮丧或害怕的情绪。轻柔的声音、愿意靠得更近些、湿润的眼睛，这些迹象则意味着爱慕、同情或者伤心。我的身体感受在不同的场合可能表达着不同的情绪。一旦注意到这些变化，察觉出自己的情绪也就不难了。

为了培养这种意识，我可能需要在不同场合和不同程度的压力下进行练习。从每天的点滴小事做起——和朋友吃饭、和客户谈生意、看一场伤感的电影、进行一场困难的讨论，利用这些场合来培养自己对情绪和感觉的把握。随着对自己身体反应的了解，察觉情绪会变得越来越容易，我可以更频繁或在更为紧张的气氛下尝试察觉自己的情绪。

由于掌握的信息量有限，了解对方的情绪会更难。我可以观察你的一举一动，听你说话的语气，但我无法知道你的所思所想，也许会对你的感觉做出错误的判断。尽管如此，我们仍可以根据某些肢体语言分析对方是否产生了明显的情绪波动。试想如果我处在你的位置上，做出你那样的动作，用你那样的语气说话，我应该在想什么呢？了解对方的感受越多，就越能避免伤人话语或行为带来敌对情绪的强化，避免做出有害无益的举动。总的来说，在触及问题的本质之前，有必要先观察一下对方的情绪状况。

经过细心观察，多加体会，就能敏锐地察觉身体和嗓音的细微变化。当然也有摸不准的时候。为了找准对方的情绪，我也许需要证实我的判断，比如我说："约翰，你的手指似乎要嵌进椅子把手里了，关于我刚才问你的那个问题，你好像并不满意。我惹你发火了吗？"肢体语言模棱两可，而我们的看法也有失偏颇。与其忽略对方的感受，不如好好揣测一下。当然，在自己的猜测未经证实的情况下就凭此轻举妄动是很冒险的，双方极有可能产生误解。如果我不用指责或武断的语气询问对方的感受，那么就能避免误解，对方也会自然地道出自己真实的感受。

注意情绪的变化能帮助我们跨越情感冲突。通过实践，我们可以暂时从旁观者的角度，客观分析双方的情绪，并想出对策。这种距离感同样能减少自己情绪的波动对行为产生的影响，有助于让理性起平衡作用。

不要感情用事，管住自己的行为。只注意到自己的情绪还不足以控制行为。情急之下，我们可能没等自己做出理性决定就贸然行事。心理学家认为，在发育过程中，大脑最先会产生本能和感性反应。随后，大脑才会变得越来越理性，并逐渐可以控制一些低层次的本能反应。但险恶环境可能直接引发感情和生理上的反应，导致理性思维出现“短路”。即使是稍有害怕或不信任感也会让我们有所行动，比如一走了之。短期来看，这样做虽然保护了自己，但却对理智地解决问题不利。害怕被抛弃也会导致同样的反应。如果妻子威胁要离开丈夫，丈夫可能会怒不可遏、孤注一掷，这种情绪无助于解决导致他妻子威胁要离开他的问题。

如果自尊受到威胁，人们通常会感到不安、害怕和愤怒，这些情绪会成为理智解决问题的障碍。有自卑倾向或担心失去自尊的人，通常会在争执中固执己见。他们怕丢面子，做事踌躇不决，最终使结局变得更糟。这方面的例子比比皆是，比如南非白人拒绝同黑人谈判，以及一位犹豫不决的未婚夫想要毁掉婚约却觉得无从下手。

在中东问题上，以色列人和阿拉伯人都遭受了巨大的创伤，由此产生的情绪阻碍了双方建立合作关系。即使两国政府达成一项协议，恐惧也会导致一方或双方不遵守协议。同样，摩洛哥和埃及领导人因为害怕利比亚，所以没有执行三国政府签署的联合协议。

我们有些情绪反应不是与生俱来的，而是受父母或朋友影响而形成的习惯。孩提时代，我们都发现情绪爆发能引起别人的注意，促使情况发生改变，用发脾气的方式表达沮丧、愤怒或失望的心情有时是可以接受、可以原谅的。这种潜移默化的想法伴随着我们长大，我们会不自觉地认为，如果发脾气、歇斯底里、大喊大叫、摔门或发号施令，就能得到我们想要的东西。

情感上对失败的担心有时会超过达成协议带来的好处。

有些人担心失败，因此索性放弃，不再努力。另一些人从小就学会，哪怕掀掉桌子让游戏玩不下去，也不能输了这一局。但是大多数人都明白，如果每次眼看要输就不玩了，那就没有人愿意同我们玩了。尽管如此，还是有许多成年人在谈判中一旦处于下风，就试图破坏谈判进程。

有时候，我们在失败或犯错误时会不自觉地为情绪所左右，目的是逃脱责任。我们常常碰到这样的交通事故，肇事司机总是先跳出来指责无辜的一方。肇事司机大喊大叫，在情绪上越来越激动，最终可能使自己和路人都相信他没有错。他也许是无意识地利用了自己的情绪来逃脱指责，回避负罪感。

再比如，我们可能会故意利用情绪给他人施压。当酒店接待员告诉我预订的房间没了，酒店已没有空房时，我可能会当场发作，用拳头砸柜台，要求见经理。我认为这样做会奏效——也许的确有用，因为没有哪家酒店愿意看到自己的大堂里出现一位歇斯底里的客人。但是，如果我用同样的方法去对待一位我希望与其进行长期合作的伙伴，情况就不妙了。从长远来看，用情绪压制别人只会制造麻烦而不会解决问题。

我们可以采用一些常用技巧来赢得时间。尽管我们不可能也不应该排除迅速产生的强烈感情，但我们能够控制这些情绪对自己的行为造成影响。在与人打交道时，只有等波动的情绪平静下来，自己能有所控制时，我们才能做出有利于大家的理性决策。下面是一些具体技巧。

稍稍休息一下。要减轻情绪波动所造成的负面影响，最简单的办法就是暂停接触，稍做休息。当双方都怒气冲冲或不满情绪高涨时，适当地休息一下能防止双方关系全面恶化。双方都能利用这个机会平静一下，想一想继续交往可能会带来的好处，并且琢磨出一个既能处理眼前问题，又不至于激怒对方的办法。借这个休息机会，我们还可以在手边的一些琐事上进行合作，比如一块儿修咖啡机，打开窗户换换新鲜空气，从而改变一下气氛。

在一场激烈的讨论中，置身事外冷静地思考很难。可能的话，不妨要求第三方来控制讨论的气氛，适时建议双方休息一下。有些家庭里会有一位家长扮演这样的角色。

从一数到十。我们都希望考虑周全之后再行动。有时候，情绪上来得很快，我们还没意识到就已然受其控制，不假思索地干出冒失事儿来。这种贸然举动又会激化对方的情绪，由此形成恶性循环，双方无法进行建设性的沟通。碰到这种情况，不妨从一数到十，强迫自己想想究竟是什么原因促使对方说出那样的话，然后想办法使谈话更富成效。每次回应对方之前，都有必要问一问自己：“此刻我的目标是什么？”

咨询请教。单独行动时，受感性而非理性因素支配的可能性会增大。总的来说，在涉及有关双方的问题时，最好先同对方沟通一下。本书第六章将专门讨论沟通问题。如果当时气氛剑拔弩张，或另有原因双方不能沟通，可以找一位朋友或同事咨询一下：我的意见可行吗？不利的方面是什么？是否另有妙计？

这里所建议的每一个技巧，目的不在于压抑或忽视情感。在谈判中，情感因素和其他任何重要因素一样，不容忽视。但情绪波动使我们不能很好地判断自己的所言所行。因此稍事休息或请教别人有助于自我揣摩、体会自己的情绪，向他人学习，从而控制自己的行为。

承认自己有情绪。即使我能意识到自己的情绪，也能充分控制自己的行为，避免当场做出莽撞之举，但这些情绪仍在，可能还会带来麻烦。我们当中有些人试图掩饰自己的情绪，这是自欺欺人。别人可能已经注意到我的嗓门越来越大，我却还要掩饰，否认自己变得越来越激动。这时候嚷嚷一句“我没有发火”无异于此地无银三百两。否认情绪的存在不等于它们真的就不存在，相反，这样只会使情绪变得难以改变。我们想要掩盖情绪的原因是多种多样的。孩提时，大人就教育我们不应当流露或谈论情感。有些家庭把所有的情绪表露都当作问题来看待。一些大人还教育孩子：发火是不对的，做出伤心的样子是错误的。慢慢地，这些孩子就认为，感到生气或伤心是不对的。在成长过程中，他们逐渐就学会了压抑自己的情感。

有时候，压制情感和情感表露的道德标准是在特定文化中形成的。英国人通常被认为是冷静、不易激动和含蓄的典范。他们的语言里也充满控制情感流露的词语，如“坚定沉着”（stiff upper lip）、“冷静一点儿”（steady on）、“咬紧牙关”（bite the bullet）。不同的商业环境中，情况也各不相同。在银行和律师事务所里，下级职员通常会学习如何掩饰自己的情感；在码头上或期货交易大厅里，人们经常用夸张的言辞表达自己的情绪。

许多人掩饰情感，是因为害怕情感的流露会带来不好的后果。如果我表现愤怒或失望，别人可能不喜欢我。我对他人表示同情，可能会被认为是软弱的表现。媒体不断刊登政治候选人埃德蒙·马斯基和帕特里夏·施罗德的照片，照片显示他俩正各自拭去眼角的一滴泪，这似乎证明他们性格上存在着严重缺陷。认为真实地表露情感就意味着示弱，这种想法会严重影响国际关系，因为在国与国的关系中，显示自己的强大似乎尤为重要。虽然显得过于激动可能意味着自己情绪失控，但多数人的问题是情感流露得太少而不是太多。

掩饰情感会在交往中带来两方面的问题。首先，我们只有表露自己的情绪，或至少是对自己表露，才能应付它们。一些具有破坏性的情绪，比如愤怒和怨恨，都会积蓄在心中，一旦爆发，就会对双方关系造成长期破坏。此外，如果掩饰自己的情绪，那我们可能会因此而忽略那些需要关注的潜在的实质性问题。

其次，我们掩饰了建立良好关系所必需的积极情绪。比如，许多公司经理失败的原因就在于他们没有对员工表示感情上的关切。一位表现得漠不关心的经理，不管他内心多么在乎，都不可能激发下属的热情、忠诚和坦诚的态度，而这些品质对组建一家充满活力、高效率运转的公司来说是必不可少的。

要谈论情绪。要想理清那些对双方关系具有破坏性的情绪，对策之一就是将它们公开——承认它们的存在，并且谈论它们。说出自己的愤怒或恐惧（而不是将它们表现出来）是自信、自制而非软弱的表现。当然，公开谈论自己的情绪，有些人会不习惯，觉得很尴尬。因此有必要记住以下几点：

· 开门见山。“对不起，但这件事实在有点儿让我生气。”
· 声情并茂。眼睛看着对方，降低音量，放缓语速，适当停顿以加强语气。“我觉得很烦……很难将注意力集中在协议的条款上。我想我们或许应该改变一下讨论的气氛。”
· 直言不讳。解释一下自己不满的原因。“我感到很恼火。刚才我正解释付保证金的事儿，话说到一半就被打断了。我还建议找个协调人，无非是为大家好，没记错的话，有人当时就对我说：‘你自己不能处理吗？’”
· 避免责备。“我可能听错了你的意思。如果我有什么地方得罪了你，请多多包涵。”
· 直接询问。“如果你对这场谈话有什么不同的想法，请告诉我。”
· 予人方便。“我知道大家都是为解决这件事而来的。要不你再谈谈你的意见，然后咱们休息十分钟，之后再谈预付保证金这件事到底可不可行。”

我们建议你不只是简单地把情绪表达出来，还要承认它们的存在，并且向对方解释产生这些情绪的原因。只有这样，情绪才不会成为人们建立良好关系的绊脚石，双方才能依据事情本身的是非曲直来解决争端。我不是来找人斗气或泄愤的（我可以在楼道里自己发泄或找同事倾诉一下），我是要缓和气氛，让大家重新一块儿合作。也就是说，我应当尽可能为对方重新采取积极的态度创造条件。

理性谈论情绪自然而然会使双方归于理智。我会以冷静的思维来理清自己的所作所为，这同样能促使你采取自制的态度。

勇于承担责任和及时道歉。我们在有情绪时，通常会把责任推给对方：“我发这么大的火，还不是因为你太不讲道理。”

在某种程度上，情况确实如此。但我们通常会倾向于认为对方情绪化、不讲理，其实对方也这么看我们。我们一般都会认为自己更讲道理、脾气比较温和。我们也往往能理解、同情自己的观点和行为，并且有理由解释自己的情绪。对我们来说，自己的情绪和行为都是情有可原的。

因此，如果不理解别人的想法，我们往往会认为他们的行为和情感是不理性的。怎么能和不讲理的人打交道呢？

我们也不会认识到，在某种程度上对方的情绪与我们有关。我们常把情绪归结为性格所致：“别理他，他就是个火药罐子。”言下之意是，我们只能袖手旁观，等他冷静下来才可改善双方的关系。

如果认识不到我们可能在一定程度上造成了对方的过激反应，那我们的所作所为可能会使情况变得更糟。有这样一个例子：一位房客向房东写了三封信抱怨屋顶漏雨，但都石沉大海，因此她决定亲自去见房东。因为怒气冲冲而去，她难免一开始就大喊大叫。房东索性不理她，说如果她不冷静下来，他们之间就没什么可谈的。这使房客更加生气，因为她发火本来就是因为房东对她不理不睬。假如房东说：“我理解你为什么这么生气，很抱歉没有及时处理这件事。请坐，告诉我到底是怎么一回事。”房客就可能会变得心平气和一些。

我们应当对自己的情感和情感的表达方式负责，以及对给别人的情绪造成的影响负责。因为只有这样，我们才能更好地化解情绪的冲动，理性地面对问题。如果我们情绪失控或激怒了对方，说一声抱歉是很有帮助的。道歉表示对自己的行为负责，不管话说得是否充分，都表明给予对方关切，如此一来，对方也会采取同样负责的态度，这就能将双方关系拉回正轨。

我们常常将道歉看成理亏，觉得自己没做亏心事，就不愿意道歉。其实不管是有意还是无心，如果我们的行为造成了严重后果，表示一下歉意也无妨。不要为自己开脱，而应当请求对方宽恕。不要说“我很忙”，而应当解释一下：“恐怕我的心思不在这里，对不起。”同样，不要说“这不是我的错”，而应当说：“我理解你发火的原因。这件事我也有责任，我很抱歉。”

我们都有强烈的情感，不应当对其加以掩饰。我们应该勇于面对自己的情绪，并对自己的情绪负责。否则，这些情绪会像火山一样，总有一天会爆发，到那时，它们将对人际关系造成严重的危害。

在情绪增强之前有所准备。情感因素破坏理智思考的部分原因是我们事先没有预料到，思想上没有准备。我们往往被弄得措手不及。有些律师认识到这个问题，所以在受理离婚诉讼之前会花时间和当事人一起讨论可能发生的情况，并预测他的感受。如果律师预见某个问题会使当事人发火或不安，他可能会建议当事人如何回应或索性不予理睬。这种事前准备不仅能使当事人学会如何面对情绪激动，也会使情绪本身平稳下来。当事人有备而来，在法庭上就不会惊慌失措、手忙脚乱。

自己情绪的波动尚且难以预料，揣测别人的反应就更困难了。我们常常听朋友这么说："我不知道这是怎么回事。我只不过告诉了他我的想法，他就大发雷霆。"我们不可能将自己置于他人的情绪之中，所以我们可能根本不会去做这种尝试。但如果完全不顾别人的感受，那必然会铸成大错，所以我们还得花些时间设身处地去感受他人的情绪。

也许最重要的是，我们没有客观地思考在双方交往中我们希望自己和对方处于什么样的情绪之中，才能有效地解决分歧。既然情绪在很大程度上影响谈判和争端的结局，那我们就有必要考虑如何去影响双方的情绪，正如我们有必要考虑其他对策一样。这一点尤为重要，因为我们对别人的感觉不仅影响到眼前问题的解决，还关系到将来问题的解决。

预测各种情绪反应。预先想到可能出现的情绪，可以帮助我们更好地应对它们。这意味着我们应当广泛地考虑可能出现的各种问题。在谈判时，"不打无准备之仗"不是说我们应当找出一条林中捷径，而是说要了解整个地形。不管是邻里之间的往来、生意场上的交锋，还是两国政府之间的谈判，一个考虑周全的人会预料到双方可能提出的建议，并想好应对之策。尽管如此，即使是谈判高手也难以估计自己和对方在现场的情绪反应。

要做好谈判前的准备，有一种方法是先勾画一幅双方情绪变化的图表。什么情况下我会生气？我生气了会有怎样的反应？我在感到失望时会有怎样的举动？哪些迹象表明我已逐渐失去理智？对方在压力之下会做出什么行为？什么情况下对方会生气？对方需要多久才能平静下来？我处理这个问题的方法会不会激怒对方？对方可能会说出哪些激怒我的话？

正如我们在对待实质问题时不打无准备之仗，我们在面对情绪问题时也应有所准备。在打交道之前，花一点儿时间考虑一下双方可能会做出的反应，那么当发生情绪上的冲突时，也会比较容易处理。

培养积极情绪。谈判之中，负面情绪固然难以预料，但我们往往没有考虑应当在自己和他人心中培养哪些积极情绪来帮助解决问题。学校教育告诉我们的是，只要有缜密的分析就足以解决任何问题。但事实是，如果双方充满敌意，那么即使是最周详的分析也不能解决争端。

为了拥有一个有效的合作关系，我们应当用积极、正面的情绪来替代消极、负面的情绪，只有这样才能促成问题的解决。要做到这一点，首先需要明白情绪状态。（见表 4-1）

表 4-1　不同的情绪状态

可能造成破坏性影响的情绪	可能产生积极影响的情绪
对自我	
不安全感	安全感
无望	乐观
无助	自信
对他人	
厌弃	认同
敌意	尊重
冷漠	关切

一旦认识到自己和对方情绪上的弱点，我们就能采取措施培养积极情绪。

培养自身积极情绪的一个途径就是回忆我们士气高涨、精神饱满、乐观自信、干劲十足的某个时间、地点、场合，然后在想象中回到那时的状态，揣摩当时的感觉和态度，好像自己仍然受到那些积极情绪的鼓舞，从而克服不由自主产生的怀疑情绪。我有位朋友热衷于滑雪。每当他想唤起心旷神怡的感觉、体验完美技巧，并置身于全神贯注的状态时，他就想象自己在滑雪山坡上飞驰而下的感觉。这种方法能帮助我们摆脱现有的情绪，换一个好心情。

另一种方法是调整自己的情绪，使其符合我们希望对方应具有的状态，并保持同样的状态。如果我们对别人表示关切，坦然面对自己的情绪，并持积极乐观的态度，那么对方也会受到感染，并采取同样的做法。这个方法是完全积极的，我们不必付出任何代价。不管对方是否做出积极回应，我们试图帮助对方培养积极情绪，这个过程本身将使我们受益匪浅。

用更具概括性的话来说，要认识对方的情感需要，并考虑采取一些措施培养对方的积极情绪，使双方加强合作，共同面对分歧。如果对方感到不安全，我们就应采取措施增强他们的安全感。比如，一位职员由于过分担心不能胜任新工作而没有发挥他的最佳水平。他可能会掩饰自己的过失，工作速度很慢以确保自己不出错，或担心当众出丑而不积极参与集体讨论。这些迹象都表明上级与下属之间的关系有待改善。精明的上司就会注意到这些现象，判断出问题在于下属有一种不安全感，由此采取相应措施。如果该职员实际上不必担心自己失去这份工作，他的建议也颇受公司重视，那他的上司就应当告诉他，让他安心工作。

总之，要求理智行事并不意味着拒绝情感或忽略、压抑情感。相反，我们应当考虑到它们的存在，掌握表达情感的方式，培养积极情绪。在任何人际交往中，真诚对待情感、直言不讳地讨论情感并且共同面对它们，将会帮助我们处理必将发生的理智与情感的冲突。在情感与理智之间保持平衡是一项完全积极的策略，它有助于双方的合作，并且无论对方态度如何，对己方都会有利。当然，如果对方也能持同样积极的态度，那就再好不过了。

第五章

理解：以他人的眼光看待事物

即使我以理性的眼光看待与你交往时出现的问题，我可能仍会束手无策，因为我可能无法充分理解这个问题。而问题之所以存在，本身就可能源于误解。我可能认为你把最后一块南瓜饼吃了，而事实上冰箱里还有一块。或者，我可能没有认识到彼此之间冲突的实质，因为我不了解你的需求所在以及你看问题的总体角度。比如，我可能不经意在赎罪日那天安排了会议，却忘了那是你的宗教节日。除非我了解你看待事物的眼光，否则我们很难解决分歧。

反过来说，我们越理解彼此的观点、兴趣、价值（不管是大体上的，还是细节之处），双方合作的可能性就越大。在其他条件都一样的情况下，相互理解越深入，合作关系就越密切。同时只要至少有一方采取完全积极的态度，彼此之间的理解就能得到加强。

解决分歧首先要了解问题所在

误解通常会使问题变得更加复杂，也使人们在面对问题时无从下手。因此“误解”和“问题”几乎成了同义词。当被问及双方的婚姻或友谊为何破裂时，当事人经常会说“我们没法儿再相互理解”，或“我们的看法不同”。

有时候，我们对某一情况的误解会无端滋生是非。一位朋友不久前向我谈起他有一次因为误解了自己三岁大的儿子而感到非常愧疚。他儿子在吃饭时挑挑拣拣，还不断从椅子上下来玩玩具。爸爸在另一个房间看书，让儿子回到椅子上老老实实吃饭。一会儿，儿子从厨房里出来跑到爸爸身边。爸爸往厨房里一看，盘子里还剩着饭菜，便打了儿子，叫他回去吃饭。事实上，儿子嘴里含了一大口饭，跑过来让爸爸看他正吃着呢。

历史上也有许多这样的例子，纯粹是误解破坏了国家之间的关系。1962年，苏共中央总书记赫鲁晓夫在纽约联合国总部发表了一段现在看来令人印象深刻的讲话。当时他在讲台上一边跺脚，一边喊道："我们要给西方资本主义国家'送终'。"大多数美国人把这看成威胁，苏联的目的是消灭美国。美国国内媒体大肆渲染这一"威胁性"言论，但学者和苏联官员随后指出，在俄语里这句话并不意味着威胁，只是表达苏联体制比西方体制更有生命力的意思。一个年轻力壮的俄罗斯小伙子有可能会说："我会给我爸'送终'。"意思就是说，他可能会比他的父亲活得更长。尽管如此，一些美国人仍将这一言论看成苏联方面的威胁挑衅。这一误解增加了美国和苏联两国解决分歧的难度。

相反，每个人都知道，与一个理解自己的感受和观点的人打交道是非常轻松的。举一个夫妻关系和谐的例子。妻子下班回家，丈夫迎上去说："下午通电话时，听你说话的口气感觉你今天过得不顺，所以我取消了5点的会，赶回来做饭。我还告诉乔治晚上不要过来看橄榄球比赛了。"我们如果相互理解，就能预料到可能会发生的问题，并采取措施阻止它们发生。

如果双方关系不和谐是因为缺乏相互理解，那么导致误解的原因是什么？怎样才能克服这些障碍？

产生误解的原因有很多：我说错了，你听错了；我手里的资料已过时了，而你却掌握着最新情况；等等。许多问题是沟通不畅引起的，下一章将会讨论如何确保双方之间交流渠道的畅通和有效。

其他影响相互理解的障碍是我们的个人因素造成的：

· 我们可能没有意识到自己知之甚少。

· 我们害怕知道自己“错了”。

· 我们可能不知道如何更好地了解对方。

针对这些障碍，我们可以采取积极措施来应对，不管对方是否这么做，我们都要去做。

度他人之腹：我们可能没有意识到自己知之甚少

当我们的交往中出现问题时，我可能没有注意到你看问题的角度，也没有意识到理解你的想法有多么重要。实际上，我知道得越少，就越会低估自己知之甚少这个事实。别人脑子里的想法，对我来说，就像一座陌生城市一样是未知领域。我甚至不了解自己无知的程度。

同样，我大概没有认识到努力去了解那个“未知领域”对双方的关系有多重要。比如，我注意到夏天时我的秘书有时上班会晚来一会儿，或临时请一天假。我因为生气，就给她脸色看，她来上班时，我会增加她的额外工作量以弥补她损失的时间。结果，她可能最终辞职不干了。假如我了解一下情况，我就会知道她是一位有着三个孩子的单亲妈妈，孩子们夏天放假，所以她每天早晨上班前都要开车30英里把孩子送到她妈妈家，而不巧的是她妈妈最近病了，不能照看孩子。同时我可能也会了解到，如果她能上午10点或11点来上班，那她会很高兴待到晚上6点或7点下班。

对方越是陌生，我们就越难了解什么对他们来说是重要的。意识不到自己的无知，事后往往追悔莫及。在语言、习惯、文化不同的情况下，确实需要费精力才能发现问题所在。一些美国公司在进入国外市场后，经常会因为不了解当地文化而出洋相。举一个颇为典型的例子：通用汽车公司向西班牙语市场推出了雪佛兰“Nova”型汽车，殊不知在西班牙语中，“no va”的意思是“不动”。

即使有些公司在打入国外市场时是有备而来的，它们的经营模式还是会带来麻烦。吉列公司的剃须刀片进入日本市场前，公司事先做了大量详尽的市场调查，但它忽略了日本人的经营习惯。吉列用对待美国经销商的方式来对待它在日本的商业伙伴。如果有哪一家经销商达不到吉列的要求，那它就会被替换。而在日本，忠诚和培养长期的关系是非常重要的，吉列的做法无疑把经销商和客户都得罪了。舒适公司（Schick）就比较了解当地的做法，它与一家经销商培养了稳定的商业关系，目前正在主导日本剃须刀片的市场。

不去努力了解对方的部分原因，是我们自以为已经掌握了所有该掌握的信息。另一个原因是我们对自己应该掌握的情况的了解好比坐井观天。比如，有些经理认为管理一家企业如同在股市投资一样，就是数字问题。他们的态度可能是："如果我们想建立合作关系，那就进入实质，别'黏黏糊糊'的。我不需要更多地了解你。我和陌生人在电话里就能把生意敲定。我只需要知道你的电话号码、信用卡号和其他一些基本情况就行了。"

确实，想要拥有能解决问题的良好关系是出于实用性的考虑，况且要理解一个人需要花时间。一次性接触不同于长期交往，似乎没必要花费力气去了解对方。但不管是短期接触还是长期交往，在加深了解方面投资都将物有所值。随着彼此了解的不断深入，我们避免问题、解决分歧的技巧就会愈加娴熟。

“知”无止境。如果我想提高双方解决分歧的能力，那么我应该时时认为自己了解得还不够，我应该更多地去了解对方。一般来说，我们总是自然地认为对方需要了解更多的情况，而没有意识到自己同样需要更多地了解对方。一旦承认了自己的无知，我便能虚心学习，同时鼓励你也这么去做。

一位退休的行政人员举了一个有关寻求了解的必要性的例子。他叫保罗·克雷默，多年来掌管公司的一个部门。该公司被另一家公司收购后，克雷默留任原职，但上司是新来的副总裁。这位副总裁和他手下的人在收购前研究过这一部门的运营情况，他们认为自己知道该如何改善部门的业绩。所以，他们下令改变定价，放弃小客户，砍掉不赢利的产品。但克雷默认为他最清楚该部门的运营状况。他强烈反对这些新计划，却没有详细地分析这些计划出台的原因。经过一场激烈的冲突，新计划得到执行，克雷默辞职，公司的生意越来越不景气。

克雷默和新副总裁两人都掌握着大量的信息，他们都认为自己知道得最多。事后看来，克雷默也承认他可以从新上司的定价和市场分析中学到不少东西。而同时，新上司也能从克雷默多年的经验里学到很多东西。如果当时双方不那么刚愎自用，都能彼此虚心讨教，那么这场冲突完全可以避免。

在这种情况下，仅承认自己知道得不够是不行的。我们还应当积极地去了解对方。通过主动了解对方的想法，我激发了对方来了解我的兴趣。两千多年前，拉丁语作家普布里乌斯·西鲁斯写道：“别人对我感兴趣时，我也会对他们感兴趣。”

首先询问对方关注的焦点。即使我们意识到自己的无知，并乐于了解新情况，但从何处下手，我们仍茫然不知。即使是最亲近的朋友，我们也常常不甚了解。要想完全了解所有跟我们打交道的人是不现实的。我们不愿意尽力去了解别人，恐怕也是害怕这种尝试是无止境的。为了克服这个障碍，我们应当把注意力集中在与问题的解决有最直接关系的那一面：眼下你的利益是什么？你对我和这个问题是怎么看的？你最关心的根本问题又是哪些？

利益。对某个特殊问题来说，其最佳解决方案应当符合双方利益。要更好地了解对方，不管是总体了解，还是仅为解决分歧而言，首先应当考虑对方的利益。越了解对方的利益（对方的所思、所需、所求、希望和恐惧），我就越有可能满足对方的利益需求，哪怕是最低限度地满足。

比如，我是你的老板，我要尽可能了解你作为雇员的想法。你是愿意承担更多的责任，还是希望挑更轻的担子？你愿意要工作的稳定性还是更多的发展机会？你喜欢灵活的还是较为固定的工作时间？你希望有更多的反馈意见还是想有更多的独立性？你希望眼下立即加薪还是以后慢慢加薪？你愿意签订一年的合同还是要一份终生职业？通过询问一系列你所关心的问题，我能更成功地找到一个双方都满意的答案，而不是拘泥于我们之间的某个分歧，比如工资的分歧。

观点。几乎没有两个人看问题的方法是一样的。要解决两人之间的问题，我最好先知道你对这个问题的看法。我们之间的分歧可能因观点不同而起，也因观点不同而迎刃而解。

比如，就解决你的工资问题而言，我了解到你认为早上 8 点是开始工作的正常时间（我却认为 9 点半才是一个工作日的开始），正常的八小时工作日是早 8 点至晚 5 点，中间 1 个小时的午餐时间。看问题的角度不同可能有助于问题的解决，除了另外的加薪机会，你能多拿 10% 的薪水，因为你每天比办公室的其他人多干 1 个小时的活儿。

仅知道每个人的看法不一样是不够的，不要认为别人的视角很“奇怪”，因为他们自己完全不这么想。要想成功地同别人合作，我们应当了解对方是怎么合乎情理地持有这些观点的，还有他们持这些观点的感受。回过头去看一看第三章里关于美国和苏联不同观点的表格。大多数情况下，用以检测我们是否已经理解对方的观点的恰当方法就是列出这样一张表格，以局外人的眼光去看，我们就会发现双方都各具说服力。

价值观。在特定情况下，构成一方既定利益和观点的是其基本价值观。这可能包括忠诚、团队精神、安全、诚实、勇敢、专业自豪感和家庭凝聚力等。了解对方的一个渠道是将对方的利益按其重要程度排序。仍然用刚才提到的那个加薪的例子，我可能会发现，你虽然愿意涨工资，但更注重职位和工作的稳定性。通过双方共同探讨得知你所认为的重要的价值观（如地位和工作的稳定性），我们就能找到一个被你看重的解决方案。比如，我可以提升你做部门主管，并保证至少三年内不动你的职位。虽然出于预算的考虑，我给你的薪水比给别人的少，但你还会觉得这个建议公平合理。

如果涉及两种不同的文化，理解对方的价值观就显得尤为重要了。在和日本商人合作的过程中，我们经常会听到他们对美国价值观的评价："为什么美国公司这么不重视忠诚？"当被要求进一步解释时，日本人会举出这样的例子：一些美国人离开栽培他们的公司，到竞争对手那儿去谋职，或者一些公司为了较低的价格而更换供应商。日本人还会说："为什么美国的管理层这么不重视公司的责任？"比如某位公司总裁，他不承认公司的错误是他个人的责任。（相较之下，日本航空公司的一架大型客机因为后舱壁出了问题而坠毁，公司总裁马上辞职，并以个人名义向遇难者家属赔罪道歉。）同样，美国商界人士也不理解日本人的价值观，他们不明白为何日本人如此不看重自由市场体制，而给日本本土公司大量补贴，树立众多进口壁垒。

日本商人和美国商人都有道理。没有哪一个价值观不符合道德标准或者是"错误"的。除非两国合伙人互相理解彼此的价值观，否则他们很难共同合作。

理解对方的利益、思想认知和价值观并不是一件轻而易举的事，我们不可能透彻地了解一切。但只有了解他人的利益，了解给他们带来影响的观念和标准，我们才能迅速而有效地达成有利于双方合作关系的相互理解。不管对方持何种态度，我们能够也应当采取步骤开始行动。

勇于开拓新知

在试图和对方建立良好关系，特别是和发生过冲突的人打交道时，为了理解对方看问题的视角，我们需要放弃一些先入为主的观念。比如某家公司过去发生过多次罢工，公司的劳资关系负责人必然对工会的领导人有些想法。这些想法无疑也有其正确的一面，但是随着他们对工会领导人的进一步了解，他们会发现自己应当抛弃过去的某些看法。

这种转变是艰难的。随着看法的改变，我可能会质疑自己过去做出的一些决定，甚至担心别人是否也开始怀疑我的能力。如果涉及一些根深蒂固的观念，消除过去的看法就更难了。我们在感情上抱着这些思想不放，因而会避免或忽略和这些看法矛盾的信息。有时，我们不愿意听取新意见、学习新事物，就是因为害怕知道多了之后，会发现自己以前的过错。

在了解新事物的过程中，让我们觉得不安的原因有两个。第一，害怕在别人面前丢面子，显得愚蠢。越是事前公开抱着某种思维方式不放，这方面的原因就越为突出。

第二，感觉不安的原因可能是心理上的一种不安全感。这就像去看心理医生一样。对新事物的了解可能会迫使我们也改变原先对自己和对他人的看法。即使没人注意到这一点，我们也仍然会觉得窘迫。

17 世纪，天文学家伽利略发表文章，宣称地球不是宇宙的中心，行星围绕太阳公转。这一说法同天主教会信仰的教条（即地心说）相悖。伽利略并非第一个提出这一观点的人。波兰天文学家和神学家哥白尼早在此前 100 年就提出了同样的看法，到 17 世纪，许多学者都认为太阳是太阳系的中心。但教会将伽利略送上了宗教裁判所，逼迫他改变观点，并将他终生软禁于家中。很多年后，教会领袖才承认错误，改变教义。

特别是在两国对峙的情况下，我们通常害怕和拒绝接受对方的观点，担心这样做会削弱自己的坚定立场。越南战争期间，有位美国陆军上校在和本国军官谈话时解释他为什么不愿意去了解越南对这场战争的看法，他说："了解对方对战争的看法会削弱我们的斗志。"对自己的观点越没有信心，就越会顽固地捍卫它们，而对于冲突对立的观点就更没兴趣去了解了。我们经常担心自己对某一事件不同的理解会导致不同的做法，因此可能会放弃策划出一种比眼下更好的解决方案。

坦诚和自信。不要过早做出决定，要广泛接收新信息，这可以帮助我们减少过失。假如一位工会领袖说：“我们会考虑所有能避免罢工的可能性，同时也欢迎公司管理层拿出新办法。”这样他就有了更多达成有效协议的灵活性，留出让管理层做出让步的余地并从中得益。相反，如果工会领袖表示，哪怕仅仅是暗示，他已经做出罢工决定，不管怎样都决不动摇，这样他就没给自己留出回旋余地。

即使我们需要宣布一项决定或做出一个承诺，我们都不应把话说死。比如下面这个例子：

> 不，特里，虽然你觉得自己穷得叮当响，大学费用也比你想象的高得多，你妈妈和我已经决定不增加你每月的生活费，至少现在不增加。如果你能给你的月花销记个账，并对剩下的这一学年做个预算，我们可以考虑根据你的合理需求相应增加你的费用，但是我们不会因为你要多少就给多少，也不会因为米勒斯家给乔纳森多少就给你多少。

这样，我们既没有让步，也没有把话说死。将来如果情况发生变化，那就可以采取新办法，不会丢面子。

有些人担心，承认自己决策失误会伤自尊心，那么，我们应当有一个评判自己的新标准。自尊不应该建立在认为自己无所不知的基础上，而取决于我们如何出色地了解新情况。我们善于消化新信息吗？我们能否及时发现自己的错误臆断？能否勇于承认过失？

对自己的根本利益、选择、优势、弱点等情况了解得越透彻，我们就越能坦然地、无所畏惧地接受新观点。如果我们善于听取意见，那就表明我们具有适应时势变化的能力。根据自己的意愿行事是强有力的表现，但是在考虑到事件本身的是非曲直时勇于改变自己的观点的人，才是真正的强者。

设身处地

我们对事件的反应体现了我们自己的利益和价值。即使我了解你的想法，我仍然倾向于把自己的切身利益置于你的利益之上。

许多公司雇用外面的咨询专家，原因之一就是局外人比局内人更容易客观地衡量公司的优势和潜力。当某位部门经理被提拔为公司高管之后，他还是会照顾自己原先的部门。如果他具有深谋远虑的眼光，他就会发现自己没有客观地从全局出发，也会看到自己很难将过去的经历放在一边，进而采取全新的视角。这个时候，咨询专家就有用武之地了。

以自我为中心看世界，常常导致我们缺乏对别人的了解。要想进一步了解别人，从而更好地与他们合作，就需要我们跳出自我，从别人的视角来看世界。这里介绍几个小技巧。

倾听别人的叙述。把眼前的局面或出现的问题看成你我的故事所造成的结果。我知道自己的情况，但可能不知道你的故事。你遇上了什么事？事情是怎么发生的？

一个故事应当包括双方交往的各个环节，应当用“情节”将发生的事件串联起来。这个故事可能是某个人的人生经历，也可能是此时发生在这个人身上的某件事，随后导致了一场意外。了解对方的经历能帮助我们克服“以自我为中心”的毛病，并且揭示那些本来可能会被我们遗漏的事实、观念和价值标准。此外，了解对方的情况越多，对方对我们就越重要。这本身就能帮助我们共同解决问题。

互换角色。设身处地为对方着想，将自己置于对方的角色里，这将有助于尽可能清楚地了解对方。比如，我想了解我的上司，我就应当想象以下情景给人带来的感受，从而切身体会他的处境：坐在他那间位于34层的办公室里；每个星期一上午去参加公司管理层例会，会上他的老板、公司总裁询问他部门的运作情况；已经56岁了，很难有机会升迁到公司高层；三个孩子在上大学；等等。

经过反复练习，我们就能比较轻松地理解对立面的观点。外交官要加深对别国政府的理解，应当以新的角度看待新闻报道或有关别国的外事报道。他们可以把自己想象成那个撰写演讲稿或发表演说的外国人，或者把自己当作报道中描述的那个人，并且自问：

> 我应当怎样想才能问心无愧地做这些事、谈这些事，同时认为自己是一个正直的人，以当前情况所允许的正当手段从事一项光荣的事业？

并不是所有外国官员都认为自己是大好人，但是正面地看待他们自己，而不是把自己当成以不法手段进行不道德勾当的恶人，能使别人更容易了解他们。

用图表展示对方目前面临的选择。当我们试图了解对方的利益、观念、价值时，我们常常不知该从何下手，也不清楚什么是重要的。这时候就需要关注对方所面临的某一项具体的选择。

在我和你打交道的过程中，我必然会碰到有待解决的问题。这时，我可以就你所面临的选择列一张表，以你的眼光去看待不同的决定所产生的后果有何不同，从而了解你是如何看待这个问题的。我的目的是通过这张表来了解你的利益、价值观和重要观念。因此，我将自己放在你的位置上，设想自己面临同样的选择，来帮助我了解你。

假设你是我的一个重要客户，我希望你选择我的公司——万事通公司作为你的独家电脑供应商。我同时希望改善我们之间的合作关系。到目前为止，你虽然一直对我很客气，但对签独家供销合同热情不大。为了更好地了解你的想法，我可以列一张表（见表 5-1），尽量贴近你的想法，从而分析你面对这项决定所要考虑的问题和你的利益所在。

表 5-1　客户目前面临的选择

问题：是否选择万事通公司作为电脑独家供应商？	
“是”的后果	**“否”的后果**
我不能享有多家公司的服务。	我能拥有两三家供应商的服务。
万事通公司在得到独家供应权后可能会抬高价格。	我可以竞争压价。

（续表）

问题：是否选择万事通公司作为电脑独家供应商？	
“是”的后果	**“否”的后果**
把所有的宝都押在万事通公司上，万一它倒闭，那将损失巨大。	向多家公司购买产品，降低了投资风险。
如果同万事通公司的这笔交易出了什么岔子，老板会怪罪我。	通过降低投资风险，无论发生什么事，在老板面前都说得过去。
成批购买产品，万事通可以给我打折优惠。	有更多选择的余地。
	价格上可能得不到大折扣。

有了这张表，我就能知道我要改变你看待这两个选择的角度，从而使你接受我的公司作为独家供应商。比如我可以提出将售后服务承包给另一家更大的公司，保证将价格维持在低于参考售价，通过再承包将风险分散到多家公司头上，并且帮你准备一份陈述稿，说明这份独家供销合同能给你的公司省下一大笔钱，从而改善你在公司的形象。或者我选择改变要求，只做你的主供应商。

即使是这样一张表也不能保证我完全理解你的想法，但为了制作这张表，我需要掌握一定的情况。在这个过程中，我可以借此机会系统地组织自己的想法，同时这张表也给我提供了值得进一步探索的问题。在已知情况的基础上多次推测证实，最后我就能拼成一张完整的表格。从中我可以体会到你的所作所为在你眼中的合理性。我也能了解到你所直接关注的问题以及潜在的、更深层次的看法和价值。

一旦我有了这张表，我可以拿它同知情的第三方或直接同对方核实我的推测。这张表既能帮助我进一步了解对方，又能告诉对方我为了解他们做了努力。

求助第三方。许多时候，我们觉得很难把自己放到别人的位置上。原因有很多种，比如我们没有时间，有更重要的事亟待解决，或者我们自己的观点太根深蒂固以至于无法摆脱。遇到这种情况，不妨寻求第三方的帮助。

比如，在建筑行业里，正在进行合作的公司经常会打官司。因此，迅速公正地解决争端远比达成具有具体内容的某项争端解决协议重要。由中间人进行调停能帮助公司加强对彼此的了解。同样，在家庭纠纷中，心理治疗师可以通过帮助每个成员更好地了解他人眼里的世界，从而打破家人之间彼此伤害的恶性循环。在双方都争得面红耳赤时，局外人的插手对增强彼此的了解是非常重要的。

在竞争或对峙的情况下，一家公司或一国政府可以在内部磋商时指派一两个人站在对方的角度，维护对方的利益，这样有助于加深对另一方的了解。如果该公司职员或该国政府官员都不愿意冒风险反对上司的意愿或意见，建立这种机制就颇为必要了。在美国与苏联之间发生危机、形势剑拔弩张之时，一位美国官员如果对苏联的观点表示同情理解，无疑会被视为不忠诚。而正是在这种时候，比如 1962 年 10 月的古巴导弹危机和 1973 年 10 月的中东战争，双方之间的充分理解才显得极为重要。将允许“唱反调”的机制制度化，我们就能克服大家不知不觉中养成的“思想保持一致”的危险倾向。

天主教会长期以来一直保留封圣时的审查机制，就是希望教会在正式追封圣徒时能听到一些唱反调的声音。如果没有将该机制合法化，那么教会里可能无人愿意批评已被提名封圣的候选人。

众所周知，越战期间，美国时任副国务卿乔治·鲍尔承担起了专门反对各项军事计划的责任。将唱反调的角色半制度化无疑是一个很好的主意，它降低了反对总统意见的政治代价。

我们的法律制度也根据同样的原理设立了律师辩护制。法院注意到，当某刑事犯激起极大民愤时，他的辩护权利就显得尤为重要。在类似案件中，律师应当帮助法庭了解被告的处境，这对做出公平裁决至关重要。辩护权已经成为一种机制，(几乎)没有人会因为律师为一名不受欢迎的被告积极地辩护而指责他。

我们可以改进这种替对方辩护的角色，直接让某个人扮成对方。他的任务就是把自己当作对方政府的一名官员，帮助我们了解他和他的同事对某一情况的看法，并且理解对方看法的合理性。

在战争演习和危机模拟中，美国政府的一些官员根据需要扮成苏联人的角色。从新闻报道中可以看出，他们常把自己装扮成唱白脸的“坏人”，而苏联人显然不这么看自己。为应对突发事件而准备军事计划时，我们应当做最坏的打算，把对方想得越坏越好。但苏联人自然不会认为自己是坏人。因此，要想更准确地了解苏联人在同样情形下的做法，美国政府必须更真实地揣摩苏联人对自己的看法。比如，可以成立一个工作小组，合乎逻辑地论述苏联的看法、利益和价值观，这些论述真实地反映了苏联的观点，也能被苏联人接受。

总之，通过采取三项完全积极的措施，我们可以克服人际关系中加强相互了解的障碍。这三项措施分别是度他人之腹、勇于开拓新知和设身处地。采取这些措施是无条件的，也就是说，不因为对方将从我们的单方面行动中获利而不为之。不管对方是否采取积极回应，我们为理解对方所做出的每一项努力都是值得的，同时对双方的交往也有益处。

第六章

沟通：
做决定前征求和倾听对方的意见

沟通对双方保持良好的合作关系来说是必不可少的。无论是和朋友、配偶、上司，还是和政府打交道，沟通的内容和方式都会影响双方解决分歧的能力。沟通不畅会导致误解和不予合作的情绪，导致猜疑、毫无条理的思想和不如人意的结局。

沟通的领域很广泛。除了那些与建立建设性关系有关的沟通，它还包括很多方面。本章着重论述阻止有效沟通的三个障碍，并提出一些完全积极的对策，以帮助人们改善彼此之间的交流，从而帮助解决问题。

许多人以双方沟通的质量来衡量关系的好坏。“我们不交谈”意味着关系已经破裂，“我们无所不谈”则表明双方关系很亲密。双方交流的方式暴露了彼此关系的性质。旁人能够根据家长和孩子之间、配偶之间、上下级之间说话所使用的语气判断他们所处的关系。充满敌意的语气、打断别人或者大喊大叫表明双方有很多问题无法解决。而一则简短的电报、一份备忘录或一封公事公办的商务信函，其形式本身所传达的信息可能比内容还重要。

良好的沟通不必以友谊作为前提。与意见相左的人进行有效交流，比同我们喜欢的人打交道难，但也因此而重要得多。美国和苏联两国政府就承认，在双方有严重分歧时，维护彼此间的交流尤为必要。1987 年，两国政府一致同意将双方之间的“热线电话”升级，并建立危机交流中心，以便双方在紧要关头能直接沟通。

沟通本身是复杂的。不经意间，我们的一举一动已向对方传达了信息。沉默本身便是一个明显的信号，它可能意味着“烦着呢，别理我”，或者“我正在思考你刚才说的话”。身体的姿势和动作可以表示热情大方，也可能表示冷冷的拒绝。

交流的感情因素决定别人是否愿意同我合作。我们都有过和某些人一见如故的经历，只需几句话，我就知道你要说什么，而你对我的意思也同样心领神会。双方相处得融洽自在，谈话投机，彼此投入。

另一方面，如果双方沟通困难，症状也同样明显。我会坐立不安，极不自在。我说话的时候，你的眼睛却看着别处。你似乎在表明，所有关于我的情况，该了解的都了解了，你不屑于知道得更多。谈话中不时出现尴尬的冷场，讲出的笑话并不逗人发笑，大家勉强笑几声而已。没有哪一方在认真地倾听，双方从谈话中一无所获。假如我不采取措施改变我们之间的交流方式，那么谈话结束时，我只有沮丧、失败的感觉，以后便再也不想见你。这种感受是相互的。

每一次交流都会促使彼此之间形成一种互动模式，这对双方有能力解决日后问题非常关键。母亲大声斥责女儿，可能当场有效，但是随着孩子年龄的增长，母女之间就会逐渐形成隔阂。任何阻碍日后沟通的言语或行为都会给双方带来不利。

沟通不当会危害建立良好合作关系所需的每一个要素。那么什么会妨碍我们在应对分歧时进行的有效沟通？

有效沟通的三个障碍

造成双方交流出现各种各样问题的原因有很多，有些是我们无法控制的，但有些障碍只需稍加努力就能避免。比如：

· 我们认为没有必要交流。

· 单向沟通，只“说”不听。

· 说出去的话自相矛盾。

我们认为没有必要交流

导致沟通不当的最大障碍也许是双方误以为没有必要就某个特殊问题进行讨论。比如，丈夫没有事先征求妻子的意见就做了一个与她有关的决定。他这么做，可能是因为如下原因：

· 没有想到要同她商量。

· 他只考虑了事情本身。

· 他自以为知道该怎么做。

· 他自认为知道妻子的意思。

· 不管怎么说，最后拿主意的是他，而不是他的妻子。

而他的妻子也许希望参与决策，她也可能掌握着一些能改变他决定的信息，或者她的意见与他所想的根本不同。他的决定或许是错误的。但即使他的决定是正确的，并且他猜对了妻子的意思，这种处理方式也仍是不可取的。妻子会对这件事感到吃惊，丈夫因此在她眼里变得不那么值得信赖了。丈夫在事成之后才向妻子宣布，会让她觉得自己不是被说服，而是不得不接受这一事实。丈夫如果单方面做出一个与妻子有关的决定，就似乎在表明，妻子和她的利益、想法都不值得考虑，这就破坏了建立良好关系所需的互相接受的要素。

政府官员们也常常认为没有必要同别国交流。1985 年，美国时任国务卿舒尔茨因为新西兰禁止美国核战舰停泊在该国港口而抵制参加在那里举行的各国外长会议。当时新西兰首相兼外长戴维·朗伊说了一段不无道理的话。他说："要使一个联盟具有长期的生命力，关键就在于各成员能磋商解决分歧。"他并没有坚持新西兰的政策是完全合理的，但是他指出减少沟通并不能帮助解决问题。

单向沟通，只"说"不听

即使我们认识到沟通的必要性，我们也常常认为只要把自己的想法告诉别人就行。然而有效沟通必须是双向的，不光要表达意见，还应当接收意见。倾听对方的看法是绝对有必要的。

有时候我们说话太多，以至于对方无心倾听。比如有对夫妻，丈夫滔滔不绝，妻子则沉默寡言。如果有旁观者突然打断丈夫的话头，问妻子她丈夫在说什么，她可能会说“我不知道”。对付唠唠叨叨的人，最佳办法就是塞上自己的耳朵，没有必要倾听下去。这种交流只是单向的。同这样的人交往就好比同一个喇叭打交道一样困难。

有时双方之间虽有交流，但却彼此忽略对方，这种沟通仍然是单向的。20 世纪 50 年代，通用电气在和它最大的工会组织打交道时，所采取的方式就是抛出一份合同方案，不给对方留有任何谈判的余地。虽然通用电气提出的方案尚能为工人们所接受，公司偶尔也会做出一些适当的修改，但它以绝不通融的姿态亮相，使得公司一旦做出决定就很难再回头修改。工会只得起诉通用电气。法院判工会胜诉，认为有诚意的谈判需要双方乐意接受改变，也就是说，一方不能光表达自己的意见，也应当倾听对方的。

单向交流的后果如同没有交流一样糟糕。就像那位没有征求妻子意见的丈夫那样，如果我们只知道表达自己的观点，我们就丧失了学习和允许对方献计献策的机会，进而打消了对方解决问题的意愿。

说出去的话自相矛盾

有效沟通应当是前后一致的。我今天的表达同我昨天乃至明天的表达应当一致。我说给别人听的和我告诉你的没有两样。我在不同场合的表达和我的言行应当保持一致。自相矛盾的话语会破坏我所要传达的信息，妨碍有效的沟通。

前后不一致会削弱双方建立良好关系的能力。就人际关系而言，如果对方嘴上一套，做起来又是另一套，双方相处起来就会觉得别扭。比如一个信奉正统派基督教的福音传道者和女秘书关系暧昧，欺骗了教会，他因此就给我们留下了表里不一的印象。有些人尚且能忽略一二，但大部分人会对此困惑不解：总觉得有不对劲的地方。苏联鼓吹不干涉主义，却在阿富汗屯兵 10 万；美国叫嚣“绝不为人质交纳赎金”，私下里却同伊朗进行用武器换回人质的谈判。当我们听到如此自相矛盾的信息时，我们会对当事人的真实意图感到困惑，同时也对他的可信度产生怀疑；我们弄不清哪句话是真的，或许这些话通通都是假的。

到头来，双方很难进一步合作，共同解决问题。

交流时言语前后矛盾的现象普遍存在，其原因有三个：我们考虑的利益不同；我们针对的听众是多层次的；我们由于自己互相矛盾的情绪而传达了模糊的信息。

目标各异。我的目标之一是改善和对方的关系，但我还有许多其他目标要实现。因为我的短期利益和长期目标有冲突，执行起来顾此失彼，这个目标和那个利益相互抵触。我的长期打算往往因为短期目标的一时紧迫而被忽略。比如我想做完手头上的一件急活儿，所以对女儿说："我正忙着，别打扰我。"但她可能会笼统地将此理解为我不关心她。如果我当即意识到可能会产生的问题，随即补充道："你能不能过20分钟再来，我给你读你喜欢的故事书？"这就避免了她内心的误解。

有时为了实现某一目标，我们今天说的话可能和明天的不一样，那是因为脑子里想的事不同。比如我愤怒地斥责供货商没有按时交货，本意是希望他以后不要再误期，结果他误认为我不想再用他了。这样他可能不会注意到我随后表达的愿意与他继续保持生意往来的意思。

对象层次各异。我们经常对不同的人说不同的话，这完全是情有可原的。比如一家股份公司的执行总裁在撰写年度报告时就可能会面临这种局面，他得兼顾公司的股东、职员和投资分析家。面对各方，他想强调的内容不尽相同。如果报告说，公司希望在来年降低劳动成本，股东高兴了，职员却不满意。为了顾及各个层面，公司总裁在撰写年度报告时的措辞要相当谨慎。

情绪互相矛盾。假如我告诉下属他们可以随时打断我，向我提出有关工作上的合理建议。就在我宣布这个政策后的一个礼拜，我同老板发生了争执，我非常生气。正好那个早上我的助手向我反映他们对休假安排有意见。尽管我当时耐着性子听他们说，但我脸上难免露出不悦之色。我嘴上虽说："谢谢你们提出不同意见，欢迎随时这么做。"但他们的感觉却大相径庭，他们会认为我心里在想："我脑子里在想别的事，你们别来打扰我。"

其他情绪会进一步混淆视听。因为焦虑或害怕惹怒对方，我可能会兜着圈子说话，而不直接把话挑明。这种迂回的方式会引出麻烦。比如一位职员不敢直接跟老板请假，就故意在老板面前大谈别人休假的情况。如果这两人之间有默契，老板马上就能心领神会，否则他会以为这位职员是在发牢骚，在上司面前说别人的坏话。

情绪在很大程度上决定着我们说话的内容、方式及对他人话语的理解。如果我正在生气、感到愤怒或害怕，我会以自己的情绪来揣测对方的意思。本来简简单单的一句“我打算明天跟你老板谈一谈”，却可能会被当作威胁。沉默不语让人觉得心里有鬼，甚至不回电话也会被认为是对方厌恶自己的表现。

加强交往的三种方式

为了克服有效解决问题的障碍，建立良好的合作关系，我们需要借助一般对策和具体技巧来解决某些沟通方面的问题。这个对策包括以下三个方面：

· 做决定前先征求他人的意见。

· 积极倾听对方的意见。

· 预先设计沟通过程。

做决定前先征求他人的意见

通常来说，如果我们在交往中希望更好地解决你我之间存在的分歧，那么我在做出与你有关的决定之前应先和你商量，也就是征求你的意见。做出决定之后再告诉对方显然是不够的。协商并不要求双方取得一致意见，或者一方放弃决定权。但确实应该将待定的事情告诉对方，征求并听取对方的意见和观点，并在做决定时将这些意见考虑进去。

比如，某家公司总裁面临连续三个季度的亏损。她认为有必要进行裁员，但又担心工会方面通不过。因此，她将工会领袖请到自己的办公室，向他们解释裁员的原因，并说了如下这番话：

> 归根到底，我要对公司和股东负责，来决定裁员的最佳方案。但在做出任何决定之前，我想听听你们关于员工利益的意见，以及不同的方案对员工有怎样不同的影响。同时我还想听听你们对于公司如何进行生产重组以提高竞争力的想法。我们希望生产规模不断扩大，而不是收缩。我不能保证会采用你们的建议，但我一定会认真考虑，如果适用，一定采纳。

这样的协商应成为建立各种合作关系的标准。比如，在安排下个周末的计划时应先征求配偶的意见；美国政府在考虑向海湾派遣舰队时也应当事先与盟国和该地区的友好国家磋商。

先同对方商量，再做出与他们有关的决定，这并不是一条刻板的原则。在有些情况下需要迅速做出决定；有时，一项决定会影响到很多人（比如工厂里的每个员工或城市里的每个居民），在这种情况下，不可能做到事先和每个人商量。我们的决定或许对他人的影响微乎其微，或许透露某项拟做出的决定会招致强烈反对，从而给双方带来很大的麻烦。因此，和其他指导原则一样，协商原则允许有合乎情理的例外。

但如果所做的决定影响到对方，不管对方是家庭成员还是外国政府，先同对方商量再做决定是有积极意义的。也就是说，不管对方是否采取同样的方式，我这么做有利于双方关系，同时也有利于我自己。我们将逐一分析为什么说先征求意见再做决定这种做法对改善良好关系的每个要素都是有利的。

协商有助于保持理智与情感的平衡。我们躲避不了自己和别人的感情，也不应当尝试去躲避。但是我们却能避免不良情绪对双方沟通造成的破坏性影响，以及这种情绪化的沟通给双方关系带来的不良后果。和对方商量的做法给予我们思考的时间，从而降低仓促做决定的风险。

协商有助于促进了解。假如我在做出影响到你的重大决定之前都事先和你商量，久而久之，双方之间的了解就会加深。我让你知道我的计划和想法，同时征求你的看法、观点和建议。我倾听并重视你的观点。这种做法能增进彼此的了解。

协商有助于双向沟通。事先和对方协商的做法给双方提供了交谈和听取对方意见的机会。协商本身即是双向的交流：我告诉你情况，征求你的意见，听取你的建议（如果你愿意提出建议）。单凭一方也能促成双向交流。最佳办法就是征求对方的意见。

协商可以增加可信度。如果我没有事先通知就做出与你有关的决定，你会颇感惊讶。假如这种情况经常发生，你就会觉得我的行为令人捉摸不透，认为我不那么值得信赖。你慢慢地会不信任我，因为你不知道我下一步会做什么。如果我在做决定前先征求你的意见，你对我的所作所为就更有把握，而不会因此吃惊。预先告诉对方自己的计划，并且确保不临时变卦，这样我就能取得你的信赖。

协商可以避免强迫对方接受既成事实。将单方面做出的决定摆在你面前，且不容修改，会让你有种被强迫接受的感觉。事前通知你能避免被认为不可靠的负面影响。为了避免你有被强迫接受的感觉，我还是应当在做决定之前和你协商，给你一个劝说我改变主意的机会。

协商可以建立认同感。良好关系的最后一项要素是互相接受。如果我没有让你参与决策就单方面做出决定，那么在某种程度上，我并没有把你当成我交往的另一方，没有重视你的利益和观点。这样的行为会妨碍我们之间拥有良好的关系。相反，我如果和你商量，就表明我准备和你打交道，愿意考虑你的利益和观点。

积极倾听对方的意见

有时双方打交道，会出现一方说得多、听得少的情况。也许常见的情况是，不管双方讨论得多么热烈，其实没有哪一方是在真正倾听对方的意见。

发现倾听的必要并积极去做。积极倾听对方的第一步：认识到这方面存在问题。如果你发现自己经常主导谈话，那么克制自己。问你的朋友或同事，他们是否觉得你说话太多，而听得太少。试着记录并比较一下自己说话的时间和倾听他人说话的时间。

第二步：抽出时间，创造有利于听取别人意见的机会。比如，一些婚姻咨询专家建议他们的客户签一份“听取对方意见的合同”。每对夫妻同意在一段时间内，不去打断对方说的话。即使没有这样的规定，自我约束也能起作用。

我们常常想到什么就脱口而出，避免说话过多的办法是，说话要有的放矢、不跑题。

让对方参与谈话。虽然一言不发有时也是必要的，但积极倾听对方不光是坐在那儿。更重要的是创造条件，抛砖引玉，让对方参与到谈话中来。在我们开始交谈时，我们可以使用一些技巧来建立和谐的气氛。我们可以在语速、音量和语调上与对方协调一致。话题的拘束与随意，语气的紧张或放松也可以相互配合。双方可以并排坐下来，手里拿一摞纸、一张表格或其他象征性的东西代表面临的问题，在这个问题上共同合作。我们可以事先多多了解对方，这样对方可以从我们的问题中看出我们的真心诚意。

我们可以通过一系列技巧来理解对方想要表达的具体内容。比如，用短促的感叹词表达理解对方所说的要点；用自己的语言将对方的话重复一遍，以确保自己的理解是正确的；做一些笔记；不断地接触对方的目光；追问一些后续问题；等等。重复那些出乎自己意料的话语是非常有用的，否则我们会记不起它们，而又回到原先的看法中去。仔细倾听对方，了解情况，能帮助我们改善日后的关系。

询问。无论我对你的谈话有多敏感，除非我对你有所了解，否则我还是不能完全理解你的意思。我们在讲话时，往往以自己特有的语言传达思想，或者将讲话的重点放在自以为大家都掌握的信息上，而事实上对方并不知晓。正如要理解对方就需要沟通一样，沟通也需要我们理解对方的思维框架和文化。

有效的双向交流在跨文化交际中是必不可少的。人类学家在研究某个原始部落时，往往需要先在那里住上几年，学习当地的语言和习俗，这样他才能真正开始理解自己的所见所闻。人类学家明白仅掌握语言是不够的，只有了解了文化背景，才能理解人们的谈话和行为方式。我们不可能了解所有的文化，然而对一国文化和历史知道得越多，我们就越能理解该国的外交政策和公开声明。

通过问自己对另一方的了解究竟有多少，可以看出我们是否已经充分倾听了对方的意见。我们是否了解自己的朋友们对当前的政治、社会问题和艺术的看法？我们是否清楚在他们的生活中重要的是什么？职工对工作日程安排或对他们的福利是否满意？墨西哥政府是怎样看待美国新移民法的？如果我们面对这些问题，特别是面对双方存在分歧的问题而不知所措，那么我们也许应当更仔细地去倾听别人。

表述清晰、明白。如果我们的交流确实是双向的，那么对方自然要弄明白我想表达的意思。我虽然不能强迫对方理解我，但我还是可以想些办法使对方更容易明白我的意思。

谈自己的看法。一般说来，我们应该采用第一人称语气说话，谈论自己所观察到的、自己的想法和担心发生的事情，避免以对方的口吻说话，揣测他们的动机或想法。比如，“我觉得受到了忽视”这句话远比“你忽视了我”更有效、更具积极意味。

使用简洁词句，并适当停顿。无论这种可能性有多小，我的每一句话都有可能遭到对方的误解。我可能讲得词不达意，措辞模棱两可，忽略了核心问题，使用了生僻词句，等等。话说得越长，产生误解的可能性就越大，而一处误解有可能影响我所表达的其他要点。若要减少这种情况的发生，我们就应当避免发表长篇演说，将复杂问题分成小块加以解释，鼓励双方交换看法，并且稍做停顿，使双方有时间消化刚才所讲的内容。如果我有几个重点要谈，我可以逐一提及，给对方机会确认他已明白我的意思。

帮助对方成为积极听众。我们可以让对方用自己的语言复述我们说过的话，以确认他们的理解无误。如果对方没有明白我们的意思，我们可以给予更详细的解释，帮助对方了解我们说话的内容和背景。

设计沟通过程以避免自相矛盾

如果我们想要改进沟通过程以使双方能有效地解决问题，那么我们首先需要考虑的是：我们为什么要进行沟通，需要了解和传递什么样的信息，使用何种渠道，选择哪种场合，如何进行沟通，等等。然后，我们去贯彻自己设计的方案，看看结果如何。

明确目的。由于我们的利益常发生冲突，我们所表达的想法也难免自相矛盾。一位职业女性希望自己事业成功，同时她又想做全职母亲、当作家、做个好妻子、成为出色的公众领袖。当她向家人和同事表达她的真实想法时，她所担负的不同角色会使她想要表达的意思相互干扰，显得她有些言行不一。

坦诚面对自己的矛盾情绪。即使我们愿意同对方建立良好的合作关系，我们所传递的信息也往往会与我们的目标不吻合。生活错综复杂，我们也不是圣人。有时我们的想法和所说的话南辕北辙，或者我们为了替自己辩解，会说一些事后后悔的话。不管是受什么原因驱使，我们难免会说些自相矛盾的话，正如那首前言不搭后语的旧儿歌一样：

妈妈，我出去游泳好不好？

好的，宝贝女儿。

把衣服挂在小树枝上，

可千万别走到水边去。

我们也许做不到保持自己目标的一成不变，但至少我们可以避免沟通上的前后矛盾。最好的办法是明确自己的目的，开诚布公并清楚地把自己的意思表达出来。如果拿不定是同爱人一起出去吃晚饭还是待在家里陪孩子，就不要分别向他们做出不同的承诺，而应直接告诉他们自己的矛盾心情。同样，一家公司的管理层在处于两难境地，一方面要降低成本，另一方面又要避免裁员时，如果开诚布公地把问题说清楚，就能帮助公司处理好同雇员之间的关系，这比只对每一个人说他想听的话强得多。

将长期目标变为短期行动。有时我们会觉得同对方保持良好关系固然重要，但眼前的情形更为紧迫，这时我们就需要将“加强关系的沟通”提到日程上来，使“固然重要”变得更加紧迫。在某些文化中，比如在阿拉伯国家，人们自然而然地把建立人际关系看得很重。决定和某人做生意如同与某人结成伙伴关系或婚嫁大事那样重要。而在美国和世界上许多其他地方，除了求婚这种情况，建立人际关系只是一个长期目标，经常让步于短期利益。

要将长期目标同眼前利益紧密结合起来，最佳办法是制订一个针对长期利益的近期行动计划（如果 50 年后橡树木材会紧俏，那我们明天早上 8 点起来就开始种橡树吧）。同样，为了确保发展长期关系的目标不被淹没在自相矛盾的信息中，我们应当制订一项短期计划来反映长期目标：为了改善关系，我们应当清楚在什么场合说什么话，由谁去说，对谁说以及如何说。我们可以从沟通的角度来审视实现良好关系的每一项要素，比如，我最近应该说些什么来加强相互了解，使对方觉得我更值得信赖、更容易接受我。通过沟通，我们可以将加强相互了解等模糊、抽象的概念变为短期行动计划。比如，在同你打交道的过程中，我觉得我对你的目标还缺乏足够的了解。为了以实际行动改变这种状况，我应当问自己今天怎么和你进行沟通，或许我应当邀请你明天早上 8 点共进早餐。

利用私下场合解决听众层次不同的问题。同时面对不同层次的听众讲话，所要表达的意思难免会产生混乱。比如，美国总统发表一项公开声明，名义上针对苏联，但他同时意识到其他人也会听到并且注意到他所说的话，如：

· 国务卿和国防部长。

· 参议员和国会议员。

· 为晚间电视新闻选材的人。

· 大批美国选民。

· 美国的欧洲盟友。

通常，一项声明可能只针对一两类听众。但是为了满足所有听众，总统演讲稿几经修改，最终可能对所有人来说都显得含糊其词。更糟的是，随这个演讲一块儿出现的可能还有许多背景报道以及对不同官员的电视采访，他们发表意见时针对的是不同的听众。这样，总统最终实际传达的“信息”可能无法实现改善对苏关系的初衷。

在多层次听众共同关注某项决定的结果时，较明智的做法是建立私下解决问题的机制，减少决策过程中的公众讨论。例如，作为美国和苏联之间军控协议的一部分，这两个超级大国决定建立一个不公开的常设磋商委员会来私下解决协议的遵守和执行问题。这个委员会虽然不是一个完善的机制，但是在若干年中一直能够解决手头的问题，而这些问题如果不解决就会影响两个超级大国之间的关系。这个委员会给美国和苏联提供了单独交流的场所，使两国不受外界左右，直接沟通。

在各层面的交往中，避免多层次听众、增加一对一的私下交流能减少混淆不清的状况。同样的原则也适用于家庭成员。如果妻子在场时你无法直接和妻子的母亲沟通，那么不妨考虑两人单独吃顿午饭。三个人的交谈和两个人之间的交流，其差别是巨大的。三个人在场时，每句话针对的是两个人。对妻子母亲说的一句话，妻子如果在场，就必然会有所反应并做出回应，要么她就会试图改变话题。

事先计划，减少情绪干扰。总体而言，制订计划能增强信心，减少对沟通抱有的不安情绪。

制订计划解决棘手问题。事先把将要发生的事情分析一下，能帮助我们打消自己的疑虑，减少对另一方过多了解自己“底牌”的担忧。比如，假设我正和房地产商商议购买一套我非常想要的房子，我甚至愿意出比市场价高得多的价钱。我担心对方会让我报我能出的最高价。为了应付这一问题，我可以按以下方法来准备：

我要好好掂量掂量这件事。你也许能说服我这套房子比我所想的更值钱。但如果你一心想知道我能出的最高价，那我肯定会报一个很低的价，不能让你那么容易就探得虚实。这么说吧，我喜欢这套房子。在我经济能力允许的范围内，我愿意出它所值的价钱。我们现在就来谈谈它究竟值多少钱。

我并不需要记住这几句话，但应对方法已想好，为此我不用担心要我出最高价的事了（或者，如果我是房地产商，我就不用为报价低而不安了）。同样，如果害怕泄露敏感信息，我可以事先准备好一套安全方案来处理该问题。

准备以诚相见。为了解对方，我一定希望对方能多谈谈自己。如果我事先了解到困扰你的问题或你不愿谈及自己的原因，那我应当知道我该说些什么以使你在与我交谈时放松自己。我可以吐露一些我自己的个人隐私，如果对方也愿意敞怀，我就洗耳恭听。比如：

两年前我跟我的丈夫关系紧张。我当时受到了很大打击，以至于早上懒得起床，不再锻炼，饮食失调，也不再和朋友们来往。但经过几个月的治疗，我感觉好多了。

在很多场合，比如面对一位刚离婚的朋友，我能预料到双方的交流会在很大程度上受情绪影响。如果我预先想到会出现的情绪波动，想好自己所要了解的情况和自己想要表达的意思，那么将有助于促进双方的沟通，有利于共同解决实质问题。

设计沟通场合和沟通方式。如果双方关系紧张，那一定是沟通出了问题。为了避免出现僵局，我们不妨事先创造一个有利于双方畅通交流的场合。

这样的场合应当是中立的，有助于创造安全、平等、相互尊重的氛围，从而消除焦虑不安的情绪。一个熟悉的地点和环境，能帮助人们以友好的态度和就事论事的方式去处理原本会造成情绪冲突的问题，并且有助于提高沟通的质量。定期定点和适当的处理方式将很有裨益，比如工会和资方管理层经常建立委员会来处理工人的不满情绪，两家合作公司有时会分别指派专人来共同处理双方之间可能发生的纠纷。夫妻之间也不妨在每周抽出固定时间说一说各自的安排或谈一谈攒起来的问题。有对夫妻决定去附近一家超市的肉食区讨论他们的所有分歧，因为他们俩在那儿解决过重大分歧。对他们来说，那种场合有一种“合作气氛”，双方都能保证不发脾气。看到分歧并为之采取应对措施，能在某种程度上消除妨碍双方有效沟通的负面影响。

即使我们不愿为讨论敏感问题准备一个特定场所，我们也仍然可以规定一些基本原则，使双方在心理上都感觉更安全。有分歧时，争执双方可能没有人会愿意首先提出建议，唯恐这被当作一种承诺。碰到这种情况，指定某个时间和地点专门用来提建议，也许是个不错的想法。当事任意一方都可以在此提出建议或最不切实际的想法，而不用担心你的建议会变为承诺或日后你要为此承担责任。

实践：从双方关系的大局出发进行沟通。虽然我们尽可能细心地设计沟通过程来改善双方关系，但我们仍难免会出差错。如果我们把握好沟通方式，并采取措施纠正错误，我们会逐步做得更好。

假如改进美苏关系是美国外交政策的首要目标，那么美国不妨为此指派专门官员，甚至级别不一定很高的官员，来做促进双方沟通、改善关系的工作。他可以构思一个计划，提出实施建议，关注政府中其他官员的言行，确保他们的言行尽可能一致，并与长期目标相符。他还可以为改善双边关系提出建议：建立什么样的交流渠道？安排何种场合进行双边磋商？双方可以在长期沟通战略的框架里讨论短期目标。在此基础上，美苏两国可以建立联合工作小组，制订方案以加强两国政府的有效沟通。

类似企业和工会那样的较小机构，也能从缜密安排的沟通方案中受益，改善它们的关系。即便是办公室里的两个同事也可以就沟通问题做一番计划。这个计划也许就是张简单的一览表，例如表 6-1。

表 6-1 如何同新来的财务经理搞好关系？

1. **接纳**。让她觉得她就是团队的一分子，我对她的观点很重视。
2. **交流次数**。每天同她交谈。
3. **沟通对象**。同她交谈，而不是谈论她。如果我想和别人谈论关于她的事，那我就找时间和她本人谈谈。为将来定一个目标。就她的业绩给她正面反馈。
4. **倾听**。她有什么想法？把自己的观点告诉她，询问她对同一件事情的看法。她能否理解我的顾虑？请她把想法说出来。
5. **精选时间**。时不时抽出一整块时间，比如和她一起吃午餐，从容不迫地和她讨论她的想法。
6. **征询意见**。在做出任何和她有重大关系的决定之前，征求她的意见。用我的话重复她的意思，以确保她知道我在倾听她的意见，而且我对此很重视。

沟通是建立良好合作关系的有效途径。无论我们目前的沟通多么有效，毫无疑问我们还能更上一层楼。常见的

妨碍有效沟通的因素有：误以为没有交流的必要、进行单向沟通、传达的信息自相矛盾等。这些障碍都可以通过精心设计和倾听来消除。但是，最简单有效的办法是和对方商量。切实地和对方商量，在做决定之前征求对方的意见，并且细心倾听。

第七章

可信度：害人之心不可有，防人之心不可无

信任通常被认为是实现良好合作关系最重要的因素。如果高度信任对方，就可以毫不怀疑地接受对方的观点，相信对方的承诺。金融机构和经纪人仅凭信用就在每天成交数千宗买卖，他们只不过匆匆握一下手或在电话里交谈几句。同样，两国政府之间的信任使它们相互依赖对方的军事和经济支持，而奉行各自的经济和社会政策，否则一切都行不通。

反之，极度不信任会导致摩擦，使问题难以解决。如

果我不信任你，我也许就根本不愿意和你打交道。我可能认为凭自己的力量解决问题比和你一块儿干安全得多。如果你说的每一句话都与实际不符，我怎么能和你协商？如果我不能指望对方遵守协议，我为何还要费劲去达成一项协议？事实上，我们都能认识到相互信任的价值和彼此猜忌的代价。

大多数人际交往都在完全信任和极度猜疑两个极端之间徘徊。几乎在所有情况下，双方都愿意看到彼此拥有更多的信任。但如何才能增加信任，我们对此并无把握。

信赖和怀疑是两种思维方式。有时我们认为，和别人交往的目标就是完全信赖对方。这种想法其实是很危险的。我们需要的不是纯粹的信任，而是有根有据的信赖。只追求一种理想的状态是不够的。我们应当在一定基础上信任别人，并且保持适度的怀疑。

对方对我的怀疑，有些是我的某些做法引起的，有些则与我无关，是对方本身的想法。为了让对方更有理由相信我，我应当增加自己行为的可信度，并努力使对方更准确地理解我。同样地，我对你的信任一方面依赖于你的所作所为，另一方面也出于我对你的看法。因此，我们可以制定一个为了改善关系的切实可行的目标，每一方都可以无条件地实施。这一目标应是：

·高度信任彼此的言行。

·准确评估信赖对方所要承担的风险。

本章的第一部分探讨我们自身的可信度——哪些行为会导致对方的不信任，我们能如何改进。第二部分讨论对方的可信度——对方的哪些言行会招致我们的怀疑，我们该怎么做。第三部分会就滋生猜忌或增强信任的原理做一番简述。

自身的可信度

自身的言行：可能造成对方不信任自己的原因

我们在考虑信任问题时，通常会考虑对方是否值得信任。在任何人际关系中，只有一个人我可以有效控制，并可使其更值得信赖，那就是我自己。最容易改变的是自己的行为。

我们的行为反复无常吗？无法取得别人的信任通常是因为行为捉摸不定，这是由多方面原因造成的。我在不同场合有不同的做法，这与谎言和骗术毫不相干，然而却会使别人觉得我难以捉摸。从这种意义来说，没有人会信任天气预报员。我们不怀疑他的真心诚意，他肯定在气象图上花了不少工夫，也绝不会蓄意欺骗大家。我们只是不能完全相信天气预报员的预测。同样的道理，我们也不会完全信任指点该买哪只股票或预测股市走势的经纪人。在这两种情况下，他们面对的都是难以预测的事情。

人类的行为也同样捉摸不定。即使是我们自己有时也会为自己干出的事大吃一惊。时间的推移、新的思维和情况的变化，都会使我们做出几个星期之前想也想不到的事情来。我自己尚且如此，你就算再了解我，也不能准确预测我以后的行为。

双方沟通是否不经意？有时我们随便说了一句话，别人却当了真，这也会破坏我们的可信度。你问我什么时候回来，我回答说："11 点应该到家了。"你可能当了真，计划 11 点半跟我谈某件事。我却认为我只是尽量估计了大致回来的时间，并没有做出承诺。不管你的理解是否合理，我的沟通显然有问题。如果我经常不把自己说的话当回事，你却总以为是说定了，那么几次之后，你完全有理由认为我这个人不可靠。

我们是否没把明确的承诺当回事？即使做出承诺，对方也明白无误，但这里仍然会有问题。因为有些人很重视信守诺言，有些人却不怎么把它当回事。这时，问题并不在于是否故意欺骗他人，而是无法了解别人现在对问题的看法以及将来的思维方式。每一项承诺都有其暗含的条件。我和你约定星期二一起吃午饭，这是一项承诺，但是如果有什么在我和你看来非常重大的事情发生，那么任何一方都可以改变决定。比如，你病了，总裁召你回华盛顿，或者其他一些难以预料的事情发生了，你都会取消这个约定。

我们靠不住还是没有诚信？如果我故意误导你或对你撒了谎，那你完全有理由不相信我。欺骗的方式有多种：我可能撒谎；我答应了某件事却根本不打算履行；我说出的话表面上是正确的，实际上却是故意误导他人的。我这么做可能也有我的苦衷，也许我事先答应过别人要保守秘密，或者只是不想让你难堪。也许我撒谎是为了掩盖自己的失误或错误："打了好几次电话都没有通"，"支票已经寄出了"，"对不起，没收到你的留言"，"我肯定锁门了"。或者我故意让你掉进我设下的圈套，使你日后上当。

一句谎言能招致很大的不信任。我说过的一百句话里哪怕只有一句是假的，你也会因此而完全不信任我。除非你能摸准我何时说真话，何时不说真话，否则一旦发现我稍有假话，你就会全盘否定我的言行。

以诚取信

取得别人的信任符合我的利益。如果我值得对方信任，那么不管对方是否同样值得我信任，我的言行都肯定会减少争端。我没有欺瞒你，你就没有理由生我的气，而反过来欺骗我。如果我诚信可靠，你也知道这一点，我的话对你的影响力就更大。你会更加看重我说话的真实性和做出的允诺，你也没什么可疑神疑鬼的，双方能更好地解决问题。

以诚实可信的态度对待即使是靠不住的人，其中的有利之处可以从母亲和孩子之间的关系中得到诠释。孩子在小的时候是靠不住的，容易说假话，答应的事转眼就忘了。即便如此，母亲越值得信赖，她就越能影响孩子的行为。孩子会相信她，把她的话当真。如果孩子同样靠得住，事情当然就好办多了。但无论孩子说话是否算数，母亲的可信度越高，其在孩子心目中的影响力就越大。

当我决定和某人处好关系，使自己在对方眼中更具可靠性时，这事做起来其实并不难。只要记住四个法宝就行了：靠得住、不含糊、守信用、重诚实。

靠得住。如果我们做事让人摸不着头脑、犹豫不决或时常出岔子，我们就该注意了。我们需要给自己制订计划或者调整一下自己的活动重心。即使我们无法预测自己的行为，我们也仍然可以遵行可靠的决策程序，帮助朋友们摸准我们的行为。一桩刑事案件的审判结果虽然难以预测，但其审判程序是既定的，这就增强了公众对审判结果的信心。

做决定前的咨询（第六章详细讨论过）是一个帮助他人了解情况的过程，同时能增加行为的可靠性。联邦德国前总理赫尔穆特·施密特在回忆录里谈到美国前总统杰拉德·福特是如何利用咨询来增加别人对他的信任的："德国认为，在他（福特）的领导下，美国成为北约组织更可信赖、更靠得住的成员和领导者。福特从来不会出乎我的意料，事先不商量就做决定。"

不含糊。如果我们不打算做出承诺，我们就应该小心谨慎，不要使用容易让人误解的语言。通常我们可以明确表示自己并没有承诺什么。例如，我拿不准什么时候能完工，我就不应该说"11 点应该能到家"，而应该这么说："我说不准。假如一切顺利，11 点也许能到家，也许还要晚一点儿。”如果我把自己的意思表达清楚，对方就不会误解了。

守信用。我们自己说话算数，别人也会当真。要想增加自己的可信度，最简单的办法是少做承诺。其次，虽然有些难度，但只要做出承诺，不管它看起来有多么不重要，都要不折不扣地去履行。罗伯特·麦克纳马拉任美国国防部长时，他保证每次会议都按时到场。在小事方面如此守信，这是有目共睹的，因此他赢得了很好的声誉。在大事上人们同样相信他的承诺，即使这些承诺不容易被证实是真实可靠的。

重诚实。诚实对建立良好的合作关系来说是不可或缺的。它的唯一代价是通过欺骗可能获得的一次性眼前利益。玩弄欺骗手段不可能打造合作关系。一次欺骗就足以使双方不能建立迅速有效地解决各种问题的机制。

诚实并不意味着毫无保留。不能做到完全公开的地方要明确指出来，并给予一定的解释。总的来说，交往双方的坦诚有助于解决问题和消除分歧，但保密有时也是必要的。妻子可以很诚实地告诉丈夫，她和客户之间的谈话是保密的，他们的名字也不能透露。

市长当然知道对市民采取透明公开的基本政策，能帮助其赢得信任，从而提高办事效率。但是，如果他解释说他不能公开本市便衣警探的数量、他们的名字和巡逻地点，也没有人会怀疑她的诚信。一国政府也不会因为没有公开秘密情报，如军用代码和军事计划等，就丧失可信度。最佳原则就是，该诚实时要诚实。

对方对我方行为的评价：他们是否曲解了我们的可信度？

无论我们是否值得信赖，别人看问题也许往坏处看得多一些。我们说话稍有失误，做事略有不慎，他们就会夸大其词。再加上偏见作怪，情况会更加糟糕。比如，我把车借给你，但要求你在还回来之前加满油。你在星期天还车之前花了一个小时找加油站，却徒劳而返。最后你给我留了一张感谢条，并道歉说没有找到加油站。我可能会怀疑你只是找了一个借口，不相信你的话。而你却认为自己已经尽了力，没有想到我会怀疑你，也就没必要再向我做进一步解释，消除我的疑虑。我对你形成的坏印象完全有可能影响到我和你日后的交往。

我们对自己的行为总是非常宽容大度。这不仅体现在小的失误或错误上，在蓄意欺骗、不诚实和不遵守诺言的时候也是如此。别人对我的不信任基于事实根据，我自己却不愿意承认。我也许能够清楚地解释不相信对方的理由，却说不清自己为什么无法取得别人的信任。别忘了我努力使自己的行为更可靠，就是为了改善对方对我的印象。

有些人认为他们从不承认错误或从不向他人道歉，因而能获得好名声。如果我做错了事却满不在乎，那我只会损害我在他人心目中的可信度。例如，你是我的新房东，我应在每月的第一天向你交房租。头四个月，我每次都晚一个星期左右才交房租。你打电话来说这件事，我的回答则是：“一两个星期没什么大不了的。”你很可能会加深对我的坏印象。不把自己的错误当回事会破坏一个人的名声。

另一种破坏信誉的行为是不和对方商量，单方面认定自己做出的承诺的含义。比如，我告诉妻子晚上 7 点回家吃晚饭，若有变化会打电话。星期六晚上我 7 点 45 分回来了，我可以辩解说，“显然” 7 点的约定只限于平时，星期六晚上我要去看棒球比赛，不算在内。表面上看，我是在维护自己的诺言，实际上我却破坏了它。我还不如索性承认可能发生了误会，向妻子道个歉，并表示将来碰到类似的情况时会说清楚。

帮助别人相信我们的行为可靠

以诚实的态度谈论自己的行为能获得别人的信任。开诚布公地讨论在别人看来与先前承诺相悖的行为能提高自己的信誉。比如，供货商在处理未按时交货时的诚实态度能增加人们对他的信任：

> 我们保证过会在阵亡将士纪念日前交付那批夏季家具。我突然想到今年纪念日是5月25日星期一，而不是以往的5月30日，你一定认为我们会在5月23日星期六前交货。5月23日前的交货时间对我们来说太紧了，但5月27日肯定没问题。我向你解释一下，希望你能谅解。

以上这个例子说明，在事情发生前诚实地去面对，是极其重要的。如果履行诺言有困难，那就应尽快让对方知道。告诉对方问题所在，让对方不要着急，并告知对方你正在想办法解决问题。这样做无形中会增加别人对自己的信任。如果我没来得及完成客户的活儿，害怕客户打电话来，我就应当采取主动，先打电话给他，告诉他未来得及完成他的活儿，并告诉他大约能完成的时间。

通过自身努力，我能使自己的行为变得更加可靠，也会让对方这样认为。在加强自身可信度的同时增加别人对我的信任，这种做法是非常积极有益的。不管对方是否努力获得我的信任，我的表现对双方关系和我自身都大有益处。

当然，我也希望你值得我信赖。为什么我会认为你靠不住？我该对此做何努力？

对待对方的可信度

对方行为：是我们助长了他们的不可靠行为？

首先我们需要承认，仅凭自己的力量使对方的行为变得可靠是难以实现的。我们能主宰自己的行为，但无法控制别人。但是如果一味认为对方不可信任，那就会阻碍双方交往关系的发展，因此绝望、放弃是错误的。我们能影响别人的行为，使其往好的方向发展。在如何看待信任别人所要承担的风险以及如何应对这些风险方面，我们能做的有很多。

正如我的行为在某种程度上造成了你对我可靠与否的评价，如果我不信任你，那么你的行为同样也能印证我对你的看法。而我本人有可能在一定程度上造成了你的不可靠。

我们太轻信别人了？我们经常在不该轻信别人的时候过于轻信别人。在办公室里把钱随处乱放会诱使别人顺手牵羊。商界早就认识到了审计的作用。美国海关知道，如果太相信入关的旅客，比如让他们知道没有边境检查，那么有许多人就不那么令人放心了。同样，州警也清楚，如果没有警车巡逻，即使是遵纪守法的美国公民也容易超速。

在家庭中，细心的父母发现，不教孩子规矩，放任自流，任他自己监督自己，这种过分信任孩子的做法只会适得其反。同样的道理也适用于生意场上和其他关系。

在国际军控协议谈判中，人们普遍认识到过于信任别人是很危险的，因此非常注重对协议遵守情况的核查。有时，即使条款明显对两个超级大国都有利，它们之间也无法达成任何协议，就是因为双方都担心自己过分相信对方。这种立场可能很极端，却也不无根据：物极必反。

我们是否疑心太重？大多数人都认识到轻信别人的坏处，却往往低估了过分不信任别人的危险。父母如果事事都帮孩子做好，不让他承担任何风险，那只会削弱孩子的责任感和可信度。如果孩子每次过马路时都有人帮他注意两边过往车辆，他自己当然就不会注意了。上司管下属管得太严也不好。一些工厂里增加了质检员后，工人对质量的态度反而变得马虎了，因为他们觉得注重质量“不是自己的事”。

完全不信任他人无形中破坏了他们的可信度。不承担任何风险也是危险的。应该相信对方多少才算适度是另一个问题，我们在下文会提到，但是必须认识到过于轻信或怀疑都是有害的。

无论别人怎么做我们都不满意吗？经常指责对方不可靠是常有的事，这往往反映了一种双重标准。我们容易原谅自己和朋友，对别人却不宽容。

如此经常性的指责真实地反映了我们的偏见。如果希望同对手发展更好的关系，批评他们靠不住显然不能使他们变得更可靠。将别人“一棍子打死”（“我们根本不能相信苏联人”）不会激励他们重诚实、守信用，只会让他们破罐子破摔。如果苏联人不论做什么都会遭到攻击，那么他们就会认为：“我们何苦努力遵守某项协议的技术性条款，反正无论怎样美国人都会说我们不遵守协议。”

攻击别人的可靠性，过分指责对方行为的不忠，会在多方面影响双方建立良好的关系。首先，正如上文所说，无端指责会使对方觉得没有必要注重诚信（反之，私下讨论自己的顾虑，坦率交换意见，能起积极作用）。其次，当众指责对方不可信赖会激起对方反唇相讥。双方互相谩骂，到最后没人能落个清白。

过分指责也会降低统一标准。错误地认为“别人都这么做”，到头来可能自己却不知不觉陷了进去。20 世纪 80 年代，华尔街一度盛传有些交易所暗中进行幕后交易，其他人也跟着做。随着谣言的流传，越来越多的人进行这种不诚实的交易。最后，甚至最有声誉的交易所也被卷入了这种非法行为。

帮助对方建立可信度

尽管我们能力有限，但还是有些可行的办法能使对方变得更加诚实可靠。

不要轻信别人，以减少风险。能够信任别人自然令人愉快，但轻信别人则是严重失策。过分依赖“纯粹的信任”往往会导致事与愿违。无论某住户的信用记录如何，银行在给出大额借贷时都会要求以房屋作为抵押。聪明的房东会要求房客交押金。抵押能减少违约的损失。更重要的是，它能阻止违约情况的发生。

给对方应有的信任。如果我没有充分相信对方，那么问题在于我害怕承担风险，而不是你不可靠。不论你驾车的技术有多高，我自己开车总觉得放心些。即使你已经很仔细地锁上了后门，我还是要再检查一遍。总之，我宁可不相信对方，也不愿冒任何风险。

无论出于什么原因，我没有给你应有的信任，你就会心有怨言，表现得不那么诚实，或者两者兼有，这不利于双方合作。为了减少这种情况，我可以向你解释我的顾虑，倾听你的观点，找到一个平衡点，既消除自己的担忧，又给你应有的信任。我的目的是以充分的理由信任对方，并以此改善对方的行为，使其更有可信度，同时让对方知道我在这方面所做的努力。

奖罚并重——不失偏颇。我们的言谈会影响别人的行为，如果我们能掌握好褒贬别人的尺度，我们得到的效果就会更好。人们如果知道他们的诚实可靠被看重，便会更加以诚待人。因诚实而获得赞赏，其成就感远远超过不守诺言而得到的满足感。

一项有力的批评，无论是正面的还是负面的，都应当是公正、准确和就事论事的。如果你从我那儿听到的唯一正面反馈就是“干得不错”，那你自然会怀疑我的诚意，或许你会认为我夸奖人是出于某种习惯性的策略，或是出于某种别有用心的动机。假如我具体说一下自己的看法（“季度报告写得很好。你对公司产品结构的变化做出了清晰、简明的分析，有利于我们的长期规划”），你就能理解我为什么会给出这样的评价，以及我希望你将来在哪些方面应再接再厉，哪些方面需要改正。

如果我们的正面反馈是公正、准确和具体的，那么负面反馈（同样公正和明确）就会起更有效的作用。假使我只会批评你，你就会认为我这个人天生只会挑剔，或者我对你有成见，你会的行为跟我如何评价你根本毫无关系。甚至你认为我这么批评你肯定出于政治目的。无论你怎么解释，你都不太可能接受永远是负面的批评。

把错误行为看作共同问题，而不是把柄。批评别人时往往会翻出陈年旧账，弄得双方相互攻击。要改善关系，我们就应当把每一次违约当成未来要解决的问题，也就是双方交往中存在的问题。亡羊补牢，未为晚也。我们还应当注意：

· 凡事向前看，不要向后看。

· 就事论事，不要一概而论。

· 对事不对人。

如果你跟我约定一起吃晚饭，结果你晚了一个小时，我可能会就此判断你的行为，得出这样一个结论：“又晚了！难怪没人相信你。”另一个办法是我心平气和地说明我的想法和考虑，并询问你将来如何处理守时的问题：

> 我已经等了一个小时了。发生了什么事？如果我们能把时间约好，我就能更好地安排自己的时间，也不会为类似的问题而烦恼。也许我请你的时候没有说清楚。我是不是应该事先跟你确认一下时间和地点？或者你如果要晚到，能不能打个电话给我？你觉得呢？

每次发生令人不悦的事件都给双方提供了合作的契机，一方面能解决手头上的这个问题，另一方面也能防止以后类似事件的发生。

我们对他人行为的评价：我们看错了？

在和别人打交道时，是否信任对方不仅取决于对方的实际行动，也取决于我们对他们的看法。事实上，不管你的行为有多么可信，我的偏见都可能会加深对你的不信任。

我们是否误解了对方的行为？我们往往容易怀疑别人。

病人不相信医生，选民不相信政客，几乎没有人会相信律师。疑心容易产生，却很难消除。在谈判技巧练习中，参与者（一起工作的总裁、工会成员、学生和其他一些人）分成若干小组待在不同的房间里，每个小组几乎马上就会开始把其他小组往最坏处怀疑。不管他们出于何种原因去怀疑别人，怀疑的程度都显然被夸大了，远不能以对方的行为来做合理解释。

但是，人们有时又太轻信别人。有些人看到朋友坦率的笑容、悦人的举止，或仅仅因为交往时间长，就相信对方的真诚。骗子就靠欺骗轻信的人为生。有些政客和警察既不正直又无能力，却受到人们的信任。银行、商店、企业因为信任一些不该受到信任的职员，每年都会因为各种贪污事件而损失大笔钱财。

互不信任固然影响双方解决彼此之间的分歧，但是相信不该相信的人同样不能解决问题。

我们是否混淆了不同种类的不可预测性？不信任的概念非常笼统，我们因此会辨别不清其中的差别。如果对方的行为让人捉摸不定，那我们可能会认为他不值得信任，随之，我们会开始怀疑他是否诚实。一旦开始从诚实的角度看待问题，那就没完没了了。我们把所有的“信任”问题归结为一个原因，并用它来解释各不相同的情况。一家公司可能出于不可避免的原因送货送迟了，客户便开始怀疑产品本身的质量，甚至怀疑公司的雇员是否诚信。不信任具有传染性。因此有必要分清造成问题的不同原因。

互不相容的意图。当我表示不信任哈里时，也许只是因为我们俩竞争同一个职位，我可不敢认为他对我是善意的。一家美国公司的总裁表示他不相信日本人，他的意思可能是一家日本公司正跟他的公司抢占市场份额。

健忘。总的来说，儿童没有成年人可靠：他们保证过的事不一定做得到，或者当他们的注意力被其他什么事吸引过去时，他们转眼就忘了。成年人中也不光是心不在焉的教授才不可靠，有时就是因为健忘。工作一忙起来，就难免会记不住约会、账单或其他一些琐碎的事情。

捉摸不定。一些人的生活按部就班、有条不紊，另一些人却随心所欲、变幻莫测。我们总认为第一种人比第二种人更可靠，但事实上后者可能同样或者更重视自己做出的承诺。

我们看重道德胜过风险？在决定是否信任某人时，比如，在是否借钱给他这个问题上，我们通常会看重对方的人品。这个人是好人吗？这个问题虽然重要，却不应当是决定性的。好人也会破产。如果我最好的朋友无法偿还欠我的债，那我遭受的损失将无法挽回。即使我对借款方的品行知之甚少或一无所知，但只要票据有抵押，那么这就仍然是好的投资。是否信赖借款人、孩子或盟友，取决于对利益和风险的分析。我们在选择和谁打交道以及衡量承担风险的大小时，品行端正是一个重要因素，但是它绝不应成为信赖的必要或充分条件。

信赖基于风险分析，而非品质

判断——准确了解对方行为。不论对方是否可靠，如果我们能预知他们的行为，双方就更容易解决分歧。过于信任或怀疑对方都会影响双方的合作。为了准确预知对方的行为，我们有必要从现实角度分析他们的利益、言谈、承诺和过去的行为模式，尽量不要加入自己的偏见。以下是衡量对方是否可靠的几个原则，暂时称不上一个面面俱到的体系。

区分各种不可靠的差别。上文提到过，不可靠有不同的表现形式：总是出错、含含糊糊、偷偷摸摸、误导别人、欺骗别人、品行不端，或者情况一变就不那么重视先前的承诺了。对方的靠不住，其表现形式是像儿童还是像骗子，决定了我们对待他们的态度。

除了刚才提到的那些差别，还有两点值得注意。

分清敌对情绪和不诚实行为。你对我怀有敌意而不是抱有好感，这并不一定会影响我们之间的合作关系。我们都希望能和那些与我们有根本分歧的人保持良好的关系。敌意并不意味着欺骗。

虽然美国和中国的社会制度不一，但两国政府还是能坦率处理彼此之间的根本分歧，并共同解决诸如贸易、移民和国际恐怖主义等方面的问题。

生意场上，克莱斯勒公司可能希望福特公司破产，就像街角的那家杂货店恨不得附近的超市倒闭一样。两名执行总裁要竞争同一个职位，必然会针锋相对，就像两个小伙子向同一位姑娘求婚一样。在这些情况下，每个人都有理由“怀疑”对方的动机。但是目标冲突不一定妨碍双方处理共同问题的可靠性。对立的目标就像不可调和的价值观一样，会制造冲突，但这种冲突并非不可解决。别人对我们好，这固然不错，但我们需要的是真诚。

在交往中，目标冲突并非不可调和。如果掩饰各自的真实意图，问题就严重了。有人表面上是我的朋友和支持者，但我有理由相信他实际上心怀鬼胎，且损害我的利益，那么我不信任他是正确的。如果他装作我们之间没有任何冲突，我们就不可能很好地解决任何问题。只有当他开诚布公地亮出自己的目的，而我也有理由相信他的话时（他确实没有说假话，也保证恪守诺言），我们才能合作。一家公司的工人和管理层要应对倒闭的危险，或者美国和苏联之间要避免发生核战争，在这些情况下，双方的严重分歧并不妨碍他们维护共同的利益。如果我们能辨别敌意和欺骗，我们就能减少互不信任。

分清不可预测性和不诚信。为了取得建立良好关系所必需的信任，我们必须分清墨守成规和诚实坦白之间的差别。我可能非常诚实，但行为举止让人捉摸不定，夸夸其谈，丢三落四，很少承诺，即使做了承诺也不把它当回事。反之亦成立：有些人其实靠不住，但行事却总在预料之中。比如，一个父亲有一年多都不需要闹钟。他 3 岁的小女儿每天早晨 7 点前肯定会把他叫醒，不管她前一天晚上说了什么话——她可能威胁要让他睡过头误了飞机，或保证让他多睡会儿，因为第二天是星期天。无论她说了什么都无关紧要。她每天 6~7 点肯定会把他叫醒。父亲当然不能信赖一个 3 岁小孩，但在这方面，他却可以完全放心。

假如不可预知的情况导致对方没有遵守诺言，我不能就此认定对方是一个不诚实的人。只要你说的是真心话，那就是诚实的表现。假如我是一名年轻医生，我接受个职位，“相信”另一名资深医师会很好地培训我，他手上又有一大笔研究经费。他如实地告诉我，他会在这个职位上继续干好多年。但是，他临时接到通知去华盛顿接受一项重要的任命而把我抛下。我应当分清是他计划有变，还是他不诚实、故意欺骗我，或是他根本不值得信赖。我本来以为他会一直带我干下去，但他职位的变化并不意味着他品行不端。他计划的变化使我很尴尬，但我不能因此而责怪他的品行有问题，就像突如其来的阵雨使我的野餐计划泡了汤，而天气预报员没有预告会有阵雨一样。我们应当弄清楚问题发生的原因，不要一味地不信任别人，这种不信任会不公正地蔓延到其他方面。

在国际关系中，也不应混淆问题本身和导致问题发生的原因。多年来，苏联和美国都感到对方的行为难以捉摸。美国这么认为是因为苏联的决策过程高度隐秘。苏联这么认为是因为美国政府官员人事变动太快，而且喜欢把先前宣布的政策推翻重来。但如果双方都把对方的难以捉摸理解为不诚实，那是不恰当的。

重视风险分析。究竟该给对方多少信任是一个评估风险的问题，而非判断对方品行的问题。怀疑对方的诚意和承诺势必影响我分析由于信任所要承担的风险。毫无疑问，对方肯定会为自己的利益着想，而我就应当以对方的眼光来分析眼前的利益。决定是否相信对方的声明或承诺，关键在于权衡信与不信的风险和成本收益。

有些风险是值得一冒的，它与对方正直与否毫不相干。比如，即使我对另一方的为人有疑问，但和他一块儿坐救生艇逃生总比留在沉船上强。同样，不管对方多么刚正不阿，多么值得信任，有些风险也是万万担不得的。我的好朋友人品肯定没问题，但如果他对驾驶飞机一无所知，那我可不能搭乘他开的飞机回家。再比如他对做生意一窍不通，那我当然不能把毕生积蓄投到他新开的公司里。

抛开好恶的问题不谈，我应当在信任与不信任之间比较各自风险的高低。两种选择可能带来的损失或破坏分别会有多大？带来的好处又是什么？不管在哪个层次上，人际关系还是政府关系上，决定是否信任对方是风险评估问题，而非评判对方品行的问题，这是决策的正确途径。

影响可信度的机制

破坏可信度的机制

有时候，我们不相信别人不是因为他们的行为或观点，而是因为某些社会或经济体制客观造成的动机影响了人们的行为。例如，我的公司从一家电厂买电，这家电厂属于国家垄断，按规定，它的价格比成本高一定的百分比。这样，它可能会故意抬高成本，并且尽可能把成本计算得很高。所以我不可能信赖这家电厂，认为它会为我的利益着想。引进竞争机制会改变这种状况。我不信任这家电厂是因为站在我的角度上，我认为这个机制本身就是不可靠的。

加强奖励信任的机制

我们往往认识不到，一个可靠的机制能够帮助我们增强对某些人或机构的信心。信用卡制度使得世界各地的商家都能信赖成千上万他们不相识的人。如果我在一条双向行驶的高速公路上以每小时 55 英里的速度开车，其他汽车与我相隔仅几英尺[1]，在以同样或更快的速度逆向而行。

1. 1 英尺约为 0.3 米。——编者注尽管我不认识其他司机，对他们的品行或车技一无所知，但我还是信任他们不会把车开到我这边来，我把自己的身家性命押在他们身上。

飞越大西洋时，我信任苏联或其他大洋上空的飞行员会遵守关于纬度或飞机间隔的协议，不会撞到我的飞机上来。我们已经确立了一个机制，遵守这个机制符合每个人的利益。这样的信赖对个人、公司和国际关系都是重要的承诺。

相信某种办法比信任一个人容易得多。我相信我的兄弟很诚实，也讲信用，但是根据经验，我知道我们之间肯定会有分歧。那么大家最好能预先商定一个办法，在双方争执不下的时候，抛硬币决定听谁的。美国公民信任自己的政府在一系列问题上做出的决定。我们之所以这么信任政府，是因为我们知道，如果有问题不能解决，大多数情况下我们都可以通过投票或法律手段来干预。也就是说，我们建立了人民和政府之间解决争端的机制。我们信赖的是这一机制，而非政府的承诺。即使我们最后仍然输了，输在选举时或是法庭上我们也都会心服口服，至少我们没有听任某个政府官员无视民意。

我们每个人都能消除别人的不信任，使自己的行为变得更加可靠。

我们自己的所作所为首先应当值得信赖。我们应当让别人觉得我们诚实可靠。只有这样，在与人打交道时，我们才能做到在被别人信任的同时又值得别人信任。

至于别人，情况就复杂多了。我们应当尽可能多地了解对方。如果他们过去一向比较可靠，那么我们可以假定他们今后也不会故意欺骗我们。但风险依然存在——双方产生了误解，情况发生了变化，以及发生了不可预见的事情。我们应当在风险允许的范围内充分相信他人。同时，我们不应当以人品来评判一个人的可信度，而应当认真分析成本收益、所要承担的风险以及其他选择方案。只有这样，我们才能做到正当地怀疑和有理由地相信别人。

第八章

说服，而非强迫：有话好商量

一次北风和太阳吵了起来，它们都说自己比对方强大。为了一决胜负，太阳向北风下了挑战书：谁能让行人脱掉大衣，谁就算赢了。太阳有把握自己会赢，就让北风先试。

太阳躲到了云的后面，这时北风呼啸，寒风凛冽。可是，风越刮越大，行人却把大衣裹得越来越紧。最后，北风只好放弃了。太阳从云朵后面冒了出来，用它所有的热量照射着行人。行人感觉到太阳的温暖，越晒越热，最后行人不得不脱掉大衣，坐到树荫底下乘凉去了。

——《伊索寓言·北风和太阳》

正如双方的关系会影响彼此的谈判能力，谈判方式同样会影响双方的关系。我们采用什么样的方式影响对方，决定了双方能否共同处理日后的分歧。

人们谈判的方式可能会破坏双方的关系

一次失败的谈判，可能会长时间破坏双方的关系。如果双方没有分歧，建立良好的关系就很容易。倘若我们俩想法一致，利益及观点相同，那么万事顺利——除非我们产生了什么分歧。这时我们就会发生争执。我可能对你说，要么按我的方法来，要么拉倒。或者我表示，我们之间得有一个人做出让步，而我是决不会退让的。情急之下，我可能会说出一些冲动的话或做出莽撞的事，伤害我们之间的关系。我也许一时占据上风，但却破坏了我们之间已经建立的真诚理解、有效沟通和相互信任。

我们有时在某些问题上对双方关系处理不当，会使将来问题的解决变得棘手。我们会对事情处理的过程和结果感到失望、不满，并相互埋怨，往往对自己也不太满意。

为了避免因短期利益而牺牲双方的长期关系，我们应当使用一些谈判技巧来保护自己的利益，同时维护良好的合作关系。本书的篇幅，不足以详细讨论这些技巧；本章专门讨论某些危害双方合作关系的谈判方式（比如强制性手段）及一些替代方案。

强制性手段会破坏双方的关系。第二章讲到，在交往中，有六个因素能增强双方解决问题的能力，其中之一是非强制性的影响方式。强制会破坏其他五个要素。如果我觉得我是被迫的，那么：

· 愤怒和沮丧的情绪会压倒理智。

· 相互理解会变得困难。

· 有效沟通将难以实现。

· 我会认为对方不值得信任。

· 我会觉得自己的利益和观点遭到拒绝。

强制性手段会破坏达成协议的质量。通常，强制性手段会妨碍双方达成协议。你想牵着我的鼻子走，我可没那么容易就让步。你威胁我，我也可以威胁你。利用强制性手段不可能达成任何协议，这样的例子在罢工历史上、在暴力冲突及军事行动中比比皆是。

即便我迫于压力接受了对方的意见，这样的协议往往：

· 不能很好地反映我的利益。

· 看不出有我独到的想法。

· 在我眼里，是不公正、不合理的。

此外，通过说服别人达成的协议容易得到贯彻，而以强制性手段取得的一致意见容易瓦解。

用一个案例可以说明这个问题。美国 Spinthrift Mills 公司运营着一家生产衬衫布料的大型纺织厂。1984 年，该公司最大的工会——国际纺织工人兄弟会进行了长时间的罢工。最后，为了解决此次罢工问题，Spinthrift Mills 同意采取一项新的利润分配计划，并让工人更多地参与公司的管理，而工人则放弃在工资方面的进一步要求。

到 1986 年，公司仍不能扭亏为盈，其主要原因是遇到了来自韩国和中国的竞争。Spinthrift Mills 的总裁乔治·韦德和董事会认为增强自身竞争力的唯一办法就是购买新的纺织机，这样能降低劳动力成本，提升流水线速度。韦德订购了新纺织机，六个月后交货。

让我们来看一下三个月后进行的“谈判”。在一次劳资双方季度例会上，韦德向工会主席鲍勃·邓拉普告知了购买新纺织机一事：

韦　德：我要告诉你，公司将斥资 1 500 万美元购买新纺织机，用在衬衫生产线上。许多工人的工作将不得不重新调配。一些工人会失业，至少暂时是这样的。但是，我们希望在降低生产成本后，能获得更多的市场份额以增加产量。

邓拉普：你不能事先不跟我们商量就做出这样的决定。

韦　德：鲍勃，我们不这么做就没法儿同别的厂家竞争。纺织机已经订了货，事情已经决定，现在没有别的退路了。

邓拉普：你不能这么做，我代表工会要求你取消订货。这回可不能让你得逞。

韦　德：我是总裁，怎样对公司最好，我心里有数。怎么决定早晚都是我的事。我也跟你一样，不想看到工人失业。但是要同韩国人竞争，就只能这么做。

邓拉普：你根本不顾工人死活，整天开着你的凯迪拉克，什么时候到工人中间来过？你已经赚了我们50年的血汗钱，现在又一次出卖了我们。你从来就没有打算让工人在公司里拥有发言权。

韦　德：我知道你只不过想炫耀炫耀手里的那点儿权力，可别太猖狂了。这件事没有商量的余地，没有必要再讨论下去。如果你还想在这儿干，就要帮助公司生存下去。你没有任何其他选择。你很清楚罢工不是出路。只要你罢工，小镇上马上就有成百上千个失业工人来填补你们的空缺。

邓拉普：你的机器只要上马，就会出故障。我们也许不会罢工，但你也休想开动你的机器。

韦　德：只要有一台机器不转了，你就得走人。

没有人会认为这是一次成功的谈判，那么问题到底出在哪里？

谈判者使用了强制性手段。决斗和协商的根本区别就在于，前者是敌我之间你死我活的争斗，后者则是同事共同面对的一道难题。谈判同样具有这两方面的差别。假设双方之间的利益有冲突，要取得一致意见，就得有人改变主意。在争论中，双方情绪可能会激动起来。即使这样，强迫他人违心接受意见和说服别人改变主意也是有明显区别的。两者之间并非泾渭分明，差别往往只是一个度的问题。然而强迫他人，无论程度如何，都会影响谈判的实际成效，破坏双方的关系。

韦德和邓拉普之间的谈判就采用了常见的强制性手段。

表 8-1 中提到的每一个手段都是强制性的。不是试图共同解决问题，而是通过各种手段强迫对方让步，比如单方面对他进行人身攻击，切断他的退路，造成既成事实后再通知他。

表 8-1　韦德和邓拉普的谈判语言所对应的强制性手段

<table>
<tr><th>使用的语言</th><th>强制性手段</th></tr>
<tr><td>“你根本不顾工人死活”</td><td rowspan="4">攻击对方</td></tr>
<tr><td>“又一次出卖了我们”</td></tr>
<tr><td>“你只不过想炫耀炫耀手里的那点儿权力”</td></tr>
<tr><td>“可别太猖狂了”</td></tr>
<tr><td>“这回可不能让你得逞”</td><td>将谈判视为争斗</td></tr>
<tr><td>“现在没有别的退路了”</td><td rowspan="2">过早下定论</td></tr>
<tr><td>“纺织机已经订了货”</td></tr>
<tr><td>“我要求……”</td><td>摆出立场</td></tr>
</table>

（续表）

使用的语言	强制性手段
“只能这么做”	非此即彼，没有其他选择
“你没有任何其他选择”	
“这件事没有商量的余地”	
“你很清楚罢工不是出路”	切断对方的退路
“只要你罢工……马上就有成百上千个失业工人来填补你们的空缺”	
“你也休想开动机器”	威胁对方；让对方无计可施
“只要有一台机器不转了，你就得走人”	

没有人愿意被强迫。但我们仍然经常采取强制性手段，特别是当时机不允许慢慢劝说对方的时候。我们可能会命令孩子吃完晚饭才能吃甜食，在交叉路口抢在别的司机前头，我们还会为了加薪，威胁上司要辞职。

威胁别人很容易，看起来还行得通，也不用付出什么代价。只要对方让步，我们什么也不用做就大功告成了。如果对方不答应，我们再想别的办法。大家都这么想，所以虽然威胁别人经常达不到目的，而且显然会给双方关系带来负面影响，但我们还是乐于此道。我们正是因为想不出更好的办法，才不得已用此下策。

针对上文提到的这些强制性手段，我们有一套替代方案。（见表 8-2）

表 8-2 强制性手段的代替方案

强制性手段	替代方案
攻击对方	就事论事
将谈判视为争斗	将谈判看作共同解决问题的机会
过早下定论	乐于接受别人的说服
摆出立场	讨论各方的利益所在
非此即彼，没有其他选择	设计多种选择方案
切断对方的退路	以理服人
威胁对方；让对方无计可施	改善自己的选择方案

下文将逐一讨论每一个强制性手段及其对应的替代方案。

人身攻击 vs 就事论事

人身攻击是一种心理压迫。一种常见的谈判招数是向谈判对方发起人身攻击。我以为将注意力集中在你身上而不是在具体问题上，就能迫使你接受我的意见。我还试图利用你的恐惧和不安心理：“你显然不知道自己在做什么。

要是你老板知道这件事，就有好戏看了。”

的确，批评对方的行为举止、观点、品行甚至性格，往往不费力。我可能不知不觉就这么做了。表现之一就是越来越频繁地使用“你”这个字眼告诉你，你究竟在想什么，你想要什么，以及你内心的动机又是什么。人身攻击就是向谈判的对方发起攻心战术。这种手段是强制性的，会影响双方今后的合作。

就事论事。在所有的谈判中都有两类问题：“人”的问题，也是本书讨论的对象（比如理性、理解、沟通、诚实和接受）；“事”的问题，即谈判中的实质性内容（比如价格、条款、限定、日期、数字和条件等）。正如第二章谈到的那样，我们应当将“人”和“事”的问题分开，分别去解决。谈判者常犯的错误是对人强硬，而对事则含糊其词。正确的做法与此相反。只有这样才能使棘手的问题不影响到双方的关系。

为了针对问题而不是攻击对方，一种简单易行的办法就是双方并肩坐下来，看着挂图、地图、问题清单、草案或者其他任何可以说明实质问题的图表。这样，我们就可以记下一些要点、数字或论点，有针对性地发表不同意见，而不对另一方进行任何人身攻击，以免伤害双方的关系。

占据上风 vs 解决问题

将谈判看成争斗容易导致使用强制性手段。许多谈判者都在潜意识里把谈判当作比赛，比如一场职业橄榄球赛，肯定能分出胜负。既然谈判是比赛，使用强制性手段也就合情合理了。

将谈判看成双方共同解决问题的机会。只要两个谈判对手视彼此为共同解决难题的同事，那么尽管各自利益不同，他们也不会使用破坏关系的强制性手段。一个称职的律师要解决两家公司之间的诉讼，在和对方律师协商时会采用以下的话来开场：

> 老兄，咱们两家客户之间有了大麻烦。我们的首席律师想要大干一场，但我方客户的意思是想让我和你坐下来商量商量，看看能否拿出一个解决办法向各自的客户推荐。当然，我不能替客户做主，也不要求你拿主意。
>
> 你看我们之间能否拿出一个共同方案来？

应以这样的语气开场，双方都不宜展现咄咄逼人之势。

过早定论 vs 乐于听取其他意见

过早定论意味着对方必须改变立场。谈判中被广泛采用但颇为拙劣的方法就是，没等双方开始商量就单方面先抛出一个方案，并声明只有对方灵活让步，双方才能达成一致：“我已经拿定主意了”，“那辆车最低价 3 500 美元，低了不卖”，“不加 12% 的薪水，工会是不会罢休的”，“总统已经决定了，他的‘星球大战’计划不能有任何修改。”

有些决定并不具备强制性，比如向对方提出自己的想法：“那辆车我愿意卖 3 500 美元”，“工会愿意接受加 12% 薪水的条件”。但声明自己的立场在一定程度上带有强制性，因为其潜台词是自己不能接受什么：“我不会动摇；要想达成一致，你必须改变你的立场。”这就好比说，“要就拿走，不要拉倒”，或者“按我的意思办，要不然我就不干”。

过早下定论的前提是，对方宁愿以我的条件接受协议，也不愿空手而归。为了让对方接受我的条件，我需要做的就是向对方充分表明我的立场，使对方相信我不会改变。最常用的约束自己的方法也许就是公开声明“我绝不增加税收”，或采取一些不可改变的行动——“我们已经订了那些纺织机”。

早下定论有时也能“奏效”。要与不要你看着办，你可能选择让步，但只此一次而已，以后可就行不通了。如果我老是要求你接受我事先敲定的立场，那只能引起你的反感，你可能会以同样的方法对付我。过早下定论不仅威胁双方的关系，而且即便是在我进一步理解了你的利益、双方共同寻求新的方案后，我们也不能达成一个更好的协议。

乐于接受别人的观点。正如上文所说，表达自己的意愿有助于打开谈判的局面，以制订出可行的解决方案。但我必须同时向对方表明，我的意愿并非不能改变——我乐于接受不同意见。在谈判之前，我应该想一想自己希望达成什么样的协议，哪些条件对我有利而对方也能接受，哪些标准我认为公正而对方也觉得合理。如果我非常了解谈判主题，我一开始就可以明确自己的提议，同时也表示愿意接受不同意见：

> 如果我付得起，我愿意支付房子所值的款项。根据附近房子最近的销售情况、银行方面的估算，再加上税收、租金方面的考虑，我想你的房子大概在165 000~180 000美元。这是我的计算和数据来源。我打算给你出个实价——172 500美元，最多再加上

检查白蚁所需的费用。[1]此外，如果你能拿出客观证据证明你的房子比这个价更值钱，那我也可以考虑。

这段话向对方表达了我的想法，摆出了我的理由，但也没有把话说死，或者强迫对方接受我的条件。以这种方式协商，我既不示弱，又留有余地。如果卖家觉得有压力，也是因为这栋房子客观上值多少钱摆在了那儿，并不是我向他施加了压力。

关注立场 vs 寻求利益

关注立场使谈判忽视了利益的存在。如果我在谈判一开始就定好自己的立场，那就意味着我是直接冲着某个特定答案而来的，而不是首先弄清楚问题。我的立场完全有可能忽略你的利益。因此，即使我给自己留有余地，你也还是会认为自己的利益没有受到重视，有一种被迫的感觉。

在许多公司和工会之间的谈判中，双方一上来就会摆出各自立场。这种做法必然会带来争端：你有策略，我有对策。即便是“集体磋商”这个词也含有讨价还价的意味。

1. 在美国买房时，一般银行会派专人来检查白蚁及房屋蛀坏的情况，这笔检查费通常由买家出。——译者注每一项决定都需要一番讨价还价。两边都不愿松口，除非对方首先做出让步。如果每个家庭成员都非得有回报才肯出点儿力，那么大家一起处理问题就会很费劲。

使用立场战术有可能产生这样的结果，即双方在原有的立场上做出让步，到头来没有哪一方能实现他们的根本利益。当自己的利益没有得到满足时，我们往往觉得自己“输了”——而且是在对方的强迫之下认输的。虽然一次两次被迫认输不要紧，但多次下来，双方的关系就会受到严重影响。

寻求利益。只有讨论彼此间的共同利益，谈判才能富有成效。在正式谈判开始之前，我们应当先有个“热身”，共同审视一下各方的利益，比如协议应该包括哪几个方面，双方在其中的利益分别是什么，而不是一上来就搬出自己单方面决定的方案——知道对方一定会让我在方案上做出让步。

在谈判过程中，双方常常会碰到不相同但并不冲突的利益，这样的分歧可以得到解决。某家公司出于对税收的考虑，不希望资产登记在账面上，而另一家公司为了规范却希望账面资产有所增加。双方共同协商就会发现彼此的利益具有互补性，交换立场倒在其次了。审视共同利益才能创造合作气氛。

非此即彼 vs 多种选择

限制对方的选择是一种强制性手段。即使我没有在谈判之初就抛出我的立场，我仍可能把谈判看成逐步缩小你的选择余地的过程，最后让你在两者之中选择其一。我只给对方有限的选择，拒绝考虑更多的选择余地，这必然会引起对方的反感。

律师常把事情简化为法律问题，或把复杂情况轻描淡写为“只是钱的事”。留给对方的选择余地越小，对方的被迫感就越强。

创造多种选择。如果谈判双方能提出大量的相关意见和建议，不过早下定论，谈判就能取得良好的实质性效果。可供选择的方案越多，协调不同意见的机会也就越大。

以这种方式取得的实质性成果会更有价值，其过程也不带有强制性。这两种情况都有利于双方的关系。

使对方屈服 vs 使对方心悦诚服

使对方屈服本身就带有强制性。在多数谈判中，一旦明确了立场，做出了决定，并把选择余地缩小，双方便会开始争论他们愿意或不愿意做的事。讨论的话题便是一方拒绝做另一方要求的事。说得直白点儿，这就好比一个店老板说："那辆二手自行车少于75美元不卖。"而一位感兴趣的顾客说："超过45美元不买。"如此一来，谈话兜来兜去，无非是一方迫使另一方让步。"你最好现在就脱手，要不然还得放一个冬天。""你要是这个周末想有辆自行车用，你就只能买这辆。星期五晚上别的店可都不开门。"

这些手段本身就是强制性的，因为它们将立足点放在对方的意志力上，而不是放在对方的理性思维上。当我们采取这种手段时，我们不是在理智地探讨实际问题——自行车的价格，而是试图削弱对方的意志，使对方无法拒绝我们的要求。

使对方心悦诚服。在谈判中，双方可能会纠缠于他们愿意或不愿意做什么，却常常忘了讨论他们应该做什么。他们没有讨论外界同行标准，将其作为公正解决问题的基准。在双方眼里，谈判过程是否合理应当是衡量结局好坏的一个标准。而且，接受一个外界同行标准显然比屈服于对方强加的立场容易得多。如果我让步只是因为对方比我更顽固不化，那我肯定不服，觉得自己是被迫的。但是如果你拿出外界同行标准说服我这个价格实际上是合理的，那我会心悦诚服。“我是做生意的，上个礼拜花了 50 美元买进这辆车。二手车除非我能赚一半，否则划不来。或者这么说，你周末租一辆自行车要花 25 美元，你只需花周末租车的钱再加上我买车的本钱就能拿下这辆车。”

使对方没有退路 vs 改善自己的选择

让对方没有退路，对他们构成威胁。最糟糕的方法莫过于威胁对方，如果不接受我们的意见，他们将自食恶果。我们的立足点没有放在取得符合双方利益的协议上，而是威胁对方如果不接受我们的意见，他们将受到伤害。在与上司的面对面谈判中，我可能会说：“如果你不给我加薪，我就辞职，并且给你所有的客户写信，告发你的种种劣迹，让他们到别处去做生意。”

威胁关注的是没能达成协议的后果。用一个术语来表示——没能达成协议时的“最佳替代方案”（the Best Alternative To a Negotiated Agreement，缩写为 BATNA）。威胁对方意味着使对方的退路，即最佳替代方案，变得比他原来设想的糟糕。这样的威胁能达到目的，完全是因为对方受到了胁迫。对方必须接受协议，不是因为协议本身有利，而是不接受的后果将十分不利。

当我威胁你时，我可能面临三种结果：你退让，我“赢”了；你不退让，我对你实施威胁；你没有退让，我也决定不对你实施威胁。所有结果都对双方的关系不利，也无助于将来解决问题，反而给“日后”埋下了隐患。

改善自己的选择。我的谈判能力在很大程度上取决于双方不能达成协议时我能做什么。在某些情况下，通过改善我的选择，即加强我的“最佳替代方案”，我能说服对方同意我的意见。假如你的自行车要75美元，而我的朋友有辆车，比你的还稍微好一些，只要60美元。如果你不把价钱降到55美元，那我还不如花60美元买我朋友的车。这样，我没有影响对方的选择，但加大了可供我自己选择的余地。我没有威胁对方。相反，我坦白地告诉对方，如果我们不能在某个价位上成交，选择退场符合我的利益。你可能会觉得受到很大限制，但并不会感到有什么压力。我的行为没有损害我们将来处理问题的能力。

强制性手段无一例外地会破坏双方的合作关系。选择说服战术与本书谈到的其他要素吻合。说服模式对双方关系来说是完全积极的。不管对方态度如何，使用说服战术会给我们带来好结果，而且能使双方将来更好地合作。

第九章

接受：认真对待与我们有分歧的人

如果觉得对方不值得交谈，那么理性思维、相互理解、有效沟通、值得信赖的行为和说服方式对建立良好关系就完全无用。交往可能短暂，也可能还将继续。也许双方就此不相往来，也不会有什么损失。但我们与父母或美国和苏联两国，却免不了要长期打交道。如果我和另一方要成功解决分歧，那我必须接受相互往来的事实，并将对方视为合作伙伴——其利益和观点应值得考虑。

排斥对方会给双方解决问题带来人为障碍

不接受与自己利益发生冲突的人至少会妨碍双方沟通。我砰的一声关上门，扬长而去，挂断电话或拒绝与对方交谈。没有了对方本可以提供的信息，失去了让对方了解情况、说服对方的机会，我不得已只能单枪匹马对付眼前的问题。我们本应同舟共济，我却故意对另一方视而不见。

40 年来，巴勒斯坦人和以色列人就互相排斥。有时是巴勒斯坦领导人，有时是以色列领导人，有时是双方表明不接受对方，拒绝与对方谈判。这种排斥使得双方无法进行沟通，也无法取得相互理解，从而不能消除他们之间严重的分歧。

排斥他人会树立心理屏障

纵然排斥对方没有造成双方之间沟通的实际障碍（交流渠道仍然畅通），但排斥带来的心理障碍同样具有破坏性。假如我坚持认为自己高人一等，认为你的观点不值一提，我便破坏了你和我打交道的意愿。即使是在偶然邂逅中，这也同样具有破坏性。

比如，我在乡间一条狭窄的林中小道上驾车行驶，正慢慢地转过一个弯，突然撞上了迎面驶来的一辆车。开车的是一个年轻姑娘，看上去只有十几岁。我们俩被狠狠颠了一下，但都没受伤。车却撞得很惨：车灯碎了，车头瘪了，挡板挤坏，凹进去一块。

这时，我可以质问这位姑娘会不会开车，把事故的责任推到她身上，或者根本不听她分辩。用这样的处理方式很难解决眼前的事故问题。我们可以想象一下当时的场景。（见表 9–1）

表 9–1 撞车事故当事人谈话内容及效果

谈话内容	效果
“真见鬼，你怎么开的车？”	指责对方
“真是不能让女人开车。”	贬低对方
“没有像你这样开车的。别找借口了。”	不容对方分辩
“谁替你负这个责任？是你爸的车？我怎么能找到他？”	寻找“值得”商谈的人

经过这番抢白，对方没有分辩的余地，又被损了一顿，自然很生气。这样的结局便是：

· 她不可能试着与我诚心诚意地沟通。

· 我不可能理解她对事情的看法。

· 没有人会相信对方。

也就是说，我们不太可能很好地处理这件事。

即使没有完全排斥对方，这对双方的关系也有损害。我们都有“被人损了一顿”的经历。法律教授会说：“如果你在回答问题之前动动脑子，你会怎么回答？”餐馆领班也会摆出一副居高临下的神情。不管是哪一种职业、哪一个国家或哪一家机构，都会有人试图通过贬低别人来抬高自己。

在公司和某些官僚机构，使用行话和搬出一串人名（不管本意如何）都会被认为是排外的信号：“我是这个圈子里的，你可不是。”职衔、私人餐厅、特设的安全审查和其他一些职务特权经常给我们带来这样的感觉：在别人眼里，我们低人一等。

在政府和其他政治机构中，排斥会造成心理障碍和实际障碍。对以色列人说犹太人不能在中东占有一席之地，或者对巴勒斯坦的阿拉伯人说他们没有民族自决权，既会限制双方之间的交流，也会阻碍双方产生进一步理解对方的愿望。

在个人关系、公司关系和政府关系中，排斥他人，不管是明指还是暗指，都传递了同样的意思：我是对的，你是错的，我没什么可从你那儿学的，你根本就一文不值。本来对方可能还有诚意和我沟通、了解我的看法、信任我或者和我合作，领会了这层意思，对方的诚意也就消失殆尽了。事实上，排斥对方等于宣布了我对你的看法：你对我无关紧要，我丝毫不会受你所说的影响。诸如此类的行为将破坏双方共同解决分歧的能力。

无条件接受

对于某些人，比如街上的乞丐，我可能会明智地决定不跟他们有任何纠缠，并明确地拒绝他们。但如果我想和你合作，我就必须把你当作合作伙伴来接受。我的目的是解决我们之间的分歧，排斥对方显然不是明智之举。

正如第三章指出的那样，为了更好地处理双方之间的分歧，我们应当求同存异。为了解决你我之间的分歧，我需要和你打交道。事实上，我并不一定要赞同对方的行为。我们如果能彻底分清接受和赞同之间的差异，就能更好地保持我们之间的关系。

为了表示对他人的强烈不满，我们常常拒绝和他们打交道。因为感觉对方的行为有不妥之处，我们就认为那个人不值得我们花时间和精力与其交往："他干出那种事，我再也不要跟他说话了"，"既然我们不赞同非洲人国民大会的做法，我们就没有必要和他们会谈"。一方面不喜欢别人的行为，另一方面又和他们保持往来，这在我们自己和选民看来，似乎是言行不一的。排斥某人和他的行为容易得多，也让人看得明白。如果我和我那一事无成的儿子断绝往来，不给他钱，没有人会认为我支持儿子的行为。但我这么做却显然破坏了两个人解决分歧的可能性。

《圣经》上说"要爱你的敌人"，但这并不表明我们支持他的行为。我们在意、关注对方，愿意倾听他的意见，愿意和他合作，目的是解决问题。但我们也没有必要对他的错误行径视而不见。我们无论对他的行为有多么不满意，也没有必要将他看得一无是处。我们还要和他合作解决分歧，所以我们不能将他视作卑鄙小人或当成蚊子一巴掌拍死。《圣经》的教诲可以形象地解释为："不要轻易将敌人一棍子打死。"

儿子逃学，父亲肯定不赞同。父亲可能会采取两种做法。一种做法是，由于担心不给儿子一点儿厉害的话会姑息儿子的行为，所以他不给儿子分辩的机会："我不想听任何借口。我儿子可不能是逃学旷课的那种人。"儿子会觉得父亲不理解他，不听他解释，也不信任他。从此以后，父子之间可能会有数不清的争执。

另一种做法是，父亲说："约翰，我在你这么大的时候也逃过课，后来很后悔。如果你有什么正当理由要逃学，我很想听听。但是我要把话说在前头，我可不赞同你这样的行为。"这样的话，约翰和父亲的关系就不至于出问题。儿子感觉到了尊重和关心，同时也明白父亲不赞同旷课这件事。

如果我们能清楚地认识到，接受别人是出于对双方合作关系的考虑，那么接受这个概念就更能迎合我们的心意。因此：

- 我们没有必要接受对方的价值观。
- 我们没有必要认为对方的观点是正确的。
- 我们没有必要赞许对方的行为，或者认为对方的行为"可以接受"。

但是，我们的确有必要真心诚意地和对方打交道，愿意倾听他的观点并充分考虑他应得的利益。

尊重他人。我们每个人都会在一定程度上将他人概念化。我们这么做，是在和脑子里的概念而非和具体的人打交道。如果我们期望改善和他人的交往，那我们就一定要尊重现实人的个性。

摆脱成见。我们借助头脑中的各种概念和推测来整理信息，以此解释发生的事件和别人的行为。然而在某种程度上，这就导致了我们只见到我们期望见到的事物，并先入为主地分析我们的所见所闻。将信息以这种方式分门别类，有助于我们简化认知过程，增强我们了解事物的信心。但我们也可能将新事物拒于门外，并且破坏与他人合作的能力。如果我们抱有成见，而新信息又显得模糊陌生，甚至颇具威胁性，我们就很容易用先前的概念来解释新情况以及与之有关的人。

分类和归纳极为重要。我们不可能分析每个人的所有信息。但是我们喜欢先入为主，并以此决定是否与他人交往及如何交往。这种倾向性难免损害或妨碍双方的合作关系。如果完全根据自己的主观臆断以不同的方式来说明同一个事实，这同样是不明智的。心理学家做过这样一个实验，他们将几张女性照片拿给第一组被试，要求他们根据照片来评价她们的容貌和性格，并说出被试是否喜欢她们。另一组被试评价的是同样的照片，不同的是照片上附注了爱尔兰人、意大利人或犹太人的名字。实验结果表明第二组被试带有种族成见，而第一组却没有。

我们会以类似歪曲的方式来评判其他国家政府的行为。1987 年 10 月，美国政府发表了一份报告，声称苏联利用为美国公司举办的贸易展搜集“工业情报”，并含沙射影地谴责了苏联的这一行径。但是所有参加贸易展的人都清楚美国公司也怀着同样的目的而来，为的是发现在同一行当里，别人都在干什么。美国把苏联当成间谍对手（虽然有时并非冤枉），却导致美国政府把苏联的一举一动都看成怀有恶意的行为，甚至在美国公司中很普遍的商业行为，也被视作邪恶。

对于那些和我们不一样的群体，以及可能威胁到我们的政治、社会和经济结构的群体，我们很容易对他们怀有不利的偏见。这些偏见一旦形成就很难改变。黑人、什叶派及犹太人都是这类偏见的受害者。

我们往往会贬低我们对其持有偏见的一方的价值。我们漠视他们的存在，怀疑他们的观点和利益。当我们拒不接受他们的观点时，他们也会以其人之道还治其人之身，不考虑我们的利益。这时，我们会认为他们的行为印证了我们先前的看法，于是进一步漠视他们的利益。这样，我们越来越认为他们不值得我们关注和重视。如此下去，双方就很难消除彼此之间的分歧了。

和真实个人打交道。为了克服对你的成见，我需要更多地了解你。打破成见的一种办法是重视对方的个人经历。比如，我在和撞车的那个姑娘打交道时，应尽量了解她生活中曾经发生的事情。她是哪里人？她有一个什么样的家庭？她在意的是什么？

即使我跟一家我对其有成见的机构打交道，我也仍可以将注意力放在个人身上，以提高自己处理分歧的能力。如果一个“激进”的工会或“专门刁难工会”的公司管理层不再是我脑子里概念化的人物，而是一些有名有姓、有血有肉的真实个人，他们有家庭、有孩子、有职业和爱好，那么和他们打起交道来就不再困难。如果我们能走出自己的职务所赋予的角色，以个人身份交往（大家一起吃午饭或互相到家中拜访），那我们肯定能消除那些已有的成见，也不会轻易相互排斥。

当然，我们经常不自觉地对他人有成见，这一点应引起重视。在与和我不属于同一类型的人举行会谈或谈判之前，我可以记下我已掌握的有关他的情况，分析自己的推测，然后再计划亲自去了解他。

给对方利益应有的重视。如果我希望协调我们之间的利益，消除彼此间的分歧，那我首先应承认并考虑对方的利益。即使我认为你已失去理智或心存恶意，我也要承认你的某些合法权益。今天世界上的许多暴力冲突，都是因为某个执政集团或强势集团没有考虑其他处于弱势的集团的利益。一旦政府认为反对党不值得尊重，它就会完全忽视其利益。这的确是事实，即使是局外人客观地以政府自己的公平标准来衡量，弱势集团的某些利益要求也是完全合法的。

他们同样有利益要求。正如每个人都有发表自己观点的权利，我们也同样有利益要求。我们可能对露天采矿公司的利益要求表示反感，抵制保守的政治行动委员会的利益要求，或者我们害怕苏联获得好处，但我们应当尊重他们享有获益的权利。只有这样，我们才能与其打交道。否则，极有可能引发愤怒、公然对抗或者单方面行动，到头来损害我们自身的利益。

采取适当方式。在美国，法律体系是解决问题的社会机制之一。我们如果受了冤屈，利益遭到侵犯，都可以让法官来裁决。法庭成为在法律范围内解决利益纠纷的场所，即使是最弱小的人的利益也能通过适当的法律程序得到保护。

从社会角度来说，公正地处理法律范畴之外的利益也同样重要。如果不能以合理的方式来考虑迥然不同的个人、社会和政治利益，那么社会结构（社会所包含的各种关系）就会遭到破坏。而且，只要双方中有一方的利益长期得不到重视，他们之间的关系就不能维持下去。当然，只是听取意见是不够的。应以合理的方式协调利益分歧，并给予各种利益应有的重视。

但这并不意味着我们没有道德标准。我有能力也应当在对你利益的重视程度这方面做出判断。但是我的判断应在公正地听取了对方意见之后根据是非曲直来确定，只有这样，双方才能有效处理彼此之间的利益冲突。

在一些根本方面平等地对待对方。任何良好合作关系的前提是平等对待对方。如果我认为自己的资历、经验或知识等条件比对方优越，因而自视高人一等，那么我会因为害怕自己的地位受到威胁而不愿意接受对方。我也许担心一旦接受了对方，对方就会不知天高地厚起来，以为自己在决策过程中的分量更重了。

不必忽视双方的差异。一位农场主给我们讲述了这样一件事。他的一个帮手农活儿干得不是很利索，但他做木工活儿却很拿手。一次，他让这个帮手做一扇门，为了尽

快完工，他主动要求打下手。门做得相当漂亮，为此农场主还夸奖了一番他的帮手。第二天，那个帮手却提出辞工。他说，既然农场主都能给他打下手，那他做个帮工岂不是大材小用？

假如上司在某一方面平等对待她的秘书，她就会发现这个秘书在所有方面都把自己当老板看，包括午休时间很长。我希望和我的管道工、私人医生的接待员或者我的年轻学生保持友好和睦的关系，但他们也不能随时随地把我家当作他们自己的家。老板平等对待他所有的员工，但可能会发现有些员工竟然也想干涉显然只有老板才能决定的事。本来平等待人是希望双方能更好地解决问题，却无形中又生出事端来。

有时候，父母与子女、上级与下级以及师生之间的关系并非平等，但双方却能融洽相处。在日本和世界上其他一些国家，社会结构在很大程度上依赖于由资历或地位决定的等级制度，但这种制度似乎并不影响日本人一向以其著称的办事效率。

除非客观事实证明有差异，否则应视为平等。打造良好的关系并不要求我们忽略因经验或资历等客观因素造成的不平等。学识、经验和权威也该得到应有的尊重——恰到好处的尊重。一般来说，如果两个不同的人能接受另外两个人之间同样的不同，那么这种不同是合理的。比如我们都承认医生在医学问题上和法官在案件审判方面的权威。我们也希望经验、权威方面的差异不会成为双方拥有良好关系的障碍。经验成熟或更具权威的人，没有必要为了和在这些方面不如他们的人打交道就放弃其优越地位。当然，这并不意味着我们在政治问题上也要听医生的，或者家里决定买哪台电视机也要由法官说了算。

当我们接受他人为平等的谈判伙伴时，我们希望这种接受是广泛的，能够促使双方保持理智，加深相互了解，促进沟通，使双方都更值得信赖，并且提倡以理服人而非使用强制性手段。我们同样希望把这种接受以一种把握好对方的期望值的方式表现出来。成功的接受并不意味着排除双方之间存在的合理差异。常识和经验告诉我们，双方都应将彼此视作平等的人，同样被眼前情况困扰，同样享有平等的权利，其利益和观点都应得到考虑。当然，如何接纳对方取决于具体的人和事，但视为平等应是前提。

但是，如果……将会怎么样？多数人不愿意接受别人，特别是不接受那些和我们有重大分歧的人，因为我们担心这样的接受会削弱自己的利益和相应的立场。有些人认为接受意味着赞同对方的行为或者放弃自己合理的优势地位。产生这些错误想法的原因是，这些人不清楚究竟应怎样接受对方才有利于良好的合作关系。还有人担心接受别人会带来事与愿违的后果，因此拒绝和他人来往。其后果是不但自己没有得到保护，而且担心依然存在，并且他们对此无能为力。

担心之一：接受对方会鼓励他们做出恶意举动？如果因为和你有分歧我就不与你往来，那你很可能做了我不赞同的事。比如，你是巴斯克分裂组织的成员，代表一群为达到政治目的而进行非法暴力活动的人。如果我接受你，把你当作谈判一方，这就会产生两个互相矛盾的后果。

从好的方面来说，接受你促进了我们之间的进一步磋商，有助于相互理解，共同解决问题，是非暴力影响手段。但这同时也纵容和鼓励了你的非法暴力行为，这在我看来是一个相当昂贵的代价。你希望获得承认，使用了暴力手段，结果就赢得了承认。那么同对方进行非暴力谈判本身就有纵容暴力行径的危险。因此，在接受对方、力求改善双方关系的同时，我应当降低对方和别人的期望值。

作为政策接受。接受一旦成为惯例，就不会带有特殊意义了。每年，全世界都有几十个政府被替换，有些是通过民主选举，有些则是通过武装斗争。如果美国政府按常规拒绝承认那些它所不赞同的新领导人，那么它影响全球事务的能力就会下降。为了避免这种情况的发生，美国政府采取了一项常规政策（除了少数让美国付出昂贵代价和值得注意的例子），即承认所有事实上已控制该国的政府。因为这是一项常规政策，所以一个美国所不赞成的政府，不能因为美国和它们保持外交关系而享有任何特殊地位或获得某种形式的胜利。

确实，如果我曾拒绝与你谈话或往来，现在突然改变主意，“接受”你，这一定会引发问题。你可能会认为我屈从了你的压力，因此施加更多的压力试图获得某些实质利益。我可能提高了你的期望值。但这个错误不是因为我接受了你，而在于我最初拒绝了和那些对我而言举足轻重的人打交道。为了避免将来类似事件的发生，我们可以采取一项接受措施，即只要对方行为与我们的利益有关，我们就应当倾听他们的意见，和他们保持往来。

既然只有酌情决定的接受才带有其特殊性，那么视接受为惯例就能够把握对方的期望值，避免造成鼓励对方的不良行为的现象。假如这是一项普遍适用的政策，那么即使它在做法上与过去有所不同，我们与对手保持往来的愿望也不会被误解为让步或示弱。以这种开明的态度和对方交往有助于我们解决问题，而不会纵容对方的恶劣行径。

担心之二：近墨者黑？我也许会担心与“坏”人交往，有物以类聚之嫌。我对你的厌恶之情使我很难与你打交道。或者，我认为一旦接受你、考虑你的利益，我就降低了自己的道德标准（不管这个标准有多低），变得和你一样。我可能会进一步担心同势不两立的对手一起坐到谈判桌前，会破坏自己在选民心中的形象。

在政府一级贬低敌国通常是一个好办法，能够转移公众关注国内问题的视线，赢得公众的支持。但要改变基调——告诉公众昨天的“帝国主义侵略者”现在成为我们解决问题的合作伙伴，就会在国内付出政治代价。没有一个领导人愿意从公开的敌意一下转到公开的承认。尤其是公众把对另一国政府的承认当作政府对其行为的赞同，会增加感知成本。

学会同“魔鬼”打交道。不管我们出于什么原因将对方看作坏人，与我们不认识的坏人相比，我们和认识的坏人打交道都要容易得多。消除沟通和理解的障碍能帮助我们面对现实。无论一对闹离婚的夫妻之间有多少深仇大恨，他们如果能在庭外协议离婚，便可以防止律师从中得利。

一位政治领袖或工会领导人采取的抵制政策，获得了公众的支持。他如果决定改变此政策，确实在短期内要承担政治风险。但是，只有和对方打交道，他才能给选民带来实际利益。同样，埃及总统萨达特只有承认了以色列，并与其进行交往，才能使得埃及通过谈判收回西奈半岛。一国领导人应该让他的选民目光尽可能放得长远些，看到新政策背后的长期利益。

担心之三：我会放弃谈判筹码？我可能会认为，既然对方希望得到我的尊重、关心和接受，那我也应该从中捞取点儿什么；白白放弃没有任何回报，岂不是削弱了自己讨价还价的立场？

美国曾扬言，只有巴勒斯坦解放组织（以下简称“巴解组织”）无条件接受以色列的生存权，并放弃恐怖主义，它们之间才能进行谈判。美国把承认巴解组织当作筹码，确实产生了一定的影响，阿拉法特最后在 1988 年 12 月发表了关于以色列问题和反对恐怖主义的声明。

美国用谈判来讨价还价，希望这种疏远方式比双方之间的共同合作更能对巴解组织产生有效的影响。但不与巴解组织会谈使得制订一个双方都能接受的方案变得极为困难。在付出了 15 年的高昂代价和瑞典政府不懈地调停后，双方才最终就方案条款达成共识。

接受对方能使谈判更有效。不接受对方以试图取得对方让步就好比通过电话和别人谈判，作为一种说服战术，我将电话线拔掉。虽然这种方式很有戏剧效果，但却不能给我带来任何好处，相反还会妨碍我将来做进一步的努力。

巴解组织曾经把承认以色列当作一张迟迟不肯出手的“王牌”，希望日后能有所得。但承认对方就好比向对方道歉一样，讨价还价的时间越长、僵持越久就越不值钱，只有给予而不是拒绝，才能有价值。试图利用承认作为谈判的筹码就是在向对方施压。它会增加相互之间的猜疑，妨碍双方找到协调利益冲突的最佳方案。更为糟糕的是，它会建立一种对立的行为模式，破坏双方日后的关系。

只有同对方打交道，而不是忽略对方，才能使自己更具影响力。日本和美国在对待劳资关系问题上的不同之处可以证明这一点。在美国，刚开始有工会组织的时候，公司管理层拒绝接受这一事实，或者不愿同它们打交道。从19世纪末到20世纪上半叶，这种僵持状况导致劳资关系不断恶化，使得美国公司的竞争力下降，对劳资双方都极为不利。

而日本公司的管理层在劳工运动初期就开始接受工人

参与公司的决策。因此，劳资双方能携手合作来提高质量和效率，并双双从日本对外出口的大幅增长中得到实惠。

以实际行动表示关心

当我试着改变自己的行为去接受对方、克服自己的成见、重视对方的利益，并且给对方平等的尊重时，我的这些举措真能起作用吗？你会不会觉得我在演戏？如果我自视高人一等，你会不会从我的话中听出拒绝、从我的眼神里看到距离，以及在我的举手投足之间察觉出我的排斥？假如接受缺乏真心诚意，那它还有效吗？再者，如果我打心底瞧不起你，认为你不如我，也根本不打算考虑你的利益，那我该怎么做？

所有这些顾虑都是理所当然的，但只有关心对方，双方的关系才能有效保持下去。我们在乎那些和我们有亲密关系的人——家人、朋友和盟友。他们有什么事，我们能感和身受。因为我关心你的现在和未来，所以我才有动力和你合作解决问题。我真心实意地关心你，反过来也促使你与我合作共同解决问题。期望我像呵护朋友那样关心我的对手，这并不现实。那么怎样的关心才算够？如何才能达到目的？

适当的关心对建立良好的合作关系来说是必不可少的。如果我只把你当作工具，当作为我的某些利益服务的手段，你一定不情愿和我合作。我们之间的交往只有符合双方的利益，才能真正行之有效。纯粹把对方当成工具的交往将无所助益。我只有关心你的利益，你才愿意和我合作。这种关心，并非完全出于感情因素，也有理性成分在里头。

我应从理性角度承认双方的相互依存。我必须接受这样一个事实，即我们之间既有共同利益又有对立冲突。为了更好地解决问题，双方必须合作。如此一来，无论我愿意不愿意，我们都已经扯上关系了。我的矛盾情绪（我知道自己必须和你合作，但又不愿意与你有任何瓜葛）只能使你感到不快，从而阻碍双方的有效往来。

例如，1917—1933 年，美国对苏联社会体制的憎恶（也许是害怕）使它一直排斥苏联。从理性角度来讲，我们的外交官都明白，不承认苏联就不可能解决双方之间的问题。但是，作为一个国家，却难以迈出这一步。因此，美国作为一个整体，必须跨过这一理性和政治的“门槛”说服自己，同时也向苏联承认其安全和繁荣取决于和苏联政府打交道的能力。

一旦我们从理性角度认识到对方的重要性（单枪匹马不能解决问题），我们就能以真诚的行动来提高双方解决分歧的能力。我们真诚关心对方的看法和利益需求。我们也有必要为了自身的利益去了解对方。

一旦我们之间的关系开始步入正轨，我就会改变对你的看法。如果我认为你值得交往，认为你有资格发表自己的意见，那我完全有可能认识到，你在某些方面的经验和知识胜我一筹，你的某些观点非常值得尊重。我如果尽力去了解你看问题的视角，就会发现自己先前的看法是多么主观片面。倘若我表现得更为值得信赖，我就会非常注意并看重自己做出的承诺。同样，只要我更积极地听取对方的意见，乐于接受对方的建议，我就可能会颇为惊讶地发现自己原来也很容易被说服。如果我重视你，那么你将对我至关重要。

改变自己的行为方式有助于改变自己的思维方式。

理论用于实践

怎样才能将以上理论运用到实践中，帮助我改善同别人的关系？让我们回到我和那位年轻姑娘撞车的那个例子。我希望自己一开始说的那几句话能为接下来处理问题定下基调。也许我们的交往是短暂的，但既然双方有问题要处理，那么我希望能处理得当。

表 9-2 采取针锋相对和认同态度的差别

针锋相对	采取认同的态度
用带有偏见的眼光看对方："女人开车！"	重视个人："你叫什么名字？" 倾听对方："告诉我，你认为这是怎么发生的？"
贬低对方："这真是件蠢事。"	表达关心和尊重："你受伤了吗？"
不容对方分辩："我不想听你的解释。"	坦率地寻求理解："我认为你的想法可以理解。"
轻视对方："谁为你负责？"	询问对方的意见："你认为我们现在该怎么做？"

只有打开交流的大门，才能了解未知的事情。在刚才的例子里，很有可能那个年轻姑娘是个有钱的医生，正急着赶去给病人治病；她对这场事故感到非常抱歉，认为是她的责任，正要提议两辆车的修理费用都完全由她来承担，而我的恶言恶语把她惹急了。

接受对方不是件自然而然的事，也不只是在第一次见面时才会显示其重要性。两个人建立关系，可不像通过一个决议那么简单：先起草一份措辞得当的文件，投票表决，然后束之高阁便完事儿了。相反，人与人之间的关系更像一座花园：总是在不断地变化。它需要定期照料，否则就会荒芜。表示接受对方是双方迈出的第一步，也需要双方今后继续努力。每次发生问题，都为双方提供了一个机会——选择排斥对方还是表现对他们的重视。只有认真对待他人才有助于我们明智地解决双方之间的分歧。

第三部分　总结

第十章

协调一致：
综合所有要素，使之相得益彰

本书大部分讲的是体系化的常识。毫无疑问，有些跟你的亲身经历吻合。很多内容你一定已经非常熟悉，但是建立有效解决分歧的关系依然困难。人际关系、公司关系，特别是国际关系都需要加以重视。

如果本书的大部分内容说的都是常识，那么为什么我们在交往中仍会碰到这样或那样的问题？从普通常识到实践之间为什么仍有差距？原因可能是这样的：我们虽然多少都听到过一些忠告，但都没有把它们综合起来，合理系统地应用到实践中去，从而有效改善和他人的交往。

影响合作关系的各种要素组成了一个相互依存的系统。只要有一个薄弱环节就会破坏整体。只要有误解、不信任、强制性手段和排斥行为的存在，理性思维和有效沟通就不能发挥作用。

通常来说，我们采取的单个行动本身似乎是恰当的，但不同的单个行动组合在一起所体现的策略却缺乏一致性。我们的行为，如果不适合当时的特定场合，如果相互抵触，或与我们的想法不一致，就不能帮助我们有效改善和别人的交往。

为了建立有效的合作关系，我应当克服这些困难，将所有要素结合起来，以使我们的行为：

· 适合特定的关系和场合。

· 相互协调一致。

· 与我的看法一致。

适合特定的关系和场合

本书以上讨论的都是一些放之四海而皆准的道理，适用于各种关系，无论是人际关系、商业关系还是政府间的关系。我们认为与只在一种情况下适用的建议相比，普遍原理更有用。人们在国际关系和商业关系中碰到的困难，如果从人际关系的角度去理解就容易得多。在任何一种关系中，理解对方的利益，做到让人信赖，并且细心沟通，都是有益的。但无论这些原则本身多么有效，在碰到具体情况时，我们都应小心谨慎，切不可盲目应用。各种关系形形色色，在实践中，我们应考虑其具体的特性。

有些人喜欢以不变应万变。不管与谁谈话，我们养成的习惯都难以改变。我们的处事方式也可能是从父母那儿学来的。比如，每次与家人发生争执，我们都会离开房间或出去散一会儿步。我们会把某次交锋中行之有效的办法用在别处。随着年龄的增长，我们也会变得越来越僵化。

用一成不变的方法应付所有的人，有时会成功，有时却会失败。有些人更需要倾听和理解，而有些人则更需要认可和关心；有些人需要安全感，而有些人对哪怕一点儿强制性手段都会怒不可遏。“以不变应万变”在人际关系中不可能总得到成功。

找出对方的特点。总的来说，我应当采取因地制宜的方法，我的行为应适合你的特点。不管我认为自己多么理性、善解人意、乐于倾听你的观点、值得信任、坦诚和尊重你，但你的需要、你的观点和意见才是最重要的。

我需要弄清你的特点和不同之处。比如，你不喜欢对方的行为捉摸不定，我就应当尽量让自己的行为变得极为可靠。假如你主管某家银行的贷款业务，和我的公司有生意往来，那我不仅要了解你的情况，也要知道你工作中面临的挑战和你所在银行的决策程序。

影响人际关系发生变化的因素有以下几方面。

情绪。有些人的情绪波动比别人大得多。他们更容易表达自己的情绪，也更容易受情绪影响。我虽然不能将自己的情绪和你的协调一致，但至少应该认识到双方之间的差异。如果我以冷静、超脱的理性态度来对待眼前的问题，而你却感情用事，那肯定会有麻烦。我应当预先估计交往中的情绪含量，适当调节自己的对策。

期望。你的期望会影响你做出反应。为了更好地和你打交道，我应当了解你对双方关系所抱有的期望、对今后发展的期望和对我的期望等。我不一定能满足你的期望，但了解这方面的情况会帮助我避免不必要的冲突。

节奏。不同文化之间存在的一个明显差异在于人们处理问题的节奏不同，因而在这方面对别人的期望也有所不同。在美国，特别是在东岸的商业氛围中，人们干什么都是急匆匆的，会见和行程都安排得非常紧凑。而在世界上的其他国家和民族中，生活节奏则慢得多。注意到对方办事的节奏将有助于我们的合作。

该做的和不该做的。每一种文化（乃至每一个家庭）都有其特定的行为模式，它影响人们对彼此的期望和大家相处的融洽程度。有些事可以做，有些事则不能做。在某种特定行为模式中长大的人，自己很难说清具体的行为规则究竟是什么。要弄清自己和对方的“游戏规则”实属不易，有时甚至是一件痛苦的事。当一位新婚妻子发现她的丈夫在平安夜就把她送他的礼物拆开而没能等到圣诞节早上时，她会感到非常震惊和愤怒！小事上的规矩尚且能带来麻烦，更何况大事呢？因此了解对方在重大问题上的规矩是非常重要的。不知道彼此的游戏规则，双方之间的关系肯定会触礁。

礼节和含蓄。特定的行为准则会影响人们为人处世的礼节。以色列人和美国西部人以不拘小节著称。他们和别人第一次见面就会直呼其名，衣着随便，事先不打招呼就登门拜访。而在世界上其他许多地方，比如东京和伦敦，人们更注重礼节。这意味着这些人为人处世更含蓄，更尊重他人隐私，在处理个人事务时更强调社交空间。

为了使自己的行为更加得体，我们应当首先认识到对方的某些不同特点。

评估双方关系的现状。在着手改善双方关系之前，我们应当对目前的状况有一个评估。无论是夫妻还是两国政府，如果双方相处已久，这种评估就显得尤为重要了。我们经常会因循守旧，所以要跳出条条框框，以新的视角去看问题。

经常检查双方之间的关系有助于防微杜渐。就像对待自己的健康状况那样，我们总认为自己没事，直到有一天问题找上门来。定期去医院检查有助于保持健康，同样，时不时反省双方之间的关系有助于保持双方交往的正常进行。我们最好总体考虑一下双方交往的预期目标是什么，以及怎样实现这一目标。可能的话，和对方一起找出双方在交往中应注意的各项要素，双方可以坐下来回顾一下最近几次交往的情况，列出需要讨论的具体问题，这样能促使双方想出改善彼此关系的新点子。就像医生给我们做体检时手里拿的检查表一样，我也可以列一张表来“检查”我们之间的关系。(见表 10-1)。

经过实践，我们能很快发现双方交往中存在的问题，及时解决，也就不再需要类似的检查表了。但是，我们还需时不时停下来思考一下双方交往中的每一个要素以及如何使其发挥更好的作用。

表 10–1　双方关系健康程度检查表

目标 我是要占上风还是要改善双方的关系？ 我们能很好地解决分歧吗？ 我每隔多久思考一下改进双方长期关系的方法？
总体策略 是否有重大的实质性问题会破坏我们的合作？ 为了以其人之道还治其人之身，我会不会做出破坏双方日后合作的事？ 我会不会对问题视而不见或将其搁置一边，而不是想办法积极解决？
保持情感与理智的平衡 意识：双方什么样的情绪会影响彼此的交往？ 效果：情绪将如何帮助和破坏我们的决策？
理解程度 我切实了解你的观点、利益、价值观和动机吗？ 我能把对你的理解表达得让你满意吗？ 你对我理解多少？ 你能把对我的理解表达得让我满意吗？
双方沟通是否通畅？ 我在做决定前是否经常询问你的意见？ 有哪些重要方面我们没有进行讨论？为什么？ 我们之间的交流是否经常而深入？我是否倾听对方？

（续表）

可信度：你对我今后的行为能有多少把握？ 我能让自己的行为更可靠吗？怎样才能做到这一点？ 怎样才能赢得对方更多的信任？ 我是否应该从你的观点中汲取点儿什么，并做一些调整？ 依赖你会有哪些风险？这些风险确实存在吗？
说服和强迫 我是否根据事情本身的是非曲直来说服你？ 我是否应当采纳更多的意见？怎样才能做到这一点？ 我能否避免威胁、警告别人，而且不在答应别人的事情上耍花招？
相互接受的程度 我能否完全接受对方作为合作伙伴？ 你在我的计划中所占的分量重吗？ 我能否认真考虑你的利益和观点？ 我是否认识到我们之间的交往具有长期性？

虽说本书大部分内容讲的都是常识，但是我们偶尔还是会做出一些违反常识的举动。回顾我们有过的重要交往就能找出我们的不足之处。美国和苏联之间的关系就是最好的例证。两国政府都会时不时做出一些不明智的举动。

1987 年 12 月，美国总统里根和苏共中央总书记戈尔巴乔夫在华盛顿特区举行了一次首脑会晤，这为双方提供了一个回顾过去、做出近期调整的宝贵机会。在全面审视两国之间的关系时，以下几个问题凸显了出来。

目标。两国政府的许多官员都致力于改变对方政府的实质性政策，并以此来衡量双方的交往是否成功。许多人都认为1986年在雷克雅未克举行的首脑会晤是一次失败，因为双方没有达成任何协议。甚至在1987年12月会晤期间，苏联外交部的发言人仍然指出，只有双方为《第二阶段限制战略武器条约》打下“基础”，此次会晤才算得上成功。但是两位领导人在华盛顿也探讨了双方长期合作的蓝图。里根总统说：“我们希望这一历史性协议的签订不是一个句号，而是双方关系史上的一个新篇章，从此双方能够共同合作解决其他更紧迫的问题。”

战略。美苏两国政府都将实质性问题和双方的关系问题混为一谈，使之相互对立。历史上，一旦双方发生严重冲突，双方的关系就会急转直下。艾森豪威尔总统和赫鲁晓夫总书记在1959年会晤时达成的“戴维营精神”，因苏联在其境内打落一架美国的U-2间谍机而瓦解。同样，20世纪70年代关系缓和的希望也因双方无法解决移民、贸易限制、对安哥拉和其他国家的反政府武装给予军事支持等问题而破灭。1980年，卡特总统因对苏联入侵阿富汗表示不满而撤回参加莫斯科奥运会的美国体育代表团。有些人认为这是一个实质性的报复举措，但这么做无疑破坏了两国为增进理解和信任而做出的努力。之后，美国又试图把对苏政策同人权问题挂钩。比如，参加1985年5月赫尔辛基协议审查大会的美国代表说："（苏联的）人权状况同两国关系的全面缓和密不可分。"里根总统在雷克雅未克会晤前也说过："我会向戈尔巴乔夫先生声明，除非苏联的人权状况有实质性改观，否则两国之间不可能出现使双方能在其他问题上取得持久性进展所必需的一种政治氛围。"

在此之前数月，苏联方面因美国在1986年4月轰炸利比亚而取消了苏联外长谢瓦尔德纳泽和美国国务卿舒尔茨之间的会谈，这次会谈本来是要为雷克雅未克首脑会晤打前站的。"苏联领导人曾经发出警告：这样的行径只会影响美苏两国之间的关系，但不幸的是，华盛顿对此并未在意。事实上，是美国政府自己使两国外长级会谈不能按计划进行的。"

在1987年12月的首脑会晤上，两位领导人都积极表态，尽管双方有严重分歧，或者说，正因为这些分歧的存在，两国需要携手合作。里根总统说："尽管我们双方在社会制度方面有根本性分歧，但这并不影响我们进行合作。"戈尔巴乔夫总书记说："我们之间的政治和意识形态差距不会缩小，但是，我们仍会在对两国和对全人类都具有重大意义的领域里寻求改善关系的契机。”

情绪。美苏之间的关系经常充满恐惧和猜忌。戈尔巴乔夫总书记也承认这一点。他在1987年12月的首脑会晤上说，两国要改善关系，必须克服“积怨和偏见”。华盛顿会晤产生了有益的积极情绪。合作精神高涨，甚至有盲目乐观压倒理性的危险。一位美国官员当时谈道，每个人的情绪都如此高涨，以至于“最大的问题就是如何让大家冷静下来”。

相互理解。美国和苏联都没有很好地理解对方。比如在美国的战略防御计划（即所谓的“星球大战”计划）上，两国政府僵持不下，站定自己的立场不动摇，却没有考虑到对方的利益。美国在1985年承认，苏联加紧研制防御性武器“可能意味着要率先进行攻击”，但它却忘了苏联对美国的防御性武器也会有同样的担心。此外美国声称，在特定情况下，防御性武器能增强军事稳定，苏联方面显然不能理解这种观点。

沟通。两国政府迎合不同听众，致使双方的沟通颇为混乱。双方利用公开声明向各自的公众、盟友、官僚机构和对方政府传达信息。雷克雅未克首脑会晤之后，美国政府为了取悦国内的保守派而对该会晤所做的评价令苏联费解。对此，戈尔巴乔夫总书记回应说："美国方面完全歪曲了雷克雅未克谈判的真实情况，在举行了如此重要的会晤之后，竟然在过去的几天里做出了不合常理的举动……这算是什么政府？它能在国际舞台上参与其他事务吗？它的行为究竟要荒诞到什么地步？"

苏联方面也存在着同样的问题。他们缺乏诚意，传达的信息含糊不清。切尔诺贝利核事故发生之后的情况即是一例，当时西方国家无法了解事故的真相。

信任。两国政府都对对方的意图和行为心存疑虑，并且乐于挑对方的毛病，而不愿考虑自己如何切实提高双方关系中的可信度。美国不信任苏联，部分原因是因为苏联过去的行为带有挑衅性，常常不可捉摸。但里根政府做出的反应往往使情况变得更加糟糕。1985 年，美国国防部部长温伯格和中央情报局局长凯西共同提出反对《第二阶段限制战略武器条约》，他们最后获得成功。他们解释说："只有谴责这一条约，才能表明美国对该条约的执行是认真的。"这样的解释不能不说是令人费解的。

里根总统和戈尔巴乔夫总书记在华盛顿会晤时都表达了要增加相互信任的愿望，但双方都没有明确表示如何使自己的行为更具可靠性，并准确评估双方交往中存在的风险。其实，两位首脑都可以首先使自己的行为变得更加可靠，认真履行一切承诺，并且恰如其分地评估因信赖对方的承诺所要承担的风险。

强制。两国政府都会时不时地使用强制手段，迫使对方采取不同的政策。苏联政府希望强迫美国放弃对尼加拉瓜反政府武装的支持，美国试图迫使苏联改变其人权政策，并从阿富汗撤军。

双方常利用公众舆论向对方施压。在 1985 年日内瓦裁军谈判中，一位美国政府官员说："西方媒体和各国议会都会对此进行大肆渲染。裁军问题不可能在日内瓦用逻辑和理性方式得到解决。"前总统尼克松认识到，在人权问题上，利用公共外交只会起强加于人的作用，其结果是徒劳无益的。他说："我们应当把人权问题作为私下商谈的首要问题，而不是一个公开讨论的问题……否则，我们越向苏联领导人公开施加压力，他们就越会寸步不让。"

1988 年时还不清楚两位超级大国首脑是否认识到说服而非强迫才是影响他人的最佳方式。在 1987 年 12 月首脑会晤之后的闭幕式上，里根总统也只是说道："我们已经证明，即使是存在最根本的意识形态差异的对手也能坦率地交谈，并尊重对方的意见。双方只要持之以恒，必能求同存异。”

相互接受。美苏两国政府都曾蔑视和排斥对方。两国政府都急于评价对方的道德水准。1986 年，里根总统再次重申,希望“公开界定”两国之间“重大的道德差异”。而苏联人也经常指出西方有街头流浪者、贫穷及吸毒等弊病，控诉资本主义制度和整个西方社会的道德败坏。这样的相互指责起不了任何积极作用，只能降低双方合作的可能性。

但是，华盛顿会晤确实创造了相互接受的气氛。戈尔巴乔夫总书记说:“我们都清楚各自的利益所在，但我们也要考虑对方，这样才能平等协调双方的利益需求。”里根总统也同样表达了希望和苏联政府“合作”的愿望。

如果美国和苏联双方能定期反省两国之间的关系，它们会更注重接受对方、增加自身的可信度，并尽量去理解对方和使信息明晰化。这同样会帮助两国政府充分认识到改善彼此的关系、合作解决分歧符合双方的共同利益，同时也是双方共有的责任。一份良好的双边关系能使两国摆脱经济负担，消除最不利的因素，使世界变得更加安全。

重视更为重要的关系。在与人交往时，理解对方、审视双方关系的每一个要素，并采取与时间、地点及人物相适应的举动，是颇费周折的，有时并非物有所值。我和街角杂货店店主的关系，显然没有我和儿媳或爱人之间的关系重要。我们应当权衡各种关系之间的轻重缓急，并付出相应的精力。

彼此行为保持一致

一段良好的合作关系，其各项要素都是相互协调一致的。我们经常只重视其中一两个要素，而且容易注意别人的缺点。一对男女分手了，男的可能说："我以为我俩关系很好，因为我们无话不谈。但我总觉得她在控制我——什么都是她说了算。"女方的看法则有可能完全不一样："是啊，我们是无话不谈，但他总让我觉得我的观点似乎并不重要。"如果他们能超越沟通问题，加强相互认同和理解，他们就能改善彼此的关系。

一个要素的失败会影响到关系的有效性。如果我要见一个有着不同文化背景的外国人，比如阿富汗人或日本人，那我可能会把他当作可交往的伙伴，我采取理性态度，积极和对方沟通，表现得值得对方信赖，并乐于接受不同意见。但是如果我不理解他看问题的角度，那我们俩还是没法儿好好合作。

如果我的行为只朝着一个方向努力，即改善双方的关系，那么保持行为的一致性并不是一件难事。我为了眼前利益所采取的行动，是不能保证前后一致的。由于情况的改变或迫于更大的压力，我今天的所作所为改天可能就变了样。我以不同的方式对待不同的人。当你观察到我这些前后矛盾的言行时，你会怀疑我的诚实度。

如果彼此配合默契，我们就能更好地解决分歧。本书介绍的这些原则，其各个方面都是相辅相成的。比如，妻子要想解决自己婚姻中出现的难题，可以设想一些建议。表 10–2 说明了各个要素之间是如何配合的。

在列这样一张表格时，比照每一个要素，我们可以明显看到建立合作关系所需的各个要素组成了一个有机的整体。如果鲍勃的妻子照这张表去做，鲍勃不会觉得她是在朝着七个不同的方向努力。成功的关键在于这种策略的整体性，相互协调一致，配合默契。

即使双方关系短暂，也要采取同样的原则。有时我们认为双方打交道的时间不会长久，就不太注重双方关系的质量，不能做到始终如一。但无论双方之间的交往有多么短暂（通常比我们想象的长久），双方关系的好坏都仍取决于我们一直在讨论的理解、良好的沟通、可信度等基本要素。

表 10-2 提醒自己注意：怎样才能帮助我和鲍勃消除分歧

情绪	我如果生气了，那就让他知道（保持沟通）。或许冷静一下，暂停讨论（但是，做决定前一定要先跟他商量）。 拥抱或亲吻他一下（有时候，语言并不是唯一的沟通方式）。
理解	如果我对他的所作所为感到困惑不解、怀疑或不满意，找出原因。 每天找出一点儿时间，鼓起勇气，让他谈谈他的心事。 设身处地地为他着想。试图用他的眼光来看问题。
沟通	不管事情大小，只要关系到他，做决定前就先跟他商量。 对于自己感到棘手的问题，跟他商量。 他说话的时候，仔细倾听他的意见。 评价他的观点，但不针对他个人发表意见。
可信度	在做承诺之前先征询他的意见。 改变主意或计划有变时，跟他商量。 尽量守时（如果做不到，让他知道）。 如果他改变计划了，不要揪住这件事不放。理解他，向他提出建议，以后有变化要通知我。
说服	采取开明的态度，倾听对方。试试不同的意见，也许能行。 避免向对方施压。 不要将问题升级；根据每一件事情的是非曲直来判断。 共同面对分歧；将问题写在墙上。 集思广益，寻找好的建议，不拘泥于你我的主意。
接受	认真考虑他的利益和观点；我并不总是对的。 和鲍勃一块儿讨论这张表，听听他的意见。

我们应当把每一次交往都当作长期关系来对待，这样就可避免行为的自相矛盾而影响了双方的关系。这并不意

味着我们要投入和长期关系一样的资源和精力去打理短期关系，但无论如何，适用的原则应是一致的。即使在郊外的一个汽车修理铺与修理工讨价还价时，也要持理性态度，尽量理解对方，同对方沟通，表现得值得对方信赖并做到不威胁对方。我们应当把对方视作平等一方，他们有自己的利益和主张，应该得到重视。无论下次是否见面，说不定后会有期，这些原则将有助于此次交往。

虽然本书分别讨论了建立良好合作关系所需的不同要素，并建议采纳不附加任何条件的积极策略，但这些要素相互牵制、互为影响。表 10–3 从一个方面说明了不同原则之间的互动关系。

协调自己的行为和观点以保持一致

如果我们采用一种新方法只是像穿一套新衣服那样，试图遮盖不同的信仰和价值观，那么我们将无法建立牢固的建设性关系。有位商人在一次研讨会后被问及有何收获，他写了两个字——“真诚”。

进一步交谈后，人们发现，对他来说，“真诚”是他希望留给别人的印象，而他并没有认为自己的行为和所持的信念要保持一致。因此，他的目的只不过是伪装自己，使

表 10–3　协调所有要素

	接受：认真对待与我们有分歧的人	说服，而非强迫	可信度：害人之心不可有，防人之心不可无	沟通：做决定前征求对方的意见	理解：以他人的眼光看待事物
理性：保持理智与情感的平衡	不要只是考虑对方——要在意对方，他们很重要。	要动之以情，而不要强迫威胁。	不要让情绪使自己的行为变得捉摸不定。	承认自己的情感；意识到对方的情感。	设身处地地理解对方。
理解：以他人的眼光看待事物	理解对方的观点之后再做判断。	理解对方，以便更容易说服对方。	评估信任对方所要承担的实际风险。	征求意见，询问，积极倾听。	
沟通：做决定前征求对方的意见	和对方交流，而不是谈论对方。	要肯定好的方面。只谈自己的观点；不要妄加揣测对方的意思。	坦诚。公开讨论双方没有涉及的领域。		
可信度：害人之心不可有，防人之心不可无	和对方打交道以降低风险。	避免夸大其词，不要欺骗对方。			
说服，而非强迫	尊重对方持不同意见的权利。认真对待他们。				

自己看起来很真诚。

打造良好关系，无论使用哪种方法，如果与自己的信仰和价值观相冲突，就不会成功。一个人的行为举止如果给人留下真诚的印象，就会取得良好的效果。但只有发自内心的真诚，才能给人真诚的感觉。如果对上述原则半信半疑，如果它们不符合自己的设想，那么重新审视这些原则和自己的设想。装出来的诚实毕竟和真心诚意不同。如果你的所作所为和自己的真实想法大相径庭，你就不可能和别人建立良好的合作关系。

本书提到的这些建议不是帮你塑造一个虚假的你。我们提出了很多建议，你可以试着采纳。你可能会发现它们很实用。有了这些新建议为你把关，你的行为方式会变得与从前大不一样。

对建立良好的人际关系来说，没有一种方法对所有人都适用。你应当采取适合自己风格的方法。你如果安静含蓄，就不要试图成为一个热情奔放的外向型人物来加强与别人的沟通。找一个安静的场合和别人交流。注意别人的言谈举止会增加自己为人处世的经验，但没有必要模仿别人或给自己戴上虚假的面具。永远不要放弃说真心话的魄力，说你所信，信你所说。

齐心协力是上策

本书着重讨论了在与人交往时，每个人都有能力为增进合作、消除分歧做出贡献。我们强调自身的改进不是没有道理的，因为在与他人相处时挑对方的毛病总是很容易的。每个人凭自己的能力，就能使双方的关系大为改观。对方不能阻止我们采取建设性的行为，我们维护自身的利益也无须等着对方投桃报李。

当然，最积极的办法莫过于和对方一起探讨双方建立良好关系的重要性和有效途径。比如，你可以让对方读读这本书，圈出重要的地方留以讨论。或者你可以根据本章的方法列出一张表，或做一些记录，建议双方一起就相关问题准备同样的表格。特别是针对劳工关系、公务关系和政府之间的关系，参加沿用本书原则举办的讲习班、研讨会和一些非正式讨论可以帮助双方共同探讨如何消除彼此之间的分歧。

双方就如何处理分歧进行坦诚磋商必能减少误解、加强沟通，并且传达这样一种信息——我们都把对方当成合作解决问题的重要伙伴。只要双方齐心协力，良好的合作关系就将带给我们成功的未来。

图书在版编目（CIP）数据

沟通力 /（美）罗杰·费希尔，（美）斯科特·布朗著；王燕译 . -- 北京：中信出版社，2021.4

（中信经典丛书 . 003）

书名原文：Getting Together: Building Relationships As We Negotiate

ISBN 978-7-5217-2889-7

Ⅰ. ①沟… Ⅱ. ①罗… ②斯… ③王… Ⅲ. ①心理交往—通俗读物 Ⅳ. ① C912.11-49

中国版本图书馆 CIP 数据核字（2021）第 045582 号

沟通力

（中信经典丛书 · 003）

著　　者：［美］罗杰·费希尔　［美］斯科特·布朗
译　　者：王燕
责任编辑：杨杉杉
出版发行：中信出版集团股份有限公司
（北京市朝阳区惠新东街甲 4 号富盛大厦 2 座　邮编　100029）
承 印 者：北京中科印刷有限公司

开　　本：880mm × 1230mm　1/32　　印　　张：105.5　　字　　数：2152 千字
版　　次：2021 年 4 月第 1 版　　印　　次：2021 年 4 月第 1 次印刷
京权图字：01-2009-1472
书　　号：ISBN 978-7-5217-2889-7
定　　价：920.00 元（全 10 册）

服务热线：400-600-8099
投稿邮箱：author@citicpub.com

扫码免费收听图书音频解读